SÆCULUM XII

PASCHALIS II

GELASII II, CALIXTI II

ROMANORUM PONTIFICUM

EPISTOLÆ ET PRIVILEGIA

ACCEDUNT

CONONIS S. R. E. CARDINALIS, RADULFI REMENSIS, RADULFI CANTUARIENSIS, ARCHIEPI-SCOPORUM; GUILLELMI DE CAMPELLIS CATALAUNENSIS, THEOGERI METENSIS, ERNULFI ROFFENSIS, MARBODI REDONENSIS EPISCOPORUM; PLACIDI INCERTÆ SEDIS EPISCOPI; ARNALDI S. PETRI VIVI SENONENSIS ABBATIS, PONTII ABBATIS S. RUFI, GREGORII PRES-BYTERI ROMANI, PETRI DE HONESTIS CLERICI RAVENNATIS, HUGONIS DE SANCTA MARIA FLORIACENSIS MONACHI, LAURENTII VERONENSIS, THEOBALDI STAMPENSIS, LAMBERTI AUDOMARENSIS, HUGONIS DE CLERIIS, JOANNIS CONSTANTIENSIS, ANONYMI METENSIS

OPUSCULA, DIPLOMATA, EPISTOLÆ

ACCURANTE J.-P. MIGNE

BIBLIOTHECÆ CLERI UNIVERSÆ

SIVE

CURSUUM COMPLETORUM IN SINGULOS SCIENTIÆ ECCLESIASTICÆ RAMOS EDITORE

TOMUS UNICUS

VENIT 8 FRANCIS GALLICIS

—

EXCUDEBATUR ET VENIT APUD J.-P. MIGNE EDITOREM
IN VIA DICTA *D'AMBOISE*, PROPE PORTAM LUTETIÆ PARISIORUM VULGO *D'ENFER* NOMINATAM
SEU PETIT-MONTROUGE

1854

ELENCHUS

AUCTORUM ET OPERUM QUI IN HOC TOMO CLXIII CONTINENTUR.

PASCHALIS II PONTIFEX ROMANUS.
Epistolæ et privilegia. *Col.* 31

GELASIUS II PONTIFEX ROMANUS.
Epistolæ et privilegia. 487

LAURENTIUS VERONENSIS.
De bello Balearico. 513

ANONYMUS.
Gesta episcoporum Metensium. 575

PLACIDUS INCERTÆ SEDIS EPISCOPUS.
Liber de honore Ecclesiæ. 623

PETRUS DE HONESTIS CLERICUS RAVENNAS.
Regula clericorum. 691

GREGORIUS PRESBYTER ROMANUS.
Collectio canonum. 751

THEOBALDUS STAMPENSIS.
Epistolæ. 759

THEOGERUS METENSIS EPISCOPUS.
Musica theogeri. 777

HUGO DE SANCTA MARIA FLORIACENSIS MONACHUS.
Historia ecclesiastica. 805
Liber qui modernorum regum Francorum continet actus. 875
De regia potestate et sacerdotali dignitate. 939
Epistola ad Ivonem Carnotensem. 973
Vita Sacerdotis episcopi Lemovicensis. 975

LAMBERTUS AUDOMARENSIS.
Liber floridus. — Notitia et Excerpta. 1003

HUGO DE CLERIIS.
Commentarius de Majoratu et Senescalcia Franciæ. 1033

GUILLELMUS DE CAMPELLIS CATALAUNENSIS EPISCOPUS.
De Sacramento altaris. 1039
Chartæ. 1039

OPUSCULA DUBIA.
De origine animæ. 1043
Dialogus inter Christianum et Judæum de fide Catholica. 1045

CALIXTUS II PONTIFEX ROMANUS.
Epistolæ et privilegia. 1093

RADULFUS REMENSIS ARCHIEPISCOPUS.
Epistolæ et diplomata. 1415

CONON S. R. E. CARDINALIS.
Epistolæ. 1431

ERNULFUS ROFFENSIS EPISCOPUS.
Collectanea de rebus Ecclesiæ Roffensis. 1441
Tomellus vel Epistola de incestis conjugiis. 1457

ARNALDUS S. PETRI VIVI SENONENSIS ABBAS.
Epistolæ. 1473

PONTIUS ABBAS S. RUFI.
Epistola ad Calmosiacensem abbatem. 1477

JOANNES CONSTANTIENSIS.
Præfatio in librum De compute.

MARBODUS REDONENSIS EPISCOPUS.
(*Vide Patrologiæ*, tom. CLXXI.)

RADULFUS CANTUARIENSIS ARCHIEPISCOPUS.
Epistola ad Calixtum II papam. 1541

PATROLOGIÆ
CURSUS COMPLETUS
SIVE
BIBLIOTHECA UNIVERSALIS, INTEGRA, UNIFORMIS, COMMODA, OECONOMICA,
OMNIUM SS. PATRUM, DOCTORUM SCRIPTORUMQUE ECCLESIASTICORUM
QUI
AB ÆVO APOSTOLICO AD INNOCENTII III TEMPORA
FLORUERUNT;

RECUSIO CHRONOLOGICA

OMNIUM QUÆ EXSTITERE MONUMENTORUM CATHOLICÆ TRADITIONIS PER DUODECIM PRIORA
ECCLESIÆ SÆCULA,
JUXTA EDITIONES ACCURATISSIMAS, INTER SE CUMQUE NONNULLIS CODICIBUS MANUSCRIPTIS COLLATAS,
PERQUAM DILIGENTER CASTIGATA;
DISSERTATIONIBUS, COMMENTARIIS LECTIONIBUSQUE VARIANTIBUS CONTINENTER ILLUSTRATA;
OMNIBUS OPERIBUS POST AMPLISSIMAS EDITIONES QUÆ TRIBUS NOVISSIMIS SÆCULIS DEBENTUR ABSOLUTAS
DETECTIS, AUCTA;
INDICIBUS PARTICULARIBUS ANALYTICIS, SINGULOS SIVE TOMOS, SIVE AUCTORES ALICUJUS MOMENTI
SUBSEQUENTIBUS, DONATA;
CAPITULIS INTRA IPSUM TEXTUM RITE DISPOSITIS, NECNON ET TITULIS SINGULARUM PAGINARUM MARGINEM
SUPERIOREM DISTINGUENTIBUS SUBJECTAMQUE MATERIAM SIGNIFICANTIBUS, ADORNATA;
OPERIBUS CUM DUBIIS TUM APOCRYPHIS, ALIQUA VERO AUCTORITATE IN ORDINE AD TRADITIONEM
ECCLESIASTICAM POLLENTIBUS, AMPLIFICATA;
DUOBUS INDICIBUS GENERALIBUS LOCUPLETATA: ALTERO SCILICET RERUM, QUO CONSULTO, QUIDQUID
UNUSQUISQUE PATRUM IN QUODLIBET THEMA SCRIPSERIT UNO INTUITU CONSPICIATUR; ALTERO
SCRIPTURÆ SACRÆ, EX QUO LECTORI COMPERIRE SIT OBVIUM QUINAM PATRES
ET IN QUIBUS OPERUM SUORUM LOCIS SINGULOS SINGULORUM LIBRORUM
SCRIPTURÆ TEXTUS COMMENTATI SINT.
EDITIO ACCURATISSIMA, CÆTERISQUE OMNIBUS FACILE ANTEPONENDA, SI PERPENDANTUR : CHARACTERUM NITIDITAS
CHARTÆ QUALITAS, INTEGRITAS TEXTUS, PERFECTIO CORRECTIONIS, OPERUM RECUSORUM TUM VARIETAS
TUM NUMERUS, FORMA VOLUMINUM PERQUAM COMMODA SIBIQUE IN TOTO OPERIS DECURSU CONSTANTER
SIMILIS, PRETII EXIGUITAS, PRÆSERTIMQUE ISTA COLLECTIO, UNA, METHODICA ET CHRONOLOGICA,
SEXCENTORUM FRAGMENTORUM OPUSCULORUMQUE HACTENUS HIC ILLIC SPARSORUM,
PRIMUM AUTEM IN NOSTRA BIBLIOTHECA, EX OPERIBUS AD OMNES ÆTATES,
LOCOS, LINGUAS FORMASQUE PERTINENTIBUS, COADUNATORUM.

SERIES SECUNDA,

IN QUA PRODEUNT PATRES, DOCTORES SCRIPTORESQUE ECCLESIÆ LATINÆ
A GREGORIO MAGNO AD INNOCENTIUM III.

Accurante J.-P. Migne,

BIBLIOTHECÆ CLERI UNIVERSÆ,
SIVE
CURSUUM COMPLETORUM IN SINGULOS SCIENTIÆ ECCLESIASTICÆ RAMOS EDITORE.

PATROLOGIA BINA EDITIONE TYPIS MANDATA EST, ALIA NEMPE LATINA, ALIA GRÆCO—LATINA. —
VENEUNT MILLE FRANCIS DUCENTA VOLUMINA EDITIONIS LATINÆ ; OCTINGENTIS ET
MILLE TRECENTA GRÆCO-LATINÆ. — MERE LATINA UNIVERSOS AUCTORES TUM OCCIDENTALES, TUM
ORIENTALES EQUIDEM AMPLECTITUR ; HI AUTEM, IN EA, SOLA VERSIONE LATINA DONANTUR.

PATROLOGIÆ TOMUS CLXIII.

PASCHALIS II, GELASIUS II, CALIXTUS II, ROMANI PONTIFICES CONON S. R. E. CARD. RA-
DULFUS REM., RADULFUS CANTUAR., ARCHIEPISCOPI GUILLELMUS DE CAMPELLIS CATAL.,
THEOGERUS METEN., ERNULFUS ROFF., MARBODUS REDON. EPISCOPI PLACIDUS INCERTÆ
SEDIS EPISC. ARNALDUS S. PETR. VIVI SENON. ABB. PONTIUS ABB. S. RUFI. GREGORIUS
PRESB. ROM. PETRUS DE HONESTIS CLER. RAVEN. HUGO DE SANCTA MARIA FLORIAC.
MON. LAURENTIUS VERON. THEOBALDUS STAMP. LAMBERTUS AUDOMAR. HUGO DE CLERUS.
JOANNES CONSTANT. ANONYMUS METEN.

EXCUDEBATUR ET VENIT APUD J.-P. MIGNE EDITOREM,
IN VIA DICTA *D'AMBOISE*, PROPE PORTAM LUTETIÆ PARISIORUM VULGO *D'ENFER* NOMINATAM,
SEU PETIT-MONTROUGE.

1854

ANNO DOMINI MCXVIII

PASCHALIS II
PONTIFEX ROMANUS

NOTITIA EX BULLARIO.

(Tom. II, pag. 111)

Paschalis II, natione Tuscus, patria Bledonus, antea Rainerius seu Ragingerius, monachus Cluniacensis et abbas monasterii Sanctorum Laurentii et Stephani extra muros, presbyter cardinalis tituli S. Clementis, electus est in Romanum pontificem die 13 Augusti 1099 ac postridie hujus diei consecratus. Sedit in pontificatu annos VIII, menses V, dies VII (1), imperantibus in Oriente Alexio Comneno, in Occidente duobus Henricis III et IV. Obiit die 21 (2) Januarii, anno Domini 1118, et sepultus est in patriarchio Lateranensi. Vacavit sedes dies III (3).

Schisma vicesimum quartum in Ecclesia triplex.

Primo, vel altero a Paschalis PP. electione anno, Guibertus antipapa, quem Clementem tertium appellatum diximus, de loco ad locum fugiens, tandem infelix cum fuga diem clausit extremum. At non proinde restituta Ecclesiæ tranquillitas. Henrici enim (III) opera (ait Baronius) tres post Guibertum sunt subrogati sibi invicem succedentes pseudopontifices, Albertus, Theodoricus et Maginulphus, arescentibus suo ipsorum ortu maledictionis palmitibus infelicibus. « Post mortem Guiberti duo statim deliguntur papæ (ait Pandulphus Pisanus) alter post alterum et unus quidem eodem, alter vero post cv electionis suæ diem a fidelibus captus, qui Albertus vocabatur, apud S. Laurentium retrudi; et qui Theodoricus, apud S. Trinitatem in Cava eremeticam vitam addiscere, Patrum judicio adjudicati sunt. Eligitur et tertius Maginulphus nomine (qui archipresbyter antea fuerat, et Silvestri IV nomen accepit). Hic quia necromantiæ fabulis simplicem populum, illos maxime, qui conscientia scelerum, vel ambitu futuri successus ad eum refugium fecerant, allicuerat, gravem in Ecclesiam calcem impressit. Sed dum auguriis fisus, pontificium adipisci nititur, quod ex diabolo dari non potuit, divinis destitutus auxiliis merito amisit; et sacerdotium quod sine Deo arripuit, tenere non licuit misero: amisit et urbem, ut exsul gravi inopia miseriisque afflictus (corrosa ut aiunt, lingua) vitam cum crimine finiret. »

(1) Sic legitur in quarto ex Critic. Baron. præfixis catalogis, in sexto legitur *dies* IX, inclusis extremis, in septimo *dies* VIII, inclusa obitus die; in octavo *menses* VI, scriptoris incuria, *dies* VII.
(2) Baronius Paschalis PP. obitum refert ad diem 18 mensis hujus, ejusque pontificatus dies IV tantum addit supra annos XVIII, mens. V, Pandulphi Pisani innixus auctoritate, qui Paschalem *carnis debitum* solvisse scribit XV Kalendas Februarii : sed cum auctore Pandulpho eodem sedes vacaverit *diebus tribus*, Gelasius vero successor electus fuerit die 25 Januarii, prout ostendemus, legendum videtur XII *Kalendas Februarii*.
(3) Prout habet octavus ex laudatis Catalogis.

NOTITIA EX CONCILIIS.

(MANSI tom. XX, pag. 977.)

Paschalis in Tuscia, patre Crescentio et matre Alsatia natus, antea Rainerius appellatus, ex abbate monasterii Sanctorum Stephani et Laurentii, consilio et hortatu prædecessoris sui Urbani, communi totius cleri populique applausu, invitus pontificatum adeptus est anno Domini 1099, ipsis Idibus Augusti, Henrico quarto et quinto imperatoribus. Sedit, prout alicui religioso in schedula, partim pura partim scabrosa, auctore Dodechino, revelatum erat, annos otodecim, menses quinque et dies novem. Sub Hugone abbate Cluniacensis monasterii vitam monasticam excoluit, et a Gregorio VII cardinalis presbyter tituli Sancti Clementis creatus fuit. Initio pontificatus, obiit Romæ in arce Sancti Angeli Guibertus antipapa, Clemens tertius nominatus, qui per annos viginti et unum perniciosissimo schismate Ecclesiam sub tribus pontificibus antecessoribus inquietarat. Sepultus est Ravennæ, ubi post quinque annos cadaver illius exhumatum, in cineres redactum fuit auctoritate concilii Moguntini, quo decretum fuerat ut episcopi, Henricianæ hæreseos propugnatores, sedibus suis deponerentur, si viverent; sepulcris extraherentur et concremarentur, si mortui essent. Defuncto pseudopontifice Clemente tertio contra Paschalem a schismaticis cardinalibus brevi tempore tres antipapæ et pseudopontifices, Albertus Atellanus, Theodoricus Romanus, et Silvester quartus, sedi apostolicæ successive obtruduntur. Primum, dum ad Urbem vexandam incaute accederet, milites Paschalis interceperunt, et post quatuor menses sedis suæ, pontificatu abdicatum, in monasterium Sancti Laurentii relegarunt. Secundus per Campaniam incautius vagans a præsidio pontificio captus, schisma Guibertinum abjuravit, ingressusque monasterium Sanctæ Trinitatis, vitam ibidem solitariam peregit, dum sedem apostolicam tribus mensibus violenter et tyrannice invasisset. Tertium omnibus bonis exutum, ideoque magno animi dolore languentem, citissime sustulit e medio Deus optimus, atque ita dein sanctam Ecclesiam diuturno schismate turbatam pace et concordia donavit. Philippum Francorum regem, pellicem subintroductam dimittere nolentem, concilii Pictaviensis decreto excommunicari mandavit, eoque modo ad pœnitentiam eumdem absolutionemque petendam induxit. Ecclesiarum investituras a regibus diversorum regnorum in Anglia, Francia et Germania usurpatas, per sanctum Anselmum, triennali exsilio propterea relegatum, Ivonem aliosque strenuos ecclesiasticæ libertatis et immunitatis defensores, et contra utrumque Henricum IV et V patrem et filium sacrilegii hæredem, usque ad sui incarcerationem acerrime propugnavit. Nam Henricum imperatorem tertium, et quartum ejus nominis Germaniæ regem patrem, propter Simoniacam labem aliaque crimina, de quibus infra in concilio Lateranensi, excommunicavit, regni et imperii insignibus et ornamentis privavit. Subrogatus est patri communi procerum consensu filius Henricus, ejus nominis rex Germaniæ quintus, Romano pontifici et Ecclesiæ Dei æque infestus. Nam cum justo Dei judicio patrem excommunicatum apud Bingam cepisset, in carcerem detrusisset, et ad resignandum imperium omniaque ejusdem ornamenta eumdem induxisset, atque inde Coloniam Coloniaque obsessa Leodium, ubi post scriptas litteras de injuria sibi illata, et appellationem ad sedem apostolicam interpositam, repentina morte obiit, fugasset, ac denique hortatu papæ, defuncti et excommunicati cadaver exhumatum quinque annis insepultum reliquisset, anno Domini 1110, Romam petiit, tum ut a Paschali imperatoriam coronam more majorum acciperet, tum etiam ut jura sua, quæ in concilio Trecensi imminuta conquerebatur, vindicaret. Cumque Sutrium pervenisset (inquit Joannes Tusculanus hujus temporis episcopus in epistola ad Richardum Albanum pontificem, quæ exstat apud Papirium Massonum) legatos quosdam Romam direxit, qui jurejurando firmaverunt domni papæ Paschalis legatos secure ducere, ac reducere et regem ipsum sacramento firmare, omnem Ecclesiarum investituram penitus abdicare, obsides etiam dare, ne ad hoc flagitium iterum rediret, et res ecclesiastica et regalia ac beati Petri patrimonia libera et quieta omnino dimittere, obsides etiam dare pro securitate, cum ad coronandum cum ad Beati Petri basilicam exiret. Postea ex parte ecclesiæ a laicis viris firmatum est, si ista quæ promissa sunt jam dictus rex observaret, quod domnus noster cum benigne susciperet, et ei diadema regni imponeret, et coronatus, si vellet, urbem intraret. Pro transitu etiam pontis obsides accepit, pro quibus sacramentum exhibuit, quod in ipso die Dominico, si pontem transiret, eos in liberam nostrorum restitueret potestatem. His igitur omnibus sacramentis ex parte peractis, et obsidibus datis, cum ad coronandum eum ad ecclesiam Beati Petri papa exiret, postpositis sacramentis et obsidibus, eum in ipsa ecclesia cum episcopis et cardinalibus et multis Romanis violenter cepit, et in captione arctissima detinuit. Romani vero post alteram diem collecti, in hostes Ecclesiæ impetum facientes, de porticu fugere compulerunt, interfectis multis de suis, et perditis equis, tentoriis, pecuniis et infinita supellectile. Post hæc omnes unanimes contra eum juraverunt uno animo, una voluntate pugnare. Recentiores scribunt, nescio quo auctore, tum demum perfidiam illam imperatorem peregisse, quando pontifex electionem eorum episcoporum, quos ante imperator elegerat, rogatus confirmare nollet. Abbati Urspergensi ejusque sectatoribus scriptoribus quanta fides in his enarrandis adhiberi debeat, supra enarravi. Papa aliquandiu capto, induit Viterbiensis, et detento, imperator a civibus revocatur, et episcoporum investituras, id est annulum et baculum, a papa recipiens, ipsum papam et cives Romanos muneribus reconciliare curavit, et a papa coronatus, favorem et nomen imperiale sortitur anno ab Incarnatione Domini millesimo centesimo undecimo, anno vero regni ejus, ex quo pater regalia sibi resignaverat, sexto. Sigebertus fautor schismaticorum imperatorum addit quod in celebratione missæ pontifex imperatori ad pacem confirmandam corpus Domini tradiderit, eique ista dixerit: « Domine imperator, hoc corpus Domini natum ex Maria virgine, passum in cruce pro nobis, (sicut sancta et apostolica tenet Ecclesia) damus tibi in confirmationem veræ pacis inter me et te. » *Hæc Sigebertus.*

His ita transactis imperator voti compos factus rediit in Germaniam; Paschalis vero synodo episcoporum postea apud Lateranum celebrata, privilegium de investituris conferendis supra recensitum, ab imperatore minis et terroribus extortum, tanquam privilegium verba Godefridi Viterbiensis sunt) improbavit. Epistola, quam ex synodo transmisit ad imperatorem Paschalis, exstat apud Dodechinum in appendice Mariani Scoti, eamque infra cusam cum pluribus hac de re aliis invenies. Super impedimento consanguinitatis in matrimonio quod contractum est inter Boleslaum Poloniæ ducem et filiam Russiæ regis, nomine Sbislavam, in quarto consanguinitatis gradu eidem conjunctam dispensavit.

Obiit Paschalis papa anno Domini 1118, xv Kalendas Februarii, cum sedisset annos xviii, menses quinque, et dies quatuor; sepultus est in basilica Lateranensi.

VITA PASCHALIS II PAPÆ

AUCTORE PETRO PISANO.

(BOLLAND., in Propyleo ad Acta Sanctorum Maii, pag. 314.)

MONITUM.

Hermanni Contracti continuator, finiens cum primo hujus pontificis anno, præcedenti quo creatus est, sic scribit: « Romæ venerabilis papa Urbanus, hujus nominis secundus, postquam sedem Romanam xi annos, menses v gubernavit, post multas tribulationes, tandem iv Kal. Augusti de hac luce migravit. Post cujus obitum dominus Paschalis, qui et Regingerus, in ordine clxii papa, ordinatur; et hoc ex divina revelatione factum ubique divulgabatur. Ordinatus est autem a clero et populo, post decessum sui prædecessoris die 16 et Nativitatem Domini Romæ cum magna pace celebravit. » Dicitur autem hic pontifex *provinciæ Flaminiæ*, quatenus Tuscia Suburbicaria, in qua procul dubio Bleda est, antiquis *Blera*, xxiv P. M. Roma distans, ad sinistram viæ Flaminiæ jacet. Historiam ejus, quamvis prolixam, ut a coævo auctore P. scripta exstat in ms. nostro legere placeat. Ordericus Vitalis ait « quod de Valle Brutiorum monachus fuit. » Fuisse monachum, mox constabit ex Vita: Brutios, vetustum Calabriæ populum novi; Vallem Brutiorum in Tuscia nullam hactenus reperi: monasterium esse, clarius inde indicat cum ait lib. x: « Defuncto Urbano papa Reinerius, Vallis Brutiorum monachus in Paschalem papam electus est, et die 16 a transitu prædecessoris », id est a die 29 Julii, « canonice consecratus est, » quod cum dictis et dicendis optime congruit. eademque postea in progressu ejusdem libri ante medium idem Vitalis confirmat.

Auctorem Vitæ, cujus nomen initiali duntaxat litteræ *P.* scriptum invenimus, *Petrum* vocat Baronius: et est verisimile fuisse *Petrum Pisanum*, quem Ciacconius appellat *papæ scriptorem*; pro cujus reconciliatione eo quod Anacleto antipapæ contra Innocentium papam adhæserit schismaticus, laborandum S. Bernardo fuit. Hic Pisanus, uti dixi, de Pisanorum gestis scribere proposuerit, postea quidem presbyter, tunc autem cardinalis diaconus; cum forte necdum clericus esset Pandulfus, a cujus stylo, multum alias differenti, habebimus duorum sequentium pontificum Vitas. Differt autem in hoc etiam a jam memorato Petro Pisano (cum quo alioqui habet initialem nominis litteram *P.* communem) etiam patria, siquidem hanc eamdem vero similiter habuit cum suo avunculo Hugone de Alatro.

Quod bullas hujus pontificis attinet, Doubletus in Historia Sandionysiana, pag. 475, primum Paschalem fuisse ait, qui plumbeis bullis, solo pontificis nomine antea notari solitis in parte adversa imprimi fecerit SS. Petri et Pauli capita, cum media inter utrumque cruce, sicut originaliter videre est apud Mabillonem pag. 447. Quod tamen non statim secuti sunt posteri, cum Dominicus Raynaldus, bibliothecæ Vaticanæ custos, apud Cangium in Glossario, similia curiose scrutatus, neget se taliter signatas bullas antiquiores vidisse Adriano IV, qui primum anno 1154 sedere cœpit. Cur vero in iisdem bullis imago Petri sinistram, Pauli dextram partem occupet, pluribus disserit Leo Allatius lib. I De consensu utriusque Ecclesiæ, cap. 6.

INCIPIT VITA.

1. Hic puer monachus factus [Cluniaci], philosophantium artibus eruditus, pro monasterii sui causis agendis, ab abbate sibi injunctis, vicesimo suæ ætatis anno Romam venit. Quem et monastici ordinis sui gravitas, et morum honestas, et solertis ingenii circa commissum prudentia, domino Grego-

rio, qui summi pontificatus monarchiam catholica soliditate tunc regebat, notum fecit; et vidit eum, et expertus est, placuit, retinuit certis temporibus, in templo S. Clementis in Urbe presbyterum consecravit. Quanta huic postmodum bona successerint, in sequentibus audietis.

2. Domino Urbano papa magnanimo defuncto, ecclesia quæ erat in Urbe pastorem sibi dari expetiit. Ob hoc Patres cardinales, episcopi, diaconi, primoresque Urbis, primiscrinii et scribæ regionarii, in ecclesia S. Clementis conveniunt. Hic cum de multis agitur, subito de hoc commodius placuit. Quod compertum viro bono displicuit, volensque vitare fugit, latuitque. Sed non diu potuit invisus humano latere consilio, quem in multorum salutem divini numinis gratia revelare disposuit. Invenitur, trahitur in conventum, et convenitur, de fuga arguitur a Patribus. « Fugere, inquit ille, me magis oportuit, Patres, quam inæqualis sarcinæ pondus immoderata animi præsumptione subire; nec decebat me sacerdotem illius honoris cingulo accingere, cujus oneris vinculo involutus succumberem. » « Non sic, aiunt Patres, non sic facias oportet, sed illuc tua se debet cohibere intentio quo divini intuitus cognoveris se infigere sapientiam. Ecce te in pastorem sibi elegit dari populus Urbis, te eligit clerus, te collaudant Patres, denique in te solo totius Ecclesiæ quievit examinatio. Divinitus ista proveniunt, divinitus hic congregati in nomine Domini, te ad summi pontificatus apicem et eligimus et confirmamus. »

3. Sic eo diu renitente a primiscriniis et scribis regionariis mutato nomine ter acclamatum est, responsumque : « Paschalem papam S. Petrus elegit. » Hiis aliisque laudibus solemniter peractis, chlamide coccinea induitur a Patribus (4) et tiara capiti ejus imposita, comitante turba cum cantu Lateranum vectus, ante eam portam quæ est ab australi plaga ad basilicam Salvatoris, quam Constantinianam dicunt, adducitur : equo descendit, locaturque in sede quæ ibidem est. Deinde in patriarchale ascendentes palatium, ad duas curules devenit. Hic balteo succingitur, cum septem ex eo pendentibus clavibus et septem sigillis, ex quo sciat se secundum septiformem Spiritus sancti gratiam sanctarum Ecclesiarum, quibus Deo auctore præest, regimini, in claudendo aperiendoque, tantam rationem providere debere quanta solemnitate id quod intenditur operatur. Et locatus in utrisque curulibus (5) data sibi ferula in manu, per cætera palatii loca, solis pontificibus Romanis destinata, solus jam dominus, vel sedens vel transiens, electionis modum implevit, die altero, mensis sexti xiv die primo (6) consecrandus in pontificem.

4. Consecraturi pontificem pontifices, cum frequentia populi plebisque basilicam B. Petri adeunt, quorum nomina sunt, Oddo Ostiensis, Mauritius Portuensis, Galterius Albanensis, Bozo Lavicanus, Milo Prænestinus, Otto Nepesinus; et inter missarum solemnia, loco et termino quo decuit, manum sibi imponunt. Primus in consecratione Oddo Ostiensis, qui ad hoc utitur pallio, et benedixit et linivit eum chrismate. Catholice igitur a catholicis et orthodoxis episcopis in pontificem consecratus, translato in se pallio, expletisque quæ restabant missarum solemniis, cum plenitudine laudum, cum ingenti applausu populi plebisque, cum alacritate Patrum ac devotione, dominus Paschalis papa II coronatus in Urbem rediit (7).

5. Dum hæc Romæ agerentur Albertus episcopus Aletrinus quidquid affuturum esset per oraculum vidit. Religioso cultu quædam persona sibi apparuit, quæ interroganti quis domino Urbano succederet, respondit : « Rainerius. — Ut quid ? » inquit. « Propter fidem et constantiam, ait ille, elegit eum Dominus. » Et iterum : « Putasne, inquit ille, vivet ? — Vivet, ait, sedebitque (et ostendit id scriptum) quater quaterni ternique. » Episcopus, sciturus rem, Romam venit : quem ut vidit inthronizatum et papam : « Quod vidi, inquit, Deo gratias, video, et tu quantum vives, videas. » Et ait : « Quater quaterni ternique. Hoc numero decem et novem annorum tempus exprimitur, nam cum tot dies, hebdomades, et menses eo superstite jam transierint, vitam ejus ad totidem annos perduci per Dei gratiam exspectamus. » Robur autem et successus ejus in his quæ Dei sunt hominumque, multiplicabatur atque crescebat devotione solemni, spe meliori, gratia certa. Cuncta prospera, cuncta salubria in Urbe inveniebantur; quies pro tumultu, pax pro bello, pro seditionibus concordiæ gratæ indissociabilesque connectebantur. Omnes gaudebant, et cœlitus eum advenisse clamabant, et merito dominari dicebant debere, qui statum Urbis, mores hominum, copias egestatesque cognoverit. Is multorum hominum saluti publice privatimque providere cœpit; omnibus erat amabilis, ab omnibus diligebatur, ut tanto affectu in pontificio quisque sibi applauderet, quanta familiaritate in sacerdotio cuique fuerat conjunctus.

6. Jamque instabant causæ, multiplicabantur consilia, densioribus turbis hinc inde plebs populus-

---

(4) Nempe violaceus sive cæruleus color tunc adhuc solum cernebatur in habitu cardinalium : uti ex vetustis monasterii sui Casinensis picturis docet Angelus de Nuce, in notis ad Leonis Chronicon lib. III, cap. 66, ubi Desiderius electus in pontificem, cappam rubeam inducere consensit : atque hæc est quæ hic *chlamys coccinea* dicitur.

(5) Sedes eburneas esse explicationis causa additur in ms. Vaticano, quarum ut usum intelligas melius, juverit legere eruditum Valerii Chimentelli commentarium De honore bisellii Romanis usurpato.

(6) Id est Dominico.

(7) A basilica scilicet Vaticana S. Petri : quæ quia cum tota Leonina civitate trans Tiberim in Etruria est, ne nunc quidem Urbi accensetur, sed ad eam ex burgo S. Petri ituri, dicunt se *ire Romam*, uti sæpe ipsemet audivi.

que ad eum confluere cœpit, in aurem loqui, nova afferre nunc certa, certiora undique nuntiare. Providendum sibi nunc quisque commodius cœpit existimare. Turpe sibi nunc merito videri debere dicebant hæresiarcham Guibertum, ab Ecclesia toties in capite damnatum, gloriosæ memoriæ domino Gregorio, Urbano magnanimo et Victori religioso, prædecessoribus suis, miræ virtutis pontificibus, diu acriterque adversarium, machinari, atque pati eum se non posse clamabant omnes. Et Patres : « Si pecuniæ, inquiunt, desunt, auro argentoque subveniemus. » Dumque hujus depositio acriter urgeretur utrinque, legati Rogerii comitis in Urbem veniunt, curiam intrant, et more domini ex parte comitis officiosissime papam salutant ; inclinatique ad pedes ejus posuerunt auri uncias mille. Id tam devote susceptum est quam opportune mandatum. His auxiliis ad expugnandum prædictum hæresiarcham de superioribus collatis, audaciam adeptus dominus pontifex. « Operari, inquit, jam, Deo gratias, magis quam consiliari possumus. Albæ erat Guibertus, dedit operam, expulit eum ab Alba. Defectio Albæ exterminavit eum ab Urbe, suosque obstitit homo dum potuit, prævaluit Deus cum voluit. Miser Guibertus, jam non papa, quin nunquam papa, dimissa Urbe, nec adhuc securus, in castellum se proripuit (8) : et hic minus [tutus], et merito. Nam dum superbe Deum, quem in servis suis offenderat, fugere nititur, infelix subita morte præventus, diabolum, cui contumaciter servivit, invenit. Transitus, imo mortis illius diem scire existimo indignum fore mortalibus, ejusque memoriam in terris scribere, cujus nomen Deus in cœlis de libro vitæ delevit. Hæresiarcha fuit : hic sibi sit titulus. »

7. Divino igitur judicio de medio sublato Guiberto, et Ravennas superbia cecidit, et Romana respiravit Ecclesia, nec tamen incentori malorum diabolo defuit materia, qua et unitatem divideret et turbaret Ecclesiam. Duo statim eliguntur papæ, alter post alterum. Et unus quidem eodem, alter vero post centesimum quintum electionis suæ diem a fidelibus captus ; qui Albertus vocabatur, apud S. Laurentium retrudi ; et qui Theodericus, apud Sanctam Trinitatem in Cava eremiticam vitam addiscere, Patrum judicio adjudicati sunt ; sicque dejecit eos Dominus dum allevarentur (*Psal.* LXXII, 18). Eligitur et tertius, Maginulfus nomine. Hic, quia necromantiæ fabulis simplicem populum, illos maxime qui conscientia scelerum in ambitu futuri successus ad eum refugium fecerant, allicuerat, gravem in Ecclesiam calcem impressit. Sed dum auguriis fisus, pontificium adipisci nititur ; quod ex diabolo dari non potuit, divinis destitutus auxiliis merito amisit,

et sacerdotium, quod sine Deo arripuit, tenere non licuit misero : amisit et urbem, ut exsul gravi inopia miseriisque afflictus (corrosa, ut aiunt, lingua) vitam cum carne [*an crimine*?] finiret. Sic uno, altero, et tertio impiæ sedi cedentibus, deficientibusque, confessis hæresim suam ; quæ pie præerat (universis Ecclesia) in uno, qui erat dominus Paschalis papa, convaluit quievitque.

8. Eo tempore dominus papa civitatem Castellanam per suos aggressus, locum satis natura munitum, nutu Dei auxilioque in virtute obtinuit : parum post obtinuit et Beneventum. His diebus Petrus de Columna Cavas, oppidum de jure B. Petri, invaserat ; sed dum aliena contumaciter retinere nititur, turpiter amisit et propria. Egressus Urbe dominus papa Cavas recipit : Columna et Zagarolum, oppida juris illius, sapienter expugnata, prudenter sunt capta. Aiunt et prodigia his annis fuisse. Mare locis quibusdam passibus viginti plus solito littus occupasse, quibusdam passibus plus minus centum in altum tumuisse : cœlum, papilionis in modum, zonis rubeis subrubeisque a superiori ad inferius insignitum apparuisse : iris totum fere id comprehendit.

9. In meridie per dies XXIX cometa apparuit, miræ potentiæ longitudinisque, ut quod superesset cœli quartam partem occuparet, et ante occasum solis cum sole appareret. Sed et adhuc fumigat sceleratorum Ætna, Paschalicis superata virtutibus : tantoque frequentius interius æstuat, quanto solidius exterius compilatur : quoniam Corsorum [vici], videlicet Stephani et filiorum et fratrum ejus jam per dominum papam Paschalem omnes destructi erant. Qui Stephanus nimis in ira exarsit, ecclesiam B. Pauli cum omnibus bonis apprehendit, omnesque reos sibi consociabat, sicque civitatem confundebat : nihil in Urbe tutum, nihil extra securum, fasque nefasque simul. His stimulis primores curiæ instigati, ecclesiam B. Pauli et oppidum quod Stephanus occupabat, clavibus Ulyssice expressis in ceram et ad earum exemplar de ferro confectis, noctu dispositis insidiis, caute aggrediuntur : dumque illi interius negligunt quod exterius timent ; nostri exterius fingunt quod interius machinantur ; capta turri, patentibus portis, copiis introductis, sentiunt subito quod non suspicabantur. Utrinque pugnatum est acriter : illis interior turris et ardua porticus servabat vires, illis facilis ingressus et certa auxilia augebant audaciam. Mane dominus papa cum plenitudine civium oppidum aggressus, cepit quoque ; et Stephanum sacrilegum ejecit : quem, quia monachus videbatur, illæsum abire dimisit

10. Hostibus Ecclesiæ sic exterritis, et Urbe se-

---

(8) Nomen credo potuit de industria reticuisse auctorem, quam illud socordi librario excidisse : quamvis autem varia agri suburbicarii nominentur castella, ac nominatim haud procul Alba castellum Gandulfi, pontificiæ rusticationi nescio quam pridem dedicatum, nuperque ab Alexandro VII mira venustate restauratum exornatumque ; propendet tamen conjectura ad *castellum Romanum*, situm inter Albam et Ostiam, quod inde versus mare propinquior pateret fuga. Fuit tamen hic, ubicunque sito loco « minus tutus. »

data ex parte, eo anno dominus papa in Tusciam apud Florentiam concilium celebravit : in quo cum episcopo loci de Antichristo, quia eum natum dicebat, satis disputatum est : sed ob frequentiam populi, qui ob rei novitatem audiendam hinc inde confertim tumulatimque confluxerat, nec concilium finem, nec disputatio deliberationem habuit. In Longobardia etiam apud Guardastallum celebravit concilium, in quo quidem de investituris, de hominiis et sacramentis episcoporum, laicis exhibitis exhibendisque, certis capitulis statutum est. Sic pertransivit usque in Franciam, et Trecis concilium celebravit : in quo multa quæ ordinanda erant, ordinavit; et quæ abroganda erant, bona fide destruxit.

11. Reversus itaque dominus papa, ut solet esse in absentia principum, Urbem turbatam invenit : superiorem [scilicet] maritimam per eum quem dimiserat Stephanum defecisse, et in sui ditionem attractam occupari. Crevit indulgentia malus, quia pietatis affectu mulceri [non] potest quo sit bonus, qui nunquam desinit esse malus. Superbe scilicet armavit exterius, quæ turpiter intus perdiderat : Ponteclem et Montemaltum, oppida de jure B. Petri, copiis munivit et armis. Hæc dominus papa aggressus, alterum quidem cepit; alterum, ob impatientem in locis [istis] autumnum, depopulatis quæ extra erant, dimisit. His pavoribus [consternabantur] simplices populi novas seditiones oriri, antiqua bella resuscitari, alterum in nece alterius pasci existimantes; cum nihil eis timendum foret, ob latrocinia factionesque eo deficiente. Hæc æquo animo ferebat dominus papa, tum quia inæqualitas temporis tunc eum prohibebat, tum quia in Apuliam transire disposuerat. Ob hoc accitis fidelibus, Lavicano episcopo, Ecclesiarum curam; Petro Leonis et Leoni Frangipani, Urbem et urbana; Ptolomæo, cætera quæ extra Urbem erant B. Petri patrimonia et principem militiæ nepotem suum Galfredum, tuenda commisit ; ipse dispositionis suæ articulo usus, transivit, moratusque ut debuit, quod decuit fecit, cum debuit rediit.

12. In itinere erat [quando] audivit in Urbe seditiones innumeras terribilesque connecti : extra, Anagniam, Prenestem, Tusculanum, ipsas etiam Sabinas defecisse ; hujus defectionis caput roburque Ptolomæum fore ; ascivisse sibi Petrum de Columna, abbatem Farfensem ; Romanorum copiam, Albam Maritimamque fidem servantium, hostilibus irruptionibus depopulatam ; ipsum Ptolomæum submurmurasse [occupandam Albam] ne inde aditus pateret domino papæ redeunti ad Urbem. Sed Dominus, qui B. Petri fide Ecclesiam solet tueri, reditum dedit prosperum. Accito Cajetano duce Ricardo de Aquila, ut hujus itineris dux sibi esset, injunxit. Triduo post in Maritimis nos assecutus est, atque sic Dei et B. Petri auxilio [Albam] usque pervenit. Albæ vero dominus papa tanta devotione susceptus est, quanto desiderio exspectatus : et so-

luto donativo, quod hæreditariis militibus debebatur, Romam venit. Quos hic hostes, quos fideles sociosque invenit, plene cognosci non potuit : dum vero cum suis consedere cœpit, omnes B. Petri possessiones recepit : inter quas cum magno labore et multa nece hominum Tiburtinum suscepit. Parum post Capitolium ascendit : « Hic, inquit, Montalto et cætera. B. Petri patrimonia de Stephani abbatis manibus evellenda sunt : et ob pertinacem ejus superbiam, in propriam personam vindictam sine misericordia dignum est irrogare. » Parvo igitur prælio, sed horrendo satis, captis domibus subversisque turribus adeo sunt exterriti, ut et patrimonia B. Petri et cæterarum ecclesiarum, quæ injuste usurpaverant, redderent; et obsides, tactis sacrosanctis Evangeliis, darent, se de perpessis nec vindictam sumere, nec ultra turpibus conditionibus Ecclesiam afficere. Victor igitur in toto dominus papa comprovincialibus pacem dedit, fidam satis solidamque : et suis erat quisque contentus.

13. Viguit autem pax, quoadusque exterminatorem terræ Henricum, Henrici filium, divinæ ultionis ira in Italiam traxit. Quid vero prædictus hostis Ecclesiæ in itinere operatus est, longum est per singula ambulare atque enuntiare : tamen in quantum possumus sub brevitate posteris significare curamus. Civitates multas et castra in itinere, dolo pacem ostendendo, subvertit ; ecclesias destruere non cessavit ; religiosos ac catholicos viros capere, quos invenire poterat : quos vero habere non poterat, a propriis sedibus expellere non desistebat. Sic impie agendo per Longobardiam et Tusciam usque pervenit. Cum vero Romam pervenit, quid mali in ea, quæ caput est totius mundi, operatus est, res ipsa clare demonstrat. Prius juravit, sed pejerare deinde minime dubitavit : quod facere potuit, non renuit : quod facere non potuit, non pro Deo, sed hominum timore dimisit. Ut dictum est, cum cœpit civitati appropinquare, ubi admoniti erant majores Urbis, uti moris erat, et clerici a porta civitatis, quæ juxta castrum S. Angeli sita est, usque ad ecclesiam B. Petri, omnes planetis, cappis atque dalmaticis induti, eum ad processionem susceperunt. Majores vero, videlicet cardinales, episcopi et presbyteri, cum diaconis atque subdiaconis cæterisque ordinibus, cum domino papa Paschali, intra ecclesiam B. Petri exspectaverunt. Proceres vero, videlicet judices, advocati, scriniarii, omnes cum eo in comitatu venerunt eamdem laudem ei ut alii ferebant referentes, atque dicentes : Henricum regem S. Petrus elegit.

14. Susceptus itaque a summo pontifice non prius ecclesiam intrare voluit, quam eam suo jure suoque dominio a suis fidelibus detineri vidisset. Deliberata est itaque ei ecclesia, et omnes munitiones circumquaque sitæ ; et in hac deliberatione obsides dedit, videlicet nepotem suum et alios barones ostendendo fidem servaturum, quam penitus male servavit. Dominum papam Paschalem dolo et fraude, cum epi-

scopis et cardinalibus cæterisque ordinibus, et cum proceribus quam multis, apprehendit : de aliis vero maximas strages fecit : clericos vero, archipresbyteros, presbyteros exspoliavit, planetas et thymiamata eis auferendo : et proprias vestes, ex quibus vestiti erant, minime dimittebat, nec etiam subtalaria atque femoralia eis habere permittebat. Hæc vero acta sunt mense Februari II Idus, anno Dominicæ Incarnationis 1111, ind. IV. Eodem namque die Dominica qua legebatur evangelium : « Assumpsit Jesus duodecim, etc., et ait illis : Ecce ascendimus Hierosolymam et consummabuntur omnia quæ scripta sunt per prophetas de Filio hominis, quoniam tradetur gentibus, et illudetur, et flagellabitur et conspuetur. » Ascensio ista descensio fuit : quoniam ut Dominus a malignis perpessus est injuriam, sic et iste a barbaris malitiose captus est. Consummata sunt in Christo, quia a prophetis prænuntiatum est eum passurum Hierosolymis ; in isto, quoniam jam multis vicibus dictum erat, non iturum, si vero ivisset, non prius rediturum quam omnia quæ vellet faceret. Traditus fuit videlicet a suis et non ab extraneis : flagella multaque opprobria diu ab eis perpessus est. A prædicto namque die videlicet a II Idus Febr. usque ad v Kal. Maii, devotus Dei pontifex multis affectus est cruciatibus : tamen ad ultimum, pro deliberatione Ecclesiæ et multorum captivorum qui cum eo detenti erant, quamdam cum prædicto exterminatore pacem composuit ; sed [non] diu duravit.

15. Discedente igitur eo, videlicet Henrico, Romam pax rediit : non illa quam insimul composuerant, quoniam minus boni continens erat : sed terræ pax est reddita, quia omnes possessiones B. Petri, quas abstulerat, B. Petro sunt collatæ. Viguit autem pax annis plus minus novem, posteris vix credenda : quam profecto vidi tantam, quantam et timidus bubulcus exoptat, et audax perhorrescit latro, ut quisque locus depositum tueretur. Quid autem egregia Pisanorum industria et admirabilis pertinacia per eumdem Dominum papam Balearibus insulis Efisæ et Majoricæ contulerit ; quem apparatum, quas copias supplementumque quemve legatum ipsi habuerint, quo consule, sub quo imperator militaverint, cujus vexilli indicia secuti fuerint, quisve eorum fortiter [fecerit], quot navibus et quomodo ierint, quid naufragii quidve laboris in reficiendis ratibus passi sint ; illud etiam gloriosum admirandumque subsidium quod non desperaverint ; quomodo etiam evulsis captivis, direptis spoliis, subversis urbibus victores redierint, quia digno volumine comprehendere disposui, suo loco et suo tempori distuli.

16. Hujus temporis prodigia. Apud Mamistram terræmotus muros omnes domosque subvertit, majoremque partem hominum ruina involvit ; quam dum miles quidam fugere nititur ad Antiochiam properans, subito hiatu terræ cum equo absorptus, prius est sepultus quam mortuus. Ibidem alio hiatu terræ hos interceptus, dum corpore inferius fluxit cornibus superius hæsit. Romæ in basilica Lateranis fulmen sacram turrim percussit, partem culminis et gallum æneum vento versatilem campanasque dejecit, et quassato angulo ejusdem basilicæ sepulcrum papæ quod erat inferius omnino destruxt. Ædem S. Pauli ex tribunali, igne de cœlo tactam, destruxit, ut et tecti plumbum conflaretur, et trabes visibiliter arderent ; profecto arderet tota, nisi aqua et auxilio apostolorum confluentes populi Urbis obstarent : monstrant indicia trabes. Beneventi bicipitem, sine pedibus natum [audivi] Romæ in porticu Gallæ vidi id quoque prodigium, Gloriosam nomine et virtute, Bonum filium, juvenem audacissimum, tunc gladium ferentem et hastam, in armo dextro cepisse, suscipiensque eum : « Tune es ille, ait, nequam, qui virum meum interfecisti ? » et abstracto cultro de suppara quem tenuit, evisceravit ; volentibusque sumere vindictam : « Utquid ille, inquit, virum meum interfecit ? » Sic pro pœna gloriose [sumpta] gloriosa mansit.

17. Anno XVII pontificatus dicti domini papæ, anno pacis X mense primo [id est Martio] die 26 mensis, die transitus Domini, ira Dei de manu calicis ejus de terra ascendit. Porro Urbis præfecto defuncto, homines scelerati, seditiosi, proni ad malum privatis negotiis male, publicis pessime providentes, inconsultis Patribus primoribus, puerum adolescentem in Urbis præfectum eligunt : cujus modus, imo excessus hic est. Dum domi in cilicio pater præfectus moritur, extra in gradibus filius præfectus eligitur : patris cadaver ad ecclesiam ducitur, filii fastus ad loca præfectoria destinatur ; patri exsequiæ funeris in ecclesia, filio laudes præfectoriæ in atrio applaudunt ; illi patrem Deo rationem redditurum in sepulcro deponunt, isti filium juraturum populo in ambonem ponunt et sublevant. Miserabilis casus utrorumque. Et tu exsequias funeris pro comitiis filii perdidisti, pater : et tu comitiorum applausum pro patris exsequiis amisisti, fili. Concludat igitur qui vult, dicatque, malo patrem terminasse exitu, cujus in morte uxor gaudeat, lætetur filius, domus tota exsultet filium principiis inchoasse nequam, cuius in comitiis mater laceratis crinibus plangat, filius scissis vestibus gemat, tota domus tristetur.

18. Turbavit dominum papam totamque curiam simul et patris mors et excessus filii. Initoque consilio : « Quia nostra, inquit, ante tempus occupant, merito et non sua in tempore perdunt. Vade P. [Petre] et te Constantine, et ex omnibus quæ ad præfecturam pertinent, ad curiæ commodum, in testimonium hujus nostri venerabilis diaconi, te investias. Parui jussis : in reditu tumultum insidiasque in domini papæ necem persensi : providi auxiliis in subsidiis positis, loco ac tempore egregie facturus : deinde sic sibi adfuturum fore denuntiavi. » Jamque ille, cum tumultu populi plebisque, Constantinianæ basilicæ limen pede tetigerat ; cum subito oleum consecrandum in chrisma, jam infectum balsamo

confectumque, tracto vase, diffusum est. Turbari Patres, mirari dominus : nec credebant prodigium, eo quod in prosperitate positi, nullius periculi casum adfuturum timebant. Ac iterum alio oleo confecto, dominus pontifex, ad exsequendum tantæ solemnitatis mysterium, ad altare ascendit. Jamque ex tribunali sede orationem, « Deus a quo et Judas reatus sui pœnam et latro confessionis suæ præmium sumpsit, » incœperat ; cum illi puerum scissis vestibus, inter altare et tribunal, sibi opponunt, confirmari eum in Urbis præfectum petunt. Cumque ut ejus domini moris erat, ob incœptum officium respondere differret, irasci illi, magnis acclamare vocibus, Deum sibi testem facere, in vota jurare, ni responderit ; aliterque si senserit, atrocis fati miserias eo die visurum. Tandem dominus : « Quid, inquit, confirmari eum in præfectum petitis, quem nec nos digne dare, nec vos hodie honeste petere potestis ? cum vos hodierni funeris exsequiæ a comitiis merito subtrahant, et nos solemnis diei charismata ab hujusmodi juste removeant ? quibus peractis respondebitur digne. » Et illi : « Pro velle nostro nos dispositis utemur ; » tumultuantesque discedunt : fecissentque dispositis viam, nisi eorum, quæ ira tumuerat, nostrarum copiarum timore enervaretur audacia.

19. Die altero, die Parasceve, cum omnium civium hujus Urbis, maxime vetusti moris sacra devotio per loca sancta, per martyrum cœmeteria, per votiva solemnia, pedibus discalceatis in Urbe suburbiisque confertim diffunderetur ; illi simplicem populum plebemque in factionis suæ charybdim sub armis jurare compellunt : itidem die magni Sabbati, die Paschatis gravius. Secunda feria eunti domino ad basilicam B. Petri, juxta radicem pontis Trajani, cum tumultu se puer ille opposuit, confirmari petiit. Quod quia adeptus non est, sequentis familiæ alios cœpit, alios affecit injuriis. In reditu, coronato domino papa, ut ejus diei mos est, et Patribus solemniter procedentibus in curiam, et Capitolio, strepitu, clamore, lapidibus eos prosequuntur. Nec adhuc satis : delegant post eum, nec antea vestes sacras eum exui licuit, quam respondere oportuit, sequenti feria vi de confirmatione communi consilio deliberandum. At ille non contentus termino, eo die quæ restabant præfectualia, a quibus potuit, in se compleri fecit. Feria vi in tantam exarsit audaciam, ut eorum domos subverteret, quorum religio fidei in dominum papam perfide agere noluisset. Providens autem dominus huic ruinæ absque multa cæde resisti non posse, in Albam secessit. Furor illius fautorumque in ecclesiam et domum Petri Leonis, quæ illam tueri videbatur, omnino conversus ; nec posse pati nisi reverso eo suorum fulciretur auxilio. Reversus tanto copiosius principibus curiæ largitus est munera, quanto laboriosius suis bellicis sudoribus pro se subjiciendis fore cognoverat ; Ptolomæo Ariciam, cæteris aurum, argentum, alterius supellectilis copiam.

20. Hac spe boni auxilii nostri securi, ad congrediendum eis Tiberim copias exponunt : præsto fit prælium ; et quasi Urbis totius milites cum nostris hæreditariis paucis belli fortunam sortiri debuissent, magno ausu, sed subito nostri victores, illorum alios ad jurisjurandi religionem in receptionem domini reversuros astringunt, alios et ipsum puerum secum captivos ducunt. Jam nostri ad Fumonem properantes Albam transierant ; jam terram Ptolomæi uti securi, molles, dissoluti, inermes intraverant ; Algidum jam devenerant : cum Ptolomæus veniens in eos, et captos abstulit, et capientes cepit, non veritus dominum papam, ob noviter susceptum beneficium triplicata jurisjurandi religione. Hac Ptolomæi perfidia in exemplum suscepta, perjurii contagium omnes fere infecit, adeo ut ob participationem consortibus sceleris, in Urbe et cæteris hinc inde, perjurium nec infamia nec crimen haberetur. Exsecrabile dictu ! horribile auditu ! Hoc ausu, hac indulgentia criminis Sarminetum, Nymphas, Tiberiam, et omnem Maritimam enormitas defectionis involvit, simul et totam Urbem : vix unus in multis, quem factionis reum vel dicta vel facta verosimilibus indiciis non demonstrarent. Ebullire tota machinis et tormentis, ea parte qua Capitolii rupes ædibus Petri Leonis imminet contigue ; ordinans quidquid armis, igne, manu inferri poterat : invidia magis quam ratio molliebatur : factumque ut solus ex parte pateretur in toto, quidquid undique ab omnibus poterat conferri in unum. Hujus tamen impetus fluctus cœpit tandem detumescere, vel divinis operibus, vel rusticanis, pro maturitate illius temporis, omnibus fere instantibus ; ipsa etiam curia, ob impatientem in locis istis æstatem, in Campaniam Maritimamque secessit.

21. Altero namque anno rex Henricus in Italiam rediit, manifestus hostis Ecclesiæ, tantoque infestior bonis ac religiosis, quanto benignior malis seditiosisque. Hujus consiliarii familiaresque, abbas Farfensis, qui ob sacrilegium factionemque ab Ecclesia bis ter in capite damnatus, Joannes maledictus, Ptolomæus, horumque fautores. Tunc simul atque Latium intravit, B. Petri fidelibus bellum injecit. Magna conatus est, famosa fecit, sed parva. Ob hujus victoriæ gloriam quam fecerat, videlicet quia apprehenderat quædam castra, populus plebsve Romana triumphum sibi instituit. Coronata Urbe, rex et regina per medium : magnus apparatus, parva gloria. Huic nullus Patrum, nullus episcoporum, nullus catholicus sacerdos occurrit : fit ei processio, empta potius quam indicta. Iturus ad basilicam S. Petri navi transivit, non ponte. Trajectus coronari petiit : respondetur, in ea basilica a papa vel Patribus coronandus coronari debet, aliter nequit. quod si velis, ab eis fore petendum. Fit consultum delegat in hunc modum.

22. « Si divinitus datum fuisset, Patres conscripti, rerum publicarum statum digno moderamine gubernari, dignaque reverentia earum rectores alter

ab altero praevenirentur, pax foret, nec pontificalibus obesset orbis imperator, sed alter alterius gloria fulciretur, gloria alterius gloria utriusque foret; et robur utrorumque, amorque utrorumque, timor omnium, totaque se converteret civitas ; nos Patres, nos consules, nos primores, nos omnes bonis Urbis et orbis intuerentur, Gothi, Galli, Hispani, Afri, Graeci et Latini, Parthus et Indus et Arabs aut timerent nos aut diligerent. Nunc autem, cum secus agitur, fit aliter : dimissis caeteris, invicem angimus, invicem angimur ; ab omnibus merito haec patimur, maledicimur, exterminamur. Convertimini igitur, et mei, licet peccantis, votum correctionemque suscipite; ne, dum per vos in me rigescit justitia, multiplicatis sceleribus in aliis, sine me qualiter rigescat non habeat. Ecce a patre Romanae Ecclesiae domino papa e Galliis in Urbem coronandus adveni : eum abesse in infortuniis meis reputo : nunc autem a vobis id exposco. Tantoque id recipienti fiet gratius, quanto ut id mihi fieret gravius elaboravi. Solent accuratius excolere homines , quod diuturnis quaesitum periculis adinvenitur. Sit pax. Et quidem erit, si velitis. Sine crimine loquor. Profecto sedatis ventis, quiescent maria. » Haec rex.

23. Ad haec Ecclesia quae erat in urbe : « Inhonestum satis arbitramur ac indignum, rex, ut aliquando nos dulcibus dictis convenias, quos fellitis actibus in dies circumvenire [non cessas]. Credisne credamus, rex, te ad poenitendum satisfacturumque advenisse; per quem acerba ira continuaque irruptiones barbaricas, rapinas sacrilegas, ordinationes exsecrabiles, exordinationes impias , seditionesque assiduas conflari fierique cernimus? Simul ac Latium intrasti, rex, B. Petri fidelibus bellum injecisti : si non successit voto, id [debemus] Deo, non regi. Age, qui sunt pro quibus agitur? Abbas Farfensis et Ptolomaeus, uterque anathematizatus. Qui sunt contra quos agitur? BB. Petrus et Paulus. Quibus locis agitur? In eorum patrimoniis, in domo propria. Oblitus horum, rex, illis ducibus audax audacter ecclesiam B. Petri intrasti : quibus clericis [comitatus], quibus Patribus, cum quibus episcopis? Quomodo silendum, quomodo agendum est? Adde, qui sunt, qui nunc ante ejus fores excubant : nonne seditiosi, nonne haeretici? Heu! heu! Expulsis Catholicis reverendam cunctis populis B. Petri ecclesiam per te haeretici occupant. Haeccine est via illa, rex , qua poenitens veniam merearis? satisfactio, qua Ecclesiae conformeris? pax, qua bella quiescant, seditiones cessent, venti sedentur, mare detumescat? Profecto nisi conversus, immemor mali, aliter cum Deo senseris, rex, aliter Rex regum cum rege sentiet Deus. Comitiari cum excommunicatis, rex, nosti nos nec debere nec posse; eo maxime cum contremiscat comitiis tuis interesse secundis, quicunque nostrum interfuit primis. »

24. Diffisus hinc rex, accito Mauritio Bracarensi archiepiscopo, qui ob superbam levitatem curialis effectus, per biennium, extra Ecclesiam propriam, opulentissimo cultu et regio, hac et illac molliter et dissolute vagabatur, ante corpus B. Gregorii coronari se fecit, sicque ab Urbe comitiatus abscessit. In itinere erat : aeque distabat ab Urbe et Sutrio : audivit principem Apuliae cum expeditis equitibus Campaniam intrasse, Pillumque ob defectionem ab illis depopulari. Fit consilium eos vel amoveri posse, si ante diem a regio exercitu incautis subveniatur. Nec mora : totum robur belli cum agilitate eo destinat. Et quidem succederet voto, ni quaedam nobilis matrona ex Plumbinaria, dum sic properantem exercitum vidit, periculum quod timebat accito veredario adfuturum principi annuntiaret : sicque dum cavit uni, providit utrisque, ut duo tam feroces exercitus, jam fere contigui, alter in vicum Mauritii, in Acutae arcem indemnis se alter conferrent.

25. Dominus papa celebrato concilio, quod in partibus Apuliae congregaverat, rediens in Campaniam, Pillum Pillanumque in Maritimis, et oppidum S. Silvestri in sui ditionem convertit. Jamque autumnus instabat, cujus calore vel aestu exterius constipatus, interius dissolutus, uti senex et qui erat in castris debilior, in Anagniam se convertit : Isque adeo infirmitas eum oppressit, ut qui aderant medici morti eum magis quam vitae adjudicarent. Sed auctor vitae Deus vitam ejus produxit in longum , et dum dissolutis interius membris compaginis soliditatem injecit, exustis exterius fomenti robur diffudit : factumque est ut qui ante in lecto alterius auxilio suspensus vix sedere poterat, postmodum ante altare per se erectus missarum solemnia celebraret. Hac valetudine venit in Preneste, et B. Agapiti ecclesiam ibidem dedicavit. Nativitatis Domini vigilias Romae, Ordinis missas et matutinum post missam, et iterum missam processionemque, cum omni voto et solemnitate ei diei debita, Octavas etiam et Epiphanias devotissime celebravit : et data licentia legatis Constantinopolitani imperatoris, quos ibidem receperat, deliberaturus B. Petri basilicam, in tantis hostibus Romam in portica [id est lectica] venit. Ob cujus inopinatum adventum subitumque tantus terror Ptolomaeum et praefectum invaserat, ut ante alter quam nollet dominus papa pacem dare, pateret quod desperans de gratia, dimissis penatibus, in urbe latitare pararet.

26. Jamque bonus pontifex ad perficiendum quod incoeperat, machinas et tormenta et quaeque necessaria bello, incredibili agilitate, per biduum per suos parari fecerat. Vicisse eum [potius] diceres quam victurum. Sed dum quod voluit fecit, Dominus vitam ejus, quam ob gratiam distulit, ob debitum terminavit. Biduo post reditum tanto arctius ob laborem itineris populique frequentiam infirmitas convaluit, quanto remissius ob quietem assiduitatis amoenitatemque obsequii ante defecerat. Vir sanctus moriebatur et operabatur. Convocatis Patribus, ut in constantia fidei et sinceritate veri eum sequerentur, injunxit : in cautela doli ab his qui intus forent et

extra, in exsecutione Gibertinorum et enormitatis Teutonicæ: ut invicem se diligerent et invicem idem dicerent, et ipsum verum quem diligerent Deum in omnibus tenerent. Post hoc unctus oleo sacro, facta confessione, peractis in eo omnibus prout decuit sanctum, psallendo cum psallentibus, nocte media, ut qui de tenebris properabat ad lucem, senex honestus, imo ipsa honestas, carnis debitum solvit xv Kalendas Februarii.

27. Corpus ejus balsamo infectum, et ut ordo habet sacris indutum vestibus, cum obsequiis debitis et honore digno, cum frequentia cleri et populi, non cuilibet tanta gleba deportanda imposita est, sed ab ipsis Patribus honorifice est deportata in basilicam Salvatoris, in sede propria, in patriarchio, in dextro latere templi, in mausoleo purissimi marmoris A mirifico opere sculpto, xi Kalendas Februarii collocatus. Qui beatissimus quam plures fecit ordinationes per diversos menses, presbyteros L, diaconos xxx, episcopos numero centum, consecravit ecclesias xx, Romæ ecclesiam S. Adriani in Tribus Fatis, II anno sui pontificatus, dedicavit, et ecclesiam S. Mariæ in regione Areolæ, in loco qui vocatur Monticelli, similiter consecravit. Verum etiam ecclesiam SS. Quatuor Coronatorum, quæ tempore Roberti Guichardi Salernitani principis destructa erat, a fundamentis refecit atque consecravit; anno pontificatus sui xvII, mense Januario, die xx. Celebravit concilium apud Guardastallum in Longobardia, aliud apud Trecas civitatem in Francia (9). Postea defuncto eo cessavit episcopatus dies III.

(9) Malleacense Chronicon duorum ex prædictis conciliorum meminit; primo, « Anno 1107 apud Trecas in Francia fuit concilium, quod tenuit Paschalis papa, in quo decrevit ut per nullam guerram incendia domorum fierent, nec oves aut agni caperentur. » Utile et Christianæ militiæ legibus dignum decretum, sed heu! quam alienum ab usu et praxi calamitosissimæ nostræ ætatis! Et rursum: « Anno 1116 Romæ fuit concilium, quod tenuit novissime Paschalis. » Et : « Anno 1118, xII Kalend. Februarii obiit Paschalis papa, et successit ei Gelasius. » Sepulcri in Laterano positi meminit Cæsar Rasponus, eique locum assignat versus oratorium S. Thomæ.

LAUS METRICA PASCHALIS II PAPÆ
AUCTORE MILONE CARDINALI
S. ALBINI ANDEGAVENSIS MONASTER. MONACHO.

(Dom Martène, *Voyage littéraire de deux religieux Bénédictins*, tom. II, pag. 24.)

Magnificandus et omnicolendus ubique timendus,
Justitiæ fidem qui Petri continet ædem,
Nomine Paschalis venerandus vir specialis,
Lux, decus Ecclesiæ, caput orbis, imago Sophiæ,
Examen juris, pia forma sequenda futuris,
Cujus ad adventum terror fregit Beneventum.
Sit per eum salvus quem Virginis edidit alvus.
Si genus et speciem dialectica cuncta novaret,
Magnus Aristoteles si scire suum repararet,
Tullius et Plato si surgant fonte renato;
Si de Parnasso transferret carmina Naso,
Magnificandus ut es, vix dignum laude sonarent
Nobilitate tui generis nimis es specialis,
Moribus et vita magis es quam pontificalis
Roma caput mundi si præmunita fuisset,
Sedis apostolicæ tibi pridem jura dedisset,
Justitiæ legi tua vox nihil ante tulisset.
In Samio summo bivio sic vita regatur.
Ne leve læva levet, levitatem dextra sequatur.

NOTITIA DIPLOMATICA.

(Philippus Jaffé, *Regesta pontificum Romanorum*, pag. 477.)

---

† Paschalis II bullæ Incarnationis annos vulgares, Florentinos, Pisanos passim præponent; indictionem habes plerumque Constantinopolitanam, aliquoties Pontificiam. Nonnullis anni 1111 bullis appositi sunt anni imperatoris (317, 318).

Dictum Paschalis hoc est: Verbo Domini cœli firmati sunt (27, 46, 47, 70, 111, 143, 147, 184, 208, 230, 234, 248, 338, 357, 367, 377).

NOTITIA DIPLOMATICA.

Subscripserunt:
Ep. Albanensis   Walterius . . . a 14 Apr. 1100 ad 20 Nov. 1100
                      Ricardus. . . . a 14 Febr. 1102 ad 25 Febr. 1114
                      Vitalis . . . . d. 21 Dec. 1116
» Ostiensis   Oddo . . . . . a 15 Oct. 1100 ad 20 Nov. 1100
                      Leo . . . . . a 13 Febr. 1113 ad 5 Jul. 1114
» Portuensis   Petrus . . . . . a 15 Febr. 1113 ad 22 Dec. 1116
» Praenestinus   Milo . . . . . a 15 Oct. 1100 ad 20 Nov. 1100
                      Coyro . . . . . d. 14 Febr. 1102
                      Cono . . . . . a 13 Febr. 1113 ad 22 Dec. 1116
» Sabinensis   Crescentius . . a 11 Mart. 1102 ad 21 Dec. 1116
» Signiensis   Bruno . . . . a 10 Nov. 1100 ad 2 Nov. 1106
» Tusculanus   Joannes . . . a 15 Oct. 1100 ad 20 Mart. 1105
Presb. card. tit. S. Anastasiae . . . . . Joannes . . . . d. 20 Mart. 1105
                                  Boso . . . . . . d. 24 Mart. 1116
» » »   S. Chrysogoni . . . . Bernardus . . . . d. 14 Apr. 1100
                                  Gregorius . . . . a 15 Febr. 1113 ad 17 Febr. 1113
» » »   S. Clementis . . . . . . Anastasius . . . a 11 Mart. 1102 ad 24 Mart. 1116
» » »   S. Damasi . . . . . . Risus (Riso) . . . a 20 Mart. 1105 ad 1 Sept. 1107
» » »   S. Eusebii . . . . . . Robertus . . . . a 15 Oct. 1100 ad 14 Apr. 1109
                                  Joannes . . . . d. 23 Nov. 1116
» » »   S. Laurentii in Damaso Deusdedit . . . . a 21 Dec. 1116 ad 22 Dec. 1116
» » »   S. Lucinae . . . . Landulphus. . . . a 2 Nov. 1106 ad 1 Sept. 1107
                                  G. G. . . . . . d. 23 Nov. 1116
» » »   S. Mariae trans Tiberim Petrus . . . . . . d. 15 Febr. 1113
» » »   S. Martini et S. Silvestri Diviso (Dunzo) . . a 24 Febr. 1107 ad 1 Sept. 1107
» »   Equitii . . . . Dinizo (Amizo) . . a 24 Mart. 1116 ad 23 Nov. 1116
» »   S. Petri ad Vincula . . Albericus . . . . a 15 Oct. 1100 ad 20 Nov. 1100
» » »   S. Praxedis . . . . . . Desiderius . . . . a 23 Nov. 1116 ad 22 Dec. 1116
Card. et abbas (Casinensis) Odorisius d. 10 Nov. 1100.
Card. S. Balbinae . . . . . Guido . . . . . d. 21 Dec. 1116
» S. Caeciliae . . . . . . Joannes . . . . a 5 Jul. 1114 ad 22 Dec. 1116
» S. Eudoxiae . . . . . . Benedictus. . . . d. 25 Febr. 1114
» SS. Joannis et Pauli » Teuto (Teuzo) . . a 10 Nov. 1100 ad 14 Nov. 1100
» S Marci . . . . . . Bonifacius . . . . a 21 Dec. 1116 ad 22 Dec. 1116
» SS. Marcellini et Petri Raynerius . . . . d. 25 Febr. 1114
» S. Priscae . . . . . . Romanus . . . . a 15 Mai. 1101 ad 25 Febr. 1114
» S. Pudentianae . . . . Conradus . . . . d. 25 Febr. 1114
» S. Silvestri . . . . . . Benedictus . . . . d. 15 Mai. 1101
» S. Xisti . . . . . . Petrus . . . . . d. 15 Mai. 1101
Diac. card.   S. Adriani . . . . . . Petrus . . . . . a 21 Dec. 1116 ad 22 Dec. 1116
» »   S. Angeli . . . . . . Berardus . . . . a 24 Febr. 1107 ad 1 Sept. 1107
                                  Gregorius . . . . a 23 Nov. 1116 ad 22 Dec. 1116
» »   SS. Cosmae et Damiani Petrus . . . . a 24 Mart. 1116 ad 22 Dec. 1116
» » de tit.   Cosmidin . . . . . Joannes . . . . . a 24 Febr. 1107 ad 25 Jul. 1107
» »   S. Georgii . . . . . . Rossemannus . . . a 21 Dec. 1116 ad 22 Dec. 1116
» »   S. Luciae . . . . . . Joannes . . . . . a 24 Mart. 1116 ad 22 Dec. 1116
» »   S. Mariae in Aquiro Comes . . . . a 21 Dec. 1116 ad 22 Dec. 1116
» »   S. Mariae (in via lata) Romualdus . . . . a 13 Febr. 1113 ad 24 Mart. 1116
» »   S. Mariae novae . . . . Paganus . . . . a 10 Nov. 1100 ad 20 Nov. 1100
» »   S. Nicolai . . . . . . Ugo . . . . . . d. 5 Jul. 1114
» »   SS. Sergii et Bacchi . Aldo . . . . . . d. 24 Mart. 1116
» »   S. Viti . . . . Leo . . . . . . d. 24 Mart. 1116
» »   Baso . . . . d. 13 Febr. 1113
» »   Jonathas, Gregorius . . . . d. 15 Febr. 1113
» »   Petrus . . . . d. 23 Nov. 1116

Scriptae bullae sunt p. m.
Petri notarii regionarii et scriniarii sacri palatii (8, 19, 39, 40, 45, 46, 47, 48, 50, 51, 56, 66, 67, 69, 70, 77, 111).
Pyderii (Petri?) regionarii et referendarii sacri palatii (71).
Joannis scriniarii regionarii et notarii sacri palatii 18, 90, 91, 92, 147, 148, 161, 276, 289, 317, 345).
Rainerii scriniarii regionarii et notarii sacri palatii (96, 110, 118 bis, 119, 123, 124, 137, 139, 141, 143, 152, 156, 162, 166, 167, 174, 182, 186, 253, 255, 258, 270, 273, 278, 280, 285, 290, 299, 358, 344, 389).
Grisogoni notarii sacri palatii (350, 351, 356, 366, 367, 381).
Gervasii scriniarii regionarii et notarii sacri palatii (380, 421, 440).
Datae p. m.
Docibilis S. R. E. diaconi cardinalis (3).
Joannis S. R. E. diaconi cardinalis — ac bibliothecarii (bullae 186, quarum prima est 8, ultima 496).
Joannis S. R. E. diaconi cardinalis ac bibliothecarii vice domini Friderici archicancellarii et Coloniensis archiepiscopi (317, 318).
Lanfranci scriptoris sacri palatii (14).
Leonis scriptoris (18, 19).
Equitii agentis vicem cancellarii (82, 84, 97, 101 bis, 110, 143, 148, 209).
Galteri R. E. diaconi cardinalis (83, 84 bis).
Leonis S. R. E. diaconi cardinalis (261, 263).

PASCHALIS II

ROMANI PONTIFICIS

EPISTOLÆ ET PRIVILEGIA.

I.

Ad Hugonem abbatem Cluniacensem. — Urbani obitum et suam ipsius electionem significat.

(Anno 1099, Sept. 10.)

[Mabill., Annal. Bened. V, 407.

Paschalis episcopus, servus servorum Dei, reverendissimo fratri Hugoni, Cluniacensi abbati, salutem et apostolicam benedictionem.

Domini et Patris nostri Urbani papæ doctrina et vita quam sancta, quam grata Deo exstiterit, exitus profecto melior, et ipsa [totius Ecclesiæ] protestatur tristitia. Unde et nos, et vos omnipotenti Deo communibus votis dignum est gratias agere. Sciatis autem ejus obitum IV Kalendas Augusti completum, totius urbis Romanæ luctu et tristitia celebratum; die vero post ejus transitum XVI nos, licet indigni, totius cleri et catholici populi assensu in ejus locum suffecti sumus.

II

Rescriptum ad Pibonem episcopum Tullensem. — Monachis Calmosiacensibus asserit altare parochialis ecclesiæ, a Pibone donatum.

(Anno 1099, Nov. 19.)

[Martene, Thes. Anecd. III, 1171.]

Paschalis episcopus, servus servorum Dei; venerabili fratri Piboni, episcopo Tullensi, salutem et apostolicam benedictionem.

Sicut malum prohibere cum possumus, ita bonum cum facultas est, auctore Deo, confirmare debemus, idcirco petitionem tuam, charissime frater Pibo, Tullensis episcope, clementer accepimus, et donum quod Calmosiacensibus fratribus tua liberalitas contulit, litterarum præsentium auctoritate firmamus : statuimus enim ut altare illud parochialis ecclesiæ, quod ad usus eorumdem fratrum contulisti, firma semper et immobili stabilitate in eorum ditione permaneat, et quemadmodum hactenus presbyter qui ecclesiam habuerat, de manu episcopi altare susceperat, sic deinceps qui ecclesiam habere voluerit, a manu Calmosiacensis abbatis altare suscipiat. Quisquis vero idem donum a Calmosiacensi monasterii possessione subtrahere vel auferre tentaverit, apostolicæ ultionis gladio feriatur.

Data Romæ tertio decimo Kalendas Decembris.

III.

Ad Bertrandum Narbonensem archiepiscopum. — Primatum ei super Aquensem metropolim, et quidquid dignitatis vel honoris Narbonensis Ecclesia habuerit, ipsi inconcussum confirmat.

(Anno 1099.)

Dom Bouquet, Recueil., XV, 17.]

Paschalis episcopus, servus servorum Dei, dilecto in Christo fratri Bertrando, Narbonensi archiepiscopo, perpetuam salutem in Domino.

Quod apud Ecclesiam Petrus in sua verissima professione promeruit, cum a Magistro et Domino sibi dicitur : *Tu es Petrus, et super hanc petram ædificabo Ecclesiam meam*, et quod doctor gentium Paulus ecclesiarum omnium sollicitudinem in se habere professus est, hoc nobis, licet indignis, eorum vicem in Ecclesia Dei retinentibus, ab ipso B. Petro per clamantem [*f.* Clementem] concessum et credimus et confitemur. Quia igitur Ecclesiarum omnium cura nobis commissa est, dilectionem tuam, frater in Christo charissime, instanter admonemus ut in Ecclesia cui largiente Domino præsides, doctorem veritatis in omnibus te exhibeas et rectorem justitiæ, non despicias in judicio personam pauperum, nec consideres vultum potentis ; judicium tibi semper cum misericordia, ut severitas justitiæ freno misericordiæ, et humilitas misericordiæ vigore justitiæ temperetur. Super gregem tibi commissum continua sollicitudine vigila, ut nec lupus rapiat, nec latro perdat. Quæ dispersa sunt congreges, et congregata quæ fuerint intemerata conserves, et talem te in omnibus in grege Dei exhibeas, ut pastor videaris, non mercenarius. Nos quoque venerabilem Narbonensem Ecclesiam, cui Deus benignitate te præesse voluit, apostolicæ sedis auctoritate munimus. Statuimus enim eidem Ecclesiæ tuæque fraternitati has civitates, Tolosam videlicet, Carcassonam, Elnam, Biterrim, Agathem, Magalonam, Nemausum, Euticam, Lugdouvem, debitam semper exhibere obedientiam. Præterea primatum Aquensis metropolis, quæ est Narbonensis secunda, et quidquid dignitatis vel honoris Narbonensem eamdem Ecclesiam antiquitus jure habuisse constiterit, nos quoque præsentis decreti pagina inconcussum et inviolabile perpetuo manere decrevimus, et in omnibus locis Ecclesiæ tuæ canonice subditis, sive monasteriis, sive ecclesiis, canonicum jus obtinere tibi firmamus; salvo canonico jure aliarum ecclesiarum. Quid autem oneris tibi imponat, ipse perpende; oportet enim te esse castum, sobrium, misericordiæ, orationibus intentum, in eleemosynis prodigum, in prædicatione non tacitum, in hospitalitate præcipuum, necessitatibus fratrum compatientem. Hæc et plura his similia, quæ ipse noveris, frater charissime, te diligentissime observare convenit. Sic itaque agendo, videris quod diceris. Si quis forte temerario ausu hujus privilegii jura violare tentaverit, si bis vel ter admonitus emendare contempserit, sive clericus fuerit, sive laicus, a corpore et sanguine Domini dicimus esse removendum. Amen, amen, amen.

Datum Romæ per manus Docibilis, sanctæ Romanæ Ecclesiæ diaconi cardinalis, anno Dominicæ Incarnat. 1099, indict. VIII, domni Paschalis II papæ anno primo.

IV.

Ad Hildefonsum Hispaniarum regem. — Didacum (Pelaiz) ab ecclesia S. Jacobi Compostellana canonice remotum esse.

(Anno 1099, Dec. 29.)

[FLOREZ, *España sagrada*, XX, 25.]

PASCHALIS episcopus servus servorum Dei, charissimo filio ILDEFONSO, Hispaniarum regi, salutem et apostolicam benedictionem.

Petitionem tuam pro B. Jacobi ecclesia benigne suscepimus, tum quia et nos Ecclesiæ ipsius graviter detritionem condolemus, tum quia eo te filium Ecclesiæ catholicæ ducimus loco, ut in his quæ justa sunt, quæque mortalium cuilibet annuenda, te potissimum admittere debeamus. Recensitis igitur domini prædecessoris nostri Urbani sanctæ memoriæ litteris, fratribus etiam qui in legali ratiocinatione eidem domino nostro Urbano adfuerunt requisitis, patenter constitit confratrem nostrum Didacum, quondam Iriensis Ecclesiæ episcopum, juste et canonice ab episcopatu semotum, quamvis ei dominus noster Urbanus officium episcopale permiserit, si quando a vacanti evocaretur Ecclesia. Placuit itaque universis qui nobiscum convenerant fratribus, certum tantis varietatibus finem imponere, ne ulterius occasione ejus B. Jacobi destituatur ecclesia. Omni quapropter ambiguitate seposita, personam et religioni et regimini episcopali congruam largiente Domino apud Compostellanam B. Jacobi ecclesiam eligi, et ad nos consecrandam reduci præcipimus. Porro pro supra nominato exepiscopo Didaco benignitatem tuam rogamus, ut in regni tui collata divinitus latitudine tantum ei honoris conferas, quantum ejus sustentationi possit honeste sufficere. Statum nostrum plenius ex legatorum relatione percipies, et quo modo, quo habitu apostolica sedes agitetur agnosces. Tu autem cum ecclesiæ membra diligis, illam ut caput diligere, adjuvare et honorare non cesses, omnipotens Dominus suo te amore accendat, hostium suorum victorem faciat, ab omnibus peccatis absolvat.

Datum Laterani IV Kal. Jan.

V.

Ad clerum et populum Compostellanæ Ecclesiæ, de eodem.

(Anno 1099, Dec. 29.)

[FLOREZ, *ubi supra*, p. 26.]

PASCHALIS episcopus, servus servorum Dei, clero et populo Compostellano, et ejusdem provinciæ episcopis, salutem et apostolicam benedictionem.

Quantis jam diu calamitatibus pro pastoris absentia B. Jacobi fatigetur ecclesia, Hispaniarum angulus jam nullus ignorat. Unde catholicorum omnium mater Romana Ecclesia tanti membri, quod in corpore suo præclarius gestat, dolores diutius tolerare non patitur. Igitur apostolicæ sedis præceptis et synodalis collegii, quod in vestra provincia per ejus vicarium pro eodem negotio celebratum est, gestis diligenter requisitis, ex pleniori fratrum nostrorum sententia, sancto ut credimus Spiritu dictante, decrevimus S. Jacobi Ecclesiam tantis calamitatibus absolvendam. Omni igitur ambiguitate seposita, omni spe seu ambitione quam post depositionis suæ synodale judicium frater noster Didacus ex apostolicæ sedis miseratione gestabat, oblata, personam et religioni ac regimini congruam episcopali Compostellanæ Ecclesiæ festinantius eligere, et consecrandam ad nos dirigere festinate.

Datum Laterani IV. Kal. Jan.

VI.

Godino Oritano interdicit sub excommunicationis pœna ne Brundusini episcopatus bona sibi vindicet.

(Anno 1099.)

[UGHELLI, *Italia sacra*, IX, 31.]

PASCHALIS episcopus, servus servorum Dei, GODINO Oritano, salutem et apostolicam benedictionem.

Valde miramur te in tanta prorupisse et permanere insania, ut Brundisini episcopatus bona tuæ proprietati vindices. Unde mandamus quatenus si nos diligis, et beati Petri gratiam habere desideras, ab hac desistas insania, alioquin noveris te communione privari. Brundusinæ enim Ecclesiæ Oritana subjacet. Inde inter eas nullum debet esse divortium, etc.

VII

Ad Gebhardum episcopum Constantiensem.

(Anno 1100, Jan. 18)

[JAFFÉ, *Regesta pontif. Rom.*, 479, ex schedis Pertzii.]

G[ebhardum], episcopum Constantiensem hortatur, *ut opportune importune arguat eos qui a veritate auditum avertant. Deinde respondet 1° clericis qui ad divina officia laicos excommunicatos non sponte admittant, non videri propter infantes baptizandos chrismatis participationem denegandam, nisi forte baptizatorum susceptores omnino excommunicatos esse constiterit; 2° virum illum, qui abortivum filium cum uxori solus adesset, instante mortis articulo, baptizare compulsus sit, nequaquam propter hoc ab eadem uxore dirimendum esse; 3° monachis, qui nullo ecclesiastico fungantur officio, portare ad altare sacra vasa non licere; nec eos, qui criminum rei fuerint, ad ministeria quælibet ordinari; 4° quod urbanis presbyteris non liceat, nec in monachorum seu canonicorum ecclesiis præsumatur, villarum presbyteris non licere, angelicum hymnum in festivitatibus martyrum dicere.*

ncipit : « In verbis epistolæ. »

VIII.

Bulla ad Ivonem episcopum Carnotensem. — Ne quis obeunte eo vel ejus successore quolibet domum episcopalem exspoliare præsumat.

(Anno 1100, Febr. 14.)

[*Gall. Christ.*, nov., VIII, 507, ex authent. capituli Carnotensis.]

PASCHALIS episcopus, servus servorum Dei, venerabili fratri IVONI Carnotensi episcopo, salutem et apostolicam benedictionem.

Religiosis desideriis dignum est facilem præbere consensum, ut fidelium devotio celerem sortiatur effectum. Idcirco petitioni tuæ, charissime frater et coepiscope Ivo, benignitatis apostolicæ accommodamus auditum, ut quod iuste omnibus sacerdotalis ordinis fratribus deberi cognoscimus, fraternitati tuæ singulari scripti confirmatione præstemus. Omnium siquidem episcoporum clericorumque rebus provisum est, cum in Arvernensi concilio considentibus archiepiscopis duodecim, episcopi LXXXII, a domino prædecessore nostro beatæ memoriæ Urbano salubriter est statutum: *Si quis episcoporum, seu presbytsrorum aut aliorum clericorum deficientium res invaserit, usque ad satisfactionem excommunicetur.* Hoc igitur synodale decretum nostra quoque auctoritate firmantes, de vestra singulariter domo pontificali statuimus, quam scilicet magnis expensis tua strenuitas ædificavit, ne quis obeunte te, vel tuorum successorum quolibet emigrante, seu occasione aliqua decedente, domum ipsam dissipare aut exspoliare præsumat, nec ab ea supellex ferri, vel plumbi, vel vitri, vel ligni, vel lapidis asportetur, aut obruatur; universa etiam pontificali ædi appendentia, videlicet coquinæ, horrea, cellaria, torcularia, furni, furnorumque domus integra, et omnino a rapinis conserventur libera; silvæ præterea, et quidquid extra urbem aut intra urbem ad episcopi salarium pertinet, nec donentur, nec venundentur, nec occasionibus aliis distrahantur, sed a rapina omni violentiaque semota, successori, qui per Dei gratiam ecclesiam recturus est, conserventur. Sane si quis in crastinum archiepiscopus, aut aliquis in aliquo cleri officio, vel honore constitutus, si quis rex, sive princeps, aut dux, comes, aut vicecomes, judex, advocatus, sive defensor, aut quælibet sæcularis persona hanc nostræ constitutionis paginam sciens contra eam temere venire temptaverit, secundo tertiove commonita, si non satisfactione congrua emendaverit, excommunicationi subjaceat. Cunctis autem apostolicæ constitutionis decreta servantibus sit pax Domini nostri J. C. quatenus et hic fructum bonæ actionis percipiant, et apud districtum judicem præmia æternæ pacis inveniant. Amen, amen.

Scriptum per manum Petri notarii regionarii et scrinii sacri palatii.

Datum Romæ per manum Joannis sanctæ Romanæ Ecclesiæ diaconi cardinalis XVI Kalend. Martii, indictione VIII, Incarnationis Dominicæ anno 1100, ontificatus autem domini Paschalis II papæ 1.

IX.

Ivoni Carnotensi et Rannulfo Santonensi episcopis præcipit ne concilii Claromontensis de monasteriorum altariis decretum negligant.

(Anno 1100, Mart. 14.)

[SIRMONDI Opp. t. III, p. 492.]

PASCHALIS episcopus, servus servorum Dei, venerabilibus episcopis IVONI Carnotensi et RANNULFO Sanctonensi salutem et apostolicam benedictionem.

Juxta sanctorum canonum sanctiones non ignotum vobis esse credimus quid ultionis maneat ecclesiastici ordinis viros apostolicæ sedis decreta spernentes. Ipsi enim Arvernensi concilio adfuistis, in quo præsidente prædecessore nostro bonæ memoriæ papa Urbano, considentibus Galliarum episcopis, decretum est ut altaria quæ ab annis triginta et sub vicariorum redemptione monasteria possedisse noscuntur, quiete deinceps et sine molestia qualibet monasteriis ipsis firma permaneant. Vos autem huic simplicitati incongruas duplicitates innectitis, et personarum redemptionem mutatis nominibus extorquere conamini. Verum oportet nos hujusmodi versutiis sinceritate veritatis apostolicæ obviare. Præcipimus ergo ut decretum illud omnino teneatur integre, nec super illud quidquam ulterius pro eisdem altaribus exigatis. Sane quod vobis dicimus cæteris quoque Galliarum episcopis erga suarum diœcesum monasteria præcipimus observandum.

Datum Romæ II Idus Martii.

X.

Paschalis privilegium monasterii Vindocinensis de professione ab abbate non facienda confirmat.

(Anno 1100, Mart. 14.)

[Non exstat. — Vide Sirmondi Opp. t. III, p. 468, not. e.]

XI

Conventui ecclesiæ S. Jacobi Compostellanæ nuntiat Didacum, eorum ecclesiæ canonicum et vicedominum, a sese ordinatum subdiaconum esse.

(Anno 1100, Mart. 18.)

[FLOREZ, *España sagrada*, XX, 21.]

PASCHALIS episcopus, servus servorum Dei, universo conventui ecclesiæ S. Jacobi salutem et apostolicam benedictionem.

Didacum, Ecclesiæ vestræ canonicum et vicedominum, venientem ad nos paterna benignitate suscepimus: quem in apostolicæ sedis gremio subdiaconum ordinatum vestræ charitati remittimus. Nulla siquidem genii querela eum inhiberi censemus, non ex præcedentibus ante id temporis causis sollicitari volumus, quin deinceps largiente Domino suis temporibus ad sacros ordines debeat promoveri.

Datum Romæ per manum Joannis diac. cardin. bibliothecarii XV Kal. April.

XII.
Monasterio Reinhardsbornensi ecclesiam Tittebornensem asserit.

(Anno 1100.)

[Non exstat. — Vid. *Thuringiam sacram*, p. 207.]

XIII.
Ad Hermannum Augustensem episcopum.

(Anno 1100, Apr. 7.)

[JAFFÉ, *Regesta Rom. pont.*, ex schedis Pertzii.]

HERMANNO, Augustensi episcopo, salutem et apostolicam benedictionem.

Quod iteratis fraternitatis tuæ litteris hactenus nihil respondimus, causa hæc fuit quia te extra catholicam unitatem credebamus. Nunc autem quia sicut ex vicarii nostri G[ebhardi] Constantiensis episcopi litteris agnovimus, ad catholicam per Dei gratiam reversus es communionem, de tua plurimum conversione gaudemus. Cupimus enim non solum te, sed omnes illarum partium ad sedis apostolicæ obedientiam revocari. Præsentibus igitur litteris paternæ salutationis et apostolicæ benedictionis tibi gratiam destinamus, rogantes ut in ejusdem sedis apostolicæ obedientia perseveres, sicut ab eodem vicario nostro tuæ dilectioni credimus esse injunctum. (*Sequitur formula anathematizationis Wiberti antipapæ.*)

XIV
Monasterii Dervensis seu S. Bercharii protectionem suscipit, possessionesque ac privilegia confirmat.

Statuit insuper ut nullus sæcularium aut ecclesiasticorum abbatem, ejusve successores ad sæcularem curiam trahat, neque episcopus ullus ad synodum, « nisi ob causam fidei, ire, nec denique monasterii sui solemnitates relinquere, et urbanis interesse cogat. » His litteris post Paschalem subscribunt Albertus cardinalis Sanctæ Sabinæ, Augustinus cardinalis Sanctorum Quatuor Coronatorum, qui ambo se « indignos » cardinales dicunt. « Datum Lateranis III Idus Aprilis, indictione VIII, per manum Laufranci, scriptoris palatii, anno Dominicæ Incarnationis 1100, pontificatus autem domni Paschalis secundi papæ anno I (10).

(Anno 1100, April. 11.)

XV.
Paschalis papæ epistola ad Philippum episcopum Catalaunensem.

(Anno 1100.)

[MABILL., *Annal. Bened.*, V, 420.]

PASCHALIS episcopus, servus servorum Dei, venerabili fratri et coepiscopo PHILIPPO Catalaunensi salutem et apostolicam benedictionem

Cum neminem episcopum liceat canones ignorare, multum miramur quod abbatem Sancti Bercharii ad civitatis tuæ festivitates cogendo non dubites invitare. Quod quam absurdum sit, quamque officio tuo contrarium, nemo dubitat, qui novit quod sacri canones etiam ad synodum abbates cogi prohibeant. A Clericum quoque alterius vel monachum ab aliquo suscipi, quomodo sanctorum Patrum sanctiones inhibeant, fraternitati tuæ ignotum esse non credimus. Quod te de monachis præfati abbatis facere non sine admiratione audivimus. Præsentium igitur auctoritate dilectioni tuæ præcipimus, ne præfatum abbatem ad festivitates tuas ire cogas, neve monachos ejus contra eum suscipias (11)

XVI.
Bulla Paschalis II de unione Ecclesiæ Arausicanæ ad Tricastinam

(Anno 1100)

[*Gall. Christ.*, I, Instrum., 120.]

PASCHALIS episcopus, servus servorum Dei, venerabili fratri et coepiscopo GIBELINO Arelatensi, salutem et apostolicam benedictionem.

Quod de unione Arausiacensis Ecclesiæ atque Tricastinæ, prædecessor noster dominus Urbanus statuerit, et tua fraternitas non ignorat : unde in susceptis dilectionis tuæ litteris, certi quid tibi scribere nequivimus, quod Tricastinus episcopus ad nos nondum pervenit. Fratre igitur coepiscopo nostro Guillelmo a mortalitate ad immortalitatem, a terrenis ad cœlestia, ut credimus, sublevato, jam tempus adest ut Arausicana Ecclesia Tricastino episcopo reddatur, et diu super hoc eventilatis litibus, præsentium auctoritate fraternitati tuæ mandamus, ut prædicto episcopo ipsam ecclesiam reddas, et ut tam clerus quam populus ei obediat. »

Datum Laterani.

XVII.
Bulla ejusdem papæ pro unione prædicta.

(Anno 1100.

[*Gall. Christ.*, ubi supra.]

PASCHALIS episcopus, servus servorum Dei, dilectis filiis clero et populo Arausicensis Ecclesiæ, salutem et apostolicam benedictionem.

Universa Ecclesiæ unitas, quæ Deo auctore, beati Petri, et post eum ejus successoribus, curæ commissa est, ita nobis est charitate servanda, ut et creditarum nobis animarum saluti pia sollicitudine consulamus, et sanctorum Patrum decretis, et constitutionibus non deviemus. Jure enim et auctoritate esse vacuum quidquid prædecessorum nostrorum Gregorii, Victoris, Alexandri et Urbani statutis (12) Arausicensis Ecclesia Tricastinæ constet Ecclesiæ esse unita : quæstioni super hoc negotio diu ventilata, secundum statuta eorum, consilio confratrum nostrorum finem imponere decrevimus; et ut episcopo Tricastino de cætero sicut proprio pontifici postposita omni refragatione obediatis, apostolica auctoritate mandamus, sicque cum tranquillitate et pace in episcopi obedientia reverenter stare, ut om-

---

(10) Huic privilegio occasionem dedit Philippus Catalaunensis episcopus, qui Dervensem abbatem ad synodum et ad solemnitates urbis suæ cogere volebat. Qua de re litteras sequentes ad eum Philippum scripsit pontifex.

(11) Hoc rescriptum, quod ex chartaceo codice Dervensi eruimus, caret chronicis notis; ast hoc anno datum fuisse intelligitur, tum ex præcedenti diplomate, tum ex eo quod Philippus episcopus hoc ipso defunctus est, ut discimus ex Hugone Flaviniacensi, et ex Chronico Sancti Petri Catalaunensis.

(12) Aliqua desunt.

nis Ecclesiæ plenitudo in unitatis soliditate permaneat, et omnis deinceps super hoc ita disceptatio sopiatur, ut nihil prorsus de bene compositis retractetur, et qui post legitimas et divinitus inspiratas constitutiones volet confringere, non pacis ecclesiæ ipse, sed rebellis patens agnoscatur. Charitate itaque dictante fraternitatem vestram monemus, ut episcopo Tricastino, qui pro vobis Deo rationem redditurus est, subdi non contemnatis, et sic vos esse oves Christi agnoscatis, ut ei qui loco Christi præsidet obedire non dubitetis. Obedientes autem apostolorum Petri et Pauli orationibus, ad vitam perveniatis æternam.

Datum Laterani III Idus Aprilis 1100.

XVIII.

Ad Norigaudum Augusto Dunensem episcopum. — Confirmat ejus electionem et omnes ejus ecclesiæ possessiones, et alia quædam decernit.

(Anno 1100, Apr. 14.)

[Mansi, *Concil.* XX, 1017].

Paschalis episcopus, servus servorum Dei, dilecto fratri Norigaudo, Eduensi episcopo, ejusque successoribus canonice substituendis in perpetuum.

Cum divini dispensatione judicii ad hujus officii gradum, licet indigni, promoti simus, ut apostolorum principis vices in Ecclesiæ regimine teneamus, elaborandum nobis est, et annitendum omnino, ut in constituendis ecclesiasticis negotiis, ejus monita et institutiones devotione fidelissima et fide devotissima æmulemur, cujus fides præcipua et dilectio spectata Domino exstitit adeo, ut in ejus singulariter fidei stabilitate immobili, pretioso sanguine redemptam suam Dei Filius statuere et confirmare voluerit Ecclesiam, dicens: *Tu es Petrus, et super hanc petram ædificabo Ecclesiam meam* (Matth. XVI). Cui etiam tantam potestatis prærogativam concessit, ut ejus arbitrio in cœlo et in terra vel liganda ligarentur, vel solvenda solverentur. Quam potestatis suæ successionem ipse B. Clementi, et per eum omnibus concessit, qui ejus sedi juste præsidere, et Ecclesiam Dei canonica studuerint ordinatione disponere. Cujus nos fidei auctoritate muniti, tibi, dilecte frater Norigaude, omnibusque tibi canonice successuris, confirmamus omnia quæ ad Eduensem Ecclesiam, in qua te canonice credimus ordinatum, pertinere videntur, tam in ecclesiis, parochiis, cœmeteriis, presbyteriis, cunctisque ecclesiasticis ordinibus, quam etiam prædiis aliisque omnibus possessionibus, mobilibus et immobilibus, quæ acquisita sunt, vel juste acquiri poterunt. Ut hæc omnia tibi tuisque successoribus ita libere possidere liceat, sicut antecessor tuus in uno die ante suum obitum quiete et juste possedisse probatur. Illud autem apostolica auctoritate statuimus ut nulli presbytero, vel viventi, vel morienti, seu ad aliam religionem, vel ad quietam vitam transeunti, liceat res quas a die ordinationis suæ, in Ecclesia in qua est ordinatus, conquirere poterit, auferre vel minuere; sed intacta ea et illibata in ipsa in qua conquisita sunt permittat Ecclesia remanere. Illos etiam qui a nobis excommunicati vel ab officiis divinis pro suis fuerint excessibus remoti, ne aliquis in communionem recipere vel in officium præsumat restituere, eadem auctoritate prohibemus. Statuimus quoque ut pro sepulturæ quidem loco, vel spatio, nullum penitus ab aliquo pretium exigatur : pro redemptione vero peccatorum, morientes, in Ecclesia, in qua fidei sacramenta acceperint, eleemosynam dare secundum apostolica decreta statuimus omnino et confirmamus. Si quis autem ad aliam vivens sive moriens se conferre voluerit, de eo quod pro salute animæ suæ dare disposuerit, secundum apostolica decreta matrici Ecclesiæ partem relinquat. Si qua sane ecclesiastica sæcularisve persona contra hanc nostræ constitutionis paginam præsumptuose venire tentaverit, hujusmodi ut sacrilegii reum a liminibus sanctæ Dei Ecclesiæ arcendum judicamus et confirmamus. Cunctis autem eidem Ecclesiæ justa servantibus sit pax Domini Jesu Christi : quatenus et hic fructum bonæ actionis percipiant, et apud bonorum retributorum præmia æternæ pacis inveniant. Amen, amen.

Scriptum per manum Joannis scriniarii sacri Lateranensis palatii.

Ego Paschalis, episcopus catholicæ Ecclesiæ subscripsi.

Ego Walterius indignus Albanensis Ecclesiæ episcopus subscripsi.

Ego Albertus cardinalis tituli S. Savinæ subscripsi.

Ego Bernardus indignus cardinalis tituli S. Chrysogoni subscripsi.

Ego Albericus Dei gratia humilis presbyter tituli Apostolorum ad Vincula roborando subscripsi.

Ego Augustinus indignus cardinalis de titulo Sanctorum Quatuor Coronatorum, subscripsi.

Datum Laterani per manum Leonis scriptoris, XVIII Kal. Maii, indict. VIII, anno Dominicæ Incarnat. 1100, pontificatus autem domini Paschalis secundi papæ I.

XIX.

Privilegium pro Ecclesia Matisconensi

(Anno 1100, April. 14.)

[Severtius, *Chronologia historica successionis hierarchiæ archiantistitum Lugdunensis archiepiscopatus.* — Lugduni 1628, fol., t. II, p. 121.]

Paschalis episcopus, servus servorum Dei, fratri Berardo, Matisconensi episcopo, ejusque successoribus canonice substituendis in perpetuum.

Quoniam divini dispensatione judicii ad hujus officii gradum, licet indigni, promoti sumus, ut apostolorum principis vices in Ecclesiæ regimine teneamus, elaborandum nobis est, et annectendum [enitendum] omnino, ut in constituendis ecclesiasticis negotiis ejus monita et institutiones devotione fidelissima et fide devotissima imitemur, cujus fides præcipua et devotio spectata Domino exstitit adeo ut in ejus fidei stabilitate immobili pretioso sanguine redemptam suam Dei Filius statuere et confirmare voluerit Ecclesiam, dicens : *Tu es Petrus, et super hanc petram ædificabo Ecclesiam meam* (*Matth*. XVI, 18). Cui etiam tantam potestatis prærogativam concessit, ut ejus arbitrio in cœlo et in terra liganda ligarentur, et solvenda solverentur. Quam potestatis suæ successionem ipse beato Clementi, et per eum omnibus transfudit, qui ejus sedi juste præsidere, et Ecclesiam Dei canonica studuerint ordinatione disponere. Cujus nos fidei auctoritate muniti, tibi, dilecte frater Berarde, omnibusque tibi canonice successuris, sicut prædecessori tuo (*Landrico*) prædecessor noster (*Urbanus*) firmavit, confirmamus omnia quæ ad Matisconensem Ecclesiam, in qua te canonice credimus ordinatum, pertinere videntur, tam in ecclesiis, parochiis, cœmeteriis, presbyteris cunctisque ecclesiasticis ordinibus, quam etiam prædiis aliisque omnibus possessionibus mobilibus et immobilibus quæ acquisita sunt, aut juste acquiri poterunt. Ut hæc omnia tibi tuisque successoribus ita libere possidere liceat, sicut antecessor vester in uno die ante obitum suum possedisse probatur, illud etiam apostolica auctoritate statuimus ut, nulli presbytero et viventi et morienti, seu ad aliam religionem et ad quietam vitam transeunti, liceat res, quas a die ordinationis suæ in Ecclesia in qua est ordinatus, conquirere, aut poterit auferre et minuere, sed intacta ea et illibata in ipsa in qua conquisita sunt, permaneant Ecclesia. Remanere illos etiam qui a nobis excommunicati et ab officiis divinis pro suis fuerint excessibus remoti, ne aliquis in communionem recipere, et in officiis præsumat restituere eadem auctoritate prohibemus. Statuimus quoque ut pro sepulturæ quidem loco et spatio nullum penitus ab aliquo pretium exigatur. Pro redemptione vero peccatorum, morientes in Ecclesia in qua fidei sacramenta perceperunt, eleemosynas dare secundum apostolica decreta statuimus omnino et confirmamus, etc.

Si quæ persona contra hanc nostræ constitutionis paginam præsumptuose venire tentaverit, hujusmodi ut sacrilegii reum a liminibus sanctæ Dei Ecclesiæ arcendum judicamus et confirmamus. Cunctis autem eidem Ecclesiæ justa servantibus sit pax Domini nostri Jesu Christi, quatenus et hic fructum bonæ actionis percipiat, et apud bonorum retributorem præmia æternæ pacis inveniant. Amen.

Scriptum per manum Petri notarii regionarii et servi sacri palatii.

Ego Paschalis episcopus catholicæ Ecclesiæ.

Ego Albertus indignus cardinalis Tituli S. San...

Ego Bernardus indign. cardin. titul. Sancti Chrysogoni.

Ego Walterius indign. Albonensis episcopus Ecclesiæ, sig.

Datum Laterani per manus Leonis scriptoris, XVIII Kalend. Maii, indictione VIII, anno Dominicæ Incarnat. 1100, pontificatus autem domni Paschalis II papæ primo.

XX.

Epistola ad archiepiscopum Ausciensem.

(Anno 1100, April. 20.)

[D. BOUQUET, *Recueil*, t. XIV, p. 188.]

PASCHALIS episcopus, servus servorum Dei, venerabili fratri R[AIMUNDO], Auscitano archiepiscopo, salutem et apostolicam benedictionem.

Vestræ Ecclesiæ suffraganeus frater noster Aquensis episcopus parochiæ suæ partes a confratribus suis Vasatensi et Olorensi episcopis, per multa jam tempora conquestus est detruncatas, cujus nimirum parochiæ partes quas Vasatensis idem episcopus abstulerat, prædecessori quidem suo B[ERNARDO] restitutas, sed iterum ei violenter ablatas asseruit. Unde dilectioni tuæ mandamus, ut convocato fratrum conventu, hoc ipsum negotium diligenti examinatione discutias, et cujusvis justitia concesserit, illi parochiarum partes super quibus causa agitur, tribuantur.

Data Romæ XII Kal. Maii.

XXI.

Ad exercitum in Palæstina militantem. — Gratulatur ei de victoria obtenta, et simul ad progrediendum hortatur.

(Anno 1100, Mai. 4.)

[MANSI, *Concil.*, XX, 979.]

PASCHALIS episcopus, servus servorum Dei, venerabilibus fratribus, sive filiis, episcopis, clericis, proceribus, militibus, et omni populo militiæ Christianæ in Asia triumphantis, salutem et apostolicam benedictionem.

Quod per prophetam populo suo Dominus pollicetur, impletum in vobis cognoscimus : *Inhabitabo*, inquit, *in eis, et inambulabo cum eis* (*II Cor*. VI), quia per fidem in vestris pectoribus habitat, et per operationem ita inambulat, ut patenter in vobis inimicos suos expugnasse videatur. Renovavit enim Dominus antiqua miracula, ut in uno mille, et in duobus decem millia persequeretur, et his Ecclesiæ armis, sacerdotalium precum tubis, inimicarum urbium mœnia aperiret. Illud vero quanti gaudii, quam potentis miraculi æstimatis, quod sacrosancti lateris sanguine cruentam lanceam, et vivificæ crucis partem vestris oculis revelavit, vestris tractandam manibus obtulit ! Quantas super his Redemptori nostro gratias debeamus, nec humanus animus opinatur, nec lingua prævalet enarrare. Videmus enim Christianæ fidei hostes, Christiani populi oppressores, per divinam misericordiam manu vestra partim contritos, partim e diu possessis regionibus effugatos ; videmus Orientalem Ecclesiam, post longa captivitatis tempora, magna ex parte ad antiquam libertatis gloriam rediisse. Dicendum igitur ore, dicendum corde : *Gloria in altissimis Deo, et in terra pax hominibus bonæ voluntatis* (*Luc*. II). Orationi etiam et vigiliis insistendum, ut quod cœpit adimpleat, et manus vestras, quas hostium suorum sanguine consecravit, immaculatas usque ad finem, affluentes firma pietate, custodiat.

Quapropter agite, filii in Christo desideratissimi, rememoramini quanta pro amore Domini reliqueritis, quanta pro fratrum salute et ereptione pericula subieritis : patriam, domos, parentes posthabuistis, vosmetipsos exsilio addixistis, morti opposuistis; curate nunc ad meliora semper tendere, pacem cum omnibus conservate, ut possitis ad æternam pacem Domini misericordia pervenire. Plurima vobis significare per chartam et atramentum supersedemus, quoniam ex apostolicæ sedis gremio charissimum fratrem Mauritium Portuensem episcopum destinamus, ut qui per beati Petri vicarium, sanctæ in Christo memoriæ prædecessorem nostrum Urbanum, tanti peregrinationem itineris assumpsistis, beati Petri solatiis semper abundetis; et quem fundamentum tanti operis habuistis, ipsum quoque ad finem caput in fide et obedientia teneatis. Vices etiam nostras eidem fratri Mauritio et episcopo commisimus, ut eum in omnibus reverenter excipere, audire, et per ipsum nobis, imo beato Petro, obsequi debeatis. Cui nimirum in præceptis dedimus, ut Ecclesiæ, quam per vos Dominus liberavit, sed liberaturus est, ordinationi vigilanter immineat; quæ si minus canonicis regulis apta repererit, corrigat; et in eisdem cum vestro auxilio plantanda plantet, ædificanda ædificet. Hortamur itaque, hortantesque præcipimus, ut ei, tanquam personam nostram præferenti, in omnibus obedire curetis. Omnipotens Dominus et velle et posse in vobis tribuat, ut quæ eo auctore facienda cognoscitis, ipso adjuvante impleatis. Ipse vos ab omnibus peccatis absolvat, et exsilio vestro patriam æternam tribuat.

Datum Romæ quarto Nonas Maii, indictionis octavæ, per manum Joannis Diaconi.

XXII.

Epistola ad archiepiscopos et episcopos Galliæ. — Eos infames haberi decernit, qui voto astricti Hierosolymitanæ profectioni se subduxerant, vel qui ab obsidione Antiochena inglorii recesserant; eis vero qui, peracta victoria, revertuntur, sua restitui jubet.

(Anno 1100.)
[Dom Bouquet, Recueil, XV, 20.]

Paschalis episcopus, servus servorum Dei, universis per Galliam archiepiscopis, episcopis, abbatibus, salutem et apostolicam benedictionem.

(13) Anno 1100 scriptam fuisse hanc epistolam inde colligitur, quod sequenti anno alteram his litteris stimulati profectionem aggressi sunt Galli. Id expresse de Stephano palatino comite Blesensi testatur Ordericus Vitalis, lib. x Hist. eccles. p. 789 : « Stephanus quoque Blesensis comes palatinus, inquit, pene ab omnibus derogabatur, et indesinenter verecundabatur, eo quod de obsidione Antiochena turpiter aufugerit, et gloriosos sodales suos in martyrio Christi agonizantes deseruerit. A multis personis multoties corripiebatur, et militiam Christi tam terrore quam confusione repetere cogebatur. Ad hoc etiam Adela, uxor ejus, frequenter eum commonebat, et inter amicabilis conjugii blandimenta dicebat : *Absit a te, domine mi, ut tantorum*

Omnipotentis Dei miserationibus gratias debemus innumeras, quoniam temporibus nostris Asianam Ecclesiam Turcorum manibus eripere, et ipsam Dominicæ passionis ac sepulturæ urbem Christianæ militiæ dignatus est aperire. Oportet autem nos divinam gratiam facultate quam dederit subsequi et fratribus nostris qui in illis Palæstinorum quondam seu Chananæorum finibus remanserant, efficaciter subvenire. Omnes ergo regionum vestrarum milites in peccatorum suorum remissionem vel veniam cohortamini, ut ad illam matrem nostram Orientalem Ecclesiam studeant festinare; eos præsertim qui hujus militiæ voto crucis signa sumpserunt, illuc properare compellite, nisi paupertatis retineantur obstaculo : alioquin eos infames (13) haberi decernimus. Qui vero de Antiochena obsidione fide pusillanimi et ambigua recesserunt, in excommunicatione permaneant, nisi se redituros certis securitatibus confirmaverint. Porro fratribus qui post perpetratam divinitus victoriam revertuntur, jubemus sua omnia restitui, sicut a beatæ memoriæ Urbano prædecessore nostro reminiscimini synodali definitione sancitum. Ita in omnibus agite, ita pro vestro officio studete, ut mater illa nostra Orientalis Ecclesia in statum debitum, largiente Domino, communibus studiis reformetur.

XXIII.

Ad consules Pisanos. — Illis laudes impertit quod « anno præterito » Hierosolymæ expugnandæ operam navarint. Promittit Daibertum, eorum archiepiscopum, «nunc civitatis Jerusalem patriarcham,» contra Arnulfum, ejusdem sedis invasorem, a sese defensum et « nobili strenuoque viro Gotefrido, aliisque principibus Christianis adhuc in Syria et transmarinis partibus commorantibus» commendatum iri. Legatos suos « primo Januam, deinde in Sardiniam profecturos » commendat.

(Anno 1100. — Vide Dal Borgo, Raccolta di diplomi Pisani, 1765, 4°, raccolta 83.)

XXIV.

Godofredo, episcopo Magalonensi, mandat ut Didacum electum Ecclesiæ Compostellanæ episcopum consecret.

(Vide epp. 25 et 41.)

XXV.

De destructione ecclesiæ Compostellanæ. — Vetat ne

diu digneris hominum opprobria perpeti! Famosam strenuitatem juventutis tuæ recole, et arma laudabilis militiæ arripe, ut inde Christicolis ingens in toto orbe oriatur exsultatio, ethnicisque formido, suæque scelerosæ legis publica dejectio. Hæc et multa alia his similia mulier sagax et animosa viro suo protulit; sed ille, periculorum et difficultatum gnarus, labores duros iterum subire formidavit. Tandem animos et vires resumpsit, et iter cum multis millibus Francorum arripuit, et usque ad sepulcrum Christi, quamvis pessima illi obstitissent impedimenta, perrexit. Tunc Harpinus Bituricam urbem Philippo regi Francorum vendidit, et cum Gosscelino de Cortenaio et Milone de Braio iter Hierusalem iniit, » etc.

clerici Compostellani occasione Hierosolymitani itineris provinciam suam deserant.
(Anno 1100, Oct. 14.)
[Florez, *España sagrada*, XX, 28.]

P. episcopus, servus servorum Dei, P. Lucensi Al. et G. episcopis, et universis clericis S. Jacobi, salutem et apostolicam benedictionem.

Destructioni ecclesiæ Compostellanæ jam diutius condoluimus. Nunc autem cum Christianorum captivitas per litteras vestras nobis nuntiata est, major nos dolor affecit. Idcirco petitioni vestræ citra difficultatem præbemus assensum, ut ejusdem ecclesiæ electo ne ad nos nunc temporis veniat parcamus. Unde et fratri nostro Magalonensi episcopo, litterarum nostrarum auctoritate præcipimus ut ad eum consecrandum accedat. Quod si forte nequiverit, Burgensis episcopus, qui nostri juris est, advocetur. Ipsi quoque electo præsentium litterarum auctoritate mandamus ut onus quod ei communi Ecclesiæ consensu imponitur, de misericordia Domini confidens accipiat. Porro sicut militibus, ita etiam clericis vestrarum partium interdicimus ne occasione Jerosolymitanæ visionis Ecclesiam et provinciam suam deserere præsumant, quam Moabitarum feritas tam frequenter impugnat.

Datum Melfiæ II Idus Octobris.

XXVI.

Ad Adefonsum Hispaniarum regem. — Ejus angustias dolet.
(Anno 1100, Oct. 14.)
[Florez, *España sagrada*, XX, 29.]

P. episcopus, servus servorum Dei, charissimo filio suo A., Hispaniarum regi, salutem et apostolicam benedictionem.

Sicut de tua, ut nosti, prosperitate gaudemus, sic profecto tua de adversitate afficimur. Unde regni tui, et proximorum tuorum finibus providentes, milites tuos quos vidimus ire Jerosolymam prohibuimus. Litteras insuper hoc ipsum prohibentes, et peccatorum veniam pugnatoribus in regna vestra comitatusque mandavimus. Porro quod de captivitate Christianorum significasti, vehementius affecti cumus, et quod idem super electo Compostellano petisti non negare decrevimus. Magalonensem enim episcopum ad eum in episcopum consecrandum litteris ire præcipimus, qui si forte defecerit, Burgensis episcopus, qui nostri juris est, advocetur. Omnipotens Dominus Ecclesiæ et tibi de inimicis suis victoriam largiatur.

Datum Melfiæ II Idus Octobris.

XXVII.

Fines episcopatus Mazariensis in Sicilia petente Stephano episcopo confirmat.
(Anno 1100, Oct. 15.)
[Mansi, *Concil.* XX, 1131.]

Paschalis episcopus, servus servorum Dei, dilecto fratri Stephano, Mazariensi episcopo, ejusque successoribus canonice promovendis in perpetuum.

Omnipotentis Dei nutu mutantur tempora, transferuntur regna. Hinc est quod magni quondam nominis nationes dejectas et depressas, viles vero atque exiguas nonnunquam legimus exaltatas. Hinc est quod in quibusdam regionibus Christiani nominis potestas paganorum terras occupavit; in quibusdam iterum paganorum tyrannidem Christianæ potentiæ dignitas conculcavit; sicut nostris temporibus gloriosissimorum principum Roberti ducis et Rogerii comitis fortitudine supernæ dignationis miseratio omnem Sarracenorum violentiam in Sicilia insula expugnavit, et antiquum Ecclesiæ sanctæ statum pro voluntatis suæ beneplacito reparavit. Unde et ipsius ineffabili misericordiæ gratias agimus, et ipsius gratias super illos egregios fratres, alterum jam defunctum, alterum ipso præsente superstitem, imploramus, et ad ecclesiarum quæ in eadem insula sunt ordinationem, seu confirmationem pro nostrii officii debito anhelamus. Sicut igitur, annuente Deo, et Mazariensis et cæterarum parochiæ per apostolicum bonæ memoriæ Urbanum, prædecessorem nostrum, dispositæ sunt, ita et nos Mazariensis, cui auctore Deo præsides, Ecclesiæ, diœcesim præsentis decreti auctoritate firmamus; statuimus enim, honorande frater, et coepiscope Stephane, ut tibi deinceps, tuisque legitimis successoribus episcopali jure regendum ac disponendum perpetuo maneat, quidquid intra fines subscriptos continetur: videlicet a loco, in quo Belich fluvius mare ingreditur usque ad Cavam desumptus Corleonem, quæ Cava durat usque ad petram de Zineth, a Zineth tenditur hæc parochia usque ad divisionem Jatinæ et Cephalæ, videlicet usque ad grandem cristam, e crista tenditur usque ad Saganam, a Sagana usque ad Carinas, a Carinis usque ad districtum arenosum, ubi est divisio Panormi et Carinæ; inde vero usque ad mare, intra quos fines est Mazaria cum omnibus suis pertinentiis; Marsalia cum suis, Trabolis cum suis, Calathameth cum suis, Calathabubi cum suis, Parthenith cum suis, Cinos cum suis, Carine cum suis, Jath cum suis. Calathaczaruch cum suis, Belich cum suis omnibus pertinentiis; et reliqua omnia quæ sunt, vel deinceps facta fuerint castella, seu casalia, sive urbes. In proprio autem tam tuo, quam successorum tuorum jure casale Buxei cum centum villanis, sicut a supradicto filio nostro comite Rogerio traditum est, conservetur. Præterea quæcumque in posterum liberalitate principum, vel oblatione fidelium eadem Mazariensis Ecclesia juste atque canonice poterit adipisci, firma tibi, tuisque successoribus, et illibata permaneant. Decernimus ergo ut nulli omnino hominum liceat eamdem ecclesiam temere perturbare, vel ejus possessiones auferre, vel ablatas retinere, minuere vel temerariis vexationibus fatigare; sed omnia integra conserventur, tam tuis, quam clericorum et pauperum usibus omnimodis profutura. Si qua igitur in posterum ecclesiastica sæcularisve persona hanc nostræ constitutionis paginam sciens contra eam temere venire tentaverit, secundo tertiove commonita, si non satisfactione congrua emendaverit, potestatis honorisque sui dignitate careat, reamque divino judicio existere de perpetrata iniquitate cognoscat, atque a sacratissimo corpore et sanguine Dei et Domini Redemptoris nostri Jesu Christi aliena sit, et in extremo examine districtæ ultioni subjaceat. Cunctis autem eidem ecclesiæ justa servantibus sit pax Domini nostri Jesu Christi : quatenus et hic fructum bonæ actionis percipiant, et apud districtum judicem præmia æternæ pacis inveniant. Amen, amen, amen.

Ego Paschalis catholicæ Ecclesiæ episcopus sub.

Ego Albericus card. presb. tit. S. Petri ad Vincula subscr.

Ego Oddo Ostiensis episcopus huic privileg. subscr.

Ego Milo Prænestinus episcopus subscripsi.

Ego Joannes Tusculanus episcopus subscripsi.

Ego Albertus Sipontinus archiepiscopus subscripsi.

Ego Robertus card. presbyter de tit. S. Eusebii subscripsi.

Ego Robertus Mess. episcopus subscripsi.

Ego Rogerius Syracusanus episcopus subscripsi.

In sigillo : *Verbo Domini cœli firmati sunt.* S. Petrus, S. Paulus, S. Paschalis PP. II.

Datum Melfiæ per manum Joannis S. R. E. diaconi cardinal., Idibus Octob., ind. VIII, Incarn. Domini anno 1100, pontif. autem domini Paschalis PP. II anno II.

XXVIII.

Ad Albericum abbatem novi monasterii Cabilonensis. — De privilegio ibi concesso.

(Anno 1100, Oct. 19.)

[MANSI, *Concil.* XX, 980.]

PASCHALIS episcopus, servus servorum Dei, venerabili filio ALBERICO, novi monasterii abbati, quod in Cabilonensi parochia situm est, ejusque successoribus regulariter substituendis in perpetuum.

Desiderium quod ad religiosum propositum et animarum salutem pertinere monstratur, auctore Deo, sine aliqua dilatione est complendum. Unde nos, o filii in Domino dilectissimi, citra difficultatem omnem vestrarum precum petitionem admittimus, quia religioni vestræ paterno congratulamur affectu. Locum igitur illum, quem inhabitandum pro quiete monastica elegistis, ab omnium mortalium molestiis tutum ac liberum fore sancimus, et abbatiam illic perpetuo haberi, ac sub apostolicæ sedis tutela specialiter protegi, quandiu vos ac successores vestri in ea quam hodie observatis disciplinæ ac frugalitatis observantia permanseritis, salva Cabilonensis Ecclesiæ canonica reverentia. Præsentis itaque decreti pagina interdicimus ne cuiquam omnino personæ liceat statum vestræ conversationis immutare, neque vestri, quod Novum dicitur, cœnobii monachos sine regulari commenda-

(13.) Hæc sunt deinceps totidem verbis in privilegio Urbani II, pro Ecclesia Arelatensi. HARD.

tione suscipere, neque congregationem vestram astutiis quibuslibet aut violentiis perturbare. Eam sane controversiæ decisionem, quam inter vos et Molismensis ecclesiæ monachos frater noster Lugdunensis episcopus, tunc apostolicæ sedis vicarius, cum provinciæ suæ episcopis, aliisque religiosis viris, ex præcepto prædecessoris nostri apostolicæ memoriæ Urbani secundi perpetravit, nos tanquam rationabilem ac laudabilem confirmamus. Vos igitur, filii in Christo dilectissimi ac desideratissimi, meminisse debetis, quia pars vestri sæculares latitudines, pars ipsa etiam monasterii laxioris minus austeras angustias reliquistis. Ut ergo hac semper gratia digniores censeamini, Dei semper timorem et amorem in vestris cordibus habere satagite, ut quanto a sæcularibus tumultibus liberiores estis et deliciis, tanto amplius placere Deo totius mentis et animæ virtutibus anheletis (13'). Sane si quis in crastinum archiepiscopus aut episcopus, imperator aut rex, comes aut vicecomes, judex aut ecclesiastica quævis sæcularisve persona, hanc nostræ constitutionis paginam sciens, contra eam temere venire tentaverit, secundo tertioque commonita, si non satisfactione congrua emendaverit, potestatis honorisque sui dignitate careat, reamque se divino judicio existere de perpetrata iniquitate cognoscat, et a sacratissimo corpore et sanguine Dei et Domini nostri Jesu Christi aliena fiat, atque in extremo examine districtæ ultioni subjaceat. Cunctis autem eidem loco justa servantibus sit pax Domini nostri Jesu Christi, quatenus et hic fructum bonæ actionis percipiant, et apud districtum judicem præmia æternæ pacis inveniant.

Ego Paschalis catholicæ Ecclesiæ episcopus subscripsi.

Datum Trojæ per manum Joannis sanctæ Romanæ Ecclesiæ diaconi cardinalis, quarto decimo Kalendas Maii, indictione octava (14), Incarnationis Dominicæ anno millesimo centesimo, pontificatus autem domini Paschalis secundi papæ secundo [primo].

XXIX.

Ecclesiæ Trojanæ protectionem suscipit ac bona et privilegia confirmat, petente Huberto episcopo.

(Anno 1100, Nov. 10.)

[UGHELLI, *Italia sacra*, I, 1345.]

PASCHALIS episcopus, servus servorum Dei, dilecto fratri HUBERTO, Trojano episcopo, ejusque successoribus canonice substituendis in perpetuum.

Justis votis consensum præbere, justisque petitionibus aures accommodare nos convenit, qui, licet indigni, justitiæ custodes atque præcones in excelsa apostolorum principum Petri et Pauli specula positi, Domino disponente, conspicimur. Tuis igitur, frater in Christo charissime Huberte, justis petitionibus annuentes S. Trojanam Ecclesiam, cui auctore Deo præsides, apostolicæ sedis auctoritate munimus.

(14) Videtur leg. XIV *Kal. Nov.* JAFFÉ.

Statuimus enim ut ejusdem Ecclesiæ Trojanæ antistites in perpetuum a sedis apostolicæ pontifice consecrentur, cui nimirum Ecclesiæ, tibique ac tuis legitimis successoribus jure proprio possidenda firmamus : montem Majurum, villam quæ dicitur S. Laurentii, et quidquid in posterum juste et canonice ad Ecclesiæ possessionis proprietatem largiente Domino poteritis adipisci; episcopali vero jure regenda in perpetuum, ad disponendum sancimus ipsam civitatem Trojanam et in ea S. Nicolai monasterium cum ecclesiis ad id pertinentibus, S. Crucem de Portula, et Felicem, Castellionem, castellum novum Biccarum cum abbatia S. Petri in Burgo cum ecclesiis ad id pertinentibus, ecclesiam S. Viti, fabricam S. Mariæ de Focis, S. Petrum de Montella, S. Justam, et quæcunque prædia prædecessorum nostrorum authenticis privilegiis, quæ Ecclesiæ vestræ data sunt, continentur. Decernimus itaque ut nulli omnino hominum liceat eamdem Ecclesiam temere perturbare, aut ejus possessiones auferre, vel ablatas retinere, vel injuste datas suis usibus vindicare, minuere, vel temerariis vexationibus fatigare, sed omnia integra conserventur eorum, pro quorum sustentatione et gubernatione concessa sunt usibus omnimodis profutura. Si quis vero in crastinum archiepiscopus, aut episcopus, imperator, aut rex, princeps, aut dux, comes, vicecomes, judex, aut ecclesiastica quælibet sæcularisque persona hanc nostræ constitutionis paginam sciens, contra eam temere venire tentaverit, secundo tertiove commonita, si non satisfactione congrua emendaverit, potestatis honorisque sui dignitate careat, reamque se divino judicio existere de perpetrata iniquitate cognoscat, et a sacratissimo corpore ac sanguine Dei et Domini nostri Redemptoris Jesu Christi aliena esse, atque in extremo examine districtæ subjaceat ultioni. Cunctis autem eidem Ecclesiæ jura servantibus sit pax Domini Nostri Jesu Christi quatenus et hic fructum bonæ actionis percipiant, et apud districtum judicem præmia æternæ pacis inveniant.

Ego Paschalis S. catholicæ Ecclesiæ episcopus subsc.

Ego Oddo Ostiensis episcopus subsc.

† Ego Odorisius cardinalis et abbas subsc.

† Ego Albic. diac. cardinalis S. Petri subs.

† Ego Milo Prænestinus episcopus subsc.

† Ego Bruno Signin. episcopus subsc.

† Ego Teuto cardinalis SS. Joannis et Pauli subsc.

† Ego Paganus diaconus Romanæ Ecclesiæ cardinalis subsc.

Datum apud Casinum per manum Joannis S. R. E. diac. cardinal. IV Idus Novembris, ind. VIII, Incar. Dom. anno 1100, pontificatus autem D. Paschalis II papæ anno II.

XXX.

Privilegium quo monasterium Silviniacense tanquam Cluniacensis cœnobii membrum sub apostolicæ sedis protectione suscipit, eo modo quo Urbanus papa secundus.

(Anno 1100, Nov. 14.)

[*Bullarium Cluniacense*, pag. 31.]

PASCHALIS episcopus, servus servorum Dei, filiis in Domino charissimis Silviniacensis cœnobii monachis, salutem et apostolicam benedictionem.

Ad hoc nos disponente Domino in apostolicæ sedis servitium promotos agnoscimus, ut ejus filiis auxilium implorantibus efficaciter subvenire, et ei obedientes tueri ac protegere prout Dominus dederit, debeamus. Idcirco vos et locum vestrum tanquam Cluniacensis cœnobii membrum sub apostolicæ sedis protectione perpetuo confovendum, juxta domni prædecessoris nostri Urbani secundi statuta suscipimus; sancientes ne ullo unquam tempore idem cœnobii vestri locus interdictionis alicujus jacturam sentiat, nec ulli viventium facultas sit infra monasterii seu villæ adjacentis terminos olim præfinitos assultum facere, aut quemlibet hominem capere vel deprædari. Illam etiam pactionem, quam in ejusdem prædecessoris nostri manu Archimbaldus miles, sicut in ejus privilegio continetur, pepigit, ratam perpetuo haberi censemus : ut videlicet universa, quæ pater, avi ejus loco vestro contulerant, tam in rebus quam in immunitatibus et consuetudinibus, omni tempore illibata conservarentur. Ad hæc adjicientes decernimus ejusdem loci sepulturam liberam omnino persistere, ut eorum qui illic sepeliri deliberaverint, præter excommunicatos, extremæ nullus obviet voluntati. Præterea per præsentis decreti paginam apostolica auctoritate statuimus ut quæcunque hodie vestrum cœnobium possidet, sive in crastinum vel concessione pontificum, vel liberalitate principum, vel oblatione fidelium poterit adipisci, firma vobis, vestrisque successoribus et illibata permaneant : in quibus hæc propriis duximus nominibus exprimenda : monasterium de Campovold ; capellam de Curtiliis, capellam de Lonver, capellam de Villar, ecclesiam de Cantaneto, ecclesiam de Cyriliaco. Has itaque, cæterasque ecclesias, quas apostolicæ sedis privilegio possidetis, taliter concedimus ut, salvo jure episcoporum, quod in paratis et synodis ibidem hactenus retinuisse noscuntur, quidquid deinceps in eis intus forisque, tam ex oblationibus quam ex sepulturis, vel etiam ex decimationibus tam majoribus quam minoribus acquirere potueritis, ex integro possideatis ; nullaque unquam persona vel ecclesiastica, vel sæcularis de omnibus ad eas pertinentibus se super vos intromittere audeat. Liceat quoque vobis in ecclesiis vestris presbyteros eligere, ita tamen ut ab episcopis vel episcoporum vicariis animarum curam absque venalitate suscipiant; quam si dare illi, quod absit ! ex pravitate noluerint, tunc presbyteri, ex apostolicæ sedis benignitate, cantandi illic licentiam consequantur. Neque cuilibet facultas sit pro vobis vivorum sive defunctorum eleemosynis ad salutem datis vos inquietare, sed tam virorum quam mulierum, tam clericorum, quam laicorum oblationes, quæ ad vos afferuntur, in usum servorum Dei pauperumque profuturas recipere liceat. Decernimus ergo ut nulli omnino hominum liceat idem cœnobium temere perturbare, vel ejus possessiones auferre, vel ablatas retinere, minuere, vel temerariis vexationibus fatigare; sed omnia integra conserventur eorum pro quorum sustentatione ac gubernatione concessa sunt, usibus omnimodis profutura, salva in omnibus abbatum Cluniacensium obedientia. Si qua sane in crastinum ecclesiastica sæcularisve persona hujus privilegii nostri paginam sciens contra eam temere venire tentaverit, secundo tertiove commonita, si non satisfactione congrua emendaverit, potestatis honorisque sui dignitate careat, reamque se divino judicio existere de perpetrata iniquitate cognoscat, et a sacratissimo corpore ac sanguine Dei et Domini nostri Jesu Christi aliena fiat, atque in extremo examine districtæ ultioni subjaceat. Cunctis autem supra fato loco justa servantibus sit pax Domini nostri Jesu Christi, quatenus et hic fructum bonæ actionis percipiant, et apud districtum judicem præmia æternæ pacis inveniant. Amen, amen, amen.

Ego Paschalis sanctæ Ecclesiæ catholicæ episcopus.

Ego Odilo Prænestinus episcopus.

Ego Joannes Tusculanus episcopus.

Ego Teuzo cardinalis sanctorum Joannis et Pauli.

Ego Albericus Dei gratia cardinalis tituli S. Petri ad Vincula.

Ego Paganus diaconus sanctæ Romanæ Ecclesiæ de diaconia S. Mariæ novæ.

Datum Anagniæ per manum Joannis sanctæ Romanæ Ecclesiæ diaconi cardinalis, xviii Kalendas Decembris, indictione viii, Incarnationis Dominicæ anno 1100; pontificatus autem domni Paschalis secundi papæ ii.

XXXI.

Privilegium, quo monasterii Cluniacensis bona omnia ac jura confirmantur.

(Anno 1100, Nov. 15.)

[COCQUELINES, *Bullarum, privilegiorum ac diplomatum Romanorum pontificum amplissima Collectio.* — Romæ 1759 fol., t. II, p. 114.]

PASCHALIS episcopus, servus servorum Dei, venerabili fratri HUGONI, Cluniacensi abbati, ejusque successoribus regulariter substituendis imposterum.

Zelus Domini et religionis prærogativa, qua per universum fere Occidentem nostris temporibus per Dei gratiam congregatio vestra percelluit, et inconcussa unitas, qua inter procellas omnes sedi apostolicæ adhæsistis, mansuetudinem nostram vehementius exhortantur, imo urgent atque compellunt, ut vestris petitionibus assensum accommodare, et quieti vestræ imposterum providere sollicitius debeamus. Quapropter quidquid libertatis, quidquid auctoritatis prædecessores nostri Ecclesiæ Romanæ pontifices, præsertim apostolicæ memoriæ Gregorii VII et Urbani II, vestro monasterio et locis ad idem pertinentibus contulerunt, nos quoque præsenti decreto auctore Domino confirmamus. Ad hæc adjicimus ut in omnibus prioratibus et cellis, quæ nunc sine proprio abbate vestro regimini subjectæ sunt, nullus unquam futuris temporibus abbatem ordinare præsumat; sed tam prioratus ipsi et cellæ, quam et cætera in quibuslicet locis omnia, quibus fraternitas tua Arvernensis concilii, quod per supradictum Urbanum pontificem celebratum est, tempore investita erat, de quibus tunc nulla quæstio mota est, cui nimirum concilio per temetipsum interfueras, tam tibi quam successoribus tuis in pace semper et quiete serventur, in quibus hæc propriis visa sunt adnotanda nominibus : S. Maria de charitate de Martignaco (*Mar.* de *Marciniaco*), S. Petrus de Munsiaco (*Mar.* de *Cusiniaco*), S. Petrus de Leniciis (*Mar.* de *Leuntiis*), S. Paulus de Pergamo, S. Isidorus de Hispania, S. Odylus (*Mar. Orylius*) de Scarrione, S. Marcellus de Salsimoniaco, S. Marcellus de Cabilone, Carus locus, Paredus Romanum monasterium, S. Victor de Gebenna, Paterniacus, S. Saturninus de Provincia, S. Eutropius, S. Martinus de Auxia, monasterium de Cacerris, S. Maria de Tolosa, Boort (*Mar. S. Maria* de *Tobosa Boarum*), Tiernus, S. Martinus de Campis, Sylviniacus, Virgenus, Ginniacus, Nantuacus, S. Pancratius de Anglica, S. Lecerius de Nazara, S. Jacobus de Potino, S. Gabriel de Cremona, S. Salvator et S. Stephanus de Niverno. Præcipimus etiam ut omnes ecclesiæ seu capellæ vestræ et cœmeteria libera sint, et omnis exactionis immunia præter consuetam episcopi parata justitiam in presbyteros, si adversus ordinis sui dignitatem ostenderint : exceptis nimirum ecclesiis illis, quæ absque hujusmodi subjectione in abbatis potestate subsistunt. Liceat quoque vobis cum juribus vestris (*Mar. seu fratribus vestris*) presbyteros eligere, ita tamen ut ab episcopis, vel episcoporum vicariis animarum curam absque venalitate suscipiant, quam si committere illi, quod absit! ex pravitate noluerint, tunc presbyteri ex apostolicæ sedis benignitate officia celebrandi licentiam consequantur : neque cuilibet facultas sit, aut claustri unquam aut locorum vestrorum fines pro vivorum sive defunctorum eleemosynis ob salutem datis inquietare; sed tam virorum quam mulierum oblationes, quæ Deo offeruntur, in usum servorum Dei, pauperumque Christi percipere liceat. Abbatias vero, quas tuæ tuorumque successorum ordinationi prædecessor noster Gregorius VII PP. commisit, nos quoque committimus, videlicet Virhelva, S. Ægidii, S. Joannis de Angelico, S. Petri Moysiaco, Moliacensem, S. Martialis de Lemovico, novum monasterium Sancti Cypriani Pictaviensis de S. Sacco; adjicientes etiam S. Germani Autissiodorensis, S. Astrimonii Mauricensis, S. Bertini Tarvaniensis eidem ordinationi subjaceant, salvo nimirum jure sanctæ Romanæ Ecclesiæ. Nec minus illud supradictum Urbani II papæ capitulum confirmamus, ne cellarum vestrarum ubilibet positarum fratres pro qualibet interdictione vel excommunicatione divinorum officiorum suspensionem patiantur; sed tam monachi quam et famuli eorum, et qui se monasticæ professioni devoverunt, clausis ecclesiarum januis, non admissis diœcesanis, divinæ servitutis officia celebrent, et sepulturæ debita peragant. Concedimus etiam vobis laicos seu clericos sæculares, nisi qui pro certis criminibus excommunicati sunt, ad conversionem, sive sepulturam per loca vestra suscipere. Clericos quoque regulares, qui pro necessitatibus ad vestrum cœnobium effugiunt, suscipiendi, et ad vestrum propositum admittendi, religioni vestræ licentiam impertimus. Præterea decernimus ut nulli omnino hominum liceat vestrum venerabile cœnobium et loca subdita temere perturbare; sed eorum ecclesiæ possessiones, et bona cætera, quæ pro animarum salute donata sunt, vel in futurum Deo miserante donari contigerit, firma vobis vestrisque successoribus, et illibata permaneant, quos profecto cognoscimus ab excommunicatis et rapacibus discretione debita contineri. Si qua igitur ecclesiastica sæcularisve persona, hanc nostræ constitutionis paginam sciens, contra eam temere venire tentaverit, secundo et tertio commonita, nisi satisfactione congrua emendaverit, potestatis honorisque sui dignitate careat, reamque se divino judicio existere de perpetrata iniquitate cognoscat, et a sacratissimo corpore ac sanguine Dei et Domini Redemptoris nostri Jesu Christi aliena sit, atque in extremo examine districtæ ultioni subjaceat. Cunctis autem eidem loco justa servantibus sit pax Domini nostri Jesu Christi, quatenus et hic fructum bonæ actionis percipiant, et apud districtum judicem præmia æternæ pacis inveniant. Amen.

Ego Paschalis sanctæ Ecclesiæ catholicæ episcopus.

Ego Odo Ostiensis episcopus subscripsi.

Ego Milo.... Prænestinus episcopus.

Ego Albericus cardinalis S. Petri ad Vincula.

Ego Walterius [al. Gualterius] episcopus Albanensis Ecclesiæ subscripsi.

Ego Teuto cardinalis SS. Joannis et Pauli.

Ego Joannes Tusculanus episcopus.

Ego Paganus sanctæ Romanæ Ecclesiæ cardinalis subscripsi.

Datum Anagniæ per manum Joannis sanctæ Romanæ Ecclesiæ diaconi cardinalis, XVII Kalend. Decembris, indictione VIII, Incarnationis Dominicæ anno 1100, pontificatus autem domni Paschalis PP. II.

XXXII.

Paschalis epistola ad Galliarum episcopos. — Cœnobium Cluniacense commendat.

(Anno 1100, Nov. 19.)
[MANSI, *Concil.* XX, 1037.]

PASCHALIS episcopus, servus servorum Dei, venerabilibus fratribus archiepiscopis et episcopis per Gallias, salutem et apostolicam benedictionem.

Quanta reverentia sedis apostolicæ constitutionibus debeatur, fraternitatem vestram non ignorare credimus. Si qua vero vel minus dicta, vel aliter intellecta conspiciuntur, meminerint qui adversus sanctam Romanam Ecclesiam conqueri consueverunt, quid pro Felicis papæ scriptis adversus Acatium datis, Orientalibus episcopis sanctæ memoriæ Gelasius papa responderit. Idcirco ad memoriam fraternitatis vestræ reducimus quia Cluniacense cœnobium ab ipso fundationis exordio sanctæ Romanæ Ecclesiæ sit oblatum : quod profecto religiosi antistites et egregii principes pro religione eximia donis suis ac possessionibus ditaverunt. Romani vero pontifices tanquam oculi sui pupillam custodientes, cum loca ad se plurima pertinentia fratrum illorum regimini commisissent, tam locum ipsum quam cætera ei cohærentia privilegiorum suorum munitionibus vallaverunt. Scitis enim quanta per eos in Galliarum partibus nova instituta, vetera sint ad religionem monasteria reperta [*forte* restituta]. Eapropter charitatem vestram monemus, monentes rogamus atque præcipimus ne tot tantorumque pontificum privilegiis obviare tentetis : ne per eorum violationem apostolicæ sedis, quod absit! indignationem inveniatis. Imitatores estote patrum vestrorum, qui congregationem illam venerabilem devotius coluerunt, et saluti, quam per eos Dominus super multis peccatoribus operatur, manus socias adhibete. Ita eos diligite, ita tuemini, ita fovete, ut quietius per vos omnipotenti valeant deservire ; vos autem, qui inter mundi fluctuantis turbines statis, per eos, tam apostolicæ sedis, quam omnipotentis Dei gratiam consequamini.

Data Lateranis, XIII Decembris.

XXXIII.

Majoris Monasterii protectionem suscipit, possessionesque ac privilegia confirmat, imposito monachis aurei denarii censu annuo.

(Anno 1100, Nov. 19.)
[*Opera Guiberti abbatis S. Mariæ de Novigento*, edit. Achery, Notes, p. 588.]

PASCHALIS episcopus, servus servorum Dei, venerabili fratri HILGOTO, Majoris Monasterii abbati, ejusque successoribus regulariter substituendis in perpetuum.

Cum universis sanctæ Ecclesiæ filiis, ex apostolicæ sedis auctoritate ac benevolentia debitores existamus, illis tamen locis atque personis quæ ampliori religionis gratia eminent, propensiori nos convenit charitatis studio imminere. Tuis igitur tuorumque fratrum, fili in Christo dilectissime Hilgote, justis precationibus annuentes, cum pro beati confessoris Christi Martini devotione atque reverentia, tum pro vestræ religionis prærogativa, monasterium vestrum, quod Majus dicitur, a beato quondam Martino ædificatum, in apostolicæ sedis tutelam specialiter protectionemque suscepimus.

Per præsentem igitur nostri privilegii paginam, apostolica auctoritate præcipimus ut quæcunque hodie idem cœnobium juste possidet, sicut in crastinum, largitione principum, oblatione fidelium, concessione pontificum, juste atque canonice poterit adipisci, firma tibi tuisque successoribus, et illibata permaneant. Decernimus ergo ut nulli omnino homini liceat idem cœnobium temere perturbare, aut ei subditas possessiones auferre, sive minuere, vel temerariis vexationibus fatigare; sed omnia integra conserventur eorum, pro quorum sustentatione ac gubernatione concessa sunt usibus.

Missas sane publicas per archiepiscopum, aut episcopum quemlibet, in præfato monasterio celebrari, aut stationes fieri, omnimodo prohibemus; ne in servorum Dei recessibus popularibus occasio præbeatur ulla convenientibus. Interdicimus etiam ne quis ejusdem loci monachos in aliquam Ecclesiam ad stationem, aut exsequias celebrandas, præter suam et abbatis voluntatem compellat.

Adjicientes et præcipientes ne quisquam deinceps archiepiscopus, aut episcopus, B. Martini Majus Monasterium, aut ipsius Majoris Monasterii monachos, pro ulla causa ullo in loco excommunicare præsumat, sed omnis eorum causa gravior ex apostolicæ sedis judicio pendeat.

Nec cellarum vestrarum videlicet fratres, pro qualibet interdictione, vel excommunicatione divinorum officiorum, suspensionem patiantur, sed tam monachi ipsi, quam etiam famuli eorum, et qui se monasticæ professioni devoverunt, clausis ecclesiarum januis, non admissis diœcesanis, divinæ servitutis officia celebrent, et sepulturæ debita peragant.

Obeunte te nunc ejusdem loci abbate, vel tuorum quolibet successorum, nullus illi qualibet subreptionis astutia aut violentia præponatur, nisi quem fratres communi consensu ejusdem fratrum pars consilii sanioris elegerint.

Porro quia Turonensis Ecclesiæ antistes et clerici, prædecessoris nostri apostolicæ memoriæ Urbani secundi repetitis litteris, nostris quoque commoniti, ab impugnatione vestra desistere nullatenus acquieverunt; quinimo apostolicæ sedis familiarius communicantes, vos excommunicare et excommunicatos prædicare non timuerunt; adeo ut ab abbatis vestri sepultura, et a vestræ professionis consortio Sancti Juliani monachos, et alios religiosos fratres, abbatesque subtraxerint. Nos eorum excommunicationi religionem vestram Domino cooperante subduximus. Beato quippe Ambrosio attestante didicimus quod hæreticum esse constat, qui a Romana dissentit Ecclesia; et Samuel quasi idolatriæ ait, scelus est nolle acquiescere. Vos autem tanquam familiares filios nostræ communionis, charitatis et gratiæ vinculo complectimur.

Qua nimirum justitia exigente statuimus ut regulariter electus abbas, vel a Romano pontifice, vel a catholico quem advocare maluerint, nostræ communionis ac familiaritatis episcopo consecretur; qui vestra fultus auctoritate quod postulabitur, impendat. Chrisma, oleum sanctum, consecrationes altarium sive basilicarum, ordinationes monachorum, qui ad sacros sunt ordines promovendi, locorum vestrorum fratres ab episcopis, in quorum diœcesibus sunt, accipiant.

Ad hæc adjicimus ut idem Beati Martini monasterium, ab omnium mortalium jure liberum, Domino annuente, permaneat, solique Romanæ Ecclesiæ subditum, de tanta semper libertate atque auctoritate congaudeat.

Ad judicium autem perceptæ hujus a Romana Ecclesia libertatis, per annos singulos unum aureum denarium Lateranensi palatio persolventes.

Si quis igitur in crastinum archiepiscopus aut episcopus, imperator aut rex, princeps aut dux, comes, vicecomes, judex, aut ecclesiastica quælibet sæcularisve persona, hanc nostræ constitutionis paginam sciens, contra eam temere venire tentaverit, commonita, si non satisfactione congrua emendaverit, potestatis honorisque sui dignitate careat, reamque se divino judicio existere de perpetrata iniquitate cognoscat, et a sacratissimo corpore ac sanguine Dei et Domini Redemptoris nostri Jesu Christi aliena fiat, atque in extremo examine districtæ ultioni subjaceat. Cunctis autem eidem loco justa servantibus sit pax Domini nostri Jesu Christi, quatenus et hic fructum bonæ actionis percipiant, et apud districtum judicem præmia æternæ pacis inveniant. Amen, amen, amen.

Ego Paschalis episcopus catholicæ Ecclesiæ.
Ego Odo Ostiensis episcopus.
Ego Miro [Milo] Prænestinus episc.
Ego Paganus diaconus R. E. cardinalis.
Ego Albericus Dei gratiæ cardinalis.

Datum Laterani per manum Joannis S. R. E. diaconi cardinalis, XIII Kal. Decemb., ind. VIII, Incar. Dominicæ millesimo centesimo, pontificatus autem domini Paschalis secundi II.

XXXIV.

Paschalis papæ epistola ad Hugonem abbatem Cluniacensem. — Privilegium Cluniacense.

(Anno 1100, Nov. 20.)

[Mansi, *Concil.* t. XX, 1038.]

Paschalis episcopus, servus servorum Dei, Hugoni abbati Cluniacensi ejusque successoribus regulariter substituendis in perpetuum.

Et religionis prærogativa, qua per universas Gallias vestris temporibus per Dei gratiam congregatio vestra præcellit, et inconcussa charitatis unitas, qua inter procellas omnes sedi apostolicæ adhæsistis, mansuetudinem nostram vehementius exhortantur, imo urgent atque compellunt, ut vestris petitionibus assensum accommodare, et quieti vestræ in posterum providere sollicitius debeamus. Eapropter, quidquid libertatis, quidquid tuitionis, quidquid auctoritatis, prædecessores nostri Ecclesiæ Romanæ pontifices, præsertim apostolicæ memoriæ Gregorius VII et Urbanus II, vestro monasterio et locis ad id pertinentibus contulerunt, nos quoque præsenti decreto, auctore Deo confirmamus. Ad hæc adjicimus ut tam prioratus et cellæ, quam et cætera in quibuslibet locis omnia, quibus fraternitas tua, Arvernensis concilii, quod per supradictum Urbanum papam celebratum est, tempore investita erat, de quibus tunc nulla quæstio mota est, cui nimirum concilio per temetipsum interfueras, tam tibi quam successoribus tuis in pace semper et quiete serventur. Præcipimus etiam ut omnes ecclesiæ, seu capellæ vestræ, et cœmeteria libera sint, et omnis exactionis immunia, præter consuetam episcopi paratam, et justitiam in presbyteros, si adversus ordinis sui dignitatem offenderint, exceptis nimirum ecclesiis illis quæ absque hujusmodi subjectione in abbatis potestate consistunt. Liceat quoque vobis, seu fratribus vestris, in ecclesiis vestris presbyteros eligere, ita tamen ut ab episcopis vel episcoporum vicariis, animarum curam absque venalitate suscipiant. Quam si committere illi ex pravitate noluerint, tunc presbyteri ex apostolicæ sedis benignitate officia celebrandi licentiam consequantur. Ecclesiarum vero seu altarium consecrationes, ab episcopis in quorum diœcesibus sunt, locorum vestrorum fratres accipiant, si quidem gratis ac sine pravitate voluerint exhibere. Alioquin a catholico, quem malueritis, episcopo, consecrationem ipsarum sacramenta suscipiant. Neque cuilibet facultas sit, aut claustri vestri, aut locorum vestrorum fratres pro vivorum sive defunctorum eleemosynis ob salutem datis inquietare, sed tam virorum quam mulierum oblationes, quæ ad eos afferuntur, in usu servorum Dei pauperumque profuturas recipere liceat. Nec minus illud supradicti Urbani II papæ capitulum confirmamus, ne cellarum vestrarum ubilibet positarum fratres pro qualibet interdictione, vel excommunicatione, divinorum officiorum suspensionem patiantur; sed tam monachi ipsi, quam et famuli eorum, et qui monasticæ professioni se devoverunt, clausis ecclesiarum januis, non admissis diœcesanis, divinæ servitutis officia celebrent, et sepulturæ debita peragant. Concedimus etiam vobis laicos, seu clericos sæculares, nisi qui pro certis criminibus excommunicati sunt, ad conversionem seu sepulturam per loca vestra suscipere. Clericos quoque regulares, qui vel in locis suis salvari non possunt, vel pro necessitatibus ad vestrum cœnobium confugiunt, suscipiendi, et ad vestrum propositum admittendi, religioni vestræ licentiam impertimur. Præterea decernimus ut nulli hominum omnino liceat vestrum venerabile cœnobium, et loca ei subdita temere perturbare; sed eorum ecclesiæ possessiones, et bona cætera, quæ pro animarum salute jam donata sunt, vel in futurum Deo miserante dari contigerit, firma vobis, vestrisque successoribus, illibataque permaneant : quos profecto cognoscimus, ab excommunicatis pia discretione vigilantius abstinere. Si qua igitur ecclesiastica sæcularisve persona hanc nostræ constitutionis paginam sciens, contra eam temere venire tentaverit, secundo tertiove commonita, si non satisfactione congrua emendaverit, potestatis honorisque sui dignitate careat, reamque se divino judicio existere de perpetrata iniquitate cognoscat, et a sanctissimo corpore et sanguine Dei et Domini Redemptoris nostri Jesu Christi aliena fiat, atque in extremo examine districtæ ultioni subjaceat. Cunctis autem eidem cœnobio justa servantibus, sit pax Domini nostri Jesu Christi, quatenus et hic fructum bonæ actionis percipiant, et apud districtum judicem præmia æternæ pacis inveniant. Amen, amen, amen.

Ego Paschalis, catholicæ Ecclesiæ episcopus, subscripsi.

Ego Odo, Ostiensis episcopus, subscripsi.

Ego Milo, Prænestinus episcopus, subscripsi.

Ego Albericus, archiepiscopus Dei gratia cardinalis Sancti Petri ad Vincula, subscripsi.

Ego Walterius, episcopus Albanensis Ecclesiæ, subscripsi.

Ego Paganus sanctæ Romanæ Ecclesiæ cardinalis, subscripsi.

Datum Laterani, per manum Joannis sanctæ Romanæ Ecclesiæ cardinalis, xii Kal. Decemb., indict. viii, Incarnationis Dominicæ anno 1100, pontificatus autem domni Paschalis secundi papæ secundo.

XXXV

Bulla Paschalis II pro unione Ecclesiæ Arausicanæ ad Tricastinam.

(Anno 1100, Dec. 10.)

[*Gall. Christ.*, nov., I, Instr. 120.]

PASCHALIS episcopus, servus servorum Dei, clero et populo Arausicano, salutem et apostolicam benedictionem.

Miramur vos tanta pertinacia sedis apostolicæ decretis contraire; quod enim cum a prædecessore nostro pro auctorizanda confirmatione definitum esset, quidquid a nobis quoque juxta definitionem præceptum est, vos quoque adeo contempsistis, ut nullam episcopo Tricastino dignati sitis subjectionem et obedientiam præbere. Nos tandem pertinaciam tantam apostolicæ dilectionis mansuetudine tolerantes, iterata litterarum comminatione præcepimus, ne unitatem ecclesiarum a prædecessoribus nostris constitutam violare certetis ; sed supradicto fratri nostro episcopo tandem humiliter obediatis.

Datum Laterani iv Idus Decembris

XXXVI.
Privilegium pro monasterio S. Salvatoris Papiensis.
(Anno 1100.)
[MARGARINI, *Bullar. Casin.* II, 119, ex archiv. monast. S. Salvatoris Papiensis.]

PASCHALIS episcopus, servus servorum Dei, dilecto in Christo filio JOANNI, abbati venerabilis monasterii, quod dicitur Domini Salvatoris, secus Papiam siti, ejusque successoribus regulariter substituendis in perpetuum.

Piæ postulatio voluntatis effectu debet persequente compleri, quatenus et devotionis sinceritas laudabiliter enitescat, et utilitas postulata vires indubitanter assumat. Quia igitur dilectio tua, ad sedis apostolicæ portum confugiens, ejus tuitionem, devotione debita, requisivit; nos supplicationi tuæ clementer annuimus. Et Sancti Salvatoris monasterium, cui Deo auctore præsides, cum omnibus ad ipsum pertinentibus, sub tutela apostolicæ sedis excipimus. Quod videlicet monasterium Adeleis augusta imperatrix, suis impensis renovatum, sua nihilominus liberalitate ditasse cognoscitur. Sanctorum igitur prædecessorum nostrorum, sedis apostolicæ pontificum vestigiis insistentes, præsentis decreti auctoritate statuimus ut quæcunque bona, quæcunque prædia urbana, sive rustica, culta et inculta, quæcunque possessiones, utensilia et ornamenta, vel a prædicta Augusta, vel ab aliis fidelibus, de suo jure, eidem monasterio collata sunt, sive in futurum, concessione pontificum, liberalitate principum, vel oblatione fidelium, juste atque canonice poterit adipisci, firma tibi, tuisque successoribus, et illibata permaneant. Decernimus ergo ut nulli omnino hominum liceat idem cœnobium temere perturbare, aut ejus possessiones, sive res, utensilia, vel ornamenta auferre, vel ablatas retinere, minuere, vel temerariis vexationibus fatigare, sed omnia integra conserventur eorum, pro quorum sustentatione et gubernatione concessa sunt, usibus multimodis profutura. Nec decimæ reddituum prædicti monasterii Domini Salvatoris ab ullius Ecclesiæ præsule, vel ministris exigantur. Obeunte te, nunc ejus loci abbate, vel tuorum quolibet successorum, nullus ibi, qualibet subreptionis astutia, seu violentia præponatur, nisi quem fratres, communi consensu, vel fratrum pars consilii sanioris, secundum Dei timorem, et beati Benedicti regulam elegerint. Electo vero abbate, sit facultas omni tempore præsulem eligendi, quem, tam sibi quam cæteris fratribus, cum timore Dei totiusque congregationis conniventia, ubicunque voluerint, consecrationis insignia, hujus nostræ auctoritatis privilegio, absque ulla pretii conferat datione. Chrisma, oleum sanctum, consecrationes altarium, sive basilicarum, ordinationes monachorum, seu canonicorum vestrorum, qui ad sacros ordines fuerint promovendi, a quibus malueritis catholicis accipietis episcopis. Porro in illis ecclesiis monasterii baptismum, ubi solitum hactenus fuit, celebrari permittimus. Missas sane publicas in eodem monasterio celebrari, aut stationem, sive ordinationem aliquam præter abbatis voluntatem, aut episcopo quolibet fieri prohibemus. Ad hæc dalmaticæ, sandaliorum, necnon chirothecarum usum tibi, tuisque successoribus juxta prædecessorum statuta, concedimus. Sicque ab omni jugo, seu ditione cujuscunque personæ, ipsum cœnobium liberum permanere sancimus ut soli sanctæ Romanæ et apostolicæ Ecclesiæ subditum habeatur. Si qua sane ecclesiastica seu sæcularis persona hanc nostræ constitutionis paginam sciens, contra eam temere venire tentaverit, secundo tertiove commonita, si non satisfactione congrua emendaverit, potestatis honorisque sui dignitate careat, reamque se divino judicio existere de perpetrata iniquitate agnoscat, et a sacratissimo corpore et sanguine Dei et Domini Redemptoris nostri Jesu Christi aliena fiat, atque in extremo examine districtæ ultioni subjaceat. Cunctis autem eidem loco justa servantibus sit pax Domini nostri Jesu Christi, quatenus et hic fructum bonæ actionis accipiant, et apud districtum judicem præmia æternæ pacis inveniant. Amen, amen.

Datum anno Domini 1100.

XXXVII.
Geraldo archiepiscopo Bracarensi « pallium et privilegium » concedit.
(Mentio tantum exstat in Geraldi Vita. Vide Baluzii Miscell. edit. Luc. I, 152.)

XXXVIII.
Rescriptum Paschalis papæ ad Argentinensem Ecclesiam.
(Circa annum 1100.)
[MANSI, *Concil.*, XX, 1092.]

PASCHALIS episcopus, servus servorum Dei, clero Argentinensi et populo, salutem et apostolicam benedictionem.

(14') Perspectis litteris vestris, de vestra oppressione et Ecclesiæ vestræ destructione paterniter condolui mus; sed quia pro justitia patimini, pro qua beati eritis, congaudemus. Ut igitur ad illam beatitudinem pervenire possitis, in bono proposito constanter perseverate, atque illi intruso Ecclesiæ Dei viriliter resistite, quia per Dei gratiam neque electioni neque consecrationi ejus assensum dedimus aut dabimus. Vobis autem in omnibus, quæ pro justitia agitis, nostrum consilium et auxilium nunquam deerit, præstante Domino, qui vivit et regnat in sæcula sæculorum. Amen.

XXXIX.
Paschalis epistola ad Bernardum, archiepiscopum Toletanum.—Primatum Toletanæ Ecclesiæ confirmat.
(Anno 1101, Mart. 6.)
[MANSI, *Concil.* XX, 982.]

PASCHALIS episcopus, servus servorum Dei, reverendissimo [f. reverentissimo, HARD.] fratri BERNARDO Toletano archiepiscopo, ejusque successoribus canonice substituendis in perpetuum.

Actorum synodalium decreta scrutantibus liquet

(14') Vide infra, epistolam Argentinensis Ecclesiæ ad Paschalem.

quantæne Toletana Ecclesia dignitatis fuerit ex antiquo, quantæque per eam in ecclesiasticis negotiis utilitates accreverint. Unde et nos ejusdem urbis statum, quantum nostræ est facultatis, in ecclesiasticis dignitatibus gloria stabilire [*al.* in ecclesiasticæ dignitatis gloriam stabilire], Domino adjuvante, optamus. Igitur tum pro benignitate sanctæ Romanæ Ecclesiæ debita, tum pro digna Toletanæ Ecclesiæ reverentia, tum etiam pro reverendissimi [*f.*, reverentissimi. H.] filii nostri præstantissimi regis Ildefonsi postulationibus, cujus nimirum virtute et prudentia Toletana Ecclesia [*al.* civitas] Maurorum et Moabitarum jugo erepta est, te, charissime frater, juxta constitutum prædecessoris nostri sanctæ memoriæ Urbani papæ secundi, in totis Hispaniarum regnis primatem fore præsentis privilegii auctoritate sancimus, sicut ejusdem urbis constat antiquitus exstitisse pontifices. Pallio sane in missarum solummodo celebrationibus uti debebis, præcipuarum, quæ subscriptæ sunt, festivitatum temporibus: tribus videlicet diebus in Nativitate Domini, in Epiphania, Hypapante, Cœna Domini, Sabbato sancto, tribus diebus in Pascha, in Ascensione, Pentecoste, tribus solemnitatibus sanctæ Mariæ, sancti quoque Michaelis, et sancti Joannis Baptistæ, in omnibus natalitiis apostolorum, et eorum martyrum quorum pignora in vestra ecclesia requiescunt: sancti quoque Martini et Ildefonsi confessorum, et omnium commemoratione sanctorum: in consecrationibus ecclesiarum, episcoporum et clericorum: in annuo consecrationis tuæ die, natali etiam sancti Isidori et Leandri. Primatem te universi Hispaniarum præsules respicient: et ad te, si quid inter eos graviori quæstione dignum exortum fuerit, referent, salva tamen Romanæ Ecclesiæ auctoritate, et metropolitanorum privilegiis singulorum. Toletanam ergo Ecclesiam jure perpetuo tibi, tuisque, si divina præstiterit gratia, successoribus canonicis tenore hujus privilegii confirmamus: una cum omnibus ecclesiis et diœcesibus, quas proprio jure noscitur antiquitus possedisse: præcipientes de iis, quæ Sarracenorum ad præsens subjacent ditioni, ut cum eas Domino placuerit potestati restituere populi Christiani, ad debitam Ecclesiæ vestræ obedientiam referantur. Illarum autem civitatum diœceses quæ Sarracenis invadentibus metropolitanos proprios perdiderunt, vestræ ditioni eo tenore subjicimus, ut quoad sine propriis exstiterint metropolitanis, tibi, ut proprio, debeant subjacere. Si vero metropolis quælibet in statum fuerit pristinum restituta, suo quoque diœcesis metropolitano restituatur. Neque tamen ideo minus tua debet studere fraternitas, quatenus unicuique metropoli suæ restituatur gloria dignitatis. Hæc, et cætera omnia quæ ad antiquam Toletanæ sedis apostolicæ concessionem probari poterunt, nos tibi tuisque successoribus perpetuo possidenda contradimus atque firmamus. Te, reverendissime frater, affectione intima exhortamur, quatenus dignum te tanti honore pontificii semper exhibeas, Christianis ac Sarracenis sine offensione semper esse procurans, et ad fidem infideles convertere, Domino largiente, verbis studeas, et exemplis: sic ex tui pallii dignitate, et primatus prærogativa præcellas in oculis hominum, ut interius virtutum excellentia polleas coram supernæ oculis majestatis. Si qua igitur in crastinum ecclesiastica sæcularisve persona hanc nostræ constitutionis sciens paginam, contra eam temere venire tentaverit; secundo tertiove commonita, si non satisfactione congrua emendaverit, potestatis honorisve sui careat dignitate, reamque se divino judicio existere de perpetrata iniquitate cognoscat, et a sanctissimo corpore ac sanguine Dei et Domini nostri Jesu Christi Redemptoris aliena fiat, atque in extremo examine districtæ ultioni subjaceat. Cunctis autem eidem Ecclesiæ justa servantibus sit pax Domini nostri Jesu Christi, quatenus et hic fructum bonæ actionis percipiant, et apud districtum judicem præmia æternæ pacis inveniant. Amen, amen.

Scriptum per manum Petri notarii, regionarii, et scrinarii sacri palatii.

Ego Paschalis catholicæ Ecclesiæ episcopus subscribo.

Datum Laterani per manum Joannis, sanctæ Romanæ Ecclesiæ diaconi cardinalis, secundo Nonas Martii, indictione octava, Incarnationis Dominicæ anno 1101, pontificatus autem domini Paschalis papæ secundi anno secundo.

XL.

Privilegium papæ pro monasterio Sancti Savini Placentini.

(Anno 1101, Mart. 7.)

[Campi *Dell. hist. eccl. di Piacenza*, t. I, p. 525.]

Paschalis episcopus, servus servorum Dei, dilecto filio Alberico, abbati monasterii S. Savini, quod secus Placentiam situm est, ejusque successoribus regulariter substituendis in perpetuum

Ad hoc nos disponente Domino in apostolicæ sedis servitium promotos agnoscimus, ut ejus filiis auxilium implorantibus efficaciter subvenire, et ei obedientes tueri, ac protegere, prout Dominus dederit, debeamus. Unde opportunum, fili charissime, duximus præsentis decreti pagina vestris infestationibus obviare, et quieti ac utilitati vestræ opitulante Domino attentius providere. Statuimus enim ut quæcunque prædia, quæcunque bona in cellis, in ecclesiis, in villis, vel rebus aliis vestrum monasterium legitime possidet in præsenti; sive in futurum concessione pontificum, liberalitate principum, vel oblatione fidelium juste atque canonice poterit adipisci, firma tibi tuisque successoribus, et illibata permaneant. Decernimus ergo ut nulli omnino hominum liceat idem cœnobium temere perturbare, aut ejus possessiones auferre, vel ablatas retinere, minuere, vel temerariis vexationibus fatigare; sed omnia integre conserventur eorum, pro quorum sustentatione et gubernatione concessa sunt, usibus omnimodis profutura.

Porro usum mitrae et aliorum pontificalium ad instar felicis memoriae Silvestri et Alexandri praedecessorum nostrorum Romanorum pontificum vobis omnimodo liberum esse decernimus; ad haec adjicientes ut infra sacra mysteria constituti signaculo sanctae crucis possitis populum praemunire. Si qua sane ecclesiastica saecularisve persona, hanc nostrae constitutionis paginam sciens, contra eam temere venire tentaverit, secundo tertiove commonita, si non satisfactione congrua emendaverit, potestatis honorisque sui dignitate careat, atque se divino judicio existere de perpetrata iniquitate cognoscat, et a sacratissimo corpore et sanguine Dei ac Domini Redemptoris nostri Jesu Christi aliena fiat, atque in extremo examine districtae ultioni subjaceat. Cunctis autem eidem loco justa servantibus sit pax Domini nostri Jesu Christi, quatenus et hic fructum bonae actionis percipiant, et apud districtum judicem praemia aeternae pacis inveniant. Amen, amen.

Scriptum per manum Petri, notarii regionarii et scriniarii sacri palatii.

Ego Paschalis catholicae Ecclesiae episcopus.

Datum Laterani per manum Joannis, sanctae Romanae Ecclesiae diaconi cardinalis, Nonis Martii, indict. nona, Incarnationis Dominicae anno 1101, pontificatus autem domni Paschalis II papae secundo.

XLI.

Epistola ad Gothofredum episcopum Magalonensem. — Non pervenisse suas de consecrando electo Compostellano litteras, « in autumno praeterito » missas, miratur. Mandat ut consecrationem perficiat.

(Anno 1101, Mart. 25.)

[Florez, *España sagrada*, XX, 29.]

P. episcopus, servus servorum Dei, venerabili fratri G., Magalonensi episcopo, salutem et apostolicam benedictionem.

Nosse fraternitatem tuam credimus quod Compostellana Ecclesia praedecessoris nostri privilegium meruit, dum nulli metropoli subjaceret, ut episcopus ejus a Romano debeat episcopo consecrari. Electus autem ejus impedimentis plurimis impeditus non valet utique ad sedem apostolicam pervenire; unde in autumno praeterito fraternitati tuae litteras misimus, quas ad te non pervenisse miramur. Iterum ergo mandamus ut illuc accedas, et electum ipsum vice nostra in episcopum benedicas.

Datum Laterani VIII Kal. Aprilis.

XLII.

Ad clericos S. Jacobi Compostellanos. — De consecrando Didaco quae jam litteris mandaverat repetit.

(Anno 1101, Mart. 25.)

[Florez, *España sagrada*, p. 30.]

P. episcopus, servus servorum Dei, dilectis filiis clericis S. Jacobi salutem et apostolicam benedictionem.

Destitutioni Ecclesiae vestrae Compostellanae jam diutius condoluimus. Idcirco in autumno praeterito petitioni vestrae assensum praebuimus, ut ejusdem Ecclesiae electo ne ad nos veniret tum temporis parceremus. Quas litteras sicut nuntiis vestris deferentibus accepimus, ad vos non pervenisse miramur. Unde venerabili fratri nostro Magalonensi episcopo tanta litterarum nostrarum auctoritate praecipimus ut ad eum consecrandum accedat. Quod si forte ipse nequiverit, Burgensis aut alius catholicus episcopus advocetur. Ipsi quoque electo praesentium litterarum auctoritate mandamus ut onus, quod ei a communi consensu Ecclesiae imponitur, de misericordia Domini confidens accipiat. Porro sicut militibus, ita etiam clericis vestrarum partium interdicimus, ne occasione Jerosolymitanae visionis Ecclesiam et provinciam suam deserere praesumant, quam Moabitarum feritas tam frequenter impugnat.

Datum Laterani VIII Kal. Aprilis.

XLIII.

Ad Al[defonsum] regem. — Nuntiat quid de consecrando Didaco jam mandaverit.

(Anno 1101, Mart. 25.)

[Florez, *España sagrada*, XX, 29.]

P. episcopus, servus servorum Dei, dilecto filio AL. salutem et apostolicam benedictionem.

In autumno praeterito de Compostellani episcopi consecratione petitioni tuae consensimus. Unde te repetito rogare mirati sumus. Quas litteras quia interceptas audivimus, iterum venerabili fratri nostro Magalonensi episcopo litterarum auctoritate praecipimus ut ad eum consecrandum accedat. Quod si forte ipse nequiverit, Burgensis aut alius catholicus episcopus advocetur.

Datum Laterani VIII Kal. Aprilis.

XLIV.

Ad clericos et laicos Al[defonsi] regnum habitantes. — Ne occasione Hierosolymitani itineris Occidentalis depopuletur Ecclesia.

(Anno 1101, Mart. 25.)

[Florez, *ubi supra*, p. 88.]

P. episcopus, servus servorum Dei, clericis et laicis AL.(15) regnum habitantibus, salutem et apost. benedict.

Magnum vestrae salutis dispendium facit, quod apostolicae sedis praeceptis obedire contemnitis. Scripsimus enim vobis praeterito tempore ne Hierosolymitanae expeditionis occasione partes vestras desereretis, quae Maurorum et Moabitarum quotidianis incursionibus impugnantur; non parum enim in discessu vestro illorum tyrannidem occidentalibus partibus formidamus. Quare nos partium vestrarum, tam clericos quam laicos, quos videre potuimus, a Hierosolymitana profectione desistere, et ad patriam suam redire praecipimus. Latores quoque praesentium Munionem, et Didacum, et Nunonem cum sequacibus suis a nobis coactos redire sciatis. Unde etiam vestrae dilectioni praecipimus ne quis eos pro

---

(15) Aldefonsi, scilicet VI

reditu hoc infamare, aut calumniis aliquibus præsumat impetere. Vobis ergo omnibus iterata præceptione præcipimus ut in vestris partibus persistentes Moabitas et Mauros totis viribus impugnetis : ibi largiente Deo vestras pœnitentias peragatis : ibi sanctorum apostolorum Petri et Pauli et apostolicæ eorum Ecclesiæ remissionem et gratiam percipiatis.

Datum Laterani VIII Kal. Aprilis.

XLV.

Privilegium pro monasterio Casinensi

(Anno 1101. Mart. 31.)

[Mansi, *Concil.* XX, 1135.]

Paschalis episcopus, servus servorum Dei, venerabili fratri et compresbytero Oderisio, Casinensi abbati, salutem et apostolicam benedictionem.

Officii nostri nos hortatur auctoritas pro ecclesiarum statu sollicitos esse, et quæ recte statuta sunt stabilire. Eapropter cœnobii vestri causam de Cinglensi cella nequaquam statu illo dimovendam duximus, qui a domino prædecessore nostro sanctæ memoriæ Urbano scripti assertione institutus agnoscitur. In Melphitana siquidem synodo, quam, largiente Domino, nostræ ordinationis anno secundo solemniter celebravimus, abbatissa, quæ Cinglensem cellam ante tenuerat, vehementius reclamavit se perperam tractatam, se passam injuriam asseverans. Cumque consessum totum suis questibus implevisset, communis filius Joannes, Ecclesiæ nostræ diaconus, absentiam tui gravatus tandem surrexit, et negotium id canonice definitum exposuit. Cujus mox relationi confrater noster Oddo episcopus Ostiensis testimonium contulit, dicens vere abbatissam de cella illa domini Urbani papæ judicio revestitam, vere post menses tres ad Barense concilium invitatam, quo, cum non iverit, nuntium destinavit. Ille, negotii finem subterfugiens, abbatissam non plenius revestitam clamabat, quia quasdam cellæ chartas defensionisve necessarias minime recepisset. Unde actum fuit ut per manum domni Roffridi Beneventani episcopi chartæ ipsæ non ante requisitæ in conspectu concilii redderentur. Mox papa Beneventum regresso, iterum abbatissa per litteras ut Sinuessam veniret, vocata est. Cum nec Sinuessam venisset, nec quid gravaminis pati se illa juste conquereretur, ad S. Germani oppidum, quod Casino monti adjacet, veniendi accepit inducias. Venit tandem, sed causam aggredi recusavit, conquerens adhuc quia non omnia Cinglensis cellæ monumenta receperit. Fratres vero Casinenses sacramento probare præsto fuerunt se nec plures nec alias in eodem loco chartas quam reddiderant, invenisse. Illa quibusdam nostrum clam munimina chartarum ostendens, ad pontificis conspectum producere noluit. Tandem domini Urbani papæ ad concordiam suadentis, nostrisque commonitionibus parvipensis, clam discedens judicio locum dedit. Sic dominus noster sanctæ in Christo memoriæ papa Urbanus, relectis diligentius Romanorum pontificum decretis, imperatorum præceptis, loci fundatoris chirographis, cellam ipsam Casinensi cœnobio reddidit in perpetuum possidendam. Illa quippe abbatissæ procurata absentia juxta canonum sanctiones pro confessione habenda cunctis a fratribus qui tunc aderant episcopis seu cardinalibus censebatur. His verbis confratris nostri Ostiensis episcopi, Albertus quoque nunc Sipontinus episcopus, hujus autem actionis tempore transacto Romanæ Ecclesiæ cardinalis presbyter, quia et ipse interfuerat, testificationis suæ suffragium copulavit. Romani etiam judices, Petrus et Raimbaldus, negotium illud se præsentibus pertractatum perhibuerunt, se etiam et Romanæ legis libris sententiam proferentibus. His peraudiis grave nobis videri diximus, ut quæ ab antecessoribus nostris decisa fuerant, retractarentur. Cæterum abbatissa illa vehementius insistente fratribus nostris, episcoporum quibusdam præcepimus ut in partem euntes ex consilio responderent, utrum causa hæc retractanda ulterius videretur. Regresso Brunone Signino episcopo proloquente dixerunt rationabile ac justum sibi domini papæ judicium videri, ratumque id habendum tanquam canonico ordine pertractatum. Et nos ergo in eodem statu semper manere censuimus, et sicut tunc verbo, ita et nunc scripto sancimus Cinglensem cellam sub disciplina semper religionis monasticæ disponendam ad jus semper et possessionem Casinensis monasterii pertinere. Si quis vero hujusce definitionis et confirmationis tenore agnito obviam ire et cellam illam a Casinensi cœnobio separare præsumpserit, ipse quoque ab Ecclesiæ corpore Ecclesiæ judicio separetur.

Scriptum per manum Petri, notarii regionarii et scriniarii sacri palatii.

Ego Paschalis catholicæ Ecclesiæ episcopus subscripsi.

Datum Laterani per manum Joannis, S. Romanæ Ecclesiæ diaconi cardinalis, II Kal. Aprilis, indictione IX, anno Dominicæ Incarnationis 1102, pontificatus autem domini Paschalis secundi anno II.

(*Adest sigillum plumbeum pendens.*)

XLVI.

Ad Velletranos. — *Abrogat quæ a Guiberto contra fas instituta apud eos erant. Eorum limites definit.*

(Anno 1101, Apr. 6.)

[Mansi, *Concil.* XX, 1048.]

Paschalis episcopus, servus servorum Dei, Velletranæ urbis civibus, apostolicæ sedis fidelibus, salutem et apostolicam benedictionem.

Et prava corrigere, et recta firmare, commissi loci, et officii debito commonemur. Idcirco juxta petitionem vestram omnes pravas consuetudines vel exactiones quas hæresiarcha Guibertus Ravennat. quondam episcopus, mox apostolicæ sedis invasor imposuit, de medio vestræ civitatis penitus abolere, præsentis paginæ auctoritate decernimus. Illam vero benignitatem quam a prædecessore nostro sanctæ memoriæ Gregorio VII civitas vestra promeruit, nos quoque tam vobis quam posteris vestris in apostolicæ sedis fidelitate permanentibus, firma manere sancimus : ut videlicet loci vestri potentiores, quibus et vos suum jus non negetis, imponere vobis graviora non audeant. Nec solum urbis vestræ habitatores, sed etiam antiqui fines, ab omni sæcularis potestatis invasione serventur, et infestatione securi. Civitatis autem fines dicimus illos qui pertinentias suas longe lateque concludunt. (*Designat fines illos, et multa loca enumerat.*) Hos igitur fines cum detrimento vestro mutari omnino apostolica interdictione prohibemus, statuentes ut quod inter eos continetur, sicut jus est uniuscujusque, tam vos quam vestri hæredes, et quibus vos legaliter concesseritis, quiete possideatis in perpetuum. Quod si quælibet parva vel magna persona contra hoc apostolicum decretum atque præceptum temerario ausu venire tentaverit, admonita semel et iterum, usque tertio per convenientes inducias, si non resipuerit, et quod injuste egerit condigne non correxerit, sciat se centum libras denariorum Papiensium, medietatem cameræ nostræ, medietatem in justitiam patientibus persoluturam.

Scriptum per manum Petri, notarii regionarii et secretarii sacri palatii.

Ego Paschalis episcopus subscripsi.

Datum Laterani, per manum Joannis, sanctæ Romanæ Ecclesiæ cardinalis, octavo Id. April., ind. ix, Incarnationis Dominicæ anno 1102 [1101], pontificatus autem domini Paschalis II anno ii.

XLVII.
Confirmatio dotationis monasterii S. Benedicti Alperspacensis.

(Anno 1101, April. 12.)

[Petrus, *Suevia ecclesiastica*, Augustæ 1699, fol.]

Paschalis episcopus, servus servorum Dei, dilecto filio Cononi, Alperspacensis monasterii abbati, ejusque successoribus regulariter promotis in perpetuum.

Religiosis desideriis dignum est facilem præbere assensum, ut fidelis devotio celerem sortiatur affectum. Proinde religiosorum procerum Rotmanni de Husin, Adelberti de Zolro et Alwici comitis de Sulzo devotionem perpendentes, eorum desideriis assentimur, et beati Benedicti monasterium, quod in suo prædio fundaverunt, in loco scilicet hæreditatis propriæ, qui vocatur Alpirspach, auctore Deo, decreti præsentis auctoritate muniminis statuentes, ut locus ipse cum adjacente silva et terminis suis, alia quoque prædia et mancipia, quæ ipsi communiter per manum liberi hominis Bernardi de Flurin beato Benedicto tradiderunt in villis, quæ vocantur Dornheim, Homesingen, Hevingdorff, Garta, Hasela, Veringen, quæque singulariter Adelbertus de Zolro suæ conversionis tempore in aliis infra nominatis tradidit, id est in Unzin, Geroldisdorf et Sulzo, Bollo, Norwilo atque Bosingin, quæcunque etiam in futurum vel supradicti proceres, vel alii quilibet fideles in idem cœnobium de suo jure obtulerint, firma semper et illibata permaneant. Decernimus ergo ut nulli omnino hominum liceat idem monasterium temere perturbare, aut ejus possessiones auferre, vel ablata retinere, minuere, vel temerariis vexationibus fatigare, sed omnia integra conserventur, eorum pro quorum sustentatione et gubernatione concessa sunt, usibus omnimodis profutura. Abbates sane cum fratribus advocatum sibi, quem utiliorem præviderint instituant. Qui si postmodum monasterio inutilis, et fratribus gravis fuerit, remoto eo, alium præficiant. Nec alius advocatiæ bannum a catholico rege suscipiat, nisi ab abbate et fratribus electus exstiterit. Obeunte vero te nunc ejusdem loci abbate, vel tuorum quolibet successorum nullus ibi qualibet subreptionis astutia seu violentia præponatur, nisi quem fratres communi consensu, vel fratrum pars consilii sanioris secundum Dei timorem et beati Benedicti Regulam elegerint. Ad indicium autem præceptæ a Romana Ecclesia libertatis aureum nummum, qui *byzantius* dicitur, quotannis Lateranensi palatio persolvetis. Si quid igitur in futurum archiepiscopus aut episcopus, imperator aut rex, princeps aut dux, comes, vicecomes, judex, aut ecclesiastica quælibet sæcularisve persona hanc nostræ constitutionis paginam violaverit, aut sciens contra eam venire tentaverit, secundo tertiove commonita, si non satisfactione congrua emendaverit, potestatis honorisque sui careat dignitate, reamque se divino judicio existere de perpetrata iniquitate agnoscat, et a sacratissimo corpore et sanguine Dei et Domini Redemptoris nostri Jesu Christi aliena fiat, atque in extremo examine districtæ ultioni subjaceat. Cunctis autem eidem loco justa servantibus sit pax Domini nostri Jesu Christi, quatenus et hic fructum bonæ actionis percipiant, vel apud districtum judicem præmia æternæ pacis inveniant. Amen, amen.

Scriptum per manum Petri, notarii regionarii sacri palatii.

Ego Paschalis catholicæ Ecclesiæ episcopus subscripsi.

Testes, qui adfuerunt, ubi prædium Vischenboch datum est, Fridericus et Arnoldus fratres de Wolva ipsius prædii traditores, comes Bartholdus de Nuinburch, Wernherus de Hophu, Dictersius de Nuinburch; Cuono de Horn, Rudolf de Wildorff, Sigeboto de Noviwiler, Egilolt de Berndec, Elgiswart de Lappil, Adelbertus de Westirhein, in loco Offenburg.

Datum Laterani per manum Joannis sanctæ Romanæ Ecclesiæ diaconi cardinalis, pridie Idus Aprilis, indictione nona, Incarnationis Dominicæ anno millesimo centesimo primo, pontificatus autem domini Paschalis secundi papæ secundo.

XLVIII.

Paschalis epistola ad Lambertum episcopum Atrebatensem. — Confirmat Atrebatensem episcopatum: inter quem et Cameracensem limites constituit.

(Anno 1101, Apr. 15.)

[Mansi, *Concil.* XX, 1014.]

Paschalis episcopus, servus servorum Dei, venerabili fratri Lamberto, Atrebatensi episcopo, ejusque successoribus canonice substituendis in perpetuum.

Quæ a Patribus constituta sunt, oportet profecto ut sub metu et irrefragabili auctoritate teneantur. Dignum enim est ut nulla desidia negligantur, nulla dissensione violentur, nulla concertatione turbentur. Unde et nos, quod a piæ memoriæ prædecessore nostro Urbano de restitutione Atrebatensis Ecclesiæ constitutum est, justum omnino et sacris canonibus congruum perpendentes, nostri quoque decreti auctoritate sancimus: ut videlicet Ecclesia eadem, sicut antiquitus episcopali dignitate claruit, ita etiam in posterum cardinalem per Dei gratiam sortiatur antistitem. Divinæ siquidem miserationis affectum, quem in ecclesiarum suarum et populorum restitutionibus operatur, debemus et nos competentibus subsequi ac implere suffragiis. Te igitur, dilectissime ac reverendissime frater, quem in Atrebatensi Ecclesia prædecessor noster, Domino restituente, constituit, nos quoque cum divini favoris præsidio in episcopalis dignitatis functione firmamus (15*). Quidquid autem prædictæ Ecclesiæ B. Remigius contulit, quidquid antiquis temporibus, dum episcopali dignitate polleret, eam possidere constiterit; salvis legalibus institutis, et Romanæ Ecclesiæ privilegiis, tantum tibi ac successoribus tuis permanere censemus. In quibus nominatim archidiaconias duas, quarum una Atrebatensis, altera dicitur Obstrevandensis, præfatæ Ecclesiæ confirmamus: et illos omnino limites inter Atrebatensem et Cameracensem Ecclesias fore præcipimus, quos antiquitus fuisse, vel scriptorum monumentis, vel territoriorum diremptione, vel certis aliquibus indiciis potuerit comprobari: ut annuente Deo Ecclesiarum pax nulla occasione turbetur, et quæ pro fidelium salute statuta sunt, perenni tempore inconvulsa stabilitate persistant. Si qua sane ecclesiastica sæcularisve persona, hanc nostræ constitutionis paginam sciens, contra eam temere venire tentaverit, secundo tertiove commonita, si non satisfactione congrua emendaverit, potestatis honorisque sui careat dignitate, reamque se divino judicio existere de perpetrata iniquitate cognoscat, et a sacratissimo corpore ac sanguine Dei ac Domini nostri Jesu Christi aliena fiat, atque in extremo examine districtæ ultioni subjaceat. Cunctis autem eidem loco justa servantibus sit pax Domini nostri Jesu Christi, quatenus et hic fructum bonæ actionis percipiant, et apud districtum judicem præmia æternæ pacis inveniant. Amen, amen.

Scriptum per manum Petri, notarii regionarii et scriniarii sacri palatii.

Paschalis catholicæ Ecclesiæ episcopus.

Datum Laterani, per manum Joannis sanctæ Romanæ Ecclesiæ diaconi cardinalis, XVII Kal. Maii, indict. IX, Incarnat. Dominicæ an. 1101, pontificatus autem domini Paschalis secundi papæ secundo.

XLIX.

Ad Henricum regem Anglorum. — Contra investituras ecclesiasticas.

(Anno 1101.)

[Mansi, *Concil.* XX, 1058.]

Paschalis episcopus, servus servorum Dei, dilecto filio Henrico regi Anglorum, salutem et apostolicam benedictionem.

Legationis tuæ verba, fili charissime, gratanter excepimus; sed vellemus obedientiam promittentis. In quibus nimirum sanctæ Romanæ Ecclesiæ illa in tuo regno pollicebaris, quæ tempore tui patris habuerat, eos requirens honores quos antecessorum nostrorum tempore pater tuus habuerat. Quæ profecto omnia grata in superficie viderentur; interius requisita, et legati tui vocibus exposita, gravia et vehementissima paruerunt. Quærebas enim ut tibi episcoporum abbatumque per investituram constituendorum jus et facultas a Romana indulgeretur Ecclesia: et quod per se solum fieri omnipotens Dominus perhibet, hoc regiæ potestatis fieret. Ait enim Dominus: *Ego sum ostium: per me si quis introierit, salvabitur (Joan.* x). Cum autem Ecclesiæ ostium reges esse arrogant, fit profecto ut qui per eos Ecclesiam ingrediuntur, non pastores, sed fures et latrones habeantur, eodem Domino dicente: *Qui non intrat per ostium in ovile ovium, sed ascendit aliunde, fur est et latro (ibid.).* Et quidem si a nobis magnum aliquid tua dilectio postularet, quod cum Deo, cum justitia, cum nostri ordinis salute concedi posset, graviter [gratanter] utique concederemus. Hoc vero tam grave, tam indignum est, ut nulla ratione catholica id admittat Ecclesia. Facilius ad extrema quælibet B. Ambrosius cogi potuit quam imperatori Ecclesiæ permittere potestatem. Respondit enim (l. II, epist. 14, *ad Marcellinum*): « Nolī gravare te, imperator, ut putes te in ea quæ divina sunt imperiale aliquod jus habere. Noli te extollere, sed si vis diutius imperare, esto Dei subditus. Scriptum est: *Quæ Dei, Deo; quæ Cæsaris, Cæsari (Matth.* xxII). Ad imperatorem palatia pertinent, ad sacerdotem ecclesiæ. Publicorum tibi mœnium jus commissum est, non sacrorum. Quid tibi cum adultera? Adultera est enim quæ non est legitimo Christi conjugio copulata. » Audis, o rex, adulteram Ecclesiam nuncupari, quæ non legitime nupserit. Ecclesiæ siquidem sponsus unusquisque æstimatur episcopus, juxta Scripturam illam qua ex fratris uxore frater non sui nominis filios suscitare præcipitur, et sponsæ contemptor a futuro sponso discalciari man-

---

(15*) Hæc deinceps totidem verbis ut in privilegio Urbani II ad eumdem Lambertum. Hard.

datur. Vides igitur, o rex, quam ignominiosum, quam periculosum sit, per filios suos matrem adulterio pollui? Si ergo Ecclesiæ filius es, quod utique omnis catholicus Christianus est, permitte matri tuæ legitimum sortiri conjugium, ut non per hominem, sed per Deum et hominem Christum, legitimo sponso, copuletur Ecclesia. Per Deum enim episcopos eligi, cum canonice eliguntur, testatur apostolus Paulus, dicens : *Nec quisquam sumit sibi honorem, sed qui vocatur a Deo tanquam Aaron (Hebr. v).* Et B. Ambrosius : « Merito, inquit, creditur, quod divino esset electus judicio, quem omnes postulavissent. » Et post pauca : « Ubi universorum postulatio congruit, dubitare nos non oportet ibi Dominum Jesum et voluntatis auctorem, et petitionis arbitrum fore, et ordinationis præsulem, et largitorem gratiæ. » Præterea propheta David ad Ecclesiam loquens, ait : *Pro patribus tuis nati sunt tibi filii, constitues eos principes super omnem terram (Psal. XLIV).* Ecclesia filios genuit, Ecclesia principes statuit. Possemus alia de Scripturis sacris testimonia et exempla proponere, quibus constaret Ecclesiæ sponsos ac pastores episcopos, non sæcularium potestatum nutu, sed Christi dispositione et Ecclesiæ judicio præponendos. Unde etiam imperator Justinianus sanxit in legibus sic : « Debet enim prius disceptari de vita episcopi utrum bona sit, an reprehensibilis, et utrum bonis testimoniis muniatur, an non. » Et infra «Fiat, inquit, facultas unicuique, si velit, contradicere : et si quidem ante consecrationem fuerit contradictio facta, non prius consecretur episcopus nisi disceptatio de contradictione sit facta, et undique appareat innoxius is qui ad episcopatum vocatur. » Ecce quod populi totius esse pronuntiat imperator, hoc sui solius esse regia potestas incessit. Ipsius etiam imperatoris lege cautum est ut nec profectio, nec ingressus ad imperatorem sine metropolitani litteris pateret episcopo. Quem ergo in curia tua sine metropolitani litteris admittere non debes, eum vis, o rex, in Ecclesia principem constituere? Monstruosum profecto est ut patrem filius generare, homo Deum creare debeat. Sacerdotes namque in Scripturis sanctis deos vocari, tanquam Dei vicarios, manifestum est. Unde sanctæ memoriæ Constantinus imperator, de episcoporum causis disceptare ausus non fuisse describitur. Propter hoc sancta Romana Ecclesia et apostolica, per prædecessores nostros regiæ usurpationi et investituræ abominabili vivaciter obviare curavit : et gravissimis persecutionibus per tyrannos affecta, usque ad nostra tempora non destitit. Confidimus autem in Domino, quoniam nec in nobis confidentiæ suæ virtutem Ecclesiæ princeps Petrus et episcoporum primus amittet. Porro sæcularium potestatum et regum in Ecclesia quod sit officium, exponit apostolus Paulus, dicens : *Dei enim minister est tibi in bonum. Non enim sine causa gladium portat. Dei enim minister est, vindex in ira ei qui male agit (Rom. XVIII).* Et Petrus apostolus in eadem verba consentiens : *Sive regi, ait, quasi præcellenti, sive ducibus tanquam ab eo missis ad vindictam malefactorum, laudem vero bonorum (I Petr. II).* Inter ista, rex, nullius tibi persuasio profana subripiat, quasi aut potestati tuæ aliquid diminuere, aut nos in episcoporum promotione aliquid nobis velimus amplius vindicare. Imo si ab hoc propter Deum desistas, quod contra Deum esse manifestum est, quod cum Deo, nec tu exercere, nec nos concedere, aut cum nostra seu tua salute possumus : quidquid deinceps postulaveris quod cum Deo possumus, libentius indulgebimus, et honori tuo et sublimationi propensius insistemus. Nec existimes quod potestatis tuæ columen infirmetur si ab hac profana usurpatione desistas; imo, tunc validius, tunc robustius, tunc honorabilius regnabis, cum in regno tuo divina regnabit auctoritas. Tunc amicitiam et familiaritatem nostram firmius obtinebis, et regni tutores beatos apostolos habere gaudebis. Nec tibi nunc in petitionibus tuis abesse poterimus, cui petitionum nostrarum fautorem Dominum adesse senserimus. Ipse omnipotens Deus, in cujus manu corda sunt regum, adsit hortatui nostro, adsit auditui tuo, ut dum juxta præcepta ejus tuas disposueris actiones, ipse regnum tuum pacis et honoris sui stabilitate ac sublimatione disponat. Amen.

L.

Privilegium pro ecclesia Calmosiacensi.
(Anno 1101, Mai. 5.)
[Dom CALMET, *Hist. de Lorraine*, II, Preuves, p. 109.]

PASCHALIS episcopus, servus servorum Dei, dilectis filiis SEHERO abbati, et ejus fratribus, in Calmosiacensi Ecclesia canonicam vitam professis, eorumque successoribus in eadem religione permansuris, in perpetuum.

Religiosis desideriis dignum est facilem præbere consensum, ut fidelis devotio celerem sortiatur effectum. Proinde nos vestris omnium, filii, precibus annuentes, tam vos quam omnia vestra sedis apostolicæ confovenda suscipimus, statuentes ut tam vos quam successores vestri sub canonicæ disciplinæ jugo perpetuis temporibus militetis : præsenti etiam decreto sancimus ut vestra Calmosiacensis Ecclesia ab omni viventium jugo libera perseveret, nullusque in ea, vel ejus facultatibus, præter Romanæ sedis antistitem dominetur, salvo canonico jure Tullensis episcopi. Ad hæc addimus ut quæcunque bona, quæcunque prædia, fideles viri de suo jure loco hactenus contulerunt, quæcunque in posterum, largiente Domino, concessione pontificum, liberalitate principum, vel oblatione fidelium, juste atque canonice potestis adipisci, firma vobis vestrisque successoribus et illibata permaneant. Obeunte te nunc ejus loci abbate, vel tuorum quolibet successorum, nullus ibi qualibet subreptione, astutia seu violentia præponatur, nisi quem fratres communi consensu, vel fratrum pars consilii sanioris secundum Dei timorem providerit eligendum, nullusque ibi ecclesiasticorum se ingerat, nisi quospirituales viros congregatio vestra ad abbatis electionem invitaverit. Electus autem ipse juxta loci vestri vel provinciæ morem a Tullensi episcopo confirmetur, ordinationes etiam clericorum, consecrationes altarium sive basilicarum ab eodem accipietis episcopo, si quidem gratiam atque communionem apostolicæ sedis habuerit, et si eam gratis ac sine pravitate voluerit exhibere; alioquin liceat vobis catholicum quem malueritis adire antistitem, et ab eo benedictionem seu fratrum consecrationem suscipere, qui apostolicæ sedis suffultus auctoritate, quæ postulatur indulgeat; ad altarium etiam consecrationes invitatus accedat. Præterea, prohibemus et interdicimus ut circa cœnobii vestri ambitum occasione qualibet assultum facere nemo præsumat; si vero, quod absit! forte contigerit in atrio vestro, vel in effusione sanguinis, vel in verberum inflictione, sive in aliquo ejusmodi violentiam irrogari, nequaquam propter hæc ecclesia vestra a divinis prohibeatur officiis. Ad indicium perceptæ a Romana Ecclesia libertatis, stolam sacerdotalem per singula biennia Lateranensi palatio persolvatis. Si quæ sive ecclesiastica sæcularisve persona hanc nostræ constitutionis paginam sciens contra eam venire temere tentaverit, secundo tertiove commonita, si satisfactione congrua non emendaverit, potestatis honorisque sui dignitate careat, reamque divino se judicio existere de perpetrata iniquitate cognoscat, et a sanctissimo corpore et sanguine Dei Domini nostri Jesu Christi aliena fiat, atque in extremo examine districtæ subjaceat ultioni. Cunctis autem eidem loco jura servantibus sit pax Domini nostri Jesu Christi, quatenus et hic fructum bonæ actionis percipiant, et apud districtum judicem præmia æternæ pacis inveniant. Amen, amen.

Scriptum per manum Petri notarii regionarii et scriniarii sacri palatii.

Datum Romæ in porticu beati Petri, per manum Joannis sanctæ Romanæ Ecclesiæ diaconi, tertio Nonas Maii, indictione nona, Incarnationis Domini anno millesimo centesimo secundo [primo], pontificatus autem domini Paschalis papæ secundi anno secundo.

Ego Paschalis Ecclesiæ catholicæ episcopus.

LI.

Privilegium pro ecclesia S. Vincentii Bergomatis.

(Anno 1101, Mai. 15.)

[Vide LUPI, *Codex diplomaticus Bergomatis.* Bergomi, 1784, fol. 1-2, t. II, p. 829.]

LII.

Ad Guillelmum Melphiensem episcopum. — Abrogat Lavellanum episcopatum; Melphiensis possessionis et jura confirmat.

(Anno 1101, Sept. 29.)

[MANSI, *Concil.* XX, 1049.]

PASCHALIS episcopus, servus servorum Dei, venerabili fratri GUILLELMO Melphiensi episcopo, ejusque successoribus canonice promovendis in perpetuum.

Per apostoli Petri discipulum et successorem Anacletum, apostoli Petri præceptum accepimus, ne in villis, aut municipiis, vel in modicis civitatibus ordinentur episcopi. Magnum enim est Ecclesiæ detrimentum cum episcoporum nomen ac dignitas frequentia inopiaque vilescit. Hujus nos providentiæ justitia commoniti, præsentis decreti auctoritate, juxta sanctorum Patrum statuta sancimus ne in Lavellano oppido, quod Melphiæ oppidum est, ullo deinceps tempore episcopalis cathedra statuatur: ipsum vero oppidum cum pertinentiis et finibus suis, tibi, venerabilis frater Guillelme Melphiensis episcope, tuisque legitimis successoribus perpetuo regendum, et episcopali jure tenendum disponendumque firmamus. Præterea villam Salsugæ, Gaudianum, possessiones S. Joannis de Iliceto, ita semper in propria Melphiensis Ecclesiæ possessione permanere censemus, sicut à filio nostro duce Rogerio suis temporibus traditæ et chirographo confirmatæ sunt. Hoc ipsum de Judæorum censu, balnearum reddito, villanorum vectigalibus, molendinis, vineis, agris, cæterisve rebus quas intra vel extra civitatem Melphiæ idem dux Ecclesiæ vestræ contulit, præsentis privilegii pagina constituimus. Ad hoc quidquid vel proprietario, vel baronali jure Ecclesia vestra in præsentiarum obtinet, sive in futurum largiente Domino juste poterit atque canonice adipisci, firma tibi tuisque successoribus et illibata permaneant. Porro in legationem..... ut quicunque deinceps episcopali Melphiensi in Ecclesia, Deo auctore, successerint, ab apostolicæ sedis nostræ pontificibus consecrationis gratiam sortiantur. Si qua igitur in crastinum, ecclesiastica sæcularisve persona, etc., *ut in aliis nonnullis epistolis.*

Ego Paschalis, catholicæ Ecclesiæ episcopus, subscripsi.

Datum Beneventi, per manus Joannis sanctæ Romanæ Ecclesiæ diaconi, III Kal. Octobr., ind. x, Incarnat. Dominicæ anno 1102 [1101], pontificatus autem domni Paschalis II papæ tertio.

LIII.

Ad Constantinum Ravellensis Ecclesiæ episcopum. — Privilegia et possessiones Ecclesiæ Ravellensis confirmat.

(Anno 1101, Sept. 29.)
[MANSI, *Concil.* XX, 1050.]

PASCHALIS episcopus, servus servorum Dei, venerabili CONSTANTINO Ravellensis Ecclesiæ episcopo, et successoribus canonice promovendis in perpetuum.

Piæ postulatio voluntatis effectu debet prosequente compleri, quatenus et devotionis sinceritas laudabiliter enitescat, et utilitas postulata vires indubitanter assumat. Tuis ergo postulationibus, frater in Christo venerabilis Constantine episcope, clementer annuimus, quia devotionis tuæ sinceritatem erga communem matrem Romanam Ecclesiam affectio diutina declaravit. Cujus nimirum merito voluntatis auctore Domino accommodavimus affectum, ut Ecclesiæ tibi commissæ status inconcussa semper stabilitate persistat. Per præsentis itaque decreti paginam decernimus ut Ravellensis Ecclesia, cui per Dei gratiam, et prædecessoris nostri ministerium, et manus impositionem præsides, familiari benignitate semper sub apostolicæ sedis tuitione servetur : et quicunque deinceps episcoporum Ravellensi Ecclesiæ Deo disponente successerint, ab ejusdem apostolicæ sedis pontifice consecrationis gratiam sortiantur, sicut a sanctæ memoriæ prædecessoribus nostris Victore III et Urbano II statutum esse cognoscitur. Omnem quoque Ravellensis parochiæ ambitum, sicut a prædecessore tuo reverendæ in Christo memoriæ Ursone possessa est, tibi tuisque in perpetuum successoribus confirmamus. Ad hæc quidquid vel proprietario jure, vel parochiali, jam præfata Ecclesia in præsentiarum obtinet, sive in futurum largiente Domino juste poterit atque canonice adipisci, libera tibi tuisque successoribus et illibata permaneant. Decernimus ergo ut nulli omnino hominum liceat eamdem Ecclesiam temere perturbare, aut ejus possessiones auferre, vel ablatas retinere, minuere, vel temerariis vexationibus fatigare : sed omnia integra conserventur, tam vestris quam clericorum et pauperum usibus profutura. Si qua sane ecclesiastica sæcularisve persona, etc. *ut in aliis nonnullis epistolis.*

Ego Paschalis catholicæ Ecclesiæ episcopus subscripsi.

Datum Beneventi per manum Joannis, sanctæ Romanæ Ecclesiæ diaconi cardinalis, III Kal. Octobr., indict. x, Incarnationis Dominicæ anno 1102 [1101], pontificatus autem domni Paschalis papæ secundi III.

LIII bis.
Ad Madelmum abbatem Sanctæ Sophiæ. — Privilegium cœnobii Sanctæ Sophiæ.
(Anno 1101, Oct. 27.)
[Mansi, *Concil.* XX, 1024.]

In nomine Domini Dei Salvatoris nostri Jesu Christi Domini æterni, Paschalis papa, episcopus, servus servorum Dei, dilecto in Christo filio Madelmo abbati monasterii venerabilis Sanctæ Sophiæ intra Beneventum siti, ejusque successoribus regulariter promovendis in perpetuum.

Piæ postulatio voluntatis effectu debet prosequente compleri, quatenus et devotionis sinceritas laudabiliter enitescat, et utilitas postulata vires indubitanter assumat. Unde nos tuis, fili humanissime Madelme, piis postulationibus annuentes, Sanctæ Sophiæ cœnobium, cui Domino auctore præsidere cognosceris, sub tutelam et jurisdictionem sedis apostolicæ, sicut hactenus mansit, perpetuo permanere præsentis paginæ auctoritate sancimus, ut soli Romanæ Ecclesiæ subditum, ab omnium Ecclesiarum necnon et personarum jugo liberum habeatur. Cuncta etiam quæ prædecessoribus tuis, vel tibi,

ad ejusdem monasterii immunitatem vel possessionem, nostrorum prædecessorum sunt privilegiis attributa, nos quoque tibi juxta ac successoribus tuis regulariter promovendis præsenti privilegio contribuimus. Cellas propterea, vel ecclesias, vel villas, quæ prædecessorum tuorum, vel tua industria prædicto videntur cœnobio juste ac rationabiliter acquisitæ, possidendas in perpetuum confirmamus, id est ecclesiam Sancti Benedicti, etc.

(*Hic enumerantur possessiones illius monasterii.*) una cum omnibus suis pertinentiis, cum mobilibus atque immobilibus. Præsentis atque nostri privilegii pagina apostolica auctoritate statuimus ut quæcunque idem cœnobium juste possidet, quæque in crastinum concessione pontificum, liberalitate principum, vel oblatione fidelium juste atque canonice poterit adipisci, firma tibi tuisque successoribus et illibata permaneant. Decrevimus ergo ut nulli omnino hominum liceat idem cœnobium temere perturbare atque destruere, aut etiam ei ullas possessiones auferre, vel ablatas retinere, minuere, vel temerariis vexationibus fatigare, aut quocunque modo molestare : verum omnia integre perseverent, atque conserventur, eorum pro quorum substantia aut sustentatione aut gubernatione concessa sunt, usibus commodis profutura. Obeunte te nunc ejus loci abbate, vel tuorum quolibet successorum, nullus ibi qualibet subreptionis astutia, vel violentia, præponatur, nisi quem fratres communi consensu, vel fratrum pars consilii sanioris, elegerint. Electus a Romano pontifice consecretur. Chrisma, oleum sanctum, consecrationes altarium sive basilicarum, ordinationes monachorum qui ad sacros sunt ordines promovendi, ab episcopis in quorum diœcesibus estis, accipietis; si quidem gratiam et communionem apostolicæ sedis habuerint, et si gratis ea et sine pravitate impenderint. Si quid vero horum obstiterit, liceat vobis a quocunque volueritis catholico episcopo, quæ supra nominata sunt sacramenta percipere. Si qua vero ecclesiastica sæcularisve persona hanc nostræ constitutionis paginam sciens, temere contra eam venire attentaverit, secundo tertiove commonita, si non satisfactione congrua emendaverit, potestatis honorisque sui dignitate careat, reamque se divino judicio existere de perpetrata iniquitate cognoscat, et a sacratissimo corpore et sanguine Dei ac Domini Redemptoris nostri Jesu Christi aliena fiat, atque in extremo examine districtæ ultioni subjaceat. Cunctis autem eidem loco justa servantibus sit pax Domini nostri Jesu Christi, quatenus et hic fructum bonæ actionis percipiant, et apud æternum judicem præmia æternæ pacis ac mercedis inveniant : Amen. Bene valeas.

Ego Paschalis sanctæ catholicæ Ecclesiæ episcopus subscripsi.

Datum Capuæ per manum Joannis S. R. E. diaconi cardinalis, VI Kal. Novemb., indict. XI (16). In-

---

(16) Scribendum *indict.* X. Hard.

carn. Domini anno 1101, pontificatus autem domni Paschalis II papæ tertio.

LIV.
Privilegium pro monasterio Casinensi.
(Anno 1101, nov. 17.)
[GATTULA, *Hist. Casin.*, I, 411.]

PASCHALIS episcopus, servus servorum Dei, venerabili fratri ODERISIO Casinensi abbati, et sanctæ Romanæ Ecclesiæ presbytero cardinali, salutem.

Cum pro beati Patris nostri Benedicti reverentia, tum pro multis tam vestris, quam prædecessorum vestrorum meritis, vestro loco plurimum debere cognoscimus. Idcirco justum ducimus ut ad vestri monasterii augmentum charitate sollicita intendamus. In urbe igitur Beneventana, quam nostri Romani juris esse perspicuum est, monasterio vestro in perpetuum possidendam ecclesiam S. Nicolai concedimus, quæ sita est in urbis angulo juxta turrem paganam, et concessionem ipsam præsentis decreti pagina confirmamus. Quam nimirum ecclesiam, et illibatam, et integram vobis vestrisque successoribus perpetuo permanere sancimus, una cum omnibus, quæ in præsentiarum ad ipsam pertinent. Quæ videlicet ex majori parte rerum ad nostram curiam pertinentium acquisita, seu comparata creduntur, id est molendina duo sub uno tegmine, aliud quod centimolum nuncupatur; hortos cum diversis arboribus; curtem in Roseto, cum una petia de terra; curtem in rivo Tasi; curtem de homodei; curtem Martini Alberici cum Silvola; curtes Rocconis duas; curtem diaconi Musi; curtem in Monte Rostari; curtem in Sajano; curtem Valentini; terras in loco, qui dicitur Mediana per fines et terminos suos; ecclesiam S. Nicolai in Urbiliano prope Petram pelicinam cum pertinentiis suis; coram quæ est ante portam ecclesiæ per terminos suos, casam quæ est ad lævam ecclesiæ per terminos suos juxta murum civitatis; super quæ etiam nos eidem ecclesiæ possessionibus adjicimus ecclesiam S. Nicolai, quæ vocatur de Rodenandi cum pertinentiis suis; ecclesiam S. Mariæ quæ vocatur Rotunda cum pertinentiis suis, balneum novum juxta ecclesiam S. Politti. Quidquid præterea cella ipsa B. Nicolai, pontificum concessione, principum liberalitate, vel quorumque fidelium oblatione in futurum potuerit adipisci sub vestra vestrorumque successorum dispositione ac potestate in perpetuum conservetur. Nulli autem personæ unquam liceat suprafatam cellam a vestri monasterii unitate dividere, et in aliam, quam a nobis statutum est possessionem, occasione qualibet transmutare. Si quis vero aliter præsumpserit, apostolicæ sedis animadversione multetur et usque ad satisfactionem congruam excommunicationi subjaceat. Cunctis autem eidem loco justa servantibus sit pax Domini nostri Jesu Christi, quatenus et hic fructum bonæ actionis percipiant, et apud districtum judicem præmia æternæ pacis inveniant. Amen, amen, amen.

Ego Paschalis catholicæ Ecclesiæ episcopus subscripsi.

Datum Laterani per manum Joannis sanctæ Romanæ Ecclesiæ diaconi cardinalis, xv Kalendas Decembris, indictione decima, anno Dominicæ Incarnationis 1102 [1101], pontificatus autem domni Paschalis secundi papæ anno III.

LV.
Ad Lanuinum Turris priorem scribit ex Richardo episcopo Albanensi se cognovisse « pacem et concordiam eremi reformatam et eum in locum Brunonis successisse. » Hortatur ut Brunonis virtutes æmuletur.
(Anno 1101, Nov. 26.)
[MABILL., *Annal. Bened.* V, 445.]

Revertente si quidem fratre R. [Richardo] Albano episcopo, pacem et concordiam eremi reformatam, et in locum sanctæ memoriæ magni Brunonis te successisse cognovimus. Sit ergo in te ejusdem viri spiritus, idem sit et eremiticæ disciplinæ vigor, eadem morum et gravitatis constantia; quia nos, opitulante Domino, quidquid auctoritatis et potestatis ipsius magistri probabilis sapientia et religio ab apostolica sede promeruit personaliter, hoc tibi, te eodem spiritu comitante, concedimus. Volumus autem ut in proxima quadragesima nos visitare debeas, quatenus cordis secreta os ad os plenius loquamur, etc.

Datum Romæ VI Kal. Decembris.

LVI.
Ecclesiæ S. Jacobi Compostellanæ privilegia ac possessiones confirmat.
(Anno 1101, Dec. 31.)
[FLOREZ, *España sagrada*, XX, 32.]

PASCHALIS episcopus, servus servorum Dei, venerabili fratri DIDACO Compostellano episcopo secundo, ejusque successoribus canonice promovendis in perpetuum.

Justitiæ ac rationis ordo suadet ut qui sua a successoribus desiderat mandata probari, prædecessoris sui procul dubio voluntatem et statuta custodiat. Proinde nos, prædecessoris nostri sanctæ memoriæ Urbani II statuta custodientes, pro B. Jacobi reverentia legitimum sempiternum auctoritate sancimus, ut sicut episcopatus cathedram prædecessor tuus bonæ memoriæ Dalmatius episcopus in Compostellana urbe per apostolicæ concessionem sedis obtinuit, in qua B. Jacobi corpus requiescere creditur, ita perenni deinceps tempore, tam tu quam successores tui habere opitulante Domino debeatis. Universa igitur ad Iriæ civitatis diœcesim jure veteri pertinentia tibi tuisque legitimis successoribus Compostellæ permanentibus integra semper et illibata permanere decernimus. Ad hæc pro singulari B. Jacobi devotione concedimus ut tam tu quam tui deinceps successores, nulli præter Romanum metropolitanum subjecti sint; et omnes qui tibi in eadem sede successerint per manum Romani pontificis tanquam speciales Romanæ sedis suffraganei consecrentur. Præterea mansuro in perpetuum decreto sanximus ut quidquid hactenus juste B. Jacobi ecclesiæ a regibus, seu quibuscunque fidelibus oblatum est; quidquid catalogis legitimis continetur, quidquid parochiarum Iriensis cathedra juste habuisse cognoscitur, tibi tuisque legitimis successoribus Compostellæ permanentibus firmum semper integrumque servetur. Illud omnimodis interdicimus ut nulli unquam personæ facultas sit B. Jacobi ecclesiæ censum illum qualibet occasione subtrahere, quem Hispanorum reges quidam nobilis memoriæ, Al. præsentis prædecessores, pro salute totius provinciæ statuerunt, a flumine videlicet Pisorgo usque ad littus Oceani annuatim ex singulis boum paribus persolvendum, sicut in scriptis ejusdem ecclesiæ continetur. Vestram de cætero condecet sanctitatem sanctæ Romanæ Ecclesiæ decreta in omnibus observare, et ita virtutum luce interius exteriusque fulgere, ut videant omnes vestra bona opera, et glorificent Patrem vestrum qui in cœlis est.

Sane si quis in crastinum archiepiscopus aut episcopus, imperator aut rex, princeps aut dux, marchio, comes, judex, aut ecclesiastica quælibet sæcularisve persona hujus decreti paginam sciens, contra eam temere venire tentaverit, secundo tertiove commonitus, si non satisfactione congrua emendaverit, potestatis honorisque sui dignitate careat, reumque se divino judicio existere de perpetrata iniquitate cognoscat, et a sacratissimo corpore ac sanguine Dei et Domini nostri Jesu Christi alienus fiat, atque in extremo examine districtæ ultioni subjaceat. Cunctis autem hæc observantibus et sæpefatam B. Jacobi ecclesiam venerantibus sit pax Domini nostri Jesu Christi, quatenus et hic fructum bonæ actionis percipiant, et apud districtum judicem præmia æternæ pacis inveniant. Amen.

Scriptum per manum Petri notarii regionarii a scriniis sacri palatii.

Ego Paschalis sanctæ catholicæ Ecclesiæ episcopus.

Datum Laterani per manum Joannis S. Romanæ Ecclesiæ diaconi cardinalis ii Kal. Januar., indictione x, anno Incarnationis Dominicæ 1102 [1101], pontificatus autem domini Paschalis papæ iii.

LVII.

Ad Didacum Compostellanum episcopum. — De reformandis moribus istius Ecclesiæ deformibus, qui per bella in eam irrepserant.

(Anno 1101.)

[Mansi, *Concil.* XX, 1001.]

Paschalis episcopus, servus servorum Dei, venerabili Didaco Compostellano episcopo, salutem et apostolicam benedictionem.

Ecclesia quam regendam, disponente Domino, suscepisti, jamdiu, etiam cum pastorem habere videretur, pastoris solatiis caret. Idcirco strenuitati

(16') Giraldus Bracarensis obiit die 5 Dec. anni 1109. Eo autem anno invitato facta ad concilium

tuæ vigilantius insistendum est, ut in ea rite omnia juxta normam sedis apostolicæ disponantur. Cardinales in Ecclesia tua presbyteros seu diaconos tales constitue, qui digne valeant commissa sibi ecclesiastici regiminis onera sustinere. Porro quæ presbyterorum intersunt, presbyteris; quæ diaconorum, diaconibus committantur, ut in aliena dispendia nullus obrepat. Si qui sane ante Romanæ legis susceptionem secundum communem patriæ consuetudinem conjugia contraxerunt, natos ex eis filios neque a sæculari neque a dignitate ecclesiastica repellimus. Illud omnino incongruum est, quod per regionem vestram monachos cum sanctimonialibus habitare audimus, ad quod resecandum experientia tua immineat; ut et qui inpræsentiarum simul sunt, divisis longe habitaculis separentur, prout arbitrio et religiosorum virorum consilio melius visum fuerit, neque in posterum consuetudo hujusmodi præsumatur.

Datum Laterani, Incarnationis Dominicæ anno millesimo centesimo tertio [primo], nostri pontificatus quarto [secundo].

LVIII.

Ad Bernardum Toletanum, Giraianum Bracarensem, etc. — Illos jubet ad synodum venire Romæ habendam.

(Anno 1101.)

[Florez, *España Sagrada*, XX, 89.]

P. episcopus, servus servorum Dei, venerabilis fratribus et coepiscopis B. Toletano, G. (16') Bracarensi et eorum suffraganeis, et D. Compostellano salutem et apostolicam benedictionem.

Quantum veritatis hostibus terrorem, quantam Ecclesiæ fortitudinem synodalis concilii procinctus comparet, dilectio vestra cognoscet : quapropter et nobis et vobis vivaciter providendum est ut auctore Deo in plenariam debeamus synodum convenire, quam, eodem Deo nostro præstante, sanctorum apostolorum juvantibus meritis, in exordio proximæ Quadragesimæ celebrare decrevimus. Hortamur ergo strenuitatem vestram ut, omni occasione seposita, convocatis diœceseos vestrarum abbatibus, in prædicto tempore ad Urbem convenire curetis. Sancti Facundi abbatem non dissimiliter invitamus.

LIX.

Ad Anselmum Cantuariensem archiepiscopum. — Det operam Anglicanæ Ecclesiæ restaurandæ; et Anglorum regem cum Northmanniæ comite conciliet.

(Anno 1101.)

[Mansi, *Concil.* XX, 1019.]

Paschalis episcopus, servus servorum Dei, reverendissimo fratri et coepiscopo Anselmo Cantuariensium archiepiscopo, salutem et apostolicam benedictionem.

Sicut injuriis tuis et exsiliis compassi sumus, sic reductioni tuæ et honori tuo, largiente Domino, congaudemus. Et tu, frater in Christo reverendissime, quia injurias et procellas Romanæ Ecclesiæ, Romæ habitum anno 1110, iii Non. Mart.

sicut in præsentia visas, plenius nostri, pro eis in portu positus laborare non desinas efficacius. Primo, ut Ecclesiarum in regno Anglico statum secundum Romanæ Ecclesiæ sanctiones corrigi ac disponi facias : dehinc, de regis erga nos dilectione ac fidelitate debita, censuque B. Petri restituendo, efficacius studeas. Scis enim quantis inopiæ circumvallemur angustiis. Nempe cum pro Ecclesiis omnibus Romana laboret Ecclesia, quisquis ei sua aufert, non ipsi soli, sed Ecclesiis omnibus sacrilegii reus esse dignoscitur. Significamus præterea dilectioni tuæ, Northmannorum comitem (Robertum) questum apud nos esse adversus Anglorum regem de fracto sacramento, quod ei pro eodem regno acquirendo fecerat, regnum invaserit. Et nosti quia eidem comiti debemus auxilium pro laboribus quos in Asianæ Ecclesiæ liberatione laboravit. Idcirco volumus ut, si necdum inter eos pax composita est, te satagente, nostris nuntiis intervenientibus, componatur. Pro his enim omnibus notum tibi, et a te quondam educatum tunc filium, nunc fratrem et coepiscopum, Joannem mittimus, et Tiberium familiarem nostrum : quos petimus in omnibus quæ apud vos agenda sunt, tuo consilio instrui, tuo auxilio adjuvari : per quos sacrosancta Romana Ecclesia tuæ religionis et sapientiæ efficacius experiatur industriam.

LX.

P[etro] episcopo Pictaviensi præcipit ut monasterio Cluniacensi satisfaciat de abbate S. Cypriani consecrato; eidemque monasterio satisfieri ab abbate Malleacensi jubet.

(Anno 1101.)

[MABILL., *Annal. Bened.* V, 460.]

P. episcopus, servus servorum Dei, dilecto fratri P. [Petro] Pictaviensium episcopo, salutem et apostolicam benedictionem.

Cum Romanæ Ecclesiæ membra sitis, miramur quod vestro capiti scienter contraitis. Neque enim ignoratis Sancti Cypriani monasterium per sedis apostolicæ dispositionem Cluniacensi monasterio esse commissum. Tu vero, ut audivimus, abbatem illic repente electum adversus Romanæ Ecclesiæ privilegia consecrasti. Unde præcipimus ut idem frater abbas officio careat, donec Cluniacensi abbati satisfaciat, et Ecclesia ipsa juxta Romanas constitutiones in abbatis Cluniacensis ordinatione persistat. De Malleacensi quoque abbate præcipimus ut juxta domini Urbani præceptum abbati Cluniacensi satisfaciat. Alioquin vide ne tu pro eis sedis apostolicæ indignationem experiaris, et ipsi condignam sententiam non effugiant.

LXI.

Ad episcopos Scotiæ, suffraganeos Eborum Ecclesiæ, pro archiepiscopo Eborum.

(Anno 1101.)

[*Monasticon Anglic.*, III, 146.]

PASCHALIS episcopus, servus servorum Dei, venerabilibus fratribus Eborum metropolis suffraganeis per Scotiam, salutem et apostolicam benedictionem.

Noscat dilectio vestra venerabilem fratrem nostrum Gerardum Herefordensem quondam episcopum in Eborum metropolitanum per omnipotentis Dei gratiam nos promovisse; cui ex apostolicæ sedis liberalitate pallium privilegiumque concessimus, unde mandamus, præcipientes, ut ei deinceps, tanquam vestro archiepiscopo, debitam obedientiam exhibeatis

LXII.

Gerardo archiepiscopo Eboracensi pallium tribuit.

(Anno 1101. — Fragm.)

[STUBBS, *Acta pontif. Eborac.* ap. Twysden *Hist. Angl. Script.*, I, 1710.]

PASCHALIS episcopus, servus servorum Dei, venerabili fratri GIRARDO Eboracensi archiepiscopo, salutem et apostolicam benedictionem.

Inter cætera regna terrarum ad apostolicæ sedis subjectionem, etc.

LXIII.

Privilegium pro monasterio Jesu Nazareni.

(Anno 1102, Jan. 11. — Fragm.)

[AYNSA, *Fundacion, excellencias, grandezas y cosas memorables de Huesca.* Huesca 1619, fol. p. 435.]

..... Ego Paschalis catholicæ Ecclesiæ episcopus huic concordiæ concessi et subscripsi.

Datum Laterani per manum Joannis sanctæ Romanæ Ecclesiæ diaconi cardinalis, x Kalendis Aprilis, indictione XII, anno Dominicæ Incarnationis millesimo centesimo quinto [secundo], pontificatus quoque domni Paschalis II papæ anno v[III].

LXIV.

Privilegium pro monasterio S. Ambrosii Mediolanensis.

(Anno 1102, Febr. 14.)

[PURICELLI, *Ambros. Mediol. basil. Monum.*, p. 509.]

PASCHALIS episcopus, servus servorum Dei, dilecto in Christo filio JOANNI venerabili abbati, in Christo salutem suisque successoribus.

Quamvis ex universalitate sedis, cui deservimus indigni, curam ecclesiarum omnium adhibita dilectione concipimus, et disponendo gerimus; ampliori tamen vigilantia super his sollicitamur, et amore tenemur, quas fidelium devotio tutelæ hujus sanctæ universalis sedis salubri institutione commisisse dignoscitur ; et si quid, in quo ex nostra constitutione vel consensu sublimati desiderent, cum summa benevolentia concedendum nobis videtur ut impetrent. Unde, te postulante a nobis monasterium Sancti Ambrosii, ubi sanctum ejus requiescit corpus simul cum sanctis martyribus Gervasio atque Protasio, cui divina dispositio te præesse voluit, apostolicæ auctoritatis serie muniremus, et omnia ejus pertinentia perenni jure inviolabiliter permanendæ confirmaremus ; tuis inclinati precibus, per hujus nostræ sanctionis privilegium, antecessorum nostrorum auctoritatem sequentes, decernimus, et propter amorem sancti Ambrosii et sanctorum martyrum Gervasii et Protasii, quorum honori dicatus est locus, concedimus tibi tuisque successoribus, quidquid de usu dalmaticæ, sandalium, necnon chirothecarum, et licentiam ferendi tintinnabulum capellæ, ex apostolica auctoritate antecessorum nostrorum habere meruisti; et concedimus tibi dominium totius ecclesiæ post archiepiscopum, et similiter concedimus dominium hospitalis cum ecclesia inibi fundata in honore sancti Michaelis, et ecclesiam sancti Augustini cum parochia sibi pertinente; et ecclesiam Sancti Satyri cum parochia sibi pertinente; et ecclesiam Sancti Petri, ubi dicitur a Sala, cum parochia sua, cum decimis et primitiis; confirmantes monasterium infra urbem ipsam Mediolanum constitutum, quod nominatur Auronæ, cum omni honore; et curtem de Pasiliano cum omnibus ad se pertinentibus, cum ecclesiis inibi ædificatis, et curtem de Feliciano, et curtem de Monte, cum ecclesiis inibi ædificatis; et Capiate cum ecclesiis, cum decimis et primitiis; et Civennam; et in Clavero; et in Badello; et in Colonia; et in Baraza ecclesiam unam quæ vocatur Sanctus Damianus, cum decimis et primitiis; et Antizagum cum ecclesiis inibi fundatis; et Casterno cum duabus ecclesiis; et Balaradeglo; et Vite Alba; et Sanctus Syrus a Bevra; et in episcopatu Laudensi ecclesiam unam Sancti Salvatoris, et aliam ecclesiam juxta Codonium, fundatam in honore sancti Ambrosii; et in episcopatu Papiensi villam unam quæ nominatur villa regia; et monasterium unum, quod nominatur Sanctus Quintinus, ut sit in potestate et regimine ipsius abbatis Sancti Ambrosii; et ecclesiam Sancti Sepulcri cum decimis et primitiis; et Dubini cum ecclesia una; et in episcopatu Placentiæ villam unam, quæ vocatur Ceresola et insuper cuncta loca, urbana vel rustica, culta vel inculta, cum decimis et primitiis, colonis, servis et ancillis, et aldionibus, quæ ab aliquibus fidelissimis Christianis eidem monasterio concessa sunt, vel quæ etiam per alia justa munimina ad eumdem religionis locum pertinere videntur, cum omni securitate et quiete debeas possidere, tuique successores in perpetuum, ita ut nullus unquam successorum nostrorum pontificum, nullus et imperator, rex, dux, vel aliqua persona, ipsum monasterium de præfatis omnibus rebus, quæ inibi pertinere videntur, præsumat devestire, molestare, inquietare; necnon sub divini judicii promulgatione, confirmatione et anathematis interdictione decernimus. Quod ut nunc, seu in futuris temporibus, firmum et inviolabile maneat, nostro privilegio confirmamus, ad honorem Dei et sancti Ambrosii confessoris, et sanctorum martyrum Gervasii et Protasii, quorum corpora in vestro monasterio posita sunt. Si quis autem temerario ausu, quod fieri non credimus, contra hujus nostræ apostolicæ auctoritatis et confirmationis seriem agere tentaverit; sciat se esse excommunicatum, et a beato Petro apostolorum principe, et nostra apostolica auctoritate. Qui vero custos et observator hujus nostri privilegii exstiterit, benedictionis gratiam et vitam æternam a Domino consequi mereatur.

Ego Paschalis catholicæ Ecclesiæ episcopus subscripsi.

Ego Coyro, Prænestinus episcopus subscripsi.

Ego Richardus, Albanensis episcopus, subscripsi.

Datum Laterani per manum Joannis, sanctæ Romanæ Ecclesiæ diaconi cardinalis, sexto decimo Kalendas Martii, indictione decima, Incarnationis Dominicæ anno millesimo tertio [secundo], pontificatus autem domini Paschalis secundi papæ tertio.

LXV

Monasterii S. Petri Cœli Aurei Papiensis privilegia confirmat.

(Anno 1102, Febr. 14.)

[Hujus privilegii mentio tantum exstat apud ROBOLINI, *Notizie*, III, 223. Signa chronologica sunt vitiosa.]

LXVI.

Monasterii Montis Majoris privilegia, apud Arelatem petente Guillelmo abbate confirmat. In illo diplomate recensentur ea quæ concessione pontificum, liberalitate principum vel oblatione fidelium collata fuerant, in his castrum Biduini cum suis appendicibus, quod jurisdictionis S. Romanæ Ecclesiæ esse dicitur, « ea lege ut ex hac possessione libræ thuris per quinquennium tres, et ex ipso monasterii capite per singulos annos Merguliensis monetæ solidi quatuor Lateranensi Ecclesiæ persolverentur. » Ad hæc monasterium S. Martini de Alamonte, et in comitatu Regensi castrum Crisellum et monasterium Stabloni eidem abbatiæ confirmatur. « Scriptum per manum Petri notarii sacri palatii; » et post papæ subscriptionem : « Datum per manum Joannis S. R. E. diaconi cardinalis, v Kal. Martii, indict. x, Incarnationis Dominicæ anno 1102, pontificatus autem domini Paschalis papæ III. »

[MABILL. *Annal. Bened.* V, 454. Fragm.]

LXVII.

Ecclesiæ Fæsulanæ bona, rogante Joanne episcopo, confirmat.

(Anno 1102, Mart. 11.)

[UGHELLI, *Italia sacra*, III, 237.]

PASCHALIS episcopus, servus servorum Dei, dilecto fratri JOANNI Fesulano episcopo, ejusque successoribus canonice promovendis in perpetuum.

Justis votis assensum præbere, justisque petitionibus aures accommodare nos convenit, qui, licet indigni, justitiæ custodes, atque præcones in Ecclesia apostolorum principum Petri et Pauli specula positi Domino disponente conspicimur. Tuis igitur, frater in Christo charissime Joannes, justis petitionibus annuentes, sanctam Fesulanam Ecclesiam, cui auctore Deo præsides, apostolicæ sedis auctoritate munimus. Tibi enim tuisque legitimis successoribus confirmamus episcopali ac dominicali jure possidendam arcem et civitatem Fesulanam, cum ecclesiis, et curtis, et terris adjacentibus. Similiter castrum montis Lauri, et mons Regis, Bojanam, et curtem Sala, et Festilianum, et Pratum regis, ecclesia S. Mariæ in Urbana cum curte, et Libiano, et Biviliano, et castrum quod ædificatum est in supradicto episcopio juxtà fluvium Faltonæ cum curte Riviferioli, et Pulcanti, castrum Cisilo, et curtem in monte Acuto, et in Ampiniana Montana Sancti Gaudentii cum Alpibus et pertinentiis eorum, sicut ex regis concessione ecclesiæ tuæ collata sunt, castrum Agne, curtem Turrichæ, et Castillione, et partem montis Bontilli, et partem castri Rufiani, monasterium Sancti Salvatoris situm in episcopatu Pistoriensi cum ecclesiis et curtibus sibi pertinentibus, monasterium Sancti Bartholomæi, monasterium Sancti Martini, monasterium Sancti Gaudentii, cum pertinentiis eorum, et patrimonium filiorum Bennonis, et castrum quod vocatur Flumen, et quod jure supradictæ ecclesiæ in territorio Mucelli detinent filii Ugonis, filii Rumberti et Azzo filius Albizi, et filii Azonis de Castanicula, et Longobardi de Molezzano, et filii Ugonis de Casola, et Longobardi de Ferliano, et Longobardi de Sancto Joanne majore, vel quidquid in prædicto territorio juris vestræ ecclesiæ aliquis hominum detinere videtur, et quidquid Ugo filius Raynerii dedit præfatæ ecclesiæ in Ampiniana, et in monte Acuto, et in Reu Mangana, Politiano, et medietatem ecclesiæ, et curtis in loco Quaraclæ, et curtem Marinæ. Præterea plebem S. Crisci sitam Albino, plebem S. Gervasii, cum curte sitam Alpiniano, ecclesiam S. Miniatis cum curte, plebem S. Joannis sitam in monte Lauro, plebem S. Babilli, et S. Ditali, plebem S. Leonini, plebem S. Mariæ, plebem S. Stephani, plebem S. Jerusalem sitam in Pomino, plebem S. Jerusalem sitam in Glaceto, plebem S. Gervasii sitam in Soriano cum curte, plebem S. Petri sitam Casua, cum curte et parte castelli, quod vocatur Novum, plebem S. Mariæ sitam in Sco cum curte, plebem S. Joannis sitam in Ca... plia, plebem S. Pancratii, plebem S. Romuli cum curte, ecclesiam S. Miniatis cum pertinentiis suis, ecclesiam S. Mariæ sitam in Carpinione, cum curticella, plebem S. Viti, plebem Leonini sitam in Retiano, plebem S. Laurentii cum castello et curte, plebem S. Miniatis sitam in Rubiano, plebem Petri cum curte sitam in Cintoria, ecclesiam S. Justi sitam in monte Rantuli, plebem S. Petri sitam in Sillano, plebem S. Crescii sitam in Novole, plebem S. Leonini sitam in Panzano cum curte ecclesiam, S. Euphrosyni cum curte, ecclesiam S. Pauli cum curte quæ est posita juxta castrum Corbuli, plebem S. Mariæ et S. Petri sitam in Avanano, plebem S. Justi cum curte, plebem S. Pauli cum curte, plebem S. Leonini in Collina, plebem S. Mariæ in monte Miliario, plebem S. Martini in Tertinulo cum curte, ecclesiam S. Mammilliani cum curte, plebem S. Petri Ormenæ cum curte, plebem S. Marci in Stilliana. Quidquid præterea vel in Fesulanæ ecclesiæ parochia, vel in aliarum ecclesiarum parochiis prædicti antecessores tui hactenus possedisse videntur, tibi tuisque legitimis successoribus illibata manere sancimus. Decernimus igitur ut nulli omnino hominum liceat eamdem Ecclesiam temere perturbare, aut ejus possessiones auferre, vel ablatas tenere, minuere, vel temerariis vexationibus fatigare, sed omnino integra conservare, tam vestris, quam clericorum usibus profutura. Si qua sane ecclesiastica sæcularisve persona, hanc nostræ constitutionis paginam sciens, temere contra eam venire tentaverit, secundo tertiove commonita, si non satisfactione congrua emendaverit, potestatis honorisve sui careat dignitate, reamque se divino judicio existere de perpetrata iniquitate cognoscat, et a sacratissimo corpore et sanguine Dei ac Domini Redemptoris nostri Jesu Christi aliena fiat, atque in extremo examine districtæ ultioni subjaceat. Cunctis autem eidem loco jura servantibus sit pax Domini nostri Jesu Christi, quatenus et hic fructum bonæ actionis percipiant, et apud districtum judicem præmia æternæ pacis inveniant. Amen, amen.

Scriptum per manum Petri notarii regionarii et scrivii sacri palatii.

Ego Paschalis catholicæ Ecclesiæ PP. subscripsi.
Ego Prænestinus episcopus subscripsi.
Ego Crescentius Salunensis episc. subscripsi.
Ego Richardus Albanensis episc. subscripsi.
Ego Anastasius card. S. Clementis subscripsi.

Dat. Laterani per manum Joannis sanctæ Romanæ Ecclesiæ diaconi, v Idus Martii, indict. xii, Incarn. Dominicæ anno 1105, pontificatus autem D. Paschalis ii papæ tertio, etc.

LXVIII.

Commutationem inter Gerentonem abbatem S. Benigni Divionensis et Gilbertum abbatem Cadomensem factam, possessionesque monasterii Divionensis confirmat.

(Anno 1102, Mart. 14.)

[PÉRARD, *Recueil de plusieurs pièces curieuses servant à l'histoire de Bourgogne*. Paris, 1664, fol., p. 205.]

PASCHALIS episcopus, servus servorum Dei, dilecto filio GERENTONI abbati Divionensis monasterii, salutem et apostolicam benedictionem.

Officii nostri nos hortatur auctoritas, pro Ecclesiarum statu sollicitos esse, et quæ recte statuta sunt stabilire. Proinde commutationem illam, quæ inter vos et Cadomensis cœnobii abbatem Gilbertum facta est, decreti pagina confirmamus, ut quæ in Northmannorum finibus cœnobium Divionense possederat, id est ecclesiam Sancti Alberti cum appenditiis suis, et ecclesiam de Longo Campo cum terris et decimis; deinceps in Cadomensis monasterii possessione permaneant, et rursum, quæ Cadomensis Ecclesia in Burgundionum regione possederat, id est monasterium Sancti Hippolyti curiæ Becalt. . . . . cum omnibus appenditiis deinceps in Divionensis cœnobii jure persistant. Confirmamus etiam vobis, vestrisque successoribus, monasterium Sancti Vigoris, cum omnibus ad ipsum pertinentibus, tam in hominibus quam in possessionibus et decimis, videlicet plena decima totius villæ, in qua monasterium situm est, omnium ad eamdem villam pertinentium, et plena decima de Tor, et de Crissoto, et de Oifcres, et de Colgrino, et de tota Chrischa villa, cum terris presbyterorum, sicut vobis a bonæ memoriæ Odone Bajocensi episcopo tradita, et principis, et aliorum assensibus est roborata. Item confirmamus istud donum quod fecit Robertus dux Northmannorum præfato monasterio, de suis dominicis rebus tam in passagio et theloneo, quam in cæteris exitibus, et per totam terram suam, liberis consuetudinibus, et quatuor asinis in Verneto quotidie viridi ligno onerandis. Quidquid præterea hodie vestrum cœnobium quiete possidet, sive in futurum concessione pontificum, liberalitate principum, vel oblatione fidelium juste atque canonice poterit adipisci, firma tibi tuisque successoribus et illibata permaneant. Si qua sane ecclesiastica sæcularisve persona, hanc nostræ constitutionis paginam sciens, contra eam temere venire tentaverit, secundo tertiove commonita, si non satisfactione congrua emendaverit, potestatis honorisque sui dignitate careat, reamque se divino judicio existere de perpetrata iniquitate cognoscat, et a sacratissimo corpore et sanguine Dei et Domini Redemptoris nostri Jesu Christi aliena fiat, atque in extremo examine districtæ ultioni subjaceat. Cunctis autem eidem loco justa servantibus sit pax Domini nostri Jesu Christi, quatenus et hic fructum bonæ actionis percipiant, et apud districtum judicem præmia æternæ pacis inveniant. Amen, amen, amen.

Scriptum per manum Petri notarii regionarii et scriniarii sacri palatii.

Ego Paschalis Ecclesiæ catholicæ episcopus, subscripsi.

Data Laterani per manum Joannis sanctæ Romanæ Ecclesiæ diaconi cardinalis, II Idus Martii, indictione x, Incarnationis Dominicæ anno 1102, pontificatus autem domni Paschalis secundi papæ III.

LXIX.
(Anno 1102, Mart. 15.)
[FLOREZ, *España Sagrada*, XX, 90.]
Ad Giraldum archiepiscopum Bracarensem, Didacum Compostellanum et Adefonsum Tudensem episcopos. — Pelagii matrimonium non esse dirimendum.

P. episcopus, servus servorum Dei, venerabilibus fratribus et coepiscopis G. Bracarensi, Didaco Compostellano, A. Tudensi, salutem et apostol. benedict.

Causam Pelagii multis præsentibus fratribus nostris diligenti indagatione discussimus, in qua nimirum discussione juxta litterarum vestrarum tenorem ex ipsius P. confessione patuit viduam illam ob timorem raptus religionis sumpsisse velamen, quod multi etiam qui præsentes aderant, ore proprio fatebantur. Cæterum juxta Carthaginensis concilii præscriptum, nec se Deo devovit, nec laicali veste abjecta sub testimonio episcopi vel Ecclesiæ in religioso habitu apparuit. Quia igitur eidem temporali velationi sacramenta hujuscemodi defuerunt, matrimonii sacramentum quod idem P. cum ea contraxit, nullatenus videtur esse solvendum. Verum enim

(17) Udo (marchio Stadensis) et mater ejus Oda et frater ejus Rodolfus et maritus sororis ipsorum Fri-

vero quia juxta B. Innocentii sanctionem religiosum propositum simulavit, ei agenda aliquanto tempore pœnitentia injungatur: non enim juxta Apostolum pollicitæ fidei irritatione constringitur. Hac igitur ratione collata eumdem P. in conjugio permanentem a vinculo excommunicationis absolvimus.

Datum Laterani Idibus Martii.

LXX.
Monasterii S. Dionysii privilegia confirmat.
(Anno 1102, Mart. 21.)
[MABILLON, *De re diplom.* I, 463.]

PASCHALIS episcopus, servus servorum Dei, dilecto filio ADE, abbati venerabilis monasterii quod in honore sancti Dionysii, etc.

. . . .

...., atque in extremo examine districtæ ultioni subjaceat; cunctis autem eidem loco justa servantibus sit pax Domini nostri Jesu Christi, quatenus et hic fructum bonæ actionis percipiant, et apud districtum judicem præmia æternæ pacis inveniant.

Scriptum per manum Petri notarii regionarii et scriniarii sacri palatii.

Ego Paschalis catholicæ Ecclesiæ episcopus subscripsi.

Ego Richardus Albanensis episcopus SS.

Datum Romæ per manum Joannis sanctæ Romanæ Ecclesiæ diaconi cardinalis, XII Kal. April., indictione x, Incarnationis Dominicæ anno 1103, pontificatus autem domini Paschalis secundi papæ III.

LXXI.
Monasterium S. Mariæ Rosenfeldense tuendum suscipit privilegiisque ornat, imposito monachis byzantii unius censu annuo.
(Anno 1102, April. 11.)
[LAPPENBERG, *Hamburgisches Urkundenbuch*, Hamburg, 1842, 4°, p. 118.]

PASCHALIS episcopus, servus servorum Dei, dilecto filio WERNERO, abbati venerabilis monasterii sanctæ Dei Genitricis virginis Mariæ, quod in loco situm est qui Rosenfeld dicitur, ejusque successoribus regulariter substituendis in perpetuum.

Justis votis assensum præbere justisque petitionibus aures accommodare nos convenit, qui, licet indigni, justitiæ custodes atque præcones in excelsa apostolorum principum Petri et Pauli specula, Domino disponente, conspicimur. Tuis igitur, fili in Christo venerabilis atque charissime, justis petitionibus annuentes, monasterium Rosenfeld, cui Deo auctore præsides, ad honorem sanctæ Dei genitricis Virginis Mariæ, cujus nomini dedicatum est, sub tutela apostolicæ sedis specialiter confovendum protegendumque suscepimus. Quod nimirum monasterium generosus Udo marchio cum fratre Rudolpho et matre venerabili Oda, propriis sumptibus reædificatum et propriarum possessionum collatione ditatum, pro animæ suæ et parentum suorum, vel eorum, qui ibidem requiescunt, salute, beatis apostolis Petro et Paulo noscitur obtulisse et in Romani pontificis defensionem jure perpetuo delegasse (17). Eorum clericus, comes palatinus de Putelendorp, consilio Herrandi, Halberstadensis episcopi, et aliorum reli-

ergo votum assensionis nostræ fœdere firmantes, per hujus nostri privilegii paginam apostolica auctoritate statuimus, ut, quidquid ad eumdem locum legitimo veteris possessionis jure pertinet, quidquid supradicti principes de suis facultatibus justis eidem monasterio obtulerunt, et quidquid hodie juste possidet, in mancipiis, campis, silvis, pratis, aquis aquarumque decursibus, in molendinis et in mansis et cæteris redditibus, sive in crastinum consensione pontificum, largitione principum vel oblatione fidelium, juste atque canonice poterit adipisci, firma tibi tuisque successoribus et illibata permaneant. Decrevimus igitur ut nulli omnino hominum liceat idem cœnobium temere perturbare, aut ei supradictas possessiones auferre vel ablatas retinere, imminuere vel temerariis vexationibus fatigare. Et omnino integra conserventur, eorum, pro quorum sustentatione ac gubernatione concessa sunt, usibus omnimodis profutura, salvo episcoporum jure canonico.

Obeunte te, W. nunc ejus loci abbate, vel tuorum quolibet successorum, nullus ibi qualibet subreptionis astutia vel violentia præponatur, nisi quem fratres communi consensu, vel fratrum pars consilii sanioris, secundum Dei timorem et beati Benedicti Regulam elegerint. Quod si in suo collegio invenire nequiverint, qui huic regimini idoneus haberetur, liceat eisdem, de quocunque maluerint loco, sui ordinis virum suæque professionis assumere. Chrisma, oleum sacrum, consecrationes altarium sive basilicarum, ordinationes monachorum, qui ad sacros fuerint ordines promovendi, ab episcopo, in cujus diœcesi estis, accipietis, siquidem gratiam atque communionem apostolicæ sedis habuerit, et si ea gratis ac sine pravitate voluerit exhibere. Alioquin liceat vobis catholicum, quem mavultis, adire antistitem et ab eo consecrationem sacramentorum suscipere, qui ab apostolica sedis auctoritate fultus, quæ postulantur indulgeat.

Sane prædictum marchionem, vestri cœnobii advocatum, sicut a vobis est electus quam diu vixerit, ejusque posteros, si idonei sunt, statuentes, de cætero sancimus ut nullus unquam vestri monasterii advocatus esse præsumat, nisi quem fratres communi consensu præviderint eligendum. Ad indicium receptæ a Romana Ecclesia libertatis, secundum ipsius jam dicti marchionis constitutionem, per annos singulos unum byzantium Lateranensi palatio persolvetis.

Si quis autem in crastinum archiepiscopus aut episcopus, imperator aut rex, princeps aut dux, comes aut vicecomes, judex aut persona, potens aut impotens hujus nostri privilegii paginam sciens, contra eam temere venire attentaverit, secundo tertiove commonitus, si non satisfactionem condignam fecerit, eum honoris sui periculo subjacere decernimus, a Christi Ecclesiæ corpore auctoritate potestatis apostolicæ segregamus; conservantibus autem pax a Deo et misericordia præsentibus ac futuris sæculis conservetur. Amen, amen.

Scriptum per manum Pyderii, regionarii ac referendarii sacri palatii.

Datum Laterano, per manum Joannis, sanctæ Romanæ Ecclesiæ diaconi cardinalis, tertio Idus Aprilis, indictione decima, Incarnationis Dominicæ anno 1102, pontificatus anno Paschalis secundi papæ tertio.

LXXII.

Ad abbatem et monachos monasterii Beccensis. — Monasterio Beccensi asserit ecclesias a Willelmo, Rothomagensi archiepiscopo, et Ivone Carnotensi et Gofrido Parisiensi episcopis « in salarium collatas. »

(Anno 1102, April. 12.)

[Mansi, Concil., XX, 1068.]

Paschalis episcopus, servus servorum Dei, dilectis filiis, Willelmo abbati et universæ congregationi Beccensis monasterii, salutem et apostolicam benedictionem.

Apostolicæ sedis dignitas exigit per universas Dei Ecclesias recta disponere et quæ ab aliis recte disposita sunt confirmare. Significastis siquidem nobis, venerabiles fratres, Willelmum Rothomagensem, Ivonem Carnotensem, Gofridum Parisiensem episcopos singulas in parochiis suis ecclesias vestro monasterio in salarium contulisse, videlicet in Rothomagensi ecclesiam Sancti Petri de Ponte Isaræ, in Carnotensi ecclesiam Sancti Nigasii de Mellento, in Parisiensi ecclesiam Sanctæ Honorinæ de Confluentio. Et nos igitur quieti vestræ in posterum providentes, easdem ecclesias vobis vestrisque successoribus confirmamus, ut sicut ab eisdem episcopis dispositum est, semper in vestri monasterii possessione permaneant. Si quis autem temerario ausu easdem ecclesias a monasterii vestri corpore distrahere ac separare præsumpserit, beati Petri gladio et apostolicæ ipsius Ecclesiæ ultione plectatur.

Data Laterani II Idus Aprilis, anno ab Incarnatione Domini 1104 (18), indictione x.

LXXIII.

Ad Anselmum Cantuariensem archiepiscopum. — Ut se constanter gerat in tuenda Ecclesiæ Anglicanæ libertate.

(Anno 1102, April. 15.)

[Mansi, Concil., XX, 1019.]

Paschalis episcopus, servus servorum Dei, venerabili fratri et coepiscopo Anselmo Cantuariorum, salutem et apostolicam benedictionem.

Non ignoras divinæ voluntatis consilium, ut religio tua in Anglici regni regione præsideat. Cum

---

giosorum virorum expulerunt clericos de loco suæ constructionis Herseveld et posuerunt illic monachos. Sic quæ erat præposita facta est deinceps abbatia. Annal. Saxo., a. 1087.

(18) Pro 1104 legendum esse 1102 docet indictio x. Jaffé.

enim perversi regis (*Guillelmi Rufi*) odio declinans, secessum elegisses, et procul ab Anglicis tumultibus tecum habitans Deo viveres, de perverso rege sua omnipotens Dominus judicia terribiliter perpetravit (19) : te autem totius populi postulatione vehementi, et novi regis (*Henrici I fratris Guillelmi Rufi*) devotione mirabili, ad cathedram quam pro Deo dimiseras, revocavit. Deo autem gratias, quia in te semper episcopalis auctoritas perseverat, et inter barbaros positus non tyrannorum violentia, non potentum gratia, non incensione ignis, non effusione manus, a veritatis annuntiatione desistis. Rogamus itaque ut quod agis, agas ; quod loqueris, loquaris. Non enim deficiet sermonum nostrorum operumque principium, qui in principio erat Verbum ; nec nos in ipso deficiemus, qui est Dei virtus et Dei sapientia. Eumdem enim cum patribus nostris spiritum habentes, credimus, propter quod et loquimur. Et verbum quidem Dei non est alligatum ; nos autem humiliamur nimis. Caeterum in hac humiliatione, cum Deo mente excedimus, in ejus veritate, hominum mendacia intuemur. Qua de re in synodo nuper apud Lateranense consistorium celebrata, patrum nostrorum decreta renovavimus, sancientes et interdicentes ne quis omnino clericus hominium faciat laico, aut de manu laici ecclesias aut ecclesiastica bona suscipiat. Hoc est enim Simoniacae pravitatis radix, dum ad percipiendos honores Ecclesiae saecularibus personis insipientes homines placere desiderant. Idcirco sanctorum conciliorum reverenda majestas saecularium principum potestatem ab ecclesiasticis electionibus decrevit arcendam, ut sicut per solum Christum prima in baptismo janua, ultima in morte vitae aperietur aeternae [al. *aperitur*. Hard.] ; ita per solum Christum, ovilis Christi ostiarius statuatur, per quem Christi ovibus, non pro mercedibus ovium, sed pro Christo, ingressus et egressus ad vitam procuretur aeternam. Haec, frater charissime, prolixiore possent et oratione et ratione tractari ; sed sapientiae tuae pauca suggessisse satis est, quae et orationibus abundat, et ecclesiasticis est rationibus assueta. Hoc ita doceas, sicut tuo scis primatui expedire. Quem profecto ita fraternitati tuae plenum et integrum confirmamus, sicut a tuis constat praedecessoribus fuisse possessum : hoc personaliter adjicientes ut, quandiu regno illi religionem tuam divina misericordia conservaverit, nullius unquam legati, sed nostro tantum debeas subesse judicio.

Datum xvii Kalend. Maii.

LXXIV.

Ad eumdem. — Respondet ad multa de quibus eum Anselmus consuluerat.

(Anno 1102, April.)

[Mansi, *Concil.* XX, 1020.]

Paschalis episcopus, servus servorum Dei, venerabili patri et coepiscopo Anselmo, salutem et apostolicam benedictionem.

(19) Inter venandum occisus est ab uno e suis.

Consulta illa quae per venerabiles nuntios tuos, Baldemum et Alexandrum, ad sedem apostolicam transmisisti, poterat utique fraternitas tua, et fratrum qui circa ipsam sunt, collatione, et datae divinitus sapientiae et intellectus consideratione discutere. Caeterum, sicut in caeteris consuevisti, in hoc quoque communi catholicorum matri reverentiam servare curasti. Nos itaque sanctorum Patrum, qui nos in sede apostolica disponente Domino praecesserunt, vestigiis inhaerentes, haec consultationi tuae respondenda deliberavimus.

Anselmus : *Si de manu laici liceat episcopo vel abbati accipere ecclesias, quas in suo dominio habent, cum eas non personae sed episcopatui vel abbatiae donent?*

Paschalis : De manu laici episcopus jam consecratus suscipere non debet ecclesias, si in aliena parochia sint; si vero in sua sunt, licenter accipiat. Hoc enim non videtur dare, sed reddere ; cum ecclesiae omnes per singulas parochias in episcoporum esse debeant potestate, abbates vero per episcoporum manus suscipiant.

Anselmus : *De sacerdotum filiis vel concubinarum, qui quosdam olim gradus acceperunt, et volunt omnino redire ad immunditias saeculi, nisi ad majores promoveantur, promittunt religiosam vitam* [f. *promittant*. Hard.], *quid agendum est?*

Paschalis : De sacerdotum filiis vel concubinarum, quam vitam tenendam praedecessores nostri sedis apostolicae pontifices instituere, nosse te credimus. Nec nos ab illorum volumus aberrare vestigiis. Quid igitur tibi super his in barbaris regionibus sit disponendum, ex ipsius praecepti poteris collatione distinguere.

Anselmus : *Si a presbyteris feminas habentibus liceat poenitentiam et corpus Domini in periculo mortis accipere, cum nullus continens adest; et si licet, et illi dare nolunt, quia missae eorum contemnuntur, quid faciendum?*

Paschalis : In periculo mortis positum, melius existimamus de manu cujuslibet clerici Dominicum corpus accipere quam de corpore sine viatico, dum religiosus sacerdos exspectatur, exire. Si qui vero presbyterorum, pro vitae suae contemptu praeterito, in illo extremitatis articulo positis viaticum denegarint, tanquam animarum homicidae districtius puniantur.

Anselmus : *Si rex habet terras episcopatus vel abbatiae, quas nullo modo reddere vult, et pro eis vult dare aliquam ecclesiam, quam in sua manu tenet, non minus utilem, si liceat accipere, ne judicetur emptio?*

Paschalis : Pro terris ecclesiarum de manu regis ecclesias suscipere minus licet, ne sacrilegii [f. *sacrilegio*. H.] dari videatur assensus. Divina enim in nullius bonis sunt : et quod Deo semel oblatum est, in alienos usus non expedit usurpari. Porro sub hujusmodi commutationibus sæculari potestati securius indulgetur.

Anselmus : *Si nullus clericus debet fieri homo laici, et aliqua beneficia, aut possessiones non ecclesiasticas debet tenere de laico, nec laicus vult ei dare, nisi fiat suus homo, quid faciet?*

Paschalis : Liberam esse Ecclesiam Paulus dicit: Indignum est igitur ut clericus qui jam in Dei sortem est assumptus, et jam laicorum dignitatem excessit, pro terrenis lucris hominium faciat laico: ne forte, dum reperitur servi sæcularis obnoxius, vacet aut gravetur ecclesia. Scriptum est enim : *Nemo militans Deo, implicat se negotiis sæcularibus (II Tim.* II.)

Anselmus : *Sæpe necesse est aliquid de apostolicis et canonicis statutis pro compensationibus relaxare, maxime in regno in quo fere omnia sic corrupta et perversa sunt, ut vix ibi aliquid omnino* [deest juxta *aut quid simile*] *statuta ecclesiastica fieri possit. Peto ut per licentiam vestram possim quædam, prout discretionem dabit mihi Deus, temperare. Quod petii a domno papa Urbano, et ipse posuit in mea deliberatione.*

Paschalis : Dispensationis modus, sicut B Cyrillus in epistola Ephesinæ synodi loquitur, nulli unquam sapientum displicuit. Novimus enim sanctos Patres nostros, et ipsos apostolos, pro temporum articulis et qualitatibus, personarum dispensationibus usos. Quamobrem nos de religione et sapientia tua diu longeque spectata nihil penitus ambigentes, tuæ deliberationi committimus ut, juxta datum tibi divinitus intellectum, cum Ecclesiæ cui præpositus es tanta necessitas expetit, sanctorum canonum decretorumque difficultatem opportuna et rationabili [*forte deest*, compensatione. H.] valeas temperare.

Anselmus : *Ranulphus, de quo vestrum olim petii consilium, a rege restitutus est in episcopatum. Si ergo vobis placuerit, inquirite vitam ejus ab episcopis nostris, qui nunc ad vos venerunt : ac de eo, archiepiscopo ejus, et mihi primati ejus consulite.*

Paschalis : Ranulphi episcopi causam, quandoquidem juxta præceptum nostrum in cathedram proprium restitutus est, indiscussam præterire non patimur. Ejus enim facinora gravissima ad sedem apostolicam, multorum sunt relatione perlata. Volumus ergo ut apud præsentiam vestram, in episcoporum conventu, quæ de eo ad nos scripta sunt, plenius pertracteris. Discussione habita, nisi se septima sui ordinis manu (20) expurgare potuerit, mox cum litterarum vestrarum testimonio transmittatur ad nos : si autem de conscientia sua trepidans, ad examen nostrum pervenire noluerit, per experientiam vestram ab Ecclesia quam occupat depellatur, et in ea juxta canonicas sanctiones episcopus subrogetur.

LXXV.

Ad Henricum Anglorum regem. — Contra investituras ecclesiasticas.
(Anno 1102.)
[Mansi, *Concil.* XX, 1060.]

Paschalis episcopus, servus servorum Dei, charissimo filio Henrico Anglorum regi, salutem et apostolicam benedictionem.

Regi regum Domino gratias agimus, qui te in regnum beneplacito suæ voluntatis evexit, et tanquam Christianum regem in beneplacito suæ voluntatis ineffabili misericordia custodivit. Rogamus ergo ut bona regni tui exordia in melius augeat, et usque in finem sua in te dona custodiat. Deseruisti enim fratris tui regis impietatem, quam divino conspicis judicio terribiliter vindicatam. Ecclesias libertati restituisti, clerum honorare cœpisti, et cleri principes episcopos, imo in his Christum Dominum, venerari. Confidimus itaque quoniam usque in finem eadem sapies, et in eadem probitate persistes, nisi sunt aliqui perversæ mentis homines qui cor regum per episcoporum et abbatum investituras divinæ indignationi aptare conantur. Quorum in hac parte consilia tanquam virus tibi sunt evitanda, ne illum offendas, *per quem reges regnant, et potentes justa decernunt* (*Prov.* VIII). Quem profecto si propitium habueris, feliciter regnabis, potestatemque integram et divitias obtinebis; quem si, quod absit! offendis, non procerum consilia, non militum subsidia, non arma, non divitiæ, ubi subvertere cœperit, poterunt subvenire. Porro in honore Domini, in Ecclesiæ libertate nos familiares, nos adjutores habebis. Nec opineris quia quisquam nos a tua divellet amicitia, si ab investituris abstinere, si honorem debitum et libertatem a Domino institutam Ecclesiæ conservaris. Ecclesiarum si quidem investituras nos S. Spiritus judicio regibus et principibus, imo laicis omnibus, interdicimus. Nec enim decet ut a filio mater in servitutem addicatur, ut sponsum quem non optavit accipiat. Habet sponsum suum Regem ac Dominum nostrum, qui te misericordia sua in potentia et probitate custodiat, et a terreno ad cœleste perducat. Amen.

---

(20) Septima manu se expurgat qui et jurat ipse non esse crimen a se admistum, et septem alios adhibet qui juramento firment *quod veritatem credunt eum dicere qui purgatur.* Reus enim jurat de rei veritate, compurgatores vero, ut canonum doctores loquuntur, de credulitate. Erant qui quinta manu, erant qui et duodecima et decima quarta purgare se jubebantur, perinde ut magna erat infamia, scandalum, suspicio. Neque vero sacramentales seu conjuratores isti (nam his etiam nominibus dicti in lege Alemannorum) ejusdem semper ordinis omnes erant. Nam Tridentinus episcopus, 2, q. 5, et extra De purg., can. c. 5, jubetur purgare se *tertia manu sui ordinis*, *et quarta abbatum*, *et religiosorum sacerdotum.* Imo nonnunquam erant omnes inferioris ordinis, ut in concilio Cabilonensi, ann. 1065. Drogo Matisconensis episcopus purgare se jubetur cum septem clericis : quod ex numero duos illi condonavit qui synodo præerat Petrus Damiani. Vide Gratianum, 2, q. 5, et decretalium titulum totum de purgatione canonica. Juvabit et legisse legem Alemannorum, maxime titulo 6.

LXXVI.

Ad Osbernum episcopum. — Ne monachi prohibeantur habere in monasterio suo cœmeterium ad sepeliendos suos.

(Anno 1102, April.)
[Mansi, *Concil.* XX, 1061.]

Paschalis episcopus servus servorum Dei, venerabili fratri Osberno episcopo, et clericis Excestrensis ecclesiæ, salutem et apostolicam benedictionem.

Et Patrum sanxit auctoritas, et Ecclesiæ consuetudinis stabilitas exigit, ut, sicut in claustris suis viventes religiosi monachi conversantur; ita et defunctorum corpora infra monasteriorum suorum ambitum requiescant : ut illud ex divino munere cum cordis valeant exsultatione cantare : *Hæc requies mea in sæculum sæculi, hic habitabo quoniam elegi eam* (Psal. cxxxi). Vos autem, ut audivimus, monachos S. Martini de Bello in vestra civitate conversantes sepeliri infra monasterii sui ambitum prohibetis : et grave est, ut in eo loco quisquam cum devotionis gratia convertetur, unde cadaver suum prævidet omnimodis propellendum. Qua de re dilectioni vestræ præsentia scripta mandamus, præcipientes et prohibentes ne ulterius supradictis monachis cœmeterium ad sepeliendos suos interdicatis : sicut vobis per antecessoris nostri bonæ memoriæ domini Urbani litteras præceptum est, concedatis. Tua autem, frater episcope Osberne, interest, eisdem fratribus cœmeterium benedicere, et eorum religionem ad omnipotentis Dei servitium confovere. Si quis autem huic institutioni contraire tentaverit : venerabili fratri et coepiscopo Anselmo injunximus, ut in eum, tanquam, sedis apostolicæ contemptorem, apostolici rigoris ultionem exerceat.

LXXVII.

Ad Robertum episcopum Coventranum. — Statuit ut Robertus episcopus ejusque successores Coventriæ, non Licidfeldiæ nec Cestriæ, sedem habeant, et possessiones Ecclesiæ Coventriensis confirmat.

(Anno 1102, April. 18.)
[Mansi, *Concil.* XX, 1069.]

Paschalis episcopus, servus servorum Dei, venerabili fratri Roberto Conventrano episcopo salutem et apostolicam benedictionem.

Per Petri apostoli discipuli successorum Anacletum Petri apostoli præceptum habemus ne in villis sive castellis aut modicis civitatibus ordinentur episcopi. Ab eodem etiam pontifice vel posterioribus Patribus constitutum est ut sacerdotes ad quamcunque constituti fuerint Ecclesiam, in eam vitæ suæ diebus debeant perdurare. Hujus nos justitiæ ratione commoniti, charissime frater et coepiscope Roberte, providendum duximus ne tua vel successorum tuorum cathedra in posterum fluctuet; quia et Lichefeldensis locus et Cestrensis villa, ubi prædecessoribus tuis vel tibi hactenus sedes fuerunt, pro exiguitate ac paupertate sui episcopalis dignitatis solium non merentur. Statuimus ergo ut apud Coventriam deinceps tam tibi quam successoribus

A tuis in perpetuum episcopalis cathedra conservetur. Porro monachi qui apud eumdem locum beatæ Mariæ monasterio conversantur semper sub tua seu successorum tuorum obedientia maneant, et in ipsa episcopali Ecclesia divinorum officiorum debita peragant, prout in Cantuariensi Ecclesia per beatum quondam Augustinum novimus institutum et sanctissimi Patris ac prædecessoris nostri Gregorii doctoris Ecclesiæ catholicæ assertione sancitum ; nec cuiquam omnino successorum tuorum liceat monasticæ disciplinæ viros ab ipsa Ecclesia removere, aut eis possessiones aut bona cætera auferre quæ ab egregiæ memoriæ Leobrico comite ipsius cœnobii fundatore vel aliis fidelibus ad monachorum sumptus oblata et comparata sunt, vel in futurum offerri Domino disponente contigerit. Ad hæc adjicientes decrevimus ut nulli omnino hominum liceat eamdem Ecclesiam temere aut ejus possessiones auferre, vel ablatas retinere, minuere, vel temerariis vexationibus fatigare, sed omnia integre conserventur eorum, pro quorum sustentatione et gubernatione conversa sunt usibus omnimodis profutura. Si quæ sane ecclesiastica sæcularisve persona hanc nostræ constitutionis paginam sciens contra eam temere venire tentaverit, secundo tertiove commonita, si non satisfactione congrua emendaverit, potestatis honorisque sui dignitate careat, reamque se divino judicio existere de perpetrata iniquitate cognoscat, et a sacratissimo corpore et sanguine Dei et Domini Redemptoris nostri Jesu Christi aliena fiat, atque in extremo examine districtæ ultioni subjaceat. Cunctis autem eidem loco justa servantibus sit pax Domini nostri Jesu Christi, quatenus et hic fructus bonæ actionis percipiant, et apud districtum judicem præmia æternæ pacis inveniant.

Scriptum per manum Rayniarii scriniarii sacri palatii.

Ego Paschalis catholicæ Ecclesiæ episcopus.

Datum Laterani per manum Joannis sanctæ Romanæ Ecclesiæ diaconi cardinalis xiv Kal. Maii, indictione decima, Dominicæ Incarnationis anno Domini 1104 [*leg.*1102], pontificatus autem domini Paschalis secundi papæ iii.

LXXVIII.

Ad Crescentium archiepiscopum Salonitanum. — Jura ejus metropolitana confirmat ac pallium ei concedit.

(Anno 1102, April. 9.)
[Farlati, *Illyricum sacrum*, III, 162 ; Fejér, *Codex diplomaticus Hungariæ*, II, 36.]

Paschalis episcopus, servus servorum Dei, venerabili fratri Crescentio Salonitano archiepiscopo salutem et apostolicam benedictionem.

Apostolicæ sedis benignitas consuevit sua cuique jura servare, et sic honoris a Domino contributi privilegium custodire, ut fratribus dignis consortium non deneget dignitatis. Idcirco venerabilis frater Crescenti Salonitanæ archiepiscope, præsentis decreti pagina fraternitati tuæ tuisque successoribus confirmamus civitatis Salonitanæ diœcesim, cum omnibus suis appenditiis, et parochiam Maroniæ, et quidquid episcopali vel metropolitano jure ad Salonitanam Ecclesiam cognoscitur pertinere. Pallium præterea fraternitati tuæ, plenitudinem videlicet pontificalis officii, apostolica liberalitate concedimus, quod te intra Ecclesiam tantum ad missarum solemnia subscriptis diebus noveris induendum : id est cœnæ Domini, Resurrectionis, Ascensionis, Pentecostes, Nativitatis Domini, Epiphaniæ, in tribus festivitatibus sanctæ Mariæ, omnium apostolorum, Nativitatis Joannis Baptistæ, solemnitate sancti Domnii, in consecrationibus ecclesiarum, episcoporum, presbyterorum et diaconorum, et anniversario Salonitanæ Ecclesiæ, et consecrationis tuæ die. Cujus nimirum pallii volumus te per omnia genium vindicare. Hujus siquidem indumenti honor, humilitas atque justitia est. Tota ergo mente fraternitas tua se exhibere festinet in prosperis humilem, in adversis, si quando eveniunt, cum justitia erectam, amicam bonis, perversis contrariam, nullius unquam faciem contra veritatem recipiens, nullius unquam faciem pro veritate loquentem premens, misericordiæ operibus juxta virtutem substantiæ insistens, et tamen insistere etiam supra virtutem cupiens ; infirmis compatiens, benevolentibus congaudens, aliena damna propria reputans, de alienis gaudiis tanquam de propriis exsultans, in corrigendis vitiis pie sæviens, in fovendis virtutibus auditorum animum demulcens, in ira judicium sine ira tenens ; in tranquillitate autem severitatis justæ censuram non deserens. Hæc est, frater charissime, pallii accepti dignitas, quam si sollicite servaveris, quod foris accepisse ostenderis, intus habebis. Fraternitatem tuam divina miseratio per tempora multa servare dignetur incolumem. Amen, amen, amen.

Ego Paschalis catholicæ Ecclesiæ episcopus.

Datum Laterani per manum Joannis sanctæ Romanæ Ecclesiæ diaconi cardinalis, xiii Kalendas Maii, indictione x, Incarnationis Dominicæ anno 1103 [1102].

LXXIX.

Jura et privilegia abbatiæ SS. Philippi et Jacobi, et Walburgis in Silva Hagenonensi, a Friderico duce Alsatiæ et Sueviæ, atque a Petro comite Lucelburgensi fundatæ, confirmat.

(Anno 1102, April. 26.)

[WURTWEIN, *Nova Subsidia diplomatica*, Heidelbergæ 1781, 8°, t. VI, p. 274, ex *vidimus* judicis curiæ Argentinensis anni 1487, in tabulario episcopi Spirensis Bruchsaliæ.]

PASCHALIS episcopus, servus servorum Dei, dilecto filio BERTULFO, abbati monasterii quod in honorem sanctorum apostolorum Philippi et Jacobi, et sanctæ Walburgæ virginis constructum est in Argentinensi episcopatu, in loco videlicet qui Sacra Silva dicitur, ejusque successoribus regulariter substituendis in perpetuum.

Desiderium quod ad religiosum propositum et animarum salutem pertinere monstratur, auctore Deo, sine aliqua est dilatione complendum. Religiosi siquidem principes Fredericus (21) et Petrus (22) in alodio suo infra episcopatum Argentinensem in loco videlicet qui *Sacra Silva* dicitur, monasterium construentes (23) beato Petro et ejus sanctæ Romanæ Ecclesiæ obtulerunt sub unius aurei censu annuo, quod sub beatorum apostolorum Philippi et Jacobi, et sanctæ Walburgæ virginis honore dedicari et apostolicæ sedis expostulant protectione muniri. Nos igitur eorum congaudentes devotioni monasterium ipsum et dedicari concedimus, et protectione sedis apostolicæ per præsentis privilegii paginam communimus. Statuimus enim ut universa quæ a prædictis fundatoribus, vel ab aliis fidelibus de suo jure monasterio eidem collata sunt, vel in futurum largiente Deo dari, offerri, vel aliis justis modis acquiri contigerit, quieta vobis vestrisque successoribus et illibata permaneant. Nulli ergo omnino hominum liceat eumdem locum temere perturbare, minuere, vel temerariis vexationibus fatigare, sed omnia integra conserventur eorum, pro quorum sustentatione et gubernatione concessa sunt, usibus omnimodis profutura. Sane fructuum vestrorum, seu animalium decimas, sine episcoporum vel episcopalium ministrorum contradictione, xenodochio vestro reddendas, possidendasque sancimus ; nec advocatus alius, nisi qui ab abbate cum fratribus assumptus fuerit, eidem monasterio asciscatur. Sepulturam quoque loci ipsius liberam omnino esse decernimus, ut eorum qui illic sepeliri deliberaverunt, devotioni et extremæ voluntati, nisi forte excommunicati sint, nullus obsistat. Consecrationes altarium, ordinationes monachorum qui ad sacros fuerint ordines promovendi, ab episcopo in cujus diœcesi estis, accipietis, siquidem gratiam atque communionem apostolicæ sedis habuerit, et si ea gratis ac sine pravitate voluerit exhibere. Alioquin liceat vobis catholicum, quemcunque malueris adire antistitem, et ab ipso eadem sacramenta suscipere, qui apostolicæ sedis fultus auctoritate, quod postulatur, indulgeat. Si quæ vero in futurum ecclesiastica sæcularisve persona, hanc nostræ constitutionis paginam sciens, contra eam temere venire tentaverit, secundo tertiove commonita, si non satisfactione congrua emendaverit, potestatis honorisque sui dignitate careat, reamque se divino judicio existere de perpetrata iniquitate cognoscat, et a sacra-

---

(21) *Fridericus* scilicet I, dux Alsatiæ et Sueviæ, cujus obitum ad annum 1105 assignat Otto Frisingensis in Chron. lib. vii, cap. 9.

(22) *Petrus* ille comes Lucelburgensis, filius Friderici comitis Moncionis et Agnetis filiæ Petri comitis de Sabaudia. Fridericus frater Theoderici de Monconz genuit Petrum de Luxebenbort. Ita auctor Genealogiæ S. Arnulphi apud Duchesne scriptor. Rer. Franc. tom. II, p. 645.

(23) Inde patet error Wimphelingii De episc. Argentin., pag. 45, et aliorum, qui fundationem abbatiæ S. Walpurgis Theodorico Montisbeliardi comiti attribuunt.

tissimo corpore ac sanguine Dei et Domini Redemptoris nostri Jesu Christi, aliena fiat, atque in extremo examine districtæ ultioni subjaceat. Cunctis autem sæpedicto monasterio justa servantibus, sit pax Domini nostri Jesu Christi, quatenus et hic fructum bonæ actionis percipiant, et apud districtum judicem præmia æternæ pacis inveniant. Amen, amen, amen.

Ego Paschalis catholicæ Ecclesiæ episcopus.

Datum Laterani per manum Joannis sanctæ Romanæ Ecclesiæ diaconi cardinalis ac bibliothecarii, vi Kal. Maii, indictione x, Incarnationis Dominicæ anno 1102; pontificatus autem domni Paschalis secundi papæ anno iv.

LXXX.
Bulla de fundatione monasterii Cheminonensis.
(Anno 1102, Sept. 25.)
[*Gall. Christ.*, X, 158.]

PASCHALIS episcopus, servus servorum Dei, dilectis filiis ALAUDO præposito et ejus fratribus, salutem et apostolicam benedictionem.

Austri terram inhabitantibus per prophetam Dominus præcipit cum panibus occurrere fugienti. Idcirco nos, filii charissimi, de sæculo fugientes granter excipimus, et per sancti Spiritus gratiam sedis apostolicæ munimine confovemus. Vitæ namque canonicæ ordinem, quem secundum beati Augustini regulam professi estis, præsentis privilegii auctoritate firmamus; et ne cui post professionem exhibitam proprium quid habere, neve sine præpositi vel congregationis licentia claustri coarctationem deserere liceat, interdicimus, juxta quod scilicet claustrum in silva Luyz totum illud allodium vobis vestrisque successoribus in eadem religione victuris, quietum ac liberum perpetuo sancimus, quod Alaidis comitissa vobis filiorum suorum consensu Philippi Catalaunensis episcopi et Hugonis comitis, delegavit. Tota igitur terra circa ecclesiæ vestræ ambitum sita, quantum unius leugæ medietas tenet, cum aquis et lignis, seu cæteris usibus, sic in vestro semper jure servetur, ut nulli omnino liceat præter vestram illic voluntatem operis aliquid exercere, nec episcopis vel quibuslibet ecclesiarum ministris facultas sit de ipsius terræ frugibus quæ domus vestræ laboribus colitur, decimas, aut terragium vel molestias irrogare, quatenus omnipotenti Domino liberiorem famulatum valeatis impendere. Præterea quæcunque prædia, quæcunque bona in futurum concessione pontificum, liberalitate principum, vel oblatione fidelium juste atque canonice poteritis adipisci, firma vobis vestrisque successoribus et illibata permaneant. Decernimus ergo ut nulli omnino hominum liceat camdem ecclesiam temere perturbare, aut ejus possessiones auferre, vel ablatas retinere, minuere vel temerariis vexationibus fatigare, sed omnia integra conserventur eorum pro quorum sustentatione et gubernatione commissa

(24) Hanc Simoniæ accusationem a se amolitur Ivo epist. 133 ad Richardum Albanensem episco-

sunt, usibus omnimodis profutura. Si qua sane ecclesiastica sæcularisve persona hanc nostræ constitutionis paginam sciens contra eam temere venire tentaverit, secundo tertiove commonita, si non satisfactione congrua emendaverit, potestatis honorisque sui dignitate careat, reamque se divino judicio existere de perpetrata iniquitate cognoscat, et a sacratissimo corpore et sanguine Dei et Domini nostri Redemptoris Jesu Christi aliena fiat, etc.

Ego Paschalis catholicæ Ecclesiæ episcopus.

Datum Beneventi per manum Joannis sanctæ Romanæ Ecclesiæ diaconi cardinalis, ix Kalend. Octobris indictione xi, anno Dominicæ Incarnationis 1103 [1102], pontificatus autem domini Paschalis papæ II anno iv.

LXXXI.
Ad Ivonem episcopum et canonicos Carnotenses. — Vetat ne pro ecclesiasticis beneficiis munus accipiatur, nec ecclesiastica negotia ad sæculares deferantur, etc. Tum firmat excommunicationem ab Ivone dictatam, de domibus Ecclesiæ contiguis.
(Anno 1102, Nov. 11.)
[Dom BOUQUET, *Recueil*, XV, 24.]

PASCHALIS episcopus, servus servorum De, venerabili fratri I. [IVONI] Carnotensi episcopo et totius capituli fratribus salutem et apostolicam benedictionem.

Audivimus in regionum vestrarum ecclesiis quasdam pravas consuetudines emersisse, et in Ecclesia vestra præcipue vigere : super hæc etiam quædam contra canonum statuta præsumi. Nos vero sanctorum Patrum statuta sequentes, et ab omnibus ea intemerata servari volentes, easdem consuetudines penitus abdicamus, et sancti Spiritus auctoritate prohibemus ut pro præbendis vel ecclesiasticis beneficiis munus aliquod exigatur (24).

Præcipimus etiam ut clerici qui negotia ecclesiastica ad sæculares potestates deferentes ecclesiam gravant, infames habeantur, donec condigne satisfaciant ; de concubinarum filiis quod à prædecessoribus nostris statutum est inconvulsum servetur; utqui, non præcedente canonica excusatione, se promoveri non permittunt, suis reddantur minoribus inferiores. Secundum capitulum Carthaginense, et secundum institutum papæ Gelasii, plus accipiat presbyter quam diaconus, diaconus quam subdiaconus, et qui studiosius militat tardioribus, plus stipendiorum accipiat ; ut ornamenta Ecclesiæ nemo vendat aut distrahat, nisi pro ea necessitate quem canones permittunt ; et qui aliter fecerit, sacrilegii reus, et canonum contemptor habeatur. De his autem quæ apud vos precariæ dicuntur, quod tua fraternitas disposuerit, nos ratum habemus.

Illam sane excommunicationem quam de domibus quæ ecclesiæ tuæ contiguæ fuerunt, pro ejusdem ecclesiæ utilitate dictati, nos assertionis nostræ auctoritate firmamus.

Datum Beneventi III *Idus Novembris.*

pum, apostolicæ sedis legatum. — Vide Patrologiæ tom. CLXII

LXXXII.
Privilegium pro monasterio Vichpacensi.
(Anno 1102, Nov. 21.)
[*Monumenta Boica*, X, p. 457].

Paschalis episcopus, servus servorum Dei, dilecto in Christo filio Henchinruldo abbati venerabilis monasterii Sancti Martini, quod in loco qui Vispach dicitur, situm est, ejusque successoribus regulariter promovendis in perpetuum.

Piæ postulatio voluntatis effectu debet prosequente compleri, quatenus et devotionis sinceritas laudabiliter enitescat, et utilitas postulata vires indubitanter assumat. Quia igitur dilectio tua ad sedis apostolicæ portum confugiens, ejus tuitionem debita devotione requisivit; nos supplicationi tuæ clementer annuimus, et beati Martini monasterium, cui Deo auctore præsides, sub tutelam apostolicæ sedis excipimus, et præsentis privilegii pagina communimus. Quod videlicet cœnobium ab ipsis fundatoribus Hazica comitissa et ejus filiis Ilecardo, Bernardo, et Ottone comitibus beato Petro oblatum est. Per præsentis igitur privilegii paginam apostolica auctoritate statuimus, ut quidquid in præsentiarum ad idem cœnobium legitimis fundatorum donationibus pertinet, et quæcunque in futurum concessione pontificum, liberalitate principum, vel oblatione fidelium juste et canonice poterit adipisci, firma tibi tuisque successoribus et inviolata permaneant. Decernimus ergo ut nulli omnino hominum liceat idem cœnobium temere perturbare, aut ejus possessiones, auferre, minuere, vel temerariis vexationibus fatigare, sed omnia integra conserventur, eorum, pro quorum sustentatione et gubernatione concessa sunt, usibus omnimodis profutura. Obeunte nunc ejusdem loci abbate, vel tuorum quolibet successorum, nullus ibi qualibet subreptionis astutia seu violentia præponatur, nisi quem fratres communi consensu, vel fratrum pars consilii sanioris secundum beati Benedicti regulam elegerint. Chrisma, oleum sanctum, consecrationes altarium sive basilicarum, ordinationes monachorum, qui ad sacros ordines fuerint promovendi, ab episcopo in cujus diœcesi estis, accipietis, siquidem gratiam atque communionem apostolicæ sedis habuerit, et si ea gratis ac sine pravitate voluerit exhibere; alioquin liceat vobis catholicum, quem malueritis, adire antistitem et ab eo consecrationum sacramenta suscipere, qui apostolicæ sedis fultus auctoritate quæ postulantur indulgeat. Præterea ejusdem cœnobii advocatum constituimus Ottonem egregiæ strenuitatis comitem, ejusque post eum, qui major natu erat, filium; si tamen in patris probitate permanserit: sin autem vestri erit arbitrii, quem placuerit eligere vestri cœnobii idoneum protectorem, qui sine lucri sæcularis exactione id divinæ servitutis obsequium strenue ac reverenter exhibeat. Vos igitur, filii in Christo charissimi, oportet regularis disciplinæ institutioni sollicitius ac devotius insudare, ut quanto estis a sæcularibus tumultibus liberi, tanto studio-

sius placere Deo totius mentis et corporis viribus anheletis. Ad indicium autem perceptæ a Romana Ecclesia libertatis quotannis Lateranensi palatio byzantium aureum persolvetis. Si quæ sane ecclesiastica sæcularisve persona hanc nostram constitutionis paginam sciens, contra eam temere venire tentaverit, secundo tertiove commonita, si non satisfactione congrua emendaverit, potestatis honorisque sui dignitate careat, reamque se divino judicio existere de perpetrata iniquitate cognoscat, et a sacratissimo corpore ac sanguine Dei et Domini Redemptoris nostri Jesu Christi aliena fiat, atque in extremo examine districtæ ultioni subjaceat. Cunctis autem eidem loco justa servantibus sit pax Domini nostri Jesu Christi, quatenus et hic fructum bonæ actionis percipiant, et apud districtum judicem præmia æternæ pacis inveniant. Amen, amen, amen.

Ego Paschalis catholicæ Ecclesiæ episcopus.

Datum Beneventi per manum Equitii agentis vicem cancellarii, xi Kal. Decembr., indictione xi, Incarnationis Dominicæ anno 1102, pontificatus autem domni Paschalis II papæ iv.

LXXXIII.
Ad Altardum abbatem Vizeliacensem. — *Privilegium Vizeliacense.*
(Anno 1102, Nov.)
[Mansi, *Concil.* XX, 1028.]

Paschalis episcopus, servus servorum Dei, dilecto fratri Altardo abbati Vizeliacensis cœnobii, ejusque legitimis successoribus in perpetuum.

Quia documentis apostolicis regendus est ordo ecclesiasticus, oportet ut grex Dominicus impigro animo, assidua vigilantia custodiatur et gubernetur. Ut autem prælatorum vigilantiam nulla nox, nulla tenebrarum hora opprimat vel confundat, charitas, quæ Deus est, quæ præter unum, alterum nescit, omnibus viribus tota mente diligenda et tenenda. Quoniam vero nullis præcedentibus meritis, sed sola omnipotentis Dei gratia, in Ecclesia locum Petri obtinemus, necesse est ut omnibus superimpendamur Ecclesiis, maxime his quæ juris B. Petri esse noscuntur, et quæ affectu filiali invocant consilium et auxilium matris suæ. Quia igitur dilectio fraternitatis vestræ postulavit privilegium monasterio Vizeliaco fieri, cujus regimen auctore Deo vobis commissum est, quod fundatores ipsius Gerardus comes vir nobilissimus, et uxor ejus Berta, pia devotione et testamenti confirmatione B. Petro apostolorum principi obtulerunt, nos precibus vestris assensum præbentes, auctoritate apostolica per præsens privilegium confirmamus atque statuimus ut nulli imperatorum, nulli unquam regum, nulli comitum, nulli antistitum, nulli cuiquam alii de rebus quæ jam dicto monasterio a prædictis fundatoribus, vel ab aliis Deum timentibus oblatæ vel concessæ sunt, vel deinceps conferendæ, sub qualibet occasionis specie liceat minuere, vel auferre, vel ablatas retinere. Inter quæ nominatim eidem monasterio confirmamus, in episcopatu Eduensi ecclesiam Sancti Petri, etc.

(*Hic enumerantur omnes.*)

Præterea statuimus ut consecratio monasterii ipsius, et ecclesiarum quæ sunt in circumadjacenti villa, ordinationes quoque monachorum et clericorum, consilio abbatum Cluniacensium, quibus prædecessores nostri et nos perpetualiter concessimus vices nostras in jam dicto monasterio, ibidem fiant, aut ubi ipsi abbates maluerint. Chrisma quoque et oleum sanctum a quo maluerint catholico episcopo accipiant; Ecclesiæ vero ejusdem monasterii per diversas provincias constitutæ, et earum altaria, ab episcopis in quorum diœcesi sunt, consecrentur. Sacerdotes etiam et clerici ordinentur, et ab eis chrisma et oleum sanctum accipiant, si gratiam Romanæ sedis habuerint, et gratis ac sine pravitate aliqua dare voluerint; sin alias, a quo maluerint catholico episcopo accipiant. Obeunte ejusdem loci abbate, vel quocunque successorum tuorum, nullus ibi eligatur violentia vel aliqua subreptionis astutia, sed quem fratres communi consensu, vel pars fratrum sanioris consilii, prædictorum Cluniacensium abbatum præcepto, secundum Regulam B. Benedicti elegerint. Electus vero, aut a Romano pontifice aut eorumdem abbatum consilio consecretur. Ipsius autem diœcesis episcopo, nisi ab abbate ipsius monasterii invitatus fuerit, stationes agere publicas, aut privatas missas celebrare in eodem monasterio haud liceat. Donationem quoque, vel subjectionem, seu potestatem interdicendi in eodem cœnobio et circumadjacenti villa nullam habeat. Decrevimus etiam ut nulli omnino hominum liceat cœnobium ipsum perturbare, vel inquietare, seu vexationibus servos Dei fatigare, vel ejus possessiones auferre vel minuere, sed omnia in integrum conserventur eorum usibus pro quorum sustentatione et gubernatione eidem monasterio sunt concessa. Ad indicium quoque hujus libertatis, apostolicæ sedi, cujus juris esse dignoscitur, libram argenti per singulos annos persolvat. Si quis autem sciens, contra hujus nostri decreti paginam agere tentaverit, secundo vel tertio admonitus, nisi resipuerit, a sacratissimo corpore et sanguine Domini nostri Jesu Christi alienus fiat. Qui vero observator exstiterit, sanctorum apostolorum Petri et Pauli benedictionem percipiat, et in futuro sanctorum consortio perfrui mereatur. Omnipotens Deus, qui est vera salus et vera custodia, te et congregationem tibi creditam protegat et defendat, et per intercessionem B. Mariæ Magdalenæ, quæ cum fonte lacrymarum ad fontem misericordiæ Christum pervenit, ad finem qui non finitur pervenire concedat.

Ego Paschalis catholicæ Ecclesiæ episcopus subscripsi.

Datum Beneventi per manus Galteri Romanæ Ecclesiæ diaconi cardinalis, anno Dominicæ Incarnationis 1103 [1102], mense Novemb., indictione XI pontificatus ejusdem secundi Paschalis papæ anno IV.

LXXXIV.

Bulla pro abbatia sancti Joannis in Vallcia.

(Anno 1102.)

[*Gall. Christ.*, VIII, 307, ex chartario domestico D. de Gagneres, in Bibliotheca Regia.]

PASCHALIS episcopus, servus servorum Dei, dilecto in Christo fratri ALBERTO abbati canonicæ Sancti Joannis Baptistæ in Carnotensi suburbio, ejusque fratribus regulariter victuris in perpetuum.

Sicut injustum poscentibus nullus est tribuendus effectus, sic legitima desiderantium non est differenda petitio. Proinde tam tuis, charissime fili Alberte, quam fratris nostri Ivonis Carnotensis episcopi petitionibus annuentes, vos et vestra omnia sedis apostolicæ protectione munimus. Ipsius enim fratris industria B. Joannis Baptistæ ecclesia, cui Deo auctore præes, sicut suis nobis litteris significavit, de sæculari conversatione ad regularem canonicorum vitam Domino præstante translata est, assentientibus Carnotensis capituli clericis in ejusdem ecclesiæ jura transferri, quæ nuper ex illius beneficio tenuerant, præbendam videlicet Sanctæ Mariæ perpetuo habendam, ecclesiam Sancti Stephani cum suis appenditiis, mediam partem ecclesiæ de Ferni, ecclesiam Sanctæ Fidis in suburbio Carnotensi, decimam de Osanivilla, cum terra quam habebant ibi canonici, et consuetudine quam habebat ibi præpositus, et medium molendinum. Vitæ itaque canonicæ ordinem, quem professi estis, præsentis privilegii auctoritate firmamus, et ne cui post professionem exhibitam proprium quid habere, neve sine abbatis vel congregationis licentia de claustro discedere liceat, interdicimus. Præterea per præsentis privilegii paginam apostolica vobis auctoritate firmamus terragium, quod idem frater noster Ivo apud Luceium tenuerat et parochiam. Ad hoc adjicientes statuimus ut quæcunque ab eodem episcopo Carnotensi clericorum consensu pro communi fratrum sustentatione vestræ ecclesiæ concessa sunt, et quidquid inpræsentiarum juste possidet, quæque etiam in futurum concessione pontificum, largitione principum, vel oblatione fidelium juste et canonice poterit adipisci, firma tibi tuisque successoribus et illibata permaneant. Decernimus ergo ut nulli omnino hominum liceat eamdem ecclesiam temere perturbare, aut ejus possessiones auferre, vel ablatas retinere, minuere, vel temerariis vexationibus fatigare, sed omnia integra conserventur, tam tuis quam canonicorum et pauperum usibus profutura, salva Carnotensis episcopi canonica reverentia. Vestræ etiam quieti providentes, constituimus ut obeunte te nunc ejusdem loci abbate, nullus illic in abbatem præponatur, nisi quem fratres omnes communi consensu, vel fratrum pars sanioris consilii, cum episcopi Carnotensis, siquidem catholicus fuerit, et ejusdem capituli consilio secundum Dei timorem regulariter providerint eligendum. Si quæ sane ecclesiastica sæcularisve persona hanc nostræ constitutionis paginam sciens contra eam temere venire tentaverit, secundo tertiove commonita, si non satisfactione congrua emendaverit, potestatis honorisque sui dignitate careat, reamque se divino judicio existere de perpetrata iniquitate cognoscat, et a sacratissimo corpore ac sanguine Dei et Domini Redemptoris nostri Jesu Christi aliena fiat, atque in extremo examine districtæ ultioni subjaceat. Cunctis autem eidem loco justa servantibus sit pax Domini nostri Jesu Christi, quatenus et hic fructum bonæ actionis percipiant, et apud districtum judicem præmia æternæ pacis inveniant. Amen, amen.

Paschalis catholicæ Ecclesiæ episcopus.

Datum Beneventi per manum Equitii gerentis vicem cancellarii iv Nonas Decembris, indictione xi, Incarnationis Dominicæ 1103, pontificatus autem D. Paschalis II papæ quarto.

LXXXIV bis.

Monasterii S. Martini in monte Pannoniæ privilegia confirmat.

(Anno 1102, Dec. 8. — Vide FEJER, *Codex diplomaticus Hungariæ ecclesiasticus et civilis*, Budæ 1829, 8°, t. II, p. 40.)

LXXXV.

Ad Anselmum Cantuariensem. — Investituras regibus aliisque laicis magistratibus non esse concedendas.

(Anno 1102, Dec. 12.)
[MANSI, *Concil.* XX, 981.]

PASCHALIS episcopus, servus servorum Dei, ANSELMO Cantuariensi venerabili fratri et coepiscopo, salutem et apostolicam benedictionem.

Suavissimas dilectionis tuæ suscepimus litteras, charitatis calamo scriptas. Neque enim aliud chartæ calamus indidit, quam quod de fonte charitatis intinxit. In his reverentiam devotionis tuæ complectimur, et perpendentes fidei tuæ robur, et piæ sollicitudinis instantiam, exsultamus quia, gratia Dei tibi præstante auxilium, te nec minæ concutiunt, nec promissa sustollunt. Dolemus autem quia, cum fratres nostros episcopos legatos regis Anglorum benigne suscepissemus, quæ nec diximus eis, nec cogitavimus, redeuntes ad propria retulerunt. Audivimus enim eos dixisse quia, si rex in aliis bene ageret, nos investituras ecclesiarum nec prohibere, nec factas excommunicare : et quod ideo nolebamus chartæ committere, ne sub hac occasione et cæteri principes in nos clamarent. Unde Jesum, qui renes et corda scrutatur, in animam nostram testem inducimus, si, ex quo hujus sanctæ sedis curam cœpimus gerere, hoc immane scelus vel descendit in mentem. Et hoc a nobis Deus avertat, ut est, et non subrependo nos inficiat, ut aliud habeamus ore promptum, et aliud corde reconditum : cum contra mendaces per Prophetam imprecetur, dicens : *Disperdat Dominus universa labia dolosa* (Psal. 1). Si vero nostro silentio pateremur Ecclesiam felle amaritudinis, et impietatis radice pollui : qua ratione apud æternum judicem excusari,

PATROL. CLXIII.

cum Dominus sub specie sacerdotis dicat prophetæ : *Speculatorem dedi te domui Israel?* (Ezech. v.) Non bene custodit urbem, qui in spelunca positus, dum non obsistit, eam hostibus diripiendam exponit. Si ergo virgam pastoralitatis signum, si annulum fidei signaculum tradit laica manus, quid in Ecclesia pontifices agunt? Ecclesiæ honor atteritur, solvitur disciplinæ vigor, et omnis religio Christiana conculcatur : si quod novimus sacerdotibus solis deberi, laica patiamur temeritate præsumi. Non est laicorum Ecclesiam tradere; nec filiorum matrem adulterio maculare. Jure ergo privandus est patrimonio, qui matrem polluit adulterio : nec meretur ecclesiasticæ benedictionis consortium, qui eam impia infestatione insequitur. Laicorum enim est ecclesiam tueri, non tradere. Ozias quidem cum illicitum sibi sacerdotium vindicaret, lepra percussus est (II Par. xxvi). Filii quoque Aaron, quia ignem alienum imposuerunt, igne divino consumpti sunt (Levit. x). Alienum enim est ab Ecclesia, et a sacris canonibus est inhibitum, ne principes et sæculares viri investituras non solum non dare, sed nec electioni episcoporum audeant se violenter inserere. In septima [al. octava] quippe synodo, ut nostis, scriptum est : *Sancta et universalis synodus definivit, neminem laicorum principum, vel potentum semet ingerere electioni, vel promotioni episcoporum.* Si ergo filii Aaron, quia ignem alienum intulerunt, corporaliter puniti sunt : isti qui a laicis, a quibus alienum est, Ecclesiam susceperunt, spirituali gladio feriuntur.

Episcopos autem, qui veritatem in mendacio provocarunt, ipsa veritate, quæ Deus est, in medium introducta, a beati Petri gratia et nostra societate excludimus, donec Romanæ Ecclesiæ satisfaciant, et reatus sui pondus agnoscant. Quicunque vero intra prædictas inducias, investituras seu consecrationem acceperunt, a consortio fratrum, et ordinatos et ordinatores alienos habemus : nec eis ad excusationem deceptio sufficit, quia et propheta ab alio propheta deceptus, nec ideo mortem evasit. Rogamus interea charitatem tuam, nos tuis sanctis precibus commendare ut quanto propius ad Deum passibus virtutum acceleras, nobis orationum tuarum manus extendas. Omnipotens Deus, qui te hujus stadii invitavit ad cursum, felici consummatione perducat ad præmium.

LXXXVI.

Ad Anselmum Cantuariensem archiepiscopum. — De investituris ecclesiasticis; de clericorum filiis; de Gualensis episcopi causa.

(Anno 1102, Dec. 12.)
[MANSI, *Concil.* XX, 1061.]

PASCHALIS episcopus, servus servorum Dei, venerabili fratri ANSELMO Cantuariensi archiepiscopo, salutem et apostolicam benedictionem.

Adversus illam venenosam Simoniacæ pravitatis radicem, ecclesiarum videlicet investituram, quam valide, quam severe, quam robuste patres nostri præteritis temporibus obviaverint, sapientiæ tuæ satis est manifestum. Reverendæ in Christo memoriæ prædecessoris nostri domni Urbani tempore, apud Barum collecto venerabilium episcoporum et abbatum ex diversis partibus concilio, in quo tua religio et nos ipsi interfuimus, sicut qui nobiscum aderant, reminiscuntur: in camdem pestem, excommunicationis est prolata sententia. Et nos eumdem cum patribus nostris spiritum habentes, idem sapimus, et eadem testamur.

De sacerdotum et levitarum filiis dudum nos tibi scripsisse reminiscaris. Porro si promoti fuerint inventi, et spe promotionis adempta, in eo quo reperti sunt ordine manere voluerint : quia illa eis macula non ex proprii culpa reatus inhæsit, non videtur, si alias digni fuerint, in eos depositionis sententiam dari, ut se iterum negotiis implicent sæcularibus, cum in eis ordinationis tempore propriæ voluntatis arbitrium non remanserit.

Gualensis episcopus causam sacris omnino canonibus obviare non nescit. Cæterum quia inter barbaros barbarice et stolide promotus est, in tuæ fraternitatis arbitrio ponimus : sic tamen ut de cætero in ea regione hujusmodi non præsumatur adversio. Quod super ejusdem episcopi negotio, et aliis rebus per fideles nuntios dirigimus, tanquam ex nostro ore audias. Munera quæ B. Petro misisti, recepimus cum gratiarum actione: unde ab illo, qui omnium bonorum est retributor, mercedem recipias.

Datæ Beneventi, ii Idus Decembris.

LXXXVII.

Ad Gerardum archiepiscopum Eboracensem. — Monetur ut professionem Anselmo Cantuariensi juxta morem prædecessorum suorum faciat.

(Anno 1102, Dec. 12.)

[MANSI, *Concil.*, XX, 1004.]

PASCHALIS episcopus, servus servorum Dei, venerabili fratri Eboracensi archiepiscopo GERARDO, salutem et apostolicam benedictionem.

Quanquam prave contra nos, imo contra matrem tuam sanctam Romanam Ecclesiam, te non ignoramus egisse : præsentibus tamen tibi litteris mandamus ut professionem venerabili fratri nostro Anselmo Cantuariensi archiepiscopo facere non negligas. Audivimus enim Thomam quondam prædecessorem tuum ex hac eadem re contentionem movisse : et cum in præsentia domini Alexandri papæ secundi ventilata esset, ex præcepto ejus definitione habita, post varias disquisitiones, Lanfranco prædecessori suo et successoribus suis eamdem professionem fecisse. Unde et nos, quod tunc temporis definitum est, volumus, auctore Deo, firmum illibatumque servari.

Data Beneventi, pridie Idus Decembr.

LXXXVIII.

Ad Robertum Flandrensium comitem. — Ut Leodienses schismaticos Henrico imperatori adhærentes ab Ecclesia expellat.

(Anno 1103, Jan. 21.)

[MANSI, *Concil.*, XX, 986.]

PASCHALIS episcopus, servus servorum Dei, ROBERTO Flandrensium comiti, salutem et apostolicam benedictionem.

Benedictus Dominus Deus Israel, qui in te virtutis efficaciam operatur, qui reversus Jerusalem Syriæ, in cœlestem Jerusalem justæ militiæ operibus ire contendis. Hoc est legitimi militis, ut sui regis hostes instantius persequatur. Gratias ergo prudentiæ tuæ agimus, quod præceptum nostrum in Cameracensi parochia exsecutus es : idipsum de Leodiensibus excommunicatis pseudoclericis præcipimus. Justum enim est ut qui semetipsos a catholica Ecclesia segregarunt, per catholicos ab Ecclesiæ beneficiis segregentur. Nec in hac tantum parte, sed ubique, cum poteris, Henricum hæreticorum caput, et ejus fautores pro viribus persequaris. Nullum profecto gratius Deo sacrificium offerre poteris, quam si eum impugnes qui se contra Deum erexit, qui Ecclesiæ Dei regnum auferre conatur, qui in loco sancto Simonis idolum statuit, qui a principibus Dei sanctis apostolis eorumque vicariis de Ecclesiæ domo sancti Spiritus judicio expulsus est. Hoc tibi ac militibus tuis in peccatorum remissionem et apostolicæ sedis familiaritatem præcipimus, ut his laboribus ac triumphis ad cœlestem Jerusalem Domino præstante pervenias.

Datum Albani, duodecimo Kalendas Februarii.

LXXXIX.

Petro archiepiscopo Aquensi pallii usum concedit.

(Anno 1103, Mart. 28.)

[*Gall. Christ.*, I, 66.]

PASCHALIS episcopus, servus servorum Dei, venerabili fratri PETRO Aquensi archiepiscopo, salutem et apostolicam benedictionem.

Apostolicæ sedis benignitas exigit sua cuique jura servare, et sic honoris a Domino constituti privilegium custodire, ut fratribus dignis honoris consortium non negetur. Idcirco, venerabilis frater Petre Aquensis archiepiscope, fraternitati tuæ, tuisque successoribus confirmamus, quidquid parochiæ, vel metropolis, vel episcopatus jure ad Aquensem cognoscitur ecclesiam pertinere. Pallium præterea fraternitati tuæ, plenitudinem videlicet pontificalis officii, ex apostolicæ sedis liberalitate concedimus : quo te intra ecclesiam tantum ad missarum solemnia subscriptis diebus noveris induendum, id est Nativitatis Domini nostri Jesu Christi, Epiphaniæ, Ypapanton, Cœnæ Domini, Resurrectionis, Ascensionis, Pentecostes, tribus solemnitatibus beatæ Mariæ virginis, festivitatibus SS. apostolorum, commemorationis Omnium Sanctorum, SS. Mariæ Magdalenæ (25), Maximini confessoris et episcopi, et co-

---

(25) Sanctæ Magdalenæ festum tum in Provincia solemniter celebrabatur.

rum martyrum qui in ecclesia Aquensi requiescunt; in consecrationibus ecclesiarum, episcoporum, presbyterorum, diaconorum, et anniversario tuæ consecrationis die (25*), cujus nimirum pallii volumus te per omnia genium vindicare. Hujus siquidem indumenti honor, humilitas, atque justitia est : tota ergo mente fraternitas tua se exhibere festinet in prosperis humilem, in adversis, si quando eveniunt, cum justitia erectum, amicum bonis, perversis contrarium; nullius unquam faciem contra veritatem recipiens, nullius unquam faciem pro veritate loquentem premens, misericordiæ operibus juxta virtutem cupiens; infirmis compatiens; benevalentibus congaudens; aliena damna propria deputans de alienis gaudiis, etc.... Fraternitatem tuam divina miseratio per tempora multa conservare dignetur incolumem. Amen.

Datum Laterani per manus Joannis S. R. E. diaconi cardinalis, v Kal. Aprilis, indictione x, anno Domini incarnati 1104, pontificatus autem domni Paschalis II papæ vi (26).

XC.

Confirmat donationes factas abbatiæ S. Auberti canonicorum regularium ordinis S. Augustini Cameraci.

(Anno 1103, April. 1.)

(Miræus, *Opp. diplom.*, III, 24.]

Paschalis, servus servorum Dei, dilecto filio Adæ Ecclesiæ S. Auberti abbati, et ejus fratribus in eadem Ecclesia canonicis, salutem et apostolicam benedictionem.

Ad audientiam apostolatus nostri pervenit quod nobilis vir Gerardus de S. Auberto miles consentientibus fratribus suis Hugone de Bellomonte, et Anselmo de Lieven, etiam militibus, ob reverentiam decreti super decimis quæ a laicis detentæ sunt, promulgati, decimam quamdam ad ecclesiam vestram de Iwrio pertinentem vobis per manum diœcesani episcopi, pacifice resignavit, quam resignationem gratam nobis, acceptamque tenentes, eam ratam esse decernimus, etc.

Scriptum per manum Joannis scriniarii regionarii, et notarii sacri palatii.

Datum Laterani per manum Joannis sanctæ Romanæ Ecclesiæ diaconi cardinalis, Kal. April., indict. xi, Incarnat. Dominicæ an. 1104 [1103]; pontificatus autem domni Paschalis II papæ iv.

† Ego Paschalis catholicæ Ecclesiæ episcopus.

XCI.

Ecclesiæ S. Auberti Cameracensis possessiones et privilegia confirmat.

(Anno 1103, April. 1.)

[Leglay. *Gloss. topogr. de l'anc. Cambrésis*, Cambrai, 1849, p. 27.]

Paschalis episcopus, servus servorum Dei, dilecto filio Adæ ecclesiæ Sancti Auberti abbati et ejus fratribus in eadem ecclesia canonicam vitam professis eorumque successoribus in eadem observantia permansuris in perpetuum.

Salvatoris nostri promissa sunt : *Qui reliquerit fratres aut sorores aut agros aut domos propter me, centuplum accipiet et vitam æternam possidebit.* Et si ergo propter Deum agros aut domos coacti persecutionibus reliquistis, non minus quæ sunt ecclesiæ possidetis, quia meliorem et manentem substantiam requiritis. Ipsam igitur Cameracensem Sancti Auberti ecclesiam cum omnibus bonis tam datis quam donandis dilectioni vestræ præsentis privilegii pagina confirmamus, et petitioni vestræ benignitate debita impertimur assensum. Vitæ namque canonicæ ordinem quem illic professi estis decreti hujus auctoritate corroboramus, et ne cui post professionem exhibitam proprium quid habere, neve sine abbatis vel congregationis licentia de claustro discedere liceat interdicimus; et tam vos quam vestra omnia sedis apostolicæ protectione munimus. Vobis itaque vestrisque successoribus in eadem religione permansuris ea omnia perpetuo possidenda sancimus quæ ad præfatum beati Auberti cœnobium vel Cameracensium episcoporum vel aliorum fidelium legitimis donationibus pertinere videntur : ecclesiam videlicet Sancti Vedasti in præfata Cameracensi civitate sitam cum lxv mansis et tres cambas et duos furnos (26*) et unum molendinum et terram et transfluvium Scalt nuncupatum a porta usque ad viam Sancti Remigii; villam quoque totam Tiletum dictam et quidquid ad eam pertinet; altare de Vinciaco cum omnibus membris suis; altare de Vilers Remaldi et terram quam tres fratres Hugo, Wibaldus, Elbertus in eadem villa de Haistaldi prato et quidquid juris possidebant in villa quæ dicitur Berilgias et apud Dehereias prædictæ ecclesiæ contulerunt sine omni exactione liberrime; altare de Goegio; altare de Otvilers; ecclesiam Sancti Auberti in villa quæ Andra dicitur et liv mansos et terram arabilem; altare de villa quæ dicitur Sanctus Vedastus et quartam partem alodii de Alberciis; alo-

---

(25*) Hæc desumpta sunt ex ep. 125 S. Gregorii P. lib. ix, indict. secunda, ad Maximum Salonitanum episc. in novissima editione quam curavimus.

(26) Signa chronologica sunt corrupta.

(26*) *Et tres cambas et duos furnos*. Ce mot de *camba*, qui paraît propre à l'idiome du Nord, signifie une brasserie. Il tire son origine de la langue teutonique, qui l'aurait reçu des Goths, s'il faut en croire Ducange dans son *Glossarium Med. Græcit.*, col. 564. Nos vieilles coutumes locales emploient encore les mots *cambage* et *cambier*. Quant aux fours banaux, tout le monde sait qu'ils existaient vers la fin du siècle dernier, et que chaque seigneurie avait le sien. On trouve, dans le tome V des ordonnances des rois de France, p. 508 et suiv., un règlement fort curieux pour les boulangers d'Arras, règlement qui s'applique aussi aux fours banaux. Les précautions les plus minutieuses y sont prises pour prévenir la fraude et assurer la bonne confection du pain. Voyez, entre autres dispositions curieuses, l'article 19 : « Qui tond ses ongles à sen estal, ou à l'autrui estal, quatre deniers doit au maieur. »

dium quod dedit Robertus de Pulchro Manso apud Fontanas; ecclesiam de Siccis Avesnis cum LIV mansis terramque arabilem et silvam; altaria quoque de Thiens et de Maten et de Sausoio et dimidium altaris de Ruva, dimidium etiam de Ivirio; altare de villa quæ Strada nuncupatur; altare de Ghaun; altare de Gualhuncourt; altare de Maalvilla; altaria de Barastra atque de Silviniaco; apud Scalduvrium duos mansos et terram cum tota decima ejusdem terræ; apud Naviam decem mansos quos Goiffridus tradidit; altaria sane ipsa sine personali redemptione perpetuo eidem ecclesiæ possidenda censemus, salvis episcoporum justitiisque apud nos obsonia nuncupantur. Oleum vero infirmorum et catechumenorum ab episcopali sede remotis contradictionibus accipiatis, ad ungendos fratres cæterosque fideles qui ad vos confugerint. Obeunte te nunc ejusdem loci abbate, vel tuorum quolibet successorum, nullus ibi qualibet subreptionis astutia seu violentia præponatur, nisi quem fratres communi consensu vel fratrum pars consilii sanioris, de suo vel de alieno, si oportuerit, collegio, secundum Dei timorem, sibi præesse præviderint. Si qua sane ecclesiastica sæcularisve persona hanc nostræ constitutionis paginam sciens contra eam temere venire tentaverit, secundo tertiove commonita, si non satisfactione congrua emendaverit, potestatis honorisque sui dignitate careat, atque in extremo examine districte ultioni subjaceat, reamque se divino judicio existere de perpetrata iniquitate cognoscat, et a sacratissimo corpore et sanguine Dei et Domini Redemptoris nostri Jesu Christi aliena fiat. Cunctis autem eidem loco justa servantibus sit pax Domini nostri Jesu Christi, quatenus et hic fructum bonæ actionis percipiant, et apud districtum judicem præmia æternæ pacis inveniant. Amen.

Scriptum per manum Joannis scriniarii regionarii et notarii sacri palatii.

Datum Laterani per manum Joannis, sanctæ Romanæ Ecclesiæ diaconi cardinalis, Kal. Aprilis, indictione IX, Incarnationis Dominicæ anno 1104 pontificatus domni Paschalis II papæ IV.

Ego Paschalis catholicæ Ecclesiæ episcopus.

XCII.
Privilegia et exemptionem abbatiæ S. Petri in monte Blandinio, ordinis S. Benedicti, juxta Gandavum, confirmat.

(Anno 1103, April. 5.)

[Miræus, Opp. diplom. IV, 7, ex archivis abbat. S. Petri.]

Paschalis episcopus, servus servorum Dei, dilecto filio Sigero monasterii Blandiniensis abbati, ejusque successoribus, regulariter substituendis in perpetuum.

Piæ postulatio voluntatis effectu debet persequente compleri, quatenus et devotionis sinceritas laudabiliter enitescat, et utilitas postulata viribus indubitanter assumat. Postulavit siquidem nos dilectio tua cœnobio Sancti Petri Blandiniensi cui Deo auctore præsides, apostolicæ sedis munimenta conferre, et per ea speciali prærogativa Romanæ Ecclesiæ illud assignare. Per præsentis igitur privilegii paginam præfatum cœnobium sub solius beati Petri, et nostra ditione atque protectione specialiter suscipimus et perpetuo manere decernimus. Apostolica auctoritate constituentes, ut nullus deinceps episcopus præsumat de ejusdem cœnobii reditibus, rebus vel curtis, vel villis quolibet modo, vel qualibet exquisitione quidquam minuere, nec immissiones aliquas facere, nec audeat ibidem cathedram collocare, nec communem exstruere, neque placita, nec ullam imperandi potestatem exercere, nisi ab abbate ejusdem loci fuerit rogatus.

Statuimus etiam ut quæcunque bona, quæcunque possessiones ad idem sanctorum apostolorum Petri et Pauli monasterium legitimis fidelium donationibus pertinere videntur, et quæcunque in futurum concessione pontificum, liberalitate principum, vel oblatione fidelium juste atque canonice poterit adipisci, firma tibi tuisque successoribus et illibata permaneant. Missas sane publicas, vel stationes in eodem monasterio ab episcopo fieri, præter abbatis ac fratrum voluntatem omnimode prohibemus, ne in servorum Dei recessibus, popularibus occasio præbeatur ulla conventibus.

Altaria vero quæ idem cœnobium canonice nunc possidet, vel in futurum possidebit, quiete et sine molestia qualibet vobis vestrisque successoribus disciplinæ regularis instituta servantibus absque personali successione possidenda sancimus, de quibus nulla per episcopos vel eorum ministros exactio quibuslibet occasionibus exigatur, nec absque canonico judicio inveniantur; salva nimirum in omnibus sedis apostolicæ auctoritate et diœcesani episcopi canonica justitia. Statuimus etiam ut, juxta decretum felicis memoriæ Urbani papæ secundi in parochialibus ecclesiis quas tenetis, episcoporum assensu presbyteros collocetis, quibus episcopi parochiæ curam pro more committant, ut iidem de plebis quidem cura episcopo rationem reddant, vobis autem pro rebus ad monasterium pertinentibus debitam subjectionem exhibeant.

Obeunte te nunc ejusdem loci abbate, vel tuorum quolibet successorum, nullus ibi qualibet subreptionis astutia vel violentia præponatur, nisi quem fratres communi consensu, vel fratrum pars consilii sanioris secundum Dei timorem et beati Benedicti Regulam elegerint. Si quis autem in crastinum archiepiscopus, aut episcopus, imperator aut rex, princeps aut dux, comes, vicecomes, judex, aut ecclesiastica quælibet sæcularisve persona hanc nostræ constitutionis paginam sciens, contra eam temere venire tentaverit, secundo tertiove commonita, si non satisfecerit congrua emendatione, potestatis honorisque sui dignitate careat, reamque se divino judicio existere de perpetrata iniquitate cognoscat, et a sacratissimo corpore Dei et Redemptoris nostri Jesu Christi aliena fiat, atque in extremo examine districtæ ultioni subjaceat. Cunctis autem eidem loco justa servantibus sit pax Domini nostri Jesu Christi, quatenus et hic fructum bonæ actionis percipiant, et apud districtum judicem præmia æternæ pacis inveniant. Amen.

Scriptum per manum Joannis scriniarii regionarii sacri palatii.

Datum Laterani per manum Joannis sanctæ Romanæ Ecclesiæ diaconi cardinalis, III Non. Aprilis, indictione II, Incarnationis Dominicæ anno millesimo centesimo quarto [tertio], pontificatus autem domni Paschalis secundi papæ quarto.

XCIII.
Ecclesiæ Compostellanæ possessiones confirmat.
(Anno 1103, Mai. 1.)
[FLOREZ, *España sagrada*, XX, 34.]

P[ASCHALIS] episcopus, servus servorum Dei, venerabili fratri D[IDACO] Compostellano episcopo, salutem et apostolicam benedictionem.

Sicut injusta poscentibus nullus est tribuendus effectus, sic legitima desiderantium non est differenda petitio. Tuis ergo, frater in Christo charissime, petitionibus annuentes paginæ præsentis assertione statuimus ut, sicut Compostellana Ecclesia pro singulari B. Jacobi devotione sedis apostolicæ se lætara protectione muniri, sic et cæteræ sui juris ecclesiæ per diversas parochias constitutæ, quæ fidelium donationibus ad præfatam videntur ecclesiam pertinere, eadem mereantur tuitione foveri. Ipsas namque ecclesias in Romanæ Ecclesiæ tutelam suscipientes, apostolica auctoritate sancimus ut quæcunque bona, quæcunque possessiones eisdem cognoscuntur ecclesiis juste et canonice pertinere, tibi et tuæ Ecclesiæ firma et illibata serventur. Decernimus ergo ut nulli hominum liceat easdem ecclesias temere invadere, aut bona illarum auferre, vel ablata retinere, sed omnia integre serventur, tam tuis quam clericorum et pauperum usibus profutura. Adjicimus etiam ut nec episcopis, nec episcoporum ministris, facultas sit in eisdem ecclesiis quaslibet novas imponere consuetudines, nec ipsarum clericos, vel ipsas ecclesias excommunicare aut interdicere absque tua examinatione et certioris culpæ cognitione, sed in tuo et Ecclesiæ Compostellanæ dominio integre et quiete permaneant. Si qua sane ecclesiastica sæcularisve persona hanc nostræ constitutionis paginam sciens, etc. (ut supra). Amen, amen, amen.

Datum Laterani Kal. Maii, indictione XI, Incarnationis Dominicæ anno 1103, pontificatus autem domini Paschalis secundi papæ IV.

XCIV.
G[undisalvo] Mindoniensi episcopo præcipit ut aut archipresbyteratus (duos) injuste retentos D[idaco] episcopo Compostellano restituat, aut apud Bernardum, archiepiscopum Toletanum, apostolicæ sedis legatum, causam dicat.
(Anno 1103, Maii 1.)
[FLOREZ, *España sagrada*, XX, p. 76.]

P., servus servorum Dei, venerabili fratri G. Mindoniensi episcopo, salutem et apostolicam benedictionem.

Venerabilis fratris nostri Didaci Compostellani episcopi et clericorum ejus querelam accepimus pro Ecclesiæ S. Jacobi archipresbyteratibus, quos injuste retinere diceris audivimus, et quia judicium legati nostri Toletani archiepiscopi, quod apud Carrionem nuper in concilio edixerat, contempsisti. Mandamus ergo ut aut juxta judicium datum facias, aut si te pergravari existimas, præsentiam tuam ad ipsius legati audientiam repræsentes causam tuam tractaturus : si vero nec modo acquiescere volueris, sententiam quam ipse dictavit, auctoritate nostra confirmamus.

Datum Laterani Kal. Maii (1103).

XCV.
Ad D[idacum] episcopum Compostellanum.
(Anno 1103, Maii 1.)
[FLOREZ, *ubi supra*, p. 92.]

P. episcopus, servus servorum Dei, dilecto fratri D. Compostellano episcopo, salutem et apostolicam benedictionem.

Qualem quantamque tua fraternitas erga nos dilectionem gerat, fidelibus obsequiis et operibus aperte demonstrat, quæ, licet longis sit a nobis terrarum spatiis separata, præsentem se tamen nobis reddit, et animi charitate, et frequentium obsequiorum exhibitione. Quapropter et nos te ut fratrem nostrum dilectionis mutuæ munere recompensantes, monemus et rogamus ut a cœptæ bonitatis tramite ac cœptæ dilectionis exhibitione nulla aliquando velis occasione animum avertere. De suscepta autem officii dispensatione curam et sollicitudinem, ut miles strenuus, habere satage, et ita rerum terrenarum abundantia fruere, ut cœlestium præmiorum non debeas dilectione carere : exteriora tibi et transitoria non adeo animum implicent, ut æternis et permansuris bonis priveris : terrenis semper præpone cœlestia, perituris æterna · talem te prorsus in omnibus exhibe, ut boni pastoris mercedem a Pastore pastorum merearis recipere. Oblationes quas per nuntios tuos nobis direxisti, gratanter accepimus, et pro eis gratiam referimus. Quod autem quibusdam tuis postulationibus assensum ad præsens accommodare nequivimus, certa ratione fit. De abbate Ciniensi, super quo nos consuluisti, mandamus ut eum monasterio restituas, ut ibi regularem ordinem et vitam monasticam cum fratribus ducat. Sanctimonialibus autem in aliquo loco convenienti positis, victus et omnia necessaria ab eodem abbate dari decernimus.

Datum Laterani Kal. Maii.

XCVI.
Ad abbatem Sanctæ Mariæ apud Bantium. — Privilegium hujus cœnobii.
(Anno 1103, Mai. 22.)
[MANSI, *Concil.*, XX, 1056.]

PASCHALIS episcopus, servus servorum Dei, dilecto in Christo filio abbati cœnobii Sanctæ Mariæ, quod apud Bantium situm est, ejusque successoribus regulariter promovendis in perpetuum.

Cum universis sanctæ Ecclesiæ filiis, et apostolicæ sedis auctoritate et benevolentia debitores existamus, illis tamen locis et personis quæ specialius ac familiarius Romanæ sunt Ecclesiæ addictæ, quæque amplioris religionis gratia eminent, propensiores nos convenit eorum tanto studio imminere. Quia igitur Beatæ Mariæ cœnobium, cujus domini [*forte cui domui.* H.] auctoritate filii legitimi præsides, Romanæ et apostolicæ Ecclesiæ hactenus jure proprio adhæsisse noscuntur, nos pro devotione ac reverentia ejusdem Dei, Genitricisque semper virginis Mariæ, ipsum sub nostræ manus protectione specialiter confovemus atque diligimus. Unde tibi tuisque successoribus ad prædictæ domus regimen, auctoritatem concedimus, confirmamus, siquidem vobis cœnobium ipsum et omnia quæ ad illud pertinent monasterium, sive cellas cum suis pertinentiis, videlicet ecclesiam S. Salvatoris, etc.

(*Vix enumerantur possessiones illius cœnobii.*)

Propterea constituimus ut quæcunque hodie præfatum cœnobium juste possidet, quæque in futurum, pontificum concessione, principum liberalitate et oblatione fidelium, juste atque canonice poterit adipisci, firma tibi tuisque successoribus et illibata permaneant, eorum quidem pro quorum sustentatione ac gubernatione concessa, usibus [*forte*, sunt, usibus, etc.] omnimodis profutura, salvo tamen canonico episcoporum jure quod in eis habuisse noscuntur. Decernimus ergo ut nulli omnino hominum liceat idem cœnobium temere perturbare, aut possessiones ad illud pertinentes invadere, vel invasas retinere, minuere, auferre, vel suis usibus applicare, vel temerariis vexationibus fatigare. Obeunte te ejusdem loci abbate, vel tuorum quolibet successorum, nullus ibi quacunque subreptionis astutia præponatur, nisi quem fratres ejusdem cœnobii, communi consensu, vel fratrum pars consilii sanioris vulgariter cum Dei timore elegerint. Electus autem ad Romanum pontificem consecrandus accedat. Chrisma, oleum sanctum, consecrationes altarium sive basilicarum, ordinationes clericorum, cellarum vestrarum fratres, a diœcesanis episcopis accipiant : si quidem catholici fuerint, et gratiam atque communionem apostolicæ sedis habuerint ; et si ea impendere gratis et sine pravitate voluerint. Alias liceat fratribus, a quocunque voluerint catholico episcopo eamdem consecrationem et sacramenta percipere. Ad ordinandos vero claustri monachos, tibi tuisque successoribus intra monasterium ipsum advocare concedimus, qui nostra fultus auctoritate consentiat, ne vagandi foras occasio permittatur. Super hæc etiam, si infestatione aliqua prægravatus, Romanam sedem appellaveris, non liceat alicui episcoporum, nisi ante Romanum pontificem, vel ejus legatum, aliquam sub occasione judicii violentiam tibi aut successoribus tuis inferre. Vos ergo, filii dilectissimi, oportet regularis disciplinæ studiis sollicitudinis ac devotionis insudare, ut quanto a sæculari tumultu liberiores eritis, tanto amplius placere Deo, totis mentis et animæ viribus anhelestis : ad indicium autem perceptæ hujus a Romana Ecclesia libertatis, annis singulis auri unciam Lateranensi palatio persolvatis. Si qua igitur in crastinum ecclesiastica sæcularisve persona hanc nostræ constitutionis paginam sciens, contra eam temere venire tentaverit, etc., *ut in epist.* 18.

Scriptum per manus Raynerii scribæ regionarii, notarii sacri palatii.

Ego Paschalis catholicæ Ecclesiæ episcopus.

Datum Laterani per manum Joannis sanctæ Romanæ Ecclesiæ cardinalis diaconi, XI Kal. Julii, indict. 1, Incarnat. Dominicæ 1103, pontificatus quoque Paschalis papæ anno V.

XCVII.

Ad preces Manegaldi præpositi monasterium Marbacense in protectionem sedis apostolicæ recipit.

(Anno 1103, Aug. 2.)

[Wurtwein, *Nova subsidia diplom.*, VI, 277.]

Paschalis episcopus, servus servorum Dei, dilectis filiis in Marbacensi ecclesia canonicam vitam professis, eorumque successoribus in eadem religione mansuris in perpetuum.

Sicut injusta poscentibus nullus est tribuendus effectus, sic legitima desiderantium non est differenda petitio. Proinde tam vestris, quam charissimi filii Manegaldi vestri præpositi petitionibus non difficulter accommodamus effectum, prædecessoris siquidem nostri sanctæ memoriæ Urbani secundi vestigiis insistentes, tam vos quam vestra omnia sub tuitionem apostolicæ sedis excipimus et præsentis privilegii auctoritate munimus. Statuimus enim ut nemini inter vos professione exhibita proprium quid habere, nec sine præpositi, aut sine communi congregationis licentia de claustris discedere liberum sit. Quod si discesserit, et commonitus redire contempserit, ei ejusque successoribus facultas sit ejusmodi ubilibet a suis officiis interdicere ; interdictum vero nullus episcoporum, vel abbatum sine cujus consensu absolvat. Præterea per præsentis privilegii paginam apostolica auctoritate statuimus, ut quæcunque hodie vestra Ecclesia juste possidet, in futurum concessione pontificum, liberalitate principum, vel oblatione fidelium juste atque canonice poterit adipisci, firma vobis vestrisque successoribus et illibata permaneant. Decernimus quoque ut nulli omnino hominum liceat eamdem ecclesiam temere perturbare, aut ejus possessiones auferre, vel oblatas retinere, minuere, vel temerariis vexationibus fatigare, sed omnia integra conserventur eorum pro quorum sustentatione ac gubernatione concessa sunt, usibus omnimodis profutura. Ad hæc adjicientes statuimus ut nullus vobis violentia vel astutia qualibet in præpositum constituatur, nisi quem fratres omnes communi consensu, vel fratrum pars consilii sanioris secundum Dei timorem regulariter providerint eligendum. Chrisma, oleum sanctum, consecrationes altarium sive basilicarum, ordinationes clericorum ab episcopo in cujus diœcesi estis, accipietis, siquidem gratiam atque communionem apostolicæ sedis habuerit, et si ea gratis ac sine pravitate voluerit exhibere. Alioquin liceat vobis catholicum quem malueritis, adire antistitem, et ab eo consecrationum sacramenta suscipere. Si qua sane ecclesiastica sæcularisve persona hanc nostræ constitutionis paginam sciens contra eam venire tentaverit, secundo tertiove commonita, si non satisfactione congrua emendaverit, potestatis honorisque sui dignitate careat, reamque se divino judicio de perpetrata iniquitate cognoscat, et a sacratissimo corpore ac sanguine Dei et Domini Redemptoris nostri Jesu Christi aliena fiat, atque in extremo examine districtæ ultioni subjaceat. Cunctis autem eidem loco justa servantibus sit pax Domini nostri Jesu Christi, quatenus et hic fructum bonæ actionis percipiant, et apud districtum judicem præmia æternæ pacis inveniant. Amen, amen, amen.

Ego Paschalis catholicæ Ecclesiæ episcopus.

Datum Laterani, iv Nonas Augusti, per manus Equitii agentis vicem cancellarii, indictione xi, anno Incarnationis Dominicæ 1103, pontificatus autem domni Paschalis papæ secundi iv.

XCVIII.

Ad D[idacum] episcopum Compostellanum.

(Anno 1103, Oct. 15.)

[FLOREZ, *España sagrada*, XX, 76.]

P. episcopus, servus servorum Dei, venerabili fratri D. Compostellano episcopo, salutem et apostolicam benedictionem.

Petentibus Ecclesiæ tuæ clericis qui dudum ad nos venerant, scripsisse nos reminiscimur Minduniensi episcopo, ut duos archipresbyteratus et dimidium quos in ejus parochia B. Jacobi ecclesia tenuisse dicebatur, tuæ potestati restitueret. Venientes vero ad nos supradictæ Minduniensis Ecclesiæ clerici dixerunt per annos xl postquam terra illa de manibus Sarracenorum erepta est, præfatam ecclesiam quiete archipresbyteratus illos possedisse. Si ergo veritas sic se habet, præcipimus dilectioni tuæ ut eosdem archipresbyteratus et dimidium in ejusdem Ecclesiæ possessionem dimittas quiete. Præterea consuetudines quas pari possessione in quibusdam se dicunt habuisse ecclesiis, quas tua fraternitas abstulisse dicitur, volumus te jam dictæ Ecclesiæ restituere. Sane si in his omnibus B. Jacobi ecclesia jus aliquod habet, ad proximas Kal. Octobris nuntios cum Minduniensis episcopi legatis, qui in eodem termino ad nos venturi sunt, destinabit.

Datum Laterani Idus Octobris.

XCIX.

Bulla pro Ferrariis

(Anno 1103, Nov. 11.)

[*Gall. Christ.*, X, Instrum. 15.]

PASCHALIS, servus servorum Dei, in Christo filio ATGERIO reverentissimo abbati Ferrariensis seu Bethleemitensis monasterii quod in honore beatæ Dei Genitricis Mariæ et beatorum apostolorum Petri et Pauli sacratum est ejusque successoribus regulariter promovendis in perpetuum.

Piæ postulatio voluntatis effectu debet prosequente compleri, quatenus et devotionis sinceritas laudabiliter enitescat et utilitas postulata vires indubitanter assumat. Quia igitur dilectio tua ad sedis apostolicæ portum confugiens ejus tuitionem devotione debita requisivit, nos supplicationibus tuis clementer annuimus et Beati Petri monasterium, cui Deo auctore præsides, cum omnibus ad ipsum pertinentibus sub tutelam apostolicæ sedis more prædecessorum nostrorum excipimus, sicut devotio tua postulavit, quod videlicet monasterium sanctæ memoriæ quidam venerabilis dux Wandebertus nomine antiquitus ædificasse et rerum suarum muneribus ditasse cognoscitur. Per præsentis igitur privilegii paginam apostolica auctoritate statuimus ut quæcunque prædia, quascunque possessiones idem venerabilis dux Wandebertus eidem monasterio contulit, et quæcunque ad ipsum aliorum fidelium legitimis videntur donationibus pertinere, quæcunque etiam in futuro concessione pontificum, liberalitate principum, vel oblatione fidelium juste atque canonice poterit adipisci, firma vobis vestrisque successoribus et illibata permaneant. Sane quamdam cellam S. Judoci, quæ sita est in pago Pontivo super fluvium Quantiam in loco qui dicitur Schaderias, cum omnibus ad se jure et legaliter pertinentibus, quatenus in dominatione et regimine rectorum memorati cœnobii Ferrariensis sive Bethleem perpetuo persistens, sancimus cum ecclesia Sancti Eligii, quæ est in prospectu ejusdem monasterii, et ecclesia Sancti Martini de Curtemaudo, ecclesia Sancti Victurii de Fontaneto, ecclesia Sancti Amandi de Bursiaco et rebus omnibus atque possessionibus. Obeunte te nunc ejusdem loci abbate vel tuorum quolibet successorum nullus alius qualibet subreptionis astutia seu violentia præponatur, nisi quem fratres communi consensu vel fratrum pars sanioris consilii secundum Dei timorem et beati Benedicti Regulam elegerint. Electus vero benedictionem et cætera more prædecessorum nostrorum obtineat. Decernimus ergo ut nulli hominum liceat idem monasterium neque rectores ejus cum fratribus sibi a Deo commissis temere perturbare, aut ejus possessiones auferre, vel ablatas retinere, minuere, vel temerariis exactionibus fatigare, sed integra omnia conserventur eorum pro quorum sustentatione et gubernatione concessa sunt, usibus omnimodis profutura. Quidquid præterea immunitatis, quidquid libertatis seu donationis a pontificibus hujus sanctæ Romanæ

Ecclesiæ vel ab aliis archiepiscopis, episcopis vel catholicis regibus et cæteris fidelibus monasterium hactenus obtinuisse cognoscitur, ratum firmumque habemus. Si qua sane ecclesiastica sæcularisve persona hanc nostræ constitutionis, etc.

Datum Laterani per manum Joannis S. R. E. diaconi cardinalis III Idus Nov., indict. XII, pontificatus domini Paschalis II an. v.

C.

Ad Anselmum Cantuariensem archiepiscopum. — Primatum ipsi confirmat.

(Anno 1103, Nov. 16.)

[Mansi, *Concil.* XX, 1025.]

Paschalis episcopus, servus servorum Dei, venerabili fratri Anselmo Cantuariensi episcopo, salutem et apostolicam benedictionem.

Fraternitatis tuæ postulationibus nos annuere, tuæ sapientiæ et religionis persuadet auctoritas. Quondam enim in litteris ab apostolica tibi sede directis, Cantuariensis Ecclesiæ primatum ita tibi plenum concessimus, sicut a tuis constat prædecessoribus fuisse possessum. Nunc autem petitionibus tuis annuentes, tam tibi quam tuis legitimis successoribus eumdem primatum, et quidquid dignitatis seu potestatis eidem sanctæ Cantuariensi seu Dorobernensi Ecclesiæ pertinere cognoscitur, litteris præsentibus confirmamus, sicut a temporibus B. Augustini prædecessores tuos habuisse apostolicæ sedis auctoritate constiterit.

Dat. Laterani XVI Kal. Decembris, indict. XII.

CI.

Ad Henricum regem Angliæ. — Pro Anselmo Cantuariensi archiepiscopo investituras ecclesiasticas jure contra regem propugnante.

(Anno 1103, Nov. 23.)

[Mansi, *Concil.* XX, 1000.]

Paschalis episcopus Henrico regi salutem.

In litteris, quas nuper ad nos per familiarem tuum nostræ dilectionis filium clericum Wilielmum transmisisti, et personæ tuæ sospitatem cognovimus, et successus prosperos, quos tibi superatis regni adversariis benignitas divina concessit. Audivimus præterea optatam virilem sobolem ex ingenua te et religiosa conjuge suscepisse. Quod profecto cum nos lætificaverit, opportunum rati sumus nunc tibi præcepta et voluntatem Dei validius inculcare, cum amplioribus beneficiis benignitati ejus te prospicis debitorem. Nos quoque divinis beneficiis benignitatem nostram penes te sociare optamus : sed grave nobis est, quia id a nobis videris expetere quod omnino præstare non possumus. Si enim consentiamus aut patiamur investituras a tua excellentia fieri, et nostrum procul dubio, et tuum erit immane periculum. Qua in re contemplari te volumus, quid aut non faciendo perdas, aut faciendo conquiras. Nos enim in prohibitione hac nihil amplius obedientiæ, nihil liberalitatis per ecclesias nanciscimur : nec tibi debitæ potestatis aut juris subtrahere quidquam nitimur, nisi ut erga te Dei ira minuatur, et sic tibi prospera cuncta contingant. Ait enim Dominus : *Honorificantes me honorificabo, qui autem contemnunt me erunt ignobiles (I Reg. II).* Dices itaque : Mei hoc juris est. Non utique : non est imperatorium, non regium, sed divinum. Solius illius est qui dixit : *Ego sum ostium (Joan. XX).* Unde pro ipso te rogo, cujus hoc munus est, ut reddas hoc ipsi, ipsi dimittas cujus amori etiam quæ tua sunt debes. Nos autem cur tuæ obniteremur voluntati, cur obsisteremus gratiæ, nisi Dei sciremus nos in hujus negotii consensu voluntati obviare, gratiam amittere? Cur tibi quidquam negaremus quod cuiquam esset mortalium concedendum, cum beneficia de te ampliora sumpserimus ?

Prospice, fili charissime, utrum decus, an dedecus tibi sit, quod sapientissimus et religiosissimus Anglicanorum episcoporum Anselmus, propter hoc tuo lateri adhærere, tuo veretur in regno consistere. Qui tanta de te bona hactenus audierant, quid de te sentient, quid loquentur, cum hoc fuerit in regionibus divulgatum? Ipsi, qui coram te tuos excessus extollunt, dum præsentia tua caruerint, hoc validius infamabunt. Redi ergo, charissime fili, ad cor tuum propter misericordiam Dei : et, propter amorem unigeniti deprecamur, revoca pastorem tuum, revoca patrem tuum. Et si quis, quod non opinamur, gravius se adversus te gesserit, si investituras aversatus fueris, nos juxta voluntatem tuam, quantum, cum Deo possumus, moderabimur. Tu tamen talis repulsæ infamiam a persona tua et regno removeas. Hæc si feceris, etsi gravia quælibet a nobis petieris, quæ, cum Deo præberi facultas sit, profecto consequeris, et pro te Dominum, ipso adjuvante, exorare curabimus : et de peccatis, tam tibi, quam conjugi tuæ, sanctorum apostolorum meritis, indulgentiam et absolutionem faciemus. Filium autem tuum, quem ex spectabili et gloriosa conjuge suscepisti, quem, ut audivimus, egregii patris Wilielmi nomine nominasti, tanta tecum imminentia confovebimus, ut, qui te vel illum læserit, Romanam ecclesiam videatur læsisse.

Datum Laterani nono Kalendas Decembris.

CI bis.

Monasterii Casalis Benedicti privilegia confirmat.

(Anno 1103, Nov. 27.)

[Mabill. *Annal.* lib. LXX, t. V, p. 468.]

Dilecto filio abbati monasterii S. Petri....... ut in ipso monasterio disciplina regularis conservetur quam juxta Vallumbrosanorum fratrum consuetudinem ab ipsis illic initiis [idem Andreas instituerat].....

Datum Laterani V Kal. Decembris per manum Equitii agentis vices cancellarii, indictione XII, anno Dominicæ Incarnationis 1104 [1103], pontificatus autem domni Paschalis II anno v.

CII.

G[ebhardum] Hirsaugiensem et cæteros catholicos abbates et monachos per Siviam hortatur ut mala æquo animo ferant et G[ebhardum] Constantiensem colant. Arnoldum, Ecclesiæ Constantiensis invasorem, excommunicatum nuntiat.

(Circa annum 1103, Febr. 10.)

[NEUGART, *Codex diplomaticus Alemanniæ*, II, 40.]

P. episcopus, servus servorum Dei, dilectis filiis G. Hirsaugiensi (27) et cæteris catholicis abbatibus et monachis per Sueviam, salutem et apostolicam benedictionem.

Audivimus, charissimi, quia plus solito mundus in vos sæviat, persecutiones accrescant, tumentes in vos fluctus maris acrius surgant. Sed mirabilis in excelsis Dominus, qui suis ea pedibus calcat. Propter quod rogamus, ne deficiatis in tribulationibus vestris, quæ est gloria vestra. *Non enim*, inquit Apostolus, *condignæ sunt passiones hujus temporis ad futuram gloriam, quæ revelabitur in nobis.* Hujus gloriæ revelationem patres nostri desiderantes ibant gaudentes de conspectu consilii ; sic et nos, qui eorum debemus imitatores fieri, in tristitia et angustiis positi gaudeamus. Tristitia enim nostra vertetur in gaudium. Speramus enim in Domino, de sanctorum apostolorum meritis confidentes, quia ille vestris persecutionibus finem imponet, qui dicit: *Ego vici mundum*. Vos igitur, dilectissimi, ad supernæ vocationis bravium intendentes, in præsenti agone viriliter contendatis, vos ipsos mutuis auxiliis foveatis, ad ardentem inter vos lucernam, fratrem videlicet nostrum G. (28) Constantiensem episcopum omnes respicite, ipsum omnes unanimiter veneremini, et collatis dilectionis brachiis ipsum et vos in his tribulationibus adjuvetis. Porro Constantiensis ecclesiæ invasorem A. (29) a Romana Ecclesia noveritis excommunicatum, et a catholicæ Ecclesiæ unitate tanquam putridum membrum esse præcisum. Hunc quasi mortiferum venenum per omnia fugite, et modis omnibus devitate.

Dat. Laterani IV Idus Feb.....

CIII.

Ad Guelphonem ducem Bavariæ, Bertholdum ducem Sueviæ, etc. — Illos ad catholicam Ecclesiam revocat.

(Circa annum 1103, 10 Februarii.)

[NEUGART, *Cod. diplom. Alem.*, II, 41.]

P. episcopus, servus servorum Dei, egregiis viris duci GUELPHONI (30) et fratri ejus HENRICO (31), duci BERTHOLDO (32) et nepoti ejus HERIMANNO (33), et cæteris principibus per Sueviam...

Licet post Satanam conversi de vestra salute jam diu sitis immemores, nos tamen, quos officii debitum et sedis apostolicæ compellit auctoritas, vestræ salutis non possumus oblivisci. Unde opportunum duximus, litteris præsentibus vos ipsos ad corda vestra reducere, et de somno mortis, corpore licet absentes, excitare. Dei patientia vos ad pœnitentiam exspectat, sed thesaurizatis vobis iram in die iræ. Diu est, quod vos a catholicæ Ecclesiæ membris separastis, et perverso capiti adhæsistis, membris ejusdem Ecclesiæ, quæ vos in Christo generavit, injurias irrogantes, et cum malorum omnium capite ipsam matrem vestram infestationibus aggravantes. Quod eo indignius judicamus, ac gravius ferimus, qui ejus vos defensores, ejus vos novimus amatores. Ipsa tamen, quæ sponsum suum quotidie pro filiis interpellat, si resipueritis, si ejus vos membra recognoscitis, gratanter vos excipit, et in suorum restituet numero filiorum. Habetis juxta vos summi capitis membrum, et Ecclesiæ oculum, fratrem videlicet nostrum G. Constantiensem episcopum, qui vos de salute vestra plenius poterit informare, de tenebris ad lucem reducere : cujus vocem qui audit, illum se credat audire, qui dicit : *Qui vos audit, me audit, et qui vos spernit, me spernit.* Ad ipsum igitur tanquam ad patrem recurrite, ipsius monitis, sicut B. Petri et nostris in omnibus obedite. Quod si feceritis, a maledictionis vinculo eritis absoluti. Porro Constantiensis Ecclesiæ invasorem A. a Romana Ecclesia noveritis excommunicatum, et a catholicæ Ecclesiæ unitate tanquam putridum membrum esse præcisum. Hunc quasi mortiferum venenum per omnia fugite, et modis omnibus devitate.

Dat. Lat. IV Idus Febr.....

CIV.

Ad Gallos. — Solvit interdictum cui Eduensis episcopus Vizeliacensem Ecclesiam subjecerat.

(Circa annum 1103, Oct. 30.)

[MANSI, *Concil.* XX, 1029.]

PASCHALIS episcopus, servus servorum Dei, clericis, militibus, et cæteris laicis per Gallicanas ecclesias, salutem et apostolicam benedictionem.

Audivimus, et vix credere potuimus, quod confra-

---

(27) Gebhardus ex familia comitum Uracensium, canonicus Argentinensis Hirsaugiam secessit, ibidemque a prioris officio fratrum suffragiis ad abbatis dignitatem vocatus an. 1091, præfuit annis 12, mensibus tribus. Trithem. in *Chron.*, et Crus. *Annal.* l. VIII, c. 9, p. 276.

(28) Gebhardus ep. Constant. legatum sedis apostolicæ sub Urbano II in eodem officio confirmavit Paschalis II. Berthold. Const., ad ann. 1100.

(29) Est hic Arnoldus monachus S. Galli, interventu Udalrici ejusdem monasterii abb. et patriarchæ, *Aquileiensis*, ab Henrico IV ad sedem Gebhardi destinatus, episcopus ordinatus est Romæ a Clemente III antipapa, ac VI demum 2 Februarii 1103 in illam intrusus. Fratrem habuit Henricum de Sancto Monte, vulgo *Heiligenberg*, partium suarum studiosissimum. *Chron. Petershus.* l. III, §§ 26, 27,

28. Burchard. *De Cas. S. Galli*, c. 7.

(30) Est hic Guelfo V, maritus antehac Mathildis marchionissæ Tusciæ, quam an. 1095 deseruit, reconciliatus paulo post Henrico IV una cum patre Cuelfone IV, ut prodit Bertholdus Const. ad h. an.

(31) Henricus Niger dictus, filius Guelfonis IV. De his vid. R. P. Hess., *Monum. Guelf.* P. I.

(32) Bertholdus II, Zaringensis, frater Gebhardi ep. Constant., notatur a scriptore Chronici Petershus. quod, ut multi alii muneribus corrupti, ejus partes deseruisset. L. III, c. 27.

(33) Hermannus I marchio Badensis, frater erat mox memorati Bertholdi II Zaring. mortuus Cluniaci ann. 1074. Filium ex Juditha Calbensi habuit cognominem, cujus hic fit mentio. Vid. Schœpfl. *Hist. Zaringo-Badens.*, t. I, p. 267 et seqq.

ter noster Eduensis episcopus, et archidiaconi ejus, vel archipresbyteri, non justitia ducti, sed æmulatione compulsi, vobis interdixerint Vizeliacense cœnobium devotionis gratia adire, ecclesiam introire, et ad sepulcrum beatæ Mariæ, quod in eadem ecclesia celebratur, accedere, aut aliquas oblationes apponere. Nova profecto, nova hæc est interdictio sacerdotum : cum ad devotionem vocare, non a devotione revocare, sacerdotalis officii debitum videatur. Porro nos interdictum hoc sacerdotali officio dissolventes, scire vos volumus quia sive episcopus, seu ministri ejus, nisi ab hac præsumptione destiterint, apostolicæ sedis indignatione plectentur.

Datum Laterani III Kal. Novembris.

CV.

Clero et populo Papiensi significat se monasterii S. Petri Cœli Aurei privilegia lædi a Willelmo episcopo non esse passurum.

(Intra annum 1100-1103, Jun. 25.)

[Mentio tantum exstat apud ROBOLINI *Notizie appartenenti alla storia della sua patria*, Pavia, 1825, 8°, t. III, p. 224, 226.]

CVI.

Ad Petrum regem Aragonum.

(Circa annum 1103.)

[*Histoire générale du Languedoc*, Paris, 1730, fol., t. II, Pr., p. 365.]

PASCHALIS episcopus, servus servorum Dei, dilecto filio PETRO regi Aragonensium, salutem et apostolicam benedictionem.

Ecclesiam S. martyris Saturnini Tolosani antiquitus specialiter esse juris beati Petri plurimis est notum, in tantum quod prædecessor noster bonæ memoriæ papa Urbanus cum XVII archiepiscopis et episcopis manu propria eam consecravit, atque privilegiis apostolicæ sedis sub anathematis vinculo ipsam munivit, etc. Confrater noster Petrus Pampilonensis episcopus supranominato martyrii et canonicis suis ecclesiolam cum consilio D. Sancii regis patris vestri dedit, etc.

CVII.

Ad Bertrannum comitem Tolosanum. — Increpatoria quod burgum S. Ægidii invaserit, et oblationes altaris tanquam populares merces exposuerit.

(Intra annum 1101-1104, Nov. 14.)

[Dom. BOUQUET, *Recueil*, tom. XV, p. 32.]

PASCHALIS episcopus, servus servorum Dei, dilecto filio BERTRANNO comiti salutem, si obedierit, et apostolicam benedictionem.

Quid pater tuus (34) egregiæ strenuitatis comes de altari S. Ægidii, quid etiam de toto burgo fecerit, tu ipse non nescis. Scripturam quoque et excommunicationem in Nemausensi concilio, juxta patris tui petitionem a sanctissimæ memoriæ Urbano papa factam, vel audisse te credimus vel vidisse : unde miramur quod burgum invadere, et juxta B. Ægidii ecclesiam munitiones novas erigere præsumpsisti.

Imo, quod gravius est, accepta pecunia, ejusdem oblationes altaris tanquam populares merces exposuisti ; unde nos te tanquam dilectum filium admonemus, ne tam gravi culpa te gravari diutius sinas. Et si enim, ut dicitur, Hierosolymitanum (35) iter inceperis, nihil animæ tuæ proderit, quoniam excommunicationis et anathematis vinculo tenearis in eodem Nemausensi concilio promulgato. Alioquin iram et indignationem omnipotentis Dei sanctorumque apostolorum Petri et Pauli gravius profecto persenties.

Datum Laterani, XVIII Kal. Decembris.

CVIII.

Ad Rangerium episcopum et canonicos Ecclesiæ Lucensis.

(Intra annum 1103-1104, Oct. 14.)

[MANSI, *Concil.*, XX, 1096.]

PASCHALIS episcopus, servus servorum Dei, venerabili fratri et coepiscopo RANGERIO et canonico Lucanæ Ecclesiæ, salutem et apostolicam benedictionem.

Sanctæ in Christo memoriæ Leonem apostolicæ sedis episcopum decrevisse audivimus ut, si quis de vestræ Ecclesiæ canonicis non communiter viventibus Ecclesia excessisset, omnia ejus ecclesiastica bona in usum fratrum communiter viventium conferrentur, quod in aliis etiam ecclesiis ab aliis Romanis pontificibus statutum agnoscimus. Unde miramur quod confratre vestro Ildebrando in Rosellanam Ecclesiam translato, præbendæ ejus et totum Ecclesiæ beneficium, quod tenuerat, in privatos usus cesserit, et apostolicæ sedis auctoritate contempta, canonice degentium fratrum communio tanto augmento fraudata sit. Tibi præsertim, charissime frater R., delictum hoc imponitur, quod apostolicæ sedis decreta irrefragabiliter custodire, et subditos clericos ad hujus vitæ bonum etiam invitos debueras invitare ; præcipimus ergo ut omne illud Ildebrandi nunc Rosellani episcopi beneficium in communia redigatur. Qui vero obedire contempserint apostolicæ sedis judicio puniantur.

Datum Laterani, XI Idus Octobris.

CIX.

Ad Lanuinum eremi S. Mariæ de Turri magistrum.

(Anno 1104.)

[CAPIALBI, *Memorie per servire alla storia della santa Chiesa Miletese, compilate da Vito* CAPIALBI. Napoli, 1835, 8°, p. 145.]

PASCHALIS episcopus, servus servorum Dei, dilecto filio LANUINO, salutem et apostolicam benedictionem.

Militensis Ecclesiæ canonicis frequenter jam litteras pro canonica celebranda electione transmisimus. Nuper autem præcipimus ut usque ad octavam proximæ Paschæ pastorem sibi idoneum eligerent, quod

---

(34) Raimundus IV, de S. Ægidio dictus, qui an. 1105, mortem obiisse pridie Kalend. Martii perhibetur.

(35) Bertrannus anno 1109 in Palæstinam pervenit ; verum patre, eo anno 1105, defuncto, jam tum illud iter meditabatur.

si differrent, ecclesiæ aditum illis interdiximus. Volumus ergo ut eos, comitissam, et bonos barones convenias, et ipsos vice nostra ad pastoris electionem commoneas : si vero sicut hactenus contemptores exstiterint, aditum ecclesiæ omnino eis, donec satisfaciant, interdicas, et habito cum comitissa et baronibus consilio, electionem canonicam facias. Abbati S. Juliani ut in tua præsentia de objectis sibi satisfaciàt : monachum illum qui dudum in monasterio S. Euphemiæ constitutus est abbas (36), si ab ejusdem cœnobii occupatione per te commonitus deserere [al. discedere] noluerit, nostra fultus auctoritate excommunicationi subjicias, in his omnibus nostras vices sollicitus, et plenius habere te volumus.

CX.

Ecclesiæ S. Crucis et B. Eulaliæ Barcinonensis tutelam suscipit possessionesque et privilegia confirmat.

(Anno 1104, Jan. 27.)

[Florez, *España sagrada*, XXIX, 465.]

Paschalis episcopus, servus servorum Dei, dilecto in Christo filio Raymundo, præposito Barcinonensis ecclesiæ, quæ in honore sanctæ Crucis et beatæ Eulaliæ dedicata est, ejusque successoribus canonice promovendis in perpetuum.

Justis votis assensum præbere, justisque petitionibus aures accommodare nos convenit : qui licet indigni justitiæ custodes, atque præcones in excelsa apostolorum principum Petri et Pauli specula positi, Domino disponente, conspicimur. Quapropter, fili in Christo charissime Raymunde, devotionis tuæ precibus annuentes, Sanctæ Crucis seu Beatæ Eulaliæ canonicam, cui Domino auctore præesse dignosceris, sub tutelam apostolicæ sedis accipimus, et per eam sæcularium hominum propitiante Domino gravamina removemus. Præsentis igitur privilegii paginam tibi, tuisque successoribus canonice institutis, jure perpetuo concedimus et confirmamus ea omnia quæ Barcinonenses episcopi pro communi victus sustentatione, vel alii fideles legitimis donationibus eidem canonicæ contulisse noscuntur : in quibus hæc duximus propriis nominibus exprimenda, ecclesiam S. Mariæ juxta mare, ecclesiam S. Michaelis intus Barcinonem, cum pertinentiis et allodiis suis ; ecclesiam S. Joannis de Pinu, cum pertinentiis suis ; ecclesiam S. Vincentii de Sarriano, cum pertinentiis suis ; ecclesiam S. Cæciliæ ; ecclesiam S. Andreæ de Palumbario, cum decimarum suarum medietate ; ecclesiam S. Mariæ de Bitulona et S. Columbæ de Gramamto ; S. Salvatoris de Polignam ; S. Mariæ de Linari ; Sancti Saturnini de colle Savadelli ; S. Joannis de Senata ; S. Mariæ de Ulpereras ; allodia in civitate Barcinonensi, et in ejus suburbio, sive territorio, seu comitatu. Item allodia in episcopatu Gerundensi, et in episcopatu Ausonensi et Urgellensi. Quæcunque præterea bona in præsentiarum juste possidetis sive in futurum, concessione pontificum, liberalitate principum, vel oblatione fidelium, juste atque canonice poteritis adipisci, firma vobis vestrisque successoribus et illibata permaneant. Decernimus ergo ut nulli omnino hominum liceat eamdem canonicam perturbare, aut ejus possessiones auferre, vel ablatas retinere, vel injuste datas suis usibus vindicare, minuere, vel temerariis vexationibus fatigare, sed omnia integra conserventur eorum pro quorum sustentatione et gubernatione concessa sunt, usibus omnimodis profutura, salva Barcinonensis episcopi canonica reverentia. Præterea constituimus ut sicut antiquitus noscitur institutum, et in ejusdem ecclesiæ libris continetur, semper collegii vestri fratres numerum non excedant quadragenarium. Et quia tam de præsentibus quam de futuris nos convenit providere, sancimus ut alicui facultas non sit ultra præfixum numerum illic canonicum subrogare. Si qua sane ecclesiastica sæcularisve persona hanc nostræ constitutionis paginam sciens contra eam temere venire tentaverit, secundo tertiove commonita, si non satisfactione congrua emendaverit, potestatis honorisque sui dignitate careat, reamque se divino judicio existere de perpetrata iniquitate cognoscat, quod a sanctissimo corpore et sanguine Dei et Domini Redemptoris nostri Jesu Christi aliena fiat, atque in extremo examine districtæ ultioni subjaceat. Cunctis autem eidem loco justa servantibus sit pax Domini nostri Jesu Christi quatenus et hic fructum bonæ actionis percipiant, et apud districtum judicem præmia æternæ pacis inveniant. Amen.

Scriptum per manum Raynerii scriniarii regionarii, et notarii sacri palatii.

Ego Paschalis catholicæ Ecclesiæ episcopus.

Datum Laterani per manum Equitii, agentis vicem cancellarii, vi Kalend. Februarii, indictione xii, Incarnationis Dominicæ anno 1104, pontificatus domini Paschalis II quinto.

CXI.

* *Monasterii Pegaviensis tutelam suscipit privilegiaque confirmat, imposito monachis aurei unius censu annuo.*

(Anno 1104, Jan. 30.)

[Exstat, teste Jaffé, apud Schoettgen, *Historia des Grajen Wiprecht zu Groitzsch.* Regensburg 1749. 8°, cod. prob., p. 4. « Desiderium quod ad. »]

CXII.

Privilegium pro monasterio Jesu Nazareni.

(Anno 1104, Mart. 23.)

[Aynsa, *Fundacion de Huesca*, p. 455.]

El papa Paschal II, en el año de 1102 entre otras cosas que concede al abad desta real casa, es confirmat las donaciones hechas de los reyes don Sancho y don Pedro, y asi mismo la concordia que rehizo entre el obispo de Huesca, y el abad de Montaragon.

Es su data : *Laterani, per manum Joannis S.*

---

(36) Ne solo questi, ma altri monisteri di Calabria affido alle cure di Lanuino, papa Pasquale. V. Mabillonii *Annales Benedictini*, lib. lxx, § 55 et 56.

Romanæ Ecclesiæ cardinalis, II Idus Januarii, indictione X, Incarnationis Dominicæ anno millesimo centesimo secundo, pontificatus autem domni Paschalis II papæ anno III.

CXIII.

Lamberto episcopo Atrebatensi mandat ut ante diem apostolorum Petri et Pauli (29 Jun.) una cum Joanne episcopo Tarvanensi judicet inter Landfridum S. Wilmari abbatem et Heribertum, a comite Boloniensi eadem abbatia privatum.

(Anno 1104, April. 25.)
[BALUZ. *Miscell.* edit. Luc. II, 146.]

PASCHALIS episcopus, servus servorum Dei, venerabili fratri LAMBERTO Atrebatensi episcopo, salutem et apostolicam benedictionem.

Frater iste præsentium portitor cum Tarvanensis capituli litteris venit ad nos, conquerens se jam dudum de monasterii sui abbatia per manum Bononiensis comitis expulsum. Is autem frater qui eidem monasterio præesse dicitur, cum ad nos veniret, infirmitate, sicut nobis relatum est, præpeditus, ad nos pervenire non potuit. Hanc igitur causam fraternitati tuæ vice nostra discutiendam committimus, ut, assumpto tecum fratre nostro Tarvanensi episcopo, utriusque abbatis allegationem diligentius pertractes et usque in proximam apostolorum Petri et Pauli solemnitatem negotium hoc omnino canonice justitia dictante definias.

Data Laterani VII Kal. Maii.

CXIV.

Ad oppidanos S. Geminiani. — Ne illorum oppidum, illiusque ager, a Volaterrensis Ecclesiæ possessione unquam alienetur.

(Anno 1104, Maii 24.)
[MANSI, *Concil.* XX, 1051.]

PASCHALIS episcopus, servus servorum Dei, clericis et laicis universis de castello S. Geminiani, salutem et apostolicam benedictionem.

Paci et stabilitati Ecclesiæ vestræ, et nos constitutione nostra, et vos observatione vestra providere debemus. Idcirco vobis omnibus præsentium litterarum constitutione mandamus, et successoribus vestris in perpetuum servandum præcipimus, ut oppidum vestrum, quod S. Geminiani dicitur, cum monte Stafili juxta posito, et cum universo territorio suo, nullo unquam modo, nulla occasione, alienari a possessione et proprietate Volaterrensis Ecclesiæ patiamini : sed sicut hodie est, sic semper in proprio Volaterrensis Ecclesiæ jure permaneat. Sane nec episcopo, neque cuilibet ejusdem Ecclesiæ ministro, facultas sit ipsum oppidum cum præfato monte in feudum personæ alicui dare, locare, vendere, pignoratione vel commutatione contradere : neque marchioni, neque comiti, neque alicui potestati liceat idipsum oppidum, seu prænominatum montem capere, vel ab Ecclesiæ potestate subtrahere, vel quibuslibet occasionibus alienare : sed sicut superius dictum est, semper in proprio Ecclesiæ jure permaneat. Si quis vero aliter agere præsumpserit ; et qui fecerit, et qui consenserit, excommunicationi subjaceat. Noveritis autem fratrem nostrum Rogerium, Ecclesiæ Volaterrensis antistitem, ita nobis in hujus constitutionis capitulo consensisse : ut cum fratribus, qui eum ad nos comitati sunt, fieri ipse petierit, et ipse subscripserit.

Rogerius Volaterrensis Ecclesiæ indignus episcopus fieri rogavi, et ipse subscripsi.

Datum Laterani per manum Joannis sanctæ Romanæ Ecclesiæ diaconi cardinalis, IX Kal. Jun., indict. II, anno Incarnationis Dominicæ 1104, pontificatus autem domni Paschalis II papæ V.

CXV.

G[arsiam] episcopum Burgensem ire Astoricam jubet, ubi eo præsente ‹ quinque personæ ex vetustioribus Mindunensis Ecclesiæ › jurent se archipresbyteratus duos, quos Ecclesia Compostellana sibi vindicet, ‹ XL annorum spatio inconcusse possedisse. ›

(Anno 1104, Oct. 1. — Vide *Historiam Compostellanam* apud FLOREZ, *España sagrada,* XX, 77.

CXVI.

Ad archiepiscopos et episcopos provinciarum, Remensis, Senonensis ac Turonensis. — Ut Philippum regem et ejus pellicem a vinculo excommunicationis absolvant.

(Anno 1104, Oct. 5.)
[MANSI, *Concil.,* XX, 1015.]

PASCHALIS episcopus, servus servorum Dei, venerabilibus fratribus, archiepiscopis et episcopis, per Remensem, Senonensem ac Turonensem provincias, salutem et apostolicam benedictionem.

Significatum nobis est quorumdam vestrum litteris, quia filius noster Francorum rex feminam illam pro qua toties commonitus, imo excommunicatus fuit, juxta præceptum nostrum abjurare decreverit ; ipsa etiam mulier regem abjurare parata sit. Super quarum conversione personarum non minimum exsultavimus : quia super uno peccatore pœnitentiam agente, gaudium esse angelis Dei ipso Domino testante didicimus. Quam nimirum causam fratri nostro Richardo Albanensi episcopo reminiscimini a nobis fuisse commissam. Si ergo idem frater, Franciæ jam fines egressus est, nos eamdem causam, aspirante Domino, una vobiscum peragendam venerabili fratri Lamberto Atrebatensi episcopo committimus. Convenientibus itaque vobis in unum, si communis filius Francorum rex, et illa ejus lateralis tactis sacrosanctis evangeliis omnem carnalis copulæ consuetudinem abjuraverint, mutuum quoque colloquium et contubernium, nisi sub testimonio personarum minime suspectarum, nunquam videlicet ad idem flagitium redituri, sicut quorumdam vestrum litteris significatum est : satisfactionem eorum vice nostra vobiscum Atrebatensis episcopus suscipiat, et a vinculo excommunicationis absolvat : quatenus largiente Domino, et filium Ecclesiæ, et regem sibi Francia reconciliatum episcopali ministerio gratuletur.

Data Laterani per manum Joannis, III Nonas Octobris.

CXVII.

Monasterii S. Mariæ Bornhemensis protectionem suscipit, bonaque ac privilegia confirmat, petente Manasse episcopo Cameracensi.

(Anno 1104, Oct. 11.)
[Miræus, *Opp. diplom.*, I, 519.]

Paschalis episcopus, servus servorum Dei, dilectis filiis canonicis B. Mariæ Bornhem, salutem et apostolicam benedictionem.

Devotionis vestræ petitiones benigne audivimus, et monasterium Beatæ Mariæ apud Bornhem, in quo vitam regularem ducitis, juxta postulationem Manassis Cameracensis episcopi, apostolicæ sedis munimine confovendum suscepimus.

Statuimus enim ut quæcunque bona vel a Wenemaro Gandensi, ejusdem loci fundatore, vel a quibuscunque fidelibus, in eadem ecclesia oblata sunt, vel in posterum fuerint, quæcunque etiam venerabilis fratris nostri Manassis Cameracensis episcopi concessione concessa sunt, quieta et integra confirmentur.

Quidquid præterea munitionis et libertatis idem confrater noster Manasses loco vestro collegioque largitus est, nos decreti præsentis auctoritate firmamus : prohibentes ne quis eamdem ecclesiam temere perturbare, aut ejus bona diripere, vel modis quibuslibet alienare præsumat, quatenus omnipotenti Deo liberioribus animis debitæ servitutis officia per ejusdem Dei gratiam persolvatis. Si quis autem præsentis decreti tenorem agnoscens, contra id temere venire tentaverit, apostolorum principis Petri et nostræ animadversionis districtione multetur.

Datum Laterani per manum Joannis, sanctæ Romanæ Ecclesiæ diaconi, v Idus Oct., indictione xiii, anno pontificatus domni Pachalis II papæ vi.

CXVIII.

Monasterii Gottwicensis privilegia confirmat.

(Anno 1104, Oct. 24.)
[Hujus privilegii nonnisi mentio exstat apud Jaffé, *Regesta Rom. pont.*, p. 487, cum hac clausula : «Dedit Wattenbach.»]

CXVIII bis.

Monasterii S. Blasii Admontensis possessiones confirmat.

(Anno 1104, Oct. 25.)
[Pez, *Thes. Anecd.*, III, iii, 659.]

Paschalis episcopus, servus servorum Dei, venerabili filio Heinrico abbati venerabilis monasterii quod Admunt's dicitur, in Salzburgensi parochia constituti, ejusque successoribus regulariter promovendis in perpetuum.

Austri terram inhabitantibus per prophetam Dominus præcipit cum panibus occurrere fugienti : idcirco te, fili charissime Heinrice, te et fratres tuos de sæculo ad omnipotentis Dei servitium conversos, et ad ejus faciem fugientes granter excipimus. Quod nimirum cœnobium reverendæ memoriæ Gebhardus Salzburgensis episcopus in honore et nomine beati Blasii martyris in montanis suæ diœcesis ædificasse cognoscitur : per præsentis igitur privilegii paginam, apostolica auctoritate statuimus ut quæcunque bona, quascunque possessiones, vel supradicti episcopi Gebhardi, vel successoris ejus æque felicis memoriæ Tyemonis, aut aliorum fidelium legitimis donationibus, aut jure quolibet ad ipsum hodie monasterium pertinent, sive in futurum concessione pontificum, liberalitate principum, vel oblatione fidelium, juste atque canonice poterit adipisci, firma vobis vestrisque successoribus et illibata permaneant.

Decernimus ergo ut nulli omnino hominum liceat idem monasterium temere perturbare, aut ejus possessiones auferre, vel ablatas retinere, minuere, vel temerariis vexationibus fatigare ; sed omnia integra conserventur, eorum pro quorum sustentatione et gubernatione concessa sunt, usibus omnimodis profutura, salva Salzburg. episcopi canonica reverentia, cui tamen non liceat omnino vexationem aliquam vel consuetudinem, quæ regularium quieti noceat, irrogare. Nec episcopo autem, nec abbati ipsi, nec personæ alicui facultas sit, cœnobii bona in feudum sive beneficium sive consensu meliorum fratrum personis aliquibus dare, vel modis aliis alienare.

Sane sepulturam ejusdem loci omnino liberam esse decernimus, ut eorum qui illic sepeliri deliberaverint, devotioni et extremæ voluntati, nisi forte excommunicati sint, nullus obsistat. Laicos sive clericos sæculares ad conversionem suscipere nullius episcopi vel præpositi contradictio vos inhibeat. Obeunte te nunc ejus loci abbate, vel tuorum quolibet successorum, nullus ibi qualibet subreptionis astutia seu violentia præponatur, nisi quem fratres communi consensu, vel fratrum pars consilii sanioris secundum Dei timorem, et beati Benedicti Regulam elegerint.

Si qua igitur ecclesiastica sæcularisve persona hanc nostræ constitutionis paginam sciens contra eam temere venire tentaverit, secundo tertiove commonita, si non satisfactione congrua emendaverit, potestatis honorisque sui dignitate careat, reamque se divino judicio existere de perpetrata iniquitate cognoscat, et a sacratissimo corpore et sanguine Dei et Domini Redemptoris nostri Jesu Christi aliena fiat, atque in extremo examine districtæ ultioni subjaceat. Cunctis autem eidem loco justa servantibus sit pax Domini nostri Jesu Christi, quatenus et hic fructum bonæ actionis percipiant, et apud districtum judicem præmia æternæ pacis inveniant. Amen, amen, amen.

Scriptum per manum Rainerii scriniarii regionarii et notarii sacri palatii.

Ego Paschalis, catholicæ Ecclesiæ episcopus.

Datum Laterani per manum Joannis, sacræ Romanæ Ecclesiæ diaconi cardinalis, viii Kal. Nov., ind. xii, Incarnationis Dominicæ anno 1105, pontificatus autem domini Paschalis II papæ anno vi.

CXIX

Ecclesiæ S. Frigdiani Lucensis possessiones juraque confirmat.

(Anno 1104, Oct. 28.)

[BALUZ. *Miscell.* edit. Luc., IV, 583, ex ms. cod. S. Frigdiani Lucensis.]

PASCHALIS episcopus servus servorum Dei, dilectis in Christo filiis Rothonis, præposito et ejus fratribus in B. Frigdiani ecclesia regularem vitam professis ejusque successoribus in eadem ecclesia regularem vitam professis ejusque successoribus in eadem religione permansuris in perpetuum.

Desiderium quod ad religiosum propositum et animarum salutem pertinere monstratur auctore Deo sine aliqua est dilatione complendum. Quia igitur vos, o filii in Christo charissimi, per divinam gratiam aspirati mores vestros sub regularis vitæ disciplina coercere et communiter secundum sanctorum Patrum institutionem omnipotenti Domino servire proposuistis, votis vestris paterno congratulamur affectu. Unde etiam petitioni vestræ benignitate debita impertimur assensum; vitæ namque canonicæ ordinem quem professi estis privilegii auctoritate firmamus. Et ne cui post professionem exhibitam proprium quid habere, neve sine proposili vel congregationis licentia de claustro discedere liceat interdicimus; et tam vos quam vestra omnia sedis apostolicæ protectione munimus. Vobis itaque vestrisque successoribus in eadem religione permansuris et omnia perpetuo possidenda sancimus, quæ in præsentiarum pro communis victus sustentatione vel episcoporum Lucanæ Ecclesiæ vel aliorum fidelium legitimis donationibus, aut jure alio rationabili possidere videmini; et quæcunque in futurum concessione pontificum, liberalitate principum vel oblatione fidelium juste atque canonice poteritis adipisci. Porro decimas ab omnibus ecclesiæ vestræ parochianis citra personarum omnium infestationes vobis vestrisque successoribus in eadem religione persistentibus accipere et in usus canonicos dispensare concedimus, ac decreti præsentis sanctione firmamus. Quibus enim spiritualia seminatis, æquum est ut eorum carnalia cum Apostolo metatis. Obeunte te nunc ejus loci præposito vel tuorum quolibet successorum, nullus ibi qualibet subreptionis astutia seu violentia præponatur, nisi quem fratres communi consensu, seu fratrum pars consilii sanioris secundum Dei timorem, vel de suo vel de alieno si expedierit disciplinæ regularis collegio providerint eligendum, salva Lucani episcopi canonica reverentia, siquidem catholicus fuerit et gratiam atque communionem apostolicæ sedis habuerit. Dicimus etiam ut nulli omnino hominum liceat idem cœnobium temere perturbare, aut ejus possessiones auferre vel ablata retinere, minuere vel temerariis vexationibus fatigare; sed omnia integra conserventur eorum pro quorum sustentatione et gubernatione concessa sunt, usibus omnimodis profutura. Si qua sane ecclesiastica sæcularisve persona hanc nostræ constitutionis paginam sciens contra eam temere venire tentaverit, secundo tertiove commonita, si non satisfactione congrua emendaverit, potestatis honorisque sui dignitate careat, reamque se divino judicio de perpetrata iniquitate cognoscat, atque in extremo examine districtæ ultioni subjaceat, et a sacratissimo corpore et sanguine Dei et Domini Redemptoris nostri Jesu Christi aliena fiat. Cunctis autem eidem loco justa servantibus sit pax Domini nostri Jesu Christi quatenus et hic fructum bonæ actionis percipiant, et apud districtum judicem præmia æternæ pacis inveniant. Amen.

Scriptum per manus Rainerii scriniarii regionarii et notarii sacri palatii.

Ego Paschalis catholicæ Ecclesiæ episcopus.

Datum Laterani per manum Joannis S. R. E. diaconi cardinalis v Kal. Novembris, indict. XIII, an. Dominicæ Incarnationis 1105 [1104], pontificatus autem domni Paschalis II PP. VI.

CXX.

Privilegium pro monasterio S. Orientii Auscitani.

(Anno 1104, Oct. 29.)

[Dom BOUQUET, *Recueil*, XIV, 322.]

PASCHALIS episcopus, servus servorum Dei, dilectis filiis OTGERIO priori et cæteris monachis S. Orientii, salutem et apostolicam benedictionem.

Ad hoc nos, disponente Domino, apostolicæ sedis servitium promotos agnoscimus, ut ejus filiis auxilium implorantibus efficaciter subvenire, et ei obedientes tueri ac protegere prout Dominus dederit, debeamus. Igitur pro venerabilis fratris nostri Hugonis Cluniacensis abbatis dilectione, ad cujus curam ex Cluniacensis monasterii jure locus vester pertinet, vestris, filii in Christo charissimi, precibus annuentes, monasterio vestro protectionis præsidium non negamus..... Præterea prædecessorum nostrorum Leonis et Urbani II vestigiis insistentes, statuimus ut antiqua cœmeterii vestri constitutio nulla æmulorum quorumlibet infestatione turbetur; sed, sicut sanctissimi prædecessoris nostri Leonis IX auctoritate sancitum est, quiete in perpetuum perseveret. Proinde nec extra urbem, nec intra, Auxiensi archiepiscopo et ejus canonicis liceat novum cœmeterium instituere; sed tam archiepiscopi quam regulares aut irregulares clerici, sive laici de quibus consuetudo hactenus fuit, sepulturæ locum apud vos futuris temporibus sortiantur, etc.

Data Laterani per manum Joannis sanctæ Romanæ Ecclesiæ diaconi cardinalis, IV Kal. Novembris, indict. XIII, anno Dominicæ Incarnat. 1105 [1104], pontificatus autem domni Paschalis papæ secundi anno VI.

CXXI.

Didaco episcopo Compostellano pallii usum tribuit.

(Anno 1104, Oct. 31.)

[FLOREZ, *España sagrada*, XX, 48.]

P. episcopus, servus servorum Dei, dilecto fratri DIDACO Compostellano episcopo Sancti Jacobi Ecclesiæ, salutem et apostolicam benedictionem.

Jacobi apostoli corpus in partes Hispaniarum allatum occidentalis credit et veneratur Ecclesia, cujus nimirum honor juxta vaticinium David dicentis : *Mihi autem nimis honorati sunt amici tui, Deus, nimis confortatus est principatus eorum,* succedentibus temporibus etiam apud homines Deo disponente succrevit. Nempe locus ipse ubi sacrosancta ipsa pignora requiescunt, prius villa burgensis, deinceps municipium fuit, quod Compostellæ nomine nuncupatum est. Mox per apostolicæ sedis dispositionem etiam episcopalis cathedra quæ in proximo Iriæ municipio fuerat, Compostellam translata est. Ipsa etiam cum Bracarensi metropoli subjaceret, ea mox libertate donata est, ut speciale sedis apostolicæ membrum fieret. Nos quoque, tantam prædecessorum nostrorum gratiam intuentes, filiorum nostrorum Alfonsi spectabilis regis, cujus opera ejusdem apostoli locus nostris temporibus admodum magnificatus est, et clericorum Compostellanorum precibus indulgendum duximus, ut pro tanti apostoli gratia Ecclesiam ipsam honore pallii decoraremus. Tibi igitur, charissime frater in Christo Didace, Compostellanæ civitatis episcope, pallii dignitatem ex apostolicæ sedis liberalitate concedimus, ut te et Ecclesiam tuam eidem apostolicæ sedi amplius semper debere cognoscas. Cujus profecto usum infra ecclesiam tantum ad missarum solemnia peragenda tibi licere cognoveris diebus inferius designatis, id est, Nativitate Domini, Epiphania, Annuntiatione Domini, Cœna Domini, Dominica Palmarum, Pascha, Ascensione, Pentecoste, tribus festis B. Dei Genitricis semperque virginis Mariæ, festo S. Michaelis, S. Joannis Baptistæ nativitate, solemnitate B. Jacobi seu cæterorum apostolorum, Commemoratione omnium sanctorum, dedicationibus ecclesiarum, festis etiam sanctorum Laurentii et Vincentii martyrum, confessorum quoque Martini et Isidori. Cujus indumenti honor quoniam modesta actuum vivacitate servandus est, hortamur ut ei morum tuorum ornamenta conveniant, quatenus auctore Deo recte utrobique possis esse conspicuus. Quamobrem, charissime frater, quem pastoralis curæ constringit officium, dilige fratres : ipsi quoque adversarii propter mandatum Dominicum tuo circa te copulentur affectu; pacem sequere cum omnibus, sanctimoniam sine qua nemo videbit Deum. Piis vaces operibus, virtutibus polleas, fulgeat in pectore tuo rationale judicii cum superhumerali actione conjunctum : ita procedas in conspectu Dei et totius Ecclesiæ quod hujusmodi gregi commisso præbeas exempla, ut videant opera tua bona, et glorificent Patrem vestrum qui in cœlis est. Sit in lingua verus sermo, sit zeli fervor in animo. Creditum tibi agrum Dominicum exerce, dum licet, semina in timore, dum tempus est ; bonum faciendo non deficias : tempore enim suo metes non deficiendo. Vigilanter itaque terrena negotia relinquendo, cœlestibus anhela. Quæ retro sunt obliviscens, in ea quæ ante sunt temetipsum enixius extende. Mens tua in sæculari varietate non defluat, sed tota in unum currat atque confluat. Finem respice, quem mira suavitate David respexerat, cum dicebat : *Unam petii a Domino, hanc requiram, ut inhabitem in domo Domini omnibus diebus vitæ meæ.* Sancta Trinitas fraternitatem tuam gloriæ suæ protectione circumdet, et ad finem qui non finitur pervenire concedat.

Datum Laterani per manum Joannis sanctæ R. E. diaconi cardinalis, II Kal. Novemb., indictione XIII, Nativitatis Dominicæ anno 1104.

CXXII.
Ad principes, milites ac cæteros laicos per Hispaniam et Galliciam. — De illicita copulatione.
(Anno 1104, Oct. 31.)
[FLOREZ, *ll.* 90.]

P. episcopus, servus servorum Dei, principibus, militibus, ac cæteris laicis per Hispaniam et Galliciam salutem et apostolicam benedictionem.

Grave valde et horrendum de vestris partibus flagitium nuntiatur : non solum enim juxta prophetam, sanguis sanguinem tangit, sed sub specie pœnitentiæ percipiendæ, quidam ultronei hujus nequitiæ feruntur auctores, quasi in flagitio permanentibus locus pœnitentiæ pateat ; et quidam tamen renitentibus peccata plerumque confingunt. Cæterum sub spe pœnitentiæ Deum offendere, hoc est pœnitentiæ, sibi aditum denegare. Quicunque igitur filios vel filias suas incestis nuptiis copulant, eodem se reatu astrictos noverint quo et ii qui copulantur astricti sunt, nisi eos juxta facultatem suam dirimere sepositis dolis mera voluntate curaverint. Hæc igitur ne de cætero fiant, modis omnibus interdicimus, et fratribus nostris episcopis penitus coercenda præcipimus.

Datum Laterani, II Kal. Novembris.

CXXIII.
Privilegium pro monasterio Usenhovensi.
(Anno 1104, Nov. 7.)
[*Monumenta Boica.* Monachii, 1765, 4°, t. X, p. 459.]

PASCHALIS episcopus, servus servorum Dei, venerabili filio HERCHENBALDO Usenhovensi abbati, ejusque successoribus regulariter substituendis in perpetuum.

Austri terram inhabitantibus per prophetam Dominus præcepit cum panibus occurrere fugientibus. Idcirco vos, filii in Christo charissimi, de sæculo fugientes gratanter excipimus, et per sancti Spiritus gratiam sedis apostolicæ munimine confovemus. Vestræ siquidem congregationis apud Usenhoven locum perpetuo manere decernimus, et quæcunque prædia, quæcunque bona Berthuldus et Otto comites, seu bonæ in Christo memoriæ Azecha cum duobus filiis suis Bernardo et Eccardo comitibus pro suarum animarum salute, beato Petro, cujus nomine locus vester insignis est, et congregationi vestræ obtulisse noscuntur, quæcunque etiam in futurum concessione pontificum, liberalitate principum, vel oblatione fidelium juste atque canonice poteritis adipisci, firma vobis vestrisque successoribus et illibata permaneant. Decernimus ergo ut nulli omnino hominum liceat idem cœnobium temere perturbare, aut ejus possessiones auferre, vel ablatas retinere, minuere, vel temerariis vexationibus fatigare, sed omnia integra conserventur eorum pro quorum sustentatione et gubernatione concessa sunt, usibus omnimodis profutura. Chrisma, oleum sacrum, consecrationes altarium sive basilicarum, ordinationes monachorum, qui ad sacros fuerint ordines promovendi, ab episcopo, in cujus diœcesi, accipietis, siquidem gratiam atque communionem apostolicæ sedis habuerit, et si ea gratis ac sine pravitate voluerit exhibere; alioquin liceat vobis catholicum quem malueritis, adire antistitem et ab eo consecrationum sacramenta suscipere, qui apostolicæ sedis fultus auctoritate, quæ postulastis indulgeat. Obeunte te nunc ejus loci abbate, vel tuorum quolibet successorum, nullus ibi qualibet subreptionis astutia, seu violentia præponatur, nisi quem fratres communi consensu, vel fratrum pars consilii sanioris vel de suo vel de alieno, si oportuerit, collegio secundum Dei timorem et beati Benedicti regulam elegerint. Porro sepulturam loci vestri omnino liberam esse sancimus, ut eorum, qui ibi sepeliri deliberaverint, devotioni et extremæ voluntati, nisi forte excommunicati sint, nullus obsistat. Sane advocatum vobis supradictum Berthuldum comitem, vel post eum Ottonem concedimus filium quoque Ottonis, quem potissimum elegeritis. Cæterum nec ipsis nec aliis advocatiam loci liceat quasi hæreditariam vindicare; alioquin quem utiliorem monasterio abbas fratresque providerint, apostolicæ sedis auctoritate promoveant. Si quis sane in crastinum archiepiscopus aut episcopus, imperator aut rex, princeps aut dux, comes, vicecomes, judex, aut ecclesiastica quælibet sæcularisve persona hanc nostræ constitutionis paginam sciens, contra eam temere venire attentaverit, secundo tertiove commonita, si non satisfactione congrua emendaverit, potestatis honorisque sui dignitate careat, reamque se divino judicio existere de perpetrata iniquitate cognoscat, et a sacratissimo corpore ac sanguine Dei et Domini nostri Redemptoris Jesu Christi aliena fiat, atque in extremo examine districtæ ultioni subjaceat. Cunctis autem eidem loco justa servantibus sit pax Domini nostri Jesu Christi, quatenus et hic fructum bonæ actionis percipiant, et apud districtum judicem præmia æternæ pacis inveniant. Amen.

Scriptum per manum Rainerii scriniarii regionarii et notarii sacri palatii.

Datum Laterani per manum Joannis sanctæ Romanæ Ecclesiæ diaconi cardinalis, VII Idus Novembr., indict., XIII, anno Domin. Incarn. 1104, pontificatus autem domni Paschalis II papæ VI.

CXXIV.

Privilegia atque possessiones ecclesiæ collegiatæ S. Amati Duaci confirmat.
(Anno 1104, Nov. 10.)
[Miræus, *Opp. diplom.*, II, 1361.]

Paschalis episcopus, servus servorum Dei, Heriberto decano et ejus fratribus in ecclesia Duacensi S. Mariæ et S. Amati Domino servientibus in perpetuum.

Sicut injusta poscentibus nullus est tribuendus effectus, sic legitima desiderantium non differenda petitio. Proinde nos legitima vestra desideria perpendentes, juxta confratris nostri Lamberti, venerabilis Atrebatensis episcopi, postulationem, precibus vestris paterna benignitate præbemus assensum · ut Ecclesia vestra in Atrebatensi parochia sita, tuitione sedis apostolicæ protegatur.

Per præsentis igitur privilegii paginam auctoritate apostolica vestræ Duacensi S. Amati ecclesiæ confirmamus possessiones illas quæ vel egregii ducis Maceronti, vel aliorum fidelium legitimis donationibus in præsenti ad eamdem videntur ecclesiam pertinere:

Videlicet in pago Menpisico Tatem, Macrivillam cum altari et decima totius villæ et omnibus appenditiis suis. In eadem villa, ecclesiam in honore S. Amati ex toto liberam, et curtem canonicorum omnino liberam super fluvium Eseræ, totam villam Fleternam cum decima; apud Gunevelt dimidiam bercariam; apud Heldenses decimam illam, quæ est inter Neppam et Guarnamam, et porcinam beccam et potestatem Guarnestum.

Apud Bonennias juxta Abartianas totam decimam corporis ecclesiæ. Quidquid præterea juste hodie præfata beatæ Mariæ et S. Amati ecclesia possidet; quidquid in futurum concessione pontificum, liberalitate principum vel oblatione fidelium legitime atque canonice poterit adipisci, firma tibi tuisque successoribus et illibata permaneant.

Sane decanus sive præpositus non alius vestro collegio præponatur, nisi qui vel omnium, vel meliorum fratrum consensu debito canonice fuerit cum Dei timore provisus.

Decano ecclesiæ curam committat episcopus: cui tamen Ecclesiam ipsam gravare non liceat, vel exactiones aliquas aut consuetudines irrogare.

Porro canonici, sive alii clerici omnes eidem Ecclesiæ servientes decani disciplina corrigantur; nec ad ordinationem ab episcopo sine ipsius licentia admittantur: nec alterius quam ipsius et fratrum arbitrio coerceantur.

Cæterum nec decano, nec præposito facultas sit ecclesiæ bona sine fratrum communi vel sanior consilio in feudum dare; præbendas, vel cætera ministeria disponere, aut quidquam gravius de rebus Ecclesiæ stabilire.

Præcipimus etiam atrium et claustrum et mansiones canonicorum infra castrum ab omni sæculari potestate libera conservari, ita ut nec in ipsis, nec in facultatibus aut servitoribus ipsorum praeter ipsorum voluntatem manumittatur.

Rerum vestrarum invasores atque raptores canonice monitos, nisi satisfecerint, excommunicandi, sicut ex reverendae memoriae Gerardi episcopi concessione habetis, ita et in posterum habere concedimus facultatem. Quos ex nomine designatos ante satisfactionem comprovincialium nemo suscipiat, salva in omnibus Atrebatensis episcopi canonica reverentia. Chrisma, oleum sacrum, vel oleum infirmorum, sive aquam, coemeterio, atrio sive basilicis reconciliandis, ab Atrebatensi matrice accipietis Ecclesia, omni utique pravitate seposita.

Ad haec adjicientes decernimus ut nulli omnino hominum liceat eamdem Ecclesiam temere perturbare, aut ejus possessiones auferre, aut ablatas retinere, minuere vel temerariis vexationibus fatigare, sed omnia integra conserventur, eorum pro quorum sustentatione et gubernatione concessa sunt, usibus omnimodis profutura, salva suprascripti Atrebatensis episcopi, ut dictum est, canonica reverentia.

Si qua sane ecclesiastica saecularisve persona hanc nostrae constitutionis paginam sciens, contra eam temere venire tentaverit, secundo tertiove commonita, si non satisfactione congrua emendaverit, potestatis honorisque sui dignitate careat, reamque se divino judicio existere de perpetrata iniquitate cognoscat, et a sanctissimo corpore et sanguine Dei et Domini Redemptoris nostri Jesu Christi aliena fiat, atque in extremo examine districtae ultioni subjaceat.

Cunctis autem eidem Ecclesiae justa servantibus sit pax Domini nostri Jesu Christi, quatenus et hic fructum bonae actionis percipiant, et apud districtum judicem praemia aeternae pacis obtineant. Amen.

Scriptum per manum Rainerii scriniarii et notarii sacri palatii.

† Ego Paschalis catholicae Ecclesiae episcopus.

Datum Laterani per manum Joannis sanctae Romanae Ecclesiae diaconi cardinalis, IV Idus Novembris, indictione decima tertia, anno Dominicae Nativitatis millesimo centesimo quarto, pontificatus autem domni Paschalis secundi papae sexto.

CXXV.

Ad Lanuinum, eremi S. Mariae de Turri magistrum.
(Anno 1104.)
[CAPIALBI, *Memorie della Chiesa Miletese*, p. 144.]

PASCHALIS, etc. dilecto filio LANUINO, etc.

De fratris Hugonis promotione, et abbatis S. Juliani expulsione nos admodum gaudere cognoscas, quia hunc omnipotens Deus monasterio B. Euphemiae jam per biennium abbatis solatio destituto providit, et illum ab ipsius loci occupatione removit.

Stude ergo, fili, ut juxta B. Benedicti Regulam in B. Juliani coenobio abbas eligatur, quem ad nos consecrandum, largiente Domino, destinabis. Etsi enim fratres nostri clamaverint, nos tamen quae juris sunt B. Petri minime patiemur imminui. Fratres tuos eremi cohabitatores in Domino salutamus; ut in charitate permaneant modis omnibus cohortamur: nos ipsos tuis et illorum orationibus attentius commendamus. De rebus P. Petri ita studeas sicut expedire cognoscis (37).

CXXVI.

Ascero archiepiscopo Lundensi, Lucciae primati, pallium mittit.
(Anno 1104.)

[Hujus bullae mentio tantum exstat in Chronico episcop. Lundens. apud LANGEBEK, *Scriptores Rerum Danicarum*. Havniae, 1772, fol., t. VI, p. 625.]

CXXVII.

Manassi, archiepiscopo Remensi, scribit de abbate S. Medardi per militem inimicum Simoniae accusato.
(Intra annum 1100-1105, Mart. 29
[BALUZ. *Miscell.* II, 149.]

PASCHALIS episcopus, servus servorum Dei, venerabili fratri et coepiscopo MANASSI Remensi, salutem et apostolicam benedictionem.

Significaverat nobis dilectio tua abbatem Sancti Medardi in concilio comprovincialium a milite quodam de Simonia inopinate pulsatum septima manu purgari debere adjudicatum. Ipse postmodum ad nos veniens gravatum se in causa ipsa fuisse conquestus est, quoniam adversus se unius personae, quae ei jam diu inimica exstiterat, accusatio sine omnium testium assertione suscepta est. Qua in re multum de sapientiae vestrae provisione miramur. Licet enim ad Simoniaci flagitii accusationem personas etiam cujuslibet ordinis minus idoneas ecclesiasticae consuetudinis usus admittat, divini tamen oris sententiam praeterire quis audeat, qua dicitur: *Non stabit unus testis contra aliquem, quidquid illud peccati et facinoris fuerit, sed in ore duorum aut trium testium stabit omne verbum.* Porro de his qui ante hodiernum et nudiustertius inimici exstiterant una et eadem in omnibus causis Patrum deliberatio continetur. Igitur etsi aliis in conversationibus idem abbas minus integer aestimetur, in hoc tamen negotio, ubi nullus prorsus testis adfuisse dicitur, pro sola inefficacis infamiae nota quod se septima manu purgaverit sufficere arbitramur, nisi forte criminis ejusdem testes emerserint.

Data Laterani, IV Kal. Aprilis.

CXXVIII.

Ad Stephanum abbatem et monachos S. Aegidii. — Denuntiat se excommunicaturum Bertrannum

---

(37) La badia di S. Giuliano situata in Calabria e quella istessa che vien ricordata in varie bolle presso Ughelli, ed in varii diplomi. Quella di S. Eufemio anche era in Calabria, e poscia divenne celebre per i tanti vescovi che dono specialmente alle Chiese di Sicilia. Per l'una e per l'altra vedi il Lubin *Abbatiarum Italiae brevis notitia*, gli annali Benedettini del celebre Padre Mabillone, e gli scrittori delle nostre cose patrie.

comitem Tolosanum et quosdam ejus milites, nisi ab injuriis monasterio illatis desistant.

(Anno 1105, April. 15.)
[Dom Bouquet, *Recueil*, XV, 39.]

Paschalis episcopus, servus servorum Dei, dilectis filiis Stephano (58) abbati et monachis S. Ægidii, salutem et apostolicam benedictionem.

Bonum quod de oblationibus altaris B. Ægidii Bertrannus comes fecerat, valde laudaveramus; sed illud nos vehementius gravat quia, cum omnes fere B. Ægidii possessiones pro quorumdam contumacia in vadimoniis posita dicuntur, idem comes Bertrannus et quidam milites ejus oblationes ipsas conantur invadere. Insuper vestro jam monasterio multas injurias irrogant, quibus profecto per præsentes litteras denuntiamus, quia nisi destiterint, nos eos tanquam excommunicationi subjiciemus.

Datum xvii Kal. Maii.

CXXIX.

Ad monachos et cæteros fideles S. Ægidii. — Ne quis de altaris oblatione quidquam, invito abbate, distrahere vel fraudare præsumat.

(Anno 1105, Oct. 31.)
[Dom Bouquet, *Recueil*, XV, 32.]

Paschalis episcopus, servus servorum Dei, dilectis filiis monachis et cæteris fidelibus S. Ægidii, salutem et apostolicam benedictionem.

Quia magnæ res discordia dilabuntur, parvæ res concordia coalescunt, monemus vos et rogantes præcipimus ut uno animo, uno sensu, abbatem vestrum timentes diligatis, diligentes timeatis, et in ejus obedientia persistentes monasterii res diligentius custodire debeatis, quæ nimirum partim factionibus vestris, partim violentia militari distractæ multum et pessundatæ cognoscuntur. De altaris oblatione per sanctorum apostolorum obedientiam interdicimus, ne quis eos rapere, aut invito abbate distrahere, vel fraudare præsumat, sed in usus ad quos datæ vel dandæ sunt, cum timore Domini conserventur. Si qui vero aliter forte præsumpserint, et facientes et consentientes ab Ecclesiæ liminibus sequestramus.

Data ii Kal. Novembris.

CXXX.

Gislæ, abbatissæ Romaricensi, suadet a canonicis Calmosiacensibus pro parochialis ecclesiæ S. Mariæ parte concambium accipiat.

(Intra annum 1101-1105, Febr. 6.)
[Martene, *Thesaurus Anecdot.*, III, 1175.]

Paschalis episcopus, servus servorum Dei dilectæ filiæ Gislæ Romaricensi abbatissæ, salutem et apostolicam benedictionem.

Causam quæ inter vos et Calmosiacenses canonicos agitur, tam ex vestris quam ex illorum nuntiis diligenter audivimus. Igitur de parochiali ecclesia Sanctæ Mariæ, in qua et vestrum et illorum monas-

---

(58) Stephanus anno 1105 vel sequenti mortalitatem exuit, quippe anno 1106 successorem habebat Hugonem cui Paschalis bullam indulsit, datam

terium possidet portionem, id consilii respondemus ut, quia ecclesia vobis per Dei gratiam abundantibus minus necessaria est, a Calmosiacensibus canonicis, licet pauperes sint, in loco alio pro portione vestra, bonorum virorum consilio accipiatis tale concambium, per quod detrimentum vestro monasterio evenisse juste conqueri non possitis. De loco autem in quo novum ipsorum monasterium constructum est, hanc judicii sententiam canonica æquitate proferimus, ut si jurisjurandi per competentes personas exhibita probatione monstraverint monasterii fundationem juste factam et sine legitima Romaricensium calumnia decennio permansisse, datorem quoque loci vel ejus prædecessores fundum ipsum per annos triginta sine legali calumnia possedisse constiterit, nec quid imminutum de quadragenarii spatio videatur, nullam de cætero a vobis molestiam pro eodem negotio patiantur. Non enim pati possumus, ut idem viri sub apostolicæ sedis tutela religiose Domino servientes, aut per vos, aut per alios injustis vexationibus affligantur.

Datum Laterani viii Idus Februarii.

CXXXI.

Gislæ abbatissæ Romaricensi præcipit ut ab injuriis in monachos Calmosiacenses desistat.

(Anno eod. Oct. 27.)
[Marten. *ubi supra*, t. III, p. 1175.]

Paschalis episcopus, servus servorum Dei, dilectæ filiæ Gislæ Romaricensi abbatissæ, et ejus congregationi, salutem et apostolicam benedictionem.

Quia pax multa diligentibus nomen Domini, et quies ei servientibus semper est necessaria, idcirco gravis est nobis discordia quæ inter vos et Calmosiacenses fratres occasione rerum temporalium agitatur. Quamobrem dilectioni vestræ scripsimus ut partem illam ecclesiæ quietam dimitteretis, aut de fundo vobis competenti concambium acciperetis, quod utrumque facere adhuc neglexistis. Idipsum igitur repetito vobis mandantes, præcipimus ut omnino ab eorum injuriis desistatis; alioquin beati Petri vindictam, ipso adjuvante, in vos districtius proferemus.

Datum Laterani vi Kalendas Novembris.

CXXXII.

Eustachium comitem monet ut Lambertum episcopum Arelatensem manere in possessione altarium quorumdam sinat.

(Anno 1104-1105, Febr. 27.)
[Baluz. *Miscell.* edit. Luc., II, 148.]

Paschalis episcopus, servus servorum Dei, egregio comiti Eustachio, salutem et apostolicam benedictionem.

Quæ bonis inchoantur principiis, nisi bono fine claudantur, non laudem sed vituperationem merentur. Quamobrem strenuitatem tuam monemus et monentes rogamus ut de bonis quæ cœpisti nul-

---

Parmæ iv Nonas Novembris, indict. xv, anno Dom. Incarnat. 1106, pontificatus domni Paschalis II papæ octavo.

Iam pœnitudinem geras, sed in eis immobilis perseveres, altaria quæ fratri nostro Lamberto Atrebatensi episcopo cum quadam diceris conditione restituisse, quiete deinceps et sine aliqua molestia ipsum et ipsius ecclesiam in perpetuum possidere permittas, cum eo pacem et concordiam integram componas. Valde enim periculosum est eos offendere, quos Deus dixit suorum pupillam oculorum. Quapropter nobilitatem tuam iterum iterumque monemus ut Atrebatensem ecclesiam altaria illa perpetuis temporibus quiete possidere permittas, et illius ecclesiæ antistitem tanquam patrem spiritualem venerari, diligere, et pacem cum ipso plenam habere procures. Omnipotens Dominus sanctorum apostolorum meritis vos ab omni malo protegat et defendat, in bonis perseverantiam tribuat, a peccatis absolvat et ad vitam perducat æternam.

Data Terracinæ iii Kal. Martii.

CXXXIII.

Ad Manassem archiepiscopum Remensem. — De ecclesiis decem Lamberto restituendis.

(Anno 1104-1105, Febr. 28.)

[Baluz. *ubi supra.*]

Paschalis episcopus, servus servorum Dei, venerabili fratri Manassi Remensi episcopo, salutem et apostolicam benedictionem.

Super Guarinfrido archipresbytero conqueritur frater noster Atrebatensis episcopus quia decem sui juris ecclesias in Atrebatensi, ut dicitur, territorio sitas ei violenter aufert et jam diu pertinaciter retinet, unde ab eodem fratre nostro excommunicatus asseritur. Mandamus igitur dilectioni tuæ ut eumdem Guarinfridum convenias; et si fratri nostro satisfacere noluerit, pro sua in eum contumacia non solum excommunicationem, sed etiam anathema dictabis.

Data Terracinæ xi Kal. Martii.

CXXXIV.

Ad Lambertum episcopum Atrebatensem. — De clericis quibusdam excommunicatione solutis.

(Anno 1104-1105, Dec. 5.)

[Baluz. *ubi supra*, p. 149.]

Paschalis episcopus, servus servorum Dei, venerabili fratri Lamberto Atrebatensi episcopo, salutem et benedictionem.

Nonnulli ecclesiæ tuæ clerici ante nostram præsentiam convenerunt, diversas querimonias afferentes. Quibus seriatim auditis et fratrum nostrorum consultatione tractatis, omnes ab excommunicationis vinculo, promisso utique debito satisfactionis, absolvimus. Omnes enim juxta tenorem a nobis propositum debitam tibi tanquam episcopo proprio obedientiam promiserunt. Et pro his quidem qui rapinas bonorum suorum per clientes tuos sustinuisse conquesti sunt, benignitatem tuam rogamus ut justitiam super eorumdem bonorum rapina perficias; quarum profecto rerum descriptionem nobis oblatam per tuum tibi archidiaconum destinamus. Porro diaconi duo Algisus et Robertus uxores hactenus habitas tactis sacrosanctis Evangeliis abdicarunt; pro quibus etiam dispensationem tuam monemus, et petimus ut eorum vitæ et saluti in posterum debeas providere. Hugo autem Balduini filius intra dies quadraginta postquam in patriam Domino disponente redierit, de illata sibi querimonia se justitiam facturum tibi jurisjurandi assertione firmavit, nisi quantum fuerit ei tua miseratione dimissum. Sane in Roberti causa beati Siricii et prolata coram nobis et effectu est perpetrata sententia quam Himerio Tarraconensi episcopo scribens ait: « Quisquis clericus aut viduam aut certe secundam duxerit conjugem, omni mox ecclesiasticæ dignitatis privilegio denudetur, laica tantum sibi communione concessa. » Cui mox in præceptis dedimus ut tibi deinceps tanquam proprio studeat episcopo humiliter obedire. Et ipse etiam, cum excommunicationis vinculo solveretur, se de præsenti negotio quidquid præciperemus facturum super Evangelia sancta juraverat. Et ipsum igitur tanquam filium jam obedientem suscipias, et ei quod juste valueris paternæ miserationis impendas. Si quid autem boni misericorditer concesseris nos pro pace Ecclesiæ tolerabimus.

Datum Laterani Nonis Decembris.

CXXXV.

Ad B[ernardum archiepiscopum Toletanum], D[idacum] Compostellanum, D. (?) Minduniensem, P[etrum] Lucensem, episcopos. — De abbate Ciniensi.

(Anno 1104-1105.)

[Florez, *España sagrada*, XX, 91.]

P. episcopus, servus servorum Dei, venerabilibus fratribus et coepiscopis B. apostolicæ sedis legato, D. Compostellano, D. Minduniensi, P. Lucensi, salutem et apostolicam benedictionem.

Abbatem Ciniensi cœnobio ex conventus episcopalis sententia restitutum P. comes Froylaz loco suo violenter excussit: vos autem tanti officii vestri fervore flagratis, ut tantam Ecclesiæ injuriam tacitis clamoribus toleretis: nec illud prophetæ opprobrium pertimescitis, quo ex divina indignatione dicitur: *Nocte tacere feci matrem tuam.* Expergiscimini igitur et clamate, et eumdem comitem modis omnibus congruentibus convenite, ut abbatem ipsum Nunonem in locum suum redire, et res monasterii secundum episcoporum sententiam quiete tenere permittat; quod si usque ad proximæ Quadragesimæ medium contempserit facere, vos eum tanta nostra quam vestra auctoritate coercere curate.

CXXXVI.

Ecclesiæ Affligemensis immunitatem corroborat.

(Vide Sigeberti Auctarium Affligemense ad an. 1105, ap. Pertz, *Monum. Germ. hist.*, Script. t. VI, p. 400 (*Patrologiæ*, t. CLX).

CXXXVII.

Ad Stephanum Besuensem abbatem. — Besuensis cœnobii possessiones et jura confirmat.

(Anno 1105, Jan. 1.)

[Mansi, *Concil.* XX, 1033.]

Paschalis episcopus, servus servorum Dei, dilecto

filio Stephano Besuensi abbati, ejusque successoribus regulariter promovendis in perpetuum.

Religiosis desideriis dignum est facilem præbere consensum, ut fidelis devotio celerem sortiatur effectum. Proinde nos religionis vestræ desideria confoventes, vestro Besuensi monasterio in honore beatorum apostolorum Petri et Pauli ædificato, eorumdem apostolorum ex apostolicæ sedis benignitate munimen impendimus. Constituentes, et præsentis decreti pagina sancientes, ut ecclesia de Albiniaco, et ecclesia Sancti Benigni, et capella Sanctæ Mariæ quæ castello montis Salvionis sita est, ad supradictam Albiniaci ecclesiam pertinens, ecclesia etiam Camlintensis, et ecclesia de Majas, cum appenditiis suis, capella de Fovenz vestro semper cœnobio ita firme, ita libere quieteque permaneant, sicut a fratre nostro Rotberto Lingonensi episcopo, cum totius Lingonensis cleri conniventia tradita sunt.

Idipsum etiam de duabus præbendis statuimus, quas bonæ memoriæ Harduinus et Hugo, Lingonenses episcopi, fratribus in ecclesia Sancti Gengulfi apud Lingonas Domino servientibus tradiderunt.

Idipsum etiam statuimus super ecclesia de Sivojo cum pertinentiis suis, super capella Sancti Mauricii seu Sancti Dionysii, capella Sancti Valeriani, et ecclesiæ de Raiol, et parte quarta ecclesiæ Sancti Martini de monasterio, seu cæteris rebus quas bonæ memoriæ Hugo Bisontinus episcopus vestro monasterio contradidit. Porro ecclesia Sancti Remigii quæ est in burgo Besuæ, et ecclesia de Belenavo cum appenditiis suis, ita in possessione vestra liberas, ab omnibus consuetudinalibus immunes semper manere censemus, sicut a bonæ memoriæ Alberico quondam Lingonensi episcopo, seu successore ejus Rainardo ejusdem ecclesiæ venerabili episcopo, libertate ac immunitate donatæ sunt.

Præterea confirmamus vobis ecclesiam Salvatoris de Veteribus Vineis, ecclesiam Sancti Martini de Luco, ecclesiam Sancti Laurentii de Beria, ecclesiam Sancti Benigni de Boensis villa, ecclesiam Sancti Sequani, quæ est parochialis, ecclesiam Sancti Valerii de Talemaro, ecclesiam Sancti Leodegarii de Genziviaco, ecclesiam Sancti Martini Belmontis, capellam quoque Sancti Marcellini, quam bonæ memoriæ Geilo Lingonensis episcopus ad luminaria altaris ecclesiæ vestræ contulisse dignoscitur, cum beati Prudentii martyris sub eodem altari reliquias collocavit, cum appenditiis et mancipiis utriusque sexus, sicut ea supradictus episcopus Virdunensi episcopo commutavit. Ecclesiam quoque Sancti Hippolyti de Pontiliaco cum appenditiis suis, ecclesiam de Casoro Sancti Symphoriani, ecclesiam Sanctæ Mariæ de Fonvens, a Lamberto Lingonensi episcopo datam cum pertinentiis suis. Ecclesiam quoque Sancti Gengulfi superius nominatam. Porro villam Besuæ sanctorum apostolorum Petri et Pauli monasterio adjacentem, cum omnibus pertinentiis suis, ab omnium hominum vexationibus liberam, sicut hodie est, vobis in perpetuum sancimus. Piscariam quoque Fontis loco usque ad Pincianum in jure ac possessione vestra semper servari libere quieteque sancimus.

Præterea quæcunque in præsentiarum nunc idem monasterium possidet, sive in futurum concessione pontificum, liberalitate principum, vel oblatione fidelium, juste atque canonice poterit adipisci, firma tibi, tuisque successoribus, et illibata permaneant.

Decernimus ergo ut nulli omnino hominum liceat idem cœnobium temere perturbare, aut ejus possessiones auferre, vel ablatas retinere, minuere, vel temerariis vexationibus fatigare, sed omnia integra conserventur, eorum, pro quorum sustentatione et gubernatione concessa sunt, usibus omnimodis profutura, salva Lingonensis episcopi canonica retinentia. Ut episcopo tamen, aut episcopi ministris, omnino non liceat monasterium ipsum, aut ejus loca gravare, nec ornamenta ecclesiæ qualibet occasione diripere, nec exactiones aliquas, aut consuetudines quæ fratrum quieti noceant, irrogare. Interdicimus etiam ne quis idem Besuense cœnobium in cellam redigere audeat, quandiu monastici ordinis observantia illic Domino præstante viguerit.

Si quis sane in crastinum archiepiscopus vel episcopus, imperator vel rex, princeps aut dux, comes, vicecomes, aut judex, vel quælibet ecclesiastica sæcularisve persona, hanc nostræ constitutionis paginam sciens, contra eam venire tentaverit, secundo tertiove commonita, si non satisfactione congrua emendaverit, potestatis honorisque sui dignitate careat, reamque se divino judicio existere de perpetrata iniquitate cognoscat, et a sacratissimo corpore et sanguine Dei et Domini Redemptoris nostri Jesu Christi aliena fiat, atque in extremo examine districtæ ultioni subjaceat.

Cunctis autem eidem loco justa servantibus sit pax Domini nostri Jesu Christi, quatenus hic fructum bonæ actionis percipiant, et apud districtum judicem præmia æternæ pacis inveniant. Amen.

Scriptum per manum Raynerii scriniarii et notarii sacri palatii.

Datum Laterani per manum Joannis S. R. E. diaconi cardinalis, Kal. Januarii, indict. XIII, Incarnat. Dominicæ anno 1105, pontificatus autem domni Paschalis II papæ VI.

Ego Paschalis episcopus catholicæ ecclesiæ subscripsi.

CXXXVIII

Henricum regem de « Saxonia Romanæ Ecclesiæ communi reconcilianda » hortatur.

(Vide EKKEHARDI *Chronicon universale* ad an. 1105 (*Patrologiæ* tom. CLIV).

CXXXIX.

Monasterii Casinensis possessiones et privilegia confirmat.

(Anno 1105, Mart. 17.)

[COCQUELINES, *Bullarum, privileg. Rom. pont. ampl. Collect.* Romæ, 1739, fol. t. II, p. 126.]

PASCHALIS episcopus, servus servorum Dei, reverentissimo et charissimo fratri ODERISIO, prædecessoris nostri Urbani manibus et in cardinalem sanctæ Romanæ Ecclesiæ sacerdotem, et in abbatem Casinensis monasterii consecrato, ejusque successoribus regulariter substituendis in perpetuum.

In monastica legislatione et latore S. Benedicto constat Casinense cœnobium universorum per occidentem monasteriorum caput a Domino institutum: qui nimirum locus sedis apostolicæ filiorum in opportunitatibus refugium permansit et permanet; et nos ergo tam divinæ constitutioni quam et fraternæ benignitatis dulcedini respondentes, locum ipsum et universa ad eum pertinentia, quieta semper et ab omnium mortalium jugo libera permanere, et sub solius sanctæ Romanæ Ecclesiæ jure ac defensione perpetua haberi decernimus, in quibus hæc propriis nominibus adnotanda duximus. In primis monasterium Domini Salvatoris positum ad pedem ipsius montis, atque monasterium S. Dei genitricis virginis Mariæ, quod vocatur Plumbarola; itemque monasterium S. Mariæ in Cingla; cellam sancti Benedicti in Capua cum cellis et pertinentiis suis, S. Sophiæ in Benevento, S. Mariæ in Canneto juxta fluvium Trivium, S. Benedicti et S. Laurentii in Salerno, S. Mariæ in Tremiti cum ipsis insulis, S. Liberatoris in Marchia cum omnibus suis pertinentiis, S. Benedicti in Marsi, S. Mariæ in Luco, et S. Cosmati in civitella, S. Angeli in Barregio cum omnibus pertinentiis suis, S. Mariæ Ancillarum Dei in civitate Cosentia, S. Mariæ in Banse, et Joannis puellarum in Capua, S. Angeli ad formam, S. Agathæ in Aversa: item S. Rufi, et S. Benedicti Pizuli in Capua, S. Petri de Laco, S. Petri de Avellana, S. Erasini et S. Benedicti et S. Scholasticæ in Cajeta, S. Magni in Fundi, S. Stephani et S. Benedicti in Terracina, S. Petri in Foresta, S. Pauli ibidem, S. Mariæ in Ponte Corbo, S. Dionysii ad Pontem, S. Anastasiæ et S. Benedicti in Benevento ad portam Rufini, S. Benedicti in Pantano, S. Angeli et Sancti Nicandri in Troja, Sanctæ Cæciliæ in Neapoli, Sancti Eustasii de Pantesia, Sancti Benedicti in Larino, et Sancti Benedicti in Pectinari, Sanctæ Mariæ ad casalem planum, Sanctæ Trinitatis in Termule, Sancti Focatis in Lesina cum foce et piscaria, Sancti Benedicti in Asculo, Sancti Eustasii in Petra abundanti; item Sancti Eustasii Vipera, S. Mariæ in Barventano, Sanctæ Scholasticæ in Pinne, Sancti Salvatoris in Tave, Sancti Nicolai juxta fluvium Trustino. In Abrutio, Sancti Benedicti in Trunto, Sancti Benedicti in fluvio Tisino, Sancti Apollinaris in Firmo, qui dicitur Aplanus, Sanctæ Mariæ in Arbascla, Sancti Martini in Sabine, Sancti Angeli in Marano, et Sancti Septem-Fratrum, et Sancti Laurentii, et Sancti Benedicti in Ripa Ursa. In comitatu Aquense, cellam Sancti Gregorii, et Sancti Mauritii, et Sancti Pauli, Sancti Constantii, Sancti Christophori, et Sancti Nicolai, et Sanctæ Mariæ in Albaneta, et Sancti Nicolai in Ciconia, Sancti Benedicti in Clia, Sancti Nazarii in Comino, et Sancti Valentini, et Sancti Martini, Sancti Urbani, Sancti Angeli, Sancti Pauli, Sancti Felicis, Sancti Salvatoris, et Sancti Angeli in Valle-Luce, Sancti Michaelis in Oliveto, Sancti Nicolai in Pica, Sancti Angeli in Cannutio, Sanctæ Mariæ in Verule, Sancti Petri in Ascleta, Sanctæ Luciæ et Sancti Petri in Curulis, et Sancti Sylvestri, et Sancti Martini, et Sanctæ Luciæ in Arpino, Sanctæ Mariæ de Castello Zupponi, Sancti Benedicti in colle de insula, Sanctæ Mariæ in Banco, Sancti Nicolai in Turice, Sancti Germani in Sora, Sancti Benedicti in Paschesano, Sancti Petri in Morino, Sancti Angeli in Pesco Canali, Sancti Patris in formis, Sancti Angeli in Albe, Sancti Erasmi in Pompeano, Sanctæ Mariæ in cellis. In Venafro, Sancti Benedicti, et Sancti Nazarii, et Sancti Martini in ipsa Furca, et curtem Sanctæ Mariæ in Sala, et Sancti Benedicti in Pizuli; ibidem Sancti Benedicti in Cesama, Sancti Benedicti in Svessa, et curtem quæ dicitur Lauriana, Sancti Benedicti in Theano, Sanctæ Mariæ in Calvo, Sancti Nazarii in Anglena, Sancti Adjutoris et Sancti Benedicti in Alifas, Sancti Domini in Telesia, Sancti Martini in Ulturno. In Amalphi Sanctæ Crucis et Sancti Nicolai, Sanctæ Crucis in Isernia, Sancti Marci in Carpinone, Sancti Valentini in Ferentino, Sancti Angeli in Algide, Sancti Marci in Cecano, Sanctæ Agathæ in Tusculano, et Sanctæ Hierusalem et Sancti Benedicti in Albano; in Roma, monasterium Sancti Sebastiani, quod dicitur Pallaria; in Lucca, cellam Sancti Georgii, Sancti Salvatoris in civitella; in ducatu Spoletino, Sanctæ Mariæ in Calena, Sancti Benedicti in Trani, Sancti Benedicti in Bari, Sancti Petri imperialis in Tarento; in Calabria, cellam Sanctæ Anastasiæ, Sancti Nicolai in Salectano, Sanctæ Mariæ in Tropea, Sanctæ Euphemiæ in Marchia: item civitatem, quæ dicitur Sancti Germani, positam ad pedem ipsius montis, et castellum Sancti Petri, quod ab antiquis dictum est castrum Casini, castellum Sancti Angeli, Piniatarium, Plumbariola, Pesdemonte, Junctura, Sancti Ambrosii, Sancti Apollinaris, Sancti Georgii, vallem Frigidam, Sancti Andreæ, vautra monastica, vautram comitalem, Sancti Stephani Terami, Tracte, Mortula, cum ipsa curte, quæ dicitur Casafortini, Sancti Salvatoris, qui vocatur Cocuruzo, Turrem ad mare juxta fluvium Gavillianum, Sancti Petri in Colia, Sancti Victoris, Torraclo, Cervaria, Sancti Heliæ, Valle rotunda, Sarra-Cenesca, Castellum Pontis Corvi, quod nostris temporibus acquisitum est. In Marchia Teatina castellum, quod dicitur Lastinianum, Montem Alberici, Mucelam, Sancti Quirici cum porto Frisa, Sanctæ Justæ; in comitatu Asculano, castellum, quod dicitur Octavus, et post montem Cimianum, et Trivillanum et Cavinum. In principatu Castellum, quod dicitur Ripa Ursa, Montembellum, Petramfracidam. In Comino castellum, quod vocatur Vicalicum. In Marsi territorio Carseolano castellum, quod dicitur Auricula, Piretum, Rocca, quæ dicitur in Camarata, et Fossaseca. In Calabria Cetrarium; in Amalphi Fundicum : in territorio Trojano Castellione de Baroncello : in territorio Capuano Gualdum de Liburia, curtem Sancti Felicis de Miniano, cum ecclesia Sancti Hippolyti. Præterea, per præsentis privilegii paginam apostolica auctoritate statuimus, ut quæcunque in præsenti vestrum cœnobium juste possidat, sive in futurum, concessione pontificum, liberalitate principum, vel oblatione fidelium juste atque canonice poterit adipisci, firma tibi, tuisque successoribus, et illibata permaneant. Decernimus ergo ut nulli omnino hominum liceat idem cœnobium perturbare, aut ejus possessiones auferre, vel ablatas retinere, vel injuste datas suis usibus vindicare, minuere, vel temerariis vexationibus fatigare ; sed omnia integra conserventur eorum pro quorum sustentatione et gubernatione concessa sunt, usibus omnimodis profutura. Porro de monasterio Sanctæ Sophiæ, intra Beneventum sito, sive de monasterio Bandusino, nullum loco vestro præjudicium evenire volumus pro privilegiis, quæ nos, munimentorum vestrorum ignari, eisdem monasteriis contulisse cognoscimus ; sed prædecessorum nostrorum munimine Cassinensi cœnobio collata, proprium robur obtineant. Eorumdem et nos vestigiis insistentes Cassinense cœnobium cæteris per occidentem cœnobiis præferendum asserimus, et tam te quam successores tuos in omni conventu episcoporum seu principum superiores omnibus abbatibus considere, atque in judiciis priorem cæteris sui ordinis viris sententiam proferre sancimus. Usum quoque compagerum, ac chirotegæ, dalmaticæ, ac mitræ, præter cardinalatus jus, quo in sede apostolica fungeris, tam tibi quam successoribus tuis in præcipuis festis habendum concedimus. Sane tam in ipso venerabili monasterio, quam et in cellis ejus, cujuslibet Ecclesiæ episcopum vel sacerdotem præter Romanum pontificem ditionem quamlibet aut excommunicandi, aut interdicendi, aut ad synodum provocandi præsumere prohibemus ; ita ut nisi ab abbate vel priore loci fuerit invitatus, nec missarum solemnia inibi audeat celebrare ; liceatque ipsius monasterii et cellarum ejus fratribus clericos cujuscunque ordinis, de quocunque episcopatu ad conversionem venientes, absque episcoporum contradictione suscipere ; liceat absque cujuslibet sæcularis vel ecclesiasticæ potestatis inhibitione subjectos monasteriis suis tam monachos quam sanctimoniales feminas judicare ; liceat etiam fratribus per cellas in civitatibus constitutas ad divina officia celebranda, quandocunque voluerint, signa pulsare ; chrisma, oleum sanctum, consecrationes altarium sive basilicarum, a quocunque volueritis, Catholico accipiatis episcopo : baptismum vero per clericos vestros in oppidis vestris seu villis agatis : reditum, qui ab officialibus nostris apud Ostiam vel Portum de navibus exigi solet, navi vestræ, si qua eo venerit, relaxamus. Ad perpetuum etiam hospitium tibi tuisque successoribus Palladii cellam concedimus, ut de vestra illic congregatione quem volueritis ordinetis ; quem si forte Romano pontifici in abbatem promovere placuerit, omnino tamen tanquam vestræ congregationi, monachum sub vestra decernimus dispositione persistere. Obeunte autem te, nunc ejus loci abbate, vel tuorum quolibet successorum, nullus ibi qualibet subreptionis astutia seu violentia præponatur, nisi quem fratres communi consensu, seu fratrum pars consilii sanioris, secundum Dei timorem, et Sancti Benedicti Regulam elegerint. Ad hæc tam præsentium quam futurorum avaritiæ ac nequitiæ obviantes, omnes omnino seditiones, quas lævas dicunt, seu direptiones in cujuscunque abbatis morte, aut electione, fieri, auctoritate apostolica interdicimus. Si quis sane in crastinum archiepiscopus aut episcopus, imperator aut rex, princeps aut dux, comes, vicecomes, judex, aut ecclesiastica quælibet sæcularisve persona hanc nostræ constitutionis paginam sciens, contra eam temere venire tentaverit, secundo tertiove commonita, si non satisfactione congrua emendaverit, potestatis honorisque sui dignitate careat, reamque se divino judicio existere de perpetrata iniquitate cognoscat, atque a sacratissimo corpore ac sanguine Dei et Redemptoris nostri Jesu Christi aliena fiat, atque in extremo examine districtæ ultioni subjaceat. Cunctis autem eidem loco justa servantibus sit pax Domini nostri Jesu Christi, quatenus et hic fructum bonæ actionis percipiant, et apud districtum judicem præmia æternæ pacis inveniant. Amen.

Scriptum per manum Raynerii scriniarii regionarii, et notarii sacri palatii.

Ego Paschalis catholicæ Ecclesiæ episcopus.

Datum Laterani per manum Joannis sanctæ Romanæ Ecclesiæ diaconi cardinalis, indictione XIII, XVI Kal. Aprilis, anno Dominicæ Incarnationis 1105, pontificatus autem domni Paschalis secundo sexto.

CXL.
Monasterii S. Petri Cœli Aurei Papiensis privilegia confirmat.
(Anno 1105, Mart. 18.)
[PENNOTI, Hist. tripart. ord. cleric. canonic., p. 202, teste ROBOLINI, *Notizie*, III, 227.]

CXLI.
Monasterii S. Benedicti Padilironensis possessiones et privilegia confirmat, imposito monachis duarum auri unciarum tributo annuo.
(Anno 1105, Mart. 20.)
[COCQUELINES, *Bullar.* etc. *ampl. Collect.* II, 128.]

PASCHALIS episcopus, servus servorum Dei, dilecto in Christo filio ALBERICO abbati venerabilis monasterii Sancti Benedicti super Padum et ejusdem successoribus regulariter substituendis in perpetuum.

Justis votis assensum præbere justisque petitionibus aures accommodare nos convenit, qui, licet indigni, justitiæ custodes, atque præcones in Ecclesia apostolorum principum Petri et Pauli in specula, Deo disponente, conspicimur. Eapropter, fili charissime Alberice, tuis petitionibus annuentes, cœnobium vestrum in apostolicæ sedis defensionem excipimus, sicut a prædecessore nostro sanctæ memoriæ Urbano II susceptum est. Illud itaque tibi tuisque successoribus regulariter substituendis auctoritate apostolica confirmamus, omnia nunc ad ipsam pertinentia, medietatem scilicet insulæ, quæ dicitur S. Benedicti super Padum cum omnibus decimis ejusdem, insulis et silvis ac piscationibus suis : ecclesiam Sancti Blasii cum tota insula, quæ dicitur Gurgo, et silva, et adjacentibus paludibus castrum quod vocatur Castellus cum villa et ecclesia S. Bartholomæi, cum decimis omnibus, et reliquis ad ipsum pertinentibus; villam quæ vocatur Capud-vici, villam Sabianam cum ecclesia Sancti Andreæ cum decimis et pertinentiis suis, ecclesiam Sancti Venerii de Marenecto cum medietate ejusdem castri, casale barbatum cum baptismali ecclesia Sancti Michaelis, cum ripatico de transitu navium, et terra ad ipsam ripam pertinente : capellam in Labiola, capellam Sancti Joannis in Burbatio cum pertinentiis suis : capellam Sancti Matthæi in Nucetulo cum ipsa villa, capellam Sancti Valentini de Marengo cum suis pertinentiis. In episcopatu Brixiensi ecclesiam Sancti Justi intra castrum medulæ, extra ecclesiam Sancti Viti cum terris ad easdem cellas pertinentibus. In episcopatu Ferrariensi ecclesiam Sancti Benedicti cum pertinentiis suis apud oppidum Ficarolum. In episcopatu Boloniensi ecclesiam Sanctæ Mariæ in loco, qui dicitur Lambrianum, cum ecclesia Sancti Joannis, qui dicitur Dalmanzaticum. In episcopatu Parmense ecclesiam Sancti Leonardi prope civitatem sitam, item ecclesiam Sancti Michaelis infra eamdem civitatem; item ecclesiam Sancti Michaelis, in loco qui dicitur Teliore, capellam Sancti Michaelis de Coturlione; in episcopatu Metamocensi monasterium Sancti Cypriani. In episcopatu Tarvisiano ecclesiam Sanctæ Helenæ in loco qui dicitur Tassaria, Mantuæ hospitalem domum noviter a comitissa Mathilda constructam, et vobis commissam, cum capella et omnibus suis pertinentibus. Item in burgo Sancti Benedicti baptismalem ecclesiam Sancti Floriani, item ecclesiam Sancti Siri in insula Sancti Benedicti sitam : item baptismalem ecclesiam Sancti Marci in loco qui dicitur Villula, cum decimis et terris sibi pertinentibus : item in burgo Sancti Benedicti apud Gonzagam, cum capella Sanctæ Mariæ intra castrum cum terris et decimis ejusdem villæ, quas usque hodie idem monasterium possidere videtur, salvo jure obedientiaque Regiensis episcopi; capellam Sancti Sixti in loco, qui dicitur Lectum Paludanum : in castro Ariano ecclesiam Sancti Prosperi : item baptismalem ecclesiam Sancti Vitalis cum medietate decimarum, et aliarum rerum sibi pertinentium; item ecclesiam Sancti Domini, ecclesiam Sancti Prosperi, et ecclesiam Sancti Gregorii. In episcopatu Lucensi monasterium Sancti Martini in colle cum duabus ecclesiis sibi pertinentibus, videlicet Sanctæ Mariæ in loco, qui dicitur Turrilum; et Sancti Salvatoris juxta castrum vivenarium ; item ecclesiam Sancti Bartholomæi juxta civitatem Lucensem. Hæc et cætera loca vel prædia, quæ vestro cœnobio jam donata sunt, vel in futurum Deo miserante juste ac rationabiliter donari contigerit, firma vobis vestrisque successoribus, et illibata permaneant. Ad hæc adjicimus ut in omnibus prioratibus et cellis, quæ vestro nunc regimini subjecta sunt, nullus unquam futuris temporibus abbatem ordinare præsumat. Omnes autem ecclesiæ, seu capellæ, vel cœmeteria, quæ in vestra potestate subsistunt, libera sint, et omnis exactionis immunia. Nec cellarum vestrarum ubi libet positarum fratres interdictione, vel excommunicatione parochiæ divinorum officiorum suspensionem patiantur : sed tam monachi ipsi quam famuli corum, et qui se monasticæ professioni devoverunt, clausis ecclesiarum januis, non admissis diœcesanis, divinæ servitutis officia celebrent, et sepulturæ debita peragant. Concedimus etiam vobis, laicos, seu clericos sæculares ad conversionem per loca vestra suscipere, et dominicatorum vestrorum decimas obtinere. Si quid præterea Mathildis venerabilis comitissa de ipsis rebus, quas per beatum Petrum possidet, vestro monasterio dederit, salva Romanæ Ecclesiæ proprietate, concedimus. Missas sane in vestro cœnobio publicas per episcopum fieri omni modo prohibemus, ne in servorum Dei recessibus popularibus occasio præbeatur ulla conventibus. Obeunte te, nunc ejus loci abbate, abbas a fratribus cum consensu et auctoritate Cluniacensis abbatis regulariter eligatur. Electus ab episcopo Mantuano, si canonicus catholicus fuerit, sine oneris exactione, muneris, aut servitii, aut usurpatione conditionis, benedicatur; sive alias Romanum præsulem exspectet, consecrandus. Clericos monasterii sine professionis vel conditionis exactione cujuslibet sponte et libenter, ab abbate invitatus, ordinet. Oratoria ab eis in locis constructa, ubi evidens necessitas poposcerit, gratis consecret. Chrisma, oleum sanctum monasterio vel ejus ecclesiis baptismalibus sponte indulgeat. Abbatem vel monachos excommunicare, ipsis vel ipso cœnobio interdictionis sententiam absque nostra vel successorum nostrorum licentia non præsumat inferre. Si autem canonicus et catholicus non fuerit, vel si ultra aliquod illicitum pro his usurpare voluerit, liceat abbati, quem voluerit catholicum adire antistitem, et quæcunque necessitas expetit, ab ipso, recipere. Quod si cognita hujus nostri privilegii pagina, vel Mantuanus episcopus, vel cæteri in quorum diœcesibus vestræ sunt facultates, temerario ausu perturbare vos, et res cœnobii diminuere, vel suis usibus deinceps usurpare præsumpserint, omnem se, quam hactenus habuerunt amissuros noverint potestatem. Vos autem, fratres, divinis sollicitius instare servitiis, et regularem districtius disciplinam observare curate. Ad judicium autem hujus perceptæ a sede apostolica libertatis duas auri uncias annuatim Lateranensi palatio persolvetis. Hoc igitur nostræ privilegium sanctionis, si quis in crastinum archiepiscopus aut episcopus, rex, princeps, dux, marchio, præfectus aut judex, comes, vicecomes, vel persona quælibet magna vel parva, scienter infringere aut temerare præsumpserit, et monasterium illud gravare aut perturbare temere conatus fuerit, secundo tertiove commonita, si non satisfactione congrua emendaverit, a Christi et Ecclesiæ corpore auctoritate potestatis apostolicæ segregetur. Conservantibus autem pax a Deo et misericordia præsentibus ac futuris sæculis conservetur. Amen.

Scriptum per manum Raynerii scriniarii regionarii, et notarii sacri palatii.

Ego Paschalis catholicæ Ecclesiæ episcopus SS.
Ego Joannes Tusculanensis episcopus SS.
Joannes cardinalis presbyter de titulo S. Eusebii SS.
Richardus Albanensis episcopus SS.
Risus presbyter cardinalis tituli S. Damasii SS.

Datum Laterani per manum Joannis sanctæ Romanæ Ecclesiæ diaconi cardinalis ac bibliothecarii, XIII Kalend. Aprilis, indictione XIII, Incarnationis Dominicæ anno 1105, pontificatus autem domini Paschalis secundi papæ VI.

CXLII.

Ad Guidonem Papiensem episcopum. — Privilegia, possessiones et jura Papiensis episcopatus confirmat.

(Anno 1105, Mart. 22.)

[MANSI, *Concil.* XX, 1049.]

PASCHALIS episcopus, servus servorum Dei, venerabili GUIDONI Papiensium episcopo, ejusque successoribus in perpetuum.

Sicut injusta poscentibus nullus est tribuendus effectus, sic legitima desiderantium non est differenda petitio. Tuis igitur, frater in Christo charissime, precibus annuentes, omnem vestræ Ecclesiæ dignitatem per prædecessorum nostrorum privilegia, vel authentica scripta concessam, nos quoque præsentis privilegii auctoritate firmamus. Siquidem fraternitatem tuam inter missarum solemnia pallio decoravimus; et tam tibi quam successoribus tuis concedimus in processione Palmarum, et feriæ secundæ post Pascha, equum album equitare udone coopertum, crucem inter ambulandum præferre. Monasterio S. Donati, a Ticinensi quondam episcopo in Seovilla fundatum, monasterium Sanctæ Mariæ in Cairate, licet extra vestram diœcesim sita videantur, sicut hactenus habita sunt, cum omnibus ad ipsa pertinentibus, in vestra semper ditione ac dispositione habeantur. Cæterum etiam monasteriorum quæ infra vestræ diœcesis fines sunt, canonica dispositio, et abbatum qui in eis sunt, vel abbatissarum discussio, electio et consecratio, vestro semper arbitrio conserventur, salvo in omnibus sedis apostolicæ privilegio: quos profecto vel quorum presbyteros ad vestrum expediat venire concilium. Sane monasteriis, aut capellis aliquibus, præter matricem ecclesiam, baptismum generalem fieri petatur, prohibemus. In quibus si qua forte præcepta contra sacros canones elicita inveniri contigerit, nostris canonicis non præjudicent institutis. Clericos, sanctimoniales, viduas urbis vestræ, sine vestra conscientiæ nemo præsumat in judicium trahere, aut vim eorum rebus inferre: nec cœmeteriorum, quæ intra vel extra civitatem sunt, curam vobis, aut potestatem subtrahere quælibet persona præsumat: nec ullus unquam cujuscunque dignitatis aut potentiæ homo, quasi sub obtentu hospitalitatis, in tuo venerabili episcopio, aut domibus sacerdotum tuorum, et omnium clericorum, sine tua tuorumque successorum voluntate habitare præsumat: nec in rebus mobilibus aut immobilibus, sive personis cujuscunque conditionis, ad vestram Ecclesiam pertinentibus, invasionem aut violentiam vobis invitis fieri sine legali ratione permittimus. Decernimus ergo ut nulli omnino hominum liceat eamdem ecclesiam temere perturbare, aut ejus possessiones auferre, vel ablatas retinere, minuere, vel temerariis vexationibus fatigare. Sed omnino integra conserventur eorum, pro quorum sustentatione et gubernatione concessa sunt, usibus omnimodis profutura. Si qua sane ecclesiastica sæcularisve persona, etc., *ut in epistolis præcedentibus.*

Scriptum per manum Joannis scriniarii regionarii et notarii sacri palatii.

Ego Paschalis, catholicæ Ecclesiæ episcopus subscripsi.

Datum Laterani per manum Joannis sanctæ Romanæ Ecclesiæ diaconi cardinalis ac bibliothecarii, undecimo Kalendas Aprilis, indict. XIII, anno Dominicæ Incarnationis 1105, pontificatus autem domni Paschalis II papæ VI.

CXLIII.

Ad Martinum priorem Camaldulensem. — Monasteria subjecta eremo Camaldulensi in protectionem suscipit.

(Anno 1105, Mart. 23.)

[MITTARELLI, *Annal. Camaldul.*, t. III, append., p. 191.]

PASCHALIS episcopus, servus servorum Dei, dilecto in Christo filio MARTINO venerabilis eremi Camaldulensis priori, ejusque successoribus regulariter promovendis in perpetuum.

Ad hoc nos disponente Domino in apostolicæ sedis servitium promotos agnoscimus, ut ejus filiis auxilium implorantibus efficaciter subvenire, et ei obedientes tueri ac protegere, prout Dominus dederit, debeamus. Unde oportet nos venerabilibus locis manum protectionis extendere, et servorum Dei quieti attentius providere. Tuis igitur, fili in Christo venerabilis Martine, et fratrum tuorum precibus annuentes, vos et locum vestrum præsentis decreti auctoritate munimus, et tibi tuisque successoribus regulariter promovendis concedimus et confirmamus eremum ipsam, quæ dicitur Campus-amabilis, cum universis cellulis sibi adjacentibus. Quæcunque etiam loco vestro legitimis fidelium donationibus oblata sunt, per hujus vobis privilegii paginam confirmamus. In quibus hæc propriis visa sunt nominibus exprimenda: Monasterium Sancti Donati, quod dicitur Fons-bonus cum hospitio et curtibus suis, videlicet curte de Monte, de Partina, de Soci, de Condolere, de Arcena, de Ormena, de Pumina, de Fogiano, de Campi, monasterium Sanctæ Mariæ situm Poplene cum ecclesiis et rebus sibi pertinentibus. Ecclesia Sancti Salvatoris sita Florentiæ cum suis pertinentiis. S. Petri apud Arretinum cum suis pertinentiis; Sancti Petri apud Fontianum cum ecclesiis et pertinentiis suis. Monasterium Sancti Frigiani apud Pisas cum ecclesiis et pertinentiis suis. Sancti Petri de Puteolis cum ecclesiis et pertinentiis suis. Monasterium Sancti Petri situm Luci cum castellis et ecclesiis et pertinentiis suis. Ecclesiam Sancti Savini sitam Chio cum pertinentiis suis. Monasterium Sancti Bartholomæi in Anglario cum monasteriis et ecclesiis, castellis, curtibus et pertinentiis suis ex integro, sicut Bernardi filii Sidoniæ. Ecclesia Sancti Petri de Eremo, quæ est Faioli cum pertinentiis suis. Sancti Quirici de Fogiano cum pertinentiis suis. Sancti Georgii sita Murro cum pertinentiis suis. Præterea quæcunque hodie juste possidetis, sive in futurum concessione pontificum, liberalitate principum, vel oblatione fidelium juste atque canonice poteritis adipisci, firma vobis vestrisque successoribus et illibata permaneant. Decernimus ergo ut nulli omnino hominum liceat idem cœnobium temere perturbare, aut ejus possessiones auferre, vel ablatas retinere, minuere, vel temerariis vexationibus fatigare, sed omnia integra conserventur eorum pro quorum sustentatione et gubernatione concessa sunt, usibus omnimodis profutura.

Chrisma, oleum sanctum, confirmationes, altarium sive basilicarum consecrationes, ordinationes monachorum, qui ad sacros fuerint ordines promovendi, ab episcopo in cujus diœcesis estis, accipietis, siquidem gratiam atque communionem apostolicæ sedis habuerit, et si ea gratis ac sine pravitate voluerit exhibere. Alioquin liceat vobis catholicum quem malueritis adire antistitem, et ab eo consecrationum sacramenta suscipere, qui apostolicæ sedis fultus auctoritate quæ postulastis indulgeat. Ad hæc adjicimus ut nulli episcoporum facultas sit vos aut vestræ congregationis fratres absque canonico judicio excommunicationi subjicere. Si quæ sane ecclesiastica sæcularisve persona hanc nostræ constitutionis paginam sciens contra eam temere venire tentaverit, secundo tertiove commonita, si non satisfactione congrua emendaverit, potestatis honorisque sui dignitate careat, reamque se divino judicio existere de perpetrata iniquitate cognoscat, et a sacratissimo corpore et sanguine Dei et Domini Redemptoris nostri Jesu Christi aliena fiat, atque in extremo examine districtæ ultioni subjaceat. Cunctis autem eidem loco justa servantibus sit pax Domini nostri Jesu Christi, quatenus et hic fructum bonæ actionis percipiant, et apud districtum judicem præmia æternæ vitæ pacis inveniant. Amen

Scriptum per manum Raynerii scriniarii regionarii et notarii sacri palatii.

Ego Paschalis catholicæ Ecclesiæ episcopus SS.

Datum Laterani x Kal. Aprilis per manum Equitii agentis vicem cancellarii, indictione XIII, Incarnat. Dominicæ anno 1105, pontificatus autem domni Paschalis II papæ VI.

CXLIV.

Ad Anselmum Cantuariensem archiepiscopum. — Excommunicatos esse in Lateranensi concilio investiturarum in Anglia fautores.

(Anno 1105, Mart. 26.)

[MANSI, *Concil.*, XX, 1062.]

PASCHALIS episcopus, servus servorum Dei, venerabili fratri Cantuariensi archiepiscopo ANSELMO, salutem et apostolicam benedictionem.

De illata tibi injuria membra Ecclesiæ non modicum patiuntur: quia, sicut dicit Apostolus, *si compatitur* [cor. *si quid patitur*] *unum membrum, compatiuntur et cætera membra* (*I Cor.* XII, 26). Licet enim corporali separemur præsentia, unum tamen in capite sumus. Tuas namque injurias ac repulsas æque ac nostras portamus. Illud etiam nos vehementer affligit, quod tua religio regno sublata est Anglico. Quæ enim sunt sine pastore oves, lupus rapit et dispergit. Idcirco de tua ad eos reversione modis quibus possumus laboramus. Unde in concilio nuper habito ex communi fratrum et coepiscoporum sententia deliberatum est, et regis consiliarios qui ad investituræ flagitium illum impellunt, et eos qui ab eo investiti sunt, ab ecclesiæ liminibus repellendos: quia de libera conantur facere ancillam. Quam nimirum sententiam nos sancti Spiritus judicio in comitem de Mellento et ejus complices promulgavimus, et eamdem ipsam, in eos, qui sunt investiti a rege, ejusdem sancti Spiritus judicio confirmamus. Regis vero sententia ea ex causa dilata est, quia suos ad nos nuntios in præteritæ paschæ tempore debuit destinare.

Datæ Laterani VII Kalen. Aprilis.

CXLV.

Roberto, comiti de Mellento, iram Dei minatur si pergat Anglorum regi persuadere ut « in causa investiturarum Romanæ Ecclesiæ repugnet. »

(Anno 1105.)

[*Opp. Anselmi Cantuar.*, Epist. lib. IV, ep. 62.— Cf. ejusdem Epist. l. IV, 73.]

PASCHALIS episcopus, servus servorum Dei, dilecto filio, ROBERTO comiti de Mellento, salutem et apostolicam benedictionem.

Nos te in familiaritatem ascivimus et in Dei rebus et beati Petri servitio socium habere credimus. Id ipsum jam nobis secundis litteris promisisti. Cæterum de te longe aliter referunt qui noverunt. Aiunt enim quod pene solus aut præ cæteris solus Anglorum regem in causa investiturarum Romanæ Ecclesiæ repugnare persuadeas. Quod si verum est, gravamur maxime super te, cui ætas ipsa conversionem ad Deum suggerit. Sicut ergo obedienti tibi peccatorum veniam et Domini gratiam obtulimus, ita non obtemperanti et tantæ nequitiæ consentienti iram Domini comminamur. Nos quoque ipsos non diutius id passuros denuntiamus, quin flagitium hoc in te potissimum ulciscatur.

CXLVI.

Gerardum archiepiscopum Eboracensem reprehendit quod neque Anselmum « adjuvare juraverit neque iniquitati regiæ obviaverit. »

(Anno 1105.)

[*Opp.* Anselmi, Epist. l. IV, epist 38.]

PASCHALIS episcopus, servus servorum Dei, GERARDO Eboracensi episcopo.

Sedis apostolicæ benignitas delinquentes filios novit diutius tolerare, ut eorum excessus debita possint correptione curari. Hoc de te Romana jam dudum fecit Ecclesia, sed tuos adhuc excessus corrigere contempsisti. Ipse etiam nosti quia ea spe tuæ promotioni condescendimus, ut ad resecanda regni Anglorum contagia fratri nostro Anselmo Cantuariensi archiepiscopo adjutor et cooperator adesses. Nostræ vero mansuetudinis oblitus, nec eumdem fratrem adjuvare jurasti, nec pro officii tui debito, iniquitati regiæ obviasti, imo favorem diceris adhibere. Nos tamen adhuc te sedis apostolicæ mansuetudine sustinemus, eo nimirum tenore ut excessus tuos corrigas, vitam emendes præteritam, et nobis sicut dignum est satisfacias. Noveris autem regis consiliarios, comitem videlicet de Mellento, et eos qui ad investituræ flagitium regem impellunt, in concilio quod præterita Quadragesima celebravimus, sancti Spiritus judicio ab ecclesiarum liminibus esse repulsos, et in eos qui investituras acceperunt eamdem sententiam esse firmatam. Quod per te omnibus annuntiari præcipimus. Regis vero sententia ea ex causa dilata est, quia suos ad nos nuntios in præteriti Paschæ tempore debuit destinare.

CXLVII.

* *Monasterii Altorfensis possessiones et privilegia confirmat, imposito monachis bizantii unius censu annuo.*

(Anno 1105, April. 5.)

[Vide *Wirtembergisches Urkundenbuch*, Stuttgart 1849, 4°, tom. I, page 356.]

CXLVIII.

Pontii, episcopi Aniciensis, privilegia confirmat.

(Anno 1105, April. 6.)

[CHENU, *archiepisc. et episc. Galliæ chronolog. Hist.* Parisiis 1621, 4°, p. 407.]

PASCHALIS episcopus, servus servorum Dei, PONTIO Aniciensi episcopo, salutem et apostolicam benedictionem.

Inter cæteras Francorum regni ecclesias, Aniciensis Beatæ Mariæ, sedi apostolicæ tanquam membrum capiti specialius adhærere cognoscitur, unde merito ex ejusdem sedis liberalitate a prædecessoribus nostris pallii decore meruit insigniri. Quæ nimirum causa sollicitudinem nostram propensius impellit, ecclesiam ipsam familiarius confovere, et concessam sibi dignitatem, ratam stabilemque servare. Tibi igitur, reverende frater Ponti episcope, tuisque successoribus decreti præsentis pagina confirmamus, quidquid parochialium speciali jure ad Aniciensem cognoscitur ecclesiam pertinere mansuro, merito in perpetuum decreto sancimus, ut tam tu quam tui deinceps successores nulli præter Romanum, metropolitano subjecti sint, et omnes qui tibi in eadem sede successuri sunt per manum Romani pontificis, tanquam speciales Romanæ sedis suffraganei consecrentur. Pallium vero fraternitati tuæ, plenitudinem urbis, pontificalis officii, apostolicæ sedis liberalitate et concessum intra ecclesiam tantum ad missarum solemnia subscriptis diebus, noveris induendum, in Natali Domini, sancti Stephani, Epiphaniæ hipopanto, Cœnæ Domini, Resurrectionis, Ascensionis, Pentecostes, tribus solemnitatibus sanctæ Mariæ, natali beati Joannis, festivitate apostolorum Petri et Pauli, commemoratione omnium sanctorum, et eorum martyrum vel confessorum qui in Aniciensi ecclesia requiescunt, in consecrationibus ecclesiarum, presbyterorum et diaconorum, et anniversariæ consecrationis tuæ die, cujus nimirum pallii volumus te per omnia genium vindicare, hujus siquidem indumenti honor, humilitas atque justitia est : tota ergo mente fraternitas vestra se exhibere festinet, in prosperis humilem et in adversis, si quando eveniunt, cum justitia erectam, amicam bonis, perversis contrariam, nullius unquam faciem pro veritate loquentem premens ; misericordiæ operibus juxta virtutem substantiæ insistens, et tamen insistere merito supra virtutem cupiens ; infirmis compatiens, benevolentibus congaudens, aliena damna propria deputans, de alienis gaudiis tanquam de propriis exsultans, in arrigendis vitiis pie sæviens, reverendissime in fovendis virtutibus auditoris animum demulcens, intra judicium sine ira tenens, in tranquillitate autem veritatis justæ censuram non desiderans. Hæc est, frater, pallii accepti dignitas, quam si sollicite servaveris, quod foris accepisse ostendes, intus habebis. Sancta Trinitas paternitatem tuam gloriæ suæ protectione circumdet, et ad finem qui non finitur pervenire concedat. Amen, amen.

Scriptum per manum Joannis scriniarii regionarii et notarii sacri palatii.

Ego Paschalis catholicæ Ecclesiæ episcopus.

Datum Laterani, 8 Aprilis (39) per manum Equitii agentis vicem cancellarii, indict. XIV, Incarnationis Dominicæ 1105, pontificatus autem domini Paschalis secundi papæ sexti.

Appensum est sigillum plumbeum in cordulis cericeis crocei rubeique coloris, in cujus prima facie sunt

---

(39) Leg. aut VIII *Kal. April.* aut VIII *Id. April.* JAFFÉ.

effigies sanctorum Petri et Pauli, et in altera scriptum est PASCHALIS PAPA SECUNDUS (40).

CXLIX.

Ad Parisiensis Ecclesiæ clericos. — Galonem Parisiensem episcopum effectum, a se discedentem, ipsis commendat, mittitque cum amplissima potestate. Vetat ne majores præbendarii a minoribus hominia suscipiant. Sancti Eligii cœnobium, monialium dissolutione infame, Galonis arbitrio permittit (41).

(Anno 1105, April. 6.)
[MANSI, *Concil.* XX, 1044, ex minore Pastorali Eccles. Paris.]

PASCHALIS, servus servorum Dei, dilectis filiis Parisiensis Ecclesiæ clericis, salutem et apostolicam benedictionem.

Et nobis et vobis gaudendum est quod post multa quæ vestræ ecclesiæ contigerunt adversa, Dei vos misericordia respexit. Personam siquidem idoneam et sacris canonibus congruentem ad vestræ Ecclesiæ gubernationem sua vobis benignitate concessit. Ipsum igitur ad vos redeuntem litterarum commendatione prosequimur, rogantes ut eum plena affectione diligatis, plena humilitate veneremini. Confidimus enim eum disciplinæ ecclesiasticæ futurum esse custodem, et salutis vestræ sollicitum provisorem. Huic sedulis officiis obedite, gratiam vobis in eo conciliate cœlestem. Hunc ad recuperanda ecclesiæ bona quæ prædecessorum illius tempore, tam in personis quam in prædiis distracta dicuntur, communibus adjuvate præsidiis. Ad quam causam adjuvante Domino strenue peragendam, nostræ auctoritatis ei vicem concessimus, quatenus si episcopi aut quorum parochiani bona ipsa diripiunt, aut quorum in parochiis bona eadem habentur, aut nolunt, aut desides sunt Ecclesiæ vestræ justitiam facere: ipse vel interdicendi vel excommunicandi eos, ni satisfecerint, habeat facultatem. Illud sane quod apud quosdam clericorum fieri audivimus, ut videlicet majores præbendarii a minoribus hominia suscipiant; et huic cohibendum præcipimus, et litteris præsentibus, ne fiat ulterius interdicimus. In hujusmodi siquidem conciliatione, et notatur ambitio, et gravius videtur Ecclesiæ scandalum generari. De cœnobio Sancti Eligii quid agendum sit ejus provisioni commisimus. Dicitur enim et loco importunissimo situm, et inhabitantium desidia tam infame, quam ærumnæ vehementer expositum.

Datum Laterani VIII Id. April.

CL.

Ad Daimbertum archiepiscopum Senonensem. — Consecratum a se Parisiensem episcopum commendat.

(Anno 1105.)
[MANSI, *Concil.* XX, 1013.

Paschalis episcopus, servus servorum Dei, venerabili fratri Daimberto Senonensi archiepiscopo, salutem et apostolicam benedictionem.

Venit ad nos cum tuo, seu suffraganeorum tuorum testimonio, Parisiensis ecclesiæ electus, per nuntios et per litteras ejusdem ecclesiæ preces afferens, ut a nobis Dei gratia deberet in episcopum consecrari. Nos personæ gravitatem videntes, morum maturitatem attendentes, infirmitati diutinæ compatientes, Ecclesiæ preces duximus audiendas. Salvo igitur in omnibus Senonensis ecclesiæ jure, et personæ tuæ reverentia, eum nostris tanquam B. Petri manibus, largiente Domino, consecravimus. Ipsum itaque ad dilectionem tuam cum B. Petri gratia remittentes, litteris præsentibus plurimum commendamus, omnipotentem Dominum rogantes, ut eum ad vos reducat incolumem, et ecclesiæ suæ utiliorem fore concedat.

CLI.

Erectio collegiatæ ecclesiæ S. Mariæ Brugensis confirmatur.

(Anno 1105, April. 8.)
[*Gall. Christ.*, V, 354.]

PASCHALIS episcopus, servus servorum Dei, dilecto filio GUMMARO S. et A. B.

Officii nostri nos hortatur auctoritas pro ecclesiarum statu sollicitos esse, et quæ recte statuta sunt

---

(40) Non obstante eo privilegio D. Antonius de Senecterre, vocatus ad concilium provinciale celebratum Biturigibus mense Septembri anno Domini 1584, per litteras testatus est se non posse huic concilio interesse, propter occupationes, et bellorum motus, probaturum tamen quæcunque determinarentur, statuerentur, et a sibi subditis diœcesanis observari curaturum, ut in calce ejusdem concilii legitur.

(41) Fuit hic Galo Bellovacensis primum, ac deinde Parisiensis episcopus. Ad eum jam Parisiensem, habes infra epistolam insignem Paschalis papæ. Utramque debemus V. cl. Viono Herovallio, vetustorum monumentorum indagatori sagacissimo et felicissimo. Quam vero hic a Paschali II facultatem accipit Parisiensis episcopus excommunicandi cujusvis ex altera diœcesi, qui Ecclesiæ Parisiensis bona retineat, si ejus episcopus vel nolit, vel cunctetur, eum ad satisfaciendum adigere: eamdem aut non multum dissimilem postea Honorius IV decano et capitulo ejusdem ecclesiæ concessit. *Vobis*, inquit, *auctoritate præsentium indulgemus, ut in laicos super prædictis* (bonis scilicet extra diœcesin Parisiensem constitutis) *injuriam inferentes, si eorum episcopi, eos ad exhibendam vobis satisfactionem debitam cogere recusaverint, ultra mensem postquam a vobis fuerint cum humilitate debita requisiti, liceat vobis censuram ecclesiasticam, præmissa monitione canonica, exercere.* Quæ Honorii epistola est in ecclesiæ Parisiensis utroque Pastorali ms. cum hoc titulo : *De excommunicandis malefactoribus.*

De Sancti Eligii cœnobio explevit Galo datam sibi a Paschali provinciam. Exstat in eodem Pastorali minore ejus præceptum quo dissolutas moniales eliminat, monasterium abbatiæ Sancti Petri Fostatensis concedit possidendum, tanquam cellam in qua monachi minimum duodecim cum priore suo vivant secundum Sancti Benedicti institutum, servata sibi eadem in locum illum potestate quam ipsius decessores in monialium monasterium habuerunt. Quas Galonis litteras anno 1107 datas, suis litteris Philippus rex eodem anno confirmavit. Sed post mutationes plurimas, hoc tandem sæculo locus idem religiosissimis Sancti Pauli clericis a Parisiensi episcopo concessus est. Gabr. COSSART.

stabilire. Quamobrem, tuis precibus annuentes, concessionem fratris nostri Baldrici Tornacensis episcopi, qui parochiali ecclesiæ Sanctæ Mariæ, quæ apud Brugense oppidum est, te petente concessit, nos quoque præsentis decreti auctoritate firmamus. Stabilimus enim ut illud altare B. Mariæ ab omni sæculari exactione liberum conservetur, canonici illic constituti prælatum suum eligendi potestatem habeant, cui episcopus canonicorum curam commendet spiritualem, providentiam quoque substantiæ temporalis et prælatus ipse ab episcopo utramque prælationem suscipiat et in utroque canonicam et debitam episcopo exhibeat subjectionem. Ipsi quoque prælato electo a canonicis et canonice ab episcopo constituto canonice præbendas disponendi facultas permaneat, et uno quoque anno in festivitate sanctorum apostolorum Simonis et Judæ quinque solidos pro respectu Ecclesiæ solvat. Porro fratres ipsi, malefactores ecclesiæ ipsius canonice excommunicandi absolvendique potestate utantur. Quæcunque vero in præsenti eadem ecclesia possidet vel in futurum largiente Domino legaliter possidere contigerit, illic Domino servientibus quieta semper et integra conserventur. Ut autem hæc omnia perpetua stabilitate consistant, Spiritus sancti judicio et apostolicæ auctoritatis sanctione sancimus.

Datum Laterani vi Idus Aprilis, indictione xiii.

CLII.

Confirmatio bonorum ad ecclesiam Ferrariensem spectantium, cui assignantur limites, et undecim minores massæ de patrimonio Romanæ Ecclesiæ donantur.

(Anno 1105, April. 8.)

[COCQUELINES, *Bullar. Rom. pont. ampl. Collect.*, II, 131.]

PASCHALIS episcopus, servus servorum Dei, venerabili fratri LANDULPHO Ferrariensi episcopo, GUILLELMO filio Bulgari, PETRO filio Arimundi, UBERTO consuli, et per eos tam Ecclesiæ quam civitati Ferrariæ, in perpetuum.

Officii nostri nos hortatur auctoritas pro ecclesiarum statu sollicitos esse, et quæ rite sunt statuta stabilire. Sicut igitur sanctorum prædecessorum nostrorum Adriani, et Benedicti deliberationibus constitutum est, nos sanctæ Ferrariensi ecclesiæ, tanquam speciali apostolicæ sedis filiæ, fundos ejusdem matris et patrimonia confirmamus : ipsam videlicet massam Babylonicam quæ vocatur Ferraria, cum duodecim fundis suis, cui undecim alias massas nostras minores cum omni obedientia ac servitute subjugamus, id est massam et ripam Palatiolus cum duodecim fundis suis, et massam Constantiacus cum duodecim fundis suis, simulque massam Quartisianam cum duodecim fundis suis, et totam et integram massam Donoro cum duodecim fundis suis ; et similiter massam Popularem cum duodecim fundis suis et Castellonem cum fundis suis similiter ; similique modo massam, quæ vocatur Formignana, cum omnibus fundis suis. Has quidem præfatas massas cum omnibus ad earum jura pertinentibus, de dominio et jure atque potestate sanctæ Romanæ Ecclesiæ in sanctam Ferrariensem ecclesiam per hanc donationis et traditionis paginam donamus et tradimus, ut ab hac hora in antea liceat tibi, charissimo fratri Landulpho episcopo et successoribus tuis in singulis massis ecclesias cum clericis, presbyteris, diaconibus ordinare et consecrare; illud omnimodis sancientes, ut Ferrariensis ecclesia cum tota parochia sua in jure et dominio ac privilegio nostro sanctæ Romanæ Ecclesiæ B. Petri, cujus est patrimonium, conservetur perpetuo : ut sit semper sub nostra electione, ordinatione atque consecratione ; ut quicunque per nos illic electus, ordinatus et consecratus fuerit, ille honoris hujus ac potestatis integritate fungatur. Comitatus autem Ferrariæ fines et termini sunt : ab oriente, ab una parte fluminis Padi, altera nostra massa fiscalia et veterana, a veterana transeunt flumen Sandali usque ad Buccilletum, per Buccilletum transeunt flumen Gabiana per Ludurium, et circumdant villam magnam et Madrariam pervenientes usque Maletum ; a Maleto pergunt juxta Argilem Anxianum per paludes et piscarias usque Vitricam, et transeuntes Vitricam veniunt usque fossam Buranam, et per fossam Buranam exeunt in Padum, et descendunt ad occidentem usque ulmum formosam, quæ cælus finis est intra Romaniam et Longobardiam ; ab altera autem fluminis parte fines sunt similiter ab oriente callis de fine quæ finis est inter nostrum comitatum Comaclensem, et extendunt se per paludes et piscarias usque ad fossatum de Filule, et circumdant massam Corneti, et Languavanum quæ de nostro comitatu sunt Ferrariæ; descendunt inde ad occidentem per paludes et piscarias usque ad flumen Tartari, et per ipsum flumen Tartari exeunt usque ad flumen Padi. Sane habitatoribus ipsis majoris massæ Ferrariæ malas et pravas consuetudines removemus, nisi tantum sicut sunt ad suffragium sanctæ Romanæ Ecclesiæ, annualiter per illorum nuntium unaquæque libera persona de moneta Venetiarum denarios singulos dabit : census vero et tributi atque telonei de ripa et flumine unam medietatem pro benedictione ad communem utilitatem, meliorationem et restaurationem jam dictæ majoris massæ concedimus; alteram medietatem ad nostras manus reservamus. Similiter telonei de mercato unam medietatem nobis conservamus : et alteram medietatem præfato episcopo vestro condonamus. Placitum quidem generale similiter in dominio et potestate nostræ sanctæ Romanæ Ecclesiæ tenemus, ut tamen nostro nuntio semel in anno faciente justitiam, ab omnibus per tres dies custodiatur; collectam vero vel fodrum, aut pravam vel injustam functionem, aut dationem, seu consuetudinem nequaquam exigimus ; sed omnia pro Dei timore atque amore præfatæ nostræ Ecclesiæ B. Georgii omnibus habitantibus ipsius majoris massæ percipimus, aliasque minores massas et sic ut supradictum est, cum omnibus suis servitutibus subjungamus. Si qua sane ecclesiastica sæcularisve persona, hanc nostræ constitutionis paginam sciens, contra eam venire tentaverit et aut Ferrariensem ecclesiam aquæ supra scriptis sunt, diminuere, aut sanctæ sedi apostolicæ jura, quæ superius significata sunt, auferre præsumpserit, pœnæ et compositionis nomine reddet eidem sanctæ sedi apostolicæ auri optimi libras centum, et nisi quæ male præscripta sunt satisfactione congrua emendaverit, potestatis honorisque sui dignitate careat, reamque se divino judicio existere de perpetrata iniquitate cognoscat, et a sacratissimo corpore ac sanguine Dei et Redemptoris nostri Jesu Christi aliena fiat, atque in extremo examine districtæ ultioni subjaceat. Cunctis autem eisdem ecclesiis justa servantibus sit pax Domini nostri Jesu Christi, quatenus et hic fructum bonæ actionis percipiant, et apud districtum iudicem præmia æternæ pacis inveniant. Amen.

Scriptum per manum Raynerii scriniarii regionarii, et notarii sacri palatii.

Ego Paschalis catholicæ Ecclesiæ episcopus.

Datum Laterani per manum Joannis sanctæ Romanæ Ecclesiæ diaconi cardinalis ac bibliothecarii, vi Idus Aprilis, indictione xiv, anno Dominicæ Incarnationis 1106, pontificatus autem domni Paschalis II PP. anno vii (42).

CLIII.

Ad Bernardum Toletanum archiepiscopum et Didacum Compostellanum episcopum (vide supra epist. 135).

(Anno 1105, April. 11.)

[FLOREZ, *España sagrada*, XX, 91.]

PASCHALIS episcopus, servus servorum Dei, venerabilibus fratribus et coepiscopis BERNARDO Toletano, apostolicæ sedis vicario, et DIDACO Compostellano, salutem et apostolicam benedictionem.

Postquam de monasterii Ciniensis causa eam quam nostis sententiam scripseramus, veniente ad nos filio nostro P. comite plurima ejusdem monasterii monumenta prolata sunt, in quibus patenter agnovimus locum ipsum ad conversationem sanctimonialium institutum. Præterea significatum nobis est locum ipsum non tantarum existere facultatum, ut duarum ex eis valeant congregationum stipendia ministrari. Unde magis congruum visum est, ut si fieri potest prior in eo sanctimonialium status reformetur : si vero id omnino fieri non potest, ne monastica illic religio penitus pereat, monachorum congregatio admittatur.

Datum Laterani iii Idus April.

CLIV.

Privilegium pro monasterio Trenorciensi.

(Anno 1005, April. 24.)

[JUENIN, *Nouvelle Histoire de l'abbaye royale de Saint-Philibert et de la ville de Tournus.* Dijon, 1733, 4°, Pr., p. 147.]

PASCHALIS episcopus, servus servorum Dei, dilecto in Christo PETRO Trenorciensi abbati, ejusque successoribus regulariter promovendis in perpetuum.

Justis votis assensum præbere, justisque petitionibus aures accommodare nos convenit, qui licet indigni justitiæ præcones, in excelsa apostolorum Petri et Pauli specula positi Domino disponente conspicimur. Idcirco petitionibus tuis clementius annuentes, Trenorciensi cœnobio cui Deo auctore præsides, præsidium apostolicæ protectionis impendimus; et loca illa quæ vel antecessorum tuorum, vel tuæ strenuitatis industria aut rationabiliter acquisivit, aut legitime recuperavit, vel antiquorum principum seu episcoporum liberalitate eidem cœnobio concessa sunt, præsentis decreti pagina vobis vestrisque successoribus confirmamus. In episcopatu videlicet Claramontensi, monasterium S. Porciani, cum ecclesiis de Besson, de Quintiniaco, de Polines, de Celsiaco, de Travallio, de Fellinia, Monte aureo, de Sustris, de Charel, de Liriniaco, de Martiliaco, de Monfanc, de Boiaco, de Barbariaco, de Vernei, de Villena, de Lupiaco, de Paredo, de Briasis, de Varinnas, de Voroz, de S. Lupo : ecclesias de Besiaco, de Nuilliaco, de Capelz, de Branciaco, de Floriaco cum capella de Cava roua ; ecclesiam de Salviliis, de Libiaco; ecclesiam Sancti Nicolai, et ecclesiam de Vernolio. In Cabillonensi, Pristiacum, Aguliacum, ecclesiam de Baldreas, ecclesiam Sancti Andreæ, Lambras, Manciacum; ecclesiam de villa Ginniaco, de Ver : ecclesiam Sancti Martini de Griviliaco, de Cusiriaco. In Lugdunensi, ecclesiam Sancti Andreæ de Belgiaco, Vesliacum, Briennam, Juvenciacum ; ecclesias Sancti Jacobi de Grassiaco, Sancti Benigni ; ecclesiam de Cabrosio, ecclesiam de Cavannis, Bisiacum, ecclesiam Sanctæ Mariæ de Soliniaco, S. Martini de Butella : ecclesiam Sancti Andreæ, quæ vulgo vocatur Pannos : ecclesiam de Monte-Raculfo, ecclesiam de Sasixiaco, ecclesiam de Peroniaco : capellam de Castro Corgenon : ecclesiam S. Ledii, quæ vulgo vocatur Olivæ : Lovincum, Silviniacum. In Matisconensi, Ulchisiriacum, Villare, Plotas, Belniacum, ecclesiam de S. Donziacum, cellam Sancti Romani, S. Mauritii, S. Symphoriani, S. Mariæ de capella Reverias, S. Petri de Romaniscas ; ecclesiam de Aziaco, de Fisiaco, S. Juliani de Lonciaco, S. Vitalis de Lenna. In Bituricensi, ecclesiam de Saciaco. In Augustodunensi, ecclesiam de Pariniaco cum capella, ecclesiam de Petraficta, cum capella S. Justi. In Namnetensi, monasterium S. Philiberti, ecclesiam S. Vitalis de Raas, ecclesiam de Machicol, S. Martini de Paciaco, S. Liminii, ecclesiam de Limoziveria, S. Columbani, ecclesias de Corcoiaco, ecclesias de Mores mansiones, de Legiaco, de Tolvei, ecclesias de Monasteriis. In Pictavensi, Herum insulam, ecclesias de Bellovidere, cum cœmeterio : cellam Sanctæ Mariæ Lauduni, ecclesiam S. Nicolai, S. Petri, ecclesias de Basilicis, Sanctæ Crucis, ecclesias de Berniziaco, de Aziaco, Macia-

---

(42) Notæ chronologicæ sunt corruptæ. JAFFÉ.

cum, Taziacum, ecclesiam de Madernas, ecclesias de Bernazai, de Monte S. Leodegarii, de Estivalibus. In Turonensi, Pontiacum, Verniacum, Corcoriacum. In Andegavensi, cellam Cunaldi cum appenditiis, ecclesias de Doadi castri, Sancti Dionysii, S. Petri, S. Joannis, S. Leodegarii, ecclesiam S. Laurentii, villam Landrum, Trenciacum, ecclesias de Varinas, S. Mariæ de Tanoys cum capella. In Genevensi, ecclesiam de Perois. In Aniciensi, monasterium S. Philiberti, ecclesiam Sancti Petri de Solitas, S. Felicis de Laudons, S. Mariæ Pratalias, S. Martini Cocornensis; capellam S. Philiberti, S. Cyrici, S. Mauricii Amblavensis, S. Vincentii, capellam in castro Syroi, Sanctæ Mariæ de Bozac, capellam de castro Rocos, S. Juliani Caspiniaci, capellam de castro Mercolio, ecclesiam S. Quintini. In Diensi, ecclesiam de castro Grainan, S. Vincentii, S. Romani, ecclesiam de Torrites. In Tricastinensi, ecclesiam de Valle-Nymphis, S. Martini, S. Mariæ, S. Petri, S. Romani, capellam S. Michaelis de Gaba, ecclesiam de Eleemosyna, Sanctæ Mariæ de Grainan. In Aurasicensi, ecclesiam de Dosera, Sanctæ Mariæ, S. Benedicti, S. Christophori, S. Saturnini. In Vasionensi, ecclesiam S. Germani, S. Petri de Falco, S. Mariæ de Purpureas. In Viennensi, cellam Sanctæ Agnetis de Mota, S. Martini de Aziaco cum cœmeterio, S. Verani de Rivas, ecclesiam de Fai, S. Joannis de castro Miron, ecclesiam de Villanova, capellam S. Michaelis de Albon, ecclesiam S. Saturnini cum parochia, cellam S. Philiberti de Minniaco, ecclesiam S. Romani, S. Andreæ, ecclesiam S. Ferreoli. In episcopatu Bisuntino, S. Cornelii, S. Desiderii, ecclesiam de Arzon. Quæcunque præterea in futurum largiente Deo, juste poteritis adipisci, firma vobis vestrisque successoribus, et illibata permaneant. Decernimus ergo ut nulli omnino hominum liceat idem cœnobium temere perturbare, aut ejus possessiones auferre, vel ablatas retinere, minuere, vel temerariis vexationibus fatigare; sed omnia integra conserventur, eorum pro quorum sustentatione et gubernatione concessa sunt, usibus omnimodis profutura. Ad hæc adjicimus ut idem locus in quo beati Valeriani martyris, et sancti Philiberti confessoris corpora requiescunt, ab omni jugo sæcularis potestatis liber in perpetuum conservetur. Nec episcopo liceat cujuscunque diœcesis eumdem locum, excommunicationis, vel absolutionis, vel cujuslibet dispositionis occasionibus perturbare: aut cruces, seu quaslibet exactiones novas, burgo, et cæteris monasterii possessionibus irrogare. Missas quoque in eodem monasterio publicas celebrari, vel stationem ab episcopo præter abbatis et fratrum voluntatem fieri prohibemus. Cætera etiam quæ per reverendæ memoriæ Joannis pontificis privilegium concessa Trenorciensi monasterio confirmata sunt, confirmamus. Præterea pro reverentia beatæ Mariæ semper virginis, cujus nomine locus vester insignis est, in Annuntiatione Domini Salvatoris nostri hymnum angelicum inter missarum solemnia, abbati vel fratribus pronuntiare concedimus. Obeunte te nunc ejusdem loci abbate, et tuorum quolibet successorum, nullus ibi qualibet subreptionis astutia seu violentia præponatur, nisi quem fratres communi consensu vel fratrum pars consilii sanioris secundum Dei timorem et beati Benedicti regulam elegerint, ab apostolicæ sedis episcopo, vel ejus legato propter difficultatem itineris consecrandum. Si qua igitur in futurum ecclesiastica sæcularisve persona hanc nostræ constitutionis paginam sciens, contra eam temere venire tentaverit, secundo tertiove commonita, si non satisfactione congrua emendaverit, potestatis honorisque sui dignitate careat, reamque se divino judicio existere de perpetrata iniquitate cognoscat, et a sacratissimo corpore et sanguine Dei et Domini Redemptoris nostri Jesu Christi aliena fiat, atque in extremo examine districtæ ultioni subjaceat. Cunctis autem eidem loco justa servantibus, sit pax Domini nostri Jesu Christi, quatenus et hic fructum bonæ actionis recipiant, et apud districtum judicem præmia æternæ pacis inveniant. Amen.

Ego Paschalis catholicæ Ecclesiæ episcopus.

Datum Laterani per manum Joannis sanctæ Romanæ Ecclesiæ diaconi cardinalis, VIII Kalendas Maii, indictione XIII, Incarnationis Dominicæ anno 1105, pontificatus quoque domni Paschalis II papæ sexto.

CLV.
Privilegium pro parthenone Fontis Ebraldi.
(Anno 1106, April. 25.)
[*Gall. Christ. vet. edit.*, IV, 440.]

PASCHALIS episcopus, servus servorum Dei, universis per Aquitaniam fidelibus, salutem et apostolicam benedictionem.

Religiosis desideriis dignum est facilem præbere consensum, ut fidelis devotio celerem sortiatur effectum. Venerabilis siquidem frater noster Petrus Pictaviensis episcopus audientiæ nostræ suggessit, Robertum presbyterum, magnæ religionis virum, inter cætera religionis studia quibus indesinenter insistit, non parvam sanctimonialium congregationem ad divinum servitium congregasse, in loco qui dicitur Fons Evrardi. Rogavit etiam charitatem nostram, ut eamdem sanctimonialium congregationem, et locum ipsum apostolicæ auctoritatis privilegio muniremus. Igitur per decreti præsentis paginam statuimus ut idem locus, et in eo permanens congregatio, semper sub apostolicæ sedis protectione servetur. Itaque tam ipsis quam earum posteris in eadem religione viventibus, ea omnia confirmamus, quæ a proceribus vestrarum partium ad earum gubernationem collata cognovimus: videlicet fundum Raireigium, Fontem Buldarium, Logias, Silvam S. Hermetis, Podiam. Præterea quæcunque bona, quascunque possessiones, vel concessione pontificum, vel liberalitate principum, vel oblatione fidelium, aut in præsentiarum possident, aut eas in futurum possidere contigerit, tam ipsis, quam ipsarum posteris firma semper et illibata permaneant. Nemini vero facultas sit Ecclesiam ipsam temere perturbare, aut quæcunque ipsius sint, vel fuerint quibuslibet occasionibus auferre, minuere, temerariis vexationibus fatigare, sed omnia integra conserventur, eorum, pro quorum sustentatione et gubernatione concessa sunt, usibus omnimodis profutura, salva Pictaviensis episcopi reverentia. Vos etiam universos ad salutem animarum vestrarum commonefacimus, et rogamus ut locum ipsum beatæ Mariæ Dei genitricis jam insignem vocabulo, et efficaciter tueri, et rebus vestris ditare curetis. Quicunque vero domum ipsam, et in ea Domino servientes fovere, suisque rebus honorare curaverit, omnipotentis Dei Domini Jesu Christi et ejus genitricis gratiam, et peccatorum veniam consequatur. Si quis autem, quod absit! huic nostro decreto contraire tentaverit, sancti Spiritus judicio, et sedis apostolicæ animadversione multetur, nisi præsumptionem suam digna satisfactione correxerit.

Datum Laterani per manum Joannis sanctæ Romanæ Ecclesiæ diaconi cardinalis, ac bibliothecarii, vii Kal. Maii, indict. xiii, Incarnat. Dominicæ anno 1106, pontificatus quoque domni Paschalis II papæ anno vi.

CLVI.

Monasterii S. Michaelis (diœc. Virdunensis) protectionem suscipit possessionesque confirmat.

(Anno 1105, April. 30.)

[Dom Calmet, *Hist. de Lorraine*, I, Pr., p. 521.]

Paschalis episcopus, servus servorum Dei, Odelrico abbati venerabilis monasterii Sancti Michaelis, quod super fluvium Marsupii in Virdunensi parochia situm est, ejusque successoribus regulariter substituendis in perpetuum.

Passionum suarum consortes beatus Paulus apostolus, sicut socii passionum sunt, sic sperat futuros et consolationis. Quia igitur in Romanæ Ecclesiæ passionibus multa vos pro fide catholica passos agnovimus, ejus etiam consolationis optamus vos habere consortium. Per præsentis igitur privilegii paginam vobis, vestrisque successoribus apostolicæ tuitionis munimen impendimus, et universa vestro monasterio vel Wolfaudi ducis, vel aliorum principum sive regum donationibus, vel episcoporum concessionibus, vel aliorum fidelium oblationibus, vel aliis justis modis pertinentia confirmamus : videlicet ipsam villam Sancti Michaelis, Widinis villam, Vodonis villam, Marsupiam, Mononis villam, Calvonis curtem; portionem in villa quæ vocatur Ervia; villam quæ dicitur Cula; Rofridi curtem; portionem in villa quæ dicitur Bannonis curtis cum ecclesia. Villam Fraxinum cum ecclesia. Villam quæ dicitur Trunio, cum ecclesia et altari; villam quæ dicitur Buxerias, cum ecclesia; villam quæ dicitur Crux, cum ecclesia; domnum Remigium cum ecclesia. In suburbio Virdunensi ecclesiam, cum altari, et alodio septem mansorum. Villam quæ dicitur Lederna. In Eppone curte portionem unam.

Villam quæ dicitur Ulmus, et in populo vocatur Coria. Villonis villam. Villam Cussiriacum. Villam Condatum, cum ecclesia et decimis. In Vico et Marsallo inionem ad sal faciendum, cum manso, et servo, et casa. Villam quæ dicitur Bethelani mons. Quartam partem de ville..... cum ecclesia et decimis, tam majorum quam minorum. Ansoldi villam; Thiegisili villam. Longum montem, Moricum curtem, cum ecclesia et decimis, tam majorum quam minorum. Villam Saponariam. Ecclesiam vetustæ villæ, cum decimis tam majorum quàm minorum. Ecclesiam Acciacæ villæ, cum decimis tam majorum quam minorum. Duas ecclesias in Thyriaco, cum decimis tam majorum quam minorum, et consuetudine libertatis suæ. Ecclesiam Sancti Balsami, cum decimis tam majorum quam minorum. Vermari curtem, cum ecclesia et decimis tam majorum quam minorum. Villam Viletta; Baldrici montem, cum ecclesia et decimis. Lusani curtem; Frisci villam; Novam villam; villam Martionis, et Boveiam, cum ecclesiis et decimis. Villam Corridum. Sanctum Hylarium rivum, cum ecclesia et decimis. Robaldi curtem, cum ecclesia et decimis. Hermari curtem. Ecclesiam Dagonis villæ, cum decimis. Ecclesiam villæ, cum septem mansis. Medietatem Sechanis villæ. Apud Nanceyacum portionem quamdam. Apud Salemanniam alodium. Apud Sarnacum portionem quamdam. Apud Ruviene..... portionem quamdam.

Apud Saponariam, ecclesiam cum molendino, terris cultis et incultis. Ecclesiam cum altari et decimis apud Barri villam, et culturam pro Hugone comite datam, et hospitale, cum ecclesia et appenditiis. Waheri curtem, cum ecclesia et decimis. Vedani villam, cum ecclesia et decimis. Mauri villam, cum ecclesia et appenditiis. Portionem Mariaci, cum ecclesia et decimis. Villam Toralias. Bodelini curtem. Longam aquam. Vodelinam villam. Villam Vallis, cum ecclesia. Ecclesiam Alieri. Ecclesiam in Mannes, cum appenditiis. Portionem in Gyronis villa. Portionem in Verthisiaco. Alodium in Framea villa, cum servis et ancillis, terris cultis et incultis. Portionem in Mererinia. Portionem in Gereya. Portionem in Ponto; cellam quæ vocatur Harei villa, cum possessionibus ad eam pertinentibus, quæ sunt Periacus, Holtranni curtis. Portio Lifagi. Portio Vreheri curtis. Frisvilla. In Cussiaco alodium, cum servis et ancillis. In Parniaco alodium, cum appenditiis. Villa Braconis curtis. In Balneolo alodium, cum servis et ancillis.

Item confirmamus vobis cellam quæ vocatur Rooldi curtis, cum appenditiis. Cellam quæ vocatur Merodorum, cum appenditiis suis. Cellam quæ dicitur Asmingia, cum appenditiis suis. Hæc tam libera est, ut nec episcopo vel archidiacono aliquam habeat subjectionem. Item cellam quæ dicitur Vetus monasterium. Hujus possessiones sunt hæ : Bucconis villa cum appenditiis. Curezele, cum ecclesia et appenditiis. Morlensis curtis cum ecclesia. Ecclesia Floriacensis. Apud Vertyhernei curtem ecclesia cum decimis tam majorum quam minorum. Brunonis Maslinus, cum appenditiis. Ecclesia Maslini. Ecclesia apud Ligmers, cum appenditiis. Tullo alodium in vineis, pratis et mansis. Alodium apud Palladii mansum. Tres partes in ecclesia apud Helesin. Medietas ecclesiæ apud Roseriam. Lusanivilers cum appenditiis. Alodium cum fonte apud domnum Petrum. Warneri villa cum appenditiis. Alodium in Bannonis curte. Mononis curtis cum appenditiis. Quarta pars ecclesiæ apud Berlei villam, cum appenditiis. Ecclesia apud Acuti curtem, cum mansis, servis et ancillis, et appenditiis. Ecclesia apud Juniolas, cum appenditiis. Duo molendina apud Ramberti curtem, cum septem mansis. Ecclesia de Thail, cum appenditiis. Ecclesia apud Rambert. Masniolus cum decem mansis. Molendinum in Virdunensi vado, cum mansis et pratis. Unus mansus apud Tiliacum.

Apud Hunonis villam mansus unus. Apud Maferez servi et ancillæ, cum terris cultis et incultis, et molendino. Apud Amarum vicinum mansus et dimidius. Apud sanctum Balsamum septem mansi, cum banno, et molendinum. Apud unum vicinum tres mansi. Sub Prisneio una vinea. Apud Asmantiam duo mansi cum vinea. Apud Pompanium duo mansi, cum vineis. Apud Venderiam vinea, cum terris. Apud S. Ragueriridam vinea una. Apud Grossum robur pratum et molendinum. Apud Theoldi curtem pratum unum. Apud Samboldi montem servi et ancillæ, cum terris cultis et incultis. Apud Parvam coriam servi et ancillæ, cum terris cultis et incultis. Apud Pischunmes servi et ancillæ, cum appenditiis. Apud Haum quidquid pertinet illic.

Item confirmamus vobis cellam Salonam, cujus possessiones sunt hæ : villa quæ dicitur Letrau ; Fezzonis curtis; Eligesindis villa ; Abonis curtis ; Romans; Almeri curtis; Vunzonis curtis; Vivi curtis ; septem mansi Malodis curtis ; Mori curtis cum ecclesia ; Curcellæ cum appenditiis, et ecclesia ; mercatum Diosmis; triginta mansi inter Aliacy ; Malesei villam ; alodium in vico, cum patellis, sessionibus et inionibus, et reliquis appenditiis. Quam nimirum Salonæ cellam in solita concedimus libertate persistere, ut sit expers omnis exactionis, nec episcopus, nec episcopi ministri, vel synodum illic, vel judicium, aut aliquam districtionem præter voluntatem abbatis exerceatur.

Si qua præter hæc prædia, si qua bona vel in præsentiarum ab eodem S. Michaelis cœnobio legitime possidentur, vel in futurum largiente Domino juste atque canonice haberi possiderique contigerit; vobis vestrisque successoribus, in eadem religione viventibus, quieta semper et integra conserventur. Decernimus ergo ut nulli omnino hominum liceat idem cœnobium temere perturbare aut ejus possessiones auferre, vel ablatas retinere, vel temerariis vexationibus fatigare; sed omnia integra conserventur, eorum pro quorum sustentatione et gubernatione concessa sunt, usibus omnimodis profutura. Obeunte te nunc ejus loci abbate, vel tuorum quolibet successorum, nullus ibi qualibet subreptionis astutia seu violentia præponatur, nisi quem fratres communi consensu, vel fratrum pars consilii sanioris, vel de suo, vel de alieno, si oportuerit, collegio, secundum Dei timorem, et beati Benedicti regulam, elegerint.

Si qua igitur ecclesiastica sæcularisve persona hanc nostræ constitutionis paginam sciens contra eam temere venire tentaverit, secundo tertiove commonita, si non satisfactione emendaverit congrua, potestatis honorisque sui dignitate careat, reamque se divino judicio existere de perpetrata iniquitate cognoscat, et a sacratissimo corpore et sanguine Dei et Domini Redemptoris nostri Jesu Christi aliena fiat, atque in extremo examine districtæ ultioni subjaceat. Cunctis autem eidem loco justa servantibus sit pax Domini nostri Jesu Christi, quatenus et hic fructum bonæ actionis percipiant, et apud districtum judicem præmia æternæ pacis inveniant.

Scriptum per manum Raynerii, scriniarii regionarii et notarii sacri palatii.

Ego Paschalis catholicæ Ecclesiæ episcopus subscripsi.

Datum Laterani per manum Joannis sacræ Romanæ Ecclesiæ diaconi cardinalis et bibliothecarii, II Kal. Maii, indict. XIII, Incarnatione Dominicæ anno 1106 [1105], pontificatus quoque domni Paschalis II papæ VI.

CLVII.

Confirmat antiquam sedis Ovetensis exemptionem.
(Anno 1105, Sept. 30.)

[Florez, *España sagrada*, XXXVIII, 340.]

Paschalis episcopus, servus servorum Dei, venerabili fratri Pelagio Ovetensi episcopo, ejusque successoribus canonice substituendis in perpetuum.

Ad sedem apostolicam, quasi ad caput et matrem omnium in gravioribus negotiis recurrendum ecclesiastica sanxit auctoritas; ipsa enim maternæ charitatis visceribus novit oppressis subvenire, et sic sua defendere, ut curet aliis etiam competentia jura servare. Tuas igitur et Ecclesiæ tuæ preces, charissime frater Pelagi Ovetensis episcope, debita benignitate suscipimus, ut libertatis jus antiquorum jam temporum diuturnitate possessum eidem Ovetensi Ecclesiæ conservamus, ipsa quippe cum inter cæteras Hispaniæ civitates clara locuplexque polluerit, nulli unquam legitur subjacuisse metropoli. Hanc itaque ipsius ingenuitatem juxta petitiones vestras ratam, et integram, et ita stabilem permanere decreti præsentis assertione censemus, ut si quam forte huic libertati contrariam institutionem apud apostolicæ sedis occupationes quælibet potuit extorsisse subrectio [f. subreptio], nullum per hanc eidem libertati præjudicium ingeratur? Libertatis enim bonum omnimoda legum provisione munitum est, ut nullis pateat occasionibus pessumdandum. Constituimus igitur ut juxta prædecessorum tuorum, et tui ipsius instituta, tui quoque deinde successores, nulli unquam præter Romanum metropolitano subjecti sint, et omnes qui tibi in eadem sede successuri sunt, per manum Romani pontificis tanquam specialis Romanæ sedis suffraganei consecrentur. Præterea mansuro in perpetuum decreto sancimus, ut quidquid juste hactenus supráfatæ Ovetensi Ecclesiæ testamentis regalibus oblatum est, quidquid parochiarum legitima possessione possidere cognoscitur, tibi tuisque legitimis successoribus firmum semper integrumque servetur. Si quæ sane ecclesiastica sæcularisve persona, hanc nostræ constitutionis paginam sciens, contra eam temere venire tentaverit, secundo tertiove commonita, si non satisfactione congrua emendaverit, potestatis honorisque sui dignitate careat, reamque se divino judicio consistere de perpetrata iniquitate cognoscat, et a sacratissimo corpore ac sanguine Dei et Domini Redemptoris nostri Jesu Christi aliena fiat, atque in extremo examine districtæ ultioni subjaceat. Cunctis autem eidem Ecclesiæ justa servantibus sit pax Domini nostri Jesu Christi, quatenus et hic fructum bonæ actionis percipiant, et apud districtum judicem præmia æternæ pacis inveniant. Amen.

Ego Paschalis catholicæ Ecclesiæ episcopus.

Datum per manum Joannis, sanctæ Romanæ Ecclesiæ diaconi cardinalis ac bibliothecarii, apud civitatem Castellanam, II Kalend. Octobris, Incarnationis Dominicæ anno 1102, pontificatus autem dominici [domni] Paschalis secundi VII (43).

CLVIII.

Ad Belvacensem episcopum, de quadam terra Sancti Bertini, Hubertuisin dicta.

(Anno 1105, Oct. 11.)

[Collection des cartulaires de France, Paris 1840, 4°, t. III, p. 251.]

PASCHALIS episcopus, servus servorum Dei, venerabili WALONI, Belvacensi episcopo, salutem et apostolicam benedictionem.

Justitiam a te diligi multis jam experimentis didicimus, idcirco quod justitiæ est strenuitati tuæ confidenter indicimus. In præsentia siquidem tua et aliorum coepiscoporum, filius noster Sancti Bertini abbas Lambertus possessionem quamdam, quæ Hubertuisin dicitur, in villa Bury, monasterio suo rationabiliter vindicasse significavit, quam Hugo quidam de Buri, auxilio Fulconis, filii Ebali, violenter tenet; unde etiam a legato nostro Cœlestino, Prænestino episcopo, in Remensi concilio excommunicatus asseritur. Tuam igitur experientiam monemus et præcipimus, ut, sicut tibi nota est, justitiam monasterio exsequaris. Nec solum excommunicationem, quæ in Hugonem illum et fautores ejus dictata est, teneas, sed in tota villa Bury et in tota terra Fulconis officia divina prohibeas donec monasterio satisfaciant.

Data Ferentini, quinto Idus Octobris.

CLIX.

Ad Didacum episcopum Compostellanum. — De mitris habendis.

(Anno 1105, Oct. 24.)

[FLOREZ, *España sagr.* XX, 93.]

P. episcopus, servus servorum Dei, venerabili fratri D. Compostellano episcopo, dilectis filiis Compostellanæ Ecclesiæ canonicis, salutem et apostolicam benedictionem.

Petitionem vestram quam nobis per filium nostrum G. vestræ Ecclesiæ archidiaconum suggessistis, paterna benignitate suscepimus. Id enim tanquam magis proprium Romana semper Ecclesia habuit, ut dignitatum suarum gratias aliis Ecclesiis tanquam mater filiis impertiret. Præsentium igitur litterarum vobis assertione concedimus, ut in solemnibus diebus majores Ecclesiæ vestræ personæ intra ecclesiam mitris gemmatis capita contegantur, in speciem videlicet presbyterorum seu diaconorum sedis apostolicæ cardinalium. Vestra igitur intererit circa sanctam sedem apostolicam gratos semper existere, ut sive in capite, sive in membris Compostellanæ Ecclesiæ gratiam super gratiam contulisse, merito semper tanquam in bonis filiis mater Ecclesia Romana congaudeat.

Datum Laterani, nono Kal. Novembris.

CLX.

Ad G[undisalvum] episcopum Minduniensem. — Significat se cognovisse archipresbyteratus Bisancos, Trasancos, Salagia, juris esse Ecclesiæ Compostellanæ. Quos ne amplius vindicet præcipit.

(Anno 1105, Oct. 25.)

[FLOREZ, *España sagrada*, XX, 78.]

P. episcopus, servus servorum Dei, venerabili fratri G. Minduniensi episcopo, salutem et apostolicam benedictionem.

Sicut ex confratris nostri Burgensis episcopi, cui negotium commiseramus, suggestione cognovimus, et sicut venerabilium episcoporum Petri Lucensis, Alfonsi Tudensis, significatione percepimus, qui in eodem negotio cum alio episcopalis officii viro, cujus litteras non accepimus, memoriæ suæ testimonium perhibuerunt archipresbyteratus illos de quibus coram nobis quæstio acta fuerat, Bisancos, Trasancos, Salagia, in communi tractatu constitit ad jus Compostellanæ Ecclesiæ pertinere, quippe quæ ab Iriensi seu Compostellano episcopo ad præsidium fuerant Minduniensis episcopi distributi : eapropter dilectioni tuæ præcipimus ut eosdem archipresbyteratus, qui equidem ad Compostellanæ Ecclesiæ jus ita pertinere noscuntur, quietos et integros in ejusdem Ecclesiæ jure deinceps permanere permittas, alioquin justitiæ obsistentes justitiæ frameam efficacius sentiatis.

Datum Laterani, VIII Kal. Novembris.

---

(43) Signa chronologica sunt vitiata. JAFFÉ.

CLXI.
Monasterii Tutelensis bona et privilegia confirmat.
(Anno 1105, Oct. 31.)
[BALUZ., *Historia Tutelensis*, p. 449.]

PASCHALIS episcopus, servus servorum Dei, dilecto filio GUILLELMO Tutelensi abbati ejusque successoribus regulariter substituendis in perpetuum.

Piæ postulatio voluntatis effectu debet prosequente compleri, quatenus et devotionis sinceritas laudabiliter enitescat et utilitas postulata vires indubitanter assumat. Postulavit siquidem nos dilectio vestra prædecessoris nostri Urbani sanctæ memoriæ secundi statuta firmare et per ea Tutelensi cœnobio, cui Deo auctore præsides, assertionis nostræ munimenta conferre. Per præsentis igitur privilegii paginam apostolica auctoritate statuimus ut quæcunque bona, quæcunque possessiones ad idem monasterium legitimis fidelium collationibus pertinere videntur, et quæcunque in futurum concessione pontificum, liberalitate principum, vel oblatione fidelium juste atque canonice poterit adipisci, firma tibi tuisque successoribus et illibata permaneant, in quibus hæc visa sunt propriis nominibus exprimenda, videlicet in adjacenti burgo ecclesiam Sancti Petri et ecclesiam Sancti Juliani, ecclesiam de Altoire, ecclesiam de Monedeira, ecclesiam de Gransania, ecclesiam de la Mazeyra, ecclesiam d'Espinaciis, ecclesiam de Marceliaco, ecclesiam de Clergor, ecclesiam de Braguisa, ecclesiam de Spaniaco, ecclesiam de Acuto monte, capellam de Roca, capellam de Marco, capellam de la Garda, ecclesiam sancti Boniti, ecclesiam de Aquina, ecclesiam de Madrangas, ecclesiam de Olonziaco. Capellam de la Valeta, ecclesiam de Reliaco, ecclesiam de Aureliaco, ecclesiam de Planis, ecclesiam de la Capella Genesta, ecclesiam de Auriolo, ecclesiam de Bellopodio, in pago Caturcino, ecclesiam Sancti Michaelis, ecclesiam de Banicyras, in burgo Vairaco ecclesias Sancti Martini, Sancti Stephani, et Sancti Germani, ecclesiam de Mairona, ecclesiam de Vogairo cum capella de Bellocastello, ecclesiam de Rocamador, ecclesiam Sancti Joannis de Furtin. Prohibemus ergo ne pro Tutelensium militum offensis eidem cœnobio a quibuslibet personis injuriæ inferantur. Sepulturam quoque ejusdem loci omnino liberam esse decernimus, ut eorum qui illic sepeliri deliberaverint devotioni et extremæ voluntati, nisi forte excommunicati sint, nullus obsistat. Obeunte te nunc ejusdem loci abbate vel tuorum quolibet successorum, nullus ibi qualibet subreptionis astutia seu violentia præponatur, nisi quem fratres communi consilio vel fratrum pars consilii sanioris secundum Dei timorem et beati Benedicti Regulam elegerint. Quin etiam omni modo interdicimus ne pro abbatis introitu a quolibet viventium munus quodlibet exigatur. Ad hæc decernimus ut nulli omnino hominum liceat idem monasterium temere perturbare aut ejus possessiones auferre vel ablatas retinere, minuere, vel temerariis vexationibus fatigare, sed omnia integra conserventur eorum, pro quorum sustentatione ac gubernatione concessa sunt, usibus omnimodis profutura. Vos igitur, filii in Christo dilectissimi, ut hac præsenti gratia digniores efficiamini, Dei semper timorem et amorem in vestris cordibus habere satagite, ut quanto a sæcularibus tumultibus liberiores estis, tanto amplius placere Deo totis mentis et animæ virtutibus anheletis. Si quis igitur in posterum archiepiscopus aut episcopus, imperator aut rex, princeps aut dux, comes, vicecomes, judex, aut quælibet ecclesiastica sæcularisve persona, hanc nostræ constitutionis paginam sciens, contra eam temere venire tentaverit, secundo tertiove commonita, si non satisfactione congrua emendaverit, potestatis honorisque sui dignitate careat, reamque se divino judicio existere de perpetrata iniquitate cognoscat, et a sacratissimo corpore ac sanguine Dei et Domini Redemptoris nostri Jesu Christi aliena fiat, atque in extremo examine districtæ ultioni subjaceat. Cunctis autem eidem loco justa servantibus sit pax Domini nostri Jesu Christi, quatenus et hic fructum bonæ actionis percipiant, et apud districtum judicem præmia æternæ pacis inveniant. Amen, amen.

Scriptum per manum Joannis scriniarii regionarii sacri palatii. Bene valete.

Ego Paschalis catholicæ Ecclesiæ episcopus.

Datum Laterani, pridie Kal. Novembris, per manum Juliani S. R. E. diaconi cardinalis ac bibliothecarii, indictione XIII, Incarnationis Dominicæ anno 1105, pontificatus autem domni Paschalis secundi papæ anno VII.

CLXII.
Monasterium S. Georgii in Silva Nigra in specialem sedis apostolicæ tutelam suscipit.
(Anno 1105, Nov. 2.)
[SCHOEPFLIN, *Alsatia diplomatica*, Manhemii 1772, fol., p. 185.]

PASCHALIS episcopus, servus servorum Dei, dilecto filio DICKERO abbati monasterii Sancti Georgii quod est in Silva Nigra, juxta fluvium Briganum, ejusque successoribus regulariter substituendis in perpetuum.

Religiosis desideriis dignum est facilem præbere consensum, ut fidelis devotio celerem sortiatur effectum. Proinde nos juxta vestri desiderii devotionem prædecessoris nostri sanctæ memoriæ Urbani II vestigiis insistentes, loci vestri cœnobium sub apostolicæ sedis tutela specialiter confovendum suscepimus per præsentisque privilegii paginam apostolica auctoritate statuimus, ut quæcunque prædia, possessiones illustres viri Hetzilo et Hesso, ejusdem loci fundatores, vel alii quilibet ex suo jure supradicto cœnobio obtulerunt, quæcunque in futurum concessione pontificum, liberalitate principum, vel oblatione fidelium juste atque canonice poteritis adipisci, firma vobis vestrisque successoribus et illibata permaneant. Nulli præterea sacerdotum, regum vel ducum aut comitum seu quarumlibet personarum liceat in eo loco aliquas sibi proprietatis conditiones non hæreditarii juris, non advocatiæ, non cujuslibet potestatis usurpationem, quæ libertati monasterii noceat, vindicare. Advocatum sibi constituendi quem voluerint abbas cum suis fratribus liberam habeant potestatem. Et si is postmodum monasterio inutilis fuerit, remoto eo alium constituant. Obeunte te nunc ejus loci abbate vel tuorum quolibet successorum, nullus ibi qualibet subreptionis astutia seu violentia præponatur, nisi quem fratres communi consensu vel fratrum pars consilii sanioris secundum Dei timorem et beati Benedicti Regulam elegerint. Ut autem fratres in eodem loco collecti omnipotentis Dei servitiis liberius valeant insudare, decernimus ut nulli omnino hominum liceat idem monasterium temere perturbare, aut subditatis possessiones auferre, minuere, vel temerariis vexationibus fatigare, sed omnia integra conserventur eorum, pro quorum sustentatione et gubernatione concessa sunt, usibus omnimodis profutura.

Vos vero, filii in Christo redempti, oportet regularis disciplinæ institutionibus diligenter insistere et totius animæ ac mentis virtutibus anhelare, ut per arctam viam gradientes omnipotenti Domino placere et ad supernam latitudinem pervenire valeatis. Ad judicium autem perceptæ hujus a Romana Ecclesia libertatis per annos singulos aureum byzantium Lateranensi palatio persolvetis. Si quæ sane ecclesiastica sæcularisve persona hanc nostræ constitutionis paginam sciens contra eam temere venire tentaverit, secundo tertiove commonita, si non satisfactione congrua emendaverit, potestatis honorisque sui dignitate careat, reamque se divino judicio existere de perpetrata iniquitate cognoscat, et a sacratissimo corpore ac sanguine Dei et Domini Redemptoris nostri Jesu Christi aliena fiat, atque in extremo examine districtæ ultioni subjaceat. Cunctis autem eidem loco justa servantibus sit pax Domini nostri Jesu Christi, quatenus et hic fructum bonæ actionis percipiant, et apud districtum judicem præmia æternæ pacis inveniant. Amen.

Scriptum per manum Raynerii scriniarii regionarii et notarii sacri palatii.

Ego Paschalis catholicæ Ecclesiæ episcopus.

Data Laterani, IV Non. Novembr., per manum Joannis sanctæ Romanæ Ecclesiæ diaconi cardinalis ac bibliothecarii, indict. XIII, Incarnationis Dominicæ 1105, pontificatus autem domini Paschalis secundi anno VII.

CLXIII.
Ad Hugonem abbatem Cluniacensem.
(Anno 1105, Nov. 7.)
[*Gall. Christ.*, XIII, 15.]

PASCHALIS episcopus, servus servorum Dei, venerabili fratri HUGONI Cluniacensi abbati, salutem et apostolicam benedictionem.

Prædecessoris nostri sanctæ memoriæ Urbani II litteris novimus monasterio Sanctæ Mariæ, quod apud urbem Tolosæ situm est, et sub jure vestri cœnobii Cluniacensis continetur, cœmeterium fuisse concessum, quod etiam ejusdem civitatis episcopo consecrandum eisdem mandavit apicibus : et nos ergo juxta tuæ religionis petitionem ipsius prædecessoris nostri constituta servantes, supradicto Beatæ Mariæ monasterio habendum perpetuo cœmeterium confirmamus. Et ad æmulorum injurias propulsandas præsenti decreto statuimus ut, si qua sæcularium personarum apud idem cœnobium sepeliri desideraverit, nullius prohibeatur obstaculo, nisi forte excommunicationis vinculo fuerit innodatus. Possessiones autem eidem monasterio pertinentes, quæ in præsentiarum a quibusdam sæcularis conversationis clericis detinentur, jubemus, defunctis eis, in usus monachorum regulariter viventium redigendas. Præterea quidquid legitima possessione supradictum monasterium possidet, vel in futurum juste et canonice largiente Domino possidere contigerit, firmum semper illibatumque servetur, nec liceat alicui locum ipsum temere perturbare, aut ejus possessiones auferre, minuere, vel temerariis vexationibus fatigare, sed omnia integra conserventur, eorum, pro quorum sustentatione et gubernatione concessa sunt, usibus omnimodis profutura. Si quis autem decreti hujusmodi tenore cognito contraire tentaverit, nisi Deo et Ecclesiæ fratribus canonice monitus satisfecerit, se omnipotentis Dei et B. Petri apostolorum principis indignatione plectendum, et mucrone S. Spiritus feriendum sciat. Quicunque vero idem monasterium et in eo Domino servientes favore, suisque rebus honorare curaverint, omnipotentis Dei et apostolorum ejus gratiam consequantur.

Datum Laterani, septimo Idus Novemb., per manum Joannis S. R. E. diaconi cardinalis et bibliothecarii, indictione tertia decima, Incarnationis Dominicæ anno 1105, pontificatus autem domini Paschalis secundi papæ VII.

CLXIV.
Ad Rothardum Moguntinum archiepiscopum. — De episcopis qui investiuntur a regibus; item de iis qui schismatis tempore consecrati sunt.
(Anno 1105, Nov. 11.)
[MANSI, *Concil.* XX, 1027.]

PASCHALIS episcopus, servus servorum Dei, venerabili fratri ROTHARDO Moguntino episcopo, salutem et apostolicam benedictionem.

Sacerdotii ac regni grave jam diu scandalum fuit, quia, usurpantibus non sua regibus, Ecclesia quod suæ est libertatis amisit. Hanc profecto viam, hanc januam nequitiæ suæ Simon Magus invenit. Dum enim non nisi per præstigiosam investituram ecclesiasticos honores adipisci mens ambitiosa credit, et se ipsam curialibus subdit obsequiis, et regium cor amplioribus parat inclinare muneribus, hæc nimirum avaritia, sicut in libris Regum legitur, antiquorum quoque temporum religionem evertit. Sed erga hujusmodi præsumptores reges qualiter divina sævierit indignatio, in eisdem apicibus non siletur. Et vero magnum est filio flagitium, matrem addicere servituti, ut invita thalamos ineat quos recusat. Super hoc negotio nova nos oportet sollicitudine concitari, cum novi regni opportunitatem divina dispositio providit. Nos enim regibus quæ sui juris sunt integra servare optamus, nec in aliquo minuimus, dummodo ipsi sponsæ sui Domini libertatem integram patiantur, quam sui meruit sanguine Redemptoris. Sic agentes, nostrum auxilium, nostrum consilium, concordiam nostram, nostram dulcedinem obtinebunt; alioquin tantam dominæ ac matris nostræ indignitatem pati non possumus. Quid enim ad militem baculus episcopalis, quid annulus sacerdotalis? Habeant in Ecclesia primatum suum, ut sint Ecclesiæ defensores, et Ecclesiæ subsidiis perfruantur. Habeant reges quod regum est; quod sacerdotum est, habeant sacerdotes : sic pacem invicem teneant, et se invicem in uno Christi corpore venerentur. De ordinationibus clericorum qui in nostri temporis schismate ordinati sunt, non aliud scribendum duximus quam in Placentina synodo per sanctæ memoriæ Urbanum prædecessorem nostrum deliberatum est. Porro episcopis qui sub excommunicatione in eodem schismate manus impositionem susceperunt ad concilii sententiam deferendos arbitramur. Tantum enim tantarum personarum malum generali deliberatione aut curandum est aut detruncandum. De concilii autem loco aut tempore, si vestris in partibus celebrandum sit, tua interest, communicato fratrum consilio, nobis citius indicare. Optamus enim, et vehementer opportunum est, ut, vel apud vos per legatos nostros, vel in Italia per nos largiente Domino peragatur, in quo de sacerdotii ac regni scandalo propulsando, pace stabilienda, communi per Dei gratiam deliberatione tractemus. Sane de schismaticorum ecclesiis sanctæ memoriæ Joannis papæ verba mandamus. Ait enim episcopis per Italiam constitutis : « Ecclesias Arianorum, ubicunque inveneritis, catholicas eas divinis precibus et operibus absque ulla mora consecrate. » In inferioribus et id ipsum in Constantinopolitanis partibus se fecisse commemorat, dicens : « Quacunque illis in partibus eorum ecclesias reperire potuimus, catholicas eas, Domino opem ferente, consecravimus. »

Omnipotens Dominus, quem pacem nostram et salutem esse credimus, per industriam vestram, pacem ac salutem Ecclesiæ suæ miserationum suarum affluentia operetur.

Datum Laterani, iii Idus Novembris.

CLXV.
Ecclesiæ S. Walburgis Furnensis possessiones quasdam, rogatu Gertrudis, Flandriæ comitissæ, confirmat.

(Anno 1105.)
[Miræus, *Opp. diplom.*, III, 24.]

Paschalis episcopus, servus servorum Dei, dilecto filio Heriberto, præposito sanctæ Walburgis ecclesiæ quæ in Furnensi municipio sita est, ejusque successoribus in perpetuum.

Cum a personis sæcularibus ea petuntur, ad quæ nostris sunt cohortationibus impellendæ, benigniori debemus facilitate præstare.

Idcirco illustris feminæ Gertrudis Flandrensis comitissæ petitionem benigne suscepimus, et facilius Deo largiente concessimus. Vestram omnium ecclesiam per præsentis decreti paginam, sanctæ sedis auctoritate munimus, et devotionis ejus munera, quæ illustri filio Roberto comite concedente præstitit, eidem Ecclesiæ in perpetuum confirmamus : videlicet ad præbendas dictorum fratrum octoginta mensuras terræ, ex quibus viginti libræ annis singulis persolvuntur.

Ad ecclesiæ vero restitutionem et ad beneficium scholarum berquarias duas. Præterea quæcunque bona sive in terrarum dominio, seu in decimarum reditu apud parochias tres, id est Binaburgh, Butanburgh et Wulpam, quas supra dicta S. Walburgis Ecclesia possessione legitima obtinere cognoscitur ; et si in posterum ejusdem Ecclesiæ parochias incremento terræ adaugeri contigerit, firmæ vobis exinde decimæ et illibatæ permaneant.

Si quæ sane ecclesiastica sæcularisve persona, hanc nostræ constitutionis paginam sciens, contra eam temere venire tentaverit, potestatis honorisque sui dignitate careat, reamque se divino judicio existere de perpetrata iniquitate cognoscat, et a sacratissimo corpore et sanguine Dei et Domini Redemptoris nostri Jesu Christi, aliena fiat, atque in extremo examine districtæ ultioni subjaceat.

Cunctis autem eidem Ecclesiæ justa servantibus sit pax Domini nostri Jesu Christi, quatenus et hic fructum bonæ actionis percipiant, et apud districtum judicem præmia æternæ pacis inveniant.

Ego Paschalis catholicæ Ecclesiæ episcopus.

Datum Laterani per manum Joannis, Sanctæ Romanæ Ecclesiæ diaconi cardinalis ac bibliothecarii, anno Dominicæ Incarnationis 1106, pontificatus autem domni Paschalis papæ secundi anno sexto (44).

CLXVI.
Privilegium pro episcopatu Pistoriensi.
(Anno 1105, Nov. 14.)
[Zacharia, *Anecdota medii ævi*. Augustæ Taurinorum 1755, fol., p. 225.]

Paschalis episcopus, servus servorum Dei, venerabili fratri Ildiprando Pistoriensi episcopo, ejusque successoribus canonice promovendis in perpetuum.

Sicut injusta poscentibus nullus est tribuendus effectus, sic legitima desiderantium non est differenda petitio. Tuis igitur, frater in Christo Ildiprande, justis petitionibus annuentes, sanctam Pistoriensem Ecclesiam, cui auctore Deo præsides, apostolicæ sedis auctoritate munimus. Statuimus igitur ut diœcesis Pistoriensis episcopatus sicut ejus termini prædecessoris nostri sanctæ memoriæ Urbani privilegio distincti sunt, sic in jure et conditione Pistoriensis episcopi sine alicujus molestia vel in

(44) Signa chronologica sunt corrupta. Jaffé.

quietudine perseveret. Per quos nimirum terminos hæ sunt capellæ circum et ecclesiæ constitutæ, capella de Capraria, capella Hospitalis de Rosaria, plebs de Massa, cap. de Vincio, cap. de Bucuniano, cap. de Castello nuovo, cap. S. Martini in monte Culli, capella de Vacazano, capella in Verruca, cap. S. Mariæ Magdalenæ in Colle, cap. de Galciano, cap. de Venua, super quam præfati prædecessoris nostri Urbani post tertiam et quartam discussionem est prolata sententia; cap. Hospitalis de Fanano; capella Prati episcopi, cap. de Rotie, cap. de Certaria, cap. Montis acuti, cap. de Insula, cap. S. Salvatoris sita in Prato cum plebibus suis, curte etiam, quæ vocatur Pavana infra Pistoriensem comitatum cum castello Sambuce infra curtis confinia ædificato sanctæ Pistoriensi Ecclesiæ confirmamus sicut a venerabili comitissa Mathildi beati Petri filia post diu examinatam a compluribus judicibus, ac jurisperitis actionem per vicarii nostri Bernardi sedis apostolicæ presbyteri judicium in tuas et confratrum tuorum manus restituta cognoscitur. Porro decimationes de Monte Murto, de Prato, de S. Paulo, de Cholonica, de Monte Magno, de casale de Lamporecchio, de Creti et de Spanarecchio, quas de laicorum manibus solertia vestræ religionis eripuit, nullus unquam ab Ecclesiæ jure et clericorum usibus alienare præsumat. Idipsum de cæteris curtibus prædiisve præcipimus quæ hodie in Ecclesiæ Pistoriensis possessione persistunt. Videlicet curte de Lizzano, de Mammiano, de Cavinana, de Batoni, de Saturnana, de Brandellio, de Gropula, Piscia, Vinacciano, Tobiana, Publica, Silva Mortua, Vizule, Pezzanese, Celeri et de Terra sita infra episcopatum Bononiensem, quam tenuerunt homines de valle Biderla, curte de Spallioro. Præterea quæcunque hodie Pistoriensis Ecclesia juste possidet, sive in futurum liberalitate principum, vel oblatione fidelium juste atque canonice poterit adipisci, firma tibi tuisque successoribus et illibata permaneant. Decernimus ergo ut nulli omnino hominum liceat eamdem Ecclesiam temere perturbare, aut ejus possessiones auferre, vel ablatas retinere, minuere vel temerariis vexationibus fatigare, sed omnia integra conserventur, tam tuis quam clericorum usibus profutura. Interdicimus etiam ut te ad Dominum evocato, vel tuorum quolibet successorum, nullus omnino invitis vestræ ecclesiæ clericis aut episcoporum, aut ecclesiæ res auferre, diripere, aut distrahere audeat. Si quis igitur in posterum archiepiscopus, etc. Amen.

Scriptum per manum Raynerii scriniarii regionarii, et notarii sacri palatii.

Ego Paschalis catholicæ Ecclesiæ episcopus SS.

Datum apud Beati Petri Porticum per manum Joannis, sanctæ Romanæ Ecclesiæ diaconi cardinalis ac bibliothecarii, decimo octavo Kal. Decembris, indictione XIII, anno Incarnationis Dominicæ 1105, pontificatus autem domni Paschalis II papæ VII.

CLXVII.

Ad Eustachium abbatem S. Nicolai. — Privilegium illius abbatiæ.

(Anno 1105, Nov. 18.)

[MANSI, *Concil.* XX, 1051.]

PASCHALIS episcopus, servus servorum Dei, dilecto in Christo filio EUSTACHIO abbati ecclesiæ S. Nicolai, salutem et apostolicam benedictionem.

Prædecessoris nostri sanctæ memoriæ Victoris III temporibus, B. Nicolai corpus ex Græcorum partibus transmarinis in Barisanam urbem advectum totus pene orbis agnoscit. Quod videlicet corpus prædecessor noster Urbanus II loco quo nunc reverentia digna servatur, in crypta inferiori, summa cum veneratione recondidit, et altare desuper in honorem Domini consecravit. Petitumque est, et concessum dicitur, ut B. Nicolai basilica in eodem loco ædificanda, specialiter sub tutela mox sedis apostolicæ servaretur. Quia igitur, largiente Domino, basilica eadem congrua jam ædificatione perfecta est, in loco videlicet juris publici per ducis Rogerii chirographum dato, nos eamdem domum, auctore Deo, mox futuram ecclesiam, postulante filio nostro ejusdem ducis germano Boemundo, Barensis nunc civitatis domino, sub tutela apostolicæ sedis accipimus. Præsentis igitur privilegii pagina, apostolica auctoritate sancimus ut quæcunque prædia, quæcunque bona, vel a prædicto filio nostro Rogerio per B. Petri et nostram gratiam, Apuliæ, Calabriæ et Siciliæ duce, vel a prænominato fratre ejus nunc Antiocheno principe Boemundo, seu a cæteris Christi fidelibus, supradictæ Sancti Nicolai ecclesiæ de suo jure jam donata sunt, aut in futurum donari offerrive contigerit, firma semper, quieta et illibata permaneant. Decernimus ergo ut nulli omnino hominum liceat eamdem ecclesiam temere perturbare, aut ejus res auferre, vel ablatas retinere, minuere, vel temerariis vexationibus fatigare; sed omnia integra conserventur, clericorum et pauperum usibus profutura. Tibi itaque tuisque successoribus facultatem concedimus, clericorum culpas, absque episcopi contradictione, debita charitate ac severitate corrigere. Si quæ vero in vos gravior querela emerserit, nostræ seu successorum nostrorum audientiæ reservetur. Nulli autem vel archiepiscopo, vel episcopo, licere volumus ut ecclesiam ipsam, vel ipsius abbatem, sine Romani pontificis conscientia, vel excommunicatione, vel interdicto cohibeat, quatenus idem venerabilis locus tanti confessoris corpore insignis, sicut per Romanum pontificem prima consecrationis suscepit exordia, sic sub Romani semper pontificis tutela et protectione subsistat. Si quis sane in crastinum archiepiscopus aut episcopus, imperator aut rex, princeps aut dux, comes, vicecomes, capitanus, stratigo [στρατηγός], judex, castaldio, aut quælibet ecclesiastica sæcularisve persona, etc., *ut in aliis nonnullis epistolis.*

Scriptum per manum Raynerii, scriniarii regionarii et notarii sacri palatii.

Ego Paschalis catholicæ Ecclesiæ episcopus.

Datum ad Porticum B. Petri, Rom. xiv Kal. Decemb, per manum Joannis sanctæ Romanæ Ecclesiæ diaconi card. et biblioth., indict. xiv, Incarnat. Dominicæ ann. 1106, pontificatus autem domini Paschalis II papæ vi.

CLXVIII.

Ad Gallicanum clerum universum. — Wernerii invasionem in apostolicam sedem narrat.

(Anno 1105, Nov. 26.)

[Mansi, *Concil.*, XX, 1085.]

Paschalis episcopus, servus servorum Dei, episcopis, abbatibus, principibus, militibus et omnibus fidelibus per universas Gallias, salutem et apostolicam benedictionem.

Fraternitatem vestram latere nolumus quæ his temporibus apud nos acciderunt. Venit quidam Wernerius regni Teutonici famulus in Romanæ urbis vicina, evocantibus cum quibusdam perfidæ mentis hominibus, quorum alii extra urbem per manum quondam regiam jus sive salarium sedis apostolicæ invaserant, alii intra urbem, eo quod curiæ nostræ munera sive familiaritatem habere non poterant, Deum et Dei fidem posthabere deliberaverunt. Talibus sociis presbyter quidam (45) Romanæ urbis advena se conjunxit, de quo vel ubi vel hactenus ordinatus sit ignoramus. Hanc personam egregiam nigromanticis, ut dicitur, præstigiis plenam, cum fideles nostri occasione treugæ Dei ab armis omnino desisterent, in Lateranensem Ecclesiam induxerunt, et congregatis Wibertinæ fæcis reliquiis ei episcopi nomen perniciosissime illeverunt. Nos vero tunc temporis propter apostolicæ basilicæ dedicationem, quam die proximo in conventu celeberrimo per Dei gratiam peregeramus, adhuc in beati Petri porticu morabamur. Cum vero intra urbem die altero (46) rediissemus, monstrum illud turpiter ex urbe profugiens, quo transierit ignoramus. Nunc autem omnia fraternitati vestræ breviter indicamus, ne in auditu talium præstigiorum ullo modo decipiamini, aut a statu vestro moveamini. Nos vero per Dei gratiam intra urbem honeste tuteque persistimus, et in hac turba neminem nostræ societatis amisimus. Neque vero Moysi populum suum Core et Datan et Abiron seditio abstulit, aut excellentis angeli superbia, qui Deo par esse voluit, majestatem Dei minuit; ipsius vos majestas in omnibus protegat, et leonem ac draconem feliciter conculcare concedat.

Datam Lateranis, vi Kal. Octobris [Dec.].

CLXIX.

Rescriptum Paschalis ad epistolam Ottonis Bambergensis episcopi, qua significabat se ab imperatore accepisse episcopatum, sed in eo permanere nolle nisi a pontifice investiretur et consecraretur.

(Anno 1105.)

[Mansi, *Concil.*, XX, 1044.]

Paschalis, servus servorum Dei, Ottoni dilecto fratri Bambergensis Ecclesiæ electo, salutem et apostolicam benedictionem.

Filius *sapiens lætificat matrem* (Prov. x). Opera tua et consilium tuum virum præferunt sensatum. Nos igitur honorare et profectus tuos juvare congruum duximus. Nihil ergo de nostra benevolentia dubitans, tuam nobis quantocius vales præsentiam exhibeto. Certi enim sumus quod divina sapientia etiam malis hominibus bene uti novit (47).

CLXX.

Causam Odonis abbatis Sancti Quintini episcopis Carnotensi et Parisiensi committit.

(Anno 1105.)

[*Gall. Christ.*, X, Instrum. 249.]

Paschalis episcopus, servus servorum Dei, venerabili fratri Belvacensi episcopo, salutem et apostolicam benedictionem.

Sacerdotalis officii est viros religiosos diligere, fovere et a pravorum infestationibus pro data sibi facultate defendere. Tu autem Beati Quintini fratres Belvaci degentes non solum [*f. add.* non] diligis, sed quorumdam præsumptione illicita vexari et inquietari gratanter, ut audivi modo, pateris, quod profecto ad animæ tuæ periculum spectare ne ambigas, nisi celeri studeas emendatione corrigere, et eorum quieti attentius providere. Præcipimus ergo ut ecclesiæ Belvacensis clericos ab ipsorum fratrum infestatione, tam in spiritualibus quam in temporalibus omnino compescas, alioquin et in eorum audaciam et in tuam desidiam B. Petri gladius educetur. Præcipimus etiam ut eadem Beati Quintini ecclesia, salva debita tua reverentia, fratrum et coepiscoporum nostrorum Ivonis Carnotensis et G. Parisiensis consilio disponatur et ordinetur. Porro quæcunque ab eodem fratre G. per Belvacensem episcopatum, ubi canonice per Dei gratiam præsedit, seu in eadem, seu in cæteris ecclesiis gesta sunt, rata et inconvulsa manere sancimus. Sane de illo qui jam dictæ ecclesiæ S. Quintini præesse dicitur, cum prædictorum fratrum volumus tractari consilio, et causam ejus fine debito terminari

CLXXI.

A[damo] abbati monachisque S. Dionysii interdicit « ne præter Galonis, episcopi Parisiensis, licentiam pro sacramentis suscipiendis alios adeant antistites. »

(Anno 1152.)

[Duchesne, *Hist. Franc. Script.*, IV, 765.]

Paschalis episcopus, servus servorum Dei, venerabili fratri A. abbati et monachis S. Dionysii, salutem et apostolicam benedictionem.

Beneventi ageret.

(45) Non ergo *Abbas Farfensis*, ut habet Urspergensis.

(46) Falsi revincitur Urspergensis, qui tunc assumptum hunc larvatum pontif. statuit cum Paschali

(47) Adiit dein Otto pontificem, et ab eo consecratus est. Vide epist. 184.

Ex confratris nostri Galonis Parisiensis episcopi relatione comperimus quia vos præter ipsius licentiam pro sacri olei et chrismatis acceptione, ac pro monachorum seu clericorum vestrorum ordinationibus quoslibet episcopos adeatis, vel pro eorumdem sacramentorum celebratione ad vestrum monasterium convocetis, et quod laicis pœnitentias criminum injungatis. Quæ profecto sacris canonibus valde contraria sunt. Et quidem privilegia pro pravis et malis collata sunt, et ad ædificationem, non ad canonum destructionem alicui conferuntur. Cum itaque prædictus frater Galo episcopus vester gratia Dei bonus et catholicus habeatur, et prædicta sacramenta gratis ac sine pravitate indulgeat : et vos præter ipsius licentiam pro eisdem sacramentis suscipiendis alios adire antistites prohibemus, et archiepiscopis vel episcopis omnibus ne ea vobis exhibeant interdicimus.

CLXXII.
Charta super confirmatione ecclesiarum, quas tenent canonici Lingonenses.

(Anno circiter 1105.)
[*Gall. Christ.*, IV, 153.]

Paschalis episcopus, servus servorum Dei, venerabili fratri Roberto Lingonensi episcopo suisque successoribus canonice promovendis in perpetuum.

Justis votis assensum præbere, justisque petitionibus aures accommodare nos convenit, qui, licet indigni, justitiæ custodes atque præcones in excelsa apostolorum principum Petri ac Pauli specula positi Domino disponente conspicimur. Tuis igitur, frater in Christo charissime Roberte, justis petitionibus annuentes, sanctam Lingonensem Ecclesiam, cui Deo auctore præsides, apostolicæ sedis auctoritate munimus, et tam tibi quam legitimis successoribus tuis perpetuo possidendam sancimus civitatem Lingonensem cum omnibus quæ ad eam pertinent tam extra quam intra, sive in ecclesia sive in comitatu seu in omnibus appenditiis ejus. Confirmamus etiam juri ac subjectioni vestræ ecclesiæ abbatias duas in castro Divionensi, alteram S. Benigni, quæ est monachorum; alteram S. Stephani, quæ est canonicorum. Item abbatias Besuensem, Molismensem, Melundensem, S. Michaelis, S. Sequani, S. Joannis de Prato. Abbatias etiam canonicorum, alteram in castro Castellione, alteram quæ dicitur sanctorum Geminorum. Item abbatias S. Petri in Polungio et Sanctæ Mariæ de Rubeo monte. Confirmamus præterea in perpetua ejusdem ecclesiæ possessione castrum Gurgeium cum omnibus appenditiis ejus, castrum Castellionense, Tylecastrum, castrum montis Salgionis, castrum Confluens, castrum Fons-Vennæ, castrum Choscolum, castrum Graneyum, castrum Sala, castrum Barrum super Albam, item castrum Barrum super Sequanam, castrum Chacennaium, castrum Saxonis-Fontem, castrum Tornodorense, castrum Blascium, in episcopatu Bisurtino castrum Acrimontis, et castrum Burbonæ; in episcopatu Æduensi, castrum Duisme et castrum Grinon, juxta Grinonem castrum ducis Burgundiæ. Quascunque præterea villas, quascunque possessiones, quæcunque prædia vestra inpræsentiarum ecclesia possidet, quæcunque etiam in futuro legitimis fidelium donationibus poterit adipisci, firma vobis, vestrisque successoribus et illibata permaneant. Decernimus ergo ut nulli omnino hominum liceat eamdem ecclesiam temere perturbare, aut ei possessiones auferre, vel ablata retinere, minuere, vel temerariis vexationibus fatigare, sed omnia integra conserventur clericorum et pauperum usibus profutura. Si quis sane in crastinum archiepiscopus vel episcopus, imperator aut rex, princeps aut dux, comes, vicecomes, judex, aut ecclesiastica quælibet sæcularisve persona hanc nostræ constitutionis paginam sciens contra eam venire temere tentaverit, secundo tertiove commonita, si non satisfactione congrua emendaverit, potestatis honorisque sui dignitate careat, reamque se divino judicio existere de perpetrata iniquitate cognoscat, et a sacratissimo corpore et sanguine Dei et Redemptoris nostri Jesu Christi aliena fiat, atque in extremo examine districte subjaceat. Cunctis autem ecclesiæ eidem justa servantibus sit pax Domini nostri Jesu Christi, quatenus et hic fructum bonæ actionis percipiant, et apud districtum judicem præmia æternæ pacis inveniant. Amen.

CLXXIII.
Gislæ abbatissæ Romaricensi sub excommunicationis pœna præcipit ut de vexandis monachis Calmosiacensibus desistat.

(Intra annum 1102-1106.)
[Martene, *Thesaur. Anecd.*, III, 1178.]

Paschalis episcopus, servus servorum Dei, dilectæ filiæ Gislæ Romaricensi abbatissæ et ejus sororibus, salutem et apostolicam benedictionem.

Pro Calmosiacensibus fratribus ecce jam secundo ad vos litteras misimus nunc, quandoquidem ipsi secundum judicii nostri sententiam parati fuerint jurejurando per competentes personas ostendere de loco, in quo novum ipsorum monasterium constructum est, fundationem quiete factam, sine legitima Romaricensium calumnia decennio permansisse, datorem quoque loci vel ejus prædecessores fundum per annos triginta sine legali calumnia possedisse, dilectioni vestræ præsentium litterarum auctoritate præcipimus, ut nullam de cætero eisdem fratribus de prædicto fundo calumniam inforatis, id ipsum etiam de portione parochialis ecclesiæ Sanctæ Mariæ præcipimus, quam nimirum portionem præsentibus nuntiis vestris eosdem fratres illic possedisse cognovimus; alioquin si clamor eorum super hac querela nos iterato pulsaverit, a liminibus Ecclesiæ vos arcebimus.

Data pridie Idus Aprilis

CLXXIV.
Bulla pro cœnopio Sancti Petri Carnotensis.
(Anno 1106, Jan. 6.)
[*Gall. Christ.*, VIII, 311.]

PASCHALIS episcopus, servus servorum Dei, dilecto filio GUILLELMO abbati venerabilis monasterii sanctorum apostolorum Petri et Pauli, quod juxta Carnotum situm est, ejusque successoribus regulariter promovendis in perpetuum.

Piæ postulatio voluntatis effectu debet prosequente compleri, quatenus et devotionis sinceritas laudabiliter enitescat, et utilitas postulata vires indubitanter assumat. Quia igitur dilectio tua ad sedis apostolicæ portum confugiens, ejus tuitionem devotione debita requisivit, nos supplicationi tuæ clementer annuimus et beatorum apostolorum Petri et Pauli Carnotense cœnobium, cui auctore Domino præsides, cum omnibus ad ipsum pertinentibus sub tutela apostolicæ sedis excipimus. Per præsentis igitur privilegii paginam apostolica auctoritate statuimus, ut quæcunque prædia, quæcunque bona pontificum concessione, regum et principum liberalitate, vel aliorum fidelium legitimis oblationibus ad ipsum hodie monasterium pertinent, vel in futurum pertinere contigerit, firma tibi tuisque successoribus et illibata permaneant, in quibus hæc propriis visa sunt nominibus adnotanda: Ecclesia Sancti Hilarii, Sancti Leobini, Campifauni, Manuvillaris, Mitanvillaris, Verni, Alonæ, Boasvillæ, Reclainvillaris, Imonisvillæ, Germenonisvillæ, Ursivillæ, Alpedani, capellæ regiæ, salvo juxta consuetudinem solius episcopi jure in eis tantum quæ ad proprium ordinem pertinent; item altaria sex, videlicet altare de Bruerolis, et de Armentariis, et de Roheria, et de Buxeto, et de Cruciaco, et de Castellariis, sicut a venerabili fratre nostro Ivone episcopo institutum est, sine ulla redemptione ulterius habenda, libera et quieta a synodo et circada, et ab omni consuetudine, et ab omni inquietatione, sive ab exactione justitiæ a presbyteris in prædictis locis servientibus, exceptis his quæ ad proprium ordinem eorum pertinent, de quibus presbyteri illi episcopo seu archidiacono respondeant. Confirmamus etiam vobis ecclesiam de Giziacb et ecclesiam de Fontaneto in pago Vulcassini, in parochia Rothomagensi, sicut hactenus a vestro monasterio libere possessæ sunt. Et in Carnotensi ecclesia beatæ Mariæ præbendas sex ita libere et integre possidendas, sicut a bonæ memoriæ Rainfredo Carnotensi episcopo eidem vestro monasterio contributæ sunt. Decernimus itaque ut nulli omnino hominum liceat idem monasterium temere perturbare, etc. Hæc quoque de cætero subjungimus ut idem monasterium cum suis appenditiis, et ejus monachi ab omni sæcularis servitii sint infestatione securi, omnique gravamine mundanæ oppressionis remoti, quatenus in sanctæ religionis observatione seduli, quieti Domino largiente permaneant. Si quæ igitur ecclesiastica sæcularisve persona hanc nostræ constitutionis paginam, etc.

Hoc privilegium lectum est atque approbatum in capitulo beatæ Mariæ Carnotensis præsentibus Ivone episcopo, Ernaldo decano et aliis.

Scriptum per manum Raynerii secretarii regionarii et notarii sacri palatii.

Ego Paschalis catholicæ Ecclesiæ episcopus.

Datum Laterani per manum Joannis, sanctæ Romanæ Ecclesiæ diaconi cardinalis ac bibliothecarii, octavo Idus Januarii, indictione XIV, Incarnationis Dominicæ anno 1106, pontificatus autem domini Paschalis secundi papæ septimo.

CLXXV.
Bulla pro monasterio S. Walarici.
(Anno 1106, Mart. 12.)
[MABILL., *Annal. Bened.* V, app. 679.]

PASCHALIS episcopus, servus servorum Dei, dilecto filio in Christo LAMBERTO abbati venerabilis monasterii S. Gualerici, quod in comitatu Vitmacensi situm est, ejusque successoribus regulariter promovendis in perpetuum.

Sicut injusta poscentibus nullus est tribuendus effectus, sic legitima desiderantium non est differenda petitio. Tuis igitur, fili in Christo charissime Lamberte, justis petitionibus annuentes, beati Gualerici monasterium, cui Deo auctore præsides, et omnia ad ipsum pertinentia sub tutelam apostolicæ sedis excipimus. Quod videlicet monasterium ab Hugone quondam comite in loco qui Leugonaus dicebatur, ædificatum agnoscitur. Per præsentis igitur privilegii paginam apostolica auctoritate statuimus ut quæcunque prædia, quæcunque bona idem comes Hugo vel alii fideles eidem monasterio contulisse de jure proprio cognoscuntur, quæcunque etiam in futurum concessione pontificum, liberalitate principum, vel oblatione fidelium juste dari offerrive contigerit, firma vobis vestrisque successoribus et illibata permaneant : ipsum etiam monasterium, juxta prædecessorum nostrorum statuta, semper sub jurisdictione sanctæ Romanæ Ecclesiæ conservetur. Nulli etiam sacerdotum in eodem monasterio potestatem exercere liceat, aut ejus bona quibuslibet occasionibus infestare: missas quoque publicas in eodem monasterio celebrari, vel stationes fieri præter abbatis ac fratrum voluntatem omnimodis prohibemus, ne in servorum Dei recessibus popularibus occasio præbeatur ulla conventibus. Decernimus ergo ut nulli omnino hominum liceat idem cœnobium temere perturbare, aut ejus possessiones auferre, minuere, vel temerariis vexationibus fatigare, sed omnia integra conserventur eorum, pro quorum sustentatione et gubernatione concessa sunt, usibus omnimodis profutura. Chrisma, oleum sanctum, consecrationes altarium sive basilicarum, ordinationes monachorum qui ad sacros ordines fuerint promovendi, ab episcopo in cujus diœcesi estis accipietis, si quidem gratiam atque communionem apostolicæ sedis habuerit, et si ea gratis ac sine pravitate voluerit exhibere. Alioquin liceat vobis catholicum quem volueritis adire antistitem, et ab eo consecrationum sacramenta suscipere, qui apostolicæ sedis fultus auctoritate, quæ postulantur indulgeat. Sane adjacens parochia, cum Beati Martini ecclesia et presbytero ejus, in ea quam hactenus possedit libertate permaneat. Si quæ igitur ecclesiastica sæcularisve persona, hanc nostræ constitutionis paginam sciens, contra eam temere venire tentaverit, secundo tertiove commonita, si non satisfactione congrua emendaverit, potestatis honorisque sui dignitate careat, reamque se divino judicio existere de perpetrata iniquitate cognoscat, et a sacratissimo corpore ac sanguine Dei et Domini Redemptoris nostri Jesu Christi aliena fiat, atque in extremo examine districtæ ultioni subjaceat. Cunctis autem eidem loco justa servantibus sit pax Domini nostri Jesu Christi, quatenus et hic fructum bonæ actionis percipiant, et apud districtum judicem præmia æternæ pacis inveniant. Amen, amen, amen.

Ego Paschalis catholicæ Ecclesiæ episcopus SS. Bene valete.

Datum Beneventi per manum Joannis, sanctæ Romanæ Ecclesiæ diaconi cardinalis ac bibliothecarii, iv Idus Martii, indictione xiv, Incarnationis Dominicæ anno 1106, pontificatus autem domni Paschalis secundi papæ vii.

CLXXVI.

Ad Bertramnum priorem S. Fidis in Scelestadt. — Bona ac ejusdem monasterii privilegia confirmat.

(Anno 1106, Martii 12.)

[Wurtwein, *Nova Subsidia diplom.* Heidelbergæ 1781, 8°, t. VII, p. 5.]

Paschalis episcopus, servus servorum Dei, dilectis filiis, Bertramno priori cellæ Sanctæ Fidis, quæ in Alsatia sita est in villa Scelestadt, et suis fratribus, salutem et apostolicam benedictionem.

Religiosis desideriis dignum est facilem præbere consensum, ut fidelis devotio celerem sortiatur effectum. Nos igitur juxta petitionem vestram, egregii ducis Friderici, et fratrum ejus religiosum desiderium attendentes, eorum devotione effectum impendimus. Oblationem enim, quam Domino inspirante beatæ martyri Fidi et ejus Conchensi monasterio obtulerunt, ratam semper et inconvulsam manere sancimus. Ipsa ergo cella de Scelestadt villa, quæ sancti Sepulcri vocabulo insignis est, ubi etiam beatæ martyris Fidis memoria celebriter habetur, sub jure semper et dispositione Conchensis cœnobii conservetur; sicuti a prædicto bonæ memoriæ duce Friderico et ejus fratribus est cum certorum limitum designatione, tanquam possessionum, sive possessorum collatione concredita. Sane advocatus eidem cellæ, ut a fundatoribus institutum est, non alius proponatur, nisi quem Conchensis abbas liberi arbitrii dispositione, ne fratrum provisione præfecerit. Porro ejusdem loci Ecclesia cum atrio suo ab omni hostium incursione sit libera, et episcoporum seu episcopalium ministrorum oppressionibus aliena. Sepulturam quoque ejus omnino liberam esse decernimus, ut eorum qui illic sepeliri deliberaverint, devotioni et extremæ voluntati, nisi forte excommunicati sint, nullus obsistat.

Præterea quæcunque prædia, quæcunque bona per supradictum principem, vel ejus fratres, de suo jure jam oblata vel concessa sunt, aut in futurum, Domino largiente, offerri concedive contigerit, quieta semper et libera perseverent, ita ab omni sæcularium dominorum jugo immunita, sicut in eorumdem principum vita permansisse noscuntur. Decernimus ergo ut nulli hominum liceat eamdem Ecclesiam temere perturbare aut ejus possessiones auferre, minuere, vel temerariis vexationibus fatigare, sed omnia integra conserventur eorum, pro quorum sustentatione ac gubernatione concessa sunt, usibus omnimodis profutura. Si quæ sane ecclesiastica secularisve persona, hanc nostræ constitutionis paginam sciens, contra eam temere venire tentaverit, secundo tertiove commonita, si non satisfactione congrua emendaverit, potestatis honorisque sui dignitate careat, reamque se divino judicio existere de perpetrata iniquitate cognoscat, et a sacratissimo corpore ac sanguine Dei et Domini Redemptoris nostri Jesu Christi aliena fiat, atque in extremo examine districtæ ultioni subjaceat. Cunctis autem eidem loco justa servantibus sit pax Domini nostri Jesu Christi, quatenus et hic fructum bonæ actionis suscipiant, et apud districtum judicem præmia æternæ pacis inveniant. Amen, amen, amen.

Datum Viterbii (48) per manum Joannis, sanctæ Romanæ Ecclesiæ diaconi cardinalis ac bibliothecarii, iv Idus Martii, indictione xiv, anno Incarnationis Dominicæ 1106, pontificatus autem domni Paschalis secundi papæ septimo.

CLXXVII.

Ad Anselmum Cantuariensem archiepiscopum. — De concordia cum rege inita ei gratulatur.

(Anno 1106, Mart. 25.)

[Mansi, *Concil.*, XX, 1003.]

Paschalis episcopus, servus servorum Dei, venerabili fratri Anselmo Cantuariensi archiepiscopo, salutem et benedictionem.

Quod Anglici regis ad apostolicæ sedis obedientiam omnipotentis Dei dignatio inclinavit, eidem miserationum Domino gratias agimus, in cujus manu regum corda versantur. Hoc nimirum tuæ charitatis gratia, tuarumque orationum instantia, factum credimus, ut in hac parte populum illum, cui tua sollicitudo præsidet, miseratio superna respiceret. Quod autem et regi et iis qui videntur obnoxii adeo condescendimus, eo affectu et compassione factum noveris, ut eos qui jacebant erigere valeamus. Qui enim stans jacenti ad sublevandum manum non porrigit, nunquam jacentem eriget, nisi et ipse curvetur. Cæterum, quamvis casui propinquare inclinatio videatur, statum tamen rectitudinis non amittit. Tu autem, in Christo venerabilis et cha-

---

(48) Legendum est *Beneventi*. Jaffé.

rissime frater, ab illa prohibitione, sive, ut tu credis, excommunicatione absolvimus, quam ab antecessore nostro sanctæ memoriæ Urbano papa adversus investituras aut hominia factam (49) intelligis. Tu vero eos qui aut investituras accepere, aut investitos benedixere, aut hominia facere, cum ea satisfactione, quam tibi per communes legatos Wilielmum ac Balduinum (50) viros fideles et veridicos significamus, Domino cooperante, suscipito, et eos vice nostræ auctoritatis absolvito : quos vel ipse benedicas, vel a quibus volueris benedici præcipias, nisi in iis aliud forte reperias, propter quod a sacratis honoribus sint repellendi. Cæterum Eliensi abbati tuæ commissionis consortium subtrahes, quandiu abbatiam retinere præsumpserit, quam contempto nostri oris quod præsens audierat, interdicto per [f. ter. H.] repetitam investituram præsumpsit invadere. Si qui vero deinceps præter investituras ecclesiarum prælationes assumpserint, etiamsi regi hominia fecerint, nequaquam ob hoc a benedictionis munere arceantur : donec per omnipotentis Dei gratiam ad hoc omittendum cor regium tuæ prædicationis imbribus molliatur. Præterea super episcopis, qui falsum, ut nosti, a nobis rumorem attulerunt, cor nostrum commotum est vehementius [al. vehementius aggravatur] : quia non solum nos læserunt, sed multorum simplicium animas deceperunt, et regem adversus charitatem sedis apostolicæ impulerunt. Unde et inultum eorum flagitium, Domino cooperante, non patimur : sed quia filii nostri regis instantia pro iis nos pulsat attentius, etiam ipsis communionis tuæ participium non negabis. Sane regem et ejus conjugem, et proceres illos qui pro hoc negotio cum rege [al. circa regem] ex præcepto nostro laboraverunt, et laborare nitentur, quorum nomina ex supradicti Wilielmi suggestione cognosces, juxta sponsionem nostram a peccatis et pœnitentiis absolves. Igitur quandoquidem omnipotens Deus vos in Angliæ regno, ad suum et Ecclesiæ suæ honorem, in hac præstitit correctione proficere : ea deinceps mansuetudine, dispensatione sapientiæ, provisione circa regem ac principes, tua fraternitas satagat, ut quæ minus adhuc correcta sunt, auxiliante Domino Deo nostro, per tuæ sollicitudinis studium corrigantur. Qua in re ita dilectioni tuæ nostrum sentias adesse præsidium, ut quæ solveris, absolvamus ; quæ ligaveris, alligemus. Rothomagensis episcopi [Guilelmi] causam et interdictum justitia dictante prolatum tuæ deliberationi commisimus. Quod enim indulseris, indulgemus. Fraternitatem tuam superna dignatio per tempora longa conservet incolumem.

Datum decimo Kal. April.

CLXXVIII.

Ad Willelmum Rothomagensem episcopum. — *Suspensus erat Willelmus : ad eum scribit pontifex, se Anselmi deprecatoris gratia, quidquid Anselmus indulserit, indulgere.*
(Anno 1106, Mart. 28.)
[Mansi, *Concil.*, XX, 1062.]

Paschalis episcopus, servus servorum Dei, venerabili fratri Willelmo Rothomagensi episcopo, salutem et apostolicam benedictionem.

Licet causæ tuæ qualitas patientiam nostram plurimum gravet, pro reverentia tamen fratris nostri Cantuariensis episcopi, et dilectione latoris præsentium filii nostri Willelmi, qui pro te apud nos vehementius intercesserunt, paterna penes te benignitate movemur. Causam itaque tuam eidem fratri Cantuariensi episcopo commisimus, ad quod ipse indulserit, indulgeamus. Eo nimirum intuitu, ea conditione ut malos consiliarios, quorum instinctu multas pravitates incurristi, a tua familiaritate repellas.

Datæ Beneventi v Kal. Aprilis.

CLXXIX.

Ad Willelmum archiepiscopum Rothomagensem.
(Anno 1106, Mart. 30.)
[Mansi, *Concil.*, XX, 1070.]

Paschalis episcopus, servus servorum Dei, venerabili fratri Willelmo Rothomagensi archiepiscopo, salutem et apostolicam benedictionem.

Turoldum Bajocensem episcopum in proximis Kalendis Octobris pro causæ suæ definitione ante confratrem nostrum Lugdunensem episcopum venire præcepimus. Cæterum, quia eum needum revestitum audivimus, inducias ei usque in Pascha proximum prorogavimus. Tunc autem ante confratrem nostrum Anselmum Cantuariensem archiepiscopum vice nostra causa eadem penitus finiatur, nobis plenius intimanda, aut ante præsentiam nostram una cum adversariis suis episcopus ipse conveniat.

Data Salerni, III Kal. Aprilis.

CLXXX.

Ad R[uthardum] episcopum Moguntinum.
(Anno 1106, Mart. 31.)
[Mansi, *Concil.* XX, 1091.]

Paschalis episcopus, servus servorum Dei, venerabili R. Moguntino episcopo, salutem et apostolicam benedictionem.

Pro Ecclesiæ ac regni pace, pro ecclesiarum ordinibus, pro partium nostrarum causis, et quem generalem oporteat habere tractatum, fraternitatis vestræ novit solertia providere. Ea propter dignum duximus et magna consultatione deliberavimus, ut in proximis Octobribus Idibus synodalem vobiscum debeamus celebrare conventum ; idcirco tam te, charissime frater, quam omnes Moguntinæ Ecclesiæ suffraganeos litteris præsentibus præmonemus ut, convocatis diœcesium vestrarum, qui digniores videntur, abbatibus, convocatis et clericorum per-

(49) In conc. Claromont. et Romano.

(50) Monachi erant Cantuar., legati S. Anselmi.

sonis, quibus concilii tractatus necessarius est, praenominato in tempore citra Alpes nobiscum convenire omni occasione vel seposita procuretis, quatenus vergente Domino, ablatis de medio schismatum causis Ecclesiae ac regno pacis reformetur integritas.

Dat. xi Kal. April.

CLXXXI.
Ad Guidonem episcopum Ticinensem et clericos Papienses.
(Anno 1106, April. 29.)
[ROBOLINI, *Notizie appartenenti alla storia della sua patria*, Pavia, 1823, 8°, t. III, p. 225.]

PASCHALIS episcopus, servus servorum Dei, venerabili fratri GUIDONI episcopo et clericis Ticinensis ecclesiae, salutem et apostolicam benedictionem.

Et episcopalem sollicitudinem et clericorum condecet charitatem incidentia Ecclesiae scandala cum tranquillitate tractare et simultates totis nisibus removere. Vos autem de scintilla minima tantos ignis globos per invidiam diaboli succendistis, vel succendi per incuriam permisistis ut pro benedictae aquae oblatione trium hominum caedes facta et sanguis effusus sit, pro baptismi etiam sacramento duorum baptizatorum sint prostrata cadavera. Porro de rapinis plura narrare taediosum ducimus, sed eas ad plenum emendare iterata praeceptione mandamus. Quae omnia quantum Ecclesiae contraria, quantum vobis indigna sint, vestra nobiscum prudentia recognoscit, nec facile ducitur indiscussa haec et inulta transire. Nihil enim novum a beati Petri monachis est praesumptum; habent enim antiqua traditione et vetustioribus S. sedis apostolicae privilegiis facultatem a quolibet catholico episcopo consecrationes ecclesiarum et ordinationes monachorum seu clericorum, oleum et chrisma suscipere, et in Paschali solemnitate baptismum per subjectos monasterio clericos celebrare, clericorum qui monasterio subjacent obedientiam praeter impugnationem episcopi retinere. Monasterio libertatem cum caeteris immunitatibus suis conservari volumus quae propter episcoporum improbitates Romanae Ecclesiae provisione collata est, nec de caetero super hujusmodi enim praesumentes tanquam sedis apostolicae contemptores ejus profecto indignatione plectentur.

Dat. apud Cassinum, iii Kalend. Maii.

CLXXXII.
Privilegium pro monasterio S. Salvatoris et S. Juliae Brixiensis.
(Anno 1107, Maii 11.)
[MARGARINI, *Bullar. Casin.*, II, 124.]

PASCHALIS episcopus, servus servorum Dei, charissimae in Domino filiae ERMINGARDAE abbatissae monasterii Domini Salvatoris et S. Juliae virginis et martyris, quod Novum dicitur, fundatum a piissima Ansa regina intra civitatem Brixiam, tibi tuisque successoribus in perpetuum.

Ad hoc in apostolicae sedis regimen, Domino disponente, promoti conspicimur, ut, ipso praestante, religionem augere, et ejus servis tuitionem debeamus impendere. Tuis igitur, dilecta in Domino filia abbatissa Ermengarda, petitionibus annuentes, beati Salvatoris monasterium, cui Deo auctore praesides, sicut a praedecessoribus nostris in tutelam, et protectionem apostolicae sedis novimus susceptum, ita nos quoque suscipiamus. Statuimus enim ut nulli ecclesiasticae saecularive personae liceat districtum ullum in locis quibuscunque ipsius monasterii, seu placitum, absque licentia abbatissae facere, seu fodrum, vel mansionaticum, seu ripaticum, aut paratas, seu aliquas publicas functiones exigere. Abbatissa autem, ubicunque per eadem loca voluerit mercatum, nemine contradicente constituat, vel aedificet, districtumque servorum, seu liberorum teneat. Nec episcoporum quisquam in praedicto monasterio ditionem aliquam habere permittimus, et missas publicas, praeter abbatissae voluntatem, illic agere prohibemus. Confirmamus igitur eidem venerabili monasterio possessiones priorum temporum, id est Sermionem, cum ecclesiis Domini Salvatoris, et Sancti Martini, ac Sancti Viti martyris; et Cessianicum, cum ecclesia Sanctae Juliae martyris; Nuvelariam, cum ecclesia Sancti Laurentii; Berciagum, cum ecclesia Sancti Zenonis et Sancti Stephani; Barbadam, cum ecclesia Sanctae Mariae et Sancti Blasii; Calvatonem, cum ecclesia Sanctae Mariae et Sanctae Juliae; Lioniam, cum ecclesia Sanctae Mariae; Maionem vicum, cum ecclesia Sancti Alexandri; Gaseliagum, cum ecclesia Sancti Martini confessoris; Miliarinam, cum ecclesia Sanctae Juliae; Sermidam. Praeterea quaecunque praedia, quaecunque possessiones, vel catholicorum regum, vel aliorum fidelium legitimis oblationibus, in praesentiarum pertinent, sive in futurum, largiente Domino, pertinere contigerit, firma tibi tuisque successatricibus et illibata permaneant. Decernimus ergo ut nulli omnino hominum liceat idem monasterium temere perturbare, aut ejus possessiones auferre, vel ablatas retinere, minuere, vel temerariis vexationibus fatigare; sed omnia integra conserventur eorum, pro quorum sustentatione et gubernatione concessa sunt, usibus omnimodis profutura. Decimas atque primitias, praedecessorum nostrorum auctoritate, monasterio vestro concessas, nullatenus deinceps ab episcopis vel episcoporum ministris permittimus usurpari. Chrisma, oleum sanctum, consecrationes altarium, sive basilicarum, ordinationes abbatissae, monachorum, sive clericorum, qui ad sacros fuerint ordines promovendi, a quo malueritis catholico suscipietis antistite. Obeunte te, nunc ejus loci abbatissa, vel tuarum qualibet successatricum, nulla ibi qualibet subreptionis astutia seu violentia praeponatur, nisi quam sorores, communi consensu, vel sororum pars consilii sanioris, secundum Dei timorem, et beati Benedicti Regulam elegerint. Quae profecto potestatem habeat capellas et ecclesias faciendi ubicunque voluerit in terris ad praefatum monasterium pertinentibus.

Porro piscarias ad ipsum monasterium pertinentes, in sororum usibus omnimodis confirmamus, ut nulli facultas sit eas invadere, aut quibuslibet occasionibus alienare. Vos igitur, filiæ in Christo dilectæ, ut hac semper gratia digniores censeamini, Dei semper timorem in vestris cordibus habere satagite, ut quanto a sæcularibus liberiores estis, tanto amplius placere Deo, totius mentis et animæ virtutibus, anhelctis. Si quis igitur in posterum archiepiscopus aut episcopus, imperator aut rex, princeps aut dux, comes, vicecomes, judex, aut ecclesiastica quælibet sæcularisve persona, hanc nostræ constitutionis paginam sciens, contra eam temere venire tentaverit, secundo tertiove commonita, si non satisfactione congrua emendaverit, potestatis honorisque sui dignitate careat, reamque se divino judicio existere de perpetrata iniquitate cognoscat, et a sacratissimo corpore et sanguine Dei ac Redemptoris nostri Jesu Christi aliena fiat, atque in extremo examine districtæ ultioni subjaceat. Cunctis autem eidem loco justa servantibus sit pax Domini nostri Jesu Christi, quatenus et hic fructum bonæ actionis suscipiant, et apud districtum judicem præmia æternæ pacis inveniant. Amen, amen, amen.

Scriptum per manum Raynerii scriniarii regionarii et notarii sacri palatii.

Ego Paschalis catholicæ Ecclesiæ episcopus SS.

Datum Laterani per manum Joannis, sanctæ Romanæ Ecclesiæ diaconi cardinalis ac bibliothecarii, quinto Idus Maii, indictione xiv, anno Dominicæ Incarnationis 1107 [1106], pontificatus autem domni Paschalis secundi papæ vii.

CLXXXIII.

Ad R[uthardum] archiepiscopum Moguntinum. — Commendat Ottonem episcopum Bambergensem a sese consecratum.

(Anno 1106.)

[Mansi, *Concil.*, XX, 1091.]

Paschalis episcopus, servus servorum Dei R. Moguntino archiepiscopo, salutem et apostolicam benedictionem.

Quantum a suæ constitutionis exordio Bambergensis Ecclesia sedi apostolicæ familiaris exstiterit, prudentiæ tuæ notius existimamus. Congruum igitur duximus ut venientem ad nos fratrem nostrum venerabilem O. ejusdem ecclesiæ electum, cum præteritæ familiaritatis gratia susciperemus. Præterea quoniam Ecclesia eadem per diuturna jam tempora episcopalis officii sollicitudinis caruit, et propter præteriti schismatis ultionem in Teutonicis partibus perpauci episcopali funguntur officio juxta ipsius Ecclesiæ postulationem eidem fratri, cum per multa ad nos venisset pericula, consentientibus et unanimi sententia decernentibus omnibus qui nobiscum aderant, fratribus, episcopalis benedictionis manum, Domino largiente, contulimus, salva nimirum debita tuæ metropolis reverentia. Eum igitur ad vos cum nostræ gratiæ dulcedine remittentes, fraternitati vestræ litteris præsentibus commendamus,

ut quanto sedi apostolicæ familiarior creditur, tanto apud vos charior habeatur.

Dat. Laterani, xii Kal. Junii.

CLXXXIV.

Ad clerum populumque Bambergensem. — Illis Ottonem episcopum commendat.

(Anno 1106, Mai.)

[Mansi, *Concil.*, XX, 999.]

Paschalis episcopus, servus servorum Dei, clero et populo Bambergensi, salutem et apostolicam benedictionem.

Quanto affectionis debito Bambergensis ecclesia ab ipso suæ institutionis primordio sedi apostolicæ constringatur, etsi nos lateret, litterarum vestrarum significatio manifestat. Quod affectionis debitum venerabilis frater Otto, vestræ ecclesiæ electus, constanter tenuisse ac tenere cognoscitur, cum per tot et tanta pericula ad apostolicæ sedis visitationem percurrat. Nos igitur eum debitæ benignitatis affectione suscepimus, et juxta vestræ dilectionis desiderium, nostris tanquam beati Petri manibus, salvo metropolitani jure, vobis per Dei gratiam præsulem ordinavimus. Hunc igitur sub præsentium litterarum prosecutione ad ecclesiæ vestræ regimen remittentes, plena hortamur affectione diligi, plena humilitate venerari. Confidimus enim eum disciplinæ ecclesiasticæ futurum esse custodem, et salutis vestræ sollicitum provisorem. Huic ergo sedulis officiis obedite, et gratiam vobis in eo conciliate cœlestem. Integritatem catholicæ fidei firmam semper in omnibus conservate: sedi apostolicæ semper devotius adhærete, ut per ejus consortium a contagiis omnibus liberi, ad æternæ salutis portum feliciter pervenire, Domino largiente, mereamur.

CLXXXV.

Ecclesiæ S. Frigdiani Lucensis parochianos laudat quod canonicis obtemperent.

(Anno 1106, Maii 23.)

[Baluz., *Miscell.* edit. Luc. I, t. IV, p. 584.]

Paschalis episcopus, servus servorum Dei, parochianis Sancti Frigdiani, salutem et apostolicam benedictionem.

Devotioni vestræ plurimum congaudemus quia sicut venerabilis filii Rothonis relatione cognovimus, Beati Frigdiani ecclesiam et in ea Deo servientes fratres attentius diligitis, et locum ipsum rerum vestrarum collatione ditatis, et eorum monitis ad animarum vestrarum salutem libentius obeditis. Similiter hac Domini gratia vobis miseratione donata, et ipsi et vobis gratias agimus, rogantes ut hanc in vobis gratiam ipse perficiat, et pro hac æternæ retributionis præmia reddat. Vos itaque, filii in Domino charissimi, exhortamur ut in hujus devotionis proposito semper constantius maneatis, illud Dominicum vestri cordis meditatione versantes, quod ad discipulos suos loquens: *Qui vos honorat, me honorat; et qui vos tangit, tangit pupillam oculi mei*: bonum enim votum bonumque propositum vestrum sua in finem misericordia comitabitur. Ipse quæ loquimur sua unctione vos doceat, ipse benedicat; et tam vos quam alios, qui eisdem fratribus opem suam gratia divinæ charitatis impendunt, a peccatis propitius absolvat beati Frigdiani meritis, et ad vitam perducat æternam.

Dat. Laterani, x Kal. Junii.

CLXXXVI.

Ecclesiæ S. Frigdiani Lucensis privilegia confirmat.

(Anno 1106, Maii 24.)

[BALUZ. *Miscell.* t. IV, p. 584.]

PASCHALIS episcopus, servus servorum Dei, dilectis in Christo filiis Rotoni præposito et ejus fratribus in Beati Frigdiani ecclesia regularem vitam professis ejusque successoribus in eadem religione permansuris in perpetuum.

Desiderium quod, etc., *uti in privilegio anni 1104, n. 119, usque ad* apostolicæ sedis habuerint. *Dein sequitur :* A quo nimirum chrisma, oleum sanctum, consecrationes altarium sive basilicarum, ordinationes clericorum accipietis, si ea gratis et sine pravitate voluerit exhibere; alioquin liceat vobis a quocunque malueritis catholico episcopo ea sacramenta suscipere, qui apostolicæ sedis fultus auctoritate quæ postulatur indulgeat. Nec eidem episcopo ullo modo liceat locum ipsum aut fratres illic habitantes pro nostrorum conceptionum æmulatione excommunicare vel interdicere, nisi pro certis culpis quas iidem fratres canonice admoniti emendare contempserint. Baptismi usum in Sabbato sancto Pentecostes a præteritis temporibus habitum in perpetuum confirmamus, ut nullis possit æmulationibus vel insidiis prohiberi. Nulli autem sæcularium potestatum infra vestri cœnobii claustrum liceat hospitari, ne fratrum regularium quis ejusmodi præsumptionibus perturbetur. Decernimus etiam, etc., *ut in dicto privilegio.*

Scriptum per manus Raynerii scriniarii, etc.

Ego Paschalis, etc.

Datum Laterani per manum Joannis S. R. E. diac. card. ac bibliothecarii, ix Kal. Junii, indict. xiv, Incarn. Domin. an. 1106, pontificatus autem D. Paschalis papæ vii.

CLXXXVII.

Ad B[ernardum] archiepiscopum Toletanum.

(Anno 1106.)

[FLOREZ, *España sagrada*, XX, 79.]

P. episcopus II, B. Toletano archiepiscopo, salutem et apostolicam benedictionem.

Litteras dilectionis tuæ breves omnino recepimus, in quibus præter causam quæ inter ecclesiam S. Jacobi et Minduniensem agitur, nil aliud de statu nobis Hispaniarum dicere voluisti. Cumque te in eisdem concilium celebrasse dixeris, nihil de rebus in eodem concilio gestis præter præfatam causam intimare curasti, de quibus satis nos mirari noveris, quia et te videre, et statum terræ vestræ libenter vellemus agnoscere. Causam autem illam, quam inter Mindunienses clericos et S. Jacobi clericos agi prædiximus, si Mindunienses, sicut mandasti, a proba- tione possessionis defecerunt, fraternitas tua partibus utrisque competenti loco et tempore convocatis tranquille et legaliter sine dilatione diffinire procuret : in eos autem qui constituto a te loco et tempore defuerint, canonicam sententiam dare non differas.

CLXXXVIII.

Ad Petrum Acheruntinum archiepiscopum. — Ejus electionem confirmat, et jura metropoleos Acheruntinæ; mittit pallium.

(Anno 1106, Jun. 16.)

[MANSI, *Concil.*, XX, 1055.]

PASCHALIS episcopus, servus servorum Dei, venerabili fratri nostro PETRO Acheruntino archiepiscopo, ejusque successoribus canonice promovendis in perpetuum.

Potestatem ligandi atque solvendi in cœlis et in terra B. Petro ejusque successoribus auctore Deo principaliter traditam illis Ecclesia verbis agnoscit, quibus Petrum est Dominus allocutus : *Quæcunque ligaveris super terram, erunt ligata et in cœlis : et quæcunque solveris super terram, erunt soluta et in cœlis (Matth.* XLVI). Ipsi quoque firmitas propriæ et alienæ fidei confirmatio, eodem Deo auctore prædicatur, cum ad eum dicitur : *Rogavi pro te, Petre, ut non deficiat fides tua, et tu aliquando conversus, confirma fratres tuos (Luc.* XXIII). Oportet ergo nos, qui, licet indigni, Petri videmur residere in loco, prava corrigere, recta firmare, et in omni Ecclesia ad interni arbitrium judicis sic disponenda disponere, ut de vultu ejus judicium nostrum prodeat, et oculi nostri videant æquitatem. Fraternitatis igitur tuæ justis petitionibus annuentes, sanctam Acheruntinam Ecclesiam præsentis decreti auctoritate munimus, tibi tuisque successoribus confirmantes quæcunque metropolitano jure præteritis temporibus pertinuisse noscuntur, videlicet Venusinum, Gravinam, Tricaricum, Tarsum, Potentiam ; ut tu tuique legitimi successores potestatem habeatis canonice et decretabiliter in eis episcopos ordinandi ac consecrandi, salva in omnibus sanctæ Romanæ Ecclesiæ auctoritate. Ad hæc statuentes decernimus ut quæcunque oppida, villæ vel ecclesiæ parochiales, jure ab eadem ecclesia Acheruntina possidentur, quæcunque bona in præsentiarum juste possidet, sive in futurum justo ac canonice poterit adipisci, firma tibi tuisque successoribus ac illibata permaneant : iis nimirum exceptis quæ sedis apostolicæ privilegiis specialibus muniuntur. Pallium præterea fraternitati tuæ, plenitudinem videlicet pontificalis officii, ex apostolicæ sedis liberalitate concedimus : quod te in ecclesia, tantum ad missarum solemnia subscriptis diebus noveris induendum, id est, Nativitatis Domini, Epiphaniæ, Hypapantes, in tribus solemnitatibus beatæ Mariæ, Cœnæ Domini, Sabbati sancti, Resurrectionis, Ascensionis, Pentecostes, Nativitatis S. Joannis Baptistæ, festivitatis apostolorum omnium [*vox* omnium *forte redundat.* H.], Michaelis archangeli, commemorationis omnium sanctorum, et eorum martyrum vel confessorum qui in Acheruntina ecclesia requiescunt ; in consecratione ecclesiarum, episcoporum, presbyterorum et diaconorum : cujusmodi nimirum volumus te per omnia genium vindicare. Hujus siquidem indumenti honor, humilitas atque justitia est. Tota ergo mente fraternitas tua se exhibere festinet, in prosperis humilem ; et in adversis, si quando eveniunt, cum justitia erectum : amicum bonis, perversis contrarium ; nullius unquam faciem contra veritatem respicias, nullius unquam faciem premas : misericordiæ operibus juxta virtutem insistas, et tamen insistere etiam supra virtutem cupias : infirmis compatiaris, benevolentibus congaudeas; aliena damna, propria reputes; de alienis gaudeas, tanquam de propriis exsultes : in corrigendis vitiis pie sævias; in fovendis virtutibus auditorum animas demulceas; in ira, judicium sine ira teneas; in tranquillitate autem, securitatis justæ censuram non deseras. Hæc est, frater charissime, pallii accepti dignitas; quam si sollicite servaveris, quod foris accepisse ostenderis, intus habebis. Fraternitatem tuam superna miseratio per tempora multa incolumem conservare dignetur. Amen, amen, amen.

Ego Paschalis catholicæ Ecclesiæ episcopus.

Datum Albani per manum Joannis S. R. E. diaconi card., XVI Kal. Julii, indict. XIV, Incarnat. Dominicæ 1106, pontificatus autem domni Paschalis II papæ VIII.

CLXXXIX.
Bulla pro Benedicto abbate monasterii S. Salvatoris in Moxi.

(Anno 1106, Sept. 19.)

[MURATORI, *Antiq. Ital.* III, 1105.]

PASCHALIS episcopus, servus servorum Dei, dilecto filio BENEDICTO abbati monasterii Sancti Salvatoris, quod situm est in loco qui Moxi dicitur, ejusque successoribus regulariter promovendis in perpetuum.

Piæ postulatio voluntatis effectu debet persequente compleri, quatenus et devotionis sinceritas laudabiliter enitescat, et utilitas postulata vires indubitanter assumat. Quia igitur dilectio tua ad sedis apostolicæ portum confugiens, jus tuitionem devotione debita requisivit, nos supplicationi tuæ clementer annuimus, et beati Salvatoris monasterium, cui Deo auctore præsides, sub tutela apostolicæ sedis excipimus. Per præsentis igitur privilegii paginam apostolica auctoritate statuimus ut quæcumque prædia, quæcumque bona possessione legitima ad idem monasterium in præsentiarum pertinere videntur, sive in futurum, largiente Domino, concessione pontificum, liberalitate principum, vel oblatione fidelium, juste et canonice poterit adipisci, firma tibi tuisque successoribus illibata permaneant. In quibus hæc propriis visa sunt nominibus exprimenda, videlicet ecclesiam Sanctæ Mariæ cum portione curtis Dolie; ecclesiam Sancti Laurentii cum portione curtis Rasinianæ; ecclesiam Sancti Fridiani et Sancti Nicolai cum portione casalis Insluli : in Bodio ecclesiam Sanctæ Mariæ : in Paterno ecclesiam Sancti Michaelis. Decernimus ergo ut nulli omnino hominum liceat idem cœnobium temere perturbare, aut ejus possessiones auferre, vel ablatas retinere, minuere, vel temerariis vexationibus fatigare; sed omnia integra conserventur eorum, pro quorum sustentatione et gubernatione concessa sunt, usibus omnimodis profutura. Obeunte te nunc ejus loci abbate, vel tuorum quorumlibet successorum, nullus ibi qualibet subreptionis astutia seu violentia præponatur, nisi quem fratres communi consensu, vel fratrum pars consilii sanioris, vel de suo vel de alieno, si oportuerit, collegio providerint eligendum. Sane sepulturam ejusdem loci omnino liberam esse decernimus, ut eorum qui illic sepeliri deliberaverint, devotioni et extremæ voluntati, nisi forte excommunicati sint, nullus obsistat. Nec episcopo facultas sit aut monasterium ipsum vel ecclesias præter culpam interdicere, aut novis exactionibus prægravare. Porro laborum ipsorum decimas præter quarumlibet personarum contradictionem vobis concedimus possidendas. Si quæ enim ecclesiastica sæcularisve persona, hanc nostræ constitutionis paginam sciens, contra eam venire tentaverit, secundo tertiove commonita, si non satisfactione congrua emendaverit, potestatis honorisque sui dignitate careat, reamque se divino judicio existere de perpetrata iniquitate cognoscat, et a sacratissimo corpore ac sanguine Dei et Domini Redemptoris nostri Jesu Christi aliena fiat, atque in extremo examine districtæ ultioni subjaceat. Cunctis autem eidem loco justa servantibus sit pax Domini nostri Jesu Christi, quatenus et hic fructum bonæ actionis percipiant, et apud districtum judicem præmia æternæ pacis inveniant. Amen, amen, amen.

Ego Paschalis catholicæ Ecclesiæ episcopus subscripsi.

Datum Florentiæ per manum Joannis, sanctæ Romanæ Ecclesiæ diaconi cardinalis ac bibliothecarii, tertio decimo Kalendas Octobris, indictione decima quinta, Incarnationis Dominicæ anno millesimo centesimo sexto.

CXC.
Ad episcopos Galliarum. — Adversus interfectores abbatis Vizeliacensis.

(Anno 1106, Oct. 25.)

[MANSI, *Concil.*, XX, 1034.]

PASCHALIS episcopus, servus servorum Dei, venerabilibus fratribus episcopis Galliarum, salutem et apostolicam benedictionem.

Sacerdotalis ordinis charitate vehementer indignum videtur quod facinorosas personas, quas pro criminibus suis persequi deberetis, fovere dicimini. Interfectores enim Vizeliacensis abbatis in quorumdam vestrum parochiis licenter habitare dicuntur. Unde fraternitatem vestram digna redargutione corripientes, præsentium litterarum auctoritate præcipimus, ut eos qui dominum suum presbyterum et abbatem tam nequiter occiderunt, secundum dignum pœnitentiæ modum in exsilium detrudatis: et, si noluerint obedire, excommunicationi subjicite, nec unquam vel Vizeliacensi abbati, vel præposito alicui, facultas sit eisdem homicidis vel eorum hæredibus de his quæ ad Ecclesiam pertinent aliquid dimittere. Eos vero quos hujus homicidii fuisse constat auctores, nisi dignam egerint pœnitentiam, ab Ecclesia alienos efficite.

Datum apud Guardastallum, viii Kal. Novembris.

CXCI.

Gislæ abbatissæ Romaricensi, si suum de monachis Calmosiacensibus præceptum usque ad proximæ Quadragesimæ initium adimplere contempserit, ex tunc aditum ecclesiæ interdicit.

(Anno 1106, Oct. 27.)

[Martene, Thesaur. Anecd. III, 1180.]

Paschalis episcopus, servus servorum Dei, dilectæ filiæ Gislæ Romaricensi abbatissæ, salutem et apostolicam benedictionem.

Pro injuria religiosorum Calmosiacensium fratrum tertio ad te litteras misimus, rogantes et præcipientes, quatenus aut de fundo vobis competenti concambium acciperetis pro portione vestra parochialis ecclesiæ Beatæ Mariæ, quæ vobis illisque communis est; aut eorum portionem, quæ sunt decimæ alodii eorum, quod infra eorum parochiam continetur, quietam illis dimitteres: et adhuc nos audire dedignata es. Licet igitur iterum iterumque contempti, iteratas tamen litteras ad te mittimus, præcipientes ut horum alterum, sicut præceptum est, quod malueris exsequaris: quod si usque ad proximæ Quadragesimæ initium adimplere contempseris, ex tunc tibi aditum ecclesiæ interdicimus.

Datum apud Wardastallum, vi Kal. Novembris.

CXCII.

Ad Gebehardum Constantiensem et Odericum Pataviensem episcopos. — Non quoslibet excommunicatos esse vitandos.

(Anno 1106.)

[Mansi, Concil., XX, 1002.]

Paschalis episcopus, servus servorum Dei, venerabilibus fratribus Gebehardo Constantiensi, Oderico Pataviensi, episcopis, et cæteris Teutonicarum partium tam clericis quam laicis catholicis, salutem et apostolicam benedictionem.

Pro religionis vestræ fervore gaudemus, et omnipotenti Deo gratias agimus, qui vos in sui nominis amore confirmat. Quosdam autem vestrum minus secundum scientiam zelum Dei habere audivimus: ut, dum pravorum commistionem vitant, etiam a regionibus vestris discedere meditentur. Qui profecto nequaquam laude apostolica digni sunt, dum in medio nationis pravæ et perversæ persevere non possunt, inter quos luceant velut luminaria in mundo, verbum vitæ continentes. Uno enim pondere peccata hominum metiuntur, dum et excommunicatos propriæ voluntatis merito et excommunicatis communicantes reos æqualiter arbitrantur; verumenimvero diversarum voluntatum diversus reatus agnoscitur. Si quis enim criminosus, juxta apostolum, vocatur, hujusmodi omnino cavendus est: eadem etiam cautela vitandi sunt qui nominatis aut actione cum possint, vel cum nequeunt voluntate se copulant. Qui vero hujusmodi excommunicatis omnino inviti, vel servitio vel cohabitatione junguntur, si hujusmodi perfectionis dolore tanguntur, non omnino vitandi sunt, nec tamen ad communionem sine correctionis remedio admittendi. Hinc est quod prædecessor noster sanctæ memoriæ Gregorius VII papa excommunicatorum uxores, filios, servos, rusticos, quorum consilio vel voluntate, excommunicationis meritum non perpetratur, viatores quoque ob itineris necessitatem invitos excommunicatis communicantes, excommunicationis vinculo non teneri constituit: sicut beatus Augustinus ad Auxilium scribens evidenter ostendit. Discant tenere fratres, inquit, in omnibus viam, et in medio nationis pravæ et perversæ tanquam luminaria lucere studeant: ut non suæ tantum, sed ut alienæ salutis mercedem a Deo mereantur accipere, qui singulorum examinat voluntates, causas discutit, quia nuda omnia et aperta sunt oculis ejus de cujus miseratione confidimus, quia simplicis oculi corpus tenebrarum caligo non opprimet, quoniam charitas operit multitudinem peccatorum. Obedientes monitis nostris miseratio vos divina custodiat et ab omnibus peccatis absolvat.

CXCIII.

Hugoni abbati S. Ægidii abbatiam Seumichensem a Ladislao Ungarorum rege fundatam confirmat.

(Anno 1106, Nov. 2.)

[Gall. Christ., VI, 189.]

Paschalis episcopus, servus servorum Dei, dilecto in Christo filio Hugoni abbati monasterii S. Ægidii, quod in valle Flaviana situm est, ejusque successoribus regulariter promovendis in perpetuum.

Religiosis desideriis dignum est facilem præbere consensum, ut fidelis devotio celerem sortiatur effectum. Latisclavus siquidem bonæ memoriæ Ungarorum rex ad honorem Dei et SS. apostolorum Petri et Pauli in memoriam S. Confessoris Ægidii Seumichensem fundavit ecclesiam, et eam per manum Odilonis felicis memoriæ prædecessoris vestri monasterio Beati Ægidii, cui auctore Deo præsides, obtulit, ubi et ejus corpus venerabile requiescit. Hanc nimirum oblationem pro animarum salute perpetratam nos largiente Deo apostolicæ sedis auctoritate firmamus, cui vestrum Flavianæ vallis cœnobium ab eodem S. Ægidio in salarium datum agnoscitur. Igitur supradicti regis deliberationem præsenti decreto sancimus, ut quicunque Seumichensis abbas fuerit, abbati monasterii vestri, quod in valle Flaviana a S. Ægidio constructum diximus, obedientiam profiteatur, et perseveranter observet. Negotia quæ monasterio acciderint, regis consilio terminentur, et nullus præter regem super res ecclesiæ judicare præsumat. Porro monasterii ecclesia cum atrio suo ea semper libertate potiatur, ut illic refugientes nullum personarum sive rerum præjulicium patiantur. Decernimus ergo ut nulli omnino hominum liceat idem monasterium temere perturbare, aut possessiones auferre, minuere, vel temerariis vexationibus fatigare, sed omnia quæ ab eodem Latisclavo rege vel aliis fidelibus de jure proprio data sunt, aut in futurum Domino largiente illic dari contigerit, firma semper et integra conserventur, salva canonica reverentia diœcesani episcopi, eorum pro quorum sustentatione et gubernatione concessa sunt usibus omnimodis profutura. Si quis igitur decreti hujus tenore cognito, vel Seumichensem cellam a vestri monasterii subjectione subtrahere, vel eamdem cellam bonis suis temere privare tentaverit, secundo tertiove commonitus, si non satisfactione congrua præsumptionem illicitam emendare curaverit, a sacratissimo corpore ac sanguine Dei et Domini Redemptoris nostri Jesu Christi alienus existat, atque in extremo examine districtæ ultioni subjaceat. Cunctis autem hæc statuta servantibus sit pax Domini Jesu Christi, quatenus et hic fructum bonæ actionis percipiant, et apud districtum judicem præmia æternæ pacis inveniant. Amen, amen, amen.

Ego Paschalis catholicæ Ecclesiæ episc. Sig.
Ego Bruno...... episc. Sig.
Ego Landulfus cardinal. presbyt. Sig.

Datum Parmæ per manum Joannis S. R. E. diaconi cardin. ac bibliothecarii, iv Non. Nov., ind. xv, anno Dom. Incarn. 1106, pontificatus autem domni Paschalis secundi papæ viii.

CXCIV.
Ad Guidonem abbatem S. Stephani Laudensis. — Privilegium monasterii S. Stephani.
(Anno 1106, Nov. 15.)
[Mansi, *Concil.*, XX, 1054.]

Paschalis episcopus, servus servorum Dei, dilecto filio Guidoni abbati venerabilis monasterii S. Stephani, quod in Laudensi comitatu secus Padum situm est, ejusque successoribus regulariter promovendis in perpetuum.

Divinis præceptis et apostolicis informamur monitis, ut pro ecclesiarum statu impigro vigilemus affectu. Postulavit siquidem nos dilectio tua prædecessorum nostrorum quædam statuta firmare, et per ea vestri monasterii statum, auctore Deo, munire. Quod..... monasterium venerabilis comitissa Anselda cum filiis suis Lanfranco, Arduino et Magnifredo, construxisse, et suis facultatibus ditasse cognoscitur. Per præsentis igitur privilegii paginam apostolica auctoritate statuimus ut quæcunque prædia, quæcunque bona a prædicta comitissa, vel ejus filiis, seu ab aliis fidelibus de jure proprio data sunt, quæcunque etiam in futurum eidem monasterio concessione pontificum, liberalitate principum, vel oblatione fidelium dari contigerit, firma vobis vestrisque successoribus et illibata permaneant. Confirmamus itaque supradicto S. Stephani monasterio adjacentem villam, et castrum infra quod idem monasterium constructum est, et cætera quæ in episcopi Nokeni chirographo continentur. Obeunte te nunc ejus loci abbate, vel tuorum quolibet successorum, nullus ibi qualibet subreptionis astutia seu violentia præponatur, nisi quem fratres vel fratrum pars consilii sanioris, vel de suo, vel de alieno, si oportuerit, collegio, secundum Dei timorem et B. Benedicti Regulam providerint eligendum. Electus autem ad Romanum pontificem consecrandus accedat. Ad hæc decernimus ut nulli omnino hominum liceat idem monasterium temere perturbare, aut ejus possessiones temerariis vexationibus fatigare; sed omnia integra conserventur, eorum pro quorum sustentatione et gubernatione concessa sunt, usibus profutura. Si qua ergo ecclesiastica sæcularisve persona, etc., *ut in aliis nonnullis epistolis.*

Ego Paschalis catholicæ Ecclesiæ episcopus.

Datum apud Placentiam, per manum Joannis S. R. E. diaconi card. ac bibliothecarii, xvii Kalend. Decembris, indict. xv, Incarnat. Dominicæ anno 1106, pontificatus autem domni Paschalis II papæ viii.

CXCV.
Ad monachos S. Petri et S. Salvatoris Papienses.
(Anno 1106, Nov. 19.)
[Robolini, *Notizie*, III, p. 226.]

Cum venerabiles Ticinensis episcopus G. [Guido] et abbates vestri A. et........ ante nostram præsentiam convenissent post multas querelas expositas... Placuit itaque fratribus nostris ad finem illum recurrere, qui æstate præterita in eis litteris deliberatum est quas a Casino monte pro eisdem querelis supra dicto episcopo miseramus.....

Dat. xiii Kal. Decemb.

CXCVI.
Ad canonicos Augustenses.
(Anno 1106, Nov. 22.)
[Mansi, *Concil.*, XX, 1214.]

Paschalis episcopus, servus servorum Dei, Augustensis ecclesiæ canonicis, et cæteris parochianis, salutem et apostolicam benedictionem.

Venit ad nos non vocatus frater noster Herimarnus, vestræ civitatis episcopus, causam suam postulans certiori fine concludi. Nos autem querelarum vestrarum memores, quod fratres, qui adversus eum in concilio coram nobis capitula protulerant, cum eo inpræsentiarum coram nobis minime adfuerunt, ne qua pars adversum nos possit præjudicium conqueri, causæ ipsius protectionem in proximas Kalendas Novembris fratrum nostrorum deliberatione distulimus : ad quem videlicet terminum omnes, qui adversus eum causam agunt, litteris præsentibus ad nostram audientiam invitavimus. Interim eidem fratri nostro potestatem concedimus, ut eos, qui ecclesiæ bona rapiunt et invadunt, juxta sanctiones canonicas excommunicare prævaleat. Volumus enim ut tam ipse quam ecclesia quæ sub eo est, usque ad præfinitum tempus, pacem et tranquillitatem, Domino largiente, obtineat.

Datum decimo Kalendas Decembris.

CXCVII.

Didaco episcopo Compostellano mandat ut una cum provincialium sedium episcopis, Petro Legionensi, Pelagio Asturicensi et aliis inter Oxomensis et Burgensis Ecclesiæ clericos ambiguitatem de finibus communis parochiæ certissima indagine determinet.

(Vide Historiam Compostellanam, apud FLOREZ, *España sagrada*, XX, 63.)

CXCVIII.

Privilegium pro Ecclesia Colimbriensi.

(Intra annum 1099-1107.)

[BRANDAO, *Monarchia Lusitana*, III, p. 283.]

PASCHALIS episcopus, servus servorum Dei, venerabili fratri [MAURITIO] Colimbriensi episcopo, salutem et apostolicam benedictionem.

Apostolicæ sedis, cui auctore Deo deservimus, auctoritas nos debitumque compellit, et desolatis Ecclesiis providere, et non desolatas prona sollicitudine confovere, eas maxime quæ barbarorum ferocitati vicinæ sunt, et habitationibus circumseptæ convenimus; statuimus enim ut quæcunque bona, quamque diœcesim in præsentiarum eadem Ecclesia juste possidet vel in futurum juste et canonice poterit adipisci, firma tibi tuisque successoribus et illibata permaneant, ut si quis de antiquis parochiæ terminis, quos hodie Mauri et Moabitæ possident, auxiliante Deo, in futurum reparare potuerit, eidem se integrentur Ecclesiæ. Interim a Colimbria usque ad castrum antiquum, sicut Theodomiri regis ab episcopis divisio facta est Ecclesiæ Colimbriensi perseveret. Secundo præterea episcopalium quondam cathedralium Ecclesias Lamecum et Viseum tuæ tuorumque successorum provisioni curæque committimus, donec disponente Domino, aut Colimbriæ diœcesis restituatur, aut illæ parochiis propriis restitutæ, cardinales episcopos habere nequiverint. Tertio Vaccaricam cum ecclesiis, et coloniis, ac prædiis suis sub episcoporum Colimbriensium confirmavimus, sicut ab egregio comite in scriptorum testimoniis oblata est, etc.

CXCIX.

Ad Hugonem Cluniacensem abbatem. — Vetat ne pedaticum quis vel aliud quidquam exigere possit ab his qui Cluniacum eunt, vel inde exeunt, infra terminos designatos.

(Anno 1107, Feb. 2.)

[BOUQUET, *Recueil*, XV, 34.]

PASCHALIS episcopus, servus servorum Dei, venerabili fratri HUGONI Cluniacensi abbati, et universis ejusdem congregationis fratribus, salutem et apostolicam benedictionem.

Sicut prædecessores nostri apostolicæ sedis pontifices, vestræ paci ac libertati tam præceptis quam etiam scriptis providere curaverunt, sic et nos per Dei gratiam volumus ac debemus. Ea propter, inter cætera vestræ pacis atque immunitatis decreta, hoc decernimus ac mandamus, et præcipiendo determinamus, ut a Matiscone usque Cluniacum, a S. Maria de Bosco usque Cluniacum, a Corella usque Cluniacum, a Monte S. Vincenti usque Cluniacum, a Juliaco usque Cluniacum, a Bellojoco usque Cluniacum, a Branceduno sive Trinorchio usque Cluniacum, scilicet neque a mediis horum terminorum per paria spatia viis usque Cluniacum, nullus hominum præsumat pedaticum levare aut novam aliquam exactionem facere super Cluniacum euntes aut inde redeuntes, nec eorum personas pervadere, vel res eorum auferre vel ipsos capere. Eum autem qui hanc legem scienter infringerit, ab introitu ecclesiæ arcendum censemus, donec de commisso Cluniacensi abbati vel ipsi conventui satisfaciat.

Datum Cabilone, IV Nonas Februarii, indictione XV, anno Dominicæ Incarnationis 1106.

CC.

Monasterii Casæ Dei jura et bona confirmat.

(Anno 1107, Febr. 4.)

[MABILL., *Annal. Bened.*, V, 499.]

Postquam Paschalis natale Domini Cluniaci celebraverat, ibidem persistit usque ad mensem Februarium anni sequentis, quo tempore Aymerico Casæ-Dei abbati diploma concessit, quo, Gregorii VII et Urbani II exemplo, omnia monasterii jura et bona confirmat, necnon monasteria et cellas eidem subjectas, scilicet monasterium Sancti Andreæ Viennæ, a Guidone archiepiscopo concessum; ecclesiam Sancti Treveri, quam *venerabilis memoriæ* Hugo Lugdunensis archiepiscopus recens contulerat; et cellam de Veriano, a Bernardo episcopo Agathensi collatam.

Datum apud Cluniacum per manum Joannis, S. R. E. diaconi ac bibliothecarii, secundo Nonas Februarii, indictione XV, Incarnationis Dominicæ anno 1106 *secundum veterem calculum*, pontificatus autem domni Paschalis II anno VIII.

CCI.

Ad Willelmum de Sabrano et alios Bertranni comitis Tolosani socios. — Ad satisfactionem eos invitat sub pœna excommunicationis, ob damna monasterio S. Ægidii illata.

(Anno 1107, Febr. 4.)

[BOUQUET, *Recueil*, XV, 34.]

PASCHALIS episcopus, servus servorum Dei, militaribus viris WILLELMO DE SABRANO, EMENONI fratri ejus, RAINARDO DE MEDENAS, ARBERTO DE MONTECLARO, RICHARDO DE CLARETO, DALMATIO DE ROCCA MARA, et RAIMUNDO PETRO DE GORRA.

Raimundi egregiæ memoriæ comitis et conscios vos et consiliarios fuisse non ambigimus, cum villana B. Ægidii per manum sanctæ memoriæ prædecessoris nostri Urbani papæ penitus abdicavit, seque ipsum et hæredes suos excommunicari fecit si ullo unquam tempore in eadem villa quidquam præter abbatis voluntatem usurpare præsumeret. Quoties etiam idipsum Bertrannus comes vester juraverit, vobis notissimum scimus. Nuper autem non solum villam, sed etiam ipsum monasterium violenter invadens, quosdam capiens, quosdam vulnerans, sic monachos exturbavit; monasterii res et altaris oblationes arripuit, ædificia dissipavit, et in servorum Dei habitacula meretrices induxit; ad hæc super ipsam B. Ægidii ecclesiam turres novas instruxit et instruit. Horum scelerum vos et conscios et actores fratres B. Ægidii conqueruntur. Pro his igitur omnibus vos ad satisfactionem debitam litteris præsentibus invitamus, usque ad proximæ Quadragesimæ initium coram fratre nostro Narbonensi archiepiscopo, ipsius et cæterorum fratrum judicio justitiam faciatis. Alioquin ex tunc et terram vestram a divinis officiis, præter infantium baptisma et morientium pœnitentiam interdicimus, et vos excommunicationis illius, cui sponte admisti estis, vinculis astrictos denuntiamus, quoniam et sacrilegii rei estis, et Bertrannus, cui vos socios exhibuistis, non solum propter monasterii et supradictæ villæ invasionem, verum etiam propter uxoris repulsam et multiplicata adulteria, excommunicationis vinculo tenetur astrictus.

Datum II Nonas Februarii.

CCII.

Ad Ricardum Narbonensem archiepiscopum et comprovinciales episcopos. — Narrat Bertranni Tolosani comitis adulteria et illata monasterio S. Ægidii damna, et hortatur ut cæteros ab auxilio et communione ipsius et sociorum ejus compescant.

(Anno 1107, Febr. 4.)

[D. Bouquet, *Recueil*, XV, 55.]

Paschalis episcopus, servus servorum Dei, venerabilibus fratribus et coepiscopis, Ricardo Narbonensi, Raimundo Meticensi, Raimundo Nemausensi, et cæteris comprovincialibus, salutem et apostolicam benedictionem.

Non solum vobis qui prope estis, sed etiam his qui longe sunt, notissimum est qualiter Bertrannus comes propter uxorem objectam et multiplicia adulteria jam diu excommunicationi subjectus est. Illius etiam anathematis vinculis compeditur, quo Raimundus egregiæ memoriæ comes in Nemausensi concilio a sanctæ memoriæ Urbano II papa seipsum et hæredes suos excommunicari fecit, si ullo unquam tempore in B. Ægidii villa et ejus monasterii quidquam præter abbatis voluntatem usurpare præsumeret. Quoties etiam idipsum Bertrannus comes juraverit, vos scire credimus. Nuper autem, non solum villam, sed etiam ipsum monasterium violenter, quosdam capiens, quosdam vulnerans, sic monachos exturbavit, monasterii res et oblationes arripuit, ædificia dissipavit, et in servorum Dei habitacula meretrices induxit: ad hæc super ipsam B. Ægidii ecclesiam turres novas instruxit et instruit. Cujus instructionis ædificium Jherichontino anathemate condemnamus, ut et qui ulterius ædificare, et qui ædificatum retinere tentaverint, perpetua maledictione multentur. Sane vestram prudentiam litteris præsentibus per apostolicæ sedis obedientiam excitamus, ut ad corrigenda et cohibenda hæc sollicitius insistatis. Nos siquidem pro his sceleribus Willelmum de Sabrano, Hemenonem fratrem ejus, Rainardum de Medenas, Harbertum de Monte Claro, Ricardum de Clareto, Dalmatium de Rocca Maura, tanquam Bertranni consiliarios et sacrilegii hujus auctores, ad satisfaciendum coram fraternitate vestra nostris litteris evocavimus; quod nisi ad proximæ Quadragesimæ initium peregerint, extunc et eorum terram a divinis officiis interdicimus, et tam sacrilegii vos quam excommunicationis supradictæ, cui sponte admisti sunt, vinculis astrictos denuntiamus. Cæteros etiam ab ejusdem Bertranni auxilio et communione compescite, nisi se a malis tantis et novæ illius ædificationis vindicatione compescat. Interea dominatus ejus terram a divinis officiis, præter infantium baptisma et morientium pœnitentias, interdicimus; et quocunque in loco ipse manserit, nullatenus, quandiu illuc moratus fuerit, divina celebrentur officia.

Datum II Nonas Februarii.

CCIII.

ad clericos Augustenses. — Illos in gratiam rediisse cum Herimanno episcopo gaudet.

(Anno 1107, Febr. 6.)

[Mansi, *Concil.*, XX, 1215.]

Paschalis episcopus, servus servorum Dei, dilectis filiis Augustensis Ecclesiæ clericis, salutem et apostolicam benedictionem.

Post impetitionem quam super episcopo vestro fecistis, dilectionis vestræ litteras suscepimus, in quibus, quia pacem et concordiam cum eodem episcopo vos habere nobis significastis, lætati sumus, si eamdem concordiam gratis factam fuisse consisterit. Nos tamen constitutum terminum exspectamus, ut quidquid æquitas dictaverit, auxiliante Domino, exsequamur.

Datum octavo Idus Februarii.

CCIV.

Ad Hugonem abbatem Cluniacensem. — Confirmat Cluniacensium jura et possessiones.

(Anno 1107, Febr. 8.)

[Mansi, *Concil.*, XX, 1059.]

Paschalis episcopus, servus servorum Dei, reverendissimo fratri Hugoni Cluniacensi abbati, salutem et apostolicam benedictionem.

Religioni vestræ per omnipotentis Dei gratiam sedis apostolicæ benignitas gratulatur. Quoniam plerisque in locis, largiente Domino, per vestræ sollicitudinis studium, ubi nulla fuerat instituta, ubi defecerat per Galliarum partes, est restituta religio. Eapropter, sicut ab ipsis coenobii vestri primordiis, ita largiente Domino usque in finem, vos tanquam charissimos filios apostolicæ sedis tuetur auctoritas. Omnia igitur ad vestrum coenobium pertinentia, sicut a prædecessoribus nostris munita sunt, ita et nos auctoritate apostolicæ sedis munimus. In quibus ea propriis exprimenda duximus vocabulis, quæ temporibus nostris per Dei gratiam acquisita, et vestri regiminis dispositioni subjecta noscuntur.

(*Enumerantur. Tum:*)

Hæc nimirum omnia vestro coenobio, tanquam membra capiti adhærentia, nos in perpetuum sub jure ac regimine tam tuo quam successorum tuorum persistere, praesentis paginae assertione sancimus. Nec ulli omnino hominum liceat haec vestrae subjectioni subtrahere, et a Cluniacensis monasterii jure quibuslibet occasionibus alienare. Si qua igitur in futurum ecclesiastica saecularisve persona, hanc constitutionis nostrae paginam sciens, etc., *ut in aliis quibusdam epistolis.*

Ego Paschalis, catholicae Ecclesiae episcopus, subscripsi.

Datum apud villam Sancti Hippolyti, per manum Joannis sanctae Romanae Ecclesiae diaconi cardinalis ac bibliothecarii, vi Idus Februarii, indict. xv, Incarnationis Dominicae anno 1106, pontificatus autem domni Paschalis II anno viii.

CCV.
Confirmatio ecclesiarum et possessionum monasterii Athanacensis facta abbati Gauceranno.
(Anno 1107, Febr. 12.)
[*Gall. Christ.*, IV, 13.]

PASCHALIS episcopus, servus servorum Dei, dilecto filio GAUCERANNO Athanacensis monasterii abbati ejusque successoribus regulariter substituendis in perpetuum.

Ad hoc in apostolicae sedis regimen, Domino disponente, promoti conspicimur, ut ipso praestante, religionem augere et ejus servis tuitionem debeamus impendere. Tuis igitur, dilecte in Domino fili abbas Gauceranne, justis petitionibus annuentes, beati Martini Athanacense monasterium cui, Deo auctore, praesides, contra pravorum hominum nequitiam apostolicae sedis auctoritate munimus: statuimus enim ut Sancti Joannis ecclesia, quam Guido Gehennensis episcopus in sua vobis parochia tradidit, ecclesia etiam S. Romani de Agenta in parochia Sedunensi, item ecclesia de Isiniacho in Aniciensi parochia per Ademarum et Pontium episcopos vobis tradita cum pertinentiis suis, caetera etiam quaecunque in praesenti quinta decima indictione, seu concessione pontificum, sive liberalitate principum, vel oblatione fidelium, legitime ac quiete vestrum monasterium possidet, quo videlicet tempore vestram ecclesiam, disponente Domino, consecravimus; quaecunque etiam in futurum largiente Domino juste atque canonice poterit adipisci, firma vobis vestrisque successoribus et illibata permanebunt. Decernimus ergo, ut nulli hominum liceat ejusdem coenobii possessiones auferre, vel ablatas retinere, vel injuste, datas, suis usibus vindicare, minuere, vel temerariis vexationibus fatigare, sed omnia integra conserventur eorum, pro quorum sustentatione et gubernatione concessa sunt, usibus omnimodis profutura, salva Lugdunensis archiepiscopi canonica reverentia. Si qua igitur in futurum ecclesiastica saecularisve persona, hanc nostrae constitutionis paginam sciens, contra eam temere venire tentaverit, secundo tertiove commonita, si non satisfactione congrua emendaverit, potestatis honorisque sui dignitate careat, reamque se divino judicio existere de perpetrata iniquitate cognoscat, et a sacratissimo corpore ac sanguine Dei et Domini Redemptoris nostri Jesu Christi aliena fiat, atque extremo in examine districtae ultioni subjaceat. Cunctis autem eidem loco justa servantibus sit pax Domini nostri Jesu Christi, quatenus et hic fructum bonae actionis percipiant, et apud districtum judicem praemia aeternae pacis inveniant. Amen, amen, amen.

Ego Paschalis catholicae Ecclesiae episcopus.

Datum apud Belnam in manu Joannis, S. R. E. diaconi cardinalis ac bibliothec., ii Id. Febr., ind. xv, Incarnat. Dominicae an. 1107, pontificatus autem domni Paschalis II papae viii.

CCVI.
Parthenonis Romaricensis et canonicae Calmosiacensis controversiam dijudicat.
(Anno 1107, Febr. 24.)
[MARTENE, *Thesaur. Anecd.*, III, 1182.]

PASCHALIS episcopus, servus servorum Dei.

Inter Romaricense monasterium et Calmosiacensem canonicam quaestio diutius agitata de parte fundi in qua eadem canonica sita est, de parte etiam parochialis ecclesiae Sanctae Mariae, quae communis eatenus videbatur, ad aures nostras saepe pervenerat, unde nobis opportunum visum est ut utraque pars in nostram praesentiam convenirent. Partem igitur fundi in qua canonica sita est, unde quaestio fuerat, Gisla Romaricensis abbatissa nostris in manibus abdicavit. Cum fundum ipsum integrum ex antiqua datorum possessione ad eosdem canonicos pertinere cognoverat, seque ac sorores suas pro monasterii jure nunquam ulterius de ipsa fundi parte, querelam contra eos controversiamque facturas in conspectu tam nostro quam in fratrum nostrorum et plurimorum circumstantium pollicita est, sic nos eamdem fundi partem integram et quietam per baculum ex abbatissae et sororum manu susceptum, Calmosiacensibus fratribus confirmavimus. Porro de portione decimarum nobis et fratribus nostris visum est, et decretorum pontificalium sententia judicatum, cum saecularis miles Ecclesiae res injuste possessas jure dare non potuit, maxime cum iidem fratres donum ipsum post apostolicae memoriae Gregorii septimi papae concilium acceperint, in quo nimirum concilio idem pontifex priorum statuta renovans, decimas aut alias res ecclesiasticas a laicis suscipi vetuit, condonatis his quae ante id temporis susceptae fuerunt: sic Calmosiacenses fratres partem istam ecclesiae judicio reliquerunt eidem sane judicio additum est, et ex beati Gregorii sententia definitum, ne de carrucis aut laboribus sive jumentis suis, vel illi parochiali ecclesiae, vel aliis quibuslibet reddere decimas seu primitias exigantur.

Actum Lingonis, vi Kal. Martii, indictione xvi, Incarnationis Dominicae anno millesimo centesimo sexto, praesentibus venerabilibus episcopis Ricardo Albano, Aldone Placentino, Odardo Cameracensi, et R. E. presbyteris cardinalibus, Risone tituli Damasi, Lundulpho tituli S. Laurentii, Divisone tituli S. Martini, et diaconibus Joanne de titulo Cosmidis, Berardo de titulo S. Angeli, præsentibus etiam venerabilibus personis de clericis Radulpho præposito Remensi, Richino primicerio Tullensi, Rembaldo archidiacono Tullensi: de laicis, Lotharingorum duce Theoderico, Alberto de Brienne, Garino de Monsone, Olderico de Acromonte, Henrico de Sancto Vedasto.

CCVII.
Ad monachos et burgenses S. Ægidii. — Denuntiat eis excommunicatum a se Bertrannum comitem Tolosanum, et mandat ut ab eodem sub excommunicationis pœna abstineant.

(Anno 1107, Martii 14.)
[D. BOUQUET, *Recueil*, XV, 57.]

PASCHALIS episcopus, servus servorum Dei, dilectis filiis monachis et burgensibus S. Ægidii, salutem et apostolicam benedictionem.

Altaris B. Ægidii invasorem Bertrannum, nostris jussionibus pertinaciter resistentem, sancti Spiritus judicio sciatis excommunicatum. Quicunque ergo amodo in causa hujus invasionis adjutor ei et consiliarius exstiterit, ejusdem excommunicationis eum participem denuntiamus, donec satisfactionem debitam solvat. Proinde omnibus vobis mandamus, ut ab eodem Bertranno omnino abstineatis, quousque in hac pertinacia perseverare voluerit.

Datum II Idus Martii.

CCVIII.
Privilegium pro monasterio S. Germani a Pratis.

(Anno 1107, April. 4.)
[BOUILLARD, *Hist. de Saint-Germain des Prés* Preuves, p. 59.]

PASCHALIS episcopus, servus servorum Dei, dilecto filio RAINALDO abbati monasterii Sancti Germani Parisiacæ urbis episcopi ejusque successoribus regulariter substituendis in perpetuum.

Religiosis desideriis dignum est facilem præbere consensum ut fidelis devotio celerem sortiatur effectum. Quia igitur dilectio tua ad sedis apostolicæ portum confugiens tuitionem ejus devotione debita requisivit, nos supplicationi tuæ clementer annuimus, et Beati Germani monasterium, cui auctore Deo præsides, cum omnibus ad ipsum pertinentibus sub beati Petri tutelam protectionemque suscipimus. Per præsentis itaque privilegii paginam tibi tuisque successoribus in perpetuum confirmamus, ut quæcunque libertas, quæcunque dignitas privilegio beati Germani, scriptis Childeberti, Clotarii atque aliorum regum Francorum vestro monasterio collata est, quæcunque bona, quæcunque possessiones concessione pontificum, liberalitate principum, vel oblatione fidelium ad idem cœnobium pertinere noscuntur, quæcunque etiam in futurum juste atque canonice potuerit acquiri vel adipisci, firma tibi tuisque successoribus et illibata permaneant. Decernimus ergo ut nulli omnino hominum liceat vestram ecclesiam temere perturbare, aut ejus possessiones auferre, vel ablatas retinere minuere, vel temerariis vexationibus infestare, sed omnia integra conserventur eorum, pro quorum sustentatione et gubernatione concessa sunt, usibus omnimodis profutura. Omnis vero abbas post te qui a congregatione ejusdem cœnobii secundum Regulam beati Benedicti electus fuerit a Romano pontifice, vel a quo maluerint catholico episcopo consecretur. Præcipimus quoque auctoritate apostolica, ne quis episcoporum oleum, chrisma, benedictiones, consecrationes, ordines, vel quæque ex pontificali ministerio sunt necessaria eis vel successoribus eorum deneget. Missas itaque, ordinationes, stationes ab omni episcopo vel clero Parisiensis Ecclesiæ in eodem monasterio præter voluntatem abbatis vel congregationis fieri prohibemus. Nec habeant ibi aliquam potestatem imperandi, sed nec ipsis interdicere, nec excommunicare, nec ad synodum vocare abbatem aut monachos, presbyteros aut clericos ecclesiarum ipsius loci facultatem damus. Si qua igitur in futurum ecclesiastica sæcularisve persona, hanc nostræ constitutionis paginam sciens, contra cam temere venire tentaverit, secundo tertiove commonita, si non satisfactione congrua emendaverit, potestatis honorisque sui dignitate careat, reamque se divino judicio existere de perpetrata iniquitate cognoscat, et a sanctissimo corpore ac sanguine Dei et Domini Redemptoris nostri Jesu Christi aliena fiat, atque in extremo examine districtæ ultioni subjaceat. Cunctis autem eidem loco justa servantibus sit pax Domini nostri Jesu Christi, quatenus et hic fructum bonæ actionis percipiant, et apud districtum judicem præmia æternæ pacis inveniant. Amen, amen, amen.

Ego Paschalis catholicæ Ecclesiæ episcopus sig., etc.

Data Laterani per manum Joannis, sanctæ Romanæ Ecclesiæ diaconi cardinalis ac bibliothecarii, Kal. Aprilis, indictione xv, Incarnationis Dominicæ anno millesimo centesimo septimo; pontificatus autem domni Paschalis secundi papæ anno septimo.

CCIX.
Monasterii S. Launomari Blesensis privilegia confirmat.

(Anno 1107, April. 2.)
[MABILL., *Annal.*, V, 500.]

Turonis pontifex apud Sanctum Martinum, *phrygium, ut mos est Romanus*, id est tiaram, ferens, Dominicam *Lætare, Jerusalem*, Quadragesimæ scilicet quartam, quæ illo anno in nonum Kalendas Aprilis incidebat, celebravit. Paulo post divertit ad Majus Monasterium, ubi diploma indulsit Mauritio abbati Sancti Launomari, quo ipsius monasterium, « penes oppidum Blesense situm, tam a Rodulfo quondam rege, quam a Carolo et Ludovico Francorum regibus, multis possessionibus et bonis ditatum » confirmat.

Datum apud Majus Monasterium, IV Nonas Aprilis, per manum Equitii, agentis vicem cancellarii, indictione xv Paschalis anno VIII.

CCX.
Monasterii S. Joannis Carnotensis privilegia confirmat.
(Anno 1107, April. 19.)
[Hujusce privilegii mentio tantum exstat, *Gall. Christ.* nov., t. VIII, Instrum., 508.]

CCXI.
Privilegium pro abbatia S. Martini de Campis.
(Anno 1107, April. 30.)
[Dom MARRIER, *Historia S. Martini de Campis*, p. 153.]

PASCHALIS episcopus, servus servorum Dei, dilecto in Christo filio THEOBALDO priori S. Martini quod de Campis dicitur, salutem et apostolicam benedictionem.

Religiosis desideriis dignum est facilem præbere consensum, ut fidelis devotio celerem sortiatur effectum. Tui ergo desiderii, fili charissime, postulationibus annuentes B. Martini monasterium, cui ex venerabilis fratris nostri Hugonis Cluniacensis abbatis institutione præsides, præsentis decreti auctoritate munimus, ut quemadmodum cætera Cluniacensis cœnobii membra, semper sub apostolicæ sedis tutela permaneat. Cuncta etiam quæ in præsenti decima quinta indictione pertinere videntur, quieta vobis semper et integra permanere sancimus. Ecclesiam scilicet S. Pantaleonis intra Belvacum cum possessione duorum fratrum, Hugonis et Garnerii, et domo eorum propria, et aliis ædificiis juxta positis, et cum terra vacua extra murum, juxta præfatam Ecclesiam sita, et vineam in Rubero monte et prato in Guhincurte, et cum hospitibus ante portam civitatis sicut a supradictis fratribus pro sua et parentum salute oblata, et Gaufridi episcopi Belvacensis favore concessa, et in nostra sunt præsentia confirmata. Item in pago Parisiensi ecclesias de Duniaco, de Ermenonvilla, de Eriniaco, a venerabili fratre nostro Gaulone episcopo vobis concessas. In pago Silvanectensi, ecclesiam S. Nicolai cum appenditiis suis. In Ambianensi pago ecclesiam de Liniaco cum pertinentiis suis. In pago Noviomensi altare de Curcellis, et altare de Ruveron. In pago Suessionensi altare de Gozencurte, et cætera quæ de prædecessoris nostri sanctæ memoriæ Urbani secundi privilegio continentur. Quæcunque præterea a quibuslibet de suo jure eidem loco collata sunt, vel in futurum conferri contigerit, firma semper et illibata permaneant, tam a te quam ab aliis qui per Cluniacenses abbates eidem loco præpositi fuerint, perpetuo possidenda, regenda ac disponenda. Decernimus ergo ut nulli omnino hominum liceat idem cœnobium temere perturbare, aut ejus possessiones auferre, vel ablatas retinere, minuere, vel temerariis vexationibus fatigare, sed omnia integra conserventur eorum, pro quorum sustentatione et gubernatione concessa sunt, usibus omnimodis profutura. Si qua igitur in crastinum ecclesiastica sæcularisve persona, hanc nostræ constitutionis paginam sciens, contra eam temere venire tentaverit, secundo tertiove commonita, si non a satisfactione congrua emendaverit, potestatis honorisque sui dignitate careat, reamque se divino judicio existere de perpetrata iniquitate cognoscat, et a sacratissimo corpore ac sanguine Dei et Domini Redemptoris nostri Jesu Christi aliena fiat, atque in extremo examine districtæ ultioni subjaceat. Cunctis autem eidem loco justa servantibus sit pax Domini nostri Jesu Christi, quatenus et hic fructum bonæ actionis percipiant, et apud districtum judicem præmia æternæ pacis inveniant. Amen.

Datum apud monasterium S. Dionysii per manum Joannis, S. Romanæ Ecclesiæ diaconi cardinalis ac bibliothecarii, 11 Kalend. Maii, indictione xv, Incarnationis Dominicæ anno millesimo centesimo octavo, pontificatus autem domni Paschalis secundi papæ anno octavo.

CCXII.
Privilegium pro monasterio S. Arnulphi.
(Anno 1107, Maii 3.)
[CARLIER, *Histoire du duché de Valois*, tom. III, p. x.]

PASCHALIS episcopus, servus servorum Dei, dilecto filio STEPHANO Crespeii monasterii priori ejusque fratribus, salutem et apostolicam benedictionem.

Religiosis desideriis dignum est facilem præbere consensum, ut fidelis devotio celerem sortiatur effectum. Tui ergo desiderii, charissime Stephane, postulationibus annuentes beati Arnulphi martyris monasterium, cui ex venerabilis fratris nostri Hugonis Cluniacensis abbatis institutione præsides, præsentis decreti auctoritate munimus. Omnia enim quæ a fundatoribus loci vestri Gualterio bonæ memoriæ Ambianensi comite et ejus conjuge Adela, sancto quondam Arnulpho et vestræ congregationi tradita cognoscuntur, vobis vestrisque successoribus confirmamus in eadem, qua tradita sunt, libertate mansura. Cuncta ea, quæ in præsenti quinta decima indictione ad vestrum locum pertinere videntur, quieta vobis semper et integra permanere sancimus; ecclesiam scilicet Sancti Germani, sitam penes castellum Pontisarense cum appenditiis....., quæ vocatur Morannum monasterium, possessionem de villa Bileti, prope Montem Desiderii. Altare villaris, altare de Garminaco, quod per Fulconis episcopi chirographum possidetis. Ecclesiam apud Lacellos; ecclesiam apud Bonoculum; ecclesiam de Restolio cum omnibus pertinentiis earum. Alodium Guidonis militis apud Mairomontem. Alodium Leocaldi apud Dilucium ab ipsis oblata, villam vallis, villam novam, et vineam Gualieri militis. Alodium de Frasneta, quæcunque præterea a quibuslibet de suo jure eidem loco collata sunt, vel in futurum conferri contigerit, firma semper et illibata permaneant, tam a te quam ab aliis qui Cluniacenses abbates eidem loco præpositi fuerint perpetuo possidenda, regenda et disponenda. Decernimus ergo ut nulli omnino hominum liceat idem cœnobium temere perturbare, aut ejus possessiones auferre, vel ablatas retinere, minuere, vel temerariis vexationibus fatigare sed omnia integra conserventur eorum, pro quorum sustentatione et gubernatione concessa sunt, usibus omnimodis profutura. Si qua igitur in crastinum ecclesiastica sæcularisve persona, hanc nostræ constitutionis paginam sciens, contra eam temere venire tentaverit, secundo tertiove commonita, si non satisfactione congrua emendaverit, potestatis honorisque sui dignitate careat, reamque se divino judicio existere de perpetrata iniquitate cognoscat, et a sanctissimo corpore ac sanguine Dei et Domini Redemptoris nostri Jesu Christi aliena fiat, atque in extremo examine districtæ ultioni subjaceat. Cunctis autem eidem loco justa servantibus sit pax Domini nostri Jesu Christi, quatenus et hic fructum bonæ actionis percipiant, et apud districtum judicem præmia æternæ pacis inveniant. Amen, amen.

Est subsignatum:

Ego Paschalis catholicæ Ecclesiæ episcopus.

Datum apud Latiniacum per manus Joannis, sanctæ Romanæ Ecclesiæ diaconi capellani ac bibliothecarii, v Nonas Maii, indictione decima quinta, Incarnationis Dominicæ anno millesimo centesimo octavo [1107]; pontificatus autem domni Paschalis II papæ VIII.

CCXIII.

Possessiones abbatiæ Elnonensis, seu S. Amandi, ordinis S. Benedicti, confirmat eusque apostolicis munit privilegiis.

(Anno 1107, Maii 24.)

[MIRÆI, *Opp. diplom.* tom. II, pag. 1151.]

PASCHALIS episcopus, servus servorum Dei, dilecto in Christo filio HUGONI abbati venerabilis monasterii S. Amandi, quod Elnonense dicitur, ejusque successoribus in Christo substituendis in perpetuum.

Ad hoc nos, disponente Domino, in apostolicæ sedis servitium promotos agnoscimus, ut ejus filiis auxilium implorantibus efficaciter subvenire, obedientes tueri ac protegere debeamus. Unde oportet nos venerabilibus locis manum protectionis extendere, et servorum Dei quieti attentius providere. Igitur ob reverentiam pretiosissimi protomartyris Stephani Elnonense monasterium, cui auctore Deo præsides, ubi etiam sacratissimum B. Amandi corpus requiescit, secundum quod eidem B. Amando petenti sanctæ memoriæ prædecessor noster Martinus papa privilegium libertatis contulit, nos sub tutela apostolicæ sedis omnino liberum in gremio sanctæ Romanæ Ecclesiæ excipimus.

Universa ergo ad ipsum monasterium legitime pertinentia nos, largiente Domino, vobis vestrisque successoribus decreti præsentis assertione firmamus. Villam scilicet Elnonem monasterio adjacentem cum omnibus appenditiis suis ab omni sæcularium dominio liberam, sicut a religiosis imperatoribus Dagoberto, Pipino, Carolo, Ludovico, Lothario, Carolo Calvo constituta est, confirmamus.

In pago Laudunensi cellam Barisiacum cum familiis et appenditiis suis.

In pago Cameracensi Braceolum, novam villam, Halciacum cum appenditiis suis.

In pago Hannocensi Guariniacum, Scalpus, cum appenditiis suis.

In pago Ostrebatensi, Diptiacum, Ferinum, Scaldinium, Lurcium, Ruoth cum familia et appenditiis suis.

In pago Tornacensi Guillelme, Frigidum montem, Hertinium, Bovinas, Rumam, Spiare, Holten, cum appenditiis suis.

In pago Brogbatensi, Herinias, Sein, Alenium, Warcinium, Arminium, Securiacum, Vilare, Novas-Donnes, Herlegona, terras de Germino, Millam, Rodam, cum appenditiis suis.

In pago Menpisco terras de Bonarda, de Roslare, de Ledda, de Hardoia, de Guniguiniis, de Marchegen, de Lapiscura, de Berneham, cum familia et appenditiis suis.

Super fluvium Mosam, villam Haryngas cum familia, ecclesia et appenditiis suis.

Super fluvium Rhenum terras de Sula et de Bobarga.

In Frisia terras censuales apud Dechenchas et Stouras. Porro altaria quæ in diversis parochiis possessione legitima possidetis, ab omni personatu libera vobis vestrisque successoribus in perpetuum servanda censemus, salvis nimirum consuetis episcoporum vel episcopalium ministrorum obsoniis.

In episcopatu Noviomensi, altare videlicet de Sancto Martino, altare de Cella, altare de Ruma, altare de Guillelme, de Frigido monte, de Hertinio, de Macengen, de Guniguiniis, de Berneham, de Sedelengen, de Bichengen, de Ledda.

In episcopatu Laudunensi cellam Borisiaci cum altari sancti Remigii.

In episcopatu Cameracensi, altare de Novavilla, cum appenditiis suis, altare de Guariniaco, de Scalpus, de Guariniaco cum appenditiis, de Vilari, de Anurnio, d'Herlengona.

In episcopatu Atrebatensi, altare de Lurcio, de Scaldinio cum appenditiis suis Druech, de Bulciniolo, de Ditiaco cum append...iis suis.

Quæcunque præterea prædia, quæcunque bona vestrum hodie monasterium possidet, quæcunque etiam in futurum concessione pontificum, liberalitate principum, vel oblatione fidelium pro spe salutis æternæ poterit adipisci, vobis vestrisque successoribus firma semper et illibata permaneant.

Decernimus ergo ut nulli omnino hominum liceat idem cœnobium temere perturbare, aut ejus possessiones auferre, vel ablatas retinere, minuere, vel temerariis vexationibus fatigare, sed omnia integre conserventur eorum, pro quorum sustentatione et gubernatione concessa sunt, usibus omnimodis profutura.

Obeunte te ejus loci abbate vel tuorum quolibet successorum, nullus ibi qualibet subreptionis astutia seu violentia præponatur, nisi quem fratres communi consensu vel fratrum pars consilii sanioris, vel de suo vel de alieno si voluerint collegio, secundum Dei timorem et beati Benedicti Regulam elegerint.

Ad hoc adjicimus ut nulli personæ facultas sit idem monasterium invadere, nec aliquam potestatem imperandi ibi exercere, neque convivia vel obsonia aliquo modo ab ipsa Ecclesia exigere, nullam etiam ordinationem quamvis levissimam facere, præter abbatis et fratrum voluntatem; quatenus monachi semper quiete maneant in abbatis sui possessione.

Si qua in futurum ecclesiastica sæcularisve persona, hanc nostræ constitutionis paginam sciens, contra eam temere venire tentaverit, secundo tertiove commonita, si non satisfactione congrua emendaverit, potestatis honorisque sui dignitate careat, reamque se divino judicio existere de perpetrata iniquitate cognoscat, et a sacratissimo corpore ac sanguine Dei et Domini Redemptoris nostri Jesu Christi aliena fiat, atque in extremo examine districtæ ultioni subjaceat.

Cunctis autem eidem loco justa servantibus sit pax Domini nostri Jesu Christi, quatenus et hic fructum bonæ actionis percipiant, et apud districtum judicem præmia æternæ pacis inveniant.

† Ego Paschalis catholicæ Ecclesiæ episcopus.

Datum Trecis per manum Joannis, sanctæ Romanæ Ecclesiæ diaconi cardinalis ac bibliothecarii, ix Kalendas Junii, indictione xv, anno Dominicæ Incarnationis 1107, pontificatus autem domni Paschalis II PP. viii.

CCXIV.

Ad Gebhardum Constantiensem episcopum. — Reprehendit quod investiti (Heinrici archiepiscopi Magdeburgensis) consecrationi interfuerit nec venerit ad concilium vocatus.

(Anno 1107.)
[Neugart, *Cod. diplom. Alem.*, II, 42.]

Paschalis episcopus, servus servorum Dei, venerabili fratri G. Constantiensi episcopo, salutem et apostolicam benedictionem.

Pro multis laboribus tuis pepercimus quod deliqueras. Iterum etiam litteris nostris prohibitus consecrationi ejus, qui investitus erat, interfuisti (48). Vocatus ad concilium non venisti (49). Propter hæc cum usque ad interdictionem tui officii justitiæ gladius desævisset, præteritorum bene gestorum memoria, et fratrum nostrorum nos supplicatio revocavit. Igitur etiam nunc ea tibi intentione parcimus, ut et de cætero prorsus ab hujusmodi præsumptione desistas, nec te talibus commissis admisceas. Nolumus enim ut juventutis certamina tempore quod abest senectutis omittas. Noveris præterea fratrem nostrum Moguntinum (50) cum omnibus suffraganeis suis præter Bambergensem (51) et Curiensem (52) qui synodo Longobardico interfuit, pro concilii absentia a suis officiis interdictos. Neque illud concilii statutum te lateat ut quisquis clericus deinceps investituram alicujus ecclesiæ et dignitates de manu laici susceperit et ipse qui ei manum imposuerit gradus sui periculum subeat, et communione privetur (55).

Dat...

CCXV.

Reinahardi episcopi Halberstadensis petitioni non satisfacit quod « Ecclesiæ regimen per investituram manus laicæ susceperit. » In concilio Trecensi quid statutum sit nuntiat.

(Anno 1107.)
[Mansi, *Concil.*, XX, 1091.]

Paschalis episcopus, servus servorum Dei, R. Halberstadensi episcopo, salutem et apostolicam benedictionem.

Ad hoc in Ecclesia Dei constituti sumus, ut Ecclesiæ ordinem et Patrum debeamus præcepta servare. Tu ergo ordinem Ecclesiæ adeo excessisti, ut Ecclesiæ regimen per investituram manus laicæ contra Patrum decreta susceperis. Quæ causa est cur nos petitioni tuæ satisfacere nequiverimus. Unum nos charitatem tuam monemus ut tam grave delictum emendare festines. Statutum est vero in Trecensi concilio, ut si quis ex manu laica Ecclesiæ investituram acceperit, tam ipse quam ordinator ejus deponatur, et a communione Ecclesiæ removeatur. Nos siquidem te, ut fratrem ac familiarem habere volumus et desideramus. Vale.

CCXVI.

Ad Rothardum archiepiscopum Moguntinum. — Arguit eum de quibusdam excessibus ab eo commissis, utque in posterum ex ignorantia non erret, mittit ci quædam ex sacris canonibus excerpta, atque ad preces suorumdam prælatorum ipsi benigne indulget.

(Anno 1107.)
[Mansi, *Concil.*, XX, 1220.]

Paschalis episcopus, servus servorum Dei, venerabili fratri Rothardo Moguntino archiepiscopo, salutem et apostolicam benedictionem.

Quanto magis erga Romanam Ecclesiam te hactenus obedientem fuisse, et pro ea multa asseris sustinuisse, tanto in eam nunc gravius deliquisse comprobaris. Postquam enim sancta Romana Ecclesia materna super te viscera laxavit, et in suo te gremio misericorditer suscepit, vocatus ad concilium nec venisti, nec canonicas excusationes prætendisti. Hildinisheimensem publice criminosum post synodicam prohibitionem officio restituisti, in quibus magis homines, quam Deum offendere metuisti, cum

---

(48) Sermo est de Heinrico Magdeburg., quem episcopum consecravit Gebhardus. Labb. *Collect. Concil.* t. X, col. 755. *Gall. Christ.* t. V, col. 911.
(49) Intelligitur concilium Guastallense 1106, 22 Octob., convocatum a Paschale II. Labb., l. c., col. 748.

(50) Sc. Ruthardum. Vid. *Annal. Sax.* ad ann. 1107.
(51) Præfuit hoc tempore Ecclesiæ Bambergensi S. Otho.
(52) Erat is Udalricus III.
(53) Lata est hæc sententia in concilio Trecensi, ann. 1107, mense Maio.

et apostolorum canones et plurimorum SS. præcepta contemnens ad inobedientiam te transtulisti, quæ primum hominem de paradiso expulit, et Saulem irrecuperabiliter regno privavit. Ne igitur in impositione manuum ulterius locum excusandi per ignorantiam habere possis,... et illum Apostoli dicentis: « Nemini cito manus imposueris, ne communices peccatis alienis; » ex multis SS. Patrum constitutionibus quædam tibi scribere necessarium duximus.

Ex canonibus apostolorum. « Si quis episcopus sæcularibus potestatibus usus, ecclesiam per ipsas obtineat, deponatur et segregetur, omnesque qui illi communicant. »

Item ex concilio Antiocheno. « Si quis presbyter vel diaconus per sæcularem dignitatem ecclesiam Domini obtinuerit, et ipse et ordinator ejus a communione modis omnibus segregentur, et sub anathemate sint, sicut Simon Magus de Petro apostolo. »

Item Stephanus martyr pontifex. « Laicis quamvis religiosis nulla de ecclesiasticis facultatibus aliquid disponendi legitur usquam attributa facultas. »

Item Symmachus. « Provida sententia enervari convenit et in irritum deduci, ne in exemplum remaneat præsumendi, ne quibuslibet laicis quamvis religiosis vel potentibus, in quacunque civitate quolibet modo liceat aliquid decernere de ecclesiasticis facultatibus, quas solis sacerdotibus disponendi a Deo cura commissa docetur. »

Nos quoque sanctorum canonum constitutiones sequentes cum fratribus nostris in Trecensi concilio statuimus ut quicunque clericorum de hac hora investituram ecclesiæ, vel ecclesiasticæ dignitatis de manu laici acceperit, et qui ei manum imposuerit, gradus sui periculo subjaceat et communione privetur. Tu vero, frater venerande, licet nunc usque horum præceptorum transgressor exstiteris, tamen venerabilium fratrum nostrorum Trevirensis, Constantiensis, Bambergensis episcoporum, Hirsaugiensis abbatis precibus inclinati, misericorditer personæ meæ officia agenda indulgemus, si præterita corrigens horum præceptorum custos et observator exstiteris. Alioquin nec in officiis tibi participabimus, nec precibus pro te fusis aurem accommodamus.

CCXVII.

Ad Nicolaum abbatem et monachos Corbeienses.— In gratiam scholarum Corbeiensium confirmat donum a rege Philippo factum, ut negotiatoribus ad forum Corbeiæ liber pateat commeatus.

(Anno 1107, Maii 29.)

[Dom Bouquet, *Recueil*, XV, 37.]

Paschalis episcopus, servus servorum Dei, dilectis filiis Nicolao abbati et Corbeiensis monasterii monachis, salutem et apostolicam benedictionem.

Bonis scholarum studiis non tantum favere, sed ad hoc eorum animos etiam incitare debemus, qui pro nostro officio eorum saluti prospicimus. Illud igitur donum quod filius noster Philippus Francorum rex pro peccatorum suorum remissione vestro monasterio Corbeiensi restituit, nos largiente Domino litteris præsentibus confirmamus, ut videlicet, quicunque negotiatores ad forum Corbeieæ venire voluerint, libere et nullo inhibente, sive per aquam sive per terram, valeant commeare. Præsentis ergo decreti litteris interdicimus ut nulli deinceps personæ facultas sit super hac causa Corbeiensi ecclesiæ aliquas injurias irrogare, ne quod possessione diutina tenuit, temeritate cujuslibet præsumptionis amittat. Si quis autem præsentis decreti tenorem agnoscens, contra id venire tentaverit, canonicæ districtionis animadversione multetur.

Datum Antissiodori, iv Kal. Julii (54).

CCXVIII.

Monasterii S. Remigii Remensis privilegia quædam confirmat.

(Anno 1107.)

[Varin, *Archiv. admin. de la ville de Reims*, tom I, 1er part., p. 255.]

(55) Paschalis episcopus, servus servorum Dei, dilecto in Christo filio Azenario abbati venerabilis monasterii Sancti Remigii quod secus urbem Remensem situm est, ejusque successoribus regulariter promovendis in perpetuam rei memoriam.

Sicut injusta poscentibus nullus est tribuendus effectus, sic legitima desiderantium non est differenda petitio. Tuis igitur, fili charissime Azenari, justis petitionibus annuentes, B. Remigii monasterium cui Deo auctore præsides, decreti præsentis auctoritate munimus (56). Statuimus enim ut Guidonis bonæ memoriæ Remensis episcopi concessio, quam beato Leone nono intercedente vestro monasterio contulit, firma semper et inviolata permaneat: ut videlicet in mercato quod xii Kalend. Novembris penes burgum B. Remigii fieri consuevit, præter abbatem aut abbatis ministros, nullus quisquam violenter accipiat, nullus et convenientes lædere aut bonis suis exspoliare præsumat. Cœnam etiam quam in duabus B. Remigii solemnitatibus apud cœnobium vestrum, Remenses episcopi immodeste accipere consueverunt (57), nos juxta prædictorum præsulum deliberationem ab eodem cœnobio removemus. Alios quoque sumptus ab eo vel ejus ministris exigi prohibemus, sicut a prænominato Guidone per manum B. Leonis remissi sunt. Porro tam tibi quam successoribus tuis facultatem concedimus in causis gravioribus Roma-

---

(54) Corr. *Junii.*

(55) Le cart. B de Saint-Remi, p. 6, et le cart. A, p. 46, contiennent une seconde bulle du même pontife, datée du 3 janvier 1110, et qui répète mot pour mot celle de 1107, sauf quatre variantes que nous indiquerons.

(56) A dater d'ici, la bulle de 1110, omettant tout ce qui concerne Gui, continue en ces termes : *Illud*

autem districtius interdicimus ut in mercato...

(57) La bulle de 1110 porte : ..« accipere consueverunt cum omnibus suis sumptibus ab eodem cœnobio removemus. Hæc enim venerabilis frater Rodulfus, Ecclesiæ Remensis antistes, in præsentia nostra concessit, et utriusque partis privilegii auctoritate firmari. Porro tam.....»

nam Ecclesiam appellare, nec Remensibus episcopis liceat vos a visitatione sedis apostolicæ prohibere. Præterea quæcunque prædia, quæcunque bona, B. Remigii monasterium juste hodie possidet, quæcunque etiam in futurum concessione pontificum, liberalitate principum, vel oblatione fidelium legitime poterit adipisci, firma vobis vestrisque successoribus et illibata permaneant. Decernimus itaque ut nulli omnino hominum liceat idem cœnobium temere perturbare aut ejus possessiones auferre, vel ablatas retinere, vel temerariis vexationibus fatigare, sed omnia integra conserventur eorum pro quorum sustentatione et gubernatione concessa sunt, usibus omnimodis profutura. Si qua igitur ecclesiastica sæcularisve persona, hanc nostræ constitutionis paginam sciens, contra eam temere venire tentaverit, secundo tertiove commonita, si non satisfactione congrua emendaverit, potestatis honorisque sui dignitate careat, reamque se divino judicio existere de perpetrata iniquitate cognoscat, et a sacratissimo corpore ac sanguine Dei et Domini Redemptoris nostri Jesu Christi aliena fiat, atque in extremo examine districtæ ultioni subjaceat. Cunctis autem eidem monasterio justa servantibus sit pax Domini nostri Jesu Christi, quatenus et hic fructum bonæ actionis percipiant, et apud districtum judicem præmium æternæ pacis inveniant. Amen, amen.

Ego Paschalis catholicæ Ecclesiæ episcopus, signavi (58).

Data Antissiodori per manum Joannis, diacon. cardin. ac bibliothecarii, indict. xv, anno 1107; pontificatus autem domni Paschalis secundi papæ viii.

CCXIX.

Ecclesiæ Antissiodorensis bona, petente Humbaldo episcopo, confirmat.

(Anno 1107.)

[*Gesta episcop. Antissiod. ap.* LABBE *nov. Biblioth. mss. t. I, p. 458.*]

PASCHALIS episcopus, servus servorum Dei, venerabili fratri HUMBALDO, Antissiodorensi episcopo ejusque successoribus canonice substituendis in perpetuum.

Justis votis assensum præbere, justisque petitionibus aures accommodare nos convenit, qui, licet indigni, justitiæ custodes atque præcones in excelsa apostolorum principum Petri et Pauli specula positi Domino disponente, conspicimur. Tuis igitur, frater in Christo, charissime Humbalde, justis petitionibus annuentes, sanctam Antissiodorensem ecclesiam, cui auctore Deo præsides, apostolicæ sedis auctoritate munimus ; statuimus enim ut universa, quæ ab antiquis prædecessorum nostrorum possessa temporibus, vestra Antissiodorensis ecclesia in præ-

senti xv indictione obtinere cognoscitur, tibi tuisque successoribus libera semper et illibata serventur ; nullus omnino cujuscunque dignitatis aut ordinis invitis vobis aut ecclesiæ vestræ subjectionis aut res vestræ possessionis invadere, auferre, aut aliquo modo subtrahere audeat, sed omnia in tua tuorumque successorum canonica honestate viventium, obedientia et dispositione persistant : sic enim a prædecessoribus nostris sanctæ Romanæ Ecclesiæ pontificibus per beati Germani petitionem, cujus patrimonium Antissiodorensis parochia fuerat, creditur institutum. Si qua igitur ecclesiastica sæcularisve persona, hanc nostræ constitutionis paginam sciens contra eam temere venire tentaverit, secundo tertiove commonita, si non satisfactione congrua emendaverit, potestatis honorisque sui dignitate careat, reamque se divino judicio existere de perpetrata iniquitate cognoscat, et a sacratissimo corpore ac sanguine Dei et Domini Redemptoris nostri Jesu Christi aliena fiat, atque in extremo examine districtæ ultioni subjaceat ; cunctis autem eidem loco justa servantibus sit pax Domini nostri Jesu Christi, quatenus et hic fructum bonæ actionis percipiant et apud districtum judicem præmia æternæ pacis inveniant. Amen, amen.

CCXX.

Privilegium pro monasterio insulæ Agensis.

(Anno 1107, Maii 30.)

[ARCERE, *Hist. de la Rochelle*, Preuv., tom. II, p. 637.]

PASCHALIS episcopus, servus servorum Dei, dilecto filio GULIELMO, priori monasterii Beati Martini in Aya insula parochiæ Santonensis, ejusque successoribus regulariter substituendis in pacem perpetuam.

Religiosis desideriis dignum est facilem præbere consensum, ut fidelis devotio celerem sequatur effectum. Vestri igitur, fili in Christo charissime, desiderii votum rationabile perpendentes, petitiones tuas clementer admisimus, et beati Martini cellam, cui per fratris nostri Hugonis Cluniacensis abbatis constitutionem præsides, cum tota ipsa insula Cluniacensi semper cœnobio tanquam membrum capiti adhærere statuimus, sicut a Guillelmo bonæ memoriæ Pictavorum comite et Isemberto milite oblata cognoscitur. Universa etiam vel supra virorum et aliorum fidelium oblatione seu pontificum concessione, sive principum liberalitate, sive aliis justis modis ad cellam ipsam hodie pertinentia, vel quæ in futurum ibidem conferri Domino largiente contigerit firma semper et illibata permanere sancimus. Sepulturam quoque ejusdem loci omnino liberam esse decernimus, et eorum qui illic sepeliri deliberaverint devotioni et extremæ voluntati, nisi forte excommunicati sint, nullus obsistat. Decernimus itaque

---

(58) La bulle de 1110 donne à dater d'ici : « Scriptum per manum Joannis scriniarii et notarii sacri palatii.

« Datum Laterani, per manum Joannis sanctæ Romanæ Ecclesiæ diaconi cardinalis et bibliothecarii, tertio Nonas Januar., indictione III, anno Incarnationis 1110, pontificatus autem domni Paschalis secundi papæ ann. XI

ut nulli omnino hominum liceat idem monasterium temere perturbare, aut ejus possessiones auferre vel ablatas retinere, vel injuste, datas, suis usibus vindicare, minuere, vel temerariis vexationibus fatigare, sed omnia integra conserventur eorum, pro quorum sustentatione concessa sunt, usibus omnimodis profutura. Si qua igitur in futurum ecclesiastica sæcularisve persona, hanc nostræ constitutionis paginam sciens, contra eam temere venire tentaverit, secundo tertiove commonita, si non satisfactione congrua emendaverit, potestatis honorisque sui dignitate careat, reamque se divino judicio existere de perpetrata iniquitate cognoscat, et a sacratissimo corpore ac sanguine Dei et Domini Redemptoris nostri Jesu Christi aliena fiat, atque in extremo examine districtæ ultioni subjaceat. Cunctis autem eidem loco justa servantibus sit pax Domini nostri Jesu Christi, quatenus et hic fructum bonæ actionis percipiant, et apud districtum judicem præmia æternæ pacis inveniant.

Ego Paschalis catholicæ Ecclesiæ episcopus.

Datum apud Clamitiacum per manum Joannis, secretarii Romanæ Ecclesiæ diaconi cardinalis ac bibliothecarii, tertio Kal. Junii, indictione decima quarta, anno Dominicæ Incarnationis 1107.

CCXXI.

Ad Anselmum Cantuariensem episcopum. — Presbyterorum filios ad sacros ordines promovere Anselmo permittit, Richardum abbatem in communionem suam admittere; cætera, ut pro tempore visum erit, dispensare.

(Anno 1107, Maii 30.)

[Mansi, Concil., XX, 1063.]

Paschalis episcopus, servus servorum Dei, venerabili fratri Anselmo Cantuariensi episcopo, salutem et apostolicam benedictionem.

De presbyterorum filiis quid in Romana Ecclesia constitutum sit, fraternitatem tuam nescire non credimus. Cæterum quia in Anglorum regno tanta hujusmodi plenitudo est ut major pene et melior clericorum pars in hac specie censeatur: nos dispensationem hanc sollicitudini tuæ committimus. Eos enim, quos scientia et vita commendat, apud vos ad sacra officia promoveri, pro necessitate temporis et utilitate Ecclesiæ concedimus: ut in posterum constitutionis ecclesiasticæ præjudicium caveatur. De persona quoque Richardi Heliensis abbatis, petentibus filiis nostris, Henrico rege et Willelmo de Warelwast, permittimus ut eam in communionem tuam, præmissa satisfactione, suscipias, et si ad monasterii regimen utilis ejus persona conspicitur, tuæ dispensationi committimus. Cætera etiam quæ in regno illo pro necessitate temporis dispensanda sunt, juxta gentis barbariem, juxta ecclesiæ opportunitates, sapientiæ ac religionis tuæ sollicitudo dispenset.

Data III Kal. Junii.

CCXXII.

Bulla qua jam concessam bulla Nicolai papæ II exemptionem Corbiniacensis cœnobii a subjectione Flaviniacensis confirmat.

(Anno 1107, Mai. 31.)

[*Gall. Christ.*, IV, Instrum. 85.]

Paschalis episcopus, servus servorum Dei, dilecto filio Hugoni abbati et fratribus Corbiniacensis monasterii, salutem et apostolicam benedictionem.

Officii nos hortatur auctoritas pro ecclesiarum statu sollicitos esse, et quæ recte statuta sunt stabilire; idcirco dilectionis vestræ petitionem clementer admisimus ut cœnobium vestrum a Flaviniacensium monachorum incursibus liberum redderemus. Vidimus siquidem venerabilium fratrum Hugonis et Amati episcoporum definitionem, qui tunc temporis apostolicæ sedis legatione in Galliarum partibus fungebantur, quam super hoc negotio in Exoldunensi concilio peregerunt. Auditis enim utriusque partis allegationibus, visis etiam litteris et munimentis quæ utrinque proferebantur in medium, ex concilii sententia statuerunt ut Flaviniacenses monachi, qui vestrum monasterium in cellam redigere conabantur, omnino deinceps ab hac infestatione desisterent; abbatis etiam Flaviniacensis in manus suas refutatione suscepta, definitionem ipsam subscriptione sua et multorum, qui adfuerant, episcoporum nominibus munierunt. Et nos ergo, sicut et prædecessorem nostrum sanctæ memoriæ Nicolaum papam statuisse litterarum indicia manifestant, præsentis decreti assertione hanc Flaviniacensium monachorum querelam prorsus a vestro cœnobio removemus et sopitam in perpetuum cessare præcipimus. Porro si Augustodunensis episcopus, ad cujus ordinationem pro parochiali jure locus vester pertinet, aliqua vobis gravamina inferre perstiterit, ad sedem apostolicam recurrendi liberam vobis concedimus facultatem. Si quis autem pertinaciter adversus ista præsumpserit, apostolicæ indignationis ultione plectatur. Vos igitur, filii in Christo dilecti, Dei semper timorem et amorem in vestris cordibus habere satagite, ut quanto a sæcularibus tumultibus liberiores estis, tanto amplius placere Deo totius mentis et animæ virtutibus anheletis.

Ego Paschalis catholicæ Ecclesiæ episcopus SS.

Datum apud Lupertiacum per manum Joannis S. Romanæ Ecclesiæ diac. cardin. ac biblioth. II Kal. Jun., ind. xv, Incarnat. Dom. anno 1107, pontificatus autem dom. Paschal. secundi papæ VIII.

CCXXIII.

Ad Hugonem abbatem Cluniacensem. — Cluniacensibus adjudicat cellam Sancti Dionysii de Nongento, adversus Guillelmum abbatem Sancti Petri Carnotensis.

(Anno 1107, Jun. 6.)

[Mansi, Concil., XX, 1040.]

Paschalis episcopus, servus servorum Dei, venerabili fratri Hugoni Cluniacensi abbati, salutem et apostolicam benedictionem.

Quæ semel juste rationabiliterque decisa sunt, propter oblivionis incuriam redivivis sæpe litibus replicantur. Idcirco litteris præsentibus adnotamus qualiter inter vestri cœnobii monachos et S. Petri Carnotensem abbatem Guillelmum, de Sancto Dionysio de Nongento querela cum sua sit replicatione decisa. Idem enim Carnotensis abbas, post domni Urbani papæ decretum, super eadem cella vestros fratres, nobis in Trecensi concilio præsidentibus, calumniis impetebat. Ne qua ergo scintilla jurgii remaneret, perspiciendum duximus quidquid a parte alterutra proferretur. Ostensæ igitur sunt litteræ quædam a Carnotensi abbate, per quas idem locus Carnotensibus monachis a Retrocco [cor. Joffrido] comite sub quadam fuerat conditione commissus : in quibus nulla temporum adnotatio, nullus vel episcopi vel clericorum continebatur assensus. Ad hæc easdem litteras falsas habendas Retroccus comes, ipsius Joffridi filius, qui locum illum una cum Beatrice uxore sua vestro cœnobio obtulerat, asserebat: quia et unus testium qui subscripti fuerant, supradicti Joffridi frater adhuc superstes, se omnino interfuisse penitus inficiaretur, et easdem litteras alio tempore in capitulo Carnotensi falsatas fuisse narrabat, falsationis illius testem cum jurejurando in medium proferens. Cæterum Joffridi comitis oblatio vestro cœnobio data, et locum, et tempus, et episcopi et metropolitani consensum, et Theobaldi comitis, ejusque filii Stephani favorem, de cujus feudo idem locus fuerat, manifestius continebat. Constitit itaque apud omnes quia domni Urbani papæ sanctio apostolicæ gravitatis pondere nitebatur plena. Quapropter ratione judicii Carnotensis abbatis querela sopita est, et monasterio vestro supradictæ cellæ in perpetuum statuta possessio. Sane huic nobiscum judicio adfuerunt venerabiles episcopi, Leodegarus Bituricensis, Aldo Placentinus, Girardus Engolismensis, Ildebertus Cenomanensis, et nostræ sanctæ Romanæ Ecclesiæ cardinalis Landulfus, de titulo S. Laurentii, qui dicitur in Lucina. Igitur et nos sanctioni prædecessoris nostri, nostræ quoque sanctionis robur adjicimus, præcipientes, et penitus interdicentes, ne quis ulterius super hoc negotio vestrum Cluniacense cœnobium inquietare præsumat. Qui vero præsumpserit, canonicæ districtionis animadversione multetur.

Ego Paschalis, catholicæ Ecclesiæ episcopus, subscripsi.

Datum Silviniaci per manum Joannis, sanctæ Romanæ Ecclesiæ diaconi, VIII Kal. Junii, indict. XV, incarnat. Dominicæ anno 1107, pontificatus autem domni Paschalis II papæ VIII.

CCXXIV.

Hugoni abbati S. Germani Antissiodorensis bullam tribuit.

(Anno 1107, Jun. 9.)

[Mentio tantum exstat apud MABILL. *Annal. Bened.*, V, 501.]

CCXXV.

Ad Ricardum Narbonensem archiepiscopum. — Narbonensis Ecclesiæ possessiones et jura confirmat.

(Anno 1107, Jul. 13.)

[MANSI, *Concil.*, XX, 1025.]

PASCHALIS episcopus, servus servorum Dei, venerabili fratri RICARDO, primæ sedis Narbonensis antistiti, ejusque successoribus canonice substituendis in perpetuum.

Charitatis est donum proprium, providere profectibus aliorum. Charitas enim *non quærit quæ sua sunt* (I Cor. XIII). Unde et Apostolus : *Nunc autem vivimus, si vos statis in Domino* (I Thess. III); et iterum : *Quæ est enim spes nostra, aut gaudium, aut corona gloriæ? Nonne vos ante Dominum nostrum Jesum Christum?* (I Thess. II.) Hoc igitur charitatis debito provocamur, et apostolicæ sedis auctoritate compellimur, honorem debitum fratribus exhibere, et sanctæ Romanæ Ecclesiæ dignitatem pro suo cuique modo cæteris Ecclesiis impertiri. Idcirco, venerabilis frater Ricarde Narbonensis archiepiscope, præsentis decreti pagina tibi tuisque successoribus quidquid parochiarum ad primæ sedis Narbonensis Ecclesiam antiquo jure noscitur pertinere, confirmamus. Porro infra parochias ipsas jure proprietario tam tibi quam tuis successoribus possidenda, regenda et disponenda sancimus, ecclesiam Sancti Pauli cum omnibus pertinentiis suis, oppidum Caput stagni, Salas, Aruscadas, Argens, Fontem jocosum, Auriag, Villam rubeam, Segionum, et cætera prædia, cellas seu possessiones, quæ vel a regibus, vel ab aliis fidelibus viris, ecclesiæ sanctorum martyrum Justi et Pastoris oblatæ sunt, tam in Narbonensi comitatu quam in Biterrensi, Redensi, Sustantionensi et Nemausensi. Infra vero urbem Narbonensem, medietatem ipsius comitatus, medietatem telonei, portatici, rasicæ, salinarum et cæterorum reddituum qui a civitatis comite tam de marinis quam de terrenis institoribus exiguntur. In monasteriis vero seu cæteris per Narbonensem Ecclesiam ecclesiis, salva sedis apostolicæ auctoritate, canonicum vobis jus obtinere concedimus. Sane ad vestram metropolim pertinentes episcopales cathedras, videlicet Biterris, Carcassonæ, Tolosæ, Elnæ, Agathes, Lutevæ, Magalonæ, Nemausi, Uzeticæ, tibi tuisque successoribus in perpetuum subjectas, obedientiam debitam servare censemus. Primatum etiam vobis super secundam Narbonensem, id est Aquensis metropolis, sicut a nostris prædecessoribus statutum est, confirmamus : et quidquid ex antiquo jure sæpe dictæ ecclesiæ Narbonensi competit, ratum perpetuo et inconvulsum manere decernimus. Statuimus ergo ut nulli hominum liceat eamdem ecclesiam temere perturbare, aut ejus possessiones auferre, vel ablatas retinere, minuere, vel temerariis vexationibus fatigare : sed omnia integra conserventur, eorum pro quorum sustentatione et gubernatione concessa sunt, usibus omnimodis profutura. Si qua igitur in futurum ecclesiastica sæcularisve persona, hanc nostræ constitutionis paginam sciens, contra eam temere venire tentaverit, secundo tertiove commonita, si non satisfactione congrua emendaverit, potestatis honorisque sui dignitate careat, reamque se divino judicio existere de perpetrata iniquitate cognoscat, et a sacratissimo corpore et sanguine Dei et Domini Redemptoris nostri Jesu Christi aliena fiat, atque in extremo examine districtæ ultioni subjaceat. Cunctis autem eidem Ecclesiæ justa servantibus sit pax Domini nostri Jesu Christi, quatenus et hic fructum bonæ actionis percipiant, et apud districtum judicem præmia æternæ pacis inveniant. Amen.

Ego Paschalis catholicæ Ecclesiæ episcopus subscripsi.

Datum apud Privatum, per manum Joannis S. R. E. diaconi cardinalis ac bibliothecarii, tertio Idus Julii in anno Dominicæ Incarnationis 1107, pontificatus autem domini Paschalis II papæ VIII.

CCXXVI.

Ad abbatem S. Pontii et Electensem. — Ne excommunicatos a Narbonensi episcopo suscipiant.

(Anno 1107.)

[Mansi, *Concil.*, XX, 1026.]

PASCHALIS episcopus, servus servorum Dei, P...... abbati Sancti Pontii, et R. Electensi abbati, et cæteris monachis, salutem et apostolicam benedictionem.

Frater noster Ricardus, Narbonensis metropolitanus, adversus dilectionem vestram conqueritur quod excommunicatos et interdictos ab eo in communionem et participationem ante absolutionem suscipiatis, cum non solum vos, verum etiam laici non ignorent quoniam iniquum et contra canones sit cum interdictis et excommunicatis communicare, et eorum peccatis involvi. Nos vero in concilio quod apud Trecas celebravimus, sanctorum Patrum decreta sequentes, tam episcopis quam abbatibus et cæteris clericis interdiximus, ne ulterius excommunicatos vel interdictos ab alio in sua parochia reciperent. Igitur ne nostræ præceptionis contemptores videamini, mandamus vobis ut ab hujusmodi omnino cessetis, ne excommunicationis vinculo detineamini.

CCXXVII.

Ad monachos S. Ægidii. — Bertrannum comitem nuntiat se absolvisse, cum is illata monasterio S. Ægidii damna reparaverit.

(Anno 1107, 25 Julii.)

[D. Bouquet, *Recueil*, XV, 58.]

PASCHALIS episcopus, servus servorum Dei, dilectis filiis monachis S. Ægidii salutem et apostolicam benedictionem.

Propter oppressiones monasterii seu villæ vestræ Bertrannum comitem diu anathematis districtione coercuimus. Denique cum venisset ad nos, præsente abbate vestro Ugone et fratribus sive burgensibus qui cum eo venerant, Raimundi comitis chartam in ejus audientia perlegi fecimus : in qua nimirum charta pater ejus Raimundus comes omnes honores S. Ægidii, tam in villa vestra quæ dicitur Flaviana, quam in extrinsecis, quidquid juste sive injuste videbatur obtinere, scilicet omnes rectas sive pravas consuetudines, quas ipse vel antecessores ejus ibidem habuerunt, reliquisse, et plenariam jurisdictionem Odiloni bonæ memoriæ abbati, et fratribus qui cum eo aderant, fecisse asseritur per manum prædecessoris nostri Urbani papæ apud concilium Nemausense. Eodem igitur tenore, et ipse in manu nostra omnes honores B. Ægidii et burgi vestri consuetudines abdicavit, et quæcunque damna sive alia malefacta sibi contigerant in guerra quam vobiscum et cum vestris burgensibus habuit, et abbati vestro, et burgensibus, et omnibus eorum adjutoribus per quos eadem damna illata sunt, omnino dimisit : sic cum a vinculo excommunicationis absolvimus.

Actum apud cellam S. Marcelli (59) VIII Kalend. Augusti, indictione xv, præsentibus episcopis Eustachio Valentino, Berengario Biterrensi, Leodegario Vivariensi; cardinalibus Romanæ Ecclesiæ Landulpho presbytero, Joanne et Berardo diaconibus; et proceribus ipsius Bertranni, Guillelmo Ugonis de Montilio, Guillelmo de Sabrano, Bermundo Peleto, Poncio de Medenas, Rostagno de portu, et burgensibus Pagano, et Causito, et Bertranno comite milite de Poscheriis.

CCXXVIII.

Decretum pro pago Salmoriacensi.

(Anno 1107, Aug. 2.)

[D. Bouquet, *Recueil*, tom. XIV pag. 957.]

PASCHALIS episcopus, servus servorum Dei, etc.

Inter venerabiles fratres Guidonem Viennensem et Hugonem Gratianopolitanum episcopos de pago Salmoriacensi per multos annos et multis in conciliis quæstio ventilata est. Novissime ante præsentiam nostram Lugduni in hanc concordiam ex nostri provisione judicii convenerunt, ut ejusdem pagi æquam divisionem facerent; et tam Viennensi quam Gratianopolitanæ Ecclesiæ pars ejusdem divisionis vicinior redderetur. Quidquid autem in territorio infra Bornam et Isaram versus Gratianopolim constituto Viennensis archiepiscopus calumniabatur, ab omni deinceps infestatione liberum Gratianopolitanæ Ecclesiæ cederet ; porro Ecclesia B. Donati, quæ infra Viennensem parochiam continetur cum omnibus mobilibus sive immobilibus ad eam pertinentibus, Gratianopolitanus episcopus jure proprietario possideret, et tam canonicas ipsius Ecclesiæ quam universa ad eam pertinentia ipse disponeret : Viennensis autem parochiali tantum jure in clericorum et altarium consecrationibus uteretur. Pari ergo communique consensu, Salmoriacensis pagi talis facta est divisio, ut undecim castella cum ecclesiis et parochiis et totis mandamentis suis, Viennensi Ecclesiæ : et undecim castella cum

---

(59) Cella S. Marcelli in diœcesis Valentinensis, ibique versabatur Paschalis mense Julio, an. 1107.

ecclesiis et parochiis, et totis mandamentis suis Gratianopolitanæ Ecclesiæ dederentur. Hæc autem sunt castella quæ in portionem Viennensis Ecclesiæ segregata sunt, castrum Sancti Georgii, Brissiacum, castrum Veteris Villæ, castrum Orniciacum, castrum Bonocellum, castrum Leemps, castrum Planilla, castrum Clarimontis, castrum Sancti Lorii, castrum Paladrudi, castrum Vireu. Item hæc sunt quæ in portionem Gratianopolitanæ Ecclesiæ obvenerunt; castrum Vinniacum, castrum Nerpoicum, castrum novum, castrum Tullinum, castrum de Ruens, castrum Moirencum, castrum Vorione, castrum Tuluwis, castrum Miribellum, castrum Minuetum, de Scalis, castrum Vorapium et super hæc Ecclesiæ cancellario, cum tota parochia sua. Sic largiente Domino, supradictæ quæstionis diuturnitas terminata est, et pacis atque concordiæ inter Viennensem et Gratianopolitanam Ecclesiam, eorumque præsules utroque in idipsum consentiente stabilitas instituta est. Quam stabilitatem nos in perpetuum permansuram largiente Domino confirmamus, præcipientes et omnimodis sancientes, ut pars quæ Viennensi seu Gratianopolitanæ quemadmodum suprascriptum est, cessit Ecclesiæ, semper ejus parochia sit, nec ulli omnino personæ liceat, aut Viennensi suam, aut Gratianopolitanæ suam, quæ superius distincta est, ullo unquam tempore subtrahere portionem. Si vero alter adversus alterum indeliberata parte quæstionem aut violentiam fecerit, juxta conditionem quare in judicio uterque constrinxit, accepta portionis possessione careat, et omne deinceps agendi jus in eodem negotio prorsus amittat. Ad hæc præceptum est et repetita præceptione firmamus, ne Viennensis episcopus ulterius in illa parte Gratianopolitanæ Ecclesiæ, aut pacem, aut communiam aut aliquam exactionem requirat, aliter quam in Riensi, seu Vivariensi parochia ad Viennensem metropolim pertinente; adfuerunt hic judicio sive concordiæ, quæ Lugdunum IV Kal. Februarii facta est, venerabiles episcopi Richardus Albanus, Aldo Placentinus, Potius Aniciensis, Leodegarius Vivariensis, Guido Gehennensis, Eustachius Valentinus, Cono Maurianensis, et Guigo comes Albianensis.

Datum per manum Joannis, sanctæ Romanæ Ecclesiæ diaconi cardinalis ac bibliothecarii, apud ecclesiam Sancti Petri de Alaverdo, IV Nonas Aug., indict. XV, Incarnationis Dominicæ anno 1107, pontificatus autem domni Paschalis II papæ VIII.

CCXXIX.

Ad Hugonem abbatem Cluniacensem. — Sancti Wlmari abbatiam illi subjicit corrigendam. Ejus abbates in perpetuum ab abbatibus Cluniacensibus constituantur. Cuivis monacho liceat ad Cluniacense cœnobium transire.

(Anno 1107, Aug. 4.)

[MANSI, Concil., XX, 1040.]

PASCHALIS episcopus, servus servorum Dei, venerabili fratri HUGONI Cluniacensi abbati, salutem et apostolicam benedictionem.

Desiderium quod ad religiosum propositum et animarum salutem pertinere monstratur, sine aliqua est, auctore Deo, dilatione complendum. Venerabilis siquidem frater noster Joannes Morinorum episcopus, petente Eustachio Bononiensi comite, Sancti Wlmari abbatiam sollicitudini tuæ, charissime frater Hugo, corrigendam commisit. Et nos ergo juxta ejus desiderium ac deliberationem, præsentis decreti assertione sancimus, ut idem Beati Wlmari monasterium, semper in tua tuorumque successorum ordinatione permaneat; nec alius illic abbas substituatur nisi qui vestra fuerat deliberatione provisus. Idem etiam de Menatensi monasterio constituimus, quod jam diu in vestra ordinatione permansit. Præterea quoniam omnipotens Deus, et ante nostra tempora, et in diebus nostris, præcipuam religionis monasticæ disciplinam in vestro dignatus est monasterio conservare, hanc vobis prærogativam concedimus ut quisquis ad vos alieni monasterii monachus pro vitæ melioratione transierit, licenter recipiatur, remotis prioris loci querimoniis, ut, largiente Domino, salutis quam quærere videtur apud vos potiatur effectu. Si quis vero temerario ausu his salutiferis constitutionibus obviam ire præsumpserit, apostolicæ indignationis ultione plectatur, et communionis ecclesiasticæ periculum patiatur.

Ego Paschalis, catholicæ Ecclesiæ episcopus, subscripsi.

Datum apud Aquanibellam per manum Joannis, sanctæ Romanæ Ecclesiæ diaconi cardinalis ac bibliothecarii, II Nonas Augusti, indictione XV, Incarnationis Dominicæ anno 1107, pontificatus autem domni Paschalis papæ II anno IX.

CCXXX.

Monasterio S. Benedicti Padilironensi privilegia quædam concedit.

(Anno 1107, Sept. 1.)

[Vide BACCHINI, Dell'istoria del monastero di S. Benedetto di Polirone. Modona, 1696, 4°, Racc. p. 68.]

CCXXXI.

Ecclesiæ Lucensis privilegia, petente Rangerio episcopo, confirmat.

(Anno 1107, Sept. 18.)

[BALUZ. Miscell. edit. Luc. IV, 187.]

PASCHALIS episcopus, servus servorum Dei, venerabili fratri RANGERIO Lucano episcopo, ejusque successoribus canonice promovendis in perpetuum.

Justis votis assensum præbere justisque petitionibus aures accommodare nos convenit, qui, licet indigni, justitiæ custodes atque præcones in excelsa apostolica beatorum, Petri et Pauli specula positi, Domino disponente, conspicimur. Tuis igitur, venerabilis frater et coepiscope Rangeri in Christo charissime, justis petitionibus annuentes S. Lucanam Ecclesiam cui Deo auctore præsides, apostolicæ sedis auctoritate munimus. Statuimus enim ut universæ per Lucanam parochiam plebes in tua tuorumque successorum apostolicæ sedis communionem obtinentium obedientia semper ac dispositione persistant. Nec personæ cuique facultas sit ecclesias intra Lucanam urbem seu extra sitas a consueto vobis servitio sequestrare, aut capellas plebium ab ipsarum unitate ac subjectione subtrahere. Illud autem omnimodis interdicimus, ne cuique in posterum clerico aut monacho liceat capellam vel ecclesiam de laici manu suscipere, quoniam ecclesiæ vel ecclesiarum res juxta canonicas sanctiones sub episcopali provisione sunt servandæ. Præterea quia juxta Apostoli dictum laborantem agricolam primitus de fructibus percipere tam tibi quam successoribus tuis in pastorali sollicitudine laborantibus partes altaris et sacrarii confirmamus, ut videlicet citra personarum quarumlibet contradictionem sive molestiam ad vestræ seu hospitum sustentationem usus in perpetuum habeatis, oblationum partes, quæ vel ad altaria matricis Ecclesiæ vel ad *Vultus Sacrarium*, vel in parochialibus ecclesiis offeruntur, sicut easdem partes prædecessores tui multorum temporum episcopi quiete ac pacifice possedisse noscuntur. Si quis igitur in crastinum episcopus aut abbas, imperator aut rex, princeps aut dux, comes, vicomes, castaldio, aut ecclesiastica quælibet sæcularisve persona, hanc nostræ concessionis paginam sciens, contra eam temere venire tentaverit, secundo tertiove commonita, si non satisfactione congrua emendaverit, potestatis honorisque sui dignitate careat, reamque se divino judicio existere de perpetrata iniquitate cognoscat, et a sacratissimo corpore ac sanguine Dei et Domini Redemptoris nostri Jesu Christi aliena fiat, atque in extremo examine districtæ ultioni subjaceat. Cunctis autem supradictæ Lucanæ Ecclesiæ jura servantibus sit pax Domini nostri Jesu Christi quatenus et hic fructum bonæ actionis percipiant, et apud districtum judicem præmia æternæ pacis inveniant. Amen.

Ego Paschalis catholicæ Ecclesiæ episcopus.

Datum Fesulis per manum Joannis, S. R. E. diaconi cardinalis ac bibliothecarii, XIV Kal. Octobris, indict. I, Incarnat. Dominicæ an. 1107, pontificatus autem domni Paschalis II papæ anno IX.

CCXXXII.

* *Gregorii archidiaconi, Huberti archipresbyteri, Raynerii primicerii, Guidonis cantoris, fratrum ecclesiæ Lucanæ privilegia quædam confirmat.*

(Anno 1107, Sept. 18.)

[Vide *Memorie e documenti per servire all'istoria del principato Luccese*, Lucca, 1813, 4°, V, 1, 578.]

CCXXXIII.

Ad Joannem abbatem Florentinum. — Privilegium Florentini cœnobii.

(Anno 1107, Sept. 24.)

[MANSI, *Concil.*, XX, 1052.]

PASCHALIS episcopus, servus servorum Dei, dilecto filio JOANNI abbati Florentini monasterii quod Sanctæ Mariæ dicitur, ejusque successoribus regulariter promovendis in perpetuum.

Piæ postulatio voluntatis effectu, etc. Præterea quæcunque hodie pontificum concessione, principum liberalitate, vel oblatione fidelium, vel aliis justis modis id cœnobium possidet, sive in futurum juste ac canonice poterit adipisci, firma vobis vestrisque successoribus et illibata permaneant. Laborum quoque vestrorum decimas, præter quorumlibet contradictionem, tam vobis quam successoribus vestris in monastica religione permanentibus, habendas concedimus : consecrationes altarium, sive basilicarum, ordinationes monachorum, seu clericorum monasterio pertinentium, a Florentino accipietis episcopo : siquidem gratiam apostolicæ sedis habuerit, et si ea gratis et sine pravitatis molestia voluerit exhibere. Alioquin liceat vobis catholicum, quem malueritis, adire antistitem, et ab eo consecrationum sacramenta suscipere, qui apostolicæ sedis fultus auctoritate quæ postulatis indulgeat. Porro episcoporum seu episcopalium ministrorum actiones omnes ab ecclesiis sive clericis ejusdem monasterii removemus. Sepulturam quoque ejusdem loci omnino liberam esse decernimus, ut eorum qui illic sepeliri desideraverint, devotioni et extremæ voluntati, nisi forte excommunicati sint, nullus obsistat. Si qua ergo ecclesiastica sæcularisve persona, etc.

Ego Paschalis catholicæ Ecclesiæ episcopus.

Datum Florentiæ per manum Joannis, S. R. E. diac. card. ac biblioth., anno Dominicæ Incarn. 1108, VIII Kal. Octobr. indict. I, pontificatus ver. domni Paschalis II papæ an. IX.

CCXXXIV.

Bulla Paschalis papæ II. — Privilegium pro parthenone S. Petri de Luco.

(Anno 1107, Octobr. 3.)

[MITTARELLI, *Annal. Camaldul.*, III, App. 204.]

PASCHALIS episcopus, servus servorum Dei, dilectæ filiæ BEATRICI abbatissæ monasterii Sancti Petri, quod juxta oppidum Luci situm est in diœcesi Florentina, ejusque posteris regulariter substituendis in perpetuum.

Austri terram inhabitantibus per prophetam Dominus præcipit cum panibus occurrere fugienti. Idcirco vos, filiæ charissimæ, de sæculo fugientes gratanter excipimus, et per sancti Spiritus gratiam sedis apostolicæ munimine confovemus; statuimus itaque ut quæcunque prædia, quæcunque bona, quæ idem cœnobium ex oblatione Gothidii bonæ memoriæ viri et concessione Rodulphi Camaldulensis prioris in præsentiarum possidet, vel in posterum concessione pontificum, liberalitate principum, vel oblatione fidelium Domino largiente, juste atque canonice poterit adipisci, firma vobis et eis, qui post vos successuri sunt, illibata permaneant. In quibus hæc visa sunt propriis vocabulis exprimenda, scilicet pars de oppido Luci cum pertinentiis, Larciane villæ pars cum pertinentiis suis; pars de Contanceruto, de Rivo Frigido cum pertinentiis suis, et de Rivo cornoclaria cum pertinentiis suis; pars de villa Castri, et de villa Sylvæ et Frenæ cum pertinentiis suis. Infra urbem Florentinam una domus juxta ecclesiam sancti P..... alia juxta ecclesiam Sancti Donati, et cætera quæ in ejusdem urbis territorio monasterii vestri sumptibus acquisistis. Laborum vestrorum quoque decimas præter episcopi seu episcopalium ministrorum contradictionem, perpetuo vobis habendas concedimus. Decernimus ergo ut nulli omnino hominum liceat idem cœnobium temere perturbare, aut ejus possessiones auferre, vel ablatas retinere, minuere, vel temerariis vexationibus fatigare, sed omnia integra conserventur, eorum, pro quorum sustentatione et gubernatione concessa sunt, usibus omnimodis profutura. Porro locus ipse semper sub Camaldulensis prioris provisione permaneat, nec episcopo, nec episcopi ministris liceat ejusdem loci congregationem, aut ejus presbyteros excommunicare, vel interdicere, vel super ullo negotio molestare, nisi prius Camaldulensem priorem charitatis studio perquisierint. Si qua igitur in futurum ecclesiastica sæcularisve persona, hanc nostram paginam sciens, contra eam temere venire tentaverit, et semel, bis, ter commonita, si non satisfactione congrua emendaverit, in excommunicationem incidat, et potestatis honorisque sui dignitate careat, reamque se divino judicio existere de perpetrata iniquitate cognoscat, et a sacratissimo corpore et sanguine Dei et Domini nostri Jesu Christi aliena fiat, atque in extremo examine districtæ ultioni subjaceat. Cunctis autem eidem congregationi justa servantibus sit pax Domini nostri Jesu Christi, quatenus et hic fructum bonæ actionis percipiant, et apud districtum judicem præmia æternæ pacis inveniant. Amen, amen, amen.

Ego Paschalis catholicæ Ecclesiæ episcopus.

Datum apud Bibienam per manus Joannis sanctæ Romanæ Ecclesiæ diaconi cardinalis ac bibliothecarii, v Nonas Octob. indictione I, Dominicæ Incarnationis anno 1107, pontificatus autem domni Paschalis secundi papæ IX.

CCXXXV.
Ad Daimbertum archiepiscopum Senonensem. — Dijudicandam committit causam abbatum duorum.

(Anno 1107, Oct. 25.)
[Mansi, Concil., XX, 1016.]

Paschalis episcopus, servus servorum Dei, venerabili fratri Daimberto Ecclesiæ Senonensis archiepiscopo, salutem et apostolicam benedictionem.

Quanto major tibi animarum cura commissa est, tanto sollicitiorem esse in omnibus te oportet. Invigila igitur, frater charissime, sicut bonus pastor super gregem Domini : ut eum talem possis Domino assignare, qui et sibi placeat, et se dignum bona retributione ostendat. Finis tuus quotidie appropinquat, et licet hoc certum sit omnibus, extremus tamen dies incertus est. Esto itaque semper sollicitus, et si forte negligenter te aliquando habuisti, nunc totum studeas per Dei gratiam emendare : ut cum Dominus venerit, te vigilantem inveniat et sic paratum, quatenus in æternæ vitæ suscipi gloria merearis. De querimonia, quam Virziliensis abbas adversus Floriacensem pro quadam gerit ecclesia, justitiam debitam facias. Non enim volumus, privilegiorum [f., ut privilegiorum H.] obtentu Ecclesia quælibet præjudicium patiatur.

Datum apud Tiphernum x Kal. Novembris.

CCXXXVI.
Ad Hierosolymitanæ Ecclesiæ clericos, regem [Balduinum] et populum.

(Anno 1107, Dec. 4.)
[Eugène de Rozière, *Cartulaire du Saint-Sépulcre*, Paris, Imprimerie nationale, 1849, p. 8.]

Paschalis episcopus, servus servorum Dei, Jerosolymitanæ Ecclesiæ clericis, regi B[alduino] et populo, salutem et apostolicam benedictionem.

Ecclesiæ vestræ scandalis tanto vehementius urimur, quanto minus pro locorum longioribus interstitiis eorum curationibus possumus imminere, ob hoc præsertim quia Jerosolymitana civitas et Sepulcri Dominici reverentia illustris est et in medio multarum posita nationum, quarum aliæ Christianam fidem, aliæ Latinæ puritatis consuetudinem irridere conantur. Et prius enim [pro] Daiberto et postmodum pro Evremaro vestra scandalizatur Ecclesia. Si quidem in Daibertum bonæ memoriæ, fratrem nostrum et coepiscopum, acerrime conspiratum esse [noscitur]; ad quod negotium decidendum nostræ sedis [legatum], presbyterum cardinalem Robertum, misimus. Tunc profecto in eumdem episcopum, quia defecisse judicio videbatur, depositionis sententia data est. Cæterum frater ille, ad sedem apostolicam veniens, non defecisse, sed regio se fatebatur timore propulsum; apud nos itaque judicium executus est. Interim apud vos Evremarum novimus legati nostri favore ad regimen episcopatus electum. Nos autem, in Lateranensi Ecclesia Daiberti satisfactione suscepta, suo eum officio et Jerosolymitanæ sedi restituimus synodali judicio ; Evremarum vero a Jerosolymitana sede removimus, episcopi nimirum officio reservato, quia in locum vacuum successisse legati nostri videtur assensu. Evremaro tamen id indulgentiæ reservatum est ut, si ab aliqua vacante vocaretur Ecclesia, vel post Daiberti obitum a Jerosolymitana requireretur Ecclesia, episcopale illuc officium exerceret. Cæterum antequam vobis sententia hæc auctoritatis nostræ litteris insinuaretur, confrater noster Daibertus, evocante Domino, ab hac luce subtractus est. Nuper autem supradictus frater noster Evremarus et Arnulfus, ecclesiæ vestræ archidiaconus, cum nonnullis aliis ad nostram præsentiam pervenerunt. multas ac diversas ac valde dissonas litteras afferentes : Evremarus quippe tam capituli quam episcoporum et regis litteras attulit, rogantes et postulantes ut, ipsum pallio privilegioque donantes, in Jerosolymitanæ sedis præsulem apostolicæ sedis auctoritate roboraremus ; porro Arnulfi archidiaconi litteræ, quas a capitulo, ab episcopis et a rege missas præsentavit, id penitus postulabant ut Ev[re]marum, tanquam inutilem et synodalis sententiæ contemptorem, a Jerosolymitana omnino removeremus Ecclesia. Nec minor in utraque partium verbis dissensio et concertatio agebatur : Evremarus quippe adversus archidiaconum et eos qui cum eo erant, querimoniam disponebat quod sibi inobedientes existerent, cum se post Daiberti obitum, post concilii sententiam cognitam, in patrem et episcopum tenuisse[nt]. De litterarum quoque tempore magna inter eos dissensio est facta : Evremarus vero ad suæ allegationis robur litteras, quas attulerat, post Daiberti obitum, post cognitam concilii sententiam, datas sibi a rege, a capitulo, et a cæteris, quorum erant inscripta nomina, asserebat ; illi econtra ante certam synodalis sententiæ notitiam litteras illas datas contestabantur, se vero et cæteros capituli fratres post illius sententiæ certam notitiam nullam ei, tanquam suo episcopo, subjectionem aut obedientiam exhibuisse, imo tam se quam regem illi, ut a Jerosolymitana cathedra discederet, instituisse, sicut in regis et aliorum, quas attulerant, litteris videbatur. Post hujusmodi concertationem diutinam, aspirante Domino, data est fratrum, qui nobiscum aderant, deliberatione sententia : ut Evremarus testes afferret, qui super sancta jurarent quod Jerosolymitana Ecclesia post certam synodalis sententiæ cognitionem ipsum in episcopum elegisset, et litteras ei, quas attulerat, dedissent, cum videlicet secundum sententiæ tenorem eis licuit ipsum et habere, si vellent, et non habere, si nollent. Cæterum, quia nec Evremari pars ad id confirmandum, nec adversarium ad infirmandum sufficere videbatur, visum nobis est ut hujus negotii finis ad vestrum omnium præsentiam differretur, ubi quid potius gestum sit, quid veritate nititur, per Dei gratiam latere non potest. Propter hujus causæ notitiam et finem certum legatum nostrum ad vestram Ecclesiam destinamus. Sic ergo a nobis et a fratribus nostris est statuta sententia : si apud vos hoc pro certo constiterit quod post certam sententiæ nostræ synodalis notitiam eum communiter in capitulo elegistis, exigente videlicet Ecclesiæ voluntate et litterarum, quas per eum nobis misistis, petitione, omnino ipsi deinceps obedire, sicut vestro episcopo, debeatis : si vero secus actum constiterit, ipse deinceps Jerosolymitana cedat Ecclesia ; tunc enim vobis licuit eum vel habere, si velletis, vel non habere, si nolletis ; nunc jam propter Ecclesiæ scandalum, si tunc repudiatus est, vobis permittitur præsidere, sed communi per Dei gratiam voto communique consilio pastorem canonicum secundum canones eligatis. Si vero partium in hoc fuerit contra diversitas, frater noster Evremarus, juxta tenorem superius prolatæ sententiæ, suæ allegationis certitudinem cum septem idoneis testibus jurejurando perficiat.

Datum Laterani, II Nonas Decembris, indictione prima, per manum Joannis diaconi.

CCXXXVII.

Monasterio Casæ Dei monasteria quædam subjicit.

(Anno 1107, Dec. 5.)

[Hujus privilegii mentio tantum exstat apud MABILL. *Annal. Bened.*, V, 453 et 501.]

CCXXXVIII.

Anselmo archiepiscopo Cantuariensi mandat ut judicet de matrimonio Roberti comitis a rege Angliæ capti.

(Anno 1107.)

[*Anselmi Cantuar. Opp.*, epist. lib. IV, ep. 83.]

PASCHALIS, servus servorum Dei, venerabili fratri Anselmo Cantuariensi archiepiscopo, salutem et apostolicam benedictionem.

Omnipotenti Deo gratias agimus quia tuis plurimis laboribus in Anglica Ecclesia fugatis tenebris antiquum lumen refulsit. Vigilandum tamen est ne in Dominico agro super bonum semen inimicus zizaniam projiciat, atque prava radix pravum virgultum producat. Audivimus denique quod quidam comes Robertus, qui ab Anglico rege in captione tenetur, sub prohibitione consanguinitatis uxorem duxerit, quam ejus propinqui præfato comiti remiserunt. Unde mandamus dilectioni tuæ ut eumdem comitem convenias, et si hæc vera esse repereris, adhibitis idoneis testibus ita sapienter disponas, ut utrique a peccatis liberati, libere Deo famulari valeant. Oret pro nobis dilectio vestra.

CCXXXIX.

Privilegium pro ecclesia Sancti Martini.

(Anno 1107.)

[MEICHELBECK, *Historia Frisingensis.* Aug. Vind. 1729, fol., I, 1, 293.]

PASCHALIS episcopus, servus servorum Dei, dilecto filio DICTERAMO, et ejus fratribus in Beati Martini monasterio canonicam vitam professis in perpetuum.

Justis votis assensum præbere justisque petitionibus aures accommodare nos convenit, qui, licet indigni, justitiæ custodes atque præcones in excelsa apostolorum principum Petri et Pauli specula positi, Domino disponente conspicimur. Udascalchus siquidem Tegersensis abbas augendæ religionis causa, de sui monasterii possessionibus regularium fratrum, qui canonici dicuntur, congregationem alere Domino largiente disposuit, in loco quem Sancti Martini cellam appellaverunt. Ejusdem igitur abbatis et monachorum ejus justum votum piumque desiderium cognoscentes, quod ab eis institutum est præsenti decreti favore firmamus. Ipsam enim cellam et canonicorum illuc congregatorum seu congregandorum conventum apostolicæ sedis munimine confovemus statuentes, ut quæcunque prædia, quæcunque bona per supradictum Tegersensis monasterii abbatem vel per alios fideles de jure proprio loco eidem concessa sunt, quæcunque etiam in futurum concessione pontificum, liberalitate principum, vel oblatione fidelium, juste illic dari offerrive contigerit, firma vobis vestrisque successoribus et illibata permaneant. Decernimus ergo ut nulli omnino hominum liceat eamdem Ecclesiam temerarie perturbare aut ejus possessiones auferre, vel ablatas retinere, minuere, vel temerariis vexationibus fatigare, sed omnia integra conserventur eorum pro quorum sustentatione et gubernatione concessa sunt, usibus omnimodis profutura, salva Frisnigensis episcopi canonica reverentia. Decimas etiam novalium vestrarum vobis vestrisque successoribus habendas remota episcopalium ministrorum contradictione concedimus. Sane post professionem exhibitam nemini vestrum liceat proprium quid habere, nec sine præpositi congregationis licentia de claustro discedere, ut in eo quod assumpsistis proposito, Domino largiente, constanter in perpetuum maneatis. Si qua igitur ecclesiastica sæcularisve persona hanc nostræ constitutionis paginam sciens contra eam temere venire tentaverit, secundo tertiove commonita, si non satisfactione congrua emendaverit, potestatis honorisque sui dignitate careat, reamque se divino judicio existere de perpetrata iniquitate cognoscat, et a sacratissimo corpore ac sanguine Dei et Domini Redemptoris nostri Jesu Christi aliena fiat, atque in extremo examine districtæ ultioni subjaceat. Cunctis autem eidem loco justa servantibus sit pax Domini nostri Jesu Christi, quatenus et hic fructum bonæ actionis suscipiant, et apud districtum judicem præmia æternæ pacis inveniant. Amen.

Hæc acta sunt anno Dominicæ Incarnationis 1107, Paschalis PP. secundi octavo.

CCXL.

Ad Adelgotum Magedaburgensem archiepiscopum. — Citat eum ad sedem apostolicam de excessu commisso rationem redditurum.

(Anno 1107.)

[MANSI, *Concil.*, XX, 1223.]

PASCHALIS episcopus, servus servorum Dei, ADELGOTO (60) Magedaburgensi archiepiscopo, salutem et apostolicam benedictionem.

Quanto te amplius diligimus, tanto de tuo excessu vehementius miramur, quod post synodalis mandati celebrationem, primus prævaricationem incurrisse conspiceris, cujus prævaricationis correptio alias non posse fieri credimus, nisi per te ipsum ad præsentiam apostolicæ sedis accesseris. Tuam ergo dilectionem litteris præsentibus præmonemus, ut opportuno quod tibi visum fuerit, tempore nostro te statuas conspectui præsentare, quatenus quod in te vulneratum est, per omnipotentis Dei misericordiam apostolicæ sedis sanetur antidoto.

CCXLI.

Ad Brunonem Trevirensem archiepiscopum. — Committit ei absolutionem ab excommunicatione episcopi Leodiensis.

(Anno 1107, Nov. 11.)

[HONTHEIM, *Hist. Trevir.* I, 488.]

PASCHALIS episcopus, servus servorum Dei, venerabili confratri BRUNONI Trevirorum archiepiscopo salus et apostolica benedictio.

Frater noster Leodiensis (61) episcopus missa ad nos legatione suppliciter consortium nostræ communionis expetiit. Nos scientes Domini voluntatem, qui omnes homines vult salvos fieri et neminem perire, nostras in hoc tibi vices committimus, ut, scripto professionis accepto, quod in subditis habetur, ipsum et Leodiensem clerum sive populum a vinculo excommunicationis absolvas, et catholicæ ecclesiæ reconcilies. Quod enim frater noster Magdeburgensis episcopus super hujusmodi reconciliationibus passim facere dicitur (62), tanquam sine Romanæ Ecclesiæ præcepto factum, ratum habere non possumus. « Ego N. anathematizo omnem hæresim, et illam præcipue quæ conturbat statum præsentis Ecclesiæ, quæ docet et astruit anathema contemnendum, ligamenta Ecclesiæ spernenda esse, hanc cum suis fautoribus et auctoribus damno et anathematizo. Promitto autem obedientiam Romanæ sedis præsuli P. ejusque successoribus sub testimonio Christi et Ecclesiæ, affirmans quod affirmat, damnans quod damnat sancta et universalis Ecclesia. Quod si ab hac mea professione in aliquo deviare tentavero, ipse in me sententiam damnationis protulisse judico. »

Data III Idus Novembris.

CCXLII.

Ad Conradum Salzburgensem archiepiscopum. — Consolatur quod a suis multa passus esset. Item de quibusdam ab ipso interdictis, et de Guibertinis.

(Anno 1107.)

[MANSI, *Concil.*, XXI, 447.]

INNOCENTIUS [PASCHALIS (63)] episcopus, servus servorum Dei, venerabili fratri CONRADO Salzburgensi episcopo, salutem et apostolicam benedictionem.

Gravis quidem, charissime frater, passionis videtur angustia, quam te a filiis tuis pati significasti, quos nutriendos in Domino suscepisti. Sed quale sit passionis præmium, pastoris nostri voce instruimur

---

(60) Hunc genere comitem de Loc tradunt annales Paderbornenses, virum magna in pauperes liberalitate, et in Deum religione, decus Saxoniæ ob constantiam erga sedem apostolicam : mortem obiit an. 1119. MARTENE.

(61) Erat is Obertus, de quo auctor Historiæ Andaginensis monasterii in Martenii Collect. ampl. tom. IV, p. 974, Henrici episcopi Leodiensis *vix audita morte Obertus sine electione ecclesiastica de manu regis (Henrici IV) episcopatum extorsit, cum maximis pactis præmiis, tamen etiam fidelitatem illi faciens interpositione jurisjurandi.* Ob hæc igitur crimina excommunicationem incurrerat Obertus.

(62) Nixus, sine dubio, titulo suæ primatiæ.

(63) Pro *Innocentius* legendum esse *Paschalis* e codice Vindobonensi docet Wattenbach ap. Pertz *Archiv.* X, 491. JAFFÉ.

dicentis, quod *si pro justitia patimini, beati eritis* (I Petr. III). Noli ergo desistere, noli ovibus Christi subsidia opportuna subtrahere, ne lupo rapienti aditus in ovile Domini relinquatur. Qualiter pugnare debeas, divinæ Scripturæ vocibus sufficienter instrueris. Nostræ facultatis auxilium per Dei gratiam semper paratum invenies.

Pro quibusdam ecclesiis a te interdictis nos Henricus dux Carinthiæ postulavit : nos autem totum id dispositioni tuæ committimus. Quid enim inde fieri debeat, tua dilectio poterit sapientiorum fratrum deliberatione disponere. De Hugone Brixiensi hoc servandum præcipimus, quod et de cæteris Guibertinis in conciliis statutum est, ut nec promoveantur, nec in suis ordinibus recipiantur.

CCXLIII.
Hugoni abbati Cluniacensi monasterium S. Germani Antissiodorense addicit.
(Intra an. 1099-1108. — Fragm.)
[BALUZ., *Miscell.* edit Luc. II, 177.]

PASCHALIS episcopus, servus servorum Dei.....

...Cæterum omnipotentis Dei misericordia beati Germani meritis locum illum respiciente venerabilis fratris nostri Umbaldi Antissiodorensis episcopi postulatione præsenti et nobilium virorum, videlicet Stephani Blesensis comitis et Adelæ uxoris ejus, et Guillelmi comitis Nivernensis allegatione supplici prædecessori nostro sanctæ memoriæ Urbano secundo subjectum est ut idem monasterium reverentissimi fratris nostri Hugonis Cluniacensis abbatis sollicitudini committeretur in disciplina regularis ordinis reducendum. Sic nimirum et principalium precum votis et præcepti pontificalis auctoritate compulsus loci curam suscepit, teque, fili charissime Hugo, in Cluniacensi claustro probabilius eruditum illic abbatem constituit, et disciplinæ regularis ordinem Domino largiente restituit. Et nos ergo nostri prædecessoris institutionem legitimam præsentis decreti pagina per Dei gratiam confirmamus, ut videlicet prædictum Beati Germani monasterium in præfati Hugonis abbatis Cluniacensis et successorum ejus ordinatione perpetuo permaneat, etc.

CCXLIV.
R[angerio] episcopo Lucensi canonicos S. Frigdiani commendat.
(Intra an. 1099-1108.)
[BALUZ., *Miscell.* edit. Luc. IV, 586.]

PASCHALIS episcopus, servus servorum Dei, Gen. Fri. R. Ecclesiæ Lucanæ episcopo, salutem et apostolicam benedictionem.

De probitate et charitate tua nullatenus ambigimus, quod religiosos viros diligas, et eos secundum facultatis tuæ modum fovere studeas : pro communibus tamen filiis beati Frigdiani canonicis ampliori gratia te rogamus, atque præcipimus, ut eos diligere et honorare procures. Nec eis aut a clericis tuæ ditioni subjectis, aut ab aliis quibuslibet molestias patiaris inferri : illatas vero austeritate congrua tui officii ulciscaris. Fraternitatem tuam omnipotens Dominus inter omnia adversa custodiat.

CCXLV.
R[angerium] episcopum Lucensem reprehendit quod canonicos S. Frigdiani patiatur injuriis affici.
(Intra an. 1099-1108.)
[BALUZ., *Miscell.* edit. Luc. IV, 585.]

PASCHALIS episcopus, servus servorum Dei, R. Lucano episcopo salutem et apostolicam benedictionem.

Pastorum est, ut vovit prudentia tua, ovibus suis providere, et ab incursibus et opprimentium insidiis eas custodire, et religiosos viros, quos te facere credimus, tueri et fovere. Unde miramur quod religiosos viros, S. Frigdiani canonicos, quos sub tuitione apostolica suscepimus, inquietari permittis, cum tibi parati sint obedire. Nos te tanquam charissimum fratrem diligimus, et non pro minimo habeas quod te super hoc jam diu toleravimus. Audivimus siquidem quod capella S. Michaelis a quodam tuo plebano destructa sit, et prædictis fratribus absque judicio ablata. Mandamus itaque fraternitati tuæ ut prædictam ecclesiam reædificari præcipias, et consecratam usque ad proximas Kalendas Augusti reddi facias. Si quam vero causam adversus canonicos plebanus se habere confidit, ante tuam præsentiam justitiam exsequatur, ut nullus deinceps locus querimoniæ relinquatur, et fratrum religio minime impediatur ; alioquin nos per gratiam Dei non diutius tolerabimus, quin adversus eos, qui auctoritati apostolicæ sedis præsumptuose injuriam intulerint, beati Petri gladium exeramus et dignam sententiam proferamus.

CCXLVI.
Ad R[othonem] præpositum S. Frigdiani.
(Intra an. 1099-1108.)
[BALUZ., *Miscell.* edit. Luc. IV, 584.]

PASCHALIS episcopus, servus servorum Dei, dilecto Filio R., salutem et apostolicam benedictionem.

Illud tibi et fratribus tuis contigisse videtur quod filiis suis Sapientia dicit : *Fili, accedens ad servitutem Dei, præpara animam tuam ad tentationem;* sed consolatur nos Apostolus : *Omnes qui pie volunt vivere in Christo, necesse est ut persecutionem patiantur.* Fratri nostro Lucano episcopo scripsimus, et per fratrem nostrum Reginum episcopum rogavimus ut se erga vos sive in ordinibus seu in aliis benignius ac mitius habeat. Quod si nos pro vobis audire noluerint, tibi et fratribus tuis beati Petri solatium non deficiet. Rogamus autem ut sive per te seu per fratres tuos Beati Floridi canonicam visites, ut quod bene cœptum est, cooperante Domino, fine meliori terminetur.

CCXLVII.
Ad R[angerum] episcopum et canonicos Ecclesiæ Lucensis. — De canonicis S. Frigdiani.
(Intra an. 1099-1108.)
[BALUZ., *Miscell.* IV, 585.]

PASCHALIS episcopus, servus servorum Dei, dilectis fratribus R. episcopo et canonicis Ecclesiæ Lucanæ salutem et apostolicam benedictionem.

Audivimus vos erga Sancti Frigdiani canonicos animum convertisse, ut et eis benevoli sitis, et benignitatem exhibeatis. Quod nobis adeo gratum est, ut pro eis dilectioni vestræ gratias referamus. Rogamus etiam ut si eis bona fecistis, meliora in posterum faciatis; quod enim eis impenditis, vobis ipsis tribuitis. Vestri enim filii et fratres sunt, illorum bonum vestrum est, si vestra charitate foveantur; augeat in vobis Dominus gratiam suam, ut per temporalis pacis concordiam ad pacem perveniatis æternam.

CCXLVIII.

Monasterii S. Michaelis Siegburgensis possessiones et privilegia confirmat.

(Anno 1108, Jan. 7.)

[Hujus privilegii mentio tantum exstat apud JAFFÉ, *Regesta Rom. pont.*, p. 496, « ex schedis Pertzii. » — Incipit: « Sicut injusta. »]

CCXLIX.

Lamberto Atrebatensi et Joanni Tarvannensi mandat, judicent inter canonicos Tornacenses et monachos S. Martini.

(Anno 1198.)

BALUZ., *Miscell.* edit. Luc. II, 156.

PASCHALIS episcopus, servus servorum Dei, venerabilibus fratribus et coepiscopis LAMBERTO Atrebatensi et JOANNI Morinensi, salutem et apostolicam benedictionem.

Querimonia Tornacensium canonicorum jam diu adversus monachos Sancti Martini exagitata adhuc vehementius exagitatur. Unde dilectioni vestræ mandamus ut locum utrisque partibus competentem constituatis, et prædicta querimonia diligenter examinata, eam penitus decidere studeatis, et remota appellatione debitum finem imponatis, ut nullus per Dei gratiam querimoniæ locus ulterius relinquatur.

CCL.

Privilegium pro ecclesia S. Evasii.

(Anno 1108, Febr. 25.)

[DE CONTI, *Notizie storiche della cita di Cazale.* Cazale. 1838, 8°, I, 528.]

PASCHALIS episcopus, servus servorum Dei, dilecto filio GIRARDO præposito et ejus fratribus in ecclesia Sancti Evasii canonice viventibus, eorumque successoribus in perpetuum.

Religiosis desideriis dignum est facile præbere consensum, ut fidelis devotio celerem sortiatur effectum. Proinde nos vestris precibus annuentes, præsenti decreto sancimus, ut quæcunque bona in præsenti vestra Ecclesia legitime possidet, sive in futurum largiente Domino juste atque canonice poterit adipisci, firma vobis vestrisque successoribus et illibata permaneant. Decernimus ergo ut nulli omnino hominum liceat eamdem ecclesiam aut claustri vestri domos invadere aut ejus possessiones auferre, aut ablata retinere, minuere, vel temerariis vexationibus fatigare, sed omnia integra eorum pro quorum sustentatione et gubernatione concessa sunt, usibus omnimodis profutura. Illud sane omnimodis interdicimus, ne quis militum, aut quarumcunque personarum sæcularium, de prædictis rebus ejusdem Ecclesiæ, seu rusticorum ad ipsius Ecclesiæ parochias pertinentium decimas auferre præsumat, sed in vestros seu Ecclesiæ vestræ usus juxta sanctiones canonicas conferantur. Vobis præterea, vestrisque successoribus in catholicæ veritatis unitate permanentibus id concedimus, ut si quando Vercellensi Ecclesiæ catholicus defuerit episcopus, chrisma, oleum sanctum, ordinationes clericorum, a quo malueritis catholico suscipiatis episcopo, conservata in posterum catholici episcopi debita reverentia. Si qua igitur in futurum ecclesiastica sæcularisve persona, hanc nostræ constitutionis paginam sciens, contra eam venire temere tentaverit, secundo tertiove commonita, si non satisfactione congrua emendaverit, potestatis honorisque sui dignitate careat, reamque se divino judicio existere de perpetrata iniquitate cognoscat, et a sacratissimo corpore ac sanguine Dei et Domini Redemptoris nostri Jesu Christi aliena fiat, atque in extremo examine districtæ ultioni subjaceat. Cunctis autem eidem loco justa servantibus sit pax Domini nostri Jesu Christi, quatenus et hic fructum bonæ actionis percipiant, et apud districtum judicem præmia æternæ pacis inveniant. Amen, amen.

Ego Paschalis catholicæ Ecclesiæ episcopus

Datum Laterani per manum Joannis, sanctæ Romanæ Ecclesiæ diaconi cardinalis ac bibliothecarii, v Kalendas Martii, indictione I, Incarnationis Dominicæ anno 1108, pontificatus autem domni Paschalis secundi papæ anno IX.

CCLI.

Ottoni episcopo Bambergensi asserit oppidum Albeguinstein, ab Heinrico rege traditum.

(Anno 1108, Mart. 4.)

[Mentio exstat apud LANG, *Regesta, sive Rerum Boicarum autographa e regni scriniis.* Monaci, 1822, 4°, t. I, p. 111.]

CCLII.

P[etro] Legionensi, D[idaco] Compostellano, R. Palentino, P. Nazarensi, P[elagio] Asturicensi episcopis scribit de Ecclesiæ Burgensis finibus non imminuendis.

(Anno 1108, April. 11.)

[FLOREZ, *España sagrada*, XXVI, 471.]

PASCHASIUS episcopus, servus servorum Dei, venerabilibus fratribus et coepiscopis P. Legionensi, D. Compostellano, R. Palentino, P. Nazarensi, P. Asturicensi, salutem et apostolicam benedictionem.

Voluntatis quidem nostræ fuerat ut frater noster G. Burgensis episcopus Oxomensi Ecclesiæ, quia pauperior videtur, aliquid de suæ parochiæ parte concederet. Cæterum fraternitas vestra, cui terminos illos de quibus quæstio fuerat, indagare præcepimus, rescripsit nobis, Gomizonem bonæ memoriæ Burgensem episcopum statim post divisionem factam illos terminos per triennium tenuisse. Cum vero Toletanus archiepiscopus Oximam tenens, terminos illos et totam aliam diœcesim usque ad rivum de Aslanza, et Sanctum Petrum de Barilangas, cepisset, totum id Garsias Burgensis episcopus litteris Romanæ recuperavit Ecclesiæ. Porro scriptum illud vetus quod Oxomensis episcopus habere se dicit, sicut nec a vobis, nec a nobis authenticum creditur. Sane quid a prædecessore nostro Urbano super his omnibus et qualiter statutum sit, et ipsius monumentis certius approbatur. Constat igitur quod frater noster Burgensis episcopus ad concedendam parochiæ partem ex judicio compelli non potest. Ne igitur ulterius pax Ecclesiæ perturbetur, terminos illos de quibus hactenus quæstio acta est, et cætera, sicut ex Romanis privilegiis determinata sunt, Burgensis Ecclesia nunc et in futurum perpetua stabilitate possideat.

Datum III Idus Aprilis, indictione I.

CCLIII.

Diœcesis Burgensis fines, petente Garsia episcopo, confirmat.

(Anno 1108.)

[FLOREZ, *España sagrada*, XXVI, 469.]

PASCHALIS episcopus, servus servorum Dei, dilecto fratri GARSIÆ Burgensi episcopo, ejusque successoribus canonice promovendis in perpetuum.

Non incertum est Hispaniarum Ecclesias partim Sarracenorum tyrannide, partim diversorum regum incursibus ita esse turbatas ut quædam omnino dirutæ, quædam depopulatæ, alterarum diœceses sint ab utrisque usurpatæ. Hæc nimirum causa fuit cur inter Burgensem et Oximensem Ecclesias diutina pro parochiis controversia fuerit. Quam profecto controversiam sanctæ memoriæ prædecessor noster Urbanus in præsentia sua præsentibus et consentientibus utrisque partibus, Bernardo videlicet Toletano archiepiscopo, ad quem Oximensis ecclesia metropolitano jure pertinet, Gomizonis in primo Burgensis episcopi, tua sequenti tempore assistente persona, sæpe discutiens, scriptorum suorum deliberatione finivit. Ita supradictarum Ecclesiarum terminos in perpetuum manere sancimus, sicut Gomizonis prædecessoris tui tempore in episcoporum concilio Alfonso egregio rege cum regni sui principibus collaudante, apud monasterium de Fusellis compererat esse distinctos. Ut videlicet a fine Canatanazore et de Murello et Arganza, et a castro quod dicitur Mesella, et a castro quod dicitur Speia, et a villis quæ dicuntur Congosto et Buezo, et sicut aqua ipsa currit et labitur in Arandam aquam, et discurrit per Cluniam usque ad pennam de Aranda, donec labitur in fluvium Dorium, et omnes villæ ex septentrionali parte fluminis Arandæ, in quibus currit Saio de Clunia, id est ad dominatum Cluniæ pertinentes, nec non trans fluvium Dorium, Castrum Maderolum et Bozichellas, et usque ad civitatem Septipublicam, et quidquid ultra continetur, cedat in diœcesim Oximensis ecclesiæ. Illa vero quæ citra sunt a terminis prænotatis versus septentrionalem plagam, Burgensis ecclesia, quæ Aucensis ecclesiæ vicaria est, perpetuo jure possideat. Nos quoque ejusdem prædecessoris nostri vestigiis insistentes ejus sanctionem de Burgensi parochia decreti præsentis auctoritate prosequimur. Cæteros parochiæ vestræ fines sicut ante id temporis sub prædecessoribus Munione, sub Munione ipso Simeone, ac Gomizone, episcopis manserant inconcussos manere decernimus. Ad hæc adjicientes statuimus ut villa Fenicularis, cella S. Mariæ de Ravenaria, monasterium S. Eufemiæ de Cuzolo cum villis et obedientiis, ac cæteris pertinentiis suis quæ Aucensi seu Burgensi ecclesiæ in proprietatem sunt præceptis regalibus attributæ, et si quæ aliæ possessiones in alienis parochiis et per catholicorum principum testamenta Burgensi ecclesiæ collatæ sunt, semper in tua, charissime frater, Garsia, et tuorum successorum dispositione jure proprio ac possessione permaneant, salvo diœcesanorum episcoporum, si quod habere consueverant jure parochiali. Item Valeranicense monasterium quod in Burgensi diœcesi fundatum dignoscitur, cum omnibus pertinentiis suis jure proprio vestræ ecclesiæ, tibique ac tuis successoribus confirmamus. Quod et de universis ecclesiæ ejusdem villis et obedientiis censemus. Quidquid etiam in futurum eadem Burgensis Ecclesia juste et canonice, sive liberalitate principum, seu oblatione fidelium potuerit adipisci, perpetuo possidenda præsentis decreti assertione præcipimus. Sane si quis in crastinum archiepiscopus aut episcopus, imperator aut rex, princeps aut dux, comes aut vicecomes, judex, aut ecclesiastica quælibet sæcularisve persona hanc nostræ constitutionis paginam sciens contra eam temere venire tentaverit, secundo tertiove commonitus, si non satisfactione congrua emendaverit, potestatis honorisque sui dignitate careat, reumque se divino judicio existere de perpetrata iniquitate cognoscat, et a sacratissimo corpore ac sanguine Dei et Domini Redemptoris nostri Jesu Christi alienus fiat, atque in extremo examine districtæ ultioni subjaceat. Cunctis autem eidem Ecclesiæ justa servantibus sit pax Domini nostri Jesu Christi, quatenus et hic fructum bonæ actionis percipiant, et apud districtum Judicem præmia æternæ pacis inveniant. Amen.

Scriptum per manum Rainerii scriniarii regionarii et notarii S. palatii.

Ego Paschalis catholicæ Ecclesiæ episcopus SS.

CCLIV.

Ad aliquot episcopos et abbates Galliæ. — De legatione sedis apostolicæ commissa Girardo (64) *Engolismensi episcopo.*

(Anno 1108, April. 14.)

[MANSI, *Concil.* XX, 1016.]

PASCHALIS episcopus, servus servorum Dei, venera-

---

(64) De hoc Girardo auctor Anonymus gestorum pontificum et comitum Engolismensium : *Præter*

bilibus fratribus archiepiscopis, episcopis, abbatibus, atque principibus, per Bituricensem, Burdegalensem, Auscitanam, Turonensem, atque Britannicam provincias constitutis, et cæteris tam clericis quam laicis, salutem et apostolicam benedictionem.

Apostolicæ sedis auctoritate, cui Domino auctore præsidemus indigni, compellimur non solum proximis, sed procul etiam positis fidelibus, quæ ad salutem spectant animæ providere. Quod quantum in nobis est, auxiliante Domino, implere satagimus. Proinde vobis omnibus, fratres et filii, apostolorum Petri et Pauli benedictionem impendimus, et paterna vos affectione cohortamur in Domino, quatenus usque in finem, firmum justitiæ propositum teneatis, laboris mercedem maximam in æterna gloria percepturi. Ut autem penes vos habeatis, apud quem querelas vestras et negotia, cum opportunum fuerit, referatis, cujusque consilio et hortatu, quæ ad salutem attinent, peragatis : vices nostras fratri charissimo Girardo Engolismensi episcopo commisimus, in partes eum nostræ sollicitudinis asciscentes. Huic vice nostra, ut nostro apostolorumque in partibus vestris vicario, ad Dei honorem et ad salutem animarum vestrarum fideliter obedite : ut vobis per Dei gratiam collaborantibus, quæ exstirpanda sunt, exstirpare; quæ corroboranda sunt, corroborare prævaleat. Nec sollicitudinem, fratres charissimi, pigeat, cum necessitas ecclesiasticæ utilitatis exegerit, synodales cum eo celebrare conventus : quos nimirum convocandi, nos ei vice nostra potestatem indulsimus.

Datum Laterani, xviii Kal. Maii.

CCLV.

Privilegium pro ecclesia Sanctæ Mariæ Vasatensis.

(Anno 1108, April. 27.)

[BOUCHE, *Hist. de Provence*, II, 64.]

PASCHALIS episcopus, servus servorum Dei, venerabili fratri ROSTAGNO Vasensis Ecclesiæ episcopo ejusque successoribus in perpetuum.

Justis votis assensum præbere, etc. Tuis igitur, frater in Christo venerabilis Rostagne, justis petitionibus annuentes, etc. Statuimus ut Vasensis civitatis medietas, quam beatæ Mariæ semper Virginis matris ecclesia ex antiquo jure possederat, et altera medietas quam Gaufredus provinciæ comes cum fratre suo Bertranno, per manus Petri, bonæ memoriæ episcopi, eidem ecclesiæ tradidit, salvo jure omni, et in agris, terminis qui prædictorum comitum chirographo continentur, etc.; et universa quæ juste ad eamdem ecclesiam pertinere videntur, in tua tuorumque successorum dispositione atque regimine libera semper et illibata serventur, etc.

Scriptum per manum Rainerii, etc.

Datum Laterani, per manum Joannis sanctæ Romanæ Ecclesiæ diaconi cardinalis ac bibliothecarii, v Kal. Maii, indict. i, Incarnat. Dom. an 1108, pontificatus autem domni Paschalis II papæ nono.

CCLVI.

Laurentio abbati S. Vitoni significat Richardum episcopum Virdunensem in communionem a sese receptum non esse.

(Anno 1108.)

[Dom CALMET, *Hist. de Lorraine*, I, Pr., p. 129.]

PASCHALIS episcopus, servus servorum Dei, dilecto filio LAURENTIO abbati Sancti Vitoni, salutem et apostolicam benedictionem.

Richardus Virdunensis ad nos veniens, nullam reatus sui satisfactionem ecclesiæ fecit, unde nec a nobis in communionem susceptus, nec a vinculo excommunicationis est absolutus ; quapropter dilectioni tuæ mandamus, ut illius consortium omnino vites, et tam eum quam omnes fautores ejus, et omnes qui ei scienter communicant, a nobis excommunicatos esse denunties.

CCLVII.

Ad Eustachium episcopum Valentinum et Leodegarium Vivariensem. — Ut Bertrannum comitem Tolosanum, ob ipsorum preces a vinculo excommunicationis absolutum, S. Ægidii monasterium rursus spoliantem compescant.

(Anno 1108, Maii 14.)

[D. BOUQUET, *Recueil*, XV, 41.]

PASCHALIS episcopus, servus servorum Dei, dilectis fratribus et coepiscopis EUSTACHIO Valentino, et LEODEGARIO Vivariensi, salutem et apostolicam benedictionem.

Dilectionem vestram nequaquam oblitam credimus, quanta precum instantia se Bertrannus absolvi peteret a vinculo anathematis, pro quo vestra quoque fraternitas satis nos rogavit. Nos itaque, et suis et vestris precibus inclinati, accepta refutatione de manibus ejus omnium rerum S. Ægidii, pro quibus excommunicatus fuerat, hominem illum absolvimus. Post abscessionem autem nostram, velut canis reversus est ad vomitum ; pejora satis et deteriora, ut audivimus, cœpit exercere quam fecerat. Nam fratres monasterii captos turpissime dehonestavit, in villam assultum fecit, et homines de ea captivos asportavit, quos adhuc retinet. Quæ omnia nos nulla ulterius ratione ferre valentes, dilectioni vestræ mandamus, ut si revera B. Petrum diligitis, ejus injuriam modis omnibus vindicare curetis. Convenientes itaque hominem illum commonete, et Ecclesiæ auctoritate præcipite ut ab hac instantia penitus desistat, ablata restituat, et monasterium cum omnibus suis pertinentiis liberum et quietum manere permittat. Quod si non fecerit, nos tam ipsum quam omnes fautores ejus a liminibus Ecclesiæ auctoritate apostolica (65) repellimus.

Datum apud Sutriam, ii Idus Maii.

cætera, inquit, *quæ in legatione eximie fecit, octo concilia celebravit.* Quænam autem illa sint, incertum est.

(65) Paruisse videtur Bertrannus, qui sequenti anno itineri Hierosolymitano se dedit.

CCLVIII.

Ad Berengarium Forojuliensem et Leodegarium Aptensem episcopos. — Ut ab expugnando S. Ægidii monasterio cum Tolosano comite cessent.

(Anno 1108, Maii 14.)
[Dom Bouquet, *Recueil*, XV, 42.]

Paschalis episcopus, servus servorum Dei, dilectis in Christo fratribus et coepiscopis Berengario Forojuliensi et Leodegario Aptensi, salutem et apostolicam benedictionem.

Contra sacerdotale officium quod habetis vos audivimus monasterium S. Ægidii expugnare cum Bertranno, quod B. Petri est proprium. Quod si verum est, quanto officio vestro sit contrarium, vos ipsi agnoscitis. Unde dilectioni vestræ præsentibus litteris mandamus, ut et vos ab hac insania desistatis, et milites vestros ab auxilio Bertranni cohibeatis; scientes procul dubio quia, si ab hoc nefario opere non cessatis, ab omnibus divinis officiis vos auctoritate apostolica removemus. Ipsum quoque Bertrannum, si non ab hac nequitia destiterit, et ablata restituerit, a fidelium societate separamus.

Datum apud Sutriam, II Idus Maii.

CCLIX.

Monasterii S. Bertini Sithiensis libertatem, privilegia, possessiones confirmat.

(Anno 1108, Maii 25.)
[*Collection des cartulaires*, I, 217.]

Paschalis episcopus, servus servorum Dei, dilecto filio Lamberto Sithiensi, abbati venerabilis monasterii Sancti Bertini, ejusque successoribus regulariter substituendis in perpetuum.

Ad hoc nos, disponente Domino, in apostolicæ sedis servitium promotos, agnoscimus ut ejus filiis auxilium implorantibus efficaciter subvenire, et ei obedientes tueri ac protegere, prout Dominus dederit, debeamus; unde oportet nos venerabilibus manum protectionis extendere et servorum Dei quieti attentius providere. Igitur, pro beati Bertini confessoris reverentia, Sithiense monasterium, cui, Deo auctore, præsides, quod videlicet idem beatus Bertinus in honore apostolorum Petri et Pauli fundasse cognoscitur, et omnia ad ipsum pertinentia, sub tutela apostolicæ sedis excipimus, et a cura ejusdem monasterii, quam fratres monachi Cluniacenses, per fratrem nostrum Joannem, Taruennensem episcopum, seu per Robertum, comitem Flandriæ, seu per te, capitulo tuo et Taruanensi inconsulto, quod nullatenus fieri debuit, sibi dicunt esse concessam, nos, communicato consilio cum fratribus nostris episcopis et cardinalibus, super his quæ præsenti decreti confirmatione statuta sunt, privilegiis eorum qui super hoc se habere affirmant, dictante justitia, cassatis, ipsos apostolica auctoritate absolvimus, et, sicut coram nobis judicatum est, præfatum monasterium et abbatem loci, in antiquo suæ libertatis et immunitatis genio continuæ permanere decernimus. Universa igitur ad ipsum legitime pertinentia, nos, largiente Domino, tibi tuisque successoribus, decreti præsentis assertione, firmamus, scilicet in Taruanensi parochia, eidem monasterio adjacentes, videlicet ecclesiam Sanctæ Margaretæ (66), ecclesiam Sancti Joannis, Sancti Martini, ecclesiam de Herbela, ecclesiam de Peternessa, ecclesiam de Torbodeshem, sicut retroactis temporibus, ab omni episcopali redditu liberas. Confirmamus etiam vobis ecclesiam de Broburg cum capellis suis, ecclesiam de Graveninga et de Lo, ecclesiam de Arkes cum eadem villa, ecclesiam de Poperingehem cum eadem villa, ecclesiam de Stenkerka, ecclesiam de Brusele, ecclesiam de Scales, ecclesiam de Boveringhem cum villis earum, villam de Aldenfort, et de Ostresela et de Rokestor cum terra quam emisti ab Arnoldo de Wenti, et aliis terris adjacentibus, allodium quod Clarenbaldus dedit in villa Lustingehem, ecclesiam de Coicka et ecclesiam de Helcin cum villis carum, et partem ecclesiæ de Walnas, ecclesiam de Locanes et Aquina, ecclesiam de Hunela cum eadem villa; altare de Merchem, quod venerabilis Joannes, episcopus, vobis concessit. In Noviomensi parochia, Kanetecurtin. In Torvanensi (67), ecclesiam de Rokeshem, ecclesiam de Hetlingehem, ecclesiam de Hitlingehem, de Westkerke, et decimam de Clemeskerke; in Coloniensi parochia, ecclesiam de Frekena, ecclesiam de Gildestorp cum appenditiis earum. Ex quibus præcipimus ut nulla per episcopos vel eorum ministros exactio, quibuslibet occasionibus, exigatur, salvis episcoporum annuis redditibus; ecclesiam quoque de Cocklers, quam Baldricus, Tornacensis Ecclesiæ episcopus, tibi tuisque successoribus ordinandam, una cum altari de Rusletha, omni exactione liberam tribuit, præter decem solidos denariorum, qui, singulis annis, de Rusletha episcopo persolvuntur. Porro abbatis subrogationem penes monasterium Sancti Silvini apud Alciacum, juxta præteriti temporis morem, in vestra semper concedimus dispositione persistere. Stationes autem apud vos publicas per episcopum omnino fieri prohibemus, nec frequentius ibi, nisi ab abbate vocatus fuerit, veniat, ne in servorum Dei recessibus popularibus occasio præbeatur ulla conventibus, ac simpliciores ex hoc animos plerumque, quod absit! in scandalum trahat. Statuimus autem ut in omnibus parochiis vestris nullus ecclesiam vel monasterium, refragante voluntate vestra, ædificare vel ædificatam tenere præsumat, nullusque presbyter sive clericus in ecclesiis vel capellis vestris, sine vestro assensu, per se vel per vim alterius, licentiam habeat permanendi, aut aliquod ibi officium assumendi; si quando vero, quod absit! vestræ diœcesis episcopum vel catholicum non esse, vel apo-

---

(66) Hanc ecclesiam beatæ Margaretæ concessit Lambertus abbas cuidam ecclesiastico Gunzelino, pro censu XVI lib. statutis terminis annuis solvendarum. *In margine cod.*

(67) Leg. ut apud Miræum, *Tornacensi*.

stolicæ sedis gratiam et communionem non habere contigerit, fratres vestros, ordinationis gratia, ad catholicum episcopum transire permittimus, et in communi parochiæ interdicto, clausis ostiis, secrete divina officia celebrare. Demum, totum illud atrii spatium, quod ab omni basilicæ vestræ parte, usque ad medium Agnionis fluvii cursum interjacet, nos Ecclesiæ vestræ, præsenti decreto, firmamus, cum piscariis Mera et Grath, Mardic et Strangnerh, et Laugha et terris adjacentibus, cultis sive incultis, prout priscis temporibus possedistis. Nemini vero facultas sit idem cœnobium temere perturbare, aut quæcunque ipsius sunt vel fuerint, quibuslibet occasionibus, auferre; sed omnia integra conserventur, eorum pro quorum sustentatione et gubernatione concessa sunt, usibus omnimodis profutura. Si qua igitur in futurum ecclesiastica sæcularisve persona, hanc nostræ constitutionis paginam sciens, contra eam temere venire tentaverit, secundo tertiove commonita, si non satisfactione congrua emendaverit, potestatis honorisque sui dignitate careat, reamque se divino judicio existere de perpetrata iniquitate cognoscat, et a sacratissimo corpore et sanguine Dei et Domini Redemptoris nostri Jesu Christi aliena fiat, atque in extremo examine districtæ ultioni subjaceat. Cunctis autem eidem loco justa servantibus sit pax Domini nostri Jesu Christi, quatenus et hic fructum bonæ actionis percipiant, et apud districtum judicem præmia æternæ pacis inveniant. Amen.

Scriptum per manum Rainerii, scriniarii regionarii et notarii sacri palatii.

Datum Laterani, per manum Joannis, sanctæ Romanæ Ecclesiæ diaconi cardinalis et bibliothecarii, VIII Kal. Junii, indictione decima quinta, anno Dominicæ Incarnationis millesimo centesimo septimo, pontificatus autem domni Paschalis secundi papæ nono (68).

Ego Paschalis, catholicæ Ecclesiæ episcopus.

CCLX.
Ad Anselmum Cantuariensem archiepiscopum. — Se Ecclesiæ Cantuariensis privilegio consulturum spondet.

(Anno 1108, Oct. 12.)
[MANSI, *Concil.*, XX, 1025.]

PASCHALIS episcopus, servus servorum Dei, dilecto fratri ANSELMO Cantuariensi archiepiscopo, salutem et apostolicam benedictionem.

Litteras dilectionis tuæ recepimus, per quas affabilitatis tuæ dulcedinem recognovimus. Bene autem et sapienter egisti, quod nos de causa et honore Cantuariensis Ecclesiæ præmonitos et cautos reddidisti. Nos siquidem in te, ipsius B. Augustini Anglorum apostoli personam veneranter intuemur; et ideo honori tuo vel Ecclesiæ tuæ detrahere omnino refugimus. Unde quæ rogasti libenter suscepimus, et ad servandum tuum et Ecclesiæ tuæ honorem, custodiam et sollicitudinem tuam adhibemus. Porro quod in eis litteris significasti scandalizari quosdam quod regem Teutonicum dare investituras ecclesiarum toleramus, nec tolerasse nos aliquando, nec toleraturos scias. Exspectamus quidem ut ferocia illius gentis edometur. Rex vero si in paternæ nequitiæ tramite perseveraverit, B. Petri gladium, quem jam educere cœpimus, procul dubio experietur.

Datum Beneventi, IV Idus Octobris.

CCLXI.
Privilegium pro monasterio Selboldensi.

(Anno 1108, Octobr. 16.)
[WENCK, *Hessische Landesgeschichte*. Darmstad und Giessen, 1785, 4°, II, 57.]

PASCHALIS episcopus, servus servorum Dei, dilecto filio DIEDMARO, egregio comiti, salutem et apostolicam benedictionem.

Bonis sæcularium studiis non tantum favere, sed ad hoc eorum animos invitare debemus, qui pro nostro officio eorum saluti prospicimus. Proinde devotionem tuam, dilecte in Christo fili, comes Dietmare, spectavimus, qui in ecclesia quæ sancti Joannis Baptistæ dicitur, in loco qui Selboldt vocatur, posita tam pro uxoris tuæ defunctæ anima quam pro tuorum, et eorum qui tui sunt, peccatorum remediis, regulares canonicos congregare disponis, quam videlicet ecclesiam per Robenuldi religiosi sacerdotis ministerium beato Petro et sanctæ ipsius Romanæ Ecclesiæ devote ac fideliter obtulisti. Et nos itaque tam eamdem ecclesiam, quam congregandos ibi fratres, sub tutelam apostolicæ sedis excipientes statuimus, ut congregandi ibidem fratres secundum beati Augustini regulam perpetuo conversentur. Decernimus etiam ut quascunque possessiones ipsa ecclesia juste in præsentiarum possidet, sive in futurum Domino largiente collatione tua seu quorumcunque fidelium legitime possederit, firme semper et integre conserventur, clericorum illic Deo servientium profuturæ. Nulli ergo episcoporum, nulli clericorum, nulli regum aut principum, nec tuorum cuilibet successorum, sit facultas, eamdem ecclesiam temere perturbare, aut quæcunque ipsius sunt vel fuerint, quibuslibet occasionibus auferre. Sane ad indicium hujus perceptæ a Romana Ecclesia libertatis, unum auri nummum per annos singulos ejusdem ecclesiæ clerici Lateranensi palatio persolvent. Si quis autem, quod absit! hujus decreti tenore cognito temere contraire tentaverit, honoris et officii sui periculum patiatur, nisi præsumptionem suam digna satisfactione correxerit.

Ego Paschalis catholicæ Ecclesiæ episcopus.

Datum Beneventi per manum Leonis, Romanæ Ecclesiæ diaconi cardinalis, XVII Kalend. Novembris, indictione prima, anno Dominicæ Incarnationis 1108, pontificatus autem domni Paschalis secundi papæ anno X.

---

(68) Rectius, *octavo*.

CCLXII.

Ad D[idacum] Compostellanum episcopum. — Ut super altare B. Jacobi nemo celebret missam, nisi episcopi vel septem cardinales.

(Anno 1108, Oct. 30.)

[Florez, *España sagrada*, XX, 93.]

Paschalis episcopus, servus servorum Dei, dilecto fratri D. Compostellanæ sedis episcopo, salutem et apostolicam benedictionem.

Piæ voluntatis affectus prosequente debet studio confoveri, ut ecclesiastica utilitas apostolicæ sedis favore vires accipiat et accrescat. Significavit nobis fraternitas tua quod secundum Romanæ Ecclesiæ consuetudinem septem cardinales presbyteros in Ecclesia tua ordinaveris, quid ad altare B. Jacobi missarum officia succedentibus sibi vicibus administrent : quod nostrarum expostulas litterarum munitione firmari. Nos itaque dilectionis tuæ petitionibus annuentes, ordinationem tuam præsentibus litteris, et apostolica auctoritate firmamus, statuentes ut nec per te, nec per tuorum quemlibet successorum constitutus ille sacerdotum numerus imminui debeat, aut immutari, nec per aliam quamlibet personam, nisi per præfatos sacerdotes, aut episcopos, aut Romanæ Ecclesiæ legatos, missarum super altare B. Jacobi statuimus solemnia celebrari.

Datum Beneventi III Kal. Novemb.

CCLXIII.

Exemptionem Ecclesiæ Burgensis, ejusque statutos in concilio terminos confirmat.

(Anno 1108, Nov. 8.)

[Florez, *España sagrada*, XXVI, 466.]

Paschalis episcopus, servus servorum Dei, venerabili fratri Gansiæ Burgensi episcopo, ejusque successoribus canonice promovendis in perpetuum.

Egregias quondam episcopalis dignitatis urbes in Hispania claruisse, egregiorum qui in ipsis refulserunt pontificum sive martyrum scripta et monumenta testantur. Inter quas Aucensis ecclesia dignitate pontificalis cathedræ fuerat sublimata. Quam per multos postea annos a Mauris vel Ismaelitis possessam, quorumdam veridica relatione cognovimus. Quia vero nostris temporibus omnipotenti Deo placuit eamdem ecclesiam per Ildefonsum egregium regem in Burgensi reparare, et episcopalem ei dignitatem restituere, quod etiam venerabilis memoriæ prædecessor noster papa Urbanus sui privilegii auctoritate firmavit, ea propter illos ejusdem Ecclesiæ terminos de quibus inter te et Oximensem episcopum quæstio versabatur, sicut a fratribus et coepiscopis terræ illius accepimus, quibus eos indagari præcepimus, tuæ tuorumque successorum dispositioni parochiali jure sine alicujus calumnia perpetuo subjacere præcipimus, videlicet Canatanazor, Murellum, Arganza, Mesela, Speia, Congosto, Buezo, nec non trans fluvium Dorium, Castrum Maderolum, Bozikellas usque ad civitatem A Septi publicam, cum omnibus illis quæ citra sunt a terminis prænotatis.

Præterea quoniam Tarraconensis metropolis, cujus diœcesis Ecclesia Aucensis fuisse cognoscitur, ita irruentibus barbaris detrita est ut nullus eam incolere valeat; pro singulari Burgensis Ecclesiæ amore statuimus ut, tam tu quam successores tui, nulli præter Romanum metropolitano subjecti sint, et sicut fraternitas tua a præfato prædecessore nostro in episcopali regimine promota esse dignoscitur, ita omnes qui deinceps in eadem sede successerint, per manum Romani pontificis tanquam speciales Romanæ sedis suffraganei consecrentur. Si qua igitur in futurum ecclesiastica sæcularisve persona hanc nostræ constitutionis paginam sciens contra eam temere venire tentaverit, secundo tertiove commonita, si non satisfactione congrua emendaverit, potestatis honorisque sui dignitate careat, reamque se divino judicio existere de perpetrata iniquitate cognoscat, et a sacratissimo corpore ac sanguine Dei et Domini Redemptoris nostri Jesu Christi aliena fiat, atque in extremo examine districtæ ultioni subjaceat. Cunctis autem eidem Ecclesiæ justa servantibus sit pax Domini nostri Jesu Christi, quatenus et hic fructum bonæ actionis percipiant, et apud districtum Judicem præmia æternæ pacis inveniant. Amen.

Datum Beneventi per manum Leonis, Romanæ Ecclesiæ diaconi cardinalis, II Idus Novembris, indictione I, anno Dominicæ Incarnationis 1108, pontificatus autem domini Paschalis II papæ anno x.

CCLXIII bis.

Ecclesiæ Burgensis fines libertatemque confirmat.

(Anno 1108, Nov. 12.)

[Florez, *España sagrada*, XXVI, 466.]

Paschalis episcopus, servus servorum Dei, venerabili fratri Gansiæ Burgensi episcopo ejusque successoribus canonice promovendis in perpetuum.

Egregias quondam episcopalis dignitatis urbes in Hispania claruisse, egregiorum qui in ipsis refulserunt pontificum sive martyrum scripta et monumenta testantur. Inter quas Aucensis ecclesia dignitate pontificalis cathedræ fuerat sublimata, quæ post multos postea annos a Mauris vel Ismaelitis possessam, juridica quorumdam relatione cognovimus. Cæterum nostris temporibus omnipotenti Deo placuit eamdem ecclesiam per Ildephonsum egregium regem in Burgensi urbe reparare, et episcopalem ei dignitatem restituere, quod nimirum venerabilis memoriæ prædecessor noster papa Urbanus sui privilegii auctoritate firmavit. Hos sane illius parochiæ terminos de quibus inter te et Oxomensem episcopum quæstio versabatur, a fratribus nostris terræ illius episcopis, quibus indagare præceperamus, ad Burgensis Ecclesiæ possessionem pertinere didicimus. Idcirco eos tuæ tuorumque successorum dispositioni sine alicujus calumnia parochiali perpetuo jure subjacere decernimus, videlicet Canathanozor, Murelum, Airhunza, Messella, Speia, Congosto, Buezo, nec non trans fluvium Dorium, Castrum Madiolum, Bocigelas usque ad civitatem Septempublicam, cum omnibus illis quæ sunt a terminis prænotatis. Præterea quoniam Tarraconensis metropolis, cujus diœcesis Aucensis Ecclesia fuisse cognoscitur, ita irruentibus barbaris destructa est ut nullus eam incolere audeat, sicut a prænominato prædecessore nostro sedis apostolicæ præsule institutum est, nos quoque præsentis decreti auctoritate sancimus ut tam tu quam successores tui, nulli præter Romanum metropolitano subjecti sint. Et sicut fraternitas tua ab eodem prædecessore nostro ad episcopalis officii dignitatem promota dignoscitur, ita omnes qui deinceps in eadem sede successerint, per manum Romani pontificis tanquam specialis Romani sedis suffraganei consecrentur. Si qua igitur in posterum ecclesiastica sæcularisve persona, hanc nostræ constitutionis paginam sciens, contra eam temere venire tentaverit, secundo tertiove commonita, si non satisfactione congrua emendaverit, potestatis honorisque sui careat dignitate, reamque se divino judicio existere de perpetrata iniquitate cognoscat, et a sacratissimo corpore ac sanguine Dei et Domini Redemptoris nostri Jesu Christi aliena fiat, atque in extremo examine districtæ ultioni subjaceat. Cunctis autem eidem Ecclesiæ justa servantibus sit pax Domini nostri Jesu Christi, quatenus et hic fructum bonæ actionis percipiant, et apud districtum judicem præmia æternæ pacis inveniant. Amen, amen.

Scriptum per manum Rainerii, senniarii [scriniarii] regionarii et notarii sacri palatii.

Datum Laterani per manum Joannis, S. R. E. diaconi bibliothecarii, III Non. Novemb., indict. III, Incarnationis Dominicæ 1109, pontificatus autem domini Paschalis II papæ anno x.

CCLXIV.

Ad Henricum Anglorum regem. — De eodem argumento. Perierunt litteræ regis ad quas respondet.

(Anno 1108, Nov. 21.)
[Mansi, Concil., XX, 1064.]

Paschalis episcopus, servus servorum Dei, dilecto in Christo filio Henrico glorioso regi Anglorum, salutem et apostolicam benedictionem.

Omnipotenti Deo gratias agimus, qui talem te regem nostris temporibus constituit, qui et terrenum regnum sapienter ad honorem Dei gubernas, et æterni regis sollicitudinem ante oculos mentis portas. Postulasti siquidem a nobis per litteras, ut in loco qui Heli dicitur, novus ex apostolica auctoritate episcopatus constituatur : quia Lincolniensem episcopatum tantæ magnitudinis esse dixisti, ut ad peragenda ea quæ episcopalis sunt officii, unus episcopus nullatenus sufficere possit. Pro quo et devotionem tuæ voluntatis laudamus, et dispositioni assensum præbemus, ita tamen, ut in celebri loco constituatur, ne nomen episcopi, quod absit! vilescat. Ad hoc enim episcopus constituitur, ut populum Dei, et verbo doceat, et vita informet, et ad verum pastorem Domini, commissarum sibi animarum lucra reportet. In iis quoque de quibus rogasti, licet quædam ibi inordinata videantur, tuæ tamen voluntati refragari nequaquam valemus. Novit præterea gloria vestra, domnum Hervæum episcopum, quem vita et scientia commendat non modica, nimia barbarorum ferocia et persecutione de sede sua expulsum, et multa fidelium fratrumque suorum cæde fuisse fugatum. Cujus ut scientia fructum, qui non perit, afferre, et vita bonum valeat Dei populo exemplum præbere, volumus et rogamus, si qua eum apud vos vacans ecclesia vocaverit, ibi auctoritate apostolica constituatur, ne infructuoso diu silentio torpeat, qui vitæ documenta cœlestis in scientia et moribus portat. Omnipotens Deus apostolorum suorum precibus et vos et prolem vestram custodiat, et cœleste post terrenum vobis regnum concedat.

Datum XI Kal. Decembris.

CCLXV.

Ad Anselmum Cantuar. archiepiscopum. — Concedit quod Anselmus postularat.

(Anno 1108.)
[Mansi, Concil., XX, 1064.]

Paschalis episcopus, servus servorum Dei, venerabili fratri Anselmo Cantuariensi archiepiscopo, et cæteris comprovincialibus episcopis, salutem et apostolicam benedictionem.

Inter cætera regna terrarum, ad apostolicæ sedis dilectionem atque obedientiam, Anglorum regnum specialiter pertinere, apostolicæ sedis scripta et Anglicarum historiarum series manifestabunt. Quæ nimirum causa sollicitudinem nostram propensius impellit, illius regni ecclesias familiarius confovere, et earum dispositionibus sollicitius invigilare. Lincolniensem itaque episcopatum tam spatiosum ex filii nostri regis vestrisque litteris cognovimus, ut ad ea quæ episcopalis sunt officii peragenda, unus nullatenus sufficere possit episcopus. Quapropter ex voluntate Lincolniensis episcopi postulat a nobis idem charissimus filius noster et Christianissimus rex Anglorum Henricus, quatenus in parte una episcopatus ipsius ex apostolicæ sedis permissione, novus episcopatus constituatur in loco videlicet qui Heli vocatur. Cujus nos petitionibus, quia religiosæ videbantur, assensum libenter præbuimus, et episcopatum in loco præfato constituendi, ex apostolica auctoritate, licentiam damus, statuentes ut sedes episcopalis in loco prædicto constituta, omni deinceps tempore perseveret. Parochiam quoque quam vestra fraternitas cum prædicto fratre Lincolniensi episcopo, et regis providentia, eidem episcopatui assignaverit, perpetuo possideat. Porro de monasterio; in quo sedes episcopalis constitutus, Anglorum monasteriorum, in quibus episcopi constituti sunt,

CCLXVI.

Ildefonsum Hispanorum regem hortatur ne ecclesiarum parœcias, per pontifices Romanos confirmatas, confundi patiatur.

(Intra an. 1099-1108.)

[Florez, *España sagrada*, XLVI, 246.]

Paschalis episcopus, servus servorum Dei, dilecto filio Ildefonso Hispanorum regi, salutem et apostolicam benedictionem,

Principatus tui tempore multa mala et multa pericula in regno Hispaniæ contigerunt. Scandalis itaque regni Ecclesiæ scandala non oportet apponi. Unde nobilitatem tuam monemus ne terminos Ecclesiarum qui a gloriosæ memoriæ regibus patre et fratre tuo distincti sunt per Romanam Ecclesiam confirmati a personis ullis patiaris præsumptione confundi: nos enim Oscitanæ seu Barbastrensis Ecclesiæ parochiam ita omnino quietam et integram volumus conservari sicut et illorum scriptis et nostris privilegiis definitum. Si quis vero aliquid præsumpserit, indignationem apostolicæ sedis inveniet.

CCLXVII.

Episcopo Oscitano præcipit ut episcopo Barbastrensi de illatis injuriis satisfaciat.

(Intra an. 1099-1108.)

[Florez, *España sagrada*, XLVI, 246.]

Paschalis episcopus, servus servorum Dei, dilecto fratri Oscitano episcopo, salutem et apostolicam benedictionem.

Extulisti, frater, in cœlum os tuum cum sedis apostolicæ statuta contemnens, Barbastrensem populum, ne suo episcopo justa persolveret, instruxisti : hoc profecto est episcopalia prædari, Romana privilegia conculcare. Adhuc Barbastrensem episcopi domum invadens, quæ illic habentur distraxisti, et ab Ecclesiæ villula prædam armata manu diebus solemnibus abegisti; super his, ab eodem episcopo monitus, propria reddere contempsisti, insuper adversus eum regem commovere tentasti, excommunicatum ab eo militem in consortium suscepisti. Præcipimus ergo ut infra menses duos postquam præsentes litteras acceperis, supra dicto episcopo satisfacias et in posterum ab hac omnino præsumptione desistas : alioquin nos te ab episcopali et sacerdotali officio donec satisfacias interdicimus.

CCLXVIII.

Ad Baldricum Dolensem archiepiscopum. — Privilegium Baldrici Dolensis archiepiscopi de pallio.

(Anno 1109.)

[Martene, *Thesaur. Anecd.*, III, 885.]

Paschalis episcopus, servus servorum Dei, venerabili fratri B. [Baldrico] Dolensi archiepiscopo.

Si pastores ovium sole geluque pro gregis sui custodia die ac nocte intenti sunt, et ne qua ex eis aut errando pereat, aut ferinis laniata morsibus deficiat, oculis semper vigilantibus circumspectant; quanto sudore quantaque cura debemus esse pervigiles, nos qui pastores animarum esse dicimur. Attendamus igitur ut susceptum officium exhibere erga custodiam Dominicarum ovium non cessemus, ne in die divini examinis pro desidia nostra ante summum Judicem negligentiæ nos reatus excruciet, unde modo honoris reverentia inter cæteros sublimiores judicamur. Pallium autem fraternitati tuæ ex more ad missarum solemnia celebranda sicut concessum est antecessoribus tuis, concedimus. Videlicet in Natale Domini, in Octava Domini, in Purificatione et aliis festivitatibus sanctæ Mariæ, in Palmis, in Cœna Domini, in Sabbato sancto, in die Dominica Resurrectionis, in octava Paschæ, in Ascensione Domini, in Pentecoste, in Nativitate S. Joannis Baptistæ, in Natali omnium apostolorum, in festivitate S. Laurentii et S. Mauritii, in festivitate S. Michaelis, et Omnium Sanctorum, et S. Martini, ac vestrorum sanctorum quorum corpora apud vos habentur, in Dedicatione ecclesiarum, et in Anniversario tuo, et quando ordinationes facis. Hortamur denique charitatem tuam, ut mores vitæ tuæ tanto honore conveniant, quatenus auctore Deo exempli verbique possis esse conspicuus. Vita igitur tua filiis tuis sit regula, ut si qua fortitudo in illis deprehenditur, in ea dirigatur. Cor ergo tuum neque prospera, quæ temporaliter blandiuntur, extollant, neque adversa dejiciant; sed quidquid illud fuerit, virtutis puritate devincatur. Nullum apud te locum odia, nullum favor indiscretus inveniat : sacræ benedictionis tuæ justi... quod judicii opus nulla venalitatis interventio commaculet. Sit in te et boni pastoris dulcedo, sit et judicis severa districtio. Unum scilicet innocenter viventes foveat, aliud inquietos a pravitate compescat. Misericordem te, prout virtus patitur, pauperibus exhibe, oppressis defensio tua subveniat, opprimentibus modesta ratio contradicat, nullius faciem contra justitiam accipias, nullum quærentem justa despicias, custodia vitæ æquitatis excellat, ut nec divitem potentia sua aliquid apud te extra viam suadeat rationis audire, nec pauperem de se sua faciat humilitas desperare; quatenus, Deo miserante, talis possis existere, qualem sacra lectio præcipit dicens : Oportet episcopum irreprehensibilem esse. Sed his omnibus uti salubriter poteris, si magistram charitatem habueris, quam qui secutus fuerit, a recto tramite non recedit. Sed ecce, frater charissime, inter multa alia ista sunt sacerdotii, ista pallii, quæ si studiose reservaveris, quod foris accepisse ostenderis, intus habebis. Sancta Trinitas fraternitatem tuam gratiæ suæ protectione circumdet, atque in timoris sui viam nos dirigat, ut post vitæ hujus amaritudinem, ad æternam simul dulcedinem pervenire mereamur.

CCLXIX.

Ad suffraganeos, clerum et populum Dolensem. — Baldrico Dolensi archiepiscopo pallium concedit.

(Anno 1109.)

[MARTENE, *ubi supra*, 882.]

Sicut a quibusdam accepimus, tantum vestris in partibus jam abundat iniquitas, quod Christiana religio penitus ibi deperire videatur, et quod sine dolore dicere non possumus, non solum laici, verum etiam clerici et monachi in prohibitis seu illicitis prorumpentes, Deo et hominibus odibilia perpetrare non metuunt. Quapropter venerabilem fratrem nostrum Girardum Engolismensem episcopum ad vestras destinavimus partes, ut ibidem largiente Domino corrigenda corrigeret, et stabilienda stabiliret. Qui sicut ex litteris ejus cognovimus, ut praedictas iniquitates et impietates a vestris excludere partibus posset, venerabilem fratrem nostrum (69) Baldricum et coepiscopum in Dolensi Ecclesia ordinavit. Pro tanta itaque et tam instanti necessitate venerabili fratri nostro Baldrico Dolensi archiepiscopo pallium, pontificatus videlicet plenitudinem concessimus, ut eo secundum praedecessorum suorum consuetudinem utatur. Mandamus igitur dilectioni vestrae, ut eum tanquam patrem timeatis, sicut magistro obediatis, et ut pastorem animarum vestrarum attentius diligatis, quatenus ejus admonitionibus et orationibus et ecclesiae vestrae honor augeatur, et Christiana religio reparetur, et reparata adjuvante Domino conservetur.

CCLXX.

Ecclesiae S. Frigdiani Lucensis possessiones juraque confirmat.

(Anno 1109, Mart. 7. — Vide Bullarium Lateranense, n. 4.)

CCLXXI.

Ecclesiae Virdunensis fratribus catholicis praecipit ut Richardum episcopum excommunicatum vitent, etc.

(Anno 1109, Mart. 18.)

[*Spicil.* ed. de La Barre, II, 248.]

PASCHALIS episcopus, servus servorum Dei, fratribus Virdunensis Ecclesiae catholicis, salutem et apostolicam benedictionem.

Richardum vestrae occupatorem Ecclesiae a sancta Romana Ecclesia pro suis meritis excommunicatum etsi hactenus non legistis, certius tamen et audisse et scire credimus ; nunc autem vobis scripto nuntiamus ut eum excommunicatum scientes, communionem ejus omnimodis caveatis. Sane abbatem Sancti Vitoni et archidiaconum Guidonem pro catholicae unitatis dilectione et dignitatibus et rebus suis privatos audivimus : praecipimus ergo si qua penes vos B. Petri et nostri obedientia est, ut locis suis bonisque restituantur. Si autem praesentibus litteris obedire contemnitis, nos ecclesiam vestram a divinis officiis interdicimus ; qui vero ab hujus erroris macula resipuerint, cum fratris nostri Treverensis archiepiscopi, seu supradicti abbatis consilio catholicae unitati reconcilientur ; praefatum autem Guidonem noveritis apud nos diaconum esse ordinatum.

Data Laterani, decimo quinto Kalendas Aprilis.

CCLXXII.

Abbates et clericos archidiaconatus Guidonis hortatur ut Guidoni, dejecto per Richardum, Ecclesiae Virdunensis invasorem, obediant.

(Anno 1109.)

[*Spicil.* ed. de La Barre, II, 248.]

PASCHALIS episcopus, servus servorum Dei, abbatibus et caeteris clericis, RAINALDO de Monzione comiti, RAINALDO Tullensi, et caeteris clericis de archidiaconatu Guidonis, salutem et apostolicam benedictionem.

Pro catholicae unitatis dilectione Guidonem archidiaconum vestrum a Richardo Virdunensis Ecclesiae invasore bonis suis exspoliatum audivimus, quamobrem charitati vestrae nostris praesentibus cum litteris commendamus, praecipimus enim ut ipsi de ecclesiis ad monasteria pertinentibus consueta justitia, et a clericis seu laicis obedientia debita sicut archidiacono impendatur; alioquin donec obediant divinis officiis careant, et decimas suae plebis amittant ; vos autem filii quibus Deus saecularem potestatem dedit, et qui armis justitiam contuemini, pro B. Petri reverentia ejus adjutores existite, et ejus adversarios viriliter cohibete : id ipsum de venerabili viro abbate Sancti Vitoni tam vobis quam reliquis Virdunensium partium praecipimus, qui propter eamdem catholicae unitatis dilectionem loco suo rebusque suis privatus est, praefatum autem Guidonem noveritis apud nos diaconum ordinatum.

CCLXXIII.

Bulla protectionis et confirmationis bonorum Calmosiacensis monasterii.

(Anno 1109, Mart. 21.)

[MARTENE, *Thes. Anecd.* III, 1194.]

PASCHALIS episcopus, servus servorum Dei, dilecto filio SEHERO Calmosiacensis coenobii abbati ejusque successoribus promovendis in perpetuum.

Sic [piae] postulatio voluntatis effectu debet prosequente compleri, quatenus et devotionis sinceritas laudabiliter enitescat, et utilitas postulata vires indubitanter assumat. Quia igitur dilectio tua ad sedis apostolicae portum confugiens, ejus tuitionem devotione debita requisivit, nos supplicationi tuae clementer annuimus, et Domini Salvatoris et beatae Mariae Genitricis ejus monasterium, cui Deo auctore praesides, cum omnibus ad ipsum pertinentibus, sub tutelam apostolicae sedis excipimus. Vitae namque canonicae ordinem quem professi estis, privilegii praesentis auctoritate firmamus, et tam vobis quam

---

(69) De quo Ordericus Vitalis, Historiae ecclesiasticae lib. IX, haec habet : *Hic civis fuit Aurelianensis, monachus et abbas Burgulliensis, liberalibus imbutus studiis, et religiosa meritis vita venerabilis : inde pro religione et sapientia ad gradum Dolensis archiepiscopatus electione provectus est ecclesiastica : in episcopatu monachatum servavit, et cum monachis, prout fors dabat, plerumque habitabat,* etc.

vestris successoribus in eadem religione permansuris ea omnia perpetuo possidenda sancimus, quæ inpræsentiarum pro communis victus sustentatione possidere videmini : alodium videlicet ipsum, in quo vestra ecclesia sita est, datum a Theodorico milite et uxore ejus Hadelvide cum omnibus appenditiis ejus, partem alodii Bulzei datum a Helvide de Calvo monte, et a filiis suis : partem alodii Igniaci datum a Widrico de Walcurt, et ab uxore sua Adheleide, partem alodii Hamoniscurtis et Lihirici et Lamerici datam a Benecelino de Castencio et uxore sua Leucarde in eisdem, de quibus alodiis aliam partem datam a Leucarde de Villa uxore Theoderici, partem alodii Darnole datam ab eadem Leucarde in morte sua, partem quam habebat Bencelinus Darnole, datam a Cunegunde uxore Rofridi militis per concambium Basonis-montis, partem alodii Truillaris datam a Mascelino de Domno Martino et uxore sua Hersinde cum alodio de Maltucurt, alodium de Janancurt datum a Robaldo de Domno-Martino, cum parte alodii quam habebat apud Hulieni-villam, partem alodii de Petri-villa datam a Lietardo et uxore sua Elizabeth cum quarterio terræ Darnole, alodia data a Berta jam vidua, et a filio suo Galfrido, quæ habuit apud Ruvirum et apud Masnila, et apud Duvercurt, et apud Unocurt, et apud Lifoi cum omnibus appenditiis eorum, alodium Hudini-villæ ab Amalrico datum ab uxore sua Oda per concambium alodii quod habebat Bagnoli, quarterium terræ datum a Beatrice uxore Ganolii Darnoli, quarterium terræ datum a Haduide de Fagnei-villa apud Basolivillam, quarterium terræ datum a Stephano de VillaViriaco, alodium datum ab Albrico de Novo-castro, et uxore ejus et filiis apud Unacurt, in quo molendinum ædificatum est, quæcunque etiam in futurum concessione pontificum, liberalitate principum, vel oblatione fidelium jure atque canonice poteritis adipisci, firma vobis vestrisque successoribus et illibata permaneant. Ad hæc adjicientes decernimus ne loci vestri fratres de carrucis, aut laboribus, sive nutrimentis, seu molendinis suis vel parochiali ecclesiæ Sanctæ Mariæ quæ in eodem fundo Calmosiaci sita est, vel aliis quibuslibet, reddere decimas seu primitias exigantur ; nec ulli omnino hominum liceat eamdem ecclesiam temere perturbare aut ejus possessiones auferre, vel ablatas retinere, minuere vel temerariis vexationibus fatigare : sed omnia integra conserventur, eorum pro quorum sustentatione et gubernatione concessa sunt, usibus omnimodis profutura.

Si qua igitur ecclesiastica sæcularisve persona hanc nostræ constitutionis paginam sciens contra eam temere venire tentaverit, secundo tertiove commonita, si non satisfactione congrua emendaverit, potestatis honorisque sui dignitate careat, reamque se scilicet divino judicio existere de perpetrata iniquitate cognoscat, et a sacratissimo corpore ac sanguine Dei et Domini Redemptoris nostri Jesu Christi aliena fiat, atque in extremo examine districtæ ultioni subjaceat; cunctis autem eidem ecclesiæ sua servantibus sit pax Domini nostri Jesu Christi, quatenus et hic fructum bonæ actionis percipiant, et apud districtum judicem præmia æternæ pacis inveniant. Amen.

Scriptum per manum Rainerii scriniarii regionarii et notarii sacri palatii.

Datum Laterani per manum Joannis, sanctæ Romanæ Ecclesiæ diaconi cardinalis et bibliothecarii, XII Kal. Aprilis, indictione II, Incarnationis Dominicæ anno millesimo centesimo nono, pontificatus autem domini Paschalis secundi papæ X.

CCLXXIV.
Monasterii S. Lamberti protectionem suscipit ac possessiones confirmat.
(Anno 1109, Mart. 25.)

[Exstat in tabulario Cæsareo Vindobonensi, teste JAFFÉ (*Regesta Pont. Rom.*, p. 498) qui titulum suprascriptum affert cum hac mentione : « Ex schedis Pertzii. »]

CCLXXV.
Privilegium pro ecclesia S. Deodati.
(Anno 1109, April. 10.)
[SOMMIER, *Hist. de l'Église de Saint-Dié*, p. 162.]

PASCHALIS episcopus, servus servorum Dei, dilecto filio suo REMBALDO, aliisque fratribus in ecclesia Sancti Deodati servientibus Deo, salutem et apostolicam benedictionem.

Piæ postulatio voluntatis effectu debet prosequente compleri, quatenus et devotionis sinceritas laudabiliter accrescat, et utilitas postulata vires indubitanter assumat. Quia igitur dilectio vestra ad sedis apostolicæ portum confugiens, tuitionem debita devotione requisivit : nos supplicationi vestræ clementer annuimus, et beati Deodati ecclesiam in valle Galilæa sitam ad quam ad serviendum Domino convenistis, apostolicæ sedis auctoritate munimus. Statuimus enim ut quæcunque prædia, quascunque possessiones, concessione pontificum, munificentia regum, liberalitate principum vel oblatione fidelium, vel aliis justis modis, hodie possidet, vel in futurum, largiente Deo, firma vobis vestrisque successoribus et illibata permaneant : et oblationes, quas illuc confluentes populi pro remedio animarum suarum altari dederint, in communes usus fratrum dispensentur. Nullus ibi qualibet subreptionis astutia seu violentia in præpositum subrogetur, nisi quem fratres communi consensu, aut fratres consilii sanioris pars, secundum Dei timorem elegerint. Consecrationes altarium, ordinationes fratrum qui ad sacros ordines fuerint promovendi, juxta concessionis Leonis IX sanctæ memoriæ Romani pontificis, a quo volueritis catholico accipiatis episcopo, qui gratis et omni pravitate exactionis deposita, quod postulabitur a vobis indulgeat. Sane ad fratrum correctionem, si quando oportuerit, non alii mittantur, nisi quos ad hoc ipsum idoneos consilio fratrum saniorum sibi præpositus advocaverit. Præterea quidquid dignitatis usque ad nostra tempora eadem Ecclesia obtinuit, nos quoque ob beati Deodati reverentiam, et multorum salutem, etiam in posterum proprio obtinere concedimus. Si qua sane ecclesiastica sæcularisve persona hanc nostræ concessionis paginam sciens contra eam temere venire tentaverit, secundo tertiove commonita, si non satisfactione congrua emendaverit, potestatis honorisque sui dignitate careat, reamque se divino judicio existere de perpetrata iniquitate cognoscat, et a sacratissimo corpore ac sanguine Dei et Domini Redemptoris nostri Jesu Christi aliena fiat, atque in extremo examine districtæ ultioni subjaceat. Cunctis autem eidem loco justa servantibus sit pax Domini nostri Jesu Christi, quatenus et hic fructum bonæ actionis percipiant, et apud districtum judicem præmia æternæ pacis inveniant. Amen, amen.

Scriptum per manum Joannis scriniarii regionarii et notarii sacri palatii.

Ego Paschalis catholicæ Ecclesiæ episcopus.

Datum Laterani per manum Joannis, sanctæ Romanæ Ecclesiæ diaconi cardinalis et bibliothecarii, IV Idus Aprilis, indict. II, Incarn. Dominicæ an. 1109, pontificatus autem domni Paschalis II papæ anno decimo.

CCLXXVI.
Monasterium Weissenoense tuendum suscipit et ejus possessiones ac jura confirmat, imposito monachis byzantii unius censu annuo.
(Anno 1109, April. 14. — Vide USSERMAN in *episcopatu Bambergensi*, Prob. 62.)

CCLXXVII.
Ad Hugonem Gratianopolitanum episcopum. — De non alienandis Ecclesiæ Gratianopolitanæ possessionibus.
(Anno 1109, April. 18.)
[PETIT, *Theodori Pœnitentiale*, tom. II, p. 419.]

PASCHALIS episcopus, servus servorum Dei, venerabili fratri HUGONI Gratianopolitano episcopo, salutem et apostolicam benedictionem.

Eapropter desideriis tuis, reverendissime frater, benignius assentimur, et Ecclesiam Gratianopolitanam, cui Deo auctore præsides, decreti præsentis auctoritate munimus. Statuimus enim et auctoritate apostolica interdicimus, ne quis successorum vestrorum occasione aliqua præsumat donare, vendere, vel alienare terras, possessiones, ecclesias, decimas, seu census ecclesiarum, et cætera quæ vel per antecessores tuos vel per tuam industriam acquisita fraternitas tua possidet; vel in posterum tu successoresque tui largiente Domino Ecclesiæ acquisituri estis. Si quis autem vel vendita, vel donata susceperit, donec illa restituat, excommunicationi subjiciatur. Illud etiam pariter interdicimus ne post tuum vel tuorum successorum obitum, quisquam palam furtimve audeat bona ipsa subtrahere, donec pastor per Dei gratiam substituatur Ecclesiæ.

Datum Laterani per manum Joannis sanctæ Romanæ Ecclesiæ diaconi cardinalis ac bibliothecarii, XIV Kalend. Maii, indictione III, anno 1109 Incarnationis Dominicæ, pontificatus autem domni Paschalis papæ X.

Ego Paschalis catholicæ Ecclesiæ episcopus subscripsi, etc.

CCLXXVIII.
Bulla pro Sancto Martino Ambianensi.
(Anno 1109, Maii 11.)
[*Gall. Christ.*, X, Instrum. 502.]

PASCHALIS episcopus, servus servorum Dei, dilecto filio ARNULPHO præposito ecclesiæ S. Martini, quæ sita est in porta Ambianensi, et ejus fratribus regularem vitam professis, tam præsentibus quam futuris, in perpetuum.

Desiderium quod ad religiosum propositum et animarum salutem pertinere monstratur, auctore Deo sine aliqua est dilatione complendum. Quia igitur vos, o filii, per divinam gratiam aspirati, secundum dispositionem fratris nostri Godefridi civitatis vestræ episcopi mores vestros sub regularis vitæ disciplina coercere, et communiter secundum sanctorum Patrum instituta omnipotenti Deo deservire proposuistis, et nos secundum ejusdem episcopi preces devotioni vestræ impertimur assensum. Vitæ namque canonicæ ordinem, quem professi estis, præsentis privilegii auctoritate firmamus, et tam vobis quam successoribus vestris in eadem religione permansuris omnia perpetuo possidenda sancimus, quæ inpræsentiarum pro communis victus sustentatione possidere videmini : videlicet omnes decimas omnium novalium et segetum episcopalium urbi Ambianensi adjacentium, sicut a prædecessoribus episcopis Ecclesiæ vestræ concessum est, exceptis decimis terrarum in quibus mater ecclesia vel aliæ civitatis ecclesiæ decimas sumunt, lanæ quoque omnium pecorum episcopalium decimas ; altare Sancti Petri ultra pontem, et omnia ad id pertinentia ; ecclesiam quoque SS. Lupi, Walarici et Desiderii ; altare de Estombli et terram dotis ejus ; altare de Warlus et Selincurte, quæ ab omni episcopi et ministrorum ejus redditu et servitio libera sunt ; atria quoque eorum et hospites, familiamque Sancti Apri ; altaria quoque de Donfront et de Bargiscurte cum appenditiis eorum, necnon et præbendam cujusque canonici..... uno anno post obitum suum, ut quotidianam missam toto anno pro anima ejus persolvatis ; cambam, hospites, terras arabiles, et omnia bona abbatiæ Sancti Martini, et omnia quæ in Amelly et Pisoy ecclesia vestra antiquitus possidebat, et in molendino Sancti Mauritii singul s annis modicum hibernati, et viginti quatuor sextarios hordei. Præterea quæcunque in posterum juste atque canonice poteritis adipisci, firma vobis vestrisque successoribus et illibata permaneant. Nemini facultas sit ecclesiam ipsam temere perturbare, aut quæcunque ipsius sunt vel fuerint, quibuslibet occasionibus auferre. Libertas vobis eadem maneat quæ et canonicis matris ecclesiæ, ita ut ecclesia vestra ditioni decani et canonicorum matris ecclesiæ pro supradicti episcopi dispositione permaneat : nullus autem apud vos deinceps canonicus ordinetur, nisi qui se canonice victurum professus fuerit. Si qua igitur in posterum ecclesiastica saecularisve persona, hanc nostrae constitutionis paginam sciens, contra eam temere venire tentaverit, secundo tertiove commonita, si non satisfactione congrua emendaverit, potestatis honorisque sui dignitate careat, reamque se divino judicio existere de perpetrata iniquitate cognoscat, et a sanctissimo corpore ac sanguine Dei et Domini Redemptoris Jesu Christi aliena fiat, atque in extremo examine districtae ultioni subjaceat. Cunctis autem eidem ecclesiae justa servantibus sit pax Domini nostri Jesu Christi, quatenus et hic fructum bonae actionis percipiant, et apud districtum judicem praemia aeternae pacis inveniant. Amen.

Scriptum per manum Rainerii notarii sacri palatii.

Ego Paschalis catholicae Ecclesiae episcopus.

Datum Romae in porticu Beati Petri per manum Joannis, sanctae Romanae Ecclesiae diaconi cardinalis et bibliothecarii, quinto Idus Maii, indictione secunda, Incarnationis Dominicae anno millesimo centesimo nono, pontificatus autem domini Paschalis secundi papae anno decimo.

CCLXXIX.
Privilegium pro Majori Monasterio.
(Anno 1109, Maii 14.)

[Dupaz, *Hist. généalog. de plusieurs maisons illustres de Bretagne*, Paris, 1619, fol., II, 148.]

Paschalis episcopus, servus servorum Dei, dilectis filiis Guillelmo Majoris Monasterii abbati, et caeteris fratribus, salutem et apostolicam benedictionem.

Et litterarum et nuntiorum vestrorum suggestione cognovimus, quoniam et frater noster Benedictus Aletensis episcopus cellam quamdam de insula Aaron in honore sancti Maclovii consecratam cum appenditiis suis vestro primum monasterio tradidit, ecclesiam postmodum in Dinanensi castro sitam, sub ejusdem sancti Maclovii nomine consecratam, monasterio vestro plena collatione concessit, eo quod supradictae cellae tanquam membrum capiti pertineret. Gauffridus etiam dominus Dinanensis, et filii ejus, et aliquae aliae potestates saeculares quoquomodo tenebant de rebus exterioribus, ad eamdem cellam vel ecclesiam pertinentibus, vestro monasterio reddiderunt. Nos itaque juxta petitionem vestram, eidem concessioni nostrae assertionis robur accommodamus, et supradictam cellam de insula Aaron, et praefatam castri Dinanensis ecclesiam cum praediis omnibus sive possessionibus ad eam pertinentibus semper in possessione, dispositione et jure vestri Majoris Monasterii pertinere decernimus, statuentes et omnibus modis interdicentes, ne cuiquam deinceps liceat cellam illam cum omnibus pertinentiis suis a monasterii vestri unitate sejungere. Si quis autem hujus decreti tenoris temere contraire praesumpserit, secundo commonitus, nisi congrue satisfecerit, severitatis ecclesiasticae ultione et sancti Spiritus gladio puniatur.

Datum Laterani per manum Joannis diaconi bibliothecarii, secundo Idus Maii, indictione tertia (70), Incarnationis Dominicae anno 1109.

CCLXXX.
Ad Pontium abbatem Cluniacensem. — Confirmat ei et successoribus ejus omnia ab antecessoribus suis pontificibus monasterio Cluniacensi concessa, collata et confirmata.
(Anno 1109, Jun. 2.)
[*Bullar. Cluniac.* 36.]

Paschalis episcopus, servus servorum Dei, dilecto filio Pontio coenobii Cluniacensis abbati, salutem et apostolicam benedictionem.

In provectionis tuae primordiis, fili charissime, deliberasti sedis apostolicae dulcedinem experiri, utrum eadem erga te permaneat, quae circa praedecessorem tuum Hugonem egregiae religionis et sapientiae virum usque in finem permansisse conspicitur. Postulasti enim ut quae a praedecessoribus nostris eidem abbati, vel ejus antecessoribus concessa sunt, tibi quoque concedere debeamus. Magna quidem postulatio est, et sedis apostolicae consuetudini minus accommoda: non enim aut absentibus, aut minus perspicuis personis solent ista concedi. Et licet nobis ex parte jam notus sis, non tamen adhuc in te adeo fulgidum specimen prudentiae aut religionis enituit. Caeterum supradicti praedecessoris tui praerogativa praecellens, et melior spes quam de indole tua per Dei gratiam gerimus, fratrum etiam, qui in te patrem elegerunt, virorum utique religiosorum ac sapientum postulationi tuae conjuncta precatio nostram circa te benignitatem tanta affectione deflexerunt, ut rationabili petitioni tuae etiam absentis, nihil ad praesens negare deliberemus. Confidimus enim et te largiente Domino praenominati abbatis studiis institutum et eosdem fratres in ejus disciplina laudabili perpetuo permansuros; ut, sicut in praeterito tempore, ita etiam in futuro sanctae religionis exempla de Cluniacensi coenobio diffundantur. Hac igitur spe, hac per Dei gratiam confidentia freti, tibi, charissime fili, tuisque legitimis successoribus, et per vos Cluniacensi coenobio conferimus, concedimus, confirmamus quaecumque ab antecessoribus nostris collata, concessa et confirmata, vel per privilegia sedis apostolicae vel per alia authentica munimina dignoscuntur. Si qua igitur ecclesiastica saecularisve persona hanc nostrae constitutionis paginam sciens contra eam temere venire tentaverit, secundo tertiove commonita, si non satisfactione congrua emendaverit, potestatis honorisque sui dignitate careat, reamque se divino judicio existere de perpetrata iniquitate cognoscat, et a sacratissimo corpore ac sanguine Dei et Domini Redemptoris nostri Jesu Christi aliena fiat, atque in extremo examine districtae ultioni subjaceat. Cun-

---

(70) Notae chronologicae sunt corruptae. Jaffé.

ctis autem eidem cœnobio justa servantibus sit pax Domini nostri Jesu Christi, quatenus et hic fructum bonæ actionis percipiant, et apud districtum judicem præmia æternæ pacis inveniant. Amen.

Scriptum per manum Rainerii scriniarii regionarii sacri palatii.

Ego Paschalis catholicæ Ecclesiæ episcopus.

Datum Romæ in porticu Beati Petri per manum Joannis, sanctæ Romanæ Ecclesiæ diaconi cardinalis ac bibliothecarii, IV Nonas Junii, indictione secunda, Incarnationis Dominicæ anno 1109, pontificatus autem domni Paschalis secundi papæ anno x.

(Bullata in plumbo pensilis, cum filis sericis rubei croceique colorum, non retortis.)

CCLXXXI.

Ad episcopos Anagniæ et Campaniæ. — De canonizatione sancti Petri Anagniæ episcopi.

(Anno 1109, Jun. 2.)
[Mansi, Concil., XX, 1001.]

Paschalis episcopus, servus servorum Dei, venerabilibus fratribus episcopis Anagniæ, et aliis per Campaniam constitutis, salutem et apostolicam benedictionem.

Dominum excelsum habentes præ oculis, qui in amicis suis laudatur et benedicitur, et considerantes propterea strenuæ probatæque vitæ merita, quibus vir sanctus Petrus, quondam Anagniæ episcopus, de regula monachorum assumptus, in pastorali officio pure, simpliciter, solerti vigilantia et exemplo, Deo deservivit: admirantes etiam miraculorum insignia, quibus sanctum suum ante et post obitum divina gratia decoravit, prout per Brunonem Signiensem episcopum fideliter adnotatur, et usque ad nostra tempora decorare non desinit, auctoritate præsentium vobis licere volumus et mandamus quatenus tertio Nonas Augusti diem natalem ejusdem confessoris et præsulis memorandi sanctorum catalogo congrue celebrem recolatis, quatenus in præsenti gratiam, et in futuro, opitulante divina clementia, piis ejus intercessionibus mereamur gloriam sempiternam.

Data Signiæ, secundo Nonas Junii, pontificatus nostri anno decimo.

CCLXXXII.

Ad Petrum presbyterum.

(Anno 1109, Sept. 29.)
[Lami, Deliciæ eruditorum, 1737, p. 204.]

Paschalis episcopus, servus servorum Dei, dilecto filio Petro presbytero, salutem et apostolicam benedictionem.

Devotionis tuæ petitiones benigne admittimus, ideoque in burgo Senæ, opportuno tamen loco monasterium ædificandi cum consensu ejusdem civitatis episcopi licentiam concedimus. Statuimus enim ut, si Dei gratia constructum fuerit, sub Passinianensis et Vallumbrosanæ congregationis custodia et regula quietum semper et liberum sit mansurum. Decernimus ergo ut nulli omnino liceat ipsum monasterium ad honorem Dei sanctique Benedicti aliorumque sanctorum ædificatum temere perturbare, vel ejus possessiones auferre, vel ablatas retinere, minuere, vel temerariis vexationibus fatigare, sed omnia quæ vel a te, vel ab aliis fidelibus de proprio jure oblata fuerint, illibata atque integra conserventur. Quicunque vero ipsum monasterium, et in eo Domino servientes fovere, suisque rebus honorare curaverit, omnipotentis Dei, et apostolorum ejus gratiam consequatur. Si quis autem, quod absit! huic nostro decreto contraire tentaverit, honoris et officii sui periculum patiatur, nisi præsumptionem suam digna satisfactione correxerit.

Ego Paschalis catholicæ Ecclesiæ episcopus SS.

Datum apud Castellionem per manum Joannis, sanctæ Romanæ Ecclesiæ diaconi cardinalis, III Kalend. Octobris, indict. III, Incarnat. Dominicæ anno 1109, pontificatus autem domni Paschalis secundi papæ anno x.

CCLXXXIII.

Ad Pontium Cluniacensem abbatem. — Privilegia Cluniacensis monasterii confirmat.

(Anno 1100, Oct. 16.)
[Mansi, Concil., XX, 1041.]

Paschalis episcopus, servus servorum Dei, dilecto filio Pontio monasterii Cluniacensis abbati, ejusque successoribus regulariter substituendis in perpetuum.

Et religio Cluniacensis cœnobii, cui Deo auctore præsides, et prædecessoris tui sanctæ memoriæ Hugonis abbatis dulcissima reverendaque dilectio, cogunt nos, fili in Christo charissime Ponti abbas, tuis petitionibus indulgere. Eapropter abbatias vel prioratus qui sub prænotati abbatis Hugonis dispositione manserunt, sub tua quoque vel successorum tuorum dispositione permanere decernimus. *(Enumerantur. Tum pergit:)* In locis autem quæ sine proprio abbate, diebus domni ac venerabilis Hugonis abbatis fuisse videntur, nunquam aliquis abbatem ordinare præsumat. Illud etiam libertatis Cluniacensi cœnobio firmum haberi sancimus, ut vestri monasterii monachi qui ad sacros sunt ordines promovendi, a quibus malueritis catholicis episcopis promoveantur. Chrisma vero, si opportunitas exegerit, in vestro faciatis monasterio consecrari, vel a quibus volueritis episcopis. Si qua igitur in futurum ecclesiastica sæcularisve persona hanc nostræ constitutionis paginam sciens, etc., *ut in aliis nonnullis epistolis.*

Ego Paschalis, catholicæ Ecclesiæ episcopus, subscripsi.

Datum apud Castellium per manum Joannis sanctæ Romanæ Ecclesiæ diaconi cardinalis ac bibliothecarii, XIII Kal. Novemb., indict. III, Incarnationis Dominicæ anno 1109, pontificatus autem domni Paschalis II xi.

CCLXXXIV.

Privilegium ad Pontium abbatem Cluniacensem, ad quem mittit vallium candidum, ut ex eo sibi pares dalmaticas in usu ecclesiæ Cluniacensis, concedens ei quod utatur insigniis pontificalibus in octo præcipuis festivitatibus monasterii sui.

(Anno 1109, Oct. 17.)
[*Bullar. Cluniac.* p. 36.]

Paschalis episcopus, servus servorum Dei, dilecto filio Pontio Cluniacensi abbati, salutem et apostolicam benedictionem.

Bonum et laudabile Cluniacensium fratrum desiderium exstitisse nequaquam ambigimus, cum te in abbatem ad suarum animarum custodiam elegerunt. Stude ergo per Dei gratiam, fili in Christo charissime, quantum in te est, bonum eorum desiderium adimplere; ut et ipse in religione proficias, et eos qui tibi commissi sunt in Dei semper timore custodias. De benignitate autem sedis apostolicæ, et beati Petri gratia candidum tibi pallium mittimus, de quo dalmaticas in usum debeas vestræ ecclesiæ præparare. Nos siquidem dalmaticæ, compagarum, chirothecarum, et mitræ usum in festivitatibus octo monasterii tui præcipuis, sicut antecessori tuo felicis memoriæ Hugoni abbati a prædecessore nostro concessus est, ita tibi speciali dilectione concedimus. Vide ergo ut, sicut ejus locum tenes, sicut dignitatem assecutus es, ita etiam religionem teneas et industriam prosequaris; quatenus per Dei gratiam, et monasterii salus inconcussa permaneat, et tam in te quam in illis divini nominis gratia exaltetur.

Datum apud Castellium, xvi Kalend. Novembris.

(*Bullata in plumbo pensili, cum simplici filo retorto.*)

CCLXXXV.

Privilegium pro monasterio Siegburgensi.
(Anno 1109, Nov. 28.)

[Lacomblet, *Urkundenbuch für die Geschichte des Niederrheins.* Dusseldorf, 1840, 4°, t. I, p. 175.]

Paschalis episcopus, servus servorum Dei, dilecto filio Cunoni abbati venerabilis monasterii quod in monte Sigeberch situm est, ejusque successoribus regulariter substituendis in perpetuum.

Sicut injusta poscentibus nullus tribuendus est effectus, sic legitima desiderantium non est differenda petitio. Quia igitur dilectio tua ad sedis apostolicæ portum confugiens, ejus tuitionem devotione debita requisivit. Nos supplicationi tuæ clementer annuimus, et Beati Michaelis monasterium, cui Deo auctore præsides, sedis apostolicæ auctoritate munimus. Confirmamus siquidem vobis vestrisque successoribus possessiones et prædia seu cætera bona universa quæ ab Annone felicis memoriæ Coloniensi archiepiscopo ejusdem monasterii fundatore concessa sunt, videlicet ecclesiam in Bleisa cum dotali manso et decimatione, et ecclesiam in Hanafo cum decimis et cæteris appenditiis quas a canonicis Bunnensibus, data in eorum et ecclesiæ usus custodia Bunnæ, per concambium accepit, villam etiam quæ dicitur Mendenen, quam a præposito vel canonicis majoris Ecclesiæ data per concambium in Bathalicha decimatione suscepit. Cætera etiam loca quæ per manus advocatorum eidem cœnobio et servis Christi ibidem degentibus, in victum vestitumque concessit. Id est Acchera, item Acchera; Strala, Nistera, Beringerishuscim, Geistingen, Bleisa superior, Lara, Menedon, Atemere, Antrefe, Gulusa, Legia; vineæ in Wintere, Bethendorf, Mulendorf. In Rigemogon quædam rura cum vineis; ecclesiam in Berchein cum decimatione, ecclesiam in Bleisa inferiori cum dotali manso; ecclesiam in Hanafo cum decimis, Sulse, Trutthesdorf, Menimdorf, Torendorf, Mulendorf, Irmenderoth, Chorincheid, Inere, Uneheim, Flatenen, Perne, Grecenich, Hofstedenen, Luvesberch, Flamersfets, Quintinachen. Præterea villam Hircennowen quam Henricus IX rex eidem cœnobio tradidit.

Et quæcunque bona ipsi monasterio ab aliis fidelibus de suo jure oblata sunt, aut in futurum offerri, vel aliis justis modis acquiri contigerit, vobis vestrisque successoribus regulariter degentibus quieta et integra permanere sancimus. Sane advocatis quibus pro tempore monasterii advocatia commissa fuerit interdicimus ne alium sub se advocatum constituant, neque de rebus ad stipendia conferendis, neque de his quæ pro justitiis persolvuntur amplius exigant, quam supradicti Annonis archiepiscopi deliberatione provisum est. Decernimus ergo ut nulli omnino hominum liceat idem monasterium temere perturbare, aut ejus possessiones auferre, vel ablatas retinere, minuere, vel temerariis vexationibus fatigare, sed omnia integra conserventur eorum pro quorum sustentatione et gubernatione concessa sunt, usibus omnimodis profutura. Si qua igitur in futurum ecclesiastica sæcularisve persona, hanc nostræ constitutionis paginam sciens, contra eam temere venire tentaverit, secundo tertiove commonita, si non satisfactione congrua emendaverit, potestatis honorisque sui dignitate careat, reamque se divino judicio existere de perpetrata iniquitate cognoscat, et a sacratissimo corpore et sanguine Dei et Domini Redemptoris nostri Jesu Christi aliena fiat, atque in extremo examine districtæ ultioni subjaceat. Cunctis autem eidem loco justa servantibus sit pax Domini nostri Jesu Christi, quatenus et hic fructum bonæ actionis percipiant, et apud districtum judicem præmia æternæ pacis inveniant. Amen.

Scriptum per manum Rainerii scriniarii regionarii et notarii sacri palatii.

Ego Paschalis catholicæ Ecclesiæ episcopus.

Datum Laterani per manum Joannis, sanctæ Romanæ Ecclesiæ diaconi cardinalis ac bibliothecarii, iv Kal. Decembris, indictione iii, Incarnationis Dominicæ anno 1109, pontificatus autem domni Paschalis secundi papæ anno xi.

CCLXXXVI.

Theodorico duci et Riquino electo Tullensi mandat ut monasterii Calmosiacensis adversarios sæculari et ecclesiastica censura ab oppressione monachorum repellant.

(Anno 1109. Vide Scheri librum *De primordiis monasterii Calmosiacensis* ap. Martene, *Thesaur. Anecd.* t. III, 1191.)

CCLXXXVII.
Ad Henricum abbatem S. Vedasti.
(Anno 1109.)
[BALUZ., *Miscell.* edit. Luc. II, 150.]

PASCHALIS episcopus, servus servorum Dei, dilecto filio HENRICO abbati Sancti Vedasti, salutem et apostolicam benedictionem.

Rumor quem de te nuper audivimus lætitiam nobis non modicam attulit. Audivimus enim quod assumptis de Cluniacensi congregatione fratribus monasterii tui mores corrigere et religioni studere jam cœperis : quod nimium religiosos viros qui te noverunt lætificant. Monemus itaque et rogamus ut in eo quod cœpisti constanter insistas et religionis studium ad finem bonum perducere sollicitius elabores.

CCLXXXVIII.
Ad Geveardum Constantiensem episcopum. — De communicantibus cum excommunicatis, et quomodo recipiantur hæretici.
(Anno 1101-1110, Febr. 6.)
[MANSI, *Concil.*, XX, 1085.]

PASCHALIS episcopus, servus servorum Dei, venerabili fratri BEARDO Constantiensi episcopo, salutem et apostolicam benedictionem.

Quæstionum quas ad nos misisti latebras tuam credimus præsentiam non latere. Cæterum quia super his per apostolicam sedem postulas certius informari quod doctrinæ sanitas habeat, respondemus. Excommunicatis enim communicare in his quæ a sacris sunt inhibita canonibus nullo modo sit licitum. Et voluntate quidem communicantes, sive sint monachi, sive sint alii, ejusdem reatus flagitio involvuntur. Qui vero aut ignari aut inviti necessitate communicant, licet in oculis hominum contagio polluantur, non tamen propter hoc reos in conspectu æterni judicis arbitramur. Porro excommunicatorum cadavera de sanctorum basilicis projiciantur, quia eorum putores ad superna conscendunt, sicut quartus Dialogorum beati Gregorii liber indicat, et sanctorum ipsorum revelatione didicimus ; ideoque dum ea illic continentur, cessandum a divinis officiis arbitramur. De confecto ab hæreticis chrismate vel oleo ratio suggerit ut pro divinæ invocationis reverentia inter Ecclesiam debeat concremari. Ab ipsis hæreticis venientes ita omnino recipiantur, sicut antiquitus recipiendos vel receptos fuisse sanctorum prædecessorum nostrorum Leonis et Gregorii monumenta declarant.

Datum Laterani VII Idus Februarii.

CCLXXXIX.
Privilegium de mercato et de cœna quæ dabatur in duabus festivitatibus S. Remigii, item de immunitate istius Ecclesiæ.
(Anno 1110, Jan. 3.)
[VARIN, *Archives administ. de la ville de Reims*, tom. IV, p. 255.]

PASCHALIS episcopus, servus servorum Dei, dilecto in Christo filio AZENARIO abbati venerabilis monasterii Sancti Remigii quod secus urbem Remensem situm est, ejusque successoribus regulariter promovendis, in perpetuam rei memoriam.

Sicut injusta poscentibus nullus est tribuendus effectus, *et cætera quæ ad verbum legere est in bulla anni 1107, supra col. 216 ; loca in quibus nonnihil variat indicant notæ bullæ priori subjectæ.*

CCXC.
Privilegium pro monasterio S. Mariæ Florentinæ.
(Anno 1110, Jan. 9.)
[LAMI, *Eccles. Florent., Monum.*, II, 1182.]

PASCHALIS episcopus, servus servorum Dei, dilecto filio BENEDICTO abbati monasterii Sancti Miniatis ejusque successoribus regulariter substituendis in perpetuum.

Piæ postulatio voluntatis effectu debet prosequente compleri, quatenus et devotionis sinceritas laudabiliter enitescat, et utilitas postulantis vires indubitanter assumat. Quia igitur dilectio tua ad sedis apostolicæ portum confugiens ei tuitionem devotione debita requisivit, nos supplicationi tuæ clementer annuimus, et beati Miniatis martyris monasterium, cui Deo auctore præsides, apostolicæ sedis auctoritate munimus. In quo nimirum monasterio ipsius sancti martyris Miniatis et aliorum multorum martyrum corpora requiescunt. Confirmamus itaque vobis et eidem monasterio montem Regis, in quo prædicti martyris ecclesia posita est, cum omni pertinentia ejusdem curtis et campum Martii ; et Bisarnum a flumine Arno usque ad viam publicam ; ecclesiam sanctæ Mariæ Albuini sitam in Alberita cum omnibus pertinentiis suis ; ecclesiam Sancti Petri sitam in Camullia cum hospitali et omnibus pertinentiis suis. Et curtem de Sicignano, quam dedit eidem monasterio Ugo filius Gerardi et uxor ejus Mandolla, et quod ei donatum fuit a Gerardo filio Aldeprandi. Cæteras quoque ecclesias, castra, villas et alias possessiones, quas Ildebrandus, Lambertus, Attho et Gerardus, episcopi Florentiæ, imperatores, reges, principesque catholici vel alii fideles de suo jure ipsi monasterio contulerunt. Decernimus ergo ut nulli omnino hominum liceat idem monasterium temere perturbare, aut ejus possessiones auferre, vel ablatas retinere, minuere, vel temerariis vexationibus fatigare, sed omnino integra conserventur eorum pro quorum sustentatione ac gubernatione concessa sunt, usibus omnimodis profutura ; salva Florentini episcopi canonica reverentia. Si qua ecclesiastica sæcularisve persona hanc nostræ constitutionis paginam sciens contra eam venire tentaverit, secundo tertiove commonita, si non satisfactione congrua emendaverit, potestatis honorisque sui dignitate careat, reamque se divino judicio existere de perpetrata iniquitate cognoscat, et a sacratissimo corpore et sanguine Dei et Domini Redemptoris nostri Jesu Christi aliena fiat, atque in extremo examine divinæ ultioni subjaceat. Cunctis autem eidem loco justa servantibus sit pax Domini nostri Jesu Christi, quatenus et hic fructum bonæ actionis suscipiant, et apud districtum judicem præmia æternæ pacis inveniant. Amen, amen.

Scriptum per manum Rainerii scriniarii et notarii sacri palatii.

Ego Paschalis catholicæ Ecclesiæ episcopus.

Datum Laterani per manum Joannis, sanctæ Romanæ Ecclesiæ diaconi cardinalis ac bibliothecarii, v Idus Januarii, indictione III, Incarnationis Dominicæ an. 1110, pontificatus autem domni Paschalis secundi papæ XI.

CCXCI.

Diœcesis Soranæ fines, Ecclesiæque possessiones, rogante Goffrido episcopo, confirmat

(Anno 1110, Febr. 9.)

[UGHELLI, *Italia sacra*, I, 1245.]

PASCHALIS episcopus, servus servorum Dei, venerabili fratri GOFFRIDO Sorano episcopo, ejusque successoribus... Populum.

Sicut injusta petentibus nullus est tribuendus effectus... petitioni tuæ, frater in Christo charissime, præsentibus annuentes, ad perpetuam S. Soranæ Ecclesiæ pacem ac stabilitatem præsentis decreti stabilitate sancimus, ut universi parochiæ fines, qui a parochianis ante, cum juribus suis usque hodie possessi sunt, ita omnino integre tam tibi quam tuis successoribus in perpetuum conserventur; qui videlicet fines versus fundum et cryptam latronis, inde in terminum cetininam, inde intro, et inde... Soranam, inde in Sangrum, inde in vallem Regiam, inde in Afedenam, inde in Vestiam, inde in Saviram Anistri, inde in Petram Rectam, inde in Coaciam, inde in Sulfuratum, inde in Pontem Fractum, inde in Montem Cornetum, inde in Campum Rontium...... inde in Petram Malam, inde in terram de Piro, inde reditum ad præscriptum collem. Intra quos fines in oppidis omnibus, et villis, et monasteriis, et ecclesiis tibi tuisque successoribus jus episcopale sancimus... Cum itaque proprietario jure ad Soranam Ecclesiam pertinere noscuntur, tibi, tuisque successoribus... quieta semper et integra permanere decernimus... Castellum Insulæ cum omnibus pertinentiis suis, ecclesiam S. Laurentii, et... ecclesiam S. Pauli in Campo, in Arpino plebem S. Mariæ, et plebem S. Archangeli: in Castello... ecclesiam S. Mariæ, in Sora plebem S. Restitutæ, ecclesiam S. Laurentii, ecclesiam S. Luciæ, ecclesiam S. Viti in Carpello, ecclesiam S. Petri... duo molendina in flumine Liridi, et unum in Carnello, in valle Sorana ecclesiam S. Petri; et S. Donati... plebem S. Mariæ, ecclesiam S. Savini... ecclesiam S. Mariæ de Campo, S. Urbani, ecclesiam S. Mariæ de... ecclesiam, S. Mariæ de Picenisti in Atino, ecclesiam S. Mariæ, S. Petri, S. Sylvestri, S. Mauri, S. Angeli de.., tria molendina in flumine Melfi cum suis pertinentiis. Item extra Atinum ecclesiam S. Marciani. Decernimus ergo ut nulli omnino hominum liceat eamdem ecclesiam temere vexare, perturbare, et possessiones auferre, vel ablatas retinere, minuere, vel temerariis vexationibus fatigare, sed omnia integre observentur, etc.

Ego Paschalis catholicæ Ecclesiæ episcopus.

Dat. Laterani per manum Joannis, S. Rom. Ecclesiæ diac. card. ac bibliothecarii, v Id. Februar., ind. III, Incarn. Dom. an. 1110, pont. autem D. Paschalis II PP. an. undecimo.

CCXCII.

Confirmatio dotationis et bonorum monasterii Sancti Benigni Fructuariensis.

(Anno 1110, Mart. 13.)

[GUICHENON, *Hist. génér. de la maison de Savoie*, II, 24.]

PASCHALIS episcopus, servus servorum Dei, dilecto filio ALMEO Fructuariensis monasterii abbati, et monachis, salutem et apostolicam benedictionem.

Religiosis desideriis dignum est facilem præbere consensum ut fidelis devotio celerem sortiatur effectum. Agnes siquidem comitissa, Petri marchionis filia, quæ derelicto sæculo monasterii quietem elegit, medietatem villæ novæ monasterio vestro contulit, cum omni integritate, ac libertate, qua eam ipsa tenuerat. Quam collationem nostra petiit auctoritate firmari. Proinde nos illius, et vestris per confratrem nostrum Mainardum Taurinensem episcopum precibus annuentes præsenti decreto sancimus, ut eadem villæ novæ medietate semper in monasterii vestri possessione permaneat, idipsum de villa Falæ constituimus, cujus medietatem unam ex oblatione Arditionis marchionis, qui per Dei gratiam in vestro monasterio conversus est, alteram vero ex venditione fratris ejus Mansfredi marchionis, ad vestri cœnobii jus pertinere cognovimus. Nemini ergo liceat, vel illam villæ novæ medietatem, vel integritatem villæ Falæ, a monasterii vestri possessione subtrahere, aut aliquibus ingeniis alienare, sed omnia congregationi vestræ, sicut a supradictis personis tradita sunt, ita semper quieta et integra in vestro vel successorum vestrorum usu et gubernatione inconvulsa proprietate permaneant; si quis autem, quod absit! hujus decreti nostri paginam sciens temerarie contraire tentaverit, honoris ac officii sui periculum patiatur, vel excommunicationis ultione plectatur, nisi præsumptionem suam digna satisfactione correxerit.

Ego Paschalis catholicæ Ecclesiæ episcopus SS.

Datum Laterani per manum Joannis diaconi cardinalis, III Idus Martii, indictione III.

CCXCIII.

Ecclesiæ Scyllacensis libertatem, privilegia, possessiones, petente Petro episcopo, confirmat.

(Anno 1110, April. 5.)

[UGHELLI, *Italia sacra*, IX, 429.]

PASCHALIS episcopus, servus servorum Dei, venerabili fratri PETRO Squillacen. episcopo, ejusque successoribus canonice promovendis in perpetuum.

Apostolicæ sedis nos compellit auctoritas pro Ecclesiarum statu sollicitos esse, prava corrigentes, et quæ recta sunt stabilire. Constat siquidem Squillacenam, cui auctore Domino pastor es per nos institutus, Ecclesiam prioribus longe temporibus specialiter sub apostolicæ sedis jure mansisse, sicut verum indagantibus per authentica beati Gregorii scripta monstratur. Quia ergo Deo auctore per strenuissimorum fratrum Roberti quondam nobilis memoriæ ducis, Rogerii comitis labores atque victorias tam ex illa, quam ex cæteris Calabrorum Ecclesiis, Græcorum tyrannica cessavit invasio. Nos prædecessoris nostri Urbani papæ II vestigiis insistentes, Squillacensem Ecclesiam sub speciali jure sanctæ sedis apostolicæ confoventes, statuimus, et temporibus perpetuis observandum censemus, ut sicut tu, ita et tui deinceps successores per manum semper Romanorum pontificum consecrentur. Ad hæc adjicimus infra fluvium ambitus, sicut ex superioribus montibus torrentes in Crocleam, et Alarum fluvios, et iidem fluvii in Adriaticum mare defluunt, ea quæ in conspectu fratrum nostrorum episcoporum Siciliæ omnium, et Calabriæ quorumdam coram prædicto Rogerio comite, et a veteranis, et multorum temporum testibus ad Squillacensem Ecclesiam ex antiquo pertinuisse juxta præceptum ejusdem prædecessoris nostri Urbani II probata sunt, ea nihilominus quæ Squillac. Ecclesiæ beatus legitur Gregorius consuluisse, firma semper et integra in tua tuorumque successorum et ipsius Eccl. possessione permaneant; porro colonos, seu prædia de Palæopoli, sive Roccella, quæ Adelais comitissa cum filio Rogerio pro redemptione animæ supradicti comitis Rogerii Squillacen. Ecclesiæ tradidit, nos eidem Ecclesiæ cum oratorio Sanctæ Mariæ, quod illic situm est, jure proprietario confirmamus. Præterea quidquid in futurum liberalitate principum, vel oblatione fidelium juste atque canonice poterit adipisci, illibatum ipsi perpetua stabilitate servetur. Decernimus ergo ut nulli omnino hominum liceat eamdem Ecclesiam temere perturbare, aut ejus possessiones auferre, vel ablatas retinere, minuere, vel temerariis vexationibus fatigare; sed omnino integra conserventur eorum, pro quorum sustentatione et gubernatione concessa sunt, usibus omnimodis profutura. Si qua sane ecclesiastica sæcularisve persona hanc nostræ constitutionis paginam sciens, contra eam temere venire tentaverit, secundo tertiove commonita, satisfactione integra non emendaverit, honoris sui dignitate careat, reamque se divino judicio existere de perpetrata iniquitate cognoscat, et a sacratissimo corpore et sanguine Dei et Redemptoris nostri Jesu Christi aliena sit, atque in extremo examine districtæ ultioni subjaceat. Cunctis autem eidem Ecclesiæ jura servantibus sit pax Domini nostri Jesu Christi, quatenus et hic fructus bonæ actionis percipiant, et apud districtum judicem præmia æternæ pacis inveniant. Amen, amen.

Datum Later. per manum Joannis S. R. E. diac. cardinalis ac bibliothecarii, Nonis Aprilis, ind. III, Incarnat. Domin. anno millesimo centesimo decimo, pontificatus autem dom. Paschalis II papæ anno XI.

CCXCIV.
Privilegium pro ecclesia Sancti Christophori de Phalempin.
(Anno 1110, April. 9.)
[Miræus, *Opp. Diplom.*, III, 317.]

Paschalis episcopus, servus servorum Dei, dilecto in Christo Lamberto abbati, et ejus fratribus in ecclesia S. Christophori de Phalempin canonicam vitam professis, eorumque successoribus in perpetuum.

Devotionem vestram ex venerabilium fratrum Joannis Morinensis, et Baldrici Noviomensis episcoporum relatione cognovimus, quia in ecclesia de Phalempin ad regularis disciplinæ observantiam largiente Domino concaluistis. Religiosorum etiam conjugum Rogerii et Ogivæ desiderium percepimus, qui locum vestrum omnipotestatis suæ jugo liberum facientes, canonicos illic secundum B. Augustini regulam ordinari desideraverunt. Nos igitur et illorum voto, et fratrum nostrorum, quæ prænominati sunt, episcoporum petitionibus annuentes, vitæ canonicæ ordinem, quem professi estis, in eodem loco in perpetuum conservandum auctoritatis apostolicæ robore stabilimus.

Quam ob rem statuimus ut quæcunque prædia, quæcunque bona, vel ab ipsius ecclesiæ fundatoribus, vel a supradictis conjugibus, vel a quibuscunque fidelibus Dei suo jure in eamdem ecclesiam oblata sunt, vel in posterum offerri contigerit, vobis vestrisque successoribus firma semper et quieta permaneant.

Præcipimus itaque et penitus interdicimus ne pro chrismate, pro catechumenorum vel confirmandorum oleo, vobis a decano, seu cæteris matricis ecclesiæ clericis, molestia inferatur.

Concedimus etiam vobis in ecclesia parochiæ vestræ presbyterum ad regendam parochiam constituere, salva tamen Tornacensis episcopi reverentia, etc.

Datum Laterani, Incarnationis Domini anno 1110, indictione III, v Idus Aprilis, pontificatus nostri anno XI.

CCXCV.
Privilegium pro monasterio S. Petri Mellicensis.
(Anno 1110, April. 16.)
[Hueber, *Austria ex archivis Mellicensibus illustrata.* Lipsiæ, 1722, fol. p. 3.]

Paschalis episcopus, servus servorum Dei, dilecto filio Sigiboldo abbati monasterii Sancti Petri de Medlick, ejusque successoribus regulariter substituendis in perpetuum.

Religiosis desideriis dignum est facilem præbere consensum, ut fidelis devotio celerem sortiatur effectum. Luipaldus siquidem marchio beati Petri ecclesiam et monasterium a parentibus suis ædificatum in loco Medlick, in parochia Pataviensi, et sub patronatus sui jure possessionem beato Petro et sanctæ Romanæ Ecclesiæ obtulit sub ejus tuitione perpetuo confovendum. Quamobrem religiosis ejus desideriis annuentes juxta postulationem confratris nostri Udalrici Pataviensis episcopi monasterium ipsum sub tutela apostolicæ sedis suscipimus, et decreti præsentis auctoritate munimus. Statuimus etiam ut quæcunque prædia, quæcunque possessiones, sive ecclesias cum decimarum oblationibus præfati principes Luipaldus et pater ejus Luipaldus, et cæteri parentes ejus, seu alii fideles de suo jure ipsi monasterio contulerunt, vel in futurum concessione pontificum, liberalitate principum, oblatione fidelium offerri, vel aliis justis modis acquiri contigerit, firma tibi tuisque successoribus et illibata permaneant. Obeunte te nunc loci abbate, vel tuorum quibuscunque successorum, nullus ibi qualibet subreptionis astutia seu violentia præponatur, nisi quem fratres communi consensu, vel fratrum pars consilii sanioris secundum Dei timorem, et beati Benedicti Regulam elegerint a Romano pontifice consecrandum. Porro circummanentium abbatum subire judicium non cogamini, nisi forte illorum, qui ad sedis apostolicæ proprietatem pertinent, cum ecclesiasticæ necessitatis causa exegerit; chrisma, oleum sanctum, consecrationes altarium, sive basilicarum, ordinationes monachorum, qui ad sacros ordines fuerint promovendi, a Pataviensi accipietis episcopo, si quidem gratiam atque communionem apostolicæ sedis habuerit, et si ea gratis ac sine pravitate voluerit exhibere; alioquin liceat vobis catholicum quem malueritis adire antistitem, et ab eo consecrationum sacramenta suscipere, qui apostolicæ sedis fultus auctoritate, quæ postulantur, indulgeat. Laicos sane seu clericos sæculariter viventes ad conversionem suscipere nullius episcopi vel præpositi contradictio vobis inhibeat. Sepulturam quoque ejusdem loci, omnino liberam decernimus, et eorum qui illic sepeliri deliberaverint, devotioni et extremæ voluntati, nisi forte excommunicati sint, nullus obsistat. Advocatus autem ejusdem loci Luipaldus marchio maneat, vel ejus hæres, quicunque in posterum marchiam obtinuerit. Verumtamen nec illis, neque alicui prorsus hominum liceat in eodem monasterio vel in bonis ejus quidquam sibi temere vindicare, aut ejus possessiones auferre, vel ablatas retinere, minuere, vel temerariis vexationibus fatigare, sed omnia integra conserventur eorum, pro quorum sustentatione et gubernatione concessa sunt, usibus omnimodis profutura. Ad indicium autem susceptæ a Romana Ecclesia exemptionis, aureum unum quotannis singulis Lateranensi palatio persolvetis. Si qua igitur in futurum ecclesiastica sæcularisve persona hanc nostræ constitutionis paginam sciens, contra eam temere venire tentaverit, secundo tertiove commonita, si non satisfactione congrua emendaverit, potestatis honorisque sui dignitate careat, reamque se divino judicio existere de perpetrata iniquitate cognoscat, et a sanctissimo corpore ac sanguine Dei et Domini Redemptoris nostri Jesu Christi aliena fiat, et in extremo examine, districtæ ultioni subjaceat. Cunctis autem eidem loco justa servantibus sit pax Domini nostri Jesu Christi, quatenus et hic fructum bonæ actionis suscipiant, et apud districtum judicem, præmia æternæ pacis inveniant. Amen.

Datum Laterani per manum Joannis, sanctæ Romanæ Ecclesiæ diaconi cardin. ac bibliothecarii, xvi Kal. Maii, indict. iii, Incarnat. Domini anno 1110, pontificatus autem domni Paschalis secundi papæ anno xi.

CCXCVI.

Ecclesiæ S. Jacobi Compostellanæ possessiones, Didaco episcopo petente, confirmat.

(Anno 1110, April. 21.)

[FLOREZ, *España sagrada*, XX, 85.]

P. episcopus, servus servorum Dei, venerabili fratri DIDACO Compostellanæ Ecclesiæ episcopo ejusque successoribus canonice promovendis in perpetuum.

Sicut injusta poscentibus nullus est tribuendus effectus, sic legitima desiderantium non est differenda petitio. Tuis ergo, frater in Christo charissime, petitionibus annuentes quas per fideles Ecclesiæ vestræ filios Gaufridum Ecclesiæ vestræ archidiaconum, et Petrum presbyterum Capellanum suggessistis, ad perpetuam sanctæ Compostellanæ Ecclesiæ pacem ac stabilitatem pro B. Jacobi apostoli reverentia præsentis decreti stabilitate sancimus, ut universa quæ ad ejusdem B. Jacobi ecclesiam, in qua nimirum ejus corpus requiescere creditur, proprietario jure intra vestram parochiam pertinent, sicut ex supradictorum fratrum relatione didicimus; quieta omnino et integra vobis vestrisque successoribus in perpetuum conserventur, videlicet terra de Superato, Dormiana, Bavegium, Coronatum, Mercia, archipresbyteratus S. Pelagii de Circitello, Mons Sacer, Taberiolus, terra Montium usque ad Avium, Morracium, Salniense, terra Termarum, terra de Arcubus, Iriense, Pistomarcus, Amaheæ et alii montes, Prucios, Trasancos, Lovacencos, Arros, Nemitos, Bisancos, terra de Faro, Coporos, Celticos, Brecantinos. In montanis duo archipresbyteratus, Dubria, Barcala, Salagia, Gentines, et cætera usque ad Oceanum, sicut in scriptis ejusdem ecclesiæ continentur. Confirmamus etiam vobis quæ a rege memoriæ nobilis Ildefonso et a sororibus ejus, Geloyra videlicet atque Urraca, et a supradicti regis genero comite Raimundo et ejus conjuge Urraca ejusdem regis filia B. Jacobo et ejus ecclesiæ chirographis seu testamentis legitimis oblata sunt, videlicet monetam Compostellanæ civitatis, monasteria Pilonium et Branderizium, ecclesia S. Mametis cum omnibus pertinentiis eorum, domos in civitate Compostellana. Confirmamus etiam vobis oppida, seu prædia, quæ a superioribus Hispanorum regibus data sunt, videlicet Honestum, Farum, castellum S. Mariæ de Lanciata cum pertinentiis eorum, ecclesiæ SS. Victoris et Fructuosi, et villam Cornelianam in Portugalensi pago cum pertinentiis suis. Decernimus itaque ut nulli et omnino hominum liceat eamdem ecclesiam temere perturbare, aut ejus possessiones auferre, minuere vel temerariis vexationibus fatigare, sed omnia integra conserventur, eorum pro quorum gubernatione et sustentatione concessa sunt, usibus omnimodis profutura. Si qua igitur in futurum ecclesiastica sæcularisve persona, hanc nostræ constitutionis paginam sciens, contra eam temere venire tentaverit, secundo tertiove commonita, si non satisfactione congrua emendaverit, potestatis honorisque sui dignitate careat, reamque se divino judicio existere de perpetrata iniquitate cognoscat, et a sacratissimo corpore ac sanguine Dei et Domini Redemptoris nostri Jesu Christi aliena fiat, atque in extremo examine districtæ ultioni subjaceat. Cunctis autem eidem loco justa servantibus sit pax Domini nostri Jesu Christi, quatenus et hic fructum bonæ actionis percipiant, et apud districtum judicem præmia æternæ pacis inveniant.

Datum Laterani per manum Joannis, sanctæ Romanæ Ecclesiæ diaconi cardinalis ac bibliothecarii, xi Kal. Maii, indict. iii, Incarnationis Dominicæ anno 1110, pontificatus autem domini Paschalis secundi papæ anno xi.

CCXCVII.

D[idaco] episcopo Compostellano scribit dolere se de Ecclesiarum Hispanicarum angustiis.

(Anno 1110, April.)

[Florez, España sagrada, XX, 86.]

P. episcopus, servus servorum Dei, venerabili fratri D. Compostellano episcopo, salutem et apostolicam benedictionem.

Oppressiones et angustiæ quas in partibus vestris Ecclesia patitur, gravi cor nostrum mœrore afficiunt : unde et omnipotentem Dominum ut vobis subvenire dignetur oramus, et vos ipsos monemus ut strenuos viros ad defensionem Ecclesiæ suscitare curetis. Petitionem quam nobis tam vestra quam ex cleri et populi parte, Ecclesiæ vestræ filii G. archidiaconus et Petrus capellanus, qui ad nos missi sunt, suggesserunt, ad præsens implere non possumus, sicut idem nuntii vobis poterunt vivis vocibus intimare. Cæterum id vos indubie scire volumus, quia nos exaltationi vestræ Ecclesiæ congaudemus. Cupimus enim eam competenter pro B. Jacobi meritis honorare.

CCXCVIII.

Ad D[idacum] episcopum Compostellanum. — De ecclesia S. Michaelis P[etro] capellano restituenda.

(Anno 1110, April.)

[Florez, España sagrada, XX, 87.]

P. episcopus, servus servorum Dei, venerabili fratri D. Compostellano episcopo, salutem et apostolicam benedictionem.

Filius noster P. Ecclesiæ vestræ capellanus adversus Suarium conqueritur quod, sæcularibus potestatibus usus, ecclesiam S. Michaelis quæ in civitate vestra sita est, ei violenter abstulit; unde quid in canonibus cautum sit, non ignorat fraternitas tua. Mandamus itaque dilectioni tuæ ut cum convenias, quatenus ei prædictam ecclesiam restituat et quiete tenere permittat; alioquin canonica sententia feriatur, et ecclesia ipsa interdicatur.

CCXCIX.

Ad Godfridum abbatem Sancti Maxentii. — Ejus cœnobium in sanctæ sedis tutelam recivit.

(Anno 1110, April. 27.)

[Mansi, Concil., XX, 1035.]

Paschalis episcopus, servus servorum Dei, dilecto in Christo domno Gofrido abbati venerabilis monasterii Sancti Maxentii adjutoris, ejusque successoribus regulariter promovendis in perpetuum.

Piæ postulatio voluntatis effectu debet prosequente compleri, quatenus et devotionis sinceritas laudabiliter enitescat, et utilitas postulata [*add.* vires] indubitanter assumat. Quia igitur dilectio tua ad sedis apostolicæ portum confugiens, ejus tuitionem devotione debita requisivit, nos supplicationi tuæ clementer annuimus, et Beati Maxentii monasterium cui auctore Deo præsides, et tam ei adjacentem villam quam cætera omnia ad ipsum pertinentia sub tutelam apostolicæ sedis recipimus. Per præsentis igitur privilegii paginam apostolica auctoritate statuimus, ut quæcunque prædia, quascunque possessiones in præsenti tertia indictione idem monasterium legitime possidet, sive in futurum concessione pontificum, liberalitate principum vel oblatione fidelium juste atque canonice poterit adipisci, firma tibi tuisque successoribus et illibata permaneant, in quibus hæc visa sunt propriis vocabulis adnotanda, etc. De quibus nimirum terris Pictaviensium sol. v quotannis Lateranensi palatio persolvetis. Ergo nulli omnino hominum liceat idem monasterium temere perturbare, aut ejus possessiones auferre, vel ablatas retinere, minuere, vel temerariis vexationibus fatigare, sed omnia integra conserventur eorum pro quorum sustentatione et gubernatione concessa sunt, usibus omnimodis profutura. Sed neque interdictione vel excommunicatione ipsum monasterium addicatur, nisi forte pro ditioribus, cubi . . . . . quas vel abbas, vel monachi emendare contempserint : nec ipsi tamen excommunicatos, aut interdictos ad officium divinum suscipiant : nec in communi parochiæ interdicto signa pulsentur. Obeunte tamen te ejus loci abbate, vel tuorum quolibet successorum, nullus ibi quilibet ex subreptionis astutia seu violentia præponatur, nisi quem fratres eorum consensu, vel fratrum pars consilii sanioris, vel de suo vel de alieno si oportuerit collegio, secundum Dei timorem, et beati Benedicti Regulam elegerint. Si quis igitur in crastinum archiepiscopus aut episcopus, imperator aut rex, princeps aut dux, comes, vicecomes, judex aut ecclesiastica quælibet sæcularisve persona hanc nostræ constitutionis paginam sciens, etc., *ut in aliis nonnullis epistolis.*

Scriptum per manum Rainerii scriniarii regionarii sacri palatii.

Ego Paschalis catholicæ Ecclesiæ episcopus.

Datum Romæ in porticu Beati Petri, per manum Joannis S. R. E. diaconi cardin. ac bibliothecarii, v Kal. Maii, Incarnation. Domini 1110, pontificatus autem domni Paschalis II papæ anno XI.

CCC.

Ad Petrum Pictaviensem episcopum. — Hugonem de Liciniaco commoneat ut injurias monasterio S. Maxentii illatas emendare non differat.

(Anno 1110.)

[Dom Bouquet, *Recueil*, XV, 46.]

Paschalis episcopus, servus servorum Dei, venerabili fratri P[etro] Pictaviensi episcopo, salutem et apostolicam benedictionem.

Hugonem de Liciniaco, quia B. Petri fidelem novimus, specialius diligimus; sed neque R. Petrus fidelitatem contra ecclesiarum sibi commissarum fidelitatem recipit, neque nos dilectionem contra Deum possumus exhibere. Ipsum igitur efficaciter commone ut injurias quas monasterio S. Maxentii irrogat, corrigere et emendare non differat, ne longi temporis labores quos Deo (70*) exhibuisse creditur, parva occasione destruat. Alioquin infra duos menses postquam has litteras acceperis, canonico eum mandamus judicio coerceri.

CCCI.

Ad Petrum Pictaviensem episcopum. — Plures ei causas monasterii S. Maxentii judicio suo dirimendas committit, ac terras Romanæ Ecclesiæ censuales eidem commendat.

(Anno 1110.)

[Dom Bouquet, *Recueil*, XV, 46.]

Paschalis episcopus, servus servorum Dei, venerabili fratri P[etro] Pictavorum episcopo, salutem et apostolicam benedictionem.

Lator præsentium G[offridus] (71) abbas Sancti Maxentii multa per Hugonem de Liciniaco auferri suo monasterio queritur. Causam etiam cum abbate Casæ Dei se dicunt habere pro ecclesiis Gozenogili (Gazeneuil); cum abbate etiam S. Severini pro ecclesiis Lesaii vel Berlaum. Etiam de Mostarolo monasterium suum gravari conqueritur, et per Simonem de Werruca, et per Thebaudum Meschinum, et alios plures. Tuæ igitur fraternitati præcipimus ut tam de his quam de aliis monasterii querelis ei efficacem justitiam facias. Terram de Pampro et de Rigaudam, et S. Germerii, de qua Romanæ Ecclesiæ census annuus solvitur, tutelæ tuæ specialius commendamus.

CCCII.

Bulla S. Raymundo Barbastrensi episcopo directa.

(Anno 1110, Maii 2.)

[Florez, *España sagrada*, XLVI, 329.]

Paschalis episcopus, servus, etc., Raymundo Barbastrensi episcopo ejusque successoribus canonice substituendis in perpetuum.

(70*) Hugonem Liziniacensem anno 1101 cum Guillelmo comite Pictaviensi in Palæstinam profectum fuisse tradit Willelmus Malmesburiensis, tomo nostro XIII (i. e. apud D. Bouquet), p. 8.

(71) Goffridus, qui anno 1110 Roma bullam reportavit editam apud Beslium in Hist. comitum

Spiritu Domini docente, didicimus quia Dominus transfert regna et mutat tempora. Ipse quondam in Hispanis, juxta beneplacitum suum, Christianorum regna diffudit et rursum per Sarracenorum vel Moabitarum tyrannidem Christianorum peccata, juxta sua judicia, visitavit. Unde factum est ut episcopalis cathedra quæ Ilerdæ fuerat in montana transiret, in oppidum videlicet quod Rota dicitur. Inde rursum imminutis Moabitarum viribus proprius Ilerdam in Barbastre oppidum transfertur. Spes et Christianis certior per Dei gratiam nostro tempore facta est ut Ilerden urbem, Domino operante, recipiant. Et nos igitur Domini Dei nostri judicia prosequentes, præsenti decreto constituimus episcopalem cathedram, quæ hactenus Rotæ vel Barbastre habita est, ad Ilerdæ urbem in posterum referendam, cum eam omnipotens Dominus Christianorum restituerit potestati, conservatis nimirum montanis terminis, sicut a te vel a tuis prædecessoribus apud Rotam et Barbastrum habiti et possessi sunt, cum vallibus Belse et Gistau, cum abbatia Alaonis ac monasterio S. Martini de Cavallera, sicut in allodium Rotensi Ecclesiæ a regibus impetrata sunt. De aliis vero monasteriis intra eamdem parochiam sitis, debita tibi tuisque successoribus reverentia persolvatur, sicut tuis hactenus prædecessoribus soluta est. Confirmamus itaque vobis ecclesias de Balaguer et Tamarid et terras, quæ jam in Christianorum redactæ sunt ditione vel ecclesias, cum restitutæ fuerint, in Fraga et Zeidin et Ontimana. Omnes quoque decimas seu cæteras res ecclesiastici juris ad Ilerdæ circumstantiam pertinentes. Omnes ejusdem diœcesis fines qui in Christianorum redacti sunt vel fuerint potestate tuæ tuorumque successorum dispositioni, sicut superioribus temporibus, per apostolicæ memoriæ [Urbani] secundi prædecessoris nostri, per nostrum quoque privilegium constitutum est subjacere præcipimus, salva in omnibus apostolicæ sedis auctoritate. Decernimus ergo ut nulli hominum liceat vestram Ecclesiam temere perturbare aut ejus possessiones auferre vel abbatias retinere, minuere vel temerariis vexationibus fatigare, sed omnia integra conserventur, tam tuis quam successorum tuorum clericorum et pauperum usibus profutura. Si qua ergo ecclesiastica sæcularisve persona hanc nostræ sanctionis paginam sciens contra eam temere venire præsumpserit, secundo tertiove commonita, si non satisfactione congrua emendaverit, potestatis honorisque sui dignitate careat, reamque se divino judicio de perpetrata iniquitate cognoscat, et a sanctissimo corpore et sanguine Dei et Domini nostri Jesu Christi aliena fiat, atque in extremo examine districtæ ultioni subjaceat. Cæteris autem eidem Ecclesiæ jura servantibus sit pax Domini nostri Jesu Christi, quatenus et

---

Pictav., p. 431, et a Labbeo, t. X Concil. col. 679, (*est apud nos epist.* 299, *supra*) : « Datum Romæ in porticu Beati Petri, per manum Joannis sanctæ Romanæ Ecclesiæ, diac. cardin., v Kalend Maii, Incarnat. Dominicæ 1110, pontific. autem domni Paschalis II papæ anno XI. »

hic fructum bonæ actionis percipiant, et apud districtum judicem præmia æternæ pacis inveniant. Amen, amen, amen.

Scriptum per manum Joannis scriniarii regionarii ac notarii sacri palatii.

Ego Paschalis episcopus catholicæ Ecclesiæ SS. BE. V.

Datum Romæ in porticu B. Petri per manum Joannis, sanctæ Romanæ Ecclesiæ diac. cardinalis ac bibliothecarii, vi Nonas Maii, indic. ii, Incarnat. an. 1110, pontificatus autem domini Paschalis II, an. xi.

CCCIII.

Monasterium S. Vincentii Cupersanum tuendum suscipit ejusque possessiones ac privilegia confirmat.

(Anno 1110, Jul. 15.)

[UGHELLI, *Italia sacra*, VII, 703.]

PASCHALIS, servus servorum Dei, dilecto filio VINCENTIO abbati vener. monasterii S. Benedicti, quod in civitate Cupersani situm est, ejusque successoribus regulariter successuris in perpetuum.

Piæ postulatio voluntatis affectu debet prosequenti adimpleri, quatenus et devotionis sinceritas laudabiliter eniteseat, et utilitas postulata indubitanter vires assumat, quia dilectio tua ad sedis apostolicæ portum confugiens, ejus tuitionem devotione debita requisivit, nos supplicationi tuæ clementer annuimus, et B. Benedicti Cupersanense monasterium, cui Deo auctore præsides, sub tutela apostolicæ sedis excipimus. Præsentis igitur privilegii pagina apostolica auctoritate statuimus ut universa, quæ idem monasterium in præsenti tertia indictione legitime possidet, sive in futurum juste atque canonice poterit adipisci, firma tibi tuisque successoribus et illibata permaneant. Decernimus ergo ut nulli omnino hominum liceat eamdem Ecclesiam temere perturbare, aut possessionem auferre, vel ablatam retinere, minuere, vel temerariis vexationibus fatigare, sed omnia integra conserventur eorum, pro quorum sustentatione vel gubernatione concessa sunt, usibus omnimodis profutura. Obeunte te nunc ejus loci abbate, vel tuorum quolibet successorum, nullus tibi qualibet subreptionis astutia seu violentia præponatur, nisi quem fratres communi consensu, vel fratrum pars consilii sanioris, vel de suo, vel de alieno si oportuerit collegio, secundum Dei timorem et B. Benedicti Regulam elegerint. Chrisma, oleum sanctum, consecrationes altarium, sive basilicarum, ordinationes monachorum, qui ad sacros fuerint ordines promovendi, ab ipso, in cujus diœcesi estis, accipiatis, si quidem gratiam et communionem apostolicæ sedis habuerit, et si ea gratis et sine pravitate volueritis exhibere; alioquin liceat vobis catholicum quem malueritis adire antistitem, et ab eo consecrationem et sacramenta suscipere, qui apostolicæ sedis fultus auctoritate, quæ postulantur indulgeat. Porro nec episcopo, nec episcopi ministris facultas sit novas quaslibet exactiones ipsi loco indicere, aut gravamen inferre, aut in abbatem loci sine apostolicæ sedis censura manum depositionis extendere. Indicium autem perceptæ a Romana Ecclesia protectionis, dimidiam auri unciam quotannis Lateranensi palatio persolveus. Si quis igitur in crastinum archiepiscopus aut episcopus, imperator aut rex, princeps aut dux, comes, vicecomes, stratigo aut judex, ecclesiastica quælibet sæcularisve persona, hanc nostræ constitutionis paginam sciens contra eam temere venire tentaverit, secundo tertiove commonita, si non satisfactione congrua emendaverit, potestatis honorisque sui dignitate careat, reamque se divino judicio existere de perpetrata iniquitate cognoscat, et a sacratissimo corpore et sanguine Dei et Domini Redemptoris nostri Jesu Christi aliena fiat, atque in extremo examine districtæ ultioni subjaceat. Cunctis autem eidem loco justa servantibus sit pax Domini nostri Jesu Christi, quatenus et hic fructum bonæ actionis percipiant, et apud districtum judicem præmia æternæ pacis inveniant. Amen.

Ego Paschalis catholicæ Ecclesiæ episcopus.

Datum Beneventi per manum Joannis, S. R. E. cardinalis et bibliothecarii, Idibus Julii, indict. ii, Incarnationis Dominicæ anno 1110, pontificatus autem D. Paschalis II anno xi.

CCCIV.

Ecclesiæ Sonnebecaniæ possessiones et privilegia confirmat.

(Anno 1110, Oct. 16.)

[MIRÆUS, *Opp. diplom.* II, 1152.]

PASCHALIS episcopus, servus servorum Dei, dilecto in Christo filio LAMBERTO Sonnebeccensis ecclesiæ præposito, salutem et apostolicam benedictionem.

Ex Drogonis (72) venerabilis quondam Morinorum episcopi scripto comperimus, quod bonæ memoriæ Fulpodus una cum uxore sua Ramburga, avia tua, et post eos pater tuus Teobaldus Ecclesiæ sanctæ in Villa (73) Sonnebeccensi varia sui juris prædia contulerunt, unde septem canonicis stipendium providerentur. Ea igitur quæ a prædictis parentibus tuis eidem Ecclesiæ tradita sunt, altaria etiam quæ bonæ memoriæ Radbodus quondam Noviomensis episcopi ad eumdem locum contulit, scilicet de Ruslaer (74), de Nieuw-Kercka (75), et de Bevenslaer (76), et quæcumque a quibuscunque fidelibus de suo jure in eamdem ecclesiam oblata sunt vel in posterum

---

(72) Drogo, e monasterio Bertiniensi transmissus, ad instaurandam abbatiam S. Winoci Bergensem : inde vero electus episcopus Morinensis anno 1030, obiit anno 1078 prope Jubilanus.

(73) *Sonnbeck*, abbatia canonicorum regularium ordinis S. Augustini, duabus ab Ipa milliaribus ; quondam subdita fuit congregationi Arroasiensi.

(74) *Ruslaer*, jam dicitur Latine *Rollarium*, vulgo *Rousselaere*. Hujus loci abbas Sonnebecanus est de facto patronus et scholaster ; cura tamen pastorali per suos religiosos non fungitur ; quod ipsi in hae bulla concedebatur.

(75) *Nieuw-Kercka*, vulgo *Nieuwekercke*, est appendix altaris de Rousselaer, et in illo loco constituitur pastor ex religiosis Sonnebecanis.

(76) *Bevenslaer*, vulgo *Becclaere*. Hujus loci prædi-

offerri contigerint, in eorumdem canonicorum usus, firma semper et quieta permanere, servareque censemus.

Quidquid præterea munitionis seu libertatis prædictos frater noster Drogo eidem loco largitus est, nos præsentis decreti auctoritate sancimus; prohibentes ne quis minuere, subtrahere, vel modis quibuslibet alienare præsumat, sed omnia integra conserventur eorum pro quorum sustentatione et gubernatione concessa sunt, usibus omnimodis profutura.

Si quis autem, quod absit! huic nostro decreto, ausu temerario contraire tentaverit, honoris et officii sui periculum patiatur, aut excommunicationis ultione plectatur, nisi præsumptionem suam digna satisfactione correxerit.

Ita est subsignatum.

Ego Paschalis catholicæ Ecclesiæ episcopus.

Datum Laterani per manum Joannis, sanctæ Romanæ Ecclesiæ diaconi cardinalis ac bibliothecarii, xvii Kal. Nov., indictione iv, Incarnationis Dominicæ 1110, pontificatus autem domni Paschalis secundi papæ anno duodecimo.

CCCV.

Ecclesiæ S. Donatiani Brugensis possessiones confirmat.

(Anno 1110, Oct. 16.)
[Miræus, *ubi supra*, p. 26.]

Paschalis episcopus, servus servorum Dei, dilecto in Christo filio Bertulfo, Sancti Donatiani Brugensis præposito, ejusque successoribus canonice substituendis in perpetuum.

Officii nostri nos hortatur auctoritas pro ecclesiarum statu sollicitos esse, et quæ recte statuta sunt stabilire. Quamobrem nos petitionibus tuis clementer annuimus, et quæ temporibus nostris ad vestræ congregationis stipendium tradita sunt, vel quæ etiam ante nostra tempora a confratribus nostris episcopis concessa noscuntur, vobis vestrisque successoribus quieta manere sancimus, altare scilicet de sancta Cruce, altare de sancto Michaele et altaria de Orscamp, de Rhidervorde, de Wara, de Ema, de Dicasnuda, de Clare, de Widescate, de Eemla, de Dudezela, de Utkerka, de Clemskerka, de Artrika, et de Lophem. Decernimus itaque ut nemini liceat, vel hæc vel alia, quæ ad vestræ congregationis usus per Dei gratiam data vel danda sunt, minuere, vel subtrahere, vel modis quibuslibet alienare; sed omnia integra conserventur eorum pro quorum gubernatione ac sustentatione concessa sunt, usibus omnibus profutura. Si quis autem, quod absit! huic nostro decreto temerarie contraire tentaverit, honoris et officii sui periculum patiatur, nisi præsumptionem suam digna satisfactione correxerit.

Datum Laterani per manum Joannis, sanctæ Romanæ Ecclesiæ cardinalis ac bibliothecarii, xvii Kalendas Novembris, indictione iv, Incarnationis Dominicæ anno 1110, pontificatus autem domni Paschalis II, PP. anno xii.

CCCVI.

Ad Leodegarium Vivariensem episcopum. — Arguit eum quod ecclesiam S. Andeoli, canonicis S. Rufi ab eo traditam, eisdem a clericis suis auferri permittat.

(Anno 1110, Octobris 18.)
[Bouquet, *Rec.* XV, 47.]

Paschalis episcopus, servus servorum Dei, venerabili fratri Vivariensi episcopo, salutem et apostolicam benedictionem.

Non est episcopalis constantiæ justa vota frangere, et constitutiones rectas in nihilum revocare. Ecclesiam B. Andeoli fratribus S. Rufi pro eleemosyna et religione concesseras, et clericorum tuorum consensu firmaveras, sicut a fratribus ipsis accepimus, et litterarum tuarum lectione cognovimus. Nunc autem clericis tuis conniventiam parare conspiceris, cum per eos prædictis fratribus ecclesiam ipsam permittis auferri. Nos quidem concessionem factam canonice firmamus; te autem vehementer arguimus quia te in hoc prævaricatorem ostendisti. Tuæ igitur experientiæ per hæc scripta præcipimus constitutionem tuam integram ratamque custodias; si vero clerici tui, ut justi voti transgressores, pertinaciter contraire præsumpserint, tu eos magistri jure corrigere, et austeritate congrua studeas emendare; alioquin super vos apostolicæ sedis justitia dirigetur.

Datum Laterani, xv Kal. Novembris.

CCCVII.

Ad Didacum Compostellanum episcopum. — Monet ut Uraca regina, filia regis Castellæ, sub pœna privationis regni ab incestu, quem contraxit ineundo matrimonium cum Alphonso Aragoniæ rege, sibi in tertio gradu consanguinitatis conjuncto, desistat.

(Circa annum 1110.)
[Mansi, *Concil.*, XX, 1006.]

Paschalis episcopus, servus servorum Dei, venerabili fratri Didaco Compostellano episcopo, salutem et apostolicam benedictionem.

Ad hoc te omnipotens Deus populo suo præesse constituit, ut eorum peccata corrigas, et Domini annunties voluntates. *Et infra*: Stude igitur secundum datam tibi divinitus facultatem tantum incesti facinus, quod a regis filia perpetratum est, debita ultione corrigere: ut vel a tanta præsumptione desistat, vel Ecclesiæ consortio et sæculari potestate privetur, etc. (77).

---

ctus prælatus patronus est, non tamen religiosum constituit pastorem.

(77) Hæc tantum ex Paschalis papæ litteris descripta invenimus: cæterum cum non paruissent apostolicis jussis, Deum vindicem sunt experti. Uraca siquidem morte subitanea, per medium cum crepuisset, exstincta est, et Alphonsus in Sarracenico bello peremptus, prout uterque Rodericus affirmat.
Sev. Bin.

CCCVIII.

Ad Pontium abbatem et Cluniacenses monachos. — Reprehendit quod chrisma in monasterio suo consecrari fecerint.

(Circa annum 1110.)

[MANSI, *Concil.* XX, 1043, ex Severtii *Chronolog.*]

PASCHALIS episcopus, servus servorum Dei, dilectis filiis PONTIO abbati, seu monachis Cluniacensis monasterii, salutem et apostolicam benedictionem.

Confrater noster Berardus Matisconensis episcopus, partim rogatu nostro, partim probitate sua, erga prædecessorem tuum venerabilem Hugonem abbatem benigne se habuit : et cum Hierusalem iturus discessit, omnia inter vos et ipsum quiete ac pacifice habebantur. Cæterum post discessum ejus non parum jus Matisconensis Ecclesiæ perturbastis, quia, quod hactenus factum non est, in monasterio vestro chrisma consecrari fecistis. Hoc enim per episcopi personam exhibetur Ecclesiæ. Rogamus ergo dilectionem vestram ita hoc plena charitate corrigere, ita etiam in cæteris circa eum vos habere, ut inter vos præteritæ pacis vinculum arctius restringatur. Ipse enim plenius vos diligit, et a vobis plenius diligendus. Quamobrem præcipimus ne talia ulterius fiant. Non enim immemores sumus quanto studio quantaque instantia sategerimus ut firma inter vos et stabilis concordia permaneret. Quod idcirco firmum servari volumus et præcipimus, ne detrimentum ulterius Ecclesia patiatur. Orantes vos pro nobis misericordia divina custodiat.

CCCIX.

Ad canonicos Ecclesiæ Lucensis.

(Intra an. 1103-1111, Nov. 4.)

[BALUZ., *Miscell.* ed. Luc. IV, 586.]

PASCHALIS episcopus, servus servorum Dei, dilectis in Christo filiis canonicis Lucanæ Ecclesiæ, salutem et apostolicam benedictionem.

Gaudere multum debetis in Domino quod temporibus vestris in parochia vestra, videlicet Beati Fridiani ecclesia, illa conversationis apostolicæ primordia refloruere; quapropter congregationem ipsam propensius diligere, et pro facultatis vestræ modo fovere atque honorare debetis. Vestram ergo dilectionem litteris præsentibus excitamus, monentes ac præcipientes ut Beati Fridiani canonicos in dilectione Domini charius amplectamini, nec eis aut ipsi aliquam molestiam inferatis aut inferri ab aliis patiamini. Quod enim probationis et molestiæ, quod honoris et reverentiæ illis impenditis nobis ascribimus : illud sane quod adversus eos confrater vester archipresbyter fecisse dicitur admiramur. Quemdam enim conversum et post obedientiæ promissionem ad sæculi vanitates reversum, cum pro causa hac a supradicto priore excommunicatus fuisset, simulata absolutione illectus in apostasia siquidem permanens dum absolvi credidit, amplius obligatus est.

(78) In charta Balduini regis Hierosol. ap. Wilhelm. Tyr. l. xi, c. 12, data an. 1110 Gibelinus « in pa-

Ne quid ergo ulterius simile præsumatur interdicimus, nec eorum parochianos aut excommunicetis, aut præter eorum voluntatem ad pœnitentiam admittatis; sic eis in omnibus vos servate, ut quies eis opportuna permaneat, et plena inter vos charitas per Dei gratiam perseveret.

Datum Laterani, ii Nonas Novembris.

CCCX.

Ad parochianos ecclesiæ Frigdiani Lucensis.

(Intra an. 1103-1111, Nov. 4.)

[BALUZ., *ibid.*]

PASCHALIS episcopus, servus servorum Dei, dilectis filiis parochianis Ecclesiæ Sancti Fridiani, salutem et apostolicam benedictionem.

Devotionem vestram, quam erga Beati Fridiani ecclesiam geritis, jamdudum ex multorum relatione comperimus. Unde affectione debita congaudentes, gratias Deo referimus, et rogamus ut amorem suum in cordibus vestris sua dignetur gratia conservare. Vos autem sicut dilectum in Christo filium litteris præsentibus visitantes monemus, ut et deinceps in devotione ipsa et bono proposito, auxiliante Deo, firmiter maneatis, et loco illi consilii et auxilii vestri opem sic per Dei gratiam conferatis, quatenus et ibidem Domino servientes sustentationem habeant, et vos indulgentiam vestrorum obtinere mereamini peccatorum.

Datum Laterani, ii Nonas Novembris.

CCCXI.

Ad clerum et plebem Arelatensem. — Ut in locum Gibelini episcopi sui, Hierosolymam translati, alium eligant (78).

(Anno 1111, Jan. 2.)

[MANSI, *Concil.*, XX, 1003.]

PASCHALIS episcopus, servus servorum Dei, clero et populo Arelatensi, salutem et apostolicam benedictionem.

Pro negotiis et scandalis quæ in Hierosolymitana ecclesia fuerant, venerabilem fratrem nostrum Gibelinum, quondam ecclesiæ vestræ antistitem, ad partes illas cum nostra legatione direximus : cujus nimirum persona ita in omnibus placuit, quod eum clerus et populus ejusdem ecclesiæ unanimi voto, communi desiderio, in patrem sibi et pastorem elegerunt. Nos enim, quoniam diu episcopali regimine fuerant destituti, electionem ipsam assertione nostra firmavimus, vestram itaque dilectionem litteris præsentibus præmonemus et hortamur in Domino, ut et vos canonicum pastorem vobis eligere properetis, nec vobis grave et durum vehementius videatur. Illum enim tanto ardore Hierosolymitana suscepit ecclesia, quod eum, etsi nos omnino velimus, vobis reddere nullo modo possumus.

Data Laterani, quarto Nonas Januarii.

CCCXII.

Henrico regi gratulatur quod « patris nequitiam abhorreat. » Affirmat, si « plena mentis devotione triarcham electus » perhibetur. G. Rob. de Monte (Patrol. CLX) ad hunc annum. JAFFÉ.

sibi suisque legitimis successoribus obedientiam
exhibeat quam sive reges sive imperatores catholicis
suis prædecessoribus exhibuerint, se profecto eum
ut catholicum imperatorem habiturum esse. »
Nuntios ad se mitti vult.

(Anno 1111. — Vide Petri *Chronicon monasterii
Casinensis*, p. 779.)

CCCXIII.

* *Northmannos et Langobardos ad Romanæ Ecclesiæ
[servitium invitat.*
(Anno 1111, Febr. — Vide *ibid.*)

CCCXIV-CCCXV.

*Henrico regi ab episcopis et abbatibus reddi regalia
jubet.*
(Anno 1111, Febr.)
[Mansi, *Concil.*, XXI, 42.]

Paschalis episcopus, servus servorum Dei, dilecto filio Henrico regi, ejusque successoribus.

Et divinæ legis institutione sancitum et sacris canonibus interdictum est, ne sacerdotes curis sæcularibus occupentur, neve ad comitatum, nisi aut pro damnatis eruendis, aut pro aliis, qui injuriam patiuntur, accedant. Nunc et apostolus Paulus : *Sæcularia*, inquit, *judicia si habueris, contemptibiles, qui sunt inter vos, illos constituite ad judicandum*. In regni autem vestri partibus episcopi vel abbates adeo divitiis sæcularibus occupantur, ut comitatum assidue frequentare, et militiam exercere cogantur. Quæ nimirum aut raro, aut nunquam sine rapinis, sacrilegiis, incendiis aut homicidiis exhibentur. Ministri altaris ministri curiæ facti sunt, quoniam civitates, ducatus, marchias, monetas, curtes et cætera a regibus acceperunt; nunc et mos Ecclesiæ intolerabilis inolevit, ut electi episcopi nullo modo consecrationem acciperent, nisi prius per manum regiam investirentur. Qua ex causa et Simoniacæ hæresis pravitas, et ambitio nonnunquam prævaluit tanta, ut nulla electione præmissa, episcopales cathedræ invaderentur, aliquando et vivis episcopis investiti sunt. His et aliis plurimis malis, quæ per investituram plerumque contigerant, prædecessores nostri Gregorius VII et Urbanus II felicis memoriæ pontifices, excitati, collectis frequenter episcopalibus consiliis, investituras illas manus laicæ damnaverunt, et si qui clericorum per eam obtinuissent ecclesias, deponendos, datores quoque communione privandos esse censuerunt, juxta illud apostolicorum canonum capitulum, quod ita se habet : *Si quis episcopus sæcularibus potestatibus usus, per ipsos ecclesiam habeat vel obtineat, deponatur et segregetur, omnisque qui illi communicatur*. Porro ecclesias cum oblationibus et hæreditariis possessionibus, quæ ad regnum manifeste non pertinebant, liberas manifeste decernimus, sicut in die coronationis tuæ omnipotenti Domino in conspectu totius Ecclesiæ promisisti. Oportet episcopos curis sæcularibus expeditos, curam suorum agere populorum, nec ecclesiis suis abesse diutius. Ipsi, juxta Paulum apostolum, provigilant, tanquam rationem reddituri pro animabus eorum. Quorum vestigia subsequentes, et nos eorum sententiam episcopali concilio confirmamus. Tibi itaque, fili charissime Henrice rex, et nunc per officium nostrum Dei gratia Romanorum imperator, et regno regalia illa dimittenda præcipimus, quæ ad regnum tempore Caroli, Ludovici, Henrici et cæterorum prædecessorum tuorum manifeste pertinebant. Interdicimus enim, et sub districtione anathematis prohibemus, ne qui episcoporum, seu abbatum, vel præsentium, vel futurorum eadem regalia invadant, et civitates, ducatus, marchias, comitatus, monetas, teloneum, mercatum, advocatias regni, jura centurionum et curtes, quæ manifeste regni erant, cum pertinentiis suis, militiam et castra regni, nec se deinceps nisi per gratiam regis de ipsis regalibus intromittant. Sed nec posteris nostris liceat, qui post nos in apostolica sede successerint, aut te, aut regnum super hoc inquietare negotio.

CCCXVI.

Privilegium de investituris vi extortum.
Anno 1111, April. 12.)
[Pertz, *Mon. Germ. hist.* Legg. II, 72.]

Paschalis episcopus, servus servorum Dei, charissimo in Christo filio, H. glorioso Teutonicorum regi, et per Dei omnipotentis gratiam Romanorum imperatori Augusto, salutem et apostolicam benedictionem.

Regnum vestrum sanctæ Romanæ Ecclesiæ singulariter cohærere, dispositio divina constituit. Prædecessores vestri probitatis et prudentiæ amplioris gratia Romanæ urbis coronam et imperium consecuti sunt. Ad cujus videlicet coronæ et imperii dignitatem, tuam quoque personam, fili charissime, H., per nostri sacerdotii ministerium majestas divina provexit. Illam igitur dignitatis prærogativam, quam prædecessores nostri prædecessoribus tuis catholicis imperatoribus concesserunt, et privilegiorum paginis confirmaverunt, nos quoque dilectioni tuæ concedimus, et præsentis privilegii pagina confirmamus, ut regni tui episcopis vel abbatibus libere præter Simoniam et violentiam electis, investituram virgæ et annuli conferas. Post investitionem vero canonicam consecrationem accipiant ab episcopo ad quem pertinuerint. Si quis autem a clero et populo præter tuum assensum electus fuerit, nisi a te investiatur, a nemine consecretur. Sane episcopi et archiepiscopi libertatem habeant, a te investitos episcopos vel abbates canonice consecrandi. Prædecessores enim vestri ecclesias regni sui tantis regalium suorum beneficiis ampliarunt, ut regnum ipsum maxime episcoporum præsidiis vel abbatum oporteat communiri, populares dissensiones, quæ in electionibus sæpe contingunt, regali oporteat majestate compesci. Quam ob rem prudentiæ et potestatis tuæ cura debet sollicitius imminere, ut Romanæ Ecclesiæ magnitudo, et cæterarum salus, præstante Domino, beneficiis potioribus conservetur. Si qua igitur ecclesiastica sæcularisve persona hanc nostræ concessionis paginam sciens,

CCCXVII.
Ottoni Bambergensi episcopo ejusque successoribus pallio utendi crucisque præferendæ copiam facit.
(Anno 1111, April. 15.)
[Ludewig, Script. rer. Germ. I, 413.]

Paschalis episcopus, servus servorum Dei, venerabili fratri Ottoni, Bambergensi episcopo, salutem et apostolicam benedictionem.

Charitatis proprium est bonum, congaudere profectibus aliorum; «charitas enim non quærit quæ sua sunt (*I Cor.* xiii);» unde et Apostolus: «Tunc, ait, vivimus, si vos statis in Domino (*I Thess.* iii).» Et iterum: «Quæ est enim nostra spes, aut gaudium, aut corona gloriæ? Nonne vos ante Dominum nostrum Jesum Christum?» (*I Thess.* ii.) Hoc igitur charitatis debito provocamur et apostolicæ sedis auctoritate compellimur, hoc nomine debitum fratribus exhibere, et S. Romanæ Ecclesiæ dignitatem pro suo cuique modo cæteris ecclesiis impertiri. Idcirco, venerabilis frater, Otto Bambergensis episcope, dilectioni tuæ pallium ad sacræ missarum solemnia celebranda concedimus; quo nimirum fraternitas tua intra ecclesiam tantum uti noverit, illis solum diebus quos præsens descriptio continet, videlicet die sancto Resurrectionis Dominicæ et Pentecostes, item Nativitas Domini nostri Jesu Christi, et in natalitio SS. apostolorum Petri et Pauli, in solemnitate S. Dionysii martyris, anniversario etiam tuæ consecrationis die, et dedicationibus ecclesiarum; cujus nimirum pallii volumus te gratiam per omnia vindicare. Hujus siquidem indumenti honor, humilitas atque justitia est.

Tota ergo mente fraternitas tua te exhibere festinet in prosperis humilem, et in adversis, si quando veniunt, cum justitia erectam, amicam bonis, perversis contrariam, nullius unquam faciem contra veritatem suscipiens, nullius unquam faciem pro veritate loquentem premens, misericordiæ operibus juxta veritatem substantiæ insistens, et tamen insistere etiam super veritatem cupiens, infirmis compatiens, bene valentibus congaudens, aliena propria deputans, de alienis gaudiis, tanquam de propriis exsultans, in corrigendis vitiis pie sæviens, in fovendis virtutibus auditorum animum demulcens, in ira judicium sine ira tenens, in tranquillitate autem severitatis justæ censuram non deserens.

Hæc est ergo, frater charissime, pallii accepti dignitas, quam si sollicite servaris, quod foris accepisse ostenderis, intus habebis. Ad hæc etiam crucis vexillum, intra Bambergensis Ecclesiæ parochiam ante faciem tuam portari concedimus, salva videlicet Moguntiæ metropolis reverentia, ut speciali Romanæ Ecclesiæ dignitate præditus, specialiter ejus studeas obedientiæ ac servitiis insudare. Fraternitatem tuam contra eam temerario ausu venire tentaverit, anathematis vinculo, nisi resipuerit, innodetur, honorisque ac dignitatis periculum patiatur. Observantes autem misericordia divina custodiat, et personam potestatemque tuam ad honorem et gloriam suam feliciter imperare concedat. Amen.

A superna dignatio per tempora longa conservet incolumem. Amen.

Scriptum per manum Joannis scriniarii regionarii ac notarii sacri palatii.

CCCXVIII.
Privilegium pro monasterio Hersveldensi.
(Anno 1111, April. 15.)
[Wenck, *Hess. Landesg.* II, 58.]

Paschalis episcopus, servus servorum Dei, dilecto filio in Christo Reginhardo abbati Hersveldensis monasterii ejusque successoribus regulariter substituendis in perpetuum.

Sicut injusta poscentibus nullus est tribuendus effectus, sic legitima desiderantium non est differenda petitio. Eapropter, fili in Christo dilectissime, Reginharde, tuis petitionibus annuentes per præsentis privilegii paginam vestro venerabili Hervelsensi monasterio confirmamus quæcunque ad idem monasterium legitimis fidelium donationibus pertinere noscuntur. Inter quæ singulariter religiosi imperatoris Caroli testamentum, quod vestro monasterio delegavit, ratum manere sancimus. Illas etiam decimationes, quas ab antiquis temporibus idem monasterium possidet, et quæ prædecessorum nostrorum apostolicæ sedis pontificum privilegiis vestris prædecessoribus concessæ sunt, nos quoque præsentis decreti auctoritate concedimus. Quæcunque etiam in posterum concessione pontificum, liberalitate principum, vel oblatione fidelium juste atque canonice poterit adipisci, firma tibi tuisque successoribus et illibata permaneant. Decernimus itaque ut nulli omnino hominum liceat idem monasterium temere perturbare aut ejus possessiones auferre, vel ablatas retinere, minuere, vel temerariis vexationibus fatigare, sed omnia integra conserventur eorum, pro quorum sustentatione et gubernatione concessa sunt, usibus omnimodis profutura. Obeunte te nunc ejus loci abbate, vel tuorum quolibet successorum, nullus ibi qualibet subreptionis astutia seu violentia præponatur, nisi quem fratres communi consensu, aut fratrum pars consilii sanioris, secundum Dei timorem et beati Benedicti regulam, vel de suo, vel de alieno, si oportuerit, collegio elegerint. Si qua igitur in futurum ecclesiastica sæcularisve persona, hanc nostræ constitutionis paginam sciens, contra eam temere venire tentaverit, secundo tertiove commonita, si non satisfactione congrua emendaverit, honoris potestatisque suæ dignitate careat, reamque se divino judicio existere de perpetrata iniquitate cognoscat, et a sacratissimo corpore ac sanguine Dei et Domini Redemptoris nostri Jesu Christi aliena fiat, atque in extremo examine districtæ ultioni subjaceat. Cunctis autem eidem loco justa servantibus sit pax Domini nostri Jesu Christi, quatenus et hic fructum bonæ actionis percipiant, et apud districtum judicem præmia æterna inveniant demum.

Ego Paschalis, catholicæ Ecclesiæ episcopus subscripsi.

Datum Romæ in insula Lycaonia per manum Joannis, sanctæ Romanæ Ecclesiæ diaconi cardinalis ac bibliothecarii, vice diaconi Friderici archicancellarii et Coloniensis archiepiscopi, XVII Kal. Maii, indict. IV, anno Dominicæ Incarnationis 1111, pontificatus autem domni Paschalis secundi duodecimo, imperii vero Henrici quarti imperatoris anno primo.

CCCXIX.
Aa Henricum imperatorem.
(Anno 1111.)
[Mansi, *Concil.*, XX, 1094.]

Paschalis episcopus, servus servorum Dei, dilectissimo filio suo Henrico Romano imp. Augusto salutem et apostolicam benedictionem.

Post parvi temporis spatium, quiddam de vobis sinistrum audivimus, quod nos valde conturbat. Pervenit enim ad nos quod ad perturbationem quietis ecclesiasticæ H. apud Ariciam dimittere disponeris, ut ablatas possessiones Ecclesiæ retineat, et reliqua inquietare non desinat. Nos autem putabamus eos qui in fidelitate nostra permanent nobiscum permanere in littore, sed sicut vera relatio patefecit, frater noster Aretinus adhuc inter procellas quatitur, et longe portum videt. Dilectionem itaque vestram litteris præsentibus rogamus et commonemus sicut de vobis confidimus, ut prædicto fratri nostro gratiam vestram reddatis, et possessiones Ecclesiæ restituatis, fidelibus quoque suis injungite, ut ab ejus servitio ulterius se non subtrahant. Non enim possunt sine detrimento capitis membra persequi et abscindi, et filiorum contumelia ad patris spectat injuriam. Diligite igitur quos diligimus, ut, quos odistis odio habeamus, et quos diligitis, diligamus. De cætero omnipotens Deus vos sua pietate custodiat atque conservet.

CCCXX.
Ad Aretinos.
(Anno 1111.)
[Mansi, *Concil.*, XX, 1092.]

Paschalis episcopus, servus servorum Dei, clero et civibus Aretinis, salutem et apostolicam benedictionem.

Officii nostri auctoritate compellimur, ut ecclesiarum omnium sollicitudinem gerere debeamus; itaque pro venerabili fratre nostro episcopo vestro præsentes litteras ad vos decrevimus destinare. Audivimus quoniam nec debita eum veneratione tractetis, nec debitam illi obedientiam persolvatis. Quod profecto divinæ constitutioni penitus contradicit. Dominus siquidem Jesus Christus cum pretiosi sui sanguinis effusione sanctam redemisset Ecclesiam, pastores in ea constituit, qui vice sua populo suo salutaria ministrarent, unde qui eis injurias irrogant, eorumque mandata contempserint, ipsi Domino irrogare, eumque contemnere cognoscuntur, sicut ab eo dicitur: « Qui vos tangit, pupillam oculi mei tangit, et qui vos spernit, me spernit. » Itaque universitati vestræ præcipimus ut usque ad proximam Domini nativitatem ad præ- dicti confratris nostri episcopi vestri obedientiam redeatis, eumque sicut patrem ac magistrum et Dei vicarium affectione debita diligatis, et debita reverentia veneremini. Alioquin nos ex tempore quod divina dispositione ministerii nostri est, vobis afferimus, et ipsam spiritualem alimoniam passionem, divina videlicet officia, donec resipueretis, interdicimus. Dignum est ut qui Deum in ministerio suo contemnitis, Dei quoque beneficio et vicarii sui ministerio careatis.

CCCXXI.
Ad Henricum imp. a se ordinatum.
(Anno 1111, Maii 3.)
[Mansi, *Concil.*, XX, 1093.]

Paschalis episcopus, servus servorum Dei, dilecto in Christo filio Henrico Romano imp. Augusto, salutem et apostolicam benedictionem.

Ex quo a nobis præsentia vestra discessit, de incolumitate status vestri aliquid ad audientiam nostram non pervenit. Verumtamen quia nostræ voluntatis est prosperitatem vestram libenter addiscere, et nostram vobis in invicem intimare, de nobis excellentiæ vestræ litterarum præsentium relatione significamus. Siquidem nos per Dei gratiam boni sumus, licet quidam jussioni vestræ in his, quæ B. Petro restitui præcepistis, adhuc noluerint obedire, incolæ videlicet civitatis Castellanæ, Castri Corcoli, Montis Alti, Montis Acuti, et Narnienses; nos tamen ea et comitatus Peruginum, Eugubrinum, Tubertinum, Balneum Regis, castellum Felicitatis, ducatum Spoletanum, marchiam Ferraniam, et alias beati Petri possessiones per mandati vestri præceptionem confidimus obtinere. A quibusdam vero de vestris filius fidelis nostri Rusticelli comitis sicut audivimus retinetur. Rogamus ergo dilectionem vestram ut nobis eum reddi faciatis, quia et beati Petri fidelis est et in possessione moratur. Ad hanc serenitatem vestram plurimum commonemus ut semper diligatis justitiam, eamque totis viribus et toto conamine amplectamini, quatenus qui verus rex, imperator et judex est in regni et imperii sui perpetuitate, coronam vobis et gloriam largiatur

Dat. Lat., V Non. Maii.

CCCXXII.
Henricum imp. rogat ut Ecclesiæ Ariminensi ablata bona restitui jubeat.
(Anno 1111.)
[Mansi, *Concil.*, XX, 1094.]

Paschalis episcopus, servus servorum Dei, in Christo filio Henrico Romano imp. Aug., salutem et apostolicam benedictionem.

Ariminensem episcopatum ad jus beati Petri specialius pertinere manifestum est; verum peccatis exigentibus omnibus fere bonis suis denudatus e in minimas reliquias est redactus. Rogamus igitur dilectionem vestram ut ei per amorem B. Petri benignitas vestra bona sua restitui jubeat, et restituta, quietem Domino faciat præstante obtinere.

CCCXXIII.

Ad Balduinum Hierosolymitarum regem. — Decernit ut, ad ampliandos fines Hierosolymitanæ diœceseos, omnes urbes quas subegerit, Hierosolymitano tanquam metropolitano subjaceant.

(Anno 1111, Jun. 8.)
[Mansi, *Concil.*, XX, 1005.]

Paschalis episcopus, servus servorum Dei, glorioso Hierosolymitano regi Balduino, salutem et apostolicam benedictionem.

Ecclesiarum quæ in vestris partibus fuerunt vel sunt, terminos atque possessiones diutina infidelium possessio tyrannisque confundit. Cum itaque certos ejus fines assignare deliberatione nequeamus, tuis precibus non immerito duximus annuendum, ut, quia pro Hierosolymitanæ Ecclesiæ sublimatione personam tuam extremis periculis exponere devovisti, quascunque infidelium urbes ceperis vel cepisti, ejusdem Ecclesiæ regimini dignitatique subjaceant. Porro earumdem civitatum episcopi patriarchæ tanquam proprio metropolitano obedientiam exhibere procurent : quatenus et ipse illorum fultus suffragiis, et ipsi adinvicem ipsius unanimitatis auxilio vegetati, sic in Hierosolymitanæ ecclesiæ exaltatione proficiant, ut de illorum profectibus omnipotens Deus glorietur.

Data Laterani, quinto Idus Junii.

CCCXXIV.

Ad Gibelinum Hierosolymitanum patriarcham. — Ejusdem argumenti.

(Anno 1111.)
[*Ibid.*]

Paschalis episcopus, servus servorum Dei, reverendissimo fratri Hierosolymitano patriarchæ Gibelino, et successoribus ejus in perpetuum canonice promovendis, salutem et apostolicam benedictionem.

Secundum mutationes temporum transferuntur etiam regna terrarum. Unde etiam ecclesiasticarum parochiarum fines in plerisque provinciis mutari expedit et transferri. Asianarum siquidem Ecclesiarum fines antiquis fuerunt definitionibus distributi, quas distributiones diversarum diversæ fidei gentium confudit irruptio. Gratias autem Deo, quod nostris temporibus et Antiochiæ et Hierosolymæ civitates, cum suburbanis suis et adjacentibus provinciis, in Christianorum principum redactæ sunt potestatem. Unde oportet nos divinæ mutationi et translationi manum apponere, et secundum tempus, quæ sunt disponenda disponere : ut Hierosolymitanæ Ecclesiæ urbes illas et provincias concedamus, quæ gloriosi regis Balduini ac exercitum eum sequentium sanguine per Dei gratiam acquisitæ sunt. Præsentis itaque decreti pagina, tibi, frater charissime et coepiscope Gibeline, tuisque successoribus, et per vos sanctæ Hierosolymitanæ ecclesiæ, patriarchali sive metropolitano jure regendas disponendasque sancimus civitates omnes atque provincias quas supradicti regis ditioni aut jam restituit, aut in futurum restituere gratia divina dignabitur.

Dignum est enim ut sepulcri Dominici ecclesia, secundum fidelium militum desideria, competentem honorem obtineat, et Turcarum seu Sarracenorum jugo libera in Christianorum manu abundantius exaltetur.

CCCXXV.

Henrico imperatori gratias agit quod clericis Pataviensibus H. judici amissa bona reddi jusserit.

(Anno 1111.)
[Mansi, *Concil.*, XX, 1094.]

Paschalis episcopus, servus servorum Dei, in Christo filio Henrico imp. Aug., salutem et apostolicam benedictionem.

Pro clericis Paduanis et H. judice dilectioni tuæ gratias agimus, quia eis tuam gratiam reddidisti, et bona sua quæ amiserant restitui præcepisti; rogamus autem adhuc pro laicis, ut eos in gratiam tuam recipias et bona sua eis restitui facias, quatenus protectionis tuæ munimine de cætero præstante Deo quiete valeant permanere.

CCCXXVI.

Ad Henricum imperatorem.

(Anno 1111, circa Jun.)
Udalric. Bab. cod. n. 267, ap. Eccard, *Corp. hist.*, II, 275.]

Paschalis episcopus, servus servorum Dei, dilecto in Christo filio Henrico Romanorum imperatori Augusto, salutem et apostolicam benedictionem.

De magnificentia vestra bona semper audire optamus, tanquam de filio Ecclesiæ, quem Ecclesiæ principem ac defensorem Providentia divina constituit. Monemus itaque dilectionem vestram, et monentes rogamus, ut divinæ dispositionis dona, quæ accepistis, consideretis, et tam in Domini timore, quam in Ecclesiæ veneratione et justitiæ defensione sicut debetis et sicut potestis, eodem Domino præstante proficiatis. Hoc siquidem ut omnipotentem Dominum deprecamur, ut de profectu vestro, non tantum nos, sed etiam tota Ecclesia catholica glorietur. Legatum nostrum post vos direximus, qui usque Ravennam veniens transire ulterius timuit, propter perturbationes itinerum, quæ post transitum exercitus fiunt. Cum autem omnipotens Deus in tempus congruum nos perduxerit, de legati missione, prout opportune fuerit, per ipsius gratiam disponemus.

CCCXXVII.

Ad Joannem Tusculanum, et Leonem Vercellensem episcopos et cardinales. — Concessionem investiturarum imperatori factam se cassaturum et irritaturum promittit.

(Anno 1111, Jul. 5.)
[Mansi, *Concil.*, XX, 1008.]

Paschalis episcopus, servus servorum Dei, venerabilibus fratribus Joanni Tusculano, et Leoni Vercellensi episcopis, et cardinalibus in unum congregatis, consortium et pacem in Christo.

Id quod in personam nostram, imo in patrem

vestrum, præter ipsius ecclesiæ judicium atque præsentiam vos egistis, etsi vobis ex zelo Dei visum sit, non tamen, ut mihi videtur, canonico tramite incessistis : non enim charitas, sed æmulatio id dictasse perspicitur. Quocunque tamen modo factum sit, nos tamen confisi de misericordia divina, pro animæ nostræ salute cogitamus, et commissum, quod pro fratribus atque filiis, pro excidio Urbis et universæ provinciæ fecimus, emendare curabimus, ut quod terreni in me quoque correxisse ostendatur ecclesiæ. Vos autem pro Ecclesia in Ecclesia agite, ut illum Ecclesiæ Dei zelum quem habetis et habere ostenditis, ipsa experiatur Ecclesia. Valete in Domino.

Datum Terracinæ, tertio Nonas Julii.

CCCXXVIII.

* *Brunoni episcopo Signiensi, abbati Casinensi, scribit « non debere episcopum simul esse et abbatem.» Præcipit ut abbatiam dimittat.*
(Anno 1111. — Vide *Chronicon monast. Casin.*, p. 785, 784.)

CCCXXIX.

* *Monachos Casinenses Brunonis obedientia solvit, eique substitui successorem jubet; quod nisi faciant, fore ut omnibus monasterii cellis proprios abbates præponat.*
(Anno 1111. — Vide Petri *Chronic. mon. Casin.*, p. 785, et *Vitam S. Brunonis*, Acta SS., Jul. IV, 484.)

CCCXXX.

* *Signienses hortatur ut loco Brunonis alium sibi episcopum sumant.*
(Anno 1111. — *Vita S. Brunonis,* Acta SS., Jul. t. IV, 484.)

CCCXXXI.

Ad Henricum imperatorem.]
(Anno 1111, Oct. 26.)
[Mansi, *Concil.*, XX, 1094.]

Paschalis episcopus, servus servorum Dei, in Christo filio Henrico imp. Aug., salutem et apostolicam benedictionem.

In litteris quas a tua dilectione suscepimus diu te graviter infirmatum fuisse cognovimus, sed sicut nos infirmitatis rumor affecerat, ita rursus sospitatis exhilaravit auditio. De prosperitate quam nobis significasti, Deo gratias agimus, qui providentia inæstimabili omnia disponit. Quod autem de episcopis conquereris, cor nostrum vehementer angustat. Ex quo enim vobiscum illam, quam nostis, pactionem fecimus, non solum longius positi, sed ipsi etiam qui circa nos sunt, cervicem adversus nos erexerunt, et intestinis bellis viscera nostra collacerant, et multo faciem nostram rubore perfundunt. De quibus, quia judicium consequi non possumus, de judicio relinquimus, ne Dei Ecclesiam gravius perturbemus. Cæterum, cum tanta ac talia patiamur, miramur quod N. vester totis ecclesiis oppressiones inferat, quas hostiliter occupat atque depopulatur, et mutuæ pactionis immemor, quæ nostri juris sunt, suæ vindicat usurpationi. Miramur etiam quod dati a nobis obsides dure, ut audivimus, turpiter tyranniceque tractentur; quæ profecto non parum ad sublimitatis vestræ injuriam spectant. In omnibus tamen his te præcipuum Ecclesiæ filium commonemus, ut Dei judicia semper verearis, illius temporis memor, quod in tuis litteris significasti dicens : In ipso tempore gravissimæ nostræ ægritudinis cum vita nostra esset in dubio, cum resolutionis nostræ tantum haberetur exspectatio, et sic ei placere studeas, quatenus ejus gratiam et regnum tibi temporale disponat, et ad regna te æterna perducat.

Dat. Laterani vii Kal. Novembris.

CCCXXXII.

Ad Guidonem Viennensem episcopum. — Investituram clericorum regibus adimendam.

(Anno 1111.)

Mansi, *Concil.* XX, 1008.)

Paschalis episcopus, servus servorum Dei, venerabili fratri Viennensi archiepiscopo Guidoni et apostolicæ sedis legato, salutem et apostolicam benedictionem.

Si constantiam tuam sæva illa barbaries minis, blandimentis, aut aliis modis tentat inflectere, prudentia tua immobilis perseveret : si enim in viridi ligno sic factum est, quid fiet in aliis? Si in capite sic perpetratum est, quid fiet in membris? Igitur, frater charissime, in tuo bono incœpto constanter et viriliter, Deo præstante, permaneas. Minæ, vel blandimenta, vel alii suasionis aut dissuasionis modi, providentiam tuam non moveant : sed ita Domino auxiliante perdura, ut aliis tua constantia salutaris perseverantiæ sit exemplum. Quæ cognoscere postulasti, hæc sunt : Scripta, quæ in tentoriis, in quibus cum multitudine clericorum et civium Urbis et totius provinciæ custodiebatur, pro libertate Ecclesiæ, et pro absolutione captivorum omnium, et pro excidio quod Ecclesiæ, Urbi et universæ provinciæ, superincumbente undique gladio, imminere videbatur, de electione, seu de investituris personarum facta sunt, videlicet ut electione libera facta sine vi et Simonia, consensu regis, facultatem habeat rex investiendi per virgam et annulum, et electus a clero et populo non consecretur, nisi a rege investiatur : ego canonica censura cassa omnino et irrita judico, et sub damnatione perpetua permanere decerno, ut nullius unquam auctoritatis sint, et nullius bonæ memoriæ. Ea vero quæ sacri apostolorum canones, et Antiochenum, ac universa concilia, et prædecessores nostri, et præcipue felicis memoriæ domnus Gregorius et Urbanus de his prohibuerunt, damnaverunt, statuerunt et firmaverunt, ego prohibeo, damno, constituo, et confirmo, et me illorum sanctiones profiteor servaturum.

CCCXXXIII.

* *Ivoni Carnotensi episcopo, de investituris ecclesiarum, scribit « se coactum fecisse quod fecerit, et adhuc se prohibere quod prohibuerit, quamvis quæ-*

dam nefanda quibusdam nefandis scripta permiserit. »

(Anno 1111. — Vide Ivonis epp. 233 et 236.)

CCCXXXIV.
Monasterii Corbeiensis (diœc. Paderb.) privilegia confirmat.

(Vide *Annales Corbeienses* ad an. 1111, ap. Pertz, *Mon. germ. Script.* III, 7.)

CCCXXXV.
Ad Radulfum archiepiscopum Turonensem et coepiscopos pro abbate S. Albini.

(Anno 1112, Febr. 15.)

[Mabill., *Annal. Bened.*, Append., 67.]

Paschalis episcopus, servus servorum Dei, venerabilibus fratribus et coepiscopis R. [Radulfo] Turonensi, I. [Ildeberto] Cenomanensi, M. [Marbodo] Rhedonensi, salutem et apostolicam benedictionem.

Sancta Romana Ecclesia, sicut omnium mater est, sic omnes materna charitate complectitur, omnibusque ipsius misericordiam postulantibus satagit subvenire. Præsentium siquidem bajulus P. [Paganus] Alerici suam penes nos querelam deposuit, quod cum sine audientia et judicio frater noster R. Andegavensis episcopus a sede ac potestate abbatis, in qua ipsum fratres monasterii Sancti Albini posuerant, sub anathematis interdicto expulerit, et A. [Archembaldum] qui eamdem abbatiam abdicaverat, post appellationem apostolicæ sedis restituerit : questus est etiam quod fratres qui eum elegerant, præbere sibi auxilium seu consilium prohibentur, et qui cum eo vel pro eo appellaverant, officiis suis et obedientiis postea sunt privati. Aliam rursus querelam apposuit, quod ad exsecutionem appellationis et causæ suæ communes expensas ab iis qui prædictam abbatiam regere videbantur expetierit, et nullatenus potuerit obtinere. In quibus profecto, si vera sunt, non solum appellanti, verum etiam sedi apostolicæ, ad quam appellatum est, non parva injuria irrogata est. Propterea experientiæ vestræ mandamus ut intra dies quadraginta post harum litterarum acceptionem, cum fratribus nostris G. Vindocinensi, G. Sancti Florentii, G. Sancti Sergii abbatibus, et R. de Arbrixellis in capitulum Sancti Albini Andegavensis convenire curetis, et causam istam, Domino adjuvante, ordine canonico terminetis. Quod si unus ex vobis necessitatis imminentia præpeditus adesse nequiverit, reliqui negotium exsequantur, cui nimirum negotio et monachos qui prædictum fratrem P. Alerici elegerunt, libera eis ad tuitionem causæ illius facultate concessa, præcipimus interesse. Interim a lectoribus ipsius monasterii eidem P. restituantur quæ pro controversia sua expendit, et de reliquo usque ad consummationem causæ sibi et suis necessaria ministrentur. Porro fratribus ejus officia sua seu obedientiæ, quibus post apostolicæ sedis appellationem privati sunt, cum sua integritate reddantur.

Audivimus præterea quod idem frater P. Alerici deprædationi sit expositus laicorum. Unde fraternitatem vestram monemus ut ex parte nostra dilecto filio nostro F. comiti Andegavensium injungatis, quod eum cum suis omnibus officii munimine tueatur.

Data Laterani, xv Kal. Martii.

CCCXXXVI.
Ad Lamvertum Atrebatensem episcopum.

(Anno 1112, Mart. 27.)

[Baluz., *Miscell.* edit. Luc. II, 1557.]

Paschalis episcopus, servus servorum Dei, venerabili fratri Lamberto Atrebatensi episcopo, salutem et apostolicam benedictionem.

Abbatem Sancti Vedasti cum venisset ad nos, propter litterarum vestrarum petitionem apud nos diebus pluribus retinuimus. Sed cum in tanto temporis spatio nulli clericorum vestrorum ad nostram præsentiam pervenissent, expedire visum est ut cum litterarum nostrarum attestatione dimitteretur. Causam igitur quæ inter ipsum et clericos tuos agitur in audientia tua sub confratrum nostrorum Tarvanensis et Ambianensis episcoporum præsentia definiendam probamus, ut possessionis diuturnitas legitime secundum vestrum judicium comprobata quietem accipiat. Super altari etiam de Hunino rogamus ut eidem abbati justitiam exsequaris.

Data Laterani, vi Kal. Aprilis.

CCCXXXVII.
Ad eumdem.

(Anno 1111, Aprilis 9.)

[Baluz., *ibid.*]

Paschalis episcopus, servus servorum Dei, venerabili fratri Lamberto Atrebatensi episcopo, salutem et apostolicam benedictionem.

Querimonias clericorum vestrorum adversus monachos Sancti Vedasti et item monachorum Sancti Vedasti adversus clericos vestros ita noveritis esse decisas. Auditis utriusque partis rationibus, communi fratrum deliberatione judicatum est utræque capellæ, videlicet Sanctæ Crucis et Sancti Mauritii, ita monachis maneant sicut in scripto Gerardi Cameracensis episcopi continetur (79), qui tunc Atrebatensis erat visitator. Cæterum de novo burgo matricis ecclesiæ clerici primitias decimas, et tres per annum recipiant solemnes oblationes, videlicet Paschæ, Pentecostes, et natalis Domini. Oblationes vero gratuitas et eleemosynarum medietatem quæ de burgo eodem vel morientium judicio ecclesiis delegantur vel fidecommissorum industria dividuntur, monasterium ipsum, si quando offerri contigerit, quiete ac libere absque ulla clericorum contradictione suscipiat, ut tamen altera medietas matrici non subtrahatur ecclesiæ. Presbyteri vero capellani episcopo consuetam obedientiam exsequantur.

Data Laterani, v Idus Aprilis.

---

(79) Exstat apud Locrium in Chronico Belg., pag. 226.

CCCXXXVIII.

Casinense monasterium cæteris per Occidentem cœnobiis præferendum, a quacunque jurisdictione liberum, solique sanctæ Romanæ Ecclesiæ subjectum fore confirmat; ejusdem cœnobii abbas in omni episcoporum ac principum consessu, superiorem cæteris abbatibus locum habere, prioremque omnibus sui ordinis sententiam dicere, sub anathemate statuit.

(Anno 1112, Febr. 4.)
[Margarini, *Bullar. Casin.*, II, 129.]

Paschalis episcopus, servus servorum Dei, reverentissimo et charissimo fratri Gerardo, nostris, per Dei gratiam, manibus in abbatem Casinensis monasterii consecrato, ejusque successoribus regulariter substituendis in perpetuum.

Scriptum est : « Sine pœnitentia sunt dona et vocatio Dei. » Illud ergo donum, quod beatissimo Patri nostro, monasticæ legis latori, Benedicto, gratia divina concessit, nulla potest pœnitentia refragari, et ipse monachorum omnium Pater, et ejus Casinense monasterium in quo et vivit et obiit, omnium per Occidentem monasteriorum caput in perpetuum habeatur. Proinde nos divinæ constitutionis propositum prosequentes, monasterium ipsum præcipua dilectione complectimur, et prædecessorum nostrorum vestigiis insistentes, cæteris per Occidentem cœnobiis præferendum, et sub solius sedis apostolicæ jure ac defensione perpetua permanere.

Ac tam te quam successores tuos in omni conventu episcoporum seu principum, superiorem omnibus abbatibus considere, atque in judiciis priorem cæteris tui ordinis viris sententiam proferre decernimus. Si quis sane in crastinum archiepiscopus aut episcopus, imperator aut rex, princeps vel dux, comes, vicecomes, judex, aut ecclesiastica sæcularisve persona, hanc nostræ constitutionis paginam sciens, contra eam venire tentaverit, secundo tertiove commonita, si non satisfactione congrua emendaverit, potestatis honorisque sui dignitate careat, reamque se divino judicio existere de perpetrata iniquitate cognoscat, et a sacratissimo corpore et sanguine Dei et Domini Redemptoris nostri Jesu Christi aliena fiat, atque in extremo examine districtæ ultioni subjaceat. Cunctis autem eidem monasterio justa servantibus sit pax Domini nostri Jesu Christi, quatenus et hic fructum bonæ actionis percipiant, et apud districtum judicem præmia æternæ pacis inveniant. Amen, amen.

Scriptum per manum Rainerii scriniarii et notarii sacri palatii.

Datum Laterani per manum Joannis, sanctæ Romanæ Ecclesiæ diaconi cardinalis atque bibliothecarii, pridie Nonas Februarii, indictione vi, Incarnationis Dominicæ anno 1113 [1112], pontificatus autem D. Paschalis II papæ anno xiii.

CCCXXXIX.

Privilegium pro parthenone Fontebraldensi.

(Anno 1112, April. 5.)

[Pavillon, *Vie du B. Robert d'Arbrissel*, Preuv., p. 607.]

Paschalis episcopus, servus servorum Dei, dilectis in Christo sororibus sanctimonialibus in monasterio Fontebraldensi omnipotenti Deo servientibus, tam præsentibus quam futuris in perpetuum.

Cum universis sanctæ Ecclesiæ filiis ex apostolicæ sedis auctoritate ac benevolentia debitores existamus, illis tamen locis atque personis quæ specialius ac familiarius Romanæ adhærent Ecclesiæ, quæque ampliori religionis gratia eminent, propensiori nos convenit charitatis studio imminere. Igitur de vestræ religionis studiis ardentioribus provocati, et viri venerabilis Roberti de Arbrissel precibus inclinati, cœnobium vestrum a supradicto Roberto ædificatum, et largiente Domino in honorem B. Mariæ semper virginis consecrandum sub apostolicæ sedis protectione specialiter confovendum suscepimus. Præsentis igitur privilegii pagina, apostolica auctoritate statuimus, ut quæcunque prædia, quæcunque bona, vel jam monasterio vestro oblata sunt, vel aliis justis modis acquisita, vel in futurum, præstante Deo, dari offerrive contigerit, tam vobis quam his qui post vos in eodem loco et religione successerint firma semper et illibata permaneant. Decernimus ergo ut nulli omnino liceat hominum idem cœnobium temere perturbare, aut ejus possessiones auferre, vel ablatas retinere, minuere, vel temerariis vexationibus fatigare, sed omnia integra conserventur eorum, pro quorum sustentatione et gubernatione concessa sunt, usibus omnimodis profutura.

Salva nimirum Pictaviensis episcopi canonica reverentia, cui tamen omnino non liceat eidem monasterio gravamen inferre aut exactiones imponere, aut consuetudines aliquas quæ monasticæ quieti noceant irrogare.

Porro sepulturam ejusdem loci omnino liberam esse decernimus, ut eorum qui illic sepeliri deliberaverint devotioni ac extremæ voluntati, nisi forte excommunicati sint, nullus obsistat. Ad indicium autem perceptæ a Romana Ecclesia protectionis ac libertatis, duo Pictaviensis monetæ solidos quotannis Lateranensi palatio persolvetis. Si qua igitur ecclesiastica sæcularisve persona, hanc nostræ constitutionis paginam sciens, contra eam venire tentaverit, secundo tertiove commonita, si non satisfactione congrua emendaverit, potestatis honorisque sui dignitate careat, reamque se divino judicio existere de perpetrata iniquitate cognoscat, et a sacratissimo corpore ac sanguine Dei et Domini Redemptoris nostri Jesu Christi aliena fiat atque in extremo examine districtæ ultioni subjaceat. Cunctis autem eidem cœnobio justa servantibus sit pax Domini nostri Jesu Christi, quatenus et hic fructum bonæ actionis percipiant, et apud districtum judicem præmia æternæ pacis inveniant. Amen.

Datum Laterani per manum Joannis, sanctæ Romanæ Ecclesiæ diaconi cardinalis ac bibliothecarii, Nonas April., ind. v, Incarnat. Dominicæ anno 1113, pontificatus autem domni Paschalis II papæ anno XIII.

CCCXL.
Ad Radulfum Remensem archiepiscopum. — Confirmat privilegia Atrebatensi episcopo concessa.

(Anno 1112, April. 6.)

[MANSI, *Concil.*, XX, 1031.]

PASCHALIS episcopus, servus servorum Dei, venerabili RADULPHO Remensi archiepiscopo, salutem et apostolicam benedictionem.

Quod de Atrebatensis episcopatus restitutione a prædecessore nostro sanctæ memoriæ Urbano factum est, scitote apud nos firmum et inviolabile permanere, nec unquam passuros nos ut Cameracensi subjiciatur Ecclesiæ. Porro tam vos quam successores vestros præsentium litterarum auctoritate compellimus, ut post mortem Atrebatensis episcopi ad faciendam illic episcopi electionem sollicite invigilare, et electum sine mora longioris obstaculi consecrare curetis. Si quis autem adversus hæc agere tentaverit, excommunicationis vinculo innodetur.

Data Laterani, octavo Idus Aprilis.

CCCXLI.
Ad clerum et populum Atrebatensem. — Prohibet Atrebatensem Ecclesiam Cameracensi subjici.

(Anno 1112, April. 6.)

[MANSI, *Concil.*, XX, 1032.]

PASCHALIS episcopus, servus servorum Dei, clero et populo Atrebatensi, salutem et apostolicam benedictionem.

Audivimus quosdam perverse agentes, et apostolicæ sedis auctoritatem annullare cupientes, ad hoc conatus sui molimen intendere, ut Atrebatensis Ecclesia episcopali cathedra prædita pessumdetur, et Cameracensi subjiciatur Ecclesiæ. Unde nos universitati vestræ scripta præsentia dirigentes, omnipotentis Dei, Patris, et Filii, et Spiritus sancti auctoritate sancimus, restitutionem Atrebatensis episcopatus a prædecessore nostro Urbano factam, et a nobis per Dei gratiam confirmatam, firmam et inviolabilem permanere. Quascunque vero possessiones ab eadem restitutione episcopatus ipse possedit, quietas semper integrasque possideat. Sub anathematis etiam prohibitione interdicimus ne Atrebatensis Ecclesiæ status Cameracensi unquam subdatur Ecclesiæ. Qui vero temerario ausu adversus ista præsumpserint, eos Dathan et Abiron judicium subsequatur, qui Moysi et Aaron divinitus datam potestatem comprimere tentaverunt. Post excessum igitur venerabilis fratris nostri Lamberti, qui nunc Atrebatensi Ecclesiæ præsidet, a vobis episcopum omnino præcipimus eligendum. Cui, si canonica eum statuta non respuunt, omnino non liceat electionem aut communi aut melioris partis consensu impositam subterfugere.

Data Laterani, octavo Idus Aprilis, indict. v.

CCCXLII.
Balduinum Flandrensium comitem et Clementiam matrem ejus hortatur ut Ecclesiæ Atrebatensis libertati faveant possessionesque tueantur.

(Anno 1112, April. 6.)

[BALUZ., *Miscel.*, ed. Luc., II, 136.]

PASCHALIS episcopus, servus servorum Dei, dilecto filio BALDUINO Flandrensium comiti et spectabili CLEMENTIÆ matri ejus comitissæ, salutem et apostolicam benedictionem.

Quod de Atrebatensis episcopatus restitutione a prædecessore nostro sanctæ memoriæ Urbano factum est, scitote apud nos firmum et inviolabile permanere, nec unquam passuros nos ut Cameracensi subjiciatur Ecclesiæ. Si quis autem adversus hæc agere tentaverit, excommunicationis vinculo innodetur. Vos igitur sicut Ecclesiæ filios commonemus, rogamus, et præcipimus ne possessiones Atrebatensis episcopatus, quas a restitutione sua habuit, ab aliquo auferri vel minui patiamini. Si quis vero præsumpserit, vos defensionem pro peccatorum vestrorum remissione eidem Ecclesiæ impendatis.

Datum Laterani, VIII Idus Aprilis.

CCCXLIII.
Monasterii S. Martini de Valle, cui apostolicæ tuitionis præsidium elargitur, ecclesias designat, enumerat privilegia (80).

(Anno 1112, April. 14.)

[*Bullar. Vatican.*, I, 44.]

PASCHALIS episcopus, servus servorum Dei, dilecto filio UBERTO abbati Ecclesiæ Sancti Martini de Valle, et ejus fratribus tam præsentibus quam futuris in perpetuum.

Austri terram inhabitantibus per prophetam Dominus præcepit, cum panibus occurrere fugienti. Cum ergo vos, filii charissimi, de sæculo fugientes, ad

---

(80) Quæ olim Benedictino ordini subjecta erat abbatia isthæc S. Martini de Valle, jam tum ab anno 1453, jussu Nicolai V, cujus diploma suo dabimus loco, ad mensam Vaticanæ nostræ basilicæ translata est. Præstat igitur ut, quæ ad abbatiam illam pertinent, pontificias constitutiones proferamus ducto initio a Paschali II, quandoquidem antiquiora monumenta aut nulla sunt, aut si quæ sunt, ea nobis incognita. Plura hic de abbatiæ origine, juribus, privilegiis, et tandiu vexata jurisdictione occurrunt dicenda, quæ multas dissertationes paginas aliquando conficient. Nec ipsa quidem abbatiæ primordia attingimus, siquidem opportunior infra in notis ad Honorii III bullam recurret sermo. Hoc unum nobis hic propositum, ecclesias, quas præsens constitutio designat, elucidare; quamvis, nec dissimulamus, duo sunt præ cæteris, quæ nobis non levem ingerunt curam : ipsa tum primis rerum in quibus versamur caligo quam maxima; deinde ejus, qua utimur, Bullæ copia non satis accurata, quam certo judicio aliunde petito emendare non licuit.

montanam Domini receperitis vos, fraternitatem vestram gratam excipimus et per sancti Spiritus gratiam, sedis apostolicæ munimine confovemus. Statuimus enim ut vestræ habitationis monasterium ab omnium hominum jure ac potestate liberum perseveret, ut vos ad Domini famulatum omni tranquillitate perfruamini. Omnia igitur, quæ ad sumptus vitæ vestræ a fidelibus donantur, (aut) Ecclesiæ vestræ, quæ sancti Martini dicitur (81), oblata sunt, vel aliis justis acquisita modis, aut in futurum offerri, acquirive contingeret, qu.eta vooiṣ et integra permanere sancimus; in quibus hæc propriis visa sunt vocabulis exprimenda, videlicet: ecclesiam S. Mauri de B...ja (82), ecclesiam Sancti Comitii de Sancto Comitio, ecclesiam Sanctæ Luciæ de C...io, ecclesiam Sanctæ Luciæ de monte Morisco (83); apud Sanctum Vitum, monasterium Sancti Angeli (84), ecclesiam S. Mariæ de Penna (85), ecclesiam Sancti Nicolai de P... (86), apud civitellam, ecclesiam Sanctæ Mariæ, et Sancti Justini (87) cum terris et vineis, et ibidem villam, et possessio terrarum et vinearum: apud collem Macinarum, ecclesiam Sancti Petri, ecclesiam Sancti Angeli, ecclesiam Sancti Sylvestri, ecclesiam Sancti Quirici [leg. S. Clerici], ecclesiam Sancti Pauli (88), et ibidem possessio terrarum: Apud Pr...a (89), ecclesiam Sanctæ Mariæ de lo Casale, ecclesiam Sancti Petri: apud Laromam (90) ecclesiam S. Mariæ, ecclesiam Sancti Petri (91); ecclesiam Sanctæ Mariæ de Plano (92) Sanctæ Mariæ de Plano (93), ecclesiam Sanctæ

(81) Ecclesia Sancti Martini, ex qua monasterium et abbatia nomen sumpsit, in Magellana valle inter duas Alpes, hoc est inter duos montes, Majellanum et Apenninos, cum in Aprutina provincia Alpes nullæ sint, collocatur. Duplex ecclesiæ cognomen: alterum S. Martini de Fara, a castri vicinia, alterum S. Martini de Valle, a loci planitie. Hujus templi pars potior, una cum universa monasterii mole jam diu concidit. Superest tamen veteris ecclesiæ pars quædam breviori ambitu definita, in qua sacrum peragitur, atque, ut ex Actis Visitationis an. 1598, fol. 7 colligimus, candelæ ac olivarum rami quotannis distribuuntur.

(82) Tres istæ, quas primo loco bulla commemorat, ecclesiæ: altera S. Mauri, S. Comitii altera, tertia S. Luciæ, nobis adhuc imperviæ; quodque miramur magis, vel ipse qui designatur ecclesiarum locus nos latet. Nix ex inventariis, nihil ex visitationibus, quarum plurimas percurrimus, hactenus sumus assecuti.

(83) Mons Moriscus feudum describitur territorio Gipsi proximum; at nulla in ejusmodi feudo occurrit ecclesia S. Luciæ nomine insignata. Consulatur codex Visitationis anno 1594, fol. 16.

(84) Dirutum enuntiatur in Visitation. an. 1583, fol. 97, ubi status monasterii locus apud S. Vitum definitur, nemus scilicet quoddam, cui ex monasterio titulo hoc inditum nomen, Valle di S. Angelo.

(85) Nullibi occurrit nisi in ecclesiarum inventario quod anno 1583 legitur coordinatum; ubi fol. 72, Ecclesiæ S. Mariæ de Penna apud montem Sancti Martini in Spoletano territorio statuitur. An vero una eademque sit ecclesia quam bulla nominat, atque inventarium describit, alieno judicio relinquimus.

(86) Obscura loci indicatio impedimento est quominus S. Nicolai ecclesiam certo assequamur. Incerta vocis lectio ob characteris difficultatem; incerta loci significatio. Si litterarum texturam inspiciamus, locus ille, ex quo S. Nicolai ecclesia denominatur, ita videtur interpretandus, de Picho, aut de Righo. Verum quid inde ad rem nostram colligimus? nihil omnino. Maluimus idcirco loci vocabulum missum facere, atque pro litteris puncta supponere. Huic abbatiæ S. Martini subjecta, atque extra castrum Faræ, posita juxta flumen Viride occurrit quidem ecclesia S. Nicolai de Myra, cujus nedum vetera, sed et recentiora monumenta, ipsa nimirum Visitationum Acta quæ anno 1716, et 1733 litteris consignata sunt meminere. Favet vicinia: consonat ecclesiæ nomen: congruit ædificii vetustas; sed repugnat loci, quem bullæ copia exhibet, designatio: nisi forte in ipsamet bullæ copia mendum excidisse dicamus.

(87) Utraque hæc ecclesia extra Civitellæ castrum exstructa, par subiit excidium; dispari tamen eventu.

Quæ enim S. Mariæ titulo offertur, novis ac solidis instaurata parietibus, e ruinis surrexit; quæ vero D. Justino dicata erat, jacet ruinis abruta, æternumque jacebit; hinc anno 1598, providus visitator, diruti sacelli titulum in proximam ecclesiam S. Mariæ de Laude transferri curavit. Consulantur ejusdem Visitationis Acta fol. 16. Ex utriusque ecclesiæ reditibus unum coaluit ecclesiasticum beneficium, cujus ad capitulum Vaticanum spectat collatio.

(88) Quæ sub uno contextu nominantur ecclesiæ numero quinque in colle Macinarum positæ, existunt omnes, ac certum quotannis mensæ Vaticanæ basilicæ persolvunt canonem. Consulatur inventarium an. 1593, fol. 146.

(89) Perpjena vocis lectio loci notitiam eripit. Ignotus locus in causa est, ut quæ illi proximæ numerantur ecclesiæ nobis adhuc sint inaccessæ. In tanta ecclesiarum multitudine quæ sub iisdem vocabulis sese nobis offert, certam statamque definire, ni locorum vicinia faciem præferat, res est plena periculi; cognomen dello casale, quod ecclesiæ S. Mariæ adjicitur nondum occurrit. Si meliora succurrent indicia, dabimus aliquando.

(90) Castrum Larome, aut Larona bellorum impetu jamdiu fuisse eversum, colligimus ex Actis Visitationis anno 1598. Ejusmodi vero castrum in Camlarum agro ubique collocatur: hinc feudum Laroma, et casularum territorium perinde usurpatur. Feudo illi adjacebant, ex bullæ testimonio, ecclesiæ quinque, jurisdictioni abbatiæ S. Martini subjectæ. Quod in castrum, idem et in ecclesias omnes sæviit excidium.

(91) Utramque S. Mariæ et S. Petri ecclesiam sub una comprehendimus nota, quod utraque nedum parem subierit ruinam, sed insuper in unum ecclesiasticum beneficium, collationi capituli nostri reservatum, tandem convenerit. Hanc unionem anno 1604 antiquiorem fuisse produnt Visitationis Acta, anno eodem compilata, fol. 241.

(92) Ne nominis similitudo cuiquam imponat, animadvertimus geminam sub eodem titulo S. Mariæ de Plana secernendam ecclesiam toto cœlo diversam, alteram in feudo Laroma, alteram in territorio Cominarum figendam. Illa abbatiæ S. Martini, hæc Majellano abbati serviebat. Consulatur index a J. Baptista Corrado capituli commissario confectus anno 1585, resque patebit ad oculum.

(93) Ne in ecclesiæ utriusque ruinis, earum memoria tandem excideret, utriusque sacelli titulus in parochialem Ecclesiam S. Remigii terræ Faræ translatus est. Ne bona dissiparentur, cautum, ut ex iisdem collectis, ecclesiasticum beneficium erigeretur, a capitulo S. Petri dispensandum. Hæc hausimus ex fol. 182 Visitationis anno 1604.

Luciæ, ecclesiam Sancti Sylvestri (94), et ibidem Villani, et possessio terrarum : apud Pallunianum, ecclesiam Sancti Fabiani [*leg.* S. Flaviani], ecclesiam Sancti Angelini Cam cum villanis, terris et vineis. Chrisma vero, oleum sanctum, consecrationes altarium seu basilicarum, ordinationes clericorum, qui ad sacros ordines fuerint promovendi, a diœcesano suscipietis episcopo, siquidem catholicus fuerit et gratiam atque communionem apostolicæ sedis habuerit, et ea gratis et absque ulla pravitate vobis voluerit exhibere; alioquin liceat vobis quem malueritis, adire antistitem, qui nostra fultus auctoritate, quod postulatis indulgeat. Obeunte vero te nunc ejusdem loci abbate, vel tuorum quolibet successorum, nullus ibi qualibet subreptionis astutia seu violentia proponatur, nisi quem fratres communi consensu vel fratrum pars sanioris consilii, per eumdem Dei timorem, et beati Benedicti regulam providerint eligendum, qui ad sedem apostolicam benedicendus accedat. Decernimus ergo ut nulli omnino hominum liceat supradictum monasterium temere perturbare, aut ejus possessiones auferre, vel ablatas retinere, minuere, vel temerariis vexationibus fatigare, sed omnia integra conserventur eorum, pro quorum sustentatione ac gubernatione concessa sunt, usibus omnimodis profutura. Porro ad memoriam et indicium hujus perceptæ a Romana Ecclesia libertatis, per annos singulos duos solidos Lateranensi palatio persolvetis. Si quis igitur in futurum archiepiscopus aut episcopus, imperator aut rex, princeps aut dux, comes, vicecomes, judex aut ecclesiastica quælibet sæcularisve persona, hanc nostræ constitutionis paginam sciens, contra eam venire tentaverit, secundo tertiove commonita, si non satisfactione condigna emendaverit, potestatis honorisque sui dignitate careat, reamque se divino judicio existere de perpetrata iniquitate cognoscat, et a sacratissimo corpore ac sanguine Dei et Domini Redemptoris nostri Jesu Christi aliena fiat, atque in extremo examine districtæ ultioni subjaceat. Cunctis autem eidem loco justa servantibus sit pax Domini nostri Jesu Christi, quatenus et hic fructum bonæ actionis percipiant, et apud districtum judicem præmia æternæ pacis inveniant. Amen, amen.

Scriptum per manum Joannis scriniarii et notarii sacri palatii.

Datum Laterani per manum Joannis, sanctæ Romanæ Ecclesiæ cancellarii card. et bibliothecarii, XVIII Kal. Maii, indict. V, Incarnationis Dominicæ anno 1112, pontificatus autem domni Paschalis secundi papæ anno 13.

CCCXLIV.

Monasterii S. Bertini Sithiensis protectionem suscipit bonaque confirmat.

(Anno 1112, Jun. 19.)

Collection des Cartulaires, III, 250.

PASCHALIS episcopus, servus servorum Dei, dilecto filio LAMBERTO, Sithiensis monasterii abbati, ejusque successoribus regulariter substituendis in perpetuum.

Ad hoc in apostolicæ sedis regimine, Domino disponente, promoti conspicimur, ut, ipso parante, religionem augere, et ejus servis tuitionem debeamus impendere. Tuis igitur, dilecte in Domino fili, abba Lamberte, justis petitionibus annuentes, Beati Bertini Sithiense cœnobium, quod in Tarvanensi parochia situm est, cui, Deo auctore, præsides, sub tutelam et protectionem sedis apostolicæ suscipimus, et contra pravorum hominum nequitiam auctoritatis ejus privilegio communimus. Statuimus enim ut universa ad idem monasterium legitime pertinentia vobis vestrisque successoribus quieta semper et illibata permaneant; ipsum vero monasterium, juxta prædecessorum nostrorum Victoris et Urbani sanctiones, in sua plenius libertate ac immunitate perpetuo conservetur, quandiu illic regularis ordinis vigor et disciplina permanserit. Porro abbatem in eodem monasterio non alium præesse censemus, nisi quem fratres, communi consensu, vel fratrum pars sanioris consilii, secundum Dei timorem et beati Benedicti Regulam, elegerint. Decernimus ergo ut nulli omnino hominum liceat idem monasterium temere perturbare, aut ejus possessiones auferre, vel ablatas retinere, minuere, vel temerariis vexationibus fatigare, sed omnia integra conserventur eorum, pro quorum sustentatione ac gubernatione concessa sunt, usibus omnimodis profutura, salva Tarvanensis episcopi canonica reverentia. Si qua igitur ecclesiastica sæcularisve persona, hanc nostræ constitutionis paginam sciens, contra eam temere venire tentaverit, secundo tertiove commonita, si non satisfactione congrua emendaverit, potestatis honorisque sui dignitate careat, reamque se divino judicio existere de perpetrata iniquitate cognoscat, et a sacratissimo corpore et sanguine Dei et Domini Redemptoris nostri Jesu Christi aliena fiat, atque in extremo examine districtæ ultioni subjaceat. Cunctis autem eidem loco justa servantibus sit pax Domini nostri Jesu Christi, quatenus et hic fructum bonæ actionis percipiant, et apud districtum judicem præmia æternæ pacis inveniant. Amen.

Scriptum per manum Rainerii, scriniarii regionarii et notarii sacri palatii.

Datum Laterani, per manum Joannis, sanctæ Romanæ Ecclesiæ diaconi cardinalis et bibliothecarii, tertio decimo Kalendas Julii, indictione quinta, Incarnationis Dominicæ anno millesimo centesimo duodecimo, pontificatus autem domni Paschalis secundi papæ anno tertio decimo.

CCCXLV.

Monasterio Aquicinctino asserit ecclesiam S. Geor-

---

(94) Ecclesiæ utriusque in Palumbani territorio positæ meminere inventaria anno 1583 et 1595, fol. 16; nec non Visitatio, an. 1394, fol. 8. In hisce tamen monumentis S. *Flaviani* nomen perpetuo legitur, *Fabiani* nunquam. Hinc bullæ copiam hac in parte mendosam, haud immerito suspicamur.

gii prope Hesdinium, a Joanne episcopo Morinensi datam.

(Anno 1112, Jun. 19.)
[MIRÆUS, *Opp. diplom.*, I, 170.]

PASCHALIS episcopus, servus servorum Dei, dilecto filio ALUISO (95) abbati Aquicinensis monasterii, ejusque successoribus regulariter substituendis.

Officii nostri nos hortatur auctoritas, pro ecclesiarum statu sollicitos esse, et quæ recte statuta sunt, stabilire. Proinde venerabilis fratris nostri Joannis Morinensis episcopi cessionem vobis vestroque monasterio factam, litteris præsentibus confirmamus. Is enim B. Georgii martyris ecclesiam, juxta castrum Lesdinium sitam, tibi tuisque successoribus, in cellam omni tempore possidendam concessit, et assertione chirographi confirmavit, cum omnibus videlicet terris, pratis, silvis, aquis et molendinis, vel aliis quibuscunque redditibus quæ tam ab Ingelramno (96) comite, et Ernulfo Herdinensi et Nicolao milite, quam et ab aliis fidelibus eidem Ecclesiæ collata sunt. Siquidem id ipsum prædecessor suus, bonæ memoriæ Gerardus, canonicorum Ecclesiæ suæ consilio et voluntate concesserat.

Id ipsum igitur et nos præsentis decreti auctoritate sancimus, salva nimirum Tarvanensis Ecclesiæ justitia, sicut supradicti episcopi chirographo delibatum agnoscitur. Altaria quoque duo, scilicet de Fraisnoith et Huby, sicut ab eodem episcopo supradictæ ecclesiæ S. Georgii (97) concessa sunt, concedimus et decreti præsentis auctoritate firmamus.

Porro sepulturam ejusdem loci ab omni exactione liberam fore decernimus, ut eorum qui illic sepeliri deliberaverint, devotioni et extremæ voluntati, nisi forte excommunicati, nullus obsistat.

Datum Laterani, XIII Kal. Julii, indictione V, Incarnationis Dominicæ anno 1112.

CCCXLVI.
Ad Bernardum Antiochenum patriarcham. — Nuntiat se non intendisse, concessione privilegii supradicti, Antiochenæ patriarchalis Ecclesiæ dignitatem imminuere.

(Anno 1112, Aug. 8.)
[MANSI, *Concil.*, XX, 1006.]

PASCHALIS episcopus, servus servorum Dei, venerabili fratri BERNARDO Antiocheno patriarchæ, salutem et apostolicam benedictionem.

Quamvis inter cæteras sedes apostolica illa sedes emineat, quam Petri apostoli morte in corpore dignatio superna clarificavit, inter Romanum tamen et Antiochenum episcopos tanta quondam legitur charitas exstitisse, ut nulla inter eos diversitas videretur. Eadem Petri persona utrasque illustravit ecclesias. Multa posthac tempora transierunt, qui-

(95) *Aluisio.* Is ex monacho Bertiniensi, ac priore Vedastino, electus abbas Aquicinctinus, tandem anno 1131 assumptus fuit episcopus Atrebatensis. Obiit in Palæstina, anno 1145.
(96) *Ingelramno* (aliis *Ingelrano*), comite Hesdiniensi, qui anno 1072 Ecclesiam Alciacensem instauravit, ibidem sepultus. Ita Chronic. Alciacense.

bus infidelium dominatio unitatem hanc in personis præsidentium impedivit. Gratias autem Deo, quod temporibus nostris Christianorum principatum in Antiochena civitate restituit. Dignum est igitur, charissime frater, ut ejusdem charitatis unitas firma permaneat : nec de nobis menti tuæ opinio ulla subrepat quod Antiochenam Ecclesiam deprimere aut inhonorare velimus. Si quid ergo vel Antiochenæ vel Hierosolymitanæ Ecclesiæ, aliter fortasse quam oportuit, de parochiarum finibus scripsimus, nec levitati est nec malitiæ ascribendum, nec propter hoc apud nos est scandalum concitandum : quoniam et locorum longinqua prolixitas, et antiquorum nominum commutatio, quæ civitatibus vel provinciis accidit, magnam nobis ambiguitatem vel ignorantiam attulerunt. Cæterum et optavimus, et optamus non scandali sed pacis fomitem fratribus ministrare, suum jus et honorem quibuscunque ecclesiis conservare.

Datum Laterani, sexto Idus Augusti.

CCCXLVII.
Arausicanæ Ecclesiæ a Tricastinensi disjunctæ libertatem confirmat.

(Anno 1112, Octob. 18.)
[*Gall. Christ.* I, 432.]

. . . . . Arausicæ si quidem civitatis populus aliquando ita exaltatus est, ut illius civitatis nomen vulgaribus passim carminibus celebretur ; aliquando ita depressus, ut ejus ecclesia, civitatis alterius ecclesiæ vel subdita sit vel unita ; rursus per cœlestis sapientiæ dispositionem, nostris, vel majorum nostrorum temporibus eidem civitati et ecclesiæ tantus est populus restitutus, ut ecclesia eadem archiepiscopi Arelatensis instantia, proprium et cardinalem receperit sacerdotem, juxta quod de diœcesi, quæ aliquando episcopum habuit, in Africano est concilio constitutum, ut si multiplicatus populus desideraverit habere proprium rectorem, ejus videlicet voluntate in cujus potestate est diœcesis constituta habeat proprium episcopum. Quia igitur duo episcopi [Guillelmus et Berengarius] nostræ memoriæ temporibus in Aurasiæ civitatis cathedra substituti sunt, nos petitioni tuæ ac devotioni multiplicis populi, charissime frater, annuimus, et Chalcedonensis concilii capitulum sequentes, præsentis decreti auctoritate sancimus, ut civiles dispositiones Arausicæ urbis, et publicos ecclesiasticarum quoque parochiarum ordines subsequantur. Itaque tam tibi quam legitimis successoribus tuis integritatem parochiæ Aurasiensis ita plane confirmamus, sicut antiquitus eam Aurasiensi Ecclesiæ mansisse cognoscitur, nec Tricastino, vel alicui deinceps episcopo liceat paro-

(97) S. Georgii cella seu prioratus, anno 1072, ab Ingelramno comite, Ernulfo Hesdiniensi, et Nicolao equite fundatus ac dotatus, hodieque floret ; haud procul a ruinis seu ruderibus veteris oppidi Hesdiniensis, quod anno 1553 excisum fuit, jussu Caroli quinti Cæsaris ; Hesdinio novo a fundamentis, loco commodiore, contra Francos excitato.

chiæ ipsius fines, vel cætera ad præfatam ecclesiam pertinentia invadere, vel qualibet machinatione subtrahere; sed omnia vobis et clericis in eadem ecclesia militantibus quieta et integra conserventur. Si quæ igitur in futurum ecclesiastica quælibet sæcularisve persona, hanc nostræ constitutionis paginam sciens contra eam temere venire tentaverit, secundo tertiove commonita, si non satisfactione congrua emendaverit, potestatis honorisque sui dignitate careat, reamque se divino judicio existere de perpetrata iniquitate cognoscat, et a sacratissimo corpore et sanguine Dei et Domini Redemptoris nostri Jesu Christi aliena fiat, et in extremo examine districtæ ultioni subjaceat. Cunctis autem eidem ecclesiæ justa servantibus, sit pax Domini nostri Jesu Christi, quatenus et hic fructum bonæ actionis percipiant, et apud districtum judicem præmia æternæ pacis inveniant. Amen, amen, amen.

† Ego Paschalis catholicæ Ecclesiæ episcopus.

Datum Laterani per manum Joannis, sanctæ Ecclesiæ diaconi cardinalis ac bibliothecarii, xv Kal. Novembris, indictione v [vi], Incarnationis Dominicæ anno 1113, pontificatus autem domini Paschalis II papæ anno xiv. *Cum sigillo domini papæ.*

CCCXLVIII.

Decreta concilii, a Guidone Viennensi aliisque archiepiscopis, episcopis, abbatibus, Viennæ celebrati, confirmat.

(Anno 1112, Oct. 20.)
[Mansi, *Concil.* XXI, 76.]

Paschalis episcopus, servus servorum Dei, venerabilibus fratribus Guidoni Viennensi archiepiscopo, sedis apostolicæ vicario, et cæteris archiepiscopis, episcopis et abbatibus, seu Domini sacerdotibus, Viennæ congregatis, salutem et apostolicam benedictionem.

Cum alicujus morbi detentione caput afficitur, membris omnibus communiter ac summopere laborandum est ut ab eo penitus expellatur. Fratrum siquidem relatione comperimus vos in unum convenisse, ac per Dei gratiam Viennæ concilium celebrasse. In quo nimirum de augenda religione, de dispositione ecclesiastica, seu ecclesiasticarum rerum, et de correctione pravorum hominum adversus sanctam Ecclesiam insurgentium disseruistis. Unde Deo gratias referimus, et quæ statuta sunt ibi rata suscipimus et confirmamus, et cooperante Domino Deo illibata permanere censemus. Dilectionem supradicti hortamur episcopi, ut studiose secundum Deum legationem sibi commissam impleat.

Data Laterani, xiii Kal. Novembris.

CCCXLIX.

Episcopos Hispaniæ ad synodum « proxima beatæ Mariæ festivitate » (2 Febr. 1113, Beneventi) agendam vocat, « ut de Aragonensis regis et Urracæ reginæ negotio et de pacis atque concordiæ colloquio in præsentia sua tractent. »

(Vide *Hist Compostell.* ap. Florez, *España sagrada*, XX, 139, 140.)

CCCL.

Monasterii Nonantulani possessiones et privilegia confirmat.

(Anno 1112, Nov. 10.)
[Muratori, *Antiq. Ital.*, V, 343.]

Paschalis episcopus, servus servorum Dei, dilecto in Christo filio, Joanni, nostris per Dei gratiam manibus in abbatem Nonantulani monasterii consecrato, ejusque successoribus regulariter substituendis in perpetuum.

..... auctoritate debitoque compellimur, pro universarum Ecclesiarum statu satagere, et earum maxime, quæ apostolicæ sedi specialius adhærent, ac tanquam jure proprio subjectæ sunt, quieti, auxiliante Domino, providere. Quapropter petitionibus tuis, fili in Christo charissime, non immerito annuendum censuimus ut Nonantulanum monasterium, cui Deo auctore præsides, quod ab ipso fundatore, Aistulfo videlicet Longobardorum rege, apostolicæ sedi oblatum est, ad prædecessorum nostrorum, ejusmodique apostolicæ sedis... privilegio muniremus. Per præsentis igitur privilegii paginam apostolica auctoritate statuimus, ut quæcunque ad prædictum Nonantulanum monasterium in præsenti sexta indictione, juste ac legaliter pertinent, sive in futurum concessione pontificum, liberalitate principum, vel oblatione fidelium juste atque canonice poterit adipisci, firma tibi tuisque successoribus et illibata permaneant. In quibus hæc propriis visa sunt nominibus adnotanda, ipsum videlicet castellum Nonantula, Castellum Vetus, Gallianum, Catinianum, Fainanum, Lizanum, Scoppanum, Sanonum, Campilium, Maranum, Mons Oliveti, pratum Albini, monasterium Sanctæ Luciæ de Roffeno, cum ecclesiis et pertinentiis suis, et ecclesia Sanctæ Trinitatis de Savino, Manzolinum, Taivalum, Rastellinum, Sancta Maria in Grumulo, Spina Lamberti, Solaria, Roncalia, Camorana, Sorbaria, Curtiule Siccum, castellum Pellavi, Trecentula, Bundenum, Stagaria, castellum Cella, et Marzalia cum pertinentiis eorum; præterea castellum Cellulæ, curtem Raguse, et castellum Tedaldi cum omnibus allodiis, quæ in ipso comitatu Ferrariensi Bonifacius marchio acquisita possedit, vestro in perpetuum monasterio confirmamus, uti etiam, quæ comitissa Mathildis de oblatione, quam Sancto Petro et Romanæ Ecclesiæ dederat, vobis nuper dedisse cognoscitur, sub censu scilicet annuo unius aurei. Sane nec Mutinensi omnino, nec alicuiquam episcoporum, vel principum, aut alicui ecclesiasticæ sæcularive personæ liceat supradicto monasterio, aut ejus cellis, vel ecclesiis, aliisve possessionibus gravamen inferre, exactionem imponere, placitum, sive colloquium, præter abbatis ac fratrum voluntatem indicere vel tenere. Obeunte te nunc ejus loci abbate, vel tuorum quolibet successorum, nullus ibi qualibet subreptionis astutia seu violentia præponatur, nisi quem fratres communi consensu, vel fratrum pars consilii sanioris, secundum Dei timorem, et beati

Benedicti Regulam elegerint, ab apostolicæ sedis præsule consecrandum, Chrisma, oleum sanctum, consecrationes altarium, sive basilicarum, ordinationes monachorum, qui ad sacros fuerint ordines promovendi, sive clericorum, monasterio, cellis, vel ecclesiis pertinentium, a quo malueritis catholico accipietis episcopo, si quidem gratiam et communionem apostolicæ sedis habuerit, et si ea gratis ac sine pravitate voluerit exhibere. Non enim episcoporum cuiquam permittimus, invito abbate, in monasterio, vel in monasterii cellis, vel ecclesiis, ordinationes facere, missas publicas celebrare, vel earum decimas vindicare. Nec de monasterio ipso, vel ejus rebus rescriptum subripere, aut quolibet modo impetrare, cuiquam personæ facultas sit. Quod si forte præsumptum fuerit, irritum penitus habeatur. Ad hæc adjicientes decernimus ut nulli omnino hominum liceat idem monasterium temere perturbare, aut ejus possessiones auferre, vel ablatas retinere, vel injuste datas suis usibus vindicare, minuere, vel temerariis vexationibus fatigare; sed omnia integra conserventur eorum, pro quorum sustentatione et gubernatione concessa sunt, usibus omnimodis profutura, ut in omnibus semper apostolicæ sedis, cujus est proprium, munimine ac protectione congaudeat. Si quis igitur in futurum archiepiscopus aut episcopus, imperator aut rex, princeps aut dux, comes, vicecomes, judex, castaldio, aut ecclesiastica quælibet sæcularisve persona, hanc nostræ constitutionis paginam sciens, contra eam temere venire tentaverit, secundo tertiove commonita, si non satisfactione congrua emendaverit, potestatis honorisque sui dignitate careat, reamque se divino judicio existere de perpetrata iniquitate cognoscat, et a sacratissimo corpore ac sanguine Dei et Domini Redemptoris nostri Jesu Christi aliena fiat, atque in extremo examine districtæ ultioni subjaceat. Cunctis autem eidem loco justa servantibus sit pax Domini nostri Jesu Christi, quatenus et hic fructum bonæ actionis percipiant, et apud districtum judicem præmia æternæ pacis inveniant.

Scriptum per manum Crisogoni notarii sacri palatii.

Ego Paschalis catholicæ Ecclesiæ episcopus subscripsi.

Data Tiberiæ per manum Joannis, sanctæ Romanæ Ecclesiæ diaconi cardinalis, ac bibliothecarii, quarto Idus Novembris, indictione VI, Incarnationis Dominicæ anno millesimo centesimo decimo tertio, pontificatus autem domni Paschalis II papæ anno XIV (98).

CCCLI.
Privilegium pro monasterio Areavallensi.
(Anno 1112, Nov. 15.)
[*Gall. Christ.* vet. ed., t. IV, p. 113.]

PASCHALIS episcopus, servus servorum Dei, dilecto filio GISLEBERTO abbati S. Petri Aureævallis et ejus fratribus in eadem ecclesia canonicam vitam professis tam præsentibus quam futuris in perpetuum.

Desiderium quod ad religiosum propositum et animarum salutem pertinere monstratur, auctore Deo, sine aliqua est dilatione complendum.

Quia igitur vos, o filii in Christo charissimi, per divinam gratiam aspirati, mores vestros sub regularis vitæ disciplina coercere, et communiter secundum sanctorum Patrum institutionem Omnipotenti deservire proposuistis, nos votis vestris paterno congratulamur affectu; unde etiam petitioni vestræ benignitate debita impertimur assensum, vitæ namque canonicæ ordinem quem professi estis, præsentis privilegii auctoritate Firmamus, ut ne cui post professionem exhibitam proprium quid habere, neve sine præpositi vel congregationis licentia de claustro discedere liceat interdicimus, et tam vos, quam vestra omnia sedis apostolicæ protectione munimus.

---

(98) Hic habes annum XIV Paschalis II papæ, conjunctum cum anno Incarnationis Dominicæ 1113 et indictione VI. Errorem patentem continuo hic deprehendisse tibi videberis, ubi e Donizone, Baronio, Pagio ac aliis intellexeris Paschalem ipsum die 14 Augusti anno 1099 Romanam cathedram conscendisse. Sed bona nota. Sunt et aliæ bullæ quæ hoc ordine procedunt, ut prope ad credendum adducaris anno subsequenti 1100 Paschalem renuntiatum fuisse pontificem maximum. Vide Bullarium Casinense part. II, Ughellium, Bullarium Cluniacense, Baluzium in Miscellaneis, atque, ut cæteros omittam, Mabillonium lib. V, tabel. 51, Diplomatic. ubi refert autographam bullam pontificis hujus « Datam Romæ per manum Joannis sanctæ Romanæ Ecclesiæ diaconum cardinalem, duodecimo Kalendas Aprilis, indictione X, Incarnationis Dominicæ anno 1103, pontificatus autem domni Paschalis secundi papæ III. » Dissident hæc aperte a calculis Pagii ac aliorum. Quando immotus est annus et mensis, quibus pontificiam dignitatem iniit Paschalis II, scilicet dies 14 Augusti anni 1099, necesse est intelligamus (idque animadvertendum diligentissime nobis ad solvendos alios id genus nodos) usum illum fuisse aliquando æra Pisana, quæ non a nativitate neque a circumcisione Domini, sed ab ejus *Incarnatione*, sive a die 25 Martii exordium novi anni deducit, ac propterea novem mensibus annum vulgarem nostrum prævertit. Quare quanquam bulla nuper producta annum exhibeat 1113, non alius significatur quam annus 1112. Indictio autem sexta illic adhibita, Septembri mense ejusdem anni 1112, initium sumpsit. Alteram Paschalis II bullam prælaudatus Mabillonius produxit in appendice ad tom. V. Annalium Benedictinor., pag. 693. « Data fuit II Idus Aprilis, indictione VI, Incarnationis Dominicæ anno 1114, pontificatus quoque domni Paschalis papæ II decimo quarto. » Censet claris. vir ibi scribendum esse indictione VII. Hanc enim revera exigit annus vulgaris 1114. Verum ibi agitur de anno Pisano, ac propterea data fuit bulla anno secundum nos præcedenti, quo reapse secundo Idus Aprilis in cursu erat indictio sexta. Ita in Thesauro Anecdotor. P. Pezii tom. III, part. II, pag. 650, altera ejusdem pontificis bulla refertur : « Data VIII Kalendas Novembris, indictione XII, Incarnationis Dominicæ anno 1105, pontificatus autem domni Paschalis II papæ anno VI. » Et illi intelligas annum vulgarem 1104, quo decurrebat annus sextus Paschalis, Octobri mense, uti et indictio XII, continuata usque ad finem anni.

Vobis itaque et successoribus vestris in eadem religione permansuris, ea omnia possidenda perpetuo sanximus, quæ in præsentiarum legitime possidere videmini, in Pictaviensi videlicet pago ecclesiam S. Pauli de Hydriaco, S. Martini de Alhaico, S. Hilarii de Borno, S. Martini de Gemellis, S. Petri de Solobria, S. Mariæ de Toxoneriis, S. Martini de Loono, S. Michaelis de Crum, S. Mariæ de Mosronia, S. Eparchi de Germundo, S. Mariæ Magdalenæ de Pristiniaco, S. Benedicti de Boxemia, ecclesiam Sancti Verani, S. Mariæ Magdalenæ de Thouarno, S. Pauli de Bosco, S. Stephani de Amaillo, ecclesias Sancti Lupi et S. Pancratii, S. Martini de Salis, et ecclesiam de Bocaico, quas confrater noster Petrus Pictaviensis episcopus vestræ conversationis institutor, pro communi victus sustentatione vobis concessit, vel ab ejus antecessoribus eidem cœnobio datæ fuerant. Item in pago Andegavensi ecclesiam S. Petri de Damno Petro, et S. Alfini de Torcamo, quas confrater noster Rainaldus Studegavensis episcopus et antecessor ipsius Gaufridus, vestræ Ecclesiæ concesserunt : si qua præterea prædia, si quæ possessiones ab Ecclesiæ fundatrice Aldearda vicecomitissa et successoribus ejus, seu ab aliis successoribus de suo jure cœnobio vestro oblata sunt, aut in futurum offerri Domino largiente contigerit, vel aliis justis modis acquisita sunt vel acquiruntur in posterum, firma vobis vestrisque successoribus et illibata permaneant. Decernimus ergo ut nulli omnino hominum liceat eamdem ecclesiam temere perturbare, aut ejus possessiones auferre, vel ablatas retinere, minuere, vel temerariis vexationibus fatigare, sed omnia integra conserventur eorum, pro quorum sustentatione ac gubernatione concessa sunt, usibus profutura, salva Pictaviensis episcopi debita reverentia. Sane ipsum locum in canonicæ disciplinæ observantia quiete et libere, largiente Domino, perpetuo permanere sanximus, sicut a supradicto fratre nostro Petro Pictaviensis Ecclesiæ episcopo constitutum est. Si qua igitur in futurum ecclesiastica quælibet sæcularisve persona, hanc nostræ institutionis paginam sciens, contra eam temere venire tentaverit, secundo tertiove commonita, si non satisfactione congrua emendaverit, potestatis honorisque sui dignatione careat, reamque se divino judicio existere de perpetrata iniquitate cognoscat, et sacramento, corpore ac sanguine Dei et Redemptoris nostri Jesu Christi aliena fiat, atque in extremo examine districtæ ultioni subjaceat. Cunctis autem eidem loco justa servantibus sit pax Domini nostri Jesu Christi, quatenus et hic fructum bonæ actionis percipiant, et apud districtum judicem præmia æternæ pacis inveniant. Amen, amen, amen.

Scriptum per manum Glisogoni notarii sacri palatii.

Data Princerni, per manum Joannis sanctæ Romanæ Ecclesiæ diaconi cardinalis ac bibliothecarii, xvii Kalend. Decemb., indict. vi. Incarnationis Dominicæ anno 1113 [1112], pontificatus autem domni Paschalis secundi papæ anno xiv.

Ego Paschalis catholicæ Ecclesiæ episcopus.

CCCLII.

« *Episcopis per Daciam constitutis inter cætera : De censu etiam quem B. Petro prædecessores vestri singulis annis instituerunt, fraternitatem vestram una cum eodem fratre nostro Lundense archiepiscopo volumus esse sollicitam, ne in ipso negotio fraudem Romana Ecclesia ulterius patiatur, sed integre hujusmodi charitatis debitum prudentia vestra satis sapienter suscipiat.* »

(Intra an. 1100-1113. Fragm. — Vide Centii Camerarii lit. Cens. ap. Muratori, *Antiq. Ital.* V, 891.)

CCCLIII.

Ad Baldricum episcopum Noviomensem et Tornacensem. — Ne monasterii S. Martini fratres vexari a clericis Tornacensibus sinat.

(Circa annum 1113, Oct. 29.)

[D'Achery, *Spicil.* edit. de Labarre, II, 915.]

Paschalis episcopus, servus servorum Dei, venerabili fratri Baldrico Noviomensi seu Tornacensi episcopo, salutem et apostolicam benedictionem.

Fraternitati tuæ jam secundas litteras misimus, ut monachis Sancti Martini justitiam faceres de injuriis illis quas a clericis Tornacensibus patiuntur : cæterum eamdem justitiam exercere diu multumque fraternitas tua dissimulavit, unde opportunum duximus idem negotium Lamberto Atrebatensi, et Joanni Morinensi comprovincialibus fratribus commisisse, qui nimirum tanquam religiosi viri ad pacem vehementius intendentes, idem negotium minus canonice tractaverunt. Quamobrem nos utramque partem ad nostram præsentiam evocavimus. Ipsis itaque clericis ex sanctorum Patrum auctoritate monstravimus quam indebite in decimarum exactione et sepulturarum prohibitione monachos prægravarent. Beatus enim Gregorius Augustino Anglorum episcopo scribens : « Communi, ait, vita viventibus jam de faciendis portionibus, vel exigenda hospitalitate, et adimplenda misericordia nobis quid erit loquendum, cum omne quod superest in causis piis ac religiosis erogandum est. » Quartus autem Leo synodali constitutione decrevit, ut decimæ et primitiæ, seu quæcunque oblationes vivorum et mortuorum ecclesiis Dei fideliter reddantur a laicis. Ubi notandum quod non a monachis, sed a laicis reddi decimæ jubeantur. Monachi namque cum eorum plerique aut levitæ, aut sacerdotes sint, aut aliis ecclesiasticis ordinibus perfruantur, cum assidue per Dei gratiam divinis inserviant ministeriis, immunes profecto ab hujusmodi exactionibus sunt habendi. Idem etiam Leo episcopis Britanniæ scribens, illis tantum Ecclesiis quæ plebes vocantur, deberi decimas indicat, ubi sacrosancta dantur baptismata ; in quibus videlicet verbis evidenter apparet causa baptismatis, eucharistiæ, pœnitentiæ seu cæterorum officiorum quæ a clericis populo exhibentur, decimas a populo esse reddendas ; in quibus omnibus nullum a clericis servitium monachorum conventibus exhibetur. Porro de sepultura monasteriis permittenda, B. Gregorii habetur manifesta sententia. Joannem enim Veteris urbis episcopum, in monasterio sepeliri mortuos prohibentem, his verbis cohibere curavit: « Si ita est, ait, a tali vos hortor inhumanitate recedere, et sepeliri mortuos ibidem, vel celebrari missas nulla ulterius habita contradictione permittas, ne denuo querelam de his quae acta sunt Agapitus vir venerabilis ad me depromere compellatur. » Hac sanctorum Patrum auctoritate comperta et veritatis ratione cognita, praedicti qui ad nos venerant clerici Tornacenses debita humilitate cesserunt, et de caetero se nullam super his querelis molestiam monachis illaturos polliciti sunt. Tuam ergo sollicitudinem, frater charissime, commonemus ne ulterius supra dicti monasterii fratres patiaris molestiis talibus infestari, neque cathedram ibi colloces, neque aliud quid inferas quo regularis ordo turbetur. De his autem eleemosynarum partibus, quae a morientibus ecclesiis relinquendae, vestra interest dioecesis vestrae parochianos instruere, ut per tuae vigilationis diligentiam largiente Domino tam clericis quam monachis justa serventur, et Ecclesiis pax firma permaneat.

Data Laterani per manum Joannis cardinalis, IV Kalend. Novembris.

CCCLIV.
Ad Galonem Parisiensem episcopum et capitulum Ecclesiae Parisiensis. — Ut Ecclesiae Parisiensis famuli ad dicendum testimonium in causis forensibus admittantur.

(Anno 1115, Jan. 24.)

[Mansi, *Concil.*, XX, 1056, ex magno Pastorali Ecclesiae Paris.]

Paschalis episcopus, servus servorum Dei, venerabili fratri Galoni, et capitulo Pariensis Ecclesiae, salutem et apostolicam benedictionem.

Sicut ex relatione vestra et ex litteris regis intelleximus, Parisiensis Ecclesia magnum hactenus rerum suarum patiebatur incommodum pro eo quod ipsius Ecclesiae famuli, qui apud vos servi vulgo improprie nuncupantur, in forensibus et civilibus causis vel placitis, adversus liberos homines non admitterentur in testimonium. Cui rei dilectus filius noster Lodoicus Francorum rex pro utilitate ecclesiastica ita consulendum arbitratus est, ut episcoporum ac procerum consilio et assensu institueret, Parisiensis Ecclesiae famulos in omnibus causis, placitis et negotiis, adversus omnes homines, tam liberos quam servos, liberam et perfectam habere testificandi et bellandi licentiam, ita ut nemo eorum testimonio, pro ecclesiasticae servitutis occasione, calumniam inferat. Nos itaque, petitionem vestram rationabilem perpendentes, idipsum pro ecclesiasticae utilitatis et justitiae intuitu decreti nostri assertione firmamus. Neque enim aequum est ecclesiasticam familiam iisdem conditionibus coerceri, quibus servi saecularium hominum coercentur. Sicut igitur praenominatus Francorum rex regia benignitate instituit, ita nos ecclesiae vestrae familiam, quae sub episcopi seu canonicorum jure constitit, hac nostrae auctoritatis concessione donamus, ut in forensibus et civilibus causis, vel placitis, adversus quaslibet saeculares personas in testimonium efficaciter admittatur, nec propter ecclesiasticae clientelae obnoxietatem, si alia non impediunt, eorum testimonium refutetur.

Datum Beneventi per manum Joannis, sanctae Romanae Ecclesiae diaconi cardinalis ac bibliothecarii, IX Kal. Februarii (99), indict. VI, Incarnationis Dominicae anno 1114, pontificatus autem domni Paschalis II papae anno XIV.

CCCLV.
Ad Henricum imperatorem.

(Anno 1113, Jan. 25.)

[Mansi, *Concil.*, XX, 1095.]

Paschalis episcopus, servus servorum Dei, dilecto in Christo filio Henrico imp. Augusto, salutem et apostolicam benedictionem.

Cum amicorum magna sit, major quidem inter homines est paterna dilectio. Verum quidquid circa te alii loquantur, quidquid blandiantur nostrum est veritatem tibi liquidius ostendere, ac honori et saluti tuae veraciter providere, A. (*Albertum, archiepiscopum Moguntinum*), siquidem cancellarium tuum a te captum esse audivimus; de quo quantum novimus, quantum experti sumus, testimonium ferimus, quia te super omnia diligebat. Qua de re multi profecto tam amici quam inimici loquuntur adversus te. Te igitur, tanquam pater filium, commonemus ut cum salute regni tale super hoc consilium nanciscaris, quatenus nec persona tua et regnum ullam incurrat infamiam et ille liberationis gratiam consequatur.

Datum Beneventi, VIII Kal. Febr.

CCCLVI.
Sententia super controversia inter abbates Casinensem et monasterii Terrae Majoris, super ecclesia S. Mariae de Casali Plano, quae Casinensi adjudicatur.

(Anno 1113, Febr. 13.)

[Cocquelines, *Bullarum Collect.* II, 147.]

Paschalis episcopus, servus servorum Dei, fidelibus omnibus per Campaniam, et Apuliam vel Capitanatum, sive Samnium, salutem et apostolicam benedictionem.

Rerum gestarum series ad hoc litterarum fidei committuntur, ne illarum veritas posterorum memoriae subtrahatur. Diuturnae igitur litis, quae inter Casinensem et monasterii Terrae Majoris abbates acta est super ecclesia S. Mariae de Casali Plano, ejusque possessionibus, decisionem litteris mandari praecipimus, ne aliqua inter eos turbationis occasio in posterum relinquatur. Casinensis enim abbatis reverendae memoriae Oderisii querelam accipientes adversus monasterii Terrae Majoris abbatem, quod

---

(99) Falsa notatio temporis. Hard.

ecclesiam supradictam de Casali Plano invaserit, missis iterum atque iterum litteris, opposita etiam interdictione vel loci vel ordinis, monasterii Terræ Majoris abbatem coegimus, licet ad nos venire dissimularet, ut supradictum Oderisium abbatem de præfata Casalis Plani ecclesia investiret. Post abbatis Oderisii obitum, certum agendi tempus utrique parti injunximus, præcipientes eos omnino paratos ad peragendam causam deliberato termino convenire. Statuto itaque tempore Girardus Casinensis abbas et Benedictus Terræ Majoris, ante nostram præsentiam convenerunt. Data est per biduum jurisperitis licentiam disputandi. Novissime actores monasterii Terræ Majoris probationem possessionis quadragenariæ intenderunt. Cæterum eorum testes non ex visu et auditu, sed ex fama testimonium profitentes, nec legibus, nec canonibus suscipi potuerunt. Casinenses vero quadragenariæ, vel tricenariæ possessionis interruptionem modis talibus astruebant. Testes duos notæ religionis monachos, unum episcopum, alterum diaconum protulerunt, qui se præsentibus, præsente etiam bonæ memoriæ Benedicto monasterii Terræ Majoris abbate, supradictam S. Mariæ de Casali Plano ecclesiam per Desiderium memoriæ felicis abbatem, locatam Rodulfo presbytero asserebant, sicut in locationis descriptione ostendebatur, sub censu sex byzantiorum, anno Dominicæ Incarnationis millesimo septuagesimo primo. Tres etiam ab eis laici testes prolati sunt, qui se vidisse profiterentur per annos quadraginta, priusquam in ecclesiam illam Terræ Majoris monasterium invasisset, Casinensis monasterii monachos ibidem fuisse præpositos : vidisse etiam Rodulphum presbyterum, qui locationem superius memoratam ab abbate felicis memoriæ Desiderio acceperat, præfatam sex byzantiorum pensionem Casinensi monasterio persolventem. Legum igitur auctoritate perspecta, hujusmodi judicium a fratribus nostris editum, et a nobis est per Dei gratiam confirmatum. Postquam actores monasterii Terræ Majoris defecerunt a probatione quam intenderant quadragenariæ possessionis super S. Maria de Casali Plano, nos eis super hoc negotio perpetuum silentium indicimus, et dominium ejusdem ecclesiæ de Casali Plano cum possessionibus suis apud Casinense monasterium quiete in perpetuum remanere sancimus. Hac nimium discussione hoc tenore judicii supradictam B. Mariæ de Casali Plano ecclesiam cum possessionibus suis venerabili filio nostro Girardo abbati Casinensi in jus et possessionem perpetuam Casinensis monasterii restituimus : quam videlicet inconcussam et stabilem permanere auctoritate apostolicæ sedis decernimus.

Scriptum per manum Crisogoni notarii sacri palatii.

Ego Paschalis catholicæ Ecclesiæ episcopus in præsentia nostra hoc factum judicium confirmavi et subscripsi.

Ego Sennes Dei gratia Capuanus archiepiscopus judex datus, interfui et subscripsi.

Ego Cono Richardus Albanensis episcopus subscripsi.

Ego Landulfus Beneventanus archiepiscopus judex, interfui et subscripsi.

Ego Gregorius Terracinensis episcopus judex datus, interfui et subscripsi.

Ego Gualo Parisiensis episcopus judex datus, interfui et subscripsi.

Ego Ascherus Centumcellensis episcopus judex datus, interfui et subscripsi.

Ego Raimundus Ausciorum archiepiscopus, interfui et subscripsi.

Ego Almericus Claramontensis episcopus, interfui et subscripsi.

Ego Willelmus Dei gratia Trojanus episcopus, interfui et subscripsi.

Ego Anastasius cardinalis presbyter tituli Beati Clementis subscripsi.

Ego Romoaldus diaconus cardinalis, judex datus, interfui et subscripsi.

Ego Boso cardinalis judex datus, interfui et subscripsi.

Ego Gervasius Telesini monasterii abbas, interfui et subscripsi.

Ego Rollandus Antiochenæ Ecclesiæ legatus, interfui et subscripsi.

Ego Pontius Antiochenæ Ecclesiæ legatus, interfui et subscripsi.

Actum Beneventi in palatio principali, II Idus Februarii; præter hos subscriptos, alii etiam plures interfuerunt, tam episcopi quam abbates : Riso videlicet Barensis; Leo Ostiensis; Fulco Venusinus.

Datum Beneventi per manum Joannis, sanctæ Romanæ Ecclesiæ diaconi cardinalis ac bibliothecarii, Idibus Februarii, indictione VI, Incarnationis Dominicæ anno 1113, pontificatus autem domni Paschalis II papæ anno XIV.

CCCLVII.

Bulla qua apostolicæ sedis tuitionem concedit xenodochio S. Joannis Hierosolymitani.

(Anno 1113, Febr. 15.)

[Mansi, Concil., XXI, 87.]

Paschalis episcopus, servus servorum Dei, venerabili filio Geraudo, institutori ac præposito Hierosolymitani xenodochii, ejusque legitimis successoribus in perpetuum.

Piæ postulatio voluntatis effectu debet prosequente compleri. Postulavit siquidem dilectio tua xenodochium quod in civitate Jerusalem juxta Beati Joannis Baptistæ ecclesiam instituisti, apostolicæ sedis auctoritate muniri, et B. Petri apostoli patrocinio confoveri. Nos itaque piis hospitalitatis tuæ studiis delectati petitionem tuam paterna benignitate suscipimus, et illam Dei domum, illud xenodochium, sub apostolicæ sedis tutela et B. Petri protectione persistere, decreti præsentis auctoritate sancimus. Omnia ergo quæ ad sustentandas peregrinorum et pauperum necessitates, vel in Hierosolymitanæ Ecclesiæ, vel aliarum Ecclesiarum parochiis et civitatum territoriis per tuæ sollicitudinis instantiam eidem xenodochio acquisita, vel a quibuslibet fidelibus viris oblata sunt, aut in futurum largiente Deo offerri, vel aliis justis modis acquiri contigerit, quæque a venerabilibus fratribus Hierosolymitanæ Ecclesiæ episcopis concessa sunt, tam tibi quam successoribus tuis, et fratribus peregrinorum illic curam gerentibus, quieta semper et integra conservari præcipimus. Sane fructuum vestrorum decimas, quos ubilibet vestris sumptibus laboribusque colligitis præter episcoporum vel episcopalium ministrorum contradictionem xenodochio deliberaverunt, ratas haberi decernimus. Obeunte te nunc ejus loci provisore atque præposito, nullus ibi qualibet subreptionis astutia seu violentia præponatur, nisi quem fratres ibidem professi secundum Deum providerint eligendum. Præterea honores sive possessiones quas idem xenodochium ultra seu citra mare, in Asia videlicet vel in Europa, aut in præsenti habet, aut in futurum largiente Domino poterit adipisci, tam tibi quam successoribus tuis hospitalitatis pio studio imminentibus, et per vos eidem xenodochio in perpetuum confirmamus. Ad hæc adjicientes decernimus ut nulli omnino hominum liceat idem xenodochium temere perturbare, aut ejus possessiones auferre, vel ablatas retinere, minuere vel temerariis vexationibus fatigare; sed omnia integra conserventur eorum, pro quorum sustentatione et gubernatione concessa sunt, usibus omnimodis profutura. Sane xenodochia, sive ptochia in Occidentis partibus penes burgum S. Ægidii Asten, Pisani Barum, Ydrontum, Tarentum, Messanam, Hierosolymitani nominis titulo celebrata, in tua et successorum tuorum subjectione ac dispositione, sicut hodie sunt, in perpetuum manere statuimus. Si qua igitur in futurum ecclesiastica quælibet sæcularisve persona, hanc nostræ constitutionis paginam sciens, contra eam temere..... tentaverit, secundo tertiove commonita, si non satisfactione congrua emendaverit, potestatis honorisque sui dignitate careat, reamque se divino judicio existere de perpetrata iniquitate cognoscat, et a sacratissimo corpore et sanguine Dei et Domini Redemptoris nostri Jesu Christi aliena fiat, atque in extremo examine districtæ ultioni subjaceat. Cunctis autem eidem loco justa servantibus sit pax Domini nostri Jesu Christi, quatenus et hic fructum bonæ actionis percipiant, et apud districtum judicem præmia æternæ pacis inveniant. Amen, amen.

Ego Paschalis catholicæ Ecclesiæ episc. SS.
Ego Richardus Albanensis episc. SS.
Ego Landulfus Beneventanus archiep. legi et SS.
Ego Cono Prænestinæ Eccl. episc. legi et SS.
Ego Anastasius card. presbyt. tituli Beati Clementis SS.
Ego Gregor. Terrac. episc. legi et SS.
Ego Joannes Melitensis episc. legi et SS.
Ego Romoaldus diac. card. Rom. Eccl. SS.
Ego Gregorius card. presbyt. tituli S. Crisogoni legi et SS.

Datum Beneventi per manum Joannis, sanctæ R. Ecclesiæ cardinalis ac bibliothecarii, xv Kal. Martii, indictione vi, Incarnationis Dominicæ anno 1113, pontificatus autem domini Paschalis PP. II anno xiv.

CCCLVIII.

Lanuino, Turris priori, concedit ut « anachoretas doceat et benedicat. »

(Anno 1113, Febr. 20. — Vide *Vitam S. Brunonis*, p. 409. Bruxellæ, 1639, 8°.)

CCCLIX.

Ad Bernardum Antiochenum patriarcham. — Significat privilegium Hierosolymitanæ Ecclesiæ in præjudicium Antiochenæ non concessisse.

(Anno 1113, Mart. 18.)
[Mansi, *Concil.*, XX, 1010.]

Paschalis episcopus, servus servorum Dei, coepiscopo Bernardo Antiocheno patriarchæ, salutem et apostolicam benedictionem.

Sicut aliis litteris fraternitati tuæ scripsimus, nos et personam tuam, et ecclesiam tibi commissam, plena charitate diligimus : nec ullo modo volumus honorem vestræ dignitatis imminui, quin Antiocheni patriarchatus prælatio, sicut præteritis temporibus conservata est, ita etiam in futurum integra, præstante Domino, conservetur. Illud autem, quod filio nostro Balduino Hierosolymitanorum regi per nuntios suos intercedenti concessimus, charitatem vestram omnino conturbare non debet, si litterarum nostrarum sensum interius perscruteris. Sic enim in eis scriptum est : « Ecclesiarum, quæ illis in partibus fuerunt vel sunt, terminos atque possessiones diutina infidelium possessio tyrannisque confudit. Cum itaque certos eis fines assignari præsenti deliberatione nequeamus, tuis non immerito precibus duximus annuendum ut, quia pro Hierosolymitanæ ecclesiæ sublimatione personam tuam extremis periculis devovisti, quascunque infidelium urbes ceperis vel cepisti, ejusdem ecclesiæ regimini dignitatique subjaceant. » Eodem sensu illa etiam verba discutienda sunt, quæ felicis memoriæ Gibelino Hierosolymitano patriarchæ de civitatibus atque provinciis scripsimus, quæ supradicti Balduini regis prudentia et exercituum eum sequentium sanguine per Dei gratiam acquisitæ sunt. Siquidem ecclesias illas, quibus certi fines assignari possunt, quarum termini ac possessiones diutina possessione ac tyrannide confusi non sunt, et ipsarum ecclesiarum urbes, illi volumus ecclesiæ subjacere, ad quam ex antiqua sciuntur justitia pertinere. Non enim volumus aut propter principum potentiam, ecclesiasticam minui dignitatem; aut pro ecclesiastica dignitate, principum potentiam mutilari.

Data Beneventi, decimo quinto Kalendis Aprilis.

CCCLX.

Ad Balduinum regem Hierosolymitanum. — Ejusdem argumenti.

(Anno 1113, Mart. 18.)
[*Ibid.*, col. 1011.]

Paschalis episcopus, servus servorum Dei, charissimo Balduino illustri Hierosolymitanorum regi, salutem et benedictionem apostolicam.

Concessio illa, quam nos petitioni tuæ accommodavimus, ut quascunque infidelium urbes ceperis, vel cepisti, Hierosolymitanæ ecclesiæ regimini dignitatique subjaceant, non parum cum fratrem nostrum Bernardum patriarcham, tum universam Antiochenam turbavit Ecclesiam. Cum enim nos concessionem illam super illis ecclesiis indulserimus, quarum terminos et possessiones diutina infidelium possessio et tyrannis confudit, illi eas ecclesias a Hierosolymitano patriarcha, te connivente invasas conqueruntur, de quibus ambiguitas nulla sit, quin eas, etiam Turcarum vel Sarracenorum temporibus, sedes Antiochena possederit : quia earum episcopi, etiam infidelium oppressi tyrannide, Antiocheno patriarchæ obedientiam exhibebant. Porro nos litteris ad supradictum patriarcham missis, Antiocheni patriarchatus prælationem, sicut ab antiquis patribus distributa et præteritis temporibus conservata est, ita etiam in futurum integram servari sanxeramus. Tuam igitur strenuitatem monemus, et monentes præcipimus, ne a te, invasiones hujusmodi fieri, ubi manifesta est veritas, permittantur; sed unaquæque ecclesia justitiæ suæ limitibus perfruatur. Nec enim possumus manifeste sanctis patrum nostrorum constitutionibus obviare : nec omnino volumus, aut pro principum potentia, ecclesiasticam minui dignitatem; aut pro ecclesiastica dignitate, principum potentiam mutilari, ne apud vos occasione alterutra, pax, quod absit! turbetur Ecclesiæ. Clericis quoque Hierosolymitanis per præsentia scripta præcipimus, quandoquidem paternas possessiones et patriam pro ecclesiæ, ut creditur, exaltatione, pro religionis observantia reliquerunt : ut jure Hierosolymitanæ ecclesiæ sint contenti, nec injuste aut procaciter ea usurpare contendant, quæ certo sciuntur ad jus Antiochenæ ecclesiæ pertinere. Omnipotens Dominus sua te in omnibus dextera protegat, de hostibus Ecclesiæ triumphare concedat.

Data Laterani, decimo quinto Kalendas Aprilis.

CCCLXI.
Privilegium pro monasterio S. Nicasii Remensi.
(Anno 1113, April. 10.)
[Marlot, *Metropol. Remens.* II, 253.]

Paschalis episcopus, servus servorum Dei, dilecto filio Joranno abbati Sancti Nicasii, salutem et apostolicam benedictionem.

In pastorum specula constituti....... Quamobrem nos tam tibi quam successoribus tuis ecclesiam Sancti Petri de Ruminiaco, cum altari Sancti Sulpitii, quæ de manibus militaribus erepta sunt, juxta petitionem venerabilis fratris nostri Rodulfi Remorum archiepiscopi confirmamus, altare item de Luneio et altare de Clerum, etc.

Datum Laterani, iv Idus Aprilis, an. 1114, pontificatus domini Paschalis xiv.

CCCLXII.
Privilegium generale monasterii S. Nicasii.
(Anno 1113, April. 10.)
[Varin, *Archives administr. de Reims*, I, 1, 261.]

Paschalis episcopus, servus servorum Dei, dilecto filio Joranno abbati Sancti Nicasii, ejusque successoribus regulariter substituendis in perpetuum.

In pastorem super Ecclesiam constituti, necesse habemus furibus et latronibus obviare, et sæcularium hominum præsumptionem, qui videlicet ecclesias et ecclesiarum res tanquam proprias vindicant et pertinaciter usurpant, decreti nostri constitutione retundere. Proinde nos, charissime fili, tuis postulationibus annuentes, Beati Nicasii monasterium..... apostolicæ sedis auctoritate munimus, eidem..... confirmantes victam Sancti Hilarii quam Gervasius Remorum archiepiscopus de proprio suo a quibusdam militibus..... comparavit; atque ab omnium hominum servitio prorsus emancipatam, Deo et sancto Nicasio pro remedio animæ suæ cum omnimoda libertate possidendam, contradidit cum banno, et justitia, et manso indominicato, terris adjacentibus, et pascuis, et liberis exitibus ejusdem villæ, cum sedibus molendinorum ab omni exactione liberorum, tam in villa quam extra villam ; cursum etiam aquæ et totum piscatorium, a prato unde habitatores Sancti Martini debent beato Nicasio herbagia, usque ad divisionem territorii montis Sancti Remigii ; ecclesiam Sancti Hilarii et tres partes totius decimæ, totamque decimam nutrimentorum curtis monachorum ; apud Sarnacum terram uni carucæ sufficientem, et sex falcaturas prati, dimidium molendini et totius piscatorii ; medietatem totius alodii de Haiderici curte, et omnium appenditiorum ejus ; ecclesiam de Villerzeto cum tota decima, et uno manso terræ arabilis ; ecclesiam de Betenacurte, cum duobus capellis Sancti Simeonis et Sancti Nicolai servaturi ; omnesque aisantias terræ totius dominii præfati, ad opus monachorum Deo et beatæ Mariæ de Betenacurte servientium, totamque decimam agriculturæ et nutrimenti ipsorum : qui etiam retentis ex more et usu eleemosynis sibi dimissis, omnesque parochianorum eleemosynas, parochiali presbytero concessas necnon et offerendas ad manum ipsius presbyteri sive capellani venientes, dimidiant, eorumque dimidium sibi vindicant præter confessiones, et duos nummos nuptiarum et benedictionum, et unum reconciliationis, qui specialiter ad sortem pertinent sacerdotis ; ecclesiam et villam de Sennicurte cum tribus appenditiis suis Calmontana, Senuifa, et Raravilla, cum tota decima, et cursu aquæ, pratis, terris et silvis, cum vineis ad Sennicurtem pertinentibus ; et horum omnium banno et justitia..... totam decimam de Vertiti ; totam decimam de Mello fonte ; totam decimam de Lisuniis usque ad fossam secus Berlize pertingentem, et ad ecclesiam de Sennicurte pertinentem ; palatium de Munceio cum omnibus terris infra ambitum murorum jacentibus, et omnimoda libertate; allodium etiam in villa subjacente in campis et silvis; querutum sub monte, et nemus de Arsuris, et domum in media villa; dimidium molendini in valle de Cierge; Joannem Asinum et Alardum Luseum cum omni possessione eorum; terram de Vivers ante portam Radulfi, molendinum, vineam et pratum de Warne; quarterium terræ, et pratum de Reomela; casam ecclesiæ de Maceriis; terram ad campilium solventem quatuor solidos et octo den. cum silva ejusdem villæ, cum vanna et cursu aquæ, cum banno et justitia; silvam etiam desuper Cierge; ecclesiam Sanctæ Mariæ Magdalenæ de Cimaco, cum hospitali et domo ante januam, et hortis post ecclesiam jacentibus; ecclesiam et villam Sanctæ Genovefæ cum appenditiis suis; alodium Sanctæ Genovefæ in campis et fere duarum leucarum, silvis, et pratis et aquis, et molendinis, servis et ancillis, cum banno et justitia, et horum omnimoda libertate; nonam totius agriculturæ domini de Cimaco in toto Sarto quam dedit dominus Alardus de Cimaco perpetuo possidendam; ecclesiam Sancti Petri de Ruminiaco, cum omnimoda libertate dotis suæ quæ dicitur mons Baie et Ailimpre; altare Sancti Supplicii cum duabus capellis ad Evernis et Livinis; liberum mercatum et theloneum cum estallagiis ad vincula Sancti Petri, cum scholis, servis et ancillis et nonam prati, et trium culturarum domini Ruminiacensis; medietatem Augustæ, molendini, furni, silvarum et terrarum, cum banno et justitia, et tertia parte decimarum; villam Pree cum casa ecclesiæ Sancti Albini, silvis, terris, molendino, servis et ancillis, banno et justitia; altare de Antinno cum capellis..... Fouzis et Ogias (100); altare de Attovillari cum dote sua, et tertia parte decimæ; altare de Bunut; altare de Hanape; Alavio; molendinum, terras et pratum, et quartam partem Flengni; prædium de Wifereio confirmamus et tibi..... tres partes duarum villarum Sinceliæ, et Subnaym cum omni reditu, et solita exactione, cum duabus ecclesiis, servis et ancillis, silvis pratis et campis; quarum trium pro triginta marcis ab ecclesia Sancti Nicasii redimendas; altare cum ecclesia de Morlines; dimidium allodii Florinensis, post obitum Alpaidis et secundæ generationis suæ, cum omnibus appenditiis suis, ad ecclesiam Sancti Nicasii jure possessionis, sine calumnia libere transiturum, cum medietate de Anolyit et ecclesia cum suis appenditiis..... nulli igitur hominum liceat, etc., etc.

Data Laterani per manum Joannis..... diaconi cardin. ac bibliothecarii, IV Idus April., indict. VI...., anno..... 1114 (101), pontificatus domni Paschalis secundi papæ anno XIV.

CCCLXIII.
Monasterio Anianensi cellam Gordanicensem addicit.

(Anno 1113, April. 12.)

[MABILL. *Annal. Bened.*, V, append. 695.]

PASCHALIS episcopus, servus servorum Dei, dilecto filio PETRO, Anianensis monasterii abbati, salutem et apostolicam benedictionem.

Apostolicæ sedis auctoritate debitoque compellimur, pro universarum Ecclesiarum statu satagentes, earum quieti, auxiliante Domino, providere. Eapropter opportunum duximus, dum in Galliarum partibus moraremur, controversiam illam, quæ inter Casæ Dei monasterium et Anianense cœnobium super cella de Gordanico agebatur, venerabilibus fratribus Arberto Avenionensi, Eustachio Valentino, Hismioni Diensi episcopis discutiendam determinandamque committere, qui nimirum utriusque partis ratiocinationibus diligenter discussis et canonice examinatis, sicut ex eorum allegatione chirographoque comperimus, et perspectis pontificalibus ac regalibus instrumentis et aliarum chartarum indiciis justum esse senserunt, et scriptis subscriptionibusque sanxerunt, ut monasterium Anianense præfatam cellam de Gordanico ad Dei servitium regere ac perpetuo habere deberet : ut enim verbis ipsorum loquamur, inter primam justam acquisitionem et ultimam justam revestitionem, quam per nos acceperant, nullam invenire potuerunt justam ipsius possessionis interruptionem. Nos ergo supradictorum fratrum, quos in hoc negotio nostri vice judices dedimus, litterarum præsentium decreto judicium confirmamus, et supradictam cellam de Gordanico tibi, charissime Petre abbas prædicti Anianensis monasterii, tuisque successoribus firmam et quietam in perpetuum manere sancimus, præcipientes et interdicentes ne super hac ulterius querimonia Casæ Dei fratres Anianense cœnobium inquietare præsumant, sed ut quiete ac libere sub Anianensis cœnobii jure ac possessione in perpetuum conservetur cum omnibus pertinentiis ac possessionibus suis, sicut a Lodoico imperatore Caroli Magni imperatoris filio concessum ac traditum Anianensi cœnobio per instrumenti regalis memoriam declaratur. Si qua igitur in futurum ecclesiastica quælibet sæcularisve persona, hanc nostræ confirmationis paginam sciens, contra eam

---

(100) Une bulle de 1156 porte : « Anteniaco cum capellis de Oggeio et Fulseio. » Deux bulles de Pascal II, qui nous paraissent appartenir toutes deux à l'an 1112, et qui se retrouvent Cart. de S. Nic. fol. 12, n° 4, et fol. 20, n° 26, ajoutent : « Muriniaci terram Richardi, in Castellione vineas terrasque auctorum vel pictorum..... Altare S. Sixti cum censu circumjacentis burgi, cum investituris et venditionibus ejusdem et cum parochia de Uriliaco..... et claustrum monasterii cum suburbio ad ipsum pertinente..... »

(101) Cette date semble furtive. L'indiction VI et l'année XIV du pontificat de Pascal combinées avec la date donnée du mois d'avril, correspondent à l'an 1113. La même observation s'applique à la bulle précédente et à la bulle suivante adressée aux deux abbayes de Saint-Remi et de Saint-Nicaise. Elle avait été faite avant nous par Mabillon (*Diplom.*, l. II, c. 25, n° 9), et *l'Art de vérifier les dates*, I, 18, cherche à aplanir la difficulté qu'elle soulève.

temere venire tentaverit, potestatis honorisque sui dignitate careat, reamque se divino judicio existere de perpetrata iniquitate cognoscat, et a sacratissimo corpore ac sanguine Dei et Domini Redemptoris nostri Jesu Christi aliena fiat, atque in extremo examine districtæ ultioni subjaceat, nisi secundo tertiove commonita præsumptionem suam congrua satisfactione correxerit. Cunctis autem eidem cœnobio justa servantibus sit pax Domini nostri Jesu Christi, quatenus et hic fructum bonæ actionis percipiant, et apud districtum judicem præmia æternæ pacis inveniant. Amen, amen, amen.

Ego Paschalis catholicæ Ecclesiæ episcopus SS.

Datum Laterani per manum Joannis, sanctæ Romanæ Ecclesiæ cardinalis ac bibliothecarii, II Idus Aprilis, indictione VI [*l.* VII], Incarnationis Dominicæ anno 1114, pontificatus quoque domni Paschalis papæ secundi XIV.

CCCLXIV.

Episcopos et principes Hispaniæ hortatur ut ecclesiarum subversionibus, cædibus, rapinis, incendiis finem imponant.

(Anno 1113, Apr. 14.)
[Mansi, *Concil.*, XXI, 118.]

Paschalis episcopus, servus servorum Dei, venerabilibus fratribus Bernardo primati, et cæteris episcopis et principibus Hispaniæ, salutem et apostolicam benedictionem.

Regionum vestrarum calamitates, ecclesiarum subversiones, cædes, rapinas, incendia dolemus apud vos plura fieri, quam a nobis valeant enarrari. Quamobrem prudentiam vestram litteris præsentibus commonemus, ut tantorum malorum remedia communicatis consiliis requiratis. Nos quidem, opitulante Deo, quanto maturius potuerimus, apostolicæ sedis legatum ad vos mittere deliberavimus. Interim provida nobis divinitus facultate, paci publicæ providere curetis in congregatione pontificum, et quid in ea canonice actum, suum in posterum apostolica auctoritate sortiatur effectum. Illos sane proceres, sive milites, qui honores, obedientias, villas, et cætera bona ecclesiastica invaserunt, et occupant, nisi ab eadem invasione desistant, ab Ecclesiæ consortio removemus. Universarum etiam partium incentores, per quos bella apud vos, et flagitia cætera perpetrantur, nisi ab hac malignitate desistant, excommunicationi subjicimus. Pax nostra et salus nostra Dominus, pacem vestram et salutem vestram misericorditer operetur.

Dat. Laterani, XVIII Kal. Maii.

CCCLXV.

Privilegium de burgo (S. Remigii) et de concordia intra abbatiam S. Remigii jam dicti et abbatiam de S. Nichasio (102).

(Anno 1113, April. 15.)

[Varin, *Archives adm. de Reims*, I, 1, 264. Archiv. de Saint-Remi, liasse 17, n° 1. — Cart. B. de S. Remi, p. 7. — Cart. A, id. p. 47.]

Paschalis episcopus, servus servorum Dei, domno Saint-Xiste. Bien plus, Erlebaud étant tombé malade à quelque temps de là, il remit, à la persuasion du même prélat, l'autel et les droits de Saint-Xiste entre les mains de l'abbé de Saint-Remi pour les unir au chapitre de Saint-Timothée. Ils furent effectivement unis, et les chanoines en jouirent jusqu'à la déposition de Manassès, et jusqu'à ce que Raynaud du Belay lui ayant été substitué Albéric, abbé de Saint-Nicaise, sut tellement captiver la bienveillance du prélat, qu'il changea la disposition des choses, et qu'il adjugea le bénéfice de Saint-Xiste à l'abbaye de Saint-Nicaise au préjudice des chanoines de Saint-Timothée qui en étaient en possession. Un ancien auteur qui rapporte ce fait, et qui vivait dans le même siècle, ou à peu près, ajoute que l'abbé Albéric employa tous les moyens les plus illicites pour parvenir à ses fins, et que ce ne fut qu'à force d'argent qu'il rentra dans ce bénéfice. Quoi qu'il en soit, ayant été accusé et convaincu dans la suite par ses propres religieux, d'avoir entièrement dissipé le temporel de son monastère, il fut canoniquement déposé pour son peu d'économie, envoyé au monastère de Saint-Remi pour y faire pénitence, et l'abbaye de Saint-Nicaise commise pour un temps à Henri, abbé de Saint-Remi, par l'archevêque Raynaud. Cependant celui-ci passa à la Chaise-Dieu, en allant au concile de Clermont, et comme l'observance régulière était alors dans toute sa vigueur, il donna l'abbaye de Saint-Nicaise à Séguin, abbé de la Chaise-Dieu, pour y établir la discipline régulière, et pour y mettre un abbé de sa main. L'abbé Séguin, plein de reconnaissance, se rendit lui-même à Reims, et établit abbé de Saint-Nicaise un de ses religieux nommé Jean. L'abbé Séguin resta même quelque temps au monastère de Saint-Nicaise, et souscrivit quelques chartes comme abbé de Saint-Nicaise; mais après son départ, l'abbé

(102) Pascal mit fin par cette bulle à une grave querelle qui s'était élevée entre les abbayes de Saint-Remi et de Saint-Nicaise. Cette querelle, dont l'histoire appartient à celle du gouvernement intérieur de notre cité, était consignée dans un *factum* contemporain qui se trouvait à la fin du manuscrit de Saint-Nicaise. Nous n'avons pu retrouver ni le manuscrit intitulé *Liber passionum sanctorum*, ni le texte même du *factum*, mais seulement une analyse qu'en avait donnée le P. Egée dans son *Histoire de Saint-Remi*, à laquelle nous empruntons la citation suivante, qu'a recueillie Lacourt, Marl. Ann. II, *not. in front*, fol. 29, verso.

Quelque bien établis que fussent les droits de l'abbaye de Saint-Remi sur tout le bourg ou ban de Saint-Remi, Joran, abbé de Saint-Nicaise, ne laissa pas, vers ce temps-là, de les lui disputer en partie, et de lui susciter un procès qui dura plusieurs années, et qui ne put être terminé que par la médiation du pape Pascal II; en voici le sujet et l'occasion.

Lorsque l'archevêque Gervais mit des religieux à Saint-Nicaise, en 1065 ou 1066, Erlebaud, chanoine de l'église de Reims, avait encore en titre celle de Saint-Xiste et percevait les dîmes et les censives qui en dépendent; mais ayant encouru la disgrâce de ce prélat, il fut obligé de quitter Reims et ses bénéfices; et comme l'abbaye de Saint-Nicaise ne faisait que de naître, et n'était pas encore opulente, Gervais lui donna l'église de Saint-Xiste avec tous les revenus. Elle en jouit tranquillement pendant le pontificat de Gervais, et personne ne s'avisa de la troubler dans sa possession; mais Manassès Ier qui lui succéda dans son siège, ayant d'autres vues, rappela Erlebaud, lui fit rendre sa prébende, et le remit en possession de l'église de

filio Azenario abbati venerabilis monasterii Sancti Remigii ejusque successoribus regulariter promovendis in perpetuum.

Jean donna dans la dévotion du temps, et s'étant croisé, à l'exemple de tant d'autres abbés, il passa à Jérusalem où il mourut. Joran fut élu abbé de Saint-Nicaise en 1103. Non content de jouir de l'autel et des revenus de Saint-Xiste comme ses prédécesseurs, il entreprit encore d'y ajouter un droit de justice en déclinant celle de Saint-Remi, à laquelle seule on avait recours par le passé dans toutes les affaires contentieuses depuis plus de deux cents ans. Il ne borna pas même là ses prétentions. Se sentant appuyé de l'autorité de l'archevêque Manassès II, qu'il avait cultivé avec beaucoup de soin, et de la faveur de ses principaux officiers, savoir: du prévôt Raoul-le-Vert, et de l'écolâtre Odalric, il fit un second procès à Dudon, doyen de Saint-Timothée, et à son chapitre, touchant une portion des dîmes de Vrilly dont ils étaient en possession depuis longtemps, et se la fit adjuger par de mauvaises chicanes, quoiqu'Azenaire, abbé de Saint-Remi, eût pris fait et cause pour eux en cette occasion, et qu'il fût intervenant au procès. Mais il faut reprendre la première affaire.

L'archevêque Manassès II étant mort (1106), Raoul-le-Vert fut élu par une partie du clergé et du peuple, mais son élection fut traversée par l'autre partie. L'écolâtre Odalric, entre autres, ne put la goûter; l'on ne sait pas le sujet, et il fit exprès un voyage à Rome pour en porter ses plaintes au pape Pascal II, qui toutefois avait sacré Raoul lui-même à Troyes..... Le pape l'arrêta à Rome et le créa cardinal. Joran, qui les avait eus tous pour amis, n'oublia rien pour se ménager la continuation de leurs bonnes grâces, particulièrement celles du cardinal Odalric. Il s'en servit bientôt très-utilement, et obtint de Rome, par le moyen de ce cardinal, un bref du pape Pascal II, qui confirmait l'abbaye de Saint-Nicaise dans la possession de l'autel de Saint-Xiste, et qui lui adjugeait la justice, les plaids, les coutumes et les autres droits que l'abbé de Saint-Remi prétendait lui appartenir primitivement à tout autre. Joran tint cependant l'affaire secrète, et se garda bien de divulguer son bref, mais le temps du synode étant venu, il s'y présenta avec les abbés du diocèse, et en vertu du bref qui lui avait été rendu par la sœur du cardinal Odalric nommée V...., moyennant 4 marcs d'argent qu'il lui donna, il demanda justice à l'archevêque Raoul contre l'abbé Azenaire, présent au synode. Le prélat répondit à l'abbé Joran qu'il fallait produire son bref. L'abbé Azenaire en ayant entendu lecture, fut extrêmement surpris, protesta contre ce bref subreptice, et cita l'abbé de Saint-Nicaise devant le pape, qu'il choisit pour juge dans cette affaire. Mais l'archevêque Raoul voyant combien l'abbé Azenaire prenait cette affaire à cœur, et sa fermeté à soutenir ses droits, il lui remontra qu'il n'était pas encore temps de porter l'affaire à Rome puisqu'il n'y avait encore eu aucun jugement de rendu contre lui en conséquence de ce bref; qu'au reste il assemblerait des évêques auxquels il soumettrait l'affaire. L'abbé Azenaire, faisant fonds sur ces promesses, arrêta ses poursuites et ne pensa plus d'aller à Rome; mais il eut la chagrin de se voir trompé, et il se tint plusieurs assemblées d'évêques dans Reims, sans qu'on y parlât de terminer le différend en question. L'abbé de Saint-Nicaise était cependant toujours en commerce de lettres avec le cardinal Odalric. Il en communiqua une de ce cardinal à l'archevêque Raoul par laquelle il lui mandait de la part du pape de choisir le sujet le plus capable de la communauté et de l'envoyer à Rome, parce que le Saint Père avait dessein de le créer cardinal. L'évêque Raoul y donna les mains, et le religieux partit avec son agrément, mais il trouva la place remplie, selon toutes les apparences, sans avoir été aggrégé au sacré collège. Le pape le chargea seulement d'un rescrit pour l'archevêque Raoul, par lequel il lui ordonnait de rétablir la paix et la bonne intelligence entre les deux abbés, avec pouvoir d'excommunier celui qui s'y opposerait. Le prélat fit aussitôt savoir ses ordres aux parties, et se mit en devoir de les exécuter. L'abbé y parut tellement disposé que, l'archevêque lui ayant suggéré de donner 100 marcs d'argent à Saint-Nicaise, moyennant quoi tout procès serait terminé, il voulut bien y consentir. Mais ses religieux en ayant eu connaissance, de concert avec les bourgeois du ban de Saint-Remi, s'y opposèrent vigoureusement et menacèrent même l'abbé Azenaire de le déposer s'il trahissait ainsi les intérêts du monastère. Bien plus, ils l'excitèrent et lui persuadèrent d'aller incessamment à Rome porter ses plaintes au Pape, ce qui alarma tellement Raoul que pour l'empêcher de faire ce voyage, il lui promit de nouveau de lui donner toute satisfaction, et de lui être plus favorable. Mais aussitôt qu'il eut appris la détention du pape Pascal II, et que le roi Henri V l'avait fait arrêter à Rome, il le pressa vivement de payer les 100 marcs dont ils étaient convenus et, au refus qu'il en fit, il prononça un jugement sur l'affaire en question, sans vouloir accorder un délai de six mois que l'abbé Azenaire demandait, et donna à l'abbé de Saint-Nicaise droit de justice au ban de Saint-Remi, menaçant Azenaire des censures s'il n'acquiesçait pas à cette sentence; mais bien loin d'y déférer, les religieux de Saint-Remi et les bourgeois du ban protestèrent qu'ils ne s'y soumettraient jamais, et ayant su qu'en vertu de cette sentence, l'abbé de Saint-Nicaise avait fait lever quelques droits par les officiers accompagnés d'un de ses religieux, ils envoyèrent aussitôt les répéter; et du moment qu'ils surent que l'abbé de Saint-Nicaise n'avait marqué que du mépris à leurs députés, ils s'attroupèrent jusqu'au nombre de 10,000, et allèrent tumultuairement enlever les troupeaux des religieux de Saint-Nicaise jusques aux portes de l'abbaye et tout ce qui leur appartenait. Ils voulurent forcer le monastère dans le dessein d'y mettre le feu; mais les plus sages arrêtèrent cette fougue populaire, et peut-être encore plus la vigoureuse résistance qu'ils trouvèrent; car les religieux de Saint-Nicaise avec leurs gens étant montés au clocher firent pleuvoir sur les assaillants une grêle de pierres et de flèches dont plusieurs bourgeois furent blessés. L'auteur, qui décrit cette exécution militaire, fait une mention particulière d'un certain Bachérius, curé de Fayerolles, qui se trouva alors à Saint-Nicaise, et à qui on donna la direction des machines de guerre, qu'il fit alors jouer avec une merveilleuse adresse, ce qui contribua le plus à écarter la troupe mutinée.

Raoul informé de ce qui s'était passé, et croyant les religieux de Saint-Remi auteurs ou du moins instigateurs de ces violences, fit citer à la cour spirituelle les bourgeois du ban de Saint-Remi, qui refusèrent d'y comparaître, et mit en interdit toutes les églises du bourg, excepté celle de Saint-Nicaise. Les religieux de Saint-Remi eurent beau lui représenter que leur église avait été consacrée par le pape Léon IX, qui lui avait donné de grands privilèges, et que le pape Pascal II, encore vivant, lui en avait donné un par lequel il défend, sous

De Deo et homine Jesu Christo, capite videlicet nostro, scriptum est: *Quoniam ipse est pax nostra qui fecit utraque unum.* Item de ipso scriptum est:

Qui factus est sapientia nobis a Deo et justitia. Dignum ergo est ut qui ipsius capitis membra sumus, inferioribus membris quæ videlicet sunt membra de membro, debeamus secundum ipsius gratiam et pacem providere, et justitiam sapienter decernere ; unde opportunum fuit dissensionis ac jurgiorum causas monasteriorum Sancti Remigii et Sancti Nichasii de medio tollere, quæ inter eadem monasteria de interjacenti burgo emerserant. Sicut ergo in confratrum nostrorum Radulfi Remensis archiepiscopi et quorumdam comprovincialium episcoporum præsentia, tibi venerabilis fili Azenari,... et Geranno venerabili abbati sancti Nichasii ejusdem burgi jura distincta sunt, sic nostræ assertio-

peine d'anathème, de troubler les religieux qui la desservent ; il n'y eut aucun égard, non plus qu'à ce qu'on lui dit, que le temps auquel les évêques et les abbés de la province devaient terminer ce différend n'était pas encore échu. Tout ce qu'ils purent obtenir, ce fut qu'ils pourraient célébrer l'office divin dans leur église, mais les portes fermées, sans y admettre aucun séculier, et sans aucun son de cloches. Cela ne contenta pas les religieux de Saint-Remi, et leurs domestiques en furent si indignés qu'ils se retirèrent tous, et les abandonnèrent au nombre de cent, plutôt que de se soumettre à l'interdit ; ce qui mit les religieux hors d'état de célébrer l'office divin. Dans cette extrémité, ils envoyèrent deux des leurs, Lambert et Geoffroy à Rome pour informer le pape Pascal II de tout ce qui se passait, et en portèrent encore leurs plaintes à la cour, dont Raoul prit occasion de solliciter Azenaire d'entendre un accommodement. Il y consentit, et il parut avec Joran en présence de cinq évêques qui devaient décider de leur différend. L'abbé de Saint-Nicaise reconnut de bonne foi que le bourg de Saint-Remi appartenait à Azenaire ; « mais puisque le Pape m'en a donné une partie, disait-il, il n'est pas juste que j'en sois privé, ni qu'on me dépouille d'un privilége qui m'en fait jouir. » L'abbé de Saint-Remi répliqua sur-le-champ qu'il voulait qu'on lui remît ce prétendu privilége en main, et que c'était par là qu'il fallait commencer ; sur quoi les évêques lui proposèrent un autre expédient, savoir, que Joran céderait absolument toutes ses prétentions sur la justice du ban de Saint-Remi, qu'il reconnaîtrait appartenir seulement à l'abbé de Saint-Remi, moyennant un surcens de 100 s. de rente annuelle, et qu'afin que les abbés successeurs de Joran pussent, dans la suite, faire valoir ce privilége, il serait mis entre les mains de l'archevêque Raoul, qui ferait expédier une charte de cette convention, scellée de son sceau. Ce projet fut lu au chapitre de Saint-Remi en présence des évêques, et Azenaire ne s'en éloignait pas. Mais les religieux de Saint-Remi, craignant qu'on ne voulût les surprendre, ne voulurent point y passer, et aimèrent mieux députer deux des leurs, Odon et Roger, à Rome pour faire connaître au Pape l'état des choses et implorer sa protection. Il la leur avait déjà accordée avec une bonté toute paternelle, comme il paraît par la lettre que Lambert et Godefroi avaient rapportée à l'archevêque Raoul ; elle est datée d'Agnani, le 4 des Ides d'Octobre, et elle contient, en substance, qu'il est surpris qu'à l'occasion d'un privilége accordé à l'abbé de Saint-Nicaise, il inquiète les religieux de Saint-Remi, et les maltraite, parce qu'il connaît sa prudence, et qu'il croit qu'en qualité de père commun il doit avoir un amour égal envers les deux parties ; qu'au reste ce n'est pas son intention que ce privilége, qui pourrait avoir été donné par surprise, porte aucun préjudice aux religieux de Saint-Remi. Terminez donc, ajoute-t-il, ce différend avec les avis des évêques et des abbés de la province, ou envoyez les deux abbés à Rome, et que cependant le monastère de Saint-Remi soit en paix et en repos comme de coutume.

Le refus qu'avaient fait les religieux de Saint-Remi de souscrire à l'accommodement proposé par les évêques n'empêcha pas toutefois Azenaire de conférer avec les prélats sur la même matière, et de travailler, de concert avec Raoul, à lever les obstacles à un bon accord. Ce fut dans cette vue que l'abbé de Saint-Remi, qui avait reconduit les évêques à l'archevêché, dit à son retour qu'on pouvait faire l'office. Sur quoi les religieux lui ayant demandé si l'archevêque l'avait commandé, il leur dit qu'il ne l'avait pas défendu, mais seulement d'éviter avec soin les excommuniés.

Cependant les députés de Saint-Remi, Odon et Roger, revinrent à Reims chargés d'une lettre du Pape, pour Raoul, par laquelle il paraît que ce prélat lui avait donné avis que la paix était entièrement rétablie, et même qu'il lui en avait marqué en détail toutes les conditions. « Vos lettres, lui dit-il, contiennent des choses bien différentes ; vous me marquez d'abord que vous avez terminé le différend en question sans déroger au privilége que nous avons accordé à l'abbé de St-Nicaise, et que vous avez conservé les droits des deux concurrents sans leur donner aucune atteinte, et ensuite vous me priez de faire expédier de nouvelles lettres pour empêcher que ce privilége ne donne lieu à de nouvelles contestations. Comme nous ne souhaitons rien tant que la paix à nos frères, nous n'avons garde de les scandaliser par une telle conduite. Nous jugeons plus à propos que les abbés de Saint-Remi et de Saint-Nicaise viennent à Rome pour la fête de Noël prochain, avec le projet de leur accord et le privilége octroyé à Saint-Nicaise, afin que, s'il est besoin de corriger quelque chose, nous le fassions nous-même, et qu'après avoir examiné sérieusement le droit des parties, nous puissions, avec la grâce du Seigneur, donner la paix aux monastères ; nous voulons cependant que ce privilége, que nous avons accordé aux religieux de Saint-Remi, à Auxerre en 1107, en votre présence, et de votre consentement, demeure dans toute sa vigueur, et vous aurez soin que ceux de vos officiers qui l'ont violé avec audace en fassent satisfaction au monastère. Quant aux autres plaintes des religieux de Saint-Remi, vous leur ferez justice, étant bien juste que comme fils et successeur d'un si célèbre père, vous lui marquiez votre zèle en prenant ses intérêts.

L'on n'a aucune connaissance que les abbés de St-Remi et de St-Nicaise se soient transportés à Rome, mais on a tout lieu de croire qu'ils envoyèrent le projet de leur accommodement, digéré et minuté par les évêques de la province, Lisgard évêque de Soissons, Galderic ou Valderic de Laon, Humbert de Senlis, Odon de Cambrai ; et agréé des parties, puisque le pape, pour le confirmer, envoya un bref à l'abbé Azenaire, par lequel il déclare que, conformément à cet accord, l'abbé de Saint-Remi aura seul la justice du bourg, qu'il pourra y faire tenir ses plaids trois fois l'année ; que le droit de stellage, celui du rouage du vin, et la prise des voleurs avec la connaissance des délits, appartiendront par indivis à lui et à l'archevêque ; que l'abbé de Saint-Nicaise jouira de la paroisse et de l'église de Saint-Xiste et des dîmes de Vrilly, et l'église de Saint-Timothée de la paroisse du bourg.

Ce bref, qui mit fin à toutes les procédures, fut expédié à Saint-Jean-de-Latran, le 14 avril 1114.

nis distinctione firmamus, ut Beati Remigii abbas in eodem burgo teneat singulariter justitiam, et ter in anno placita; communiter vero cum Remensi archiepiscopo mensuram annonæ, et vini roaticium, et latronem, si ibi captus fuerit... Cætera beati Nichasii abbas teneat sicut in privilegii nostri adnotationibus continentur. Parochiam vero ejusdem burgi, ecclesia Beati Timothei quiete pacificeque teneat, ut nulla deinceps inter eadem monasteria super his rebus dissensionis occasio relinquatur......

Datum Laterani, per manum Joannis sanctæ Romanæ Ecclesiæ cardinalis et bibliothecarii, xvii Kalend. Maii, indictione vi, Incarnationis...... anno 1114, pontificatus domni Paschalis II papæ anno xiv

CCCLXVI.
Monasterii S. Victoris Massiliensis possessiones confirmat.
(Anno 1113, Apr. 25.)
[*Gall. Christ.* I, 115.]

PASCHALIS episcopus, servus servorum Dei, dilecto in Christo filio OTTONI abbati Massiliensis monasterii, et ejusdem successoribus regulariter substituendis in perpetuum.

Apostolicæ sedis auctoritate debitoque compellimur, pro universarum ecclesiarum statu satagere, et earum quieti auxiliante Domino providere. Eapropter petitionibus tuis, fili in Christo charissime Otto, non immerito annuendum censuimus, ut Massiliense monasterium cui Deo auctore præsides, ad prædecessorum nostrorum Gregorii VII et Urbani II exemplar, apostolicæ sedis privilegio muniremus. Per præsentis igitur privilegii paginam tibi tuisque successoribus, quæ a prædictis pontificibus sunt firmata, firmamus, videlicet in Arelatensi parochia monasterii sanctorum Genesii et Honorati ecclesiam S. Petri et S. Trinitatis de Fanobriculo, SS. Sergii et Bachi in Camargis, ecclesiam Sancti Cæsarii de Villanova, Sancti Cæsarii de Bodenene, cellam S. Michaelis de Barzanegés cum capellis suis, S. Victoris de Marmana, Sancti Heymetis. In episcopatu Avinionensi cellam Sancti Saturnini, Sanctæ Mariæ de Roccamartina, Sanctæ Mariæ de Mirano. In episcopatu Cabillonensi, monasterium S. Mariæ, Sancti Verani de Vallecusa, ecclesiam Sancti Juliani, cellam Sancti Michaelis de Balina, parochiam Sancti Agoldi, ecclesiam Sanctæ Fidis. In episcopatu Carpentoratensi, ecclesiam parochialem de Rocca, cellam Sancti Romani, Sanctæ Mariæ de Vellaloue, monasterium S. Felicis de Vennesta. In episcopatu Valens, monasterium Sanctæ Mariæ, Sancti Victoris, Sancti Petri de Grausello, ecclesiam parochialem de castro Malancena, Sancti Michaelis, S. Petri cum capellis suis, Sancti Desiderii, S. Martini, S. Mariæ, S. Sepulcri, capellas de Albarusco, ecclesiam Sanctæ Mariæ de Vellis, de Mirabel, S. Bladii, Sanctæ Mariæ de Villanova, et medietatem omnium ecclesiarum parochialium de Valle-pladiani.

In episcopatu Massiliensi ecclesiam S. Petri de Paradiso, S. Ferreoli, Sanctæ Mariæ, S. Margaritæ, cellam S. Genesii, S. Justi, Sancti Mitri, Sanctæ Mariæ de Evola, S. Michaelis de Plano, S. Pontii de Geminas, ecclesiam S. Joannis de Roccafort, S. Pauli de Carnot, Sanctæ Mariæ de Cezeresca, S. Damiani, parochialem ecclesiam de Cadeira cum capellis suis, cellam S. Petri de Auriol cum parochia ejusdem castri et capella, cellam Zachariæ, ecclesiam S. Victoris de Savard, parochialem ecclesiam Castelli nautis cum capellis suis, cellam S. Victoris de Causalo, S. Jacobi de Alniis cum tota villa, ecclesiam S. Victoris, Sanctæ Mariæ de Balma, S. Cassiani, cellam S. Saturnini in castro S. Cannati; ecclesiam S. Andreæ. In Tolonensi episcopatu, ecclesiam S. Mariæ de Sexfurnis, S. Joannis de Crota, S. Nazarii, cellam S. Victoris de Insula, S. Joannis de Ferleda, ecclesiam Sanctæ Trinitatis, parochialem ecclesiam de Solariis, Sancti Michaelis de Eiras, cellam S. Benedicti, S. Bartholomæi de Belgensier, S. Martini de Corias, S. Joannis de Petrafoco, ecclesiam parochialem ipsius castri cum capellis suis, S. Martini, S. Mariæ de Colobreira, ecclesiam parochialem S. Poncii ipsius castri, S. Cedomi, S. Mariæ de Dexesa, S. Laurentii de Pinet, S. Victoris de Carnola, et S. Michaelis. In episcopatu Aquensi ecclesiam S. Petri, cellam S. Petri de Gardana, ecclesiam S. Valentini cum capellis suis, S. Andreæ de Bac, cellam S. Hippolyti, ecclesiam de Vellana, cellam S. Mariæ de Nicar, S. Joannis de Segia, parochialem ecclesiam S. Petri de Caudalonga, S. Germani, ecclesiam de Venel, S. Michaelis de Fuel cum parochiali ecclesia, cellam S. Petri de Favarico, ecclesiam S. Juliani de Podionigro, S. Petri et S. Victoris in castro Tretis, cellam S. Trinitatis, ecclesiam parochialem Sanctæ Mariæ, capellas Sancti Andreæ, S. Ceciliæ, S. Michaelis de Castellar, ecclesiam parochialem de Roccafolio, Sancti Auderti, ecclesiam parochialem de Porcils, S. Antonini de Barda, S. Servi, S. Pemati de Rosceto cum parochiali ecclesia, S. Poncii de Podio Lupario cum parochiali ecclesia, S. Pancracii, S. Mariæ de Sale, ecclesiam parochialem de Porreiras cum capellis suis, monasterium S. Maximini, S. Mitri, ecclesiam S. Stephani de Fur, S. Simeonis de Auriac, cellam Sanctæ Mariæ de Brusa, S. Mariæ de Sporrone, et parochialem ecclesiam S. Fidis Artiga, cellam S. Stephani de Tresde, S. Victoris de Gontarelle. S. Victoris de Adonia, ecclesiam parochialem de Laberbent, S. Martini de Toulant, S. Leodegarii, S. Raphael, ecclesiam parochialem de Rogerio de Caudalonga, cellam S. Stephani de Torreves, ecclesiam de Graleu, S. Juliani de Gaisola, Sanctæ Mariæ, cellam S. Perpetuæ, S. Petri, parochialem ecclesiam de Braquola, ecclesiam S. Joannis, Sanctæ Mariæ de Campis, Sanctæ Mariæ de Garelle, S. Medardi, S. Eucherii de Brar, S. Victoris de Curcurim, S. Petri de Arara cum parochiali ecclesia, Sanctæ Mariæ de Belmont, Sancti Mauricii de Reliana, Sancti Sepulcri de Crucis, S. Joannis ecclesiam parochialem, S. Mauricii de Torreves cum capellis suis, Sancti Petri de Sillone. In episcopatu Forojuliensi ecclesiam parochialem S. Mariæ de Cabaza, S. Pontii, S. Petri, cellam Sanctæ Mariæ de Luc, S. Petri de Archs, parochialem ecclesiam ipsius castri cum capellis suis, ecclesiam S. Juliani de Ailla, cellam S. Cassiani de Salelaudimia, S. Victoris de Mota, S. Romani d'Escaus, S. Mariæ de Palione, Sancti Victoris de Roccataliada, S. Salvatoris de Burnis, ecclesiam parochialem de Celians, ecclesiam Sanctæ Mariæ, cellam S. Mariæ de Bariemone, Sancti Ausilii, parochialem ecclesiam de Colar, cellam Sancti Torpetis, S. Poncii, Sanctæ Mariæ de Questa, ecclesiam parochialem de Gival, Sancti Antonini de Nistra castel, monasterium Sanctæ Mariæ de Villacrosa, S. Petri de Salernas, cum parochiali ecclesia, S. Domini de Tortorio, S. Mariæ de Villa-alta, Sancti Martini de Rocabenna. In episcopatu Regensi, cellam S. Juliani de Lauguias, Sanctæ Mariæ de Aiguvia, S. Mauricii de Merresta, Sancti Joannis de Castromonasterii, Sancti Guirici, S. Stephani de Recena, Sancti Petri de Archinzosch, S. Martini de Bromede, Sancti Trophimi, S. Crucis, S. Cassiani de Tavernas. In episcopatu Aptensi, cellam Sancti Pauli, S. Joannis de Campanias, Sancti Symphoriani, ecclesiam parochialem de Bouils cum capella, ecclesiam de Cezarista. In episcopatu de Sisterico, cellam Sanctæ Mariæ de Mannasca, S. Martini, S. Marcellini de Moazaellis, Sancti Proviani de Furno calcari, Sanctæ Mariæ de Petramordi. In episcopatu Vapicensi, cellam Sanctæ Mariæ de Mandamaes, S. Chrystophori d'Estradis, ecclesiam parochialem de Scola, Sancti Martini de Cornilhon, Sancti Domini in Valletrari, Sancti Genesii de Dromon, ecclesiam parochialem ipsius castri cum capellis suis, cellam de Fistal, Sancti Eregii de Valerna cum ecclesia parochiali Sanctæ Mariæ, ecclesiam de Almebel, S. Petri de Valadoira, Sancti Clementis de Tresclens cum aliis ecclesiis ejusdem castri, Sancti Petri de Roma, Sancti Eregii de Medulone. In episcopatu Ebredunensi, ecclesiam de Carde, Sanctæ Mariæ, S. Victoris, Sancti Chrystophori, Sancti Balli, Sanctæ Mariæ de Bredula cum ecclesia parochiali S. Mariæ, S. Petri de Bigernis, ecclesiam parochialem de Bellefaire, ecclesiam Sanctæ Mariæ, et S. Genesii de Curies, S. Mariæ, S. Poncii de Falcone. In episcopatu Dignensi, cellam Sancti Michaelis in Cursone, S. Martini de Solla, cellam de Candal, Sancti Clementis de Vernet. In episcopatu Senez, cellam Sanctæ Mariæ de Petra Castellana, cellam de Bagarras, Sanctæ Mariæ de Niveis, cellam de Alanz. In episcopatu Glandensi, cellam Sancti Petri de Bonovillari, cellam de Penna, Sancti Poncii Adaunot, Sancti Cassiani, Sancti Sepulcri ad Mugillos, Sanctæ Mariæ de Toraminas. In episcopatu Venciensi, cellam quæ dicitur ad Crotous, S. Stephani de Gateiras, S. Petri de Geleta, cellam de Granleiras, Sancti Martini de Mugnis. In episcopatu Barcinonensi, monasterium S. Michaelis de Fallio, in Penedes. In episcopatu Urghello, monasterium S. Mariæ de Gerra. In Gerundensi S. Joannis de Frontibus. In Juporiensi S. Thomæ, villam de Maurel de Kantona, villam de Penna fideli, villam Mauratel. In episcopatu Aginensi, cellam de Romeu. In Narbonensi, cellam S. Mariæ in Bargo, S. Crescentis in vicecomitatu Minerbensi, cellam S. Mariæ de So ea, Sancti Marcellini cum capellis suis. In episcopatu Biterrensi, cellam S. Saturnini de Corneliano, ecclesiam Cerzac, Sanctæ Mariæ de Magalaz, ecclesiam parochialem ipsius castri, Sanctæ Mariæ de Sauvarges. In Agathensi, monasterium Sancti Andreæ. In Magalonensi, S. Nazarii de Medullio, cellam de Burgeries. In Nemausensi, S. Victoris de Armareis, S. Martini de Airas, ecclesiam parochialem S. Petri de Mauroix, S. Petri de Ariges, Sanctæ Mariæ de Sauviana, S. Martini de Alzone, S. Petri de Vicavo. In Ucetico, S. Mammetis, S. Amancii de Tezeno, S. Petri de Vulpereries. In Tolosano, cellam de Castillione de Maderies. In Albiensi, cellam S. Sigolenæ de Gana, S. Mariæ de Ambilet, S. Petri de Ammone, S. Joannis de Helvas. In Rutenico, cellam de Petra, Sanctæ Mariæ de Melias, S. Stephani monasterium, S. Petri, S. Laurentii, cellam de Cambolas, S. Genesii de Valcenga, cellam de Mistoliol de Clara Fara, S. Michaelis, S. Mariæ de Castronovo, monasterium Vabrense, S. Amancii. In Gaballitano, monasterium de Cirac cum parochiali ecclesia, S. Martini de Canonica, S. Martini de Salmonte cum capellis suis, S. Martini de Colomeo, Sanctæ Mariæ de Nabinals. In Alvernia, cellam de Ruina. In episcopatu Pisano, cellam Sancti Andreæ, monasterium sanctorum apostolorum. In episcopatu Ausonensi, monasterium S. Joannis Rivipollensis, sicut ex consilio Urbani papæ per Bernardum Visuldunensem comitem vobis traditum est, etc. Decernimus ergo ut nulli omnino hominum liceat, etc.

Scriptum per manum Crysogoni notarii sacri palatii.

Datum Laterani per manus Joannis, S. R. E. diaconi card. ac bibliothecarii, IX Kal. Maii, ind. VI, Incarnationis 1114, pontificatus Paschalis II anno XIV.

CCCLXVII.

Bulla qua recensentur et suscipiuntur sub apostolica protectione monasteria Camaldulensia.

(Anno 1113, Nov. 4.)

[MITTARELLI, *Annal. Camaldul.* III, Append., 1243.]

PASCHALIS episcopus, servus servorum Dei, venerabili filio GUIDONI Camaldulensium priori ejusque successoribus in perpetuum.

Gratias Deo super inenarrabili dono ejus. Nostris siquidem temporibus Camaldulensis eremi sive cœnobii religio adeo aucta est, adeo abundavit, ut congregationes diversæ in unam congregationem Dei gratia convenirent, et loca plurima disciplinam unam, ordinem unum et unum regimen, tanquam corde et una anima continerent. Quam videlicet unitatem conservari semper in Domino cupientes præcipimus, ac præsentis decreti auctoritate sancimus, ne cuiquam omnino personæ, clerico, monacho, laico cujuscunque ordinis aut dignitatis præsentibus et futuris temporibus liceat, congregationes illas et loca illa quæ Camaldulensis eremi sive cœnobii disciplinam et ordinem susceperunt, quæque hodie sub illius regimine continentur, ab ejus ullo modo subjectione et unitate dividere. Quæ videlicet loca et congregationes conservandæ unitatis gratia singularibus visa sunt vocabulis adnotanda. In episcopatu Aretino, monasterium Sancti Salvatoris Borardingorum, Sancti Petri in Rota, Sanctæ Mariæ in Agnano, Sancti Quirici in Rosa, eremus Fleri, monasterium Sancti Viriani, sancti Bartholomæi in Anglare juxta balneum, monasterium Sanctæ Mariæ in Trivio. In Galeata, monasterium Sanctæ Mariæ in insula, eremus Fajoli. In episcopatu Bononiensi, monasterium Sancti Archangeli juxta castrum Britti, Sancti Felicis. In episcopatu Florentino, monasterium Sancti Petrini Luco, Sancti Salvatoris juxta civitatem. In episcopatu Fesulano, monasterium Sanctæ Mariæ in Poplena. In episcopatu Vulterrano, monasterium Sancti Petri in Fontiano, Sanctæ Mariæ in Puliciano, Sancti Petri in Cerroto, Sancti Justi prope civitatem, Sanctæ Mariæ in Morona. In episcopatu Pisano, monasterium Sancti Stephani in Cintoria, sancti Savini in Cerosolo. In ipsa civitate, monasterium Sancti Michaelis et sancti Frigdiani. In episcopatu Lucano, monasterium Sancti Salvatoris in Cantiniano, Sancti Petri in puteolis. Item in Sardinia in episcopatu Turritano, monasterium Sanctæ Trinitatis de Sacaria, ecclesiam Sancti Petri de Scanno. Item in Tuscia in episcopatu Clusino, eremus in Monteamiato. Hæc igitur omnia sive omnibus ad ipsa monasteria pertinentibus statuimus, et apostolicæ sedis auctoritate sancimus, tanquam corpus unum sub uno capite, id est sub priore Camaldulensis eremi temporibus perpetuis permanere, et in illius disciplinæ observatione persistere, sub illo, inquam, priore, qui ab ipsius congregationis abbatibus sive prioribus et ab eremiticis regulariter electus præstante Domino fuerit. Porro congregationem ipsam ita sub apostolicæ sedis tutela perpetuo confovendam decernimus ut nulli episcoporum facultas sit aliquid ex his monasteriis absque prioris convenientia, vel apostolicæ sedis licentia excommunicare, vel a divinis officiis interdicere. Fratribus autem illis licentia sit a quo maluerint catholico episcopo consecrationum et ordinationum sacramenta suscipere. Ad hæc adjicientes decernimus ut nulli omnino hominum liceat eadem monasteria temere perturbare, aut eorum possessiones auferre, vel ablatas retinere, minuere, vel temerariis vexationibus fatigare; sed omnia integra conserventur eorum pro quorum sustentatione ac gubernatione concessa sunt, usibus omnimodis profutura. Si qua igitur in futurum ecclesiastica quælibet sæcularisve persona, hanc nostræ constitutionis paginam sciens, contra eam temere venire tentaverit, secundo tertiove commonita, si non satisfactione congrua emendaverit, potestatis honorisque sui dignitate careat, reamque se divino judicio existere de perpetrata iniquitate cognoscat, et a sacratissimo corpore ac sanguine Dei et Domini Redemptoris nostri Jesu Christi aliena fiat, atque in extremo examine districtæ ultioni subjaceat. Cunctis autem eisdem cœnobiis justa servantibus sit pax Domini nostri Jesu Christi, quatenus et hic fructum bonæ actionis percipiant, et apud districtum judicem præmia æternæ pacis inveniant. Amen, amen, amen.

Scriptum per manum Crisogoni notarii sacri palatii.

Ego Paschalis catholicæ Ecclesiæ episcopus SS.

Datum Anagniæ per manum Joannis, sanctæ Romanæ Ecclesiæ diaconi cardinalis ac bibliothecarii, II Nonas Novembris, indictione VII, Incarnationis Dominicæ anno 1114, pontificatus domni Paschalis II papæ anno XV.

CCCLXVIII.

Ad Tornacensis Ecclesiæ clericos. — Proprium eis concedit habere episcopum excusso Noviomensis Ecclesiæ jugo.

(Anno 1114, Nov. 6.)
[Dom Bouquet, *Recueil*, XV, 55.].

Paschalis papa Tornacensis Ecclesiæ decano Gotero (103), archidiacono Lamberto, et capitulo, abbatibus et cæteris ecclesiarum præpositis.

Ecclesiam vestram non ignoramus detrimentis pluribus esse pessundatam, quod tantis jam temporibus proprii sit pastoris adminiculo destituta. Bonorum etiam relatione comperimus, quod tanta jam hominum multitudo hic creverit, ut necessario proprium desideret antistitem, etiamsi antiquitus non habuisset.

Igitur et sacrorum canonum sanctionibus, et prædecessoris nostri sanctæ memoriæ Urbani papæ, qui hoc ipsum (104) deliberaverat, studio compellimus Ecclesiæ vestræ cardinalem restituere sacerdotem. Vestram itaque universitatem litteris præsentibus commonemus, et auctoritate apostolica præcipimus, ut, communicato comprovincialium episcoporum Morinensis (Joannis) et Atrebatensis (Lamberti) consilio, pastoris electionem canonibus congruentem, remotis dilationibus, faciatis, ut a Noviomensi Ecclesia (105) vestra penitus avellatur. Ei quem elegerit fratrum consensus obedientiæ munus injungimus, ut electionem ipsam suscipiat, nisi se sacris persenserit canonibus prohiberi.

Data Anagniæ, VIII Idus Novembris (106).

---

(103) Lamberto, qui Noviomensem simul et Tornacensem episcopatum tunc adeptus est.
(104) Vide inter Urbani epistolas ad annum 1098.
(105) Vi harum litterarum Tornacenses sibi pontificem elegerunt Herbertum; verum hic a rege Ludovico repudiatus, Lamberto supradicto cedere coactus fuit.
(106) Anni 1114, prout colligitur ex bullatis diplomatibus Paschalis eo anno et mense datis Anagniæ, quæ videre est in præmissis a nobis ejus gestis. Un de emendanda novissimæ Galliæ Christianæ circa Noviomenses episcopos chronologia.

CCCLXIX.

Ad Lambertum episcopum et canonicos Atrebatenses.

(Anno 1113, Nov. 9.)

[BALUZ. *Miscell.* edit. Luc. II, 156.]

PASCHALIS episcopus, servus servorum Dei, dilectis fratribus LAMBERTO episcopo et canonicis Atrebatensis Ecclesiæ, salutem et apostolicam benedictionem.

Dissensio quæ jam diu inter vos et Sancti Vedasti monachos agitatur, nos vehementer gravat. Et vos enim et illos diligimus, et inter vos concordiam et dilectionem haberi optamus. Nuper autem frivolam inter vos quæstionem ortam audivimus, de populo scilicet capellæ Sancti Mauritii, quod in præcipuis festivitatibus in capella ipsa Dominici corporis et sanguinis non debent suscipere sacramenta. Quod profecto frivolum et irrationabile omnino videtur ut populus qui ad divina officia in loco ipso per totum annum admittitur, in diebus solemnibus a communione Dominici corporis et sanguinis excludatur, nisi forte interdictus sit aut aliquo crimine teneatur. Præsentibus ergo litteris dilectionem vestram monemus ut a quæstione hujusmodi desistatis, nec prædictos fratres nec presbyterum eorum qui in capella fuerit super hoc ulterius infestetis. Si qui ad matricem ecclesiam in præcipuis solemnitatibus pro celebriorum dierum gaudio accedere voluerint, nos minime prohibemus. Quod si ultra in hoc eos gravare volueritis, nos injuriam patientibus præstante Deo manum auxilii conferemus.

Data Anagniæ, v Idus Novembris.

CCCLXX.

Ad Lambertum Atrebatensem episcopum.

(Anno 1113, Dec. 13.)

[BALUZ. *ibid.*]

PASCHALIS episcopus, servus servorum Dei, venerabili fratri LAMBERTO Atrebatensi episcopo, salutem et apostolicam benedictionem.

Infirmitatis tuæ diuturnitas magnam Ecclesiæ vestræ canonicis formidinem intulit ne res Ecclesiæ quibusdam irruentibus deterantur. Unde nos secundum eorum petitionem opportunum duximus ejusdem Ecclesiæ statui opitulante Domino providere. Monachis siquidem Sancti Vedasti, sicut in nostro et fratrum nostrorum judicio deliberatum est, ea manere concedimus quæ nostræ sunt auctoritatis litteris designata. Cæterum quæ ad jus vestræ Ecclesiæ Atrebatensis pertinent, nec ipsis nec aliis quibuslibet in posterum invadere aut præter episcopi et clericorum voluntatem usurpare permittimus. Porro parochiani omnes matricis ecclesiæ Beatæ Mariæ tam infra quam extra Atrebatum eidem matrici ecclesiæ primitias, decimas, oblationes solemnes, et cætera parochialia jura persolvant, illi videlicet parochiani qui ab ipsa matrice ecclesia baptismum, doctrinam, sepulturamque percipiunt. Dignum est enim ut ab eis metantur carnalia quibus spiritualia seminantur. Quod si reddere noluerint, a canonicis et canonicorum presbyteris qui super ipsos curam gerunt per episcopum coerceantur. Ab illis sacerdotibus parochiani ipsi ad communionem admittantur qui eorum confessionem suscipiunt et curam gerunt. Sane gratuitas oblationes tam matrici ecclesiæ quam cæteris ecclesiis concedimus quibus ex devotione fidelium conferuntur. Si quis autem, decreti hujus tenore cognito, temere contraire tentaverit, apostolicæ indignationis ultione plectatur.

Data Laterani, xv Kal. Januarii, indictione VII.

CCCLXXI.

Monasterii S. Bertini Sithiensis libertatem contra Pontium abbatem Cluniace em tuetur.

(Anno 1113.)

Vide Iperii Chronic. S. Bert. ap. MARTENE *Thes. Anecd.* III, 609.]

PASCHALIS episcopus, servus servorum Dei, etc.

Ad hoc nos disponente Domino, etc.

Datum anno Domini 1113.

CCCLXXII.

Ad Guillelmum archiepiscopum Vesuntionensem.

(Anno 1100-1114.)

[MANSI, *Concil.*, XXI, 141.]

PASCHALIS episcopus, servus servorum Dei, venerabili fratri GUIDONI Viennensi archiepiscopo, apostolicæ sedis legato, salutem et apostolicam benedictionem.

Controversia, quæ inter Bisuntinos canonicos Sancti Joannis et Sancti Stephani, tanto jam tempore voluta et revoluta est, canonico tandem apud nos judicio noveris esse decisam. Cum enim et illi, videlicet canonici S. Joannis, per multos jam annos, episcopalem sedem in ecclesia sua permansisse perhiberent; et illi contra, videlicet canonici Sancti Stephani, suam ecclesiam matrem esse, quibusdam privilegiis et præceptis assererent, sed per occasionem destructionis ecclesiæ suæ, cathedram ab ea remotam conquererentur: juxta Chalcedonensis decreta concilii, communi fratrum nostrorum consensu judicatum est, ut si canonici B. Stephani testibus idoneis probare potuerint, quod post redintegrationem ecclesiæ suæ infra annos triginta super querela hac quæstionem fecerint, per quam illorum videatur interrupta retentio, videlicet vel ante antistitem suum, vel ante legatum nostrum in communi audientia: hac probatione perfecta, privilegia eorum proprium robur obtineant, et episcopalis sedes in posterum apud B. Stephani ecclesiam habeatur; alioquin canonici B. Joannis ab hac querela liberi maneant, et episcopalem sedem sicut tenuerunt, teneant. Sane in hac negotii executione nihil eis impediat illa excommunicationis diuturnitas, quam a fraternitate tua pro hoc negotio passi sunt. Præterea canonici B. Stephani, ecclesiæ suæ munimenta detineri a canonicis S. Joannis conquesti sunt. Item canonici S. Joannis quædam usualia sibi ab eis subtracta clamabant. Judicatum est ergo ut et istis omnino ecclesiæ munimenta reddantur, cum vino et præbenda mansionarii; et illi rerum corporalium restitutionem recipiant, id est vini, carnis et ceræ. Præcipimus igitur sollicitudini tuæ, ut pro hoc negotio peragendo, et tanti scandali lite sedanda, adhibitis tecum sapientibus et religiosis fratribus, vel Divionem, vel ad alium competentiorem locum convenias, quo possint sine gravamine personas sibi necessarias adducere : et omni partium animositate seposita, ita sincere, ita liquide judicii hujus perfectionem accipias, quatenus inter eos nulla ulterius hujus rei lis aut querela remaneat. Testes autem hujus quæstionis probatores, quia de capite parochiæ causa gravior agitur, quinque sint, sive ecclesiastici, sive laici, qui secundum canonicas sanctiones, de visu et auditu testimonium proferant. Plane hujus judicii exsecutionem, usque in Assumptionem proximam B. Mariæ perfici consummarique præcipimus. Interim processiones, vel officiorum celebrationes, quæ ab alterutra solent ecclesia exhiberi, mutuo secundum consuetudinem persolvantur.

Datum Laterani, x Kalendas Maii (107).

CCCLXXIII.

Ad duodecim arbitros Atrebatenses. — Ut litem clericorum Atrebatensis ecclesiæ, et monachorum Sancti Vedasti, absque partium studio definiant.

(Anno 1113-1114, Nov. 6.)
[Mansi, Concil., XX, 1033.]

Paschalis episcopus, servus servorum Dei, bonis viris, Hugoni majori, Dodoni de Hastis, Guazelino, Gonzelino fratribus, Fulconi filio Anselmi, Hilvino filio Adelfridi, Guaselino militi, Girardo Sarraceno, Gerboido patri Balduini, Thebaldo filio Bonevitæ, Heriberto, Aganoni, Atrebatensis municipii civibus, salutem et apostolicam benedictionem.

Viros bonos vos esse audivimus, et ideo vobis, tanquam bonis Ecclesiæ filiis, quæ imperanda sunt confidenter imperamus. Lis enim quæ inter Ecclesiæ vestræ clericos et B. Vedasti monachos agitata est, molesta nobis vehementer et gravis est. Novissime ad eam litem dirimendam, quæ de veteris et novi burgi terminis agitur, vos tanquam veraciores arbitros elegerunt. Vobis igitur ex Dei et beati Petri auctoritate præcipimus, et in peccatorum remissionem injungimus ut, omni amicitia inimicitiaque seposita, de illis veteris et novi burgi terminis quidquid nostis verius ac certius proferatis. Ne qua vero pars de testimonii vestri veritate ambigat, ab unoquoque vestrum jusjurandum hujusmodi fieri pro animarum vestrarum salute præcipimus : quia de his terminis se sciente veritatem proferet; neque pro amicitia, aut inimicitia, aut pro pecunia mendacium dicet. Si autem de vobis aut duo, aut tres, aut quatuor, dissenserint, aut defuerint, octo testium assertio obtineat firmitatem.

Data Anagniæ, viii Idus Novembris.

(107) Paruit Guido mandato pontificis, et Trenorciense concilium huic disceptandæ causæ anno, ut mox probabitur, 1115 convocavit. Quid autem in eo

CCCLXXIV.

Ad Lambertum Atrebatensem episcopum. — Ad litem inter canonicos et monachos Atrebatenses dirimendam a se delectos arbitros scribit.

(Anno 1113, Nov. 6.)
[Mansi, Concil., XX, 1032.]

Paschalis episcopus, servus servorum Dei, venerabili fratri Lamberto episcopo Atrebatensi, salutem et apostolicam benedictionem.

Pro canonicorum vestrorum et monachorum S. Vedasti lite diutina frequenter et nos tibi scripsimus, et tu nobis litteras misisti. Cæterum quod non parum nos gravat, adhuc lis eadem. Ad illam enim divisionem quam monachis absentibus diremisti, nos eos juste cogere non potuimus. Venientibus autem nuper ad nos utriusque partis nuntiis, nos ad eligendos hujus arbitros utramque partem nostra auctoritate coegimus. Rogamus ergo dilectionem tuam ne graviter ferat quod divisionem veteris et novi burgi litteris vestris significatam, nequaquam firmaverimus, quia, ut prædiximus, cogi ad eam monachi juste non poterant. Cæterum ad hanc infra dies quadraginta, sicut statuimus, peragendam, omnino te volumus imminere, quia neutra pars electis arbitris poterit refragari.

CCCLXXV.

Privilegium pro monasterio S. Ruffi Avenionensis.

(Anno 1114, Jan. 10.)
[Gall. Christ. vet. edit. IV, 802.]

Paschalis episcopus, servus servorum Dei, dilecto filio Adelgerio abbati canonicorum S. Ruffi in episcopatu Avenionico, ejusque successoribus regulariter substituendis in perpetuum.

Religionis desideriis dignum est facilem præbere consensum, ut fidelis devotio celeriorem sortiatur effectum. Proinde nos devotionis tuæ precibus annuentes, B. Ruffi ecclesiam, cui Deo auctore præsides, cum omnibus ad ipsam pertinentibus, sub tutela apostolicæ sedis excipimus. Per præsentis igitur privilegii paginam apostolica auctoritate statuimus ut quæcunque bona, quascunque possessiones ad id B. Ruffi monasterium legitimis fidelium traditionibus, vel aliis justis modis pertinere videntur, et quæcunque in futurum concessione pontificum, liberalitate principum, vel oblatione fidelium juste atque canonice poterit adipisci, firma tibi tuisque successoribus et illibata permaneant, in quibus hæc propriis duximus nominibus adnotanda : Ecclesiam de Tauliniaco cum omnibus pertinentiis earum, decimam de Buxa sicut a bonæ memoriæ Gibelino Arelatensi archiepiscopo vobis concessa est; ecclesiam Sanctæ Mariæ de Turre, S. Victoris, S. Eulaliæ, S. Laurentii de Barbana, ecclesiam de Mondolio in Bisuldino, ecclesiam S. Mariæ cum dignitatibus et possessionibus suis, et ecclesiis sibi subditis, salvo Lateranensis palatii jure; ecclesias S. Petri et S.

sit gestum, ipse narrat Guido in constitutione quam edidit ea de re, cum pontifex maximus effectus esset, ac mutato nomine Callistus II.

Mariæ Egarensis, S. Juliani de Terracia cum possessionibus subditis et ecclesiis per eas constitutis, quas vobis Barcinonensis episcopus Raymundus concessit cum patrimonio quondam suo, et cæteris possessionibus, quæ tibi et clericis tecum viventibus collatæ sunt, cum S. Hadriani prædiis, ecclesiis, excepta dominicatura Barcinonensis episcopi. Confirmamus etiam vobis possessionem quam Raymundus nobilis memoriæ comes, vobis in Tripolitana regione, cum ecclesia Sancti Ruffi quam in eadem possessione construxit. Decernimus ergo ut nulli omnino hominum liceat monasterium præfatum temere perturbare, aut ejus possessiones auferre, vel ablatas retinere, minuere, vel temerariis vexationibus fatigare, sed omnia integra conserventur eorum, pro quorum sustentatione et gubernatione concessa sunt, usibus omnimodis profutura. Laicos seu clericos venientes ad conversionem suscipere, et ad divina officia, nisi forte excommunicati sint, admittere, nullius episcopi vel præpositi contradictio vos inhibeat. Ad hæc adjicimus ut nulli episcoporum facultas sit sine Romani pontificis et legati ejus audientia vos vel loca vestra interdictioni vel excommunicationi subjicere, aut judicio prægravare. Sepulturam vero locorum vestrorum omnino liberam esse decernimus, ut eorum qui illic sepeliri deliberaverint, devotioni et extremæ voluntati, nisi forte excommunicati sint, nullus obsistat; cætera quoque omnia quæ vobis a prædecessore nostro felicis memoriæ papa Urbano concessa sunt, privilegiis confirmata nos etiam concedimus et privilegiis confirmamus, etc.

Ego Paschalis catholicæ Ecclesiæ episcopus.

Datum Laterani per manum Joannis, sanctæ Romanæ Ecclesiæ diaconi cardinalis ac bibliothecarii, IV Idus Januarii, indictione VII, Incarnationis Dominicæ anno 1115, pontificatus domni Paschalis II papæ anno XVI.

CCCLXXVI.
Privilegium pro Ecclesia Aptensi sub Langerio episcopo.
(Anno 1114, Jan. 13.)
[*Gall. Christ.*, I, 77.]

Paschalis episcopus, servus servorum Dei, dilectis filiis Aptensis Ecclesiæ canonicis, tam præsentibus quam futuris in perpetuum.

Officii nostri nos hortatur auctoritas, pro ecclesiarum statu sollicitos esse, et quæ recte statuta sunt stabilire. Idcirco vestrum votum vestrique propositum auctoritate sedis apostolicæ confirmamus, ut in Aptensi matrice ecclesia beatæ Dei genitricis et semper virginis Mariæ, et beati Castoris, perpetuis deinceps temporibus clericaliter et regulariter vivant, et quæcunque prædia, seu quæcunque res ad eorum victum deliberatæ sunt, quiete semper eis, integreque serventur. Porro ipsi ecclesiæ et ejus episcopis confirmamus castrum Sancti Martini, et castrum de Sanione, quod cum ex antiquo jure Aptensi ecclesiæ pertineret per confratris nostri Laugerii episcopi præsentis industriam eidem ecclesiæ restitutum est : cæteras sane donationes quas idem episcopus fecit, et scripti sui assertione firmavit, et tam vobis quam successoribus vestris præsenti decreti auctoritate firmamus, in regularis videlicet vitæ observatione manentibus. Ipso vero vel suorum quolibet successorum ad Dominum evocato, quæcunque episcopi sunt, sub canonicorum provisione permaneant; nec alius in Aptensi ecclesia substituatur episcopus, nisi qui canonice ipsorum consilio fuerit et electione promotus ; res autem deficientis episcopi nullus omnino laicorum invadere et deprædari præsumat. Decernimus ergo ut nulli omnino hominum liceat eamdem ecclesiam temere perturbare, aut ejus possessiones auferre, vel ablatas retinere, minuere, vel temerariis vexationibus fatigare; sed omnia integra conserventur eorum, pro quorum sustentatione ac gubernatione concessa sunt, usibus profutura. Si quis autem, quod absit! decreti hujus tenore cognito temere contraire attentaverit, honoris et officii sui periculum patiatur, aut excommunicationis torsione plectatur, nisi præsumptionem suam digna satisfactione correxerit; observantibus vero Dei omnipotentis gratia et beatorum apostolorum Petri et Pauli benedictio conferatur.

Datum Laterani per manum Joannis, S. R. E diaconi cardinalis ac bibliothecarii, Idibus Januarii, indictione VII, Incarnationis Dominicæ anno 1115, pontificatus quoque domni Paschalis secundi papæ XV.

CCCLXXVII.
Ecclesiæ Marsorum possessiones, petente Berardo episcopo, confirmat.
(Anno 1114, Febr. 25.)
[Ughelli, *Italia sacra*, I, 892.]

Paschalis episcopus, servus servorum Dei, dilecto filio Berardo Marsicanæ Eccl. episc. ejusque successoribus canonice substituendis in perpetuum.

Sicut injusta petentibus nullus est tribuendus effectus, sic legitime desiderantium non est differenda petitio. Tuis igitur, frater in Christo charissime, precibus annuentes, ad perpetuam S. matris Ecclesiæ pacem et stabilitatem præsentis decreti stabilitate sancimus, ut universos parochiæ fines, sicut a tuis antecessoribus usque hodie possessæ sunt, ita omnino, tam tibi, quam [tuis] successoribus in perpetuum conserventur, qui videlicet fines a Turri Ferraria decurrunt in caput Corriti, inde per viam de Merso in Postellam de Valle putrida, per terram de Feresca per Argatonem, per terram de Camno, per terram Formellæ, inde ad Molinum veterem, inde ad Furcam Auræ per terram de Vivo, per terram de Troja, inde ad Pasculum Canalis, inde ad Pennam Imperatoris per terram de Cervara, inde ad S. Britium per Furcam de Auricula, inde ad Arcum S. Georgii, per flumen Risanæ, per Turres de Ofrano, per Scalellas, per Tufum fluvii remandi, per Trepontum, inde ad Vulpem mortuam per Bucam de Teba, per Campum de Pezza, per Rivum Gambararum, per terram de Candida, per Venetrinum, et redeunt ad Furcam Ferrati : intra quos fines quæcunque oppida, quæcunque villæ, quæcunque plebs, quæcunque ecclesiæ sitæ sunt, aut in posterum fuerint sub tua et tuorum catholicorum successorum episcopali providentia et dispositione permaneant, et ex eis omnibus episcopalia vobis jura solvant, tam in clericorum ordinationibus et ecclesiæ consecrationibus, quam in redditu decimarum et oblationum, sive in correctionibus delinquentium. Sane illam monachorum pravam præsumptionem, qua partim episcoporum absentia, partim eorum pervicacia in Marsorum finibus omnimodo inhibemus, ut nec baptismata ulterius in monasteriis faciant, nec ad infirmorum unctiones claustris suis progredi audeant, nec ad pœnitentiam injungendam populares personas admittant, nec ab episcopo excommunicatos ad communionem, nec interdictos ad officia sacra suscipiant. Porro ecclesiam B. Savinæ martyris matricem semper haberi, sicut hactenus habita est, et illic episcopalem sedem permanere decernimus, et in ejus possessione ac jurisdictione ecclesiæ cum prædiis suis, quæ præteritis temporibus possessa sunt, etiam in futurum perpetuis temporibus quiete, libere integreque serventur, id est S. Pauli ad Pesculum Serulæ, S. Mariæ in Campo Mitio, S. Nicolai ad fontem Reginæ, S. Quintini in Vico, S. Martini in Agne, S. Martini in Betorrita, S. Archangeli super Mesula, S. Mariæ in Ortucula, S. Mariæ, et S. Petri in Veneri, S. Felicis in Ferrati, S. Valentini et S. Petri in Apiniacis, S. Marci in Geno, S. Martini in Filincino, S. Petri in Cerverano, S. Joannis in Pentoma, S. Marcelli, et S. Angeli in Arca, S. Mariæ in Palute, S. Anatolie de Lione, S. Felicitatis in Cerferro, S. Laurentii in Prætorio, S. Feliciani in Villa Magna, S. Mariæ in Avando, S. Viti in Ozano, S. Christinæ in Suppezzano, S. Georgii in Besola, S. Joannis ad caput Aquæ cum titulis suis, S. Patiti ad Castellum, S. Felicis in Porciano, S. Laurentii in Curia, S. Cæsidii cum titulis suis, S. Vincentii in Forma cum titulis suis, S. Vincentii in Forma cum titulis suis, S. Vincentii in Forma cum titulis suis, S. Andreæ in Ancezzano, S. Mariæ in Vico, S. Petri in Capistrello, S. Petri, et S. Mariæ in Albe, S. Marci in Massa, S. Martini in Valle cum titulis suis, S. Joannæ in Marano, S. Felicis in Montecelle, S. Mariæ in Elireto cum titulis suis, S. Nicolai in Erse, S. Mariæ in Furca, S. Erasmi cum titulis suis, S. Andreæ in Casellaco, S. Maximi in Cerro, S. Victoriæ in Cellis, S. Mariæ in Carseo cum titulis suis. Præterea quæcunque possessiones, quæcunque prædia ad eamdem ecclesiam legitime pertinere noscuntur, aut in futurum largiente Domino quibuslibet justis modis vel contractibus poteri adipisci, tibi et tuis successoribus illibata permaneant, decernimus. Ergo nulli omnino hominum liceat suprafatam Ecclesiam temere perturbare, aut ejus possessiones auferre, vel ablatas retinere, vel injuste datas suis usibus vindicare, minuere, vel temerariis vexationibus fatigare, sed omnia integre conserventur tam tuis quam clericorum usibus profutura. Si quis igitur in crastinum archiepiscopus aut episcopus, imperator aut rex, princeps aut dux, comes, vicecomes, judex, castaldio, aut ecclesiastica quælibet sæcularisve persona hanc, nostram constitutionis paginam sciens, contra eam temere venire tentaverit, secundo tertiove commonita, si non satisfecerit, congrue emendaverit, potestatis honorisque seu dignitatis careat privilegio, reamque se divino judicio existere de perpetrata iniquitate cognoscat, et a sacratissimo corpore et sanguine Domini Redemptoris nostri Jesu Christi aliena fiat, atque in extremo examine districtæ ultioni subjaceat. Cunctis autem Ecclesiæ jura sua servantibus sit pax Domini nostri Jesu Christi, quatenus et hic fructum bonæ actionis percipiant, et apud districtum judicem præmia æterni Patris maneant [inveniant]. Amen, amen.

Scriptum per manum Gervasii scriptoris regionarii et notarii S. palatii.

Ego Paschalis catholicæ Ecclesiæ episcopus SS.
Ego Richardus Albanensis episcopus SS.
Ego Leo episcopus Ostiensis SS.
Ego Cono Prænest. Ecclesiæ episcopus SS
Ego Romanus card. S. Priscæ SS.
Ego Benedictus card. tit. Eudoxiæ SS.
Ego card. Raynerius SS. Marcellini, et Petri SS.
Ego Conradus S. Pudentianæ card. SS.

Datum Laterani per manum Joannis, S. R. E. card. et bibliothecarii, v Kal. Martii, indict. VII, Incarn. D. ann. 1115, pontif. quoque D. Pachalis II papæ anno xv.

CCCLXXVIII.

Ad Joannem Morinorum episcopum. — De conservanda monasterii S. Bertini Sithiensis libertate.

(Anno 1114, Mart. 20.)

[*Collection des Cartulaires,* III, 253.]

PASCHALIS episcopus, servus servorum Dei, venerabili JOANNI Morinorum episcopo, salutem et apostolicam benedictionem.

Tam ex fraternitatis vestræ litteris quam ex prædecessorum meorum sanctæ memoriæ Victoris et Urbani privilegiis, cognovimus atque perspeximus Beati Bertini monasterium, usque ad promotionis tuæ tempora, in suæ libertatis genio continuæ permansisse, salvo jure solius Tarvanensis Ecclesiæ. Unde tam nobis quam fratribus nostris, dictante justitia, visum est ut, si quid a te vel a Flandrensi comite, seu ab ejusdem loci abbate, minus provide minusque rationabiliter gestum est, nullum propter hoc detrimentum monasterio ingeratur. Nos igitur locum ipsum, quandiu monasticæ religionis vigere claruerit, et abbatem loci in sua libertate et immunitate permanere decernimus.

Datum Laterani, decimo tertio Kal. Aprilis.

CCCLXXIX.

Monasterio S. Bertini Sithiensi asserit terram Ber-

quariam, a Balduino Flandriæ comite pro villa Ostresala datam.

(Anno 1114, Mart. 25.)
[*Collection des Cartulaires,* III, 258.]

Paschalis episcopus, servus servorum Dei, dilectis filiis Lamberto abbati, et fratribus Sancti Bertini, salutem et apostolicam benedictionem.

Officii nostri nos hortatur auctoritas pro Ecclesiarum statu sollicitos esse, et earum quieti, auxiliante Domino, providere. Quamobrem nos petitionibus vestris annuimus, et commutationem, inter vos et Balduinum Flandrensium comitem factam, quia utilem monasterio credimus, scripti præsentis assertione firmamus. Pro commutatione siquidem villæ, Ostreselæ dictæ, quæ juris Sancti Bertini fuisse dignoscitur, monasterio vestro apud Furnas quamdam terram, videlicet Berquariam, in parochia Wlepem, unde Eremboldus Musolf, utpote berquarius ante id temporis censum solvit; quæ videlicet certis dimensionibus, pro more patriæ illius, mensurata, viginti octo librarum redditum, singulis annis, persolvit. Hanc igitur berquariam cum eodem reddito ab omni exactione prorsus immunem ac liberam, quemadmodum idem comes possedit, et monasterio vestro, in præsentia optimatum suorum, jure hæreditario tradidit, nos in perpetuum manere decernimus. Duas etiam garbas decimæ de nova terra, Dipesele dicta, et duas garbas de nova terra, Hucmareserce dicta, et terram quamdam in villa, Atrike dicta, sicut ab eodem comite monasterio vestro collatæ sunt, quietas vobis et integras manere sancimus. Porro altaria duo, unum de Eggafridi capella, et alterum de Warnestum, quæ dilectus et venerabilis confrater noster Joannes, Tarvanensis episcopus, in possessionem perpetuam Beato Bertino tradidit, nos quoque vobis in possessionem perpetuam confirmamus, salvo ejus videlicet episcopi censu annuo, qui ex eisdem altaribus est persolvendus. Nemini ergo in posterum liceat hæc quæ superius adrotata sunt a vestri cœnobii unitate ac possessione dividere, sed sicut præmissum est, quieta et integra omnia in ejus jure ac ditione serventur. Si quis igitur, decreti hujus tenore cognito, temere, quod absit! contraire tentaverit, honoris et officii sui periculum patiatur, atque excommunicationis ultione plectatur, nisi præsumptionem suam digna satisfactione correxerit.

Datum Laterani, octavo Kal. Aprilis, per manum Joannis, sanctæ Romanæ Ecclesiæ diaconi cardinalis ac bibliothecarii, Incarnationis Dominicæ anno millesimo centesimo quinto decimo, indictione septima (108), pontificatus autem domni Paschalis secundi papæ anno itidem quinto decimo.

CCCLXXX.
Privilegium pro monasterio Tutelensi.
(Anno 1114, Mart. 31.)
[Baluz. *Historia Tutelensis,* 463.]

Paschalis episcopus, servus servorum Dei, dile-
(108) *Legend.* octava.

cto filio Ebalo Tutelensi abbati ejusque successoribus canonice substituendis in perpetuum

Apostolicæ sedis auctoritate debitoque compellimur pro universarum Ecclesiarum statu satagere et earum quieti auxiliante Domino providere. Eapropter petitionibus tuis, fili in Christo charissime, non immerito annuendum censuimus ut Tutelense monasterium, cui Deo auctore præsides, apostolicæ sedis privilegio muniremus. Per præsentis igitur privilegii paginam apostolica auctoritate statuimus vobis quæcunque prædia, quæcunque possessiones legitime ad idem monasterium pertinere videntur, in quibus hæc propriis duximus nominibus adnotanda, in adjacenti burgo ecclesiam Sancti Petri et Sancti Juliani, ecclesiam de Aquina, ecclesiam de Acuto monte, capellam de Roca, capellam de Marco, capellam de Aureliaco, capellam de Bosqueto, capellam de Lagarda, ecclesiam de Spaniaco cum ipsa capella, ecclesiam Sanctæ Mariæ de Clergor, ecclesiam Sanctæ Mariæ de Spinaciis, ecclesiam Sancti Jacobi de Altoire, ecclesiam Sancti Jacobi de Monedeira, ecclesiam de Madrangis, capellam de la Valeta, ecclesiam de Planis, capellam de la Genesta, ecclesiam de Auriolo, capellam de Bellopodio, ecclesiam de Brancellis, capellam de Capiaco, ecclesiam Sancti Boniti de Avalosa, ecclesias de Vairiaco, videlicet Sancti Stephani, Sancti Martini, et Sancti Germani; ecclesiam de Sancto Michaele et capellam de ipso castello, ecclesiam Sancti Petri de Bagneriis, ecclesiam Sanctæ Mariæ de Matheria, ecclesiam de Mairona, ecclesiam Sancti Petri de Vogairo, capellam de Bellocastello, ecclesiam Sancti Georgii de Mairac, ecclesiam Sanctæ Mariæ de Rocamador, ecclesiam de Gransania, ecclesiam Sanctæ Mariæ de Seillac, ecclesiam de Olonzac, ecclesiam de Marciliaco, ecclesiam Sancti Aredii, ecclesiam Sancti Juliani de Porcaria, ecclesiam Sancti Maurilii, ecclesiam de Bragusa, ecclesiam de Lagarda, ecclesiam Sanctæ Fortunatæ cum capella Sanctæ Fidis de Castaneo, ecclesiam de Albuciaco, ecclesiam de Novavilla, ecclesiam de Molseon, ecclesiam Sancti Amancii, ecclesiam Sancti Martialis de Faorzes, ecclesiam Sancti Boniti del vern, ecclesiam Sancti Pardulphi de la Crozilla, ecclesiam Sancti Martini quæ est inter Dostram et Dordoniam, ecclesiam Sancti Petri de Sadran, Sancti Maxontii, ecclesiam Sancti Laurentii de Gorra, ecclesiam de Mairignac, ecclesiam de Peirac, ecclesiam de Calcis, ecclesiam Sancti Medardi, ecclesiam de Mordelguc, ecclesiam de Matheria, ecclesiam de Traignac cum capella ipsius castri, ecclesiam Sancti Juliani de Garriga, ecclesiam Sancti Jacobi Caturcis sitam, et quæcunque in posterum auctore Deo ad idem monasterium offerri, dari, vel aliis justis modis pervenire contigerit, quieta semper et integra vobis vestrisque successoribus conserventur. Ecclesias vero cum pertinentiis suis sive prædia ab eodem monasterio distracta præcipimus revocari et in perpetuum conservari. Et ne qua persona ecclesiastica vel sæcularis justæ revocationi obviare vel impedire præsumat apostolicæ sedis interdicimus auctoritate. Sepulturam militum de Gimel, de Bar, et de Correzia, de Boltzac, de Seillac, de Sancto Clemente, et de Sancto Germano, de Sancta Ferreola, et de Favars, de Cornill, de Sancta Fortunata, de Lagarda, et de Sancto Amancio, de Navis, de Roca, de Marciliaco, et de Sancto Aredio, de Campaniaco, de Clergor, de Latigniaco, et de Tutelensi castello, et omnium Vicecomitum de Torenna et de Comburn et de Ventedorn, vobis a quolibet auferri vel interrumpi prohibemus. Decernimus ergo ut nulli omnino hominum liceat idem monasterium temere perturbare, aut ejus possessiones auferre, vel injuste datas suis usibus vindicare, minuere, vel temerariis vexationibus fatigare; sed omnia integra conserventur eorum, pro quorum sustentatione et gubernatione concessa sunt, usibus omnimodis profutura. Si qua igitur ecclesiastica sæcularisve persona, hanc nostræ constitutionis paginam sciens, contra eam temere venire tentaverit, secundo tertiove commonita, si non satisfactione congrua emendaverit, potestatis honorisque sui dignitate careat, reamque se divino judicio existere de perpetrata iniquitate cognoscat, et a sacratissimo corpore ac sanguine Dei et Domini Redemptoris nostri Jesu Christi aliena fiat, atque in extremo examine districtæ ultioni subjaceat. Cunctis autem eidem loco justa servantibus sit pax Domini nostri Jesu Christi, quatenus et hic fructum bonæ actionis percipiant, et apud districtum judicem præmia æternæ pacis inveniant. Amen, amen, amen.

Scriptum per manum Gervasii scriniarii regionarii et notarii sacri palatii.

Ego Paschalis catholicæ Ecclesiæ episcopus subscripsi.

Datum Laterani per manum Joannis, sanctæ Romanæ Ecclesiæ diaconi cardinalis ac bibliothecarii, II Kal. Aprilis, indictione VII, Incarnationis Dominicæ anno 1115, pontificatus autem domni Paschalis secundi papæ itidem xv. Bene valete.

CCCLXXXI.
Bulla pro Ebroliensi monasterio Esbreville vel Ebrevil.
(Anno 1114, April. 4.)
[*Gall. Christ.* II, 424.]

PASCHALIS episcopus, servus servorum Dei, dilecto filio TEOTARDO, monasterii Ebroilensis abbati, ejusque successoribus regulariter substituendis in Christo.

Piæ postulatio voluntatis effectum debet suum sortiri, quatenus et devotionis sinceritas laudabiliter enitescat, et utilitas postulata vires indubitanter assumat. Quia igitur dilectio tua, ad sedis apostolicæ portum confugiens, ejus tuitionem devotione debita requisivit, nos supplicationi tuæ clementer annuimus, et Beati Leodegarii Ebroilense monasterium, cui Deo auctore præsides, sub tutelam apostolicæ sedis excipimus. Per præsentis igitur privilegii paginam vobis vestrisque successoribus confirmamus ad perpetuum, burgum cum ecclesia S. Gereonis et capellis suis in Arvernensi pago, ecclesiam Sanctæ Crucis de Velcia, cum capella Sanctæ Mauricii de Vico, Sanctæ Mariæ de Caliniaco, Sanctæ Mariæ de Salas, Sancti Boniti de Cambra, Sanctæ Mariæ de Ecclesiola, Sancti Boniti de Cervant, S. Genesii de Buissirolas, Sancti Victoris de Pozols, Sancti Pardulphi, Sanctæ Mariæ de Marcillac, Sancti Petri de Campis, ecclesiam Sancti Pauli, Sancti Genesii de Ret, Sancti Aniani de Betgue, Sancti Quintini, Sancti Leodegarii de Laiac, Sancti Leodegarii de monte Frumino, Sancti Petri de Chapde, Sancti Petri de Nerdugna, Sancti Pardulphi de Vilorzaugas, Sancti Petri de Valle, Sancti Pardulphi de Carro, Sancti Prejecti, Sancti Juliani de Muroile, Sancti Martini de Garriga, Sancti Bravii de Puntiaco, Sancti Hilarii, Sancti Petri de Cella, Sancti Magnerii, Sanctæ Mariæ de Virgiaco, Sancti Galli, et Sancti Saturnini de Ventac. In episcopatu Bituricensi, ecclesiam Sancti Marcelli de Scaceras, S. Hilarii de Dorminnac, S. Boniti de Balanava, S. Andreæ de Valiniaco, S. Portiani de Navas. In pago Rodonensi, ecclesiam S. Mariæ de Logangnac, S. Mariæ de Jeveirac, S. Martini de Cromeras, S. Mariæ de Lelna, S. Martini, S. Maurici de Marnac, et S. Agangi: In episcopatu Senonensi, ecclesiam S. Leodegarii cum capellis, S. Mariæ, S. Martini de Cunniaco, S. Sulpicii, S. Mariæ-Magdelenæ de Crong, S. Mariæ de Salas, ecclesiam de Botsac, S. Bibiani de Charues, ecclesiam de Genten, ecclesiam de Gaverda, ecclesiam S. Leodegarii de Ariazo, S. Petri de Liriorta, et cætera quæ vel in præsenti septima indictione idem coenobium legitime possidet, vel in futurum concessione pontificum, liberalitate principum, vel oblatione fidelium, juste atque canonice poterit adipisci. Decernimus ergo ut nulli omnino hominum liceat idem monasterium temere perturbare, aut ejus possessiones auferre, vel ablatas retinere, minuere, vel temerariis vexationibus fatigare, sed omnia integra conserventur, eorum pro quorum sustentatione et gubernatione concessa sunt, usibus omnimodis profutura, quatenus auctore Domino, locus idem regularis semper ordinis custodia vigeat, et in sua semper libertate permaneat. Porro sepulturam ejusdem loci omnino liberam esse decernimus, ut eorum, qui illic sepeliri deliberaverint, devotioni et extremæ voluntati, nisi forte excommunicati sint, nullus obsistat. Obeunte te, nunc ejus loci abbate, vel tuorum successorum, nullus ibi, qualibet subreptionis astutia seu violentia præponatur, nisi quem fratres communi consensu, vel fratrum pars consilii sanioris, vel de suo, vel de alieno, si oportuerit collegio, secundum Domini timorem et B. Benedicti Regulam elegerint, ab Arvernensi episcopo consecrandum. Si qua igitur in futurum ecclesiastica quælibet sæcularisve persona, hanc nostræ constitutionis paginam sciens, contra eam temere venire tentaverit, secundo tertiove commonita, si non satisfactione congrua emendaverit, potestatis honorisque sui dignitate careat, reamque se divino judicio existere de perpetrata iniquitate cognoscat, et a sacratissimo corpore ac sanguine Dei et Domini Redemptoris nostri Jesu Christi aliena fiat, atque in extremo examine districtæ ultioni subjaceat. Cunctis autem eidem loco justa servantibus sit pax Domini nostri Jesu Christi, quatenus et hic fructum bonæ actionis percipiant, et apud districtum judicem præmia æternæ pacis inveniant. Amen, amen, amen.

Scriptum per manum Crisogoni notarii sacri palatii.

Ego Paschalis catholicæ Ecclesiæ episcopus.

Datum Laterani per manum Joannis, sacræ Romanæ Ecclesiæ diaconi cardinalis ac bibliothecarii, II Nonas Aprilis, indictione septima, Incarnationis Dominicæ anno millesimo centesimo decimo quinto, pontificatus autem domini Paschalis II papæ anno ejusdem xv.

CCCLXXXII.
Monasterii Sublacensis possessiones omnes et privilegia confirmat.

(Anno 1114, April. 11.)

MURATORI, *Antiq. Ital.* IV, 1058.]

PASCHALIS episcopus, servus servorum Dei, dilecto filio JOANNI Sublacensis monasterii abbati, ejusque successoribus regulariter substituendis in perpetuum.

« Glorificantes me glorificabo, » dicit, qui non mentitur, Dominus. Hoc veritatis suæ promissum Deus benedictus in sæcula fideli suo Benedicto custodiens, eum mirabiliter non solum in cœlis, sed etiam in terris glorificare dignatus est, ut ipsa quoque loca, in quibus ipse Dei famulus habitavit, gloriosa apud homines habeantur. Hanc Dei factoris dignationem nos quoque ipsius factura sequimur, cum eumdem Patrem nostrum in Deo glorificare curamus. Unde et locum illum, in quo Dei dispositione prius habitasse, et ad glorificandum Deum cœnobium construxisse, et multos ad Dei gloriam aggregasse cognoscitur, cui videlicet Sublacum nomen, et gloriosum et venerabilem habemus, et apostolicæ sedis auctoritate munimus. Tibi igitur, charissime fili, et per te supradicto Sancti Benedicti monasterio confirmamus specum, in quo idem sanctissimus vir in suo conversationis exordio habitavit, cum adjacenti silva et monte circum circa, et cum omnibus finibus aut pertinentiis antiquitus constitutis. Et sub eodem specu lacum, sive fluvium ex eisdem lacubus procedentem ; in quibus videlicet aquis nemini præter abbatis et fratrum voluntatem aut piscari, aut molendinum ædificare, usque in Arcum, qui dicitur de Ferrata [liceat]. De forma quoque antiqua, quæ ducit aquam de flumine ad plebem Sancti Laurentii, et de aqua, quæ vocatur Augusta, nemini liceat præter voluntatem vestram aquam derivare, nisi quantum sufficiat hortis rigandis et replendo fonti baptismatis in eadem ecclesia ; nec aquimolum quidquam illic præter vestram voluntatem ædificare præsumat usque in supradictum Arcum de Ferrata. Si quis vero aliter egerit, banno Romanæ curiæ distringatur, cujus banni medietas sacro palatio, medietas vero eidem monasterio persolvatur. Confirmamus etiam vobis et vestro monasterio castellum, qui Sublacus dicitur, cum omnibus suis pertinentiis, sicut a prædecessoribus nostris constat esse concessum, cum montibus et collibus, et fundis et casalibus, cum omnibus ecclesiis et rebus ad eas generaliter et in integrum pertinentibus ; fundum Canali, et fundum Gennæ in integrum cum pertinentiis suis ; fundum Frassinum cum omnibus suis pertinentiis ; et locum, qui Fundi vocatur, sicut extenditur usque ad Petram Imperatoris, et vadit in montem, qui vocatur Pionica, inde per Serram in Montem Romanum, et exit in Campum Longum, inde in Campum Catinum, deinde redit ad supradictam Petram Imperatoris ; et locum, qui dicitur Geminarium cum finibus suis, sicut antecessorum nostrorum privilegiis continetur ; castellum Augustæ cum fundis et casalibus suis, et casale Sanctæ Felicitatis, cum eadem ecclesia cum fundis et casalibus suis, et cum omnibus pertinentiis suis, sicut in eisdem privilegiis continetur ; Roccam Cervariam cum fundis suis, et suis casalibus, et cum omnibus suis pertinentiis ; Castellum Maranum, et Roccam Martini, et Roccam de Nesso, cum omnibus suis pertinentiis ; Castrum Canteranum cum Rocca sua, et cum fundis et casalibus suis ; Montem de Grosso, Vallem frigidam, Montem de Mesu, et Funsstellæ, cum omnibus eorum pertinentiis ; Castellum Cerretum cum omnibus pertinentiis suis ; Castrum Giranum cum montibus et collibus, fundis et casalibus, quemadmodum monasterio congruere videtur, cum massis et omnibus suis pertinentiis, cum veteri hæreditate monasterii ; Castellum Apolloni cum montibus et suis casalibus, et medietatem Castri Sancti Angeli, cum ecclesiis, et fundis, massis, et pertinentiis eorum ; Roccam Sancti Stephani cum pertinentiis suis ; Vallem de Annito, Collem de Occia, cum montibus et collibus, fundis et casalibus suis ; Tovanellum, Fundum Ottanum, Fundum Maciomanum, Fundum Camanum, Fundum Aquævivæ, et medietatem Montis Afilani, cum omnibus pertinentiis eorum ; Castrum Afilæ cum montibus et collibus, et cum omnibus eorum pertinentiis ; Castrum Pontiæ cum montibus et collibus, et cum omnibus eorum pertinentiis. Præterea ex antiquo jure et tam Romanorum pontificum, quam etiam imperatorum concessionibus et privilegiis ad idem Sancti Benedicti monasterium pertinere noscuntur, Sala civitas, quæ vocatur Carseolis, cum massis, fundis et casalibus suis, et Auricula, Rocca de Butte, Rocca in Camerate, Rocca Rosunum, Arsulæ, Rubianum, et aliud Rubianum super fluvium, Anticulum, Garracinescum, Rocca Demasii, Rocca de Surici Siciliani, medietas Deilicæ, Massa Sancti Valerii, Siscanum, Mons Casalis, Civitella, Olivanum cum omnibus fundis et casalibus eorum; oppidum Tusculanæ cum Rocca sua et omnibus pertinentiis suis; Castellum Gallicanum cum ecclesiis, fundis, et casalibus, et omnibus pertinentiis suis.

Confirmamus etiam cellas eidem monasterio pertinentes. Item ecclesiam Sancti Angeli in Effidem positam : ecclesiam Sancti Georgii, et cum omnibus earum pertinentiis, et cum veteri hæreditate Sancti Patris Benedicti ; ecclesiam Sancti Angeli in Petralata, Sancti Sebastiani in Palliano ; ecclesiam Sancti Quintini, Sancti Blasii in Antido ; ecclesiam Sancti Leucii in Babuto, posito in territorio Campanino, cum omnibus earum pertinentiis ; in carsoli ecclesiam Sancti Petri ; in camerata ecclesiam Sancti Martini de Egellis, et Sancti Petri de Castruino ; in territorio Marsicano Sanctum Petrum in Verse, Sanctum Benedictum in Rivo de Meruli, Sanctum Thomam de Transaquas, cum ecclesia Sancti Nicolai in Vallis ; in territorio..... ecclesiam Sancti Pauli in Villa, cum omnibus eorum pertinentiis, Sanctum Angelum in Albe, Sanctum Salvatorem in Avelano, Sanctam Mariam de Tuffo, cum omnibus suis pertinentiis ; in Valle Sorana, ecclesiam Sancti Pauli, cum aliis tribus ecclesiis, et cum villa juxta se posita, et cum omnibus ejus pertinentiis ; in civitate Tiburtina, ecclesiam Sancti Antonini, Sanctæ Crucis, et Sanctæ Barbaræ, cum omnibus earum possessionibus ; aliam cellam ad honorem Sanctæ Crucis in Quintiliolo cum oliveto suo, et cæteris suis pertinentiis ; et sex uncias de ecclesia Sanctæ Mariæ in eodem monte posita ; Fundum Calicianum cum ecclesia Sancti Petri, cum terris et vineis, sicut per antiquos affines constat; Villam, quæ vocatur Papicum ; ecclesiam Sanctæ Mariæ, cum terris et vineis et montem, qui vocatur Monicula, et ecclesiam Sanctæ Mariæ, quæ ponitur in Porta ; ecclesiam Sancti Sebastiani, cum omnibus suis pertinentiis ; aquimolos tres, unum Castrum Veterem, alium foris Portam majorem, et alium in Vesta juxta Castellum Gallicani ; ecclesiam Sancti Pastoris, Sancti Angeli, Sanctæ Mariæ, Sancti Laurentii in Aqua Alta, cum omnibus earum possessionibus ; Romæ monasterium Sancti Erasmi cum domibus et hortis et cæteris possessionibus.

Statuimus itaque ut prædicta omnia, sive possessiones, quas idem venerabile monasterium in præsenti septima indictione possidet, quietæ vobis et integræ conserventur. Et quæcunque ad ejus jus legitime pertinent, sive pontificum concessione, sive imperatorum et principum liberalitate, seu quorumlibet fidelium oblatione, cum aliis justis et legalibus modis, in ejus jure semper et possessione permaneant. Nec ulli omnino hominum liceat eadem Sancti Benedicti monasteria temere perturbare, aut ejus possessiones auferre, vel ablatas retinere, vel injuste datas in suis usibus vindicare, minuere, vel temerariis vexationibus fatigare, sed omnia integra conserventur eorum quorum sustentationi et gubernationi concessa sunt, usibus omnimodis profutura

Ad hoc propter frequentes injurias, quæ ab episcopis, vel episcoporum ministris, monasteriis ingeruntur, datam vestro cœnobio a nostris prædecessoribus facultatem vobis quoque ratam manere decernimus, ut ad ecclesias, cum expedierit, dicandas, aut clericos sive in monasterio, sive in cellis, sive in castellis aut villis monasterii ordinandos, vel a nobis episcopatum accipiatis, si ad nos pervenire in tempore potueritis, vel quem malueritis catholicum episcopum adeatis, qui apostolicæ sedis fultus auctoritate, quæ postulantur, exhibeat ; nec a quoquam illius Ecclesiæ episcopo super hoc contradictionem aut querimoniam patiatur. Et propter omnem cujuslibet Ecclesiæ sacerdotem in præfato Sancti Benedicti monasterio ditionem quamlibet habere, præter sedem apostolicam, prohibemus. Obeunte autem ejus loci abbate, vel suorum quolibet successorum, nullus ibi qualibet subreptionis astutia seu violentia præponatur, nisi quem fratres communi consensu, vel fratrum pars sanioris consilii, secundum Dei timorem et Sancti Benedicti Regulam elegerint. Electus vero a Romanæ sedis pontifice consecretur. Si qua autem ecclesiastica sæcularisve persona, hanc nostræ constitutionis paginam sciens, contra eam temere venire tentaverit, secundo tertiove convicta, si non satisfactione congrua emendaverit, potestate honorisque sui dignitate careat, jamque se divini judicii existere de perpetrata iniquitate ream cognoscat, et a sacratissimo corpore et sanguine Dei et Domini Redemptoris nostri Jesu Christi aliena fiat, atque in extremo examine districtæ ultioni subjaceat. Cunctis autem eumdem locum juste servantibus sit pax Domini nostri Jesu Christi ; item, et hic fructum bonæ actionis percipiant, et apud districtum judicem præmium æternæ pacis inveniant. Amen.

Scriptum per manum notarii sacri palatii.

Ego Paschalis Ecclesiæ catholicæ episcopus.

Datum Laterani per manum Joannis, Romanæ Ecclesiæ diaconi ac bibliothecarii, tertio Idus Aprilis, indictione septima, Incarnationis Dominicæ, anno millesimo centesimo decimo quinto, pontificatus quoque domini Paschalis........

CCCLXXXIII.

Landulphum archiepiscopum Beneventanum, episcopali officio multatum, ad synodum Idibus Octobris celebrandam « accersiri jubet. » (Vide Falconem Beneventanum, 1114, p. 88. (« Cum me litteris vestris accersiri jussisti » : et : « terminum veniendi procul dubio largitus fui, ab Idibus scilicet Aprilis et sex mensium spatio interposito. »)

CCCLXXXIV.

Landulphum de Græca, comestabulum Beneventanorum, invitat ad synodum Idibus Octobris agendam. (Vide Falconem Beneventanum, 1114, p. 87.)

CCCLXXXV.

Ecclesiæ Farinatensis, a comitibus Bergomatibus conditæ ac B. Petro collatæ, possessiones confirmat, ea lege ut duodecim monetæ Mediolanensis

nummi quotannis palatio Lateranensi persolvantur.

(Anno 1114, April. 14.)

[Vide Lupi, Cod. diplom. Bergomat., II, 885.]

CCCLXXXVI.

Privilegium pro ecclesia B. Laurentii Florentiæ.

Anno 1114, April. 15.)

[Lami, Eccles. Florent. Monum., III, 1772.]

Paschalis episcopus, servus servorum Dei, dilectis filiis Joanni priori et fratribus in ecclesia Beati Laurentii secus Florentiam regulariter viventibus, tam præsentibus quam futuris in perpetuum.

Piæ postulatio voluntatis effectu debet prosequente compleri, quatenus et devotionis sinceritas laudabiliter enitescat, et utilitas postulata vires indubitanter assumat. Quia igitur dilectio tua ad sedis apostolicæ portum confugiens, ejus tuitionem devotione debita requisivit, nos supplicationi tuæ clementer annuimus, et B. Laurentii ecclesiam, cui Deo auctore præsides, cum omnibus ad ipsam pertinentibus sub tutelam apostolicæ sedis excipimus. Per præsentis igitur privilegii paginam apostolica auctoritate statuimus, ut quæcunque bona, quascunque possessiones, eadem Ecclesia, concessione pontificum, liberalitate principum, oblatione fidelium, vel aliis justis modis, in præsenti septima indictione possidere cognoscitur, aut in futurum largiente Deo legitime poterit adipisci, firma vobis vestrisque successoribus et illibata permaneant, salvo jure Florentini episcopi, cui tamen ecclesiam ipsam gravare non liceat, aut bona ejus auferre, aut in feudum personis aliquibus tradere, aut modis quibuslibet alienare; decernimus ergo ut nulli omnino hominum facultas sit eamdem ecclesiam temere perturbare, aut ejus possessiones auferre, vel ablatas retinere, minuere, vel temerariis vexationibus fatigare, sed omnia integra conserventur eorum, pro quorum sustentatione concessa sunt, usibus omnimodis profutura. Sane diebus solemnibus in claustro vel in atrio ecclesiæ processiones facere, aut missas ad tertiam canere, nullius contradictio vos inhibeat; sed modis omnibus studeatis omnipotentem Deum glorificare, et saluti animarum vestrarum ipso præstante vigilanter insistere. Si qua igitur in futurum ecclesiastica quælibet sæcularisve persona, hanc nostræ constitutionis paginam sciens, contra eam venire tentaverit, secundo tertiove commonita, si non satisfactione congrua emendaverit, potestatis honorisque sui dignitate careat, reamque se divino judicio existere de perpetrata iniquitate cognoscat, et a sanctissimo corpore ac sanguine Dei et Domini Redemptoris nostri Jesu Christi aliena fiat, atque in extremo examine districtæ ultioni subjaceat. Cunctis autem eidem loco justa servantibus sit pax Domini nostri Jesu Christi, quatenus et hic fructum bonæ actionis percipiant, et apud districtum judicem præmia æternæ pacis inveniant. Amen.

Ego Paschalis catholicæ Ecclesiæ episcopus SS.

Datum Laterani per manum Joannis sanctæ Romanæ Ecclesiæ diaconi cardinalis ac bibliothecarii, xvii Kal. Maii, indictione vii, Incarnationis Dominicæ anno 1115, pontificatus quoque domni Paschalis papæ secundi anno xv.

CCCLXXXVII.

Ad Mauritium archiepiscopum Bracarensem.

(Anno 1114, April. 18.)

[Mansi, Concil., XX, 117.]

Inter querelas alias quæ de te ad sedem apostolicam delatæ sunt, Legionensis Ecclesiæ invasio et contritio nos gravius contristavit. Super quæ ex nostris litteris monitus, et a vicario nostro Bernardo Toletano ad concilium evocatus, et venire et satisfacere contempsisti. Ad hæc pro hujus nequitia et inobedientia, per eum tam a sacerdotali quam ab episcopali officio interdictus, eadem officia celebrare pertinaciter præsumpsisti. Nos igitur, auctore Deo, tantum nequitiæ et superbiæ facinus ulciscentes, et eadem tibi officia, et Bracarensis Ecclesiæ obedientiam interdicimus, donec resipiscens obedias et plenius satisfacias.

Datum Laterani, xiv Maii, indict. vii.

CCCLXXXVIII.

Privilegium pro ecclesia S. Evasii Casalensis.

(Anno 1114, April. 27.)

[De Conti *Notizie storiche della citta di Cazale*. Cazale, 1838, 8°, I, 332.]

Paschalis episcopus, servus servorum Dei, dilectis filiis Girardo præposito et ejus fratribus in Casalensi ecclesia S. Evasii regulariter viventibus, tam præsentibus quam futuris in perpetuum.

Religiosis desideriis dignum est facilem præbere consensum, ut fidelis devotio celerem sortiatur effectum. Unde petitioni vestræ benignitate debita impertimus assensum. Vitæ namque canonicæ ordinem quem professi estis præsentis privilegii auctoritate confirmamus, et ne cui post professionem exhibitam proprium quid habere, neve sine præpositi vel congregationis licentia de claustro discedere liceat interdicimus. Et tam vobis quam vestris successoribus in eadem religione permansuris, ea omnia perpetuo possidenda sancimus, quæ in præsentiarum pro communis victus sustentatione legitime possidere videmur. Quæcunque etiam in futurum concessione pontificum, liberalitate principum, oblatione fidelium, vel aliis justis modis poteritis adipisci, firma vobis vestrisque successoribus et illibata permaneant. Nec præpositorum alicui facultas sit Ecclesiæ prædia personis sæcularibus in feudum dare, vel quibuslibet ingeniis alienare. Decernimus ergo ut nulli omnino hominum liceat eamdem beati Evasii ecclesiam temere perturbare, aut ejus possessiones auferre vel ablatas retinere, minuere, vel temerariis vexationibus fatigare; sed omnia integra conserventur eorum, pro quorum sustentatione et gubernatione concessa sunt, usibus omnimodis profutura. Sane clericos sæculariter viventes ad præpositi vestri conversionem suscipere, nullius episcopi vel præpositi contradictio vos inhibeat. Si qua igitur in futurum ecclesiastica quælibet sæcularisve persona, hanc nostræ constitutionis paginam sciens, contra eam venire temere tentaverit, secundo tertiove commonita, si non satisfactione congrua emendaverit, potestatis honorisque sui dignitate careat, reamque se divino judicio de perpetrata iniquitate cognoscat, et a sacratissimo corpore ac sanguine Dei et Domini Redemptoris nostri Jesu Christi aliena fiat, atque in extremo examine districtæ ultioni subjaceat. Cunctis autem eidem loco justa servantibus sit pax Domini nostri Jesu Christi, quatenus et hic fructum bonæ actionis percipiant, et apud districtum judicem præmia æternæ pacis inveniant.

Ego Paschalis catholicæ Ecclesiæ episcopus.

Datum Laterani per manum Joannis, sanctæ Romanæ Ecclesiæ diaconi cardinalis ac bibliothecarii, v Kalendas Maii, indict. vii, Incarnat. Dominicæ anno 1115, pontificatus autem D. Paschalis secundi anno ejusdem xv.

CCCLXXXIX.

Privilegium pro episcopatu Ecclesiæ Bononiensis.

(Anno 1114, Martii 2.)

[Savioli, *Annal. Bologn.* tom. II, append., pag. 152.]

Ex archivio archiepiscopatus Bonon.

Paschalis episcopus, servus servorum Dei, dilecto in Christo fratri Victori Bononiensi episcopo ejusque successoribus canonice substituendis in perpetuum.

Sicuti injusta petentibus nullus tribuendus est assensus, sic legitime desiderantium non est differenda petitio. Tuis igitur, frater charissime, precibus annuentes ad perpetuam sanctæ Bononiensis Ecclesiæ pacem ac stabilitatem præsentis decreti stabilitate sancimus, ut universi parochiæ fines sicut a tuis antecessoribus in perpetuum conserventur. Qui videlicet fines a flumine Gaibana usque in rivolum Sablosulum decurrunt. Deinde in Stratam quæ dicitur Ungarista. Deinde in stallo Gallam et in locum qui dicitur Curte. Deinde in flumen qui dicitur Leo. Deinde in fluvium qui dicitur Muzza inter quos fines quæcunque plebes et quæcunque aliæ ecclesiæ vel monasteria, villæ vel oppida sitæ sunt vel fuerunt sub tua tuorumque catholicorum successorum episcopali providentia et dispositione permaneant. Quantumcunque vero homines super Ecclesiæ Bononiensis terra resident cujuscunque conditionis in potestate et defensione nostra serventur. Concedimus itaque vobis massam Vulpini et Mozolarii et massam Nerpulini. Itemque confirmamus fraternitati tuæ omnia quæ a prædecessoribus nostris, id est Agapito, et Pelagio, et Gregorio dialogo, et Gregorio VII videlicet monasterium S. Stephani quod vocatur Hierusalem constitutum a S. Petronio episcopo; et S. Proculi martyris, et Sanctorum Naboris et Felicis; et Sanctorum Gervasii et Protasii, et S. Columbani confessoris, et S. Mariæ Majoris, et SS. Vitalis et Agricolæ in arena; et Sancti Barbationi, et Sanctæ Margaritæ, et Sancti Michaelis archangeli in fundo paterno cum pertinentiis suis; et S. Mariæ situm in monte Palense cum curte ibique tenente seque vocatur Aurelia; et cum montibus qui in circuitu præfati monasterii positi sunt; et S. Luciæ de Roffeno, et monasterium S. Helenæ, et S. Prosperi in Paniosale, et Sancti Martini in Poio cum curte et omnibus sibi pertinentibus; S. Petri in Strada, S. Mariæ in Strada cum omnibus suis pertinentiis; S. Petri cum curte quæ dicitur Nucifatico cum omnibus suis rebus. S. Martini in Casalechio cum omnibus suis pertinentiis, atque donamus petitioni tuæ portam civitatis Bononiæ quæ dicitur S. Petri, et stratam Salariam cum stratatico et omni reddita quem persolvere solent euntes per eam; et ecclesia S. Andreæ apostoli ante portam S. Petri, et S. Thomæ apostoli et S. Joannis Evangelistæ in monte Oliveti cum omnibus suis pertinentiis. Confirmamus etiam vobis curtem quæ vocatur Abillonis cum portu et ripatico, et teloneo, et mercato, cum silvis et venationibus et paludibus et piscationibus, cum servis, ancillis colonis, et omnibus suis pertinentibus. Item curtem de Brento, curtem quæ dicitur Bombiano cum omnibus suis pertinentibus. Montem Cavallorum, portum qui vocatur Galliano cum ripatico et teloneo et paludibus et piscariis et silvis et cum omnibus ad ipsum portum pertinentibus. Curtes etiam duas: unam quæ dicitur prata major, et alteram quæ dicitur prata minor, positas infra plebem quæ dicitur Boida. Curtem quoque quæ dicitur Marsumaticum cum omnibus suis pertinentiis. Abbates, monachos, presbyteros, diaconos, clericos litteratos et illitteratos, servos et ancillas Dei et omnes homines utriusque sexus infra præfatos jam dictæ Bononiensis Ecclesiæ terminos habitantes tuæ subjicimus dispositioni tuorumque catholicorum successorum. Præterea quæcunque prædia, quascunque possessiones vel a prædecessoribus nostris apostolicæ sedis episcopis vel a quibuscunque catholicis regibus Carolo et Ottone Bononiensi Ecclesiæ concessa sunt, nos quoque decreti præsentis auctoritate firmamus. Ad hæc adjicientes statuimus ut juxta veterem consuetudinem Ecclesiæ Bononiensis electi semper a Romano pontifice gratiam episcopalis consecrationis accipiant sicut et tu, opitulante Dei omnipotentis gratia, suscepisti. Si quis sane in crastinum archiepiscopus vel episcopus, imperator aut rex, princeps aut dux, comes, vicecomes, judex aut ecclesiastica sæcularisve persona, hanc nostræ constitutionis paginam sciens contra eam temere venire tentaverit, secundo tertiove commonita, si non satisfactione congrua emendaverit, potestatis honorisque sui dignitate careat, reamque se divino judicio existere de perpetrata iniquitate cognoscat, et a sacratissimo corpore ac sanguine Dei et Domini nostri Redemptoris Jesu Christi aliena fiat, atque in extremo examine districtæ ultioni subjaceat. Cunctis autem Ecclesiæ eidem justa servantibus sit pax Domini nostri Jesu Christi, quatenus et hic fructum bonæ actionis percipiant, et apud districtum judicem præmia æternæ pacis inveniant. Amen, amen.

Scriptum per manum Raynerii scriniarii regionarii et notarii sacri palatii.

Ego Paschalis catholicæ Ecclesiæ episcopus.

Datum Albæ per manum Joannis, sanctæ Romanæ Ecclesiæ diaconi cardinalis ac bibliothecarii, II mens. Martii, indictione septima, Incarnationis Dominicæ 1114, pontificatus quoque domni Paschalis II anno quinto decimo.

CCCXC

Oggerii episcopi Reiensis bona confirmat et terminos episcopatus describit.
(Anno 1114, Maii 28.)
[Sim. BARTEL, *Historica Nomenclat. præsulum S. Reg. Ecclesiæ*, p. 175.]

PASCHALIS episcopus, servus servorum Dei, venerabili fratri OGGERIO Ecclesiæ Regiensi episcopo ejusque successoribus canonice instituendis, salutem et apostolicam benedictionem.

Justis votis assensum præbere, justisque petitionibus aures accommodare nos convenit, qui, licet indigni, justitiæ custodes atque præcones in excelsa positi, Christo disponente, inspicimur. Tuis igitur, frater in Christo charissime Oggeri, justis petitionibus annuentes, sanctam Regiensem Ecclesiam, quæ et Ricomagensis dicitur, cui auctore Deo præsides, apostolicæ sedis auctoritate munimus. Statuimus enim ut universa quæ tua strenuitas occupatorum manibus erepta, in jus Regiensis Ecclesiæ reparavit, libera semper eidem Ecclesiæ et illibata serventur. Castellum videlicet quod regium nominatur, in quo episcopalis cathedra, et Beati Maximi Ecclesia est. Super quo interdictum perpetuum statuimus, ne cuiquam omnino sæculari personæ liceat, aliqua subreptione ipsum invadere, aut suo dominio quibuslibet ingeniis vindicare. Nec episcopo cuiquam vel præposito, sive clerico, nec ulli omnino personæ facultas sit, idem castellum in alicujus sæcularis potestate transferre aut ab Ecclesiæ et episcopi dominio et possessione subtrahere. Decimas vero vel ecclesias, quæ vel per te, vel per antecessores tuos, sæcularium manibus ereptæ sunt aut eripientur, vobis vestrisque successoribus, et Ecclesiæ vestræ clericis in perpetuum confirmamus. Porro ecclesiam Sanctæ Mariæ de Palude, in canonica semper quam instituisti observatione, sub episcopi jure ac dispositione permanere censemus. Quam videlicet Ecclesiam Guillelmus, nunc Regiensis præpositus, et Stephanus frater ejus, et Guillelmus minor, cum hæreditaria nequiter possessione vindicassent, subjectioni tuæ et matrici Ecclesiæ reddiderunt, et regularem vitam professi, ordinationi et observationi canonicæ subdiderunt. Terminos sane Regiensis episcopatus ita integros manere decernimus, sicut a prædecessoribus vestris possessi sunt, et a fraternitate tua quietius possidentur: videlicet a limitibus Sancti Juliani Montanarii, usque ad limites oppidi Ragonis: item limitibus Mosiaci usque ad limites oppidi Cornert. Præterea quæcunque prædia, quascunque possessiones eadem Ecclesia in præsenti septima indictione legitime possidet, et quæcunque in futurum, largiente Domino, juste atque canonice poterit adipisci, firma vobis vestrisque successoribus et illibata permaneant. Decernimus ergo ut nulli omnino hominum liceat eamdem Ecclesiam temere perturbare, aut possessiones auferre, vel ablatas retinere, minuere, vel temerariis vexationibus fatigare, sed omnia integra conserventur, tam tuis quam clericorum et pauperum usibus profutura. Ad hæc interdicimus, ut te ad Dominum evocato, vel tuorum quolibet successorum, nullus omnino, invitis vestræ Ecclesiæ clericis, aut episcoporum aut Ecclesiæ res auferre, diripere aut distrahere audeat. Si qua igitur in futurum ecclesiastica quælibet sæcularisve persona, hanc nostræ constitutionis paginam sciens, contra eam temere venire tentaverit, secundo tertiove commonita, si non satisfactione congrua emendaverit, potestatis honorisque sui dignitate careat, reamque se divino judicio existere de perpetrata iniquitate cognoscat, et a sanctissimo corpore ac sanguine Dei et Domini Redemptoris Jesu Christi aliena fiat, atque in extremo examine districtæ ultioni subjaceat. Cunctis autem eidem loco justa servantibus sit pax Domini nostri Jesu Christi, quatenus et hic fructum bonæ actionis percipiant, et apud districtum judicem præmia æternæ pacis inveniant. Amen.

Ego Paschalis catholicæ Ecclesiæ episcopus.

Datum Tiberiæ per manum Joannis, sanctæ Romanæ Ecclesiæ diaconi cardinalis ac bibliothecarii, v Kalendas Junii, indictione VII, Incarnationis Dominicæ anno 1115, pontificatus quoque domni Paschalis II papæ xv.

CCCXCI.

Privilegium pro Ecclesia Lascurrensi.
(Anno 1114, Jun. 5.)
[MARCA, *Hist. de Béarn.*, 383.]

PASCHALIS episcopus, servus servorum Dei, venerabili fratri GUIDONI Lascurrensi episcopo, salutem et apostolicam benedictionem.

Justis votis assensum præbere, justisque petitionibus aures accommodare nos convenit, qui, licet indigni, justitiæ custodes atque præcones in excelsa apostolorum Petri et Pauli specula positi, Domino disponente conspicimur. Idcirco tuis, frater in Christo charissime Guido, justis petitionibus annuentes, sanctam Lascurrensem Ecclesiam, cui Deo auctore præsides, apostolicæ sedis protectione munimus. Ordinem itaque vitæ canonicæ quem bonæ memoriæ sanctus prædecessor tuus in ecclesia eadem instituit, præsentis decreti firmitate firmamus. Et ne alicui canonicorum post professionem exhibitam proprium quid habere, neve sine tuæ vei capituli licentia, de claustro discedere liceat interdicimus. Sane tibi tuisque legitimis successoribus præter generalem illam episcopalis officii curam, specialem concedimus facultatem præfatæ ecclesiæ canonicos corrigendi, et per obedientias disponendi, aut ab eisdem obedientiis canonice removendi. Ad hæc vobis et per vos eidem Lascurrensi Ecclesiæ confirmamus illam Gavarensis pontis, seu cæterarum rerum donationem quam bonæ memoriæ Gasto vicecomes et uxor ejus Talesia in sumptus fratrum communiter viventium contulerunt. Et quæcunque jure parochiali vel proprietario ad eamdem noscuntur Ecclesiam pertinere, videlicet ecclesiam S. Stephani de Carrena cum decimatione sua. Marlanensis, Sanctæ Fidis et Sancti Andreæ. Monasterium S. Petri de Regula, Monasterium S. Petri Generensis, quartam partem decimationis Ecclesiæ Sancti Petri de Servimaco, et quotidianæ oblationis. Pausam cum appenditiis suis, Castellum Morelli cum pertinentiis suis. Universa etiam quæ eidem Ecclesiæ vel a fidelibus viris de suo jure collata, vel aliis justis modis acquisita sunt, aut in futurum largiente Deo concessione pontificum, liberalitate principum, juste atque canonice acquirentur, firma vobis vestrisque successoribus atque illibata permaneant. Decernimus ergo t nulli omnino hominum liceat prædictam Ecclesiam temere perturbare, aut quæcunque ipsius sunt vel fuerint quibuslibet occasionibus auferre, minuere, vel temerariis vexationibus fatigare; sed omnia integra conserventur, tam tuis quam clericorum et pauperum usibus profutura. Si quis igitur, decreti hujus tenore cognito, temere contraire tentaverit, nisi præsumptionem suam digna satisfactione correxerit, honorum et officii sui periculum patiatur, aut excommunicationis ultione plectatur. Cunctis autem eidem loco justa servantibus sit pax Domini nostri Jesu Christi, quatenus et hic fructum bonæ actionis percipiant, et præmia æternæ pacis inveniant. Amen.

Datum Tiberiæ per manum Chrysogoni agentis vicem domni Joannis cancellarii, Nonis Junii, indictione septima, anno Dominicæ Incarnationis 1115, pontificatus autem domni Paschalis secundi papæ anno xv.

CCCXCII.

Ad Laurentium abbatem Sancti Vitoni. — Ut nullam obedientiam nullamque communionem clericis Virdunensibus impendat.

(Anno 1114, Jun. 10.)

[Martene, *Anecdot.* I, 338.]

Paschalis episcopus, servus servorum Dei, dilectis filiis L. abbati et fratribus monasterii S. Vitoni salutem et apostolicam benedictionem.

Virdunenses clericos in tantam audivimus contumaciam prorupisse, ut Ecclesiæ vestræ subjectionem sibi et obedientiam vindicare contendant, cum ipsi extra Ecclesiæ catholicæ sint unitatem. Diu enim propter pertinaciæ suæ nequitiam a sede apostolica excommunicati sunt, quæ caput et magistra omnium ecclesiarum ab ipso omnipotenti Domino constituta est. Cui profecto qui non concordat, procul dubio, sicut beatus Ambrosius scribit, hæreticus est. Ab Ecclesiæ consortio alieni sunt, et quomodo in Ecclesia prælationem quærunt? non potest, beato attestante Cypriano, ramus fractus ab arbore germinare, et rivus a fonte præcisus arescit. Quia igitur ipsi se a Romana Ecclesia præciderunt, nos, auctore Deo, litterarum præsentium præceptione mandamus, et tam vobis quam successoribus vestris observandum præcipimus, ut nullam eisdem clericis subjectionem, nullam obedientiam neque communionem impendere debeatis, donec ad unitatem catholicæ Ecclesiæ revertantur. Qui enim a domino suo divisus est, conservis suis præesse non potest. Et Psalmista dicit: *Nonne qui te oderunt, Deus, oderam illos?* Quandiu itaque ad sedis apostolicæ communionem et gratiam redeant, nulla eis a vobis subjectio, nulla obedientia vel communio præbeatur.

Data Tiberi iv, Idus Junii, indictione vii.

CCCXCIII.

D[idacum] episcopum Compostellanum hortatur ut paci restituendæ operam det.

(Anno 1114, Junii 24.)

[Florez, *España sagr.* t. 7, XX, 195.]

P. episcopus, servus serv. Dei, ven. fratri D. Compostellano (109) episcopo, salutem et apost. bened.

Etsi procul a vobis positi vestras tamen tribulationes agnovimus, et quæ vos experimini corpore, nos sentimus in corde. Si quid etiam facultatis in nobis est, fraternitati vestræ libenter auxilium impertimur. Tu vero, frater charissime, sicut cœpisti, viriliter age, et ad pacem restituendam modis omnibus labora; vestrarum nempe partium bellum Ecclesiæ periculosius est, tum propter gentium ferocitatem, tum propter infidelium vicinitatem, quibus Christiana fides propter hujusmodi facinora ludibrio est. Propter quas regni vestri et Ecclesiæ perturbationes postulationi tuæ juxta voluntatem tuam ad præsens respondere non possumus, quia Ecclesiarum novæ dispositiones in hujusmodi tumultibus minus competenter fieri possunt, cum magis perturbationem Ecclesiæ videantur afferre quam pacem. Cæterum si pacem finibus vestris misericordia divina reddiderit, super hoc negotio quod opportunum fuerit libentius tractare curabimus.

Datum Laterani, viii Kal. Julii.

CCCXCIV.

Ecclesiæ B. Mariæ in portu Ravennæ possessiones et jura confirmat.

(Anno 1114, Jul. 5.)

[Vide *Bullarium Lateranense*, Romæ, 1727, fol., p. 5.]

---

(109) Compostellanus episcopus de transferenda in Ecclesiam suam Emeritensi metropoli serio et avidissime cogitabat. De hoc illi præcipue cura: ad hæc responsio pontificis, etsi nihil de petitione exprimat.

CCCXCV.
Monasterii S. Mariæ de Charitate, a sese quondam consecrati, protectionem suscipit, possessionesque « in præsenti septima indictione » confirmat, Odone priore per Pontium abbatem Cluniacensem petente.

(Anno 1114.)

[Exstat hoc privilegium in bibliotheca Hamburgensi. Titulum dedit Jaffé, *Regesta Rom. pont.*, 507, cum hac mentione :. « Ex schedis Pertzii. »

CCCXCVI.
Ad canonicos Ecclesiæ Carnotensis. — Confirmat Ivonis episcopi decretum quo ille præposituras et cætera beneficia quæ precariæ dicebantur, in communes usus redigit.

(Anno 1114, Novembris 2.)

[Dom Bouquet, *Recueil*, XV, 54.]

Paschalis episcopus, servus servorum Dei, dilectis filiis canonicis Ecclesiæ Carnotensis, salutem et apostolicam benedictionem.

Ex venerabilis fratris nostri Ivonis, per Dei gratiam episcopi, litteris intelleximus quod pro quibusdam querimonis decretum instituerit. Ipsum quoque decretum (110) oculis nostris inspeximus, in quo continebatur Ecclesiæ vestræ canonicos apud eum clamorem et querimoniam fecisse de præpositis suis, qui privatis commodis inhiantes omnem fratrum utilitatem, in quibuscunque poterant minuebant, et quasdam res eis jure debitas per injuriam sibi retinebant, pauperes Ecclesiæ sub eorum patrocinio constitutos diversis calamitatibus affligebant, quas calamitates idem episcopus in ejusdem decreti scripto dinumerat, et enumeratis eis, subsequitur : « Consilio optimatum nostrorum decrevimus canonicos justam habere causam, et præcipimus ne in rusticis Ecclesiæ præpositi deinceps has exactiones habeant, nec ulterius communem in supradictis utilitatem minuerent. » Hoc nimirum decretum, hoc præceptum, a supradicto confratre nostro vestræ Ecclesiæ episcopo constitutum, quia justum ac rationabile visum est et quieti Ecclesiæ commodum, nos Deo aspirante laudamus, et apostolicæ sedis auctoritate firmamus (111). Item in subsequentibus idem scribit episcopus se concessisse ut beneficia Ecclesiæ, quæ precariæ (112) dicuntur, et [vel] facta erant precariæ (quia quod omnium erat, quatuor vendebant), in communes redigerentur usus, et eadem beneficia propriis vocabulis adnotando dinumerat : hanc quoque concessionem nos ratam asserimus, et apostolicæ sedis auctoritate firmamus. De domibus etiam canonicorum concessionem ab eodem episcopo factam, sicut a prædecessore ipsius Froboldo episcopo constituta est, decretis præsentis assertione corroboramus. Si quis igitur, decreti hujus tenore cognito, temere (quod absit!) contra-

A ire tentaverit, honoris et officii sui periculum patiatur, aut excommunicationis ultione plectatur, nisi præsumptionem suam digna satisfactione correxerit. Amen.

Datum Anagniæ per manum Joannis, sanctæ Romanæ Ecclesiæ diaconi cardinalis ac bibliothecarii, v Nonas Novembris, indict. viii, Incarnat. Domin. anno 1114, pontificatus autem domni Paschalis II papæ anno xvi.

CCCXCVII.
Ad Pontium Cluniacensem abbatem. — Confirmat possessiones ab ipso acquisitas.

(Anno 1114, Nov. 7.)

[Mansi, *Concil.*, XX, 1042.]

Paschalis episcopus, servus servorum Dei, charissimo filio Pontio Cluniacensi abbati, ejusque successoribus regulariter substituendis in perpetuum.

Apostolicæ sedis auctoritate debitoque compellimur pro universarum Ecclesiarum statu peragere, et earum maxime quieti, quæ sedi eidem specialius adhærent, ac tanquam jure proprio subjectæ sunt, et ampliori religionis eminent gratia, auxiliante Domino, providere. Eapropter petitionibus tuis, fili in Christo charissime Ponti, non immerito censuimus annuendum ut Cluniacense monasterium, cui Deo auctore præsides, apostolicæ sedis privilegio muniremus. Illas igitur quæ tuæ prælationis tempore acquisitæ sunt, et ab episcopis traditæ, vel per episcopos confirmatæ, nos tibi tuisque successoribus, et per vos eidem Cluniacensi monasterio confirmamus. In Northmannia videlicet, etc. (*Enumerantur.*) Præterea quæcunque prædia, quascunque possessiones in futurum concessione pontificum, liberalitate principum, vel oblatione fidelium, juste atque canonice poteritis adipisci, firma vobis vestrisve successoribus et illibata permaneant. Decernimus ergo ut nulli omnino hominum liceat idem monasterium temere perturbare, aut ejus possessiones auferre, vel ablatas retinere, minuere, vel temerariis vexationibus fatigare, sed omnia integra conserventur, eorum pro quorum sustentatione et gubernatione concessa sunt, usibus omnimodis profutura. Si qua igitur in futurum ecclesiastica quælibet sæcularisve persona, hanc nostræ constitutionis paginam sciens, etc., *ut in epistola* 34.

Ego Paschalis, catholicæ Ecclesiæ episcopus subscripsi.

Datum Anagniæ, per manum Joannis sanctæ Romanæ Ecclesiæ diaconi cardinalis ac bibliothecarii, vi Idus Novemb., indict. viii, Incarnat. Dominicæ anno 1114, pontificatus autem domni Paschalis secundi papæ xvi.

---

(110) Ivonis decretum vide inter Instr. t. VIII Galliæ Christ., col. 314.

(111) Id graviter tulit rex Ludovicus, ad quem querimonias suas tulerunt præpositi. Isti enim, inquit: Ivo, epist. 271 ad Paschalem papam, « ad hoc regem seduxerunt quomodo valuerunt et voluerunt, ut minaces litteras adversus clerum mihi mitteret continentes cum minis quod bona clericorum sibi accepturus sit ubicunque poterit, nisi privilegium vestrum destruatur, et rapacitas præpositorum in pace concedatur. »

(112) Alodium seu prædium ab Ecclesia certis conditionibus acceptum, et ad vitam vel ad præfinitum tempus utendum.

CCCXCVIII.

Ad Pontium abbatem Cluniacensem. — Concedit ornamenta pontificalia.

(Anno 1114, Nov. 7.)

[Mansi, *Concil.*, XX, 1043.]

Paschalis episcopus, servus servorum Dei, dilectissimo filio Pontio Cluniacensi abbati, salutem et apostolicam benedictionem.

Cum differentiam donationum quæ per Dei gratiam fidelibus dantur, enumeraret Apostolus, subjunxit, dicens : *Dilectio sine simulatione, odientes malum, adhærentes bono, charitatem fraternitatis invicem diligentes, honore invicem prævenientes* (Rom. XII). Hanc sine simulatione dilectionem, fili charissime, circa personam tuam per Dei gratiam conservantes, et fratrum quibus Deo disponente prælatus es, charitatem diligentes, honoris te privilegio prævenire decrevimus. Odientes siquidem malum, bono vos adhærere gaudemus. Deum quippe in vobis diligimus, a quo bonum omne procedit. Monet etiam Psalmista, dicens : *Qui diligitis Deum, odite malum* (*Psal.* XCVI). Igitur concessionem prædecessoris nostri felicis memoriæ Urbani II, quam prædecessori tuo venerabilis memoriæ Hugoni abbati contulit, super mitræ, dalmaticæ, chirothecarum et sandaliorum usu, in octo præcipuis festivitatibus obtinendo, nos tam tibi quam successoribus tuis confirmamus. Præterea tibi eorumdem insignium usum personaliter singulis festis concedimus, quibus hymnus angelicus a vobis inter missarum solemnia decantatur. Ad exprimendam etiam sine simulatione dilectionem et honoris præventionem, dalmaticam, qua nos indui solebamus, tuæ dilectioni donavimus, ut nostræ dilectionis memor, et malum semper odisse, et bono indesinenter adhærere, et fratres tibi commissos studeas semper in Domino diligere, et ad conventum Dominicæ congregationis in idipsum efficacius incitare.

Datum Anagniæ, per manum Joannis sanctæ Romanæ Ecclesiæ diaconi cardinalis. VII Idus Novembris, indict. VIII.

CCCXCIX.

Privilegium pro monasterio S. Victoris Parisiensis. — Regio diplomate concessa canonicis S. Victoris confirmat.

(Anno 1114, Dec. 1.)

[Martene, *Ampliss. Collect.* VI, 219.]

Paschalis episcopus, servus servorum Dei, dilectis filiis Gilduino priori et ejus fratribus in ecclesia S. Victoris secus Parisius canonicam vitam professis tam præsentibus quam futuris in perpetuum.

Religiosis desideriis dignum est facilem præbere consensum, ut fidelis devotio celerem sortiatur effectum. Filius siquidem charissimus noster Ludovicus, illustris Francorum rex, pro sui et patris sui anima, vestram ecclesiam suis beneficiis donatis, nostra hæc petiit auctoritate firmari. Statuimus ergo ut canonicæ observantiæ disciplina, præstante Domino, in vestra semper ecclesia conservetur. Obeunte tamen vestræ congregationis abbate, libera vobis eligendi abbatis facultas maneat, omni sæcularis potestatis contradictione seposita. Porro villas, prædia et cætera beneficia quæ supradictus rex de suo jure usibus delegavit, nos vobis vestrisque successoribus in perpetuum possidenda sancimus, etc.

Ego Paschalis catholicæ Ecclesiæ episcopus subscripsi.

Datum Laterani per manum Joannis, S. R. E. diaconi cardinalis et bibliothecarii, Kalendis Decembris, indictione VIII, Incarnationis Dominicæ anno 1114, pontificatus autem domni Paschalis papæ anno XVI.

CD.

Ad Joannem priorem ecclesiæ Beati Petri de Valeriis in Septimania.

(Anno 1114, Dec. 2.)

[Baluz. *Miscell*, edit. Luc. III, 12.]

Paschalis episcopus, servus servorum Dei, dilecto filio Joanni priori ecclesiæ Beati Petri de Valeriis ejusque successoribus canonice substituendis in perpetuum.

Apostolicæ sedis auctoritate debitoque compellimur pro universarum Ecclesiarum statu satagere, et earum maxime quæ sedi eidem tanquam jure proprio subjectæ sunt, quieti auxiliante Domino providere. Eapropter, fili charissime Joannes, petitionibus tuis non immerito duximus annuendum, ut ecclesiam Sancti Petri de Valeriis, cui per nostram institutionem Deo auctore præsides, apostolicæ sedis privilegio muniremus. Is siquidem locus, licet incultus ac solitarius, cum ex traditione veteri beati Petri nomine haberetur insignis, a possessoribus loci, dominis videlicet Rainardo Amati et filiis ejus Bernardo et Ermengaudo, per manus Framaldi apostolicæ Ecclesiæ presbyteri in jus ac possessionem sedis apostolicæ traditus est, ac deinceps multorum fidelium collationibus ampliatus. Ipsum itaque locum ab omnium mortalium potestate, invasione, oppressione ac gravamine liberum semper manere decernimus, sicut in præsenti octava indictione suis finibus ambitur, scilicet ab ipso colle super Guaidam, inde super montem Rotundum, et super initium vallis Leporariæ, inde ad alodium de Bochet, et usque ad ipsum Portellum, inde ad Pertusatas et ad Guaitam, super Embriciatas, super campum Ardonis et super Malam Celatam usque ad mare. Quidquid itaque infra hos fines continetur, cultum sive incultum, sive pascua, piscariæ, stagna, salinæ, cum decimis et primitiis seu aliis pertinentiis suis, totum, integrum ac illibatum in usus præfatæ ecclesiæ Beati Petri ac servorum Dei ibidem degentium conservetur. Quidquid præterea in præsenti octava indictione eadem ecclesia legitime possidet, vel in futurum, largiente Deo, concessione pontificum, liberalitate principum, vel oblatione fidelium juste atque canonice poterit adipisci, firma vobis vestrisque successoribus et illibata permaneant. Laicos sane seu clericos sæculariter viventes ad conversionem suscipere nullius episcopi vel præpositi contradictio vos inhibeat. Sepulturam vero ejusdem loci omnino liberam esse decernimus, ut eorum qui illic sepeliri deliberaverint devotioni et extremæ voluntati, nisi forte excommunicati sint, nullus obsistat. Ad hæc adjicimus ut nulli episcoporum facultas sit locum ipsum interdictioni vel excommunicationi subjicere vel aliquos ab ejus officiis et oblationibus prohibere ut fratres iidem Romanæ libertatis gratia potientes omnipotentis Dei servitiis licentius vacare prævaleant. Chrisma, oleum sanctum, consecrationes altarium, ordinationes clericorum qui ad sacros sunt ordines promovendi, ab episcopo in cujus diœcesi estis accipietis; si quidem gratiam atque communionem apostolicæ sedis habuerit, et si ea gratis et sine pravitate voluerit exhibere. Alioquin liceat vobis catholicum quem malueritis adire antistitem et ab eo consecrationum sacramenta suscipere; qui apostolicæ sedis fultus auctoritate quæ postulatur indulgeat. Decernimus ergo ut nulli omnino hominum liceat eamdem ecclesiam temere perturbare, aut ejus possessiones auferre, vel ablatas retinere, minuere, vel temerariis vexationibus fatigare; sed omnia integra conserventur eorum, pro quorum sustentatione et gubernatione concessa sunt, usibus omnimodis profutura. Ad indicium autem perceptæ a Romana Ecclesia libertatis solidos quinque denariorum Lucensium quotannis Lateranensi palatio persolvetis. Si qua igitur in futurum ecclesiastica quælibet sæcularisve persona, hanc nostræ constitutionis paginam sciens, contra eam temere venire tentaverit, secundo tertiove commonita, si non satisfactione congrua emendaverit, potestatis honorisque sui dignitate careat, reamque se divino judicio existere de perpetrata iniquitate cognoscat, et a sacratissimo corpore et sanguine Dei et Domini Redemptoris nostri Jesu Christi aliena fiat, atque in extremo examine districtæ ultioni subjaceat. Cunctis autem eidem loco justa servantibus sit pax Domini nostri Jesu Christi, quatenus et hic fructum bonæ actionis percipiant, et apud districtum judicem præmia æternæ pacis inveniant. Amen.

Ego Paschalis catholicæ Ecclesiæ episcopus.

Datum Laterani per manum Joannis, sanctæ Romanæ Ecclesiæ diaconi cardinalis ac bibliothecarii, quarto Nonas Decembris, indictione octava, Incarnationis Dominicæ anno millesimo centesimo decimo quarto, pontificatus autem domini Paschalis secundi papæ decimo sexto.

CDI.

Diœcesis Bracarensis fines, petente Mauritio archiepiscopo, confirmat.

(Anno 1114, Dec. 4.)

[Risco, *España sagrada*, XL, 551.]

Paschalis episcopus, servus servorum Dei, venerabili fratri Mauritio, Bracarensis Ecclesiæ archiepiscopo, ejusque successoribus canonice substituendis in perpetuum.

Sicut injusta poscentibus nullus est tribuendus effectus, sic legitima desiderantium non est differenda petitio. Tuis igitur, frater in Christo Mauriti, precibus annuentes, ad perpetuam sanctæ Bracarensis Ecclesiæ pacem ac stabilitatem præsentis decreti stabilitate sancimus, et universæ parochiæ fines, sicut temporibus Mironis regis episcoporum concilio distincti leguntur, sicut a tuis antecessoribus usque hodie possessi sunt, ita integri omnino tibi tuisque successoribus in perpetuum conserventur. Quorum videlicet descriptio ita se habet : A fauce fluminis Limiæ per ipsum flumen usque Lindosum, inde ad Portellam de Homine, ad Portellam de Lavanca, et ad Carragium usque ad Petram Fitam, inde ad montem Miserum, ad Colinariam, et ad radicem Alpis Cespiacii, inde per cacumina montium ad Boucam de Vaccis usque ad portum de Mirleus, et ab ipso portu per fluvium Estolæ in flumen Durii, et per ipsum flumen in fauce de Corrego, inde ad montem Maraonis, et ad castrum, quod dicitur Villa plana usque ad antiquum pontem fluminis Tamicæ, et per ipsum flumen usque ad fluvium utilem, qui modo de Utribus appellatur, inde ad Lumbam usque ad portum Burgani, et ab ipso portu per alveum fluminis Aviæ usque in mare Quidquid autem intra hos fines, vel in aliarum parochiarum partibus proprietario dominii jure Bracarensis Ecclesia possidet, quietum ei statuimus servitium, dico quietum ei statuimus integrumque servitium. Si quid præterea principum liberalitate, vel quorumlibet oblatione fidelium juste atque canonice poterit adipisci, firma tibi tuisque successoribus et illibata persistant. Decernimus ergo ut nulli omnino hominum liceat eamdem Ecclesiam temere perturbare, aut ejus possessiones auferre, vel oblatas retinere, minuere, vel temerariis vexationibus fatigare, sed omnia integre conserventur tam tuis quam clericorum ac pauperum usibus profutura. Si qua igitur in futurum ecclesiastica quælibet sæcularisve persona, hanc nostræ constitutionis paginam sciens, contra eam temere venire tentaverit, secundo tertiove commonita, si non satisfactione congrua emendaverit, potestatis honorisque sui dignitate careat, reamque se divino judicio existere de perpetrata iniquitate cognoscat, et a sacratissimo corpore ac sanguine Dei et Domini Redemptoris nostri Jesu Christi aliena fiat, atque in extremo examine districtæ ultioni subjaceat. Cunctis autem eidem loco justa servantibus sit pax Domini nostri Jesu Christi, quatenus et hic fructum bonæ actionis percipiant, et apud districtum Judicem præmia æternæ pacis inveniant. Amen, amen, amen.

Ego Paschalis catholicæ Ecclesiæ episcopus

Datum Laterani, per manum Joannis sanctæ Romanæ Ecclesiæ diaconi cardinalis ac bibliothecarii, II Nonas Decembris, indictione VIII, Incarnationis Dominicæ anno 1114, pontificatus autem Paschalis secundi papæ anno XVI.

CDII.

Confirmatio prima fundationis monasterii S. Margaretæ Baumburgensis, a fundatore B. Petro oblati.

Circa annum 1114, April. 7.)
[*Monumenta Boica*, II, 179.]

PASCHALIS episcopus, servus servorum Dei, dilecto filio EBERBINO præposito ecclesiæ Sanctæ Margaretæ, quæ sita est in Baumburg in Salzburgensi parochia, et ejus fratribus canonicam ibi vitam professis, tam præsentibus quam futuris in perpetuum.

Sicut injusta poscentibus nullus est tribuendus effectus, sic legitima desiderantium non est differenda petitio. Berengarius siquidem comes Sulzbachensis in Salzburgensi pago alodium suum beato Petro et sanctæ ejus Romanæ Ecclesiæ obtulit, sub unius aurei censu annuo: in quo beatæ Margaretæ ecclesiam construens, locum ipsum canonicorum regularium ordini deputavit. Nos igitur juxta fundatoris devotionem locum ipsum sub beati Petri patrocinio assumentes, præsentis decreti auctoritate munimus: statuimus enim ut universa quæ vel per prædictum comitem, vel per alios fideles de jure proprio loco eidem concessa sunt, quæcunque etiam in futurum concessione pontificum, liberalitate principum, oblatione fidelium, vel aliis justis modis illic dari offerrique contigerit, firma vobis vestrisque successoribus et illibata permaneant. Decernimus ergo ut nulli omnino hominum liceat eamdem ecclesiam temere perturbare, aut ejus possessiones auferre, aut ablatas retinere, minuere vel temerariis vexationibus fatigare, sed omnia integra conserventur eorum, pro quorum sustentatione et gubernatione concessa sunt, usibus omnimodis profutura. Obeunte te nunc ejus loci præposito, vel tuorum quolibet successorum, nullus ibi qualibet subreptionis astutia seu violentia præponatur, nisi quem fratres communi consensu vel fratrum pars consilii sanioris secundum Dei timorem regulariter providerint eligendum. Sane post professionem exhibitam nemini vestrum liceat proprium quid habere, nec sine præpositi vel congregationis licentia de claustro discedere. Decimas vero novalium vestrorum vobis vestrisque successoribus habendas, remota episcopalium ministrorum contradictione concedimus ut quiete in eo quod assumpsistis proposito, largiente Deo, in perpetuum maneatis. Si qua igitur in futurum ecclesiastica sæcularisve persona, hanc nostræ constitutionis paginam sciens, contra eam temere venire tentaverit, secundo tertiove commonita, si non satisfactione congrua emendaverit, potestatis honorisque sui dignitate careat, reamque se divino judicio existere de perpetrata iniquitate cognoscat, et a sacratissimo corpore ac sanguine Dei et Domini Redemptoris nostri Jesu Christi aliena fiat, atque in extremo examine districtæ ultioni subjaceat. Cunctis autem eidem loco justa servantibus sit pax Domini nostri Jesu Christi, quatenus et hic fructum bonæ actionis percipiant, et apud districtum judicem præmia æternæ pacis inveniant. Amen.

Datum Laterani, VII Idibus Aprilis.

CDIII

Ad clericos Ecclesiæ Carnotensis.

(Intra an. 1099-1115.)
[Opp. Ivonis, II, 233.

PASCHALIS episcopus, servus servorum Dei, Carnotensis Ecclesiæ clericis, salutem et apostolicam benedictionem.

Indubia veracium fratrum relatione comperimus magnos inter vos odiorum fomites emersisse; quia pro sacramentis illis quæ ad repellendos conditionarios apud vos facta sunt, alteri alteris convicia, contumelias et injurias intulistis. Insuper obligationes quasdam et pacta ad lædendam fraternitatem contra pactum Domini concinnastis. Qua de re dilectionem vestram rogamus, et Domino per nos jubente, præcipimus ut dimittatis quidquid adversum vos in hoc negotio habetis. Et nos enim facti sumus sobrii, et nos pro vobis imbecillitatem apostolicam toleramus, ut vos Deo et Ecclesiæ in pace Ecclesiæ conlucremur. Si ergo Deum diligitis, si apostolicam sedem veremini, donate mihi, ne dicam vobis, hanc injuriam. Si quis autem adhuc contentiosus est, nostri corporis non est, quia nos hujusmodi consuetudinem non habemus, neque Ecclesia Dei. Sane hominia quæ apud vos clerici sibi invicem faciunt, ut ne fiant ulterius prohibemus, et quæ facta sunt irrita ducimus, quoniam contra honestatem videntur ecclesiasticam fieri. Illa enim quæ sursum est Hierusalem libera, atque omnium fidelium mater est, qua libertate Christus liberavit.

Datum Laterani, IX Kalendas Decembris.

CDIV.

Ad Begonem abbatem Conchensem. — Indulget Conchensibus ut jejunio solemni vigiliam sanctæ Fidis celebrent, ut in ordine missæ ipsius martyris nomen inter alias virgines habeatur, utque pro reverentia ejusdem sanctæ abbas Conchensis ad electionem episcopi Ruthenensis semper advocetur.

(Intra an. 1099-1115, Dec. 24.)

[MARTENE, *Thes. Anecdot.*, I, 337, ex schedis Colbertinis.]

PASCHALIS episcopus, servus servorum Dei, dilecto in Christo filio BEGONI monasterii Beatæ Fidis Conchensis abbati, ejusdemque loci fratribus omnibus, salutem et apostolicam benedictionem.

Licet ecclesiasticorum officiorum tenor in ecclesiasticis libris legitimo habeatur ordine constitutus, nihil tamen religioni (obesse), nimio [*l*. imo] prodesse plurimum credimus, si quis eisdem officiis rationabiliter observantiæ quidquam et devotionis adjecerit. Samaritanus etenim noster, cum duos denarios stabulario ad infirmi curam protulit, ait : *Si quid superogaveris, ego cum rediero reddam tibi*. In Ruthenico igitur pago, præsertim apud Conchense vestrum monasterium, ubi beatæ Fidis corpus requiescere creditur, ante secundum Nonas Octobris quibus eadem virgo martyrium consummasse legitur, sicut ex more vos devotissime agere audivimus vigilias, et solemne jejunium celebrari annuimus et decreti præsentis auctoritate firmamus : ubi enim beati martyres corporali præsentia requiescunt, dignum profecto est et ecclesiastica consuetudine confirmatum, ut celebrioribus officiis honorentur. Unde etiam concedimus ut in (113) ordine missæ inter alias virgines ejusdem sanctæ virginis ac martyris memoria ex nomine celebretur ; passionem quoque seu miracula, quæ de eadem sancta virgine a catholicis viris scripta creduntur, in Ecclesia pro ejusdem reverentia virginis approbamus ; siquidem ipsius gloriosæ virginis ac martyris natalitia, tam in nostra sacrosancta Romana Ecclesia, quam in aliis mundi partibus, ad honorem Dei et communem salutem, cum magna optamus devotione et reverentia celebrari. Ad devotionem quoque supradictæ martyris et monasterii Conchensis honorem adjicimus, ut ad Ruthenensis episcopi electionem Conchensis abbas semper debeat advocari, quia et in urbe ipsa electio solet citra ordinem plerumque præsumi, et Conchensis locus adeo habetur proximus urbi, et tanta persona censetur abbatis, ut præcipue tanto Ecclesiæ negotio merito debeat interesse. Cætera monasterii vestri negotia tanquam ad nos specialius pertinentia legatis nostris, sive qui nunc sunt, sive qui post futuri sunt in Galliis, sollicitius definienda mandamus. Vestrum enim cœnobium et omnia ad idem pertinentia, quieta, libera et integra cum suis semper volumus privilegiis permanere. Omnipotens Deus sua vos gratia benedicat, et per sanctæ conversationis instantiam ad vitam æternam perducat. Amen

Datum Laterani, ix Kalendas Januarii.

CDV.

Ad Lambertum Atrebatensem episcopum.

(Intra an. 1099-1115.)

[BALUZ., *Miscell.* edit. Luc. II, 155.]

PASCHALIS episcopus, servus servorum Dei, venerabili fratri LAMBERTO Atrebatensi episcopo, salutem et apostolicam benedictionem.

De mota burgi veteris et novi burgi quantitate inter clericos vestros et Sancti Vedasti monachos ambiguitas et contentio est. Tuæ igitur fraternitati negotii hujus discussionem injungimus, ut per vetustiores veracioresque personas, quæ neutri parti suspectæ sint, certitudinem diligenter exquiras, ut omni per Dei gratiam ambiguitate submota, pacem inter se deinceps dilectionemque conservent.

CDVI.

Husgerum canonicum Antissiodorensem vetat præpositura tributa ab Humbaldo episcopo privari.

(Intra an. 1099-1115.)

[LABBE, *Nova Bibliotheca mss.*, I, 459.]

PASCHALIS, servus servorum Dei, dilectis filiis Antissiodorensis Ecclesiæ canonicis, salutem et apostolicam benedictionem.

Quod confrater noster Humbaldus, Ecclesiæ vestræ episcopus, erga filium nostrum Husgerium, canonicum vestrum, benigne se habuit eique præpositurae dignitatem vestro consensu dedit, et ipsi et vobis gratias agimus. Notum autem vobis esse volumus quia nos tam ipsum quam omnia ad eum pertinentia volumus sub apostolicæ sedis tutelæ protectione persistere. Præsentium itaque litterarum auctoritate interdicimus ne qua ecclesiastica sæcularisve persona eumdem filium nostrum de prædictæ præpositurae beneficio inquietare præsumat.

CDVII.

Ad milites de S. Geminiano.

(Intra an. 1099-1115.)

[MANSI, *Concil.*, YX, 1097.]

PASCHALIS papa, servus servorum Dei, militibus de S. Geminiano aliisque oppidis juxta positis, salutem et apostolicam benedictionem.

Unam esse fidem, una Dei catholica confitetur Ecclesia. Unde Apostolus : *Unus*, inquit, *Dominus, una fides* (Ephes. iv, 5). Qui ergo fidem quam patri suo debet ac domino abjurare compellitur, is, cum possit, ad correctionem non revertitur, non jam fidelis, sed perfidus comprobatur. Eapropter litteris præsentibus vos monemus, et monentes præcipimus, ut ad patris vestri et domini W. fratris nostri Rogerii Vulterrani episcopi fidelitatem humilitate debita redeatis, et ad honorem Dei et salutem vestram in Ecclesiæ obedientia et servitio, sicut ratio exigit, persistatis. Sane si quis vestrum pro defensione justitiæ sacrilegorum aliquem raptoremve prostravit, teneri homicidio non videtur. Pro tuenda enim justitia licenter arma geritis, et vim vi repellere omnes leges omniaque jura permittunt. Verumtamen si quid levitate commissum est, prædicti fratris nostri et coepiscopi arbitrio corrigatur. Obedientes vero in Dei Ecclesiæque servitio fideliter persistentes, omnipotens Deus BB. apostolorum precibus ab omnibus peccatis absolvat, et ad vitam perducat æternam.

CDVIII.

Ad comitissam Mathildam. — Petens censum, debet rationem exprimere.

(Intra an. 1099-1115.)

[MANSI, *Concil.*, XX, 1074.]

Pervenit ad nos quod Fraxinorensis abbas Car-

---

(113) Scilicet in Canone, in quo veteres insigniorum sanctorum nomina cum apostolorum et martyrum nominibus inserebant, præsertim SS. Martini, Hilarii, Ambrosii, Hieronymi, Augustini, Gregorii, et Benedicti, ut fusius probavi in tom. I, De antiquis Ecclesiæ ritibus, quod tamen absque summi pontificis consensu factum non fuisse colligi potest ex hoc loco.

pensem ecclesiam fuerit depraedatus, occasione videlicet cujusdam census, qui ad quid solvi debeat ignoratur. De quo nimirum cum nos archipresbyter interrogaret, quod rationabile videbatur respondimus. Census enim ignorantiae, nec divinis nec humanis legibus invenitur. Oportet quippe ut census omnis ad quid et quomodo solvi debeat praesciatur. Mandamus ergo dilectioni tuae ut praedam ipsam Carpensi ecclesiae restitui facias, nec deinceps Fraxinorensem abbatem aut quemlibet alium eam inquietare permittas (114).

CDIX.
Ad Lambertum Atrebatensem episcopum.
(Intra an. 1100-1115, Mart. 21.)
[BALUZ., *Miscell.* edit. Luc. II, 149.]

PASCHALIS episcopus, servus servorum Dei, venerabili fratri LAMBERTO Atrebatensi, salutem et apostolicam benedictionem.

Latores praesentium Robertus et A. cum querela venientes ad nos, per beati Petri gratiam sine querela eos remittimus, quia inter ipsos et ipsorum adversarios sine controversia pax reconciliata est. Sane quia ipsi praeter licentiam tuam se venisse dixerunt, rogamus, hanc nobis offensam donate. Robertum deinceps benignius habetote sicut praedecessor vester Gerardus episcopus eum habuisse cognoscitur. Ipse enim in omnibus tibi paratus est obedire, quia Romanae Ecclesiae filius amodo esse desiderat.

Data Laterani, XII Kal. Aprilis.

CDX.
Ad canonicos Ecclesiae Carnotensis.
(Intra an. 1100-1115.)
[MANSI, *Concil.*, XX, 1070.]

PASCHALIS episcopus, servus servorum Dei, Carnotensis capituli clericis, salutem et apostolicam benedictionem.

Quoniam pravas consuetudines in domibus et rebus Carnotensis episcopi defuncti vel depositi, comites quondam Carnotenses habuerunt, vestra memoria recognoscit: fratris autem nostri Ivonis Carnotensis episcopi labore et industria ab egregio comite Stephano, sicut scitis, impetratum est ut easdem consuetudines abdicaret. Nos autem ne quis ulterius eadem praesumat, decreti nostri pagina interdiximus. Nunc vestram sollicitudinem praemonemus, et monentes praecipimus ut, si forte aliqui Carnotensium comitum, vel ministrorum eorumdem aliquando cupida temeritate et temeraria cupiditate libertatem a comite concessam a nobis confirmatam infregerint, tanquam ecclesiastici juris pervasores a vobis vel successoribus vestris excommunicentur, et eis Ecclesiae tam civiles quam suburbanae usque ad satisfactionem claudantur. Addimus etiam ut, si episcopus amittendi episcopatum timore, vel electus in episcopum, acquirendi ambitione, illius sacrilegii patratores absque satisfactione absolverit vel supportaverit, tanquam sacrilegii particeps et episcopatus emptor, abdicetur. Novis siquidem moribus novum convenit antidotum adhiberi, et Ecclesiae salutem modis omnibus conservari.

Datum Laterani, VII Kalend. Aprilis.

CDXI.
Privilegium pro confirmatione donationum Ecclesiae Berchtesgadensis.
(Intra an. 1100-1115, April. 7.)
[HUND, *Metropolis Salisburgensis*, ed. Gewald. Monachii 1620, fol., t. II, p. 155.

PASCHALIS episcopus, servus servorum Dei, dilectis filiis BERINGARIO et CHUNONI comitibus, salutem et apostolicam benedictionem.

Piae postulatio voluntatis effectu debet prosequente compleri, quatenus et devotionis sinceritas laudabiliter enitescat, et utilitas postulata vires indubitanter assumat. Proinde, filii in Christo charissimi, vestris justis postulationibus annuentes, alodia vestra, villam scilicet Berthersgodmen et Nidernhaim cum omnibus suis pertinentiis, quae pro remedio animarum vestrarum et matris vestrae, Deo et beato Petro sub annuo censu obtulistis, sub tuitione apostolicae sedis suscepimus. Statuimus itaque ut nulli omnino hominum liceat praedicta alodia beati Petri subtrahere, minuere, vel temerariis vexationibus fatigare, sed omnia integra conserventur, pro utilitate et sustentatione monasterii, quod largiente Domino in eisdem alodiis aedificare voluistis. Si quis vero hanc nostrae constitutionis paginam sciens contra eam temere venire tentaverit, secundo tertiove commonitus, si non satisfactione congrua emendaverit, sciat se omnipotentis Dei indignatione et terribili sancti Spiritus judicio feriendum.

Datum Laterani, VII Idus Aprilis.

CDXII.
Ad Joannem episcopum et canonicos Castellanos.
(Intra an. 1100-1115, April. 10.)
[BALUZ., *Miscell.* ed. Luc. IV, 584.]

PASCHALIS episcopus, servus servorum Dei, venerabili fratri JOANNI Castellano episcopo et ejus canonicis, salutem et apostolicam benedictionem.

Dispositionem canonicae vestrae venerabili fratri nostro Rothoni priori Sancti Fridiani commisisse noscatis; unde vos vestrae sponsionis seu obligationis, quam in manu nostra fecistis, memores facimus. Volumus enim et sicut praecepimus ita praecipimus, ut ei in dispositione canonicae vestrae tanquam nobis obedientiam exhibere curetis. Si quis autem in hoc negotio ei obviam ire praesumpserit, beati Petri gladio districto ferietur.

Datum Laterani, IV Idus Aprilis.

CDXIII.
G. episcopum Papiensem de controversiis cum monachis S. Petri Coeli Aurei componendis hortatur.
(Intra an. 1100-1115, April. 17.)
[Hujus epistolae mentio tantum exstat ap. ROBOLIN *Notizie appartenenti alla storia della sua patria.* Pavia, 1823, 8°, t. III, 224, 225.]

---

114) Exstat quoque extrav. *De censib.*, c. 5, brevius, et cum aliqua lectionum varietate.

CDXIV.
Ad Bonum seniorem Rheginum episcopum. — 1. *Qui ex compatre vel commatre post susceptos filios de fonte nati fuerint, conjungi non possunt.*

(Intra an. 1100-1115.)
[MANSI, *Concil.*, XX, 1079.]

Post susceptum vero de fonte filium vel filiam spiritualem, qui ex compatre vel commatre nati fuerint, matrimonio conjungi non possunt : quia leges sæculi non emancipatos adoptivis prohibent copulari.

2. *Uxorem compatris ducere potest, cujus ipsa commater non fuerat.*

Post uxoris obitum, cum commatre uxoris viri superstitis conjugio copulari nulla videtur auctoritas vel ratio prohibere. Neque enim cognationi carnis cognatio spiritus comparatur, neque per unionem carnis ad unionem spiritus pertransitur.

3. *Duorum consobrinorum conjuges uni eidemque nubere non possunt.*

Porro duorum consobrinorum conjuges, quamvis diversis temporibus, viro uni alteram post alterius obitum nubere, ipsa præter auctoritatem canonicam publicæ honestatis justitia contradicit. Et novit prudentia tua quia ita ab uxoris sicut a viri consanguineis abstinendum est.

CDXV.
Ad Tervanenses clericos. — *Qui uxores relinquere noluerint, officiis et beneficiis privandos.*

(Intra ann. 1100-1115, Nov. 24.)
[MANSI, *Concil.*, XX, 1024.]

PASCHALIS episcopus, servus servorum Dei, Tervanensis parochiæ clericis, salutem et apostolicam benedictionem.

Gravem valde rem ex partibus vestris audivimus, quia post tanta sanctorum decreta pontificum, post interdicta conciliorum, clericalis ordinis viri, qui audent, publice ; qui non audent, occulte mulieribus sociantur. Super quibus præter cæteros piæ memoriæ prædecessor noster Urbanus papa constituit ut officiis simul ac beneficiis Ecclesiæ privarentur. Nos quoque, ejusdem prædecessoris nostri sententiæ consonantes, per præsentia scripta præcipimus ut quicunque inter vos clerici ab episcopo suo canonice admoniti, ab hujusmodi nequitia cessare noluerint, tam officiorum quam beneficiorum privatione plectantur.

Datum Laterani, VIII Kal. Decembris.

CDXVI.
Ad R[aimundum] episcopum Ucelicensem.

(Intra an. 1100-1115.)
[*Gall. Christ.* VI, 655.]

PASCHALIS episcopus, servus servorum Dei, dilecto fratri R. Uzeticensi episcopo, salutem et apostolicam benedictionem.

Ex fratrum Anianensium suggestione cognovimus quod Pontium Guillelmi de Barriaco excommunicatum pro possessione Cordanicensis monasterii, quam sacrilege tenet, et unde filiam suam dotavit, non præmisso remedio satisfactionis absolveritis, quo jure quam graviter contra ordinem nostrum excesseris mirum est si ipse non videas. Præcipimus ergo ut omni occasione seposita de eodem viro debitam supradictis fratribus facias, ne supra re tanti excessus ultio remittatur.

Datum Laterani, v Kal. Decembris.

CDXVII.
Bernardo archiepiscopo Toletano injungit ne quid adversus Burgensem moliatur antistitem.

(Intra an. 1100-1115.)
[FLOREZ, *España sagrada*, XXVI, 470.]

PASCHALIS episcopus, servus servorum Dei, venerabili fratri B. Toletano primati, salutem et apostolicam benedictionem.

Felicis memoriæ prædecessor noster Urbanus papa et nos ipsi personam tuam et amplius dileximus, et propensius honoravimus. Tu vero Ecclesiæ Romanæ meritis non æque respondens, locum unum et personam unam, quam sub tutela sua in latitudine partium vestrarum fovere decrevit, quietam manere non pateris ; Burgensem enim Ecclesiam et ejus episcopum jam diu injuriis multis affligis, et sæpe rogatus, sæpe commonitus desinere, non acquiescis. Super hæc, ipsum quem judicio vestro subtraxeramus, in reginæ curia ab officio suspendere et excommunicare præsumpsisti. Quam tuæ charitatis ultionem nos irritam ducentes, præcipimus ne quid te ulterius contra ipsum vel ejus Ecclesiam intromittas ; Oxomensem vero episcopum omnino a Burgensis parochiæ invasione et infestatione cohibea

Datum Laterani, XI Kal. Jan.

CDXVIII.
Paschalis II papæ epistola ad canonicos Lugdunenses. — *Interdictionis sententiam ab Hugone Lugdunensi archiepiscopo latam in ecclesias monasterii Saviniacensis rescindit, et concordiam ab episcopo Matisconensi super castello de Varennis factam servari præcipit.*

(Intra an. 1113-1115, Dec. 9.)
[DOM BOUQUET, *Recueil*, t. XV, p. 24.]

PASCHALIS episcopus, servus servorum Dei, dilectis filiis Lugdunensis capituli canonicis, salutem et apostolicam benedictionem.

Saviniacensium fratrum querelam accepimus super castello de Varennis et super obsidibus ab abbate extortis pro castello. Nos quidem obsides perperam et contra ecclesiasticum morem judiciorum censemus extortos ; castellum vero supra monasterium rite destructum, quod neque illud, neque aliud in monasterii læsionem ædificari debuit, nec ulterius ædificare debeat. Obsides ergo ipsos abbati restituendos præcipimus, et ecclesias non juste interdictas absolvimus ; cœmiterium vero de Bulliaco (Bully) liberum et integrum, sicut a Lugdunensi Ecclesia datum fuerat, monasterio manere decernimus. Sane concordiam quæ inter abbatem et Stephanum de Varennis, per manum Matiscensis episcopi, et Wicardi de Bellojoco et Vigo de Yconio, et Berardi Matiscensis archidiaconi, deliberata erat (servari præcipimus), si idem Stephanus servari voluerit (115). De cætero prorsus a monasterii infestatione desistat; alioquin ut contemptor canonicæ ultioni subjiciatur.

Datum Laterani, v Idus Decembris.

CDXIX.

Ad Berengarium episcopum Gerundensem. — De privilegiis Ecclesiæ Gerundensis.

(Anno 1115, Jan. 22.)

[Mansi, *Concil.*, XX, 1071.]

Paschalis episcopus, servus servorum Dei, venerabili fratri Berengario Gerundensi episcopo ejusque successoribus canonice substituendis in perpetuum.

Sicut injusta poscentibus nullus tribuendus est effectus, sic legitima desiderantium non est differenda petitio. Tuis itaque, frater in Christo charissime Berengari, precibus annuentes, ad perpetuam sanctæ Gerundensis Ecclesiæ pacem ac stabilitatem præsentis decreti auctoritate sancimus ut universi parochiæ tuæ fines, sicut a tuis antecessoribus usque hodie possessi sunt, ita omnino integri tam tibi quam tuis successoribus in perpetuum conserventur, qui videlicet fines a meridie Barcinonensis, ab oriente Ausonensis, ab aquilone Urgellensis et Helenensis parochiæ limites tangunt, ab occidente in mare pertingunt. Confirmamus etiam eidem Gerundensi Ecclesiæ universa quæ ad eam in præsenti indict. viii videntur legitime pertinere et quæcunque in futurum juste atque canonice poterit adipisci. Decernimus ergo ut nulli omnino hominum liceat eamdem Ecclesiam temere perturbare, aut ejus possessiones auferre, vel ablatas retinere, minuere, vel temerariis vexationibus fatigare, sed omnia integra conserventur tam tuis quam clericorum et pauperum usibus profutura. Illud autem omnino interdicimus, ne liceat ejusdem Ecclesiæ clericis præbendas aut possessiones ejusdem Ecclesiæ retinere et suis usibus vindicare, postquam eos ad episcopatum vel abbatiam vel alias præposituras aliarum ecclesiarum transire contigerit. Si qua igitur in futurum ecclesiastica sæcularisve persona, hanc nostræ constitutionis paginam sciens, contra eam temere venire tentaverit, secundo tertioye commonita, si non satisfactione congrua emendaverit, potestatis honorisque sui dignitate careat, reamque se divino judicio existere de perpetrata iniquitate cognoscat, et a sacratissimo corpore ac sanguine Dei et Domini Redemptoris nostri Jesu Christi aliena fiat, atque in extremo examine districtæ ultioni subjaceat. Cunctis autem eidem loco justa servantibus sit pax Domini nostri Jesu Christi, quatenus et hic fructum bonæ actionis percipiant, et apud districtum judicem præmia æternæ pacis inveniant. Amen, amen.

Ego Paschalis catholicæ Ecclesiæ episcopus subscripsi.

Data Laterani per manum Joannis, sanctæ Romanæ Ecclesiæ diaconi cardinalis ac bibliothecarii, xi Kal. Februar., indictione viii, Incarnationis Dominicæ anno 1115, pontificatus autem domni Paschalis secundi papæ anno xvi.

CDXX.

Privilegium pro monasterio Vallumbrosano.

(Anno 1114, Febr. 8.)

[Lami, *Ecclesiæ Florentinæ Monum.*, , 589.]

Paschalis episcopus, servus servorum Dei, dilectis filiis Ademaro abbati, cæterisque Vallumbrosanæ congregationis fratribus tam præsentibus quam futuris in perpetuum.

Desiderium quod ad religiosum propositum et animarum salutem pertinere monstratur, auctore Domino, sine aliqua est dilatione complendum. Quia igitur propositum vestrum, divina præveniente ac subsequente clementia, religionis vestræ simplicitas, bonæ opinionis odor, et longe positis aspiravit, nos vestro provectui, annuente Domino, provectus adjungere cupientes, cœnobium vestrum, quod pro beatæ Mariæ semper Virginis reverentia, cui dedicatum est, in Romanæ Ecclesiæ proprietatem ac tutelam, atque protectionem apostolicæ sedis accipimus, et apostolicæ illud auctoritatis privilegio munientes, ab omnium profanarum jugo liberum permanere decernimus. Per præsentem igitur privilegii nostri paginam apostolica auctoritate statuimus, ut quæcunque hodie vestrum cœnobium jure possidet, sive in crastinum concessione pontificum, liberalitate principum, vel oblatione fidelium, juste atque canonice poterit adipisci, firma vobis vestrisque successoribus et illibata permaneant. Illis successoribus dico, qui idem religionis præceptum et fidei constantiam conservare, et strenuo omnipotenti Deo proposito deservire satagerint. Chrisma, oleum sanctum, consecrationes altarium sive basilicarum, ordinationes clericorum, liceat vobis a quocunque volueritis catholico episcopo, et Roma-

---

(115) Harum controversiarum summam ita exponit Mabillonius, t. V Annal. Benedict., p. 462 : « Olim Saviniacenses parochianum quemdam habuere, Iterium de Bulliaco appellatum, qui cœmeterium quoddam eis injuste abstulerat, sed facti pœnitens demum restituerat. Post hæc Stephanus de Varennis, ejus gener, non modo cœmeterium illud denuo invasit, sed etiam munitionem haud longe a monasterio extruxit, et ex ea ejus colonos vexare cœpit, imo et sex monachos in vicina cella degentes expulit. Cum longius procederet rixa, Hugo Lugdunensis archiepiscopus se mediatorem interposuit, ac munitionem Pontio abbati reddendam censuit. Archiepiscopi judicio acquiescere visus est Stephanus, sed fraudulenter; nam in ipsa munitione cum armatis hominibus perstabat, et monasterii homines minis et injuriis affectos ad pugnam provocare non cessabat. Cum res ita se haberet, abbas amicorum consilio vim vi repellere statuit, ac demum munitionem evertit. Ea re commotus archiepiscopus abbatem et monachos excommunicavit, et eorum ecclesiis interdicto suppositis, obsides insuper ab eis accepit, dum scilicet munitionem instaurasset. Querelis hac de re ad Paschalem delatis, pontifex, suppresso archiepiscopi nomine (abierat enim Hierosolymam, quo in itinere fuit ab anno 1101 usque ad finem anni 1103), Lugdunensis capituli canonicos increpavit, castelli destructionem probavit, obsides monachis restitui jussit, etc., in litteris ejus contentis,

næ Ecclesiæ gratiam atque communionem obtinente, percipere qui nostra fultus auctoritate, quæ postulantur, indulgeat. Ad hoc censemus atque statuimus ne ulli omnino hominum liceat cœnobium temere perturbare, aut ei subditas possessiones auferre, minuere, vel temerariis vexationibus fatigare, sed omnino integra conserventur eorum, pro quorum sustentatione ac gubernatione concessa sunt, usibus omnimodis profutura. Nec ulli episcopo potestas sit excommunicationem aut interdictum vobis ingerere, ut, qui in speciales estis filios apostolicæ sedis assumpti, nullius alterius judicio temere exponamini. Quia vero plura vestra monasteria inspirante Domino in eamdem vobiscum formam religionis consenserunt, videlicet :

Congregatio S. Salvii juxta Florentiam.
S. Fidelis de Strumis.
S. Salvatoris de Sophena.
S. Mariæ de Nerana.
S. Cassiani de Montescalario.
S. Angeli juxta Pistorium.
S. Salvatoris de Fontana Thaonis.
S. Mariæ de Pacciano.
S. Mariæ de Caprimvenio.
S. Petri de Muscelo.
S. Pauli de Razzolo.
S. Reparatæ Faventinæ diœcesis.
Et Congregatio de Rivo-Cæsaris.
Et Congregatio de Monte armato.
S. Pauli de Pisis.
S. Bartholomæi de Cappiano.
S. Trinitatis de Florentiæ.
S. Laurentii de Cuttu bono.
S. Marci de Placentia.
S. Basilidis de Parmensi diœcesi.
S. Gervasii de Brixiana diœcesi.

Nos et tibi, et omnibus, qui se in crastinum eidem religionis usui ex integro sociare voluerint, præsentis privilegii libertatem apostolica auctoritate concedimus, quandiu in eadem religionis et consuetudinis unitate persistere procuraverint. Nec alicui personæ facultas sit aliquod vestræ congregationis monasterium, a loci sui stabilitate revellere ac removere, sine abbatis ac congregationis consensu. Constituimus autem ut eorum omnium caput, quod in Vallumbrosa situm est, monasterium habeatur. Sane cum terminus vitæ pastori vestro divina dispositione contigerit, qui ejus loco substituendus fuerit, quia et vobis et aliis omnibus præesse debebit, omnium qui cæteris præsunt monasteriis, consensu et judicio eligatur. Quod si forte ex ipsis abbatibus quilibet, Domino disponente, ad hoc generale regimen electus fuerit, ad vestrum principale cœnobium principaliter transeat, et ejus mox judicio, sicut in diebus venerandæ memoriæ Joannis primi abbatis vestri factum constat, cætera alia unita vobis monasteria disponantur. Ad indicium autem perceptæ hujus Romanæ Ecclesiæ libertatis per annos singulos duodecim sagi Cilicini brachia Laterano palatio persolvetis. Si quis igitur in crastinum archiepiscopus aut episcopus, imperator aut rex, princeps aut dux, comes, vicecomes, judex, castaldus, aut ecclesiastica quælibet sæcularisve persona, hanc nostræ constitutionis paginam sciens, contra eam venire tentaverit, secundo tertiove commonita, si non satisfactione congrua emendaverit, potestatis honorisque sui dignitate careat, reamque se divino judicio existere de perpetrata iniquitate cognoscat, et a sacratissimo corpore ac sanguine Dei et Domini nostri Redemptoris Jesu Christi aliena fiat, atque in extremo examine districtæ ultioni subjaceat. Cunctis autem eidem loco justa servantibus sit pax Domini nostri Jesu Christi, quatenus et hic fructum bonæ actionis percipiant, et apud districtum judicem præmia æternæ pacis inveniant. Amen, amen.

Scriptum per manum Gervasii scriniarii regionarii et notarii sacri palatii.

Ego Paschalis catholicæ Ecclesiæ episcopus subscripsi.

Datum Laterani per manum Joannis, sanctæ Romanæ Ecclesiæ diaconi cardinalis et bibliothecarii, vi Idus Februarii, indictione viii, Incarnationis Dominicæ anno 1115, pontificatus autem domni Paschalis secundi papæ anno xvi.

CDXXI.
Monasterii Sancti Petri Perusini, possessiones et privilegia confirmat.
(Anno 1115, Febr. 8.)
[Margarini, *Bullar. Casin.* II, 152.]

Paschalis episcopus, servus servorum Dei, dilecto filio Joanni, abbati venerabilis monasterii Sancti Petri quod secus Perusinam civitatem situm est, ejusque successoribus regulariter promovendis in perpetuum.

Apostolicæ sedis auctoritate debitoque compellimur, pro universarum ecclesiarum statu satagere, et earum (maxime quæ sedi eidem specialius adhærent) quieti auxiliante Domino providere. Eapropter, petitionibus tuis, fili in Christo charissime Joannes abbas, non immerito annuendum censuimus, ut beati Petri monasterium, cui Deo auctore præsides, ad prædecessorum nostrorum exemplar, apostolicæ sedis privilegio muniremus. Per præsentis igitur privilegii paginam, confirmamus scilicet Ecclesias et cellas, et curtes suas, ac plebes, fundos etiam et casales. Plebem videlicet Sancti Constantii, Sancti Rufini, Sancti Martini et Sancti Joannis. Plebem Sancti Martyrii. Ecclesiam Sancti Benedicti in Agellione, cum suis pertinentiis. Ecclesiam Sancti Justini cum curte sua. Ecclesiam Sancti Andreæ, et Sancti Angeli de Albano, cum suis pertinentiis; ecclesiam Sanctæ Mariæ in Petiniano; ecclesiam Sancti Clementis; curtem de Casale; curtem de Petroniano; et hoc quod vobis pertinet de curte et ecclesia Sancti Donati in civitella; nec non et terram Ugonis nepotis Bernonis de Montenigro. Apostolica quoque auctoritate tibi corroboramus ecclesias SS. Appollinaris,

Blasii et Montani, cum suis omnibus pertinentiis, annuo salvo censu Farfensis Ecclesiæ. Insuper confirmamus massas tres in comitatu Perusino positas, unam quæ vocatur Pusulo, et alteram Filoncio, et aliam quæ nuncupatur Casalina, cum ecclesiis, casis, vineis, campis, hortis, montibus, cultis et incultis, omnibusque suis pertinentiis. Monasterium quoque Sancti Angeli in comitatu Assissinato, in loco qui dicitur Limisano, cum cellis et capellis suis, et cum omnibus sibi pertinentibus. Ecclesiam Sancti Archangeli sitam juxta lacum Perusinum, cum omnibus sibi pertinentibus. Ecclesiam Sancti Sylvestri in Murcelle. Ecclesiam Sancti Donati, et quidquid vobis pertinet in Agello. Ecclesiam Sanctæ Mariæ in Podio, cum omnibus suis pertinentiis. Ecclesiam Sancti Pauli in Monticello. Ecclesiam Sancti Petri de Petroniano, cum curte sua. Quæcunque præterea idem monasterium vestrum in præsenti octava indictione legitime possidet, sive in futurum, largiente Domino, juste atque canonice poterit adipisci, firma tibi tuisque successoribus et illibata permaneant. Chrisma, oleum sanctum, consecrationes altarium, sive basilicarum, ordinationes monachorum, qui ad sacros fuerint ordines promovendi, ac clericorum ad ipsum monasterium pertinentium, ab episcopo, in cujus diœcesi estis, accipietis, siquidem gratiam atque communionem apostolicæ sedis habuerit, e, si ea gratis et sine pravitate voluerit exhibere. Alioquin liceat vobis catholicum, quem volueritis, adire antistitem, et ab eo consecrationum sacramenta suscipere, qui apostolicæ sedis fultus auctoritate, quæ postulastis, indulgeat. Obeunte te nunc ejus loci abbate vel tuorum quolibet successorum, nullus ibi qualibet subreptionis astutia seu violentia præponatur, nisi quem fratres communi consensu, vel fratrum pars consilii sanioris, secundum Dei timorem et beati Benedicti regulam elegerint, a Romano pontifice consecrandum. Missas sane publicas in eodem monasterio per episcopum fieri, vel stationes, aut ordinationes aliquas celebrari, præter abbatis ac fratrum voluntatem omnimode prohibemus; ne in servorum Dei recessibus occasio popularibus præbeatur ulla conventibus. Nec ulli episcopo facultas sit, præter Romani pontificis conniventiam, idem cœnobium aut ejus cellas gravare, interdicere vel excommunicare, vel exactiones novas imponere, nec sæcularium procerum cuique liceat fodrum, vel aliud servitium ex eodem monasterio, aut ex ejus pertinentiis extorquere. Ad hæc adjicientes decernimus ut nulli omnino hominum liceat eamdem Ecclesiam temere perturbare, aut ejus possessiones auferre, vel ablatas retinere, vel injuste detentas suis usibus vindicare, minuere, vel temerariis vexationibus fatigare, sed omnia integra conserventur eorum, pro quorum sustentatione et gubernatione concessa sunt, usibus omnimodis profutura. Si qua igitur in futurum ecclesiastica sæcularisve persona, hanc nostræ constitutionis paginam sciens, contra eam temere venire tentaverit, secundo tertiove commonita, nisi satisfactione emendaverit, potestatis honorisque sui dignitate careat, reamque se divino judicio existere de perpetrata iniquitate cognoscat, et a sacratissimo corpore ac sanguine Dei et Domini Redemptoris nostri Jesu Christi aliena fiat, atque in extremo examine districtæ ultioni subjaceat. Cunctis autem eidem loco justa servantibus sit pax Domini nostri Jesu Christi, quatenus fructum bonæ actionis percipiant, et apud districtum judicem præmia æternæ pacis inveniant. Amen, amen, amen.

Scriptum per manum Gervasii scriniarii regionarii et notarii sacri palatii.

Ego Paschalis catholicæ Ecclesiæ episcopus SS. Datum Laterani per manum Joannis, sanctæ Romanæ Ecclesiæ diaconi cardinalis ac bibliothecarii, sexto Idus Februarii, indictione octava, Incarnationis Dominicæ anno 1115, pontificatus autem domni Paschalis secundi papæ anno XVI.

CDXXII.

Ad Cantuarienses. — *De translatione Radulfi a Roffensi sede ad Cantuariensem.*

(Anno 1115, Febr. 18.)
[Mansi, *Concil.*, XX, 1066.

Paschalis episcopus, servus servorum Dei, Cantuariensis Ecclesiæ filiis, salutem et apostolicam benedictionem.

Ecclesiæ vestræ legatos benigne suscepimus, tanquam viros religiosos atque prudentes; sed legatio quam ad nos cum vestris litteris attulerunt nobis non ingrata tantum, sed etiam gravis fuit. Significabatur enim Roffensis episcopi ad metropolim vestram facta translatio, quod præter scientiam et convenientiam nostram præsumi omnino non debuit, quia sanctorum Patrum decretis inhibitum prorsus agnoscitur. Pro religione tamen et honestate personæ quæ translata dicitur, nos hanc præsumptionem vestram toleramus: sed nostrum in proximo legatum ad vos dirigemus, largiente Domino, qui super hoc negotio quæ fuerint disponenda disponat.

Datæ Laterani, XII Kal. Martii.

CDXXIII.

Ad Henricum Anglorum regem. — *Permittit transferri Radulfum a Roffensi sede ad Cantuariensem. Quod tamen injussu sedis apostolicæ id susceptum sit, reprehendit.*

(Anno 1115, Mart. 30.)
[Mansi, *ibid.*]

Paschalis episcopus, servus servorum Dei, dilecto filio Henrico illustri Anglorum regi, salutem et apostolicam benedictionem.

Cum de manu Domini largius honorem, divitias pacemque susceperis, miramur vehementius et gravamur, quod in regno potestateque tua B. Petrus, et in B. Petro Dominus, honorem suum justitiamque perdiderit. Sedis enim apostolicæ nuntii, vel litteræ, præter jussum regiæ majestatis, nullam in potestate tua susceptionem aut aditum promereantur.

Nullus inde clamor, nullum inde judicium ad sedem apostolicam destinatur. Quamobrem multæ apud vos ordinationes illicitæ præsumuntur, et licenter delinquunt qui delictorum deberent licentiam cohibere. Nos tamen usque adhuc in his omnibus ampliori patientia usi sumus, sperantes per tuæ probitatis industriam omnia corrigenda. Quid enim honoris, quid opulentiæ, quid tibi dignitatis imminuitur, cum beato Petro debita in regno tuo reverentia conservatur? Hæc nimirum tanto nobis indigniora sunt, quanto familiarius regnum vestrum, veterum regum temporibus, sedi apostolicæ adhæsisse cognoscimus. Legimus quippe reges ipsos apostolorum limina visitasse, et illic usque ad obitum commoratos. Legimus nonnullos ecclesiarum præpositos et magistros, ultro illuc a Romanis pontificibus destinatos. Pro his igitur apud vos pertractandis et corrigendis, charissimum filium Anselmum familiarem tuum, nunc Sancti Sabæ abbatem, ad tuam excellentiam destinavimus: per quem etiam tuæ et episcoporum petitioni in causa Cantuariensis episcopi, quamvis contra auctoritatem sedis apostolicæ satisfecimus, sperantes et vos deinceps sedi apostolicæ in suæ dignitatis justitia satisfacturos. Alioquin, si suam vos beato Petro justitiam subtraxeritis, ipse quoque in posterum suæ vobis subtrahet beneficia dignitatis. Quæ minus litteris continentur vivis legati vocibus explebuntur. Omnipotens Deus sua te dextera protegat, et in sua dilectione perficiat. Eleemosyna beati Petri, prout audivimus, ita perperam doloseque collecta est, ut neque mediam ejus partem hactenus Ecclesia Romana susceperit. Quod totum tibi, sicut et alia, imputatur, quia præter voluntatem tuam nihil in regno præsumitur. Volumus igitur ut eam deinceps plenius colligi facias, et per præsentem nuntium mittas.

Datæ Laterani, III Kal. Aprilis.

DXXIV.

Ad Arnaldum episcopum Carcassonensem.

(Anno 1115, Mart. 31.)
[*Gall. Christ.* VI, Inst. 433.]

PASCHALIS episcopus, servus servorum Dei, venerabili fratri ARNALDO, ejusque successoribus canonice substituendis episcopis Carcassonensibus in perpetuum.

Justis votis petentium, etc. Statuimus ergo ut in vestro dominio permaneant ecclesia Sanctæ Mariæ in burgo Carcassensi, cum omnibus suis pertinentiis, excepto reditu quem canonici S. Nazarii accipere consueverunt; in Caparitensi fundo ecclesia S. Stephani cum pertinentiis suis, ecclesia S. Mariæ de Varnasona, ecclesia S. Sepulcri, quæ et S. Fulconis dicitur, ecclesia S. Clementis, ecclesia S. Petri de Leuco, ecclesia S. Felicis de Prexano, ecclesia S. Germani de Allairac, cum omnibus pertinentiis earum. Porro universa quæ a te vel ab antecessoribus tuis ad usus communes ca-

nonicorum regulariter in Beati Nazarii ecclesia viventium collata sunt, rata esse, et eis integra et quieta perpetuo manere sancimus; ex quibus in supradicta ecclesia B. Mariæ quos episcopus elegerit officia divina concelebrent. Interdicimus etiam ut te ad Dominum evocato, vel tuorum quolibet successorum, nullus omnino invitis vestræ ecclesiæ clericis, aut episcoporum aut ecclesiæ res auferre, diripere aut distrahere audeat. Ipsummet etiam clericorum claustrum et claustri domos ita semper libera permanere sancimus, ut nemini illic violentiam liceat irrogare. Decernimus quoque ut nulli omnino hominum, etc.

Ego Paschalis catholicæ Ecclesiæ episcopus SS.

Datum Laterani per manum Fr. Joannis, diaconi cardinalis et bibliothecarii, pridie Kal. Aprilis, indict. VIII, Incarnationis Dominicæ anno 1115, pontificatus autem domini Pascalis papæ II, anno XVI.

CDXXV.

Ad Henricum regem et episcopos Angliæ. — *Reprehendit quod inconsulto pontifice multa perperam agant.*

(Anno 1105, April. I.)
[MANSI, *Concil.* XX, 1067.]

Paschalis episcopus, servus servorum Dei, dilecto filio HENRICO illustri regi, et episcopis Anglici regni, salutem et apostolicam benedictionem.

Qualiter Ecclesia Dei fundata sit, non est a nobis nunc temporis disserendum. Hoc enim plenius evangelii textus et apostolorum litteræ profitentur. Qualiter vero Ecclesiæ status præstante Domino perseveret, et referendum nobis est et agendum. A sancto siquidem Spiritu, Ecclesiæ dictum est : *Pro patribus tuis nati sunt tibi filii, constitues eos principes super omnem terram* (*Psal* XL). Super qua constitutione Paulus apostolus præcipit, dicens : *Manum cito nemini imposueris, neque communicaveris peccatis alienis* (*I Tim.* v). Quam ejusdem apostoli sententiam beatus Leo doctor exponens, ait : « Quid est cito manum imponere, nisi ante ætatem maturitatis, ante tempus examinis, ante meritum laboris, ante experientiam disciplinæ, sacerdotalem honorem tribuere non probatis? » Qua igitur ratione Angliæ regni episcopis sacerdotalis honoris confirmationem tribuere possumus, quorum vitam, quorum scientiam nulla probatione cognoscimus? Ipse caput Ecclesiæ Dominus Jesus Christus cum pastori primo apostolo Petro Ecclesiam commendaret, dixit : *Pasce oves meas, pasce agnos meos* (*Joan.* XXI). Oves quippe in ecclesia, Ecclesiarum præpositi sunt, qui Deo filios generare ipso donante consueverunt. Quomodo ergo vel agnos vel oves pascere possumus, quos neque novimus, neque vidimus? quos neque audimus, neque ab ipsis audimur? quomodo super eos illud Domini præceptum implebimus, quo Petrum instruit, dicens : *Confirma fratres tuos* (*Luc.* XXII). Universum siquidem terrarum orbem Dominus et magister noster suis discipulis dispertivit, sed Europæ fines Petro singulariter commisit et

Paulo. Nec per eorum tantum, sed per successorum discipulos ac legatos Europæ universitas conversa est et confirmata. Unde usque ad nos, licet indignos eorum vicarios, hæc consuetudo pervenit, ut per nostræ sedis vicarios graviora ecclesiarum per provincias negotia pertractarentur seu retractarentur. Vos autem inconsultis nobis, etiam episcoporum negotia definitis, cum martyr Victor Ecclesiæ Romanæ pontifex dicat : « Quanquam comprovincialibus episcopis accusati causas pontificis scrutari liceat, non tamen definire inconsulto Romano pontifice permissum est. » Zephyrinus quoque martyr et pontifex : « Judicia, inquit, episcoporum, majoresque causæ a sede apostolica, et non ab alia sunt terminanda. » Vos oppressis apostolicæ sedis appellationem subtrahitis, cum sanctorum Patrum conciliis decretisque sancitum sit, ab omnibus oppressis ad Romanam Ecclesiam appellandum. Vos præter conscientiam vestram decreta synodalia celebratis, cum Athanasius Alexandricæ Ecclesiæ scribat : « Scimus in Nicæa magna synodo trecentorum decem et octo episcoporum, ab omnibus concorditer esse corroboratum, non debere absque Romani pontificis scientia, concilia celebrari. » Quod ipsum scriptis suis sancti pontifices firmaverunt, et aliter acta concilia irrita statuerunt. Videtis igitur et vos contra sedis apostolicæ auctoritatem plurimum excessisse, et dignitati plurimum subtraxisse, et nobis pro nostri officii debito imminere, ut probatos habeamus quibus sacerdotalem conferimus dignitatem; ne contra apostolum, manum citius cuique imponentes, communicemus peccatis alienis, quia, juxta beati Leonis sententiam : « Gravi semetipsum afficit damno, qui ad suæ dignitatis collegium sublimat indignum. » Vos præter auctoritatem nostram, episcoporum quoque mutationes præsumitis, quod sine sacrosanctæ Romanæ sedis auctoritate ac licentia fieri novimus omnino prohibitum. Si ergo in his omnibus sedi apostolicæ dignitatem ac reverentiam servare consentitis, nos vobis, ut fratribus et filiis charitatem debitam conservamus, et quæ vobis ab apostolica Ecclesia concedenda sunt, benigne ac dulciter Domino præstante concedimus. Si vero adhuc in vestra decernitis obstinacia permanere, nos juxta evangelicum dictum et apostolicum exemplum, pedum in vos pulverem excutiemus; et tanquam ab Ecclesia catholica resilientes, divino judicio trademus, dicente Domino : *Qui non colligit mecum, dispergit; et qui non est mecum, adversum me est* (Luc. XI). Deus autem omnipotens et nobiscum vos in ipso esse et nobiscum vos in ipso colligere, ita concedat ut ad æternam ejus unitatem, quæ id ipsum permanet, pervenire concedat.

Data Laterani, Kal. Aprilis, indict. VIII

CDXXVI.

Ad Bernardum Toletanum primatem, apostolicæ sedis vicarium. — *De electione Burgensis episcopi.*

(Anno 1115, April. 10.)

[MANSI, *Concil.*, XX, 1036, ex *Primatu Toletano Castejoni*.]

Postquam litteris vestris nostras rescripseramus, de consentiendo P. Ecclesiæ Burgensis electo licentiam largientes : alias a clero et populo Burgensi litteras inopinato accepimus, quibus idem Paschalis archidiaconus tuo quidem consilio, sed rege nesciente, et populo ignorante, significabatur electus. Sed post illam illius electionem, populo exspectante, universo clero consentiente, rege quoque volente, ipsius regis germanus asserebatur ad pontificatum Burgensis Ecclesiæ destinatus. Sane in iis dissensionum varietatibus, nostrum est, et canonum justitiam conservare, et saluti Ecclesiæ providere. Unde sollicitudini tuæ præsentia scripta dirigimus, præcipientes ut, comprovincialibus episcopis convocatis, loco et tempore opportuno, utramque partem ad vestram jubeatis præsentiam convenire : ubi omni personarum acceptione, omni dolo, et animositatis pravitate seposita, præcipimus earumdem electionum causam omnino canonice definiri.

Datum Laterani, IV Idus Aprilis.

CDXXVII.

Ad Guidonem archiepiscopum Viennensem, sedis apostolicæ legatum. — *Ut liti quæ est inter Bisuntinos canonicos et S. Stephani finem imponat.*

(Anno 1115, April. 22.)

[MANSI, *Concil.*, XX, 1047, ex mss.]

Controversiam quæ inter Bisuntinos canonicos et S. Stephani tanto jam tempore voluta et revoluta est, canonico nunc tandem judicio apud nos neveris esse decisam. Præcipimus igitur sollicitudini tuæ ut pro hoc negotio peragendo, et tanti scandali lite sedanda, adhibitis tecum sapientibus et religiosis fratribus, vel Divionum, vel ad alium competentiorem locum convenias, quo possint sine gravamine personas sibi necessarias adducere : ut omni partium animositate seposita, ita sincere, ita liquide, judicii hujus perfectionem accipias, quatenus inter eos nulla ulterius hujus rei lis aut querela remaneat. Testes autem hujus quæstionis probatores, quia de capite parochiæ causa gravior agitur, quinque sint, sive clerici, sive laici, qui secundum canonicas sanctiones, de visu et auditu testimonium proferant.

CDXXVIII.

Inter fratres Molismenses et monachos S. Apri de cella Castiniacensi litigantes pacem conficit.

(Anno 1115, Maii 24.)

[Dom CALMET, *Hist. de Lorraine*, Pr., p. 537.]

PASCHALIS episcopus, servus servorum Dei, fidelibus per Tullensem parochiam, salutem et apostolicam benedictionem.

Inter religiosos viros Molismenses et Sancti Apri monachos de cella Castiniacensi quæstio aliquandiu agitata est, et in nostra, seu fratrum nostrorum audientia ventilata. In quo tractatu constitit quod eamdem cellam prius Sancti Apri monachi obtinuerunt, sed eorum neglectu posterius in eumdem locum Molismenses fuerunt introducti. Cum itaque negotii ejusdem decisio jam ad juramenti finem spectare videretur, placuit eisdem fratribus causam ipsam charitate potius quam altercatione finire. Abbas igitur Molismensis Guido, cum fratribus qui secum aderant, in conspectu nostro, et fratrum nostrorum Castiniacensem cellam abbati S. Apri et ejus fratribus qui in tempore aderant, reddidit, cum omni integritate sua et appenditiis suis in omnibus mobilibus et fundo. Promittentes etiam quod Molismi in conventu fratrum eamdem redditionem ipsis fratribus approbari facerent, et scripto ac sigillo tam monasterii sui, quam Lingonensis episcopi confirmarent, et ipsis S. Apri monachis traderent. Rursus abbas S. Apri Guiricus, cum monachis suis qui in tempore aderant, charitatis intuitu, curaverunt ne Molismenses sumptuum dispendia paterentur, quos in cellæ illius ædificatione, et rerum immobilium seu mobilium paratione, consumpserant. In conspectu igitur nostro, et fratrum nostrorum, Molismensi abbati et ejus fratribus prædium donaverunt quod dicitur Ixei, et Villam liberam ab advocato, cum omni integritate, cum terris cultis et incultis, pratis, aquis, molendinis, silvis, mancipiis utriusque generis; promittentes etiam quod hanc donationem in claustro suo a reliquis fratribus ipsis præsentibus laudari facerent, et scripto ac sigillo tam monasterii sui, quam Tullensis episcopi roborarent, et Molismensibus monachis traderent. Nos itaque religiosorum virorum quieti præstante Deo in posteris providentes, hujusmodi conventum et concordiam laudavimus, et universa, sicut coram nobis promissa et deliberata sunt, ab utraque parte impleri præcepimus; præterea per præsentis paginæ scriptum apostolicæ sedis auctoritate sancimus, ut redditio hæc, vel donatio inter Molismenses et Sancti Apri monachos, in perpetuum firma et intemerata permaneat, nec aut præsentibus aut futuris eorumdem monasteriorum abbatibus vel monachis, transgredi hæc aut violare ullatenus liceat. Si quis autem hujus nostræ sanctionis tenore agnito, temerario ausu obviam his venire præsumpserit, canonicæ districtionis animadversioni subjaceat

Actum Beneventi, in palatio principali, coram multis testibus, ix Kal. Junii.

Ego Paschalis catholicæ Ecclesiæ episcopus, collaudavi et subscripsi.

Ego Sennes Dei gratia Capuanus archiepiscopus, interfui et subscripsi.

Ego Rainaldus Dei gratia Andegavensis episcopus, interfui et subscripsi.

Ego Willelmus Dei gratia Trojanus episcopus, interfui et subscripsi.

Ego PP. Terracinensis episcopus, interfui et subscripsi.

Ego Risa Barrensis episcopus, interfui et subscripsi.

Ego Anastasius cardinalis presbyter tituli Beati Clementis, interfui et subscripsi.

Ego Romualdus diaconus, interfui et subscripsi.

Ego Adelbero Metensis archiepiscopus, interfui et subscripsi.

Ego Garlandus scholarum Metensium præceptor, interfui et subscripsi.

Ego Unaldus, Tullensis canonicus, interfui et subscripsi.

Data Beneventi per manum Joannis, sanctæ Romanæ Ecclesiæ diaconi ac bibliothecarii, ix Kal. Junii, anno Dominicæ Incarnationis 1115, pontificatus autem domini Paschalis papæ anno xvi.

CDXXIX.

Ad Archembaldum abbatem Sancti Albini Andegavensis. — Confirmat judicium Urbani II de concordia inita inter monachos Sancti Albini et Vindocinenses.

(Anno 1115, Maii 25.)

[BALUZ., *Miscell.* edit. Luc., III, 53.]

PASCHALIS episcopus, servus servorum Dei, dilecto filio ARCIMBALDO abbati monasterii Sancti Albini quod apud Andegavim situm est, salutem et apostolicam benedictionem.

Ex prædecessoris nostri sanctæ memoriæ Urbani secundi papæ litteris intelleximus quod ante conspectum ejus a monachis Sancti Albini, adversus Vindocinenses quæstio facta fuerat super Sancti Clementis ecclesia Credonensi. Tum ex beneplacito ejusdem pontificis deliberatum fuit ut Vindocinenses fratres pro recompensatione supradictæ ecclesiæ aliam Sancti Albini monachis ecclesiam traderent. Unde factum est ut Vindocinenses eisdem monachis ecclesiam Sancti Joannis super Ligerim darent, quod utriusque congregationis favore consensuque firmatum est. Nostro autem tempore Joffridus Vindocinensis abbas super eadem ecclesia Sancti Joannis Arcimbaldum Sancti Albini abbatem sollicitare studuit. Unde nos ab eo efflagitati, Arcimbaldum ipsum nostris ad causam litteris evocavimus. Cæterum post terminum a nobis statutum, cum ipsi alio sibi tempore secundum vel tertium terminum statuissent, sicut nobis eorum litteris significatum est, Arcimbaldo super ad profectionem parato, sicut ex ejus legatione percepimus, Vindocinensis abbas non solum non venit, sed nec excusationes rationabiles allegavit. Nos igitur simulationes et dissimulationes hujusmodi perpendentes, juxta postulationem venerabilis fratris nostri Rainaldi Andegavensis episcopi quieti vestræ in posterum super hoc negotio duximus providendum. Præsentis igitur decreti pagina convenientiam illam quæ per supradicti prædecessoris nostri deliberatione constituta est firmam perpetuo permanere decernimus, omnimodis prohibentes ne super illa Sancti Joannis ecclesia ulterius Sancti Albini monasterium Vindocinensis abbas inquietare præsumat. Quod si præsumpserit, inquietatio ipsa vires nullas obtineat.

Ego Paschalis catholicæ Ecclesiæ episcopus subscripsi.

Data Beneventi per manum Joannis, diaconi bibliothecarii, VIII Kal. Junii, indictione VIII, Incarnationis Dominicæ anno 1115.

CDXXX.
Bulla pro Mauritio Bracarensi archiepiscopo.
(Anno 1115, Julii 23.)

[Argote, *Memorias para a historia de Braga*, Lisboa 1732, III, 451.]

Paschalis episcopus, servus servorum Dei, venerabili fratri Mauritio Bracarensi archiepiscopo, salutem et apostolicam benedictionem.

Minduniensis cathedræ transmutatio sicut nostis facta est provincialis deliberatione concilii, licet tu habes in tempore qui ejusdem Ecclesiæ metropolitanus es. Si quid igitur in hoc corrigendum est, legatus noster, cum ad vos venerit, per Dei gratiam providebit. Clericis tamen loci nolumus aliquas injurias irrogari, latori quoque præsentium seu cæteris præcipimus beneficia si quæ sunt ablata restitui.

Datum Beneventi, quinto Nonas Junii.

CDXXXI.
Ecclesiæ Teatinæ possessiones quasdam, rogante Guillelmo episcopo, confirmat.
(Anno 1115, Jul. 18.)

[Ughelli, *Italia sacra*, VI, 702.]

Paschalis episcopus, servus servorum Dei, universis fidelibus per Teatinam parochiam, sive comitatum, salutem et apostolicam benedictionem.

Ex prædecessoris nostri, sanctæ memoriæ Urbani II papæ scripto comperimus quod nobilis memoriæ comites Robertus, cui de Loretello (116) cognomen fuit, et frater ejus Tassio possessiones quasdam, vel ecclesias Teatino episcopo contulerint, sive reddiderint, et in jus proprium, sive dominium perenniter possidendas scriptis propriis confirmaverint, et Roberti quidem donatio hæc continebat: In Aterno plebem Sanctorum Legontiani et Domitiani, ad pedem autem ipsius urbis, et ad portam, quæ respicit contra mare, ecclesiam S. Thomæ apostoli, exterius vero ecclesiam S. Nicolai, terras, vineas, domos, homines intus et foris, decimas, et oblationes vivorum et mortuorum, et ultra piscariam terras in pertinentia Sculculæ, castellum Genestrale, castellum S. Cæsidii cum pertinentiis suis, et unam ecclesiam in Buclanico, dedicatam in honorem S. Salvatoris et S. Angeli, cum decimis comitis, et decimas castellorum in Teatino episcopatu, quæ sub ipsius Roberti dominio erant, et quod Teatina Ecclesia in castro Septi tenebat. Tassionis autem restitutio et confirmatio hæc adnotabat, scilicet Teatinam urbem, Trevellianum, Villam magnam, montem Filardum, ecclesiam S. Mariæ in Bari, S. Blasii in Lanciano, S. Leucii in Atissa, S. Mariæ, S. Georgii in Ortona, Montem acutum cum ecclesia S. Nicolai. Præter hæc in eodem prædecessoris nostri scripto, Rainulphus bonæ memoriæ Teatinus episcopus industria sua et pecunia ecclesiastica in Ecclesiæ dominium hæc recepisse narratur. In monte Oderisii ecclesiam S. Salvatoris, S. Nicolai, S. Petri, cum beneficiis illarum, monasterium S. Mauri cum beneficio suo, in civitate Luparelli plebem S. Petri cum pertinentiis suis, monasterium S. Mariæ de Letto cum casali, aliisque ad ipsum pertinentia; in Abatico, plebem S. Martini cum pertinentiis suis; in Caramanico plebem S. Mariæ cum possessione sua; in Turre plebem S. Joannis. Fratris etiam nostri Guillelmi episcopi, qui ad præsens ecclesiam Teatinam possidet, relatione cognovimus quod idem Rainulphus episcopus post id tempus a prædicto Roberto comite in Aterno ecclesiam S. Salvatoris, et Sancti Jerusalem ad episcopi dominium acquisivit; ultra Piscarium vero ad montem Silvanum sanctam Mariam in Rivolo, et castellum Lattiniani; in Teatino autem comitatu castellum S. Pauli, et castellum, quod Furca dicitur; in Buclanico plebem S. Silvestri; in Gissi, plebem S. Mariæ cum pertinentiis suis. Idem etiam Rainulphus episcopus ab Hugone abbate S. Joannis de Ardano commutatione facta Mucelam recepit, quæ juxta Ortonam est, Robertus vero prædicti Roberti comitis filius eidem episcopo castellum Sculculæ reddidit. Porro successor ejus supranominatus episcopus Guillelmus, Tassionis filius, castellum Montipolum, Julianum, et Ornum cum omnibus suis pertinentiis se acquisivisse significavit. Nos itaque, supradicti confratris nostri Guillelmi episcopi precibus exorati, prædictam prædictorum comitum et Guillelmi Tassionis donationem salva sedis apostolicæ confirmamus auctoritate, sub divini obtestatione judicii statuentes ut nulli omnino viventium liceat, vel quæ a prædictis personis concessa sunt, vel quidquid hodie Teatina Ecclesia juste possidet, vel in futurum auxiliante Domino juste poterit adipisci, auferre, vel ablata retinere, minuere, vel temerariis vexationibus fatigare; sed præsenti episcopo ejusque successoribus firma semper et illibata permaneant. Si qua igitur in futurum ecclesiastica sæcularisve persona, hanc nostræ constitutionis paginam sciens, contra eam temere venire tentaverit, secundo tertiove commonita, nisi satisfactione congrua emendaverit, potestatis honorisque sui dignitate careat, reamque se divino judicio existere de perpetrata iniquitate cognoscat, et a sacratissimo corpore et sanguine Dei et Domini nostri Redemptoris Jesu Christi aliena fiat, atque in extremo examine districtæ ultioni subjaceat. Cunctis autem eidem Teatinæ Ecclesiæ jura servantibus sit pax Domini nostri Jesu Christi, quatenus et fructum hic bonæ actionis percipiant, et apud districtum judicem præmia æternæ pacis inveniant. Amen.

Dat. Beneventi per manum Joannis diaconi, xv

---

(116) Roberti comitis de Loretello meminit Platina in Vita Calixti papæ II. Guillelmus vero morte obiit anno 1117, VIII Idus Junii.

Kal. Augusti, ind. VIII., Incarnationis Domin. anno 1115.

CDXXXII.

Ad archiepiscopos, episcopos, etc., per Hispaniam.— De concilio generali Romae celebrando.

(Anno 1115, Aug. 15.)

[FLOREZ, *España sagrada*, XX, 203.]

PASCHALIS episcopus, servus servorum Dei, dilectis fratribus archiepiscopis, episcopis, abbatibus, sive clericis per Hispaniam, salutem et apostolicam benedictionem.

Ab Ecclesiae Patribus, quos terrae sal et mundi lucem Dominus ac Magister noster Christus instituit, exempla vel praecepta suscepimus, ut quoties in Ecclesia graviores emerserint quaestiones, frequentior fratrum numerus convocetur. Sane pro investituris episcopatuum, vel abbatiarum, quas sibi jam dudum assumpserunt laici, tantum in Ecclesia scandalum est exortum, ut ad schisma processerit : unde opportunum et valde necessarium duximus, tam pro investituris ipsis, quam pro Ecclesiarum occupationibus, fraternitatem vestram ad agendum generale concilium excitare. Rogamus et praecipimus ut de provinciis singulis, qui sapientiores vel religiosiores per Dei gratiam cognoscuntur episcopi, et de parochiis abbates sive clerici Scripturis sanctis et institutis ecclesiasticis eruditi, IV Non. proximi Martii nobiscum in urbe Roma studeant omnimodis convenire. Sic praestante Deo in hujusmodi quaestionibus praemuniti, ut conventus nostri unitas universae Ecclesiae unitatis afferat firmamentum.

Datum Beneventi, XVIII Kal. Septemb. (117).

CDXXXIII.

Portugalensem Ecclesiam a metropolitani jurisdictione eximit, et eius dioecesis limites asserit et confirmat.

(Anno 1115, Aug. 15.)

[FLOREZ, *España sagrada*, XXI, 297.]

PASCHALIS episcopus, servus servorum Dei, venerabili fratri HUGONI Portugalensis Ecclesiae episcopo, et ejus successoribus canonice substituendis in perpetuum

Egregias quondam episcopalis dignitatis urbes in Hispania claruisse, egregiorum, qui in ipsis refulserunt pontificum, sive martyrum, scripta et monumenta testantur. Postea vero per annos multos Hispaniae majorem partem a Mauris vel Ismaelitis invasam atque possessam, urbium vel ecclesiarum abolitio manifestat, et nostrorum temporum memoria non ignorat. Sane quia temporibus nostris omnipotenti Deo placuit urbes nonnullas Maurorum tyrannide eripere, et destitutas in restitutionis columen revocare, opportunum utique duximus episcopales in eisdem urbibus cathedras reparare.

Cum ergo ad reformandum Portugalensis Ecclesiae statum fraternitas tua communi fratrum concilio deputata sit, nos ad ejus reformationem, exsecutionem dilectionis tuae venerabilis frater et coepiscope Hugo, benignissimo favemus affectu. Personam siquidem tuam, et Ecclesiam ipsam Dei gratia restitutam, sub nostram decrevimus tutelam specialiter confovendam, ea te libertate donantes, ut nullius metropolitani nisi Romani pontificis, aut legati qui ab ejus latere missus fuerit, subjectioni tenearis obnoxius : sed remotis molestiis, commissae Ecclesiae quietus immineas. Statuimus itaque ut quaecunque praedia, quamcunque dioecesim, in praesenti VIII indictione eadem Ecclesia juste possidet, vel in futurum juste ac canonice poterit adipisci, firma tibi tuisque successoribus et illibata permaneant; et quod de antiquis parochiae terminis, dum Portugalensis prostrata jaceret Ecclesia, ab aliis Ecclesiis occupatum est, auxiliante Deo eidem reintegretur Ecclesiae. Quorum videlicet terminorum distinctio, horum dicitur finium continuatione distendi. A fauce Aviae fluminis ubi cadit in mare Oceanum per ipsum flumen sursum, usque in Avicellam fluvium, et per Avicellam ad arcum Palumbarii, inde ad Antam de Temone, inde ad montem Ferrati, inde ad montem Marannis, inde ad Campeanam fluvium, et per ipsum fluvium sicut defluit in Bandugium, et per Bandugium, sicut decurrit in Corgam, et per Correga m in Dorium flumen, inde trans Dorium ad Piscarium, per montem magnum ad Antoanam flumen, et per ipsum fluvium sicut descendit ad mare Oceanum. Quaecunque ergo infra hos fines ecclesiae vel monasteria continentur, praecipimus ut supra dictae Portugalensi Ecclesiae obedientiam debitam justitiamque persolvant. Ad haec adjicientes decernimus ut nulli omnino hominum liceat eamdem Ecclesiam temere perturbare, aut ejus possessiones auferre, vel ablatas retinere, minuere, vel temerariis vexationibus perturbare ; sed omnia integra conserventur, tam tuis quam clericorum et pauperum usibus profutura. Si qua ergo in futurum ecclesiastica saecularisve persona, hanc nostrae constitutionis paginam sciens, contra eam temere venire tentaverit, secundo tertiove commonita, si non satisfactione congrua emendaverit, potestatis honorisque sui dignitate careat, reamque se divino judicio existere de perpetrata iniquitate cognoscat, et a sacratissimo corpore et sanguine Dei et Domini Redemptoris nostri Jesu Christi aliena fiat, atque in extremo examine districtae ultioni subjaceat. Cunctis autem eidem loco justa servantibus sit pax Domini nostri Jesu Christi, quatenus et hic fructum bonae actionis percipiant, et apud districtum judicem praemia aeternae pacis inveniant. Amen.

Ego Paschalis catholicae Ecclesiae episcopus.

Dat. Beneventi per manum Joannis, sanctae Ro-

---

(117) Anno 1115 indictum concilium quod Romae mense Martio proxime sequentis anni est celebratum.

manæ Ecclesiæ diaconi cardinalis ac bibliothecarii, xvii Kalend. Septembris, indictione viii, Incarnationis Dominicæ anno 1115, pontificatus autem Domini Paschalis secundi papæ anno xvii

CDXXXIV.

Gonsalvo, episcopo Colimbriensi, præcipit ut occupatam diœcesis Portugalensis partem Hugoni episcopo restituat.

(Anno 1115, Aug. 19. — Vide RIBEIRO, *Dissertaçones chronologicas e criticas sobre a historia de Portugal*. Lisboa, 1810, 8° V, 6.)

CDXXXV.

Ad Didacum episcopum Compostellanum.

(Anno 1115, Aug. 20.)

[FLOREZ, *España sagrada*, XX, 202.]

PASCHALIS episcopus, servus servorum Dei, venerabili fratri DIDACO Compostellano episcopo, salutem et apostolicam benedictionem.

Perturbationem regni vestri non parum in personam tuam declinare comperimus, partim pro ecclesiæ B. Jacobi, cui Deo auctore præsides, magnitudine, partim pro animi tui solertia, quæ nonnullis metuenda conspicitur : unde non parvo te odio insequi dicuntur, qui statum regni turbare nituntur, quorum profecto insidias sollicitius cavere te convenit, ne aut personæ tuæ, aut Ecclesiæ detrimentum (quod Deus avertat) eveniat. Propter quam causam confrater noster Hugo Portugalensis episcopus, et Laurentius Ecclesiæ vestræ clericus, tuæ ad nos fraternitatis legationem afferentes et fideliter exsequentes enixius postulaverunt ut personam tuam a conciliorum quæ per provincias fiunt conventibus solveremus. Nos itaque saluti vestræ tanquam nostræ per Dei gratiam providere, et personam tuam periculis omnibus erui et abesse optamus. Idcirco nos petitioni tuæ benignitate debita impertimur assensum ; et quandiu guerra et regni perturbatio permanet, personam tuam a conciliorum conventibus liberam manere concedimus. Ad decorem præterea fraternitatis tuæ addicimus, ut in quotidiana conversatione tunica et stola indutus incedas. Qui videlicet habitus sacerdotalis est indicium dignitatis : optamus enim ut et salutem temporalem obtineas, et omnipotenti Domino in omnibus placere contendas.

Datum Beneventi, xiii Kal. Septembris, indict. viii.

CDXXXVI.

Ad Guidonem sedis apostolicæ legatum. — De controversia orta inter Bizantinos canonicos et S. Stephani.

(Anno 1115, Aug. 27.)

[MANSI, *Concil.*, XX, 1047.]

PASCHALIS episcopus, servus servorum Dei, venerabili fratri GUIDONI Viennensi archiepiscopo, sedis apostolicæ legato, salutem et apostolicam benedictionem.

Super prudentia tua plurimum admiramur, quod in negotio Ecclesiæ B. Stephani, clericorum ipsorum [*al.* suorum] testimonium acceptare nolueris : cum B. Gregorius in hujusmodi causis ecclesiarum, auctoribus [*al.* actoribus] probationem imponat. Diversæ namque sunt in causarum auctoribus species, nec in omnibus causis crimina agitantur. In criminibus siquidem accusatorum testium illa districtio observanda est, quæ canonibus continetur, ne qui ad probationem domestici assumantur. Cæterum in possessionum, vel cæteris hujusmodi negotiis, hi potissimum assumendi sunt, qui eadem negotia tractaverunt, de quorum visu et [*al.* vel] auditu hæsitatio esse non debeat. Si ergo iidem clerici idonei sunt, ab assertione causæ illius nullatenus repellantur : sed sicut aliis litteris deliberatum est, inter S. Joannis et S. Stephani canonicos lis illa plenius decidatur. Cessat jam malitiæ zelus, et dolositatis cavillatio : et prædictarum ecclesiarum negotium juxta litterarum tenorem omnimodis peragatur. Alioquin ad præsentiam nostram parati prorsus et instructi proximo quadragesimalis concilii tempore revertantur.

Datum Trojæ, vi Kal. Septembris, indictione viii.

CDXXXVII.

Ad Alexium imperatorem Constantinopolitanum

(Anno 1115.)

Registr. Paschalis papæ, lib. xiv (xvii?), cap. 6. — E cod. Vatic. Ottobon. n. 3057 eruit W. Giesebrecht ; edidit Philipp. JAFFÉ, *Regesta Rom. pont.*, p. 510.]

ALEXIO, Contantinopolitano imperatori.

Omnipotentis Dei dignationi et miserationi gratias agimus, quia cor vestrum ad reformandam catholicæ Ecclesiæ unitatem animare et confortare dignatus est, S. Spiritus Paracleti potentiam deprecantes, ut sicut in apostolis suis omnium gentium diversitates unire dignatus est, ita in nobis unitatis hujus operetur effectum. In quo nimirum negotio nobis quidem grandis est difficultas, quia nostrarum gentium diversitas non facile in unum potest convenire consensum. Vobis autem per omnipotentis Dei gratiam facultas patet, quia clericorum ac laicorum, præpositorum ac subditorum..... de vestro pendet arbitrio, cum vestræ adsit benignitas voluntatis. De cujus religioso sanctoque proposito et vestræ nos litteræ instruxerunt et fidelissimi ac sapientissimi nuntii vestri, B. Mesimeri relatio nos plenius certificavit. Ipse enim legationi vestræ totis profecto desideriis instare contendit, utpote qui et vestræ fidelitatis studiis et catholicæ unitatis votis totus exæstuat. Novit sane vestræ sagacitatis experientia, quanta olim Constantinopolitani patriarchæ circa Romanum episcopum devotio ac reverentia fuerit. Cæterum ex multis jam annorum curriculis adeo se civitatis regiæ præsules cum clero suo præter omnem audientiam a Romanæ Ecclesiæ charitate ac obedientia subtraxerunt, ut neque litteras ab apostolica sede directas suscipere, nec ejus apocrisiariis communicare dignati sint. Et nisi vestri imperii sapientia amoris circa nos et nuntios nostros dulcedinem demonstraret, omnimodo inter nos divisio permaneret, ut neque nos vestri, neque vos nostri notitiam haberetis, nec ulla inter nos hodie reconciliationis memoria gereretur. Prima igitur unitatis hujus via hæc videtur, ut confrater noster Constantinopolitanus patriarcha primatum et reverentiam sedis apostolicæ recognoscens, sicut in religiosi principis Constantini sanctionibus institutum et sanctorum conciliorum consensu firmatum est, obstinatiam præteritam corrigat, sicut ex legatorum nostrorum suggestione cognosces; metropoles vero illæ sive provinciæ, quæ sedis apostolicæ quondam dispositionibus subjacebant, ad ejusdem sedis obedientiam dispositionemque concurrant, ut status ille, qui inter veteris et novæ Romæ nostrorum ac vestrorum prædecessorum temporibus habebatur, nunc cooperante Deo per vestræ sublimitatis industriam reformetur. Ea enim, quæ inter Latinos et Græcos fidei vel consuetudinum [diversitatem] faciunt, non videntur aliter posse sedari, nisi prius capiti membra cohæreant. Quomodo enim inter dissidentium et sibi invicem adversantium pugnas quæstionum poterit diversitas pertractari, dum alteri alterius nec obedire nec consentire dignantur. Mox per Dei gratiam apostolicarum sedium præsules, et nostro et vestro cooperante studio, loco et tempore, quod statuerimus, convenire debebunt, ut communicatis consiliis secundum sanctarum rectitudinem Scripturarum de medio quæstionum scandala resecentur. Cujus conventus locum vestræ imminet prudentiæ deliberare, qui nostris ad vos convenientibus fratribus salubrior atque commodior sit. Tempus autem opportunum Octobrem sequentis anni mensem Domino cooperante prævidimus. Propter quæ omnia cum vestræ sapientiæ moderatione tractanda venerabilem fratrem nostrum, M[aurum], Amalfitanum episcopum, et charissimos filios N. abbatem et Hugonem, sedis nostræ presbyteros et charissimum B., sedis nostræ subdiaconum, ad vestram præsentiam destinamus. Quos rogamus ad nos celerius remitti, ut responsionis vestræ certitudinem cognoscentes, quæ in posterum ad id peragendum disponenda fuerint, auctore Deo, congruenter disponamus.

Trojæ.

CDXXXVIII.

Ad T[heodericum] presbyterum cardinalem, apostolicæ sedis legatum.

(Anno 1115.)

[MANSI, Concil., XX, 1096.]

PASCHALIS episcopus, servus servorum Dei, T. presbytero cardinali apostolicæ sedis legato, sanctam et apostolicam benedictionem.

Ex antiqua relatione comperimus Saxones a principio conversionis suæ ad Deum fideles atque obedientes beato pontifici et apostolicæ sedi exstitisse. Quia igitur ad partes illas, ut audivimus, accessit, et meis super ecclesiis aliisque quibusdam negotiis scandala emerserint, si quid aut etiam alibi juste atque canonice operari potueris, auctoritatis nostræ favore, et cooperante Domino, operaris. Si quod et consolationis auxilium nostro Halberstadiensi episcopo conferre potueris, conferas ut apostolicæ sedis visitatione gaudeat.

Data Ferentini, VI Id. Octobris.

CDXXXIX.

* *Oratorium S. Mariæ penes Novum-vurgum apud Aldenardam, membrum Eihamensis Ecclesiæ, tuendum suscipit.*

(Anno 1115, Oct. 18.)

[Historia Mechliniensis, II, 253, teste Brequigny Tabl. chron. II, 455.]

CDXL.

Monasterii S. Xisti Placentini possessiones confirmat, monachisque jus eligendi abbatis tribuit.

(Anno 1115, Oct. 30.)

[MABILL., Annal. Bened. VI, 607.]

Pacatis in Urbe rebus, Romam sub autumnum reversus est Paschalis, ubi residebat III Kalendas Aprilis hujus anni 1115, cum pontificium diploma indulsit Odoni abbati monasterii Sancti Xisti, Placentiæ siti, ubi monachi loco sanctimonialium male viventium nuper substituti fuerant, *agente præcipue illustris memoriæ Mathildi comitissa, quatenus et religio illic monastici ordinis servaretur, et monasterii possessiones, quæ jam diu destructæ fuerant, per eorum restituerentur industriam*. Ad hæc universa prædia et possessiones quas Angilberga imperatrix, ejusdem fundatrix monasterii, illic contulerat, cæteraque omnia eidem loco a fidelibus concessa vel concedenda idem pontifex confirmat, tribuitque liberam facultatem eligendi abbatis secundum Regulam sancti Benedicti.

Scriptum per manum Gervasii, scriniarii regionarii ac notarii sacri palatii. Data Laterani per manum Joannis, S. R. E. diaconi cardinalis ac bibliothecarii, III Kal. Novembris, indictione IX, Incarnationis Dominicæ anno 1115, pontificatus autem domni Paschalis papæ II anno XVII.

CDXLI.

G[onsalvo] episcopo Colimbriensi præcipit ut ad Mauritii Bracarensis obsequium redeat.

(Anno 1115, Nov. 3.)

[BALUZ., Miscell., edit. Luc. I, 139.]

PASCHALIS episcopus, servus servorum Dei, venerabili fratri GONSALVO Colimbriensi episcopo, salutem et apostolicam benedictionem.

Quanti criminis habeatur ecclesiasticæ auctoritatis contemptus ex propheticis verbis agnoscitur, ubi scriptum est : « Quasi scelus idolatriæ nolle acquiescere (I Reg. XV). » Fraternitatem tuam missis et remissis litteris admonuimus ut confratri nostro Mauritio Bracarensi archiepiscopo tanquam metropolitano tuo reverentiam obsequiumque impenderes. Tu vero et litteras contempsisti, et privilegia quæ Bracarensi Ecclesiæ apostolicæ sedis auctoritate induisimus sub contemptu ejusmodi conculcasti. Adhuc tamen penes te patientiam exhibentes, præcipimus ut eidem archiepiscopo tanquam metropolitano tuo deinceps debeas obedire. Porro nisi infra dies quadraginta postquam has litteras acceperis, debitam ei obedientiam præstaveris, ex tunc ab episcopali officio te suspendimus.

Datum Anagniæ, in Nonas Novembris.

CDXLII

Ad Bernardum archiepiscopum Toletanum, apostolicæ sedis legatum.

(Anno 1115, Novembr. 5.)
[BALUZ., *ubi supra.*]

PASCHALIS episcopus, servus servorum Dei, venerabili fratri BERNARDO Toletano archiepiscopo, apostolicæ sedis legato salutem et apostolicam benedictionem.

Pro injuriis confratris nostri Mauritii Bracarensis archiepiscopi fraternitatem tuam sæpe monuimus; sed adhuc se vehementer a te gravari conqueritur. Colimbriensis enim episcopi obedientiam ei contra Romanæ auctoritatis privilegia subtraxisti. Item in Lucensi Ecclesia, ad ejus metropolim pertinente, episcopo præter judicium ejecto superordinari alium proposuisti. Idipsum in monasterio Beati Petri de Monte factum conqueritur. Bracarensis Ecclesiæ bona et ab aliis distrahi consensisti, et ipse cum familiaribus tuis mora diutina consumpsisti. Per totam etiam provinciam, invito et ignorante eo, potestatem tuæ voluntatis exerces. Asturicensis Ecclesiæ parochiam, ut Salmantinam augeres, invito eo, imminuisti. Nos autem in his vehementer regni turbationem et ætatis tuæ gravedinem infirmitatisque pensamus. Idcirco te ab injuncta super archiepiscopum et provinciam Bracarensem cura legationis absolvimus, ut liberius ipse valeat in provincia sua justitiam exercere.

Datum Anagniæ in Nonas Novembris.

CDXLIII

Inter Anastasium, SS. Andreæ et Gregorii in Clivo Scauri Romæ siti abbatem, et « Scholam piscatorum stagni » de parte ejusdem stagni litem pro abbate discernit.

(Anno 1115, Nov. 24.— Vide tabulam apud MITTARELLI, *Annal. Camaldul.* III, 166,167.)

CDXLIV

Monasterii Sinsheimensis privilegia confirmat.

(Anno 1115.— Vide *Chronic. Sinsheim.*. ap. MONE *Quellensammlung*, I, 206.)

CDXLV

Ad canonicos et laicos parochianos ecclesiæ S. Frigdiani Lucensis.

(Intra an. 1100-1116, Jan. 5.)
[BALUZ., *Miscell.* ed. Luc. IV, 586.]

PASCHALIS episcopus, servus servorum Dei, dilectis filiis canonicis seu laicis parochianis ecclesiæ S. Fridiani, salutem et apostolicam benedictionem.

Charitatis utilitas immensa et incomprehensibilis est, quia ipse Dominus omnipotens immensus et incomprehensibilis charitas est. Ex charitatis radice omnium virtutum robur egreditur, omniumque bonorum operum constantia generatur : propter nimiam charitatem omnium Dominus de summis ad ima descendit, ut nos de imis ad summa conscendere valeamus. Quod etiam ut in nobis charitas permaneret, hoc suum præceptum dixit, ut nos invicem diligamus. Ea propter nos dilectionem vestram litteris apostolicis duximus visitandam gratias Deo et vobis agentes, quod inter personam ex vobis, videlicet priorem vestrum gratiam Dei bonam et nobis utilem habeamus. Sic quod charitatem vestram rogamus, ut animis vestris indignatio nulla subrepat. Et si enim pro canonici ordinis observantia eum in nostra retineamus ecclesia, ipse tamen vobiscum est animo et a vobis corporaliter quandoque Domino præstante non deerit. Nolite itaque ullatenus indignari, sed tanquam unum corpus in Domino ad invicem vobis charitatis debitæ solatium adhibere, ut de vestræ dilectionis vinculo Dominus omnipotens, qui vera est charitas, et vera gloria, glorietur. Orantes vos pro nobis misericordia divina custodiat.

Datum Later., Idibus Januarii

CDXLVI

Ad canonicos S. Frigdiani Lucensis

(Intra an. 1100-1116, Jan. 27.)
[BALUZ., *ibid.*]

PASCHALIS episcopus, servus servorum Dei, dilectis filiis canonicis Sancti Fridiani, salutem et apostolicam benedictionem.

De religione vestra lætamur; et vos semper in his quæ religionis sunt per Dei gratiam manere, optamus. In eo autem, quod ad priorem vestrum duos ex vobis canonicos fratres misistis, charitatem quidem intelligimus quoniam ad minus quam inter duos charitas non habetur; sed fratres ipsos non charitatis legatione functos percipimus, ut aut priorem reducerent, aut alium eligendi licentiam obtinerent : monemus itaque dilectionem vestram, ut omnino ab illis desistatis, imitantes eum qui, relictis omnibus, Dominum secutus est. Satis enim religioni vestræ indecens est quod modicum quid perpeti non valetis. Si qua ergo, quod absit! zizania oriuntur, radicitus ea evellere satagatis, ut seges Dominica liberius in altum surgere et fructum plurimum, largiente Domino, valeat exhibere. Prior enim vester quanquam nobiscum sit, a vobis tamen non recessit.

Datum Laterani, VI Kal. Februarii.

CDXLVII

Parochianos ecclesiæ S. Frigdiani Lucensis hortatur ut decimas et oblationes subtractas ecclesiæ restituant.

(Intra an. 1100-1116, Jan. 29.)
[BALUZ., *ibid.*, p. 587.]

PASCHALIS episcopus, servus servorum Dei, dilectis filiis parochianis ecclesiæ S. Fridiani, salutem et apostolicam benedictionem.

Et a nobis et a vobis omnipotenti Domino gratiæ referendæ sunt, quod per ecclesiam vestram divinum illud communis et apostolicæ vitæ lumen usque ad primæ sedis verticem diffusum est. Etsi enim Romana Ecclesia mater sit Ecclesiarum omnium et magistra, ei tamen de beati Fridiani ecclesia regularis vitæ ordinem sibi assumere et per dominum R. priorem et alios vestros fratres disponere placuit. Super quo aliquos vestrum adeo scandalizatos audivimus quod decimas et oblationes suas Beati Fridiani ecclesiæ subtraxerunt, quos profecto decuerat, beneficiorum quæ omnipotens Dominus loco eidem contulit reminisci, non ei debita sua subtrahere, aut de divinæ largitatis gratia indignari. Et nobis enim et vobis divini luminis illustratio sufficit. Nec quidquam pro nostra vobis, aut pro vestra nobis participatione adimitur. Vestram ergo dilectionem apostolicæ visitationis alloquio salutantes monemus, ut benignitatem Dei ad memoriam revocetis, et in his, quæ placita ei sunt, efficaciter et unanimiter maneatis. Illis autem qui decimas et oblationes ecclesiæ subtraxisse dicuntur, præcipimus ut et ablata restituant, et ad satisfactionem debita humilitate perveniant. Alioquin sententiam, quam in eos dominus prior vel per se vel per fratres suos dictaverit, nos præstante Deo ratam habebimus.

Datum Laterani, IV Kalend. Februarii.

CDXLVIII.

Privilegium pro canonicis S. Fidelis.

(Intra an. 1100-1116, Jan. 30.)

[TATTI, *Annal. della citta di Como*, II, 866.]

PASCHALIS episcopus, servus servorum Dei, venerabili fratri CUMANO episcopo, salutem et apostolicam benedictionem.

Episcopalis officii est supra commissum gregem attentius vigilare, et quæ salutis sunt ei, per Dei gratiam, providere. Etsi enim pastor malus sollicitus videatur, si tantum gregis sui curam negligit gravioris reatus pœnam non effugit. Unde Apostolus scribens ait : « Si quis suorum, et maxime domesticorum curam non habet, fidem negavit, et est infideli deterior. » Fratres siquidem S. Fidelis conqueruntur, quod in eorum Ecclesiam contradicentibus ipsis contra ipsius Ecclesiæ possibilitatem quidam clerici intrudantur, vestræ sollicitudini mandamus ut iisdem fratribus debitam justitiam facias; nec tantum eis injuriam irrogari, aut eorum ecclesiam usque adeo aggravari permittas, nec tu eos propter hoc a tua communione repellas. Tuum est enim et personis et ecclesiis ita præstante Domino providere, ut boni pastoris mercedem retributoris honorum omnium Dei nostri examine merearis.

Datum Laterani, III Kal. Februarii.

CDXLIX.

Ad Bernardum Toletanum primatem, apostolicæ sedis vicarium. — Segoviensem civitatem ipsius personæ permittit. Monasterium S. Servandi donat.

(Intra an. 1100-1116.)

[MANSI, *Concil.*, XX, 1037.]

Fraternitatis tuæ petitionem clementer admisimus. Volumus enim ut commissa tibi apostolicæ sedis legatione honorifice perfruaris. Segoviensem civitatem, nisi proprium desideret civitas ipsa episcopum, personæ tuæ pro gravioris paupertatis necessitate permittimus. Monasterium Sancti Servandi a quod nostri juris est, a prædecessoribus nostris Massiliensi quondam monasterio novimus fuisse commissum. Cæterum, quia propter Sarracenorum feritatem monachos de loco ipso discessisse cognovimus, nos monasterium ipsum sollicitudini tuæ restaurandum disponendumque committimus. Quod si per omnipotentis Dei misericordiam restaurari contingit, debitum Lateranensi palatio censum annis singulis persolvetis.

Datum Lateranis XVI Kalend. Aprilis.

CDL.

Excommunicationem Uberti presbyteri prolatam a R[othone] præposito et fratribus S. Frigdiani confirmat.

(Intra an. 1101-1116, Mart. 6.)

[BALUZ., *Miscell.* ed. Luc. IV, 585.]

PASCHALIS episcopus, servus servorum Dei, dilectis filiis R. præposito et cæteris fratribus Sancti Fridiani, salutem et apostolicam benedictionem.

Vitæ regularis propositum in primitiva Ecclesia cognoscitur ab apostolis institutum. Nemo enim illorum quidquam proprium habebat, sed erant in illis omnia communia. Erat enim illius anima una et cor unum; hanc beatus Augustinus tam granter amplexus est, ut eam suis regulis informaret; hanc et vos, largiente Domino, suscepistis, et quicunque semel cum voti professione susceperit, sine reatu prævaricationis et uxoris Lot exemplo dimittere omnino non poterit. Audivimus autem quemdam inter vos presbyterum, Ubertum nomine, post professionem exhibitam in tantam prorupisse vesaniam ut, susceptæ vitæ et claustri vestri conversatione posthabita, Sodomam Gomorrhamque respexerit et se amplioris viæ volutabris replicarit. Porro super hunc quoniam admonitus redire contempserit, audivimus a vobis excommunicationis prolatam esse sententiam. Notum utique penes vos et eos qui in partibus vestris sunt, haberi volumus, quia nos eamdem sententiam sancti Spiritus judicio confirmamus. Nemo enim mittens manum suam in aratrum et respiciens retro aptus est regno Dei.

Dat. Laterani, II Nonas Martii.

CDLI.

Ad Florentinos clericos. — Ut Dominicis diebus ac præcipuis festis, majoris missæ officio, sicut prius solebant, intersint.

(Intra ann. 1101-1116, Mart. 13.)

[MANSI, *Concil.*, XX, 1052.]

PASCHALIS episcopus, servus servorum Dei, dilectis filiis Florentinis clericis, salutem et apostolicam benedictionem.

Antiquum morem vestræ matricis ecclesiæ fuisse audivimus, quod clerici de canonicis et de capellis, tam in Dominicis diebus quam in præcipuis festivitatibus, in processionibus et in officio majoris missæ usque ad perlectum evangelium soliti erant convenire. Nunc vero, nescimus qua occasione ab hac debita obedientia et honesta ejusdem ecclesiæ consuetudine vos subtraxistis : quod nobis schisma et Ecclesiæ divisio esse videtur. Mandamus igitur vobis, atque præcipimus, ut ad primam Ecclesiæ consuetudinem redeatis, ne canonicam Ecclesiæ sententiam incurratis.

Datum Laterani, tertio Idus Martii.

CDLII.

Ad Lanuinum Turris priorem.

(Intra an. 1102-1116, Jan. 27.)

[MABILL., *Annal. Bened.* V, 456.]

PASCHALIS episcopus, servus servorum Dei, dilecto filio LANUINO, salutem et apostolicam benedictionem.

Quoties a fratribus nostris illud exigitur quod sanctorum Patrum regulis consonat, dignum est ut eorum petitiones libentius audiantur. Ex igitur præsenti auctoritate in ecclesia illa juris eremi, quæ apud Squillacium sita est, monasterium constitue, ut fratres, austeritatem eremi ferre non valentes, juxta beati Benedicti Regulam illic possint omnipotenti Deo deservire. Quam nimirum habitationem per præpositum et decanum gubernari disponique præcipimus, sic tamen ut eremi præpositus semper præferatur, et major habeatur: et sicut idem monasterium eremi dispositioni subjacet, ita ejusdem loci præpositus et decanus subjiciatur magistro eremi.

Data Lateranis vi Kal. Februarii.

CDLIII.

Ad O[tbertum] Leodiensem episcopum. — Pro querela Radulfi Remensis archiepiscopi.

(Intra an. 1107-1116, Dec. 27.)

[MARTENE, *Ampl. Collect.*, II, 624.]

PASCHALIS episcopus, servus servorum Dei, venerabili fratri O. (118) Leodiensi episcopo, salutem et apostolicam benedictionem.

Confratris nostri Radulfi (119) Remensis archiepiscopi, querelam accepimus, quod in castello (120) Bullionis partem Remensis parochiæ usurpaveris, et in ecclesia Sancti Joannis, eo invito, presbyterum ordinaveris. Unde fraternitati tuæ præcipimus quatenus aut partem ipsam parochiæ omnino dimittas, aut de ea judicio confratrum nostrorum Catalanensis et Tullensis episcoporum, Remensi Ecclesiæ justitiam exsequaris loco et tempore quod ipsi præviderint. Alioquin nos super presbyterum illum, qui jam in Beati Joannis ecclesia intrusus dicitur, confratris nostri Remensis archiepiscopi judicium confirmamus.

Datum Romæ, sexto Kalendas Januarii.

CDLIV.

Ad Reinhardum episcopum Halberstadensem. — Laudat eum quod quædam monialium monasteria reformaverit.

(Intra an. 1108-1116, Mart. 20.)

[MARTENE, *Coll.* I, 637.]

PASCHALIS episcopus, servus servorum Dei, venerabili fratri REINHARDO Halberstadensi episcopo, salutem et apostolicam benedictionem.

(118) Oberto, qui fuerat antea præpositus S. Crucis in Leodio, de quo plura in Cantatorio seu historia Andaginensis monasterii.

(119) Radulfi, Viridis dicti, sancti Brunonis Car-

Quædam monasteria monialium audivimus per vestram industriam correcta, ut remotis sæcularibus pompæ vanitatibus, regulari debeant disciplinæ operam dare. Hanc profecto sollicitudinem tuam laude dignam ducimus, et assertionis nostræ robore confirmamus. Statuimus ergo ut in locis ipsis monastica semper religio conservetur, nec cuiquam liceat regularem disciplinam ab eisdem monasteriis removere, ut correctionis tuæ gratia, perpetuis illic temporibus conservetur.

Data Laterani, XIII Kal. April.

CDLV.

Ad A[delgotum] Magdeburgensem archiepiscopum, etc.

(Intra an. 1109-1116, Oct. 27.)

[ECCARD, *Corpus hist.*, tom. II, p. 278.]

PASCHALIS episcopus, servus servorum Dei, venerabilibus fratribus A[DELGOTO] Magdeburgensi metropolitano et suffraganeis ejus, salutem et apostolicam benedictionem.

Veniens ad apostolorum limina confrater noster Magdeburgensis electus suam apud nos querelam exposuit, quod videlicet a clero et populo Merseburgensis ecclesiæ electus sit præsentibus et collaudantibus vobis et in ea sacerdotis officium vestra ordinatione susceperit. Post hæc nullo præeunte judicio non solum episcopalis ei sit gratia benedictionis denegata, sed ab eadem et Ecclesia quasi ex præcepto nostro violenter sit expulsus. Nos igitur eum ad fraternitatis vestræ præsentiam cum litteris præsentibus præmittentes, præcipimus ut idem frater plenius electioni huic et Ecclesiæ restituatur, et secundum canonicas sanctiones causa ejus præsentiæ vestræ judicio decidatur. Quod si judicii difficultas apud vos emerserit, cum communibus fraternitatis vestræ litteris et nuntiis ad examen sedis apostolicæ causa eadem remittatur.

Datum Romæ, VI Kalendis Februarii.

CDLVI.

Clerum populumque Merseburgensem de superiore ad Adelgotum epistola certiorem facit.

(Intra an. 1109-1116, Oct. 27.)

[ECCARD, *Corpus hist.* tom. II, p. 277.]

PASCHALIS episcopus, servus servorum Dei, clero et populo Merseburgensi, salutem et apostolicam benedictionem.

Lator præsentium Gregorius confrater noster cum duabus Ecclesiæ vestræ clericis et totidem laicis ad nostram præsentiam veniens se a vobis communi electum assensu asseruit, præsentibus et collaudantibus metropolitano Magdeburgensi et suffraganeis ejus. Cæterum prius hæc nullo præeunte judicio quasi ex præcepto nostro se per archiepiscopum eumdem conquestus est ab electione et Ecclesia sua violenter expulsum. Unde nos ad archiepiscopum ipsum et comprovinciales episcopos litteras, ut si

thusiensium institutoris amici, facti archiepiscopi anno 1108.

(120) Quippe castrum Bullonium comparaverat Obertus a Godefrido duce, teste Alberico in chronico.

quæ super hoc injuste acta sunt corrigantur. Neque vero nostræ voluntatis est ut causa ejusdem fratris aliquod præjudicium patiatur.

Datum Romæ, vi Kalend. Novembris.

CDLVII.
Ad Vitalem abbatem Savigniensem. — Permittit Savigniensibus fratribus ut tempore interdicti divina celebrent officia.

(Intra an. 1112-1116.)
[MARTENE, *Thes. anecd.* I, 336.]

PASCHALIS episcopus, servus servorum Dei, dilecto filio VITALI abbati S. Trinitatis de Savigneio, salutem et apostolicam benedictionem.

In nemore quodam deserto et invio ecclesiam ædificatam et religioso fratres per tuam industriam in Dei servitio illic congregatos audivimus : unde omnipotenti Deo gratias agimus, cujus gratiæ est bonum omne quod agimus, et quieti vestræ pro officio providere curavimus. Vestræ siquidem religioni concessionem hanc litterarum præsentium auctoritate concedimus, ut pro interdicto communi parochiæ, in qua manetis, ecclesia vestra, nullo modo officiis debeat carere divinis. Tu igitur in Christo venerabilis, tam pro nobis quam pro universa Ecclesia omnipotentis Dei misericordiam instantius exorare memineris, qui nos per gratiam suam in dilectione sua semper custodiat.

Dat. Lateranis, x Kal. Aprilis.

CDLVIII.
Monasterium Fabariense ab episcopi Basileensis potestate liberat et bona ejus confirmat.
(Anno 1116, Jan. 29. — Vide EICHHORN, *Episcopatus Curiensis in Rhætia*, 1797, 4°, Pr. p. 46.)

CDLIX.
Ad clerum et populum Florentinum. — Innocentem eorum episcopum declarat ; ejus calumniatores officiis et beneficiis privat.

(Anno 1116.)
[MANSI, *Concil.* XX, 1053.]

PASCHALIS episcopus, servus servorum Dei, dilectis filiis, clero et populo Florentino, salutem et apostolicam benedictionem.

Jam dudum apud nos confrater noster G. [Godifredus], episcopus vester, querelam suam deposuit adversus Ecclesiæ vestræ archidiaconum et ejus socios, videlicet Joannem priorem ecclesiæ S. Laurentii, et Petrum S. Petri de Scaradio, et Rambaldum S. Stephani priorem, quod eum in populo criminarentur Simoniacæ pravitatis. Missis itaque litteris, utrique parti agendæ causæ terminum dedimus. Cum in termino venisset episcopus, illi ad præsentiam nostram minime accesserunt, terrorem captionis in itinere prætendentes. Nos autem, ut eis hujusce occasionis diverticula toleremus, per eumdem episcopum, et per episcopum Volterranum ducatum eis omnimode tutum providere curavimus. Archidiaconus quidem, et B. Laurentii prior ad nostram præsentiam convenerunt : cæteri alii nec venerunt, nec pro se nuntios transmiserunt. Tunc præsentibus eis adversus eos episcopus questus est,

quod se ipsius obedientiæ communionique subtraxerint, quod ipsum in populo Simoniaci flagitii criminati sint, quod ejus exsecrati sint consecrationes, quod adversus eos conspirationem in conventiculis fecerint. Porro illi, præmisso tractationis spatio, se accusatores episcopi, aut illius criminis probatores penitus negaverunt. Collectiones clericorum seu laicorum in ecclesiasticis fecisse asseruerunt, sed propter inquirendum rumoris illius, qui contra episcopum increbuerat, veritatem : in quibus nimirum collectionibus, conspirationis conventicula intelleximus. In cæteris quoque se offendisse confessi sunt. Prolata sunt igitur his causis congruentia sanctorum Patrum diversa capitula ; Antiochenæ videlicet synodi quintum : « De his qui se a ministerio ecclesiastico subtrahunt, et seorsum colligunt ; » item « De conspiratione seu conjuratione » Chalcedonensis synodi octavum decimum ; et Calixti papæ ad episcopos per Galliam constitutos, cujus initium est : « Conspirationum crimina vestris in partibus vigere audivimus. » Item Alexandri papæ: « De his qui sanctos persequuntur, aut amovere, aut dilacerare nituntur. » Item Stephani papæ : « De his qui adversus Patres armantur, et qui fratres calumniantur. » Nos ergo tantorum Patrum auctoritatibus instructi, præfatos viros propria confessione convictos, ab officiis seu dignitatibus suis sententia judiciali removemus, nisi eis in posterum misericordia subveniatur Ecclesiæ : aliisque etiam, qui vocati venire ad nostram præsentiam neglexerunt, idem judicium irrogamus, quoniam eisdem videntur capitulis irretiti. Æquum est enim ut dilationem sententiæ de absentia non lucrentur, quia confitetur de omnibus quisque, si subterfugere [*forte* quisquis se subterfugere. HARD.] judicium dilationibus putat. Omnibus igitur vobis præsentium litterarum auctoritate præcipimus , ut episcopum vestrum, tanquam per Dei gratiam catholicum unanimi concordia diligatis et vereamini. Si qui vero clericorum, aut laicorum, temeraria deinceps præsumptione super hujusmodi episcopum infestaverint : noverint se pertinacia sua, clerici quidem, depositione multandos; laici vero, excommunicationi subjiciendos.

Data Laterani, v Non. Martii, indict. IX.

CDLX.
Breve ad Stephanum Augustodunensem.
(Anno 1116, Mart. 14.)
[*Gall. Chr.*, IV, 88.

PASCHALIS, servus servorum Dei, venerabili fratri STEPHANO Augustod. episcopo, etc.

Justis votis assensum præbere, justisque petitionibus aures accommodare nos convenit, qui, licet indigni. justitiæ custodes atque præcones in excelsa apostolorum principum Petri et Pauli specula positi, Domino disponente, conspicimur. Tuis igitur, frater in Christo charissime Stephane, justis petitionibus annuentes, sanctam Augustodunensem Ecclesiam, cui Domino auctore præsides, apostolicæ sedis auctoritate munimus. Statuimus enim ut oppida, villæ, seu ecclesiæ, possessionesve, quas prædecessores tui Aganonis temporibus, Augustodunensis Ecclesia tenuit, tibi quoque ac successoribus tuis, quietæ, firmæ et integræ conserventur. Cætera etiam quæ eidem Augustodunensi Ecclesiæ per tuam industriam recuperata vel acquisita sunt, videlicet ecclesia S. Mariæ, et S. Lazari de Avalone, et castrum Toilonum cum eorum pertinentiis, vel in futurum per Dei gratiam recuperari vel acquiri juste legitimeque contigerit, quieta semper et integra in ejusdem Ecclesiæ jure ac possessione permaneant. Decernimus ergo ut nulli liceat eamdem Ecclesiam temere perturbare, aut ejus possessiones auferre, vel ablatas retinere, minuere, vel temerariis vexationibus fatigare; sed omnia integra conserventur, tam tuis quam clericorum et pauperum usibus profutura. Si qua igitur in futurum ecclesiastica sæcularisve persona, hanc nostræ constitutionis paginam sciens, contra eam temere venire tentaverit, secundo tertiove commonita, si non satisfactione congrua emendaverit, potestatis honorisque sui dignitate careat, reamque se divino judicio existere de perpetrata iniquitate cognoscat, et a sacratissimo corpore et sanguine Dei et Domini Redemptoris nostri Christi Jesu aliena fiat, atque in extremo examine districtæ ultioni subjaceat. Cunctis autem eidem Ecclesiæ justa servantibus, sit pax, etc.

Ego Paschalis catholicæ Ecclesiæ episcopus subscripsi.

Datum Laterani, per manum Joannis S. Romanæ Ecclesiæ diaconi cardinalis ac biblioth., II Idus Martii, ind. IX, Incarnat. Dominicæ anno 1116, pontificatus autem domni Paschalis secundi anno XVII.

CDLXI.

Ad Gozeranum archiepiscopum Lugdunensem. — Primatum illi confirmat in Lugdunenses provincias.

(Anno 1116, Mart. 14.)
[MANSI, Concil., XX, 1079.]

Idcirco, venerabilis frater Gozerane Lugdunensis archiepiscope, præsentis decreti pagina, fraternitati tuæ tuisque successoribus, et per vos eidem Lugdunensi Ecclesiæ, confirmamus primatum super quatuor Galliarum primatiis, videlicet Lugdunensi, Rothomagensi, Turonensi, et super Senonensi, sicut a nostris constat antecessoribus institutum.

CDLXII.

Privilegium pro ecclesia S. Pancratii Hadmerslebensi.

(Anno 1116, Mart. 20.)
[LEUCKFELD, Antiquit. Halberstad., Wolffenbuttel, 1714, 4°, p. 704.]

PASCHALIS episcopus, servus servorum Dei, dilectis filiis THIETMARO præposito, et ejus fratribus in ecclesia Beati Pancratii penes villam Hamersleve regularem vitam professis tam præsentibus quam futuris in perpetuum desiderium.

Quod ad religiosum præpositum et animarum salutem pertinere monstratur, auctore Deo sine aliqua est dilatione complendum; venerabilis siquidem frater noster Reinhardus Halberstadensis episcopus officii sui debito religioni operam vigilanter impendens, in villa sua prædicta clericorum juxta beati Augustini regulam viventium congregationem instituit, quorum et ordinem et quietem nostra desiderat auctoritate muniri. Nos igitur ejus desideriis annuentes vos, charissimi filii in supradicta B. Pancratii ecclesia cohabitantes, sub apostolicæ sedis tutelam suscipimus et decreti præsentis auctoritate munimus. Vitæ namque canonicæ ordinem, quem professi estis, privilegii pagina firmamus. Et ne cui post professionem exhibitam proprium quid habere, neve sine præpositi vel congregationis licentia de claustro discedere liceat, interdicimus. Unde etiam quieti vestræ attentius providentes statuimus ut universa quæ ad vestræ fraternitatis sustentationem a supradicto episcopo deliberata sunt, et quæcunque ab aliis fidelibus de ipsorum jure vel jam data sunt, vel in futurum dari, offerri, aut aliis justis modis acquiri contigerit, firma vobis vestrisque successoribus et illibata permaneant. Decernimus igitur ut nulli omnino hominum liceat eamdem ecclesiam temere perturbare, aut ejus possessiones auferre, vel ablatas retinere, minuere, vel temerariis vexationibus fatigare, sed omnia integra conserventur eorum, pro quorum sustentatione et gubernatione concessa sunt, usibus omnimodis profutura, salva nimirum canonica Halberstadensis episcopi reverentia. Si qua ergo ecclesiastica sæcularisve persona, hanc nostræ constitutionis paginam sciens, contra eam temere venire tentaverit, secundo tertiove commonita, si non satisfactione congrua emendaverit, potestatis honorisque sui dignitate careat, reamque se divino judicio existere de perpetrata iniquitate cognoscat, et a sacratissimo corpore ac sanguine Dei et Domini Redemptoris nostri Jesu Christi aliena fiat, atque in extremo examine districtæ ultioni subjaceat. Cunctis autem eidem loco justa servantibus sit pax Domini nostri Jesu Christi, quatenus et hic fructum bonæ actionis percipiant, et apud districtum judicem præmia æternæ pacis inveniant. Amen.

Ego Paschalis catholicæ Ecclesiæ episcopus.

Data Laterani per manum Joannis, sanctæ Romanæ Ecclesiæ diaconi cardinalis et bibliothecarii, XIII Kalend. April., indict. IX, Incarnationis Dominicæ anno 1116, pontificatus autem domni Paschalis secundi papæ XVII.

CDLXIII.

Dominico, monasterii S. Facundi Sahagunensis abbati « ligandi ac solvendi potestatem super Burgenses S. Facundi » concedit, qui « tempore cum inter regem Alfonsum, regis Sancii filium, et Urracam reginam, Aldefonsi regis filiam, bellum vehemens et diutinum emersisset, » et abbatem et monasterium variis injuriis affecerint.

(Anno 1116, Mart. 21. — Vide ESCALONA in *Historia del real monasterio de Sahagun*, Madrid 1782, fol., p. 514.)

CDLXIV.
Bulla pro monasterio S. Tiberii.
(Anno 1116, Mart. 22.)
[*Gall. Christ.* VI, 316.

PASCHALIS episcopus, servus servorum Dei, dilecto filio ARNALDO abbati monasterii S. Tiberii, quod [in Agathensi territorio in Cæsarione situm, ejusque successoribus regulariter substituendis in perpetuum.

Justis votis assensum præbere, justisque petitionibus animum accommodare nos convenit, qui, licet indigni, justitiæ custodes atque præcones in excelsa apostolorum principum Petri et Pauli specula positi, Domino disponente, conspicimur. Tuis igitur, frater in Christo charissime, justis petitionibus annuentes, Beati Tiberii monasterium, cui Deo auctore præsides, apostolicæ sedis auctoritate munimus. Statuimus enim ut in adjacenti villa vel terminis ejus nulla unquam ecclesiastica sæcularisve persona castrum aliquod vel fortitudinem facere audeat, neque in hominibus ejusdem villæ aliquas exactiones, præter abbatem et ministros ejus extorquere, neque vicariæ ministerium exercere, neque pro eadem vicaria campum vindicare, qui est ultra flumen Tongam subtus Ceveracum, vel abbatis, vel personæ cujuslibet indulgentia. Confirmamus autem vobis vestrisque successoribus in Agathensi territorio ecclesiam Sanctæ Mariæ de Gradu, ecclesiam S. Martini de Vallevrages, ecclesiam S. Sulpicii de Castro novo, ecclesiam Sancti Joannis de Florenciaco, ecclesiam Sancti Martini de Grenolheriis, ecclesiam S. Andreæ de Rominiaco, cum pertinentiis earum. Item in Biterrensi episcopatu ecclesiam Sanctæ Mariæ de Serignano cum pertinentiis suis. Item in Tolosano ecclesiam Sancti Petri et Sanctarum Puellarum cum pertinentiis suis. Item in Gasconia in comitatu Armeniensi ecclesiam Sancti Juliani de Galano, cum ecclesiis, villis, et cæteris omnibus ad eam pertinentibus. Item in parochia Conveniensi ecclesiam Sanctæ Mariæ de Aurinhaco, et cætera omnia quæ monasterium vestrum vel in præsenti nona indictione legitime possidet, vel in futurum largiente Deo rationaliter ac legitime poterit adipisci. Decernimus ergo ut nulli omnino hominum liceat idem cœnobium temere perturbare, aut ejus possessiones auferre, vel ablatas retinere, minuere, vel temerariis vexationibus fatigare, sed omnia integra conserventur eorum, quorum sustentationi et gubernationi concessa sunt, usibus omnimodis profutura. Obeunte te nunc ejus loci abbate, vel tuorum quolibet successorum, nullus ibi qualibet subreptionis astutia seu violentia præponatur, nisi quem fratres communi consensu, vel fratrum pars consilii sanioris de suo, vel si oportuerit, de alieno collegio secundum Dei timorem et beati Benedicti Regulam providerit eligendum. Sane locus ipse, sicut a prædecessore nostro felicis recordationis papa Sergio institutum est, semper sub apostolicæ sedis jure et protectione permaneat, sub auctoritate rei unius censu annualiter Lateranensi palatio persolvendi. Si qua in futurum ecclesiastica sæcularisve persona, hanc nostræ constitutionis paginam sciens, contra eam venire tentaverit, secundo tertiove ammonita, si non satisfactione congrua emendaverit, potestatis honorisque sui dignitate careat, reamque se divino judicio existere de perpetrata iniquitate cognoscat, et a sacratissimo corpore ac sanguine Dei ac Domini Redemptoris nostri Jesu Christi aliena fiat, atque in extremo judicio districtæ ultioni subjaceat. Cunctis autem eidem monasterio justa servantibus sit pax Domini nostri Jesu Christi, quatenus hic fructum bonæ actionis percipiant, et apud districtum judicem præmia æternæ pacis inveniant. Amen, amen, amen.

Ego Paschalis catholicæ Ecclesiæ papa secundus.

Datum Laterani per manum Joannis, sanctæ Romanæ Ecclesiæ cardinalis diaconi ac bibliothecarii, xi Kalend. Aprilis, ind. ix, Incarnationis Dominicæ anno 1116, pontificatus autem domini Paschalis secundi papæ anno decimo sexto.

CDLXV.
Monasterii S. Facundi Sahagunensis possessiones quasdam et privilegia confirmat, imposito monachis duorum solidorum censu annuo.
(Anno 1116, Mart. 22. — Vide ESCALONA in *Hist. Sahagun.*, p. 513.)

CDLXVI.
Sedem episcopalem Vesontionensem ex synodi sententia jubet in ecclesia B. Stephani permanere.
(Anno 1116, Mart. 24.)
[MANSI, *Concil.*, XXI, 149.]

PASCHALIS episcopus, servus servorum Dei, dilectis fratribus et filiis, suffraganeis, clero, et populo Bisontinæ Ecclesiæ, salutem et apostolicam benedictionem.

Inter S. Stephani et S. Joannis canonicos, de cathedra episcopali, quanta et quam diutina concertatio fuerit, plenius vos audisse ac certius scire credimus. Canonici siquidem B. Stephani, Romanorum se pontificum privilegiis, seu regum scriptis tuebantur, asserentes, pro ecclesiæ suæ destructione episcopos illinc discessisse, unde contigerit, ut apud S. Joannis ecclesiam episcopalis ministerii sacramenta celebrarentur. Contra B. Joannis canonici annis plurimis præter quæstionem aliquam, penes se cathedram episcopalem mansisse, et ecclesiam suam matricem esse clamabant. Ad hæc B. Stephani fratres allegabant, frequenter super hoc prædecessores suos vel apud apostolicæ sedis vicarium, vel apud Bisuntinos episcopos reclamasse. Post longa igitur disceptationis certamina, communi fratrum nostrorum episcoporum, qui tunc synodali vocatione convenerant, seu cardinalium judicio deliberatum est ut si B. Stephani canonici idoneis testibus probare possent, quod post redintegrationem ecclesiæ suæ infra annos triginta super querela hac quæstionem fecerint, per quam illorum videretur interrupta prætentio, videlicet vel ante antistitem suum, vel ante legatum nostrum in communi audientia hac probatione peracta, privilegia eorum robur perpetuum obtinerent et episcopalis sedes in posterum apud B. Stephani ecclesiam haberetur; alioquin canonici B. Joannis ab hac querela liberi manerent, et episcopalem sedem, sicut tenuerunt, tenerent. Quatuor igitur ejusdem ecclesiae clerici, videlicet Petrus et Hugo presbyteri cardinales, Bonifilius succentor, et Guarinus presbyter, et Alofricus archipresbyter de Sancto Gorgonio, producti coram clericis Sancti Joannis ad testimonium asserendum, et mox episcopali examinandi judicio, et idonei inventi, hujusmodi testimonium in conspectu nostro tactis sacrosanctis Evangeliis praebuerunt :

« Vidi et audivi quod Hugo decanus S. Stephani, et Hugo de Palma, et Ebrardus, canonici S. Stephani, adversus canonicos Sancti Joannis, Mainerium decanum, Bernardum magistrum et Stephanum cantorem, quaestionem fecerunt de sede episcopali, ante Hugonem tertium Bisuntinum archiepiscopum, fratrem Guidonis Viennensis archiepiscopi, in claustro S. Joannis, infra triginta annos post redintegrationem ecclesiae S. Stephani.

Hac demum redintegratione suscepta, communi fratrum nostrorum episcoporum, qui tunc plurimi synodali vocatione convenerant et cardinalium judicio, privilegio B. Stephani robur perpetuum obtinere decrevimus : et episcopalem primam sedem in posterum apud eamdem B. Stephani ecclesiam permanere, et universa episcopalis ministerii officia, quae apud matrices solent ecclesias fieri, ibidem celebrandam sancimus : et quae sane scripta praeteritis temporibus ante hujus discussionis certitudinem aut a nobis elicita, aut a vicariis nostris minus providenter excussa sunt, nullum deinceps momentum, nullas vires obtinere censemus. Haec autem sicut apud nos praesenti judicio deliberata et decreti praesentis litteris confirmata sunt, ita in perpetuum integrum et illibata servari apostolica auctoritate praecipimus. Si quis igitur decreti hujus tenore cognito, temere, quod absit! contraire tentaverit, honoris et officii sui periculum patiatur, aut excommunicationis ultione plectatur, nisi praesumptionem suam digna satisfactione correxerit.

Ego Paschalis, catholicae Ecclesiae episcopus, hoc judicium ratum habens, subscripsi.

Ego Crescentius, Sabinensis episcopus, subscripsi.

Ego Petrus, Portuensis episcopus, subscripsi.

Ego Cono, Praenestinus episcopus, subscripsi.

Ego Anastasius, cardinalis presbyter tituli B. Clementis, interfui et subscripsi.

Ego Dinizo, cardinalis tituli Equitii, subscripsi.

Ego Boso, tituli Sanctae Anastasiae presbyter, subscripsi.

Ego Vasatensis episcopus Beltrannus, subscripsi.

Ego Arnaldus, Burdegalensis archiepiscopus, subscripsi.

Ego Hugo, Portugalensis episcopus, subscripsi.

Ego Joannes, Briocensis episcopus, subscripsi.

Ego Baldricus, Dolensis archiepiscopus, subscripsi.

Ego Leo, diaconus cardinalis ecclesiae S. Viti, subscripsi.

Ego Romoaldus, diaconus cardinalis S. Mariae, subscripsi.

Ego Aldo, diaconus cardinalis venerabilis diaconii Sanctorum Sergii et Bacchi, subscripsi

Ego Petrus, diaconus cardinalis ecclesiae Sanctorum Cosmae et Damiani, subscripsi.

Ego Joannis, diaconus cardinalis Sanctae Luciae, subscripsi.

Datum Laterani, per manum Joannis S. R. E. diaconi cardinalis ac bibliothecarii, nono Kal. Aprilis, indictione IX, Incarnationis Dominicae anno 1116, pontificatus autem domini Paschalis II papae anno XVII.

CDLXVII.

Monasterium S. Archangeli de Morfisa Neapolitanum tuendum suscipit ejusque bona et privilegia confirmat vetente Gregorio archiepiscopo.

(Anno 1116, April. 11.)

[UGHELLI, *Italia sacra*, VI, 94.]

PASCHALIS episcopus, servus servorum Dei, dilecto filio GREGORIO abbati monasterii Sancti Archangeli, quod de Morfisa dicitur, intra civitatem Neapolitanam, ejusque successoribus regulariter substituendis in perpetuum.

Piae postulatio voluntatis effectu debet prosequenti compleri, quatenus et devotionis sinceritas notabiliter enitescat, et utilitas postulata vires indubitanter assumat. Quia igitur dilectio tua, ad sedis apostolicae portum confugiens, ejus tuitionem devotione debita perquisivit, nos per interventum venerabilis fratris nostri Gregorii Neapolitani antistitis, supplicationi tuae clementer annuimus, et Beati Archangeli monasterium, cui Deo auctore praesides, sub tutelam apostolicae sedis excipimus. Per praesentis igitur privilegii paginam apostolica auctoritate statuimus ut quaecunque praedia, quascunque possessiones dem coenobium, in praesenti IX indictione legitime possidet, et quaecunque in futurum concessione pontificum, liberalitate principum, oblatione fidelium, vel aliis justis modis poterit adipisci, firma vobis vestrisque successoribus et illibata permaneant. Decernimus ergo ut nulli omnino hominum liceat idem monasterium temere perturbare, aut ejus possessiones auferre, vel oblatas retinere, vel juste datas suis usibus vindicare, minuere, vel temerariis vexationibus fatigare, sed omnia integra conserventur eorum pro quorum sustentatione et gubernatione concessa sunt, usibus omnimodis profutura, salva Neapolitani antistitis canonica reverentia, cui tamen monasterium ipsum gravare omnino non liceat, nec exactiones inferre, aut consuetudines aliquas, quæ fratrum quieti noceant, irrogare. Si quis igitur in futurum archiepiscopus aut episcopus, imperator aut rex, dux aut princeps, magister militum, comes, vicecomes, judex, castaldus, aut ecclesiastica quælibet sæcularisve persona, hanc nostræ constitutionis paginam sciens, contra eam temere venire tentaverit, secundo tertiove commonita, si non satisfactione congrua emendaverit, potestatis honorisque sui dignitate careat, reamque se divino judicio existere de perpetrata iniquitate cognoscat, et a sacratissimo corpore et sanguine Dei, Domini et Redemptoris nostri Jesu Christi, aliena fiat, atque in extremo examine districtæ ultioni subjaceat. Cunctis autem eidem monasterio justa servantibus sit pax Domini nostri Jesu Christi, quatenus et hic fructum bonæ actionis percipiant, et apud districtum judicem præmia æternæ pacis inveniant. Amen, amen, amen.

† Ego Paschalis catholicæ Ecclesiæ episcopus.

Datum Albæ per manum Joannis, sanctæ Romanæ Ecclesiæ diac. card. ac bibliothecarii, III Id. Aprilis, indict. IX, Incarnationis Dominicæ anno 1118, pontificatus autem dom. Paschalis II, papæ anno XVII.

CDLXVIII.

Ad R. Guillelmum præpositum Nantensem de subjectione Nantensis monasterii ad Vabrensem.

(Anno 1116, April. 13.)

[*Gall. Christ.*, I, 61.]

PASCHALIS episcopus, servus servorum Dei, dilecto filio R. GUILLELMO præposito Nantensi, salutem et apostolicam benedictionem.

Ex illius boni viri Bernardi monumentis accepimus, quod Nantensis ecclesia pro voto et oblatione ejusdem Bernardi in monasterium constituta sit, et Vabrensis monasterii dispositioni et ordinationi concessa. Ex communi itaque fratrum nostrorum consilio adjudicatum est ut ecclesia Nantensis Vabrensis abbatis subesse debeat dispositioni, quatenus prædicti boni viri Bernardi votum et oblatio integra permaneant, et ordo ibidem monasticus per Dei gratiam illius sollicitudine perseveret. Monachi quoque ejusdem monasterii ut proprio abbati obedire debebunt. Repetitis igitur litteris vos obedire Vabrensi abbati, et subesse præcepimus, alioquin sicut aliis litteris statutum est, a divinis vos officiis interdictos, usque ad satisfactionem manere præcepimus.

Data Albæ, Idibus Aprilis.

CDLXIX.

Oldegarium abbatem S. Rufi, electum Barcinonensem, a monasterii regimine solvit eique præcipit ut episcopatum suscipiat. Bosonem, presbyterum cardinalem, in Hispaniam legatum mittit.

(Anno 1116, Maii 25.)

[FLOREZ (Risco), *España sagrada*, XXIX, 468.]

PASCHALIS episcopus, servus servorum Dei, dilecto fratri OLDEGARIO, abbati S. Rufi, electo Barcinonensi, salutem et apostolicam benedictionem.

Cum pastoralis officii cura expostulet, et vigor æquitatis ordoque exigat rationis, ut ea quæ a nobis petuntur, si justa et honesta sunt, ad debitum perducantur effectum, ea propter noveris, quatenus ex litteris charissimi filii nostri Raymundi comitis Barcinonensium, eorumque Ecclesiæ et populi propositionibus accepimus te, qui scientiæ donum tibi a Patrefamilias, quasi talentum negotiaturo commissum, nequaquam in terra cum servo inutili fodiens, in sollicitudinem pastoralem assumptus, sic, secundum Apostolum, opus implens rectoris, tuum honorificare ministerium et præesse in sollicitudine abbatiali studuisti, ut, sicut credimus, vere possis dicere cum propheta: *Super speculam Domini ego sum stans jugiter per diem, et super custodiam meam ego sum stans totis noctibus* (Isai. XXI, 8); ita te fidelem exhibens super pauca ut merearis constitui super multa. Quod dilecti filii canonici Barcinonensis Ecclesiæ provide attendentes, cum bonæ memoriæ eorum episcopo, ab hac luce subtracto, de substitutione pontificis tractatum diutinum habuissent, tandem, operante illo qui facit utraque unum, cleri et populi desideriis concurrentibus, in suum episcopum et pastorem unanimi elegere consensu. Quo per te cognito, in tuam diffugiens abbatiam, omnium exspectationes fefellisti, ita ut Spiritui sancto resistere videaris, et manum ad aratrum ponere recuses. Quare nobis humiliter supplicari fecerunt et instanter, quatenus te, per cujus circumspectionem sollicitam et sollicitudinem circumspectam multa credunt Ecclesiæ suæ commoda proventura, ad hujusmodi oneris munus apostolica cohortatione suscipiendum compellere dignaremur.

Nos igitur, qui ipsos in electione postulatione jam dicta nunc unanimes esse cognovimus et concordes, eamdem ipsorum inclinati precibus admittendam, teque a regimine Ruffensis monasterii absolventes, ipsorum electionem duximus approbandam. Ideoque fraternitati tuæ per apostolica scripta mandamus atque præcipimus quatenus vocationem recipiens de te factam, ne divinæ dispositioni resistere videaris, ad præfatam Ecclesiam Barcinonensem accedas, eidem ita sollicite curam studens impendere pastoralem ut ejusdem status, juxta ipsius exspectationem et nostram, per tuæ sollicitudinis providentiam temporaliter et spiritualiter augeatur, ut tu sicut de gradu in gradum, ita de virtute in virtutem proficere videaris. Quod si, quod absit! huic nostræ præceptionis paginæ obedientiam impertiri renueris, venerabili fratri nostro Bosono S. R. E. presbytero cardinali, quem in Hispaniæ partibus legatum dirigimus apostolicum, per apostolica scripta præcipientes mandamus, quatenus te, ut Barcinonensis Ecclesiæ præfatæ, ad quam te electum dignoscimus, gubernacula sumas (monitione præmissa, appellatione remota, nullisve litteris veritati et rationi præjudicantibus a sede apostolica impetratis) per censuram ecclesiasticam, donec pareas, cogere non desistat, juxta formam, quam eidem sub mandato nostro dedimus interclusam, capitulo, clero et populo Barcinonensi mandantes quatenus tibi, sicut episcopo suo, humiliter intendant, obedientiamque et reverentiam tibi exhibeant, tam debitam quam devotam.

Dat. apud Trans-Tyberim, per manum Joannis S. R. E. diaconi cardinalis ac bibliothecarii, x Kal. Junii, indictione nona, Incarnationis Dominicæ 1117, pontificatus autem domini Paschalis II anno XVII.

Ego Paschalis catholicæ Ecclesiæ episcopus.

CDLXX.

Ad Raimundum Barcinonensem marchionem. — Gratulatur ei de victoria in hostes reportata, eumque ac suos sub sua suscipit protectione.

(Anno 1116, Maii 25.)
[MARTENE, *Ampl. Coll.* I, 656.]

PASCHALIS episcopus, servus servorum Dei, dilecto filio RAYMUNDO Barcinonensium marchioni Bisuldunensi, et Provinciæ comiti, salutem et apostolicam benedictionem.

Devotioni tuæ, charissime fili, congratulamur, quod inter curas bellicas, beati potissimum Petri optas munimine confoveri. Hujus devotionis petitionem libenter admittimus, quia te in Dei servitio efficaciter laborare cognoscimus; non parum enim tuæ nobilitati meritum labor ille conciliavit, quo per anni longitudinem in Balearibus insulis desudasti; cui tuo tuorumque consortium glorioso procinctui omnipotens Deus gloriosam de hostibus victoriam conferre dignatus est. Super hoc ad expugnandos Mauros ac Moabitas in Hispaniæ partibus, et Tortosam eorum præsidium obsidendam animi nobilis industriam paras. Eapropter dulcedinis tuæ petitionibus ampliori benignitate accommodamus assensum. Personam siquidem tuam et uxoris tuæ, ac filiorum vestrorum, et honorem vestrum, quæ aut in præsenti nova indictione tenetis, aut in futurum præstante Deo habebitis, per decretum præsentis paginæ, sub triginta morabatinorum censu annuo in beati Petri et ejus sedis apostolicæ tutelam suscipimus, præcipientes et stabiliter statuentes, ne cuiquam omnino personæ liceat læsionem vobis vel honori vestro, vel injuriam arrogare præsumat. Si quis autem, quod absit! aut vobis aut honori vestro læsionem vel injuriam inferre tentaverit, apostolicæ sedis patrocinium vobis efficaciter præbeatur, et vobis debite exerceatur.

Datum apud Transtiberim per manum Joannis, S. R. E. cardinalis et bibliothecarii, x Kalendas Junii, indictione IX, (121) Incarnationis Dominicæ anno 1116, pontificatus autem domini Paschalis II papæ anno XVII.

CDLXXI.

Ad archiepiscopos, episcopos et clerum Angliæ. — Significat se mittere Anselmum S. Sabæ abbatem, legatum in Angliam, ut synodales conventus celebret.

(Anno 1116, Maii 24.)
[WILKINS, *Concil. Brit. et Hibern.*, 1, 577.]

PASCHALIS episcopus, servus servorum Dei, venerabilibus fratribus archiepiscopis, episcopis et abbatibus per Angliam, salutem et apostolicam benedictionem.

Licet vos religiosos prudentesque novermus, multa tamen inter vos correctione digna fieri non ignoramus; Ecclesia enim Dei non solum fructuosis palmitibus, sed etiam infructuosis exuberat; unde agricolis necesse est ad inutilia resecanda falcem frequenter apponere. Hæc nimirum cura sacrosanctæ Romanæ Ecclesiæ ab ipsis apostolis consuetudinem fecit suos per diversas provincias apocrisiarios destinare, qui ad vineæ Dominicæ curam agricolas Domini debeant sollicitius excitare. Eapropter dilectum filium nostrum Anselmum, Sancti Sabæ abbatem, virum utique religiosum ac sapientem, cum præsentibus ad vos litteris destinamus, ut cum fraternitate vestra synodales debeat celebrare conventus, et per Dei gratiam quæ sunt evellenda evellere, et quæ plantanda plantare procuret. Præcipimus ergo ut eum tanquam personæ nostræ vicarium reverenter suscipientes communicatis studiis ad Domini vineam excolendam vivacitate ac sollicitudine debita satagatis. Super beati Petri eleemosyna colligenda segnius vos hactenus egisse cognovimus; vestram itaque fraternitatem monemus et præcipimus ut eam deinceps studiosius, et sine quorumlibet dolo Romanæ Ecclesiæ transmittere debeatis.

Datum apud Transtiberim, IX Kal. Junii.

CDLXXII.

Henrico Anglorum regi significat se Anselmo (abbati S. Sabæ) « vices apostolicas in Anglia administrandas » tribuisse.

(Anno 1116, Maio. — Vide EADMERI *Hist. nov.*, l. v, p. 91.)

CDLXXIII.

B[ernardo] Toletano et M[auritio] Bracarensi archiepiscopis, atque Al[fonso] Tudensi, Ie[ronymo] Salmanticensi, T. reginæ et baronibus ejus P. Gunçalviz, E. Muniz, E. Gusendiz, significat se ecclesiam Lamegensem, Gonsalvo episcopo Colimbriensi abjudicatam, Hugoni eviscovo Portugalensi addixisse.

(Anno 1116, Jun. 18. — Vide RIBEIRO in *Dissert. Chronol. sobre a hist. de Portugal*, IV, 1, 157.)

CDLXXIV.

Ad episcopos, abbates, priores, clerum, regem et populum Hierosolymitanæ Ecclesiæ. — Significat Arnulfum patriarcham, cui legatus suus officio pontificali interdixisset, a sese restitutum.

(Anno 1116, Jul. 19.)
[ROZIÈRE, *Cartul. du Saint-Sépulcre*, 11.]

PASCHALIS episcopus, servus servorum Dei, dilectis fratribus et filiis episcopis suffraganeis, abbatibus, prioribus, clero, regi, principibus et populo Jerosolymitanæ Ecclesiæ, salutem et apostolicam benedictionem.

Pro sedandis Ecclesiæ vestræ scandalis, pro discutiendis capitulis quibusdam, quæ adversus confratrem nostrum Ar[nulfum], patriarcham vestrum,

---

(121) Hic error in indictione, quæ anno Incarnationis 1116 et XVII pontificatus Paschalis papæ secundi, debet esse.

ad audientiam nostram et frequenti fama et bonorum virorum relatione pervenerant, nostræ auctoritatis nuper ad vos nuntium miseramus; ferebatur enim et de inutilibus nuptiis genitus, et mulierum commistione pollutus, et in Ecclesiæ prælationem violentia regis intrusus. Cæterum præter opinionem et exspectationem nostram adeo apud vos est aucta turbatio, ut idem patriarcha cum nonnullis fratribus ad nostram coacti sunt præsentiam pervenire. Hi profecto ad nos ex regis, episcoporum, abbatum, priorum et clericorum nominibus vestræ fraternitatis litteras attulerunt, Ecclesiæ necessitates multiplices præferentes, et apostolicæ sedis misericordiam obnixis precibus exorantes ut, quod ab eis super suo antistite factum fuerat, apostolicæ dispensationis gratia firmaretur. Eos itaque penes nos prolixiori tempore detinuimus, legati nostri reditum præstolantes, adversus quem idem fratres vehementius querebantur, quod, causa unius audita, propere adversus patriarcham ipsum sententiam, posthabita sedis apostolicæ appellatione, protulerit. Sed cum nec eumdem legatum nec certius de eo responsum habere possemus, habito tandem cum fratribus nostris tractatu atque consilio, capitula eadem, quanta potuimus investigatione, discussimus. Venerabiles siquidem fratres Aschetinus, episcopus Bethlehem, Hugo, abbas monasterii de Valle Josaphat, Arnaldus, prior ecclesiæ de Monte Sion, Petrus et Guillelmus, canonici Dominici Sepulcri, tactis sacrosanctis Evangeliis, in hæc verba juraverunt : « Pro pace et necessitate Ecclesiæ Jerosolymitanæ communi voto et consensu elegimus nobis in patriarcham domnum Arnulfum, remota violentia regis. » Ipse etiam confrater noster patriarcha Ar[nulfus] criminum illorum, quæ adversus eum ferebantur, se omnino immunem, Evangeliis tactis, asseruit. Porro personæ ipsius utilitas ab initio expeditionis Jerosolymitanæ quanta penes vos fuerit et quanta sit, non solum nos, sed universus pene agnoscit. Duobus igitur capitulis hujusmodi judicii ordine pertractatis, tertium, quod de ipsius genitura vulgatum est, pro multis et variis personæ utilitatibus, quas dinumerare prolixum est, pro pace ac necessitate Jerosolymitanæ Ecclesiæ, quæ in præterito quidem gravis, in futurum longe gravior imminere videbatur, apostolicæ dispensationis provisione duximus tolerandum, scientes ex apostolici dogmatis notitia *quoniam charitas operit multitudinem peccatorum.* Hac nimirum ratione servata, supradictum fratrem pontificali officio, quod ei per legatum interdictum fuerat, restituimus, et eum in episcopum seu patriarcham Jerosolymitanæ Ecclesiæ confirmavimus, et, quod ejus adhuc dignitati deerat, pallii videlicet indumentum ex apostolicæ sedis benignitate concessimus. Nunc ergo eum ad vos cum patriarchicæ dignitatis integritate et gratiæ nostræ plenitudine remittentes, rogamus et præcipimus ut eum, tanquam patrem et magistrum Deique vicarium, affectione debita diligatis et obedientia debita vere [a]mini. Præstet omnipotens Deus ut in conspectu ejus et ipse de vobis et vos de ipso gloriam mereamini! Manifestum autem vobis omnibus esse volumus quod mulieres illæ, de quibus, ut superius significatum est, idem patriarcha infamabatur, altera dicebatur uxor Girardi, altera Sarracena, de qua filium genuerit. Porro a communi voto et consensu electionis in sacramento superius exposito Ebremarus et ejus complices omnino remoti sunt.

Datum Priverni, xiv Kalendas Augusti, indictione ix, Incarnationis Dominicæ, anno 1117.

CDLXXV.
Ad Robertum Vizeliacensem abbatem. — Declarat eum esse in apostolicæ sedis tutela.

(Anno 1116, Oct. 25.)

[Mansi, Concil., XX, 1030.]

Paschalis episcopus, servus servorum Dei, dilecto filio Roberto Vizeliacensi abbati, salutem et apostolicam benedictionem.

Et divinarum et humanarum legum institutionibus edocemur, et ipsa etiam naturalis ratio nos exhortatur, ut non solum familiares et domesticos, sed universos quoque diligentes nos diligere debeamus. Quia ergo, in Christo fili charissime Roberte abbas, dudum Romanæ Ecclesiæ familiaris ac domesticus comprobaris, et quia in ipso B. Petri alodio constitutus es, præcipua te dilectione complectimur et B. Petri munimine confovemus. Interdicimus enim ut nullus omnino personam tuam vel commissum tibi officium conturbare vel inquietare præsumat : sed quiete permaneas, ut libere omnipotenti Deo debitum possis servitium exhibere. Si quis autem contra ista præsumpserit, Dei omnipotentis et sedis apostolicæ indignationem se noverit inventurum. Qui vero obediens et observator exstiterit, Domini Dei nostri et apostolorum ejus gratiam consequatur.

Datum apud Transtiberim, viii Kalend. Novembris.

CDLXXVI.
Decretum quo adversus abbatem Crassensem abbati Electensi confirmatur monasterium S. Polycarpi.

(Anno 1116, Nov. 25.)

[Gall. Christ. VI, Instr. I, p. 107.]

Paschalis episcopus, servus servorum Dei, dilecto filio Raimundo Electensis monasterii abbati, salutem et apostolicam benedictionem.

Frequens ad apostolicam sedem tua et fratrum vestrorum querela perlata est adversus Crassensis monasterii fratres pro S. Polycarpi ecclesia, quæ cum anno præterito apud S. Ægidium in concilio coram legati nostri præsentia tractaretur, legatus idem terminum utrique parti constituit ad nostram præsentiam veniendi. Statuto ergo tempore fratres cœnobii vestri ad conspectum nostrum et apostolicæ sedis præsentiam pervenerunt ; Crassenses autem monachi cum ultra terminum essent diutius exspectati, nec venerunt, nec excusationes aliquas transmiserunt. Tunc a fratribus vestris testium ablegationem suscepimus jurejurando firmatam, quod reverendæ memoriæ prædecessor noster papa Urbanus Electensis abbatis querela et semel et iterum cognita abbatem ipsum et Electense monasterium præceperit de beati Polycarpi ecclesia revestiri; ac allegatione suscepta Electenses fratres præcipimus de beati Polycarpi ecclesia revestiri, salva nimirum si quæ esset Crassensis monasterii justitia. Mox etiam utrique parti pertractandæ in conspectu nostro justitiæ terminum præsignavimus: adfuerunt tunc cœnobii vestri nuntii opportuna causæ munimina perferentes; porro ex Crassensi monasterio frater unus adfuit nullos testes, nulla munimina repræsentans: cum vero etiam ultra terminum dies plurimos sustinuissemus, præter eum nullus advenit. In tractatu igitur et discussione negotii ex ipsa adversarii relatione patuit supradictam Beati Polycarpi ecclesiam vetustis temporibus ab Electensi monasterio fuisse possessam, nec ecclesiastici veritate judicii, sed potestatum sæcularium violentia ab Electensis monasterii possessione subtractam: exposita sunt in conspectu nostro cœnobii vestri munimina, quibus scripta continebatur Guillelmundi comitis donatio, quam Caroli imperatoris tempore eidem Electensi monasterio de supradicta ecclesia S. Polycarpi fecerat: et item Remundi comitis redditio, sive donatio, quam regnante Francorum rege Philippo ediderat. Sane Crassensis ille frater nudis tantum sermonibus utebatur; illud inter utrumque constabat, quod Ermengarda comitissa beati Polycarpi ecclesiam et Electensi monasterio confirmaverat, et item Crassensi monasterio contradiderat: sic veritate justitiæ patefacta, fratrum nostrorum judicio, supradictam beati Polycarpi ecclesiam vestris fratribus et Electensi cœnobio restituimus et possidendam in perpetuum præsentis paginæ auctoritate firmamus, præcipientes et stabilitate perpetua decernentes ut eadem Beati Polycarpi ecclesia sub tua semper et successorum tuorum Electensium abbatum obedientia vel dispositione permaneat, nec ecclesiasticæ cuilibet aut sæculari personæ facultas sit cellam ipsam cum omnibus appenditiis seu pertinentiis suis ab Electensis monasterii unitate ac possessione subtrahere.

Ego Paschalis catholicæ Ecclesiæ episcopus, firmavi et SS.

Ego Petrus Portuensis episcopus, SS.

Ego Cono Præneslinus episcopus, SS.

Ego Petrus Romanæ Ecclesiæ cardinalis diaconus, huic definitioni interfui et SS.

Ego Petrus cardinalis SS. Cosmæ et Damiani, SS.

Ego GG. cardinalis diaconus S. Angeli, interfui et subscripsi.

Ego Amiso presbyter cardinalis titulo Equetii, laudavi et SS.

Ego Desiderius presbyter cardinalis tituli S. Praxedis, laudavi et SS.

Ego GG. presbyter cardinalis tituli Lucinæ, laudavi et SS.

Ego Joannes presbyter cardinalis tituli S. Eusebii, laudavi et SS.

Datum apud trans Tiberim per manum Joannis, S. R. E. C. diaconi ac bibliothecarii, ix Kalend. Decembris, indictione x, Incarnationis Dominicæ anno 1116, pontificatus autem domni Paschalis secundi papæ anno XVIII.

CDLXXVII.

Ad Augustanæ Ecclesiæ clerum. — Episcopum suum de adulterio accusatum a se necdum esse absolutum.

(Anno 1116, Nov. 23.)
[Mansi, Concil., XX, 1009.]

PASCHALIS episcopus, servus servorum Dei, dilectis filiis Augustensis ecclesiæ clericis, salutem et apostolicam benedictionem.

Pro querelis quibusdam, quæ super episcopo vestro ad audientiam nostram ante quinquennium pervenerunt, nos ei tunc temporis officium episcopale interdixisse meminimus: quia et a nostro id temporis legato bonæ memoriæ Richardo Albano episcopo, sicut vestris significatur litteris, invitatus et nostra præceptione præmonitus, nequaquam ad statutum terminum ante nos curavit occurrere, aut purgationis debitum exhibere. Ex illo namque tempore nunquam interdicti remissionem nos ei fecisse meminimus.

CDLXXVIII.

Ad Arnoldum archiepiscopum Moguntinum. — Illi causam episcopi Augustani ad audiendum et decidendum committit.

(Anno 1116.)
[Mansi, Concil., XX, 1009.]

PASCHALIS episcopus, servus servorum Dei, ARNOLDO venerabili fratri Moguntino archiepiscopo, salutem et apostolicam benedictionem.

Super cætera horrenda et infamia, quæ de persona Augustensis jamdudum ad sedis apostolicæ audientiam perlata sunt, nuper querelam Adalberti Augustensis civis lacrymabili suggestione suscepimus: quam nimirum personis ecclesiasticis et dicere et audire turpe est, sed ex ipsius Adalberti poteris relatione cognoscere. Tibi ergo, ad quem hujusmodi discussio pro metropolitanæ dignitatis debito attinet, litterarum præsentium præceptione injungimus ut hujusce negotii veritatem, convocatis fratribus, sollicita inquisitione discutias, et quod justitia exegerit decernatis: quod enim a vobis juste et rationabiliter, auctore Deo, statutum fuerit, nos ratum habebimus.

CDLXXIX.

Privilegium ad confirmationem datum omnium bonorum monasterii S. Bartholomæi ad Joannem abbatem.

(Anno 1116, Dec. 2.)
[*Anecdota Ughelliana*, 390.]

PASCHALIS episcopus, servus servorum Dei, dilecto filio JOANNI abbati monasterii S. Bartholomæi, quod in Pennensi patria situm est, ejusque successoribus regulariter substituendis in perpetuum.

Ad hoc in apostolicæ sedis regimen Domino disponente promoti conspicimur, ut ipso præstante religionem augere et ejus servis tuitionem debeamus impendere. Tuis igitur, dilecte in Domino fili Joannes abbas, justis petitionibus annuentes, B. Bartholomæi monasterium, cui Deo auctore præsides, in tutelam et protectionem beati Petri suscipimus, et contra pravorum hominum nequitiam auctoritatis ejus privilegio communimus. Præsenti itaque decreto statuimus ut quæcunque bona, quascunque possessiones idem monasterium in præsenti decima indictione, concessione pontificum, liberalitate principum, oblatione fidelium ubilibet justis modis possidet, vel in futurum auctore Domino poterit adipisci, firma vobis vestrisque successoribus et illibata permaneant; in quibus hæc propriis visa sunt nominibus exprimenda: castellum Carpinetum, castellum Fara, ecclesiæ S. Vitalis, Sancti Tegrini, S. Nicolai de Viculo; ecclesia S. Mariæ in Serane, ecclesia S. Mariæ, S. Felicis in Latumano cum pertinentiis suis; ecclesia S. Nicolai, et Mariæ, S. Justæ de Castello Deretani; ecclesiæ SS. Joannis et Pauli, S. Sepulchri, S. Angeli; ecclesiæ S. Mariæ Brittulensis, S. Herarmi, S. Mariæ in Pisciano, S. Joannis in Balneo, S. Laurentii Unciani, S. Mariæ in Plano, et Mariæ in cellulis, et S. Luciæ in ara antiqua. Decernimus ergo ut nulli omnino hominum liceat idem monasterium temere perturbare, aut ejus possessiones auferre, vel ablatas retinere, minuere, vel temerariis vexationibus fatigare, sed omnia integra conserventur eorum, pro quorum sustentatione ac gubernatione concessa sunt, usibus omnimodis profutura. Sepulturas quoque ejusdem monasterii omnino liberas esse decernimus, ut eorum qui illic sepeliri deliberaverint, devotioni et extremæ voluntati, nisi forte excommunicati sint, nullus obsistat. Si qua igitur in futurum ecclesiastica sæcularisve persona, hanc nostræ constitutionis paginam sciens, contra eam venire tentaverit, secundo tertiove commonita, si non satisfactione congrua emendaverit, potestatis honorisque sui dignitate careat, reamque se divino judicio existere de perpetrata iniquitate cognoscat, et a sacratissimo corpore et sanguine Dei et Domini Redemptoris nostri Jesu Christi aliena fiat, atque in extremo examine districtæ ultioni subjaceat; cunctis autem eidem monasterio justa servantibus sit pax Domini nostri Jesus Christi, quatenus et hic fructum bonæ actionis percipiant, et apud districtum judicem præmia æternæ pacis inveniant. Amen, amen, amen.

Ego Paschalis catholicæ Ecclesiæ episcopus.

Datum apud Transtiberim, per manum Joannis S. R. E. diac. cardinalis bibliothecarii, Nonas Decemb. indict. x, Incarnationis Dominicæ anno 1116, pontificatus autem domini Paschalis secundi papæ anno xviii.

CDLXXX.
Ad canonicos S. Mariæ in portu Ravennatis. — Ut regulam a Petro canonico exaratam observent.
(Anno 1116, Dec. 21.)
[Rubei, *Hist. Ravenn.*, p. 521.

Paschalis episcopus, servus servorum Dei, dilectis filiis apud ecclesiam S. Mariæ in portu Ravennatis exarchatus regulariter commorantibus salutem et apostolicam benedictionem.

Hanc institutionis canonicæ regulam, tam ore sanctorum Patrum auctoritate conceptam, quam et religiosorum virorum exemplis et morum honestate compositam nobis perspectam, Deo auctore suscipimus, et auctoritate sedis apostolicæ confirmantes, vobis per Dei gratiam efficaciter observandam injungimus, ut quorum sequi vestigia devovistis in terris, eorum obtinere consortium possitis in cœlis.

Datum Transtiberim, Kalend. Januarii, indictione decima.

Hujusmodi pontificiis litteris hi cardinales subscripsere: Crescentius Sabinus, Petrus Portuensis, Cono Prænestinus, Vitalis Albanus, episcopi; Bonifacius tituli S. Marci, Deusdedit S. Laurentii, Desiderius S. Praxedis, Wido S. Balbinæ, presbyteri; Petrus SS. Cosmæ et Damiani, Petrus S. Adriani, Rosemanus S. Georgii ad Velum aureum; comes S. Mariæ in Aquiro, Gregorius S. Angeli, Joannes S. Luciæ, diaconi.

CDLXXXI.
Privilegium pro ecclesia B. Mariæ in Portu.
(Anno 1116, Dec. 22.)
[Fantuzzi, *Monumenti Ravennati*, Venezia 1801, 4°, IV, 237.]

Paschalis episcopus, servus servorum Dei, dilecto filio Petro priori ecclesiæ B. Mariæ in Portu ejusque successoribus regulariter substituendis in perpetuum.

Ad hoc in apostolicæ sedis regimen, Domino disponente, promoti conspicimur, ut ipso præstante religionem augere et ejus servis tuitionem debeamus impendere. Quapropter petitionibus tuis, charissime in Christo fili Petre prior, paternæ benignitatis accommodamus assensum, ut loci vestri quies per Dei gratiam tranquilla et tuta persistat. Si qua ex hinc prædia ad jus nostræ sanctæ Romanæ Ecclesiæ pertinentia loco vestro a colonis quibusque data sunt, et cætera quæ in præsenti decima indictione possidere noscimini, vobis vestrisque successoribus in eadem regularis vitæ observantia promoventibus per decreti præsentis paginam concedimus atque firmamus. Sepulturam quoque loci vestri omnino liberam esse decernimus, ut eorum, qui illuc sepeliri deliberaverint, devotioni et extremæ voluntati, nisi forte excommunicati sint, nullus obsistat. Ordinationes clericorum a quo malueritis catholico episcopo suscipere loci vestri fratribus permittimus, vel cum episcopum non habet Ravennatis Ecclesia, vel quem habuerit constaret non esse catholicum. Porro laicorum de quibuslibet parochiis susceptiones ad disciplinæ videlicet regularis conversionem, nisi forte legalibus conditionibus teneantur obnoxii, a nullo vobis episcopo permittimus obsisti, videlicet clericorum tonsionem, qui regulariter loco vestro vivere per professionem deliberaverint. Sane fructuum vestrorum decimas quos ubilibet vestris sumptibus laboribusque colligitis, præter episcopum vel episcopalium ministrorum contradictionem, vobis concedimus obtinendas. Si quis igitur, decreti hujus tenore cognito, temere, quod absit! contraire tentaverit, honoris et officii periculum patiatur, aut excommunicationis ultimæ plectatur; nisi per ..... suam digna satisfactione correxit.

Ego Paschalis catholicæ Ecclesiæ episcopus SS.
Ego Petrus Portuensis episcopus SS.
Ego Cono Prænestinus episcopus SS.
Ego Bonifacius card. S. Marci SS.
Ego Joannes cardin. S. Cæciliæ SS.
Ego Desiderius cardin. S. Praxedis SS.
Ego Deusdedit card. S. Laurentii in Damaso SS.
Ego Petrus card. diac. SS. Cosmæ et Damiani SS.
Ego Bonsemannus card. diac. S. Georgii SS.
Ego Comes card. diac. S. M. in Aquiro SS
Ego Petrus cardin. diac. S. Adriani SS.
Ego Gregorius card. diac. S. Angeli SS.
Ego Joannes diac. card. S. Luciæ SS.

Datum apud Transtiberim per manum Joannis, sanctæ Romanæ Ecclesiæ diaconi card. ac bibliothecarii, XI Kal. Januarii, indictione X, Incarnat. Dominicæ anno 1116, pontificatus autem domni Paschalis II papæ anno 18.

CDLXXXII.

Ecclesiam S. Pancratii Backnangensem rogatu Hermanni marchionis tuendam suscipit et ejus possessiones confirmat, ea lege ut aureus unus quotannis Lateranensi palatio persolvatur.

(Anno 1116. — Vide in Wirtember. Urkundenb. Stuttgart, 1849, I, 343.)

CDLXXXIII.

Privilegium pro monasterio S. Bertini Sithiensis

(Anno 1116? Oct. 8.)

[Collection des Cartulaires, III, 251.]

PASCHALIS episcopus, servus servorum Dei, dilecto filio LAMBERTO, abbati monasterii Sancti Bertini, salutem et apostolicam benedictionem.

Quæ religionis prospectu statuta sunt, firma debent perpetuitate servari. Illud itaque religionis ac disciplinæ, quod a Cluniacensi cœnobio suscepistis, perpetua volumus apud vos observantia custodiri. Porro quod de monasterii vestri libertate in Lateranensi palatio a fratribus nostris episcopis et cardinalibus, coram nobis, judicatum et privilegio nostro confirmatum est, repetita sanctione firmamus; et ita ratum ac inconvulsum servari apostolicæ auctoritatis dispositione statuimus, ut nemini deinceps in perpetuum liceat illud infringere, nemini liceat ausu temerario retractare.

Data Viterbii, octavo Idus Octobris.

CDLXXXIV.

Ad fratres S. Frigdian.

(Anno 1116? Oct. 15.)

[BALUZ., Miscell. ed. Luc. IV, 586.]

PASCHALIS episcopus, servus servorum Dei, dilectis filiis A. priori S. Fridiani et ejus fratribus, salutem et apostolicam benedictionem.

« Multæ tribulationes justorum, et de his omnibus liberabit eos Dominus : » multis modis nos inimicus aggreditur, et pluribus divina misericordia consolatur. Unde, filii in Christo charissimi, si persecutores omnes insurgant, ne miremini; sed ad verum et summum refugium currite ipsius misericordiam postulantes, omnem in eo spem vestram et fiduciam statuentes. Potens est enim liberare vos, nec tentari vos super potentiam patietur. Nos quoque libenter vobis, sicut filiis in Christo charissimis, si quid possumus solatium conferemus. Sacrilego et raptori ecclesiarum et pauperum oppressori, et quæ potest pessima operanti, quomodo servis Dei communicandum sit non videmus. Quomodo enim quem Dominus abjicit servus suscipiet? Ecce Psalmista dicit: « Nonne quos oderit Dominus, oderam illos? » Non videtur Ecclesiæ filiis cum illis habenda communio, quod Dei nostri judicio propter iniquitates suas de matris Ecclesiæ gremio expelluntur? Qui cum Domino non est, contra Dominum est. Unde si cum Domino esse volumus, cum eo non esse qui est contra Dominum oportet.

Datum trans Tiberim, XVIII Kal. Novemb.

CDLXXXV.

Ad monachos Sancti Ægidii.

(Intra annum 1100-1117.)

[MANSI, Concil., XX, 1070.]

PASCHALIS episcopus, servus servorum Dei, dilectis filiis monasterii Sancti Ægidii monachis, salutem et apostolicam benedictionem.

Monachorum status a sæculo omnino divisus est ut cohæreat Deo. Aliis enim licet et Deo servire et sæculum non relinquere. Monachis autem nec corpora licet nec voluntatem habere in propria potestate, ut in eis illud Dominicum impleatur: *Non veni facere voluntatem meam, sed ejus qui misit me* (Joan. VI, 38). Unde dilectionem vestram litteris præsentibus commonemus ut omni nisu omnique studio divinæ dilectioni vos arctius astringatis, et postpositis vanitatibus sæculi, pleno mentis affectu Dei semper faciem inquiratis. Propter quod opportunum vobis est ut, sicut a prioribus vestris dispositum est, Cluniacensis ordinis districtionem efficacius teneatis; nec si aliter feceritis, et hominum detractionibus pateatis, et apostolicæ sedis indignationem gravius incurratis. Cluniacensis enim monasterii ordo multis locis per Dei gratiam religionis amplioris lumen infudit.

Data Beneventi, III Kal. Julii.

CDLXXXVI.

Ad Hermannum Augustensem episcopum.

(Intra an. 1101-1117.)

[Edidit Philipp. JAFFÉ, *Regesta pontif. Rom.*, p. 515,
« ex Schedis Pertzii. »]

H[ERMANNO] Augustensi episcopo, salutem et apostolicam benedictionem.

Latoris præsentium causa penes nos diligentius indagata est. Frater etiam noster, H. venerabilis abbas eamdem causam in ipsa vestræ ecclesiæ congregatione cum religiosis monachis ac prudentibus viris se diligenter examinasse suggessit. Itaque cum ex ipsius clerici confessione tum ex supradicti abbatis suggestione cognovimus, quia idem clericus, cum inter languorem jam sensu destitutus desperaretur, neque sponte neque scienter monachico habitu est indutus, sed mox in se reversus ipsum habitum adversatus est, et a prædecessore tuo atque a congregatione Augustensis ecclesiæ litteris repetitus, beneficium et præbendam ejusdem recepit ecclesiæ. Cum igitur ita se causæ hujus series habeat, tam fratribus nostris quam nobis visum est, eumdem clericum nullo propter hæc justitiæ debito compellendum, ut in monasterium revertatur. Tua itaque fraternitas non eum ulterius inquietet. Nuntios quidem tuos post hujus adventum quinque dierum induciis sustinuimus, sed cum nullus ad nos veniret, hunc in pace dimisimus.

Dat. III Id. Martii.

CDLXXXVII.

Privilegium pro canonicis S. Fidelis.

(Anno 1117, Jan. 1.)

[TATTI, *Annali della citta di Como*, II, 266.]

PASCHALIS episcopus, servus servorum Dei, venerabili fratri Cumano episcopo, salutem et apostolicam benedictionem.

Licet in ecclesiarum dispositione concessam tibi noveris potestatem, debes tamen sollicite providere ut hac utaris in ædificationem et non in destructionem. Sicut ergo aliis præcipimus, ita et præsentibus rogantes præcipimus, ut clericis S. Fidelis nullas injurias, nulla gravamina inferas, nec in eorum Ecclesiam clericos præter ipsorum voluntatem intrudas. Si qui vero intrusi sunt, debita justitia coerceantur, nec ulterius eos impediri permittas; quin secundum suam prudentiam clericos ad conventum suæ congregationis admittant.

Datum Transtiberim, Kal. Januarii.

CDLXXXVIII.

Monasterii Miciacensis possessiones confirmat.
(Anno 1117, Mart. 12. — Vide *Annales Bened.*, VI, 2.)

CDLXXXIX.

Ad episcopos et regem Angliæ. — De dignitate Ecclesiæ Cantuariensis.

(Anno 1117, Mart. 24.)

[MANSI, *Concil.*, XX, 1011.]

PASCHALIS episcopus, servus servorum Dei, venerabilibus fratribus Angliæ episcopis, et charissimo filio HENRICO illustri regi, salutem et apostolicam benedictionem.

Veniente ad nos charissimo ac reverendissimo fratre nostro Radulfo archiepiscopo, vestram ad nos missam legationem per venerabilem episcopum Herebertum Norwicensem cognovimus. Et quidem gravibus infirmitatum molestiis impediti iidem fratres et coepiscopi, pervenire ad nostram præsentiam minime valuerunt. Sed nuntiorum honestis venerabilibusque personis pervenientibus, eorum scripta suscepimus : in quibus et ipsorum postulationes et vestræ legationis vota perspeximus. Id enim optabatur, id poscebatur, ne Ecclesia Cantuariensis temporibus nostris sua dignitate privetur : ne nos eamdem dignitatem minuamus, aut minui sinamus : qua videlicet potita est, ex quo a B. Gregorio per B. Augustinum fundata est. Præter hæc litterarum indicia, legati qui ad nos missi sunt, ut sapientes ac strenui viri, assertiones suas prudenter, instanter et efficaciter exsecuti sunt. Nos profecto et legatorum personas, et assertiones, et vestrum omnium legationes, tanquam charissimorum fratrum, benigne hilariterque suscepimus : quod vobis in Domino propter Dominum placere optamus. Vestræ ergo dilectioni notum facere volumus, quod Cantuariensis ecclesiæ dignitatem nec imminuimus, nec imminuere desideramus. Beatum namque Gregorium apostolicæ sedis pontificem, tanquam præcipuum Christi Domini membrum, tanquam Christiani populi pastorem et doctorem, et tanquam salutis æternæ ministrum, in omnibus veneramur : et rata esse cupimus, quæ ab ejus institutionibus processerunt. Illam ergo dignitatem, quam ab eo per B. Augustinum Cantuariensis suscepit ecclesia, et quam sanctæ memoriæ frater noster Anselmus jure ac possessione legitima tenuisse cognoscitur, nos profecto nullatenus imminuimus : sed in eodem statu esse Cantuariensem ecclesiam volumus, ut authentica ejus privilegia, juxta canonum sanctiones, nullis perturbationibus violentur.

Data Beneventi, nono Kalendas Aprilis.

CDXC.

Ad canonicos Augustanæ Ecclesiæ. — De causa episcopi sui.

(Anno 1117, April. 1.)

[MANSI, *Concil.*, XX, 1009.]

PASCHALIS episcopus, servus servorum Dei, dilectis filiis D. decano, et cæteris Augustensis ecclesiæ canonicis, salutem et apostolicam benedictionem.

Diu est quod frater noster Herimannus episcopus vester de tribus apud nos fuit capitulis impetitus, de pravo videlicet electionis et consecrationis accessu, de conversatione perversa, et de rerum ecclesiasticarum distractione. Pro quibus, ipso ab episcopali officio suspenso, terminus constitutus est, quo pars utraque ante nostram deberet præsentiam convenire. Infra quem nimirum terminum confrater vester et concanonicus Conradus ad nos venit : et, sicut ipse asserit, a nobis accepit, quod episcopus liber esset, nisi illi constituto termino convenirent. Cum itaque nuper ante nos, et de quibusdam aliis gravibus idem diffamaretur episcopus, cum his ad memoriam nostram etiam illa præterita redierunt. Unde opportunum duximus causam ipsius, ne diutius Ecclesiæ detrimentum afferat, terminare. Sed quoniam propter difficultates itinerum, et personæ infirmitatem, nostro nequit se offerre conspectui, confratri nostro Widoni Curiensi episcopo negotium istud providimus injungendum. Præcipimus ergo ut ipse causam omnem diligentius audiat. Et si episcopus vester de rerum ecclesiasticarum, et de perversæ conversationis vita emendationem fecerit, et de aliis quæ objecta sunt, tertia episcoporum, vel quinta presbyterorum manu se purgaverit, restitutionem interdicti sibi officii consequatur.

Datum Beneventi, Kalendis Aprilis.

CDXCI.

Albino abbati et canonicis S. Mariæ de Bosco (de Rota) capellam B. Nicolai Credonensem asserit.

(Anno 1117, April. 4.)

[Baluz., *Miscell.* ed. Luc., III, 18.]

Paschalis episcopus, servus servorum Dei, dilectis filiis Albino abbati et canonicis Sanctæ Mariæ de Bosco, salutem et apostolicam benedictionem.

Quia vos ad videndum Deum vacare cognovimus, nos juxta petitionem vestram quieti vestræ benignius providemus. Eapropter capellam illam beati Nicolai, quam in castello Credonis per manum Rainaldi Andegavensis episcopi suscepistis, nos vobis per decreti præsentis paginam confirmamus, quam videlicet idem Rainaldus episcopus de Hugonis Credonensis potestate receperat. Sicut ergo ab eo vobis concessa et tradita est, ita vobis in perpetuum quietam et integram cum omnibus appenditiis suis manere censemus. Salvo nimirum censu annuo solidorum decem, qui matrici ecclesiæ Beati Mauritii persolvendi sunt. Universa enim prædia et dona quæ supradicti Hugonis avus Rainaldus eidem capellæ de suo jure obtulit et scripti assertione contradidit, quæque ab ipsius Rainaldi filio Mauritio collata sunt, quieta vobis et integra in perpetuum manere sancimus.

Data Beneventi, II Non. Aprilis, indictione decima.

CDXCII.

Privilegium pro abbatia Fontebraldensi.

(Anno 1117, April. 5.)

[Pavillon, *Vie de Robert d'Arbrissel*, Preuves, p. 623.]

Paschalis episcopus, servus servorum Dei, religiosis ancillis Dei sanctimonialibus S. Mariæ Fontebraldensis, salutem et apostolicam benedictionem.

Beatæ memoriæ Petrus Pictaviensis episcopus qualiter domnum Robertum de Arbrissel religioso viro vestri monasterii fundatori, Tucianensem locum commiserit, et in possessionem vestri monasterii dedit, ex ipsius scriptis evidenter agnovimus. Cum enim Nantolienses monachi locum illum calumniarentur occasione cujusdam ecclesiæ cujus fundamenta inibi apparebant, ipse cum clericis suis et Fulcardo Frenicardi, de cujus jure locus ipse fuerat, ad Nantoliense monasterium accessit, de prava calumnia, cum abbate et monachis ejusdem loci in communi capitulo concordiam fecit. Fulcardus siquidem Frenicardi dedit pro hac concordia Nantoliensibus monachis quatuor annonæ sextarios in decima S. Meedardi de Vertolio qui annis singulis redderentur. Abbas itaque Nantoliensis nomine Gualterius in capitulo Nantoliensis Ecclesiæ, ipso episcopo clericisque præsentibus, assensu monachorum suorum, calumniam illam penitus absolvit atque dimisit, et ecclesiam Tucionensis loci, ipsumque locum ex integro supradicto domno Roberto et congregationi vestræ, et viris ei ministrantibus gerendam, ac perpetuo possidendam renuntiavit. Nos ergo supradicti episcopi concessionem tam rationabiliter factam, ratam duximus, et præsentis paginæ auctoritate firmamus. Statuentes et omnino interdicentes, ne aut Burdegalensi archiepiscopo, aut Nantoliensi abbati, aut cuique Ecclesiæ sæcularive personæ, liceat ipsum a monasterii vestri possessione et unitate subtrahere. Si quis autem temerarie contraire tentaverit, canonicæ ultionis auctoritate plectatur.

Datum Beneventi Nonas Aprilis, indict. x.

CDXCIII.

Ad Henricum regem Angliæ. — In causa Turstani Eboracensis archiepiscopi absque judicio e sua Ecclesia ejecti.

(Anno 1117, April. 5.)

[Mansi, *Concil.* XX, 1012.]

Paschalis episcopus, servus servorum Dei, Henrico illustri regi Anglorum, salutem et apostolicam benedictionem.

Nos, auctore Deo, de probitate tua, non tantum bona, sed meliora confidimus. Idcirco monemus excellentiam tuam, ut divinæ gratiæ memor semper existas, qui tibi et regni pacem et justitiæ notitiam tribuit. Honorem igitur Dei et ecclesiarum ejus in regno tuo diligenter observa, et justitiam efficaciter exsequere : quia per honorem Dei, tuus profecto augebitur. Audivimus electum Eboracensem, virum sapientem et strenuum, sine judicio ab Eboracensi ecclesia sequestratum : quod nimirum divinæ justitiæ et sanctorum Patrum institutionibus adversatur. Nos quidem neque Cantuariensem ecclesiam minui, neque Eboracensem volumus præjudicium pati : sed eam constitutionem, quæ a B. Gregorio Anglicæ gentis apostolo inter easdem ecclesias constituta est, firmam censemus illibatamque servari. Idem ergo electus, ut justitia exigit, ad suam ecclesiam omnimodis revocetur. Si quid autem quæstionis inter easdem ecclesias nascitur, præsentibus utriusque partibus in nostra præsentia pertractetur.

CDXCIV.

Ad Radulphum Cantuariensem episcopum, super primatu Ecclesiæ Eboracensis.

(Anno 1117.)

[*Monastic. Anglic.*, III, 143.]

Paschalis episcopus, servus servorum Dei, venerabili fratri Ranulpho Cantuariensis Ecclesiæ archiepiscopo, salutem et apostolicam benedictionem.

Quanto amplius de tuæ dilectionis sinceritate confidimus, tanto amplius admiramur quod ea videaris exigere, quæ Romanæ solum competere videntur Ecclesiæ. Nosti enim, frater charissime, beati Gregorii ad Augustinum verba; ita in ejus epistola de Eborum episcopo esse disposita, post obitum tuum episcopis quos ordinaverit, præsit, ut Londoniensis episcopi nullo modo ditioni subjaceat. Si vero inter Londoniæ et Eboracæ civitatis episcopos in posterum ista honoris distinctio, ut ipse prior habeatur qui prior fuerit ordinatus : quo igitur modo, qua ratione, ab electo Eboracensis Ecclesiæ professionem exigis? et propter hoc ei manum imponere detractas, cum secundum præscriptam beati Gregorii constitutionem nullo modo ditioni tuæ debet subjacere : præcipimus igitur ut pro vestrarum Ecclesiarum consuetudine eum debeas, secundum sanctorum scita canonum, consecrare, omni subjectionis exactione deposita; alioquin nos eum juxta communem Ecclesiarum morem ab Eboracensi Ecclesiæ suffraganeis præcipimus consecrari. Et si cum prioris locum obtineat, nec Ecclesiæ tuæ suffraganeus est, nec tibi obedientiam debet.

CDXCV.

Confirmato privilegii regis Ludovici pro Ecclesia Carnotensi.

(Anno 1117, April. 13.)

[*Collection des Cartulaires*, II, 270.]

Paschalis episcopus, servus servorum Dei, venerabili fratri Gaufrido, Carnotensi episcopo, salutem et apostolicam benedictionem.

Quæ a sæcularibus principibus juste et legaliter statuuntur, dignum est ut nostri quoque favoris assertione firmentur. Illam igitur sanctionem illustris filii nostri Ludovici, Francorum regis, quam pro Carnotensis Ecclesiæ quiete sancivit, nos præsentis decreti auctoritate firmamus. Cujus videlicet sanctionis verba sic se habent nominatim. « Propter reverentiam beatæ Mariæ et beati Petri apostoli, in prædiis Carnotensis Ecclesiæ, tam episcopalibus quam canonicalibus, et prædiis monasterii Beati Petri apostoli, quæ videlicet a Puteacensibus dominis diu oppressa fuerant, prætaxatas oppressiones funditus abolemus, ut neque sub nomine nostræ regiæ majestatis, neque sub nomine alicujus alterius potestatis, aliquæ angariæ vel violentiæ inferantur; nullæ exactiones, nulla gravamina ingerantur; sed omnis eorumdem utilitas usibus eorum tantum proficiat, pro quorum sustentatione sacratis locis prædicta prædia, fidelium collatione, sunt concessa et prædecessorum nostrorum astipulatione confiscata. »

Hanc igitur supradicti regis justam et legitimam sanctionem ita ratam, per succedentia tempora, et illibatam servari censemus, ut, si quis eam, præsumptione temeraria, violaverit, tanquam sacrilegus, usque ad satisfactionem, ab ecclesiæ liminibus arceatur.

Datum Beneventi, Idibus Aprilis, indictione decima.

CDXCVI.

Antonio præposito S. Petri aa oratorium de Capistrano, presbytero cardinali, privilegia tribuit.

(Fragmentum. Anno 1117, April. 20.)

[Ughelli, *Italia sacra*, IX, 506.]

..... Tibi ergo, dilecte in Christo fili Antoni præposite, quem præstante Deo in nostra sancta Romana Ecclesia presbyterum cardinalem consecravimus, tuisque successoribus.....

Datum Beneventi per manum Joannis S. R. E. diaconi cardinalis ac bibliothecarii, xii Kal. Maii, indict. x, Incarnatione Domin. 1117, pontificat. an. xviii.

CDXCVII.

Ad regem Danorum.

(Anno 1117, April. 25.)

[« Ex Reg. Paschalis II, lib. xviii, cap. 21 » — E cod. Vatic. Ottobon. n. 3057 eruit W. Giesebrecht; edidit Philippus Jaffé, *Regesta Rom. pont.*, 513.]

Danorum regi.

Legimus in apostolo Paulo : *Non est potestas nisi a Deo*. Tunc vero recte potestas agitur, cum ad Deum respicitur, a quo datur. Tu ergo, fili, ad Deum semper intendas, ut sicut a Deo potestatem accepisti, ita ei placere semper per ejus gratiam valeas, ecclesias et sacerdotes Domini gratanter et humiliter venereris, pupillis et viduis opem tuæ protectionis impendas. Justitiam efficaciter exerceas et justitiæ repugnantes tua comprimas potestate. Nec a quibuslibet iniquis ecclesiarum bona diripi patiaris, quia sacrilegii crimen est, et eorum culpa te respicit. Nec enim debent aliquorum violentia diripi, quæ pro multorum sunt concessa salute. In his et aliis nequitiis coercendis regni tui debes pontificibus adjutor et cooperator existere. Tunc enim bene mundus regitur, cum sacerdotali auctoritati potestas regia comitatur, sacerdotes enim in Christi Ecclesia oculi sunt. Quos sequi condecet populum, quia et virtute Domini corpus ejus illuminatur. Ipsis profecto convenit veritatem Domini nuntiare, ut sponsam Domini castam illibatamque custodiant. Unde scire te volumus quia de presbyterorum et diaconorum castitate et illi et nos verbum mutare non possumus. Dominica namque sententia est : *Sint lumbi vestri præcincti et lucernæ ardentes in manibus vestris*, ut casti simus corpore et luceamus operum claritate. Si qui autem veritati resistere molliuntur, et sacerdotali ministerio commonendi et regia sunt potentia coercendi. Tuæ igitur potestati confratres nostros Lundensem metropolitanum et alios regni Danorum episcopos commendamus, ut eis et obedientiam reverenter exhibeas et adjutorium efficaciter subministres, ut et temporalem gloriam pacifice per Dei gratiam obtinere et ad æternam salutem mereamini feliciter pervenire.

Datum Benev., VIII Kal. Maii.

CDXCVIII.

Ad Fridericum archiepiscopum Coloniensem. — Approbat excommunicationem regis ab eo factam, et ut Romæ Ecclesiæ subveniat, hortatur.

(Anno 1117.)

[MANSI, *Concil.*, XX, 1084.]

PASCHALIS episcopus, servus servorum Dei, venerabili fratri F. Coloniensi episcopo, salutem et apostolicam benedictionem.

Significavit nobis fraternitas vestra, pro sacrilegiis, pro rapinis, pro incendiis, et pro iniquitatibus aliis in regem vos excommunicationis sententiam dictavisse. Nos illud Doctoris gentium capitulum attendentes, ubi inter cætera legitur: *Si quis frater nominatur fornicator aut rapax, cum hujusmodi nec cibum sumere* (I Cor. v). Item aliud beati Joannis apostoli expavescentes, in quo de similibus continetur quod qui ei ave dixerit, communicat operibus ejus malignis. Illud etiam Nicæni concilii considerantes ut qui ab alio excommunicatur, ab alio non recipiatur; ut et vos ita faciatis, hortantes omnino ab ejusdem regis nos communione subtraximus. Ipse autem, sive propter hoc, sive propter aliud ignoramus, Romam venit, seditionem in populo concitavit, excommunicatos ab Ecclesia in communionem suscepit, beati Petri fideles impugnavit, et impugnare non desinit, patrimonium beati Petri, quæ potuit occupavit, alia devastationi exposuit. De quibus videlicet ab antecessoribus nostris, domino Joanne papa in concilio quadraginta episcoporum, et ab aliis nonnullis per longa jam tempora excommunicatio facta est. Ad apostolorum limina, et ad nostram præsentiam venientes positis in viam custodibus capiuntur, bonis suis exspoliantur, nec liberum habere transitum permittuntur. Pro quibus in nos et in beatum Petrum agere ista debuerit nos nescimus. Hæc itaque dilectioni vestræ cognita facientes pro matre vestra Romana Ecclesia vos monemus, ad ejus auxilium vos tanquam fratres et filios in Christo charissimos invitamus. Turpissimum enim filiis est matrem in eorum oculis fatigari, nec auxilium ferre cum possint. Vestræ igitur matri succurrite, ejusque opportunitatibus cum Dei adjutorio subvenire procurate. Nos enim quod a vobis de illo factum est, et tenuimus, et Domino præstante tenebimus.

CDXCIX.

Privilegium pro ecclesiis S. Petri de Nurki, S. Nicolai de Nugubii, et S. Heliæ de Setin.

(Anno 1117, April. 20.)

[GATTULA, *Hist. Casin.*, 425.]

PASCHALIS episcopus, servus servorum Dei, illustri viro GUNNARIO domnicello, salutem et apostolicam benedictionem.

Devotionem tuam spectavimus, quia S. Petri de Nurki, S. Nicolai de Nugubii, et S. Heliæ de Setin ecclesias, quas infra Turritanam et Empuritanam parochias in tuo videlicet patrimonio construxisti, apostolicæ sedis postulas patrocinio communiri. Et nos ergo tuis postulationibus annuentes, statuimus ut nulli omnino hominum liceat ecclesias ipsas temere perturbare, aut earum possessiones auferre, vel ablatas retinere, minuere, vel temerariis vexationibus fatigare, sed omnia, quæ illis a te aut jam collata sunt, aut in futurum largiente Deo vel a te, vel ab aliis fidelibus viris, dari, offerri, vel aliis justis modis acquiri contigerit, quieta semper et integra conserventur clericorum illic servientium usibus profutura, salva canonica confratrum et coepiscoporum nostrorum reverentia. Si quis igitur in futurum judex, domnicellus, curator aut quælibet ecclesiastica sæcularisve persona, hanc nostræ constitutionis paginam sciens, contra eam temere venire tentaverit, honoris et officii sui periculum patiatur, aut excommunicationis ultione plectatur, nisi præsumptionem suam digna satisfactione correxerit. Quicunque vero ecclesias ipsas et in eis Domino servientes fovere suisque rebus honorare curaverit, omnipotentis Dei et apostolorum ejus gratiam, et peccatorum suorum indulgentiam consequatur. Amen, amen, amen.

Ego Paschalis catholicæ Ecclesiæ episcopus SS.

Datum Anagniæ per manum Crisogoni, sanctæ Romanæ Ecclesiæ diaconi cardinalis, agentis vices domni Joannis cancellarii, XIII Kalend. Septembris, indictione decima, anno Dominicæ Incarnationis millesimo centesimo tertio decimo (122), pontificatus domni Paschalis secundi papæ anno XIV.

D.

Monasterii Sublacensis possessiones quasdam confirmat.

(Anno 1117.)

[MARGARINI, *Bullar. Casin.*, II, 131.]

PASCHALIS episcopus, servus servorum Dei, dilecto in Christo filio JOANNI Sublacensi abbati, ejusque successoribus regulariter instituendis et in beati Petri fidelitate mansuris in perpetuum.

Cum universis sanctæ Romanæ Ecclesiæ filiis ex apostolicæ sedis auctoritate ac benevolentia debitores existamus, illis tamen locis, atque personis, quæ specialius ac familiarius eidem Romanæ adhærent Ecclesiæ propensiori nos convenit dilectionis studio impendere, et eorum quieti attentius, auxiliante Domino, providere. Beati siquidem Benedicti Sublacense monasterium, cui Deo auctore, dilecte in Christo Joannes abbas, præsidere cognosceris, cum pro ipsius beatissimi Patris nostri Benedicti reverentia, tum pro religiosorum fratrum constantia multis olim fidelium oblationibus auctum, multisque possessionibus fuisse cognoscitur dilatatum. Cum autem diutius et in spiritualibus et in tempo-

---

(122) Legendum esse *an.* 1117 patet ex indict. X et pontificatus anno XVIII. JAFFÉ.

ralibus claruisset, deficiente tandem timentium Deum potentia, et tyrannorum violentia concrescente, locus idem vehementer oppressus, et possessionibus suis admodum imminutus est, quod felicis memoriæ prædecessor noster, papa Gregorius, gravius ferens, diebus suis ad ejusdem restaurationem monasterii laboravit. Nos quoque, ipsius vestigiis insistentes, ad hoc ipsum operam dedimus, et divina favente clementia, nonnulla eorum quæ ablata fuerant in territorio Campanino recuperavimus, et monasterio eidem reddidimus, quorum confirmationem a sede apostolica dilectio tua, propter pravorum nequitiam, postulavit. Et nos ergo postulationi tuæ, fili in Christo charissime, annuentes, ea tibi tuisque successoribus, et per nos supradicto monasterio Beati Benedicti, præsentis privilegii pagina confirmamus. Videlicet Afilem et Pontiam, cum ecclesiis, fundis, casalibus, silvis et pertinentiis earum, sicut in Benedicti, nobilis memoriæ, ducis et consulis oblatione, et in prædecessorum nostrorum Benedicti VI et Joannis X Romanorum pontificum muniminibus continetur. Decernimus itaque ut nulli omnino hominum facultas sit a monasterii possessione illa subtrahere, minuere, vel temerariis vexationibus perturbare, sed omnia, sicut superius prænotata sunt, eidem loco quieta semper et integra conserventur, fratrum ibidem sub beati Benedicti regula Domino militantium, usibus profutura ; si qua igitur in futurum ecclesiastica sæcularisve persona, hanc nostræ constitutionis paginam sciens, contra eam temere venire tentaverit, secundo tertiove commonita, si non satisfactione congrua emendaverit, potestatis honorisque sui dignitate careat, reamque se divino judicio existere de perpetrata iniquitate cognoscat, et a sacratissimo corpore ac sanguine Dei et Domini Redemptoris nostri Jesu Christi aliena fiat, atque in extremo examine districtæ ultioni subjaceat. Cunctis autem præfato monasterio justa servantibus sit pax Domini nostri Jesu Christi, quatenus et hic fructum bonæ actionis percipiant, et apud districtum judicem præmia æternæ pacis inveniant. Amen, amen, amen.

Ego Paschalis catholicæ Ecclesiæ episcopus.

Datum Anagniæ per manus Chrysogoni sanctæ Romanæ Ecclesiæ diaconi cardinalis, agentis vices domni Joannis cancellarii, ix Kalend.....

DI.
Ad Rogerium comitem Siciliæ.
(Anno 1117, Oct. 1.)

[« Ex Reg. Paschalis II, lib. xviii, cap. 3. » — E cod. Vatic. Ottobon. n. 3057 eruit W. Giesebrecht ; edidit Philippus Jaffé, *Regesta Rom. pont.*, 516.]

Rogerio comiti Siciliæ.

Ante Sarracenorum invasionem Siciliæ insula Romanæ Ecclesiæ adeo familiaris fuit, ut semper in ea Romani pontifices et patrimoniorum suorum curatores et suæ vicis repræsentatores habuerint. Patri autem tuo divina gratia prærogativam contulit, ut suo et suorum labore et sanguine Sarraceni, ab eadem insula pellerentur, et in ea Dei Ecclesiæ restituerentur. Unde, sicut in tuis litteris suggessisti, antecessor meus patri tuo legati vicem gratuita benignitate concessit. Nos quoque tibi post ipsum ejus successori concessimus, ea videlicet ratione, ut si quando illuc ex latere nostro legatus dirigitur, quem profecto vicarium intelligimus, quæ ab eo gerenda sunt, per tuam industriam effectui mancipentur. Sic enim in Ecclesia sæculares potestates dispositas legimus, ut quod ecclesiastica humilitas minus valet, sæcularis potestas suæ formidinis rigore perficiat. Nam personarum ecclesiasticarum seu dignitatum judicia nusquam legimus laicis vel religiosis fuisse commissa. Porro episcoporum vocationes ad synodum quas unquam sibi legatus aut vicarius usurpavit? quod aliquando singularibus, aliquando pluralibus litteris per quoslibet solet nuntios fieri. Cognosce, fili charissime, modum tuum et datam tibi a Domino potestatem, noli contra Dominicam erigere potestatem. Sic enim a Domino Romanæ Ecclesiæ potestas concessa est, ut ab hominibus auferri non possit. Disce in comitatu tuo bonorum imperatorum exempla, ut Ecclesias non impugnare studeas, sed juvare ; non judicare aut opprimere episcopos, sed tanquam Dei vicarios venerari. Quæ a patre tuo nobilis memoriæ R[ogerio] comite Ecclesiæ data sunt, per te nullatenus minuantur, sed potius augeantur. Noli Deum præcedere, sed sequaris, quia eo duce non offendes, sed vitæ lumen habebis. Hæc tibi tanquam filio charissimo præcipio, hæc moneo ; si, ut spondes, obedieris et obtemperaveris, tuam profecto salutem obtemperabis. Omnipotens Dominus suo te beneplacito dirigat, conservet atque custodiat.

Dat. Anagniæ Kal. Octobris.

DII.
Ad Gerardum episcopum Engolismensem. — Afflictum consolatur. Interdictum abbati Rotonensi illatum confirmat.
(Anno 1117, Nov. 30.)

[Mabill. *Annal. Bened.*, VI, 634.]

Paschalis episcopus, servus servorum Dei, venerabili fratri Gerardo Engolismensi episcopo, apostolicæ sedis vicario, et fratribus qui cum eo sunt, salutem et apostolicam benedictionem.

Fraternitati vestræ compatitur nostræ dilectionis affectus, pro eo quod vos augustiari angustiis plerisque cognovimus. Cæterum et nos non minora tribulationum pondera ferimus, pro quibus fraternitatem vestram rogamus, ut ad omnipotentem Deum preces et gemitus effundatis, et idipsum per universas parochias vestras fieri præcipiatis, quatenus omnipotens Deus multiplici miseratione Ecclesiam suam respiciat, et persecutionum æstus cessare præcipiat. Interdicti sententiam quam super Rotonensem abbatem protulistis et ejus abbatiam, nos ratam ducimus, donec vestro judicio satisfaciat. Comitem vero nostris litteris commonemus, ne assensum suum illius pertinaciæ præbeat, quin etiam vobis eum obedire compellat. Quod si aliter fecerit, si quid vos in eum communi consilio austerius decreveritis, nos favoris nostri assensione firmamus.

Data Trevanæ, II Kal. Decembris.

DIII.

Conanum Britannorum comitem hortatur ut cogat monachos Rotonenses ut Bellam insulam monachis Kemperelegiensibus restituant.

(Anno 1117, Nov. 30.)
[Mab. *ubi supra*.]

Paschalis episcopus, servus servorum Dei, dilecto filio Conano illustri Britannorum comiti, salutem et apostolicam benedictionem.

Nosse debes, fili charissime, quia non est potestas nisi a Deo. Per ipsum igitur potestate accepta, noli adversus eum cervicem cordis erigere, nec ejus Ecclesiam impugnare, sed potius ejus omnipotentiam cogita, et humiliter Ecclesiæ præcepta custodi, ut qui magna suscepisti, merearis majora suscipere. Rotonensem abbatem audivimus, contempta vicarii nostri Engolismensis episcopi reverentia, per violentiam tuæ potestatis Bellam insulam invasisse, et Kemperelegienses inde monachos expulisse. Quam ob causam cum judicio vicarii obedire contemneret, per eum est ab abbatis et sacerdotis officio interdictus, et abbatia tota officiis privata divinis. Verumenimvero interdictum ipsum pertinaci præsumptione contemnunt. Tuam itaque indolem commonemus, et tanquam Ecclesiæ filio præcipimus ne te eorum arrogantiæ socies, sed eos ad Ecclesiæ judicium peragendum ipse compellas; alioquin quæcunque adversus te pro hoc reatu sententia processerit, nos ratam Domino auctore tenebimus.

Data Trevanæ, II Kalend. Decembris.

DIV.

Ad Guillelmum comitem Nivernensem. — *Ut Vizeliacense monasterium quietum ac liberum esse sinat.*

(Anno 1117, Dec. 21.)
[Mansi, *Concil.*, XX, 1030.]

Paschalis episcopus, servus servorum Dei, Guillelmo illustri viro, Nivernensium comiti, salutem et apostolicam benedictionem.

Non parva de te apud nos fama est, et nos ita credimus et credidimus, quod Dei timorem habeas et amorem, quod justitiam diligas, et quod in cæteris, sicut tantum decet virum, per Dei gratiam honeste te habeas. Monemus igitur ut vicinas tibi ecclesias ab oppressionibus liberas facias, nec aliquas eis molestias irroges, illis maxime quæ ad B. Petri tutelam aut patrocinium pertinent, quemadmodum Vizeliacense cœnobium, in quo exactiones aut usurpationes aliquas per te, vel quorumlibet præsumptione, institui omnino prohibemus et interdicimus. Imo sicut a nostris prædecessoribus apostolicæ sedis pontificibus sancitum est, nosque sancimus ut idem monasterium secundum constitutionem testamenti

(122:) Epistola est perperam inscripta alias : *Poloniensi archiepiscopo*, alias, *Panormitano archiep.*;

nobilis memoriæ Ge... i comitis, B. Petri jure quietum liberumque dimittas. Alioquin B. Petrus adversum te dominii sui exeret ultionem, et nos locum nostrum apostolica auctoritate tuebimur.

Datum Prænestæ, XII Kal. Januar.

DV.

Ad Daimbertum Senonensem et alios episcopos. — *Ut Vizeliacense monasterium protegant.*

(Anno 1117, Dec. 21.)
[Mansi, *Concil.*, XX, 1031.]

Paschalis episcopus, servus servorum Dei, venerabilibus fratribus et coepiscopis Daimberto Senonensi, Hugoni Nivernensi, Stephano Eduensi, Joceranno Lingonensi, Hugoni Antissiodorensi, salutem et apostolicam benedictionem.

Ex fundatoris illustris memoriæ Gerardi comitis oblatione, Vizeliacense monasterium B. Petri juris esse, vestra, ut credimus, notitia non ignorat. Verum quidam, sicut accepimus, loco eidem exactiones imponere et graves moliuntur injurias irrogare. Rogamus ergo fraternitatem vestram, et monemus, ut pro vestri officii debito locum ipsum protegere studeatis; et si quis ei molestias fecerit, ab abbate vel fratribus requisiti, ita inde justitiam faciatis, ut a B. Petro et a nobis gratias habeatis.

Datum Prænestæ, XII Kalend. Januarii.

DVI.

(122*) *Archiepiscopo (Spalatino) explicat cur legati sui pallium deferentes sacramentum ab eo exegerint. Saxonum et Danorum exemplum ad imitandum proponit.*

(Intra an. 1099-1118.)
[Mansi, *Concil.*, XX, 984.]

Paschalis episcopus, servus servorum Dei, N. Polonorum archiepiscopo.

Significasti, frater charissime, regem et regni majores admiratione permotos, quod pallium tibi ab apocrisiariis nostris tali conditione oblatum fuerit, si sacramentum quod a nobis scriptum detulerant jurares. In pallio, frater, plenitudo conceditur pontificalis officii, quia, juxta sedis apostolicæ et totius Ecclesiæ consuetudinem, ante acceptum pallium metropolitanis minime licet aut episcopos consecrare aut synodum celebrare. Mirentur in hac causa et Dominum Jesum Christum. Cum enim Dominus Jesus Christus, ut omnium ovium suarum curam Simoni Petro committeret, conditionem posuit, dicens : *Diligis me, Simon Petre? pasce oves meas* (Joan. XXI). Si conscientiarum factor et conditor conditione hac usus est, nec semel tantum, sed et secundo, et usque ad contristationem : qua nos sollicitudine, qua provisione oportet tantam Ecclesiæ prælationem, tantam Christi ovium curam fratribus imponere, quorum conscientias non videmus; illis maxime quos nullo usu novimus, quorum dilectionem penitus ignoramus? Aiunt omne jusjurandum a Christo Deo in Evangelio

alias *N. Polonorum archiep.*, etc. Jaffé.

esse prohibitum, nec ab ipsis apostolis post Dominum, nec in conciliis inveniri posse statutum. Quid est ergo quod idem Dominus subsecutus ait : *Quod amplius est, a malo est ? (Matth.* v.) Hoc enim amplius ut exigamus, malum nos, illo permittente, compellit. Nonne malum est ab Ecclesiæ unitate, a sedis apostolicæ obedientia resilire ? Nonne malum est contra sacrorum canonum statuta prorumpere ? Quam multi hoc etiam post sacramentum præsumpserunt! Nonne prædecessor tuus præter Romani pontificis conscientiam damnavit episcopum ? Quibus hoc canonibus, quibus conciliis legitur esse permissum ? Quid super episcoporum translationibus loquar, quæ apud vos non auctoritate apostolica, sed nutu regis præsumuntur ? Propter hæc mala et alia evitanda hujusmodi juramentum exigitur.

Cur autem juramentum Dominus prohibuerit, apostolus Jacobus manifeste adjiciens docet : *Ut non sub judicio incidatis (Jac.* vi), ne quisquam, sicut sanctus Augustinus exponit, assiduitate jurandi ad perjurium per consuetudinem dilabatur. Quapropter juratione quis non utatur, nisi necessitate, cum videt pigros esse homines ad credendum quod utile est eis credere, nisi juratione firmetur. Hoc nimirum malo ac necessitate [*forte,* hác necessitate. H.] compellimur, juramentum pro fide, pro obedientia, pro unitate requirere. Porro apostolum Paulum pro auditorum diffidentia jurasse, ejus Epistolæ testantur.

Aiunt in conciliis statutum non inveniri, quasi Romanæ Ecclesiæ legem concilia ulla præfixerint : cum omnia concilia per Ecclesiæ Romanæ auctoritatem et facta sint, et robur acceperint, et in eorum statutis Romana patenter auctoritas excipiatur. Nonne in Chalcedonensis concilii actione decima sexta statutum est, ante omnia quidem primatus honorem præcipuum secundum canones antiquæ Romæ reverendissimo archiepiscopo conservari ? Itaque quod censuerunt rex et magnates a supradicta sacramenti conditione te quiescere, videturne vobis judicium evangelicum ? videturne primatus nostri honor præcipuus ? Nunquid animo cecidit illa sententia Domini : *Non est discipulus supra magistrum ? (Matth.* x.) Nunquid Hungarico principi dictum est : *Et tu conversus confirma fratres tuos ? (Ibid.)* Nunquid hæc nos commodi nostri profectione requirimus ; et non unitatis catholicæ statuimus firmamentum ? Possunt apostolicam sedem contemnere, possunt adversum nos calcaneum elevare, datum a Deo privilegium evertere vel auferre non possunt, quo Petro dictum est : *Tu es Petrus, et super hanc petram ædificabo Ecclesiam meam (Matth.* xvi); et : *Tibi dabo claves regni cœlorum (ibid.).* Quibus tamen quatuor in conciliorum decretis dandi pallii modus præscriptus est, et professionis vel obedientiæ ordo sancitus est.

Cum igitur a sede apostolica vestræ insignia dignitatis exigitis, quæ a beati tantum Petri corpore assumuntur : justum est ut vos quoque sedi apostolicæ subjectionis debita signa solvatis, quæ vos cum beato Petro tanquam membra de membro hærere, et catholicæ capitis unitatem servare declarent. In quibus a prædecessoribus nostris ea est adhibita moderatio, ut nihil injuriosum, nihil difficile sit appositum, quod non etiam præter exactionem nostram ab omnibus debeat episcopis observari, qui sub apostolorum principum Petri et Pauli obedientia decreverunt et unitate persistere. Nunquid non ultra vos Saxones Danique consistunt ? Et tamen eorum metropolitani, et idem juramentum asserunt, et legatos apostolicæ sedis honorifice tractant, et in suis necessitatibus adjuvant, et apostolorum limina per legatos suos, non tantum per triennium, sed annis singulis visitant. Ita te, frater charissime, fruamur in Domino, ut non per te in ecclesiis subtractionis et dissidii, quod absit ! oriatur occasio.

DVII.
Ad R[othonem] priorem S. Frigdiani Lucensis.
(Intra an. 1099-1118.)
[BALUZ., *Miscell.* ed. Luc. IV, 587.]

PASCHALIS episcopus, servus servorum Dei, venerabili filio R. priori S. Frigdiani, salutem et apostolicam benedictionem.

Dilectioni tuæ gratias agimus quia in unitate Ecclesiæ, unde minime hæsitabamus, firmius perseveras. De sapientia enim tua bona speravimus et speramus, et in vinea Domini sic bonus cultor laborasti et laborabis, et de laboribus tuis largiente Deo fructum percipietis sempiternum. Pacem atque unitatem Ecclesiæ cum Domino desideravimus, et desideramus ; scandala resecari optavimus et optamus. Rogamus autem ut si qua forte emergere videbitis, nobis significare curetis : quia nos propter nos ipsos ubique esse aut omnia propriis oculis cernere non valemus. Oret pro nobis beatitudo vestra.

DVIII.
Ad canonicos S. Frigdiani Lucensis.
(Intra an. 1099-1118.)
[BALUZ., *Miscell.* IV, 585.]

PASCHALIS episcopus, servus servorum Dei, dilectis filiis S. Frigdiani canonicis, salutem et apostolicam benedictionem.

Benedictus Dominus et Pater Domini nostri Jesu Christi, Pater misericordiarum, qui suam in vobis gratiam multiplicare dignatus est : bona enim de vobis opinio non solum in Tuscia, sed etiam in ulterioribus partibus divulgata est ; ipse autem Dominus noster etiam temporalia bona servituti vestræ largius administrat. Unde et vos humiliores esse et ei amplius deservire debetis. Monemus ergo vos, filii, et rogamus in Domino, ut semper ad meliora tendatis. Nemo enim adeo bonus est, quin possit per Dei gratiam, quandiu in mundo vivitur, ad meliora proficere. Ita ergo vos agite ut semper Dei gratia digniores esse possitis.

DIX.
Ad canonicos B. Martini Lucensis.
(Intra an. 1099-1118.)
[BALUZ., ibid.]

PASCHALIS episcopus, servus servorum Dei, dilectis filiis Beati Martini canonicis, salutem et apostolicam benedictionem.

In negotiis vestris communibus et singularibus, quæ ad nos pervenere, erga vos semper benignitatem nostram exhibuimus. Sed quidam vestrum, mala pro bonis reddentes, in nostram injuriam proruperunt, cum quibus filiis nostris Sancti Frigdiani canonicis injurias et contumelias vehementius intulistis. Quod licet grave et intolerabile nobis visum sit, tamen quia prædicti fratres nos pro vobis rogavere, et pacem vobiscum se habere dixerunt, hoc totum vobis condonamus. Rogantes ut fraterna eos charitate diligatis, et invicem vos sustentare procuretis, quatenus in Dei servitio quiete per Dei gratiam invigilare, et nostram bonam voluntatem semper obtinere valeatis.

DX.
Ad Rothonem priorem S. Frigdiani Lucensis.
(Intra an. 1099-1118.)
[BALUZ., ibid.]

PASCHALIS episcopus, servus servorum Dei, dilecto filio ROTHONI priori Sancti Frigdiani, salutem et apostolicam benedictionem.

Provisioni tuæ Beati Floridi ecclesiam commisimus, sperantes eam in regularis disciplinæ statum tua industria reparandam. Cæterum nescio quas ob causas, et tua provisione ipsius ecclesiæ destitisti, et ipsa' congregatio in detrimentum ruit; unde dilectioni tuæ mandamus ut usque ad proximam beati Martini festivitatem ad nos venias, quia nos et clericos ejusdem ecclesiæ, et episcopum, in eodem termino ad nos venire faciemus, ut præstante Deo Ecclesiam ipsam sicut opportunum est ordinemus.

DXI.
Ad Rothonem priorem et canonicos S. Frigdiani Lucensis.
(Intra an. 1099-1118.)
[BALUZ., ibid., p. 584.]

PASCHALIS episcopus, servus servorum Dei, dilectis filiis ROTHONI priori et ejus canonicis, salutem et apostolicam benedictionem.

Qui vos pro beati Petri patrocinio persequuntur, non vos, sed Romanam Ecclesiam persequuntur, pro quibus nobis ;dicendum est : A filiis tuis cave, et a domesticis tuis attende (Eccli. XXXII). Vos autem nolite deficere in tentationibus, sed state viriliter, juxta illud viri sapientis : Fili, accedens ad servitutem Dei, sta in tremore et timore, et præpara animam tuam ad tentationem (Eccli. II); et : Accipite armaturam Dei ut possitis resistere in die malo, et in omnibus perfecti stare (Ephes. VI). Nos enim, auctore Domino, sicut cœpimus, in vestro patrocinio persistemus. Nescit enim beatus Petrus deficere, pro cujus fide ipse auctor fidei Christus oravit. Ipse vos in omnibus scuto bonæ voluntatis protegat, et sibi placere concedat.

DXII.
* Monasterii Gottwicensis privilegia confirmat, petente Hartmanno abbate.
(Intra an. 1099-1118. — Vita Altmanni, ep. Pat., in Act. SS. Aug. II, 376.)

DXIII.
Hartmanno abbati Gottwicensi « litteras mittit in quibus eum et sibi subditos a communione excommunicatorum prohibet. »
(Intra an. 1099-1118.)
[BOLLAND. Aug. II, 576.]

PASCHALIS episcopus, servus servorum Dei, charissimis fratribus HARTMANNO abbati Gottwicensi, et ejus congregationi, salutem et apostolicam benedictionem.

Cœlum et terra transibunt, verba autem Dei non præteribunt (Matth. XXIV). Ipse enim prædixit quod cernimus, quod quotidie experimur; Quoniam abundavit iniquitas, refrigescet charitas multorum (ibid.), etc.

DXIV.
Privilegium pro ecclesia S. Trinitatis Norwicensis.
(Intra an. 1099-1118.)
[Monasticon Anglic., I, 410.]

PASCHALIS episcopus, servus servorum Dei, venerabili fratri HERBERTO, Norwicensi episcopo, salutem et apostolicam benedictionem.

Officii nostri nos hortatur auctoritas pro ecclesiarum statu nos sollicitos esse, et quæ recte statuta sunt stabilire. Proinde, frater charissime, constitutionem tuam decreti præsentis auctoritate firmamus, ut monachorum regulariter viventium congregatio semper in Norwicensi ecclesia conservetur, quam in sanctæ Trinitatis nomine strenuitas tua ab imis fundaminibus stabilivit. Constituimus etiam ut sicut hactenus apud Theofordense oppidum fuit, ita in futurum quoque tam tibi quam successoribus tuis apud Norwicensem ecclesiam episcopalis cathedra conservetur, nec cuiquam omnino successorum tuorum liceat monasticæ disciplinæ viros ab ecclesia removere, aut ejus possessiones et bona cætera a te provisa auferre, vel quæ per industriam tuam aut a rege Anglorum Henrico, aut cæteris fidelibus ad monachorum sumptus oblata et temperata sunt, vel in futurum offerri Deo disponente contigerit. Porro iidem monachi semper sub episcopi Norwicensis obedientia maneant, et in ipsa episcopali ecclesia divinorum officia debita peragant, prout Cantuariensis Ecclesia per beatum Augustinum novimus institutum et sanctissimi patris Gelasii doctoris Ecclesiæ catholicæ assertione sancitum. Ad hæc adjicientes decernimus ut nulli omnino hominum liceat eamdem ecclesiam perturbare aut ejus possessiones auferre, aut ablatas retinere vel minuere, vel temerariis vexationibus fatigare, sed omnia integre conserventur eorum quorum sustentationi et gubernationi concessa sunt, usibus omnimodis profutura. Si quæ sane sæcularis ecclesiasticave persona, hanc nostræ constitutionis paginam sciens, temere contra eam venire tentaverit, secundo tertiove commonita, si non satisfactione congrua emendaverit, potestatis honorisque sui dignitate careat reamque se divino judicio existere de perpetrata iniquitate cognoscat, et a sanctissimo corpore et sanguine Dei et Domini Redemptoris nostri Jesu Christi aliena fiat, atque in extremo examine districtæ ultioni subjaceat. Cunctis autem eidem loco justa servantibus sit pax Domini nostri Jesu Christi, quatenus et hic fructum bonæ actionis percipiant, et apud districtum judicem præmium æternæ pacis inveniant. Amen.

DXV.

Monasterii Andrensis protectionem suscipit, bonaque ac privilegia confirmat, petente Joanne episcopo Tarvannensi.

(Intra an. 1099-1118.)
[D'Achery, *Spicil.*, II, 794.]

Paschalis episcopus, servus servorum Dei, dilecto in Christo filio Rainaldo, abbati Andernensis monasterii, quod in Tervanensi parochia situm est, ejusque successoribus regulariter substituendis in perpetuum.

Piæ postulatio voluntatis effectu debet prosequente compleri, ut devotionis sinceritas laudabiliter enitescat, et utilitas postulata vires indubitanter assumat. Quia igitur dilectio tua ad sedis apostolicæ portum confugiens ejus tuitionem devotione debita requisivit, nos intercedente venerabili fratre nostro Joanne Tervanensi episcopo, supplicationi tuæ clementer annuimus, et Andernense monasterium in Tervanensi parochia situm, cui Deo auctore præsides, sub tutelam apostolicæ sedis excipimus. Quod videlicet monasterium, in loco qui vocatur Andernes extra oppidum Gisnes, Balduinus nobilis memoriæ Gisnensis comes, cum uxore sua Adela, in honorem Domini et Salvatoris, et S. Rotrudis virginis nomine, per ejusdem Salvatoris gratiam, filiorum suorum et baronum consilio, pro animarum suarum salute ædificasse cognoscitur.

Universa igitur quæ loco vestro per supradictæ Tervanensis Ecclesiæ episcopum concessa sunt, vobis vestrisque successoribus in perpetuum possidenda firmamus, capellam videlicet S. Mariæ infra oppidum Gisnes, altare de Bredenarda, altare de Lullingahem, altare de Ferenes, et altare de Eilingahem. Confirmamus vobis etiam universa quæ supradicti comites Balduinus cum uxore sua, et Manasses ejus filius, vel barones eorum de suo jure ad idem Domini Salvatoris et S. Rotrudis virginis monasterium contulerunt, scilicet pasturam omnem circa ipsum locum Andernensem, et commoditatem, paludis, aquæ et cespitum, terram de Antegehem cum villanis et omnibus redditibus suis et bosco; in villa Gisnes, stagnum et sedem molendini, terram de Suanacas cum villanis suis et commoditatem aquæ, terram de Campanies, terram de Bicedenarda; terram, villanos, boscum et molendinum quæ dederunt Garinus de Fielnes et mater ejus, et cætera quæ pro sui prolixitate dinumerare supersedemus; quæcun-

que etiam ab aliis viris fidelibus eidem monasterio data sunt vel in futurum, aut a prædictis comitibus et eorum baronibus, aut ab aliis fidelibus dari offerrive contigerit, aut aliis justis modis, acquisita fuerint, firma vobis vestrisque successoribus et illibata permaneant. Decernimus ergo ut nulli omnino hominum liceat idem monasterium temere perturbare, aut ejus possessiones auferre, vel ablatas retinere, minuere, vel temerariis vexationibus fatigare, sed omnia integra conserventur eorum pro quorum sustentatione et gubernatione concessa sunt omnimodis usibus profutura, salva Tervanensis episcopi canonica reverentia.

Sepulturam vero ejusdem loci omnino liberam esse sancimus, ut tam supradictorum comitum progenies quam barones omnes, qui pares castelli vocantur, juxta votum et deliberationem suam ibidem sepeliantur. Cæterorum quoque qui illic sepeliri deliberaverint devotioni et extremæ voluntati, nisi forte excommunicati sunt, nullus obsistat. Si quæ igitur in futurum ecclesiastica sæcularisve persona, hanc nostræ constitutionis paginam sciens, contra eam temere venire tentaverit, secundo tertiove commonita, si non satisfactione congrua emendaverit, potestatis honorisve sui dignitate careat, reamque se divino judicio existere de perpetrata iniquitate cognoscat, et a sacratissimo corpore ac sanguine Dei et Domini Redemptoris nostri Jesu Christi aliena fiat, atque in extremo examine districtæ ultioni subjaceat. Cunctis autem eidem loco justa servantibus sit pax Domini nostri Jesu Christi, quatenus et hic fructum bonæ actionis percipiant, et apud districtum judicem præmia æternæ pacis inveniant. Amen.

DXVI.

Ad Guidonem archiepiscopum Viennensem. — Ipsi episcopatum et metropolitana jura confirmat, palliumque mittit.

(Intra an. 1099-1118.)
[Mansi, *Concil.*, XX, 1046.]

Paschalis episcopus, servus servorum Dei, dilecto fratri Guidoni Viennensi archiepiscopo, ejusque successoribus canonice substituendis in perpetuum.

Potestatem ligandi atque solvendi in cœlis et in terra, B. Petro ejusque successoribus, auctore Deo principaliter traditam, illis Ecclesia verbis agnoscit, quibus Petrum Dominus allocutus est: *Quodcunque ligaveris super terram, erit ligatum et in cœlis* (*Matth.* XVIII). Ipsi quoque et propriæ firmitas, et alienæ fidei confirmatio, eodem Deo auctore præstatur, cum ad eum dicitur: *Rogavi pro te, ut non deficiat fides tua, Petre : et tu aliquando conversus, confirma fratres tuos* (*Luc.* XXI). Oportet ergo nos qui, licet indigni, Petri residere videmur in loco, prava corrigere, recta firmare et in omni Ecclesia ad interni arbitrium Judicis sic disponenda disponere, ut de vultu ejus judicium nostrum prodeat, et oculi nostri videant æquitatem. Tuis igitur, frater charissime Guido, justis petitionibus annuentes, sanctam Viennensem Ecclesiam cui auctore Deo præsides, apostolicæ sedis auctoritate munimus. Mansuro itaque in perpetuum decreto licet [videlicet] Gratianopolis, Valentina, Dia, Alba quæ et Vivarium dicitur, Geneva, Mauriennsa, sanctæ Viennæ Ecclesiæ tanquam metropolitanæ, jure perpetuo debeant subjacere. Porro Tarentasiam, ita semper sub primatu Viennensis Ecclesiæ permanere decernimus, sicut a sanctis prædecessoribus nostris, Leone, Nicolao atque Urbano noscitur constitutum. Abbatias quoque tam intra quam extra urbis Viennensis mœnia sitas, tuæ fraternitati regendas disponendasque committimus. Præterea statuimus ut quæcunque prædia, quæcunque dona, vel a Romanis imperatoribus vel a Burgundiæ regibus, tuæ Ecclesiæ data vel reddita sunt, quæcunque hodie possidet, sive in futurum juste et canonice poterit adipisci, firma tibi tuisque successoribus et illibata permaneant. Ad hæc tam supra nominatorum prædecessorum nostrorum quam et cæterorum catholicorum sedis apostolicæ pontificum privilegia, de jure seu possessione Viennensis Ecclesiæ edita, nos quoque præsentis decreti auctoritate firma integraque perpetuo permanere decernimus. Pallio ad missarum tantum solemnia illis solummodo diebus uti fraternitas tua meminerit, qui tuis prædecessoribus Romanæ auctoritate Ecclesiæ concessi sunt : cujus te volumus per omnia genium conservare. Hujus enim indumenti honor humilitas atque justitia est. Tota ergo mente fraternitas tua se exhibere festinet in prosperis humilem; et in adversis, si quando adveniunt, inveniatur cum justitia recta; amica bonis, perversis contraria; nullis unquam faciem, pro veritate loquente præbens. Misericordiæ operibus juxta virtutem substantiæ insistens, et tamen supra virtutem insistere cupiens; infirmis compatiens, bene valentibus congaudens, de alienis gaudiis tanquam de propriis exsultans; in corrigendis vitiis pie sæviens, in fovendis virtutibus, auditorum animos demulcens. In ira, judicium sine ira tenens; in tranquillitate, severitatis justæ censuram non deserens. Hæc est, frater charissime, pallii dignitas, quam si sollicite servaveris, quod foris accepisse ostenderis, intus habebis. Fraternitatem tuam supernæ miserationis dignatio per tempora longa conservet incolumem.

Scriptum per manum Petri notarii regionarii sacri palatii.

DXVII.

Privilegium pro Ecclesia Bellilocensi.
(Intra an. 1099-1118.)
[*Gall. Christ.*, vet. edit. IV, 152.

PASCHALIS episcopus, servus servorum Dei, dilecto in Christo fratri B. Bellilocensis ecclesiæ abbati, ejusque successoribus canonice substituendis in perpetuum.

Justis votis assensum præbere, justisque petitionibus aures accommodare nos convenit, videlicet indigni justitiæ custodes atque præcones in excelsa apostolorum principum Petri et Pauli specula positi, Domino disponente, videmur existere. Tua itaque fraternitas postulavit ut prædecessorum nostrorum sedis apostolicæ præsulum formam sequentes, Ecclesiam in honore sancti Sepulcri fundatam, cui auctore Domino præsides, nostri quoque privilegii pagina muniremus. Ex apostolicæ igitur sedis benignitate qua solet universis justa petentibus subvenire, nos tuæ petitioni, frater B. in Christo venerabilis et dilecte, clementer annuentes, ob amorem et reverentiam sancti Sepulcri, in quo Christus pro nobis dignatus est poni, pia sanctæ Ecclesiæ constitutione prout a priscis temporibus est fundata atque a prædecessoribus nostris per auctoritatem suorum privilegiorum firmata, præsentis quoque decreti pagina, salvo tamen jure Turonensis Ecclesiæ confirmamus. Illud præterea intuitu et assensu R. metropolitani tui adjicientes, et sub anathemate præcipientes, ut sacratum tuæ ecclesiæ cœmeterium ad omnium tam clericorum quam laicorum Lochensis castri hominum sepulturam cæteris postpositis singulare sit. Illud autem cœmeterium quod canonici S. Mariæ contra Romanam auctoritatem in eodem castro usurpaverunt, sibi irritum atque desertum habeatur. Ita quoque ut neque clericus neque laicus amodo ibidem sepeliatur.

DXVIII.

Ad canonicos Sancti Martini. — *Quidquid fidelis offert Ecclesiæ, oblationis nomine continetur, et a sæcularibus possidere non debet.*
(Anno incerto.)
[MANSI, *Concil.*, XX, 1074.]

Cæterum primitiæ, decimæ, et oblationes, in solis Ecclesiarum bonis præcipue numerantur. Oblationes vero dicuntur, quæcunque de propriis et licitis rebus Ecclesiæ a fidelibus offeruntur. Quicunque igitur eas per potestatem sæcularem obtinet, procul dubio contra Deum et sanctorum Patrum nititur sanctiones. Quinimo et qui accipit, et qui tradit, raptor et sacrilegus judicatur (123).

DXIX.

Docet hæc : Ubi agitur ad correctionem de impediendo peccato, principalis persona admittitur in testem.
(Anno inc.)
[MANSI, *Concil.*, XX, 1074.]

In omni negotio principalis persona dicens veritatem de re sibi nota rectissime habenda est pro teste : cui adhibito uno efficiuntur duo testes; adhibitis duobus efficiuntur tres. Quod patenter ostendit Dominus, cum dicit : *Si peccaverit in te frater tuus, corripe eum inter te et ipsum solum. Quod si te non audierit, adhibe tecum unum, vel duos, ut in ore duorum vel trium testium stet omne verbum* (MATTH. XVIII). Et alibi affirmat dicens : *Non unus stet contra alium,*

(125) Exstat quoque in I collectione, titulo et cap. eodem, aliquot vocibus discrepans ab editione Gregoriana.

sed in ore duorum vel trium testium stet omne verbum (Joan. VIII). Item alibi : Ego sum qui testimonium perhibeo de meipso, et testimonium perhibet de me Pater. Nam in lege vestra scriptum est quod duorum hominum testimonium verum est (Deut. XIX).

DXX.
An decimas clerici clericis debeant.
(Anno inc.)
[Mansi, *ubi supra*.]

Novum genus exactionis est, ut clerici a clericis frugum decimas vel animalium exigant. Nusquam in lege Domini hoc præcipi legimus, vel permitti. Non enim Levitæ a Levitis decimas accepisse, vel extorsisse leguntur. Illi profecto clerici qui a clericis spiritualium ministeriorum labores accipiunt, decimas eis debent (124).

DXXI.
Sacrilegi sunt judicandi, qui Ecclesiam Dei non permittunt regulariter ordinari.
[Mansi, *ib.*]

Sunt quidam qui vel violentia, vel favore, non permittunt ecclesias regulariter ordinari. Hos etiam decrevimus ut sacrilegos judicandos.

DXXII.
Spiritum sanctum vendit, qui decimas pro pecunia tribuit.
(*Ibid.*)

Altare et decimas per pecuniam dare, et Spiritum sanctum vendere, Simoniacam hæresim esse nullus fidelium ignorat.

DXXIII.
Nullus ministret abbatibus episcopalia, qui alicui episcoporum nolunt subesse.
(*Ibid.*)

Abbatibus qui neque sub episcopo, neque sub metropolitano, neque sub primate, neque sub patriarcha sunt, nullus prorsus episcoporum episcopalia quælibet administret. Cum enim se nulli episcopo omnino subesse profiteantur, consequens est ut nullus episcoporum, quæ sua sunt, eis tanquam extraneis largiatur.

DXXIV.
De propriis laboribus monachi et canonici decimas solvere minime cogantur.
(*Ibid.*)

Decimas a populo sacerdotibus ac Levitis esse reddendas divinæ legis sanxit auctoritas. Cæterum a monachis, sive clericis communiter viventibus, nulla ratio sinit ut milites, aut episcopi, aut personæ quælibet, decimas de laboribus seu nutrimentis seu propriis extorquere debeant. Unde beatus Gregorius ait : « Communi vita viventibus jam de faciendis portionibus, vel exhibenda hospitalitate, et adimplenda misericordia, nobis quid erit loquendum ? cum omne quod superest, in causis piis ac religiosis erogandum sit, dicente Domino : *Quod superest, date eleemosynam, et ecce omnia munda sunt vobis* (*Luc.* XI).

DXXV.
1. Excommunicetur qui per laicos ecclesias obtinet.
(*Ibid.*)

Si quis clericus, abbas, vel monachus, per laicos ecclesias obtinuerit : secundum sanctorum apostolorum canones et Antiocheni concilii capitulum, excommunicationi subjaceat.

2. Qui per laicos ecclesias obtinet, et qui manus ei imponit, communione privetur.

Constitutiones sanctorum canonum sequentes statuimus, ut quicunque clericorum ab hac hora inantea investituram ecclesiæ vel ecclesiasticæ dignitatis de manu laica acceperit, et ipse, et qui manum ei imposuerit, gradus sui periculo subjaceat et communione privetur.

DXXVI.
De eodem.
(*Ibid.*)

Nullus laicorum ecclesias vel ecclesiarum bona occupet vel disponat. Qui vero secus egerit, juxta beati Alexandri capitulum ab Ecclesiæ liminibus arceatur.

DXXVII.
De eodem.
(*Ibid.*)

Sicut Domini vestimentum scissum non est, sed de eo sortiti sunt, ita nec Ecclesia scindi debet, quia in unitate tota consistit. In potestatem ergo proprii episcopi ecclesiæ reducantur; et ab ipso, sicut sacris canonibus cautum est, ordinentur. Alioquin et ecclesiæ ipsæ, et clerici earumdem, divinis destituantur officiis.

DXXVII bis.
De sepulturis et defunctorum voluntatibus statuit hæc.
(Mansi, *Concil.*, XXII, 404.)

Volumus, ac juxta canonum sententiam [*al.* statuta] nobis probabile videtur, ut sicut morienti conceditur rerum suarum judicium facere quocunque loco sibi placuerit, sic nimirum justum est sui corporis licentiam habere eligenti sepulturam, in quocunque loco voluntas exstiterit, sive in monasteriis sive in aliis locis [*al.* religiosis locis].

DXXVIII.
Ad Lanuinum Turris priorem.
(Intra an. 1101-1118.)

[Capialbi, *Memorie della Chiesa Miletese*, 145.]

Paschalis episcopus, etc., dilecto filio Lanuino, etc.

Religionis tuæ sinceritas, et ministerii sollicitudo, quam in monasteriorum et ecclesiarum reparationem exerces, plurimum nos ad dilectionem tuam impellunt, et magnas O. D. gratias agere faciunt. Unde super religione tua congaudentes, et de tuo multum fervore, fili charissime, confidentes, hortamur, et præcipimus ut nostri juris monasteria quæ circa te sunt sollicite requiras, et quæ illic adversus monasticæ regulæ disciplinam prærupta sunt cum

---

(124) Vide Gregorianæ collectionis cap. 9, *De decimis* ubi varietas est in aliquot lectionibus.

omni discretione et moderamine studeas emendare, et eos qui hactenus pravis sunt moribus conversati coercere non negligas; præcipimus enim ut fratrem nostrum Militen. episcopum adeas, eumque super querela quam gerit adversus monachos S. Angeli fraterne convenias, et si pacem inter eos concordiamque componere nequiveris, opportuno tempore utraque pars ad nostrum destinetur examen; non enim ignoramus cum clericorum suorum instigationibus ad hoc prorupisse, ut B. Petri bona tot infestationibus laceraret: sed nos profecto in tales instigatores, nisi defecerint, gladium B. Petri exercebimus, et nos ipsos ulciscemur (125).

DXXIX.

Ad Lanuinum Turris priorem.
(Fragm.—Intra an. 1101-1118.)

[Apud MABILL. Annal. ord. S. Bened., V, 446.]

Repletum est gaudio os nostrum et lingua nostra exsultatione (Psal. cxxv, 2), quoniam, quod fractum fuerat, consolidatum, et quod dissolutum fuerat, audivimus alligatum. Cavete ergo ne iterum vos Satanas circumveniat, et in idipsum, quod Deus avertat, revertamini. Nolite de jejuniis et orationibus præsumere; Deum, qui charitas est, amplectimini, etc. Orate pro nobis.

DXXX.

Ad Victorem Bononiensem. — Absque episcoporum consensu episcopalia jura monachi non usurpent.
(Intra an. 1104-1118.)

[MANSI, Concil., XX, 1075.]

Pervenit ad nos, unde valde miramur, quod quidam monachi et abbates in parochia vestra, contra sanctorum Patrum decreta, episcopalia jura et officia sibi arroganter vindicant, videlicet pœnitentiam, remissionem peccatorum, reconciliationem, decimas et ecclesias, cum absque proprii episcopi licentia, vel apostolicæ sedis auctoritate, hoc nullatenus præsumere debeant: sicut in Chalcedonensi concilio, de hujusmodi a sanctis Patribus cautum est, et sub anathematis vinculo monachis omnibus prohibitum. Mandamus itaque dilectioni tuæ ut eos convenias, et ne talia deinceps præsumant omnino prohibeas.

DXXXI.

Monasterium Othoniense ejusque possessiones confirmat, Nicolao rege et Hubaldo episcopo per litteras petentibus.

(Intra ann. 1105-1118.)

[THORKELIN, Diplomatarium Arna-Magnœanum. Hayniæ et Lipsiæ, 1786, 4°, I, 244.]

PASCHALIS episcopus, servus servorum Dei, venerabili fratri HUBALDO Otnoniensi episcopo, salutem et apostolicam benedictionem.

Illustris filii nostri regis Nicolai scripta suscepimus quibus se per consilium et consensum tuum effecisse significavit, ut in loco secundum hanc religiosorum monachorum certitudinem aduniatur, quem apostolicæ sedis auctoritate munire postulat, ne post suum vel nostrum obitum hominum infestatione turbetur. In vestris quoque litteris id ipsum voti postulationisque percepimus. Nos ergo vestris votis et postulationibus annuentes congregationem ipsam, præstante Domino, per præsentis privilegii paginam apostolicæ sedis auctoritate munimus; statuimus igitur ut universa prædia et possessiones quæ vel idem rex de regio jure vel serenitate sua de Othoniensis Ecclesiæ pertinentiis ad ejusdem congregationis victum sustentationemque contulit, quieta eis semper et integra conserventur. Quæcunque præterea vel a vobis ipsis vel ab aliis fidelibus eidem monasterio in posterum dari, offerri, vel aliis justis modis acquiri, Domino dante, contigerit, perpetua eis stabilitate fixa permaneant, nec episcopo cuiquam aut regi aut cuilibet ecclesiasticæ sæcularive personæ facultas sit ab eodem loco monachos removere, et constitutum illic regularem vitæ ordinem vi aut ingenio propulsare, sed quiete semper in monasticæ conversationis custodia et omnipotentis Dei servitio perseverent. Decernimus ergo ut nulli omnino hominum liceat idem monasterium temere perturbare aut ejus possessiones auferre, vel ablatas retinere, minuere, vel temerariis vexationibus fatigare, sed omnia integra conserventur eorum pro quorum sustentatione et gubernatione concessa sunt usibus omnimodis profutura. Si qua igitur in futurum ecclesiastica sæcularisve persona, hanc nostræ constitutionis paginam sciens, contra eam venire tentaverit, secundo tertiove commonita, si non satisfactione congrua emendaverit, potestatis honorisque sui dignitate careat, reamque se divino judicio existere de perpetrata iniquitate cognoscat, et a sacratissimo corpore et sanguine Dei et Domini Redemptoris nostri aliena fiat, atque in extremo examine districtæ ultioni subjaceat. Cunctis autem eidem monasterio justa servantibus sit pax Domini nostri Jesu Christi, quatenus et hic fructum bonæ actionis percipiant, et apud districtum judicem præmia æternæ pacis inveniant. Amen, amen, amen.

DXXXII.

(126) *Ad Conradum archiepiscopum Salzburgensem.— Ut de causa abbatis S. Emmerammi Simoniæ accusati cognoscat.*

(Intra an. 1107-1118.)

[MANSI, Concil. XXI, 448.]

INNOCENTIUS [PASCHALIS] episcopus, servus servorum Dei, venerabili fratri CONRADO, Salzburgensi archiepiscopo, salutem et apostolicam benedictionem.

---

(125) Il P. Mabillon, *Annales Benedictini*, lib. LXX, § 55, rapporta questa epistola fino alle parole *destinetur examen*. Io la riferisco intera, toltala dalla *Storia Cartusiana* del Tromby.

(126) In hac et duabus quæ sequuntur epistolis codicem Vindobonensem pro *Innocentius* præbere *P[aschalis]*, ac pro *Henrico* Ratisponensi episcopo, *Ar[twico] Ratisp. ep.* monet Wattenbach in Pertz Archiv., X, 491. JAFFÉ.

Postquam fraternitati tuæ pro causa Pavonis S. Emmerammi abbatis litteras miseramus, scripsit nobis venerabilis frater noster Ratisbonensis episcopus, eumdem abbatem in judicio accusatum, et de Simoniaco flagitio convictum, sicque depositum. Hujus ergo negotii pertractationem sollicitudini tuæ, vice nostra committimus, ut ad Ratisbonensem Ecclesiam per temetipsum accedens, diligenter inquiras si judicium ordinabiliter est habitum; aut si alii accusatores, alii testes fuerunt; si eo præsente, sub jurejurando, contra eum dictum est testimonium; si contra eum scriptis actum est, vel, si ipse licentiam respondendi et defendendi se habuit; si accusatorum vel testium qualitas satis videtur canonibus convenire. Quæ si integre celebrata repereris, sicut factum est, judicium perseveret : alioquin abbas ipse, secundum litterarum nostrarum tenorem, supradicto monasterio restituatur, et competenti, sine retractatione temporis, termino, coram vestra et fratrum nostrorum præsentia canonice judicetur.

DXXXIII.

Ad eumdem. — De Ratisbonensi episcopo obedientiam Romanæ Ecclesiæ denegante.

(Intra an. 1107-1118.)

[Mansi, *ibid.*]

Innocentius [Paschalis] episcopus, servus servorum Dei, Conrado Salzburgensi archiepiscopo, salutem et apostolicam benedictionem.

Sicut tua nuper adversa cognovimus, sic et prospera cognoscere optaremus. Si enim compateris, compatimur; si congaudes, et congaudemus. Porro de fratre nostro Ratisbonensi episcopo nosse te volumus qualiter obedientiam Romanæ promissam Ecclesiæ observaverit. Litteras enim quas per abbatem S. Emmerammi ad eum misimus, primo parum pendit, secundo nec accipere voluit, et latorem gravibus contumeliis affecit. Quamobrem nos eum, donec satisfaciat, ab omni episcopali officio interdicimus, sicut in litteris quas ad eum misimus, legere poterit, quas nimirum ei per te volumus præsentari, ne aut despiciantur, aut earum sententia clam habeatur.

DXXXIV.

Ad Henricum [Artwicum] Ratisbonensem episcopum. — Ut abbatem S. Emmerammi restituat, alioquin se noverit interdictum.

(Intra an. 1107-1118.)

[Mansi, *ibid.*]

Innocentus [Paschalis] episcopus, servus servorum Dei, Henrico [Artwico] Ratisbonensi episcopo, venerabili fratri, salutem et apostolicam benedictionem.

Nos Ecclesiæ profectum aliquem de te sperantes, provectionis tuæ minus bona primordia toleravimus. Cæterum contra spem nostram, Romanæ Ecclesiæ detrimentum afferre diceris, et promissæ obedientiæ debitum aspernari. Sancti siquidem Emmerammi monasterium, quod ad Romanam Ecclesiam pertinere cognoscitur, ditioni nostræ subtrahere niteris, et nostræ auctoritatis litteras, quæ ad te per ejusdem monasterii abbatem missæ sunt, adeo contempsisti, ut eum qui secundas litteras attulit, gravibus contumeliis affeceris. Nec illud minoris æstimes fuisse delicti, quod ad synodalem conventum litteris communibus evocatus, venire penitus contempsisti. Tantum ergo apostolicæ sedis contemptum omnino taciti præterire non possumus. Repetitas itaque ad te litteras destinantes, hanc tibi præcepti legem præfigimus, ut infra dies xx postquam apices hos acceperis, transgressionem præteritam plenius corrigas, ut videlicet Pavonem abbatem prædicto monasterio integre restituas, et ab ejus deinceps infestatione desistas. Alioquin ab omni episcopali officio te noveris interdictum, donec præceptum hoc efficaciter impleas, et nobis de contemptu nostro justitiam exsequaris.

DXXXV.

Ad Pontium Cluniacensem abbatem. — De non porrigenda communione intincta (127).

(Intra an. 1109-1118.)

[Mansi, *Concil.*, XX, 1013.]

Paschalis episcopus, servus servorum Dei, charissimo filio suo Pontio Cluniacensi abbati, salutem et apostolicam benedictionem.

Scribens ad Cæcilium B. Cyprianus, ait : « Quando aliquid Deo inspirante et mandante præcipitur, necesse est Domino servus fidelis obtemperet, excusatus apud omnes quod nihil sibi arroganter assumet, ne aliud fiat a nobis quam quod pro nobis Dominus prior fecit. » Igitur in sumendo corpore et sanguine Domini, juxta eumdem Cyprianum, Dominica traditio servetur, nec ab eo quod Christus magister et præcepit et gessit, humana et novella institutione discedatur. Novimus enim per se panem, per se vinum ab ipso Domino traditum. Quem morem sic semper in sancta Ecclesia conservandum docemus atque præcipimus, præter in parvulis ac omnino infirmis, qui panem absorbere non possunt.

---

(127) Ut accipias bene quæ hic de non porrigenda communione intincta, sed seorsum in specie panis, et specie vini seorsum, decernuntur a pontifice, consulendus est tibi Micrologus, cujus auctor claruit sub Gregorio septimo. Iste enim de vitanda intinctione capitulo 26 scripsit ista : *Non est authenticum quod quidam corpus Domini intingunt, et intinctum, pro complemento communionis, populo distribuunt. Nam ordo Romanus contradicit,* etc. Cum autem nec sic reprehensus pravus subintroductus usus in communione cessaret, Paschalis apostolica auctoritate hunc modum distribuendi prohibuit, et pristinum usum hac epistola decretali revocavit. Sed cum nec sic cessaretur ab usu introducto intinctionis, communionem sub una tantum specie panis frequentare Ecclesia postea cœpit, et frequentari deinceps merito præcepit. Sev. Bin. Vide notam Petri de Marca ad canonem xxviii concilii Claromontani. P. Cossart.

DXXXVI.

Bulla pro Gerardo de Ham, decano ecclesiæ S. Quintini.

(Fragm. — Intra an. 1115-1118.)

[COLLIETTE, *Mémoires du Vermandois*, II, 157.]

Confratrem nostrum Lambertum, Ecclesiæ Noviomensis episcopum, altaria quædam, quæ partim antiquorum episcoporum concessionibus Ecclesia vestra possederat, partim a possidentibus fratribus reddita, ipse concessit libera, constituisse cognovimus, ut remota personatus difficultate, quieta deinceps in beati Quintini possessione permaneant, altare scilicet crucis de Hamel, Aintencourt, Roupi, de Alisia, de Lulliaco, de Burencourt; hanc itaque altarium illorum dispositionem præsentis paginæ auctoritate firmamus.

DUBIA.

DXXXVII.

Ecclesiæ Christi Colcestriensi privilegia varia tribuit, et ejus possessiones confirmat.

[*Monastic. Angl.*, II, 45.]

PASCHALIS episcopus, servus servorum Dei, dilecto in Christo filio ERNULPHO præposito, cæterisque dilectis filiis et fratribus Ecclesiæ Christi Colcestriæ, salutem et apostolicam benedictionem.

Singulare semper sedis apostolicæ privilegium claruit, ut per nos, licet indignos, subjectarum nobis per orbem Ecclesiarum status dirigatur, stabiliatur et augeatur. Cæterum, cum universis sanctæ Ecclesiæ filiis id apostolicæ sedis auctoritate ac benevolentia debeamus, illis tamen locis atque personis, quæ ampliori religionis gratia eminent, propensiori nos studio convenit imminere, ut quibus universalis conditor Deus pleniorem misericordiæ suæ contulit largitatem, nos quoque ipsius exemplo excellentiorem conferamus dignitatem. Unde non immerito æstimamus locum sive canonicam vestram amplioribus nostræ benignitatis muneribus honorandam, quam omnipotens Deus ad formam Ecclesiæ primitivæ primitivam in loco hujusmodi quædam eximia prærogativa plantavit; ostendens quid possit figulus in luto, plastes in plasmate, Deus in homine. Primi enim omnium, ut a religiosis personis accepimus, canonicæ religionis professores in patria vestra floruistis, primitias corporum et animarum vestrarum conditori Deo, spontanei obtulistis. Et ideo hujus secundi privilegii nostri auctoritate decernimus, ut sicut in hoc ordine primi in Anglia militastis, ita quoque dignitate ipsius primi semper habeamini, ut ubicunque per canonicas in Anglia fratrum negligentiam sentitur imbecillitas, vestra per nos potens succurrat auctoritas. Et si forte instinctu diaboli quilibet fratrum, causa sæculi vel ordinis imitandi, ab hoc ordine lapsus fuerit, Colcestrensis præfati auctoritate revocetur, ubicunque reperiatur, et apostatæ ac desertoris militiæ prioris pœna plectatur. Ad formam itaque vitæ vel institutionis canonicæ vestræ, cæteræ omnes regantur. Hinc personæ sapientes eligantur, electæ per canonicas distribuantur, distributæ, si opus est, locis singulis præferantur, ut in omnibus quibus in locis canonicæ religionis viget integritas, supereminaet vestra per nos regularis auctoritas. Ecclesiam S. Trinitatis Londini, quam vobis Mathilda regina commendavit, cum ecclesia S. Leonardi et cæteris quas habetis, obedientiis vestri juris esse præcipimus, et ad hujus præcepti tenorem præsentis decreti paginam promulgamus : quas si quis ibidem manentium fratrum per superbiam, vel per subreptionem, vel latenter, vel palam, quasi sæcularis potestatis auctoritatem inducens, de manu vestra subtrahere voluerit, illius spirituali gladio perdat animam, cujus corporali Malchus amisit auriculam. De cæteris etiam vobis concessis, sive decimis sive possessionibus aliis quæcunque miseratione regum, liberalitate principum juste acquisistis vel acquirere poteritis, idem judicium Spiritus sancti judicio fiat.

Ut autem in omnibus paci vestræ consulamus, ab omni vos tam sæcularis quam ecclesiasticæ personæ jugo liberos esse volumus : interdicentes in nomine Domini, et apostolica censura statuentes, ex auctoritate S. Petri, ut nullus archiepiscopus aut episcopus, nullus regum aut principum, aut quælibet omnino magna vel parva persona, Colcestrensi cœnobio in universis ad ipsum pertinentibus, quocunque modo seu qualibet occasione aliquid auferre, minuere, vel violentiam inferre, fatigare aut Dei servos inquietare punienda temeritate præsumat, quatenus solius S. Romanæ Ecclesiæ protectione defensi perpetualiter sint securi.

Obeunte autem te Ernulpho, nunc ejus loci præposito, vel tuorum quolibet successorum, nullus ibi qualibet subreptionis astutia præponatur, nisi quem fratres communi consensu, vel fratrum pars consilii sanioris elegerit. Electus Londonensi pontifici consecrandus repræsentetur, a quo etiam chrisma et oleum sanctum, consecrationes altarium sive basilicarum, ordinationes canonicorum accipiant, si gratiam et communionem apostolicæ sedis habuerit, et si omnia gratis et sine molestia fratrum exhibere voluerit omni exactione seposita. Si quid autem horum obstiterit, liceat præfato vel fratribus, quemcunque voluerint antistitem adire et ab eo præfata sacramenta percipere, quatenus Romanæ soli Ecclesiæ eadem canonica subdita præter hanc nulli videatur esse subjecta.

Cum autem huic ordini a patribus nostris dispensatio verbi Dei, prædicationis officium, baptismus, reconciliatio pœnitentium semper credita fuerit, sicut est videre in tractatibus S. Augustini ad Aurelium papam, nos eorum exempla secuti, et ordinis celsitudine subtilius intuentes, Patrum sancita confirmamus, confirmata sanctificamus praesentis paginae auctoritate. Quam si quis temerario ausu in aliquo transgredi praesumpserit, sancti Spiritus judicio ac beati Petri, apostolorum principis, anathematis vinculo religetur, et cum transgressoribus angelis, et Juda traditore aeternis suppliciis deputetur, nisi statim congrua satisfactione poeniteat. Conservantibus autem haec et benedictio cum misericordia conservetur, ut et hic fructum bonae actionis suae percipiant, et apud districtum judicem praemia aeternae recompensationis inveniant. Nostis, fratres, quod vos bis ad cumulum nostrae dilectionis altare, cum sanctorum reliquiis impositis, per manus filii nostri, fratris vestri, Zenonis transmisimus, obsecrantes ut digne ambuletis vocatione qua vocati estis.

Scriptum per manum Grisogoni, scriniarii et notarii sacri palatii.

Datum Laterani per manus Gaietani, cancellarii ac bibliothecarii sanctae sedis apostolicae, mense Augusti, anno Incarnationis Dominicae 1116, indictione IX, pontificatus autem domini Paschalis papae secundi anno XX, regnante Domino nostro Jesu Christo, cui laus et imperium permanet in saecula saeculorum. Amen.

DXXXVIII.
Ecclesiae S. Salvatoris Lateranensis privilegia confirmat.
[COCQUELINES, *Ampl. Collect.* II, 154.]

PASCHALIS episcopus, servus servorum Dei, dilectis filiis Rocio priori venerabilis basilicae S. Salvatoris, ejusque fratribus tam praesentibus quam futuris regularem vitam professis, in perpetuum, salutem et apostolicam benedictionem.

Quanto Lateranensis ecclesia amplioris dignitatis ex antiqua institutione esse cognoscitur, tanto magis eumdem venerabilem locum in majori reverentia decet haberi, et ad ejus incrementum tam spiritualiter quam temporaliter a nobis et aliis Dei fidelibus operam dari. Nec dubium, quod si religiosorum virorum petitionibus paterna benignitate annuimus, nostris opportunitatibus clementem Dominum reperimus.

Eapropter, dilecti in Domino filii, ob reverentiam Salvatoris, beatique Joannis Baptistae concedimus et confirmamus vobis, vestrisque successoribus in perpetuum totam et integram parochiam, ut in vita nostra et post obitum specialis oratio jugiter fiat pro nobis ad Dominum, videlicet ab ecclesia S. Nicolai de Forna per viam quae venit a Stephano in Coelio monte, et usque ad supradictam nostram basilicam Salvatoris, et a porta monasterii Sanctorum Quatuor Coronatorum descendente per clivium in via Majori, et exinde per stratam ex utraque parte usque ad campum Lateranensem, et revolvente supra ecclesiam Sancti Marcellini, et Petri usque ad ecclesiam S. Bartholomaei de capite Merulonci, et deinde a S. Daniel, et exinde descendente ad portam ecclesiae Urbis, et vertente ante ecclesiam S. Nicolai de Hospitali, ad supradictam basilicam Salvatoris.

Statuimusque, atque etiam auctoritate sedis apostolicae stabilimus, ut parochia ipsa deinceps nulli alii ecclesiae, vel monasteriis, aut piis locis, de spiritualibus atque divinis rebus teneatur penitus respondere, sed quiete ac libere sub praefatae basilicae Salvatoris jure, nomine parochiali in perpetuum maneat, salvo tamen jure haereditario quod infra supradictos fines ad praefatas ecclesias, vel monasteria, aut pia loca pertinere dignoscitur.

Praecipimus itaque ut nulli personae fas, in supradicta parochia ecclesias aedificare, aut altare erigere, vel aliquam religionem ibidem restituere praeter supradictam Salvatoris basilicam.

Statuentes apostolica censura sub divini judicii obsecratione, et anathematis interdicto, ut nullus unquam nostrorum successorum, vel alia quaelibet magna parvaque persona hujus nostri privilegii donum infringere aut inquietare praesumat. Si quis praeterea, quod non credimus, contra hoc nostrum apostolicum praeceptum venire aut agere tentaverit, anathematis vinculo sit innodatus, et a regno Dei et Domini nostri Jesu Christi sit alienus.

Qui vero pio intuitu custos et observator hujus nostri privilegii exstiterit, benedictionis gratiam a misericordissimo Domino nostro consequi mereatur in saecula saeculorum. Amen, amen, amen.

Ego Paschalis catholicae Ecclesiae episcopus.

Ego Lambertus Ostiensis episcopus interfui et subscripsi.

Ego Vincentius Portuens. episcopus subscripsi.

Ego Cinthius Sabinensis episcopus interfui et subscripsi.

Ego Denigo Tusculanus episcopus interfui et subscripsi.

Ego Contradus Praenestinus episcopus subsc.

Ego Leo Albanensis episcopus interfui et subscre.

Ego Benedictus presbyter cardinalis tituli Eudoxiae interfui et subsc.

Ego Theobaldus presbyter cardin. tituli Pamachi subscripsi.

Ego Raynerius presbyter cardin. tit. S. Eusebii subscr.

Ego Arnaldus presbyter cardinalis tit. S. Clementis interfui et subscr.

Ego Raynerius presbyter cardinalis tit. S. Marcellini et Petri subscr.

Ego Otho presbyt. card. tit. Pastoris subscripsi.

Ego Petrus presbyt. card. tit. Equitii subscr.

Ego Amicus presbyt. card..... interfui et subsc.

Ego Paulus presbyt. card. S. Sixti subscr.

Ego Jonatas diacon. card. SS. Cosmae et Damiani subscr.

Ego Theoninus diaconus card. S. Mariae in porticu interfui et subscr.

Ego Gregorius card. diaconi S. Angeli subscr.

Ego Joannes diac. card. S. Luciae interfui et subscr.

Ego Gregorius diac. card. S Luciæ interfui et subsc.

Datum Laterani per manus Joannis sanctæ Romanæ Ecclesiæ diacon. card. ac bibliothecarii, vi Kal. Januarii, indictione xv, Incarnationis Dominicæ 1116, pontificatus autem domni Paschalis papæ anno vii.

DIVERSORUM AD PASCHALEM PAPAM EPISTOLÆ.

I.

Pibonis Tullensis episcopi epistola ad Paschalem pro Calmosiasencibus.

(Anno 1099.)

[Martene, Thesaur. Anecdot. III, 1171.]

Paschali sanctæ et apostolicæ sedis summo pontifici, Pibo Dei ejusque munere Tullensis episcopus, debitæ obedientiæ indefessam exhibitionem.

Cum desiderium ingens et summa necessitas vestram præsentiam adeundi semper mihi fuerit, desiderium et necessitatem in me quotidie sentio crescere, et hæc adipiscendi facultatem magis magisque recedere : defectus etenim corporis mei, jam præ senectute sese non regentis, imo nec sustentantis, hoc denegat, et curæ pastoralis gravis sarcina me prægravat. Cujus curæ regimen, quia ut oportuit me exercuisse non præsumo, ad examen Pastoris pastorum omnium, utpote valde negligens, absque intercessoribus veniæ venire perhorresco; et hæc fuerat præcipue causa vos adeundi, videlicet innumerabilium culparum mearum absolutionem a vobis percipiendi ; sed quia in hoc deficio, et mei curam vos habere, utpote qui de omnibus curatis, minime diffido, aliud beneficium a vestra largissima pietate lacrymosis precibus efflagito. Sunt itaque in mea diœcesi canonici regulares beati Augustini regulam pro modulo suo tenentes, in loco qui Calmosiacum dicitur habitantes, quorum notitiam et familiaritatem mihi gratissimam habere desiderans, locum eorum adii, et societate suscepta, eidem loco altare parochialis ecclesiæ, de qua controversia inter eos et Romaricenses habetur, tali conditione contuli, ut quemadmodum hactenus presbyter qui ecclesiam habuerat, a mea manu altare susceperat, sic deinceps qui ecclesiam habere vellet, a manu abbatis illius loci altare susciperet. Et quia pacis ac tranquillitatis eorum maximam partem ab eadem ecclesia pendere non ignoro, nec me posse in pace dimitti spero, si in eos in pace non disposuero : idcirco, Pater sancte, ego et clerus noster pedibus vestris advoluti, postulamus quatenus donum quod a me factum audistis, sic permansurum in æternum vestra auctoritate firmetis. Ut autem omnes posteri nostri tam episcopi quam aliæ personæ Tullensis Ecclesiæ, sciant me hoc ex parte mea primitus fecisse, quod ego apostolica deprecor firmari auctoritate : ad monumentum facti ego huic chartæ sigillum meum adhærens dereliqui, in cujus observationem omnes successores meus ita per Christum suum obtestor adhibere studium, sicut ipsi a subsecuturis sua bene gesta inviolata custodiri volunt.

II.

Litteræ Gualteri episcopi Cabilonensis ad Paschalem papam, pro monasterio Cisterii.

(Anno 1100.)

[Gall. Christ., Nov. IV, 234.]

Venerabili Patri papæ Paschali, Gualterus Ecclesiæ Cabilon. servus, salutem et debitam subjectionem.

Sicut sanctitas vestra, ut fideles in vera religione proficiant, ardenter desiderat, sic eisdem vestræ protectionis umbram, vestræque consolationis fomentum deesse non expedit. Suppliciter ergo petimus quatenus quod factum est de fratribus illis, qui, arctioris vitæ desiderio, a Molismensi ecclesia sanctorum virorum consilio recesserunt, quos in nostro episcopatu divina pietas collocavit, a quibus transmissi præsentium litterarum bajuli vobis præsentes adsunt, secundum prædecessoris vestri præceptum et Lugdunensis archiepiscopi apostolicæ sedis tunc legati, et coepiscoporum et abbatum definitionem, et scriptum, cui rei et nos præsentes, et ejus auctores cum aliis exstitimus, vos approbare, et ut locus ille abbatia libera in perpetuum permaneat (salva tamen nostræ personæ, successorumque nostrorum canonica reverentia) auctoritatis vestræ privilegio corroborare dignemini. Sed et abbas quem in eo loco ordinavimus, et cæteri fratres totis viribus hanc confirmationem in suæ quietis tutelam a vestra flagitant pietate.

III.

(128) *Daimberti Pisani archiepiscopi, Godefridi Bullonii et Raimundi comitis S. Ægidii litteræ encyclicæ. — De victoriis ab exercitu Christiano in terra sancta reportatis.*

(Anno 1100.)

[Marten., Thes. Anecd., I, 281.]

Domno papæ Romanæ Ecclesiæ et omnibus epi-

(128) Has litteras mendis scatentes præ manibus habuit Cæsar Baronius, easque ope Guillelmi Tyrii

scopis et universalis Christianæ fidei cultoribus, ego Pisanus archiepiscopus et alii episcopi et GODEFRIDUS, gratia Dei Ecclesiæ S. Sepulcri nunc advocatus, et RAIMUNDUS comes Sancti Ægidii, et universus Dei exercitus qui est in terra Israel, salutem et orationes multiplicare preces et orationes cum jucunditate et exsultatione in conspectu Domini.

Quoniam Deus magnificavit suam misericordiam complendo in nobis ea quæ in antiquis temporibus promiserat. Etenim cum capta Nicæa civitate exercitus inde discederet, plus quam trecenta millia ibi fuerunt; et licet hæc tanta multitudo, quæ universam Romaniam occupare poterat, atque epotare poterat flumina omnia, et pascere omnes segetes una die posset, tamen cum plenitudine tanta conduxit eos Dominus, ut de ariete nummus et de bove vix xii acciperentur. Præterea si principes et reges Sarracenorum contra nos surrexerunt, Deo volente, facile victi et conculcati sunt. Ob hæc itaque feliciter acta, quia quidam intumuerant, opposuit nobis Antiochiam urbem humanis viribus inexpugnabilem, ibique per novem menses nos detinuit, atque in obsidionem extra ita humiliavit, donec omnis superbiæ nostræ tumor in humilitatem recurrit. Igitur nobis sic humiliatis, ut in toto exercitu vix centum equi boni reperirentur, aperuit nobis Deus copiam suæ benedictionis et misericordiæ, et induxit nos in civitatem, atque Turcos et omnia eorum potestati nostræ tribuit. Cum hæc quasi viribus nostris acquisita obtineremus, nec Deum qui hæc contulerat digne magnificaremus, a tanta multitudine Sarracenorum obsessi sumus, ut de tanta civitate nullus egredi auderet. Præterea fames in civitate convaluerat, ut vix ab humanis dapibus se aliqui continerent.

Longum est enarrare miserias quæ in civitate fuere. Respiciens autem Dominus populum quem tandiu flagellaverat, benigne consolatus est eos. Itaque quasi pro satisfactione tribulationis lanceam suam munus invisum a tempore apostolorum pignus victoriæ nobis obtulit. Deinde corda hominum ita animavit, ut illis quibus ægritudo vel fames ambulandi vires negaverat, arma sumendi, et viriliter contra hostes dimicandi virtutem infunderet. Deinde cum, triumphatis hostibus, fame et tædio deficeret exercitus Antiochiæ, et maxime propter discordias principum, in Syriam profecti, Barram et Marram urbes Sarracenorum expugnavimus, et castella regionis obtinuimus. Cumque ibi moram disposuissemus, tanta fames in exercitu fuit, ut corpora Sarracenorum jam fetentium a populo Christiano comesta sint. Deinde cum divino monitu in interiora Hispaniæ progrederemur, largissimam atque misericordem et victoriosam manum omnipotentis Patris nobiscum habuimus. Etenim cives et castellani regionis per quam procedebamus ad nos cum multis donariis legatos præmittebant, parati servire et oppida sua reddere; sed quia exercitus noster non multus erat, et in Jerusalem unanimiter venire festinabant, acceptis securitatibus tributarias eas fecimus, quippe cum de multis una civitatibus, quæ in maritimis illis sunt, plures homines haberet, quam in exercitu nostro fuissent. Cumque auditum esset, Antiochiæ atque Laodiciæ et Robas, quia manus Domini nobiscum esset, plures de exercitu, qui ibi remanserant, consecuti sunt nos apud Tyrum. Sic itaque, Deo conviatore et cooperatore nobiscum, usque ad Jerusalem pervenimus. Cumque in obsidionem illius multum exercitus laboraret, maxime propter aquæ inopiam, habito consilio, episcopi et principes circinnandam esse urbem nudis pedibus prædicaverunt, ut ille qui pro nobis in humilitate eam ingressus est, per humilitatem nostram pro se ad judicium de suis hostibus faciendum nobis eam aperiret. Placatus itaque hac humilitate Dominus octavo die post humiliationem, civitatem cum suis hostibus nobis tribuit, eo videlicet die quo primitiva Ecclesia inde abjecta fuit, cum festum de Divisione apostolorum a multis fidelibus celebratur. Et si scire desideratis quid de hostibus ibi repertis factum fuerit, scitote quia in porticu Salomonis et in templo ejus nostri equitabant in sanguine Sarracenorum usque ad genua equorum.

Deinde cum ordinatum esset, qui civitatem retinere deberent, et alii amore patriæ et pietate parentum redire voluissent, nuntiatum nobis est quod rex Babyloniorum Ascalonam venisset cum innumerabili multitudine paganorum, ducturus Francos qui Jerosolymis erant in captivitatem, et expugnaturus Antiochiam. Sic ipse dixerat: aliter autem Dominus statuerat de nobis. Itaque cum in veritate comperissemus exercitum Babyloniorum [apud] Ascalonem esse; contendimus obviam illis, relictis sarcinis et infirmis nostris in Jerusalem cum præsidio. Cumque exercitus noster et hostium se conspexissent, genibus flexis, adjutorem Deum invocavimus, ut qui in aliis nostris necessitatibus legem Christianorum confirmaverat, in præsenti bello confractis viribus Sarracenorum et diaboli, regnum Christi et Ecclesiæ a mari usque ad mare usquequaque dilataret. Nec mora: clamantibus ad se Deus adfuit, atque tantas audaciæ vires subministravit, ut qui nos in hostem currere vidit, fontem aquæ vivæ sitientem cervum segnem adjudicavit. Miro videlicet modo, cum in exercitu nostro non plus quam quinque millia militum, et quindecim millia peditum fuissent, in exercitu hostium centum millia equitum, et quadringinta millia peditum esse potuissent. Tunc mirabilis in servis suis Dominus apparuit, cum, antequam confligeremus, pro solo impetu nostro hanc in fugam multitudinem vertit, et omnia arma eorum diripuit, ut si deinceps nobis repugnare vellent, nec haberent arma in quibus sperarent; de spoliis vero non est quærendum quantum captum sit, ubi thesauri regis Babyloniæ occupati sunt. Ceciderunt ibi

utcunque emendatas in suis Annalibus ecclesiasticis ad annum 1100 edidit; quæ tamen sic correctæ in multis adhuc deficiunt. Longe emendatiores hic proferimus ex ms. codice Signiensis monasterii.

plus quam centum millia Maurorum gladio. Timor autem eorum tantus erat, ut in porta civitatis ad duo millia suffocati sint. De his vero qui in mari interierunt, non est numerus. Spineta etiam ex ipsis multos obtinuerunt. Pugnabat certe orbis terrarum pro nobis, et nisi spolia castrorum de nostris multos detinuissent, pauci essent qui renuntiare potuissent de bello de tanta multitudine hostium; et licet longum sit, tamen prætereundum non est quod pridie quam bellum fieret, multa millia camelorum, et boum, et ovium cepit exercitus Cumque jussu principum hæc populus dimisisset ad pugnam progrediens, mirabile dictu! multas et multiplices turmas cameli fecerunt; similiter et boves et oves. Hæc autem animalia nobiscum comitabantur, ut, cum stantibus starent, cum procedentibus procederent, cum currentibus currerent. Nubes etiam ab æstu solis nos defenderunt et refrigerabant. Celebrata itaque victoria, reversus exercitus Jerusalem, et relicto ibi duce Godefrido, comes S. Ægidii, et Robertus comes Northmanniæ, et Robertus comes Flandrensis, Laodiciam reversi sunt. Ibi classem Pisanorum et Boiamundum invenerunt. Cumque archiepiscopus Pisanus Boiamundum et dominos nostros concordare fecisset, regredi Jerosolymam pro Deo et pro fratribus comes Raimundus disposuit.

Igitur ad tam mirabilem fratrum vestrorum fortitudinis devotionem, ad tam gloriosam et concupiscibilem omnipotentis Dei retributionem, ad tam exoptandam omnium peccatorum vestrorum per Dei gratiam remissionem, et Christi catholicæ Ecclesiæ, et totius gentis Latinæ invitamus vos exsultationem, et omnes episcopos, et bonæ vitæ clericos et monachos, et omnes laicos, ut ille vos ad dextram Dei consedere faciat, qui vivit et regnat cum Patre in unitate sancti Spiritus Deus per omnia sæcula sæculorum. Amen. Rogamus et obsecramus vos per Dominum Jesum qui nobiscum semper fuit et collaboravit, et ex omnibus tribulationibus nos eripuit, ut sitis fratrum memores vestrorum, qui ad vos revertuntur, benefaciendo eis, et solvendo debita eorum, ut vobis Deus benefaciat, et ab omnibus vos peccatis absolvat, ut in omnibus bonis, quæ vel nos, vel illi apud Deum meruimus, partem vobis Deus concedat.

IV.

Lamberti Atrebatensis episcopi epistola prima ad Paschalem.

(Anno 1101.)

[BALUZ., *Miscell.* ed. Luc., II, 155.]

Reverendo Patri et domino PASCHALI papæ LAMBERTUS sanctæ Atrebatensis Ecclesiæ servus inutilis debitam cum orationibus reverentiam.

Placuit, reverende Pater, vestræ celsitudini divisionem veteris et novi burgi inter canonicos et monachos Atrebatenses nostræ infirmitati injungere : quam vestræ obedientiæ satisfacere cupiens, utraque parte absente, ne contentio inter eos oriretur, vel divisores aliquo modo corrumperentur, per vetustiores et veraciores, et quos neutri parti suspectos esse credidimus, sicut mandastis, diligenter exquisivimus, exquisitam canonicis et monachis renuntiavimus. Abbas autem, quia huic divisioni non interfuit, eam suscipere noluit. Et quia Remis conventus coepiscoporum in proximo habendus erat, utraque parte assentiente illuc direximus, ut consilio eorum quid super hoc agendum esset die statuta exsequeremur. Ad diem vero statutam convenientes, et ipsam divisionem, sicut abbas expetierat, consilio episcoporum in præsentia virorum religiosorum tam abbatum quam prælatorum perficere volentes, divisores illos sub nomine obedientiæ ex parte omnipotentis Dei et beati Petri et vestra et nostra ut vetus et novum burgum in veritate dividerent commonuimus. Cumque, ne veritas reticeretur, causa excommunicationis collo nostro stolam imponeremus, Guillelmus monachus nulla oppressione, nullo præjudicio gravatus ex parte abbatis ad injuriam vestram et nostram non de illa causa quæ agebatur, sed de novem denariis, canonicos nostros in Kalendis Octobris futuris ante vos invitavit, et ita perturbando abbatem a præsentia nostra et a causa recedere fecit. Canonici vero causa dilationis et sui negotii auferendi hoc esse factum intelligentes, hac oppressione et aliis compulsi, Romanam appellaverunt audientiam, ipsum abbatem in proxima festivitate sancti Andreæ in præsentia vestra invitantes. Sic igitur, reverende Pater, Atrebatenses canonici coacti sicut pupilli ad vestræ consolationis pietatem : quasi ad sinum matris refovendi confugientes humiliter rogant, et nos pro eis et cum eis rogamus, quatenus Atrebatensem Ecclesiam defendatis de manu fortiorum ejus, et in pace constituatis, et parochialia jura quæ ei canonice conveniunt auctoritate vestra restituatis. Quia vero in diebus nostris Atrebatensis Ecclesia quasi de domo carceris educta et a vinculis absoluta per vestra et prædecessoris vestri dignæ memoriæ domni Urbani papæ privilegia et scripta in libertatem et ad antiquitatem suam reducta jam cœpit aliquantulum respirare et convalescere, ita eam sustinete quatenus a Domino Jesu Christo bonam mercedem mereamini accipere. Nunc vero quia manus Domini die ac nocte gravata est super me, benigne Pater, et in mari laborans parum profeci et proficio, rogate Deum Patrem misericordiarum et totius consolationis, ut me peccatorem vestris sanctis precibus per unigenitum et dilectum filium suum Salvatorem nostrum, ne in mare demergar, salvare et de tenebris hujus vitæ misericorditer educere dignetur.

V.

Ejusdem ad Paschalem epistola secunda. — *De clericis Iprensibus.*

(Anno 1101.)

[*Actes de la province eccl. de Reims*, II, 153. — Sequentes Lamberti epistolæ ex eadem Collectione prodeunt.]

Reverentissimo domino et Patri patrum PASCHALI

LAMBERTUS Dei miseratione Atrebatensis episcopus debitam subjectionem cum orationibus.

Causam Morinensis episcopi et Iprensium clericorum, sicuti paternitas vestra nobis injunxit, hoc modo definivimus. Cum ad diem illis præfixam se nobis utrinque præsentarent, ne in hac causa aliquid contentiose ageretur, optionem eis eligendi judices de quibus nulla posset esse suspicio dedimus. Quod episcopus concessit, clerici vero renuerunt. Denique episcopus dixit se paratum esse probare eos ecclesiam Iprensem Simoniace adeptos fuisse, et post Nemausense concilium a domno Gerardo accepisse, et eumdem Gerardum eodem tempore a domno Urbano beatæ memoriæ papa ab omni episcopali officio suspensum fuisse. Clerici vero huic ejus objectioni nullum omnino responsum dare voluerunt, tantummodo postulantes ut eis inducias daremus, eo quod quidam eorum socius abesset, quem dicebant infirmari. Unde cum eis judicium super his facere præciperemus, dixerunt se non ad hoc venisse ut judicium aliquod subirent, sed si non darentur induciæ quas postulabant, recederent. Nos vero vestra apostolica auctoritate, videlicet in hoc negotio vice vestra fungentes, interdiximus ut a nostra, imo vestra præsentia non nisi judiciali et canonico ordine recederent. Illi vero hæc omnia nihili pendentes, sed Deo et vobis et nobis inobedientes, nullo facto sibi judicio, nullo præjudicio, nos et omnes fratres nostros se suspectos habere dixerunt, et vestram iterum audientiam appellaverunt. Sed novit sanctitas vestra hujusmodi, non appellationem, sed ludificationem duabus de causis irritam debere fieri; tum quia a sede apostolica ad aliam appellare non licet, tum quia eis optionem electorum judicum dedimus, a quibus appellari iterum licitum non est. Quapropter fratres nostri judicaverunt episcopum Morinensem causam suam obtinuisse, et eos debere vinculo anathematis obligari, si a die illa et deinceps episcopo de ecclesia illa injuriam fecerint. Unde sanctitatem vestram exoramus, ut quod ex vestro præcepto et vice vestra obedientes et vere sine personarum acceptione definivimus, vestra auctoritate roboretur. Consulimus etiam vestram apostolicam sedem super hoc Dei et nostro negotio. Clericus quidam in præsentia nostra accusavit abbatem unum de Simonia emptæ ecclesiæ, quam se probare pollicetur. Rescribat itaque nobis vestra paternitas cum quot testibus et quibus hoc probare possit, si laicis, si clericis, si subdiaconibus, si diaconibus, si presbyteris, et si clericus defecerit quid abbas facturus sit.

VI.
Ejusdem epistola tertia ad Paschalem. — Pro archiepiscopo Remensi.
(Anno 1101.)

Reverentissimo domino et Patri patrum papæ PASCHALI LAMBERTUS Dei miseratione Atrebatensis episcopus, debitam subjectionem cum orationibus.

Pro venerabili metropolitano nostro domno Manasse Remensi archiepiscopo, pro quo domnus Joannes Morinensis episcopus ad sanctitatis vestræ discretionem dirigitur, ut eum exaudire dignemini, humilitas nostra excellentiam vestram suppliciter exorat. Siquidem experientia novimus præfatum metropolitanum apostolicæ sedis decreta venerari, veritatem diligere, Deum timere, religiosos et boni testimonii viros honorare, specialiter vero in cura pauperum se sollicitum exhibere. Paternitatis vestræ sanctitatem omnium ecclesiarum sollicitudinem gerentem diutius nobis incolumem propitia divinitas custodiat.

VII.
Ejusdem epistola ad Paschalem quarta. — De synodo Parisiensi.
(Anno 1105.)

Reverentissimo domino et Patri patrum PASCHALI papæ, LAMBERTUS Dei miseratione Atrebatensis episcopus, debitam cum orationibus subjectionem.

Convenientes Parisiis ex vestra auctoritate archiepiscopi, dominus Daimbertus Senonensis, Rodulfus Turonensis; episcopi quoque Ivo Carnotensis, Joannes Aurelianensis, Humbaldus Antissiodorensis, Gualo Parisiensis, Manasses Meldensis, Baldricus Noviomensis, Hubertus Silvanectensis, fecerunt recitare litteras a vestra sede pro satisfactione et absolutione regis missas. Litteris itaque lectis et intellectis, miserunt ad regem, Joannem Aurelianensem, et Gualonem Parisiensem episcopos sciscitantes, si rex juxta tenorem litterarum vestrarum satisfaceret, et carnalis et illicitæ copulæ peccatum abjurare decrevisset. Quibus benigne respondens ait, se Deo et S. Romanæ Ecclesiæ libenter velle satisfacere, et apostolicæ sedis præcepto, archiepiscorum quoque et episcoporum præsentium acquiescere consilio. Igitur in præsentia prædictorum episcoporum necnon et abbatum Adam Parisiensis de titulo S. Dionysii, Renaldi de titulo S. Germani Parisiensis, Ulrici Parisiensis, de titulo S. Maglorii, item Rainoldi Stampensis de titulo S. Trinitatis; archidiaconorum quamplurimorum, et honorabilium clericorum, et laicorum circumstantium, advenit rex satis devote multumque humiliter nudis pedibus, peccato renuntians, et excommunicationem emendans, et sic ex vestra auctoritate absolutionem suscipere meruit. His ita gestis, tactis sacrosanctis evangeliis, abjuravit copulam et flagitium illicitæ conjunctionis in hæc verba: «Audias tu Lamberte episc. Atrebatensis, qui hic apostolica vice fungeris; audiant archiepiscopi et præsentes episcopi, quod ego Philippus rex Francorum peccatum et consuetudinem carnalis et illicitæ copulæ, quam hactenus cum Bertrada exercui, ulterius non exercebo : sed peccatum istud et flagitium penitus et sine omni retractione abjuro. Cum eadem quoque femina mutuum colloquium et contubernium, nisi sub testimonio personarum minime suspectarum non habebo. Hæc omnia sicut litteræ papæ dicunt, et vos intelligitis, sine omni malo ingenio observabo. Sic me Deus adjuvet, et hæc sacrosancta Jesu

Christi evangelia.› Similiter et Bertrada, cum excommunicationis vinculo solveretur, tactis sacrosanctis evangeliis, in persona sua hoc idem juravit sacramentum. Sancta Trinitas Deus noster sanctitatem vestram pro Ecclesia catholica laborantem et orantem diutius custodiat incolumem, et quia, cum sancta Romana Ecclesia in judicio et justitia nobiscum stetistis, retribuatur vobis in resurrectione justorum.

Actum Parisiis anno Dei Christi 1104, iv Nonas Decembres, anno pontificatus Paschalis papæ II quinto.

VIII.

Ejusdem epistola ad Paschalem quinta. — De lite inter canonicos Atrebatenses et monachos S. Vedasti exorta.

(Anno 1107.)

Reverendo Patri et domino PASCHALI papæ, LAMBERTUS sanctæ Atrebatensis Ecclesiæ qualiscunque minister, debitam cum orationibus reverentiam.

Suscepimus, domine Pater, vestræ celsitudinis litteras de inquisitione et divisione veteris et novi burgi inter canonicos Atrebatenses et abbatem et monachos Sancti Vedasti; quam, prout veracius potuimus, juxta præceptum vestrum inquisitam et discussam per vetustiores et veraciores parochianos abbati scripto dare voluimus; qui nec suscipere, nec etiam audire eam voluit, sed canonicos nostros iterum invitavit, cum eidem abbati litteris vestris præcepissetis ut divisionem per nos discussam abbas omnino susciperet. Nos vero considerantes abbatis præsumptionem, canonicis reclamantibus et partem divisionis quæ eis conveniebat postulantibus, consilio domni archiepiscopi Remensis, Suessionensis, Catalaunensis, Laudunensis, Ambianensis inquisitam tradidimus. Et quoniam pro gravi et continua infirmitate nostra abbatem ad justitiam cogere non sufficimus, quasi provoluti ante pedes apostolatus vestri exoramus ut inquisitionem divisionis per nos canonicis datam confirmetis, ne nos in derisum habeamur et vestræ sublimitatis præceptum annulletur. De parochianis vero nostris circa capellam Sancti Mauritii commanentibus causa habita fuit in Trecensi concilio præcepto vestro coram cardinalibus et episcopis Morinensi, Ambianensi, Parisiensi aliisque religiosis et synodalibus personis, et ibi ab eis judicatum fuit ut presbyter Sancti Mauritii in die sancto Paschæ, Pentecostes et Natale Domini, quia nullam curam per episcopum gerit in populo, prædictis parochianis sacramenta corporis et sanguinis Domini nequaquam dare præsumat, nec oblationem eorum suscipere. Per cæteros autem dies anni, si quis spontaneas oblationes ei conferre voluerit, non contradicimus, si tamen excommunicatus non fuerit. Sed et judicatum est ut presbyter Sanctæ Mariæ matricis ecclesiæ, qui curam eorum per episcopum gerit, et confessionem suscipit, et omnem parochialem sollicitudinem gerit, sacramenta etiam corporis et sanguinis Domini in diebus prædictis eisdem parochianis traderet. Nos vero vestigia sanctorum Patrum sequentes, quia canonicum est, synodali vestraque auctoritate diffinitum hoc judicium, firmiter tenere volumus. Injuriam vero inordinatæ invitationis et contemptus tam vobis quam nobis ab abbate illatam vobis relinquimus dijudicandam. Diutius et semper bene valeat in unico Dei Filio sanctitas vestra, reverende Pater et domine, et memento mei peccatoris ante Deum.

IX.

Odonis abbatis Lesatensis epistola ad Paschalem. — Significat quo pacto Sancti Petri de Curte abbatiola, ut vocatur, quæ «justitia exigente» Lesatensium regimini subjecta erat, in jus et ditionem Moisiacensium transierit.

(Anno 1104.)

[MABILL., *Annal. Bened.*, V, 470.]

Universali Patri domino PASCHALI papæ, frater O. [ODO] Lesatensis abbas, suus servus.

Clareat majestati vestræ, Pater generalissime, quod Geraldus abbas Lesatensis, prædecessor noster, abbatiolam de Curte, quæ, justitia exigente, sub nostro degebat regimine, nisus est orthodoxe ordinare, quatenus spurcitia eliminaretur inde, ac cultus Deo debitus redderetur, et ad unguem perduceretur, nisi invasores Clusinenses monachi sinistra manu obstitissent, atque fratribus loci illius apprehendere disciplinam prohibuissent. Et ut persensit conventus Lesatensis, valde condoluit, et sæpius inde conquerens, metuensque ne sibi, cui loci illius cura pastoralis commissa fuerat, fratrum perennis perditio a districto judice exigeretur, tandem tale invenit consilium, quod causam et curam illius abbatiolæ, sibi commendatæ, magistrali suæ ecclesiæ Moisiacensi tribueret: ut, quod ipsa Lesatensis ecclesia sua impotentia implere minime valebat, Moisiacensis famosissima ecclesia suppleret. Tali reperto consilio a fratribus nostris altioris consilii, venitur in capitulum, ibique revelato, ut moris est, negotio, communi assensu omnium fratrum præfatus abbas Geraldus Lesatensis privilegium nostrum de Curte Moisiacum detulit, atque jus nostrum ac regimen de abbatiola de Curte domino abbati Asquilino, successoribusque ejus cessit in perpetuum. Hujus rei ego supra taxatus, ut cæteri consodales, gratus laudator exstiti, et adjutor atque cooperator in omnibus assiduus fui. Quod si forsan dubitatur, legendo compendiose cognoscatur, quia quod tunc Patri spirituali laudavi monachus, nunc longe melius laudo, modisque omnibus astipulans confirmo illa, in honore regiminis positus. Sed quia me idem testimonium corroborandum vestra sibi præsentari jussit paternitas, hoc libens gaudensque fecissem, nisi carnis obstitisset infirmitas.

X.

Seheri Calmosiacensis abbatis epistola ad Paschalem prima.

(Ante ann. 1105.)

[Dom CALMET, *Hist. de Lorraine*, Pr., p. CII.]

PASCHALI Patri beatissimo, et in refugium tribulantium a Deo primæ sedis constituto, SEHERUS abbas qualiscunque, cum universa sibi conjuncta congregatione, quod solum possunt, obedientiam et orationem.

Quia illius qui omnium recte sibi supplicantium importunitates diligit, in Ecclesia sancta vicem geritis, confidimus de vobis, quod hujus pietatis expertes non estis. Et inde est quod audemus ad vos sæpe recurrere, quia speramus vos importunitates nostras non fastidire. Nos, velimus, nolimus, morem lactentium infantium imitamur, qui quanto plus rei alicujus agitatione deterrentur, tanto magis matri suæ se astringunt, et eam amplectuntur. Nunc igitur, Pater reverende, ut breviter vobis quantum tribulamur aperiamus, rubore postposito, fatemur, quia revera prope est ut de pace nostra desperemus. Ipsa enim abbatissa (*Gisla, abbatissa Romarici montis*) de qua tot querimonias nostras habuistis, et cui jam secundo litteras vestras direxistis, omnibus quæ ei et præcipiendo, et consilium dando mandastis, corde firmato inobediens exstitit. Nam cum ei in primis litteris consilium dederitis ut pro parte ecclesiæ concambium competens acciperet, et judicium dederitis, quod pro calumnia fundationis novi monasterii, per veridicos testes probationem nostram recipere deberet, et cum in secundis, quia non ut præceptum, sed ut consilium quoddam quod dixeratis, reputabat : præcipiendo sub quadam disjunctione mandaveritis, et quatenus aut concambium incompetenti sibi fundo pro parte ecclesiæ reciperet, aut partem nostram quietam nobis et in pace dimitteret, et de nostris injuriis omnimodis cessaret; alioquin beati Petri vindictam super se casuram sciret. Cum hæc omnia, si reminisci dignatur sanctitas vestra, ei mandaveritis, in nullo eorum penitus obediens exstitit; nam concambium satis et multo plus valens illa parte ecclesiæ sub præsentia domini Richardi cardinalis, et Theoderici ducis, et episcopi Metensis, et aliorum multorum bonorum virorum, tam clericorum quam laicorum, et sub auctoritate litterarum regis, quia, nisi eo concedente, id se non audere jam dixerat, nuper obtulimus. Quod quidem nec satis absolute concessit, nec funditus contradixit, sed sub tanti conventus præsentia, diem quod id terminaretur condixit. Sed cum ad condictum diem utrinque convenimus, et concambium renuit, et partem quam in ecclesia habemus, nos habere denegavit, et quantum in se est, jam nobis abstulit, et probationem nostram, cum inibi parati cum testibus fuerimus, suscipere recusavit. Quod si de injuriis quas nobis irrogat, requisieritis, quæ nobis, Pater sancte, major potest injuria inferri, quam ut id auferatur quod nos et antecessorem nostrum multis annis absque calumnia possedisse fere ab omnibus nostris provincialibus scitur, et que ablato locus noster destruatur? His breviter recapitulatis, quia forte a vestra memoria excidit, quod et nos in ipsa in ecclesia illa habemus, dominus Ascelinus et dominus Arnulfus, quia ei notum est, et ab eis audistis, si vobis placet, super his requirantur. His autem diligenter discussis, et memorato hoc quod ejusdem ecclesiæ altare ab episcopo Tullensi nobis donatum, sic permansurum vestra auctoritate jam firmaveritis, vestrum erit decernere qualiter tam inimicam concertationem debeatis terminare, et pusillum gregem vestrum vobis devote subjectum in pace disponere.

XI.
Ejusdem epistola ad Paschalem secunda.
(Dom CALMET, *ibid.*)

PASCHALI, sanctæ et apostolicæ sedis summo pontifici, SEHERUS Calmosiacensis abbas indignus, cum suis fratribus, debitæ obedientiæ devotam exhibitionem.

Jam, Pater sancte, fatigati sumus, nos scribendi litteras, et vos in audiendo, et tamen nihil adhuc profecimus, et nihil restat aliud, nisi quod jam de pace nostra desperavimus. Durum quidem et irreligiosum est, quod desperasse fatemur. Sed sic vobis angustias nostras exprimere compellimur. Cujus enim spem sibi inconcussam conservare prævaleat, cum illud quod injustitiæ remedium suæ certum fore speraverat, in contrarium cedere manifestissime sentiat? Litteras namque vestras ad abbatissam, Domine, ut pace vestra dicamus, quas inquietationis nostræ mitigatrices semper credidimus, abbatissæ ejusdem et suffraganeorum suorum exasperatrices atrociter sentimus. Nam eotenus quo eis in tertiis litteris, si nos inquietare non omitterent, sententiam vestram intentastis, solis minis terruerunt nos : sed postea repentinis armatorum suorum assultibus sic nos aggressi sunt, ut omnibus attendere volentibus clare videatur sic in nos exasperari repente, non tam odio nostro quam respectu vestro. Jam enim tertio postea, ipsius ecclesiæ pro qua contentio est, bona violenter rapuerunt, et asportatis quæ potuerunt, cætera depopulati sunt, et tyrannide tam nostrum quam suum jus omnia indifferenter invaserunt. Has et alias injurias perferentes, in nullo eis restitimus. Sed auctoritate Dei et vestræ, quod solum potuimus, in omnibus eis contradiximus. Sed et proclamationem super his nondum ullam fecimus, quia quod in vestræ majestatis præsentia discussum jam et terminatum est, alibi reciprocare non judicavimus. Quapropter, Pater sancte, quasi præsentes omnes pedibus vestris advoluti jacemus, et lacrymosis efflagitamus precibus, quatenus si quid misericordiæ, si quid pietatis, si quid pacis nobis impendere proposuistis, propter Dominum diutius non differatis.

XII.
Mathildis marcisæ ad Paschalem papam.
(Ante annum 1106.)
[*Opp. S. Anselmi*, p. 442.]

Sanctissimo et venerabili in Christo Patri ac domino PASCHALI, primæ sedis antistiti, MATHILDIS marcisa Dei gratia, si quid est, tam debitam quam fidele totius subjectionis obsequium.

Inter alia ex quibus paternitatem vestram rogare præsumimus, de Patris ac domini nostri Anselmi Cantuariensis venerabilis archiepiscopi expulsione clementiam vestram singulariter postulamus, quatenus juxta debitum vestræ sedis judicium, tam sancti ac reverendi Patris tribulationes et miserias quas pro fide catholica et sancta Romana Ecclesia tolerat, tanquam pius Pater et dominus fideliter attendatis, ejusque lacrymabilem querimoniam condoleatis, atque sanctis negotiis manum consilii et auxilii clementius porrigatis. Indecens enim est tam præcipuum sanctæ Ecclesiæ Romanæ membrum tanto tempore exsulatum jacere inter alia quasi putridum, et non agere sibi commissum incunctanter officium. Dolemus igitur corpori Ecclesiæ ex maxima parte illius ministerium esse subtractum, cujus gubernaculum scimus esse sibi per omnia et pro omnibus necessarium. Unde flexis genibus de eo vestram clementiam postulamus, cujus singularem post Dominum fiduciam vos esse procul dubio credimus, quam nostris etiam meritis circa eum augeri non minui desideramus.

XIII.

Epistola Reinhardi episcopi Halberstadensis ad Paschalem papam II. — Petit a papa confirmationem decimarum Ecclesiæ suæ legitime concessarum, rogatque edoceri quid faciendum sit de ordinatis a Friderico sedi suæ superposito et a sede apostolica exauctorato.

(Anno 1107.)

[MARTENE, *ampl. Collect.* I, 618, ex ms. S. Germani a Prat.]

PASCHALI summo pontifici REINHARDUS, Dei gratia et sua Halberstadensis episcopus, orationes et servitium, et tam voluntariam quam debitam in omnibus obedientiam.

Quamvis misericordiæ vestræ beneficiis, per quæ indignum et immeritum me exaltastis, dignum respondere non possim, tamen id quod a vobis accepi per vos Patrem et dominum meum semper obtinere sperabo. Igitur quia multum de vobis confido, ut servus de domino, et filius de patre, sanctitatem vestram humiliter expostulo ut terminos et decimas Ecclesiæ nostræ, quas a decessoribus vestris Romanis pontificibus et catholicis imperatoribus in initio fundationis et dedicationis suæ acceperat, privilegiis vestræ auctoritatis confirmetis, ut adversariis Dei et Ecclesiæ, qui nos quotidie impugnant, gladio vestræ auctoritatis resistere possimus. Miseram ecclesiam miser ego coactus accepi, et nisi per vos defendatur miserrima erit. Quid vero de ordinatis clericis et ecclesiis dedicatis a Friderico superposito et a vobis legitime deposito faciendum sit, vestram exspecto sententiam. De his et de omnibus quæ mihi rescribere dignamini, sicut debeo, pro scire et posse meo, semper vobis obediens ero. Quod epistola minus habet de supplicationibus meis, nuntius fideliter prosequetur. Sanctitatis vestræ benedictionem pro maximo munere accipiam.

XIV.

Ejusdem episcopi ad Paschalem. — Suspensus ab officio absolutionem a summo pontifice humiliter petit, eo quod ipsius ignorans decretum, a laico investituram illicite acceperit, excusatque se quod propter temporum improbitatem ad eum nequeat accedere.

(Anno 1107.)

[MARTENE, *ubi supra*, p. 619, ex eodem ms.]

PASCHALI Dei gratia papæ, REINHARDUS episcopus Halberstadensis Ecclesiæ, quidquid est, tam voluntariam quam debitam in omnibus obedientiam.

Sanctitatis vestræ litteras nobis directas cum gratia et benedictione suscipientes, non modicum gavisi sumus quod me non meis meritis fratrem et familiarem vestrum vocare voluistis, in quibus etiam superabundantiorem erga me vestræ paternitatis affectum cognovi, quod ignorantiæ meæ delictum me scire fecistis, et quod injustitias meas non abscondistis. Boni enim patris est corripere filium quem diligit, et flagellare omnem quem recipit. Huic tantæ lætitiæ nostræ serenitati nebula tristitiæ per quosdam obducta est, dicentes a vestra mihi beatitudine prohibitas esse clericorum ordinationes, pro quibus verbis cum ad desiderabilem vestri præsentiam fratres dirigeremus, et in reditu ipsorum me non destitutum audissem, obedientiæ manus dedi, quia melior est obedientia quam victima, et quia pastoris sententia gregi timenda est : ita me pedibus vestris subjicio, quasi vocatus ad concilium non venerim, et ideo suspensus ab officio sim, cum nec, ut vestræ testantur, evocatus fuerim, et quando vel ubi suspensus fuerim, penitus ignoraverim. Ordinationem vero nostram, teste et postulante eadem quæ præsens erat Ecclesia nostra, a metropolitano in sede sua factam manifestum est; sed innocentia plerumque non liberat, cum sententiam judicis ignorantia vel dilatio, vel aliqua suggestio errare coegerit. Porro de investitura quam ante decreti vestri sententiam ignorans et illicite suscepi, quia secundo jam veniam petii et non accepi, quæsivi et non inveni; tertio nunc pulsabo, ut quod necesse habeo saltem improbitate mea obtineam. Certus sum enim quod nunquam obliviscetur misereri qui in B. Petro discit qualiter aliis ignoscere debeat. Nusquam enim, ut ait beatus Augustinus, ita vigere debent viscera misericordiæ, quam in catholica Ecclesia, ut tanquam vera mater, nec peccantibus filiis superbe insultet, nec difficile correctis ignoscat, cum ipsum beatum Petrum post negationem et pravam simulationem correptum materno sinu receperit. Quod autem modo sicut voluimus et disposuimus, aspectui vestro præsentari non possumus, causa est instantis nequitiæ et perturbatio temporis, quæ maxime nostris grassatur in partibus.

XV.

Gervasii, Hugonis comitis Regitestensis et Melesindæ filii, Remensis archidiaconi, epistola ad Paschalem papam, scripta occasione schismatis inter

Rodulfum et Gervasium pro archiepiscopatu Remensi.

(Anno 1107.)
[MARLOT, Metropol. Rem., II, 242.]

Excellentissimo Patri Patrum et episcoporum episcopo PASCHALI, GERVASIUS dictus episcopus, fidele servitium cum exiguitatis meæ orationibus..........

Dicant adversarii quantumlibet me infidelem et rebellem magistratui vestro, ego subjectionem meam vobis profiteor, et quicunque vobis illam negaverit, cujuslibet ordinis sit, mihi communicare non poterit; quam sine omnium respectu, suspensioni et interdictui vestro conservant [forte conservamus], non sine magno damno Ecclesiarum nostrarum, et nostro. Impedivit quoque meum erga vos famulatum illa suspensio (129), etc.

XVI.

Epistola Suavii abbatis S. Severi, Willelmi ducis et Gastonis ad Paschalem papam.

(Anno 1107.)
[MABILL. Annal. Bened., V, app., p. 676.]

PASCHALI sanctæ Romanæ Ecclesiæ Dei gratia episcopo, SUAVIUS abbas Beati Severi Wasconiæ, totusque conventus sibi commissus, atque WILLELMUS Aquitaniæ dux, et GASTO proconsul de Bearni, inito concilio ecclesiastici ordinis et baronum totius Wasconiæ, domno charissimo pastorique suo digna Deo.

Omnes nos pariter scandalizamur super quibusdam rationibus, quas quidam ex vestris sub specie judicii in placito abbatis Beati Severi atque abbatis Beatæ Crucis protulerunt. Si enim aliquam justitiæ semitam investigare voluissent, decretum domni Alexandri et Gregorii VII, summorum pontificum sanctæ Romanæ Ecclesiæ, pro adinventionibus suis minime postposuissent. In hoc tamen non modice gaudemus quod vestra sancta discretio ab illorum se absentavit judicio, eo quod etiam abbati Beati Severi consilium a vobis petenti consuluistis, dicens : « Si litteras Patris nostri Alexandri et Gregorii VII, quas jactas te habere, poteris habere sigillatas, mitte mihi eas, quibus visis te et abbatem Sanctæ Crucis invitabo, ut termino constituto revertamini ad judicium. » Quare quoniam gratia Dei litteræ sunt inventæ, nos vestri servuli vestræ supplicamus sanctitati quatenus exemplo Danielis prophetæ, qui judicium sanctæ Suzanæ minus continens, ad plenariam reduxit justitiam, litteris vestris utrumque abbatem ante reverendam præsentiam vestram dignemini invitare, ut injustitiam quam nos credimus in abbatem Sancti Severi ingeri a vestris, vestra præcelsa discretio, Spiritu paracleto prævio, ad canonum revocet justitiam. Vestra vita floreat in augmentum justitiæ.

XVII.

Petri Peccatoris, clerici Ravennatis, epistola ad Paschalem summæ sedis pontificem, in qua et Regulam clericorum destinat emendandam.

(Opp. S. Petri Damiani, II, 268.)

PASCHALI, Dei nutu summæ et apostolicæ sedis episcopo, P. [PETRUS] peccator, clericus, cum confratribus suis, in Christo salutem et omnem obedientiam.

Cum vestræ beatitudini Petri vicem in Ecclesiam gerere gratia divina contulerit, non irrationabiliter credimus, quæcunque in Ecclesiis statuuntur ubilibet facienda, vestræ auctoritatis judiciis pro justo, vel reprobari, vel confirmari debere. Quapropter hanc canonicæ institutionis Normam ex plurimis, ut in sequenti patebit, collectam, et pro nostri temporis fragilitate discretive statutam, majestati vestræ præsentandam mandavimus, ut eam perspectam, et ubi oportuerit, emendatam, hujus apostolicæ sedis auctoritate firmatam atque susceptam nobis remittatis, de cætero vestra præceptione tenendam. Bene valete.

XVIII.

Conventus Ecclesiæ Cantuariensis ad Paschalem papam.

(Post annum 1109.)
[EADMER, Hist. nov., l. v, p. 87.]

Domino sanctæ universalis Ecclesiæ summo pastori, PASCHALI, conventus Ecclesiæ Christi Cantuarienses, fideles orationes et totius sanctæ devotionis obsequium.

Notum esse non dubitamus gloriosæ paternitati vestræ, pie domine, quod Ecclesia Cantuariensis mater nostra, sanctæ scilicet Romanæ Ecclesiæ specialis filia, jam ab obitu beatæ memoriæ Patris nostri Anselmi archiepiscopi, per quinquennium cura pastoralis officii, peccatis nostris exigentibus, sit destituta. Nuper autem respectu misericordiæ Dei, adunato conventu totius Anglici regni in præsentia gloriosi regis nostri Henrici, electus a nobis et clero et populo est ad regimen ipsius Ecclesiæ Radulphus Roffensis episcopus, nobis sufficientissime cognitus, et propter vitæ suæ meritum et sanctæ conversationis effectum toti regno valde acceptus. Huic electioni adfuerunt episcopi, abbates, et principes regni, et ingens populi multitudo, consentiente domino nostro rege et eamdem electionem laudante, suaque auctoritate corroborante. Quoniam igitur ita res se habet, mittimus ad vos, modis quibus possumus supplicantes, ut quem ad sublevationem et consolationem Ecclesiæ suæ Deus (quantum nobis datur intelligi) elegit, vestra sancta auctoritate, in quo electus est, confirmetis, et ei pallium, quod omnes antecessores sui a sacratissima sede beati Petri consecuti sunt, transmittere dignemini; ne sanctitate vestra aures pietatis suæ precibus nostris (quod Deus avertat) non inclinante, in pristinas miserias aliquo eventu Ecclesia nostra, filia vestra, relabatur. Ipsemet enim tanta corporis imbecillitate gravatur, ut

---

(129) Loquitur hic de interdicto quo pontifex Ecclesiam Remensem graviter fortiterque alligaverat, cujus meminit Ivo, epist. 189, eo quod ipsemet Gervasius se velut canonice electum licet invasor, venditaret.

non sine magno periculo sui et detrimento omnium nostrum valeat hoc tempore vestigiis vestris se præsentare. Sanctum apostolatum vestrum omnipotens Deus ad honorem suæ sanctæ Ecclesiæ per multa tempora incolumem conservare dignetur, dignissime Pater. Amen.

XIX.

S. Brunonis Signiensis episcopi epistola ad Paschalem.
(Anno 1111.)
[Opp. S. Brunonis, II, 626.]

PASCHALI summo pontifici BRUNO peccator, episcopus, B. Benedicti servus, quod tanto domino et Patri.

Inimici mei dicunt tibi quia te non diligo, et quia de te male loquor, sed mentiuntur. Ego enim sic te diligo, sicut Patrem et dominum diligere debeo : et nullum alium, te vivente, pontificem habere volo ; sicut ego cum multis tibi promisi. Audio tamen Salvatorem meum mihi dicentem : *Qui amat patrem, aut matrem plusquam me, non est me dignus* (*Matth.* x). Unde et Apostolus dicit : *Si quis non diligit Dominum Jesum, sit anathema marathana* (*I Cor.* XVI). Debeo igitur diligere te, sed plus debeo diligere illum, qui et te fecit et me. Huic enim tanto amori nihil unquam præferendum est. Fœdus autem illud tam fœdum, tam violentum, cum tanta proditione factum, tam omni pietati, et religioni contrarium, ego non laudo. At vero neque tu, sicut a pluribus referentibus audivi. Quis enim illud laudare potest, in quo fides violatur, Ecclesia libertatem amittit, sacerdotium tollitur, unicum et singulare ostium Ecclesiæ clauditur, aliaque multa ostia aperiuntur, per quæ quicunque intrat, fur est et latro? Habemus Canones ; habemus SS. Patrum constitutiones a temporibus apostolorum usque ad te. Via regia incedendum est, neque ab ea in aliquam partem declinandum. Constitutio tua, et constitutio apostolorum una est ; et ipsa quidem multum laudabilis. Apostoli enim omnes illos damnant, et a fidelium communione segregant, quicunque per sæcularem potestatem Ecclesiam obtinent. Laici enim, quamvis religiosi sint, nullam tamen disponendi Ecclesiam facultatem habent. Similiter et constitutio tua, quæ de apostolico fonte manavit, omnes illos clericos damnat, et a fidelium communione separat, quicunque de manu laici investituras suscipiunt, et quicunque eis manum imponunt. Hæc namque constitutio apostolorum, et tua, sancta est, catholica est, cui quicunque contradicit, catholicus non est. Illi enim soli sunt catholici, qui catholicæ Ecclesiæ fidei et doctrinæ non contradicunt. Sicut econtra illi sunt hæretici, qui catholicæ Ecclesiæ fidei et doctrinæ obstinato animo contradicunt. Hanc igitur tuam, et apostolorum constitutionem, Pater venerabilis, iterum confirma ; hanc in tua Ecclesia, quæ omnium Ecclesiarum caput est, palam et cunctis audientibus prædica ; hanc hæresim, quam tu ipse hæresim esse dixisti, apostolica auctoritate damna ; et mox videbis totam Ecclesiam tibi esse placatam, mox omnes videbis ad tuos pedes confluentes, et cum magna lætitia, sicut Patri et domino obedientes. Miserere Ecclesiæ Dei, miserere sponsæ Christi, et per tuam prudentiam suam recuperet libertatem, quam modo per te amisisse videtur. Ego autem illam obligationem, et illud juramentum, de quo superius diximus, parvipendo ; neque pro ejus obligatione minus unquam obediens ero.

XX.

Epistola Argentinensis Ecclesiæ ad Paschalem.
[MANSI, *Concil.*, XX, 1092.]

PASCHALI universali Romanorum pontifici Argentinensis Ecclesiæ fratres fidem et obedientiam.

Omnium cum sit, venerande Pater, tua sollicitudo Ecclesiarum, tu refugium miserorum, imo patrocinium orbi advenisti desiderabile : unde adhuc humano generi consulere Deus non despicit per hæc nova, quoniam lux in tenebris effulsit. Tu ergo benedictus es, ad cujus introitum nobis benedixit, et benedicat Deus. Respice igitur gentem miseriis et pressuris insignem : veni et vide filiam Sion lugentem et captivam, nec respirare nec consolari nisi in te solo exspectantem. Egredere, dilecte, in agrum, tempus putationis jam venit, apostolica igitur falce succidendum est quidquid vitiosum est, ne simul trahatur sincerum. Venies itaque, visita vineam nostram a vulpeculis demolitam, et a singulari fero depastam. Nam, ut ad rem ipsam perveniatur, annos jam circiter triginta, sicut oves balantes semper erravimus, fluentia verbi scientes raro portavimus, et jam quid vox pastoris non novimus. Quo ergo restat eumdem nisi post vestigia gregem sodalium? Quod si tales vigilias, pastor, districte non judicas, et insidias Christi ovibus in Ecclesia lupo mediante locus si conceditur, ipsi locus non erit. De cætero autem quid agendum sit nobis de nostro, ut dicitur, episcopo, nomen quidem dignitatis tot annos habente, sed officium minime, cujus vitam et introitum excelsum montium, humilia convallium jam respondent, sanctitatis tuæ consilium ac præceptum audire cupimus. Tu ergo pacis catholicæ fundamentum, inviolabilis petræ signum, fac ut temeritas Romanorum consiliorum cedat auctoritati.

XXI.

Ottonis episcopi Bambergensis ad Paschalem papam II epistola. — *Se ab imperatore accepisse episcopatum, sed in eo permanere nolle nisi a pontifice investiatur et consecretur.*

[MANSI, *Concil.*, XX, 1044.]

Domno patri suo PASCHALI, sanctæ et apostolicæ sedis universali episcopo, OTTO Bambergensis Ecclesiæ, id quod est, tam devotæ quam debitæ subjectionis orationes et servitium.

Quia totius ecclesiasticæ dignitatis ac religionis firmamentum in Christo petra est, et in Petro, ejus discipulo, et ejus successoribus : idcirco ab hac linea, ab hac virga directionis, virga regnorum, pontificatuum, et omnium potestatum in Ecclesia, insanum duxi aberrare. Vobis igitur, Pater sanctissime, et sanctæ matri nostræ Romanæ Ecclesiæ collum devote submittens, auxilium et consilium de rebus meis flagito. In obsequio enim domini mei imperatoris per annos aliquot degens, et gratiam in oculis ejus inveniens suspectam habens in, manu principis investituram, semel et iterum, cum dare vellet, renui episcopatum. Nunc vero jam tertio in Bambergensi episcopatu me ordinavit : in quo tamen minime permanebo, nisi vestræ permaneat sanctitati per vos me investire et consecrare. Quidquid ergo placeat discretioni vestræ de me, per nuntios mihi significate servo vestro, ne forte in vanum curram, si ad vos currere incipiam. Omnipotens mihi propitiam incolumitatem vestram custodiat.

XXII.
Epistola Balduini I, Hierosolymarum regis, ad Paschalem papam.
(Ante annum 1112.)
[WILLELM. TYR., lib. XI, c. 28.]

Interea, inquit Willelmus Tyrensis, decidit in mentem domino regi ut, missis nuntiis ad Ecclesiam Romanam, domino papæ petitiones porrigeret, quarum tenor erat, ut *quascunque urbes, quamcunque provinciam, sudoribus bellicis et regia sollicitudine, auctore Domino, sibi posset vindicare, et de potestate hostium violenter eripere, omnes ditioni et regimini Ecclesiæ Hierosolymitanæ subjacerent.*

Super quo rescriptum a sede apostolica impetravit, cujus tenorem, etc. *Vide supra, sub an.* 1112.

XXIII.
Epistola synodica Patrum concilii Viennensis in Germania, in quo Henricus imperator quintus ob extortas investituras excommunicatus est.
(Anno 1112.)
[LABBE, Concil., XI, 785.]

Domno sancto et dulcissimo Patri PASCHALI GUIDO Viennensis archiepiscopus, et apostolicæ sedis legatus (150), et cæteri omnes episcopi et abbates qui Viennensi adfuimus concilio, debitam subjectionem et obedientiam.

Sanctæ paternitatis vestræ mandata sequentes, apud Viennam convenimus, ibique, cooperante gratia Spiritus sancti, de investituris, de captione vestra et vestrorum, de perjuriis regiis, de pessimo illo pacto et privilegio quod a vestra majestate violenter extorsit, tractare diligenter curavimus. Adfuerunt legati regis, litteras bullatas, quasi de parte vestra ad eum missas, audacter prætendentes; in quibus erga eum vester bonus affectus pacis et concordiæ et perfectæ et amicitiæ significabatur. Quas nimirum post concilium, quod in præterita ultima quadragesima Romæ celebrastis, se recepisse, et sibi missas, idem rex testabatur. Cumque super his multa nobis incuteretur admiratio, memores tamen litterarum illarum quas humilitati nostræ, illarum etiam quas Gerardo Engolismensi episcopo et vestræ sedis legato de bona justitiæ perseverantia miscratis, totius sanctæ Ecclesiæ et nostræ fidei ruinam evitare cupientes, ad Dei honorem et vestrum animati, canonicam viam aggressi sumus

Igitur, dictante sancto Spiritu, investituram omnem rei ecclesiasticæ de manu laica hæresim esse judicavimus.

Scriptum illud, quod rex a vestra simplicitate extorsit, damnavimus.

In ipsum etiam regem nominatim et solemniter et unanimiter sententiam anathematis injecimus. Et nunc, domne Pater, vestram, sicut dignum est, majestatem suppliciter exoramus, ut quod pro sancta Ecclesiæ fidei robore, pro Dei et vestro honore fecimus, auctoritate apostolica solemniter confirmetis. Cujus confirmationis argumentum per apertas nobis litteras significare dignemini ; quas etiam, ut gaudium nostrum sit plenum, alter alteri destinare possimus. Et quoniam principum terræ pars maxima, et universi fere populi multitudo, in hac re nobiscum sentit, in remissionem peccatorum suorum omnibus injungatis, ut, si necesse fuerit, auxilium nobis et patriæ unanimiter ferant.

Illud etiam cum debita reverentia vestræ suggerimus pietati, quod si nobiscum in his steteritis, si hoc, sicut rogamus, confirmaveritis, et deinceps ab ipsius crudelissimi tyranni, et nuntiorum ejus, litteris, locutione, muneribus abstinueritis, unanimiter nos, sicut decet, habebitis filios et fideles. Si vero, quod minime credimus, aliam viam aggredi cœperitis, et vestræ paternitatis assertiones prædictas roborare nolueritis : propitius sit nobis Deus, quia nos a vestra subjectione et obedientia repelletis. Valete.

XXIV.
Mathildis reginæ Anglorum ad Paschalem papam. — Gratias agit pro litteris hortatoriis ad conjugem datis.
(Opp. S. Anselmi, p. 403.)

Summo pontifici et universali papæ PASCHALI, MATHILDIS, Dei gratia Anglorum regina, ita dignitatis apostolicæ jura dispensare temporaliter, ut cum justitiæ manipulis in perpetuæ pacis gaudiis apostolico senatui mereatur ascribi perenniter.

Sanctitatis vestræ sublimitati, o vir apostolice, gratias et laudes quantas possum refero, super his quæ paterna vestra charitas tanquam pro commonitorio, domino meo regi mihique dignata est jam frequenter et vivis legatorum mandare vocibus, et propriis destinare scriptis. Sanctissimæ Romanæ sedis apostolicæ frequentare limina, sanctique Patris mei papæ apostolici complecti vestigia, qua licet et possum, toto quidem corde, tota anima, tota mente paternis advoluta genibus, importuna opportunaque petitione orans, instare nec desino, nec desistam, donec exaudiri a vobis sentiam aut submissam humilitatem, aut potius perseverantem meæ pulsationis importunitatem. Non autem super hac mea temeritate, quia sic loqui præsumo, vestra succenseat excellentia ; non cleri populive Romani senatus miretur prudentia. Erat enim, erat, in-

---

(150) Postea Calixtus II papa.

quam, nobis, Anglorumque populo, tunc quidem felicibus, sub apostolica vestra dignitate sancti Spiritus alumnus Anselmus archiepiscopus noster, noster prædictique populi consolator prudentissimus, atque piissimus Pater. Qui quod de opulentissimis Domini sui thesauris, quorum illum clavigerum noveramus, abundanter sumebat, id nobis abundantius erogabat, præsertim cum idem fidelis Domini minister prudensque dispensator, eroganda quæque et sapientiæ salsura plurima saporaret, et eloquentiæ dulcore molliret, et mirabili quodam loquendi lepore condiret. Fiebat vero sic, ut nec deforet teneris agnellis Domini lactis copia plurima, nec pascuorum ovibus, ubertas uberrima, nec pastoribus alimentorum satietas opulentissima. Cum hæc igitur secus cesserint omnia, reliquum aliud nihil est, nisi gemitu plurimo clamitet, quæritans alimentum pastor, pascuum pecus, ubera fetus. Ubi dum majoris absentia pastoris, præsertim Anselmi, prædictis singulis fraudantur singula, seu vero potius omnibus omnia. In tanti luctus lugubrio, in tanti doloris opprobrio, in tantæ deformitatis regni nostri, et tanti damni ludibrio; nec restat attonitæ mihi, nisi, stupore sublato, confugere ad beatum Petrum apostolum, ejusque vicarium virum apostolicum. Confugio itaque ad vestram, domine, benignitatem, ne nos, Anglorumque regni populus tanto defectu, tanto lapsu labamur. Quæ enim utilitas in sanguine nostro, dum in corruptionem descenderimus? Boni igitur consulat, quantum ad nos attinet, vestra paternitas, et infra terminum, de quo vestram bonitatem dominus meus rex requirit, ita paterna viscera super nos aperire dignemini, ut et de reditu charissimi Patris nostri Anselmi archiepiscopi gaudeamus, et debitam subjectionem sanctæ sedi apostolicæ illibatam servemus. Ego autem saluberrimis dilectissimisque vestris edocta monitis, quantum muliebribus suppetet viribus, adhibitis etiam mihi proborum virorum auxiliis, toto posse nitar, ut quod vestra monuit sublimitas, mea, quoad poterit, expleat humilitas. Valeat feliciter vestra paternitas.

XXV.

Henrici V imperatoris augusti rescriptum ad Paschalem papam, ut ecclesiastici regalia et feuda sua imperio ac Cæsari resignent, et decimis contenti in Ecclesia vivant.

(GOLDAST. *Constitutiones imper.*, tom. I, p. 252.)

Cæsar Paschali papæ novissime rescripsit : « Quamvis veterem consuetudinem atque ritum a tot sanctissimis Patribus, per tot annos observatum, jure atque armis retinere possit, nihil tamen sua referre, si [a] pontificalibus comitis excidat, modo episcopi, Mystæ, monarchi, prædia stipendaria, fiscos, nervos reipublicæ, arces, civitates, urbes, oppida, vicos regios, castella, reipublicæ atque Cæsari reddant, decimis contenti vivant, Dei et pauperum, populique causam, philosophiam divinam interpretando, vota illustrando, Crucem Christi præferendo, agant, atque universis Christianis paupertatem atque simplicitatem Servatoris nostri, comitum (*scil.* apostolorum) ejus æmulando præluceant. »

Convenit itaque inter pontificem maximum atque Cæsarem, uti sacerdotes, flamines, pontifices maximi, minores, medioximi, omissis hujuscemodi reipublicæ (ut Christus magister noster appellat) spinis, victu parabili ac parco contenti, Christi præceptoris nostri, quod liceat, modestiam, paupertatem sectentur, studio litterarum operam navent.

XXVI.

Theodorici ducis Lotharingiæ epistola ad Paschalem. — De cella Castiniacensi.

(Anno 1115.)

[Dom CALMET, *Hist. de Lorraine*, Pr., p. 557.]

PASCHALI catholicæ Ecclesiæ universali pontifici, THEODORICUS, Dei misericordia Lotharingorum dux et marchio, æternæ obedientiæ perpetuum famulatum.

Quod vestra paternitas litteris suæ benedictionis parvitatem meam sæpius dignata est consolari, si non serviendo, at saltem diligendo semper spero promereri; nec certe facultatis meæ obsequium deficeret, si quando opportunitas appareret. Notum vobis facio, Pater et domine, quod mater mea parochialem ecclesiam, quam in alodio suo et castro habebat, Deo vovit, et ecclesiæ S. Apri, quæ Tulli est abbatia, donavit. Ita ut ad ejus petitionem illius temporis abbas, jussu episcopi, proprio sumptu monasterium ædificaret ibidem, ædificatum dedicari, et per cætera pro tempore ordinari procuraret. Defuncto vero abbate, sed et matre facta [*f.* lata] de medio, ex dissensione regni et Ecclesiæ, quæ tunc erat ferventissima, de substituendo abbate multo tempore intercessit contentio. Unde et loco qui ædificari cœperat minus provisum est. Cum igitur et ego, adhuc adolescens, præsertim talibus minus intenderem, advocatus præfati castri, qui et de nostra familia, me inconsulto monachos de Molismo in votivum matris meæ monasterium non sincere instruxit, eisque suo tempore patrocinatus est: ipse vero, cum jam uberiore uterer consilio, causamque hanc plenius agnoscerem, inter multas postulationes et querimonias monachorum Sancti Apri, præfatos tamen monachos extra jus et contra ordinem in alienis laboribus dispensatorio passus sum commorari, si forte per eos locus acciperet incrementum. Nunc autem votum matris meæ, donumque diutius cæssari non sustinens, sed et loci monachorum incuria, detrimentum multis modis reperiens, eo semel et bis conveni, ut ad propria remearent, ut et locus priori reformaretur ordinationi. Quia ergo imprudenti commento conantur reluctari, et invasionem possessionis nomine palliant, obsecro vos, Pater sanctissime, ut eos litteris vestræ auctoritatis ab hujusmodi imprudentia reprimatis; et si forte quispiam aliud vobis tentaverit suggerere, minime audiatis, cum penes nos adhuc superstites sint multi honesti qui huic matris meæ interfuerunt donationi, cum ipse hanc testimonio omnium quotquot in Tullensi episcopatu melioris famæ sunt, possim velimque comprobare. Valete.

S. ANSELMI ARCHIEPISCOPI CANTUARIENSIS, GODEFRIDI VINDOCINENSIS ABBATIS, S. YVONIS CARNOTENSIS
EPISTOLÆ AD PASCHALEM.
Exstant inter ipsorum scripta, Patrologiæ tom. CLVII, CLIX, CLXII.

CONCILIA
DE INVESTITURIS PRÆLATORUM.
(PERTZ, *Monum. Germ.*, Leg. t. II, p. 180.)

Quamvis ab operis proposito alienum sit conciliis generalibus immorari, haud alienum tamen videbitur, si hoc potissimum loco nonnulla ad concilia sæculi XII ineuntis de investituris facientia atque in codicibus ipsius temporis Vindobonæ, Romæ, et Monaci a nobis reperta addamus : canones Warstallenses et Trecenses ex codice regio Monacensi fol. 7, concilium Lateranense, in quo Paschalis privilegium de investituris cassatum est, ex codice Vaticano n. 1984, fol. 193, 194, unde jam textus editis melior et magis authenticus procedit.

PASCHALIS II CONCILIUM WARSTALLENSE.
(Anno 1106, Oct. 22.)
CAPITULA BEATI PASCHALIS PAPÆ APUD WARSTALLUM.

Per multos jam annos Teutonici regni latitudo ab ecclesiæ unitate divisa est, in quo nimirum scismate tantum periculum factum est[1], ut, quod[2] cum dolore dicamus, vix pauci episcopi aut catholici clerici in tanta terrarum latitudine reperiantur. Tot igitur filiis in hac strage jacentibus, christianæ[3] pacis necessitas exigit, ut super hoc materna[4] ecclesiæ viscera misericordiæ[5] aperiantur, sanctorum Patrum instructi scripturis, qui Novatianos[6] et Donatistas in suis ordinibus susceperunt[7], præfati regni episcopos in schismate ordinatos, nisi aut invasores aut simoniaci aut criminosi comprobentur, in officio episcopali suscipimus. Id ipsum de clericis cujuscunque ordinis constituimus, quos vita scientiaque commendat.

PASCHALIS II CONCILIUM TRECENSE.
(Anno 1107, Mai.)
DECRETA PASCHALIS PAPÆ APUD TRECAS.

1. Cap. Si quis ecclesiæ aut ecclesiasticæ dignitatis ab aliqua laica persona investituram susceperit, et ipse et qui manum ei imposuerit deponantur et communione priventur.

2. De uxoratis et concubinatis presbyteris id statuimus, ut penitus ab altaris ministerio sequestrentur et ecclesiasticis rebus depriventur.

3. Nullus sibi nomen alienum usurpet, ut plerique solent eos nominare archipresbyteros, qui non sunt presbyteri; archidiaconos, qui non sunt diaconi; decanos, qui non sunt presbyteri, id omnino interdicimus.

4. Si quis munus exigerit pro oblationibus fidelium vel pro præbendis canonicorum vel monachorum vel alicujus ecclesiastici ordinis, ab ecclesia ejiciatur et communione privetur.

VARIÆ LECTIONES.

[1] t. p. f. est *in codice desiderantur.* [2] *deest in codice.* [3] christianæ p. n. e. ut s. h. m. e. *desunt in codice.* [4] *matris.* [5] *deest in editis.* [6] novitianos c. [7] *reliqua desunt in codice.*

PASCHALIS II CONCILIUM LATERANENSE.

(Anno 1112, Mart. 18.)

ACTIO CONCILII CONTRA HERESIM DE INVESTITURIS.

Anno ab incarnatione Domini 1112, indict. 5, anno 13 pontificatus dicti pontificis, mense Martio, 15 Kalendas Apriles, celebratum est concilium Romæ, Lateranis, in basilica Constantiniana, in quo cum domius Paschalis [8] papa resedisset cum archiepiscopis et episcopis, et cardinalibus et abbatibus, et varia multitudine clericorum et laicorum, ultima die concilii, facta coram omnibus professione catholice fidei, ne quis de fide ipsius dubitaret dixit : *Amplector omnem divinam scripturam, scilicet veteris et novi testamenti, legem a Moyse scriptam, et a sanctis prophetis. Amplector quatuor evangelia, septem canonicas epistolas, epistolas gloriosi doctoris beati Pauli apostoli, sanctos canones sanctorum apostolorum, quatuor universalia concilia, sicut quatuor evangelia : Nicenum, Ephesinum, Constantinopolitanum, Calcedonensem, et Antiochenum concilium, et decreta sanctorum patrum, Romanorum pontificum, et precipue domini mei pape Gregorii VII, et beate memorie pape Urbani* [9] *secundi. Que ipsi laudaverunt, laudo; que tenuerunt, teneo; que confirmaverunt, confirmo; que dampnaverunt, dampno; que reppulerunt, repello; que interdixerunt, interdico; que proibuerunt, proibeo; in omnibus et per omnia; et in his semper perseverabo.* Quibus expletis, surrexit pro omnibus Girardus Ingolismensis episcopus, legatus in Aquitania, et communi assensu domini Paschalis pape totiusque concilii coram omnibus legit hanc scripturam : *Privilegium illud quod non est privilegium, set vere debet dici pravilegium, pro liberatione captivorum et ecclesie domino papa per violentiam Heinrici regis* [10] *extortum, nos omnes in hoc sancto concilio cum domino Paschali papa congregati, canonicam censuram, et ecclesiastica auctoritate judicio sancti Spiritus dampnamus, et irritum esse judicamus, atque omnino cassamus, et ne quid auctoritatis et efficacitatis abeat, penitus excommunicamus. Et hoc ideo dampnatum est, quia in eo pravilegio continetur, quod electus canonice a clero et populo a nemine consecretur, nisi prius a rege investiatur, quod est contra Spiritum sanctum et canonicam institutionem.* Perlecta vero hac carta, acclamatum est ab universo concilio : *Amen! Amen! fyad! fiad!*

Archiepiscopi qui cum suis suffraganeis interfuerunt, hi sunt : Johannes patriarcha Veneticus, Landulfus Beneventanus, Sennes [11] Capuanus, Amalfitanus, Regitanus, Ydruntinus, Brundisinus, Compsanus, Giruntinus, Rossanus, archiepiscopus sancte Severinæ; episcopi Romany : Cencius Savinensis, Petrus Portuensis, Leo Ostiensis, Cono Penestrinensis; Gerardus Ingolismensis, Galo Leonensis, archiepiscopus Biennensis, Rogerius Wulternensis, Walfredus Sennensis, Rodlandus [12] Populiensis, Gregorius Terracinensis; Wilihelmus Siracusanus, legatus pro omnibus Siculis; Wilihelmus Trojanus; et alii fere centum episcopi, Brunus Signensis, Johannes Tusculanensis.

Episcopi, cum essent Romæ, illa die non interfuerunt concilio, qui postea lecta dampnatione nefandi pravilegii consenserunt, et laudaverunt : cardinales presbyteri urbis Romæ : Boniphatius tituli sancti Marci, Robbertus tituli sancti Eusebii, Romanus tituli sancte Priscæ, Gregorius tituli Apostolorum, Benedictus tituli Eudoxie, Anastasius tituli sancti Clementi, Riso tituli sancti Damassi, Romanus tituli sancte Praxedis, Johannes tituli sancte Ceciliæ, Diviczo tituli Equitii, Theobaldus tituli Pamachii, Agustinus tituli sancti Grisogoni, Rainerius tituli sanctorum Marcellini et Petri, Vitalis tituli sancte Balbine, Petrus sancti Sixti, et Albericus sancte Savine cardinales. Cum Rome essent, illo die non interfuerunt concilio, qui postea, lecta damnatione nefandi pravilegii, consenserunt et laudaverunt, diacones : Johannes abbas Sublacensis, Johannes Gajetanus, abbas sancti Andreæ, Leo, Gregorius, Aldo, Thobaldus, Ugo, Ruscimannus. Hii omnes in dampnatione predicti pravilegii consenserunt, cum abbatibus et innumerabili multitudine, tam clericorum quam laycorum.

VARIÆ LECTIONES.

[8] P. c. [9] V. c. [10] H. R. c. [11] Senne c. [12] Rodlandus *codex*.

ANNO DOMINI MCXIX

GELASIUS II
PONTIFEX ROMANUS

VITA GELASII II
AUCTORE
PANDULPHO ALETRINO FAMILIARI

(BOLLAND. in Conatu chronico historico ad Propilæum Maii, p. 328)

MONITUM

1. Pontificatum Gelasii II Ordericus Vitalis in Historia eccles. sic describit initio libri X: *Anno ab Incarnatione Domini 1118, indictione* XI, *defuncto Paschale papa, Joannes Cajetanus, Romanorum pont.ficum antiquus cancellarius et magister, in Gelasium papam electus est* ; *et, contradicente imperatore, a Romano ciere canonice consecratus. Et infra : Gelasius papa eruditione litterarum apprime instructus fuit, et longa exercitatione (utpote qui præsulum apocrisiarius fere 40 annis enituerat) calluit; sed non plene duobus annis Romanæ Ecclesiæ præfuit.* Imo nec uno integro ; nam infra iterum ait, *Anno ab Incarnatione Domini* 1119 *indict.* XII, *Gelasius II papa,* IV *Kalend. Februarii, apud Cluniacum mortuus et sepultus est.* Diem mortis habemus ex Chronico Beneventano auctoris coævi, scilicet IV Kal. Februarii: cumque in epitaphio mox dando dicatur *bina* duntaxat *dies* defuisse integro pontificatus ejus anno, consequens fit electum fuisse ultimo Januarii præcedentis anni. Denique quia Vitæ auctor, præsens vidensque, ordinatum dicit *infra Kalendas Martias*, quæ anno isto occupabant feriam V, intelligo eam cæremoniam factam Dominica præcedenti, id est 24 Februarii, eademque S. Mathiæ apostolo sacra.

2. Ex Chronico Cluniacensi habemus, quod *Gelasius* papa Cluniaci sepultus sit, *inter crucem et altare quod post crucem magnæ basilicæ est.* Ejus hoc epitaphium, veluti ex eodem Chronico acceptum, recitat Oldoinus noster hisce verbis: *D. O. M. Gelasius II, pontifex maximus, Henrici IV imperatoris, clades plurimas Italiæ inferentis, et Mauritium Bracharensem pontificem esse contendentis, furorem timens, in Galliam cum meliori S. R. E. cardinalium parte ad Ludovicum VI fugiens, cum Plagoniam appulisset, valetudinarius ex pleuriti factus, properante illi obviam Ludovico, Cluniaci moritur ; et ibidem hoc in loco sepelitur, circa annum Christi* 1119 *et pontificatus sui primo : cui mox Guido, Viennensis antistes, Burgundiorum ducis filius, in pontificem Romanum, sub Callisti II nomine a sacro cardinalium cœtu suffectus est.*

3. Sed epitaphium hoc novæ prorsus compositionis, neque hoc sæculo antiquioris esse, nemo non videt. Pluris igitur faciendum, quod ibidem fortassis antiquitus legebatur, et etiamnum habetur sub nomine auctoris Petri Pictaviensis monachi, hoc tenore :

Vir gravis et sapiens actu verboque Joannes :
Cum prius ex monacho pro multa strenuitate
Archilevita foret et cancellarius urbis ;
Præsule Paschali meritis ad sidera rapto,
Promeruit tandem sacram conscendere sedem,
Dignus post primum Gelasius esse secundus.
Sed quia rege fuit non præcipiente levatus,
Horrendum fremuit princeps ; et filia dulcis,
More suo, profugum suscepit Gallia patrem.
Si licuisset ei (pro certo credo) sub ipso
Virtus, et pietas, et honestas cresceret omnis,
Et pax Ecclesiæ toto floreret in orbe.
Jam rapuit mors atra virum, cum pontificatus
Vix ageret primum pastor venerabilis annum
Bina dies jam restabat, cum Cluniacensi

Dormiit in proprio Romani juris asylo.
Hic igitur positus, dilectos inter alumnos,
Cum Patribus sanctis requiescit, et optat, ut orbis
Conditor et judex veniat quandoque potenter,
Et cineres lapsos sub pristina membra reformet.
Felix inde nimis semper, Cluniace, manebis,
Quod Pater orbis apostolicus, summusque sacerdos
Ecclesiæ matrisque tuæ specialis, apud te
Transiit ad superos, in te requiescit humatus.
Nec minus hinc etiam felicem credimus illum,
Cui dedit ipse pius magno pro munere Christus
Ut monachi monachum patrem quoque pignora chara
Jugiter aspicerent, lacrymisque rigando sepulcrum
Sacris in precibus specialem semper haberent.

4. Miror porro, quomodo Martinus Polonus et Wernerus Rollevink *Gelasio* ascripserint *annos* 11, *dies* 5; Gotfridus Viterbiensis, *annum* 1, *dies* 6; Stella, *annum* 1, *menses* 5. Vitam illius accurate descripsit prælaudatus Pandulfus, Hugonis de Alatro, cardinalis presbyteri SS. apostolorum nepos, tunc apud pontificem vivens, et omnibus præsens: quam Baronius quidem pene integram Annalibus suis inseruit, sed (prout Annalium ratio exigebat) sæpius interrumpere debuit: quare opere pretium censui eam continua serie hic integram dare ex nostro ms.

INCIPIT VITA.

1. Gelasius, qui et Joannes, natione Cajetanus, sedit anno uno. Hic a nobilibus juxta sæculi dignitatem parentibus feliciter educatus, litterarum studiis pura mentis intentione est traditus: in quo parvo satis in tempore quæque sunt puerorum addiscens, ultra coævos suos omnia memoriæ commendavit. Hinc a sanctæ recordationis D. Oderisio abbate petitus ad serviendum inibi, tanquam in monasteriorum omnium capite ac principio, est assignatus devote, et devotius a jam dicto abbate susceptus, ac cum non paucis aliis regulariter conversatus. Ubi viris ad omnia peritissimis, quorum in monasterio non parva copia inerat, ad liberales artes addiscendas adjunctus, et ipsas, præ omnibus fere aliis diversarum regionum præclaræ indolis pueris, artes in brevi, et monasticum ordinem plene addiscit; et per aliquantum tempus in monasterio Patris Benedicti sanctissimi irreprehensibiliter conversari curavit. Hoc tempore Romana Ecclesia non modicum consuetis tergiversationibus fatigata, fluctu plurimo laborabat. Siquidem Guilbertus quidam, olim Ravennatium dictus archiepiscopus, homo litteratus et nobilis, et qui Deo forsitan placuisset nisi hoc piaculum fieret, ab imperatore Teutonico Henrico Majore, contra papam Gregorium, in ipsa Petri cathedra et violenta est intrusione locatus, et non parvis temporibus tyrannice incubavit: qui præter innumera prava quæ gessit, quamdam suæ fæcis plantam adeo temerariam et sub vulpe quodammodo latentem reliquit, ut totus mundus hodie ejus poma mortifera mandere cogatur. Destruat illam ergo Omnipotens: de quo attamen invasore in gestis papæ Paschalis est aliquatenus præhabitum.

2. In diebus illis, non (sicut credo) absque Spiritus consolatoris oraculo, Fr. Joannes Cajetanus, jam adolescens, monachus Casinensis, ab omni simul catholica Ecclesia et Urbano papa, qui præerat, in tantarum perturbationum auxilium ac consilium partemque sollicitudinis est evocatus; ut sic tandem aliquando in summæ plenitudinem potestatis, divina suffragante clementia, prout manifestabunt sequentia, levaretur. Gratia sit B. Petro, apostolo Jesu Christi, qui tam probum juvenem, in primis quidem filium, sibique dignum postea adoptavit vicarium. Ecce dominus Urbanus, primum Ostiensis episcopus, postea papa Romanus (qui, veluti jam dictum est, Joannem Cajetanum accivit) irruente persecutione Alemannica in tantum miseriarum per Gibertum est astrictus, quod, prætermissis aliis, a quodam famosissimo viro atque illustri Petro Leonis in insula Lycaonia, inter duos egregii Tiberis pontes, vix ab inimicorum insidiis sustentatus, matronarum Romanarum et aliquando muliercularum pauperum eleemosynis regebatur. Tunc papa litteratissimus et facundus Fr. Joannem, virum utique sapientem ac providum sentiens, ordinavit, admovit (curiæ), suumque cancellarium ex intima deliberatione instituit, ut per eloquentiam sibi a Domino traditam, antiqui leporis et eloquentiæ stylum. in sede apostolica jam pene omnem deperditum, sancto dictante Spiritu, Joannes Dei gratia reformaret, ac Leoninum cursum lucida velocitate reduceret.

3. Decedente itaque papa de hac vita, successit

illi Paschalis. Cui cancellarius ipse individua semper in infinitis adversitatibus charitate cohæsit, ejusque senectutis baculus in omnibus et per omnia perduravit. A quo sane pontifice, inter alia sancta quæ fecit, Gregorium de Ciccano, Aldonem de Ferentino, Petrum Pisanum, Chrysogonum et Hugonem Pisanos, Hugonem de Alatro, Crescentium atque domnum Saxonem de Anagnia, Gregorium Cajetanum, scriptores suos omnes ac capellanos, presbyteros, diaconos et cardinales cum non paucis aliis in his et ordinibus minimis, fecit certis temporibus promoveri. Romanos omnes clericos, majores atque minores, abbates et abbatissas, sanctimoniales et monachos, omnesque insimul pauperes et dulcibus refovebat sermonibus, et necessaria corporis ipsis et multis aliis de his quæ honeste acquirere poterat, ministrare studebat. Quanta vero in captivitate Teutonica, ab impio compatre suo Henrico tyranno pertulerit; qualiter eidem pater viduarum et orphanorum, nervo constrictus, in faciem ipsam restiterit, ex benefactis aliis quilibet studiosus advertat; eumque Petrum alterum contra novum Simonem nominet. Diaconiam Romæ, quam S. Mariam in Cosmedim vulgariter nuncupant, sibi cardinali diacono a D. Paschali commissam (quomodo) in auro vel argento, in libris seu paramentis, in domibus innumeris, in fundis atque casalibus, in religione præcipue, in quantum Roma patitur, super omnes alias inaltaverit, requirenti sagaciter luce clarius enitescet. Casinensi cœnobio, tum ob B. P. Benedicti ecclesiam et meritam reverentiam, tum quia in ipso monasticæ religionis habitum sumpserat, conversionis suæ primordia reducens ad animum, sanctamque vitam Patrum inibi Domino servientium sedula mentis cogitatione pertractans, non tantum in his quæ ad Deum pertinent irremissius gubernare, verum etiam extra, contra repugnantes insidias malignantium, turrim inexpugnabilem semetipsum exponere omni conamine et omni nisu curabat.

4. Interim autem Paschali papa defuncto, venerabilis P. D. Petrus Portuensis episcopus, qui primatum post papam per longa jam diutius tempora detinuerat; cumque eo omnes presbyteri ac diaconi et cardinales de eligendo pontifice et in communi communiter et singulariter singuli pertractare cœperunt de D. cancellario, in monasterio Casinensi commanenti. De his sic gestis modis omnibus inscio nuntius comparuit, qui cancellarium ipsum, juxta quod acceperat in mandatis, ad cardinales Romam cum omni faceret celeritate redire. Quid mora? Tristis Fr. Joannes, mortemque tanti Patris voce porrectiori rememoratus, prout erat obedientiæ filius, paruit, mulam ascendit, maturatoque itinere Urbem intravit, fratres ac filios commonuit, adjuravit. In crastinum vero, secundum quod condixerant (convenerunt) Honorabilis Pater C. Portuensis, Centius Sabinensis, Vitalis Albanensis, Lambertus Ostiensis episcopi Diviso [*Bar.* Dom.zef] S. Martini, Bonifacius S. Marci, Desiderius S. Praxedis, Petrus Pisanus S. Susannæ, Joannes de Crema [*Bar.* de Cervia] S. Chrysogoni, Saxo de Anagnia S. Stephani in Cœlio monte, Amicus S. Crucis, Sigizo S. Sixti, Amicus SS. Nerei et Achillei, Joannes S. Cæciliæ, Deusdedit S. Laurentii in Damaso, Anastasius S. Clementis, Ranerius SS. Marcellini et Petri, Benedictus S. Petri ad vincula, Chunradus S. Pudentianæ, N. SS. Joannis et Pauli, Theobaldus S. Anastasiæ, Guirardus [*B.* Gerardus] S. Priscæ, Guido S. Balbinæ, Gregorius S. Laurentii in Lucina, et sex alii presbyteri cardinales (nam Hugo de Alatro, presbyter cardinalis vigesimus octavus [*imo septimus nisi excidit aliquis*], arcem Circæam pro papa Paschali tenuerat, qui paulo post rediit), item Gregorius S. Eustachii, qui et abbas S. Andreæ, Oderisius Sangretanus [*Ciacc.*, de Sangro *B.*, Sacristanus] S. Agathæ, qui postea abbas Casinensis est effectus, Roscemannus S. Georgii, Henricus S. Theodori, qui et Mazariensis decanus, Aldus SS. Georgii et Bacchi, Petrus Leonis SS. Cosmæ et Damiani, comes S. Mariæ in Aquiro, Chrysogonus S. Nicolai in carcere Tulliano, Stephanus S. Luciæ de silice, Gregorius S. Angeli et octo alii diaconi cardinales; Nicolaus primicerius cum schola cantorum, subdiaconi palatii omnes, archiepiscopi complures, sed et alii minoris ordinis clerici multi, Romani de senatoribus ac consulibus aliqui, præter familiam nostram.

5. Hi omnes, vitantes scandalum quod in hujusmodi electionibus pro peccatis nostris accidere (etsi secus, sicut postea probavit eventus, ac sint omnes rati, provenerit), credentes locum tutissimum, veluti qui curiæ (vix) cedit, in monasterio quodam quod Palladium dicitur, infra domos Leonis et Centii Frajapane pariter convenerunt, ut juxta scita canonum de electione tractarent. In quo loco videlicet, post disceptationem diutinam ac voluntates diversas, nunc hæc nunc illa petentes, tandem aliquando communicato consilio, illo etiam mediante qui fecit utraque unum, pari voto ac desiderio in hoc unum unanimiter concordarunt, uti D. Joannem cancellarium in papam eligerent et haberent. Nec mora, captus ab omnibus, laudatur ab omnibus, approbatur nec non et ab episcopis: quorum prorsus nulla est alia in electione Romani pontificis potestas, nisi approbandi vel contra, et ad communem omnium, cardinalium primum (deinde) et aliorum petitionem electo manus solummodo imponendi. Sic invitus ac renitens D. Joannes Cajetanus hodie est in papam, ut Gelasius, Spiritus sancti gratia mediante, electus, et ab omnibus communiter in summa sede locatus, cunctis Dei magnalia collaudantibus.

6. Hoc audiens, inimicus pacis atque perturbator, præfatus Centius Frajapane, more draconis immanissimi sibilans, et ab imis pectoribus trahens longa suspiria, accinctus tetro gladio sine mora cucurrit, valvas ac fores confregit, ecclesiam furibun-

dus introiit : inde custode remoto papam per gulam accepit, distraxit, pugnis calcibusque percussit, et tanquam brutum animal intra limen ecclesiæ acriter calcaribus cruentavit ; et latro tantum dominum per capillos et brachia, Jesu bono interim dormiente, detraxit, ad domum usque deduxit, inibi catenavit et clausit. Tunc præfati episcopi, cardinales omnes ac clerici, et multi de populo qui convenerant, ab apparitoribus Centii modo simili vinciuntur, de caballis ac multis capite verso præcipitantur, exspoliantur, et inauditis undique miseriis affliguntur, donec aliqui semivivi ad domum tandem propriam remearunt. Malo suo venit, qui fugere non potuit. Facta autem hac voce convenit multitudo Romana, Petrus præfectus urbis, Petrus Leonis cum suis, Stephanus Northmannus cum suis, Stephanus de Petro cum suis, Stephanus de Theobaldo cum suis, Stephanus de Berizone cum suis, Stephanus Quatrale cum suis, Bucca Pecorini [alias Bucca porcina] cum suis, Bonesci cum suis, Berizasi cum suis ; regiones 22 Romanæ civitatis, Transtiberani et Insulani, arma arripiunt, cum ingenti strepitu Capitolium scandunt, nuntios ad Frajapanes iterato remandant. Papam captum repetunt. Nil moræ : territi Frajapanes, præsertim dominus Leo, impietate subdola pius, papam illico reddidit, pedes ejus amplexans clamat irremissius : Domine, miserere; et sic peccatis nimiis exigentibus, ut iterum ecclesiam elatis cornibus ventilaret, evasit.

7. Tunc sanctus papa levatur, niveum ascendit equum, coronatur, et tota civitas coronatur ; per viam sacram gradiens Lateranum ascendit, bannis insignibusque aliis cum præcedentibus pariter et sequentibus, juxta Romanum ritum moremque. Sedit itaque papa, sicut videbatur, in pace; frequentabant eum comites et barones : et qui pro responsis aliquibus veniebant, recipiebantur benigne ; et, donec finito negotio pro quo cuncti convenerant accepta benedictione redirent, tanquam a patre filii benigne per omnia tractabantur : itaque curia tota in pace habebat omnia quæ per Dei gratiam possidebat. Rediere omnes illinc atque istinc extra Urbem morantes, rediit inter alios Hugo Magnus ac nimium honorabilis a Circæa arce, quam ei, ob rabiem Teutonicam iterum præcavendam, ad omnia providus quondam Paschalis papa homini nobili et illustri noviter commendaverat, quanquam papa novus (quod utinam non fecisset! nam paulo post ultra modum pœnituit) reddi Terracinensibus per nuntios apicesque mandavit.

8. Omnibus igitur undique congregatis, conferebatur ab omnibus, quando certis temporibus papa et promoveri pariter et consecrari deberet : equidem diaconus, non presbyter erat. Sed antiquus hostis, ceu fecit olim in cœlo, pacem tantam in longum nulla durare penitus ratione permisit. Nam, dum hæc agerentur, quidam intempestæ noctis silentio ad dictum D. Hugonem cardinalem directus est (ab uno videlicet, cui exinde non parva copia inerat, amico-

rum) cui et Henricum, dictum imperatorem Romanum, armatum contra papam in S. Petri porticum diceret adventasse. Quid morer ? nec opus est. Papa per cardinalem præscivit ; et (sicut, jam pene senio et infirmitate confectus, fugere tam repente non poterat) manibus adducitur famulorum ; et sic caballo subvectus, ad domnum Bulgamini nocte ipsa confugiens latuit.

9. Fugimus et omnes cum eo. Mane autem facto turbati omnes atque stupefacti (quia nec tute remanere in Urbe, neque per terram, via undique spinis septa, fugere poteramus), fuit nempe consilium ut fugam caperemus per mare, quod et factum est : siquidem flumen Tiberim maturato intravimus, et per galeas duas ad portum usque descendimus. Cœlum et terra et mare ubique, et pene omnia quæ in eis sunt adversum nos conjurarunt : nam cœlum gravem pluviam, grandines et tonitrua, coruscationes ac fulgura frequentabat ; mare ac Tiberis tam duris tempestatibus Petri vicario rebellabant, ut vix in portu vivi remanere possemus, nedum mare intrare. Sæva insuper jam per ripam Alemannorum barbaries tela contra nos misto toxico jaciebant ; minitabantur etiam nos intra aquas natantes pinnaci [an., picco] igne cremare, nisi papam et nos in eorum manibus redderemus : et, credo, capti essemus, si nox et ira fulminis illos non impedisset. Quid ad hæc, quid miserrimi facerent? Ceperunt, imo cepit D. Hugo cardinalis et presbyter papam nostrum in collo, et ad castrum S. Pauli Ardeam de nocte sic portavit. Die vero altero in aurora rediere Teutonici, prædam de nobis facere gestientes. Juratum est eis tandem quia papa fugisset, et, Deo tibi gratias, recesserunt a nobis.

10. Interim retentavimus si mare adhuc valeremus intrare ; papam de nocte reduximus, cum eo non sine periculo marinos fluctus attigimus, et die tertio ripæ Terracinensi vivi vix applicuimus, et in quarto portum Cajetanum intravimus, ubi ab illis hominibus nimis honorifice et suscepti fuimus et benigne tractati. Discurrit fama per terram et per vicinas illas. Convenerunt archiepiscopi, Sennes Capuanus, Landulfus Beneventanus, Alfanus Salernitanus, Maximus Neapolitanus, Riso Barisanus, Hubaldus Tranensis, Bajalardus Brundisinus, et quamplures alii de Apulia et Calabria, cum Guillermo Trojano et diversarum regionum episcopis, Gibaldus abbas Casinensis et Sigenulfus de Caveis cum abbatibus aliis. In præsentia quorum idem dominus papa, per manus Lamberti Ostiensis, Petri Portuensis, Vitalis Albanensis episcoporum, cooperantibus archiepiscopis et episcopis multis, assistentibus aliis viris religiosis, et cum eis Guillermo duce Apuliæ, Roberto principe Capuano, Roberto de Aquila, aliisque baronibus pluribus, qui tunc ei omnes fidelitatem fecerunt, existente clero ac populo infinito, sancto dictante Spiritu, et effectus est presbyter, et in papam Gelasium infra Kalendas Martii consecratus : ub: Petrum Rufum diaconum cardinalem, Baronem sub-

diaconum, et me Pandulfum ostiarium (qui hæc scripsi) in lectorem et exorcistam promovit, et plures alios in minoribus gradibus ordinavit: Lætum nomine, Verulanum episcopum a D. Paschale papa factum atque depositum suæ dignitati restituit; Chrysogonum diaconum, cancellarium fecit: ibique per totam Quadragesimam demorantes, festivitatem paschalem Capuæ solemniter celebravimus.

11. Nobis vero sic jam quomodolibet respirantibus, supervenere qui dicerent, quod Gajetæ per susurrum primum senseramus, Henricum illum barbarum, quemdam Mauritium nomine Bracharensem episcopum, quasi novum simulacrum in loco papæ struxisse, et sic illum intrusum papam suum Gregorium nominasse. Ecce de recidivo vulnere recidimus in typum antiquum. Addidit nuntius inde, quod castrum prope turriculam, a fratribus S. Andreæ detentum, idem barbarus obsideret. Resumpsit papa vires; duci Guillermo ac principi Capuano Roberto aliisque baronibus dedit firmiter in mandatis, ut omnes contra barbarum arma cito pararent. Dixit, et factum est. Paratur papa ad reditum; redeunt barones cum eo. Inde ad S. Germanum, videlicet Casinense coenobium, devenimus; ubi Guillermum ducem per dies aliquot exspectavimus. Interim Laudo dominus de turricula, Oddo, Coctus ac Gisolphus fratres ejus cum eo acriter cum rege pugnabant; faciunt contra machinas, vimina, balistas et arcus. Ibi primum rete contra petrarias ab astuto illo tyranno, ad turres operiendas, damnum plurimorum et proficuum multis ingenium exquisitum et inventum est. Ibi, mirabile dictu! canis, fidele animal, Armico cuidam ipsorum dominorum castellulo [an Arnico... Castellano.], breves suspensas a collo, modo turriculam intrans, modo de eadem ad Runcum festinato regrediens, alternatim illis dominis, extrema multoties quæcunque sibi dictaverant, utens quodammodo ratione, fideliter quotidie reportabat.

12. Venit dux ad papam interea: tum coeperunt reditum maturare. Quod Henricus persentiens, infecto negotio ab castello remotus est, et via ipsa qua venerat, irato sibi domino, Alemanniam rediit, idolo quod plasmaverat in urbe relicto. Tunc papa vellet multum, quam reddi nimis inconsulto præcepit, Circæam arcem habere. Igitur dux et princeps cum baronibus rediere; papa in propria, scilicet in Campaniam, veniente, sui eum non sine pretio receperunt: et ita pedetentim, magis peregrini quam domini Romam, sicut Deus novit, intravimus. Latuit dominus papa, melius quam hospitatus est in ecclesiola quadam, quæ S. Mariæ in secundo cereo dicitur, inter domos illustrium virorum Stephani Northmanni, Pandulfi fratris ejus et Petri Latronis Corsorum, ibique de imminentibus periculis, præsertim de intrusione Burdini, cum tota scilicet ecclesia diligentius conferebat. Cui quidam de cardinalibus, Desiderius S. Praxedis, prope etenim erat festivitas (quod utinam non cogitasset!) ad cantandum in ipsamet ecclesia missam simpliciter cum quodam vespere invitavit, sed nimium simplicius a papa est concessum. Die autem crastina, etsi displicuerit multis, quia ecclesia esset in fortiis Frajapanum, freti tamen Stephani Northmanni et Crescentii Gajetani, ejusdem papæ nepotis, antiquis strenuitatibus, itum est et cantatum.

13. Necdum adhuc celebratis officiis, ecce cum non parva manu militum et peditum et aliorum procacium impii Frajapanes apparent, irruunt, lapides et spicula mittunt, nostros affligunt, multi pauculos alterunt. Resistit miles Northmannus et Crescentius gloriosus cum eo; resistunt undique nostri. Jacula mandata remandant, ensis atteritur ense, lancea retus a retunditur;

Hinc pedites, illinc miles cadit undique stratis;
Undique pugna gravis. Papam cupit iste tenere,
Iste tuetur eum, miles utrimque cadit.

Turba ruunt, pedites saliunt muros, capiuntur ex nostris aliqui non tamen eximii. O quantus luctus omnium! quanta præcipue lamenta matronarum! quæ papam solum, tanquam scurram per campos, sacris pro parte vestibus restitutum, quantum equus poterat, fugientem viderunt. Hunc crucifer sequitur: cecidit; muliercula quam tunc invenit abscondit, sonipedem crucemque recondit, et in sero reduxit.

14. Jam quota parte diei acriter est ab utrisque pugnatum! Cum Stephanus Northmannus, credens papam in tuta fugisse, taliter Frajapanes alloquitur: « Quid, inquit, facitis? quo ruitis? papa, quem quæritis, jam recessit, jam fuga elapsus est: nunquid et nos perdere cupitis? Et quidem Romani sumus, similes vobis, et si dici liceat, consanguinei vestri. Recedite, rogo, recedite, ut et fessi pariter recedamus. » Ad hanc itaque vocem nepos ejus Leo Frajapane gemebundus, audiens papam liberatum, cum insano fratre Centio aliisque recessit: redierunt et nostri, non omnes. Interim papa, utrobique petitus, demum intra campos S. Pauli ecclesiæ adjacentes, fessus, tristis et ejulans inventus est et reductus. Die illo prandium cum coena fit unum; inter spem et metum animi cunctorum nutabant dolentes. Et quantum ad diem, per longa tempora memorabilem, consiliatum est; nox consilium dirimit.

15. Sane die altero quique secundum libitum hæc et illa audentes, papa post omnium sententias dixit: « Viri fratres et filii, sicut non longe malum est, ita non longo opus est nec novo sermone. Sequimini patres nostros, quoniam valde bonum est antiquos sequi parentes; sequamur nihilominus Evangelium; quandoquidem vivere in ista civitate non possumus, fugiamus in aliam; fugiamus Sodomam, fugiamus Ægyptum. Veniet, credite mihi; veniet aliquando tempus cum vel omnes pariter, vel quos Deus permiserit, flante Austro, redibimus, et tempora meliora redibunt. Ego coram Deo et Ecclesia

dico, si unquam possibile esset, mallem unum imperatorem quam tot : ubi unus nequam, saltem perderet nequiores, donec quoque de illo evidentem justitiam faceret imperatorum omnium imperator.» Ad hoc omnes pariter una voce clamaverunt : « Fiat sic, fiat, (jungentes tertio) fiat.» Singula itaque singulis juxta modum omnium ac mensuram, omni tarditate seposita, Ecclesiæ ministeria personis assignata sunt et concessa. Venerabilis D. Petrus Portuensis episcopus loco papæ vicarius constitutus : cardinales aliqui ei sunt in auxilium sociati. Viro reverendissimo et sagaci, domino et avunculo meo, Hugoni cardinali apostolorum, Beneventanæ urbis custodia, prout postea videbimus, non sine Spiritus sancti oraculo est commendata. Nam paulo post deficiente papa, nisi ipse resisteret et mille modis sagaciter obviasset, Northmanni illam hodie et non papa tenerent. Nicolao seni cantorum schola conceditur ; Petro dicto præfecto, per quem domino nostro sanctæ memoriæ papæ Paschali plurima mala provenerunt, occasione ista (etenim aliter vix fecisset) præfectura Urbis nequam et indignissimo homini stabilitur. Princeps et clypeus omnium pariter curialium, Stephanus Northmannus, collaudantibus omnibus protector ac vexillifer, in Dei Patris nomine nimis efficaciter ordinatur, et ad Urbis custodiam cum jam dictis aptatur.

16. Navibus interea pluribus aliis pro tempore præparatis, quia per terram non poterat, nobis Beneventum jungentibus, papa mare intravit, atque post dies aliquot Pisas prospere applicuit (die 2 Septemb. juxta Chronicon Benevent.). Exierunt cum eo domnus Joannes Cremensis, Guido S. Balbinæ, et de diaconis cardinalibus domnus Petrus Leonis, Gregorius S. Angeli, Rosæmannus atque Chrysogonus. Sed et de Romanis nobilibus Petrus Latro et Joannes Bellus, frater Petri præfecti, et quidam minores alii clerici sive laici, præter ipsorum domesticos et custodes. Hi omnes cum papa simul honorifice satis atque solemniter ab innumera cleri ac populi multitudine Pisis recepti sunt et tractati. Ubi idem papa inter alia multa super verba Psalmistæ : « Dixi, pronuntiabo adversus me injustitias meas Domino, et tu remisisti impietatem cordis mei (Psal. xxxi, 5), » sermonem talem habuit, qualem certe vix faceret Origenes in carne. Ibidem igitur aliquandiu commorans, quæque sui officii libertate plenaria tractans, mare iterum introivit, et sic ducente Domino portum S. Ægidii sanus cum suis omnibus et incolumis attigit, ubi a venerabili abbate Hugone ac illius monasterii fratribus undecunque confluentibus cum maxima laude est et honore susceptus. Qualiter quoque inibi quam bene, quam largissime ab eis fuerit diutius pertractatus, satis manifestum est. Illic omnes episcopi atque monachi, nobiles atque ignobiles cujuscunque ordinis, pari modo conveniunt, quippe pro suo modulo deservire parati. Abbas Cluniacensis D. Pontius adveniens, cum munusculis aliis triginta equitaturas præparavit; decem vero abbas S. Ægidii cum donariis aliis : cum quibus et cum aliis equitavit domnus papa per terram illam. In viciniis quoque illis, cooperantibus urbium vicinarum plurimis episcopis, ecclesiam S. Cæciliæ de Stagello, ecclesiam S. Silvestri de Fillavo, S. Stephani de Tornaco dedicavit, et terminos lapideos infixit, quos absque maledictione perpetua, nulli unquam ad damnum vel loci vel alicujus rei transgredi quandoque licebit.

17. Inde papa ingrediens absque mora, per Podium in Franciam properavit : et inter villas alias, ubi fuit vice B. Petri susceptus, Cluniacense adiit monasterium, in quo, juxta tanti loci potentiam et secundum quod apostolicum virum condecuit, receptus est, omnesque bene et optime intrarunt cum eo archiepiscopi et episcopi terræ, sed et reges et principes, tanquam si Petrum viderent, tam per se quam per nuntios cum non parvis muneribus sedule eum frequentabant. Qui omnes unanimiter a tanto Patre ac domino plenioribus brachiis charitatis amplexi, de lætis qui veniebant lætiores effecti, demum cœlestibus ferculis medullitus epulati, redibant. Tractabat vir sanctissimus qualiter et his quos secum duxerat, et quos in urbe reliquerat in omnibus et per omnia provideret. Et quidem multa jam ad libitum, Domino juvante, peregerat, cum jam quasi in portum fere se deductum congaudens, subita passione correptus, quam a costa Græci pleuresin appellari jusserunt, suis ac multis fratribus undique convocatis, facta confessione ac sumpto corpore cum sanguine Redemptoris, et juxta formam monasticam strato terræ corpusculo, sancta illa anima carne soluta est, hinc ad cœlum Petro duce conscendens. Corpus honorabiliter intra limen Cluniacensis cœnobii requiescit in pace. Amen. Quem Romani, qui aderant et qui Romæ remanserant, clerus omnis ac populus et defleverunt tunc, et quasi patrem justitiæ, nolentes consolari, deflebant; et cessavit episcopatus dies 15 (1).

---

(1) Scilicet usque ad creationem successoris : nam ejus ordinationem non prius facta est, quam Roma rediissent, qui electionem illic approbandam eo pertulerant.

Porro ex duabus hujus papæ epistolis apud Baronium, quarum altera pridie quam discederet ab Urbe, Pisas indeque in Galliam navigaturus, data legitur Romæ, per manum Chrysogoni S. R. E. diaconi cardinalis, Kalendis Septembris, indictione duodecima, anno Dominicæ Incarnationis 1119, pontificatus autem domini Gelasii secundi papæ anno primo; altera apud Sanctum Ægidium vii Idus Novembris, iisdem indictione et anno, intelligitur stylo curiali tunc usitatum fuisse ut indictio ab ipsis Kalendis Septembris inchoaretur, et annos more Pisano novem mensibus præverteret Kalendas Januarii. Ast ejusdem epistolam, post antipapæ promotionem data Cajetæ ad episcopos Galliæ, mendose subscribitur decima septima Kalendas Februarii, quando adhuc vivebat decessor Paschalis; ideo

NOTITIA DIPLOMATICA

IN EPISTOLAS GELASII II.

(Philippus JAFFÉ, *Regesta pontificum Romanorum*, pag. 522.)

☦ In Gelasii bullis solent hæc verba addi : EGO GELASIUS ECCLESIÆ CATHOLICÆ EPISCOPUS, SIGNUM MANUS MEÆ : DEUS (*al.* DOMINUS) IN LOCO SANCTO SUO (5, 8, 10, 13, 15, 16, 17, 19, 20, 23, 26, 27, 28).

Subscripserunt : ep. Ostiensis *Lambertus* inde a d. 21 Mart. 1118.
    » Portuensis *Petrus*
    » Sabinensis *Crescentius*
    presb. card. tit. apostolorum . . . . . . *Hugo* inde a d. 21 Mart. 1118.
    » » » S. Balbinæ . . . . *Guido*
    » » » S. Laurentii in Damaso. *Deusdedit*
    » » » S. Susannæ . . . . *Petrus* inde a d. 21 Mart. 1118.
    diac. card. S. Adriani . . . . *Petrus*
    » » SS. Cosmæ et Damiani . . *Petrus*
    » » S. Georgii . . . . *Rossemannus*
    » » S. Mariæ (in Via Lata) . . . *Romualdus*
    » » S. Mariæ in Aquiro . . . . *Comes*
    subdiaconus cardinalis et abbas S. Laurentii foris muros *Amicho* die 26 Sept. 1118.
Datæ bullæ sunt p. m. *Chrysogoni* S. R. E. diaconi cardinalis.

---

que recte corrigitur a Baronio, substituente mensem Aprilis.

Alphonsus Ciacconius, cardinalium quotquot potuit nomina primus aggressus colligere sub suo quæque pontificatu ; incipit in hoc Gelasio, distincte enumerare eos, qui cujusque pontificis electioni interfuerunt, eo quo a decessorum aliquo creati sunt ordine ; primum episcopos, deinde presbyteros, tertio diaconos. Sed per prolepsim intelligendus est hic auctor episcopis concedere jus electionis, et eos cardinalibus adnumerare : cum neutrum illis hac ætate competeret, uti intelligitur primo ex hujus ipsius pontificis Vita, valde expresse hoc testante: deinde ex epistola Petri Portuensis episcopi ad episcopos quatuor Innocentianæ partis contra Anacletum, ubi quod circa pontificem officium sit episcoporum suffraganeorum Romanæ sedis iisdem fere, quibus hic Petrus, verbis explicat, cum ait : *Nec vestrum, sicuti nec meum, fuit eligere ; sed potius electum a fratribus* (cardinalibus scilicet) *approbare.* Atque ita in epistola quam ad sui justificationem direxerunt Lothario Romanorum regi fratres qui Romæ sunt, primum nomina sua scribunt cardinales presbyteri et diacones universim viginti quinque, deinde Petrus Senex Portuensis episcopus...... cum reliquis Romanæ Ecclesiæ suffraganeis, subdiaconi omnes, primicerius cum omni schola cantorum, Petrus basilicæ Salvatoris, quæ appellatur Constantiniana, archipresbyter...... cum reliquis Romanæ Ecclesiæ archipresbyteris, et cum omni clero Romano, Anastasius abbas S. Pauli...... cum reliquis abbatibus. Ubi videt accurate servatum cujusque ordinem, quoad electiones : nam in subscriptionibus synodalibus, et pontificiorum privilegiorum subsignationibus, videas semper priori loco nomina episcoporum, utpote in sublimiori gradu positorum, deinde cardinalium : et hunc ordinem etiam tenet Petrus eos recensens, qui ad hanc electionem convenerunt.

Hic vero addiderim ex *Italico itinere* Mabilionis, pag. 147, prædictos pontificis Romani suffraganeos, aut eorum saltem duos, media ætate vocatos episcopos Urbis, ut qui in sui tituli civitate vix unquam, in Romana semper residebant, tanquam episcopi (ut nunc appellantur) vicarii. Id autem eruit ille ex hac inscriptione, Romæ in ecclesia S. Mariæ de Capella, olim ad Pineam dicta, anno Dom. 1090, ind. XIII, mense Mart., die 25, dedicata est hæc ecclesia S. Mariæ quæ appellatur ad Pineam, per episcopos Urbis, id est V. (Ughello, Ubaldum) Savinensem et Joannem Tusculanens., tempore D. Urbani II papæ, in qua sunt reliquiæ, etc. Atque ita idem Mabilio notat ex chartario Farfensi, quod Dodo, episcopus sanctæ Romanæ Ecclesiæ, dedit libras quinque pro rebus post mortem, mense Octobri, temporibus Benedicti VIII, id est intra annum 1011 et 1024 eumque putat etiam fuisse Sabinensem Ughello præteritum, qui proinde fuisset successor Rainerii anno 1003 ex Chronico Farfensi. Denique aliud diploma sibi visum ait, ubi iidem vocantur Romani episcopi.

GELASII II

PONTIFICIS ROMANI

EPISTOLÆ ET PRIVILEGIA.

I.

Ad A. priorem ecclesiæ S. Frigdiani Lucensis et ejus fratres, sub proprio Joannis, quo ante susceptum pontificatum appellabatur, nomine.

(Anno 1118, Febr. 21.)

[MURATORI, *Rer. Ital. Script.* III, 1, 384.]

R. (2) J[OANNES] Ecclesiæ Romanæ diaconus, nunc, disponente Domino, in pontificem electus, charissimis in Christo filiis A. priori ecclesiæ S. Frigdiani, et ejus fratribus, salutem et apostolicam benedictionem.

Sicut ipsi nostis, priorem vestrum dominus noster papa ad hoc in Lateranensem duxit ecclesiam, ut una cum ea in uno semper charitatis vinculo permaneret. Diversas enim animas, prout Scripturæ sacræ series manifestat, una in Christo charitas unas facit. Ea propter venientem ad vos filium nostrum V., Lateranensis Ecclesiæ priorem, dilectioni vestræ præsentibus litteris commendamus, ut in his quæ necessaria sunt, et in clericis maxime, vestrum ei auxilium conferatis, quatenus domus vestra cum Lateranensi, cooperante Deo, in dilectionis et charitatis semper unitate permaneat. Quidquid enim ei impenditis, nobis impensum ascribimus. Exiguitatem nostram, et labores nostros, ac totius Ecclesiæ vestris orationibus commendamus.

Datum Laterani ix Kal. Mart.

II.

Ad clerum et plebem Romanam. — Commendat eorum constantiam adversus intrusum pseudopapam.

(Anno 1118.)

[MANSI, *Concil.*, XXI, 168.]

GELASIUS episcopus, servus servorum Dei, dilectis in Christo filiis clero et populo Romano, salutem et apostolicam benedictionem.

Dilectionis vestræ Domino gratias agimus, quod unanimiter persistentes, communicare tenebrarum operibus noluistis. Audivimus etiam, quondam [quoniam] ille amicus noster dominus imperator, familiarem nostrum Mauritium Bracarensem archiepiscopum, antea sibi super tractanda pace legatum, in nostram Ecclesiam ingesserit. De quo sciatis quod dicitur olim secundum consuetudinem, confirmatione, consecratione (3) pallium accepisset a nobis, et nos ab ipso secundum statuta canonicum juramentum fidelitatis et obedientiæ recepimus, etc. Rogamus ergo dilectionem vestram, atque præcipiendo mandamus, ut ab eo vos tanquam ab excommunicato, perjuro, invasore, et sanctæ matris Ecclesiæ ac fidei catholicæ constupratore abstineatis, etc.

Datum Caietæ, etc.

III.

Ad Jordanum archiepiscopum Mediolanensem. — De Landulpho restituendo.

(Anno 1118, Mart. 15.)

[MURATORI, *Rer. Ital. Script.*, V, 505.]

G. episcopus, servus servorum Dei, ven. fratri JORDANO Mediolanensi archiepiscopo salutem et apostolicam benedictionem.

Frater iste Landulphus ab Ecclesia sua se queritur exturbatum. Quod autem ab eo quæritur ut titulationis suæ certificationem exhibeat secundum B. Gregorium ridiculum demonstratur. Quod enim ait, juxta ejusdem beati Gregorii dicta et legum statuta probare debet, alioquin non est huic calumnia hujusmodi occasionibus impingenda : sed nisi alia causa impediat, suæ restituatur ecclesiæ.

Datum Gaietæ Idibus Martii.

(2) Forte *reverentissimus*.

(3) Locus corruptus.

IV.

Ad Gallos. — Mandat ut se contra Mauritium Bracarensem episcopum, ab Henrico imperatore in sedem intrusum pseudopapam, arment.

(Anno 1118, Mart. 16.)
[Mansi, *Concil.*, XXI, 166.]

Gelasius, servus servorum Dei, archiepiscopis, episcopis, abbatibus, clericis, principibus et cæteris per Galliam fidelibus, salutem et apostolicam benedictionem.

Quia vos Romanæ Ecclesiæ membra estis : quæ in ea nuper acta sunt dilectioni vestræ significare curamus. Siquidem post electionem nostram dominus imperator furtive et inopinata velocitate Romam veniens, nos egredi compulit. Pacem postea et minis et terroribus postulavit, dicens quæ posset se facturum, nisi nos ei juramento pacis certitudinem faceremus. Ad quæ nos ista respondimus : « De controversia quæ inter Ecclesiam et regnum est, vel conventioni, vel justitiæ libenter acquiescimus, loco et tempore competenti, videlicet Mediolani, vel Cremonæ, in proxima beati Lucæ festivitate, fratrum nostrorum judicio, quia a Deo sunt judices constituti in Ecclesia, et sine quibus hæc causa tractari non potest. Et quoniam dominus imperator a nobis securitatem quærit, nos verbo et scripto eam promittimus, nisi ipse eam interim impediat. Alias enim securitatem facere nec honestas Ecclesiæ, nec consuetudo est. » Ille statim, die videlicet post electionem nostram quadragesimo quarto, Mauritium Bracarensem episcopum, anno præterito a domino prædecessore nostro Paschali papa in concilio Beneventi excommunicatum, in matris Ecclesiæ gremium [*al.* invasionem] ingessit. Qui etiam cum per nostras olim manus pallium accepisset, eidem domino nostro, et catholicis successoribus, quorum primus ego sum, fidelitatem juravit.

In hoc autem tanto facinore nullum de Romanis (4) dominus imperator, Deo gratias, socium habuit : sed Guibertinos soli, Romanus de Sancto Marcello, Cencius, qui dicebatur de Sancto Chrysogono, Teuto [*al.* et Euzo], qui multo per Daciam debacchatus est tempore, tam infamem gloriam celebrarunt. Vestræ igitur experientiæ litterarum præsentium perceptione mandamus, ut super his per Dei gratiam communi deliberatione tractantes, ad matris Ecclesiæ ultionem, communibus, præstante Deo, auxiliis, sicut oportere cognoscitis, accingamini.

Datum Caietæ decimo septimo Kalendas Febr.

V.

Oldegarium, episcopum Barcinonensem, Ecclesiæ Tarraconensi præficit eique pallium tribuit.

(Anno 1118, Mart. 21.)
[Florez, *España sagrada*, XXV, 221.]

Gelasius episcopus, servus servorum Dei, venerabili fratri Oldegario Barcinonensi episcopo, salutem et apostolicam benedictionem.

Tarraconensis civitatis Ecclesiam insignem olim fuisse metropolim, et scripturarum veterum et divisionum provincialium monumenta declarant : ad cujus profecto restitutionem prædecessores nostri plurimum laborasse noscuntur; unde etiam temporibus nostris Berengario Ausonensi episcopo a prædecessore nostro sanctæ memoriæ Urbano papa pallium datum fuit. Et nos ergo ad ejusdem civitatis restaurationem penitus intendentes, te, charissime frater Oldegari, Barcinonensem episcopum ipsius Ecclesiæ antistitem constituimus, et pallium ipsum tibi ex apostolicæ sedis liberalitate concedimus; ea nimirum provisione et ea fiducia, ut pro data tibi a Domino facultate, civitatem ipsam et Ecclesiam studeas omnimodis ad Domini Dei nostri honorem et gloriam restaurare. Sane Dertosam, si divina clementia populo Christiano reddiderit, in suburbanam parochiam metropoli Tarraconensi concedimus, donec, præstante Deo, Tarraconensis Ecclesia robur status sui recipiat : mox Dertosa ipsa proprium pastorem obtineat. Porro Tarraconensem civitatem cum terminis suis, sicut ab illustri Barcinonensium comite Raymundo per manus tuas Tarraconensi Ecclesiæ tradita et scripti sui libertate firmata est, præsentis decreti pagina tibi, tuisque successoribus ejusdem sedis metropolitanis in perpetuum confirmamus. Tibi ergo tuisque legitimis successoribus in eadem cathedra constituendis, et per te Tarraconensi Ecclesiæ refirmamus ipsam Tarraconensem provinciam, ut in ea debeatis deinceps et suffraganeos episcopos ordinare, et concilia secundum formam canonicam celebrare, et omnia juxta metropolitanam curiam largiente Domino providere, salva in omnibus apostolicæ sedis auctoritate ac reverentia.

Pallii vero usum fraternitas tua infra ecclesiam tantum ad sacra missarum solemnia se noverit obtinere, his videlicet diebus : Nativitate Domini, Circumcisione, Epiphania, Cœna Domini, Sabbato sancto, Resurrectione Domini, Ascensione, Pentecoste; in solemnitatibus beatæ Dei Genitricis Virginis Mariæ; in Natalitiis B. Joannis Baptistæ atque apostolorum omnium; in festivitate B. Theclæ, et B. Fructuosi martyris; in consecrationibus ecclesiarum et episcoporum, seu ordinationibus clericorum, et anniversarii tui die. Cujus nimirum pallii volumus te per omnia genium vindicare : hujus siquidem indumenti honor humilitas atque justitia est. Tota ergo mente fraternitas tua se exhibere festinet in proximis humilem; in adversis, si quando eveniunt, cum justitia erectum; nullius unquam faciem contra veritatem suscipiens, nullius unquam faciem pro veritate loquentis premens, infirmis compatiens, benevolentibus congaudens, aliena damna tua deputans; vitiis pie sæviens, in fovendis virtutibus ani-

---
(4) Al. *Romano clero*. Ad hanc vocem, Binii scholion hoc est : *Per Romanos, intellige Catholicos; per Guibertinos, schismaticos.*

mas auditorum demulcens, in ira judicium sine ira tenens, in tranquillitate severitatis justae censuram non deserens. Haec est, frater charissime, pallii accepti dignitas: quam si sollicite servaveris, quod foris accepisse ostenderis, intus habebis. S. Trinitas fraternitatem tuam per tempora longa conservet incolumem.

Ego Gelasius catholicae Ecclesiae episcopus.

Signum manus meae: DEUS IN LOCO SANCTO SUO.

Ego Crescentius Sabinensis episcopus, etc.

Caietae, per manum Chrysogoni R. E. cardinalis, XII Kal. April., ind. XI, anno Dom. Incarn. 1118, pontificatus autem domini Gelasii papae II anno I.

VI.

Ad Bernardum Toletanum episcopum, Hispaniae primatem. — De Mauritio in sedem intruso.

(Anno 1118, Mart. 25.)

[MANSI, *Concil.*, XXI, 167.]

GELASIUS episcopus, servus servorum Dei, venerabili fratri BERNARDO archiepiscopo Toletano et Hispaniarum primati, salutem et apostolicam benedictionem.

Non latere credimus fraternitatem tuam qualiter frater quondam Mauritius Bracarensis episcopus se jam diu habuerit, qualiter Ecclesiam suam dimiserit, et quomodo regi excommunicato adhaeserit, et contra statuta canonica in cubile Romanae Ecclesiae se ingesserit. Nec eum miramur debitam tibi obedientiam et antiquum primatus honorem Ecclesiae tuae penitus denegasse: qui Romanam Ecclesiam, quae omnium Ecclesiarum mater est et magistra, non solum negare, sed destruere quodammodo conatur, etc. Monemus itaque atque praecipimus ut juxta mandatum praedecessoris nostri ad electionem in Bracarensi Ecclesia faciendam sollicitudine charitatis debitae operam et opem praebeas cum effectu. Ipsum vero Mauritium excommunicatum et perjurum, et matris Ecclesiae constupratorem publicum, caeteris Hispaniarum praelatis, etc.

Data Caietae, etc.

VII.

Ad Bernardum Toletanum et caeteros Hispaniarum episcopos.

(Anno 1118, Mart. 25.)

[BALUZ., *Miscell.* edit. Luc. I, 144.]

GELASIUS episcopus, servus servorum Dei, venerabili fratri BERNARDO Toletano primati et caeteris Hispaniarum episcopis.

Non latere credimus fraternitatem vestram qualiter frater noster Mauritius Bracarensis episcopus se jam diu habuerit, et quomodo Ecclesiam suam dimiserit et quomodo regi excommunicato adhaeserit. Illud etiam, ut opinamur, nostis, quod a praedecessore nostro sanctae memoriae Paschali papa in concilio excommunicatus sit, et quod Bracarensi eccle-siae sit mandatum ut pastorem sibi alium provideret. Nunc tandem per regis tyrannidem, post longum electionis meae spatium, in cubile sanctae matris Ecclesiae se ingessit. Ideoque fraternitati vestrae mandamus ut ad electionem in Bracarensi ecclesia faciendam sollicitudine charitatis debita operam praebeatis. Ipsum vero Mauritium excommunicatum, perjurum, et matris Ecclesiae constupratorem caeteris Ecclesiae filiis publicetis.

Datum Caietae VIII Kal. Aprilis.

VIII.

Ad Pontium abbatem Cluniacensem. — Privilegium Cluniacense.

(Anno 1118, April. 12.)

[MANSI, *Concil.*, XXI, 171.]

GELASIUS episcopus, servus servorum Dei, charissimo fratri PONTIO Cluniacensi abbati, salutem et apostolicam benedictionem.

Cluniacensis monasterii prudens religio, et religiosa prudentia, et ante nostra, et nostris temporibus, Romanam Ecclesiam maxime sibi fecit obnoxiam. Sed praeter illud commune dilectionis debitum, personae tuae sinceritas mihi semper amabilis, semper optabilis, charitatis nostrae viscera plenis, ut nosti, finibus ampliavit. Idcirco petitionibus tuis, illis praecipue quae ad monasterii vestri quietem et salutem spectant, nequaquam duximus obviandum. Per praesentis igitur decreti paginam, secundum postulationem fraternitatis tuae, praecipimus atque statuimus ut quidquid possessionis ad Cluniacense monasterium pertinentis reverendissimae memoriae praedecessor tuus Hugo in die mortis suae per authenticam Romanorum pontificum concessionem quiete ac sine calumnia possidebat, tu quoque tuique successores quiete ac sine calumnia possideatis. Ea etiam quae post tuam provectionem Cluniacensi monasterio, vel per fratrum tuorum industriam, legitime acquisita sunt, firma, quieta et integra conservanda censemus. Volumus enim Cluniacense monasterium, auctore Deo, in quiete perpetua, et tranquillitate persistere, ut a saecularibus tumultibus liberi, omnipotentis Dei servitio vacare quietius valeatis.

Ego Gelasius, catholicae Ecclesiae episcopus, subscripsi.

Datum Capuae II Idus Aprilis, per manum Grisogoni S. R. E. diaconi cardinalis, anno Dominicae Incarnationis 1118, indict. XI, pontificatus autem Gelasii II papae anno I.

IX.

C[ononem] episcopum Praenestinum, sedis apostolicae legatum, certiorem facit de archiepiscopo Bracarensi papa per imperatorem constituto.

(Anno 1118, April. 13.)

[MANSI, *Concil.*, XXI, 173.]

GELASIUS episcopus, servus servorum Dei, venerabili fratri C. [CONONI] Praenestino episcopo, apostolicae sedis legato, salutem et apostolicam benedictionem.

Jam dudum nostras tibi litteras misimus, sed utrum ad te pervenerint, ignoramus. Quæ ita se habent: Post electionem nostram diaconus imperatoris, furtive et inopinata velocitate Romam veniens, nos egredi compulit. Pacem postea minis et territionibus postulavit, dicens se facturum quæ posset, nisi nos ei juramento pacis certitudinem faceremus. Nos ei fratrum nostrorum consilio pacem obtulimus. Ille statim, die videlicet post electionem nostram quarta, Baracensem [Bracarensem] episcopum, qui Burdinus a Northmannis dicitur, anno præterito, sicut nosti, a domino prædecessore nostro Paschali papa in concilio Beneventi excommunicatum, in matris Ecclesiæ invasionem ingessit. De quo etiam tibi notum est quod cum per nostras olim manus pallium accepisset, prædicto domino nostro et ejus catholicis successoribus, quorum primus ego sum, fidelitatem juraverit. In hoc autem tanto facinore nullum de Romano clero imperator, Deo gratias, socium habuit. Sed Wibertini quidam, Romanus de Sancto Marcello, Centius, qui dicebatur Sancti Grysogoni, et Teuto, qui tanto per Italiam tempore debacchatus est, tam infamem gloriam celebrarunt. Sane nos cum fratribus nostris et episcoporum collegio in præterito Palmarum die Capuæ regem ipsum cum idolo suo excommunicavimus. Tuæ igitur experientiæ præcipimus ut omnia hæc per commissæ tibi legationis partes fratribus constitutis nota facere studeas, et ad matris Ecclesiæ ultionem, sicut oportere cognoscis, præstante Deo accingaris.

Data Capuæ Idibus Aprilis.

X.

Bernardo, monasterii S. Sophiæ Beneventani abbati, privilegium concedit de aqua ex Calore flumine ducenda.

(Anno 1118, April. 18.)

[MURATORI, *Rer. Ital. Script.*, III, 1, 390.]

In nomine Domini. GELASIUS episcopus, servus servorum Domini, dilecto filio BERNARDO abbati venerabili monasterii Sanctæ Sophiæ, salutem et apostolicam benedictionem.

Religiosa loca temporibus nostris, propter peccata communia, multis videmus angustiis atque tribulationibus jactari, necnon angustiari. Ea propter oportere atque necessarium esse duximus eorumdem locorum necessitatibus secundum datam divinitus facultatem apostolicæ sedis gratia benignius ac mitius subvenire. Tuis igitur, dilecte in Christo fili abbas Bernarde, petitionibus annuentes, concedimus tibi ut deinceps tibi tuisque successoribus liceat de fluvio Caloris aquam per cœptum ædificium nostrum accipere, et pro duobus molendinis vel aliis monasterii utilitatibus per terram vestram usque in eumdem Caloris fluvium perducere. Si autem oportuerit, licentiam habeatis accipiendi eamdem aquam supra vel infra prædictum ædificium, quantum nimirum terra vestra et aqua est. Quod si necessitate urgente, pro eodem aquæductu de terra viæ interioris, quæ juxta est, acceperitis, vobisque eadem pro vestra voluntate, vestroque libero arbitrio vobis in æternum ascribatis, nulla altercatione a quavis persona hominum magna sive parva possideatis, et accipiatis tantumdem de terra vestra, et partem alteram restauretis. Sane concambium quod in eodem loco de interjacenti terra fecistis, atque fieri curastis, habemus ratum et cognitum.

Ego Gelasius servus servorum Domini, atque Ecclesiæ cathol. episc. scripsi.

Signum manus meæ propriæ: DOMINUS IN LOCO SANCTO SUO.

Ego Petrus Portuensis episcopus consensi, nec non et propria mea manu subscripsi.

Ego Hugo cardinalis presbyter tit. Apostolorum consensi libera voluntate ac arbitrio et subscripsi.

Ego Petrus cardinalis presbyter tituli sanctissimæ virginis Susannæ, monasterii provisor, subscripsi, atque consensum et voluntatem meam tradidi.

Datum Capuæ per manum Constantini Chrysogoni S. R. E. diaconi et card., XIV Kalend. Maii, ind. XI, anno Dom. Incarn. 1118, pontificatus autem domini Gelasii II papæ anno primo.

XI.

Ad D[idacum] episcopum Compostellanum.

(Anno 1118, Jun. 16.)

[FLOREZ, *España sagrada*, XX, 259.]

GELASIUS episcopus, servus servorum Dei, venerabili fratri D. Compostellano episcopo, salutem et apostolicam benedictionem.

Licet gravioribus negotiis constituti, veteris tamen dilectionis et amicitiæ non possumus oblivisci. Ideoque fraternitatem tuam litteris præsentibus visitamus, rogantes ac monentes ut Romanæ Ecclesiæ multis aggravatæ, multisque distractionibus fatigatæ, memoriam habeas, et tam ejus quam nostris opportunitatibus debita charitate subvenias. Communes filios P. cardinalem, et Petrum thesaurarium tuæ benevolentiæ commendamus, ut pro amore nostro eos de charis habeas chariores.

Dat. Ferentini XVI Kal. Julii.

XII.

Ad abbates monachosque Terræ Majoris. — Præcipit ut quæ Paschalis papa inter eos et episcopum Civitatensem (prov. Benevent.) constituerit, negligere desinant.

(Anno 1118, Aug. 7.)

[MURATORI, *Rer. Ital. Script.*, III, 1, 396.]

J[OANNES (5)] Gaietanus episcopus, servus servorum Dei, dilectis filiis abbati et monachis Terræ Majoris, salutem et apostolicam benedictionem.

Cum super controversia quæ olim inter vos et venerabilem fratrem nostrum Civitatensem episcopum diutius fuerat agitata, de utriusque partis assensu amicabilis compositio auctoritate felicis recordationis Lucii (6) papæ prædecessoris nostri, sicut

---

(5) Scribit sub proprio, quo ante susceptum pontificatum appellabatur nomine.

(6) *Leg.* Paschalis II.

recolimus, intercesserit, ea, sicut praedicto episcopo significante, comperimus, negligitis observare, et illi, contra ipsius compositionis tenorem, suam justitiam subtrahere minime formidatis. Quia igitur pati nolumus, nec debemus, ut quae favore apostolico vel judicio sunt sopita, cujusquam malitia recidiva incurrant, vel quidquam in eorum praejudicium attentetur, per apostolica vobis scripta mandamus quatenus eamdem compositionem, omni contradictione et appellatione cessante, inviolabiliter observetis, nec contra eam venire de caetero praesumatis. Et si qua contra ejusdem compositionis tenorem praedicto episcopo subtraxistis, ipsi episcopo sine dilatione qualibet, contradictione et appellatione cessante, reddere minime postponatis : aut super ipsis satisfactionem congruam exhibere, et ab administratione pontificalis officii in S. Severo, juxta dictam compositionem curetis cautius abstinere, vel in festo S. Lucae proximo venturo super his dicto episcopo plenarie responsuri, nostro vos conspectui praesentetis. Nullis litteris veritati et justitiae praejudicium facientibus, si quae comparuerint a sede apostolica impetratae.

Datum Romae apud S. Petrum, x Kalend. August., pontificatus nostri anno I.

XIII.

Ad Gualterum Ravennatem archiepiscopum. — Illius electionem post schisma ejuratum confirmat, eique pallium cum aliis juribus concedit.

(Anno 1118, Aug. 7.)

[MANSI, *Concil.*, XXI, 168.]

GELASIUS episcopus, servus servorum Dei, venerabili fratri GUALTERO Ravennatium archiepiscopo, salutem et apostolicam benedictionem.

Unitati divinae Trinitatis gratiae agendae sunt, quae per suae charitatis spiritum divisa conjungit, et multos in se animos unum facit. Ecclesia siquidem Ravennatium, per multa jam tempora ab apostolicae sedis unitate discissa, multas eidem sedi apostolicae persecutiones intulit, et Ecclesiis multis perversi schismatis fomitem ministravit. Quapropter ad ejus nequitiam deprimendam, subjectarum ei Ecclesiarum quasdam sibi apostolica sedes assumpsit, ut vel sic eam ad humilitatis et unitatis tramitem revocaret. Sed cum tandem divinae majestati placitum fuit, eamdem Ravennatium Ecclesiam misericordiae suae gratia ad unitatem et obedientiam matris suae Romanae Ecclesiae revocavit. Iniquitatem namque suam illius filii recognoscentes, delicta patrum corrigere probaverunt : ut qui praeteritis temporibus per tyrannidem regiam praesules regibus placentes accipiebant, nunc demum secundum canonicas sanctiones episcopum Deo placentem eligerent, et schismate abdicato in catholicae congregationis gremium repedarent. Te siquidem, reverendissime frater Gualtere, a disciplina fratrum regularium violenter assumptum, pro religionis ac sapientiae praerogativa, in beati Apollinaris cathedra communi voto ac desiderio posuerunt, et in apostolicae sedis obedientiam unanimiter redierunt. Unde nos divinae Trinitatis unitati gratias agentes, personam tuam pro jure nostrae Ecclesiae ad episcopale ministerium cooperante Domino consecrantes, tibi, et per te Ravennatium Ecclesiae dignitatem omnem, quam ante illius divisionis tempora per Romanam Ecclesiam possederat, restituimus : et per praesentem privilegii paginam, salvo in omnibus jure atque auctoritate sedis apostolicae, concedimus tibi tuisque successoribus in ejusdem sedis apostolicae fide atque obedientia permanentibus, episcopatus Aemiliae provinciae, id est Placentiae, Parmae, Regii, Mutinae, Bononiae, Ferrariae, Adriae, Comacli, Imolae, Faventiae, Fori Livii, Fori Pompilii, Bobii, Caesennae, Ficoclae. Confirmamus etiam vobis ducatum Ravennae, et monasteria Sancti Adalberti, et Sancti Hilarii Galliata, seu caetera monasteria et possessiones, per authentica privilegia ab antecessoribus nostris, et a catholicis regibus tradita. Pomposiani quoque monasterii curam religioni tuae, salvo Ecclesiae nostrae jure, committimus : ut regularis disciplina per tuam industriam, largiente Domino, reformetur. Praeterea fraternitati tuae pallium, pontificalis videlicet officii plenitudinem, liberaliter concedimus : quo fraternitas tua, secundum Ecclesiae tuae morem ex apostolicae sedis concessione permissum, se noverit induendum, cujus inimicum [f. nimirum] pallii volumus te per omnia genium vindicare. Hujus siquidem indumenti honor, humilitas atque justitia est. Tota ergo mente fraternitas vestra se exhibere festinet in prosperis humilem, et in adversis, si quando eveniunt, cum justitia erectam : amicam bonis, perversis contrariam, nullius unquam faciem pro veritate loquentem premens, tum operibus juxta virtutem constantiae insistens, tum insistere etiam supra virtutem cupiens; infirmis compatiens, bene valentibus congaudens, de alienis tanquam de propriis exsultans gaudiis, in vitiis corrigendis pie saeviens, in fovendis virtutibus auditorum animum demulcens, in ira judicium sine ira tenens, in tranquillitate autem severitatis justae censuram non deserens. Haec est, frater charissime, pallii accepti dignitas : quam si sollicite servaveris, quod foris accepisse ostenderis, intus habebis.

Ego Gelasius Ecclesiae catholicae episcopus.

Signum manus meae Gelasii : DEUS IN LOCO SANCTO SUO.

Datum Romae per manum Chrysogoni S. R. E. diaconi cardinalis, Kalendis Septembris, indictione duodecima, anno Dominicae Incarnationis 1119, pontificatus autem domini Gelasii II papae anno I.

XIV.

Ad R., ecclesiae Springerbacensis praepositum, et ejus fratres.

(Anno 1118, Aug. 11.)

[Edidit Ph. JAFFÉ, *Regesta pontif. Rom.* cum hac mentione : « Ex copia Quixii dedit Wattenbach. »]

R., ecclesiae Springersbacensis praeposito, et ejus

fratribus, salutem et apostolicam benedictionem. Quæstionem inter vos de B. Augustini regula emersisse audivimus, quoniam quædam in ea scripta sunt, videlicet de officiis, de labore manuum et de jejunio, quæ non possunt in nostris provinciis adimpleri. Quibus in rebus competens moderatio adhibenda est. Ea enim quæ ad mores bonos pertinent, divina cooperante gratia, observanda sunt. Ea vero quæ de officiis ab eodem doctore scripta sunt, quia et in Romana et in cæterarum ecclesiarum consuetudine discrepant, observari non possunt; sicut in beati quoque Benedicti Regula quædam de hujusmodi observationibus scripta sunt, quæ nostris temporibus per monasteria longe aliter sunt, neque tamen propter hoc monachorum professio creditur infirmari. Præcipimus ergo ut officiorum celebrationes apud vos juxta communem catholicæ Ecclesiæ consuetudinem observentur. Sane opus manuum et jejunium secundum loci qualitatem et personarum facultatem exerceatur, sed intus quoque communis regularium fratrum consuetudo custodiatur. Ab excommunicatorum participatione qualiter abstinendum sit, sanctorum Patrum nos instruunt sanctiones. Si qui tamen fragilitate aliqua vel iniquorum violentia eorum communicatione se maculaverint, indicta competenti pœnitentia prioris arbitrio absolvantur. — Pro nostra et Romanæ Ecclesiæ tribulatione fraternitas vestra indesinenter apud omnipotentem Dominum intercedat.

Dat. Romæ III Idus Augusti.

XV.

Ad canonicos Lucenses. — Eorum consuetudines approbat et innovat.

(Anno 1118, Sept. 13.)
[Mansi, *Concil.*, XXI, 173.]

Gelasius episcopus, servus servorum Dei, dilectis filiis Benedicto archidiacono, Uberto archipresbytero, Rainerio primicerio, Mauro cantori Lucanæ ecclesiæ, eorumque fratribus tam præsentibus quam futuris in perpetuum.

Charitatis bonum est proprium aliena damna propria deputare, et alienis tanquam propriis gaudere profectibus. Ea propter petitiones vestras clementer admittimus, et vobis antiquas ecclesiæ matricis consuetudines confirmamus. Ut videlicet unctiones infirmorum, et sepulturæ civitatis propriæ ad matricem ecclesiam pertinentes, et officium, et participatio beneficii funerum ad alias ecclesias pertinentium vobis nulla clericorum calliditate aut laicorum quorumlibet subtrahantur. Electiones priorum, et collocationes clericorum in aliena ecclesia infra urbem, vel extra in suburbiis sine consensu episcopi, et priorum qui loco positi nominantur, matricis ecclesiæ non fiant. Nec laicorum violentia in aliqua ecclesiarum ulla priorum, aut clericorum fiat electio. Et nulla ecclesiarum episcopatus vestri præter eorum consensum alicui subjiciatur ecclesiæ. Neque publica et majora negotia aliqua sibi ecclesiarum ipsis invitis arripiat, aut publicas pœnitentias tribuat. Nec sententias, et interdictum matricis ecclesiæ tentet infringere. Nulla etiam vestri episcopatus persona sine consensu episcopi, vel priorum, qui loco positi nominantur, matricis ecclesiæ excommunicetur; et quod ab episcopo ligatum fuerit, a nemine irritum duci tentetur. Sane civitatis vestræ clerici, et qui in suburbiis sunt, solitas obedientias, videlicet in litaniis, in processionibus communibus, in festivitatibus et stationibus majoris ecclesiæ, eidem impendant ecclesiæ ut vobiscum adsint. Porro in quintæ feriæ nocte ante Pascha, nulla ecclesia secundum morem vestræ ecclesiæ campanas sonet, neque in Sabbato sancto cereum benedicat, sed ad baptismum prædicti clerici, prout consuetum est, veniant. Nulla præterea ecclesiarum missas solemnes celebret in festivitate B. Martini, et S. Reguli, et in secunda feria Paschæ, et in processionibus Quadragesimæ, donec stationis solvantur conventus. Nullus etiam clericorum officium vivorum, aut mortuorum, ad matricem ecclesiam pertinens facere vel celebrare præsumat. Ad hæc adjicientes statuimus ut decimæ matricis ecclesiæ ab his qui tribuunt non fraudentur, et ulla eas clericalis persona subripiat aut diminuat. Nulli etiam episcopo liceat aliquem matricis ecclesiæ canonicum officio seu beneficio sine canonico privare judicio. Sane charitativa illa ciborum beneficia, quæ ab episcopis vestris (sive præsentes, sive absentes fuerint) in solemnioribus festis consuevistis accipere, vobis vestrisque posteris rata præcipimus et illibata servari. In his omnibus prædecessoris nostri sanctæ memoriæ Paschalis papæ privilegium confirmamus, et stabilitate perpetua corroboramus. Si qua igitur in futurum ecclesiastica sæcularisve persona hanc nostræ constitutionis paginam sciens contra eam temere venire tentaverit, secundo tertiove commonita, si non satisfactione congrua emendaverit, potestatis honorisque sui dignitate careat, reamque se divino judicio existere de perpetrata iniquitate cognoscat, et a sacratissimo corpore ac sanguine Dei et Domini nostri Jesu Christi aliena fiat, atque in extremo examine districtæ ultioni subjaceat. Cunctis autem justa conventui isti servantibus sit pax Domini nostri Jesu Christi, quatenus et hic fructum bonæ actionis percipiant, et apud districtum Judicem præmia æternæ pacis inveniant. Amen.

† Ego Gelasius catholicæ Ecclesiæ episcopus subscripsi.

Signum manus meæ: Deus in loco sancto suo.

† Ego Deusdedit card. presbyter tit. S. Laurentii in Damaso subscripsi.

† Ego Petrus card. tit. S. Suzannæ subscripsi.

† Ego Guido card. presbyter tit. S. Balbinæ subscripsi.

† Ego Petrus diaconus card. SS. Cosmæ et Damiani subscripsi.

† Ego Petrus diaconus card. S. Adriani subscripsi.

Datum Pisis per manum Grisogoni S. R. E. diaconi card., Idibus Septembris, indict. xii, anno Dominicæ Incarnat. 1118, pontificatus autem domini Gelasii II PP. anno I.

XVI.

Ad canonicos regulares S. Frigidiani Lucensis.— Jura eorum et libertates confirmat.

(Anno 1118, Sept. 26.)

[Mansi, *Concil.*, XXI, 175.]

Gelasius episcopus, servus servorum Dei, electis in Christo filiis, Attoni præposito, et ejus fratribus in B. Frigidiani ecclesia regularem vitam professis, ejusque successoribus in eadem religione permansuris in perpetuum.

Docente nos apostolo Paulo cognoscimus, quia ubi Spiritus Domini, ibi libertas. Quia igitur Domini Spiritum in vobis habitare credimus, et ex ipsorum operum exhibitione confidimus, libertatem vobis, quæ a prædecessore nostro sanctæ memoriæ Paschali papa collata est, nos auxiliante Domino confirmamus. Et quæ ab eo vobis per privilegii paginam concessa sunt, nos quoque præsentis decreti auctoritate concedimus, et rata atque stabilia permanere censemus, salva, sicut ab eo constitutum est, Lucani episcopi reverentia. Præterea canonicas consuetudines observandi vobis auctoritatem tribuimus, ad susceptæ religionis augmentum. Neque ullum gravamen vobis inferri permittimus ex privilegio quod a nobis B. Martini canonici pro antiquis ecclesiæ suæ consuetudinibus acceperunt. Regularibus enim congregationibus nihil illa præjudicant. Nulla quietem vestram processionum aut litaniarum perturbet indictio, nisi quæ ante Ascensionem Domini, totius concursu civitatis, publice fiunt. Parochianos vestros, nisi forte publico crimine teneantur, nullus invitis vobis excommunicare, aut ad pœnitentiam præsumat admittere: sicut in supra fati prædecesssoris nostri epistola continetur. Neque ulli capellanorum liceat sine consensu vestro, mortuos vestræ parochiæ sepelire. Sed vos eos infirmos, sicut consuevistis, ungatis, et mortuos præter alicujus infestationem sepeliatis. Chrisma, oleum infirmorum, quæ vestra ex antiqua consuetudine suscipit ecclesia, majoris ecclesiæ clerici, hac urbis occasione non auferant. Neque clericos vestros ordinari prohibeant, ut per Dei gratiam quiete et pacifice conversantes, professionis vestræ propositum plenius observare possitis. Si qua sane ecclesiastica sæcularisve persona hanc nostræ constitutioni paginam sciens contra eam temere venire tentaverit, secundo tertiove commonita, si non satisfactione congrua emendaverit, potestatis honorisque sui dignitate careat, reamque se divino judicio existere de perpetrata iniquitate cognoscat, et a sacratissimo corpore et sanguine Dei et Domini Redemptoris nostri Jesu Christi aliena fiat, atque in extremo examine districtæ ultioni subjaceat. Cunctis autem eidem loco justa servantibus sit pax Domini nostri Jesu Christi, quatenus et hic fructum bonæ rationis percipiant, et apud districtum Judicem præmia æternæ pacis inveniant. Amen.

† Ego Gelasius Ecclesiæ catholicæ episcopus. Signum manus meæ: Deus in loco sancto suo.

† Ego Lambertus Ostiensis episcopus.

† Ego Deusdedit presbyter card. S. Laurentii in Damaso.

† Ego Guido presbyter card. tit. S. Balbinæ.

† Ego Petrus diac. card. SS. Cosmæ et Damiani.

† Ego Petrus diac. card. S. Adriani.

† Ego Amicus subdiaconus card. et abbas S. Laurentii foris muros.

Datum Pisis per manus Chrysogoni S. R. E. diac. card., vi Kal. Octob., indict. xii, anno Dominicæ Incarnationis 1119, pontificatus autem domini Gelasii II papæ an. I.

XVII.

Monasterium S. Mamiliani, situm in insula Monte Christi, tuendum suscipit, et ejus possessiones juraque confirmat.

(Anno 1118, Oct. 1.)

[Ughelli, *Italia sacra*, III, 379.]

Gelasius episcopus, servus servorum Dei, dilecto filio Henrico abbati monasterii Sancti Mamiliani, quod in Monte Christi, tuisque successoribus regulariter substituendis in perpetuum.

Nos qui, disponente Domino, ad S. sedis servitium promotos agnoscimus, ut ejus filios auxilium implorantes tueri ac protegere, prout Deus dederit, debeamus: proinde nos, dilecte in Christo fili Henrice abbas, tuis petitionibus annuentes Beati Mamiliani in Monte Christi monasterium, cui ductore Deo præsides, apostolicæ sedis protectione munimus. Statuimus enim ne insulam vestram nullus neque cum bestiis, vel cum aliquo machinamento perturbet, et universa quæ in proxima xii indictione in Corsica, vel Sardinia, in Plumbino, vel Elba, vel alibi vestrum monasterium possidet, quieta vobis et integra conserventur; in quibus hæc propriis nominibus duximus adnotanda: in Sardinia ecclesiam Sanctæ Mariæ de Scala Heliæ Sancti Gregorii... et Sancti Mamiliani de Simassi cum pertinentiis earum. In Corsica monasterium Sancti Stephani de Venaco, monasterium Sanctæ Mariæ de Majaja, ecclesiam Sancti Pellegrini, et ecclesiam Sancti Pauli de Concha cum pertinentiis suis. Quæcunque etiam in futurum annuente Deo juste poterit adipisci, firma vobis vestrisque successoribus et illibata permaneant. Decernimus ergo ut nulli hominum liceat idem monasterium temere perturbare, aut ejus possessiones auferre, vel ablatas retinere, minuere, vel temerariis vexationibus fatigare, sed omnia integra conserventur eorum pro quorum sustentatione et gubernatione concessa sunt, usibus omnimodis profutura. Obeunte te ejusdem loci abbate, vel tuorum quolibet successorum, nullus ibi qualibet subreptionis astutia seu violentia præponatur, nisi quem fratres communi consensu vel fratrum pars consilii sanioris secundum Dei timorem, et D. Benedicti Regulam providerint eligendum : sepulturam quoque ejusdem monasterii et cellarum ejus liberam esse decernimus, ut eorum, qui illic sepeliri deliberaverint, devotioni, et extremæ voluntati, nisi forte excommunicati sint, nullus obsistat. Decimas vero vestrarum terrarum, quas ubilibet habetis sine ulla episcoporum vel episcopalium ministrorum actione quietam vobis manere concedimus. Sane laicos seu clericos sæculariter viventes ad conversionem suscipere nullius contradictio vos inhibeat. Si qua igitur in futurum ecclesiastica sæcularisve persona hanc nostræ constitutionis paginam sciens contra eam venire tentaverit, secundo tertiove commonita, si non satisfactione congrua emendaverit, potestatis honorisque sui dignitate careat, reamque se divino judicio existere de perpetrata iniquitate cognoscat, et a sacratissimo corpore et sanguine Domini Redemptoris nostri Jesu Christi alienas fiat, atque in extremo examine districtæ ultioni subjaceat. Cunctis autem eidem monasterio justa servantibus sit pax Domini nostri Jesu Christi, quatenus et hic fructum bonæ actionis percipiant, et apud districtum Judicem præmia æternæ pacis inveniant. Amen.

Ego Gelasius Ecclesiæ catholicæ episcopus subscripsi.

Signum manus meæ : DEUS IN LOCO SANCTO SUO.

Datum Pisis per manum Chrysogoni sanctæ Romanæ Ecclesiæ diaconi cardinalis, Kalend. Octobris, indict. XII, anno Dominicæ Incarnationis 1118, pontificatus autem domini Gelasii secundi papæ anno primo.

XVIII.
Canonicis Lucensibus affirmat se S. Frigdiani canonicorum privilegia confirmando eorum jura non imminuisse.

(Anno 1118, Oct. 2.)
[MURATORI, *Rer. Ital. Script.*, III, I, 406.]

GELASIUS episcopus, servus servorum Dei, dilectis filiis B. archidiacono, V. archipresbytero, R. primicerio, et P. cantori, et cæteris Lucanæ Ecclesiæ canonicis, salutem et apostolicam benedictionem.

Fraternitatem vestram vehementius conturbatam audivimus quasi nos aliquid adversum vos turbatione dignum fecerimus. Nosse autem omnino vos volumus quia sicut fratres nostros in Christi vos charitate diligimus. Etsi enim B. Frigdiani ecclesiam quietam esse velimus, non tamen quid vobis fecimus, aut subtraximus, aut infirmavimus.

Datum Pisis VI Non. Octob.

XIX.
Bulla in qua Nobiliaci possessiones recensentur.
(Anno 1118, Oct. 23.)
[*Gall. Christ.* nov., II, instr. 347.]

GELASIUS episcopus, servus servorum Dei, dilecto filio RADULPHO abbati monasterii S. Juniani Nobiliacensis, ejusque successoribus regulariter substituendis in perpetuum, etc.

Statuimus enim ut ecclesia S. Lucæ in Pictaviensi civitate, cum ecclesiis S. Petri de Pranziaco [1], S. Aquilini de Liziniaco, S. Petri de Mazerolliis [2], S. Mariæ de Boueressia [3] cum castello Montis cunctorii, cum ecclesia de Apriliaco [4], cum duobus molendinis juxta eamdem civitatem, cum hortis et cæteris appenditiis suis; ecclesia S. Mariæ de Liziniaco [5], S. Martini de Ingambia [6], S. Florentiæ de Condato [7] cum appenditiis suis, ecclesia de Marciaco [8] cum appella S. Amandi de Columberio, de Faduntiis cum pertinentiis suis, ecclesia S. Martini de Floriaco [9] cum appenditiis suis, Sanctæ Mariæ de Avalia [10] cum silvis Bornelli [11], Pineti [12], Borneti, S. Mariæ de Allona [13], S. Hilarii de Jugo Arenæ [14] cum terra de Vintriaco [15] cum molendinis, pratis, et cæteris ad eam pertinentibus, ecclesia S. Juriani de Mairiaco [16] cum ecclesiis de Plibotiis [17], de Limalongis [18], de Coniaco [19], de Clotiaco [20], de Capella [21], cum terra de Libardone [22], et Furfanno [23] et cum villis, terris, et pertinentiis suis : ecclesia S. Petri de Isinodio [24], S. Nicolai de Sivriaco [25] cum parochia ejusdem castri, S. Martini de Coherio [26] cum parochia ejusdem castri : S. Martini de Bruzo [27] cum terra de Permeliaco [28], ecclesia de Roomo, de Argillosiis [29] cum pertinentiis suis, ecclesia S. Genardi [30] de Notiaco cum ecclesia de Paiziaco [31], et cum cæteris appenditiis suis; S. Petri de Frontiniaco [32] cum pertinentiis suis, S. Salvatoris in Alnisio [33] cum villa et cum ecclesia de Riost [34], cum molendinis, salinis, pratis, terris, et cæteris appenditiis suis; S. Mauritii de Capella [35], ecclesia de Columberio [36] in castellania Castri-Airaldi; S. Petri de Pugniaco [37] cum pertinentiis suis, S. Gaudentii [38] juxta Frontiniacum, S. Brictii de Cundagia [39], terra de Ferrariis, terra de Ferribovis [40]; universa etiam quæ idem monasterium vel in præsenti possidet, vel in futurum concessione principum, vel oblatione fidelium, vel aliis justis modis poterit adipisci, firma tibi tuisque successoribus et illibata permaneant. Decernimus ergo ut nulli, etc. Porro de presbyteris qui per parochias ad monasteria pertinentes in ecclesiis constituuntur, prædecessoris nostri sanctæ memoriæ Urbani papæ secundi sententiam confirmamus, ut videlicet abbates in parochialibus ecclesiis, quas

---

[1] Pranzay-lez-Lusignan. [2] Mazeroles. [3] Boueresse cum castro de Moncontour. [4] Auvrilly. [5] Notre-Dame de Lusignan. [6] Anjambes-lez-Lusignan. [7] Comblé. [8] S.-Médard de Marsay. [9] Fleuré. [10] Availles. [11] Bois de Bourneau. [12] Pinier. [13] Allone. [14] Jouarène. [15] Vintray. [16] Mairé-l'Evescaut. [17] S.-Martin de Pliboux. [18] S.-Jean-Baptiste de Limalonges. [19] Conay. [20] Notre-Dame de Clussey. [21] La chapelle de S.-Junien Poulioux. [22] Libardon. [23] Farfan. [24] Exodun. [25] Sivray. [26] Couhé. [27] de Brutz. [28] Premilhan. [29] S.-Junien d'Ardilleux. [30] Saint-Genard. [31] Paizai-le-Tort. [32] Frontenay-l'Abbatu. [33] S. Sauveur en Aunis. [34] Rioux. [35] La Chapelle-Soudan. [36] Notre-Dame de Colombiers. [37] Pugny. [38] S.-Gaudent. [39] S.-Bris de Diné. [40] Ferraboeuf.

tenent, episcoporum consilio presbyteros collocent, episcopi vero parochiæ curam cum abbatis consensu sacerdoti committant, ut ejusmodi sacerdotes de plebis quidem cura episcopo rationem reddant; abbati autem pro rebus temporalibus ad monasterium pertinentibus debitam subjectionem exhibeant; et sic sua cuique jura serventur. Illam sane pravam consuetudinem decreti præsentis interdicto resecamus, ne videlicet in festivitate beati Juniani clerici Sancti Hilarii chorum, refectorium, et claustrum monasterii aggrediantur vel inquietent, sed monachi secundum regularem consuetudinem sine tumultu sæcularium clericorum quiete ac solitarie sua solemnia peragant. Si qua igitur in futurum ecclesiastica sæcularisve persona, etc., æternæ pacis inveniant. Amen.

Ego Gelasius Ecclesiæ catholicæ episcopus.

Signum manus meæ : Deus in loco sancto suo.

Datum Massiliæ per manum Gregorii S. R. E. diaconi cardinalis, x Kal. Novemb., indict. xii, anno Dom. incarn. 1119, pontificatus autem domini Gelasii papæ II anno primo.

XX.

Bernardi, primatis Toletani, privilegia confirmat.
(Anno 1118, Nov. 7.)
[Muratori, *Rer. Ital. Script.*, III, i. 411.]

Gelasius episcopus, servus servorum Dei, reverendissimo fratri Bernardo Toletano primati, ejusque successoribus canonice substituendis in perpetuum.

Charitatis est bonum proprium congaudere profectibus aliorum, etc. Idcirco prædecessorum nostrorum sanctæ memoriæ Urbani II, item Pascalis II, vestigiis inhærentes, tam tibi quam tuis successoribus Toletanæ Ecclesiæ cathedram illustrantibus, totius Hispaniæ primatum, largiente Domino, confirmamus, salva tamen Romanæ Ecclesiæ auctoritate, et metropolitanorum privilegiis singulorum, etc.

Ego Gelasius catholicæ Ecclesiæ episcopus subscribo. †

Signum manus meæ : Deus in loco sancto suo.

Datum apud S. Ægidium, per manus Chrysogoni S. R. E. diaconi card., vii Id. Novembr., indictione xii, anno Dominicæ Incarnationis 1119, pontificatus autem Gelasii II papæ anno i.

XXI

Ad Didacum episcopum Compostellanum. — Commendat nuntios suos.
(Anno 1118, Nov. 17.)
[Florez, *España sagrada*, XX, 267.]

Gelasius episcopus, servus servorum Dei, ven. fratri D., Compostellano episcopo, salutem et apostolicam benedictionem.

(7) Hoc anno Magalonam venit Gelasius, unde secessit, postquam habita aliquorum dierum Pisis mora, mare iterum introivit, et portum S. Ægidii attigit, ut ait Pandulphus Pisanus, Gelasii familiaris, ejusque Vitæ scriptor. In eo portu fuisse Gelasium die 7 Novembris hujus anni constat ex privilegio ibidem dato, quo Bernardo Toletano archiepi-

Veteris charitatis dilectionem nolumus oblivisci, quæ qualis erga te jam dudum fuerit, ipse melius in tabula cordis leges. Vocaturi igitur ad concilium quod Kal. Martii, auxiliante Deo, Alverniæ celebrare deliberavimus confratres nostros episcopos Hispaniæ te solo excepto convisitamus, quia illius regni negotia in manibus tuis pendent. Nuntios nostros quos pro hac vocatione dirigimus, tuæ benevolentiæ commendamus. Memento villani, amicus et medicus in necessitate probantur.

Data Magalone, xv Kal. Decemb.

XXII.

Prohibitio ne professi in ecclesia Sanctæ Mariæ Fontis Ebraldi recipiantur ab abbatibus aut prioribus aliorum monasteriorum.

[Cocquelines, t. II, 160, ex archivis Vaticani.]

Gelasius episcopus, servus servorum Dei, dilectis filiis abbatibus et prioribus monasteriorum, salutem et apostolicam benedictionem.

Memores esse debetis quod Dominus in Evangelio dicit : « Quæcunque vultis ut faciant vobis homines, eadem et vos facite illis. » Audivimus siquidem quod quidam vestrum professos ecclesiæ Sanctæ Mariæ de Fonte Ebraldi suscipiant, ubi per Domini gratiam ex longo jam tempore maxima religionis observantia custodita est : per quam nimirum benignitatem religionis et professionis vincula resolvuntur. Per præsentia igitur scripta universitati vestræ præcipimus, ne deinceps professos ejusdem suscipiatis ecclesiæ; sed in loco ipso ad honorem Dei, et suarum animarum salutem professionis suæ custodiant sponsionem.

Datum apud Magalonam, duodecimo Kal. Decembris (7).

XXIII.

Bulla pro abbatia Crassensi.
(Anno 1118, Nov. 30.)
[*Gall. Christ.* VI, instr. 434.]

Gelasius episcopus, servus servorum Dei, dilecto filio Berengario abbati Crassensis monasterii B. Mariæ, quod in Carcassensi parochia situm est, ejusque successoribus regulariter instituendis in perpetuum.

In Lateranensis palatii tomis reperimus quod Carolus imperator B. Mariæ Crassense monasterium in Carcassensi parochia ædificans B. Petro obtulerit cum universis quæ loco eidem contulerat. Et nos ergo eamdem catholici regis oblationem suscipientes, monasterium ipsum B. Petri protectione decrevimus confovere, statuentes ut quæcunque vel ab eodem rege, vel ab aliis catholicis principibus ei collata, vel aliis justis modis acquisita sunt, firma semper et illibata permaneant, in quibus hæc proscopo et successoribus, totius Hispaniæ primatum confirmavit. In fine enim (fragmentum recitat Baronius in addendis et corrigendis ad annum 1118) legitur : « Datum apud S. Ægidium per manum Chrysogoni, etc., vii Idus Novembris, indict. xii, anno Dominicæ Incarnat. 1119, » computo Pisano, quod respondet anno 1118.

priis duximus nominibus annotanda. In Narbonensi episcopatu ecclesiam S. Laurentii (S. *Laurent de Cabreresse*), S. Stephani de Campo longo (*Camplong*), S. Pauli de Rivo-putido (8), S. Felicis de Capite stagni (*Capestang*), S. Petri de Licis, S. Eulaliæ de Robiano (*Roubian*), S. Petri de Najoaras, S. Felicis et S. Nazarii de Leziniano, S. Juliani de Fonte cooperto, S. Saturnini de Villarubea, S. Eulaliæ de Tezano, S. Adriani de Tornezarno, S. Sebastiani de Ripa alta, S. Petri de Pratis, S. Asciscli de villa Berziano, S. Martini de Triviaco, S. Romani de Furca, S. Mariæ Magdalenæ de Quintiano [*al.* Quintiliano], S. Adriani et S. Mariæ de Mairolas, S. Juliani de Calzcastel, S. Joannis de Perron [*al.* Berron], S. Joannis de Palma, S. Martini de Novellis, S. Joannis de Tusciano, S. Mariæ de Fausta, S. Petri de Paderno, S. Mariæ de Vigrado [*al.* Vinogrando], S. Martini de Molleta, S. Andreæ de Mansionibus, S. Saturnini de Palairaco, S. Fructuosi de Casa cooperta, S. Martini de Puteo, S. Stephani de Romaneto, S. Romani de Laurera [*al.* de Leyreiria], S. Cypriani de Cuciis, S. Petri de Planeda, S. Felicis de Malverzo [*al.* Malverio], S. Stephani de Cepiano, S. Martini de Palazol, S. Andreæ de Azillano, S. Petri de Capraspina cum pertinentiis earum ; et in eodem episcopatu castrum de Leco cum pertinentiis suis, castrum Laco cum pertinentiis suis et plagis marinis Liziani, Rubiani, Caput-mortis, Luci, Rivi putidi, Campi longi, Villæ rubeæ, Calzcastelli, Novellis cum villis et pertinentiis earum, villam Palmæ, Tezani, Castogæ, Ferrals, Fontis cooperti, Ripæ altæ, Tornisarni, Prati, villæ Borciani, Triviaci, Quartilianis, Tuxsani, Faustæ, Molletæ, Paderni, Taxi, Mansionis, Palairaci, Buxenaci, Lairere, Buxæ, Aurciole, Caprespine, Malverii, Sipiani, Cuxani, Planede cum ecclesiis et pertinentiis earum : et alodium de Capitestagni, de Cuxiaco, de S. Jorio, de Narbona, de Harpadeux, de Faberzano, de Palasolel, de Berneto, et de Agantano.

In episcopatu Carcassensi ecclesiam S. Michaelis de Nahusa, S. Martini de Podiolato, S. Juliani de Rabendosa, S. Petri de Alarico, S. Cucuphati de Lausa, S. Martini de Curtis, S. Mariæ de Cominiano, S. Petri de Millanello, S. Andreæ de Milhano, S. Pauli de Coloniaco [*al.* de Bolhonaco], S. Fulchi, S. Hilarii de Casilaco, S. Mariæ de Veziliano [*al.* de Verzellano], S. Cirici de Agrifolio, S. Joannis de Agrifolio superiori, S. Stephani et S. Cypriani de Faveriis, S. Mariæ de' Tautirano, S. Martini de Cosano, S. Mariæ de Cerviano, S. Stephani de Caunas, S. Petri de Bagnuls, S. Mariæ de Petramala, S. Cypriani de villa Alzenaria [*al.* Asinaria], S. Genesii de Septembisano, S. Felicis de Mirallas, S. Mariæ de Casillars cum pertinentiis earum ; et castrum Alarici, et villam S. Cucuphati de Lauza, et Flexi et Curtes, Cuminian, Milani, Bolonaci, Cazilaci, Virziliani, Agrifolii superioris et inferio-

(8) Nunc est diruta.

ris ; et alodium de Badenx, de Beriaco cum pertinentiis suis.

In Tolosano episcopatu monasterium B. Mariæ de Cambono (*Camon*) cum pertinentiis suis, ecclesiam S. Petri de Marenx, S. Vincentii de Ax, S. Petri de Prades, S. Saturnini de Arsat, S. Petri de Sorsat, S. Petri de Podio, S. Petri de Agenat, S. Mariæ de Ravat, S. Felicis de Faulinges, S. Mariæ et S. Pauli de Alta ripa, S. Martini de Petrafitta, S. M. de Porcelligrisei, S. Stephani de Soplesenx, S. Lupi et S. Joannis de Tortorag [*al.* de Tourriac], S. M. de Beced. cum villis et pertinentiis earum, S. Mariæ de Solario.

In episcopatu Helenensi ecclesiam S. Stephani et S. Vincentii de Stagello, S. Martini de Corneliano, S. M. de Fonte, S. Felicis de Peziliano, S. Saturnini, S. Stephani, S. Mametis, S. M. et S. Andreæ de Ripa alta, S. Columbæ, S. Mariæ de Toluges [*al.* Coluges], S. Marci [*al.* S. Cyrici] de Canoas, S. Martini de Canoas, S. Petri de Prata ; monasterium S. Martini de Canegou, S. Andreæ de Subercta cum villis et certis pertinentiis earum.

In Gerundensi episcopatu monasterium S. M. de Riudazer [*al.* de Rividario], S. Sepulcri de Paleira, S. Stephani de Catnellas, S. Felicis de Lagostera, S. Petri de Gallicantu, S. Felicis de Geisal [*al.* de Gersan] cum villis et pertinentiis earum.

In episcopatu Cæsaraugust. monasterium de Jassaria cum pertinentiis suis.

In episcopatu Urgellensi ecclesiam S. Petri de Burgalo [*al.* Burgaliis], S. Petri de Linars, et villam Cinzors et Roret cum pertinentiis earum.

In Albiensi episcopatu ecclesiam S. Petri de Rosen [*al.* de Rosieux] cum pertinentiis suis. Quæcunque præterea in futurum concessione pontificum, vel liberalitate principum, vel oblatione fidelium juste atque canonice poteritis adipisci, quieta semper vobis vestrisque successoribus et integra conserventur. Decernimus ergo ut nulli omnino hominum liceat præfatum monasterium temere perturbare, aut ejus possessiones auferre, vel ablatas retinere, minuere, vel temerariis vexationibus fatigare, sed omnia integra conserventur eorum, pro quorum sustentatione et gubernatione concessa sunt, usibus omnimodis profutura.

Porro ut idem Crassense monasterium sub tutela et jurisdictione S. nostræ Romanæ, cui Deo auctore deservimus, Ecclesiæ constitutum nullius alicujus juris ecclesiæ ditionibus summittatur, omnem cujuslibet ecclesiæ sacerdotem in eo ditionem quamlibet, præter rectorem sedis hujus apostolicæ prohibemus, adeo ut nisi ab abbate fuerit invitatus, nec missarum ibi solemnia celebrare præsumat. Obeunte te ejusdem loci abbate, vel tuorum quolibet successore, nullus ibi qualibet surreptionis astutia seu violentia præponatur, nisi quem fratres communi consensu, vel fratrum pars consilii sanioris secundum Dei timorem et beati Benedicti Regulam elegerint, a Romano pontifice, vel cui ipse commiserit, consecrandum. Chrisma, oleum sanctum, consecrationes altarium, sive ecclesiarum, ordinationes monachorum, qui ad sacros fuerint ordines promovendi, a diœcesanis suscipietis episcopis, si quidem gratiam atque communionem sedis apostolicæ habuerint, et si ea gratis ac sine pravitate voluerint exhibere; alioquin liceat vobis catholicos quos malueritis adire antistites, ab eis consecrationum sacramenta suscipere, qui apostolicæ sedis fulti autoritate quæ postulantur indulgeant. Nec pro adjacentium parochiarum interdictis fratres vestri, qui per vestras ecclesias commorantur, a divinis officiis suspendantur, vel a mortuorum suorum exsequiis prohibeantur, sed ipsi tantum cum eorum clientibus, clausis ecclesiarum januis, divinæ servitutis officia peragant, et sepulturæ debita exsolvant. Illorum quoque sepulturam liberam esse censemus, qui apud loca vestra sepeliri deliberaverint, nec devotioni et extremæ voluntati, nisi forte excommunicati sint, ullus obsistat. Sane de presbyteris qui per parochias ad monasteria pertinentes in ecclesiis constituuntur, prædecessoris nostri sanctæ memoriæ Urbani secundi papæ sententiam confirmamus, ut videlicet abbates in parochialibus ecclesiis quas tenent, episcoporum consilio presbyteros collocent; episcopi autem parochiam cum abbatum consensu sacerdoti committant, ut ejusmodi sacerdotes de plebis quidem cura episcopo rationem reddant, abbati vero pro rebus temporalibus ad monasterium pertinentibus debitam subjectionem exhibeant, et sic sua cuique jura serventur. Ad indicium autem perceptæ a Romana Ecclesia libertatis quinque aureos quotannis Lateranensi palatio persolvatis. Si qua igitur in futurum ecclesiastica sæcularisve persona hanc nostræ constitutionis paginam sciens contra eam temere venire tentaverit, etc.

Ego Gelasius catholicæ Ecclesiæ episcopus.

Signum manus meæ: DEUS IN LOCO SANCTO SUO.

Datum apud Magalonam per manum Grysogoni, S. Rom. Ecclesiæ diaconi cardinalis, II Kalend. Decemb., ind. XII, Dominicæ Incarnat. anno 1119, pontific. autem domini Gelasii secundi papæ anno primo.

XXIV.

Ad Bernardum Auscitanum archiepiscopum.

(Anno 1118, Dec. 8.)

[D. BOUQUET, *Recueil*, XIV, 522.]

GELASIUS episcopus, servus servorum Dei, venerabili fratri BERNARDO Auscitano archiepiscopo, salutem et apostolicam benedictionem.

De cœmeterio S. Orientii, præsentibus nobis, multi sæpe clamores in Romanorum pontificum audientia sæpe facti sunt. Cæterum, omnino ipsis placuit ut cœmeterium illud, sicut antiquitus constitutum, ita et in posterum servaretur. Præcipimus ergo ne fratres monasterii S. Orientii super hoc negotio inquietes; sed cœmeterium, sicut permansit hactenus, ita et deinceps quietum integrumque permaneat, neque novum aliud contra veterem consuetudinem construatur.

Datum Tornaci, VI Idus Decembris (9).

XXV.

Ad exercitum Christianorum civitatem Cæsaraugustanam obsidentem. — Omnibus ad eum aliquid conferentibus indulgentiam largitur.

(Anno 1118, Dec. 10.)

[MANSI, *Concil.*, XXI, 1169.]

GELASIUS episcopus, servus servorum Dei, exercitui Christianorum civitatem Cæsaraugustanam obsidenti, et omnibus catholicæ fidei cultoribus, salutem et apostolicam benedictionem.

Litteras devotionis vestræ inspeximus: competitioni, quam pro Cæsaraugustano electo ad sedem apostolicam duxistis [direxistis], favorem libenter accommodavimus. Eumdem ergo electum, nos ris tanquam beati Petri manibus, largiente Domino, consecratum remittentes ad vos, benedictionem vobis apostolicæ visitationis impendimus, æquam omnipotentis Dei misericordiam implorantes, ut per sanctorum preces et merita opus suum ad honorem suum et Ecclesiæ suæ dilatationem vos faciat operari. Et quoniam et vos ipsos, et vestra extremis objicere periculis decrevistis: si quis vestrum accepta de peccatis suis pœnitentia in expeditione hac mortuus fuerit, nos eum sanctorum meritis, et totius Ecclesiæ catholicæ precibus, a suorum vinculis peccatorum absolvimus. Cæterum, qui pro eodem Domini servitio vel laborant, vel laboraverint, et qui præfatæ urbis ecclesiæ a Saracenis et Moabitis dirutæ, unde reficiatur, et clericis ibi Deo famulantibus, unde pascantur, aliquid donant vel donaverint, secundum laborum suorum et beneficiorum suorum ecclesiæ impensorum quantitatem, ad episcoporum arbitrium, in quorum parochiis degunt, pœnitentiarum suarum remissionem et indulgentiam consequantur.

Data Alesti, quarto Idus Decembris (10).

---

(9) *Tornac*, in diœcesi Alesiensi, ubi anno 1118 diversatus est Gelasius, Cluniacum pergens.

(10) His acceptis idem Petrus ordinatus episcopus Cæsaraugustanus, suis additis litteris, ejusmodi indulgentiarum diploma per universum Christianum orbem promulgandum studuit, ista scribens:

Universis mundi Ecclesiæ fidelibus, archiepiscopis, episcopis, abbatibus, presbyteris, omnibus catholicæ fidei cultoribus, PETRUS *licet indignus Cæsaraugustanus episcopus, salutem et benedictionem.*

Divina favente clementia, vestrisque precibus, et fortium virorum audacia, Cæsaraugustanam urbem Christianis manibus subjugari, ac beatæ et gloriosæ virginis Mariæ ecclesiam, quæ diu, vroh dolor! subjacuit Sarracenorum ditioni, liberari, satis audivistis: quam beato et antiquo nomine sanctitatis ac dignitatis pollere novistis. Adhuc tamen prioris captivitatis mœrore confectam, omnibus pene egere sapimus: tum quia non habent unde dirutæ ecclesiæ præfatæ parietes et ornamenta restitui valeant: tum quia clerici ibidem divino famulatui die noctuque vacantes, unde vivant non obtinent. Vestram itaque deprecamur clementiam, quod si corporali præsentia illam visitare nequitis, saltem eleemosynarum vestrarum oblatione clementer visitetis, illud Psalmographi recolentes: «Beatus qui intelligit super egenum et pauperem: in die mala liberabit eum Dominus (Psal. XL): *» illis vero qui præfatæ ecclesiæ necessariorum solatio desti-*

XXVI.

Ad Pontium abbatem Cluniacensem. — Monasterii Cluniacensis privilegia confirmat.

(Anno 1118, Dec. 16.)

[Mansi, *Concil.*, XXI, 171.]

Gelasius episcopus, servus servorum Dei, charissimo in Christo filio Pontio Cluniacensi abbati, ejusque successoribus regulariter substituendis in perpetuum.

Ignem semper in altari ardere, legale præceptum est. Quem sacerdos, qui patri jure successerat, supposita lignorum strue, ne deficeret, enutriret. Hoc jam diu in cordibus nostris sacerdos verus, æterni Patris Filius, conservavit: quia et priusquam te in abbatis officium, et me in pontificatus ministerium provexisset, corda nostra dilectionis igne succendit, et charitatem in nobis mutuam custodivit, et post susceptas ordinationes amplificavit. Unde nos in his quæ pro Cluniacensis monasterii salute et quiete postulas, dulcedini tuæ abnuere indignum duximus. Ipsa etiam ejusdem loci veneranda religio, et prædecessorum tuorum vita venerabilis, nos ad hæc efficienda compellunt. Pro tua igitur et fratrum tuorum petitione, universa quæ prædecessor tuus felicis memoriæ Hugo abbas in die obitus sui, ita quiete atque pacifice possidebat, ut nullum inde canonicum judicium recusaret, tibi et Cluniacensi monasterio in posterum quiete atque pacifice habenda et possidenda statuimus. Illam etiam a vobis calumniam apostolicæ sedis patrocinio removemus, qua episcopi pro controversiis quæ inter vos et ipsos frequenter emergunt, innocentes homines parochiarum vestrarum et altercationum expertes interdictis suis vehementer affligunt. Sane et abbatias quas prædecessores nostri apostolicæ sedis pontifices, prædecessoribus tuis deliberatione provida per sua privilegia commiserunt, nos quoque strenuitati tuæ ac successoribus tuis in eadem religionis observantia, et dilectione sedis apostolicæ permansuris, A ordinandas committimus, ut per industriam vestram, religionis status in eis auxiliante Domino conservetur. Videlicet in episcopatu Lemovicensi, abbatiam Sancti Martialis; in Engolismensi, abbatiam S. Eparchi; in Sanctonensi, abbatiam S. Joannis de Angeriaco; in civitate Pictaviensi, abbatiam, quæ dicitur Monasterium Novum; in episcopatu Tolosano, abbatiam Lesatensem; in Caturcensi, abbatiam Moysiacensem, et Figiacensem; in Nemausensi, abbatiam Sancti Ægidii; in pago Arvernensi, abbatiam Mausiacensem, Tiernensem et Metanensem; in episcopatu Augustodunensi, abbatiam Vizeliacensem; in civitate Antissiodorensi, abbatiam Sancti Germani; in episcopatu Cameracensi, abbatiam Unicurtis; in Rothomagensi, abbatiam quæ dicitur Pontesia; in Tarvannensi, abbatiam S. Bertini et S. Wsmari; in Italia, abbatiam S. Benedicti supra Padum. Ea vero quæ temporibus nostris per vestram, vel fratrum vestrorum sollicitudinem legitime acquisita sunt, quieta vobis vestrisque successoribus et illibata permaneant. Præterea super illum dalmaticæ sive sandaliorum usum, quem personæ tuæ prædecessor noster sanctæ memoriæ Paschalis papa nostra potissimum intercessione concessit, hoc tibi singulariter amplioris dilectionis speculum indulgemus, ut quoties missas solemnes vel in populo celebraveris, usu eorumdem insignium potiaris. Ad hæc, quidquid libertatis, quidquid tuitionis, a prædecessoribus nostris concessum est, nos quoque vobis vestrisque successoribus præsentis decreti pagina roboramus. Si quis igitur decreti hujus tenore cognito, temere, quod absit! contraire tentaverit, apostolicæ indignationis ultione plectatur, nisi præsumptionem suam digna satisfactione correxerit.

Ego Gelasius Ecclesiæ catholicæ episcopus subscripsi.

Datum Avenioni per manum Chrysogoni S. R. E. diaconi cardinalis, xvii Kal. Januar., indict. xii, Dom. Incarnationis an. 1119, pontificatus autem domini Gelasii II papæ anno i.

---

tuæ, atque suæ paupertatis gemitibus condoluerint, et unum denarium, vel quot valeant, ad ejus restaurationem miserint, nos eis, divina clementia, ac domini Gelasii papæ auctoritate freti (exemplar litterarum crucis, quas in nostra ecclesia signatas habemus, in suprascripta pagina scriptum invenietis), atque domini Bernardi archipræsulis Toletani, et sanctæ Romanæ Ecclesiæ legati, ac omnium episcoporum Hispaniæ, pœnitentiæ remittimus. Alii equidem juxta beneficiorum suorum quantitatem, et operum suorum meritum, delictorum suorum consequantur remissionem. Qui hunc nostrum archidiaconum nomine Miorrandum, et socios suos præsentium litterarum latores benigne susceperint, vel eis consuluerint, a Domino vitam consequantur æternam. Valete.

Ita Petrus episcopus Cæsaraugustanus, qui, ut audisti, una cum his et litteras apostolicas misit, hasque omnes subscriptione munitas, tum Bernardi archiepiscopi Toletani, tum aliorum Hispaniæ episcoporum in hunc modum:

Ego Bernardus Toletanæ ecclesiæ archipræsul hanc absolutionem facio et confirmo.

Ego Suboscitanus episcopus hanc absolutionem facio et confirmo.

Ego Sanctus Calagurritanus episcopus hanc absolutionem facio et confirmo.

Ego Guido Lascurrensis episcopus hanc absolutionem facio et confirmo.

Subscriptus quoque bis reperitur apostolicæ sedis legatus, qui tunc morabatur in Hispania, hoc itidem modo:

Ego Boso sacræ Romanæ Ecclesiæ cardinalis hanc absolutionem facio ac confirmo.

Hactenus venerandæ antiquitatis monumenta, Hieronymi Blancæ industria in lucem prodita in Commentariis rerum Aragonensium ex Cæsaraugustano tabulario, quibus indulgentiarum promulgandarum pristinus mos reseratur, pariterque antiquus cultus religiosissimæ ecclesiæ beatissimæ Virginis de Pilari nuncupatæ, quæ hactenus non solum Hispanorum populorum, sed externorum etiam visitatione frequentatur, universo Christiano orbi illustri fama notissima. Sev. Bin.

XXVII.

Bulla pro monasterio Caunensi, in diœcesi Narbonensi.

(Anno 1118, Dec. 20.)

[Baluz., *Capitul.* II, 1557.]

Gelasius episcopus, servus servorum Dei, dilecto filio Arnaldo, Caunensis monasterii abbati, ejusque successoribus regulariter substituendis in perpetuum.

Omni petenti nos tribuere evangelicis præceptis instruimur. Idcirco venerabilium fratrum nostrorum Narbonensis et Arelatensis archiepiscoporum petitionibus, Caunense monasterium, cui Deo auctore præsides, cum omnibus ad ipsum pertinentibus, ad exemplar prædecessoris nostri sanctæ memoriæ Urbani papæ sub apostolicæ sedis tutelam excipimus. Quod videlicet monasterium a bonæ memoriæ Carolo imperatore per Milonem comitem ædificatum, et tam ab ipso quam a filio ejus Lodoico ac nepote Carolo æque imperatoribus ad honorem sanctorum apostolorum Petri et Pauli per regalia scripta munitum est. Præsentis igitur decreti auctoritate statuimus ut ejusdem loci libertas, sicut a supradictis imperatoribus collata est, firma in perpetuum conservetur. Id est, ut nullus judex publicus, nullus curiæ minister, ipsius Ecclesiæ colonos citra abbatis et fratrum voluntatem distringere, nec ex rebus monasterii census aut vectigalia quælibet præsumant exigere. Quidquid autem vel in Narbonensi vel in Minerbensi seu Carcasensi aut Redensi aut Albiensi pago Caunense monasterium possidet, ab omnium hominum molestia vel inquietudine liberum maneat. In pago siquidem Narbonensi ab ipsis prædictorum imperatorum temporibus ecclesiam Sancti Pauli, et salinas in loco qui dicitur a Cagacanes, et insula quæ dicitur Dumanas. In Minerbensi villam quæ dicitur Libras cum ecclesia sua, villam Bajani cum ecclesia sua, Vitesiam cum ecclesia sua, partem villæ Trenciani, partem de Villare, partem villæ Abrensis, partem villæ de Campolongo, villam de Cros cum ecclesia sua. In montana Spinacia cum villis suis, partem villæ Raberti. In Carcasensi villam sive ecclesiam Sancti Fructuosi, ecclesiam Sancti Laurentii, villam Baniolas cum ecclesia sua, villam Palazol cum ecclesia sua, Orris cum ecclesia sua, partem villæ Glujani. In Redensi villam Recemiro cum ecclesia sua. In Albiensi ecclesiam Sancti Amancii. Item in Carcasensi partem villæ de Fonte cooperta. Ad hæc adjicientes decernimus ut quæcunque hodie idem monasterium juste possidet, sive in futurum concessione pontificum, liberalitate principum, vel oblatione fidelium juste atque canonice poterit adipisci, firma tibi tuisque successoribus et illibata permaneant. Nulli ergo omnino hominum liceat idem monasterium temere perturbare aut ejus possessiones auferre, vel ablatas retinere, minuere, vel temerariis vexationibus fatigare; sed omnia integra conserventur eorum pro quorum sustentatione et gubernatione concessa sunt usibus omnimodis profutura. Nec idem monasterium alii violenter subjiciatur, quandiu in eo regularis disciplinæ vigor, a Domino præstante, perstiterit, salva Narbonensis archiepiscopi canonica reverentia. Obeunte te nunc ejus loci abbate vel tuorum quolibet successorum, nullus qualibet subreptionis astutia seu violentia præponatur, nisi quem fratres communi consensu vel fratrum pars consilii sanioris, secundum Dei timorem et beati Benedicti Regulam, vel de sua vel de aliena, si oportuerit, congregatione providerint eligendum. Sepulturam quoque ejusdem loci omnino liberam esse decernimus, ut eorum qui illic sepeliri deliberaverint devotioni et extremæ voluntati, nisi forte excommunicati sint, nullus obsistat. Si qua igitur in futurum ecclesiastica sæcularisve persona, hanc nostræ constitutionis paginam sciens, contra temere venire tentaverit, secundo tertiove commonita, si non satisfactione congrua emendaverit, potestatis honorisque sui dignitate careat, reamque se divino judicio existere de perpetrata iniquitate cognoscat, et a sacratissimo corpore et sanguine Dei et Domini Redemptoris nostri Jesu Christi aliena fiat, atque in extremo examine districtæ ultioni subjaceat. Cunctis autem eidem loco justa servantibus sit pax Domini nostri Jesu Christi, quatenus et hunc fructum bonæ actionis percipiant, et apud districtum Judicem præmia æternæ pacis inveniant. Amen.

Ego Gelasius, Ecclesiæ catholicæ episcopus subscripsi.

Signum manus meæ : Deus in loco sancto suo.

Data Aurasicæ per manum Grysogoni, sanctæ Romanæ Ecclesiæ diaconi cardinalis, xiii Kal. Jan., indictione xii, Dominicæ Incarnationis anno 1119, pontificatus autem domni Gelasii secundi papæ anno primo.

XXVIII.

Privilegium pro monasterio S. Andreæ Avenionensis.

(Anno 1118, Dec. 20.

[*Histoire de Languedoc*, t. II, Preuves, pag. 407, ex archivis abbatiæ S. Andreæ Avenion.]

Gelasius episcopus, servus servorum Dei, dilecto filio Petro abbati monasterii Sancti Andreæ, quod in cacumine montis Andaonis super fluvium Rhodani situm est, ejusque successoribus regulariter substituendis in perpetuum.

Officii nostri nos hortatur auctoritas pro ecclesiarum statu sollicitos esse, et quæ recte statuta sunt stabilire. Quod cum ecclesiis cæteris debeamus, tuæ potius ecclesiæ, quam dum in Galliarum partibus essemus nostris manibus consecrari dispositio divina concessit, benigniori debemus familiaritate impendere. Ea propter universa quæ aut ordinatoris ac prædecessoris nostri sanctæ memoriæ Urbani papæ, aut aliorum Romanorum pontificum Gregorii, Victoris, Joannis auctoritate monasterio vestro concessa et confirmata sunt, nos quoque præsentis privilegii pagina concedimus et confirmamus, etc. Ad indicium autem hujus a sede apostolica perceptæ libertatis, tres libras ceræ de ipso Beati Andreæ monasterio, duas vero de præfata ecclesia Beati Petri de Todonæ, quam de

Jure sanctæ Romanæ tenetis Ecclesiæ, nobis nostrisque successoribus annuatim persolvatis, etc.

Ego Gelasius Ecclesiæ catholicæ episcopus.

Signum manus meæ : DEUS IN LOCO SANCTO SUO.

Ego Lambertus Ostiensis episcopus.

Ego Boso cardinalis.

Ego Petrus diaconus cardinalis S. Nicolai in Carcere Tulliano.

Datum Arausicæ per manum Grysogoni, S. Romanæ Ecclesiæ diaconi cardin. XIII Kal. Jan.; indictione XII, Dominicæ Incarnationis anno 1119, pontificatus autem domni Gelasii secundi papæ anno primo.

ANNO DOMINI MCXIX

LAURENTIUS VERONENSIS

DIACONUS PISANUS

NOTITIA HISTORICA IN LAURENTIUM

(FABRIC., *Bibl. med. et inf. lat.*, IV, 251)

Laurentius Veronensis, diaconus Pisanus, tempore Petri II, archiepiscopi ab anno 1103 ad 1120 Pisani, scripsit carmine heroico *De bello Balearico, sive rerum in Majorica Pisanorum ac de eorum triumpho Pisis an. 1115, habito libros septem,*

Cum fuit a Christo tecto velamine carnis
Centenus quintus decimus millesimus annus.

Edidit Ughellus *Italiæ sacræ* nov. edit., tom. X, pag. 127.

LAURENTII VERONENSIS

DIACONI PISANI

DE BELLO BALEARICO

SIVE

RERUM IN MAJORICA PISANORUM AC DE EORUM TRIUMPHO PISIS HABITO ANNO SALUTIS 1115

LIBRI SEPTEM.

(Edidit UGHELLI *Italiæ sacræ* t. X, p. 127, ad fidem membranacei codicis Viviani de Vivianis, Insulani episcopi.)

INCIPIT LIBER PRIMUS.

Arma, rates, populum, vindictam cœlitus actam
Scribimus, ac duros terræ pelagique labores,
Geryonea viros sese per rura terentes,
Maurorum stragem, spoliata, subactaque regna
His igitur cœptis digneris, Christe, favere.
Terruit Hesperiam Latias revolutus in urbes,
Ruraque ubique frequens Gothis satis agnitus ille
Exstitit, et Gallis, terrasque agitatus in omnes:
In populos etenim Majorica læva fideles
Bella cruenta gerens lethalia sumpserat arma.
Cujus pertulerat rabies, violentaque classis
Ausonias, Siculas, et Græcorum regiones.
Hæc postquam castella, rates, villasque cremarat,
Cumque aris titulos templi violarat adustis,

Suadebat captis Christi mandata negare,
Et præcepta sui complecti vana resullæ (sic),
Talia credentes nimium reverenter amavit,
Contradicentes variis cruciatibus addens.
Hos compes, manicæque graves carcerque domabant.
Hos inamata fames, densi, nimiique labores.
Et ceu testantur, quos aiunt vera referre,
Millia captorum plusquam ter dena fuerunt,
Quos sævus, Baleæ vinxit, tenuitque tyrannus,
Præter ad ignotas quos per commercia crates
Transtulit, aut atrox obitus de carne resolvit.
Fama mali tanti per plures cognita terras
Commovet extemplo sitientes prædia Pisas.
Concitat ira senes, qui Punica vincere regna,
Subdere quique suo gentem potuere tributo.
Hic memorant dum facta bona, et dum bella Panormi
Africa ceu capta est, et subdita facta tributis,
Victaque per varios quam plurima prælia casus,
Accendunt animos juvenum, quibus horrida facta
Et labor, et sudor, duri quoque gloria Martis,
Divitiis, et deliciis potiora fuerunt.
  Moxque pius præsul Petrus virtute coruscus
Civibus hæc memorando suis, crucis inclyta signa
Sumpsit, et alterna motæ pietate catervæ
Sic ad signa crucis capienda fuere frequentes,
Utpote festinant solemni tempore Paschæ,
Cum Christi gustant corpus sanctumque cruorem.
  Inde duo, et denos de culmine nobilitatis
Constituere viros, quibus est permissa potestas
Consulis atque ducis, regerent ut graviter omnes,
Purus et istorum disponens singula sensus
Congrua militiæ, ratibus quoque conficiendis
Quæque juvare queant homines classemque pararent.
Et ne prætereant horum te nomina, lector,
Intentis animis apices scrutare sequentes.
Ex his Gerardus Gerardi filius auctus,
Sensibus orator laudabilis, atque facetus,
Natus et Ugonis, patrui de nomine dictus
Gerardus, patrui jam claro dignus honore,
Sicherioque satus, titulis decoratus eisdem,
Petrus, et Azo, simul numero dictantur in isto.
His Illebrandum Rolando junge creatum
Viribus, et factis, et nobilitate micantem,
Hinc Herithone satum, genitoris nomen habentem,
Nec non Henricum, genus a Gniritone trahentem,
Lethariumque simul, juvenemque senemque Dodo-
[nem.
Hos decorat Stephano genitus Rodulphus, et ima
Filius Uberti Lambertus clarus in urbe,
Atque Robertinus Francardi splendida proles.
  Horum consilio clari cum præsule digno
Legati Romam vadunt, quos papa colendus
Nomine Paschalis multo suscepit honore,
Pontifici tribuendo crucem, Romanaque signa,
Militiæ ducibus, quæ præsens Azo recepit ;
Qui postquam monuit pietatis dogma catervas,
Et quantum Scriptura pati pro fratribus optet,
Hortatus cunctos sanctis insistere cœptis,
Pro tanto facto peccamina cuncta relaxat,

Hancque potestatem Pisano contulit altam
Pontifici : redit hic propriam properanter ad urbem.
Protinus a populo digna statione receptus,
Astantes tubas monitis papalibus implet.
Et ceu durescit nactum moderamina ferrum
Mulciberi, coctam dum temperat unda bipennem,
Pontificis pariter Pisani voce sacrata,
Fervent Alpheæ fortes ad bella phalanges.
Inde brevi valde numero labente dierum
Tertia vox Genuam placidos moderata rogatus
Præsulis invitat, spondet solatia pugnæ,
Sed longas nimiasque moras, annalia donec
Tempora prætereant, fraudis sub tegmine poscit.
Pisani didicere patres fraudemque dolumque ;
Et tandem patuere doli : retinacula solvens
Navita, Pisanam sua vela retorsit ad urbem.
  Tunc demum Pisæ tanto insonuere dolore,
Ut nec magna quidem sentire tonitrua posses.
Quidquid tunc habuit nemorosi Corsica ligni,
Aut picis, innumeros ratium defertur ad usus,
Lunensesque suo privantur robore silvæ.
Arboribus cæsis remanet Curvaria rara,
Antennas, quæ vela ferant, quod gestet easdem,
Arboreum robur celsæ tribuere Mucellæ.
Cæditur omne nemus, cæsum descendit ad undas.
Hoc variæ fiunt diverso robore naves,
Gatti, Drumones, Garabi, celeresque galeæ,
Barcæ, currabii, lintres, grandesque sagenæ,
Et plures aliæ variantes nomina naves.
His portantur equi ; sunt quædam victibus aptæ,
Ingentes aliæ possunt portare catervas :
Servitiis norunt, possuntque subesse minores :
Hæc nunquam metuunt vicinas tangere terras,
Adducunt latices, homines ad littora vectant.
Ima galearum juvenum sunt apta lacertis :
Harum quamque solent centum propellere remi,
Ordine qua bino plana nituntur in unda,
Et freta findentes fugiunt sic atque sequuntur,
Ut celeres capreas, et aves superare volantes
Veloci valeant undosa per æquora cursu.
Ligni materies non solum congrua classi.
Hinc etenim turres, pontes scalæque geruntur,
Cum quibus excelsos invadant agmina muros ;
Hinc quoque quæ magnas mittant in mœnia moles,
Exagitent, rumpantque domos, tormenta parantur.
Hinc ballista minax, aries, testudo petuntur.
Sicque per innumeros lignum distenditur usus.
Nec cessant fabri, ferrum consumitur Ilvæ.
Inde rates quod jungat habent, hinc arma refulgent,
Thoraces, rigidi gladii, celeresque sagittæ,
Quod quia diversis rebus facit, officiisque
Mille per artifices vario distinguitur actu.
Nec vacat officium, depingunt arma colores,
Resplendent galeæ, clypei, sellæque relucent,
Impositumque super cum gemmis prænitet aurum.
Intereat veniunt quidam de gente remota,
Romaque cum Luca mittit solatia pugnæ.
Auxilium bello Genuensis sola negavit
Patria, quamque potest Pisanos impedit actus.

O satis eximio felix Antonia patre !
Nempe tuæ regionis hero generaliter urbis
Cura datur patriæ, quæ pellat et arceat hostes.
Denique perfectæ naves mittuntur in undas.
Accipit has Sarnus Græco vocitatus ab amne
Alphæus, cui Pisa vetus nunc lapsa cohæsit,
Ex qua Pisanus, qui Pisas condidit istas,
Italiæ fluvio nomen donavit, et urbi.
Hinc propria puppes quæque statione ligantur,
Impleturque cibis, et equis, armisque, virisque,
Et dantur ratibus certissima signa quibusque,
Ac vexilliferi per turmas atque cohortes.
Istorum virtus populis bene nota Latinis
Credit ad bellum facili conducere cursu
Agmina. Decipiunt mortalia pectora curæ,
Quodque putat quisquam, vix perficietur ab ipso,
Consiliis hominum quoniam fortuna repugnat,
Atque malis factis alicujus ponere finem
Ante suum tempus non vult divina voluntas.
Temporibus sata quæque virent, et temporis albent
Articulo, cunctis data sunt sua tempora rebus.
Temporis ordo monet, naturæ postulat usus,
Ne nisi maturi rapiantur ab arbore fructus.
Sed Domino, qui cuncta potest, sunt subdita quæque,
Et quodcunque bonum nutu distinguitur ejus,
Cujus amore suos cognatos, atque parentes,
Divitias, patriam Pisani deseruere.
  Jamque dies aderat sancti celeberrima Sixti,
In qua Pisani de Pœnis Marte subactis
Annales recolunt votiva laude triumphos,
Quando per Alphæi fluctus populosa natabat
Classis, et ad fauces limosi fluminis arctas
Convenere rates, sed cum transire nequirent
Tentantes aditus albentis more fluenti
Exornare suas escis, armisque carinas
Cœperunt. Post hæc spatiosa per æquora nautæ
Direxere viam, terris post terga relictis,
Cernentes placidam fixis obtutibus urbem,
Divinæ curæ sua mœnia, rura, penates,
Uxores, patriam, natorum pignora mandant.
  Dumque rates abeunt, plorant in littore matres ;
Plorantum lacrymis bibulæ satiantur arenæ.
Pectus ad usque parens vitreas descendit in undas,
Et verbis placidis benedicit in æquore natum.
Hæc pro patre rogat, pro fratribus atque maritis.
Immensos aliæ fundunt in littore questus.
Non aliter Graios flevisse feruntur Achivæ,
Pergama quando rates Danaæ violenta petebant,
Et non desistunt precibus miscere querelas,
Æolia ventus donec progressus ab aula
Visibus abreptos spatiosa per æquora vexit.
  Stagnea planities a læva parte relicta,
Atque Liburnus erant, dextra Gorgona remansit,
Monteque cum nigro, vada, seu Populonica tellus
Effugiunt visus, dum ventus in æquore perflat.
Corsica sub velis fuerat Capraria tergo,
Illa, et Planusio positis in parte sinistra.
  Dumque favent venti, Tauro post terga relicto
Adveniunt Langona rates, linguntque labetes,

A Et retinent portum dictum de nomine sanctæ,
  Quam Reparata vocant, muros, templumque ve-
    [tustum
Erecti lapides, scopulosaque littora monstrant.
Hosque sinus exire parant, pariterque resumunt
Turrentes aditus, ubi Constantinus habebat
Sedes. Rex clarus multum celebratur ab omni
Sardorum populo, bis sex, geminisque diebus
Operiendo suos sibi gens Pisana moratur.
Inde sinum repetunt, quem vulgo fert Caput album
Scilicet ob nullum trepidantia littora ventum.
Istic Dutibinus Pisanis associatur,
Qui quondam regnum censebat Calaritanum,
Et Constantino Saltarus judice natus ;
Prævalet hic jaculo, præclaris sensibus ille.
B More pari Danaos Hecateia suscipit aulis,
  Cum fuerat Phrygios Menelaus iturus in hostes.
Civibus hic præsul multum de pace locutus
Plurima per paucos incassum semina fudit,
Sed tamen e multis fructum percepit eorum.
  Tunc Passarino committunt Alpheroloque
Prævia signa maris patres communiter omnes,
Hosque sequi nautæ, sed et observare jubentur.
Jussa patrum contempta jacent, convertitur ordo ;
Quisquis enim potuit celeri transcurrere ligno
Ostendit sociis velis, et remige puppes.
Jam geminis lapsis gemina cum nocte diebus,
Tertia lux iverat, nox et jam cœperat esse
Tertia Septembris, vicinior illa Kalendis
C Non fuerat nisi postera quæ sibi sorte secunda
Exspectabatur, nec ea tenebrosior ulla
Circumquaque, tonat, sed et undique crebra coru-
    [scant
Fulgura, turbari nautas, reliquosque videres,
Qui nondum rabidi bene norant æquoris usum.
Sidera nulla patent oculis, solosque micantes
Nautæ cernebant accensos puppibus ignes.
Non Laerte satus foret in terroribus istis
Intrepidus, Circes quamvis superaverit artes,
Si fortuna ducem fluctus duxisset in istos.
Arbitrium cujusque fuit miserabile tempus
In tempestatis transcurrere sæva pericla.
Sed Dominus solitus propriis succurrere servis,
Justitiæ semper qui salvat et auget amantes,
D Firmavit Boreæ placidos super æquora flatus,
Qui tota leni portarunt æquore nocte
Naves ; mox pulsis tenebris subiere micantes
Stellæ, nox abiit, præclari forma diei
Subsequitur, celeri classis levitate cucurrit,
Ac crescente die cœperunt cernere terras
Hispanas, sed eas Baleares esse putabant,
Blandesi donec committitur anchora ripæ.
Has postquam retinent, Latio de littore vecti
Hastis suspendunt pugnam minitantia signa,
Atque tegunt fortes clypeis radiantibus artus,
Et stringunt rigidos totis conatibus enses.
Littora tota sonant ex rauca voce tubarum.
Indigenas quoscunque vident, capiuntque fugantque.
Hi se Christicolas, Catalanensesque fatentur.

Turbatos volvunt Pisani pectore sensus,
Et positis armis resident in littore tristes.
  Inde Pirena sibi postquam cognoscitur ora,
Mutant consilium diversa pericla timentes,
Quod nec habetur ibi vento tutamen ab omni,
Transieratque simul vallata caloribus æstas.
Tunc ex consulibus Rolandi filius unus,
Cui genus, et sensus, clarum quoque Curia nomen,
Et civilis amor cum divitiis tribuerunt,
Mittitur ad comitem, cui Bachinon, atque Girunda
Subeuntur, multasque regit pro viribus urbes,
Cui nomen Raymundus erat, qui laudis equestris
Fructus innumeros clarosque patraverat actus.
Hispanos cujus terror commoverat hostes.
Rolando genitus postquam pervenit ad ipsum,
Atque salutavit : Comitum clarissime, dixit,
Pisanus populus Christi virtutibus auctus,
Ecce, favente Deo, partes devenit in istas.
Alterius verbis, quod jam tibi forte relatum est,
Quod si causa monet, seu ditia castra videre
Te juvat, acceleres Pisanam visere classem
Et sociare sibi belli, sociumque, ducemque
Agmina nostra volunt, ferus et te provocat hostis.
Nam quem non moneat Balearis sæva tyranni
Fama, repercussi quæ fines concutit orbis,
Et Latii populos, cunctosque perurget Achivos.
Nec dum finierat consul, cum plura paranti,
Ille refert grates : Faciat quoque prospera, dixit,
Omnia vestra Deus vobis, et in omnibus adsit,
Inque manus vestras communes præbeat hostes
Orbis, et in sanctæ sortis nos congreget usus,
Ut faciemus ei quæ sunt gratissima semper.
Nam contra nullos ego justius arma movebo.
Hi Christi servos multis cruciatibus arcent,
Atque meum littus faciunt cultore vacare.
Nam quos Blandensi positos in littore muros,
Templa videtis, erant miris radiantia signis,
Quorum summa tegunt hederæ, vel frondea vitis
Occulit, aut ficus, seu quælibet occupat arbor
Pluribus in templis, monachi cecidere per ipsos,
Atque sacerdotes, jugulis maculantibus aras
At reliquos ætate viros, aut arte micantes,
Constituere suis duris servire catenis.
Vincla, labor, atque fames hos sæpe necarunt,
Aut jus Machametis quos ponere triste coegit
In cervice jugum. Quem non dolor excitat iste!
Quod si forte Deus vobis concesserit ut vos
Tanto possitis finem præbere labori,
Militiæ Domini solatia quæque paramus,
Collatisque ferum superemus viribus hostem.
  Nuntia dictorum mox charta futura notatur,
Qua se militibus Christi promittit amicum,
Atque Pyrenææ concedit singula terræ.
Tunc Ildeprandum donat, multumque precatur,
Ut sese Latiis socio conjungat amore.
Altera lux postquam cives conducit in unum,
Talibus alloquitur socios sermonibus Azo,
Quem gratæ populus celebrabat munere linguæ :
Quod Domini nutu disponitur, a ratione

A Funditus humana cognoscitur esse remotum
Vidimus ingentes fluctus, tonitrusque coruscos,
Credidimus subitos minitari fulgura ventos.
Mox Domini pietas pacatas reddidit undas
Æquoreas nobis ; vis est ea nempe Tonantis.
Nam pro velle suo mundanos destinat actus,
Arbitrioque pio causa dominatur in omni.
Hanc pedibus nostris tribuit contingere terram,
Ut socias relevet divina remissio turbas.
Ergo viri docti dum littore stamus in isto,
Nos augere decet cuneos, felicia dici
Ut vere valeant non casso nomine castra.
  Jamque Pyrenæi comitis solatia vobis
Auxiliante Deo possunt non parva parari.
Vos portare suos equites rogat ille ducentos,
B Centum se propriis spondet gestare carinis.
Misit et hanc chartam ; chartam porrexit, et addit ;
Istuc nos Dominus duxit, non nostra voluntas,
Qui famulatur ei bene speret, et indubitate
Quod vera nunquam fraudabitur utilitate.
Præsul abest, portumque tenet, qui distat ab isto
Per passus sex mille ; reor, mittamur ad ipsum,
Et si dicta placent, tunc perveniamus ad actus.
Hisque peroratis placuerunt dicta quibusque.
Charta legi comitis petitur, fractoque sigillo
Inspexit Lodoicus eam, legitque decenter.
Lecta placet cunctis, comiti dant agmina laudes.
Sancti Felicis portum gens illa vocabat,
In quo præsul erat : properans legatus ad ipsum
Vadit, sed præsul recipit, firmatque loquelas.
C Dimittunt blandas post hæc cum turbine naves,
Atque petunt portum, sanctus quem præsul habebat ;
Cujus ad ingressum ventus pugnabat iniquus.
Ut portum tenuere rates, et cœtus haberi
Cœpit, et herboso steterat jam concio prato,
Optimus antistes sanctæ pietatis amator
Talibus Alphæos monuit memoranda loquelis :
  Sanguine vos proprio quos Christus ab hoste
                                    [redemit,
Ut veras spinas, veteres fugitote ruinas.
En sunt tres lapsus quibus exstat Adam superatus.
Namque Deum perdit, male qui cupit, atque su-
                                    [perbit.
Et male lætatur cui gloria vana paratur :
D Nascitur hinc odium, discordia, livor et ira.
Ista movere queunt hominum præcordia dira.
Non valet esse bonus vitiis qui subjacet istis.
Vincere nemo potest, quisquis superatur ab ipsis.
Pectora nam lacerant, sensusque trahunt, velut
                                    [hostes
Diripiunt, capiunt ; ipsis vos claudite postes.
Non Domini Genitum pro se tormenta tulisse,
Ast homines propter debent homines meminisse.
Hic minuit nostros languores, atque reatus,
Tollit et hic pœnas, cunctosque fugat cruciatus.
Pace Deum debent, et mentis simplicitate
Quærere, non odiis homines, aut asperitate.
Qui pacem portant, cœlo possunt habitare,
Debetis fratres cum toto cordis amore,

Si nec amatis eos, quos vos modo forte videtis,
De nondum visis mihi nunquam spem facietis;
Horum quisquis enim præsentes temnit amores,
Qualiter illorum poterit relevare dolores ?
Pacis amatoris non est possessio parva;
Sidera namque tenet, pontumque beatus et arva
Postquam de Saulo Dominus sibi fecit amicum,
Sic nemo nostrum fratrem ducens inimicum,
Vera sit in nobis et non concordia falsa,
Si tuti vultis transire per æquora salsa,
Magna Dei virtus nostros ut terreat hostes,
Pax sua possideat nostros cum limite postes.
  Interea vulgus pelagi terrore solutum
Murmurat, et patrias exoptat turpiter oras,
Inque duces stultas tentans agitare querelas
Hostibus omissis pariter remeare minantur.
His permotus ait Lucensis talia Fralmus :
Gaudet quisque Deum cui sunt cum prosperitate
Omnia, lætatur cui congrua quæque parantur;
Congrua namque reor socios et multiplicare,
Subsidioque viros proprii reperire laboris,
Qui socios augere potest, bene percutit hostes
Quos satis egregios nobis divina paravit
Gratia, nec nostrum teneat turbatio quemquam.
Cum bello quisquam nec adhuc superaverit ho-
 [stem
Ex quo cœpimus hoc, neque sit superatus ab hoste,
Ut quid tanta tenet vestras turbatio mentes ?
Pœnitet ignavos cœpti fortassis honoris,
Cum vox istorum præclaras polluit aures ;
Hosque piget venisse quidem, qui rura solebant
Vertere, qui curvis incumbere semper aratris,
Cunctaque consumunt vertendo tempora glebas ;
Et modo cum nequeant sua semina tradere sulcis,
Aut conculcato pedibus procumbere musto,
Nocte, dieque moras istas, casusque querantur,
Inque domos remeare suas fortasse minantur.
Hi viles homines, quorum miserabilis ætas
Præsenti populo nullam gerit utilitatem,
Semper agant, semperque gemant, agitentque que-
 [relas.
Quos mores retinere suos infamia non est.
Hos bonitas, clarumque decus sejungat ab illis,
Et maneat nostro concordia semper in actu,

A Sitque carens odio, qui vult servire Tonanti
Si decies prohibetur iter, decies repetatur,
Et via tentetur crebro dum perficiatur.
Ut tenuit semper teneat reverentia nostras
Curas, quod gerimus quia totus conspicit orbis,
Si cito non aderit, quod gestit nostra voluntas,
Tactus ob hanc causam maneat formidine nemo,
Quod prohibet mensis, reddunt tibi namque Ka-
 [lendæ,
Cum Deus oratur ; quod ab ipso forte vetatur
Tempore non modico cito præstat luce sub una.
His populus dictis avidas ut præbuit aures,
Gaudia succedunt, turbatio, cura recedunt.
Moxque sequente die Domini Raymundus ibidem
Berengarius adveniens, paucique suorum
B Jungit amicitiam, Pisani fœdere gaudent,
Et socium factum præstanti munere donant.
Cumque moras faciunt, morbosa peste fluente,
Multi de populo fatis superantur iniquis.
Hicque Caim moriens mœstos cum præsule cives
Dimisit, patrias non totus iturus ad oras.
Dumque premunt lacrymas, Pesulani montis alum-
 [nus
Cum sociis centum Guilelmus castra subintrat,
Armigeris ratibus vectis, turbaque pedestri,
Quos quasi viginti duxere per æquora naves.
Ast Aimericus generosa stirpe creatus,
Quem Narbona colit dominum, patremque ducemque,
Viginti vitreas fertur duxisse per undas
Naves, et celeri venisse per æquora cursu.
C Hos quoque Raymundus, cui Baltius exstat origo,

Cui solitos Arelas impendere certat honores,
Atque secus Rhodanum castris reperitur, et arva
Dives, consequitur laudato milite plenas
Ducens septenas undosa per æquora puppes ;
Raymundus sacrista potens, et strenuus actu
Militiæ titulis, et qui fulgens Arelate,
Cum propriis totidem vitreas venere per undas.
Tales Rusilium proceres latæque Biterræ,
Et cum Nemausis provincia tota sequuntur.
Quanta per Antonias transibant agmina terras,
Cum Romam venturus erat terrendo senatum
Cæsar, qui domitos Gallos juga ferre coegit :
Tanta Girundenses venisse feruntur in agros.

EXPLICIT LIBER PRIMUS. INCIPIT SECUNDUS.

Jamque graves populis pelagum sulcare parabant
Classes, tot rediit de navi castra subintrans,
Albertus, cui rector erat venisse Pirenem
Illæsamque ratem pariter præfatus, equosque
Vi sitis oppressos, vini potasse liquorem,
Evanimesque simul ponti maduisse sub unda,
Non prius ad Baleam pervenit prora minorem.
Rettulit et Mauros ad se venisse rogantes
Et qua sint patria, quas et gradiantur ad oras.
Bozeam petimus, Januensis navita dixit.
Præcipue vestrum quoniam retinemus amorem.
Hanc formidantes istud contingere littus
Cura fuit, factos pro vobis fugimus hostes.

D Nam nec habere valent nostras in prælia vires
Offendunt quoscunque queunt sine crimine nostro,
Pervia Sarnigenis sunt æquora cuncta dolosis,
Turbanturque suo maris omnia regna furore.
Vidimus hos sulcare fretum, nos utque putamus
Qualibet in vestra figunt tentoria ripa,
Cædere sive volunt nos, aut bona tollere nostra,
Auxilium nobis celeres præbete, rogamus.
Scimus eos venisse quidem, multumque timemus.
Mox aiunt : Vos fertis equos qui forte fremebant.
Rustica turba refert ; facit hoc irata frequenter
More suo fremitus agitans, facicsque tumultus.
Hosticus inde globus fervens velociter alnos

Intrat, et intentis nos perturbare sagittis
Cogitat, et toto mentitos increpat ore.
Nostra manus confisa satis non segnius arma
Sumpsit, et in steriles accenditur ira furores,
Namque citus veniens ventus dum vela tetendit,
Majoris Baleæ tribuit contingere littus;
Egressique virum quemdam per rura vagantem
Vidimus, et quantum locus ille remotus ab urbe
Sit, percunctamur : viginti millia dixit.
Hausimus et laticem, laticis data copia nobis
Et fuit, inque ratem vasisque, virisque receptis,
Æquora crispavit Zephyrus, Zephyroque faventes
Fleximus adversum Sardoas carbasa ripas.
Sulcantes igitur pelagus venientia vela
Aspicimus; dubitare prius, sed in arma videres
Veloci cursu juvenum properare catervam.
Quoque modo properant quos terret aquaticus auster,
Ob pluvias operire domos, male tecta supellex
Imbris ne pereat pro mole cadentis in ædes,
Sic gladios, clypeosque suos sibi tollere quisque
Certat, et intente sinuatos præparat arcus.
Taliter adveniunt pelagus sulcando carinæ,
Qualiter incedunt juncti delphines in undis,
Quando natant aliquos non dando per æquora saltus.
Noscimus, accipiunt nostras referuntque salutes.
Gaudia præcipiti posita suscepimus ira.
Qui postquam didicere viam quam fecimus ipsi,
Quidve laboris onus passi fueramus ubique,
Sardiniæ demum sese docuere relictos.
Prævaluit Boreas Zephyro bis quinque diebus,
Per mare nos vexit, ventoque cucurrimus illo.
Nemo tamen didicit qua tunc foret insula parte,
Quove loco pelagi steterit Majorica post nos.
Interea ventus Libycis progressus ab oris,
Vela tenens possedit aquas salientibus undis,
Atque Pyrenæum nos ille reduxit ad amnem.
Talia dicentem populus circumstat, et omnes
Si valeant, quærunt, vel si patiantur amici
Incolumes. Postquam vir dictus rettulit, omnes
Murmure cum læto redeunt in castra catervæ.
Cumque dies geminus bis sex geminaverat horas,
Advenere decem Pesulano monte carinæ,
Quæ Pisis fuerant Augusti tempore missæ,
Ad quoscunque tenet latos Provincia fines.
His inerat clarus cum consule Guido Dodone,
Ordine Levita trivii ratione peritus,
Illius ut patriæ traherent ad prælia gentem.
Æthera carpebat solito molimine Phœbus,
Et splendor solis nondum tenuaverat umbras,
Cum data signa sonant jussos motura recessus.
Jusserat antistes ponto dare verbera classem,
Et transire rates properatis cursibus illuc,
Barchinon excelsis ubi fulget in aera muris.
Jussa probant omnes, nec inerti scandere passu
Naves incipiunt, quos non sua vota retardant.
Sed velut examen per apertas advolat auras,
Quando cupit patriam mutare, locumque domumque;
Sic Pisana manus rapidis aquilonibus usa,
Remige quam celeri dictam properabat ad urbem.

A Solis ab occasu modicum porrectus ad æquor,
Defessas solito qui frangit, et accipit undas,
Mons Judæus, ibi plana divisus ab urbe,
Non curis puppes calidisve tuetur ab austris,
Hujus ab Hispana facie ratis appulit omnis.
Ut terras subeunt Latiæ, reliquæque carinæ,
Littus ad usque tuas agmen navale tenebat
Lubricaris aquas. Ripæ cecidisse feruntur,
Tanta premebat eas magnæ violentia classis.
Hic ubi mutavit lites concordia pace,
Adveniunt sancti celeberrima festa Mathæi.
Tota nocte sonant tunc tintinnabula cuncta,
Vota vovent omnes, precibus votisque Tonantem
Sollicitant, cujusque colunt solemnia sanctum,
Candelas tunc quique suas in cuspide ponunt,
B Aut ubi lux clare populo videatur ab omni.
Tertia lux aderat, cum planum possidet æquor
Ventus, quem boream nequeas eurumque notare
His medius fuerat, tundunt sua pectora nautæ,
Totque dies vacuos cum noctibus ire queruntur.
Ergo die medio sublimis in æthere Titan
De medio cursu terras spectabat et undas
Cum Catalanensi de littore classis abibat.
Quos fremitus præbere solent stridentibus alis
Threiciæ volucres resonantes cantibus altis,
Agmine cum facto repetunt alias regiones,
Non alios Pisana manus clamore sequente
Exagitando suos, et candida vela parando,
Solvendoque rates, summis cum vocibus edit.
C Quattuor insignes tunc præcessere carinæ.
Signiferi Francardus erant, rectorque Pyrenes,
Ordine consequitur renovato cætera classis.
Lux abiit, nox atra subit, qua denique lapsa
Vel media, vel plus media, contraria retro
Flamina vela dabant, qua causa prævius heros
Ad Tramaricis sua flexit carbasa littus.
Inde Terogonam petit, ac deserta Salodi.
Hic Zephyrus perfringit aquas, et fluctuat auster.
Pervia sed Zephyro plus sunt sinuantia saxa
Partibus unda tribus, circumdat pontica rupem,
Arbustis tegitur brevibus quæ spectat ad eurum
Planities altæ rupis de parte levata.
Regis in hac Caroli dicuntur castra fuisse,
Dum duro quondam certamine stravit Iberos.
D Hic hyemes Franci tolerasse feruntur, et æstus,
Quando præstanti ceperunt robore terram.
Post lapsæ noctis spatium, lucisque sequentis
Tempore consumpto, qui primus adhæsit in illis
Conscia signa dedit, vigiles quos gesserat ignes,
Ne foret incertus locus hic, dubiusve carinis.
Hic postquam cunctis fuerat lux reddita terris,
Et latices hausere, viri conscendere pontum
Incipiunt, vitreas velis remisque procellas
Mota secat classis, jam terra relicta videri
Non clare poterat, cum montibus abdita celsis
Cum et labente die subiere crepuscula noctis
A recto cursu non recta retorserat aura
Vela. Laborantes turbantur in æquore nautæ,
Et se conclamant invitos ire Dianam.

Interea noctis tenebris aurora remotis
Clara refulgebat, cum turbida nubila venti
Ducere cœperunt ab ea qua labitur ora
Publica lux mundi; mox flectere vela Salodon
Plangentes satagunt, tantus vehit impetus ipsos
Huc simul ac venere rates, jam nocte propinqua
Prosiluere viri latices haurire recentes.
Ecce Moabitæ, pedibus vectantur equinis,
Ut solet a nervo dimissa venire sagitta,
Quando suum Parthus sinuat violentius arcum.
Qui captos pariter capientes fluminis undas
Ad proprios longo duxerunt calle penates,
Sed timor Alphææ gentis de nexibus ipsos
Eripuit, rigidos qui concutiebat Iberos.
Ergo per eventum, quoniam male contigit illis,
Jussio fit reliquis ne progrediantur inermes.
Dumque moram faciunt, vacuisque vagantur in agris
Agmina, murmur erat. Lucenses denique turbæ
Dum pelagus tolerare minus, fluctusque valerent,
Et nimium vellent sociis famulantibus uti,
Unaquaque die populum replere querela.
Ugo Pisanus venerabilis archisacerdos
Cum dextra pariter tunc ardua protulit ora,
Qui tali populis sermone silentibus inquit:
  Sola Dei bonitas, qui cuncta gubernat habetque,
Pisanos cives tantos animavit ad actus,
Expertique suos nullos ad bella vocabant.
Nullus ad ista fuit toleranda venire coactus
Sponte petebatis nobis, gratisque dabamus
Quæsitas nobis non vilia munera naves.
Et ratibus vecti socii veniendo fuistis.
Dicite, Lucenses, si quis vos forte coegit
Quippe nec inviti voluistis ad ista venire,
Unde nec invitos quisquam retinere valebit.
Pisanos solos discedere nempe vetamus,
Non aliis prohibentur equi, non victus et arma.
Accipiant ea quando volunt, sanique recedant,
Securosque petant ductores, hique dabuntur
Cum quibus Italicos poterunt pertingere fines.
Et memoratus herus post talia dicta resedit.
Taliter incœpit Guido supra memoratus:
Cum Deus in cunctis præponi debeat actis,
Nec pietas, nec amor pietatis habetur in ullo,
Qui pro mundano tantum contendit honore.
Certet honor mundi, certet sapientia, quænam
In mundi rebus Domini simulavit amorem,
Prætulit atque dedit perituros semper honores;
Unde Dei nostras cernendo potentia mentes
Contra quem vastum toto fuit agmine murmur,
Hunc dignum vobis largitur temporis usum.
Hebræis populis murmur fuit instar ad hujus,
Quando repletas memorabant carnibus ollas,
Et condita simul, dilectaque grataque multum
Fercula Niliacis quibus utebantur in oris.
Nam cuperent sævi potius juga ferre tyranni,
Servilique magis sub conditione manere,
Quam prohibere gulæ vitium dapibusve carere.
Ille vetus populus residet sub pectore vestro;

A Illius et mores, animosque viasque tenetis.
  Vulnere de tanto qui gestit habere salutem
Pœniteat voluisse malum properanter iniquum.
Desipuit, quicunque fuit, ceciditque retrorsum;
Magnum nempe scelus nostro commisit in ævo.
Quod teneamus eum quisquam fortasse queretur,
Præter Pisanos quicunque recedere quærit
Quando libebit eat, sua tollere non prohibetur.
Nulla recedenti sane violentia fiet;
Ad patrios igitur cum venerit ille penates,
Et medius turbæ claros narraverit actus,
Hoc de se vero poterit sermone referre,
Quod nunquam vidit quos tantum fugerit hostes.
Nos mare, nos ventos, pondusque feremus aquarum,
In Domini factis nec habebimus inferiores
B Militiæ socios, quos Gallia tota sequetur,
Jamque favente Deo venient multo meliores
Una nobiscum belli superare labores.
Tunc Gulielmus ait dominus montis Pesulani:
Hos discedentes nunquam doleatis abire.
Pro quocunque viro qui nunc fortasse recedit
Quattuor ob pugnam dabimus non deteriores,
Qui pro sex horum poterunt tolerare labores.
Surgens Henricus post hæc Guinithone creatus
Hortatur cives bellum firmare, priusquam
Una cum patribus sese jurare fatetur.
Dicta fides sequitur, jurant æqualiter omnes.
Jam secus occasum Phœbi clarissima lampas
Candentes vitreo tangebat in æquore flammas.
C Nox ea consiliis est; postquam tota peracta,
Et Phœbo radiante dies jam clara refulget,
Ecce recedentes equitum peditumque phalanges
Dimissis ratibus proprias certantur ad ædes.
Italicæ redeunt, dimittentisque Salodon,
Immeritis referunt convicia plurima nautis.
Præterea factos habiles ad carbasa cantus,
Et quoscunque solet sociis in puppe referre
Navita sermones, deridet rustica turba.
Interea quod hiems variaret sæpius auras,
Illeque perpaucis ratibus tutamina portus
Præstat, et ignotæ non est fiducia genti,
Barchinon heu petitur, classemque reducere cunctam
Constituunt hiemare simul, meditantur ibidem.
Festa dies aderat Domini de nomine sumpta,
D Præbebatque leves flatus levissimus auras,
Qua Latiæ puppes usæ cum remige ventis
Urbem navigio celeri tenuere Pisanam.
  Post ubi Pisanis fuerat jam copia terræ,
Exonerare rates properant, pars maxima classis
Sistitur in terris, trahitur quoque luce sub illa.
Nox quascunque sequens liquidis invenit in undis,
Intoleranda feri ponti facit ira solutas,
Nec potuit requies prius æquoris esse procellis
Quam sexagenas vis fregit pontica naves.
Hinc turmæ flebant, præsul patresque dolebant,
Et pro posse suo non fractis subveniebant
Navibus, in siccam donec traherentur arenam.
Non alio luctu viduti gemuere Sabini,
Cum sibi dilectas detraxit Roma puellas.

Inter tristitias autem quas forte ferebat
Alphæus populus, improvisosque dolores,
Non oblitus erat quidquam de rebus agendis,
Nec potuit claræ mentis postponere sensus.
Ligna legi jussit quæ congrua navibus essent,
Ac tabulas quas dira maris projecerat unda.
Ingenium docti populi mox tecta ratesque
Nocte dieque parat, complere videlicet illas
Omnimodis satagit, quas fregerat æquoris ira,
Atque modis paribus turres tormenta per omnem
Constituunt campum Baleam factura ruinam,
Terque decem Pisas statuuntur adire biremes
Per quas incœpto reparentur robora bello,
Nisibus ut totis classem clarosque replerent
Militiæ numeros notæ per secula Pisæ.
Tunc quod chara nimis fuerant alimenta Pyrenæ
Se diviserunt per plures agmina terras.
Pars campum retinet, pars altera venit ad illos
Quos habuisse datur supra Provincia fines;
Mons Pesulane, tuas claras pervenit ad arces
Gerardus validus, dominusque comesque Livanti.
Hic quoque bellorum Gualandidus splendidus actu
Filius Ugonis Petrus, et Rolandia proles
Barviique vigor, nec non Vivianus et abbas
Dogmata militiæ monstrant incognita Gothis.
Multi Nemausas, plures veniunt Arelaten,
Inveniuntque piam, gratamque per omnia gentem,
Pisanas acies magno quæ fovit amore.
Hic Holebrandus populos transire volebat
Dum scapha Rhodanum, sed equo dum forte sederet,
Oblectavit eum puerorum cernere ludos,
Et cum quæsitum lapidem misisset in illos
Calcar equum tetigit, qui dans in flumina saltum
Lucensem juvenem rapidis submersit in undis.
Non lacrymæ fusæque preces valuere cadenti.
Mortuus hujus equus cum tractus ab amne fuisset,
Pisani juvenes equitem traxere necatum.
Qui socium postquam largis flevere querelis,
Antistes clerus, populusque valens Arelatis
Intumulare virum summo curavit honore.
At vice qui comitis Pisana præsidet urbe
Ugo militia cui præbent singula laudem,
Agmine qui toto vitam servavit honestam
Hastarum ludis, et cursibus usus equorum,
Ac præponendo vincenti præmia cursus
Pisanos equites tractabat, more Quiritis,
Egregiumque virum Catalaunia tota frequentans,
Sardiniæque comes celso celebrabat honore.
Consulis Henrici bonitas, necnon reliquorum
Jurgia, sive scelus non impunita relinquens,
Justitiæ normam servavit in agmine toto;
Quippe sibi gnari socii dum forte faverent,
Omnibus æqua dabant placidi moderamina juris,
Constituuntque viros totum vigilare per agmen,
Qui servare queant nocturno tempore naves,
Bisque decem servant Baleatica regna carinæ,
Paganam rabiem validis quæ viribus urgent,
Et titubare feri faciunt fera corda tyranni,
Si bene belligeras pensent nova sæcula Pisas

A Per mare, per terras geminas extendere vires.
Hoc Pisæ faciunt Romam quod utramque placeret,
Quarum signa ferus populus dum spectat Iberus,
Ingemit, atque metu visi consumitur hostis,
Castraque custodit Pesulani montis amator.
Ille prius patrias remeare refutat ad ædes,
Quam sciat an ob rem, seu frustra sumpserit arma,
Hoc Catalanenses concussit media terras
Tempore Pisani solitis nil strictius usi
Sumptibus inventos gestantes undique victus,
Argenti pretio varia quoque merce parabant,
Unde Pyrenæos larga bonitate favebant
Et solabantur inopes mercamine fines.
At præsul custos sinceræ religionis,
Ne sibi commissi cælent vigilanter agebat.
B Ergo diem nactus gratum, tempusque loquendi
Arboreas, dixit, postquam perceperat escas
Lethalis pomi, cum sumpsit ab hoste saporem
Ille vetus genitor, paradisi mœnibus illum
Jussit abire Deus, cujus sententia voti
Hoc exosa nefas, pepulit damnando superbum.
Omne genus vitii vitio processit ab hujus
Scilicet invadens hoc ordine posteritatem
Intrat in has tenebras mundanæ gentis origo.
Primus homo natos, et quos sibi fuderat Eva
Livor agit, fratris ferit impia dextera fratrem,
Qui cadit, ante Deum clamat vox sanguinis ejus.
Solivagus densas silvas, agrosque pererrat.
Ast subit astrigeras sedes justissimus Enoch.
C Justus post illum Noe cum fecerat arcam
Diluit omne solum nimiarum pondus aquarum.
Undæ cessarunt octavas: prodit ab arca
Tunc solus justus; sunt gentes multiplicatæ.
Post patriarcharum fuit ordo, deinde prophetæ,
Et tamen infernas nemo vitaverat ædes:
Unde Dei pietas hominum fera funera cernens
Ut salvaret eos emisit ab æthere Natum,
Et vana forent ea quæ sacrata canebant
Ora prophetarum: Cœli rex est homo factus
Sic hominum factor sumens de Virgine carnem
Serviles habitus hominum portavit ad usus,
Perque suam mortem cum crimine morte necata
Captivas animas de gurgite traxit averni.
Hac serie Domini salvavit gratia gentes,
D Venit et in cunctam benedictio posteritatem.
Cujus apostolico dum præsidet agmine Petrus,
Ob fidei sacræ confessam credulitatem
Esse pius meruit cœlestis claviger aulæ.
Ille tenet claves qui rexit in æquore naves.
Vos in nave sua mundana per æquora portet
Incolumes, puppisque suæ vos esse ministros
Remigio dignos imploret Cunctipotentem
Ut possitis eos tutos ductare per æquor
Gurgite quos sacro sanctum baptisma piavit.
Ergo docete viros chari pia dogmata fratres,
Ac monitis sanctis a criminibus prohibete,
Ut valeatis eos ad cœlica ducere regna;
Deficiat vobis ut nunquam cœlica merces,
Quam Dominus solis concessit habere beatis

Exemplo Christi, cujus regit omnia virtus,
Captivos fratres, quos barbarus opprimit hostis,
Liberet a sævo fratrum pia cura tyranno.
Fratribus et domino quantum debetis amoris
Præmonuit Petrus cum præcessore Magistro.
Pro Petro Christus, cunctisque fidelibus exstat
In cruce confixus, pro quo Petrus in cruce tensus;
Fratribus unde suis succurrere nemo recuset.

A Fratres quippe suos Judas : patriarcha nepotem
Abraham dilectum de nexibus eruit hostis.
Hi quibus est licitum feriant mucronibus hostem;
Hos hominum factor sævo defendat ab hoste,
Hos levitarum vir nobilis, et bene charus.
Quæ modo sunt scripta sunt pontificalia dicta.
Ista satis, melius quærenti narret Ubertis

EXPLICIT LIBER SECUNDUS. INCIPIT LIBER TERTIUS.

Quem colit interea tellus Balearica regem
Hærare Declus Burabe perterritus istis
Contususque in centum... convocat omnes
Causas majores per quos tractare solebat :
Consilium quorum plano sermone requirit,
Sive Moabitis optarent tradere terram,
An cum Pisanis aliquod conjungere fœdus.
Respondere viri soliti majora referre,
Et qui noscuntur aliis procedere sensu :
Turba sumus, famulique ; tui quodcunque videtur
In ratione tibi constantius eximiumque
Nos sine lite sequi confestim disce paratos.
Respice nulla minus populum quæ bella volentem
Sedula velle suo tua gens in pace maneret.
Hæc nam culpa gravis dedit horrida scandala nobis.
Undique gauderent Baleari subdita regno,
Si cum Pisanis nos fœdus habere daretur.
Inque Moabitis nobis fiducia clara
Non bona sperat; tantum convicia prosunt
Quos tolerare gemunt Hispanæ gaudia terræ.
Respice Dertare quid agant, quantaque Dianam
Clade premant, nostras miseratus mente querelas
Accipe captivos omnes perquirere servæ
Et melius tracta, quia pax et vita per illos,
Ac regnum pariter tibi concedetur, honorque.
Actis non habitis nunquam sedabitur hostis,
Christicolis, quoniam qui pro pietate laborant,
Chara magis essent captorum corpora fratrum,
Quam videatur eis regnorum copia centum.
Ilis habitis verbis, regis præcordia diri
Contremuere metu : captivos protinus omnes
Præcipit inquiri sparsim, veteresque novosque
Tunc de bono rate quos fors, ventus, et unda
Vexerat invitos curat tractare decenter.
Pisanis etiam chartam pro tempore scripsit,
In qua pontificem, patres, populumque salutat.
Qui quamvis prorsus diversum mente retractet,
Ditia verba tamen mittens nil supplicat hostis,
Sese constantem sine proditione fatetur.
Ampuriæ comitem testem narrantibus addit,
A Jerusalem dicens peregrino dum petit actu
Conspicuæ famæ motus comes Ampuriensis
Illius illæsam servavi fœdere terram :
Nullum quippe virum bello seu pace fefelli.
Si Pisana manus mecum vult pacis habere
Fœdera, continuo captivos reddo, measque
Dono paratus opes; linquat mea regna, suasque
Impensas reddam pariter, pretiumque laboris.
At si forte suis armis contendere mavult,

Bellandoque meam putat armis vincere gentem,
Ubi communi cum se defendat ab urbe,
Urbs nihilum faciunt ejus in ea regna labores.
His intellectis chartam Pisana recepit
Et respondetur brevibus sermonibus illis,
B Qui tales apices et talia scripta tulerunt,
Nil tolerare mali portantes nuntia lex est.
Communis viris debemus moribus uti
Non possunt jungi cum vestro fœdera rege,
Nec fas est nobis ullam sibi reddere pacem,
Ni prius in vestras conduxerit agmina terras.
Rex qui cuncta videns judex cognoscitur æquus
Illuc decernat judex pius ille patenter
Internos cunctos hominum qui judicat actus.
Præter eas alias fertur misisse lituras,
Quæque suis notis mitissima verba reportent
Privatis etiam multum promittit in illis;
Albitione satum verbis commendat amicis,
Atque memor maneat peracti fœderis ejus,
Quod cum magna genitor retinebat, avusque
C Junxit, et ex multo tenuit jam tempore Petrus.
Rex fuerat Baleæ Mugetus rexque Dianæ,
Invasit Sardos rapida præstantior ira.
His igitur propere violento marte subactis
Omnia cum plena tenuit montana tyrannus;
Hujus Alphæus populus mox concitus actis
Conscendit celeres sulcantes æquora naves.
Tunc non erubuit quisquam de nobilitate
Viribus æquoreas remos urgere per undas
Si levis exstiterat; vel tota remanserat aura,
Optatos cursus robur commune replebat.
Qualiter accipitres pavidas petiere columbas,
Et sicut Libyci poscunt armenta leones,
Tunc cum longa fames, et viscera serpit eorum,
D Sic sic accelerant, sic poscunt bella frementes,
Quos Pisana manus sævos ductabat in hostes.
Sardineæ postquam poterant de littore cerni
Eximias ratibus gestantia vela phalanges,
Rex cum gente sua terras fugiendo reliquit,
Heroes igitur suscepta laude triumph
Victores redeunt, fines intrantque paternos.
Post illum vero Mugetus concitus annum
Perduxit Mauros in regnum Caralitanum,
Et numero primos excedunt posteriores
Robora Maurorum quo scilicet ædificante
Subsidiabantur Sardorum corpora muris,
Quique die tota latices, et sata ferebat
Impositus muro, murum pro caute replebat.
Multi Sardorum, quos presserat ira tyranni,

Tam sævæ mortis pœnas habuisse putantur.
Hinc Pisanus honor vires, animosque resumens,
Non dubitat vitreas iterum transire per undas
Post ubi belligeri terras, camposque tenebant,
Rex fugisse datur multis jam marte peremptis
Barbarus abscessit, capto cum conjuge nato.
Erepti Sardi jugulis, tutique fuerunt,
Indeque tota manent Pisanis subdita regna
Sardiniæ : docuere senes quæcunque retexo.
Quæsitis Sardis non hæc tibi vera negabunt
Hunc regis puerum captus qui dicitur esse
Pisæ victrices regi misere Lemanno.
Hujus avum Petri princeps generosus amabat
Qui dedit Alphæo quæsitum munus Alanta.
Reddidit hic patri charissima munera natum,
Albicio quare successoresque vocantur
Mugeti fratres successoresque suorum.
Ergo quisquis habet regum Balearica sceptra,
Ex hoc affirmat se fratrem seminis hujus.
Albicione satus Petrus viget ejus origo
Pisanos ornans probitatis imagine cives.
Talia cur memorem, Petrus et Balcaricus auctor
Causa fuit, sed nunc ad propositum redeamus.
Instabant Martis redeuntis tempora mensis,
Cum fines Eburi missæ subiere carinæ.
Mox avidi de plebe viri prædæque, cibique
Intravere casas, nec scuta, nec arma ferentes ;
Dumque Saraceno satiant sua corpora musto,
Dum passas uvas, dum gaudent mandere ficus,
Mota per arva loci veniunt equites Ebusini.
Incautos homines per devia rura vagantes
Detruncant gladiis, vario quoque vulnere perdunt.
Hunc Petrus ascensus gestans sibi credita signa
Audaces socios in dirum concitat hostem.
Ante rates certamen adest, pugnant Ebusini,
Invictosque viros totis conatibus urgent,
Et non permittunt pedibus contingere littus.
Insula parva jacet, non longe solis ab ortu,
Quæ brevibus scopulis Ebusinam respicit urbem ;
Ille revertentes recipit de Marte galeas.
Sed recreante parum juvenilia membra quiete
Indubitata viri repetunt sinuamina portus
Inventasque rates capiuntque fugantque trahuntque,
Captos inde viros, Ebusina plebe vidente,
Ad sociosque ferunt manibus post terga ligatis.
Insula stat pelago, partes ea respicit austri
Adversum Lybicos, cui Frumentaria nomen.
Hanc Latii petiere viri, properantia et illic
Cœperunt victus placidæ solatia prædæ,
Perpinguesque boves, quibus et vesci potuissent
Ni pia Christicolis prohiberent tempora carnes.
Lustrantesque locum quo gens inanata latebat,
Abstractos caveis Ebusum duxere ligatos.
Hic tunc Lamberto, necnon Norithone jubente
De duodenorum numero qui præmemorantur
Ascensus Petrus naves divisit et arma.
Solis ab occasu, cœpit committere pugnam
Ex his Senagenis igitur comitantibus illum
Signifer Ascensus properans exire carinam

A Hostiles cuneos multo cum robore poscit,
Tunc Arduinus generosus Lucuniensis
Exhortans socios in prima fronte resistit.
Ast Ebusitanus jaculatus signifer hastam
Hosti terga dedit, socios fugiendo relinquens.
Nec læsit quemquam jaculum tellure relictum,
Lucuniensis eum saxosa per arva secutus
Hunc cum Bavaro jugulavit protinus ense.
Rursus et accedunt equites, aciesque pedestris
Altera, quæ furtim post grandia saxa latebat.
Tunc Eritho consul sociis adjutus in hostes
Fertur, et obstantes telo, gladioque repellit.
Parte caret portus, pars altera classis ad ipsum
Tendit, et accensis animis invadere terras
Incipit, et Mauros ardente vigore reposcens
B Præterit, hi aculis sævisque Alphæa repellunt
Agmina, mox acies Latialis turba requirit,
Pugnantesque premit simul atque viriliter angit.
Sic perturbati cuncti fugiunt Ebusini,
Quos fera bella gerens victor, Lamberte, fugasti,
Ut fugiunt aquilas celeri levitate columbæ,
Et sicut pavidi fugiunt hastilia pisces.
Cumque tuum validis curvares viribus arcum,
Per Mauri pectus missam transire sagittam,
In faciem ille cadit per rura fluente cruore.
Ducitur in longum tendens a littore collis,
Qua Petrus Ascensus Maurorum terga premebat.
Passibus haud lentis capit hunc gens barbara collem,
Cui plusquam deceat via longa videtur ad urbem.
C Sed dum Pisanos cœtus, et vulnera sentit,
Saucia cristati transcurrit robora montis.
Pisani cunei dum totis viribus instant
Innumeros Mauros diverso funere sternunt
Jam quoque turba sequens ad portam venerat arcis,
Quam locus ille gravis tepido demonstrat ab austro.
. . . loquendam, quem Lucuniensis alumnus
Straverat adstantem nudo transverberat ense.
Armiger hic Erithonis fortiter hostibus instans
Occubuit moriens saxi prostratus in ictu.
Inde Saraceni postquam cum turribus altis
Muros conscendunt, et grandia saxa remittunt;
Agmina tuta petunt, quæ sunt sita tecta sub urbe
Solis ab occasu qua plebs residebat inarmis ;
Inde viros, puerosque trahunt, matresque narusque,
D Pannos et vestes de captis eruta tectis
Ruriculasque domi tuta statione morantes
Et de captiva modicum, vel nil meditantes
More gregis pecudum, captos ad littora ducunt.
Martius ex toto cursum compleverat, atque
Aprilis fuerat media jam parte peractus,
Cum tepidis zephyris sævum volventibus æquor,
Carbasa convertunt nautæ quo vota ferebant,
Quos dum præcipites vitreæ vehit impetus undæ
Ventos anhelantes Baleæ perduxit ad oras,
Suspenduntque leves remis super æquora naves.
Interea Baleam geminas misere galeas,
Uberto genitus Lambertus consul in illis,
Quæ celeres adeunt portum de nomine Picci,
Semimaremque vident servantem littora regem

Qua veniunt causa muliebri voce rogantem.
Ast equites peditesque manent ad littus, et arcus
Incassum tentos toto conamine flectunt.
Ipse jubet cessare suos, et lædere nullum,
Alphæosque rogat tutas exire carinas.
Consul ad hæc : Est vera fides male credula nobis,
Possumus unde minus nudis confidere verbis.
Nos damus ecce fidem quam non retinemus inanem,
Quaque data nostram si vult intrare carinam
Rex poterit sua verba loquens, sanusque redire.
Justius ille refert : Est regi credere victis,
Cui si quem jubeat solo sermone venire
Tutior ire potest; cum constantissima regum
Singula verba fluant, dictis incredula vestris
Cernitur esse fides, quorum tentavimus arces.
Si tamen e rebus quidquam vos sumere nostris
Vultis, in hoc portu tuta statione manete,
Quæque dare vobis mox regia cura jubebit.
Ista suum, dixit consul, vocat insula regem,
Te, plures nostri stant sub moderamine juris,
Et Balea melior quæ vis consistit earum,
Vestra fides nihil est, Machamatus ebrius ipsam
Edidit, at nostram sanctorum gloria Christus.
Unde satis melius nostris se credere posset
Simplicibus dictis, queis enim sanctissima mens est
Quam juramentis valeamus credere vestris.
Rector ad hæc Baleæ : Nimis dubitare videris,
Et trepidas vano te concutiente timore.
Sed ne turbentur bona quæ tractanda videntur
Et timor absistat, saltem per scripta loquamur,
Ut notum postquam fuerit quod poscitis ipsi
Hoc complere queam, quod gestit nostra voluntas,
Quatenus esse boni semper valeamus amici.
Consul, ait, socius scriptor quoque longius absit,
Ibimus, et nostros trutinantes pectore sensus
Ambo notis dabimus quodcunque docebit utrumque.
Mox efferre rates, et in ordine ducere remos
Præcepit nautis, validasque ferire procellas,
Sicut aves quas penna levis portare per auras
Concessa levitate solet, sic accelerantes
Ad reliquas certant geminæ remeare carinas.
Quas postquam pelagi solitus labor egit in unum
Intravere tuos tutos Capraria portus,
Inque Polentinos lux evehit altera fines
Heroes Latios, vallis didicere coloni,
Qui fugiendo suos spoliaverunt victibus ædes
Linquentes vacuum gregibus pascentibus arvum.
Hinc Latios juvenes invicta Minorica quamvis
Suscepit prædam sparsi per rura gerebant,
Nos contra veniunt equitum peditumque catervæ
Inque fugam versos ad naves usque regyrant,
Et mittunt lapides in eos densasque sagittas,
Quos neque permittunt portu remanere quietos.
Defuit esca viris Latiis pastumque dederunt
Hæc quas rus habuit vulsæ radicitus herbæ.
Usque Camœna nequeunt heroes ferre marini.
Dimittunt paleas, statuuntque redire Pirenem.
Nam suspectus erat de proditione tyranni,
Quare mens ad eum redeundi nulla manebat.

A Æolus interea dirum de carcere ventum
Solvit, et immiti nomen fuit Africus illi,
Albentes faciens has quas crispaverat undas,
Intumuitque fretum, turbaverat aura profundum,
Divisitque duas tempestas ipsa galeas.
Quassata in toto fleverunt agmina campo.
Ascendit Petrus, Nuclerius exstitit isti
Filius Alderti : fuit Ugo præditus illi,
Qua mare manducans vulgo fuerat vocitata
Cujus præsculptum gestabat prora draconem.
Portibus ast alias susceperat insula puppes.
Tempus ut admonuit, venti residente furore,
Pertentant iterum vitreas sulcare procellas;
Jam transire fretum communia vota manebant.
Postquam orta dies illos ad littora duxit
B Narrantes casus, tantique pericla laboris
Nuntia victrices mittunt felicia Pisæ,
Quæ cursu propero binæ duxere galeæ,
Tripudiare quibus lætæ cœpere phalanges,
Unam, ni fallor, tecum, Marcelline, guberna.
Consocius Guido, qui presbyter est vocitatus.
Rexerat ast aliam laudato cura baronis,
Ad Catalanenses postquam ratis utraque ripas
Venerat, et belli narrantur utrimque paratus,
Venturosque cito socios dixere lituræ.
Romana missus venit legatus ab urbe
Boso pater sancta reverendus religione,
Et domino papæ virtutum culmine charus
Tunc et apostolici postquam benedictio cunctis
Dicta fuit populis, tendunt ad sidera palmas,
C Et Dominum cœli pleno cum pectore laudant,
Ut dignetur eis tantum salvare magistrum
Militiæ, per quem benedictio cœlica fertur,
Ac conjungit eis socios sancti famulatus.
Non aliis votis patres populusque Quiritum
Aspexere suos civilia jura ferentes,
Lata decem tabulis cum sunt primordia legis.
Frigoribus lapsis redeunt ad læta caloris
Tempora, lene fretum placida distringitur aura
Et validæ classis pars Arni ducta per undas
Advehit, properos transcurrens nimbus in austros
Atque resistentes superans cum fluctibus auras.
Urbs igitur Januæ celeres mirata paratus
Livida demisso spectabat carbasa vultu.
D Massiliæ tandem levibus comitantibus auris
Intravere sinus, missæ post terga Lirino
Bis quadraginta sulcantes æquora proræ.
Jam quas præcipites Rhodam vehit impetus undas
Scandere festinat multo cum robore classis.
Divitiis Arelas pollens hanc sumptibus implet
Usque Magalonam rapidus quam protulit Eurus.
Æoliis boreas tandem procedit ab antris,
Et famulatur ei totus cum nubibus aer.
Arripit unda rates, ventoque ferente secundo
In Catalanensi consistunt littore puppes.
Fratris frater habet positos in colla lacertos,
Amplexuque dato dans oscula juncta vicissim,
Quid chari faciant vitæ solatia quærit.
Gaudia non fuerant nationis tanta Sabinis

Cum præcesserunt coram genitoribus olim
Natos Romulea gestantes gente creatos
Vota patrum natos quanta pietate tenebant,
Et nati quantum placidos strinxere parentes,
Et quantum fratrum tenuerunt colla lacerti.
Visibus Alphæi charorum lætificati
Ducere robusto cœperunt gaudia motu.
Cumque suo cursu Maius vel Junius essent,
Ecce Dodo consul castris accessit et Atho,
Quos cum tripudio cunctæ videre cohortes
Sedis apostolicæ missas a patre salutes
Constanti tum voce ferunt, seriemque laborum,
Quod tardi veniant dicunt ex ordine causas.
Tum centum tenuere patres papalia jussa.
Boso pater peragens præcepit ab omnipotentis
Invictique Dei, qui condidit omnia, parte,
Proque pii Petri sacrosanctos famulatus,
Et domini papæ Paschalis in Urbe secundi,
Ut Christi famulos per quos pia signa tulerunt,
Quos baptisma facit Domini, quoque regula fratres
Eruat a sævis fratrum pia cura catenis.
Talia cunctorum cœtus turmæque probantes
Intravere rates pelagum sulcare paratæ,
Quas tunc quingentas numerarunt scripta carinas.
Præsul Pisanus quem maxima cura trahebat
Mox ad captivas acies perducere fratres,
Vela dedit pelago primus, transitque Saladon.
Hinc ad Dertosæ fluvium pervenit Iberum.
Hujus militiæ primus quia signa levavit,
Pisanosque duces tantos animavit in actu.
Tota sequendo patrem classis comitare euntem,
Nongentos equites undosa per æquora portans
Replet Iberus aquis classem solatia, pacta
Cum ducibus proceres firmant, firmataque jurant.
Lapsaque jam fuerat paucorum meta dierum,
Cum dare vela parant ventis aquilonis obortis.
Ardua sed postquam sudantes æquora pulsant,
Lenior ingressas pontum vehit aura carinas,
Nocte quibus tota cursus dedit illa secundos
Sol erat incipiens per iter conscendere cœli,
Quando Colubrarem viderunt agmina montem
Cum quibus est plenus nomen tribuere Colubræ.
Accelerant, latet hic cum mox saxosa videtur
Insula Tyrrhenis, quæ circumcingitur undis
Spectans Hesperium lapidoso vertice littus:
Hanc Ebusum memorant; urbi de insula nomen.
Portus in hoc magnus Magnum vicinia dicit,
Qui valet innumeras spatiis servare carinas,
Cernitur Hispanæ de partibus esse Dianæ.
Hinc tenet illa caput quo fert sua plaustra Bootes,

A Pandit in occiduum dextrum latus insula solem,
Atque latus reliquum surgentis solis ab axe,
Quique nec occasum, nec prorsus spectat ad austrum
Occiduas finem non recte gestat in oras.
Cunctaque saxosi cingunt campestria montes,
Germinat innumeras herbas cum fructibus arvum
Vel satis, et dulces fluctant e fontibus haustus.
Hordea multa gerit, vites terrasque feraces,
Finis ad occiduas qui non bene respicit oras
Mille quater passus Ebusina distat ab urbe,
Eximii colles plana spectacula campi
Intrepidas arces, et mœnia tuta dederunt.
Unda sinum grandem, gelidam quæ spectat ad Arcton
Quæque superstat ei duplex dedit insula portum.
Circumquaque fluunt latices e fontibus orti
B Dulcibus, herba viret, calami junciquæ palustres.
Celsior a medio porrectus in aera collis
Eximias altis habuit cum turribus arces
Ardua sed triplices circumdant mœnia mari;
Subsistunt muris foveæ de monte cavatæ;
Lata duodenas habuerunt mœnia turres
Arcus ab his quantum poterit portare sagittam
Turrigeri stabant montano robore muri.
Difficiles aditus præbebant invia saxa.
Hinc quantum forti bis missile mittitur arcu
Cernitur exterior descriptæ circulus urbis
Turribus et forti circumdata mœnia muro,
Cujus fossa triplex immunia robora lingit;
Fossa redundat aquis, quas attribuere paludes
C Urbis et in summo fuit arx a partibus austri.
Mons foris æquoreæ pulsatus viribus undæ
Juxta quem dederant longos sinuamina portus.
Altera pars montis, quæ nempe recisa videtur
Solis ob occasu, foveas descendit ad imas,
Inde suburbanas descendens aspicit ædes;
Sed triplicis foveæ gelida non prorsus ab Arcto
Usque tenent pontem, pontusque tuetur et Euro
Mœnia cum grandi posito super æquora saxo
Erectum paries saxum secernit ab urbe,
Incipit a portu, protensus desinit illic,
Quos mons præruptus subjectas spectat in undas.
Turriger hinc murus summas ascendit ad arces
Duplex, et triplici tutus munimine fossæ.
Bogææ flores, et flores gentis Iberæ
D Tutantur validis Ebusinam viribus urbem.
Hujus militiæ princeps a rege secundus
Fertur Abulmunzor, fuerat cui tradita terra.
Vir fuit ille ferox captivus ab urbe Gerunda,
Qui posset versus Christi baptisma negando,
Vernula fuit Satanæ, quo non crudelior ullus.

EXPLICIT LIBER TERTIUS. INCIPIT QUARTUS.

Nox erat incipiens, præcesserat Hesperus astra,
Alphææ venere rates, Ebusina juventus
Inter conseptos stabat densissima muros.
Buccina repletur flatu, lituique, tubæque;
Tota sonat classis, conclamant civis et hospes,
Sed Latia superat clamor de gente levatus.
Spicula crebra ferunt, missos a mœnibus ignes.

Phœbus ab æquorea postquam processerat unda,
Clarueratque dies populis pugnantibus aptus,
Circumstant acies, ponuntur in ordine castra.
Plurima vallis habet tentoria, plurima collis,
Transcurrit campos celeris Pisana juventus,
Invaditque suos non pigris gressibus hostes.
Saxa volant ritu pluviæ de turribus altis,

Tela, sudesque terunt propiores mœnibus hostes.
Difficiles aditus per dura pericula fossæ
Pisanæ subeunt acies, portisque sub ipsis.
Non trepidant gladiis duros concidere muros.
Ardescunt animi, pugnantes cominus instant;
Ictibus assiduis clypei galeæque teruntur.
Nec prohibere valet thorax penetrantia tela :
Vulnus, et interitus passim, sanguisque redundant.
Nox postquam veniens ferventia bella diremit,
In sua Pisani redeunt tentoria fessi.
Sed remeante die, turmisque petentibus arma,
Machina construitur sapientum viribus acta
Artificum, turres feriens quæ dissipat altas.
Tunc aries, cratesque simul sunt addita muris,
Plena viris etiam per vallum vinea sepit,
Qui vario nisu perstringere robora tentant.
Obsita stat garabis protectis pontica ripa,
Et quibus armatæ properant ad bella cohortes
Dant animi vires, media Mars sævit in unda,
Nec tenet unda viros, medio stant agmina fluctu,
Innumerisque patent hominum discrimina telis.
Lis geritur gladiis, pugnæ furit anxius ardor,
Turrigeræque petunt muralia robora naves.
Bartolot Anfossusque simul rapiuntur in undas,
Nec vitant ictus, sed plana per æquora muros
Duriter obstantes jaculata cuspide sternunt.
Huc Opitho virtute potens mox flectit habenas,
Et Maurum peditem media transfigit in unda.
Altus Parlasii Petrus, atque Bono generosus,
Guido satus jaciunt hastas mucronibus, inde
Concidunt Mauros, densantur ab urbe sagittæ.
Arcitenensque sagax per visus figit, utrumque
Et de classe viri positum super æquora murum
Poscunt, et celsas invadunt agmina turres.
Transiliunt fossas alii properantius addunt
Ad conscendendum muri super ardua scalas,
Projiciunt lapides jaculantes tela, sudesque
De muris Mauri, Pisanaque robora pellunt,
Et instant acies, donec sol fervidus ipsas
Æstibus accensas cogit sua castra subire.
Interea turrim faciunt, solitasque per artes,
Unaquaque die muros, et mœnia frangunt ;
Arripit Alphæos belli violenta cupido,
Et latas intrant pugnantes undique fossas.
Tunc demum juvenes subeuntes mœnia quinque,
Maurorum cuneos violentis viribus urgent.
Hi contra jaciunt lapides, qui tela fugaces
Quatuor ex illis facti transcurrere saltu
Non dubitant aditus, quintusque remansit in illis
Pipini natus, socii quem deseruerunt.
Quid faceret ? vel cujus opem pugnando rogaret ?
Projiciunt lapides in eum de turribus altis.
A scapulis murus, contra quem plurimus hostis ;
Figitur innumeris telis, variisque sagittis
More viri pugnat quindenis natus ab annis
In se conversos sternitque viriliter hostes.
Cum tamen illorum nimius petit impetus ipsum,
Corruit, et pariter fundit cum sanguine vitam.
Innumeri subeunt membris puerilibus enses,

A Mauri lætantur, socii stant cæde dolentes.
Exercetque suos dum gens Pisana labores,
Tormentum mirum labentis solis ab axe,
Quod longo tractu muralia robora poscat,
Fecit Oriciades, simul et testudinis artem
Lætus in hac aries murales sternere cursus
Nititur, et penetrat impulsu præpete muros.
Ast Ebusitanis non est ad prælia dispar
Ingenium, totas dant in certamina vires,
Cumque suas faciunt non æquis viribus artes,
Pisanos tentant penitus confringere visus.
Dum magni lapides, quos ardua machina portat,
Immensam certant muris inferre ruinam,
Protegitur murus pannis, latisque tapetis,
Et turres habuere sui munimina vestes,
B Fulcraque collatæ luserunt sæpius ictus
Molis, et appositæ texerunt cætera crates.
Sicut aves reparant nidos quos destruit aura
Cum tremulos venti vis concutit aere ramos,
Sic Ebusitani muros, ac mœnia cuncta
Solliciti reparare student, præsentia quorum
Assidue vigili tenuat sua robora cura.
Fecerat in muro plures testudo fenestras,
Cujus Oriciadæ formam construxerat Astus.
Jam quoque casuram credebant agmina turrim,
Cum cessare jubent patres testudinis actus,
Electi donec juvenes mittantur in illam
Qui captam teneant summis cum viribus urbem.
Sancte tuum festum Victor laudabile multum
C Forte celebrabat mundus, Pianes super astra
Quando levata fuit martyr, virgoque decora.
Luce sub hac cursus medios jam Phœbus agebat,
Æstus erat grandis. Tecum rogitasse putatur
Cœlica turba Deum. Pisanus præsul, et omnis
Firmiter orabat sancto cum præsule clerus,
Quatenus ipse suis pugnantibus auxilietur.
Divinus.... tantos audisse rogatus
Creditur, et fusas lacrymas monuisse Tonantem.
Deviat esse Dei quisquis tales negat actus,
Et pro posse suo non laudat Cunctipotentem.
Extemplo medium dum carperet æthera Titan
Mota fuit turris graviter ceciditque patenter,
Intremuit locus, et pulvis vicina replevit.
Inconsumpta jacent mensis convivia : fertur
D Prorsus introitum Latius seu Gallicus hospes,
Ugo qui Pisis comitum vice præditus exstat,
Et Dodo Teperti clarus per prælia natus
Ac Cunishoniades animis decoratus, et actis,
Et Catalanensis quidam bene promptus in armis
A portu pariter per portas ingredientes
Invadunt Ebusum, sternunt, feriuntque feroces
Viribus, et perimunt lætis successibus hostes.
Qualiter armentum tygres per rura sequuntur,
Quando potenter eos jejunia longa coercent ;
Haud secus heroum gladiis pagana fugantur
Agmina : tunc reliquis succurrunt undique turmæ
Nulli parcentes, sexus jugulantur, et ætas.
Hinc aditum quemdam retinebant Ismaelitæ,
Maurus ibi pugnabat atrox metuendus in armis,

Et serus accessus cunctis prohibere putabat.
Erigit Ildeprandus in hunc Enfraxius ensem
Cæaentem mirum mirando recidit in ictu.
Qui per rupturas intrarunt denique muri,
Barbara concidunt fugientum corpora ferro.
Tunc percussa cadit gladiis Ebusina juventus :
Hic caput atque manus, illic sunt crura pedesque,
Quaque pedem faceres hominum projecta jacebant
Eruta corporibus morientum millia calcant
Belligeri cunei, sed qui de cæde supersunt
Ascendunt medios inter duo robora muros.
Altera turba ruens fugit ad sublimia saxa
Quæ suprafati spectantia diximus æquor.
Inde ruunt partim, partim truncantur, et illinc
Rupibus e summis salsas jaciuntur in undas.
Hic malus est saltus quem Mauri tunc didicere
Qui non fugerunt, saxosis ictibus, et non
Continuere manus, de muris præcipitati,
Undique confracti media jacuere platea.
Declinat medios dum Titan in æquore cursus,
Pugnantesque viros, et fervidus æstus agebat
Urbs ubi prima fuit divino victa vigore.
Altera victores veniunt ad mœnia portas,
Et superos aditus perfringere marte laborant.
Multisoni resonant variis rambonibus usus;
Saxa volant, missæque pluunt utrinque sagittæ.
Hortantur proceres pugnantes fortiter alas.
Utraque turba fremit, penetrant ad sidera voces,
Ascendunt geminas dum pugnant agmina turres,
Et superare putant reliquam velocius urbem.
Accurrens Ebusina cohors violentius hostem
Impetit, et saxis, telis sudibusque repellit,
Perque cohærentes cogit descendere scalas.
Postquam bella viris in nullo commoda præstant,
Mox sua castra movent, et barbara tecta subintrant.
Sed defunctorum ne corrumpantur odore,
Traditur exstinctus flammis crepitantibus hostis.
Postera lux oritur, consurgentesque catervæ
Tendunt in reliquam studiis ardentibus urbem.
Nocte dieque suas exercent fortiter artes.
Lux octava redit, turres feriendo reclinat
Machina, testudo perfringit sedula muros.
Cum nox transierat vicinæ proxima luci,
Auroræ patuere fores Phœbusque redibat,
Protinus ascendunt super altas agmina turres
Barbara turba pavet, celsasque recurrit ad arces.
Alphæus populus defuncta cadavera calcans
Hostiles cuneos gladio prosternit, et hasta :
Dumque satis properant super ardua ducere ca-
[strum
Mœnia, Dominici solers quod cura paravit,
Telorum nimbi summa mittuntur ab arce
Sarnicolasque super volitant ingentia....
Sed Christi pietas, divinaque gratia quantum
In se sperantes semper sustentat, et auget,
Humanæ nequeant ad plenum dicere linguæ.
Nam Christi facto, qui noscitur omnia posse,
Victoris festo, qui primam vicerat urbem,
Hujus in octava meruit superare secundam

A Pisanus populus semper confisus in ipso.
Victores tandem captos retinere laborant,
Et servare locum ; partes deducere castra
Circumquaque jubent : parent, ast obsidionem
Mœnibus inclusis omnes vicinius addunt.
Nulla quies cuiquam tenebris vel luce dabatur ;
Turres tormentis altas, murosque petebant,
Quæque graves longe dimittit machina moles
Mœnia celsa petens portabat ad usque fenestra
Cautes internas sternendo sæpius ædes ;
Vicinusque malus cui non erat agmine compar
Sublimem tractus crebro fervebat in aulam.
Nunc ultra turres lapides portabat, et infra
Et de sacrilegis faciebat sæpe ruinam.
Talibus, et reliquis populus Pisanus agebat
B Artibus, et duros tentabat vincere casus;
Tum Guidorubeus simul, et Catalanicus heros
Incassum missas non direxere sagittas.
E contra Mauri bellantia sæpe petebant
Agmina, non parili facientes prælia dextra.
Sævus Abulmunzor super ardua mœnia demum
Assistens, fractam defixo lumine turrim
Spectabat tristis : casu sinuaverat arcum
Villano genitus, qui mittens spicula contra
Spectantem medio defixit gutture Maurum.
Juravit pridem per jura Machamatis ille
Incolumem cuiquam se nunquam reddere terram
Tunc sibi subjecti suaserunt talia cives,
De juramento nulla ratione teneri,
De nuper facto fusi docuere cruores.
C Sanus enim non est cui figunt spicula guttur.
Ergo tui compos citius fac deditionem,
Et te nobiscum pariter de funere serva.
Motus erat princeps dictis, precibusque suorum.
Mittitur Alphæis ducibus, qui nuntiet ista.
Forma placet pacti Pisanis. Protinus illi,
Nil dubitando viri sine conditione dederunt
Omnia, se pariter, mortis terrore remoto.
Tunc, pie Laurenti, mundus tua festa colebat.
Te, venerande, Deum placido movisse rogatu,
Autumat Ecclesiæ populus, creduntque fideles.
Cum vexilla super posuerunt agmina turres,
Ter Domino laudes totum cantaverat agmen,
Cornicinumque dabant voces lituique tubæque,
D Tinnitusque pios resonantia signa tulerunt.
Conscendunt proceres summas properantius arces
At commune jubent spolium properanter in unum
Accumulare locum ; turres, et mœnia cuncta
Certatim sternunt avidi turresque coæquant.
Transierant bis sex rapida vertigine menses;
Et celer actus erat variis sudoribus annus ;
Tempus erat quo ferre soles, Auguste, racemos,
Cum citius solito portarunt agmina mustum,
Declarantque partes cœptas cum litibus iras,
Quas prædatorum tumidi movere furores.
Vulgus ab introitu captæ regionis, et ante
Quam populus quidquam superaret bellicus urbis,
Collectam passim prædam de rure trahebat,
Dumque viri fortes muris tormenta pararent,

Ignarum vulgus studium fornacis agebat.
O quantis studiis panes venduntur, et illud,
Unde monetati replent marsupia nummi!
Post hæc ex spoliis quæ comportarat in unum
Alphæus populus, movet anxia turba susurros
Et repetit partes, partiri capta recusat,
Hi quibus interius lacerat Majorica mentes,
Neve moram facerent spoliis retinentibus illos
Partibus, in tutas prædam posuere carinas.
Solvuntur classes, freta remis eruta spumant,
Vela tument zephyris, liquidas rapit aura procel-
[las;
Adveniunt Balaam, Latii comitatus, et illi,
Qui propter Balaam cœlestia signa tulerunt.
Est sinus haud modicus Balea de partibus austri,
Portus instar habens, ubi cornua bina videntur,
Per bis mille decem, quæ sunt distantia passus.
Replet utrumque latus Libyco de littore raptus
Pontus, et Aretoas finem distendit in oras
Quod ponit finem sinus, hic de parte sinistra
Urbs antiqua fuit raris habitata colonis,
Unde feræ gentes ab Iberis finibus actæ,
Navigio celeri, duce præcedente Moalfac,
Christicolis pulsis plures posuere penates,
Hic ubi lata stetit celsis Majorica muris,
Insula distat ab hac brevis, ut per millia quinque,
Quæ complexa sinu lævæ stat proxima terræ,
Portus ad hanc latus Rhodum vicinia dicit,
Urbis ab hac possunt sublimia mœnia cerni,
Ob quam Pisani tantos habuere labores.
Illa dies lætis populis octava refulsit,
In qua felicem matrem super astra recepit
Virgineus partus, de qua Deus est homo factus,
Parva venientes, qua congregat insula puppes,
Luxque sequens fuit hæc qua Christus morte resur-
[gens
In mundo genitis vitam dedit atque salutem.
Hac de plebe viri latices haurire volendo,
Navibus egressi per rus gradiuntur inermes,
Ast equites regionis erant in valle latentes.
Qui peditum plures incautos aggredientes
Truncarunt gladio, quosdam cepere, suisque
Duriter astrictos secum duxere capistris.
Hinc cum consulibus proceres tristantur, et omnes.
Tum Petrus antistes populos hortatur ad ista :
Tartareus aditus properavit vestra voluntas,
Dixit, et ostendit Balearica mœnia dextra.
Captus ibi, fateor, vester pius atque Creator,
Dicitur in membris, quis non pugnabit ut ipsum
Eruat, ipsa licet mortem sibi bella minentur.
Vos tamen in bello lethum nolite timere,
Non nisi pro bello vitæ quia poscitur auctor,
Atque dator vitæ, cunctis qui præparat usum,
Et qui pro nobis crucis est in stipite fixus,
Cum captis captus nunc permanet, atque ligatus,
Ut det opem vinctis, trahat et de nexibus ipsos.
Qui captum Dominum, pugnamve relinquit agen-
[tem,
Juste... damnatur, digne privatur honore,

A Et manet infamis semotus ab urbe, foroque.
Hoc et Boso pater, præsul quoque Carralitanus,
Comparibus verbis, lacrymisque fluentibus addunt.
His dictis, sedet in transtris festina juventus,
Et placidas molitur aquas, in carbasa ventus
Perflat, et amotis sulcatur navibus æquor.
Non volucres tanta pennæ levitate feruntur,
Quanta rates levitas pacata per æquora vectat.
Miratur Baleæ populus candentia vela,
Et defixa tenens in classem torva tyrannus
Lumina, dat lacrymas magno cogente dolore.
Inde metum reprimens quotquot rexisse putatur
Permixti sexus educit ab urbe catervas,
Ut late visus venientes terreat hostes
Totque licet turmas sparsas per rura viderent,
B Audaces quorum commoverat insula mentes,
Haud trepidare valent, quos spes præclara fovebat.
Pinea silva fuit, qua lata patebat arena,
A muris Baleæ, seu per sex millia distans,
Ex qua parte suo Titan petit æthera curru,
Cujus palus, et pontus geminum arguit unda reces-
[sum
Ortus, et occasus : nemoralia rura petenti
Sivum dant aditum, loca Ramora commemoratur.
Sive Forenna quidem, plures dixere Catinos.
Hic ubi plana citæ tenuerunt æquora proræ,
Educunt properanter equos, properantius arma
Sumit, et ignotæ lustrat loca cernua terræ
Bellator populus, quem justior ira movebat.
C Qui sibi commissas aliquas habuere cohortes,
Dispositas ipsas sectari signa jubebant.
Post hæc regis eques rarus progressus ab urbe,
Jam castris positum vidit de collibus agmen,
Quem Pisanorum rapidus comitatus equestris,
Ipsum dulcis aquæ fugat, usque secutus arenas,
Qui torrens Luidis solet in regione vocari.
Nox redit, excubias faciunt vigilantia castra,
Eximiamque satis fulgentia sidera noctem
Reddunt, signa polus demonstrat nocte sub illa.
Stella cadens divisa comas per mille videtur,
Dispersum Baleæ signat divisio regnum.
Ad Baleam, clamat populus, nos sidus ad illam
Crinitum properare monet, properare potenter,
Est superare datum nobis Balearica regna;
D Sideris in Baleam radios cecidisse videtis.
Lux rediens fuerat, qua sancti Bartholomæi
Festa celebrabat lati devotio mundi,
Purpureus Titan radiis fulgebat, et aura
Nulla fuit, quasi lac placidi maris unda jacebat,
Admonet Alphæus ductor, rectorque Pyrenes
Ordinibus factis aliquantum castra movere :
Quemque sequi sua signa monet, sit promptus in
[armis
Qui cupit alterius, dixit, conquirere fines.
Paruit haud monitis istis avidissima belli
Gens, et torrentis modo dicti transiit ora
Classis, et ad campos vicinos mœnibus urbis
Plenius egressæ fixerunt castra cohortes.

EXPLICIT LIBER QUARTUS. INCIPIT LIBER QUINTUS.

Spectabant acies avidæ certamina Martis,
Unde suum quisquis pugnans concurrat in hostem.
Barbaricus campus Mauris, dirisque Nigellis
Densus erat, clypeos alii tenuere rotundos,
Pars adoperta fuit captis Latialibus armis,
Tunc cum Pisanas quondam piratica cepit
Turba rates, monstratque suos gens torva vigores.
Hinc tunc procedens natus Bellonius Ugo
Mauretusque simul, gyro rapiuntur equestri,
Primaque Maurorum cuneos ad bella lacessunt.
Hinc Bisoctoni Pisana gente creati
Heroes comitis sectantes signa Levanni,
Hostibus incurrunt mediis, densasque catervas
Sternere non cessant, Libycorum more leonum;
Dant quibus introitum Baleares protinus alæ,
Et circumfuso velociter agmine claudunt,
Ac retinere putant quos spes satis improba fallit.
Ipsa pericla parant animos, viresque ministrant
His quibus internæ torquent præcordia curæ.
Sternunt quique suum, perimuntque sagaciter ho-
[stem,
Et quacunque ruunt, campus patet amplior ipsis.
Et veluti Rhodii sternunt perimuntque volucres,
Quando relucenti scindentes aera penna
Aggrediuntur aves, laniantque patentibus arvis;
Sanguinea pariter miles Pisanus in hasta
Viribus infractis Baleæ terit acriter agmen,
Et redit illæsus cunctis mirantibus actum.
Post hæc in geminas Baleæ milesque pedesque
Dividitur partes : campos alii tenuere;
At juxta fluctus quidam venere marinos,
Oppositumque petunt Pisanum durius agmen
Erectisque premunt rarissima cornua signis.
Alpheæ cedunt sed lentis passibus alæ,
Et contra posito nunquam flectuntur ab hoste.
Ex Arelatensi numero Guilielmus ad ista
Prælia Bernardus Mildace Daneta creatum
Sternit, et in strati dimissa cuspide ventre
Aggreditur, Mauri socium de cæde reportant.
Tunc vexilla gerens Pisanæ signifer urbis
Valandus, cuneos in campum ducit apertum.
Hinc Ildebrandus sanctæ vexilla Mariæ
Consul habens, dextra sævos incurrit in hostes.
Sedis apostolicæ vexillum detulit Atho,
Et diras petiit violento milite turmas.
Hos dum Pisani belli fervore sequuntur,
Inter condensos rapiuntur protinus hostes.
Inde Pyrenææ gentis generosa potestas
Clara sequebatur, cujus vexilla cohortes
Pulverulenta petit galeato milite rura.
Hujus signa ducis Gerardi cura Lemanni
Gestat, et ad lævam procedit agmina portam,
Quæ patet ad claram surgentis lampada solis,
Ac salsæ vicina magis cognoscitur undæ.
Hancque senex aciem sequitur comes Ampuriensis,
Cui satis exstiterat rector Balearis amicus,
Et subiit pugnam vallatus milite forti.

A Procedunt acies, et vi certantur utrinque.
Eminus obstantes decertant Ismaelitæ
Hi jaciunt lapides, jaculis pars appetit hostem,
Telorum tegitur tenebrosis nubibus aer.
Hinc diræ veniunt in equos hominesque sagittæ.
Mars furit, et magnis resonat clamoribus æther.
Tunc Latiæ turmæ, mortis terrore remoto,
Incurrunt Mauris, et pugnæ cominus instant.
Experitur gladius, cessatque volatile ferrum,
Terra cruore madens morientum substat acervis,
Toto mixta sonant gemitus certamina campo,
Ugo Parlasii tectis nutritus et ortus
Aurea quæ gessit quatiens venabula dextra
Pugnantis contra per pectora misit Alantis.
B Ille cadit properanter equo, fusoque cruore
Tartareas flatum citius transmittit ad umbras.
Occurrens Cytharon casu commotus amici
Ugonis penetrat durata cuspide scutum.
Ille quod hasta brevis contingere non valet hostem,
Ense vicem reddit, pugnoque reliquit adempto.
Hunc te, Perciades Dodo, Bernardusque secuti
Ferratas feriunt minitanti cuspide portas;
Utque redire parant, duo qui redeuntibus obsunt,
Occumbunt pariter Bachimas Hispanus, et Ander.
Guttur in unius Dodo postquam miserat hastam,
Cæde cruentatum traxit cum cuspide pannum.
Sed quod ferre potest Bernardi dextera telum
In latus, Ander, habes : manes ad tartara raptos
Accipiunt, stygiæque patent properantibus aulæ.
C Viderat Urbanæ pulsantis limina portæ
Rex Baleæ, reditum prohibere nequisse.
Quæ tutabantur Balearica robora turmas,
Rebar, et hos homines ait, et jam credo leones.
Dux Catalanensis sævum Moldonea poscens :
Primus, ait, nostris quoniam te viribus offers
Integer haud poteris nostros evadere visus.
Protinus urget equum, teneras nec flectat habenas,
Thoracem clypeumque viri levamque papillam
Telo transfodiens, per dextrum præterit armum.
Ille supinus equo ruit, hastaque frangitur ictu,
Aurea sed comitis cuspis datur altera dextræ
Quæ vibrata feros posternat et Ismaelitas.
Gerardus Porion prostravit cuspide vasta,
Inque viri pectus vexillum misit et hastam.
D Daridis Umberti penetravit lancea costas,
Ildeprandini Danius transfoditur hasta,
Rodulpho geniti Garsias sternitur ense,
Rolandi sævum ruit in Dareta Recuccus.
Et velut hasta fuit de dorso pellit equino,
Gerardusque comes rector dominusque Levanni,
Dum furit in Mauros miles per bella probatus
Frascinea Lelaphum pugnantem perculit hasta,
Atque viri scapulas ictu penetravit eodem.
Stratus utraque ruit tanto dejectus in ictu
Cui sonipes violentus erat, violentius actus
Pulvereum campum cum corpore pressit herili,
Seque regentis heri fregit labendo lacertum.

Rainerius eum Tegrino Raineria proles
In coacervatos ibat promptissimus hostes.
Sternit et hic Lephaton Tegrimus Alance creatum,
Cajetanus ibi Gerardus cuspidis ictu
Cerbereas Rachium transfixum misit ad oras,
Guiscardus Hilion lethali vulnere sternit.
Hinc Albertinus claro Bellonimæ natus
Per fauces medias ingentem fixit Anetem,
Atrocem Lavim venientem Guido Butensis
Excipit, et victum Stygialibus aggregat umbris.
Saucius ipse tamen graviter certamine cedit.
Ildebrandinus Julistæ filius hasta
Fundit Ilerdensem generosum stirpe Gairum.
Ingentem Gualandus agens, Gualandica proles,
Hastam, quam validus vibrabat uterque lacertus,
Immanem Libycum duro resupinat in agro.
Terga Rachis penetrat Gualandi frater in ictu
Cuspidis Albertus, misso per pectora ferro.
Hasta virum fortem stravit Molfena Dodonis
Consulis, hujus equum celeri penetrante sagitta
Gausmaro genitus fama decoratus equestri
Ugo Dianensem telo penetravit acuto,
Mortiferum fecit transfixo gutture vulnus
Sicherius frater Gualandi perculit Idam.
Hinc Mucharellus ruit Ildebrandia proles,
Et fudit Gurion quem Corduba misit ad arma.
Ugonis proles Albertus impulit Ermon,
Anticum Libycum Lanfredi dextra peremit,
Stravit Ilerdænum Mathildæ filius Ugo.
Inde Sapibonides campo dejecit Aristen,
Atque Sofredutius transfodit cuspide Maulam.
Popiliensis equum velocem rusticus urgens
Per lumbare Tanes hastam transmisit acerbam :
Mittit in hunc jaculum magno conamine Nelops,
Perque viri corpus lethalis lancea transit.
Acrior hic Maurum telo transfigit eodem,
Tresque necans alios horrendum mandat ad orcum.
Ast ubi membra viri sunt evacuata cruore
Felicem moriens transmittit ad æthera flatum.
Occubuit Garathas Rubei Guidonis in hasta,
Indiguitque sui Cliton suberanus amoris.
Cui latus abbatis transjecit lancea dextrum,
Cervicemque viri mucrone resolvit, et agri
Pulvere projectum pedibus submisit equorum.
Exstincti socius ferventi concitus ira
Te, Viviane, petit violentus ob arma Galindus,
Et jugulare cupit pro morte libenter amici.
Non fugis audacem venientis militis ictum,
Præsentemque virum properantem sternis in hasta,
Consortemque necis vitæ conjugis amico.
Albicione satis clarus Lanfrancus ob arma
Filius obstantem Dedum feriendo peremit.
Hinc Arabis fugientis agens cum cuspide lumbos
Compulit, hunc læva sellæ de parte labare.
Rarus eques, densusque pedes de parte marina
Barbaricos cuneos pugnæ stridore coarctat,
Pugnantemque terit summis conatibus hostem.
Alphæi pedites, Domino præstante vigorem,
Hic plures faciunt ensis seu cuspidis ictus.

A Ictibus attritæ, cum jam tolerare nequirent
Prælia, barbaricæ redeunt ad tecta phalanges,
Et firmant duro ferratas obice valvas.
Mœnibus inclusis discurrens undique rector
Anxius imperitat maneant, ne cardine clauso
In campum redeant, et prælia dura reposcant,
Ac repetant duros patriis pro legibus hostes
Et nec deficiant, nec vinci se patiantur,
Proponens laudis quantum victoria præstet
Et quantum tribuat victoribus utilitatis,
Quantaque eum damnis fœdent opprobria victis :
Quos fugit omne decus, quos deserit omnis honestas,
Servitium, dolor, hinc tristitia quæque sequuntur.
Et lacrymans adjurat eos per delubra regni,
Ne metuant populos quos lex Machamatis odit,
B Sed sic decertent devincere, quatenus ipsos
Et sub perpetuis valeant retinere catenis :
Qui se necne suum cupiunt disperdere regnum.
Hæc ait, et cunctis animos viresque reducit.
Hortantur proceres regem, prohibentque timere
Atque mori spondent potius quam cedere bello
Signa capit Burabe ; reseratur dextera porta,
Prosiliunt turmæ, properant ad bella manipli.
Dispositis signis Burabe jam stabat in agro ;
Durus agebat Alas dextræ vexilla cohortis,
In lævo cornu torvo curante Corace.
Plena dabant voces humano classica flatu,
Nec tuba bella movens, nec buccina defuit ulla
Cum sic dispositos sanctæ videre cohortes,
C Directis igitur properant in prælia signis,
Et dextram pariter satagunt invadere portam.
Densus, et innumerus fuerat quam barbarus hostis
Quæ quoque, Phœbe, tuos claros spectabat ad ortus.
Jam Guilielmus adest, dominus montis Pesulani,
Qui rata signa dabat clara comitante caterva,
Et velox tantis sese conflictibus offert.
Dux Herbonensis de nomine dictus avito
Fulgentes acies decoratas milite forti
Præcipit ante suos properanter sistere vultus.
Nominat ille suos, largos quoque spondet honores,
Quos videt audaces geminato robore firmat,
Signiferumque monet nullo trepidare timore,
Anteque fraternas promptum contendere turmas.
Juxta Raymundus pugnam festinus adibat,
D Cui sedes Arelas, cui Dalcia tellus origo.
Hic Arelatenses promptos in prælia firmans
Admonet ut nolint de posterioribus esse.
Petrus ad hanc litem Grossus non segnius ibat,
Hortaturque suos equites post cuspidis ictus
Ne sint immemores inimicos ense ferire.
Concurrunt partes, miscentur utrinque manipli ;
Saxa ruunt, volitant densissima pila per auras,
Martia signa canunt, subeunt ad sidera voces,
Ira, furor mixtos inter se concitat hostes,
Telorum nimbis clypei, galeæque teruntur,
Arma sonant armis, micat ictibus horridus ensis,
Vulneribus misso satiatur sanguine tellus,
Labentumque tegunt exstincta cadavera campos.
Henricum Milgdas poscunt Neriusque, sed ejus

Prædurus clypeus jaculum propellit utrumque.
Hos validos equites Dertosæ finibus ortos
Cum Sigonundiade Gui thone creatus utroque
Transfodiens ambos de tergis sternit equinis,
Atque ferus Perithon socius necis esset eorum
Subsidiatorem Baleæ quem Corduba misit,
Sed centum sociis Hispana per æquora vectum
Ili faciendo fugam citius flexisset habenas.
Tunc Erithone satus Danaen, Gerardus Arontam,
Viribus insignes prostrarunt consul uterque.
Dissecat obstantes cuneos tunc Baleius heros
Prosternens Arabem perimitque terendo Cosellum
Beltraminus fratrem stravit Nilgdona Coracis,
Ugo de Landa penetravit cuspide Tagum
Et tulit ense caput, post hæc juvenilibus actus
Viribus Umberti cadit Alcimionius Imon.
Sed Petri fratris dejecit dextra Nicalem,
Urget equum Sacrista potens Ramundus, et hastæ
Neliobem valido percussum foditat ictu,
Sonipedemque rapit pretii non vilis habendum,
Armigeroque suo geminatas tradit habenas.
Tunc Ildeprandus consul dirum Niceronta
Transfodiens ferro per pectus dirigit hastam
Vexillumque trahit madefactum sanguine Mauri.
Petuma Parlasii bello quem miserat ora
Aggreditur Balager, grandi retro pellitur ictu
Militis Alphæi Acula percussus ab hasta
Ad socios igitur fugiendo retorquet habenas.
Transfigit hasta Dodon Pusii vibrata lacertis,
Hocius ense cadit, quem gelli filius Oddo
Viribus assumptis ictu transverberat imo.
Insignes equites Pesulani montis ad istos
Adveniunt ictus, Guilielmi signa sequentes.
Dalmatius castrensis ibi Molphænida letho
Suppositum fecit per acutæ cuspidis ictum,
Et muti vetuli . . . . Sichardus Emonem
Petrus Amunta petens, Bernardus Amunte creatum
Projiciunt, perimuntque simul Froccardia proles
De villa Balei Machumata vasta Guidelmi
Lancea transierit, tum Berengarius Oran
Verunæ miles perimit sociatque gehennæ
In Raymunde Midan, cui præbet Eradius ortum
Dertosane cavas foveas penetrare Vilelmi
Cuspide, cui sedes fuerat Pinianica tellus.
Dux Aimelricus speciosis clarus in armis
Occupat obstantes fervente vigore catervas,
Cui ferus Alcimio satis properando sinistris
Occurrit cupiens ulcisci funera nati.
Prævenit hunc Atacis ductor, nec deviat ictus;
Per pectus volat hasta tenax umbone forato,
Occidit, et moriens præmordet dentibus herbam.
Fraxinus Henrici te pectoris Atila fixit
In medio, ferrum vitalia cuncta retraxit.
Et Pusii frater Lambertus Agranta peremit,
Minolon ad Esculea dictus Rainutius ora
Horrendum nimium fixit Ricapecora Carben,
Inque Valentinum Glegonem Poarutius hastam
Per scapulas misit lævam feriendo papillam,
Trajectumque virum medio prostravit in agro.

A Pharion Hispanus Guinacelli sternitur ictu
Dum cadit . . . ruit inter loca fugacis
Cujus Saltarus trajecerat illa virga,
Quando duas pariter fixit jaculando nigellos.
Gerardi proles Opizo cum pube suorum
Invadens aciem, satagit prosternere Mauros.
Gaufredus Parthum, Raynerius proterit Afrum,
Consortesque necis fecit germanus uterque.
Marinialnus hic Bernardus Ilonea letho
Donat, transfigens cædenti cuspide costas.
Cuspide Silleti ditus prosternitur Olphes,
Gruirnius Alcheon, sternit Mauretus Edonem.
Undique discurrens rector Catalanicus hostes
Dissipat, et socios hortatu divite firmans.
Ampuriæ fortes equites, et Dusilientes
B Subsidiando duci, dant plurima funera Mauris.
At Petri Grossi dejecerat hasta Coracem,
Cujus promptus eques multos patraverat actus.
Sed jugulare virum cum jam mucrone parasset,
Currentes Mauri socium de cæde tulerunt
Signifer Alphæus medios violentus in hostes
Currit, et exacuens fortes in bello sodales,
Ut reliquas prosternit aves regina volucrum,
Sic sic hostiles terit insistendo phalanges.
Barbarici statim cuncti turbantur, et inde
Conversi fugiunt, Pisani terga sequentes
Urbanas inter propellunt agmina portas.
Innumeri capiuntur equi, capiuntur et arma,
Et fusi per rura lacus jacuere cruoris.
C Altius ascendens Phœbus contraxerat umbras,
Ad sua victrices redeunt tentoria turmæ.
Bellica per campos Baleæ jam facta patebant,
Exstinctosque viros fusos spectare per herbam
Barbaricus populus simul et Pisana volebant
Agmina, legati veniebant atque redibant.
Accipitres vestes privataque dona dabantur.
His quibus Ampuriæ comes hæc tribuenda monebat
Vendita fit pietas, tunc multum devius heros
Regi transmittit chartas, recipitque latenter
Hujus scripturas quæ rescribuntur ad ipsum.
Pestifer interea dum fœdera quæreret hostis,
Quos divinus amor non præda, nec ulla simultas,
Sed Christi pietas ad justa vocaverat arma,
Captivos omnes sub conditione volebant.
D Nazacedeolus certa sine lege paratus
Reddere non fuerat, nexuque fameque coactos
Carceribus distentos attenuando necabant,
Ac Pharaonæos retinens in mente furores,
Quæ spondebat heri, cras inficiando vetabat.
Utque dolosa vident patres colludia regis
Solantur populum, populus solamine gaudet.
Dum trutinare novos nituntur pectore sensus
Mox recolitque dies, nam præterit unus et alter
Castraque paulatim mutata propinquius exstant
Mœnibus, ac creber procedit ab urbe tumultus.
Optime Dalmati, quem tu non lentus adibas,
Nam crebro factæ pugnæ non tardus adesse
Cerneris, in tantum pugnæ tibi suppetit ardor.
Ergo die quadam paucis comitantibus hostes

Corde volente petens, sociis absistere jussis
Cum geminis solus vadis contendere Mauris,
Viribus ergo tuis prostratus corruit unus,
Alterius mox dextra tibi penetrabile scutum
Transfigit, mediam penetrat quoque lancea coram.
Hinc patet, et miles non loricatus inermis
Stratus equo pugnare paras, sed vulnere factus
Debilis innumeros equites sine lege ruentes
Decidit excipiens, feriens te barbarus ensis
Decapitat, felix transmigrat ad æthera flatus.
Talia bellipotens ut concipit aure Villelmus,
Dat lacrymas, tristesque viri de funere questus
Profundit, nec ad ista vacat, sed clamat ad arma,
Ulciscique necem jugulati currit amici.
Heroem centum sectantur ob arma micantes,
Qui promptos gestare solent ad bella vigores
Accelerat, campumque petit, sua mœnia Mauri
Ista meditantes properatis gressibus intrant.
Militis acquirit, vindex modo cum nequit esse,
Gothica turba caput. Mutato denique Mauro
Ante diem domini semper qua proxima fulget
Lux rediit, qua tempus erat sine turbine clarum,
Jamque sui cursus nonam perfecerat horam
Phœbus, cum fortes redeunt ad prælia Mauri.
Christicolasque putant ad castra requirere tantum
In numero fidorum equitum peditumque potenti,
At cauti pedites currunt lætanter ad arma
Pisani, visosque petunt non segniter hostes.
Spicula, tela simul lapidesque venire per agros,
Et pluviæ ritu poteras spectare sagittas.
Pugnæ sævit amor, Pisanis robur abundat,
Dumque ferunt ictus, dum totis viribus instant,
Ismaelitarum cuneos in mœnia mittunt,
Et certant summum robur prosternere valli.
Calcatos equites subeuntes limina portæ
Transfodiunt et equos fortes durantibus hastis,
Summaque projiciunt murorum, nec secus ipsas
Concutiunt portas, funduntque viriliter hostes.
Denique conspiciunt geminæ fundamina fossæ,
Mirantes muros, et defensacula circum,
(Discrepat a visu quidquid pervenit ad aures)
Urbis, multorum subit in præcordia terror

A Diffidunt igitur multi, tremulumque revolvunt
Ore silente caput, tanto pro robore fortes
Ipsi desperant urbem superare potentem.
Tres fuerant urbes, unum quæ nomen habebant.
Sed diversa tamen si nomina quæris earum,
Nomine diverso poteris quamcunque notare.
Arabathalgidit murus fabricatus ab ipsa
Incipiens urbis corpus circumdat, et undas
Æquoris attingens, mare juxta volvitur illuc,
Quo densat celsas urbs Elmodenia turres.
Dividit has murus, circumdatur una duabus,
Quas circum decies cubitorum millia cingunt.
Hoc numero demptis ter ternis atque duobus
In numero certo turres sunt sorte volenti
Quatuor et decies septem centumque notandæ,
B Hæ tres una queunt urbs famosissima dici.
Est commune tribus positum Majorica nomen,
Inter quas etiam torrens placidissimus ivit,
Et per quinque queunt torrentis viscera pontes
Transiri, liquidæ cum plus fluit impetus undæ,
Ezechinque vocant, qui plenius affluit amnem
Dicitur Enelamur præducta canalibus unda,
Quæ potanda viris dulces dabit omnibus haustus
Indigenis populis, et ob auctas fortiter artes
Mœnia tuta forent, si contemnenda malorum
Tam sceleratorum Deus agmina vellet amare.
In populi numero non debet fidere quisquam,
Qui Dominum contra sublimes erigit arces.
Hincque Boabitas rector Balearis ad arma,
C Et Getulos Arabes, Parthos, Libyeosque, Medosque,
Nec non Hispanos multo conduxerat auro,
Et dedit immensum, non intentata relinquen
Per quæ tota dari patriæ solatia possent.
Ergo pugnantum tractare viriliter arma,
Qui poterant, sibi sexaginta millia, vel plus
Est; equites perhibentur ei ter mille fuisse,
Et centena dabat prægrandes machina moles
Mille quater ductus numerus fuit arcitenentum,
Figere qui poterant missis loca certa sagittis.
Fundibulatorum præ multitudine certus
Non fuerat numerus, sic nec lapides jacientum.

EXPLICIT LIBER QUINTUS. INCIPIT LIBER SEXTUS.

Noscunt tanta patres cito robora non superari;
Hortantur socios, et contra robora robur
Accelerare parant, naves prius esse trahendas
Constituunt, et perficiunt hæc jussa libenter
Agmina cuncta : solum tractæ tenuere carinæ.
Inde duces Latii vicinius addere castra
Festinando jubent, jussis paretur eorum.
Præsulis hospitium Petri de parte marina,
Non humilis, non alta nimis domus affuit, unde
Sæpius incœptum bellum spectare valebat.
Signoretus eam stridentibus inde Pyrenis
Ingressus tenuit prompta bonitate sacerdos,
Hinc, Vicedomne, tuos armis, Gratiane potentes
Hinc quicunque manu pedibusve paratior esset;
Et crebros ictus tecum aspiciebat Obertu

D Juxta pontificis tectum tentoria patrum,
Ut citius veniant ad eum, cum sæpe vocentur.
Nobilitatis honor non longe densus habebat
Hospitium; fortes steterunt a fronte catervæ
Pisani populi, qui vitam duxit in armis
Totam, perpetuos solitus tolerare labores.
Huic non algor erat, non formidabilis æstus;
Hunc non grando ferox, non nix imberque mo-
 [vebat
Hostes, et muros violentius aggredientem.
Hæc erat ingeniis spectanda juventus et armis,
Ingluviem ventris nimiamque perosa quietem,
Noverat et brevibus submittere lumina somnis.
Ast equitum robusta manus non sparsa per agmen,
Sed juxta lævam fixit tentoria portam.

Talis ab æquorea facie porrectus utramque
Observat portam populus Catalanicus heros.
Illius in medio murus tutissimus exstat,
Namque vigor Latius dextra lævaque sedebat,
Hospitiumque ducis retro vallabat, et ante
Stat post Pisanos Cardumæ rector, et illinc
Phorima post illum quæ misit Gothica tellus
Agmina, quæ prædas potius quam bella gerebant.
Ante duces reliquos sibi fecit castra Guidelmus,
Et dextra vicina magis quam cætera portæ,
Juxta quem pariter sua cœpit Balcius heros;
Atque Herbonensis domini post ista steterunt
Fulgentes acies, quas juncta Rusilienses
Ampuriæ rector post omnes castra tenebat,
Et vallatus erat sola de gente suorum.
Hi silvas et rura petunt, armentaque multa
Direptosque greges, et quidquid germinat arvum,
Ad socias acies, converso tramite ducunt.
Lignea tecta trahunt, paleas ubi comperiuntur,
Arboreasque simul vulsas cum stipite frondes
Gothorum pedites, vel quos Provincia misit,
Mercibus ablatis discurrunt agmine toto,
Et venale facit quidquid dabat insula vulgo.
Pisani summis arcent conatibus hostes,
Hique colendorum patrum præcepta secut
Ædificant geminas superantes omnia turres,
Mœnia de lignis, vulgo castella vocantur.
Altum surgit opus, sublimia culmina quarum
Aerias subeunt summis cum nubibus auras,
Offenduntque satis ducentos frigora ventos,
Astutusque magis nil fecit Dædalus arte.
Vimineæ crates ductæ de rure propinquo,
Multaque terga boum lateralia quæque tegebant.
Suppositis igitur postquam residere paratis,
Impulsi graviter celeri molimine currunt.
Ut nubes quas forte notus violentior auctas
Imbribus ad cœlum pluvioso turbine venit,
Quarum rura pedes cœlos agitare cacumen,
Sæpius aspiciens, qua currere quippe videntur.
Adstantes igitur multi mirantur euntes,
Qui similes nunquam potuerunt viribus arces
Subdere, mox gemina subeunt testudine muros;
Et dum Martis erat creber, variusque tumultus,
Sæpe Moabitæ violenti mœnibus urbis
Egrediebantur: trahit impetus egredientes,
Casus et bos potius quam bellicus instruit ordo.
Utque Robertus eos audaci strenuitate
Motus, vidit, ait : Pro se certantibus auctor
Est Deus, et robur pro se pugnantibus auget.
Dixerat; et plures solus properavit in hostes,
Et partitur eos, simul et fugientibus instans
Inter murales aditum pugnando reclusit.
Corruit hujus equus fovea, proh casus iniquus !
Protinus e sella se compulit ire regentem,
Ilic clypeo, jaculoque prius, mucrone deinceps
Pugnat, et Hectoreo decertans robore consul,
Sustinet innumeros damnosis jactibus ictus
In se collatos, nudo quoque fortiter ense
Dimicat, et solus multorum robora sentit :

A Dumque pluunt lapides, et tela cadunt super illum,
En lævam super cita figitur hasta papillam.
Neu clypeus, non obstiterat lorica ruentem
Incarnare virum facilem dimiserat hastam,
Accelerant raptumque ferunt de Marte propinqui.
Jam castella super defossi robora valli,
Implebant latas gemina testudine fossas,
Erigit antennam Balearis in arbore cura,
Castellis etiam quæ cernitur esse duobus,
Altior in summo cujus bellator habebat,
Excelsum tutumque locum velamina parvis,
Plurima, sublimen septenaque terga tenebant.
Qualiter excelsæ spatiosa per æquora naves,
Sæpius ire solent pyratica bella timentes,
Loricam tutam retinet, clypeumque rotundum,
B Et protectus erat cristata casside vertex,
Per triplices funes antennæ callidus usus,
Vesanum navium vacuas porrexit in auras,
In qua subjectas turres projicere cautes,
Et lapidare viros, et mittere tela valebat.
Ardet in antennam pugnantum fortiter astus,
Atque duos funes cum falce recidit acuta,
Tertius antennam retinebat in aere funis,
Pertimuit Maurus ne falx si cæderet illum,
Invitus rueret, vel protraheretur ab unco.
Ergo velut moles de summis eruta saxis,
Per funem labens, dedit intra mœnia saltum.
Grandia labentis senserunt pondera palmæ.
Christicolæ gaudent, alacres dant agmina plausus
C Admirata virum per inanes currere ventos.
Nutabant turres Baleæ, murique cadebant,
Quos fodiebat ovans toto molimine fossor,
Cui per quemque diem fulvum numisma dabatur.
Hos aries duplex de testudinibus actus
Et de castellis ictu graviore petebant.
E quibus artifices mittunt super ardua pontes
Mœnia, cumque volunt, turres invadere possunt.
Per quadragenos passus, et apertus, et amplus
Introitus fuerat, centum fecere cohortes,
Cardinibus Boso de primis taliter unus
Inquit, et hæc monuit, monitus, et verba notantur:
Qui fines patrios, qui deseruere parentes,
Uxores, natos, et quidquid dulce videtur
Sensibus humanis, vos pro pietate fuistis.
D Si pietatis amor vos cum mercede vocavit
Cur pietatis honor non contra viscera fortes
Impietatis habet? Baleæ spectate Leonem
Qui male tractat oves, et Christi dissipat agnos.
Spectat ab excelsis muris molimina nostra;
In cassum factas turres quoque credit, et arces
Et nos, et pariter subsannat Cunctipotentem
Agminis auctorem qui sese prætulit hujus.
Ut vos informet, vos Ægyptum spoliate.
En Pharaonæis fratres servire catenis
Cernitis, ultrices fragant hæc impia dextræ
Tartara, de pœnis fratresque trahantur eorum,
Sitque beatus homo, qui pro conflictibus istis
Occumbet, pœnas nequeat sentire gehennæ.
Non aliquis dæmon de crimine sive reatu

Audeat ante Deum sibi connectum generare.
Gaudia dentur ei quæ fini subdita non sunt,
Quæ servare solet, vel quæ præbere beatis
Splendor sanctorum, pia lux, et gloria Jesus.
Non dubitent hi quos fuerit regina polorum
Cum nato comitata suo pugnare Deus, nam
Qui pia causa fuit, pro qua vos arma tulistis,
Adjutor fiet vobis, terrebit et hostes,
Et conculcabit divina potentia vestros.
Hæc ad certamen vos spes invitet euntes,
Signifer et Michael vobis præcedat, agetque
Cum sociis hæc bella suis, Baptista Joannes,
Et patriarcharum chorus arduus atque prophetæ.
Ne trepidate, duces vobis in prælia fient
Ecclesiæ Petrus cum Paulo tuta columna,
Nec non Matthæus, Lucas, Marcusque, Joannes
Et reliqui vestræ facient solatia pugnæ.
Auxiliumque dabit vobis certe protomartyr
Cum sociis Stephanus, Silvester cum Nicolao,
Virgineusque chorus vobis succurret, opemque
Agmina sancta dabunt, hanc spem retinete fidelem.
Dixerat, et lacrymæ fluxere per ora loquentis
Ex oculis. Deflent quia cernunt agmina flentem,
Quæ votis pariter promittunt prælia totis.
Denique castra petunt, cum jam subit æquora Titan.
Nox abit, auroræ Phœbus de parte resurgit.
Bellica signa sonant, toto properantque vigore
Urbis ad introitum Pisanum robur, et omnes
Gothorum populi, vel quos Provincia misit.
Intus Agareni perstant, valloque supersunt.
Densa ruinosas jacit undique machina moles.
Pisanæ bellant acies, adituque resistunt.
Urbanas inter summis cum viribus ædes
Hostiles pellunt pugnantes fortiter alas.
Post pedites equites veniunt, sed durius instant.
Difficilis congressus equis, reditus nimis asper
Cum remeare volunt; miles Balearis ubique
Cogit ad arma suos, vires adhibet, reficitque
Alphæi litem telis gladiisque gerentes.
Obstantes cohibent collatis viribus hostes.
Telorum super hos nimbi, lapidesque ruentes
Adveniunt, vallique terunt in margine ductos.
Vertere terga parant, retro flectuntur habenæ,
Quos Baleæ faciunt nimium properare vigores.
Sed Pisana cohors per plurima vulnera lapsa
In sua castra redit, muri munimina linquens.
Turres quam citius Baleares inde phalanges
Lætanter plaudendo petunt, et tympana lætis
Ictibus incipiunt ob gaudia summa ferire,
In quibus, et furiæ poterant Bacchusque notari.
Tollunt astra diem; non præterit ira, dolorque
Ut redit altera lux, certatim mœnia poscunt
Pisani cunei, quibus hæc sunt jurgia curæ
Amplaque dupliciter via fit, tentatur, et intus
Cunctorum parat ire vigor, cum Phœbus agebat
In sublime suam progressus ab æquore lucem
Per factos aditus patulam pedes intrat in urbem,
Inque resistentem turbam non leniter actus

A Barbaricis cuncis terrorem mortis agebat.
Ast equiti nimis arctus erat pro margine trames.
Invitant pedites equites intrare, reductis
Qui convertuntur contra tentoria frenis;
Quos vulnus trepidare facit, seu funus equorum.
Tunc equitum cernens intrinseca turba pavorem
A fractis muris collapso robore cessat
Ista Moabitæ cernunt, animisque resumptis
Per cunctas veniunt equites peditesque plateas.
Dat tergum Pisana manus, quæ mœnia dudum
Invasisse datur, clypeisque extemplo relictis
Diffugiunt plures; remanet Raynerus ibidem
Qui male commentum cognomento vocitatur.
Quem socii postquam fugientes deseruere,
Inter Agarenos nudo mucrone cucurrit.
B At quoties fecere locum, fugiisse valeret,
Si fuga tuta foret; gladio stetit ille minaci,
Et quemcunque super violentia concidit hujus
Cerbereos rictus, et tartara nigra petivit,
Vel sine lethali dum vixerit ille dolore
Non erit; hinc solum jussu petiere Coracis,
Et circumseptum jaculis fixere cohortes.
Occubuit, postquam sibi vulnera mille fuerunt;
Exanimique viro post vulnera tanta jacenti
Ablatum caput est: petiit pia sidera fletus.
Ira patres populumque tenet, sociosque peremptos,
Ægrotosque simul multa pietate requirunt.
Agmina nam postquam latices, non vina bibebant,
Conciderant morbis, mutatio nempe ciborum
Laxatos ventres in multa pericula traxit.
C Inde manus non parva malis oppressa cadebat.
Innumeris igitur multi cecidere potentum,
Qui titulis claris caput in sublime gerebant,
Et plures, quibus æqua stetit cum funere fama.
Jamque viam tumuli pariter cum rure tegebant
Nobiliumque simul positas in littore capsas
In reliquisque locis aliquis spectare valebat:
Inter tot lacrymas natorum sive parentum,
Tot licet ac tantos ferat inclyta turba dolores,
Non tamen a pugna cessat, reliquoque labore.
Decernunt pugnare patres, iterumque resumptis
Viribus audaces animant in bella catervas.
Dumque diem Domini celebrarent sæcula cuncta,
Bertraminus Mauros petiit per prælia clarus,
D Cujus opes Arelate nitent, et origo parentum
Nobilibus titulis viget illic clara suorum.
Hic accinctus erat gladio; fundæque magister
Hostiles acies lapides jaciendo petivit.
Atque quod egregios fecisset sæpius actus
Utpote qui sese cunctis conflictibus ultro
Obtulerat, cuneos nihilum, modicumve timebat
Adversos hostis, qui muris stabat in altis.
Sæpe velut volucer, quem grandinis appetit ictus,
Post frondem foliumve caput velociter abdens
Projectos lapides vitabat tegmine quoquo.
Hinc Balearis in hunc tectus septemplice tergo
Intrepidum juvenem quidem properantius ibat.
Hic igitur clypeum peditis post se venientis
Accipiens, hostemque sequens in mœnia sævos

Provocat ad bellum Mauros de margine valli.
Tunc Parthus, cui prompta satis mens, promptior
        [arcus
Atque sagitta fuit, postquam contenderat arcum,
Transfodit fauces ; penetravit missile guttur.
Audacem mors atra virum de nobilitate
Tollit, quem socii deflent, cœlique coronant.
Rore carebat humus Phœbi præstante calore
Jam matutinis algoribus attenuatis,
Cum turmæ dapibus sumptis Bacchique liquore
In Baleæ muros promptis non segniter ibant
Gressibus, atque tubæ plusquam vicina replerant
Cantibus, inque suis acies equitum peditumque
Ordinibus steterant, hastis vexilla micabant.
Signiferi ducunt acies, at clamor euntes
Concitat, et patulos invadunt agmina muros.
Concurrunt hostes contra molimine toto,
Alphæosque petunt, et quam robustius instant,
Saxa ruunt, et tela pluunt, et spicula, ritu
Grandinis instantes populos utrinque petitos
Concutiunt prorsus sternuntque, teruntque, pre-
        [muntque
Vimineas crates, moles lacerare videntur.
Vulneribusque ruunt alii, moriuntur utrinque
Multi, conspicitur sanguis perfusus ubique.
Jam remeare parant fessa per bella catervæ,
Difficilemque nimis nequeunt plus ferre laborem.
Signifer Alphæus prompto per bella vigore
Discurrit reficitque suas hortando cohortes
Adveniens super hunc magno cum turbine saxum
Vexillum lanians, hastam lævumque lacertum
Comminuit ; de mortis eum rapuere periclis
Quam celeres socii : cura subiere medentum
Nempe Boni proles Petrus Gerardus, et Ugo
Ipsum Pæoniis curarunt protinus herbis.
Casibus hic variis discrimina Martis aguntur.
Occumbunt plures, redeunt sine vulnere nulli.
Qualis ab Idæis populus remeabat Achivus
Mœnibus, et quales fuerant per prælia Troes,
Dum bonus incolumes Hector Priamusque mane-
        [bant.
Protinus a pugna redeunt, sed barbara turba
Funeribus variis plures habuisse querelas
Creditur, et multo plures habuisse dolores.
    Cura patres Latios non parva, dolorque, preme-
        [bant,
Quod bene pugnatum sibi nullos attulit usus
Nam perfecta suis nec erat victoria dextris.
Hostis bella magis quam curam pacis agebat ;
Et comes Ampuriæ, nec non Catalanicus heros
Ad patrios remeare lares properando petebant.
Causa recedendi quænam, vel qualiter esset,
Nuntia charta fuit Baleam transmissa Diana.
Illa Moabitam molitum prælia regem,
Et vastata satis narraverat optima terra,
Omnibus inque locis Mauros referebat et ignem
Rura, domos, segetes, fructus pariter populatos,
Post multum damni quod gens vesana peregit,
Et Tramaricam captam dixere lituræ.

A Fidus erat comiti, qui chartam duxerat istam.
Et tantum hæc fuerat alter quam fama tulisset,
Nempe Pyrenæam pervenerat hostis ad urbem,
Et sita Judæo fixit tentoria colle.
Urgelli comitem, comitem quoque Sardiniæque
Dicunt et reliquos regionis ab usque Giumda
Electos equites quibus adsunt prælia luctus
Agmine collecto crudeles Ismaelitas
Mirando pepulisse modo, Domino faciente,
Innumeras acies pauci pugnando fugarunt,
Inque fugam versis, multi cecidere, venirent
Ad supra dicti donec deserta Salodi.
Captos constat equos plures, prædamque potentem
Eripuisse ferunt equites, peditesque Pyrenes,
Nec Tramaricam captam, ceu dixerat ille,
B Damna quidem fuerant, sed commoda plura fuerunt
Hanc comitis causam qua posceret ille recessus
Diximus : ad reliquos nos ordo convocat actus
At comitem patres miti monuere relatu,
Ut desistat ab his : communia pacta per ipsum
Intemerata, rogant et juramenta manere.
Ille licet causam quam Patres dicere veram
Noverat, a lucro sese non subtrahit, et mox
Pacta reformantur, terræ jactura Pyrenæ
Ut reparata foret, dictis statuere supremis.
Condere tecta patres gravidis hiemalibus apta
Temporibus, retroque jubent castella trahenda
Incrementa parant belli, nova postulat hostis
Fœdera, fœderibus non audet credere multum,
Qui sibi tam sævos vi subdere nititur hostes.
C Incustoditis etiam custodia non est
Committenda viris ; juvenum laudabilis ætas,
Sed non omnis adest laudandus ob omnia sensus
Florentum juvenum, quos vinum, fercula, somnus
Fallere sæpe solent, nec possunt affore quæque
Tua (sic) juventuti, nimium quæ diligit ista.
Ergo soporifero satiati corpora vino
Pisani juvenes, testudine nocte quiescunt
Hi quibus hostis erat, somnus depulsus ab ipsis
Noctibus innumeris. Baleares edocet ergo,
Ut Pisana petant nocturno tempore castra,
Et properate precor, sunt in testudine, dixit
Quos retinere queo, teneo vinoque, quiete.
Talia dicentem Balearis turba secuta
D Nocte silente fuit, cujus custodia prima
Transierat, veniunt milleni castra petentes
Armati piceasque ferunt cum sulfure flammas
Permistas. Aliquis piceum præsensit odorem,
Admonet ut vigilent, sed jam vigilare nequibant,
Quos somnus facilis titubanti texerat ala.
Auscultant, quid agant hi de testudine sternunt
Immittuntque focum, nihil est nisi somnus in illis,
Per tabulas flammis diffusis tecta cremantur.
Persentit strepitus somno decepta juventus,
Accrepitante cito solvuntur somnia flamma.
Protinus arma viri capiunt, clamare potenter
Incipiunt, una clamorem fecit et hostis,
Vocibus et summis totum circumtonat agmen
Undique concepti moverunt castra tumultus

In Balea muros populus circumfluus ibat.
Postquam cuncta rogus consumpsit, robora flammæ
Perdiderant, Mauri vocitant sua numina, sanctos,
Reginamque poli blasphemant crebro Mariam.
Ut tenebris lapsis produxit ab æquore Phœbus
Luciferos radios, populi fervente querela,
Colloquii patres promptissima signa dederunt.
Omnibus ad cœtum venit de partibus agmen,
Incipit Azo queri, sed concio tota querentem
Attendit brevibus narrantem singula dictis,
Ignavos quosdam, seu despectos vocitantem,
Et defraudantes sacramentum pietatis.
Hæc reliqui Patres una, populus, comitesque,
Vocibus hæc crebris, non bisve semeive petebant.
Continuo castella trahunt retro bina, simulque
Altera bina parant velociter ædificare.
Et mox ligna, rates scripserunt cuncta daturos.
Nec mora, ligna, boves, et mulus, equusque tulerunt
Mulus, equus, vel homo, de regnis attulit hostis
Innumerum vimen, vites, malosque, nucesque
Et glaucæ salices, si quæ poteratis in ullo
Rure recognosci, vos horum vincla fuistis.
Quatuor aereas castella videre per auras
Surgere Pisana dudum poteramus ab arce,
Massilia quondam Romæ violenta potestas,
Cui mare, cui tellus, et plurima regna petebant,
Ut superaret eam. Sane non celsius ullum
Ædificavit opus rector Balearis; ab ipsis
Nocte dieque suos nescit convertere visus
Turribus, et similes operi fecere Latini
Artifices totidem subita velociter arte.
Ac duplex aries quos crebro straverat ictu
Ædificare parant celeri molimine muros.
Inde Tianensem signatam mittit ad urbem
Rex Balæ chartam, pontum brevis incipit armis
Scindere, terra brevi spatio, littusque petita,
Subsidium, sociis simul alta Diana fuerunt.
Cœperat et populus tales audire lituras :
Nazaredolus Balearis rector et auctor
Regni mille suo felicia dona Buthali,
Atque Dianensi populo non parva salutis
Gaudia. Velle meo vos quondam promeruissem,
Ut quorum tuto solatia vestra rogarem
Sed tamen illa modo vobis solatia posce,
Quæ nulla regi cognosco jure neganda.
Adversatur eum cunctos communiter hostes (sic),
Qui Machamaticum celebrandum numen adorant.
Has leges, moresque vetant retinere paternos ;
Observare monent stat contra dogmata quidquid
Et vitanda docent nostri præcepta Rafulla,
Captivosque petunt quos latus pontus ab usque
Oceano servire meæ Baleæque paravit
Cuncta petunt etiam rerum discrimine nullo
Captivis habitis, etenim sine conditione
Poscunt, ut, regni nulla mihi parte relicta,
Vita contentus, regiones solus et urbes,
Quas placet, ingrediar, vernis sociisque relictis.
Vos modo per nostras dantem Machamata leges,

A Perque meum vos oro bonum, dandumque datum
[que
Christicolis Balæ populandum credite nunquam
Conspicuum regimen, quod vestro pollet honori,
Nam vestras replent ejus bona plurima terras.
At si non vultis nostras audire querelas,
Nec vestræ mentes sola pietate moventur,
En trado vobis, Baleæ descendite regnum.
Ne subeant hostes vestræ præcordia terræ.
Straverunt Ebusum, Balea spectante quid instet,
Per menses binos jam cuncta pericula passa
Belligeros stravere viros ad prælia fortes.
Qui superare queant rari mihi nempe supersunt.
Vires atque viros cupio per bella potentes.
En renuo muros, quos stravit plurimus hostis.
B Pugnacis Baleæ turres reparantur, et arces,
confractas reparat turres sævissimus hostis,
Nisibus et summis alias adjungere certat,
Admoneant regem, cujus vos nempe sub ala
Tutos non dubito pacis gaudere quiete,
Quas invitus ago per me deferte querelas,
Suscipiat Baleæ non temnendos famulatus,
Atque tributa precor, per eum retinere coronam.
Et regimen cupio nostrum Machamata testem,
Et data jura voco, quæ nos retinemus ab illo,
Vel juramentis, quæ certius addere possum,
Legatis faciam venientibus omnia vestris,
Vos modo detis opem Baleæ vestræ regioni,
Ut qui cogit eam citius salvetur ab hoste.
C Cognita sunt postquam, quæ narrat epistola regis,
Per legatos regi mittuntur scripta Buthalis :
    Rectori Baleæ, populisque tuentibus ipsam,
Sub duce tuta suo generosa Diana salutem.
Qui Latii vestras invaserunt regiones,
Nos gravat, et certe communia damna putamus,
Si Baleare bonum nostro tollatur honori.
Quod vos forte volunt dimittere jura paterna,
Invitis nobis nunquam scimus faciendum.
Christicolæ semper sunt contra dogmata nostra
Nos propriæ legi si possent subdere vellent,
Et servire suis optarent cuncta tributis
Gentiles populos sibi subdere quippe laborant,
Nos, et vosque simul parili discrimine servos,
Quorum quis dubitet, si vos violentia vincat,
D Nos habeamus opes, nos defendamus honores,
Et regimen Baleæ ; qui misimus omnia Maroch
Scripta ferenda probo domino nostro Moabitæ,
Quæ transmisistis, qui motus quippe suorum
Dilectis precibus comitatum mittet equestrem,
Quam citius nobis classemque virosque paramus,
Ut sistamus eos tutos in littore vestro.
Signaque cum venient factos spectabitis ignes
Montibus in vestris, vestros attendite montes.
Cymba redit Baleam, verum putat esse tyrannus,
Quidquid charta refert, et multum sperat in illis,
Promissis hominum, quæ mortua tergora narrat.
Cymbala pulsantur, et tympana, quæque per urbem,
Nec tuba, nec lituus devotis cessat ab istis,
Lætitiæ etenim Baleæ sunt talia ludus.

Comperit interea cur gaudia duceret ista
Barbaricus populus, magnus Catalanicus heros,
Et vocat in cætum proceres, cunctasque cohortes,
Ac verbis terret si terreri potuissent,
Quando Moabitas ex summo robore dicit,
In patuloque docet fugientes ducere bellum,
Nec fore pascendos nisi conducantur in arctum,
Moreque Parthorum fugiendo ferire sequentem,
Cum solo solum gladio contendere dixit,
Atque graves faciunt ictus, si suppetit ensis,
Qui non novit eos, poterit satis ergo timere;
At nos qui variis bellis cognovimus illos,
Si venient, auctore Deo, tute repetemus.
Sic comes. Ast Ebatum currentes mittere naves
Viginti patres communiter accelerabant,
Ac sex ex illis quæ præcessere per altum,
Transivere fretum cursu propero venientes
Quo superest pelago de duris insula sanis,
Præbuerat portus urbs desolata Buthali,
Qui tenet auditu latias venisse carinas,
Et cœpisse duas ratium, quas duxerat ipse,
Pectore sed dubio tandem meliora revolvens,
Cogitat Alphæos, quam tutos ire, nec unquam
Adventum sentire suum, sparsosque per avum,
Tendere pro præda, tutave manere quiete.
Vera revolventem, nec inanis opinio fallit,
Ergo decem ratibus reliquis consistere jussis,
Hic ubi portus erat tutus vicinior urbi,
Remige quam celeri falsos invadere fluctus
Præcipit, ac portus, aditusque requirit, et ambit,
Anticipatque sinus Latios ubi noverat esse,
A somno surgunt isti pugnare parantes,
Marinianus habens triginta scilicet ex his,
Quos secum duxit, festinius ire parabat,
Et pugnaturum fugiturum seque putabat,
Cumque decem ratibus robur juvenile per undas
Pugnam committit, sed vulnere Mariniano
Afflicitur, dare vela parant, fugisse valeret,
Impedit hunc velum, quod tunc abeundo tetendit.
At Mauri super hunc properos fecere tumultus,
Et cepere virum pariter sociosque ratemque,
Debilitando prius variis vulneribus omnes,
Tresque rates alias paucorum nomine tutas
Devictas tandem secum duxere per undas.
Plures qui fuerant loca per longinqua remotæ,
Ad castrum veniunt, quod rex Norguenius olim,
Tradiderat flammis, cum centum Hispana carinis
Æquora sulcabat, spolioque ex hostibus acto,
Jerusalem victor sanctas properabat ad arces.
Istud Pisani retinent villas repetentes,
Carneque viventes, siliquis, et agrestibus herbis,
Radicibus plures etiam modicisque steterunt
Impensis, in eo discrimina plura ferentes
Sæpeque perpingues his esca fuistis aselli,
Hosque Saraceni pugnantes crebro petebant.
Castrum tutamen Latiis erat, hospitiumque.
Interea geminæ de sex rediere carinæ,
Amissis reliquis, prædamque ratemque reducunt
Quam Baleæ rector fertur misisse Dianam.

A Sarcina cartarum, quam vir tellure levare
Vix posset, patribus data, legatique fuerunt.
Inter quos pariles scripturæ comperiuntur:
    Nazaredolus retinens sua signa sinistris
Auspiciis, caro per cuncta valere Buthali,
Scripta sibi, populoque suo transmissa recepta
Non dubito legique suas cupiendo figuras,
Quando rates poterant fluctus sulcare secundos,
Te mea prompta fides credebat fluctibus uti ;
Nec de te mea spes mentem bene nota fefellit.
Cœptum stabat iter, nobis dabat insula portus
Quæ prior est per me subitæ subjecta ruinæ,
Gratulor audito vestro super hoste triumpho,
Acta foret tanquam propria victoria dextra.
Non tamen inde mea plenissima gaudia menti
B Sunt, etenim vestros narrat mihi fama recessus
Sæpius, et sublimi de strue cernere flammas,
Promissas cupio, sed eas spectare volenti
Si fierent prohibent mihi cum caligine nubes.
Illis iratus, citius discedite dico.
Non valeo per vos mea grandia vota videre.
Discedunt, totoque patet cum monte cacumen.
Prospicio, nusquam dictus viget ignis in illo.
Ignis at ille meus qui tot, tot noctibus ardet
In sublime sua dat grandia lumina flamma.
Credere non possum vestras remanere carinas
Quin veniant, dabit horæ locum, quo nempe venire
Intrepidus poteris Baleæ solatia præstans.
Si qua mei tibi cura subit, dilecte, fidelis,
C Non regimen portusque meos, nec munera spernæ.
Hoc propter ridens mihi quatenus hoste fugato
Et victo pariter, mecum communia regna
Et commune bonum possis constanter habere.
His etiam lectis quam plurima scripta leguntur
Quæque neci missos, et eorum nomina narrant,
Designant etiam quibus ictibus occubuerunt
Et languore, fame gentem, gladioque coactam
Velocis citius passuram damna ruinæ.
    Interea reliquæ servantes æquora naves
Contempto patrum jussu prædamque secutæ
Vicinas ponto villas, et castra pererrant.
Hic vectus Mauris sparsos per rura sequentes
Gaudebant cuncti propero cohibere tumultu;
Et victos pariter præstante vigore negare.
D His inerat Salomon flava de gente creatus
Cum ratibus geminis Pisanis associatus
Viribus, et membris ingens, specieque decorus.
Hic intra quædam validi campestria castri
Collectis spoliis navem properando petebat,
Multus eques, multusque pedes contendit in ipsum,
Inque resistentem collatis viribus ivit.
Hunc paganorum straverunt agmina postquam
A sociis homini caput abscidere relicto
Vexillumque sibi vitam pariterque tulerunt.
Hæc nova facta volant, dum multas omnia terrent,
Appropiantque dies adventus Omnipotentis
Invictique Dei de Virgine, quando parentes
Christus nostra salus carnem nascendo recepit.
Languor in Urbe gravis Balcari, cara famesque

Barbaricum populum non leviter attenuarant.
Hinc præter carnes hiemanti cara fuerunt
Omnia militiæ, nec vino carius ullum.
Insula vastatur Baleæ, rex fœdera poscit.
Fama refert comites regi de pace locutos
Venales factos, privataque dona rogare,
Et propter reditum Baleæ naves habituros
Cum quibus ad patrios portus remeare valerent,
Si modo Pisani jungi sibi fœdere nollent.
Alphæis igitur ducibus, quasi relligionis
Sermones faciunt, fraternas affore curas
Pectoribus referunt captivos esse petendos
Obsidibus sumptis citiusque rogant redeundum
Et cunctis coram sunt talia verba locuti :
Quod petimus, rex omne facit, vos laudis honorem
Quæritis et bellum tantum pro laude movetis
Seu pro divitiis vos, et Majorica vestros
Sat parvipendit tantos illæsa labores,
Creditis et cleris, qui vos pugnare jubentes
Agmina conspiciunt tot jam fluctantia campo.
Bella videre volunt, gaudent de sanguine nostro
Quorum doctrinam, monitus, et jussa refutent ;
Hi qui victores cupiunt ex marte reverti.
Hos igitur nullus jubeat pugnare sacerdos.
Quam cædat mucro nescit, quam lancea pungat.
Incipiat, faciat, qui diligit ista jubere.
Dicta quidem a factis multum distare videtur.
Nos qui sentimus crebrosque rependimus ictus,
Arbitrio pugnare decet, non jussibus horum,
Contra justitiam juste committere pugnam
Nemo potest, justi justam cognoscite causam.
Sunt pro captivis qui se venisse fatentur,
Sed pro mundano nimis altercantur honore.
Captivis habitis aliud linquatur, et ultra
Nec laus orbis, honor, nec inanis pompa, petantur
Sex vexilla super pateant communia turres.
His habitis majora quidem quicunque requirit
Aspicit haud recto Balearica mœnia visu.
Adde Moabitas quos exspectare feruntur,
Qui quantum gladiis, et quantum cuspide possunt,
Quippe viri Martis, docuit vos bellicus usus.
Si veniant ergo, prædam de rure feretis.
Felices sane nimium si castra tenere
Vos quoque tutari prompte valeatis ab ipsis,
Spes prædæ nec erit, gens qua lege valebit
Vivere, vitalis quando tibi decidet usus
Indubitanter equis, nobisque cibaria desunt,
Nec tam prolixa magis est ambage morandum.
Dicite quapropter si regia fœdera vultis,
Et facitis, patrias una tendamus ad ædes,
Sive refutatis vos, incunctanter abimus.
His respondentes occurrunt Henricus et Azo :
  Quisquis ad has partes aliud fortasse requirat,
Nos pro captivis ad eas venisse fatemur,
Non ob eos tantum quos detinet insula captos,
Ast ob eos etiam quos defensum fuisse (sic).
Exstirpare malum, Domino faciente, putamus.
Nec volumus post nos tantum remanere barathrum.
Non quia Pisani plures teneantur ab ejus

A Pestiferis vinclis plures de nomine vestro
Perpetuis pœnis hostilis turba trucidat.
Nobis vestra fides, socialia fœdera spondens
Sub juramento sese conjunxit, et ultra
Quam jura justis nos obsecrare nequimus. [vocari,
Non tenor [Forte timor] hoc faciet jusjurandum re-
Velleque pro nostro nos non revocabimus unquam.
Facta semel juste, stat turpe resolvere sæpe.
Paremus clericis, quia venit ab ordine sacro
Jussio pugnandi, nam jussit prælia papa
Sedis apostolicæ, cujus præcepta secuti
Tantum propositum nusquam mutare valemus.
Ni discedatis non fecimus, haud faciemus.
Hæc neque discessus vobis videatur honestus
Si desunt vestes, desuntque cibaria vobis,
B Vobis et vestris quod convenit omne paramus.
Auditis comitis his verbis conticuerunt
A patribus sumptis qui largo sæpe petentes
In proprios usus communia quæque trahebant.
Gothorum procerum postquam siluere furores
A pelago redeunt custodia publica prorævis
Allatis scriptis Baleam quæ cymba ferebat.
Inter quæ fuerat memorati charta Buthalis.
Impensas multas ab amico nomine factas
Commemorando refert, curet persolvere quidquid
Pro se largiri rex obsecraret amicum.
Subsidium reliquum si quod jubet ille parari
Immensos sumptus festinus mittere curet
Venturum sese mature præmonet ante
Quam geminare queat binaria cornua luna.
C At Pisana manus solitas non deserit artes,
Quæ sibi proficiant festinans ædificare.
Providus obsessam Narolus legatus in urbem
Progreditur regi parili sermone locutus :
Jussio Pisanum, rex, nullis territa factis
Ad te me jussit concordi voce venire.
Huc missus Patribus sociisque faventibus adsum,
Inque meo sensu posuerunt publica facta.
Prospice quod docti debent ad cuncta videre
Et regimen retinere tuum cum pace labora,
Non quia Pisani multum tua fœdera curent
Aut sine perfectis Baleæ remeare triumphis
Optent, ista tuæ sunt constantissima menti
Verba nec obtuso memorabis singula sensu.
D Quidquid dico notans, tibi jam perpende quid instet
Es sapiens habitus, proprio sic consule regno
Ut valeas salvos tibi conservare fideles.
Dixerat, et regis recipit mitissima verba
Thesauros cunctos, spolium promittit et urbis,
Velleque pro sancto Petro se regna tenere,
Et pro Pisanis patulo sermone fatetur.
Hincque cito sese spondet responsa daturum,
Inde redit Narolus, Pisanæ verba cohortes
Accipiunt, et amant pacem laudantque, voluntque.
  Obsidibus post hæc quæsitis pacta secundum
Nobilium natis, mutavit verba tyrannus,
Nam legis non esse suæ præbere tributa
Christicolis dixit, vel ab his regimen retinere.
Firmat et hæc veterum consulta fuisse suorum

Ablitione sati veterem miratus amorem
Absque sui culpa, vitioque fuisse remotum
A se scire virum cupideque videre precatur.
Hic regem quæsitus adit, secumque nepotem
Ducit, et alterno regi convinctus amore
Admonet ut populi Pisani compleat omnem
Ipse voluntatem, rex spondet nec sine fraude.
Interea Pisana super pia lumina flectens
Astripotens rector respexit ab æthere castra,
Et quæ languerunt, mox convaluere cohortes.
Sed requies est nulla viris, in luce labores,
Nocte repentino ferventia castra tumultu
Crebro sollicitant stridentes Ismaelitæ;
Cumque die quædam nonæ succederet horæ
Oceanique maris peteret confinia Titan,
Stat vice qui comitum campum petit inclytus Ugo
Cui Tempexedes comites sunt atque Recuccus.
Inter condensos cuneos memorabilis heros
Signiferum petiit, jaculi penetrabile ferrum
Pectore subnixum fixit tellure ruentem.
Hinc Libycus quidam ruit ictu stractus ab ejus (sic)
Ferrum gleba tenet prætentaque frangitur hasta.
At pedes heroem Maurus jaculando requirit
Atque frementis equi transfigit viscera ferro.
Iratus jugulare parat Mavortius Ugo,
Barbaricum juvenem medios quoque currit in ho-
[stes
Debilitatus equus tenera cum consedit herb
Infremit, et Mauros ardenti lumine spectans
Pugnat, et ense ferit, se circumquaque petentes
Multorumque simul conflictus excipit unus,
Cui dum subveniunt Perlasius, Ugo, Dodoque
Dat properanter equum bene promptus arma Re-
[cuccus.
Jussa Patres renovant, hoc non prædantibus ad-
dunt

Ut non desistant regionis recta cremare
Et jugulare viros, si quos reperire valerent,
Ac solidos spondent equitis de vertice quinque,
Pro jugulo peditis binos dare constituentes.
Sic Baleæ regnum gladius populatur, et ignis
Inde viris nummi veniunt Baleæque ruina
Pisanos equites cunctos jugulare simulque
Constitit in totis circumdare noctibus agmen,
Tresque cruces noctis quibus alternare labores
Continuos possent, et se recreare quiete
Sub tribus egregie generosis distribuerunt.
Ergo crucis primæ curam Gualandus habebat
Gualando genitus; fuit, Ildebrande, secundæ
Tradita cura tibi, Otti pulcherrima proles,
Præsidet extremæ Leo clara propago Leonis.
Hi loricati sociis comitantibus ibant
Murales aditus crebro terrore petentes,
Inque dies castella super facienda morati
Ligna trahi, crates fieri properando jubebant.
Dux Catalanensis cui plurimus adfuit astus
Ad loca sive vias per quas iter esset ad urbem
Intentus spoliis multo cum milite stabat,
Inque Saracenos præda jugulisque potitus

A Lethales studuit crebro conferre ruinas.
Hoc, et idem studium præ cunctis Balcius heros
Militiæ ducibus clarus bellator agebat,
Qui si quem prompto poterat superare vigore
Decapitabat eum, nec ei parcebat ob aurum.
Per solitos mores gelido mediante Decembri
Frigora multa dabant venti canæque pruinæ,
Albebant Baleæ nivibus tum grandine montes.
Arctabant Mauros curæ de frigore natæ,
Nempe notabantur cum cantibus edere fletus,
Quos proferre solent vigiles super ardua curæ
Mœnia. Pisani frigus gelidasque pruinas
Et gentes aliæ lætanti corde ferebant.
Viribus at multis memorantes singula patres
Colloquiis crebris bellum properare jubebant,
B Armatasque rates Ebusi misere relictis,
Cœperuntque leves pelagus sulcare carinæ.
Sed prius a Balea puppis non magna recessit
Quæ veniens Ebusum fines poscebat Iberos.
In rate jam dicta fuerat clarissima quædam
In patriam rediens cum parvo femina nato.
Sulcantem pelagus castris vidisse morati
Et latuere prius ne conspicerentur ab ullo,
Moxque sinus adiit castello prora propinquos
Ac prodire viri festinavere carina.
Dum loca scrutantes æquatis gressibus irent,
Exsiliens Pisana phalanx promptissima Mauros
Primitus obstantes jaculis gladiisque necavit,
Sed servatur ab his cum nato femina parvo.
C Intrantes igitur navem sulcare parabant
Pontum, cum totis aptabant carbasa remis.
Cum subito videre duas freta scindere puppes
Neque cito cursu remis, et fluctibus usæ
Littora contigerat, vicino proxima castro.
Interea Petrum rex advocat, ille vocatus
Festinanter adit regem, placideque salutat,
Astutoque viro cautis sermonibus inquit
Ut bene cognovi, rector charissime, verum,
Sub primis verbis, conjungent fœdera tecum
Pisæ, te memorem verborum credo priorum,
Cum quibus acceleres firmam conjungere pacem
Dum potes, et citius facias, quodcunque requirant
Sum quia Pisanus, nec ob hoc mihi credere sperne,
Consiliisque meis si tu modo credere vitas,
D Advenit tempus, quo rex mihi credere velles,
Et dictis parere meis si posse daretur.
At Petro Baleæ respondit talia rector:
Petre, volunt omnes thesauros tollere nobis,
Nec quidquam penitus vestri dimittere cives
Divitiis pauci nostra ditantur in urbe.
Æs tam grande dari, non est etiam leve paucis;
Ultra posse meum dare me quid vestra requirunt
Agmina, quod possum largiri quærere curent.
Captivatorum, si reddo, sufficit, agmen,
Et cum perpetuo linquant mea fœdere regna,
Unde viri vestri si non flectantur ad ista,
Inter nos, et eos fiet pro velle Tonantis.
Sic ait, auditis istis discessit uterque,
Cumque dies fluerent, festinavere parati,

Heroes Latii cogendo viriliter hostem,
Hi villas, et rura petunt, pars obsidet urbem,
Cædibus, et flammis regnum vastantur ubique.
Tunc Arelatensis lustrans loca singula rector,
Castra refutabat facta sine strage videre,
Nempe Saracenos truncos sine vertice plures,
Assiduus fecit, cujus sine sanguine fuso,
Non rediit mucro, nec acutæ cuspidis hasta,
Et sic Tartarei regni per inania nigri
Compulit ire via multos inferna petentes,
Cerberus obstupuit tenebrosæ portitor aulæ,
Latratusque dedit simul atraque regna tenentem,
Reddidit umbrarum pavidum vox garrula regem,
Ille suo famulo : Cur latras, Cerbere, dixit,
Jam jam pande quid est, cur sic mea jura resolvis.
Pestifero clamore tuo torvoque latratu,
Infelix cunctos vocem (sic), sonitumque repone,
Vel dicas citius, quæ gens mea regna subintrat,
Quis populos tantos tenebras sine luce petentes
Sic sperate facit, pandas quoque, Cerbere, causam.
Ille suo regi triplici sic ore locutus :
O tenebrose Pater, Pisanæ robora gentis
Bella tuæ Baleæ fecisse feruntur in ora,
Si pars existis regni Majorica nostri,
Roma quidem monuit, dimisit papa reatus,
Pro captivatis populo certare volenti,
Plurima damna facit : nos hæc tolerare potestas,
Tartara nulla timent monitis ejus morientes.
At nostros Pisana cohors, et Balcius heros,
Tartareis regnis, et opus transmisit corum.
Nunc veniunt multi, plures mihi crede futuros,
Cum Latiæ turmæ gladiis populantibus urbem
Intrabunt nostram, tu mox fabricare catenas,
Me suadente jube, meruit tua turba ligari,
Ne fugiat poenas quas jam meruisse putatur,
Quæ Baleæ regem late veniendo sequetur,
Secum quippe tuis feret agmina plurima regnis.
Dixit, et infremuit furiosus rector Averni,
Terruit et Manes querulo clamore tyrannus,
Exululant animæ misera de carne solutæ,
Voce fremente ducis mox vallis ad ima recurrunt.
Occupat hinc languor regem faciente timore,
Ille dolere caput queritur, pectusque teneri.
Hinc thalamos intrare parans, minuisse cruorem
Dicitur, et post hæc paucis vixisse diebus.
Ante tamen Burabæ regimen cessisse putatur,
Illeque tunc patris perfundens balsama corpus,
Condidit, et flevit multum posuisse sepulcro.
Cerberus hunc, postquam discessit ad antra ge-
　　　　　　　　　　　　　　　　　　[hennæ,
Perque tenebrosam duxit Machamatus urbem,
Stipitibus petitur, concurrunt undique Manes.

Ad me forte meum (sic) conclamat sessor Averni,
Æacus adstiterat dextra, læva Rhadamanthus,
Et medias inter dixerunt talia flammas :
In toto, genitor, cum non est agmine compar
Ante duos Baleæ rex est acerrime vultus,
Qui fecit plures homines occumbere ferro,
Compulit et multos Christi dimittere legem,
Et quoniam nobis socios portavit amores,
Da sibi flammifera consistere semper in aula,
Condignasque suis meritis mox exhibe poenas,
Hujus æternis de flammis affore gentem
Perpetuasque jube socios portare catenas.
Turba ferum Baleæ regem convicta querelas,
Præbuit ad varios subito distracta dolores.
Ille tridente suo ferventes concitat ignes,
Exustumque facit tectum penetrare favillas,
Atque venenosa faciens convivia carne :
Vos fidusque meus mecum discumbite, dixit.
Paruerat jussis, veniunt ad prandia Manes,
Ipsorum pedibus lapides præbentur adusti,
Exurens penitus consumit flamma sedentes
Primi ferventes gustus venere colubri,
Ignea qui vivi gustantum viscera torquent.
Arida convivis sitis est, sanguisque draconum,
Felle niger multo tribuit potantibus haustum
Has epulas buffo primis sectatur adustus,
Innumerusque fuit, Lernæa venena simulque
Perfusum supra fortem tribuere liquorem.
Pocula succedunt variis immista venenis.
Gustantum postquam ferventia viscera torquent,
Spirituum rector nigrorum taliter inquit :
O mea turba, meis Balearem ducite regem
Sedibus, et quoniam cunctorum viscera fervent,
Una Tantaleas vobiscum tendat ad undas.
Sed vestrum super hoc prius exigo cernere ludum,
Ut lapidem Baleæ mutum consistere regem,
Conspiceres, tuleratque suos oblivio sensus.
Obstupuit, quoniam rapuit terror sibi mentem,
Convivæ tandem post talia jussa tyranni,
Exsiliunt, raptumque trahunt per moenia regem.
Tartara dilaniant, undis glacialibus addunt,
Exustum torrem, sitis est algore soluta,
Mittitur in flammas, dolor est, algorque calorque.
In quibus amoto senserunt viscera postquam
Pestiferam siccata sitim, properavit ad amnem.
Sed nequit accensos ob aquam removere calores.
Nam latices postquam voluit contingere labris,
Adstantem fugiunt umbram, tunc margine ripæ,
Ut lapis immotus prorsus stupefactus adhæret,
Deglutit miserum variarum forma ferarum,
Sicque ferum regem tenebrosus dissipat Orcus,

EXPLICIT LIBER SEXTUS. INCIPIT LIBER SEPTIMUS.

In solio regni Burabe post ista levatus,
Non permansuros citius conscendit honores,
Usus enim regni fuit haud sibi tempore longo.
Cui Pisanorum captivos turba requirens,
A duce crudeli non congrua verba recepit.

Jam natalis erat quo Christus Virgine natus,
Obscurum mundum divina luce replevit,
Dumque pii festi summi celebrantur honores,
Luxque pio populo postquam bis quarta refulsit
Maimonem, sociosque datos novus ire Dianam

Rex jussit, fluctus intravit prora marinos.
Pisani videre ratem citius properantem.
Tunc festinanter puppes intrare parantes,
Sumptibus auxerunt præbentes singula patres,
Et dum forte viris alimenta darentur, et arma,
Maimo pergit iter, sed qua trahit impetus illum,
Non servando vias illuc sua vela relaxat.
Spes erat hunc cito posse capi, si signa viderent,
Qualiacunque ratis, sed ventus carbasa perflans,
Luminibus puppem citius substraxit eorum.
Maimo viam fecit, Latii rediere volentes,
In Baleæ regnum studiosas ponere curas,
Et dum nituntur cœptos superare labores,
Alterutro referunt multi si viribus, aut si
Ingeniis nequeant ex hoste tenere triumphum,
Ad proprias remeare domos, ultraque morari,
Sese posse negant pro morbo sive calore,
Exstinctos memorant (heu!) ægritudine plures,
Seu gladio socios, paucos quoque vivere dicunt,
Pro Balea pariter destructas affore Pisas,
Urbe satis stultum, sine re, sine mente videri
Ergo rates omnes celeri reparare laborant
Auxilio, captos nec deseruere paratus.
Interea belli Catalanicus æstuat heros
Pro studio, magnaque ducem comitante caterva,
Qua locus insidiis est, valle reponitur una.
Sol fuerat, prima radiarant omnia luce
Sarcula, porta patet, de mœnibus egredientes
Per loca tuta meant solito gestamine Mauri.
At comes in sævos audacter prosilit hostes,
Urbanam juxta committens prælia portam,
Quæ portum spectat, qui Pineus est vocitatus.
Utque Moabitam viridi prostravit in herba,
Hasta viri dextrum de muris acta lacertum
Transiit, exsultant Mauri lethale putantes
Hoc comiti vulgus, post hæc properando per urbem,
Nomina falsa ferunt, comitis de funere ficta,
Hinc reliquæ gaudent servantes mœnia turmæ,
Exstinctumque canunt comitem, jugulare minantur
Alphæos, seu perpetuis macerare catenis,
Ac pœnis variis alto clamore fatentur.
Haud secus Alphæos factos sine principe clamant,
Suadentes etiam ipsis si vivere curent,
Ut properent ad eos sub deditione venire.
Pisani contra : Convicia vestra minæque
Nos sub rege poli non cogunt ulla timere;
Venimus a patria summo sub principe Christo,
Crucis ob auxilium Baleæ superabimus urbem,
Qui servos Satanæ gravibus vincire catenis,
Et gladiis nostris penitus dabit ipse necandos,
Illæsumque, canes, comitem scitote Pyrenum,
Et vestræ vicina satis fore tempora cladis.
Post hæc contendunt ad mœnia ducere turres,
Gens divisa locis, patres, divisaque bella,
Mox solidæ terræ fossas velociter æquant
Ligna, lapis, vegetes glebæ, projectaque moles
In muris Mauri, nec progrediuntur ab urbe.
Hinc vigor Alphæus turres ad mœnia ducit,
Assistunt acies, perfringunt agmina muros.

A   Interea Pisis matronæ, sive puellæ,
Deponunt cultus, ac templis semper adhærent,
Vota parant, et thura ferunt celeberrima sanctis,
Sæpeque nudatis pedibus sacra templa petentes,
Profundunt lacrymas, duræ dant oscula terræ,
Pro charis orant plenum pietate Tonantem,
Victoresque petunt, sanosque videre maritos.
Volscorum meriti præsul Rogerius alti,
Laurigeras Pisas comites spoliare volentes,
Territat, atque minas cohibet prohibetque rapinam.
Per Latium totum jejunia sancta, precesque
Papa jubet fieri, monet hinc et epistola Gallos.
Annuit oranti divina potentia turbæ,
Et flentum gemitum divinas commovet aures,
Quadragena dies seclis celebranda, quibusque
B Virginis a partu populis festiva redibat,
Qua pia cum nato Virgo sacra templa petivit,
Infantemque pium Simeon gestavit in ulnis,
Non fuerat celebris festivæ proxima luci,
Accendunt Latii civilia robora flammis
Noctu, de castrisque cremant velociter unum
Inventa nuper Danais prudentibus arte,
Quæ miranda viros ceu nusquam jussa latebat,
Inde volant turres passim, facilesque favillæ,
Acta per alterius castri scintilla subintrat,
Crates, quod flammis crescentibus ocius ardet,
Et candela velut siccis bene proxima lignis,
Siccam materiem tenues convertit in ignes,
Et ceu paulatim grandis cito candet acervus,
C Sic castrum reliquum subito candere videres,
Virgine cum sanctis natum genitrice regente,
Cui propria solus replet omnia sæcula luce.
Nox ea lætitia repletur, luce secuta,
Præveniunt populos non parvula gaudia sanctos.
Annua dum redeunt Agathes solemnia sanctæ,
De sub castello, quod porta marina peregit,
Per triplices aditus Pisanum robur in urbem
Pugnacis Baleæ robustis viribus intrat.
At Latii cunei subierunt mœnia rari,
Plurimus intus eques dextra lævaque potenti,
Subvenit auxilio trepidanti protinus alæ,
Perque satis latas agmen Latiale plateas,
Insequitur. Cecidere duo de gente Latina,
Persistunt aditu reliqui, tolerantque ruinas,
D Quos jacti lapides, transmissaque tela reportant,
Post ubi telorum densi superant jaculatus,
Nec locus est gladiis, fugiunt velociter extra.
Impositum foveæ succedit barbara pontem
Flamma, sed Alphæi pavidi successibus instant,
Et nituntur aquis exstinguere cominus ignem.
Ad primos aditus, in quos Provincia bella
Misit, inire parant rigidæ certamina pugnæ,
Contemnuntque sibi socios præferre Latinos.
Hos brevibus tectos clypeis Balearica turba
Aspicit, innumerisque caput, seu crura sagittis,
Fugit, et e tota propellitur turpiter urbe.
Presbyter Henricus plebanus luce sub ista
Lætitiæ didicit præsagia cuncta futuræ.
Talis facta viro vox : Auribus accipe, dixit,

Astra volunt hodie Pisanos urbe repelli,
Cras vespertinis horis intrabit in urbem
Plurima passa manus, vincens pro velle Tonantis.
Hoc, et idem Naroli defuncti spiritus inquit
Fratri, ne timeas, venient ad prælia sancti,
Innumerique aderunt subeuntes mœnia tecum,
Telaque non poterunt tibi me comitante vibrare.
Urbem posse capi jam desperaverat agmen,
Per tres ergo vices committere prælia mane
Patres atque duces communi voce jubebant
Nec clarum prorsus, nec erat sine turbine tempus,
Cum peditum cunei pugnam dubitanter adirent
Moliti decies aditus intrare patentes
Ejecti vicibus totidem murisque repulsi,
Prætereunte die committere prælia septem
Qui turrem Baleæ nuper captam retinebant,
Ceperunt; adita turris fuit insita primo
Dura recompensans Bruno qua facta sacrorum
Innixos scopulos muro processerat, et dum
Jam luteum tentabat opus subvertere, Maura
Turba petiit, propero quoque tela volatu
Missa resistentes clypeum fixere tenacem
Istius, et robur dum Maurus cerneret ingens
Protinus aggrediens robusta cuspide fixit
Semptemplex tegmen, sed telo protinus ejus
Durius affixus de muris concidit altis,
Corruit, Ugonis gladio percussus, et alter.
Maurorum cunei super ardua robora muri
Plenius accedunt, septem superare putantes
Et de præsenti superatos tollere vita.
Desuper adveniens divinus spiritus illic
Accendit socios, quorum vox trina sonantem
Factorem rerum Dominum confisa rogavit.
Hi gravibus clypeis texerunt corpora postquam,
Obstantes poscunt rigidis mucronibus hostes,
Et faciunt plures collatis viribus ictus,
Et multo plures sævo sibi dantur ab hoste.
Tum Deus Alphæis largitus prosperitatem
Successus pandit lætos optataque vota
Barbaricæ gentis mutans cum casibus omen,
Voceque terribili Mauros, gladioque poposcit
Parvula turba feros cœlesti facta vigore.
Bruno Peransei caput ingens ense resolvit,
Excepitque feri Beroentis pectore telum,
Petrus in Eugubium jaculo fudit, Ugo Sebaldi
Filius Alphænæ caput ense rotundat acuto.
Proterit Arphiponem Pathus Ildeprandia proles,
Inde quod Herricus jaculum jacit inguina Lubæ
Perfodit, Uguiccio Germanus scilicet hujus
Marutia gladio, pedibus prostravit ademptis
Machion Uguiccio non ficta propago Verardi,
Et velut armentum tygres, sævæque leænæ
Poscunt, quando fames ipsas acerrima cogit,
Pestiferosque boum conscindunt viscera dente,
Tundentes jaculis simul, et mucronibus ipsos
Barbara turba fugit, Latii clamore levato
Per patulos aditus socios intrare precantur.
Præveniunt omnes alios Sicheria proles
Raynerius socios, et Terpetcius heros

A Una Guiscardi comites, et Grunnius ipsis
Exstiterant prope, qui barbara terga secuti
Cedentem turbam jaculis feriendo trucidant.
Introitum donec fugientibus edit alumnis
Robustas pandens vetus Elmodenia valvas.
Ac de parte maris pugnax Eufraxius Urbem
Intrat cum nato, stat Maura caterva platea,
Inque viros properata ruit stridentibus armis
Quos poterant terrere satis volutantia saxa.
Intrepidus cum patre manet Bernardus, et Alcen
Contra se positum durata cuspide sternit.
Tunc Ildebrandus : Ferias, precor, optime fili,
Nec cuiquam parcas gladio si deficit hasta.
Pro patria pugnare decet, veneranda vetustas,
Et nostri quondam micuere per arma parentes.
B Dixit, et Agilion jaculo prosternit, et ense
Brusæi feriens caput a cervice resolvit.
Diffugiunt statim reliqui, fugientibus instant,
Cum genitore satus pertundit barbara terga.
Undique currentes equites misti peditesque
Audaces animi, compressis gressibus intrant,
Per solitas veluti subeunt examina sedes.
Sic vigor Alphæus latam progressus in urbem
Dispersas fundit jaculis, gladiisque catervas.
Hic caput abscissus, pectus transfossus, et alter
Visceribus fusis alius tellure jacebat,
Humanoque nimis terram maduisse cruore,
Et fluxisse putes commotos sanguine rivos.
Sicut cum primo dimisso flumina cursu
C Exspatiant campis, quando revocantur in amnem,
Efficiunt rivos plures densasque lacunas.
At rabidos postquam gladius deleverat hostes
Mœnia cum tectis retinent, urbanaque templa
Christicolæ, longus quos jam labor attenuarat
Et servant ipsam studiis vigilantibus urbem,
Ac solito belli nunquam removentur ab usu.
Artibus intendunt, peragunt, vincuntque labores,
Destructis tectis via fit, castella trahuntur.
Namque Bebolgedit portis sunt abdita bina,
Emodenorum totidem sunt abdita muris.
Denique turritos Latialis machina muro
Sternit, adæquantur propero munimine fossæ,
Hæque cadaveribus multis lignisque replentur.
Barbara gens grandi nimium concussa timor
D Castra Pyrenæi comitis tremebunda subintrat
Ad quodcunque velit cupiens se jungere fœdus
Si bellatores indemnes atque soluti
Incolumes etiam cum libertate sinantur.
Talia dum referunt, cœtum properantur in unum,
Accitus populus, pacis de fœdere tractat.
Fulgebatque dies qua plenus dogmate sancto
Ecclesiæ Pastor suscepit jura cathedræ.
Clerus adest, proceresque simul, contentio crescit
Maxima, divisa pandunt certamina mentes.
Pars trahit ad pactum, pars diligit altera pugnam
Collaudat clerus partem pugnare volentem.
Sanctus et antistes cum cardine prælia censet
Hisque favent acies. Contra Catalanicus heros
Ampuriæque senex, contendunt atque Guidelmus

Et sancti cleri firmas convertere mentes
Muneribus largis, precibus, pretioque laborant.
Hæc pius ut renuit convitia sustinet ordo.
Tunc cum Bernardo verbis Gratianus honestis
Verba refert avidis Gothorum congrua dictis.
Profundas lacrymas mœstus cum cardine præsul
Sic genibus fusis numen cœleste precantur.
Conditor omnipotens cœli, terræque creator
Cujus perpetuo sunt condita sæcula jussu
Et quodcunque viget, quodcunque videtur in illis
Clamantum petimus lugubres intende precatus.
Et confidentes in te, pater optime, serva,
Ecclesiæque tuæ pro te certare volenti
Auxilio succurre pio, da vincere gentem
Sacrilegam multa sanctorum cæde madentem
Et pietate sua rogitantes respice servos
Qui te factorem cunctorum semper adorant
Et tu, sancta Dei genitrix regina polorum,
Una cum sanctis nostros supplete rogatus.
   Æstuat interea castris Pisana juventus,
Protinus incipiunt pugnam Brunicardia proles
Promptus Oliverius vada quem misistis ad arma
Rolandusque valens Rodulpho patre creatus.
Arma petunt Latii, tenuit dux bella Pyrænus
Accedunt muris, et poscunt Ismaelitas,
Anticipant aditus, et portis cominus instant.
Paganæ contra miscent fera bella phalanges
Tutantes fractos invicto robore muros.
Acrius Alphæi subeunt, armisque coruscis
Duros irrumpunt aditus virtute coacta.
Hos lapides, et tela petunt, missæque sagittæ,
Et quas interior jaciebat machina moles.
Tutantur clypeis tectos thoracibus artus,
Et jaculis missis poscunt mucronibus hostes,
Immotique loco bellum renovantque feruntque
Mista manus post hos perpessa frequentia tela
Ardet in obstantem properanter currere turbam
Unde graves missi veniunt in scuta molares.
Hinc de plebe viri conversi terga videntur
De fractis muris turpi cecidisse ruina.
At qui bella queunt animi tolerare vigore
Obstantes arcent infracto robore turmas
Quamvis tres fuerant socii de marte repulsi
Tum vice qui comitum staut; pollens viribus Ugo
Militibus paucis intrat comitantibus urbem,
Impetit et Mauros, et cuspide turbat acuta,
Ut celeres damas pardus per devia rura.
Nisibus herois cum duriter inguina fossus
Tenderet ad manes immanis viribus Alchas
Accurrunt acies reliquæ, ferroque micanti
Perlustrant urbem, multum tamen ante cruoris
Excepit tellus, quam vertere terga coacti
Desererent, qua tunc steterant pugnando plateam.
Vexillum peditum tunc Ansualdica proles
Francardus gestans hostes aliunde petivit.
Ast Ugonis cum comitantur, et Uguiccionis
Aurificum valide pagana per agmina vires
Sibyllaque satus, multa comitante caterva,
Hique vigorosi certatim bella volentes

A Pugnando Dartana petunt, pugnataque letho
Agmina dant Baleæ, poscunt velociter arcem,
Et quacunque ruunt bellum lethale videres.
Interfecta jacent per cuncta cadavera templa
Vulnera corporibus stillant, rivique cruoris
Undique diffusi Latias tenuere plateas.
Pars gladio percussa cadit, pars capta tenetur,
At reliquam gentem vetus Elmodenia servat.
Hinc comes accelerans alia de parte Pyrænus
Judæos omnes hic sub ditione receptat;
Circuiens properat captam gens sancta per urbem
Ferrea captorum dissolvens vincula fratrum,
Cui fuerant ostrum, byssus, seu purpura vestes
Aurum cum gemmis Hispanaque pallia prædæ,
Pars restabat adhuc, fuerat pars acta laborum
B Vallatur populis urbs Elmodenia cujus
Obsidet assidue, cultus gens provida muros.
Ut castella trahant Pisani mœnia sternunt,
Urbeque de capta planant obstantia quæque.
Qui præsunt muris mutantes fœdera poscunt
Et fore non poterat variis concordia victis.
Angulus hanc habuit quam frangunt agmina turrim,
Et subeunt aditus pugnantum robore factos.
Vi capitur turris, labor est immensus in illa,
Crevit, et artificum cito fit molimine major.
Signa superponunt, et clamant mœnia capta.
Undique concurrunt, passim properatur ad arma,
Tutantur Mauri jaculis, gladiisque fenestra,
A Latiis factas, quorum promptissimus acri
C Dum perstat pugna, caput emittitque fenestra,
Tensus ab Alphæo perfertur crinibus extra
Absciditurque caput, nil proficiente Rasullas
Jam patet introitus, pubes Alphæa subintrat
Læta, fuit moribunda phalanx, repetitque coacta,
Urbem, quæ regis sat parvula circuit arcem.
Occubuere tamen plures ferro, quibus extra
Late perfusus cruor exstitit experimento.
Circumstans Pisana manus muralia frangit,
Robora cum tectis binasque ad mœnia turres
Festinando trahit formidine barbara turba
Concutitur, poscunt vitæ tutamina pauci.
Alphæi nec concedunt, nec pacta refutant,
Pars scalis innixa subit, pars finibus acta
Excelsas scandit nec inerti robore turres.
D Barbara gens faciendo fugam conscendit in arcem,
Arx invicta stetit bellis superanda cruentis,
Septem protensas protraxit in aera turres
Sat plus sublimi quam celsa theatra Quiritum.
Pontica vis late præruptis subdita saxis
In tuto positæ latus unda proluit arcis
Partibus a reliquis fossa circumdatur alta.
Hanc tutabantur fortes per prælia mille,
Et Dartana super positas duo robora turres :
Audaces pariter nitebantur retinere,
Monstrabantque suos validos in bella furores.
Dum dant assaltus crebros, dum vulnera miscent,
Dum perimunt plures, multos fundendo cruores
Turribus insistens geminis Alphæa juventus
Mœnia tutantes duros deterret Iberos,

Tormenti jactu muri sternuntur, et hostes,
Quas arces pulsat, quatit et densissima moles.
Maura manus murum per quem testudo trahenda
Obstantem turrem juvenilibus acta petebat
Viribus in celerem mox compulit ire ruinam
Angulus impulsus turris ruit; improba turba
Protinus inde fugit, scala Raymundus in ipsam
Scandit, terque decem Mauros pugnando fugavit.
Hinc audax quemdem prosternit cuspide vasta
Insistens gladio multos perimit feriendo.
His reliquos sequitur lætis successibus hostes;
Diffugiunt alia dimissa barbara turri
Agmina præcipiti saltu, sed quinque superstant.
Hi trabe percutiunt pugnantem fortius, ille
Præstat, tunc validi saxi confringitur ictu,
Oraque cum mediis moles projecta resolvit
Faucibus. Hinc lapsus de muro concidit alto
Belligerator obit, cœli de carne solutam
Accipiunt animam, socii deflentur amore.
Notus, et ignotus lacrymas dant, atque querelas
Et gemitus pariter mittunt communiter altos.
Accedunt acies, turri supponitur ignis,
Perque gradus Ugo scalæ fastigia scandit.
Quinque superstantes adversis viribus hostes,
Conantem juvenem multo stridore coarctant.
Denique conanti poterat succurrere nemo,
Millenos ictus clypeo, galeaque ferenti,
Longa laboris erant, nimium toleranda pericla.
A prima solis subit hic certamina luce,
Quæ nonam sane durare jubentur in horam.
Accensis animis tandem quidam sociorum,
Ingreditur turrim prudenter summaque scandit,
Et dum quinque petunt nudis mucronibus ipsum
Ugo subit turrim, binique subinde sequuntur
Primus et hinc gladio mox privat vertice Maurum,
Atque rota posita clypeum velociter hujus
Accipit, ac binos stricto mucrone recidit.
Ast alios binos bini stravere sodales.
Arx sine profuso nunquam superanda cruore
Restabat, sed eam Pisana potentia circum,
Observantque simul, venatrix utpote turba,
Horrendas ursos servat, cohibetque caverna
Rex novus interea factis perterritus istis,
Postquam cometa vidit Pisano robore vinci
Vivus ut evadat timidas se flectit ad arces,
Expertosque satis promissis implet amicos,
Et rate vectus abit, septem comitantibus illum,
Qui Baleare solum dudum rexere priores.
Hunc Dodo, qui vigili servaverat æquora cura,
Sulcantem pelagus cupiens ad castra reduxit.
Christicolas nuper duris macerare catenis.
Compedibus tentus rex ferrea vincla subivit
Hinc Baleæ populus regem sibi fecit Alanta
Hispanum, cujus nec erat durabile regnum,
Qui de Dalmatii letho perterritus exstans,
Qui caput arripuit, nulli se credidit unquam.
Hæc timidus memorans binos sibi reperit utres,
Et vacuas inflans multo sufflamine pelles,
Intro commissis cohibet spiramina filis,

A Sic Hispanus Alas pro navi pellibus usus,
Per freta longa notat, credas delphina notantem,
Æquore diffugium facit hic, sociosque reliquit.
Perfringunt muros urbis Pisana, domosque
Agmina, per factos aditus castella trahuntur
Artibus ingeniis (sic), augmenta per aera crescunt
Artificum studio, cujusque laborat, et hospes,
Alterutri parti nimiæ dare damna ruinæ.
Saxa, lapis, cespes latæ fundamina fossæ,
Intus jacta replent, muris castella propinqua
Consistunt, durus paries Berbece foratur,
Turres alterno conduntur in arce labore,
Fulcra superponunt, pretiosaque pallia telas,
Quæ sua non faceret multo mercator in auro.
At sub castello positi de mœnibus ignes,
B Sulphureas mittunt per aperta foramina flammas,
Quas haustæ puteis poscunt, et fontibus undæ
Exstinctas Latii flammas, torresque putabant,
Clam vigiles, sed erant, tunc alta palatia moles.
Et tormenta petunt, certant cum turribus unci
Funibus, et tractæ ducuntur ad infima turres.
Postque dies aliquot furtivæ robora flammæ,
Creverunt subtus, fumus quoque qualis ab Ætna
Progreditur, tetro quando Vulcanus in antro
Concitat igniferas plenas caligine nubes.
Tunc propere poscuntur aquæ, superadditur unda,
Sed projecta nequit tectas exstinguere flammas.
Castellum mox retro trahunt, dum desinat ignis
A proprio postquam cessavit flamma calore,
C Ingeniosa cohors castella reducit ad arcem.
Percutiens aries impulsu præpete turrim
Robora celsa quatit, labuntur ad infima cautes.
Interea Sachi, cum binis cessit ab arce,
Militibus pueris comitantibus, atque puellis,
Et dedit Alphæis pretium sine nomine multum,
At reliqui flammis sese donare minantur,
Quidquid habent pretii, nisi libertate potiti,
Ad quæcunque velint loca permittuntur abire.
Alphæi contra referunt : Vos perdat et aurum
Cunctipotens vestrum, qui tam perversa putatis,
Charius est etiam nos tali morte resolvi,
Nobis quam Baleæ pretiosa, vel optima quæque.
Gerionæa manus non talia percipit aure,
Tormentis Alphæa cohors circumpetit arcem,
D Constituitque duos mirando robore pontes,
Mœnibus impositum constructis robur in unum
Protinus ascendit lente dum ponitur alter
Dum pugnant Mauri, tantisque laboribus adsunt
Alphæi properant, procedit Grunius ante,
Oppositumque sibi violentem proterit hostem,
Juxta quem reliqui mox progrediuntur in arcem.
Maurorum quidam statim descendere scalas
Incipiunt, multi sese præferre periclis
Mortis non dubitant, ne confodiantur inulti,
Sed velut accipitres celeri properare volatu,
Pennarum levitate solent, ubi plurimus anser
Aere suspensus fluvialia deserit arva,
Et prosecuta velut promptos laniata per ungues,
Cum plumis distracta jacent, sic cernere posses,

Pisanos properare, et barbara membra jacere.
Inde Pyreneæ regionis rector in arcem,
Ascendens lætus superatos increpat hostes.
Plures ense cadunt, multi cecidere fenestris
Hic certat jugulare mares, trahit illo puellas,
Et facta præda muri sternuntur, et ædes,
Hinc ignis cæsos, in lignea tecta perurit,
Depopulans agros terræ loca circuit hospes.
Inde viri veniunt, cum natis denique matres,

A Inde boves, pecuumque greges, et multa supellex,
Pascha celebratur, Batales de nexibus exit,
Cujus dat nato Pisana potentia regnum.
Denique victores felici classe parata,
Ad sua quique meant, hos et de littore spectant,
Et miranda canunt Christi magnalia gentes.
Pisanam tandem Burabe traductus in urbem,
Præbuit Italiæ sese spectabile monstrum,

Laurentii Veronensis liber de bello Majoricano explicit.

Tunc fuit a Christo tecto velamine carnis
Centenus quintus decimus millesimus annus.

ANNO DOMINI MCXIX

ANONYMI
GESTA EPISCOPORUM METENSIUM

(Edidit Georgius WAITZ, prof. publ. Gottingensis, ap. PERTZ *Monum. Germ. hist.* Script. t. X, p. 531).

OBSERVATIONES PRÆVIÆ

Metensis episcopatus cis Alpes primus res ab antistitibus gestas vidit descriptas Paulo Diacono, dum in aula Caroli Magni versabatur, ab Angelramno permoto, ut hanc sedem episcopis ex Caroli stirpe oriundis claram narratione quamvis brevi illustraret (1). *Quem per quatuor fere sæcula neminem secutum esse miramur, cum Metensi Ecclesiæ cœnobiisque in circuitu positis virorum doctorum et scribendi peritorum copia non deesset* (2). *Sæculo undecimo incipiente Constantinus Adalberonis gesta* (3), *medio Sigebertus Vitam primi Theoderici conscripsit* (4), *sed sæculo demum duodecimo medio continua episcoporum historia suscepta est. Scriptoris nomen latet; neque dolendum est. Nam opus confecit aridum et jejunum, quo veræ historiæ nihil fere, traditionis ecclesiasticæ fragmenta quædam, fabularum vero atque errorum satis amplam segetem congessit. Brevissimo Pauli libello quædam addere voluit, ideoque ex catalogo episcoporum, qualem Mon. SS. II, p. 268 (Patr, t. XCV, c. 673) impressum vides* (5), *annos sumpsit eosque cum serie quadam imperatorum et summorum pontificum comparavit, ita vero ut in his conjungendis ridiculos fere errores committeret* (6). *Haud felicius traditione vulgari nonnunquam usus est; quæ de Caroli Magni expeditione Hierosolymitana* (7), *de sancti Udalrici visione refert* (8) *levissima sunt, neque ea lectori se commendabunt quæ ultima Herimanni episcopi tempora († 1090) illustrare debent* (9). *Hæc fortasse ex Miraculis sancti Clementis hausta sunt; et ipse scriptor se hujus sancti Vitam conscripsisse profitetur* (10), *quæ hucusque, nisi fallor, inedita est. Fortunati* (11) *carmina, Arnulfi* (12), *Theoderici* (13) *et Adalberonis* (14) *episcoporum Vitas vidit, sed exscribere noluit; Paulum vero nunc presso pede secutus est* (15), *nunc sermone mutato res tamen ex ipsius libro hauNOTÆ.*

(1) SS. II, p. 261.
(2) In Sancti Arnulfi monasterio quædam de cœnobii fundatione et rebus ab abbatibus gestis scripta sunt, quæ Calmetus I, Probl. p. 545 sqq. edidit. Hæc posteriori tempore, sed ex chartis antiquis, compilata esse videntur. Codex sæc. XIV, XV scriptus nunc in bibliotheca civitatis Metensis N. G. 76 asservatur; v. Archiv. VIII, p. 457.
(3) SS. IV, p, 659.
(4) Ibidem, p. 462.
(5) Chronici lectiones cum codice a Frehero edito semper fere conveniunt.
(6) E. gr. Theodoricum II. (1006—1046) sub apostolicis Marino, Agapito, Octaviano (i. e. a. 942—964) sedisse refert c. 48. Sed hæc ubique fere falsissima sunt, quamvis annis recte indicandis operam quantulamcumque navasse videatur; cf. c. 1.

B Hos errores jam scriptor s. XIV notavit; v. infra n. 29.
(7) c. 29.
(8) c. 46.
(9) c. 50.
(10) c. 17: *beato Clementi sunt transmissæ, ut in secundo Vitæ ipsius libello annotavimus.* De Vitis sancti Clementis ineditis egerunt Calmet, Hist. de Lorraine I, p. XIV et (Tabouillot) Histoire de Metz I, p. 203. Cf. Hist. litter. XI, p. 127. In actis Sanctorum Bolland. hæ nondum editæ sunt.
(11) Præfat.
(12) c. 29.
(13) c. 46; cf. præf.
(14) c. 47.
(15) c. gr. c. 11. 57.

sisse (16), *praeterea Annales quosdam Metensis Ecclesiae breves adhibuisse videtur* (17), *nec non Carolingorum genealogiam* (18) *et librum Caroli Magni Itinerarium dictum, quem ipse laudat* (19), *in usus suos vertit; denique ex coaevorum relatione singula quaedam recepit* (20). *Sed ne recentiori quidem tempore haec majoris sunt momenti. Nam non solum Theogerum episcopum, quem ipse fortasse viderat* († 1120), *praetermisit, sed etiam alia quae Stephani episcopi electionem praecedebant minus recte exposuit. Nihilominus sub hoc Stephano episcopo, qui ab anno* 1120 *usque ad annum* 1163 *sedem Metensem tenebat, librum scriptum esse, apertis verbis indicatur* (21). *Non primos vero Stephani annos intelligendos esse, jam ex dictis verisimile fit. Certe Adalberonem primicerium Metensem archiepiscopum Treverensem constitutum novit noster* (22) *quod a.* 1132 *factum est. Contra de sancti Legontii translatione a.* 1142 (23) *nihil dicit, ita ut fortasse inter hos annos illum scripsisse statui possit.*

Jam igitur eos valde a vero recessisse patet, qui Sigeberto Gemblacensi, viro doctissimo, scriptori gravissimo, qui a 1112 *obiit, sive librum integrum sive partem ejus ascribere conati sunt* (24); *neque ii refutatione egent, qui alterum libri scriptorem a.* 1095, *alterum saec.* XII *vixisse statuerunt* (25). *Unus est usque ad Stephani tempora libelli auctor, isque certe clericus Metensis quem ne inter praecipuos medii aevi scriptores referamus, quae attulimus vetant.*

Neque tamen labor ejus penitus est frustratus. Posteriori enim tempore continuatores accedebant, qui majore historiae fructu sequentes Metensis Ecclesiae episcopos memoriae commendabant. Breves quidem et hi in rebus exponendis; sed satius eas habent compertas, fabulis vanisque traditionibus abstinent idque solum student ut fidelem Metensis historiae conspectum exhibeant. Primus jam paulo post a. 1180 *opus aggressus est atque ad hunc usque annum, Bertramno episcopo vivo, quinque episcoporum acta per sexaginta annos recensuit, et ipse nonnunquam sive negligentia sive nimio Metensis Ecclesiae studio a vero recedens* (26), *neque in temporibus indicandis satis accuratus, caeterum rerum, ut videtur, bene gnarus et in publicis episcoporum negotiis illustrandis maxime versatus.*

Altera continuatio Bertramni annos posteriores silentio praeteriit, sed ab a. 1212 *usque ad a.* 1260, *initio brevius, postea fusius, de tribus hujus temporis antistitibus egit, summis eos laudibus prosecuta. Sermo est uberior quam in praecedentibus Chronici partibus, hinc inde tumidus et verbis inanibus implicatus. Aegre vero hac narratione careremus, quippe quae res contineat a nullo alio tam fideliter descriptas. Nam magna fontium penuria etiam his temporibus Metensis historia laborat.*

Ideo neque tertia continuatio eaque brevissima prorsus est negligenda, qua codicis cujusdam scriptor episcoporum seriem usque ad a. 1296 *deduxit, paucis verbis de quatuor prioribus additis et quinti, id est Burchardi, gestis paulo longius explicatis. Hucusque editio nostra progreditur; quae recentiori tempore ab aliis scripta sunt nunc reponenda duximus, cum vix et nevix quidem cum opere illo saec.* XII *incepto cohaereant.*

His vero edendis subsidia fuerunt.

1) *Codex Parisiensis regius N.* 5357, *fol. membr., ultimis* 14 *foliis saec.* XIV *scriptis Gesta continet episcoporum Metensium prima continuatione aucta. Verba quae primi scriptoris aetatem indicant omissa, multa negligenter et minus accurate reddita sunt.*

2) *Codex Parisiensis, S. Germani N.* 1396, *antea* « *ex bibliotheca Claudii Sauraa in superiore regni curia senatoris,* » *post* « *ex libris Raymundi Formentini,* » *tunc* « *S. Mauri Fossae.* 122, » *chart., saec.* XV, *foliis* 33 *constat, quibus Gesta cum duabus continuationibus exarata sunt. Scriptura inelegans neque mendis carens. Recentior manus alia correxit, alia addidit* (27), *quae a genuino textu aliena esse facile apparet.*

3) *Codex Parisiensis regius N.* 5532, *olim de Faure, membr. saec.* XIV *in* 4°. *Uno calamo in* 21 *foliis Gesta, continuatio prima, altera, nec non tertia scripta sunt; alia saec.* XV *manu additiones breviores hinc inde factae et in fine quinque folia chartacea nova episcoporum historia usque ad a.* 1376 *expleta sunt, cui etiam alia eaque perbrevis continuatio usque ad a.* 1466, *alia usque ad a.* 1530 *subjiciuntur. Neque hic liber caeteris praestat. Plerumque cum* 1 *convenit, sed et propria vitia habet.*

Praesertim primam Chronici partem isti codices deformasse videntur; in verbis scribendis usum saec. XIV, XV *sequuntur et hinc inde Gallicae loquelae vestigia monstrant. Ita* c (1) *et* s *saepe inter se mutantur:* meteneium (2.), metentium (3.), treverencem (3.), gorzience (3.), obcessi (2.); Dyoclesiano (3.), advocasiam (2.), Fransi et Fransia (2.), composisio (2.), sisternae (2.), resepiscet (*pro* recepisset 3.); — n *pro* m, on *pro* um *ponuntur:* novenbris (2.), membrana (1. 2.), ponpose (1. 2.), circundatus *et* circonseptus (2.), colonbina (2.); — *saepissime* y *pro* i, th *pro* t, ph *pro* f *et alia ejusmodi leguntur, litterae nonnunquam duplicantur:* defendit (2.), Phillippus (2.), parentilla (3.), civille (3.), committante (2.); nunc omittuntur *: comunis* (1. 2.), aplausus (1.), *quae in notis singulatim referre nolui. Reliquam lectionum varietatem quamvis vix magni faciendam enotavi. Sunt autem menda quae jam in antiquius libri exemplar irrepsisse videantur, jam non codicum ope sed mera conjectura tollenda.*

Medio aevo hoc Chronicon Metensis episcopatus fines vix est transgressum. Brevis de fundata sancti Joannis ecclesia narratio a Calmeto (I, *Probb.* p. 71) *edita quaedam sive ex hoc libro sive ex communi fonte exscripsit* (28): *Praeterea saec.* XIV *exeunte nova episcoporum Metensium historia condita est, usque ad annum* 1376

NOTAE.

(16) cf. c. 13 sqq. 29.

(17) V. c. 37 de Stephano papa; c. 58 de Leone; c. 42 de pugna contra Northmannos commissa; c. 44 de Hungarorum invasione. Haec ad antiquos Annales referenda esse patet; neque tamen id reperi exemplar quod noster adhibuit. Cf. Ann. sancti Vincentii Me. anno 926, SS. III, p. 157. Annales Metenses saec. x. compilatos, SS. I, p. 314 sqq. non habuit.

(18) c. 26.

(19) c. 29. Hic liber hucusque omnibus ignotus fuisse videtur. Cf. Histoire de l'académie des inscriptions XXI, p. 138 sqq.

(20) c. 48 : *refert successio modernorum.*

(21) c. 51 : *Qui quoniam adhuc vita floret et aetate viget,* etc.

(22) c 51. — Versus de Metio scripti *nuper* in-

A venti in praefatione dicuntur; quod in Sigeberti tempora, ex quo haec sumpsisse videtur, cadere potest.

(23) V. veterem hujus rei notitiam ap. Calmet II, p. CCCXLVII.

(24) Cf. Hirsch de Sigeberto Gemb.ac. p. 348 sqq., qui haec satis refutavit. Neque annorum computatio neque res relatae cum Sigeberti Chronico conveniunt.

(25) Hist. liter. VI, p. 437. Rectius vero ibid., XI, p. 126; Tabouillot, II, p. 257.

(26) Cf. quae c. 1. 3. in notis monui.

(27) Cf. infra n. 52.

(28) Cf. c. 13. Haec narratio Chronici fons haberi nequit; addit enim plura a Pauli Diac. narratione, ex qua haec manarunt, prorsus aliena, quae Chronici auctor non omisisset si ad manus ea habuisset.

continuata, cujus apographum Parisiis inter Baluzii collectiones (Armoire II, paq. 5. n. 2) vidi. Hujus operis fundamentum vetera Gesta facile agnoscas, plura vero sive addita sunt sive mutata (29). Quod una cum altera eaque diversa continuatione usque ad eumdem annum 1376 deducta (cod. 5.) alio tempore eaendum erit.

Gestorum partem primus Andreas Chesnius publici juris fecit. Probationibus enim historiæ comitum Barrensium cap. 1 et 2. primæ continuationis aliisque operibus alia fragmenta inseruit (30). Codicem secutus est 1 vel ipsi similem. Postea Dacherius (Spicilegium VI, p. 643) Gestorum editionem curavit, ex codice 2 (31), sed falsas ejus lectiones novis erroribus auxit, quæ ibi posteriori tempore correcta additave sunt (32) tanquam genuina imprimi fecit, ea vero temerarie omisit quæ fabulosa nimisque falsa ipsi visa sunt. Neque altera Spicilegii editio a Barrio curata (II, p. 224) quidquam emendavit. Postea Calmetus (Hist. Lotharing. I, Probb. 59, ed. 2, I, p. LXXII) majorem libri partem inde ab Angeramno episcopo, ubi Pauli liber desinit, in magnam rerum Lotharingicarum collectionem recepit, erroribus gravioribus hinc inde sublatis. Fragmenta quædam etiam Bouqueti continuatores exhibuerunt (XI, p. 198. XIII; p. 642. XVIII, 677). Ad quæ jam hæc nostra editio accedit, qua textum genuinum restitutum et adnotationibus necessariis esse illustratum, lectores benevoli agnoscent.

Scripsi Gottingæ post reditum ex curia prima Francofurtensi.

GEORGIUS WAITZ.

GESTA EPISCOPORUM METENSIUM.

Mettis [1] est civitas antiqua in Galliarum provinciâ primæ Belgicæ sita [2], jocunditate fluminum satis amœna, vinearum ac nemorum uberrima, montibus conspicabilis [3], vicinarum venis salinarum illustrior urbibus ceteris, salubris aere, sub ipso littore statuta Mosellæ; de qua Fortunatus (33) inquit:

Urbs [4] munita nimis, quam cingit murus et amnis.

Hæc [5] pro situ et diversis causis multis nominatur vocabulis [6]. Dividunum itaque nuncupata est quasi dunum [7], id est mons [8], deorum (34), eo quod e regione advenientibus eminere cernitur turris et ædificiis. Mediomatricus [9] quoque vocatur a circumpositarum urbium situ. Habet namque Treviros metropolim ab aquilone, Tullum a meridie, Virdunum ab occidente; inter quas floret quasi media mater. Mettis etiam a quodam suo victore [10] Metio nomine, appellatur secundum illud (35):

Suffectus dederat nomen cui Metius urbe [11]; et juxta illud disticon, quod in defossis terra lapidibus sculptum [12] nuper fuit inventum (36):

Tempore quo Cæsar sua Gallis intulit arma,
Tunc Mediomatricam devicit Metius urbem.

Romana siquidem victoria urbibus sibi a se subjectis nomina suorum majorum imponebat [13], ut per hoc eis quasi [14] mansuram construeret memoriam. Denique a Remo [15] fratre Romuli Remis, a Tullio Hostilio Tullum, ab Agrippa [16] Colonia civitas est [17] Agrippina dicta. Ad predictam igitur urbem Mettim beatus Petrus apostolorum princeps venerabilem virum Clementem, pridem consulem et [18] patricium Romanorum, omni virtute [19] decoratum, ab urbe Roma direxit, utque pontificali [20] dignitate præesset quos Christo subjugaret ordinavit.

[21] IN NOMINE SANCTÆ TRINITATIS INCIPIUNT GESTA PONTIFICUM METTENSIUM.

1. [22] Advenit itaque Mettis [23] beatus Clemens 5 Claudii anno; sedit [24] in episcopatu 25 annis [25], hoc est sub Claudio 11 [26] et sub Nerone 14. Obiit [27] tempore Vespasiani [28], post passionem beati Petri et

VARIÆ LECTIONES.

[1] ita 1. hac libri parte semper fere, metis 2. 3. [2] deest 3. [3] comspicabilis 1. Opiscalibus 2. [4] Urbs — amnis desunt 3. [5] nec corr. Hec. 1. [6] vocabilis 7. [7] post corr. divum 2. divum 3. [8] deest 2. [9] mediomatricum 3. [10] v. s. 2. etiam quasi a quodam victore metio 3. [11] urbem 2. [12] scultum 1. 3. [13] imponebant 2. [14] deest 1. [15] fr. rom. remo 1. [16] egyppa vel agippa 2. argyppa 3. [17] deest 1. [18] ac 2. 3. [19] o. virtutum decore ornatum 2. o. decore ornatum 3. [20] d. p. 1. [21] In nomine sanctæ et induæ Trinitatis 3. deest rubra 2. ubi Primus episcopus legitur. [22] singulis capitibus episcoporum numerus rubro scriptus præmittitur. [23] metim 2. 3. [24] et s. 3. [25] et mens. IV. post. add. 2. [26] IX. 1. 2. [27] obiit 2. [28] vaspasiani 3.

NOTÆ.

(29) Secunda Gestorum continuatione finita auctor ita pergit: *Nota quod a principio libri usque ad Stephanum episcopum, qui creatus est episcopus Metensis a D. 1120, in annis videtur defectus; nescio si tanto tempore vacaverit, quia scribitur quod post mortem episcopi Hermanni per aliqua tempora vacabat Similiter a. 42. episcopo sancto Walone minus bene summi pontifices allegantur cum imperatoribus. Hic notare curavi, volens a Jacobo episcopo exclusive usque nunc ad Theodericum quintum inclusive chronicas perficere, ne scripturæ posteriori error imputetur.* — Post Theodericum episcoporum in hoc apographo nomina addita sunt usque: *LXXXVI illustris princeps Henricus de Bourbon.*

(30) Histoire généalogique de la maison de Bar-le-Duc .. par André Duchesne (Paris 1631, fol.) Preuves p. 15, 16.

(31) Ipse hunc indicat: *Eviscoporum Mettensium chronicon ms. V. Cl. Raimundo Formentino domus Sorbonicæ socio pererudito acceptum ferimus.*

(32) Hæc manui H. Valesii deberi Dacherius monet. *Adjumento,* inquit, *nihil quoque fuerunt correctiones a viro cl. Hadriano Valesio adhibitæ, qui chronicon illud antequam in manus meas incidisset am legerat.*

(33) III, carm. 14. ad Villicum ep. Metens., v, 15.

(34) Cf. Sigeberti Vit. Deoderici, c. 17, SS. IV, 477.

(35) Hos versus etiam Sigeb. affert l. I.

(36) Maurmunster.

mortem Neronis, beato Clemente ipsius fratruele Romanis fidelibus post Petrum apostolum presidente [29]. Hanc ideo subputationem [30] annotavi, quia nisi tempora pontificatus Lini atque Cleti sub spacio presulatus beati Petri comprehenderis, non sibi consone respondebunt anni pontificum Romanorum annis imperatorum. Pro certo enim scitur, quia beatus apostolus non baptizandis, sed convertendis ministerii officium magis impendebat, sicut liber Actus apostolorum testatur, quod post adventum sancti Spiritus in Cornelium et suos jusserit eos baptizari, et hoc propter scisma vitandum, ne baptizati ab apostolo digniores se ceteris putarent (Act. x, 48). Quocirca et Paulus Chorenthiis [31] in prima epistola scribit : *Gratias* [32] *Deo, quod neminem vestrum baptizavi, nisi Crispum et Caium, ne forte dicatis, quod in nomine Pauli baptizati estis* (I Cor. 1, 14). Nam qui ab apostolis ordinabantur presbiteri, ceteris preminebant ut episcopi. Scrupulus autem subputationis [33] annorum partim negligentia scriptorum, partim pressura persecutorum, ut arbitror, in ecclesia inolevit.

2. Beato Clemente ad celestia migrante, sanctus Celestis illi successit in officio episcopali, seditque annis 15, sub Vespasiano [34] 7, sub Tito 2, sub Domiciano reliquos [35]. Obiit tempore ipsius persecutoris sub Anacleto papa. Sepultus est ante fores cripte [36] sancti Clementis [37]; sed post curricula temporum a Drogone archiepiscopo Mettense translatus est in Elisaciam [38] apud Mauri monasterium (36), ubi condigne veneratur; ubi [39] et de illo tale refertur insigne [40]. Pignera [41] ejus cum pro necessitate communi quodam tempore referrentur [42] cum reliquiis sancti Auctoris, dicitur sanctus Auctor, qui quasi famosior preferebatur [43], restitisse, donec sanctus precederet Celestis. Cetera ejus gesta quamvis credantur magna, tamen eorum [44] nichil ad nos transmiserunt scripta priorum.

3. Post beatum Celestem sanctus Felix prefuit Mettensibus annis 42, sub apostolicis [45] Evaristo et Alexandro et Sixto, temporibus Domiciani, Nervæ et Trajani. Obiit tempore Adriani sub Telesphoro [46] papa. Hic Felix sepelitur juxta sanctum Celestem; sed longo post temporis [47] transfertur in Saxoniam ab imperatore Henrico Bavebergense [48].

4. Felici successit sanctus Patiens quartus Mettensium [49] episcopus. Hic fuit genere Grecus, evangelistæ Johannis discipulus. Hic dicitur revelatione divina Mettim transmissus, ut, sicut in omnibus evangelista Johannes Petro associabatur virtutibus secundum Apostolorum actus (Act. III, 4), ita et ex disciplina ejus veluti et de beati Petri discipulis insigniretur ecclesia Mettensis. Hic ecclesiam sancto Johanni evangelistæ ad australem plagam ipsius urbis [50] construxit (37), marmoreis subnixam columpnis; quæ post combusta est ab Hunis [51]. In hac ecclesia et dentem ipsius sui magistri posuit cum duodecim aliis reliquis apostolorum; ubi et ipse postmodum requievit sepultus, sicut suo loco dicemus [52]. Hic sedit in episcopatu annis 14, partim sub Adriano et reliquos [53] sub Antonino [54] Pio. Obiit [55] tempore ipsius, Romanæ etiam [56] ecclesiæ post [57] Yginum papam Pio presidente.

5. Sancto Patienti [58] successit Victor (38) Mettensium presul quintus; qui sedit per annos [59] 9. Obiit 10 Kal. Octobris sub Pio papa jam dicto et Antonino [60] Pio ; et sepultus est [61] in ecclesia beati Clementis (circa 250 ?).

6. Post hunc alius Victor assecutus est cathedram episcopalem sextus [62], sedens in ea 3 annis, sub Antonino [63] Pio et Aniceto papa. Obiit temporibus eorundem pontificum. Horum duorum pontificum sicut de translatione, sic et de actuum relatione siletur, nisi quod in ecclesia beati Clementis similiter sunt sepulti.

7. Hinc [64] sanctus Symeon septimus [65] est episcopus consecratus [66]; qui prefuit Mettensibus [67] annis 30, ultimo tempore Antonini Pii, temporibus etiam Marci, Veri [68] et Lucii Commodi imperatorum, tempore Aniceti, Sotheris et Eleuterii [69]. Obiit sub Eleutero [70] et Commodo [71] imperatore. Similiter et ipse sepelitur in ecclesia beati [72] Clementis, sed postea transfertur ad monasterium Senonense (39).

8. Post hunc prefuit octavus presul Mettensi ecclesiæ Sambatius. Hic sedit 18 annis, sub apostolicis Eleuterio [73], Victore et Zephirino, temporibus Lucii Commodi, Helii [74] Pertinacis, Severi ; cujus etiam tempore obiit et Zephirini papæ. Sepultus est

VARIÆ LECTIONES.

[29] presidendi 2. [30] supput. 1. supplicacionem 3. [31] chorintiis his *deleto* his 1. [32] *post add.* ago 1 gr. ago 5. [33] supp. 5. [34] vespesiano 1. vaspasyano *et mox* thyto 5. [35] reliquis 2. 5. [36] cripe *corr.* cripte 1. [37] pridie Ydus Octobris *add.* 5. [38] alsaciam 3. [39] deest 5. [40] insignum 2. [41] Pignora 1. [42] deferrentur 3. [43] preferabatur 3. [44] deest 2. [45] aplis 1. 2. [46] thelesphoro p. IX. Kal. Marcii 3. [47] tempore post 5. [48] babenbergense 2. bavebergensi 3. [49] metensis 2. 3. [50] uerbis 1. [51] unis *corr.* hunis 1. Hinniis 3. [52] VI. Ydus Januarii *add.* 5. [53] reliquis 3. [54] antonio 2. [55] deest 3. [56] deest 1. [57] deest 2. ubi yginum papam *postea corr.* ygino papa et. — post yginum vel eugenium papam 3. [58] pacienti 2. 3. [59] IX annos 3. [60] antonio 2. [61] deest 2. [62] deest 3. [63] anthonio 2. [64] Huic 1. Hunc 2. [65] deest 3. [66] cons. ep. 3. [67] metensius *hoc loco et postea sæpius etiam* 1. XXX annis 3. [68] Nerei 3. [69] eleutherii 3. ubi *add.:* Obiit XIV. Kal. Martii 3. [70] eleutherio 2. 3. et *deest* 2. [71] comodo 1. imperator 3. [72] sancti 2. 3. [73] eleutherio 2. cleuterio 3. [74] Nelii 3.

NOTÆ.

(37) Cf. (Tabouillot) Hist. de Metz I, p. 212 sqq.
(38) Concilio Sardicensi a 547 subscripsisse creditur, quod tamen valde dubium est; cf. Rettberg.

Kirchengeschichte Deutschlands I, p. 197.
(39) Sub Angelramno episcopo; cf. Richerii Chron. Senon. II. 2. ap. Dacherium ed. 2, Vol. II, p. 612.

in ecclesia beati [75] Clementis, et ad Othrenheim [76] (40) translatus.

9. Nonus post Sambatium [77] Rufus Mettensium fuit episcopus, qui 29 (41) annis [78] sedit in episcopatu a [79] tempore Severi et Antonini [80] Caracalla, Macrini [81], Aurelii Antonini, Aurelii Alexandri, temporibus Calixti, Urbani et [82] Zephirini apostolicorum; sepultusque [83] in ecclesia sancti Clementis.

10. Decimus Mettensium [84] episcopus fuit [85] Adelfus, qui sedit 17 annis, sub [86] Aurelio Alexandro, Maximo, Gordiano et Philippo christiano cum filio Philippo, sub episcopis Romanis Pontiano, Anteros et Fabiano. Hic etiam sepultus est in ecclesia sancti Clementis.

11. Huic successit Firminus undecimus Mettensium episcopus [87], qui sedit annis 45, id est sub Decio, Gallo et Volusiano, Valeriano [88] et Gallieno [89], Claudio [90], Aureliano, Tacito, Floriano, Probo, Carino, Numeriano, Diocletiano [91], sub presulibus Romanis Cornelio, Lucio, Stephano, Sixto tertio, Dionisio, Felice, Euticiano, Gaio, Marcellino, Marcello. Horum ultimo tempore obiit predictorum. Corpora sanctorum Rufi et Adelfi et aliorum, dum secus criptam sancti Clementis et aquilonem fuissent humata, vir quidam religiosus sanctorum [92] basilicas nocturnis [93] frequentabat horis, ut Paulus Italicus in serie istorum annotavit pontificum. [Paul. Diac. *Patrol.* t. XCV, c. 673.] Hic ut ad basilicam beati Clementis pervenit, quia licentia non dabatur in'erius intrandi, e regione, ubi predictorum corpora [94] quiescebant sanctorum, accessit, seque in orationem devote prostravit. Terminato precis modulo, surrexit, et in memoria sanctorum, ad quorum sepulchrum [95] oraverat, versum psalmigraphi, quod [96] est : *Exultabunt sancti in gloria,* pronunciavit. Illico ab intus vocem audivit subjungentem : *Lætabuntur in cubilibus suis.*

12. Leguntius [97] duodecimus Mettensium episcopus Firmino successit, et annis 34 presedit, sub episcopis Eusebio, Melchiade [98], Silvestro et Marcho, imperante Constantino christianissimo. Obiit [99] ultimo tempore ipsius, et in ecclesia beati Clementis tumulatur. Hoc etiam tempore gloriosus confessor Nicholaus clarebat a Constantino, filio Helenæ, usque ad Justinum.

13. Successit ei sanctus Auctor, et prefuit 49 annis, sub presulibus Julio, Liberio, Felice, Damaso, Constantio, Juliano, Joviniano, Valentiano et Valente imperantibus [100]. Sub eodem tempore dicuntur fuisse Martinus Turonensis et Maximinus Treverensis, cum quibus dampnavit [101] apud Coloniam urbem Ephratem [102] hereticum [103] (42). [Paul. D. *l. l.*] Hic beatus Auctor eadem tempestate (480?) quando non solum Gallia, sed etiam pene Occidens universus barbarorum sevitiam est perpessus, ad ecclesiæ gubernacula est adscitus [104]. De quo presule insignia [105] hæc duo memoriæ posterorum traduxit relatio priscorum (43).

Igitur, ut diximus, dum grandine barbarorum seges dominica premeretur, Attila rex Hungarorum [106], sumpto Domini gladio ad resecandum [107] Gallorum lasciviæ habundantiam, Gondegario rege Allobrogum [108] pretrito, abenas suæ crudelitatis in omnem Galliam relaxat. Sub hac [109] turbine beatus Servatius presul Tungrorum [110] Romam proficiscitur [111] ad apostolorum [112] limina, Domini remedium imploraturus per merita [113] ipsorum sublimia. Ubi cum [114] quasi victimam Deo se offerret pro ira Domini a populo suspendenda, beatus princeps [115] apostolorum in visu ei [116] dixit : *Noveris, karissime, divino diffinitum judicio, totam fere Galliam tradi barbarorum incendio preter oratorium prothomartiris* [117], *quod Mettis constructum est.* Sanctus [118] accepto Servatius oraculo, veloci regreditur [119] gradu; sed Gallias jam Hungari [120] compleverant, Mettim [121] urbem cinxerant obsidione, sed pro murorum robore [122] frustrati ad tempus expugnatione, recedebant. Sub illorum discessione [123] sanctus Servatius Mettim venit, beato [124] Auctori revelationem [125] prefatam revelat [126], ad sedemque suam Tungrensem [127] remeat. Quo abeunte, muri Mettensium [128] corruunt. Beatus [129] Auctor cernens hoc, cives advocat, confiteri [130] peccata hortatur, peni-

VARIÆ LECTIONES.

[75] sancti 2. 3.   [76] othrentheim 1 othrenbijn 2. orthrenheum 3.   [77] sabatium 2. sanhatium 3.   [78] s. a. 2.   [79] *superscr.* 2.   [80] antonii 2.   [81] m. a.a. aurelii *desunt* 3.   [82] *deest* 1. zefirini 2. zeph. VI. Kal. Septembr. 3.   [83] s. est 2.   [84] ep. m.. 1.   [85] prefuit 2.   [86] ab 1. 3.   [87] ep. meten. 3.   [88] velariano 2.   [89] galieno 1. galliano 2.   [90] claudiano *corr.* claudio 2.   [91] dyoclesiano 2. dyocleciano 3.   [92] bas. s. 3.   [93] noturnis 1.   [94] s. c. q. 3.   [95] sepulchra 3.   [96] qui 3.   [97] Leguncius 2. Legoncius 3.   [98] melchaide 1.   [99] XII. Kal. Martii *add.* 3.   [100] imperatoribus 2. 3.   [101] ap. c. u. d. 2.   [102] eufratem 3.   [103] ereticum 2.   [104] ascitus 2.   [105] insignignia 2 *duabus lineis.*   [106] hangarorum 2.   [107] resecandam 3.   [108] allobrogum 3.   [109] hoc 2.   [110] *deest* 3.   [111] proficisitur 2.   [112] l. ap. 3.   [113] i. m. 3.   [114] enim q. victima 1. *cum e corr.* 2.   [115] p. b. 2.   [116] d. ei. 3.   [117] p. Stephani 3.   [118] S. S. a. 3.   [119] gr. p. 3.   [120] hungarii 3.   [121] m. vero u. *cum* cingerent o. sed p. m. r. f. a. t. *exp.* non posset pro tempore recedebat 3.   [122] rebore 2.   [123] dissessione 3.   [124] et b. 3.   [125] relationem 1.   [126] revelavit — remeavit 3.   [127] tungressem 1   [128] metentium corruerunt 3   [129] Sanctus 3.   [130] c. h. eorum p. 3.

NOTÆ.

(40) Othernheim in diœcesi Wormatiensi. Sed de Rufo, Sambatii successore, alii hoc tradunt; v. Hist. de Metz 1, p. 223.

(41) Catalogus epp. Met. SS. II, 268, XXVIII habet annos (postea corr. XXIX).

(42) Cf. Gesta Trev., c. 19. Hoc concilium a. 346 ponitur; sed fictum est; cf. Bettberg I, p. 125 sqq. Hæc Acta ne auctorem quidem, sed Victorem episcopum exhibent.

(43) Paulum sequi videtur; quamvis sermone mutato.

tentiam injungit, infantes baptizari precepit. Erat enim sabbatum paschæ. Barbari fama celeri revocati, urbem invadunt, omnes trucidant [131], cuncta diripiunt. Quid plura? Ecclesias cruore innocentium [132] replent, sacerdotes jugulant. Soli servantur qui ludibrio deputarentur. Oratorium sancti [133] prothomartiris furentes circumdant, aditum [134] temptant; sed quod cœleste protegebat [135] auxilium, irrumpere non valebat impetus furentium. Tandem [136] velut Sodomitæ quondam erga domum Loth suo delusi conamine, incensa urbe ipsum episcopum cum reliquis abducunt. Jam procul ab urbe recesserant ad locum qui Decempagos dicitur [137]; et ecce barbari cæcitate multantur, quasi olim Ægyptii, nusquam abire valent. In tali ergo anxietate sciscitantur [138] a christianis quos abducebant [139], quo prestigio hoc eis [140] accidisset. Quibus illi : *Non hoc suspicamini maleficium* [141], *sed credite iram Dei vobis imminere, qui sanctum Auctorem episcopum* [142] *Mettensem abducitis* [143] *impie.* Mox itaque sanctus Auctor inquiritur, invenitur, rogatur; offertur ut [144] quicquid vellet sumeret, tantum ut beneficium lucis non subtraheret eis. Ait ille, nichil rapinarum se velle [145], sed tantum in beneficio [146] sibi captivos dixit reddi. Conceditur; captivos reddunt, sicque tenebras evadunt. Sicque factum est ut, captivato pastore, grex captivorum in libertatem poneretur [147]. Referturque [148] aliud [149] de hoc beato Auctore factum. Forte [150] trabes vetustate [151] dissoluta, subito [152] super altare beati [153] Stephani lapsa, marmor ipsius altaris consecratum in mille (44) diminuit [154] partes. Adest beatus Auctor, et dictu mirabile singulas marmoris fracti minutias adunans et componens, orationem [155] fudit, cruce consignavit; sicque statim divina virtute illud marmor dissolutum solidatur, ut apparentibus fragmentorum cicatricibus [156] nil solidius videatur [157]. Obiit autem beatus Auctor 4 Idus Augusti, sub Siricio [158] papa, imperantibus [159] Gratiano et Valentiano [160].

14. Sancto Auctori Epletius [161] successit decimus quartus presul Mettensis [162]. Sedit 16 annis, sub Theodosio imperatore et episcopis Siricio [163], Anastasio. Obiit [164] sub eisdem, sepultus est apud Sanctum Clementem.

15. Urbitius post [165] Epletium decimus quintus successit in Mettensi [166] episcopatu. Hic primus omnium ipsius urbis archiepiscopus nominatur (45). Prefuit 29 annis, sub imperatoribus Archadio et Honorio, presulibus Romanis Innocentio et Zosima [167]. Hic sepultus est [168] in ecclesia sancti Maximini [169] ultra Saliam (46).

16. Successit Urbitio Bonolius [170] decimus sextus Mettensium episcopus [171]. Sedit annis 3. Obiit 8 Idus Octobris, sub Bonefacio [172] papa, imperantibus [173] Honorio et Theodosio.

17. Therentius successit huic decimus septimus. Sedit annis 20. Obiit 4 Kal. Novembris, sub Cœlestino et Sixto papa, regnantibus Honorio et Theodosio juniore. Quorum temporibus inventum est [174] corpus beati prothomartiris Stephani cum Gamaliele et Abybon atque [175] Nichodemo. Hinc probatur, quod reliquiæ beati Stephani, quibus ecclesia Mettensis suffragantibus irruptionem Hunorum evasit, ab apostolis beato Clementi sunt transmissæ, ut in secundo vitæ ipsius libello annotavimus (47).

18. Octavus decimus Gonsolinus successit Therentio in [176] sacerdotali officio. Sedit annis 18 [177]. Obiit 2 Kalend. Augusti, sub primo Leone papa, imperantibus Marciano et Valentiniano et Leone augustis.

19. Romanus successit Gonsolino Mettensium episcopus undevicesimus [178]. Sedit annis 36, sub Hilario [179], Simplicio et Felice papis, regnantibus augustis Zenone et Anastasio. Obiit Idus Aprilis.

20. Fronimius [180] successit Romano vicesimus Mettensium episcopus. Sedit annis 8, sub Felice, Gelasio et Anastasio, imperante Anastasio [181]. Obiit 6 Kalend. Augusti.

21. Successit in episcopatu Mettensi Gramatius [182] vicesimus primus. Sedit annis 25, sub Johanne et Simmacho [183] et Hormisda episcopis Romanis, sub imperio Anastasii [184] et Justini senioris. Obiit 6 Kalend. Maii.

22. Successit Gramatio [185] Agatimber vicesimus

VARIÆ LECTIONES.

[131] trucidunt c. dirupiunt 2. [132] innocentum 3. [133] s. Stephani p. 3. [134] additum 3. [135] a. p. 5. [136] Tandem velud sodomitæ condam 3. [137] qui dicitur pagos 3. [138] sciscitant 2. [139] adducebant 1. [140] eis hoc 2. 3. [141] melef. sed i. d. c. 3. [142] m. ep. 3. [143] ab e corr. 1. [144] ut ipse 3. [145] v. dicit 3. [146] b. lucis sibi c. reddunt 3. [147] libertate potiretur 2. libertate potieretur 3. [148] Refertur et a. 2. 3. [149] a. factum de b. A. 3. [150] Sorte trabe 3. [151] d. v. 1. [152] deest 3. [153] sancti 3. [154] p. d. 3. [155] orationes 3. [156] fraugmentorum cychatricibus 2. [157] videretur 3. [158] cyricio 1. [159] imperatoribus 3. [160] Valentiniano 3. *ubi recentior manus in folio post adjecto hæc scripsit* : Quod vero sua sancta electio fuerit mirabilis patet, etc. *et* Oratio de ipso sancto, etc. [161] eplecius 2. 3. [162] metensium 2. meten 3. [163] syritio. anasthasio 1. [164] et obiit 3. [165] p. ep. desunt 1. [166] ep. meten 3. [167] zosimo 3. [168] fuit sep. 5. [169] maximiani 2. maxinini 3. [170] bonolus corr. bonolius 2. [171] ep. meten 3. [172] bonifacio 2. [173] imperatoribus 2. 3. [174] fuit 3. [175] et 3. [176] et in s. o. sedit 3. o. sedit 2. [177] annis XVIII. annis 2. [178] deest 3. [179] ylario. symplicio 1. [180] pronimius 1. 2. [181] anathasio 1. imp. an. *post* Augusti *suppl.* 2. [182] grammatius 2. [183] et et sinmacho et hormida 3. [184] anasthasii 1. [185] grammatio agatymber. 1. 2.

NOTÆ.

(44) *In duabus partibus* Paulus dicit.
(45) Ita in catalogo episcoporum SS. II, p. 269.
(46) Seille. Cf. Meurisse, Hist. episcop. Met., p. 61.
(47) Hæc sancti Clementis Vita quod sciam nondum edita est; cf. præf. n. 10.

secundus. Sedit annis 12, sub apostolicis Felice, Bonefacio, Mercurio, Agapito, Silverio, imperante Justiniano. Obiit 4 Idus Maii. [PAUL. DIAC. II, *l. l.*] Tres episcopi superiores Mettensium [186] creduntur fuisse de origine Grecorum propter ethimologiam vocabulorum.

23. Istis successit Sperus (48) vicesimus tercius. Prefuit Mettensi ecclesiæ annis 17, sub Vigilio papa, sub imperio Justiniani (c. 535). Obiit 10 Kalend. Septembris [187].

24. Successit Vilicus [188] vicesimus quartus episcopus Mettensis. Sedit [189] annis 25, sub apostolicis Pelagio primo, Johanne III, Benedicto I, imperante Justino et Tiberio Constantino (c. 550-570). Obiit 10 [190] Kalend. Maii.

25. Vilico [191] successit Petrus episcopus Mettensis vicesimus quintus. Sedit annis 10. Obiit 5 Kalend. Octobris, sub papa Pelagio secundo, regnante Tiberio Constantio [192] (c. 570-580).

26. Aigulfus vicesimus sextus episcopus successit Petro. Sedit annis 12 [193]. Obiit [194] 10 Kal. Decembris, sub papa Gregorio I, imperante Mauricio (c. 580-600). Hic Aigulfus ex filia Glodovei [195] Francorum regis ortus est [196].(49). Mettensem episcopatum tam ex suis quam ex domesticorum prediis ampliavit. [*Carol. gen.* SS. II, p. 310.] Nam et Arisidium vicum a fratre suo Deothario [197] suscipiens, per manum Theodeberti [198] regis partibus beati prothomartiris Stephani mancipavit, predictumque fratrem suum domnum Deotharium ibidem consecravit episcopum. Huic etiam Aigulfo magnus doctor Gregorius litteras dirigit (50).

27. Arnoaldus successit eidem Aigulfo in episcopatu Mettensi vicesimus septimus [199], [P. D. *l. l.*] nepos ipsius. Sedit annis 8 Sabiniano [200], Bonefacio III, episcopis, regnante Foca, sub quo obiit 7 Idus Octobris (c. 600).

28. Papolus successit Arnoaldo vicesimus octavus. Sedit annis 24 [201] (51), sub apostolicis Deusdedit [202], Bonefacio V, Honorio, Severino, sub imperio Eraclii. Obiit 11 Kalend. Octobris. Hic Papolus ecclesiam in honorem sancti Simphoriani martiris [203] (52) ad australem Mettensis urbis plagam construxit, ibique quiescit.

29. Secutusque [204] est hunc in episcopatum [205] beatus Arnulfus undetricesimus episcopus [206] Mettensium (c. 610-625); [P. D. *l. l.*] vir per omnia et [207] lumine sanctitatis et splendore generis clarus. Hic ita prefuit ecclesiæ doctrina, ut et [208] regalis ejus consilio moderaretur aula. Hujus habentur gesta, quæ docent eum magnis claruisse miraculis et post mortem et in vita. Hujus quadrinepos Karolus Magnus extitit [209], quem ecclesia sibi Romana elegit in advocatum, imperator Constantinopolitanus honoravit ut [210] dominum, occurrens ei de Jherusalem redeunti [211], coronamque Jhesu Christi spineam cum aliis apostolorum reliquiis non minimam devote [212] contulit partem. Quæ si quis nosse desiderat, itinerarium [213] ipsius Karoli legat (53). In quo et legitur, quod imperator Constantinopolitanus [214] temptaverit ipsum avaricia, proponens in itinere ad duo miliaria urbis Bizanteos [215] dona permaxima; sed Karolus suos sic repressit disciplina, ut nichil propositorum sumerent thesaurorum. Unde apud Grecos maxima honoratur reverentia, et maxima sunt [216] ei collata exenia in serico, lapide pretioso ornatuque ecclesiarum quam plurimo. Hic Karolus a Constantinopoli digrediens, pactum ab imperatore amiciciarum [217] suscepit, et in Frantiam feliciter rediit. Qui, cum Parisius pervenisset, sui multitudinem regni episcoporum ac religiosorum [218] virorum collegit, eorumque auctoritate constituit [219], ut dies, qui dicitur indulgentiarum, singulis frequentaretur annis ob predictarum dignam [220] reliquiarum memoriam. Sancitum quoque [221] fuit eorum consilio, ut omnis peccator homo, qui accurreret [222], terciam suæ partem pœnitentiæ levaminis [223] perciperet [224], si delectationi criminum jugi non succumberet [225]. Hic etiam Karolus præ [226] cunctis Francorum regibus ecclesiarum religionem ampliavit, aurum cum argento, quibus antiqui reges simulachra decorabant, in cultum Christi [227] consecravit. Hic etiam vitam sancti [228] Arnulfi sui perscrutans attavi, miraculum quod de anulo ipsius adhuc fama recens

VARIÆ LECTIONES.

[186] cr. m. 1. cr. metencium *corr.* m. cr. 2. [187] decembrū 2. [188] vilieus 1. willicus 3. [189] Sedit-Petrus ep. M. *desunt* 1. *Ideo numerus* XXV[us] *deletus et in margine notatum est :* Vicium est hic scriptoris. [190] *deest* 3. [191] Pilico 2. Vuilico suscessit 3. [192] ita 1. 2. 3. *hoc loco.* [193] XX. 1. XII annis 3. [194] hæc *post correcta sunt* : obiit 598. *et iterum scriptum* : obii X. Kal. Decembris 3. [195] clodoei 3. [196] ortus in (*superscr.* est) ep. m. 2. [197] dothario 3. [198] teodeberti 1. [199] XXVII annis 1. [200] sabianiano 1. [201] XXIIII annis 3. [202] deodato 3. [203] meten 3. [204] Secutus 1. [205] episcopatu 2. [206] ep. m. *desunt* 1. 3. [207] et per 2. [208] *deest* 3. [209] fuit 1. [210] in 2. [211] reuertenti 1. [212] indevote 1. 3. nec indevote 2. [213] itenerarium 2. [214] constantinopolinatus 3. [215] bizantheos 3. [216] ei sunt c. in s. e. 1. [217] amicinarum 2. 3. anneuiarum 1. [218] religioni 1. 2. 3. [219] constitit 1. 3. ut *deest* 1. [220] r. d. 2. [221] f. q. 3. [222] accurrent 3. [223] levamen 2. levaminibus 3. [224] acciperet 1. [225] subc. 3. [226] pro 2. [227] *deest* 1. [228] s. a. *desunt* 1. etiam arnulphi p. actam. mir. 2. *post* attavi *add.* relatione 3.

NOTÆ.

(48) Hesperius episcopus ecclesiæ Metensis concilio Arvernensi a. 535 subscripsit.

(49) Cf. Paul. Diac. II, p. 264. Hic vero : *qui fertur*, inquit, ... *procreatus*.

(50) XI, 58. Greg. M. Opp., ed. Bened., II, p. 1144.

(51) De Pappoli ætate v. Tabouillot I, p. 344.

(52) Ita sæc. x. post reliquias sancti Simphoriani ab Adalberone II translatas dicta est.

(53) Liber hoc titulo inscriptus nondum, nisi fallor, editus est. Cf. de fabulosa hac Caroli expeditione quæ in Chron. Sancti Dionysii, Bouquet V, p. 273 sqq. leguntur; ejusdem fere argumenti, in multis tamen diversa.

celebrabat, miratus est se in ea scriptum non invenisse (54). Unde accersiens notarium quendam nomine Paulum, precepit [229] Mettensium inquiri gesta presulum. Sed quasi nulla inveniens — quippe a barbaris olim [230] irrumpentibus cum ipsa [231] urbe succensa [232] erant — precepit, ut [233] vel ipsa quæ ab antiquis defluxerant per famam ad posteros scriberentur, et ab ipso pontifice beato Clemente inciperetur, in quibus et ipsum annotatum invenitur miraculum. Cujus hæc [234] est summa. Fuerat isdem beatus Arnulfus comes palatinus sub Clotario [235], Guntranni [236] regis filio, sex provincias suo regens arbitrio, multaque confecerat prelia, justiciamque etiam de suis propinquis exercuerat [237]. [P. D.] Unde (55) quia bonorum est, etiam in his quæ licent timere pœnitentiam, ut David in contricione cordis in [238] conspectu Dei agebat. Sub hac contricione mentis dum transiret apud Treviros, per pontem Mosellæ fluminis, anulum quem secum habebat aquis injecit, dicens : *Tunc me solutum nexibus criminum sciam, quando hunc quem projicio anulum recepero.* Posthac [239] vero ad episcopatum Mettensem violentia populi sublimatus, sicut [240] isdem David pro effusione sanguinis ab ædificatione templi jussu [241] Dei se suspendit, sic et iste vir Dei, recepto anulo a piscatore apud Vosagum, qui fuerat inventus in extis [242] piscis, episcopatum et omnem gloriam [243] seculi reliquit, heremumque petiit (56), ubique [244] in pace quievit [245]. Prefuit ecclesiæ Mettensi 15 annis, sub apostolicis Johanne, Theodoro, Martino et Eugenio, imperantibus [246] Eraclio cum Eraclona matre et Constantino ejus filio. Obiit 17 Kalend. Septembris [247] sub Constantino, filio Eraclii [248].

50. [P. D.] Goericus sanctus, qui [249] et Abbo dictus est, huic sancto tricesimus episcopus Mettensis [250] successit. Hic primo [251] rex Aquitanorum fuerat (57), postque [252] pontifex factus, opibus plurimis ditavit ecclesiam [253], basilicam sancto Petro construxit (58), predecessorisque sui corpus [254] ab heremo revexit et in basilica apostolorum [255] digne sepelivit. Prefuit ecclesiæ 17 [256] annis, sub apostolicis Vitaliano et Adeodato, imperante Constantino, filio [257] Constantini [258] superioris [259] regis (c. 625-640). Obiit 18 Kalend. Octobris, et sepultus est in ecclesia Sancti Simphoriani martiris [260] ; et post translata sunt ossa ejus ad castrum Spinal (59) dictum.

51. Godo [261] tricesimus primus accessit [262] post hunc Mettensibus, et episcopalis officii curam suscepit, et [263] sedit annis 10 et [264] duobus mensibus, sub apostolicis Dono [265], Agathone, Leone, Benedicto, Johanne, Cunone [266], Sergio, sub imperatore prefato [267] Constantino (c. 640-650). Obiit 8 Idus Maii [268].

52. Sanctus Glodulfus [269], inclita beati Arnulfi proles, tricesimus secundus pro paternæ sanctitatis gloria episcopus [270] Mettensis consecratur. Hic possessionibus ampliavit ecclesiam beati Stephani (60). Sedit annis 40 [271], diebus 25 [272], sub Romanis pontificibus Sergio, Johanne V, Johanne VI, Sisinnio, Constantino, Gregorio [273] II, sub imperatoribus prefato Constantino, Justiniano [274] minore, Leontio [275], Tiberio, item Justiniano qui supra, Philippo, Anastasio [276] II (c. 650-690). Obiit 6 Idus Junii [277] ; sepelitur in ecclesia apostolorum ubi genitor ipsius [278].

53. Post hunc fidelem moderaturus [279] populum Mettensem Abbo tricesimus tercius ascitus est, qui sedit annis 10, sub apostolico Gregorio III, imperantibus [280] Theodosio, Leone (c. 690-700). Obiit [281] 17 Kalend. Maii.

54. Tricesimus quartus successit Aptadius. Sedit annis 13 (61), sub apostolico Zacharia, imperante Constantino quinto (c. 700 sqq.). Obiit 12 Kalend. Februarii [282].

55. Tricesimus quintus episcopus Felix presedit

VARIÆ LECTIONES.

[229] precepitque 2. p. inq. g. p. menten. 3. [230] i. o. 3. [231] ipse 2. [232] incensa 2. [233] deest 3. [234] hoc 2. [235] dotario 3. [236] gontranii 2. gonciani 3. [237] excreuerat 3. [238] in consp. — contricione mentis desunt 1. [239] Post hec 3. [240] sic 2. [241] jussus 2. [242] excis 1. 2. — picis 2. [243] s. g. 3. [244] ubi et 1. ubi 3. [245] requievit 3. [246] imperatoribus 2. imp. et alio et const. 3. [247] decembris 2. [248] heraclii 2. [249] q. et a. d. e. deest 3. [250] s. meten. 3. [251] primus 3. [252] postea 3. [253] e. meten 3. [254] deest 1. post suppl. 2. [255] a. b. 2. [256] XVIII. 1. [257] nato 3. [258] constanni ? 2. [259] superiori 1. 2. [260] meten. 3. ubi in margine hæc addita est glossa manu s. XV : Extra muros ejusdem urbis, que eciam anno Do. 1444. destructa fuit a civibus Metensibus cum multis aliis propter guerram populi reg. Francie, etc. [261] dodo 3. [262] successit 2. [263] deest 2. et X. a. s. 1. [264] cum 3. [265] domno 3. [266] gunnone 4. conone 3. [267] deest 1. C. p. i. 3. [268] 2. post add. : Sepultus in ecclesia S. Symphoriani. [269] clodulphus 2. [270] meten. ep. 3. [271] XL. corr. XLII. 2. et ut videtur 3. [272] V. e corr. additum esse videtur 3. [273] Gregorio — Constantino desunt 1. [274] Just. m. L. T. item desunt 3. [275] leone 1. [276] erasum 2. [277] julii 1. 3. [278] j. fuit sepultus 3. [279] mederaturus 1. [280] imperante 1. [281] deest 1. [282] Februar. 3. — 2. post add. : Sepultus in ecclesia S. Symphoriani.

NOTÆ.

(54) Cf. Paulum SS. II, p. 264.
(55) Hæc ex Paulo manarunt ; sed sermo mutatus, singula quædam addita sunt, fortasse jam ab alio scriptore.
(56) Cf. Vit. S. Arnulfi, c. 21 ; Mabillon, Acta ord. S. Bened. II, p. 155.
(57) Ita Vit. S. Goerici, posteriori tempore scripta, Acta SS. Sept. VI, p. 28 ; cf. Tabouillot I, p. 384.
(58) Martyrol. Met. d. 16 Novembr. ita dicit : *Dedicatio Sancti Petri majoris infra domum, quam sanctus Goericus construxit episcopus* (Tabouillot 1, p. 387) ; postea dicta est *St-Pierre-aux-images*, a. 1755 destructa.
(59) Epinal. Sub Theoderico I episcopo s. x ; v. Vit. Adalberonis c. 14 SS. IV, p. 662 ; Sigeberti Vit. Deoderici c. 12 ib., p. 469
(60) Donatione præsertim S. Trudonis ; cf. Vit. Trudonis c. 9 ap. Mabillon Act. II, p. 1077.
(61) *Annis VII* habet catalogus episcoporum SS. II, p. 268.

Mettensibus [283] 9 mensibus, sub apostolico prefato Zacharia. Obiit 11 Kalend. Januarii, imperante prefato Constantino [284].

36. Sigibaldus (62) tricesimus sextus Mettensi ecclesiæ prefuit 25 annis, sub apostolicis Stephano et Paulo, sub imperio prefati Constantini et Leonis IV (c. 708-740). [P. D. *l. l.*] Hic beatus Sigibaldus ortus generosis [285] natalibus extitit, religionem fidelium ampliavit, per omnia utilitatibus ecclesiæ sanctæ Dei deditus. Duo monasteria construxit, Elariacum [286] et Novum-vilare [287]. Hunc dirus podagræ dolor affligebat, sed quamvis exterior pateretur homo, interior tamen proficiebat de virtute in virtutem, ruinas ecclesiarum restaurando. Et — quod majus miraculorum corporalium virtutibus — animas diversis vexatas [288] viciis sanabat predicationis exempli medicamine [289] resuscitabatque a spirituali morte. Et cui talia dantur, si presentium fides indigeret, putasne corporalium sanitas morborum defuisset? Obiit 7 Kalend. Novembris. Sepelitur in ecclesia beati martiris Simphoriani in suburbio Mettensi [290] (63).

37. Post hunc vir egregius et omnibus preconiis efferendus, Grodegangus [291] antistes eligitur, ex pago Hasbaniensi [292] oriundus, patre Sigrano, matre Landrada [293], Francorum ex genere primæ nobilitatis progenitus. Hic in palatio majoris Karoli ab ipso enutritus ejusdemque referendarius [294] extitit. Hic demum temporibus Pipini (741), quem Zacharias papa [295] supra memoratus in regem Francis [296] consecravit Childerico abjecto, pontificale decus Mettensis ecclesiæ tricesimus septimus promeruit. Fuit autem omnino clarissimus omnique nobilitate coruscus [297], forma decorus, eloquio facundissimus, tam patrio quamque etiam [298] Latino sermone imbutus [299], servorum Dei nutritor [300], orphanorum viduarumque [301] non solum alitor [302], sed et [303] clementissimus tutor. Cumque esset in omnibus locuples [304], a Pipino rege omnique Francorum cœtu singulariter electus, Romam directus est, Stephanumque venerabilem papam, ut cunctorum vota anhelabant [305], ad Gallias evocavit. [Cf. *Ann. Laur. min.*] Hic Stephanus, tercius nomine in papatus ordine, duos filios Pipini, Karolum Magnum et fratrem ipsius [306] Karlomannum, in reges benedixit Francorum. [P. D.] Hic supradictus Grodegangus [307] clerum [308] adunavit et ad instar cœnobii intra claustrorum septa conversari fecit, normamque eis instituit, qualiter [309] in ecclesia militare [310] deberent. Quibus annonas vitæque [subsidia [311]] sufficienter [312] largitus est, ut perituris vacare negociis non [313] indigentes, divinis solummodo officiis excubarent; ipsumque clerum habundanter lege divina Romanaque imbutum cantilena, morem atque ordinem Romanæ ecclesiæ servare precepit, quod usque ad id tempus in Mettensi ecclesia factum [314] minime fuit. Hic fabricare jussit una cum adjutorio Pipini regis rebam sancti Stephani prothomartiris et altare ipsius atque cancellos, presbiterium [315] arcusque per gyrum. Similiter et [316] in ecclesia beati Petri majore [317] presbiterium fieri jussit. Construxit etiam ambonem auro argentoque [318] decoratum, et arcus per gyrum throni ante ipsum altare. Ædificavit preterea monasterium in parrochia [319] beati Stephani in pago Mosellensi [320] in honore beatissimi [321] Petri apostoli, et ditavit [322] illud opibus magnis, monachosque ibi constituit, atque sub regula sancti patris Benedicti in una charitate [323] conjunxit. Construxit etiam alterum monasterium quod Gorzia [324] vocatur, ubi pari modo non modicam multitudinem adunavit [325] monachorum. Expetiit denique a Paulo Romano pontifice tria corpora sanctorum martirum, id est [326] Gorgonii, quod in Gorzia requiescit, et [327] beati Naboris, quod in Hilariaco [328] monasterio conditum est, et [329] beati Nazarii, quod ultra fluvium Renum in monasterio quod vocatur Lorsam, ædificata in honorem ipsius martiris [330] miri decoris basilica [331] collocavit. Hoc siquidem predium Chillisuindis [332] quondam religiosa femina et Cangro [333] ejus filius eidem Grodegango [334] antistiti [335] ad partem beati Stephani tradiderunt. Fuit siquidem beatus [336] iste vir in elemosinis largus, in charitate purissimus [337], susceptor hospitum atque [338] peregrinorum. Sed quoniam longum est bona quæ [339] gessit ex [340] ordine retexere, satis sit hæc pauca prelibasse de plurimis. Hic consecravit episcopos quam

VARIÆ LECTIONES.

[283] ep. metensis precedit felix 2. presidet metensibus 3. [284] 2 *post add.*: Sepultus in Sancto Symphoriano. [285] n. g. 3. [286] *alia manu superscr.* i. sce. nofor 1. [287] villare 1. [288] versatas 1. [289] exemplis resuscitabat a m. s. 3. [290] e. sancti symphoriani prope metim 3. [291] egregius gr. o. p. eff. 1. grodegandus 2. chrodegangus 3. [292] hasdeniensi 3. [293] ludrada 1. laudrada ? 2. 3. [294] refredarius 1. [295] deest 3. [296] fransis 2. [297] choruscus 2. choruscens 3. [298] deest 2. [299] i. est 1. 2. [300] nutritorum orphanos 1. [301] viduarum 2. [302] altior 1. [303] deest 3. [304] locuplex 1. 2. [305] hanhelabant 1. annelabant 2. [306] ejus fratrem 3. [307] grodegandus 2. [308] clerum clero a. 2. [309] quasi 3. [310] militari 3. [311] deest 1. 2. 3. [312] sufficientiam 1. [313] nos 1. [314] m. f. 1. f. m. factum 3. [315] prbm. 2. fieri jussit *add.* 1. arcusque deest 3. [316] deest 3. [317] majorem 1. majus 3. [318] et argento 3. [319] perrochia 2. [320] mosolensi 3. [321] sancti 3. [322] ap. edificavit 1. [323] in uia conjunxit 3. [324] gorgia 1. *et ita infra.* [325] m. a. 3. [326] m. scilicet 3. [327] deest 3. *ubi sancti* N. [328] hyliriaco 1. hylariaco 3. [329] deest 2. beatique 1. [330] deest 3. [331] basilicam 1. 2. colocavit 2. [332] chillisrundis 2. chiliscundis 3. [333] sangro 1. [334] grodegando 2. cheodegango 3. [335] antistite 2. [336] v. i. b. 3. [337] piissimus 1. 3. [338] et 3. [339] queque 2. [340] in o. recitare 3.

NOTÆ.

(62) In charta Wulfoaldi nominatur, quæ in a. 708 ponitur, Bréquigny Chartæ I, p. 381.

(63) Ibi a. 1107 reliquiæ inventæ sunt, Tabouillot I, p. 448.

plurimos per diversas civitates, presbiteros nichilominus ac [341] diaconos, ceterosque ecclesiasticos ordines, sicut moris [342] est Romanæ ecclesiæ, in diebus sabbatorum quaternis temporibus anni. Rexit ecclesiam Mettensem annis 23, imperantibus Romanis Hirini [343] post mortem filii Constantini [344], Nicephoro, Staurachio ac Michaele. Obiit pridie Nonas Marcii, in diebus Pipini [345], genitoris Karoli Magni [346], et Karlomanni, fratris ejus [347]. Hic Gorziæ quiescit [348] in monasterio, quod a fundamentis post beatum Clementem (64) presulem Mettensium ex parvo magnum ædificavit (766).

38. [Cf. *cat. epp.*] Viro huic preclaro successit dominus Angerannus [349] in ordine tricesimus octavus (768). Hic archicapellanus [350] palatii extitit Karoli Magni. Hujus tempore facta est imperatorum translatio Græcorum ad reges Francorum, hoc ut fertur modo. Leo (65) tercius nomine imperator inter alia crimina sacras imagines aboleri et frangi fecit, non attendens [351] illius memoriæ imaginem esse, cujus [352] cultus est religionis. Sicut enim idola gentilium pro memoria nefandorum execrabilia, sic sanctorum imagines ob [353] eorum memoriam venerabiles. Hinc [354] generali concilio [355] condempnatus, invisus fidelibus factus, deformatus decore vukus, monasterio intruditur, cum tribus annis [356] imperasset. Hunc papam Leonem Romani zelo furoris completi corripientes, oculis privare voluerunt, sed lumen ejus penitus extinguere [357] non potuerunt. Qui ad Karolum confugiens, honorifice ab eo susceptus est, et cum potentia exercitus Romam reductus, suæ sedi est restitutus. Unde ab eodem papa Karolus Magnus in ecclesia beati [358] Petri die natalis Domini unctus [359] est in imperatorem, anno ab incarnatione Domini 801, indictione [360] 9. [Cf. *cat. epp.*] Prefatus Angerannus inter cetera bene gesta Novæ-cellæ monasterium construxit, in quo et [361] quiescit. Rexit presulatum [362] annis 23, sub apostolicis Adriano, Leone prescripto et Stephano III. Obiit 8 Kalend. Novembris [363] (791).

39. Sublimatur post hunc Gundulfus [364] tricesimus nonus Mettensis [365] episcopus, conversatione ac fide venerandus. Sedit annis 6, tempore Karoli Magni (66), sub apostolicis Paschali [366] et Eugenio (818-824). Obiit 7 [367] Idus Septembris.

40. Post hunc quadragesimus [368] ascendit ad apicem sacerdotii Mettensis ecclesiæ Drogo, filius Karoli Magni imperatoris. Sedit annis 32, sub apostolicis Valentino, Gregorio IV, Sergio (824-855). Hic archiepiscopatus honore [369] sublimatus est, et sacri palacii moderator extitit. Hic levavit corpus [370] ab humo sanctæ Glodesindis virginis (830). Plurima egit magnifica, sicut qui vicem apostolicam gerebat cis [371] Alpes per totam Galliam. Obiit in Burgundia 6 Idus Novembris. Corpus ejus inde relatum sepelitur in ecclesia sancti Johannis evangelistæ Mettis [372] (67), ubi et Ludovicus [373] Pius imperator, frater ejus, quiescit feliciter [374] cum matre sua Hildegarda regina.

41. Successit eidem [375] in presulatu Adventius quadragesimus primus (855), ex Mettensibus liberiori [376] genere natus [377]. Hic [378] in ornamentis et thesauris ecclesiam beati Stephani ampliavit. Hujus temporibus Hincmarus [379] Remorum archiepiscopus fuit, qui cum eodem Adventio Mettim [380] Karolum coronaverunt, fratre ipsius Lothario [381] divino judicio interempto (869). Hic Adventius sedit annis 17, sub apostolicis Leone IV, Benedicto, Nicholao, qui Thiegaudum [382] Treverensem et Gunterum Coloniensem [383] archiepiscopos dampnavit, fautores adulterii regis Lotharii, conciliumque [384] quod Mettis tenuerant [385] cassavit [386]. Prefatus Adventius Mettim [387] in capella sancti Galli sepultus est, et [388] 2 Kalend. Octobris obiit (875) in villa Salto (68) dicta, sub Adriano papa secundo.

42. Post hunc Walo [389] quadragesimus secundus presul est electus (876). Sedit annis 6, diebus 15, sub apostolicis Gregorio V et Johanne VII, a quo et pallium obtinuit (69). Hic Walo [390], dum, cum suis contra Normannos [391] impari manu, qui tunc temporis Gallias incursabant, pugnat [392] (70), obtruncatur 3 Nonas Aprilis (882), Mettimque relatus, in ecclesia Salvatoris [393], quam ipse [394] contruxerat, sepelitur.

VARIÆ LECTIONES.

[341] deest 3. [342] mos 3. [343] hyrini 1. hyrin 2. [344] constanni 2. [345] pippini *hoc loco* 1. [346] magni 2. [347] sui 3. [348] quieuit 1. [349] augerannus 1. 3. [350] archipellanus 1. 2. 3. [351] atendens 1. [352] cui 1. [353] ab eorum v. 1. ab eorum memoria v. 3. [354] huic? codd. [355] deest 1. 3. consilio 2. [356] i. a. 1. [357] extingere 2. [358] sancti 3. [359] inventus 3. [360] id. 2. *ubi post additum est :* Junii. [361] deest 3. [362] episcopatum 1. [363] decembris 2. [364] gondulphus 2. 3. [365] mettensium 1. [366] pascali 1. [367] deest 1. [368] ascendit XL. 1. [369] ad a. honorem 1. [370] ab h. c. 3. c. s. gl. v. ab h. 2. *ubi hæc in margine s. XV. adduntur :* Hic eciam corpus beati Celestis secundi post beatum Clementem episcopi in Alsatiam apud Mauri monasterium transtulit, ubi eciam condigne veneratur. [371] cysapes 1. [372] metis 2. met. 3. [373] lodoycus 2. lodowicus 3. [374] deest 3. [375] ei 1. eidem presulatui 3. [376] liberiore 3. [377] ortus 1. [378] deest 2. [379] hincimiarus 2. [380] meti 3. [381] lotario 2. [382] tieg. 1. [383] colloniensem erchiep. 2. [384] consiliumque 3. [385] tenuerat 2. [386] cessavit 2. 3. [387] meti 3. [388] est II. Kal. Oct. Obiit 3. [389] valo 1. 2. Post h. el. est wallo p. XLII[us] 3. [390] valo 1. 2. wallo 3. [391] normamnos 2. [392] pugnabat 2. [393] sancti S. 3. [394] deest 3.

NOTÆ.

(64) Cf. Rel. fundat. Gorziensis monast. Calmet, Probb. I, p. 293.

(65) Quem auctor hoc loco secutus sit, indagare non potui. Res mire conturbatæ sunt.

(66) Quod falsum est. Episcopatum annis 27 vacasse (v. catal. epp. II, p. 269) scriptor non animadvertisse videtur.

(67) I. e. S. Arnulfi monasterio.

(68) Sault.

(69) V. dipl. Joannis, Hontheim, Hist. Trev. I, p. 217 et cf. Gesta Trev., c. 27, SS. VIII, p. 165.

(70) Cf. Reginonis Chron. a. 882.

43. Domnus Robertus, reformator coenobiorum et [395] murorum urbis, quadragesimus tercius huic [396] successit. Sedit annis 34 [397] sub apostolicis Leone V, Johanne VII, temporibus regum juniorum Karlomanni et Loduici [398] et Karoli (883-916). Hic Robertus genere [399] fuit insigni Alemannorum, pallium a papa Romano promeruit; ornamenta coenobiorum multa vel [400] mutavit vel renovavit [401] cum muris senio collapsis. Obiit 4 Nonas Januarii, sepultus est [402] in ecclesia sancti Galli.

44. Wigericus quadragesimus quartus successit Roberto. Sedit annis 10, diebus 30. Obiit Mettis Kalend [403]. Marcii (916-927). Hujus tempore rexerunt ecclesiam Romanam sibi [404] succedendo Leo VII, Benedictus IV, Gregorius VI. Horum temporibus Hungari [405] secundo [406] Gallias vastantes (74), multas urbes ac ecclesias in cineres redegerunt, et plurium [407] sanctorum reliquiæ de loco ad locum translatæ [408] sunt (74). Horum tempore regnabat Arnulfus.

45. Quadragesimus quintus divæ [409] memoriæ domnus Adelbero successit Wigerico (72). Inter [410] multa Gorziense [411] coenobium pene collapsum [412] fundis et ædificiis restruxit (73), muro circumdedit; simili modo et [413] sancti Arnulfi ecclesiæ in Metti [414] multa commoda [415] providit (74). Sedit annis 35, mensibus 9, diebus 25, sub apostolicis Johanne VII et Johanne VIII et Leone VII (929-964), regnantibus Zentebodo et ...... [416]. Obiit. 6 Kalend. Maii. Gorziæ [417] sustinet resurrectionis diem.

46. Successit ejus infulæ pontificatus Theodericus quadragesimus sextus, qui monasterium sancti Vincentii martiris in suburbio Mettensi ædificavit honorabiliter multisque pignoribus sanctorum insignivit, ab Italia secum devectis. Hujus gesta habentur (75). Floruit sub imperatore primo Ottone [418], filio Henrici regis Lotharingiorum [419], sub [420] apostolicis Leone VIII, Stephano V (964-984). Prefato Ottone (76) imperante [421], famosum [422] bellum factum est in Calabria [423] inter ipsum et Sarracenos [424] (982), in quo innumerabilis [425] multitudo christianorum A obeundo vicit 17 Kal. Augusti [426] (77). Revelata est beato sequidem [427] de Bajoaria Odelrico [428] presuli talis [429] divinitus visio (78). Videbatur sibi videre justum Deum [430] judicem in scemate Jesu Christi sublimi solio residere omnemque coeli ordinem circumstare. Examinatio stateræ parata est [431], quæstio ventilata, cui cederet victoria, ethnico [432] an Christi professo [433]. Iniquitas et peccatum christianorum excreverat eo usque, quod [434] judicarentur subjici gladio Sarracenorum. Sanctus evigilans [435] sacerdos visionem manifestat [436] toto [437] exercitui. Orationibus [438] igitur et jejuniis simul instant, spem suæ salutis in pura [439] confessione ponentes. Interea multitudo vulgi fame et inopia profligati [440], subtrahentes exercitui sese, cum Sarracenis disponunt confligere [441], malentes gladio quam fame perire. Pietas itaque divina semper consulens [442] animarum saluti, permisit eos inpresentiarum [443] interimi, quibus previdit [444] dari gloriam æternæ requiei. Hac lacrimabili [445] cæde peracta vulgi, militia ignorante regali, denuo beatus presul Odelricus [446] in visum rapitur, et rursum sicut [447] primitus cernit [448] in throno Redemptorem nostrum et judicem, cui gloriosa ejus [449] genitrix Maria cum omni coelestium ordine supplicabat, ne confitentium sibi offensas pateretur plecti triumpho gentili. Statera secundo statuitur, et æqualitas utrorumque, fidelium ac infidelium, consideratur. Poenitentia fidelium, procedens ex gemitu mentis, preponderat naturalis justiciam legis. Ecce adest et [450] martir Laurentius, cujus imminebat dies [451] festivus. Hic representans crudelitatem tormentorum in se consummatorum [452] et compassionem sui fidelium populorum, victoriam impetrat cum coelesti coetu populo fideli. Sacerdos itaque festinus mittit nuncium imperatori, hostique ut congrediatur imperat. Facta congressione sub invocatione Christi et ejus martiris Laurentii, hostes terga vertunt, fidelitas confortatur, impietas enervatur. Et ex illa tempestate festum sancti Laurentii celebrius habetur.

47. Successit et [453] huic consanguineus ejus Adel-

VARIÆ LECTIONES.

[395] et m. u. desunt 1. [396] hunc 2. [397] XXXIII 3. [398] loduyci 2, lodoyci 3. [399] fuit insignis g. al. 3. [400] deest 3. [401] ordinavit 3. [402] et sepelitur 3. [403] XI Kal. 2. [404] ei 3. [405] hungarii corr. hungari 2. [406] vero 1. deest 3. [407] plurimorum 3. [408] transiacte 3. [409] digne 2. [410] Hic i, 3. [411] c. G. 3. [412] calapsum 2. [413] deest 3. [414] metim. 2, e. meten. 3. [415] commoda 2. commodo 3. [416] et obiit 1. et deest 2. regnante 2. 3. [417] et G. 3. [418] octone 1. 2. othone 3. et ita infra. [419] lotar. 2. lothor. 3. [420] sr (super) 1. 2. [421] Sub p. othone 3. [422] famosissimum b. ortum 1. [423] kalabria 3. [424] sarazenos 2. sæpius. [425] m. i. 3, [426] augustii 2. [427] s. b. 2. [428] oldelrico 3. — presule 1. 2. [429] d. t. 3. [430] Dni 2. [431] posita (deletum) est parata 1. [432] ethnico 2. [433] professio 1. corr. professis 2. [434] quo 2. [435] sac. e. 3. [436] manifestavit 3. [437] suppl. eadem manu 2. toti 3. [438] Ig. or. 3. [439] pura (corr. prora) confessionis. Intera m. vulga 3. [440] profugati 3. [441] m. c. gl. 3. [442] sal. a. c. 3. [443] tunc 3. [444] providit 3. [445] c. l. facta 3. [446] oldericus 1. 2. 3. [447] pr. s. 1. 2. [448] cernuit 3. [449] ipsius 3. [450] beatus 3. [451] d. f. i. 3. [452] coms. 1. [453] deest 3.

NOTÆ.

(71) Cf. Ann. S. Vincentii Met. SS. III, p. 157.
(72) Bennonem prætermisit auctor.
(73) V. Adalberonis chartam apud Calmet I, Probb. pag. 338.
(74) V. ibidem, p. 346, 349.
(75) A Sigeberto scripta; v. SS. IV, p. 462 sqq.
(76) Ottone secundo.

(77) De hoc die v. Giesebrecht, Jahrbücher, II, 1, p. 77.
(78) Hæc valde turbata esse cuique patet. Udalricus obiit a. 973. Quæ de victoria die S. Laurentii reportata narrantur, ad pugnam a. 955 apud Augustam cum Hungariis commissam spectant.

hero Mettensium presul quadragesimus septimus; de quo multa leguntur honeste descripta (79). Hic renovavit cœnobium sancti martiris [454] Simphoriani precipue, cum et alia suisa [455] predecessoribus inchoata tantum monasteria [456] ipse ad summum deduxerit [457]. Ejus gesta qui vult dinoscere [458], dignetur quæ de eo scripta sunt legere. Sedit annis 28 (80), sub apostolicis Johanne, Leone, Stephano V (984-1005). Obiit 18 Kalend. Januarii, Henrico [459] primo (81) regnante. Sepultus est in ecclesia sancti Simphoriani, ubi et sancti Epletius [460], Papolus [461], Godo, Aptatus [462], Felix pontifices meritis insignes quiescunt [463].

48. Quadragesimus octavus post hunc ascendit ad episcopatum Theodericus (1006); qui monasterium urbis principale sancto Stephano prothomartiri construxit (1014), adepto ipsius brachio a Bisontica civitate. Inter ipsum autem et Henricum [464] imperatorem dissensione [465] non modica, predia multa ecclesiastica pro auxilio distribuit per decennium (1007-1017), sicut refert successio modernorum. Rexit cum potentia cathedram annis 30, sub apostolicis Marino, Agapito, Octoviano [466]. Obiit 2 Kalend. Maii (1046). Sepultus est [467] Mettis; et hujus tempore Guarinus [468] abbas sancto [469] construxit basilicam Arnulfo [470], quam sanctus Leo IX dedicavit [471] (1049) privilegioque suo sublimavit (82).

49. Huic sanctitate ac venerabilis [472] religione Adelbero quadragesimus nonus successit (1046), pacis amator et cœnobiorum reparator. Hujus sub temporibus ecclesiæ prefuerunt Romanæ sanctus Leo IX, primo Leucorum [473] episcopus, Stephanus, qui et Fridericus [474], frater Gocelonis [475] ducis, et Alexander, cui successit Hildebrandus, qui septimus dicitur Gregorius. Hic Adelbero prediis suis ecclesiam sancti Salvatoris infra urbem ampliavit (83) (1070), in qua quiescit. Obiit Idus Novembris (1072), regnante Henrico [476] secundo [477] (84) post Conradum [478].

50. Hinc ab ecclesia Leodiensi ascitus domnus [479] Herimannus [480], ordinatus est Mettensium presul quinquagesimus. Hoc tempore maximum scisma exortum est inter regnum et sacerdotium. Imponebatur itaque rex super [481] regem, papa super papam. Et hoc diutius perseveravit; ex quo discubuit a sua vivacitate. Hic Herimannus presul ammonitus [482] visione, sanctum levavit ab humo Clementem (1090), primum doctorem [483] Mettensium, et tercio die obiit (85). Qui beatus Clemens ad matrem delatus ecclesiam, maximis lætificavit populos miraculis per triduum. Defuncto episcopo, nichil signorum ostendit per biduum. Unde ammirati cives, redduntur tristes; sed mox redit [484] læticia, et aperitur causa. Revelatum est namque [485] cuidam religioso nomine Lubrico [486], fundatori ecclesiæ sancti Petri de monte Brianci (86), quod intra [487] dilationem illam signorum beatus Clemens ante tribunal Christi pro anima defuncti [488] predicti presulis cum diabolo acerrime decertavit. Objiciebatur enim ei ab inimico, quod metu mortis inconstanter egisset inter dissensionem regni et sacerdotii, fuga persecutiones [489] et suæ pervasiones ecclesiæ, violato [490] sacramento, quod exigitur more imperiali [491], prevenire. At beatus pastor Clemens [492] sui suscipiens causam vicarii, pro singulis judicii [493] piissimo preces fundebat genu flexo. Quid plura? Divina sui flexa sacerdotis supplicatione censura veniam indulsit, maledicto [494] silentium accusatori imperavit. Quamvis vero divinæ [495] nulla sit mora efficatiæ, tamen quia Trinitatis essentia in humanitatis Christi persona judicat [496] omnia, ex dispositionis ordine dicuntur fieri moræ. Hic Herimannus [497] episcopus ex ecclesia Leodiensi assumptus, in ecclesia Sancti Petri Mettis est sepultus, presidente universali ecclesiæ Gregorio VII, vacillante [498] imperio. Obiit 4 Nonas Maii; et cessavit episcopatus Mettensis multis annis.

51 [499]. Cum itaque mare seculi velut affrico et aquilone fluctuaret [500], catholici Mettenses terrorem

VARIÆ LECTIONES.

[455] S. m. 1. [455] a p. s. 3. [456] ipse m. 1. [457] deduxit 2. [458] disnoscere 1. dignoscere 2. [459] hinrico 3. hyncrico 1. [460] epletius corr. eplitius 2. eplicius 3. [461] 2 post add. Goericus. [462] A. vel Opt. 3. [463] requiescunt 1. [464] hinricum 3. [465] dissensione corr. dissensio 2. ubi in marg. suppl. erat. [466] octaviano 2, imperante oct. 3. [467] 2. in loco raso alia manu ita habet : S. in ecclesia divi Stephani. [468] garinus 1. [469] secundo c. b. sancto A. 3. [470] alnulpho 2. [471] 3. hanc habet manu s. XV. notam : in honore videlicet sancti Joannis evangeliste et omnium apostolorum et sancti Arnulphi episcopi et conf. anno ab incarnacione Do. 1049. in presentia trium metropolitanorum et 6 pontificum nec non et principum tocius regni et inestimabilis vulgi, prout in martirologio dicte ecclesie dicta die continetur, 2. videlicet die mensis Octobris. [472] uenerabili 3. [473] leuchorum 2. [474] freder. 2. 3. [475] goscelonis 1. [476] hinrico 3. [477] deest 1. [478] conrardum 3. conraldum 2. [479] donnus 2. [480] hermannus 1. herimanus 3. [481] supra 3. [482] amon. 2. [483] m. d. 3. [484] redditur 2. [485] c. n. 2. [486] lumbrico 3. [487] infra 1. 2. [488] deest 2. 3. [489] ita ed., quae malens ante fuga addit. — persecutionis et mox provisionis 1. 2. 3. [490] violatio sacramenti 1. 3. [491] imperiale 1. et debeat add. 3. [492] cl. p. 2. [493] iudicis 3. iudicii 2. [494] maledictis s. accusatoris 1. corr. accusatori 1. rec. manu corr. maledicto s. accusatori 3. [495] in d. 1. 2. 3. [496] indicat 3. [497] herm. 1. [498] vel natuante add. 3. [499] 3. addit rubram : Post translationem beati Clementis post predictum episcopus 1us. [500] fluctuante 1. fructuans vel flante 3. aquillone fluctuate 2.

NOTÆ.

(79) Vita a Constantino scripta edita est SS. IV, p. 659 sqq.
(80) 21 tantum annis Ecclesiam rexit.
(81) Regem secundum, imperatorem primum intelligere videtur; cf. c. 49.
(82) De Leonis charta v. Tabouillot II, pag. 138.
(83) Cf. Tabouillot II, p. 169.
(84) Imperatore, secundo, rege tertio Heinrico.
(85) Cf. Hugo Flav. SS. VIII, p. 472.
(86) Pierremont, quæ a. 1096 fundata esse dicitur.

postponentes imperialem, ex ecclesia Treverensi domnum Poponem, personam nobilem, catholicis consentientem, elegerunt pontificem (1090), celebrata consecratione ipsius a legato apostolicæ sedis (87). Potestas imperialis alium [501] subinducere nitens [502], Mettenses fide firma restiterunt; et sicut pridem duos Brunonem (88) ac Gualonem [503] intrusos expulerunt, sic et tercium Adelberonem non sine multo labore ac periculo suarum rerum excommunicatum deposuerunt (89). Huic certamini velut signifer imperterritus et in omni conflictu intrepidus domnus Adelbero [504], post Treverensium archiepiscopus gloriosus [505] (90), de gradu in gradum promotus, ab ipsa, ut ita dicam, puericia pro fide catholica in castris ecclesiæ militavit, donec ex scismate tropheum pacis [506] invixit ecclesiæ. Defuncto autem domno [507] Popone (1103), qui provisor pius exstitit [508] clericis pro tempore (91), magnificum et nobilem virum, ex Viennensi archiepiscopatu assumptum, domnum Stephanum, apostolica consecratum benedictione in urbe Romana palliique dignitate honoratum suæ vitæ curriculo, ecclesiæ Treverensis salvo privilegio (92), in episcopum suscipiunt (1120). Qui [509] quoniam adhuc vita floret et ætate viget, temptatio sileat elationis orta ex [510] peste adulationis, et preces fundantur Deo pro continuo ipsius stadio.

CONTINUATIO PRIMA.

1 [511]. Domno Poponi, tam Burgundionum [512] quam Lothoringorum [513] excellenti genere clarus, sed virtute et animi nobilitate clarior, domnus Stephanus anno Domini 1120. videlicet anno Calixti papæ secundo, successit. Hic Calixti ex sorore nepos (93), cum regalia nondum [514], ab Henrico V, qui tunc temporis arcem tenebat imperii, recepisset [515], scismate inter regnum et sacerdotium adhuc durante, in urbe Romana ab eodem pontifice summo consecratus est et tam pallii dignitate quam cardinalis titulo honoratus [516]. Hic a civitate Metensi [517] biennio et eo amplius, quia prememorati principis gratiam necdum habebat, exclusus, primos ordines in loco qui Sancti-Quintini-mons (94) dicitur, celebravit; et omnes curtes episcopatus a tirannis, solo Rumiliaco [518] (95) excepto [519], occupatas, fratris sui (96) comitis Barrensis aliorumque cognatorum et amicorum suorum fretus auxilio, celeritate mira recuperavit. Idem in ipsa promotionis suæ recentia castrum Terli [520], quod viatoribus per illas transeuntibus [521] partes [522] valde erat pernitiosum, castrumque ducis apud Vicum, et munitionem inter Vicum et Marsallum [523] in loco palustri sitam (97), simulque castrum comitis de Hoemburc [524], quod Marsallo [525] adherens toti villæ onerosum [526] dampnosumque diu extiterat, in manu valida destruxit et complanavit. Processu temporis gratia imperiali sibi conciliata, de virtute in virtutem sine intermissione conscendens, castrum quod Ramberti-villare dicitur (98) firmavit; castrumque nobile Lucelhburch [527] (99), quod ad ipsum jure hereditario descenderat, beato contulit Stephano; et castrum Hoemburc jure ab ipso feodali descendens, post decessum comitis Hugonis a duce Lothoringiæ occupatum, domini Friderici imperatoris [528] auxilio sibi et posteris suis adquisivit [529], libere omni ævo tenendum. Adquisivit etiam sibi et suæ perpetuo ecclesiæ castrum Viviers, et partem ducis de Lemburc [530] in castro Rucei [531] (100) cum universis [532] appendiciis. Castrum quoque Mirabel et Falconismontem (101). Rebelliones Danubrii [533] et Asperimontis (102), firmatis ante ipsa castra munitionibus, viriliter perdomuit. Apud Spinal turrim quæ Moronis [534] dicitur, a duce occupatam, virtute recepit potenti, et multo post tempore castrum superius propter insolentiam et immoderatos excessus [535] advo-

VARIÆ LECTIONES.

[501] 5. rec. manu in marg. add.: scilicet adalberonem. [502] dum nititur nitens 3. [503] gulonem. 1. gyalonem 2. [504] aldebero p. treveresium archiepiscopatus 2. [505] deest 1. [506] deest 1. [507] donno 3. [508] extitit p. ext. 1. [509] Qui — studio desunt 1. [510] 2. [511] Quinquagesimus secundus (scilicet episcopus add. 1. 11us (v. c. 51 n. I.) add. 5. [512] burgundiorum 2. [513] lothoringiorum 5. [514] deest 3. nundum 2. [515] resepicset 3. [516] h. est 3. [517] ita hac parte cum omnibus codicibus scribendum duxi. [518] ruiuiliaco 3. rumuliaco 2. [519] accepto 3. [520] cerli 1. 2. 3. Chesn. rec. manu corr. terli 2. [521] transeantibus 2. [522] pertes 3. [523] marcellum 2. [524] hoemborc 2. homborc 3. [525] marsello 2. [526] honerosum 2. [527] lucelbore 2. lucembore 3. [528] patris 2. [529] acq. o. e l. t. 1. Ch. [530] lamburc 1. lamborc 3. [531] ruccy 2. ruceij Ch. [532] omnibus suis 1. omnibus ap. s. Ch. [533] danubii 1. et deest 3. [534] morronis Ch. [535] occessus 3.

NOTÆ.

(87) Cf. Bernoldi Chron. a. 1095, SS. V. p. 456.
(88) A. 1086. ab Heinrico IV nominatum post Walonem, quem idem rex sedi Metensi contra Herimannum destinaverat.
(89) A. 1115 in concilio Remensi a papa depositus est Adalbero.
(90) A. 1131 electus, 1132 confirmatus.
(91) Non post Popponis mortem a. 1103, sed Adelberone a. 1116 deposito, Theotgero vero ejus successore a. 1120 mortuo, Stephanus episcopus est constitutus.
(92) Cf. Gesta Trev. cont. c. 23, SS. VIII, p. 196.
(93) Ita Gesta Trev. cont. l. l. Stephanus filius

(94) St-Quentin.
(95) Rumilly.
(96) Reinaldi.
(97) Moyen-vic; cf. Tabouillot II, p. 212, qui de his locis accuratius egit.
(98) Remberviller.
(99) Non notissimum illud castrum Luxemburg, sed Lutzelburg prope Pfalzburg intelligere videtur.
(100) Roucy.
(101) Mirebaux et Fauquemont.
(102) Deneuvre et Apremont.

cati, juvante ipsum duce Matheo, obsidione clausit et cepit. Et tunc dux in recompensationem servicii hujus jure feodi ab eo advocatiam recepit Spinalensem. Et ipse dux versa vice alodium, quod apud Vicum habebat, beato Stephano Metensi contulit libere et quiete omni [536] ævo tenendum. Idem pontifex venerandus castrum quod [537] Petra-pertusata dicitur (103) cum anno integro et eo amplius, tribus munitionibus, quarum usque hodie vestigia apparent, in circuitu firmatis, obsidione clausisset, tandem compulit [538] ad deditionem. Cum per castrum Deulewart [539] graves injuriæ illatæ sæpius fuissent, tandem expugnavit illud et in favillam cineremque redegit. Nichilominus etiam turrim apud Tihecurt [540] (104) firmatam et castrum in [541] loco qui Walteri-mons (105) dicitur situm, quia [542] episcopatum graviter infestabant, diruit ac subvertit. Nec est inter ejus eximia gesta [543] reticendum, quod ipse, tempore quodam duce ei werram [544] inferente, castrum ipsius Prinei [545] (106) magnanimiter obsedit, illudque muris [546] jam perforatis [547] indubitanter cepisset, nisi victoriam jam paratam jamque imminentem impedisset trater suus comes Barrensis. Cujus gesta inclita et annalibus digna enumerare et litteris explicare si vellem, ante quidem membrana [548] deficeret quam materia. Cum annis 45, sub apestolicis Calixto, Honorio, Innocentio, Celestino, Lucio, Eugenio, Anastasio, Adriano [549], sub principibus vero Romanis Henrico V, Lothario [550], Conrado, Friderico, sedisset, 3 [551] Kalendas Januarii, annis et meritis plenus et in scismate Alexandri et Victoris [552], quod inchoatum jam fuerat, catholicus (107), migravit ad Dominum (1163, Dec. 30), et juxta chori introitum in dextera ipsius parte meruit sepeliri.

2 [553]. Huic anno Domini 1164 [554] successit dominus Theodericus [555], fratris sui comitis Barrensis filius, vere ei tam moribus quam sanguine propinquus [556]. Illi sollicitudo summa et cura specialis hæc fuit, ut sub ipso metu justiciæ tam predonum quam latronum coherceretur audacia [557] tutaque esset inter improbos innocentia, et ubi malicia dominari consueverat, refrenaretur malignandi facultas [558]. Hic paci et tranquillitati [559] ecclesiarum omniumque sibi creditorum commoditatibus [560] ea providit diligentia, ut eum miles clerus populus et [561] vererentur ut dominum et ut patrem diligerent. Hic malis et nocumentis, quæ per castrum Habundanges [562] (108), si alius quis homo potens adeptus illud fuisset, episcopatui cotidie possent inferri, provide et sollerter occurrens, sibi ac suis ipsum adquisivit successoribus, domumque ibi ædificavit egregiam. Adquisivit nichilominus sibi [563] et posteris suis Werinesperc [564] (109) et Radonis-villam (110). Castrum Conflans [565] (111) de firmo reddidit [566] firmius, ipsumque palatio nobili decoravit. — Idem cardinalibus Octoviani [567] heresiarchæ civitatem Metensem cum nuntio imperatoris [568] satis pompose [569] ingressis et clerum universum ad sacramentum obedientiæ ydolo suo prestandum cogere volentibus, viriliter in [570] facie restitit, ipsosque, infecto prorsus propter quod venerant [571] negocio, cum pudore et confusione omnimoda [572] fecit recedere. Ex quo ejus facto quam plures imperii civitates æmulandæ virtutis eosque similiter contempnendi et exemplum sumpserunt [573] et audaciam. Sedit annis 9 (112) et 7 mensibus, sub pontifice summo Alexandro III, imperante Friderico. Et propter pericula, quæ ex scismate [574] adhuc durante imminebant [575], ad sacerdotii gradum et consecrationem pontificalem conscendere veritus, electus tantum et levita [576] 3 Idus Augusti, inter tot illius magni scismatis turbines et procellas scuto armatus fidei, catholicus decessit (1171). Cujus sarcophagum [577] a domni Stephani [578] sepultura chori tantum dividit introitus, ut quos amor, quos sanguis in vita conjunxerat, modica [579] et in morte separaret locorum distantia.

3 [580]. Hic communi clericorum electione [581] et tam militum quam civium applausu successo-

VARIÆ LECTIONES.

[536] et omni 2. [537] q. d. petra percusata 3. [538] depulit 1. [539] de deuluuart 1. deulouwart 3. [540] tyhecurt 1. thiecurt 2. tiheycort 3. [541] in I. desunt 3. [542] q; (que) 2. [543] eximia g. ei. 2. [544] guerram 1. guerwerram 3. [545] priney 3. [546] deest 3. [547] peforans 3. [548] membrana 1. 2. [549] adriane 3. [550] loario 1. [551] IV. 2. [552] vitoris 2. alexandrie victor 3. [553] LIII. 1. III. 2. [554] MCXLIII. 1. [555] thedericus 2. theodoricus 3. [556] pinquus 3. [557] audacia — consueverat desunt 3. [558] facl'atas 3. [559] tranquillati 3. [560] comod. 2. 3. [561] et populus v. 2. [562] habodanges 1. 3. [563] s. ac suis ipsum castrum posteris 1. [564] winiperch 1. winispere Ch. w'iuuesperc 3. wermnesperc 2. [565] conflanz 1. [566] reddidit 2. [567] octaviani 2. [568] impatris 2. impiis 3. [569] pomp. 1. 3. pomposo 2. [570] in f. des. 1. [571] deest 2. [572] commoda 3. [573] sumpserant 2. [574] cismate 3. [575] imminebat 1. [576] levitha 3. [577] sarchofagum 3. [578] predecessoris sui et patrui add. ed. [579] indica 3. [580] LIIII us 1. [581] deest 1.

NOTÆ.

(103) Pierre-percée.
(104) Thiaucourt.
(105) Watimont.
(106) Preney. Bouq. Sed Tabouillot II, p. 269 hoc Perny dicit.
(107) Sed antea Victoris papæ assecla; v. Alexandri epistola 165, ap. Martene, Coll. II, p. 780.
(108) Habondange inter Morhange et Château-Salins.
(109) Varnesberg.
(110) Fortasse Raville. Calmet.
(111) Conflans en Jarnisy.
(112) 7 tantum annis sedit.

rem habuit nobilem virum et perpetua dignum memoria, dominum Fridericum [582] de Pluviosa [583]. Hic beato Stephano Anerei [584] (113) adquisivit. Cui tam ætate decrepita quam incurabili ægritudine laboranti, sed numquam virilem animum, numquam [585] liberalitatem, numquam curialitatem, cui a cunabulis deservierat [586], deponenti, optime divina in hoc providit miseratio, quod ipse suas et ecclesiarum sibi commissarum possessiones [587] ita conservavit indempnes, ut nullam sub regimine [588] ejus diminutionem nullumque prorsus detrimentum sentirent. Hic cum [589] sub prememorato pontifice summo Alexandro, Friderico imperante, electus tantum et levita propter prefata scismatis pericula duobus annis et totidem mensibus sedisset, 5 Kalend. Octobris catholicus migravit ad Dominum (114) (1173). Sepultus est autem in oratorio quod Sancti Galli dicitur, ante altare, sicut ipse in extremis agens expetierat, beati Johannis evangelistæ.

4 [590]. Successit huic filius ducis Lothoringiæ Theodericus [591] (1173-1179). Cujus pater dux Matheus statim post filii intronizationem castrum suum Syrke [592] (115), quod jure allodii [593] tenebat, beato Stephano Metensi, facta sollempniter super [594] altare donatione, contulit, et Spinalensem [595] advocatiam, quam ei dominus Stephanus contulerat, in ejusdem filii sui [596] manum deposuit et penitus wirpivit [597]. Hic turrim in medio castri Lucemburc [598] (116) sitam, quam tunc temporis comes de Salverna (117) tenebat, sibi suisque successoribus, ipso comite capto, recuperavit. Sedit annis 6 et paulo amplius, sub papa Alexandro et Friderico imperatore [599] avunculo suo. Qui et alia fortasse [600] annalibus [601] digna gessisset, nisi ejusdem Alexandri III manum sensisset validam, sua ob hoc electione cassata [602] ab illo, quia infra ordines fuerat celebrata (118).

5 [603]. Hic, cum episcopatus per [604] annum fere post ipsum vacasset [605], anno Domini 1181 [606] successorem habuit dominum Bertrannum, de Saxoniæ [607] partibus oriundum, clarum quidem genere et vitæ ac morum honestate omnimodis commendabilem, et tam divinæ quam humanæ legis egregie peritum. Senserat [608] et ipse, cum Bremensis [609] esset electus (119), Alexandri III severitatem, ejus quoque electione sub causa [610] hujus pretextu cassata ab illo, quia fuerat infra ordines celebrata. Quod magis in odium Friderici imperatoris, cui ipse carus [611] admodum et familiaris erat, quam amore justiciæ factum publice fama predicabat. Sed felix ruina, quæ reparatur in melius. Cecidit ibi, ut fortior hic [612] resurgeret. Divina nimirum huc eum transferri voluit ordinatio, ut hic proficeret amplius et fructum faceret uberiorem. Ejus itaque apud nos rudimenta et opera prima hæc fuerunt. Vincas suas fere omnes creditoribus a suo predecessore expositas, citius quidem et facilius quam credi aut sperari posset, ad manum et mensam suam revocavit, et curtim Arkentiacum [613] (120) pro 700 libris ab eodem predecessore suo comiti de Dasburc [614] oppigneratam, per justiciam imperialem et principum sententiam prudenter ac viriliter recuperavit. Consequenter apud Vicum nobilem ædificavit domum, et castrum Bascurt [615] sibi et posteris suis adquisivit. Nec est silentio pretereundum, quod ipse processu temporis castrum quoddam a Waltranno, homine comitis de Dasburc [616], non procul a Saleburc [617] (121) firmatum, episcopatui in partibus illis valde nocivum [618], in manu potenti et valida destruxit. His ita se habentibus, et ipso quæ pacis, quæ religionis [619], quæ justiciæ sunt, studiosa tractante diligentia, ecce tamquam in fornace probari eum Dominus volens, et inter seculi hujus turbines et procellas virtutem ejus clarescere, insperata ipsum persecutione ad tempus flagellari permisit. Cum enim dominum Folmarum [620] Trevirensem electum, a summo pontifice Urbano III contra voluntatem Friderici [621] imperatoris consecratum, de ipsius summi presulis mandato (1186), cui nec debuit nec ausus fuit contraire, recepisset, et quæ cæsaris cæsari, quæ [622] Dei sunt [623] Deo reddere cupiens, debitam ei exhibuisset [624] reverentiam, ad iram et indignationem princeps concitatus [625], bona ejus universa confiscari fecit [626], totumque episcopatum Metensem per ministeriales suos in facti hujus vindictam sasiri (1187), quasi enorme et de-

VARIÆ LECTIONES.

[582] freder 3. [583] pluyiosa 2. pluyosa 3. [584] anerey 2. [585] umquam 1. umquam curialitatem 2. [586] deest 1. [587] potestates 2. [588] leg. 3. [589] deest 1. [590] LV. 1. [591] theodoricus 3. [592] surkes 2. [593] alodii 3. [594] don. s. a. 1. [595] spinallensem 3. [596] deest 2. [597] wirpuit 1. w'ipiuit 3. [598] lucenburch 1. lucemborc 3. [599] imperante euunculo 2. [600] deest 3. [601] annis 1. armis 2. [602] quassata 3. [603] LVI. 1. [604] f. p. a 3. [605] vacasset 1. [606] MCLXXXI corr. MCLXXX. 2. [607] saxoe 2. [608] Senxerat. 1. [609] breuiensis 3. [610] causa 3. [611] catus 2. [612] deest 2. [613] arkentacum 1. archansiacum 2. [614] dasburch 1. dasbore 3. [615] bascort 3. [616] bascurt 2 corr. dasburch 1. dasbor 3. [617] salcburc 2. salcborg 3. [618] nocuum 1. 3. [619] r. que pacis sunt odiosa (superscr. et) que justicie 2. [620] formarum treuer. 1. [621] fred. 1. fedrici 3. [622] et q. 2. [623] deo sunt 2. [624] exibuit 2. [625] incit. e corr. 2. [626] cepit 1.

NOTÆ.

(113) Ennery.
(114) Fridericus a. 1173 expulsus, sed a. 1179 est restitutus.
(115) Sierck.
(116) Cf. supra n. 97; *Luxebourg entre Phalzbourg et Saverne* hoc loco Calmet

(117) Sarwerden.
(118) Cf. Tabouillot II, p. 298.
(119) A. 1178. Bertoldus ab Alberto Stadensi nominatur.
(120) Argancy.
(121) Saarburg.

testandum esset piaculum summo obedire pontifici et plus Deum vereri quam hominem. His [627] ille auditis, personæ suæ saluti fugæ presidio [628] ut alter Athanasius [629] consulens, migravit [630] Coloniam, et in ecclesia [631] sancti Gereonis, ubi prius canonicus exstiterat, spei suæ anchoram figens, ibi asilum, ibi pro exilio patriam invenit. Ubi non solum a fratribus et concanonicis suis, verum etiam ab universo Coloniensi [632] clero, et precipue a metropolitano illustri Philippo [633] tanta [634] personæ et meritis ejus veneratione [635] prestita, tantæ dejectioni ejus, exhibitæ compassionis, totque necessitatibus suis a liberalitate eorum collata subsidia, ut [636] eum fere patriæ et reditus in exilio facerent oblivisci. Cui [637] cum exacto biennio gratiæ imperialis serenitas opitulatione divina multisque tam principum quam aliorum supplicationibus reddita fuisset, rediit tandem [638] ad ecclesiam suam diu desideratus Job noster (1189); sed minime ad duplicia restitutus. Qui enim vinum in cellariis, frumentum in horreis, alioque habundanter bona discedens reliquerat, ita in reditu suo evacuato [639] omnia et penitus exhausta [640] invenit, ut rursus cum redivivis vacare curis et laboribus oporteret, et ad omnium quæ humanis necessaria sunt usibus adquisitionem quasi de novo [641] accingi. Cujus annis et meritis felix divina miseratio incrementum prestare dignetur, nec desit qui loco et tempore [642] sequentia ejus gesta tradat annalibus et ad cognitionem [643] transire faciat posterorum. [644]

CONTINUATIO ALTERA.

1 [645]. Post domnum Bertrannum felicis memorie sublimatus est in episcopum Metensem domnus Conradus (1212), vir quidem [646] strenuus, ex Teutonicorum progenie ortum ducens, clarus sanguine, sed nobilior moribus et virtute, et inter principes imperii venustate personali et corporis elegantia decoratus. Hic etiam Spirensis episcopus et imperialis aule cancellarius, negotia imperii tamquam prudens et fidelis dispensator, discretione animi fidelitatem ipsius comitante, adeo procuravit, quod in talento sibi credito pigre non dormiens sed sollicite vigilans, domino suo plenam de eo potuit reddere rationem, in requiem domini sui cum gaudio ingressurus. Ipse equidem decorem domus Domini et locum habitationis ejus diligens, Metensem ecclesiam exquisitis ornamentis decoravit; in villa de Vico, que [647] tunc firmitatis alicujus munimine minime claudebatur, castrum nobile murorum et turrium [648] altitudine firmavit. Et licet ad negotia imperii sibi commissa pro maxima parte temporis traheretur, nec posset in Metensi dyocesi nisi raro et modice suam presentiam exibere, tamen in ejus absentia [649] fama probitatis providentie et virtutis ejus militante, terram episcopatus Metensis contra fortes et potentes viriliter protexit et defendit tamquam presens, et rebellium violentiam cum armis tum prudentia sagaciter refrenavit. Anno igitur pontificatus sui 12 vitam feliciter finivit (1224) et in choro Spirensis [650] ecclesie est sepultus [651].

2 [652]. Huic successit frater domini Asperi-montis (122) domnus Johannes, quem clari sanguinis generositas decorabat exterius et morum gravitas interius illustrabat. Qui cum esset in flore juventutis sue constitutus, citra annos qui in electionibus episcoporum requiruntur, immaculata ejus vita defectum etatis in eo plenius supplente [653], cleri concordia et leticia populi pariter accedente, assumptus est in episcopum Virdunensem (123). Ubi de die in diem de bono in bonum proficiens, sic continuavit et auxit sue famam bonitatis, quod ex merito sue bonitatis [654] atque actionis in Metensem episcopum unanimiter est translatus. O virum ineffabilem, qui lorica justicie indutus, clypeo continentie munitus, galea patientie protectus, et armis virtutum circumdatus, vultus sui gratia pascebat se videntes, mellita verborum suorum modesta recreabat audientes, humilibus aderat simplicitate columbina [655], majoribus serpentina astutia adsistebat, et tirannis feritate leonina [656] resistebat. Cum autem in negotiis Metensis ecclesie assidue vigilaret, illustris comes de Dauborc [657] (124) viam universe carnis est ingressus (c. 1214). Cujus filia (125), que heres unica in hereditate paterna successerat, ab ipso episcopo instanter postulavit, ut feodum sibi redderet, quod pater suus de Metensi episcopo tenuerat; quod episcopus sibi reddidit non sine multorum nobilium supplicatione et rogatu, ea tamen conditione adjecta, quod, si ipsam sine herede proprii corporis mori contingeret, feodum ipsum ad Metensem ecclesiam pleno jure rediret, conditione [658] eadem sigillis autenticis communita et [659] fide testium pariter roborata. Sed, cum eadem comitissa sine herede proprii corporis occulto

VARIÆ LECTIONES.

[627] Iliis 2. 3. [628] presiduo f. 2. [629] athaniasius 3. [630] miganis 3. [631] ecclesiam 1. [632] cl. col. 1. [633] phillippo 2. [634] deest 3. [635] veneratione 1. 3. [636] et cum 2. ut cum 3. [637] Cujus 2. [638] tandere 3. [639] o. ev. 1. [640] exhusta *post corr.* exhausta 1. [641] denuo 1. [642] in t. 2. [643] agn. 1. [644] p. posteri faciat 2. *Hoc loco desinit codex* 1. [645] LVII. 2. VII. 3. [646] quidam 2. [647] quod 1.—firmata muninime aliquo 2. [648] turrim 2. [649] obsentia 2. [650] spirensi 2. [651] sepelitus 2. [652] LVIII. 2. VIII. 3. [653] subpl. 2. [654] b. atque *desunt* 3. [655] colonbina 2. [656] leoninia 3. [657] daborc 3. [658] condicionem eandem 2. [659] ac 3

NOTÆ.

(122) Goberti.
(123) a. 1219.
(124) Dasburg; cf. Richeri Chron. Senonense III, 21.
(125) Gertrudis.

quidem Dei judicio decessisset (1225), dominus Walterus dux de Lemborc[660], comes Lucelburgensis, et multi alii nobiles et potentiores de imperio, consanguinei ejus et fautores, castra que erant de feodo predicto cum eorum pertinentiis nequiter sasierunt[661], ea sue ditioni usurpare et retinere in perpetuum[662] contra debitum conditionis predicte molientes. Quibus episcopus, qui virilem et fortem gerebat animum, qui nec extollebatur in prosperis nec deprimebatur in adversis, prudentia[663] suam concomitante potentiam[664], potenter resistens et patenter, in longo guerrarum discrimine, in armorum strepitu et laberinto[665] expensarum tam diu indefesse insudavit, quod divina providentia, que in sui dispositione non fallitur, rei exitum prosperavit. Nam idem episcopus comitatum Metensem et quatuor castra nobilia, Saraborc[666] videlicet, Albam (126), Truquestein[667] et Herrestein (127) quæ erant de feodo predicto, cum suis appendiciis adquisivit et Metensi ecclesie perpetuo contulit possidenda (c. 1227). In quorum adquisitione, ut de castrorum fortitudine et amenitate locorum taceatur, proventus episcopatus sui duplicavit; et insuper advocatiam[668] de Marsal, in qua multo plus habebat advocatus quam dominus, pro quibusdam vineis, que erant modici valoris in respectu, permutavit; in quo etiam conditionem ecclesie sue fecit admodum meliorem. Cum vero hec sibi prospere successissent et jam locus esset tranquillitatis[669] et pacis, inimicus homo seminavit zizaniam, ac inter ipsum et cives suos Metenses pestem discordie suscitavit[670] (1231). Cives quidem predicti, de quorum adipe processit iniquitas, elevati superbia, villam episcopi quæ Castel[671] dicitur (128) ante Metim combusserunt, clericum unum excecaverunt, et multas alias irrogarunt injurias, quas longum esset litterarum memorie commendare. Quod episcopus[672] cum dissimulare non posset, competenti monitione premissa, cives excommunicavit et manum in eos aggravando, civitatem ecclesiastico supposuit interdicto ; et demum civitatem exiens, in monte[673] castri dicti Saint-Germain, quod ante Metim firmaverat[674] (129), se recepit; sed et post ipsum laudabilis et robusta de Porta-salis[675] parentela expulsa fuit a civitate, propter civile odium quod latebat inter cives, et maxime quia ipsa parentela ipsi episcopo in jure suo fideliter aderat et ei laudabiliter adherebat; ita quod in civitate nec unus quidem de parentela illa et sibi adherentibus remansit, sed omnes inde exierunt et se in dicto castro receperunt, domibus eorum funditus dirutis[676] et bonis omnibus[677] suis que in civitate reliquerant confiscatis (1232). Cum vero idem episcopus dictorum civium malitiam per spiritualem gladium[678] refrenare non posset, invocavit auxilium brachii secularis, ducem videlicet Lotharingie et comitem[679] Barrensem, fideles suos, quos cum jure fidelitatis, qua sibi tenebantur, in auxilium suum contra cives Metenses confederationis[680] vinculo et interpositione juramenti, quia triplex[681] funiculus difficile rumpitur, colligavit (130). Sed quoniam nusquam tuta fides, fratrum quoque gratia rara est, dicti nobiles, corrupti etiam pecunia, que ipsos videntes sepius excecat, non solum episcopum ipsum, quem fovere debebant, non sine nota proditionis reliquerunt, verum etiam eidem se opponere presumpserunt; et durante inter eos per triennium guerrarum[682] discrimine, dicti nobiles et commune Metense cum eis parentelam[683] predictam in castro predicto ex improviso obsederunt (1234). Quo audito episcopus, constante[684] constantior, fide firmus cum Habraham, sapientia Salomonis non indoctus[685], pacientie[686] Job non expers, spe[687] Symeonis suffultus[688], quem quidam[689] de fidelibus suis clericis et laicis reliquerant—cum[690] fratrem suum secum non haberet, qui in Franciam[691] se transtulerat ut cum armatorum potentia rediturus fratri suo subveniret, et episcopus Virdunensis, consanguineus suus, qui sibi libenter in manu potenti affuisset, ad ipsum pervenire non posset—cum, fortuna in tantum sibi novercante, potuisset alius in eclipsim desperationis incidisse, ita ut de resurrectione ipsius nulla spes haberetur : vir idem resumens vires animi, in Teuthoniam[692] ad gentes extraneas se convertit, ubi illustrium virorum[693] de Evrestein et de Dabore comitum et aliorum multorum nobilium, qui in habenda milicia potentes erant, auxilium imploravit. Qui sibi cum prece tum[694] precio unanimiter adherentes, collecto magno exercitu ipsum sunt secuti, et in tantum processerunt, quod se super Moselle fluvium receperunt. Quibusdam igitur de suis laudantibus, ut illa nocte fluvium non transirent, nec permitteret episcopus, longo itinere fatigatos laborare ulterius transeundo illa nocte, sed procrastinaret transitum et daret requiem hominibus et jumentis : idem, qui plus suo quam aliorum sensu et ingenio regebatur, plus sibimet[695] ipsi credens quam aliis, licet adversarii sui pro certo tenerent quod Mosellam de cetero non trans-

VARIÆ LECTIONES.

[660] lamborc 3. [661] susierunt 3. [662] imperp. 3. [663] prudenti 2. [664] potentia 2. [665] ubertate 3. [666] sareborc 3. [667] truquestem et arestem 2. [668] advocasiam 2. [669] transq. 2. 3. [670] sciscitavit 2. [671] chates 2. [672] cum *ante* ap. *post add.* 2. [673] in castro quod in monte n. g. ante 3. [674] formaverat 2. [675] porsallis 3. [676] diruptis 3. [677] s. o. 3. [678] gradium 2. [679] comitis barrensis 2. [680] consider. 2. [681] *deest* 2. [682] gratiarum 2. [683] parentelem 2. pr. par. 3. [684] omni c. c. 3. [685] intectus 2. [686] pacientia 2. [687] sepe corr. spe 2. [688] aff. 3. [689] quidem 2. [690] idem episcopus *add.* 2. [691] fransiam 2. [692] theuthoniam 2, theutoniam 3. [693] vicorum 3. [694] cum 3. *corr.* tum 2. [695] sibi 3.

NOTÆ.

(126) Saralbe.
(127) Turquestein et Hernestein.
(128) Châtel.

(129) Cf. Ann. S. Vincentii Met. a. 1231, SS. III, p. 159.
(130) Cf. Ann. S. Vincentii Met. h. a.

iret, Moselle fluvium, qui tunc plenis [695] erat alveis, cum exercitu copioso in admirationem multorum transvadavit, ita quod nec unus quidem remansit qui fluvium non transiret. Mira res ! Si enim illa nocte non transissent, sic excrevit fluvius nocte ipsa, quod in mane nullo modo transire potuissent; et sic illi qui in castro obsessi erant, quorum sanguinem concives [697] sui seviter [698] siciebant, cum plus quam per octo dies succursum expectare non possent, mortis periculo subderentur. Sed Salvator, qui omnes homines vult salvos fieri et neminem vult perire, dedit episcopo voluntatem transeundi, et transiit [699], terrasque dictorum nobilium ingressus, ponens in Domino anchoram sue spei, elegit potius, se et suos committere Martis discrimini, quam jus ecclesie sue relinquere indefensum et amicos suos obsessos mortis periculo subjacere. Et, cum in medio terrarum ducis et comitis, quibus etiam commune civium Metensium aderat, paratus esset confligere cum eisdem, et cum [700] jam starent hinc inde castrorum acies terribiliter ordinate : processit in medio venerabilis episcopus Tullensis, genu flexo supplicans exorans et suadens Metensi episcopo, ut reciperet verba pacis. Idem igitur episcopus illi parentele compatiens, tamquam fidelitatis illorum, quam erga dominos suos studio devotionis ab antiquo exercuerant, nec inmemor nec ingratus, pietate (131) ipsorum ductus, ut eos posset sine periculo corporum et rerum liberare, quibus redemptio seu liberatio alias quam ipso mediante non patebat, et quia dubii sunt eventus bellorum, elegit in eorum liberationem certitudinem compositionis et pacis. Et sic ipse, quem suorum movebat pietas, et adversarii sui, in quos timor tremorque repente irruerant, pestem guerre [701] gravissimam [702] pace leta et laudabili [703] concordia, mediante Tullensi episcopo, profusis multorum lacrimis, confuso humani generis inimico, terminarunt. Idemque episcopus fidelis [704] et robusta et constans de Porta-salis parentela cum gaudio ad propria sunt reversi [705]. Quinto decimo autem episcopatus sui anno 1238, presidente domino Innocentio papa quarto [706], ac domino Friderico, filio domini Henrici imperatoris, regnante, vitam feliciter consummavit. Et sepultus est in choro majoris ecclesie Metensis [707].

Hujus (132) *enim fuerat, quod habent hec* [708] *tempora raro,*
Mitis vita, manus munda, pudica caro.

3. Post hunc in vinea Domini Metensis ecclesie concorditer enituit fecunda plantatio, propagatus indigena, reverendus pater Jacobus Metensis episcopus (1239), de regali prosapia, frater nobilis viri quondam Mathei [709] ducis Lothoringie, ex patre Ferrico quondam duce Lothoringie de sorore comitis Barrensis procreatus. Qui episcopus de nobili progenie, preclarior virtutibus et moribus prefulgebat; in quo quicquid virtutes desiderant confluebat, videlicet pacis amicitia, pudicitie cupiditas, in potentia strenuitas, in strenuitate claritas, benignitas, sapientia prudentiaque temperata, ac in eodem insita [710] forma boni livore carens elementa ligabat [et [711] elementa conjunxit], virtusque sanctitatis [712] inserta resplenduit, pacis robore discordias suffocando; imperturbatus perstiterat inter prospera et adversa, morum ornamentis undique circumseptus [713]. Cujus decorem [714] virtutum sol et luna mirabantur; cui regnanti concordia patrie [715] totius applaudebat, quam in presenti, ipso semoto, plaga pestilentie non reliquit, cum non sit qui sanet vulnera patrie conturbate, aut qui jacenti concussoque dextram porrigat Miserantis [716]. Metensis dyocesis, que sub ejus umbra fuerat [717] patrie robur fortitudinis, facta est per ejus eclipsim viribus imbecillis [718], ac procellis intumescentibus non modice conquassatur [719]; grexque dominicus jam fere apparet pastorali regimine destitutus, qui suo tempore flectens habenas [720] circumadjacentium rerum, cuncta sub juris regula limitabat, et conatus cupiditatis infringens, ejus morsus illicitos refrenabat; dum edificia queque sue dyocesis, diruta vetustate, sumptu mirabili visus est undique reparare, villas castra et castella debilia roborando novaque construendo eandemque dyocesim quam plurimis adquisitis de novo possessionibus decorando. Nam in oppido Salebore [721], quod tempore predecessoris sui ardenti desiderio fuerat inchoatum [722], munitionibus insignibus, turribus et fossatis [723] et murorum propugnaculis fortissimis consummavit, et de Alba, de Herrestein [724] et de Drukestem [725] (133) turres et muros in melius reparavit, novas cisternas [726] profundando; villasque [727] de Vico et de Marsello [728] adeo firmavit, quod ab hostilibus insultibus [729] non valeant expugnari; ac circa villam de Reimberviler [730] (134), que sepibus erat circumdata, clausura murorum fortissimorum et viginti quatuor altarum turrium decore circumfulsit, castrumque Spinalense et op-

VARIÆ LECTIONES.

[695] plenus 3. [697] cumcives 2. [698] ita ed. civiliter 2. 3. [699] transivit 3. [700] deest 3. [701] gerre 2. [702] gravissima 2. [703] c. l. 3. [704] f. et r. 2. [705] redierunt 2. [706] octavo 2. III° 3. [707] Versus add. 2. [708] hoc tempore 2. [709] maheu 2. [710] justicia 2. [711] el. l. et des. 2. sed in marg. el. l. post eadem manu suppl. [712] deest 2. [713] circonseptus 2. [714] v. d. 3. [715] t. p. 3. [716] miseranti meten que dyoc. 3. [717] p. f. 3. [718] imbetal 3. [719] tunc quassatur 3. [720] abenas 3. [721] sarborg 3. [722] incoatum minutionibus 3. [723] edificiis f. murorum p. f. consimavit 3. [724] herresteyn 2, herreste 3. [725] druchesteyn 2, drukesten 3. [726] sisternas 2. [727] vulasque 3. [728] marcello 2. marsual 3. [729] in...... spatio vacuo relicto 3. [730] reymbervilleir 2.

NOTÆ.

(131) i. e. miseratione, Gallice *pitié*. CALM.
(132) Epitaphium sepulcro conscriptum v. Meurisse, p. 456.

(133) Idem quod supra c. 2. *Truquestein* scribitur.
(134) Remberviller.

pidum magnis firmitatibus reparavit; et castrum de Conflans, quod fere corruerat vetustate consumptum, munitionibus turrium et murorum decoravit fossatisque profundis premunivit. Insuper juxta veterem Homborc [731], speculam totius mundi, castrum de novo construxit in cacumine cujusdam montis [732] deserti, quod Homborc [733] adhuc nominatur, opere nimium sumptuoso et inestimabilibus expensis [734], ad totius episcopatus tuitionem; ubi militum, civium, incolarum et episcopi castra prefulgent ab invicem separata, murorum altitudine et turrium fortitudine ac edificiorum decore insignita [735]; ubi de redditibus mense episcopalis seculares canonicos instituit (1254) cum sufficientibus redditibus ad cultum divini numinis deputatos (155); ipsumque oratorium [736] stagnorum [737] et molendinorum edificatione adornavit. Item in abbatiis Belli-prati et Saline-vallis [738] (156) aliisque locis erexit innumerabilia edificia operibus sumptuosis. Insuper adquisivit feodum de Albo-monte [739] (137) reddibile cum suis [740] appendiciis omnibus ab episcopo Metensi perpetuo possidendis. Preterea cum ecclesia direxisset aciem contra dominum Conrardum [741], filium [742] Friderici imperatoris, post sententiam depositionis latam in eundem, idem dominus Jacobus cum manu potenti et brachio excelso veniens [743] in adjutorium [744] ecclesie, per virtutis sue ac militie fortitudinem et industriam dictum Conrardum [741] mirifice fugavit et devicit (1251), impensis innumerabilibus non parcendo. Item feodum de Maurimont [745] cum appendiciis suis reddibile, et de Rukesinges [746] reddibile cum appendiciis suis, et feodum de Habondanges [747] cum appendiciis suis episcopatui reddibile ab illustri viro Th. [748] comite dicto Saberto [749], in perpetuum adquisivit. Item ab illustri viro domino Henrico de Salmis feodum de Pierepercie [750] (138) cum appendiciis suis et reddibile, et [751] feodum de Salmis cum appendiciis suis et reddibile cum homagiis adquisivit. Item a domino Th. de Creincort [752] adquisivit Demes [753] (159) cum appendiciis suis. Et a domino Werrico [754] dicto le Vogien partem sue advocatie de Valle-de-Faus. Item [755] a domino Petro, filio domini Petri quondam militis de Novocastro, advocatiam de Castris ante Metim (140). Item adquisivit ab advocato [756] Metensi [757] advocatiam Metensem. Item cum discordia fuisset [758] inter ipsum et F. (141) ducem Lothoringie, nepotem suum, super eo quod ipse petebat ab ipso duce partem sue hereditatis, ex parte patris et matris sibi provenientem, tandem per pacem obtinuit, retinuit et habuit quicquid [759] idem dux habebat apud Marsellum [760] et apud Vicum et apud Remereiville [761] et apud Corbesal (142) et apud Gellancort [762] et apud Remberviller [763] et apud Sorneville [764] et apud Villeinnes [765] et apud Bissoncort (1259), sicut in litteris super [766] hoc confectis plenius continetur (143). Quæ omnia per predictam pacem adquisita [767], idem episcopus contulit episcopatui Metensi (1260), sicut plenius in litteris suis continetur (144). Qui tam in temporalibus quam in spiritualibus viginti duorum annorum curriculis circumspecte gubernans dyocesim, post hec feliciter triumphans in Domino, cum patribus obdormivit. Actum anno Domini [768] 1260, mense Septembri [769], Alexandro papa IV [770] in summo pontificatu presidente [771].

CONTINUATIO TERTIA.

1 [772]. Huic successit in episcopatu Metensi ex illustri prosapia ortus et ejusdem sanguine venerabilis Philippus de Florehenges, mitis et humilis corde et statura corporis commendandus (1261-1264).

2 [773]. Post hunc in sede eadem pontificali vir generosus carne et animo Guillelmus de Triegnel (145), vir fidelis et prudens, honorifice sublimatur. Migranteque ejus anima ex hoc mundo, corpus [774] ejus in ecclesia fratrum Predicatorum Cathalaunensium [775] sepulture devotissime commendatur (1264-1269).

VARIÆ LECTIONES.

[731] homborch 3. [732] monti 3. [733] adh. homborch 3. [734] imp. 3. [735] insignata 3. [736] deest 2. [737] stannorum 3. [738] sallivallis 2. [739] albo monto 2. [740] o. s. ap. 3. [741] conraldum 2. [742] fr. imp. f. 3. [743] deest 3. [744] adjurium 2. [745] marrimont tn suis a. 3. [746] ruckesingnes 2. [747] gabondanges 2. honbondonges 3. [748] ita codd c. th. 3. [749] soiberto 2. [750] piere persie 2. [751] et—reddibile desunt 2. Orioncourt 3. [752] defaies 3. [753] werico 2. [754] et 3. [755] advocatio 2. [756] deest 2. [757] deest 2. [758] quidquid i. d. h. desunt 3. [759] marcellum 2. superscripta littera a. 3. [760] remereville 2. [761] sellacort 2. gelleracourt in charta Jacobi (n. 41.). [762] rembervilleir 2. areubeviller charta Jacobi l l. [763] sorneiuille 3. sornonville charta Jacobi. [764] villanes ch. Jac. [765] c. s. h. 3. [766] aq. Item ep. 2. [767] deest 2. [768] septembris 2. octobri 3. [769] deest 2. [770] hoc loco desinit cod. 2. [771] X. 3. [772] XI. 3. [773] corus 3. [774] cathanlen. 3.

NOTÆ.

(135) V. episcopi chartam ap. Calmet II, p. CCCCLXXIV.
(136) Beaupré et Salival.
(137) Blamont.
(138) Pierre-percée; cf. Richerii Chron. Senon. V. 6.
(139) Delmes.
(140) Châtel-sous-Saint-Germain.
(141) Ferricum.
(142) Courbesaul, Gelacourt, Remberviller, Sornonville, Velaine, Bussoncourt. CALM.
(143) Quas vide apud Calmet II, Probb. p. CCCCLXXXIII, ubi tamen non omnia hæc prædia nominantur.
(144) Dumont, Corps diplomatique I, p. 402.
(145) Trainel.

3 [776]. Huic successit in cathedra Laurentius, vir animosus, expeditus et admodum litteratus, utpote qui prius summi pontificis fuerat notarius; institutus fuit etiam egregius predicator (1269-1279).

4. [777] Assumptus post hunc ad eamdem ex preclaro genere, utpote [778] filius comitis Flandrensis, dominus Johannes, aspectu decorus, verbo placidus, paulo ante licentiatus Parisius in decretis; qui postmodum ad Leodiensem ecclesiam est translatus (1280-1282).

5 [779]. Ipsi eidem ecclesie Metensi desolate post hec per sedem apostolicam misericorditer est provisum de viro illustri genere, fratre comitis Hanonie, domino Borchardo [780], viro inquam famoso, provido et expedito ac sufficienter [781] litterato (1283). Qui quot et quanta tam ipse quam quatuor venerabiles statim dicti pro ecclesie ipsius re tuenda pertulerint, queve sibi bona, licet cum aliquo suorum et suo gravamine, acquisierint, in posterum permansura modernorum tempora manifestant et sunt perpetue memorie commendanda. Poterunt autem suo tempore secundum exigentiam meritorum cum aliis

A diffusius annotari, cum laudis opportunitas ad portum venerit oportunum. Sedit annis 13, de multis suis hostibus strenue triumphando. Sed et Gorziense monasterium visus est per sedem apostolicam Metensi episcopatui incorporare. Hujus etiam temporibus anno scilicet 11 et 12 (1294-1295), inaudita caristia et in ultimo tanta copia vini fuit, ut pro tribus solidis cum dimidio modius haberetur, qui prius, vineis in hyeme congelatis, vendebatur 26, ita ut pro tribus solidis infra unum mensem haberetur [782] unus modius vini, ut pro una quarta bladi et pro uno modio vini haberetur [783]. Fuit etiam ipso 13 anno tanta pluviarum inundantia, ut colles et domus multe ruerent et ipsi montes horride finderentur. Obiit autem anno Domini 1296, pridie B Kalend. Decembris, et ingressu chori majoris Metensis ecclesie est sepultus, qui ad eamdem ecclesiam ordinatione summi pontificis, ut superius dictum est, in episcopum est transmissus anno Domini 1283; cujus anima per Dei misericordiam requiescat in pace. Amen.

VARIÆ LECTIONES.

[776] XII. 3. [777] XIII. 3. [778] utpete 3. [779] XIV. 3. [780] bochardo 3. [781] sufficit 3. [782] pro tribus sol. iterum add. 3. [783] vini add. 3. *ubi locus hic corruptus est.*

ANNO DOMINI MCXIX

PLACIDUS

CŒNOBII NONANTULANI ORDINIS S. BENEDICTI PRIOR

POSTEA

IGNOTÆ SEDIS EPISCOPUS

LIBER DE HONORE ECCLESIÆ

(Ex ms. cod. inclyti monasterii Gottwicensis ord. S. Bened. in Austria eruit P. Bernardus PEZ, Benedictinus et bibliothecarius Mellicensis, ediditque in *Thesauro Anecdot. noviss.* t. II, parte II, pag. 75-180)

MONITUM.

(*Dissertatio isagogica ad eumdem tomum p.* XXIII.)

Placidi Nonantulani nemo antiquorum auctorum qui de scriptoribus ecclesiasticis egerunt, meminit, nisi solus Anonymus Mellicensis, in Appendice Bibliothecæ Benedictino-Maurianæ primum a nobis evulgatus, cujus capite 115 De scrip. Eccl. hæc verba sunt: *Placidus cœnobii Nonantulani prior scribit contra investituras et iniquam potestatem quarti Heinrici.* Quibus verbis sine dubio hoc ipsum Placidi opus, illustre sane ac egregium, quod hic ex ms. codice inclyti monasterii Gottwicensis sexcentorum annorum in lucem expromimus, innuit et commonstrat. Neque enim aliud in eo Placidus agit quam ut profanos magistratus a sacrarum dignitatum et munerum collatione ac ordinatione quam longissime arceat, persuadeatque nihil sæcularibus principibus in Domini sanctuarium licere, quæ modestia et integritas sanctissimis quibusque principibus chara semper et solemnis fuit. Sed ipsum Placidum audire juvat in prologo, ex cujus oratione et occasionem scripti libri, et totius simul operis argumentum discemus. Opus ipsum in codice Gottwicensi in CLXVIII capitula dispescitur, cum tabula seu index libro præfixus CLXXI spondeat : nec lemmata capitulorum in indice descripta cum lemmatibus capitulorum in contextu et serie libri ubique conveniunt, ut constat ex capp. 2, 29, 30, 31, 32, 33, 34, usque ad 42. in quo iterum ad verbum conveniunt : quæ capitulorum et lemmatum diversitas a librario, non satis caute libri contextum incidentis, nec indicem operi præmissum diligenter consulentis forte profecta est. Res facilis exploratu esset, si liber Placidi in bibliotheca Petrensi adhuc exstaret, ubi olim exstitisse discimus ex catalogo librorum monasterii S. Petri ante quingentos annos conscripto, in quo sic quædam volumina recensentur : *Josephus De excidio Jerosolymorum. Hilarius super Psalterium. Collationes Patrum in duobus voluminibus. Canones Magontini. Honorius De imagine mundi. Origenes De singularitate clericorum. Cantica Canticorum. Passio S. Pauli apostoli. Vita Ægidii, Passio S. Antonini M. in uno vol. Leges Longobardorum. Beda super Actus apostolorum. Cosmographia. Capitula canonum Græcorum. Regula S. Benedicti. Placidus De honore Ecclesiæ,* etc. Verum hic posterior codex tota bibliotheca a nobis perquisitus nusquam comparuit. Igitur aliud manu exaratum exemplum aliunde exspectandum est, ut, unde hæc in Placidi opere capitulorum et lemmatum perturbatio exorta sit, pernoscatur. Jam vero, ut ad ipsum Placidum revertamur, is non solum Nonantulani monasterii prior fuit, ut Anonymus Mellicensis notavit, sed etiam episcopus, ut ex capp. 82 et 83 discimus, tametsi nec ex Ferd. Ughelli Italia Sacra nec aliunde nobis expiscari licuerit, quam sedem sua virtute et doctrina, nequaquam vulgari, ornaverit. Certiora de ejus ætate, qua floruerit, vel hic ipse De honore Ecclesiæ liber suppetit. Nam cap. 53 ita diserte Placidus loquitur : *Sciebant itaque sancti Patres quia, si novi aliquid emergeret, Deus, qui in cordibus electorum esset suorum, ipse consilium daret. Quod verum esse testatur concilium sanctorum Patrum moderno tempore, anno videlicet ab Incarnatione Domini millesimo septuagesimo octavo in urbe Roma sub sanctæ memoriæ Gregorio VII, universali papa secundum antiquam et ecclesiasticam consuetudinem venerabiliter celebratum,* etc. Et cap. 117, postquam narrasset, dici, dominum papam Paschalem II, vi coactum, compassione videlicet suorum fratrum et filiorum, quos male tractari videbat, præbuisse assensum *ut privilegio concesso hoc permiserit, ut episcopus non consecretur, nisi a regibus annulo et baculo investiatur, et papa non sine permissu regis pastorem non eligat,* etc., subjungit et tanquam sibi præsentem ita exhortatur Paschalem : *Non igitur sanctus papa hoc observare debet, sed magis studiosissime emendare, imitans beatissimi Patris sui, apostoli Petri fidem, cujus vicem per gratiam DEI in sancta Ecclesia obtinet, qui quod timide negavit, cum magna cordis dilectione emendare studuit.* Ex quibus perspicuum est Placidum sub pontificatu Gregorii VII, Urbani II et Paschalis itidem II scripsisse, quarum ultimus ab anno 1099 usque ad 1118, Ecclesiæ præfuit. Hæc, nec plura de Placido Nonantulano, cujus insigne opus deinceps viri docti reverendissimo et perillustri domino Godefrido Besselio, amplissimo et doctissimo abbati Gottwicensi debemus, qui, repetitis precibus et epistolis nostris commotus, tandem codicem Mellicium benigne transmisit, ex quo illud, festinatis operis, octo circiter aut decem dierum spatio exscripsimus.

INCIPIT PROLOGUS

IN LIBRUM DE HONORE ECCLESIÆ.

Verbum et sapientia Dei Patris, Dominus noster Jesus Christus, qui pro Ecclesia sua salvanda de cœlis descendere dignatus est, eam gratia sui Spiritus confirmare et contra omnes hæreses lumine veræ sapientiæ semper illustrare dignatur. Inde est, quod etiam nostris diebus contra perversi dogmatis defensores eam armare et munire, non solum ejusdem sancti Spiritus gratia, verum etiam et doctrinis, tam Veteris quam Novi Testamenti, et sanctorum Catholicorum dictis, dignatus est. Dicebant enim quidam : Ecclesia spiritualis est, et ideo nihil ei terrenarum rerum pertinet, nisi locus tantum, qui consueto nomine ecclesia dicitur. Si quid autem terrenarum rerum desiderant qui ei serviunt, jure Ecclesiæ obtinere non possunt. Nisi enim nos dederimus, episcopi vel clerici nil possidere possunt, exceptis his quæ altari inferuntur, et decimis et primitiis ; nam aliæ possessiones nostræ sunt. Igitur episcopatus et abbatias qui desiderant, aut per nos obtineant, aut nequaquam nostra possideant. Si vero solummodo decimis et primitiis, et oblationibus quæ sibi ad altare inferuntur, contenti esse voluerint, eorum in voluntate pendeat ; sin autem quæ olim data sunt Ecclesiæ habere desiderant, per nos obtineant. Quam rationem omnes Catholici abhorrentes, utpote donis sancti Spiritus contrariam, qui non solum spiritualia, sed etiam corporalia Ecclesiæ suæ donare dignatur, et per se hæc episcopos habere vult, ut qui consecratus est, tam parvas quam magnas possessiones, quæ Deo sanctificatæ sunt, in potestate habeat, se contra tantam impietatem divinis verbis armare curarunt. Tunc etiam ego, omnium Christianorum ultimus, sententias sanctorum Patrum colligere studens, libellum parvulum pro honore et defensione sanctæ matris Ecclesiæ catholicæ edidi, in quo prius de primatu sancti Petri super omnem Ecclesiam loquens, consequenter quid sit Ecclesia, et quanti pretii apud Deum habeatur exposui. Deinde adnectere curavi quia non solum spi-

ritualibus, sed etiam corporalibus donis sancta Ecclesia honoranda est, ideoque recte facere eos qui sui juris aliquid ei donantes, vice Christi eam honorant. Quod confirmantes probamus, quia quod Ecclesiæ tribuitur, Christo utique donatur; quod autem Ecclesiæ est, in potestate præsulum debere consistere, sanctorum Patrum dictis probantes, pastores ei non ab aliqua potestate terrena, sed electione communi clericorum et laicorum decerni docuimus. Quam electionem judicio episcoporum firmari oportere monstravimus, nihilque sanctam Ecclesiam regibus debere, nisi tantum tributum persolvere. Ubi etiam adnectentes de rebus Ecclesiæ non auferendis, probamus sacrilegos esse, qui, quod Ecclesiæ donatum est, ei auferre non timent. Ubi etiam et de investitura Ecclesiarum, a quibus fieri debeat, demonstrantes, utrum non sui ordinis viro aliquis episcoporum Ecclesias subdere debeat luce clarius demonstrare curamus. Quod vero sanctus Adrianus vel alii sancti pontifices dicuntur huic rei assensum dedisse, si verum est, quomodo intelligendum sit docentes, hac occasione contra jus divinum fieri non debere monstravimus. Quæ omnia testimoniis Veteris et Novi Testamenti probantes etiam auctoritate canonum et sanctorum Patrum dictis firmare curavimus. Quibus verbis exempla sanctorum, qui pro justitia mori maluerunt quam flecti, adnectentes, paucis admonere curamus, ut præsentem pro amore Dei et ejus Ecclesiæ vitam despicientes, mori non timeamus, certi quia pro amore sanctæ Ecclesiæ qui moritur, pro Christo utique, qui pro ea propriam animam posuit, mori probatur. Pro eo autem qui mortuus fuerit, in æternum vivet. Hæc autem omnia testimoniis, ut diximus, tam Veteris quam Novi Testamenti, et sanctorum Patrum dictis probantes, ubi justum visum est, his sacratissimis verbis, quasi de medio petrarum dantes vocem, etiam nostri aliquid verbo duntaxat, non sensu addere studuimus. Ex quo autem doctore verba protulimus, ejus et nomen et librum deforis adnotavimus. Nostra vero, quæ nobis gratia divina collata sunt, ex ratione esse signavimus. Pro quibus omnibus non ab hominibus, sed a Christo Domino, qui pro calice aquæ frigidæ se mercedem donaturum promisit, in cœlesti regno misericordiam exspectantes, charitatem Spiritus sancti exoramus, ut labor noster in defensione et honore sanctæ matris Ecclesiæ catholicæ, in imitatione antiquorum Patrum sanctis præsentis temporis præsulibus, et omnibus orthodoxis inanis non sit, sed corroborante nos gratia Spiritus sancti mala respuamus, quæ vero bona sunt, firmissime retineamus. Amen.

CAPITULA LIBRI.

I. Dominum nostrum Jesum Christum specialius beato Petro sanctam Ecclesiam commendasse.

II. Quid sit Ecclesia.

III. Quod sancta Ecclesia sponsa Christi sit.

IV. Quod Christus caput Ecclesiæ et sancta Ecclesia corpus Christi sit.

V. Quod honor sanctæ Ecclesiæ honor Christi sit.

VI. Quod sancta Ecclesia non solum in spiritualibus, sed etiam in corporalibus rebus intelligatur.

VII. De possessione Ecclesiæ.

VIII. De eadem re.

IX. Item de eadem re.

X. Quod votum Deo sit per omnia solvendum.

XI. Ut laici ecclesiastica non disponant.

XII. Quæ pœna maneat eis qui ecclesiasticas res invadunt.

XIII. Quod excommunicandus sit, qui ecclesiasticas res invadit.

XIV. Quid sit proprium sacerdotum et populorum.

XV. De eo ut potestates terrenæ non impediant episcopos.

XVI. De eo quia principes sub disciplina fidei retinentur.

XVII. De imperatoria lege.

XVIII. Quomodo intelligendum sit: «Reddite quæ sunt Cæsaris, Cæsari, et quæ sunt Dei, Deo.»

XIX. Admonitio ex verbis S. Ambrosii.

XX. Item confirmatio ejusdem rei.

XXI. De episcopis, a quibus ordinari præcipiantur.

XXII. Ad quos proprie electio sacerdotum pertineat.

XXIII. De eo quia illi, qui contra canones ordinantur, episcopi non sunt habendi.

XXIV. De eo quia electio pontificis imperatori minime pertinet.

XXV. De eo quia concordia omnium in electione requiritur.

XXVI. De eadem re.

XXVII. De eo quia sacri canones imperatoribus electiones episcoporum non tribuunt.

XXVIII. Electus pastor quid regendum susceperit.

XXIX. Omnium Ecclesiarum rerum curam ad episcopum proprie pertinere.

XXX. Ut curam ecclesiasticarum rerum episcopus habeat.

XXXI. Quod episcopus ecclesiasticarum rerum pro dispensatione pauperum habeat potestatem.

XXXII. Quod episcopi ecclesiasticas res in potestate sua habere debeant.

XXXIII. Quia Ecclesia et terrenas res habere debeat.

XXXIV. Quod res ecclesiasticæ ad laicos disponendæ non respiciant.

XXXV. De eadem re.

XXXVI. Admonitio, ut hæ sententiæ bene intelligantur.

XXXVII. Synodale decretum sancti Symmachi papæ de laicis, qui per se Ecclesiam ordinare desiderant.

XXXVIII. De eo quia ab electione pontificum non segregantur principes, sed a dominatione.

XXXIX. Quæ sit canonica episcoporum electio.

XL. De eadem re

XLI. Non licere imperatoribus episcopos in Ecclesiam introducere.

XLII. Quod non debeant officia ecclesiastica pecuniis obtineri.

XLIII. De eo quia gratia Dei etiam terrena nobis donat.

XLIV. De possessione ecclesiæ.

XLV. De oblationibus parochiarum.

XLVI. Quod portiones de redditibus ecclesiæ fieri debeant.

XLVII. Quod non debeat unquam ecclesiæ tolli quod semel ei donatum est.

XLVIII. De rebus terrenis Christo donandis.

XLIX. De his qui ea quæ sunt ecclesiæ donata auferunt.

L. Ut omnes ecclesiæ, cum omnibus quæ possident, in episcopi potestate sint.

LI. Ea quæ sunt clericorum, ad eas ecclesias pertinere in quibus titulantur.

LII. De eo quia omnia quæ Deo offeruntur oblationes appellantur.

LIII. Quantum mali sit res ecclesiæ tollere.

LIV. Ecclesiasticas res dona Dei esse.

LV. Quare antiqui Patres nominatim non contradixerint investituras Ecclesiarum a laicis fieri.

LVI. Ut laici ecclesias nullo modo investire audeant.

LVII. Quia grave scelus est laicos baculo vel annulo ecclesias investire.

LVIII. Contra eos qui dicunt ideo nos hoc docere, ut regni honor minuatur.

LIX. Ut nostri temporis veri imperatores sequi dignentur exemplum magni Constantini imp.

LX. Exemplum magnæ humilitatis Constantini imp.

LXI. Exemplum veræ humilitatis Valentiniani imp. et de electione S. Ambrosii.

LXII. De eo quia S. Ambrosius Theodosium imp. excommunicavit.

LXIII. De Marciano imp.

LXIV. Exemplum obedientiæ Caroli imp.

LXV. Ubi Carolus imperator, unde ab Apostolico admonitus fuerat, emendare promittit.

LXVI. De eadem re.

LXVII. De eadem re.

LXVIII. Admonitio imperatorum, ut sequantur præcedentium imperatorum exempla.

LXIX. Quare sanctus Adrianus investiri Ecclesias permittere imperatoribus potuit.

LXX. De investitura, quid significet et quam grave scelus sit sanctuarium Dei investiri velle.

LXXI. Quia investitura ecclesiarum fieri non debeat.

LXXII. Romano pontifici summo studio procurandum est ut sanctorum instituta serventur.

LXXIII. De eo quia de terrenis, quæ ecclesia possidet, non debet juri imperatorum addici.

LXXIV. De eo quia pastores non tantum animarum, sed etiam corporum curam agere debeant.

LXXV. Nullum episcoporum debere aliquam ecclesiam laicis subdere.

LXXVI. Exempla, quibus probatur sanctam Ecclesiam Romanam majores Dei ecclesias semper ordinasse.

LXXVII. De excommunicatione et zizaniis.

LXXVIII. Quia Dominus ipse excommunicationem præcepit, et quid intersit inter excommunicare et eradicare.

LXXIX. De excommunicatione, qua intentione fieri debeat.

LXXX. Non posse episcopum vices suas in ecclesiasticis rebus laicis tribuere.

LXXXI. Contra adolatores, qui contra canones auctoritatem dare contendunt.

LXXXII. Utrum alicui pro honore terreno ecclesiam ordinare concedendum sit.

LXXXIII. Contra eos qui ideo putant juste imperatores ecclesias investire, quia nonnulli antiquorum, qui investiti sunt, sancti fuerunt.

LXXXIV. Vera et certa comprobatio, quia, sicut Simoniacus est ille qui per avaritiam pecuniarum ordinatur, ita et ille qui per avaritiam sublimatur, Simoniacus certissime comprobetur.

LXXXV. Quanta gloria et honore digni sint sacerdotes.

LXXXVI. Vera comprobatio, quia Simoniacus est qui officia ecclesiastica a laicis accipit.

LXXXVII. Quia grave sacrilegium sit auferre Ecclesiæ quæ ei donata sunt.

LXXXVIII. Quod episcopi vices apostolorum in Ecclesia habeant.

LXXXIX. De temporali virtute sanctæ matris Ecclesiæ.

XC. De officiis ecclesiasticis non vendendis.

XCI. De honore quem sacerdotibus imperatores exhibere debent.

XCII. De eo quia regnum terrenum de honore sanctæ Ecclesiæ crevit.

XCIII. Contra eos, qui dicunt : Tanta donantur Ecclesiæ, ut regno vix pauca remaneant.

XCIV. Quo ordine, sanctis canonibus non contrario, sacerdotium et regnum concordare possint.

XCV. De districtione regum contra Simoniacam hæresim.

XCVI. De eo quia privata lex communem legem facere non potest.

XCVII. Quia gratia, nisi gratis accipiatur, gratia non est.

XCVIII. De eo, quia Simoniaci pejores sunt quam Ariani.

XCIX. De eo quia regnum terrenum sanctæ Ecclesiæ servire debet.

C. Qua in re potestatem in Ecclesia terreni Principes habere debeant.

CI. De Gregorio VII papa.

CII. Quam pure et sancte ecclesiastica officia tractari debeant.

CIII. Quomodo Adrianus papa anathematizavit principes electioni præsulum se immiscentes.

CIV. Quare permissum sit imperatoribus ecclesias investire?

CV. Qualiter electio pastoris canonice facienda sit?

CVI. Non debere eligi archiepiscopum sine jussu vel scientia vicariorum domini papæ.

CVII. Quod ex jactantia cordis desiderium primatus nascatur.

CVIII. Quod clerus et plebs sacerdotem sibi eligere debeant.

CIX. Quod non sint veri episcopi qui per ambitionem ordinantur.

CX. De eo quia humiles ad sacrum ordinem provehendi sunt.

CXI. Ut personarum acceptio in sacris honoribus dandis non fiat.

CXII. Quam grave sit aliqua fraudulentia sacrum ordinem temerare.

CXIII. Quia difficile bono exitu consummantur quæ male inchoata sunt.

CXIV. Ad hæc [f. Quod hæc] sacra verba demonstrent.

CXV. Quam grave sit, prærogativam sacerdotii ambitione quærere, et qua pœnitentia illi subveniatur.

CXVI. De principibus sanctæ Ecclesiæ catholicæ.

CXVII. De eo quia consuetudo, quæ temporibus S. Gregorii Romanæ Ecclesiæ inerat, non præjudicat canonicæ rationi.

CXVIII. Exemplum de Vita S. Martini, ubi ostenditur quantam reverentiam terreni principes etiam in torrenis rebus sacerdotibus habere debent.

CXIX. Quanta mala de potestate laicorum in Ecclesia nata sint.

CXX. Exhortatio, ut in bono quod inceptum est perseveretur, malum vero omnimodis emendetur, et de statere in ore piscis invento.

CXXI. De eo quod populus ad voluntatem Dei implendam cogendus est.

CXXII. De eo quia prava sententia emendanda est.

CXXIII. Quia cum magno studio perversis resistere debemus, et Deum magis timere quam hominem.

CXXIV. De eadem re.

CXXV. Item de eadem re.

CXXVI. De eadem re.

CXXVII. De eadem re.

CXXVIII. De eadem re.

CXXIX. Quia nihil pretiosius nobis debet esse quam veritas.

CXXX. Alios ab errore revocandos.

CXXXI. De eadem re.

CXXXII. Quia pro amore Dei perversorum odia contra nos excitare debemus.

CXXXIII. Quia bonum sit emendare quod male protulimus.

CXXXIV. Quid agendum sit, quando ita concludimur ut sine peccato evadere non possimus.

CXXXV. De eadem re.

CXXXVI. Non esse faciendum malum quod juramento promisimus.

CXXXVII. De eo quia pro nostro honore maculam sacro ordini non debemus inferre.

CXXXVIII. Quid agendum sit, quando turbatur Ecclesia.

CXXXIX. De eo quia in prava sententia perseverare non debemus.

CXL. Quia non solum nobis, sed etiam imperatori præstamus, si ei ad malum non consentimus.

CXLI. De eo quia Ecclesia Dei, id est hæreditas Christi, imperatori tradi non debet.

CXLII. Contra eos qui dicunt contra imperatorem nos facere, quia prædicamus ecclesiasticas res sine ejus investitura pastores possidere debere.

CXLIII. Item confirmatio ejusdem sententiæ.

CXLIV. Contra eos qui dicunt in potestate Romani pontificis esse ecclesias Dei imperatoribus tradere.

CXLV. Sic ostenditur falsum esse quod quidam dicunt: Omnia terrena imperatoris sunt.

CXLVI. De eo quia sacerdotes seditionem populi excitare non debent; si vero pro justitia quam prædicant excitata fuerit, non eis esse ascribendum.

CXLVII. Exaggeratio hujus sententiæ, et quam grave sit ecclesiam tradere.

CXLVIII. De eo quia tam graves tentationes non uni homini, sed universæ Ecclesiæ fiant, et quia in divinis nullum jus imperator habeat.

CXLIX. Quam firmus in his sacris sententiis B. Ambrosius fuerit.

CL. Exhortatio, ut sic serviatur imperatori, ut Deus non offendatur.

CLI. De eo quia non tantum vasa altaris sacra sunt, sed etiam omnia quæ Deo offeruntur.

CLII. De eadem re.

CLIII. Vera comprobatio, quia sicut minima, ita et majora quæ Deo offeruntur, Ecclesiæ jure competant.

CLIV. Contra eos qui dicunt: Terrena ecclesiæ imperatoris sunt, et nisi pastores de manu ejus accipiant, ea habere non debent.

CLV. Quia episcopi vel abbates per suos fideles de magnis possessionibus, quas possident, servire imperatoribus debent.

CLVI. *Contra eos qui dicunt ideo imperatores Ecclesiam investire, quia sacrati sunt.*

CLVII. *Contra eos qui dicunt: Spiritualia episcopis pertinent, sæcularia vero nequaquam.*

CLVIII. *Constitutio Theodosii, imp.*

CLIX. *Diversa præcepta legum, eadem firmantium quæ et sacri canones.*

CLX. *Quid observandum sit in ordinatione episcopi.*

CLXI. *Quia quod sanctis locis datum est, firmiter eis permanere debet.*

CLXII. *Item de eadem re.*

CLXIII. *De hæreditate in nomine Christi relicta.*

CLXIV. *De hæreditate relicta martyribus.*

CLXV. *Res episcopi in jus ecclesiæ legaliter devenire.*

CLXVI. *Res ecclesiæ firmiter permansuras.*

CLXVII. *De episcopis, pro rebus ecclesiæ exactione non constringendis.*

CLXVIII. *Quid agere debeat imperator, si commutare voluerit cum ecclesia.*

CLXIX. *De reverentia imperatorum in clericos.*

CLXX. *Exempla sanctorum, quibus pro veritate usque ad mortem certare plenissime admonemur.*

CLXXI. *Adhortatio, ut pro his sacris dogmatibus, Deo nos corroborante usque ad mortem certemus.*

PLACIDI MONACHI

LIBER

DE HONORE ECCLESIÆ.

CAPUT PRIMUM. *Dominum nostrum Jesum Christum specialius beato Petro sanctam Ecclesiam commendasse.*

Cunctis fidelibus liquet ovilis Dominici curam beato Petro apostolo ab ipso Domino commendatam. Nam cum resurrexisset a mortuis, et suis discipulis veritatem suæ resurrectionis, non solum videndo, sed etiam convescendo ostenderet, inter alia ait B. Petro : *Simon Joannis, diligis me plus his?* Quo respondente : *Tu scis, Domine, quia amo te,* ait ei Dominus : *Pasce oves meas.* Hoc semel, hoc bis, hoc etiam tertio ei indicens, scilicet ut amore, quo eum se diligere fatebatur, in pascendis ovibus ejus ostenderet. Cui etiam vadens ad passionem dixerat : *Simon, ecce Satanas expetivit vos, ut cribraret sicut triticum; ego autem rogavi pro te, ut non deficiat fides tua; et tu aliquando conversus confirma fratres tuos (Luc. XXII).* Cui etiam antea dixerat : *Tu es Petrus, et super hanc petram ædificabo Ecclesiam meam (Matth. XVI).* In quibus verbis, ut omnibus sanctis doctoribus verissime visum est, specialis quædam prærogativa in sancta Ecclesia custodienda beato Petro injungitur. Et quamvis omnes apostoli pastores sint, præsertim qui ab ipso Domino audierunt : *Vos estis lux mundi (Matth. V);* et iterum : *Ego elegi vos de mundo, ut eatis, et fructum afferatis, et fructus vester maneat (Joan. XV);* et iterum : *Euntes, docete omnes gentes (Matth. XXVIII);* et rursum die resurrectionis eis apparens ait : *Quorum remiseritis peccata, remittuntur eis (Joan. XX);* Tamen propter unitatis vinculum acrius commendandum, specialius B. Petro Ecclesiæ cura committitur.

CAP. II. — *Quid sit Ecclesia.*

Ecclesiam esse congregationem fidelium, vel votius convocationem, notissimum est. Unde B. Augustinus (*in Psal.* CXXVI) ait : *Dominus Jesus Christus ædificat domum suam. Domus autem Dei est populus Dei, id est Ecclesia Dei. Quid est domus Dei? Templum Dei. Et quid dicit Apostolus :* « *Templum Dei sanctum est, quod estis vos (I Cor. III).* » *Omnes autem fideles, quæ est domus Dei, non solum qui modo sunt, sed et qui ante nos fuerunt, et jam dormierunt, et qui post nos futuri sunt, adhuc qui nosci debent in rebus humanis usque in finem congregati in unum, fideles innumerabiles, sed Deo numerati, de quibus dicit Apostolus :* « *Novit Dominus, qui sunt ejus (II Tim. II);* » *grana illa, quæ modo gemunt inter paleam, quæ massam unam facta sunt, quando area in fine fuerit ventilata (Matth. III). Omnis ergo numerus fidelium sanctorum ex hominibus commutandorum, ut fiant æquales angelis Dei, adjunctis et ipsis angelis, qui modo non peregrinantur, sed exspectant nos, quando a peregrinatione redeamus, omnes simul unam domum Dei faciunt, et unam civitatem. Ipsa est Jerusalem, id est, Ecclesia sancta Dei.*

CAP. III. — *Quod sancta Ecclesia sponsa Christi sit.*

Sanctæ Ecclesiæ Dominus per prophetam promittit dicens : *Et sponsabo te mihi in justitia, et judicio, et in misericordia, et miserationibus, et sponsabo te mihi in fide, et scies quia ego Dominus (Ose. II).* Unde etiam et B. Apostolus loquens Ecclesiæ ait : *Despondi vos uni viro virginem castam exhibere Christo (II Cor. XI).* Et Psalmista ait : *Uxor tua sicut vinea fertilis (Psal. CXXVII).* Quod exponens sanctus Augustinus (*in hunc Psal.* CXXXVII) dicit : *Uxor tua Christo dicitur : ergo uxor ejus Ecclesia est,* causa ipsa conjux de latere facta est, viro dormiente, Eva (Gen. II), quia facta est moriente Christo Ecclesia. Et illa de latere viri cum costa detracta est, et ista de latere viri, quando latus lancea percussum est (Joan. XIX), et sacramenta, unde Ecclesia formaretur, profluxerunt.

CAP. IV. — *Quod Christus caput Ecclesiæ, et sancta Ecclesia corpus Christi sit.*

B. Paulus apostolus, loquens de Domino ait. *Deus Pater omnia subjecit sub pedibus Christi, et ipsum dedit caput super omni Ecclesia, quæ est corpus ipsius, plenitudo ejus, qui omnia in omnibus adimpletur* (1 Cor. XV). Qui iterum de Christo ait : *Omnia in ipso constant, et ipse est caput corporis Ecclesiæ* (Col. I). Unde etiam ipse Dominus per prophetam dicit : *Induit me Dominus vestimento salutis, et indumento lætitiæ circumdedit me, quasi sponsum decoratum corona, et quasi sponsam ornatam monilibus suis* (Isa. LXI).

CAP. V. — *Quod honor sanctæ Ecclesiæ honor Christi sit.*

Apparet liquido quia, cum Christus caput Ecclesiæ sit, et sancta Ecclesia corpus Redemptoris sui, his sacris testimoniis comprobetur, qui eam honorat, honorat et Christum, et qui eam spernit, spernit et Christum. Non solum hæc in divinis rebus, ubi est fons veræ charitatis, ratione veritatis ostenditur, sed etiam humano modo istum considerare possumus. Quia quisquis sponsam alicujus honori vel despectui habet, hoc sibi sponsus verissime fieri clamat. Sed tamen huic apertæ rationi testimonium divinum suffragari demonstremus. Ait enim ipse Dominus sanctis suis : *Qui vos honorat, me honorat, et qui vos spernit, me spernit* (Luc. X).

CAP. VI. — *Quod sancta Ecclesia non solum in spiritualibus, sed et in corporalibus rebus intelligatur.*

Sanctam Ecclesiam spiritualem esse et spiritualibus donis ditari manifestum est. Inde est quod gratia septiformis Spiritus semper illustratur, et spirituales Deo filios quotidie generat. Sed tamen et corporalibus rebus honorifice eam venerari, sancti Patres studiose sanxisse, sacratissima eorum institutio aperte testatur. Nam ut honor Dei exinde amplius cresceret, non solum tantum in corde nos Deum venerari, sed etiam in ejus honore templa nos fabricare docuerunt, ubi populus conveniens Domini præcepta audiret, et Deum invisibilibus mysteriis coleret, ubi Deum jugiter laudaremus, ubi ejus corpus et sanguis per ministerium sacerdotum ineffabilis Spiritus sanctificatione quotidie sumeretur, ubi sacrum chrisma conficeretur, ubi per adoptionem in baptismo filii Dei efficeremur. Qui locus etiam ecclesia nuncupari institutus est, ideo videlicet, quia fidelem populum ibi in honore Dei congregari sancitum est. Attestatur huic rei beatissimus et præclarus doctor Ambrosius, Mediolanensis Ecclesiæ archiepiscopus, in hymno quem in dedicatione ecclesiæ fecit, taliter Domino dicens : *Hæc domus rite tibi dedicata noscitur, in qua populus sacratum corpus assumit, bibit et beatum sanguinis haustum. Hic sacrosancti latices veternas diluunt culpas, perimuntque noxas; chrismate vero ut creetur genus Christicolarum. Hic locus nempe vocitatur aula regis inmensi, niveaque cœli porta, quæ vitæ patriam petentes accipit omnes.* Unde factum est ut multi fidelium se suasque res Deo tradere volentes, Ecclesiæ, videlicet sponsæ Christi, hoc vice Dei cum magna cordis humilitate donarent. Alii etiam in jure proprio ecclesias et monasteria facientes servis Dei, Deo ibi servientibus, omnia sua fideliter tradiderunt, ita se veraciter implere credentes, quod Dominus ait : *Vende omnia quæ habes, et da pauperibus, et veni, sequere me* (Luc. XVIII). Cui rei omnes piissimi imperatores, Constantinus videlicet primus Romanorum imperator Christo credens, Theodosius etiam et Justinianus cum multis aliis Christianis imperatoribus robur et firmitatem imperialem conferentes, firmare et stabilire ad honorem Christi curarunt.

CAP. VII. — *De possessione Ecclesiæ.*

Quod semel Ecclesiæ datum est, in perpetuum Christi est, nec aliquo modo alienari a possessione Ecclesiæ potest, in tantum, ut etiam idem ipse fabricator ecclesiæ, postquam eam Deo voverit et consecrari fecerit, in ea deinceps nullum jus habere possit. Non enim per eum ordinari, non investiri ulterius potest. Testantur hæc non solum Novi sed etiam Veteris Instrumenti sacratissimæ scripturæ. Quæ igitur Ecclesiæ dantur, ideo ut omnibus notum est, ei donantur, ut pauperes Christi inde alantur, utque servientes Deo in sacrario habeant unde pascantur, ut scilicet contemplationi divinæ et ejus assiduæ laudationi sine sæculi hujus sollicitudine devotissime semper intenti, adhærere Deo jugiter possint. Illis utique, qui Ecclesiæ suæ sumptus præbent, id est, sanctis pauperibus in hoc seculo ministrant, Dominus ait : *Facite vobis amicos de mammona iniquitatis, ut cum defeceritis, recipiant vos in æterna tabernacula* (Luc. XVI). *Thesaurizate vobis thesauros in cœlo, ubi nec ærugo, nec tinea demolitur* (Matth. VI). Quantum autem mali sit, quod semel Deo datur, iterum aliquo ingenio velle auferre, idem ipse demonstrat dicens : *Nemo mittens manum suam in aratrum, et aspiciens retro, aptus est regno Dei* (Luc. IX). Unde etiam et in Actibus apostolorum Anania et Saphira, qui, quod Deo voverant, occulte auferre conati sunt, increpatione B. Petri apostoli morti traditi sunt (Act. V). Ubi etiam cum gravi timore pensandum est qua pœna multari habent qui non solum sua Deo non tribuunt, verum etiam oblata ab aliis auferre non timent; si mortis sententiam meruerunt, qui non aliena sed sua, quæ jam Deo voverant, contra ejus sacrum institutum auferre conabantur.

CAP. VIII. — *De eadem re.*

Quia igitur Novi Testamenti sententiam protulimus, proferamus et Veteris. De hac enim re ita sanctus Moyses legislator sententiam protulit, inquiens: *Cum voveris votum Domino Deo tuo, non autem tardabis reddere, quia requiret illud Dominus Deus tuus. Et si moratus fueris, reputabit tibi in peccatum. Si nolueris polliceri, absque peccato eris; quod autem semel egressum est de labiis tuis, observabis et facies, sicut promisisti Domino Deo tuo, et propria voluntate ex ore tuo locutus es* (Deut. XXIII).

CAP. IX. — *Item de eadem re.*

Qui etiam et cum præciperet decimas et primitias, et vota spontanea Deo offerenda, præcepit insuper ut quod semel quis obtulit Deo, subtrahendi vel mutandi ulterius non habeat potestatem. Quod si fecerit, et quod prius vovit, et quod postea mutavit, in jus Domini venire manifestissime decrevit. Quæ autem Domino dabantur, sacerdotum fuisse notissimum est, quibus etiam urbes et suburbana donata sunt. Quæ omnia sine alicujus controversia legitime possidebant (Exod. XXII; Num. xxx).

CAP. X. — *Quod votum Deo sit per omnia persolvendum.*

Vovere nos Domino vota, et reddere etiam Psalmista admonet dicens: *Vovete et reddite Domino Deo vestro, omnes qui in circuitu ejus offertis munera* (Psal. LXXV). Quod exponens S. Pater Augustinus (in hunc psal.) ait *Fratres mei, quis quod potest, voveat et reddat. Ne voveatis, et non reddatis. Quid autem debemus vovere? Credere in illum, sperare in illo, bene vivere, mala non facere. Hæc autem communia omnibus. Deinde quidam vovent castitatem, elii domum suam esse hospitalem omnibus sanctis advenientibus; magnum votum vovent. Alius vovet celinquere sua omnia, distributa pauperibus, et ire in communem vitam et in societatem sanctorum; magnum votum vovit. Attendat tantum ut quod vovit, Deo adjuvante, reddere studeat.* De hac re iterum sanctus Augustinus ait principibus et populis Christianis (Serm. ad populum): *Hortamur Christianitatem vestram, ut, juxta sanctorum canonum instituta, nec Ecclesiis, a vobis fundatis, aliunde veniens presbyter suscipiatur, nisi a vestræ fuerit Ecclesiæ episcopo consecratus, aut ab eo per commendatitias litteras suscipiatur.*

CAP. XI. — *Ut laici ecclesiastica non disponant.*

(Ex Registro S. Greg. papæ I.) Rationis ordo non patitur ut res Monasteriorum vel aliarum Ecclesiarum, ad arbitrium suum laica persona vindicare debeat.

CAP. XII. — *Quæ pœna maneat eis qui ecclesiasticas res invadunt.*

(Ex Regula S. Greg. papæ I.) Si quis regum, sacerdotum, judicum, atque sæcularium personarum res Ecclesiarum injuste ab Ecclesiis alienare præsumpserit, potestatis suæ et honoris sui dignitate careat, et reum se in divino judicio cognoscat. Et nisi ea quæ abstulit, restituerit, vel digna pœnitentia acta defleverit, a sacratissimo corpore et sanguine Domini nostri Jesu Christi alienabitur, et in æterno examine districtæ ultioni subjaceat. Conservantibus autem hæc sit pax, et benedictio Domini Jesu servet eos in æternum.

CAP. XIII. — *Quod excommunicandus sit qui ecclesiasticas res invadit.*

(Ex concilio Romano tempore Greg. papæ VII.)

Quicumque militum, vel cujuscunque ordinis vel professionis persona, prædia ecclesiastica, a quocunque rege seu sæculari principe, vel ab episcopis invitis, seu abbatibus, aut ab aliquibus Ecclesiarum rectoribus suscepit, vel susceperit, vel invasit, vel etiam eorumdem rectorum depravato seu vitioso consensu tenuerit, nisi eadem prædia ecclesiis restituerit, excommunicationi subjaceat.

CAP. XIV. — *Quid sit proprium sacerdotum et populorum.*

(Ex epistola S. Clem. papæ.) Vestrum, qui legatione Domini fungimini, o sacerdotes, est docere populos, eorum vero est vobis obedire ut Deo.

CAP. XV. — *De eo ut potestates terrenæ non impediant episcopos.*

(Ex epistola Alexandri pap.) Nullus comes, nullusque judex, nullus omnino in clericatu vel sæculari habitu constitutus, legationem episcoporum impediat vel conturbare præsumat.

CAP. XVI. — *De eo quia principes sub disciplina fidei retinentur.*

(Ex dictis S. Isidori ep.) Sub regiminis disciplina sæculi potestates subjectæ sunt, et quamvis culmine regni sint præditi, vinculo tamen fidei tenentur astricti, ut quæ Christi sunt prædicent, et quæ prædicant operibus monstrent.

CAP. XVII. — *De imperatoria lege.*

(Ex decret. Pii papæ.) Lex imperatorum non est supra legem Dei, sed subtus.

CAP. XVIII. — *Quomodo intelligendum sit:* « *Reddite quæ sunt Cæsaris, Cæsari, et quæ sunt Dei, Deo.* »

Multi invidiam nobis inferunt, dicentes nos injuste facere, quia prædicamus imperatorem in Ecclesia nullum jus debere quærere, et non solum eam investire, sed ne aliquo modo ei dominari debere. Dicunt enim quia Christus ipse tributum reddidit, et cum ei denarius ostenderetur, ait: *Reddite quæ sunt Cæsaris, Cæsari, et quæ sunt Dei, Deo* (Matth. XXII). Quod non esse ita intelligendum ut Ecclesia imperatori subdatur, testatur S. Ambrosius dicens (ep. de traditione basilicæ): « *Solvimus quæ sunt Cæsaris, Cæsari, et quæ sunt Dei, Deo. Tributum Cæsaris est, non negatur; Ecclesia Dei est, Cæsari utique non debet addici, quia jus Cæsaris esse non potest templum Dei. Quod cum honorificentia imperatoris dictum, nemo potest negare. Quid enim honorificentius quam ut imperator Ecclesiæ filius esse dicatur? Quod cum dicitur, sine peccato dicitur, cum gratia dicitur. Imperator enim intra Ecclesiam, non supra Ecclesiam est. Bonus enim imperator quærit auxilium Ecclesiæ, non refutat.* Hæc ut humiliter dicimus, ita constanter exponimus.

CAP. XIX. — *Admonitio ex his verbis sancti Ambrosii.*

Videant itaque, qui affirmant pastores Ecclesiæ ab

imperatoribus dandos, quam graviter resistant verbis Spiritus sancti, quæ per os B. Ambrosii locutus est. Quo enim modo unquam gravius addici Ecclesia imperatori potest quam ut in ea pastor, nisi ipse miserit et investierit, esse non possit? Quo etiam modo amplius imperator jus vel dominium in Ecclesia habere potest? Non autem dominari, sed magis custodire et salvare imperator Ecclesiam debet, utpote sacratissimæ matris piissimus filius.

CAP. XX. — *Item confirmatio ejusdem rei.*

Quamvis de verbis sanctissimi Ambrosii neminem dubitare credamus, tamen de hac re etiam Domini nostri Jesu Christi proferamus verba dicentis : *Ego sum ostium.* Quod exponens S. Augustinus ait (tract. super Joan.) : *Qui vult intrare ad ovile, per ostium intret, id est, Christi gloriam quærat, non suam; nam multi quærendo gloriam suam, oves Christi sparserunt potius quam congregaverunt. Humilis est enim janua; oportet ut humiliet se, ut sano capite possit intrare. Qui autem se non humiliat, sed extollit, per maceriam vult ascendere. Qui autem per maceriam ascendit, ideo exaltatur, ut cadat. Per maceriam bene vana hujus sæculi gloria intelligitur. Nam sicut maceria circumdat quidem, sed quia cito labitur, non diu protegit locum quem ambit : ita et vana hujus mundi gloria, quamvis ad tempus in se confidentem protegere videatur, tamen una cum eo qui in se confidit, cito casura est. Unde et propheta ait : « Ædificabant parietem absque temperatura. Dic ad eos qui ædificant absque linimento, quod casurus sit. Erit enim imber inundans et ventus vehemens* (Ezech. XIII). » *Paries absque temperatura linitur, cum potestas humana humano favore, et non gratia Spiritus sancti corroboratur. Qui ergo per maceriam ascendens, oves Christi obtinere desiderat, noverit quia casurus est, et non est pastor, sed fur, quia non per humile ostium intrat ad Christum.*

CAP. XXI. — *De episcopis, a quibus ordinari præcipiantur.*

(*Ex concilio Laodicensi, c. 5.*) Ut episcopi judicio metropolitanorum, et eorum episcoporum qui circum circa sunt, provehantur ad ecclesiasticam dignitatem, ii videlicet qui plurimo tempore probantur, tam verbo fidei quam rectæ conversationis exemplo.

CAP. XXII. — *Qualis debeat eligi episcopus.*

Apostolus ad Titum loquens qualiter eligi pastor Ecclesiæ debeat, demonstrat dicens : *Hujus rei gratia reliqui te Cretæ, ut ea quæ desunt corrigas et constituas per civitates presbyteros, sicut ego tibi disposui. Si quis sine crimine est, unius uxoris vir, filios habens non in accusatione luxuriæ, aut non subditos. Oportet etenim episcopum sine crimine esse, sicut Dei dispensatorem, non superbum, non iracundum, non percussorem, non turpis lucri cupidum, sed hospitalem, benignum, sobrium, justum, sanctum, continentem, amplectentem eum qui secundum doctrinam est, fidelem sermonem, ut potens sit exhortari in doctrina sana, et eos qui contradicunt redarguere* (Tit. 1).

CAP. XXIII. — *De eo quia illi qui contra canones ordinantur, episcopi non sunt habendi.*

(*Leonis papæ c. 15.*) Nulla ratio sinit ut inter episcopos habeantur qui nec a Clericis sunt electi, nec a plebibus expetiti, nec a comprovincialibus episcopis cum metropolitani judicio consecrati.

CAP. XXIV. — *De eo quia electio pontificis imperatori non pertineat.*

Beatus Leo apostolicus tempore Marciani, Christianissimi imperatoris, ut notum est, fuit. Et ecce in electione pontificis non solum dominium imperatoris, sed nec nomen quidem interposuisse cognoscitur.

CAP. XXV. — *De eo quia concordia omnium in electione requiritur.*

(*Cœlestinus pap. c. 18.*) Nullus invitis detur episcopus. Cleri, plebis et ordinis consensus et desiderium requiratur.

CAP. XXVI. — *De eadem re.*

(*Ex concil. Aurelian., c. 2.*) Nullus est ordinandus episcopus, nisi convocatis clericis et parochianis, et in unum consentientibus.

CAP. XXVII. — *De eo quia sacri canones imperatoribus electiones episcoporum non tribuunt.*

Notandum et memoriæ commendandum quia in nullo sanctorum Patrum capitulo principibus terrenis tribuitur electio pastoris sanctæ Ecclesiæ.

CAP. XXVIII. — *Electus pastor quid regendum susceperit.*

Electus autem et consecratus pastor, tam animarum quam corporum, eam curam suscepisse manifestum est. Unde et B. Petro Dominus ait : *Ego pro te rogavi, ut non deficiat fides tua; et tu aliquando conversus confirma fratres tuos* (Luc. XXII). Et iterum : *Si diligis me, pasce oves meas* (Joan. XXI). Idem autem ipse B. Petrus de corporum cura sibi subjectorum ait pastoribus sanctæ Ecclesiæ in Epistola sua, inquiens : *Seniores, qui in vobis sunt, obsecro consenior et testis Christi passionum, qui et ejus, quæ in futuro revelanda est, gloriæ communicator, pascite qui in vobis est gregem Dei* (I Petr. v). Quod exponens sanctus Gregorius ait : *Hoc in loco, quam passionem, cordis an corporis, suaderet, aperuit, cum subjunxit : « Providentes non coacte, sed spontanee secundum Deum, neque turpis lucri gratia, sed voluntarie. » Quibus profecto verbis pastoribus pie præcavetur ne, dum subjectorum inopiam faciant, se mucrone ambitionis occidant, ne, dum per eos carnis subsidiis reficiuntur proximi, ipsi remaneant a justitiæ pane jejuni.* Hoc in loco considerandum est quia, etsi B. Petrus apostolus et ejus discipulus, S. Gregorius, pastores Ecclesiæ in sua potestate ea, quæ Ecclesiæ sunt, habere non decernerent, nequaquam ista pastoribus prædicarent. Hoc autem in tempore multarum Ecclesiarum pastores, quæ Ecclesiæ jure competunt, in sua potestate non habent, pro eo scilicet quia principes hujus mundi, quæ Ecclesiæ sunt sibi subjugantes ipsam Ecclesiam suo juri vindicare non timent, ideoque ipsarum Ecclesiarum pauperes, multis incommodis pressi, omnipotenti Deo, ut dignum est, servire non possunt.

CAP. XXIX. — *Quod prædicatores ex Evangelio vivere debeant.*

Omnes prædicatores ex Evangelio vivere ordinans Dominus dixit : *Dignus est operarius mercede sua* (*Luc.* x). Unde et Apostolus ait : *Qui altari deserviunt, cum altari participantur* (*I Cor.* IX). Qui etiam B. Apostolus non solum digne prædicatores ex Evangelio vivere demonstravit, sed etiam sæcularia negotia si haberent fideles, non nisi apud sanctos judicare permisit dicens : *Audet aliquis vestrum habens negotium adversus alterum judicari apud iniquos, et non apud sanctos? An nescitis quoniam sancti de hoc mundo judicabunt? Et si in vobis judicabitur hic mundus, indigni estis qui de minimis judicetis? Nescitis quoniam angelos judicabimus, quanto magis sæcularia? Sæcularia igitur judicia si habueritis, contemptibiles, qui sunt in Ecclesia, illos constituite ad judicandum* (*I Cor.* VI).

CAP. XXX. — *Quod ecclesiastici viri duplici honore honorandi sint.*

Sanctus Apostolus spirituali et sæculari honore ecclesiasticos honorandos viros scribens ad Timotheum præcipit dicens : *Qui bene præsunt presbyteri, duplici honore digni habeantur, maxime qui laborant in verbo et doctrina. Dicit enim Scriptura : Non infrenabis os bovi trituranti; et : Dignus est operarius mercede sua* (*I Tim.* v).

CAP. XXXI. — *Quod episcopi ecclesiasticas res in potestate sua habere debeant.*

(*Ex concil. Antioc.*, c. 25.) Episcopus ecclesiasticarum rerum habeat potestatem ad dispensandum erga omnes qui indigent, cum summa reverentia et timore Dei.

CAP. XXXII. — *Quod Ecclesia etiam terrenas res habere debeat.*

(*Ex eod. c.*) Quod autem Ecclesia agros habere debeat, ostendunt sancti Patres dicentes de episcopo : Quæ pertinent ad Ecclesiam ex agris, vel ex alia qualibet Ecclesiastica facultate, male non tractet episcopus.

CAP. XXXIII. — *Quod res Ecclesiæ ad laicos disponendæ non respiciant.*

(*Ex concilio ad compend.*, c. 10.) Synodali decreto sancitum est ne laici vel sæcularis de viris Deo dicatis vel Ecclesiæ facultatibus aliquid ad se putent vel præsumant, præter reverentiam, pertinere, quorum quarumque sacerdotibus disponendi indiscusse a Deo cura commissa doceatur. Si quis contra hæc venire præsumpserit, anathemate feriatur.

CAP. XXXIV. — *De eadem re.*

(*Ex eod. concil.*, c. 3.) De viris Deo dicatis, vel ecclesiasticis facultatibus aliquid disponendi nulla legitur laicis, quamvis religiosis unquam attributa facultas.

CAP. XXXV. — *Admonitio, ut bene intelligantur hæ sententiæ.*

Sic considerandum summopere est quæ præsumptio sit ipsum Ecclesiæ rectorem velle disponere, cui tanta interminatione, quæ Ecclesiæ sunt aliquo modo disponendi facultas omnimodis tollitur.

CAP. XXXVI. — *Synodale decretum S. Symmachi papæ, de laicis qui per se Ecclesiam ordinare desiderant.*

(*Ex decret. Sym. pap.*) Tempore S. Symmachi, Romanæ Ecclesiæ præsulis facta est quædam pactio sæcularium hominum, potentum videlicet et magnatum, quibus interfuit patritius seu præfectus apud B. Petrum apostolum, ubi prædicti viri, quasi zelo Christianitatis et amore S. Ecclesiæ ducti, statuere ausi sunt nullum Romanorum pontificum deinceps eligi sine illis deberi. Quod cognoscens papa Symmachus convocavit synodum, et hæc scriptura in auribus eorum lecta est, in qua scilicet statuebant sine sua consultatione cujuslibet electionem celebrari non deberi. De rebus vero ecclesiasticis disponendis, quæ canonice episcopis et non laicis pertinent, simili modo firmabant non debere aliquem episcoporum sine illis aliquid agere. Quod audientes venerabiles archiepiscopi, Laurentius Mediolanensis, et Petrus Ravennates, Eulalius etiam Syracusanus omnisque sancta synodus, dixerunt : Non licet laicis neque ullis principibus, quamvis religiosis, statuendi in Ecclesia habere aliquam potestatem; neque de facultatibus ecclesiasticis aliquid disponendi jus habere possunt. Ideoque hanc scripturam nullius momenti esse decernimus. Et quamvis quidam episcopi in ea interfuerint, nullius roboris est, quia contra sanctos canones esse manifestissimum est. Ideo enim ordinatur episcopus, ut quæ Ecclesiæ sunt, sub cura sua habeat. Enervari autem et ad irritum deduci hanc scripturam, etiam si aliqua possit subsistere ratione, modis omnibus in synodali conventu oportebat, ne in exemplum remaneret præsumendi quibuslibet laicis, quamvis religiosis vel potentibus, in quacunque civitate quolibet modo aliquid decernere de ecclesiasticis facultatibus, quarum solis sacerdotibus disponendi indiscusse a Deo cura commissa docetur. Et subscripserunt Symmachus papa, et archiepiscopi tres et alii episcopi numero sexaginta quinque.

CAP. XXXVII. — *De eo quia ab electione pontificum non segregantur principes, sed a dominatione.*

Nunc ista considerate, charissimi fratres, qui nos reprehendere soletis dicentes : Quomodo non omnes Ecclesiæ propter terrenas res, quas possident, ad illum pertinent, cui omnis terra subjecta est? Si enim populus in electione pastoris adesse et consentire debet, quanto magis imperator vel principes? De quibus verbis valde miramur. Nos enim ab electione pontificum non segregamus principes, sed hoc dicimus, quia ipsi sua potentia non debent pastores in Ecclesiam mittere neque investiendo, neque aliquo modo dominando, sed magis communi electione clericorum et consensu populorum, majorum scilicet et minorum, inter quos videlicet reges et principes numerantur, in eis duntaxat Ecclesiis, quarum specialius filii deputantur, pontifex eligi debet, ubi imperator vel ejus princeps adesse debet non sicut dominus, sed sicut filius. Quæ electio, dum taliter facta fuerit, canonica est, et gratiæ Spiritus sancti deputatur. Quæ vero potentia humana contigerit, gratiæ spirituali contraria est. Canonicam itaque electionem religiosus et pius imperator firmare in tantum debet, ut, si quis contra eam aliquid tentaverit, etiam gladio materiali persequendum putet. Quod faciens, officium suum rite implebit. Ideo enim ejus gladius in Ecclesia permissus est esse, ut qui gladium spiritualem non timent, timore materialis gladii ad justitiam revocentur. Ideo et Dominus apostolis, duos gladios se habere dicentibus, ait : *Satis est* (*Luc.* XXII), id est sufficit vobis asserere justitiam spirituali et materiali gladio.

CAP. XXXVIII. — *Quæ sit canonica electio episcoporum.*

Quæ autem sit canonica electio, quamvis plenissime jam demonstraverimus, tamen et statutum sancti Nicæni concilii, quod, operante Constantino imperatore et eo simul cum eis præsente, factum est, ad medium deducamus. Est autem Nicænum concilium quod omnibus supereminet, et cui omnes Christiani, sicuti sancto Evangelio, obedire per omnia debent.

CAP. XXXIX. — *De eadem re.*

(*Ex conc. Nicæn.*, c. 5.) Episcopum convenit maxime quidem ab omnibus, qui sunt in provincia, episcopis ordinari. Si autem hoc difficile fuerit aut propter instantem necessitatem, aut propter itineris longitudinem, tribus tamen omnimodis in idipsum convenientibus, et absentibus quoque pari modo decernentibus et per scripta consentientibus, tunc ordinatio celebretur. Firmitas autem eorum, quæ geruntur, per unamquamque provinciam metropolitano tribuatur episcopo.

CAP. XL. — *De honore ecclesiastico, quo ordine suscipi et retineri debeat.*

(*Ex Moral. S. Greg. pap.*) Tunc solum potestas bene geritur, cum non amando, sed timendo retinetur. Quæ ut ministrari recte valeat, oportet primum ut hanc non cupiditas, sed necessitas imponat. Percepta autem nec per formidinem debet deseri, nec ex libidine amplecti, ne aut quis pejus quasi ex humilitate superbiat, si divinæ dispensationis ordinem fugiendo contemnat, aut eo jugum superni Rectoris abjiciat, quo eum super cæteros privatum regimen delectat.

CAP. XLI. — *Non licere imperatoribus episcopos in Ecclesiam introducere.*

In Nicæno concilio præsens erat magnus Constantinus, et tamen sancti Patres nihil ei in ordinatione episcopi esse dixerunt pertinere. Sed sunt, qui dicunt : Ordinatio, id est sacratio, vero ad solos episcopos pertinet, rerum vero sæcularium donatio ad imperatorem pertinet; ideo quia Ecclesia multa, quæ regni sunt, possidet, ideoque ab imperatore investiri et donari debet. Hi non se bene dicere pacifice dignentur advertere. Si enim sæcularia, quæ Ecclesia possidet, per sæculares obtinere episcopus debet, et spiritualia per spirituales, ergo quodammodo dividitur Ecclesia. Sicut autem qui corpus ab anima dividit destruit hominem, ita qui corporalia Ecclesiæ a spiritualibus dividit, destruit Ecclesiam. Sicut enim anima homo [*f.* hominis] sine corpore in hac vita non subsistit, ita sancta Ecclesia in hoc sæculo sine corporalibus rebus non subsistit. Nam non solum alia Dei dona, sed etiam ipse baptismus, sine corporalibus rebus adhibitus, non perficitur. Ergo qui dogmatizat, spiritualia per spirituales, corporalia vero per sæculares principes obtineri debere, quasi duo ostia ovium Christi constituere cupit, quod illi, qui unum se ostium dixit (*Joan.* X), aperte contrarium est. Unde et sacri canones sæculi principes, etiam valde religiosos, non disponere ecclesiastica jubent, et irritum haberi, si quid Ecclesiarum reges sæculi aliquibus dare voluerint.

CAP. XLII. — *De eo quia gratia Dei etiam terrena nobis donat.*

Nunc itaque, charissimi, illud attendite et vanas contentiones abjicite, et quod Dei est Deo solummodo dantes, ejus gratia vobis non solum spiritualia, sed etiam terrena donari certissime credite.

CAP. XLIII. — *De possessione Ecclesiæ.*

Sunt autem qui dicunt Ecclesiis non competere, nisi decimas, primitias et oblationes, in mobilibus tantum scilicet rebus. Nam immobilia, videlicet castra, villæ, vel rura ei non pertinent, nisi de manu imperatoris pastor susceperit. Quod male eos dicere multis modis et diversis sanctorum sententiis supra docuimus. Sed tamen et nunc inferamus quia omne quod semel Deo offertur in perpetuum ejus juri mancipatur. Sic enim et sanctus Moyses in Levitico ait : *Omne quod Domino consecratur, sive homo erit, sive animal, sive ager, non vendi nec redimi poterit. Quidquid semel fuerit consecratum, sanctum sanctorum erit Domino. Omnes decimæ terræ, sive de frugibus, sive de pomis arborum, Domini sunt et illi sanctificantur* (*Lev.* XXVII). Et item : *Possessio consecrata Domino ad jus pertinet sacerdotum* (*Ibid.*).

CAP. XLIV. — *Quot portiones de redditibus Ecclesiæ fieri debeant.*

(*Ex epistola Gelas. pap.*) Quatuor autem, tam de redditibus quam de oblationibus fidelium, prout cujuslibet Ecclesiæ facultas admittit, sicut dudum rationabiliter decretum est, convenit portiones fieri.

CAP. XLV. — *Quod non debeat unquam Ecclesiæ tolli quod semel ei donatum est.*

(*Ex concil. apud Valentiam.*) Clerici etiam, vel sæculares, qui oblationes parentum aut donatas, aut testamentis relictas, retinere perstiterint, aut id quod ipsi Deo donaverint ecclesiis vel monasteriis, crediderint auferendum, sicut synodus sancta constituit, velut necatores pauperum, quousque reddant, ab ecclesiis excludantur.

Cap. XLVI. — *De rebus terrenis Christo donandis.*
(*Aug. in libro De hæredibus.*) Sanctus Augustinus homini, quæ hujus mundi sunt multa habenti, et Christo dare nolenti, ait : *Qua fronte hæreditatem a Christo quæris, cum Christum tua hæreditate fraudaveris, qui nos admonet dicens* : « *Thesaurizate vobis thesauros in cœlo ?* » (*Matth.* VI.) *Et item* : « *Quid enim proficit homo, si lucretur universum mundum, seipsum autem perdat, et detrimentum sui faciat ?* » (*Luc.* IX.) *Itemque* : « *Facite vobis amicos de mammona iniquitatis, ut cum defeceritis, recipiant vos in æterna tabernacula* (*Luc.* XVI.) »

Cap. XLVII. — *De his qui donata Ecclesiæ auferunt.*
(*Ex Regula S. Benedicti.*) Si quis res Ecclesiæ injuste aufert, timere debet, sicut sanctus Benedictus ait, ne forte mortem quam Anania et Saphira in corpore pertulerunt, ipse in anima patiatur. Nam res Ecclesiæ omnipotenti Deo consecratæ sunt. Et ideo qui eas rapit, vel quasi suas proprias alicui tribuit, et fidelibus Deo consecratis pacifice juxta Dei ordinationem habere non permittit, sacrilegium facit.

Cap. XLVIII. — *Ut omnes Ecclesiæ, cum omnibus quæ possident, in episcopi potestate sint.*
(*Ex canon. apostolorum.*) In sanctis canonibus decretum est ut omnes Ecclesiæ cum dotibus suis, et decimis et omnibus rebus suis in episcopi proprii potestate consistant, atque ad ordinationem vel dispositionem suam semper pertineant.

Cap. XLIX. — *Ea quæ sunt clericorum, ad eas Ecclesias pertinere, in quibus titulantur.*
(*Ex concilio Africano.*) Placuit ut episcopi, presbyteri, et diaconi, vel quicunque clerici, postquam consecrantur, omnia quæcunque habuerunt, Ecclesiarum sint quibus titulati sunt.

Cap. L. *De eo quia omnia, quæ Deo offeruntur, oblationes appellantur.*
Juste enim res fidelium oblationes appellantur, quia Domino offeruntur. Non ergo debent in alios usus quam ecclesiasticos, et prædictorum Christianorum fratrum, vel indigentium converti, quia vota sunt fidelium et pretia peccatorum, atque ad prædictum opus explendum Domino traditæ. (*Ex Decretis Urbani papæ.*) Si quis autem (quod absit!) secus egerit, videat ne damnationem Ananiæ et Saphiræ percipiat, et reus sacrilegii efficiatur, sicut illi fuerunt, qui pretia prædictarum rerum fraudabant, de quibus legitur in Actibus apostolorum (*Act.* V.)

Cap. LI. — *Quantum mali sit res Ecclesiæ tollere.*
Hoc, charissimi filii, reges et principes, hoc, etiam eorum consiliarii, attendite et videte qua pœna digni sunt qui ea quæ alii dederunt Ecclesiæ tollere audent. Mortis pœna multati sunt qui non aliena, sed sua quæ promiserant, retrahere volebant.

Cap. LII. — *Ecclesiasticas res dona Dei esse.*
(*Ex epistola Urbani pap. II*). Exteriores res Ecclesiæ, quæ ex consecratione proveniunt, in suum jus vel vi, vel aliquo munere, aliquem non debere convertere, docens S. Urbanus, ait : *Quisquis res ecclesiasticas, quæ dona Dei sunt, quoniam a Deo fidelibus, a fidelibus Deo offeruntur, quæque ab eodem gratis accipiuntur, et ideo gratis dari debent, propter sua lucra vendit, vel emit, cum eodem Simone* « *donum Dei pecunia possideri* (*Act.* VIII.) » *existimat*.

Cap. LIII. — *Quare antiqui Patres nominatim non contradixerint investituras Ecclesiarum a laicis fieri.*
Multi mirantur quare in antiquorum sanctorum Patrum canonibus prohiberi investituras Ecclesiarum aperte non invenitur? Sed hac pro re mirandum non est. Quomodo enim prohiberent quod nunquam vel factum vel auditum fuerat? Sed et hoc sciendum quia tam absurdum eis visum est ut nunquam crederent in sancta Ecclesia tantum nefas posse insurgere. Quod enim senserunt posse fieri, non moderni tantum, verum etiam ipsi apostoli, sicut supra diximus, prohibuerunt, interdicentes omnimodis ut nullus per sæculares potestates Ecclesiam obtineat. Quod qui fecerit, deponi et segregari præcipitur. Videtur et alia probabilis ratio, quare SS. Patres de hac re tacuerunt, pro eo videlicet quia firmissime credebant promissionem Domini nostri Jesu Christi usque in finem sæculi permansuram, quam omnibus suis promisit, dicens : *Ecce ego vobiscum sum omnibus diebus usque ad consummationem sæculi* (*Matth.* XXVIII). Dicit et sanctis martyribus : *Dum stabitis ante reges et præsides, nolite cogitare quomodo aut quid loquamini. Dabitur enim vobis in illa hora quid loquamini. Non enim vos estis loquentes, sed Spiritus sanctus* (*Marc.* XIII). Et iterum per prophetam : *Non te deseram, neque derelinquam* (*Jos.* I; *Hebr.* III). Sciebant itaque sancti Patres quia, si novi aliquid emergeret, Deus, qui in cordibus electorum esset suorum, ipse consilium daret. Quod verum esse testatur concilium sanctorum Patrum, moderno tempore, anno videlicet ab Incarnatione Domini millesimo septuagesimo octavo, in urbe Roma, sub sanctæ memoriæ VII Gregorio, universali papa, secundum antiquam ecclesiasticam consuetudinem venerabiliter celebratum. In ea namque synodo aperte testati sunt sancti Patres investituras Ecclesiarum minime fieri debere. Quod etiam, quia jam graviter inoleverat, sub gravi interminatione prohibere studuerunt dicentes :

Cap. LIV. — *Ut laici Ecclesias investire nullo modo audeant.*
Quoniam investituras ecclesiarum contra statuta SS. Patrum a laicis personis in multis partibus cognovimus fieri, et ex eo plurimas seditiones in Ecclesia oriri, ex quibus Christiana religio conculcatur, decernimus ut nullus laicorum investituram episcopatus, vel abbatiæ, vel Ecclesiæ, de manu imperatoris, vel regis, vel alicujus laicæ personæ, viri vel feminæ, suscipiat. Quod si præsumpserit, recognoscat investituram illam apostolica auctoritate irritam esse, et se

usque ad dignam satisfactionem excommunicationi subjacere.

CAP. LV. — *Quia grave scelus est laicos baculo, vel annulo, Ecclesias investire.*

Quantum nefas hoc sit, etiam a minori, exempli gratia, videamus. Quis enim unquam ferret, si aliquis ante presbyterium, vel post, de rebus Ecclesiæ, quæ per ordinem presbyterii procurare debet, ut ab aliquo per casulam seu stolam se investiri deligeret? Quis non eum insanum, vel, si defenderet vellet, hæreticum pronuntiaret? Et quomodo hoc ferendum est in episcopo vel abbate, si in presbytero pro inaudito antea crimine puniretur? Sed fortasse aliqui sunt qui dicant non convenire ista, quia illa sacrata sunt, baculus vero et annulus nequaquam. Quod non se bene dicere dignentur attendere. Presbyter namque, cum ordinatur, casulam et stolam de manu episcopi accipit, et exterioribus signis benedictionem presbyterii se percepisse designat. Episcopus etiam, cum benedicitur, baculum de manu archiepiscopi accipit, simul et annulum. Baculum quidem, ut bene populum regat; annulum vero, ut signum æterni mysterii se percepisse cognoscat. Quæ utraque ex Evangelio sumpta cognoscimus. Baculum enim prædicatores Dominus ferre præcepit, ubi sicut B. Pater Augustinus intelligit, subsidia temporalia eis ex ipsa prædicatione deberi monstravit. Unde et nos intelligere decet ideo institutum episcopos, vel abbates, baculum de manu episcopi, cum consecrantur, accipere, ut noverint se terrenarum rerum, quæ Ecclesia possidet, de manu Domini veraciter tunc accepisse dominium. In annulo vero mysterium sacratissimæ conjunctionis, Christi videlicet et ejus Ecclesiæ, designari certissimum est. Quæ ideo in episcopo celebrantur, quia vice Christi Ecclesiæ sanctæ conjungitur. Quam pravum itaque sit, quamque perversum hæc de manu imperatoris, seu alicujus humanæ potestatis, ante consecrationem, vel postea, velle accipere, considerandum est, et a tantæ iniquitatis perpetratione cessandum.

CAP. LVI. — *Contra eos qui dicunt ideo nos hoc dicere, ut honor regni minuatur.*

Nos igitur non ideo hoc dicimus, ut honor regni exinde minuatur, sed ut magis tamen adaugeatur. Juxta cum enim, quæ Cæsaris sunt, ut ex verbis S. Ambrosii supra docuimus, Cæsari reddere volumus, et quæ Dei, Deo. Non enim sola sacratio Dei est, sed et res quæ Deo offeruntur, Dei veraciter esse noscuntur. Hoc enim supra probavimus multis et variis documentis, possessiones videlicet aliquorum hominum postquam semel eas Deo devoverint, nulli omnino imperatori, regi, vel principi hujus sæculi pertinere, nisi soli Deo et ejus Ecclesiæ. Christiano autem Cæsari sua veraciter concedimus, quia Christianum populum ei ad justitiam favere, omnibus modis prædicamus. De nostro etiam ei superaddimus, quia, cum necesse fuerit, charitatis subsidium illi impendimus. Quod vero Dei est, soli Deo reddere volumus, quia electiones episcoporum vel abbatum, ut est constitutum a SS. Patribus, ab unaquaque Ecclesia fieri desideramus. Electus autem res Ecclesiæ gubernare et ad utilitatem, tam animarum quam corporum, dispensare debet.

CAP. LVII. — *Ut nostri temporis imperatores sequi dignentur exemplum magni Constantini imp.*

Sed quia multoties plus exempla quam verba proficiunt, attendere dignentur Christianissimi imperatores venerabilis et Deo amabilis Constantini, qui primus Romanorum imperatorum fidem Christi suscepit, admirandæ humilitatis exemplum. Nam cum credidisset Christo, dicens valde indignum esse ut ibi terrenus imperator sedem regni haberet, ubi Deus omnipotens principem sanctitatis, vicarium B. Petri apostoli constituisset, beatissimo papæ Sylvestro omnes Hesperias partes relinquens, sui nominis nobilissimam civitatem ædificans, illuc suum transtulit regnum, desiderans videlicet omne regnum terrenum vero regi cœlesti, Domino nostro Jesu Christo, ex integro subdi. Et ideo, tam ipse quamque omnes populi Romani imperii, qui ejus exemplo, sanctaque exhortatione et studio, relictis idolis, Deum vivum et verum adorare jam cœperant, sanctam Ecclesiam non solum in spiritualibus, sed etiam in sæcularibus rebus præcelsam et præclaram haberi per omnia voluerunt. Venerat enim jam tempus quo, juxta prophetam, sancta Ecclesia in superbiam sæculorum poni deberet. Sic enim S. Isaias prophetans ait : *Paupercula, tempestate convulsa* (Isa. LIV), magnis scilicet tribulationibus pressa, *pro eo quia fuisti derelicta et odio habita, ponam te in superbiam sæculorum, et suges lac gentium, et mamilla regum lactaberis* (Isai. LX). Tunc itaque hæc omnia compleri, ut notum est, et S. Pater Augustinus affirmat, cœperunt, et usque in finem sæculi per gratiam Domini adimpleri non dubitantur. Inter hæc itaque nos, infirmi et peccatores, charitate cogente, sanctos Domini sacerdotes admonere desideramus, ut quamvis reges sæculi eos exaltaverint, tamen ipsi Domini Christi exemplum, qui, *cum dives esset, pauper pro nobis factus est* (II Cor. VIII), in se demonstrantes, negotia sæcularia nequaquam per se administrent. Non enim eis ideo hæc collata sunt, ut spiritalia negligant, et sæcularibus insistant, sed ut magis magisque animas peccatorum salvare studeant. Nam cum judices sæculi scelestos in crimine capiunt, non eorum saluti, sed suæ avaritiæ servientes, eorum omnia rapiunt, vel etiam morti eos addicunt. Pro qua sententia ut S. Augustinus aperte declarat, illi qui interficiuntur non evadunt mortem perpetuam. Ideo itaque data est virtus Ecclesiæ, ut cum peccatores, pro quibus mortuus est Christus, in crimine comprehenduntur, ab omni avaritia et crudelitate se custodientes pastores taliter eos, secundum SS. Patrum canones, tractare studeant qualiter et animæ salventur, et ut, quo magis sancta Ecclesia in mundo praevalet, eo magis pro auctore mundi saluti hominum insistat. Sed quia paucis ista praelibavimus, nunc, ad exemplum venerandae memoriae Constantini nostri temporis imperatores Deum timentes, per Christi gratiam provocaturi, adhuc ejus sanctitatis exempla in medium proferamus.

CAP. LVIII. — *Exemplum magnae humilitatis Constantini imperatoris.*

Qui venerabilis imperator, dum turbari fidem Christi Arianorum infestatione doleret, missis a latere suo principalibus viris, de universo mundo episcopos congregans, concilium universale instituit, ubi fides Christi, ab apostolis et prophetis praedicata, firmiter est ore sanctorum corroborata, illuminante eos gratia Spiritus sancti. Ubi ipse tanta humilitatis apparuit ut humiliori sede quam omnes episcopi sederet in ipso concilio. Cumque quidam eorum alios accusarent, ait: *Vos dii estis, ego sum homo. Non ergo dignum est ut homo deos judicet. Inter vos causam audite, et pacem facite. Nam ego, si viderem sacerdotem Dei peccantem, clamide mea cooperirem eum.* Qui etiam religiosissimus vir, primus Romanorum imperatorum fidem veritatis patenter adeptus, licentiam dedit per universum orbem suo degentes imperio non solum fieri Christianos, sed et fabricandi ecclesias et tribuenda praedia constituit. Denique idem praefatus princeps donaria immensa et fabricam templi primae sedis B. Petri principis apostolorum instituit, adeo ut sedem imperialem, quam Romani principes praesederant, relinqueret, et B. Petro suisque praesulibus, ut praediximus, profutura concederet. Ab illo enim tempore et deinceps viri religiosi non solum possessiones et praedia, quae possederant, sed etiam semetipsos consecrarunt, aedificantes basilicas in suis fundis in honore sanctorum per civitates, ac monasteria innumera, in quibus coetus Domino servientium conveniret. Denique reges et praesides ac magistratus non solum hanc licentiam a tributi [*f. leg.* attribuerunt], sed etiam ipsi propria largiti sunt per universa regna terrarum Deo et ejus Ecclesiae. Haec autem omnia ecclesiasticos viros custodire et ministrare synodus Nicaena constituit. Quae etiam synodus saecularia negotia clericis interdixit. Ubi liquido patet ecclesiastica res, quamvis saeculi videantur, non tamen mundi, sed Dei veraciter esse. Et ideo non imperatoris, non regis alicujus saecularium hominum, sed eorum tamen qui Deo consecrati sunt, judicio et ministerio disponi et ordinari debent.

CAP. LIX. — *Exemplum verae humilitatis Valentiniani imp. et de electione S. Ambrosii.*

Quia igitur protulimus exemplum gloriosissimi imperatoris Constantini, proferamus etiam Christianissimi Valentiniani. Qui religiosus imperator veniens ab Oriente ad Hesperias partes, ut refert Ecclesiastica historia, quae tripartita appellatur, mortuo Auxentio, Arianae perfidiae magistro, qui Mediolanensem Ecclesiam, ut lupus, dilaniaverat, cum vellet catholicum, Deo ordinante, ibi consecrari episcopum, evocans episcopos, haec eis locutus est: *Nostis aperte, eruditi divinis eloquiis, qualem oporteat esse pontificem, et quia non decet eum verbo solum, sed etiam conversatione gubernare subjectos, et totius semetipsum imitatorem virtutis ostendere, testemque doctrinae conversationem bonam habere. Talem itaque in pontificali constituite sede, cui et nos, qui gubernamus imperium, sincere nostra capita submittamus, et ejus monita, dum tanquam homines deliquerimus, necessario veluti curantes, medicamenta suscipiamus.* Haec dum dixisset imperator, petiit synodus ut magis ipse decerneret, sapiens et pius existens. At ille: *Super vos est*, inquit, *talis electio. Vos enim, gratia divina potiti et illo splendore fulgentes, melius poteritis eligere.* Tunc sacerdotes egressi, de episcopali sede tractabant. Cum autem ordinatione divina Ambrosius, qui consulatum Aemiliensem atque Liguriensem regendum susceperat, electus fuisset, exsultans imperator ait: *Gratias ago tibi, Domine Deus omnipotens et Salvator noster, quoniam huic viro ego quidem commiseram corpora, tu autem animas, et meam sententiam ostendisti justitiae convenire.* Cumque S. Ambrosius contristaretur de hoc quod acciderat, ut idem ipse in suis epistolis scripsit, confortavit eum imperator, et ait: *Noli timere, quia et Deus, qui te elegit, semper juvabit, et ego adjutor et defensor tuus, ut meo ordini decet, semper existam.* Sanctus itaque Ambrosius, ut notum est eis qui ejus vitam, vel etiam ipsius epistolas legerunt, dignitatem sui ordinis integre servans, nullis imperatoribus, vel judicibus unquam adulatus est, sed potius, quae necesse fuerunt, sacerdotali auctoritate, Deo se juvante, semper obtinuit.

CAP. LX. — *De eo quia S. Ambrosius Theodosium imperatorem excommunicavit.*

Unde factum est ut religiosum principem Theodosium publice excommunicaret, et ab ecclesia segregaret propter Thessalonicensis videlicet civitatis excidium. Qui piissimus imperator, Deum in suo sacerdote valde metuens, publice poenitentiam egit, et malum quod fecerat lacrymis diluit. Propter hanc itaque ejus humilitatem victoriam ei de Eugenio tyranno Dominus dedit. Qui in tantum semper excommunicationis sententiam metuit, ut, quodam tempore, dum quidam monachus pro quadam querela, quam non cito ei expedierat, eum excommunicare ausus fuisset, dum cujus nomine et auctoritate excommunicatio fit metuens, non ante comederet, cum jam hora prandii esset, nisi prius monachus inveniretur, et eum absolveret. Excommunicationis enim sententiam monachus descripserat in pyttacio, et ubi ab imperatore inveniretur, projecerat, et abierat. Et cum episcopi multi adessent et ei licentiam darent, una cum ipso episcopo supra dicti monachi, non eis consensit, priusquam monachus inveniretur. Hinc itaque, hinc videant magnates et principes, et omnes populi, quantum timenda sit excommunicatio episcoporum, si imperator Christianissimus tantum timuit excommunicationem unius ex ordine monachorum.

CAP. LXI. — *De Marciano imperatore.*

Marcianus etiam catholicus imperator tempore S. Leonis papæ concilium universale congregavit, et sanctis episcopis se humiliter subdens, in eodem concilio cum magna devotione ipse et ejus conjux suam fidem exposuerunt.

CAP. LXII. — *Exemplum obedientiæ Caroli imperatoris.*

Carolus etiam Francorum rex, ut notum est, cum grandi humilitate beato Adriano papæ Romæ occurrit, et deosculatis omnibus gradibus S. Petri, ad genua sancti papæ provolvitur. Qui etiam civitates et castra, quæ a Longobardis detinebantur, brachio forti ab eis eripiens, eidem Dei apostolo in perpetuum possidenda restituit. Quem sanctus papa patricium Romanum instituit, et sic demum, ut dicitur, succedentibus prosperis imperator etiam Romanorum levatur.

CAP. LXIII. — *Ubi Carolus imperator, unde ab apostolico admonitus fuerat, emendare promittit.*

Cui, ut assolet, dum postmodum nimium episcopi blandiuntur, et ejus comitatum supra modum adeunt, reprehensus exinde, ipse taliter se corrigens ait : *Secunda vice, propter ampliorem abundantiam apostolica auctoritate et multorum episcoporum admonitione instructi, sanctorum quoque canonum regulis edocti, consultu videlicet omnium nobilium nostrorum, nosmetipsos corrigentes, posterisque nostris exemplum dantes, volumus ut nullus sacerdos in hostem pergat nisi duo vel tres episcopi tantum electione cæterorum propter benedictionem, prædicationem populique reconciliationem, et cum illis electi sacerdotes, qui debent populis pœnitentiam dare, missas celebrare, de infirmis curam habere, sacratique olei cum sacris precibus unctionem impendere, et hoc maxime prævidere ne sine viatico quis de sæculo recedat.*

CAP. LXIV. — *De eadem re.*

Ecce qualiter venerandæ memoriæ Carolus, ab apostolica sede et aliis sanctis episcopis reprehensus, quia episcopis nimium dominabatur, non superbe tulit, sed se emendatum proferens, etiam auctoritatem protulit.

CAP. LXV. — *Admonitio imperatorum, ut sequantur præcedentium imperatorum exempla.*

Itaque et nostri temporis imperatores, reges et principes cum sequantur, et unde ab apostolica sede et aliis sanctis reprehenduntur, non superbiendo resistant, sed magis sese humiliando emendent, ut Christi gratiam invenire mereantur.

CAP. LXVI. — *De eadem re.*

Sequantur exemplum Constantini, cui Deus, quia se sanctæ Ecclesiæ subdidit, omnem orbem Romanum ex integro habere concessit. Imitentur Theodosium, et Justinianum aliosque fideles imperatores, qui serviendo sanctæ Ecclesiæ non solum terrenum regnum, sed etiam cœleste promeruerunt.

CAP. LXVII. — *Quare sanctus Adrianus investire Ecclesias permittere imperatoribus potuit.*

Non dicant ergo religiosi imperatores : Præjudicium nobis apostolici faciunt, qui non nobis observant quod Adrianus sanctissimus papa Carolo dedit. Non enim credibile est sanctum Adrianum hoc unquam potuisse concedere, ut Ecclesia Dei a laicis investiretur, nisi fortasse tantummodo pro signo custodiæ. Nam dominari aliquem principem Ecclesiæ Dei non solum non concessit, sed etiam cum gravi interminatione prohibuit dicens : *Non licet imperatori, vel cuiquam pietatem custodienti, aliquid contra mandata Divinitatis præsumere, nec quidquam, quo evangelicis vel propheticis seu apostolicis regulis obvietur, agere. Injustum enim judicium vel diffinitio injusta, regio metu vel jussu peracta, non valeat, nec quidquam, quod contra auctoritatem divinam et sanctorum Patrum canones fuerit, stabit; et quod ab hæreticis actum fuerit, omnino cassabitur.*

CAP. LXVIII. — *De investitura, quid significet, et quam grave sit scelus, sanctuarium investire velle.*

Investigandum quid investitura significet, et quare dicatur. Investitura ideo dicitur, quia, per hoc signum quod nostri juris est, alicui nos dedisse monstramus. Quod enim nostrum est, cum alicui ex nostra parte ad possidendum concedere volumus, cum exinde investire curamus, significantes videlicet et hoc signo illud quod damus nobis jure competere, et illum qui accipit quod nostrum est, per nos possidere. Ipso itaque nomine, quantæ impietatis sit sanctuarium Dei investire desiderare apertissime comprobatur. Alicui enim homini sanctuarium Dei possidere velle, magni sacrilegii esse Propheta cum gravi interminatione denuntiat, dicens : *Pone principes sicut Oreb, Zeb, Zebee, et Salmana, omnes principes eorum, qui dixerunt : Hæreditate possideamus sanctuarium Dei* (Psal. LXXXII). Ubi insuper adjungit, quod eis pro hac iniquitate juste contingere debeat, inquiens : *Deus meus, pone illos ut rotam*, etc., usque in finem psalmi. Quo in loco et perspicere licet, quia sicut Giezi et Simon a propheta Eliseo, vel Apostolo Petro maledicti sunt, quorum alter gratiam Dei vendere (*Act.* VIII), alter mercari voluit (*IV. Reg.* V), ita et a sancto David, eodem spiritu pleno, illi qui sanctuarium Dei sibi in hæreditatem vindicare volunt, æterna maledictione multati sunt. Ubi etiam considerare decet quia, et si aliqua ratione Simoniacum hoc non esse defendi posset, tamen quia æterna maledictione multandum, vitandum omnimodis et interdicendum omnibus Christianis esset.

CAP. LXIX. — *Quia investitura Ecclesiarum fieri non debet.*

Considerandum autem quia, etsi vere imperatoribus hæc a sanctis concessa fuissent et eo in tempore valde utiliter et recte fieri potuissent, quia tanta præsumptio exinde nata est ut Ecclesia Dei, veluti sæcularis res, venundaretur, vel etiam pro humano favore alicui concederetur, et hoc maxime a laicis fieret, quod clerici, si auderent, ab omni ordine ecclesiastico deponi deberent, emendandum per omnia foret. Nam non solum quod sanctus Adrianus, si fecisset, emendandum omnimodis esset, sed etiam si aliquis apostolorum, vel prophetarum, unde Ecclesia Dei destrueretur (quod absit!), dicere inveniretur, abdicandum radicitus esset. Quapropter B. apostolus Paulus, Ecclesiæ Dei consulens, pro abdicando Judaismo [*f. corrig.* Judaico] baptismo, beatissimo etiam Petro nequaquam pepercit (*Gal.* II). Fecit hoc etiam sanctæ memoriæ Ezechias rex, qui videns Judaicum populum contra jus divinum venerari serpentem æneum, non veritus est opus Moysi, hominis Dei, confringere, populum, ut Deum solummodo adoraret, præcipere (*IV Reg.* XVIII). Ubi sancti Patres hoc, quod supra diximus, intelligunt, dicentes : Hoc enim maximum documentum est, quod ad ædificationem Ecclesiæ proficere potest, si est qui hoc animadvertere potest, quare Ezechias cum magna sui laude atque pro animarum salute destruxit quod ad salutem hujus populi Moyses, Deo jubente, fecerat. Quis enim nesciat Moysen majoris esse meriti quam Ezechiam regem? De Moyse enim in libro Numerorum dixit Dominus ad Aaron et Mariam : *Audite verba mea : Si fuerit propheta inter vos, in visione illi Dominus cognoscar, et in somno loquar ad illum; non enim eo modo famulus meus Moyses in tota domo mea; os ad os loquar ad illum. In specie, et non per ænigmata Dominum videt* (*Num.* XII). Quia enim serpentem, quem Moyses, sicut jam dictum est, Deo jubente fecerat, ut serpentina morte populus eum aspiciendo non interiret, eumdem serpentem, quia Deus eum fieri jusserat, populus eum venerari et colere cœperat, et mortem, quam temporaliter patres illorum ad tempus evaserant denuo morituri, illi præripuerunt in perpetuum in anima morituri. Et idcirco destruxit iste quod jubente Deo fecerat ille, ac per hoc magna auctoritas ista habenda est in Ecclesia, ut, si nonnulli ex prædecessoribus vel majoribus nostris fecerunt aliqua, quæ illorum tempore esse potuerunt sine culpa et superstitione, postea gignere cœperint, sine tarditate aliqua, et cum magna auctoritate destruantur a posteris.

CAP. LXX. — *Romano pontifici summo studio procurandum est, ut sanctorum instituta serventur.*

Sunt autem quidam dicentes Romano pontifici semper bene licuisse novas condere leges. Quod et nos non solum non negamus, sed etiam valde affirmamus. Sed sciendum summopere est quia inde novas leges condere potest, unde sancti Patres et præcipue apostoli et evangelistæ aliquid nequaquam dixerunt. Ubi vero aperte Dominus, vel ejus apostoli, et eos sequentes sancti Patres sententialiter aliquid definierunt, ibi novam legem Romanus pontifex non dare, sed potius, quod prædicatum est, usque ad animam et sanguinem confirmare debet.

Si enim quod docuerunt apostoli et prophetæ, destruere (quod absit!), niteretur, non sententiam dare, sed magis errare convinceretur. Sed hoc procul sit ab eis, qui semper Domini Ecclesiam contra luporum insidias optime custodierunt.

CAP. LXXI. — *De eo quod pro terrenis, quæ Ecclesia possidet, non debet juri imperatorum addici.*

Videamus igitur adhuc utrum hæc sententia vera sit, quam quidam dogmatizabant, propter sæcularia quæ Ecclesia possidet, deberi investiri episcopos vel abbates ab imperatore, terrenorum videlicet principe. Quod quidem non debere satis ex his quæ superius dicta sunt patet. Adhuc autem inferamus quia, sicut sanctus papa Urbanus martyr, B. etiam Melchiades, et ejus successor, sanctissimus Sylvester, dicunt : Hæc consuetudo ut Ecclesia terrenas possessiones habeat, a sanctis apostolis instituta est, eo videlicet tempore quo unusquisque fidelium possessiones suas vendebat, et pretium earum ad pedes apostolorum ponebat (*Act.* IV). Quod quidem tantum in Judæa fecerunt sancti apostoli, quia noverant se ibi non diu permansuros. In gentibus autem, ubi Ecclesiam noverant usque in finem sæculi permansuram, et ipsi et eorum successores apostolici viri oblationes fidelium, sicut erant, susceperunt, ut melius pauperes ex fructibus eorum alerentur. Sicut itaque sine jussu vel aliqua investitura terreni principis recipiebant apostoli, quæ eis deferebantur, ita discipulos, sanctos videlicet episcopos, facere docuerunt, servato videlicet, ut Apostolus ait : *Cui vectigal, vectigal, cui tributum, tributum, cui honorem, honorem deferrent* (*Rom.* XIII). Hoc enim et ipse Dominus fecit, qui tributum pro se et Petro reddidit (*Matth.* XVII), non se tamen aliquid eis debere, prius respondit. Pro nobis igitur, ut B. Hieronymus ait, Christus tributum reddit, sicut et crucem sustinuit. Nos pro illius honore tributum non reddimus? Unde tamen est quod Christianis principibus debemus, scilicet ut orando et prædicando eis consulere non desinamus. Nam res pauperum, id est possessiones Ecclesiarum non solum illis tribuere, sed ne quidem in nostros proprios usus convertere debemus, nisi ad hoc tantum, ut habentes de Ecclesia victum et vestitum, ei servire possimus. Nam ideo Dominus, ut idem S. Hieronymus ait, non de loculis, quos Judas ferebat, sed aliunde miraculo facto tributum solvit, quia nefas putavit res pauperum in suos suorumque usus convertere, et nobis idem exemplum præbuit.

CAP. LXXII. — *De eo quia pastores non tantum animarum, sed et corporum curam gerere debeant.*

Sed et hoc sciendum quia non solum Deo, et ejus Ecclesiæ hoc præjudicium fieri non debet, ut episcopus vel abbas, quem sibi pastorem eligit sine sæcularium hominum investitura, quæ ejus sunt, habere non debeat, sed ne alicui orphano vel viduæ justum esset hoc interdici, ut sua, quæ ei jure obvenerant, alicui famulorum suorum dispensare, et ex cis sibi servire non decerneret. Quis enim unquam justus judex hoc laudaret? Et sancta igitur Ecclesia uni ex famulis hoc præcipit, quando ideo pastorem eligit, ut, tam animarum quam corporum, infirmorum scilicet suorum membrorum curam habeat. Quis hoc Dei servus laudabit, ut sine jussu vel investitura humanæ potestatis nihil possit in Ecclesia agere, cum etiam Apostolus dicat : *Oportet episcopum irreprehensibilem esse, tanquam Dei dispensatorem?* (*Tit.* 1.) Episcopos autem non solum animarum, sed etiam corporum curam gerere præcipit B. Petrus Apostolus dicens : *Pascite, qui in vobis est, gregem Dei. Cum omni sollicitudine providentes ex animo, non turpis lucri gratia* (*I Petr.* v). Unde itaque pascent, si quod est Ecclesiæ non habent? Inclinent itaque his sanctis monitis aurem omnes terreni principes, et non solum sua tollere aliquo modo sanctæ Ecclesiæ [*suppl.* non] studeant, sed etiam propria ei donare curent, ut æternam mercedem ab eo accipiant, qui fidelibus suis promisit : *Centuplum accipietis, et vitam æternam possidebitis* (*Matth.* XIX.).

CAP. LXXIII. — *Nullum episcoporum debere aliquam Ecclesiam laicis subdere.*

Spiritus sancti dona specialiter in ecclesiasticis officiis præfulgere manifestum est. Inter quæ omnia supereminet episcopalis gratia. Quæ non immissione regum vel principum, sed electione clericorum, et petitione omnium populorum fieri debet. Cujus electionis judicium domni apostolici, et ejus vicariorum, seu archiepiscoporum ita proprium est, ut nulli non sui ordinis viro hæc concedere ulla ratione debeant. Pro salute enim animarum suarum principes eligere speculatorem debent, qui gladium venientem super se et super populum videre et denuntiare prævaleat, sicut et omnis populus debet non sua potentia vel auctoritate in Ecclesiam aliquem introducere. Non enim Spiritus sanctus alicui subjici potest, ut ei spiritale donum tribuat, cui princeps avaritiæ serviens, et sanctuarium Dei hæreditate possidere desiderans pro suo, et non pro Dei honore præsulatum Ecclesiæ investiendo dare præsumpserit. Nam qui hoc putat, homini utique subjici posse creatorem omnium Spiritum sanctum credit, quod vel existimare inauditum scelus est et Arianam impietatem supergredi, ut S. Urbanus papa docet, manifestum est. Non itaque tali manus imponenda est, sed, nisi ex corde poenituerit, æterna damnatio imminere prædicanda est. Ostendunt autem et sancti Chalcedonenses Patres quod sancte et pure ecclesiastica tractanda sint, dum aiunt : si quis episcopus per pecuniam fecerit ordinationem, et sub pretio redegerit gratiam, quæ non potest vendi, ordinavitque per pecunias episcopum aut presbyterum, aut diaconum, vel quemlibet ex his, qui connumerantur in clero, aut promoverit per pecunias dispensatorem, aut defensorem, vel quemquam, qui subjectus est regulæ, pro sui turpissimi lucri commodo, is, cui hoc attentanti probatum fuerit, proprii gradus periculo subjaceat, et qui ordinatus est, nihil ex hac ordinatione vel promotione, quæ est per negotiationem facta, proficiat, sed sit alienus a dignitate, vel sollicitudine, quam pecuniis quæsivit. Si quis vero mediator tam turpibus et nefandis datis, vel acceptis exstiterit, si quidem clericus fuerit, proprio gradu decidat; si vero laicus aut monachus, anathematizetur. Si itaque juxta præceptum laicus mediator, ut dispensator, id est œconomus Ecclesiæ, per pecunias ordinetur, anathematizandus est; laico coactori, ut omnem Ecclesiam suo juri subdat, consentiendum est? Nunquid qui ab ipso episcopatum acceperit, sacrandus est? Nam si etiam pro solius honore Dei hoc requireret, impetrare minime deberet, quia, ut jam diximus, istud suo ordini nequaquam competit. Quod enim quidam aiunt, ideo hoc imperatori competere, quia sacro oleo in regnum unctus est, omnino veritati non congruit. Non enim unctus est, ut episcopatus vel abbatias disponat, sed, ut Spiritus sancti gratia, quæ per unctionem illam signatur, confirmatus, justitiam Dei rectissime teneat. Cum autem ei etiam valde religioso, et non pro sui regni honore quærenti hoc conceditur, ut sine ejus licentia clerus, vel populus electionem præsulum facere non audeant, et si fecerint, ipsa secundum suum libitum emendet, et nullus episcopus ante electum consecrare audeat, quam ab ipso per baculum et annulum investiatur, nunquid canonicum est? Ubi isti inveniuntur canones? Cum sacri canones sæculares, Ecclesias suo juri subdentes, anathematizent, nunquid si hoc ei conceditur, claves regni cœlestis ejus ditioni non subdunt? Quod si ei nulla specie religionis istud prærogativum concedi potest, pro honore sui regni quærenti, et vi obtinere conanti, aliquo modo consentiri debet?

CAP. LXXIV. — *Exempla quibus probatur sanctam Romanam majores Dei Ecclesias semper ordinasse.*

Sancta vero Romana et apostolica Ecclesia per semetipsam, et non per aliquos laicos, etiam valde religiosos, quod inauditum apud antiquos Patres semper fuit, modernis etiam temporibus magis subreptum, quam ordinate factum supra docuimus, hactenus omnes majores Dei Ecclesias ordinare et investire studuit. Inde est quod Petrus apostolus, Alexandrinam fundans Ecclesiam, Marcum evangelistam ibidem destinavit, Armachoræ Aquileiensi patriarchæ baculum pastoralem suis manibus dedit, Apollinarem archiepiscopum Ravennæ misit, Martialem Lemovicas mandavit. Ejus successor Clemens Dionysium Parisiorum Ecclesiæ direxit. Gregorius I (*a*) Mediolanos dignum successorem sanctum Ambrosium eligere docuit. Et quid multa? Deficiet enim dies antequam exempla, in quibus

(*a*) Leg. II.

aperte demonstratur sanctam Ecclesiam Romanam per se, sive per suos vicarios, vel metropolitanos a se constitutos, omni sanctæ Dei Ecclesiæ pastores semper constituisse. Nunc itaque, quod constitutum hactenus est, usque in finem, Deo auxiliante, custodiatur, ut apostolica doctrina Spiritus sancti gratia semper incrementum accipiat.

CAP. LXXV. — *De excommunicatione et zizaniis.*

Inter hæc notandum est quod quidam contra evangelicam parabolam nos facere contendunt, ubi de zizaniis non eradicandis Dominus præcepit (*Matth.* XIII), cum aliquos excommunicatione dignos excommunicationi subjicimus. Et aiunt etiam S. Augustinum hoc contradicere eo in loco ubi ait quia non est præcidenda unitas. Feriendi sunt mali, non præcidendi. Quibus hoc primum respondendum est : Si hæretici et mali homines excommunicandi non sunt, quare ipse Pater Augustinus cum legatis sanctæ Romanæ Ecclesiæ, et cum omnibus coepiscopis suis Pelagium et Cœlestinum, novam hæresim in sancta Dei Ecclesia introducentes, excommunicavit et ab Ecclesia Dei separavit? Quare ipsos Donatistas, contra quos ista et multa his similia loquitur, cum omni Ecclesia Dei excommunicatos tenuit, et nisi prius nefandi schismatis eos pœnituisset, et per manus impositionem reconciliati essent, eis nequaquam communicabat.

CAP. LXXVI. — *Quia Dominus ipse excommunicationem præcepit, et quid intersit, excommunicare et eradicare?*

Nos itaque, quia in longum duximus sermonem, ut in hoc quod apertum est immorari non videamur, breviter hujus rei sententiam proferamus. Idem ipse Dominus, qui hoc parabolice hic enarrat, aperte alibi excommunicationem fieri jubet dicens : Frater qui corripitur ab Ecclesia, et non obedit, sit tibi sicut ethnicus et publicanus (*Matth.* XVIII). Unde apparet liquido aliud esse excommunicationem, et aliud eradicationem. Qui enim excommunicatur, ut Apostolus ait, ad hoc excommunicatur *ut spiritus salvus sit in die Domini (I Cor.* v). Disciplina est enim excommunicatio, et non eradicatio, nisi forte contemptu et superbia proveniat. Donatistæ autem, quantum in ipsis erat, omnem Ecclesiam, per universum mundum diffusam, de agro Dei eradicaverant, et se solos vere Christianos esse credebant. In tantum autem hoc malum creverat, ut Catholicos etiam rebaptizare auderent, quod vere esse eradicare nulli sapienti incognitum est. Provenerat vero hoc schisma eo quod accusabant Cæcilianum, episcopatum Carthaginensem injuste suscepisse, quod concilio universali Romæ habito, probare non potuerunt. Judicio itaque episcoporum Cæcilianus in episcopatu firmatus est. Quo facto illi indignati schisma fecerunt et diviserunt se omni populo Christiano propter unius hominis falsam criminationem. Et inde est quod B. Augustinus sæpissime dicit : *Etsi vera crimina hæc essent, non propterea vos ab omnibus Christianis dividere debebatis. Ferendi sunt mali ; in agro vobiscum esse pos-*sunt, *in horreo vero nequaquam.* Videns autem hoc malum sancta Dei Ecclesia catholica, conciliis factis, excommunicavit eos. Qui non timuerunt, sed persequi spiritualiter et corporaliter Ecclesiam Dei cœperunt. Quod videntes imperatores, Christum adorantes, lege sanxerunt omnia quæ habebant hæreticos perdere, et ipsos nunquam certa sede consistere. Quapropter factum est ut multi ex eis converterentur, et severitate legum et clementia sacerdotum, qui, ut eos ad concordiam provocarent, statuerunt ut episcopi et clerici in suo ordine reciperentur, tantum ut de præteritis pœnitentiam agentes, in futuro emendarentur.

CAP. LXXVII. — *De excommunicatione, qua intentione fieri debeat*

Itaque non, sicut illi aiunt, eos eradicamus, cum excommunicationi subjicimus, sed ideo eis disciplinam damus, ut malum quod aiunt relinquentes, justitiam Dei nobiscum rectissime teneant. At vero quidam ex eis semetipsos eradicantes et damnantes fecerunt, constituentes sibi alios episcopos, quosdam quidem jam damnatos, quosdam vero criminibus irretitos. Nos autem quamvis et ipsi peccatores simus, tamen veros Catholicos in hac re demonstrantes nos, obedientes Christo, et sequentes sanctorum exemplum, qui dixerunt : *Si quis frater nominatur in vobis fornicator aut adulter aut ebriosus, cum ejusmodi nec cibum sumere (I Cor.* v). Et item : *Si quis venit ad vos, et hanc doctrinam non affert, nec ave ei dixeritis : Qui enim dicit ei Ave, communicat ejus malignis operibus (II Joan.)*. Ideo eos excommunicamus, ut mala, quæ faciunt, relinquentes, *spiritus* eorum *salvus sit in die Domini (I Cor.* v). Nam non propterea hoc agimus, ut nos peccatores non esse veraciter confiteamur (quod et ipsi sancti apostoli confitebantur dicentes : *In multis enim offendimus omnes* [*Jac.* III]). Sed ideo tantum, ut, quia disciplina Ecclesiæ sine severitate retineri non potest, ad tempus excommunicationi subjicimus, ut omnes excommunicationis terrore coacti, ad justitiam redeant. Ideo autem cum eis non communicamus, ut ex hoc cognoscant quam grave sit a communione sanctorum peccatorum meritis in æternum secerni.

CAP. LXXVIII. *Non posse episcopum vices suas in ecclesiasticis rebus laicis tribuere.*

Sed ut ad id unde paululum digressi sumus redeamus, sciendum quia sunt nonnulli qui dicunt posse Romanum pontificem vicem suam in prærogativa investiendorum episcoporum imperatori tribuere. Qui attendant quid exinde sancti Patres protulerint, et hoc quod temere dicunt emendare procurent. Taliter enim statuerunt dicentes : Nova actione didicimus, quosdam ex nostro collegio contra mores ecclesiasticos habere in rebus divinis constitutos œconomos. Proinde pariter tractantes elegimus, ut unusquisque nostrum secundum Chalcedonensium Patrum decreta ex proprio clero œconomum sibi constituant. Indecorum est enim laicum esse vicarium episcopi, et sæculares in Ecclesia judicare. In uno enim eodemque officio non debet dispar esse professio. Quod etiam in lege divina prohibetur dicente Moyse: *Non arabis in bove simul et asino* (Deut. XXII); quod est, homines diversæ professionis in officio uno non sociabis. Unde oportet nos et divinis libris et sanctorum Patrum obedire præceptis, constituentes ut qui administrationibus Ecclesiæ pontificibus sociantur, discrepare non debeant nec professione nec habitu. Nam coerceri et conjungi non possunt, quibus studia et vota diversa sunt. Si quis episcopus post hæc ecclesiasticam rem ad laicalem procurationem devolverit, aut sine testimonio œconomi gubernanda crediderit, vere ut contemptor canonum et fraudator ecclesiasticarum rerum non solum Christo de rebus pauperum judicabatur reus, sed etiam et concilio manebit obnoxius.

CAP. LXXIX. — *Contra adulatores, qui contra canones auctoritatem dare contendunt.*

Videant itaque qui hoc quod supra protulimus autumant, posse scilicet domnum apostolicum imperatori episcopatus, vel abbatias ordinandas, vel investiendas tribuere, quid isti sancti Patres exinde protulerint, qui etiam œconomum Ecclesiæ non tribuerunt episcopo potestatem laicum ordinandi, et desinant contra statuta apostolica loqui, et imperitorum animas perdere. De eis enim Ezechiel propheta ait: *Væ qui consuunt pulvillos sub cubito omnis manus* (Ezech. XIII).

CAP. LXXX. — *Utrum alicui pro honore terreno ecclesiam ordinare concedendum sit?*

Attendere vero dignentur, et summæ sedis apostolici beatissimi Patres, venerabilis memoriæ prædecessor eorum Urbanus, quanta exsecratione dignum duxerit ecclesiastica officia vendere vel emere, avaritia imperante, pretio muneris a manu vel lingua seu ab obsequio. Nam aperte hoc Simoniacum esse testatus est, inquiens: *Qui res ecclesiasticas non ad hoc ad quod institutæ sunt, sed ad propria lucra munere linguæ, vel indebiti obsequii, vel pecunia largitur, vel adipiscitur, Simoniacus est, cum principalis intentio Simonis fuerit, sola pecuniæ avaritia, id est idolatria, ut ait Apostolus: « Et avaritia quæ est idolorum servitus* (Col. III).» Et nunc itaque, cum aliquis Ecclesiam non quidem pretio emit, sed quod, dictu etiam exsecrabile est, gladio obtinet, et pro suæ ambitionis avaritia investit et dominatur, nonne Simonis malitiam imitatur, vel etiam transcendit? Nam Simon, etsi pretio emere voluit, tamen non vi extorsit. Quod si aliquis a malo invasionis immunis, et non avaritiæ pecuniarum inhians, sed tamen sublimitate terreni honoris supra modum ambiens, quæ ambitio esse avaritia a B. Patre Gregorio apertissime diffinitur, ecclesiam investire pro suo terreno honore præsumit, vitium Simoniacæ hæresis non evadit. Ideo enim Simon damnatus est, quia per avaritiam donum Dei se possidere existimavit. Eodem itaque laqueo terreni ambitionis ille, qui per avaritiam sui et non Dei honoris ecclesiastica officia dari vel accipi posse existimat, astrictus tenetur. Accipiens autem, etiamsi bonis polleret moribus, et alias canonice electus fuisset, propter dantis tamen sæcularem ambitionem, et suam infidelem existimationem, qua per avaritiam sublimitatis et dominationis se donum Dei accipere posse confidit, sacrandus minime est. Quia si talis sacratur, exemplum B. Petri non tenetur. Nam cum quis non pro salute animæ suæ episcopum eligere, sed investiendo, id est dominando insignia præsulatus alicui dare desiderat, et eum sacrari expetit, quid aliud vult, nisi ut, cui ipse manus imposuerit, id est potestatem terrenarum rerum Ecclesiæ dederit, accipiat Spiritum sanctum? Quod non ei esse concedendum testatur exemplum B. Apostoli, qui Simon hoc volenti ait: *Pecunia tua tecum sit in perditione, quia existimasti donum Dei pecunia possideri* (Act. VIII). Quid enim et iste aliud existimat, nisi donum Dei per avaritiam possideri, cum existimat eum fieri posse episcopum, cui ipse supra modum sublimitatem et honorem terrenum ambiens, investituram præsulatus dederit, sibi utique vindicans quod Dei est? Dei autem esse non solum spiritualia, sed etiam corporalia, quæ Ecclesia possidet satis abundeque supra docuimus. Omne enim quod Deo offertur sacrum esse, tam Veteris quam Novi Testamenti et SS. Patrum dictis probavimus.

CAP. LXXXI. — *Contra eos qui ideo putant juste imperatorem ecclesias investire, quia nonnulli antiquorum, qui investiti sunt, sancti fuerunt*

Proferuntur a quibusdam quædam privilegia sanctorum apostolicorum, quibus patrocinantibus, se putant canonicam hanc quam defendimus rationem destruere, et ad nihilum juste posse redigere. Quibus hoc primum dicendum est quia *non est discipulus super magistrum* (Luc. VI). Quod enim sancti apostoli ordinaverunt, nullus eorum discipulus destruere potest. Quod si quis conatus fuerit, eum injuste facere Christiana ratio clamat. Si igitur verum est hæc privilegia sanctos fecisse, primum sciendum est quia non ob aliud hoc fecerunt, nisi ut discordia, quæ sæpe in electione provenire solet, regali auctoritate pelleretur. Quod verum esse, ipsa illorum scripta declarant, quæ ideo hæc eos egisse fatentur ut magna discordia, quæ sæpe in electione proveniebat, regali providentia, sedaretur, et Simoniaca hæresis, quæ aliquando sacrum ordinem fœdabat, nulla ex parte subripere posset. Cum vero hoc quod ipsi remedium fore putaverant, in lethale vulnus erumpere et totum pene jam corpus Ecclesiæ occupare cœpisset, juste interdictum esse manifestum est. Ideo enim illi hoc concesserant, ut supra jam diximus, ut charitas robustius permaneret, et Simoniaca ambitio locum penitus non haberet. Cum autem inde mors intrare cœpisset unde expelli putata est, digne et juste alii sancti apostolici hoc prohibuerunt, quia sponsæ Christi illud obesse viderunt. Sicut itaque illi pro honore Dei, et non hominum, hoc concesserunt, sic isti videntes obesse illud ecclesiæ, pro honore Dei prohibuerunt. Intentio itaque sancta una fuit utrisque, scilicet salutis Ecclesiæ et honoris Dei. Sicut autem conservari tunc poterat quod illi fecerant, quia non nocebat, ita nunc deleri oportet, quia certissime nocet. Ad hoc enim pastores claves Ecclesiæ habent, ut quod nocet auferant, quod juvat inferant. Quod utique pessimæ negotiationi fomentum subministrare cognoscitur, auferendum de sancta Ecclesia est, ut ipse Dominus præcepit, dicens : *Auferte ista hinc, et nolite facere domum Patris mei domum negotiationis (Joan.* II). Non itaque putandum est illos concessisse ut aliquis sæcularibus potestatibus usus Ecclesiam per ipsas obtineat, istos vero, quod ipsi male egissent, emendasse, sed potius utrique hoc studuerunt, sicut jam diximus, ut pax firmius teneretur et Simoniaca hæresis confunderetur. Utrique enim decreta antiquorum Patrum Clementis et Alexandri sectabant et custodiebant, qui in suis *Decretis* præcipiunt, dicentes : *Si quis episcopus, sæcularibus potestatibus usus, Ecclesiam per ipsas obtineat, deponatur et segregetur , omnesque qui illi communicant.* Et merito. Nam præsulatus non voluntate humana, sed vocatione divina, sicut de Aaron Apostolus dicit provenire debet (*Hebr.* v). Vocatur enim vere a Deo ille quem clerus et populus Christianus, in quorum cordibus Deus habitat, pro salute animarum suarum pure et simpliciter elegerint.

Sunt autem qui dicunt : Ergo non nulli antiquorum, qui investituras ecclesiarum a regibus acceperunt, sancti non sunt ? Quibus respondemus : Sanctos eos esse non negamus, sed credimus. Sed quia hoc simpliciter agebant, aliis sanctis operibus, divina gratia cooperante, eis dimissum est, juxta quod Psalmista prædicans ait : *Beati quorum remissæ sunt iniquitates, et quorum tecta sunt peccata (Psal.* XXXI). Sicut etiam et B. Cypriano de baptismo contigisse, teste S. Augustino, cognoscimus, qui tamen charitatis compage et bonis operibus in sanctitate permansit. Investitura enim ecclesiarum hæresis primis temporibus non exstitit, quia simpliciter fiebat et contentione nondum creverat. Novæ enim sententiæ, ut ait B. Augustinus de Pelagianis, nimis liberum arbitrium defendentibus, cum ab Ecclesia respuuntur , nisi contentione crescant, hæreses non sunt, cum eas defendentes increpati fuerint, si discesserint, Catholici sunt, si permanserint et defenderint, hæretici fiunt. Ita et in præsenti re factum esse cognoscimus. Primis namque temporibus, cum hoc cœpit, vitium exstitit ; cum vero, postquam generalibus synodis per Gregorium VII et Urbanum II apostolicos celebratis, interdictum est, et nunc non solum verbis defenditur, verum etiam armis obtineri contenditur, quam grave scelus sit, perspicue patet. Nam quis ambiens majorem sæculi honorem, et plus justos sibi homines subdi et divitias hujus mundi acquiri, investituras ecclesiarum facere appetit, nun-

quid ambitiosus non est ? Quod autem est vitium Simoniacæ hæresis, nisi ambitio spiritalis honoris propter hujus sæculi commodum vel gloriam ? Spiritalis autem honor non tantum in manus impositione intelligitur, sed etiam in exterioribus ecclesiasticis rebus, quæ ex consecratione provenire debere sanctus Paschalis I, apostolicæ sedis antistes, testis est. Et recte. Nam sicut corpus vivificatur anima et regitur, ita donis sancti Spiritus etiam corporalia Ecclesiæ sanctificantur, et cui sanctitas spiritalis conceditur, ei recte et corporalia donantur. Ut enim anima in hac vita sine corpore non regitur, ita sancta Ecclesia sine corporalibus donis, spiritalibus in præsenti non utitur. Sicut ergo, qui hominem mercatur, quamvis corpus et non animam emisse videatur, tamen etiam animam mercasse vere convincitur, pro eo scilicet quia sine anima corpus se habere non gaudet, sed sepelire festinat. Ita qui corporalia Ecclesiæ vel vi obtinere nititur, vel pretio donum Dei pecunia, seu, quod pejus est, violentia possidere velle convincitur. Cum itaque imperator, vel aliquis princeps investituram ecclesiarum, quo signo possessio, et dominatio demonstratur, obtinere nitens pro sua et non pro Dei gloria dederit, etiam consecrationem pro sua gloria tribuit. Is enim sacratur qui investitur, et ideo sacratur quia investitus est. Aperte ergo patet quia et sacratio illius pro gloria mundi, id est concupiscentia oculorum et superbia vitæ, quæ non est ex Patre, sed ex mundo tribuitur. Constat vero quia ei Spiritus sanctus non datur, qui superbiam et avaritiam mundanam, quæ non esse ex Patre manifestum est, investitus, sacrationem Spiritus sancti ausus fuerit expetere : *Spiritus enim sanctus disciplinæ effugiet fictum (Sap.* II). Vere enim hæc fictio disciplinæ est, cum quisque se ideo putat sacrandum, quia a populo electus, et a rege investitus est, cum disciplina Spiritus sancti sit unumquemque pastorem solummodo pro salute animarum pure et simpliciter ab omnibus clericis uniuscujusque Ecclesiæ eligi, quibus consentire omnes filii illius Ecclesiæ, quæ ordinanda est, et obedire pro salute animarum devotissime debent. Cujus electionis discretio non alicui humanæ potestati, sed metropolitano episcopo a Deo collata est. Quæ dum canonica probata fuerit, non ab imperatore electus investiri, sed ab archiepiscopo, qui vice Christi eum benedicit, investiri et consecrari debet. Ordinatus autem et sacratus, si quid Ecclesia quam suscepit antiquitus canonice debet imperatori, nisi forte imperator pro remedio animæ suæ remiserit, solvere per omnia curet. Piissimus autem imperator non gravare Ecclesiam, sed magis ei servire, utpote suæ spiritali matri devotissime studeat. Non enim ideo sacro oleo ungitur, ut Ecclesiæ dominetur, sed ut Christo vero regi serviens, ejus sponsam a malorum insidiis humana potentia tueatur. Electio vero abbatum, quia ad solos monachos pertineat, testis est Regula sanctissimi Patris Benedicti.

Ecce hæc est disciplina Spiritus sancti, quia pastor Ecclesiæ eligi debet. Qui autem contra istam auctoritatem pugnans, sua nova auctoritate in Ecclesiam pastorem introducit, et qui introducitur, et qui introducit, et qui talibus consentiens, introductum sacrare præsumit, manifeste contra disciplinam Spiritus sancti agunt.

CAP. LXXXII. — *Vera et certa comprobatio, quia sicut Simoniacus est ille, qui per avaritiam pecuniarum ordinatur, ita et ille qui per avaritiam sublimitatis, Simoniacus certissime comprobatur.*

Sanctos antiquos Ecclesiæ doctores manifestum est inde suam doctrinam nobis plenissime reliquisse; unde diebus eorum quæstio erat. Diebus itaque sanctorum Gregorii II (2) et Ambrosii, reges Ecclesiam ab hæresibus defendebant; clericalis autem ordo jam in avaritiam ambitionis declinaverat in tantum, ut pretio accepto impositio manuum ab aliquibus venderetur. Alii autem, et si non tam aperte vendebant, tamen sacros ordines vel honores pro humano favore dare non dubitabant. Et inde est quod in doctrinis eorum vel etiam aliorum doctorum, quos nunc sancta Ecclesia specialius retinet, vix præsentis temporis novum nequissimæ hydræ caput confutari invenitur. Sed tamen, qui subtilius divina inspiratione edoctus, oculis mentis istud in eorum doctrinis, quam abominabile sit, invenire desiderat, perspicue ei, divina gratia largiente, videre conceditur. Ait enim B. Pater Gregorius, cum de Domini tentatione in expositione Evangelii loqueretur : *Antiquus hostis contra primum hominem, parentem nostrum, in tribus se tentationibus erexit, quia hunc vana gloria videlicet et gula et avaritia tentavit, sed tentando superavit, quia per consensum sibi eum subdidit. Ex gula quippe tentavit, cum cibum ligni vetiti ostendit atque ad comedendum suasit, dicens:* «*Gustate (Gen. III).*» *Ex vana autem gloria tentavit, cum diceret :* «*Eritis sicut dii (ibid.).*» *Et ex provectus avaritia tentavit, cum diceret :* «*Scientes bonum et malum (ibid.);*» *avaritia enim non solum pecuniæ est, sed etiam altitudinis. Recte enim avaritia dicitur, cum supra modum sublimitas ambitur. Si enim non ad avaritiam honoris rapina pertineret, nequaquam Paulus de unigenito Dei Filio diceret :* «*Non rapinam arbitratus est esse se æqualem Deo (Phil. II).*» *In hoc ergo diabolus parentem nostrum ad superbiam traxit, quo eum ad avaritiam sublimitatis excitavit. Sed quibus modis primum hominem stravit, eisdem modis secundo homini tentando succubuit. Per gulam quippe tentat, cum dicit :* «*Dic ut lapides isti panes fiant (Matth. IV).*» *Per vanam gloriam tentat, cum dicit :* «*Si Filius Dei es, mitte te deorsum (ibid.).*» *Per sublimitatis avaritiam tentat, cum regna mundi omnia ostendit, dicens :* «*Hæc omnia tibi dabo, si procidens adoraveris me (ibid.).*» *Sed eisdem modis a secundo homine vincitur, quibus primum hominem se vicisse gloriabatur, ut a nostris cordibus ipso aditu captus exeat, quo nos aditu intromissus tenebat.* Si igitur, juxta hunc sensum, sancti doctoris avaritia non solum pecuniæ est, sed etiam altitudinis, liquido patet quia sicut ille qui, per avaritiam pecuniæ pretio dato vel accepto, ecclesiastica officia vel spiritalia videlicet, vel corporalia mercatur, Simoniacus est; ita et ille qui per avaritiam sublimitatis et non Dei, sed sui honoris cupiditate eadem ecclesiastica officia vel spiritalia vel corporalia dare, vel accipere præsumit, Simoniacus est. Simoniaci autem, secundum auctoritatem Chalcedonensium Patrum, sexcentorum videlicet et triginta episcoporum, clerici degradandi, monachi vero vel laici anathematizandi sunt. Et merito : nam quia magnæ exsecrationi in conspectu Dei digni habeantur, et quia gratia Spiritus sancti ad eos minime pertineat et omne corpus per eos vitietur, sanctus Pater Ambrosius manifeste in libro de sacerdotibus (cap. 5) indicat, dicens : *Sunt qui novam prodigialiter regulam hac tempestate peperisse deflentur, et Giezi sententiam et Simonis sectantes, sancti episcopatus gratiam pecuniis coemerunt, nequaquam timentes, cum honorem sacerdotalem pecuniis emerent, a B. Petro apostolico se cum Simone fuisse damnatos, sicut ait :* « *Pecunia tua, inquit, tecum sit in perditione, quia donum sancti Spiritus te credidisti pecuniis comparare (Act. VIII).* » *Et lepram cum Giezi a sancto se suscepisse credant Eliseo, qui gradum sacerdotalem se existimant pecuniis comparare. Quibus, cum ista dixerimus, sufficere debuit suum comparando lepram possidere. Nam sicut validioribus morbis capite vitiato, reliquum necesse est corpus inundatione superioris morbi lethaliter irrigari, ita et hi qui caput videntur Ecclesiæ esse, morbo pestifero fraternum vitiant corpus, ut nihil ex totius corporis compage insauciatum possit evadere, quod negligentium sacerdotum vitiositatis mortale infecit virus, ita ut videas in Ecclesia passim, quos non merita, sed pecuniæ ad episcopatus ordinem provexerint ; nugacem populum et indoctum, qui talem sibi asciverunt sacerdotem, quos si percunctari velis fideliter, quis eos perfecerit sacerdotes, respondent mox et dicent : Ab archiepiscopo sum nuper episcopus ordinatus, centumque ei solidos dedi, ut episcopalem gratiam consequi meruissem. Quod si minime dedissem, hodie episcopus non essem. Unde melius est mihi aurum de sacello invehere quam tantum sacerdotium perdere. Aurum dedi, et episcopatum comparavi. Quos tamen solidos, si vivo, recepturus illico non diffido. Ordino presbyteros, consecro diaconos, et aurum accipio. Nam de aliis nihilominus ordinibus pecuniæ quæstum profligare confido. Ecce et aurum quod dedi, in meo sacello recepi et episcopatum gratis accepi.*

Nempe hoc est quod doleo, quia archiepiscopus carnaliter episcopum fecit. Nam propter pecunias

---

(2) Ita *Cod.*, sed corrig. videtur I.

specialiter leprosum ordinavit: « Pecunia, inquit, tua tecum sit in perditione, » quia sancti Spiritus gratiam pretio comparasti, et commercium miserabile in animarum exitium peregisti. Et nescii homines et indocti in ordinationibus eorum clamant et dicunt : Dignus es et justus es, et conscientia misera, indignus es et injustus es, dicit. Pronuntiat episcopus hujusmodi ad populum, dicens : Pax vobis. Oculis quidem carnaliter videtur episcopus magnus, et divinis obtutibus inspicitur leprosus magnus. Per pecuniam acquisivit indebitum ordinem, et apud Deum perdidit interiorem hominem. Caro suscepit dignitatem, et anima perdidit honestatem; caro ancilla facta est domina animæ, et anima, quæ erat domina, facta est famula carnis; caro dominatur populis, et anima servit dæmoni; carni sacerdotium comparavit, et animæ detrimentum paravit. Et : « Quid prodest ejusmodi homini, si totum mundum lucretur, et animæ suæ detrimentum patiatur. » Aut : « Quam dabit homo commutationem pro anima sua » (Matth. XVI.) Quod dedit, cum ordinaretur episcopus aurum fuit, et quod perdidit anima fuit. Cum ordinaret alium, quod accepit pecunia fuit, et quod dedit lepra fuit. Hæc sunt mercimonia iniquorum in pernicie eorum. Interrogo tamen fratrem et coepiscopum nostrum ; quia et ego episcopus sum, et cum episcopo loquor : Dic ergo mihi paulisper, frater episcope, cum dares pecuniam, quid accepisti ? Gratiam episcopalem accepi. Ergo interrogo te hoc: Gratia, cur tali vocabulo nuncupatur? Respondes : Cur inquiris ? Ut reor, pro eo quod gratis datur, ideo gratia vocatur. Ergo si gratia gratis dicitur et auro non æstimatur, a te cur gratia pecuniis comparatur? Respondes: Non, inquis, mihi daretur, si pecuniis non emeretur; nec episcopus fuissem ordinatus, si pecuniam non dedissem. Ergo ut apparet ex responsionibus tuis, gratiam, cum ordinareris, non suscepisti, quia gratuito eam non meruisti. Et ideo, frater, si gratiam non accepisti, quomodo episcopus effici potuisti ? Nam et ad discipulos suos Dominus dicit : « Gratis accepistis, gratis date (Matth. X). » Cur ergo gratuitam gratiam æstimasti te pretio possidere? Nam, ut video, aurum dans perdidisti, et sanctam gratiam non acquisisti. Adhuc tamen semel adjiciens, fratrem perquiro episcopum, ne quid de approbamentis veri judicii nos prætermisisse videamur. Quis dat, frater, episcopalem gratiam? Deus, an homo? Respondes: Sine dubio Deus; sed tamen per hominem dat Deus. Homo imponit manus, Deus largitur gratiam; sacerdos imponit supplicem dexteram, et Deus benedicit potenti dextera; episcopus initiat ordinem, et Deus tribuit dignitatem. O justitia! o æquitas! Si homini pecunia datur, qui nihil in ordine amplius operatur, nisi solum servitium quod ei creditur; cur Deo totum negatur; qui per ipsum ordinem tibi largitur? Justumne tibi videtur, ut servus honoretur et Dominus injuriam patiatur, et injuste accipiat sacerdos pecuniam, et Deus patiatur ab homine injuriam? Sed, quia pro concesso ordine Deus a te nihil exspectat, cur a te sacerdos imprudenter pecuniam exspectat? Deus homini concedere voluit gratis, et episcopus rapax pecuniam ab homine expetit gratis? Deus homini, ut certe benignus, gratis donavit, et sacerdos malignus eum sine causa prædavit! « Quid enim habes quod non accepisti ? Si autem accepisti, quid gloriaris quasi non acceperis?» (I Cor. IV.) Ecce ad quæ mala volvitur deificus ordo! ecce ad quæ probra sunt prolapsi sacerdotes, qui audire meruerunt a judice mundi : « Vos estis lux hujus mundi! » (Matth. V.) Ecce quibus subjiciuntur gentes, quibus a Domino dictum est : « Vos estis sal terræ (ibid.). » Ergo si lux est Ecclesiæ episcopus a Domino ordinatus, ita ut imperitiæ tenebras prædicationis suæ eloquio rutilante, conscientiarum tenebras illuminet, cur ipse palpabilibus tenebris tenetur obstrictus ? Et non solum, quia ipse, dum male agit digne perit, insuper et alios secum indigne perdit. Si enim salis meruisti possidere saporem, ut insipientium possis arva condire, cur infatuatus tali vitio, immudis te porcorum conculcandum pedibus præbuisti, ita ut nec alios, nec teipsum possis condire?

Oculorum etiam in corpore officium, id est in Ecclesia voluntarius appetisti, ut reliquum per te corpus ducatum lucis haberet; et nunc quadam lippitudine et caligine vitiorum obtenebratus, nec teipsum lucis idoneum præbes, et aliis adimis lucem? De quibus oculis in Evangelio dicitur : « Si oculus tuus simplex fuerit, totum corpus tuum lucidum erit (Matth. VI), » id est: Si episcopus, qui lumen promeruit præesse in corpore, simplicitate est sancta et innocentia decoratus, omnis Ecclesia splendore luminis radiatur. « Si autem oculus tuus nequam est, totum corpus tuum tenebrosum erit (ibid.), » id est: Si episcopus, qui videbatur corpori subdito lucem præbere, obnubiletur nequitiæ cæcitate, quid cætera membra faciunt, quibus lux est adempta oculorum? id est: Quid sæcularis factura est multitudo, cum voluptatibus illicitis et actionibus ad similem facinorum voraginem episcopus multitudinem populi procreaverit? Ut nulli jam jamque illicitum esse videatur, quod ab episcopo quasi licitum perpetratur, sed ipsum magis credunt homines esse laudabile, quidquid episcopus habuit delectabile; nec quisquam, quod agere pontifex non dubitat, se dubitanter agere dicat. Episcopus enim a cunctis indubitanter vocaris, præsertim cum ipso nomine censeris, si tamen actio concordet nomini, et nomen se sociat actioni. Nam quid aliud interpretatur episcopus, nisi superinspector ? Maxime cum solio in Ecclesia editiore resideat et ita cunctos respiciat, ut et cunctorum in ipsum oculi respiciant. Ergo quia ita est, cur te tetrum speculum universorum oculis demonstras, ita ut non possit obscuritate tua se comptius exornare ? Sufficiat hucusque nunc nostris consacerdotibus paululum dilatasse sermonem, in quo eorum simul excellentiam et casum monstravimus, et ne fidentes in sublimitate honorum, minime requirerent perfectionem morum, et in solo crederent sacerdotes nomine plusquam opere gloriari.

Et quamvis sciam, pro hoc libello, plurimos mihi sacerdotes, qui hæc quæ loquimur agere nolunt, infideliter esse detracturos, credo tamen plurimos, qui hæc agunt vel agere nituntur, fideliter pro nobis oraturos. Sed sicut lacerationibus obtrectatorum minime prægravamur, sic demum probatorum et sanctorum virorum orationibus adjuvamur. Age nunc, sanctificus Spiritus, qui nos in hoc opere divinis inspirationibus adjuvisti, cunctos sacerdotes adjuva, et præsta ut faciant quæ in hoc opusculo ipse eloqui inspirasti, ut una eis mecum tribuas cœlorum regna, quæ sanctis in regno cœlorum dare promisisti. Amen.

CAP. LXXXIII. — *Quanta gloria et honore digni sint sancti sacerdotes.*

Quia igitur quantæ infelicitatis in conspectu Dei mali sacerdotes habeantur ostendimus, demonstremus etiam quantæ gloriæ apud Deum et homines boni episcopi digni habeantur. Nam de eisdem S. Ambrosius in eodem libro De sacerdotibus (cap. 2) ait : *Honor, fratres, sublimitas episcopalis nullis poterit comparationibus adæquari. Si regum fulgori compares et principum diademati, longe erit inferius quam si plumbi metallum ad auri fulgorem compares, quippe cum videas regum colla et principum submitti genibus sacerdotum, et exosculata eorum dextera orationibus eorum credant se communiri. Quid etiam de plebeia dixerim multitudine, cui non solum præferri a Domino meruit, sed ut eam quoque jure tueatur patrio, præceptis imperatum est evangelicis?* Sic certe a Domino ad B. dicitur Petrum : « Petre, amas me? » Et ille : « Tu scis, Domine, quia amo te (Joan. XXI). » Et cum tertio fuisset interrogatus, et trina responsione fuisset subsecutus, repetitum est a Domino tertio : « Pasce oves meas (ibid.). » Quas oves, et quem gregem non solum tunc suscepit apostolus Petrus, sed nobiscum eas accepit, et cum illo nos eas accepimus omnes. Unde, quia regendæ sacerdotibus traduntur, merito rectoribus suis subdi dicuntur. Nam ipse Dominus ait : « Non est discipulus super magistrum (Luc. VI). » His vero præmissis, aperte monstratur nil in hoc sæculo excellentius sacerdotibus, nil sublimius episcopis reperiri. Unde curandum summopere est ut sancta vita sancto ordini congruat.

CAP. LXXXIV. — *Vera comprobatio, quia Simoniacus est, qui officia ecclesiastica a laicis accipit.*

Gratia sancti Spiritus, quæ in cunctis fidelibus et maxime in ecclesiasticis viris requiescit, illuminati videamus utrum accipere ecclesiastica officia ab imperatore, vel aliis mundi principibus vitium sit tantum, an Simoniaca hæresis verissime comprobetur. Dicit itaque B. Gregorius : *Sunt nonnulli, qui quidem munerum præmia ex ordinatione non accipiunt, et tamen sacros ordines pro humana gratia largiuntur, atque de largitate eadem laudis solummodo retributionem quærunt. Hi nimirum, quod gratis acceptum est, gratis non tribuunt, quia de impenso officio sanctitatis nummum expetunt favoris. Unde bene, cum justum virum describeret, propheta* ait : « *Qui excutit manus suas ab omni munere* (Isai. XXXIII). » *Neque enim dixit* : « *Qui excutit manus suas a munere,* » *sed adjunxit* « *ab omni.* » *Quia aliud est munus ab obsequio, aliud munus a manu, aliud munus a lingua. Munus quippe ab obsequio est subjectio indebite impensa, munus a manu pecunia, munus a lingua favor. Qui ergo sacros ordines tribuit, tunc ab omni munere manus excutit, quando in divinis rebus non solum nullam pecuniam, sed etiam humanam gloriam non requirit.* Sicut itaque Simoniacus est, qui munus a manu tribuens, ecclesiastica officia vendit vel emit, ita, juxta hoc exemplum sancti doctoris quod proposuimus, Simoniacus et ille per omnia comprobatur, qui favore humano, non amore Domino hoc promeruerit. Si vero qui favore hominum usus, etiam ab ecclesiasticis viris ecclesiastica officia adipisci injuste desiderat, damnatur, sine omni contradictione multo gravius ille damnandus est, qui iniquitati favens, et laudans, et benedicens peccatorem *in desideriis animæ suæ* (Psal. X), et confirmans alicui terreno principi juste competere, ut Ecclesias investiat et dominetur, episcopatum, vel aliquod ecclesiasticum officium ab eo accipere studet. Nam ut hoc vere Simoniacum esse magis magisque clarescat, duorum episcoporum ponamus exemplum, quorum unus canonice a clero et populo electus, investiri ab imperatore, ut sacrilegium devitans, episcopatum ab eo accipere nullatenus consentit; alter vero et ipse simili modo canonici a clero et populo electus, investiri ab imperatore non solum non recusat, sed etiam valde desiderat, profitetur et hoc jure imperatori competere, ut nemo sine investitura præsulatum ecclesiasticum, et terrenas res Ecclesiæ habere prævaleat. Cum itaque imperator illi, qui hoc ei juste competere dicit, prærogativam præsulatus concedit, isti vero, qui ei contradicit, episcopatum habere non permittit, nonne aperte patet ideo illum honoratum, quia tantæ nequitiæ favens, injustitiam laudare præsumit? Nunquid, etsi non dedit nummum pecuniæ, nummum favoris non dedisse ullo modo probari potest? An pejus est dare pecuniam quæ a Deo creata est, quam dare nequitiam quæ a diabolo inventa est? Manifeste igitur patet, et hos vere Simoniacos esse, et gratia sancti Spiritus ad eos nullo modo pertinere. Nam qui putat gratiam sancti Spiritus Simoniacis dari, quam graviter erret, ex verbis SS. Patrum cognoscere potest, quorum alii eos non episcopos, alii vero leprosos, alii quid pejus quam Arianos esse diffiniunt.

CAP. LXXXV. — *Quia grave sacrilegium sit auferre Ecclesiæ quæ ei donata sunt.*

Quanta nequitia sit non solum sanctuarium Dei in hæreditate possidere desiderare, quod eum velle manifestum est, qui sine sua investitura præsules Ecclesiarum, quæ sanctuarii sunt, habere contradicit, quodque a Propheta etiam maledictione multatur, sed etiam ea quæ Deo et ejus sanctuario oblata sunt, aliquo modo auferre aut alienare, ostendit

S. Urbanus, apostolicus martyr, inquiens : *Res Ecclesiæ a nemine sunt invadendæ, ne sacrilegii reatum incurrant, qui eas inde abstrahunt, ubi traditæ sunt, et quod pejus est, anathema maranatha fiant; et si non corpore, ut Ananias et Saphira fecerunt, qui mortui ceciderunt, anima tamen, quæ potior est corpore, mortua et alienata a consortio fidelium cadat, et in profundum inferni labatur.* Unde attendendum est omnibus fidelibus, et fideliter custodiendum, et illius usurpationis contumelia depellenda, ne prædia usibus secretorum cœlestium dicata, a quibusdam irruentibus vexentur. Quod si quis fecerit, post debitæ ultionis acrimoniam, quæ erga sacrilegos jure promenda est, perpetua damnetur infamia, et carceri tradatur, aut exsilio perpetuæ deportationis servetur, quoniam, juxta Apostolum, oportet *hujusmodi hominem tradere Satanæ, ut spiritus salvus sit in die Domini (I Cor. v).* Huic concordans sanctus Lucius apostolicus, et ipse in suis *Decretis* (append. vi) ait : *Res ecclesiarum et oblationes fidelium ab aliquibus vexari, et ecclesiasticis viris auferri indubitanter maximum est peccatum, testante Scriptura, quæ ait :* « *Qui abstulerit aliquid patri, et dicit, hoc non esse peccatum, homicidæ particeps est* (*Prov.* xxviii). » *Pater ergo noster est sine dubio Deus, qui nos creavit, et mater nostra Ecclesia, quæ nos in baptismo spiritualiter generavit, et ideo qui Christi pecunias et Ecclesiæ aufert, fraudat et rapit, homicida in conspectu justi judicis esse deputabitur.* Unde scriptum est : *Qui rapit pecuniam proximi sui, iniquitatem facit; qui autem pecunias, vel res Ecclesiæ abstulerit, sacrilegium facit.* Unde et Judas, qui pecuniam fraudavit, quæ usibus Ecclesiæ, id est pauperibus, quos Ecclesia pascere debet, distribuebatur jussu Salvatoris, cujus vicem episcopi tenent, non solum fur, sed fur sacrilegus effectus est. De talibus enim, id est, qui facultates suas Ecclesiæ rapiunt, fraudant vel auferunt, Dominus comminans per prophetam loquitur, dicens : « *Deus, ne taceas tibi, ne sileas, et non quiescas, Deus, quia ecce inimici tui tumultuati sunt, et qui oderunt te, levaverunt caput, contra populum tuum nequiter tractaverunt, et inierunt consilium adversus arcanum tuum; dixerunt : Venite et conteramus eos de gente, et non sit memoria nominis eorum ultra, quoniam tacuerunt corde pariter, contra fœdus pepigerunt tabernacula Idumææ, et Ismaelitarum, Moab et Agareni, Jebal, et Amon et Amalec, Palæstina cum habitantibus Tyrum; sed Assur juxtas ecus eis facti sunt brachium filiorum Lot. Fac illis sicut Madian, et Sisaræ, sicut Jabin in torrente Cisson. Contriti sunt in Endor, fuerunt quasi sterquilinium terræ. Pone principes eorum, sicut Oreb, et Zeb, et Zebee, et Salmana, omnes principes eorum, qui dixerunt : Possideamus nobis pulchritudinem Dei. Deus meus, pone illos ut rotam, et quasi stipulam ante faciem venti; Quomodo ignis comburit silvam, et sicut flamma devorat montes, sic persequeris eos in tempestate tua, et in turbine tuo conturbabis eos. Imple facies eorum ignominia. Et quærent nomen tuum, Domine. Confundantur, et conturbentur usque in æternum, et erubescant, et pereant, et sciant quia nomen tibi Dominus; tu excelsus super omnem terram* (*Psal.* lxxxii). » Hæc fieri prophetæ, hæc apostoli, hæc successores eorum, et omnium catholicorum Patrum vetant decreta, et tales præsumptiones sacrilegia esse dijudicant. Quorum nos sequentes exempla, omnes tales præsumptores, et Ecclesiæ raptores, atque suarum facultatum alienatores una vobiscum a liminibus sanctæ matris Ecclesiæ anathematizatos, apostolica auctoritate pellimus, et damnamus, atque sacrilegos esse judicamus, et non solum eos, sed omnes consentientes eis, quia non solum qui faciunt, rei judicantur, sed etiam, qui facientibus consentiunt (*Rom.* 1). *Par enim pœna et agentes et consentientes comprehendit.* Ea quæ Deo oblata sive magna sive prava, ista regula contineri certissimum est. Si vero imperator fidelis, vel aliquis princeps, quod sibi jure competit, pastori Ecclesiæ dare voluerit, investitura cæteris hominibus consueta concedere debet, non pastorali virga, seu episcopali annulo, quibus mysteria Domini Christi signantur, et ideo sacrata verissime comprobantur. Dignum enim non est ut terrenarum rerum investitura a terrenis principibus episcopalibus insignibus detur, quia, ut diximus, Spiritus sancti donum per hæc designatur.

Cap. LXXXVI. — *Quod episcopi vices apostolorum in Ecclesia habeant.*

Quorum vices in Ecclesia episcopi habeant, et quis eis hanc dignitatem dare debeat, ostendit S. Augustinus (*in psal.* xliv), inquiens : « *Pro patribus tuis nati sunt tibi filii* (*Psal.* xliv). » *Patres missi sunt apostoli; pro apostolis filii nati sunt, constituti sunt episcopi. Hodie enim episcopi, qui sunt per totum mundum, unde nati sunt? Ipsa Ecclesia Patres eos appellat, ipsa illos genuit, et ipsa illos constituit in sedibus patrum. Non te ergo putes desertam, o Ecclesia, quia non vides Petrum, quia non vides Paulum, quia non vides filios per quos nata es. De prole tua crevit tibi paternitas.* « *Pro patribus tuis nati sunt tibi filii.* » *Constitues eos principes super omnem terram. Filios genuit Ecclesia, constituit eos pro patribus suis super omnem terram principes.*

Cap. LXXXVII. — *De temporali virtute sanctæ matris Ecclesiæ.*

Magnæ auctoritatis etiam ad temporalem salutem Ecclesiæ esse, et omnes confugientes ad se salvare posse, ostendens idem Pater Augustinus (*in psal.* xlvi), ait : *Multi modo currunt ad Ecclesiam nondum Christiani, rogantes auxilium Ecclesiæ; subveniri sibi temporaliter volunt, etiam si in æternum nobiscum regnare adhuc nolunt. Cum omnes quærunt auxilium Ecclesiæ et Christiani, et qui nondum sunt Christiani, nonne* « *subjecit plebes nobis, et gentes sub pedibus nostris?* » (*Psal.* xlvi).

Cap. LXXXVIII. — *De officiis ecclesiasticis non vendendis.*

Qui sunt qui vendunt boves et columbas? Ipsi

sunt, qui sua quærunt, non quæ Jesu Christi. Venale totum habent, quia nolunt redimi. Emi nolunt, et vendere volunt. Bonum est enim eis ut redimantur sanguine Christi, ut perveniant ad pacem Christi. Quid enim prodest acquirere in hoc sæculo quodlibet temporale et transitorium, sive sit pecunia, sive sit voluptas ventris et gutturis, sive sit honor in laude humana? Nonne omnia fumus et ventus? Nonne omnia transeunt, et currunt? Et væ his qui hæserint transitoriis, qui simul transeunt! Nonne omnia, ut fluvius præceps, currunt in mare? Et væ qui ceciderit, quia in mare trahitur! Ergo tenere debemus omnes affectus a talibus concupiscentiis, fratres mei, quoniam qui talia quærunt, vendunt. Nam et Simon ille volebat emere Spiritum sanctum, quia vendere volebat Spiritum sanctum, et putabat apostolos esse tales mercatores, quales Dominus de templo flagello ejecit. Talis enim ipse erat, et quod venderet emere volebat; de illis erat qui columbas vendebant. Etenim in columba apparuit Spiritus sanctus (*Matth.* III). Qui vero vendunt columbas fratres? Qui dicunt : Nos damus Spiritum sanctum. Quare enim hoc dicunt? Et quo pretio vendunt pretium honoris sui? Accipiunt pretium cathedras temporales, ut videantur ipsi vendere columbas. Caveant a flagello de resticulis. Columba non est venalis; gratis datur, quia gratia vocatur. Caveant ergo et isti, qui exteriorem, ut ita dictum sit, Ecclesiam, bonum esse aiunt, tradunt in manus eorum, qui secundum suum libitum ei dominari per omnia volunt. Nam quamvis in mentibus fidelium habitet Deus, tamen corpora eorum templum Spiritus sancti appellat Apostolus. Cum vero disponenda eis Ecclesia conceditur, qui regendi sunt, et qui animarum ducatum habere non debent, procul dubio error gravissimus est.

CAP. LXXXIX. — *De honore quem sacerdotibus imperatores exhibuerunt.*

Quantus honor sacerdotibus ab imperatoribus exhiberi debet, ostendit S. Gregorius (lib. v, ep. 40) dicens Mauricio imperatori : *Sacerdotibus non ex terrena potestate Dominus noster citius indignetur, sed excellenti consideratione propter eum, cujus servi sunt, eis ita dominetur, ut etiam debitam reverentiam impendat. Nam in divinis eloquiis sacerdotes aliquando dii, aliquando angeli vocantur. Et per Moysen de eo qui ad juramentum ducendus est, dicitur : « Applica illum ad deos (Exod.* XXII), » *videlicet ad sacerdotes. Et rursum scriptum est : « Diis non detrahes (ibid.), » scilicet sacerdotibus. Et propheta ait : « Labia sacerdotis custodiunt scientiam, et legem ex quirunt ex ore ejus, quia angelus Domini exercituum est (Mal.* II). » *Quid ergo mirum, si illos vestra pietas dignetur honorare, quibus in suo eloquio honorem tribuens, eos aut angelos, aut deos ipse etiam appellat Deus? Ecclesiastica quoque testatur historia quia, cum piæ memoriæ Constantino principi scripto oblatæ accusationes contra episcopos fuissent, libellos quidem accusationis accepit, et eosdem qui accusati fuerant episcopos convocans, in eorum conspectu libellos quos acceperat incendit, dicens : « Vos dii estis, a vero Deo constituti. Ite,' et inter vos causas vestras dijudicate, quia dignum non est ut nos dijudicemus deos. »* In qua sententia, pie Domine, sibi magis ex humilitate, quam illis aliquid præstitit ex reverentia impensa. Ante enim quique pagani in republica principes fuerunt, qui verum Deum nescientes, deos ligneos et lapideos colebant, et tamen eorum sacerdotibus honorem maximum tribuebant. Quid igitur mirum, si Christianos imperator veri Dei sacerdotes dignetur honorare, dum pagani, ut prædixi, principes honorem impendere sacerdotibus noverunt, qui diis ligneis et lapideis serviebant? Hæc ego pietati dominorum non pro me, sed pro cunctis sacerdotibus suggero.

CAP. XC. — *De eo quia regnum terrenum de honore sanctæ Ecclesiæ crevit.*

Diximus in superioribus hujus libelli, regni terreni honorem de honore et possessione sanctæ Ecclesiæ in hoc mundo magis magisque crevisse. Quod, quia verum sit, testatur exemplum Magni Constantini, cui Deus per virtutem sanctæ crucis victoriam de inimicis donare dignatus est. Cum vero postea per B. Silvestrum baptizatus fuisset, et vera cordis humilitate decrevisset, injustum videri ibi se imperialem sedem habere, ubi Deus vicarium B. Petri constituit, Constantinopolitanam civitatem ædificans ibidem gl riosus regnavit. Cui Deus, quia beatum honoravit apostolum, et ejus vicario occidentale regnum reliquit, omne regnum Romanum ex integro habere concessit. Beatus enim papa Sylvester, quamvis ille dederit, tamen ipse Domini Christi sequens exemplum, suo sanctissimo capiti coronam regni imponi passus non est, sed eum magis rogavit, ut regnum tenendo Ecclesiæ sanctæ devote serviret. Unde videntur illi veritatem non tenere qui ducatus et marchias, vel alias præcelsas possessiones Ecclesiæ, nomine possessionis ei subjugari non debere contendunt. Nunquid enim hoc sanctissimus Sylvester, prudentissimus et sapientissimus existens, Ecclesiæ sanctæ donari permitteret, nisi convenire certissime sciret divinæ voluntati, et a sanctis prophetis olim prædictum? Ait itaque de hoc sanctus propheta, sanctæ Ecclesiæ loquens : *Reges gentium ministrabunt tibi. In indignatione mea percussi te, et in reconciliatione mea misertus sum tui. Afferetur ad te fortitudo gentium, et reges earum adducentur. Gens enim et regnum, quod non servierit tibi, peribit (Isai.* LX). Et item : *Gloria Libani ad te veniet, abies, et buxus, et pinus simul ad ornandum locum sanctificationis meæ, et locum pedum meorum glorificabo, et venient ad te curvi filii eorum, qui humiliaverunt te, et adorabunt vestigia pedum tuorum; omnes, qui detrahebant tibi (Ibid.).* Itemque : *Pro eo quod fuisti derelicta, et odio habita, et non erat qui pertransiret, ponam te in superbiam sæculorum, gaudium in generatione et generatione, et suges lac gentium, et mamilla regum lactaberis, et cies, quia ego Dominus salvans te* (*Isai.* Lx.). Ostenditur autem, et in Vita sancti Joannis Chrysostomi, quantum sapientia et potentia sacerdotum regno proficiant, cum de eo narratur Godoliam quemdam tyrannum, ad quem nullum principum imperator mittere poterat, eum adisse, et sua sapientia furorem illius mitigasse. Beatus etiam Leo apostolicus Attilam illum famosissimum, *Dei flagella* nominatum, ab Italiæ finibus sua prudentia exire compulit. Constat autem hoc eos perficere non potuisse, nisi Ecclesiarum stipendiis adjuti etiam Ecclesiæ militiam secum haberent. Tale vero, quod solummodo decimis et oblationibus fultos eos non perpetrasse cognoscentes, acquiescant veritati, qui dicere ausi sunt ad Ecclesias non pertinere, nisi decimas, et primitias, et oblationes, quæ ad altare offeruntur; et noverint verum esse regnum terrenum Ecclesiæ suffragio muniri atque defendi.

CAP. XCI. — *Contra eos qui dicunt : Tanta donantur Ecclesiæ, ut regno vix pauca remaneant.*

Sunt vero quidam simplices, dicentes : Si ita hæc permanserint, Ecclesia omnia terrena obtinere poterit. Quibus quid respondendum est, nisi illud, quod Dominus de virginibus ait : *Non omnes capiunt verbum istud?* (*Matth.* XIX.) Quando enim omnes, quæ sua sunt, Ecclesiæ dabunt, qui ea ipsa quæ antiquitus possidet, auferre conantur?

CAP. XCII. — *Quo ordine sanctis canonibus non contrario sacerdotium et regnum concordari possit.*

Quia vero Dominus ait : *Pacem meam do vobis, pacem relinquo vobis* (*Joan.* XIV), studendum omnimodis est, ut pax inter sacerdotium et regnum sit, et firmiter Deo auxiliante, permaneat. Quæ ita ut Deo inspirante cognoscimus, fieri potest si, cum pastor Ecclesiæ canonice electus, investitus et consecratus fuerit, tunc per se, vel per suos fideles imperatorem adeat, et de rebus Ecclesiæ sibi commissis imperiale præceptum expetat. Quod ei piissimus imperator more suæ spiritalis matris libentissime concedens firmare dignetur, quod sui prædecessores illi Ecclesiæ concessisse manifestum est, promittens eidem Ecclesiæ, et ejus pastori suam piissimam defensionem in omnibus. Ideo autem diximus non tantum per se, sed etiam per suos legatos istud peragere sanctos pastores, quia sæpius evenit, ut sancta Ecclesia sanctum sibi pastorem vel senem, vel etiam corpore debilem eligere studeat, sicuti venerabilis memoriæ Gregorium, eximium doctorem sancta Romana Ecclesia fecit, et sicut Mediolanenses successorem B. Ambrosii Simplicianum, bonum senem eligere studuerunt. Dignum itaque non est ut tales longo terrarum spatio fatigentur. Si itaque hoc ratum tam sancti episcopi, quamque venerabiles imperatores habuerint, et insolentiam superborum comprimunt, et in pace quiescent, ipsa vero Ecclesia concordari et adunari in pace Christi taliter, Deo auxiliante, potest. Episcopi vel clerici, qui a sancta Romana Ecclesia aberraverint ; et ex corde pœnitentes ad eam regredi voluerint, cum consilio sanctorum episcoporum recipiantur, et quamvis multi ex eis exigente justitia juste repudientur, tamen misericordia superexaltante judicium, si ex toto corde convertuntur, pro unitate et concordia sanctæ matris Ecclesiæ bonum est, ut in suis gradibus recipiantur. In eis vero locis, ubi catholici episcopi et schismatici erant, catholici sedem episcopatus obtineant; schismatici vero presbyteri honore fungantur. Factum est istud tempore sancti Augustini de Donatistis, et Ecclesia sancta unita est. Ita et isto tempore si agatur, credimus in illius misericordia, qui duos diversos angulos in se angulari lapide adunare dignatus est, quia sancta Ecclesia præsenti discordia carebit et in pace quiescet.

CAP. XCIII. — *De districtione regum contra Simoniacam hæresim.*

Temporibus sancti Gregorii papæ, eximii doctoris, tanta vis religionis principibus terrenis inerat, ut non solum laicos a malo cohiberent, sed etiam clericos justitiæ servire constringerent. Inde est quod Theodorico et Theodeberto regibus Francorum scribens, ait : *Fertur Simoniaca hæresis, quæ prima contra Ecclesiam diabolica plantatione subrepsit, et ipso ortu suo, zelo apostolicæ ultionis percussa atque damnata est, et in regni vestri finibus dominari, cum in sacerdotibus fides, et vita eligenda sit, et ambitus omnino cavendus. Et inde paterno affectu petimus, charissimi filii, ut tam detestabile malum de regni vestri studeatis finibus prohiberi.* (Ex Regist. S. Greg. pap.)

CAP. XCIV. — *De eo, quia privata lex communem legem facere non potest.*

Hinc est etiam quod monasterium seu xenodochium quoddam, in eodem Francorum regno constitutum, quia per ambitiones et contentiones quorumdam, non canonice tractabatur, a perversitate malorum liberare cupiens præcepit, ut sine regali providentia et monachorum electione nullus ibi abbas aliqua unquam subreptione introduceretur. Præcepit etiam ut ejusdem monasterii abbas nunquam ad episcopatum eligeretur, ne forte occasione episcopatus abbatia aliquod detrimentum pateretur. Quod privilegium ita est illius Ecclesiæ, ut communem legem regibus vel abbatibus omnino dare non possit. Non enim quod uni specialiter conceditur, statim omnibus convenit.

CAP. XCV. — *Quia gratia, nisi gratis accipiatur, non est gratia.*

Gratia, nisi gratis accipiatur, non est gratia. Simoniaci autem non gratis accipiunt quod acipiunt. Si autem non accipiunt, non habent. Si non habent, nec gratis neque non gratis cuiquam dare possunt. Quid ergo dant? profecto quod habent. Quid autem habent? spiritum utique mendacii. Quomodo ergo probamus? Quia si Spiritus veritatis, testante ipsa Veritate, de qua procedit, gratis accipitur, qui non gratis accipitur, procul dubio spiritus mendacii esse convincitur

CAP. XCVI. — *De eo, quia Simoniaci pejores sunt quam Ariani.*

Qui enim aliorum errorem defendit, multo est damnabilior illis qui errant, quia non solum ipse errat, sed etiam aliis offendicula erroris præparat et confirmat. Unde quia magister erroris est, non tantum hæreticus, sed etiam hæresiarcha dicendus est. Viderint ergo Simoniacorum defensores, quo nomine censendi sint. Denique Ariani quanquam in hoc maxime errent, quod Filium minorem Patre, et creaturam esse asserunt, Spiritum quoque sanctum minorem Patre et Filio, atque creaturam, Deum tamen utrumque dicunt, neutrumque eorum ulli omnino creaturæ, nisi Deo Patri creatori visibilium omnium, et invisibilium subjicere contendunt. At Simoniaci minime contenti tanto Arianorum sacrilegio, omnipotentem Spiritum sanctum non tantum minorem Patre et Filio, seu subjectum soli Patri et Filio, sed etiam sibimetipsis inferiorem, atque sibimetipsis subditum tanquam quodlibet venale et vile mancipium credunt, ut, velit, nolit, obediat voluntatibus eorum, atque funiculis pecuniæ attractus, aut velut aureis eorum catenis alligatus, plenitudinem suæ sanctificationis et gratiæ sacrilegis eorum officiis, et exsecrandis consecrationibus administret, eorumque venalitati seu operationi cooperetur, quod vel ad momentum æstimare, intolerabilis est, et forte irremissibilis blasphemiæ, quia in Spiritum sanctum est peccare, aut certe verbum dicere in eum. Qua sola æstimatione Simon ille, sectæ eorum primus auctor et signifer, a quo et ipsi agnominantur, irrecuperabiliter damnatus est.

CAP. XCVII. — *De eo, quia regnum terrenum sanctæ Ecclesiæ servire debet.*

Non utique pro honore regni Ecclesiæ rex dominari, sed magis pro honore regni cœlestis terrenum regnum Ecclesiæ servire debet. Quod verum esse testatur Spiritus sanctus per os S. Gregorii in libris Moralium dicens (lib. XXXI, c. 6) : *Loquitur Dominus B. Job de terrenis principibus, qui sanctæ Ecclesiæ servituri erant, inquiens :* « *Nunquid non habebis fiduciam in magna fortitudine rhinocerotis, et derelinques ei labores tuos?* » (Job XXXIX.) *In rhinocerotis fortitudine fiduciam habere se Dominus asserit, quia vires, quas terreno principi contulit, ad cultum suæ venerationis inclinavit, ut ex accepta potestate, per quam dudum contra Deum tumuerat, religiosum nunc obsequium latius impendat. Quo enim in mundo plus potest, eo pro mundi auctore plus prævalet. Unde et subditur :* « *Et derelinques ei labores tuos?* » *Labores suos huic rhinoceroti Dominus reliquit, quia converso terreno principi eam, quam sua morte mercatus est, Ecclesiam credidit, quia videlicet in ejus manu quanta sollicitudine pax fidei sit tuenda, commisit.* Itaque modo pro Ecclesia leges promulgat, qui dudum contra eam per varia tormenta sæviebat. Ecce, ut prædiximus, his verbis Spiritus sanctus, quæ per os S. Gregorii locutus est, aperte docetur, sanctam Ecclesiam a terrenis principibus non creditam nisi ad pacem fidei tuendam. Hæc autem est vera fidei pax, ut hæreticis resistatur, et Dei donum ab hominibus non posse tribui veraciter prædicetur. Hanc itaque prædicationem sacratissimi imperatores et principes ita in omnibus confirmare et corroborare studeant, ut in suo regno sanctæ Ecclesiæ devote servientes, ejus beatitudinis in cœlesti regno mereantur esse consortes.

CAP. XCVIII. — *Qua in re potestatem in Ecclesia terreni principes habere debeant.*

Qua in re intra Ecclesiam terrenæ potestates locum habere debeant, et utrum sua auctoritate, an illius evocatione, notandum ex verbis S. Gregorii dicentis (*Moral.* lib. XXX) : *Sancta Ecclesia ad pravorum hominum, qui humiles premunt, duritiam dissolvendam nonnunquam, quia propria virtute non sufficit, terreni principis opitulationem quærit. Quod dum terreni principes agunt, non sibi, sed Deo deserviunt.* In electione igitur pastorum sanctæ Ecclesiæ tunc vires suas exercere, ut Deo deserviant, terreni principes debent, cum de electione, ut assolet, inter partes discordia nascitur, et imperio sacerdotum compesci non potest, tunc judicium sacerdotum juvare, et pravos homines insectari omnimodis debent. Quod etiam in ipsa apostolica sede legimus, ubi, dum dissidentes populi duos ordinassent, Eulalium et Bonifacium, rogati a sacerdotibus et populis catholicis, Placidus Augustus cum filio suo Valentiniano Augusto, Bonifacium statuerunt, Eulalium vero de Urbe expulerunt. Sed pro hac re non Ecclesiam suo juri subdiderunt, sed magis ei servitium suum dederunt; quia postmodum in electione Romani pontificis nullum jus quæsierunt. Simili etiam modo in episcopiis et abbatiis catholici imperatores facere debent, si ab Ecclesia evocati fuerint. Si vero Romanus imperator catholicus non fuerit, non modo ejus adjutorium Ecclesia quærere non debet, sed magis contraire in omnibus. Quod si in tantum superbierit, ut alium quasi virtute sua vel auctoritate sua episcoporum Romæ ordinari faciat, non ipse habendus est episcopus, sed magis ille, quem catholica Ecclesia sibi elegit. Imperatori autem hoc agenti omnes Catholici, Deum timentes, non solum non servire, sed etiam, ut prævalent, resistere debent, scientes, pro hoc se mercedem æternam a Domino suceptulros, si illud caste, et zelo Dei faciant, sicut e contrario peccatum, si negligant.

CAP. XCIX. — *De Gregorio VII papa.*

Hujus rei moderni temporis exemplum habemus; quia cum Romanus imperator, catholicæ fidei resistens, suum episcopum ibi misisset, omnes Catholici eum respuentes anathematizaverunt, Gregorium vero VII catholice ordinatum dilexerunt, et eum B. Petri vicarium confessi sint. Cujus doctrinam Deus etiam post mortem ejus confirmans, portas inferi suæ Ecclesiæ prævalere nequaquam permisit.

Cap. C. — *Quam pure sancta ecclesiastica officia tractari debeant.*

Simoniacum eum esse, qui res Ecclesiæ, quæ ex consecratione proveniunt, emit, vel vendit pretio, scilicet muneris a manu vel lingua sive ab obsequio, ut B. Gregorius testatus est, etiamsi manus impositionem non vendat, vel emat, testatur S. Urbanus, apostolicæ sedis antistes, inquiens (*ex conc. Urban.*): Cur synodus Chalcedonensis 620 episcoporum procuratorem, vel defensorem Ecclesiæ, vel quemque regulæ subjectum adeo per pecuniam ordinari prohibet, ut interventores quoque tanti sceleris anathematizet, nisi quod eosdem Simoniacos judicet? Quod si præfati milites Ecclesiæ ob hujusmodi scelus percelluntur, nemo sapiens negabit, non militantes Ecclesiæ multo damnabilius hanc ob causam, id est venditionis vel emptionis, debere percelli. Sed B. prædecessor noster Paschalis de consecratione, et de rebus, quæ proveniunt x consecratione affirmat, quod quisquis alterum eorum vendit, sine quo alterum eorum habere non provenit, neutrum non venditum derelinquit.

Cap. CI. — *Quomodo Adrianus papa anathematizavit principes electioni præsulum se inserentes.*

Non debere se inserere imperatores vel principes electioni pontificum, sanctus Adrianus papa VIII, synodo præsidens ait (*ex concil. Adriani pap.*): Promotiones et consecrationes episcoporum concordans prioribus conciliis, electione et decreto fieri episcoporum hoc universalis synodus definivit et statuit, atque jure promulgavit, neminem laicorum, principum vel potentum semet inserere electioni vel promotioni patriarchæ, vel metropolitæ vel cujuslibet episcopi, ne videlicet inordinata hinc et incongrua fiat confusio vel contentio, præsertim cum nullam in talibus potestatem quemquam potestativorum, vel cæterorum laicorum habere conveniat, sed potius silere et attendere sibi, usquequo regulariter a collegio Ecclesiæ suscipiat finem electio pontificis. Si quis vero laicorum ad concertandum et cooperandum invitetur ab Ecclesia, licet hujusmodi cum reverentia, si forte voluerit obtemperare adsciscentibus. Taliter enim dignum pastorem sibi regulariter ad suæ Ecclesiæ salutem promovent. Quisquis autem sæcularium principum vel potentum, vel alterius dignitatis laicus adversus communem, ac consonantem canonicam electionem ecclesiastici ordinis agere tentaverit, anathema sit, donec obediat et consentiat, quidquid Ecclesia de ordinatione ac electione proprii præsulis se velle monstraverit.

Cap. CII. — *Quare permissum sit imperatoribus Ecclesias investire.*

Cum igitur hoc certum sit, beatissimum Adrianum de electione pontificis docuisse, mirum, quomodo inveniatur, ut quidam aiunt, Carolo imperatori investiendi Ecclesias licentiam tribuisse. Quid igitur in his considerandum est, quid æstimandum, nisi quia, etsi verum est hoc ei concessum fuisse, non idco hoc factum est, ut Ecclesiam Dei suo juri in tempore haberet subjectam, sed ut magis magisque per hoc signum se ei servire, et eam ab inimicis defendere quodammodo permitteret?

Cap. CIII. — *Qualiter electio vastoris canonice facienda si.*

Admone igitur populum, ut ad eligendum nullatenus dissentiat sacerdotem, sed uno consensu talem sibi eligant sacerdotem vel episcopum consecrandum, cujus et actus laudabiles, et grata Deo et hominibus possit esse persona, ne si aliter factum fuerit, in diversis, quod absit!...

Cap. CIV. — *Non debere eligi archiepiscopum sine jussu vel scientia vicariorum Domini papæ.*

(*Ex decreto Calixti papæ.*) Metropolitano vero defuncto, cum in locum ejus alius est subrogandus, provinciales episcopi ad civitatem metropolim convenire debent, ut omnium clericorum, atque omnium civium voluntate discussa, ex presbyteris ejusdem Ecclesiæ, vel ex diaconibus optimis eligatur, de cujus nomine ad tuam notitiam provinciales offerant sacerdotes impleturi vota poscentium, cum quod ipsis placuit, tibi quoque placuisse cognoverint. Sicut enim justas electiones nullis dilationibus volumus fatigari, ita nihil permittimus, te ignorante, præsumi.

Cap. CV. — *Quod ex jactantia cordis desiderium primatus nascatur.*

Opus quidem bonum desiderare bonum est; primatum autem honoris concupiscere, vanitas est; quoniam bonum opus implere nostræ voluntatis et nostri operis est et laboris. Propter quod ex primatu honoris, nescio, si aliquam mercedem homo adipisci mereatur. Nam desiderium primatus ex jactantia nascitur cordis. Qui autem humilis corde est, indigniorem se aliis arbitratur secundum apostolicum præceptum illud, quo ait: Alter alterum existimans superiorem se, et nunquam superiorem [*Cod.*, superiore] se desiderat apparere; primatus enim fugientem se desiderat, desiderantem se odit.

Cap. CVI. — *Quod clerus et plebs sacerdotem sibi eligere debeant.*

(*Ex decreto Anastasii papæ.*) Cum ergo de summi sacerdotis electione tractabitur, ille omnibus præponatur, quem cleri plebisque consensus concorditer postulaverint. Et si in aliam forte personam paucorum se vota diviserunt, metropolitani judicio is altari præferatur, qui majoribus et meritis et studiis fuerit.

Cap. CVII. — *Ut personarum acceptio in sacris ordinibus dandis non fiat.*

S. Augustinus exponens sententiam S. Jacobi apostoli (*Jac.* II): *Fratres, nolite in personarum acceptione habere fidem Domini nostri Jesu Christi*, ait: Non putandum est leve esse peccatum in personarum acceptione habere fidem Domini nostri Jesu Christi, si illam distantiam sedendi et standi ad honores ecclesiasticos referamus. Quis enim ferat eligi *divitem ad sedem honoris Ecclesiæ, et contempto paupere instructiore atque sanctiore? Deus enim pauperes, divites in fide elegit.*

CAP. CVIII. — *Ut nullum locum habeat in ecclesiasticis officiis pecunia.*

(*Ex decreto Gregorii papæ.*) Si in ecclesiasticis officiis quemquam habet locum pecunia, fit sæculare quod sacrum est. Quicunque hoc pretii studet datione percipere, sacerdos non esse, sed dici tantummodo inaniter concupiscit.

CAP. CIX. — *Quod non sint veri episcopi, qui per ambitionem ordinantur.*

(*Ex Regist. Greg. pap.*) Ex qua re, si recti libraminis examine pensetur, dum improbe quis ad inanem gloriam locum utilitatis arripere, eo ipso magis, quo honorem quærit, indignus est. Sicut autem is qui invitatus renititur, quæsitus refugit, sacris est altaribus admovendus, sic, qui ultro ambit, et importune se ingerit, est procul dubio repellendus.

CAP. CX. — *Quam grave sit aliqua fraudulentia sacram ordinem temerare?*

(*Ex Reg. Greg. pap.*) Si quis neque sanctis pollens moribus, neque a Deo populoque vocatus, vel pulsatione coactus, impudenter Christi sacerdotium, jam quodlibet facinore pollutus, injusto amoris corde vel sordidis precibus cordis, sive comitatu, sive manuali servitio, seu fraudulento munusculo episcopalem, seu sacerdotalem, non lucro animarum, sed inanis gloriæ avaritia suffultus, dignitatem acceperit, et in vita sua non sponte reliquerit, eumque aspera mors in pœnitentia non invenerit, procul dubio in æternum peribit.

CAP. CXI. — *Quia difficile bono exitu consummantur, quæ male inchoata sunt.*

(LEON. pap.) Principum autem, quem aut seditio extorsit, aut ambitus occupavit, etiamsi moribus atque actibus non offendit, ipsius tamen initii sui est perniciosus exemplo; et difficile est, ut bono peragantur exitu, quæ malo sunt inchoata principio.

CAP. CXII. — *Quia multis testimoniis pateat, quod non oporteat dignitates sacras per ambitionem quærere.*

Ecce his sacris testimoniis apertissime patet quantum mali sit dignitatem sacram per ambitionem quærere, et quia nihil principes terreni in electione pontificum vel abbatum quærere debeant. Verumtamen adhuc verba sanctorum Gregorii Nazianzeni, et Augustini in medium proferamus.

CAP. CXIII. — *Quam grave sit prærogativam sacerdotii ambitione quærere, et qua pœnitentia illi subveniatur.*

(GREG. NAZ.) Nam de eo, qui donum Dei studet pretio mercari, quod ad sacrum ordinem nulla ratione de cætero permanere aut revocari possit, non dubium est, et a communione modis omnibus abscidatur. Sed valde considerandum est de medicina pœnitentiæ ejus. Nam qui Spiritus sancti do-

num præsumit pretio comparare, quid aliud est quam capitale crimen et Simoniaca hæresis? Liquido aliud invenire non possumus, sed tantummodo prout canonica, apostolicaque censura continetur. Presbyter aut diaconus, qui uxorem duxerit, aut adulterium fecerit, vel capitale crimen commiserit, publice deponatur, et in monasterio retrudatur, et illic omnibus diebus vitæ suæ pœniteat. De hac vero pestifera hæresi canones præcipiunt ut a communione omnibus modis abscindatur; tamen ad exitus mortis pro misericordia, ut his communicet, judicamus.

CAP. CXIV. — *De principibus sanctæ catholicæ Ecclesiæ.*

Beatus vero Augustinus de primatu sanctæ Ecclesiæ sic in expositione Psalmorum testatus est dicens (in psal. xxx) : *In sancta Ecclesia facti sunt principes abjecta scilicet mundi. Nunquid enim princeps piscator? Nunquid princeps publicanus? Principes plane; sed qui facti sunt in ea. Quales isti principes venerunt de Babylone? Principes credentes de sæculo, principes venerunt de urbe Roma, quasi caput Babylonis, non ierunt ad templum imperatoris, sed ad memoriam piscatoris. Unde enim isti principes? Infirma mundi elegit Deus, ut confundat fortia, et ignobilia mundi elegit Deus, et ea quæ non sunt, tanquam ea quæ sunt, ut quæ sunt evacuarentur* (I Cor. II). His sacris testimoniis, et verbis sancti doctoris liquido patet quia principes mundi hujus non dominari principibus sanctæ Ecclesiæ; id est sanctis pastoribus, debent, sed servire, utpote qui eorum filii in sancta Ecclesia facti sunt. Ac per hoc idem S. Pater Augustinus alibi ait : *Melius est ut Romam cum venerit imperator, ploret ad memoriam piscatoris, quam ut piscator ploret ad memoriam imperatoris, quia infirma mundi elegit Deus, ut confundat fortia.* »

CAP. CXV. — *Exemplum de Vita S. Martini, ubi ostenditur quantam reverentiam terreni principes etiam in terrenis rebus sacerdotibus exhibere debent.*

Ostenditur autem et in Vita S. Martini quantam reverentiam terreni principes sacerdotibus habere debeant, cum de eo narrante Sulpicio Severo ita dicitur : Cum ad imperatorem Maximum, ferocis ingenii virum, et bellorum civilium victoria elatum, plures ex diversis orbis partibus convenissent, et fœda circa principem omnium adulatio notaretur, seque degeneri inconstantia regiæ clientelæ sacerdotalis dignitas subdidisset, in solo Martino apostolica dignitas permanebat. Nam etsi pro aliquibus supplicandum regi fuit, imperavit potius quam rogavit, et ad convivium ejus frequenter rogatus, abstinuit, dicens : Se mensæ ejus participem esse non posse, qui duos imperatores, unum regno, alterum vita expulisset. Postremo cum Maximus se non sponte sumpsisse imperium affirmaret, sed impositum sibi a militibus divino nutu, regni necessitatem armis defendisse, et non alienam voluntatem Dei ab eo videri, penes quem tam incredibili eventu victoria fuisset, nullumque ex adversariis, nisi in acie occubuisse, tandem victus vel ratione, vel precibus ad convivium venit, mirum in modum gaudente rege, quod hoc impetrasset. Convivae autem aderant veluti ad diem festum, advocati summi, illustresque viri, praefectus, idemque consul Evodius, vir quo nihil unquam justius illo fuit, comites duo summa potestate praediti, frater regis, et patruus, et medius inter hos Martini presbyter accubuerat. Ipse autem sellula juxta regem posita consederat. Ad medium fere convivium, ut moris est, pateram regi minister obtulit. Ille sancto admodum episcopo potius dari jubet, exspectans, atque ambiens, ut ab illius dextera poculum sumeret. Sed Martinus, ubi ebibit, pateram presbytero suo tradidit, nullum scilicet digniorem aestimans, qui post se prior biberet, nec integrum sibi fore, si aut ipsum regem, aut eos, qui juxta regem erant proximi, praetulisset. Quod factum imperator, omnesque, qui illi aderant, ita admirati sunt, ut hoc ipsum eis, in quo contempti fuerant placeret. Nunc itaque et hoc exemplum considerantes religiosi imperatores, non eis qui praedicant, nullum jus in Ecclesia eos quaerere debere, irascantur, sed magis recognoscentes veritatem, eos honorent.

Cap. CXVI. — *Quanta mala de potestate laicorum in Ecclesia nata sint.*

Ut ex dictis S. Adriani papae et aliorum sanctorum supra multis, et variis exemplis docuimus, imperator, vel alii principes in electione alicujus pastoris sanctae Ecclesiae nullum jus, vel dominium vel investiendo, vel alio aliquo modo se ingerendo habere debent. Emendandum est igitur quod contra canones, et decreta sanctorum Patrum concessum fuisse a quibusdam asseritur. Quamvis multi dicant melius esse quod quidam sancti apostolici imperatori concesserunt observare, et in pace cum eo quiescere; quia nec sanctitate, nec scientia ullus mortalium eis, qui hoc concesserunt, aequari potest; tamen eos audiendos non esse ipsa ratio clamat. Hanc enim pacem non esse illam, quam Dominus dat, manifestum est. Ait enim ipse : *Gratis accepistis, gratis date* (*Matth.* x), apostolis utique. Sancti apostoli autem solummodo suis successoribus hanc potestatem dedisse manifestum est. Ergo qui hanc potestatem saecularibus tribuit, manifeste contra Dei voluntatem agit. Emendandum est igitur. Quod autem sanctus Adrianus hoc fecisse narratur, si verum est, ut non ea intentione fecit, qua isti contendunt, aut sicuti homini subreptum est ei. Quid autem mirum, si B. Adriano subripi potuit, cum et beatissimo Petro hoc evenisse, etiam postquam Spiritu sancto confirmatus est, legamus. Nam teste B. Paulo, timens Judaeos exemplo suo etiam gentes judaizare cogebat. Cui sanctus Paulus nec ad horam cessit (*Gal.* ii), ut veritas Evangelii apud nos permaneret. Ita et praesentis temporis sacerdotes agere debent in hac re, quia tot et tanta mala exinde pullularunt, ut, si cor B. Adriani, vel aliorum sanctorum pontificum inspicimus, liquido videmus ante eos potuisse eligere mortem, quam huic rei, si praevidere potuissent, aliquomodo assensum dedissent.

Ex hac enim re male confisi principes saeculi, putantes secundum suam voluntatem vel utilitatem se posse dominari Ecclesiae, et non tantum pro defensione ejusdem sibi illud fore consensum, non solum clericis, sed etiam laicis secundum suum libitum eam dare non timuerunt. Quin etiam et pretio accepto episcopos vel abbates in Ecclesiam introducere veriti non sunt, factumque est ut non solum Simoniacae haeresi publice deservirent, sed etiam avaritiae, quae simulacrorum servitus ab Apostolo comprobatur (*Col.* iii). De hac autem praesumptione multa et diversa mala in Ecclesia Dei sancta emerserunt, ita ut in multis Ecclesiis duo episcopi et duo abbates invenirentur. Unde factum est quod sicut B. Gregorius de Simone ait : Ideo utique volebat emere, ut pejus venderet, omnes minores Ecclesiae passim non solum, ut diximus, clericis, sed etiam laicis, adhuc insuper, quod dictu nefas est! in quibusdam locis etiam feminis vendebantur. Quibus cum diceretur, Ecclesias nobis vendere non debetis, nescientes quae loquebantur, neque de quibus affirmarent, dicebant se terram, et non Ecclesiam vendere; cum sancti Patres, sicuti superius multis et variis documentis probavimus, per Spiritum sanctum loquentes, apertissime affirment quia qui Ecclesiam vendit, quia officia ecclesiastica vendere vel investire, pro suo commodo, vel gloria aliquo modo praesumit, et qui hoc agit, Spiritum sanctum, quantum ad se est, vendit. Ex hac autem iniquitate turbatae et spoliatae sunt Ecclesiae, et Christi pauperes rapina malorum hominum facti sunt, homicidia multa patrata, fames etiam valida, et cunctis pene retro saeculis inaudita, bellis et seditionibus ex hoc concitatis, humanum genus gravissime devastavit. Monasteria etiam pene destructa, et ecclesiae multae violatae et dissipatae sunt; quaedam insuper Ecclesiae sine pastore multis annis permanserunt, quod contra canones esse manifestum est. Nullam enim Ecclesiam sacri canones plus tribus mensibus sine pastore esse permittunt. Multis etiam in locis quidam laicorum, vel feminarum in tantum Ecclesiis dominati sunt, dicentes se ab imperatoribus Ecclesias suscepisse, ut omne, unde monachi vel clerici vivere deberent, tollentes, in usus suos suorumque fidelium delegarent. Et quid multa? Deficient enim nobis dies, si cuncta seriatim revolvere voluerimus quae hac occasione patrata sunt mala. Haec igitur tam perversa, ut diximus, si sanctissimi Patres et apostolici praenoscerent, ante mortem eligerent, quam huic rei assensum praeberent. Quid autem mirum, si moderni Patres hoc non praeviderunt, quando et S. Moyses, cum quo Deus facie ad faciem loquebatur, serpentem aeneum, quem in deserto exaltaverat, in tabernaculo reliquit, quem postea populus adorans pro Deo colebat. Quem errorem destruere volens

Ezechias rex, non veritus, quia Moyses famulus Domini eum fecerat, sed potius reputans, quia contra voluntatem Dei populus eum venerabatur, confregit eum, et populo, ut Deum adoraret, qui sua virtute patribus salutem dederat, præcepit. Simili itaque modo præsenti re agendum est. Postquam enim pastores sanctæ Ecclesiæ hac occasione tanta mala perpetrari cognoscunt, radicitus evellere hoc malum per omnia debent. Eradicare autem istud minime possunt, si investiri Ecclesias a sæcularibus, etiam valde religiosis, permiserint. Non permittant igitur, sed magis Ecclesiam Dei sensui apostolorum, sanctorum et antiquorum Patrum conformare, et adjuvante gratia Spiritus sancti instituere verissime studeant.

CAP. CXVII. — *Exhortatio ut in bono, quod cœptum est, perseveretur, malum vero omnimodis emendetur et de statere in ore piscis invento.*

Summi et universales pontifices Gregorius VII, et Urbanus II, atque Paschalis II, videntes tot et tanta mala, quæ breviter enumeravimus, de investitura Ecclesiarum, velut ex toxicata radice pullulare, ita ut jam pene totum corpus Ecclesiæ lepra iniquitatis perfunderet, justissime synodalibus synodis decreverunt investituras Ecclesiarum minime fieri. Quod, agente gratia Dei, in sancta Ecclesia custodiri, et observari devotissime cœperat. At nunc quidam more Giezi, vel Simonis, quorum alter Dei gratiam mercari voluit, alter in proprios usus trahere, quod bene gestum est, dissipare volentes affirmant, hoc jure regibus competere, ut Ecclesias investiant, scilicet, quia sacro oleo uncti sunt, non reminiscentes quia S. David sacro oleo unctus est; et tamen pro hac unctione non solum sacerdotes instituere, sed ne quidem templum ædificare permissus est. Salomon autem, qui templum ædificavit, non ideo hoc promeruit, quia sacro oleo in regnum unctus est, sed quia Christi figuram, qui vere pacificus sanctam Ecclesiam ædificat, ipso nomine præmonstrabat. Si igitur sancto David, prophetali gratia pleno, quod minus est, utpote viro bellatori concessum non est, multo magis nostri temporis imperatoribus hoc concedendum non est, ut sacerdotes investientes, Ecclesiam suo juri vindicent. Quod enim Ecclesia habet, Christi, et non imperatoris est; quia non solum spiritalia, sed etiam sæcularia Ecclesiæ, Christo dicata sunt. Quod igitur Christi est, a Christo accipere debemus, et non a terrenis principibus. Si enim aliquis forensium populorum, quod juris sui est, et legaliter sibi dimissum, sine omni investitura possidere dignoscitur, quanto Dominus Christus, quod sibi juste legatum est, possidere, et cui voluerit, sine alicujus controversia concedere debet? Sunt autem quædam Ecclesiæ, quæ juxta quod etiam B. Pater Benedictus in Regula sua, dum de filiis nobilium, qualiter suscipiendi sint, definiret, docuit, ita quasdam possessiones suscipiunt, ut ex eis donatores aliquid sibi ritineant. Quod postquam statutum fuerit, observandum per omnia est. Quamvis enim Ecclesia cum suis omnibus libera sit, tamen exemplum Domini Christi sequens, hominibus sæculi, quæ illorum sunt, negare non debet. Solvit autem Dominus tributum quod non debebat, quod in ore piscis inventum est (*Matth.* XVII). Piscis vero ille Ecclesiam significat. In ore autem piscis stater, unde tributum solveretur, inventus est, quia sæpe Ecclesia obtinet unde hominibus sæculi juste aliquid reddere debeat. Qui vero propterea, quia aliquæ Ecclesiæ juste aliquid persolvunt, eas sæcularibus hominibus subdere volunt, non justitiæ favere, sed magis hoc facere convincuntur, ut solitam Simoniam iterum aperte exercere possint. Nam etsi non tam manifeste patet, tamen subtilius oculis divina ratione apertis, et istud vere Simoniacum esse probatur. Nam, teste B. Augustino, ideo Simon gratiam Dei dato pretio accipere voluit, ut exinde gloriosior apparens, divinitatis honorem sibi ascriberet. Nostri vero temporis principes, qui Ecclesias Dei possidere desiderant, quare utique hoc ambiunt, nisi ut exinde gloriosiores in conspectu hominum appareant? Quod non esse eis concedendum magna ratio clamat, quia non ideo Ecclesias possidere debent, ut ditiores vel gloriosiores inde appareant, sed magis ipsi Ecclesiæ servire pro salute animarum debent. Pastor autem in Ecclesia non nisi pro salute animarum eligi debet. Ergo qui dicit : Meæ sunt Ecclesiæ, et ego feci eas ; de regno meo factæ sunt, et mihi servire debent, et non possunt habere rectores, nisi ego dedero, nonne quod Dei est in jus proprium vindicat? Nonne hoc aperte est non solum Simonis malitiam imitari, sed etiam transcendere? An, quia pecunias non pollicetur, sed gladium minatur, ideo Simoniacus non est habendus?

Huic autem vi coactus, compassione videlicet suorum fratrum, et filiorum, quos male tractari videbat, dicitur dominus papa Paschalis II in tantum præbuisse assensum, ut privilegio concesso hoc permiserit, ut episcopus non consecretur, nisi a regibus [*cod.*, regionibus] annulo et baculo investiatur, et papa sine permissu regis pastorem non eligat; quod si fecerit, stare non possit, sed juxta voluntatem regis pastor eligatur, et non consecretur, nisi prius a rege investiatur. Quod quam sit gratiæ Spiritus sancti contrarium, et sacris canonibus adversum, satis abundeque supra docuimus. Si enim hoc regibus conceditur, tota Ecclesia eis subjugatur. Et qui ingreditur sacrum ordinem per sæculares potestates, obtinere convincitur. Quod Simoniacum esse, et sacris regulis contrarium, aperte omnibus patet. Non igitur sanctus papa hoc observare debet, sed magis studiosissime emendare, imitans beatissimi patris sui apostoli Petri fidem, cujus vicem per gratiam Dei in sancta Ecclesia obtinet, qui, quod timide negavit, cum magna cordis dilectione emendare studuit. Emendanda enim hæc fore, sanctorum Patrum exempla, et eorum sacratissima verba, et quæ jam protulimus, et quæ adhuc proferimus, apertissime docent. Ait enim apostolus Paulus : *Si enim, quæ destruxi, iterum reædifico, prævaricatorem me constituo (Gal.* II). Quod cavendum beatissimo papæ omnimodis est, qui hoc pravitatis vitium synodis congregatis ante prohibuerat. Non solum autem ne prævaricator in conspectu Dei appareat, huic rei assensum præbere non debet, sed ne etiam suimet ipsius sententiam incurrat, juxta ejusdem B. Pauli apostoli verba dicentis : *Sunt aliqui, qui nos conturbant, et volunt evertere Evangelium Christi. Sed licet nos aut angelus de cœlo evangelizaverit vobis, anathema sit (Gal.* I). Sicut prædiximus, et nunc iterum dico : *Si quis vobis evangelizaverit præter id quod accepistis, anathema sit. Modo enim hominibus suadeo, an Deo ? Aut quæro hominibus placere ? Si adhuc hominibus placerem, Christi servus non essem (ibid.*). De hac re ejus doctrina talis est, ut ordo ecclesiasticus episcopos per civitates constituat, sicut ipse suis discipulis præcepit. Constitutio autem episcoporum non ad spiritalia tantum pertinet, sed etiam ad corporalia.

CAP. CXVIII. — *De eo, quod populus ad voluntatem Dei implendam cogendus est.*

Quod autem dicitur, ideo hoc concessum, ut regia potestas dissidentes populos in unum constringat, non dignum et justum est. Non enim ideo faciendum est contra voluntatem Dei, ut populus sit unitus, sed ideo timenda est justitia Dei, ut populus ei concordet. Quod si non fecerit, sacerdotali auctoritate, et regia potestate cohibendus est non investitura, quæ ideo adinventa est, ut hoc signo sanctuarium Dei se possidere imperator monstraret. Cui rei non esse assensum præbendum, S. propheta cum gravi interminatione in psalmo LXXXII evidentissime docet. Emendandum est igitur, quod contra auctoritatem Veteris et Novi Testamenti concessum docetur.

CAP. CXIX. — *De eo, quia prava sententia emendanda est.*

Corrigendam vero pravam sententiam etiam S. Augustinus docet, inquiens : *Magnæ sapientiæ est, hominem semetipsum corrigere. Et iterum : Nimis perverse seipsum amat, qui et alios vult errare, ut error suus lateat. Quanto enim utilius et melius, ubi ipse erraverit, si alii non errent, admonet ? Quod si noluerit, saltem comites erroris non faciat. Si enim mihi Deus, quod volo præstiterit, ut omnium librorum meorum, quæcunque mihi rectissime displicent, opere aliquo ad hoc instituto colligam, atque demonstrem, videbunt homines, quia non sim acceptor personæ meæ.*

CAP. CXX. — *Quia cum magno studio perversis resistere debemus, et Deum magis timere quam hominem.*

Quo [cod., quod] autem perversis resistere debeamus studio, ostendit S. Gregorius, dicens : *Plerumque enim quieti, atque inconcussi relinquimur, si obviare pravis pro justitia non curamus. Sed si ad æternæ vitæ desiderium animus exarsit, si jam verum lumen intrinsecus respicit, si in se flammam sancti fervoris ascendit, in quantum locus admittit, in quantum causa exigit, debemus pro defensione justitiæ nosmetipsos objicere, et perversis, ad injusta erumpentibus, etiam cum ab eis non requirimur, obviare. Nam cum justitiam, quam non amamus, in aliis feriunt, nos nihilominus sua percussione confodiunt, etiam, cum venari videantur.*

CAP. CXXI. — *De eadem re.*

(INNOC. papæ.) *Error, cui non resistitur, approbatur, et veritas, cum minime defensatur, opprimitur : negligere quippe, cum possis perversos deturbare, nihil est aliud quam fovere, nec caret scrupulo societatis occultæ, qui manifesto facinori desinit obviare.*

CAP. CXXII. — *Item de eadem re.*

(INNOC. papæ.) *Quid enim prodest illi suo errore non pollui, qui consensum præbet erranti ? Sine dubio contra mandata dimicat, et qui peccat, et qui consensum præstat erranti.*

CAP. CXXIII. — *Item de eadem re.*

Consentire videtur errabundus, qui ad resecanda, ut corrigi debeant, non occurrit.

CAP. CXXIV. — *De eadem re.*

(AUGUSTIN.) *Qui metu cujuslibet potestatis veritatem occultat, iram Dei super se provocat, quia magis timet hominem quam Deum.*

CAP. CXXV. — *Unde supra.*

Uterque reus est, et qui veritatem occultat, et qui mendacium dicit; quia et ille prodesse non vult, et iste nocere desiderat.

CAP. CXXVI. — *Deum timentem nihil præsumere contra sanctorum Patrum instituta.*

Qui vero omnipotentem Deum metuit, nec contra eum, nec contra apostolos, nec contra prophetas, vel contra SS. Patrum instituta agere aliquid ullo modo consentit. Hoc itaque, quod nunc in Domini Ecclesia iterum revocatum est, ut sæculi potestates electioni et investituræ præsulum dominentur, contra Evangelium, et contra apostolos et contra SS. Patrum instituta esse, supra manifeste docuimus. Sciendum autem, quod et propheticæ doctrinæ manifestissime obviat. Ait enim Dominus in Ezechiele propheta : *Fili hominis, loquere ad filios populi tui, et dices ad eos : Terra, cum induxero super eam gladium, et tulerit populus terræ virum unum de novissimis suis, et constituerit super se speculatorem, et ille viderit gladium venientem super terram, et cecinerit buccina, et annuntiaverit populo ; audiens autem, quisquis ille est, sonitum buccinæ, et non se observaverit, veneritque gladius, et tulerit eum, sanguis ipsius super caput ejus erit. Sonitum buccinæ audivit, et non se observavit, sanguis ejus in ipso erit. Si autem se custodierit, animam suam salvavit. Quod si speculator viderit gladium venientem, et non insonuerit buccina, et populus non se custodierit, veneritque gladius, et tulerit de eis animam, ille quidem iniquitate sua captus est, sanguinem autem ejus de manu tua requiram (Ezech.* XXXIII). Hoc exponens S. Hieronymus ait (lib. X *in Ezech*) : *Juxta spiritalem intelligentiam Ecclesia sæpe de novissimis populi sui specu-*

latorem eligit, illum videlicet, quem et Apostolus scribens ad Corinthios (I Cor. xv) assumit judicem. Et post pauca : Speculator Ecclesiæ vel episcopus, vel presbyter, qui a populo electus, et Scripturarum lectione cognoscens, et prævidens, quæ ventura sunt, annuntiet populo, et corrigat delinquentem. Unde magnopere formidandum est, ne ad hoc officium accedamus indigni, et assumpti a populo negligentiæ nos demus atque desidiæ, et, quod his prius est, deliciis, ventrique et otio servientes, honorem nos accepisse putemus, non ministerium; siquidem Filius hominis non venit ministrari, sed ministrare (Matth. xx); et pedes discipulorum lavit (Joan. xiii), ut ostenderet omnes sordes et vitia a magistro in discipulis debere dilui atque purgari. Nec statim respondeamus : Quid prodest docere, si nolit auditor facere, quod docueris ? Unusquisque enim ex suo animo atque officio judicatur . tu, si locutus fueris, ille si audire contempserit. De magistris negligentibus Salomon loquitur : « Sapientia absconsa, et thesaurus occultus, quæ utilitas utriusque? » (Eccli. xx.) Tale quid significatur, et in eum, qui scandalizaverit unum de minimis Ecclesiæ : expedit ut alligetur ad colum ejus mola asinaria, ut abjiciatur in profundum (Marc. ix), quam in specula constitutus plurimis noceat

CAP. CXXVII. — *Quia nihil pretiosius debet nobis esse quam veritas.*

(FABIAN. papæ.) Certissimum namque est quod neque amicitia, neque propinquitas generis, neque regni sublimitas, homini debet esse pretiosior virtute; quia nihil pretiosius est Deo, qui veritas est.

CAP. CXXVIII. — *Alios ab errore revocandos.*

(LEON. papæ.) Qui alios ab errore non revocat, seipsum errare demonstrat. Nam si cui facultas suppetit, et a malo non revocat excedentem, et ipse quoque particeps probatur erroris; quia debemus hanc conscientiam charitati, ut neque nos, neque alios perire patiamur.

CAP. CXXIX. — *De eadem re.*

(CASSIOD.) In præsenti itaque re non solum nobis, sed etiam illis, qui præsumptione sacrilega, quæ Christi sunt, auferre moliuntur, taliter prospiciendum est, ut malum quod faciunt, non valentes perficere, a malis operibus cessent.

CAP. CXXX. — *De eadem re.*

Item sanctus Augustinus ait : *Magnæ sapientiæ est revocare hominem quod male locutus est.*

CAP. CXXXI. — *Quid agendum sit, quando ita concludimur, ut sine peccato evadere non possimus.*

Beatus Gregorius in Moralibus ait : *Cum mens inter minora et maxima peccata constringitur, si omnino nullus sine peccato evadendi aditus patet, minora semper eligantur, quia et qui murorum ambitu, ne fugiat, clauditur, ibi se in fugam præcipitat, ubi brevior murus invenitur.*

CAP. CXXXII. — *De eadem re.*

Definitio incauta, laudabiliter solvenda, nec prævaricatio est, sed temeritatis emendatio.

CAP. CXXXIII. — *Non esse faciendum malum quod juramento promisimus.*

Malum quod facturum se aliquis sacramento devoverat, omnino non faciat; quia stulta vota frangenda sunt. Pœniteat autem, quia nomen Domini in vanum sumpsit, jurans se facturum quod nec sine sacramento, nec cum sacramento facere debet.

CAP. CXXXIV. — *De eo, quia pro nostro honore maculam sacro ordini non debemus inferre.*

Summi itaque pontifices, pro honore Dei et sanctæ matris Ecclesiæ viriliter decertantes, exemplum sancti Patris Ambrosii imitari dignemur dicentis (epist. 20) : *Non tanti est Ambrosius, ut propter se dejiciat sacerdotium; non tanti est unius vita, quanta est dignitas sacerdotum.* Hæc autem est vere dignitas sacerdotum, ut, quod Dei est, a solo Deo se accipere gratulentur.

CAP. CXXXV. — *Quid agendum sit, quando turbatur Ecclesia.*

In causa fidei sacerdotum debet esse collatio, sicut factum est sub Constantino Augusto piæ memoriæ, qui nullas leges ante præmisit, sed liberum dedit judicium sacerdotibus.

CAP. CXXXVI. — *De eo, quia in prava sententia perseverare non debemus.*

Ostendens S. Ambrosius, in prava sententia, si contigerit, non debere perseverari, sed statim ad bonum reverti, subdit de sanctis Patribus, dicens : *Episcopi Arimino venientes, sinceram prius susceperant fidem. Sed Constantio imperatore agente, dum volunt quidam de fide intra palatium judicare, id egerunt, ut circumscriptionibus illa episcoporum judicia mutarentur. Qui tamen inflexam statim revocavere sententiam. Et certe major numerus Arimini Niceni concilii fidem probavit, Ariana decreta damnavit.* Ita et in hoc tempore agendum est. In hoc enim, quod vel ad horam surrepsit, perseverandum non est, sed magis bonum, quod cœptum fuerat, firmius est retinendum.

CAP. CXXXVII. — *Quia non solum nobis, sed etiam imperatori præstamus, si ei ad malum non consentiamus.*

Item beatus Ambrosius, cum vasa Ecclesiæ tradere compelleretur, ait (Serm. contr. Auxent.) : *Me, si de me aliquid compelleretur, et posceretur, aut si fundus, aut domus, aut aurum, aut argentum, id quod mei juris esset, libenter offerrem. Templo Dei nihil possum decerpere, nec tradere. Illud custodiendum, non tradendum acceperam. Deinde consulere me etiam imperatoris saluti, quia nec mihi expediret tradere, nec illi accipere. Accipiat autem vocem liberi sacerdotis : si vult sibi esse consultum, recedat a Christi injuria. Hæc plena humilitatis sunt, ut arbitror, plena affectus ejus, quem imperatori debet sacerdos.* Hoc itaque in loco considerandum et toto corde ruminandum est, quantum mali sit totam Ecclesiam imperatoribus tradere, cum iste vir sanctus etiam vasa Ecclesiæ cum tanta constantia denegaverit. Totam vero Ecclesiam tradit, qui pastores non nisi per manum laicam ei habere concedit.

Cap. CXXXVIII. — *De eo, quia Ecclesia Dei, id est hæreditas Christi, imperatori tradi non debet.*

Sanctam Ecclesiam, id est Christi hæreditatem, non debere alicui hominum tradi, confirmans S. Ambrosius ait (*Serm. contr. Auxent.*) : *Meministis, quia lectum sit hodie Nabuthe sanctum virum, possessorem vineæ suæ, interpellatum petitione regia, ut vineam suam daret, ubi rex, succisis vitibus, olus vile sereret, cumque respondisse* (III *Reg.* xxi) : *Absit ut ego patrum meorum tradam hæreditatem! regem contristatum esse, quod sibi esset alienum jus negatione justa negatum, sed et muliebri consilio deceptum; Nabuthe vites suas vel proprio cruore defendit.* O sacerdotes Christi! O veri pastores sanctæ Ecclesiæ, quibus Deus fideles suos regendos præcepit! Attendite quid Christi sacerdos, magnus Ambrosius subjungit inquiens (*ibid.*) : *Si ille vineam suam non tradidit, nos trademus Christi Ecclesiam? Quid igitur responsum est contumaciter? Dixi enim conventus: Absit a me, ut tradam Christi hæreditatem! Si ille patrum hæreditatem non tradidit, ego tradam Christi hæreditatem? Sed et hoc addidi: Absit, ut tradam hæreditatem patrum, hoc est, hæreditatem Dionysii, qui in exsilio in causa fidei defunctus est, hæreditatem Eustorii confessoris, hæreditatem Meroclis, atque omnium retro fidelium episcoporum! Respondi ego, quod sacerdotis est; quod imperatoris est, faciat imperator. Prius est ut animam mihi auferat, quam fidem.* Nunc ista consideremus, charissimi patres, et sequentes exemplum sancti Patris Ambrosii, absit, ut tradamus hæreditatem Christi, absit, ut tradamus hæreditatem beatissimi Petri apostoli, cui Christus dicere dignatus est : *Tibi dabo claves regni cœlorum!* (*Matth.* xvi.) Qui hanc hæreditatem, jubente Salvatore, omnibus suis successoribus in perpetuum tradidit, ipse B. Petrus, et omnes sacratissimi præsules, Patres nostri, Spiritum sanctum episcopis tradentes, baculum et annulum eis dederunt, ut per corporale signum, spiritale utique demonstrarent. Nunc autem absit ut laici et sæculares, vanæ gloriæ servientes et avaritiæ, quod spiritale est, nostra permissione tradere audeant. Quid enim eis superest, nisi ut manus imponant? Quod si hoc non solum opere, sed et verbo ipso nefas esse creditur, quanto magis a tanta nequitia cessandum est? Valde enim timendum est quod idem B. Ambrosius subsequitur, et dicit (*ibid.*) : *Christus templum suum ingreditur, et flagellum prendit, et ejicit de templo nummularios. Non patitur namque in suo templo esse eos qui vendant cathedras, non patitur in suo templo pecuniæ esse vernaculos. Quid sacræ cathedræ, nisi honores? Quid sunt columbæ, nisi simplices mentes fidelium, vel animæ fidem candidam et puram sequentes? Ego ergo inducam in templum quem Christus excludit? Jubet enim exire, qui dignitates vendit, et honores; jubet enim exire, qui vendere vult simplices mentes fidelium.*

Cap. CXXXIX. — *Contra eos qui dicunt contra imperatorem nos facere, quia prædicamus ecclesiasticas res sine ejus investitura pastores possidere debere.*

Cum nos pure et simpliciter electionem præsulum debere fieri prædicemus, electum vero investitum per manus sacerdotum et consecratum Cæsari reddere imperemus, quæ Cæsaris sunt, sicut ipse Dominus fecit, quemadmodum etiam B. Ambrosius et S. Joannes Chrysostomus egerunt, quorum alter ad Gallias, alter vero ad Thracias legationem pacis peregerunt, sicuti et multos sanctorum egisse manifestum est; quidam perverse loquentes asserunt nos supra ipsum imperatorem erigi velle. Quibus nos Ambrosii verbis obviare debemus, qui de persecutoribus suis loquitur, dicens (*Serm. contr. Auxent.*) : *Dicebant: Plus vult Ambrosius posse quam imperator, ut imperatori vel unam basilicam non tradat. Quod cum dicunt, apprehendere sermones nostros gestiunt, sicut Judæi, qui Christum versuto sermone tentabant dicentes: Magister, licet tributum dare Cæsari, an non?* (*Luc.* xx.) *Semperne de Cæsare famulis Dei invidia commovebitur? Et hoc ad calumniam sibi arcessit impietas, ut imperiale nomen obtendat. Et isti non possunt dicere, quod eorum non habeant sacrilegium, quorum imitantur magisterium. Et tamen videte, quanto pejores sunt Ariani Judæis. Illi quærebant utrum solvendum putaret Cæsari jus tributi; isti imperatori volunt dare jus Ecclesiæ. Sed ut perfidi suum sequuntur auctorem, ita et nos quæ nos Dominus et auctor noster docuit, respondeamus.*

Cap. CXL. — *Item comfirmatio ejusdem sententiæ.*

Hic videndum, hic memoriæ catholicorum arctius recondendum, quod S. Ambrosius de Simoniacis, qui totam Ecclesiam tradere volunt, diceret, qui hæc contra Arianos pro una tantum basilica locutus est? Quo in loco subjungens S. Pater Ambrosius ait (*Serm. contr. Auxent.*) : « *Considerans Jesus dolum Judæorum, dixit ad eos: Quid me tentatis? Ostendite mihi denarium. Et cum dedissent, dixit: Cujus imaginem habet et inscriptionem? Respondentes dixerunt: Cæsari. Et ait illis Jesus: Reddite quæ sunt Cæsaris, Cæsari, et quæ sunt Dei, Deo* (*Luc.* xx). *Tributum Cæsaris est; non negamus: Agri Ecclesiæ solvunt tributum.*

Cap. CXLI. — *Contra eos qui dicunt in potestate Romani pontificis esse Ecclesias Dei imperatoribus tradere.*

Quod injustum et Deo placitum non est, non posse facere aliquem sacerdotem, confirmat S. Ambrosius dicens (*epist.* 20) : *Convenerunt me primo viri comites consistoriani, ut et basilicam traderem, et procurarem, ne quid populus turbarum moveret. Respondi quod erat ordinis: Templum Dei tradi a sacerdote non posse. Acclamatum est a populo.*

Cap. CXLII. — *Hic ostenditur falsum esse, quod quidam dicunt: Omnia terrena imperatoris sunt.*

Iterum S. Ambrosius ostendens, eos contra veritatem loqui, qui dicunt (*epist.* 20) : *Ideo, quæ Ec-*

clesia possidet, imperatoris sunt; quia omnia terrena ejus sunt, ait : Convenior ipse a comitibus, tribunis, ut per me basilicæ fieret mutua traditio, dicentibus, imperatorem suo uti, eo quod in potestate ejus essent omnia, ideo ei omnia tradi debere; respondi : Si me peteret quod meum esset, id est fundum meum, argentum meum, jus hujusmodi meum, quanquam omnia, quæ mea sunt, sint pauperum, verum ea, quæ divina sunt, imperatoriæ potestati non sunt subjecta. Si patrimonium petat, invadet; si corpus, occurram; vultis in vincula rapere? vultis in mortem? Voluntati est mihi. Pro altaribus gratius immolabor.

CAP. CXLIII. — *De eo, quia sacerdotes seditionem populi excitare non debent; si vero pro justitia, quam prædicant, excitata fuerit, non eis ascribendum.*

Et post pauca (Epist. 20) : *Cum populus una cum regiis comitibus perturbaretur, exigebatur a me, ut compescerem populum. Referebam, in meo jure esse, ut non excitarem, in Dei manu, ut mitigaret. Itemque populus nutu Dei mitigatus ait : Rogamus, Auguste, non pugnamus; non timemus, sed rogamus. Hoc Christianos decet, ut et tranquillitas pacis optetur, et fidei veritatisque constantia nec mortis revocetur periculo.*

CAP. CXLIV. *Exaggeratio hujus sententiæ, et quam grave sit Ecclesiam tradere.*

Et item (Epist. 20) : *Tentatus est Job nuntiis coacervatis malorum; tentatus est etiam per mulierem, quæ ait : « Dic aliquod verbum in Deum, et morere (Job II). » Videtis quanta subito moveantur? Gothi, arma, Gentiles. Advertitis quid jubeatur, cum mandatur tradere basilicam? Hoc est : Dic aliquod verbum in Deum et morere. Nec solum dic adversus Deum, sed etiam fac adversus Deum. Mandatur : Trade altaria Dei. Urgemur igitur præceptis regalibus, sed confirmamur Scripturæ sermonibus : respondit Job uxori, dicens : « Tanquam una ex insipientibus locuta es (ibid.). »*

CAP. CXLV. — *De eo, quia tam graves tentationes non uni homini, sed universæ Ecclesiæ fiant, et quia in divinis nullum jus imperator habeat.*

Et item post pauca ostendens quia Ecclesia graves tentationes sustinere deberet, ait (Epist. 20) : *Quæ ratio igitur est adversus hunc verminiculum graviores tentationes, nisi quia non me, sed Ecclesiam persequuntur? Mandatur denique : Trade basilicam. Respondeo : Nec mihi fas est tradere, nec tibi, imperator, accipere expedit. Domum privati nullo potes jure temerare, domum Dei existimasti auferendam? Allegatur imperatori licere omnia; ipsius esse universa. Respondeo : Noli te gravare, imperator, ut putes te in ea, quæ divina sunt, imperiale aliquod jus habere. Noli extollere, sed si vis diutius imperare, esto Deo subditus. Scriptum est : « Quæ Dei, Deo, quæ Cæsaris, Cæsari (Matth. XXII). » Ad imperatorem palatia pertinent, ad sacerdotem Ecclesia. Publicorum tibi mœnium jus concessum est, non sacrorum.*

CAP. CXLVI. — *Quam firmus in his sacris sententiis beatus Ambrosius fuerit.*

Quæ omnia, quæ fidei, et devotionis firmitate beatus Ambrosius protulerit, subdens demonstrat (Epist. 20) : *Pro quibus omnibus ego tyrannus appellor, et plus etiam quam tyrannus. Imperator exasperatus, comitibus rogantibus, ut deponeret indignationem, ad Ecclesiam procederet, ait : Si vobis jusserit Ambrosius, vinctum me tradetis. Quam vocem omnes cohorruerunt. Sed Gallicanus præpositus cubiculi mandare mihi ausus est : Tu contemnis Valentinianum? Caput tibi tollo. Respondi : Deus permittat tibi, ut impleas quod minaris. Ego enim patiar quod episcopi, tu facis quod spadonis. Atque utinam Dominus avertat eos ab Ecclesia! in me omnia tela convertant, meo sanguine suam sitim expleant!* Huic rei attestatur historia Tripartita, dicens de B. Ambrosio quia, dum de ecclesia juberetur exire, ait : *Ego sponte hoc non ago, ne lupis ovium septa contradere videar, aut blasphemantibus Deum. Hic si placet, occide, hoc loco mortem prona suscipio voluntate.* Hic vero Valentinianus imperator, qui, agente matre Justina Augusta, ariana, beatum Ambrosium persecutus est, filius fuit illius Valentiniani, sub quo B. Ambrosius episcopatum suscepit.

CAP. CXLVII. — *Exhortatio, ut sic serviatur imperatori, ut Deus non offendatur.*

Beatus etiam Pater Augustinus in libris De verbis Domini exponens quomodo intelligenda sint verba sancti Apostoli, quibus nos potestatibus sublimioribus subditos esse præcepit, ait : « *Qui resistit*, inquit Apostolus, *potestati, Dei ordinationi resistit (Rom.* XIII). » *Sed quid, si illud jubeat quod non debet fieri? Hic sane contemne potestatem, timendo potestatem. Si aliquid jusserit procurator, nonne faciendum est? Tamen si contra proconsulem jubeat, non utique contemnis potestatem, sed eligis majori servire; nec hinc minor irasci debet, si major prælatus est. Rursum, si aliud ipse proconsul jubeat, et aliud imperator; nunquid dubitatur, illo contempto, illi esse serviendum? Ergo si aliud imperator, et aliud Deus, quid judicatis? Solve tributum, esto mihi in obsequium. Recte. Sed non in idolio. In idolio prohibet. Recte. Quis prohibet? Major potestas. Da veniam; tu carcerem, ille gehennam minatur. Inde est quod sancti martyres contempserunt potestates terrenas, ut vero [Domino] deservirent.* Hac expositione omnes sententias sanctarum Scripturarum, nobis potestatibus terrenis obedire præcipientibus [Sic cod. *leg.* præcipientes], intelligere convenit. Quod autem de idolio S. Augustinus ait, hoc de hæresi et de omni iniquitate intelligendum est.

CAP. CXLVIII. — *De eo, quia non tantum vasa altaris sacra sunt, sed etiam omnia, quæ offeruntur.*

Sacra esse universa quæ Ecclesia possidet, non tantum videlicet ea quæ usu communi omnes sacrata dicimus, in vasis scilicet et basilicis, vel aliis quibusque sacratis rebus, sed etiam terrenis, vineis, hominibus, bestiis, pecuniis et omnibus omnino rebus quæ Domino voventur; superius multis exemplis docuimus. Ubi attendendum quia omnia ista, quantum ad se, sancta non sunt, sed quantum ad illius supereminentem sanctitatem, cui offeruntur, et illorum, qui offerunt, devotionem. Et hoc ita esse intelligendum, S. Augustinus super Joannem loquens, apertissime declarat, de Juda inquiens : *Ecce fur est Judas, et ne contemnas, fur sacrilegus, non qualiscunque fur loculorum, sed fur Dominicorum loculorum, et sacrorum. Sic crimina discernuntur in foro qualiscunque furti et peculatus. Peculatus est enim furtum de republica, et non sic judicatur furtum rei privatæ, quomodo publicæ. Quanto vehementius judicandus est sacrilegus fur? Non undecunque tollere, hoc est, et de Ecclesia tollere. Qui aliquid de Ecclesia furatur, Judæ perdito comparatur.* Perscrutanda sunt verba sancti doctoris, qui eum furem sacrilegum nominavit, qui pecuniam Dominicam furabatur. Non autem Judas de Ecclesia corporali, quæ nondum erat, sed de loculis furabatur. Pecunia vero illa non erat sancta, neque loculi sancti. Quare itaque sacrilegus fur, nisi quia pecunia illa, quamvis per se sancta non fuerit, sancta tamen erat, quia sancti Christi Domini nostri et ejus apostolorum erat? Ita et præsentis temporis Ecclesia, omnia, quæ possidet, per se quidem sancta non sunt, sed quia Christi et ejus Ecclesiæ sunt, sancta sunt. Qui ergo ea furatur, vel vi rapit, sacrilegus fur, sive sacrilegus raptor judicandus est. Ergo nec imperator in ecclesiasticis rebus jus habere debet, quia videlicet sancta, et Deo dicata sunt. Et inde est quod B. Ambrosius ait (Epist. 20) : *Ad imperatorem palatia, ad sacerdotem Ecclesia pertinet.* Hoc autem pueriliter intelligere non debemus, sed nomine Ecclesiæ omnia, quæ Ecclesiæ sunt, designari scire debemus. Huic autem sensui et sanctissimus Pater Benedictus concordans, cum describeret monachorum Regulam, ait de cellerario monasterii · *Omnia vasa monasterii, cunctamque substantiam quasi altaris vasa sacrata conspiciat.*

Cap. CXLIX. — *De eadem re.*

Sanctus etiam Pater Gregorius sancta esse quæ Deo offeruntur, etiam ante quam sacrificentur, in suis Dialogis ostendit, inquiens : *Cum quidam presbyter in aquis calidis sese lavans, cujusdam hominis obsequio frueretur, quadam die detulit secum duas oblationum coronas. Cumque more solito lavisset, et ejus obsequio in omnibus usus esset, obsequenti sibi viro panem pro benedictione obtulit, petens, ut benigne susciperet, quod charitatis gratia offerret. Cui ille mœrens afflictusque respondit : Mihi ista quare das, Pater? Iste panis sanctus est : ego hunc manducare non possum; sed si vis mihi aliquid præstare, omnipotenti Deo pro me hunc panem offer, ac tunc te exauditum cognosce, cum huc rediens, me non inveneris.* In his itaque verbis notandum est, quia non solum vivorum testimoniis, sed etiam defunctorum visionibus sancta esse, quæ Deo offeruntur, verissime comprobantur.

Cap. CL. — *Vera comprobatio, quia sicut minima, ita et majora, quæ Deo offeruntur. Ecclesiæ jure competunt.*

Sunt vero nonnulli qui dicant : Ecclesia quidem, et circuitus ejus Deo consecratus, vere hominum nulli pertinet, nisi Deo et ejus sacerdotibus, ea vero, quæ Ecclesia possidet, nunc per orbem glorificata, id est ducatus, marchias, comitatus, advocatias, monetas publicas, civitates et castra, villas et rura, et cætera hujusmodi ita ad imperatorem pertinent, ut nisi pastoribus Ecclesiæ semper, cum sibi succedunt, iterum dentur, nequaquam ea habere debeant. Et inde est, quod ei jus in Ecclesia deberi in tantum contendunt, ut eam etiam investire debere dicant. Sed hi, si pacifice ea, quæ supra protulimus, dignentur advertere, liquido cognoscent, quia non solum parva, quæ prius Ecclesia possederat, ejus sunt, sed et magna, quæ nunc possidet, illius sunt. Parvæ enim possessiones, quas ante Constantinum imperatorem possedit, ideo ejus sunt, quia Deo oblatæ sunt, et magnæ possessiones, quas post Constantinum possidet, ideo ejus sunt, quia Deo oblatæ sunt. Sponsus enim ejus, Dominus Christus, qui prius eam erudivit penuria, nunc ditare dignatus est gloria. Imperatori autem, pietatem et justitiam servanti, non solum jus Ecclesiæ temerare, sicut ex verbis S. Ambrosii docuimus, non licet, sed ne quidem alicujus privati. Quod quidem in jure privati observant, absit ut in jure Dei temerare imperator audeat !

Cap. CLI. — *Contra eos qui dicunt : Terrena Ecclesiæ imperatoris sunt, et nisi pastores de manu ejus accipiant, ea habere non debent.*

Ait enim imperatori B. Ambrosius (Epist. 20) : *Domum privati nullo potes jure temerare; domum Dei existimasti auferendam?* Hic attendant, qui in tantum perversæ sententiæ manum dederunt, ut dicant, Ecclesiam quidem suo juri subdere non potest imperator, sed ea, quæ Ecclesiæ sunt, ita imperatoris sunt, ut pastor Ecclesiæ ea habere non possit, nisi ab imperatore accipiat. Quis enim eos ferret, si dicerent : Domum quidem privati temerare non potest imperator, sed tamen possessiones ejus ita imperatoris sunt, ut nisi ab imperatore eas accipiat, possidere hæc nequaquam prævaleat? Et si hoc tam absurdum in rebus humanis intelligitur, ut nullus etiam injustissimus judex hoc judicare ullo modo audeat, quanto magis hoc dicendum non est de rebus illius, qui fecit cœlum et terram? Ipse enim, quamvis omnia ipsius sint, tamen specialiter sua dicere dignatur ea, quæ sponsæ suæ, sanctæ scilicet Ecclesiæ donantur. Unde et discipulis suis ait : *Qui vos honorat, me honorat* (Luc. x). Honor autem sanctæ Ecclesiæ non solum in spiritualibus, sed etiam in corporalibus verissime intelligitur.

Cap. CLII. — *Quia episcopi, vel abbates per suos fideles de magnis possessionibus, quas possident, servire imperatoribus debent.*

Sane sciendum quia, sicut mutare, quod sui majores catholici imperatores fecerunt, Christianus imperator non debet, ita et si quid Ecclesiæ eo tempore donatum, ut sibi aliquid imperator exinde reservaverit, si contra canones sacros non fuerit, solvendum ei, nisi forte remiserit, per omnia est. Sicut enim, quæ jam Deo consecrata sunt, hominibus sæculi assignare non debemus, ita quæ illorum sunt, nisi ipsi donaverint, eis auferre non possumus. Episcopi autem et abbates, observantes præcepta canonum, sæcularibus negotiis se miscere non debent. De reditu autem illarum magnarum possessionum juxta constitutum sacrorum canonum quatuor portiones in episcopiis fieri debent; in abbatiis vero communia omnia esse juxta regulam sanctorum apostolorum.

Cap. CLIII. — *Contra eos qui dicunt, ideo imperatores Ecclesiam investire, quia sacrati sunt.*

Sunt etiam qui dicant, imperatori, quia sacro oleo unctus est, bene competere, ut pastores Ecclesiæ donet. Quod quidem miramur, si aliqui sapientum dicunt. Non enim ad hoc ungitur, ut Ecclesiam bene disponat, sed ut regnum fideliter regat. Ecclesiam enim non debet ordinare, sed ei ut filius obedire. An non et Ozias rex, sicut omnes Judææ reges, oleo sancto unctus est? Cur igitur, si regibus unctis sacra competunt, cum incensum offerre vellet, lepra percussus est? (*II Par.* xvIII.) Nonne majus est, præ- rogativam episcopatus tribuere, quam incensum offerre? Desinant ergo reges, vel imperatores, ab hac præsumptione, ne forte iratus Dominus lepra spirituali eos percutiat, et de Ecclesia sua exire eos compellat. Ament regulas catholicæ Ecclesiæ custodire, ut in æterna Ecclesia cum Christo possint regnare. Amen.

Cap. CLIV. — *Contra eos qui dicunt: Spiritalia episcopis pertinent, sæcularia nequaquam.*

Sed ne forte aliquis obsistat, et dicat: Sententiis episcoporum spiritalia subjacere possunt, terrena vero nequaquam; attendat religiosi imperatoris Theodosii præceptum de hac re dicentis:

Cap. CLV. — *Constitutio Theodosii imperatoris.*

Omnes itaque causæ, quæ vel prætorio jure, vel civili tractantur negotio, episcoporum sententiis terminatæ perpetua stabilitate permaneant, nec liceat ulterius retractari negotium, quod episcoporum sententiis fuerit diffinitum.

Cap. CLVI. — *Diversa præcepta legum eadem firmantium, quæ et sacri canones.*

Quia vero protulimus multa canonum præcepta et sanctorum exempla, quibus probaremus pure et simpliciter pastores in Ecclesiam introducendos, et quod Ecclesia obtinet, jure perpetuo possidere debere, et non imperatori, vel alicui magnati licere investire, vel aliquo modo sibi subjugare Ecclesiam, vel ea, quæ possidet, aliquo ingenio alienare, vel alicui personæ tribuere, proferamus nunc et Christianorum imperatorum imperialia præcepta, et etiam eos a sacris canonibus non deviare. Taliter enim de ordinatione episcoporum statuerunt dicentes:

Cap. CLVII. — *Quid observandum sit in ordinatione episcopi.*

Debet enim prius disceptari de vita episcopi, utrum bona sit, an reprehensibilis, ei utrum bonis testimoniis muniatur, an non? Eo autem tempore, quo consecratur, consulat eum is, qui consecrat, si possit facere, atque custodire omnia, quæ divini præcipiunt canones, et siquidem denegaverit, se non posse custodire, non consecretur. Si autem pollicitus fuerit observaturum se, quantum homini possibile est, sancta canonum præcepta, tunc is, qui consecrat, eum admonere, atque prædicare ei debet, et religiosis episcopis connumerabitur. Nam canones Patrum vim legum habere oportet. Sin autem aliquis pecuniam dederit, eoque modo consecratus episcopus fuerit, non solum ipse, sed etiam qui consecravit eum, inter episcopos non erit; vel pecunia, vel res data consecrationis causa sacro Ecclesiæ sanctæ addicantur, sive episcopus, sive clericus sit, qui dedit. Is autem, qui accepit, non solum res amittat, sed etiam gradum atque honorem clericatus. Similiter autem et si laicus fuerit, qui pecuniam, vel res accepit, et ipsas amittat, et aliud tantum, quantum accepit, pœnæ nomine sanctæ Ecclesiæ præstare compellatur. Sed et si magistratum gerat, in magistratu esse desinat, et exsilio irrevocabili condemnetur.

Cap. CLVIII. — *Quia, quod sanctis locis datum est, firmiter eis permanere debet.*

Maneant jura præstita episcopis, et omnia privilegia. Item: Omnia solatia et liberalitates religiosis locis datæ firmiter maneant.

Cap. CLIX. — *Item de eadem re.*

Possessiones ad religiosas domos pertinentes nullam descriptionem agnoscant.

Cap. CLX. — *De hæreditate in nomine Christi relicta.*

Si quis in nomine Domini nostri Jesu Christi hæreditatem reliquerit, capiat id quod relictum est Ecclesia.

Cap. CLXI. — *De hæreditate relicta martyribus.*

Si quis in nomine martyrum hæreditatem reliquerit, capiat lucrum ejus Ecclesia.

Cap. CLXII. — *Res episcopi in jus Ecclesiæ legaliter devenire.*

Si quis post episcopatum, vel ante consecrationem, voluerit proprias res Ecclesiæ offerre cujus episcopus erit, hoc laudabile est; quia non est emptio, sed oblatio.

Cap. CLXIII. — *Res Ecclesiæ firmiter permansuras.*

Nullam diminutionem patiantur ecclesiastica jura in rebus, quas post episcopatum acquisitas Ecclesiæ eorum competere disposuimus.

Cap. CLXIV. — *De episcopis pro rebus Ecclesiæ non constringendis.*

Nullus episcopus pro rebus Ecclesiæ suæ exactionem, vel molestiam patiatur.

Cap. CLXV. — *Quid agere debeat imperator, si commutare voluerit cum Ecclesia.*

Si imperator commutare voluerit cum Ecclesia, potestatem habeat, tantum, ut res melioratas Ecclesia pro commutatione suscipiat.

Cap. CLXVI. — *De reverentia imperatorum in clericos.*

Ecce his sacris constitutionibus aperte patet quantam reverentiam sacri imperatores Ecclesiæ Dei et ei servientibus habere debeant!

Cap. CLXVII. — *Exempla sanctorum, quibus pro veritate usque ad mortem certare plenissime admonemur.*

Igitur postquam tanta observandæ veritatis præcepta præmisimus, nunc breviter sanctorum exempla, qui pro veritate non timuerunt vitam præsentem perdere proferamus, et sic, Deo auxiliante, præsentem libellum de honore sanctæ matris Ecclesiæ ad finem ducamus. Hic primum occurrit beatus Joannes, Domini præcursor, veritatis in tantum amator, ut injustum facinus interdicendo regi, mori pro veritate nequaquam timeret. Sic et beatus Elias regi obsistendo persecutionem pati veritus non est. Beatus etiam Moyses, Dei præceptis populum erudiens, non honorem, sed persecutionem ab eis sæpissime passus est. Machabæi vero beati martyres pro patriis legibus mori non recusarunt. Tres pueri in camino ignis pro veritate mitti non refugierunt. Sancti etiam apostoli totius mundi odia contra se concitare pro Christi veritate non refugientes, sua morte nos docuerunt pro Christo non timere, et mortem libenter amplecti. Beati etiam Stephani protomartyris et omnium cum sequentium martyrum Christi exempla sequenda sunt, qui innumeris et exquisitis tormentis a veritate deflecti non potuerunt. Sunt et alii sacratissimi confessores, quibus non dictum est ut idola adorarent, sed ut dogmata sacra mutarent, sicuti beatus exstitit Athanasius, Alexandrinæ Ecclesiæ præsul, Hilarius etiam Pictaviensis, et Paulinus Treverensis, Eusebius insuper Vercellensis, qui contra Arium dimicantes, pro veritate Christi pati non dubitaverunt. Quin etiam et B. Martini papæ exemplum valde imitandum est, qui et ipse pro fide incarnationis Domini exsilium et vincula pati non refugit. Sunt autem et aliorum exempla tanta sanctorum, ut tempus ante deficiat, quam dinumerare possimus Veteris et Novi Testamenti Patres, qui, ut Apostolus ait, *per fidem vicerunt regna, operati sunt justitiam, adepti sunt repromissiones* (Hebr. xi). Adhuc autem unum sanctæ Ecclesiæ athletam, Joannem videlicet Chrysostomum, ad medium deducamus. Qui in tantum perfectus, in tantum Spiritu sancto plenus exstitit, ut pro cujusdam viduæ defensione, cui Augusta vineam suam tulerat, non dubitaret eam arguere et Jezabeli similem dicere. Ad ultimum odio invalescente, quia injustitiam publice arguebat, et pro quadam imagine, quam Augusta juxta ecclesiam ponere ausa est, eam iterum publice increpavit, concilio pseudoepiscoporum, quos ipse dudum juste damnaverat, damnatus, imperatore etiam Arcadio, agente uxore, persequente, exsilio directus, pro justitia mori non recusavit. Quid iste vir, quid istis diebus ageret, quando Ecclesia tota calcatur, qui pro unius viduæ defensione imperatoris animum contra se usque ad mortem excitare non timuit? Merito sanctus Innocentius papa et omnes Occidentales episcopi, audientes injustam necem tanti viri moti sunt, et omnes hujus rei fautores anathemate damnaverunt. Moderno etiam tempore venerandæ memoriæ Gregorius VII papa pro honore sanctæ Ecclesiæ dimicans, multas et varias tempestates sustinuit, sed flecti non potuit, quia fundatus erat supra firmam petram. Urbanus etiam ejus successor II illius sequens exemplum, pro Domini sponsa multa pericula sustinere non renuit. Sciendum enim quia ejus temporibus in tantum schismaticorum persecutio crevit, ut in quodam tempore in tota urbe Romana consistere non auderet. Qui tamen non cessit, sed patienter ferens, Christo pro se obtinente, omnis hæreticorum vis destructa, et ipse sanctæ Ecclesiæ redditus, apud B. Petrum in sua sede beato fine quievit. Nos itaque hæc sanctorum exempla, sanctissimi Patres, sequentes, custodiamus juxta propheticam admonitionem (Psal. xxxvi), veritatem, et videamus æquitatem, quoniam sunt reliquiæ homini pacifico. Injusti autem, quamvis ad tempus florere videantur, in æternum disperibunt. Gratia autem Dei, quam nos, Deo donante, defendimus, et hic et in æternum nos custodire dignabitur. Amen.

Cap. CLXVIII. — *Adhortatio, ut pro his sacris dogmatibus, Deo nos corroborante, usque ad mortem certemus.*

Attendentes itaque, sanctissimi Patres, horum sanctorum exempla, cognoscentes etiam ista sacratissima dogmata sanctæ Ecclesiæ ab ipso Domino Christo fore collata, pro eis observandis usque ad mortem, Deo nos corroborante et confirmante, studeamus certare; certi de misericordia Christi, qui primo pastori, beato Petro apostolo in judicio suæ veræ dilectionis pascendas suas oves commisit. Quia si pro his occubuerimus, pro justitia morti trademur. *Beati* autem, ut ipse Dominus ait, *qui persecutionem propter justitiam patiuntur, quoniam ipsorum est regnum cœlorum* (Matth. v). Justum est enim pro honore sanctæ matris Ecclesiæ Dei gregem pascendo usque ad mortem certare, adhortante nos etiam beatissimo Joanne evangelista, atque dicente: *Sicut Christus pro nobis animam suam posuit, ita et nos animas nostras pro fratribus ponere debemus* (I Joan. iii). Omnipotens autem Deus per nos infimos et ultimos servos suos hæc in vestris auribus loquitur, per se sancti Spiritus gratia in vestris cordibus eadem loqui et confirmare dignetur, qui pro amore suæ sanctæ Ecclesiæ de sinu Patris descendere, et mortem gustare dignatus est, qui vivit et regnat cum Patre in unitate Spiritus sancti Deus A per omnia sæcula sæculorum. Amen. Deo Patri et Filio, et Spiritui sancto gratias! Amen.

Explicit liber de honore Ecclesiæ.

ANNO DOMINI MCXIX

PETRUS DE HONESTIS

CLERICUS RAVENNAS

NOTITIA HISTORICA

(Oudin, *Script.* II, 1012)

Petrus de Honestis, Sanctæ Mariæ de Portu prope Ravennam abbas, virtute circa annum 1116 conspicuus ac regulari observantia, scripsit *Regulam pro clericis sui instituti,* quam vulgo *Constitutiones Portuenses* appellant, Petro Damiani falso attributas, ut Gabriel Pennotus in *Historia Canonicorum Regularium* lib. II probat. Nam abbatia S. Mariæ de Portu usque hodie a canonicis congregationis Lateranensis possidetur. Habetur hæc Regula inter Opera S. Petri Damiani editionis Parisiensis apud Carolum Chatelin anni 1642, via Jacobæa, sub signo Constantiæ, et ultimæ editionis anni 1663, apud Ægidium Tompere via Aurigaria prope Puteum certum. Floruit temporibus Paschalis secundi papæ, et anno 1119, die 29 Martii obiisse dicitur. Edidit hanc Regulam Constantinus Cajetanus, Syracusanus, abbas S. Baronti, ex congregatione Cassinensi. Multi sunt, ut idem abbas Cajetanus notat, qui hunc Petrum de Honestis cum Petro Damiani qui etiam *de Honestis* cognominatus est, confuderunt, atque ita antiquiorem istum S. Romanæ Ecclesiæ cardinalem monachum Benedictinum, indiscrete ordini canonicorum regularium ascripserunt. At Hieronymus Rubeus lib. V *Historiæ suæ Ravennatensis* circa annum 1116 utrumque recte distinguit. Sic autem de hoc ultimo Petro de Honestis loquitur:

« Insignis hoc tempore habebatur Petrus, Portuensis cœnobii præfectus, qui nobili Honestorum Ravennatis familia genitus, litterarum haud omnino expers, cum esset sacerdos, ut votum persolveret, quod in navigatione tempestate actus, divæ Mariæ Virgini, in portu Ravennati ædem et cœnobium exstruxit; quod deinceps ob eam a loco sumptam causam, Portuense cœnobium est appellatum. Ibi sacerdotum conventum instituit, quibusdam præscriptis legibus, quas Paschalis II pontifex maximus exitu hujus anni millesimo centesimo sexti ad se missas firmavit, Petro ipso ita postulante. Eæ autem Petri fuere litteræ : *Paschali Dei nutu summæ et apostolicæ sedis episcopo, Petrus Peccator,* » etc. Tum utrumque docte quidem et in hanc rem eximie distinguit idem Hieronymus Rubeus, his verbis : « Satis autem, ut puto, constare potest quantum inter hunc Petrum Portuensem et Petrum Damiani intersit. Est quidem uterque Petrus, uterque Ravennas; sancte ambo atque innocenter vixerunt, eodemque ferme tempore : quodque fecit, ut eos multi non internoscerent. Ambo *Peccatores* appellati ; inoleverat enim mos ut qui religiose tunc viverent, ob animi demissionem, sese peccatores inscriberent : idque facile cognoscet qui monumenta illorum temporum evolverit. Petrus tamen Portuensis præfectus, semper sacerdos et clericus, ut aiunt : Petrus autem Damiani, monachus. Ille in Portuensi cœnobio perpetuo fere vitam traduxit, hic in Catriana solitudine. Ille Ravennæ diem suum obiit, hic Faventiæ. Ille IV Kalendas Aprilis, hic VIII Kalendas Martii. Ille anno millesimo centesimo decimo nono, hic septuagesimo secundo post millesimum. Quodque hac ratione inter se ii differrent, Dantes de Petro Damiani scribens, videtur testari : Dum enim Petrum Damiani loquentem inducit, se Petrum Damiani fuisse inquit in Catrianaque solitudine vixisse : Petrum autem Peccatorem in divæ Mariæ Virginis ad littus Adrianum commoratum. » Hæc præclare Hieronymus Rubeus. Contenderunt acriter satis ac perperam, meo sensu, scriptores *De excellentia et prærogativis Canonicorum Regularium divi Augustini,* hunc utrumque Petrum de Honestis fuisse ex ordine canonicorum regularium. Certum enim est Petrum Damiani fuisse monachum ac Regulam divi Benedicti professum esse : unde immerito eum accensuit suis Canonicis Augustinianis Augustinus Ticinensis in *Propugnaculo canonici ordinis* parte IV, cap. 22, et parte V, cap. 8. Idemque Joannes Trullus *De ordine canonicorum regularium* lib. I, cap. 5. At e contra Constantinus Cajetanus, abbas Sancti Baronti ex congregatione Cassinensi, ut par pari Augustinianis Canonicis referat, multis contendit neutram ex his duobus Petris de Honestis spectare ad canonicorum regularium ordinem. Non *primum,* quem constat fuisse monachum instituti Benedictini; non *secundum,* quippe cum regulam Augustinianam vel sic appellatam, nunquam amplexus sit, sed propriam ipse conscripserit, nihil habentem commune cum illa quæ Augustiniana dicitur. Qui plura cupiunt de *Petro de Honestis* legant citatum Cajetanum in Prolegomenis ad istam Regulam, Hieronymum Rubeum lib. V *Historiæ Ravennatis,* et alios qui de eodem argumento post ipsum scripserunt.

PETRI DE HONESTIS
CLERICI RAVENNATIS
REGULA CLERICORUM.

DOMNI
CONSTANTINI ABBATIS CAJETANI
AC VINDICIS BENEDICTINI
IN REGULAM VENERABILIS VIRI PETRI DE HONESTIS
CLERICI RAVENNATI
AD LECTOREM SUUM HUMANISSIMUM PRÆFATIO.

In fine quarti tomi sanctissimi doctoris nostri, Petri Damiani, addendam curavimus Regulam illam, quam ad clericos et canonicos informandos scripsit Petrus clericus Ravennas duplici potissimum de causa: primo, ut studiosi quique, qui fere hucusque utrumque confudere, intelligant alium esse Petrum hunc a nostro; secundo, ut etiam cognoscant Petrum clericum suam hanc Regulam edidisse pro clericis et canonicis illis, qui regulariter apud matrices ecclesias penes ipsos episcopos, vel in collegiatis aliis ad normam potissimum concilii Aquisgranensis degebant; non vero pro S. Augustini professoribus. Hujus enim Regulæ observantia (si Regula ea fuit, vel potius epistola) ab ejusdem sancti doctoris obitu usque ad eam fere tempestatem, vix audita fuerat.

Quod igitur ad primum spectat, etiamsi uterque Petrus vocaretur, eademque Ravennam pro patria, habuerint, professione nihilominus atque ætate, toto cœlo distare cognoscuntur. Nam noster Petrus a majori natu fratre, qui eum paterne nutriverat, relicto gentis suæ cognomine, Damiani cognomen assumere voluit; tametsi (ut ex ejus scriptis alibi notabo) nobilibus, non obscuris (ut quidam gratis affirmarunt) natus sit; Petrus etiam hic alius Honestorum stemmate, et familia quoque clarus editus est.

Professione quoque Petrus Damiani monachus fuit, eremita et prior monasterii Sanctæ Crucis de Avellana, in Umbria, non longe ab Eugubio, ordinis sancti Patris nostri Benedicti, ut non tantum ex gravioribus, iisdemque coætaneis scriptoribus, verum etiam ex illiusmet scriptis patenter habemus, quidquid alii fingant, affirmantes ipsum Augustinianum, non Benedictinum fuisse; vel etiam (ut falso adhuc alii) ex Augustiniano Benedictinum evasisse: cum is ante monasticam vitam nulli Regulæ fuerit addictus, imo sacrarum litterarum et utriusque juris doctor, Parmæ legis peritiam docuerit, ut nos in ejus Vitæ commentariis, Deo duce, clarius ostendemus.

Alius vero Petrus fuit clericus, clericorumque prior. Qui cum videret multos in clericis abusus (quos Petrus Damiani suis præsertim in epistolis deplorat reprehenditque) ille condito monasterio in littore maris Adriatici, in beatissimæ Mariæ virginis honorem, Regulam ex sanctis Patribus, ac præcipue, ut videre est, ex ea sancti Patris nostri Benedicti conflatam, præscripsit, et Paschali II pont. max. confirmandam transmisit, ut corruptos mores componeret. Non negamus tamen hoc ipsum ejusdem monasterium (sicut et Benedictinorum quamplura) Augustinianorum postea juri addictum fuisse.

Postremo, quod ad ætatem attinet, Petrum Damiani obiisse anno Christi millesimo septuagesimo secundo, omnes ejusdem temporis scriptores (ut fuse quoque probat eminentissimus cardinalis Baronius [1]) contestatum reliquere. In primis qui totidem id verbis adnotavit, Bertholdus Constantiensis in Auctario ad Hermannum Contractum, hæc habet: *Anno millesimo septuagesimo secundo, Petrus Da-*

---

(1) Card. Baron. Annal. t. XI, ad ann. 1072.

miani, piæ memoriæ, migravit ad Dominum VIII Kal. Martii, cui dominus Geroldus [domnus Giraldus], revera monachus scientia Scripturarum insignis, et moribus suo prædecessori non impar, in episcopatu successit.

Ad hæc, Petrum Damiani anno ætatis suæ sexagesimo sexto (2), in suo Sanctæ Mariæ congregationis Avellanensis, seu Columbæ monasterio, Faventiæ decessisse, sacrasque illius reliquias ad hunc usque diem, magna ibidem cum veneratione asservari, adeo clarum est, ut probatione non indigeat. Econtra vero Petrus clericus ad Paschalem II pont. max. qui ab anno 1099 ad 1118 vixit, cuique Regulas suas confirmandas direxit ætatem protraxit: unde etiam ejusdem Paschalis exsiant litteræ ad illum, datæ Laterani III Non. Jul., indictione VII Incarnationis Dominicæ anno 1115. Addunt quoque scriptores, eum octogenario majorem, et in Portuensi S. Mariæ monasterio, quod ipse paulo extra urbem Ravennam in littore maris Adriatici construxerat, obiisse anno Domini 1119, IV Kal. April. Ejus autem tumulo hi versus, qui et nostram confirmant sententiam, incisi feruntur:

Hic situs est Petrus, Peccans cognomine dictus,
Cui dedit hanc aulam meritorum condere Christus,
Anno milleno centeno debita solvit.
IV Kal. Apr.

Docte quidem in hanc rem Hieronymus Rubeus (*Hist. Raven.*, lib. v): « Satis autem, ut puto, constare potest quantum inter hunc Petrum Portuensem, et Petrum Damiani intersit. Et quidem uterque Petrus, uterque Ravennas; sancte ambo atque innocenter vixerunt, eodemque fere tempore, quodque fecit, ut eos multi non internoscerent, ambo Peccatores appellati. Inoleverat enim mos, ut qui religiose tunc viverent, ob animi demissionem, sese inscriberent Peccatores; idque facile cognoscet qui monumenta illorum temporum evolverit. Petrus tamen Portuensis præfectus, semper sacerdos, et clericus, ut aiunt, Petrus autem Damiani monachus. Ille in Portuensi cœnobio perpetuo fere vitam traduxit; hic in Catriana solitudine. Ille Ravenniæ diem obiit suum, hic Faventiæ; ille IV Kal. Aprilis, hic VIII Kal. Martii; ille anno millesimo centesimo decimo nono [*cor.* septuagesimo secundo]; hic octogesimo supra millesimum. Quodque hac ratione inter se ii differrent, Dantes de Petro Damiani scribens, videtur testari. Dum enim Petrum Damiani loquentem inducit, se Petrum Damiani fuisse inquit, in Catrianaque solitudine vixisse; Petrum autem Peccatorem in divæ Mariæ virginis ad littus Adrianum commoratum. » Dantis vero Aligerii, poetæ Etrusci, Testimonium hoc est:

Tra duo liti d' Italia surgon sassi
E non molto distanti alla tua patria,
Tanto, che i tuoni assai suonan più bassi,
E fanno un gibbo, che si chiama Catria,
Di sotto al quale è consecrato un eremo,
Che suol esser disposto a sola Latria.

(2) Vide Constantini Cajetani præfationem ad t. III Petri Damiani (*Patrol.* t. CXLV).

Così ricominciommi il terzo sermo,
E poi continuando disse, quivi
Al servigio di Dio mi fei sì fermo,
Che pur con cibi di liquor d' ulivi
Lievemente passava Caldi, et Gieli,
Contento ne' pensier contemplativi.
Render solea quel Chiostro a questi Cieli
Fertilmente, ed ora è fatto vano,
Sì che tosto convien, che si riveli.
In quel luogo fui io Pier Damiano:
E PIETRO PECCATOR fu nella casa
Di nostra Donna in sul lito Hadriano.
Poca vita mortal m' era rimasa,
Quando fui chiesto e tratto a quel Capello.

(DANT., *Parad.*, cant. XX.)

Hos autem Dantis versus Petrus Marianus V. I. D. rerum multiplicium eruditione insignis, meique amicissimus, Latine sic reddidit:

Talibus est rursus dictis mihi farier orsus :
Inter utrumque Italum juga surgunt ardua littus,
Non procul Urbe tua, rapidus sonat ætheris ignis.
Inferiore plaga, sic vertice nubila tangunt :
Angulus hinc oritur, cui nomen Catria, sub quo
Surgit adorando Superum domus apta parenti,
Desertas inter cœlo gratissima rupes.
Hic ego tam certus mansi servire Tonanti,
Ut mea mensa alias haud tempore quolibet anni
Perfusas epulas quam Palladis arbore nosset,
Cœlestes sed erant mea gaudia volvere curas :
Fertilis ille Pollo quondam locus esse solebat,
Seminaque ingenti cum fenore reddidit, at nunc
(In populi mox ora ibit) pro frugibus illa
Infelix lolium et steriles nascuntur avenæ.
Illic Petrus ego Damiani tempora duxi :
Ac Petrus falso Peccator nomine dictus,
Virginis Adriacum prope littus vixit in æde,
Instabat mihi jam mortalis terminus ævi,
Cum mea nolentis sunt tempora cincta Galero.

At cum hæc adeo clara sint, ut clariora magis esse non possint, nihilominus rerum Augustinianarum scriptores ad hanc usque diem invicte satis contendunt, Petrum clericum, cognomento Honestum, hunc ipsum esse, qui et Petrus Damiani, monachus, et cardinalis. Quod revera nusquam crederem, nisi multoties legissem apud Augustinum Ticinensem, qui de canonici ordinis sui propagatione edisserens, sic commentatus est (3) : « In Italia usque ad tempora B. Petri Damiani apud Ravennam in canonica S. Mariæ in Portu, deinde per Italiam ab eo capite est propagatus. Ipse namque vir sanctus, clara ex familia de Honestis Ravennæ natus, prius apud Avellanæ locum eremiticam duxit vitam : deinde episcopus Ostiensis et cardinalis ordinatus, tempore schismatis inter Cadaloum episcopum Parmensem, et Alexandrum II; pileo a se sponte abdicato, ad canonicam præfatam se transtulit, ibique post multa præclara librorum edita opuscula, et pietatis magnifice gesta, ejusdem loci prior, sancte pieque in Domino quievit. Exstant usque in præsentiarum Constitutiones ab eo editæ, de communi vita canonicorum regularium, et Paschalis II auctoritate confirmatæ. » Sed attende etiam, quæso lector, quæ figmenta in medium proferat, suos canonicos Ticinensis iste propugnans :

(3) Aug. Ticin., Propugn. can. ord., par. IV, cap. 25.

« Ordo idem canonicus, inquit, ad regularem observantiam effloruit per sanctum virum Petrum Damianum, in Portuensi canonica, diœcesis Ravennatis, deinde in tota Tuscia, præsertim in agro Lucensi apud Frigionariam, ipso auctore Petro Damiani, coadjuvantibus Alexandro II et illustri comitissa Mathildæ (4). » Huic accedit Joannes Trullus, canonicus etiam regularis Augustinianus (5), qui postquam multa contra rei veritatem affirmasset, Trithemium abbatem, verissime licet scribentem, non veritus est apprehendere : « Hæc omnia subdit, eo retuli, ut manifestum fieret Petrum Damianum fuisse canonicum regularem, episcopum Ostiensem et cardinalem, nec quemquam moveat Joannes Trithemius, astruens monachum fuisse Benedictinum, quem claruisse inquit sub Henrico IV, anno Domini 1050. » In eumdem labuntur errorem Joannes de Nigra Valle, titulo *De doctoribus ordinis canonici;* Raphael Volaterranus, *Anthropologiæ* lib. XXI; Alphonsus Ciaconius, in *Vitis summorum pontificum*, sub Stephano X, dicto IX ; Joannes Baptista Signius *De ordine ac statu canonico* lib. I, cap. 4 ; Basilius Serenius lib. *Privileg. canonicorum S. Augustini*, p. 10, aliique complures non nisi novissimi, falsissimam hanc eamdem opinionem totidem verbis confirmantes.

Cæterum non defuerunt et alii qui Petrum eumdem clericum Portuensem, ipsum fuisse Petrum Damiani asseverantes, Benedictinis, non Augustinianis adnumerarunt. Erroneam istorum opinionem Antonius Possevinus novissime amplexus est, ita dicens(6) : «Petrus Damiani filius, qui ita fere ab omnibus appellatus est, cum ejus familiæ cognomen esset Honestorum : quamobrem et de Honestis dictus est : se vero ipsum altero cognomento insignivit, dum ad alios scribens, se *Peccatorem* subscribat, nobilis Ravennas, monachus autem monasterii S. Andreæ [al. S. Crucis] de Avellana ord. S. Benedicti congregationis Columbæ, S. R. E. cardinalis et episcopus Ostiensis, anno 1058. Sed anno 1072 ad monasterium suum amore quietis et solitudinis reversus obiit Faventiæ in cœnobio S. Mariæ quod cum quinque aliis construxerat, anno 1080, die 22 Februarii. Cum autem Volaterranus lib XXI *Anthropologiæ*, et quidam alii scripserint eum fuisse ordinis divi Augustini, sine dubio hoc quod diximus, aut ignorarunt, aut minus rem ipsam indagarunt. »

Sed jam hujusmodi commenta missa faciamus. Sicut enim nebulæ a solis radiis effugantur, sic ea quæ contra leges historiæ afferuntur, veritatis lucem sustinere non possunt, sed ad exactam temporum rationem ponderata evanescunt. Maneat igitur suus cuique religioni honos : proprias ac peculiares unaquæque suorum majorum imagines servet ac veneretur : nec altera alterius titulos sibi vindicet.

Certe in Ecclesia sancta, quæ circumamicta est varietatibus, ita omnium timentium Deum ejusque mandata custodientium merita per charitatem communicantur, ut tamen divisiones gratiarum in singulis religiosorum ordinibus vestium diversitate notentur ac discernantur.

Verum enim vero demonstrata jam veritate quod venerabilis Dei servus Petrus de Honestis : Ravennas clericus fuit, et diversus ille a S. Petro Damiani, ordinis S Benedicti cardinalis doctissimus, operæ pretium nunc judicamus errorem alium detegere de ejusdem Petri clerici professione. Canonici namque S. Augustini, et quidem recentissime suum illum vindicant, et ejusdem S. Augustini canonicum, quemadmodum et S. Ubaldum Eugubinum episcopum. Quod omnino falsissimum apparet ex ejus ætatis scriptis monumentis. Etenim nos cum Regulam ipsius B. Petri clerici ad canonicos suos instruendos scriptam hoc loco inseramus, non tam se offert occasio, quam postulat argumentum, ut inquiramus, an Regulam ille magni Augustini professus fuerit, cum et multa lux hinc affulgebit rei historicæ, et ex gentilitio errore emergent plurimi, qui hactenus autumati sunt et docuerunt illum canonicum regularem ordinis S. Augustini. Quod ut nulla veritate subsistens, facili negotio convincetur erroris. Nam, ut Hieronymus Rubeus habet, « Petrus de Honestis cum esset sacerdos, ut votum persolveret quod in tempestate actus nuncupaverat divæ Mariæ Virgini, in portu Ravennatis ædem ac cœnobium exstruxit. Quod deinceps ob eam a loco sumptam causam, Portuense cœnobium est appellatum : ibi sacerdotum conventum instituit, de quo diximus, » etc. Et Baptista Signius : « Petrus primus Portuensis rector, qui et ibi ordinem canonicum primus instituit. »

Nulla igitur præter ab institutore illo primoque Portuensis cœnobii rectore invectam regularis institutio inquirenda est in Portuensi cœnobio. Hæc autem Augustiniana, sive ad magni Augustini Regulam non fuit. Præscripsit enim suis Regulam Petrus, quam post Paschalis PP. II apostolica auctoritate confirmavit. Præter hanc autem seu Regulam, seu Constitutiones ab eo scriptas, quas hic damus, per id temporis nullam legimus normam ibi sacerdotum mores formasse. Hoc duplici probamus argumento : primo, ab his ipsismet Constitutionibus; secundo, quod ea quæ nunc vocatur S. Augustini regula, quæ sola in controversiam venire poterat (7), regulæ nomen naturamque vix induerat. Ad primum quod attinet, in procemio harum Constitutionum ita Petrum loquentem habemus et affirmantem : « Diligenti inquisitione facta neminem sanctorum Patrum propheticæ et apostolicæ doctrinæ servantem exempla, et scrutantem interna, clericis unum commorantibus certam fixamque, et sufficientem regulam, et ordinis canonici singularum varietatum quæ-

(4) Idem par. v, confirmat. cap. 8.
(5) De ord. canon. lib. I, cap. 5.

(6) Apparat. sacr. tom. III.
(7) Signius, lib. II, prope finem.

que negotia continentem dictasse : ubi sicut monachis in regula monastica, sic clericis modus conversandi et singula necessaria faciendi, ac quæque debita et ordini canonico congruentia exhibendi, haberetur certissimus. » Ita ille. Quod quid clarius in rem nostram? Nam si nullus sanctorum Patrum clericis in unum commorantibus certam, fixam et sufficientem regulam dictavit, ergo regula S. Augustini aut orbi nota non erat per ea tempora, ut alibi probamus : aut quod hujus loci magis est, B. Petro de Honestis et Portuensis cœnobii cultoribus erat incognita. Alias enim non sic audacter et universim affirmasset Petrus nullam sanctorum Patrum regulam canonicis dictavisse, aut eam dictandi provinciam sibi assumpsisse.

Si regerat aliquis : S. Augustinum regulam quidem scripsisse, at non sufficientem, non continentem ordinis canonici singulares varietates, modum conversandi, et singula necessaria faciendi. Ride, lector, indignissimum effugium, quod ab Augustini filiis aut cultoribus proficiscatur : ut magnum illud eloquentiæ flumen, totius scientiæ promptuarium, et sapientiæ, ac doctrinæ, tum humanæ, tum cœlestis immensus oceanus, cum se ad regulam scribendam canonicis applicuisset, tamen imminutam illam, imperfectam, deficientem scripserit. At nec sic effugiunt. Nam si ullam, etsi insufficientem, S. Augustinus exarasset, eamque observassent Portuenses, saltem illius meminissent, ut regulæ fundamentalis, ut suæ vitæ essentialia continentis. Nam produc mihi quascunque cujuscunque religionis constitutiones, ut vocant, quæ diductius explicatiusque persequuntur, quæ in regulis continentur, an non in singulis capitulis foliisque Regulæ meminerunt? Et cum commentaria quædam in Regulam sint, cum glossæ in textum, an non futile esset, imaginari eas, quam regulam commententur, cujus textus sint glossæ, non explicari ? Pari modo Constitutiones hæ Portuenses si regulam S. Augustini tanquam basim supposuissent, et quæ brevius in ea diducuntur, explicuissent, debuissent certe vel semel ad minimum, illius meminisse; eamque nominasse regulam, quam ipsæ originariam et essentialem, quamque copiosius illustrabant et perficiebant. Quod non fecerunt. Imo clarum ex iismet est, corumque contextu, nihil illis esse cum sancti Augustini regula commercii. Hoc in libro nostro *De antiquitate canonicorum regularium et Augustinianæ regulæ* (capp. 1, 2) deduximus hisce verbis : « Deinde in corpore suarum legum Portuenses, quid inutili repetitione, obedientiam, paupertatem, continentiam, victum, vestitumque, communia et plura ejusmodi statuerent, nulla habita mentione regulæ professionis suæ, aut facta ad eam relatione; quæ ea prius statuerat, si ab illis fuisset recepta? » Exemplum esto primum Constitutionum caput, in quo communi definitione conclusum fuit, clericum propriis facultatibus, nec non voluptatibus renuntiare debere. Hoc enim in-

jungunt, quia Dominus levitis in veteri lege possessionibus et proprietate interdicit, quia Christus in Evangelio consulit, quia apostoli exemplo firmaverunt, quia doctores Hieronymus, Augustinus et Prosper ita docuerunt, non quia regula hoc illis imponit.

At, quæso tibi, nunquid brevius, firmius, efficacius statuissent (si in regulam S. Augustini tanquam in vivendi legem jurassent) paupertatem rerumque propriarum abdicationem, una cum regula professos fuisse et vovisse clericos, ac proinde vota reddenda. Displicet enim Deo infidelis et stulta promissio. At, inquam, non promissionis hujus, non regulæ promissæ, non voti, non Augustini ut Patris, ut legislatoris, sed tantum ut Ecclesiæ communis doctoris, sicut aliorum, etiam meminerunt. Deinde in hoc ipso primo capitulo bis mentionem fecit Augustini, primo docentis in commentariis *de verbis Domini*, deinde quæ docuerat exsecutioni mandantis in sermone *De communi vita clericorum*. At ne per umbram quidem, quod potius debebant, regulæ mentionem faciunt, quæ mihi pro argumento efficacissimo sunt, regulam Augustini (etiamsi ea tum modo cognita fuisset, et recipi cœpta) non fuisse introductam nec observatam in monasterio Portuensi, et consequenter Petrum de Honestis nequaquam Augustinianum fuisse. Hæc nos ibi.

Et certe hoc quoque patebit consideranti hæc primi capitis Constitutionum verba : « Sed ne soli hoc super vita et Regula catholicorum clericorum videamur sentire, accedant et alii testes in idem consentientes, viri religiosissimi, et omni scientia plenissimi : Hieronymus videlicet, Augustinus, Prosper, et quid super hoc dixerint vel intellexerint, audiamus. » Et postea : « Augustinus in nono decimo capitulo *De verbis Domini* sic scribit, dicens : *Venerunt Publicani ad Joannem, ut baptizarentur ab eo, et dixerunt ad eum : Magister, quid faciemus? At ille dixit eis : Nihil amplius exigatis, quam quod constitutum est vobis. Et post pauca : Interrogaverunt eum milites, quid faciemus et nos? Ait illis Joannes : Neminem concutiatis, neque calumniam faciatis, sed contenti estote stipendiis vestris* (*Luc.* III). Hic jam cognoscere se debet omnis homo qui militat : non enim tantum de his militantibus Scriptura loquitur, etc. » Pauloque post : « Nam et clericus catholicus hac sententia retinetur : Si enim non contentus stipendiis fuerit quæ de altario Domino jubente consequitur, sed exercet mercimonia, intercessiones vendit, viduarum munera libenter amplectitur, hic magis negotiator videtur esse quam clericus, et cætera. Qui (ut facta ejus magis loquerentur quam lingua) in domo ipse episcopi statuit monasterium clericorum, ubi nemini licebat habere aliquid proprium, sicut ipse testatur, dicens : *Volui habere in domo ista episcopi monasterium clericorum. Ecce quomodo vivimus : Nulli licet in societate nostra habere aliquid proprium. Sed forte aliqui habent ? Nulli licet : Si qui habent, faciunt quod non li-*

cet. » Hæc Augustinus, et hæ Constitutiones Portuenses.

Ubi mecum observa, inquirere eos diligenter quid de vita et regula clericorum catholicorum dixerit Augustinus vel intellexerit. Potuitne se offerre aptior regulam Augustinianam allegandi et coram adducendi locus, si Augustinianam regulam ipsi observassent? Nam in ipso regulæ, quam vocant, limine habes : « Non dicatis aliquid proprium, sed sint vobis omnia communia, et distribuatur unicuique vestrum a præposito vestro victus, et tegumentum, non æqualiter omnibus, quia non æqualiter valetis omnes : sed potius unicuique, ut cuique opus fuerit. » Pauloque post : « Qui vero aliquid habebant in sæculo, quando ingressi sunt monasterium, libenter velint id esse commune. » Habes hic bonorum communionem ; quam undique conquisitis argumentis stabilire contendunt Portuenses clare et expressis verbis injunctam. Multo igitur illi ad rem apte magis hæc suæ regulæ verba allegassent ex Augustino, quam Commentaria de verbis Domini ; quæ non ita ad propositum, ut Regula, faciunt. Deinde, si factum Augustini doctrinæ suæ consonans quærendum erat, quid illi ad sermonem potius *De vita clericorum* recurrunt, quam ad ipsam regulam? Nam ut magnus filius Gregorius de magno Patre Benedicto scripsit (8) : « Si quis velit subtilius mores, vitamque cognoscere', potest in eadem institutione regulæ, omnes magisterii illius actus invenire, quia sanctus vir nullo modo potuit aliter vivere quam docuit. » Ita de S. Augustino philosophandum erat, ejus actus vitamque melius quam in ipsa Regula inveniendam : nec enim potuit aliter vivere quam docuit. Igitur concludamus oportet, cum nusquam Portuenses meminerint Augustinianæ regulæ, imo nihil ex ea, sed de Benedictina potius in suas Constitutiones transtulerint (nam finis primi capitis, et secundum pene totum desumptum est ex cap. 4 et 6 Regulæ S. Benedicti), cum eam ut fundamentalem lapidem non supposuerint Institutis a se factis, e quibus clarum est nullum jus auctoritatemve in illud monasterium ejusque cultores obtinuisse in regulam S. Augustini ; plane fatendum est, eam nondum in Portuensem cœnobium invectam, ejusve impositam incolis : et consequentia legitima Petrum de Honestis S. Augustini aut Regulæ aut Instituto nomen non dedisse. Et hoc alio argumento sic deducimus.

Nam justo nos volumine probamus S. Augustinum nullam viris aut dedisse, aut scripsisse regulam : idque evincimus non leviusculis conjecturis, sed auctoritate multiplici eorum qui regulæ hujus non meminerunt, cum maxime debuerint : qui solum patriarcham Benedictum ante annum millesimum legislatorem agnoscunt : qui illius ut junioris canonicorum, ut recentiorum mentionem faciunt : qui expresse asserunt S. Augustinum, regulam aut non omnino, aut viris saltem non dedisse. Ratione autem illud probamus ex natura regulæ desumpta, quodque illius nusquam meminerit Possidius, nusquam Augustinus, sed suos ad Actus apostolorum remiscerit a tempore quo eam scribere debuerit : quodque toto illo interstitio, inter Augustinum et Ivonem scilicet, usque ad aliquos post sæculum decimum annos, nusquam nunquam inveniantur canonici regulares : hocque ex omni genere auctorum et conciliorum, ex defectu virorum illustrium, sanctorum, et privilegiorum deducimus invicte ; eosque ementita antiquitate exuimus, et nonnulli suorum albo ascriptis sanctis ante millesimum annum denudamus. Ut cum B. Petrus de Honestis primo post millesimum sæculo vixerit, quo S. August. epistola centesima nona ad moniales scripta, primo in regulam virorum emerserit, et translata fuerit, certe credendum est, vix illius notitiam habuisse eum ; et fatendum omnino non tum fuisse in monasterium Portuense inductam, cum sicut novarum Constitutionum a Portuensibus editarum insignis mentio habeatur apud historicos, ita et novitiæ regulæ jam tum primo mundo cognitæ, et in monasterium illud introductæ præclara memoria fuisset ad posteros transmissa. Nam sicut summa laus erat eidem Petro suas edidisse vivendi formulas, ita summo dignus fuisset encomio, si magni Augustini præclaram regulam recenter juris publici factam, aut a viris cultam, amplexatus fuisset. Quod eum arguit, nequaquam S. Augustini normæ, aut instituto subjectam fuisse. Omitto alia hujusmodi argumenta prosequi, quæ latissime (ut etiam supra innuebam) deducta sunt in libro nostro *De canonicorum regularium antiquitate*, qui prelo paratus mox publici juris fiet.

Præterea omittere etiam non possum, quin optima consecutione deducam, si B. Petrus de Honestis non fuit canonicus S. Augustini regularis, Portuense cœnobium primis iis annis regulam ejusdem S. Augustini non observaverit ; nec S. Ubaldum, Eugubinum episcopum, canonicum S. Augustini regularem fuisse : qui præter Portuenses Constitutiones, Regulam nullam aut in Portuensi cœnobio observavit, aut secum ad Eugubinum monasterium suum reduxit. Observa igitur ecclesiam SS. martyrum Mariani et Jacobi fuisse quidem regularem, at non ad Augustinianam, sed Aquisgranensem regulam, quæ digesta et descripta in Aquigranensi concilio sub imp. Ludovico Pio, et ejus jussu publicata, plures per Italiam, Galliam aliasque provincias obtinebat. Verumtamen cum per S. Petri Damiani tempora, seu lapsa plerisque in locis ejus observantia esset, seu in desuetudinem abiisset, ipse graviter de iisdem canonicis conquestus, plures apud Alexandrum II papam querelas deposuit, præsertim epistola 18, ubi regulæ hujus mentionem facit. Disciplinam autem canonicorum, sive clericorum Ecclesiæ Eugubinæ jam dictæ, qualis fuerit describit nobis B. Theo-

(8) Gregor. II, Dial. 26.

baldus in Vita Ubaldi, atque in episcopatu Eugubino eidem successor, ita inquiens : « Cum autem Dei famulus (Ubaldus) adolescentiæ annos seniliter transiisset, et morum illum gravitas omnibus commendaret, in prædicta ecclesia SS. martyrum Mariani, et Jacobi prior efficitur, et prælationis ecclesiasticæ dignitate communi omnium voto honorifice sublimatur. Et quidem suscepti prioratus dignitas satis erat honorabilis ; sed qui suscepti fuerant ad regendum clericos omni honore et reverentia erant indigni. Nam in prædicta ecclesia nulla tunc temporis ordinis observantia, nulla prorsus religionis colebatur memoria. Mercede annua erat conductus, qui campanas pulsaret in hora officiorum : et quia clericorum unusquisque in domo propria epulabatur et dormiebat tota fere observantia monastici cultus custodiebatur in pulsu nolarum : claustrum patebat omnibus, viris scilicet et mulieribus : nec ullo ibi tempore porta claudebatur : quisque habebat pellicem suam, et relicta disciplina ecclesiastici ordinis, turpitudini et luxuriæ serviebat muliebri. » Hæc ibi.

Ex quibus deduci facile potest, SS. Mariani et Jacobi ecclesiam nunquam suscepisse regulam S. Augustini. Nam cum nomen ea, naturam vigoremque regulæ annum circiter millesimum tantummodo induisset, si in dicta ecclesia fuisset recepta, nunquam profecto decem vel viginti annis ita in oblivionem abiisset, ut nullum illius vestigium remaneret : nunquam qui dictæ ecclesiæ incolæ, qui primo illam amplexati fuerant, sic abiissent retrorsum, ut de sub jugo illius tantillo tempore se subtraxissent, ut præstantissimæ illi normæ adeo difformes essent. Conclude igitur, cum S. Ubaldus disciplinam regulamve Augustinianam in dicta ecclesia nec repererit, nec professus fuerit, cum a Portuensi cœnobio Portuenses B. Petri de Honestis Constitutiones, non S. Augustini normam secum devexerit ad suos : conclude, inquam, illum Augustinianum aut regula aut professione nequaquam fuisse.

Objicies ea Romani Breviarii in festo S. Ubaldi verba : « Ubaldus sacerdos effectus patrimonium suum pauperibus et Ecclesiis distribuit : canonicorum regularium ordinis S. Augustini institutum suscipiens, illud in patriam transtulit, atque in eo aliquandiu sanctissime vixit. » Fateor quidem magni ponderis auctoritatem esse, quæ a tanta pharetra procedit. At respondendum non omnia de fide esse quæ in particularibus sanctorum historiis leguntur. Nam digestores Romani Breviarii, sanctorum legendas secuti, quas ipsi prudenter autumantes verissimas, pro talibus eas proposuerunt recitandas ; nihilominus quod in eisdem historiis aliqui nævi irrepsissent, iis eluendis, et a Pio V sanctissimo, et ab Urbano VIII prudentissimo, maximis pontificibus, correctores adhibiti sunt. Quod si aliquid eorum diligentiam effugerit, non iis id vertendum vitio, nec aut diligentia in iis, aut prudentia, aut doctrina desideranda ; sed illis imputandum qui Acta Vitasque non ita veras eisdem subministrarunt. Quandoquidem, prout etiam accidere solet in narrativis bullarum pontificiarum, ut falsa aliqua irrepant, non sane culpa pontificis, sed eorum potius qui male narrant : ita eorum errore factum, ut hic nævus permanserit in Breviario Romano, culpa tamen eorum qui res gestas S. Ubaldi sacræ Rituum congregationi falsas obtruserunt. Ut sicut vitio non est vertendum correctoribus aut Pii V, aut Clementis VIII, Romanorum pontificum, quod aliquid eorum diligentiam fugerit, a sanctissimo D. N. Urbano VIII corrigendum : ita nec culpandi, quod Sanctitas Sua correctioni nuperæ proposuit, si summam illorum industriam, et laborem, ac doctrinam tantillum quid evaserit a posteris observandum. Dies enim diei eructat verbum, et nox nocti indicat scientiam. Hæc autem sicut a me sincere dicta sunt, non ut quemquam carperem, sed ut veritatis patrocinium sumerem, sic in optimam partem velim, candide lector, accipias. Vale.

DE PETRO CLERICO, SIVE PRIORE PORTUENSI,

Cognomento *Peccatore*.

Ex libro quinto Hieronymi Rubei Historiæ de gestis Ravennatum.

« Insignis hoc tempore habebatur Petrus Portuensis cœnobii præfectus, qui nobili Honestorum Ravennati familia genitus, litterarum haud omnium expers, cum esset sacerdos, ut votum persolveret quod navigatione in tempestate actus, nuncupaverat divæ Mariæ Virgini in portu Ravennati, ædem ac cœnobium exstruxit, quod deinceps ob eam a loco sumptam causam, Portuense cœnobium est appellatum. Ibi sacerdotum conventum instituit, quibusdam præscriptis legibus, quas Paschalis II pontifex maximus exitu hujus anni millesimi centesimi decimi ad se missas firmavit, Petro ipso ita postulante. Eæ autem Petri fuere litteræ : *Paschali Dei nutu, summæ et apostolicæ sedis episcopo, Petrus Peccator, clericus, cum confratribus suis in Christo salutem, et obedientiam omnem. Cum vestræ beatitudini Petri vicem in Ecclesia gerere gratia divina contulerit*, etc. (Vide in Paschali, supra, sub num. 17, col. 461). Paschalis autem pontifex omnibus legi examinarique diligenter jussis, ad hunc modum rescripsit : *Paschalis episcopus, servus servorum Dei, dilectis filiis apud Ecclesiam S. Mariæ in portu Ravennatis exarchatus regulariter commorantibus, salutem et apostolicam benedictionem. Hanc institutionis canonicæ regulam*, etc. (Vide ubi supra num. 480, col. 414). Et non longe post : *Anno, qui fuit a partu Virginis millesimus centesimus decimus nonus, Petrus Peccator senex obiit quarto Kal. Aprilis, Ravennæ in Portuensi ab se exstructo cœnobio : ibique ad lævam ingredientibus templum, juxta Sacram Turrim sepultus est.* »

INCIPIT
REGULA CLERICORUM.

PROLOGUS.

Divini cultus amore in unum collecti, fratres charissimi, cœpistis nobiscum diligenter inquirere utrum quis sanctorum Patrum propheticæ et apostolicæ doctrinæ servans exempla, et scrutans interna, clericis in unum commorantibus, certam fixamque et sufficientem regulam et ordinis canonici singularum varietatum, quæque negotia continentem dictaverit. Ubi sicut monachis in Regula monastica , sic clericis modus conversandi, et singula necessaria faciendi, ac quæque debita, et ordini canonico congruentia, exhibendi haberetur certissimus. Quæ omnia sic disposita, ut vestro sacro conventui visa sunt fore necessaria, quia invenire nequivistis, divina inspirante gratia, hæc singula nobiscum pro captu et viribus vestris, partim ex divinæ Scripturæ aut sanctorum conciliorum auctoritate, partim ex usu quorumdam religiosorum virorum, aut locorum, partim prout melius arbitrari potuimus, cœpistis statuere, statuta vestræ solummodo congregationi tradere, et tradita semper tenenda mandare. Quibus servandis cum sanctitas vestra satis intenderet, cœpit super quibusdam eorum oblivione et diversitate immemorum oriri dubietas. Qua de re charitati vestræ mihi injungere placuit, ut hæc omnia quæ vel ex auctoritate divinarum Scripturarum, seu sanctorum conciliorum, vel ex consuetudine regularium locorum, sive virorum, vel ex vestræ devotionis religioso affectu, aut provido arbitrio, nobiscum vestris siquidem servanda tradidistis in unum digesta transcriberem; ne alicujus occasione ignaviæ, vel mutari, vel relinqui unquam statuta deberent. Et ideo licet tantæ rei me imparem et quasi inscium noverim, elegi tamen magis vestris præceptionibus superbiam declinando obtemperare quam invidorum carpentes irrisiones evitare. Hæc ergo quia ad pleniorem divinæ legis observationem sancti Spiritus gratia favente, conscripta vestræ solummodo congregationi, prout petitis, servanda tradidimus etsi incomposita, tamen quia a nobis statuta, et vestro rogatu jussuque dictata sunt, benigne quæso suscipite, suscepta servate, ut per ista ad altiorum præceptorum verticem scandere, et postremo cœlestis regni gloriam consequi valeatis ; adjuvante Domino nostro Jesu Christo, qui cum Patre et Spiritu sancto vivit et regnat in sæcula sæculorum. Amen.

LIBER PRIMUS.

Cap. I. — *Quod clericorum ordo, levitarum et apostolorum vices teneat ; et eorum vitam imitari, propriis quoque facultatibus, necnon voluntatibus renuntiare debeant.*

Clericorum ordinem in Ecclesia tribus leviticæ locum tenere, et apostolicæ dignitatis jura servare, et officia gerere, nemo sane sapiens dubitat. Unde certum est, eos levitarum, et apostolorum regulas et vitas imitari debere : quorum noscuntur locum tenere, dignitatem habere et officia gerere. Quæ enim lex levitis, et quæ a Domino regula datur apostolis, hanc eamdem catholicis pariter clericis, usque in finem mundi vices eorum supplentibus, indictam, nequaquam ambigitur. Equidem quod levitis interdicitur, adhuc in umbra gradientibus, quomodo nobis conceditur jam in veritate persistentibus , cum multa legamus illis fuisse permissa, quæ nobis procul dubio sunt prohibita? Aaron itaque, et filiis ejus, cæterisque levitis a Domino dicitur : « In terra filiorum Israel nihil possidebitis, nec habebitis partem inter eos; ego enim pars et hæreditas vestra in medio filiorum Israel (*Num*. xviii). » Et paulo post subsequitur : « Filiis Levi dedi omnes decimas Israelis in possessionem pro ministerio, quo serviunt mihi in tabernaculo fœderis (*ibid*.). » Et de eisdem post pauca : « Nihil aliud possidebunt, decimarum oblatione contenti, quas in usus eorum et necessaria separavi (*ibid.*). » Et hæc quidem in Veteri. In Novo autem Testamento, quid cuique sui discipulatus perfectioni adhærere volenti dixerit, audiamus : « Si vis perfectus esse, vade, et vende omnia quæ habes, et da pauperibus, et veni, sequere me (*Matth.* xix). » Et alibi : « Qui non renuntiat omnibus quæ possidet, non potest meus esse discipulus (*Luc.* xiv). » Et in alio loco, cum apostolos ad prædicandum mitteret, prohibuit eis, dicens : « Nolite possidere aurum vel argentum (*Matth.* x). » Quod se Petrus implesse evidenter ostendit, dicens : « Argentum et aurum non est mihi (*Act.* iii). » Hoc etiam cæteros apostolos fecisse testatur idem Petrus, cum pro se et aliis condiscipulis suis interrogat Dominum dicens : « Domine, ecce nos reliquimus omnia, et secuti sumus te, quid igitur erit nobis? » (*Matth.* x.) Cui, et in quo omnibus idem facientibus respondens Dominus dicit : « Amen, amen dico vobis : quod vos, qui reliquistis omnia, et secuti estis me, in regeneratione cum sederit Filius hominis in sede majestatis suæ, sedebitis et vos super sedes duodecim, judicantes duodecim tribus Israel. Et omnis, qui reliquerit domum, aut patrem, aut matrem, aut fratres, aut sorores, aut agros propter me, centuplum accipiet, et vitam æternam possidebit (*ibid.*). » Hæc levitis, et hæc apostolis mandata sunt utrisque ; una regula, et eadem lex præcipitur ; utrisque possessio tollitur, terrena facultas interdicitur. Qui ergo alii regula et lege ista tenentur, nisi clerici, qui levitarum Domini, et discipulorum Christi locum tenent, ministerium implent, vices servant, ordines habent? Ad hoc etiam mandatum tenendum, et perpetuo implendum, Ecclesiis suis pretia peccatorum, vota et oblationes fidelium, primitias ac decimas rerum Deus dari instituit, quatenus ii, qui divino cultui mancipati propriis facultatibus exspoliantur, sibi statuta perpetuo stipendia haberent, unde vivant, Ecclesiæ serviant, et pauperum necessitatibus subministrent, atque studiosius quæque sui ordinis ministeria impleant, nulliusque rei, vel necessitatis occasione ab his unquam se separent, aut sæcularibus negotiis intendant. Ex his igitur patenter ostenditur, Christo militantibus clericis fore illicitum et terrenas facultates tenere, et res Ecclesiæ sumere ; in sæculo patrimonium habere, et Ecclesiarum portionem suscipere. Cui sententiæ confirmandæ aptatur illud Apostoli : « Nemo militans Deo implicat se negotiis sæcularibus ; ut placeat cui se probavit (*I Tim.* ii). » Et illud Salomonis : « Væ peccatori ingredienti duabus viis! » (*Eccli.* ii.) Quapropter qui Christi discipulatum sequi voluerit, sæcularibus negotiis renuntiare debebit ; et qui semel sacer effectus, et de sacro vivere cœpit, jam ad vivendum sacris uti præcipitur. Sed ne soli hoc super vita et regula catholicorum clericorum videamur sentire, accedant et alii testes in idem consentientes, viri religiosissimi, et omni scientia plenissimi : Hieronymus videlicet, Augustinus, et Prosper, et quid super hoc dixerint, vel intellexerint, audiamus. Hieronymus ad Nepotianum, de vita et moribus clericorum inter cætera scribit, dicens : « Clericus, qui Christi servit Ecclesiæ, interpretetur primo vocabulum suum, et nominis definitione prælata, nitatur esse quod dicitur. » Si enim *cleros* Græce, Latine *sors* appellatur, propterea vocantur clerici quia de sorte sunt Domini : vel quia Dominus ipse sors, id est pars Ecclesiarum est, et quia vel ipse clericus pars Domini est, vel Dominum partem habet, talem se exhibere debet, ut ipse possideat Dominum, et ipse possideatur a Domino. Qui possidet Dominum, et cum Propheta dicit : « Pars mea Dominus (*Psal.* xv) ; » nihil extra Dominum habere potest. Quod si quispiam aliud habuerit præter Dominum, pars ejus non erit Dominus ; verbi gratia, si argentum, si possessiones, si variam supellectilem ; cum istis partibus Dominus pars ejus fieri non dignatur. Si autem ego pars Domini sum, et funiculus hæreditatis ejus, nec accipio partem inter cæteras tribus ; sed quasi levita et sacerdos vivo decimis : et altari serviens, altaris oblatione sustentor ; habens victum et vestitum his contentus ero, et nudam crucem nudus sequar. » Et post pauca in eadem epistola eidem scribit, dicens : « Procuratores atque dispensatores domorum alienarum atque villarum, quomodo possunt esse clerici, qui proprias jubentur contemnere facultates? » Hucusque Hieronymus. Augustinus autem in nono decimo capitulo libri de Verbis Domini sic scribit, dicens : « Venerunt autem et publicani ad Joannem, ut baptizarentur ab eo, et dixerunt ad eum : Magister quid faciemus? At ille dixit eis : Nihil amplius exigatis, quam quod constitutum est vobis. Et post pauca interrogaverunt eum milites : Quid faciemus et nos? Ait illi Joannes : neminem concutiatis, neque calumniam faciatis, sed contenti estote stipendiis vestris (*Luc.* iii). » Hic, jam cognoscere se debet omnis homo, qui militat. Non enim tantum de his militantibus Scriptura loquitur, qui armata militia detinentur, sed quisquis militiæ suæ cingulo utitur, dignitatis suæ miles ascribitur. Atque ideo hæc sententia potest dici, verbi gratia, militibus et protectoribus, cunctisque rectoribus, et quicunque stipendia sibi publice data consequitur ; si amplius quærit, tanquam calumniator et concussor Joannis sententia condemnatur. » Et paulo post addit, dicens : « Nam et clericus catholicus hac sententia retinetur. Si enim non contentus stipendio fuerit, quod de altario Domino jubente consequitur, sed exercet mercimonia, intercessiones vendit, viduarum munera libenter amplectitur, hic magis negotiator videtur esse quam clericus, et cætera. Qui (ut facta ejus magis loquerentur, quam lingua) in domo ipsa episcopi statuit monasterium clericorum ; ecce quomodo vivimus. Nulli licet in societate nostra habere aliquid proprium ; sed forte aliqui habent? nulli licet, si qui habent, faciunt quod non licet. » Hæc Augustinus. Sed nunc quid inde beatus senserit Prosper, audiamus : « Proinde quem possidendi, inquit, delectat ambitio, Deum, qui possidet omnia quæ creavit, expedita mente possideat, et in eo habebit quæcunque sancti habere desiderant; sed quoniam nemo possidet Deum, nisi qui possidetur ab eo; sit ipse primitus Dei possessio, et efficietur ei Deus possessor, et portio. » Et paulo post subjungit, dicens : « Quid ultra quærit, cui omnia suus creditor sit? aut quid ei sufficit cui ipse non sufficit? » Et post pauca in eodem capitulo : « Quis, inquit, cui Deus dignatur esse possessio, aliquid aliud quærit? aut quis præ amore illius omnia, quæ putantur magna, non contemnit? Ergo qui Deum vult possidere renuntiet mundo, ut sit illis Deus beata possessio. Nec renuntiet mundo is, quem terrenæ possessionis delectat ambitio ; quia, quandiu sua non relinquit, mundo, cujus bona retinet, servit. Et utique non potest mundo servire, simul et Deo; ac sic propterea voluit Deus cultores suos omnibus renuntiare, propter quæ diligitur mundus, ut exclusa cupiditate mundi, divina in eis charitas possit augeri vel perfici. Et ideo decimas frugum atque primitias, primogenita et sacrificia pro peccato, vel vota, quæ sibi Deus jussit offerri, sacerdotibus ac ministris distribui debere constituit, ut devotissimo populo necessaria ministrante, ipsi Creatori, ac pastori suo liberis mentibus ministrarent. » Hucusque Prosper. Nunc jam igitur ista de propriis facultatibus renuntiandis sufficiant. Quod autem, fratres charissimi, propriis etiam voluntatibus renuntiare debeatis, evidenter Dominus in Evangelio ostendit, dicens : « Si quis vult post me venire, abneget semetipsum, et sequatur me (Matth. xvi). » Et : « Qui voluerit animam suam salvam facere, perdet eam; et qui perdiderit eam propter me, inveniet eam (Joan. v). » Et in alio loco : « Non veni facere voluntatem meam, sed voluntatem ejus qui misit me (Matth. xvi). » Et alibi sacra perdocemur Scriptura : « Fili, avertere a voluntatibus tuis (Eccli. xviii). » Nam sicut alibi dicitur : « Voluptas habet pœnam, necessitas parit coronam (ibid.). » Et in alio loco præcipitur : « Post concupiscentias tuas non eas (ibid.); » quas qui sequuntur, quid de eis per Prophetam dicitur, audiant : « Corrupti, et abominabiles facti sunt in voluntatibus suis (Psal. xiii).» Unde idem Propheta voce prælatorum suscepta scribit, dicens : « Subjecit populos nobis, et gentes sub pedibus nostris (Psal. xlvi). » His ergo exemplis, fratres, commoniti, aliis pro Deo subesse non recusemus, sed prorsus nostris voluntatibus renuntiatis, Christi voluntatem alieno, sed spirituali ac discreto arbitrio in omnibus exsequamur.

Cap. II. — *Quid præ omnibus canonici imitari debeant.*

Ante omnia igitur propheticis evangelicis et apostolicis monitis edocemur, Dominum Deum nostrum, toto corde, tota anima et tota virtute (Deut. vi) : et proximos nostros ut nosmetipsos diligere (Matth. xxii). Ex his enim duobus mandatis tota lex pendet et prophetæ. Non ergo occidant, non aliquem odio habeant, non adulterent, furtum non faciant, alienam rem non concupiscant, falsum testimonium non dicant, quidquid sibi optant fieri, hoc alteri exhibeant; et quod sibi nolunt, alteri non faciant. Non sint superbia tumidi, luxuriæ et ebrietati non serviant. Fratribus non detrahant (ex Regul. S. Benedict. c. 4); libidini et impudicitiæ penitus resistant; iracundiam temperent, invidiam abjiciant. Non sint vaniloqui, non pigri, non susurrones, non murmuratores, non somnolenti, non vinolenti, non nimis edaces, non maledici; maledicentibus benedicant, persequentibus et calumniantibus ex effectu orationis suffragium præbeant; malum pro malo non reddant, sed bonum pro malo restituant, vindictam non requirant, læsi non lædant, omnem injuriam et offensam dimittant; solis occasum iracundiæ occasu præveniant. Juramenta absque inevitabili necessitate nec aliis faciant, nec ab aliis exigant; fraudes et dolositates caveant; usuris nequaquam inserviant; malum sibi imputent, bonum soli Deo attribuant; discordiam fugiant; discordantes ad concordiam revocent; audiant dicentem Apostolum : « Non in comessationibus et ebrietatibus, non in cubilibus et impudicitiis, non in contentione et æmulatione; sed induimini Dominum nostrum Jesum Christum (Rom. xiii); » sobrie et juste ac pie vivant, ab omni malo declinantes, et facientes bonum ; sæculi negotia cuncta prorsus abjiciant, illud attendentes apostolicum : « Nemo militans Deo implicat se negotiis sæcularibus, ut placeat ei cui se probavit (II Tim. ii). » Ament præterea jejunium, pauperes recreent, hospites colligant, nudos vestiant, infirmos visitent, mortuos sepeliant, tribulantibus subveniant, dolentes consolentur, cum flentibus fleant, cum gaudentibus gaudeant, charitatem non derelinquant; pacem, si fieri potest, cum omnibus habeant; diem judicii timeant, vitam æternam per omnia concupiscant; spem suam Deo committant, amori Christi nihil præponant; prælatorum suorum imperiis per cuncta obediant; proprio episcopo in omnibus secundum canonum institutionem obtemperent; postremo spiritualibus doctrinis operam tribuant; lectionibus, psalmis, hymnis, canticis, et cæterorum bonorum operum exercitiis vigilanter insistant; aversos revocent, conversos vita et doctrina ad meliora pertrahant; religionem ac propositum suum nequaquam illicitis actibus deturpent, contubernia feminarum nullatenus appetant; vanis oculis, infreni lingua, tumido quoque ac petulanti gestu, et dissolutis renibus non incedant; spectaculis et pompis sæcularibus non intersint; aleæ, aut quibuslibet venationibus minime inserviant; pretiosas vestes se habere non delectentur; turpium lucrorum occupationes nequaquam appetant; sæcularia officia prorsus abjiciant; pro divinæ medicinæ beneficiis munera non suscipiant; pudorem et verecundiam mentis simplici habitu, incessuque ostendant; obscœnitatem non solum operum, sed et verborum penitus exsecrentur; viduarum et virginum frequentes visitationes fugiant;

castimoniam inviolati corporis perpetuo conservare studeant; nulloque jactantiæ studio semetipsos extollant; postremo vitiis omnibus resistant ac renuntient, virtutibus adhæreant, atque eas semper possideant; legi divinæ, et sanctarum Scripturarum monitis obtemperent, corpus castigent, delicias non ament, iram non perficiant, tempus iracundiæ non servent, fictam pacem non tribuant; veritatem corde et ore proferre studeant (*Regul. Bened.* c. 4); orationibus et officiis divinis assistentes, hoc cordibus psallant, quod ore proferunt, actus vitæ suæ omni hora custodiant; cogitationes malas ad Christum allidant, et senioribus suis patefaciant; verba vana aut otiosa, vel risui apta nullatenus proferant; multiloquium, risumque et maxime excussum fugiant; dicente Domino in Evangelio : « Væ vobis qui ridetis, quoniam flebitis! » (*Luc* vi.) Et in Propheta : « Stultus in risu exaltat vocem suam (*Eccli.* xxi). » Lectioni et orationi sine intermissione incumbant. Præterita mala semper in oratione Deo cum gemitu confiteantur, et ab his penitus non desistant, carnis desideria non perficiant : voluntatem propriam odio habeant, et Christi voluntatem in omnibus impleant; prælatorum suorum ordinationibus et jussionibus non resistant, etiamsi ipsi, quod absit! aliter agant, recolentes illud Domini præceptum, dicentis : « Quæ dicunt facite, quæ faciunt, facere nolite (*Matth.*, xxiii). » Juniores spiritualiter diligant, seniores honorent; pro inimicis in Dei amore exorent; invicem se diligant; vicissim sibi secundum ordinem charitatis officio subministrent; gravitatem non solum in loquendo vel operando, sed et in eundo vel stando teneant; decorem morum, sanctitatem, honestatem non solum actionum, sed et locutionum habeant; omnes, quibus se junxerint, sale sapientiæ condiant et eos suis exemplis ad meliora trahant. Postremo omnia, quæ Veteris, vel Novi Testamenti series narrat, confiteantur et credant, servent et doceant. Ad horum ergo, fratres charissimi, et his similium observationem hæc omnia, quæ me vestra charitas scribere compulit, vobis facienda statuistis; quorum etsi aliqua videantur quasi alia, pro his tamen servandis, et animabus salvandis honestisque conversationis moribus imitandis sunt inventa. Ista ergo, benigne rogo, suscipite, suscepta servate et in servando persistite, quatenus per hæc ad plenioris arcem sanctitatis, et ad summam religionis perfectionem, et post vitæ præsentis labores ad gloriam sempiternæ beatitudinis pervenire mereamini.

CAP. III. — *Quod his exemplis fratres commoniti, propriis facultatibus et voluntatibus renuntiaverint.*

His vos divinarum Scripturarum monitis, fratres charissimi, et sanctorum Patrum parentes exemplis, cuncta sæculi negotia, et mundum cum pompis suis reliquistis, propriis rebus et voluntatibus ac terrenis facultatibus renuntiastis, et hanc regulam in societate vestra perpetuo tenendam statuistis; quatenus qui hic voluntati propriæ desideriis restitistis, et rebus sæcularibus renuntiastis, illic sanctæ vestræ vestræ voluntatis plenissima desideria effectu comprehendatis, et perennis vitæ inæstimabiles, et assiduas delicias sine fine possideatis.

CAP. IV. — *Quod unus præesse cæteris debeat.*

Quod autem in unaquaque congregatione canonica unus eligendus sit, qui cæteris præesse debeat, et usus ecclesiasticus divinitus inspiratus exigit, et in Veteri, et in Novo Testamento evidenter ostenditur : cum Moysen, et post Moysen Josue, omnibus filiis Israel, et Aaron cæteris Levitis, Petrum quoque cæteris discipulis Dominus præposuerit.

CAP. V. — *Qualis esse debeat, qui ad prioratum eligitur.*

Qualis esse debeat, qui præfertur, trina Domini interrogatio, et trina Petri manifeste monstrat responsio. Cum enim pascendarum ovium cura illi committitur, ter Dominus interrogat Petrum, si diligat, et ter Petrus respondet, quia amat; et ter Dominus jubet, ut pascat (*Joan.* xxi). Trinam igitur Domini interrogationem trina Petri de dilectione responsio, et trinam ejus responsionem trina pascendi gregis injunctio sequitur. Sed nunc quomodo trina dilectio in eligendis haberi debeat, videamus. Trinam itaque dilectionem ille habet, qui Deum et quæ Dei sunt, mente credit et amat; voce confitetur et prædicat; opere imitatur et servat. Trina autem tunc fit interrogatio, cum sicut debemus, exquirimus, prævidemus et discutimus, utrum eligendus hanc trinam dilectionem habeat. Quod si cordis fidem et dilectionem, competens sermo, et actus foris ostendat, trinæ interrogationi jam satisfacit trina responsio. Cui etiam bene ter pascendi gregis cura injungitur, quia quisquis oves pascendas suscipit cordis jugi vigilantia prospicere, vocis officio monere et defendere, et actuum exemplis semper eas ad Christum debet pertrahere. Illi ergo recte pascendi gregis cura injungitur, qui in mente plenam habet fidem, et dilectionem interius, et in voce perfecte monendi, libere arguendi, prudenter exhortandi scientiam, et possibilitatem exterius : et qui opere quæcunque loquitur, servat et sequitur. Nec quisquam pro qualibet culpa, si jam satisfecerit, in hoc officio recusandus est; cum et Petro post trinæ negationis lacrymabilem satisfactionem, quia trina in eum dilectio patuit, gregis a Domino injuncta sit pastio. Hæc igitur trinæ dilectionis forma, fratres charissimi, in primo pastore, non ab alio quam a Christo præsignata, in eligendis est prævidenda, non solum prioribus, sed et omnibus personis in Ecclesia præferendis.

CAP. VI. — *Ut post prioris obitum intra tres vel quatuor hebdomadas eligatur alius.*

Sanctitas vestra, dilectissimi fratres, summopere rogo, semper ut studeat, ne quandoque hæc vestra congregatio ultra tres vel quatuor hebdomadas priore viduata remaneat (*S. Ben. Reg.* cap. 58); sed intra hunc terminum collectis in unum fratribus, et diligenter super eligendo pertractatis omnibus, si sit cunctorum minimus, ille tamen concorditer eligatur ab omnibus, qui fide et sanctitate præstantior, discretione prudentior, charitate ferventior, scientia quoque, si fieri potest, sit plenior; quique fratrum animas et corpora sapienter custodire, regulariter regere sciat et valeat. Quod si in eligendo ex diversitate personarum orta fuerit inter fratres discordia, in tantum ut ultra statutum terminum differatur electio, tunc prælati Ecclesiæ statuto in communi, cum oratione et jejunio eum eligant, quem ad hoc meliorem cognoverint, et cujus electioni plures et meliores fratres consenserint.

CAP. VII. — *Qualiter ordinetur electus.*

Cum ergo prior ordinatur, præparatis ad missam officiis, et persolutis Horæ tertiæ laudibus, fratribus astantibus, prosternat se in medio is qui ordinandus est; cui præpositus, vel major presbyter per jussum et consensum fratrum, dicat ista, vel similia verba : « Frater N., injungunt tibi fratres tui ex obedientia, ut de cætero corporibus et animabus eorum secundum Deum subministres. » Ad quæ ille hæc vel alia similia subsequenter respondeat : « Quia voluntati Dei et jussioni vestræ parere debeo, onus quod imponitis, non recuso, sed pro charitate suscipio, et secundum Deum portare promitto. » Moxque a fratribus respondeatur (*S. Ben. Reg.* cap. 58) : *Suscepimus Deus*, et cætera, ut moris est, cum *Gloria*, et *Kyrie eleison* ter, et oratione Dominica, et capitulis competentibus. Deinde sequitur hæc, vel alia similis oratio :

Oratio super priorem.

« Omnipotens sempiterne Deus, benignitatis tuæ clementiam suppliciter petimus, ut hic famulus tuus semper sibi tuæ opis sentiat adesse suffragium, quatenus gregem tuum sic in præsenti regat, atque custodiat, ut in futuro felicitatis æternæ præmia cum ipso pariter percipere valeat. Per Dominum nostrum, etc. Amen. » Et exinde in loco prioris sedeat, et prioratus sui officium gerat.

CAP. VIII. — *Quid prior post ordinationem suam facere debeat.*

Ordinatus itaque prior, fratrum in congregatione jam susceptorum, et animas, et corpora canonice regere, et suscipiendos debet canonice suscipere. Primo itaque qualiter fratrum susceptio, deinde qualiter susceptorum gubernatio fieri debeat, ostendamus.

CAP. IX. — *Qualiter, et in qua ætate parentes filios suos Ecclesiæ tradere valeant.*

Si quis fidelis laicus filium suum intra ætatem annorum quatuordecim (*S. Ben. Reg.* cap. 58), per devotionem Ecclesiæ offerre et divino cultui mancipare voluerit, præsente priore cum fratribus, repræsentet eum ante altare in his, vel similibus verbis : « Ego, fideli animo hunc filium meum N. Deo omnipotenti, et his sanctorum pignoribus trado, et vestræ fraternitati in omnibus associo, ac sanctitati nutriendo committo. » Ponatque super altare chartulam continentem eadem verba. Post hæc puero prostrato, vel posito ante altare dicatur versus : *Suscepimus Deus*, cum *Gloria*, et *Kyrie eleison*, et oratione Dominica, et capitulis congruentibus. Sequatur oratio competens, quæ habetur in sequentibus. Post tres itaque vel quatuor ablactationis annos, si sic parvus offertur, clericus effectus ab omnibus diligatur ut filius. Post annos vero quatuordecim, non potest pater eum offerre, nisi filius voluerit. Hujus enim ætatis hominibus, invitis quoque parentibus, licitum est habitum religionis suscipere, quem elegerint. Qui ergo sui juris sunt, vel in se, vel in suo tradendo, et se frequenter ad clerum vestrum suscipi postulaverint, non indiscrete suscipiantur, quia, secundum Apostolum : « Non omni spiritui credendum est, sed magis probetur utrum sit ex Deo (*I Joan*. IV). » Probationis autem modum et tempus certum, non statuimus, sed in prudentia et arbitrio prioris, vel pariter fratrum semper statuendum dimittimus. Aliter namque probandi sunt parvi, aliter magni, aliter sani et fortes, aliter infirmi et debiles ; aliter divitiis et deliciis, aliter laboribus et inopiis assueti ; aliter quorum vita secura seu dubia ; scientia certa vel incerta ; voluntas nota vel incognita. Quorum omnium distinctione perspecta, prioris diligentia vigilanter attendat, et prudenti arbitrio modum et tempus probationis, secundum quod cuique convenit, statuat. Qui probati, si suscipiendi videntur, legalem ante omnia de patrimoniis et rebus suis, si habeantur, dispositionem faciant ; ea vel propinquis relinquentes, vel pauperibus erogantes, vel Ecclesiæ offerentes. Qua facta et frequenter prius regula, quam servaturi sunt, audita, deducantur in choro, et clerici secundum usum et ordinem efficiantur. Post hæc præsentibus fratribus, prostrati in medio, legant chartulam continentem hæc vel similia verba : « Ego, N., meipsum omnipotenti Deo offero, et servitium ac stabilitatem meam his sanctorum pignoribus, obedientiam quoque prælatis hujus Ecclesiæ secundum Deum, et ordinem vestrum in eo promitto. » Moxque fratres, Deo gratias respondentes, subjungant versum : *Suscepimus Deus*, pro more cum *Gloria* et *Kyrie eleison* ter, et oratione Dominica, et capitulis competentibus, deinde oratio hæc sequatur, vel similis :

Oratio super professum.

« Famulum tuum, Domine, quæsumus, pro tui nominis amore sæculo renuntiantem benigne suscipias, et Spiritus tui gratia perfundas ; qua confirmatus et peccatis omnibus absolutus, promissa perseveranter impleat et ad vitam æternam perveniat. » Deinde conjunctus fratribus, sub omnibus ante se ingressis, hilariter maneat, et susceptum ordinem semper implere et fideliter tenere studeat. Quod si ante quatuordecim annos orbatus parentibus venerit, teneatur inter pueros, et nutriatur. Post hanc autem ætatem facta dispositione, si quid habet, et ad clericatum et ad professionem modo superius comprehenso suscipiatur.

Cap. X. — *De susceptione omnium clericorum non ordinatorum, notorum quoque et incognitorum.*

Si quis vero clericus non habens ordines, nec Ecclesiæ alicui professione propria, vel paterna traditus (*S. Ben. Reg.* cap. 60 et 61), vestro collegio se sociari petierit, et in petendo perseveraverit, probetur primo, ut supra significavimus; deinde regula perlecta vel audita, et intellecta, si cuncta se servaturum promiserit, episcopi, aut etiam archidiaconi, seu archipresbyteri sui acquisita licentia, per consensum earumdem personarum : illius episcopatus, in cujus diœcesi se recipi deprecatur, susceptionis ei aditus non negetur. Quod si majores, vel minores etiam gradus habuerit, post probationem factam, et regulam frequenter auditam canonice petitus ac dimissus, suscipiatur ad professionem, secundum quod superius diximus. Si autem peregrinus seu de incognitis partibus clericus se recipi rogaverit, non cito audiatur, nec quandoque ejus petitioni annuatur, nisi habeat commendatitias, quæ certe sint sui episcopi, litteras in quibus vita ejus, et votum, gradus, et episcopalis licentia innotescat. Is ergo cura diligentissima per prolixa tempora probatus in omnibus, regula quoque frequenter audita, suscipi debeat, præsentis Ecclesiæ episcopo permittente, secundum superiorem modum professione facta suscipiatur in fratrum collegio.

Cap. XI. — *Ut in aggregandis fratribus modus teneatur pro quantitate ecclesiasticæ facultatis.*

Prælati Ecclesiarum summopere studeant, ne in congregatione sibi commissa, vel plures admittant quam Ecclesiæ facultates exigant; vel eos, quibus possunt sufficere, avaritiæ causa relinquant. In minimis namque locis pauci admittendi sunt numero, sed magni scientia, virtute et merito, ut quod fratrum paucitas denegat, multitudo scientiæ, virtutis et meriti subministret.

Cap. XII. — *Ut noviter suscepti cæteris subesse non erubescant.*

Suscepti itaque fratres (*S. Ben. Reg.* cap. 63) aliis ante se ingressis, licet minoris gradus, vel ætatis, aut scientiæ sint, subesse tamen non erubescant, et sub ipsis ferre jugum obedientiæ non recusent. Quia satis melius est hic humiliari, ut in futuro exaltemur, quam hic exaltari, unde postremo humiliemur. Et quanto plus hic pro Christo nomine subjicimur, tanto plus in futuro sine dubio exaltabimur. Quapropter nulli unquam recusandum est, humilibus etiam et abjectis personis reverentiam ferre, in quibus veraciter Christo cognoscimus ministrare.

Cap. XIII. — *Quod prior minimos etiam, et nuper ingressos, aliis præferre debeat, si hoc fratrum utilitas deposcat.*

Quod si prior de minimis etiam et nuper ingressis aliquos (*S. Ben. Reg.* cap. 63), ut præsint, posse congregationi prodesse cognoverit, non solum eos præferre non interdicimus, sed et mandamus. Quoniam præpositi Ecclesiarum non sunt personaliter constituendi, vel eo ordine quo suscepti sunt in fratrum collegio, sed pro vitæ meritis et donorum spiritualium prærogativis, ut ii semper præsint, qui verbo doctrinæ, et opere sanctitatis, et bonos ad meliora animent, et malos a perversitate revocent.

Cap. XIV. — *Qualiter prælatis subjecti obedire debeant.*

Omnia quæcunque secundum Deum et sanctam fratrum conversationem prælati mandaverint, subditi quique humiliter, libenter et sine mora suscipiant, alacriter impleant, et diligenter ac sine murmuratione perficiant. « Hilarem namque, ait Apostolus, datorem diligit Deus (*II Cor.* IX). » Sicut ergo hilarem diligit, ita sine dubio tristem et murmurantem odit. Et ideo murmurationem et inobedientiam omni loco et tempore, ut ratio exigit, damnandam penitus esse censemus. Quapropter nihil a fratribus cum tristitia vel murmuratione fiat, sed cuncta seniorum mandata festive percipiant, et cum alacritate perficiant. Quod si etiam impossibile videatur quod injungitur, suscipere quidem hoc fratres non recusent, exemplo Christi commoniti : « Qui Patri obediens, mortem etiam suscipere non recusavit. » Verum qui hujus perfectionis normam sequi non possunt, cum præcepti observatione gravari incipiunt et ad impossibile veniunt, senioribus suis hoc humiliter denuntient; quos prælati non spernant, sed vinculo importabilis oneris solvant; ne, quod absit, si aliter fecerint, et illi importabile onus levi deponant, ut credo, peccato, et isti ex numero eorum efficiantur de quibus dictum est : « Imponunt onera gravia et importabilia, digito autem suo nolunt ea movere (*Matth.* XXV). »

Cap. XV. — *Quod canonici nihil habere vel possidere, dare vel accipere minime debeant.*

Cum hujus nostræ congregationis fratres non solum facultatibus (*S. Ben. Reg.* cap. 38), sed et voluntatibus propriis in ipsa ordinis susceptione renuntiaverint, et se per promissam obedientiam penitus aliorum potestati et imperiis in Christo et pro Christo subdiderint, certum est eos nihil habere vel possidere, dare vel accipere sine sui prioris licentia debere. Quod si propinquus, vel amicus quilibet fratrum cuiquam aliquid offerre voluerit, primo quidem priori insinuetur, et sic suscipiatur, si ipse mandaverit. De quo tamen nihil fiat aliud, nisi quod priori placuerit.

Cap. XVI. — *Quomodo fratres ad se venientes alloqui debeant.*

Si qui advenientes cum aliquo fratrum loqui quæsierint, et prior ex charitate vel necessitate concesserit, tribuatur ei socius prudens et providus, in quo nulla sit mali suspicio, quo præsente quidquid audiendum est, audiat; et quidquid respondendum est, respondeat. Si quid tamen secretius dici oporteat, illis non negetur, de quorum stabilitate nequaquam ambigitur. Pueris autem, et his, quorum vita dubia est, minime concedatur, nisi testis, ut dictum est, adfuerit.

CAP. XVII. — *Si fratres litteras mittere vel suscipere debeant.*

Si quando prior necessarium viderit aliquem fratrum cuiquam litteras mittere (*S. Ben. Reg.* cap. 54), ipse eas fieri, factas perlegi, perlectas a quo voluerit portari præcipiat. Quod si cuiquam eorum litteræ ab aliis missæ deferantur, non is cui mittuntur, sed aliquis de prælatis eas suscipiat, priori dandas. Quas cum prior apertas perlegerit, illi etiam cui missæ sunt, et aliis ostendat, si oportuerit

CAP. XVIII. — *Si hi, qui litterati sunt, docere aliquid audeant.*

Si qui canonicorum humilia sentientes, non arrogantiam habentes, in tantum fuerint litteris eruditi, et divinarum Scripturarum scientia pleni, ut inde aliquid utilitatis afferre valeant, et prior justum probaverit, et necessarium viderit, omni prorsus invidiæ et odii remoto fomite, concedat eis, vel præcipiat in his laborare, quorum scientiam magis necessariam utilemque perspexerit.

CAP. XIX. — *Quod prælati animas et corpora subditorum regere debeant.*

Prælati itaque Ecclesiarum, jugi cura super sibi commissos fratres invigilent, et eorum non solum animas, sed et corpora sic regere, tueri ac pascere studeant, ut nullius necessitatis causa peccandi occasionem inveniant. Et sicut eis cuncta necessaria prælati subministrare non desistunt, ita et ab ipsis cura instantissima totius ordinis observationem indesinenter exquirant. Sed cum omnis fere observatio ordinis intra claustri mœnia principaliter fieri soleat, ubi grex Dominicus communiter commorari, et majorum jussis obtemperare præcipitur : ante omnia quid sit claustrum, et quas in eo officinas fieri oporteat, conscribamus, ut post, quæ in his agenda sint, liberius prosequamur.

CAP. XX. — *De claustro et ejus officinis.*

Quid sit claustrum, ipsa sui nominis explanatione cognoscitur. Claustrum namque dicitur clausum atrium (*S. Ben. Reg.* cap. 66), eo quod Ecclesiæ atrium muris, vel aliis parietibus undique claudendum sit, intra quod cunctæ canonicorum officinæ et omnia eorum usibus ædificia necessaria fiant ; id est sacrarium, armarium, capitulum, vestiarium, dormitorium, digestorium, calefactorium, refectorium, coquina, cellarium, molendinum, pistrinum et camera; loca quoque senum et infirmantium; loca quoque, si fieri potest, puerorum et adolescentium sub munitissima adhuc disciplina manentium, ne forte, si morentur cum fratribus, impedimento sint legentibus ac meditantibus. Quod si hoc non potest fieri in remotiori parte claustri, eos esse sub magistro et custode prior instituat, ubi, sub eorum arcta custodia manentes, quæcumque necessaria sunt addiscant, et quæque mandantur, perficiant.

CAP. XXI. — *De ædificiis familiæ.*

Fiant extra hæc intra ejusdem claustri mœnia ab his perparum disjuncta ædificia (*S. Ben. Reg.* cap. 57), ubi omnes artifices, ac laboratores Ecclesiæ cunctaque prorsus familia omnes necessitudines suas habere, et quique sua officia gerere, vel quæ ad officia sua gerenda pertinent, servare valeant.

CAP. XXII. — *De interiori claustro, et de districtione fratrum.*

Claustrum vero interius canonicis deputetur solummodo, ubi ipsi sine omni inquietudine commorantes, Deo fideliter serviant, propositi sui rectum tramitem teneant, ordinem proprium impleant, prælatorum jussis incessanter obediant, vicissim sibi charitatis officio secundum ordinem serviant, et ab universis illicitis, et ordini ac proposito eorum contrariis penitus abstineant. Quisque ergo loco sibi deputato sedeat, præpositi sui jussis obtemperans ; nec inde ei ad aliam partem sine illius præcepto declinare liceat, quoniam instabilitatis vitium est, cum non urgeat necessitas nunc esse hic; nunc illic: cum isto nunc, nunc cum illo agi et confabulari, et hoc sine dubio instinctu diaboli agitur, ut fratres, qui legere et inde meditari, psallere et orare, aut aliquid operari debuerant, ab his aversi ad inania peccando deducantur, ne perficiant. Quapropter hoc vitium a fratribus abscindatur radicitus, et qui eo in conventu utitur, sic inde judicetur, ut de cætero alii nequaquam hoc attentare audeant. Sint ergo canonici gravitatis amici, dicente Propheta : « In populo gravi laudabo te (*Psal.* XXXIV). » Nec cito in verbum prorumpant, nec cito de loco in locum se moveant, nisi cum prælati præceptio mandat, vel ordo, aut necessitas, seu divinæ legis obedientia postulat. Ambulantes vero, non cursim, aut indecenti, seu tumido gressu incedant. Verba autem scurrilia, vana et otiosa, risumque moventia, nusquam si potest fieri, proferant; confabulationibus nequaquam incumbant. Excussum risum non solum in claustro, sed et in omnibus locis a se penitus abscindant, recolentes illud evangelicum : « Væ vobis qui ridetis, quoniam flebitis (*Luc.* VI). » Illud etiam Salomonis : « Risus dolore miscebitur (*Prov.* XIV). » Et : « Stultus in risu exaltat vocem suam (*Eccli.* XXI). » Sanctis vero lectionibus vacent, divinis officiis aliis, sacris doctrinis pro priori jussu discendis insistant, psalmis, hymnis et canticis spiritualibus incumbant; privatis quoque orationibus, si vacet, cum licentia tamen intendant. Faciant quandoque et aliquid operis in claustro decentis fieri, quod fratres legentes, vel psallentes, aut de divina Scriptura meditantes vel aliis sanis doctrinis insistentes nequaquam impediat. De claustro vero sine prioris, vel ejus vicem fungentis licentia nequaquam exeant : egressi ulta quam sibi statutum fuerit, absque inevitabili necessitate, morari non audeant. Soli nunquam eant, bonosque eis prælatus socios tribuat, sine quibus nec ipsi alios, nec alii ipsos alloquantur.

CAP. XXIII. — *De foris mittendis fratribus.*

Tales fratres, optimis tamen deputatis sociis (S. Ben. Reg. cap. 50 et 57), praelati pro quolibet negotio gerendo, seu responso reportando vel accipiendo, foras mittere studeant, in quibus nulla sit mali suspicio, et qui injuncti negotii causam prudenter agere et sapienter perficere valeant. Foras ergo euntes, nihil indecens, nihil reprehensibile, nihilque prorsus ordini, ac proposito suo contrarium dicant aut faciant, sed potius omne, quibus se junxerint, sale sapientiae condiant et ad meliora sanctae conversationis exemplis trahant. Virorum autem secreta consilia his qui foras mittuntur, non negamus, si oportet, illis tamen de quorum vita et stabilitate non ambigitur. De mulierum vero secreta allocutione, non meum, sed Hieronymi consilium audiant dicentis : « Si propter officium clericatus aliqua mulier visitatur, nunquam domum solus introeas, nec lus cum sola secreto, vel absque arbitro, vel teste non sedeas; si familiarius est aliquid loquendum, habet nutricem, majorem domus, virginem, viduam, maritatam : non est tam inhumana, ut nullam praeter te habeat, cui se credere debeat. Non ergo mulierum secreta allocutio clericis conceditur, nisi forte probatis presbyteris, cum earum confessiones suscipiunt. Matres tamen, et sorores, vel amitas, et eas tantum personas, in quibus nulla est mali suspicio, fratres vitae probabilis alloqui non negamus. »

CAP. XXIV. — *Ut clerici foras non mittantur ad ea quae per laicos possunt fieri.*

Quod si tales et tam fideles laici ex ipsa familia habeantur, per quos omnia vel quaedam exteriora negotia possint prudenter fieri, ad ea quae per ipsos valent perfici, clerici nequaquam mittantur.

CAP. XXV. — *Quod jussu prioris liceat fratribus in hortis laborare, vel aliquid tale operari.*

Quod si talis sit locus, et prior ad usus fratrum aliquos de congregatione sibi commissa quandoque in hortis laborare, vel aliquid tale, quod oporteat alibi operari mandaverit, mandatis praeceptum fideliter et alacriter, ac sine mora impleatur acceptum.

CAP. XXVI. — *Quid foras mittendi, cum egrediuntur vel regrediuntur facere, debeant.*

Cum vero aliquis clericus pro injuncti causa mandati egreditur, inclinato capite, benedictionem petat; cui prior benedicens, dicat : « Angelus Domini bonus comitetur tecum, et omnipotens Dominus prosperum faciat iter tuum; » vel aliquid aliud simile. Ubi autem ille responderit : « Amen; » abscedat, dicens : « Vias tuas, Domine, monstra mihi, et semitas tuas edoce me (*Psal.* 11); » cum *Gloria Patri*, etc., sive alia similia. Completa igitur sui itineris causa, rediens, ecclesiam adeat, et cum breviter oraverit, exeat, et inclinato capite, fratribus et, si liceat, benedictione petita, mox ad priorem pergat, et ab eo itidem benedictione suscepta, quid fecerit et quid sibi de injuncto mandato contigerit, humiliter referat. Mane vero, sive post nonam, is qui de via venit accedat in capituli medio, et coram fratribus se corde, voce et actione peccasse pronuntiet, flexisque genibus, et corpore prostrato dicat : « Mea culpa, peccavi ; » et fratres respondeant : « Parcat tibi Deus : » qui tam diu genua flectens hoc dicat et fratres hoc respondeant, quousque praelatus eum stare praecipiat et pro admissorum qualitate satisfactionis injungat sententiam, sive in psalmis, sive in jejuniis, vel aliis aliquibus obedientiis, si priori placuerit. Quod ergo pro admissorum satisfactione sibi injungitur, qua hora vel quo tempore prior jusserit, impleat. Quod si perpauci psalmi sunt, mox ut de capitulo egreditur, antequam benedictionem petat, eorum numerum exsolvat. Quo persoluto, egrediens benedictionem more solito exquirat. Quandocunque ergo foras diriguntur, hunc modum in eundo et redeundo tenere debebunt.

CAP. XXVII. — *Qualiter fratres ad visitandos infirmos, ad concordiam faciendam, ad animas exhortandas, vel ad aliquod bonum disponendum, mitti debeant.*

Si autem fratres propter officium clericatus infirmos visitare, concordiam inter discordes facere, aut ad aliquem locum pro exhortandis animabus, vel rebus aliquibus in bono disponendis ire oporteat; de sapientioribus et sanctioribus, duos vel tres, aut plures, si necesse fuerit, praecipiat ire praelatus ; ut quaecunque necessaria viderint, sancte et sapienter perficiant. Qui si longe pergere debeant, in eundo et redeundo, ut superius dictum est, faciant.

CAP. XXVIII. — *Si ad parentes ire oporteat.*

Si quem fratrum patrem, vel matrem, aut propinquos suos visitare prior, sive ex charitate, sive ex aliqua necessitate permiserit, tali eum magistro vel socio deputet, cujus praesentiam timeat, et cui reverentiam ferat ; a quo et in cavendis custodiam, et in necessitatibus solatium, et in omnibus suffragium habere valeat. Quod si talis est persona, de qua nulla sit suspicio, sine magistro eum, non tamen solum, ire concedat. Nunquam enim frater aliquis solus, nec enim pueris, vel perversis hominibus associatus, ad aliquem locum, nisi sit firmissimus et in perfectione probatus, ire permittatur, sed socios bonos, et probi testimonii viros, si fieri potest, prior tribuat, cum quibus fratres secure mittantur. Qui euntes et redeuntes in benedictione petenda et satisfactione exhibenda, modum superius comprehensum servent et teneant.

CAP. XXIX. — *Quod fratres cum fratribus privata consilia facere non debeant.*

Si qui fratres cum quibusdam aliis fratribus, vel unus cum uno privata consilia facere praesumpserit, exceptis priore, et praeposito, ac presbyteris, quibus prior confessiones dandas instituerit, et semel, bis et ter commoniti non corriguntur, regulari correptioni, velut ordinis praevaricatores, subjaceant.

Cap. XXX. *De carnali dilectione non habenda, et de disciplina taliter, vel aliter peccantium.*

Quod si quisquam in hoc sacro vestro collegio aliquem immoderate, et carnaliter dilexerit, ejusque causam diligentius quam aliorum curaverit, vel præ cæteris defendere, seu laudare contra ordinem præsumpserit ; vel puerum, sive juvenculum aliquem usque ad impudicum tactum insecutus fuerit, et hoc ad fratrum cognitionem pervenerit, multis, duris, ac patentibus verborum ac verberum correctionibus coarctatus, ac diuturnis jejuniorum, et orationum laboribus fatigatus, talem hujus offensæ disciplinam ad tempus sustineat, ut cæteri hoc excogitare pertimescant. Unde in conventu tanta debet semper esse custodia, ut pueri et juvenculi facile juvenibus non credantur, nisi illis quorum vita in omnibus invenitur probatissima. Si tamen, quod absit, quod cuiquam contigerit, et congregationi occultum fuerit, verum ad unius vel quorumdam agnitionem pervenerit, hoc priori solummodo nuntiandum fore decernimus, ut per ipsum correptus, occultis medicinæ fomentis sanetur, qui occulte deliquerit. Si quis vero hoc, vel alio modo peccaverit et a nemine deprehensus fuerit, et ipse peccatum suum agnoscens, priori revelaverit, quia ipse se reprehendit et recognovit, levioris disciplinæ satisfactione sanabitur. Quod si verecundia ductus, vel terrore perterritus, priori hoc revelare noluerit, alicui presbyterorum, quem prior fratrum confessiones suscipere mandaverit, hoc manifestet, et secundum ipsius judicium de peccato suo pœnitentiam faciat. Et cavendum quod is qui sine omni accusatione peccatum suum manifestaverit, leviori ; is vero qui accusatus non negaverit, aliquantulum majori ; qui autem accusatus negaverit, cum tandem convictus, vel confessus fuerit, satis acriori vindictæ subjacere debebit. Illa tamen peccata, quæ turpia sunt et obscœna, seu gravia, et quorum exempla multum officiunt, nisi ad aures tantorum venerint, ut jam celari non possint, occulta satisfactione sanari debebunt. Quod si celari nequeunt, manifesta, ut jam dictum, curatione sanentur. Quæ autem levia sunt et minuta, atque aperta, et quæ omnes fere ex fragilitate frequentant, secundum præscriptum modum manifesta accusatione et satisfactione in capitulo emendanda censemus.

Cap. XXXI.—*De his qui voluerint sub habitu canonico arctiorem, vel solitariam vitam ducere.*

Si qui fratres sub eodem canonico habitu arctiorem, vel solitariam vitam ducere optaverint, prælatis suis devotionem propriam insinuare debebunt ; quorum curæ et studio pertinebit qualitatem respicere personarum, ne illi forte hoc aggredi cupiant, qui ex debilitate naturæ, ætatis, aut diuturnitate consuetæ debilitatis, insuetum vigiliarum atque jejuniorum pondus portare non possunt. His ergo perspectis, illis quidem non interdicimus annuendum, qui cum velint et quærant, virium subministrante vigore hoc valeant. Verum si hoc Ecclesiæ detrimentum, vel confratribus spirituale, vel corporale inferat damnum, consulimus penitus denegandum. Pro his itaque quibus erit hoc perpetim, vel temporaliter concedendum, habeatur in remotiori loco undique munita, et clausa ecclesia, circa quam fiant cellulæ, in quibus ii tales commorentur, secundum prioris jussum viventes et ejus in omnibus sequentes arbitrium.

Cap. XXXII.— *De virtute silentii.*

His ita præmissis, de silentio quidquid Domini concessu, fratres proposuerint, subjungamus. Non solum namque clericis, sed et Christianis laicis silentii virtus tenenda esset, nisi propria vel aliena necessitas, sive charitas corporalis aut spiritualis loqui compulerint. Cum enim cessante necessitate vel charitate verbum quis emittit, otiosum est quod depromit : a quo cavendum fore Dominus in Evangelio testatur, dicens : « De omni verbo otioso reddetis rationem in die judicii (*Ephes.* iv). » Quid autem sit verbum otiosum, Apostolus prohibendo exponit, dicens : « Inutilis sermo de ore vestro non procedat (*Matth.* xxii). » Quapropter ut ab illicitis abstinere possimus, a licitis quandoque cessandum est. Ad tollenda igitur de ore vestro verba illicita, justum est ut designemus certa loca et tempora, ubi et quando a licitis etiam, secundum propositum vestræ sanctitatis, abstinere debeatis.

Cap. XXXIII.— *Ut in ecclesia, refectorio et dormitorio silentium teneatur.*

In ecclesia igitur, cum ad divina officia peragenda intramus et stamus, et regularis usus, et majorum auctoritas, divini quoque officii reverentia debere teneri silentium insinuat. Idem etiam cum ad manducandum in refectorio, vel communiter bibendum ; et in dormitorio cum ad simul dormiendum intramus vel stamus, regularis cautela monstrat esse tenendum.

Cap. XXXIV.—*Quod omni tempore, a vesperis usque in mane cum ad capitulum veniunt, teneatur silentium.*

A vespertinis horis omni tempore usque ad alteram diem, cum mane fratres secundum morem de capitulo egrediuntur, summum silentium teneant. Æstivo autem tempore, id est a Pascha usque ad autumnale æquinoctium, ab hora sexta usquequo post nonam de capitulo egrediuntur fratres, itidem sileant. Hiemali vero tempore, id est ab æquinoctio autumnali usque ad Pascha, si bis fratres reficiant, ab hora sexta quousque post nonam de capitulo egrediuntur ; si, semel quousque post nonam, non solum fratres, sed servitores pransi de ecclesia, et postea de capitulo egressi fuerint, silentium teneant. In Quadragesima tantum ab hora nona usquequo die altera solvatur capitulum, itidem teneatur silentium.

Cap. XXXV. — *Quod in quibusdam diebus extra dictum modum teneatur silentium.*

Præter hæc sanctitati vestræ statuere placuit ut in summis festis, toto die Parasceve, silentium tin claustro non solvatur. In præcipuis quoque et popularibus festis, ac cunctis diebus Dominicis, omnes omnino, quousque de capitulo post nonam egrediantur, silentium tenant, nisi usus, vel ordo Ecclesiæ, charitas aut necessitas loqui compellat.

CAP. XXXVI. — *Ut in tempore silentii in claustro sine sono fiant omnia, absque inevitabili necessitate.*

Quoties in claustro tenetur silentium, absque certa necessitate, sine sono legendum et psallendum; et quidquid ibi agitur, agendum est.

Explicit liber primus.

INCIPIT PROLOGUS LIBRI SECUNDI.

His super quibusdam fratrum observationibus pertractatis, modum quoque binæ et unius refectionis, abstinentiam insuper, et usus carnis ac sanguinis, ovorum et casei, piscis et olei, atque vini, pulmentorum quoque qualitatem et numerum, certamque panis et vini mensuram. Quæ omnia, fratres charissimi, divina gratia inspirante, nobiscum tenere statuistis, scribere inter has alias vestri ordinis regulas procuravimus.

LIBER SECUNDUS.

CAPUT PRIMUM. — *Quomodo vivendum sit inter octavas Nativitatis, Apparitionis et Resurrectionis.*

Ab ipsa Dominicæ Nativitatis, Apparitionis et Resurrectionis die usque in earumdem octavis, omne jejunium exclusistis, sed et carnem fratribus comedendam nequaquam interdixistis; exceptis quarta et sexta feria, in quibus tantum usum sanguinis non abstulistis.

CAP. II. — *Quomodo vivendum sit ab octavis Resurrectionis usque ad Pentecosten, et ab octava Nativitatis usque ad Epiphaniam.*

Ab octava vero Resurrectionis et Nativitatis usque ad Pentecosten et Epiphaniam, omne itidem jejunium abstulistis; exceptis illis diebus in quibus jejunandum fore, vel auctoritas præcipit, vel usus monstrat Ecclesiæ. Intra hos tantum paschales et natalitios dies, quarta et sexta feria ac sabbato, carnis esum, ut in aliis temporibus, abnegastis, sed sanguinis usum quarta feria et sabbato concessistis.

CAP. III. — *Qualiter vivendum sit ab ipsa die Pentecostes usque ad Nativitatem S. Joannis.*

Ab ipso die sancto Pentecostes usque ad Nativitatem S. Joannis Baptistæ, carnis usum et sanguinis dimisistis, et secunda, quarta ac sexta feria jejunandum proposuistis.

CAP. IV. — *Qualiter vivendum sit a Nativitate S. Joannis Baptistæ usque ad æquinoctium autumnale.*

A Nativitate autem S. Joannis Baptistæ usque ad festivitatem S. Matthæi, carnis et sanguinis usum quarta et sexta feria, ac Sabbato interclusistis, et sexta feria jejunandum statuistis.

CAP. V. — *Qualiter vivendum sit ab æquinoctio autumnali usque ad kalendas Novembris, et ab octavis Epiphaniæ usque ad Septuagesimam.*

A festivitate S. Matthæi usque ad Kalendas Novembris, et ab octavis Epiphaniæ usque ad Septuagesimam, secunda, quarta et sexta feria jejunandum indixistis; et eisdem feriis ac Sabbato, carnis et sanguinis usum interclusistis.

CAP. VI. — *Quod jejunandum sit a Kalendis Novembris usque ad Nativitatem Domini, et a Septuagesima usque ad sanctum Pascha.*

A Kalendis Novembris usque ad Nativitatem Domini, et a Septuagesima usque ad sanctum Pascha, usu carnis et sanguinis penitus intercluso, semel in die reficiendum devotio vestra firmavit.

CAP. VII. — *De jejunio Quatuor Temporum et vigiliarum.*

Quarta, et sexta feria, ac Sabbato Quatuor Temporum, et in vigiliis, aliisque jejuniis antiquitus et universaliter institutis, sine dubio non solum canonicis, sed et omnibus Christianis jejunandum est; cæteris vero diebus atque temporibus, bis vobis in die reficiendum indulsistis.

CAP. VIII. — *De usu ovorum et casei.*

A Quinquagesima usque ad sanctum Pascha et ab Adventu usque ad Nativitatem Domini, et in cunctis legitimis jejuniis, omni remota occasione, ovorum et casei usum penitus vobis abstulistis. Ab ipso autem die sancto Pentecostes usque ad Nativitatem S. Joannis Baptistæ, et a Kalendis Novembris usque ad Adventum Domini; et a Septuagesima usque ad Quadragesimam, quarta et sexta feria, ab ovis et caseo, nisi festum in novem lectionibus venerit, abstinendum censuistis.

CAP. IX. — *Quale jejunium occasione festi solvi debeat.*

His, fratres, superaddendum putavi, quæ et quibus ex causis jejunia solvi, et quæ semper inviolabiliter custodiri debeant. Omni tempore, die quo festum vel octavam in novem lectionibus celebramus, binæ refectionis usum nulla vetat auctoritas, exceptis legitimi jejunii diebus atque temporibus.

Cap. X. — *Si occasione festi alicujus, carnis et sanguinis usus reddi debeat.*

A prima Dominica post Resurrectionem usque ad Pentecosten, et ab octava Dominicæ Nativitatis usque ad Epiphaniam, et ab octava Epiphaniæ usque ad Septuagesimam, et a Nativitate S. Joannis usque ad Kalendas Novembris, si feria sexta festum, vel octava in novem lectionibus venerit, sanguinis usum non abstulistis ; si autem secunda, vel quarta feria, aut Sabbato venerit, legitimis exceptis jejuniis, carnis usum concessistis, ut præmissum est.

Cap. XI. — *Quæ sint legitima jejunia.*

Tempora igitur legitimi jejunii sunt a quarta feria quinquagesimalis hebdomadæ, quæ dicitur Capitulum jejunii, usque ad sanctum Pascha. Quatuor tempora quoque et vigiliæ a sanctis Patribus statutæ ; et si quæ alia perenniter tenenda, sancta indixit, vel indictura est quandoque Ecclesia. In quibus omnibus si festum in novem lectionibus venerit, celebrari quidem debet, sed jejunium solvi non potest.

Cap. XII. — *Quibus diebus a vino et pulmento simul, vel a pulmentis tantummodo, vini usura servata, abstineatur.*

Cum in omnibus legitimi jejunii diebus canonicis a vino et pulmento abstinendum fore suaderet religio, et id loci hujus positio, et nostri temporis fragilitas in conventu posse servari non sinat, rogamus et monemus, charissimi, ut his cum parcitate utentes, et vitium in nobis concupiscentiæ perimamus, et corporis vires sic sustentemus, qui ordinem nostrum plene servare, et in laude Dei ministerium et officium nostrum gratanter viriliterque implere possimus. In his tamen perpaucis diebus, id est in antiquitus et universaliter statutis vigiliis, et in sexta feria a Quinquagesima usque ad Pascha, et in sexta feria Quatuor temporum, a vino et pulmentis abstinendum censuistis, crudas tamen herbas et poma, si habeantur, indulsistis. In quarta feria autem Quatuor temporum et in sexta a Kalendis Novembris usque ad Natalem Domini, et in quarta feria totius Quadragesimæ et præcedentis hebdomadæ, pulmentis ablatis, vini tantummodo usum, cum pomorum et herbarum additamentis indulsistis.

Cap. XIII. — *De discretione habenda in reddendo vino, vel pulmento, et ex quibus causis discretio hæc fieri debeat.*

Discretionem tamen fieri in aliquibus horum non negastis, si prior forte necessarium viderit. Quæ si fiat die quo vinum interdictum est, vini tantummodo usum reddi sufficiat. Si autem fiat die quo, vino concesso, pulmentum intercluditur, unius pulmenti concessio sufficiat. Die vero quo vini et unius pulmenti usus conceditur, si oportuerit, addi et aliud pulmentum non negastis. Sunt enim dies quidam, in quibus unum solummodo pulmentum fratribus dandum censuistis : scilicet feria sexta a Pentecoste usque ad Nativitatem S. Joannis ; et a Septuagesima usque ad Quinquagesimam ; et quarta feria a Kalendis Novembris usque ad Nativitatem Domini ; et Sabbato Quatuor temporum. Hanc igitur discretionem in uno, vel in pluribus faciat, vel causa magni laboris, vel æstus aut frigoris major solito nimietas, vel præcedentis seu sequentis diei impletum, seu implendum jejunium, vel imminentis festivitatis laboriosæ, et optime exhibendum officium, vel paschalis, aut festivi temporis celebratio, vel nimia fratrum imbecillitas, sive advenientium fratrum necessaria charitas.

Cap. XIV. — *Si legitimi jejunii diebus festum novem lectionum veniat.*

Quod si festum populare in his diebus in novem lectionibus celebrandum venerit, vino et uno, aut si festum præcipuum fuerit, duobus vel tribus quadragesimalibus pulmentis uti concessistis.

Cap. XV. — *Quod cæteris diebus, duo fratribus pulmenta parentur.*

His igitur supradictis jejuniorum diebus exceptis, cæteris diebus, sive jejunii, sive binæ refectionis, si facultas suppetat, duo fratribus parentur pulmenta. Verum in præcipuis festivitatibus et summis solemniis tria fratribus pulmenta, si fieri possit, præbenda statuistis.

Cap. XVI. — *De usu piscium et olei.*

Esus autem piscium et usus olei nullo tempore nulloque die excluditur, quo alicujus pulmenti et vini usus conceditur.

Cap. XVII. — *De mensura panis et vini, et de qualitate pulmentorum.*

Mensuram panis, et vini, ac pulmentorum æque fratribus minoribus et majoribus dandam, et usus regularium locorum indubitanter expostulat, et, ut credo, majorum sanxit auctoritas. Quamvis enim in apostolorum Actibus Lucas referat, dicens : « Distribuebatur autem singulis, prout unicuique opus erat (*Act.* II), » hæc tamen par, et cunctis sufficiens est statuenda mensura ; qua, etsi quibusdam superflua uti non licet, nisi in sufficientia. (*S. Ben. Reg.* cap. 39, et 40.) Quod autem minus egentibus vel plus abstinentibus residuum fuerit, hospitalis frater singulis diebus id pauperibus erogandum suscipiat. Diebus itaque jejuniorum singulis fratribus unam libram panis propensam, et tres vini ; diebus vero binæ refectionis, panis unam et mediam, et vini quinque, sicut ipsi experti estis nobiscum, vobis visum est posse sufficere. Pulmentorum autem æqualitatem coquinæ hebdomadarii, si autem aliter nequeunt, pro arbitrio diligenter providant. Si tamen alicui, vel per incuriam, vel jussum ex discretione aliquid plus, vel delicatius apponitur, nullus prorsus inde murmurare præsumat.

Cap. XVIII. — *De lectore hebdomadario.*

Lecturus per omnem hebdomadam frater (*S. Ben. Reg.* cap. 28), die Dominica expleta missa, adhuc presbytero altari astante accedat in medio, et inclinato capite dicat ter : « Domine, labia mea aperies (*Psal* L), » et cætera ejusdem versiculi. Fratribus respondentibus, et post vicem tertiam *Gloria Patri* subsequentibus. Deinde presbyter præsentibus fratribus secundum morem, versiculos et orationem perficiat. Hic itaque per totam hebdomadam fratribus manducantibus et religiose silentium tenentibus, omni sono et murmuratione remota, divinas Scripturas perlegat. Et post fratrum refectionem cum servitoribus pariter prandeat. Servitores igitur sic omnia omnibus ministrent, ut nullius necessitatis occasione aliquem prorumpere in vocem oporteat. Si quid tamen quærendum est, signo magis quam voce petatur; priori vero, vel cui ipse jusserit, aliquoties fratres reficientes pro ædificatione breviter et plane alloqui non interdicitur. Fratribus quoque sero ad collationem in capitulo convenientibus, idem lector de sanctorum Vitis et Patrum Collationibus lectionem semper redditurus est. Qui Sabbato cum in refectorio lectionem ad mandati charitatem sero perfecerit, adhuc fratribus sedentibus, ante prioris mensam accedens, reverentiam exhibeat, et sic lectionis suæ hebdomadam compleat.

CAP. XIX. — *De hebdomadariis coquinæ, et de mandato in Sabbatis faciendo, et de charitate exhibenda.*

Hebdomadarii vero coquinæ Sabbato congregatis fratribus in capitulo ad sonum tabulæ pro mandato faciendo (*S. Ben. Reg.* cap. 35), ii qui egressuri sunt, accedant in medio, et incurvati fratribus reverentiam exhibeant. Deinde per priorem vel vicem ejus fungentem, inchoatis antiphonis fratrum pedes abluant et abstergant. Ii vero, qui intraturi sunt, aquam ad lavandum deferant, et post ablutionem projiciant. Deinde exeuntes, ante capitulum, aqua per alios fratres allata, et gausape porrecto manus abluant et abstergant. Post hæc qui pedes laverunt, aquas ad manus abluendum; qui vero detulerunt aquas, gausape afferant ad abstergendum. Fratrum ergo manibus ablutis, qui ingressuri sunt, accedant in medio, et incurvati dicant tribus vicibus : « Benedictus es, Domine Deus, qui adjuvisti me et consolatus es me. » Fratribus idem respondentibus, et *Gloria* post tertiam vicem subsequentibus. Deinde completa oratione secundum morem cum versiculis, in locis suis sedeant. Tunc qui intraturi sunt, in medium veniant et incurvati dicant, tribus vicibus : « Deus, in adjutorium meum intende : Domine, ad adjuvandum me festina (*Psal.* LXIX), » fratribus itidem respondentibus. Completis itaque cum oratione versiculis, ibidem incipiatur lectio, sed in refectorio prius ex more a fratribus charitate exhibita compleatur, ut jam diximus. Verum in vigiliis summorum festorum, et in summis ac majoribus festis, si in Sabbato veniant, mandatum relinquendum : charitatis tamen usum et introitum et exitum hebdomadariorum in his statuistis exhibendum. Præter hæc in summis et magnis solemniis, eorumque vigiliis, charitatem sero ad collationem fieri proposuistis; ita ut per priorem in summis, per præpositum vero fiat in præcipuis. Et cavendum ut in festis ac vigiliis lectio ad dies eosdem, et in Sabbatis ad mandati et diei Dominicæ mysterium, si habeatur, pertineat.

CAP. XX. — *De mandato in cœna Domini exhibendo.*

Cum itaque mandatum, ut diximus, in Sabbatis soleat fieri, in Cœna tamen Domini, ob reverentiam magistri nostri et Domini, qui die eadem id mandans exhibuit, honestissime ubique Ecclesia celebrandum summa devotione instituit. Quod vos sequentes charissimi in lavandis pedibus advenientium pauperum, et eleemosynis dandis præcipue vobis per totum hunc diem vacandum censuistis : Vestris quoque laicis conversis post cœnam in capitulo deductis, id idem per vosmet agendum, et in refectorio charitatem exhibendam statuistis. Post hæc mandatum clericorum die eodem per priorem agatur et per præpositum. Cætera vero agantur pro ejusdem diei usu et ordine.

CAP. XXI. — *De vestimentis, calceamentis ac lectualibus fratrum.*

Vestimenta et calceamenta, necnon et lectualia, æstivo et hiemali tempore, quot et qualia sunt necessaria, vesterarius præbere fratribus summopere studeat. In quibus dandis, et loci situm, temporis quoque, et singularum personarum qualitatem prospiciat. In frigidis namque locis plura indumenta, in calidis vero pauciora sunt præbenda; et quæ nec nimio decore, nec insolita vilitate canonicum habitum dehonestent. In nostris igitur partibus, visum est vobis singulis fratribus singulas pelles agninas et singulas cappas, unum diploidem et duo paludamenta, duas interulas, duo paria femoralium, duo caligarum pro æstu et frigore competentium, duo pedulium, unum subtelarium posse sufficere. Habeant et in lectis culcitram, capitale, linteolum, cultram, et coopertorium ovinum, sive lineum. Habeant præter hæc singuli unam, vel, si fieri potest, duas cottas lineas, et singulas ovinas sive agninas pelliceas, si facultas suppetat et necessitas exigat. His igitur omnibus fratres pro necessitate et temporis qualitate tam diu utantur, quam diu in sufficientia necessitatis decenter aptari possint, ac reparari. Ille vero, cui ex necessitate ultra communem regulam, aliquid concessum tribuitur, non super hoc lætetur, sed doleat sibi infirmanti concedi per indulgentiam, quod firmioribus negatur ex regula. Quidquid enim prior cuiquam necessarium viderit, hoc sibi exhibere debebit; quod alteri, si necessarium non esse perspexit, negabit, etiamsi ipse quæsierit. Hinc enim Lucas in apostolorum Actibus scribit, dicens : « Distribuebatur autem, prout unicuique opus erat (*Act.* II). » Singulis itaque, pro viribus, pro ætate, necessitate ac qualitate sua ministrandum est. Unde si prior, hac discretione perspecta, quibusdam aliter quam statutum fuerit fieri præcipiat, non inde sit in congregatione mur-

muratio, quia aperte divinae legi est obvius qui vel invidia, vel gulae illecebris, infirmorum consuetudinem exigit, quam sibi necessariam non sentit. Illis tamen qui ab hac infirmorum consuetudine valeant ad istam firmitatis virtutem consurgere, sed ut delicatius vivant se sic esse patiuntur, sine dubio et hic peccatorum cumulatur magnitudo, et illic poenarum praeparatur atrocitas.

CAP. XXII. — *De aegrotantibus et morientibus.*

Statuatur intra claustra canonicorum domus ad sustentationem infirmorum, ubi fratres congruenter necessitatibus eorum subministrare, et illos visitare, ac divinarum Scripturarum frequenti admonitione valeant consolari. Non tamen passim omnibus ad eos accedere licet, nisi his quibus a priore praecipitur; nec prior alios mittat, nisi qui vel eis utiliter ministrent, vel eos sapienter consolentur et aedificent. Hi ergo si febrem continuari, vel languorem increscere persenserint, tunc advocato priore, seu praeposito et presbyteris, ad hoc officium deputatis, plenam de peccatis suis confessionem faciant, sicque praemissa de praeteritis culpis secundum prioris jussum satisfactione, et in futuro sui emendatione, susceptaque ab omni conventu benedictione, et peccatorum absolutione, fideliter per eos quibus injunctum est, custodiantur, ut eos in cunctis necessitatibus suis ministros aptissimos habeant; qui semel saltem in die cum visitantibus se fratribus confessionem faciant, atque orationis benedictionem ab eis semper exquirant. Quod si languor magis magisque increverit, per presbyteros aqua benedicta aspersis, oleo sancto perungantur, et Christi corporis et sanguinis perceptione muniantur. Fratres quoque studiose ac suppliciter pro eorum liberatione et absolutione in communi Dei exorent clementiam. Quod si ad occasum venerint, item jactetur ibidem aqua sancta, adducaturque crucis signum. Cumque ab ipsis, si fieri possit, adoratum fuerit, ponatur, et maneat ibi usque ad eorum transitum; deinde assistentes fratres cuncta secundum ordinem officia peragant. Qui ut obierint, loti vestiantur interulis, et super eos cottis lineis, pedesque induantur calceolis; post haec involuti linteolis pro more ponantur in lectis. Caetera vero fiant de ipsis portandis et sepeliendis, et de officiis gerendis, sicut in ordine continetur. Quibus expletis, fratres eorum poenitentiam intra septimum, vel trigesimum diem in missis, psalmis, eleemosynis, sive jejuniis perficiant. De missis autem et psalmis intra centesimum vel annum cantandis, et de vigiliis exhibendis, ac de pauperibus ex eorum portiunculis pascendis, et de anniversariis celebrandis, ac deferendo ad tumulos, cuncta fiant, prout prior statuerit, vel usus, aut ordo docuerit.

CAP. XXIII. — *De custodia eorum infirmorum qui invalescunt, et de medicina eis non neganda.*

Si autem aegrotantes fratres invalescere coeperint, sic per eos, quibus prior injunxerit, usque ad sanitatis restaurationem custodiantur, regantur ac pascantur, ut nullius rei indigentia et nullius necessitatis occasione murmurare valeant; ipsi tamen quae haberi nequeunt, desistant penitus exigere. Quod si ea quae noxia sunt requirunt, eorum voluntati nequaquam annuatur. « Aliquando enim, ut dicit B. Augustinus, etiamsi noceat, prodesse creditur quod delectat. Qua in re pro infirmorum custodia etiam in talibus medici consulantur. Non enim medicinae fomenta, quae a Deo credimus esse concessa, infirmis neganda sunt, si administret facultas, cum tamen animarum medicina praecesserit. Nec minori cura custodiendi sunt infirmi tempore recreationis, quam tempore languoris; tunc enim custodiuntur ne pejorentur: nunc autem recreantur, ut meliorati in statum pristinum restaurentur. Qui, ubi tempus restaurationis advenerit, praesentibus fratribus in capitulum veniant, et accedentes in medium accusent se super peccatis, et negligentiis, et ordinis corruptionibus, quae omnia infirmitatis occasione contraxerint; et sic secundum modum superius descriptum, satisfactionis susceptae sententia, ad propria loca, et fratrum societatem, ac ordinis observationem redeant. Si quis autem quietem, vel delicatiorem vitam diligens, ad ordinis observationem venire distulerit, et hoc custodi in veritate claruerit, tam acri disciplinae subjaceat, ut caeteri hoc agere pertimescant. Non tamen haec ita dicimus, ut eos in ordinis observatione fratribus jungi velimus antequam valeant, sed ne vitium gulae aut simulationis incurrant. Quapropter custos summopere studeat, ut si fieri possit, nec ante plenam valetudinem eos ad ordinis observationem redire, nec eos, ubi vere potuerint, hoc differre permittat. »

CAP. XXIV. — *De usu balneorum et sanguinis diminutione.*

Si quibus fratribus balneorum, vel minutionis usus pro conservatione vel restauratione sanitatis necessarius fuerit, exhibendus est eis, etiamsi ipsi noluerint; quatenus per corporeae salutis confirmationem fortiores inveniantur in omnem ordinis observationem. Si qui tamen hoc ex vitio, vel frequentius quam oporteat, quaesierint, nequaquam ejus majorum prudentia annuat. Minutorum autem custodia sit usque in tertium hoc modo: Qui minuendi sunt post tertiam, vel Quadragesimali tempore post nonam minuantur. Die igitur illa, et nocte sequenti officiis interesse non compellantur; psalmos tamen aliquantos cantare moneantur. A prima autem diei secundi usque ad primam diei tertii, officia quidem audire, non tamen facere constringantur. Ast post primam diei tertii, in capitulum veniant, et pro negligentiis suis sese accusantes, satisfactionis sententiam suscipiant, et in ordines suos exinde redeant; attamen usque in hanc horam pro facultate domus largioribus et valentioribus epulis pasti, vel in domo infirmorum, vel in privatis locis sub custode permaneant; usus quoque balneorum, si qua custodia necessaria fuerit, non negetur.

Cap. XXV. — *De senibus et itidem de infirmis.*

Statuatur et alia domus ubi senes maneant : cum jam et frigiditate naturæ, et debilitate nimia, servare communem regulam non permittuntur. Hi ergo pro ætate, pro necessitate et debilitate a custodibus suis regantur, pascantur et sustententur; qui neque jejuniorum, neque vigiliarum regulæ, sicut nec infirmi, subjaceant; nec officiis interesse compellantur, si nequeant; attamen psalmos cantare et orare moneantur. Quod si facultas suppetat, fiat ibi capellula inter domos utrorumque, ubi ipsi missas aliaque officia breviata, si priori placuerit, audiant.

Cap. XXVI. — *De pueris et adolescentibus, qui nutriuntur.*

Pueri vero et adolescentes qui in congregatione canonica nutriuntur et erudiuntur, sub uno conclavi, optimis deputati magistris, commorentur; a quibus sic arctissime constringantur, ut nemini eorum in aliqua parte divertere, vel alicubi, sine majoris custodia, liceat pergere. Qui omnes non solum discipuli, verum etiam magistri deputentur seniori probatissimo, qui eos otiis vel confabulationibus vacare nequaquam permittat, sed in bonis moribus instruat, in sancta conversatione nutriat, in cunctis ecclesiasticis disciplinis erudiat, ut Ecclesiæ utilitatibus ipsi quandoque parere, et ad ecclesiasticos gradus digne valeant promoveri. Hi ergo semper divinis intersint officiis, et in choro majoribus fratribus recti assistant, et ibidem tempore sedendi in subselliis suis sedeant, cunctaque secundum usum et ordinem faciant. In capitulo quoque cum fratribus conveniant, sed ingredientes statim cum seniore et magistris ad scholas properent, et quæ necessaria sunt, addiscere studeant. In refectorio quoque, quique in parte, et in loco suo erecti coram fratribus manducent ad mensam. In dormitorio etiam cum fratribus dormiant : ita ut eorum lecti, majorum lectis habeantur intermisti. In scholis itaque sint semper, cum silentium non tenetur ; fratribus autem a sub silentio manentibus in statuto loco claustri sint sub senioris et magistrorum suorum custodia, omnem ordinem pro possibilitate sua servantes, et divinorum officiorum disciplinis ac sanctis lectionibus insistentes; attamen usque ad annos sexdecim jejuniorum regulæ non subjacebunt. In scholis item sint usque ad annos sexdecim : vel quousque hymnos, psalmos, cantum, et secundum usum Scripturarum optime legere didicerint. Exinde autem de scholis educti, cum fratribus, secundum ordinem quo in congregatione admissi sunt, maneant. Quod si prior in quadam claustri parte scholas teneri congruum vel necessarium viderit, hoc ipse, quod magis expedire cernitur, nisi fratribus contrarium fuerit, faciat.

Cap. XXVII. — *Si qui artis grammaticæ disciplina erudiri debeant.*

Quod si prior aliquos horum, vel etiam majorum, ardentiores in Dei servitio, ac vera religione, et paratiores ad omnem obedientiam, et ordinis observationem, et ad adjuvandum fortiores, ad discernendum providiores, et fratrum animabus, ac corporibus utiliores esse in veritate perspexerit, et eos felicioris ingenii et prudentioris consilii veraciter cognoverit, si ipse justum judicaverit, contemptis libris turpibus et fallacibus, ad divinas Scripturas discendas et intelligendas, artis grammaticæ disciplina eos erudiri præcipiat. In his itaque personarum nulla fiat acceptio, sive perspectio ; nisi Ecclesiæ, vel animarum suarum utilitas aliter deposcat.

Cap. XXVIII. — *De laicis litteratis in grandiori ætate susceptis.*

Si quos viros litteratos in grandiori ætate fratres susceperint, et eos prior post primum, vel secundum annum in cantandi disciplina frustra laborare viderit, inutili labore sublevatos, eos ad alia adhibeat, quæ magis competunt, et fratribus sint utiliora.

Explicit liber secundus.

INCIPIT PROLOGUS LIBRI TERTII.

His igitur de variis canonicorum negotiis præmonstratis, horarum quoque canonicarum numerum atque mysterium, quas divino Spiritu afflati sancti Patres instituerunt, sicut a majoribus nostris didicimus, et usus habet Ecclesiæ, pluresque alias necessarias fratrum observationes, obedientiarum quoque locationes ac locorum susceptiones prosequamur.

LIBER TERTIUS.

Caput primum.—*De septem horis canonicis antiquitus statutis, et de prima novo tempore adinventa.*

Septem horas antiquitus statutas testatur David psalmographus, dicens : « Septies in die laudem dixi tibi (*Psal.* cxviii); » ut tot essent laudum exhibitiones in die, quot et ipsi dies. Nec enim vetustas merebatur octavæ horæ habere celebrationem, quæ nondum mortuorum perennem meruerat habere resurrectionem. Has ergo septem horas, id est vigilias matutinas, tertiam, sextam, nonam, vesperam et completorium, singulis diebus canonici debent, antiquorum sequendo vestigia, devotione nimia celebrare. Primam quoque, licet novo tempore sit statuta, non tamen debent minori devotione venerari. Has itaque octo horas Spiritus sanctus per antiquos et modernos Patres bene in Ecclesia diebus singulis celebrari instituit; ut quia dies decursione viginti quatuor horarum perficitur, singulæ tres horæ proprias laudes haberent, quarum exhibitione Trinitas sancta semper coleretur, et noster interior homo peccato cogitationis, locutionis et actionis semper purificaretur, quo et ipse dignius Trinitati adhærere mereretur. Quæ ideo ad octonarium surgunt, ut universalis resurrectionis gaudium præsignent : in quo a peccatis omnibus liberi ipsius Trinitatis mysterium plenissima cognitione videbimus, et exinde cum ipsa sine fine gaudebimus.

CAP. II. — *De nocturnis vigiliis.*

Hæ igitur horæ certis diei horis ob certi causam mysterii celebrari statutæ sunt. Vigiliæ namque ideo in nocte aguntur, quia vastator angelus nocte pertransiens, Ægyptiorum primogenita percussit (*Exod.* IX), Israelem a dominatu eorum eripuit. Et Dominus Jesus Christus in nocte sævientium Judæorum est nequitiæ traditus. Christianus quoque populus in nocte Paschæ principaliter baptizatus ab animarum morte eripitur. Ne ergo Ægyptiorum periculis, et Judæorum nequitiæ misceamur, neve Israeliticæ liberationis, et nostræ per baptismum, Dominicæ quoque traditionis horam laudibus vacuam relinquamus, et cum Paulo et Sila nocturnæ laudis orationibus absolvamus (*Act.* XV); et ut vigilantes, si Dominus ea hora venerit, inveniamur, valde opportunum est, ut nocturnis horis exsurgentes, sacris orationibus et divinis laudibus insistamus. Quod se fecisse testatur David, dicens : « Memor fui in nocte nominis tui, Domine (*Psal.* CXVIII). » Et paulo post in eodem psalmo : « Media nocte surgebam ad confitendum tibi (*ibid.*). » Et Isaias : « De nocte, inquit, vigilat spiritus meus ad te, Deus (*Isa.* XXVI). » Et Dominus ad nocturnas vigilias in Evangelio nos exhortans, dicit : « Beati sunt servi illi, quos cum venerit dominus, invenerit vigilantes (*Luc.* XII). » Et quod ipse verba confirmaret exemplis, testatur Evangelista : « Jesus erat in oratione pernoctans (*Luc.* VI). »

CAP. III. — *De matutinis laudibus.*

Matutinæ autem laudis officium, licet novo tempore primitus, et ut quidam ferunt in Bethlehemitico monasterio, ubi Dominus pro salute nostra de Virgine natus est, statutum fuerit, tamen omnis Ecclesia consuetudinem cultus ejus gratanter sumit, et solemniter celebrat; quod a sancto Spiritu non dubitatur factum, ut hora illa, quam Dominus splendore suæ resurrectionis perlustravit; et qua nostræ gratiæ lux, et sol justitiæ fidelibus ortus est, divinis laudibus et semper excoleretur officiis. Nam et ideo Dominus quasi in fine noctis, et in exordio diei a mortuis resurgere voluit, ut nobis patenter ostenderet, quod per Resurrectionem ejus, vetustatis caligo finem acciperet, et lux novitatis ac gratiæ, aditusque felicitatis æternæ inveniret exordium. Hoc etiam tempore, testante B. Isidoro, a fidelibus spes futuræ resurrectionis creditur, quando justi a morte quasi a sopore somni resurgentes æternæ lucis et felicitatis principio sicut sol fulgere incipient. Quod tempus, etiam apud antiquos venerationi fuisse testatur et ille vetus psalmographus, dicens : « In matutinis meditabor in te, quia fuisti adjutor meus (*Psal.* LXII). » Et illud : « Prævenerunt oculi mei ad te diluculo, ut meditarer eloquia tua (*Psal.* CXVIII). » Et alibi : « Repleti sumus mane misericordia tua (*Psal.* LXXXIX). » Et illud : « Mane oratio mea præveniet te (*ibid.*). »

CAP. IV. — *De prima.*

Prima vero, licet novo tempore in Oriente apud monasteria Palæstinorum primitius statuta et inventa, tamen quia omnis eam suscepit Ecclesia, pro eo quod a Spiritu sancto non dubitatur adjuncta, summa pariter devotione et laudum exhibitione celebranda est. Quæ bene post solis ortum agitur, ut hora illa, in qua primo mulieribus Christi Resurrectio per angelos (*Matth.* XXVIII), atque per mulieres apostolis nuntiata est (*Marc.* XVI; *Joan.* XX), non sit divinis laudibus et dignis officiis aliena. Et hoc satis videtur rationabile, ut prima hora diei divinis officiis et sanctis orationibus debeamus insistere, quatenus et eo quod de tenebris ad lucem venimus, Deo gratias referamus; et, ut ipse per totam diem corda, et corpora nostra in viam salutis et justitiæ dirigat, rogitemus. Et quia omnis virtus, omnis sanctitas, omnis justitia ad laudem et honorem Dei, et in Jesu Christi nomine debet semper inchoari, recte diei, qua lucis operatio signatur, exordium laudibus divinis debuit consecrari. Et notandum quod Spiritus sanctus hanc horam non per apostolos, vel antiquiores Patres, non etiam per majorem Ecclesiam voluit statui, sed novo tempore per subjectos Ecclesiæ filios statuendam, mira piaque providentia reservavit, ut nobis videlicet innotescat Spiritum Domini hanc sibi virtutem reservasse, ut per quoscunque, et quandocunque inspirante eo, aliquid rectum et sanctum in Ecclesia statutum fuerit, non jam abjectione personarum, aut temporis novitate quisquam rejicere audeat, sed amorem inspirantis et statuentis Dei per hominem diligenter amplectatur, et teneatur.

CAP. V. — *De tertia, sexta, et nona.*

Horam tertiam, sextam et nonam Danielem etiam, et tres pueros supplicationibus Domino devovisse sacra testatur historia. Quorum imitatione nos his horis dignissimum est divinis officiis insistere, quamvis novo tempore et ob aliorum causas mysteriorum, multo nobis sint celebriores. Denique horam tertiam sanctus Spiritus, quia tertia est in Trinitate persona, sua descensione celeberrimam reddidit et laudibus divinis dignissimam fecit (*Act.* II). In qua descensione tantum sancti Spiritus gratiam adfuisse asserunt, ut omnium linguis omnes apostoli loquerentur, et unumquemque apostolum quacunque una lingua loquentem, omnium linguarum praesens diversitas simul intelligeret. Quatenus daretur intelligi quod Spiritus Domini sub unius Ecclesiae gremio conjungeret et uniret, quos superbia diabolici spiritus in terris aedificatione diviserat. Bene etiam tertia hora Spiritus sanctus descendit, quia tertio tempore Christus omnem mundum innovavit, et suae gratiae luce perfudit. His etiam de causis sanctorum Patrum auctoritas hanc nostram prae omnibus aliis ad missas celebrandas statuit fore legitimam, in qua quia iterum peccavimus, iterum quasi Christi morte redimimur; et Eucharistiae velut sancti Spiritus perceptione item innovati ad puram et novam vitam tertii temporis quasi altero Christi transitu spirituali operatione deducimur.

De sexta.

Horam vero sextam Christus crucifixionis suae passione sacravit, et laudum exhibitione celebrem fecit. Et bene hora sexta pati Christus voluit, ut sexta aetate vitae aditum per crucem et passionem ruam nobis reservatum ostenderet, et hominem sexta die creatum, sed diaboli studio perditum, sexta hora, sextaque aetate sanguine proprio salvatum redimeret.

De nona.

Horam autem nonam Christus ideo morte sua celebrem fecit, ut nos a morte redemptos ad societatem beatorum spirituum, qui novem ordinibus distinguuntur, reduceret. Qui bene sole ad occasum vergente moritur, quia infideles Judaei cum oriente solem justitiae perdiderunt et ad tenebras peccatorum devenerunt. Hanc etiam horam Petrus et Joannes claudi sanatione sacrarunt Hac insuper hora primitus in Cornelio via salutis gentilitati ostensa est (*Act.* XIII). Has igitur horas pro tantorum causa mysteriorum fideles Christi debent summa devotione venerari et dignis laudibus celebrare.

CAP. VI. — *De hora vespertina.*

Vespertinae laudis officium, quod in fine diei et occasus lucis agitur, et veterum ritus sacrificiorum monstrat esse celebrandum, dicente David : « Elevatio manuum mearum sacrificium vespertinum (*Psal.* CXL). » Vespere, mane et meridie narrabo nomen tuum. Et Dominus Jesus Christus, qui hora eadem coenantibus discipulis sancti corporis et sanguinis sui communionem primitus tradidit et eam ex illo jam tempore perpetuo tenendam mandavit. Qui etiam post resurrectionem suam, hora eadem discipulis apparuit et eos ad credendum confirmavit. Proinde nos hora eadem Deo laudis officium offerre debemus, ut fine cujusque diei laudibus concelebrato, vitae nostrae omniumque nostrarum operationum finem Deo mystica observatione consecremus, uti tantorum mysteriorum comparticipes esse mereamur.

CAP. VII. — *De completorio*

Completorium autem dicitur, eo quod diurnos actus perficiat, et completis laboribus membra fessa in quietem resolvat. Qua hora merito divinarum laudum officia jubemur persolvere; ut videlicet quidquid in die carnis fragilitate attrahente peccavimus, earumdem laudum exhibitione mundetur; quatenus priusquam membra dentur sopori, in pectoribus nostris mundum Deo habitaculum praeparemus. Quod se fecisse testatur David psalmographus, dicens : « Si ascendero in lectum strati mei, si dedero somnum oculis meis, et palpebris meis dormitationem, donec inveniam locum Domino, tabernaculum Deo Jacob (*Psal.* CXXXII). » Hac etiam hora Dominus Jesus post coenam assumptis tribus discipulis in montem Oliveti ad orandum exiit (*Matth.* XXVI), ubi ternis orationibus Patrem precatus est, quod eum a Judaeorum insidiis nocte eadem positis dignaretur eripere. Non quod se minime eripiendum ignoraverit, sed ut nos suo confirmati exemplo hac hora divinis laudibus insistamus, et ipsam Trinitatem voce et mente supplici deprecemur, quod nos a nocturnis hostis insidiis et illusionibus liberare dignetur.

CAP. VIII. — *Unde horarum istarum officia conficiantur.*

Ad harum ergo horarum laudes perficiendas assumuntur principaliter psalmi Davidici centum quinquaginta, et sex Veteris Testamenti cantica. Hymnus quoque trium puerorum, et tria evangelica Cantica, unum a Zacharia, alterum a Maria, tertium a Simeone edita, oratio Dominica, Symbolum apostolorum, litaniae Graecorum, laus Hebraica, Trinitatis glorificatio, hymnus ecclesiasticus et horarum propriae inchoationes. Praeter haec omnium canonicorum librorum Novi et Veteris Testamenti Scripturae, homiliae quoque et sermones sanctorum doctorum, Vitae etiam et certae passiones sanctorum. His omnibus adjiciuntur hymni Ambrosiani, invitatoria, antiphonae, responsoria cum versibus suis. Responsoriola et versiculi, benedictionum insuper petitiones, et ipsae benedictiones ; certae lectionem terminationes, gratiarumque et laudum exhibitiones, confessiones quoque peccatorum, et quaedam supplicationum capitula de canonicis scripturis abstracta ; salutationes insuper, et orationes earumque inchoationes, et certae terminationes; responsio quoque hebraica, et ultimae absolutiones. Haec ergo omnia qualiter per singulas horas, dies, hebdomadas et tempora distinguantur, qualiterve agantur, usus monstrat Ecclesiae. Horarum autem officiorum diversitas fit pro die festo, hora et tempore : aliter enim fiunt diebus ferialibus, aliter diebus Dominicis, aliter privatis festis, aliter summis praecipuis et popularibus solemniis, aliter paschalibus temporibus, aliter quoque diebus intra octavas, vel intra summorum festorum continuationes conclusis. Verum in aliquibus horum plurima quorumdam officiorum pro temporibus diversis et locis invenitur varietas, quam in singulis partibus majorum Ecclesiarum, et rectior ordo, et usus edoceat.

CAP. IX. — *Quæ dicuntur festa privata, quæ popularia, quæ præcipua, quæ summa.*

Privata igitur festa illa dicimus, quæ cum a populis non custodiantur, a clericis tantum in tribus lectionibus celebrantur. Popularia autem, quæ a plurium partium populis custodita, ab eorumdem locorum clericis in novem lectionibus excoluntur. Præcipua vero sunt, quæ ab omnibus populis Christianis et Ecclesiis catholicis ubique magna devotione celebrantur. Summa autem principaliter sunt quinque Christi solemnia, Nativitas, Apparitio, Resurrectio, Ascensio, Pentecostes. Quibus vestræ sanctitati ex devotionis proposito festum omnium Sanctorum, et præsentis ac principalis vocabuli, in quadam fere pari celebratione officiorum addere placuit.

CAP. X. — *De ordine lectionum totius anni.*

In Septuagesima ponunt Eptaticum usque ad quintum decimum diem ante Pascha. Quinta decima die ante Pascha, ponunt Jeremiam usque in Cœnam Domini. In Cœna Domini legunt tres lectiones de Lamentatione Jeremiæ : *Quomodo sedet sola civitas ;* et tres de tractatu S. Augustini in psalmo sexagesimo tertio : *Exaudi, Deus, orationem meam cum deprecor;* tres de Apostolo, ubi ait ad Corinthios : *Convenientibus vobis in unum;* secunda : *Similiter postquam cœnavit;* tertia : *De spiritualibus autem nolumus ignorare, fratres.* In Parasceve tres de Lamentatione Jeremiæ, et tres de tractatu S. Augustini in psalmo sexagesimo tertio, et tres de Apostolo, ubi ait in Epistola ad Hebræos : *Festinemus ingredi;* secunda lectio : *Omnis namque Pontifex;* tertia lectio : *De quo nobis grandis est sermo.* In Sabbato sancto tres de Lamentatione, et tres de tractatu S. Augustini, et tres de Apostolo, ubi ait in Epistola ad Hebræos: *Christus assistens pontifex.* In Pascha Domini, homilias ad ipsum diem pertinentes. Infra hebdomadam homilias. In octavis Paschæ ponunt Actus apostolorum, et Epistolas canonicas, et Apocalypsim usque in octavas Pentecostes. In octava Pentecostes ponunt Regum et Paralipomenon usque ad Kalendas Augusti. In Dominica prima mensis Augusti ponunt Salomonem usque ad Kalendas Septembris. In Dominica prima Septembris ponunt Job usque in medium Septembris ; ibi ponunt Tobiam, Judith, et Esther, et Esdram usque ad Kalendas Octobris. In Dominica prima mensis Octob. ponunt librum Machabæorum usque ad Kalendas Novembris. Hinc ponunt Ezechiel, et Daniel, et minores prophetas usque in Adventum Domini. Dominica prima de Adventu ponunt Isaiam usque in Natalem Domini. In vigiliis Natalis Domini legunt tres lectiones Isaiæ : *Primo tempore, Consolamini, Consurge.* Deinde sermones et homilias ad ipsum diem pertinentes. In festivitate sancti Stephani, sancti Joannis, sanctorum Innocentium, sancti Silvestri, sermones ad eosdem dies pertinentes. In octava Natalis Domini homilias de ipso die. In Dominica prima post Natalem, ponunt epistolas Pauli usque in Septuagesimam. In Epiphania lectiones tres Isaiæ, *Omnes sitientes, Surge, Gaudens.* Deinde leguntur sermones, vel homiliæ eidem diei pertinentes.

CAP. XI. — *De ordine missarum.*

Legitima hora missarum est tertia, atque nona. In omnibus namque legitimis jejuniis missa hora nona, cæteris vero diebus hora tertia, secundum usum et ordinem celebranda est. Nam quod post nocturnas Dominicæ Nativitatis vigilias, et quod Sabbato sancto in exordio paschalis noctis, et quod diebus Dominicis ac majoribus festis, quodque diebus ferialibus mane pro defunctis ante primam, vel post primam, et quod quandoque legitimis jejuniis mane, vel apud quosdam hora tertia cantatur, ob certæ necessitatis vel mysterii causam, fieri non dubitatur. Aliis autem horis, licet missa non inveniatur in canonibus statuta, usus tamen Ecclesiæ habet, missam ab ortu solis usque ad tertiam, et a nona usque ad vesperam posse pro necessitate celebrari. Diebus ergo Dominicis et summis festis, propriæ quæ habentur missæ cantari debebunt. In festis vero præcipuis, popularibus et privatis, si propriæ habentur missæ, cantentur; si vero propriæ non habentur, de communi convenientia dicantur. In legitimis quoque jejuniis propriæ habentur missæ, quas cantare debemus exceptis paucis vigiliis, in quibus de communi convenientia missæ cantantur. Infra octavas etiam summorum, sive ut quibusdam placet, præcipuorum festorum, missas de eisdem festis plurimorum usus assueverat agendas. In hebdomada tamen Paschæ et Pentecostes, propriæ quæ habentur missæ cantentur; cæteris vero diebus dicatur missa præcedentis Dominicæ ; tamen si feria quarta aut sexta habentur propriæ missæ, vel epistolæ, aut evangelia, dicantur. Missam quoque pro defunctis mane vestro conventui semper fore dicendam statuistis, exceptis Dominicis, et festis in novem lectionibus celebrandis et diebus inter octavas summorum festorum conclusis. Præter hæc in omnibus summis festis, et in illis præcipuis de quibus duæ missæ habentur, mane ante primam missam in conventu cantandam statuistis. Verum in aliis præcipuis, cunctisque popularibus festis, ac diebus Dominicis, ac legitimis jejuniis, missam his astantibus clericis vel laicis, qui ex qualibet causa hora tertia vel nona ad missam non possunt occurrere, canendam disposuistis. Missæ igitur omnes, quas in conventu decrevistis esse dicendas, si facultas suppetat, semper cum officiis suis secundum usum et ordinem Ecclesiæ, ac temporis congruentiam, diacono et subdiacono ministrantibus decantentur.

CAP. XII. — *De hora collationis.*

Hora collationis, cum dies longi sunt et noctes breves, circa solstitium æstivale, agatur temperius, id est solis adhuc radio apparente. Cum vero dierum brevitas noctes fecerit longiores, agatur tardius, id est cum lux diei tenuata legendi facultatem tollere cœperit. Quæ tantum hora ordinatim augeatur et minuatur, id est secundum augmentum vel decrementum dierum ac noctium. Verum quando mandatum agendum, et quando aliqua præcellens solemnitas imminet, in qua tempestivius solito surgendum sit, ipsa collationis hora solito agatur temperius.

CAP. XIII. — *Qua hora noctis vigilias agere debeamus.*

Omni tempore in quantum servari potest, diebus ferialibus, transactis duabus partibus noctis, tertia adhuc restante ad vigiliarum officia peragenda surgendum est. In diebus autem Dominicis, aliisque solemniis pro usu, pro modo quoque et quantitate officiorum surgendum est; quatenus omni die festivo et feriali tempore, suo cuncta divina officia modo debito, peragi valeant. Æstivo tamen tempore pro parvitate noctium lectiones in nocturnis vigiliis breviandæ sunt; hiemali vero pro earum longitudine lectiones prolongandas censemus, nisi quandoque pro importabili nimietate frigoris brevientur.

CAP. XIV. — *Quo ordine vel tempore agantur matutinæ et cæteræ horæ.*

Peractis autem vigiliis omni tempore, tacto, si liceat, signo, matutinæ laudis agantur officia. Prima vero, tertia, sexta, nona, vesperæ et completorium pro usu et ordine competentibus horis, per singulos dies gerantur et tempora; ita tamen ut in his et in omnibus semper eorum quæ instant, necessitas dierum quoque et officiorum quantitas prospiciatur et qualitas.

CAP. XV. — *De his quæ in capitulo agenda sunt vel dicenda.*

Cum fratres post primam, in capitulo mane conveniunt, lector petita benedictione, mensis terminum ætatem lunæ, feriam sequentis diei et festa more solito pronuntiet. Quibus pronuntiatis fratres consurgant, et finitis solitis ejusdem horæ versiculis, iterum sedeant et lectionem de canonicæ vitæ institutionibus, sive de festo ejusdem diei, si summum vel præcipuum fuerit, audiant. Qua finita, lectiones et responsoria sequentis diei lector singula singulis fratribus assignans, pronuntiet. Deinde prior petita benedictione a fratribus, dicat quidquid necessarium viderit, vel in exhortandis animabus, vel in ipsius Ecclesiæ rebus locandis, aut aliquibus canonicis negotiis pertractandis; nullusque ibi, excepto priore et præposito, loqui præsumat nisi jussus, aut interrogatus, sive erectus. Et cum unus ibi loquitur, cæteri taceant et loquentis verba ad finem usque intendant. Si quis autem fratrem suum in sancta professione transgressionis culpam incurrisse cognoverit, regulari more ex charitate consurgens, humiliter proferens, dicat : « Ille frater noster contra ordinem fecit; » cujus vocem accusati mox sequatur erectio, in mediumque accessio; tum ille culpa ejus nominatim expressa sedeat; iste vero terræ prostratus dicat : *Mea culpa, peccavi.* Et fratres respondeant : *Parcat tibi, Deus ;* quod ille se erigens, iterumque prosternens, atque eadem proferens tandiu faciat, donec prior eum stare præcipiat, et sententiam satisfactionis injungat, certamque ei horam vel diem assignet, qua ipse injunctionis debitum perfecisse debeat. Hæc autem eadem fieri post nonam, si in capitulum conveniatur, non interdicimus, cum priori placuerit. Hunc itaque modum satisfactionis accusati, vel per se confessi, semper tenere debeant.

CAP. XVI. — *De summis festis in capitulo nuntiandis, et de confessione ac remissione vicissim danda.*

Summa autem festa cum venerint, quinto vel quarto antea die, peractis prius omnibus quæ in capitulo gerenda mane post primam jam scripsimus, quidam de fratribus, cui prior injunxerit, accedat in medium et, petita benedictione, dicat : « Quinto vel quarto die proxime futuro, fratres charissimi, illam festivitatem Domini nostri Jesu Christi celebraturi, sanctificamini, et estote parati. *Tu autem Domine,* etc. Fratribus itaque mediocri voce *Deo gratias* respondentibus, subjungat idem lector secundum quod a præposito statutum fuerit; qui fratres invitatorium, lectiones, responsoria et quæque alia in officiis necessaria, dicere, cantare vel legere debeant. Quibus pronuntiatis fiat omnium excessuum patens confessio, quam pœnitentiæ et satisfactionis sequatur injunctio, ante festi ejusdem celebrationem, si fieri potest, implenda. Si quis tamen aliquid private confiteri voluerit, confiteatur priori sive presbyteris per priorem ad hoc officium deputatis. Remissionem quoque fratres sibi invicem, et omnibus absentibus, qui offendere voto et absolutione, qua possunt, exhibeant. Quod satis esset laudabile, et ordini congruens, si etiam in singulis Sabbatis et præcipuorum festorum vigiliis fieret. Cantaturi igitur et lecturi, his vel aliis diebus quibuslibet, quæ cantanda sunt et legenda, prævideant; etsi necesse sit aliquid in his quærere, certæ personæ a priore designentur, a quibus licita hora hoc exquirere debeant, quique id eis humiliter et studiose exhibeant.

CAP. XVII. — *De plurimis fratrum orationibus et observationibus.*

De ternis vero orationibus nocte ante vigilias, mane ante primam, sero post completorium, et de precibus post matutinas et vesperas agendis; de canticis graduum dicendis, de matutinis quoque et vesperis sanctorum; de horis sanctæ Mariæ, si fraterna devotio habeat; de vigiliis, matutinis, missis et vesperis pro defunctis exhibendis; de psalmis pœnitentialibus mane dicendis; de aliis psalmis post horas cantandis; de ordine præterea intrandi ecclesiam vel capitulum, et exeundi; de ordine eundi, standi, loquendi vel silendi in claustro; de ordine communiter dormiendi et surgendi, communiter edendi et potandi; de præparatione ministrorum qui ad missam servituri sunt; de lavandis manibus et capitibus pectinandis; de signis tangendis et tabulis; de significandis horis divinis; hora quoque collationis et refectionis; de vicaria fratrum subministratione; de ordine Dominicalium vel quarumcunque processionum; postremo de omnibus intra ecclesiam et fratrum officinas agendis, quæcunque necessaria sunt, usus et ordo vel institutio insinuet majorum.

Cap. XVIII. — *Quod prior super his omnibus debet esse sollicitus.*

Cum sit prioris proprium cuncta interiora et exteriora per se et per alios semper inquirere, inquisita perspecta subtiliter discutere, discussa sapienter tractare, statuenda statuere, facienda imperare, vitanda negare, quid cuique congruat, loqui singulis, prout opus fuerit, subministrare; corrigenda quæque sapienter corrigere; peccantibus pro modo culpæ, modum etiam satisfactionis injungere; ut nec asperitas quemquam ab emendatione retrahat, et lenitatis nimietas neminem invitum solvat; et si foris aliquando necesse sit asperitatem monstrare, intus tamen in animo semper servare humilitatem. Lectioni cum sibi vacat insistere, orationibus incumbere, fratres in unum collectos sanctarum Scripturarum sæpe fluentis irrigare; de vita et moribus clericorum, et proprii ordinis observatione frequenter instruere, virtutes et exempla sanctorum eis ad imitandum proponere; peccantes pœnarum supplicio enumerando terrere, bene agentes ad desideria percipiendæ felicitatis accendere; singulis quibusque advenientibus pro suis necessitatibus et personarum qualitate, si facultas suppetat, subministrare: postremo, confratrum omnium animarum et corporum vigilanti studio curam gerere, et omnes res Ecclesiæ, mobiles et immobiles, spirituales et corporales custodire, regere atque disponere, et cunctis cunctas necessitudines et congruentias subimplere. Et cum unus homo tanta portare non possit, necesse est ut sub ipso aliorum statuantur personæ, quibus onera divisa portari et omnia necessaria congruenter fieri valeant. Siquidem Moyses cum totius Israelis onus regiminis portare non posset, consilio etiam incircumcisi hominis, viros ex omni Israel prudentes elegit, quos super populum tribunos, centuriones, quinquagenarios et decanos ad finiendas lites et disceptationes tollendas constituit, majora sibi tantummodo finienda reservans. Hoc ergo, charissimi, exemplo commoti, in prioris auxilium ex prudentioribus viris personas prudenter eligendas statuistis; qui onera singula interius atque exterius ad animarum et corporum necessitatem supplendam, ad ordinem quoque observandum, pertinentia levius divisa portarent.

Cap. XIX. — *De præposito.*

Eligendum itaque de confratribus virum unum censuistis, fratres charissimi, qui sit voluntate purus, sermone discretus, actione sanctus, ordinis scientia et observatione præclarus, et si fieri potest, divinarum Scripturarum sufficienter imbutus notitia; quem patientiæ virtus, charitatis dilectio, vitæ quoque perornet religio; qui cæteris sub priore præpositus, prælationis suæ in gerendis officiis, in fratribus regendis et custodiendis, in ordine servando et regula pervigilem gerat custodiam. Hic ergo officiorum qualitatem, usum et ordinem, singulasque varietates fratres edoceat; hic solita officia designari in tabulis, secundum usum et ordinem, postmodum in capitulo coram fratribus pronuntianda præcipiat; pulmenta quoque fratribus præparanda, et quæque illis apponenda coram hebdomadariis et cellarario statuat. Vestimenta autem et calceamenta ne dari differantur tempore necessario studeat; singulorum quoque obedientias intus et foris, si juste regantur, regulariter impleantur, provideat. Omnium ergo interiorum et exteriorum curam sub prioris consilio et jussione habeat, et quæcunque necessaria sunt, ipso absente dicat et faciat, majoribus tamen negotiis prioris judicio reservatis; cætera autem omnia hujus officio pertinentia, et hic nominatim non expressa, usus ipse et ordo edoceat. In quibus omnibus sic sui utatur jure regiminis, ut a Domino justitiæ præmium consequatur gloriæ.

Cap. XX. — *De minoribus præpositis statuendis, seu magistris, et disciplina peccantium.*

Statuat quoque præter hunc prior sub isto ad fratrum custodiam, et alios magistros sive præpositos, si necessarium viderit, quibus singulis proprium locum assignet in claustro, ubi ipsi residentes, fratres sibi commissos hinc inde statutos in bono nutriant, in sanctis moribus instruant, et eos lectionibus, hymnis, canticis aliisque ecclesiasticis doctrinis, sive utilitatibus incumbere, in loco stare et proprium ordinem servare compellant, et a suis oculis nullatenus eos sine certa necessitatis causa separari vel abire permittant. Postremo eos non solum ab opere perversitatis et malitiæ, sed ab usu otiosæ loquacitatis immunes custodiant, et in omni religione sanctitatis et honestæ gravitatis perfectos exhibeant. Quibus, si quæ necessaria fore perceperint, hoc priori, sive præposito innotescant, quatenus si facultas suppetat, eorum omnis impleatur absque dilatione necessitas. Si quos autem de sibi commissis vagos, vel otio aut inutili loquacitate vacantes, vel ordinem proprium servare nolentes, vel suis prælatis inobedientes esse perspexerint, et eos semel, bis, et ter commonitos emendare nequiverint, tunc ipsos corrigendos præposito appræsentent. Quos itidem præpositus semel, bis, et ter commonitos, si nequaquam emendare potuerit, coram fratribus in capitulo repræsentet. Quod si se nec per priorem correxerint, omnibus supponantur et ab omnibus injurientur; postremo fraterno consortio et communione privati, jejuniis macerentur: et si personarum patitur qualitas, verberentur. Si vero nec sic emendantur, in carcerem jejuniis longis castigandi retrudantur, vel majoris Ecclesiæ sive episcopi judicio dimittantur. Hi ergo, qui dimissi, vel in carcerem retrusi fuerint aut clam per se recesserint, si quando pœnitentia ducti satisfactionem promiserint et veniam postulantes impetraverint, primo quidem per longum probentur exterius, et si vere apparuerint pœnitentes, in infimo saltem loco quandoque suscipiantur interius. Hunc modum correptionis, fratres charissimi, non solum in clericis, verum etiam in professis laicis tenendum, vestra charitas censuit.

Cap. XXI. — *De obedientias tenentibus, sive suscipientibus.*

Qui vero obedientias domus pro fratrum utilitate atque servitio susceperint, sub prioris et præpositi cura ac potestate permaneant. Et quidquid eis ipsi, vel ipsis absentibus, alii prælati supplentes vices eorum mandaverint, sine dilatione observent et impleant. Si quid autem admiserint, secundum prioris jussum et ordinis usum, ad culpæ modum satisfaciant. Qui vero superbi, aut negligentes, aut avari, seu prodigi, susurrores, aut fures, vel quoquo modo rei Dominicæ vastatores inventi fuerint, aut sibi præsidentium mandata contempserint, vel aliquid alicui, quod dare debuerant, ex odio subtraxerint, vel quidquam contra usum et ordinem gratiæ singularis amore, quod non erat opportunum tradiderint, prior eos a suis officiis removeat, et injuncta illis pœnitentia, et satisfactionis sententia, alios in eorum locis subroget, qui hæc vigilantius puriusque peragentes, Christo et confratribus suis fideliter administrent. Ad porrigenda igitur singulis fratribus intus necessaria, quidam ex valentioribus et prudentioribus fratribus eligantur viri, quorum unus sacrarium, alter cameram, tertius cellarium, quartus refectorium, quintus vestiarium regenda ac custodienda suspiciant. Quicunque ergo ad aliquam harum vel similium obedientiam suscipiendam accesserit, veniat in medium capituli, et prostratus incipiat psalmum : Deus, in adjutorium meum intende (*Psal.* LXV); quem cum fratres compleverint, cum oratione Dominica, et capitulis, atque oratione competenti surgat, et genibus flexis suscipiat de manu prioris regulam, vel alium libellum, sic dicentis : « Nos hujus obedientiæ curam atque laborem ad salutem animæ tuæ, in pœnitentiam et remissionem peccatorum tuorum ex fratrum consensu, pro charitate te ferre præcipimus. » Et exinde ejus obedientiæ curam summa industria, prudentia et consilio gerat atque perficiat. Quibus vero hæ tales obedientiæ pro aliqua offensa auferuntur, vel qui ab eis voluntate prioris sublevantur, prostrati in medio accusent se super omnibus quæ in his subministrandis admiserunt, incipiantque psalmum quinquagesimum, quem dum fratres perfecerint, cum oratione Dominica, et capitulis, atque oratione competenti, assurgant, et quantitatem pœnitentiæ, quam prior injunxerit, hilari animo suscipiant, et susceptam intra jussum tempus perficiant.

Cap. XXII. — *De sacrista.*

Ad sacristæ igitur obedientiam oratorium, sacrarium, armarium, et omnia quæ in eis facienda sunt vel reponenda, cunctaque necessaria vel congruentia pertineant. Hic ergo oratorium pro usu et ordine mundet, illuminet, custodiat, et competenti hora claudat atque aperiat, nihilque ibi indecens agat aut recondat, vel agi aut recondi permittat; dicente Domino : « Domus mea domus orationis vocabitur (*Matth.* XXI). » Oleum autem sanctum, corpus Domini, capsas cum sanctorum reliquiis, in ecclesiis post se consistere nemo dubitat. Alia quoque minuta, si ecclesiastica, et nihil indecorum præbentia; et divinis obsequiis quotidie necessaria esse non reprobamus, si oporteat. Chorum vero tanta vigilantia, si fieri potest, semper sacrista custodiat, ut nulli inde exeundi aut intrandi locus pateat, nisi quis orationis aut devotionis causa, vel offerendæ oblationis aut Eucharistiæ sumendæ, seu fraternitatis clericorum percipiendæ humiliter intrare quæsierit. Ad missarum vero solemnia presbyter ante ostium chori populorum oblationes suscipiat, ibique eis Dominici corporis ac sanguinis mysterium tradat. Quod si populus magnus fuerit et ad altare accedere voluerit, non prohibeatur. Verum clericis adhuc in choro residentibus, ad altare mulieribus aditus, si fieri potest, non concedatur. Quidquid ergo in cera, oleo et incenso aut vestibus ad usum altarium, vel ministrantium necessarium fuerit oblatum, sacrista ad supplendam obedientiæ suæ necessitatem, in sacrario reponenda suscipiat. Altarium autem, vel altaribus ministrantium, vestimenta, ornamenta, cunctaque prorsus ecclesiæ utensilia in sacrario teneantur clausa atque recondita; quæ quidem partim diebus certis, partim singulis, hora statuta, sicut necessarium fuerit, et ordo atque usus poposcerit, a sacrista ministrantibus aliisque fratribus his opus habentibus assignentur, quæ expletis officiis cuncta subtiliter requisita, denuo suscipiat reponenda. Præter hæc, libros quosque sacrista sub sui custodia clausos in armario habeat, et quos in ecclesia fratribus in officiis necessarios scierit, ipse apponat, ipse denuo et reponat. Quos vero in claustro fratribus noverit opportunos, ponat in loco statuto, de quo fratres quos voluerint libros accipiant, et in quo post horam eos reponere debeant, a sacrista item suscipiendos et recondendos. Quidquid ergo ad libros scribendos seu aptandos vel reparandos necessarium fuerit, apud se sacrista habeat, ut, et qui non habentur libri, fieri; et qui habentur, aptari seu reparari semper valeant. Studeat præterea sacrista summopere, ut horas canonicas tam in die quam in nocte sic discrete secundum usum et ordinem, et prælatorum arbitrium, pro temporis qualitate, pro diei celebritate, pro officii quantitate significet, ut omnia necessaria congruenter fieri valeant. Hic etiam dormitorii illuminandi, claustri mundandi, et capituli, et omnia mandatis agendis necessaria consecrandi curam habere debebit. Hæc igitur omnia sacrista provideat, et quæque his vel in his necessaria usus, vel ordo, aut majorum documenta monstraverint, summa semper industria tempore suo sapienter efficiat. Quæ cuncta si sacrista solus portare nequiverit, adjutores ei prior dare debebit, per quos ejus onera divisa levius cuncta portari valeant, et impleri.

CAP. XXIII. — *De camerario.*

Camerarius itaque habeat loca firma clausione munita, opportuna ostia et fenestras, unde his qui intus vel foris sunt necessaria ministrentur, habentia; ubi aurum, argentum ferrum, æs, omniaque metalla, et universa numismata undecunque advenientia et cuncta quæ fiunt, corporeis officiis interiorum et exteriorum ex his necessaria fieri omniaque vasa manualia, lapidea, fictilia et lignea, interioribus item et exterioribus officiis deputanda, plura, et si fieri potest, multiplicia teneantur recondita. Omnia igitur horum quæcunque fratribus ad peragenda sua officia intus vel foris necessaria fuerint, omni procul dilatione ac murmuratione remota, libens camerarius præbeat, vel perpetim, si oporteat quotidianis usibus relinquenda, vel si necesse non est, iterum ad se, expletis operibus, reducenda. Quæcunque autem de rebus sibi commissis quotidianis usibus intus vel foris necessaria fuerint, sic distribuantur ab eo ut jam ad ipsorum custodiam, quibus dantur, pertineant; quæ vetustate consumpta cum nova iterum dantur, camerario, si sint utilia restituantur, vel reparanda, vel ad aliquem usum habenda, ne de rebus ecclesiæ, quod prodesse potest, aliquid pereat. Quod si qua fuerint perdita, vel casu fracta, et non reparata, pro his alia tribuantur; verum ii, quorum culpa fracta, aut perdita fuerint, secundum prioris judicium, digna satisfactione pœniteant. Si quid autem in aliqua obedientia defuerit, iste si habeat vel habere valeat, aut dato aut pretio supplere debebit. Camerarius igitur cuncta sibi pertinentia interioribus et exterioribus officiis necessaria, vel propriis expensis facta vel pretio comparata semper habere se studeat; quatenus nullo unquam tempore cujusquam occasione necessitatis a sui ordinis observatione et divini cultus servitio fratres se subtrahere valeant.

CAP. XXIV. — *De cellerario.*

Sint et cellaria intra claustri mœnia constituta, refectorio, coquinæ et pistrino, in quantum fieri potest, propinqua, ubi fratrum cuncta esui vel potui necessaria sub clave reposita maneant, cum omnibus vasis et utensilibus, quæ sunt his reponendis ac præparandis necessaria. Talis itaque a prælatis eligatur cellerarius, qui sit vir prudens, charitate, humilitate et patientia plenissimus, non avarus, non prodigus, non violentus, non edax nimium, non superbus, non tardus, sed moribus honestus, ac Deum timens, vitiis carens, virtutibus hærens, justo nec largior, nec tenacior; qui stipendia fratrum fideliter servet et cura vigilanti dispenset; nec verborum asperitate vel tarditate, nec rei dandæ diminutione vel dilatione, nec turbidi vultus ostensione fratres in administrando conturbet. Omnibus ergo dulcis appareat et quosque ad se venientes benigne suscipiat, et cuique, prout opus viderit, subministret. Eos vero, quorum necessitati nequit satisfacere, dulcium verborum consolatione studeat refovere. De infirmis etiam sit sibi cura non modica, ut quidquid eis ab illorum custodibus petitur, si habeat vel habere valeat, sub festinatione tribuat; et si certa ad hoc persona statuta non fuerit, coquis præcipiat ut pro velle et necessitate infirmantium et custodum jussione hoc celeriter et aptissime præparent. Coquina ergo et pistrinum sibi invicem sint contigua, et refectorio propinqua; et cum omnibus vasis et utensilibus suis sub cellerarii custodia deputata. Injungendum igitur est a prælatis, coquis atque pistoribus, ut ipsi per omnia cellerario obediant, et ei de omnibus rebus sibi commissis rationem reddant; a quo etiam quæcumque sibi necessaria exigant atque accipiant. Cellerarius itaque frequenter eos moneat, et artis suæ officia diligenter edoceat, ipsisque abundanter elaboret ostendere, quam gravis culpa sit res Ecclesiæ per negligentiam perdere, seu furtim, quod omnium nequissimum est, diripere. Coqui autem pervigili cura omnia, quæ fratrum esui sunt necessaria, præparent, et ea mundissime ac accuratissime peragant pro jussu cellerarii et fratris hebdomadarii. Cellerarius itaque, cui hæc omnia commissa sunt, vasa, armamenta, seu utensilia pistrini, coquinæ et cellarii, si perdantur aut fragantur, seu veterascant, restaurare et innovare per camerarium, reparare etiam per seipsum, si potest, studeat. Coqui igitur et pistores propria loca pistrino et coquinæ contigua habeant, ubi de officiis suis alterutrum se juvent, et ubi simul manducent ac maneant, et cuncta ad se pertinentia peragant.

CAP. XXV. — *De refectorio et refectorario.*

Refectorium quoque fratrum deputetur cuidam, qui id ovanter suscipiat, susceptum diligentissima cura custodiat. Fiant ergo, et habeantur in refectorio, et circa refectorium omnia quæcunque fratribus comesturis vel potaturis pro usu, et regulari ordine vestræ conversationis esse opportuna noscuntur. Quæ omnia et quibus omnibus necessaria refectorarius studiose curare et diligenter hora congruenti exhibere debebit. Refectorarius itaque summopere studeat ut nihil in refectorio indecens, nihilque stomachis fratrum noxium appareat, sed frequenter mundatum et decenter præparatum fratres semper inveniant. Ipse quoque mensas congruenti hora aperiat, et panis ac vini a cellerario suscepti debitam mensuram, cæteraque fratribus in manducando necessaria locis singulorum apponat; et omnia, quæ ibi sunt opportuna, pro usu et ordine diligenter faciat. Qui omnia, quæ vel veterascunt, vel casu aliquo perduntur seu franguntur, a vesterario et camerario innovari vel restaurari semper exigat; vetera vel fracta illis cuncta restituat.

CAP. XXVI. — *De vesterario.*

Ordinetur et præter istos de fratribus vesterarius, qui super fratrum vestimentis, et calceamentis ac lectualibus summam semper diligentiam habeat. Hic itaque intra claustri mœnia, loca habebit munitione secura, ubi linum vel lana, panni, pelles et coria, vestimenta, et calceamenta, nec non et fratrum lectualia, et quæcunque his aptandis, faciendis et reparandis sunt necessaria, aliaque his congruentia salve et secure teneri et conservari valeant. Ad hunc ergo pertineat horum, quandiu reparari possunt, reparatio, et cum innovanda sunt, omnium innovatio. Hic etiam omnia, quæ abluendis corporibus vel lavandis, aut tondendis seu radendis fratribus, et quæcunque curandis eis in medicinis, vel medicamentis sunt opportuna, si facultas suppetat, apud se habeat, ut fratres hæc omnia, cum necessarium fuerit, præparata inveniant. Huic prior unum vel plures adjutores, si necesse sit, tribuat, cum quibus vestimenta et calceamenta fratrum frequenter excutiat; quique lectis eorum singulis quibusque diebus coaptandis studeant; quique cum fratres mutantur, mutatoria colligentes, in vestiario deportent condenda, hora statuta, ad abluendum lavandariis danda; et lota item suscipienda, et in vestiario recondenda; et tempore mutandi singula singulorum lectis apponenda. Quibus singulis vestimentis singulorum nomina actuali opere inscribere studeat, ut quisque vestes sibi proprias assignatas, non alias suscipiat. His quinque obedientiis statutis interius, sic ea quæ foris sunt, prior disponere studeat, ut in nullo Ecclesia suarum rerum patiatur detrimenta; et omnia, quæ foris necessaria sunt, congruenter fieri valeant.

Cap. XXVII. — *De procuratore rerum exteriorum.*

Statuatur itaque vir strenuus ex fideli Ecclesiæ familia, qui subtiliter et prudenter omnem Ecclesiæ possessionem in aquis et paludibus, si habentur, in silvis, pratis, vineis et terris regat atque provideat; et si fieri potest, quot sint coloni vel possessores, et quid quisque quantumque possideat; et quid quisque quantumque, et quando Ecclesiæ reddere debeat, memoriter agnoscat; vel scriptum apud se, ne oblivione tradatur, habeat, omniaque, quæ super his sunt necessaria, per se, et villicos ac succursores sciat, et sub consilio prioris ordinet atque perficiat. Locationes autem rerum immobilium, procuratore consultius ordinante, consentientibus fratribus, per priorem fiant, si earum ordinatio juste et utiliter facta fuerit. Hic igitur chartulas possessionum in loco munitissimo per aliquem fratrum, cui prior injunxerit, custoditas frequenter legat vel audiat, ut ex his locationes et redditus possessionum agnoscat, ne oblivionis incuria suarum rerum detrimentum patiatur Ecclesia.

Cap. XXVIII. — *De custodia rerum mobilium.*

Statuatur et alius fidelissimus laicus, qui summam curam gerat super omnibus bestiis usui fratrum necessariis et universis armentis, eorumque pastoribus atque nutritiis, ut ipse eis quæcunque sunt jubenda jubeat, statuenda statuat, requirenda requirat, et eorum in omnibus custos et rector providus fiat. Postremo, quæcunque singulis quibusque armentis et bestiis fuerint opportuna, iste cura pervigili impleat; et quæque horum custodibus necessaria per se vel per alios exhibeat. Quidquid igitur de hac, vel de aliis obedientiis fructuum, vel pretiosum, vel cujusquam rei fratrum usui opportune excipi vel haberi contigerit, illis detur servandum vel exponendum ad quorum obedientias noscitur concedendum. Sic etiam omnia omnibus necessaria ab illis sunt exquirenda a quibus habentur dispensanda.

Cap. XXIX. — *De negotiatore Ecclesiæ.*

Ordinetur præter istos et alius vir fidelissimus, qui per se vel per alios, et quæ emenda sunt, emat et quæ vendenda sunt, vendat. Emendorum ergo pretium et camerarius tribuat, et venditorum idem recipiat. Negotiator ergo Ecclesiæ talis sit, ut nunquam, vel raro decipi valeat et studiose neminem ipse decipiat. Qui nec, ut charius vendat, nec ut vilius emat, ore suo fallaciam proferat, vel juramentum ab his exigat aut ipse exhibeat.

Cap. XXX. — *De obedientia familiarium.*

Omnes itaque familiares prælatis suis obediant, et quæcunque jubentium mandata hilariter, ac sine mora, et murmure perficiant. Nullus in ecclesiastica familia inveniatur inutilis, nullus otiosus, sed omnes operentur, omnes Ecclesiæ utilitatibus deserviant, attendentes illud Apostoli: *Qui non laborant, non manducent.* Pueri tamen, et senes infirmi, et debiles non constringantur agere vel operari quæ nequeunt. Omnium ergo ætatem, scientiam et vires prior prævideat, et singulis singula officia domui necessaria, et illis pro viribus, et scientia competentia dividat, et super eos, qui prudentiores sunt, magistros per quos regantur, statuat; et sub quorum cura jussu, arbitrioque, atque industria, injuncta sibi officia cuncta perficiant. Omnia autem quæ in vestimentis, calceamentis et victualibus, quæque officiorum suorum usibus sunt necessaria, magistri eorum provideant, provisa inveniant, et inventa ipsis tribuant. Quæ omnia ab illis inquirant, ad quorum obedientias illa noverint pertinere. Hi igitur omnes cum suscipiuntur, prostrati ante altare, promittant fidelitatem suam illis sanctorum pignoribus, obedientiam quoque secundum Deum prælatis ejusdem Ecclesiæ. Post hæc a fratribus pro more suscepti; de cætero pro jussu vivant et fideliter serviant.

Cap. XXXI. — *De claustro et de porta canonicorum custodienda.*

Claustrum autem interius tanta semper observatione custodiatur, ut nulli unquam interiorum inde exeundi, sed et nulli exteriorum intrandi in eo, nisi secundum statutum ordinem facultatem habeat. Si qui tamen fideles, et religiosi, laici, clerici ad interiora loca conspicienda, et fratres visitandos ex devotione intrare quæsierint, non negamus eos extra horam silentii per priorem vel præpositum intromitti. Qui fratrum benedictione suscepta, et locis optatis perspectis, vel statim exeant, vel si prior hoc utile viderit, in remotiori loco cum ipsis aliquantulum convocatis prudentioribus, et ab ipsis optatis fratribus, sedeant; et ubi breviter eos pro ædificatione animarum, ipse, vel cui ipse jusserit, allocutus fuerit, benedictione item fratrum suscepta, deducantur extra et charitate quidem eis necessaria, in hospitali; vel si tales viri sunt, ut sic oporteat, in alio loco ad hoc statuto; exhibita, dimittantur in pace. Aliter autem, nec ipsi fratribus, nec fratres ipsis in claustro jungi permittantur. Mulieres autem in officinas clericorum intrare, nedum stare penitus exsecramur. Foris ergo domus statuatur a fratrum officinis disjuncta, ubi ex charitate eis exhibeatur quod necessarium fuerit. Quod si eis aliquid a fratribus dici oporteat, et prior concesserit, plures simul ad eas accedant nec soli cum eis loqui præsumant, nisi testes coram affuerint. Claustrum itaque interius a congruentiori parte, et, si fieri potest juxta Ecclesiam, aditum habeat; juxta quem fiat locus, in quo advenientes quasque necessarias, vel jussas personas canonici permissione prioris canonice alloquantur. Juxta portam igitur exteriorem, portarium prior stare instituat, quatenus nemo extraneus nisi interrogatus et jussus, intrandi licentiam habeat. Interioris autem ostii custodiam prior uni fratrum attribuat, quod ita diligenter custodiat, ut nullus intrandi vel exeundi licentiam inveniat, nisi quem prior vel ordo postulaverit. Hic igitur diebus singulis sero hora collationis ostio serrato, clavem priori aut præposito debitam tribuat; quam prima hora sequentis diei, item ab eo tenendam per totum diem suscipiat.

Cap. XXXII — *De colligendis hospitibus, et quibusque advenientibus.*

His itaque interius exteriusque sic dispositis studeant, necesse est, prælati Ecclesiarum præparare aliquod receptaculum parum disjunctum ab officinis familiarium exterius, ubi hospites, et quique advenientes honeste ac decenter suscipiantur; et singulis eorum a magistro et custodibus ejusdem hospitii pro qualitate sua ac necessitate fidelissime serviatur. Ad sustentandam ergo secundum loci possibilitatem quorumcunque advenientium necessitatem, committantur magistro hospitii cunctorum reddituum quarumcunque rerum Ecclesiæ, omniumque eorum, quæ ad victum pertinent decimæ, et cunctarum oblationum, et eleemosynarum partes, in usus pauperum et advenientium, dispensatione fidelissima exponendæ. Sit ergo custos hospitii vir boni testimonii, charitatis, discretionis et virtute prudentiæ plenissimus. Hic ergo quid cuique congruat, in manducando, in bibendo, in pedibus lavandis, in lectis præparandis et cæteris necessitatibus exhibendis provideat et providens exhibeat. Prælatorum autem vigilet industria, ne is, cui hospitium commiserint, res pauperibus erogandas ad usus suos, vel suorum præsumat expendere; et Judas damnationis se participem faciat, qui loculos habens, ea quæ mittebantur, in usus suos retorquebat abscondite. Ipse vero cum aliis sibi ad receptum pauperum deputatis expensas proprias secundum modum cæterorum ex communi suscipiat, ne si de rebus erogandis suas, et sibi servientium necessitates suppleat, pauperum et advenientium opportunitatibus subvenire non valeat. Quod si horum curam neglexerit et res dispensandas illicite tractaverit, multo severius cæteris admittentibus, a priore judicandus et ab hoc officio removendus; et in loco ejus alius est ordinandus, qui hoc sancte et perfecte, ac secundum Deum jussumque prioris exhibeat.

Cap. XXXIII. — *Quod absente priore, et præposito, minores præpositi vices eorum supplere debeant.*

Horum itaque capitulorum, et totius ordinis disciplina, et observatio, et omnium rerum intus et foris dispositio, per majores prælatos Ecclesiæ fiat. Verum istis absentibus, minores præpositi vices eorum supplere, et omnium interiorum et exteriorum curam habere debebunt.

Cap. XXXIV. — *Quod ex his ad majorum præceptorum observationem ascendere, et vitæ perpetuæ gaudia percipere quis valeat.*

Hæc sunt, fratres charissimi, quæ, sicut petistis et statuistis, vestro sacro conventui, auxiliante Christo, servanda descripsimus; quæ si cum simplicitate, puritate et alacritate cordis tenentes sine intermissione servaveritis, facilius ad altiora sanctitatis opera scandere, et Christi cohæredes ac vitæ perpetuæ participes esse poteritis. Verum in his et in omnibus quodcunque prior secundum Deum in anima vel corpore expedire, prodesse vel nocere, uni vel omnibus perspexerit, concedendi vel jubendi, auferendi, et quæcunque necessaria dicendi vel statuendi potestatem habebit.

ANNO DOMINI MCXIX

GREGORIUS PRESBYTER ROMANUS

NOTITIA HISTORICA ET LITTERARIA

(Ballerin. *De antiq. Can. coll.* p. iv, c. 17)

Collectio quæ *Polycarpi* titulo allegari solet, innotuit postquam eam Romani correctores Gratiani in præfatione et in notis laudarunt. Continetur in ms. Vat. 1354. Auctor ejus Gregorius presbyter ex epistola nuncupatoria cognoscitur, qui eamdem Polycarpi nomine inscripsit. Oudinus (tom. II *De script. eccl.*, col. 764) censuit auctorem esse celebrem illum Gregorium qui postea fuit sanctæ Romanæ Ecclesiæ cardinalis episcopus Sabinensis. Fallitur. Hic enim cardinalis Gregorio VII pontifice floruit, e vivis autem excessit sub Urbano II. Auctor vero collectionis cum libro tertio tit. 9 laudet decretum Calixti II qui pontificatum iniit anno 1119, a laudato Gregorio Sabinensi diversus est. Hunc quidem presbyterum fuisse Romanum, non tam ex epigraphe manuscripti Colbertini ab Oudino relata colligitur, quam ex documentis quæ apud ipsum pleniora, seu integriora, quandoque invenimus, quam apud Anselmum et Deusdedit ; adeo ut ex Romanis scriniis eadem derivarit.

Tempus autem ex epistola nuncupatoria constituere licet. Ea inscripta est *D. sancti Jacobi Ecclesiæ pontificali infula digne decorato*. Quis autem sit iste episcopus Ecclesiæ S. Jacobi, id est Compostellanus, cujus nomen incipit a littera *D*, inquirendum est. Duo ejusdem Ecclesiæ episcopi sub initium sæculi XI inveniuntur, Dalmachius et Didacus. Primo hæc nuncupatoria non competit ; quippe qui jam obierat anno 1103 vel 1104, quo Didacus ejus successor epistolam a Paschali II accepit quæ legitur tom. XII *Concil.* Venetæ edit. col. 987. Gregorii autem collectio ex memorato Calixti II decreto ante annum 1119 collocari nequit. Igitur soli Didaco Dalmachii successori eadem nuncupatoria convenit. Duo documenta cardinalis de Aguirre vulgavit (tom. XII *Concil.* Ven. edit col. 1402) in quibus hujus Didaci fit mentio. Unum est privilegium Adelphonsi Hispaniæ regis subnexum concilio Palentino anni 1129, quo idem rex dono dedit *Didaco Dei gratia Compostellanæ sedis archiepiscopo omnia regalia ad Emeritensem olim archiepiscopalem Ecclesiam pertinentia*, quippe quod Emerita eo tempore a Saracenis occupata, Calixtus II archiepiscopatum Emeritensem *meritis et reverentia beatissimi Jacobi apostoli in Compostellanam Ecclesiam* transtulerat. Alterum documentum est synodus Ovetensis, cui subscribere legitur *Didacus Jacobensis archiepiscopus*. Hæc synodus in vulgatis affigitur anno 1115. Sed cum Emeritensis archiepiscopatus (si Adelphonsi privilegium genuinum sit) Compostellam translatus fuerit a Calixto II, qui pontifex creatus fuit an. 1119, ea synodus in qua Didacus Jacobensis, seu Compostellanus archiepiscopus vocatur, post annum 1119 habita dicenda est. Forte annus 1115 errore librariorum scriptus fuit pro anno 1125. Porro duos Didacos, I et II, Compostellanam Ecclesiam rexisse deteximus ex ms. duodecimi sæculi. Hujus apographum conservatur apud comitem Josephum Garampium canonicum Basilicæ S. Petri, et archivo Vaticano præfectum, qui nobis hæc de iisdem Didacis communicavit. Memoratum exemplum Ecclesiæ S. Jacobi de Compostella descriptionem exhibet. In hac ea ecclesia incœpta dicitur *Episcopo Didaco I et strenuissimo milite, et generoso viro in æra 1116*, id est anno Christi 1078. Porro ubi describitur tabula argentea opere anaglyptico ornata, proferuntur hi versus in ea insculpti, in quibus Didacus II laudatur.

Hanc tabulam Didacus præsul Jacobita secundus
  Tempore quinquenii fecit episcopii.
Rex erat Alfonsus, gener ejus dux Raimundus,
  Præsul præfatus quando peregit opus.

Huic secundo Didaco Gregorii collectio convenit, qui postquam archiepiscopalem dignitatem S. Jacobi causa obtinuit, in concilio Ovetensi *Jacobensis archiepiscopus* vocatus fuit, in his versibus *præsul Jacobita*, et in nuncupatoria præsentis collectionis *S. Jacobi Ecclesiæ pontificali infula decoratus*. Forte post hanc dignitatis accessionem sub Calixto II Gregorius presbyter Romanus Didaci ipsius hortatu collectionem lucubravit, eidemque ipsam direxit.

Laudatus Oudinus duos mss. codices Colbertinos laudat signatos 696 et 4047, et quatuor tantum libros commemorat. At codex Vaticanus collectionem in octo libros distinctam exhibet : singulos vero libros dividit in plures titulos, qui plura item decreta ac testimonia comprehendunt ; ac propterea non ita exiguum est opus, ut multi post Antonium Augustinum suspicati sunt.

Libro primo agit de primatu Romanæ Ecclesiæ, et privilegiis ejus, tit. 27.

Libro secundo de prælatorum electione, ordinatione, pallio, et de aliorum Clericorum ordinibus, tit. 38.

Libro tertio de Ecclesiis, monasteriis, decimis, oblationibus, de celebratione officiorum, jure Ecclesiarum, et monasteriorum ; de corpore Christi ejusque custodia ; de baptismo et impositione manus, de ritibus, de divinis Scripturis, de celebratione Paschæ, de prædicatione, consuetudinibus, jejuniis, etc., tit. 50.

Libro quarto qualiter lex Dei sit legenda, et de officiis episcoporum ; de chorepiscopis, de abbatibus, de monachis, de monialibus, de diaconissis, de viduis, de clericorum reatibus, tit. 40.

Libro quinto de judiciis, tit. 8.

Libro sexto de imperatoribus, principibus et reliquis laicis ; de conjugiis et matrimonio, ac de delictis variis ; de pœnitentia et pœnitentibus ; de justa misericordia ; de bono obedientiæ : ne Christiani temere se exponant periculis, tit. 25.

Libro septimo de excommunicatione, de potestate ligandi, de unitate Ecclesiæ, de schismate, de hæreticis et schismaticis, de vindicta, etc., tit. 16.

Libro octavo de infirmis, de morte et purgatorio, de sepultura et oblationibus pro defunctis, de immortalitate animæ, de tormentis malorum, de receptione animarum justorum in cœlum ante resurrectionem corporum, tit. 10.

Epistolam nuncupatoriam ex Vaticano codice infra proferimus.

NOTITIA ALTERA

(THEINER *Disquisitiones criticæ*, pag. 341.)

Fratres Ballerinii hanc collectionem satis accurate illustrarunt (1), quare lectores ad illos remittimus atque ea tantummodo hic adnotabimus, quæ hujus operis nexum cum aliis collectionibus demonstrare possunt.

Collectio tota in octo libros distribuitur, quorum singuli plures rubricas seu titulos propriis distinctos inscriptionibus habent. Continet liber primus rubricas 27, secundus 38, tertius 30, quartus 40, quintus 8, sextus 23, septimus 16, et octavus 10. Tituli dein modo plura, modo pauciora capitula amplectuntur; sunt qui 100, quandoque plura enumerant. Capitula vero neque numeris neque consuetis summulis distinguuntur, et pro maxima parte inscriptionibus carent.

Ubi vero hæ inscriptiones habentur, generatim tantummodo capituli fontem, seu auctorem indicant, e. gr. Clemens P., Innocentius P., Leo P., Origenes, Ambrosius, Augustinus, Hieronymus, C. Carthaginense, C. Aurelianense, C. Toletanum, etc., etc., ita ut nunquam appareat ex qua pontificum decretali littera, ex quo SS. Patrum vel scriptorum ecclesiasticorum libro, ex quo demum concilio vel canone capitulum aliquod depromptum fuerit.

Capitula vero ipsa præcipue ex Anselmi Lucensis compilatione desumpta ac collectioni eodem modo ac illi alteri, de qua nuper locuti sumus, inserta sunt (2). Præter Anselmi collectionem, etiam memoratam illam Anselmo dedicatam (3) auctor adhibuit, qui uti constat, Gregorius nominabatur. Plura quoque in ejus opere exstant capita, quorum fontem detegere minime potuimus.

Ad collectionis utilitatem quod spectat, cam nonnisi ad emendandum Gratiani decretum in iis, quæ in Anselmo opere desiderantur et à nostro auctore adjecta sunt, inservire posse arbitramur. Quare in indice, quem de fontibus gratianei decreti adornavimus, ea loca quæ Gratianus a Gregorio mutuatus est, quanta fieri potuit diligentia adnotavimus (4).

Parum vero usui esse poterit hæc nostra collectio, cum singulorum capitulorum fontes varie ita ac generatim indigitet, ut tum pro Anselmi recensione, tum pro eorum, quæ Gratianus ab Anselmo accepit, emendatione nihil certi ex ea haberi possit. Præterea ipsorum capitulorum textus mancus est ac mendis ubique refertus.

(1) Loc. cit. P. IV, cap. 17, p. 666-669.
(2) Ut pateat quomodo collector noster Anselmi Lucensis collectione usus sit, centum priora collectionis nostræ capita, simul cum anselmianis hic apponimus : Polyc. Lib. I. Rubr. I. capp. 1, 4-17. Anselm. I, 7, 52, 56, 67, II, 2, 1, 23, II, 39, I, 18, II, 30, I, 69, 58, 19, 63, 37, 61. Polyc. I, c. capp. 22-32. Anselm. VI, 1, 14, 13, 28, 44, V. 12, I, 27, 29, 34, II, 46, I, 40, 69. Polyc. I, c. capp. 34-35. Anselm. II, 9, 54, 55, 47, 48, 12, 38, 80, 11, 10, 49, 50, 55, 17, 36. Polyc. I, cit. capp. 38-62. Anselm. XII, 10, II, 16, XII, 9, H, 23, I, 64. Polyc. I. c. capp. 69-87. Anselm. VI, 101-104, V, 24, 25, II, 73, V, 7, 29. II, 53, I, 26, II, 41, 43, 44, 1, 50, 62, II, 56, I, 53. Polyc. I, c. capp. 88-100. Anselm. II, 4, 12, 15, I, 16, 23, 67, II, 14, 27, 28, 29, 56, I, 5 et 6.
(3) In ejusmodi libri eadem rubrica, capitula, quæ sequuntur, ex collectione Anselmo dicata mutuata sunt : Polyc. I, c. capp. 26, 21, 63-66. Anselm. dedic. I, 49 et 30, III, 219, 220, II, 274, 275.
(4) Vide Dissertationem III.

GREGORII PRESBYTERI

EPISTOLA NUNCUPATORIA IN SUAM CANONUM COLLECTIONEM.

D. D. sancti Jacobi Ecclesiæ pontificali infula digne decorato GREGORIUS presbyterorum humillimus salutem (5).

Petistis jam dudum et hoc sæpe, ut opus arduum ac supra vires meas aggrederer, librum canonum scilicet, ex Romanorum pontificum decretis, aliorumque sanctorum Patrum auctoritatibus, atque diversis authenticis conciliis utiliora sumens, seriatim componerem. Id vero non idcirco a me inscio placuit requirere, ut aut vestra sapientia huic labori ut quam multo graviori non sufficeret, aut plures ad id magis idoneos ac prudentiores voluntarie obsecundari præceptioni suæ non habeat; sed ut in hoc magno diu exercitatus, ad aliorum majorum..... instructior et paratior efficerer : seu etiam si in aliquo parvitas ingenii mei deficeret, prudentia vestra mihi magistra et auxiliatrix manus extenderet. Cujus inquisitio etsi acre ingenium expeteret, et meis

(5) Oudinus loco laudato ex mss. cod. quos laudat, Colbertinis, titulum qui in Vaticano deest, et nuncupatoriæ initium producit his verbis : *Prologus Gregorii S. Romanæ Ecclesiæ super excerptum de Romanorum pontificum et aliorum sanctorum auctoritatibus. Dilecto Domino D sancti Jacobi ecclesiæ*, etc.

viribus minime conveniret; et ne temerarium a quibusdam judicaretur, timerem; tamen ne tantum ac talem virum recusatione offenderem, acquievi; ac tandem hac maxime fiducia, ut vestra auctoritate interposita, a detrahentium morsibus defenderer, vestræ jussioni parui. Sicut enim olim in Ecclesia et quotidie negotiis negotia varie succedunt, atque multarum causarum pro temporis eventu actiones succrescunt; sic sub titulis unicuique congruentia capitula auctorum tempore perspecto plurima connexui, et octo librorum distinctionibus volumini compendiose finem imposui. Cui pro ratione compositionis, a vobis auctoritate sumpta, *Polycarpi*

nomen convenienter indidi. Quod vestram obnixe deprecor industriam, ut compositionem perspiciat, atque perspiciendo si quid deesse, aut si quid magis quam deceat (inesse) cognoverit, cauta consideratione quod decens est compleat, et quod indecens est removeat. Approbandus vero ad laudem vestram et ad obedientiam vestræ jussionis augendam moderatione habita comprobor. Præterea ne per libri seriem lectorem res indistincta turbaret, hujus operis titulos præponere placuit, ut suis locis colligere possit quod sub numero competenti prædictum esse cognoscit.

RUBRICÆ

Tabula libri primi.

1. De primatu Petri.
2. De primatu Romanæ Ecclesiæ.
3. De puritate fidei Romanæ Ecclesiæ.
4. De electione et ordinatione Romani pontificis
5. Quod ad papam pertinet regimen omnium Ecclesiarum, nullum episcopum ordinandum vel damnandum nisi per pontificem Romanum.
6. Quod irritum sit quidquid in apostolica sede absque apostolico decernitur.
7. De appellanda sede apostolica.
8. De potestate papæ sine synodo deponere episcopos, restituere, incardinare, transmutare.
9. De episcoporum mutatione auctoritate papæ.
10. De ordinatis in Ecclesia Romana et a Romano pontifice.
11. Ubi apostolica sedes consecrationes, ordinationes et dispositiones ordinare antiquitus consuevit.
12. De novis ecclesiis non consecrandis sine auctoritate papæ.
13. Quod papa non per se sed per legatos provincialibus conciliis soleat interesse et auctoritas ejus est in illo cui vices suas committit.
14. Nullum concilium esse firmum sine auctoritate papa
15. Ut dubiæ et majores causæ ad apostolicam sedem referantur.
16. De papa et apostolica sede non judicandis neque contristandis.
17. Quod non sit sentiendum contra Romanam Ecclesiam et de obedientia ei debita.
18. De regali subjectione ad romanum pontificem et ad omnes pontifices.
19. Quod Constantinus imperialem sedem apostolicæ Ecclesiæ dimisit.
20. Quod nemo papam audeat judicare etiam si reprehensibilis sit.
21. Quod papæ aliisque præsulibus sit potestas excommunicandi imperatores.
22. Quod papa possit ab alio excommunicatos absolvere.
23. Quod feretrum romani pontificis non veletur.
24. De præcepto, admonitione et concilio.
25. De auctoritate et ratione.
26. De prædiis romanæ ecclesiæ non alienandis.
27. De pontificali et regali auctoritate.

Tabula libri secundi.

1. De prælatorum electione.
2. Quod episcopus valde debitor est ejus qui sibi eum devota mente præferunt.
3. Quod nec præmio nec præmii promissione vel impunitatis nec personarum patrocinio facienda sit electio.
4. Ut ecclesia sæculari potentia seu pretio vel laicali investitura non pervadatur.
5. Ut nemo per se sibi sumat honorem.
6. Quod duo vel tres consensu cæterorum possunt episcopum eligere.
7. De electionis contradictione.
8. De ordinatione episcoporum vel archiepiscoporum vel metropolitanorum.
9. Quomodo episcopus ordinandus est.
10. Ne ordinatio Episcoporum diu differatur.
11. Ut nullus episcopus alio superstite ordinetur.
12. De episcopo negligenti adire ecclesiam ad quam ordinatus est.
13. De episcopo qui non recipitur ab ecclesia cui ordinatus est.
14. Ut episcopus hostilitate expulsus ad aliam vacantem transeat ecclesiam.
15. De episcopo qui adesse synodo neglexerit.
16. De episcopo qui per ægritudinem synodo adesse non poterit.
17. Ne episcopus suo honore per ægritudinem privetur.
18. Quod episcopo non licet alterum per se constituere.
19. Quod in loco lapsi vel ægroti episcopi alter possit episcopus ordinari.

20. De usu et auctoritate pallii.
21. Qui primates vocentur et ubi ponendi sunt.
22. Ubi primates et metropolitani ponendi sunt et qui sunt.
23. In quibus locis episcopi et archiepiscopi non ordinandi sunt.
24. De mensura metropolitanorum.
25. Ne quis universalis vocetur.
26. De ordine ordinandorum.
27. De ordinandorum ætate.
28. De tempore ordinationis.
29. De vocatione ordinandorum.
30. Ubi ordinandi sunt.
31. Quibus ordines tribuendi sunt quibusve negandi.
32. Ut nullus invitus ordinetur.
33. Ut ordinatus quisque in illis locis maneat in quibus ordinatus est.
34. De restituendis depositis.
35. De reordinatione.
36. De ordinibus et ordinatis adversus canonum formas.
37. De numero et dignitate diaconorum et reverentia ad sacerdotes.
38. Idem in initio fuit presbyter et episcopus et de presbyterorum dignitate.

Tabula libri tertii.

1. Quid sit ecclesia quidve basilica.
2. De institutione ecclesiarum.
3. De fundatoribus ecclesiarum.
4. De consecratione ecclesiarum.
5. De ecclesiis reconsecrandis.
6. De restauratione ecclesiarum.
7. De imaginibus et picturis ecclesiarum.
8. An loca vel honores sanctorum retinentibus aliquid addant.
9. De corpore Domini sacrorumque custodia.
10. De baptismo et impositione manus.
11. De decimis et oblationibus et aliis.
12. De jure ecclesiarum et monasteriorum.
13. De servis ecclesiæ manumittendis et de expositis.
14. De precatoriis et commutationibus ecclesiarum.
15. De privilegiis ecclesiarum et monasteriorum.
16. De observatione ecclesiasticorum.
17. De celebratione S. Paschæ.
18. De constitutione et ordinatione officii celebrandi ecclesia.
19. De concilii celebratione.
20. De providentia et auctoritate atque observantia divinarum scripturarum.
21. Quæ scripturæ quibus præponantur.
22. De prædicatione.
23. De consuetudine.
24. De ritibus ecclesiasticis.
25. De observatione XL^æ atque jejunii.
26. De jejunii atque abstinentiæ discretione.

27. Quæ medicinæ contrariæ sint divinis præceptis.
28. Quod bonum sit et puritati conveniens mentem et corpus aqua diluere.
29. Ut sedes episcopalis et sanctorum loca si necesse fuerit transferantur.
30. De fide.

Tabula libri quarti.

1. Qualiter lex Dei sit intelligenda.
2. Quod nihil addendum sit divino mandato
3. Quod episcopi docere et comprimere illicita debeant et oppressis succurrere.
4. Quod eos qui præsunt canonica auctoritas non accusat.
5. De habitatione et domestica episcopi conversatione.
6. Ut episcopus pravorum hominum familiaritatem non habeat.
7. Ut libros gentilium non legat episcopus.
8. Ut episcopus pro rebus transitoriis non litiget.
9. De episcopo percussore et quod in qualibet causa privato zelo moneri non debeat.
10. Ut episcopi posteriores se prioribus suis non præferant.
11. Quod episcopi æquales sint, nisi quemquam culpa subjiciat.
12. Ut episcopus semper et ubique testes secum habeat.
13. Quod episcopi vice apostolorum præsint et a subditis timeantur et inter se concordes sint.
14. De visitandis parochiis.
15. De non relinquendo regimine vel cathedra episcopali.
16. De profectione episcoporum.
17. De episcopis in alienam civitatem immorantibus vel possessiones habentibus.
18. Ut excessus episcopi nuntietur Romano pontifici.
19. Ut si episcopus res proprias habeat cui vult derelinquat, non autem res ecclesiæ.
20. Ut episcopus corrigat quod ab antecessore suo illicite commissum est.
21. Ut non liceat episcopo vel alio clerico vel a sanctis locis ultra statuta Patrum quidquam exigere.
22. De æconomis.
23. Ut ecclesiastica officia singula singulis personis committantur.
24. Ne officia ecclesiastica laicis committantur.
25. Ut episcopi qui apostolicæ sedis ordinationi subjacent, annue Idibus Maii liminibus apostolorum præsententur.
26. De corepiscopis.
27. De pactis quæ inter se vel cum aliis episcopi contrahunt.
28. De querela et reprehensione subditorum adversus præpositos.

29. Quod prælati subditos vel in necessitate constringere non debeant.
30. Quod minor majorem non audeat benedicere.
31. De vita et moribus et munditia sacerdotum clericorumque subjectorum.
32. Quibus in locis magistri liberalium artium constituantur.
33. De electione abbatum.
34. De monachis et sanctimonialibus.
35. De velandis virginibus et viduis.
36. Ut diaconissa ante XL annos non ordinetur.
37. De sustentatione viduarum.
38. De raptu religiosarum mulierum.
39. De lapsu clericorum.
40. De inobedientibus et canonum violatoribus.

Tabula libri quinti.

1. De accusationibus et circumstantiis eius.
2. De vocatione accusatorum ad judicium vel ad synodum.
3. De induciis criminatorum qui ad synodum vel ad satisfactionem vocantur.
4. De judiciis et de his qui studiose absentant.
5. De monomachia.
6. Quod sententia potest corrigi vel in melius mutari.
7. Quod pro uno adversus plures non sit facile ferenda sententia.
8. Quando adversariis respondendum sit, et quando minime.

Tabula libri sexti.

1. De imperatoribus et principibus et reliquis laicis eorumque ministerio.
2. De obediendo reipublicæ utilitatibus.
3. De honorandis clericis vel laicis qui sunt in tentatione fideles, et senibus et pauperibus ecclesiæ.
4. De conjugiis vel matrimonio et consanguinitate; et de separatione et de connumeratione graduum propinquitatis.
5. De tempore nuptiarum.
6. De observatione compatris et commatris.
7. De muliere quæ ante mundum sanguinem ecclesiam intrat et quæ nupserit hoc tempore.
8. De adulterio et incestu vel fornicatione raptoque feminarum.
9. De judicii impositione.
10. De homicidio.
11. De juramento et perjurio.
12. De incantatoribus et auguribus, de divinis et sortilegis.
13. Quod non imputetur si quid mali acciderit per ea quæ propter bonum faciamus.

14. De lædentibus patrem et matrem.
15. De clericos et ecclesiastica lædentibus
16. De furibus et prædatoribus atque dissidentibus et reconciliari renuentibus et fugitivis servis.
17. De crapula et ebrietatibus.
18. De anamalibus sanguinem hominis sumentibus.
19. De caballo agresti.
20. De pœnitentia et pœnitentibus.
21. De justa misericordia.
22. De bono obedientiæ.
23. Ne Christiani temere offerant se periculis.

Tabula libri septimi.

1. De excommunicatione.
2. De potestate ligandi et solvendi.
3. De unitate Ecclesiæ.
4. De schismate.
5. De hæreticis et schismaticis.
6. Sacramentum a schismate redeuntium.
7. Quod par sit culpa communicare hæretico vel ejus communicatori.
8. Quod per singulos deviantes non sunt.
9. De servandis conciliis.
10. De tolerandis malis vel fugiendis.
11. De vindicta.
12. De sacerdotali intercessione pro vindicta mitiganda.
13. De persequendo expugnandoque et prædando.
14. De Judæis.
15. De temperamento atque curatione adhibenda temporali necessitati.
16. Quod necessitas imperavit, cesset necessitate cessante.

Tabula libri octavi.

1. De infirmitatibus ad exitum venientibus.
2. Quod dies hominum nec minui nec augeri.
3. Quod angeli custodes hominibus præponantur.
4. De morte et purgatoriis pœnis.
5. De sepultura.
6. De oblationibus pro defunctis.
7. Quod non est rogandum pro peccato quod est ad mortem.
8. De humanis animabus.
9. De immortalitate animæ.
10. De tormentis et pœna malorum.
11. Quod boni bonos in regno, mali malos in supplicio agnoscunt.
12. Quod sanctorum animæ pro inimicis in tormentis positis non orent.
13. De receptione animarum justorum in cœlum ante restitutionem corporum.

ANNO DOMINI MCXIX

THEOBALDUS STAMPENSIS

NOTITIA

(ACHERY *Spicilegium*, tom. III, préf. pag. 8)

Ex his, quas divulgo, epistolis Theobaldi Stampensis facile confutatur Pitseus, qui agens de scriptoribus Angliæ Theobaldum et sæculo XIII in vivis exstitisse, et purpuram cardinalitiam Romæ induisse perperam scribit : quippe Theobaldum ex epistola ad Roscelinum Anselmi Cantuariensis et Ivonis Carnotensis ætate floruisse certo certius est. Legesis epistolas. Anselmi quidem lib. II, 41 ; Ivonis autem 7, ubi Roscelinus hæreseos insimulatur. Innuit quoque Faricius Abdendon. abbas (Anselmo cœlitibus ascripto) a rege exoptatus (1), Stampensem sibi æqualem fuisse. Porro de cardinalitia illius dignitate sic nutabundus effatur Ciaconius in Nicolao IV : *Theobaldus Stampensis Anglus, de cujus cardinalatu addubito, quidquid dicat auctor* (Pitseus) *Catalogi Scriptorum Angliæ.*

(1) Henricus de Knyghton inter Scriptores hist. Ang.

THEOBALDI STAMPENSIS
EPISTOLÆ.

I.

Ad episcopum Lincolniensem. — De quibusdam in divina pagina titubantibus.
(Circa ann. Chr. 1108.)

Si quis prædicat et prædicando temere definiat aliquem non posse salvari quacunque hora manus suas pœnitentiæ dederit, fallitur, sicut Veritas testatur, nec catholice sentit. Ipsa enim inquit : *In quacunque die peccator conversus fuerit, peccata ejus non reputabuntur ei ; sed vita vivet, et non morietur* (*Ezech.* XVIII, 12, 28). Inde Augustinus contra Faustum : « Pœnitentia cordis aboleri peccata, etiam in ultimo vitæ spiritu indubitater credimus. Qui vero aliter sentit, non Christianus est, sed Novatianus. » Inde Gregorius super Ezechielem : « Nunquam sera est pœnitentia a pœnitente, propheta asserente : *Quacunque hora peccator ingemuerit, salvus erit* (*Rom.* x, 13). Nec latro in cruce pendens veniam habuisset, si bona voluntas unius horæ non subvenisset. » Inde Hieronymus contra Jovinianum : « Pœnitenti, et vero corde gementi, si statim moritur, bona voluntas quasi opera fecisset, reputabitur. » Inde ad Damasum : « Ne cui sera videatur esse pœnitentia, Christus in cruce pœnam homicidii fecit martyrium. » Cui consonat Hilarius dicens : « Pœnitudo mores immutat, et longa tempora

(2) Id est S. Hieronymus.

rum crimina in ictu oculi pereunt, si bona cordis nata fuerit compunctio. » Est autem compunctio humilitas cordis cum recordatione peccatorum et lacrymis. Inde Gregorius in Moralibus : « Omnis strepitus pravæ actionis obmutescit vi bonæ compunctionis. Si enim cor vere dolet, vitia contra nos obmutescunt, et a mente tribulatione doloris attrita tanquam fumus evanescunt. Iste est spiritus qui conterit naves Tharsis, id est vis compunctionis, quæ mentes mari, id est mundo deditas, tribulationis gemitu salubriter afficit. » Inde Ambrosius : « Vera peccati pœnitentia est, ab eo quod pœnitendum intellexeris, desistere. » Inde Calixtus papa : « In pœnitentia tantum valet longitudo temporis, vel confessio oris, quantum vera compunctio cordis. Si quis enim ore confitetur, et corde non credit, inter illos computatur, de quibus legitur : *Populus hic labiis me honorat, cor autem eorum longe est a me* (*Matth.* xv, 8). Inde Alexander papa : « Nihil ita Dei misericordiam captat quemadmodum cor pœnitentis. » Inde presbyter venerabilis (2) : « In Christianis non principium, sed finis quæritur ; quia unusquisque de fine suo judicabitur. » Cujus enim finis bonus est, ipsum quoque bonum est. Quid etiam ipse Deus mulieri in adulterio deprehensæ respondeat audiamus : *Vade, jam amplius noli peccare (Joan.* VIII, 11). Petrus autem culpam trinæ negationis, foras egressus amarissime flevit, et mox ab ipso Domino indulgentiam habere meruit. Quem papa Gregorius imitatur dicens : « Lacrymis amarissimis conscientiam nostram baptizemus, quia post baptismum magnitudine peccatorum vitam inquinavimus. » Nemo tamen de magnitudine peccatorum desperet, dicendo : Peccata mea multa sunt in quibus usque ad senectutem perseveravi, et jam amplius veniam non potero promereri, maxime quia illa me dimiserunt, non ego illa. Absit ut talis de misericordia Dei desperet ; magna namque et ineffabilis Dei pietas non vult alicui in aliquo tempore ponere metas. Quicunque enim nimio peccatorum fasce gravantur, si gravati ad Dominum convertantur, illico peccatorum nimio fasce alleviantur. Deus enim magis approbat in extremis vitæ puritatem mentis, quam longam cordis munditiam in fine a bono deficientis. Verbi gratia : Latro per ante facta dignus erat inferno ; sed puritate mentis coronatus adiit paradisum. Quidam vero eremita angelicam vitam ducens, dignus erat paradiso, sed semel lapsus in culpam, damnatus descendit ad infernum. Amplius, sicut sanctum Evangelium testatur, paterfamilias undecima hora conducit operarios, et æqualem vitæ mercedem solvere dignatur. Unde constat quod pœnitentia non est in numero dierum, vel in longo tempore afflictionis ; sed in amaritudine cordis. Qui enim in Christum credit, etiamsi in multis moratur peccatis, fide sua vivit in æternum, sicut ipse ait in Evangelio : *Ego sum resurrectio et vita; qui credit in me, etiam si mortuus fuerit, vivet (Joan.* XI, 25). Et alibi : *Ego sum via, veritas et vita (Joan.* XIV, 6); via sine errore quærentibus ; veritas sine falsitate invenientibus ; vita sine morte manentibus. Quod autem Apostolus ait : *Corde creditur ad justitiam, ore autem confessio fit ad salutem (Rom.* X, 10) ; verum est, quia confessio pœnitentibus necessaria est. Quod enim de Christo credimus, non erubescere, sed confiteri coram omnibus debemus. Et si aliquis pro fidei confessione occiditur, licet quibusdam vitiis sit præpeditus, tamen in illa occisione ita mundatur, ut statim in æternam gloriam suscipiatur. Et hoc est, *Ore autem confessio fit ad salutem.* Cum autem confessio oris fiat ad proximum, confessio cordis ad Deum, si aliquo eventu confessio oris impediatur, non tamen idcirco cordis confessio infructuosa reprobatur. Augustinus enim de Sodomitis in lacu submersis tractans, dicit : Quod quidam ex illis salvati sunt, per bonam compunctionem, et verum cordis gemitum, quia non solum superfluæ cogitationes, sed etiam pravæ actiones ante vim compunctionis fugiunt.

Si quis tamen importunus asserit neminem posse salvari, nisi possit ore confiteri, non bene discernit confessionem, nec ejus talem cognovit divisionem. Confessio alia cordis, alia oris, alia utroque modo. Bonum est quidem et laudabile confiteri corde et ore, Jacobo apostolo attestante qui ait : *Confitemini alterutrum peccata vestra (Jacob.* V, 16), etc. Qua auctoritate, sicut quidam putant, non lædimur ; quia hoc tantum sane de valentibus et confiteri nolentibus intelligitur. Quia nimirum si aliquis pro aliqua infirmitate, sive etiam ab ipsa nativitate confiteri ore impotens efficiatur, cum bonam et discretam confitendi ore habeat voluntatem, si corde confiteatur, discretorum judicio prorsus alienus a salute non judicatur. Inde Propheta : *Desiderium pauperum exaudivit Dominus (Psal.* X, 17), id est humilium non de se, sed gratia Dei confitentium. *Petitionem cordis eorum audivit auris tua (ibid.).* Et alibi : *Sacrificium Deo spiritus contribulatus, cor contritum et humiliatum (Psal.* L, 18). Inde Salomon : *Omni custodia serva cor tuum, quia ex ipso vita procedit (Prov.* IV, 23). Quod autem aliquis loqui corde vel confiteri possit, ipse Deus aperte demonstravit, cum Moysi tacenti respondet : *Quid clamas? (Exod.* XIV, 15.) Tacebat enim quantum ad strepitum vocis, sed loquebatur devotione cordis. Proinde si quis toto corde, tota anima, et tota mente Deum diligeret, et affectum tantæ dilectionis labiis explicare non valeret, quis præsumptuosus eum a misericordia Dei alienum judicare præsumet? Cum enim interioris hominis facies per bonam compunctionem ab omni vitio purgata renovatur, et renovata per verum gemitum munditiam cordis consequitur, licet vocem perdiderit : non tamen est ab illo divisus qui dicit : *Beati mundo corde, quoniam ipsi Deum videbunt (Matt.* V, 8) : videntes amabunt, amantes laudabunt. Sicut enim dicit Augustinus : Hoc erit officium divinæ majestati astantium, scilicet, videre, amare, laudare. Videbimus enim et amabimus, amabimus et laudabimus ; hæc tamen laudatio non fiet sonabili verbo, sed potius ibi erit vox ipsa dilectio. Nam qui in se fremit bona Dei et mala quæ ipse reddidit computando, et in corde gemit seipsum de peccatis increpando, melius sine voce loquitur, quam si voce sine istis loqueretur : æternam etenim vitam, si ore petimus et corde non desideramus, clamantes tacemus. Si vero desideramus ex corde, etiamsi ore conticescimus, tacentes clamamus. Hinc Hieronymus : Quidquid vis et non potes, Deus factum computat. Sicut enim deliberatio cum molimine vitiorum damnatur, sic quoque bona voluntas, cum deest copia agendi, remuneratur : quia non secundum hoc quod quisque non potuit, vel non licuit, sed secundum hoc quod fuit et proposuit ex conscientia accusatur vel defenditur, cum Deus judicabit occulta hominum. Ideoque nemo desperet, qui in fine corde pœnitet, quia non est locus diabolo nisi ex nostro desiderio. Unde Ambrosius super Lucam libro decimo : « Petrus doluit et flevit, quia erravit ut homo. Invenio quod fleverit, non invenio quid dixerit. Lacrymas ejus lego, satisfactionem non lego. Lacrymæ enim confitentur ; lacrymæ culpam sine voce loquuntur ; lacrymæ veniam postulant, et meritum invenitur. Petrus tacuit, et bonus Petri fletus delictum abluit. » Quod autem Augustinus ait : « Nisi quis longo tempore ante mortem confiteatur, non purgatorio igne purgabitur, sed æterno supplicio damnabitur ; » bene intelligenti nihil obest. Longum etenim tempus accipit omne illud tempus quod est sufficiens correptioni. Nam quicunque confitetur in tempore sufficiente ad correptionem, confitetur longo tempore ante mortem. Unde Cœlestinus papa : « Vera ad Deum confessio hominum in extremis positorum, potius mente quam tempore æstimanda est. » In decretis etiam pontificum legitur : « Quod si quis ore confiteri non possit, indicia exteriora faciat, et post ei sacratissimum corpus est committendum, nec de eo desperandum. » Non igitur secundum decreta pontificum sequitur, si non potest ore confiteri, non potest salvari. Quia sicut auctoritas clamat : « Deus non de factis, sed de voluntate judicat. » Nihil enim bona voluntate felicius, quia nihil est Deo bona voluntate pretiosius. Inde Cyprianus : « Cum multa in lege jubeantur quæ Apostolus impleri non posse testatur, hic bona voluntas quæritur quæ in nostro arbitrio est, et quæ sola potest sufficere, et primum habere. » Unde rursum auctoritas : « Nunquam manus est vacua a munere quoties arca cordis repleta fuerit bona voluntate. » Amplius, sicut præfatus Augustinus in libro Confessionum testatur : « Nemo sine bona voluntate bene operatur, etsi judicio hominum bene operari videatur. » Sicut enim mala voluntas, quæ prima est mors animæ, dicitur damnare, nullum enim opus malum sine mala voluntate, testante Augustino et dicente, peccatum est voluntarium, quod ubi non est voluntas, non imputatur peccatum : sic quoque bona voluntas salvat, et salvatos perenniter coronat. Ad cujus bonæ voluntatis commendationem angelus ait pastoribus : *Gloria in excelsis Deo, et in terra pax hominibus*, non aliis, sed *bonæ voluntatis* (*Luc.* II, 14). Patet ergo quod quicunque bonam voluntatem habebit in terris, pacem indubitanter et gloriam consequetur in cœlis. Amen. Si quis vero hanc epistolam improbare voluerit, et hos præfatos doctores catholicos recipere noluerit, lapide percutiatur, percussus comminuatur, comminutus in pulvere redigatur.

II.

Ad Pharitium [seu *Faricium*] *Habendonensem abbatem. — Pueri sacramento baptismi non regenerati æternam beatitudinem assequi nequeunt.*

PHARITIO venerando Habendonensis Ecclesiæ prælato, domino suo, et indubitanter amico THEOBALDUS magister Oxenefordiæ, sic suorum curam subditorum gerere, ne mors in olla dicatur esse.

Quod mihi morum vestrorum honestatem, et filiorum non fictam charitatem prædicanti calumniam de salvatione puerorum non baptizatorum, ita ex abrupto, ita etiam digito discretionis remoto, sicut plures aiunt, nudiustertius imposuistis, vehementer admiror, cum prius ut homo discretus debuissetis esse cognitor quam, ut ita dicam salva reverentia vestra, fictæ criminationis accusator, et cum omnis Ecclesia sic de eorumdem perditione potius diffiniat, quod aliquem catholice sentientem in ambiguum non relinquat. Omnes enim qui catholice sentiunt, indubitanter asserunt, et asserendo non temere definiunt, aliquem hoc tempore minime membrum Christi posse fieri, nisi ex aqua visibili, et spiritu invisibili regeneratum, vel quod alio tempore contingere potuit, aliquo alio genere baptismatis purificatum. Unde a beato Cypriano inter martyres reputantur, qui sæviente persecutione causa Christi sanguine suo baptizantur. Inde Augustinus *De natura et origine animæ* ad Victorem scribens, ait : « Noli dicere, noli credere, noli docere sacrificium Christianorum pro eis qui non baptizati de corpore exierint offerendum, sicut sacrificium Judæorum pro eis qui non circumcisi de corpore exierant, legimus nullatenus esse oblatum. » Inde Hieronymus contra Jovinianum : « Pueri si statim post baptisma moriuntur, per sacramentum pœnitentiæ et fidei salvari dicuntur. » Sacramentum enim pœnitentiæ notatur ubi dicitur, *Abrenuntio*. Sacramentum vero fidei innuitur ubi respondetur, *Credo*. Manifestum est igitur quod consequens est, pueros hoc tempore non baptizatos procul dubio damnari; baptizatos vero si statim hominem exuant, indubitanter salvari. Si quis autem veritatis inimicus contra hanc sententiam catholicam vellet delatrare, paratus essem eum sacrilegum, et canem improbum, et scripto et viva voce confutare. De nativitate vero sententiarum hoc solum vobis respondeo, quia multo magis gratulor imitari non errabunda priorum doctorum vigilantium vestigia, quam modernorum dormitantium sequi falsas opiniones et somnia. Quod enim veteres doctores vix pertingere potuerunt vigilando, hoc quoque juniores docere præsumunt dormitando. Vigilantes autem doctores dicuntur, qui sane referunt quod a sanctis Patribus rationabiliter audierunt. Doctores vero dormitantes appellantur, qui ex sua parte semper aliquid novitatis afferre laborant. Unde Hilarius Pictaviensis ait in libro quem de Trinitate composuit : « Optimus quidem lector est qui refert. » Sciatis igitur me non de afferentibus, sed de referentibus esse ; et quandiu vita comes fuerit, in hoc diligenter perseverare. Hanc autem excusationem nolite judicare invectionem. Non enim judicanda est invectio, sed rationabilis potius excusatio, et facta bono zelo. Nolo enim facere mihi inimicum, quem vestra bona moralitas nuper peperit amicum ; nec mihi nec vobis adscribitur illud proverbium : *Occasiones quærit, qui vult recedere ab amico* (*Prov.* XVIII, 1). Valete. Vestrum venerabilem conventum vice nostra salutate, principaliter autem vestrum bonum priorem amicum nostrum interiorem.

III.

Ad Margaritam reginam. — Se suaque obsequia reginæ offert.

Margaritæ præcellenti reginæ, præcellentis regis filiæ, Theobaldus Stampensis doctor Cadumensis, illud canticum fidelis animæ in facie cœlestis Sponsi, ut solet, frequentare : « Dirige gressus meos secundum eloquium tuum, ut non dominetur mei omnis injustitia. »

Imprimis dilectioni vestræ non ignotum esse desidero quatenus inæstimabiliter interior homo noster cum exteriori gratulatur, et gratulando immensas Deo gratias agere non gravatur, quoniam fama vestræ honestatis, munificentiæ, liberalitatis non solum per loca vobis affinia propagatur, verum etiam fere per totum orbem dilatatur, et dilatando quasi de gradu in gradum promoveri quotidie comprobatur. Est namque munificentia in animo tam liberalissimo lapis pretiosus in purificato auro : sicut enim species illa aromatum speciosa, quæ pretiosius aliis redolet, odore suo ad se attrahit præsentes ; sic quoque liberalitas vestra bono suo odore latius redolente absentes aspergit, et aspergendo vobis allicere non desistit. Proinde si maris inconstantia non prohiberet, et præsentatio mea vobis fastidium non generaret, quod semper optavi, vestro aspectui me gauderem præsentare, quia animum meum vestræ visionis fame cruciatum nullatenus valeo refrenare. Verumtamen si maris inconstantia constans fieret, et aura languida tarditate sua cursum meum non præpediret, mallem tamen naufragus vestræ visionis satiari præsentia, quam ab ea jejunus omni carens adversitate redire ad propria. Quod autem de laude vestra scribendo perpauca prælibavi, inertiæ vel rusticitati minime debet imputari ; quia nimirum si omnia membra mea in linguas verterentur, non tamen per illa cuncta quæ circa vos sunt laudanda sufficienter explicarentur. Omnimoda igitur supplicatione vos exoro, quatenus in hoc mihi permittatis gloriari, ut in numero clericorum vestrorum deinceps valeam computari. Angelus magni consilii et fortitudinis vobiscum sit, ut recta sapiatis, et recta facere non desistatis.

IV.

Ad Philippum amicum. — Solatur amicum injuriis lacessitum.

Theobaldus magister Cadumensis Philippo amico suo desiderabili, a laqueo venantium et a verbo aspero liberari.

Condoles tibi opprobria, nec non et injustas calumnias non recte judicantium, nec ea quæ Dei sunt satis provida ratione considerantium sustinenti. Ad quorum insanos sive belluinos latratus confutandos ex propheticis, et evangelicis, et apostolicis scriptis exempla subveniant, quibus doceantur in seipsos descendere, nec aliorum facta temerario dente corrodere : hoc solum illis respondere sufficiat quod Tullius Cicero testatur : « Facile divitias despicit qui habet ; difficile viles æstimat cui non habet. »

A Inde Seneca : « Venter, inquit, satur facile disputat de jejuniis. » Quilibet enim facile disputat de eo quod ignorat. Similiter et illi cum sint omni fœditate sordidati, facile de abstinentia possunt disputare, qui huc usque voluptatibus carnis inhiantes studuerunt deservire. Quod enim non sunt, videri volunt et appetunt ; in quo longe a quodam sapiente dissentiunt, qui inter cætera ait : « Malo quidem infamis videri in conspectu hominum, levius peccans coram et aperte, quam videri justus hominibus gravius peccans coram Deo et occulte. Unde Hieronymus super Isaiam libro sexto : «Levius malum est aperte peccare, quam simulare et fingere sanctitatem. » Sunt tamen quidam qui timore hominum peccare non audent, intus tamen habent, et inventa occasione non mali fiunt, sed quod erant produnt. Lupus et leo similiter cupiunt, sed non similiter nocent ; æqua cupiditas, sed ille timet canem, iste non timet. Sunt item quidam qui multo vino nocte dieque madentes, et cuti curandæ curiose studentes, mulierum usum abhorrent et exsecrantur, quia vitam sibi placere pudicam contestantur, ignorantes quod vita pudica modus appellatur, nec attendentes Hieronymum dicentem, scelus esse fœdum et exsecrabile quod caper appetat hædum, cum non desit ei capra. Sic enim Salomonis pagina testatur : illud malum bonum est et laudabile, quod expellit pessimum et abominabile. Cui consonat Augustinus dicens : « Melius est cadere super lectum, quam super gladium. » Proinde mundus quod verum est non judicat ; sed tantum ad famam spectat, et bonam conscientiam nullatenus considerat, et cum culpam proprii magis accusare deberet operis, quam fragilitatem fratris infirmantis, suas vires examinare negligit, nec quod vitiis famulatur ad mentem reducit ; et cum inferius jaceat, quasi ex alto prospectans cæteros spernit.

Multi namque cum luxuriam detestantur et vituperant, avaritiam sub abstinentiæ nomine ne videatur, palliant ; et quod Salomon scelestius avaro nihil esse dicat, non considerant ; sicque in avaritiæ voluptate deterius quam in luxuria se commaculant. Quid de superbia, quid de invidia cæterisque vitiis ? Quis tam sanctus qui in aliquo horum amicitia non sit conjunctus ? Quorum quidem amplexibus si non luxuriosus ligatur, avarus, invidus, contumeliosus et alii quamplurimi retinentur. *Initium enim omnis peccati superbia* (Eccli. x, 15), et quasi generalis pestifer morbus corpus corrumpit, quæ etiam si esse virtus ostenditur, non per hoc Deo, sed soli vanæ gloriæ placere quærit. Hæc et alia multa vitia in se speciem rectitudinis ostendunt, sed ex pravitatis infirmitate prodeunt, et tanta arte se palliant ; ut ante deceptæ mentis oculos culpas virtutes fingant, et unde quisque exspectat præmia, inde dignus est invenire supplicia : quia cum culpam velut virtutem aspicit, tanto tardius deserit, quanto quod perpetrat non erubescit. Deinde multoties Deus eos a corporalibus vitiis non custodit sicut David custodire non voluit. Multi enim per castitatis, vel alicujus virtutis donum in superbiam cadunt, et quod ceciderint non agnoscunt. Deus autem permittit eos in luxuriam cadere aperte, quod quandoque minus est quam tacita cogitatione ex deliberatione peccare. Quia vero superbia minus turpis creditur, minus vitatur. Luxuriam cum magis erubescunt, quia turpem omnes noverunt, etiam citius hoc malum corrigunt, seque inter alios humiles et viliores recognoscunt, et elationis culpam qua prius intumescebant, virtute humilitatis sternunt; et qui de virtute se extulerant, per vitium ad humilitatem redeunt. Elati quippe castitate non corrigerentur, nisi tentarentur; nec sancti essent si de castitatis dono superbirent: et sic miro modo dum tentantur, humiliantur; et ejus esse desinunt, cujus superbiendo servi fuerunt. Non laudo luxuriam, sed in vitiis ei præfero superbiam. Est enim in luxuria quod ferre jubemur; in superbia vero nihil est quo excusemur. Apostolus enim unicuique suam propter fornicationem concedit habere. Sed et beatus Hieronymus angelicæ esse naturæ dicit, non humanæ, in carne præter carnem vivere. *Deus autem superbis resistit, humilibus vero dat gratiam* (*Jacob.* IV, 6). Considerare ergo debemus, quia si non sumus aliis æquales in luxuria, fortassis sumus in superbia, ut tanto humili corde eos respiciamus, quanto nosmetipsos inter eos invenimus.

V.

Ad Roscelinum(3) Compendiensem clericum.—Graviter arguit Roscelinum qui filios sacerdotum ad sacros ordines non esse admittendos asserebat.

ROSCELINO Compendioso magistro THEOBALDUS Stampensis magister Oxnefordiæ, non plus sapere quam oportet, sed sapere ad sobrietatem.

Quoniam sacerdotum filios et alios ex lapsu carnis generatos, non satis provida ratione calumniaris, et calumniando illos exleges esse nimis impudenter astruere conaris, quæ super iis a patribus sanctis rationabiliter audivimus, non quasi præsumendo, sed diligentiæ subserviendo, ad memoriam revocare curavimus. In decretis namque Calixti papæ legendo invenimus, et inveniendo legimus: « Si quis prædicat sacerdotem post lapsum carnis per pœnitentiam ad sacerdotalem dignitatem redire non posse, fallitur, nec catholice sentit. » Si vero sacerdotibus post lapsum carnis licet ad sacros ordines reverti, multo magis innocentes illos qui ex lapsu carnis orti sunt sacris licet ordinibus insigniri. Errat enim, errat, et os impudens in blasphemiam acuit et armavit, qui eos appellat et judicat exleges, quos a servitute legis in libertatem gloriæ filiorum Dei gratia liberavit; quia non est infeliciter natus, qui ad vitam æternam feliciter est renatus. Inde Paulus ait de renatis: *Unum corpus sumus in Christo* (*I Cor.* X, 17). Et alibi: *Hæredes quidem Dei, cohæredes autem Christi* (*Rom.* VIII, 17). Inde etiam Petrus: *In veritate comperi, quod non est personarum acceptor Deus; sed in omni gente qui timet Deum, et facit justitiam ejus, acceptus est illi* (*Act.* X, 34). Et alibi de renatis: *Genus electum, regale sacerdotium, gens sancta, populus acquisitionis* (*I Petr.* II, 9). Inde Hieronymus: « Cum baptizatus quilibet de fonte ascenderit, sacro chrismate ungitur in vertice, ut cognoscat se promotum esse in regium genus et sacerdotale, id est, a Christi consortio Christianus vocetur, et æterni regni cohæres fieri comprobetur. Tegitur etiam post sacram unctionem caput ejus sacro velamine, ut intelligat se exornari regni diademate, et sacerdotali, sicut jam dictum est, dignitate. » Et alibi: *Quicunque baptizati estis, Christum induistis* (*Gal.* III, 27). Sic ergo cujuscunque generis sit ille novus homo in utero generatur Ecclesiæ, generatus unitati corporis Christi indubitanter aggregatur. Joannes quoque in Apocalypsi: *Qui lavit nos in sanguine suo, et fecit nos Deo regnum et sacerdotes* (*Apoc.* I, 5). Qua igitur fronte quidam homunciones non palam, sed e latibulis loquentes, et totam Campaniam libidinosa peregrinatione polluentes, indignos sacerdotio judicant, quos Petrus et Joannes regali sacerdotio dignos esse confirmant? Christus quoque in Evangelio docens orare discipulos, primum, inquit, *Pater noster*. Unde constat omnes renatos esse fratres. Et alibi: *Nolite vobis vocare Patrem super terram, unus est enim Pater vester qui in cœlis est* (*Matt.* XXIII, 9). Si ergo ex eodem Patre, et ex eodem sanctæ matris Ecclesiæ utero sumus omnes, nihil est quo alter alteri calumniam imponat, nihil ergo alter adversus alterum superbire debeat. Et alibi Dominus inquit: *Vivo equidem, non maneat hoc proverbium amplius in Israel, Quia filius non portabit iniquitatem patris. Ut enim anima patris, ita et anima filii mea est* (*Ezech.* XVIII, 4 et 19). Ideoque Deus nasci voluit de progenie peccatricis, ut discerent homines peccata parentum non obesse sibi. Unde in genealogia Christi nulla sanctarum nominatur, sed Thamar et aliæ tres quas divina pagina reprehendit, apponuntur; ut qui pro peccatoribus veniebat, de peccatricibus nasci dignaretur. Inde agnus ex Pascha immolandus, jussus est assumi ex capreis et ovibus; quia ex justis et peccatoribus verus Agnus erat generandus. Plus itaque prodest bene vixisse, quam de justis parentibus originem duxisse. Deus enim vitam hominis, non nativitatem attendit.

Quod autem ipsi objiciunt quia exleges legitime Ecclesiæ præferendi non sunt; bona est quidem sententia et certa, sed indecenter assignata. Assignant etenim illam renatis illis quos mater Ecclesia in curia Christi recepit, receptos lacte proprio nutrivit, nutritos pane suo solidavit; qui plane adversantur Hieronymo dicenti: « Absit, Domine, ut in tabernaculo tuo sint divites præ pauperibus, et nobiles præ ignobilibus. » Inde Basilius contra Ju-

---

(3) Roscelini errores notat S. Ansel. lib. II, epist. 41; Et Ivo Carnot. epist. 7.

dæum quemdam de lege sibi data gloriantem : « Vera charitas in Christi corpore non præfert indigenam alienigenæ, non nobilem ignobili, non pauperem diviti; sed potius omnes per adoptionem spiritus facit filios, per eumdem spiritum clamantes : *Pater noster, dimitte nobis debita nostra.* » Sic quoque in Christi corpore ille solus habetur sublimior, qui fuerit in Dei amore potentior. Unde quidam sapiens contra quemdam de nobilitate sua præsumentem loquitur dicens : « Si longe repetas longeque revolvas, nomen ab infami ducis asilo. »

Rursus quid illi opponunt : Quod quando homo baptizatur, non conditio mutatur, sed peccata abluuntur, verum est ; sed nullus ambigit hoc esse dictum de mundanis conditionibus; quod si quis servus baptizatur, servitus illa non mutatur. Unde Apostolus: *Si servus es, magis utere* (*I Cor.* VII, 21); quia servitus illa non est contraria coronæ. Unde alibi :

Servus sis, generosus eris si mens bona fiat;
Sis liber, turpis mens tua, servus eris.

Amplius : Quod prohibetur ne filii sacerdotum ad ordines promoveantur, sic est intelligendum secundum Augustinum, eos, qui hanc prohibitionem audiunt, ab hujuscemodi concupiscentiis abstinere debere. Si enim filius sacerdotis honeste vivit, ordinandus est. Si vero militis filius inhoneste vivit, repudiandus est : quia magis placet Deo vitæ perfectio, et contra peccatum afflictio, quam superba de legitimis parentibus gloriatio. Filii namque sacerdotum non ideo quod sint exleges refutantur, sicut imperiti homines arbitrantur, sed ut sacerdotes a concupiscentiis carnis refrenentur. Quia nimirum quemlibet sacro fonte renatum, vel plenarie divina mundat gratia, vel sacri mundatio lavacri non est sufficiens nec plenaria ; quod contradicit fides catholica. Non enim sunt exleges judicandi, quorum Deus ipse est Pater, et quos peperit Christi gratia, omnium regeneratorum piissima mater; nec debemus illis delictum patris sive thorum matris improperare, sed potius morum perfectionem diligenter attendere : quoniam patris sive matris perpetratum crimen non potest filiis paradisi claudere limen. Unde quidam sapiens : Quid meruere pati quocunque thoro generati ? Quod autem filii sacerdotum ab ordinibus reprobentur, ex rigore justitiæ factum est, sed nullo modo justum est, testante Augustino, qui: non juste pœnam portant, qui culpam non commiserunt. Sic itaque illi prolatores novitatis nova præcepta dantes, et quodammodo virtutem baptismatis evacuantes, qui rationibus supra dictis oblatrant, dum de hujuscemodi scrupulose et contentiose disputant, quasi clauso ostio ad parietem pulsant. Ut autem major honor et gloria filiis sacerdotum accedat, Joannes Baptista quo nullus major inter natos mulierum surrexit, filius fuit Zachariæ sacerdotis ; Maria etiam mater Domini et de sacerdotali progenie descendit, cum dicatur cognata Elisabeth quæ de Aaron originem duxit. Si autem vellem enumerare omnes de lapsu carnis procedentes qui principatum in sancta Ecclesia tenuerunt, prius deficeret vita quam exempla. Inde etiam Jacob omnes, quos de liberis et ancillis genuit, filios æquali honore hæredes constituit, nec apud illum præfertur, qui secundum carnem nobilior videbatur. Quicunque fidem Domini promeretur, nullis maculis carnalis nativitatis offuscatur. Hoc autem Jacob idcirco fecisse legitur, ut ostenderet quod non est discretio, Judæus an Græcus, Barbarus an Scytha, servus an liber sit : quia per omnia et in omnibus Christus est. Propterea enim Salvator noster et Dominus humanam figuram induit et pro libero et servo servivit, ut omnibus in se credentibus pari honore et gloria cœlestia præmia largiretur. Salomon etiam qui feliciter, sapienter, subtiliter regnavit, docuit, prophetavit, etsi de lapsu carnis ortus sit, Deus ipsi tamen templum suum ædificare concessit, quod David patri suo legitimo Jesse filio ne construeret, prohibuit ; in quo nobis Deus patenter innuit, quod magis approbat vitæ sanctitatem, morum honestatem, quam legitimæ nativitatis generositatem. Non igitur sibi applaudat dives et nobilis, nec diffidat pauper et humilis, quia *excelsus Dominus humilia respicit, et alta a longe cognoscit* (*Psal.* CXXXVII, 6); humiles respicit, ut attollat, altos, id est superbos, a longe cognoscit, ut dejiciat. Sicut enim Apostolus ait : *Nemo coronabitur nisi qui legitime certaverit* (*II Tim.* II, 5); cum dicit *nemo*, nullus excluditur, in quo superba hujus mundi stultitia confutatur, quæ eum exlegem appellat, et judicat in terris, quem Deus ad dexteram suam collocat et coronat in cœlis.

ANNO DOMINI MCXIX

THEOGERUS METENSIS EPISCOPUS

NOTITIA

(*Gall. Christ. nov.*, tom. XIII, col. 738)

Fuerat in sæculo nobilis genere Theotgerus, Folcmari comitis Metensis frater, quem adhuc adolescentem Gerungus Marbacensis canonicus regularis ad Willelmum abbatem Hirsaugiensem sub percipiendæ ab eo pœnitentiæ specie olim destinaverat. Factus monachus tam apprime humanas divinasque litteras didicit, ut cum altero monacho æque docto, Herinone nomine, in toto tam novo quam veteri testamento, quæcunque scriptorum vitio depravata erant, corrigendi curam ab abbate suo susceperit. Ad sacerdotium promotus, eo munere tanta reverentia fungebatur, ut cum stolam collo imponeret, præ nimio timore pene deficeret. Ab abbate suo Guillelmo monasterii S. Georgii in Hercinia silva abbas et ipse creatus et a Gebhardo Constantiensi præsule ordinatus anno 1090, construendo templo et claustro manum admovit. Sacras vigilias anticipare solitus, vix quidquam somni corpori suo indulgebat, tam rigidus in se ipsum, ut etiam fratres durissimis plerumque oneribus prægravaret. Sed tandem equo lapsus, cum infirmitatem incurrisset, aliis compati et misereri didicit. Multa passus ab accolis, eos demum patientia et mansuetudine ita flexit, ut plerique ejus disciplinæ in monasterio se subdiderint. Non solum autem virorum, sed etiam mulierum curam gessit piissimus abbas, adeo ut septingentæ utriusque sexus personæ sese ejus magisterio commiserint, quorum in gratiam varia monasteria instituit. Pluribus abhinc annis erat in miserando statu Metensis ecclesia. Tunc vir erat magnæ religionis, Alberius nomine seu Albero, qui archidiaconi officio fungebatur, postmodum Treverensis archipræsul, et apostolicæ sedis legatus. Hic religiosorum virorum consilio et litteris animatus Metensi ecclesiæ laboranti opem ferre constituit, Romamque profectus Paschali II papæ miserandum ejus ecclesiæ statum exposuit. His commotus pontifex, cardinalium consilio a latere suo Cunonem Præstinum episcopum cardinalem in Galliam misit, eidemque præcepit ut, convocatis in unum catholicis episcopis, satageret quo pacto illius ecclesiæ status componeretur, et abjecto pseudoepiscopo, dignus ei pastor præficeretur. Cuno, Remis coacta episcoporum synodo, inde Alberium ad Metenses cum epistolis misit, præcipiens ut in locum illius, qui juridica sententia tam a pontifice, quam a se depositus fuerat, alium subrogari curaret. Verum Metensibus in eligendo episcopo non modica fuit difficultas : tum quia secundum canonum scita extra fines episcopatus electionem fieri non licebat : tum quia intra ejus fines, ob metum contrariæ partis, ipsa electio tuto fieri minime poterat. Sed tandem conventum est in quemdam locum maxime desertum, qui in extremis fere episcopatus partibus situs erat : ubi Alberius Cunonis litteras, quas Remis attulerat, reseravit, quæ auctoritate et præcepto papæ, atque rogatu Guidonis Viennensis archiepiscopi, faciendam electionem prescribebant. Cum in varias abirent sententias eligentium vota, Alberius Theotgerum Sancti Georgii in Hercinia silva religiosissimum abbatem suggessit : cujus suffragio assensere omnes ; sed rem secreto ac dextere gerendam censuere, ne aut violentia regis ac princi-

A pum, ipsiusve invasoris cassa fieret electio ; aut electus ipse fugam arriperet. Itaque unanimis omnium sententia fuit, mittendos ad eum legatos cum litteris, abbatem scilicet Sancti Clementis ac priorem Maurimonasterii, qui electum ad Cunonis cardinalis præsentiam adducerent. Tunc Theotgerus in monasterio virginum curæ suæ commisso versabatur, ubi legatos quam humanissime excepit ; moxque eorum jussis obsequens, ad cellam, cui Hugonis curia vocabulum, eos comitatus est. Illic electione sua a quodam fratre patefacta, se nunquam ei assensurum, nec ulterius profecturum constanter asseruit ; unumque e suis fidissimum, Erbonem nomine, qui se apud legatum excusaret, cum litteris direxit, quibus significabat, se non

B modo tantæ dignitati meritis imparem, sed etiam natalium infamia denotatum, utpote cujus parentes et longa avorum serie majores omnes, vel sacerdotes, vel filii fuerint sacerdotum. Ubi Erbo venit ad Metenses electores, et recusandi episcopatus causas eis exposuit ; illi nihilominus in sententia persistunt, inquientes ; si quid vitii esset in Theotgeri origine, id ab eo jam purgatum esse, quippe qui tot annis in monasterio religiosissime conversatus esset. Proinde Erbonem rogant ut ad Theotgerum revertatur. At ille abbatis sui constrictus imperio abnuit, seque ad legatum ire velle asseruit. Cum itaque a cœpto desistere nollet, datus ei a Metensibus comes Alberius, totius negotii præcipuus

C actor ; amboque perveniunt ad Compendium castellum nominatissimum, ubi tum legatus morabatur ; cui Erbo abbatis sui excusatorias litteras obtulit et rationes exposuit, quas Alberius refellit. Theotgeri litteris minime flexus legatus, severe litteris præcepit ut delatum episcopatus onus subiret. Cum vero nec sic cardinalis legati monitis et jussis obsequeretur Theotgerus, alias ad eum litteras misit per Antonium Senoniensis monasterii abbatem, quibus eum ad suscipiendum episcopatum sub pœnarum ecclesiasticarum interminatione compellebat ; ejusque fratribus sub iisdem pœnis præcipiebat ut assensum præberent. Verum alia denuo recusandi episcopatus occasio nata est ex ægritudine corporis, quæ illum detinebat. Sed tamen impedire non po-

D tuit, quominus cardinalis litteræ in conventu fratrum legerentur. Quibus lectis, omnes ejus electionem consenserunt. Sub annum 1118 diebus Rogationum Cuno cardinalis conventum episcoporum Coloniæ habuit. Illuc se contulit Alberius seu Albero primicerius, electi sui, quem eo venturum audierat, adventum præstolaturus. Ubi illic adfuit Erbo, qui abbatem suum excusatum venerat, in concilio invenit Conradum Juvaviensem archiepiscopum, ab imperatore nuper actum in exsilium ; ab eoque obtinuit ut abbatis sui causam apud patres in se susciperet. Verum cum Metensis ecclesiæ electio in concilio ventilari cœpit, tanta vi orationis eam asseruit primicerius, ut nec Alardus nec archiepiscopus Cunonis cardinalis animum flectere valuerint; adeoque primicerii clamor invaluit, ut Theotgeri electio unanimi patrum sententia firmata fuerit. Tum demum cardinalis signatas Erboni litteras dedit, quas ille fratri illiterato consignavit, ad Theotgerum perferendas, quibus nomine conventus ei præcipiebatur, ut ne diutius delatam sibi electionem frustraret. Acceptis litteris, Theotgerus tantæ demum auctoritati cedere coactus fuit, moxque ad legati præsentiam, ut ei injunctum erat, se sistere maturavit, qui tunc apud Confluentiam cum Friderico Coloniensi archipræsule aliisque episcopis diversabatur. Illic magno cum honore acceptus est vir Dei, in primis a legato, qui eum amplexus, sciscitatus est quot annis abbatis gessisset officium. « Triginta, inquit ille, annos. » Ad quod legatus subridens conversus ad circumstantes : « Tanto, ait, maturior erit ad episcopatum, qui tot annis abbas fuerit. » Cum deinde singuli ad sua se reciperent, legatus Coloniam rediit secum ducens Theotgerum ; qui inde ad proximum Tuitiense monasterium, tum ad Gladbacense divertit, ubi aliquandiu gravi morbo detentus est. Dein, ubi convaluisset, Coloniam reversus, una cum legato ad castrum *Wulckenburg* profectus est, tum ad S. Viti seu Corbeiæ-novæ monasterium, ubi episcopus consecratus est. Erat tum dies octava festi apostolorum Petri et Pauli, quæ pridie nonas Julii celebratur. Theotgeri consecrationi deputata est Dominica dies, quæ hoc anno in diem sequentem incidebat. Ipsa die cardinalis legatus Theotgerum, ætate gravem, moribus maturum, apprime litteris eruditum, sustentantibus hinc inde duobus archiepiscopis, Conrado Juvaviensi, totius Bavariæ metropolitano et Aldegoto Magdeburgico, metropolitano Saxoniæ, solemniter ordinavit. Sic ille ordinatus, primo in eodem monasterio quamdam in honorem S. Georgii basilicam consecravit : ut quem in abbatia peculiarem patronum habuerat, eidem quoque episcopatus sui primitias dicaret. Ibidem etiam cryptam et altare beati Andreæ apostoli consecravit. Illinc non multo post discessit novus præsul ad suam ecclesiam profecturus : et ad locum diœcesis Tullensis cui *Dieulouward* vocabulum est, prædicto primicerio deducente, pervenit. Ibi cum honoris causa convenerunt abbates, clerici, aliique, qui sanioris sententiæ erant; at qui a pseudoepiscopi et Cæsaris partibus stabant, contestati sunt se neutiquam passuros, ut in urbem ingrederetur ; eo insolentiæ progressi, ut communi decreto statuerint quod, si quis eum agnosceret episcopum, rebus proscriptis extra civitatem fieret. Unde consilium fuit ut, omnibus qui ejus obsequio erant dimissis, ad cellulam suam reverteretur, dum seditio illa defervesceret. In itinere ad Marbacense canonicorum regularium in Alsatia cœnobium divertit : ubi a regularibus canonicis honorificentissime receptus est. In hoc conventu forte aderat venerabilis senex Gerungus, qui eum adolescentem ad venerabilem Willelmum Hirsaugiensem abbatem pœnitentiæ specie direxerat. Inde, actis hospitibus a suis gratiarum actionibus, ad S. Georgii monasterium, effusis in ejus occursum cum solemni pompa fratribus revertit : ubi dum moraretur, quasdam ecclesias, in fundo monasterii sitas, permittente Constantiensi episcopo, dedicavit. Porro hæc omnia hoc ipso anno 1118 contigisse illud argumento est, quod post ejus ordinationem Gelasius papa, qui sub finem mensis Januarii anno sequente decessit, litteris scriptis Metenses hortatus est, ut eum honorifice, ut par erat, exciperent.

Interim Metensis ecclesia, legitimo destituta pastore, in magno discrimine versabatur, cum seditiosi cives, etsi Gelasii papæ litteris commoniti, Theotgerum episcopum canonice electum et ordinatum, ad id tempus recipere detrectassent. Sed tandem Brunonis Trevirensis archiepiscopi, qui hactenus ejus electioni, utpote se inconsulto factæ, restiterat, litteris utcunque flexi clerus et populus, electum ut ad urbem veniat, iteratis nuntiis invitant. Ille, vix tandem acquiescens, e suo monasterio, quo se receperat, Quadragesimæ tempore, ad iter se accingit, et Rheno transmisso, assumpto secum Mauri-monasterii abbate ad urbem Mediomatricum tendit. Accedenti occurrunt abbates, primicerius et quotquot erant sanioris consilii clerici et cives, de ejus adventu gratulantur. Neque tamen in urbem venire, necdum conciliatis multorum animis, tutum esse ratus primicerius ad locum, cui Cappentia vocabulum est, divertendum censuit, ubi episcopus cum quibusdam abbatibus Dominicam Palmarum celebravit. Instante feria quinta, quam Cœnam Domini et diem Indulgentiæ appellamus, quo die chrisma confici episcopalis ordo poscebat ubi id fieri liceret, episcopus hærebat, cum in urbe id fieri tumultuantis populi seditio prohiberet. Tandem consilium fuit ut in Gorziensi cœnobio chrisma consecraretur. De ejus adventu certior factus abbas ad diei celebritatem omnia providit. Pridie advenienti episcopo ejus loci homines cum gladiis et fustibus obviam concurrunt tanquam ad latronem. Quin etiam nonnulli monachorum, qui vel ejus censuram reformidabant, vel a partibus pseudoepiscopi stabant, ad persequendum episcopum vulgus concitarunt. Vix itaque portam monasterii attigerat vir Dei, cum plebs e latebris furibunda erumpit, et sublatis ejus equis, illius etiam comites invadit : adeo ut primicerius ipse e manibus persequentium vix fuga elabi potuerit. Interea ingressus basilicam pius præsul, et quid foris ageretur ignorans, orationi instabat, cunctisque mortem minitantibus, vitæ auctorem invocabat. Tum vero a quodam monacho subdole admonitus vitæ suæ ut consuleret, quippe non esse in sua potestate plebis furentis probibere insaniam; pontificalibus indutus ornamentis e templo egredi maturavit, turbæ furenti se ipsum objiciens, dominica voce ecquem quærerent sciscitatus est. Cerneres universos, qui eum insectabantur, ita primo ejus conspectu perterritos, ut extremæ dementiæ se ipsi arguerent, qui in christum Domini manus extendere ausi fuissent.

Turbis itaque utcunque mitigatis, statuit præsul ad urbem proficisci. Hoc comperto, Acelinus abbas S. Clementis, eum ut ad se declinaret invitavit, et perhumaniter excepit. Id ubi civibus innotuit, multi furibundi et pleni insania in virum Dei evomunt mille convicia, nec eum tantum urbe propellere, sed etiam exstinguere minantur. Hic nihilominus assumpto secum Sancti Clementis abbate, sacerdotalibus, ut apud Gorziam, indutus vestibus, procedit obviam inimicis, qui vix manibus temperarunt. Interim urbis præfectus advenit et cujus gratia accedat sciscitatur. Ille ad hoc se venisse respondit, ut creditum sibi populum pastorali sollicitudine visitaret : cæterum non recte facturos Metenses, si ab jure suo episcopum prohiberent. His verbis præfecto aliisque paululum mansuefactis, nudatis pedibus civitatem ingredi parat. At præfectus obtestatur ne se furenti multitudini committat, sed potius in quamdam episcopatus possessionem divertat, dum imperator et archiepiscopus hac de re statuissent. Cujus ille consilio acquiescens, ad S. Clementis monasterium rediit, ibique Cœnæ Dominicæ diem celebravit. Illinc digressus ipso die Parasceves Theotgerus, ad Augustam Trevirorum contendit, allocuturus Brunonem archiepiscopum, qui tum Coloniæ versabatur, ad sacram solemnitatem a Friderico archipræsule invitatus. Illuc mox properat vir Dei, cujus adventus Trevirensi gravis, Coloniensi gratus admodum fuit, cujus interventu vix post biduum, id est feria quinta (nam feria tertia Coloniam advenerat) ad Trevirensis colloquium admissus est. Ille porro intimavit, se ejus causam cum episcopis Tullensi et Virdunensi, simulque cum Metensibus ad festum S. Jacobi tracturum. Has vero inducias cum ipso composuerant Theotgeri æmuli Arnulfus custos Metensis ecclesiæ et coadjutor ejus primicerius, qui præterita hebdomada ab archiepiscopo chrisma acceperant. Has inducias, etsi ipsi admodum graves, servavit Theotgerus, quousque Coloniensis archiepiscopus, Brunone jam Treviros reverso, missis ad eum litteris, Theotgero etiam ignoranti missarum solemnia celebrandi facultatem impetravit. Ille autem in Coloniensis archiepiscopi contubernio multis diebus commoratus, rogatu ejus plurimum populum in civitate sacro chrismate linivit et quasdam ecclesias dedicavit. Verum beati Joannis Baptistæ Natalitio instante, Coloniensis antistes ad curiam in Insula Rheni constitutam, scilicet apud Triburias, juxta edictum imperatoris profectus, venerabilem episcopum secum duxit, ubi Trevirensis cum eo in gratiam rediit. Hic desinit magno sane tanti viri famæ et rei histo-

ricæ detrimento mutilus Theotgeri vitæ codex, sine quo nihil fere certi de beato illo præsule haberemus. Ejus compendium refertur a Trithemio in chronico Hirsaugiensi.

Post varios itus ac reditus, variasque procellas, tandem in pace quievit Theotgerus episcopus, cui ecclesiam suam adire nunquam concessum est. Ejus obitum ad annum 1120 consignant Dodechinus et Chronographus Saxonicus ineditus, a quibus Dieggerus appellatur. Chronographi Saxonici hæc verba sunt : « Bonæ memoriæ Dieggerus, primum abbas S. Georgii, indeque per legatum apostolicum Metensi ecclesiæ ordinatus, post multas ab imperatoris fidelibus inlatas sibi injurias, requievit in Domino, in eadem ecclesia, cui præerat, sepultus; vir adprime litteratus, et in sancta conversatione usque ad ultimam ætatem constantissimus. » Dubitare tamen licet an sepultus sit in Metensi ecclesia, quam adire ipsi viventi non licuit per seditiosos cives, qui imperatori et pseudoepiscopo ab eo intruso assentabantur. Trithemius qui acta ejus integra legisse videtur, in Chronico Hirsaugiensi scribit Theotgerum concilio Remensi anni superioris interfuisse, in quo ejus electio et ordinatio a summo pontifice, aliisque patribus confirmata sit; et soluto concilio, Calixtum papam eum secum duxisse Antissiodorum, ubi Pascha cum suis cardinalibus pontifex celebraverit, deindeque Cluniacum usque perduxisse; et post discessum pontificis Theotgeruni ibidem per quatuor menses remansisse, tempus omne in contemplatione divinorum et oratione consumendo; et quarto demum mense febre correptum, Dominicis sacramentis acceptis III Kal. Maias ad Christum migrasse, et in ecclesia S. Petri sepultum fuisse ad plagam septentrionalem juxta parietem templi, ad cujus sepulcrum multa deinceps miracula facta sunt. Nihil tamen de eo legitur in *Bibliotheca Cluniacensi*. Verum hæc aliaque videtur accepisse Trithemius ab auctore anonymo, qui ejus Vitam duobus libris scripsit jussu Erbonis abbatis ejus discipuli, quam initio et fine mutilam a Papebrochio ex codice Villingensi accepimus. Fallitur Trithemius cum Theotgeri obitum refert ad annum præcedentem. Mirum est de eo nullam fieri mentionem in veteri Chronico Metensi, quod in ejus tempore desinit; nec in ejus appendice priori, quæ incipit a Stephano episcopo, qui hoc anno canonice electus et a Calixto papa consecratus, amplius biennio a Cæsarianis urbis aditu exclusus est. Cæterum beatus Theotgerus vir fuit miræ patientiæ ac mansuetudinis, et prorsus ambitionis expers, ut patet ex iis quæ fecit ad refutandam Metensium electionem. Mentionem de eo jam egimus tom. V, col 1001 in abbatibus S. Georgii in Nigra silva.

THEOGERI METENSIS EPISCOPI MUSICA.

(Dom Gerbert, Script. de musica, tom. II, pag. 182.)

MONITUM.

Idem ac librum S. Wilhelmi, tulit fatum in conflagratione monasterii nostri sequens opusculum Theogeri monachi Hirsaugiensis sub ejusdem S. Wilhelmi disciplina, a quo anno 1090 abbas renuntiatus est monasterii ad S. Georgium in Nigra Sylva, postea factus episcopus Metensis. Sed restitui aliunde etiam potuisset ex codice Tegernseensi hæc Theogeri musica, cum quo jam contuleram codicem San-Blasianum, itemque ex altero nuper detecto, quem humanissime communicavit mecum reverendissimus monasterii D. Petri in Sylva Nigra abbas Philippus Jacobus, sagacissimus antiquitatum investigator, quocum etiam hunc nostrum recens contulimus, variantesque ex eo lectiones uncinis P. inclusas cursivo charactere adnotavimus.

Optandum modo esset ut, quam auctor aliquoties commendat gravitatem modorum plagalium, recentiores non neglexissent: ut, inquit, *etiam hoc modo admoneamur contemnere puerilem levitatem garrulitatis, et adamare virilem dignitatem gravitatis. Et jam supra:* proportionalis, inquit, *prærogativa gravitatis commendata est nobis, maturæ auctoritas gravitatis, et decoræ probitas honestatis, quæ semper præhabenda est levitate garrulitatis et lascivæ exsultationis.*

INCIPIT MUSICA THEOGERI.

De repertoribus musicæ artis.

Pythagoras philosophus primus apud Græcos musicæ artis repertor (*P. fuisse*) legitur. Translator autem (*P. ejusdem scientiæ*) in Latinum asseritur (*fuit*) Boetius genere et scientia clarissimus, ac ejusdem artis secundum numerorum proportionem investigator profundissimus. Guido vero monachus exstitit vocum indagator diligentissimus, et commendator traditorque certissimus. Exstat autem monochordum hujus artis evidentissimum argumentum, cujus etiam primus institutor (*fuisse*) dicitur supradictus Græcorum philosophus.

De monochordo.

Monochordum *autem* est musicum instrumentum, quod naturaliter et sufficienter antiquitus constabat octo chordis, quæ notantur totidem primis alphabeti litteris secundum usum modernorum. Nam in his chordis *exstant* septem discrimina vocum. Procedente autem tempore, musicæ artis scientia proficiente (*periti in eadem*), intelligentes *ejus* gnari ad ejusdem artis experientiam prodesse *multum*, si augeretur numerus chordarum, octo addiderunt (*chordas*) non alias, quod natura prohibebat, ponentes, sed easdem repetentes, gravitate et acumine, sicut se habet puerilis vox ad virilem, tantum discernentes. Ideo etiam signabant eas eisdem litteris (*quibus et priores signantur*) in eo differentibus (*in hoc tantummodo differentiam facientes*), quod graves majore, istæ vero minore signantur charactere. Boetius autem nominat eas græcis nuncupationibus, *singulis sonis* (*ipsis chordis*) convenientibus, sicut *suo in loco* (*in musica ipsius Boetii*) lector inveniet. Sed quia hæc

A melius in monochordo cognoscuntur (*de monochordo diximus*), nunc de ejus mensura (*mensuratione*) videamus.

De mensura monochordi.

Dividatur novem passibus a *magada* usque ad magadam (*Dividantur novem passus a magada usque ad magdam*), ita quippe vocamus ligna concava, quæ *sustinent* (*sustentant*) chordam, *in principio.* Et græca littera Γ. posita proxime ad *magadam* (*magdam*). Inde in primo nono passu (*in fine primi passus, vel in prima sectione*) ponatur gravis A. Iterum ab A. usque ad finem divisio fiat novenis passibus, et ecce in primo nono passu ponenda est B. Deinde redeatur ad Gamma, et inde fiant quatuor passus usque ad finem. Primus (*itaque*) passus complectitur diatessaron, et terminatur in C. Secundus *diapente et finit in G.* (*in G. finitur, et habet in se diapente*). Tertius diapason, et demonstrat g. (*retinet, et terminatur in g.*) quartus *finit* (*finitur*). Item ab A. usque ad finem quatuor passus fiant, et primus cum diatessaron offert D. Secundus cum diapente *a. B.* usque ad finem, (*a. tertius cum diapason aa. quartus finitur. Eodem modo quatuor passus fiant a B. usque ad finem, et*) ecce primus passus cum diatessaron signat E. secundus cum diapente ♮ reliqui vacant. Item a C. totidem passus, *id est, quatuor*, ad finem fiant, et primus passus cum diatessaron ostendit F. secundus cum diapente c. reliqui vacant. Item a D. usque ad finem quatuor passus fiant, (*et*) primus passus cum diatessaron repræsentat G. quod jam habemus. Secundus cum diapente offert d. reliqui vacant. Deinde ab E. usque ad finem totidem passus, fiant, et primus passus cum diatessaron repraesentat a. quod jam habemus. Secundus e. cum diapente, reliqui vacant. Ab F. quoque usque ad finem totidem passus fiant, et primus *passus* b. synemmeni (*sive b. molle*) affert cum diatessaron. Secundus f. acutam cum diapente, reliqui vacant. Igitur inventis (*itaque*) omnibus chordis praeter B. synemmeni in gravibus, ut eam inveniamus, ad F. grave attendamus, quod idem B. grave synemmeni eodem intervallo respicit, quo *melius* b. ♮. f. acutum prospicit, constatque verissimum utriusque chordae meditullium, utpote disterminans hinc diapente, inde diapason, *et est utrique satis rationabile*. (*Est utique satis rationabile*), F. gravem assumpsisse sibi genituram synemmeni superioris, cum sit etiam proportionalis et origo inferioris. En habemus omnes chordas, quarum *prima illa habetur* (*illa est prima*), quae A. signatur, sicut et ab omnibus *semper* musicis habetur, nam Gamma (Γ) *ex abundanti* (*superabundantia*) superaddita est, ut usui, sicut reor, non (*ut*) regulae mos geratur.

Quod spatium dicatur tonus, quod semitonium et caetera.

Dispositis itaque (*his*) inter duas *chordas* (*chordis*) alias majus spatium cernitur, ut inter Γ et A. et inter A. et B. alias minus, ut inter B. et C. *et reliqua* (*et sic de aliis*). Et majus quidem spatium tonus dicitur, minus vero (*dicitur*) semitonium, *semis* videlicet, id est, non plenus tonus. Item in tribus chordis (*tum alicubi*) ditonus est, id est, duo toni, ut a c. ad e. *tum* (*alicubi vero*) semiditonus, qui habet tantum tonum et semitonium, ut a D. ad F. et reliqua (*et sic in caeteris*). Diatessaron autem est, cum inter quatuor chordas duo sunt toni, et unum semitonium, ut ab A. ad D. et a B. ad E. et reliqua. Diapente vero uno tono major est, constans quinque chordis, ut ab A. ad E. et a C. ad G. et reliqua. In sex vero chordis existunt diapente cum tono, *ut a C. ad a.* et diapente cum semitonio, ut ab e. in c. (*ut a C. ad a vel ab E. in c.*) Denique diapason in octo (*chordis*) existit, ut ab A. in a. et a B. in ♮. et a C. in c. et caetera. Dicitur autem diatessaron, quasi de quatuor, sicut diapente quasi de quinque, quia tot chordas includunt. Diapason autem (*dicitur*) quasi de omnibus, *eo quod* (*quoad*) omnes modos vocum includat.

De novem modis vocum.

(*Hi* sunt novem modi vocum, quorum (*septem*) Virgilius vocat septem discrimina vocum. Nam diapente cum tono, et *diapason* diapente cum semitonio antiqui non assumpserunt. Sed nostra *eos* consuetudo (*hos modos*) in tantum arripuit, ut non sine magno sui dispendio ipsos amittere possit. Addunt quoque moderni his modis unisonum, ponentes illum primum, et vocantes abusive modum, sicut grammatici nominativum casum, *et ipsi tamen* (*non tamen*) computantes *tantum* novem modos vocum, quia intermittunt diapason ob rarissimum in cantu ejus usum.

De consideratione numerorum.

Porro nunc pauliseper digrediamur ad numerorum considerationem, et mensurae *manifestandam* et enucleandam rationem, ut et lectori proportiones, et naturam (*naturas proportionum*) minus intelligenti satisfaciat, et sermo in posterum planius et evidentius procedat. In arithmetica igitur saepe *saepius* legitur dupla *duplex* proportio, sesquialtera, sesquitertia, sesquioctava.

De proportionibus dupla, sesquialtera et sesquitertia.

Proportio autem est similitudo, qua numeri se ad invicem habent. Dupla igitur proportio est, ubi major numerus minorem bis in se habet, ut unitatem binarius, binarium quaternarius, ternarium senarius, quaternarium octonarius, quinarium denarius, et sic in infinitum. Sesquialtera *autem* (*porro*) est, ubi major numerus minorem totum in se continet, et ejus alteram partem; ut binarium ternarius, quaternarium senarius, senarium novenarius, octonarium duodenarius, et caetera. Sesquitertia proportio est, ubi major numerus minorem totum in se continet, et ejus tertiam partem, ut ternarium quaternarius, senarium octonarius, novenarium duodenarius, et caetera. Sesquioctava etiam proportio est, ubi major numerus minorem totum in se continet, et ejus octavam partem, ut octonarium novenarius. Haec de numeris sufficiant.

De eadem proportione in mensura considerata.

Eaedem autem proportiones in mensura (*sive in quantitate continuata*) considerantur. Est enim dupla proportio, ubi majus spatium minus bis in se continet. Dupla itaque (*autem*) proportio est *exemplum* (*exemplar ejus consonantiae quae*) diapason (*dicitur*), omnes enim ejus species in duobus passibus fiunt. Sesquialtera vero (*proportio*) in mensura est *proportio*, ubi majus spatium minus in se continet, et ejus alteram partem, et hoc est exemplar (*hujus consonantiae, quae est*) diapente, cujus omnes species fiunt in tribus passibus. Item sesquitertia proportio est in mensura, ubi majus intervallum continet minus in se (*totum*), et ejus tertiam partem, sicut dictum est (*prius*) in quaternario et *denario* (*ternario*) : et haec est forma diatessaron, cujus omnes quaterno (*quaternario*) fiunt passu. Identidem sesquioctava proportio est in mensura, cujus major intercapedo minorem totam in se continet, et ejus octavam partem, quae fit, sicut dictum est, *in* (*inter*) octo et novem. Haec etiam forma est toni, cujus omnes, ut ita dicam, species novenario fiunt passu : unde verius et rectius epogdous dicitur quam tonus ; hoc enim nomen habet proportionaliter, eo quod sit super octo. Tonus autem dicitur a tonando, id est a sonando. Ea igitur proportione, qua quisque major numerus vel major intercapedo minorem superat, vel (*minor*) superatur a majore, eadem cujuslibet *dictae* vocis (*praedictae consonantiae*) prior sonus superat posteriorem, vel posterior superatur a *majore* (*priore*) in gravitate. Et revera proportionalis praerogativa gravitatis commendata est nobis, maturae auctoritas gravitatis, et decoræ probitas honestatis, quæ semper præhabenda est levitati garrulitatis, et lasciviæ exsultationis. (Hoc quoque aspiciendum est, quod graves voces priores sunt acutis in monochordo, et in hoc dispositio monochordi naturam et rationem imitatur : sicut enim graves prius et maturæ priores ac digniores sunt petulantibus, garrulis et lascivis ; sic et in musica graves voces priores et digniores acutis et levibus habendæ sunt.) Hæc autem, quæ de numeris dicimus (*numero diximus*), interiori oculo contemplanda sunt, quæ vero de mensura, etiam exteriori oculo videri possunt, sicut in monochordo patet. Rectissime igitur dicimus (*et dicere possumus*) voces et vocum modos naturales (*esse*) : quibus creatrix natura, quæ omnia formavit, in numero, pondere et mensura talia substravit, vel impressit exemplaria. Nunc ad rem redeamus, quamvis a re non longe digressi fuerimus.

De divisione monochordi.

Monochordum itaque *priusquam (postquam)* sicut *superius* præscriptum est, dimensum atque consummatum fuerit, dividitur in quatuor tetrachorda, *id est* in tetrachordum gravium, in tetrachordum finalium, in tetrachordum superiorum, in tetrachordum excellentium.

De tetrachordis.

Tetrachordum autem est spatium, quod continet quatuor chordas regulariter *dimensas (divisas)*. Tetrachordum gravium ideo dicitur, quia graves voces ibi sonant. Tetrachordum finalium ideo (*dicitur*), quia omnis regularis cantus ibi finitur. Tetrachordum superiorum ideo dicitur, quia superiores voces ibi sonant. Tetrachordum excellentium ideo dicitur, quia excellentiores voces ibi sonant.

Quomodo constent tetrachorda.

Primum autem tetrachordum constat ex tono, et semitonio et tono, et fit ab A. gravi usque in D. grave. Secundum tetrachordum (*similiter*) constat ex tono, et semitonio et tono, et fit a D. gravi usque in C. (*G*) grave. Tertium tetrachordum constat (*item*) ex tono, et semitonio et tono, et fit ab a. acuto usque in d. acutum. Quartum tetrachordum (*sicut et præcedentia*) constat ex tono, et semitonio et tono, et fit a d. acuto usque in g. acutum. In hac divisione quatuor tetrachordorum remanent tres toni, primus inter Γ. et *inter* A. grave; secundus inter G grave et a. acutum ; tertius inter g. acutum et (*inter*) aa. duplex. His *ab initio (etiam)* quatuor tetrachordis interseruntur duo tetrachorda, quæ vocantur synemmena, id est conjuncta ; unum constat ex tono et semitonio et tono, et fit a Γ. usque in G. grave. Alterum constat (*etiam*) ex tono et semitonio et tono, et fit a G. gravi usque in c. acutum. Horum duorum tetrachordorum illud, quod est in acutis, in communi usu habetur et frequentatur ; quod vero in gravibus (*est*) minus necessarium (*quibusdam*) videtur, et contenditur, ut videtur (*contendunt quidam, ut vi-*

(1) Uncinis clausa non habentur in cod. Petrino.

tetur), *id (sed)* in nostro cantu, quem Gregorianum nos *vocamus (jactamus)*, vitari nullo modo potest, ut in *responsorio* graduali : In sole posuit ; et in aliis (*similibus*) quæ hujusmodi symphonia canuntur, et in cæteris (*cantibus*) perpluribus : alioquin aut cantus ex magna parte mutabitur, aut non *certo finali* (*recte*) finietur, aut omnino intermittetur. Et quia voces in speciebus diapason eædem esse dicuntur, ideo nimirum nos non videmus, si tetrachordum synemmeni in acutis inter G. et c. locum habet, quin etiam in gravibus inter Γ. et C. (*locum*) habere possit et debeat. Sciendum tamen quod hæc duo tetrachorda, quamvis non sint regularia (*multum*), tamen *nimium* sunt usitata. Quidam (*autem*) musici non ponunt tetrachordum synemmeni, sed tantumunam chordam, et vocant eam *molem (mollem)*. Sed raro mutantur voces in una chorda, quin potius *permeant (percurrant)* totum tetrachordum, vel *eo (adhuc)* amplius.

De quatuor tetrachordis aliis.

[(1) Sunt præterea quatuor tetrachorda a prædictis nomine et situ differentia : vocantur enim hypaton, meson, diezeugmenon, hyperboleon, et habent in suo fine semitonium. Illa vero in medio duorum tonorum. Horum dispositio ab acutis incœpta, planissima fit. Igitur tetrachordum hyperboleon fit ab a duplici usque in e. diezeugmenon, ab (2) f. in ♮. meson, ab a. in E. hypaton, ab E. in B. In distributione horum tetrachordorum remanent tres toni a ♮. acuto usque in a. acutum, et a B. gravi usque in A. grave, scilicet proslambanomenos, id est acquisitus, quem Ptolomæus rex Ægypti ad quatuordecim voces, quas solas antiquiores habuisse dicuntur, addidisse refertur, et ille quoque, quem moderni adjecerunt. Differunt igitur et in hoc a præfatis quatuor regularibus tetrachordis, quod e. et E. habent conjunctionem paramese vero disjunctionem ; illa autem habent d. et D. conjunctionem, mese vero disjunctionem.]

Regularium autem (*tetrachordorum*) primum est tetrachordum gravium, non solum numero et positione, sed etiam *privilegii* dignitate (*gravitatis*), ut etiam hoc modo admoneamur contemnere puerilem levitatem garrulitatis, et adamare virilem dignitatem gravitatis. (*Insuper*) est enim principium fons et origo trium cæterorum. Nam gignit tetrachordum finalium dimensionis proportione sesquitertia ; tetrachordum vero superiorum dupla ; *ipsa* vero nata procreant tetrachordum excellentium generatione vicaria, *prius quidem* (*nam tetrachordum finalium gignit tetrachordum excellentium proportione*) dupla, *sequens vero* (*et idem tetrachordum excellentium gignitur a tetrachordo superiorum proportione epitrita sive*) sesquitertia. Et hæc est tam naturalis genitura, ut prima primam (*secundam*), secunda secundam, *tertia* tertiam, quarta (*tertia*) procreat quartam, *ea qua diximus mensura* : hæc, inquam, est inviolabilis procreatarum forma chordarum secundum rationem dictarum proportionum, et hoc est exemplar dicendarum specierum trium symphonia-

(2) Legendum *ab e.* in ♮.

rum. Sunt enim inter supradictos modos vocum tres, qui (quæ) dicuntur symphoniæ, propter suaves vocum copulationes, id est, diatessaron, diapente, diapason.

De speciebus diatessaron.

Sane diatessaron habet bis quatuor principales species, quatuor in gravibus, quatuor in acutis, duas primas, duas secundas, duas tertias, duas quartas, quæ supradicto *quæque suo quasi* imprimuntur exemplari sesquitertio (ita quidem quælibet suo sesquitertio imprimitur). Nam prima (*species*) primis (*et*) secunda secundis, tertia tertiis, quarta quartis, *duobus* gravium et finalium *constat* (*constant*) chordis, et fit prima ab A. in d. (D), secunda a B. in E. tertia a C. in F. quarta a D. in G. Eodem modo altera prima ejus species prima primis, altera secunda secundis, altera tertia tertiis, altera quarta quartis superiorum et excellentium *duabus* constat chordis, sitque prima ab a. in d. secunda a ♮. in e. tertia a c. in f. quarta a d. in g.

De speciebus diapente.

Diapente vero habet tantum quatuor principales species, quæ non minus, naturaliter fiunt habentes formam quæque *sua sesquialtera* (*suam sesquialteram*). Nam eodem modo prima primis, secunda secundis, tertia tertiis, quarta quartis finalium et superiorum *duabus* constat chordis, et fit prima a D. in a. secunda ab E. in ♮. tertia ab F. in c. quarta a G. in d. (*Et nota quod in his duobus tetrachordis simul junctis, seu finalium et superiorum potius ponitur generatio specierum diapente quam in aliis; quia nec tetrachordum gravium et finalium, nec tetrachordum superiorum et excellentium simul juncta ad istam sufficient genituram propter paucitatem chordarum.*)

De speciebus diapason.

Porro diapason sicut (*et*) diatessaron habet bis quatuor principales species, duas primas, duas secundas, duas tertias, duas quartas, quæ habent formam quæque suam proportionem duplam. Illæ tamen *species superiores* (*priores symphoniæ*) constant (*tantummodo*) chordis vel vocibus: istæ vero species (*autem diapason*) constant (*ex*) speciebus compositis (*videlicet ex speciebus diatessaron et diapente*). Nam prima species diapason constat ex prima (*specie*) diatessaron, et ex prima specie diapente, et fit ab A. gravi usque in a. acutum, et habet medium terminum D. quod etiam finale est proti. Secunda species diapason constat ex duabus secundis speciebus, id est, ex secunda specie diatessaron, et *ex* secunda specie diapente, et fit a gravi B. (*usque*) in ♮. acutum, et habet medium terminum E. grave, quod etiam finale est deuteri. Tertia species diapason constat ex duabus tertiis speciebus, id est ex tertia specie diatessaron, et ex tertia specie diapente, et fit a C gravi usque in c. acutum, et habet medium terminum F. quod etiam finale est triti. Quarta species diapason constat ex duabus quartis speciebus, id est, ex quarta specie diatessaron, et *ex quarta specie* diapente, et fit a D. gravi *usque* in d. acutum, et habet medium *terminum* G. quod etiam finale est tetrardi. Altera vero prima species diapason constat ex duabus primis speciebus, id est, ex prima specie diapente, et (*ex*) altera prima specie diatessaron, et fit a D. gravi usque in d. acutum, et habet medium terminum a. acutum. Altera secunda species diapason constat ex duabus secundis speciebus, id est, ex secunda specie diapente, et ex altera secunda specie diatessaron, et fit a E. gravi in e. acutum, et habet medium terminum in ♮. acutum. Altera *quarta* (*tertia*) species diapason constat ex duabus tertiis speciebus, et (*id est*) ex tertia specie diapente, et ex altera tertia specie diatessaron, et fit ab F. gravi in f. acutum, et habet medium *terminum e.* (*c.*) acutum. Altera quarta species diapason constat ex duabus quartis speciebus, id est ex quarta specie diapente, et ex altera *quarta* specie diatessaron, et fit a G. gravi in g. acutum, et habet *medium* terminum d. acutum. In hac *distributione* (*divisione*) specierum diapason remanent duo toni, unus inter Γ. et A. grave, alter in g. acutum et $\frac{a}{a}$. duplex. Dicimus (*diximus*) ubique principales, sed tamen id cum differentia intelligendum est.

Quod graviores sint principaliores.

Graves enim dicuntur principales ut antiquiores, acutæ (*vero*) principales ut juniores; illæ ut matrices, istæ vero ut obstetrices. Denique ut dicitur solemnitas solemnitatum, ut cantica canticorum; ita illæ dici possunt principales principalium, istæ vero ultimæ vel postremæ principalium. Notandum autem quod in constitutione specierum non ita recte octo species sicut bis quatuor *species* possumus dicere, quod *hic* (*is*) qui *hæc* diligenter legit, potest intelligere.

De constitutione quatuor troporum.

Ex his itaque trium symphoniarum speciebus constituuntur quatuor tropi. Tropus autem dicitur a Græco tropos, quod interpretatur conversus vel conversio, eo quod (*quisque*) tropus convertat se a cæteris tropis ad suas regulas, et ad proprias figuras vel modos (*vel quia quilibet tropus, quantumcunque ascendat vel descendat, ultimo tamen se ad suam finalem convertit*). Guido autem vocat eos modos, et constituit illos quatuor *inde*, unde nos species constituimus, *informatque per eos, sicut nos per species, quatuor tropos videlicet protum, deuterum, tritum, tetrardum.*

De proto.

Protus autem, *id est primus*, constituitur ex omnibus primis; deuterus, id est secundus, ex omnibus secundis; tritus, id est tertius, ex omnibus tertiis; tetrardus, id est quartus, ex omnibus quartis, quos ideo græcis nuncupationibus nos nominamus, quia eos ita vocat generalis usus, et quia *Græci forsitan diligentius regulis inhærent naturalibus*. Protus itaque constat ex duabus primis speciebus diatessaron, et prima specie diapente, et duabus primis diapason. Hujus exemplum habemus antiph. Domine non est alius, quæ in letaniis scripta invenitur. Incipitur enim in A. gravi *et permeat* (*permanet*) *usque ad* (*in*) d. acutum: quæ duæ chordæ omnes *primas* species includunt.

De deutero.

Item duæ secundæ species diatessaron, et secunda diapente, et *secunda (duæ)* diapason informant deuterum, cujus exemplum satis reperiri potest.

De trito.

Tritum vero duæ tertiæ species diatessaron, et tertia diapente, duæque tertiæ diapason consummant, ut antiph. O Christi pietas, sicut diligens inquisitor inveniet.

De tetrardo.

Tetrardus quoque constat ex duabus quartis speciebus diatessaron, et quarta diapente, et duabus quartis diapason, cujus exemplum ad præsens habemus ฉ. Audi, fili mi, quod (ฉ.) ascendit et descendit per omnes quartas species, et ultra. Et hæc quidem *(est)* constitutio quatuor troporum, vel modorum. Ista vero est divisio *(eorumdem.)*

De divisione proti.

Conjuncta prima specie diapente cum prima diatessaron, quæ est in gravibus, et confecta prima specie diapason, constituitur prior, ut ita dicam, protus. Item eadem specie diapente juncta cum altera prima specie diatessaron, *et confecta altera prima specie diapason*, constituitur, ut ita dicam, alter protus. Inde sunt *illa* nomina, quæ dicuntur *autenticus (autentus)* protus, et plaga proti.

De divisione deuteri.

Eodem modo secunda specie diapente conjuncta cum secunda *specie* diatessaron, quæ constat in gravibus, et composita secunda specie diapason, *generatur (constituitur)* prior deuterus. Item eadem secunda specie diapente juncta cum altera secunda specie diatessaron, et formata altera secunda specie diapason, *constituitur (generatur)* alter deuterus. Et *hæc (inde)* sunt nomina, quibus dicitur *(autentus)* deuterus, et plaga deuteri.

De divisione triti.

Similiter tertia *figura (specie)* diapente adjuncta cum tertia specie diatessaron, quæ in gravibus est, et composita tertia specie diapason, consummatur, ut ita dicam, *(prior)* tritus. Item eadem tertia specie diapente cum altera tertia specie diatessaron juncta, et confecta altera tertia specie diapason, constituitur, ut ita dicam, alter tritus. Inde solet *dici autenticus (autentus)* tritus, et plaga triti.

De divisione tetrardi.

Simili modo quarta specie diapente conjuncta cum quarta specie diatessaron, et composita quarta specie diapason, nascitur *(inde)*, ut ita dicam, prior tetrardus. Item eadem specie quarta diapente *juncta* cum altera quarta specie diatessaron, et inde nata altera quarta specie diapason, gignitur, ut ita dicam, alter tetrardus. Inde sunt nomina *autenticus (autentus)* tetrardus, et plaga tetrardi. *Autenticus (autentus)* autem dicitur quasi magister et prælatus, quia sumpsit nomen ab auctoritate. *Plaga (plagalis)* vero a Græco est, ut aiunt, et dicitur discipulus et collateralis vel subjugalis.

Hanc divisionem non esse recentem.

Nec hæc recens est divisio, sed antiqua; vetus *(est)* non nova. Legimus namque in veteribus gentilium auctoribus pro proto et *plaga (plagali)* ejus dorius, hypodorius, pro deutero et *discipulo (plagali)* ejus phrygius, hypophrygius : pro trito et collaterali *ejus (suo)* lydius, hypolydius : pro tetrardo et subjugali ejus mixolydius hypomixolydius. Hucusque divino auxilio processimus per omnia fere sententiis innisi naturalibus. Nunc *autem* in dicendis cum usum secuti *fuerimus (simus)*, nisi caute agamus, contrarii nobis erimus.

De divisione troporum naturales regulas non servasse.

In divisione etenim troporum vel modorum *non adeo quidem (quidam)* naturales regulas *(non)* servaverunt, imo multum usui indulserunt, et secundum ipsum *(usum)* regulas, quas nec vitare possumus nec debemus, contexuerunt. Sunt autem tropi vel modi *(proprie dicti)*, quos nos abusive nuncupamus *(nominamus)*, ut quidam dicunt, tonos. Sed cum tonus a tonando, id est sonando, dicatur, quam commode epogdoo *(tonus)* adscribitur, tam convenienter tropo vel modo tribuitur. In *eo (eis)* autem *plus* peccavit usus, quod sicut a proto et plaga ejus confecit primum et secundum, ita a deutero et ejus discipulo tertium et quartum; a trito quoque et ejus collaterali quintum et sextum; a tetrardo vero et ejus subjugali confudit septimum et octavum. Quæ quia tantum invaluit abusio, incedat hic nostra quoque sententia capite verso. Verumtamen nunc ad superiora revertamur, et quia aliud non possumus, usui faventes ad ipsum stabiliendum et confirmandum rationes invenire nitamur, ostendentes adjutorio divino, ob quam causam naturales in *eisdem (ipsis)* tonis *(usus)* transposuerit constitutiones. Graves *igitur (quippe voces)* naturalis proportione prælationis *(ex naturali prælatione)* cum suis censoribus *(consortibus)* secundum supradictam rationem principalem locum obtinere *(deberent)*; nemo *(quoque)* est, qui *(hoc)* abnegat, nemo *(est)*, qui aliud affirmare possit. Acutæ autem *(tamen)* cum suis socialibus sonoritatis et intensionis altitudinem *præripuerunt (obtinent)*, et in tali sublimitate primarium locum possederunt, quantoque sunt remotiores, tanto in hoc tali prioratu existunt excellentiores, quod demonstrant nomina *eorum (earum)* quibus vocantur superiores et *excellentes (excellentiores)*. Quæ nomina non esse recentia, non esse nova, probant *ea (earum)*, quæ Boetio teste habent græca vocabula, trite hyperboleon, paranete hyperboleon, nete hyperboleon. Ob hujusmodi elevationis sublimitatem, et ejus oppositæ *dispositionis (depositionis)* remissionem, consuetudo ab acutis transtulit *intimatum (infimatum)*, (3) a gravibus autem principatum. Hæc itaque causa est, et ratio, ob quam in acutis *autenticos (autentos)*, *plagas (plagales)*

(3) Recte.

vero in gravibus constituunt omnes latini musici, haud scimus, an græci. Assentiamus ergo et nos, et quamvis sufficere posset, quod superius eos naturaliter constituerimus, tamen et hic ipsos *usualiter* quanto brevius potuerimus, constituamus.

De primo tono.

Primus *igitur* tonus vel tropus, sive modus versatur regulari cursu inter D. et d. utpote in suis speciebus, et ex licentia assumit *utramque (utrinque)* chordam, *vel vocem,* cujus formula hæc est: Ejus sæculorum amen incipit in a. cantus vero (*abit*) in C. ut *antiphona* Arguebat. sæpius autem in D, quæ est ejus finalis, ut antiph. Ecce nomen Domini, et *Euge, serve bone,* et *Columna est,* et *Domine Dominus noster.* In E. sed raro, ut ꝛ̃. Veniens a Libano, (et ꝛ̃. *Ego te tuli*). In F. quoque, ut *Biduo vivens.* et *Ave Maria.* et *Apertis thesauris, Domine si hic.* (ant. *Beati mundo*). In G. ut ant. *Secundum magnam, ut* ꝛ̃. *Vidi Jerusalem. In a. quoque, ut ant. Beati mundo.* Est etiam, quando idem tropus incipit in A. gravi, ut ant. *Domine non est al.* (*Sautus adhuc*); hoc tamen rarissime fit, tunc videlicet, cum indifferens est, habens diatessaron superius, sicut inferius.

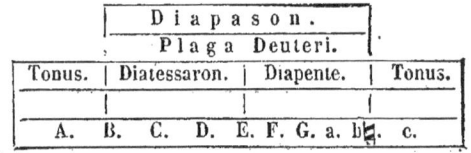

De secundo.

Secundus subjugalis (*est*) ejus, habet eamdem finalem, quam (*et*) magister, *id est,* (*in*) D. grave, versaturque inter A. et a. id est, in sua diapason, et assumit utrinque vocem. Hæc autem est formula ejus : (*quod patet in hac figura*) ipsius sæculorum amen incipit in F. (*f.*) cantus vero in ᴦ, sed raro ut ꝛ̃. Educ de carcere, Natus ante sæcula. In A. ut offert. Ad te, Domine, levavi. In C. (*c.*) ut ant. *Nonne cor nostrum.* (*Sicut lilium.*) In D. (*d.*) ut ant. Ecce in nubibus. In E. quamvis raro, ut ꝛ̃. *Ego te.* (ant. *Ecce Maria*). In F. ut ant. *Quem vidistis.* Reperitur etiam inchoare in B. inferioris synemmeni, ut Grad. *Salvum fac servum.*

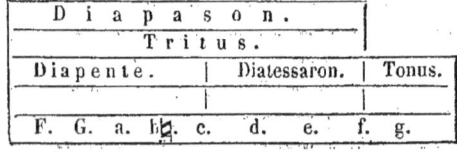

De tertio.

Tertius modus finitur in E. gravi, proceditque regulariter ad e. acutum, scilicet per *duas* (*suas*) species assumens utrinque chordam : cujus formula hæc est (*quod patet in figura*). Ejus sæculorum amen (euouae) incipit in C. (*c. acuta*), cantus vero (termi-

natur) in E. ut ant. Quando natus es. In F. ut Introit. Nunc scio vere. In G. ut ant. Fac benigne. In c. ut ant, Vivo ego, et Unum opus feci.

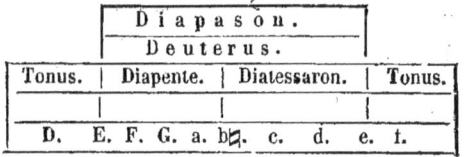

De quarto.

Quartus *autem plagis ejus* (*tonus plagalis tertii*) eamdem habet finalem, curritque regulariter inter B. et ♮, assumens utrinque chordam, tangensque persæpe utrumque B. ♮. (*b.*) synemmeni, *Formula autem ejus hæc est.* Ejus *sæculorum amen* (euouae) incipit in a. sicut *primi* (*primus*), cantus vero in C. ut antiph. Hodie natus est. In D. ut antiph. Benedicta tu. In e. (*E.*), ut ant. Gaude, Maria. In F. (*f.*) ut ant. Ecce merces. In G. ut ant. O mors. In a. sed raro, ut ant. Nisi diligenter.

Diapason.			
Plaga Deuteri.			
Tonus.	Diatessaron.	Diapente.	Tonus.
A. B. C.	D. E. F. G. a.	b♮.	c.

De quinto.

Quinti finalis est F. inde *ascendamus* (*ascendentis*) ad f. inter quas continentur ejus species, *quin assumit utrinque vocem, cujus formula est.* (*Et nota, quod quintus tonus non assumit vocem ex parte gravium, sed ex parte acutarum tantum, ut hic patet*). Hujus *sæculorum amen* (Ejus euouae) incipit in C. (*c.*) sicut tertii, cantus vero in F. ut ant. Adhuc multa. ut ant. Haurietis. In G. (*sed raro, ut com. Non vos rel.*) Raro vero in a. (*In d.*) ut ant. Exsultabunt omnia. In c. ut ant. Elevamini portæ æternales, et ant. *Ecce jam veniet.*

Diapason.			
Tritus.			
Diapente.	Diatessaron.	Tonus.	
F. G. a. b♮. c.	d. e.	f. g.	

De sexto.

Sextus vero discipulus ejus eamdem habet finalem, vaditque regulariter a C. in c. per suas species, *et hic assumit utrinque chordam, cujus formula hæc est,* (*non hic ex parte gravium assumit chordam*). Ejus *sæculorum amen* (*euouae*) incipit in a. ut primi et quarti; cantus autem in C. grave. ut antiph. Vox exsultationis. In D. ut antiph. Si ego verus. In F. ut ant. O admirabile. In G. raro, ut ant. Nesciens mater. Rarius vero in b. synemmeni superioris, ut Com. Redime me. Invenitur quoque incipere in B. inferioris synemmeni, ut antiph. Adorna thalamum; quæ inchoatio rarissima est, et a multis vitatur, præsertim ad (cum) hoc synemmenon a plerisque vitari satagatur.

Diapason.			
Plaga Triti.			
Tonus	Diatessaron.	Diapente.	Tonus.
B. C.	D. E.	F. G. a. b♮. c.	d.

De septimo.

Septimus modus terminatur in G. proceditque inde in g. suam diapason, et assumit chordam utrinque, cujus formula (est hæc). Ejus sæculorum amen (euouae) incipit in d. cantus vero in G. ut antiph. Assumpta est. In a. ut antiph. Ipse præibit, et ꝶ. Elisabeth. In ♮. ut ant. Cum angelis. In c. ut ant. Benedicta filia. In d. ut ant. Agathes lætissima.

Diapason.			
Tetrardus.			
Tonus.	Diapente.	Diatessaron.	Tonus.
F. G. a. b♮. c. d.	e.	f	g. a.

De octavo.

Octavus collateralis ejus eadem finali terminatur, versaturque inter D. et d. sicut in suis speciebus, accipiens (totum) tonum utrinque. Formula (ejus est hæc, quæ subsequitur). Ejus sæculorum amen incipit in c. sicut tertii et quinti, cantus vero in C. ut ant. Justorum animæ (Cornelius) ant. Stabunt justi. In D. ut ant. Dixit Dominus mulieri. In E. ut ꝶ. Iste est, qui ante Deum. Et Hodie Maria. In F. ut ant. Gloria in excelsis. In G. ut ant. Advenerunt nobis. In a. ut ant. Apertum est. In c. ut ant. Aquam quam ego. In d. ut ant. Tu es qui venturus, ut ant. undecim discipuli. Inchoat etiam aliquando in b. synemmeni superioris, ut vers. offert. Notas mihi fecisti.

Diapason			
Plaga Tetrardi.			
Tonus.	Diatessaron.	Diapente.	Tonus.
C. D.	E. F.	G. a. b♮. c.	d. e.

Cum igitur unusquisque troporum ad regularem cursum in superioribus suis vocem unam accipiunt (accipit), primus, secundus, tertius et octavus inveniuntur aliquando assumere duas, et facere decachordum, quod constat tribus tetrachordis. Horum exempla scripta (subscripta) sunt. (Exemplum de primo tono est hoc) ꝶ. Hæc est Jerusalem, et ꝶ. Plateæ tuæ : et ꝶ. Filiæ Jerusalem.

Diapason.			
Decachordum primi toni.			
Diatessaron.	Diatessaron.	Dia	tessaron.
D. E. F. G.	a. b♮.	c.	d. e. f.

Decachordum secundi et exempla ejus.

(Exempla secundi sunt hæc) ꝶ. Rorate cœli. ꝶ. Qui vicerit. ꝶ. Angelus Domini. ꝶ. Tentavit Deus, et ant. In spiritu humilitatis. Hoc decachordum secundi a plerisque Teutonicis maxime frequentatum vitant Itali vel Romani, continentes se in b. molli; quos imitantur quidam Teutonici.

Diapason.			
Decachordorum secundi toni.			
Diatessaron.	Diatessaron.	Dia	tessaron.
A. B. C. D.	E. F. G.	a.	b♮. c.

Decachordum tertii et exempla ejus.

Exempla de decachordo tertii sunt hæc) ꝶ. Virtute magna. ꝶ. Peccavi super.

Diapason.			
Decachordum tertii toni.			
Diatessaron.	Diatessaron.	Dia	tessaron.
E. F. G.	a. b♮.	c. d.	e. f. g.

Decachordum octavi et exempla ejus.

(Exempla octavi sunt hæc) ꝶ. Ecce radix Jesse. Et ꝶ. Pretiosus confessor Domini. Et ꝶ. Oravit Jacob. et ꝶ. Nuntiaverunt Jacob.

Diapason.			
Decachordum octavi toni.			
Diatessaron.	Diatessaron.	Dia	tessaron.
D. E. F. G.	a. b♮.	c.	d. e. f.

Non solum hæc, sed et alia exempla diligens inquisitor reperire potest, maxime in difficiliori cantu. In quinto et sexto et septimo (*talem cantum non invenimus, forsitan hac ratione, quia in illis tonis*) non *invenimus* (*possumus invenire*) *tetrachordum* (*decachordum*), *quod constet ex tribus tetrachordis, in quinto quidem et sexto, impediente tritono; in septimo vero propter defectum chordarum in monochordo. In quarto autem tono tale tetrachordum invenire possumus, sed nos talem cantum non recordamur nos invenisse*). Quoniam autem non solum hæ diversitates vel varietates, sed etiam aliæ non modicæ in cantu patent, quæ in troporum errorem mittant (*mittere possint*) cantorem, ut ignoret, quis cui attribuatur, operæ pretium duximus *audere* (*generales cudere*) regulas, quibus *autenticos a subjugalibus vel communibus* (*autentos a plagalibus*) evidenter segregemus.

Generales regulæ autentici cantus.

Quicunque igitur cantus diatessaron habet superius *ipso* (*supra*) diapente, si descendat etiam usque ad duodecimam chordam, *D. videlicet ab* $\frac{a}{\Gamma}$ *vel citra* in qualibet subsistat, dum *tantum* (*tamen*) ad finalem regulariter (*currat vel*) perveniat. Similiter qui duas chordas supra diapente, *utputa* ♮ *vel c. et* (*vel*) infra unam vel nullam habet. Item qui supra unam et infra diapente nullam; omnis hujusmodi cantus

(4) Hic finit. Tegerns.
(5) Annectuntur hic in Cod. San-τ etrino regulæ super discantum, quas omittimus, melius suo loco ex Francone et Joanne de Muris explicaudas. Nec dubitamus ad eam ipsam ætatem sæc. XIII. vel XIV.

sine contradictione autentico tribuatur, dum *tantum* (*tamen*) regulariter terminetur.

Generalis regula plagalis cantus.

Qui autem habet diatessaron inferius, *id est gravibus, si ascendat a* Γ *ad decimam* (*chordam*) *sive descendat ad decimam citrave*, in qualibet remaneat, dum *tantum* (*tamen*) ad finalem secundum regulas accedat. Similiter qui duas voces infra diapente, et unam vel nullam supra *citrave* (*vel si citra diapente*) ubilibet subsistat. Item qui infra (*diapente*) unam, et supra *diapente* nullam habet, citrave in qualibet subsistat. Identidem, qui nullam infra habet, nec ad diapente pleniter ascendit. Universus talis cantus ad subjugalem referendus est, si tamen regulariter finiatur.

Generalis regula communis cantus.

Communis vero cantus est, qui *inter* (*infra*) diapente eam pleniter attingens versatur, nec utrolibet evagatur. Similiter qui supra et infra unam vocem æqualiter accipit. Item qui utrinque duas æqualiter assumit. Illud autem in communi cantu observatur, ut ei tropo (*tono attribuatur, qui in usu habetur*) tribuatur, (4) (*cum quo magis concordat, vel cui usitatum est eum attribuere. Diximus regulas verisimiles et quæ probari possunt; sed in quibusdam, ut dicit Priscianus, regula quidem scienda est, usus vero observandus*). (5)

esse referendas eas regulas super discantum, atque ad scriptorem codicis, non ad auctorem esse referendum versiculum qui subnectitur: *Qui me scribebat, Dieterus nomen habebat.*

CIRCA ANNUM DOMINI MCXIX

HUGO DE SANCTA MARIA

FLORIACENSIS MONACHUS

NOTITIA HISTORICA ET LITTERARIA

(*Histoire littéraire de la France*, X, 285)

Hugues de Sainte-Marie, ainsi appelé du nom d'un village appartenant à son père (1), où était une église dédiée à la sainte Vierge, embrassa la vie monastique dans l'abbaye de Saint-Benoît-sur-Loire, et s'y rendit célèbre par son savoir, vers la fin du xi⁰ siècle. C'est presque tout ce que nous savons de la vie et des actions de cet auteur, qui ne nous est connu que par son nom, sa profession et ses écrits. Le plus considérable de tous par la solidité et l'exactitude est son *Traité de la puissance royale et de la dignité sacerdotale*, que Baluze a imprimé dans le recueil des anciens monuments (2). Hugues l'adressa à Henri Ier, roi d'Angleterre, par un prologue ou préface qu'il mit à la tête. Le dessein de l'auteur est d'apaiser les disputes qui divisaient les deux puissances, et de combattre l'erreur de ceux qui, croyant savoir ce qu'ils ignoraient, renversaient l'ordre de Dieu. Ce que notre auteur appelle erreur avec raison, et ce qu'il entreprend de combattre, est le sentiment de ceux qui prétendaient que la puissance temporelle n'a point été établie de Dieu, mais par les hommes, et qui en conséquence mettaient la dignité sacerdotale au-dessus de la royale, quoi-

(1) Note du ms. de la Bibl. du roi 4963.   (2) *Miscel.*, t. IV, p. 65.

qu'elle lui doive être soumise, non en dignité, mais par l'ordre de Dieu (3). Hugues se flatte qu'après qu'il aura dissipé les nuages de cette erreur, on se rendra peut-être à la vérité et aux dogmes qu'il appelle divins (4) : *divinis dogmatibus acquiescent*. Il traite de sacriléges et de pharisiens les partisans de l'erreur qu'il entreprend de réfuter : ce sont des furieux qui, ne cherchant qu'à satisfaire leur fureur, renversent l'ordre établi par Dieu même, et entretiennent entre les puissances des divisions qui mettent le trouble dans l'Eglise que Jésus-Christ a rachetée de son sang. Quel nom notre auteur donnerait-il aujourd'hui, s'il vivait, à ceux qui, non contents de renverser l'ordre de Dieu, en avançant que la puissance temporelle vient des hommes et non de Dieu, détruisent encore la puissance ecclésiastique; et qui, aussi ignorants qu'ils sont impies, attribuent aux Vandales (5) la distinction des deux puissances ? La raison qui engagea Hugues à dédier son traité au roi d'Angleterre, était pour lui donner plus de poids et d'autorité; et il suivait en cela, dit-il, l'exemple des savants, qui avaient autrefois coutume de présenter leurs ouvrages aux rois versés dans les lettres. Il prie sa majesté de l'examiner avec des gens sages, pour découvrir tout ce qui méritait d'être corrigé. Pour ce qui est de ces téméraires qui renversent l'ordre des choses, il prévoit que son ouvrage ne sera point de leur goût, tant à cause du style qui leur paraîtra grossier, que parce qu'il combat leur sentiment : car, hélas ! dit-il, les aveugles de cœur se plaisent pour l'ordinaire dans leur aveuglement et leur témérité ! *Nam cæcis corde plerumque sua, proh dolor ! cæcitas atque temeritas placet*. Il les exhorte cependant à ne point s'offenser de son style, et à préférer dans son discours la vérité à l'éloquence : *Malint veros quam disertos audire sermones*.

Du reste, il sait qu'il y a plus de sûreté à entendre la vérité qu'à l'annoncer soi-même : *Tutius veritas auditur quam prædicatur*; c'est pourquoi il prie les évêques et les autres prélats de l'Eglise, qui liront son livre, de ne point croire qu'il ait la présomption de la témérité de vouloir les enseigner, eux qui sont assis dans des chaires, et instruits des secrets de la divine philosophie. Ce que nous venons de rapporter du prologue d'Hugues de Fleuri, ne peut que donner une idée très-avantageuse du *Traité de la puissance royale et de la dignité sacerdotale*; il est divisé en deux livres. Dans le premier, après avoir établi (cap. 1), par l'autorité de l'Apôtre, que tout pouvoir vient de Dieu ; qu'un roi est dans son royaume ce qu'est la tête dans le corps humain (cap. 2), qu'il est l'image de Dieu le Père (cap. 3), comme l'évêque est celle de Jésus-Christ, il explique fort au long en quoi consiste le devoir d'un véritable roi (cap. 4). Il doit employer son ministère à tirer ses sujets de l'erreur, et à les ramener dans les voies de l'équité et de la justice, en quoi il peut être très-utile à l'Eglise. Notre auteur remarque, d'après un Père de l'Eglise, dont il emploie les paroles sans citer la source, que Dieu donne souvent aux peuples des rois pour les gouverner tels qu'ils les méritent (6), et qu'il y a quelquefois une si grande connexion entre les mérites des sujets et des personnes qui les gouvernent, que la vie des sujets devient plus déréglée par la faute de celui qui les conduit; et que le prince change de vie par le mérite de ses sujets. Un bon roi est un don de la miséricorde de Dieu, et un mauvais est donné par un effet de sa colère ; selon qu'il est écrit : *Je vous donnerai un roi dans ma fureur*; et ailleurs : *Il fait régner l'homme hypocrite à cause des péchés du peuple*. Mais quels que soient les rois et les princes, il faut les souffrir, et on ne doit jamais avoir la témérité de s'élever contre eux, en leur résistant. En suivant le précepte de l'Apôtre, si nous étions sous la domination d'un prince païen, il faudrait l'honorer et souffrir patiemment tous les traitements qu'il pourrait nous faire. Il nous est ordonné de prier pour eux, et non de leur résister. C'est par la prière, et non par les armes, qu'il faut résister aux mauvais princes. Saint Ambroise n'opposa à la persécution de l'impératrice Justine que les prières continuelles qu'il faisait à Dieu jour et nuit. C'est une témérité et un crime pour tout prélat de prendre les armes contre un roi ou un empereur. C'est se révolter contre Dieu même, que de résister aux puissances. Quiconque meurt en portant les armes contre son prince, meurt, non comme un martyr, mais comme un voleur qui subit la peine qu'il mérite. Mais ce n'est point à dire pour cela qu'on doive obéir aux puissances, si elles commandaient de faire le mal. Si les disciples de Jésus-Christ doivent aux princes l'obéissance dans les choses de ce monde, ils doivent à Dieu leur innocence (7). C'est pourquoi si un chrétien se trouvait dans la nécessité, ou de blesser l'innocence et la justice, en obéissant aux puissances, ou de perdre la vie, en refusant de leur obéir, il doit préférer la mort à une vie périssable, qu'il ne peut conserver qu'aux dépens de sa conscience et de la fidélité qu'il doit à Dieu (8).

Le devoir d'un bon roi est de gouverner son peuple dans l'équité et la justice (cap. 6), et de défendre l'Eglise de tout son pouvoir. Il doit être le défenseur de l'orphelin, le protecteur de la veuve et le père du pauvre, afin de pouvoir dire à Dieu comme Job : *J'ai été l'œil de l'aveugle, le pied du boiteux ; j'examinais avec soin les affaires dont je n'étais pas instruit*. Il doit aimer de tout son cœur le Dieu tout-puissant, qui l'a choisi pour gouverner des milliers d'hommes ; et le peuple qui lui est confié, comme lui-même. Il est encore du devoir d'un grand roi d'orner et d'embellir les églises de son royaume, et de veiller à ce que le culte de la religion s'y conserve religieusement, à l'exemple de Constantin et de plusieurs autres rois et princes. Il doit avoir les quatre vertus principales : la sobriété, qui lui fera éviter la paresse, tant par rapport au corps que par rapport à l'esprit ; la justice, qui le fera chérir de Dieu et de tous les hommes sensés ; la prudence, qui lui fera faire le discernement de ce qui est juste et injuste ; la tempérance, qui l'empêchera de tomber dans aucun excès. Ce n'est point assez qu'il soit orné de vertus, il doit aussi être instruit de lettres, afin de pouvoir nourrir son esprit par la lecture des Livres saints, et s'instruire et se fortifier par les exemples des grands hommes anciens et modernes. Notre auteur propose aux rois la prière de Salomon, pour modèle de ce qu'ils doivent demander à Dieu ; et il y joint différents textes tirés des livres de ce roi de Jérusalem,

---

(3) *Ordinem a Deo dispositum evertunt, dum opinantur se scire quod nesciunt. Putant enim quod terreni regni dispositio non a Deo, sed ab hominibus sit ordinata, sive disposita. Et ideo sacerdotalem dignitatem majestati regiæ præferunt, cum ei subesse ordine, non dignitate, debeat.*

(4) *Miscell.*, ib., p. 10.

(5) Voltaire, dans un libelle qui a pour titre : *La Voix du Sage*.

(6) *Verumtamen secundum merita subditorum tribuuntur plerumque personæ regentium ; et ita nonnunquam sibi invicem connectuntur merita subditorum atque rectorum, ut ex culpa rectoris fiat deterior vita subditorum, et ex meritis subditorum mutetur vita rectorum* (Greg. Mag. *Mor. in Job*, l. xxv, c. 20).

(7) *Verum ad malum perpetrandum, nullus potestatibus debet adhiberi consensum, quia si illis debetur a Christi cultoribus terrena militia, Deo debetur innocentia.*

(8) *Unde si forte coactus fuerit aliquis christianus, ut aut eis obediendo, justitiæ vel innocentiæ regulam infringat, aut quamlibet pœnam aut mortem pro contemptu hujusmodi solvat, eligat Deo fidelis anima magis fugitivam vitam amittere, quam reatum peragere.*

pour leur servir d'instruction. Il veut que le prince corrige les mœurs de ses sujets (cap. 7), en les exhortant et leur inspirant la crainte, et en leur donnant lui-même l'exemple du bien ; qu'il ait de la considération pour les hommes vertueux et sages; qu'il reçoive comme des oracles de Dieu les avis qui lui sont donnés par de saints personnages ; qu'il soit libéral, affable, tranquille, d'un esprit gai, vrai dans ses paroles, modeste dans son rire, etc.; qu'il ait une langue savante, une foi pure ; qu'il ait en horreur la débauche, l'envie, et la cupidité qui est la source de tous les maux ; que ses ministres soient modestes, hommes de bon sens et de bons conseils, etc.

A l'égard des rois qui s'écartent de la voie de Dieu, notre auteur dit sagement que pour les ramener, on doit employer des moyens qui soient tels, qu'on honore toujours en eux la majesté royale, et que le péché cependant soit puni (9), les rois n'étant point, par leur dignité et leur puissance, exempts de suivre les lois de l'Eglise, et dispensés de sa discipline, à laquelle ils sont soumis par la profession qu'ils font de la foi. Ainsi il faut les reprendre, non avec hauteur, mais charitablement, et avec les ménagements de la sagesse, *charitatis affectu, sapienterque*. Notre auteur parle ensuite (cap. 8) de la punition que Dieu exerce sur les rois et les princes qui désobéissent à ses commandements ; il leur arrive ce qui arriva au premier homme après son péché. Aussitôt qu'il eut désobéi au commandement de son créateur, il éprouva en lui-même une révolte de ses membres, et les mouvements de la concupiscence qui s'éleva contre sa volonté. Les animaux, qui avaient été créés pour lui être soumis, secouèrent le joug de son empire, et refusèrent de lui obéir. C'est ainsi qu'il arrive souvent que les sujets d'un roi rebelle à Dieu s'élèvent contre lui, lui tendent des embûches, et refusent l'obéissance qu'ils lui doivent. Pour l'ordinaire même les princes prévaricateurs périssent misérablement.

Après avoir parlé de la puissance royale, Hugues passe à la dignité sacerdotale (cap. 9), dont il relève le ministère. L'évêque a reçu de Dieu et de Jésus-Christ le pouvoir d'ouvrir et de fermer le ciel aux hommes. Les rois et les puissances lui soumettent leurs têtes, parce que, quoique les rois et les empereurs aient la souveraine autorité sur la terre, cependant ils sont liés par le lien de la foi : *Quia licet rex vel imperator culmine potestatis sit præditus, nodo tamen fidei tenetur astrictus.* L'évêque doit être le sel de la terre par sa doctrine. Il est roi pour conduire le peuple ; c'est un ange, parce qu'il annonce une bonne nouvelle; il est pasteur, parce qu'il nourrit les hommes de la parole de Dieu. En parlant des mauvais prélats (cap. 11), il se plaint de ce que cette dignité se donne plutôt à des ambitieux et à des ignorants, sans aucun mérite, ce qui déshonore la religion et attire le mépris de la dignité sacerdotale. Il y en a quelques-uns d'eux, dit-il, délivrent du serment de fidélité qu'on doit à ses maîtres, ce qui est absurde. Il combat cet abus dans le chapitre suivant, et blâme le zèle indiscret des pasteurs, qui font servir la rigueur de la discipline à leur haine et à leurs passions, dans les jugements qu'ils prononcent, soit contre l'innocent, soit en faveur du coupable : il faut donc examiner sérieusement les causes, et exercer, après cet examen, la puissance de lier et de délier. L'évêque doit bien prendre garde de ne pas avilir la doctrine qu'il prêche par la manière dont il vit : c'est l'avilir et la rendre méprisable, que de n'y pas conformer sa vie. Néanmoins, quelle que soit sa conduite, elle n'autorise point à mépriser sa personne et sa prédication. Ce serait mépriser Jésus-Christ. Les fidèles doivent donc respecter non-seulement les évêques, mais encore les prêtres, les clercs ; et quand même il y en aurait quelques-uns de répréhensibles, tous ne sont pas pour cela méprisables. D'ailleurs tous les hommes, tant qu'ils sont dans cette chair corruptible, sont sujets à faire des fautes. Mais Dieu, afin d'empêcher que les crimes ne se multipliassent par l'impunité, a établi des rois sur la terre pour les punir par des peines capables d'inspirer de la crainte aux hommes qui méprisent ses commandements. Ce serait une piété mal réglée, que de laisser le crime impuni, parce que ce serait le multiplier. Cependant les juges doivent se conduire avec beaucoup de discrétion, et pour cela ils doivent être instruits, afin de discerner ce qui doit être puni, et ce qui mérite quelque indulgence. Ainsi les rois, les empereurs et les juges ne font rien contre le commandement qui défend de tuer, soit lorsqu'ils condamnent des criminels à mort, soit lorsqu'ils font la guerre pour de justes raisons.

Comme les rois sont établis de Dieu sur la terre pour la punition des méchants, de même les évêques le sont dans l'Eglise pour exercer la puissance qu'il a reçue à l'égard des pécheurs. Il en est que l'évêque doit, selon la nature de la faute, séparer du corps et du sang de Jésus-Christ, et leur imposer une pénitence qu'ils accomplissent, pour être réconciliés et réunis à la société des fidèles. Il est obligé, par le devoir de sa charge, d'instruire les uns, de corriger les autres, d'en excommunier d'autres. Quelquefois il diffère de reprendre, soit pour attendre un temps plus favorable, soit par la crainte que celui qu'il reprendrait n'en devînt plus mauvais.

Voilà une partie des maximes que notre auteur établit par l'autorité de l'Ecriture et des Pères, dans son premier livre, où il fait voir que toute puissance vient de Dieu, et que c'est détruire l'ordre établi par Dieu même, que de résister aux puissances. Comme il relève la puissance temporelle dans cet écrit, il semble qu'il ait voulu prévenir une objection qu'on pourrait lui faire là-dessus, et se justifier par les paroles suivantes : Je ne prétends point, dit-il, établir qu'il soit permis à aucun roi ou à aucun empereur de faire quelque chose contre les commandements de Dieu et les saints canons ; mais je dis que comme un bon chrétien ne doit point obéir aux lois des rois lorsqu'elles sont contraires à celle de Dieu, ainsi on fait mal lorsqu'on n'obéit point à ce qu'ils ont sagement établi. Car, comme dit saint Augustin, la paix de toutes choses consiste dans la tranquillité de l'ordre.

Hugues (10), après avoir prouvé solidement, dans l'écrit dont nous venons de rendre compte, que toute puissance vient de Dieu, entreprit de faire voir, par un second, que Dieu a établi et placé deux puissances dans son Eglise, la royale et la sacerdotale ; l'union et le concours de ces deux puissances étant nécessaires pour assurer la paix et la tranquillité. Ce sont deux ailes par le moyen desquelles l'Eglise s'élève jusqu'au ciel ; c'est par les pieux soins de ces deux puissances qu'elle s'est étendue depuis une mer jusqu'à l'autre. Pour prouver ce qu'il avance, il remonte jusqu'à Moïse, puis il cite Josué, Samuel, David, Salomon, etc., comme des rois qui ont travaillé, de concert avec les prophètes, pour l'établissement de l'Eglise. Il donne le nom d'Eglise à la Synagogue, parce que ce qui arrivait alors était la figure de ce qui est arrivé depuis à l'Eglise établie par le sang de Jésus-Christ, dans laquelle les prêtres tiennent le rang que les prophètes avaient dans la Synagogue. L'Ancien Testament a précédé le Nouveau, comme une figure et une ombre qui a été dis-

---

(9) *Porro regibus transgressoribus modi curationum tales sunt adhibendi, ut et majestas regia in eis honoretur, et reatus puniatur censura justitiæ. Sub religionis enim disciplina regia potestas posita est. Nam quamvis sit rex potestatis culmine præditus, nodo tamen Christianæ fidei tenetur astrictus.*

(10) Baluze. *Miscel.*. l. II, p. 46.

sipée par la lumière de l'Evangile. Dieu qui envoyait les prophètes sous l'ancienne loi, a envoyé son Fils qui en a établi une nouvelle, en répandant son sang pour racheter les hommes de la mort éternelle, et les délivrer de la captivité. Ses disciples, auxquels on a donné le nom d'apôtres, ont prêché cette nouvelle alliance par tout l'univers, et ont fondé l'Eglise sur Jésus-Christ, la pierre angulaire, en qui les deux peuples, les Juifs et les gentils, ont été réunis pour n'en faire qu'un. L'Eglise s'est établie au milieu des persécutions qu'elle a essuyées de la part des empereurs païens, pendant l'espace de trois cents ans, jusqu'à la conversion de Constantin, qui fit fermer les temples des idoles et bâtir des églises. Hugues parle à ce sujet d'une manière conforme aux préjugés de son siècle, des biens et des honneurs que cet empereur accorda à l'Eglise de Rome. Mais quelles que soient les prérogatives par lesquelles les empereurs ont relevé la dignité épiscopale, les évêques en ont reçu une bien plus glorieuse de Jésus-Christ, par le pouvoir qu'il leur a accordé d'ouvrir et de fermer le ciel, pouvoir auquel les princes eux-mêmes sont soumis.

Il est du devoir des évêques de reprendre les rois, lorsqu'ils s'écartent des voies de la justice, et de les y ramener, comme on le voit par l'exemple de saint Ambroise, qui sépara de la communion et mit en pénitence le grand Théodose, tout empereur qu'il était. Cette sévérité à l'égard des princes est d'autant plus nécessaire, que leur exemple est plus contagieux et plus capable d'entraîner le peuple. Aucun catholique ne peut refuser de se soumettre aux lois de l'Eglise, et il doit obéir au prêtre qui lui donne des avis salutaires. Notre auteur insiste beaucoup sur l'obéissance due aux évêques, successeurs et disciples des apôtres; ensuite il revient à ce que les princes ont fait en faveur de l'Eglise, et aux services qu'ils lui ont rendus. Il compte parmi ces services le soin qu'ils ont pris de lui procurer de dignes pasteurs : il en cite des exemples. C'est pourquoi, dit-il, le grand pape saint Grégoire qui, par les fleurs de son éloquence, répand encore aujourd'hui la bonne odeur dans la sainte Eglise, ne refusa pas d'obéir à l'ordre de l'empereur Maurice, et consentit à son ordination. Avant lui, saint Ambroise avait accepté, par ordre de Valentinien, la prélature de l'Eglise de Milan. Saint Ouen et saint Eloi ont été de même élevés à l'épiscopat par le roi Dagobert, et placés l'un sur le siége de Rouen, l'autre sur celui de Noyon. Mais l'Eglise, voulant s'opposer aux abus qu'on vit bientôt naître, et mettre une barrière à l'ambition de ceux qui, par le moyen de l'argent, obtenaient cette dignité des princes peu religieux, défendit dans un concile d'ordonner un évêque sans le consentement du métropolitain. Les papes Gélase, Célestin, Léon, s'élevèrent contre un pareil abus, en faisant défense de reconnaître pour évêque celui qui n'aurait pas été élu par le clergé, demandé par le peuple, et ordonné par les évêques de la province.

Le roi doit travailler à concilier les évêques, lorsqu'il y a de la division entre eux. Cela fait partie des obligations des princes, au jugement de Hugues, qui cite plusieurs exemples pour le prouver. Valentinien le Jeune assembla un concile, pour examiner les accusations formées par Bassus contre le pape Sixte, dans lequel celui-ci fut justifié, et son accusateur condamné. Théodoric, roi d'Italie, prit connaissance de l'affaire qu'occasionna dans l'Eglise de Rome l'usurpation de l'archidiacre Laurent, qui voulait s'emparer du siége, malgré l'élection canonique de Symmaque. A ces deux exemples, Hugues ajoute ce que fit l'empereur Othon à l'égard d'Octavien. De là vient que tous les évêques du royaume (11) sont soumis au roi comme un fils l'est à son père, en vertu de l'ordre établi de Dieu; afin qu'il n'y ait dans un état qu'un seul principe de gouvernement duquel tout dépend, et auquel tout se rapporte. Enfin il appartient au roi de connaître toutes les plaintes et les différends qui naissent dans ses Etats, d'examiner prudemment toutes choses, de corriger ce qui mérite de l'être, et d'établir la paix et le bon ordre. C'est pourquoi, dit-il, quelques-uns blâment Grégoire VII d'avoir été consacré sans en avoir préalablement obtenu la permission et l'agrément de l'empereur ; ce qui causa tant de désordres, et fit répandre tant de sang. Et par malheur il ne se trouve personne qui discute avec précaution cette matière, qui examine prudemment, et qui en porte un jugement équitable. On blâme aussi, dit notre auteur, le décret par lequel le même Grégoire VII défend de recevoir de la main du roi ou de l'empereur l'investiture d'un évêché ou d'une abbaye. La raison qu'il en donne, c'est qu'il y a eu de saints personnages qui ont reçu l'investiture des princes ; ce qu'ils n'auraient pas fait, s'ils avaient cru commettre en cela quelque faute; et Dieu n'aurait pas fait connaître leur sainteté par tant de miracles. Mais les princes du siècle, auxquels leur grandeur inspire de l'orgueil, se prévalent souvent de leur rang pour faire le mal impunément; et, sous prétexte qu'ils ne sont soumis à aucune puissance, ils rejettent les sages avis des médecins spirituels, qui pourraient leur être salutaires. Ils n'en agiraient pas ainsi, s'ils craignaient Dieu et le feu qui est préparé au démon et à ceux qui l'imitent. Hugues s'excuse ici sur la liberté qu'il semble se donner de critiquer la conduite des personnes constituées en dignité, et se justifie par l'exemple de saint Paul qui reprit saint Pierre. Reprenant ensuite sa matière, il cite le décret du pape Nicolas, qui prescrit ce qu'il faut observer dans l'élection du pape, et en particulier les égards qu'on y doit avoir pour l'empereur, conformément au précepte de saint Pierre : *Subjecti estote omni humanæ creaturæ, propter Deum, sive regi quasi præcellenti,* etc. Hugues veut que chaque puissance conserve les prérogatives qui lui sont attachées (12); que les évêques imitent l'exemple que Jésus-Christ leur chef a donné; qu'on honore la puissance royale. Le roi, dit-il, doit être le défenseur de l'Eglise, c'est pourquoi il doit être respecté, non-seulement des prélats, mais de tous ceux sur lesquels il a autorité. Ce respect est dû au rang que Dieu lui a donné. On a tort d'objecter qu'il y a peu de bons princes, et qu'il en est beaucoup de mauvais. C'est Dieu qui les place ; il les souffre pour exercer ses élus. Nous devons donc aussi les souffrir nous-mêmes, quelque injustes qu'ils soient, non par crainte, mais par charité et par amour pour celui qui les mis sur nos têtes : *Toleremus malos charitate illius qui eos nobis æquo judicio prætulit atque præposuit. Legem quippe non implet nisi charitas.* Mais il ne faut pas que le respect qui est dû aux puissances nous engage à leur obéir, lorsqu'elles nous font des commandements injustes. Nous devons alors leur répondre qu'il faut obéir à Dieu plutôt qu'aux hommes, sans craindre tous les mauvais traitements dont ils pourraient nous menacer (13). Notre auteur, en finissant, fait mention d'un écrit qu'il avait déjà composé sur le même sujet. Cet écrit n'est autre, comme il y a lieu de le croire, que la première partie du Traité des deux puissances. Nous nous sommes étendu dans l'extrait que nous venons d'en donner, parce que l'importance de la matière nous a paru l'exiger. Nous sommes per-

(11) *Regi rite subjacere videntur omnes regni ipsius episcopi, sicut patri filius deprehenditur esse subjectus, non natura, sed ordine, ut universitas regni ad unum redigatur principium.*

(12) *Decet igitur ut unicuique potestati suæ auctoritatis privilegium sibi semper salvum et incolume perseveret.*

(13) *Denique si per eos, id est si per pravos prælatos, diabolus nos instigat verbo, aut urget tormento, ut malum peragamus; mox illis respondeamus, quia obedire Deo oportet magis quam hominibus.*

suadé que cet extrait ne déplaira pas au lecteur. Il y verra avec plaisir que dans un siècle où la malheureuse division qui régnait entre les deux puissances causait tant de maux et tant de scandales, et faisait souvent avancer de part et d'autre tant de maximes fausses et dangereuses, il y avait cependant des gens sensés qui savaient démêler le vrai, et marcher entre les deux extrémités opposées. Le traité de Hugues en est une preuve. Cet écrit, dans sa brièveté, est très-propre à donner des idées justes des puissances que Dieu a établies, de leurs droits, de leurs prérogatives et de l'obéissance qui leur est due. Le sage et judicieux auteur de ce traité établit tout ce qu'il avance sur l'autorité de l'Écriture et des Pères, surtout de saint Ambroise, de saint Augustin et de saint Grégoire, dans les écrits desquels on s'aperçoit aisément qu'il était très-versé. En puisant dans ces sources pures, qui lui étaient très-familières, et en suivant des guides si éclairés, il a évité les écueils où tant d'autres écrivains de ce temps sont tombés, les uns en attaquant la puissance ecclésiastique, les autres en attaquant la puissance séculière.

2° Un autre écrit de Hugues de Sainte-Marie, plus considérable pour le volume, est son histoire ou sa chronique, intitulée *Hugonis Floriacensis monachi chronicon*. Elle est divisée en six livres, dont le premier comprend un abrégé de l'histoire des Juifs depuis Abraham jusqu'à Jésus-Christ. Hugues y traite des anciennes monarchies qui ont succédé les unes aux autres pendant ce long espace de temps, jusqu'à la mort de Jules César. Il fait connaître les rois qui ont régné, et commence par Ninus roi des Assyriens; les grands hommes du paganisme y trouvent leur place; la fable n'y est pas négligée; mais il passe légèrement dessus, n'en parlant qu'autant que cela entre dans son dessein, qui est de faire voir la conduite de Dieu sur les hommes pendant les différents âges du monde jusqu'à Jésus-Christ.

Le second livre, qui est précédé d'une longue préface, contient l'histoire des Scythes, des Amazones et des Parthes. Dans le troisième, Hugues donne la suite des empereurs romains, depuis Auguste, sous lequel Jésus-Christ vint au monde, jusqu'à Domitien. Sous chaque empereur il rapporte les papes, les hommes apostoliques, les persécutions, les martyrs, les confesseurs, les docteurs, les hérésies, les conciles. Il garde la même méthode dans les livres suivants, qui sont tous distingués par des préfaces particulières. L'auteur conduit son histoire jusqu'à Charles le Chauve.

On aurait tort de regarder cette chronologie comme une compilation de faits extraits des auteurs sans goût, et arrangés sans art. Hugues, ayant dans la bibliothèque de son monastère les principaux historiens et les écrits nécessaires pour son dessein, avait soin de les lire, à les comparer ensemble, à en exprimer ce qu'il appelle le suc du vrai, *medullam veritatis* (14). S'il fait des extraits, il les fait en habile historien, qui sait les placer à propos, et se les approprier. Il paraît qu'il avait devant les yeux Eutrope, Justin, Orose, Grégoire de Tours, Eginard, Paul Diacre, Aimoin, et plusieurs autres mémoires qui ne sont point parvenus jusqu'à nous. Ce qui fait, comme le remarque l'éditeur, qu'on trouve dans son histoire beaucoup de choses intéressantes, qui n'avaient point été écrites avant lui, ou qui ne se trouvaient pas communément : *Et non pauca aliis intacta, vel saltem non ubivis obvia recenset* (præfat.).

Le principal objet de l'auteur dans cette histoire est d'instruire des principaux mystères de la religion; ce qu'il exécute en habile théologien. Il ne parle d'aucune hérésie, qu'il ne la réfute, mais avec beaucoup de précision. Souvent même la seule exposition qu'il en fait, en est la réfutation. Ce qu'on peut observer spécialement dans ce qu'il rapporte de Pélage et de ses sectateurs.

Il ne commence à parler de la monarchie française que dans son V⁰ livre; c'est pourquoi il donne, dans la préface qui est à la tête, la description des Gaules, comme il avait donné, d'après Paul Diacre, celle de l'Italie, dans la préface du III⁰, qui commence à l'empire d'Auguste. Duchesne a inséré cette description des Gaules dans son premier volume des Historiens de France (p. 161). Robert Cœnal l'a copiée, page 155 de son histoire.

Nous avons trouvé cette chronique bien moins étendue dans un manuscrit de la Bibliothèque du roi, coté 4963. Ce manuscrit, qui est très-ancien, peut passer pour original. Le titre, en lettres majuscules de la même antiquité, est ainsi conçu : *Incipit liber Historiæ ecclesiasticæ, gestorumque Romanorum atque Francorum, comprehensus breviter ab Hugone de Sancta Maria*. Suit l'épître dédicatoire, dont personne n'a parlé jusqu'à présent, à Adèle, comtesse de Chartres, de Blois et de Meaux, princesse qui cultivait les lettres, et avait la réputation de femme savante. *Il est bien juste*, lui dit l'auteur, *sérénissime princesse, que je vous offre cet ouvrage préférablement à toute autre; à vous qui êtes la plus distinguée de notre siècle, par votre naissance et votre vertu; et qui relevez l'éclat de votre rang par l'amour que vous avez pour les lettres*. La suite de l'épître dédicatoire confirme ce que nous avons déjà remarqué, que Hugues s'était proposé dans son histoire d'instruire des principaux mystères de la religion (15). Il entre là-dessus dans un détail qu'il serait trop long de rapporter.

Dans le manuscrit du roi, l'histoire n'est divisée qu'en quatre livres, dont le premier commence par une espèce de préambule où Hugues avertit qu'il ne fait remonter son ouvrage qu'au troisième âge du monde, et qu'il omet plusieurs événements rapportés par Moïse. Le titre de ce premier livre porte que Hugues de Sainte-Marie, bénédictin, a composé cette histoire l'an 1109. Mais il ne la conduit toutefois que jusqu'à Louis le Débonnaire, dont il ne dit rien. La conclusion qui, quoique de même caractère, paraît avoir été ajoutée, est comme une seconde dédicace. Hugues, après avoir fait une longue récapitulation des matières qu'il y a traitées, témoigne à la princesse qu'il lui dédie son ouvrage, plutôt qu'à des princes qui n'ont aucune teinture des lettres, et qui les regardent même avec mépris : *Non illiteratis principibus, quibus ars litteraria spretui est, sed vobis merito dedicavi*. Il joint à cette épilogue la généalogie des ancêtres de la princesse depuis Rollon, premier duc de Normandie, et lui promet de donner dans un autre livre l'histoire tant des princes danois et normands, ses illustres ancêtres, que des rois de France, depuis Louis le Débonnaire jusqu'à son temps.

Quoique l'histoire de Hugues soit moins étendue dans le manuscrit de la Bibliothèque du roi, que dans les autres que nous avons vus, et dans l'édition publiée à Munster en 1638, on ne peut cependant point dire que ce soit un abrégé. En examinant avec attention ces manuscrits et l'imprimé, nous n'y avons remarqué que des additions faites en différents endroits, qui ne sont point dans le manuscrit du roi. Mais c'est partout le même fonds d'histoire, le même ordre et les mêmes expressions. D'où l'on peut conclure

---

(14) *Ecclesiasticam relegens historiam a multis historiologis editam, et modis variis comprehensam, hoc uno volumine decrevi coarctare, et coadunatis mihi quamplurimis libris deflorare, veritatisque medullam de singulis diligenter extrahere, utens eorumdem auctorum verbis, quibusdam in locis, aliquando vero sermonibus meis.*

(15) *Præterea hujus historiæ liber nimis profunda latenter continet Ecclesiæ sacramenta.*

que le manuscrit du roi contient l'histoire de notre auteur, telle qu'il la composa d'abord, et qu'il la présenta dans cet état à la comtesse de Blois; mais que dans la suite, ayant fait de nouvelles découvertes, il la retoucha, et y fit des additions que nous voyons dans d'autres manuscrits et dans l'imprimé. Par exemple, la comparaison, qu'il fait à la fin du premier livre, des savants de l'antiquité, des philosophes, des sept sages de la Grèce, avec les patriarches et les prophètes qui étaient inspirés de Dieu; cette comparaison, dis-je, est une addition considérable dont on ne trouve rien dans le manuscrit du roi. Le III° livre est précédé, dans l'imprimé, d'une longue préface qui ne se trouve point non plus dans le manuscrit dont nous parlons. Le V° livre est parfaitement conforme avec le III° du manuscrit du roi. La préface est la même, à quelques changements près, qui font toujours voir que cet ouvrage a été retouché. Enfin la préface du VI° livre, lequel s'accorde avec le IV° et dernier du manuscrit, est neuve. Nous ne parlons point des transpositions ni de la différente distribution de cette histoire, qui est partagée en quatre livres seulement dans le manuscrit du roi, et en six dans ceux qui contiennent l'ouvrage tel qu'il sortit en dernier lieu des mains de l'auteur.

Hugues nous apprend, dans sa préface sur son VI° livre, que l'ouvrage d'Anastase le Bibliothécaire, dont il n'avait eu jusque-là aucune connaissance, lui étant tombé entre les mains, il en avait tiré beaucoup de choses, qu'il ignorait auparavant. Les découvertes qu'il fit par la lecture de cet auteur, dont il témoigne faire beaucoup de cas, le déterminèrent sans doute à revoir son ouvrage, et à l'augmenter. Cet ouvrage, ainsi revu et augmenté, est l'Histoire de Hugues de Sainte-Marie, que l'on trouve dans tous les manuscrits; je dis tous, car le manuscrit du roi est peut-être le seul qui contienne cette histoire telle qu'elle sortit la première fois des mains de l'auteur; soit que les copistes l'aient négligée, comme étant moins étendue, soit que Hugues lui-même ait contribué à la suppression de son premier travail. Il n'employa guère qu'un an à le revoir et à l'augmenter, et put l'offrir à la comtesse Adèle l'an 1110. Mais il l'envoya d'abord à Ives de Chartres, pour l'examiner, comme nous l'apprenons par une note qui est au commencement de l'histoire, dans un manuscrit (Cot. 817) de la bibliothèque de Saint-Victor. Elle porte expressément que *Hugues, moine de Fleuri, ou de Saint-Benoît-sur-Loire, composa cette histoire en faveur d'Adèle, comtesse de Blois, de Chartres et de Meaux, et qu'il l'envoya au maître Ives, alors évêque de Chartres, l'an 1110.* On a cru jusqu'à présent que la lettre que l'auteur écrivit à Ives, en lui envoyant son Histoire; toutefois il n'est pas parlé d'Histoire dans la lettre. Hugues marque seulement à Ives qu'il lui envoie deux de ses ouvrages, *Ecce ego, tibi præcellentissime domine, duo humilitatis meæ opuscula transmitto*, sans spécifier quels sont ces deux ouvrages. Ainsi on ne peut décider certainement s'il s'agissait de son Histoire, quoique d'ailleurs on ne puisse douter qu'il ne la lui ait envoyée, par l'estime qu'il avait de l'évêque de Chartres, et la confiance en ses lumières. Mais de plus, la note que nous avons déjà citée le dit formellement : *Eam (historiam) misit magistro Ivoni tunc episcopo Carnotensi*. Le titre de l'Histoire dans quelques manuscrits le confirme encore : *Historia Hugonis Floriacensis monachi Ivoni, ou ad Ivonem Carnotensem*. Ce titre a même trompé plusieurs savants, en leur faisant croire que l'ouvrage a été dédié à l'évêque de Chartres. Mais est-il vraisemblable que Hugues, ayant composé son histoire en faveur de la comtesse Adèle, *gratia Adelæ comitissæ*, l'eût dédié à un autre? S'il y avait quelque doute là-dessus, Hugues le lève lui-même, et déclare bien formellement dans la préface du VI° livre, en adressant la parole à la princesse (16), qu'il lui dédie son ouvrage par la connaissance qu'il a de son érudition, pour lui faire passer agréablement quelques moments de son loisir, et pour animer sa foi.

3° Après que Hugues eut revu et augmenté son Histoire, il pensa sérieusement à une autre à laquelle il s'était engagé, en promettant à la comtesse d'écrire les actions, tant des princes danois et normands, ses illustres ancêtres, que des rois de France, depuis Louis le Débonnaire jusqu'au temps où il vivait. Jusqu'à présent cette Histoire n'a point vu le jour; nous n'en avons que l'épître dédicatoire publiée par D. Martenne (*Anecd*. t. I, p. 527). Elle est adressée à l'impératrice Mathilde, nièce d'Adèle, et non à Adèle; ce qui nous fait juger que la pieuse comtesse avait renoncé au monde, lorsque l'ouvrage fut en état de paraître, et s'était déjà retirée au monastère de Marcigny, où l'on sait qu'elle finit saintement ses jours l'an 1137. Effectivement Hugues ne parait l'avoir achevé que sous le règne de Louis le Gros. Car après avoir exposé à l'impératrice qu'il avait recueilli les actions de ses ancêtres et des rois de France, depuis Louis le Débonnaire jusqu'au prince actuellement régnant; ce que personne, dit-il, n'avait encore tenté, il ajoute qu'il n'ose y joindre les hauts faits de ce prince, de crainte de les obscurcir par la bassesse de son style. Cela suppose qu'il y avait déjà quelque temps que Louis le Gros était sur le trône. Il est du moins certain que Mathilde n'ayant eu le titre d'impératrice que par son mariage avec l'empereur Henri V, et ce mariage n'ayant été célébré que l'an 1114, l'Histoire dont nous parlons n'a pu lui être présentée avant cette année, en qualité d'impératrice. C'est à quoi D. Martenne n'a pas fait attention en plaçant l'épître dédicatoire l'an 1110.

On ne doit pas passer légèrement sur ce que dit notre auteur, qu'il était le seul qui jusqu'alors eût entrepris une Histoire suivie depuis Louis le Débonnaire jusqu'à son temps; on en doit conclure qu'il peut être regardé comme auteur original de ce morceau considérable de l'histoire de France. Il est très-vraisemblable que les historiens qui ont travaillé après lui, ont puisé dans cette source. Peut-être même n'ont-ils fait que transcrire et insérer dans leurs écrits celui d'Hugues, sans le nommer, comme il serait facile de le faire voir; et c'est ce qui aurait fait tomber dans l'oubli cette Histoire qui nous serait à peine connue, si D. Martenne n'en avait pas donné au public l'épître dédicatoire.

Les deux fragments de chronique que Duchesne (t. III, p. 534, et t. IV, p. 97, 98) a insérés dans son recueil des Historiens de France, sous le nom de Hugues de Sainte-Marie, peuvent bien en avoir été extraits. Ces deux fragments réunis ensemble forment une chronologie suivie de nos rois, depuis l'an 997 jusqu'en 1109. Mais cette chronologie ne répond point à l'idée qu'on peut avoir de l'ouvrage de Hugues de Fleuri. On n'y trouve que des dates qui marquent sèchement le commencement et la fin des règnes, avec quelques faits détachés, sans aucun détail : au lieu que l'ouvrage de notre auteur était un recueil des actions de nos rois et des princes danois et normands, qu'il avait tirées avec beaucoup de peines et de fatigues de plusieurs livres et de différents mémoires où elles étaient dispersées sans ordre et sans liaison. Cet ouvrage devait servir comme de supplément à l'Histoire dont nous avons parlé (17). Ainsi les deux fragments rap-

---

(16) *Godicem istum tibi merito, o Adela, nobilis comitissa, dicavi; quam non mediocriter eruditam non ambigo, ad deleniendum animum tuum, et acuendam fidem pectoris tui.*

(17) *Sed illa quæ vobis deflorare curavimus, non a nobis accepimus, sed a multis codicibus nostro sudore decerpsimus, ad supplementum historiæ illius, cujus supra meminimus, et quam, sicut præmisimus nuper edidimus.*

portés par Duchesne ne peuvent passer que pour un abrégé fort succinct de ce supplément de l'Histoire d'Hugues de Fleuri.

4° On trouve parmi les œuvres d'Ives de Chartres, dans les éditions données en 1585 et 1647, ainsi que dans le recueil des Historiens de France, publié par Marquard Frecher, une petite chronique attribuée à l'évêque de Chartres. Mais nous souscrivons au jugement de Duchesne, qui la regarde comme une production de Hugues de Fleuri. Notre auteur, accoutumé à soumettre ses écrits à la critique et à l'examen de l'évêque de Chartres, lui aura envoyé celui-ci, et quelque copiste peu attentif, le trouvant parmi les écrits du prélat, le lui aura attribué. Hugues fait remonter cette chronique jusqu'à l'origine des Francs, et la conduit jusqu'à son temps.

Tous les écrits historiques dont nous venons de parler, quoique publiés par l'auteur en différents temps et dédiés à différentes personnes, semblent néanmoins ne faire qu'un même ouvrage ou un même corps d'histoire. Il serait à souhaiter que quelque savant voulût prendre la peine d'en donner une édition exacte, et fit en sorte de découvrir la partie de cette histoire qui est dédiée à l'impératrice Mathilde, dont nous n'avons que l'épître dédicatoire. On pourrait peut-être y trouver des choses importantes pour l'histoire des rois de la troisième race.

Marquard Frecher est le premier qui ait mis au jour l'Histoire de Hugues, ou plutôt une partie, la plus grande à la vérité. Mais en publiant l'an 1613, dans son recueil des anciens Historiens de France, les quatre premiers livres de cette histoire et la préface du ve, il a enlevé l'honneur de cette production à son véritable auteur, pour le transférer à Ives de Chartres, sans toutefois citer aucun manuscrit en faveur de son sentiment, et avouant même, au contraire, que personne jusqu'alors n'avait fait aucune mention de cet écrit prétendu d'Ives de Chartres. Nous ne dissimulerons cependant pas qu'il y a quelques manuscrits qui portent le nom de l'évêque de Chartres. On en voit, par exemple, deux dans la bibliothèque de Saint-Evroul en Normandie, ainsi intitulés : *Historia magistri Ivonis*. Celui de la Bibliothèque de l'empereur, dont parle Lambécius (18), a un titre encore plus favorable à Ives. Mais ce sont là des fautes des copistes. Quelque ignorant, en copiant l'Histoire de Hugues, aura lu dans son original : *Historia Hugonis magistro Ivoni episcopo Carnotensi*, ou quelque autre titre à peu près semblable, et ne connaissant pas le nom de Hugues, qui peut-être n'était exprimé que par la première lettre, il l'aura témérairement retranché. Cette faute se sera ensuite répandue en d'autres copies, comme cela arrive ordinairement ; mais personne ne doute aujourd'hui que Hugues ne soit le véritable auteur de l'Histoire que Frecher attribue à Ives de Chartres.

L'an 1638, Bernard Rottendorf, savant médecin de Munster, fit imprimer dans cette ville l'Histoire de Hugues de Fleuri sous ce titre : *Hugonis Floriacensis monachi Benedictini chronicon, quingentis abhinc annis, et quod excurrit, conscriptum, Monasterii Westphaliæ, typis et impensis Bernardi Raesfeldii*, un volume in-4°. C'est proprement la seule édition que nous ayons de cette histoire, et qui est fort rare. Il paraît que l'éditeur a pris tout le soin possible pour la rendre parfaite ; il l'a enrichie d'une savante préface et de notes très-intéressantes. La lettre de Hugues à Ives de Chartres, qui n'avait point encore été donnée, est placée immédiatement après la préface. Suit un prologue où le plan de l'ouvrage est tracé en dix-neuf vers. Ce prologue est adressé au roi Louis, que D. Mabillon croit être Louis le Gros ; ce qui n'est point douteux, si le prologue est véritablement de l'auteur. Mais il y a lieu de douter qu'il soit de lui, puisqu'il ne se trouve dans aucun des manuscrits que nous avons vus. Bernard Rottendorf se plaint dans sa préface de ce que celui sur lequel il a donné son édition était si plein de fautes de toute espèce, qu'il n'a pu y remédier entièrement. C'est ce que nous n'examinerons pas ici ; nous observerons seulement que les livres ne sont point distingués dans cette édition, quoiqu'ils le soient dans tous les anciens manuscrits, et que nous n'y avons point trouvé la préface du vi[e] livre qui commence à l'empereur Maurice.

Nous pourrions encore ajouter divers fragments de chronique et d'histoire qui ont été imprimés soit dans la seconde partie des historiens contemporains donné par Pithou, et dans son Recueil des onze anciens Historiens de France (pag. 83) ; soit dans la collection de Duchesne (t. III, p. 534 ; t. IV, p. 97), soit enfin dans la grande collection de D. Bouquet (t. VIII, p. 500, 521, 324, 541, 555), qui remarque qu'on a inséré plusieurs extraits de la chronique de Hugues dans celles de Saint-Denis, où ils se trouvent traduits en notre langue.

5° La Vie de saint Sacerdos, ou, par abréviation, saint Sardos et saint Sardot, évêque de Limoges, publiée par le P. Labbe (*Bibl. nov.*, t. II, p. 664) et par les Bollandistes, au 5 mai, est l'ouvrage de Hugues de Fleuri. Le travail de notre auteur ne consiste qu'à avoir corrigé et mis en meilleur latin la Vie de ce saint prélat, défigurée par les copistes, et écrite en langue du pays, c'est-à-dire, en cette basse latinité qu'on parlait encore au temps qu'elle avait été composée. Ce fut à la prière d'Arnould, abbé de Sarlat, que Hugues entreprit ce travail, non vers l'an 1150, comme Henschénius l'a cru, mais au plus tard, vers l'an 1107 ou 1108. La preuve en est évidente, puisque Hugues fait mention de la Vie de saint Sacerdos, qu'il avait entrepris de corriger dans son Histoire qui fut certainement écrite l'an 1109 et revue l'an 1110. Il avertit dans la préface de cette Vie (Boll. app. mai, p. 593), que sans s'attacher à la lettre, il s'est particulièrement appliqué à en exprimer le sens, comme l'abbé Arnould l'en avait prié : *Non studeo verbum pro verbo transcribere..., sed sensum ex sensu depromere*.

6° Le dernier ouvrage de Hugues de Sainte-Marie qui soit parvenu jusqu'à nous, mais qui n'a cependant point encore été imprimé, est un livre des miracles opérés de son temps par l'intercession de saint Benoît. C'est une continuation du recueil d'Aimoin et de Raoul Tortaire, l'un et l'autre moines de cette abbaye d'un mérite fort distingué. Aimoin l'avait conduit jusqu'en 1005, et l'avait divisé en trois livres. Nous avons quelques extraits du dernier livre dans Duchesne (t. IV, p. 142, 143). Hugues avertit dans sa préface que Raoul avait continué cet ouvrage jusqu'à sa mort, et qu'il avait oublié un miracle arrivé en 1059 sous l'abbé Rainier. C'est par ce miracle qu'il commence son ouvrage. Il en rapporte ensuite neuf opérés jusqu'en 1114 ; puis un autre opéré sur un jeune homme sourd et muet, qui fut guéri de la surdité le 4 décembre 1117, et commença à parler le 2 mars de l'année suivante. Enfin il termine son écrit par la relation de trois miracles opérés en 1119. Cet ouvrage de Hugues de Sainte-Marie se conserve dans un manuscrit de l'abbaye de Saint-Benoît.

7° Le P. Lelong, dans la *Bibliothèque sacrée* (p. 785), attribue un écrit sur le Psautier à Hugues, moine de Fleuri. Parmi les manuscrits de la cathédrale de Durham, il y en a un qui porte ce titre : *Hugo Floriacensis super Psalterium* (Cat. mss. Angl., part. iv, n. 299). C'est tout ce que nous pouvons dire de cet écrit, dont nous n'avons connaissance que par les indications que nous rapportons.

Hugues de Sainte-Marie est un auteur estimable, et qui mérite une singulière attention par rapport à son

---

(18) *Bibl. Cæs.*, l. ii, c. 8, p. 850.

Traité des deux puissances. Il lui est glorieux de s'être élevé au-dessus des préjugés de son siècle, et d'avoir su prendre le juste milieu entre les deux extrémités également vicieuses. Rien n'est plus exact, plus sage, plus solide que ce qu'il dit de la puissance royale et de la dignité sacerdotale. Son écrit sur cette importante matière est un monument précieux de la véritable doctrine de l'Eglise, si obscurcie alors, par les funestes démêlés des papes et des empereurs, depuis le pontificat de Grégoire VII. Les autres ouvrages du même auteur ont aussi leur mérite, en particulier son histoire dédiée à la comtesse Adèle. L'abbé Lenglet du Fresnoy (*Méthode pour étudier l'histoire*, t. III, p. 66, éd. 1729) convient lui-même qu'elle est utile pour les bas siècles de l'Eglise et de l'empire. Sa petite chronique, depuis l'an 996 jusqu'en 1109, publiée par Duchesne (t. IV, p. 96), est courte, mais bien digérée, au jugement de M. l'abbé le Gendre; elle contient en peu de mots beaucoup de choses, et est bien écrite. Son style n'a pas la pureté des auteurs de la bonne latinité, mais il est clair et concis. Hugues a un avantage sur les écrivains de son siècle, selon l'abbé Lebeuf (*Dissert. sur l'hist. de Paris*, t. II, p. 174), et qu'il ne partage qu'avec Guibert de Nogent : c'est qu'on ne connaît point d'écrivains français du XIe siècle, depuis la mort du roi Robert, qui ait montré la moindre connaissance de géographie, sinon Hugues de Sainte-Marie, moine de Fleuri, qui peut-être, ajoute l'abbé Lebeuf, ne fit que copier quelques exemplaires d'Aimoin. Nous ne voyons point sur quel fondement peut être appuyé un tel soupçon. Ce n'est point en faisant le métier de copiste, mais en puisant dans les sources, en lisant les historiens, que notre auteur avait acquis ses connaissances et s'était rendu capable de composer lui-même de bons ouvrages, comme nous l'avons fait voir en parlant de son histoire.

HUGONIS FLORIACENSIS
OPERA HISTORICA.

(Edidit Georgius WAITZ apud PERTZ, *Monum. Germ. hist.*, Script. t.IX, p. 357.)

PROLEGOMENA.

Primis sæculi duodecimi annis in diversis Galliæ Germaniæque partibus historiæ et antiquæ et recentiori enarrandæ homines docti operam navabant, pluresque, quasi uno consilio ducti, majora chronica condenda susceperunt, quibus præsertim res antiquas publicas atque sacras apta brevitate suæ ætati traderent. Iisdem fere annis inter Germanos Ekkehardum, inter Belgas Sigebertum, inter Francogallos vero Hugonem Floriacensem in hoc negotio occupatos videmus, viros sane doctrina conspicuos, qui etiam a rebus publicis tunc temporis gestis haud procul abstabant, et in lite illa quam Ecclesia contra regnum imperiumque agebat partem sibi vindicabant.

Hugo ille, quem nunc edimus, pariter atque Ekkehardus non uno libro suscepto et finito nec una contentus fuit editione; sed iterum iterumque easdem fere res alia forma exponendas duxit. Præterea libri ab eo scripti mox ab aliis aucti sunt et continuati; quo factum est ut eamdem fere auctoritatem apud Francogallos nanciscerentur quam alibi scriptores supradictos habuisse satis constat. Sed, ut fit, sæpe etiam alii Hugonis sibi vindicabant diligentiæ fructus; negligentes et codicum scribæ mox ipsi aliena, mox alienis quæ ipsius erant, tribuebant; cum jam medio ævo ejusmodi multi essent errores nati, recentiori tempore editores novos addiderunt, itaque rem involverunt ut dictu esset difficillimum quæ Hugonis essent opera, quæve aliis ascribenda. Quare ad codices manuscriptos redeundum erat, quorum magnum numerum in bibliothecis publicis exstare indices referebant, præsertim vero in uberrimo illo librorum thesauro Parisiensi, ex quo me per plures menses haurire potuisse etiamnum valde gaudeo. Codicibus hic asservatis diligenter examinatis collatisque iis quæ viri docti de libris Bernensibus, Bruxellensibus, Vindobonensibus aliisque enotarunt, id assecutum esse puto, quod Hugonis aliorumque chronica et historiæ jam accurate indicari et discerni possunt.

Hugo Floriacensis primo Historiam ecclesiasticam quatuor libris digestam usque ad Caroli Magni obitum composuit, eamque Adelæ comitissæ Blesensi, Meldensi et Carnotensi, inscripsit, præfatione et epilogo additis, quibus libri consilium et usum exposuit. Quæ pluribus voluminibus continebantur uno comprehendere voluit libello, in quo adornando se maxime brevitati studuisse sæpius professus est. Nonnunquam etiam inter scribendum mutavit consilium, quippe qui primo de hæresibus accuratius exponendum duxerit, mox uberiori rerum copia deterritus hæc omittere voluerit (1). Ultra Caroli Magni regnum non progreditur, sed regum Francorum gesta ab imperatore Ludovico ad sua usque tempora

NOTÆ.

(1) Præf. ad libr. III et IV.

alio libro se expositurum esse promittit (2). Annum 1109 primi hujus operis natalem ipse auctor indicat (3).

Non diu post Hugo nactus est Historiam tripartitam, ab Anastasio ex Græca lingua Latine translatam, ibique multa invenit quæ huc usque eum latuerant (4). Qua præsertim re adductus esse videtur, ut novam operis editionem pararet, sex libris distributam (5). Prologo sexti libri eamdem comitissam Adelam alloquitur : Codicem istum, inquit, tibi merito, o Adela nobilis comitissa, dicavi. . . . sperans quod nominis tui monimentum hac etiam possit occasione non mediocriter insigniri. Hac libri editione multa aptius disposuit, quædam, præsertim theologici argumenti, addidit et prologis aliisque locis de quæstionibus dubiis longius disputavit, alia tamen resecavit vel breviora reddidit; narrationis telam usque ad a. 855 perduxit. Quod anno 1110 factum esse, codices quidam testantur, quibus quo minus fidem habeamus nihil est quod vetet.

Prioris editionis codex est præstantissimus regius Parisiensis n. 4963, mbr., sæc. XII inc., fol. min., accurate et diligenter exaratus, fortasse idem quem Hugo ex exemplari suo describendum et Adelæ transmittendum curavit. Alii sunt Bernensis n. 208, sæc. XIII (Archiv. V, pag. 489), Vaticanus bibl. Christianæ n. 903, olim B. Mariæ Pontigniacensis, sæc. XIII. inc. (6), et fortasse Oxoniensis Bodl. n. 599 (Archiv. VII, p. 526).

Plures sunt alterius editionis codices, tam integri et genuini, tam continuatione aucti, vel singulis locis mutati vel interpolati. Illuc pertinent codices Parisienses, S. Victoris n. 311, sæc. XII, fol., ibidem n. 580, sæc. XII, fol.; regii n. 5015 A, sæc. XII, ubi initium primi libri desideratur, et n. 4963 B, sæc. XIII, fol. — Continuationem addidit codex olim S. Maglorii Parisiensis, nunc Saint-Germain François Harlay n. 483, mbr., sæc., XII, in 4to; ex quo descripti sunt regii n. 4963 A, sæc. XIII, fol., et n. 5089, sæc. XIII. In hoc præterea quarti libri prologus desideratur. Iidem codices etiam Hugonis epistolam ad Ivonem Carnotensem scriptam continent. — Eamdem epistolam, neque tamen continuationem mox dictam, codex habet Parisiensis bibliothecæ quæ Arsenal dicitur, n. 16 inscriptus, sæc. XII vel XIII, fol.; ibique præfationes libri IV et VI omittuntur (7).

Hugonem Ivoni Carnotensi hanc transmisisse Historiam, etiam alter codex Sancti Victoris testatur (8); epistola vero mox indicata an huc pertineat aut alia occasione data sit, dubium est. Legitur enim in codicibus quoque ab his valde diversis, de quibus infra dicemus.

Nunc vero eos recenseamus codices oportet qui idem prorsus opus, prologo tantum sexti libri excepto, continent, sed scriptorem aut prorsus tacent aut Ivonem Carnotensem dicunt. Hujus generis plerique sunt, Parisiensis n. 4890, Vindobonensis Hist. prof. n. 682, pluresque Londinienses, Oxonienses, necnon Dubliniensis, Annalium vol. V indicati, alii sæc. XIII, alii recentiori tempore scripti (9). Qui ita plerumque inscripti sunt : Incipiunt excerpta Ivonis venerabilis episcopi Carnotensis. In primis de gestis quorundam regum Assiriorum et de gestis omnium Romanorum imperatorum et ad ultimum de Karolo Magno rege Francorum et ejus filio Ludovico Pio. Tam hæc quam Hugonis nomen omittit codex Cantabrigiensis, Corpus Christi, n. 265. Ubique etiam librorum præfationes et inscriptiones vel turbatæ sunt vel prorsus desiderantur (10). Simile exemplar B. Rottendorff nactus esse videtur, quod a. 1636 Monasterii sub vero Hugonis nomine edidit. Freherus vero jam antea primam Chronici partem usque ad quinti libri initium publici juris fecit et titulo mox allato adductus est ut Ivoni hæc tribueret.

In quo ipsum falsum esse, multi jam dudum intellexerunt. Certe eadem plane sunt quæ in his Ivonis excerptis et quæ in Hugonis Historia ecclesiastica leguntur, ita ut vix verbum consilio mutatum aut additum esse videatur. Numeros tantum imperatorum nominibus additos notaverim, alia vero quæ discrepant librariorum incuriæ tribuerim. Neque Hugo Historiam ecclesiasticam in Chronicon mutasse censendus est (11); sed nescio qui ipsius libro inscriptione et præfatione illa libri VI destituto amici nomen præfixit.

NOTÆ.

(2) Epilogus.
(3) Inscriptio libri.
(4) Hist. eccl. ed. 2, præf. lib. VI.
(5) Cf. Hist. littéraire X, p. 299.
(6) In hoc volumine, quem Bethmannus evolvit, Hugonem antecedunt Dares Phrygius, Historia Apollonii, Ademari Chronicon, Pauli D. Hist. Longobardorum; sequuntur Nomina regionum.
(7) Addita vero genealogia regum Francorum : Hæc est prosapia unde ortus est rex Karolus. Priamus . . . . . . Eustachium Godefridum ducem nunc Lotharingiæ et Balduinum ducem.
(8) Hist. littér. l. l., p. 300 : Eam misit magistro Ivoni tunc episcopo Carnotensi. Ipse hunc codicem non vidi.
(9) Huc pertinet etiam codex Casinensis n. 533, s. XV, a Bethmanno evolutus.
(10) In codice Parisiensi n. 4890 præfatio libri secundi inscripta est : Incipit quedam præfacio, liber secundus ita : De situ Scitie et diversis ejusdem regionis gentibus et earum moribus, præfatio vero tertii libri : Incipiunt deflorationes ecclesiastice historie, liber tertius : De Octaviano Augusto qui post Julium Cæsarem Romani imperii monarchiam obtinuit. Deinde sequitur : Incipit prologus quartus ; libro IV finito iterum : Incipit prologus IV. Postea nihil ejusmodi legitur. In codice Cantabrigiensi nonnisi libri I finis, secundi initium indicari videtur (Archiv. III, p. 526); in editionibus Rottendorffii et Freheri hæc prorsus desunt.
(11) Quæ ipse Archiv. VII, p. 526 de Chronica Hugonis Ludovico regi dicata scripsi, quo fundamento nitantur jam intelligere nequeo; certe in codicibus nihil hac de re unquam legi. Quæ Pertzius Archiv V, p. 489 de diversitate Historiæ ecclesiasticæ et Chronici affert, ad alterum Chronicon longius perductum, de quo infra sermo erit, respiciunt.

His vero Hugoni restitutis, alia ei abjudicemus, necesse est.

Duchesnius (*Hist. Franc. SS.* III, p. 347-349; IV, p. 142, 143) fragmentum, ut ait, Chronici fratris Hugonis monachi Floriacensis edidit; quod ad Ivonem Carnotensem missum, ab aliis ejus libris diversum esse asserit. Usus est codice regio Parisiensi, vel eo qui nunc n. 4963 A indicatur, vel altero n. 5009 inscripto. Utrumque continuatione auctum esse supra dixi, et hanc tantum Chesnius inde a Ludovici, Caroli Calvi filii, tempore exhibendam curavit, sed minus recte etiam hanc Hugoni tribuit.

Exstat, ut supra monui (12), alter codex Parisiensis, olim S. Maglorii, saec. XII inc. scriptus, qui rem bene explicare videtur. Ibi enim primum Historia ecclesiastica Hugonis talis scripta est, qualis in genuinis codicibus legitur; postea vero folio praemisso epistola Ivoni data adjecta est; et in fine rubra *Explicit liber hystorie ecclesiatice* erasa et alia manu continuatio illa: *Qui cum secunda profectione Romam peteret — anno Domini 1034 urbs Parisii flagravit incendio*, addita est. Quod in monasterio Sancti Maglorii factum esse notitia de reliquiis sancti Maglorii Parisios translatis interjecta comprobatur. De Floriacensi coenobio ne verbum quidem reperitur; sed quae narrantur tantum non omnia ad Senonensem urbem ecclesiamque et ad vicinas ejus regiones spectant. Cum Annalibus Sanctae Columbae Senonensis et cum Odoranni Chronico Senonensi pleraque ita conveniunt, ut ex eisdem fontibus hausta esse primo aspectu appareat. Jam vero haec ipsa brevis *Francorum Historia Senonensis* integra usque ad a. 1015 ab eodem Duchesnio edita est (III, p. 349-354) ex vetusto codice qui erat in bibliotheca Alexandri Petavii, quem postea cum aliis hujus viri libris praestantissimis Romam migrasse verisimile est. Incipit ab a. 688, sed mox ad saeculum IX transit. Ex hoc igitur opere narrationis teniam ab Hugone interruptam monachus ille Sancti Maglorii continuandam sumpsit, de suo nihil nisi brevem illam patroni sui mentionem et in fine Roberti regis mortem et incendium Parisiense adjiciens. Ex Sancti Maglorii codice vero alios Parisienses descriptos esse, his inter se accurate comparatis firmiter contendere possum (13). Quae cum ita sint, haec minime Hugonis esse, omnibus persuasum erit. Sed etiam alterum Chronicon, Hugoni ascriptum (v. infra col. 812) et ipse Hugo alio Chronico hujus libri fragmenta receperunt, et plenius Clarius in Chronico Sancti Petri Vivi eumdem exscripsit, necnon continuator Aimoini, cujus opus his partibus (edit. l. v, c. 4247) ex Historia Senonensi et iis quae ipse Aimoinus libro De miraculis sancti Benedicti de regibus Francorum tradidit conflatum, pauca tantum de Sancti Germani

A monasterio inseruit. Quo factum est ut historia illa mox Hugonis, mox Aimoini nomine non vulgare nacta sit auctoritatem, quamvis neutri recte tribuatur.

Exstat praeterea codex olim Fossatensis nunc Bernensis n. 324 (*Archiv.* V, p. 491 sqq.), qui etiam ex codice Sancti Maglorii derivandus est, sed tam Hugonis operi quam historiae Senonensi plura immiscuit quae originem et historiam Fossatensis coenobii illustrant. Haec ne Floriacensi nostro obtrudantur, cavendum esse vix est quod moneam.

His expositis, ad Hugonem revertamur, qui et ipse posteriora Francorum tempora enarranda suscepit. Scripsit enim librum qui, ut ipsius verbis utar, modernorum regum Francorum continet actus, Mathildi imperatrici, filiae Heinrici regis Angliae dedicatum. Quae Adelae promiserat, hoc opere effecit, et aliorum quoque votis se satisfecisse putavit, cum recentiorem Francorum historiam, nemo uno volumine comprehendisse videretur (14), id quod recte fortasse dici potuit, cum Rodulfi Glabri, Hugonis Flaviniacensis aliorumque libri non solum Francorum, sed totius orbis terrarum historiam continerent, historia vero illa Senonensis et alia ejusmodi opuscula breviora essent. Hic vero liber, omnium quos Hugo scripsit facile utilissimus, posteros diu latuit neque auctori magnam gloriam paravit. Unicus, quod sciam, codex exstat integer, olim Sancti Trudonis, nunc Leodiensis, saec. XII inc. scriptus, alter mancus in bibliotheca Parisiensi asservatur, n. 6186 notatus, saec. XIII vel XIV, ex quo primus Martenius praelationem edidit (*Thesaur. anecd.* I, p. 327), tum fragmenta quaedam publici juris fecit Scriptorum rerum Gallicarum Collectio a Bouqueto instituta (VIII, p. 317-321; XII, p. 9, 10) addita post majori libri parte ex cod. Sancti Trudonis (XII, p. 792-799). Historia usque ad Philippi regis mortem a. 1108 deducta, sed nonnullis post annis incoepta est, cum Mathildis, quae imperatrix dicitur, anno demum 1114 imperatori Heinrico nupserit.

Exstant vero et alia opera quae Hugonis nomine, si non in ipsis codicibus, certe a recentioribus inscribuntur. Quae num revera ad illum pertineant, quaeramus oportet.

In duobus codicibus, Bernensi n. 90, saec. XII (*Archiv.* V, p. 489) et Bruxellensi saec. XII (*Archiv.* VII, p. 529) magna reperitur rerum tam ecclesiasticarum quam saecularium, et praesertim Francicarum, collectio, cui praemissa est Hugonis epistola ad Ivonem data, cujus jam saepius mentionem feci. Tenor ejus talis est:

Glorioso et sapienti Ivoni Carnotensi episcopo frater Hugo monachus sancti Benedicti Floriacensis ce-

NOTAE.

(12) Col. 807.
(13) Etiam in singulis iisque falsis lectionibus hi codices inter se conveniunt; codex vero Sancti Maglorii caeteris est antiquior ejusque diversae partes diversis manibus scriptae, cum regii n. 4963 A et 5009 uno calamo et Hugonis librum et continuationem illam exhibeant.
(14) Praef. ad Mathildam.

nobii. *Ecce tibi, precellentissime pater et domine, duo humilitatis meæ opuscula transmitto* (15), *ut si quid ibi videris indecens et incultum lima prudentiæ tuæ corrigas et exornes, et quod tibi placuit corrobores et confirmes; arma mea adversus otium suum* [sunt?] *hæc opuscula quæ nunc vides; nam malo studio vacare quam in otio et torpore sicut pecus inutile vitam exigere. Sed hæc omnia vestro desidero judicio discuti et vestra sapientia condiri, quoniam vacillare non poterit quod semel auctoritatis vestræ nodus corroboraverit. At mihi forsitan aliquis dicet: Tam vilia et inutilia cur viro prudenti et in summa arce philosophiæ sedenti mittere non erubuisti? cum scias scriptum quia orationi et carmini est parva gratia, nisi eloquentia sit summa.* › Ego vero ad hæc respondeo, *quoniam malo justo sapientis judicio comprobari quam arrogantium sententia condempnari. Laboriosum tamen est, pater honestissime, tuæ integritatis adjectiones et detractiones huic adhibere volumixi. Sed fructus laboris pretiosior auro caritas est. Vale.*

Easdem litteras a scriba quodam Historiæ ecclesiasticæ sine causa præmissas esse supra dixi col. 807-808; et dubito an rectius hujus operis initio positæ sint. Certe de chronico nihil legitur, imo duo nominantur opuscula, quæ censuræ et judicio Ivonis ‹ in summa arce philosophiæ sedentis › commendantur (16); et quæ addita sunt magis ad librum aliquem theologicum vel philosophicum, quales Hugonem scripsisse constat, quam ad historicum vel chronologicum respicere videntur. Quæ cum ita sint, epistolam ad illam rerum Gallicarum collectionem referendam esse vix putarim.

Collectione illa vero in codicibus supra nominatis continentur: Primo loco rerum antiquarum narratio, et ordine et verbis quin ipsis præfationibus Hugonis Historiæ ecclesiasticæ ita similis, ut eumdem fere librum legere videaris (17). Codex Bruxellensis in sexto libro ante Caroli Magni tempora narrationis telam abrupit et Pauli Diaconi Historiam Langobardorum integram, ut videtur, inseruit, cui subjectæ sunt Francorum res et antiquæ et recentiores. Hæ a Carolomanni et Caroli tempore incipiuntur, rubra præmissa: Incipit liber in gestis gloriosissimi Karolomanni Romani imperatoris et Francorum regis (18), et pergunt usque ad a. 1108. Post quæ novus incipit rerum Francicarum liber, quem ad Sancti Dionysii monasterium pertinere infra dicemus. Aliter Bernensis codex se habet. Nam Langobardorum Historiam omittit ejusque loco nota illa Francorum Gesta exhibet, continuatione addita de majoribus domus. Quibus finitis, in Francorum historia enarranda pergitur, ita quidem ut inde a Caroli Magni tempore cum codice Bruxellensi hæc plane concordent; neque ultimus rerum Francicarum liber deest.

Hoc nunc prætermisso, si præcedentem historiam accuratius perlustremus et in ejus fontes partesve investigemus, primo loco posteriorem Historiæ ecclesiasticæ partem magnis ex Einhardi Vita Caroli, Vita Ludovici, etc., haustis laciniis auctam deprehendemus; cui subjecta sunt excerpta varia ex Adonis et Flodoardi Chronicis, ex Historia Senonensi aliisque libris; præterea vero Willelmi Gemmeticensis Historia ad verbum fere descripta plagulas explet, et pauca tantum sunt quæ ad Floriacense monasterium pertineant vel res in vicino gestas illustrent. Hujus operis exiguam tantum partem Duchesnius imprimendam curavit (IV, p. 148-150) ex codice Petavii, omissa tamen locorum ex Willelmo exscriptorum parte, sive codex sive, quod equidem putarim (19), editor hæc resecuerit. Vix autem Hugo (20) tam vastam collectionem unquam instituisse putandus est, qui semper brevitati et apto rerum ordini maxime studuit. Huc accedit quod ea pars quæ genuina esse et scriptorem Floriacensem indicare videtur, etiam separatim legitur.

Tres sunt codices Parisienses; alter regius n. 5943 B, olim P, Pithoei, post Thuani et Colberti, sæc. xii, fol., ubi post alia opera historica brevis legitur Francorum historia, nullo titulo inscripta, a Lothario, Ludovici Pii filio, usque ad a. 1108; alter Notre-Dame, n. 155, sæc. xiii, fol., qui initio mancus in media Francorum historia a Pippini temporibus incipit, ubique vero cum præcedenti plane convenit; tertius S. Germani, n. 1085 (olim 646), sæc. xiii, ubi f. 6-12 idem liber integer exstat ita incipiens: Ex genere Priami fuit Meroveus, etc. Ultimam ejus partem Duchesnius edidit (IV, p. 96-98) ex codice Thuaneo, id est regio mox indicato; alium adhibuerunt Bouqueti continuatores (X, p. 215; XI, p. 158; XII, p. 8), qui non dubitaverunt quin hæc Hugoni Floriacensi tribuerent (21). Quibus et ipse consentire debeo. Nam quæ hoc libro leguntur cum historia illa

NOTÆ.

(15) Reliqua ex codice non descripta, ex Rottendorffii editione repeto, qui hanc epistolam ex codice Petavii recepit.
(16) *Archiv.* VII, p. 529, duo opuscula Historiam esse ecclesiasticam et modernos Francorum Actus hoc volumine conjuncta, suspicatus sum; sed neque opera illa revera hic exstant, neque Hugonis verba ea indicare videntur. In codice Bruxellensi epistola ita inscribitur: *Incipit prologus Hugonis monachi Floriacensis in istoriis antiquitatum, quæ quam parum his litteris conveniant, facile est intellectu.*
(17) Cf. *Archiv.* V, p. 490; VII, p. 530.
(18) Ita Bethmannus enotavit.

(19) Hinc inde signo..... posito ipse editor quædam prætermissa esse indicare videtur. Bouqueti continuatores textum a Duchesnio editum ex Hugonis et Willelmi operibus esse conflatum, jam recte observaverunt, XI, p. 158. n. *b*.
(20) Hugo Vitam Ludovici regis alibi non adhibuit, et fortasse ne Willelmum quidem Gemmeticensem habuit; cf. infra col. 815-816.
(21) Cf. XI, p. 158, n. *a*, quamvis X, p. 215, n. *a*, hæc ex Hugone hausta dicerent. Minus recte vero XII, p. 8, hanc brevem historiam et modernam illam regum Francorum historiam eamdem habent.

moderna ita conveniunt, ut eamdem originem facile agnoscas; neque tamen alter ex altero descriptus esse potest, neque Hugo ad sua usque tempora alienum librum adhibuisse censendus est. Hæc igitur eumdem auctorem easdem res simili modo diversis temporibus exponentem arguunt, qui altero libello brevius res Francorum tantum regum tradit, altero ad Mathildam imperatricem scripto etiam aliarum regionum historiam tangit. Et Francorum historiam posteriorem dixerim, quippe quæ non solum singulas res fusius accuratiusque exponat (22), sed nonnunquam etiam melius sit disposita necnon errores tollat priori libro commissos (23). Alibi quidem scriptori evenit, ut veram narrationem postea omitteret falsamque reciperet (24).

A Duchesnio (III, p. 334-346) aliud fragmentum historiæ Franciæ editum est, cujus finem omisit, quem cum (Hugonis) libro IV, p. 96 edito plane convenire dixit. Sed etiam in priore parte Hugonis deprehendes vestigia, sed additionibus quibusdam involuta, quas ex codice Sancti Maglorii Duchesnius receperat. Quibus resectis, iterum ea habemus quæ cum Historia moderna conveniunt; et vix dubito quin codex Loiselianus, a Duchesnio hoc loco adhibitus, aut idem opus aut valde simile contineat, quod in Sancti Maglorii codice novis interpolationibus auctum est. Quem librum ne cum altero ejusdem monasterii supra allato confundas cave.

Pithœus SS. coætanei col. I, p. 407 (510 ed. Francof.), col. II, p. 83) et Duchesnius (II, p. 650, IV, p. 85) ex codicibus Floriacensi et Thuaneo etiam historiam Francorum, usque ad a. 1110 continuatam, ediderunt, quæ et ipsa ad Hugonis opera accedit, maximeque cum historia moderna similitudine quadam conjuncta est. Sed sermonem uberiorem, elegantiorem dices, multa quoque ab Hugonis operibus et mente aliena invenies (25), ideoque hoc opus potius ex Hugonis aliorumque libris adornatum quam ab ipso compositum judicabis.

Restat ut de alia brevi Francorum historia dicamus, quam in codicibus Bruxellensi et Bernensi in fine voluminis collocatam videmus. Hæc cum Hugone nihil fere habet commune, sed posteriori parte continuatione Aimoini nititur (26), alibi vero præsertim monasterium Sancti Dionysii prope Parisios respicit et res exhibet valde fabulosas (27), quales hic ortas et propagatas esse scimus (28). Notitias et libros historicos hic scriptos, Gesta dico Dagoberti et fragmentum De coronatione Pippini regis ejusque filiorum (29), præsertim sequitur; at uno tantum loco Floriacensis monasterii facit mentionem (30). Præterea ex Gestis Francorum Fredegarii Historia epitomata et Paulo Diacono priorem libri partem consarcinavit, cui libellum de majoribus domus subdidit. Hæc eadem fere sunt opera quæ in magna illa rerum Francicarum collectione conjuncta videmus. Cum vero libellum De majoribus domus aliaque ad verbum fere scriptor retinuerit, prima libri parte fontibus ante nominatis liberius usus est: et fortasse non hos ipsos adhibuisse, sed antiquioris historiæ Francicæ compendium aliquod (31) libello illi simile habuisse judicandus est, quod cum sequentibus conjunxit. Denique ex epistola synodi Carisiacensis ad regem Ludovicum a. 858 scripta duo recepit fragmenta (32), proprio Marte vero nonnisi ultimorum regum acta breviter recensuit. Quæ si cum Hugonis operibus conferantur, huic nemo ascribere velit. Eadem vero historia, verbis quibus incipit: *Antenor et alii profugi* satis nota, paulo post additionibus quibusdam et brevi continuatione usque ad a. 1137 aucta et ita sæpius est descripta, necnon novis additamentis temporis decursu valde amplificata. Ejusmodi codices sunt Parisiensis regius n. 5999 (Arch. VII, p. 65), Lugdunensis Lat. n. 20 (ib. p. 133), Parisienses regii n. 4957, 4938, alii. *Abbreviatio gestorum Franciæ regum* titulus est, sub quo Bouquet plura ejus fragmenta in Collectionem suam recepit (VI, p. 238; VII, p. 255; X, p. 236; XI, p. 213; XII, p. 67), usus codicibus mox indicatis Parisiensibus et alio S. Victoris n. 419. Continuationes vide ibidem (XII, p. 285; XVII, p. 432).

Denique brevissima Francorum historia — c. a.

NOTÆ.

(22) Cf. cap. 1, de Odone rege, cap. 5, de miraculo Floriaci acto; cap. 6, de Vulfaldo abbate; cap. 9, de Gauslino abbate; cap. 10, de Heinrici regis bellis et de Philippi coronatione; cap. 11, de Philippi uxore.

(23) Ita cap. 8 Hugonis annos 11 in 9 correxit; cap. 11, Philippi filiam rectius Constantiam nominavit, alios vero errores certe tacendo vitavit.

(24) Cf. quæ de Constantia Roberti regis uxore in utroque libro leguntur cap. 9; altero Aimoinum secutus est.

(25) Cf. quæ de papa Gregorio et Heinrico rege narrantur, infra ad c. 11 exscripta. Eodem modo res Flandrenses ibidem accuratius narrantur. Præterea hic liber in rebus Hispanicis aliisque narrandis copiosior est.

(26) C. 42-47. In hoc capite primam eamque veterem continuationis manum desinere, codice autographo Parisiensi, S. Germani n. 436, evoluto mox agnovi. Postrema hujus partis verba sunt:

Post quem prædictus rex cum regina Adraldum abbatem constituit. Post hæc paucæ lineæ erasæ sunt. Diu post altera cap. 49 pars et ulterior continuatio adjectæ sunt.

(27) Cf. c. 18 de Carolo Magno; c. 22, 23, de Carolo Calvo.

(28) Ejusmodi narrationes etiam in codice S. Germani n. 1085 (v. supra col. 812) f. 1-6 leguntur, necnon f. 34, initium hujus historiæ ita inscriptum: *Supplementa in Historia Gregorii Turonensis aliaque hujus aliorumque librorum fragmenta.*

(29) A Bouqueto V, p. 9, ex cod. Sancti Dionysii editum.

(30) Cap. 13.

(31) Hoc fortasse Floriacense dixeris; nam continet locum n. 30 indicatum. Præterea libellum quoque De majoribus domus ex codice Floriacensi a Pithœo editum esse memineris.

(32) C. 15, 17.

1108, sub Ivonis nomine sæpius edita est (*Ivonis Opera*, et Freheri *Corp. hist.* p. 51-54), quam alii Hugoni tribuere malunt (33). Sed nihil habet quod hujus ingenium vel sermonem arguat.

Quibus expositis, quatuor Hugoni tribuenda esse opera, tria ipsius nomine inscripta, quartum in codicibus titulo destitutum, vidimus. Hæc sunt : A. Ecclesiastica historia, quatuor libris digesta ; B. eadem sex libris edita ; C. Francorum Historia brevis et succincta ; D. Actus modernorum regum Francorum.

Priores (A. et B.) in antiqua tantum historia versantur et res ab aliis narratas colligere et brevius reddere volunt. In his adornandis Hugo iisdem fontibus usus est quos apud plerosque medii ævi scriptores viguisse constat : chronographis veteribus, historiis ecclesiasticis et Romanis. Ad quos accedit Anastasii Historia tripartita post ab Hugone inventa. Ultimis vero libelli plagulis Hugo præsertim Adonem et Einhardum sequitur ; de Floriacensi monasterio in secunda editione quædam tradit quæ aliis verbis in libro Miraculorum sancti Benedicti leguntur ; et nonnisi pauca habet peculiaria. In his igitur libris nonnisi colligendi et disponendi diligentia laudari potest ; neque tanta doctrinæ copia excellunt quantam apud Ekkehardum, Sigebertum aliosque miramur. Explicationes quas Hugo adjecit et ipsæ nunc paucis placebunt, quamvis ingenium candidum et animum sincerum probent.

Historia quoque Francorum et moderni Francorum Actus magnam partem aliis nituntur auctoribus, quos Hugo suo more non semper ad verbum exscribit, sed ita sequitur ut longiorem ipsorum narrationem breviorem reddat et cum aliis conjungat. Hi vero præsertim ad manus fuere libri : Annales Bertiniani et breves Floriacenses (34) Flodoardi Chronicon, Historia Senonensis, Aimoini libri De miraculis sancti Benedicti (35), Hugonis Flaviniacensis Historia Virdunensis (36). Northmannorum expeditiones fusius noster exponit ibique cum Willelmo Gemmeticensi in multis convenit, neque tamen ipsius verba unquam retinet et non paucis lo-

cis etiam rebus narratis longius ab eo recedit, ita ut aliam hujus gentis historiam, vel ex ipso Willelmo vel certe ex communi fonte haustam, adhibuisse videatur, eam fortasse quam in codice Parisiensi S. Germani n. 1085, f. 70, v° 82 legi (37). Expeditionem primam Hierosolymitanam ita tradit, ut maxime Gesta illa Francorum et aliorum Hierosolymitanorum (BONGARS I, p. 1 sqq.) sequatur, nonnunquam vero propius ad Balderici Dolensis Historiam ex illis haustam accedere videatur, ita ut utrumque librum ab Hugone lectum esse (38) fere statuerim. De suis Hugo hinc inde quædam addidit, maxime de monasteriis ædificatis, de rebus Floriaci gestis necnon alia quæ ad regalem familiam pertinent. Ubique brevis quidem est scriptoris narratio neque erroribus caret gravioribus, quos vel ab aliis recepit vel ipse commisit (39) ; at multa quoque continet quæ alibi frustra quæsieris, ita ut in tanta scriptorum rerum Gallicarum penuria hæc magni faciamus oporteat. Sermone Hugo utitur simplici et minus culto, qualem vix a scriptore erudito et aliis quoque operibus probato exspectaveris.

Hugo enim monachus Floriacensis vir fuit sua ætate scientia conspicuus et a multis non mediocri laude ornatus. Patriam ipse indicavit. In margine codicis Paris. regii n. 4963 (*Hist. eccles.* ed. 1.) epilogo incipiente legitur : *Hugo qui hunc libellum a diversis codicibus defloravit Hugo de Sancta Maria cognominatur a quadam villula patris sui, in qua est sita ecclesia sanctæ Dei Genetricis Mariæ*. Eodem modo librorum titulis sæpius nuncupatur ; ibique monachus vel alumnus S. Benedicti Floriacensis audit (40). Quo tempore hoc monasterium intraverit non constat ; sed ibi sæculo XII incipiente vixit et Ecclesiæ veteris gloriam suis scriptis auxit. Familiaritate quadam cum viris feminisque ejus temporis præstantissimis conjunctus fuisse videtur. Historias suas et Adelæ comitissæ et Mathildi imperatrici inscripsit, alium librum eumque gravissimum Mathildis patri Heinrico Anglorum regi direxit, *De regia potestate et sacerdotali dignitate*, quo regni et Ecclesiæ contentionem dirimere et ad justam æquam..

NOTÆ.

(33) *Histoire littér.* l. 1, pag. 502.
(34) Mon. SS. II, p. 254 (*Patr. t.* CXXXIX, col. 582). Eos c. 2 et 9 secutus est.
(35) Rarius tamen hunc ejusdem monasterii auctorem sequitur. Pleraque enim quæ hic præbere poterat in Chronicon Sancti Benigni Divionense et ex hoc in Hugonis Flaviniacensis libros, quos Hugo noster magni fecit, transierunt. Divionense Chronicon, medio ævo ut videtur non longe pervulgatum, inter Floriacensis subsidia non est referendum.
(36) Ad hanc ea quoque referenda sunt quæ cum Rodulfi Glabri narratione conveniunt, neque hujus libros ipse Hugo evolvisse videtur.
(37) Hæc de libro notavi : f. 70 v° : *Incipit prologus in libro gestis gentis Northmannorum. Ex quo Francorum gens resumptis viribus — et s*[*i*]*ilus noster ad proposita vertatur. Explicit prologus. Incipit liber I. Igitur alter Gothorum cuneus* etc. Pertinet usque ad Angliæ a Willelmo occupatæ tempora. — In compilatione illa codicum Bernensis et Bruxellensis ubique fere Northmannica hæc prætermissa

eorumque loco Willelmi excerpta posita sunt.
(38) Ipse dicit : *De qua hæc tenuiter prelibavimus, quoniam plenitudinem hujus hystoriæ scriptum esse alias jam cognovimus.*
(39) In annis indicandis Hugo sæpissime peccat, id quod in margine notisque emendare studui. Quæ fontium verbis addit, pleraque falsa sunt, sed nonnunquam etiam aperta eorum verba sive male intellexit sive consilio depravavit. Quædam in altera Francorum historia ipse correxit et melius disposuit.
(40) Plane diversus est alter Hugo de Floriaco, nostri æqualis, sed monachus, post abbas, S. Augustini Cantuariensis ; de quo cf. W. Thorne. Chronicon monast. S. Augustini c. 9, ap. Twysden et Selden SS. R. Angl. II, p. 1794. Hugo de Floriaco sive de Flori dicitur miles Northmannicus, qui cum Willelmo I in Angliam venit, et tam ipsi quam filio ejus Willelmo II (Rufo) « diutius militavit » ; a. 1090, monasterium ingressus, sequenti jam anno abbas est constitutus, obiit vero a. 1124.

que pacem referre studuit. Ex inscriptione prologi satis patet de altero illo Hugone de Floriaco tanquam hujus libri auctore minime esse cogitandum.

Primo Hugo libro regalem potestatem a Deo esse institutam, ideoque quasi sanctam et a rebus ecclesiasticis minime alienam ostendere conatur; secundo vero regiam et sacerdotalem potestatem conjunctas esse debere, « ut ambæ sibi invicem fideliter adhærentes mutuo societur et compaginentur » rationibus multis probat et exemplis confirmat, quæ ex historia veteri et recentiori desumit. Judicium justum et animum Ecclesiæ haud valde pronum ubique prodit, et cum Ivo Carnotensis, Hugonis amicus, camdem fere sententiam tueretur, factum est ut dissensio modo ab his indicato componi posse aliis quoque videretur (41), id quod primum in Anglia, postea etiam in Romano imperio factum esse constat.

Quo anno hunc tractatum finiverit, certo indicari nequit; sed procul dubio inter a. 1100, quo rex Heinricus fratri successit, et 1106, quo in concilio Londinensi regis et archiepiscopi lis composita est, in eo scribendo occupatus fuit, ita ut historias sequentibus annis elaboratas liber ille præcesserit.

Scripsit Hugo præterea Vitam sancti Sacerdotis episcopi Lemovicensis, antiquiorem textum nimis rudem secutus, ita ut magis sermonem quam narrationem dedisse censendus sit (42). Præmissa est epistola Arnoldo abbati Sarlatensi directa, ubi breviter libri panditur ratio et consilium. Vitam edidit Henschenius *Acta SS.* (Mai II, p. 14) ex cod. Sarlatensi.

Ultimo loco liber nominandus est Miraculorum a sancto Benedicto Floriaci patratorum, post Adrevaldum, Adelerium, Aimoinum et Rodulfum ab Hugone susceptus et usque ad annum 1119, continuatus (43). Liber ineditus est, ideoque quid ad Hugonis vitam vel temporis illius historiam satius cognoscendam conferre possit, nos latet. Certe post cæteros libros huic operam navasse videtur, quem fortasse tam diu continuavit, quam vita superstite gaudebat. In sancti patroni, cui vitam dedicaverat, miraculis, ut sibi videbantur, enarrandis calamum deposuit, qui multis annis rebus tam publicis quam ecclesiasticis exponendis præcipuam curam adhibuerat. Hugonem non diu post a. 1119, mortuum esse, verisimile est. Sed nemo annum vel diem enotavit.

Inter rerum Germanicarum scriptores Hugo Floriacensis vix potest referri; nam rarius ea tetigit quæ trans Rhenum gerebantur et vix quidquam certi de his compertum habuit. Ideo libri quoque ejus apud Germanos rarius legebantur. Albericus (44) aliique (45) historiam ecclesiasticam ad manus habuerunt, Francorum vero historiam ne ille quidem legisse videtur, neque ejus vestigium cis Rhenum me invenisse recordor. Magis hæc rerum Gallicarum scriptoribus placuit, quamvis plerosque non vera Hugonis opera, sed libros ipsi obtrusos, præsertim Senonensem illam historiam, secutos esse nunc pateat (46). Etiam Freherum, Duchesnium,

NOTÆ.

(41) Cf. hac de re Stenzel, *Frankische Kayser* I, p. 689 sqq. V. præsertim Hugonis locum I, c. 5. Dixit episcopum et regia et populari electione recte posse constitui, et pergit : *Post electionem autem non anulum aut baculum a manu regia, sed investituram rerum secularium electus antistes debet suscipere, et in suis ordinibus per anulum aut baculum animarum curam ab archiepiscopo suo, ut negotium hujusmodi sine disceptatione peragatur et terrenis et spiritalibus potestatibus suæ auctoritatis privilegium conservetur.*

(42) Ipse Hugo Hist. eccl. ed. 1, libr. III; ed. 2, libr. V (cf. Rottend., p. 127) : *Cujus, inquit, pretiosissimi confessoris vitæ seriem partim inculto sermone compositam, partim vero scriptorum vitio depravatam conspiciens, nuper corrigere statui... et de ipsius quidem sancti virtutibus in eadem serie apertissimo sermone veritatem expressi.*

(43) V. *Hist. littér,* I, l. p. 505.

(44) Albericus a. 1150 : *Tertius,* inquit, (Hugo) *qui scripsit minorem ecclesiasticam Historiam ad comitissam Campaniæ Adalam, matrem comitis Theobaldi, fuit niger monachus Floriacensis, id est de Sancto Benedicto super Ligerim in diocesi Aurelianensi.* Hunc discernit ab Hugone de S. Victore, de quo antea : *Huc usque,* inquit, *magister Hugo de Sancto Victore chronicam suam de Romanis pontificibus et imperatoribus digessit.* Ex Hugone Floriacensi e. gr. a. 808, 809, 810, 820, 842, 844, quædam exhibet, ex Hugone de S. Victore, quem plerumque magistri nomine ornat, a. 1038, 1073, 1087, 1095, 1099, 1100. Aliud de hoc addo testimonium ex codice Bernensi, Sigeberti (SS. VI, p. 287 [Patr. CLX]) descriptum : *Inter quos magister Hugo canonicus Sancti Victoris Parisiensis fere novissimus flo-* *ruit, qui ab initio nascentis seculi usque ad tempus domini Innocentii pape secundi et christianissimi regis Francorum Ludovici seriem temporum digessit et variationes regnorum succincta narratione complexus est.* Obiit a. 1142. Hujus codices indicantur Parisiis, Archiv. VI, p. 50, 71 (cf. VII, p. 304), Oxoniæ, Archiv. VI, p. 92. Etiam codex regius Paris. n. 5014, s. XII, huc pertinere videtur. Legitur ibi initio : CRONICA HUGONIS. *Mundi anno quinquies millesimo quadringentesimo septimo, sicut beatus Maximus in sermone de paschate statuit, secundus Romanorum monarcus Cesar Octovianus extitit.* Finit Caroli Magni tempore : — *In eadem enim sinodo quesitum est et ventilatum de statu ecclesiarum et ordine singulorum cujusque conversationis et quales clerici esse debeant.* Sequitur Romanorum pontificum catalogus : *Beatus Petrus apostolus sedit in Antiochia primum... Eugenius qui et Bernardus de nacione Pisanus monacus Cistellensis sed. an.* [8.].

(45) E. gr. Heinricus de Hervordia, *Archiv.* VI, p. 764 ; cf. Bruns *Beiträge* I, p. 8. Quæ Kornerus post Carolorum tempora ex Hugone affert (cf. *Archiv.* VI, p. 607), nisi fallor, omnia temerarie et sine causa huic sunt tributa, ex Heinrico descripta et ab ipso ad alios fontes recte relata.

(46) Neque Clarius in Chronico S. Petri Vivi, neque continuator Aimoini, Hugonis narrationem receperunt. Etiam genealogia regum Francorum (DACHERY ed. 2, II, p. 495 ; eadem fere cod. Vatic. bibl. Christ. n, 637, f. 80-82) Senonensi historiæ innititur. Præter historiam usque ad a. 1410 deductam, quam supra memoravimus, præsertim alia ejusdem argumenti, quæ in a. 1152 desinit, historiam Francorum ab Hugone conscriptam sequitur. (Bouq. cont. XII, 115 sqq.).

Bouquetum aliosque qui Francorum historias ediderunt, de Hugone male esse meritos, falsa ipsi tribuentes, genuina plerumque omittentes, jam supra dixi. Ita vero factum est, ut nunc demum Hugo falsa quidem gloria careat sed merita laude potiatur.

Editionis vero nostræ atque ordo hæc sunt :

A. Incipimus ab Historiæ ecclesiasticæ prima editione, ex qua epistolam dedicatoriam, singulorum librorum præfationes, initia et fines, nec non epilogum ad comitissam Adelam missum exhibemus, quarti libri vero ultimam partem cum altera editione ita contulimus ut lectionis varietatem diligenter enotaremus. Usi sumus

1) C. Parisiensi regio n. 4963, jam supra indicato, quem ipse Parisiis perlustravi, plenius sed minus diligenter ante 30 fere annos DD. Sporlin et Turles in societatis nostræ usus exscripserunt;

2) C. Bernensi n. 208, ex quo epilogum descriptum penes nos habemus

B. Sequitur altera Historiæ ecclesiasticæ editio, ex qua eodem fere modo ea desumpsimus quæ libri ordinem et auctoris laborem explicare possunt, additis tamen ultimis libri VI capitibus, quibus res Caroli M. successorumque ejus enarrantur. Ex magna codicum copia, quos supra recensui, hi ad manus fuerunt :

1. C. Parisiensis, S. Victoris n. 311, liber optimæ notæ, quem inde a sexto libro nonnullis locis cum editis comparavi.

2. C. Vindobonensis Hist. prof. n. 682, inde a libri IV initio a Pertzio cum Rottendorffii editione collatus.

3. C. Bernensis n. 324, Senonensi necnon Fossatensi continuatione vel interpolatione auctus. Præfationes et inde a Pippini tempore ipse textus in usus nostros descripta sunt.

Cæteros codices, præsertim Parisienses, evolvisse, eorumque ordinem enotasse satis visum est.

Huic subjecimus Historiam Francorum Senonensem, quam in codice 3 aliisque Hugonis libro adjectam legimus, prima hujus libelli parte ex Duchesnii editione (III, p. 349) suppleta. Secuti sumus præsertim

1°. Codicem olim S. Maglorii (*Saint-Germain François Harlay* n. 485), quem primum hæc cum Hugonis opere conjunxisse supra dixi.

Ex 3 etiam ea recepimus quæ in Fossatensi monasterio inserta sunt et ad hoc maxime coenobium respiciunt.

Præterea vero etiam ex Aimoini Floriacensis libro De miraculis S. Benedicti sæc. XI incipiente (a. 1005) scripto ea seligere placuit quæ ad Franciæ regum successionem spectant. Hæc enim non solum in continuationem Historiæ ab Aimoino inchoatæ transierunt, sed etiam in Chronico S. Benigni Divionensi descripta indeque in Hugonis Flaviniacensis librum sunt translata. Brevia sunt, sed quæ non sine causa, quippe veteris et diligentis scriptoris testimonia, magnam nacta sunt auctoritatem. Mabillonii editionem (*Acta SS. ord. S. Benedicti* IV, 2, p. 356 sqq.) secutus sum.

C. Brevem Francorum historiam, quam ab Hugone scriptam putamus separatim edere noluimus, cum eædem res iisdem fere verbis nonnisi ordine mutato in alio libro (D.) sint repetitæ. Minus etiam nostri consilii esse potuit, magnam illam collectionem historicam, qua hujus libri fragmenta cum aliis excerptis sunt conjuncta, huic volumini inserere. Sed præcipuam lectionis varietatem sequenti operi subjecimus, codice usi Bernensi n. 90, cujus apographum prope nos habemus, necnon Duchesnii collata editione (IV, p. 96-98).

D. Librum « qui modernorum regum Francorum continet Actus, » operum ab Hugone confectorum utilissimum, jam prima vice integrum exhibemus. Codicem Leodiensem Bethmannus noster fideliter exscribendum curavit, cujus vestigiis semper fere inhærere potuimus. Liber ipso teste non una manu exaratus est, sed altera hic illic singulas lineas imo integras fere paginas chartæ intulit, nigriori plerumque usa atramento eodem quo aliquot lineæ (præf. c. 8, 11) expunctæ sunt; semper vero narratio sine interruptione procedit, ita ut duo scribæ dictantis verba recepisse videantur. Textus raris mendis iisque levissimis aspersus est. Pauca tantum in verbis scribendis mutavi, *e* pro *æ* in vocabulorum fine positum, nimium litteræ *c* pro *t*, *n* pro *m* usum et quæ sunt ejusmodi, scribis potius quam auctori tribuenda.

Ultimo loco historiam regum Francorum monasterii Sancti Dionysii posuimus, qualem in codice (1 Bruxellensi et 2) Bernensi reperiri supra dictum est, quibuscum ultima eaque genuina libri parte 3) Bouqueti editionem ejusdem historiæ usque ad a. 1137 deductæ comparavimus; ibique 3a) codicem S. Victoris n. 419 indicat.

Hoc modo vero factum esse confido ut non solum Hugonis scripta recte discerni possint et dijudicari, sed etiam cæteræ Francorum historiæ s. XII scriptæ e tenebris sint evolutæ, earumque tempus, ordo et conjunctio ita stabilita, ut cuique ad genuinas rerum notitias facilis jam pateat accessus. Quod si hæc me non fefellerit opinio, magnum quem per plures annos in hanc editionem impendi laborem, quamvis perpaucos ipsi historiæ Germaniæ fructus tulerit, non incassum dixerim. Multa collegi et inter se comparavi, ut hæc pauca imprimerentur.

G. WAITZ.

EX HISTORIA ECCLESIASTICA

EDITIO PRIMA LIBRIS IV DIGESTA.

INCIPIT LIBER

HISTORIÆ ECCLESIASTICÆ GESTORUMQUE ROMANORUM ATQUE FRANCORUM COMPREHENSUS BREVITER AB HUGONE DE SANCTA MARIA [1].

Dominæ suæ ADELÆ venerabili comitissæ HUGO, sancti Benedicti Floriacensis alumpnus, magnæ felicitatis decus.

Dignum censeo, serenissima domina, munus presentis operis mansuetudini vestræ supplici affectu dedicare, cum sitis nostri ævi multis preponenda proceribus, tum generositate preclara, tum probitate precipua, tum quoniam estis litteris erudita, quod est gentilitium sive civilitas magna. Munus autem meum hunc appello codicellum compendiosa brevitate subtilissimum, qui sua vos amenitate delectet et adhortetur ad benefaciendum, et ad vitam bonis moribus exornandam. Non quod non sitis satis decenter magnis virtutibus adornata, sed quod semper in melius proficere commonemus. Æcclesiasticam enim relegens historiam a multis historiologis per partes editam et modis variis comprehensam, hoc uno volumine decrevi coartare et coadunatis mihi quam pluribus libris deflorare, veritatisque medullam de singulis diligenter extrahere, utens eorumdem auctorum verbis in quibusdam locis, aliquando vero sermonibus meis. Certe laboriosum valde negotium, quoniam brevitatem nonnunquam comitatur obscuritas, cum et luculentus esse contendo et brevis esse laboro. Ceterum omnia quæ ibi a mea rusticitate dictata repperiuntur, inculto sermone perorata probantur [2]. Verum utcumque hæc dicta sunt poterunt tamen legentibus prodesse, et uberiorem gestorum seriem ad memoriam revocare, indoctis scilicet atque doctis ac secularibus negotiis occupatis, illis maxime qui in legendis divinis Scripturis magnum in vita positum solamen existimant, dum ille qui multa legit eadem ibi breviter recordatur et compendio ignarus instruitur. Si quis autem his contentus esse noluerit, hunc ad opulenta et magnifica volumina de quibus hæc sumpsi transmitto. Calumpnosis vero sive mordacibus viris patet in me, confiteor, campus calumpniandi profusior, quia tam arduum opus nimis audacter arripui, quod esset viris eruditis reservandum. At invidis sive scurrilibus, qui propter superbiæ typum mea forsitan scripta superbo despicient supercilio, respondeo, quia de illorum nominibus re-

A miniscendis non erit, sicut suspicor, postmodum posteritas laboratura, sed eque ut probra ita eorum preconia tecta manebunt. Vestri autem nominis monimentum, domina mea, tam hujus libri occasione, quam bonorum operum executione, quibus incessanter operam impenditis, perenniter posteris relinquetur; nec poterit umquam ullo oblivionis tempore terminari. Igitur hoc exile munus a me vobis oblatum gratanter suscipite, et ab improbis favore vestro defendite. Sapientes enim quondam antiquorum gesta virorum non negligenter preteribant, sed ad institutionem presentis vitæ libris inferebant. Siquidem per historiam preteriti temporis series comprehenditur, et per regum et imperatorum successiones multa necessaria perscrutantur. Ergo ab Octaviano Augusto exordium narrationis incipiam, et Romanorum imperatorum et presidum nomina simul et gesta ibi curiosissime denotabo usque ad Karolum Magnum et ejus filium Ludovicum. Ecce habetis quod otiabunda legatis : actus videlicet antiquorum imperatorum et quorundam Deo amabilium virorum pariter memorabiles actus ab incarnatione dominica usque ad tempora presinita. Quibus si fueritis intenta, non deprimet inertia acumen ingenii vestri splendidum et honestum. Porro, de virtutum vestrarum preconio, quas originis vestræ sublimitas et naturæ felicitas nobis infuderunt, modo loqui erubesco, ne videar uti levitate parasitica. Loquar autem alias ubi fuerit oportunum. His autem qui sinistrorsum suscepturi sunt, quod hoc opus vobis dedicavi, respondeo : beatum Hieronymum presbyterum sanctam Paulam et ejus filiam Eustochiam multis scriptis honorasse sæpe, et venerabilem Gregorium antistitem Romanum Theudelindæ Italorum reginæ quatuor dialogi sui libros transmisisse. Sed et mulier secus pedes Domini sedens audiebat verba oris ejus, tanto Phariseis et Saduceis non solummodo sed et ipsis Christi ministris melior, quanto devotior. Sexus enim femineus non privatur rerum profundarum intelligentia, verum, ut in sequenti lectione lucide declarabimus, solet aliquando feminis inesse magna mentis industria et morum probatissimorum elegantia.

Preterea hujus historiæ liber nimis profunda latenter continet Æcclesiæ sacramenta. Nam sicut primum hominem a Deo formatum sexta conditi mundi die scriptura tradente cognovimus, sic sexta mundi ætate redemptum declarabimus. Et sicut eundem

VARIÆ LECTIONES.

[1] anno millesimo centesimo nono ab incarnatione Domini *add.* 2. — [2] *prebantur* 1? *fortasse prebentur* ?

hominem de immaculata terra factum esse didicimus, sic Salvatorem nostrum natum esse de intemerata virgine fideli relatione demonstrabimus. Et sicut Adam sexta ebdomadis die a Deo inspiratus accepit ab eo liberi arbitrii sui potestatem, per quam non servili necessitate sed ingenua voluntate obediret Creatori, ut et de obedientia vitæ æternæ pretium et de inobedientia merito consequeretur interitum, ita sexta mundi ætate liquet homines accepisse de cœlo Spiritum sanctum, per quem legem Domini sive voluntatem ejus liberaliter, non serviliter sicut ceteræ creaturæ, sed quasi filii carissimi, possent adimplere. Quas enim rationabiles creaturas prima ætate condidit omnipotens Dominus, angelicam scilicet et humanam, quibus liberi arbitrii potestatem dedit, ut hac facultate ditatæ in Creatoris sui laude perenniter permanerent. Sed quia prior, id est angelica, non tamen tota, viciata et per superbiam ab amore sui Creatoris recedens erumpnosa facta fuerit, contra humanam invidia inardescens naturam, subgessit ei offendiculum peccati, ut eam impietatis suæ nevo pollueret, magnum credens esse sibi solatium, si una ruerent et sui reatus pœnam pariter paterentur. Quod divina majestas non pertulit, sed humanam naturam ad pristinam decrevit reformare dignitatis nobilitatem. Unde sumpsit de femina carnem, ut haberet in ejus incarnatione [a] ipsa humana natura, unde posset ad illam quam perdiderat beatitudinem ejus beneficio remeare. Ostendit ergo Dominus in angelica natura, quam punivit, justitiæ suæ censuram, et in humana, quam redemit, miserationum suarum dulcedinem. Universæ quippe viæ ejus misericordia et veritas. Itaque sicut per Adam prima mundi ætate merorem mortis invenimus, ita per incarnati Verbi mysterium sexta ibidem mundi ætate, sicut supra retulimus, vitæ æternæ jocunditatem recuperavimus. Antequam tamen hæc fierent, tertia jam mundi ætate extitit Abraham patriarcha, a quo ritus et religio circumcisionis sumpsit exordium, cum omnes gentes corruptæ errore simulacris immolarent. Demum vero data est lex Judaico populo, qua verus Dominus coleretur. Et Dominus quidem, qui cuncta de nihilo fecit, uno momento temporis potuisset omnia simul facere et universum genus humanum ad sui reverentiam cultumque perducere. Sed non fecit, immo secreto et inscrutabili sacramento non in mundi principio sed opportuno tempore disposuit nasci de Virgine. Qui ubi mundo per nativitatem humanæ carnis serenus illuxit, ex Judaico et gentili populo sexta mundi ætate unam Ǣcclesiam congregavit, et ita sibi invicem utrumque populum intra eandem Ǣcclesiam uno spiritu fœderavit, ut jam non esset ibi ulla diversitas, sed una libertas. Quod autem de femina nasci voluit, magnum nobis benignitatis suæ beneficium ostendit et immensum humilitatis exemplum. Ceterum carne contaminari non potuit, qui carnem mundare venerat. Potuit tamen secundum carnem nasci, crucifigi atque resurgere ad salutem nostram miro et ineffabili modo sine injuria impassibilis et incommutabilis majestatis. Verum tam pia sacramenta non potest rimare perfidia superborum, quia non vult credere. Ǣcclesia vero sancta hæc omnia in Domino Jesu Christo sinceritatis affectu credit et complectitur et magna devotione prosequitur (47). Ergo et vos Ǣcclesiæ Domini filia hæc eadem sacramenta intenta mente percipite et letabunda legite et legenda credite.

Vive, vale, gaude, multa dignissima laude
Progenies regum, cleri populique columna,
Quam probitas morum, quam nobilitas atavorum
Exornant eque; cedant tibi prospera quæque!

Explicit epistola.

INCIPIT PROŒMIUM SIVE LIBER PRIMUS HISTORIÆ ECCLESIASTICÆ, QUÆQUE BREVITER EST AB HUGONE DE SANCTA MARIA MONACHO SANCTI BENEDICTI FLORIACENSIS MONASTERII TRANSFORMATA VEL DEFLORATA, ANNO AB INCARNATIONE DOMINI MILLESIMO CENTESIMO NONO.

Antequam tamen opus propositum adgrediar explanare, ecclesiasticas scilicet historias letissima [b] suavitate refertas compendiosus breviator deflorare, primum oportunum existimo presenti volumine de Judaicæ plebis statu quædam perstringere, ne illorum famosissimam generositatem penitus videar silentio preterire; de quorum constat origine Dominum nostrum Jesum Christum carnem suscepisse. Igitur ab Abraham eorum patriarcha usque ad ejusdem Christi nativitatem quandam narrationis lineam deducam; a Syriæ regno vel regibus exordium sumens, et a tertia mundi ætate, qua legitur Ninus regnasse, sub quo natus est Abraham; multa quæ quinque libri continent Moysi ab initio seculi pretermittens.

A constitutione quippe mundi usque ad modo dictum Ninum inveniuntur anni tria milia et centum octoginta quatuor, qui ab omnibus historiographis gentilibus vel omissi, vel ignorati sunt. Quibus et ego causa compendii pretermissis, a notissimis regum imperatorumque temporibus hanc ecclesiasticam historiam ordinare studebo et precedentium rerum signis legitime confirmabo, illud recolens quod Lucas evangelista, cum dominicæ incarnationis texeret historiam, Herodis regis Judaicæ gentis in ipso sui sancti Evangelii principio intulit mentionem. *Fuit*, inquit, *in diebus Herodis regis Judeæ sacerdos quidam nomine Zacharias de vice Abia.* Itemque post pauca: *Exiit edictum a Cæsare Augusto*

VARIÆ LECTIONES.

[a] incarnationem 1? [b] latissima 1?

NOTÆ.

(47) In margine hæc adduntur: « Sciendum est, quia sicut in diluvio nemo salvari potuit nisi in archa, sic nunc nemo salvari potuit nisi in Ecclesia. »

ut describeretur universus orbis, Cæsaris Octaviani faciens iterum mentionem. Oportet enim, ut opinor, a notissimis regibus vel imperatoribus catholicis viris ecclesiasticas historias ordinare, et ab his quæ celebri fama feruntur etiam apud gentiles perfectissime roborare. Unde ego a Nino regum antiquorum notissimo nunc incipiam.

Itaque rex primus, qui dudum regibus habitum morem, quibus fines regni magis tueri quam preferre mos erat, nova regni cupiditate mutavit et bella finitimis intulit, Ninus, cujus supra meminimus, legitur extitisse. Qui dum totam Syriam et alias multas Orientis provincias sibi subegisset et per annos 50 regnavit. Quibus . . . .
. . . .
Hoc nunc de statu Judaici populi et templi dixisse sufficiat, ut ad ecclesiasticam cursum transferamus historiam [5].

Oportunum tamen adhuc esse cognosco, ut et de Parthis aliquid dicam, cum quibus Romanus populus orbis imperium legitur divisisse. Principium igitur ab origine strictim est repetendum. Tantum enim regnum silentio prorsus preteriri fas non est. Sed quia Parthi Scytharum exules extitere, sicut ipsorum vocabulo deprehenditur — Scythico enim sermone Parthi exules appellantur — de Scytharum regno prius pauca narrabo. Scytharum igitur gens [6] *ut lib.* II *editionis alterius partibus sex digestæ, infra* . . . .
. . . .
quem ultorem paterni sanguinis futurum metuebant. Ad extremum vero sæpe nominati Parthi, cum jam se pares magnitudini Romanorum crederent, Romana signa, quæ Crasso interfecto deripuerant, ultro Octaviano Augusto reddiderunt, et obsidibus traditis firmum foedus cum eo pacti sunt. Plus enim apud eos memoratus Augustus favore nominis sui fecit, quam facere quisquam alius imperator armorum robore potuisset. His etiam nunc de Parthis breviter expeditis, opus propositum nunc conabor invadere et a notissimis Romanorum imperatorum temporibus, sicut supra promisi, hanc historiam legitime confirmare. Ab Octaviano Augusto quippe imperatorum nomina Romanorum ibi seriatim pernotabo usque ad Karolum Magnum ejusque filium imperatorem Ludovicum, et tempora quibus floruerunt lucide designabo, sicque secundum eorum catalogum rerum relationes gestarum ita temporibus assignabo, ut, si modo dictum decurras catalogum, quid sub unoquoque imperatore gestum sit, evidenter agnoscere possis. Sed et sanctorum successiones apostolorum et presidum [7] nomina Romanorum hic inseram, quive viri catholici locis celeberrimis post ipsos apostolos regendas susceperint Ecclesias adnotabo. Nec preteribo persecutionum

turbines, quibus sancti martyres diversis temporibus pro Christo carceribus trudi edictis principalibus urgebantur. Sed illi divino amore flagrantes, sevientibus in necem illorum regibus et legibus et ducibus et gentibus, flecti nullis cruciatibus potuerunt, semper inexpugnabiles permanentes. Hos primitiva flores tulit Ecclesia, et his adhuc stipata vernat mirabili varietate. Horum denique meminisse semper erit utile. Preterea perfidos non pretermittam philocumpos, id est amatores jactantiæ, qui maligno afflati spiritu divina coinquinare dogmata frivolis adinventionibus voluerunt. Horum etiam erroribus locis oportunis, paucis quidem sed affatim, Dei opitulante juvamine, curabo respondere. Extremam quoque templi eversionem, quæ facta est sub Vespasiano et Tito, non tacebo et [8] dejectionem sive depopulationem rerum illarum quæ dicebantur Sancta sanctorum, licet fuerit umbra non veritas; umbra tamen designat vestigia veritatis et intuentibus diligenter signis quibusdam futura solet exprimere.

INCIPIT ÆCCLESIASTICÆ LIBER HISTORIÆ SECUNDUS.

Secundus Romanorum monarchus, interfecto Julio Cæsare, Octavianus Augustus extitit, quo [9] . . .
. . . .
et Arnobius Affricanus rethor sapientissimus [10].

Explicit liber secundus, quamvis primus proemii speciem videatur obtinere.

INCIPIT PROLOGUS TERCII LIBRI, IN QUO CONTINETUR GALLIÆ SITUS.

Precedenti libro Spiritus sancti suffragio pauca de quibusdam primitivæ Ecclesiæ sanctis, qui post nostri Salvatoris nativitatem et ejus ad coelos gloriosam ascensionem pressuras innumerabiles pro fide sustinuere catholica, peroravi; presenti vero volumine temptabo, si possum, de illis qui pacis et tranquillitatis diebus floruerunt aliquid etiam dicere; ab illo tempore ducens exordium quo Romani imperatores idolis abrenunciantes, pro quibus olim persequebantur christianos, verum Deum coeperunt colere, qui mundi fabricam condidit universam. Nullo enim tempore destitit Deus in vinea sua, id est in sancta Ecclesia, idoneos operarios conducere; ipsa vero tanto latius fructuosos palmites circumquaque diffudit, quanto duriora pro Redemptoris sui nomine certamina toleravit. Sed et quorundam hereticorum perfidiam hoc etiam libro denudare curabo, ne quisquam christianus eorum umquam reciaculis illaqueatus capiatur. Solent enim heretici quasi aucupes muscipulam suæ fraudis abscondere et quibusdam simulationibus venenum suæ nequitiæ subornare, ut incautos decipiant et suæ telo perfidiæ confodiant; quod ubi forte fecerint et hominem quolibet particulo sui erroris nevo resperserint [11], mox miserabiliter inextricabilibus nexibus

VARIÆ LECTIONES.

[5] *V. Rottend.* p. 24. [6] *V. Rottend.* p. 29. [7] *fortasse :* presulum. [8] *sed referam ed. alt.* [9] *V. Rottend.* p. 36. [10] *V. Rottend.* p. 89. *Desunt in hac editione quæ in altera de papis Miltiade et Silvestro leguntur.* [11] respexerint ⁈

impedire satagunt eumque semper ad deteriora protrahunt, donec in profundum erroris veniat, quisquis eorum dolos et fraudulenta labia quasi virus mortiferum non evitat. Velatur enim divini muneris efficatiam iniquitas. Diabolus ergo hereticorum subdola versutia post persecutionis tempora, quae sustinuit Ecclesia primitiva, magno molimine temptavit subvertere catholicam fidem. Sed pietatis Dei munificentia contra prefatam nequitiam armavit sanctos suos proceres, quosdam videlicet confessores, qui magno suo labore eorum dolos pessumdarent et sacrae fidei lineam uberiori facundia roborarent. Quorum profecto meritum a martyrii dignitate non degenerat. Denique constat, quod omnes quos ecclesiastica fides non illuminat, cecitas erroris obnubilat, et quos Christus, qui de tota mundi massa suam sibi congregavit Ecclesiam, non colligit, hos profecto diabolus ad interitum secum rapit.

Incipiam etiam a meo insere operi proposito quaedam capitula de gestis Francorum. Non enim fas est preterire penitus tantae gentis virtutem, quae Gallorum gentem asperam, audacem, bellicosam et cunctis regnis terribilem ipsisque etiam Romanis imperio terrarum florentibus formidabilem, suis armis subigere et sibi retinere potuit. Prius tamen ipsius Galliae situm, quam nunc prefata Francorum gens incolit, breviter comprehendam atque depingam.

Igitur universa Gallia . . . . insulas Cycladas, *ut infra col.* 835-836.

His prelibatis nunc ordinem historiae curabo evolvere.

Constantinus Magnus, Constantii moderatissimi et egregii principis filius, in Britannia [12] . . . . primus ex Grecorum gente Romano potitus est imperio [13].

Explicit liber tercius.

INCIPIT PROLOGUS LIBRI QUARTI, IN QUO CONTINETUR ITALIAE SITUS SECUNDUM SENTENTIAM HISTORIOLOGI PAULI.

Quoniam his qui diversis occupantur curis tedet multos evolvere libros, placuit mihi immensum pelagus ecclesiasticarum historiarum compendiose colligere, et numerosam librorum copiam hoc uno volumine comprehendere, prolixam in eo orationem summopere facere devitans, quae solet aliquando quibusdam magnum generare fastidium. Quero ergo eis placere quos semper brevis et aperta delectat oratio. Verum cernens nunc hoc etiam meum exercitium modum propositae brevitatis evadere, illud quod singulis heresibus in quibusdam locis, tametsi breviter, respondere consuevi, amodo pretermittam,

quamquam ea quae precedenti libro respondi magnum legentibus queant emolumentum prestare, quo et dogmata fidei christianae contraria valeant devitare et incautam simplicitatis imperitiam subterfugere. Poterunt, inquam, illis maxime prodesse, qui magna doctorum volumina, quibus eis responsum est, non habent, aut secularibus impliciti curis ea legere vel intelligere nullatenus possunt. Igitur historiali stilo contentus quod restat operis explanabo, Acephalorum [14] tamen heresim pseudoprophetarum [15] penitus non silebo. Sed et Italiae situm in presenti prologo paucis comprehendam et provintiarum ejus numerum subtiliter nescientibus intimabo.

Italia ergo patria sive regio Romanorum [16] . . . . et Gallia Cisalpina quae infra Alpes est vocitatur. Et haec de Brenno sive Gallis, quorum supra dudum meminimus, paucis dixisse sufficiat, ut ad historiae cursum sermo noster citius revertatur.

Explicit prologus.

INCIPIT LIBER QUARTUS.

Mauricius igitur Orientis imperium mortuo Tyberio consecutus, imperavit annis 21. [17] . . . . [18]. Denique Nicephorus imperator Constantinopolitanus, cujus supra meminimus, post multas et insignes victorias de Sarracenis mortuus est, et Micahel gener ipsius ad imperium sublimatus est.

Explicit liber Historiae ecclesiasticae Gestorumque Romanorum atque Francorum.

INCIPIT EPILOGUS OPERIS PRECEDENTIS AD VENERABILEM SCRIPTUS BLESENSIUM MELDENSIUM ET CARNOTENSIUM COMITISSAM.

Haec, opinione liberalitatis vestrae provocatus, venerabilis comitissa, ab antiquis historiologis, velut apis a diversis floribus mel colligens, aggregavi; uno inquam, hoc [19] volumine omnium Romanorum imperatorum et presulum nomina vel actus vobis recitavi, quique viri catholici in locis celeberrimis post apostolos regendas susceperunt Ecclesias indicavi. Graves quoque persecutionum procellas, quas primitiva pro suo Salvatore pertulit Ecclesia, peroravi, et jocundissimos confessorum flores quos in pace protulit nominavi. Optimorum preterea virorum, Gallorum scilicet et ceterarum gentium, memorabiles actus a tercia mundi aetate usque ad obitum imperatoris [20] Caroli Magni vobis decantavi. Dampnandas etiam hereticorum blasphemias et quomodo eis obsisti debeat breviter declaravi. Erumpnas quoque Judaici populi, quas pro suis impietatibus passi sunt et quibus propagantibus christianismus per orbem diffusus sit [21], scribere procuravi. Sed tam compendiosum et honestum

---

VARIAE LECTIONES.

[12] *V. Rottend, p.* 91. [13] *V. Rottend. p.* 143. [14] asceph. 1, [15] pseudopropheta 1. [16] *V. Rottend. p.* 55. [17] *V. Rottend. p,* 143. [18] *Finem hujus libri cum altera editione contulimus. p.* 358 *sqq.* [19] h. i. 2, [20] *deest* 1?. [21] *deest* 2.

volumen non illiteratis principibus, quibus ars litteratoria spretui est, sed vobis merito dedicavi, ne nominis vestri monimentum ulla [22] valeat umquam vetustate corrumpi, quæ posterorum memoriæ solet inimicari. — Apicem preterea celsitudinis [23] vestræ si quis scire desiderat, Guillelmi famosissimi ducis Normannorum et regis Anglorum filiam vos esse cognoscat, illius videlicet qui memoratum sibi regnum sua subjugavit industria. Nullus rex nostrorum temporum illo sapientior felitior ac moderatior fuit. Ceterum illius regalem magnificentiam et liberalitatem nemo credo laudare sufficiet; non enim recte [24] magnanimitate Rolloni suo antecessori debet adequari, sed tanto majori preconio potest efferri, quo Julium Cæsarem et Claudium imperatorem imitatus est, qui prefatam insulam, id est Anglorum terram, armis subegere victricibus; quod nullus Romanorum imperatorum preter illos ausus est aggredi. Tamen ille deficiens licet ducatus et regni sui principatum hereditario jure filiis suis, vestris fratribus, dereliquerit, morum suorum elegantiam et eam quæ semper eum comitabatur affluentiam vobis [25] deseruit; affluentiam enim ejus et morum elegantiam specialiter pre ceteris vestris fratribus possidetis, teste Gallia, quæ nunc tota vestra liberalitate fulcitur et non mediocriter insignitur. Multis igitur estis preponenda proceribus, sicut in hujus libri primo prologo dixi; tum generositate preclara, tum probitate precipua, tum quoniam estis litteris erudita, quod est gentilitium sive civilitas magna. Attavorum denique vestrorum splendidam hoc in epilogo subjiciam genealogiam, et demum alio, si vobis placuerit, libro tam attavorum vestrorum, Danorum scilicet atque Normannorum, quam regum gesta Francorum ab imperatore Ludovico, Karoli Magni imperatoris filio, usque ad hæc nostra tempora breviter decantabo. Rollo igitur, cujus ante meminimus, antecessor principum Normannorum, Danorum dux potentissimus extitit; sed Karoli regis Francorum tempore post Ludovici imperatoris decessum per Sequanam [26] intravit in Galliam; ingressusque in eam, Normanniam sibi vindicavit. Admirabilis ei filius successit nomine Guillelmus, cui cognomen Longa spata fuit, qui Ludovicum, Karoli Francorum regis filium, sicut in libro quem vobis promitto non reticebo, ab exilio quo latebat Francorum sua potentia revocavit in regnum. Et huic Guillelmo successit Richardus, et Richardo alter Richardus. Richardo vero secundo successit Robertus, qui genuit honorabilem Guillelmum [27] regem Anglorum, patrem vestrum.

Explicit Epilogus.

EDITIO ALTERA LIBRIS VI DIGESTA.

INCIPIT LIBER PRIMUS HISTORIARUM ECCLESIASTICARUM.
Assiriorum igitur rex potentissimus fuit olim Ninus, qui bellum finitimis inferens regibus, omnes Asiæ populos preter Indos sibi subjugavit, et annis in ea 50 regnavit. Quibus *etc.* . . . .
. . . .
Hoc nunc de statu Judaici populi et templi dixisse sufficiat (cf. col. 824). Hoc tamen non silebo, prophetas ejusdem gentis tam ætate quam sapientia gentiles philosophos precessisse, ne qua gens de antiquitate suæ sapientiæ super patriarchas et sanctos prophetas, quibus divina inerat sapientia, ulla se vanitate jactaverit [28] . . . .
. . . .
Multa etiam alia super his erant dicenda; sed quia liber iste nimis extenditur, ratio moderationis exigit ut jam terminetur [29].

Explicit liber primus.
INCIPIT PROLOGUS LIBRI SECUNDI.
Igitur quoniam jocundum est sapienti sacras historias nosse, quarum sola superficies solet ab humanis mentibus nebulas erroris abigere et eas ad imaginem veritatis adducere, curabo nunc juxta historiæ textum legentibus notificare, quomodo processit in mundo recta eruditio fidei per quosdam gradus et articulos ætatum ac temporum, et quomodo Vetus Testamentum evangelicis ministravit principiis in prefiguratione divinorum sacramentorum, sicut virilem ætatem solet ætas puerilis precedere. Sed quamvis ab ipsa mundi origine in tota mundi latitudine nonnisi duas societates hominum comperimus extitisse, cum tot tantæque gentes per eundem orbem diversis ritibus moribusque [30] viventes, multiplici linguarum, armorum vestiumque sint varietate distinctæ, quas civitates duas merito possumus appellare; quarum una civitatum predestinata est regnare cum Deo, et altera perire cum diabolo : tercia tamen mundi ætate, cum jam omnes gentes per orbem diffusæ, beneficiorum Dei et suæ conditionis oblitæ, insensibiles pro eo colerent creaturas, elegit Deus Abraham virum sanctum, cujus exemplo mundum ad agnitionem sui converteret et ab errorris precipicio liberaret; cui etiam circumcisionis notam imposuit, quod nostræ regenerationis signum fuit; qua [31] post communem carnis generationem, quia seculo nascimur, Deo regeneramur per aquam et

---

VARIÆ LECTIONES.

[22] nulla 1. [23] celsitudini 1. [24] *deest* 2. [25] v. d. a. *desunt* 2. [26] secanam 2. [27] guillermum 2. [28] V. editionem Rottendorffii, p. 24. [29] V. *Rottendorff.* p. 27. [30] que *deest* 3. [31] quam 5?

Spiritum sanctum. Quarta vero mundi ætate idem Deus et Dominus per ignem Moysi de rubo primum locutus est, ut educeret Israeliticum populum de Ægypto, ac demum 40 diebus ac noctibus ipsius iterum tentus alloquio scriptam in tabulis legem meruit suscipere; qua [31*] idem Dei populus fruerctur, donec veniret Christus, qui interiorem sensum legis ejusdem Ecclesiæ suæ, data sancti Spiritus gratia, reseraret. Hac ipsa etiam ætate construxit idem Moyses Domino in heremo tabernaculum, quod universalem presentis seculi significabat Ecclesiam, et archam testamenti, per quam Christus designabatur, in quo sunt omnes sapientiæ divinæ thesauri repositi, et candelabrum, per quod sancta predicatio, quæ iter lucis euntibus ad vitam ostendit, exprimitur, et mensam, per quam sancta significatur Scriptura, et alia multa, in quibus expressit nimis alta presentis Ecclesiæ sacramenta. Quinta denique mundi ætate Salomon rex pacificus templum illud nobilissimum in Jerusalem extruxit, in quo etiam nonnulla imago rei futuræ precessit. Sexta quoque mundi ætate Christus Dei et hominis [32] mediator mundo apparuit et mortem crucis pertulit, ut mors, quam vitæ constat esse contrariam, ejus morte instrumentum fieret per quod transiretur ad vitam. Demum vero surgens a mortuis, misit de cœlo Spiritum sanctum suis apostolis in Jerusalem constitutis, qui eis omnium reseravit misteria Scripturarum et attulit notitiam diversarum linguarum. Indeque dispersi sunt super faciem universæ terræ baptizantes ubique in nomine Patris et Filii et Spiritus sancti. Tunc adimpletum est quod scriptum est: *Ex Syon exibit lex et verbum Domini de Jerusalem (Isa.* II. 3). Inde enim procedens verbum Domini per totum emanavit mundum, et ex tunc cœpit in terris ædificari turris, non ex lapidibus ac cementis, sed e diversis populis et linguis, cujus cacumen penetrat cœlum. Quæ turris Syon spiritaliter appellatur, quod *speculatio* interpretatur; speculatur enim futuri seculi magnum bonum, quod preparavit Deus diligentibus se. Hæc etiam Dei sponsa, propter numerosam quam ei quotidie parit filiorum sobolem per baptismatis sacramentum, merito potest appellari. Ipsa quippe suo redemptori Christo intellectualiter adherens corporeo, si dici fas est, amplexu, veris impletur fecundaturque virtutibus. Cui quasi suæ novæ nuptæ novus sacerdos nova tradidit sacramenta, imposuitque ei onus leve et jugum suave, ut quanti penderet eam intelligeret. Dedit quippe ei pro circumcisione, quæ plebem Hebraicam non mediocriter honerabat, sancti baptismatis sacramentum et pro diversorum specie sacrificiorum suum sacrificandum et edendum corpus et sanguinem. Cujus veri sacrificii multiplicia variaque signa erant sacrificia prisca justorum. Igitur prima lex velut pedagogus rudibus atque carnalibus hominibus primum posita est, erudiens eos vel peccare prohibens metu pœnæ presentis; secunda vero sublimiorem vitæ viam jam eruditis sine interminatione pœnæ presentis ostendit. Non decebat ergo ut evangelica perfectio precederet Mosaicam legem. Nam quæque perfecta solent esse posteriora.

His ita se habentibus restat et nunc, ut de Parthis, qui diu in Perside regnaverunt, aliquid dicam, antequam propositum opus attingam. Tantum enim regnum silentio preterire non debeo. Cum Parthis, quippe Romanus populus orbis imperium legitur divisisse. Sed quia Parthi Scitharum exules extitere, sicut ipsorum vocabulo deprehenditur — Scithico enim sermone Parthi exules appellantur — de Scitharum regno prius pauca narrabo; quamquam ordo preposterus esse videatur, quod [33] post Pompeii et Cæsaris bella, que jam digessi, de Vesone rege Ægypti et de Amazonum regno et de introitu Cyri in Scythiam, quæ ante Cæsaris ortum contigerunt, tractabo.

Explicit prologus libri secundi.

INCIPIT LIBER SECUNDUS.

Scitharum igitur gens antiquissima, sub septentrione posita, ab uno latere Ponto, ab altero vero montibus Riphæis et Asia a tergo terminatur. Sed Scythæ non minus illustria principia quam imperia habuerunt, nec virorum magis quam feminarum virtutibus claruere; quippe cum viri hos de quibus agimus Parthos Bactrianosque, feminæ vero eorum Amazonum regna condiderint. Itaque res gestas virorum mulierumque considerantibus incertum est uter apud eos illustrior sexus fuerit. His tamen Vesoges rex etc. . . . . quem ultorem paterni sanguinis futurum metuebant. His de Parthis breviter expeditis, operi proposito manum applicabo.[34]

Explicit liber secundus.

INCIPIT PROLOGUS TERCII LIBRI, IN QUO CONTINETUR ITALIÆ SITUS.

Amodo igitur promissam defloraturus historiam, a nativitate Domini et salvatoris nostri Jhesu Christi exordium sumam, ac postmodum sanctorum successiones apostolorum et presulum nomina Romanorum hic inseram (cf. col. 825-826), demumque qui viri catholici locis celeberrimis post ipsos apostolos regendas susceperunt ecclesias expediam. Nec preteribo persecutionum turbines, quibus sancti martires diversis temporibus pro Christo carceribus trudi edictis principalibus urgebantur. Sed illi divino amore flagrantes, sevientibus in necem illorum regibus et legibus, ducibus et gentibus, flecti nullis cruciatibus potuerunt, semper inexpugnabiles permanentes. Similiter et sanctæ mulieres virilem gerentes animo fidem, carceribus includebantur, cedebantur, torquebantur, urebantur, laniabantur, coronabantur. Hos primitiva flores tulit Ecclesia, et his adhuc

VARIÆ LECTIONES.

[31*] quam 3? [32] hominum *Rott.* [33] quicquid 3. [34] V. *Rottendorff p.* 33.

stipata vernat mirabili varietate. Horum denique meminisse semper erit utile. Preterea perfidos non pretermittam philocumpos, id est amatores jactantiæ, non sapientiæ, qui continencia, castitate atque jejunio sicut quadam pietatis veste exterius tecti, intrinsecus vero habentes animum venenatum, per dulces sermones multis in Ecclesia scandalum intulerunt. Quorum perfidiam denudare curabo, et eorum erroribus locis oportunis, paucis quidem sed affatim, Dei opitulante juvamine, respondebo (cf. col. 826). Quod illis maxime profuturum esse confido, qui magna doctorum volumina, quibus eis responsum est, non habent, aut secularibus impliciti curis ea minime legere possunt. Nam ex his tametsi brevibus responsis potuerit et incautam simplicitatis imperitiam devitare et dogmata fidei christianæ contraria declinare. Arguam denique cecitatem Judeorum, qua nolunt in Christum credere; quem sciunt sibi a prophetis pronuntiatum fuisse (cf. col. 826). Extremam denique templi eversionem, quæ facta est sub Vespasiano et Tito, non tacebo, sed referam dejectionem sive depopulationem rerum illarum quæ dicebantur Sancta sanctorum, licet fuerit umbra non veritas; umbra tamen designat vestigia veritatis et diligenter intuentibus signis quibusdam futura solet exprimere. Optimorum preterea virorum, Romanorum scilicet, Gallorum Gotthorumque et ceterarum gentium memorabiles actus hic inseram, et totum hoc opus legitima ratione corroborare contendam (cf. col. 825). Incipiens quippe ab Octaviano Augusto, omnium imperatorum nomina Romanorum ibi seriatim denotabo usque ad Karolum magnum et ejus filium imperatorem Ludovicum, et tempora quibus floruerunt lucide designabo, sicque secundum eorum katalogum rerum relationes gestarum ita temporibus assignabo, ut, si modo dictum decurras katalogum, quid sub unoquoque imperatore gestum sit, evidenter agnoscere possis. Sunt tamen nonnulli quibus videtur fore superfluum, cum secundum tempora regum vel imperatorum ecclesiasticæ pertractantur historiæ. Sed non est contra religionem ecclesiasticam aut auctenticam disciplinam (cf. col. 825). Lucas nempe evangelista, cum dominicæ incarnationis texeret historiam, Herodis regis Judaicæ gentis in ipso sui sancti Evangelii principio intulit mentionem: *Fuit*, inquit, *in diebus Herodis regis Judeæ sacerdos quidam nomine Zacharias de vice Abia*. Itemque post pauca: *Exiit edictum a Cæsare Augusto ut describeretur universus orbis*, Cæsaris Octaviani faciens iterum mentionem, quatinus illa quæ minus erant hominibus nota ab his quæ pene aput omnes celebri fama ferebantur confirmarentur et roborarentur; quod et multi alii religiosi divinarum tractatores historiarum fecisse leguntur. Illæ quippe res gestæ quæ nulla regum ac temporum certitudine commendantur, non per historiam recipiuntur, sed inter aniles fabulas deputantur. Porro ideo Christus usque ad sextam venire distulit ætatem, ut novæ legis plenitudinem prolixitas temporis non auferret. Nam si ante venisset, cuncta forsitan legis novæ precepta vetustas temporis abolevisset. Nunc autem ea servare ipse imminens judicii terror exigit, nec sinit propinquitas vicini examinis periclitari novæ fidei perfectionem. Proinde decebat, ut qui 6. feria hominem fecerat, 6. die perfecerat, 6. mundi ætate eum ad plenitudinem legis perduceret; etiam veterascentem suo novo adventu reficeret.

Proinde presenti prologo, quoniam id multum operi proposito convenire non dubito, Italiæ situm paucis comprehendam et provintiarum ejus numerum subtiliter nescientibus intimabo (cf. col. 828) Italia ergo patria sive regio Romanorum . . . . infra Alpes est vocitatur. Et hæc de Brenno sive de Gallis, quorum supra dudum meminimus, paucis dixisse sufficiat. Amodo vero fultus Dei adjutorio; et in tres libros totum opus dividere et in unum corpus ecclesiasticam historiam curabo redigere.

Explicit prologus.

INCIPIT TERCIUS LIBER.

Secundus Romanorum monarcus; interfecto Julio Cæsare, Octavianus Augustus extitit, quo. . . . .

Igitur post extremum Judaicæ plebis excidium eorumdem breviter arguam perfidiam Judeorum; qui nondum volunt in Christum credere [35].

Explicit liber tercius.

INCIPIT PROLOGUS QUARTI LIBRI.

Maximus versatur error in cordibus Judeorum [36] . . . .

Porro hæc contra Judeos sub specie prologi dixisse sufficiat et hic metam finitus accipiat.

Explicit prologus.

INCIPIT LIBER QUARTUS.

Domicianus igitur frater Titi junior [37] . . . .

Repperit quoque dalmaticæ usum [38].

Explicit liber quartus.

INCIPIT PROLOGUS LIBRI QUINTI IN QUO CONTINETUR GALLIÆ SITUS.

Precedenti libro (cf. col. 826) Spiritus sancti suffragio pauca de quibusdam primitivæ Ecclesiæ sanctis, qui post nostri Salvatoris nativitatem et ejus ad cœlos gloriosam ascensionem pressuras innumerabiles pro fide sustinuere catholica, peroravi; presenti vero volumine temptabo, si possum, de illis qui pacis et tranquillitatis diebus floruerunt aliquid etiam dicere; ab illo tempore ducens exordium quo Romani imperatores idolis abrenunciantes, pro quibus olim persequebantur christianos, verum Deum cœperunt colere, qui mundi fabricam constituit universam. Nullo enim tempore destitit Deus in vinea sua, id est in Ecclesia sua, idoneos operarios

VARIÆ LECTIONES.

[35] V. *Rottendorff* p. 65. [36] *Hæc etiam omittere placuit; v. Rottend. l. l.* [37] V. *Rottend.* p. 68. [38] V. *Rottend.* p. 89.

conducere, neque illa dignos illi fructus per patientiam gignere; sed quanto duriora pro Redemptoris sui nomine certamina toleravit, tanto gloriosius semper de diabolo triumphavit. Proinde zelatur divini muneris efficaciam antiqui serpentis impietas, et contra pietatis justitiam armatur iniquitas. Ille quippe, qui dudum in cœlum positus divinitati se comparavit et esse Deo similis non per justiciam sed per potentiam concupivit, quique propter suam de cœlo projectus est [29] superbiam, solita versucia post persecutionis tempora, quam sustinuit Ecclesia primitiva, tranquillitati ejus invidens, rursus per quosdam hereticos temptavit subvertere catholicam fidem; et qui prius adversus eam sevam persecutionum excitaverat tempestatem, ille etiam postmodum in ea hereticorum seminavit germina nequam. Sed pietatis Dei munificentia contra prefatam nequiciam quosdam suos armavit proceres, qui magno suo labore et hereticorum dolos pessumdarent et sacræ fidei lineam uberiori facundia roborarent [40]. Quorum profecto meritum a martirii dignitate non degenerat. Nam idem labor pro fide certantibus eos martiribus equiparat. Et quia nichil est veritate validius ita omnem pravitatem fides catholica prefatorum labore virorum contrivit, sicut dudum antiquorum philosophorum ambiguas opiniones sanctorum patriarcharum atque prophetarum auctoritate quassavit. Et quemadmodum ille felix angelorum exercitus, qui post diaboli lapsum in cœlis remansit, Deo secundum sibi datum ordinem dignitatum famulatur et servit et ad nutum ejus angelorum multitudinem archangelorum obedientia regit, ita et nunc Ecclesia secundum sibi datos gradus ordinis et disciplinæ ipsi Deo pro humana possibilitate fideliter in terra ministrat. Verum quos illa non colligit, hos profecto diabolus ad interitum secum rapit. Et hec presenti prologo de sancta dixisse sufficiat Ecclesia.

Amodo vero inseram operi inchoato quædam capitula de gestis Francorum locis oportunis (cf. col. 827). Non enim fas est preterire penitus tantæ gentis virtutem, quæ Gallorum gentem asperam, audacem, bellicosam et cunctis regnis terribilem ipsisque etiam Romanis imperio terrarum florentibus formidabilem, suis armis subigere et suo sensu sibi potuit retinere. Prius tamen ipsius Galliæ situm, quam nunc prefata gens Francorum incolit, breviter comprehendam atque depingam. Igitur universa Gallia, non tam ampla quam inclita, tribus provinciis terminabatur antiquitus. Quarum una Belgica, alia Aquitania, alia vero Lugdunensis nominabatur. Porro Belgica provincia habet ab oriente limitem fluminis Rheni et Germaniam, ab euro vero habet alpes Apenninas et a meridie provinciam Narbonensem et ab occasu provinciam Lugdunensem et a circio oceanum Britannicum. Urbes ejus inclitæ et famosæ: Colonnia Agrippinensis, Tungris, Treveris, Mettis A quæ et Mediomatricum; Remis, Laudunis, et pagus Helveciorum, quem nunc Alemanni incolunt. Fluunt per eandem provinciam Scaldus, Matrona, Mosa et Ausona, quæ ultimos Remorum fines preterfluit. Silva eciam habetur in ea quæ dicitur Ardenna, quæ a ripis Reni fluminis usque in Treverorum fines extenditur. Aquitania vero a Varunna flumine ad Pireneos montes extenditur; et obliquo Ligeris cursu, qui eam ex parte terminat, pene in orbem cingitur. Continentur in ea urbes egregiæ: Narbona, Arvernus quæ Clarus-Mons dicitur, Bituris, Cadurs, Tholosa, Ruthenus, Lemovis, Petragorica, Pictavis, Burdegala, Sanctona et Engolisma. Meat per Aquitaniam Dordonia, quæ in Varunnam immergitur. Silva habetur in ea Letenna [41], Biturigibus et Arvernis confinis. Lugdunensis autem provincia oritur a monte Jurano, qui est inter Sequanos et Helvecios, et a lacu Lemanno et flumine Rodano, et extenditur ad oceanum Britannicum, dilataturque ad Ligeris alveum, qui eam ab Aquitania separat et dividit. Urbes in ea multæ et opulentæ: Lugdunum, Cabillonis, Edua quæ et Augustudunus, Senonis, Autissiodorus, Nivedunus quæ et Nevernis, Meldis, Trecas, Parisius, Carnotum, Gennabus quæ et Aurelianis, Rothomagus, Ebroas, Oximus id est Sagensis, Cinomannis, Luxovium, Nannetis, Andus quæ et Andegavis, Abrincatina, Redonis, Venetus. Quarum Augustudunus et Senonis majoris auctoritatis antiquitus fuere. Nam Augustudunus amicitiam Romani populi amplectendo, nobilis evasit; Senonenses vero Romam quondam obsidione cinxerunt. Fluunt per Lugdunensem provinciam Rodanus et Araris qui et Sagonna vocatur, et Sequana qui oceano Britannico immergitur. Silvæ in ea Perticus et Langularia. Has tres Galliæ provincias dum Franci occupassent, illam regionem quæ septentrionem versus inter Mosam et Rhenum porrigitur Austriam, illam autem quæ a Mosa usque ad Ligerim protenditur Neustriam vocitaverunt. Quædam tamen pars Galliæ quam Burgundiones intra Lugdunensem occupavere provinciam nunc Burgundia vocatur. Aquitania vero nomen adhuc avitum retinet. Dicta Aquitania quod præ cæteris Gallie provinciis fontibus et torrentibus scaturiat. Et hæc modo tantum de situ Galliæ compendioso sermone dixisse sufficiat. Restat tamen ut et Narbonensem provinciam, quæ pars Galliarum est, describamus. Narbonensis provincia habet ab oriente Alpes Gothicas et ab occidente Hispaniam et a circio Aquitaniam et ab aquilone Belgicam Galliam et a septentrione Lugdunensem provinciam et a meridie insulas Baleares, a fronte vero qua Rodanus defluit in mare insulas Cicladas. His ita decursis, ad historicam revertar amenitatem.

Explicit prologus.

INCIPIT LIBER QUINTUS.

Constantinus igitur Magnus, Constantii modera-

VARIÆ LECTIONES.

[30] deest 3. [40] laborarent 3. [41] V. Rottend. p. 91

tissimi et egregii principis filius, in Britannia [42]. . .
. . . .
primus ex Grecorum gente Romano potitus est imperio [43].

Explicit liber quintus.
INCIPIT PROLOGUS LIBRI SEXTI.

Ecce [44] dum immensum pelagus historiarum cupio perstringere et numerosam librorum copiam uno volumine coartare, videor quibusdam modum propositæ brevitatis excessisse. Sed audiant queso quos brevis delectat oratio. Brevitatem in oratione custodiendam esse confiteor, si causa permittat, quia quorundam sensus hominum magis honerat oratio prolixa quam doceat. Segetem etiam nimia sternit ubertas, et ad maturitatem non pervenit nimia fecunditas; prevaricatio tamen dicenda est transire dicenda, et non minus servat modum perfectæ orationis, qui strictius quam debet rem quam qui effusius dicit; cum alter materiam excessisse, alter dicitur non implesse. Peccat igitur uterque, sed alter viribus, alter peccat imbecillitate. Porro nunc etiam illi [45] qui hunc codicem ideo forsitan superbo despicient [46] animo, eo quod eum non novis commentis sed quorundam illustrium virorum coacervaverim scriptis, respondeo, quoniam alterius adjumento Divinitas sola non indiget, nec dici aliquid ab aliquo potest quod jam non sit [46] dictum, aut aliqua jacet abstrusa in cordibus nostris scientia, quam non illustraverit usus precedentium virorum. Totum tamen a veridicis auctoribus sumptum veraciter affirmo. Verum multa quæ secuntur ab Anastasii Romani bibliothecarii libro decerpsi, quem tempore Karoli Magni de Greco transtulit in Latinum. Res enim gestæ sub aliis imperatoribus usque ad Mauricium lucide Latinis continebantur in libris; amodo vero dicti imperatoris temporibus rerum gestarum series nulla fulta manebat auctoritate, sed historiographus quisque vulgi tantum opinionem suo ponebat in codice; quod ex lectionibus quæ in exaltatione sanctæ crucis per universas fere leguntur ecclesias animadverti potest. Quas falsitate refertas quibuscumque sapientibus lucide liquet. Præfatus autem Anastasius suis temporibus ea quæ in Greca continebantur historia ab Octaviano Augusto usque ad Michaelem, qui Nicephoro successit, rationabili prosecutus oratione, Latino transtulit eloquio; in quo opere nobis multa quæ hactenus nesciebamus aperuit, ibique de Muhamet pseudopropheta pauca quidem locutus est, sed quibus temporibus fuerit lucide designavit. Liber tamen ille per multos latuit annos, sed nuper meis Deo volente venit in manibus. Cujus auctoritas non est frivola vel inepta, sed autentica, probabilis et robusta. Proinde codicem istum tibi merito, o Adela nobilis comitissa, dicavi, quam non mediocri-

A ter litteris eruditam esse non ambigo, ad delinicndum animum tuum et ad acuendam [47] fidem pectoris tui, sperans quod nominis tui monimentum hac etiam possit occasione non mediocriter insigniri, ita ut non valeat ultra aliqua vetustate corrumpi, quæ posterorum memoriæ solet inimicari. Ecce habes coram te propugnatores fidei catholicæ, habes rectores civitatis Dei per divisas Ecclesias Christi populo presidentes. Cui civitati regali presidet potentia, Deus Dei Filius homo verus, et [48] Deus omnipotens, qui sua sapientia totam ipsius civitatis structuram regit, exaltat atque defendit. Qui te militibus sanctorum consociet in secula seculorum. Amen.

Explicit prologus libri sexti.

INCIPIT LIBER SEXTUS.

Mauritius igitur genere Cappadocus Romanum imperium assecutus est anno dominicæ incarnationis 575 [49]. . . . .

[ANAST.] Justinianus [50] itaque patri suo succedens in regno anno incarnationis divinæ 678 [51] imperavit annis 10. . . . .

Defuncto vero Ebroino, Pipinus, filius Ansegiseli, dominari sub regibus cœpit in Austria. Porro iste Ansegiselus Anchises de nomine Anchisæ quondam Trojani principis est dictus*. [P. D. vi, 22] Cujus memoratus filius Pipinus ex uxore Plectrude duos filios habuit, Drogum et Grismoldum [52]; sed ex concubina [53] genuit Karolum Tuditem [54]. . . . .

[* etiam dictus est A.]
[ANAST.] Leoncius igitur** imperavit annis 3. . . .

[** Leo igitur, qui et Leontius nominatus est imp. A. *ubi res Romanæ et imperatorum tempora aliter breviusque exhibentur ex Adone.*]

Absimarus igitur, qui et Tiberius nominabatur, imperavit annis circiter 7. . . . .

Justinianus igitur imperavit secundo annis 6. . .

[P. D. vi, 34.] Philippicus ergo, qui et Bardanicus nominatur, creatus apud Chersonam imperator, anno divinæ incarnationis 704 [55], imperavit anno uno et dimidio. . . . .

Anastasius igitur, qui et Arthemius dictus est, imperavit annis tribus et mensibus 6. . . . .

Circa hos preterea dies Childebertus moriens, regnum Francorum deseruit habendum filio suo minori Dagoberto [cf. ADO.]. Sed et Pipinus major regiæ domus defunctus est; cui successit filius Karolus

VARIÆ LECTIONES.

[42] V. Rottend. p. 143. [43] lecenna 3. [44] Hæc desunt ap. Rottend.; v. præf. p. 339. [45] illud — despiciet 3. [46] d. sit 1. [47] accuendam 1. [48] et d. 6. desunt 3. [49] V. Rottend. p. 143. [50] LXIII. Justinianus 2. *et ita deinceps numeros addit.* [51] DCLXXXVI. Rott. [52] Grimoaldum R. [53] c. Alphaide R. [54] ruditem 2. deest Rott. [55] DCCXI. R.

qui Tudites appellabatur a majoribus malleis fabrorum quibus tundi et extenuari graviori ferri materia solet. Qui major regalis aulæ factus sub Dagoberto ***, satis strenue cum Saracenis pugnavit [P. D. vi, 46.]. Nam precedenti tempore Saraceni ex Africa transfretantes, Hispaniam sibi subjugaverant, indeque Karoli temporibus, cum uxoribus et parvulis erumpentes Aquitaniam Galliæ provinciam invaseserunt [Ado.] et usque ad Septimaniæ et Viennensis provinciæ fines quæque [56] depopulantes pervenerunt. [Einh. c. 2.] Sed hos Karolus Tudites duobus magnis præliis, uno in Aquitania apud Pictavium et altero juxta Narbonem, ita devicit ut Hispaniam eos redire compelleret. [Paul. l. l.] In † quo bello 365 Saracenorum millia interfecit. Iste est Karolus, qui propter assiduitatem bellorum res ecclesiasticas laicis tradidit. Pugnavit etiam contra Saxones et Bavarios, quos cum magna difficultate superavit [cf. Ado.] [P. D. vi, 42.] Cum Heudone quoque Aquitanorum duce sæpe dimicavit, et Rainfredum comitem regalis palatii a palatio expulit, sed unam ei tamen civitatem, id est Andegavensem concessit. Porro regi Francorum Dagoberto successit filius ejus Theodericus. . . . .

. . . .

[*** juniore add. A.]
[† In — interfecit desunt A. qui pergit: Iste tamen K. pr.]
[P. D. vi, 41] Theodosius igitur, Anastasio defuncto, imperavit anno uno. . . . .

Leo igitur anno incarnationis Domini nostri Jesu Christi 708 [57] Romano potitus imperio, imperavit annis 25 [cf. Anast.]. . . . .

. . . .

Et item hoc ferme tempore Karolus Tudites defunctus est et apud Sanctum Dionisium non longe a Parisiaca urbe sepultus anno ab incarnatione Domini 741; principatum regiæ domus obtinentibus filiis ejus Karlomanno [58] et Pipino pariter. [Einh. c. 2.] Quorum Karlomannus [59], relicta regni administratione, Romam adiit, ibique secularem militiam reliquit, ac demum in monte Serapti [60] sancti Silvestri monasterio a se constructo, ibidem in habitu monachico per annos aliquot habitavit. Sed cum ex Francia multi nobilium ob vota solvenda Romam sollempniter commearent et eum velut dominum quondam suum preterire nollent, otium, quo maxime delectabatur, crebra salutatione interrumpebant ††. Ideo locum mutare decrevit. Nam inde in [61] Samnium provinciam proficiscens, apud castrum Cassinum quod reliquum erat temporalis vitæ religiose conversando complevit [cf. Ado.]. Prefato denique Dagoberto vita decedente †††, regnavit pro eo Theodericus [62] filius ejus, et hoc *† defuncto, regnavit Childericus **†, quem et Hildricum appellabant. [Einh. l. l. Ado.] De quo, cum esset vir inutilis ac remissus et nihil preter regis nomen et precarium victum, quod ei aulæ prefectus regiæ ministrabat, de tota potentia regni possideret, Pipinus major regiæ domus per legatos suos studuit interrogare Zachariam Romanum antistitem, dicens, an ille deberet esse rex Frantiæ, qui otio deditus solo nomine regio erat contentus. Cui pontifex remandavit, illum debere appellari regem qui bene rem regeret publicam. [Einh.] Qua responsione Franci animati, Hildrico in monasterio detruso et monachili tunica palliato, Pipinum sibi regem constituerunt. Qui ubi rex est creatus, omnes sibi rebellantes magna potestate subegit et Griphonem fratrem suum regem fecit Austrasiorum; et Thassilonem suum ex sorore nepotem ducem instituit Bavariorum. Gripho tamen propter suæ mentis insolentiam ei bellum indixit. Interea vero Constantinopoli. . . . .

. . . .

[Anast.] Eodem etiam anno mortuus est Leo imperator animæ simul et corporis morte, et fit imperii et impietatis ejus pariter successor Constantinus filius ejus, anno a conditione mundi [63] juxta Romanos sextus millesimus et ducentesimus et quadragesimus, sed secundum computationem Egyptiorum et Alexandrinorum sextus millesimus et ducentesimus tricesimus secundus.

Constantinus * igitur, persecutor legum a patribus traditarum, imperium [64] sumens anno incarnationis dominicæ 734, imperavit annis 34, mensibus 2 et diebus 26. . . . .

[†† interrumpentes locum mutare compellunt. Nam hujusmodi frequentiam cum suo proposito officere vidisset, relicto monte Serapti in Samnium provintiam ad monasterium sancti Benedicti situm in castro Cassino secessit et ibi quod cum Einh. A.]
[††† exempto r. Th. A.]
[*† h. iterum d. A.]
[**† Hildricus vir inutilis . . . . possidens. De quo sæpe nominatus Pipinus . . . suos Z. R. interrogavit a, si ille manere debebat . . . contentus. Cui p. illum d. vocari regem remandavit q. b. r. p. regeret. Qua occasione Franci Hildricum detonsum in monasterio detruserunt et P. s. r. c. In Romana vero cathedra Zachariæ pontifici Stephanus successit. Porro Leo augustus apud Constantinopolim . . . . . preterea Leone decedente Constantinus factus est imperator A. qui pergit: Constantinus etc. (n. *).]

. . . .

* Constantinus igitur imperavit annis 27. A. ubi reliqua desunt usque Hujus in diebus papa Stephanus (n. **).

[Adrevald. Mir. S. Bened. c. 15.] Interea vero monachi coenobii Cassinensis auctoritate Karloman-

VARIÆ LECTIONES.

[56] quosque 2? R.   [57] DCCXVIII. R.   [58] karolomagno 2.   [59] karolomagnus 2. karlomagnus A.   [60] seraptim 2.   [61] in — religiose desunt 2. qui pergit conservando compl.   [62] Chilpericus f. e. cui successit Theodoricus R.   [63] mundi quinquies MDCCCCXL ab incarnatione domini nostri Jesu Christi DCCXLI R.   [64] imp. — 734 desunt R.

ni, cujus supra meminimus, Romam venerunt, rogantes Zachariam magnum pontificem, ut litteras Pipino Francorum regi dirigeret, quatinus beatissimi corpus Benedicti, quod Floriacenses monachi furtim sibi vendicaverant, avito restituat [65] loco. Quibus Romanus pontifex annuens, per eundem Karolomannum episcopis Franciæ studuit scribere, dicens: *Zacharias episcopus . . . . . . valete* (48). Quam epistolam Karlomannus rex populis Galliæ coram fratre suo Pipino rege in magno conventu cleri presentavit. Tunc pius princeps hæc audiens, Remigium Rothomagensem episcopum cum tribus episcopis Floriacum potestative direxit, ut maximam partem cura non modica corporis sancti Benedicti Cassinensibus [66] monachis redderent partemque loci salario reservarent; pertractans prudenti consilio, ut nec fratrem contristaret nec tamen regnum Francorum tanto honore privaret. Sed quoniam non est sapientia neque consilium contra Deum, biduo ante statutum adventum episcoporum res Floriacensibus innotuit fratribus. Tunc fratres triduanum jejunium celebrantes, his verbis beatissimum Benedictum orabant ante sanctum ejus sepulchrum: *O unica spes nostra post Deum, ne derelinquas nos orphanos, qui huc non nostris meritis, sed multarum [67] animarum venisti salute; scimus certe et omnino fatemur, nos indignos esse tua presentia, quia inutiles operarii sumus, et non ambulavimus in mandatis tuis juxta professionem nostram; sed emendare parati sumus negligentias nostras, et flagellis nos tuæ paternitatis ultro substernimus, tantum ne dimittas clientulos tuos, qui huc propter tuam presentiam congregati sumus; suscipe quæsumus lacrimas nostras, et commane nobiscum in loco isto, quem dudum tibi dignanter elegisti; si autem mole peccatorum nostrorum exacerbatus nobiscum remanere nolueris, notum sit tibi, quia quocumque ire decreveris, nos devotissimos conviatores habebis: non nos terrebunt pericula fluminum aut juga montium vel violentia tempestatum, nec nos poterit aliqua creatura a paternitate impedire tua.* Crederes super pavimento in maxima quantitate [68] pluere pre nimia lacrimarum inundatione. Et cum jam in his singultibus et lacrimis totum expendissent triduum, ecce memorati episcopi adsunt, et mandata regis implere conantur, moxque reserari sibi fores ecclesiæ jubent. [ADREV.] Medo tunc illud sanctum regebat cœnobium; qui cum precepta regalia graviter suscepisset, non se posse reddere respondit depositum, quod ad servandum se suscepisse gaudebat, non ad reddendum. *Ceterum si sanctus*, inquiens, *Benedictus ad pristinum vult reportari mausoleum, non illum retinere possumus; sin vero hic remanere

disposuit, quo propter salutem plurimarum animarum transferri sua membra permisit, certissimum habetote, impotes voti vestri vosmetipsos ad propria redituros.* His dictis, fratribus totius congregationis ad se vocatis, intra viciniam beati Petri ecclesiam se cum eis reclusit, ubi solo tenus prostratus et lacrimis ora perfusus, orationi vacabat [69]. Episcopi vero templum sanctæ Dei genitricis ingressi, antequam ad sancti Benedicti propinquassent tumulum, in dissolutionem et formidinem sunt conversi, et tanta cæcitate percussi, ut nec invicem se recognoscere quirent. Cum autem se divina ultione excæcatos esse sensissent, cœperunt errabundi palpando per ecclesiam pergere, quo ad restes campanarum impegissent, quas vi magna cœperunt trahere; non enim aliter poterant his qui foris erant remanserunt infortunium suum notificare. Quo exciti sono [70], fratres de jam dicta apostoli Petri processerunt ecclesia, existimantes triste spectaculum se visuros; sed quænam causa tardandi esset in ecclesia nesciebant. Explorandi ergo gratia quidam de eis intraverunt, et mox apertis oculis eos per ecclesiam errare deprehendentes, egressi sunt, dicentes: *Quia pius pater noster Benedictus exaudivit nos et suscepit lacrimas nostras, venite et videte magnalia Dei.* Et tunc pariter ecclesiam introeuntes, invenerunt eos vel clamantes nihilque videntes. Quibus cum dicerent: *Quid facitis, o boni barones* [71] ? illi respondere dicentes: *Ve nobis, quia sancti patris Benedicti requiem temerare venimus, et ideo cæcitatem incurrimus; vos autem servi Dei mitius agite nobiscum, et nolite nobis secundum presumptionem nostram reddere talionem; sed orate pro nobis omnipotentem Deum, ut aperiat oculos nostros, nosque vobis promittimus nunquam deinceps talia presumpturos.* Ad hec verba fratres solo tenus fusi, orabant attentius, ut divina pietas eis lumen reddere dignaretur; et cum orarent, aperti sunt oculi eorum. Demum vero prefati viri ad regem reversi, narraverunt quæ fuerunt passi, et adjecerunt, quia non debeat Gallia tam sanctis ossibus viduari. Sed dum rex morosius papæ legatos retineret, idem papa Zacharias defunctus est. Cui successit Stephanus in pontificali sede. Qui et ipse per se ad eundem regem in Franciam venit [**]. [Cf. ADO et *Gesta pontif. Roman.*] Nam rex Italiæ Aistulfus nomine ecclesiam Romanam [***] suis possessionibus spoliabat. Sed dum idem venerabilis papa apud regem aliquandiu moraretur, ægritudinem incurrit; qua detentus molestia, apud sancti Dionysii cœnobium non longe a Parisiaca urbe lecto decubuit; sed ipsius sancti Dionysii meritis tandem convaluit, et in eadem basilica altare in honore sanctorum apostolorum Petri et Pauli, quorum

VARIÆ LECTIONES.

[65] auctore statuat 2. [66] cassiniensibus 2. [67] perm. 2. [68] deest 2. [69] vocab. 2. [70] sompno 2. [71] domini R

NOTÆ.

(48) Ut apud Adrevaldum c. 15 legitur. Sed pro *Pippini excell. majoris domus* Hugo scripsit: *Pippini excell. regis Francorum.*

etiam precibus convaluerat, consecravit, anno ab incarnatione Domini 754. Qui etiam postquam Romuleam remeavit ad urbem, ipsi sancto Dionysio intra modo dictam urbem monasterium ædificare cœpit; quod morte preventus consummare [72] non potuit. Successor tamen ejus Paulus illud nobiliter consummavit, et quosdam Dei servos natione Grecos illic adunavit, locumque ipsum Ad sanctos Martyres in scola Grecorum appellari precepit. Porro rex Pipinus copiosum a Gallia movit exercitum, memorato Stephano Romano pontifici prebiturus auxilium. [Cf. Ado et G. pontif.] Et ingressus Italiam, regem Aistulfum obsedit, et 40 obsides ab eo suscepit, ut beato apostolo Petro et sancto papæ Stephano omnia predia restitueret, quodque numquam amplius Romanam ecclesiam inquietare presumeret. [Ado.] Sed hoc totum recedente Pipino Aistulfus irritum fecit. Sed ' non post magnum temporis intervallum, dum quadam die venatum pergeret, subito Dei percussus judicio expiravit. Mortuo vero Aistulfo, Desiderius ei successit. Eodem quoque tempore Pipinus rex Francorum Constantini imperatoris magna dona recepit; et ab Italia rediens, contra Waifarum [73] Aquitanorum ducem cum filio suo Karolo perrexit, et castella Aquitaniæ Canteram [74] et Burbonem expugnavit et cepit, et Clarmontem [75] concremavit, ac Lemovicas usque pervenit, et dum inde rediret, Bituricas cepit. Rursusque non longo post tempore Aquitaniam intravit, et eam perambulavit usque Cadurcum, et inde rediens in Argentoniaco castello et in Bituricensi civitate sibi presidium collocavit. Demum quoque ·· tertia expeditione Aquitaniam intrans usque Warannam fluvium pervenit; et cum inde reverteretur, tandem intra pagum Petragoricum predictum ducem Waifarum [76] interfecit. Post hæc autem idem rex Pipinus bellicosissimus Saxoniam intravit, et illam expugnavit. Bajoariam quoque totam sibi vendicavit ···.

['' A. *ita pergit* (*v. supra n.* '): Hujus in diebus papa Stephanus ad Pipinum regem in F. v.]
['''' R. nequiter impugnabat et suis illam p. sp., et dum i. v. p. a. r. mor. in monasterio s. D. infirmus jacuit; sed adjutus s. D. precibus tandem convaluit; unde in eadem basilica altare in h. s. a. P. et P. c., Pipinumque et duos ejus filios Karolum et Karlomagnum in reges Francorum benedixit. Acta sunt hæc anno ab incarnatione Domini 754. Precedenti tamen anno Karlomannus monachus ad fratrem suum Pipinum quibusdam de causis venerat et adhuc in Francia morabatur; sed cum rex inde copiosum movisset exercitum Stephano Romano pontifici præbiturus auxilium, Viennæ illum ægrotantem dereliquit. Ipse vero rex insistens inchoato negotio, in Papia civitate obsedit Aistulfum et tandem 40 obs. ab eo recepit, ut b. P. et p. St. o. sui juris pr. rest. Quod totum etc. A.]
[' A. *ita pergit*: Verum post hæc ab Aistulfo ultio

divina non procul abfuit. Nam cum q. d. v. p. *etc.*]
['' Denique A.]
[''' A. *pergit*: His patratis ægrotare cœpit et gravatus morbo obiit in Parisiaca urbe anno d. i. 768, superstitibus, *etc.*]

[Anast.] Interea Constantinus nefandissimus imperator contra Bulgaros pergens horribilem infirmitatem incurrit, qua et defunctus est, non minus quam Diocletianus martyrum sanguine plenus. Cui successit Leo Cazarus, filius ejus. In Romana vero cathedra Stephano papæ subrogatus est Paulus, et post Paulum sedit alter Stephanus; cui successit Adrianus. Floruit per idem tempus sanctus Bonefacius Maguntiacensis [77] episcopus, qui in Frisia verbum Dei predicans palmam martyrii meruit adipisci. [Cf. Ado.]

[Anast.] Leo Cazarus igitur imperavit annis 5. Cujus ultimo imperii anno, mortuo Niceta Constantinopoleos patriarcha, Paulus genere Cyprius, verbo et actu coruscans, consecratus est in eadem sede.

[Cf. Ado. Einh. c. 3.] Illis etiam diebus Pipinus, qui auctoritate Romani pontificis Zachariæ ex prefecto palatii Francorum rex fuerat institutus, obiit in Parisiaca urbe anno regni sui 15, incarnationis vero Christi 769, superstitibus liberis suis Karolo et Karlomanno, ad quos pertinebat regni successio. [Ado.] Quorum Karolus † in Noviomensi urbe regiam suscepit coronam et frater ejus Karlomannus Suessionis. [Einh. c. 3.] Sed Karlomannus, transacto biennio quo sublimatus est in regno, vita decessit; et uxor ejus et filii ad Desiderium regem Longobardorum nulla vi compulsi fugerunt, ejus patrocinium expetentes; sicque totius regni Francorum consensu virorum Karolus regni monarchiam solus optinuit. [Ado Einh. c. 5.] Proinde Karolus primo regni sui anno Aquitaniam ingressus, ducem Hunoldum, qui post Waifari [78] necem ipsam sibi provinciam retinere parabat, est aggressus: Quem etiam Wasconiam [79] petere compulit. Sed Karolus Wasconum duci Lupo [80] mandavit ut profugum reddat, et nisi hoc mature faciat bello se eum expetiturum. Lupus vero saniori usus [81] consilio, non solum Hunoldum reddidit, verum etiam se ipsum cum provincia cui preerat ejus potestati permisit. [Ado.] Porro dum ad Karolum [82], sicut dictum est, Francorum ex [83] integro pervenisset regnum, legatus Romanæ ecclesiæ nomine Petrus ab Adriano pontifice missus ad †† eundem gloriosum regem Karolum venit, postulans ab eo auxilium contra Longobardorum regem Desiderium, qui more patris sui Aistulfi Romanam inquietabat ecclesiam. [Einh. c. 6. Ado.] Cui Karolus obaudiens, bellum contra Desiderium magna virium copia preparavit, et per montem Cenysium Italiam introivit, et cum

VARIÆ LECTIONES.

[72] consumare 2. [73] wafferum 2. [74] cantheram 2. [75] clarimontem 2. [76] waiferum 2. [77] magunciasis 2. [78] waiferi 2. [79] guasc. 2. *et postea.* [80] L. W. d. 2. R. [81] us. cons. *desunt* 1. [82] karlomaunum 2. [83] ex i. *desunt* 2. R.

forti robore Papiam Italiæ civitatem circumdedit, et ibi regem Desiderium cepit et in exilium misit. Preterea filium Desiderii Adalgisum a regno patrio effugavit, et subactæ Italiæ filium suum Pipinum regem constituit. [EINCH. c. 7.] Quo in Italia composito negotio, Saxonicum bellum arripuit. Saxones autem ita ejus sunt virtute perdomiti et emolliti, ut decem milia hominum ex eis cum uxoribus [84] et parvulis sublatos transtulerit et per Galliam et Germaniam multimoda divisione distribuerit. Talique tandem conditione bellum constat esse finitum, ut abjecto demonum cultu christianæ fidei sacramenta susciperent et Francis uniti unus populus efficerentur. [EINH. c. 8.] Interim tamen dum hoc adhuc [85] bellum traheretur, dispositis per loca congrua presidiis, Hispaniam est ingressus, saltuque Pyrenei superato et omnibus quæ adierat oppidis atque castellis in deditionem susceptis, reversus est. Sed dum inde rediret, in ipso Pyrenci * jugo Wasconum perfidiam est expertus. Nam cum agmine longo, ut loci et angustiarum situs permittebat, porrectus iret exercitus, Wascones, in sinu montis insidiis collocatis, extremam partem agminis invaserunt et in subjectam vallem dejecerunt. Consertoque cum eis prelio, omnes quos invenerunt interfecerunt. In quo prelio Eggibardus regiæ mensæ prepositus et Anselmus comes palatii et Rollandus prefectus limitis Britannici cum aliis quam pluribus sunt interfecti. Ex quibus Rollandus Blavia castello deportatus est ac sepultus (49). [V. Hlud. c. 3.] His quoque diebus magnus rex Francorum Karolus ab Hispania reversus, repperit conjugem suam Hildegardam [86] in villa regia quæ vocatur Cassinogilus, et est inter Droth [87] et Warunnam [88], geminam edidisse prolem; quorum unus antequam nasceretur interiit, alter vero baptizatus nominatus est Hludovicus. [ADO. EINH. c. 1.] Post hæc autem domnus Karolus rex, subjugatis Narbonensibus, in Franciam est reversus, et non post multum tempus ad Capuam Campaniæ urbem per Italiam perrexit, et inde rediens, bellum Beneventanis indixit. Verum dux provinciæ Aragisus nomine, regis ferocitatem ferre non prevalens, filios suos Rumaldum [89] et Grimaldum obsides ei pro conservanda fidelitate transmisit. [Ib. c. 11.] Et iterum post hec Karolus [90] ad Galliam est reversus Bajoaricum denique bellum est exortum [91] et celeriter consummatum. [Ib. c. 12.] Sed et Sclavis bellum est illatum. Dani vero et Sueves [92] Sclavis erant federati. Sed hos omnes una tantum expeditione rex sepe dictus ita edomuit aut [93] contudit, ut ulterius illi mallent subesse quam rebellare. [Ib. c. 13.] Hunos quoque et Avares idem rex potentissimus aggressus est. Quod bellum intra octavum quo ceptum est annum feliciter est con summatum. Totam preterea Phrisiam atque Britanniam suo dominatui subjugavit. Leoni vero imperatori successit Constantinus, vir christianissimus, filius ejus.

[† K. Noviomo Franciæ civitate est in regno sublimatus et f. e. K. S. Quibus expletis, Karlomannus, fraterno licet frustratus auxilio, ducem Hunoldum, q. p. W. mortem Aquitaniam sibi retinere temptaverat, est aggressus. Quem tandem rex ferocissimus fugere et W. p. c. Quem et ibi consistere non sustinens, Lupo Wasconum duci per legatos mandat, ut p. r.; quod ni festinato faciat, bello se eum expostulaturum promittit. Sed Lupus s. u. c. n. s. H. r. sed etiam... permisit. Verum transacto biennio quo Karlomannus s. e. in r., vitam finivit, et totius regni Francorum principatus sub Karoli potestate devenit. Interim vero Romæ Stephano papæ Paulus successit, et p. P. s. a. St., et post hunc Adrianus. Floruit...... adipisci. Post Constantinum vero imperatorem Leo Cazarus imperavit. — Leo Cazarus igitur imperavit annis 5. Hujus temporibus legatus, etc. A.]

[†† Ad regem Francorum gl. K. v. p. a. e. r. Des. Tunc rex magnus Karolus bellum c. D. preparavit, q. R. m. p. s. inq. eccl., et per montem Cenisum, etc. A.]

[* P. Montis A.]

[ANAST.] Constantinus " igitur, Leonis filius, cum matre sua Hyrene Romanum sortitus imperium, anno incarnationis Jhesu Christi domini nostri 794, imperavit annis decem. Hic facta pace cum Arabibus . . . . ut statim cruciatum mors sequeretur, sicque secundo imperavit Hyrene uno fere quinquennio.

[** Constantinus ergo imperator cum matre sua Hirene imperavit annis 8. Hic ad regem Franciæ Karolum misit et cum eo pacem firmavit. Ipse etiam apud Constantinopolim a suis tentus est et excecatus. Mater tamen in imperio permansit. Horum etiam temporibus Baleares insulæ a Mauris et Sarracenis depopulatæ sunt. Sed et horum anno 6. Romæ obeunte etc. A. ceteris omissis.]

Eodem etiam anno Romæ obeunte beatæ memoriæ Adriano papa, consecratur in eadem sede Leo, vir per omnia reverendus. Et ipso iterum *** anno prefati Adriani papæ cognati Romæ commoventes populum contra Leonem papam, tenuerunt eum et excecaverunt; non tamen lumen ejus extinguere potuerunt. At ille confugit ad Karolum regem Francorum; qui ultus est eum [94] et restituit in sede sua. [ADO.] Leo vero coronavit illum imperatorem in templo sancti Petri, circumdans imperatoria veste. Tunc sibi adclamatum est ab universo populo Romanorum [95]: Karolo augusto a Deo coronato magno et pacifico imperatori Romano vita et victoria.

VARIÆ LECTIONES.

[84] p. et ux. 2. R.   [85] d. ad hoc 2. d. adhuc R.   [86] hildegardem 2.   [87] droh 2.   [88] uarunnam 1.   [89] romald. 2. R.   [90] karlomannus 2. karlomagnus A.   [91] exortum — bellum est desunt 2.   [92] Sueones R. sueui clauis 2.   [93] ac 2.   [94] illum 2. R.   [95] romano 2. R.

NOTÆ.

(49) Cf. Turpini lib. cap. 29.

[EINH. c. 15] Bellis igitur supradictis feliciter consummatis, Karolus magnus rex Francorum regnum, quod post patrem suum Pipinum forte quidem jam [96] magnumque susceperat, ita nobiliter ampliavit atque dilatavit, ut duplum ei adjecerit. Nam cum prius non amplius quam illa pars Galliæ quæ intra Rhenum ac [97] Ligerim [98] oceanumque ac mare Balearicum jacet, et pars Germaniæ quæ intra Saxoniam et Danubium Rhenumque ac Salam fluvium, qui Toringos ac Sorabos dividit, et [99] Francis qui orientales dicuntur incolitur, et præter hæc Alamanni atque Bajoarii ad regni Francorum potestatem pertinerent, ipse per bella memorata primo Aquitaniam et Wasconiam totumque Pyrenei montis jugum usque ad Hiberum amnem, qui apud Nacarios [100] oritur et fertilissimos Hispaniæ agros secans sub Tortosæ civitatis menia Balearico mari miscetur, et Italiam totam, quæ ab Augusta Pretoria usque in Calabriam inferiorem, in qua Grecorum ac [101] Beneventanorum constat esse confinia, totam pretera Saxoniam, quæ quidem Germaniæ pars non modica est, et utramque Pannoniam et in altera Danubii ripa appositam Daciam, omnesque preterea barbaras nationes, quæ inter Rhenum ac Wiseram fluvios oceanumque atque Danubium positæ sunt, lingua quidem pene similes sed habitu vel moribus valde dissimiles, ita perdomuit, ut eas sibi tributarias faceret. [Ib. c. 16.] Auxit etiam gloriam regni sui [102] quibusdam regibus ac gentibus per amicitiam sibi conciliatis. Adeo namque Andefossum Galliciæ atque Asturicæ regem sibi in societatem devinxit, ut is, cum ad eum vel litteras vel legatos mitteret, non aliter se apud [103] illum quam proprium suum appellari juberet. Scottorum [104] quoque reges sic habuit ad suam voluntatem per munificentiam inclinatos, ut eum numquam aliter nisi dominum seque ei subditos et servos ejus pronuntiarent. Extant epistolæ ad eum missæ, quibus hujusmodi affectus eorum [105] erga illum indicatur. Cum Aaron quoque rege Persarum, qui excepta India totum pene tenebat Orientem, talem habuit in amicitia concordiam, ut hic [106] gratiam ejus omnium qui in toto orbe terrarum erant regum ac principum amicitiæ preponeret solumque honore ac munificentia sibi colendum indicaret. Ac proinde cum legati ejus, quos cum donariis ad sacratissimum Domini ac Salvatoris nostri sepulchrum locumque resurrectionis miserat, venissent et ei domini sui voluntatem indicassent, non solum quæ petebantur fieri permisit, sed etiam sacrum sanctæ Mariæ Latinæ locum ut illius potestati ascriberetur concessit, et revertentibus legatis suos adjungens, inter vestes et aromata et ceteras orientalium terrarum [107] opes ingentia illi dona direxit, cum ei ante paucos annos [108] eum quem tunc solum habebat roganti misisset elephantem. [ADO.] Porro inter munera quæ legati imperatoris a Perside detulerunt orologium ei ex auricalco arte mechanica compositum attulerunt, in quo 12 horarum cursus ad clepsidram visebantur [109], cum totidem ercis [110] pillulis [111] quæ ad completionem horarum decidebant et casu suo subjectum sibi cimbalum tinnire faciebant, additis in eodem orologio [112] ejusdem numeri equitibus, qui per 12 fenestras horis completis exicbant et impulsu egressionis suæ totidem fenestras aperiebant*. Circa hoc preterea tempus delata sunt ossa beati martiris Cypriani a Kartagine cum reliquiis beatorum Scillitanorum martirum Sperati sociorumque ejus, et posita sunt in ecclesia beati Johannis baptistæ in civitate Lugdunensi. Sarraceni etiam [113] Sardinia pulsi, primo cum Sardis prelium commiserunt, et amissis tribus milibus suorum, in Corsicam directo cursu pervenerunt, ibique cum classe cui Bulgarius comes preerat decertantes, victi, fugati atque perempti sunt, amissis 14 navibus suis. Interea etiam sepe nominati imperatoris Karoli filius Ludovicus Hispanias est ingressus [cf. V. Hlud. c. 10. sqq.], et Barciloniam [114], quæ contra patrem rebellaverat, iterum sibi subjugavit. — Porro** Karolus magnus, cum esset rex Francorum, imperatoris Romani Romæ suscepit insignia 8 Kal. Januarii, anno quarto quo mater Constantini imperatoris Hyrene filio suo defuncto sola recepit imperium [ANAST.]. Et dum imperaret Romæ Karolus christianissimus augustus, Nycephorus patricius apud Bizantium adversus Hyrenen rebellavit augustam et. . . . . ubi et defuncta est.

[*** eodem A.]
[* f. quæ prius erant apertæ claudebant. Eodem quoque tempore A. cum Adone.]
[** Porro — defuncta est desunt A.]

Karolus *** igitur [115] Magnus ex rege Francorum factus imperator Romanorum anno dominicæ incarnationis 784 [116], imperavit annis 47 [117] circiter. [EINH. c. 17.] Hic suscepta, sicut superius dictum est, et ordinata re publica, inchoavit opera plurima ad imperium dignitatis et regni Francorum commodum pertinentia [118] diversis in locis. Inter quæ videntur esse precipua basilica sanctæ Dei genitricis Aquisgrani opere mirabili constructa, et pons apud Magontiacum in Rheno quingentorum passuum longitudinis; nam tanta est ibi fluminis latitudo. Qui tamen uno antequam decederet anno [119] incendio conflagravit, nec refici potuit propter festinatum illius decessum, quamquam in ea meditatione esset ut pro ligneo lapideum restitueret. Inchoavit et palatia operis egregii, unum haut longe a Magon-

---

VARIÆ LECTIONES.

[96] tam forte m. 2. magnum q. et forte R. — et maguum A. [97] et 2. R. [98] ligerum 2. [99] et a desunt 2? R. [100] nacarros 2. navarros R. nacaros A. [101] et 2. [102] deest 2. [103] ap. ill. se q. p. s. dominum a. 2. [104] scothorum 2. [105] deest 2. [106] is 2? R. [107] deest 1. [108] amicos 2. [109] versab. 2. [110] encis 2. [111] pullulis 2. [112] deest A. [113] enim 3. preterea A. [114] barcillonam 2. [115] deest 2. R. [116] DCCCII. R. [117] circiter XL et VII 3. [118] p. c. 3. [119] deest 3.

tiaca [120] civitate juxta villam cui vocabulum est Ingelchem [121], et alterum Noviomagi [122] super Vahalem fluvium qui Batavorum [123] insulam in parte meridiana preterfluit. Precipue tamen edes sacras ubicumque in toto regno suo vetustate collapsas comperit, pontificibus et patribus, ad quorum curam pertinebant, ut restaurarentur imperavit, adhibens curam per legatos ut imperata perficerentur. [V. Hlud. c. 19.] Unde multa sub ejus imperio sunt reparata, immo a [124] fundamentis ædificata monasteria, sed precipue hæc : monasterium sancti Philiberti, monasterium sancti Florentii [125], monasterium Caroffi, monasterium Concas [126], monasterium sancti Maxentii, monasterium Menate, monasterium Magniloci, monasterium Musiacum, monasterium sancti Savini, monasterium Noviliacum [127], monasterium sancti Theofridi, monasterium sancti Pascentii, monasterium Dorosa [128], monasterium Sollempniacum, monasterium puellare sanctæ Mariæ, monasterium puellare sanctæ Radegundis, monasterium de Vera, monasterium Deutera in pago Tholosano, monasterium Valida in Septimania [129], monasterium sancti Aniani, monasterium Galune, monasterium sancti Laurentii, monasterium sanctæ Mariæ quod dicitur in Rubine, monasterium Caunas, et cetera plurima, quibus veluti quibusdam lichnis [130] totum decoratur Aquitaniæ regnum. Quæ omnia ipse piissimus imperator Karolus Magnus auri et argenti ponderibus gemmarumque preciosarum exornavit muneribus, amplissimis etiam honoribus ditavit, et insuper, quod est preciosius, sanctissimis reliquiarum patrociniis insignivit. [cf. Einh. c. 26, 33.] Porro hæc sunt nomina metropoleorum quæ [131] sub ejus ditione manebant: Roma, Ravenna [132], Mediolanum, Forojulium, Gradus, Colonia, Magontiacus, Juvavum [133] et Saltburg [134], Treveris, Senonis, Vesontium [135], Lugdunum, Rothomagus [136], Remis, Arelas, Vienna, Darantasia, Ebredunum, Bituris, Burdegala, Turonis [137]. [Ib. c. 27.] Has omnes idem potentissimus imperator honorabiliter multis muneribus excolebat; sed precipue Romanam inter eas ecclesiam et fideliter defensabat et suis opibus exornabat. [Ib. c. 25.] Nec patrio sermone erat contentus, sed etiam in peregrinis linguis ediscendis operam impendit [138]. Verum Grecam linguam melius poterat intelligere quam pronuntiare. In discenda denique grammatica Petrum Pisanum habuit auditorem et in ceteris disciplinis Albinum cognomento Alcuinum. Temptabat etiam scribere, tabulasque ferebat, ut, cum vacuum tempus esset, manum litteris effigiendis [139] assuesceret; sed parum profuit labor preposterus ac sero inchoatus. [Ib. c. 26.] Religionem denique christianam summa pietate semper excoluit, et ecclesiam mane et vespere necnon et nocturnis horis et sacrificii tempore impigre frequentavit. [Ib. c. 27.] Circa pauperes quoque liberalitate maxima preditus erat, ut qui non solum in suo regno illis subvenire, verum etiam in transmarinis regionibus in Syriam et Ægiptum et Affricam et Hierosolimis et Alexandriæ atque Kartagini peccunias multas mittere satagebat. Ob hoc etiam maxime transmarinorum regum amicitias expetebat, ut sub eis degentibus [140] christianis refrigerium [141] aliquod proveniret. [Ib. c. 22.] Idem preterea serenissimus imperator corpore fuit amplo atque robusto, statura eminenti et apice capitis rotundo, naso paululum mediocritatem excedente, oculis pulchris, canitie veneranda, facie leta, voce clara, valitudine prospera. [Ib. c. 24.] Denique convivabatur rarissime, cœnaque cotidiana quaternis tantum ferculis prebebatur, preter assam carnem, quam venatores veribus inferre solebant, qua ille libentius quam ullo [142] alio cibo vescebatur. Inter cœnandum aut aliquod acroama aut lectorem audiebat. Legebantur ei historiæ et antiquorum [143] res gestæ; delectabatur et libris sancti Augustini, precipueque his qui de civitate Dei pretitulati sunt. Vini vero et omnis potus adeo parcus in bibendo erat, ut super cœnam raro plus quam ter biberet. Æstate post cibum meridianum pomorum aliquid sumens, ac semel bibens, depositis vestibus et calciamentis, velut noctu solitus erat duabus aut tribus horis quiescere. Noctibus sic dormiebat, ut somnum quater aut quinquies non solum expergiscendo sed etiam surgendo interrumperet. [Ib. c. 18.] Habuit preterea tres filios, Karolum videlicet, Pipinum et Ludovicum. Habuit et tres filias, Rothrudem [144], Bergam et Gislam. Habuit etiam alias duas filias de Fastrada sua uxore. Fastrada vero defuncta, Leothgardam Alamannam duxit uxorem; et ea mortua, habuit iterum duas concubinas, Gresuindam Saxonici generis, de qua nata est ei [145] filia nomine Adaltruth, et Reginam, quæ genuit ei Drogonem et Hugonem. Preterea mater ejus Bertrada in magno apud [146] eum honore consenuit. [Ib. c. 19.] Liberos quoque suos ita censuit instituendos, ut tam filii quam filiæ primo liberalibus studiis, quibus et ipse operam dabat, erudirentur. Tum filios, cum primum ætas patiebatur, more Francorum equitare et armis ac venationibus exerceri fecit. Filias vero lanificio [147] assuescere coloque ac fuso, ne per otium torperent, operam impendere atque ad omnem honestatem erudiri jussit. Ex his omnibus duos tantum filios ac filiam, priusquam moreretur, amisit, Karolum, qui

VARIÆ LECTIONES.

[120] maguncia 2. magontiaco 3. [121] ita 2. 3. ingelebem A. [122] magi super — parte desunt 2, qui pergit : quod merid. [123] bathanorum 3. [124] immo funditus 2. R. [125] maxentii 2. [126] conchas 2. Florentii monast. Concas, m. Caroffi, m. s. Max., m. Musiacum, m. Menate R. m. Caroffi — Musiacum desunt 2. [127] noviacum 3. [128] de rosa 2. [129] ita verba secernit Hugo. [130] licnis 2. lihnis 3. [131] qui s. e. dictione 3. [132] rauencia 2. [133] iuuanum 2. [134] salizbur 2. saltbugk 3. [135] uesuntium 2. [136] rothomagus, rhemis 2. [137] thur. 2. tur. burd. 2. R. [138] dedit 3. [139] effigendis 3. [140] eisdem gentibus 3. [141] a. r. 3. [142] deest 2. [143] deest 2. ant. et 3. [144] rottr. 3. [145] ei n. est 3. [146] ap. e. desunt 3. [147] lanef. 3.

natu major erat, et Pipinum, quem regem Italiæ fecerat, et Rothrudem [148], quæ filiarum ejus primogenita a Constantino Grecorum [149] imperatore desponsata erat. Quorum Pipinus unum filium Bernardum, filias autem quinque, Adalaydem [150], Atulam [151], Gundradam, Berthaidem ac Theoderatam superstites reliquit. In quibus rex pietatis suæ precipuum documentum ostendit, cum filio defuncto nepotem patri succedere et neptes inter filias suas educari fecisset. Imperator denique Nicephorus [152] Constantinopolitanus ad eum misit, et firmissimum fedus cum eo disposuit, totamque Venetiam illi voluntate spontanea donavit [cf. ADO.]. Verum tandem magnificus imperator Karolus cum finem vitæ sibi cerneret imminere, Ludovico filio suo, quem Aquitaniæ regem dudum ordinaverat, coronam imperialem dereliquit; Bernardum autem, filium Pipini filii sui, Italiæ regem fecit. Decessit autem anno * vitæ suæ 72 [153], regni vero sui 47. et incarnationis Christi 814, indictione 4, 5. Kal. Februarias [cf. EINH. c. 30 et ADO.]. [EINH. c. 30, 31.] Sepultus est autem in ecclesia sanctæ Dei genitricis Mariæ Aquisgrani, arcusque supra tumulum ejus deauratus est exstructus. Ceterum ejus omnia gesta quæ vulgo narrantur non sunt hic propter vitandum fastidium legentis pleniter explanata. Preterea Romæ post Leonem, cujus supra fecimus mentionem, sedit Stephanus quartus; Stephano quoque successit Paschalis. Eodem quoque tempore floruit sanctus Egidius confessor precipuus, natione Grecus, qui Dei nutu veniens ad Gallias, in provintia cui Septimania nomen est heremiticam duxit vitam. Claruit etiam his temporibus Paulus gentis suæ, id est Longobardorum, historiæ scriptor. Qui de monasterio montis Cassini venit in Galliam, attractus amore et opinione prefati principis Karoli precellentissimi imperatoris.

[*** K. Magnus ig. ex r. f. imp. Rom. imp. a 47 c. Hic suscepta sicut dictum est et A.

[*a. inc. Domini 814. et ætatis suæ 72, r. v. s. 47. et 5. Kal. Februarii mensis A.]

[ANAST.] Nicephorus " itaque, sicut superius jam diximus, ex patricio imperator creatus, imperavit annis 8. Hic fuit vir crudelis et avarissimus . . . . post obitum patris sui mensibus duobus et diebus sex. Intra quos dies Michael Curopalates ad imperium est assumptus.

[** Denique Nicephorus imperator Constantinopolitanus, cujus supra meminimus, post multas et insignes victorias de Sarracenis mortuus est, et Michael, gener ipsius, ad imperium sublimatus est A. *qui ita operi finem dedit; epilogo addito supra p. 353 edito.*]

Michael ergo divinæ incarnationis anno 804. super Stauratium invadens imperium, imperavit annis A duobus. Ab hoc exegit reverendus patriarcha . . . . Crunnus vero Adrianopolim comprehendit. His preterea diebus Arabes sibimet adversantes regni sui soliditatem amiserunt, et ex uno quatuor tyranni efficiuntur. Quorum unus Ægiptum et Affricam simul sibi vendicavit, Hispaniam vero duo et Palestinam quartus inter se divisere.

Ludovicus denique [154] Pius, Karoli Magni [155] filius, post patris obitum Romanum obtinens imperium anno divinæ incarnationis 814, imperavit annis ferme 27. Hic fuit vir clementissimæ naturæ [cf. ADO.] Unde cum juxta suorum lenitatem morum rem publicam disponeret, tulit finem multis adversitatibus plenum, tam a liberis quam a regni B proceribus crudeliter impugnatus. Fuit tamen [156] semper preceptorum Domini ferventissimus executor et legis sanctæ strenuissimus propagator. Congregatis nempe episcopis et nobilissimis viris, fecit componi et ordinari librum canonicam [157] normam continentem. [V. Hlud. c. 28.] Ipsius denique tempore ceperunt deponi ab episcopis et clericis baltei gemmeis cultris honerati et cingula auro compta et exquisitæ vestes [158] et alia secularia pariter ornamenta. [Ib. c. 32.] Adjecit etiam [159] quedam secularibus legibus capitula pernecessaria [160]. [ADO.] Genuit etiam [161] serenissimus imperator filios [162] tres ex Hermengarde prima uxore sua, scilicet Lotharium, Pipinum atque Ludovicum. Et ex sua uxore secunda nomine Judit genuit [163] Karolum regem Francorum. Porro Lotharius, imperatoris primogenitus, dum esset a patre benignissimo super Italiam constitutus, Romam venit. [V. Hlud. c. 36.] Et sancti paschæ die in ecclesia beati Petri apostoli a Paschali papa coronam cum nomine suscepit augusti. Paschali vero papæ successit Eugenius. [Ib. c. 40.] Ad quem misit Hilduinus abbas Sancti Dyonisii Sanctique Medardi, postulans ab eo sibi transmitti ossa venerabilis martiris Sebastiani. Quod et impetravit, et honorabiliter, ut [164] decebat, juxta sancti Medardi collocavit in Suessonica urbe. [ADO.] Eodem etiam tempore sanctissimorum martirum Yppoliti atque Tyburcii corpora a Roma delata et in sancti Dyonisii ecclesia non longe ab urbe Parisiaca sunt tumulata. [V. Hlud. c. 36.] His preterea diebus [165] Gundulfo Methensi episcopo Drogo, frater imperatoris Ludovici, successit. [Ib. c. 44.] In Romana vero cathedra Eugenio papæ successit Valentinianus, et Valentiniano Gregorius quartus. [Ib. c. 48.] Quo annuente Lotharius patrem suum Ludovicum imperatorem [166] comprehendit, et apud sancti Medardi monasterium custodiri mandavit. Uxorem quoque ipsius Judith exilio relegavit, et Karolum, quem ex ea Ludovicus susceperat, castro Priumie [167]

VARIÆ LECTIONES.

[148] rhotr. 2. A. [149] gregorum 3 [150] adelaidem 3. [151] attulam 5. [152] nicheph. 3. [153] LXXXII. 2. [154] *deest* 2. R. [155] imperatoris *add.* 2. R. [156] iterum 3? [157] canonicæ 3. [158] *deest* 2. [159] preterea 2. R. [160] nec. 2. [161] et. ipse 5. [162] tr. f. 2. R. [163] *deest* 2. R. [164] h. i. s. m. ut d. coll. corp. in suessionica 2. R. [165] temporibus 2 R. [166] *deest* 2. R. [167] priugne 2. pruuinne 3. *pro* priumie.

commendavit [cf. *ib.* c. 51]. Verum non multo post Franciæ principes imperatorem Ludovicum a custodia liberaverunt, et patri filium Lotharium reconciliaverunt. Post hæc vero [168] clementissimus imperator inter filios suos quatuor suum divisit imperium; et Lothario quidem Italiam, Ludovico autem Germaniam atque Saxoniam, et Pipino Aquitaniam, Karolo vero Franciam delegavit atque Burgundiam [cf. Hugo Flav.]. Sed Lotharius hanc imperii divisionem non equanimiter tulit, sed totum imperium sibi subicere temptavit. Quod ut pater comperit, ilico adversus eum iter arripuit; sed in ipso itinere adversa comprehensus valitudine diem clausit extremum. [*V. Hlud.* c. 64.] Cujus corpus a Drogone episcopo Methis delatum et in Ecclesia sancti Arnulfi confessoris est tumulatum. Decessit vero anno vitæ suæ 64 [169]. Post cujus obitum quatuor ejus filii apud Fontanidum campum atrociter pugnaverunt [170]. In quo bello Franciæ, Italiæ, Aquitaniæ, Alamanniæ, Saxoniæ Burgundiæque omnes pene milites mutuis se [171] concidere vulneribus [cf. Ado.]. Victoriam tamen Karolus optinuit Calvus. In Romana vero cathedra memorato papæ Gregorio Sergius successit, et Sergio Leo quartus, et Leoni Benedictus, et Benedicto Nicholaus. Floruit etiam his temporibus Theodulfus Floriacensium abbas et Aureliæensium episcopus. Qui cum insimulatus multis criminibus apud imperatorem Ludovicum fuisset [172], Andegavis [173] est exilio relegatus. Qui [174] dum in custodia teneretur, contigit ut ibidem die palmarum veniret jam dictus piissimus imperator, et dum [175] secus domum qua custodiebatur idem Theodulfus episcopus processio pertransiret, facto silentio presente imperatore illos pulcherrimos versus, qui nunc usque per Galliam in eadem sollempnitate psalluntur [176], a se editos, per fenestram decantavit; quorum hoc est [177] exordium:

Gloria, laus et honor tibi sit, rex Christe redemptor,
Cui puerile decus prompsit osanna pium.

Quibus imperator emollitus, mox eum a vinculis absolvi precepit et priori gratia redonavit. Sed dum ad sua revertitur, veneno, sicut fertur, extinguitur. Cui successit in episcopatu Jonas, vir venerabilis, qui contra Claudium Taurinensem [178] episcopum heresiarchen [179] librum de adoranda edidit cruce. Dogmatizavit [180] enim memoratus hereticus crucis dominicæ signum non oportere adorari, quod nisi adhibeatur frontibus nostris sive aquis quibus regeneramur aut crismati quo linimur aut sacrificio quo vegetamur, nichil rite perficitur (50). Sed ei memoratus Jonas [181] episcopus satis lucide catholiceque illo suo respondit libello. Floruit etiam hoc eodem tempore vir quidam Rabanus nomine, qui et ipse de laude crucis librum diversis scematibus decoratum metrice composuit. Porro Ludovico imperatori quatuor ejus successere filii. Quorum Lotharius post patris obitum non multis diebus evolutis aversa valitudine correptus, imperii sui temperamento derelicto, monachus [182] factus est, relinquens filio suo Ludovico Italici dignitatem imperii. Karolus vero Pius Franciam, Burgundiam et Aquitaniam obtinuit solus.

HISTORIA FRANCORUM SENONENSIS.

Anno [183] ab incarnatione Christi 688. Pippinus Auster major domus regiæ principatum Francorum suscepit.

Anno Domini 711. obiit Childebertus rex Francorum.

Anno Domini 712. obiit Pippinus senior, et filius ejus qui dicitur Karolus Martellus principatum usurpavit.

Anno Domini 715. obiit Dagobertus rex junior 14 Kal. Februarii, qui regnavit in Francia annis 5. — Secundo anno post mortem ejus pugnavit primum Karolus Martellus princeps contra Ratbodum ad Coloniam, regnante Theoderico, filio suprascripti Dagoberti junioris [cf. *Ann. S. Columb.*] — Eo tempore gens impia Wandalorum Galliam devastare coepit. Quo tempore destructæ ecclesiæ subversa monasteria, captæ urbes, desolatæ domus, diruta castra, strages hominum innumeræ factæ, et multus ubique humani generis sanguis effusus est. Ea tempestate gravissime per totam Galliam detonabat, Wandalis omnia flammis et ferro proterentibus. Pervenientesque Senones civitatem, coeperunt eam omni arte jaculis et machinis infestare. Quod cernens presul ejusdem urbis Ebbo nomine, exiens de civitate cum suis, fretus divina virtute, exterminavit illos ab urbis obsidione. Fugientibusque illis, persecutus est eos usque dum egrederentur de finibus suis.

Anno Domini 741. obiit Karolus Martellus princeps, sepultus in basilica sancti Dyonisii Parisius.

VARIÆ LECTIONES.

[168] *deest 3.* [169] *add.: incarnationis vero dominicæ* DCCC[mo]. XL. VII. Kl. Iulii. [170] *inter se dimicauerunt 3.* [171] *sese 2. R.* [172] *faiso f. 3.* [173] *andegauiam 2. R.* [174] *Quo 3.* [175] *cum 2. R.* [176] *psalmitur 2.* [177] *sit 2.* [178] *thaur 2.* [179] *herisiarcham 2.* [180] *dogmatizabat 3.* [181] *ep. i. 2. R.* [182] *f. est m. 2. R.* [183] *Hæc ex Duchesnio (Ch.) III v. 349.*

NOTÆ.

(50) Hist. Francorum hæc addit: *Dicebat enim: Si adoratur crux, adorentur et puellæ; quoniam virgo peperit Christum; adoretur etiam presepe, quia in presepi puer reclinatus est Christus; adorentur et asini, eo quod asinum sedens Ierosolimam venit idem dominus Christus.*

Hic res ecclesiarum propter assiduitatem bellorum laicis tradidit. Quo mortuo, Karolomannus et Pippinus, filii ejus, principatum suscipiunt.

Anno Domini 750, Pippinus electus est in regem, et Childericus, qui de stirpe Chlodovei regis remanserat, tonsoratur. Hic defecit progenies Chlodovei regis.

Anno Domini 768. Pippinus rex moritur, et filii [184] Karolus qui dicitur imperator magnus et Karolomannus eliguntur in regno.

Anno Domini 769. Karolomannus obiit [cf. Ann. S. Columb.].

Anno Domini 804. obiit Alcuinus philosophus, abbas Sancti Martini Turonorum.

Anno Domini 813. obiit Karolus imperator magnus, et Hludovicus, filius ejus, qui Pius dicitur, regnum Francorum et imperium Romanorum suscepit. Hujus igitur in tempore pagani diffusi sunt in provincia quæ Pontivus pagus appellatur. Vicesimo igitur anno regni domni Hludovici piissimi imperatoris rebellavit contra eum Hlotharius, filius ejus, auferens illi regnum Francorum. Ipso anno collecto exercitu copioso valde, Hludovicus pater restituit sibi regnum quod illi abstulerat filius.

[Ann. S. Col.] Anno Domini 840, 12 Kal. Julii obiit Hludovicus Pius imperator. Eodem anno facta est eclypsis solis feria 4 ante ascensionem Domini hora diei nona, 2 Non. Maii. — Vertente igitur anno in die ascensionis Domini fit bellum Fontanetum in Burgundia a quatuor filiis ipsius Hludovici, Karolo scilicet, Hlothario, Hludovico et Pippino, ubi multus effusus est sanguis humanus. Ex quibus Karolus qui appellatur Calvus regnum Francorum et imperium Romanorum obtinuit, Hlotharius vero partem Franciæ sibi vindicavit, quæ usque in hodiernum diem ex suo nomine Hlotharii regnum appellatur. Hludovicus autem Bavariam sibi vindicavit unctusque est in regem.

Anno Domini 877, Karolus imperator qui Calvus appellatur, filius Hludovici piissimi imperatoris, cum [185] secunda profectione Romam peteret [186], 3 Kal. Octobr. in ipso itinere obiit Vercellis civitate, ibique sepultus est [187] in basilica beati Eusebii martiris; ubi [187] requievit annis 7. Post hæc autem per visionem delatum est corpus ejus in Frantiam (51), et honorifice sepultum in basilica beati Dyonisii martiris Parisius (52). Suscepit autem regnum Hludovicus [188] filius ejus.

Sequenti vero anno Johannes papa Romanus ad Gallias veniens [cf. A. S. Col.] cum Formoso episcopo Portuensi, ferens sibi [189] preciosissimas [190] reliquias, primo Arelatum navigio advectus, per Lugdunum aliasque civitates usque ad Tricassinam [191] urbem accessit (53). Ibique cum Hludovico rege, filio Karoli Calvi, locutus, ad Italiam repedavit.

Post hæc defunctus est Hludovicus rex Francorum (an. 879), filius Karoli Calvi, relinquens (54) filium suum parvulum Karolum nomine, qui Simplex appellatur, cum regno in custodia Odonis principis. Eo tempore gens incredula Normannorum per Gallias sese diffudit, cædibus, incendiis atque omni crudelitatis genere debachata. Deinde Franci, Burgundiones et Aquitanenses proceres congregati in unum, Odonem principem elegerunt sibi [192] in regem (an. 888).

[Cod. 3 hæc addit : Qui genuit duos filios Ludovicum et Karlomannum. Obiit autem parascheve sancti paschæ, filiumque suum coronari mandat. Ludovico autem, Karlomanni, fratre, Ludovici filio filii Karoli Calvi, Turonis infirmante, usque ad monasterium sancti Dyonisii deportatus, sepultus est ibidem. Quo mortuo, primores regni Karlomannum, fratrem ipsius, receperunt. Karlomanno autem defuncto, successit ei filius nomine Ludovicus cognomento Qui-nichil-fecit. Quo extremum diem obeunte, filius ejus Karolus qui Simplex appellatus est, ævum agens in cunis, patre orbatus remansit cum regno, etc.]

Obeunte vero Odone rege Kal. [193] Januar. [192], (an. 898), recepit regnum Karolus simplex, filius Hludovici. Sub [193] ipso tempore venerunt Normanni in Burgundiam ad Sanctum Florentinum [cf. A. S. Col. a 899.] Occurrit autem illis Richardus [194] dux Burgundiæ cum suo exercitu in territorio Tornodorense, irruensque in eos, percussit multitudinem ex eis in ore gladii, et reliqui fugerunt 5 [195]. Nonas Junii. Tempore illo factus est terræ motus circa cœnobium sanctæ Columbæ virginis 5. Id. Januarii [ib. a. 896].

Eo tempore pagani obsederunt Carnotinam civitatem (an. 905). Collecto igitur exercitu Richardus dux Burgundiæ et Robertus princeps irruerunt in eos [ib. a 911], peremptis ex paganis 6800, et a paucis qui remanserunt obsides capientes, 15 [196] Kal. Augusti in sabbato (55), auxiliante illis superna clementia per intercessionem sanctæ Dei genitricis Mariæ.

Post hæc igitur mediante mense Martio apparuit stella a parte circii, emittens radios [197] magnos [diebus [198] fere 14 [ib.]. Sequenti anno fuit fames

VARIÆ LECTIONES.

[184] filius Ch. [185] Qui cum incipiunt codices 2. 3. [186] p. in. i. i. III. Kal. 3. [187] deest. Ch. [188] lud. 1 hoc loco, 3, semper. [189] secum Ch. [190] preciosas 3. [191] trec. 3. [192] deest 3. [193] Quæ sequuntur Cont. Aimoini recepit. [194] ricardus 3. sæpius. [195] 5. Non. Jun. desunt Cont. Aim. [196] XII Ch [197] radium magnum Cont. Aim. Ch. [198] deest 1. 3.

NOTÆ.

(51) C. infra Hist. S. Dionysii.
(52) Aliter Ann. Bertin. narrant.
(53) Hæc ex Ann. Bert. a. 878 et Ann. S. Columbæ a. 882. composuit.

(54) Auctoris errorem jam monachus Fossatensis (3) correxit.
(55) Hoc a. 905 ita fuit.

magna per totam Galliam (an. 919). Deinde post quinque fere annos Kal. Febr. [199] igneæ acies visæ sunt in cœlo diversorum colorum, quod mirum fuit alternis se insequentes [ib. a. 919]. Ipso anno fuit, magna dissensio [200] inter regem et principes ejus. Ob hanc causam plurimæ strages perpetratæ sunt christiani populi; sed favente Deo omnis illa contradictio cessavit. Tertio autem anno post hanc persecutionem defunctus est Richardus dux Burgundiæ Kal. Septembris, sepultusque in basilica sanctæ Columbæ virginis in oratorio sancti Simphoriani martiris [cf. A. S. Col. a. 921].

Secundo anno post ejus mortem (an. 922) Robertus [201] princeps rebellavit contra Karolum Simplicem, unctusque est in regem 3 Kal. Julii [cf. ib. a. 922.]. Et nondum anno expleto 17 Kal. Julii factum est bellum Suessionis [202] civitate inter Karolum Simplicem et ipsum Robertum [203], qui regnum Francorum [204] invaserat; ubi interfectus est ipse Robertus. — Karolo vero a cede belli victore revertente, occurrit illi Herbertus infidelium nequissimus, et sub fictæ pacis simulatione in castro quod Parrona dicitur ut hospitandi gratia diverteret conpulit. Et sic eum dolo captum retinuit. Habebat enim idem Robertus sororem istius Herberti in conjugio; de qua [205] ortus est Hugo Magnus. Illic itaque positus Karolus, Rodulfum, nobilem filium Richardi, Burgundionum ducem, quem de sacro fonte susceperat, una cum consilio Hugonis Magni, filii supradicti Roberti, et procerum Francorum sublimavit [206]. Isdem autem Karolus Simplex post longam carceris macerationem defunctus est in ipsa custodia, et [207] sepultus in basilica sancti Fursei [208], quæ est in ipso Parrona castro. Unctus est vero in regem ipse Rodulfus 3. Idus Julii (an. 929) Suessionis civitate [cf. ib. a. 922].

His temporibus pagani iterum Burgundiam vastaverunt [209], factumque est bellum inter christianos et paganos in monte Chalo, peremptis a paganis ex christianis 8. Idus Decemb. multis milibus.

Igitur defuncto Rodulfo rege [210] 18 Kal. Febr. (an. 936), sepelierunt eum in basilica sanctæ Columbæ virginis [cf. ib.]. — Post mortem igitur Rodulfi regis Hugo Magnus una cum Francis accersiens Guillelmum [211] archiepiscopum (56), misit illum ad Ogivam, uxorem jam dicti Karoli Simplicis, ut idem [212] reduceret Hludovicum filium ejus. Fugerat [213] enim ad patrem suum regem Anglorum ob timorem Herberti et Hugonis. Veniensque illuc Guillelmus [214] archiepiscopus, datisque obsidibus sub sacramenti titulo Ogivæ matri ejus, reduxit Hludovicum in Frantiam. Igitur 13 Kal. Jul. unctus est in regem Hludovicus, filius Karoli Simplicis, apud Laudunum [cf. ib.].

Secundo autem anno post hæc 16 Kal. Martii circa gallorum cantum usque inlucescente die sanguineæ acies per totam cœli faciem apparuerunt [ib.]. Sequenti autem mense 9 Kal. Aprilis Hungri adhuc pagani Frantiam, Burgundiam atque Aquitaniam ferro et igne depopulari cœperunt.

Post hæc rebellaverunt Francorum proceres contra Hludovicum regem, super omnes autem Hugo Magnus [cf. ib.] In ipso anno valida facta [215] est magna fames per totum regnum Francorum, ita ut modius [216] frumenti venumdaretur 24 solidis. Deinde non post multis [217] diebus captus est Illudovicus rex [218] dolo Bajocas [219] (an. 945) civitate a Normannis, multis ex Francorum populo interemptis, consentiente Hugone Magno [ib.]. Post hæc mense Maio feria 6 pluit sanguis super operarios [ib.]. Et ipso anno mense Septembri Hludovicus rex, totum tempus vitæ suæ plenum ducens angustiarum et tribulationum, diem clausit extremum (an. 954), sepultusque est Remis in basilica sancti Remigii. Sequenti quoque mense 2. Id. Novemb. Hlotharius, jam juvenis, filius ejus, unctus est in regem Remis, et Hugo Magnus factus est dux Francorum.

Secundo autem anno post hæc mense Augusto obsedit supradictus Hugo Magnus Pictavis civitatem (an. 955); sed nichil ei profuit [ib.]. — Dum enim obsideret [220] eandem urbem, quadam die intonuit Dominus terrore magno, disrupitque turbo [221] papilionem ejus a summitate usque [222] deorsum, stuporque magnus invasit illum cum exercitu suo, ita ut vivere nequirent. Statimque in fugam versi, recesserunt ab urbis obsidione. Fecit autem hoc Deus [223] per intercessionem beati Hylarii, qui semper tutor et defensor illius [224] est urbis.

In ipso anno defunctus est Gislebertus dux Burgundiæ, relinquens ducatum Ottoni, filio Hugonis Magni [cf. ib.]. Habebat namque Otto filiam illius Gisleberti in conjugio.

Secundo anno obiit Hugo Magnus dux Francorum apud Drodingam [225] villam 16. Kal. Jul. (an. 956), sepultusque est in basilica beati [226] Dyonisii martiris Parisius [cf. ib.]. Cui successerunt filii ejus, Hugo videlicet, Otto et Heinricus [227], nati ex filia Odonis [228] regis (57). Hugo dux Francorum effectus.

VARIÆ LECTIONES.

[199] decembr. 3. [200] dissentio 1*. [201] rotb. 1*. hoc loco, Ch. [202] S. c. desunt 3. [203] Rotb. Ch. semper. [204] franchorum 1*. sæpius. [205] quo 1*. 3. [206] in regnum s. Ch. [207] et s. desunt 3. [208] F. confessoris Ch. [209] b. iterum v. Ch. [210] rege rod. 3. [211] wilelmum 1*. Will. Ch. [212] inde Ch. [213] Fugerat — Hugonis desunt 3. [214] wilermus 1. [215] f. est f. v. Ch. [216] medium f. venderetur Ch. [217] m. p. 3. [218] filius Karoli Simplicis add. Ch. [219] Bajogas Ch. [220] obsederet 3. [221] trabo 1*. 3. [222] u. ad Ch. [223] Dominus Ch. [224] est i. 2. 3. [225] dodringam 3. dordingam Cont. Aim. [226] sancti Ch. [227] henricus 1*. Hainr. Ch. [228] Ottonis Ch.

NOTÆ.

(56) Senonensem.

(57) Filia Heinrici, sorore Ottonis I.

est et Otto dux Burgundionum. Defuncto [229] Ottone A duce Burgundionum, successit Heinricus [230], frater ejus.

Sub ipso tempore (an. 959) oritur contentio inter Ansegisum episcopum Trecarum et Robertum comitem. Ejectus vero ex civitate episcopus [231] Ansegisus [232] a Roberto comite, perrexit in Saxoniam ad Ottonem imperatorem [233], adductosque Saxones, mense Octobrio obsedit Treccas civitatem longo tempore. Venientes autem [234] in predam Senones [235], occurrerunt illis Archembaldus archiepiscopus et Rainaldus [236] comes Vetulus cum exercitu maximo in loco qui vocatur Villare, interfectosque Saxones cum duce suo Helpone nomine; Senonenses extiterunt victores. Dixerat enim Helpo incensurum se ecclesias et villas quæ sunt super Venenas [237] (58) B fluvium usque ad civitatem, infigereque [238] suam lanceam in portam sancti Leonis. Interfectus autem cum populo suo [239] a Senonibus [240], reportatus est in patriam suam Ardennam a servis suis. Sic enim jusserat mater ipsius Helponis nomine Warna. Planxerunt autem eum planctu magno Rainaldus [241] comes et Archembaldus [242] archiepiscopus; consanguineus enim illorum erat. Videns itaque Bruno [243] dux (59), socius ejusdem Helponis, qui obsederat Treccas civitatem, quod mortuus esset socius suus Helpo, cum suis reversus est in patriam suam.

Deinde [244] vero non post multos dies Hlotharius rex congregans exercitum copiosum valde (an. 978), renovavit [245] in ditione [246] sua Hlotharium regnum (60). Veniensque ad palatium quod vocatur Aquisgrani, ubi commanebat Otto imperator cum uxore, hora prandii [247], ingressusque palatium [248] nemine contradicente, comederunt et biberunt quicquid illi ad usus [249] suos paraverant. Otto vero imperator cum uxore sua et populo fugiens, reliquit palatium. Depredato itaque Hlotharius rex palatio et tota provintia, reversus est in Frantiam cum pace, nemine persequente. Post hæc Otto imperator congregans exercitum suum, venit Parisius; ubi interfectus est nepos ipsius Ottonis cum aliis pluribus ad portam civitatis, incenso suburbio illius. Jactaverat namque se extollendo dicens, quod lanceam suam infigeret in [250] portam civitatis Parisiorum. Convocans igitur Hlotharius rex Hugonem ducem Francorum et Heinricum [251] ducem Burgun-

dionum, inruit [252] in eos, fugientibusque illis persecutus est usque Suessionis civitatem [253]. Illi autem ingressi fluminis alveum quod dicitur Axona (61), nescientes vadum, plurimi ibi perierunt, et multo [254] plures consumpsit aqua quam gladius vorasset, et tanti ibi perierunt, ut etiam aqua redundaret cadaveribus [255] mortuorum, aqua enim impleverat ripas suas. Hlotharius vero rex constanter persequens illos tribus diebus et tribus noctibus usque ad fluvium quod fluit juxta Ardennam sive Argonam, interfectis ex hostibus maxima multitudine. Desinens autem persequi illos Hlotharius rex, reversus est in Frantiam cum magna victoria. Otto autem imperator cum his qui evaserant cum magna confusione reversus est ad propria. Post hæc non apposuit ultra Otto rex ut veniret, nec ipse nec exercitus ejus, in Frantiam. In ipso anno (an. 980) pacificatus est Hlotharius rex [256] cum Ottone rege Remis civitate contra voluntatem Hugonis et Heinrici fratris sui [contraque [257] voluntatem exercitus sui]. Dedit autem Hlotharius rex Ottoni regi in beneficio Hlotharium regnum; quæ causa magis contristavit corda principum Francorum.

[Codd. 1*. 3. addunt: In diebus illis episcopus Aletis civitatis nomine Salvator veniens Parisios cum duobus abbatibus, ferens sibi pretiosissimas reliquias, videlicet almi Maglorii archipresulis, medietatem sancti Samsonis archiepiscopi, cum toto corpore Machutis episcopi, Sanatoris [258] episcopi, Leucerni episcopi, Winguantonis [259] abbatis, cum aliis multis. Receptique sunt a supradicto rege cum magno honore in basilica beati Bartholomei apostoli.]

Anno 956. [260] obiit Hlotharius rex [261] senex plenus [262] dierum, sepultusque est in basilica beati [263] Remigii Remis. Cui successit Hludovicus, filius ejus juvenis. Anno 982. [264] obiit Hludovicus rex juvenis, qui regnavit in Frantia annis 9. Sepultus vero est in basilica beati Cornelii martiris Compendio. Cui successit Karolus (an. 987), frater ejus, filius Hlotharii regis. Eodem anno rebellavit contra Karolum Hugo dux Francorum, eo quod accepisset Karolus filiam Herberti comitis Trecarum. Collecto (62) igitur Hugo exercitu copioso valde, reddit Laudunum, ubi manebat [265] Karolus cum uxore [266] sua. Exiens vero Karolus de civitate, fugavit Hugonem cum exercitu suo, incensa [267] hospitia ubi manebant hostes [268]. Cernens itaque Hugo dux

VARIÆ LECTIONES.

[229] D. autem 3. [230] hanricus 1*. Hainr. Ch. [231] deest 1*. 3. [232] ansegismus 1*. ansegisinus 3. [233] deest Ch. [234] venientesque in 3. [235] ita 1*. senonis 5. lege: Saxones.—V. autem contra prædictos Senones Cont. Aim. [236] Rainardus Ch. C. Aim. [237] Venena Ch. [238] infigeretque l. s. Ch. [239] s. p. 3. [240] Senonensibus Ch. [241] Rainardus Ch. [242] archemboldus 1*. [243] burno 1*. 5. [244] D. post non m. Ch. [245] ita 1*. 3. Ch. Cont. Aim. pro revocavit. [246] dictione 1*. 3. [247] prandendi Ch. [248] in p. Ch. [249] adversus 1*. [250] ad Ch. [251] hanricum 1*. Hainr. Ch. [252] inruensque fugientibus Ch. [253] civitate Ch. [254] multos 1*. [255] cadauerum 1*. [256] deest 3. [257] hæc add. Ch. Cont. Aim. [258] senatoris 3. [259] wingantonis 5. [260] ita codd. pro 986. Hunc annum Ch. habet. [261] deest Ch. [262] et pl. 3. [263] sancti Ch. [264] ita codd. pro 987. Hunc annum habet Ch. [265] commanebat Ch. [266] conjuge Ch. [267] incensis hospitiis Ch. [268] hospites Ch.

NOTÆ.

(58) Vannes.
(59) Archiepiscopum Coloniensem intelligit, qui ducatui Lotharingico præfectus erat. Quis Helpo dux fuerit, mihi non constat.
(60) Cf. Richerum III, 70 sqq.
(61) Aisno.
(62) Cf. Richerum IV, 57 sqq.

quod minime posset Karolum vincere, consilium habuit cum Ascelino traditore vetulo, qui erat episcopus falsus Laudunis [269] et consiliarius Karoli. Itaque tradens Ascelinus episcopus Laudunum in nocte una quiescentibus cunctis Hugoni duci Francorum, vinctus est rex [270] Karolus cum uxore sua, et ductus in custodia Aurelianis civitate (an. 991). Nondum autem ipse Karolus erat unctus in regem, resistente Hugone duce. Manens vero idem Karolus in custodia Aurelianis in turri [271], genuit illi [272] uxor sua filios duos Hludovicum et Karolum. Eodem anno unctus est in regem Remis civitate [273] Hugo dux, et ipso [274] anno Robertus, filius ejus, in regnum [275] piissimus rex ordinatus est (an. 987). Hic deficit regnum Karoli Magni.

In [276] diebus illis erat in Remensium civitate archiepiscopus vir bonus et modestus, frater Hlotharii [277] regis ex concubina, nomine Arnulfus. Hugo autem rex invidebat ei, volens exterminare progeniem Hlotharii regis. Congregansque in urbe Remensi synodum (an. 991), iisdem [278] Hugo rex invitavit archiepiscopum Senonicæ urbis nomine Seguinum [279] cum [280] suffraganeis suis (63). In quo concilio fecit degradare domnum Arnulfum archiepiscopum Remorum, dolo nepotis sui quem tenebat in carcere, dicens non debere esse episcopum natum ex concubina. In loco vero ejus consecrari fecit [281] domnum Gerbertum monachum philosophum. Qui Gerbertus magister fuit Roberti regis, filii istius Hugonis, et donni Leotherici [282] archiepiscopi [283], successoris venerabilis Seguini. Arnulfum vero [284] fecit mancipari custodiæ Aurelianis civitate. Venerabilis itaque Seguinus archiepiscopus non consensit [285] in degradatione Arnulfi neque in ordinatione Gerberti. Jussio autem regis [286] urgebat. Alii vero episcopi, licet inviti, tamen propter timorem regis, degradaverunt Arnulfum et ordinaverunt Gerbertum. Seguinus autem plus timens Deum quam terrenum regem, noluit consentire regis nequitiæ; sed magis in quantum potuit redarguit ipsum regem; propter quam causam ira regis contra eum efferbuit. Cum magno itaque dedecore expelli jussit [287] Arnulfum de ecclesia beatæ Mariæ Remensis, et sic alligatum retrudi in carcerem. Alligatus autem in carcere Aurelianis civitate, ubi detinebatur nepos ejus Karolus, mansit ibi annis tribus. Nuntiantur hæc omnia presuli [288] Romano (64). Qui valde indignatus super hoc facto, interdixit omnes episcopos qui Arnulfum dejecerant et Gerbertum ordinaverant. Misit quoque [289] Leonem abbatem a sede apostolica ad domnum Seguinum archiepiscopum urbis Senonicæ (an. 995), qui vice sua in urbe Remensi synodum congregaret; mandans illi ut sine dilatione revocaret de carcere Arnulfum et degradaret Gerbertum. Collecto igitur concilio iterum [290] in urbe Remensi, ex jussione apostolica revocatus est Arnulfus de custodia, et cum honore magno [291] receptus est in propria [292] sede. Gerbertus autem [293] intelligens quod injuste pontificalem dignitatem suscepisset, pœnitentia ductus est. Altercationem vero Gerberti pontificis et Leonis abbatis valde utilem [294] plenius invenies in gestis [295] pontificum Remorum (65). Post hæc donnus Gerbertus electus est pontifex in urbe Ravenna [296] ab Ottone imperatore et a populo ejusdem urbis. Residensque in eadem urbe pontifex quam plurimos [297] annos, defunctus est papa urbis Romæ. Statimque omnis populus [298] Romanus sibi dari adclamat domnum Gerbertum. Assumptus autem de urbe Ravenna [299], ordinatus est pontifex summus in urbe Roma (an. 999).

Anno incarnationis Christi 998. obiit Hugo rex, sepultusque est in basilica beati Dyonisii martiris [298] Parisius. Cui successit Robertus, filius ejus, in regnum [300], piissimus et modestus.

Anno Domini 999. venerabilis Seguinus archiepiscopus ab imo cœpit restaurare cœnobium sancti Petri Milidunensis, et monachos ibi mittens, abbatem Walterium [301] eis prefecit.

In ipso anno tradidit Walterius [302] miles et uxor ejus castellum Milidunum Odoni militi [303] (66). Congregans vero Robertus rex exercitum copiosum valde et Burchardus [304] comes [305], convocatosque Nortmannos [306] cum duce suo Richardo, obsedit castrum Milidunum. Capto [307] igitur castro suspensus est Walterius [308] et uxor illius in patibulo. Burchardus autem comes recepit castrum Milidunum sicuti ante possederat.

Igitur Rainaldus [309] comes Vetulus Senonum post multa perpetrata [310] mala defunctus est (an. 996?), et sepultus in basilica sanctæ Columbæ virginis. Cui successit Frotmundus [311], filius ejus, habens in conjugio filiam Rainoldi [312] comitis Remorum (67).

Anno [313] Domini 1000, indictione 13, 15 [314] Kal.

VARIÆ LECTIONES.

[269] Lauduni *Ch.* [270] *deest Ch.* [271] turrim 1*. 3. [272] ei *Ch.* [273] *deest Ch.* [274] in i. *Ch.* [275] regum *Ch.* [276] Iisdem diebus erat *Ch.* [277] chlotharii 1*. *et infra.* [278] ita 1*. [279] Scuuinum *Ch. semper.* [280] con 1*. [281] f. c. 3. [282] Leoter. *Ch. semper.* [283] *deest* 3. [284] autem *Ch.* [285] consentit 3. [286] *deest* 1*. 3. [287] i. rex *Ch.* [288] pontifici 3. [289] itaque a s. ap. l. abb. 3. [290] *deest Ch.* [291] maximo 3. [292] prima *Ch.* [293] uero 3. [294] utile 1*. [295] in g. desunt 1*. [296] uienna 1*. 3. [297] plurimis annis 5. [298] s. p. 3. [299] *deest* 1*. [300] e. regum *Ch. C. Aim.* [301] galt. 3. [302] galt. 3. [303] comiti *Ch., Cont. Aim.* [304] Burcard. *et infra* Ricard. *Ch.* [305] ad quem castrum pertinebat *add. Cont. Aim.* [306] norm. 3. *Ch.* [307] Castro igitur capto *Ch.* [308] gualt. 1*. galt. 3. [309] Rainardus *Ch.* renardus *Cont. Aim.* [310] mala p. *Ch.* [311] fromundus 3. *Hugo, Cont. Aim.* [312] Rainaldi *Ch.* [313] *Reliqua des.* 3. [314] XVI. *Ch., Cont. Aim.*

NOTÆ.

(63) Cf. Richer. IV, 51 sqq. qui hæc accuratius exponit.
(64) Cf. Richer. IV, 89, 95 sqq.
(65) Richeri librum intelligere videtur, ubi hæc IV, 99 sqq. narrantur
(66) Cf. Will. Gem. VII, 14.
(67) Eadem in Clarii Chronico S. Petri Vivi Senon. leguntur, Bouq. X, p. 222.

Nov. transiit [315] ad Christum venerabilis Seguinus metropolitanus episcopus. Post transitum vero ejus [316] stetit ecclesia Senonica sine benedictione sacerdotali uno [317] anno. Adclamabat autem omnis populus sibi ordinari domnum Leothericum, nobilissimis [318] ortum natalibus, tunc archidiaconum, omni bonitate conspicuum; sed resistebant quam plurimi clerici, cupientes episcopalem conscendere gradum. Precipue vero Frotmundus comes, filius Rainoldi [319] vetuli, natus ex mala radice, hoc non permittebat fieri, eo quod haberet filium clericum nomine Brunonem, volens de eo facere episcopum. Dei autem nutu congregati suffraganei episcopi Senonicæ ecclesiæ, cum voluntate et auctoritate apostolica, sublato omni timore humano, sollempniter ordinaverunt donnum Leothericum in sede pontificali, ut præesset ecclesiæ Senonensi (67*).

Anno Domini 1001 obiit Henricus dux Burgundiæ sine filiis. Rebellaveruntque Burgundiones contra regem Robertum, nolentes eum recipere. Ingressus itaque Landricus comes Autissiodorum, tenuit civitatem.

Anno Domini 1003 Robertus rex assumptis Nortmannis cum duce suo Richardo et exercitu copioso valde, vastavit Burgundiam, obsidens Autissiodorum multis [320] diebus. Burgundiones autem nullo modo ei se subdere volentes, unanimiter ei resistebant. Obsedit [321] Avallonem castrum tribus fere mensibus, et famis necessitate illud [322] cepit; tuncque reversus est in Frantiam (68).

[Mortuo [323] itaque Frotmundo comite Senonum, successit ei Rainardus, filius ejus, infidelium nequissimus. Hic persecutionem intulit ecclesiis Christi et fidelibus ejus, quanta non est audita a tempore paganorum usque in hodiernum diem. Archiepiscopus autem Leothericus [324] nimis [325] angustiatus pro hac re quo se verteret omnino nesciebat. Totum vero se Domino committens, in orationibus et vigiliis exorabat [326] Christum, ut ei superna pietas auxilium ministraret.]

Igitur anno a passione Domini 1015, indictione 13, 10 Kal. Maii capta est civitas Senonum ab archiepiscopo Leotherico per consilium Rainardi [327] Parisiensis presulis [328], et regi tradita Roberto [329]. Rainardus comes ejusdem urbis [330] fugiens nudus evasit. [Nec [331] immerito. Talem enim persecutionem christianis intulerat, qualis non fuerat audita a tempore paganorum. Quam ob rem predictus archiepiscopus sapienti usus consilio, vi ab urbe compulit exire.] Frotmundus vero, frater ejus, et ceteri milites de civitate ingressi in turrim quæ est in civitate, obtinuerunt eam [332]. Rex autem oppugnans eam diebus multis, cepit eam, et fratrem Rainardi comitis Frotmundum duxit in carcerem Aurelianis civitate; ubi et defunctus est.

[Anno [333] Domini 1031 obiit Robertus rex, cui successit filius ejus Henricus. Hujus 3 anno, hoc est anno Domini 1034, urbs Parisii flagravit incendio.]

FRAGMENTA HISTORIÆ FOSSATENSIS.

Regnante [334] itaque, ut prefatum est piissimo Ludovico augusto, beatæ recordationis Rorigo venerabilis comes cum orationis gratia Glannafolium, quod ab eodem susceperat, sacrosque cineres sancti Mauri visitaret, veteris ruinæ loca et antiqua religione desolata perlustrans, dolore tactus intrinsecus, quod absque habitatore et debita religionis officio locus, qui per beatum Maurum tot virtutum miraculis olim effloruerat, in antiquam pene redactus solitudinem inreverenter et sine honore vacaret, de restauratione cœpit cogitare; sed iterum quorundam occasione prepeditus, interrupto opere, Brennovem possessionis suæ cespitem repedavit.

Verum quoniam omnipotenti Deo loci cura fuerat, cuidam reverentissimæ vitæ abbati Jacob nomine Cormaricensis cœnobii per revelationem innotuit, qualiter de reparatione operis quæ audierat comiti declararet. Ille autem semel et secundo minus decenter audita suscipiens, tertio a beato Mauro, per quem hæc fuerant cœlitus ostensa, ut in libro translationis ejus plenius continetur (69), horribiliter flagellis eruditus divinæ didicit parere jussioni. Igitur venerabilis comes plagis exterritus, abbatem qui hæc nuntiaverat multis donatum muneribus gaudentem remisit ad propria; ipse vero tali animatus oraculo, postpositis omnibus quæ agebat, ceptum opus

VARIÆ LECTIONES

[315] transit *Ch.* [316] illius *Ch.* [317] a. u. *Ch., Cont. Aim.* [318] nobilissimum 1*. [319] Rainardi *Ch.* [320] d. m. *Ch.* [321] O. vero *Ch. O.* etiam *Cont. Aim.* [322] eum *Ch.* [323] ita *Ch., Cont. Aimoini, Hugo, Clarius*; desunt 1*. [324] lotherius *Hugonis cod. Bern.* [325] nimium *Ch.* [326] orabat *Ch.* ut sibi s. p. dignaretur auxiliari *C. Aim.* [327] Rainoldi *Ch.* [328] pci 1* presbiteri *cod. Par.* 4969 A. *vacat. cod. Par.* 5009 *ubi recentiori manu*: episcopi, et ita *Cont. Aim. Clarius*; episcopi Parisiacensis *Ch.* comitis Parisiorum *Hugo.* [329] Rotberto trad. *Ch.* [330] R. autem comes f. *Ch., C. Aim.* [331] Nec — exire desunt *Ch., Hug., Cont. Aim.* [332] deest *Ch.* [333] *Hæc desunt Ch., C. Aim.* [334] *Hæc in Hugonis chron. post verba capitula pernecessaria supra col.* 852, *l.* 26 *leguntur* 3.

NOTÆ.

(67*) Cf. Clarium l. l.
(68) Hæc cum Willelmo Gem. V 15 conveniunt.

(69) V. Odo, Transl. S. Mauri, c. 2, ap. Mabillon Acta IV, 2, p. 170 sqq., unde hæc sumpta sunt.

adgreditur. Cumque Ligerim navigio subvehente transmearet, spera ignea latioris instar clipei visa est supra caput illius, adeo ut vigorem ignis pertimesceret adfuisse; pariterque cœleste percepit oraculum inquiens repetito sermone : *Hic ædifica, hic ædifica, hic ædifica*. Consummatis omnibus et perfectis quæcumque monasticæ religioni congruebant, prout veteris vestigia ruinæ conspexerat, duos de monasterio sancti Martini religiosæ vitæ viros Lantbertum atque Ebbonem affinitate sibi propinquos evocavit, quorum prudentia et consilio pertractaret, cui locum videlicet abbati aut ecclesiæ commendaret. Erat autem Fossatensis cœnobium monasterii pre ceteris totius imperii piissimi Ludovici augusti ordine religionis antecellens, quippe quod nec a primo institutore suo deviaverat, nec diversis studuerat vanitatibus, sicut nostri temporis quædam novimus monasteria. Cumque suo et altiori suorum consilio loca plurima convenirent ecclesiarumque circumjacentium habitus et religionem equo judiciorum libramine discussissent, relictis omnibus, Fossatensi monasterio locum placuit mancipare. Misit igitur venerabilis comes, qui præfati monasterii abbatem Ingelbertum sanctissimæ vitæ virum evocaret, et sicut præfati sumus, locum sancti Mauri qui dicitur Glannafolium, adsenciente piissimo Ludovico augusto (70), a quo et susceperat, locum inquam et possessiones cum omnibus pertinenciis suis, regendum emendandum et possidendum Ingelberto abbati et Fossatensi monasterio in perpetuum mancipavit. Eodem etiam tempore dono ejusdem piissimi Ludovici augusti, interventu bonæ memoriæ Begonis comitis, Benedicto abbate, amplificavit Deus satis honorifice multis donariis et possessionibus Fossatense monasterium. Nam cum visendi gratia laudabile religionis studium, quo tam magni principes principumque amici potentes cingula militiæ dissolverunt, comes prefatus advenisset, remotam quidem laudavit solitudinem; sed tantorum virorum victum et vestitum tenuem spiritualemque pro Domino paupertatem mirabatur. Dedit (71) itaque rex piissimus, interventu bonæ memoriæ Begonis comitis, in augmentum victus et vestitus pauperum Christi Fossatensium, in pago Parisiaco villam quæ vocatur Ferreolas cum omnibus appenditiis suis, pratis, silvis terrarumque circumjacentiis, vicariam quoque advocationem et ecclesiam. Itemque aliam possessionem quæ Oratorium sive Aratorium dicitur cum omnibus quæ suo dominio subjecta videbantur. Item et in eodem pago Torciacum cum vineis, pratis, silvis et omnibus adjacentiis, et ecclesiam; Rentiliacum quoque cum circumjacentiis suis. In pago Meldensi ecclesiam atque villam quæ Curtis Protasia sive Pravasia dicitur cum appenditiis suis. Precepit etiam paupertate loci conpunctus imperialesque apices fieri accrevit (72), ut ubicumque infra ditionem totius imperii nemo ab eis teloneum neque quod vulgo dicitur ripaticum neque rotaticum aut pontaticum vel portaticum aut travaticum atque cispitaticum necnon et salutaticum aut ullum censum vel ullum occursum aut ullam redibitionem ab ipsis accipere aut exactare presumat; sed liceat tam eos quam homines vel omnia illorum cum pace discurrere et negotia libenter peragere.

Contigit [335] (73) et per idem tempus prefati regis Roberti dominio Podienses rebellare. Quod cum audisset, collectis exercitibus suis festino cursu superveniens, urbem vallavit, multiplicique circumcingens obsidione, congregatis undique qui regiæ favebant majestati, ex remotis et prope positis in auxilium regis confluentibus [336] numerosa multitudine, circumsedit. Sed quoniam situ difficilis et labore civium ad hoc ipsum preparata civitas habebatur, cassatis assultibus tantæ rei ordo penitus adnullatur. Populus et qui ex vicino, sicut prefatum est, regio favore convenerant, diuturnæ sessionis tedio victus, ad propria pedetentim relabitur. Rarescit exercitus, et dolore regis civitas obsessa non profectura gratulatur. Nam quod minus hac via successerat, malis supervenientibus, rex cogitur alia retractare. Descriptis igitur quæ circa eum gerebantur signis et sigillis, sub obsecratione sacramentorumque fidei attestatione familiarem et dilectissimum comitem Burchardum hortatur et admonet, ignominiosæ tempestatis periculo subvenire : « Age nunc eia, dilectissime, ne nostris temporibus gloriæ regum per nos aliquid detrahatur, aut in nostri obtrectationem imperii hujus rei macula subito prorumpat alienus. Nunc, nunc, amantissime, familiaritatis et devotionis magnæ affectus, quam rebus prosperis exhibebas, rei probet eventus; nec me, quo semper in ceteris prospere usus sum et expertus, de summæ necessitatis periculo pœniteat adtemptare. » His auditis venerabilis comes, ut erat incultis vestibus, barba incultior, nullo tardatus horrore periculi nec labore longioris viæ, quo Hierosolimis Domino multum desudaverat, resumpto vigore peregrinum obliviscitur. Sollicitus vero quid ageret, per castella, per vicos, ubi spes et facultas et auxilium credidit oportunum, missis legationibus sibi et domino presidia postulabat. Adsunt in instanti ex castellis et municipiis, civitatibus et vicis, incredibile dictu, universi devota mente quicquid agere vellet auxilium comiti promittentes. Miratur et ipse tantam subito confluxisse multitudinem, laudans et benedicens Deum, qui presto est invocan-

VARIÆ LECTIONES.

[335] *Hæc in Hist. Senon. post verba* comitis Remorum *supra col. 862, l. 46, leguntur.*   [336] cumfl. c.

NOTÆ.

(70) V. dipl. Ludovici, Bouquet VI, p. 591.
(71) Charta deperdita esse videtur.
(72) V. dipl. Ludovici, Bouquet VI, p. 492.

(73) Hæc in V. Burchardi a. Odone, Bouquet X, p. 349 sqq., non leguntur.

tibus se in auxilio oportuno. Profectus est itaque cum infinita multitudine venerandus comes Burchardus, promptior in milibus, religione primus, cunctorum facundissimus. Numerati sunt autem Aurelianis in ponte, et inventi sunt armatorum 30 milia. Redit obsessis humilitas, fugit animositas, prospera in contrarium cedunt, fortunamque brevem repentina mutat calamitas. Pergit in obviam rex cum obtimatibus, miscent amplexus, fit mora in osculis, et de salute sciscitatus, ad castra deducit cum gaudio. Ruit populus; venitur ad spectaculum; obstrepit vulgus; juventus exultat; redit animis ferocitas : bella minantur, clipeos aptant, enses distringunt, arma novantur, jacula vibrant, equos commutant, faleras ornant. Curritur in mortem, fit pugna de periculo; pudet extremum videri; exertant humeros; provocant hostem; bellum geritur sine hoste; fremunt bella, tument odia, pax perit. Jamque desiderio pugnæ armati incedunt; sompnus fugit ab oculis; obsessos premunt excubiis, noctem exturbant clamoribus quæ longior ceteris videbatur. Spectant de muris miseri sua fata, fugam meditantur et horrent; innixi jaculis mortem expectant; vivunt de munere noctis. Silet inops expersque sui quondam valida senectus; consilio friget animosa juventus. Occurrunt mulieres veste rejecta, crinibus abruptis natos ostentant, pectora plangunt. Interea dies optata recurrit. Tunc vero exoritur clamor, nulloque vocante turba ruit; cornua flectunt, arma retentant. Rex autem indicto silentio prefatum comitem Burchardum secretius alloquens, preesse jubet exercitibus, et suo de cetero parere consilio. Venerandus itaque senex, prout antiquorum regum melius id noverat consuetudinis, dispositis per girum legionibus, subsequentem locum decernit satrapis et centurionibus; monet appropiari exercitum, monstrat aditus et occulta viarum, et deinceps, quo majus imminebat periculum, ipse prior omnibus suo procedit collegio. Ad primam igitur emissionis vocem vix preconis tuba insonuerat, et clamore subsequuto tela volant. Alii fossa precipites vallum complent et menibus herent; hi levant machinas, arietes aptant, scalas innectunt parietibus; hi faces jaciunt, muros effodiunt portasque refringunt. Quid plura? Fuit in momento quasi non fuisset; volat ignis ad alta; hostis ubique; ruit urbs inclita; truduntur miseri cives cathenis; templa predantur; spolia diripiunt. Et forsitan in immensum ensis hosticus evagaret, sed noctis beneficio revocatur. Die igitur altera pacatis omnibus et subjugatis circumquaque regionibus, venerandus comes Burchardus a rege petita licentia cum suis digreditur. Cumque sui fines comitatus attigisset, jubet subsistere, habituque sermone sequentibus et circumstantibus se dixit : « Huc usque, domini et amici mei, quibus Deus dedit preesse potestate non crudelitate, mortali homini regi morituro licuit deservire. Nunc autem vergentibus annis immortali regi, cujus est vita et mors, cujus est regnum et imperium, qui permanet in secula seculorum, cui servire regnare est, qui dat post mortem vivere, huic libet desudare. » Dixit, et arrepto gladio quo erat accinctus, coram omnibus barbam precidit, et eam simul et gladium Fossatensi transmisit æcclesiæ; ipse vero dispositurus cetera Corboilum subiit, quod ei proximum videbatur. Mirantur et stupent universi, scientes quia hæc mutatio dexteræ Excelsi. Quidam etiam corde compuncti, postea eidem cœnobio permaxima dona contulerunt. Rebus igitur dispositis, prolatis secum ac deportatis vasis plurimis aureis et argenteis [337]. . . . .
. . . .

Hic [338] de regibus breviter retexamus. Reges Francorum electione pariter et successione soliti sunt procreari a primo Faramundo usque in Hildricum regem, qui jussu et consilio Stephani Romani pontificis in monasterium trusus est ac detonsus. Cui Faramundo successit Clodio, Clodioni, Merovechus, a quo Merovingi appellabantur; Merovecho Childericus [cf. Aimoin.]. Hic de regno ejectus est, sed revocatus sapienti consilio Viomadi. Ad quem cum venisset Basina, uxor Bisini regis Thoringorum, interrogata quid quereret, respondit : « Novi utilitatem et pulcritudinem tuam; ideo huc veni. » De qua genuit magnum Clodoveum. Hic pre ceteris regnum Francorum ampliavit, et ad quemcumque perrexisset, victor remeavit. Hic accepit in uxorem Chrothildem christianissimam, filiam Chilperici regis, neptem vero Gundobadi; cujus monitu et predicatione postea baptizatus est a sancto Remigio. Qui cum ad bellum prepararet contra Alaricum regem Gothorum, monitu Crothildis reginæ æcclesiam principi apostolorum construxit; in qua et conditus jacet, et bonæ memoriæ Crothildis ad latus ejus, et nunc ibidem quiescit beatissima virgo Genovefa. Hic ex eadem Crothilde genuit Clodomirem, Childebertum et Clotharium. Clodomiris genuit sanctum Clodoaldum. Childebertus vero et Clotharius in pœnitentiam sui reatus æcclesias construxerunt, Childebertus æcclesiam sancti Vincentii, cujus stola revertens ab Hispania locum insignivit; in qua et ipse conditus jacet, et nunc requiescit beatissimus Germanus Parisiensis antistes. Clotharius vero æcclesiam sancti Medardi Suessionis, in qua et ipse conditus jacet. Genuit etiam Clodoveus de concubina primogenitum suum Theodericum ; Theodericus vero Theodebertum. Cujus tempore missus a beato Benedicto magistro suo princeps et propagator monasticæ religionis beatus Maurus Gallias devenit.

VARIÆ LECTIONES.

[337] *ita desinit codex fine destitutus.* [338] *Hæc in Hugonis Chronico post verba* metrice *composuit supra* col. 854, l. 24, *leguntur.*

Defunctis autem fratribus, Clotharius solus accepit imperium. Ipse vero genuit Carebertum, Guntrannum, Sigibertum atque Chilpericum. Qui Chilpericus, defunctis fratribus, solus accepit imperium. Huic successit Clotharius. Hic genuit magnum Dagobertum, ecclesiarum largitorem, qui æcclesiam beati Dyonisii Ariopagytæ construxit; in qua et ipse conditus jacet. Cui successit Clodoveus. Cujus tempore sanctus Babolenus per manum Audoberti Parisiensis episcopi et Blidegisili archidiaconi construendum suscepit Fossatense cœnobium. Hic accepit uxorem Bathildem; de qua genuit Clotharium; qui regnavit post patrem 4 annis, et mortuus est. Quo decedente, Theodericus, frater ejus, regnavit. Ebroinus autem major erat regiæ domus. Ipse est qui beatum Leodegarium Eduensem episcopum post terebrationem occulorum gladio percussit. Franci vero consurgentes in eum, de regno Theodericum expulerunt, Ebroinum Luxovio monasterio monachum effecerunt; mittentes in Auster, Childericum, qui tercius erat, regem constituunt; sed pro sua levitate ab eisdem perimitur, et Theodericus in regnum restituitur. Theoderico defuncto successit Clodoveus, filius ejus, regnavitque annis duobus. Huic autem successit Childebertus, frater ejus; Childeberto Dagobertus junior, sub quo constituitur major regiæ domus Karolus Tudites, Pipino patre suo jam defuncto. Dagoberto autem defuncto, Franci quendam clericum Danielem regem constituunt; quem et Chilpericum nuncupant. Karolus vero Tudites in eos consurgens, Rainfredum comitem palatii a palatio expulit, et Eudo, sublatis regalibus thesauris, cum Chilperico rege ultra Ligerim recessit. Anno autem insequuto Eudo amicitiæ causa Karolo Tuditi regem Chilpericum reddidit, et mortuus est Noviomo. Deinde Franci Theodericum Cala monasterio enutritum, filium Dagoberti junioris, regem super se statuunt. Et hoc defuncto, regnavit Childericus, quem et Hildricum appellant. Ipse est de quo supra diximus (74), qui in monasterium trusus est ac detonsus.

Pipinus vero comes palatii major domus, Karoli Tuditis filius, communi assensu Francorum et consilio, Stephano papa consecrante et benedicente, apud Sanctum Dyonisium in regem sublimatus est. Regnavit autem annis 15, et mortuus est, sepultusque est in eodem monasterio prostrata facie, superstitibus liberis suis Karolo et Karlomanno. Sed Karlomannus post biennium mortuus est, sicque regni monarchiam Karolus, qui postea Magnus appellatus est, solus obtinuit. Hic regno adjecit imperium. Cumque 53 annis regnaret, factus est imperator, Leone papa consecrante, et imperavit annis 14; computatique anni regni et imperii 47 faciunt. Decessit autem anno vitæ suæ 72, sepultusque est Aquisgrani. Heres autem tantæ sublimitatis Hludovicus Pius, filiorum novissimus, ceteris decedentibus, successit. Hic genuit ex Hermengarde Lotharium, Pipinum atque Hludovicum. Karolum vero regem Francorum, qui et Calvus appellatus est, genuit de Judith. Hic post multas imperii divisiones, post innumeras bellorum angustias, Pipino et Lothario decedentibus, rex et imperator constituitur. Ludovicus autem Germaniam obtinebat.

Cumque universo pene orbi Karolus imperaret, placuit pre ceteris nationibus Gallias honorare, reliquiasque quas patruus suus Karolus Magnus Constantinopolitani advectas Aquisgrani posuerat, clavum scilicet et coronam apud Sanctum Dyonisium; Compendium vero, quod instar Constantinopoleos suis diebus decreverat fabricari, ut de nomine suo Karnopolim sicut Constantinus Constantinopolim appellaret, sindonem delegavit. Porro Fossatensi posuit monasterio corrigias, quibus preside Pilato ligatus est filius Dei, salus mundi, hostia vitæ, precium mortis, qui solutus in carne sua inimicitiis, ligatis solutionem, captivis remissionem, corde contritis et se querentibus sanare venerat contritionem. Habet igitur, ut prefatum est, preciosissimas et venerabiles Fossatense monasterium corrigias venerabiliter apud se reconditas. Cujus etiam temporibus dono benignissimæ largitatis sanctissimum corpus beati Mauri discipuli sancti Benedicti suscepit et possidet. Ad quem cum serenissimus imperator visitandi et orandi gratia devenisset, profecto cujus ope et auxilio tot infirmantium generibus indultas audierat sanitates, suffragiis pro quibus venerat impetratis, remisit ei duo pallia preciosa, quæ usque hodie memoriale sempiternum Fossatense habet cœnobium. Contulit etiam perplurimas possessiones, quæ melius sacris apicibus ipsius denotantur. Genuit autem prefatus imperator de Richilde Ludovicum. [Aim. Cont. v, 36.] Ipso autem obeunte, remisit filio suo Ludovico per manum Richildis preceptum imperii et spatam quæ vocatur sancti Petri, sed et regium vestimentum et coronam et sceptrum; sicque ab omnibus rex constituitur.

Qui (75) genuit duos filios Ludovicum et Karlomannum. [Ib. c. 59, 10.] Obiit autem paracheve sancti paschæ, filiumque suum Ludovicum coronari mandat. Karolus autem, filius Ludovici regis Germaniæ, in Longobardiam perrexit, et ibi regnum optinuit. Promotus est etiam et consecratus imperator a Johanne papa. Ludovicus autem frater suus regno et æcclesiæ inutiliter vivens mortuus est. Nota divisionem regni et imperii, nec de regibus Francorum quemquam amplius imperare.

Ludovico (76) autem, de quo supra diximus, Karlomanni fratre, Ludovici filio filii Karoli Calvi, Lu-

NOTÆ.

(74) In Hugonis historia.
(75) Hugonis modernorum regum Francorum actus c. 1.

(76) Eadem ex eodem codice supra p. 565, n.' leguntur.

ronis infirmante, usque ad monasterium sancti Dyonisii deportatus, sepultus est ibidem. [c. 41, 42, 43, 44.] Quo mortuo, primores regni Karlomannum fratrem ipsius receperunt. Karlomanno autem defuncto, successit ei filius nomine Ludovicus, cognomento Qui-nichil-fecit. Quo extremum diem obeunte, filius ejus Karolus, qui Simplex appellatus est, evum agens in cunis, patre orbatus remansit. Elegerunt igitur Franci, timore Normannorum compulsi, qui eis præesset et puerum fideliter custodiret. Unctus est itaque Odo, filius Roberti comitis Andegavensis, vir Saxonici generis, nutritor pueri fidelissimus et rei publicæ gubernator. Quo decedente, Karolus Simplex regnum recepit.

Sub eodem tempore Normannis exeuntibus occurrit dux Burgundiæ Ricardus et princeps Robertus, frater prefati Oconis, cesisque illorum exercitibus. Mortuo Ricardo, princeps Robertus palam contra Karolum rebellavit, eo quod ei pars regiminis fratris sui non redderetur. Unctus est itaque violentia sua in regnum Karoli; sed ab eodem ipso anno interfectus, vitam pariter amisit et regnum. Karolo itaque a cede revertenti occurrit Herbertus Virmandensis, cujus sororem Robertus habuerat; de qua natus est Hugo Magnus. Multumque exoratus in Parrona castro hospitare coegit; sed recedentibus aliis, iniquorum iniquissimus regem vinculis mancipavit. Et quia status regni dubius agebatur, positus tamen in custodia, Hugonis Magni consilio procerumque Francorum, Rodulfum, filium Ricardi ducis prefati Burgundiæ, quem de sacro fonte susceperat, regem mandat ordinari. Ipse autem longa maceratione carceris custodia defunctus, reliquit parvulum filium Ludovicum ex Headgiva, filia regis Anglorum; sepultus est in basilica sancti Fursei. Defuncto autem Rodulfo, Ludovicus regnum recepit. Rebellaverunt tamen in eum quidam Francorum, super omnes autem Hugo Magnus. Deinde captus est dolo Bajocas civitate, mortuusque est in custodia, superstitibus Karolo et Lothario. Karolus privatus senuit, Lotharius vero in regem unctus est. Hugo Magnus factus dux Francorum obiit, sepultusque est ad Sanctum Dyonisium. Cui successerunt filii, Hugo, qui factus est dux Francorum, Otto et Heinricus. Lothario defuncto, successit filius ejus Ludovicus, et Ludovico Karolus; contra quem rebellavit Hugo dux Franciæ. Cumque non posset resistere, tradente Ascelino episcopo Laudunum recepit, regemque cum uxore Aurelianis in custodia mancipavit; non tamen erat unctus in regem. Iis ita peractis, primores Franciæ Hugonem ducem sibi regem elegerunt. Item in eodem anno ipse Hugo Robertum filium suum regem consecravit.

Sicque per successionem Roberto successit Heinricus, Heinrico Philippus, Philippo Ludovicus : Ludovicus Grossus [339] autem genuit Philippum, Ludovicum atque Robertum. Philippus autem vivente patre unctus est in regem; sed morte repentina preventus obiit, sepultusque est in basilica sancti Dyonisii. Quo decedente, unctus est frater ejus Ludovicus Pius [339], patre adhuc vivente. Iste Ludovicus genuit Philippum regem sapientissimum, qui Normanniam adquisivit, quam reges Angliæ antea tenebant, et multas alias terras regno Francie copulavit; Ferrandum comitem Flandrie, Renaudum comitem Bollonie et alios quam plures apud pontem Bovinarum bello superavit. Iste diu regnavit et multa bona fecit; obiit autem anno ab incarnatione Domini 1223, sepultusque est apud Sanctum Dyonisium. Successit ei Ludovicus, filius ejus, vir magno animo et bellicosus, parvo tempore post patris obitum regnavit. Hic cruce signatus contra Albigenses, qui eo tempore in fide catholica errabant, defunctus est apud montem Panceri, sepultusque est apud Sanctum Dyonisium juxta patrem suum, anno Domini 1226 [340]. Hic ex Blanca uxore sua, filia regis Hispanie, 4 genuit filios, Ludovicum, Robertum, Alfonsum et Karolum. Ludovicus post patris obitum puer 13 annorum cum matre regnare cepit et regnavit 44 annis. Hic statura magnus humilimus fuit et religiosus, erga Dei cultores benivolus et devotus amator pauperum religiosorum; cujus tempore multa monasteria novorum ordinum per regnum Francie constructa sunt. Hic basilicam mire pulcritudinis juxta palatium suum Parisius edificavit, in qua coronam Domini spineam et crucem sanctam cum multis aliis reliquiis recondidit. Hec de regibus breviandi et ordinandi causa dicta sufficiant [341].

VARIÆ LECTIONES.

[339] *superscr. c.* [340] XXVIII. *corr.* XXVI. *c.* [341] *Verbis :* Nunc unde digressi fuimus revertamur *codex ad Hugonis textum redit.*

AIMOINUS FLORIACENSIS DE REGIBUS FRANCORUM.

Excerpta ex miraculis S. Benedicti:

(*Vide Patrologiæ tom.* CXXXIX, *col.* 802, *in Aimoino Floriacensi.*)

HUGONIS DE SANCTA MARIA
LIBER
QUI MODERNORUM REGUM FRANCORUM CONTINET ACTUS
Collata Historia Francorum ejusdem scriptoris.

INCIPIT PROLOGUS IN LIBRO QUI MODERNORUM REGUM FRANCORUM CONTINET ACTUS.

Matildi gloriosæ imperatrici Hugo indignus monachus patris Benedicti Floriacensis cenobii temporali [32-45] pariter et eterna felicitate letari. Presentem libellum vobis ideo, domina mea, deflorare decrevi, ut generis vestri sublimitas posteris innotescat et attavorum vestrorum nobilitas venturis seculis intimetur. Quo etiam in libro modernorum regum Francorum actus vobis breviter explanare curabo, eorum videlicet qui post Lugdovicum imperatorem regnaverunt in Franciam, ad deliniendum animum vestrum. Quæ nusquam historia seriatim digesta, sed hac illacque quibusdam in codicibus inserta et aliis tractatibus interfusa tenetur, eo quod nemo usque modo eam curavit in unum corpus adgregatam congerere et in unius libri formam redigere. In hoc preterea prologo vobis vestrorum attavorum splendidam genealogiam recensere curabo, et eorum pariter actus inter prefatorum regum gesta breviter enarrabo, et quæ sit stirpis vestræ generositas, lucide nescientibus declarabo. Rollo igitur, de cujus sanguine processistis, Danorum dux inclitus extitit; qui Karoli Calvi regis Francorum temporibus [345] post imperatoris Lugdovici decessum per Sequanam intravit in Galliam; et ingressus in eam, totam sibi vindicavit Neustriam, quæ nunc Normannia vocitatur. Rolloni vero successit filius nomine Guillelmus, et Guillelmo Richardus, princeps nobilis atque magnificus. Hic quoque Richardus genuit alterum Richardum, virum Deo carum atque sanctissimum. Et iste Richardus genuit Rotbertum, et Rotbertus Guillelmum Anglorum regem inclitum, qui memoratum regnum sua sibi subjugavit industria, quod nullus Romanorum imperatorum ausus est aggredi preter Claudium et Julium Cesarem. Nullus rex nostrorum temporum hoc Guillelmo fuit felicior ac moderacior. Ejus magnanimitatem et magnificenciam nemo laudare sufficit, quibus ille usque ad terminos terræ super omnes evi nostri reges ac principes apparuit gloriosus. Pauci posthac reges, sicut reor, illum imitabuntur et ejus affluencia et morum elegantia perfruentur, quibus eum Deus in hac vita felixque fortuna ditavit. Hujus quoque fuit heres ac filius

A Henricus, Anglorum rex magnificus, pater vester. Hec in transcursu de vestra sufficiat dixisse prosapia et de progenie celsitudinis vestræ. Porro ego dudum amitæ vestræ, relictæ videlicet comitis Stephani Carnotensis, codicem unum de gestis Romanorum imperatorum deflorare curavi, qui continet Francorum adventum in Galliam, et regum antiquorum ejusdem gentis refert [346] prosapiam usque ad Karolum Magnum et ejus filium Lugdovicum. Quorum Karolus Magnus sua industria Romanorum sibi vindicavit imperium, et decedens suo reliquit filio Lugdovico. Lugdovicus vero cum quatuor genuisset filios, illud eis divisit. Unde inter eos magna discordia pullulavit, et tres germani, Lotharius videlicet, Lugdovicus atque Pipinus, contra fratrem suum Karolum dimicaverunt atrociter, anno secundo obitus Lugdovici, apud Fontanidum campum, cupientes eum Franciæ regno privare. Sed non valuerunt. Prevaluit enim adversus eos Francorum exercitus. Ab illo tamen die usque nunc manet regnum Francorum ab imperio Romanorum sejunctum atque divisum. Nam Lotharius Germaniam et Italiam sortitus est et Romam et Ravennam regias urbes cum nomine imperatoris, Lugdovicus vero, germanus ipsius, Bajoariam et Saxoniam, et Pipinus Aquitaniam atque Vasconiam, et Karolus Franciam, Burgundiam et minorem Britanniam atque Neustriam; sed et Aquitaniam ipse sibi postmodum adquisivit. Cujus Karoli regis genealogiam in subsequenti libro sigillatim per singula capitula denotabo usque ad Lugdovicum hujus prosapiæ regem ultimum, qui sine liberis decessit. Post cujus obitum proceres Franciæ provexerunt super se Hugonem Magnum, magni cujusdam Hugonis ducis Franciæ filium. Cujus etiam catalogum ordine suo subjiciam, et horum omnium actus pariter usque ad presentis temporis regem domnum Lugdovicum, clementissimi regis Philippi filium, Deo annuente sicut promisi paucis sermonibus conprehendam. Ejus vero actus meo inculto stilo contaminare non audeo. Nam quod scribo brevi sermone concludo [nullum rhetoricæ facundiæ fucum interserens [347]]. Sed et illa quæ vobis deflorare curamus non a nobis

VARIÆ LECTIONES.

[343-45] ita 1. [346] refer 1. [347] n. r. f. i. linea transducta deleta sunt jam antiquitus 1.

accepimus, sed a multis codicibus nostro sudore decerpsimus [348] ad suplementum historiæ illius cujus supra meminimus et quam sicut promisimus nuper edidimus. Vos autem munus vobis oblatum favorabiliter queso suscipite, et auctoritatis vestræ signo corroborare curate. Valete. Deus omnipotens sua vos gratia benedicat et prole fæcundet et prosperitate semper letificet. Amen.

Explicit prologus.

INCIPIT LIBER.

1. Karolus igitur Calvus, Lugdovici Pii imperatoris filius, post bellum Fontanidum Francorum obtinuit regnum, anno incarnacionis divinæ 842, et regnavit annis ferme 38. Qui cum esset vir gloriosus atque magnanimus valde, edificavit in regno suo Conpendium villam, et eam Karnopolim suo de nomine vocari precepit; quam etiam preciosa [349] domini nostri Jesu Christi sindone nobiliter insignivit. Obtulit etiam [350] idem serenissimus rex sancto martiri Dionisio unum de clavis quibus in cruce fuit adfixum corpus dominicum et quandam ligni sanctæ crucis portiunculam cum quadam particula spineæ coronæ nostri Redemptoris. Hac (77) preterea tempestate Willelmus comes Arvernorum et dux Aquitanorum Cluniacensem edificavit abbatiam. Girardus etiam, quidam comes inclitus Burgundiæ, duas construxit ecclesias, Vizeliacensem scilicet et Pultariensem (78). In quarum una sancta Maria Magdalena nunc habetur humata, et in altera idem Girardus postmodum est tumulatus. Eodem quoque tempore Ebbo, nobilis partium princeps Biturigensium, sanctæ Dei genitricis Mariæ Dolensem edificavit abbatiam. Giraldus preterea, quidam vir magnæ sanctitatis ac preclaræ nobilitatis, Aureliacum construxit cenobium.

[*Hæc etiam in historia Francorum leguntur :* Rex quoque Francorum Karolus Compendium, *etc.*]
[*In historia Francorum hæc ita leguntur c. a.* 858 : His etiam diebus Guillelmus inclitus comes Arvernorum Cluniacense [351] fundavit cenobium, et sanctus Geraldus preclaræ ingenuitatis vir Aureliacum extruxit monasterium. Hac etiam tempestate ecclesia Wiseliacensis constructa est a nobilissimo comite Gerardo; in qua requiescit venerabile corpus sanctæ Mariæ Magdalenæ.]

Anno proinde incarnacionis dominicæ 858, Lotharius imperator aversa valitudine correptus, imperii sui temperamentum derelinquit, et tunsoratus et monachus factus apud Placenciam obiit (79), relinquens filio suo Lugdovico Italici dignitatem imperii. Karolus autem rex Francorum audiens obisse fratrem suum Lotharium [*Ann. Bertin.* a. 869], Viridunum venit, ibique plures regni Romani proceres sibi se conmendantes suscepit. Indeque venit Mettis Nonas Septembris. Ubi etiam Adventicium ejusdem urbis episcopum et Franconem Tungrensem presulem et Attonem Viridunensem pontificem cum aliis proceribus multis iterum in sua commendatione suscipiens, imperiali (80) corona meruit coronari, 5 Idus mensis ipsius. Forte tunc Lugdovicus (81), Lotharii defuncti imperatoris filius, et alter Lugdovicus Germaniæ [352] rex, hostili tenebantur expedicione prepediti cum Saxonibus universis, qua Vinidos, qui e regione Saxonum habitant, debellabant; quos et vicerunt et prospere reversi sunt.

[Ib. a. 872.] Anno denique incarnationis dominicæ 870, Lugdovicus, Lotharii imperatoris filius, Romæ coronatus est, ab Adriano ejusdem urbis pontifice, indeque in partes perrexit Beneventanas. [Ib. a. 870.] Karolus vero eodem anno Viennam obsedit et cepit; et inde rediens, nativitatis dominicæ festivitatem apud beati Medardi monasterium celebravit. [Ib. a. 872.] Ipsa proinde tempestate Basilius, quem Michael Constantinopolitanus imperator sibi consortem asciverat, ipsum interfecit, et ejus sibi imperium usurpavit. His (82) etiam diebus Dani pyraticam exercentes, duce Alstagno per portum Flandrensium emergentes, vi magna Franciam invaserunt, et Vermendense atque Noviomense territorium ita penitus attriverunt, ut et sancti Quintini martyris monasterium flammis exurerent et nichil extra portam civitatis Noviomensis illesum et incontaminatum relinquerent. Sed et omnes ad quas pervenire potuerunt ecclesiæ extra municionem locatæ ab eis sunt favillatæ. Erat quippe Francia militum presidio nuda, quia ejus robur in bello Fontanido nuper deperierat. Unde rex Karolus cum prefato tyranno fedus pepigit, et hostem, quem ferro nequibat, auro conpescuit. Quo federe securus Alstagnus a Francorum terra per oceanum pelagus Italiam tendens, Lunæ portum attigit, et ipsam urbem continuo cepit. Qua potitus, per numerosa annorum curricula ibidem deguit, regique familiaris postmodum factus est, ex inimico amicus. Verum iste Alstagnus vulgo Gurmundus solet nominari.

VARIÆ LECTIONES.

[348] decersimus 1.   [349] precioso *H. F.* (*cod. Bern.*).   [350] deest *H. F.*   [351] clunacense *c. Bern.*   [352] germanie 1

NOTÆ.

(77) Cf. Ademarum III, 21 ubi hæc et fundatio cœnobii Dolensis rectius in sæc. x collocantur.
(78) Vezelay et Pouthières.
(79) Auctor Lotharium I imperatorem et II regem non distinxit.

(80) Rex Lotharingiæ coronatus est.
(81) De hoc in bello contra Winidos gesto sermo esse nequit.
(82) De his Historiæ Northmannicæ locis cf. quæ in præfatione col. 815 dixi.

[*A. Bert.* a. 872, 875, 876, 877.] Interea vero, id est anno incarnacionis Christi 875, Romæ Adrianus papa defungitur, et Johannes ejusdem urbis archidiaconus ei substituitur. Porro anno incarnacionis divinæ 876, papa Johannes Karolum regem, ut Romam tenderet invitavit, et venientem in ecclesia sancti Petri favorabiliter coronavit. Tunc etiam secundo imperiali corona coronatus et imperator Romanorum est appellatus. Anno quoque incarnacionis dominicæ 877, Johannes papa Papiam venit, ibique illi Karolus obviam abiit, et Crucifixi magnam imaginem ex auro puro factam per eum Sancto Petro transmisit. [*Hist. Sen.*] Sed cum inde remearet, vitam veneno finivit; et Vercellis deportatus, in beati Eusebii basilica est sepultus; ubi et requievit annis 6. Sed demum ad Sanctum Dionisium est delatus, et ibidem honorifice tumulatus. [*A. Bert.*] Lugdovicus vero patrem suum Karolum audiens esse defunctum, proceres Franciæ sibi protinus conciliare curavit, dans eis abbacias et comitatus et villas secundum cujusque postulacionem. Timebat enim propter suam ineptiam [353] Francorum amittere regnum.

Precedenti tamen anno, qui fuit annus incarnacionis dominicæ 876, dum rex Karolus nepotis sui jus sibi subigere temptat, Danorum gens perfida per oceanum pelagus Sequanam ingressa, regnum Francorum secundo cepit infestare. Quorum Danorum erat dux Rollo, vir potentissimus, supranominati Gurmundi regis et archipyratæ propincus. Qui primo impetu sui adventus statim sibi Rothomagum subjugavit. Deinde fere per unum annum Parisiorum obsedit civitatem; sed tamen illam capere non potuit. Interim tamen Bajocas evertit, et urbem Meldensem expugnavit. Verum post annum unum, quo vaginam suæ habitacionis egressus fuerat et omnem oram maritimam incendiis et rapinis contaminaverat, ab Anglorum rege invitatus, insulam illam expeciit, et per triennium ibi demoratus, eandem gentem sibi firmo federe colligavit. Quæ res et vires ejus non mediocriter auxit et magnam rerum copiam ei subministravit. Porro Karolo Calvo successit filius ejus Lugdovicus.

2. Lugdovicus igitur post patris obitum obtinuit regnum Francorum anno incarnacionis divinæ 877, et regnavit annis circiter tribus. [*A. Bert.* et *H. Senon.*] Hujus temporibus, anno videlicet incarnacionis dominicæ 878, Johannes papa cum Formoso Portuensi episcopo veniens in Galliam, in Trecasina civitate generale [354] sinodum celebravit. [*A. Flor.*] Anno vero sequenti eclipsis lunæ contigit, cum esset luna 14 Idus Octobris. Eodem quoque mense secuta est etiam solis eclipsis, cum esset luna 23. Et ipso anno Rollo, cujus supra meminimus, Anglorum auxilio fretus, per Sequanam et Ligerim perque Varumnam, tria majora Franciæ flumina, quæ oceano influunt, emergens secundo, tripertito exercitu, jam non more pyratico (83), sed libere terrestri prelio, Franciam pervadendo cepit infestare. Cooperuerunt itaque Dani superficiem terræ sicut locustæ, nec erat facile cuiquam hominum eos prohibere. Igitur de navibus exilientes et huc vel illuc more rabidorum luporum discurrentes, die [358] natalis sancti baptistæ Johannis urbem Namneticam adorsi concremant (84), et Gunhardum [355] presulem sacra missarum sollempnia peragentem super aram martiris Ferreoli, quæ est ad levam edis beati Petri apostoli matris ecclesiæ ejusdem civitatis, obtruncant [356] (an. 843). Demum vero [357] urbe succensa ac depopulata, quasi tenpestas valida ceperunt hac illacque discurrere et omnia per quæ vagabantur prosternere. Et Andegavensi urbe conflagrata (85), civitatem quoque Turonicam obsederunt. Sed tunc ab hostili pervasione beatissimi Martini [358] meritis meruit liberari, cujus corpus paulo ante introductum fuerat intra menia ipsius urbis. Ipsum tamen sancti Martini monasterium, quod juxta urbem erat, concrematur; clerici fugantur, monachi disperguntur, et venerabile corpus sancti Martini Autissiodorum [359] cum honore defertur (86) (an. 853). Hac etiam seviente procella urbs Cenomannica [360] devastatur, et cenobium sanctæ virginis Scolasticæ extra murum urbis situm exustum est. Sed [361] corpus ipsius sanctæ virginis intra ejusdem urbis sinum [362] est positum et conservatum. Multa preterea sanctorum corpora a Britannia et a Neustria in Galliam sunt translata et per urbes munitas atque castella locata; ubi etiam adhuc retinentur humata. Nam omnes fere clerici sive monachi terræ illius, tam crudeli clade perterriti, tutiora loca pecierunt, secum suas perferentes reliquias cum ecclesiasticis ornamentis. Eodem quoque tempore Karoli Magni palacium, quod dicebatur Cassinogilum, inter Droht fluvium et Varumnam positum, dissipatum est et eversum (87).

[* *Hist. Franc. cod. Bern.*) hæc cum *Willelmo Gemm.* conjungens ita habet : (Rollo) demergens per S. et L. p. Guarunnam tria q. o. i. flumina trip. exerc. jam n. m. p. sed libere terras circumadjacentes pervadendo c. i. Igitur die, *etc. v. n.*".]

VARIÆ LECTIONES.

[353] inepciam 1. [354] ita 1. [355] gunardum *H. F.* [356] obtruncavit 1. [357] Denique urbe *H. F.* [358] m. martyris mer. *H. F.* [359] antis 1. [360] cenomannia 1. [361] et *H. F.* [362] s. c. et p. ib. *Reliqua desunt.*

NOTÆ.

(83) Similiter Adrevaldus Floriacensis, Mirac. S. Benedicti c. 33 : *non jam,* inquit, *piraticam exercendo.*

(84) Quod jam a. 843 factum est ; cf. Ann. Bert. h. a.

(85) Cf. Adrevaldum l. l.

(86) Cf. Annales Bertin. anno 853.

(87) De hoc palatio Aimoinus, Miracul. sancti Benedicti I, 1, Northmannorum referens vastationes: *Inter quæ,* inquit, *eminentissimum illuc Karoli Magni principis palatium Cassignol, gloria quondam ac decus cunarum filii ejus jam præfati Hludovici Pii, quod ita Deo inimica gens subvertit, ut et inhabitabile redderet et tamen quid aliquando fuerit*

[*Sequentia etiam in historia Francorum leguntur.*]
* [*Historia Francorum* : Sed et in Aquitania K. M. p. q. C. vocabatur d. est et evulsum.]

Porro Lugdovicus in tota vita sua nil strenue gessit. Regno tamen vix triennio potitus decessit, relinquens filium suum sibi successorem Karolum nondum adultum ** (88). Cui posuit tutorem et procuratorem Odonem, Roberti Andegavorum comitis filium [cf. *H. Sen*]. Quem etiam postmodum regni proceres ad reprimendum impetum Danorum, qui tunc Franciam infestabant, regem, et fratrem ejus Robertum ducem inferioris constituere Burgundiæ (an. 888). Ille vero et regnum susceptum per annos 12 ab hostibus diligenter tutare curavit, et pupillum Karolum clementer donec adolesceret educavit. Quibus expletis, anno incarnationis divinæ 891 (89) decessit; et Karolus jam adultus illi successit. Erat etiam in illis diebus in superioris Burgundiæ partibus alter nobilis dux, nomine Richardus, [HUGO VIRD.] qui ab exsecucione justiciæ Justiciarius appellabatur; et erant ei tres filii, Rodulfus videlicet, Boso et Hugo. Quorum Rodulfus postmodum rex Franciæ fuit, et Boso Galliæ superioris quæ Comata vocatur (90). In Romana vero cathedra Johanni papæ Leo successit, et Leoni Benedictus, et Benedicto Gregorius quintus.

[** *Historia Francorum ita* : Post hec autem defunctus est Ludovicus rex Francorum, filius Caroli Calvi, relinquens filium suum parvulum Karolum nomine, qui Simplex appellatur, cum regno in custodia Odonis Burgundiæ ducis. Qui juvenem optime fovit et adulto regni gubernacula libenter refudit. A quo etiam regni parte donatus, demum quamdiu vixit ei fidelis extitit. Deinde Franci Burgundiones et Aquitanenses proceres congregati in unum, Odonem principem elegerunt sibi in regem.]

5. Karolus vero, qui Simplex cognominatur, paternum cepit disponere regnum anno incarnacionis dominicæ 891 (91), et regnavit annis ferme 30. Cujus *** in diebus Rollo Danorum dux, conscensis navibus, per Sequanam et Sagunnam, Galliæ maxima [363] flumina, tendens ad superiora, Burgundiæ et Arvernorum fines intravit, et usque ad Clarmuntem Arvernorum urbem totam regionem diversis calamitatibus replevit, et copiam [364] rerum omnium exinanivit. His etiam diebus Parisius, Meldis, Belvacus et ceteræ urbes Franciæ vastantur et depopulantur. Tunc etiam (an. 865) sepenominatus Rollo per provinciam Senonensem ad inferiora descendens, Floriacum venit (92). [DIEDERICUS.] Verum † ante biduum quam illuc pertingeret [365], ejus adventus ad noticiam Floriacensium pervenit monachorum. Qui statim Aurelianis citissime [366] fugiendo pervenerunt, et intra ipsam urbem, in ecclesia sancti presulis Aniani, sancti Benedicti preciosum ac venerabile corpus deposuerunt, donec ille malignancium [367] impetus pertransiret. Erat [368] enim tunc Aureliana civitas et bellicosis civibus plena et muris firmissimis diligenter accincta. Inpius autem ille cetus Danorum [369] Floriacum adveniens, sexaginta ibi sacri [370] desiderii monachos repperit et quosdam cum eis ecclesiæ servitores; quos mox gladio trucidavit, ipsumque sancti patris Benedicti cenobium prius devastatum effera rabie concremavit. Sed eadem nocte pius pater Benedictus in [371] sompnis apparuit cuidam comiti nomine Gissilolpho (93), qui ejusdem monasterii erat advocatus, et dixit ad eum : « Eia comes ! quare te tanta timiditas sive ignavia oppressit, ut tuæ advocationis locum Floriacum ita dimitteres indefensum, ut servi Domini ibi jaceant inhumati, a gentilibus interfecti ? » Cui comes : « Quis, inquid, es tu, pater ? » At ille : « Ego sum frater Benedictus, qui de Beneventanis finibus in Galliam [372] translatus, propriam requiem in Cassino [373] monte sprevi, et hunc locum Floriacensis monasterii elegi, ut lucerna disciplinæ monasticæ per meam corporalem coessentiam universæ innotesceret Galliæ. Surge ergo quantocius, et esto vir fortis et belliger robustus, et insequere dorsa crudelium paganorum, qui et locum meum violaverunt et igni combusserunt, insuper et monachos meos [374] et collibertos [375] interfecerunt, et impune, pro pudor ! evaserunt. » Ad hec comes : « Quomodo, inquid, possum vel insequi quos jubes vel [376] predam excutere, qui non habeo tempus congregandi satellites meos ? » Cui pater sanctus : « Noli, inquid,

VARIÆ LECTIONES.

[363] maxsima 1. [364] copia 1 ? [365] pergeret *H. F.* [366] deest *ib.* [367] malignorum *ib.* [368] Erat — accincta des. *ib.* [369] d. f. desunt *H. F.* [370] sancti *ib.* [371] a. in s. *ib.* [372] gallias *ib.* [373] m. c. *ib.* [374] deest *ib.* [375] coliberos *ib.* [376] et 1.

NOTÆ.

manifeste appareat. Id eo loci situm est, quo torrens Codrot Garonnam influit, turrim lateritiam in margine memorati torrentis exstructam habens, e qua et adventus prævideri et ingressus hostilium possit arceri navium, simulque ut classis regia, absque adversariorum impedimento fabricata in minori, ad fluenta majoris deduceretur amnis. Habet vero ecclesiam ampliori ecclesiæ conjunctam miro opere ex lateribus fornicatam, in qua, si bene visa recordor, permodicum habetur sarcophagum, in quo frater *Hludovici Pii* geminus esse putatur sepultus. Cf. etiam Aimoini Vita Abbonis Floriac. c. 20.

(88) Errores partim ex Historia Senonensi (supra col. 855, 856) auctor recepit et latius propagavit.

Quæ in Hist. Francor. addidit ex Aimoino Floriac. c. 1. sumpsit.

(89) Obiit a. 898.
(90) Quod falsum esse constat.
(91) Anno 893 coronatus est rex.
(92) Sermo vero est de re quam Adelerius in Mirac. S. Benedicti c. 41 (Mabillon Acta II, p. 593) brevius, longius vero Diedericus monachus (l. 1. IV, 2, p. 352) narrat. Hunc sequitur Hugo. Cf. etiam Ann. Bert. a. 865. Nam eadem hæc direptio esse debet, fabulose exornata.
(93) Girboldus nobilissimus Autissiodorensium comes ab Adelerio vocatur.

anxiari propter paucitatem militum ! tantum accelera, et arripe clipeum cum his qui tibi adsunt hominibus, et insequere velocius, nichil metuens, quia ego ero tecum ut ambiam latera tua ; et immunis ab hostium telis, victor famosus reverteris. » His dictis, comes evigilavit ; secumque [377] quæ viderat et audierat prudenter pertractans, celeriter surgit, et arreptis armis, cum suis hostes insequitur, tanti patris [378] animatus sponsione. Maximoque impetu subito [379] super eos irruit, et [379] hostes adgressus, captivos emancipavit, predam excussit, et victor letabundus absque lesione [380] aliqua est regressus. Qua expleta victoria, Floriacum est ingressus, et non sine lacrimarum copia interemptorum tumulavit corpora, illud psalmigrafi conmemorans : « Effuderunt sanguinem sanctorum, et non erat qui sepeliret. » Quod factum postmodum pervenit [381] ad noticiam Karoli regis Francorum videlicet [379] qualiter comes Gissidolphus, sancti Benedicti advocatus, cum paucis hostium multitudinem prostravisset, predam excussisset, vinctos enodatos reduxisset, et victor illesus remeavisset. Moxque [382] predictus comes advocatus [383] ante regem affuit (94), remque per ordinem sicut egerat illi retexuit, testem sibi advocans Deum, quia in hora congressionis beatissimus pater Benedictus, monachili habitu revestitus, caballum cui insidebat conscendit, et in tota illa congressione, uti pius propugnator promiserat, frenum tenuit et equum rexit scutumque rotavit et illum illesum cum suis omnibus ab hostili acie reduxit. Quod audiens rex, Dominum glorificavit, et Floriacum perveniens, lamentum desolacionis dedit ; et post hec munificencia regali copiosum subsidium restaurationis adhibuit. Data denique, ut dignum erat [384], tocius restaurationis uberrima copia, in unius anni spacio pene totum monasterium in pristinum renovatum est modum. Porro quedam ecclesia intra castrum Floriacum erat constructa et in honore sancti Petri apostolorum principis consecrata, quæ divina gratia ab incendio remanserat inviolata. Evoluto denique anno *, monachi qui ad Aurelianam confugerant urbem, consilium inierunt, ut beati corpus Benedicti in inicio adventus Domini ab urbe Aurelianensi navigio reportarent, et illud in præfata sancti Petri basilica, quæ intacta ab igne remanserat, eo usque collocarent, donec eorum officinæ regulari more [385] perficerentur. Statuto igitur die conventus episcoporum et abbatum non minimus Aurelianis advenit, quatinus thesaurum Domini, sancti corpus videlicet Benedicti, secundum conditum [386] proprium reportarent ad locum. Acceperunt igitur viri timorati sacrum corpus sancti Benedicti, et imposuerunt navi. Quæ cum tantæ sanctitatis honus suscepisset, miro modo totum illud Ligeris spacium, quod ab Aurelianensi civitate usque ad Floriacum protenditur, sursum versus absque gubernatore et humano remige sine offendiculo decurrere cepit, ut crederes Christum in [387] navi cum apostolis sedentem et elementis potestative inperitantem. Depositis ** igitur sacris pignoribus in antefata sancti Petri basilica, celebratoque sollempniter divino misterio, quique in sua rediere cum gaudio. Ipsa vero dies pridie Nonas Decembris esse dinoscitur, in qua, quamdiu hujus mundi spera volvitur, honor et memoria tantæ gloriæ per totam Galliam celebratur.

[*** *Hist. Franc. ita pergit* : Quibus patratis Rollo, cujus sepe meminimus, conscensis navibus tandem per S. et S. maxima fl. t. a. s. B. et A. f. subintravit et u. ad Cl. A. civitatem t. r. d. c. exinanivit, et inde rediens, per provinciam Senonensem Floriacum venit.]
[† *Quæ sequuntur etiam historia Francorum habet.*]
[* Verum intra annum monachi qui remanserant. *Hist. Franc.*]
[** *Hist. Franc. ita* : Ipsa — per omnem Galliam sollempniter celebratur. Verum ubi navis portum Floriacensem impegit, maxima episcoporum, abbatum, monachorum clericorumque una cum plebeis turmis multitudo occurrit, psallentes et dicentes : *Benedictus qui venit in nomine Domini.* Et cum ingens frigus, uti tunc temporis solet, cuncta obstrinxisset arva, res contigit mira et vehementer stupenda. Nam cum per eam portam quæ nunc Pascalis dicitur sanctissimi cineres inferrentur, acsi in medio Aprili, ita omnes arbores ejusdem loci tam pomiferæ quam agrestes, spineta etiam et arbusta in flores eruperunt, ut palam cunctis innotesceret, qualiter sanctus Benedictus pater apud omnipotentem dominum nostrum Jesum Christum gloria et honore sublimatus existeret. Nulla vox alia audiebatur nisi : *Gloria tibi, Domine, quia nunc cognoscimus, quid te donante suscepimus.* Depositis — gaudio (*hæc etiam ex Diederico*).]

Post paucos denique dies prefatus Rollo disposuit obsidere Carnotum (95). Preerat urbi eodem tempore sacerdos venerandus nomine Wantelinus. Qui audiens advenientium opinionem hostium perfidorum, orabat sanctam Dei genetricem Mariam, ut illam ab imminenti periculo protegeret civitatem. Expetiit eciam ambos Burgundiæ duces, scilicet Richardum atque Robertum, et Pictavensem marchionem Eubalum, petens ut suo adventu miseris civibus prestarent auxilium. Et cum inde redisset, Rollo veniens cum numerosa hominum caterva, urbem fortiter inpugnare cepit. Et cum jam eam intrare pararet, ecce Dei nutu Richardus dux cum Francis et Burgundionibus hostes adgressus, cepit eos repente proterere et incautos hac illacque dispergere. Wantelinus etiam bajulans reliquias sanctæ Dei genetricis, egressus patentibus portis una

VARIÆ LECTIONES.

[377] que *deest H. F.* [378] patri 1. [379] *deest H. F.* [380] a. ulla l. *H. F.* [381] ad n. p. *ib.* [382] Moxque qui 1 ? [383] evocatus *H. F.* [384] est *ib.* [385] modo *ib.* [386] cumdictum 1. [387] ch. cum ap. s. in n. et p. i. el. *H. F.*

NOTÆ.

(94) Ipsam victoriam et hanc rem miraculose gestam Adelerius Hugoni duci tribuit.

(95) Eamdem rem sed brevius narrat Willelm. Gem. II, 15.

cum ferratis militibus, urgebat eos adtencius. Sicque prefatus tyrannus Dei virtute superatus et victus, cum magno detrimento Rodomum est regressus.

Quem Franco ejusdem urbis archiepiscopus videns divino verbere graviter afflictum, ut eum consolaretur accessit. Et primum quidem ejus animum blandis sermonibus delinivit, ac demum de suis malis actibus studuit increpare, et ad extremum cepit illum ad fidei et religionis catholicæ cultum sagaciter invitare. At Rollo ejus sermonibus emollitus et Dei verbere pariter castigatus, illi protinus adquievit. Quod [388] memoratus episcopus festinanter regi Karolo nunciare curavit; videlicet quod sepefatus tyrannus Dei esset gratia mitigatus et cor ejus ad christianismum suscipiendum aliquatenus emollitum. Aderat ibi forte, cum hec predictus regi referret episcopus, Rotberbus Burgundiæ dux (96); qui per eundem episcopum Rolloni mandare curavit, quod si christianus effici vellet, ipse eum ex sacro fonte susciperet et ei suum nomen inponeret. Itaque tandem res ad effectum perducta est. Loco quippe et tempore prefinito, dux Rotbertus cum ceteris Galliæ proceribus ad eum veniens, illum a sacro fonte levavit, et imponens ei suum nomen, eum magnificis muneribus honoravit. Demum vero rex Karolus desponsavit illi filiam suam nomine Gillam, dans illi jure beneficii Neustriam, quam nunc Normanniam vocitamus, a fluvio Andelle usque ad oceanum mare. Anno ergo incarnacionis dominicæ 912 (97), Franco Rothomagensis archiepiscopus catholica fide diligenter inbutum sepefatum Rollonem unda baptismatis purificavit, et dux Rotbertus [389] illum a salutifero fonte suscepit. Et ex illo tempore mansit memoratus princeps Christi fidelissimus cultor, cujus ante fuerat crudelissimus persecutor. Baptizatus autem est anno 56, cum Franciam venerat depopulaturus.

Ipso proinde anno corpus beati Martini ab Altisiodero ad Turonicam relatum est urbem. Cujus ecclesiam nuper concrematam optimates urbis reedificaverunt, et ne leviter amplius ab hostibus opprimeretur, muro cinxerunt.

Rex quoque Karolus pontem miræ firmitatis super Sequanam extrui fecit, positis in utrisque capitibus castellis artificiose fundatis, ubi presidia collocavit. Quibus patratis, materiam* quietis arripuit; et ocio desidiaque resolutus. [Flod. a. 920.] Haganonem quendam militem de mediocribus sibi consiliarium adsumens, procerum suorum consilium spernere cepit. Igitur Hagano, quem insperatæ opes nimium provexerant, lateri ejus adsistens, regni negotia disponebat. Quod omnes pene Francorum proceres videntes et indigne ferentes, regem deseruerunt. Herbertus etiam Vermendensium comes montem Laudunum illi abstulit (an. 920). Memoratus quoque A Rotbertus Burgundiæ dux contra eum rebellare cepit; et veniens ab Burgundia cum valida militum manu, super Axona fluvium sua temptoria fixit. [Flod. a. 922.] Karolus vero resedit super fluviolum Saram. Sed cum cotidie ducis Rotberti virtus excresceret, regis autem decresceret, Karolus cum amico suo Haganone trans Mosam latenter proficiscitur. [Hugo Flav.; Flod. l. l.] Porro post hec prefatus Rotbertus a quibusdam Galliæ episcopis diademate regio se coronari, partim minis, partim extorsit blandiciis, anno incarnacionis dominicæ 924 (98). Eodem etiam anno Herveus Remorum archiepiscopus obiit, et Sevulfus, ejusdem ecclesiæ archidiaconus, illi successit.

[* Hist. Franc. ita: Interea sepedictus rex Karolus B (suspescr.: Simplex) avide matheriam q. a.].

[Flod. a. 923.] Sequenti vero anno rex Karolus cum sui regni Lothariensibus Mosam transiens, contra prefatum regem Rotbertum ad Attiniacum venit. Rotbertus quoque rex contra eum processit, et super Axonam sub urbe Suessonica sua fixit temptoria. Sed Karolus cum suis Lothariensibus repente super eum irruit. Ibique Rotbertus in ipso belli exordio non minori fortunæ impetu destitutus quam fuerat elatus, perimitur (an. 923). [Hugo Virb.] Verum ubi post bellum Lotharienses ad sua reversi sunt, Herbertus comes regem Karolum dolo cepit et Perona direxit, ibique illum per totum quinquennium vinculis tenuit inretitum. Finito vero quinquennio ibidem Karolus C spiritum exalavit, et in ecclesia beati Fursei tumulariam habuit sepulturam (an. 929) [cf. *Hist. Scr.*].

[Hugo Flav.] Habebat prefatus rex filium nomine Lugdovicum, ex Agiva Anglorum regis susceptum filia. Qui metuens paternæ calamitatis involvi procella, mare transiens latuit in Anglorum terra. Vacillabat igitur Gallia, cum Hugoni, Roberti nuper defuncti ducis filio, qui post pro bonis actibus magni nomen promeruit, puerilis obsisteret etas quominus regias assumeret infulas, et Herberti cunctos teneret odium. Unde quidam regni proceres adunati Rodulfum, Richardi Justiciarii filium, a Burgundia evocatum, regio sublimavere solio [cf. Aimoin. Flor. c. 3].

[Flod. h. a.] Prefati preterea Karoli regis temporibus, id est anno incarnacionis dominicæ 922, Berengarius Longobardorum imperator regno ab optimatibus suis exturbatus est, et Rodulfus Cisalpinæ Galliæ rex ab eis [390] in regnum susceptus. Hac preterea tempestate Rollo, qui et Robertus, princeps Normannorum, senio confectus et longa milicia fatigatus, defunctus est (an. 927), relinquens filium suum Guillelmum sibi successorem. Circa hoc quoque tempus (an. 936) obiit Henricus imperator, et Otho ejus filius successit ei. [Flod. 937.] Defunctus est etiam Rodulfus Jurensium et Cisalpinæ

VARIÆ LECTIONES.

[388] intelligens *add. sed alia manu del* 1.   [389] rotbertum 1?   [390] is 1?

NOTÆ.

(96) Comes Parisiensis.
(97) Cf. Wil. Gem. II, 18. Præcedentia ab hujus libro sunt aliena.
(98) Anno 922.

Galliæ rex, et successit illi filius ejus Conradus.

4. Rodulfus [391] igitur, Richardi ducis filius, sicut premissum est, regno Francorum potitus est adhuc superstite Karolo rege, anno incarnationis dominicæ 926 (99), et regnavit annis 16. Hic regni solium assequtus, ei in cohercendis malefactoribus fuit severus et in regno tuendo sagacissimus. [Hugo Flav.] Hic denique primo regni sui anno in Aquitaniam est profectus [an. 924.—Flod.], eo quod Willelmus comes ejusdem provinciæ dedignabatur illi se subdere. [Flod.]. Igitur tandem pervenere ambo supra Ligerim in pagum Augustidunensem, et discurrentibus utrimque viris nobilibus, comes prefatus regi se subdidit. Unde rex illi Bituricensem pagum cum civitate donavit. In eodem etiam loco dedit Hugoni, filio defuncti ducis Rodulfi (100), Cenomannensium civitatem.

Eodem etiam anno Huni Berengario duce, quem Langobardi dudum a regno suo depulerant, Italiam depopulantur, et Papiam urbem opulentam et populosam igne succendunt. Quibus patratis, juga montium [392] transeuntes, Galliam infestare ceperunt [cf. Flod. a. 926]. Ab ipsis quippe multa monasteria sunt destructa, et eorum terrore corpus sancti Remigii intra Remensis civitatis menia fuit delatum atque transpositum. [Ib. a. 924.] Verumptamen Rodulfus Cisalpinæ Galliæ rex et Hugo Viennensis comes, eos per devia montium [393] agitantes, Tholosanam provinciam petere compulerunt. Ubi prefatus Berengarius a suis perimitur, et ita Gallia ab eorum infestatione liberatur.

Anno proinde regni prefati regis Rodulfi quinto Herbertus Vermendensium comes defecit ab illo. [Ib. a. 931.] Rex vero Rodulfus, juncto sibi Hugone Magno, quoddam ejus castellum Dominicum nomine cepit et diruit. Porro sexto regni ipsius anno Raimundus et Herminigaudus, potentissimi Gothiæ principes, necnon et Lupus Wasconum comes regis vassalli efficiuntur. [Ib. a. 932, 933.] Sed et Vienna civitas Burgundiæ illi reddita est. Per idem etiam tempus comes Normannorum Guillelmus, Rollonis filius, sepefato regi Rodulfo se commisit [394] proprio voto.

Anno vero incarnacionis dominicæ 931, Britones in Cornu Galliæ constituti, adversus Normannos, quibus subditi erant, insurgentes, ducem illorum interemerunt [395]. [Ib. a. 931.] Quod (101) audiens Willelmus Normanniæ princeps, terram illorum hostiliter intrans duriter devastavit. Et Berengerium quidem, eorum ducem potentissimum, sibi reconciliavit, Alanum vero, alterum ducem illorum, a terra fugavit, et sic totam Britanniam denuo sibi vi vindicavit.

[Hugo Flav.] Rex vero Rodulfus anno incarnacionis A dominicæ 936, sine liberis est defunctus'. Quod (102) audiens rex Anglorum Altannus, Willelmo principi Normannorum legatos cum muneribus misit, ut Lugdovicum, Karoli Simplicis filium, cum consilio procerum Francorum patris revocaret in regnum (an. 936). [Flod.] Quod ille gratanter suscepit et feliciter consumavit. Cum Hugone enim Magno et comite Herberto aliisque Francorum proceribus prefatum juvenem apud Boloniam ipsis maris littoribus contiguam [396] suscepit, et usque ad montem Laudunum perduxit. In** cathedra vero Romanæ ecclesiæ Johanni papæ Leo et Leoni Stephanus, et Stephano, Martinus, et Martino successit Agapitus. Hoc preterea floruerunt in tempore famosi Galliæ episcopi Adalhero Mettensis et Fulbertus Carnotensis

B [* *Hoc loco in Hist. Franc. legitur :* Floruit his temporibus apud Floriacum monasterium abbas, Lambertus, vir simplex et justus.]
[** *Hist. Franc. ita :* Interea vero Romæ Johanni papæ Leo sanctissimus successit; et post hunc sedit Stephanus; et post Stephanum Martinus, Martino vero successit Agapitus. Ludovicus vero filius Karoli (*superscr.* : Simplicis) minoris, regnavit annis 29.]

5. Lugdovicus igitur, Karoli filius Simplicis, coronatus est favore prefatorum principum ab Artaldo Remorum archiepiscopo, anno incarnacionis domini nostri Jesu Christi 936, et regnavit annis ferme 18. [Flod. Hugo. Flav.] Hic desponsavit sororem suam nomine Mathildem Conrado regi Burgundiæ, dans ei jure dotalicii Lugdunensem Burgundiæ urbem (105). C Dedit etiam partem regni Lothariensis Otthoni imperatori; Ottho vero dedit illam Henrico fratri suo. Rex vero Lugdovicus imperatoris Otthonis sororem nomine Gerbergam duxit uxorem. Hugo quoque, Roberti ducis filius, alteram Othonis sororem, Henrici imperatoris filiam, sortitur uxorem.

[Flod.] Anno denique incarnacionis dominicæ 957, celi pars ardere visa est, et Hungarorum persecutio ab eadem parte per Franciam est insecuta; qua villæ et agri sunt depopulati, et domus et basilicæ sunt conflagratæ. Eodem etiam anno Rodulfus Jurensis et Cisalpinæ Galliæ rex obiit, et ei parvulus filius Conradus in regno successit.

D [Ib. a. 940.] Regni quoque Lugdovici anno quinto Hugo Magnus Remorum obsidens urbem, Artaldum ipsius urbis episcopum a sua sede depulit, et Hugonem, Herberti comitis filium, ei sustituit. Sequenti vero anno comes Herbertus est defunctus et apud Sanctum Quintinum sepultus (*an.* 943). Odo etiam abbas Cluniacensium ac Floriacensium Turonis eodem defunctus est anno. Qui dum esset vir eloquens et litterarum sciencia pollens, inter alia quæ [397] fecit

VARIÆ LECTIONES.

[391] Rodulfus— subdidit *sec. manuscripsit* 1. [392] moncium 1. [393] muntium 1. [394] cummisi 1. [395] interremeruerunt 1. [396] cuntiguam 1 [397] quæ fecit — sollemnitas *sec. manu* 1.

NOTÆ.

(99) Anno 923.
(100) Rotherti.
(101) Cf. Will. Gem. III, 1.

(102) Cf. Will. Gem. III, 4.
(103) Ita Hugo Flav. SS. VIII, p. 364 de Lothario rege.

opuscula, sermonem etiam illum de sancto edidit Benedicto, cujus istud est exordium: *Festiva beatissimi Benedicti sollemnitas*. Post cujus decessum beatus Majolus suscepit regimen Cluniacensis ecclesiæ.

[FLOD.] Hac preterea tempestate, anno videlicet incarnationis dominicæ 943, Arnulfus comes Flandrensium, Guillelmum, Rollonis filium, principem Normannorum, ad colloquium invitatum, mala fraude peremit apud castellum Pinchiniacum juxta fluenta Somene (104). Erat Guillelmo ex concubina filius nomine Richardus. Rex (105) vero Lugdovicus, audita nece prefati principis, cogitabat, quomodo illam Normanniæ partem quæ jacet super Sequanam suum redigeret in dominium. Tunc accersito Hugone Magno, dedit ei Ebroicacensem et Bajocacensem Normanniæ urbes tali condicione, ut de reliquo honore sibi adjutor existeret, quatinus jam dictam Normanniæ partem ipse rex ad suum retorquere posset dominium. Condicto denique die abiit rex, ut obsideret Rothomagensem et Hugo Bajocacensem Normanniæ urbes. Bernardus denique quidam Normannus in illis diebus, vir valde callidus et versutus, arcem custodiebat Rothomagensem. A quo rex Rothomagum veniens pacifice receptus est. Verum regi in urbe moranti prefatus dolose suggessit Bernardus, ut memoratum ducem Hugonem a Bajocacensi obsidione recedere faceret et totam Normanniam in suum dominium retineret. Quod rex statim facere curavit. Unde discordiæ fomes inter regem pullulavit et ducem. Proinde Hugone ab urbe discedente, rex ilico eam ingreditur. Et dum ibi paucis diebus suum refecisset exercitum, rursus Rotdomum [398] remeavit. Et assumens ibi sepefatum adolescentem Richardum, secum usque Laudunum perduxit. Sed dum demum a rege neglegenter tractaretur, quidam miles ejus Osmundus nomine ipsum adolescentem Richardum furto sublatum perduxit primum ad castrum Codiciacum, ac demum restituit hominibus atque parentibus suis. Quod ubi rex conperit, Rodomum reversus, susceptus est pacifice. Interea vero Normanni miserunt ad regem Danorum nomine Aygroldum, ut Richardo comiti suo consanguineo, quem rex exheredare volebat, succurrere festinaret. Qui continuo affuit, et regi Ludovico mandavit, ut sibi obviam ad colloquium veniret. Deceptus igitur rex consilio Bernardi comitis Silvanectensis et alterius Bernardi Rothomagensis, cujus supra meminimus, qui fraudem noverant, venit obviam pagano Aygroldo regi Danorum, nichil suspicans mali. Perfidus autem Aygroldus super regem ad se venientem repente irruit, eumque inparatum inveniens, pene omnes ejus milites interemit. Statimque ex Lugdovici parte interfectus est Herluinus [399], Monasterioli castri comes nobilissimus, et cum eo strenuissimi comites undeviginti militesque non pauci. Quod cernens rex Lugdovicus, solus fugere cepit; sed a Normannis, quod sibi esse fideles sperabat, est retentus et sub custodia Rhodomo positus. Tunc regina Girberta Hugonis Magni expetivit suffragia. Quam ille reverenter suscepit, et demum de regis ereptione tractare cepit. Porro Normanni filios regis dari sibi obsides quesierunt, nec aliter regem se dimissuros asseruerunt. [FLOD. a. 945.] Mittitur ad reginam pro pueris. Illa [400] minorem regis filium mittens, majorem denegat se esse missuram. Datur igitur obses regis minor filius; et ut rex dimittatur, Wido etiam Suessionorum episcopus sese pro obsidem dedit. Tunc rex sepedictum adolescentem Richardum de terra Normannorum revestivit, et sic a Normannia recessit. Hugo vero Magnus regem a Normannis suscipiens, nequaquam liberum abire permisit; sed comiti Tetbaudo suo illum conmisit vassallo. Qui tamdiu illum custodia septum tenuit, donec rex montem Laudunum Hugoni Magno habendum concessit.

[Ib. a. 946.] Post hos autem dies Theotilo, Turonicæ urbis venerandus episcopus, ad Laudunum montem causa exigente properavit. Sed dum ad propria remearet, in ipso itinere gravi cepit egritudine deficere. [Ib. a. 945.] Et cum jam ultimum exalaret spiritum, apparuit signum quoddam luminis per aera discurrens, cubitum longitudinis habere visum, cujus lumine ad depellendas [401] noctis tenebras sufficienter perfuncti sunt qui funus ejus deducebant. Talique potiti solamine, per milia fere ducenta Turonicam usque corpus ejus pertulerunt ad urbem. Sicque in monasterium sancti Juliani, quod idem vir sanctus summa instituerat religione, juxta sepulcrum donni Odinis abbatis reverenter est humatus; et exinde ipsum templum divinis miraculis illustratur.

[Ib. a. 947.] Anno denique decimo regni Lugdovici ipse rex Aquisgrani palatio cum Ottone imperatore sanctum pascha celebravit, et ab eo magnifice muneratus in Franciam remeavit. [Ib. a. 949.] Proinde rex Lugdovicus anno regni sui terciodecimo Laudunum inprovisus aggreditur, et nocturno silencio muro machinis latenter ascenso et dirutis portarum seris, oppidum ingreditur. Turrim tamen, quam ipse nuper ad portam castri fundaverat, capere non potuit; quam ideo a civitate seclusit, ducto intresecus muro. Hugo vero hoc conperto ilico illo affuit; et introducens in arcem custodes cum sufficiente victu, obviam perrexit (106) Conrado Lothariensium duci. Dux vero inter regem et Hugonem treucas posuit usque ad mensem Augustum. Indeque reversus rex

VARIÆ LECTIONES.

[398] *ita* 1. [399] herliuinus 1. [400] Illo — adolescentem *altera manu* 1. [401] depellaendas 1

NOTÆ.

(104) Cf. Will. Gem. III, 11.
(105) Cf. Will. Gem. IV, 2 sqq.

(106) Flodoardus hæc de rege dicit.

Lugdovicus, Remis revertitur; ubi Adalbertus, filius comitis Herberti, ad eum veniens, ipsius vassallus efficitur. [Ib. a. 951.] Demum vero anno quintodecimo regni sui ipse rex Lugdovicus Aquitaniam cum exercitu petiit. Sed antequam ingrederetur eam, Karolus Constantinus Viennæ princeps et Stephanus nominatissimus Arvernorum episcopus ad eum venientes, sui efficiuntur. Guillelmus Pictavensis etiam illi obviam venit, et ejus se felicitate commisit. Post hæc quoque rex Lugdovicus anno regni sui decimo nono egressus a monte Lauduno, Remensem veniebat ad urbem. [Ib. a. 954.] Et ecce antequam ad Axonam fluvium pervenisset, apparuit ei quasi lupus gradiens ante illum. Quem cum insequeretur, admisso vivaciter equo, prolapsus graviter conteritur, ac inde Remis defertur. [Hugo Flav.] Ibique diu langore protracto decubans, defunctus est, et sepultus apud Sanctum Remigium, duobus liberis superstitibus, Lothario scilicet et Karolo *, quos ei genuerat Gerberga, soror Othonis imperatoris. Quorum Lotharius patri successit, Karolus vero privatus senuit.

[* Karolo parvo *Hist. Fr.*]

6. Lotharius igitur, Lugdovici filius [Flod.], Remis ab Artaldo archiepiscopo consecratus patri successit, anno incarnacionis divinæ 954, et regnavit annis viginti et tribus. Porro anno incarnacionis dominicæ 956, Richardus (107), filius Guillelmi principis Normannorum, filiam Hugonis ducis duxit uxorem. [Flod.; *Hist. Sen.*] Eodem tamen anno memoratus dux, Hugo videlicet Magnus, est defunctus et apud Sanctum Dionisium tumulatus, relinquens filios tres, quos ei genuerat filia imperatoris Othonis, Hugonem, Othonem et Henricum. Quorum Hugo ducatum Franciæ sortitus est, et Otho (108) Burgundiæ. [Hugo Flav. Flod.] Anno proinde incarnacionis divinæ 962, Henricus imperator Romam pergens, ab Otthaviano papa, qui Agapito successerat, imperiali corona coronatus est. Verum non multo post Romani a sua sede depulerunt memoratum papam Otthavianum [cf. Hugo Fl.], et substituerunt ei Johannem quendam (109). Quod audiens imperator Romam rediit, et prefatum Johannem judicio synodali deposuit. [Flod.] Eodem etiam anno Vulfaudus * abbas ecclesiæ sancti Benedicti Floriacensis presul efficitur Carnotensis. Cujus viri temporibus Malbo quidam Britannorum episcopus beatissimi confessoris et presulis Pauli corpus a Britannia ad Floriacense detulit cenobium cum multis ornamentis.

[* *Hæc longius in Historia Francorum ita habentar:* Et eodem anno Vulfaldus abbas monasterii sancti Benedicti Floriacensis presul efficitur urbis Carnotensis. Erat enim vir strenuus et sapientissimus. Hic enim Floriacense monasterium vallo munivit et muro. Hujus etiam temporibus Malbo [402] Britannorum episcopus ex oppido quod Sancti Pauli dicitur corpus ejusdem presulis sancti Pauli secum ad Floriacense detulit cenobium cum multis ornamentis, et Osvaldus, nepos Odonis Cantuariorum pontificis, in eodem sancto monachum professus est cenobio. Sed inde demum adsumptus est ad nativum solum revocatus, Eboraci consecratus est episcopus. Qui ut devotionem, quam erga patrem habebat animo Benedictum, factis ostenderet, in insula illa cenobium sub ejusdem nomine gloriosissimi confessoris construxit, quod Ramesense nominavit, et multis Floriacensem locum honestis muneribus locupletavit. Precedenti tempore sub memorato rege quidam pontifex de Britannia veniens cui nomen erat Hedrem, et in Floriacensi loco monachilem assumens tunicam, corpus beati Mauri martyris secum detulit, quem constat Romæ passum sub Celerino prefecto, imperantibus imperatoribus Karino et Numeriano. Sed et alter nichilominus ad eundem veniens cenobium Atto nomine, et corpus cujusdam sancti martyris Frotgetii sancto secum obtulit Benedicto. Abbas quoque Ricardus (110), qui ante Vulfaldum Floriacensi prefuit loco, adtulit ibidem non modicam sanctæ crucis portionem et partem spongiæ qua cruce depositum lotum est sacratissimum corpus nostri Redemptoris.]

Sequenti vero anno Normannorum comes Richardus (111) depopulatus est Carnotensem et Dunensem terram super comitem Tetbaldum. Tetbaldus quoque Normannicos fines ingressus, Ebroicacensem cepit civitatem. Sed dum inde revertitur, Richardus transmeato amne [403] ad casas Hermentrudis in portu fluminis Seccanæ super eum irruit, et superatum de terra sua effugavit. Demum quoque Danos, Alanos et Deiros sibi in auxilium advocans, tamdiu prefatum debellavit Tetbaldum, donec ipse Tetbaldus Ebroicacensem illi reddidit civitatem. Quibus patratis, barbari a Richardo bene remunerati, relicta Gallia reversi sunt ad propria.

Hac preterea tempestate (an. 1030) Rodulfus, Conradi regis filius, sine liberis defunctus est. Cujus sororem nomine Gillam Henricus imperator sortitus uxorem, ipsius regnum suum posuit in dominium (112).

[Hugo Flav.] His etiam ferme diebus obierunt Odo Turonorum et Herbertus Meldorum et Trecorum comites et Willelmus Pictavorum [404]. Rex quoque Lotharius anno regni sui vicesimo tertio vivendi finem fecit; successitque ei filius ejus Lugdovicus (an. 986). [*Hist. Sen.*] Obiit autem Lotharius rex anno incarnacionis dominicæ 976 (113), et sepultus est Remis apud Sanctum Remigium.

VARIÆ LECTIONES.

[402] *ita c. Bern.*   [403] *anne 1.*   [404] *pictanorum 1?*

NOTÆ.

(107) Cf. Will. Gem. IV, 10.
(108) Otto.
(109) Hugonis Flav. errores novis auxit.
(110) Richardum Vulfaldo successisse, Aimoinus Mir. S. Benedicti I, 7, tradit.
(111) Cf. Willel. Gem. IV, 15, qui hæc aliis verbis narrat.
(112) Gisela, Rodulfi regis soror, patri Heinrici regis nupsit; Heinrici successor Conradus regnum Burgundiæ obtinuit.
(113) a. 986.

7. Lugdovicus itaque, Lotharii filius, regnum Francorum adeptus anno incarnacionis divinæ 986, regnavit annis duobus. [*Hist. Sen.*] Porro iste Lugdovicus (114) sine sobole defunctus est (*an.* 991), et sepultus Compendio in basilica beati Cornelii martyris. Quo mortuo, patruus ejus Karolus cupiens nepoti succedere, a proceribus Franciæ et maxime ab Ascelino Laudunensi episcopo pessimo proditore — prefati enim Karoli esse consiliarius videbatur — apud urbem Silvanectensem (115) custodiæ traditus est[405] cum duobus filiis suis Karolo atque Ludovico (*an.* 991). In qua positus custodia non multo post defecit. Quo defuncto, modo dicti duo adolescentes ad inperatorem Romanum fugerunt, apud quem et defuncti sunt. [AIMOINUS FLOR. II, 1.] Franciæ vero proceres Hugonem Franciæ ducem, Magni Hugonis filium, assumentes, Noviomo illum regio sublimavere solio, eodem anno, quo prefatus rex obiit Lugdovicus (*an.* 987). Sicque deficiente secunda regum Francorum linea, translatum est regnum in terciam generacionem, Dei hoc optante[406] judicio, qui quos vult elevat et quos vult humiliat. Merovingi quippe a Meroveo rege quondam illi reges nuncupabantur[407], qui primi regnaverunt in Franciam. Quæ progenies regum perduravit usque ad regem Hildricum, qui etiam alio nomine Childericus nominatur. Cujus palatio prefuit Pipinus, filius Karoli Tuditis. Porro rex Childericus cum esset inutilis et ineptus, judicio Zachariæ Romani pontificis a Francorum proceribus in monasterium est detrusus et monachili tunica palliatus, et Pipinus regali solio sublimatus. Pipino vero successit filius ejus Karolus Magnus, qui eciam postmodum Romanorum extitit imperator. Sed et Karolo successit Lugdovicus Pius imperator. Qui cum quatuor genuisset filios, imperium suum illis divisit; unde inter eos magna discordia crevit; et commissum est ab eis bellum Fontanidum in Burgundia die ascensionis dominicæ. In quo prelio magnus ex utraque parte contritus est exercitus. Karolus tamen, eorum frater junior, quem ceteri fratres exheredare volebant, victoriam obtinuit; et ab illo die usque in hodiernum diem regnum Francorum manet ab imperio Romanorum sejunctum ac separatum. De cujus Karoli regis stirpe fuerunt omnes isti reges, quorum hic actus expressimus, usque ad Lugdovicum istum, de quo modo pauca premisimus; qui cum sine liberis decessisset, proceres Franciæ, sicut etiam paulo ante premisimus, provecxerunt super se Hugonem Magnum, Hugonis ducis Franciæ filium.

8. Hugo igitur Francorum dux, Hugonis Magni filius, regni Francorum dignitatem adeptus anno incarnati verbi 987, regnavit annis circiter 11. *[Porro[408] iste Hugo ascivit sibi in consorcium regni Hugonem filium suum (116), qui a quibusdam Capet solet appellari. Qui cum[409] septem annis cum patre regnasset, decessit adhuc superstite rege genitore suo.]

[* *Hist. Franc. add.*: Hugo denique postquam sublimatus est in regno, statim Robertum filium suum Aurelianis coronari fecit. Regnavitque cum prefato filio suo Roberto circiter annis 9. In quibus ordinari fecit in Floriacensi cenobio venerabilem abbatem Abbonem, tam seculari quam litterali scientia preditum. Qui demum incarnationis dominicæ anno 1004, a perfidis Wasconibus in quadam prefati monasterii cella martirizatus occubuit, et nunc usque ad ejus sacrum tumulum divina gratia magna fiunt miracula.]

[HUGO FLAV.] Anno denique incarnacionis dominicæ 983, imperator Otho secundus est defunctus [et Aquisgrani sepultus[410]], et successit ei filius ejus tercius Otho. Qui cum in Romana sede papam constituisset, Johannes Crescentius, unus de nobilibus Romanorum, illum apostolica sede privare presumpsit. Quod prefatus audiens imperator, Romam venit, et papam illum sicut presumptorem et destructorem sanctæ Romanæ ecclesiæ violenter ac turpiter a sede deposuit, et occiso Crescencio, Gerbertum ibidem ordinari precepit. Qui propter scienciam qua pollebat quasi per quosdam gradus in ecclesia sancta per intervalla temporum meruit exaltari. Nam primum Remensium, ac demum Ravennacium adipisci meruit presulatum; ad ultimum vero apostolica sublimitatus est in cathedra, ubi etiam sedit per annorum multa curricula.

Anno eciam incarnacionis divinæ 988, imago Crucifixi intra urbem Aurelianensem in ecclesia sanctorum apostolorum Petri et Pauli posita lacrimare visa est. Sequenti vero anno memorata civitas igne conflagrata est. Sed Arnulfus ejusdem urbis venerabilis episcopus sua sollercia sanctæ Crucis reparavit ecclesiam. Ipsa etiam tempestate Roma maxima ex parte igne conbusta est, et ecclesia sancti Petri vastari cepit ab eodem incendio. Et cum jam ibi nichil humana prevalerent auxilia et trabes lamminis æreis coopertæ arderent, omnis plebs urbis ibidem adcurrens apostolorum cepit implorare suffragium. Et mox ignis sopitus est et extinctus.

Anno ** proinde incarnacionis dominicæ 994

VARIÆ LECTIONES.

[405] est — terciam generationem *secunda manu* 1. [406] *fortasse*: aptante? [407] nonc. 1. [408] Porro — suo linea transducta delevit manus altera in 1. [409] con 1. [410] et A. s. *delentur in* 1.

NOTÆ.

(114) De hoc Ludovico in cod. Bernensi N. 90 hæc in margine leguntur plane fabulosa: *Hic in pago Vimmaco pugnavit adversus quendam consobrinum suum Ysenbardum-regemque Africanorum Guermundum, et deleto eorum exercitu, quem de transmarinis conduxerant partibus, maximo tropheo potitus est.*

(115) *Apud Aurelianis.* Hist. Senon.
(116) Hæc falsa esse facile patet. Hugo regni consortem fecit Rotbertum, qui post patrem regnavit. Hic vero Hugonem filium regem nominavit et mox mortuum vidit, v. infra c. 9.

sitam martirizatus est. Ad cujus nunc tumulum divina gratia magna fiunt miracula. Cui successit domnus Gaulinus *, qui etiam postmodum Bituricensium obtinuit presulatum (123). Cujus temporibus, anno scilicet incarnacionis Christi 1026, concrematum est Floriacense cenobium; sed insistente memorato Gaulino archipresule Biturigensium, infra biennium est restauratum et enceniatum. Extruxit etiam ibidem ipse Gaulinus turrim ex quadris lapidibus ad occidentalem prefatæ ecclesiæ plagam; sed tamen eam morte preventus consummare non potuit. Intulit proinde in eadem ecclesia porcionem non modicam sudarii domini nostri Jesu Christi, et inclusit illam in aurea dextra, quam his versibus decorari fecit extrinsecus :

Gaudia leta fert manus ista,
Sindone Christi plena refulgens.

Fecit et alia multa, quæ recensere per singula longissimum est.

[* *In Hist. Franc. hæc leguntur :* Floruit his temporibus in Floriacensi cenobio Gallinus [412] abbas egregius, qui propter suorum probitatem morum et animi [413] libertatem a rege Roberto cum abbatia Floriacensi Bituriacensem obtinuit pontificatum. Cujus diebus superius nominatum Floriacense cenobium casuali conflagratum est incendio; sed eo insistente i. b. c. r. et e. Concrematum est autem anno inc. dom. 1026 [3 Kal. Augusti septima sabbati *add. Ch.*]. Preterea domnus Gauslinus secundum cordis sui magnificenciam turrim ex quadris extruere [414] cepit lapidibus ad occidentalem prefati monasterii plagam; sed eam morte disturbatus reliquit imperfectam. Porro multis ipsam sacratissimam ædem prefatus [415] abbas honestavit ornamentis. Inter quæ, analogium Hispanico metallo fieri fecit fusoria arte compositum [416]; cui preminet deaurata aquila pansis [417] alis. [Turibulum denique aureum pulcherrimi operis et copiosæ quantitatis, chorum etiam psallentium tabulis Hispanici cupri circumdedit opere fusili. Has columnarum sejunxit interpositione celeberrimo scalpro comptarum. Fecit quoque 18 tholos ejusdem metalli sparsim eidem choro desuper infixos. Parietemque post priorum dorsa tabulis fragineis compegit, porphiretico marmore a foris indutis. Stationem quoque suæ sedis eodem marmore decoravit. *Ch.*] Intulit etiam isdem [418] Gauslinus eidem ecclesiæ [419] non modicam porcionem sudarii d. n. I Chr., inclusitque illam aurea dextra, quam his versibus depingi fecit extrinsecus : *Gaudia ... refulgens.* Constituit etiam [420], ut ipsa dextera annuatim deportaretur [421] in circuitu castri ipsius die ascensionis Domini in feria quinta, ut hac benedictione fidelium populus munitus cum gaudio

A (117), ecclesia sancti Martini Turonis concremata est. Pro qua Herveus, ejusdem ecclesiæ thesaurarius, vir nobilis atque sanctissimus, extruxit a fundamentis hanc quam nunc cernimus ecclesiam miro decore. Porro rex Francorum Hugo anno regni sui undecimo Miliduni defungitur (*an.* 996), et in ecclesia sancti Dionisii tumulatur, relinquens sibi successorem filium suum Rotbertum.

[** *Hist. Franc. ita :* Anno denique incarnationis dom. 984, ecclesia beatissimi Martini Turonis igne cremata est. Pro qua Herveus, thesaurarius ipsius sancti presulis, jecit fundamentum hujus ecclesiæ quæ hodie cernitur. Interim vero jacuit corpus sancti Martini in ecclesiola quæ est intra claustrum annis 20.]

9. Rotbertus igitur, Hugonis regis filius, patri suo
B successit in regno anno incarnacionis dominicæ 995, et regnavit annis 34. Hic *** fuit vir mansuetus et admodum litteratus, habuitque uxorem sapientem nomine Constanciam, filiam Guillelmi Tholosani comitis (118), quæ genuit ei quatuor filios, Hugonem videlicet, Henricum, Odonem atque Robertum. Iste proinde rex anno incarnacionis dominicæ 997, Burgundiam cum triginta milibus hominum intravit, et Guillelmum comitem Transsagunnanum (119), qui ab eo defecerat, graviter devastavit, et ejus terram sibi vi maxima subjugavit.

[*** *Hist. Franc. ita :* Hic rex religiosus precepto patris vivente patre Aurelianis in regem coronatus est, anno dom. inc. 987 (986 *Ch.*), regnavitque cum eo 9 annis. Duxit autem uxorem Constantiam, filiam Guillelmi comitis
C Arelatensis, natam de Blanca, sorore Gaufridi comitis Andegavensis; ex qua genuit 4 filios, Hugonem qui cognominatus est Magnus, Henricum, Robertum, Odonem. Ex his Hugonem Compendii coronari fecit in regem adhuc vivens; qui patri accessit in regnum, non successit, quia adhuc vivente patre juvenis defunctus est. Hic rex mansuetus et mediocriter litteratus honestavit regnum suum ecclesiis sanctis et edificiis. Inter quas edificavit *etc.* (*v. infra* not. (121).]

[HUGO FLAV.] Anno denique incarnacionis Christi 1002, imperator Otho tercius est defunctus, et successit ei filius (120) ejus Henricus. Porro iste Henricus anno regni sui septimo, incarnacionis vero dominicæ 1011 (121), a Benedicto papa in urbe Romana imperiali corona meruit coronari.

D Anno quoque incarnacionis dominicæ 1003, Abbo (122) venerabilis Floriacensium abbas propter zelum regularis disciplinæ, quem [411] sectabatur, apud quamdam ipsius cenobii possessionem in Wasconia

VARIÆ LECTIONES.

[411] ita 1. [412] Gauslinus *Ch.* [413] a. sui *Ch.* [414] construere *Ch.* [415] p. a. desunt *Ch.* [416] compactum *Ch.* [417] spansis *Ch.* [418] i. g. desunt *Ch.* [419] e. sanctæ p. n. m. *Ch.* [420] denique *Ch.* [421] deporetur *Ch.*

NOTÆ.

(117) Ann. S. Martini Turon., Bouquet X, p. 225, hoc a. 997 ponunt. De Herveo cf. Glab. Rod. III, 4.
(118) Cf. Vaissette, *Histoire de Languedoc* II, p. 601, qui hæc recte dicta esse monet. Hist. Francorum Constantiam Arelatensis comitis filiam habet, et ita Aimoinus; sed hæc et quæ de matre Blanca refert a vero recedunt; nam Arsindis, filia Gaufredi, Willelmo Tolosano nupsit.
(119) De quo cf. Glaber Rod. III, 2; Transsagunnanus i. e. trans Ararim (*Saône*).
(120) Nota scriptoris errorem.
(121) Ita pro anno 1014, jam Hugo Flav.
(122) Cf. Glaber III, 3. et supra col. 893 n. ***
(123) Anno 1013; cf. Helgaldi *Vita Roberti*, c. 29.

remearet [422] ad propria. Fecit et alia plura quæ recensere per singula nimis longum nobis esse videtur.

Sed et Rotbertus rex regnum suum venustavit edificiis magnis et ecclesiis sanctis. Ædificavit [*] enim in urbe Aurelianensi basilicam sancti Aniani (124) et ecclesiam sanctæ Mariæ matris Domini inter murum et vallum. Sancti quoque Hylarii capellam edificavit ante palacium suum. In Aquilina (125) etiam silva sancti Leodegarii extruxit ecclesiam, et sancti Medardi apud Vitriacum castrum. Sancti quoque Reguli basilicam edificavit in urbe Silvanectensi, et apud Augustidunum sancti ecclesiam Cassiani. Construxit etiam duas ecclesias sanctæ Dei genetricis Mariæ, unam in Stampensi castro et alteram in Pisciaco. Parisius denique construxit ecclesiam sancti Nicholai in palacio suo. Hujus etiam in diebus Fulco comes Andegavensium edificavit cenobium in honorem sancti Sepulchri in territorio suo. Idem quoque comes Fulco dimicavit cum Odone comite Carnotensium apud Pontilevium (126), ubi nunc habetur ecclesia sanctæ Dei genetrici dicata. Iste Odo fuit Tethaudi comitis filius, ex sorore Herberti Trecorum comitis progenitus. Et is Odo genuit alterum Odonem ex Berta, filia Conradi regis Burgundiæ. Sed et comes Fulco genuit Gaufridum Tuditem. Porro iste Gaufridus construxit in suo territorio sanctæ Trinitatis cenobium apud Vendocium castrum.

[** *Hist. Franc.* loco supra Col. 895 n. *** allato ita pergit: Inter quas edificavit in u. A. monasterium s. A. et ec. s. M. m. D. necnon et sancti confessoris Hyl. a. p. s. Extruxit etiam ecclesiam sancto Leodegario in silva Aquilina [423] et sancto Medardo in Vitriaco castello. Edificavit quoque [424] monasterium sancti Reguli in civitate Silvanectensi et sanctæ Dei genitricis Mariæ in Stampensi castro, apud Augustudunum denique edificavit sancti Casiani monasterium. Sed et Parisius construxit e. S. N. in p. s., et item ecclesiam sanctæ Mariæ in Pisciaco castello. Sub memorato denique principe anno dom. inc. 1014, dedicata est Turonis ecclesia [425] memorata (supra l. l.) sancti Martini ab Hugone archipresule Turonensi. Hac preterea tempestate Fulco c. A. ed. c. in t. s. in h. s. Sepulchri.]

Anno preterea incarnacionis divinæ 1026, Richardus, primi Richardi filius, Iherosolimam profisciscens, 700 peregrinos secum duxit, quibus omnibus subsidia victus sufficienter amministravit (127). Iste etiam in Fiscannensi cenobio monachos posuit, et eis ad usum cotidianarium predia multa contulit. Qui ex hac vita decedens [426] (an. 996), reliquid sibi successorem filium suum Rotbertum. [Hugo Flav.] Hac preterea tempestate firmata est pax quæ treuga vocitatur. Statutum est etiam in sexta feria et in sabbato a carnibus abstinere.

Porro * rex Rotbertus cum jam se senio gravari conspiceret, Hugonem filium suum participem sui constituit regni (an. 1017. — Cf. Ann. Flor.). Verum modo dictus Hugo sexto regni sui anno defunctus est (an. 1025). Rex quoque Rotbertus non multo post Miliduni defungitur (an. 1031), et apud Sanctum Dionisium sepelitur (128), relinquens sibi successorem filium suum Henricum. [Ann. Flor. a. 1013.] Porro instante obitu regis Rotberti pluviarum inundatione diversis in regionibus flumina excrevere; sed pre ceteris Liger suas metas preteriit, ita ut villas penetraret et casas everteret et ovilia cum ovibus raperet et ruricolarum nonnullos pueros interficeret (129). Cometes etiam septimo Idus Marcii per trium dierum spacium apparuit. Et sequenti anno grando mense Julio vineas et arbores contrivit [427]. Unde e vestigio per triennium subsecuta tam valida fames, ut mures et canes ab hominibus vorarentur (130).

[* *In Hist. Franc.* hæc ita leguntur: Verum sepe nominatus rex Rotbertus jam senior factus, H. f. s. p. s. c. r. Sed Hugone sexto r. s. a. defuncto, Henricum ejus germanum, virum armis strenuum, suum iterum sublimavit in regnum. (Apud. Ches. hæc ante verba n. * Col. 894 *relata leguntur*, post n. ** *vero sequentia*.) Verum instante obitu memorati regis R. p. i. d. in r. fl. suos preteriere terminos; sed p. c. Liger [suas preteriit metas Ch.], ita ut v. p. c. e. [et Ch.] o. c. o. r. et r. n. p. i. Cometes etiam ardens app., et s. a. magno grandinum imbre Julio mense vineæ cum sationibus sunt protritæ. Per tr. denique e. v. s. est t. v. f., ut m. et c. ab h. v. — Precedenti tamen tempore duobus principibus Franciæ inter se dissidentibus, Odone videlicet Carnotensium et Fulcone Andegavensium, commissum est inter eos prelium in loco quod Pontilevium nuncupatur. In quo prelio Fulco comes victoriam obtinuit.]

10. Henricus ** igitur patri suo succedens in regno anno. incarnacionis dominicæ 1032 [1031], regnavit annis 27. Hujus mater Constancia magnam regni porcionem post funus mariti in suum conabatur retinere dominium, urbem scilicet Silvanectensem et Senonensem et castellum Bistisiacum (131) et Donnum Martinum (132) et Puteolum et Miliduum et Pisciacum (133) et Codiciacum. Multos etiam Franciæ et Burgundiæ proceres sibi conciliaverat et a filii fidelitate sejunxerat. Quod *** Henricus [428] non tulit, sed adorsus Pisciacum, mox illud suum re-

VARIÆ LECTIONES.

[422] remeet *Ch.* [423] aquilino *cod. Bern.* [424] deest *Ch.* [425] s. M. ecclesia *Ch.* [426] descedens 1. [427] cuntrivit 1. [428] herricus 1.

NOTÆ.

(124) Cf. Helgadi V. Roberti, c 23 sq.
(125) Iveline.
(126) Pont-Levoy. Cf. Fulconis Hist. Andegav., Bouquet X, p. 204.
(127) Fictitia hæc peregrinatio, cujus alius scriptor nullus meminit. Bouq. Cont.

(128) Cf. Glaber Rod, III, 9.
(129) Cf. etiam Aimoini Mir. S. Benedicti II, 9.
(130) Cf. Hugo Flav. SS. VIII, p. 399.
(131) Betisy.
(132) Ad Ligeritum fluvium, Bouq. X, p. 606.
(133) Poissy et Coucy.

torsit ad dominium. Demum vero Puteolum obsedit et cepit. Quod cernens Constantia, ab eo dextram expeciit. Post hæc autem aggressus est rex Odonem comitem, et abstulit [429] illi Gorniacum (134) castrum. Senonicæ quoque urbis partem, quam illi regina Constantia dederat, ad suum postmodum retorsit dominium.

[** *Hist. Franc. post verba n.* * relata pergit :* Henricus igitur, defuncto patre Roberto, regnavit annis fere 25 [430]. H. m. C. maximam r. p. in suam p. f. m. detorserat dominationem, S. sc. u. atque Sen., cast. etiam B. et D. M. Puteolumque et Meledunum, necnon et P. et C. Multos.... fidelitate mala fraude subduxerat. Inter quos precipue Odonem Campaniæ comitem sibi devinxerat; cui medietatem Senonicæ civitatis donaverat.]

[*** *Hist. Franc. ita :* Henricus igitur rex, contractis undecumque validissimis copiis, bellum cum matre sua Constantia primo conseruit (verum rex Henricus cum esset miles acerrimus, et matrem adversus eum calcitrantem cita devicit fortuna, et perfidorum machinamenta procerum sua pessundedit prudentia. Siquidem prima congressionum suarum principia cum matre conseruit Constantia *Ch.*), et castrum adorsus Pisciacum, mox.... obsedit atque recepit. Q. c. C. mox ab eo d. exp., et deinceps quo advixit tempore sibi fidelis extitit. Deinde Odonem aggressus comitem rex Henricus, Gornacum castrum illi abstulit, et Sen. urbis partem ad s. iterum d. revocavit. Post hec vero cum marchione Flandrensium Balduino Hugonis Bardulfi castrum Merclis villam [431] (155) evertit, et [432] Petueram (136) castrum biennali [433] obsessione conclusum suam redegit in potestatem.]

[Hugo Flav.] Per * idem quoque tempus, hoc est anno incarnationis Christi 1057, supradictus comes Canpaniæ, Odonis filius, cum esset nepos ex sorore Rodulfi regis Burgundiæ, et Rodulfus sine liberis decessisset, in honorem ejus irruit, et fines Burgundiæ subintrans, obtinuit civitates et castella usque ad Jurum et ad montem Jovis, obseditque Viennam. Quæ ea condicione ei a civibus reddita est, ut prestituto termino in eadem urbe rex appellari et coronari debuisset. Infra hoc tamen terminum expedicionem movit in regnum Lotharingiæ, et Bar castrum cepit; et dimissis ibidem quingentis militibus, ad alia se convertit. Porro Rodulfus rex Burgundiæ regnum Imperatori reliquerat cum lancea sancti Mauricii, quod erat insigne regni Burgundiæ. Audiens vero imperator, Odonem Burgundiam invasisse, misit contra eum Gozelonem ducem tocius primæ Reciæ, qui et exercitum ejus fudit et ipsum Odonem multis laceratum vulneribus interfecit (*an.* 1057). Ejus tamen corpus Turonis est perlatum ac tumulatum. Cui successere filii duo, Tetbaudus et Stephanus. Quorum Tetbaudus Carnotensem et Turonensem sortitus est urbes, et Stephanus factus comes Meldensium et Trecassinorum. Sed hii ambo postmodum, juncto sibi comite Vadensium Rodulfo viro bellicosissimo, contra regem Henricum rebellare ceperunt. Sed rex primum cum Stephano congressus, illum superavit, comite Rodulfo bellica sorte retento. Demum vero incitavit Goffridum Tuditem comitem Andegavensium contra Tetbaudum. Qui regis assensu urbem obsedit Turonicam. Quod audiens Tetbaudus, cum suis viribus ilico affuit. Cum quo Gaufridus congressus, illum protinus superavit et cepit cum septingentis et sexaginta militibus. Quem etiam tandiu vinculis tenuit compeditum, donec ab illo prefatam extorqueret civitatem (137).

[* *Hist. Franc. ita :* Anno denique inc. dom. 1037 memoratus [434] Campaniæ comes, videlicet Odo, contra Alamannos et Lotharingios nimio fastu ducens exercitum, magnum de se eis prebuit triumphum. Nam commisso prelio cum prepotentissimo [435] Alemannorum (138) duce Gotelone, multa suorum amissa copia, terga vertit et confossus occubuit. Quo defuncto, Tietbaldus, filius ejus [436] major natu, Carnotensem urbem et Turonensem sibi vendicavit, minor vero frater Tetbaldi nomine Stephanus Meldensium et Tricassinorum sortitus est civitates. Sed hi a. c. r. H. r. c. Rex autem p. c. St. c. i. facile sup. atque fugavit, c. R. r. Metlandicum [437] etiam post hæc devicit Galerannum, quem exheredidavit [438] et terram ejus sibi subjugavit; demum autem Gaufredum A. c. contra Tietbaldum comitem excitavit; unde ejus nutu comes Gaufredus urbem obsidione cinxit Tur. Quod a. T. c. s. v. eo tetendit; sed Gaufredus ei obviam procedens, cum eo viriliter decertavit cumque superavit et c. s. et s. m. cepit; a quo etiam eodem tempore Turonicam extorsit civitatem.]

Interea vero rex Medandicum Galerannum (139) devicit et exheredetavit. Ipso etiam tempore Hugo Bardulfus, vir non contemnendæ virtutis ac nobilitatis, contra regem Henricum Pitueris (140) castrum munivit. Sed rex biennio illud obsidens ad dedicionem conpulit [439], et memoratum Hugonem honore spoliatum de terra effugavit.

[Hugo Flav.] Anno preterea incarnacionis dominicæ 1035, comes Rotbertus, Richardi principis Normannorum heres et filius, a Hierosolima rediens, apud Niceam [440] urbem defunctus est, relinquens sibi successorem Willelmum filium suum. Qui a Normannis exheredatus, ad regem Henricum venit in Franciam, a quo benigne suscipi et postmodum feliciter meruit heredari. Anno ** quippe incarnacionis dominicæ 1047, sepedictus rex Henricus cum

VARIÆ LECTIONES.

[429] abtulit 1. [430] XXX *Ch.* [431] merisvillam *Ch.* [432] et *deest Ch.* [433] biennalli *c. Bern.* [434] m. princeps C. c. *Ch.* [435] pot. *Ch.* [436] *deest Ch.* [437] medandicum *Ch.* [438] et exh. *Ch.* [439] cunpulit 1. [440] miceam seu nuceam 1.

NOTÆ.

(134) Gournai-sur-Marne.
(135) Cujus situs non constat.
(136) Pithiviers.
(137) Cf. Glab. Rod. V. 2.
(138) I. e. Theutonicorum.
(139) Mellendensis ap. Willelmum Gem. V, 10 audit, i. e. de Melun.
(140) Pithiviers.

tribus tantum milibus armatorum commisit [441] bellum cum 50 milibus Normannorum, et eos superavit, et memoratum adolescentem Guillelmum eis vi superposuit (141).

[''' *Hist. Franc. ap. Ch. hæc ita habet :* Anno denique i. d. 1047 sæpe nominatus rex.... Normannorum eosque superavit, et venerabilem adolescentem Willelmum, magni Normannorum principis Roberti filium, eis vi superposuit, quem exheredilare volebant. Hic rex, pacato sibi regno, uxorem duxit nomine Annam, filiam Georgii Sclavi, regis Rutiorum. *Cod. Bernensis horum loco Willelmum Gem. sequitur, pergit vero n.* ''' *infra*]

[HUGO FLAV.] Precedenti tamen tempore, hoc est anno incarnacionis dominicæ 1045, Henricus imperator duxit uxorem Agnetem, Gillelmi comitis Pictavensis filiam, apud Bysuncium urbem. Per idem quoque tempus Leo papa in Galliam venit (*an.* 1050) et ecclesiam sancti Remigii Remis consecravit (142).

Rex etiam accepit in conjugium [442] filiam regis Russorum Annam, quæ ''' ei tres genuit filios, Philippum videlicet, Hugonem atque Rotbertum. Quorum Rotbertus inmatura morte decessit. Ipse * proinde rex Henricus construxit ecclesiam ante menia Parisiacæ urbis, in honorem sancti Martini.

[''' *Hist. Franc. ita :* ex qua filios tres, Philippum, Robertum atque Hugonem Emmamque filiam genuit ; ex quibus Robertus puer mortuus est (ex qua g. filios tres, Ph. R. Hugonem *Ch.*) Hugo autem [443] factus juvenis uxorem duxit filiam Herberti Vermandorum comitis (c. Vermandensis, natam ex filia Rodulphi comitis *Ch.*). per quam obtinuit comitatus duos, Vermandensem et Vadensem ; de qua genuit Rodulfum, qui ei successit in regnum. (Vadensem. Ex qua cum genuisset filios et filias, divino amore succensus, cum exercitu Gallorum et Germanorum Jerosolimam profectus est, et in hoc itinere defunctus est. *Ch.*]

Hist. Franc. hæc habet post verba col. 898 n.* *allata :* Denique r. H. c. e. prope m. P. u. inh. s. M. *additque quæ supra leguntur :* Comes autem [444] suprataxatus Gaufredus extruxit sanctæ Trinitati cenobium apud Vendocinum castrum.

Hac denique tempestate quidam miles Normannus nomine Richardus, vir quidem strenuus et ingenuus, sed non magnæ nobilitatis, cum quibusdam militibus suæ gentis oracionis causa montem Garganum expeciit. Sed cum peragrata Apulia animadvertisset [445] homines ejusdem terræ esse desides et inertes, ibidem remansit et socios suos secum retinuit (*an.* 1016-1017). Demum vero mandavit hominibus suæ terræ, ut, si vellent diviciis et honoribus ditari, ad eum confluerent. At illi deni ac viceni ceperunt crebro ad eum confluere. Inter quos nepos prefati Richardi Rotbertus eo profectus est. Qui [446] cum numero viribusque valde crevissent, magnam provinciæ partem sua sibi subposuere industria. Verum memoratus Rotbertus cum esset vir ingenii acrioris, Siciliam et Calabriam postmodum suo sibi subjecit ingenio. Et cum vivendi finem fecisset (*an.* 1085), duos reliquit filios, Rotgerium et Buiamundum. Quorum Rotgerius dux nobilis fuit, et Buiamundus pene totum orbem fama suæ replevit industriæ.

In Romana vero cathedra Leoni papæ Benedictus (143), et Benedicto Johannes, et Johanni Clemens successit (*an.* 1046). Porro contra istum Clementem Romani insurrexerunt, et eum a sua cathedra pepulerunt. Sed Henricus imperator hoc audiens Romam venit, et illum suæ sedi restituit. Eodem tamen anno memoratus imperator ex hac vita decessit (*an.* 1056), et Henricus tercius (144) illi successit. Papæ quoque Clementi Victor (145), et Victori Stephanus, et Stephano successit Nicholaus. Rex'' autem Henricus anno incarnacionis dominicæ 1058 (146) Philippum filium suum duodennem (147) consecrari fecit die pentecostes Remis a [447] Gervasio archiepiscopo, astantibus viginti duobus Franciæ, Burgundiæ et Aquitaniæ archiepiscopis et episcopis et abbatibus multis. Affuerunt eciam duo Nicholai papæ legati, Hugo videlicet Bisunciensis archiepiscopus et Hermenfredus Sedunensis episcopus. Sequenti vero anno (1060) defunctus est rex sepedictus Henricus, et apud Sanctum Dyonisium tumulatus, relinquens ''' filio suo regi Philippo nondum adulto tutorem comitem Flandrensium Balduinum, virum sibi fidelissimum et honestum.

['' *Hist. Franc. ita :*] Philippus vero adhuc puer hoc ordine in regem sublimatus est *Ch.*] Anno ab inc. Dom. 1059 prefatus rex Henricus senio se gravari conspitiens, Philippum [448] filium suum consecrari fecit in die pentecostes ante altare beatæ Mariæ a Gervasio tunc Remensi archiepiscopo, astantibus quam plurimis Franciæ, Burgundiæ et Aquitaniæ archiepiscopis et episcopis 22. Adfuit etiam Hugo Bisuntinus archiepiscopus, Nicholai papæ legatus. Adfuerunt abbates quam plurimi et primates regni, Guido dux Aquitaniæ, Hugo, filius Roberti ducis Burgundiæ, cum aliis multis. [Non multo post defuncto patre, puer positus est sub custodia Balduini Fl. c. qui, etc. n.''' *Ch.*]

[''' *Hist. Franc. ita:* (Philippum vero filium suum sub tutela Balduini Flandrensis comitis constituit), qui eum nobiliter et fideliter educavit, et regnum ejus strenue rexit ac [449] defendit.]

11. Philippus igitur regnum assecutus est Francorum anno incarnationis divinæ 1059, regnavitque annis ferme 40. Cujus mater Anna, Henrici reli-

VARIÆ LECTIONES.

[441] cummisit 1. [442] cunjugium 1. [443] vero *Ch.* [444] etiam *Ch.* [445] animavertisset 1. [446] Qui — nundoniam expeciit *infra* col. 901 (var. [457]) secunda manu 1. [447] deest 1. [448] præfatum f. s. Ph. in d. p. c. f. *Ch.* [449] et *Ch.*

NOTÆ.

(141) Cf. Will. Gem. VII, 17 et Hist. Northm. ap. Bouq. XI, p. 148.
(142) Cf. Will. Gem. VII, 15.
(143) Hæc ante Leonis tempora facta sunt.
(144) Imperator. quartus rex.

(145) Victor Leoni successit.
(146) 1059. V. coronationis acta, Bouq. XI, p. 32.
(147) Corrige : *septennem*. Bouq. CONT

cta, nupsit Rodulfo comiti (148), viro nobili et generoso.

Et cum nondum esset rex Philippus adultus, quidam proceres Franciæ Hispaniam intraverunt, et Barbastam urbem (149) expugnaverunt atque ceperunt. Hac etiam tenpestate, hoc est anno incarnacionis dominicæ 1065 [1066] cometes apparuit per trium spacia mensium; et eodem anno Willelmus comes Normannorum Anglis bellum indixit. Siquidem rex Anglorum Eduardus [450], cum non haberet filium, adoptaverat prefatum Willelmum, et suum ei reliquerat regnum [cf. Hugo Fl.]. Quo defuncto, quidam comes Anglorum Hairaldus illum sibi preripuerat. Unde prefatus Willelmus copiosum adunavit exercitum, et cum septingentis navibus eo navigavit [an. 1066]. Hairaldus autem audiens memoratum Willelmum Angliam intrasse, cum magno exercitu ei occurrit. Conmissum est igitur prælium, et pugnatum est acriter utrimque; sed tandem superatus est Hairaldus et occisus. In quo prelio habuit prefatus Willelmus in agmine suo centum quinquaginta milia hominum. Post bellum autem ilico Willelmus Lundoniam [451] expeciit, ibique die natalis Domini receptus et coronatus est.

Hoc etiam anno (1067) Turonensium et Andegavensium proceres suo principi Gaufrido bellum intulerunt, et eum in ipsa quinta feria, quæ parasceven antecedit (150), intra civitatem Andegavensium ceperunt custodiæ et mancipaverunt. Hujus maliciæ et prodicionis capita fuerunt frater ipsius Gaufridi Fulco et Gaufridus de Pruliaco et Rotbertus Burgundio et Adelardus Ticio, Rainaldus quoque de castro Guntarii et Girardus Belrai filius (151). Super quos irruit divina ulcio ipsa eadem die. Nam plebs ejusdem urbis una conspiratione [452], hora circiter nona, Gaufridum de Pruliaco interfecit. Rainaldus etiam de castro Guntarii et Girardus Berlai filius ipsa eadem die perempti sunt, et Adelardus Ticio igne crematus et Rotbertus in frusta dissecatus (152). Fulco vero comes, qui fratris honorem sibi rapuerat, formidans ne rex Philippus pro perpetrata nequicia super eum irrueret et honore privaret, Vastinensem comitatum (153) ei reliquid. Porro Gaufredus et Fulco nepotes fuere Gaufridi Tuditis. Vastinensis enim comes Albericus, pater eorum, fuit gener ipsius. Tudites vero sine liberis defunctus est.

Hac etiam etate (an. 1067) Balduinus comes Flandrensium vita decedens, filium suum Balduinum sibi successorem reliquid. Verum Balduinus junior paucis patrem supervixit annis (1070); sed successit illi Rotbertus patruus ejus (154). Non multo post quoque defunctus est Vadensium comes Rodulfus (an. 1074), et successit ei Symon filius ejus. Qui et ipse paucis diebus patrem supervixit; in quibus tamen satis strenue seculo militavit. Demum vero divinitus inspiratus, mundi ponpam in ipso juventutis suæ flore propter Dei amorem deseruit, et in exilium perrexit, et Romam expeciit (an. 1082). Ubi positus, ad Deum migravit, et in porticu sancti Petri honorabilem adeptus est sepulturam. Ipsa etiam tempestate (an. 1066) quidam adolescens Tetbaudus nomine, clarus genere, de territorio Senonico, castro Provinno, heremum expeciit; ubi et deguit per annos fere septem. Quibus expletis decessit [et in cum Dei spiritus requievit [453]]; quem in quibusdam locis sepe magnis miraculis glorificare dignatur.

Hac iterum tempestate Sarraceni duce quodam rege Juffeto [454] nomine mare transeuntes, terram Andefunsi regis Galliciæ et Asturicæ [455] occupaverunt. Audefunsus vero cum eis prelium conmisit [456]; sed superatus est. Qui cum sciret omnes Gallos ad bellum posse celeriter excitari, misit in Galliam, mandans proceribus regni, quia nisi sibi ferrent auxilium, cum Sarracenis fedus componeret [457] et christianismum desereret. Quod audientes Franci, certatim se preparaverunt et eo perrexerunt. Sarraceni autem eorum audientes adventum, pavore perterriti, unde venerant remeaverunt. Franci vero Hispania pervagata reversi sunt ad propria.

VARIÆ LECTIONES.

[450] euardus 1. [451] nundoniam 1. [452] consp. 1. [453] et i. e. D. s. r. expuncta in 1. crasis post cuem duobus verbis, post locis uno. [454] viffeto 1? [455] asturciæ 1? [456] cunmisit 1. [457] cump. 1.

NOTÆ.

(148) Vadensi et Crespeiacensi.
(149) Hac de re cf. Historiam Francorum ap. Chesnium IV, p. 88 editam, quam cum Hugone affinitate quadam conjunctam esse supra (col. 813) dixi.
(150) Ann. Andeg., Bouquet XI, p. 30, feriam quartam pridie Nonas April. indicant, et die crastina ultionem subsecutam esse dicunt. Cf. etiam Fulconis narrationem ib. p. 138.
(151) Giraldus de Monasteriolo l. l. nominatur.
(152) Robertus Burgundio, Rainaldi I Nivernensis Autissiodorensisque comitis filius; .... plus triginta annis prælio in quo captus est Gaufridus comes superstes fuit, nedum eo ipso die in frusta deceptus sit. Bouq. Cont.
(153) Le Gatinois.
(154) Robertus, Balduini junioris frater, Arnulphi, quem omittit Hugo, patruus fuit ac successor. Bouq. Cont. Historia Francorum usque ad a. 1110 deducta (v. n. 149), ita narrat (Duchesne IV, pag. 88) : « Ipse (Balduinus) autem non post multum tempus ex hac vita decessit, relinquens filium sibi æquivocum Balduinum, qui etiam paucis supervixit annis. Is quoque reliquit heredem nomine Arnulfum. Cui inimicans Rotbertus patruus suus, exheredare nisus est; quod et fecit. Arnulfus autem regem petens Philippum, auxiliari sibi ab eo exposcebat. Porro rex congregatis multis armatorum militbus, Flandriam petit, cum Rotberto congressurus. Rotbertus diffidens viribus, primo cum rege congredi timuit. Postremo assumpta audacia regium fudit exercitum ipsumque voti incompotem regredi in Franciam compulit. In qua pugna Arnulfus, nepos Rotberti, qui regem in auxilium sui invitaverat, cum pluribus aliis nobilibus occubuit. Rotbertus autem fratris sui Balduini obtinuit hereditatem. »

Interea vero rex Anglorum Guillelmus edificavit Cadomense cœnobium in territorio suo, ditans illud possessionibus multis (an. 1066). Guido quoque comes Pictavensis in modo dicta urbe fundavit et construxit cenobium unum in honorem sancti Johannis. Hac etiam tempestate quidam monachus nomine Girardus extruxit secus Ligeris flumen in territorio Autissiodorensi sanctæ Dei genetricis Mariæ cenobium, quod de Karitate vocatur. Alter quoque monachus nomine Giraldus, vir sanctissimus, edificavit alterum sanctæ Dei genitricis Mariæ cenobium intra Dordoniam et Varunnam in territorio Burdegalensi, quod Silvæ majoris vocatur. Guillelmus etiam abbas Floriacensis ipsam quam regebat ecclesiam, multis incendiis devastatam et senio pregavatam [458], novo jecto edificare cepit fundamento, sed morte prereptus consummare non potuit. Proinde [a] rex Philippus, jam juventute robustus, cepit uxorem filiam ducis Frisiæ, quæ genuit ei domnum Lugdovicum, presentis temporis regem, et ejus sororem nomine Bertam. Porro anno incarnacionis dominicæ 1041 (155), Nicholao papæ successit Alexander. Circa hos preterea dies (circa 1089) obiit comes Tetbaudus, et succeserunt illi duo filii ejus Stephanus et Hugo. Quorum Stephanus factus est Blesensium Carnotensium atque Meldensium comes, et Hugo Trecassinorum. Guillelmo quoque regi Anglorum († 1087) tres successere filii, ex Mathilde Balduini Flandrensium comitis sorore progeniti, scilicet Rotbertus, Guillelmus et Henricus, et Adela soror eorum. Quorum Rotbertus, quem privatus genuerat, factus est comes Normannorum; Guillelmus vero, quem rex factus genuerat, regnum ejus est assecutus. Adela autem soror eorum sortita est virum nomine Stephanum, comitem Carnotensium, Blesensium atque Meldensium.

[[a] *Hist. Franc. ita:* Philippus vero, filius Henrici Francorum regis (Rex vero Ch.), postquam ad juveniles annos pervenit, regnum suum integrum recepit, et defuncto tutore suo Balduino comite [459], consilio Roberti Frisonis, filiam Florentii ducis Frisonum Bertam in uxorem duxit; ex qua Ludowicum et filiam nomine Constantiam genuit [atque [460] Henricum]. Quæ cum adulta fuisset ad nubiles usque annos, nupsit Hugoni Trecassino comiti; a quo postea disjuncta propter consanguinitatem, nupsit Buia- mundo principi Barrensi, viro magnanimo et strenuo.]

Anno denique incarnacionis divinæ 1074 [1073] Alexander (156) papa decessit, et Hildebrandus, Romanæ ecclesiæ archidiaconus, illi successit, qui altero nomine Gregorius septimus appellatur. Consecratus est autem sine consensu et licencia imperatoris. Quod imperator moleste tulit. Papa vero noviter consecratus concilium celebravit (an. 1074), in quo inter alia decreta talem sentenciam promulgavit (Hugo Vird. viii, 412): « Si quis episcopus vel abbas episcopatum vel abbatiam de manu alicujus laicæ personæ susceperit, nullatenus inter episcopos vel abbates recipiatur, nec ulla ei audiencia concedatur, nisi illam dignitatem, quam inlicite presumpsit, deseruerit. » Quod decretum imperator tanquam adversus se prolatum existimavit. Interea vero Saxones contra imperatorem facta conspiracione (an. 1077) ducem quendam Rodulfum nomine regem creaverunt. Qui ilico ad papam direxit, pollicens illi, se omnem subjectionem servaturum fideliter, si suum illi favorem impenderet. Cujus sponsionem papa libenter amplexatus est. Celebratoque postmodum alio concilio (an. 1080), Henricum imperatorem et omnes ejus fautores excommunicavit, et regnum Italiæ et Theuthonicorum ex Dei parte et sua ei interdixit, et ut nullus christianus ei sicut regi obediret prohibuit. Imprecatus est etiam, ut nec ipse nec fautores ejus in aliqua belli congressione aliquas vires vel victoriam obtinerent. Rodulfo vero ex parte Dei et sua ut regnum regeret concessit, et absolutionem omnium peccatorum suorum tam illi quam omnibus sibi fideliter adherentibus indulsit, et suam largitus est benedictionem. Imperator tamen non multo post cum Rodulfo congressus, illum peremit (an. 1080). Demum vero furens atrociter Romam venit anno incarnacionis dominicæ 1084, et illam cepit et muros subvertit, et papam in turre Crescentis inclusit, et Ravennorum archipresulem ordinari precepit et in ecclesia sancti Petri sedere constituit, et eum Clementem appellari fecit. Gregorius vero inclusus in turre Crescentis, misit legatum ad Rotbertum ducem Apuliæ, ut veniret et obsidionem [460*] solveret. Quod ut imperator rescivit, ab

VARIÆ LECTIONES.

[458] pergrav. 1? [459] suo *add. c.* Bern. [460] a. H. *desunt* Ch. [460] absidicionem 1.

NOTÆ.

(155) Lege 1061.
(156) Rectius hæc in Historia Francorum usque ad a. 1110 deducta (supra n. 149) narrantur (Duchesne IV, p. 89) · « Defuncto Alexandro papa, loco ejus successit Hildebrandus, qui et Gregorius. Hic magna synodo Romæ congregata, Ainricum imperatorem de quibusdam criminalibus ad se delatis accusabat. Imperator audiens se criminari, legitimam purgationem offert. Papa autem purgationem ejus negat se recepturum; sed eum, cum imperio dignus non sit, anathemate feriendum, nisi coronam, imperii deponeret. Quo nolente imperium deponere, contra voluntatem totius pene concilii [non voluntatem proprie dictam, sed desiderium partis sat majoris Ed. Patr.] eum excommunicavit. Quæ res totum ecclesiæ statum turbavit. Exigebat quoque idem papa ab eo dimitti dominationem omnium sui imperii ecclesiarum, ne cui baculum pastoralem donaret, juxta quod in antiquorum statutis continetur Patrum. Quod ille facere renuit. Hæc fuit justior causa istius anathematis. Imperatore igitur Ecclesiæ communione privato, papa Gregorius quendam Rodulfum genere Saxonem pro eo regnare constituit. Hic a ducibus ejusdem imperatoris, qui ad bellum eum lacessierant, interfectus est. Post hæc imperator legatos papæ dirigit, iterum atque iterum satisfactionem super suis accusationibus offert. Papa vero in sua perseverante sententia, Romam cum magna armatorum manu tendit, eamque per aliquod tempus obsidet. Qua tandem re-

Urbe cum prefato papa Clemente recessit. Post ejus discessum Rotbertus affuit, et papam Gregorium secum usque Salernum perduxit; ubi et deguit, donec ex hac vita migravit (an. 1085). Quo apud Salernum ita decedente, clerus et populus, qui ei adherebat, Desiderium, montis Casini abbatem, in loco ipsius papam ordinaverunt, eumque Victorem nominaverunt. Qui non multo post defunctus est (an. 1088), adhuc Clemente superstite; et successit ei Odo Hostiensis episcopus, qui Urbanus est appellatus.

Hac preterea tempestate, anno videlicet incarnationis dominicæ 1087 quidam Barenses egressi ab Italia Anthiochiam negociandi gratia navigabant. Quo dum tenderent [461-462], Mirream ad urbem cum tribus navibus applicuerunt. Invenientesque illam Christi cultoribus vacuam — Turci quippe illam devastaverant — graviter doluerunt. Tunc divinitus animati fregerunt sepulchrum santi Nicholai (an. 1087), et tulerunt inde sanctissima ossa ipsius, et suam detulerunt ad urbem. In qua postmodum novam ædificantes ecclesiam, illud venerabile thesaurum deposuerunt. Anno preterea incarnationis divinæ 1100 rex Anglorum Guillelmus, magnifici regis Guillelmi successor et filius, dum venationem exercet in silva quæ adjacet Vindoniæ urbi, a quodam milite sagitta percussus interiit. Ille tamen miles qui sagittam jecit illum inscientem percussit. Cervum quippe sagittare parabat; sed sagitta retrorsum acta regem insperate percussit et illum inopinabiliter interemit. Quod divino nutu contigisse non dubium est. Erat enim rex ille armis quidem strenuus atque munificus, sed nimis lascivus et flagiciosus. Verum, antequam interiret, magnis sibi signis preostensis, si voluisset, corrigi debuisset. Nam dum sibi subitus peccatis suis exigentibus immineret interitus, in eadem insula in qua manebat sanguinis unda fetida per spacium unius diei emanavit ipso presente, quod dicebatur ejus portendere mortem. Ipso etiam tempore apparuerunt alia signa stupenda in eadem insula, quibus, sicut jam dictum est, terreri et vitam suam corrigere debuisset. Quæ juventa stolidus et honore superbus contempsit, et semper incorrigibilis mansit. Unde Dei justo judicio subita et intenpestiva morte preventus occubuit [463]. Cui successit frater ejus junior Henricus, vir sapiens atque modestus.

Precedenti tamen tempore, anno videlicet incarnationis dominicæ 1098 cum esset luna 25, stellæ de celo cadere visæ sunt pridie Nonas Aprilis, a media nocte usque ad auroram (157). Et eadem nocte Giraldus abbas Silvæ majoris migravit ad Dominum (158). Eodem etiam anno (1095) Urbanus papa venit in Galliam, et magnum apud Clarummontem concilium mense Novembrio celebravit. Imperium enim orientale a Turcis et Pincenatis graviter infestabatur, et jam Capadocia minor et major et Frigia major et minor et Bithinia simul et Asia, Galacia quoque et Libia [464] et Pamphilia et Isauria et Licia et insulæ principales illarum regionum, Chio videlicet et Mithilena, ab eis captæ tenebantur, et fiebant cotidie diversæ cedes christianorum et derisiones in Christum dominum et in religionem nostram. Unde papa memorato concilio exortatus est Gallorum gentem, quam noverat bellicosissimam, ut viriliter oppressis fratribus succurrerent, ne eorum temporibus christianismus in Orientis partibus penitus deperiret. Asserebatque, gloriosam et ineffabilem mercedem in celo assecuturos esse eos omnes, qui cruce Domini insigniti propter hoc negocium exequendum peterent sanctum sepulchrum. Monebat etiam, ut antequam barbari Constantinopolitanam urbem sibi subjicerent, eo festinarent; in qua est statua, ubi Christus fuit ligatus et flagellatus, et clamis coccinea, qua fuit indutus, et spinea corona qua fuit coronatus, et flagellum quo fuit flagellatus, et arundo quam pro sceptro tenuit, et vestimenta quibus antequam crucifigeretur expoliatus fuit, et quedam porcio crucis in qua confixus pependit, et clavi quibus affixus fuit, et aliæ simul sanctæ reliquiæ, quæ magnum omnibus christianis generarent detrimentum si amitterentur. Denique omnes episcopi qui ibi aderant testabantur, omnes illos admiscendos sanctorum martyrum collegio, qui ab instanti procella christianismum defenderent, et absque dubio gloriosam in hoc seculo famam in eternum et in celo mercedem ineffabilem consecuturos. Ortabantur etiam, ut universi armis muniti succurrerent totis viribus pietatis fratribus christianis in periculo constitutis. Igitur non multo post videres inmensam plebis multitudinem a tota occidentali plaga catervatim eo voto spontaneo tendere, exercitum videlicet equitum ac peditum cum diversis telis et armis. Non pueros inprudentia, non senes debilitas, non mulieres sexus inbecillitas domi tenebat; sed omnes divinitus inspirati, non alicujus regis vel principis potestate conpulsi, explere tam laboriosum negocium alacriter properabant. Cum viris gradiebantur et feminæ, necnon et pueri parvi. Potentiores tamen inter hos omnes et fama

VARIÆ LECTIONES.

[461-462] tenderet 1. [463] ocubuit 1. [464] *fortasse*: Lidia.

NOTÆ.

cepta, Guitbertum Ravennatem episcopum pro Gregorio papam constituit, qui mutato nomine dictus est Clemens. Gregorius vero in Apuliam aufugit, in qua quandiu supervixit commoratus est. Defunctus autem sepultus est Salernæ in monasterio sancti Mathei. Loco ipsius abbas Cassinensis Desiderius ordinatus est, qui alio nomine vocatus est Victor. Quo obeunte, Odo, qui et Urbanus, de genere Francorum, ei succedit. »

(157) Cf. Balderici Dol. Hist. Hierosol. ap. Bongars, p. 88 (*Patrol.*, t. CLXVI).

(158) Cf. Chron. S. Maxentii Malleacense, Bouq. XII, p. 403.

celebriores hii fuisse noscuntur (159). Ademarus Podiensis episcopus, Raimundus comes Sancti Egidii, Hugo frater regis Philippi, Rotbertus comes Normannorum, et alter Rotbertus comes Flandrensium et frater ejus Godofredus de Bolonia, Stephanus quoque comes Carnotensium, et Balduinus frater Rotgerii ducis Apuliæ, et Bujamundus, et Tancredus ejus consobrinus, et Petrus quidam heremita, qui peditum magnum conducebat exercitum. Sed et cum his erant plures alii proceres ex diversis regionibus, quorum nomina nunc sigillatim [465] recensere non necessarium est. Quos omnes, ubi Constantinopolitanam ad urbem convenere, suscipiens imperator magnis opibus honoravit, adeo ut munerum ipsius eorum nemo fuerit expers. Illi vero inde egressi, post multos labores ad Antiochiam pervenerunt (an. 1098) et eam per spacium octo mensium obsederunt. Quibus evolutis, et pluribus hinc et inde cotidianis concursibus interfectis, Deo auxiliante eam intraverunt. Turcus enim quidam, qui portam ipsius urbis custodire videbatur, tradidit eam illis, intromittens in ipsa latenter ante crepusculum lucis comitem Bauduinum (160) et Bujamundum cum exercitu copioso. Quod cives videntes, timore percussi fugerunt confestim ad municionem. Preerat urbi amiralius nomine Cassianus (161). Qui protinus ad soldanum Persiæ transmisit, ut ei succurreret. Porro christiani urbe potiti, magnam gentis profanæ multitudinem detruncaverunt. Illi vero qui municionem intraverant novum circa se murum extruentes, magnis intus sese viribus defendebant. [*Gesta* IV, 21. Cf. BALD.] Soldanus autem Persiæ Curbaram (162) nomine, audiens quod cnristiani Antiochiam cepissent, congregavit exercitum magnum, in quo erat ammiralius Iherosolimitanus et rex Damasci, Turcique et Arabes et Sarraceni et Publicani et Agulani multi (C. 23-33.) Et ecce jam tercia dies inluxerat, quod christiani civitatem intraverant, cum ille perfidorum ibidem affuit exercitus. Nostri vero urbe egressi, instructi et armati eis curaverunt occurrere. Commissum est ergo prelium magnum in ipso civitatis introitu et protractum usque ad vesperum, et ex utraque parte cesi multi mortales. Sed ubi nox advenit, nostri intra muros se receperunt, et hostes haut longe sua fixere temptoria. Verum ipsa nocte quidam nostrorum, periculo quo artabantur intus et exterius perterriti, turpiter per murum se demittentes, fugere quam Deo spem suæ salutis committere maluerunt. Illi vero qui remanserunt artabantur fortiter per dies 30, dum illi qui in municione erant positi eos urgerent desuper vehementer, et illi qui de foris erant pabulandi causa illos progredi modis omnibus prohiberent. Itaque ceperunt eis victualia deficere, et corripuit illos miserabilis fames. Unum enim ovum 15 denariis vendebatur, et una gallina solidis 15, sed et caseus unus quatuor libris denariorum, et modicum panis uno bisancio, et una nux uno denario. Folia fici et cardui quidam pro summis edebant deliciis, et quidam caballorum et asinorum et camelorum carnibus vescebantur, et nonnulli coria animalium coquebant et manducabant. Et cum ita affligerentur per dies 30, quadam die in ipso diei crepusculo divinis sacramentis premuniti, omnes unanimes foras eruperunt et sex acies contra hostes ordinaverunt. In prima acie fuit Hugo Magnus cum his qui aderant Francis, et in secunda dux Godefredus cum hominibus suæ terræ, et in tercia Robertus Normannus cum Normannis, et in quarta episcopus Podiensis cum Aquitanis, et in quinta Tancredus cum Langobardis et Italiæ viris; et in sexta fuit Bujamundus seorsum cum agmine copioso, ut si forte christianos ab hostibus urgeri conspiceret, confestim se eis conjungeret et amminiculum [466] ferret. Videbatur quippe inter reliquos principes esse vir astuciæ singularis. Porro intus Sancti Egidii comes remanserat Raimundus, vir egregius, cum aliquantis custodiens temptoria christianorum, ne Turci de municione [467] descendentes ea sibi caperent aut comburerent. Curbaran quoque in duobus cuneis totum suum divisit exercitum. Tunc signo elato conflixere acies compositæ, et cesi sunt plurimi ex utraque parte; sed tandem Curbaran Dei virtute perterritus fugit. Quod cernentes nostri, magno ad celum clamore sublato eis viriliter insistebant. Tunc et illi qui temptoria custodiebant [468] certatim omnes fugæ se crediderunt, relinquentes temptoria sua. Nostri vero eos persequentes, quantum eis in ipsa die virium fuit ad insequendum et manus eorum valuerunt ad occidendum, tantum hostium prostraverunt, tantaque fuit cedes barbarorum illorum, ut vix pauci de tanto remanerent exercitu. Multi qui adfuerunt testati sunt, se vidisse exercitum magnum prodire de montaneis, quem precedebant sancti martires Georgius, Demetrius atque Mercurius, habentes equos albos et vexilla gerentes candida, qui una cum christianis barbarorum urgebant exercitum. Igitur hostibus innumerabilibus inopinabiliter fugatis et cesis, versus est christianus populus ad tentoria diripienda. Ubi multum auri repertum est et [469] argenti, vini quoque et frumenti et farinæ copia multa. Sed et equorum, mulorum, asinorum, camelorum, boum et ovium ibidem est inventa grandis numerositas. Quam colligens, ad civitatem tendebat alacris Deo amabilis populus universus. Tunc illi qui in arce erant hoc

VARIÆ LECTIONES.

[465] *ita* 1. [466] *ammiculum* 1. [467] *munione* 1. [468] *custodiebant — ibidem tumulatur nova pagina incipiente sec. manu* 1. [469] *deest* 1.

NOTÆ.

(159) Cf. Baldericus l. 1. p. 89.
(160) Qui in hac obsidione non adfuit; cf. Sybel p. 578. In reliquis Gesta IV, 20. sequi videtur (cf. præf.).
(161) Bagi Siian intelligitur.
(162) Kerbuga.

videntes, confestim se ducibus reddiderunt, impetrata sibi vita et abeundi licencia. Denum vero paucis diebus reparati, ceperunt duces pariter tractare, cuinam suorum conmitterent urbem, donec peragerent iter sancti sepulcri. Et tandem tradita est conservanda Bujamundo, assensu tocius populi et consilio procerum sapientum. Interea vero Podiensis episcopus defunctus est et reverenter ibidem tumulatus. Actum est autem hoc bellum anno incarnacionis divinæ 1098. Porro nocte illa quæ bellum precessit, a parte aquilonis lux ingens in celo ardens apparuit, a prima noctis vigilia donec illucesceret, portendens humani sanguinis effusionem, qui in crastinum effundendus erat. Capta est igitur et retenta Antiochia a populo Dei tanta facilitate, quanta non potuisset capi ab ullo mortali imperatore, nisi Dominus voluisset. Est enim ampla [470] et fortis, et clauditur duobus firmissimis muris. Est etiam capud tocius Syriæ, et continet in se monasteria 60; archiepiscopus quoque urbis ipsius preminet 156 episcopis. Clauditur [471] proinde ab oriente quatuor magnis montaneis, et ab occidente vallatur Farfar. Verum, dum operiuntur ibi milites Christi tempus oportunum, quo peragerent conpetenter iter sancti sepulcri, quidam miles nomine Raimundus Piletus, aggregatis sibi sociis, circumjacentem provinciam graviter devastavit. Comes quoque Sancti Egidii Abaram et Marram urbes munitissimas expugnavit et cepit. Godefridus etiam de Bolonia retinuit sibi Rohes et quedam castella quæ erant per girum.

Hiemis denique [472] recedente tempore et veris remeante (an. 1099), omnis Deo dilectus exercitus coadunatus est apud Antiochiam, et inierunt consilium, ut incoatum perficerent iter. [Gesta, c. 35-39.] Tunc deinde progressi accelerabant ut ceptum peragerent iter. Et multis in itinere civitatibus captis, tandem Iherosolimam obsidione cinxerunt. Obsessa est itaque 8. Idus Junii; et obsedit eam Rotbertus comes Normanniæ ad septentrionalem plagam urbis ipsius, juxta beati Stephani prothomartiris templum. Post eum vero fixit sua temptoria alter Rotbertus Flandrensium comes. Ab occidente quoque obsedit eam dux Godefridus et Tancredus, et a meridie, qua mons eminet illi, comes Sancti Egidii. Obsessa est itaque firmiter per sex epdomadarum intervallum. Intra quas epdomadas everterunt murum primum; duplici enim muro cingebatur. Transactis autem jam epdomadibus sex, feria sexta epdomadis septimæ (Jul. 15), hora itidem sexta, divinitus animatus christianus exercitus, scalis interiori muro applicatis, primum insiluit in eam ab illa parte qua residebat dux Godefridus et Eustachius frater ejus.

Quod cives conspicientes et eis resistere non valentes, stupidi passim fugere hac illacque ceperunt. Christiani vero eos more pecudum detruncabant, et alii portas succidebant. Patefacto igitur introitu, introivit reliqua fidelium multitudo. Tunc cives majori formidine repleti atque turbati, tenplum Salomonis expecierunt. Christiani vero eos persequebantur feriendo et occidendo. Redundabat sanguis ubique [473], sed maxime circa templum, ita ut milites Christi usque ad cavillas pedum in eo consisterent. Quod cernens ammiralis urbis, qui erat in turre David, tradidit se comiti Raimundo. Comes vero et eum et eos pariter qui cum eo erant inlesos conduxit usque ad Ascalonem. Porro milites Christi in ipso Domini templo auri et argenti et lapidum preciosorum invenere copiam magnam. [BALDERICUS]. Sed et in domibus urbis inventa est ab eis magna et inestimabilis gaza. Patrato ergo divina virtute tam preclaro triumpho, abierunt omnes gaudentes et pre nimio gaudio flentes ad Jesu Christi et Salvatoris nostri sepulcrum, obtuleruntque ibi dona devocionis suæ. Altera vero die cesorum cadavera congregaverunt. Quorum moles tanta esse visa est, ut murorum altitudinem adequare videretur. Quæ igne subposito conflagraverunt, ne fetor ipsorum aerem corrumperet et eis molestiam generaret. Igitur ille Deo amabilis christianorum exercitus in tota hac via inestimabili est [474] usus successu. Nam cum nullo hostium agmine est congressus quod non exuperaverit, nullam urbem obsedit quam non expugnaverit, nullam gentem est aggressus quam non calcaverit [475]. Unde magnam gloriam suis sibi meritis adquisivit. Nullus enim regum aut imperatorum per tam longum terræ spacium suos hostes invasit, aut adversus tantas gentes tam feliciter dimicavit. Quis naves, quis equos, quis arma, quis sumptus tantis hominum milibus preparare potuisset? Patet igitur, patet plane, quia solus Deus hunc triumphum per christianæ plebis manum ideo voluit exercere, ut eorum fama longius diffunderetur ac cresceret (163). Ipse quippe sua virtute omnes illas gentes, si voluisset, potuisset subvertere aut uno temporis momento ad inferna demergere vel per suos angelos funditus extirpare. [Gesta c. 39.] Porro milites Christi regia virtute potiti, Godefridum, virum strenuum et honestum, regio diademate redimitum ibi reliquerunt, ut et hostes finitimos expugnaret et christianis circumquaque remanentibus in oportunitatibus subveniret. Consecraverunt etiam ibidem patriarcham quendam Arnulfum, clericum satis industrium ac benignum. Porro Iherosolima urbs regalis est [inter montes sita, habens ad occasum turrim David et ab

VARIÆ LECTIONES.

[470] ita 1. [471] Clauditur — pecudum detruncabant secunda manu non uno atramento scripta sunt 1. [471] ita corr. 1. ipse, qui prius scripserat: quoque et veris. [473] ubique — Raimundo sec. manu 1. [474] est — funditus extirpare sec. manu 1. [475] ita 1. fortasse: calcaverit?

NOTÆ.

(163) Cf. Baldericus: *Non enim viribus suis hanc ascribebant victoriam, sed Deo, qui overatus est in eis et velle et posse, totum illud attribuebant.*

orientali parte templum et a meridie montem Calvariæ [476]. Est etiam quasi tocius orbis umbilicus, et habundat satis mediterraneis copiis nec fraudatur maritimis. Continet etiam in se domini et Salvatoris nostri sacrosanctum sepulcrum omnibus christianis excolendum. In ea quoque quondam sancta pullulavit ecclesia, et eam dominus noster Jesus Christus suo sanguine dedicavit. De qua hec tenuiter prelibavimus, quoniam plenitudinem hujus historiæ scriptam esse alias jam cognovimus.

Philippi vero regis adhuc temporibus, anno scilicet incarnationis dominicæ 1102 (164), defunctus est rex Iherosolimorum Godefridus, et successit ei frater ejus Balduinus. Obiit quoque Henricus imperator anno incarnacionis dominicæ 1106.

Anno proinde incarnacionis dominicæ 1108. rex Francorum Philippus, vir mitis [477] et sapiens, Miliduni [478] positus decessit 3. Nonas (165) Augusti, anno vitæ suæ 55 (166), regni vero sui 44, et sepultus est apud Floriacense cenobium in ecclesia sanctæ Dei genitricis Mariæ et sancti pariter Benedicti, successitque ei filius ejus rex et miles strenuissimus Lugdovicus. Anno quoque eodem mortuus est Andefunsus rex Hispaniæ, vir bellicosus et sapiens.

* [*Hist. Franc. ita finitur :* Defunctus est autem prefatus rex Philippus anno ab inc. D. 1108 [479], pridie Kal. Aug. apud castrum Militonense. Cujus corpus secundum dispositionem patris Ludowicus deferre fecit ad monasterium Floriacense et in monasterio sancti Benedicti sepulturæ mandari. Quo facto, episcopi, qui ad exequias regis convenerant, post exequias statim Aurelianis convenerunt, et propter perturbatores regni salubri consilio Ludowicum juvenem, religionis amatorem, moribus mansuetum, armis strenuum, bello acerrimum, in die inventionis prothomartiris Stephani in regem unxerunt ante altare sanctæ crucis, et coronam regni capiti ejus imposuerunt, Daimbertus Senonensis archiepiscopus, Ivo [480] Carnotensis episcopus, Johannes Aurelianensis episcopus, Hubertus Silvanectensis episcopus, provocati plurimis exemplis aliorum regum, qui diversis in locis propter imminentes turbas a diversis episcopis consecrati sunt.]

Hec modernorum regum actus scire volentibus nudis scripsi verbis atque simpliciter, multas res memorabiles exiguo claudens in codice. Obmitto tamen in hac historia multa quæ scio, et multa quæ nusquam apud Latinos repperiuntur. Unde liber iste minus quam debet continere videtur. Hinc tamen sciri potest series temporum et alia plura scitu dignissima. Sed hec cuncta, scio, despicient illi apud quos civica litterarum disciplina peregrinatur, et quorum scurrilitati comes est negligencia sive desidia, et illi simul qui breviata contempnunt, et quibus solent prolixa generare fastidium. Verumptamen hec omnia illis poterunt prodesse, quibus gratissimum est plurima nosse.

Explicit historia nova Francorum [481].

HISTORIA REGUM FRANCORUM

MONASTERII SANCTI DIONYSII.

1 [482]. [*Gesta Fr. c. 1.*] Anthenor et alii profugi ab excidio Troje, Asia pervagata, Frigeque rege facto et cum suis inter Macedones remanente, transactis Meothidis paludibus, in finibus Pannoniæ edificavere civitatem nomine Sicambriam. [*H. ep. c. 1, 2, 3.*] Et constituerunt post mortem Anthenoris duos, Torgotum et Francionem, a quo Franci, ut quibusdam placet, sunt appellati. Quibus mortuis, duces elegerunt Sumnonem et Genebaldum atque Marchomirum; cujus filius Pharamundus apud illos primus more regio regnavit. [*G. Fr. c. 4-9.*] Regnavit autem idem Pharamundus annis circiter 11, et mortuus est; regnavitque Clodius filius ejus pro eo annis 20, et obiit morte communi. Cui successit in regno Meroveus de genere ipsius; a quo Meroveo rege utili, [483] reges Francorum Merovingi sunt appellati. Cujus tempore Wandalorum gens Germaniam Galliamque depopulans, multas civitates subruit multumque sanguinem christianorum fudit. Regnavit autem idem Meroveus annis 17, et mortuus est. Cui successit filius ejus Childericus in regno; sed postea ob enormitatem luxurie de regno a Francis pulsus est, atque Toringiam petens, apud Bissinum regem aliquantisper habitavit. Post quem Franci penitentia ducti remittunt, et ad se accersitum in regno restituunt, pulso Romano quem sibi prefecerant. Regina vero Toringorum Bissina nomine eum subsequuta est, relicto proprio viro supra jam nominato; ex qua sibi in conjugio copulata filium procreavit nomine Clodoveum. Regnavit autem ipse

VARIÆ LECTIONES.

[476] inter m. — *Calvariæ in margine supplet* 1. [477] mittis 1. [478] miduni 1. [479] 1109. *Ch.* [480] Hivo *Ch.* [481] *alia manus atramento fusco addidit :* 1125° anno Heinricus junior imperator obiit. Eodem anno Lotharius incepit regnare; *iterum alia manus :* 1137. anno obiit Lotharius imperator. Anno 1138. Conradus succedit. [482] *1 rubrum præmittit :* De his qui ab excidio Trojæ fugerunt et in Pannonia edificaverunt civitatem Sincambriam, ex quibus Franci dicti sunt. [483] itali 2.

NOTÆ.

(164) *Lege :* 1100.
(165) *Lege : Kal.* Bouq. Cont.
(166) *Corrige* 56. Bouq. Cont.

Childericus annis 20, et mortuus est; regnavitque Clodoveus filius ejus post eum; qui fuit rex potens super omnes retro reges Francorum. Qui cum post mortem Childerici patris sui regnum Francorum suscepisset regendum, Siegrium Egidii filium apud Suessionis superatum extinxit.

2 [485]. [*Gesta Fr.* c. 11, 12, 15-19.] Post hec Chrotildem, filiam Gundobaldi regis Burgundie, sibi in conjugio sociavit. Et cum esset idolorum cultor precipuus, precibus conjugis sue excitus, a beato Remigio Remensium archiepiscopo baptizatus est. Post hec cum Alarico Gothorum rege apud urbem Pictavensem bello conjungitur, ejusque exercitum prostravit, et regnum ejus obtinuit. Hic ab Anastasio imperatore libellos de consulatu accepit, et statim usque ad basilicam sancti Martini Turonis tanquam augustus processit, et diadema capiti imponens augustus est appellatus. Et cum per circuitum plurimos hostium peremisset, ipse diem clausit extremum, obiitque apud Parisius anno etatis sue 45, imperii vero sui 30, sepultusque est in basilica sancti Petri, quam ipse funditus edificaverat. Eo tempore sanctus Benedictus abbas virtutibus floruit. A transitu sancti Martini usque ad obitum hujus Clodovei computantur anni 112. Post cujus obitum quatuor filii ejus, id est Theodericus [485], Clotharius, Childebertus, Clodomirus, regnum ejus inter se diviserunt. Theodericus sedem Remensem elegit, Clodomirus Aurelianensem, Childebertus Parisiensem, Clotarius Suessionensem. [*H. ep.* c. 30.] Eorum vero sororem Amalaricus Alarici filius in matrimonio postulavit et accepit. Iste vero Theodericus ex concubina natus, postquam sedem Remensem regendam susceperat, mortuus est; in loco cujus [486] Theodebertus filius ejus successit. Cujus Theodeberti tempore Dani Gallias irruperunt; sed superati ab ipso Theodeberto, et rege eorum perempto, rapina terre restituta est. [*G. Fr.* c. 19, 26.] Qui 14. regni sui anno obiit, regnavitque Theudoaldus filius ejus pro eo.

3 [487]. [Isidor.] Per idem tempus Justinus major apud Constantinopolim urbem tenebat imperium, et Hildericus Wandalorum rex episcopos de exilio redire precepit. Eodem tempore Theodericus rex Italie Johannem papam et Simmachum patricium et Boetium phylosophum gladio peremit [cf. *H. m.*]. Sub eodem tempore Sigismundus Burgundionum rex filiam hujus Theoderici [488] regis Italie, natam ex sorore Theoderici filii Clodovei, in matrimonio accepit, suamque germanam Hunttrico Wandalorum regi tradidit. Hermenfredo quoque regi Thorincorum [489] Malbergam copulavit, et terciam Alemannorum regi Huctrico tradidit (167). [P. D. 1, 25, 23, 25.] Per idem tempus Cassiodorus senator et Dyonisius abbas, qui ciclum decennovalem composuit, et Arator poeta apud urbem Romam claruerunt. Tunc temporis Alboinus [490], filius Aldoeni regis Langobardorum, Thurismodum regem Jepidorum in bello peremit. Hoc etiam tempore apud urbem Constantinopolim Priscianus Cesariensis, gramatice artis repertor, claruit. [Cf. *G. Fr.* c. 27, 20, 21, 24.] Per idem tempus Theudoaldus filius Theodeberti 7 anno regni sui mortuus est. Sub eodem tempore Clodomirus filius Clodovei interfecit sanctum Sigismundum Burgundionum regem, virum bonum et justum, cum uxore et filiis. Qui Clodomirus apud Viennam cum contra Burgundiones ad bellum cum exercitu pergeret, illos fugientes incaute subsequutus est; inter quos cum velocissimo equo perveniens, ex adversa parte percussus corruit, et mortuus est. Cujus uxorem Clotarius frater ejus in conjugio accepit, et duos filios ejus, videlicet filios fratris sui Clodomiri, ob invidiam regni cultro interfecit. Quorum unus erat annorum 10, alius 7, tercius vero effugit, Clodoaldus nomine, qui auxilio puerorum fortium liberatus est. Qui postea, relicto regno, propria manu se totundit, et clericus factus, bonis operibus preditus est; postea vero presbiter ordinatus, plenus virtutibus migravit ad Dominum.

4 [491]. [*G. Fr.* c. 28, 27, 29.] Eodem tempore Childebertus, frater prenominati Clotharii, apud Parisius febre correptus defunctus est, et in ecclesia sancti Vincentii quam edificaverat sepultus [492]. Sed et mater eorum Chrotildis regina Turonis civitate defuncta [493] est, atque Parisius deportata, juxta virum suum Clodoveum condita jacet. Unde factum est, ut omnis monarchia regni Francorum sub potestate Clotharii deveniret. Cujus filii ex diversis mulieribus plures fuere; quorum unus Crannus nomine a patre in Aquitania princeps constitutus est. Qui contra patrem suum Clotharium rebellare volens, sed non valens, conduxit in suum auxilium regem Britannorum Conobrem nomine. Contra quos ipse Clotharius pergens, viriliter pugnavit, atque rege Britannorum interfecto, Crannus captus est; quem jussit Clotharius pater suus cum uxore et filiis ejus igne comburi. Illis diebus beatus Medardus migravit ad Dominum. Post hæc ipse Clotharius, secundo [494] regni sui anno postquam Crannum peremerat, valida febre correptus, mortuus est, et

VARIÆ LECTIONES.

[485] Quomodo Clodoveus rex consilio uxoris sue baptizatus est, et de morte ejus *rubrum addit* 1. [4] *super his nominibus litteræ scriptæ sunt* a. d. c. b. *fortasse ut ordo mutaretur* 2. [486] ejus 2. • [487] Quomodo sanctus Sisgimundus (*sic*) et sanctus Leodegarius episcopus interfecti sunt. *add.* 1. [488] thoder. 1? 2. [489] chorinc. 1? 2. [490] albonius 1? 2. [491] De morte Clotharii regis et quomodo filii ejus regnum Francorum diviserunt. *add.* 1. [492] est *add.* 2. [493] defuncta 1? 2. [494] oo 2 o. 1.

NOTÆ.

(167) Hæc unde auctor sumpserit nescio. Continent peculiaria quædam, sed haud dubie falsa.

in basilica sancti Medardi Suessionis, quam edificaverat, a filiis suis honorifice sepultus est. Tunc quatuor filii ejus, id est Cherebertus, Guntrannus, Chilpericus, Sigebertus, regnum inter se diviserunt, et Cherebertus Parisius, Guntrannus Aurelianis, Chilpericus Suessionis, Sigebertus sedem Remensem habuit. [P. D. II, 10.] Hoc tempore Benedictus papa Romane ecclesie preerat. Chilpericus vero primatum totius Gallie obtinuit, quamvis promptior et validior illo esset frater ejus Sigebertus. [*G. Fr.* c. 34, 37, 38.] Qui Sigebertus duxit uxorem Brunichildem nomine, filiam Athanachildi regis Hispanie; ex qua habuit filium nomine Childebertum. Hic Childebertus duos genuit filios, Theodebertum scilicet et Theodericum. Qui Theodericus per consilium prefate Brunichildis avie sue Theodebertum fratrem suum interfecit et filios ejus; sed et ipse postmodum per insidias ejusdem veneno interiit. Cujus etiam filios ipsa occidit.

5 [495]. [*G. Fr.* c. 31, 35, 30, 32, 33.] Videns autem hoc Chilpericus, quod Sigebertus frater suus Brunichildem duxisset uxorem, misit Hispaniam, et accepit sororem illius Brunichildis, Walsuintam [496] nomine, dimittens reginam Andoveram, ex qua jam tres filios susceperat, id est Theodebertum, Meroveum et Clodoveum. Habebat etiam regina Andovera puellam in suo obsequio nomine Fredegundem, per cujus ingenium pravum rex predictam Walsuintam nocte in stratu suo strangulavit, recepitque Andoveram in conjugio; quam postea ipsa Fredegundis ita decepit, ut propriam filiam, quam ex rege conceperat, ex sacro fonte per nequam consilium suscipere faceret. Ob quam causam ipsa Andovera perpetuo a rege est separata, et in monasterio cum ipsa sua filia velamine velata usque ad finem vite sue permansit. Ista vero Fredegundis, primo regine pedissequa, postea autem regina effecta, ab ipso Chilperico rege suscepta est in conjugio; ex qua tres filios genuit, quibus defunctis, quartum genuit nomine Clotharium, qui fuit pater incliti et famosissimi regis Dagoberti. Predictus vero Sigebertus postquam Hunos super se irruentes bis superaverat et fratrem suum Chilpericum bello fugaverat, fraude ipsius Fredegundis a duobus servis peremptus est 14 regni sui anno, etatis vero 40. Cujus filius Childebertus junior furtim ablatus est, et regnavit pro eo; matremque ejus Brunichildem Chilpericus rex patruus suus in exilium trusit. Cherebertus vero quid egerit aut quomodo se habuerit, certum non habemus. [ISIDOR.] His diebus Justinianus imperator Constantinopolim preerat. Hic per Belisarium patricium de Persis mirabiliter triumphavit; ac deinde in Affricam missus, Wandalorum regem delevit. Per idem tempus ossa Antonii monachi divina revelatione reperta Alexandriam perducuntur et in ecclesia sancti Johannis baptiste humantur. Post Justinianum Justinus minor annis 11 imperavit; sub quo rex Gothorum Thotila a Narsete magistro militie ejusdem Justini superatus est [cf. P. D. III, 11 : ISIDOR. *G. Fr.*]. Post Thotilam Leuvigildus rex Gothorum in regione Hispanie quosdam rebelles superavit. Predictus vero Childebertus [497] cum patruo suo Guntranno pacem habuit; quam postea infregit; sed cum eo postmodum reconciliatus est. Tunc temporis Tyberius [498] Constantinus imperator potentissimus apud Constantinopolim 7 annis rexit imperium. [P. D. IV, 12, 13, 15, 17, 4.] Ad hunc Chilpericus rex Francorum legatos dirigens, multa ornamenta aurea ab eo suscepit; post quem Mauricius purpuram induit regnumque suscepit. Hic 50 milia solidos Childeberto juniori direxit, ut Langobardos de Italia exterminaret. Qui misso exercitu Italiam devastavit. Idem quoque Childebertus cum consobrino suo, Clothario scilicet, Chilperici filio, bellum gessit ejusque exercitum vehementer afflixit. Post hec ipse Childebertus Hispaniam ingressus, magnam cedem de populo illo fecit. [P. D. III, 21, 24; IV, 7.] Eo tempore magnus Gregorius pontifex Romane ecclesie floruit, et Thessalo a supradicto rege Francorum apud Bajoariam rex ordinatus est.

6 [499]. [*G. Fr.* c. 35-37.] Eodem tempore Fredegundis regina Chilpericum regem virum suum, quem adulteraverat, propter adulterium quo timebat se deprehendi inter se et Landericum comitem, insidiantes interfecerunt, cum regnasset 23 annis; remansitque cum filio suo Clothario. Que postea diebus multis consenuit, et plena immunditiis ultimum signavit diem. [P. D. IV, 12, 14, 18, 27, 29, 30, 31, 33, 37.] Per idem tempus Guntrannus rex obiit. Postea vero Childebertus rex Francorum, filius videlicet Sigeberti et Brunichildis, juvenis extinguitur anno etatis sue 25. Huni, qui et Avares, post mortem ejus in Franciam irrumpunt, gravissimaque bella cum Francis gesserunt. His diebus Brunichildis regina cum nepotibus suis adhuc puerulis Theodeberto et Theoderico regebat Gallias; qui postea regnum Francorum inter se diviserunt. Agilulfus rex Langobardorum pacem cum hoc Theoderico firmavit. Circa hec tempora monasterium sancti Benedicti a Langobardis depopulatur. Igitur Mauricius, postquam 21 annis rexit imperium cum filiis suis Theodosio et Tiberio atque Constantino, a Foca, qui fuit strator Priscii patricii, occiditur. Hoc anno Theodebertus et Theodericus reges Francorum adversus Clotharium filium Chilperici dimicaverunt. Et beatus papa Gregorius migravit ad Dominum.

7 [500]. Eo tempore filius Agilulfi regis Langobardorum filiam hujus regis Theodeberti in conjugium accepit. Hac etate Eleutherius patricius eunucus, dum imperii jura conaretur arripere, a militibus per-

VARIÆ LECTIONES.

[495] Quomodo Chilpericus rex Andoveram uxorem reliquit consilio Fredegundis famule sue. *add.* 1. [496] wasuintam 1. [497] childertus 1. 2. [498] tybericus 1. 2. [499] De morte Fredegundis infestissime regine, et quomodo Theodebertus et Theodericus regnum diviserunt. *add.* 1. [500] Quomodo Brunichildis regina Theodebertum et Theodericum interfecit. *add.* 1.

emptus est, caputque ejus Constantinopolim delatum est. Focas, extincto Mauricio ejusque filiis, per 8 annorum curricula principatus est. Hic rogante papa Bonefacio statuit sedem Romane et apostolice ecclesie capud esse omnium ecclesiarum, quia ecclesia Constantinopolitana primam omnium ecclesiarum se ascribebat. Contra hunc Focam Eraclianus, qui Affricam regebat, rebellavit eumque regno privavit, remque publicam Eraclius ejusdem filius regendam suscepit. [*G. Fr.* c. 58-40.] Eodem tempore Theodebertus rex a fratre suo Theoderico perimitur; qui et ipse postmodum a Brunichilde veneno extinguitur. Quibus ita defunctis, Clotharius junior, filius scilicet Chilperici et Fredegundis, totius Gallie primatum obtinuit; qui et regni gubernacula suscepit; maluit prius ultor propinquorum suorum existere, quam belli occasionem deponere. Denique in ipso regni sui primordio Brunichildem reginam, que propinquos suos Theodebertum et Theodericum, filios videlicet Childeberti consobrini sui, peremerat et plures alios de semine regio extinxerat, quasi jungeretur ei in conjugium convocavit. Que leta effecta, sicut ei jussum fuerat, venit, compta preciosis ornamentis quasi ad nuptias. Quam ille judicio Francorum camelo jussit imponi et per circuitum castrorum circumduci et postea ad equos indomitos ligatam disrumpi. Sicque obitu nefando, ut fuerat digna, ad inferos descendit. Cujus etiam ossa in igne consumpta nusquam comparuerunt.

8 [501]. [*G. Dag.* c. 12, 14, 24]. Huic vero Clothario fuit filius, Dagobertus scilicet, amantissimus juvenis: quem idem pater suus rex, dum adhuc viveret, in regno Austrasiorum sublimavit; contra quem Saxones commoto exercitu fortiter pugnaverunt; sed Deo donante pater suus Clotharius ei subvenit, et trans Renum cum ipsis Saxonibus bellum iniit; in quo singulari certamine Bertoaldum ducem eorum peremit, pro eo quod Dagobertus filius ejus sauciatus fuerat in prelio superiori, omnemque regionem eorum ita subjugavit, ut non remaneret in ea belligerans vir quantitatem spatæ illius supereminens. Tanta tunc Francorum potentia, tanta regum animositas erat. Tempore horum, Clotharii scilicet et dulcissimi filii ejus Dagoberti, regnum Francorum valde elevatum est, necnon et sancta ecclesia per sacerdotes et ecclesiasticos viros sublimata refulsit, in tantum ut Romanus pontifex mittens in Galliam rogaret, ut sibi transmitterentur viri fortes in fide et sapientes in eloquio, qui contra hereticos cum eo disputare possent. Eo tempore Eraclius arcem Romani tenebat imperii. Qui sapiens in artibus liberalibus et maxime in astronomia, mandavit Dagoberto, ut Hebreos de regno suo exterminaret; quod et libentissime Dagobertus fecit; previderat enim idem imperator in sideribus quibus intentus erat,

A quod Romanorum imperium a circuncisis deleretur; sed quod intellexerat de Hebreis, hoc actum dinoscitur esse a gente Agarenorum, quos Sarracenos vocamus.

9 [502]. [P. D. iv, 51 ; v, 6, 11, 12.] Eraclio quoque mortuo, Heraclonas filius ejus cum matre Martina duobus annis regnavit, et post eum Constantinus, qui et Constans, germanus ejus, tenuitque imperium annis 28. Hic interfectus est apud Seracusam Sicilie civitatem, caputque ejus delatum est Constantinopolim, et post eum regnavit Mezentius ab indictione 7. usque ad 12. [*G. Dag.* c. 5, 15, 16, 21.] Anno vero 37. regni Clotharii Bertetrudis, mater Dagoberti regis, moritur. Post cujus obitum ipse Clotharius aliam uxorem duxit nomine Sichildem; de qua filium habuit nomine Hairbertum. Ipse vero Clotharius 45. regni sui anno moritur, et in suburbio Parisii in ecclesia sancti Vincentii sepelitur. Quod Dagobertus filius ejus audiens, universis principibus quibus imperabat in Austria promovere jubet exercitum. Cumque Remis pervenisset, omnes pontifices et duces Burgundie et Neustrie inibi se illi noscuntur tradidisse. Hairbertus vero frater ejus nitebatur, si posset regnum patri assumere ; sed voluntas illius parum sortita est effectum. Brunulfus autem, frater Sichildis regine et avunculus ejusdem Hairberti, volens eum stabilire in regno, multa adversus Dagobertum machinabatur. Quapropter, multis transactis diebus, a ducibus Dagoberti jussu ejusdem regis apud Ablatona interfectus est. Cumque totum regnum a Dagoberto fuisset occupatum, sapienti usus consilio pagum Tholosanum et Caturciacum, Agenensem et Petragonicum et Sanctonicum et usque ad Pireneos montes Hairberto fratri suo concessit, eo tenore ut nullo tempore adversus eum de regno patris presumeret. Inde vero Parisius rediens, Gomadrudem reginam, quam patris sui Clotharii consilio conjugem acceperat, eo quod esset sterilis, Francorum instinctu reliquit, et quandam speciosissimi decoris et generis puellam nomine Nantildem in matrimonio accipiens reginam sublimavit.

10 [503]. [*Gesta Dag.* c. 24, 25, 27, 31, 52.] Denique cum Austriam regio cultu circuiret, mestusque esset nimium, eo quod filium qui post eum regnaret minime haberet, quandam puellam nomine Ragnetrudem stratui suo ascivit ; de qua eodem anno multis precibus et elemosinarum largitionibus Deo donante filium habuit, quem Hairbertus frater suus Aurelianis de sacro fonte suscepit. Dum autem illum domnus Amandus Trejectensis episcopus benediceret cathecuminumque faceret, finitaque oratione nemo responderet *Amen*, aperuit Dominus os pueri, cunctisque audientibus respondit *Amen*. Qui ex aqua et spiritu sancto regeneratus, Sigebertus nomen ac-

VARIÆ LECTIONES.

[501] Quomodo Dagobertus filius Clotharii contra Saxones pugnavit. *add.* 1. — [502] Quomodo Dagobertus rex Hayberto fratri suo Tholosam dedit et terram totam usque ad Pyreneos montes. *add.* 1. — [503] De Sigeberto filio Dagoberti regis, quem S. Amandus baptizavit. *add.* 1.

cepit. Hairberto vero rege defuncto, Dagobertus rex omne regnum suum sub ditione sua redegit. Eodem anno nuncios Samoni Sclavorum regi direxit, quatinus regnum suum ab eo reciperet. Quibus Samo respondit : *Et terra quam habemus Dagoberti est, et nos sui sumus, si amicitias disposuerit servare nobiscum.* Cui legati dixerunt Dagoberti : *Non est possibile, ut servi Dei cum canibus amicitias jungant.* Quibus rex Samo respondit : *Si vos estis servi Dei, et nos sumus Dei canes, et dum vos contra ipsum agitis, permissum habemus vos morsibus lacerare.* Tunc missi Dagoberti ejecti sunt de conspectu Samonis. Quo audito Dagobertus graviter tulit, et congregato exercitu, terram illorum crudelissime devastavit. Inde victor rediens, Mettis civitate divertit, et pontificum et procerum suorum consilio Sigebertum filium suum in regno Austrasiorum sublimavit sedemque Mettis habere permisit. Cumque eidem regi Dagoberto de Nantilde regina natus fuisset filius nomine Ludovius, obtimatum suorum consilio cum Sigeberto rege Austrasiorum filio suo per pactionis vinculum confirmavit, ut Neutricum et [504] Burgundia ad regnum ejusdem Ludovii post Dagoberti regis decessum respiceret.

11 [505]. [*Gesta Dagob.* c. 35, 17, 42, 43.] Per idem tempus Sadregisilus Aquitanorum dux a quibusdam interfectus est. Et cum haberet filios in palatio educatos, qui facillime possent mortem patris vindicare et noluissent, secundum leges Romanas a regni proceribus redarguti, omnes paternas possessiones perdiderunt. Cumque omnia ad regis fiscum pertinerent, ipse gloriosus rex Dagobertus ecclesie sancti Dionisii easdem possessiones, id est Novingentum in pago Andegavensi, Parciacum, Nulliacum, Podenciniacum, Pascellarias atque Anglarias in pago Pictavensi, aliasque perplures cum salinis supra mare, devotissime tradidit. Quarum nomina si quis inquisierit, ut reor 27 inveniet. Ipse vero rex gloriosus inter alia que laudabiliter gessit, memor voti sui, sanctorum Dyonisii Rustici et Eleuterii auro puro et preciosis gemmis memorias exornavit, et quamvis ecclesiam, quam a fundamine construxerat, intrinsecus miro decore fabricaverit, foris quoque desuper auxidam, infra quam martirum corpora tumulaverat, ex argento puro cooperuit. Post gloriosam vero regni amministrationem, 16, postquam regnum Francorum sortitus fuerat anno, profluvio ventris Spinogilo villa non procul a Parisius egrotare cepit. Post paucos autem dies cum sue vite sentiret imminere periculum, Egam [506] consiliarium suum ad se venire precepit, reginam et Ludovium filium suum eidem in manu commendat; convocatisque primoribus palacii filioque et uxore, cum sacramento fieri jussit de his que ecclesie sancti Dionisii contulerat; ne quilibet de successoribus suis vel quelibet potestas eidem ecclesie auferre presumat, si iram Dei et offensam sancti Dionisii incurrere non optat. Omnibus vero obtimatibus dolore consternatis, blande leniterque virtute qua potuit consolatus est. Cumque post longam ammonitionem loquendi finem fecisset, Ludovius filius ejus omnesque proceres ipsum preceptum secundum regis jussionem propriis subscriptionibus firmaverunt. His ita explosis, christianissimus rex Dagobertus ehumanis rebus exemptus est. Intolerabilis autem luctus subito totum replevit palatium, universumque regnum ob ipsius mortem acerbissima occupavit lamentatio. Conditus autem aromatibus, cum ingenti populorum dolore atque frequentia translatus est in ecclesiam sancti Dyonisii Rustici et Eleuterii, quam condigne ex auro et preciosis gemmis diversique generis ornamentis foris et intus ultra quam credi possit mirifice exornavit; ubi etiam ordinem psallentium ad instar monasterii Augaunensium et sancti Martini Turonensis, ut ibidem laus Dei perhenniter haberetur, instituerat, atque juxta eorum tumulum in dextro latere honore debito sepultus est.

12 [507]. [*Gesta Dag.* c. 45. G. Fr. c. 43, 41, 43, 44, 45.] Post cujus discessum filius ejus Clodoveus sub tenera etate sibi regnum patris ascivit, omnesque Francorum duces et Neustrie et Burgundie cum in regno sublimaverunt, accepitque uxorem de genere Saxonum nomine Balthildem, pulchram valde et ingeniosam; ex qua tres filios habuit, Lotharium videlicet, Childericum et Theodericum. Sigebertus vero filius prefati Dagoberti, rex Austrasiorum, defunctus est, reliquitque filium suum Dagobertum nomine, quem Grimoaldus major domus Austrasiorum Dodoni Pictavensi episcopo detonsum sub custodia direxit. Quapropter ipse Grimoaldus a Francis captus est, Parisiusque perductus et in vinculis mancipatus, dignas in carcere persolvit penas; ubi et miserabiliter vitam finivit [508]. Regnavit autem Clodoveus Dagoberti filius annis 16, et mortuus est. Tunc Franci, facto generali conventu, majorem filiorum ejus, Clotharium scilicet, super se regem statuunt, et Hildericum fratrem ejus in regno Austrasiorum prefecerunt, Theoderico juniore fratre eorum in Francia cum Clothario rege patre suo remanente. Eodem tempore mortuus est Archinoaldus; in cujus loco Hebroinus a Francis eligitur, vir crudelis et superbus. Post hec Clotharius mortuus est, cum annis 4 imperasset. Cui frater ejus junior Theodericus successit in regno; sed Franci propter Hebroinum, qui ei fidissimus erat, indignati sunt, scientes ejus impietatem; et propter hoc Theodericum a regno et Hebroinum a ducatu dejecerunt, crineque capitis detonso in monasterio Luxovio in Burgundia sito concluserunt. Tunc in Austriam propter Childericum, fratrem hujus Theoderici, mi-

VARIÆ LECTIONES.

[504] ut 1. [505] De morte Dagoberti, et de beneficiis quæ ecclesie beati Dionysii contulit. *add.* 1. [506] erga 1. *in loco raso.* [507] De successoribus Clodovei regis, et quomodo Theodericus et Ebroinus monachi effecti sunt. *add.* 1. [508] finiut 1. 2.

serunt; quem cum Vulfaldo duce venientem in regno sublimaverunt. Qui postea cum uxore, cujus uterus ex conceptione jam intumescebat, a Bodone et aliis Francis interfectus est, et Vulfaldus perfugato evasit ad Pipinum in Austriam. Leudisius, Archinoaldi filius, major in domo eligitur. Leodegarius pontifex et Gerinus frater ejus in hoc consilio permixti erant.

13 [509]. Audientes Theodericus atque Hebroinus mortuum esse Childericum, de monasterio latenter exierunt, et crescente coma cum maximo armorum apparatu in Franciam redierunt, alter ad regnum, alter ad ducatus officium. Tunc Hebroinus Leudisium, qui ei in principatu successerat, apud Cariasiacum castrum dolo interfecit, et Leodegarius pontifex et Gerinus frater ejus ab eodem ignominiose cruciati perimuntur, et (168) Lupus dux in exilium retruditur, sicut in precepto ejusdem Theoderici continetur, quod de hereditate ipsius Lupi monasterium sancti Benedicti constructum sit in agro Floriacensi. [*G. Dag.* c. 47.] Postea vero Hebroinus multa exercens maleficia, a quodam Franco nomine Ermenfredo perimitur. — [*Lib. de majoribus domus.*] Denique a temporibus Clodovei filii Dagoberti regis, patris vero Theoderici, regnum Francorum decidens per majores domus cepit ordinari; quorum primus apud Austriam Pipinus reliquit filium suum nomine Grimoldum; post Grimoldum Archinoaldus. Quo defuncto, Ebroinus succedit, Vulfaldo apud Austriam ducis officio fungente. Quo decedente, Martinus et Pipinus junior [510], filius Ansegisili, qui alio nomine Anchises dictus est, in Austria majores domus fuere. Qui etiam moto prelio contra Theodericum regem atque Ebroinum ducem armatas acies dirigunt. Sed Martinus fuga lapsus, dolo Ebroini Lauduno Clavato interficitur. Pipinus vero in Austriam rediit; ad quem Hermenfredus occiso Ebroino fugiens evasit. Fuerunt autem majores domus, ex quibus quidem regalis generatio processit, primus Ansbertus senator, qui ex Blithilde, filia secundi Clotharii, genuit Arnoldum, patrem sancti Arnulfi postea Mettensis episcopi; qui Arnulfus genuit Ansegisilum, alio nomine dictum Anchisem, patrem Pipini. Franci denuo pro Ebroino Waratonem majorem domus efficiunt; cujus filius Gislemarus, contradicente patre suo Waratone, cum Pipino civilia bella habuit. Iterum Pipinus cum Theoderico et Bertario bellum iniit; quos vicit et cepit, atque thesauris acceptis Nordebertum quendam de suis majorem domus constituit; et postea in Austriam victor remeavit. Cujus filii fuerunt Drogo et Grimoldus; ex quibus Grimoldus ducatum accepit in Campania.

14 [511]. Mortuo Theoderico, Clotharius filius ejus regnum puer obtinuit. Quo defuncto, Childebertus frater ejus successit. Hairberto quoque mortuo, Grimoldus Pipini Filius major domus efficitur; Childebertus vero rex ut ex hac vita migravit, regnum ejus suscepit Dagobertus filius ejusdem adhuc puer. Quo tempore Grimoldus major domus Theusindam filiam Robodi ducis conjugio sibi copulavit. Qui a Rangario Frisione in basilica sancti Lamberti peremptus est; pro quo pater ejus Pipinus Theodoaldum filium ejus, quem ex alia conjuge habuerat, in honore patris constituit; ipse quoque Pipinus eodem anno, qui est incarnationis dominicae 714, medio Decembri obiit, postquam obtinuerat principatum sub nominatis regibus annis 27. Plectrudis, Pipini quondam uxor, Karolum, ex alia uxore ejusdem Pipini filium, captum tenuit; sed Deo donante vivus evasit. Hic enim post mortem Dagoberti minoris, qui quinque annis regnavit, multa prelia commisit contra Rabodum Frisionem contraque Ragenfredum, qui pro Theodoaldo, Grimoldi justi et modesti filio, major domus efficitur. Tunc Franci Danihelem quendam clericum post abjectionem tonsure in regno stabiliunt, eumque Chilpericum nominant; contra quem Karolus pugnavit atque in fugam victor compulit; ac deinde Coloniam veniens, thesauros patris sui Pipini a Plectrude noverca sua recipiens, regem sibi Clotharium statuit; qui eo anno mortuus est. Tandem Chilpericus rex, qui primum Danihel vocatus est, et Rainfredus dux Eudonem ducem expetunt in adjutorium; ex quibus Chilpericus, qui et Danihel, cum thesauris regalibus fugit; quem postmodum idem Eudo cum multis muneribus Karolo reddidit. Quo non plus quam 5 annis regnante, Franci Theodericum, Dagoberti junioris filium, super se regem statuunt.

15 [512]. Quo tempore Karolus major domus et princeps Austrasiorum multa bella contra Rabodum et Rainfredum atque Eudonem contraque Bajoarios et contra Sarracenos impari manu iniit, et semper Dei gratia victor exstitit, atque anno dominicae incarnationis 741. dux defunctus et in monasterio preciosi martiris Dionisii a suis humatus est. Hic [513] res ecclesiarum laicis tradidit propter assiduitatem bellorum (169), atque pro hoc solo maxime est eternaliter damnatus. [*Epist. syn. Caris.*] (170) Nam sanctus

VARIÆ LECTIONES.

[509] Quomodo idem Theod. et Ebroinus de monasterio egredientes regnum Fr. invaserunt. *add.* 1. [510] et junior 1. 2. [511] Quomodo quidam clericus nomine unctus est in regem Francorum, qui cum rex esset, Cilpericus dictus est. *add.* 1. [512] Quomodo S. Eleuterius Karolum Martellum vidit in inferno et quomodo serpens de sepulcro ejus exivit. *add.* 1. [513] nota bene contra sacrilegos *add.* 2. *alia manu in marg.*

NOTÆ.

(168) Cf. geneal. regum Francorum, Bouq. II, p. 697 : *et Lupus pessimus dux in exilium r. s. i. p. e. Th. c. q. de h. i. Lupi essent in monasterio sancti Petri constructo in agello Floriacensi.* Hæc etiam aliis locis cum hac narratione convenit.

(169) Cf. Hugonis H. eccl. supra p. 358.

(170) a. 858, ap. Baluze Capitul. ed. Chiniac II, p. 108.

Eleutherius Aurelianensis episcopus, qui in monasterio sancti Trudonis requiescit, in oratione positus ad alterum seculum est raptus, et inter cetera, que Domino sibi ostendente conspexit, vidit ipsum Karolum in inferno torqueri. Cui interroganti responsum est ab angelo ductore, quia sanctorum judicio, qui in futuro judicio cum Domino judicabunt, quorumcunque res abstulit et divisit, ante illud judicium anima et corpore sempiternis suppliciis est deputatus; et recepit simul cum suis peccatis penas propter peccata omnium qui res suas honore et amore Dei ad loca sanctorum in luminaribus divini cultus et alimoniis pauperum et servorum Christi pro animarum suarum redemptione tradiderunt. Qui in se reversus sanctum Bonifacium et Fulradum [514] abbatem ecclesie sancti Dionisii ad se vocavit; eisque talia dicens, jussit ut ad sepulchrum illius Karoli irent, et si corpus ejus ibidem non repperissent, ea que dicebat vera esse crederent. Qui pergentes ad locum ubi corpus ejus humatum fuerat, sepulchrumque ejus aperientes, subito visus est draco exisse; et totum illud sepulchrum inventum est interius denigratum, acsi fuisset exustum. Nos autem illos vidimus qui usque ad nostram etatem duraverunt, qui huic rei interfuerunt et nobis viva voce voraciter dixerunt. — (Lib. de maj. domus.) Post cujus mortem Karlomagnus et Pipinus filii ejus primatum regni Francie obtinuerunt. Quorum alter, hoc est Karlomagnus, contra Hunaldum [515] ducem Aquitanorum ac deinde contra Odilonem Bajoariorum ducem conflictum habuit; et ad ultimum in Siracti monte monachus effectus, postmodum in monte Cassino religiosam vitam duxit. Postremum in Franciam ad fratrem suum Pipinum jam regem legatus sancti Stephani pape rediit; atque Italiam repetendo, facta legatione apud Viennam Gallie urbem obiit.

16 [516]. His temporibus Hildricus in regno Francorum constituitur; de quo Pipinus adhuc dux legatos ad Zachariam papam direxit, interrogans eum, si ita manere deberent reges Francorum, cum pene nullius potestatis essent, sed solo nomine contenti. Quibus legatis Romanus pontifex respondit, illum debere regem vocari et esse, qui rem publicam regeret. Detonso igitur rege Hildrico et in monasterio retruso, Franci Pipinum regem super se statuunt. Hic rebellantes sibi subegit, Griphonemque fratrem suum, Thassilonem quoque ex sorore nepotem, quorum alterum Austrasiorum, alterum Bajoariorum duces instituit (171). Denique Zacharia Romano pontifice defuncto, beatus Stephanus succedit, qui persecutione Haistulfi in Franciam venit, ubi egrotavit usque ad mortem (172), et in ecclesia sancti Dionisii ante altare ipsius martiris pristinam salutem recepit visitatione et allocutione ejusdem, et pro benedictione pastorali et ob testimonium rei geste posteris demonstrandi claves et pallium apostolice dignitatis inibi reliquit, unxitque (173) in reges Francorum florentissimum regem Pipinum et duos filios ejus Karolum et Karlomagnum. Sed et Bertradam, conjugem ipsius incliti regis Pipini, indutam cicladibus regiis, gratia septiformis spiritus in Dei nomine consignavit, atque Francorum proceres apostolica benedictione sanctificans, auctoritate beati Petri sibi a Domino tradita obligavit, et obtestatus est ut nunquam de altera stirpe per succedentium temporum curricula ipsi vel quique ex eorum propagine orti regem super se presumant aliquo modo constituere, nisi de eorum propagine. [Gesta pont. Rom.] Tunc gloriosus rex Pipinus congregans proceres regie potestatis, eosque tanti patris ammonitione imbuens, statuit cum eis, que Christo favente una cum eodem papa decreverat perficere. Tunc Francorum consilio direxit missos Haistulfo nequissimo Langobardorum regi, ut pacifice ablata restitueret ecclesiis. Sed nequam Haistulfus omnia facere renuit.

17 [517]. Cernens vero Pipinus, quod atrocissimi Haistulfi nequaquam valeret saxeum cor emollire, premisit ante suum occursum aliquos ex suis proceribus ad custodiendas Francorum clausas. Quod audiens protervus Haistulfus, super eos repente irruit cum suis exercitibus; sed Dei bonitas Francis contulit victoriam, ita ut ipse Haistulfus fugam arriperet et absque armis pre timore Francorum in Papia civitate se recluderet. Quam Pipinus obsidens et multum constringens, atrocissimus Haistulfus veniam postulans, omnimodis professus est se redditurum civitates. Pactoque confirmato, recipiendas ipsas civitates rex Pipinus consiliarium suum Fulradum abbatem Sancti Dionisii misit; et continuo ipse rex cum suis in Franciam feliciter repedavit. Post hec pestifer Haistulfus quodam in loco venationi intentus, divino judicio fulmine percussus, atrocissima morte interiit. Tunc Desiderius quidam dux, audiens obisse Haistulfum, ilico aggregans multitudinem exercituum, auxilio predicti pape Fulradi abbatis sancti Dyonisii, super Rachisum, fratrem prefati Haistulfi regis Langobardorum, arripuit fastigium. Postea idem beatissimus papa Stephanus Deo annuente rem publicam dilatans, et dominicam plebem ut bonus pastor ab insidiis inimicorum eruit, cursumque consummans, Dei vocatione ad vitam transiit perpetuam. [Epist. syn. Caris.] (175*) Pi-

VARIÆ LECTIONES.

[514] fultadum 1. 2. [515] humaldum 1. 2. [516] Quomodo Pipinus Hildericum fratrem suum a regno Francorum deposuit et in loco ejus coronatus est. add. 1. [517] Quomodo idem Pipinus diversis ecclesiis multa ex eis, quæ pater ejus abstulerat, reddidit. add. 1.

NOTÆ.

(171) Cf. supra.
(172) Cf. Gesta pont. Rom.
(173) Hæc cum notitia coronationis apud Bouquet V, p. 9 conveniunt.
(175*) Ap. Baluze II, p. 109.

pinus autem rex gloriosus dampnationem patris sui Karoli cognoscens, sinodum apud Liptanas congregari fecit. Cui prefuit cum sancto Bonifacio legatus apostolice sedis Georgius nomine. Nam et sinodum ipsam habemus, et quantumcunque de rebus ecclesiasticis, quas pater suus abstulerat, prout potuit ecclesiis reddere curavit. Et quoniam omnes res ecclesie, a quibus ablate erant, restaurare propter contestationem quam cum Gaifero Aquitanorum duce habebat non prevaluit, precarias fieri ab episcopis exinde petiit, et nonas ac decimas ad restaurationem tectorum, et de unaquaque ecclesia 12 denarios [518] ad casam, cujus res beneficiate, sicut in libro capitulorum regum habetur, dari constituit, usque dum ipse res ad ecclesiam revenirent. (EINH. V. Car. c. 3.] Ipse vero gloriosissimus rex Pipinus regnum Francorum rexit nobiliter per 15 annos et eo amplius, Parisiusque morbo aque [519] intercutis deficiens mortuus est, et in monasterio sancti Dionisii deportatus atque humatus est.

18[520]. Post cujus discessum (cf. EINH. l. l.] Franci, facto generali conventu, Karolum Magnum, filium ejus, super se regem statuunt; ad quem postmodum sanctus pontifex Adrianus compulsus in Franciam venit (174), querelam depositurus de injuriis et pervasione sancte Romane ecclesie, a Desiderio Langobardorum rege perpessis. Karolus autem rex amore et honore beati Petri et reverentia [521] sancti presulis Adriani ductus, expeditionem preparans, ipsum Desiderium in civitate Papia obsedit, et cepit cum uxore et uno filio (an. 774); alterum autem filiorum ejus regno expulit, ipsum vero Desiderium regem in Franciam misit, eumque jussit in ecclesia sancti Dionisii tonsorari et monachum fieri. Quod et factum est, ibique usque ad ultimum vite sue diem moratus est, sepultusque est ibidem in sinistra parte monasterii (175). Interim famosissimus rex Karolus ad limina apostolorum Romam perrexit. Prefatus vero Adrianus papa et priores senatorii ordinis atque sacer clerus omnisque populus Romanus cum honore eundem regem exceperunt, insuper imperatorem esse acclamaverunt et die sancto pasche (an. 800) consecraverunt. Hoc itaque peracto, cum suis prospere reversus est in Franciam. Qui sublimatus [522] super omnes gentes, quas adjutorio et labore Francorum sibi subjecerat, dum moratur Aquisgrani, Albuinum ducem Francorum atque Naimonem primicerium Wasconumque ducem ad se in conclavi evocat. Quibus ait: « Bonum atque rectum mihi videtur, ut Franci omnes mihi tributa solvant, uti cetere gentes que subjecte manent dicioni nostre. » Hoc audito, viri sapientes Albuinus atque Naimo seu alii proceres qui aderant tristes effecti, regi respondentes dixerunt: « Domine rex, desine hoc a Francis querere, quia illorum auxilio et labore regno vicisti omnia. » At rex aliquantisper commotus ira, ait nullomodo suum velle aliter verti, nisi sicut dixerat. At illi terminum prolongando petierunt prolixum. Quod et rex cessit. Interim convocaverunt omnes primores regni, eisque velle regis manifestaverunt. Qui indignati super hac re moleste acceperunt.

19[523]. Tamen a Naimone duce Wascono et Albuino deliciose bene consulati sunt. Jusserunt enim, ut omnes Franci prepararent se ad expeditionem 2 annorum, sicque armati ad regem tenderent. Et factum est. Ex improviso nuntii diriguntur ad regem, qui nuntient exercitum ascendere contra eum immensum. Quo rex audito, mente consternatus est, eo quod minime spatium illi foret congregandi exercitum. Quid plura? Mox Albuinus et alii proceres [524] Francorum assunt ante Karolum dicentes: « Quid agis, Karole? Suscipe tributum Francorum; adest tibi paratum exitiale [525]. » Quod ille audiens ait: « Deliqui; date consilium, quid agam? — Mitte, inquiunt, legatos obviam exercitui, et satisfac omnibus per emendationem. » Quod et factum est. Post vero Franci aiunt ad regem: « Tui milites sumus; armati quocunque jusseris ibimus. » Sicque cum Ludovico rege filio ejus missi sunt in partes Wasconie; peractoque negocio, cum maximo tripudio ad loca propria sunt reversi. Qui gloriosus rex post longam regni amministrationem (EINH. V. Kar. c. 50) febre simul lateris que dolore fatigatus, 7. postquam decubuit die, sacra communione percepta, decessit, anno etatis suæ 72. et ex quo regnare ceperat 47. 5. Kal. Febr. (an. 814) hora diei 3. Qui a suis ibidem in ecclesia sancte Dei genitricis, quam funditus edificaverat, conditus aromatibus humatus est.

20[526]. Cui (176) successit in regno filius ejus Ludovicus Pius imperator famosissimus, nulli regum suo tempore postponendus. Qui gloriosus imperator tres filios suos Lotharium, Ludovicum et Pipinum sublimando, monarchiam regni eis distribuit. Nam Lothario imperium Romanorum et aliis duobus par-

VARIÆ LECTIONES.

[518] denariis 1. 2. [519] atque 1. 2. [520] Quomodo Karlomannus post patris obitum et quomodo apud Romam imperator effectus sit. add. 1. [521] reverentis 2. [522] sublimatur 1. 2. [523] Quomodo Franci cum Karlomanno rege voluerunt proeliare, et de morte ipsius Karoli. add. 1. [524] preces 1. [525] exitiale 1. [526] 1. infra ante verba: Qui Lotharius per imperialia novum caput orditur, rubra præmissa: De discordia facta inter Ludovicum regem piissimum et filium ejus Lotharium.

NOTÆ.

(174) Hæc et sequentia falsa esse et fabulis plena, cuique patet.
(175) Ann. mai. Saugall. SS. I, pag. 75. Corbeiam, Ann. Leodienses SS. IV, p. 13, et Anselmus c. 18, SS, VII, p. 198. Leodium exsilii locum dicunt.
(176) Hæc cum veteribus fontibus in universum conveniunt, neque tamen ita descripta sunt, ut certum fontem indicare possimus.

tes regni divisit; atque instigante humani generis inimico, ipsi tres filii ejus, factione quorundam pravorum hominum, ipsum Ludovicum patrem suum imperatorem dolo capiunt (*an.* 833), uxoremque ejus Judith et Karolum, utriusque filium, ab eo extrahunt et exulant, descrente omni populo, ipsum Ludovicum imperatorem et ad filium ejus Lotharium transeunte. Ebbo etiam Remorum archiepiscopus inter eos ad eundem se contulit Lotharium. Qui Lotharius per imperialia palacia veniens, adduxit secum eundem patrem suum usque Suessionis ad monasterium sancti Medardi. Ibique hortantibus et urgentibus ceteris episcopis seu primoribus regni, coactus est Ebbo illi imponere publicam penitentiam; unde nimiam et perpetuam ejus incurrit offensam. Inde vero plurima pars procerum et populi verterunt se iterum ad jam dictum Ludovicum imperatorem, deserentes filium ejus Lotharium, restitueruntque eum in imperium (*an.* 834) apud monasterium sancti Dionisii (177). Tandem longo post tempore in concordiam remeante patre cum filiis, ascivit ipse imperator Ludovicus consensu et favore supradictorum filiorum Karolum in regno; cujus extitit Francorum et Burgundie regnum. Quamdiu autem supervixit genitor eorum Ludovicus, pacem quoquo [527] modo visi sunt tenere. Qui gloriosus imperator post longam regni amministrationem viam ingressus est universe carnis (*an.* 840) sepultusque est Mettis civitate a fratre suo Drogone ejusdem urbis presule in monasterio sancti Arnulfi (178). Post cujus mortem Franci, facto generali conventu, filium ejus Karolum Calvum super se regem statuunt (179). Contra quem supradicti fratres invidia regni commoti, expeditionem ex omnibus copiis suorum extrahunt regnorum, ut dimicando contra cum auferant illi regnum.

21 [528]. Quod Karolus cognoscens, omnes primores sui evocat regni, super hac re eos consulens. At illi unanimiter mente virili succensi, inquiunt, non posse pati, ut sinant eos ingredi fines suos. Unde Karolus illis gratias referens, obviam fratribus cum eis pergit. Erat autem vigilia ascensionis Domini nostri (180) (*an.* 841). Ipso die adveniente exercitu undique, qui pene confluxerant quasi harena maris, resident in parrochia Remensi. In crastinum exagitante diabolo in Fontaneola exercitus trium regum, id est Lotharii, Luedovici atque Pipini, sperantes fore exercitum Karoli invalidum et ociosum pro sancta ascensione, subito eum invadunt. Sed propitio Deo Franci et reliquus exercitus Karoli viriliter dimicantes, eos excipiunt, diuque confligendo pars Karoli victrix efficitur. Post quiete Karolus degens in regno, et supervivens ceteros fratres, omnia regna eorum suo conjunxit imperio. Qui incomparabili existens bonitate et priores et futuros reges Francorum superavit munificentia ecclesiastica. Nam totius regni sui monasteria largitate precipua augendo multiplicavit: insuper cenobium sancti Dionisii, ubi ipse corpore requiescit, mirabiliter terris et diversi generis ornamentis amplificavit. Pro quibus beneficiis ut liberaretur ab inferis, ductus est in penarum loca, ut has expavescens a malis se subtraheret; et rursum ostensus est ei floriger campus, ubi requiescunt boni, quatinus magis ac magis in bonis proficeret, ut tandem illuc pervenire posset. Quod quomodo contigerit, in gestis ipsius plenius invenitur. Qui post gloriosam regni amministrationem ad sublimium [529] apostolorum limina pergens, in ipso itinere morbo correptus interiit (*an.* 877). Deinde corpus illius sepulture traditur in parrochia Lucdunensi in monasterio scilicet Nantoani [530] (181).

22 [531]. Dum itaque ibi tumulatus multo tempore jaceret, visio in monasterio sancti Dionisii, statuto in pago Parisiaco, cuidam monacho Erchengario nomine et cuidam clerico sancti Quintini Vermandensis Alfonis nomine in una nocte apparuit [532], dicens se esse Karolum imperatorem ac Calvum, et se illis a Deo palam directum, ut voluntas Dei omnipotentis filio suo Ludovico regi et proceribus regni Francorum panderetur.

23 [533]. Nam ait displicere Deo sanctisque martiribus Dionisio Rustico et Eleuterio et aliis omnibus, quod frustretur corpus illius sepultura basilice sanctissimi Dionisii, cui libenti dum advixit animo quecunque valuit tribuere studuit, seu ornamenta, que usque hodie in ipsa reservantur ecclesia, precio inestimabilia, auro decorata, gemmisque et lapidibus preciosis, seu predia et prepotentes villas. « *Eant igitur quantocius et transferant corpus meum ad locum Sancti Dionisii.* Quod filius ejus et principes regni audientes, convocatis archiepiscopis et episcopis et abbatibus atque precipue sancti Dionisii abbate Waltero nomine, honorifice a loco prime sepulture Nantoani [534] cenobii ad locum devehunt sancti Dionisii martiris dignanter, et ante Sancte Trinitatis altare tumulant.

24 [535]. Huic vero glorioso regi [536] successit filius ejus Ludovicus [537] rex; qui genuit [538] Karlomagnum et Ludovicum. [CONT. AIMOINI c. 42.] Karlomagnus genuit Ludovicum [539]; cujus diebus natio Danorum

VARIÆ LECTIONES.

[527] quoque 1? 2. [528] Quomodo Karolus Calvus regnavit, et de discordia facta inter se et duos fratres ejus. *add.* 1. [529] subimium 2. [530] uantoani 1. 2. [531] Quomodo Karolus Calvus post obitum suum cuidam monacho apparuit. *add.* 1. [532] aparuit 1? 2. [533] Visio monachi a Karolo Calvo prolata. *add.* 1. [534] uantoani 1. 2. [535] *hanc divisionem ipse instituit.* [536] gloriose rege 1. [537] balbus *secunda manu superscr.* 2. [538] de concubina *sec. manu add.* 2. [539] qui nichil fecit *sec. manu add.* 2.

NOTÆ.

(177) Cf. Ann. Bert. h. a.
(178) Cf. Ann. Fuld. h. a.
(179) Iterum fabulosa auctor narrat.
(180) Legit hic auctor 7. Kal. Junii (pro *Julii*), qui dies hoc anno incidebat in ascensionem. BOUQ.
(181) Cf. Ann. Bert. a. 877.

tercium Neustriis [540] inflictura cladem evenit. Sed Hugo cognomento Abbas eos compescuit, quorum phalanges ita stravit, ut vix nuntius superviveret. Qua plaga humiliati Dani Gallias per alicujus temporis spacium quietas reliquerunt. Defunctis vero Hugone abbate et Ludovico principe, Karolus filius ejus, qui Simplex dictus est, in cunis evum agens, patre orbatus remansit; cujus etatem Francie primores dominatui incongruam arbitrati, cum jam recidivi Danorum nunciarentur motus, consilium de summis ineunt rebus. Supererant igitur duo filii Roberti comitis Andegavorum, qui fuit vir Saxonici generis, Odo scilicet et Robertus. Odonem majorem natu Franci et Burgundiones atque Aquitani, licet reluctantem, Karoli pueri tutorem regnique elegere gubernatorem; quem unxit Walterus Senonum archiepiscopus. Qui benignus et rei publice hostes arcendo strenue prefuit et puero semper fidelis extitit. Quo obeunte, Karolus puer dictus Simplex regnum recepit. Sub ipso tempore venerunt Normanni in Burgundia ad Sanctum Florentinum. Occurrit autem illis Ricardus dux Burgundie in territorio Tornodense, percussitque multitudinem eorum in [541] ore gladii, et reliqui fugerunt. Tempore illo factus terremotus circa cenobium sancte Columbe 5. Idus Ianuarii. Item obsidentibus Danis Carnotinam [542] civitatem, Ricardus prenominatus dux et Robertus, frater Odonis regis, irruerunt in eos, peremptisque 6 milibus octingentis, et a paucis [543] qui remanserant obsides acceperunt 14. Kal. Augusti in sabbato, auxiliante Deo et intercessione beate Marie. Item medio mense Martio apparuit stella a parte circii emittens radium fere diebus 14.

25 [544]. Sequenti anno fames invaluit per totam Galliam. Post 5 fere annos Kal. Febr. ignee acies vise sunt in celo, alternatim se insequentes. In ipso autem anno fuit dissentio inter regem et principes ejus; qua causa strages multe perpetrate sunt. Tercio anno post hanc persecutionem defunctus est Ricardus dux Burgundie Kal. Septembris, sepultus est in basilica sancte Columbe in oratorio Simphoriani martiris. [ID. c. 43.[Secundo anno post mortem ejus Robertus princeps contra Karolum Simplicem, quia pars ei regiminis Odonis fratris sui non reddebatur, tirannidem invasit, et a quibusdam episcopis diademate regio se coronari ac sceptro regni insigniri [545] ac inungi partim blanditiis partimque minis extorsit, sed letos exitus inde non habuit. Necdum enim anno illo finito, factum est bellum Suessionis civitate inter Karolum Simplicem et Robertum principem, ubi ipse Robertus a ducibus Karoli interfectus est, licet exercitus ejus obtinuerit victoriam; nec tamen socii ejus territi defectione, deseruere contumaciam. Karolo itaque a cede revertenti, occurrit ei Herbertus comes Virmandensis, iniquorum nequissimus, et ficta [546] pace deceptum in Parrona [547] castro hospitandi gracia compulit, et sic eum dolo captum tenebroso carcere reclusit. Habebat enim predictus Robertus sororem hujus Herberti, de qua natus est Hugo Magnus. Et quia status regni sine principe agebatur in incertum, Karolus in custodia positus Radulfum, filium Ricardi prefati ducis Burgundie, quem de sacro fonte susceperat, consilio Hugonis Magni, filii predicti Roberti, et procerum Francie, regnare fecit: qui unctus est in regem civitate Suessionis. Karolus autem propter carceris macerationem, cum 27 annis regnasset, in ipsa custodia defunctus est, sepultusque est in basilica sancti Fursei, relinquens [548] filium suum nomine Ludovicum, quem ex Heagiva, regis Anglorum filia, susceperat. Qui calamitate patris sui involvi metuens, ad Anglos cum ipsa matre sua fugit. Eodem tempore pagani Burgundiam vastaverunt, factumque est prelium inter eos et christianos in monte Kalo, peremptis a paganis multis milibus nostrorum.

26 [549]. Rodulfus vero rex 13 annis regens Franciam, et severus in cohercendis ecclesie predonibus et faciens remanere impetus Danorum, moritur, et sepultus est in basilica sancte Columbe juxta patrem suum. Post cujus obitum Hugo Magnus una cum Francis misit Gislebertum (182) Senonum archiepiscopum ad Heagivam, uxorem jam dicti Karoli Simplicis, quæ fugerat ad patrem suum regem Anglorum cum filio suo Ludovico, et sub sacramento datis obsidibus reduxit eam in Franciam una cum ipso filio. Igitur ex consensu Hugonis Magni et primorum Francie unctus est in regem ipse Ludovicus, filius Karoli Simplicis, apud Laudunum. Secundo anno post hec 15. Kal. Martii in primo gallorum cantu usque ad diem sanguineæ acies in celo sunt vise. Sequenti mense 9. Kal. Aprilis Hungri adhuc pagani Franciam atque Burgundiam ac Aquitaniam ferro et igne depopulari fecerunt. Post hec rebellaverunt Franci contra Ludovicum regem, super omnes autem Hugo Magnus. [ID. c. 44.] Inde non post multos dies [550] idem rex Ludovicus, filius Karoli Simplicis, supra Normannos ducens non modicum exercitum, dolo captus est ab ipsis Normannis civitate Bajocas, multis interfectis Francorum, consentiente tamen Hugone Magno. Eodem anno fames invaluit per totam Galliam, adeo ut modius frumenti venderetur 24 solidos. Post mense Maio feria 6. sanguis pluit super operarios. In ipso anno

VARIÆ LECTIONES.

[540] neustris 1. [541] in ore *post suppl.* 2. *desunt* 1. [542] parnotimam 1. 2. [543] paneis 1. [544] Quomodo Herbertus comes Karolum Simplicem apud Peronam in carcere retrusit. *add.* 1. [545] iniri 1. [546] facta *corr.* ficta 2. [547] partona 1. [548] reliquens 2. [549] Quomodo Ludovicus, filius Karoli Simplicis, regni Fr. adeptus est principatum. *add.* 1. [550] *post suppl.* 1.

NOTÆ.

(182) Guillelmum rectius Aimoini cont. et Hist. Senon. hunc dicunt.

mense Septembri Ludovicus rex, totum tempus plenum ducens augustie et tribulationis, cum regnasset annis 16, diem clausit extremum, sepultusque Remis in basilica sancti Remigii, relictis duobus filiis suis Lothario atque Karolo, quos ei genuerat Gerberga, soror Othonis Romanorum postea imperatoris. Sequenti mense 2. Idus Novembris Lotharius, filius ejusdem, jam juvenis, unctus est in regem Remis, et Hugo Magnus factus est dux Francorum. Secundo anno post hoc mense Augusto obsedit ipse Hugo Pictavis civitatem; sed nichil ei profuit. Dum enim obsideret eam, quadam die intonuit Dominus, et disrupit turbo papilionem ejus a summo usque deorsum, stuporque invasit eum cum exercitu suo, ita ut vix evaderent; versique in fugam recesserunt ab obsidione, nemine persequente.

27 [551]. [Cont. Aim. c. 44, 45.] Eodem anno Gislebertus dux Burgundie defunctus est, relinquens ducatum Othoni, filio Hugonis Magni, cui filiam suam in conjugio copulaverat. Sequenti anno post hec obiit ipse Hugo Magnus in Doringa villa 16 Kal. Julii, sepultusque est in basilica sancti Dyonisii. Successerunt autem ei filii sui Hugo cognomento Capez et Otho atque Henricus, nati ex filia Othonis regis Saxonum; quorum Hugo effectus est dux Francorum et Otho dux Burgundionum [552]. Othone vero defuncto, successit ei frater ejus Henricus. Sub eodem tempore orta est contentio inter Ansegisum episcopum Threcarum et Robertum comitem. Ejectus autem Ansegisus de civitate, perrexit Saxoniam ad Othonem regem; adductisque Saxonibus, mense Octobrio obsedit Trechas longo tempore. Euntibus vero in predam Saxonibus, occurrerunt eis Archenbaldus archiepiscopus et Renaldus comes Vetulus cum maximo exercitu in loco qui dicitur Villare. Helpone duce ibi interfecto cum Saxonibus, Senonenses extiterunt victores. Dixerat enim idem Helpo, se incensurum ecclesias et villas que sunt super Venenam fluvium usque ad civitatem et infigere lanceam suam in porta sancti Leonis. Interfectus autem Helpo cum multo populo, reportatus est a servis suis in terram suam Ardennam; sic enim mater sua Warna eum adjuraverat. Planxerunt autem eum Renaldus comes et Archenbaldus archiepiscopus, quoniam consanguineus eorum erat. Videns vero Bruno dux Helponem socium suum interfectum, reversus est in patriam suam. Non post multos dies Lotharius rex Francorum congregans immensum exercitum, revocavit in ditione [553] sua Lotharium regnum; veniensque ad palatium Aquisgrani, ubi manebat Otho imperator, hora prandii ingressus intus, nemine contradicente, comeditque et bibit quicquid illi sibi paraverant. Otho vero imperator cum uxore sua et populo suo fugiens evasit. Deprecato palatio et tota provincia, Lotharius rex rediit cum pace in Franciam, nemine persequente. Post hec ipse Otho imperator congregato exercitu usque Parisius venit, ubi nepos ejusdem cum aliis pluribus occisus est ante portam, incenso suburbio ipsius urbis; ipse enim jactaverat se lanceam suam infigere in porta Parisius. Lotharius autem rex convocato Hugone duce Francorum et Henricum Burgundionum ducem, super eos repente irruit, et persecutus est fugientes usque ad urbem Suessionis. Illi vero ingressi alveum fluminis quod dicitur Axona [554], vadum nescientes, plurimi perierunt, multo plures aqua quam gladio; tantique fuerunt ibi necati, ut fluvius redundaret cadaveribus mortuorum. Lotharius autem cum Francis persequens eos tribus diebus et totidem noctibus usque ad fluvium qui fluit juxta Ardennam silvam, interfecit multos ex eis, dedignansque eos ultra persequi, cum magna victoria in Franciam remeavit. Otho vero imperator taliter dehonestatus, cum paucis de suis in Lotharingiam rediit. Qui post hec nec revisit Franciam, nec quilibet successorum ejus. Eodem autem anno ipse Lotharius rex et idem Otho pacificati sunt civitate Remis, contradicentibus Hugone et Henrico ducibus totiusque Francie primoribus. Dedit vero Lotharius rex Othoni imperatori Lotharium regnum pro vinculo amoris; que causa magis contristavit corda Francorum.

28 [555]. Post hec Lotharius rex obiit, sepultusque est Remis in basilica sancti Remigii; successitque ei Ludovicus filius ejus; qui 9 regni sui anno obiit juvenis sine filiis, sepultusque est Compendio in ecclesia sancti Cornelii, atque Karolus, frater ejus, filius scilicet praefati Lotharii, regnum Francorum obtinuit. Eodem vero anno Hugo dux Francorum cognomento Capez contra Karolum hunc rebellavit, eo quod ipse Karolus in matrimonio acceperat filiam Herberti Trecharum comitis. Qui collecto copioso exercitu, Laudunum obsedit, ubi ipse Karolus manebat cum uxore sua. Karolus cum suis exiens de civitate, Hugonem fugavit et obsidentium fugientium hospitia incendit. Tunc Hugo cernens, quod nullo modo posset Karolum vincere, consilium habuit cum Ascelino traditore, Lauduni pontifice et ejusdem Karoli consiliatore. Tradens itaque Ascelinus [556] Laudunum Hugoni duci cunctis quiescentibus, Karolus cum uxore sua captus est intus, atque civitate Aurelianis in carcere recluditur; nondum enim unctus erat in regem, Hugone contradicente. Qui reclusus Aurelianis duos filios ex predicta conjuge, Karolum et Ludovicum, genuit. Et (183) genus et regnum deficit hic Karoli [557]. Eodem vero anno

VARIÆ LECTIONES

[551] Quomodo Hugo Capez dux Francorum effectus est *add.* 1. [552] burgondionum 2. [553] indictione 1, 2. [554] arona vadunt 1, 2. [555] *novum caput jam antea verbis* Lotharius autem cum Francis *incipit rubramque:* Quomodo Hugo Capez Karolum filium Lotharii Aurelianis in carcerem retrusit. *addit* 1. [556] astelinus 2. [557] et Ludovicum *add.* 1. *in marg.*

NOTÆ.

(183) Nota pentametrum.

ipse Hugo dux cognomento Capez unctus est in regem civitate Remis, Robertumque filium ejus dulcissimum in ipso anno regio diademate sublimari fecit.

29 ⁵⁵⁸. [CONTIN. AIM. c. 46.] Illis diebus domnus ⁵⁵⁹ Arnulfus vir bonus et modestus, frater prefati Lotharii, natus tamen de concubina, Remorum ecclesiam gubernabat. Huic Hugo ordinatus rex plurimas insidias tetendit, cupiens exterminare omnem progeniem Lotharii. Qui congregans concilium in civitate Remis, Seguinum Senonum archiepiscopum cum suffraganeis suis ad illud invitavit. In quo concilio præfatum Arnulfum, quoniam multum ei invidebat, degradari fecit, atque Aurelianis cum prefato Karolo nepote ipsius custodie mancipavit, dicens natum ex concubina non debere pontificali infula sublimari. In cujus etiam locum Girbertum philosophum consecrari fecit, eo quod magister fuerat Roberti regis, filii sui, et domni Leuterici, postea Senonum archiepiscopi. Seguinus vero archiepiscopus nullo modo consentire voluit degradationi Arnulfi nec Girberti consecrationi, licet urgeret jussio regis; sed plus Deum quam terrenum regem timens, in quantum potuit restitit; qua causa ira regis in eum efferbuit. Quo audito Romanus pontifex episcopos, qui ordinationi Girberti et Arnulfi degradationi consenserant, a sacerdotali honore suspendit, misitque Leonem abbatem a sede apostolica ad Seguinum Senonum archiepiscopum, qui vice sua civitate Remis congreget concilium. Collecto igitur concilio ex jussione apostolica, predictus Arnulfus, jam tercium annum agens in vinculis, revocatur de custodia et cum honore reponitur in sede propria. Girbertus vero intelligens, quod pontificatus honorem usurpasset injuste, penitentia ductus judicabat se indignum tali honore. Altercationem autem Girberti et Leonis missi apostolici si quis diligentius inquisierit, in gestis Remorum pontificum invenire poterit. Per idem tempus electione Othonis imperatoris et acclamatione populi Girbertus philosophus suscepit episcopatum Ravennate urbis; quo per plures annos ibidem residente, Romano papa defuncto, a populo urbis Romæ acclamatur sibi dari pontifex. Qui assumptus de Ravenna, consecratur episcopus in urbe Romana.

30 ⁵⁶⁰. Eodem vero tempore (an. 996) Hugo rex cognomento Capez 11 annum agens in corona, civitate Parisius humanis rebus exemptus est, et in basilica sancti Dyonisii sepultus est. Cui successit Robertus, filius ejus, regum piissimus, valde litteratus (184) et modestus. Qui ex regina Constancia, comitis Provincie filia, tres filios genuit, Hugonem regem, qui ob nimium decorem corporis et morum vocatus est Flos juvenum, et Robertum Burgundie ducem atque Henricum, postea Francorum regem. Eodem tempore quidam miles Walterus nomine et uxor ejus castrum Milidunum Odoni comiti tradiderunt. Rotbertus autem rex et Burchardus comes congregantes exercitum, convocatisque Normannorum auxiliis, obsederunt Milidunum. [CONTIN. AIM. c. 46, 47.] Quo expugnato ⁵⁶¹ et capto, Walterus et uxor ejus, quia illud tradiderant, ante portam ejusdem castri suspensi sunt in patibulo. Tunc Rotbertus ⁵⁶² rex Burchardo ⁵⁶³ comiti idem castrum sicut antea possederat ⁵⁶⁴ reddidit. Rainaldus igitur comes Senonum Vetulus, plenus omnibus malis, defunctus, sepultus est in basilica sancte Columbe. Cui Frotmundus, filius ejus, successit, habens in conjugio filiam Rainaldi Remorum comitis. Sub ipso tempore Seguinus Senonum archiepiscopus ultimum vite sue signavit diem; post cujus transitum Senonensis ecclesia sine pastore fuit per annum unum. Omnis autem populus ejusdem urbis poscebat sibi dari Leuthricum archidiaconum; sed quidam clerici volentes ordinari resistebant, precipue Frotmundus, filius Rainaldi comitis, volens consecrari episcopum filium suum Brunonem ⁵⁶⁵ clericum. Sed Dei voluntate et apostolica auctoritate Leuthericum consecraverunt episcopum suffraganei pontifices Senonice ecclesie. Eodem anno defunctus est Henricus dux Burgundie sine filiis, rebellaveruntque Burgundiones, nolentes recipere regem Rotbertum nepotem ejusdem Henrici. Landricus itaque comes ingressus Authitiodorum tenuit civitatem. Quo audito Rotbertus rex collegit exercitum, convocatoque Richardo duce Normannorum, vastavit Burgundiam, obsidens Autisiodorum multis diebus. Burgundiones vero se subdere ei unanimiter resistebant. Obsedit iterum Avallonem castrum fere tribus mensibus. Quo fame ei reddito, regressus est in Franciam cum exercitu suo.

31 ⁵⁶⁶. Mortuo autem Frotmundo comite Senonum, successit ei Renardus filius ejus, iniquorum nequissimus; qui ecclesiis et Christi fidelibus tantam persecutionem intulit, quanta non est audita a tempore paganorum usque in hodiernum diem. Qua persecutione Leutericus Senonum archiepiscopus angustiatus, orabat attentius ut sibi suisque Christus misereretur. Postea vero ab archiepiscopo Leuterico civitas Senonum capta est consilio Rainaldi Parisiorum episcopi, et reddita festinanter Roberto regi; unde Rainardus comes fugiens, nudus latuit. Sed Frotmundus frater ejus ceterique milites ingressi turrem civitatis, obtinuerunt eam multis die-

VARIÆ LECTIONES.

⁵⁵⁸ Quomodo idem Hugo regnum Francorum arripiens omnem progeniem Lotharii regis exterminare voluit. *add.* 1. ⁵⁵⁹ donnus 2. ⁵⁶⁰ De morte Hugonis Capet, et quomodo Robertus filius ejus unctus est in regem: *add.* 1. ⁵⁶¹ expugnanto 1. repugnante *corr.* expugnato 2. ⁵⁶² robertus 1. ⁵⁶³ burchado 1 ? 2. ⁵⁶⁴ possederant 1 ? 2. ⁵⁶⁵ bruinonem 1. 2. ⁵⁶⁶ Quomodo Senonum civitas regi Roberto tradita est consilio Rainaldi Paris. episcopi *add.* 1. *et caput incipit ante verba:* Quo fame.

NOTÆ.

(184) Ita etiam Hugo Hist. mod. c. 9, supra.

bus. Quam Robertus rex oppugnans, in illa Frotmundum cepit; quem Aurelianis vinculis mancipavit; ubi miserabiliter vitam finivit. Sub eodem tempore mense Februario duobus diebus, 14 [567] scilicet et 15, sol in virtute sua mirabiliter luxit. In circuitu ejus visus est circulus etherei coloris permaximus, fulgens quasi arcus in nubibus. Circa ipsum circulum duo soles visi sunt, quasi duo radii longissimi, unus versus Aquitaniam jubar emittens, alius [568] versus Franciam. Hec signa 5 feria tota die sunt visa; sequenti autem die, hoc est 6 feria, ipsa eadem signa [569] in sole similiter apparuerunt a prima hora diei usque in [570] terciam plenam, sed non sicut in die primo clara. Prima die hujus signi fuit luna 14, in secunda [571] 15.

52 [572]. Post hec Robertus rex christianissimus obiit anno Domini [573] 1031, positusque est juxta patrem suum in ecclesia sancti [574] Dyonisii. Post cujus obitum filius ejus Robertus Burgundie ducatum obtinuit, et Hugo Flos juvenum major natu unctus [575] in regem [576], coronam regni Francie suscepit. Qui mirificis bellorum insignibus magnanimitatisque virtutibus laureatusque [577] effulsit. Quo primo regni sui anno humanis rebus subtracto [578] (185), Henricus frater ejus, miles audacissimus, monarchia regni sublimatus, unctus est in regem, matre sua Constancia contradicente multosque primorum Gallie [579] contra illum excitante. Quos omnes ille brevi tempore et parva manu ita armis perdomuit, ut sese suaque omnia ejus summitterent potestati. Qui inter alia que strenue gessit Willelmum Normannorum ducem a quibusdam potentibus Normannis exheredatatum, ipsis devictis, in honore [580] restituit, quibusdam ex eis patibulo suspensis, aliis vinculis mancipatis, aliis potestatibus privatis. Hic ex Anna, filia regis Russie nomine Bullesclot [581], genuit Philippum regem et Hugonem Magnum, Virmandensem [582] postea comitem. Tercio autem regni ejus [583] anno urbs Parisius [584] flagravit incendio. Hoc etiam regnante per 5 annos fames invaluit. Ipse denique, multis prelis devictis, plenusque dierum, civitate Senonas [585] obiit morte communi (an. 1060), sepultusque est juxta patrem suum in basilica sancti Dionisii.

53 [586]. Philippus autem filius ejus coronam regni post eum recepit, unctus in regem Remis a Gervasio archiepiscopo ejusdem [587] urbis. Quo regnante 7 Kal. Mai. cometes apparuit fere diebus 5 magnum jubar emittens contra occidentem. Nec multo post, in [588] ipso videlicet anno (1066), die festi sancti Michaelis comes Normannorum Willelmus cum ingenti navium apparatu mare transiit, regnumque Anglorum occupavit et cepit. Illis diebus ossa beati Nicholai a Myrrea Licie urbe translata sunt in Barin civitate Apulie juxta mare. Post hos dies prefatus Willelmus Normannorum [589] comes et rex Anglorum moritur (an. 1087), successeruntque ei filii ipsius, Robertus in Normannia et Willelmus Rufus [590] in Anglia. Post hec diversarum gentium motus ad Jherusalem capiendam (an. 1097), crucibus ad humeros vestibus superpositis, factus est clamantium *Deus vult*. In cujus captione splendor in celo visus est pene per totum orbem. Postea Willelmus Rufus [590] rex Anglorum, venationi intentus, sagitta incaute emissa occiditur (an. 1100). Cui Henricus frater ejus [591] velocissime successit, ne impediretur a Roberto fratre suo, jam, de [592] Jherosolimitana expeditione reverso [593]. Eodem anno ipse Henricus diademate coronatus regio, accepit uxorem nomine Mathildem, filiam regis Scotorum, valde litteratam. Sub eodem tempore mense Februario cometes apparuit, et in anno sequenti mense Maio Goiffredus Martellus (186) Andegavorum comes, juvenis valde plangendus, in obsidione unius castelli sagitta interficitur. Ipso etiam anno Henricus Romanorum et Theutonum imperator Leodio Sancti Lamberti ultimum vite sue signavit diem (an. 1106), fugiendo filium suum persecutorem, perjurum et rebellem, quem honorifice sublimaverat regem. Sequenti anno (1107) domnus [594] Paschalis papa secundus in Franciam venit, ubi [595] a Philippo rege et Gallie primoribus valde honoratus est, ut dignum erat apostolice sedis dignitati [596]. Peractoque [597] pro quo venerat, cum pace reversus est ad propriam sedem. Philippus vero rex, cujus temporibus hec evenerunt, in primordio regni sui (an. 1072) accepit uxorem, sororem scilicet [598] Roberti [599] Flandrensis comitis, cujus laus multa habetur in bellicis negociis; ex qua genuit Ludovicum regem et filiam unam nomine Constanciam; quam idem pater suus rex Hugoni Trecharum comiti in matrimonio copulavit; sed postmodum pro parentela ab eo ablatam Boamundo viro bellicoso [600] apud Carnothum conjugio copulavit. Ipse vero Philippus, vivente legali conjuge sua, Fulconi Rechin Andegavorum comiti uxorem suam apud Turonis

VARIÆ LECTIONES.

[567] 14 sc. et 15 *desunt* 3. [568] *atque alius* 3. [569] *deest* 3. [570] *ad* 3. [571] *primo — secundo* 3. [572] *novum caput infra verbis* Qui inter alia *incipit* 1. *rubramque addit*: Quomodo post regis Roberti obitum Henricus filius ejus coronatus est rex. [573] dominicæ incarnationis 3. [574] h(eati) 3. [575] *est add. sed delevit* 2. [576] *patre superstite add.* 3. [577] que *deest* 3. [578] et in ecclesia b. Dionysii decenter humato f. e. H. m. a. adhuc patre vivente 3. [579] francie 3. [580] honorem 3. [581] buslesdoc 3. [582] p. Verm. c. 3. [583] sui 3. [584] Parisii 3. [585] Parisii 3. [586] *hanc ipse institui divisionem*. [587] u. e. 3. [588] *deest* 3. [589] dux norm. 3. [590] *superscr.* 2. [591] ipsius 3. [592] a 3. [593] *hoc loco* 1. *addit rubram*: Quomodo post regis Roberti obitum Henricus filius successit in regnum Francorum. [594] donnus 2. [595] et 3. [596] dignitati sedi. 1 sedi *superscr.* dignitati 3. sedi et dignitati 3. [597] que *deest* 3. [598] ex parte matris *add.* 3. [599] r. jerosolymitani fl. c., filii vero Roberti Frisionis 3. [600] genere Romano *add.* 3ª.

NOTÆ.

(185) Hugo ante patrem Rotbertum, quocum rex e. at constitutus, mortuus est.

(186) Junior hujus nominis, Fulconis Rechin filius.

dolo subripuit; ex qua Philippum et Florum genuit [601] et filiam unam, quam Tanchredus Anthiochenus [602] in conjugio postulavit et accepit. Ipse autem Philippus 48 regni sui anno apud Milidunum 4 Kal. Augusti obiit (an. 1108), sepultusque [603] est in ecclesia sancti Benedicti super Ligerim in pago Aurelianensi. Cui Ludovicus filius ejus successit, unctusque est in regem Aurelianis a domino [604] Daigberto [605] archiepiscopo Senonensi. Qui in multis exercitiis fatigatus, partim sua simplicitate partim procerum suorum infidelitate Deo donante victor extitit (187).

In 5. hæc adduntur: Accepit autem uxorem filiam Humberti Moriennæ vel ut vulgo dicitur de Intermontes; ex qua genuit filios quinque, Philippum, Ludovicum, Robertum, Henricum; quinti nomen non occurrit memoriæ, qui et puer decessit (188); habuitque ex ea filiam unam. Philippus vero patre vivente unctus est in regem civitate Remis, sed non multo post urbe Parisius de equo corruens, mortuus est (an. 1129), et in ecclesia sancti Dionysii sepultus est. Item eodem anno unctus est frater ejus Ludovicus in regem in urbe supradicta ab Innocentio papa II, cum ibi teneret concilium (an. 1131). Transactis deinde tribus annis moritur Henricus rex Anglorum et dux Normannorum (an. 1135); et successit ei Stephanus, nepos ejus, comes Moritolii. Sequenti autem anno Willelmus dux Aquitanorum ad extrema ductus, precepit hominibus suis, ut filiam suam unicam matrimonio copularent Ludovico juveni filio regis Francorum; carebat enim alio herede. Nam frater suus Raimundus paulo ante Jherusalem perrexerat, et filiam Boamundi junioris principis Antiochiæ, ipso mortuo, accepit uxorem simul cum principatu ejusdem urbis.

VARIÆ LECTIONES.

[601] et f. u. g. 5.   [602] genere Normannus *add.* 5.   [603] et sepultus 3.   [604] donno 2.   [605] daimberto 3.

NOTÆ.

(187) In codicibus 1 et 2 genealogia sequitur regum Francorum, cui 1 hanc præmittit rubram: « Quomodo post eversionem Troje homines qui fugerunt Franci sunt vocati, et de nominibus regum. » Genealogiæ tenor hic est: « Post captam Trojam atque deletam Eneas cum 22 navibus, cum quibus Paris Alexander in Greciam ierat Helenamque deportaverat, quibus portabantur reliquie Trojanorum, venit in Italiam, regnante ibi Latino et apud Athenienses Menesteo, apud Sicionios Poliphide, apud Assirios Aptane, et apud Hebreos judex Lapdon erat. Mortuo autem Latino, regnavit Eneas ibi tribus annis in supradictis locis, eisdem regibus, nisi quod Sicinniorum [a] jam Pelasgus erat et Hebreorum judex Sanxon, qui propter nimiam fortitudinem putabatur Hercules. Anthenor etiam nobilissimus Trojanorum et alii multi ab excidio prefate urbis profugi, Asya pervagata, Frigaque rege facto et cum suis inter Macedones remanente, ingressi hostia Tanay fluminis, transactisque Meotidis paludibus, in finibus Pannonie edificavere civitatem nomine Sichambriam. Post mortem vero Anthenoris statuerunt duos Torgotum et Francionem, a quo, ut quibusdam placet, Franci sunt appellati. Quo mortuo, duces elegerunt Sennonem et Genebaldum atque Marchomirum; cujus filius Pharamundus genuit Clodium crinitum, a quo reges Francorum criniti habebantur. Clodio vita decedente, Meroveus affinis ejus regni Francorum gubernacula suscepit; a quo Meroveo rege utili reges Francie Merovingi sunt appellati. Meroveus genuit Childericum; Childericus Clodoveum; Clodoveus Clotharium; Clotharius Chilpericum; Chilpericus Clotharium; Clotharius Dagobertum; Dagobertus Ludovicum; Ludovicus Clotharium et Chilpericum juniorem et Theodericum; Theodericus Childebertum; Childebertus Dagobertum juniorem; Dagobertus junior Theodericum; Theodericus [b] Clotharium. Et post transmigrationem generationis Ansbertus genuit Arnoldum ex filia Clotharii regis; Arnoldus vero sanctum Arnulfum, postea Mettensem episcopum. Sanctus Arnulfus genuit Ansegisum; Ansegisus Pipinum majorem domus; Pipinus Karolum Martellum; Karolus Martellus Pipinum postea regem; Pipinus rex Karolum Magnum imperatorem; Karolus Magnus imperator Ludovicum Pium imperatorem; Ludovicus Pius imperator Karolum Calvum imperatorem; Karolus Calvus Ludovicum tantum [c] regem; Ludovicus Karlomagnum et Ludovicum; Karlomagnus Ludovicum Qui-nichil-fecit; Ludovicus Karolum Simplicem; Karolus Simplex Ludovicum, qui traditus est Bajocas a Hugone Magno duce. Ludovicus iste Lotharium et Karolum genuit de Geberga, sorore Othonis imperatoris; Lotharius senex Ludovicum et Karolum. Ludovicus rex obiit juvenis sine filiis; cui successit Karolus frater ejus; qui nondum unctus in regem, traditus est cum uxore sua Laudunum ab Ascelino ejusdem urbis præsule, et redditus Hugoni cognomento Capet. [Nomina regum Francorum, qui de genere Hugonis Capet processerunt, add. 1.] Quem idem Hugo Aurelianis mancipavit custodie; ubi mortuus est cum uxore sua et duobus filiis quos ibi genuerat, Ludovico et Karolo. Et genus et regnum deficit hic Karoli, et [d] transit ad supradictum Hugonem cognomento Capez; qui genuit regem Rotbertum; Rotbertus Henricum; Henricus Philipum; Philipus Ludovicum; Ludovicus Ludovicum piissimum [sive [e] grossum]. Philippus genuit Ludovicum. Ludovicus genuit Philippum.] » Codex 1 post verba «regem Rotbertum» ita pergit: « Et huic successit Henricus filius ejus. Post quem regnavit Philippus filius ejus. Quo mortuo, Ludovicus filius ejus regnum suscepit paternum. Et post hunc regnavit Ludovicus filius ejus. Post hunc regnavit Philippus filius ejus. Anno d. i. 1181 unctus est in regem Remis a Willermo archiepiscopo avunculo in presentia patris sui Ludovici, et militari ambitu stipatus, baronibus totius Francie et Flandrie circa eum astantibus, scilicet Philippus comes Flandrie et Viromandie, Balduinus comes Namucensis, Henricus comes Trecarum, Stephanus comes Blesensis, Theobaldus comes Carnotensis, avunculi sui, et alii multi. Anno d. i. 1214 predictus rex Philippus bellum gessit cum Alemannis et Theutonicis et Flamingis, et cum Othone eorum imperatore et comite Flandrensi Fernando nomine et Reinnaldo de Bolonia, et cum Willelmo Longaspata, fratre regis Anglorum. Omnes istos depugnavit et vincit, fugato Othone.

(188) Hugo. His adde Philippum archidiac. Paris. et Petrum Cortiniacensem.

[a] Sirinniorum 1. 2.
[b] Th. cl. *in marg. add.* 2.
[c] Tamen 1.
[d] *Pergit alia manu* 2.
[e] S. g. *post add.* 2.
[f] *Hæc posteriori manu scripta sunt, aliis erasis,* ludovicus piissimus philippum istum....

Decedente itaque prefato Pictavorum comite Willelmo, accepit Ludovicus juvenis rex Francorum filiam ejus cum ipsius ducatu. Ipso anno obiit in civitate Parisius Ludovicus senior rex Francorum Kal. Augusti, et sepultus est in ecclesia sancti Dionysii; et successit ei Ludovicus filius ejus rex Francorum et dux Aquitanorum anno ab incarnatione Domini 1137.

NOTÆ.

Othone imperatore, predictis comitibus vinculatis, secum adduxit in Franciam, custodie mancipavit. Decessit autem gloriosus rex Philippus anno vite sue sexagesimo tertio, regni vero sui 44. Iste Philippus filius fuit Ludovici supra memorati regis. Et post hunc regnavit Ludovicus filius ejus. Et post hunc regnavit Ludovicus filius ejus undecimum etatis agens annum. »

HUGONIS DE S. MARIA

MONACHI FLORIACENSIS

TRACTATUS DE REGIA POTESTATE

ET

SACERDOTALI DIGNITATE.

(Baluz. *Miscell.*, edit. Mansi, tom. III, pag. 183.)

INCIPIT PROLOGUS.

Henrico Anglorum regi gloriosissimo frater Hugo monachorum omnium extremus, sanctissimi Benedicti Floriacensis monachus, pacis perpetuæ munus.

Considerans, domine rex, discrimen discordiæ in quo sancta versatur Ecclesia de potestate regia et sacerdotali dignitate, quas quidam ab invicem secernunt et dividunt, libellulum istum pia cura et fraterno compunctus amore condere statui, quo contentio hæc aliquatenus sopiatur, et error qui longe lateque diffunditur, pariter mitigetur, error, inquam, illorum qui sacerdotalem dignitatem a regia dignitate temere secernentes, ordinem a Deo dispositum evertunt, dum opinantur se scire quod nesciunt. Putant enim quod terreni regni dispositio non a Deo, sed ab hominibus sit ordinata, sive disposita. Et ideo sacerdotalem dignitatem majestati regiæ præferunt, cum ei subesse ordine, non dignitate, debeat, sicut præsens libellulus declarabit. Erroris igitur hujus depulsa tenebrosa caligine, forsitan divinis dogmatibus et verbis rationabilibus acquiescent. Error quippe non tantum in majoribus, sed etiam in rebus minoribus est vitandus. Error autem nihil aliud est quam putare falsum quod verum est, et verum quod falsum est, vel pro incerto verum habere, seu a rationis tramite deviare. Illi vero qui suo furori tantummodo satisfacere cupientes, rerum ordinem, quem Deus disposuit, student pervertere, sacrilegii crimen incurrunt, et pharisæi merito nuncupantur. Nam ideo noster conditor et salvator Dominus Jesus Christus Rex simul et Sacerdos sacrosancto ministerio vocari dignatus est ut nobis ostenderet quanto fœdere vel affinitate rex et sacerdos sibi invicem debeant convenire. Indissociabile enim est quod in unitate conjungitur. His nempe potestatibus invicem dissidentibus et confligentibus pax dissolvitur, et Ecclesia quam ipse Christus suo sanguine redimere dignatus est, infeliciter perturbatur. Proinde, domine rex, idcirco vobis opus hoc assignare vel dedicare decrevi, ut auctoritatis vestræ privilegio confirmetur et corroboretur, et per loca plurima dispergatur, vel si fuerit inutile, disrumpatur. In hac etiam re sequor antiquorum virorum vestigia, qui sua studia olim regibus imbutis litterarum studiis præsentabant. Precor denique excellentiam celsitudinis vestræ ut illud in seorsum et cum viris sapientibus qui vobiscum sunt, retractetis et diligenter examinetis, et ut quacunque in eo confutanda videritis, detegere satagatis. Scio enim quia ab his qui rerum ordinem sua temeritate conantur evertere, non solum damnabitur, sed etiam conspuetur, vel eo quod ab eorum sententia deviare videtur, vel ideo quod rem propositam explanare rusticano sermone videtur. Nam cæcis corde plerumque sua, proh dolor! cæcitas atque temeritas placet. Verumtamen precor eos per eorum magnificentiam ne eis sordescat meum rusticanum eloquium sed malint veros quam disertos audire sermones. Cæterum scio quia tutius veritas auditur quam prædicatur. Unde nunc deprecor omnes venerabiles præsules et reliquos sanctæ Ecclesiæ prælatos et clericos simul sensatos, qui hæc lecturi sunt, ne me præsumptorem judicent aut temerarium, quasi ego eos in cathedris sedentes et divinæ philosophiæ arcana scientes superbe coner instruere. Non, quæso ita existiment, sed hæc pie et æquanimiter legant atque suscipiant. Opto enim ut et ipsi omnes venerabiles Patres et domini mei quotidie proficiant in Christo Jesu Domino nostro et ut Ecclesiæ sanctæ corpus eorum temporibus ordine congruo dispositum corroboretur, et firmo pacis fœdere jugiter perfruatur. Vos autem, domine rex, Deus omnipotens sua gratia per longa temporum curricula nobis sanum et incolumem conservare dignetur, Amen.

Explicit prologus.

INCIPIT LIBER.

CAPUT PRIMUM.
Quod non sit potestas nisi a Deo.

Scio quosdam nostris temporibus qui reges autumant non a Deo sed ab his habuisse principium qui Deum ignorantes, superbia, rapinis, perfidia, homicidiis, et postremo universis pene sceleribus in mundi principio diabolo agitante supra pares homines dominari cæca cupiditate et inenarrabili affectaverunt præsumptione vel temeritate. Quorum sententia quam sit frivola liquet apostolico documento, qui ait : « Non est potestas nisi a Deo. Quæ enim sunt, a Deo ordinatæ sunt (*Rom.* XIII, 1). » Constat igitur hac sententia quia non ab hominibus, sed a Deo, potestas regia in terris est ordinata sive disposita. Ipse quippe primum hominem in mundi statim primordio dote sapientiæ præmunitum omnibus mundi præposuit creaturis. In qua re ei subtiliter intimavit unum esse totius creaturæ cœli et terræ Regem ac Dominum, cui illa jure cœlestis curia, quæ supra nos est, certis distincta gradibus et potestatibus militat et obaudit. Et ut hoc etiam pariter in nostri forma corporis agnoscamus, videmus omnia nostri corporis membra capiti subjacere. Omnia, inquam, humani corporis membra capiti esse subjecta atque subposita positione simul et ordine patet. Unde nobis liquido claret Deum omnipotentem non solum humanum corpus variis membrorum distinxisse lineamentis, sed et totum mundum certis gradibus ac potestatibus, sicut illa cœlestis curia cognoscitur esse distincta, in qua ipse solus Deus pater omnipotens regiam obtinet dignitatem, et in qua post ipsum angeli, archangeli, throni et dominationes, et quæquæ cæteræ potestates sibi invicem præesse mirabili et modesta potestatum varietate noscuntur. Alia tamen est persona Patris, et alia Filii, et alia Spiritus sancti. Sed Pater, et Filius, et Spiritus sanctus unus est Deus. Verumtamen Pater solus de alio non est, Filius vero de Patre natus est. Patris tamen et Filii, sicut jam dictum est, est una divinitas et una majestas. Unus, inquam, est Deus Pater, a quo omnia, et a quo Filius, per quem omnia ; ut ejus principii auctoritas in omnibus conservetur et in tribus personis una Deitas adoretur.

CAPUT II.
Quod sicut caput in corpore, ita rex in regno suo principatum debeat obtinere.

In mundo quoque Deus unum formavit hominem, a quo postmodum omne genus humanum traxit originem. Proinde sicut de Deo Patre natus est Deus Dei Filius, ut per ipsum omnis fieret creatura, ita et de viro formata est mulier, per quam fieret omnis humani generis genitura. Non est, inquam, mulier de viro nata, sed facta ; quia non poterat de simplici corpore nasci. De Patre vero Deo natus est Deus Dei Filius ineffabiliter et incomprehensibiliter, utpote Spiritus de spiritu, Deus de Deo, ut per ipsum omnis fieret creatura. Mulier vero facta est de viro, ut per eam nativitas oriretur. Unius tamen substantiæ vir et mulier est ; sed gradu major est vir, quia ex viro mulier, sicut testatur Apostolus, dicens : « Caput mulieris est vir (*I Cor.* XI). » Unius etiam substantiæ Pater et Filius est ; sed ordine, non natura, Pater major esse cognoscitur, Paulo teste, qui ait : « Caput Christi Deus (*ibid.*). » Nam, sicut jam præmissum est, Pater a nullo est, Filius vero de Patre est, ut summæ Trinitatis essentia in unitate Deitatis adoretur et veneretur. Principales etiam potestates, quibus hic mundus regitur, duæ sunt, regia et sacerdotalis. Quas duas potestates in sua sola persona ipse Dominus Jesus Christus sacrosancto mysterio gestare decrevit, qui Rex simul est et Sacerdos : Rex, quia nos regit ; Sacerdos vero, quia nos sui corporis immolatione a peccatorum nostrorum sordibus emundavit et Patri suo reconciliavit.

CAPUT III.
Quod rex Dei Patris imaginem obtineat, et episcopus Christi.

Verumtamen rex in regni sui corpore Patris omnipotentis obtinere videtur imaginem, et episcopus Christi. Unde rite regi subjacere videntur omnes regni ipsius episcopi, sicut Patri Filius deprehenditur esse subjectus, non natura, sed ordine, ut universitas regni ad unum redigatur principium. Cujus mysterii sacramentum in Exodo Dominus evidenter aperit, ubi ad Moysen dicit : « Ecce constitui te Deum Pharaonis, et Aaron erit propheta tuus

(*Exod.* 11).» Porro Moyses in Hebraico populo regis imaginem, et Aaron sacerdotis obtinuisse visus est : salva alia sancta sacramenti significatione. Unde ipse Moyses sacrosancto mysterio tabernaculum ædificat atque sanctificat, et Aaron consecrat, et populo legis divinæ decreta proponit, et Aaron in virga quam ei tradiderat Moyses operatur signa et prodigia coram Pharaone et optimatibus ejus.

CAPUT IV.
De officio legitimi regis.

Regis igitur ministerium est populum sibi subjectum ab errore corrigere et ad æquitatis atque justitiæ semitam revocare. Unde etiam in libro Judicum reperies quia antequam regem haberent filii Israel, Jonathas filius filii Moysi, cum inter Levitas deputatus esset, præsumpsit sibi sacerdotium : « Quia unusquisque, inquit, sibi placita faciebat, eo quod non esset rex in Israel (*Judic.* XVII.)» Ex quibus verbis liquido patet quia ubi rex non est qui populum regat et a temeritate revocet et abducat, totum regni corpus vacillat. Unde ille rex merito vocitatur qui mores suos competenter regere et sibi subjectos bene novit modificare. Ideo, inquam, Deus omnipotens cæteris hominibus regem, cui cum eis una nascendi moriendique conditio est, prætulisse cognoscitur, ut et suo terrore sibi subjectum populum a malo coerceat, et ut ad recte vivendum legibus subdat. Unde per terrenum regnum sæpe cœleste proficit, dum quod sacerdos non prævalet efficere per doctrinæ sermonem, regia potestas hoc agit vel imperat per disciplinæ terrorem. Populus enim regis metu facile corrigitur. Rex vero nisi solo Dei timore et metu gehennæ ab injusto tramite minime deterretur. Debet tamen semper animo recolere illud viri sapientissimi dictum : « In majori fortuna minor licentia est. » Ipse etiam sibi subjecto populo debet semper magis proficere quam nocere. Verumtamen secundum meritum subditorum tribuuntur plerumque personæ regentium ; et ita nonnunquam sibi invicem connectuntur merita subjectorum atque rectorum ut ex culpa rectoris fiat deterior vita subditorum, et ex meritis subditorum mutetur vita rectorum. Sed et sic Deus omnipotens et Dominus universæ creaturæ suam ordinavit creaturam ut et de bonis et de malis bene faceret. De bonis, inquam, et de malis bene facit Deus qui omnia juste facit atque disponit. Et sic fit ut et malus angelus et malus homo divinæ militent providentiæ, licet nesciant quid boni de illis operetur divina providentia vel voluntas. Porro ipsius voluntas, etiam cum mala irrogat, justa esse dignoscitur. Et quia justa est, mala non est. Et quod bene fit, juste fit. Ita, inquam, non tantum omnes homines, sed etiam omnis creatura in genere suo et in ordine suo divinæ providentiæ legibus subditæ sint, ne aliquid injustum possit accidere creaturæ. Quod ostendit evangelista, ubi ait : « Nonne duo passeres asse veneunt et unus eorum non cadit in terra sine voluntate Patris vestri? » (*Matth.* x.) Igitur liquet hoc documento illud etiam quod homines in terra vilissimum putant, Dei omnipotentia gubernari. Sed quia mundas et rationabiles animas ipse per se Deus specialiter curat atque gubernat, sive per optimos angelos, qui administratorii spiritus sunt, propter eos qui hæreditatem sunt percepturi, sive per homines tota sibi voluntate servientes, cætera vero per pravos disponit atque gubernat, verissime illud ab Apostolo dici potuit quod scriptum est : « Nunquid de bobus cura est Deo? » (*I Cor.* IX.) Itaque rex bonus hominibus datur Deo propitio, et pravus Deo irato, sicut ipse per prophetam testatur Israelitico populo dicens : « Dabo, inquit, tibi regem in furore meo (*Ose.* XIII). » Et in alio loco : « Regnare permittit, inquit, Deus hypocritam propter peccata populi (*Job* XXXIV.) » Quapropter tolerandi sunt a subditis quique reges ac principes, nec est eis a quoquam temere resistendum ; ne dum eorum injustitia reprehenditur, ipsa magistra rectitudinis humilitas amittatur. Ita, inquam, a subditis circa reges et principes est tenenda via rectitudinis et humilitatis, ut ita reprehensibilia suorum rectorum facta despiciant, quatenus eorum mens a prælatorum reverentia non recedat. Quod bene boni filii Noe tunc fecisse leguntur cum verenda ipsius aversis vultibus velare studuerunt (*Gen.* IX). Quos imitantur subditi quique quibus sic præpositorum suorum mala displicent ut tamen hæc ab aliis occultent. Qui etiam tunc aversi operimentum deferunt quando judicantes factum, et venerantes magistrum, nolunt videri quod tegunt. Hanc etiam formam humilitatis et mansuetudinis Dominus noster Jesus Christus in terris positus nobis evidenter ostendit, cum Herodem regem truculentissimum humiliter evitavit. Nam illum valebat sua illa nimirum potestate perimere qua ad se adorandum magos a longinquis regionibus dignatus est evocare. Ipse etiam postmodum sævientes in se principes sacerdotum sæpe sua mansuetudine declinavit, et leprosis jussit ut juxta legis decreta se eis ostenderent, quanquam sciret eos indignos dignitate sacerdotali, ne eis præjudicium facere videretur. Honorandi etiam sunt omnes qui in potestate positi sunt ab his quibus præsunt, etsi non propter se, vel propter ordinem et gradum quem a Deo acceperunt. Sic enim jubet Apostolus dicens : « Omnibus, inquit, potestatibus sublimioribus subditi estote. Non est enim potestas nisi a Deo. Quæ enim sunt, a Deo ordinata sunt (*Rom.* XIII). » Ipse nempe, sicut jam superius ostensum est, per pravas malorum hominum voluntates explere nonnunquam consuevit suam æquam ac justissimam voluntatem, sicut per Judæos malivolos, bona voluntate Patris, Christus pro nobis occisus est. Quod scientes atque credentes, et præceptum Apostoli pariter observantes, etiam gentiles in potestate positos honoramus, et mala quæ nobis ingerunt æquanimiter toleramus, ne Deo injuriam facere videamur, qui illos ordinis titulo super homines extulit atque sublimavit, licet illi indigni sint ordine quo fruuntur. Nam et reges reprobos divinis revelationibus cernimus honoratos. Pharaoni nempe futuræ famis somnium divinitus est revelatum. Et Nabuchodonosor, multis astantibus, filium Dei in camino ignis inter tres pueros legitur agnovisse. Caiphas quoque sceleratissimus pontifex prophetasse cognoscitur evangelico documento, non utique merito suo, sed ordinis sacerdotalis gratia, qua Dei justo certoque fruebatur judicio. David etiam Saulem regem, quem a Deo sciebat esse reprobatum atque depositum, honorificavit, ita ut in illum extendere manum nequaquam præsumeret, cum eum Deus suis manibus tradidisset. Multis enim annorum curriculis ipse rex Saul, patientia Dei supportante, qua peccatoribus examinis sui dignam censuram inferre plerumque detrectat, regalis officii obtinuit dignitatem, postquam a Deo propter suam superbiam et inobedientiam meruit reprobari. Et cum jam illum Deus, sicut legitur, reprobasset, Samuel propheta sanctissimus oraculo divino profectus est in Bethlehem ad domum Jesse, non manifeste, sed occulte, ut videretur regem metuere, quando David in regem inunxit. Quid de Elia propheta sanctissimo dixerim, qui Achab regem et uxorem ejus Jezabel contra se furentes fugiendo maluit declinare quam eis aliquam molestiam inferre? Non enim eum pœna latebat quæ legis divinæ transgressoribus imminebat. Sed malum, quod eis eventurum quandoque sciebat, patienter exspectare quam eos aliquo pœnarum detrimento lædere gestiebat. Declinavit igitur sapienter vir sanctissimus regis sævi tyrannidem et uxoris ejus stultam et ineptam proterviam. In manu quippe Dei est et superbos de sublimi sede deponere et humiles quosque ad culmen dignitatis erigere. Oportet denique, sicut præcipit Apostolus, ut omnis anima sublimioribus potestatibus subdita sit, et ut reddantur omnibus omnia quæ, salvo Domini nostri Dei cultu, principibus reddantur. «Obsecro,» inquit idem Apostolus, « primum fieri deprecationes et orationes pro regibus et omnibus qui in sublimitate positi sunt, ut securam et tranquillam vitam agamus, cum omni pietate et charitate (*I Tim.* II).» Præcipit etiam ut quicunque sunt sub jugo servitutis, dominos suos omni honore dignos arbitrentur, et ut qui infideles habent dominos, eos non contemnant, sed magis eis serviant, quia fideles sunt, propter eum qui eos illis subjecit, scientes quia, sicut alias idem Apostolus dicit : « Omnis prævaricatio et inobedientia accipit dignam mercedis retributionem (*Hebr.* II).» Cujus subjectionis et humilitatis exemplum ipse per se Dominus Jesus Christus nobis tradere visus est, cum pro capite suo Cæsari tributum solvere non dedignatus est. De hac etiam mansuetissima servitute quidam sapiens perhibet dicens quia « justus liberaliter, injustus vero compeditus servit. » Pro illis denique orare, non eis contumeliose resistere, præcipimur, sicut Samuel orasse legitur pro Saule, qui tamen exauditus non est. Jam enim Dei justo judicio rex ille superbus et impœnitens reprobatus erat. Quapropter orare pro regibus divinæ legis transgressoribus sancta consuevit Ecclesia, quia patet sancta lectione librorum plurimos sanctos viros oratione pura tyrannos vicisse, et plures hostes sæpe almis precibus quam armis fudisse. Nam Moyses orabat, non dimicabat, quando divisum est mare et per medium ejus populus transmeavit; Pharao vero cum curribus et equitibus suis demersus est in fluctibus ipsius. Nihil enim ipse Moyses contra Pharaonem nisi solam virgam levavit. Amalech denique victus est cum Moyses manus ad Deum levaret. Sacrarum etiam tubarum sonitu muri Jericho cecidere. Sed et rex Ezechias non armis se, sed cilicio induit, et pro galea cinere caput texit, quando Sennacherib rex Assyriorum adversus eum multis vallatus satellitibus venit. Verum Ezechiæ regis mitissimi oratio ad Deum ascendit, et in castris Sennacherib superbissimi angelus descendit, qui de ejus exercitu octoginta quinque millia virorum interfecit. Quis hæc et ejusmodi prodigia considerans non admiretur et non intelligat pravis regibus spiritualibus potius orationibus quam armis carnalibus resistendum? Proinde sanctus Ambrosius Mediolanensis episcopus, cum ei Justina imperatrix, Arianorum fautrix, multas pro defensione fidei catholicæ inferret injurias, non illi studuit armis violenter resistere, sed ejus ferocitatem continuis, id est diurnis et nocturnalibus orationibus refrenare. Nam armis præsulem quemlibet contra regem vel imperatorem contendere, et sacra loca ac Deo dicata humano sanguine polluere, nefarium et temerarium est. Quod Dominus Jesus Christus salvator et conditor noster tunc manifestissime docuit cum Petrus apostolus gladium suum extrahens, pontificis servum apprehendit, et ejus auriculam amputavit. Ait enim illi : « Converte gladium tuum in vaginam. Omnes enim qui acceperint gladium, gladio peribunt (*Joan.* XVIII). » Ac deinde : « An putas quia non possum rogare Patrem meum, et exhibebit mihi modo plusquam duodecim legiones angelorum? » (*Ibid.*) Unde illi qui non zelo Dei, sed sua temeritate vel arrogantia potestati resistunt, Deo rebellare videntur, qui dixit : « Per me reges regnant et principes dominantur (*Prov.* VIII); » cujus judicia, etsi manent occulta, nunquam tamen sunt injusta. Illis, inquam, armis temere resistere aut eis aliqua fraude interitum machinare nullatenus sancta consuevit Ecclesia, revolvens illud præceptum Dominicum quo suis fidelibus ait : « Mihi vindictam, et ego retribuam (*Rom.* XII). » Non enim qui bonus permanet polluitur, si malo societur; sed qui malus est, in bonum vertitur, si boni exempla sectetur. Patienter etiam nos Dominus quotidie peccantes exspectat, dans nobis spatium pœnitendi, ut nostram patientiam exerceat et informet suo exemplo, quo noverimus quantum nos oporteat tolerare malos, cum ignoremus quales futuri sunt, quando ille parcit et sinit eos vivere quem nihil futurorum latet. Unde, si contigerit rebelles pro hac contumacia mori, nequaquam de martyrii nomine gloriæntur, qui furum more merito supplicio condemnantur. Verum ad malum perpetrandum nullus potestatibus debet adhibere consensum : quia, si illis debetur a Christi cultoribus terrena militia, Deo debetur innocentia. Unde, si forte coactus fuerit aliquis Christianus ut aut eis obediendo justitiæ vel innocentiæ regulam infringat, aut quamlibet pœnam aut mortem pro contemptu hujusmodi solvat, eligat Deo fidelis anima magis fugitivam vitam amittere quam reatum peragere, recolens illud quod in Evangelio scriptum est : « Nolite timere eos qui occidunt corpus, animam autem non possunt occidere ; sed potius eum timete qui potest, et animam et corpus perdere in gehennam (*Luc.* XII). » Adulatores vero regum ac principum, eos videlicet qui pro terreno commodo eorum pravitates suis laudibus efferunt, detestatur sancta Scriptura, quæ ait : « Væ qui dicunt bonum malum et malum bonum (*Isa.* v). » Et alibi (*Luc.* XVI) : « Nemo potest Deo servire et mammonæ,» et cætera quæ sequuntur in eodem capitulo. Quomodo autem fidelibus regibus et potestatibus serviatur, Dominus ostendit, ubi dicit : « Reddite quæ sunt Cæsaris Cæsari, et quæ sunt Dei Deo (*Matth.* XXII), » id est regi vel principi terrenam jubet reddi militiam et honorificentiam, et Deo servare mentis et corporis inviolabilem puritatem.

CAPUT V.
De electione episcopi.

Igitur rex instinctu Spiritus sancti potest, sicut existimo, præsulatus honorem religioso clerico tribuere. Animarum vero curam archiepiscopus debet ei committere. Qua discreta consuetudine usi sunt quondam quique Christianissimi reges et principes in promovendis viris ecclesiasticis atque sanctissimis usque ad hæc tempora nostra. Clericus vero ille religiosus videtur existere quem amor pecuniæ minime vexat, nec reprobi mores aut conversatio reprehensibilem reddunt vel contemptibilem. Ubi vero eligitur episcopus a clero vel populo secundum morem ecclesiasticum, nullam vim ac perturbationem eligentibus rationabiliter rex per tyrannidem debet inferre, sed ordinationi legitimæ suum adhibere consensum. At si reprehensibilis ille qui eligitur fuerit inventus, non solum rex, sed nec plebs provinciæ debet electioni ipsius suum assensum favoremque tribuere, sed etiam crimina, quibus ille detestabili maculatur infamia, voce publica denudare, ut vel hac contumelia eligentium temeritas comprimatur. Post electionem autem, non annulum aut baculum a manu regia, sed investituram rerum sæcularium electus antistes debet suscipere, et in suis ordinibus per annulum aut baculum animarum curam ab archiepiscopo suo, ut negotium hujusmodi sine disceptatione peragatur, et terrenis et spiritalibus potestatibus suæ auctoritatis privilegium conservetur. Quod si regulariter fuerit conservatum, implebitur illud quod Salvator noster in Evangelio præcipiens dixit : « Reddite quæ sunt Cæsaris Cæsari, et quæ sunt Dei Deo (*Matth.* XXII), » nec fluctuabit res firmiter et ordinabiliter stabilita, et procul aberit ab Ecclesia sancta magnus tribulationum acervus. Rex enim, sicut jamdudum præmissum est, Dei Patris obtinere videtur imaginem, et episcopus Christi. Quamvis ipse Dominus Jesus Christus in Evangelio suis discipulis eorumque sequacibus dicere videatur : « Non vos me elegistis, sed ego elegi vos, et posui vos ut eatis et fructum afferatis et fructus vester maneat; et ego dispono vobis sicut disposuit mihi Pater meus regnum (*Joan.* XV); » regnum videlicet sanctarum animarum, non regnum sæculi hujus, sicut ipse passionis suæ tempore Pilato testatus est dicens : « Regnum meum non est de hoc mundo (*Matth.* XVIII). » Nam, sicut scribit ad Timotheum apostolus Paulus, « Nemo militans Deo implicat se negotiis sæcularibus (*II Tim.* II). »

CAPUT VI.
Item de officio legitimi regis.

Porro legitimi regis officium est populum in justitia et æquitate gubernare et Ecclesiam sanctam totis viribus defendere. Oportet etiam eum esse pupillorum tutorem, et viduarum protectorem, et pauperum auxiliatorem, ut cum beato Job Domino dicere possit : « Oculus fui cæco et pes claudo, et rem quam nesciebam diligenter investigabam (*Job* XXIX). » Debet proinde Deum omnipotentem, qui multis hominum millibus eum præposuit, toto mentis affectu diligere, et populum sibi a Deo commissum tanquam se ipsum. Egregii etiam regis et principis est ecclesias regni sui ædificiis venustissimis decorare, et eas suis laboribus ampliare, et in eis religionis cultum propensius conservare, sicut Constantinus pius imperator et alii quique reges ac principes priscis temporibus fecisse noscuntur. Debet etiam quatuor principalibus maxime pollere virtutibus, sobrietate videlicet, justitia, prudentia ac temperantia. Nam sobrietate ab omni desidia vel torpore mentis defenditur ; justitia vero Deo simul et hominibus sensatis acceptabilis invenitur. Per prudentiam autem justum ab injusto separat et discernit, et temperantia omnem nimietatem evitat. Præter hæc etiam virtutum insignia decet illum esse litteris eruditum ut acuatur quotidie ejus ingenium lectione divinorum librorum, et informetur et corroboretur tam antiquorum quam modernorum exemplis virorum. Vana enim esse deputari potest scientia quæ litterarum notitia non fulcitur. Nam semper fluctuare cognoscitur. « Initium tamen sapientiæ, timor Domini est (*Psal.* CX). » Teste quippe Salomone, « qui sine timore Domini est, non poterit justificari (*Eccli.* XXVIII). » Nam animositas et iracundia ejus, ipsius subversio est. Qui autem diligit sapientiam, dirigetur a Domino. Quod idem Salomon non ignorans, humiliter Dominum rogitabat, dicens : « Deus patrum nostrorum, qui fecisti omnia Verbo tuo, et sapientia tua condidisti hominem, ut dominatur creaturæ tuæ, quæ a te facta est, et ut disponat orbem terrarum in æquitate, et ut in justitia et in directione cordis judicium judicet, da mihi sedium tuarum assistricem sapientiam, et noli me reprobare a pueris ejus; quoniam servus tuus sum ego et filius ancillæ tuæ, homo infirmus et exigui temporis, et minor ad intellectum judicii et legum. Tu autem elegisti me, Domine, præsidere populo tuo et judicem filiorum ac filiarum tuarum. Revela ergo mihi quod placitum est in oculis tuis et quod directum est in præceptis tuis; quoniam ipse sapientiæ dux es et sapientum emendator, et nos et sermones nostri in manu tua sunt, et omnis sapientia et operum scientia et disciplina. Mitte, inquam, Domine, sapientiam in præcordiis meis de cœlis sanctis tuis et a sede magnitudinis tuæ, ut mecum sit, et mecum laboret, et sciam quid acceptum sit apud te. Scit enim omnia et intelligit, et deducet me in operibus meis sobrie, et custodiet me in sua potentia; et erunt accepta opera mea, et disponam populum meum juste. Quis hominum, Domine, poterit scire consilium tuum, aut quis poterit cognoscere quod voles, nisi spiritus scientiæ tuæ de altissimis tuis repleverit illum? Corpus enim quod corrumpitur aggravat animam, et deprimit terrena inhabitatio sensum multa cogitantem. Sed per sapientiam sanati sunt quicunque tibi placuerunt. Misereris enim omnium, quia omnia potes; et dissimulas peccata hominum propter pœnitentiam. Diligis enim omnia, et nihil odisti eorum quæ fecisti. Nec enim odiens aliquid constituisti. Quomodo ergo posset aliquid permanere nisi tu voluisses conservare? Parcis vero omnibus, quia creaturæ tuæ sunt. O quam bonus es, Domine, et suavis in omnibus; qui cui vis misereris, et quem vis induras! Et hos quidem justificas, alios autem vindicta justitiæ tuæ in perpetuum exerces. Alios vero per quæ peccant, per hæc etiam in præsenti torques. Omnibus tamen flagellis et miserationibus tuis multis consulis et alloqueris ut relicta malitia ad te revertantur. Et homo quidem per malitiam perdit animam suam. Nam manum tuam nequaquam effugere potest. Væ autem omnibus qui non cognoverunt te, Domine. Tu vero, Deus noster, in te confidentibus omnibus suavis et verus, patiens et misericors es, et misericorditer disponis omnia. Etenim si peccaverimus tui sumus, scientes magnitudinem tuam. Et si non peccaverimus, scimus quoniam apud te sumus computati. Nosse autem te, Domine, consummata justitia est; et scire justitiam tuam, radix est immortalitatis. Negantes autem te impii, fortitudine brachii tui conterentur. Non enim times aliquem, veniam dabis peccatis ipsius. Nam quis dicet tibi: Quid fecisti sic? Aut quis stabit contra judicium tuum? Aut quis in conspectum tuum veniet judex iniquorum hominum? Aut quis imputabit tibi, si perierint, quos tu fecisti? Non enim est alius Deus quam tu, cui est cura de omnibus, et omnia justo disponis judicio. Et neque rex neque tyrannus in conspectu tuo inquirent de his quos perdidisti. Tu autem, Domine Deus virtutum, cum tranquillitate judicas, et cum magna reverentia disponis nos. Insensatis autem judicium in derisum dedisti: et qui ludibriis non sunt correpti, dignum judicium sunt experti. Respicio, Domine, nationes hominum, et video quia nullus speravit in te, et confusus est, et permansit in mandatis tuis et derelictus est. Et quis invocavit, et despexisti eum? Quoniam pius et misericors es, et remittis peccata in tempore tribulationis omnibus exquirentibus te in veritate. Væ duplici corde et labiis sceletis et manibus malefacientibus. Væ hypocritæ in conspectu hominum. Væ dissolutis corde, qui non credunt tibi. Ideo non protegentur a te. Qui vero credunt in te, non erunt incredibiles; sed patientiam habebunt usque ad conspectionem tuam, dicentes: Si patientiam non habuerimus, incidemus in manus tuas. Horrendum est, Domine, incidere in manibus tuis. Cor quoque quod est durum, male habebit in novissimo; et qui amat periculum, peribit in illo. Scio, Domine, quia non abscondar in populo magno, nec latebo in immensa creatura: quia tu cœlorum contines thronum, et abyssos intueris; et respicis interiora filiorum hominum. Parce mihi, Domine, quia loquor ad te, cum sim pulvis et cinis et diversorum peccatorum plenus putredine; sed scio quia secundum magnitudinem tuam, sic misericordia tua apud te est. Domine pater et Deus vitæ meæ; ne derelinquas me in cogitatu maligno, et delicta mea non appareant in conspectu tuo, nec gaudeat de me inimicus meus. Extollentiam oculorum meorum ne dederis mihi et omne desiderium pravum averte a me. Averte a me ventris et concubitus concupiscentiam, et animæ irreverenti et infrunitæ ne tradas me, sed victui meo tribue necessaria. »

Hæc est Salomonis oratio; quam a libris ejus sparsim colligendo in hunc librum ad erudiendum regem inclusimus, et ut sciret quæ a Deo petere deberet.

CAPUT VII.
Item de officio legitimi regis.

Sed his interim sepositis, rursus eum monemus ut mores subditorum exhortando, terrendo, blandiendo, corrigendo, et boni operis exempla monstrando, diatim emendare procuret. Studeat quoque sapientes homines honorare et omnes pariter Ecclesiæ servitores. Monita etiam sanctorum virorum ac si Dei oracula suscipiat, et episcopis sanctis rationabiliter acquiescat. Nam sic Christi servis et sapientibus viris quasi quibusdam basibus firmissimis regni sustentatur et corroboratur sublimitas. Multo enim utilius Pharaonem sanctus juvit Joseph consilii patientia, quam si ei contulisset grandem pecuniam. Nam pecunia facile consumitur, consilia vero virorum sapientium nequeunt exhauriri. Unde apparet quia melior est sapientia negotiatione argenti et auri, primi et purissimi fructus ejus. Sit proinde largus atque munificus, affabilis et tranquillus. Habeat etiam animum jucundum, linguam eruditam sensum expeditum, verbum verax, fidem puram, devictionem præcipuam, risumque modestum. Sit ei motus impiger, et habitus et incessus honestus, et victus abundans, non tamen talis qui superfluus sit. Invidiam autem, luxuriem, et violentiam tanquam sordes pessimas abjiciat ab animo suo, et pessimam cupiditatem, quia « radix omnium malorum est cupiditas (*I Tim.* vi). » Sint ministri illius modesti, et consiliatores sensati, et præpositi fideles atque prudentes. Fideles quoque suos honoret et diligat, et sibi servientes sublimet et protegat. Porro regibus transgressoribus modi curationum tales sunt adhibendi ut et majestas regia in eis honoretur, et reatus puniatur censura justitiæ. Sub religionis enim disciplina regia potestas posita est. Nam, quamvis sit rex potestatis culmine præditus, nodo tamen Christianæ fidei tenetur astrictus. Corrigendus tamen est, non cum tumore superbiæ, sed charitatis affectu sapienterque. De iracundo quippe vel insipiente doctore Salomon dicit : « In ore stulti virga superbiæ (*Prov.* xiv). » Stulti proinde et superbi doctores disciplinæ rigorem in rabiem furoris et ad immanitatem convertunt crudelitatis. Verumtamen reges legitimi propter reprobos spernendi non sunt : quia cœlestis curiæ sacer principatus ideo non est a Deo reprobatus vel spretus quod diabolus eorum princeps contra eum superbiens tyrannidem arripuit et sibi subjecta agmina secum nefanda suasione peccare pellexit; sed ipse Dominus Jesus Christus postmodum ad eumdem diabolum comprimendum, qui dignitatem nominis ipsius et sedem sibi præsumpserat, de cœlo descendit. Post Deum enim Patrem diabolus dici voluit, Deus, et ad dexteram Dei patris sedere temere concupivit, cum hoc illi non contingeret, sed esset Filii Dei, qui post Patrem Deum, secundum quod jam dictum est, secundus est, non natura, sed ordine. Venit ergo Dominus Jesus Christus in mundum, sicut decebat, et manifestavit se, non omnibus hominibus, sed tantum suis sequacibus, ut, reprobata persona diaboli, hunc esse cognoscerent cujus principatum et potestatem ipse Satanas sibi temeritate propria præsumpsisset. Diabolus autem et principes mundi hujus Christi divinitatem in carne latentem penitus cognoscere nequiverunt : quia, sicut Apostolus testatur, « Si cognovissent, nunquam Dominum gloriæ crucifixissent (*I Cor.* ii).» Unde contigit ut qui arte, non violentia, primum hominem per consensum peccati sibi subegerat, Dei circumventus arte, illum amitteret, dum illi mortem per suos satellites intulit, quem immunem ab omni peccato necare præsumpsit. Itaque tali commercio Christus et angelorum numerum restauravit, et humanum genus suo sanguine a jugo diaboli liberavit. Contigit denique ut diabolus, qui per unum hominem peccantem totum genus humanum sibi subposuerat, per unum non peccantem, hominem amitteret quod habebat. Sed hæc de diabolo et de ejus tyrannide dixisse sufficiat. Hoc tamen exemplo lucide patet quia principatus quem aut seditio extorquet, aut ambitus occupat, solet esse perniciosus. Difficile quippe bono exitu terminantur quæ malo sunt inchoata principio. Propterea hujusmodi principes, non reges, sed tyranni merito vocitantur; et episcopi qui eos ordinare præsumunt, aut perversæ ordinationi eorum præbent consensum, anathematis jaculo sunt puniendi. Sed et regem hæreticum auctoritate divina pro defensione fidei catholicæ condemnare et anathematis sententia præfocare sancta consuevit Ecclesia, ne illius contubernio sanctorum catholicorum collegium maculetur. Nonne ab eo apostolus Paulus nos separat et dividit dicens : « Hæreticum hominem post primam et secundam correptionem devita, sciens quia subversus est qui hujusmodi est, et delinquit proprio judicio condemnatus (*Tit.* iii). » Salomon etiam gentilem hominem hæretico meliorem esse pronuntiat, ubi ait : « Melior est canis vivus leone mortuo (*Eccle.* ix). » canem vivum appellans gentilem, et leonem mortuum hæreticum. Sed plerique principum terrenorum in sanctis et justis hominibus veritatem persequuntur, quoniam nolunt ab eis sua facta damnari. Verumtamen qui veritatem odit, Deum profecto non amare cognoscitur, qui veritas est. Quod providens Dominus, episcopum qui non sua temeritate, sed zelo Dei, terrenis principibus videtur esse contrarius, exhortans ad mundi odia perferenda, de se ipso exemplum proponit et dicit : « Non est servus major domino suo. Si me persecuti sunt, et vos persequentur. Si sermonem meum servaverunt, et vestrum servabunt (*Joan.* xv). » Et item : « Si mundus vos odit, scitote quia me priorem vobis odio habuit (*ibid.*). » In hoc loco mundum illos appellans a quibus hujus mundi scelera diliguntur. Porro ille « qui ex Deo est, verba Dei audit (*Joan.* viii). » Unde rex admonitionibus episcopalibus debet aurem suam libenter accommodare et sacerdoti salubria suggerenti fideliter obaudire, quoniam de his videtur Dominus suo ore dixisse : « Qui vos audit, me audit. Et qui vos spernit, me spernit (*Luc.* x). » At si rex aurem suam a sana et salubri doctrina cœperit avertere proprio fastu vel tumiditate, non episcopo sed Deo contumax et rebellis videtur existere, cujus iram incurrere nimis periculosum est ac formidabile. Scriptum est enim : « Deus superbis resistit, humilibus autem dat gratiam (*Jac.* iv). » Mortem autem aut scandalum illis inferre nullatenus rex præsumere debet. Nam pro hoc facinore comperimus multos reges et imperatores miserabiliter et inopinabiliter ex hac vita migrasse. De his nempe, id est de præsulibus et sanctis hominibus, Dominus dicit : « Qui vos tangit, quasi qui tangit pupillam oculi mei (*Zach.* ii).» At si contigerit ut hæc viro catholico conditio proponatur ut aut hæretico faveat aut pro defensione fidei catholicæ subeat mortem, eligat magis mori quam vivere violata sanctæ fidei sinceritate, revolvens illud in corde suo quod scriptum est in Evangelii libro : « Quid prodest homini si universum mundum lucretur, animæ vero suæ detrimentum patiatur. Aut quam dabit homo commutationem pro anima sua? (*Matth.* xvi.)» Et illud item quod Dominus suis repromittit fidelibus dicens : « Qui me confessus fuerit coram hominibus, confitebor et ego eum coram Patre meo qui in cœlis est (*Matth.* x). »

CAPUT VIII

De reprobis regibus atque principibus.

Porro ipsi reges et principes atque tyranni, dum Deo subesse et ejus præcepta custodire renuunt, dominationis suæ vim et potestatem plerumque solent amittere, sicut primus homo dominationis suæ vigorem et dignitatis prærogativam post suam transgressionem cognoscitur amisisse. Postquam nempe divino noluit esse subjectus imperio, ipsa etiam corporis sui membra sibi rebellare et ignitos aculeos carnalis concupiscentiæ statim contra suam voluntatem in sua carne sævire persensit. Pisces quoque maris et volucres cœli et bestiæ agri, quæ illi ante commissum facinus quasi privata animalia subjacebant, jugum dominationis ejus a se cœperunt abigere, et jam ei amplius solito servire nolebant. Quæ tamen omnia vi rationis suæ cœpit demum paulatim sibi subigere et ad suos usus exquisitis artibus retorquere. Itaque pari modo regi Deo contrario populus sibi subjectus multoties incipit adversus eum insurgere et variis ac multiplicibus insidiis illum appetere et multis adversitatibus fatigare. Ad quam rem pertinere videtur quod Deus regem Babylonium non bestiis ferocibus, sed muscis et serpentibus punire decrevit. Ut intelligat humana superbia quod per humiles et infimos homines soleat sæpe tumidos et superbos quosque comprimere et a sublimitate deponere. Solent etiam homines hujusmodi ignominiosa morte vitam terminare aut in turpi paupertate deficere, sicut Herodes et Pilatus; quorum Herodes vermibus scaturiens miserabiliter exspiravit, et Pilatus exsilio condemnatus, pauper et inops defunctus est. Illi quoque qui recta pervertunt judicia amore, odio, metu, misericordia, incuria, temeritate, aut gratia quæstus, circa finem vitæ horribilibus infirmitatibus molestari solent, vel vilitate vel inopia rerum, aut membrorum languore suorum.

CAPUT IX.

De dignitate sacerdotum.

Verum quia jam satis de his, sicut reor, secundum ingenii mei facultatem visus sum perorasse, restat nunc ut de his quæ ad episcopum pertinent pauca subjiciam. Igitur episcopo a Deo et Domino Jesu Christo privilegium est concessum aperire et claudere cœlum hominibus. Huic etiam reges et omnes terrenæ potestates pro Christi amore capita subdunt : quia licet rex vel imperator culmine regni sit præditus, nodo tamen fidei tenetur astrictus. Hic quoque propter condimentum doctrinæ, quo mentes fidelium debet condire, sal terræ vocatur, et rex propter ducatum quem præbere populo debet, et angelus, quia bona nuntiat, et pastor, quia divini verbi dapibus homines explet. Quibus etiam moribus debeat pollere, et quibus virtutibus effulgere, apostolus Paulus declarat in epistola sua dicens : « Oportet, inquit, episcopum irreprehensibilem esse, sobrium, pudicum, hospitalem, prudentem, non neophytum, non vinolentum, non percussorem, non litigiosum, sed modestum. Oportet etiam illum habere bonum testimonium ab his qui foris sunt (*I Tim.* iii). » Nam, sicut alio continetur in loco, ipse debet exemplum bonorum operum, non solum sibi subjecto populo, sed etiam discolis hominibus, id est gentilibus, vitæ melioris ostendere, ut fiat in eo quod in Evangelio Dominus suis apostolis præcipiens dixit : « Sic luceat lux vestra coram hominibus ut videant opera vestra bona et glorificent patrem vestrum qui in cœlis est (*Matth.* v).» Hic quoque debet divitibus præcipere non sublime sapere nec sperare in incerto divitiarum, sed in Deo vivo et vero, qui præstat omnibus omnia ad fruendum, bene agere, divites fieri in operibus bonis, facile tribuere, thesaurizare sibi fundamentum bonum in futurum, ut possint apprehendere vitam æternam (*I Tim.* vi). Cæterum contra regem catholicum armis dimicare nullatenus debet, licet ministerii dignitate multum illi præmineat, tantum scilicet quantum officia divina sua sanctitate noscuntur negotiis sæcularibus eminere. Nam et regalem dignitatem habere sanctæ Scripturæ testimonio videtur episcopus. Ait enim Dominus Jesus Christus suis apostolis eorumque sequacibus : « Ego dispono vobis sicut disposuit mihi Pater meus regnum (*Luc.* xxii). » Et Apostolus : « Vos estis genus electum, regale sacerdotium (*I Petr.* ii). » Unde, si contigerit ut episcopus reprehensibilis inveniatur (non est enim homo qui non peccet), non in curia sæculari, sed in synodo generali, res hujusmodi terminetur. Ipse proinde episcopus inter regem et oves sibi creditas officium optimi pastoris debet peragere et pro grege sibi commisso discrimini se pronus objicere. Ipse, inquam, toto nisu regis ac principis iram a populo debet avertere et pro regis et populi salute pariter piis precibus ante Deum nocte dieque persistere. Vices enim Christi Filii Dei summi in terra videtur obtinere, qui se pro nobis peccatoribus obtulit immolandum. Unde inter nos et Deum mediator debet existere. Ipse est sanctus sanctorum, clericorum scilicet ac presbyterorum, quibus omnibus eminet ac præcellit. Hic est Ecclesiæ sponsus, hic Christi vicarius, ut compatiatur infirmitatibus nostris; de quo Paulus apostolus dicit : « Omnis pontifex ex omnibus assumptus, pro hominibus constituitur in his quæ sunt ad Deum, ut offerat dona et sacrificia pro peccatis eorum (*Hebr.* v).» Honorandi igitur sunt omnes episcopi, sicut regni cœlestis claviculari et judices culparum humanarum. Ad eorum enim jus pertinet viros sæculares pro illis criminibus quæ in locis Deo consecratis committunt judiciali severitate distringere et pro aliis criminibus justa consideratione pœnitentias dare. Ipsi quoque debent omnes presbyteros et clericos sententia judiciali distringere, ut et terrenis et spiritalibus judicibus suæ auctoritatis privilegium conservetur. Ipsi denique sunt qui bonum quod per gratiam sancti Spiritus intelligendo didicerunt, subjectorum mentibus profuturum, secundum apostoli Pauli præceptum (*II Tim.* iv), arguendo, obsecrando, et increpando inserere nituntur, corda fidelium divinis dogmatibus quasi imbribus irrigantes cœlestibus, ut proferre immarcescibilem bonorum operum possint fructum.

CAPUT X.
De his quos episcopus excommunicat.

Quapropter summopere caveat rex ne his quos ipsi ab Ecclesia pro suis criminibus anathematis sententia pepulerunt aliquo pacto communicet. Nam teste Scriptura (*Rom.* i), facientes et consentientes par pœna constringit. Consentit autem criminoso et reatum ejus sustentat qui postquam ab Ecclesia, crimine suo exigente, projectus est, illi communicat. Verum plerique ideo divinum munus formidare judicium videntur quod eorum contemptum non statim pœna prosequitur. Unde quid regi cuidam olim ex hac re contigerit, breviter intimare curabo. Legitur enim in historia gentis Anglorum quod quidam episcopus duos fratres palatinos viros pro repudio uxorum excommunicaverit. Contigit autem ut rex ipsius gentis juxta domum ipsorum transiret. Qui multis blandimentis delinitus ut apud eos ad prandendum diverteret, tandem consensit. Expleto autem convivio, cum jam rediret, obviavit episcopum qui fratres illos excommunicaverat. Quem cum vidisset, intremuit, et exsiliens de equo, in media, ut erat, via prostravit se coram ipso. Episcopus vero ferula quam manu ferebat tetigit eum dicens : « O rex, non est meum ignoscere tibi, quia Deum contempsisti, quando te excommunicatis scienter sociasti. Idcirco data est sententia in te, et hoc anno in ipsa domo morieris in qua excommunicatis te sociasti. » Quod et factum est; et evoluto anno rex ibidem mortuus est. Ecce rex non potuit hunc reatum nisi morte piare, nec episcopus illi prostrato valuit ignoscere. Ex qua re colligitur quia nec episcopus, cujus excommunicatio contemnitur, sine gravi pœnitentia facinus hujusmodi ignoscere potest. Ergo, sicut præcipit beatus papa Gregorius, sub magno moderamine pastores Ecclesiæ solvere studeant aut ligare. Sed utrum juste an injuste obliget pastor, pastoris tamen sententia gregi timenda, ne is qui subest, et cum injuste forsitan ligatur, ipsam obligationis suæ sententiam ex alia culpa mereatur.

CAPUT XI.
De pravis præsulibus.

Verum reperiuntur quidam in numero sacerdotum qui per pecuniam sacerdotes appellari contendunt; et cum non sint ulla scientia præditi aut aliqua religione suffulti, legis divinæ volunt videri magistri. Sed hi nimirum merito contemnuntur, et non episcopi, sed Simoniaci a Simone Mago vocitari mereuntur. Non enim eis est pars in sermone sacerdotii, sed a gratia Spiritus sancti extorres habentur; quæ et gratis datur, et gratis accipitur. Nam, teste Evangelio, « qui non intrat per ostium in ovile ovium, ille fur est et latro. » Qui autem « intrat per ostium, pastor est ovium, et huic ostiarius aperit, et oves vocem ejus audiunt (*Joan.* x). » Et post pauca : « Alienum autem non sequuntur, quia non audiunt vocem alienorum (*ibid.*). » Quidam etiam episcoporum se contra morem ecclesiasticum extollere cupientes, in solvendis et ligandis subditis suæ voluntatis motus, non causarum merita, exercent. Unde populus jam legis onus, per devia currens, plus solito spernit, jaculumque anathematis ingens, dumque furit, nullas rationis sentit habenas. Nam religioni Christianæ opprobrium nascitur, et sacerdotalis dignitas inde valde contemnitur, quod sacerdotalis infula ambitione potius quam meritorum existimatione defertur et imperitis quibusque confertur. Nam quidam illorum illos qui juramento dominis suis constricti tenentur a sacramento fidelitatis absolvunt. Quod quam sit absurdum, Dominus indicat ubi dicit : « Non perjurabis in nomine meo, nec pollues nomen Domini Dei tui (*Levi.* xviii). » Et ad Sedechiam regem Judæ, qui juramentum quod Babylonio regi præbuerat violaverat, ore prophetico dicit : « Vivo ego, quoniam juramentum quod sprevit, et fœdus quod prævaricatus est, ponam in capite ejus (*Ezech.* xvii). »

CAPUT XII.
De illo qui contra Christianum frangit sacramentum.

Intelligat ergo quilibet Christianus, qui contra dominum suum aut alterum Christianum frangit sacramentum, quid mereatur, cum propter hoc scelus Sedechias vir Judæus avulsis oculis a gentili rege in Babyloniam captivus ductus esse cognoscatur (*Jer.* xxxix). Non enim illi considerandum est cui jurat, sed per quem jurat. Alioquin et illum despicit per quem jurat; et hostis fidelior invenitur, qui sacramento decipitur. Multum enim desipit qui illum decipit cui juramento divini nominis fuerat fœderatus. Cæterum sacramentum incaute prolatum non est conservandum, veluti si quispiam adulteræ perpetuam cum ea permanendi fidem polliceatur. Tolerabilius enim est non implere sacramentum quam permanere in stupri flagitium. Verumtamen de fatuis doctoribus in Evangelio Dominus dicit : « Cæcus si cæco ducatum præbeat, ambo in foveam cadunt (*Matth.* xv). » Superbi etiam et iracundi doctores nonnunquam disciplinæ rigorem in rabiem furoris et ad immanitatem convertunt crudelitatis. Sed, sicut item dicit beatus papa Gregorius, judicare digne de subditis nequeunt qui in subjectorum causis sua vel odia vel gratiam sequuntur. De qua re Propheta etiam dicere videtur « Mortificabant animas quæ non moriuntur, et vivificabant animas quæ non vivunt (*Ezech.* xiii). » Non morientem quippe mortificat qui justum damnat, et non victu-rum vivificare nititur qui reum de supplicio absolvere conatur. Causæ ergo pensandæ sunt, et tunc ligandi atque solvendi potestas est exercenda. Considerandum est denique atque cavendum episcopo ne ipsius vitio doctrina divina vilescat. Nam qui sicut decet non vivit, ipsam quam prædicat veritatem contemptibilem reddit. Cavendum etiam est illi qui pontificatus officium assecutus est ut se talem exhibeat, ne forte aliis prædicans, ipse reprobus inveniatur. Subditis quoque considerandum est quia licet talis judicandi locum teneat, cujus vita loco minime concordat, locum tamen apostolorum in ligandi et solvendi officio retinet. Quapropter excommunicatio et prædicatio illius non ex ejus persona debet contemni, sed ex auctoritate summi Judicis observari. Nam pastor animarum nostrarum Christus esse cognoscitur, qui in præsulibus auditur atque contemnitur. De quibus Dominus in Evangelio dicit : « Super cathedram Moysi sederunt scribæ et pharisæi. Quæ dicunt vobis, facite : quæ autem faciunt, facere nolite (*Matth.* xxii). » Et non solum episcopi, sed et omnes presbyteri et clerici ab universis Dei fidelibus sunt honorandi sicut Dei domestici, cui servire nocte dieque videntur. Porro præsules atque presbyteri bases et columnæ videntur esse sanctæ Ecclesiæ, et clerici et monachi ejus videntur esse ministri. Horum enim manibus ministrorum sacro baptismate quisque fidelis abluitur, et horum iterum manibus sacratissimum mysterium corporis et sanguinis Christi conficitur ; per quæ mysteria Deo regeneramur atque conjungimur. Omnis, inquam, qui de Christi corpore est, ei merito subdi debet et eorum salutaribus monitis obedire et paternam eis reverentiam exhibere. Ipsi, inquam, sunt qui nostrorum munera precum offerre et Deo pro nobis incessanter supplicare noscuntur. Ipsis, inquam, pro nostris criminibus Deum exorantibus fit nobis ipse Deus propitius, et avertit iram suam a nobis. Ipsi pro vivis ac defunctis ante Deum semper indefessis precibus instant, et ipsi nobis frugum ubertatem obtinent, et ipsi tempestates et quæque discrimina a Christi grege repellunt. Ipsis etiam mater nostra, sancta videlicet Ecclesia, quasi nobilibus satellitibus decoratur, illustratur, atque servatur. Et si reprehensibiles quidam illorum fore reperiuntur, ideo cæteri contemnendi non sunt, quia et in angelis pravitas reperta est. Consideranda quippe est hominibus illa beati Job sententia dicentis (*Job*) : « Quis potest mundum statuere de immundo conceptum semine, nisi tu qui solus es? » subaudis, mundus. Unusquisque proinde, sive laicus, sive clericus, Dei munere est quod est, si tamen aliquid est. Unde dicitur in Evangelio : « Nolite judicare, et non judicabimini ; et nolite condemnare, et non condemnabimini (*Matth.* xxxi). » Verum, quamvis de filiis Dei scriptum sit : « Quotquot spiritu Dei aguntur, hi filii sunt Dei (*Rom.* viii), » tamen omnes mortales quandiu in hac corruptibili carne tenentur, peccant. Sed ne facinora ad immensum cumulum peccatorum prorumpant, aliqua pœna in hoc sæculo plecti debent. Unde pro illis qui sceleratissime vivere decreverunt, nec volunt vitam suam moresque corrigere, id est propter fornicatores et adulteros, sive propter fures atque sacrilegos et alios flagitiosos comprimendos et corrigendos, regem Deus hominibus præesse voluit, ne æterni pœna supplicii eis reservetur in posterum. Nam illa crimina quæ in hoc sæculo puniuntur, profecto in futuro sæculo non nocebunt. Fit igitur in his quod ab Apostolo dictum est : « Si nosmetipsos dijudicaremus, non utique judicaremur. Cum judicamur autem, a Domino corripimur, ut non cum hoc mundo damnemur (*I Cor.* xi). » Multa enim bona invitis præstantur quando eorum consulitur utilitati, non voluntati, qua sibi inveniuntur esse inimici. Scriptum quippe est quia « qui diligit iniquitatem, odit animam suam (*Psal.* x). » Igitur amici malignantium hominum sunt illi qui eorum iniquitates corripiunt, et pro commissis criminibus eorum corpora aliqua pœna emendatoria puniunt. Peccata enim quæ feriri gehennæ ignibus possunt, disciplinæ sunt verbere corrigenda ; ut qui Dei mandata contemnunt, temporali supplicio terreantur. Quod Psalmista dicere videtur cum ait : « In chamo et fræno maxillas eorum constringe, qui non approximant ad te (*Psal.* xxxi). » Verum, sicut sub igne aurum rutilat et palea fumat, et quemadmodum sub eadem tritura frumenta purgantur et paleæ conteruntur, ita communis pœna bonos purificat, malos exterminat. Nam boni quique igne tribulationum excoquuntur, et mali murmurant et puniuntur. In quibusdam autem gravis inest stultitia ; et sic eos iniquitas obligat ut a culpa nec pœna compescat. Alii vero mala perpeti immerito videntur. Sed hæc divinitas fieri sinit ut cruciatibus et flagellis erudiantur. « Flagellat » enim Deus « omnem filium quem recipit (*Hebr.* xii). » Sed licet non sint omnes filii qui flagellantur, tamen nullus est filius qui non flagelletur. Porro quidam sine verbere relinquuntur. Unde ad æterna tormenta, mala agendo, liberius festinant. De quibus in beati Job libro scriptum est : « Vidi stultum firma radice (*Job* v). » Stultus, inquam, firma radice stare conspicitur quando in hac vita continua prosperitate lætatur. Verumtamen in futurum districtus judex tanta adversitate feriet quos reprobat quanta nunc severitate corripit quos amat. Sed ne facinora ad immensum cumulum peccatorum prorumpant, aliqua pœna, sicut præmissum est, plecti debent. Nam inordinata pietas cum temporaliter parcit, et ad æterna supplicia pertrahit et vitia pullulare permittit. Discretionis tamen modus in omnibus est a judicibus observandus ; et ut sit ordinata pietas, ad scientiam est transeundum, ut sciat judex quid juste puniat et quid ex misericordia dimittat. Sic denique debet prudentia judicum corda in bonum semper acuere ne aut ipsa prudentia rectitudinis modum excedat, aut simplicitas in ignorandie fallacia corruat. Porro ipsi reges, imperatores, ac judices, cum justæ rationis imperio sceleratos morte puniunt, aut æquitate dictante bella gerunt, nequaquam contra præceptum legis facere putandi sunt quo dictum est : « Non occides (*Exod.* xx). » Nam ideo criminosi lege perimuntur ne mortifero peccato perniciosa securitas detur. Et idcirco non injuste bella geruntur ut pax acquiratur. Moyses namque, vir mitis atque sanctissimus, legis divinæ mandato multos legitur homines occidisse et multas etiam gentes, Deo sibi ducatum præbente, armis victricibus exstinxisse. Hoc etiam multi alii principes Novi ac Veteris Testamenti divino fervore succensi fecisse leguntur. Timor enim Dei et timor supplicii retrahit hominem a peccato. Verum illa principum vel prælatorum omnium cautela utilis est atque laudabilis in qua totum agit ratio, et furor nihil sibi vindicat. Pro pœnitentibus vero Deus episcopum in Ecclesia statuit, quamvis ipse cor contritum et humiliatum non despiciat. Debet enim episcopus quosdam eorum, id est pœnitentium, secundum modum culpæ in actione pœnitentiæ a corpore Christi et sanguine separare, et quibusdam certum pœnitentiæ pondus imponere; qua peracta, reconcilientur, et fidelibus fratribus rursus aggregentur, et in gremium sanctæ recipiantur Ecclesiæ, a cujus societate aberraverant peccando. Extra quam Ecclesiam non remittuntur peccata; nec quisquam, nisi per eam, vitam potest assequi sempiternam. Ipse denique pro suo officio alios corrigit, et alios erudit, et alios censura justitiæ dictante excommunicat. Ipse quoque quosdam nonnunquam objurgare detrectat, quia vel aptius tempus exspectat, vel metuit ne increpati deteriores fiant. Non est enim omnibus hominibus una adhibenda doctrina; sed pro qualitate morum diversa debet esse exhortatio doctorum. Nam quosdam increpatio dura, quosdam vero exhortatio corrigit blanda : Non omnia denique tempora congruunt doctrinæ; sed secundum Salomonis sententiam « tempus tacendi, et tempus loquendi (*Eccle.* iii). » Unde etiam sæpefatus papa Gregorius in vicesimo Moralium libro dicit : « Sancti, inquit, viri cum vident quosdam sua verba despicere, intelligunt eos divinitus deseri, et ideo gementes conticescunt. » Verumtamen non dicimus ut conticescat episcopus odio malorum hominum territus, sed consilio charitatis; cui jubet Apostolus dicens : « Insta opportune, importune; obsecra, increpa, in omni patientia et doctrina (*II Tim.* iv). » Hæc nos de duabus sufficiat dixisse potestatibus quibus in præsenti vita sancta regitur et gubernatur Ecclesia, quibus etiam post Deum sic illustrari cognoscitur sicut duobus magnis luminaribus, sole videlicet et luna, tota mundi fabrica, aut sicut duobus oculis totum humanum corpus decoratur et illuminatur. Quas nimirum potestates sanctas fore nemo debet ambigere. Ipsas enim Deus et Dominus in sua persona sacravit, univit et sanctificavit. Quibus etiam liber Sapientiæ præcipit dicens : « Diligite justitiam, qui judicatis terram. Sentite de Domino in bonitate, et in simplicitate cordis quærite illum; quoniam invenitur ab his qui non tentant illum, apparet autem eis qui fidem habent in illum (*Sap.* i). » His, inquam, potestatibus ac principatibus terrenum regnum est distinctum atque dispositum. Unde illi qui hanc positionem ab omnipotente Deo congruo ordine distinctam atque dispositam conantur pervertere, de illorum numero videntur existere qui ignorantes Dei justitiam et suam volentes constituere, justitiæ ejus non sunt subjecti. Nonne ipse Deus omnia in numero et mensura et pondere fecit? Nonne elementa hujus mundi, quamvis unum ab altero valde diversum sit, sibi invicem concorda noscuntur? Nonne Dominus in Evangelio dicit : « Omne regnum in se ipsum divisum desolabitur, et domus super domum cadet? (*Luc.* xi.) » Denique quidam sapiens dicit : « Concordia res minimæ crescunt, et discordia res maximæ dilabuntur. » Verum nunc operæ pretium est illud audire vel considerare quod olim Gregorius papa sanctissimus Sabino Constantinopolitano diacono scripsit. Ait enim : « Unum est quod breviter suggeras serenissimo domino nostro imperatori, quia ego servus ejus, si in ejus mortem vel in Langobardorum consiliis me voluissem inserere, hodie Langobardorum gens nec regem nec duces nec comites haberet, sed in summa confusione essent omnia. Sed quia Deum timeo, in mortem cujuslibet hominis me miscere formido. » Proinde ego non astruo ut liceat cuiquam regi vel imperatori quidquam contra Dei præcepta aut sanctorum canonum constituta facere vel instituere. Sed dico quod, sicut bonus Christianus regum legibus contra Deum constitutis obedire non debet, sic et qui rationabiliter constitutis non obedit, male facit. Nam, sicut beatus testatur Augustinus : « Pax omnium rerum est tranquillitas ordinis. Ordo vero est parium et disparium rerum sua cuique rei dispositio. » Sed, quia jam noster sermo forsitan nimis in longum protrahitur, restat ut amodo terminetur, ne prolixitate sua generet legenti fastidium. Claudendus, inquam, est liber iste, quem ego Dei opitulante clementia, non tumore superbiæ, sed fraterno compunctus affectu composui, desiderans ut non tantum hæ duæ, de quibus hactenus tractavimus, potestates, sed etiam omnes Christi cultores concordes et sibimet invicem sint cohærentes. Quod etiam præcipit sanctus et sapiens Apostolus dicens : « Pacem, inquit, sectamini cum omnibus et sanctimoniam, sine qua nemo videbit Deum (*Hebr.* xii). » Hoc quoque mandatum pium ac saluberrimum Christus Dominus suis tradidit discipulis dicens : « Mandatum novum do vobis, ut diligatis invicem (*Joan.* xiii). » Et passioni jam proximus iterum dixit eis : « Pacem relinquo vobis, pacem meam do vobis (*Joan.* xiv). » Porro ego præsentem libellum exemplis sanctæ Scripturæ diligenter corroborare curavi, ne forte inveniatur vacuus et inutilis labor meus. Opto proinde ut omnes qui

eum pio et benigno animo suscepturi sunt, valeant A semper in Christo Jesu Domino nostro. Amen.
Explicit liber primus.

LIBER SECUNDUS.

Finito præcedenti libello, tacere deliberaveram, id est, a præsenti negotio quiescere, et alias animum applicare, cum ecce venit mihi in mentem illud quod scriptum est, quia « in ore duorum vel trium testium stabit omne verbum (*Deut.* XIX; *Matth.* XVIII). » Et mox recaluit animus meus, et opportunum esse judicavi ut de hac eademque re, de qua jam unum librum edideram, facerem et secundum, B quatenus duobus libris res una validius firmetur et corroboretur. Porro libro superiori omnem potestatem a Deo esse dispositam satis, sicut reor, ostendimus. Nunc autem legentibus evidenter notificare decrevimus quod ipse Deus duas specialiter potestates in Ecclesia sua sancta collocavit atque constituit, regiam videlicet et sacerdotalem, non absque magno ac saluberrimo sacramento. Quas duas potestates ipsa Dei sapientia, carnem, in qua videri posset, assumens, in unitate suæ personæ suscepit, et eas in ea ideo quadam germanitate sibi mutuo sociavit atque conjunxit ut et unum sit in eis vinculum charitatis semper, quod nunquam disjungatur, et ut ambæ sibi invicem fideliter adhærentes mutuo socientur et compaginentur. Vicaria enim sui ope vel C opitulatione semper indigent; et nisi sibi invicem conveniant, fluctuat omne corpus Ecclesiæ, et per incerta populus evagatur. Proinde quia in duobus præceptis totam legem et prophetas pendere ipse Dominus dixit in Evangelio (*Matth.* XXII), et quia charitas gemina esse dignoscitur (duo quippe sunt ipsius charitatis præcepta, sicut jam diximus), duas convenienter potestates Deus et Dominus omnium in Ecclesia statuit, quibus dispensationem omnium quæ intra ipsam geruntur committere procuravit. His, inquam, duabus potestatibus quasi alis duabus fulcitur et sustentatur; et his prædita, libero volatu penetrat cœlum. Harum etiam industria potestatum olim tam in Judæa quam inter gentiles meruit exaltari et nobiliter sublimari, et harum potestatum pia cura ac vigilanti solertia extendit palmites suos a mari usque ad mare. Quod quomodo contigerit, id est qualiter per has duas potestates, Dei gratia comitante, creverit et adoleverit, pro modulo nostræ scientiæ nostris nunc auditoribus referemus. Summatim tamen quædam perstringam, quia cuncta ad hæc pertinentia generatim complecti non valeo. A regibus tamen et prophetis Judaicæ gentis exordium sumam. Moyses igitur dux pariter et propheta Israeliticæ gentis, ut modo melius Davidico utamur eloquio (*Psal.* CXXXIV), percussit Ægyptum cum primogenitis eorum, et eduxit Israel de medio ejus in manu potenti et brachio excelso et divisit mare Rubrum in divisiones, et eduxit Israel per medium ejus, et excussit Pharaonem et virtutem ejus in mari Rubro, et transduxit populum suum per desertum, et percussit gentes multas, et occidit reges fortes, Seon regem Amorrheorum, et Og regem Basan, et dedit terram eorum hæreditatem populo suo, illum significans regem ac Pastorem mitissimum qui transfert in se credentes per spem et fidem de mortalitate ad immortalitatem. Unde, sicut in libro superiori jam diximus, sacrosancto mysterio in eremo Dei tabernaculum ædificavit, et Aaron consecravit, ac populo divinæ legis præcepta proposuit. Aaron vero in virga, quam ei ipse tradiderat, operabatur signa et prodigia coram Pharaone et optimatibus ejus. Post Moysen vero surrexit Jesus filius Nave; cujus imperio impeditus est sol ab itinere suo, donec expugnaret hostes populi Dei. Hic quoque fuit vir magnus et fortis, secundum nomen suum inter reges atque prophetas gerens figuram Salvatoris nostri, qui est Rex pariter et Sacerdos; qui et in figura et mysterio Jordanis alveum transiens, divisit populo terram repromissionis in funiculo distributionis. Post hunc autem Samuel propheta renovavit regnum, ungens Saulem in regem; qui et hostes populi Dei superavit, et fines regni sui fideliter ampliavit. Verumtamen postea fortunæ suæ prosperitatibus evectus, superbiens, Deo displicuit. Unde pro eo modo dictus propheta frequenter Dominum oravit; sed tamen exauditus non est. Jam enim justo judicio Dei condemnatus erat. Post Saulem autem regnavit David, qui interpretatur « rex fortis, » qui vicit Goliam hostem immanissimum, significans Regem illum fortissimum qui devicit diabolum totius humani generis inimicum. Porro David in toto corde suo dilexit eum qui exaltavit illum, et primus intulit arcam Dei in Jerusalem cum laudibus et gloria magna; ediditque volumen egregium quod appellatur Psalterium. Quapropter transtulit Deus peccatum illius, et confirmavit regnum ejus in multas generationes. Cum enim in occulto, non in aperto, Uriæ militis sui uxorem adulterii contagio maculasset, et postmodum ipsum Uriam, ut facinus admissum tegi posset, hostium manibus mala fraude necari fecisset, Nathan illum propheta de suo facinore invectione publica redarguens increpavit, et confessione correptum consequenter absolvit. Post David autem regnavit Salomon filius ejus. Hic condidit templum Domino Deo suo ex lignis imputribilibus et pretiosis lapidibus, in quo sancta figurabatur Ecclesia; et constituit eo sacerdotum officia in ministeriis suis, et Levitas in ordine suo, ut ministrarent Domino juxta ritum uniuscujusque diei, sicut præceperat ei David pater ejus. Sed et hic repletus sapientia composuit syrasirim, in quo per epithalamium carmen canit mystice conjunctionem Christi et Ecclesiæ. In proverbiis quoque et in interpretationibus factus est admirabilis, et divulgatum est nomen ejus longe lateque. Sed cum polleret magnis opibus et gloria magna nimis, intumescens corde, effrenatus est in libidinem, et exarsit in concupiscentia feminarum alienigenarum, et insuper adoravit deos earum. Quamobrem indignatus est Dominus, et concitavit adversus eum Jeroboam filium Nabat servum ipsius. Scidit quoque regnum de manu filii ejus. Nam in Jerusalem regnavit Roboam filius Nabat. Sed ne in singulis immorer, dum regnaret postmodum in Jerusalem rex Ezechias, et fecisset quod erat placitum coram Domino Deo, juxta omnia quæ fecerat David pater ejus, surrexit contra eum Sennacherib rex Assyriorum multo vallatus exercitu. Tunc surgens rex Ezechias et Isaias propheta oraverunt ad Dominum; quos Dominus exaudivit. Et in castris Sennacherib angelus descendit, et de ejus exercitu centum octoginta quinque millia interfecit. Igitur reges gloriosi a Deo inspirati pro viribus suis sanctam extulerunt Ecclesiam; et eorum pia cura ac vigilanti solertia adolevit primum in Judæa, et demum in gentibus suos palmites dilatavit. Nihilominus etiam sancti prophetæ illam suarum virtutum decore pariter ornaverunt, et auro suæ sapientiæ nobilitaverunt. Constat ergo reges atque prophetas sanctissimos vicaria sui ope semper indiguisse. Ecclesiam autem Synagogam appello; quoniam illa quæ in ea fiebant, præsentis Ecclesiæ figuram gerebant; et in illo sacrificio Christi figurabatur occisio, cujus sumus sanguine redempti atque reparati. Sed et per Sabbati otium figurabatur requies beatorum. Ipsa etiam Lex Novum Testamentum in figura præcessit. Unde superveniente evangelica luce, umbra consequenter abscessit. Nunc autem sanctorum prophetarum vicem in Ecclesia Christi retinent sacerdotes. Sic enim Dominus ad ipsam loquitur per Isaiam prophetam : « Ecce, inquit, constituam principes tuos sicut antea, et consiliarios tuos sicut ab initio (*Isai.* I). » Et Psalmista : « Pro patribus tuis nati sunt tibi filii : constitues eos principes super omnem terram (*Psal.* XLIV). » Igitur regiam et sacerdotalem dignitatem Deus in terris ordinavit sive disposuit non absque magno ac saluberrimo sacramento. Unde congruit et valde conveniens est ut hæ duæ potestates sibi invicem fraterna charitate semper adhæreant, et ut se mutua sollicitudine tueantur. Nam nisi invicem conveniant, fluctuat omne corpus Ecclesiæ, et per devia populus agitatur. His enim duabus potestatibus quasi duabus columnis fortibus atque firmissimis fulcitur atque sustentatur. His etiam duabus potestatibus quasi alis duabus ab adversitatibus mundi hujus fetus ejus ambiuntur ac proteguntur. Illi vero qui his alis ambiri refugiunt rebellare Deo noscuntur. Hæc et de regibus et prophetis Judaicæ gentis dixisse sufficiat, ut paulatim et seriatim quod proposuimus explanemus.

Igitur postquam Deus ac Dominus noster Jesus Christus hominem quem fecerat morte sua a morte redemit æterna, et captivitatem nostræ carnis resuscitavit a mortuis et invexit in cœlum, vetus evacuatum est testamentum, sicut evacuari solet puerilis ætas fortiori ætate superveniente. Unus enim Deus per sanctos prophetas et famulos suos secundum ordinatissimam distributionem temporum dedit minora præcepta populo, quem timore adhuc alligari oportebat, et per filium suum majora populo, quem charitate jam liberari convenerat. Quorum præceptorum geruli Christi fuere discipuli qui cognominantur apostoli. Ipsi quippe et eorum sequaces probati in fide, longanimes in spe, potentes in opere et sermone, patientes in tribulatione, et eruditi in omnibus quæ fecit ipse Dominus Jesus Christus, abierunt per orbem universum vomere verbi Dei mentes hominum proscindentes, et in eis novorum præceptorum semina jacientes, et Ecclesiæ fundamenta locantes super lapidem angularem Christum Jesum, in quo ambo parietes e diverso venientes, de Judæis videlicet et gentibus, gemina charitate copularentur. Beatus vero Petrus descendit Antiochiam, et ibi fundavit Ecclesiam, in qua primum a nomine Christi cognominati sunt Christiani. Inde quoque Romam venit; et ibi verbum Domini prædicans, per annos viginti et quinque tenuit ipsius urbis papatum. Ad cujus pastoris solatium divinitus est missus Paulus Apostolus gentium, ut alter alteri solatio esset. Sed hos ambos apostolos Nero sævissimus imperator mortis damnavit sententia. Porro post Petrum apostolum Clemens, vir sapientissimus, ab ipso Petro consecratus, Romanam regendam suscepit Ecclesiam; qui et ipse non multo post maris gurgitibus immersus pro nomine Christi complevit martyrium. Et cum adhuc fere per orbem universum tyrannorum imperio simulacra colerentur, Marcellus urbis modo dictæ papa sanctissimus in domo Lucinæ matronæ, quam Deo dicaverat, ad animalia publica custodienda deputatus, vitam finivit. Et quæ major nominis Christiani injuria quam summum pontificem, id est sanctæ Romanæ præsulem Ecclesiæ, jumentorum stabularium esse? Omitto, inquam, multa alia crudelia et exquisita tormenta quibus plures Domini sacerdotes tam Romæ quam alias, ut aliis christicolis taceamus, per annos ferme trecentos et decem ab incarnatione Domini per martyrii coronam ad æternam pervenere felicitatem. Quo in tempore quisque qui Christiano gregi præerat jure sacerdotii, ad martyrii tormenta primus rapiebatur, et supplicia graviora patiebatur. Sed postquam populo sedenti in umbra mortis, id est in tenebris infidelitatis, lumen ostensum est veritatis, Constantinus Romanorum clementissimus imperator edicto proprio constituit per totum Romanum imperium templa gentilium claudi, et ædificavit in eadem urbe plures ecclesias; inter quas construxit ecclesiam beati Joannis Baptistæ, et beatorum apostolorum Petri et Pauli, quas etiam magnis possessionibus ditavit, auroque et argento locupletavit, atque eorumdem apostolorum sacras reliquias auro purissimo ac gemmis pretiosissimis inclusit. Dedit etiam beato papæ Silvestro et successoribus ejus vigorem et honorificentiam imperialem, privilegio suo decernens ut principatum obtineant tam super quatuor principales sedes, Antiochenam videlicet, Alexandrinam, Constantinopolitanam, et Hierosolymitanam, quam etiam super universas per totum orbem Ecclesias, et ut pontifex sanctæ Romanæ Ecclesiæ celsior existat cunctis sacerdotibus mundi hujus. Congruum quoque duxit imperii et regni Romani potestatem in orientali regione transferre, ut ibi lex sancta caput teneat principatus ubi apostolorum princeps Petrus crucis patibulum sustinens occubuit, et ibi gentes colla flectant ubi earum doctor Paulus extenso collo pro Christo martyrio est coronatus, et ibi Domini nostri famulentur officio ubi quondam terreni regis serviebant imperio. Ad summum proinde tradidit Romano pontifici palatium suum Lateranense et coronam capitis sui et chlamydem purpuream et cætera omnia ornamenta imperialia et omnem gloriam suæ potestatis et processionem imperialem et dignitatem imperialium equitum palatio præsidentium. Decrevit etiam clericos sanctæ Romanæ Ecclesiæ servientes habere potentiam et præcellentiam, id est, consules atque patricios effici, nec non et cæteris dignitatibus imperialibus decorari, ut sicut ornabatur imperialis militia, ita et ipse clerus ornetur, et sancta Romana decoretur Ecclesia, ut amplissimo honore apex pontificalis effulgeat. Quod privilegium obtulit super corpora sanctorum apostolorum Petri et Pauli, eligens sibi ipsum principem apostolorum ejusque vicarios firmos apud Deum intercessores atque patronos. Et hoc quidem honore dignissimo Constantinus Romanorum clementissimus imperator sanctam Ecclesiam extulit ac honoravit. Verum episcopalis dignitas longe gloriosius a Deo meruit exaltari. Dedit enim eis, id est episcopis, Deus ac Dominus noster Jesus Christus potestatem aperire et claudere cœlum hominibus. Quo eos pollere privilegio intelligens memoratus imperator Constantinus, in Nicæa synodo post omnes episcopos ultimus residens, nullam judicii sententiam super eos dare voluit; sed illos omnes deos vocans, non suo eos subesse debere judicio, sed se ad eorum pendere judicavit arbitrium. Nam eorumdem præsulum officium est ab injusto tramite revocare regiam potestatem, et si ei non acquieverit, etiam excommunicare. Quod in veteri lege sancti prophetæ fecisse comperiuntur. Nathan quippe propheta, sicut jam præmissum est, peccatum quod rex David fraudulenter et occulte commiserat, ei publice denudavit, et confessione correptum consequenter absolvit (*II Reg.* xii). Et in Novo Testamento beatus Ambrosius Mediolanensis episcopus majorem Theodosium imperatorem pro suo facinore ab ecclesiastica communione publice palamque suspendit, et ad pœnitentiam redegit regiam potestatem. Sanctus etiam Germanus Parisiorum episcopus Aribertum regem Francorum, quia, uxore sua legitima derelicta, duas sibi subintroduxerat uxores, excommunicavit. Et quia correptus non est, Dei judicio percussus, in eadem excommunicatione mortuus est. Necesse est enim ut temeritas malorum principum sanctorum auctoritate præsulum refrenetur et dignis coercitionibus comprimatur : quæ si non fuerit digna castigatione restricta præbebit populo facilem peccandi facultatem. Fornicatores autem et adulteros apostolus Paulus a contubernio cæterorum separat Christianorum, ubi cum ejusmodi nec cibum dicit esse sumendum (*I Cor.* v). Unde merito ab Ecclesia segregantur, et a sacramentis altaris arcentur. Ecclesiasticæ vero disciplinæ jugum nemo catholicus a cervice sua debet abigere, sed sacerdoti salubria sibi suggerenti parere : quia, sicut Samuel propheta testatur, « melior est obedientia quam victimæ, et auscultare magis quam offerre adipem arietum (*I Reg.* xv). » Obedientia ergo victimis jure præponitur : quia per victimas aliena caro, per obedientiam vero voluntas propria mactatur. Tanto, inquam, quisque Deum citius placat quanto ante ejus oculos arbitrii sui repressa superbia gladio timoris Dei voluptates suas a se præcidendo debilitat. Obedientia nempe est virtus quæ principaliter fidei meritum possidet : qua quisquis caruerit, infidelis esse convincitur, etiamsi fidelis esse probetur; quam qui sacerdotibus non exhibet, Deo repugnare videtur. Ab eis enim, id est a sanctis præsulibus, sicut supra retulimus, per universum orbem quondam fides catholica diffusa est. Apostoli quippe, quorum ipsi sunt hæredes, sive discipuli, adhærentes Christo summo Pontifici, inventi sunt præcipue persecutionis tempore fide firmi ac religione præcipui et metu mortis interriti. Unde nunc omnis Christianus recte eorum expetit suffragio a peccatorum suorum nexibus enodari, et eos honorat et excolit velut patres atque magistros.

Verum quia de his pro tempore satis jam diximus, decet ut iterum de regum antiquorum magnificentia vel liberalitate, qua sanctam extulerunt Ecclesiam, pauca nescientibus retegamus. Pipinus rex Francorum Adriani papæ precibus invitatus Romam venit, et eumdem Romanum antistitem ab infestatione Haistulfi regis Italiæ magnifice liberavit, et prædia ei erepta restituit. Adriano vero papæ Leo successit; quem Romani multis injuriis affecerunt, et a sua sede pariter expulerunt. Sed et hunc Carolus rex Francorum magnificus Romam veniens loco suo restituit, et inimicos ejus morte mulctavit, multaque in auro et argento ecclesiæ beati Petri largitus est munera. Imperatoris quoque Henrici secundi temporibus iterum Romani Clementem papam multis contumeliis affectum a sua cathedra pepulerunt. Quod præfatus audiens imperator Romam venit, et cum in propria sede reposuit. Post decessum vero papæ Clementis, rursus Romani quondam inutilem puerum papam ordinaverunt. Sed et hunc Henricus tertius, Henrici supradicti successor et filius, a sede deposuit, et Gregorium sextum illi substituit. Quidam denique regum et imperatorum pro Dei amore et dilectorum suorum expiatione, alios benignitatis fructus indigentibus exhibuere. Alii vero pro sibi subdita gente multas pertulerunt anxietates, et quidam pacem regni suis prætulere periculis. Sed et quidam illorum fures, adulteros et omnes æque sacrilegos exquisitis interimentes suppliciis, magna populo suo beneficia contulerunt. Alii quoque leges discretione præcipuas et honestas populis tradiderunt. Alii vero fuerunt benignitate præcipui, et alii sensati, et facundia præditi, et alii pacifici, et alii universa morum probitate conspicui. Alii ipsorum etiam diversis ædificiis ecclesias ornaverunt, et alii victricibus armis gentem perfidam a regni sui finibus expulerunt: quibus omnibus indiget Ecclesia. Quidam etiam in suis fundis ædificaverunt ecclesias, in quibus viros posuere religiosos, et eis sua prædia contulerunt, ut ex eorum reditibus viverent, et ibi dein sine sollicitudine nocte dieque Domino ministrarent, homines sanctos et honestos eis præponentes, quos appellamus abbates, qui eos diligenter divinis mandatis imbuerent, et eis pariter necessaria providerent. Ex eo quoque tempore cœperunt etiam præsulatus honorem quibusque viris religiosis et divinis dogmatibus diligenter excultis regali munificentia tribuere et Ecclesiæ Dei pastores dignissimos providere. Qua discreta consuetudine usi sunt multi reges et principes usque ad tempora nostra in promovendis viris doctissimis atque sanctissimis, sicut in superiori jam diximus libro. Unde etiam ille magnus papa Gregorius, cujus hodie sacri flores eloquii redolent in sancta Ecclesia, Mauricio imperatore jubente, consecrari non renuit. Quod et ante eum beatus fecisse legitur Ambrosius Mediolanensis archiepiscopus, vir sanctissimus; qui, Valentiniano imperatore jubente, præsulatum prædictæ suscepit Ecclesiæ. Hoc etiam fecere multi viri catholici, quos et decorabat morum elegantia atque sanctissima vita. De quorum numero fuisse noscuntur sanctus Andoenus Rothomagensis archiepiscopus et sanctus Eligius Noviomensis antistes, viri Deo gratissimi, sicut eorum indicant actus, qui regis Dagoberti munere pontificari meruere. Verumtamen propter eos qui violenter in Ecclesia se ingerunt, et præsulatus honorem ab irreligiosis principibus pecunia comparant, amantes superbiam et temporalem dominationem cum vana pompa et arrogantia mundi hujus, statuit sancta Nicæna synodus ne quis præter voluntatem et consensum metropolitani sui ullatenus fiat episcopus. Quod et postmodum venerabiles Romani corroboravere pontifices, videlicet Gelasius, Cœlestinus, et Leo sanctissimus, decernentes ut nulla ratione fiat episcopus qui nec a clericis est electus, nec a plebibus expeti-

tus, nec a provincialibus episcopis metropolitani judicio consecratus. Unde salutiferum et opportunum esse speramus ut si rex aut quislibet pius princeps præsulatus honorem viro sancto ordinabiliter tribuere vult, ne hoc suo solo faciat arbitrio, sed consilio et consensu metropolitani episcopi. Nam pro eis qui se contra censuram religiosam provehunt, et culmen regiminis potius sibi rapiunt quam assequuntur, solet sæpe dissensio pullulare, et oritur nonnunquam in populo gravis pernicies. Unde nobis cautum fore videtur ut si res hujusmodi, pravorum studiis obstantibus, competenter minime perfici potuerit, ut tandiu differatur donec in generali synodo rationabiliter atque legitime terminetur. Proinde regis officium est etiam dissidentes episcopos reconciliare, sicut multis documentis possumus approbare. Imperatoris quippe Valentiniani junioris temporibus Sixtus Romanus pontifex incriminatus est a quodam Basso. Quod audiens modo dictus Augustus, pia cura jussit concilium celebrari; in quo purgatus est papa Sixtus a crimine, et Bassus condemnatus est. Theodorici etiam regis Italiæ temporibus Symmachus sedem obtinuit apostolicam, et eodem die Laurentius provectus est ad eumdem gradum per seditionem. Quod senatus Romanus regi Theodorico intimavit, et ut eis mitteret qui ordinaretur apostolicus suggessit. At ille misit eis Petrum Altinæ civitatis episcopum. Sed Symmachus convocavit concilium centum et viginti quinque episcoporum, in quo purgavit se ab his quæ ei objiciebantur; et ita demum usque ad diem suæ dormitionis permansit apostolicus, et Laurentius privatus est sede sua. Anno quoque Incarnationis Dominicæ nongentesimo sexagesimo secundo Octavianus papa, cum de irreligiositate culparetur, Othone Romano imperatore jubente a sua sede expulsus est, et Joannes septimus ei est substitutus. Verum cum modo dictus imperator a Roma discessisset, Romani Octavianum receperunt, et Joannem ab urbe expulerunt, et Benedictum papam ordinaverunt. Quod imperator Otho comperiens Romam rediit, et præfatum papam Benedictum judicio synodali deposuit, et Joannem loco suo restituit.

Itaque, sicut evidenter sermo noster aperuit, regi rite subjacere videntur omnes regni ipsius episcopi, sicut patri filius deprehenditur esse subjectus, non natura, sed ordine, ut universitas regni ad unum redigatur principium. Ad eum denique pertinet illas quæ ad querelas veniunt causas in toto regno suo prudenter audire et auctoritatis suæ privilegio corrigere vel pacificare. Unde reprehendi a quibusdam solet quod Gregorius septimus consecrari vitavit consensu et licentia imperatoris. Pro qua re dissensio ista processit, et fiunt quotidie cædes Christianorum, et loca Dei sacrata Romano sanguine polluuntur et contaminantur, ecclesiæ solo tenus evertuntur, et Christicolæ a suis domibus excluduntur, et castella et vici et villæ flammis ardentibus consumuntur; et nullus, proh dolor! invenitur qui causam istam caute discutiat, prudenter examinet, ac juste determinet. Clerus et populus in ambiguo positus est, et magniloqui sive magnates nolunt brachia sua, id est vires suas, extendere contra impetum tribulationis; sed facti sunt quique potentes velut arietes invicem se debellantes. Reprehenditur etiam illud decretum ipsius in quo continetur ut nullus episcoporum investituram episcopatus vel abbatiæ de manu regis vel imperatoris suscipiat, propter viros sanctos qui dudum regum vel imperatorum munere, sicut supra retulimus, pontificatus honorem recipere non recusaverunt, quod nunquam fecissent, si in hac re culpam latere novissent. Nec, ut speramus, Deus illos tantis miraculis coruscare faceret, nisi eorum vita coram ipso laudabilis exstitisset. Supervacua igitur esse videtur. Porro pompa mundi hujus quibusque principibus superbiæ et elationis tumorem ingerere solet; et dum illicita committunt, reprehensoribus suis dicere solent : Nos a nemine debemus judicari, et sub nullius sumus positi potestate; indomabiles se præbentes medicis spiritalibus, id est sanctis doctoribus, qui eorum delicta paterna scirent possentque pietate curare. Itaque in languore suo permanent donec deficiant; non attendentes illud sapientissimum dictum : « Omnia, inquit, mihi licent, sed non omnia expediunt (*I Cor.* vi). » Qui si Deum timerent, et ignem illum qui paratus est diabolo et satellitibus ejus, nimirum illud animo sæpe revolverent quod in beati Job libro scriptum est : « Nunquid justificari potest homo comparatus Deo, aut apparere mundus natus de muliere? Ecce et luna non splendet, et stellæ non sunt mundæ in conspectu ejus. Quanto magis homo putredo, et filius hominis vermis? (*Job* xxv). » Et in libro Sapientiæ : « Corpus enim quod corrumpitur aggravat animam, et terrena inhabitatio deprimit sensum multa cogitantem (*Sap.* ix). »

Verum nunc vereor ne quis me redarguens dicat : Non est tuum, frater, honorabiles ac sublimes increpare personas, quorum peccata Deus judicanda suo reservat judicio. Sed meminerit quisquis ille est quia beatissimus Petrus apostolus, qui cæteris omnibus apostolis præeminebat, et cui Deus ac Dominus noster Jesus Christus ore proprio locutus fuerat dicens : « Tu es Petrus, et super hanc petram ædificabo Ecclesiam meam, et portæ inferi non prævalebunt adversus eam, et tibi dabo claves regni cœlorum, et quodcunque ligaveris super terram, erit ligatum et in cœlis, et quodcunque solveris super terram, erit solutum et in cœlis (*Matth.* xvi), » quod hunc Paulus nuper ad fidem conversus ausus est reprehendere, ac divino zelo succensus coram omnibus increpare. Sic etenim idem apostolus Paulus scribens ad Galatas dicit : « Cum venisset Cephas Antiochiam, in faciem ei restiti, quia reprehensibilis erat. Prius enim quam venirent quidam ab Jacob, cum gentibus edebat. Cum autem venissent, subtrahebat et segregabat se, timens eos qui ex circumcisione erant. Et simulationi ejus consenserunt cæteri Judæi, ita ut et Barnabas duceretur ab eis in illam simulationem. Sed cum vidissem quod non recte ambularent ad veritatem Evangelii, dixi Cephæ coram omnibus : Si tu, Judæus cum sis, gentiliter vivis, et non Judaice, quomodo gentes cogis Judaizare? Nos natura Judæi, et non ex gentibus peccatores. Scientes autem quod non justificatur homo ex operibus nisi per fidem Jesu Christi, et nos in Christo Jesu credimus, ut justificemur ex fide Christi, et non ex operibus legis (*Gal.* ii). » Ergo si tantus apostolus, carnis infirmitate præpeditus, reprehensibilis inventus est, quanto magis ille reprehensibilis est cujus cor tumet, et quasi magna cogitans, attonitos habet oculos? Verumtamen ille qui cæteris apostolis imminebat, et quem Dominus Jesus Christus magister optimus ore suo docuerat et Spiritus sanctus illuminaverat, Paulum nuper ad fidem conversum salubria sibi suggerentem humiliter audire non renuit, sed illi penitus acquievit. Homo vero fastu potentiæ sæculi hujus præditus, sicut in libro Job legitur, « in superbiam erigitur, et tanquam pullum onagri se liberum natum putat (*Job.* xi), » ideoque reatum suum cognoscere et sanctis hominibus assensum præbere detrectat. Verumtamen Deus sapientes homines sæpe per simplices quosque solet instruere. Unde et Balaam propheta, qui mercedem amavit iniquitatis, correctorem habuit suæ vesaniæ animal mutum cui insidere solebat (*Num.* xxii). Excelsus quippe Dominus et humilia respicit et excelsa a longe cognoscit. Humilia, inquam, respicit, ut attollat, et excelsa, id est superba, ut dejiciat. Quapropter oportet ut quicunque culmen honoris obtinet, se diligenter attendat, et nulla se ipsum adulatione seducat, sed intelligat cum quanto periculo mortis æternæ et cum quanta penuria perfectæ justitiæ peregrinemur a Domino. Nam licet sint speciosi pedes evangelizantium pacem, evangelizantium bona (*Rom.* x), tamen de terra sicca pulverem contrahere solent. Et si hoc dispensatores verbi Dei et ministri sacramentorum ejus, quanto magis quædam provincia magni Regis? Unde Psalmista Domino dicit : « Beatus quem tu erudieris, Domine, et de lege tua docueris eum (*Psal.* xciii). » Sed his modo sepositis, operæ pretium est beati Papæ Leonis [Nicolai] decretum nostris auditoribus propalare, et quid de ordinando papa sanxerit nescientibus intimare. Qui cum anno Incarnationis Dominicæ millesimo quinquagesimo octavo papæ Leoni successisset, anno ordinationis suæ secundo concilium habuit in basilica Lateranensi mense aprili, indictione duodecima; in qua residens, omnibus sibi circumsidentibus dixit :

« Novit modestia vestra, fratres charissimi et coepiscopi, inferiora quoque membra non latuit, defuncto piæ memoriæ domno Stephano decessore nostro, hæc apostolica sedes, cui Deo auctore deservio, quot adversa pertulerit, quot denique per Simoniacæ hæresis trapezetas malleis et crebris tunsionibus subjacuerit, adeo ut columna Dei viventis jamjam pene videretur nutare, et sagena summi piscatoris, procellis intumescentibus, in naufragii profunda submergi. Unde, si placet fraternitati vestræ, debemus auxiliante Deo futuris casibus prudenter occurrere et ecclesiastico statui, ne rediviva, quod absit! mala prævaleant, in posterum prævidere. Quapropter instructi prædecessorum nostrorum aliorumque sanctorum Patrum auctoritate decernimus atque constituimus ut obeunte hujus Romanæ universalis Ecclesiæ pontifice, in primis cardinales episcopi diligentissima simul consideratione tractantes, mox sibi clericos cardinales adhibeant, sicque reliquus clerus et populus ad consensum novæ electionis accedant. Et ne venalitatis morbus qualibet occasione subripiat, religiosi viri præduces sint in promovendi pontificis electione, reliqui autem sequaces. Et certe rectus atque legitimus hic electionis ordo perpenditur, si, perspectis diversorum Patrum regulis seu gestis, etiam illa beati Leonis sententia recolatur : « Nulla, inquit, ratio sinit ut inter episcopos habeantur qui nec a clericis sunt electi, nec a plebibus expetiti, nec a comprovincialibus episcopis metropolitani judicio consecrati. » Quia vero sedes apostolica cunctis in orbe terrarum præfertur Ecclesiis, atque ideo super se metropolitanum habere non potest, cardinales episcopi procul dubio metropolitani vice fungantur, qui electum antistitem ad apostolici culminis apicem provehant. Eligant autem de ipsius Ecclesiæ gremio, si repertus fuerit idoneus; vel, si de ipsa non invenitur, ex alia assumatur. Salvo debito honore et reverentia dilecti filii nostri Henrici, qui in præsentiarum rex habetur, et futurus imperator Deo concedente speratur, sicut jam sibi concessimus et successoribus illius qui ab hac apostolica sede personaliter hoc jus impetraverint. Quod si pravorum atque iniquorum hominum ita perversitas invaluerit ut pura, sincera, atque gratuita electio fieri in urbe non possit, cardinales episcopi cum religiosis clericis catholicisque laicis, licet paucis, jus potestatis obtineant eligere apostolicæ sedis antistitem ubi congruentius judicaverint. Plane postquam electio fuerit facta, si bellica tempestas vel qualiscunque hominum conatus malignitatis studio restiterit ut is qui electus est in apostolica sede juxta consuetudinem inthronizari non valeat, electus tamen sicut papa auctoritatem obtineat regendi sanctam Romanam Ecclesiam et disponendi omnes facultates illius, quod beatum Gregorium ante electionem suam fecisse cognoscimus. Quod si quis contra hoc decretum nostrum synodali sententia promulgatum per seditionem vel præsumptionem aut quolibet ingenium electus aut etiam ordinatus seu inthronizatus fuerit, auctoritate divina et sanctorum apostolorum Petri et Pauli perpetuo anathemate cum suis auctoribus, factoribus, sequacibus, a liminibus sanctæ Dei Ecclesiæ separatus, subjiciatur sicut Antichristus et invasor atque destructor totius Christianitatis, nec aliqua super hoc audientia aliquando ei reservetur, sed ab omni ecclesiastico gradu, in quocunque prius fuerat, sine retractatione deponatur : cui quisquis adhæserit, vel qualemcunque tanquam pontifici reverentiam exhibuerit, aut in aliquo eum defendere præsumpserit, pari sententia sit mancipatus. Quisquis autem hujus nostri decreti vel sententiæ violator exstiterit, et Romanam Ecclesiam sua præsumptione confundere et perturbare contra hoc statutum tentaverit, perpetuo anathemate atque excommunicatione damnetur, et cum impiis, quando resurgent in judicio, reputetur. Omnipotentis scilicet Dei Patris et Filii et Spiritus sancti contra se iram sentiat, et sanctorum apostolorum Petri et Pauli, quorum præsumit confundere Ecclesiam, in hac vita et in futura furorem reperiat. Fiat habitatio ejus deserta, et in tabernaculis ejus non sit qui inhabitet. Fiant filii ejus orphani, et uxor ejus vidua. Commotus commoveatur ipse et filii ejus, et mendicent, et ejiciantur de habitationibus suis. Scrutetur fenerator omnem substantiam ejus, et diripiant alieni labores ejus. Orbis terrarum pugnet contra illum, et cætera elementa sint ei contraria; et omnium sanctorum quiescentium merita illum confundant, et in hac vita super eum apertam vindictam ostendant. Observatores autem hujus nostri decreti Dei omnipotentis gratia protegat, et auctoritate beatorum Petri et Pauli ab omnibus vinculis absolvat peccatorum. »

Ecce iste papa sanctissimus sano ac saluberrimo consilio et discretione præcipua in ordinatione Domini papæ debitum honorem et reverentiam imperatori reservans, illud apostoli Petri mandatum observat quod scripsit idem apostolus in Epistola sua dicens : « Subjecti estote omni humanæ creaturæ propter Deum, sive regi quasi præcellenti, sive ducibus quasi ab eo missis ad vindictam malefactorum, laudem vero bonorum; quia sic est voluntas Dei ut bene facientes obmutescere faciatis imprudentium hominum ignorantiam, quasi liberi, non quasi velamen habentes malitiæ libertatem, sed sicut servi Dei (*I Petr.* II). » Per terrenum quippe regnum cœleste tunc proficit, dum quod sacerdos non prævalet efficere per doctrinæ sermonem, regia potestas hoc agit vel imperat per disciplinæ terrorem. Decet igitur ut unicuique potestati suæ auctoritatis privilegium sibi semper salvum et incolume perseveret. Denique, sicut Paulus apostolus docet : « Nemo » sacerdotium sibi præripere debet, « sed qui vocatur a Deo tanquam Aaron. Nam et Christus non semetipsum clarificavit ut Pontifex fieret, sed qui locutus est ad eum : « Filius meus es tu, ego hodie genui te (*Psal.* II). » Et in alio loco : « Tu es sacerdos in æternum secundum ordinem Melchisedech (*Psal.* CIX); » qui in diebus carnis suæ preces supplicationesque ad eum qui possit eum a morte salvum facere cum clamore valido et lacrymis offerens, exauditus est pro sua reverentia. Et quidem cum esset Filius Dei, didicit ex his quæ passus est obedientiam, et consummatus, factus est in omnibus obtemperantibus sibi causa salutis æternæ, appellatus a Deo Pontifex juxta ordinem Melchisedech (*Hebr.* v). » Ergo decet ut episcopi quique sequantur formam quæ præcessit in capite, ut et ipsi inveniantur digni offerre spiritales hostias acceptabiles Deo per eumdem Christum Dominum nostrum, cujus umbra noscuntur existere. Denique regia potestas spernenda non est; quia regis officium est totum sibi subjectum populum ab errore corrigere et ad æquitatis atque justitiæ semitam revocare. Unde in libro Judicum reperies quia antequam regem haberent filii Israel, Jonathas filius filii Moysi, cum inter levitas deputatus esset, præsumpsit sibi sacerdotium ; quia unusquisque, inquit, sibi placita faciebat, eo quod non esset rex in Israel (*Judic.* xvii). Ipsius etiam officium est molas iniqui conterere et de faucibus ejus prædam cripere, ut recte pater pauperum et oculus cæcorum et pes claudorum nominari possit et esse. Ipse quoque debet esse sanctæ defensor Ecclesiæ. Unde honorandus est tam ab omnibus sui regni præsulibus quam a cæteris omnibus quibus præest, etsi non propter se, vel propter honorem et gradum quem a Deo accepit. Nec nos movere debet quia multi pravi et pauci boni reges inveniuntur. Frumentum enim in comparatione palearum valde exiguum esse videtur. Sed novit agricola quid faciat de ingenti acervo palearum, et novit Deus qui sunt ejus. Sustinet tamen pravos, ut suorum electorum fidem atque prudentiam per illorum perversitatem exercendo confirmet, et quia de numero eorum multi convertuntur et corriguntur. Sustineamus ergo et nos eos quos esse videmus injustos, et amemus eos quos justos esse videmus. Non tamen dico toleremus malos carnali timore, sed Dei amore. Nec dico ut amemus eos exspectantes ab eis pro nostro amore carnalem retributionem, aut ut serviamus eis propter commoda temporalia aut propter gloriam temporalem, nec ut ponamus in eis spem nostram : quoniam maledictus est homo qui spem suam ponit in homine. Nec dico ut exhibeamus eis nosmetipsos ministros ad male faciendum, ut eis placere possimus : quoniam « dissipabit Deus ossa eorum qui hominibus placent, » sicut Psalmista testatur (*Psal.* lii); sed ut amemus justos quia justi sunt, et toleremus malos charitate illius qui eos nobis æquo judicio prætulit atque præposuit. Legem quippe non implet nisi charitas. Et si nos diabolus per eos occultus impugnat, clamemus illud Psalmistæ : « Deus meus, cripe me de manu legem prætereuntis et iniqui, quoniam tu es patientia mea a juventute mea. » (*Psal.* lxx). » Et precemur illum ut misericordiæ suæ dulcedinem instillet in nobis. Etenim, sicut testatur Psalmista : « Custodit Dominus omnes diligentes se, et omnes peccatores disperdet (*Psal.* cxliv). » Et liber Sapientiæ dicit : « Multi potentes oppressi sunt valide, et gloriosi traditi sunt in manus exterorum (*Eccli.* iv). » Et Job : « Apprehendet impium quasi aqua inopia, nocte opprimet eum tempestas, et tollet illum ventus urens (*Job* xxvii). » Denique si per eos, id est, si per pravos prælatos diabolus nos instigat verbo aut urget tormento ut malum peragamus, mox illis respondeamus, quia « obedire Deo oportet magis quam hominibus (*Act.* v). » Nec quibuslibet tormentis exsuperemur, quia « non sunt condignæ passiones hujus temporis ad futuram gloriam quæ revelabitur in nobis (*Rom.* viii). » Proinde movet plerosque quod justi in hac vita multa patiantur adversa, mali vero magnis prosperitatibus gaudent. Sed de suis tribulationibus exsultat Paulus apostolus dicens : « Gloriamur in tribulationibus, scientes quoniam tribulatio patientiam operatur, patientia vero probationem, et probatio spem. Spes autem non confundit, quia charitas Dei diffusa est in cordibus nostris per Spiritum sanctum qui datus est nobis (*Rom.* v). » Quo Spiritu referti vel inebriati quique viri perfecti omnes adversitates mundi hujus propter eum tolerant qui pro eis mori non dedignatus est. Pro eo, inquam, quod ardenti amore diligitur omnia tolerantur. At impatiens, dum mala quæ ei juste a Deo inferuntur pati renuit, non efficit ut a malis eruatur, sed ut mala graviora patiatur. Nemo enim leges Omnipotentis evadit; sed omnis creatura, velit nolit, militat Deo et illius subjacet potestati. Sed boni libera voluntate, sicut boni filii, Deo servire noscuntur, et faciunt quod bonum est. Mali quoque Deo serviunt, sed necessitate; et fit de illis quod justum est. Itaque et de bonis et de malis Deus bene facere consuevit. Verumtamen quidquid ab eo fit, juste fit. Igitur æquius est ut nos ejus sequamur quam ille nostram sequatur voluntatem; ut eo ipso quo nos ejus sequimur voluntatem, ordinati esse incipiamus. Unde congruum est ut si quis uspiam est qui duas has de quibus loquimur potestates ab invicem per discordiam sejunxit ac separavit, ne negligat agere pœnitentiam, et nequaquam lethali et mortiferæ plagæ per pudorem addat tumorem. Nihil enim est infelicius, nihil scelestius, quam de vulnere quod latere non potest non erubescere et de ligatura ejus erubescere. Satagat, inquam, qui hoc secus admisit Deo satisfacere per pœnitentiæ dolorem et per humilitatis gemitum et per contriti cordis sacrificium, cooperantibus eleemosynis. Non enim præcipitur nobis ut tantummodo cessemus a peccatis; sed et de præteritis, inquit, deprecare Dominum. Omnibus denique peccatoribus pœnitentia necessaria est : quam qui contemnit agere, aut Dei flagello plerumque percutitur, aut morte conteritur. Unde peccatorem admonet liber Sapientiæ dicens : « Fili, ne tardes converti ad Dominum, et ne differas de die in diem. Subito nempe veniet ira illius, et in tempore vindictæ disperdet te (*Eccli.* v). » Et de pœnitente in libro Job hoc invenies scriptum : « Si reversus fueris ad Omnipotentem, ædificaberis et longe facies iniquitatem a tabernaculo tuo. Dabit tibi pro terra silicem, et pro silice torrentes aureos ; et argentum coacervabitur tibi, et afflues deliciis ; et rogabis eum, et exaudiet te. Erit Omnipotens contra hostes tuos, et decernens rem et veniet tibi (*Job* XXII). » Et paulo post : « Qui inclinaverit oculos, ipse salvabitur (*Ibid.*). » Plura parabam adhuc dicere. Sed ne legentibus tædium ingeram, non placet amplius producere librum ac protelare sermonem ; maxime cum super hæc omnia multa in altero libro dixisse me recolo, quæ semel audisse sapienti sufficere debent.

Explicit liber secundus.

HUGONIS EPISTOLA AD IVONEM

CARNOTENSEM EPISCOPUM

Vide supra, inter Prolegomena ad Hugonem, col. 810.)

VITA SANCTI SACERDOTIS

EPISCOPI LEMOVICENSIS

AB HUGONE DE S. MARIA FLORIACENSI MONACHO, INNOVATA.

(*Acta Bolland.*, Maii t. II, p. 11, ex ms. Sarlatensi.)

COMMENTARIUS PRÆVIUS.

1. *Loca ortu, habitatione, episcopatu, morte, sepultura ac translatione reliquiarum S. Sacerdotis celebria sunt ista. Burdegala, totius Aquitaniæ emporium celeberrimum, locus illi aut saltem patri ejus ad hanc vitam natalis obtigit. Succedit urbs Cadurcensis, nobili episcopatu et academia in eadem Aquitania florens : in qua ab ipso episcopo suam institutionem adolescens accepit. In hac diœcesi Cadurcensi idem S. Sacerdos celebriorem fecit vicum Calabrum, prope fluvium, Ausonio et Sidonio Apollinari dictum Duranium, vulgo la Dordogne, quo in loco baptizatus ejus dominium accepit : ibidem postea divino monitu monachus, dein abbas effectus, ibidemque sepulturæ mandatus. Propinquus locus hic fuit ei qui nunc Calviacum dicitur : et vetus nomen remanet lacui inter Calviacum et Carluxium, qui ad monasterii jura pertinens adhuc appellatur* l'étang de Calabre, *uti etiam* la Tour de Calabre, *turri antiqua cum ecclesia desolata, cujus parochi, addicta olim terra appellatur* Bordarium S. Sacerdotis, *a ripa fluminis loci adjacet. Ex hoc loco evocatus Sacerdos ad cathedram Lemovicensem, in eadem Aquitania prima, ad Vigennam fluvium vixit reliquum fere vitæ tempus : sed præsentiens finem vivendi imminere, reversurus ad monasterium Calabrum, Argentaci, loco ad fluvium Dordoniam inter Bortum et Carenacum sito, vita functus est; et inde ad suum monasterium Calabrum delatus, ibidem sepulturam accepit. Et hæc loca ad ejus Vitam pertinent : sed præ illis aliam urbem honestavit Reliquiarum translatione, et miraculis omnipotentis Dei operatione factis, ab eadem adoptatus in præcipuum patronum.*

2. *Urbs ea est* Sarlatum, *in ditione Petrocoriensi, cum celebri ordinis Benedictini monasterio sub titulo Salvatoris mundi, quod tabulæ abbatiæ perhibent a Pipino rege aut ejus filio Carolo Magno fundatum. Ad hoc monasterium, tempore Ludovici Pii, sacra corpora S. Sacerdotis, ejusque matris Mundanæ martyris, translata fuisse infra referuntur, dein plurimis claruisse miraculis. Imo et apud Decanum Sarlatensem an. 1663 inveniebatur ms. anni 1542, in quo asserebatur etiam patris Laban corpus ibidem in honore fuisse, tanquam beati. Postmodum Joannes* XXII *summus pontifex, monasterium illud episcopali fastigio insignivit an. 1317, et ecclesia cathedralis dicata est S. Sacerdoti episcopo Lemovicensi, de quo hic agimus ; mensæ autem seu redditibus episcopalibus est adjunctum monasterium Calabrum seu Calviacum (contracto forsan nomine quasi Calabriacum) solum duabus leucis Sarlato dissitum, ubi S. Sacerdos vulgo appellatur* saint Sardos, Sardou, *vel* Sardot *aut* Serdot *non autem* Saproc, *ut quidam Francici scriptores hallucinando indicant. Sub illo autem vulgari nomine duo habentur oppida : unum in Aquitania sub diœcesi Montalbanensi, leucæ spatio dissitum a Garumnæ ripa, quatuor a Tolosa ; alterum S. Sardos, de Granges sive a Grangiis cognominatum in diœcesi Agennensi, tribus ab ea urbe leucis dissitum, una vero ab ostio Loti in Garumnam procurrentis. His adde ecclesiam S. Sacerdotis de Aurenca, nominatam in bulla Eugenii* III.

3. *Quis primus auctor et quo tempore Vitam S. Sacerdotis scripserit, nos latet. Hugo monachus Floriacensis, qui sub* Ludovico VI, *cognomento* Crasso, *circa annum 1130 floruit, in Chronico suo, Monasterii Westphaliæ anno 1636 excuso, pag. 127, occasione Ecdicii, filii Aviti imperatoris, ista de Actis S. Sacerdotis scripsit :* « Ecdicius, Aviti quondam imperatoris filius, in libro Vitæ cujusdam sancti confessoris, nomine et officio Sacerdotis, Lemovicæ civitatis, corrupto nomine (sicut opinor) nominatur Altitius, et hic illum creditur a baptismatis lavacro suscepisse. Cujus pretiosissimi confessoris Vitæ seriem, partim in occulto sermone compositam, partim vero scriptorum indicio depravatam conspiciens ; nuper corrigere statui, et tempore quo floruit, post multorum annorum curricula moderno tempore designavi. Et de ipsius quidem Sancti virtutibus in ea-

dem serie apertissimo sermone expressi. De hoc autem Attitio illud plane diffiniri nolui, quod evidenti testimonio probare non possum, melius esse credens, quod me latet, seu de quibus ambigo, Deo totum relinquere, quam dubia pro certis proterve defendere. Hoc tamen antiquus ille liber, qui præfati confessoris actus continet, mihi videtur innuere, quod circa hoc tempus, de quo nunc loquimur, memoratus Sacerdos esse potuit infantulus. ›

4. *Hactenus Hugo Floriacensis, iisdem fere verbis hic usus quibus inchoavit ipsius Vitæ prologum. Qui dum antiquum Actuum sancti confessoris librum ait fuisse « in occulto sermone compositum, » videtur mihi intelligere vulgarem Petracoricensium sæculo* IX *sermonem; ideo occultum, quia sæculo* XII, *quo florebat Hugo, valde immutatum a forma priori; aut potius quia minime communem, id est ubique terrarum intelligendum, ut erant ea quæ conscribebantur sermone Latino. Sic Regino Prumiensis, Hugone Floriacensi sæculis duobus antiquior, in Chronica ad annum* 814 *dicit, se reperisse eatenus scripta « in quodam libello, plebeio et rusticano sermone composita, quæ ex parte ad Latinam regulam correxi, inquit (plane ut Hugo ait de Vita S. Sacerdotis), quædam etiam addidi quæ ex narratione seniorum audivi.* › Quem autem plebeium et rusticanum sermonem Regino vocat, is erat haud dubie qui per provincias Romano imperio quondam subjectas usurpatus, a Francis earumdem tunc possessoribus, et patria, id est Teutonica, lingua diu usis vocabatur Romanus, sive ut in quodam vetusto capitulari legitur Rusticus Romanus, quemadmodum etiamnunc vocatur in Hispania aliisque provinciis, corruptus ille ex Latino sermo, quo passim eæ regiones utuntur, quæ olim Romanæ ditionis fuere.

5. *Sic autem conscriptum librum accepisse potuit Hugo ab suo coævo, et monasticæ vitæ apud Floriacenses socio, Aimoyno : utpote patria Petracorico, « ex villa (uti ostendit ipse in Vita S. Abbonis, danda ad* 3 *Novembris) quæ vocatur ad Francos, vulgo Villefranche, › leucis solum tredecim remota Sarlato. Acceptum porro non simpliciter Latine reddidit expolivitque, sed quædam etiam ex suo sensu immutavit; addidit etiam* n. 23 *quæ commoda credebat ad explicandum chronologicam rationem, prout ea tempora ferebant non insulsam, sed quæ erudito hoc sæculo plane judicatur vacillare. Hanc autem* S. *Sacerdotis Vitam, ab Hugone Floriacensi sic exornatam, damus hactenus ineditam; qualem nobis submisit vir in antiquitate historica eruditus, Armandus Gerard, canonicus Sarlatensis, cujus beneficio Sammarthani ediderunt abbatum et episcoporum Sarlatensium seriem. Vitam istam ipse descripsit ex veteri codice ms. de Vitis SS. qui penes eum erat, ubi illa continebatur a pagina versa* 88 *ad paginam versam* 95. *Vitæ quoque priorem partem contulit cum ea quæ in veteri Breviario Sarlatensi est distributa in lectiones per totam octavam recitari solitas. Idem penes se habuit eamdem legendam, veteri sermone Petragorico, non quidem ex vetusto illo contextu transcriptam, quo usus Hugo est; sed ex Latino Hugonis, cui præcise inhæret, in Romanum, id est vulgare idioma redditam.*

6. *Ipsam Vitam abbreviavit aliquantulum Bernardus Guidonis, ordinis Prædicatorum, episcopus Lodovensis creatus anno* 1324, *eamque inseruit suo Sanctorali : quam ex ms. Pragensi nobis anno* 1642 *submisit Joannes Scholtz societatis Jesu, postea vero eamdem Tutelæ Lemovicum, ad calcem eruditæ Disquisitionis de sæculo quo idem sanctus vixit, ex ms. codice edidit Stephanus Baluzius Tutelensis : de quare etiam disputasse dicitur Antonius Dadinus Altaserra, antecessor Tolosanus, tomo II rerum Aquitanicarum libro* VI, c. 2. *Verum hunc illius operis tomum II aliunde non novimus quam ex epistola prædicti Armandi Gerard, ubi etiam Disquisitionis illius ut Gallice scriptæ meminit; quam insuper invenimus citatam apud Philippum Labbe tomo II Novæ bibliothecæ manuscriptorum librorum, ubi pag.* 661 *et seqq. edidit istam Vitam, cum autographo Sanctoralis Bernardi Guidonis collatam, et in parva capita distinxit. Nos secundam hanc Vitam utpote ex priore exstractam, et omissis miraculis abbreviatam, omittimus, cum apud dictos auctores videri possit.*

7. *Aliquod etiam Vitæ compendium exstat in Breviario Lemovicensi anno* 1626 *excuso; in qua urbe et diœcesi colitur sub ritu duplici ad hunc quintum Maii, quo die, id est tertio Nonas Maii dicitur, et apud Hugonem Floriacensem et apud Bernardum Guidonis, et in dicto Breviario Lemovicensi, spiritum Deo reddidisse. Eodemque etiam die apud Sarlatenses festum ejus solemnissimo ritu celebratur, et ipse apud Saussaium in Martyrologio Gallicano longo encomio honoratur. Interim vitio amanuensium relatus est ad diem* 4 *Maii in ms. Adone, quem Romæ reperimus in illustri bibliotheca cardinalis Sforza, ubi ista erant inserta : « In Petragoricis natale S. Sacerdotis confessoris et pontificis. » Quæ ita leguntur in Martyrologio Bellini Parisis aucto. « In territorio Petragoricensi S. Sacerdotis Lemovicensis episcopi. » Hæc inde edidit more suo Molanus in Auctario Usuardi, et Molano solum citato relatus est S. Sacerdos in hodiernum Martyrologium Romanum, uti etiam in Germanicum Canisii. Ferrarius in Catalogo Sanctorum, qui non sunt in Martyrologio Romano, eumdem, quasi a jam relato diversum ad quartum Maii his verbis profert : « Lemovicis in Gallia S. Sacerdotis episcopi. » Dein in notis citantur Tabulæ Ecclesiæ Lemovicensis, sed in ea colitur die quinta Maii. Dein patria dicitur Burdegala, « ubi corpus jacet; » sed illud est in cathedrali Sarlatensi. Demum additur, « in Vitis sanctorum Galliæ apud Renatum Benedictum, presbyterum vocari, » sed in margine indicatur « S. Sacerdos Latine, Gallice Sainct Prestre » dici. Sed hæc Renati marginalis nota per quam ridicula accidit intolligentibus, S. Sacerdotem episcopum, non aliter quam saint Serdot vulgo nuncupari; et ad hunc prorsus impertinens esse, quod appellatione sumpta vox Sacerdos, quatenus ordini presbyterali tribuitur, vulgari lingua reddatur Prêtre. Apage ejusmodi interpretamenta, quæ nostrum hunc sanctum confundere possent cum aliquo (si quis esset) S. Presbytero; sicut ex tali causa factum diximus, ut S. Monica, Augustini mater, cum S. Prima Ostiensi martyre confunderetur. Sed ad diem quod attinet, malumus nos cum antiquis Actis omnibus, et usu Ecclesia vm Lemovicensis, Sarlatensis, aliarumque vicinarum, malumus proponere ipsa Acta ad hunc diem quintum Maii. « Diem nemine tradente qua facta sub Carolo Magno translatio ad ecclesiam Sarlatensem est, nondum certissime cognovimus, » inquit Vitæ auctor. Recolitur nihilominus illa Sarlati officio duplici* 3 *Julii : et iterum* 23 *Augusti « Revelatio S. Sacerdotis : » sed de neutra habentur lectiones propriæ, ut difficile sit divinare, quid nomine Revelationis intelligatur, aut ad quod tempus ea spectet; vel quæ ipsius et Translationis differentia sit; unde Bernardus Guido eas confudit.*

8. *Major controversia est quonam sæculo et quibus annis vixerit. Altaserram et Balusium secuti Labbe atque le Cointe,* S. *Sacerdotem ad sæculum septimum aut etiam octavum transferunt : imo Labbe tomo II Novæ suæ Bibliothecæ omnia ad hunc sensum corrigit. Ac primo inter nomina ac gesta Lemovicensium episcoporum pag.* 267 *ista reperit : « S. Sacerdos natione Burdegalensis, qui veneratur et quiescit apud Sarlatum Petragoricæ diœcesis, qui etiam florebat circa annum* 517. » *et recte; sed Labbe addit « legendum* 715 *aut quid ejusmodi. » Eodem modo pag.* 663 *quia regnante Clodovæo rege infra num.* 13 *dicitur ordinatus episcopus Lemovicensis, ista parenthesi inclusit Labbe. « Forte excidit, æquivoco illi, aut quid simile, vel inepti exscriptoris glossema fuit, unde postea adlecta, quæ ad calcem habentur, de tempore quo floruit, » scilicet nobis num.* 17. *Verum arbitramur omnes illos characteres servandos; sanctumque Sacerdotem tempore*

Justiniani imperatoris diem clausisse ultimum, forte circa annum 530 ac tum implevisse annos vitæ circiter septuaginta, aut saltem ultra sexaginta : itaque de fonte susceptum esse ab Ecdicio, filio Aviti imperatoris, qui anno 467 sub Anthemio imperatore fuit comes et magister militiæ in Gallia, et anno 474 a Julio Nepote imperatore patricius creatus, ac vulgo rex appellatus, et sic pro rege Alticio *sub initium Vitæ*, cum Hugone Floriacensi, arbitramur legendum regem Ecdicium, alias enim labyrinthum incurrimus inextricabilem. Dein Capuanum, alibi ignotum damus Cadurcensibus episcopum circa annum 480 inter Alithum, qui cum S. Paulino vixit, et Boetium, qui subscripsit Concilio Agathensi anno 506, et Aurelianensi primo anno 508 aut sequenti. Monachus porro et abbas fuerit factus S. Sacerdos sub finem sæculi quinti : ac post devictum a Chlodovæo Alaricum regem Gothorum, circa annum 509 episcopus Lemovicensis, approbante ante suum obitum Chlodovæo : et sic floruerit sub imperatoribus Anastasio, Justino et Justiniano, mortuus circa annum 530 et vere vixerit cum SS. Remigio, Benedicto, Vedasto et Amando. Qui omnes in Actis antiquis notantur, neque ex ullo istis temporibus habito concilio aliquid extundi potest, quod chronologiæ isti repugnet.

9. Bernardus Guidonis apud Labbe, quamvis S. Sacerdotem floruisse dicat circa annum 517 (quod et nos tenemus) tamen cum Rusticos duos præposuisset Exotio, ante annum 560 sedere exorso (uti ex ejus epitaphio et successoris Ferreoli ætate demonstratur) et post Exotium nominasset alios octo ; eorum ultimo Cæsario subjungit « Roricios sive Ruricios etiam duos, de quorum, inquit, temporibus require in libris antiquis B. Stephani ecclesiæ cathedralis, » ac denique, interjectis iterum tribus, nominat Agericum sive Agerium, S. Sacerdotis decessorem in Vita prædicta nominatum. Quod dum facit, et, sibi ipsi repugnans, S. Sacerdotem coævum pene facit S. Cessatori, qui Caroli Martelli tempore floruit ; merito suspectus sit nobis, ne ordo episcoporum apud eum æque perversus sit in S. Sacerdote quam perversus est in utroque Ruricio, quorum alterum 5 sæculo, alterum 6 floruisse mox probabimus. Sanmarthani, allegato ms. Catalogo Joannis Cordesii Canonici Lemovicensis, Bernardi sententiam amplectuntur circa S. Sacerdotem, circa Ruricios corrigunt ; corrigendi tamen adhuc ipsi, quod Synodos quibus interfuit junior, adscribant Episcopatui senioris : Rusticos autem nullos agnoscunt, alios aliquos a Bernardo nominatos prætereunt, tanquam ex sola scriptionis diversitate distinctos et introductos : quod illis libenter assentior, sed pariter judico in Catalogis, pro arbitrio auctorum tam recentium interpolatis alteratisque nullam certam Chronologiam posse fundari.

10. Porro sicuti Sammarthani consent, nullam esse rationem habendam Rusticorum, ut a Ruriciis diversorum ; ita existimat Armandus Gerard nec Aggericum quidem Hugonis Flaviniacensis (quod melius Agerium vel Agricium scripseris) distinguendum a Ruricio seniore, inter quem et juniorem sedisse debuit S. Sacerdos. Ratio hujus conjecturæ est, quod sicuti a rure Latinis dicebatur rusticus aut ruricius, ita Petragoricis in sua vulgari lingua, in cujus usu istæ voces non erant, ab agro dici debuerit agre vel agry. Sic autem scriptum nomen ejus episcopi, qui Sacerdotem præcessit, cum invenisset Hugo Flaviniacensis, cui Latina et genuina episcoporum Lemovicensium nomina minus nota erant, putat eum Armandus, dum Petragoricas voces Latinæ formæ reddere voluit, nominasse Aggericum, quem debuisset vocare Ruricium. Sunt tamen quibus id dici nulla cum verisimilitudine videatur, et omnino judicant retinendum Agericum, a Ruriciis distinctum : quibus sane nihil est quod prohibeat ipsum interponere. Etenim Ruricium I constat anno 470 fuisse episcopum, et anno 506 propter ætatem ac morbos excusatum quo minus concilio Agathensi interesset ; junioris non invenimus notitiam ante annum 535, quo concilio Arvernensi interfuit, idemque videtur usque ad annum 555 aut ultra fuisse in vivis : proinde notabile intervallum temporis statui potest inter utrumque ; et locus datur non solum S. Sacerdoti, sed etiam ante hunc Aggerico, saltem ad biennium, si fuit a Ruricio I diversus.

11. Qui utrumque Ruricium conjunxerunt auctores, aliud nullum habuere fundamentum, quam quod Venantius Fortunatus in epitaphio eos conjunxerit ita canens :

Hic sacra pontificum, toto radiantia mundo,
  Membra, sepulcra tegunt : spiritus astra colit,
Ruricii gemini, prænomine, sanguine nexi,
  Exsultant pariter hinc avus, inde nepos.
Tempore quisque suo fundans pia templa Patroni,
  Iste Augustini condidit, ille Petri.

Atqui hic illi non magis dicuntur sibi in episcopatu immediate successisse, quam avus fundasse templum S. Augustini, nepos Petri, prout Bernardus Guido et post hunc alii interpretantur ; licet ipsa syntaxis verborum suffragante temporis ratione, potius exigat, ut avus Petro, nepos Augustino fundarit ecclesiam.

VITA S. SACERDOTIS.

PROLOGUS

Ex ms. Bibliothecæ Colbertinæ Parisiis.

Antiquam seriem vitæ gloriosi præsulis Sacerdotis relegens, et in ea quædam superflua, quædam autem scriptorum vitio depravata conspiciens, moderno tempore corrigere statui ; ejusdemque historiæ textum, compendiosa brevitate transformatum et melioratum, lucidius honestiusque depingere. Ad quem poliendum et elimandum composui mihi multas historias, quasi limas, ut nihil habeat nisi splendidum et honestum ; et undecunque textum, undecim distinguendo Capitulis, adornavi. Quædam quoque diversis historiis, ubi opportunum duxi, ex latere in marginibus (1) subnotavi, ut ex his lector lineam temporum cognosceret, et ex brevi multa colligeret. Adjeci etiam de translatione ejusdem beatissimi præsulis (2) capitulum unum. Verum non studeo verbum pro verbo transcribere, nec tamen

---

(1) Hæc notata marginalia, primo Hugonis manuscripto adjuncta, transcribere nemini postea curæ fuit, nec Sarlati quidem.
(2) Illud infra incipit num. 21.

omnino nova pro veteribus cudere; sed sensum ex sensu, secundum ingenioli mei paupertatem, meliorando depromere; sicut poterit lectoris solertia, utramque seriem perscrutando, facile comprobare. Quod ut facerem domnus Arnaldus (3) abbas me monuit, ipsius S. Sacerdotis abbatiæ provisor; cujus imperium contemnere, multa illius devictus obsecratione, non valui. Compulit me etiam meritum tanti confessoris, et virtutes quæ apud ejus sacratissima ossa crebrius fiunt. Et cum cernerem antiquorum tyrannorum historias oratoris facundia excellenter evehi, et hujus sancti atque clarissimi sideris, sancti scilicet Sacerdotis, vitæ seriem scriptorum negligentia deprimi; et ita veritatis rationem in eadem serie quasi quibusdam ambagibus occultari, quemadmodum solet aliquando sol nubibus obfuscari; indignum visum est mihi, nec potui ullo modo pati, quin splendidum honestumque ali-

---

(3) Exstat quidem apud Sammarthanos aliqua abbatum Sarlatensium series, sed perquam conturbata, nec uno loco mutila. Placet igitur, ex instructione prælaudati Armandi Gerard, aliam ab hoc accuratius deductam proponere; juxta quam Arnaldus hic nominatus, præfuisset, ab anno 1122 ad 1134 quando adhuc vixisse et floruisse potuit Hugo Floriacensis, licet is Chronicum suum dicaverit Ivoni Carnotensi, sub annum 1115 defuncto. Seriei tamen abbatiali præmittitur series comitum Petragoricensium hoc modo:

« Anno 867 mortuo Emenone comite Engolismensi, Carolus Calvus Wlgrinum instituit comitatuum Engolismensis et Petracoricensis administratorem; cujus deinde posteri, sicut et filii aliorum in provincia comitum, sub Carolo Simplice jus hæreditarium sibi in addictos cuique Comitatus, tanquam domini, arrogarunt. Propterea jam dictum Wlgrinum, qui decessit anno 884 vocamus primum comitem hæreditarium Petragorici. Filios hic post se duos reliquit: quorum primogenito Hilduino Engolismensis comitatus cessit; secundo genito autem Guillelmo, dicto *Taille-fer*, id est *Sectori-ferri*, Petracoricensis et Agennensis: hic enim etiam Wulgrino obtigerat per dotem Rogelindis uxoris, quæ erat soror Guillelmi II comitis Tolosani. Obiit Guillelmus Sector-ferri an. 920, successorem in Petracorico relinquens filium Bernardum, hunc quem Sarlatensis monasterii benefactorem reformatoremque post annum 936, imperante, id est regnante domino Ludovico, eo scilicet quem hujus nominis quartum *Ultramarinum* appellant scriptores, Caroli Simplicis ex Ogiva filio, ab anno jam dicto usque ad 954. Bernardo quatuor fuerant filii, qui post ejus mortem, et annum 950 successive gesserunt titulum comitatus Petracoricensis, sed absque liberis decedentes hæreditatem dimiserunt filiis amitæ suæ Emmæ, ex Bozone seniore comite Marchiæ natis, vocatisque ad successionem in Petracorico circa annum 976. Filii autem Bernardi prænominati hi erant Arnoldus Borsacius, Beslio in comitibus Aquitaniæ minus recte Vortacius, Guilielmus Talcirandus, Ranulfus Bonus-par, seu Bonus-socius, et Richardus Simplex. » Atque hæc omnia habentur ex Chronico Ademari et Historia episcoporum Engolismensium in Biblioth. Nova Labbe to. II, pag. 165, 167 et 255, nec non ex fragmentis historiæ ducum Aquitaniæ et comitum Pictavensium apud Beslium. Porro Guilielmus Taleirandus jam nominatus ipse est qui contra apostolica præcepta venditor ecclesiæ Sarlatensis exstitit in gratiam Huberti num. 25 indicati.

Abbatum porro seriem, quæ in Gallia Christiana tom. IV perturbata exstat, et in qua non invenitur Simoniacus ille Hubertus, sic correctam vult Armandus, ut in monasterii Sarlatensis reformatione abbas constitutus sit circa an. 936.

« 1. *Odo*, idem (ut existimant) qui Abbas Cluniacensis Benedictinum Ordinem reformavit in Gallia.
« 2. *Adacius*, ab Odone institutus, circa annum 940 cum antea abbatiam Tutellensem reformasset.
« 3. *Asservarius*, seu *Assenarius*, circa 950.
« 4. *Bassenus*, circa 960.
« 5. *Hubertus*, Simoniacus, circa 970.
« 6. *Bernardus*, 975.
« 7. *Geraldus*, 994.
« 8. *Americus*, 1031.
« 9. *Stephanus*, 1076
« 10. *Arnaldus*, 1122. Is ipse, cui Hugo Floriacensis hæc S. Sacerdotis Acta exornavit: omnibus autem corrigendi sunt Sammarthani, cum dicunt sub eo factam esse S. Sacerdotis Translationem circa annum 1140. Etenim ea res narratur in Actis veluti sub Ludovico Pio, statim post ecclesiæ restaurationem, gesta, et in Chronico Gaufredi Vosiensis cap. 2 narratur, quomodo « S. Pardulphi corpus de cœnobio Garactensi delatum est in monasterium Sarlatense, et juxta corpus S. Sacerdotis Lemovicensis episcopi honeste collocatum est, » utique circa annum millesimum, atque adeo post factam Translationem.
« 11. *Gilbertus*, 1134, prætermissus a Sammarthanis.
« 12. *Raymundus de Felenon*, 1153.
« 13. *Garinus de Comarca*, 1169.
« 14. *Radulphus de Cromiaco*, non *Cormiaco* 1195.
« 15. *Arnaldus*, 1202.
« 16. *Bertrandus de Limegeoulz*, 1208, non vero *Bernardus*.
« 17. *Guido de Cornil*, 1212, præteritus Sammarthanis.
« 18. *Helias de Umion*, non *Vinion*, 1221.
« 19. *Stephanus de Rignac*, 1229.
« 20. *Helias Petri*, 1232.
« 21. *Bernardus del Couderc*, 1236.
« 22. *Geraldus de Vallibus*, 1238.
« 23. *Helias de Maignanac*, 1249, qui fuit decanus Issigeacensis.
« 24. *Bernardus III*, 1250.
« 25. *Geraldus d'Albusson*, 1255. Inter hos tres ultimos abbates de jure contestatio fuit, quis eorum potior, lisque adhuc pendebat Romæ an. 1260.
« 26. *Arnoldus de Stapone*, 1260, in cujus favorem depositos fuisse tres illos contendentes, per sententiam novamque electionem, verosimile est.
« 27. *Robertus a S. Michaele*, 1274.
« 28. *Bernardus de Vallibus*, 1283.
« 29. *Armandus de S. Leonardo*, 1312, præteritus a Sammarthanis: fuit autem abbas usque ad annum 1313, quando abbatia Sarlatensis erecta est in episcopatum a Joanne papa XXII. Quoniam autem primus episcopus fuit creatus Raymundus de Rocacornu, abbas Galliacensis, credibile est, Galliacensem abbatiam Armando invicem cessisse. »

Hactenus ille, cujus diligentiam utinam plures imitarentur, expeditiorem facerent usum catalogorum sacrorum, quos licet studiose Sammarthani collegerint, magnis tamen laborare defectibus, vel hoc uno exemplo discimus.

Ludovicus iste, quo imperante sive regnante conditum est instrumentum, fuit Ludovicus IV dictus *Ultramarinus*: nam comes Bernardus, reformationis auctor, patri suo Guilielmo Sectori-ferri successit anno 920 et vixit usque ad 950, filius autem ejus secundo genitus, avo synonymus, cognomento Taierandus, Huberto Simoniaco abbatiam vendidit circa annum 970.

quid de eo conscriberem; maxime cum et materia non deesset, et antiquarum historiarum ordo huic nostro operi sufficienter suffragari valeret. Denique exigit et meæ fidei probatio, ut in Dei laude et sanctorum ejus aliquod opusculum devotus faciam, ad laudem et gloriam ipsorum; quatenus ipsi sancti impetrent mihi, apud judicem et redemptorem meum, veniam delictorum.

Cæterum, de facultate sermonis, in eo spem posui, qui dixit : « Aperi os tuum, et ego adimplebo illud. » Meus igitur pauper affectus illius poterit ditari facultate, ad laudem hujus confessoris, ad cujus vitæ seriem aliquid apponere non est laude dignum, sed nefarium : vera enim sanctitas et pura religio non indiget hominum mendacio, sed tunc obscuratur potius cum commento falsitatis involvitur. Potest tamen quorumdam verborum pondere meritum cujuslibet apud homines commendari, et ejus laus oratoris peritia venustari : verum ab omnipotenti Deo uniuscujusque meritorum qualitas, sine orationis interpretatione, dignoscitur.

Hæc præmittens, nunc ad invidos verba converto, qui vetera fastidiunt, et nova prosequuntur : et eos moneo, ne meum opusculum, quia novum non est, forte contemnendum existiment : nam omnia vetera, nova fuisse, nulli dubium est. Meminerint etiam, quæso, quia Moyses natus quarta ætate, ab origine mundi historiæ suæ cœpit exordium; et Josephus, historiæ Antiquitatum scriptor, libros Moysi diversa verborum retractavit specie; beatus etiam Hieronymus transferre non distulit, quod jam a veteribus translatum fuerat; adjecit etiam in sua translatione plurima, quæ fuerant prætermissa. Possem, si vellem, hic plures commemorare viros, et de modernis exemplum ponere : sed hos tantum inseruisse sufficit. Licet igitur sapienti, sicut existimo, de antiqua re veridicam historiam texere, et pro incultis sermonibus honestiores ponere : valetque quis aliquando, de una eademque re, duplici modo disserere, et in utroque verum exprimere : alterum etiam oratorem sæpe videmus, orationem alterius quadam verborum affluentia subornare, et eamdem rem dissimili modo dicere. At scio mihi non licere, quod viris sanctissimis disertissimis licuisse probatur : quia oratorum facundiam non habeo; neque calleo artem per quam hæc fiunt; nisi quia, sicut jam dixi, in virtute sancti Spiritus anchoram fidei collocavi. Nam et in præsenti tempore idem sanctus Spiritus luculentam et castigatam sermonis efficaciam, ad multorum ædificationem, quibus vult suggerit · qui olim Ecclesiæ suæ sanctæ de Persecutore Doctorem, et de Publicano sua gratia Evangelistam exhibuit. Quo Spiritus fretus, quamvis indignus, tamen hoc onus devotus subire non metuo.

CAPUT PRIMUM.

Ortus, educatio, monachatus, dignitas abbatialis.

[Cap. i.] 1. Gloriosus præsul et cunctis in orbe sacerdotibus imitandus Sacerdos, ex Aquitania provincia oriundus, ex clara stirpe originem sumpsit. Qui cum nobilis esset genere, nobilius splenduit probitate vitæ. De quo quis vel quantus fuerit, ex his quæ sancto cooperante Spiritu, de vitæ ejus qualitate, et de multorum miraculorum (4) copia scribere statui, facile quilibet discere poterit. Hujus ergo pater, clarissimus vir Laban, unus de Burdegalæ civitatis primoribus exstitit; mater vero Mundana nuncupatur. Regnabat eodem tempore in Aquitania provincia rex Christianissimus, Anticius (5) nomine. Accidit autem ut idem rex venerit ad quemdam vicum, nominatum Calabrum (6), situm inter Caturcensium et Petragoricorum fines, non longe a fluvio Dordoniæ. Et cum ibi aliquandiu persisteret, quadam die assistens ei Laban, præfati viri pater, dixit : « Domine mi rex, si placuerit serenitati tuæ honorare me, deprecor ut filium meum unigenitum, quem mihi nuper Dominus dignatus est donare, suscipias ex baptismatis regeneratione. » Cui gratulabundus rex protinus respondit : « Si nostris illum conspectibus præsentas, faciam quod postulas. » Tunc festinus Laban attulit ei filium suum dicens : « Ecce, domine rex, adest filius meus, cujus susceptorem ex sacro fontis lavacro te futurum promisisti. » Et continuo rex, suscipiens ex sacro latice puerum, dedit ei præfatum vicum Calabrum, in quo hæc gerebantur, hæreditario jure possidendum : idem quippe vicus erat regius fiscus. Et factum est hoc divina dispositione, ut idem puer in baptismatis perceptione Sacerdos appellaretur nomine, officio postmodum magnus in Ecclesia futurus sacerdos.

[Cap. ii.] 2. His patratis, traditus est Sacerdos, puer venerabilis, S. Capuano (7) Caturcensi episcopo, ut eum litteris et disciplina Christiana (8) institueret : qui Capuanus in illis diebus erat præcellentissimus inter religiosos Aquitaniæ præsules. Hoc (9) vero contigerat omnipotentis Dei dispensatione, quatenus puer sanctissimus a catholico perfectoque sanctitatis magistro purissima fluenta doctrinæ biberet; unde demum mentes fidelium, doctor factus egregius, irrigaret : et ne aliquando ab

---

(4) Hinc liquet ab eodem antiquo auctore edita esse Miracula a Bernardo Guidonis omissa et infra relata cap. 4.

(5) Secundum Hugonem Floriacensem est Ecdicius, filius Aviti imperatoris, de quo supra egimus.

(6) Calabrum prope Calviacum est in diœcesi Cadurcensi, sed in provincia Petracoriensi. Ita in Notis Armandus Gerard.

(7) Ms. Pragense, « Episcopo Caturcensi, Capuano nomine, viro inter præsules Aquitaniæ præcellenti. » Apud Labbe etiam *sanctus* dicitur. In Breviario Lemovicino *notæ sanctitatis vir*. Videtur collocandus inter Alithium et Boetium, adeoque foret quintus apud Sammarthanos.

(8) Breviar. Sarlat. *instrueret*.

(9) Idem, *etiam contigit*.

hæretica pravitate circumventus, quorum in illa regione, ea tempestate maxima (10) copia inerat, a recto fidei tramite deviaret. Sic igitur jam nominis dignitate, parentum nobilitate, dono regio sanctique præsulis magisterio, dilectus Domino Sacerdos decorabatur in infantia; quatenus ex hoc mortalibus claresceret, quanta reverentia excolendus existeret, quem tot et tantis muneribus divina largitas præveniendo sublimaret.

3. Sanctus denique Sacerdos, transactis annis puerilibus, dum doctrinis salutaribus insisteret, et pubescentes annos maturitate vitæ transcenderet; cœpit cunctos coætaneos suos virtutum laudibus præcellere. Unde venerabili Capuano, sub cujus degebat magisterio, admodum carus erat, et ei semper assistebat; et ea quæ ab ejus ore sitiens hauriebat, in sui cordis armariolo recondebat. Astutiam ejus simplicitas commendabat, et urbanum eloquium modestia temperabat; nec corporis gloriabatur decore, neque extollebatur mundiali favore. Verumtamen cum jam metas juventutis attingeret, in ipsa ferventi ætate cœpit mox castitatis amator existere, mundique delectamenta spernere. Nam quotiescunque tentator ad eum veniens tentationis aditum quærebat, clausum semper adversum se ejus pectoris ostium inveniebat. Quid multa? Cum jam intrinsecus vas sincerum sancti Spiritus existeret, et in ara mentis holocaustum piæ devotionis quotidie Deo sacrificaret; memoratus Capuanus episcopus, per angelicam admonitionem, ordinavit eum levitam. Et factum est post hanc ordinationem, ut idem vir sanctissimus Sacerdos magis virtutum jubare claresceret; et omnipotenti Deo, cui dudum ministrabat interius, æque exterius per ministerium ecclesiasticum deserviret. Et ex tunc cœpit in eleemosynæ largitatem indigentibus erogare, ac in Dei laudibus perfectius insistere.

[CAP. III.] 4. Erat per idem tempus in jam nominato vico Calabro cœnobium, in quo quadraginta et eo amplius monachi morabantur. His ergo dilectus Domini Sacerdos specialiter sedulus ministrabat: ita ut quidquid de facultate propria eis non tribueret, totum se perdere profecto putaret. Et renovata ibi primum Basilica, longa jam vetustate pene consumpta, construxit ibidem habitacula monachis apta. Contulit etiam eidem cœnobio eumdem vicum Calabrum, cum appendiciis suis, quem (ut dictum est) a rege Anticio hæreditario jure susceperat possidendum. Orabat etiam frequenter, quia didicerat quoniam oportet semper orare et non deficere. Et cum quadam die se in oratione ex more prostravisset, emissa est ad eum divina vox dicens : « O dilecte meus Sacerdos, ingredere cœnobium nil metuens, quoniam in ordinem religionis monasticæ elegi te, et quia te vas sanctificatum ab ipsis cunabulis exhibuisti mihi, angelicam custodiam deputavi tibi. » Ad hanc vocem cœpit continuo magnus le-

A vita Sacerdos omnipotenti Deo dupliciter gratias agere, eo quod ab eo facta voce cœlitus confortari meruisset, sumptoque religionis habitu, cœpit propositi sui normam perfectissime custodire. Verum non est nostræ facundiæ depromere, quanta mentis puritas et morum probitas, quanta jejuniorum asperitas, et super omnia lectionum sanctarum intentio, vel quis circa religionem affectus, præ cæteris fratribus Deo et hominibus eum cœperit commendare. His ergo aliarumque virtutum et magis humilitatis privilegio pollens vir sanctissimus, sub Abbatis regimine per septem circiter annos, antequam ad presbyteratus ordinem accederet, Domino militavit. Sicque usum rectæ conversationis nunquam deseruit, ut non ante aliis imperaret, quam majoribus debito rationis ordine subjaceret.

[CAP. IV.] 5. Post hos dies factum est, ut vir Domini Sacerdos præfati monasterii fratribus præsideret. His tamen omnibus plus prodesse quam præesse satagebat. Studebat enim ut eis imitandus existeret, et ut bona opera factis amplius quam verbis ostenderet. Quotidie quidem lectioni vacabat, et tamen omnibus sedulus ministrabat. Ut servus omnium, omnibus serviebat; sed ut judex peritissimus, de criminibus arguebat. Minimus inter omnes apparebat; sed tanquam doctor præstantissimus, eos doctrinis salutaribus edocebat. Sicut pater suavissimus omnes diligebat; sed velut sapiens medicus, quos incorrigibiles prævidebat, a corpore Ecclesiæ tanquam membra putrida sequestrabat. Fortitudinem lenitate temperabat, et temperantiam prudentia confortabat : sicque in omnibus actibus suis justus et misericors apparebat.

6. Quapropter omnes qui in eadem provincia morabantur, eum toto nisu diligebant, et magnis laudum favoribus extollebant; et tamen, ut poterat, vitæ meritum occultabat, ne si forte favoribus interius intumesceret, in ejus interioribus fructus humilitatis deperiret. Sed nimirum crescebat de eo quotidie opinio famulatrix virtutum, confluebatque ad eum ex diversis regionibus hominum turba non modica. Et quidam quidem veniebant, ut exemplo tanti viri meliores existerent; quidam vero, tantummodo ut eum inviserent; alii autem, ut alimenta corporis vel quæque necessaria ab eo perciperent; et alii, ut ejus orationibus suas animas Domino commendarent. Quibus omnibus affatim vir sanctissimus divinorum dogmatum pabula proponebat; et, ut cuique opus erat, proficere, secundum quod poterat, insudabat. Cura pauperum et peregrinorum ita ei inerat, ut cum magna mentis alacritate in eorum usibus expenderet, quidquid sibi subtrahere potuisset : unaque admodum vili sui Ordinis veste contentus, nudos vestiebat, et parcimoniam diligebat; et cum sibi parcus existeret, cæteris largus erat.

---

(10) Propter reges Wisigothos, ibidem dominantes et hæresi Ariana infectos.

CAPUT II.

Viventis miracula : parentum conversio ad vitam sanctam. Episcopatus Lemovicensis obitus.

[CAP. V.] 7. Interea vir Domini Sacerdos desiderabat ad presbyteratus honorem conscendere, ut quanto excellentior gradu fieret, tanto liberius Domino vacaret; et quotiescunque sacra mysteria peregeret, sese lacrymis in oratione mactaret. Verumtamen, ut tandem hominibus appareret quantæ sanctitatis existeret, placuit divinæ pietati, ut ejus vitam miraculorum gloria decoraret : quod ita factum est.

8. Erat in suprafato vico Calabro quidam homo, cujus cutem lepra fœdaverat. Factum est autem ut quadam die vir Domini Sacerdos ab angelo moneretur, quatenus eum visitaret, et lotis manibus omnia ægritudinis ejus loca palparet. Quod cum fecisset oratione præmissa, hominem continuo sanitati restituit. Habitatores vero loci, nec non omnes regionis illius populi hoc audientes, lætis animis Domino gratias referebant, B. Sacerdotis merita collaudantes.

9. Mundana quoque mater ejus, audiens filium suum tantum peregisse miraculum, benedicebat Domino, cujus ope mirifica cuncta fiunt miracula : et corde compuncta, cuncta deinceps sæculi spernens oblectamenta, filii desiderabat imitari vestigia. Morabatur in illo tempore vir ejus Laban in Burdegala civitate; quo illa dirigens, accersivit eum, mandans illi per nuntium tam spectandum miraculum Dei fecisse famulum. Hoc audiens Laban, glorificabat et ipse Dominum in eo quod factum fuerat.

[CAP. VI.] 10. Cum esset ergo Laban, sicut superius dictum, genere nobilis, Mundana, uxor ejus venerabilis, erat ei moribus et generositate consimilis. Erantque ambo secundum sæculi dignitatem inclyti et facultatum affluentia ditissimi. Quadam vero die venerabilis Mundana ad pedes viri sui procidens, cum fletibus precabatur, ut ambo pariter felici commercio pro terrenis cœlestia mercarentur, et S. Sacerdotis imitando vestigia sequerentur; et quemadmodum pariter vixerant carnaliter, viverent et spiritualiter. Quam ejus petitionem Laban exaudiens, corde compunctus libenter assensum præbuit. Diviserunt igitur in duas partes cunctam sui juris substantiam, et unam quidem Ecclesiæ Christi tradiderunt, alteram vero pauperibus et peregrinis erogaverunt. Servos quoque ac vernaculos suos liberos abire permiserunt, et reliquam vitam Domino dedicaverunt. Et erant ambo unanimiter, secundum apostoli Pauli præceptum (*Rom.* XII, 11), spiritu ferventes, Domino servientes, spe gaudentes, in tribulatione patientes, orationi instantes, necessitatibus sanctorum communicantes, hospitalitatem sectantes, et Domini Jesu Christi vestigia per omnia persequentes : præcipue tamen peregrinos amabant, et in eis suscipiendis liberaliter insistebant.

[CAP. VII.] 11. Quadam die, conveniente viro Dei Sacerdote cum fratribus, more solito, ad horam orationis secundam, contigit ut pater ejus migraret a sæculo. Cumque hoc ei nuntii venientes indicare voluissent, ipse admodum devotissime orationi instabat, ita ut neminem eorum respiceret, donec orationi finem imponeret. Completa vero oratione, patrem jam exanimatum adiit : deinde cum eum jam mortuum in medio expositum invenisset, et interrogavisset horam discessionis ejus, invenit eadem hora illum obiisse, qua ipse ad orationem processerat. Lugebat autem illum tam venerabilis Mundana, quam etiam et parentes ac vicini ejus pariter circumstantes. Quos vir Domini Sacerdos consolans, asserebat illum non esse lugendum, qui Evangelii cum implendo præceptum, peregrinis et pauperibus devotus erogaverat facultates suarum rerum.

12. Porro iterum eos interrogavit, si condignum ejus funeri præbuissent obsequium. Cui cum respondissent, quod vivificis mysteriis Dominici corporis et sanguinis non participavisset, cum ingenti mœrore protinus se in terram prosternens, oravit diutissime. Deinde defuncti manu apprehensa, semel et secundo eum nomine vocavit. Qui continuo ad vocem viri Dei, ac si dormiret, ita surrexit; et circumstantium multitudinem intuens, hujuscemodi verba profudit, dicens : « Hora quidem præsentis diei secunda a sæculo migraveram, sed filii mei meritis concessum est mihi ut iterum ad superos remearem. » Hæc eo loquente, stupebant cuncti qui aderant ad tantæ rei miraculum, expansisque manibus in altum, ac sublato clamore ad cœlum, Domino gratias referebant. Sed cum siluissent, continuo venerabilis Sacerdos communionem Dominici corporis dedit ei; qua ille percepta valde confortatus est. Tunc ante ejus præsentiam idem vir Dei sese projiciens, ad similitudinem patriarchæ (11) Jacob, paternam benedictionem ab eo flagitare cœpit. Cui cum protinus benedixisset pater, iterum mox in pace quievit. O laudabile beati viri meritum, per quod pater ad superos reducitur, et corporis Dominici viatico reficitur, ac postmodum quieturus in pace dimittitur.

[CAP. VIII.] 13. His peractis quæ diximus, cœpit fama beati viri hac illacque diffluere, et odor sanctæ ejus conversationis finitimas regiones perfundere. Unde Lemovicensi episcopo (12) Aggerico beatæ memoriæ decedente, vir Dei Sacerdos in cathedra sublimatur ejusdem Ecclesiæ, ad honorem Dei, electione cleri et favore populi, Francorum rege Chlodovæo (13) seniore illius provinciæ Principiscopos sint valde mutili.

(13) Post Alaricum regem a Chlodovæo devictum anno 507 præfuit hic Aquitaniæ, ac tunc ante ejus obitum, id est 27 Novembris anni 509, videtur S. Sacerdos episcopus constitutus.

---

(11) Ita etiam Bernardus Guidonis in ms. Pragensi *Jacob* expressit, prout habetur Geneseos cap. 49. Ast apud Labbe habetur *Job*.

(12) Notitia utriusque episcopi Aggerici et Sacerdotis, uti et Capuani episcopi Cadurcensis solum habetur ex hac Vita, eo quod Catalogi circa primos

VITA S. SACERDOTIS.

cipe etiam collaudante. Sicque per aliquot annorum (14) curricula eamdem gubernavit Ecclesiam Dei providentia. Verumtamen, quoniam ne aliquibus fastidium generemus, verbositatem fugimus, et brevitati animum applicamus, nunc ad ejus transitum flectamus articulum.

[CAP. IX.] 14. Sentiens igitur Sacerdos beatissimus, sancto sibi revelante Spiritu, extremum diem sibi imminere, valedicens fratribus Lemovicinam civitatem deseruit, et natale solum repetere studuit. Ibi namque divina præordinante gratia, cupiebat ut ejus conderetur corpusculum, ubi religionis sumpserat exordium. Qui cum iter faceret, venit ad quamdam villam quæ Argentacum nominatur, ibique jam diu maceratus dolore, gravi afficiebatur acredine. Sed cum paululum respirasset, ovorum edulium postulavit. Quod discipuli ejus audientes, alimentum quod quæsierat, sollicite per omnes villæ incolas quæritare festinaverunt; et non invenientes, statim magistro annuntiaverunt. In eadem quippe villa germen gallinarum, milvorum et accipitrum hactenus infestabatur improba voracitate, ita ut vix ibi aliquando aliqua potuerit gallina durare. Quod ut vir sanctus comperit, illam avium importunitatem ita compescuit, in hoc, inquiens, ambitu villæ nulla deinceps avium rapacium gallinas audeat infestare. Cujus servi Dei edictum inviolabile permanet in sempiternum (15). Mira res! verum hoc uno satis patet indicio, quod potenti virtute pontificalis dudum auctoritas homines ligare poterat et solvere. Vere enim illius erat discipulus, qui in navicula positus, surgens imperavit ventis et mari, et facta est tranquillitas magna. Sic quondam beatissimus Martinus, Turonum archiepiscopus, mergos a præda fluminis prohibuit, et rapacem ingluviem eorum compescuit. Paruerunt volatilia Martini præceptis; obtemperant adhuc accipitres Sacerdotis famuli Dei interdictis. Ipse (16), precamur, precibus nos solvat a criminibus, et sic defendat supplices, ut nunc conservat alites.

[CAP. X.] 15. Vir igitur Domini Sacerdos, præsul sanctissimus, videns diem supremum sibi illuxisse, discipulos convocat, corpusque suum Ecclesiæ, in qua exordium religionis sumpserat, reddi imperat. Demum, cum divinis mysteriis exitum præmunisset, et discipulis suis omnibusque ibi convenientibus sacræ exhortationis multa affamina perorasset, et se spiritualesque filios, quos deserebat, omnipotenti Deo commendavisset, tertio nonas Maii spiritum cœlo reddidit: qui choris nunc Angelicis circumseptus illi proximus exstat, cui in terra positus militabat. Sic enim Dominus noster Jesus Christus in terris positus Patrem exorabat: « Pater, volo ut ubi ego sum, illic sit et minister meus. »

16. Magistrum igitur exanimem videntes discipuli, qui eum fuerant comitati, aiebant, nimio intrinsecus mœrore correpti, « Cur, Pater, huc moriturus advenisti? Cur nobiscum tam parvissimo vitæ termino degere voluisti? Cur nos, Pater dulcissime, relinquis orphanos? » Iis et hujuscemodi questibus discipuli satisfacientes dolori, magistri præcepta complere studentes, ejus exanimes artus navi imponunt, et per Dordoniæ alveum iter arripiunt ad prædictum (17) monasterium. Et cum jam appropinquarent ad matris domini Sacerdotis diversorium; ecce B. Mundana, luminibus orbata, filii tendebat ad exsequias. Quo cum manibus famulorum sustentata venisset, mox ad fluminis littus meruit recipere lumen divinitus. Nunc sicut in altero miraculo fecimus, dilectum Domini Sacerdotem beatissimo Martino Turonum archiepiscopo comparemus. Martinus (18) matrem suam a gentilitatis convertit errore, Sacerdos Præsul sanctissimus exemplo continentiæ provocavit matrem ad emendationem vitæ: ille per fidem matrem illuminavit intrinsecus, hic illuminavit extrinsecus ad laudem et gloriam Domini nostri Jesu Christi, qui cum Patre et Spiritu sancto vivit et regnat per omnia sæcula sæculorum. Amen

CAPUT III.
Ratio temporis: sepultura: translatio corporis Sarlatum.

[CAP. XI.] 17. Floruit autem S. Sacerdos reverendus episcopus Augustorum Anastasii (19) et Justini Senioris (20) Justinianique temporibus, sibi ad invicem succedentibus; Chlodovæo (21), filio Childerici, Francorum et Aquitanorum tenente monarchiam. Hunc Chlodovæum (22) S. Remigius baptizavit. Hoc etiam tempore eximius monachorum legifer (23) Benedictus, et B. Amandus (24) et S. Vedastus epi-

---

(14) Saltem ad Justiniani imperium, quod incœpit anno 527. Notat autem Armandus Gerard, id non ita intelligendum quasi milvos omnino relegarit ab eo loco sanctus, ut volunt aliqui; cum etiam nunc ibi æque ac alibi conspiciantur, sed quod ibi non magis quam alibi sint infesti gallinis.
(15) Sequentia hujus numeri intacta sunt apud Bernardum Guidonis.
(16) Breviar. Sarlat. *precantium.*
(17) Non igitur Argentaci, ubi mortuus, ibidem et sepultus est S. Sacerdos, uti perperam in supplemento Saussajus: graviori etiam errore pro *Argentaco* scribens *Argentoratum,* quæ est urbs Germaniæ ad Rhenum. Saussaji errorem ex parte etiam transcripsit Arturus du Monstier in Gynæceo sacro ad hunc diem.
(18) Neque hoc, nec id quod supra dictum de Mergis, invenies apud Severum Sulpitium: unde ergo hæc sumpta, quæremus 11 novembris.
(19) Anastasius imperavit a die 11 aprilis anni 491 usque ad 8 julii anni 518.
(20) Justinus proximo a morte Anastasii die cœpit imperare, et anno 527 Justinianum 1 aprilis declaravit successorem, qui illo 1 augusti mortuo, plene regnavit.
(21) Chlodovæus solum cum Anastasio vixit.
(22) Baptizatus anno 496, regni sui anno 17, uti alibi probamus.
(23) S. Benedictus natus circa annum 480, mortuus 543, 21 martii, quo die Acta dedimus.
(24) Coluntur ambo 6 februarii: ex his Vedastus senior factus episcopus circa an. 500, mortuus circa annum 540. At S. Amandus natus circa annum 494, et nonagenarius creditur vita functus circa annum 584.

scopi, et alii plures viri sanctissimi floruerunt. Exstitit etiam vicesimus (25) nonus Lemovicensis ecclesiæ episcopus a B. Martiale, primo ejusdem civitatis episcopo, Petri apostolorum principis (26) discipulo.

18. Gloriosissimo præsule Christi Sacerdote, sicut jam dictum est, vinculis corporis absoluto, monachi sæpe fati monasterii corpus ejus sanctissimum de navi deponentes, et suis humeris imponentes, ecclesiæ, cujus Domino donante abbas exstiterat, intulerunt. Quis tunc ibi conventus virorum ac mulierum advenerit, quæve pompa ecclesiasticorum ornamentorum delata fuerit, supervacuum dicere duximus; videres tamen ad ejus exsequias convenire gaudentes pariter et lugentes. Gaudebant, quia tanti confessoris suscipiebant patrocinium; lugebant, se amisisse dulce solatium. Lacrymas cohibere non poterant pietatis affectu, sed consolabantur corporis ejus adventu. Carmina sic simul et lacrymas effundebant, exsultabant pariter et dolebant.

19. Omnes tamen pariter suavissimo reficiebantur odore, et simul inæstimabili propinabantur dulcedine. Nam totum viri Domini corpus divino fragrabat nectare, ac si fuisset perfusum pretioso aromate. Angelorum chorus comitabatur in cœlis, quem chorus virtutum semper fuerat comitatus in terris. Cum ejus vero sanctissima anima tripudiantes angeli Dominum collaudabant, et homines in terris positi funeris exsequias honorifice procurabant. Sic itaque in memorata basilica, Deo favente, reverendissimi præsulis Sacerdotis reliquiæ feliciter fuerunt reconditæ.

[CAP. XII.] 20. Longo vero post tempore, dum piis lacrymis S. Mundana filii sui semper rigaret mausolæum, sub Wandalica (27) persecutione, gladii procubuit interemptione; et propter insuperabilem Christi confessionem, martyrii sustinuit immolationem. Porro corpus ejus, a fidelibus collectum, et juxta filii sui reverendissimi ac sanctissimi Sacerdotis præsulis sepulcrum diligenter est humatum; ibique divina opitulante gratia multa fiunt miracula, præstante Domino nostro Jesu Christo, qui cum Patre et Spiritu sancto vivit et regnat, per omnia sæcula sæculorum. Amen (28).

[CAP. XIII.] 21. Optimo Imperatore (29) Carolo Magno imperialia sceptra tenente, et Ludovico Pio filio ejus sub patris imperio in Aquitania regnante, sicut Actuum eorum libellus testatur, multa in regno Aquitanico monasteria ab eodem rege Ludovico fuerunt reparata, multa et a fundamentis constructa, quibus nunc veluti quibusdam luminaribus decoratur tota Aquitania. Hujus exemplum non modo episcoporum multi, sed et laicorum quam plurimi æmulati, collapsa restaurare, et nova monasteria certabant construere. Hoc etiam tempore, in ejusdem provinciæ corpore, a religiosis viris (30) restaurata est ecclesia Salvatoris mundi in vico Sarlatensi, qui est situs in pago Petragoricensi. Sicque factum est, Dei operante clementia, ut ecclesias quas præfatus Imperator Carolus Magnus devastando læserat bello, quod multis annis gestum; tandem peregerat contra Waiferum (31) tyrannum, et Hunaldum qui post Waiferi mortem Aquitaniam occupaverat, Ludovicus filius ejusdem imperatoris repararet. Quas omnes ipse piissimus imperator Carolus Magnus immensis auri et argenti ponderibus, gemmarumque pretiosarum exornavit muneribus amplissimis et honoribus ditavit, et insuper, quod est pretiosius, sanctissimis reliquiarum patrociniis insignivit. Inter quas idem princeps, dominus amabilis Carolus (32) Magnus honestavit, imo sanctificavit hanc, de qua loquimur, ecclesiam de Sarlato non modica portione ligni crucis Dominicæ: quod, ut in quibusdam (33) Actibus ejus legitur, ipse imperator (34) cum multis aliis reliquiis detulerat ab Hierosolyma.

[CAP. XIV.] 22. Ea tempestate monachi ejusdem ecclesiæ Sarlatensis ad superius nominatum vi-

(25) Hic apparet aliquod σφάλμα, et forte in catalogo episcoporum Lemovicensium, cum antiqua Vita scriberetur noto, nonus post primum fuit S. Sacerdos, inter eos qui constituto firmiter episcopatu sibi invicem sine interruptione successerunt : non adnumerantur iis S. Martialem, ejusque discipulum S. Aurelianum.

(26) Ita vulgaris opinio habet, alii cum Gregorio Turonensi referunt ad Decii tempora, quod ad ejus Acta examinabitur 30 junii. Magnum certe hiatum admittere debent in serie Episcoporum, qui vulgarem tenent opinionem : et ob hanc forte causam Bernardus Guido in catalogo illorum nomina tam liberaliter multiplicat, ut supra diximus.

(27) Petrus Franciscus Chifletius lib. II Paulini illustrati, cap. 17, ostendit apud scriptores uno Wandalorum nomine venire nationes omnes Gothicas seu Geticas, aliasque barbaras, et sic potuit S. Mundana in aliqua excursione Gothorum, qui Galliam Narbonensem satis vicinam adhuc retinebant, occisa fuisse. Coli eam in Ecclesia Sarlatensi 34 maii sub ritu duplici, ut viduam martyrem, indicavit Armandus Gerard : ast hoc die refertur a Saussaio in supplemento, quod sequitur Arturus in Gynæceo sacro.

(28) Hic desinit Breviarium ms. Sarlatense, ubi tot lectiones quot hactenus numeri a nobis notati.

(29) In ms. Sarlatensi ponitur titulus De revelatione S. Sacerdotis. Apud Bernardum Guidonis : De Translatione corporis S. Sacerdotis apud vicum et monasterium de Sarlato in territorio Petragorico: et sic sequentia habentur apud Andream Chesnæum tomo III, pag. 385.

(30) Imprimis Bernardo comite Petragoricensi, consentiente uxore Garsinda, qui locum catenus sub suo jure retinuerat. Diploma ejus vide tom. IV, Galliæ Christ., pag. 808.

(31) Imo bellum contra Waiferum seu Waifarum confecerat Pipinus, pater Caroli Magni, atque isto anno 768 interfectus est, ante obitum Pipini, qui decessit 24 septembris. Hunaldus autem, pater Waifarii, a Carolo Magno in fugam versus, ac dein captus est. Consule Vitam 28 januarii num. 8.

(32) Colitur Carolus Magnus officio ecclesiastico apud Sarlatenses.

(33) Sunt aliqua ejus Acta sub Turpini nomine edita, et passim improbata.

(34) Imo acceperat a Fortunato seu Macario episcopo Hierosolymitano, nam ipse non est eo peregrinatus.

cum (35) Calabrum, jam pene in solitudinem redactum, abeuntes, una noctium, utriusque sanctorum, sanctissimi scilicet Sacerdotis et matris ejus S. Mundanæ martyris sepulcra confringentes, et eorum sanctissima corpora inde colligentes et secum deferentes, intra præscriptam ecclesiam Salvatoris mundi dignissime tumulaverunt. Hæc omnia ita contigisse, sicut prætaxavimus, diligenter investigando cognovimus : diem tamen in quo hæc facta sunt, nemine nobis tradente, nondum certissime novimus. Nec mirum si nos latet hujus rei notitia, cum constet quod per illa eadem tempora (36), bellis præpedita, tota Gallia totaque Aquitania liberalium artium pene caruerit disciplina.

23. Verum ut ab iis, quæ celebriori fama feruntur, notitiam capiat lectoris sagacitas, illius temporis, quo beatissimus Sacerdos floruit, et illius quo in Sarlatensi vico corpus ejus translatum fuit, brevi admodum ratiuncula declaravimus. Computantur quippe a passione Domini usque ad transitum S. Martini anni (37) quadringenti duodecim; et a transitu S. Martini, usque ad obitum Chlodovæi filii Childerici, cujus tempore floruit S. Sacerdos, anni centum duodecim. Sunt igitur a passione Domini usque ad obitum hujus Chlodovæi, anni (38) quingenti viginti quatuor. Item ab obitu Chlodovæi usque ad decessum Caroli Magni, cujus tempore Sarlatensis locus restauratus est, sunt anni (39) trecenti et unus. Hæc tamen quæ scripsimus probabili ratione ab antiquis historiis sparsim relegendo collegimus, et coram Deo positi meracissima veritate tantummodo loquimur; et omissis incognitis ea quæ certissime novimus, ad honorem tanti confessoris fideliter explicavimus.

CAPUT IV.

Miracula post Translationem (40) patrata, atque imprimis injurii contra sanctum puniti.

24. Recenti tempore, quo in prædicta sancti Salvatoris ecclesia gloriosi præsulis Sacerdotis fuerunt membra recondita, ipso sancto Parasceves die, pistrinum monachorum forte cœpit exuri. Sic cum incendium illud tertio jam accensum colligeretur fuisse exstinctum, longo fomite iterum resumpto robore reaccensum, per vicina quæque late dispergitur. Tunc repente fit clamor, fragor exoritur, catervatim concurritur, et incassum hinc et inde focus invaditur. Nam minax flamma, primo per vicinarum domorum fastigia sparsim porrigitur; ac demum impetus earum, agente vento, ad ipsam S. Salvatoris basilicam usque provehitur. Verumtamen ad funes (41) signorum concurritur, sonus eorum procul diffunditur; omne ornamentum quod erat in eadem basilica festinanter colligitur, pretiosissimi confessoris corpus foras extrahitur, et auxilium ipsius sanctissimi pontificis devotissime ab omnibus qui aderant inclamatur. Interea loci cernitur ab oriente advenire nubecula, quam cunctis videntibus candida præcedebat columba. Tunc nubecula illa, rapido flatu acta, ubi super illa incendia sua dilatavit velamina, mox ingentis aquæ cœpit inundationem emittere. Cerneres elementorum conflictum, ignis tamen est superatus divinitus. Est operæ pretium tanti miraculi pensare sublimitatem. Quis non stupet, cum ad invocationem dilecti Dei Sacerdotis obscuraretur cœli serenitas; et cum subita pluviæ inundatione superata incendii sedaretur immanitas? Fatendum sane est, et absque ulla ambiguitate credendum, ad ostendendum sancti Sacerdotis meritum (cujus corpus inclytum tam ibi nuper fuerat Deo favente translatum) super ejus basilicam, ad ipsam sanctificandam et ad sedandum idem incendium, ipsum advenisse Spiritum, qui in similitudine columbæ in Jordane flumine requievit in Christo; et tanto signo Dominus operans, ipsamque suam sanctam ecclesiam sanctificans, ab imminenti incendio per hujus inclyti confessoris meritum tunc liberavit; et, ut in sequenti pandemus (42) opusculo, multa postmodum miraculorum gloria decoravit; quod quæsumus faciat propitius, ad laudem et gloriam nominis sui, semper. Amen.

25. Leo papa (43) sanctissimus ecclesiam Salvatoris mundi et beatissimi confessoris Christi Sacerdotis, privilegio suæ sanctitatis munire decrevit : in quo privilegio anathematizando prohibuit, ne quis præsumptione vel arrogantia elatus, aut parentum generositate tumidus, seu quovis alio modo, non electione legitima monachorum ibidem servientium, ipsius ecclesiæ audeat invadere dominatum, aut res ad eam pertinentes ullatenus diripere, minuere vel alienare. Quod quidam Hubertus, tonsura clericus, actu vero sacrilegus, pro nihilo ducens, Wilielmi comitis fultus præsidio, arripuit domina-

---

(35) Mirum est a Saussajo dici *Calabro dein Sarlatum nomen datum*, cum distent ad duas leucas.
(36) Intelligit bella Northmannica, sæculo ix et x gesta.
(37) Imo mortuus est S. Martinus anno æræ Christi 597.
(38) Chlodovæus e calculo nostro decessit 27 novembris anni 509.
(39) E computo nostro anni 304. Mortuus est autem Carolus 28 januarii anni 814.
(40) Hic sub novo titulo, *Miracula*, inchoatur velut altera pars legendæ, nec in capita distinguitur, uti prior : sed miracula singula paragraphum unum constituunt, prolixiorem brevioremque, ut res fert : quod in numeris consequenter signandis etiam sequimur.
(41) Ita legendum, non *funes lignorum*, apposite monuit Claudius Castellanus : Signa autem intelliguntur campanæ; unde etiam nunc in pluribus ad Ligerim ecclesiis *sonner le seing*, est pulsare campanam. Atque hinc pulsus ille, qui ab excubitoribus fieri solet inqua cumque re subita aut periculo, *le tocsin* dicitur, quasi tactus signi; ipsaque campana, ei usui destinata, sic etiam appellatur.
(42) Non existimo diversum quid indicari, sed *sequenti opusculo*, idem esse ac si diceret, *progrediente opusculo*, hoc scilicet præsente.
(43) Videtur intelligi S. Leo papa IV, de quo agemus 17 junii; sedit is ab anno 847 ad 855.

tionem, sive praedictae ecclesiae congregationem: qui bonis omnibus locum exspolians exinanibat, et quotidie pessimabat. Sed cum quadam die membra sopori stravisset, ecce dominus Sacerdos, duobus comitantibus per visum, apparuit, atque temeritatem illius coercendo, ita redarguit: « Cur, inquiens, hominum nequissime, contra apostolica decreta hujus sanctae ecclesiae res invadere praesumpsisti? Cur abbatis nomen et tyrannidem assumpsisti? Cur monasterii supellectilem exportasti? » Et hoc dicens, baculum, quem in manu gerebat, in sublime erexit ut eum percuteret: sed, ut idem Hubertus postea retulit, precibus comitantium revocatus, baculum a verbere retinuit. Miser vero de lectulo surgens, primum quidem visionis horrorem vehementer expavit, deinde phantasiae spiritu se delusum autumans, ad pristinum errorem paulatim relabendo rediit. Verumtamen dum furit; et dum secundum similitudinem serpentis et instar aspidis surdae et obturantis aures suas, protinus ad crimina ruit; ecce iterum ipsi dormienti altera nocte sanctus pontifex severior assistens, ait: « Quomodo te habes, Huberte? Vigilasne, an dormis? » At ille pavore percussus illico respondit: « Quis es, domine? » Cui vir sanctus intulit: « Nonne me nosti? nonne me jam dudum vidisti? Cur me proterve sprevisti? » His dictis coepit caput ejus verberare, ac caetera membra quae gerebat fuste dolare. Tunc miser primum, « Parce, domine, parce, domine, » coepit ejulando clamare. Demum culpam jam sero clamitans, a lectulo desilivit, sicque demum amens effectus, cunctis qui aderant mirantibus per monasterii claustrum diffugiens, in quoddam tuguriolum, hominum visus fugitando se contulit. Viatores quidam comprehendentes eum ad eamdem ecclesiam continuo reducunt, ibique eum diligenter custodiunt. Tunc populi per universam illam provinciam, quae facta fuerant audientes, Salvatori Christo gratias referebant, sanctique Sacerdotis praedicabant merita collaudantes. Ille vero moriens et crebro, « Mea culpa, sancte Sacerdos, inquiens, debitas poenas luit. » Omnibus vero qui hoc audierunt patenter innotuit, qua poena dignus sit, quisquis injuste super gregem Christi tyrannidem arripit, et qui tanquam fur ecclesiasticas res male disperdit. Petragoricensis comes (44) Wilhelmus, qui contra Apostolica praecepta venditor ecclesiae, de qua loquimur, exstiterat; adjunctis utrisque manibus reductoque ore ad aurem, ac omni deformitate membrorum deturpatus, ingratam vitam duxit fine tenus.

26. Calviniacus est vicus, in confinio Petragoricorum et Caturcensium. Hujus vici incolae ad B. Sacerdotis monasterium venire consueverant. Quadam igitur die quidam illorum ex more veniebant; pauper vero quidam cum sua conjuge ceram et vinum de penuria sua coemerat, et sequebantur praecedentes. Sed dum, ut diximus, tardiori calle iter caperent, et soli incederent, fit eis obviam unus ex parasitis cujusdam militis; flasconemque vini, quem ferebant, violenter extorsit. At illi iter propositum expeditius peragentes ad supradictum veniunt monasterium. Tunc expansis manibus in terram se projicientes, de illata sibi injuria a Deo et ab ejus famulo, sancto videlicet Sacerdote, expetunt ultionem. Ille interim qui flasconem rapuerat, ex eo sibi potum porrigi postulabat. Hi autem qui adstabant vinum ex supra memorato vasculo fundere cupiebant: sed nec pessulum quidem, quo desuper muniebatur, eximere praevalebant. Demum lancea pessulum effringentes, vini liquorem ex eo elicere non poterant. Et dum haec fierent, auctor flagitii divinitus percussus a daemone corripitur, atque in seipsum debacchando sceleris ultor efficitur. Manus enim proprias et brachia furibundis depascebat dentibus, et omnes quos poterat saevis dilaniabat morsibus. Qui tandem apprehensus, atque duris funibus adstrictus, vitam exhalavit protinus. Illo igitur terribiliter mortuo qui adfuerunt, flasconem cum vino ad beatissimi Sacerdotis monasterium detulerunt, et ad memoriam tanti miraculi in eadem ecclesia suspenderunt.

27. Quadam autem die cuidam ardore febrium aestuanti, per visionem ostensum est, ut si de vino flasconis, quem praecedente sermone notavimus, biberet, statim convalesceret. Quo hausto, morbo fugato, confestim convaluit; et non solum huic profuit, sed etiam multis aliis, vinum illud ad medelam, quandiu durare potuit. Sicque quod uni fuit ad interitum, multis aegrotantibus attulit remedium.

28. Aestivo tempore quidam causa devotionis ad S. Sacerdotis oratorium venerant, et expleta oratione remeabant. Hi vas vinarium, quod oenophorus vocitatur, propriis humeris deportabant, ut ex eo horis competentibus potantes sitis ardorem refrigerarent. Contigitque eos in itinere caloris et si-

---

(44) Exstat apud Sammarthanos, t. IV, p. 808, diploma, quo « Bernardus, Dei gratia comes Petragoricensis, monasterium S. Salvatoris, quod vocatur Sarlatum, quod tunc minime regulariter degebat, consentiente uxore Garsinda, et domino Ludovico imperante, » tradit Abbatibus Oddoni et Addacio eorumque successoribus, secundum regulam S. Benedicti eligendis, pro se, uxore, filiis et filiabus, fratribus et propinquis, cui subscribunt e proceribus undecim, filii verosimiliter et fratres; primo autem loco habetur, *signum Guilielmi*, quem possis primum filiorum credere. Ex hoc porro consequitur, quod licet « anno 860 Carolus Calvus Aquitaniam per comites disposuit, » uti legitur in mss. gestis consulum et praesulum Engolismensium apud Beslium, tamen jam antea suos comites habuerit Aquitania, et quidem plures simul in variis partibus; neque jam solum habeamus Burdegalenses comites a Pictaviensibus diversos, sed etiam Petragoricenses, quorum tamen tituli aliquando coaluerint, uti probat pro anno 982 instrumentum « Amae comitissae Burdegalensis seu Petragoricae patriae, » jam supra ad diem 4 citatum, ubi de S. Macario.

tis pariter ardore fatigari : qui nimia anxietate compulsi, assident potationi; rursusque iter corripientes, acrius ab æstu afficiuntur sitientes. Tunc anxii, « Bibamus iterum, inquiunt, quia S. Sacerdotis non deerit munus. » Quo dicto ad se applicantes œnophorum, summo tenus invenerunt plenum ; propinatique iterum arripiunt iter. Quo mature confecto, sub unius hospitii culmine se collegerunt; ibique iterum ex eodem vase bibentes, mirabantur, sæpius illud plenum reperientes. Ad hoc spectaculum multi conveniebant, et toties bibebant quoties veniebant, ac si ab eo vinum non effunderetur. Igitur præfati peregrini, retrogrado calle revertentes, tam miraculi asserunt præconia, per omnia divulgantes : œnophorum etiam secum in testimonium ad monasterium reportantes, et in ecclesia suspendentes lætabantur, Domino gratias referentes.

29. Alio quoque tempore, dum ad sancti præsulis Sacerdotis ecclesiam quidam advenirent, canis forte in itinere comitabatur, qui gregem ovium cujusdam rustici in via aggrediens, per pascua latratibus agitabat, sed a domino suo revocatus, iterum cum eis gradiebatur, sicque illi ad monasterium venerunt, et perfectis pro quibus venerant, iterum ad propria repedabant. Interea opilio, turbati gregis querimoniam ad dominum referens, animum ejus maligna acuit furore. Tunc rusticus ille, hostiliter armatus, obvium se præbuit remeantibus peregrinis, et cœpit eos afflicere injuriis, offerentibus eis propter id quod canis fecerat legitimam emendationem. Verumtamen cum adhuc in eos sæviret, et sarcinulas eorum hac illacque dispergeret, illi S. Sacerdotis auxilium invocare cœperunt : proclamationes vero eorum ille rusticus irridebat. At illi relinquentes ibi quæ secum tulerant, ad S. Sacerdotis recurrunt ecclesiam. Illis vero ibidem persistentibus, mox rusticus ille gravi membrorum conteritur dissolutione : quem parentes gremio vanni compositum ad sæpe nominati sancti studuerunt bajulare propitiatorium. Solemnitas ejusdem Christi confessoris celebrabatur ipso die; et ecce jam sole ad occasum vergente, præfati rustici portitores, ecclesiam irrumpentes, testem tanti miraculi eumdem rusticum exhibent, quid contigerat Indicantes. Rusticus autem ille contumax, omni membrorum destitutus officio, expiravit noctis in medio.

30. Miles quidam, a S. Sacerdotis monasterio rediens, obvium habuit quemdam, qui contra eum noxam admiserat, et ad idem monasterium orandi gratia veniebat. Miles vero ille, metu ac reverentia A confessoris Christi Sacerdotis, cujus stupenda miracula frequenter viderat, et fieri sæpius audiebat, eum impune præteriens abiit. Alter vero eques, qui præcedentem militem a longe sequebatur, eumdem peregrinum in eadem via offendens, de reatu illo, quem contra præfatum militem perpetraverat, illum arguere minisque terrere tentabat. Sed peregrinus ille, in B. Sacerdotem confidens, nullum equitem in eo itinere se formidare respondit. Tunc eques, existimans quod eum contemneret, superbia tumens, impulit calcaribus equum, et in eum irruit, tunicamque quam capiti suo propter æstum superposuerat, ei diripit, ac post se in sella complicavit. Peregrino autem illi, sancti præsulis auxilium imploranti, continuo tunica capiti ejus superponitur : et ille eques improbus, fracta coxa devolvitur. Equus vero furiis agitatus in jacentem invehitur, et per campum palantem aggreditur, et apprehensus confestim moritur. Eques vero, dum ad sancti ferretur ecclesiam, die octava postquam hæc fuere peracta, in ipso itinere moritur. Et sic eum vivens, cujus contempserat meritum, non meruit habere propitium.

CAPUT V.
Beneficia sanitatum , S. Sacerdotem invocantibus impensa, malevoli puniti.

31. Huc usque disseruimus qualiter Domini pontifex Sacerdos tyrannos atque superbos persequendo contriverit : sed amodo referemus, quomodo supplices potenti virtute signorum refovendo juverit. Verum quoties sancti videntur in quemlibet inimicorum Dei exercere vindictam, sicut in passione apostolorum Petri et Pauli legimus Simonem Magum ab alto eorum imperio corruisse; scire debemus quoniam Dominus est, qui per sanctos suam operatur justitiam, justo judicio puniens inimicum ad laudem et gloriam nominis sui sanctorumque suorum. Tanto ergo metuendi sunt ipsi, quanto constat quia ubique præsens est, et maxime locis suo sanctorumque suorum nomini consecratis, qui ad inferendam per manus eorum malefactorum ultionem, quo modo et cum voluerit invalidus non est. Sicque quisque sanctus, dum subjectos ab adversariorum injuria suo merito defendit, et impios justo Dei judicio punit, plurimis ad se confugiendi aditum aperit : et dum aliquando superbum perimit, ne loca sacra temerare audeat, profecto ad se confugientibus remedium securitatis præstat.

32. Generalis conventus, secundum morum antiquorum, in Caturcensi territorio, in loco qui Pons-Rode (45) dicitur, agebatur, et plurima populi mul-

(45) Vernaculus contextus, uti nobis indicat D. Armandus sic habet hoc miraculum : « Primum miraculum, quod Deus fecit per S. Sacerdotem post suam mortem, fuit hoc; quod episcopi et prælati istius regionis et clerici jussi fuerunt convenire in villam quamdam supra Fluvium, Seu dictum, quæ dicebatur Villa-Pons-Roire : et ad hoc concilium adducta fuerunt corpora sanctorum illius regionis, ut Christianitas ageretur et illustraretur, et sanctum corpus S. Sacerdotis ibi fuit detentum. »

Ex hoc specimine, intelligo vulgare illud ms. non ita simpliciter ex Hugone versum, ut non multum sibi indulserit interpres mutando non solum phrasim, sed quandoque etiam ordinem rerum. Imo, suspicarer ipsum illud esse originale, quod secutus Hugo Latine reddiderit, nisi initio appendicis citaretur vetus sancti legenda, tanquam plura alia miracula explicans quæ hic summatim solum referantur. Fluvius autem *Seu*, ex Petragorico a Monte-falconum descendens, Dordoniæ influit infra Dommam.

titudo illic advenerat, fideliumque devotione inclyti Sacerdotis venerabile corpus eo allatum fuerat. Erat autem in eadem regione quædam matrona nobilis, quæ juvenem cæcum a nativitate alebat pro Dei amore. Cæcus vero ille ubi audivit tanti confessoris feretrum illic esse delatum, rogare cœpit matronam illam, cujus sustentabatur eleemosyna, ut sibi candelam emeret, quam ipse ante præsentiam hujus sancti poneret, si forte illum Dominus per ejus meritum illuminaret. Cui prædicta matrona respondit : « Ego vice tua candelam, quam sancto illi cupis afferre, libenter præsentabo : quia qui tibi ducatum præbeat, in tanto tumultu populi, invenire non valeo. » Confluebat nempe ad prædicti sancti reliquias plurima populi multitudo. Tunc matrona fecit quod promiserat, et mox sibi contigit ut volebat : nam ipsa eadem hora, qua illa ante viri Dei præsentiam candelam posuit, ille cæcus a nativitate intra domum ejus, per ejusdem sancti meritum, lumen cœli videre meruit. Stupentes autem qui aderant, illico illum qui cæcus fuerat, ante præsentiam viri Dei produxerunt, et innumeras gratiarum actiones Deo et Sacerdoti sanctissimo pro tanto miraculo reddiderunt.

33. Puella quædam, quæ a dæmone vexabatur, ad S. Sacerdotis azylum sananda deducitur. sed cum jam aliquot dies exegisset, et per eam malignus spiritus multas blasphemias emisisset, quas hic inserere longum duximus, divina gratia, per ejusdem Christi confessoris merita, tandem a dæmone est liberata.

34. A partibus vicinis puer quidam decennis ad S. Sacerdotis ductus monasterium fuerat, qui ab ipso nativitatis suæ tempore auditu, visu, nec non et linguæ usu caruerat : sed cum ibidem aliquandiu pernoctaret, et minime convalesceret, tædio affectus ad propria remeabat. Verumtamen cum nec spem quidem sanitatis, ab eadem rediens ecclesia, secum reportaret, subito auditum, visum, et linguæ pariter usum, in eodem positus recepit itinere.

35. Septennis item puer, cui linguæ negabatur officium, a patre suo adductus est ad hujus sancti tumulum, ut ibi recipere mereretur sanitatis commodum : sed cum ibidem una tantum nocte excubias peregisset, et quod quærebat non impetrasset; rediens in crastinum, antequam propriam ingrederetur patriam, verbositate nimia longa rupit silentia.

36. Quædam item mulier oculorum privata lumine, S. Sacerdotis venit ad limina, poscens ejus juvamina : quæ dum in ejus posita est basilica, magna hominum stipata caterva, post multa precamina, clara recepit lumina. De cujus (oculorum) scrobibus magnus rivus emanans sanguinis, ipsam testatur meritis illuminatam præsulis.

37. Mulier autem altera, Lemovicæ incola, dissena per (annorum) curricula membris nervorum p. æpedita, hujus sancti suffragia quæsivit... credula votiva ferens munera ad ejus sancti limina. Quæ mox recepto robore, læta de tanto munere, in Sacerdote famulo glorificabat Dominum.

38. Alio tempore adolescens quidam hujus sancti antistitis venit ad monasterium. Hic ab ipso nativitatis exordio linguæ caruerat officio : sed mox sanatus, plurima formabat lingua famina, et laudum reddens munera, redit lætus ad propria.

39. Item alio tempore in præscripta basilica operans Dominus, tria operatus est pariter miracula, ad declaranda S. Sacerdotis merita. Nam quadam ipsius Christi confessoris solemnitatis die, adstante ibi frequentissimo conventu populi, mutus verborum fudit organa, lucisque cæcus meruit cernere crepuscula, et mulier quædam languida membrorum recepit officia, quæ in grabato ante altare Salvatoris mundi fuerat deposita.

40. Factum est alio tempore, redeunte eadem ipsius eximii confessoris gloriosa solemnitate, et adveniente ad ejus venerabile templum numerosa populi multitudine, ut duo nihilominus pagenses convenirent, qui ambo filios suos parvulos, usu linguæ carentes, sanandos adducerent. Horum parvulorum alter tam vocis quam omnium membrorum amiserat officia pariter : qui ambo continuo sospitate recepta, divina opitulante gratia, per S. Sacerdotis merita, lætabundi remearunt ad propria.

41. Vir quidam nobilis, nomine Eubolus (46), propter suam animam quemdam alebat inopem : inops namque ille surdus et mutus, hac illacque discurrens, dum multis calamitatibus premeretur, ad hunc nobilem virum se contulerat, nec patrem aut matrem præter eum alium noverat, sed hunc Dominus operans illi patronum provisoremque providerat. Quadam igitur die ille miles ingenuus, fama præclarissima B. Sacerdotis excitatus (quæ per totam illam regionem emanabat de virtutibus, quas Dominus per ejus meritum operabatur, apud dictum monasterium) direxit illuc hunc pauperculum, ut ei sua miseratione subveniret, sicut alios curare consueverat. Vernaculi vero præfati Euboli ante S. Sacerdotis præsentiam venientes, oblationis munus quod detulerant obtulerunt, ac demum pro pauperis illius salute rogaturi iidem se in terram præcipitaverunt. Sed dum imminente jam nocte, vigiliarum excubias ibidem peragere, sicut eis a domino suo imperatum fuerat, disponerent; mox a custodibus

---

Villæ illius nomen in tabula topographica non exprimitur ; in Bullario tamen diœcesis Cadurcensis nominatur *Cura-du-Pont-de-Riou* : unde suspicor a rivo, ad cujus ostium vicus ille sit, factum esse nomen : nec alium tabula rivum offert, quam qui prope Vigannum oriens supra Costeraustam in Sevam incurrit.

(46) Est Eubolus seu Eubalus comes Pictavorum, circa annum 900, unde prognati Guilielmi Aquitaniæ duces et Pictaviæ comites : sed de eo hic agi vix est verosimile.

ecclesiæ foras secedere præcipiuntur. Illi vero quod vi non audebant, verbo tantum resistebant, et nullo modo exire volebant. Verumtamen cum intelligerent quoniam ibidem, sicut disposuerant, illa nocte manere nequibant, nomen S. Sacerdotis invocare cœperunt. Quid plura? Inops ille surdus et mutus a nativitate, continuo cœpit loqui et audire. Tunc qui huic gaudio interesse potuerant, ingenti lætitia perfusi reddebant laudum præconia Domino omnipotenti, qui sui famuli Sacerdotis precibus illi misero largitus fuerat sanitatis munus. Seniores vero loci, curatum inopem, quod nomen suum nunquam (47) audierant, et primo quo voraci debuisset nomine nesciebant, Salvatum appellaverunt. Qui diu postea in eodem permanens monasterio, multis advenientibus cuncta quæ modo diximus, sæpius replicabat.

42. Dies Paschæ sanctissimus illuxerat, et ad S. Sacerdotis ecclesiam non minima plebis multitudo confluxerat: inter quos quidam Ademarus, illustris genere, a Montiniaco (48) castello convenerat, et in eadem ecclesia paschale sacramentum percepturus, dum missæ peragerentur officia, persistebat. Hic autem Ademarus litterarum disciplinam, cui a parentibus traditus fuerat, prædo factus contempserat; et innumeris sæpe calamitatibus mercatores peregrinos, seu quoslibet viatores per provinciam illam euntes, finitimosque ruricolas vexare consueverat, et in hujusmodi studiis animi sui sinum laxaverat. Verum cum, sicut jam dictum est, in medio populi intra ecclesiam B. Sacerdotis incolumis adstare videretur, et evangelii lectio recitaretur, in pavimento subito corruit. Nam, ut ipse postea retulit, ante oculos ejus S. Sacerdos, episcopali infula decoratus apparuit, et virga, quam manu gerebat, collum ei percutiens, eumdem cadere compulit. Sed confestim a circumstantibus est sublevatus, et intra claustri ambitum deportatus. Expleta vero missæ celebratione, continuo abbas cum fratribus adfuit accersitus. Tunc æger ille crimina cum misera mente pertractans, et vicinam mortem nimium pertimescens, omnipotentem Dominum peccando irritavisse, et S. Sacerdotis se iram promeruisse, lacrymando confitebatur. Abbas autem, nec non et omnes monasterii fratres qui aderant, ei condolentes, canonicum habitum ei continuo tradiderunt, et ad pœnitentiæ remedium cum protinus admiserunt. Ille vero obliquo collo tota hebdomada miserabiliter ægrotavit, et die octava tandem exspiravit. Mors ejus plurimos terruit, et dum hujusmodi verentur exitum, satagebant offerre Domino pœnitentiæ fructum.

43. Seguinus quidam monachus, sæcularis et vagus, S. Sacerdotis exstitit: hic tamen erat eloquentia (famam) promeritus, et litterarum scientia fultus, et primoribus patriæ notissimus. Quodam vero tempore cum quodam potente, non longe a monasterio, morabatur apud castrum quod Carlutium (49) vocitatur: nam regulæ jugum ferre non poterat, sed ecclesias circumquaque plenus jam gloria ventilabat. Natalis Domini dies, toto orbe celeberrimus, imminebat; et miles ille potens in B. Sacerdotis ecclesia vigiliarum excubias agere disponebat. Quem prædictus monachus a bono proposito deflectere cupiens, omne illius noctis officium se ibidem celebraturum, ac si in memorata ecclesia positus esset, ex integro repromisit. Prævaluit itaque monachus ille, militemque retinuit: qui postquam est cibo vinoque repletus, cum quodam sacerdote in contigua capella se collocavit: et cum indulgeret quieti, ecce S. Sacerdos adstitit, dicens ei: « Cur hic, Seguine, dormiens, poculo inebriaris oblivionis? An non potius oporteret te cum reliquis fratribus esse, et debitum officium Domino persolvere in tam præcipua solemnitate? » Cui cum respondisset ille: « Quis es, domine? » S. Sacerdos severius in eum respiciens: « An non me nosti? Cur alumnum tuum Sacerdotem fugitando declinas? » Et cum hæc dixisset, continuo per capillos a fulcro eum extrahens, caput ejus ad humerum inclinavit: demum illum ante altare projiciens, immanissimis verberibus cecidit. Audires eminus ictuum crepitus vocemque dolentis. Quid multis memorem? Seminecem eum deseruit. Hæc omnia prædictus presbyter fieri vigilans conspiciebat, sed ingenti pavore percussus, quid deberet agere nesciebat. Sed dum jam transacta nocte lucis aurora conaretur emergere, surgentes undique viri per castellum, mirabantur omnes cur in tam præcipua solemnitate moraretur presbyter celebrare officium nocturnale: qui etiam usque ad ostium capellæ venientes, capellanum surgere præcipiunt irridentes. At ille, eorum affamine ac vicinitate roboratus, surrexit; et ostium eis aperiens, quod factum fuerat intimavit. Tunc illi attoniti, tanto viso miraculo, eodem comitante presbytero, concito gressu ad beati confessoris Christi domicilium convenerunt; et dum fratres ejusdem loci missarum solemnia peregissent, eos in unum convocant, et quod factum fuerat indicant. Monachus vero miserabiliter exstinctus, exemplo videntibus deservit, ne vagi et instabiles contra auctoritatem regulæ fiant, et sive intra ecclesiam sive extra consistant, divinum officium nunquam prætermittant.

44. Tempore alio mercatores, cum suis sarcinis ad urbem Tolosanam euntes, per Sarlatensem villam proficiscebantur ad prædictam urbem. Hi celebri fama virtutum gloriosi præsulis Sacerdotis excitati, ad ejus oratorium venientes, et oblationis officia

---

(47) Credo legendum *audierat et nesciebat*, ut intelligatur is qui mutus ac surdus a nativitate fuerat, quia de nomine suo rogatus respondere nil poterat, occasionem dedisse novæ appellationis ex eventu ei imponendæ.

(48) *Montigniac* ad Veseram, vix quatuor leucis Sarlato distat, Boream versus.

(49) Carluxium castrum, duabus circiter leucis supra Calviacum, ad eamdem Dordoniæ fluvii ripam, intra quæ duo loca situm fuit monasterium Calabrum.

persolventes, se suaque omnia Domino et S. Sacerdoti commendaverunt. Quos etiam abeuntes, et propositum iter agentes, quidam maligni comprehendentes, in quoddam municipium adduxerunt, et loris durissimis manus post terga religaverunt, eorumque pedes compedibus ferreis constrinxerunt. Qui cum triduo detinerentur, et multorum tormentorum generibus macerarentur, S. Sacerdotis auxilium invocare cœperunt. Adfuit eis clementia miserantis Domini, sui servi pulsata precibus; et ecce tertia nocte subito vincula dissolvuntur, eorum pedes relaxantur, et captivi crudeli custodia liberantur : A mox retrogrado calle redeuntes, et catenarum vincula in Salvatoris mundi ecclesia suspendentes. Demum illi qui eos comprehenderant pœnitentia ducti, ibidem eos sunt secuti : sicque omnes unanimiter salvatori et liberatori Domino sanctoque Sacerdoti gratias referebant. Multa [prætereo] quæ Salvator operatus est postmodum, ad laudem sui sanctissimi Sacerdotis præsulis, Sarlatensis Ecclesiæ Patroni miraculorum gloria decorati, et facit visibiliter quotidie incessanter : quod et quæsumus faciat, ad laudem et gloriam nominis sui, per infinita sæculorum sæcula. Amen.

ANNO DOMINI MCXXX,

LAMBERTUS AUDOMARENSIS

LIBER FLORIDUS

NOTICE

SUR LE

LIBER FLORIDUS

LAMBERTI CANONICI

MANUSCRIT DU XIIe SIÈCLE;

PAR

JULES DE SAINT-GENOIS,

PROFESSEUR-BIBLIOTHÉCAIRE A L'UNIVERSITÉ DE GAND.

Extrait du *Messager des Sciences historiques de Belgique*.

LIBER FLORIDUS LAMBERTI CANONICI,

MANUSCRIT DU XIIe SIÈCLE.

La bibliothèque de la ville et de l'Université de Gand possède aujourd'hui au delà de 600 manuscrits, la plupart intéressants pour l'étude du droit, de la théologie, de l'histoire générale et de l'histoire de notre pays. Parmi ceux qui se distinguent par leur haute antiquité, il faut placer en première ligne le recueil connu par les bibliographes sous le titre de *Liber floridus Lamberti canonici*. — C'est une de ces encyclopédies indigestes, telles qu'on en rencontre souvent parmi les monuments littéraires du moyen âge, et qui, à une époque où il y avait peu de livres, présentaient, resserrées en un volume, les principales notions scientifiques dont on pouvait avoir besoin.

Une encyclopédie de ce genre, dont la réputation est très-grande, existe à la bibliothèque royale de Bourgogne, à Bruxelles; nous voulons parler du *Trésor des Sciences*, de BRUNETTO LATINI, dont M Fl. Frocheur a donné une description détaillée dans le *Trésor national*, année 1843, 2e série, t. II, p. 157-175 (1).

A la bibliothèque de Liége, il existe aussi quelques compilations de ce genre; mais elles sont d'une date postérieure.

Dans la première partie de la notice que M. Walwein de Tervliet publia sur les mss. de notre bibliothèque, en 1815, nous trouvons la description suivante de ce curieux recueil :

« N° 197. *Libellus chronologicus historicus a Lamberto Onulphi filio canonico sancti Audomari, de diversorum auctorum floribus contextus*, petit in-folio. — Ce ms. sur vélin, contenant des figures coloriées, est écrit vers l'an 1125. La collection est assez précieuse. »

En rendant compte à la Commission d'histoire, dans les séances des 5 et 6 décembre 1834 (2), des manuscrits de la bibliothèque de Gand qui offrent de l'intérêt pour l'étude de nos annales, M. Warnkönig entre dans quelques détails sur le mérite du *Liber floridus*, qui est cité avec éloge dans plusieurs manuscrits du XIIIe siècle. Dom Berthod en parle dans sa notice sur les mss. de la Belgique. Parmi les chroniqueurs qui se sont surtout servis du *Liber floridus*, il faut citer Jean de Thielrode, qui écrivait à la fin du XIIIe siècle (3), ainsi que l'historien Brugeois Custis (4), et, tout récemment, Pertz y a recouru dans le 1er volume de ses *Monumenta Germaniæ historica*.

Dans son introduction à l'*Histoire de la Flandre et de ses institutions* (5), M. Warnkönig nous parle encore du *Liber Floridus*, et assure qu'une copie plus ancienne en existe dans la bibliothèque ducale de Wolfenbuttel. — Ce savant écrivain en a extrait un fragment de chronique, fort connu, intitulé *Genealogia comitum Flandriæ* (6).

Il existe un *Liber floridus* à la bibliothèque de Douai; il porte le n° 740 des mss. C'est une copie, du XVe siècle, des parties historiques du ms. de St-Bavon.

Comme la plupart de ces mentions ne font connaître qu'imparfaitement une des plus curieuses compilations qui existent, nous avons cru faire plaisir aux bibliographes, en donnant ici une notice détaillée des 192 traités contenus dans ce volume.

Quant à l'auteur, Lambert, on connaît peu de chose de sa vie; on sait qu'il était fils d'Onulphe et chanoine de St-Omer. Dans le tableau chronologique, dont nous parlerons plus bas, au n° 23, le *Liber Floridus* contient cette phrase : *MLXXVII, VI kal. febr. Onulfus canonicus pater Lamberti qui librum scripsit, obiit*. Nous voyons par ce peu de mots qu'Onulfe, père de Lambert, était aussi chanoine, et qu'il mourut le 26 janvier 1077 (1078); cette circonstance, on le voit, nous sert à déterminer à peu près l'époque à laquelle le volume fut écrit (7). Au fol. 154 r°, se trouve l'arbre généalogique de Lambert, du côté maternel : *Genealogia Ovdvini et Heimerici decani filii sui*. On y voit que sa mère s'appelait Ève, le père de celle-ci Baduif; son grand-père Heimeric, son bisaïeul Ouduinus. Revenons maintenant au recueil lui-même.

Le volume connu à la Bibliothèque de Gand sous le titre de *Liber Floridus* est un gros manuscrit in-folio, sur vélin sale, fort manié, endommagé, et quelquefois illisible en plusieurs endroits. Il contient 287 feuillets, sur les marges desquels on a écrit des notes, que des relieurs maladroits ont découpées en partie. Il y a quelques feuillets doubles, repliés en dedans. De nombreuses miniatures, des lettres en couleurs, des encadrements de toute espèce, ornent

---

(1) Voir aussi sur *Brunetto Latini*, une notice de M. MARCHAL, Bulletin de l'Académie de Bruxelles, XI, p. 263, et VILLEMAIN, *Cours de littérature du moyen âge*, t. I, Xe leçon, ainsi que la *Bibliothèque de l'École des chartes*. Sur l'office du Podestat, par LENORMANT, II, p. 313.

(2) Bulletin de la Commission royale d'histoire, I, p. 59-60.

(3) *Chronique de St-Bavon, à Gand*. Gand, Vassas, 1835, in-8°, p. VI.

(4) La Bibliothèque de Gand possède aujourd'hui presque tous les mss. originaux de ce fécond écrivain.

(5) I, p. 43, note 1, et p. 64, note 1.

(6) Ibid., p. 330.

(7) Nous nous étions adressé à M. E. Taillar, conseiller à la Cour de Douai, pour obtenir quelques renseignements sur ce Lambert; il s'est empressé de nous envoyer la note suivante, dont nous croyons en tout point pouvoir adopter les conclusions :

« On ne sait rien de positif sur la personne du chanoine Lambert de St-Bertin, à Saint-Omer. Cependant tout porte à croire qu'il est le même qu'un personnage de ce nom, qui aux XIe et XIIe siècles fut successivement *écolâtre* et *abbé* de St-Bertin. Folquin et Yperius signalent ce dernier comme un des hommes les plus remarquables de l'époque, distingué tout à la fois comme savant et comme prédicateur. Élu abbé de St-Bertin en 1095, il s'occupe activement de l'administration qui lui est confiée, et construit les moulins à eau du monastère. En 1118, il revêt de l'habit monastique Baudouin à la Hache, XIIe comte de Flandre; quelque temps après il lui donne la sépulture. Il fait couvrir de plomb une grande partie de l'église St-Bertin, qui est consacrée en 1105 par l'évêque de Térouane; il renouvelle presque toutes les cloches, fait bâtir la chapelle de la Vierge Marie des Infirmes, le cloître, le dortoir et le quartier des hôtes. Il fait en outre confectionner une croix précieuse, qu'on voyait encore au trésor du monastère avant 1790. L'abbé Lambert mourut en 1123, et fut inhumé dans la chapelle de la Vierge Marie des Infirmes. [V. le Cartulaire de St-Bertin, rédigé par Folquin et publié récemment par M. Guérard (collection in-4° de Documents pour l'histoire de France); *Johannis Yperii Chronicon S. Bertini*, cap. 40, dans le *Thesaurus novus Anecdotorum* de D. Martène, t. III, col. 592 et suiv. V. aussi l'*Histoire littéraire des Bénédictins*, t. XI, p. 13. et t. XII, p. 78.] »

ce volume. L'écriture, qui est de différentes mains, ne paraît pas être postérieure à l'année 1125. La reliure est moderne; au dos on a mis *Floridus Lamberti — Dares Phrygius.*

Au verso de la première feuille de garde, on lit : *In hoc codice continentur sermones domini Gerrici abbatis,— liber sancti Bavonis Gandensis ecclesie,* etc. Cette inscription nous apprend que ce manuscrit appartenait à la bibliothèque de St-Bavon. Le recto de la 1re feuille contient la détermination grammaticale de quelques mots latins; au verso se trouve une liste de personnages auxquels on doit des découvertes et des inventions utiles. Une petite chronique termine ce feuillet; les quatre dernières lignes portent : « Lidricus harlebeccensis primus comes flandrie, anno d. DCCXCII regnare cepit. Balduinus ferreus quartus comes flandrie, anno d. DCCCLXII Judith, filiam regis Karoli calvi cepit. Godefridus, filius eustachii, comitis bolonie, anno d. MXCVIIII hierusalem cepit; Rotbertus quartus Xus comes Flandrie godefridum hierosolomitis terre regem constituit. »

Les recto et verso de la 2e feuille contiennent quelques indications chronologiques; au bas, à l'année 1097, la mention sommaire de la prise de Jérusalem.

Le recto du feuillet 3 est divisé en 7 colonnes, renfermant la liste: 1° des rois d'Assyrie : de Bélus à Toros ; 2° des rois de Perse : d'Arbace à Denis; 3°, 4° et 5°, des rois de Rome et des empereurs romains : de Janus à Henri IV; 6° et 7°, des rois de France : de Pharamond à Philippe II.

La compilation proprement dite ne commence qu'au folio 3 v°, par ces mots : *Incipiunt capitula Lamberti in Floridum.* — Dans le prologue qui suit, l'auteur qui s'y nomme LAMBERT, FILS D'ONULPHE, CHANOINE DE St-OMER, explique les motifs de son entreprise et déclare avoir appelé ce livre *Floridus,* parce qu'il en a composé le contenu : *de diversorum auctorum floribus.*

Vient ensuite la table des 190 (192) traités, qui sont contenus dans ce manuscrit. Nous donnerons ici les titres de ces traités, tels qu'ils se trouvent dans cette table, ou tels qu'ils sont indiqués en tête de chacun d'eux, lorsqu'ici le titre est plus explicite. Quand ces titres expliquent suffisamment le sujet du traité, et quand le traité même présente peu d'intérêt, nous nous abstenons d'y ajouter des éclaircissements. Lorsqu'il nous a été possible de découvrir les auteurs de ces différents traités, nous en avons fait mention. Mais nous proclamons l'insuffisance de notre érudition, pour rendre complètes de semblables recherches. Raban Maur, le vénérable Bède, Isidore de Séville, etc., sont, au reste, les sources ordinaires où sont puisées les rares notions scientifiques de cette époque. Il est d'ailleurs encore à remarquer, que les auteurs où les encyclopédistes du moyen âge ont puisé sont souvent cités furtivement et pris les uns pour les autres : ainsi on trouvera St-Jérôme pour St-Chrysostome, Frédégaire pour Grégoire de Tours, etc. ; dès lors on conçoit que les recherches se compliquent de nouvelles difficultés.

Fol. 5 r° à 13 v°. — N° 1. *Prologus Odonis, episcopi Cameracensis.* C'est une dissertation théologique sur le péché et la perfection chrétienne. Au folio verso, on lit quelques vers sur St-Omer. Au-dessous, dans un médaillon carré est représenté le Saint, assis sur une hémisphère, dans l'attitude d'un prélat qui bénit ; quelques mots relatifs à sa vie y sont joints. L'*explicit* de ce traité se trouve au folio 10 recto. Là commence un autre traité, intitulé : *Judæus quidam disputans cum Gisleberto, abbati Westimonasterii* (8).

Le folio 13 r° est rempli par une grande miniature, censée représenter le château de St-Omer, avec ces mots : *Sithiu villa, id est Sci Audomari castrum.* Au-dessous, un moine, probablement le chanoine Lambert lui-même, qui écrit dans une cathèdre, entourée des noms des abbés de St-Omer : de Saint-Bertin à Otger.

Au folio 13 v°, une courte chronologie de l'Ancien Testament, à partir de Moïse.

Fol. 14 r° à 16 v°. — N° 2. *Ordo miraculorum Christi Jhesu, secundum Matheum, Marcum et Lucam atque Johannem;* biographie sommaire de N. S. Jésus-Christ, tirée des Évangélistes. Au folio 15° : *Descriptio Odonis, episcopi Cameracensis super canones Evangeliorum.* C'est un traité sur la concordance des Évangélistes.

Fol. 17 à 18 v° — N° 3. *Freculfus episcopus de Judeorum judicibus et regibus;* chronologie sommaire des juges et des rois d'Israël.

Fol. 19. — N° 4. *Sp(h)era triplicata gentium mundi : Gentes Asie, Europe, Africe diverse.* Au milieu du texte est représentée une mappemonde, contenant la liste des peuples de l'Asie, de l'Europe et de l'Afrique. Parmi ceux de l'Europe, on cite les *Alamanni, Zelandini* (9), *Morini, Suevi, Burgundiones, Huni, Tungri,* etc. — Les limites des trois parties du monde y sont indiquées.

Fol. 19. v° — N° 5. *Sp(h)era principum per etates regnorum.* Une figure de forme sphérique, divisée en 6 compartiments, donne la chronologie sommaire des six âges du monde.

Fol. 20 r°. — N° 6. *Sp(h)era Minotauri, domus Dedali;* figure censée représenter le labyrinthe, avec le Minotaure au milieu.

Fol. 20 v°. — N° 7. *Sp(h)era mundi microcosmos : mundi etates usque ad Godefridum regem* (1099); autre système chronologique, également divisé en six âges.

---

(8) Nous ferons remarquer ici que, bien que la table ne fasse mention que de 190 traités, il s'en trouve un plus grand nombre dans cette compilation. Sous la même rubrique, indiquée à la table, il y en a quelquefois trois ou quatre.

(9) Mot ajouté plus tard.

Fol. 21. — N° 8. *Freculfus episcopus historiographus : de mundi exordio, de filiis Ade et Noe et regnorum regibus usque ad Christum.*

Fol. 21 v°. — N° 9. *Egesippus historiographus : de Judeorum judicibus, summisque sacerdotibus eorumque regibus.* C'est encore un autre traité que celui indiqué au n° 3.

Fol. 22 v°. — N° 10. *Caïphas qui et Josephus antiquitatum historiographus : de sapientia Salomonis.*

Fol. 23 v°. — N° 11. *De Salomone et ejus gloria.*

N° 12. *Sp(h)era mensium* XII *et elementorum.*

N° 13. *De circulo superioris celi.*

N° 14. *Apocalypsis depictus.*

Les quatre chapitres ainsi désignés dans la table manquent dans le MS.; ils se trouvent remplacés par les suivants : Fol. 23 r° : *Quid in principio Deus sex diebus fecit*; et fol. 23 v° : *De etate mundi ab Ada usque ad Salomonem.*

Fol. 24. — N° 15. *Ordo ventorum Christi et natura ipsorum*; une figure sphérique, bleue et rouge, divisée en compartiments et où les vents sont désignés par les mots tudesques : *Ost-ost, sud-ost, sud-sud, sud-west, west-west, nord-west, nord-nord, nord-ost.* Suit l'explication du tonnerre, d'après le vénérable Bède.

Fol. 24 v°. — N° 16. *Sp(h)era Macrobii de quinque zonis*; sphère divisée en compartiments, qu'on a peints en rouge, bleu, vert et jaune, et où se trouvent transcrites quelques notions géographiques, entre autres ces mots : *Zona australis temperata, habitabilis, sed incognita hominibus nostri generis.* Evidemment, cette phrase se rapporte à l'idée qu'on avait déjà à cette époque de l'existence d'une quatrième partie du monde.

Fol. 25. — N° 17. *Cursus solis solstitialis et equinoctialis*, autre figure sphérique, sur le rebord extérieur de laquelle sont désignés les douze mois de l'année (10).

Fol. 25 v°. — N° 18. *Cursus lunaris et anni descriptio*; autre figure représentant le mois lunaire, avec les différentes phases de la croissance et de la décroissance de la lune (11).

Fol. 26. — N° 19. *Sp(h)era Apulei, vite et mortis*; calcul astronomique, basé sur les mouvements lunaires, pour apprendre à connaître le moment où meurent les personnes atteintes de la fièvre.

Fol. 26 v° à 32 r°. — N° 20. *Martyrologium.* C'est le Martyrologe d'Usuard (12); il est particulièrement intéressant, à cause des annotations historiques qu'on y a intercalées et qui presque toutes regardent la Flandre. Ces notes ont été publiées par M. A. Van Lokeren, à la suite de la Chronique de St-Bavon, de Jean de Thielrode, qui semble s'être servi de ces indications (13).

Fol. 32 v°. — N° 21. *Chronicon Isidori* (14) : *de quinque etatibus*; chronique sommaire, depuis Adam jusqu'à Jésus-Christ.

Fol. 33 v° à 36 r°. — N° 22. *De VI mundi Generationibus*; c'est une chronique sommaire, mais plus détaillée que la précédente.

Fol. 36 v° à 45 v°. — N° 23. *Anni Domini Jesu Christi.* Tableau chronologique de l'an 1 à 1295, contenant jusqu'à 1119 la date de l'avènement des papes et des empereurs, de quelques batailles mémorables, de la mort de personnages célèbres et d'événements remarquables. On y trouve aussi d'autres notes historiques, dont la plupart concernent le monastère de St-Omer. A partir du XI° siècle, ces indications deviennent plus nombreuses. C'est dans ce tableau, comme nous l'avons dit plus haut (col. 1006), que nous trouvons le jour de la mort d'Onulphe, père de l'auteur du *Liber Floridus.*

Après l'an 1119, nous n'y rencontrons plus d'annotations, ce qui nous permet de supposer que ce manuscrit a été composé avant cette date. M. Van Lokeren a publié la plupart de ces notes historiques à la suite de Thielrode (15). Toutes ne semblent pas cependant être de la même main; plusieurs ont été intercalées dans la suite.

L'auteur a aussi fait mention dans ce tableau des lettres dominicales, du terme pascal, des indictions, des concurrents et autres observations utiles au comput ecclésiastique. Au fol. 45 v°, on lit un extrait de Jornandès sur l'origine des Goths.

Fol. 46 v° à 47 r°. { N° 24. *Nomina regum Romanorum.*
N° 25. *Nomina pontificum Romanorum*; liste des empereurs jusqu'à Henri V, et des papes jusqu'à Calixte II, tous rangés dans 8 colonnes.

Fol. 47 v° — N° 26. *De Gentium vocabulis*; noms des peuples descendus des fils de Noé.

Fol. 47 v°. — N° 27. *De provintiarum episcopatibus*; fragment de Grégoire de Tours, sur les diocèses métropolitains (16).

N° 28. *Mappa vel oresta* (sic) *mundi.*

N° 29. *De V famosis civitatibus.*

Ces deux chapitres, indiqués dans la table, manquent.

Fol. 48 r° à 49 r°. — N° 30. *De provintiis mundi*; explications étymologiques des principales dénominations géographiques du globe.

Fol. 49 r°. — N° 31. *De regnorum vocabulis : gentes Asie, Europe et Africe*; mêmes explications pour les peuples des trois parties du monde. C'est presque un double emploi.

---

(10) Ce sujet n'est point mentionné dans la table du volume.
(11) Même observation.
(12) V. *Usuardi Martyrologium*, op. J. Molani Lov. 1568.
(13) Pag. 201-202, et préface, XI.
(14) Isidore de Séville.
(15) Pag. 203-208.
(16) On voit qu'il y a ici une lacune, car la feuille suivante est d'une autre écriture.

Fol. 49 v°. — N° 32. *De munai civitatibus;* c'est une liste des principales villes du monde, avec le nom de leurs fondateurs.

Fol. 49 v° à 51 r°. — N° 33. *Marcianus Felix Capella : De gentibus diversis et monstris;* notions sommaires sur des peuples peu connus ou fabuleux, sur des animaux extraordinaires, etc., etc.

Fol. 51 r°. — N° 34. *De nominibus civitatum mutatis : Asie urbium antiqua nomina nunc vero mutata.*

Fol. 51 v°. — N° 35. *De paradiso et insulis.* Enumération des principales îles de la terre.

Fol. 51 v°. — N° 36. *De paradisi fluminibus;* note sur le Gange, l'Euphrate, le Tigre et le Jourdain. — Au fol. 52 r°, une miniature représentant un édifice de construction bizarre, au milieu duquel s'élève l'arbre de science; au-dessus le mot : *Paradysus.*

Fol. 52 v° et 53 r°. — N° 37. *De mundi fluminibus;* énumération des principaux fleuves, sources et lacs de la terre.

Fol. 53 r° — N° 38. *De creaturis diversis;* notions sommaires sur quelques races extraordinaires d'hommes.

Fol. 53 v°. — N° 39. *Christi nomina greca et latina et hebraica.*

Fol. 54 r° et v°. — N° 40. *Eucherius : de nominum interpretationibus;* explications succinctes des noms propres qu'on trouve dans l'Ancien Testament.

Fol. 55 r°. — N° 41. *De gradibus et ministris ecclesiasticis et officiis;* explications des différents mots servant à désigner dans la liturgie judaïque et chrétienne, les dignités et offices.

Fol. 55 v°. — N° 42. *De idolis gentium;* énumération des faux dieux des anciens peuples.

Fol. 55 v°. { N° 43. *De Ponderibus diversis.*
             N° 44. *De Mensuris diversis.*

Désignation des poids et mesures des anciens

Fol. 56 r°. — N° 45. *De nominibus Sybillarum;* nom des dix sybilles connues.

Fol. 56 r°. — N° 46. *Carmen Symmachie Sybille de Christo.*

Fol. 57 à 58 v°. — N° 47. *Isidorus ispalensis episcopus : De naturis bestiarum;* traité d'Isidore de Séville sur les animaux. Le verso du fol. 56, représentant un lion et un porc, sert d'illustration au texte de ce traité.

Fol. 58 v° à 60 v°. — N° 48. *Physiologia avium : De naturis avium;* traité d'ornithologie, qui commence par la description du griffon. Au milieu du feuillet est représenté un griffon dévorant un homme.

Fol. 60 v°. — N° 49. *De dracone et serpentibus et colubris;* description du genre des reptiles, ornée d'une miniature coloriée, représentant un dragon.

(17) La figure de ce dragon, qui, ainsi que l'écriture du texte, est du commencement du XII° siècle, a beaucoup de ressemblance avec le *Dragon* qui surmontait la tour du Beffroi de Gand. Ce dernier

Fol. 61 v°. — N° 50. *De crocodillo Nili fluminis,* figure représentant cet animal.

Fol. 62 r°. — N° 51. *De Behemoth bellua terræ,* description de l'animal fabuleux désigné sous le nom de *Behemoth;* miniature bizarre, représentant le diable assis sur ce monstre, inconnu sans doute à nos naturalistes. Au-dessus on lit : *Diabolus sedens super Behemoth Orientis bestiam singularem et solam I Antichristum.*

Fol. 62 v°. — N° 52. *De Leviathan serpente;* miniature grossière représentant l'Antéchrist, assis, le sceptre en main, sur un dragon, peint en vert, avec la suscription : *Antechristus sedens super Leviathan serpentem, significantem bestiam crudelem in fine* (17).

Fol. 63 r°. — N° 53. *De monstris Oceani maris (et piscibus).* Parmi les poissons, on cite le hareng, dont l'auteur dit : *Allec, pisciculus ad usum salsamentorum idoneus, longo servatur tempore.* Aurait-on déjà eu à cette époque l'idée de l'encaquement des harengs? — Au fol. 63 verso : *De conchris et conchis.*

Fol. 63 v° à 64 v°. — N° 54. *De mirandis Britannie insule;* description sommaire des curiosités naturelles qu'on rencontre en Angleterre : lacs, sources d'eaux chaudes, et grottes. On y trouve plusieurs passages relatifs au roi Arthur, ce célèbre paladin de la Table ronde et du cycle de Charlemagne. Voici ces curieux passages (18) :

« Est tumulus lapidum in britannia, in provincia buelth, et unus lapis suppositus et vestigia canis, qui vocabatur cabal, arturi militis impressa lapidi, quando venatus est aprum tronith, in loco qui dicitur carmycabal; eo quidem artur sub lapide illo tumulum fecerit. Homines vero illius provincie, dum tollunt de tumulo lapidem et abscondunt biduo, die tercio invenitur super tumulum.

« Est sepulchrum in britannia, in provincia ercing (?), juxta fontem lycatanir, filii arturi militis, qui vocabatur anyr : in quo sepelivit eum artur. Dum autem veniunt homines ad mensurandum sepulchrum, habet in longitudinem mensuram aliquando quinque pedum, aliquando VIII, aliquando XI, aliquando XV, numquam una vice sicut altera. »

« Est palatium in britannia, in terra pictorum, arturi militis, arte mirabili et varietate fundatum, in quo factorum bellorumque ejus omnium gesta sculpta videntur. Gessit autem bella XII contra saxones qui britanniam occupaverant. Primum bellum fuit in ostium fluminis quod dicitur gleuy. Secundum vero et tercium et quartum et quintum super flumen dubglas. Septimum in silva celidonis. Octavum in castello guynon, in quo bello portavit artur imaginem sancte marie super humeros suos, et pagani versi sunt in fugam. In illa die cedes magna fuit de paganis per virtutem domini jhesu

pourrait bien appartenir à la même époque que la miniature en question.

(18) Voir au sujet d'Arthur : *Henrici Huntindoniensis Historia,* p. 315. Francofurti, 1601.

christi et sancte virginis genitricis ejus. Nonum bellum gestum est in urbe legionis; decimum in littore fluminis quod vocatur tribuith. Undecimum in monte agned; duodecimum in monte badonis in quo bello corruerunt nongenti (DCCCC) sexaginta viri de uno impetu arturi, auxiliante domino jhesu christo. »

NENNIUS, écrivain anglais du IX° siècle, est auteur de ce passage, que nous trouvons dans son *Britanniæ Elogium*, p. 106, sous le titre : *De Arturo rege Belligero et de duodecim bellis quæ adversus Saxones habuit et quot adversariorum uno impetu prostravit.*

Au reste, le chapitre : *De mirandis Britanniæ insule*, pourrait bien être tout entier du même auteur, qui, au dire de G. CAMDEN, *Britannia*, p. 503, a écrit un traité intitulé : DE MIRABILIBUS.

Fol. 65. — N° 55. *De templo Domini Salomonis,* description du temple de Salomon, ornée d'une miniature représentant un édifice bizarre, au-dessus duquel on lit : *Hierusalem celestis..*

Fol. 65 v°. — N° 56. *De virtutibus XII lapidum* (pretiosarum).

Fol. 66. — N° 57. *Isidorus ispalensis episcopus : de lapidibus et gemmis ; — de margaritis albis ; — de nigris; de chrystallis.*

Fol. 67 v°. — N° 58. *De nativitate Christi ;* vie sommaire de Jésus-Christ.

Fol. 68. — N° 59. *Historia Anglorum regum; Beda, incipiunt nomina ducum regumque Britannorum.* Vient d'abord la liste des rois d'Angleterre, depuis Storech jusqu'à Henri, fils de Guillaume le Conquérant; les rois fabuleux et ceux de l'Heptarchie y sont tous nommés. Au folio 66 v° : *Incipit historia Anglorum a Beato Beda, venerabili presbitero composita;* puis au folio 73 r° : *Incipit chronica Bedæ : de regibus Anglorum.*

Fol. 75 r° : Dans une espèce de tableau, on a placé les 28 principales villes d'Angleterre, précédées chacune du mot CAIR, (*quod*) *Britannico cloquio dicitur civitas.* Nous retrouvons encore ce passage dans NENNIUS, *Britan. Elog.*, ch. 56, p. 124. Sur une bande de parchemin, qui tient à ce feuillet, se trouve la suite de la description des rois anglais jusqu'à Henri, fils de Guillaume de Normandie.

Fol. 75 v°. — N° 60. *De annorum ebdomadibus ;* explication des différentes espèces de semaines connues des anciens.

Fol. 75 v°. — N° 61. *Dicta VII sapientium* (sept lignes).

Fol. 76. — N° 62. *Genealogia comitum Normannorum.*

Fol. 77. — N° 63. *De miraculis in dialogo S. Gregorii, Pape;* traité philosophico-ascétique, orné d'une miniature, fol. 76 v°, représentant un arbre gigantesque : *Arbor palmarum,* dont chaque branche porte le nom d'une vertu, avec celui d'un vice opposé, placé en face; au-dessous on lit :

« Reges Hierusalem: Expeditio Christianorum post concilium Urbani Pape, anno MXCVII; anno post tercio hierusalem capta est anno Domini MXCVIII :

Godefridus, filius comitis Eustachii; Balduinus, frater ejus, flandrensis; Balduinus de burgo, francigena; Folco, andegavensis, Baldewinus, filius ejus. — Urbanus tunc papa rome; celebratum est expeditionis hierosolomytane concilium a CCC^{tis} XX que patribus apud clarum montem XIIII kal. decembris. — Patriarche in Hierusalem : Dambertus pisanus, episcopus primus; Evermarus flandrensis; Arnulfus flandrensis; Wormundus ambianensis; Stephanus carnotensis; Willelmus flandrensis; Folcherus pictavensis. »

Fol. 81 r°. — N° 65. *Gregorius in libro XXXI moralium Job de VII principalibus viciis; de VII principalibus virtutibus.*

Fol. 81 r°. — N° 65. *De excidio gentis Judeorum.*

Fol. 81 v°. — N° 66. *De quodam famulo, Drothelmo domini rapto : visio descripta a Beda presbytero;* récit d'une vision qu'eut un certain Drotelme en Angleterre, dans le Northumberland.

Fol. 83 r°. — N° 67. *De septem virtutibus columbe.*

Fol. 83 v°. — N° 68. *Hec est fides catholica de essentia divina. — Item de trinitate;* série de sentences ascétiques, mises la plupart en vers et finissant chacune par le mot *esse*. — *Plage Egypte :* quatre vers sur les plaies d'Egypte. Au fol. 84 r° : *De natale Domini, versus. — Versus Petri : de acnario;* charmant petit poëme sur la puissance de l'argent en ce monde; nous croyons faire plaisir à nos lecteurs en le leur communiquant ici

VERSUS PETRI : DE DENARIO.

Denarii salvete mei, per vos ego regno,
   Terrarum per vos impero principibus;
Quod probor et veneror; quod diligor atque fre-
           [quentor,*
   Gratia vestra facit que michi magna facit.
Per vos imperium Cæsar tenet, et sine vobis
   Imperium nullus Cæsar habere potest,
Denique quidquid agant reges terraque marique,
   Certent sive gerant prœlia, vos facitis.
Per vos in cineres est Ilion illa redacta,
   Quæ per vos etiam creverat alta nimis,
Cujus ad excidium dextras armastis avaras,
   Cum peteres phrigias miles avarus opes.
Per vos subierunt sibi mœnia celsa tyranni
   Et, sine marte, truces sepe domant equites.
Per vos Roma potens est condita turribus altis;
   Per vos artifices repperit illa bonos,
Ad tantam molem mirabiliter peragendam
   Nummus multimodo profuit ingenio.
Per vos pontifices, abbates præpositique
   Quod per se nequeunt, absque mora faciunt
Qui liber in causa reus est metuitque gravari,
   Vos habeat, vento navigat ille bono.
Si fur deprehensus sit vel latro, judicibusque
   Denarium dederit, mox dato, justus erit.
Si quis sit fatuus nec sacras legerit artes,
   Nummus usque legat, fiet Aristotiles
Ad dominam pulchram veniat formosus adultis,

Si nichil attulerit, pellitur a thalamo;
Introeat turpis, nummo comitante beato,
Invenit absque mora cuncta parata sibi.
Denarius regnat, regit, imperat, omnia vincit.
Et tenet imperium cum Jove denarius,
Factus uterque deus magno veneratur ab orbe;
Plus tamen alter agit, cum sit uterque deus;
Nam quod hic tonitrus nec fulmina flectere possunt
Flectit denarius et facit esse suum.
Jupiter offensus non omnes vindicat iras.
Offensas nummus vindicat innumeras.
Divitis ad clausam portam si tristis egenus
Pulsat, amore dei non aperitur ei;
At si denarius pulsaverit, huic aperitur,
Exclusoque deo clauditur ille domo.
Hospite de tali jucundior est domus omnis;
Hoc quicunque caret hospite, vilis erit.
Felices nummi quibus est data tanta potestas,
Quanta nec in magno crediatur esse Jove,
Pace tua quod adhuc dicam bene, Jupiter, audi,
Quisquis habet nummos, Jupiter esse potest!

L'auteur de ces vers, qui sont d'une latinité très-pure pour l'époque, était chanoine de St-Omer. Il a écrit d'autres poésies encore, comme nous le verrons plus loin aux nos 134 et 135.

Fol. 84 verso : L'extrait d'une ordonnance de Robert le Frison, comte de Flandre, pour faire entretenir la paix entre ses sujets.

Fol. 84 v°. — N° 69. *Grecorum littere numero XXVII.*

Fol. 85. — N° 70. *Littere Grecorum que numeros apud eos faciunt.*

Fol. 85 v°. — N° 71. *De figuris caracterum;* explications des signes adoptés pour désigner en abrégé les poids, tels que l'once, la livre, etc.

Fol. 85 v°. — N° 72. *De generibus numerorum in ratiocinatione. — De IIII^{or} temporibus anni;* des quatre temps tombant, chaque année, à 91 jours de distance les uns des autres, les 1er mars, 1er juin, 1er septembre et 1er décembre.

Fol. 86 r°. — N° 73. *De annis et bissextis;* ce chapitre commence par la division en fractions infiniment petites des différentes parties qui composent l'année.

Fol. 86 v° à 87 r°. N° 74. *Proverbia Salomonis.*

Fol. 87 v°. — N° 75. *De distinctione dierum;* étymologie des mots servant à indiquer les différentes parties du jour et de l'année.

Fol. 87 v°. — N° 76. *De natura solis;* quelques notions sur la nature du soleil, de la terre, de l'eau, etc.

Fol. 88 r°. — N° 77. *De quatuor elementis;* une miniature représentant l'Agneau sans tache, entourée de quatre cercles qui figurent la terre, l'air, l'eau et le feu.

Fol. 88 v°. — N° 78. BEDA : *de Astrologia;* explications des XII signes du zodiaque, au milieu une miniature représentant le soleil, traîné dans un char.

Fol. 89 r° à 91 v°. — N° 79. *Item ae astrologia : De ordine et positione signorum;* des miniatures grossières y représentent les différents signes du zodiaque, les constellations les plus remarquables, et d'autres figures qui sont relatives à l'astronomie, en rapport avec la philosophie occulte et l'astrologie proprement dite, ainsi qu'on s'en servait autrefois pour appuyer les systèmes planétaires admis. — Au folio 92 r°, une sphère représentant les évolutions solaires et lunaires. — Une sorte de mappemonde grossièrement peinte occupe les feuillets 92 v° et 93 v°; on y lit : *Terre globus,* puis à droite cette phrase qui paraît se rapporter à la supposition de l'existence du nouveau monde : *Zona australis temperata filiis Ade incognita, plaga antipodum.* Au folio 93 v°, une figure représentant les rapports de la chronologie du monde avec le mouvement des planètes.

Fol. 94 r°. — N° 80. *De astrologia secundum Bedam;* sphère composée de cercles concentriques, qui s'entrecoupent de différentes manières et représentent le cours de certaines planètes. — Folio 98 v° : *Circuli septem cursusque septem planetarum;* mouvement des sept planètes : Saturne, Jupiter, Mars, le soleil, Lucifer, Mercure et la lune.

Fol. 95 r°. — N° 81. *De astrologia excerptum;* explications de la position respective des signes du Zodiaque entre eux.

Fol. 95 v°. — N° 82. *De XII signis;* autres notions sur les 12 signes.

N° 83. *De astrologia.*
N° 84. *De tonitruo.*
N° 85. *De naturis elementorum.*

Ces trois traités, ainsi indiqués dans la table, ne se trouvent point dans le MS.; probablement que les feuillets qui les contenaient ont été arrachés.

Fol. 96 r°. — N° 86. *De tempestatibus;* on y indique à quels signes on peut reconnaître le temps qu'il fera.

N° 87. *Hieronimus : de Samuele et Saul et Phetonissa* (15 lignes)

Ibid. — N° 88. *Penitentia Salomonis;* autre extrait de St-Jérôme.

Fol. 96 v°. — N° 89. *De Alexandro rege Judeorum ultimo et Herode;* histoire sommaire d'Alexandre et d'Hérode.

Fol. 97 r°. — N° 90. *De Christo et Josepho;* quelques mots sur le sépulcre du Christ et sur Joseph d'Arimathie.

Ibid. — N° 91. *De dormitione Johannis evangeliste in Epheso* (7 lignes).

Ibid. — N° 92. *Apostolorum nomina XII et ubi predicaverunt et sub quibus passi sunt.*

Fol. 98 r°. — N° 93. *Nomina dierum secundum Hebreos et Romanos et Gentiles.*

Ibid. — N° 94. *De signis X plagarum Egypti, Moyse virga percutiente.*

Ibid. — N° 95. *De electis et reprobatis.*

Ibid. — N° 96. *Decem verba legis;* articles du Décalogue.

Fol. 98 v°. — N° 97. *De libris recipiendis;* indication des livres saints dont on peut faire usage et qu'on peut lire.

Ibid. — N° 98. *De VIII prefationibus;* des 9 préfaces usitées dans la Messe par les évêques de France.

Ibid. — N° 99. *De libris legendis;* lections ou épîtres usitées pendant l'année dans l'Église catholique. — Au bas du fol. 99 r° : Sommaire chronologique depuis la création du monde jusqu'à Jésus-Christ.

Fol. 99. v°. — N° 100. *De noticia librorum apocryphorum;* indication des livres ou écrits saints apocryphes et condamnés.

Fol. 100 v°. — N° 101. *De duobus paradysis;* extraits de St-Augustin.

Ibid. — N° 102. *De duobus infernis.*

Ibid. — N° 103. *De electis et reprobatis.*

Ibid. — N° 104. *De monstris et bimembris* (19).

Ibid. — N° 105. *De prophetiis variis;* indications des moyens qui ont servi à faire des prédictions prophétiques.

Fol. 100 v°. — N° 106. *Quot modis peccata dimittuntur.*

Ibid. — N° 107. *De cyclo paschali;* noms des saints Pères qui se sont occupés du cycle pascal.

Ibid. — N° 108. *De 4 jejuniis 4 temporum;* époques auxquelles sont fixés les Quatre-Temps.

Ibid. — N° 109. *De XII vigiliis per annum;* époques des vigiles.

Fol. 101 r°. — N° 110. *De dieta anni;* indication des mets et potions qu'il convient de prendre pendant chacun des mois de l'année pour se bien porter; recettes pour faire quelques médicaments.

Fol. 101 v°. — N° 111. *Pater noster, grece et latine.*

Ibid. — N° 112. *Symbolum apostolorum grece et latine.*

Le texte grec du *Pater* et du *Symbole* est écrit avec des lettres latines.

Fol. 102 r°. — N° 113. *De montibus diluvio non opertis* (5 lignes).

Ibid. — N° 114. *De Jacobi et Esau;* quelques mots sur Abraham et sa postérité.

Ibid. — N° 115. *De ecclesia S. Audomari: De pyratis Danorum Flandriam adeuntes* (sic); reliques des saints de Flandre, qui furent déposées à St-Omer pour les soustraire aux profanations des Danois.

Fol. 103 r°. — N° 116. *De consanguinitatum gradibus;* dénomination des différents degrés de parenté; le fol. 102 verso représente un modèle d'arbre généalogique d'ascendants et de descendants.

Fol 103 v°. — N° 117. *Genealogie arbor;* énumération des empêchements de mariage entre personnes de la même famille, tels qu'ils furent fixés au concile de Coblentz (*Confluentium*), en 922.

Fol. 104 à 105. — N° 118. *Genealogia comitum Flandrie.* Cette chronique des comtes de Flandre, qui devient plus détaillée à partir de Robert le Frison, va jusqu'à 1120; au verso du feuillet qui a été cousu au folio 105, se trouve sous le titre de : *Genealogia regum Francorum comitumque Flandrie,* la généalogie des comtes de Flandre, combinée avec celle des rois de France, depuis Priam jusqu'à Charles le Bon, comte de Flandre.

Fol. 105 v° à 108 r°. — N° 119. *Conflictus Henrici et Paschalis;* récit circonstancié des débats qui s'élevèrent entre l'empereur Henri IV et le pape Pascal au commencement du XII° siècle, au sujet de l'investiture des évêchés et des abbayes. Ce morceau commence par une lettre, datée de février 1111, dans laquelle Jean, évêque de Frascati, mande à Richard, évêque d'Albanie, que l'empereur Henri s'est emparé de la personne du pape Pascal et des cardinaux.

Fol. 108 v°. — N° 120. *Epistola Methodii : de Antechristo;* prophéties sur la naissance, la vie et la mort de l'Antéchrist.

Fol. 110 v°. — N° 121. *Gesta Francorum Hierusalem expugnantium quæ Folcerus Carnotensis, sancto dictante spiritu, dictavit;* récit de la première croisade, rédigé par Foulques de Chartres; il est divisé en chapitres, portant les titres suivants : d'abord une introduction, puis : 1° *Exhortatio pape* (Urbain) *expeditionis sancte;* 2° *expeditio prima exercitus Domini et nomina principum in ea;* 3° *expeditio secunda exercitus Domini;* 4° *secunda expeditio prime jungitur in obsidione de Nicena;* 5° *assultus mille circa Hierusalem;* 6° *Franci machinis civitatem impetunt;* 7° *quomodo Hierusalem a Christianis capta est;* 8° *quomodo etc., Hierusalem Franci capientes laudes et gratias Deo referunt;* 9° *admiratus Babylonis misit Lavendalium ducem militie sue et Arabes ut expugnarent Hierusalem;* 10° *bellum tercium Francorum contra Arabes Ascalonie;* 11° *bello peracto, Franci spolia Arabum gaudenter dividunt,* 12° *Boamundus; Balduinus, Dambertus Hierusalem venerunt;* 13° *quomodo Danismanis, admiratus, Boamundum ducem cepit;* 14° *Godefrido rege defuncto, Balduinus frater ejus tendit Hierusalem;* 15° *de duce Balduino;* 16° *bellum IIII Baruth a Balduino factum;* 17° *bello peracto, Balduinus in Hierusalem exceptus est cum gaudio;* 18° *de coronatione regis Balduini;* 19° *de adventu ignis, dum preter solitum, moram fecit;* 20° *rex B. in Cesarea Palestine cepit Archadium;* 21° *exercitus Babyloniorum venit Ascaloniam;* 22° *bellum V contra Babylonios juxta Ramulam civitatem;* 23° *de infortunia Francorum qui in acie extrema fuerunt;* 24° *bellum VI intra Joppem et Azotum;* 25° *quando Babyloniorum exercitus sedit ante Ramu-*

---

(19) Ces trois derniers sujets sont aussi extraits de saint Augustin; le tout ne forme que quelques lignes.

tam; 26° *bellum VII in Romania in quo Soliman Francorum principes repatriare volentes devicit*; 27° *bellum VIII contra Babylonios supradictos juxta Ramulam, de quo rex vix evasit*; 28° *de adventu Hugonis* (de Tyberiade) *ad regem*; 29° *bellum IX contra Babylonios secus Joppen, in quo rex vix victor exstitit*; 30° *de obsidione Ptolomaidis et Boamundi ducis liberatione, dum captus esset a Dalimanno in Romania*; 31° *de dissensione inter Daimbertum patriarcham et clerum suum*; 32° *de substitutione Evermari alterius patriarche*; 33° *de Tancredo qualiter cum Rodoan rege Galapye dimicavit et in fugam convertit*; 34° *de obitu Raimundi comitis*; 35° *rex Babylonis exercitum valde magnum misit Hierusalem cum admiratis XXX*; 36° *bellum X inter Joppen et Ramulam contra Babyloneos*; 37° *quomodo classis Babyloniorum viso capite amputato Gimelmuch, a muris Joppe in fugam versi sunt*; 38° *de signis in cœlo visis*,— Au bas du fol. 128 : *De lancea Antiochie in ecclesia sancti Petri inventa.*

Fol. 128 v°— N° 122. *Computus lune cum tabula*; calculs disposés en tableaux, sur les mouvements lunaires de chaque mois; travail astronomique des plus compliqués, dont il serait certainement curieux d'avoir la clef.— F. 132 verso : *Cursus lune per XII signa : hanc paginam composuit Beda presbyter.*— Fol. 133 verso à 134 verso, autres calculs faits sur les évolutions lunaires, en rapport avec les computs chronologiques, connus sous le nom de nombre d'or, terme pascal, réguliers, lettres dominicales, indictions, concurrents et épactes. Fol. 135 recto : *Argumentum ad inveniendum quadragesimam.* — *Incensio lune embolismorum et exstinctio.*— Au fol. 135 : *De mensibus, horologium secundum Bedam.*

Fol. 135 v°.— N° 123. *De Luna et termino paschali*; époque du terme pascal établi d'après les mouvements lunaires.—Fol. 136 recto : *De Kalendis mensium.*

Fol. 136 r°.— N° 124. *De quatuor Mariis*, des quatre Maries, dont parlent les Évangiles.

Fol. 136 v° à 139 r°.— N° 125 *Genealogia mundi*; l'histoire sommaire du monde, divisée en six âges, depuis Adam jusqu'à Jésus-Christ. Au folio 138 verso, un médaillon représente l'empereur Auguste, assis sur son trône, tenant le globe d'une main et l'épée de l'autre, avec ces mots en exergue : *Exiit edictum a Cesare Augusto ut describeretur universus orbis.*

Fol. 139 v° à 140 r°.— N° 126. *Beatitudinum ordo VIII*; huit miniatures représentent différents arbres, qui désignent allégoriquement les huit béatitudes.

Fol. 140 v° à 141 r°.— N° 127. *Nomina arborum et herbarum.* Les noms des arbres et plantes, connus à cette époque, sont transcrits dans 12 colonnes, mais sans aucun ordre alphabétique ou autre.

Fol. 141 v° à 142 r°.— N° 128. *Josephus : in libro II^{do} ac Moyse duce Hebreorum.*

Fol. 143 r°.— N° 129. *Josephus historiographus de Christo.*

Ces deux fragments sont extraits de Flave Josèphe.

Ibid.— N° 130. *De Herode et Archelao fratre ejus.*

Fol. 143 v°.— N° 131.*Exerptum de omelia b(eati) pape Gregorii : de angelorum ordinibus et electorum gradibus.*

Fol. 144 v° à 152 v°.— N° 132. *Flores libri Anselmi Cantuarensium archiepiscopi : cur dictus homo*; traité philosophique et ascétique sur la chute de l'homme, la raison, le libre arbitre, etc., etc.

Fol. 152 v° à 153 v°.—N° 133. *Incipit de Nectanabo, Egyptiorum mago, qui arte magica genuit magnum Alexandrum de Olympiade, regina Macedonum*; histoire héroïque d'Alexandre le Grand. Le verso du folio 153 représente Alexandre à cheval ; l'encadrement de cette miniature est très-curieux.—Fol. 154 recto : *Genealogia Ovdvini et Heimerici decani, filii sui.* C'est comme nous l'avons dit à la page 493, la généalogie de la mère de Lambert, auteur du *Liber floridus.* Plus bas : *Epistola cleri flandrensis Reinaldo, archiepiscopo (Remensi), missa pro comite (Flandrie) Roberto de clericorum ereptione ab ejus servitute.* Cette pièce est imprimée dans WARNKŒNIG, *Histoire de la Flandre*, t. I, p. 530.— Au folio 154 verso : *De mundi exordio et Ada filiorumque eius propagine de patriarchis quoque et ducibus, prophetis, de regibus atque pontificibus, Judeam regentibus et de episcopis hierosolymorum Christicolis, a Christo usque ad tempora Theodosii imperatoris.* Cette chronique très-sommaire n'est guère qu'une aride nomenclature.— Au bas du fol. 155 v° : méthode pour acérer le fer.—

Fol. 156 r° à 161 r° : *Epistola Alexandri Magni ad Aristotilem magistrum suum de preliis suis et mirabilibus Indie*; détails curieux sur l'expédition d'Alexandre aux Indes.— Fol. 161 v° : *Alexandri regis Macedonum et Dyndimi, regis Bragmanorum, de phylosophia facta collatio per epistolas*; Didyme écrit à Alexandre quelle est la façon de vivre des Bramines et comment elle fait parvenir à une sagesse parfaite. Au bas du fol. 162 recto, on décrit la situation des 12 villes qui portent le nom d'Alexandrie.

Fol. 162 r° à 163 v°.— N° 134. *De excidio romani imperii versus*; ce poëme, qui a pour auteur *Petrus, Johannis filius, Audomarensis canonicus,* raconte tous les vices auxquels Rome dut sa chute, et s'étend avec amertume sur les maux de la simonie et la corruption du monde (Voir plus haut n° 68).

Fol. 164 r° à 166 v°.— N° 135. *De mala muliere, versus*; *incipit libellus Petri de muliere mala prologus*; poëme du même auteur sur les maux qui sont dus à la femme.

Fol. 166 v°.— N° 136. *Chronica Orosii presbyteri hispanensis ad beatum Augustinum : de principio orbis et urbis* (Rome); chronique de Rome, année par année.— Au fol. 168 recto, une grande miniature représente un édifice, figurant l'Église de Rome, avec

S¹-Pierre assis sur un trône, en habits pontificaux. Fol 168 v° à 188 r°.— N° 137. *Gesta pontificum Romanorum*; chronologie des papes, depuis St-Pierre jusqu'au pape Calixte I, qui avait été archevêque de Vienne (en Dauphiné) sous le nom de Wido. Il était fils de Guillaume, comte de Bourgogne, et oncle de Baudoin le Jeune, comte de Flandre.— Fol. 188 verso : Une note sur les dix basiliques bâties par Constantin à Rome.— Fol. 189 recto : Un privilége de Constantin accordé au pape Sylvestre, en reconnaissance d'avoir été guéri miraculeusement de la lèpre.— Fol. 190 verso : Note sur les campagnes de Jules-César dans les Gaules, tirée presque textuellement de ses *Commentaires*, avec quelques légers changements de rédaction.

Fol. 191 r° à 206 v°.— N° 138. *Gesta Octaviani Cesaris et Augusti et imperatorum romanorum*; c'est un extrait de Paul Orose, qui poursuit sa chronique A jusqu'à l'an 446. Son continuateur est (fol. 202 r°) le comte Marcellinus, sous ce titre : *Chronica Marcellini comitis de reliquis regibus*; sa narration embrasse l'époque de Théodose à Henri IV (an 1118). —Au fol. 207 recto : *Visio Caroli Calvi, regis Francorum Augusti Romanorum antequam amisisset imperium.* Au haut de ce feuillet se trouve une miniature représentant Charles le Chauve assis sur son trône, avec les mots : *Karolus Calvus filius Ludovici, nepos Caroli Magni, Augustus et Francorum rex : hic a Judeo Zedechia medico in mantua, pocionatus obiit* (Voir la planche ci-dessous). Dans cette pièce extrêmement curieuse, un esprit apparaît au roi sous la forme d'un enfant, et lui annonce les malheurs de son règne, lesquels seront dus à ses péchés. — Fol. 208 recto, au bas une note sur les incursions des Normands en Flandre.

Fol. 209 r°. —N° 139. *Egesyppus : de archa Noe*

et animalibus; au verso du fol. 209, une miniature représentant l'arche de Noé, avec quelques mots de texte.

Fol. 209 r°. — N° 140. *De terre motu signisque diversis*, tiré de *Marcellinus in Gestis Francorum*; récit des signes étranges et des calamités extraordinaires qui se manifestèrent sous les règnes de Théodose et de ses successeurs.

Fol. 210 r°. — N° 141. *De excidio Hierusalem signa*; pronostics qui annoncèrent la chute de Jérusalem sous Titus.

Fol. 210 v°. — N° 142. *De quodam Antechristi membro*; histoire d'un sectaire de Bourges, qui se faisait passer pour Jésus-Christ.

Fol. 211 r°. — N° 143. *De signis in sole et luna*.

Ibid. — N° 144. *De limite aggeris sublato*.

Ibid. — N° 145. *De terre motu et jejunio puellarum*.

Ibid. — N° 146. *De annona que pluit e celo in regione Vasconia*.

Fol. 211 v°. — N° 147. *De fame et vento et exercitu*.

Ibid. — N° 148. *De tribus interfectis a fulmine in Colonia*.

Ibid. — N° 149. *De terra comminuta in Augusta* (*Trevirorum*) *tonitru*.

Ibid. — N° 150. *De terre motu Maguntie et arbore*.

Ibid. — N° 151. *De lupo discurrente Senonis*.

Ibid. — N° 152. *De signis lune et solis*.

Ibid. — N° 153. *De miraculo quod in Taruenna accidit*.

Les 11 derniers morceaux, qui n'occupent chacun que très-peu de lignes, contiennent la relation des miracles et des choses extraordinaires qui advinrent entre les années 811 et 862; tous ces faits témoignent de la naïve crédulité du chroniqueur.

Fol. 212 r° à 215 v°. — N° 154. *Gesta Danorum, Gothorum et Hunnorum*; *in gestis Francorum : de Nortmannis*; histoire de l'expédition des Normands, de 822 à 895.

Fol. 216 r° — N° 155. *Visio cujusdam religiosi presbyteri de terra Anglorum rapti a corpore*; par suite des maux annoncés dans cette vision à un certain moine anglais, le roi d'Angleterre, résolut, en 809, de se rendre en pèlerinage à Rome.

Fol. 216 v°. — N° 156. *De Provinciarum divisione Francorum*, « Ludovico Augusto regnante, Karoli Magni filio, regnum Francorum divisum est a Romanorum imperio, ita, » etc.; suit la division du royaume de Louis le Débonnaire, de 871. Parmi les lieux cités, on trouve pour la Belgique : *Epternacum, Aquisgranum, Alethovia* (Aldenhoven?), *Frisia, abbatia Prumia, Tungris, Cameracum, Fossas, Maalinum, Andauna, Taxandrum, Veosatum* (Visé?), *Arlon, Condrust, de Aruena sicut flumen Urta* (Ourte) *surgit*, etc., etc.

Fol. 219 à 220 v°. — N° 157. *Liber Methodii episcopi ecclesie paterenis* (sic) *et martyris Christi quem de hebreo transtulit, quem beatus Hieronymus in opusculis suis collaudavit*; c'est une chronique sommaire du monde, qui commence à Adam et qui se termine par quelques prophéties sur l'avenir de l'univers.

Fol. 221 r°. — N° 158. *De quinque mundi regionibus : Calcidius super Platonem de quinque mundi regionibus*, traité mystique sur les anges et les démons. — Au fol. 221 verso, une figure sphérique, contenant les *quinque regiones* dont il est question dans ce traité; autour on lit : *Sp(h)era Platonis*. — Au folio 222 recto, une figure triangulaire, résumant le système de Platon sur Dieu, l'homme et la nature.

Fol. 222 v°. — N° 159. *Somnum Scipionis exceptum ex libro sexto Tullii Ciceronis de quo commenta Macrobii Ambrosii mediolanensis scripta sunt*; traité ascético-philosophique sur la vie et la mort. — Folio 225 recto, une figure sphérique ou mappemonde, où l'on retrouve encore une fois, à côté des trois parties du monde connues, les mots : *Zona australis filiis Ade incognita, temperata antipodum*. La planche ci-contre reproduit cette miniature.

Folio 325 verso, différentes figures astronomiques, désignant les mouvements des planètes; au-dessus : *Circuli VII planetarum VII*. — Folio 226 recto, une grande sphère avec les signes du Zodiaque, les mouvements des planètes et les évolutions du soleil autour de la terre, qui est représentée au milieu, par les mots *Asia, Europa et Africa*, dans un cercle. — Au verso de ce feuillet, des détails sur les dimensions des planètes, sur leur degré respectif d'éloignement, sur les zones, etc., etc. — Au fol. 227, une figure carrée, avec la suscription : *Cursus VII planetarum : per Zodiacum*. — Au folio 227 v°, sphère coupée diagonalement par une ligne tirée au travers de la terre, représentant d'un bout le soleil levant et à l'autre le soleil couchant; au-dessus : *Ordo VII planetarum et sphera celi et terra secundum Macrobium*. — Fol. 228 recto, autre sphère, offrant les évolutions des sept planètes autour de la terre : *Septem circuli celorum divisi; septem planetarum et signa XII*. — F. 228 verso, sphère dont les évolutions planétaires sont mises en rapport avec les quatre saisons et le corps humain : *Colera, Sanguis, Melancholia, Humor*. — Ces différents travaux astronomiques sont empruntés à Macrobius.

Fol. 229 r°. — N° 160. *De lapidibus XII preciosis*; description des principales pierres précieuses.

Fol. 230 r°. — N° 161. *De adventu Domini in die judicii : Hieronimus ad Marcellum de his qui occursuri sunt Christo in adventu ejus*. — Fol. 230 verso, une miniature représentant l'arbre de science. — On a placé dans une colonne, à côté, les noms des évêques de Térouane, depuis l'an 600 jusqu'à 1096.

Fol. 231 r°. — N° 162. *De septem mirabilibus mundi*; description des sept merveilles du monde connues.

Fol. 231 v°. — N° 163. *De bona arbore et mala*;

miniature figurant deux arbres, placés horizontalement et qui se réunissent au milieu par le tronc; l'arbre de gauche porte à chaque branche un médaillon représentant une vertu; chaque feuille appartient à un arbre différent; des médaillons, portant le nom d'un vice, sont attachés à l'arbre de droite; les feuilles sont toutes de figuier. — Au verso du feuillet 232, une grande miniature représentant : 1° Le Père éternel dans un médaillon; 2° Nabuchodonosor étendu sur un lit; 3° un roi occupé à couper un arbre avec une hache.

N° 164. *De mundi etatibus sex comparati diebus.*
N° 165. *De symonia secundum Willelmum.*
N° 166. *De sacrificio corporis Christi.*
N° 167. *De elemosyna quomodo sit danda.*

N° 168. *De qua stirpe sit ortus Herodes.* — Les feuillets qui contenaient ces cinq traités ont été perdus ou déchirés.

Fol. 233 v°. — N° 169. *De Judeorum principibus et regibus post mortem Machabeorum regnantibus.*

Fol. 234 r° à 241 v°. — N° 170. *De Francorum regibus primis : Genealogia Francorum regum qui orti sunt de stirpe Paridis, videlicet Priami et Antenoris;* biographie sommaire des rois de France, depuis Priam jusqu'à 1116; on y énumère les 1115 villes et les 50 provinces qu'on trouvait en France du temps de Mérovée (a° 449). — Fol. 238 recto : *Item, genealogia et historia regum Francorum et divisio regnorum inter filios, genealogia comitum Blesensium comitumque Northmanorum.* L'auteur y

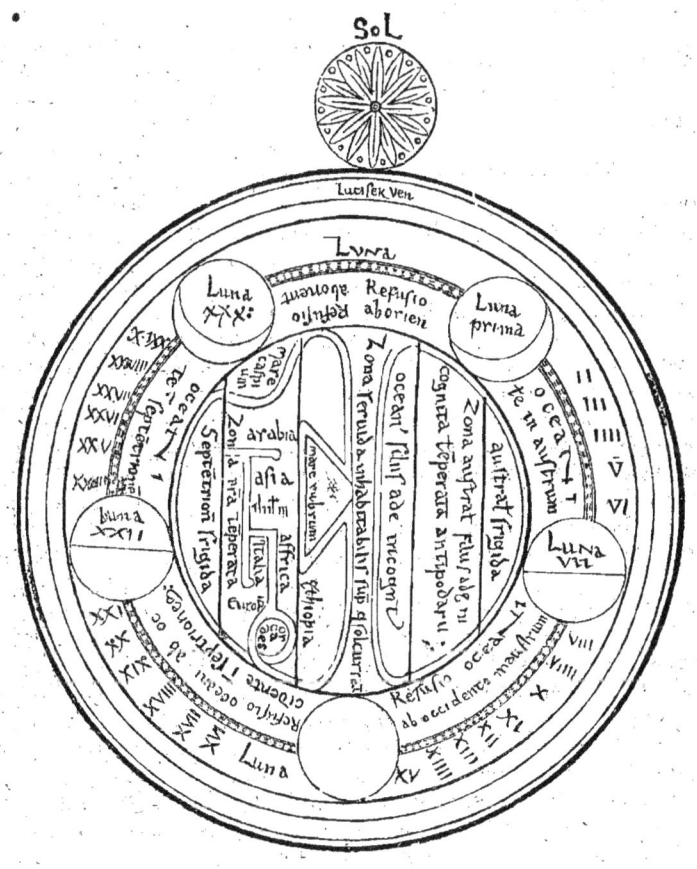

donne différentes opinions sur l'origine des Francs, qu'il fait venir de la Scanie; suit la chronologie sommaire des rois de France, depuis Priam (!) jusqu'à Charles le Simple : ici est intercalée la postérité de Rollo et des comtes de Blois; on reprend ensuite la série des rois de France jusqu'à Louis le Jeune (a° 1188). — Fol. 240 recto, une note sur l'expédition des pirates danois (a° 846) (19*). — Ibid., la liste des rois de France, de Priam à Philippe le Jeune, dans trois colonnes; la 4ᵉ colonne est consacrée à la généalogie de Lambert, comte de Bruxelles (*Brocsella*). — Fol. 240 verso, liste des archevêques de Reims, Cologne et Trèves, et des évêques de Noyon (et Tournai) et Cambrai. — Fol. 241 recto, une carte géographique de l'Europe. Ce curieux monument, qui est précédé de quelques explications sur l'état géographique de l'Europe, a été publié par M. Mone, dans l'*Anzeiger für Deutsche kunde und vorzeit*, année 1836, planche I. Ce recueil étant peu répandu chez nous, nous avons donné à la planche ci-dessous une représentation exacte de cette carte. — Fol. 241 verso, chronologie des rois d'Israël et de Perse, et des empereurs romains. — Le feuillet 242 recto a été enduit d'une couleur jaune, avec une croix rouge au milieu; elle a primitivement contenu de l'écriture, peut-être la suite de la chronologie ci-dessus.

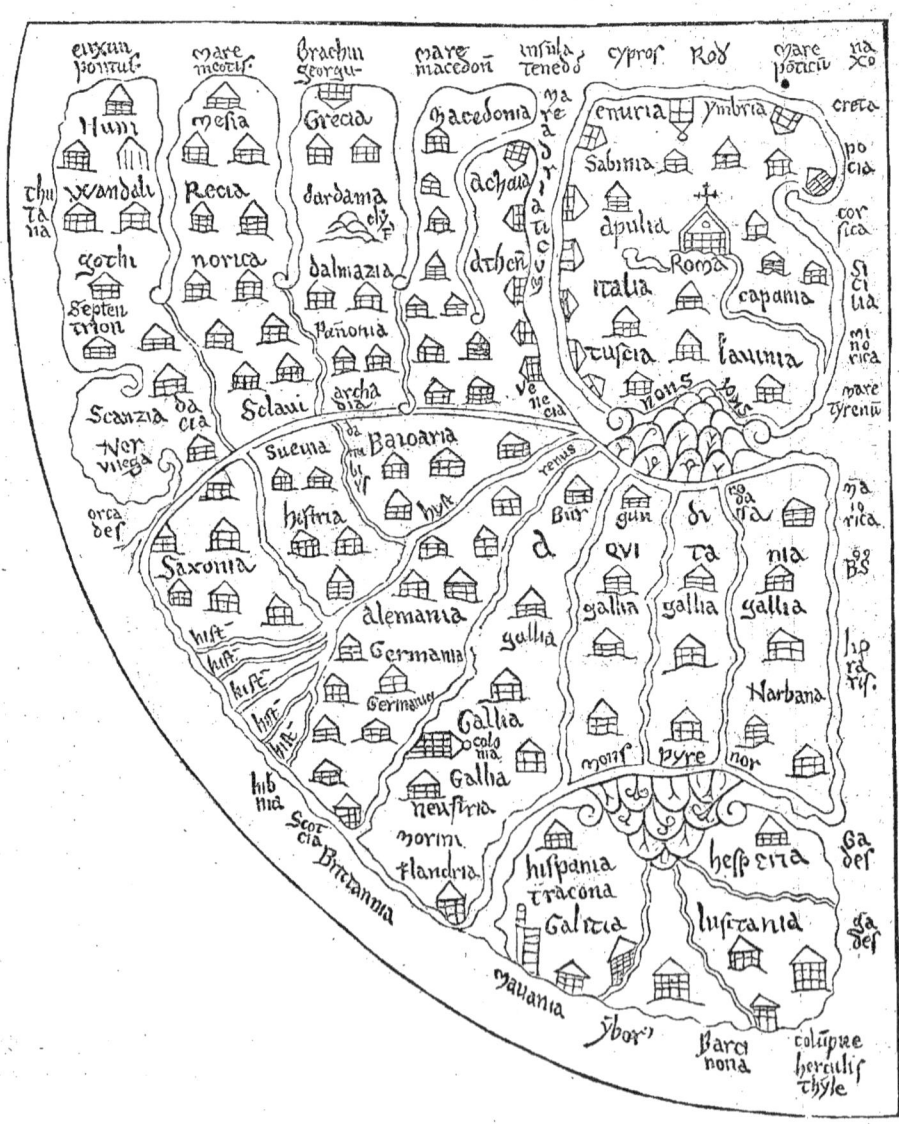

(19*) C'est la copie plus moderne de la note qui se trouve au bas du folio 102 r. (Voir plus haut n° 493.)

Fol. 242 v° à 252 bis v°. — N° 171. *Isidorus contra Judeos de Christo;* preuves alléguées par Isidore de Séville contre les Juifs, en faveur de la divinité de Jésus-Christ et de l'excellence de sa religion.

Fol. 253 r°. — N° 172. *Genealogia Christi secundum Lucam;* en tête, on voit une miniature représentant le Christ, ayant à sa gauche la *Synagogue*, sous la forme d'une femme, qu'il repousse et dont la bannière est brisée; à droite l'Église nouvelle, aussi sous la forme d'une femme, qui a près d'elle une baptistaire.

Fol. 254 r°. — N° 173. *Exemplar epistole scripte a rege Abgaro missa Hierosolymis Jesu Christo.*

Ibid. — N° 174. *Exemplum rescripti ab Jhesu ad Abgarum ioparcham regem Edisse urbis.*

Fol. 255 r°. — N° 175. *De sancto Audomaro episcopo;* ce titre de la table est erroné; dans le corps du MS. on trouve en place: *Médecine diverse;* ce sont des remèdes contre les maux d'yeux, le chancre, la gravelle, etc., etc. — Fol. 256 recto: *Responsum et hymnus de sancto Audomaro;* c'est un morceau de musique religieuse, noté sans lignes.

Fol. 256 v°. — N° 176. *De sortibus apostolorum;* espèce de tableau, contenant la manière de prédire l'avenir par des chiffres.

Fol. 257 r°. — N° 177. *De diversitate numeri;* noms des différentes sortes de nombres.

Fol. 257 v°. — N° 178. *De etatibus diversorum temporum;* chronologie sommaire des principaux événements du monde.

N° 179. *Rabbanus (Maurus): de Dei nominibus.*

N° 180. *De Judeorum heresibus.*

N° 181. *De veteri et novo testamento.*

N° 182. *De regionibus et insulis.*

N° 183. *De montibus et locis.*

N° 184. *De civitatibus et opidis.*

N° 185. *De philosophorum heresibus.*

Plusieurs feuillets ont été déchirés ou enlevés de cette partie des manuscrits; les sept chapitres que nous venons de citer y manquent; seulement au fol. 261 verso, on trouve les 17 dernières lignes du n° 185.

Fol. 261 r°. — N° 186. *De vera philosophia;* définition de la véritable philosophie selon la foi catholique. — Le feuillet est terminé par un petit traité, intitulé: *De observatione arborum quo tempore incidantur.*

Fol. 261 v°. — N° 187. *De quodam homine antiocheno;* histoire d'un homme juste d'Antioche, qui, après la chute de cette ville, eut le bonheur de voir sa maison et sa famille épargnées.

Ibid. à 263 r°. — N° 188. *De mundi genealogia;* chronologie sommaire du monde, commençant à Adam et finissant à l'an 366, par ces mots: «Fue« runt trojani in finibus germaniæ, de quibus orti « sunt reges galliæ.»

Fol. 263 v°, 269 v° et 258 r° à 259 r° (20). — N° 189. *Inclita gesta pii regis Apollonii;* espèce de roman moral et philosophique dont le sujet est puisé dans l'histoire d'Antioche.

Fol. 260 v°. — N° 190. — *De sancto Audomaro et prepositis loci;* ce feuillet contient la vie sommaire de St-Omer; les feuillets 259 verso et 260 recto représentent deux miniatures qui y sont relatives; l'une nous offre la figure de l'église de l'abbaye de St-Omer: *Ecclesia Sithiu,* avec un autel, sur lequel repose une châsse de saint, au-dessous une petite chronique de St-Omer; l'autre miniature nous représente St-Omer lui-même en habit monastique, la crosse en main, avec la suscription: *Sanctus Audomarus gloriosus Morinorum episcopus.* — Le feuillet 270 renferme: *Miracula post Audomari obitum;* les folios 270 v° et 271 r° contiennent la liste des abbés et prévots de St-Omer, et quelques autres particularités relatives au monastère de St-Bertin, jusqu'à l'an 1117 (21).

Fol. 271 v° à 278 r°. — N° 191. *Incipit historia Trojanorum quam Dares Frigius scripsit qui per idem tempus vixit, de greco translata in latinum a Cornelio Salustio.*

Fol. 278 v° à 287 v°. — N° 192. *Freculfus de Romanorum regibus, consulibus et bellis;* histoire romaine depuis Romulus jusqu'à Jules-César. Ce chapitre n'est point indiqué dans la table. — Les dernières feuilles du MS. ont probablement été enlevées, car on voit que cette partie est incomplète.

En terminant l'analyse de ce volumineux manuscrit, nous avouons qu'il serait certes assez inutile de publier en entier cette vaste et indigeste compilation, dont des parties entières ont déjà vu le jour. Nous croyons cependant que pour les notions historiques qui concernent le moyen âge, on pourrait livrer avec fruit à l'impression toutes celles que renferme le *Liber floridus.*

ADDITIONS ET CORRECTIONS.

M. Tideman, d'Utrecht, a bien voulu appeler notre attention sur trois manuscrits du *Liber floridus,* dont deux à la bibliothèque de la Haye et un à celle de Leyde, que nous ne connaissions point lorsque nous siuvant.

(20) Par la maladresse du relieur, quelques feuillets ont été mal placés dans ce chapitre et dans le

(21) Tout cela appartient au chapitre n° 190.

avons publié notre notice de l'exemplaire de ce manuscrit qui appartient à la bibliothèque de Gand. Lui-même a inséré dans le recueil des travaux de la Société historique, connue sous le nom de *Vereeniging ter bevordering der oude nederlandsche Letterkunde*, année 1844, 2° partie, pag. 88, un passage inédit de cette compilation, qui ne se trouve que dans les manuscrits de La Haye. Nous ignorons également que MM. J. Zacher et Bethmann s'étaient aussi occupés de ce curieux recueil encyclopédique dans le *Serapéum*, années 1842 et 1844 (22). Dans la première de ces notices (23), M. Zacher donne quelques détails sur les exemplaires de La Haye et de Leyde; l'analyse de cette compilation qui suit est faite d'après ces manuscrits. Sauf quelques chapitres et sujets, dont l'ordre a été interverti, nous n'avons pas remarqué de très-notables différences entre notre manuscrit et ceux examinés par M. Zacher. C'est toujours le même manque de méthode, les mêmes erreurs, la même confusion. Nous ferons cependant observer que parmi ces manuscrits l'un contient plus de matières que l'autre. Tout cela est parfaitement indiqué dans le travail de M. Zacher.

Il résulte de l'autre notice, publiée par M. le docteur Bethmann (24), que l'exemplaire de la Bibliothèque de Gand, lequel provient de l'ancienne abbaye de St-Bavon, est l'original, le texte primitif du *Liber floridus*. Ce savant pense qu'il fut apporté de St-Omer dans ce monastère par Simon, abbé de St-Bertin, qui vint à Gand en 1136, après que le pape l'eut dépouillé de sa dignité abbatiale.

C'est notre exemplaire que M. Bethmann analyse; il ne paraît pas avoir connu notre travail, qui, il est vrai, n'a été publié dans le *Messager* qu'au mois de décembre dernier.

« Cet ouvrage, dit-il en parlant du *Liber floridus* (25), est une compilation d'Isidore, de Béda, de Freculfus, Hegesippus, Martianus-Capella, Hieronymus, Josèphe, des Pères de l'Église, sans aucun plan arrêté. »

Nous ferons remarquer que M. Bethmann n'a pas suivi pas à pas les différents chapitres du manuscrit de Gand; il n'a donné ni indication des numéros des traités, ni pagination, ce qui rend très-difficile la comparaison des divers mss. d'après cette analyse.

Outre notre exemplaire, M. Bethmann (26) donne encore la description des sept autres copies connues de ce manuscrit.

1° *Wolfenbüttel gudian*, I, memb. fol. max. sæc. XIII. Il commence par le prologue de *Lambert*, et finit aux *Gesta Romanorum pontificum*, sous Hormisdas; il paraît incomplet; l'ordre suivi par Lambert est interverti; plusieurs sujets y sont omis. Au chapitre *Genealogia comitum Flandriæ* (27) on en a joint un autre : *III comitatus et urbes et abbatiæ Flandriæ. — Sanctorum reliquiæ in comitatibus Flandriæ. — Nomina comitum Flandriæ* (jusqu'à Charles le Bon). — *Flandriæ fluviola.*

2° Premier exemplaire de La Haye, n° 759, memb. fol., bien écrit; à la fin on lit : *Hic liber inceptus in Insulis et completus in opido Ninivensi Cameracensis diocesis pro nobili viro de Goux et de Wedergrette* (Wedergrate), *milite consiliario et cambellano illutrissimi principis domini Philippi Burgundiæ ducis, comitis Flandriæ a. D.* 1460. — C'est une copie très-mauvaise du MS. de Wolfenbüttel.

3° Deuxième exemplaire de La Haye, n° 759a chart. fol.; c'est une traduction en français du MS. précédent; elle fut faite : *Dedens la ville d'Enghien pour le noble homme et tres redouttes prinche, Monseigneur Philippe de Cleves, seigneur de Ravestain, en lan de Notre Seigneur* 1512.

4° Paris suppl. lat. 10 bis *memb. fol. max. sæc.* XIII. — C'est encore la compilation de Lambert, mais entièrement modifiée; plusieurs sujets nouveaux, d'une composition postérieure à 1120, terminent le volume.

5° Leyde; Voss *Latini*, n° 31, memb. fol. sæc. XIV. Il appartenait à Alexandre Petau. L'ordre des matières y a été également interverti d'une manière arbitraire, et on a joint à la compilation de Lambert huit sujets écrits par une autre main.

6° Douai, n° 740 (nous l'avons cité dans notre notice).

7° Paris suppl. lat. 107, de l'an 1429.

M. le baron de Reiffenberg, qui a bien voulu dire un mot de notre notice dans le *Bulletin du Bibliophile belge*, II, 79, cite plusieurs traités du *Liber floridus* qui ont été imités ou reproduits ailleurs.

N'oublions pas de dire que le savant éditeur des *Monumenta Germaniæ historica*, M. Pertz, parle longuement de cette encyclopédie dans le bulletin qu'il consacre aux travaux historiques dont il a la direction, et qui a pour titre : *Archiv für aeltere deutsche Geschichtsforschung*, t. VI, p. 5, et t. VII, p. 531-546.

On trouvera citées dans FABRICIUS, *Bibliotheca mediæ latinitatis*, la plupart des auteurs dont le *Liber floribus* contient des extraits.

---

(22) Leipzig, Weigel, in-8° publié par le Dr R. Nauman.
(23) *Serapéum*, nos 10 et 17, 1842, p. 145-154 et 162-172.
(24) *Serapéum*, 1843, p. 59-64 et 79-80.

(25) Ibid., p. 60.
(26) Ibid., p. 64 et 79-80.
(27) Probablement le même désigné dans notre notice sous le N° 118 fol. 104-105 du ms. de Gand.

ANNO DOMINI MCXXX

HUGONIS DE CLEERIIS

MILITIS ANDEGAVENSIS, FULCONIS V COMITIS AD LUDOVICUM REGEM LEGATI,

COMMENTARIUS

DE MAJORATU ET SENESCALCIA FRANCIÆ

Andegavorum olim comitibus hæreditaria

(Opp. Sirmondi, III, 579)

Cum Deus voluit sublimare Robertum filium ducis in regem, Goffridus Grisa gonnella cum tribus millibus armatorum serviebat domino suo regi Roberto. Otho siquidem rex Alemannorum cum universis copiis suis Saxonum et Danorum, montem Morciaci obsederat, et urbi Parisius multos assultus ignominiose faciebat. In hac necessitate prælii rex Robertus et pater suus, ducatum primæ cohortis prædicto comiti Goffrido Grisa gonnella tradidit, et ad persequendum exercitum Alemannorum ducem et consiliarium constituit. Persecutus est itaque rex Robertus regem Alemannicum præeunte Goffrido Grisagonnella usque ad fluvium Esne. Comes vero Goffridus gnarus pugnandi et assuetus, tantam stragem hostium super fluvium ediderat ante regis Roberti adventum, quod stagnum putares, non fluvium. Alemannis itaque fugatis, rex Robertus congregato generali concilio, consilio patris sui et episcoporum, comitum, baronum, dedit Goffrido comiti, quidquid rex Lotharius in episcopatibus suis, Andegaviæ scilicet et Cenomanniæ, habuerat. Si quæ vero alia ipse vel successores sui acquirere possent, eadem libertate, qua ipse tenebat, sibi commendavit. Sed nequitia comitis Tricacensis non potuit sustinere prosperitatem Roberti regis. Sed ad ejus deprimendam perfidiam, quam majorem potuit exercitum rex congregavit. Obsedit itaque Meledunum et cum ibi diu sedisset, vidit quod nihil proficeret. Vocato itaque Goffrido Grisa gonnella cum Andegavensibus suis, sine mora ad consuetum properavit obsequium. Goffridus autem veniens præmisit constabularios suos, rogans ut ostenderet ei qua parte sederet. Illi vero nuntiaverunt reversi domino suo, quod tantus erat exercitus, quod nullus erat eis ad obsidendum competens locus. Prædictum enim oppidum in insula Sequanæ situm, erat circumdatum undique muro, calce et arena composito. Videntes itaque Andegavi quod nullum poterant habere hospitium, induunt arma, perrumpunt per medium exercitum, transeunt fluctus Sequanæ, dant assultum oppido, virtute consueta capiunt castrum. Quod exercitus non potuit per tres menses, illi dimidiæ diei spatio adepti sunt. Franci vero hujus gentis inauditam admirantes audaciam, ubicumque locorum ipsos omni laude magnificabant. Videns autem rex tantam principis strenuitatem, et ipsum prævalere in regno tantum armis, quantum consilio, et quia hic et alibi bene meruerat, sibi et successoribus suis jure hæreditario majoratum regni et regiæ domus dapiferatum, cunctis applaudentibus et laudantibus, exinde constituit. Hæc verba dixit Fulco comes Tescellino capellano suo: « Audi, presbyter, cujusmodi obsequia præstitit comes Goffridus Grisa gonnella domino regi Roberto. David comes Cenomannorum, et Goffridus comes Corbonensis dedignabantur recipere feudum suum a prædicto rege, asserentes nullo modo se posse subjici generi Burgundionum. Audiens autem rex eorum superbiam, et videns regni sui non parvam diminutionem, habito consilio cum Goffrido comite, et cum primatibus regni, tempore constituto et die denominato decrevit obsidere castrum Moritoniæ. Comes vero, Goffridus, cognoscens adventum exercitus regis, movens castra de Vindocino, dans assultum prædicto castro virtute consueta et probitate gentis suæ, Goffridum comitem et oppidanos suos minus timentes cepit, et domino suo regi tradidit. David vero comes, dedignans ad colloquium regis venire, mandavit quod nullo modo se regi subjiceret, et quod nullo tempore rex Robertus Cenomannicam suam videre præsumeret. Audiens autem rex arrogantiam et indignationem prædicti comitis, ipsum dedit et Cenomannicam suam Goffrido Grisa gonnella et suis successoribus ex regio dono tribuit jure possidendam. » *Hucusque sunt scripta Fulconis Hierosolymitani.*

Vos autem qui ista scripta audieritis, scitote quod ego Hugo de Cleeriis vidi scripta Fulconis comitis Hierosolymitani in ecclesia Sancti Sepulcri de Lochis, de majoratu et senescalcia Francorum sibi et suis antecessoribus a rege Roberto collatis.

Inter regem Ludovicum, Philippi regis filium, et Fulconem, qui postea factus est rex Hierusalem, magna erat dissensio. Fulco enim comes nolebat ei servire. Rex vero Ludovicus dederat majoratum et senescalciam Franciæ Anselmo de Garlanda, et postea Guillelmo de Garlanda, de quibus Fulco comes suas redhibitiones et sua hominia habere non poterat. Contigit autem regem Ludovicum maximam guerram habere cum Henrico rege, filio Guillelmi acquisitoris Angliæ. Ob hoc itaque rex Ludovicus requisivit Fulconem comitem, ut de guerra ista eum juvaret : comes vero respondit quod nullo modo ei servire debebat; eum namque de majoratu et senescalcia Franciæ exhæreditabat. Tunc rex Ludovicus per Amauricum de Monteforti, avunculum Fulconis comitis, et per Goffridum abbatem Vindocinensem, et Radulphum de Balgentiaco mandavit comiti, de omnibus istis et majoribus aliis istorum consilio se versus comitem emendaturum. Comes igitur Fulco suos consulens homines, videlicet Robertum de Blo, Salmacium de Permina, Hugonem de Cleeriis, Gaudinum de Vegia, et multos alios, respondit regi Ludovico, ut si hoc faceret quod mandaverat, quod hoc et alia adjutoria quæ ab eo exigebat, libenter faceret. Die autem illo quo consilium captum est, curia Andegaviæ erat repleta bonæ militiæ et sapientissimæ. Tunc Amauricus de Monteforti, aliique qui verba regis attulerant, laudaverunt comiti Fulconi, ut per quemdam, quem rex cognosceret, regi responderet, ac super his, antequam nuntii regis forent reversi, festinanter grates et mercedes redderet. Consiliatores autem comitis audientes consilium quod Amauricus dederat, laudaverunt illud consilium, quod cum comitissa Aremburgis audiret consilium, laudavit quod nullus iret nisi Hugo de Cleeriis. Ego itaque Hugo de Cleeriis perrexi Parisius : dehinc ad Genoricum inveni regem et comitem Bellimontis. Eo itaque invento apud Genoricum, inter Pontesium et Bellum montem, et Calvum montem, locutus sum cum domino rege. Primum illum salutans ex parte comitis reddidi ei grates et mercedes super suo mandato quod comiti Fulconi mandaverat. Hinc ei dixi, quod Fulco comes ei suum offerebat servitium, aut impræsentiarum, aut post; si vellet, colloquium. Rex inde lætatus dixit se multum prius velle colloqui. Assignatus est ergo et dies et locus colloquii inter Marchesneium et Bircium in Beaussa. Inter hæc mandavit rex comiti, ut Gaufridum filium suum, qui nunc jacet in ecclesia Sancti Juliani Cenomannensis, ad colloquium secum adduceret. Illum namque multum optabat videre. Cumque dies instaret colloquii, Dominus rex Ludovicus et Fulco comes ad locum constitutum venerunt cum suis consultoribus, ibique recognita sunt jura comitis, videlicet majoratus et senescalcia Franciæ. Guillelmus de Garlanda, tunc Franciæ senescallus, recognovit in illo colloquio hominium se debere comiti Fulconi de senescalcia Franciæ; et inde fuit in voluntate comitis. Post Guillelmum fuit senescallus Stephanus de Garlanda, qui fecit hominium comiti, post Stephanum, Radulphus Peronæ comes, qui similiter fecit hominia et servitium. Ille enim qui senescallus erit Franciæ, comiti faciet hominium, et talia servitia. Si comes perrexerit ad curiam domini regis, senescallus præcipit marescallis domini regis, ut præparent et liberent hospitia comiti. Cum comes venerit, senescallus ibit ei obviam, et conducet ad suum hospitium. Tunc senescallus ibit dicere regi comitem Andegaviæ venisse. Si comes ad regem ire voluerit, senescallus ad curiam eum deducet et de curia ad suum reducet hospitium. Si vero ad coronamenta regis comes ire voluerit, senescallus præparare et liberare faciet hospitium; quod comes habet proprium et debitum. Cum autem die suæ coronæ ad mensas rex discubuerit, scamnum pulcherrimum fulcro pallio aut tapeto coopertum senescallus præparabit, ibique comes quousque fercula veniant sedebit. Cum vero primum venerit ferculum, comes se defibulans e scamno surget et de manu senescalli ferculum accipiens, ante regem et reginam apponet, et senescallo præcipiet ut exinde per mensas serviat : et comes retro sedebit, donec alia veniant fercula : et quemadmodum super primo fecit, de aliis similiter faciet. Finita demum celebratione mensarum, comes equum ascendet, et ad suum redibit hospitium, senescallo comitante. Deinceps equus ille, quem comes adduxerit ad curiam, dextrarius videlicet, coquo regis feudaliter dabitur : pallium quo in curia affibulatus erit, dispensatori dabitur, scilicet post prandia. Tunc panetarius mittet comiti duos panes atque vini sextarium, et coquus frustum carnis et vini haustum. Hæc est enim liberatio senescalli illo die. Hæc fercula accipiet senescallus comitis, atque dabit leprosis. Insuper, cum comes in exercitu regis perrexerit, senescallus Franciæ papilionem centum militum capacem ei præparabit, et sommarium ad illum portandum, et chordas, et paxillos, et hominem equitantem ad conducendum, et duos homines pedites. Finito exercitu, comes si voluerit senescallo reddet papilionem : si non reddidit, non ideo minus in alio exercitu papilionem habebit. Comes cum in exercitu regis fuerit vel ierit, protutelam faciet ei; in reditu retutelam, et quidquid ei acciderit sive bonum sive malum, ore domini regis inde non vituperabitur. Ego Hugo de Cleeriis vidi hæc servitia reddere comiti Fulconi regi Hierusalem in duobus exercitibus Alverniæ, et in uno coronamento Bituri; et comiti Gaufrido, qui est sepultus Cenomani, vidi reddere in uno coronamento Bituri, et in alio Aureliani. Item Galterius de Silvanecti provincia recognovit ante regem Ludovicum, me præsente et audiente, se tenere de comite Andegavensi quidquid habebat in villa Sylvanectis extra muros, et foragia totius Arbriæ esse de feudo comitis Andegavensis et omnia casamenta. Radulphus de Martreio et Thomas frater suus solebant servire in Andegavia de feudo suo. Et ego Hugo de Cleeriis, dum loquor cum rege Ludovico, audivi ab ipso hæc verba: « Radulphe de Martreio, vide Hugonem de Cleeriis militem comitis Andegavensis domini tui, vade servitum feudum tuum marescalciæ, et hospitare Hugonem, quia habes istum feudum a comite.» Tunc Radulphus hospitatus est me sub nomine marescalciæ et adjecit rex: « Ego Dei gratia jam sum bene cum comite Andegavensi.» De cætero comes appellatur major in Francia propter retutelam quam facit in exercitu regis. Item quando erit in Francia, quod et curia sua judicaverit firmum erit et stabile. Si vero contentio aliqua nascetur, judicio facto in Francia, rex mandabit quod comes veniat illud emendare: et si pro eo mittere noluerit, scripta utriusque partis comiti transmittet, et quod inde sua curia judicabit, firmum erit et stabile. Ego Hugo de Cleeriis vidi multoties judicia facta in Francia in Andegavia emendari. Sic fuit de bello apud Sanctum Audomarum facto, et pluribus aliis placitis et judiciis. Hoc vidi, et multi alii mecum.

ANNO DOMINI MCXXI

GUILLELMUS DE CAMPELLIS

CATALAUNENSIS EPISCOPUS

NOTITIA HISTORICA

(*Gall. Christ.* nov. t. IX. p. 877)

A natali solo Campellis, quod est oppidum diœcesis Parisiensis in Bria, tertio a Meleduno milliario dissitum, et ecclesia canonicorum nunc sæcularium insigne, cognomen habuit Guillelmus, dictus etiam *Venerabilis*. Adolescens sub Anselmo litteris operam dedit, qui tum per Franciam celeberrimus habebatur, postea vero Laudunensis Ecclesiæ decano. Sub eo Guillelmus magnos cum fecisset progressus, Ecclesiæ Parisiensis creatus est archidiaconus, in hujusce cathedralis scholis dialecticæ edocendæ præpositus est; multosque habuit auditores, quorum e numero in ore fuit omnium famosus ille Abælardus, qui non solum condiscipulorum suorum æmulationem et invidiam, sed et magistri sui indignationem in se concitavit. Guillelmus tamen, melioris vitæ cupidus, ad Cellam veterem in suburbium Parisiorum, ubi erat ædicula quædam Sancti Victoris, cum discipulis aliquot migravit anno 1108; habituque ordinis canonici assumpto, celeberrimam S. Victoris Parisiensis abbatiam fundavit; qua de re nos fusius olim disseruimus tomo VII, col. 657. Dialecticam nihilominus docere perrexit primum in suburbio illo, deinde in ipsa urbe; sed utrobique a discipulo suo Abælardo lacessitus, demum vero ab auditoribus suis derelictus, receptui cecinit, philosophicas tricas in perpetuum ejurans, et totus *ad monasticam conversus est vitam*. Ita Abælardus ipse, qui *monasticæ vitæ* nomine nihil aliud videtur intellexisse, quam ipsam canonicorum regularium vivendi normam, ex Mabillone, Annal. Bened. tom. V, pag. 385. Neque ita multo post, hoc est anno 1113, Guillelmus ad episcopatum Catalaunensem assumptus est, teste Alberico in hæc verba: *Obiit Catalaunensis episcopus; succedit magister Guillelmus de Campellis, qui Moralia Gregorii papæ abbreviavit et alia fecit.* Anno vero sequenti interfuit concilio Remensi, ac dedicationi ecclesiæ S. Mariæ Laudunensis. Anno 1115 benedixit sanctum Bernardum in abbatem Clarevallensem, qui cum amicitia erat conjunctissimus, scrupulumque monachorum ejus ademit, qui cibos gustui tantisper sapientes fugiendos arbitrabantur tanquam carni plus quam spiritui indulgentes. Eodem anno adfuit conciliis Remensi et Catalaun. Subscripsit synodicæ epistolæ Cononis Prænestini pro Sancto Quintino de Monte, et satisfactioni factæ a Mathilde domina Cauniacensi Ecclesiæ Parisiensi pro advocatione terræ Viriaci. Anno 1117 interfuit concilio Romano. Anno sequenti adfuit concilio Remensi; dedit Odoni abbati Sancti Remigii Remensis, altare curtis Ausorum; et eo promovente fundata est abbatia Trium Fontium. Anno 1119 subscripsit concordiæ initæ inter canonicos Sancti Joannis Carnotensis, et monachos Majoris Monasterii; profectus est cum abbate Cluniacensi ad Henricum imperatorem, qui cum egit Argentorati de pace et concordia inter regnum et sacerdotium; adfuit ne alteri concilio Remensi. Anno sequenti pacem conciliavit inter canonicos ac monachos Virtudenses, ex Rapinate pagina 260, et adfuit concilio Bellovac., in quo actum de canonizatione sancti Arnulfi Suessionensis episcopi : prædicatur autem in Actis concilii hujus a Lisiardo Suessionensi ut *columna doctorum;* imo laudatur a sancto Bernardo ut *episcopus sanctus et doctus.* Dicitur quoque in Chronico Maurigniacensi *Cononis Prænestini episcopi et apostolicæ sedis legati auxiliator magnus, qui sublimes scholas rexerat, et tunc zelum Dei habens super omnes episcopos totius Galliæ, divinarum Scripturarum scientia fulgebat.* Verum post multa ecclesiæ concessa altaria excessit e vivis anno 1121, id est 1122, vel xv Kalend. Februar. ex schedis Ecclesiæ Catalaunensis et Necrologio monasterii Molismiensis, vel viii Kalend. Februar. ex Necrologio Sancti Victoris Parisiensis, sepultusque est apud Claram vallem in sacello quod suis ipse expensis exstruxerat. Vulgaris opinio est, eum in extremis monasticum habitum suscepisse; quod Manricus incertum putat. De iis quæ scripsit Rupertus Tuitiensis tam in eum quam in Anselmum Laudunensem, lege Mabilionem, Annal. Bened. tom. V, pag. 623. Tractatus quem scripsit ipse de communione sub unica aut sub utraque specie insigne fragmentum habes in actis SS. Bened. tom. III, præfat. pag. 53. Tractatum autem brevem De origine animæ apud Marten., Anecdot. tom. V, pag. 879.

DE SACRAMENTO ALTARIS.

(FRAGMENTUM.)

(Edidit dom. MABILLON. In Actis SS. ord. S. Bened., tom. III, præf., p. LIII, ex codice Cheminionensi.)

De perceptione Eucharistiæ diversi quidem usus sunt secundum aliquas causas, sed res eadem. Quod enim panis intinctus prohibitus est accipi, ex frivola causa fuit, scilicet pro buccella intincta quam Dominus Judæ ad distinctionem porrexit; tamen cum fide bonum est. Item quod utraque species per se accipitur, eo fit ut memoria corporis quod in cruce visibiliter pependit, et memoria sanguinis, qui cum aqua de latere fluxit, arctius teneatur et quasi præsentetur. Tamen sciendum quod qui alteram speciem accipit, totum Christum accipit. Non enim accipitur Christus membratim vel paulatim, sed totus vel in utraque specie, vel in altera. Unde et infantulis mox baptizatis solus calix datur, quia pane uti non possunt, et in calice totum Christum accipiunt. Dandus autem est calix eis, quia, sicut non potest ad vitam quis ingredi sine baptismo, ita nec sine hoc vitali viatico.

Et post quosdam versus : Quod ergo dicitur utramque speciem opportere accipi, hæresis plane est. Quamvis enim utraque sacramenta ibi sint secundum fractionem, et odorem, et calorem, et saporem, tamen in utraque specie totus est Christus, qui post resurrectionem quidem ex toto est invisibilis, impassibilis, indivisibilis : ita ut nec sanguis sine carne, nec caro sine sanguine, nec utrumque sine anima humana, nec tota humana natura sine Verbo Dei sibi personaliter counito. Et ideo licet in alterutra specie totus sumatur; tamen pro causa prædicta sacramentum utriusque speciei ab Ecclesia immutabiliter retinetur. Sunt enim in Ecclesia sacramenta quæ mutari licet : ut de aqua baptismi, de his speciebus, de oleo consecrationis (1).

(1) Hæc fusius retuli, tum quod ea non cuivis obvia esse possint, tum quod inde manifestum sit communionem sub utraque specie duravisse ad sæculum usque duodecimum. Siquidem Guillelmus de Campellis obiit anno centesimo vicesimo primo supra millesimum ; quo etiam tempore panis intinctus vulgo communicantibus porrigebatur. MABILL.

CHARTA GUILLELMI DE CAMPELLIS.

(Anno 1120.)

[*Annales du diocèse de Châlons,* par le P. RAPINE, pag. 260.]

In nomine sanctæ et individuæ Trinitatis, GUILLELMUS, Catalaunensis episcopus.

Pacis et concordiæ quanta sit virtus, ex eo patenter agnoscimus, quod pacis turbatores et seminatores discordiæ, Scripturæ sacræ auctoritate, non solum Deo odibiles, verum animæ ejus detestabiles prædicantur. Hujus nos tantæ virtutis bonum eo charitatis zelo quo omni homini appetendum persuademus. Inter fratres quoque nostros canonicos scilicet Ecclesiæ sancti Martini, et monachos Ecclesiæ sancti Salvatoris qui in municipio quod virtutem dicitur, Deo regulariter serviunt, inviolabile et firmum deinceps manere desiderantes, discordiæ fomitem quæ hactenus in eis jugiter accendebatur, juxta et utrique parti placita communi determinatione sopire curavimus. Cum enim canonici Sancti Martini parochialis ecclesiæ suæ a monachis sancti Salvatoris, eo quod Ecclesia illa monachorum infra parochiam ipsorum fundata consistit; ex omnibus laboribus decimas exigerent, omnes quæ parochianos suos, a monachorum sepultura conarentur avertere, et de his adversus ecclesiam suam fraternum odium ipsosque parochianos suos exasperarent, fratribus hinc et inde communiter assentientibus, de decimis inter ipsos sic definivimus. Ut ex omnibus vineis quas monachi infra parochiam illam haberent, seu habituri sunt, ecclesiæ sancti Martini singulis annis unum tantum modium vini persolvant, et de omni annonæ cujuscunque generis quam infra fines parochiæ monachi propriis laboribus sive mediationibus collegerunt, secundum justam consuetudinem canonicis decimam reddant. De nutrimento autem quorumlibet animantium, sive hortorum cultura, in tota canonicorum parochia, monachis nullam eis omnino decimam persolvent, sed, si quid intra parochiam de animalibus monachorum ad mediationem habuerit, de media parte sua canonicis decimam reddit, pars autem altera monachis, sive decimatione libera permanebit. Et licet noverimus omnes ecclesiæ Sancti Martini parochianos in tota eorum vita canonicis ex jure parochiali esse subjectos, pro conservando tamen inter monachos et canonicos fraternæ pacis vinculo, communi eorum voluntate de militibus et uxoribus eorum id observandum statuimus: Ut cum ad extrema pervenerint, liceat eis, ubi elegerint apud canonicos seu monachos sepulturæ locum accipere, hac videlicet ratione, ut prius convenientem ecclesiæ parochiali eleemosynam relinquant, et ante horam sepeliendi, ad ecclesiam beati Martini debito honore corpora deportentur. Si vero improviso et indeterminato sepulturæ loco ex militibus et conjugibus eorum quilibet obierit, ad voluntatem propriam alterius apud monachos sive canonicos sepeliatur, similiter et de filiabus, pariter eorum arbitrio in qualibet duarum ecclesiarum sepultura providebitur: ubi autem ad libertatis annos pervenerint, si in militia filius sine officio permanserit, ipsum et quamcunque uxorem habuerit, sub lege manere decernimus, si militiam recusaverit, cum uxore quacunque illa fuerit, plebeia lege teneri; filia quoque militis, si militem maritum habuerit, lege militum prænotata tenebitur. Si de plebe acceperit, ei quam plebi annotavimus manebit obnoxia. Quæ vero militem habuerit, si defuncto viro cuilibet de plebe conjugio copulabitur, et ipsa mariti legem subire cogetur. Si quis autem ex altera parochia veniens, non habens uxorem, neque propriam in virtuensi parochia mansionem, in monachorum domo servierit, eorum pane vescens, si obierit absque contradictione a monachia sepelietur. Quicunque autem de tota eorum parochia ad communem monachorum vitam de sæculo transire, seu religionis habitum assumere voluerit, a nullo ejus votum impediri omnino præcipimus. Quod si alicujus capitalis parochiali ecclesiæ debitor fuerit, unde, cum adhuc esset incolumis in causam aliquando vocatus exstitit, hæredes ejus, vel etiam monachi, pro eo canonicis respondebunt. Ilis ita digestis, et ad congruam utriusque parti concordiam et venerabilium personarum Catalaunensis Ecclesiæ præsentia et testimonio confirmatis, universa in ea forma, quæ prænotata sunt, omni tempore inconcussa et illibata permanere officii pontificalis auctoritate decernimus. Quisquis autem aliqua horum permutatione pacem turbare tentaverit, Spiritus sancti judicio et virtute, donec satisfecerit, præsenti excommunicatione puniatur, et æterna sanctorum societate alienus existat. Amen, amen.

Actum et confirmatum Catalauni in præsentia domini Guillelmi episcopi, et capituli beati Stephani, anno Incarnationis Verbi millesimo centesimo vicesimo, indictione tertia, regnante in Gallia rege Ludovico, etc.

Rainaldus cancellarius scripsit et subscripsit.

OPUSCULA DUBIA.

DE ORIGINE ANIMÆ.

(MARTÈNE. *Thes. Anecd.* V, 881.)

1. Quæstio sæpe ventilata est, qua justitia animæ puerorum qui ante baptismum moriuntur damnentur. Corpus quidem, cujus seminarium fecit in Adam, si contrahat maculam originalis peccati, non vehementer admirandum est : anima vero, quæ ab optimo facta est, de corrupta non descendens massa, nec ex dispositione sua corpus illud cui unitur præsumens, sed ex voluntate sui Creatoris ubi posita est, ibi obedientiam suam servans, mirum videtur quare debeat damnari, nisi propter illa peccata, quæ sensualitati consentiens jam adulto corpore facit. Fides tamen Ecclesiæ habet, quod si quam statim unita est corpori moriatur puer, damnabitur anima propter reatum originis : in quo videtur esse Creatoris culpa, qui tale dedit illi hospitium, in quo necesse esset illam corrumpi.

2. Unde quidam impelluntur ut dicant, animam quoque ut corpus ex traduce descendere : et sic a culpa, immunis est Creator; quia anima quoque a corrupta anima patris, ut corpus a corpore, descendit. Inde etiam adducunt Gregorium Nazianzenum, sapientem virum, qui dicit quod quam cito conjunguntur semina patris et matris, statim adest anima, sed non exercet potentias suas, sicut nec quando natus est puer, non statim discernit, nec ea dijudicat quæ post in adulta facit ætate : unde enim, ut ille ait, semen illud in virum formaretur, nisi animæ seminarium haberet? sed si ille dixit animam statim inesse seminibus, non ideo dixit eam ex parentibus descendere. Potest etiam tunc novam animam Deus infundere, quamvis nec hoc doctores Ecclesiæ consentiant, sed vel sexagesimo sexto die post conceptum, vel sexto mense novam asserant a Deo infundi animam. Quomodo ergo non sit culpandus Creator videndum est.

3. In principio creaturarum Deus fecit rationalem creaturam, id est angelum, qui de Deo notitiam caberet, et eum contemplando beatus fieret; fecit etiam corporalia, quæ nulla ratione vigerent, vel contemplatione beata fierent. Videtur ergo aliquid superfluere in magna Dei republica, ut illa bruta animalia, nisi alicui prodessent ad beatitudinem. Spiritus enim his non vescebatur, nec in aliquo his indigebat. Factus est itaque ex rationali spiritu et corpore homo, qui ex natura corporali his opus habebat, ex rationali autem spiritu Deum contemplaretur, et sic se et corpus, cui junctum fuit, beatificaret : quæ duo ita quodammodo sunt inserta, ut et corpus per spiritum sensificaretur, id est illos quinque sensus haberet, et anima naturam corporis ita contraheret, ut inde sensificaret et irasceretur, vel concupisceret, vel esuriret, et cætera hujusmodi. Hac ergo lege creatus est homo, ut hominibus per successionem creandis seminarium haberet quantum ad corpus, Deus autem infunderet novas animas. Si ergo homo in obedientia perseveraret, sicut ipse sanctus et mundus esset, ita et seminarium prolis quod ab eo procederet. Sed quia ipse primus per inobedientiam corruptus est, pœnam suscepit, ut in concupiscentia generaret. Quæ ergo particula ad vim generationis procedit, ipsa quoque corrupta est. Sed, si homo quod ad eum pertinebat de generatione male dispensavit, debuitne Deus incommutabilis idcirco consilium suum mutare, ut novas animas non infunderet semini, qualecunque ex parentibus procederet? Non est penes quem sit inconstantia. Facit itaque Deus quod ab æterno proposuerat : novas animas immundis corporibus infundit, non utens crudelitate, sed justam providentiam implens : nec anima habet quid queratur de Deo. Idcirco enim eam fecit, ut animando corpori eam infunderet : quod si corruptum vas invenit, ipsa quoque inde corrumpitur, idcirco necesse est ut purgetur. Nec habet anima quem possit juste accusare de malo quod patitur, nisi priores parentes quorum peccato mors intravit in mundum, quia, ut dictum est, non debuit Deus propter stultitiam hominis mutare consilium animandorum hominum : sed illud pro certo affirmare possumus quod levissime punientur, si ante baptismum anima a corpore separetur. Quod si baptismum suscepit puer, mundatus est ab omni delicto, et in hoc admiranda est maxime benignitas Dei, quæ homini post prævaricationem medicinam invenit. In his vero quæ ante baptismum pereunt, quare Deus hoc disposuerit, ut ad baptismum non pervenirent, occulta sunt judicia Dei.

DIALOGUS

INTER CHRISTIANUM ET JUDÆU

DE FIDE CATHOLICA.

(*Bibl. Patr.* sæc. XII, Pars I, vol. II, p. 1885.)

Reverendissimo Alexandro Dei gratia Lincolnensi episcopo, quidam fidei Christianæ propugnator et servus, in spiritu Dei recta sapere, et de ejus semper consolatione gaudere.

Quia plurimum litteris estis instructus, atque non solum humanis sed etiam divinis legibus eruditus, et personalis gratiæ honore præditus, mitto vobis disputatiunculam parvam vestro examinandam judicio, quam nuper cum quodam Judæo confligens edidi. Quidam mihi cum cognitus esset Judæus cujusdam negotii causa; tandem cogente amore frequenter illi suadebam quatenus Judaismo relicto Christianus efficeretur; cui etiam multimodas erroris sui vias veritatis luce monstraveram, et quod dicebam, suæ legis et nostræ testimoniis approbabam, sed, cum obdurato corde in sua infidelitate persisteret, atque errorem suum ineptis quæstionibus et argumentationibus tueretur, tandem amicabili conventione convenimus et disputandi gratia resedimus. Igitur rogaverunt me auditores ut hoc pro utilitate fidei litteris traderem, quibus libenter obaudiens pro capacitate ingenioli mei sub persona Judæi et Christiani disputantis apicibus adnotavi. In quo, si quid bene dictum Dei gratiæ tribuatur, si quid otiosum et inutile vestra prudentia noverit resecare, sive totum sive partem libentissime feram quidquid vobis inde placuerit facere. Ergo Judæus ille plurimum sua lege peritus nostrarum etiam litterarum non inscius sic incœpit.

JUDÆUS. Si patienter me velles audire et meis quæstionibus æquanimiter respondere, libentissime scirem quare Judæos culpatis et abjicitis, eo quod legem sibi a Deo per Moysem datam servare probantur : si enim lex bona et a Deo data, est utique observanda; nec ejus observatores idcirco quod eam observant exsecrandi sunt, imo eos exsecrantes magis contemnendi sunt.

CHRISTIANUS. Hoc idem requiro a te ut patienter me audias et veritatem quam dixero obstinato animo non repellas; legem quidem scimus a Deo per Moysem datam vobis utique bonam et observandam, nec ideo vos abjicimus si legem servatis, sed culpamus quia ipsam legem vestram non tenetis sicut tenere deberetis, imo eam destruitis.

JUD. Quomodo? nonne circumcisionem tenemus, et legis sacrificia, prout possumus, et cætera mandata servamus? in quo ergo legis præcepta destruimus? imo vos eam destruitis qui nihil omnino servatis.

CHRIST. Ostendam tibi quomodo legem ipsam sic observando destruis, atque ejus præcepta tenens non tenere probaris, et circumcisus incircumcisus esse convinceris; lex etenim carnalis carnaliter carnalibus data est, imperfecta manens et clausa sub figuris futurorum significativis, donec ille perfectus veniret, qui eam perfecte perficeret, et dudum clausam in se apertam ostenderet, qui aperit et nemo claudit, claudit et nemo aperit, ipse nobis suo sanguine circumcisus aperuit, uti dimissa circumcisione carnali, potius baptismi lavacro salutaris abluamur, et virtutum custodia circumsepti a vitiis caveamus, ut sic spiritualem circumcisionem habeamus ipse paschalis et spiritualis agnus, quem agnus ille paschalis et carnalis significavit, cujus morte et pastu ab Ægypti servitute, hoc est a diaboli potestate eruimur et interna satietate reficimur. Nam, quod vetus lex significavit in specie, hoc nova lex prætulit in re. Quid ergo prodest tenere significantem legem, cum jam hoc quod ipsa lege significatum est manibus teneamus? igitur, quia carnalis circumcisio et carnalia legis sacrificia jam nihil prosunt, annihilanda sunt, et spiritualis circumcisio et novæ legis mandata quia spiritualiter prosunt, omnimodis observanda sunt. Tu ergo qui carnaliter, hoc est inutiliter circumcisus es; sic incircumcisus esse convinceris, et legis veteris præcepta tenens, non tenere, imo destruere comprobaris; quia ea carnaliter servans, spiritualiter tenere contemnis.

JUD. Quid est quod dicis certe multum blasphemas, quia hoc quod Dominus statuit annihilandum judicas? An ausus es legem quam Dominus fecit et scripsit imperfectam dicere? fecitne perfectus Dominus aliquid imperfectum? aut, si ipse est tam mutabilis ut pro rerum vicissitudine aut loco aut tempore sua dicta commutet et facta, velut nunc asseris quod introducta nova lege vetus abolenda sit; dic quæso quomodo stabit verum illud quod dicitur : In æternum, Domine, permanet verbum tuum? si enim verbum Dei permanet in æternum, permanebit utique istud verum quod dicitur: Omnis caro quæ circumcisa non fuerit, peribit anima illa de populo suo; lex nullum excipit sed omnem canem circumcidi præcipit, et incircumcisum de populo suo exterminandum dicit, in quo omnino de spiritu tacuit, et solam carnem circumcisam. Unde ergo hanc *spiritualitatem* auguraris?

CHRIST. Audi, Judæe, mysteria fidei, et, ablato velamine tui cordis, in cornutam faciem Moysi lynceis oculis intuere; quod Dominus statuit non destruo, imo omni voto constituo. Legem quia imperfectam esse dixi; utique verum et bene dixi, quia per eam fuit tantummodo cognitio peccati, ad cognoscenda et resecanda peccata lex data est; non tamen per eam aliquis vitam æternam consecutus est; carnalis lex carnalia præmia habet, temporalium rerum abundantiam porrigebat, non tamen paradisi ingressum alicui promittebat; igitur perfecta non erat quæ perfecte salvare non poterat; quoniam paradisus protoplasti culpa jamdudum omnibus clausus erat, et flammeus ensis ante positus volentes adire vetabat; quia omnis homo in primo patre originaliter peccans, morte ceciderat; ad reparandum igitur hoc damnum carnalibus sacrificiis sufficiens lex non fuit, quæ paradisum aperire non potuit, nec se observantes quamvis justos ab infernis eripere valuit. Ergo necesse erat ut Dei Filius in terris veniret, qui pro nobis sufficiens hostia factus carnalia sacrificia removeret, et legem imperfectam perficeret, et nostra mala gerens nostram mortem sua morte destrueret, et regni cœlestis januas aperiret. Expiavit igitur culpam nostram, et remoto versatili gladio cunctis sanctis liberum fecit introitum; fecit ergo quod vetus lex facere non poterat, et quod illi deerat ad perfectum nova lege supplevit, dans nobis altiora et spiritualia jussa, quibus æterna spiritualia darentur præmia: verbi gratia, vetus lex prohibet homicidium, nova damnat iram et odium; illa lex adulterium, ista etiam mentis appetitum; illa prohibet edi porcum ut immundum, ista præcipit comedi ut mundum, et abstinere a malo quod per ipsum significatur. Non tamen ideo vetera et nova præcepta adversa sunt, sed potius idem et unum sunt, dum quod illa carnaliter dicit, ista spiritualiter implet; sic verbum Dei permanet in æternum. Quod vetus lex temporaliter statuit, hoc nova lex æternaliter adimplevit; sic quoque intelligitur, omnis caro quæ circumcisa non fuerit, anima illa, inquit, exterminabitur de populo suo. En vide spiritualem sensum littera carnis inclusum, non circumcisa carne exterminandam animam asserit: quia anima, quæ vitia carnis non resecavit, procul dubio æterna damnatione peribit; sic itaque hæc duo testamenta in unum ordinata a Christo, qui facit utraque unum, in quem oportet te credere.

JUD. Si enim istæ duæ leges inseparabiliter unum sunt, ut asseris et probare contendis, injustissimum est ut nostra lex, quæ secundum tuam quoque sententiam principium ac fundamentum est vestræ legis, funditus debeat aboleri; sed, si nova lex tenet re quod vetus significavit specie, teneamus utramque; sed nostra lex prohibet comedi porcum, et vestra lex admitti peccatum; abstineamus a porco pariter et peccato; sic etiam carnis circumcisionem et legis cæremonias observemus, ut tamen spiritualem sensum non omittamus: nam ipso quoque auditu gravissimum est, quod incommutabilis Dominus mutabiliter sua dicta constituat.

CHRIST. Si litteram occidentem relinqueres et spiritum vivificantem acciperes, procul dubio scires quid sit immutatio dexteræ Excelsi, et quia talis duarum legum ratio non est inanis mutatio, sed potius divini mysterii revelatio: quod enim in Veteri Testamento sub figuris diu occultatum est, in nova idipsum Dei gratia et rerum præsentia propalatum est; nulla autem ratio suadet, imo impossibile est, ut sub illa lege vivamus, qui non sub lege sed sub gratia sumus, alioqui gratia non esset gratia, quamvis autem novam gratiam quærimus, non tamen ob hoc fidem Veteris Testamenti relinquimus; sed in lege et prophetis multa diversa, imo adversa scripta sunt, quæ ad litteram minime stare possunt, quare spiritualem sensum petunt, de quibus innumeris unum tibi proponam ut hoc agnito cætera similiter valeas intueri. Rex David in psalterio quamdam similitudinem faciens ait: *Sicut ros Hermon qui descendit in montem Sion*; hoc secundum historiam quantum sit impossibile satis advertitis ut ros montis Hermon descendat in montem Sion. Quia igitur litteraliter stare non potest, congruit ut allegorice proferatur et dicatur quod ros montis Hermon tunc descendit in montem Sion, cum Dei gratia quæ arentia corda rigat, de monte Hermon, id est, a Domino, qui mons nostræ fortitudinis est descendit in montem Sion, id est sanctorum animas quæ, quamvis carnali mole graventur, tamen pro posse suo per speculum et in ænigmate Dominum speculantur: nam Sion speculatio dicitur, alia quoque innumera sunt quorum quædam allegorice, quædam vero moraliter, quædam autem sola littera valeant æstimari. His ergo adverte quod vetus lex figuraliter loquebatur quæ tanta impossibilia litteraliter fatebatur; porro quod dixisti ut quia duo Testamenta consonant utrumque servemus, specie pariter et re, quam difficile et inutile sit evidenti exemplo tibi probabo.

JUD. Quo exemplo?

CHRIST. Propone te tenere nucem in manu tua.

JUD. Fiat, teneo nucem.

CHRIST. Si hanc nucem infractam ederes, forsitan te strangulares.

JUD. Utique cito contingeret.

CHRIST. Ergo nux integra non est bona ad comedendum.

JUD. Utique.

CHRIST. Prius ergo oportet testam frangere et sic pervenire ad nucleum.

JUD. Nullatenus aliter esse potest.

CHRIST. Audi igitur: non potes nucem integram edere utiliter, nec pervenire ad nucleum nisi prius testa fragatur, sicut non potes pervenire ad novam legem nisi vetus lex conquassetur : nam sæpe dixisse me recolis, quod vetus lex novam intra se tenebat inclusam sub figuris et ænigmatibus positam; oportet ergo ut prius vetus, id est, testa frangatur quatenus nucleus, id est, nova lex scilicet Dei gratia detegatur et teneatur; necesse est ut vetus umbra pellatur, et nova lux cœlestis gratiæ proferatur, expedit ut prophetarum imo Dei promissa compleantur, quæ olim longo ante tempore futura prædicebantur; non enim semper dicendum et promittendum erat: *Ecce virgo concipiet et pariet filium,* quia Dei gratia jam virgo concepit et peperit, et post partum virgo permansit; nec semper erat exspectandus ille propheta de quo Moyses dixerat: *Prophetam suscitabit vobis Dominus Deus de fratribus vestris, tanquam me, ipsum audietis,* omnis qui non audierit prophetam illum exterminabitur de populo suo; jam enim ille propheta et plus quam propheta, imo Dei Filius venit, quem manibus suorum fratrum peremptum, Dominus a mortuis suscitavit.

JUD. Valde mirandum est unde vos Christiani talia præsumitis, nam hoc de propheta dicit non de Christo, sed de Josue Moyses dixit; ut quid ergo Scripturam pro tua voluntate pervertis?

CHRIST. Si Moysi verba diligenter attenderes, procul dubio ista non diceres, tanquam me, inquis prophetam vobis Dominus suscitabit; Josue legislator tanquam Moyses non fuit, sed tantummodo populum Dei in terram promissionis induxit; Christus autem novæ legislator tanquam Moyses veteris exstitit, quia lex per Moysem data est, gratia autem et veritas per Jesum facta est, ipse audiendus et credendus est; et omnis eum non audiens de populo Dei exterminandus est: idcirco vos estis exclusi et remoti a Dei plebe, quia talem prophetam non vultis audire: vos inaniter Christum exspectatis venturum, et carnales ceremonias observatis, sed timendum est dum ipsum venisse non creditis et alium exspectatis, ut non ipsum sed alium suscipiatis.

JUD. Gravissimum nobis videtur legem nostram relinquere, quam pro certo Dominus fecit et dedit, et quam traditam et observatam a patribus per millia annorum tenuimus, sed si ita fere inutilis est ut astruis, die, quæso, si scis cur sancti Patres nostri hanc tam fideliter servaverint et per eam Domino placuerint, nam ipsi utique præsci futurorum fuerunt et multa ventura dixerunt; unde credendum est quod hanc tam sedule non servassent, nisi aliquid utilitatis inesse novissent.

CHRIST. Aperi oculos tuæ mentis et vide qualiter ipsum exemplo superiore nunc consequar, dic, obsecro, nucem illam quam manu tenebas integram, cujus rei gratia plus amabas testæ an nuclei? Nunquid testam pro nucleo quem intus sperabas, aut nucleum pro testa servabas?

JUD. Certe spe nuclei quem intus sperabam testam conservabam: nam si nihil intus scissem eam protinus abjecissem.

CHRIST. Modo bene dixisti, sic quoque sancti Patres tui fecerunt qui legem veterem novæ legis gratia servaverunt, et spe futuræ salutis quam in ea clausam esse noverunt omni voto dilexerunt; nec eorum aliquis testam hanc confringere valuit, donec ille magnus propheta venit qui eam magna sua virtute contrivit. Dic mihi, precor, fracta nuce, sublato nucleo, de testa quid facies.

JUD. Retento utili nucleo testam inutilem in ignem projiciam.

CHRIST. Eia! fac quod dicis, projice testam veterem scilicet circumcisionem cum actibus suis et induere novum hominem salutaris baptismi gratia quæ te a vetustis erroribus eruet, et mundabit, atque ablato velamine tui cordis luce clarius illustrabit; ad oves quæ perierant domus Israel Christus præcipue missus est, illis promissus et datus, sed tandem rejicientibus ablatus, et nobis collatus; tamen ipse rejectus non rejiciet te, quia fons pietatis est, imo lætus et gaudens suscipiet quia te fecit, atqui factum perditumque redemit et sua morte ad vitam reparavit; tantis ergo beneficiis non debes ingratus existere imo devotas illi gratias reddere, atque de tuis blasphemiis veniam petere, ipsumque verum Deum et verum hominem credere atque fideliter adorare. Nam de tua salute lætabitur, lætabimur et nos Christiani, lætabuntur quoque angeli, qui potius gaudent super uno peccatore pœnitentiam agente quam super nonaginta novem justos qui non indigent pœnitentia; bene ergo facies si relicta Judaismi perfidia, ad fidem viventium et Christianorum gratiam convertaris.

JUD. Depone quam citius istam lætitiam qua me victum seu conversum esse putasti; non enim tam facile mihi persuadebis; multa adhuc restant quibus te vehementer arctabo, et in campo certaminis hujus immotus astabo; responde nunc cur Dominus tam fragilem legem dedit, quæ se observantes servare non potuit, certe quoddam genus deceptionis est, potionem dare infirmo quæ eum servare non possit, nam quid proderat legem tenere cum post mortem æternis ignibus tenerentur? nimis autem incredibile est quod Abraham, Isaac et Jacob et cæteri sancti utique Dei amici in inferno fuerint, quod certe nulla auctoritate jam poteris approbare.

CHRIST. Non est mirum si Dei præcepta contemnitis, quia populus duræ cervicis estis; idcirco verba mea tibi sunt gravia, quia *in malevolam animam non introibit sapientia, qui est ex Deo verba Dei audit,* sed ea animalis homo omnino non percipit. Revera scias quod Abraham, Isaac et Jacob in inferno fuerunt, quia communem conditionem evadere non potuerunt; illi quoque qui sub lege vixerunt atque eam totis nisibus tenuerunt, quoniam lex tam fragilis erat quod eos a viis inferni retinere non poterat, hoc ipsum librorum tuorum auctoritate probabo, scilicet illo Israelite dicente: *Si non reduxeritis Benjamin, deducetis canos meos cum dolore ad inferos:* Et Job: *Infernus,* inquit, *domus mea est, in tenebris stravi lectulum meum:* David quoque. *Ex inferno inferiori eruisti animam.* Ecce tres idoneos testes tuæ legis tibi produxi, *ut in ore duorum vel trium testium sit omne verbum*, qui, quamvis in inferno inferiori non fuerint, tamen in inferno se futuros esse testantur, ubi nihil aliud quam tenebras paterentur, nam in inferno inferiore damnatitii tenebantur qui pro suis sceleribus æternaliter damnabantur; porro, quoniam de fragilitate legis loquens, congruum exemplum dedisti dicens, quoddam genus deceptionis esse dare potionem infirmo quæ eum sanare non possit: primo scias quod Dominus neminem decipit, imo omnem deceptum misericorditer recipit; cave ergo ne tua blasphemia super caput tuum redundet; post hæc noscas quia ad reparandam naturalem legem, lex scripta data est, quoniam lex naturalis in primis patribus insita erat, postea in eorum filiis nequitia vitæ et morum omnino deleta (2) et prævaricata est, nam prisci patres naturali bonitate sciebant quid cavendum vel agendum esset, scilicet ne unquam facerent alteri quod sibi non vellent fieri. Quia igitur lex ista tam longævitate magna quam iniquitate crescente a memoria hominum tota exciderat, necesse fuit ut hanc lex scripta repararet, rememorans peccata vitanda a quibus observantes peccatum et pœnam peccati evaderent, nam sicut ait Paulus vester et apostolus noster, ante legem peccatum non imputabatur quia nesciebatur: peccatum, inquit, *non cognovi nisi per legem, nam concupiscentiam nesciebam nisi lex diceret non concupisces.* Igitur hoc modo profuit lex eo tempore his qui eam servabant quia peccatum cognoscendo vitabant, et pœnam peccati pariter evadebant, denique legis potio quodam modo ægrotantibus valuit, quæ, quamvis eos perfecte sanare non posset, tamen sui cautela a malis imminentibus retraxit, sed ideo ad perfectum neminem adduxit, quia reditum paradisi obtinere non potuit.

Jud. Benedictus Deus, nam te quoque fatente nobis Judæis gaudendum est, quia tam validam legem habemus, quæ, quamvis secundum tuam sententiam ex toto non salvet, tamen non omnino inutilis imo salutaris est, quæ se observantes ab inferni pœnis eripere potest; certe multum lætari debet qui, quamvis bona non habeat, calamitatibus tamen caret, et, quamvis in inferno sit, inferni mala non sustinet; igitur lex non relinquenda sed potius retinenda est, quæ licet paradisum nobis non reseret, tamen observantia sui temporalia bona præstans, etiam a malis animæ conservabit illæsos.

Christ. Non gaudendum, sed potius gemendum et flendum tibi est, quia miser flammis ardebis, dum gratiam Dei tumida mente repellis; lex etenim quæ tuis antecessoribus profuit modo tibi damnabilis est; illis siquidem exspectantibus redemptionis adventum valebat lex vitando contagium, non incurrendo supplicium; tibi autem frustra exspectanti imo oblatam salutem rejicienti infert contagium non auferendo sed inferendo supplicium; nam, postquam misit Dominus redemptionem populo suo et mandavit in æternum Novum Testamentum, vestrum vetus deliramentum nihil vobis prodest, imo omnibus modis obest; idcirco in inferno nulla erit vobis exspectanda redemptio, sed æternaliter in ipso peribitis, quia redemptionem jam missam venisse non creditis, imo eam contumacia gravi contemnitis; posses tamen evadere si baptismi gratia vel lavareris, quod nisi feceris in regnum cœlorum nullatenus introibis.

Jud. Vide quid est quod dicis, si ego vel omnis non baptizatus in regno cœlorum non intrabimus quia baptizati non sumus, tunc Abraham et cæteri patres in ipso non intrabunt, qui aqua baptismatis abluti non sunt.

Christ. Utique Abraham et cæteri sancti in paradiso sunt, quia in morte ipsius baptizati sunt; nam ipse eos proprio sanguine lavit et morti ereptos vitæ restituit, qui non solum originale peccatum moriens expiavit, sed etiam actualia peccata credentium condonali pietate delevit.

Jud. Cum dicis originale peccatum æstimo te eloqui de peccato quod Adam pater omnium fecit, sed quid inde ad nos? audi quid propheta dicat, anima quæ pericrit ipsa morietur, filius non portabit iniquitatem patris, etc. Itaque pater Adam propriam iniquitatem portet quæ ad nos omnino non pertinet, quia, quamvis ejus filii sumus, tamen iniquitatem ipsius non ferimus, quid autem nobis illam reputas qui nondum creati vel non eramus!

Christ. Pro certo scias quia peccatum quod Adam fecit, tu ipse fecisti, et pomum, quod ipse contra Dei præceptum momordit, tu momordisti: quia quando Adam peccavit, nullus homo erat præter Adam, sed omnis homo erat Adam; igitur quia Adam peccavit, omnis homo peccavit; illud enim genus unde humanum genus procederet totum simul tunc in corpore aderat, nec inde aliquid fluxerat; quod si aliquis tunc natus esset qui peccatum Adæ non faceret, nec facienti consentiret, profecto patris culpa careret, sed, quia omnes eramus in ipso nec nondum separati ab ipso, inseparabiliter peccavimus cum ipso, et quod commisit pariter commisimus, et eamdem sententiam mortis incurrimus, idcirco non tui patris iniquitatem sed tuam propriam portes, qui ab originali culpa, quam cum ipso feceras, salutari baptismo lavari resultas.

Jud. Dic quæso qua ratione poterit me baptismatis aqua ab originali peccato mundare; ridiculosum quoque est dicere quod spirituale et invisibile peccatum materialis aqua vel visibilis possit aliquatenus abolere; non enim tam subtilis est ut lavato corpore anima pariter abluatur. Si vero Christus illam culpam sua morte piavit et nos omnes purgarum generalium legis naturalis ad particularia agibilia.

---

(2) Nota quod quando ait naturalem legem vel omnino deletam per peccata, vel totam cecidisse; debet intelligi quantum ad applicationem principio-

vit, qua necessitate postea baptizemur? nunquid in morte ipsius baptizati non sumus, nonne illa redemptio tam sufficiens fuit ut jam non alia postmodum egeamus?

Christ. Non solum ab originali peccato sed etiam ab actualibus cunctis poterit te baptismatis unda lavare, nam verbo Dei et sacerdotis officio sanctificantur aquæ capessentes virtutem qua possint non tantum corpora sed etiam mentes abluere; vivus enim sermo Dei et efficax, et penetrabilior omni gladio ancipiti, pertingens usque ad divisionem animæ ac spiritus, compagumque ac discretor etiam cogitationum et intentionum cordis; de quo verbo siuuit aqua virtutem purgandi, tamen, si fide non ficta accedas, et id quod exterius exhibes interius perfecta fide conserves; si enim non recte credens baptizatus fueris, non tamen salvaberis idcirco, sed potius condemnaberis, et econtra si recte credens baptizatus non fueris tamen cum tua credulitate sine baptismo nullatenus salvari poteris: denique fides non potest salvare sine baptismate, nec baptismus itidem sine fide, idcirco credere et baptizari debemus ut fidem cordis baptismi opere demonstremus, et eamdem confitendo voce etiam proferamus; *corde enim creditur ad justitiam, ore autem confessio fit ad salutem*, nec ridiculum, imo ingens miraculum est quod materialis aqua aucta Dei virtute spirituales maculas possit abluere, credentibus scilicet sordes incredulis vero quamvis baptizatis non aufert sed potius affert: nam, quia de morte Christi loquens, te etiam pluraliter intromisisti, dicens: si Christus nos omnes purgavit, qua necessitate postea baptizemur, scias quod mors Christi tantummodo credentibus prodest, et, sicut illis vita est, ita incredulis mors est; tibi itaque nihil valet quandiu incredulus es, quia fides ejus sine baptismi operibus otiosa est, imo dæmonibus similis est, qui, quamvis Dominum non diligunt, *tamen credunt et contremiscunt*, sed, quisquis Dominum amat, utique baptizari festinat, et suam fidem operis exhibitione comprobat, quia amoris probatio est, operis exhibitio; itaque illa redemptio sine baptismo tibi non sufficit, qui fidem quam debes habere confitendo ve baptizando non approbas, imo eam contradicendo abnegas, idcirco prius crede postea baptizare et mundare ut spiritus sancti pignus accipias, templum fias, et consepultus Christo per baptismum in morte, particeps quoque resurrectionis efficiaris.

Jud. Quoniam ergo baptismum necessarium esse demonstras peto ut dicas quomodo Christus ab originali peccato redimere valuit, qui ipsi peccato obnoxius fuit? Nam de corpore feminæ natus est et caro de carne Adæ factus, ipso peccato carere non potuit, quia carnis origine peccati maculam traxit, porro æger qui seipsum sanare non prævalet; incredibile est quod unquam alterum sanet.

Christ. Cum Christum originali peccato obnoxium esse dicis, omnino mentiris; ipse enim originale non habuit, quia in iniquitate conceptus non fuit, imo et omnibus aliis caruit, quia omnino peccatum non fecit: nam de immaculata virgine conceptus et natus sine virili semine genitus est ac proinde originalis culpæ particeps non est: illa enim natura in qua primus homo conditus fuerat, post modum ipso peccante vitiata est; quia si non peccavisset, utique in generando vitiosam et sordidam delectationem non pertulisset; imo quieta et placida natura sicut facta fuerat permansisset; quare conceptus ille sine culpa fuisset, quia voluntatem ardentem non persensisset, sed quia peccavit et peccatum in se attrahens pristinam bonitatem suæ naturæ corrupit; confestim contra suum votum, quam nondum senserat carnis luxuriam sensit, quia ejus captivatam mentem peccati delectatio comprehendit, et ipsam pestem omni posteritati infudit; quapropter omnis homo carnali delectamento genitus, cum originali peccato nascitur, qui per luxuriam vitiatam naturam a primo patre trahens, et de corruptione carnis natus, illa placida natura caret in qua primum primus homo factus est. Denique, dum in conceptu Christi omnis luxuria defuit, nullam de carne peccatrice maculam traxit, imo cooperante Spiritu sancto placidum et mundum conceptum habuit, quia omni delectamento luxuriæ caruit, et quia in terris patrem non habuit, de corruptione carnis natus non fuit: nec originali peccato aliquatenus ægrotavit, sed nos ægrotos sanare prævaluit et sanavit, quia mater ejus post partum virgo permansit.

Jud. Quia nunc rationis ordo competit ut jam de virginis partu colloquamur, dic mihi quomodo contra naturam parere potuit, quæ, sicut ipse dicis, auctorem naturæ generavit: non enim usitatum imo contra naturam est, quod sine virili semine de Maria filius natus est, et si virgo concepit et peperit, illud tamen quod vos additis, propheta non addidit, id est, post partum virgo permansit: hic ergo præsumptio vestra augmentavit, quod Isaias dicere non præsumpsit, sed omnino reticuit quia vanum esse præscivit, in quibus advertendum est quod multa inepta profertis, et Scripturas interpretando divinas pro voluntate disponitis, nisi itaque partum virginis quidem naturalem non esse probabiliter approbes, ipsam post partum virginem permansisse non credam.

Christ. O Judæe, noli esse incredulus sed fidelis, quia justus ex fide vivit; quod enim virginem sine virili semine concepisse miraris, agnosce Dei omnipotentiam cui omne quodlibet possibile est, quia omnipotens est, quia etiam est factor naturæ, multa contra naturam facit, quibus se Dominum esse naturæ portendit: An contra naturam non fuit quod Israelitis Rubrum mare aperuit, et eos per medium gradientes siccis vestigiis transire fecit? atque quod manna in deserto tuis patribus pluit, et aquam de petra produxit? Et virga Aaron quæ arida floruit, fronduit et amygdala peperit, nonne contra naturam fecit? rubus quoque, qui ardere videbatur, et non ardebat, nunquid naturaliter faciebat; his ergo collige Dei potentiam, et quod sicut virga Aaron arida contra naturam floruit et peperit amygdala, sic contra naturam concepit et peperit virgo Maria; et sicut rubus videbatur ardere et non ardebat, sic virginem Mariam nullus ardor tentationis urebat : quam Spiritus sanctus in eam superveniens obumbrabat. Ut quid ergo contra naturam, sed Dei virtute virginem peperisse non credis, cum tanta secundum naturam impossibilia Deum fecisse perpendis, ut quid etiam dubitas post partum virginem permansisse? nonne vides quod radius solis per medium vitrum lucet, et tamen vitrum omnino integrum permanet : sic etiam sol justitiæ Christus virtute divinitatis virginem perlustravit et carnem sumens matris integritate servata per eam transivit, et sub obscuritate humanitatis Deum condens mundo apparuit. Denique hac fide qua vivimus tu ipse vivere debes et credere, sine qua impossibile est Deo placere; qua confisi fidentes audemus dicere, quia virgo concepit et peperit, et etiam addere quod Isaias non addit, id est, post partum virgo permansit : hoc qualiter factum sit investigare sicut expedire non possumus, quia carnali mortalitate circumdamur, et inscrutabilia Dei consilia nos nescimus; sicut enim non novimus qualiter virga Aaron floruit et peperit, et tamen virtute fidei factum non ambigimus, sic quoque beatam Mariam virginem sine virili semine concepisse et peperisse non dubitamus, sed quo ordine factum sit penitus ignoramus; totum ergo Dei potentiæ conferamus, et illud sincera fide vivendo credamus ut ejusdem fidei præmia consequamur. Audi si vis quod inde quidam de nostris auctoribus ait : divina operatio, si ratione comprehenditur, non est admirabilis, nec fides habet meritum cui humana ratio præbet experimentum; igitur Dei omnipotentia a te non est discredenda, qui facit quæcunque vult in cœlo et in terra; sed potius absque humanæ rationis experimento credenda est, quia hæc fides in ævum remuneranda est. Hæc est autem fides catholica ut credamus et confiteamur quia post partum permansit virgo Maria, quod nisi fideliter firmiterque credideris et baptizatus fueris salvus esse non poteris.

JUD. Si Christum jam venisse evidenti auctoritate probares ad baptizandum me facile suaderes, sed dum ipsum jam venisse dicis, et hoc probabili auctoritate non astruis, meam mentem a tua fide avertis.

CHRIST. Hoc ex tuorum auctoritate librorum satis ad probandum est facile, nam cuncta quæ de ejus adventu prædicta sunt, jam in ipso completa sunt, unum tibi proponam quo ex tuæ gentis fortuna Christum venisse cognoscas; nam Jacob benedicens filium suum ait, non auferetur sceptrum de Juda, et dux de femoribus ejus, donec veniat qui mittendus est et ipse erit exspectatio gentium; si annales historias perscruteris, aperte reperies usque ad tempora Salvatoris principem vel ducem de Judæorum populo non defecisse; sed Christo nato rex Herodes regnabat, qui gentis ipsius alienigena erat, ac proinde ipsum occidere totis nisibus appetebat tunc vero dux de femore Judæ et sceptrum regale fine tenus ablatum est, quia postea regem vel ducem de seipsa Judæa non habuit : nam eo tempore ille qui mittendus erat venit, Jesus Christus Dei Filius, qui est exspectatio gentium.

JUD. Ipsis tuis verbis in meis manibus incidisti, nam si Christus tuus de nostra gente progenitus et de ipsa tribu Judæ natus rex et princeps est, plane constat quod Judæorum regnum nondum finitum est, et dum sceptrum Judæ minime finem fecit, patenter vides quia nondum Messias venit.

CHRIST. Imo tu ipse incidisti in foveam quam fecisti, quia dum volens nolens confiteris nunc quod Christus noster rex vester est. O cæci et miseri! cur eum desideranter non suscipitis, et verum Deum verumque hominem confitentes devotissime adoratis? qui quamvis cum Deo Patre Deus æternaliter regnet, regat et cuncta disponat, tamen temporale regnum refugiit et suum regnum de hoc mundo non esse prædixit, sed tunc regnum vestrum finem fecit, quando Messias venit, de quo longe antea Daniel prophetavit : *Cum venerit sanctus sanctorum cessabit unctio vestra.* Itaque vestra unctio tota cessavit, dum sanctus sanctorum venit, quia templo et regno caretis et in universo mundo dispersi, et exsecrabiles estis, qui Messiam suscipere recusastis : quin etiam timere potestis ne cum terreno regno æternum pariter amittatis, nos autem qui eum venientem suscepimus et suscipiendo credimus, simul cum ipso regnabimus quem ut Dominum et hominem veraciter adoramus : ipse enim exspectatio vestra est quem venturum ad judicium exspectando formidamus ut securius videamus.

JUD. Heu! proh dolor! quod ita me verborum tuorum turbine subruis ut unde te magis debilitandum existimo potius ad præcipitium me pellis! sed te ipse male debilitas, cum Christum Deum et Dei Filium appellas, certe ipsum bonum hominem fuisse non dubito, sed Deum Deique Filium nullatenus credo : nam lex inquit : Audi, Israel, Dominus Deus tuus Deus unus est; Ei unum Deum adorandum præcipit et illi soli serviendum esse dicit : quod quantum sit erroneum vel damnabile satis scis, qui duas duorum deorum personas adorare me præcipis; aut quæ probat auctoritas Deum unquam filium genuisse? Nisi itaque hoc probaveris ut probatus blasphema gravi pœnitentia dignus eris, et cuncta superius dicta in vanum dixisse videbis.

CHRIST. Nunquam me possim prius lædere, quam Christum Deum vel Dei Filium appellare, hæc debilitas semper me teneat, ne in æternum deserat. Indubitanter enim Christus bonus homo est, qui etiam cum Patre et Spiritu sancto Deus unus est : quia nos recte credentes unum Deum in personarum Trinitate et Trinitatem in unitate Deitatis veneramur, quarum essentiam personarum ex initio librorum tuorum tibi protinus approbabo; cum enim Moyses dicat, in principio Deum cuncta creasse; nihil rectius intelligendum est quam in suo filio cuncta fecisse, qui est principium, fons et origo bonorum, ex quo sunt omnia : quod enim Deus Pater filium genuerit testatur David qui paterna voce Patrem Filio dixisse refert, *ante luciferum genui te*; quod etiam vox Filii itidem protestatur, *Dominus* inquiens, *Dixit ad me Filius meus es tu, ego hodie genui te*. Cum ergo Deus Pater se Filium genuisse dicit, aperte suam et Filii personam ostendit et dum se Filius genitum clamat, suam et Patris personam demonstrat : nam duo relativa sunt Pater et Filius quia nec Pater sine Filio esse potest, nec Filius itidem sine Patre. Porro de Spiritu sancto qui horum duorum in Trinitate est tertius, sed in deitate unus, audi quid Moyses dicat : *Spiritus Dei ferebatur super aquas*, scilicet non quavis mobilitate vagando, sed ut Deus cooperator cuncta creando et vivificando, hunc quoque Deum creatorem esse Psalmista testatur, qui ait : *Emitte Spiritum tuum et creabuntur, et renovabis faciem terræ*. Quem enim ad creandum vel ad renovandam faciem terræ, emitti suppliciter postulat, proculdubio Deum esse creatorem Spiritum non dubitat item Joel propheta; *effundam*, inquit Deus, *de Spiritu meo super omnem carnem, et prophetabunt filii vestri et filiæ vestræ*, hoc Dei gratia jam completum videmus, quia Spiritu sancto repleti sumus, quo etiam prophetamus dum nobis et vobis æterna gaudia nuntiamus. Hanc etiam Trinitatem Moyses non reticuit, cum narrat quod creare volens hominem Deus dixit : *Faciamus hominem ad imaginem et ad similitudinem nostram*, scilicet rationalem et intellectualem, atque in animam æternaliter viventem, in quo cum dicit faciamus hominem, utique personarum commemorat Trinitatem, et cum ad imaginem et similitudinem deitatis, significat unitatem : quod quidam idiotæ male intelligunt, qui non de rationabilitate vel intelligentia, sed de corporalibus membris dici existimant, quibus sciendum est quod Deus incorporeus et incomprehensibilis corporalibus membris caret, ac proinde corpus hominis ad Dei similitudinem factum non est, sed de rationalitate et intelligentia aut immortalitate animæ dictum est, quod non solum homines, sed etiam angelos ad suam similitudinem condidit. Porro etiam pater tuus Abraham Trinitatem agnoscens non negavit, qui venientes ad se tres angelos in figura Trinitatis suscipiens tres quidem vidit sed velut unum adoravit; nam Spiritu Dei plenus intellexit in tribus mysterium Trinitatis, et tamen in Trinitate Deitatis unitatem credidit, cum adorans dixit, Domine, si inveni gratiam in oculis tuis transite et requiescite in loco isto, ubi notandum est, quod cum tribus velut uni loquitur, unum Deum in Trinitate se credere profitetur. Rex quoque David Trinitatem in unitate credebat, cum repetendo dicebat, benedicat nos Deus, scilicet Pater, et item Deus noster, id est Filius, et rursum benedicat nos Deus, id est Spiritus sanctus, ubi postquam personarum Trinita- tem expressit, continuo sub unitate deitatis collegit dicens, *et metuant eum omnes fines terræ*; igitur his duobus tam sublimibus testibus, valde credendum est, ad quos specialiter repromissio de Christo facta est; nam Deus Abrahæ dicens, in semine tuo benedicentur omnes gentes, et ad David, de fructu ventris tui ponam super sedem tuam, utrumque vera repromissione complevit, quia in semine Abrahæ quod est Christus nos scilicet omnes gentes credendo in ipsum benedictionem hæreditate possidemus, quoniam super solium David et super regnum ejus sedere, et cum Patre et sancto Spiritu æternaliter regnare non dubitamus, quin etiam cœlestes angeli Trinitatem prædicant, qui testante Isaia, *Sanctus, Sanctus, Sanctus*, incessanter clamant; sed cum, Dominus Deus Sabaoth, confestim adjiciunt, trinam confessionem sub unitate concludunt. Observa igitur ne discredas quod auctoritate tam multipliciter poterit approbari, nam Abrahæ benedictionem quam nondum habes habere poteris, si relicta perfidia in Christo renascaris, quo per fidem non solum Abrahæ, sed etiam Dei filius efficiaris.

JUD. O quam longo rotatu meis auribus tuus sermo haud gratus circumvolat ! sed cum te modo audirem loquentem a risu vix continere potui, videlicet cum narrares Deum sibimet dixisse, quod non sibi dixit, id est, faciamus hominem ad imaginem et similitudinem nostram : quoniam hoc non sibi, sed suis angelis dixit, aliunde itaque Trinitatem tuam si potes approba : nam istud quod ibi protulisti, tibi penitus non suffragatur; porro quod Abrahæ promissum narras, id est, in semine tuo benedicentur in te omnes gentes terræ, non de Christo sed de Isaac dictum est, qui patri jam senectute fesso a Deo datus est. Et rursum ad David de fructu ventris tui ponam super sedem tuam, non de Christo sed de Salomone dixit, qui post eum in magna pace et gloria regnum illud diutissime gubernavit. Quid ergo allegorizas de Christo, quod non de ipso sed de Isaac et Salomone dici apertissime vides? Rursus cum modo incorporeum Deum hominem corporalem facientem, ac proinde specie [corporali sibi dissimilem; modo vero de virgine natum Deum, corporalem hominem factum astruis, te ipsum incredibilem facis, dum modo dicendo, modo vero dicta negando. ut veritatis refugus angulos quæris, scripturas subripiendo pervertis, quoniam tua fides verborum tuorum volubilitate circum circa rotatur.

CHRIST. Induratum cor tuum magis habet ad flendum quam ad ridendum, qui cum negas Deum illud verbum non sibi dixisse, sed angelis ex ipsa protervia tua, non ego solus, sed etiam Isaias imo Deus ipse te destruet : nam quodam loco de creatoris potentia loquens Isaias dicit, *quis audivit Spiritum Domini aut quis consiliarius ejus fuit, et ostendit ei? aut quis prior dedit illi, et retribuetur ei?* cum ergo iniit consilium et instruxit eum et docuit eum semitam justitiæ, et viam prudentiæ ostendit ei? Quibus verbis Isaias apertissime pandit quod Deus creator præter se nullum consiliarium habuit, qui sufficientiæ inscrutabilis sapientiæ suæ angelorum consilio vel auxilio nunquam indiguit : quale enim consilium darent qui sine ejus consilio in momento non starent, sed creando hominem hoc idcirco sibimet Deus dixit, ut homo creatus factorem suum agnosceret, et agnoscendo sciret quod unum Deum in Trinitate credens adorare deberet; porro seminis Abrahæ benedictio non in Isaac sed in Christo completa est, quoniam non per Isaac sed per Christum in omnes gentes larga Dei benedictio effusa est; illud autem Davidicum promissum non in Salomone perfecte compleri sequentia manifestant; si custodierint, inquit, filii tui testamentum meum, hæc quæ docebo eos : et filii eorum usque in sæculum, sedebunt super sedem tuam. Hæc itaque in Salomone vel in aliis completa non sunt; quia testamentum Dei non custodientes regni sede privati sunt; sed Christus faciens voluntatem Patris sui qui misit illum super solium David et super regnum ejus sedebit in æternum. Ex aliis quoque testimoniis suis, in idipsum David facientem invenies. Semel, inquit Deus, juravi in sancto meo si David mentior, semen ejus in æternum manebit et thronum ejus sicut sol in conspectu meo, et sicut luna perfecta in æternum ; et alibi : *Permanebit cum sole et ante lunam, in generationem et generationem.* Quare liquide cernis de Salomone non dici, quia cum sole et ante lunam minime permansit, sed una tantum modo generatione; Christus autem solis et lunæ factor de semine David secundum carnem natus, regnabit in æternum cujus thronus sicut sol fulget in conspectu Dei et sicut luna perfecta in æternum, ante solem et lunam permanebit in ævum. Quoniam autem refugum me vocasti, proxime audies quia injuste fecisti; ego enim veritatem non refugio, nec angulos quærens incredibilem me ipsum constituo; nec etiam Scripturas subripiendo perverto, nec mea fides ulla mobilitate rotatur, sed veraciter dixi et dico quod Dei Filius cum Patre et Spiritu sancto Deus unus primum hominem condidit ad suam similitudinem, id est, rationalem et immortalem : nulla autem corporalis species in Deo est, quare imago vel similitudo Dei spiritualis, est ad quam intellectualis primus homo factus est, sed in fine sæculorum statutis a Deo temporibus persona Filii Dei rationabili auctoritate et justa necessitate corpus humanum sumpsit, quo nos ab omni iniquitate redemit; nec tamen deitatem minuit, sed Deus quod fuit, permansit, et hominem quod non erat simul in unum assumpsit, et conveniente persona Dei et hominis, non tamen confusione substantiæ sed unitate personæ verus Deus et verus homo unus est Christus. Quare nisi foret homo de cœlesti patria lapsus, ad eumdem nullatenus repedaret.

Jud. Quoniam satis evidenter de Trinitate et de cæteris copiosissime disputasti, et quod dixisti inevitabili auctoritate firmasti, licet ex toto non possim ad credendum meum animum flectere; tamen te recte locutum fuisse negare non valeo; sed libenter audirem si hæc tamen veraciter posses ostendere, qua necessitate de cœlorum sede descendens Dei Filius, mortalis homo dignatus est fieri; cum enim Deus omnipotens sit, posset utique deceptum a diabolo hominem sola sui præcepti virtute violenter eruere : aut cur tantum laborem sustinuit ? nonne posset per angelum ab originali peccato mundum seu per quemlibet hominem justum id facere aut etiam quemdam novum hominem condens, veterem a perditione redimere ? mirandum nobis est qua ratione mors unius Christi possit omnibus nobis prodesse, et mortem ipsam moriendo destruere et ad vitam hominem reparare.

Christ. Si tuum rebellem animum ad humilitatem velles inflectere, et veraciter intendendo audiendi aures habere, libenter aperiam tibi qua rationabili charitate Deus homo fieri voluit : non enim poteris superbo oculo et insatiabili corde hujusce modi beneficio perfrui, nec ratione percipere quam justa necessitate, vel ineffabili pietate auctor omnium mortalitatem assumpsit.

Jud. Ego quidem desideranter te audiam, sic tamen ut si quid inquirendum vel opponendum tuæ narrationi videro, prorsus non taceam : ut tamen non discredam, imo libenter obaudiam, quidquid tua ratio veritatis edicet.

Christ. Omnipotens igitur in Trinitate personarum et unitate Deitatis carens principio ac fine, ac permanens in seipso æternaliter Deus; omnia condidit, qui primo ex informi materia cœlum et terram condens, ad cognoscendam et laudandam suæ deitatis potentiam angelorum naturam ad suam similitudinem fecit, quam consistere æternaliter voluit.

Jud. Rogo ne pigeat te subsistere paululum, cum Moyses de creatione angelorum in principio nihil dicat, et tamen in principio factos esse non dubitem quo tempore facti sint penitus ignorare me fateor.

Christ. Utique cum luce angeli facti sunt, quia filii lucis sunt; nam Deus dixit, quando facta sunt sidera, laudaverunt me omnes angeli voce magna. Ex quo patet cum luce facta jam Deum creavisse angelos.

Jud. Quoniam satis credibile est, cœptam rationem prosequere.

Christ. Cum ergo Dominus angelos creavisset primus ex illis dignitate et specie per superbiam cecidit, quia cum suo factore sub debito servitio permanere contempsit, imo subjectus et humiliter esse despiciens Deo similis esse voluit, quare lapsus de tanta celsitudine corruit, et diabolum se faciens ad ima pervenit, ut qui Deo similis esse vellet, idipsum quod erat perderet; et quondam præcellens nunc vilior cunctis factus irrecuperabiliter periret.

Jud. Cur ergo Deus illum fecit quem præscientia divina periturum præscivit : an ita injustus est ut creaturam aliquam faciat sponte ad perdendum ? At si diabolus peccavit, ne tamen ex toto periret, Deus eum ut suam creaturam per pœnitentiam reparare deberet. Non enim tam implacabilis est ut non aliqua pœnitentia valeat demulceri; neque diabolus tam obstinatus ut ad pœnitentiam non possit compungi.

CHRIST. Recte quæstionaris; sed scias quod Deus illum angelum faciens qui postea peccando in diabolum se mutavit, utique bonum opus et utile fecit, qui quamvis eum casurum præoosceret, non tamen idcirco ab ipso creando cessare debebat, quia de casu ejus multa utilia ventura sciebat, et licet sit spiritus vadens a Deo atque non rediens; tamen iniquitas ejus multum nobis prodest : quia permittente Deo nos tentat, et tentando ipso adjuvante probat, qui facit immissiones per angelos malos. Nonne beato Job valuit *quod eum diabolus tentando probavit?* E beato Paulo et aliis qui sæpe colaphizati sunt ejus colaphis? Igitur utiliter eum condidit qui nisi factus cecidisset, homo penitus non fuisset, de quo tot homines salvi erunt, quot angeli in cœlos remanserunt. Nec eum per pœnitentiam reparare debuit, qui sine causa vel alicujus exemplo scilicet sola superbia peccans totus inexcusabilis fuit, quapropter in iniquitate corruens sic se in ea penitus obfirmavit, ut etiam nec vel resurgere possit. Ipsis autem angelis liberum arbitrium, id est discretionem boni vel mali Deus dederat, sed diabolus cum suis complicibus propria inertia bonum reliquit et malum tenuit et impius obfirmatus sic cecidit ut nec resurgere velit. Ipso autem momento quo factus est cecidit : quia in veritate non stetit, dum contuendo seipsum superbiit. Non enim quam dulcis est Dominus prægustavit, si autem, quam suavis est Dominus gustavisset, utique non cecidisset, priusquam in charitate radicatus fuisset. Porro illi qui cum Deo remanserunt, ex ipsorum casu ita correpti in amore Dei se statuerunt, quod divina eis remunerante gratia jam nunc cadere non possunt.

JUD. Cum enim Deus cuncta bona valde creavit, utique sicut dicis etiam bonum angelum fecit, unde ergo illa mentis ignavia in eum venit, vel unde ei accidit? Si enim Deus bona cuncta creavit, valde miror unde peccatum vel malum primitus venit?

CHRIST. Summum bonum Deus est, ac proinde quidquid fecit bonum est; malum autem nihil est, quia creatura Dei non est, sed a diabolo inventum non creatum est, denique nihil aliud est quam absentia boni scilicet cum absente substantia nihil vacuum remanet, verbi gratia, abscedente luce quod aliquid est, remanent tenebræ quod nihil est, quia tenebræ substantialiter nihil sunt; sed absentia lucis fiunt ; similiter malum substantialiter nihil est, sed tunc fit quando bonum contingit abesse quod debet esse, veluti si ursum incatenatum teneas : qui donec catena religatur quiescit, absente catena furit, qui si catenatus esset non fureret, sed absentia catenæ facit eum furere, et, ut navis absente gubernaculo perit, quod si adesset utique non periret. Porro tria sunt cuncta quæ in mundo sunt id est, bonum, malum, medium : bonum autem supremum amor Dei est, ipse Deus charitas est, quod qui perfecte habet perfecte bonus est; summum vero malum Dei odium est, quod ideo summum est, quia quem Deus odit, aut is qui Deum odit, perfecte malus est; medium autem sunt divitiæ, pulchritudo, fortitudo vel his similia, quæ secundum naturalem essentiam bona sunt, sed per voluntatem utentium ad bonum et malum converti queunt. Cum ergo inquiris quare mentis ignavia hoc diabolo accidit, rectissime facis. Scias igitur quod Deus angelum faciens scilicet substantiam vel essentiam naturæ angelicæ, perfectissimum fecit, cui etiam ad suam similitudinem facto rationalem intellectum cum libero arbitrio dedit, ut per discretionem liberi arbitrii sciret reprobare malum et eligere bonum, quo per bonum Deo serviendi meritum conscendere mereretur ad perfectum charitatis gradum quem nondum attigerat; non enim adhuc dulcedinem charitatis perfecte gustaverat, nec in ea stabilitus erat quæ non æmulatur, non inflatur non agit perperam, id est, perverse, non est ambitiosa, non quærit quæ sua sunt; ad extremum vero nunquam excidit; ad quam cum debuisset gradatim exercitio mediarum virtutum ascendere et de his quæ acceperat Dei gloriam non suam quærere, desipuit et suum auctorem æmulatione perperam egit, et inflatus superbia ut ambitiosus quæ sua sunt quæsivit. Si diabolus ergo a seipso tandem suæ conditionis decore, quia inde charitate quam nondum habebat habere debebat materiam sumens, hanc charitatem comprehendere sicut decebat superbo oculo obscuratus nescivit, dum se plusquam Deum amavit, et semetipsum exaltando præcipitavit. Nullus autem ad perfectum charitatis tendens, debet se plusquam Deum amare, sed amorem et voluntatem Dei suo amori et voluntati præferre, e eum perfecto affectu diligere, quia Deum diligendo diligit se et proximum suum tanquam se. Quia diabolus charitate carens, sui amorem amori et honori Dei prætulit, et proximos comparesque suos despiciens super eos se exaltavit, cum et suo factori similis esse voluit : quapropter a bono deficiens in peccatum incidit ; quia, dum illud medium quod habebat, non sicut debebat exercuit, summum bonum Dei amorem perdidit, et summum malum Dei odium incurrit. Igitur, unde crescere debuit, inde magis decrevit, sed illi qui tunc remanserunt amplius profecerunt.

JUD. Satis intelligo te dicentem quod Deus angelum secundum substantialem essentiam perfectissimum fecit, cur ergo similiter eum in amore sui ut factus est continuo non stabilivit ut quem natura perfecerat etiam charitate perficeret ; si enim ut dicis perfecte Deum amavisset, non cecidisset quod quia non stetit, penitus accidit, quamdam ergo culpam inde Deus habuit, qui media bona illi conferens ad sibi serviendum, potius occasionem peccandi tribuit, dum ipsum in charitate non firmavit.

Christ. Non est ratio ut Deus hominem condens confestim in charitate firmaret, sed potius rationis ordo poscebat ut angelus cui rationalem intelligentia sensum dederat suum factorem agnosceret, et agnoscendo rationabiliter coleret, et colendo ad perfectam charitatem pertingeret, quæ nunquam excidit; quam dum gradatim ascendendo acquireret, nunquam postea caderet, sed, quia hoc facere noluit, corruit; nullam vero culpam Deus habuit quia diabolus peccavit, quia rationalem intellectum illi conferens, et cum sapientia virtutem operandi contulit, per quam ad perfectionem venire potuit; sed diabolus de bona materia quam Deus sibi dederat malum fecit, quia bonum quod facere debuit deseruit, et propria lucra quærens non opus Domini sui ut perfidus proprium voluit. Igitur quis culpa redarguit artificem qui discipulo suo ipsam scientiam artis et utensilia quibus operari valeat tradit; si discipulus ille bene operari sciens, et scienter male operans non secundum quod a magistro didicit, sed proprio sensu construendo, destruit?

Jud. Nulla culpa artificem redarguit, sed nec Deum quod diabolus peccavit.

Christ. Igitur quia diabolus peccans æternaliter cecidit, decebat ut illa perditio restauraretur, quare Deus hominem condens de limo terræ formavit.

Jud. Cur ergo perditionem illam non de angelis sed de hominibus instauravit?

Christ. Si de angelis et non de homine perditionem illam repararet, necesse esset ut tales illos crearet quales alii primitus facti fuerant, scilicet quamuis natura perfectos non tamen perfecta charitate firmatos, sicuti modo erant qui ruentibus sociis cum Deo remanserant; et dum isti perfecta charitate jam firmi, illi autem eadem nondum perfecta infirmi convenirent in unum, quam indecens conventiculum foret, quisquis cæcus intueatur : imo decuit ut de nihili materia hominem faceret, quo idem homo non superbire disceret, sicut diabolus præcessor ejus fecerat, qui per suam superbiam de cœlo ceciderat, ut, dum se de fragili terra factum conspiceret, in magna humilitate se promeret, et diabolus ipsum in loco constituendum de quo ceciderat cernens, invidia gravi se cruciaret.

Jud. Quoniam de angelis tam rationabiliter et bene dixisti, ut jam non videam quid de ipsis tibi possim objicere; hoc quod de homine cœpisti prosequere.

Christ. Fecit ergo Deus Adam tam sapientia quam decore et fortitudine perfectissimum, dans ei naturalem sensum et rectum ingenium ut rationali intellectu cæteris creaturis præesset, quas omnes propter eum fecerat; cui etiam ad supplementum generis Evam de costa dormientis factam feminam contulit, quibus ad victum tanquam cibo indigentibus omne lignum paradisi concesserat, quo vegetati salvarentur a malis et ad vitam perpetuo sustentarentur; non enim ea conditione tunc immortales erant ut sine cibo vivere possent; nisi enim comederent morerentur, sed ut sustinentia cibi semper viverent donec mandatum Dei servarent; excipit autem lignum scientiæ boni et mali, non ideo quod antea malum nescirent, sed malum quod per scientiam noverant nondum experimento didicerant; sicut usualiter dicimus quod nullus homo scit quid bonum sit, nisi aliquando tentaverit quid sit malum: si enim Deus illum absque scientia boni et mali fecisset, utique factus homo libero arbitrio caruisset, sed idcirco prohibuit eum a ligno scientiæ, quod per illud præceptum Deum se sciret habere, ac ideo non superbire, sed observando jussum per bonum obedientiæ meritum, deberet acquirere præmium, quo veniret in consortio angelorum. Vivebant itaque in paradiso terrestri sub omni tranquillitate et pace; quamvis nudi, tamen beati, cum in se nullum vitium omnino viderent, pro quo erubescere deberent; imo sine morte perenniter victuri essent si præceptum Domini servavissent, ut statuto a Deo tempore transferrentur ad collegium angelorum, postquam omnes illos generavissent de quibus lapsorum locus reparari deberet.

Jud. Nunc, quoniam de libero arbitrio paululum tetigisti, quod fere in omnium ore sonat, quid illud sit plene vellem agnoscere; nam sicut alii dicunt et ego æstimo, tunc Deus liberum arbitrium Adæ dedit, quando ei licentiam vel potestatem faciendi bonum vel malum contulit.

Christ. Quisquis hoc asserit nescit quid dicit, imo peccat, quia de peccato Deum accusat; nam si Adæ potestatem faciendi malum dedisset ipsemet peccavisset, sed liberum arbitrium Dominus Adæ dedit, quando ei per rationalem sensum, discretionem boni et mali ostendit, malum interdicendo ne faceret et bonum præcipiendo quod ageret, quia liberum arbitrium nihil aliud est quam scientia discernendi bonum a malo, quod vere tunc in Adam liberum erat, quando nondum peccaverat; quoniam postquam peccavit illud arbitrium sicut antea fuerat liberum in eo non fuit, quia peccati legem in membris suis repugnantem legi mentis suæ sensit, quam ante peccatum non pertulit: denique miles, qui nondum captus est, melius se potest antequam capiatur defendere, quam semetipsum eruere postquam captus fuit et ligatus.

Jud. Apertissime docuisti quid sit liberum arbitrium et quod posteaquam Adam peccavit non fuit in eo tam liberum sicut antea exstitit; sed, si Adam in paradiso cum omni sua progenie maneret, mundus iste pro nihilo fieret; cuncta quoque, quæ sicut ipse propter hominem facta sunt, utique inutiliter essent, quibus ille non uteretur propter quem facta fuerant.

Christ. Mundus et ea quæ in mundo sunt non inutiliter sed propter hominem facta sunt, ut omnis humana propago in hoc mundo conversaretur, et omnibus creaturis prælata potestativa ratione principaretur : non tamen mundus qualis modo est, sed multum tunc pulchrior esset, qui postmodum aquis diluvii totus corruptus est; quam corruptionem ignis ille purgabit, qui in fine mundi aerem illum cremabit, et ascendens quantum diluvii aqua conscendit velut aurum purgando cœlum et terram innovabit. Hoc idem Iris in nube significat quæ, bicolor ex rubro et viridi, aquæ et ignis indicium monstrat, quorum primum in mundum desæviit; sed penitus delere non potuit: alterum vero non delebit, sed mutando in melius renovabit; omnes ergo unanimiter summa pace et lætitia et rerum abundantia fruerentur absque dolore et ærumna præstolantes tempus quo completo electorum numero cœlesti gratia potirentur.

Jud. Si Deus propter hominem cuncta bona valde creavit, quid est quod multa homini nocentia sunt quæ homo non comedit, sed ipsa etiam homines comederunt, ut sunt serpentes, dracones, et quæque reptilia, et etiam volucres et muscæ, et cætera quamvis minuta, tamen nociva animalia, quæ non solum hominem non adjuvant, sed etiam multoties infestant et nocent; quorum importunitatem si filii Adæ paterentur, perfecta beatitudine non fruerentur.

Christ. Si Adam non peccasset avis aut bestia quam vocaret protinus adveniret; pisces quoque et cuncta animalia et cætera quæque insensibilia ut lapides, mare et terra placida sibi servirent obedientia, quibus etiam imposuit nomina; sed quando peccavit illam dominationem perdidit; quia Dei mandata contempsit quare cunctis rebus quibus antea præerat, contemnendus apparuit. Deus autem omnia propter hominem condidit, quæ etiam valde bona creavit et ipsi ad salutem proficere voluit, nam vermes scilicet colubros et cætera quæ nunc abominaris, etiam ipse frequentissime comedis.

Jud. Absit a me ut vermes et colubros comedam, quæ, quamvis Deus bona creasset, tamen lex et natura comedenda prohibet; nam si colubrum vel aliud venenosum comederem, statim perirem.

Christ. Nunquid de cervo comedis?

Jud. Etiam quia lex annuit, eo quod ruminat et ungulam findit.

Christ. Attende nunc quomodo physice tecum loquar; cum cervus ægrotat vel longa senectute fatiscit, venit ad caveam in qua coluber demoratur, tunc appositis naribus ad foramen virtute sui flatus, qui fortissimus est, latentem colubrum per violentiam abstrahit, atque totum discerpens comedit: denique dum infuso per corpus veneno vehementer ardescit, currit ad clarum fontem et multum ac sæpissime bibens, ardorem sitis quem dudum pertulerat salubri haustu plenissime sedat; quæ potio, expurgatis doloribus pristinis, totum cervum reparat, magistrante natura sciens illam sumere, quia meliorem nec Hippocrates tibi posset præbere; itaque vides tu qui cervum comedis, quod cervus colubrum mandit, qui etiam coluber ranis et bufoni-

bus vescitur, et rana et bufo araneis et vermibus perfruuntur; similiter pisces et volucres sive alterutrum seu multa nocentia comedunt, quæ hominibus ad edendum mortalia sunt; Nam si serpentem vel colubrum ederet infectus veneno continuo expiraret, sed expedit ut sicut vivis de cervo, sic etiam cervus vivat de colubro, et cætera quæ creantur propriis alimoniis perfruantur: omnia tamen ad salutem hominis redeunt, cui etiam noxia saluberrime prosunt, dum unum in altero comedens, pastu jucundissimo delectatio. Sunt etiam multa quæ quamvis ad esum non valeant, tamen hominibus adjumenta præbent: ut sunt equi et asini vel etiam canes, cum labores hominum utiliter relevare solent; alia quoque ad medicinam prosunt quibus sapientes medici multipliciter utuntur, ut Hippocrates et Galenus, qui nihil intentatum penitus reliquerunt; sed quæque vilia et abjecta ad salutem hominis suæ artis scientia converterunt.

Jud. Quod dicis negare non valeo, nec ulla ratione pervertere, sed cum affirmas quod Deus animalia quædam ad esum hominis fecerit, quædam vero ad adjumentum, quædam quoque ad medicinam, quomodo constare possit secundum primam conditionem Adæ nullatenus video. Non enim possunt credere quod in paradiso carnibus vesceretur, cui Deus ad supplementum vitæ tantummodo fructum paradisi concesserat, nec etiam equorum vel aliarum rerum egeret auxilio, cui propria virtus sufficere Deo adjuvante valeret; medicinis quoque cur uteretur, qui nunquam perpetuo infirmaretur? cum ergo dicis quod propter eum Deus omnia fecit, peto ut dicas unde ei servirent quorum beneficio nullatenus frueretur?

Christ. Re vera Adam carnes in paradiso non ederet, quia talibus alimoniis non egeret. Nec etiam cujuslibet creaturæ indigeret auxilio cui propria virtus sufficeret collata a Deo; medicinis quoque non uteretur quia tam sanus erat ut etiam si quid mortiferum biberet, non ei noceret; sed Deus creaturas idcirco fecerat, ut homo qui principaliter creatura præter angelos erat haberet unde Deum glorificare deberet; et prælatum se cernens omnibus creaturis de tanto honore Deo gratias offerret, et admirans tantæ virtutis potentiam, factorem rerum magnificaret, unde enim Deum mirabilem cognosceret, nisi mirabilia Deus faceret? quo more sancta Ecclesia canit: *Benedicite, omnes bestiæ et pecora, Dominum* (Psal. CXLVIII), non quia bestiæ et pecora Dominum benedicere sciant, sed quia rationales homines, de ipsis et pro ipsis Deum collaudant; Deus autem, qui omnia novit antequam fiant, præsciens humanam fragilitatem a carnibus abstinere non posse postquam vindictam diluvio inundante peregit de his qui sine ejus licentia carnes præsumpserant edere, postmodum misericorditer concessit; nam gigantes ante diluvium fuerant, qui de filiis Dei et de filiabus hominum nati erant ac præ enormitate pomis et permissis frugibus vesci non sufficiebant, quare rapinis et homicidiis inservientes, etiam carnes bestiarum et hominum semicrudas edebant, quibus Deus ad iracundiam provocatus diluvii aquas induxit et eos fure tenus de terra delevit.

JUD. Hoc quod nunc de Genesi protulisti in nostris libris non filios Dei, sed angelos habemus; unde mirum est quomodo potuerunt coire cum feminis sicut ipsa historia refert dicens : *Videntes angeli filias hominum quod essent pulchræ, acceperunt sibi uxores de omnibus quas elegerant* (*Gen.* VI). Tradunt nobis antiqui quod post lapsum Adæ isti angeli de quibus nunc loquimur cecidere de cœlo, atque inter homines conversati filios genuere; ergo admirabile est quod spiritualis et angelica natura humanæ carni naturaliter misceri prævaluit.

CHRIST. Nunquam nisi semel angeli ceciderunt de cœlo, quia gratia Dei confirmati nec ante nec post lapsum Adæ amplius cadere potuerunt; male ergo intelligis si spirituales angelos corruisse cum mulieribus coire dicis, nam illi quos tua littera angelos, nostra vere Dei filios appellat, nec Dei filii nec angeli, sed carnales homines naturaliter erant, quos tamen præ munditia vitæ et morum excellentia divina Scriptura angelos vel Dei filios voluit nominare; qui eo tempore divisi manebant ab illa nefanda progenie, quæ per nequam Cain suum antecessorem a bonitate morum Adæ et sanctitate et scientia degeneraverat, et quandiu divisi manserunt, naturalem bonitatem conservaverunt, donec se malorum filiabus commiscuerunt quæ in eos suorum patrum nequitiam infundentes a bonitate pristina perverterunt. De quarum commistione illi proceri gigantes generati sunt.

JUD. Tam veraciter hoc demonstras quod nunquam contradicere possum, sed regrediamur nunc ad Adam, et dic utrum parvuli quos ante peccatum generaret cum tanta corporis infirmitate aut membrorum debilitate, vel sensus ignorantia nascerentur, sicuti modo fuerunt hi qui in hoc mundo nascuntur.

CHRIST. Talibus ærumnis minime subjacerent; nam quia, sine ardore libidinis ac proinde sine peccato, utique absque ullo dolore matrum vel ipsorum conciperentur et nascerentur; et nati nulla infirmitate corporis vel ætatis aut membrorum debilitate seu sensus, ignorantia punirentur; sed protinus possent disertissime loqui, ire et naturaliter perfrui felicitate, nullo obstaculo sensus impediente. Et licet Deo illis sua dona distribuente unus plus alio saperet, tamen omnes docibiles Dei essent, quia sapientia magna repleti magistrante natura, non aliud de cunctis rebus perfectissime scirent; nam etiam cœlestes angeli non omnes æqualiter sapiunt, quamvis unum et idem sentiunt, sed unus alteri præstat, imperat et mittit non superba dominatione sed humili; sicut stella a stella differt in claritate, et alia est claritas solis, et alia est claritas lunæ?

JUD. Cur hi qui modo nascuntur eadem beatitudine non fruuntur, sed potius nudi, miseri et infirmi; longo tempore et labore ad virilem ætatem vix quandoque protrahuntur? Nunquid anima humana in parvulis insipida vel fatua est, et cum corpore crescens sapientia et viribus augmentatur; aut ipsa in sua quidem natura sapiens seu vigens est, sed fragilitate puerilis corporis præpeditur? nisi etiam sapiens ille stolidus esse probatur, et multa naturæ discrimina patiuntur.

CHRIST. In hoc advertere potes quod de corruptione nati sunt; nam sancti illi qui ante peccatum procrearentur, eo ipso continuo firmi et stabiles essent, quia non de corruptibili carne procederent, sed potius de immortali et incorruptibili corpore generarentur, isti autem qui modo nascuntur idcirco gravi fragilitate præpediuntur, quia de corpore mortali et corruptibili procreantur; hoc etiam testatur Sapiens : *Corpus*, inquiens, *corruptibile aggravat animam, et deprimit terrena habitatio sensum multa cogitantem* (*Sap.* IX). Quia enim hoc corpus corruptibile est (*I Cor.* XV); multis modis aggravat animam, tam membrorum fragilitate quam ignorantia sensus, dum iste crassa cervice desipit; ille vero perspicacia sensus profunda intuetur et percipit. Et quamvis anima secundum suam naturam semper sapiens sit; tamen aut pueritia aut senectute vel aliquo obstaculo corporis præpeditur, ne quædam possit perspicere sicut debet facere.

JUD. Satis bene dicis, sed si quid amplius de tua narratione vis prosequi facito, quia quod nunc inquirere possim non video.

CHRIST. Videns ergo et invidens diabolus hominem tanta sublimitate beari, et in loco constituendum de quo superbiendo ceciderat, auctus invidia gravi, tentavit eum per feminam quam natura ad seducendum noverat esse levem. Decepit igitur eam sub specie boni illis promittente, quia non essent assecuturi mortem, si comederent de ligno scientiæ boni et mali; quæ arbor vere bona erat, sed ex ea sententia illa pendebat, ut quacunque die homo ex ea comederet; necessitatem mortis mereretur; et hac occasione nomen acceperat, ut homo de illa mandens per præcepti transgressionem experimento bene disceret quantum distaret inter bonum et quod obediendo possederat, et inter malum quod per inobedientiam merebatur.

JUD. Quid est quod peccanti homini Deus interminavit, dicens, quod in quacunque die de illo fructu ederet, morte moreretur? Ea namque die qua peccavit mortuus non est, quapropter illa interminatio vera non est.

CHRIST. Illa interminatio vera fuit, quia qua die peccavit quod antea non fecerat, necessitatem mortis incurrit, vel quia peccatum mors est, quando illud fecit, morte animæ periit.

JUD. Dic quod cœpisti, quoniam breviter et bene solvisti.

CHRIST. Credidit autem mulier fallaciis diaboli omnino decepta, quia vere putavit sibi contingere quod diabolus per serpentem impia proditione dicebat; denique prius comedens postea dedit viro, cui tamen Adam scienter consensit et credidit. Nam, sicut dicit Paulus apostolus, *Eva in prævaricatione seducta est, Adam autem seductus non est* (*1 Tim.* II); illa enim promissa diaboli vera esse putavit, hic autem omnino fallaciam esse putavit; sed sicut dicit noster auctor sanctus Augustinus et alii, in tantum Evam conjugem amavit, quod ab ejus voto et actu discrepare non voluit; quare votis ejus consentiens pariter cum ea peccavit et tamen fisus est de Dei misericordia, quia non dubitavit se veniam habiturum de culpa; mox autem ut comederunt confestim se nudos viderunt, quia interna castitate privati quam nondum antea senserant luxuriam persenserunt, ac proinde pœnaliter erubuerunt; prius enim, nihil nisi quietum noverant; sed mox ut peccaverunt a Deo deserti, apertis oculis suam nuditatem viderunt, quia deficientes a bono protinus malum incurrerunt. Igitur Adam non ex ignorantia, sed ex industria peccavit, qui promissa diaboli vera non esse sciens, tamen Evæ consensit, et non invitus, sed scienter et sponte Deum deserens, se diaboli servitio mancipavit; quem diabolus ut servum suscipiens, abdicatum sibi jure retinuit, et hoc juste facere debebat quem propria perfidia acquisierat; omnis enim qui facit peccatum, servus est peccati.

Jud. Et cur eum quamvis propria deceptum perfidia sub iniqua damnatione retinuit, quem Deus ad restaurandum numerum angelorum creavit? Nonne tibi grave videtur ut fragilis homo non per se, sed suadente diabolo peccans, sine ulla causa excusationis diabolo traderetur? certe modo non potes dicere quæ de diabolo jam dixisti, qui nulla causa, sed sola superbia peccans totus inexcusabilis fuit; homo enim tentante diaboli, et indigens cibo non sine causa peccavit, quapropter quamdam excusationem habere debuit, quia conjugi suæ charitatis gratia credens ab ejus voto nullomodo separari curavit.

Christ. Vis audire cur eum diabolus ita retinuit? Certe quoniam pœnitere neglexit, nam si pœnituisset utique veniam habuisset; etenim Deo percunctante quare hoc fecerat, ubi propriam culpam agnoscere noluit, sed mox super ipsum auctorem retorsit, dicens: *Mulier, quam dedisti mihi sociam, dedit mihi de fructu et comedi* (*Gen.* III). O miser, si se reum protinus exclamaret, Deus ineffabili pietate placatus, totum sibi facinus indulgeret; quia vero proterve contempsit, et suam culpam eo quod sibi conjugem illam dederat super auctorem posuit, idem auctor recte super eum sententiam dedit; denique de paradiso propellens sententia mortis multavit, ac pellibus morticinis indutum, tandem cinerem in cinerem redire significavit.

Jud. Justissime periit quia benignitatem spernens, quod male commiserat emendare neglexit, sed Deus omnia prævidens quem peccaturum noverat, cur a peccato non conservabat.

Christ. Quia cum tanto honore condiderat ut per arbitrium quod tam liberum sibi dederat, Deo adjuvante seipsum conservare valeret, ne in æternum peccaret; quamvis enim tentatus, nulla tamen tentatione superaretur si vellet, quia nunquam tentatione graviter anxiaretur; porro dum tentationi non coactus, sed sponte succubuit, merito damnationem incurrit, qui se ipsum pro nihilo perdidit.

Jud. Ad restaurandum numerum angelorum qui ceciderant Deus hominem fecit, itaque pro nihilo eum fecit, quia peccando cadens angelorum locum minime reparavit.

Christ. Utiliter eum Deus condidit, de cujus culpa utilitatem magnam produxit, quoniam unde cecidit, inde fortius resurrexit; nisi enim peccaret, Deus homo non fieret, cujus incarnatione salus et honor nobis accrevit, dum nostram humilitatem assumens Deo nos copulavit, quam etiam super choros angelorum levavit. O quam felix culpa quæ talem ac tantum Redemptorem habere promeruit, ergo non pro nihilo Deus illum fecit, qui licet peccando ceciderit, tamen Christi morte redemptus angelorum locum quandoque reparabit.

Jud. De casu angelorum et hominum rationem mihi plenissime reddidisti, sed jam tempus est ut pertingas ad rem cujus causa disputatio nostra produxit, nam petii a te ratione monstrare qua necessitate Dei Filius factus est homo, et quare seipsum non alium voluit incarnari.

Christ. Recte memoraris; scias autem quod si bene inspicias disputationem quam de angelis et hominibus fecimus, hæc ratio quam requiris ad videndum non erit tibi difficilis, imo multum facilis. Requisisti namque cur Deus omnipotens tantum laborem sustinuit, et non potius deceptum hominem a diaboli potestate violenter eripuit. Sed Deus totus rationabilis, imo ipsa ratio nihil irrationabiliter facere voluit, qui cuncta sub ratione disposuit, qui si hominem a diabolo violenter abstraheret utique non ratione sancta injustitiam faceret, nam diabolus rationabili calliditate hominem acquisierat, qui etiam homo se sua sponte diabolo dederat, quem proinde non irrationabiliter sed juste perdere debebat; si vero angelus incarnandus ad hanc redemptionem explendam mitteretur, valde incongruum esset; quia tunc homo quatuor personis foret obnoxius, dum uni Deo in Trinitate serviens, etiam angelum qui se redimeret adorare deberet; etsi quidam homo novus factus ad redimendum veterem hominem adveniret, nunquam congrueret; quia nobis ejus seu angeli natura non pertinens nullatenus nos reparare valeret, sed magis decuit ut de ipsa peccatrice carne sine culpa sumens Deus homo fieret, ac ipse factor hominis per semetipsum veniens suam facturam redimeret; et eadem natura, et eisdem modis quibus hominem vicerat, ipsum hostem revinceret. Multum vero convenit ut per seipsum hoc faceret non per alium, quatenus in una persona Deum et Redemptorem pariter adoremus; *misit ergo Deus natum ex* muliere, *factum sub lege, ut ii qui sub lege erant, adoptionem filiorum* Dei reciperent (*Galat.* IV), tamen hoc sacramentum valde diabolo celatum est, qui ejus adventum, quem per Scripturas noverat, timidus exspectabat; nam se destruendum ejus potentia non dubitabat, quare si eum adesse cognovisset, nunquam Dominum gloriæ crucifixisset; hæsitabat autem quia cum infirmitate carnis obumbratum cernens, inflatus superbia credere contemnebat quod Deus excelsus ad tantam humilitatem voluisset inflectere, et contra, deitatis potentiam per miracula contuens, mirabatur; fidenter sciens neminem nisi Deum talia posse. Dum ergo anxius dubitaret, ipsum tribus tentationibus agitavit, quibus primum hominem superaverat, sed Dominus sua responsa temperavit, ut unde certus fieri voluit, inde magis dubitando recessit; accendens itaque Judæorum corda gravi invidia, egit eum in crucem per sua membra, divina tamen id gratia disponente, ut qui per lignum vicerat, ligno revinceretur. Quia vero Dei Filius peccatum hominis venerat expiare, manus clavis confixas tetendit in cruce, ut manus immundas ablueret, quas ad sumendum perditionis pomum protoplastus extenderat, amarissimoque potu fellis et aceti potatus est, ut suavitatem gustus quem primus homo illicite perceperat, tam acri medicamento purgaret. Quin etiam sicut Eva de costa viri formata est, sic quoque de latere Christi in cruce lancea vulnerati, sancta Ecclesia facta est, cujus redemptio, id est sanguis et aqua de Christi corpore fusa est; ipsamque quam primus homo construxerat mortem moriendo destruxit, et vitam resurgendo reparavit. Quod idcirco facere poterat quia Deus erat, et quia mortis inventor diabolus nihil de suo in eo reperit; quare a morte teneri non potuit, sed ipsam superando consumpsit; et non solum originali peccato, sed omni culpa carens agnus sine macula exstitit, qui mundi peccata tulit, ac pro nobis hostia factus semetipsum obtulit Deo Patri in odorem suavitatis, de cujus passione multipliciter Isaias locutus est dicens: *Vere languores nostros ipse tulit, et dolores nostros ipse portavit; ipse enim vulneratus est propter iniquitates nostras, attritus est propter scelera nostra, cujus livore sanati sumus, et Dominus posuit in eo iniquitatem omnium nostrum, qui oblatus est quia ipse voluit* (*Isa.* LIII). Item: *Propter scelus populi mei percussi eum, et ipse peccata multorum tulit, et pro transgressoribus oravit ut non perirent* (*ibid.*), quid quæris apertius quam quod Isaias voce clamavit, Christus opere adimplevit.

JUD. Utique nihil apertius.

CHRIST. Porro nunc requiro a te ut facias mihi quoddam judicium si aliquis potens quemdam servum haberet, et ille servus ab ipso domino tenens, quavis arte seu proditione quæreret, ut ille suus dominus morte periret, quid de illo fieri deberet.

JUD. Certe justo judicio perderet quidquid de suo domino teneret, et ipsemet velut proditor morte turpissima condemnatus, etiam vita carere deberet.

CHRIST. Recte judicasti: simili ergo modo collige quod diabolus qui primum hominem sub dola fraude seduxerat et sibi subjecerat; quem etiam diutissime captivum tenuerat; tum Deum et Dominum suum Christum injuste morte peremit, juste hominem quem permittente Deo possederat, perdere debuit, qui eumdem ut alias peccatores obnoxium esse peccato existimans occidere non dubitavit, sed postquam eum occidit, ab ipso qui omni peccato liber erat captus, tentus et vinctus est, et qui quondam superaverat, ab homine rursum superatus et vinctus est; fecit ergo diabolus sicut piscis in aqua qui dum avidis faucibus devorat ferrum, ut glutiat escam, repente comprehensus et retentus ab hamo perit mortaliter perforatus. Tunc enim seipsum lethaliter perforavit, quando humanum corpus Filii Dei percutiens, in offensam deitatis tanta piacula incidit, et prædam illam quam paradiso tulerat perdidit, quia Christus portas inferni conterens, et vectes ferreos confringens, animas sanctorum potenter eripuit, et aperto paradiso restituens, in æterna felicitate collocavit. Ut autem nobis spem resurgendi tribueret, a morte die tertia resurrexit, et præcedens nos velut caput nostrum principiumque, ad cœlos ascendit, ubi nostram humilitatem ad dexteram Dei Patris miro ordine collocavit, quo cunctis spem ascendendi fidelibus donavit; inde quoque venturus est ad judicium quo singulis reddet secundum suum meritum, malos mittens in ignem æternum bonos autem in vitam æternam quam nobis tribuat qui fecit eam. Amen.

Hoc opus fideliter exscriptum est ex antiquo manuscripto bibliothecæ Catalaunensis per P. Robertum Desgyves, canonicum regularem congregationis Gallicanæ, præpositum majoris Domus Dei Belvacensis.

ANNO DOMINI MCXXIV

CALIXTUS II

PONTIFEX ROMANUS

NOTITIA HISTORICA

(Mansi, *Concil.* XXI)

Calixtus hujus nominis secundus, Guillelmi Burgundiæ comitis filius, Henrici imperatoris consanguineus, adeoque, quod ait Chronicon Casinense, regia stirpe progenitus, in rebus sæculi strenuus et in ecclesiasticis apprime eruditus, tertio die post obitum Gelasii unanimi consensu totius cleri ac populi Romani Cluniaci in Galliis ex Guidone Viennensi archiepiscopo invitus (ut testatur ipse apud Urspergensem in epistola ad Adalbertum Moguntinum archiepiscopum) electus est pontifex optimus, anno Domini 1119, ipsis Kalendis Februarii, tempore Henrici V, regis Germaniæ et imperatoris ejusdem nominis IV. De cujus electione ista apud Baronium Pandulphus: « Hic a cardinalibus, qui cum Gelasio, jam in Cluniaco sepulto, ab urbe in Franciam venerant, dum esset ante archiepiscopus Viennensis, in papam Calixtum electus. Qui se indignum iterato reclamans, idcirco modis omnibus resistebat, quia et incertum habebatur a multis utrum Romæ ratum factum hujusmodi teneretur. Propter quod vix cappa rubea amiciri sustinuit, donec nuntii redeuntes Roma, per dominum Petrum tunc vicarium, episcopum Portuensem, per cardinales omnes, per dominum Petrum Leonis (nam iste nimium laboravit in verbo propter diaconum Petrum Leonis filium suum, qui potissimum in Francia id peregerat), per præfectum et consules, per clerum et populum, viva voce ac litteris electionem ipsam canonice jureque firmarent. »

Sed quid de sua electione ei fuerit per visum divinitus præmonstratum, sic narrat Sugerius in Ludovico : « Cum in somnis proxima nocte, apto satis licet ignoto præsagio, vidisset sibi a persona præpotente lunam sub chlamide repositam committi, ne causa Ecclesiæ transitu apostolici periclitaretur; ab ea quæ aderat Romana Ecclesia in summum pontificem electus, visionis veritatem enucleatius adnimadvertit. » Quod magis magisque perspicuum reddiderunt eventa. Siquidem diuturnum bellum ob investituras conflatum, diu multumque Ecclesiam fatigans et lacerans, cedente tandem imperatore, ab eodem Calixto papa felicissime compressum est. Dum factam electionem absentes cardinales per litteras approbassent, atque ecclesiam Sancti Mauri confessoris translatis isthuc e cœnobio Casinensi corporibus sanctorum Antonii et Constantiniani solemni ritu dedicasset, Cluniaco Romam reversus, a clero, senatu populoque Romano honorifice acceptus fuit.

« Hic postmodum, inquit Tyrius (lib. xii, c. 8), divi imperatoris Henrici, cujus consanguineus erat, gratiam consecutus, et ejus fretus auxilio, in Italiam cum cardinalibus et universa curia discedens, apud Sutriam urbem Romæ conterminam, æmulum et hæresiarcham Burdinum, antipapam schismaticum, violenter cepit; insuper et camelo impositum, pelle indutum ursina ad Casinense [Cavense] cœnobium, quod juxta Salernum esse dignoscitur, cum multa misit ignominia ; ubi usque ad supremum senium vitam compulsus est lege loci ducere cœnobiticam. » Auctor Chronici Casinensis 70 et sequentibus quibusdam capitibus libri quarti recensens omnia ea beneficia ac privilegia quæ Casinensi monasterio contulisset vel adjudicasset, inter cætera ait eum exercitum ex Northmannis congregasse, et antipapam schismaticum, quem Mauritium hæresiarcham nominat; in civitate Sutrina, ad quam pseudopontifex confugerat, obsedisse, cepisse, et in arce Casinensis monasterii, quam abbas ejusdem cœnobii construxerat, exsilio relegasse. Urspergensis addit eumdem antipapam, a Romano exercitu interceptum; pluribus a vulgo contumeliis et irrisionibus affectum, auctoritate Calixti papæ ab injuriis vindicatum, ad agendam pœnitentiam in exsilio relegatum esse.

Pandulphus autem, qui erat hæc spectans, sic paulo fusius habet: « Interea Burdinus in Sutrio prope Romam Ecclesiam persequi, peregrinos prædari, in papam et alios maledicta congerere, quæque alia hujusmodi poterat, tam per se quam per alios, facere non cessabat. Tunc papa, factus abunde jam ab omni parte securus, paravit magnum exercitum, et cum eo Joannem Cremensem cardinalem Sancti Chrysogoni Sutrium contra Burdinum præmisit : ipse cum evestigio sequitur. Demum Sutrii convenerunt. Pugnatur attentius, vincitur capiturque Burdinus, adducitur, sed tamen camelo subvectus. »

In scripto codice Vaticano asseritur a Sutrinis, cum eorum quaterentur mœnia, Burdinum militibus deditum, qui ejusmodi eum exposuerunt ludibrio. Primum omnium eum incessere blasphemiis, altis vocibus conclamantes : « Maledicte, maledicte, per te iam grave scandalum venit. » Addebant alii : « Tu es qui Christi tunicam attentasti dividere, et dilacerare catholicam unitatem præsumpsisti. » Tunc præparato camelo pro alto caballo, et indutus pilosa pelle vervecis pro chlamide rubea, positus est ex adverso super camelum, dataque est ei in manibus pro freno cauda cameli. Ita in urbem introductus est in exemplum aliorum, ne similia quis ultra auderet tentare. Inde in arcem Fummonis primum, inde vero est in monasterium Cavense translatus ad pœnitentiam; sed in sua rebellione perseveravit incautus [in cunctis].

Quod etiam Sugerius abbas, et ipse hujus temporis auctor affirmat, simulque ejusdem antipapæ tyrannidem, Sutrii dum permaneret, pariter narrat; atque alia ab aliis prætermissa, ne quid desit ad triumphum bestiæ per imperatorem exaltatæ, sic tradit: « Romani, Calixti papæ tam nobilitati quam liberalitati faventes, intrusum ab imperatore schismaticum Burdinum, apud Sutrium sedentem, et ad limina apostolorum transeuntes genu flectere compellentem, expugnatum tenuerunt, tortuoso animali camelo tortuosum antipapam, imo antichristum, crudis, imo sanguinolentis pellibus caprinis amictum, transversum superposuerunt, et ignominiam Ecclesiæ Dei ulciscentes, per medium civitatis via regia, ut magis publicaretur, deducentes, impetrante domino papa Calixto, perpetuo carcere in montanis Campaniæ prope sanctum Benedictum captivatum damnaverunt, et ad tantæ ultionis memoriæ conservationem, in camera palatii sub pedibus domini papæ conculcatum depinxerunt. » *Hæc Sugerius in Ludovico.*

Idem Callixtus papa excommunicationis fulmine, in Remensi, Lateranensi, aliisque conciliis, sua et prædecessoris sui auctoritate congregatis, Henricum quintum coegit, ut omne jus investiendi episcopos Ecclesiæ restitueret, atque ita hoc pontifice auctore tandem pax optatissima inter Ecclesiam et imperium composita fuit anno plus minus quinquagesimo, ex quo inter Gregorium VII, et Henricum IV ingens discordia ob beneficiorum collationem emerserat. Episcoporum et abbatum electiones, quas imperatores et reges usurpaverant, clero et monachis restitutæ fuerunt, ideoque imaginem pacis in manu tenens depingitur. *Possevinus.* His rebus præclare gestis pontifex de Ecclesia optime meritus, multis præclaris constitutionibus, quæ in decreto Gratiani recitantur, et quodam opusculo de sancto Jacobo apostolo in lucem edito, clarissimus, migravit ad Dominum Idibus Decembris, anno Domini 1124, cum munus pontificum administrasset annis quinque, mensibus decem, et diebus tredecim. Post obitum, teste Ottone Frisingensi, hoc elogio condecoratus fuit:

Ecce Calixtus honor patriæ, decus imperiale,
Nequam Burdinum damnat, pacemque reformat.

Ex Pandulpho plura Baronius.

NOTITIA ALTERA.

(CIACONIUS, *Vitæ et gesta pontificum*, pag. 382.)

Cum Gelasius II Cluniaci excessisset, cardinales vi statim de novo pontifice eligendo tractarunt, qui Ecclesiæ Romanæ magno schismate tunc vexatæ, auctoritate sua consuleret, ne si sedis vacatio diutius protraheretur, aliquod Ecclesia insigne detrimentum caperet, sed aliquem in Romanum pontificem deligerent, qui generis nobilitate, opibus, principum gratia, apud omnes auctoritate, virtute, prudentia, et rerum dexteritate præditus, pacem sublato schismate Ecclesiæ Romanæ constitueret; eamque a tot perturbationibus, quibus per annos prope quinquaginta vexata fuerat, liberaret: et Henrico imperatori, ac pseudopapæ constantissime se opponeret. Eos vero in hanc sententiam traxerat adventus archiepiscopi Viennensis Guidonis, in quem oculos et mentem conjecerunt, tanquam tanto sacerdotio dignissimum et in quem eæ conditiones, quas supra enumeravi, caderent. Nam præter quod nobilissimo loco natus erat, quippe qui Gulielmi filius, et Stephani Burgundiæ principum frater, ac Balduini Flandriæ comitis avunculus erat, proximo etiam affinitatis gradu reges Francorum et Angliæ, et ipsum etiam imperatorem contingebat. In rebus quoque gerendis, iis omnibus rebus quoque gerendis quas supra numeravi pollebat; et in ecclesiastica legatione, quam ei per Gallias Paschalis II demandaverat, egregie se gessit, et cunctis episcopis timentibus, primus fuit, qui anathema a Paschali II in imperatorem factum promulgaverit: et concilio in Galliis congregato, omnes fere Galliæ episcopos ab eo separavit.

Consecratio et coronatio Calixti papæ II.

Guido ob res præclarissime gestas, postridie quam Cluniacum a Gelasio II vocatus, adventasset, omnium cardinalium suffragiis, Petro Petri Leonis filio diacono cardinali præcipuo auctore Kal. Februarii, anno D. 1119, pontifex maximus invitus, penitus, et repugnans acclamatus est in monasterio Cluniaco in Gallia; timebat enim ne cardinales, qui Romæ erant, eam electionem, quod iis insciis facta esset, non approbarent; ideoque chlamide rubea, non ante indui, aut reliquo ornatu pontificio uti voluit, quam creationem suam, ab iis cardinalibus, qui Romæ erant, ratam haberi intellexit. Cujus rei gratia, ex Galliis, primi inito pontificatus die, Roscemanum diaconum cardinalem ad Urbem miserat, qui cum legatis Romanis consensum cardinalium per litteras afferens Cluniacum reversus est. Quo cognito pontifex a Lamberto Ostiensi, et aliis pridie Idus Octobris ejusdem anni 1119 consecratus et coronatus est, Calixtus II, quod ejus sancti pontificis die ejus consecratio celebrata esset vocari voluit. Sedit vero, Henrico V imperante, annos v, menses x, dies XIII. Fuit Calixtus ante pontificatum Viennensem monachus cœnobii de Fulleri, ut scribunt Guido monachus Cistersiensis, et Petrus Burgianus in Historia monastica.

Quod vero Calixtus II Cluniaci maxima cura delectus esset, Pontium, et successores illius monasterii præfectos annulo donavit eosque in posterum Romani cardinalis officio fungi voluit, ut in ephemeride eorum in memoriam scriptum permansit, nemo constantius pro Paschali II adversus Cæsarem steterat, nemo promptior fuerat ad damnandum auctoris perfidiam. Concilio Viennæ ad Rhodanum celebrato in ipsum sententiam anathematis jaculatus erat, idque epistola ejus ad Paschalem, quæ adhuc exstat ostenditur. Nemo tamen charior illi postea fuit, mutata enim voluntate, et pacem pontifici dedit, et tyrannidi cessit instituendi episcopos et abbates. Hujus pacis nuntium, et consensum Italicæ gentis exspectans, Calixtus synodum habuit, cui interfuere CCCCL episcopi et abbates. A quibus disciplina ecclesiastica fere restituta est. A prædecessore suo Gelasio, Remis ea synodus indicta fuerat, eam Kalendis Novembris celebravit Calixtus II, in qua damnata hæreticorum tum surgens pestifera hæresis, quæ Eucharistiam, parvulorum baptisma, et ordines sacros, et legitimas nuptias negabat, clericorumque odio, bona eis temporalia, decimas et oblationes eripiebat, in qua saltem de pace inter ecclesiasticos et sæculares constituenda tractatum, anno 1120.

Pontifex, dispositis his quæ ad statum ecclesiasticum conservandum in Galliis necessaria erant, in Italiam venit; excipiturque quasi numen aliquod in terram elapsum, concordiæ bono id animos hominum penitus illabente, populo obviam prodeunte, ac honorato quoque Urbem ingreditur, congratulantibus omnibus, tum pontifici, tum civitati Romanæ, quod hunc quietis et pacis auctorem futurum cernebant, atque Gerardum civem Placentinum, episcopum Potentinum mortuum in sanctorum numerum retulit.

Rebus autem ex sententia Romæ compositis, Beneventum pontifex proficiscitur, quo et principes omnes statim convenere, salutandi (ut mos est) pontificis causa, maxime vero Guilielmus Apuliæ dux, Jordanus Campaniæ comes, Arnulphus Ariolæ, Robertus Lorotellæ comites, viri insignes et sine contentione, illius partis Italiæ facile principes, qui etiam polliciti sunt adhibito jurejurando se in potestate pontificis semper futuros.

Interim cum Prænestinus episcopus Gelasii legatus, conventum episcoporum Germanicorum Coloniæ et Fritessariæ habuit, atque in utroque loco, Henricum cœtu piorum ejectum declaravit. Quo facto permoti Germaniæ principes conventum Virciburgum indixerunt, atque eo Henricum ad dicendum vocaverunt, haud obscure denuntiantes se, nisi venisset, absentem regno spoliaturos. Henricus ex Italia in Germaniam redire maturavit, ac suorum concordi voluntate commotus conventum apud Triburias haberi permisit, seque de omnibus quæ sibi objicerentur rationem ibi reddere ostendit. Ac legatis pontificis conventum alium Remis indicentibus, ipse quoque, ut reconciliaretur Ecclesiæ, eo se occursurum spopondit. Ei conventui anno 1119, XIII Kal. Septembris pontifex ipse præsedit, atque inter cætera Henrico, ut episcopatum collationi renuntiaret, præcepit. Quo audito Henricus spatium petiit, quo cum principibus suis colloqui super ea re posset, ita infecta pace, Calixtus prædecessorum suorum decreta super ea re facta probavit.

Post Calixti in Italiam adventum, Gregorius pseudopontifex Sutrii se continuerat, comitum quorumquam præsidio septus; hi sive avaritia cæcati, sive insolentia inflati infestas latrociniis vias habuerant, eosque qui Romam tenderent, spoliarant; ob id Calixtus zelo incensus collecto exercitu ad Sutrii obsidionem Joannem Cremensem cardinalem misit. Verum obsidione opus non fuit. Gregorius a Sutrinis subito deditus, denique in Cavense monasterium prope Salernum inclusus mortem oppetiit. Legati Cæsaris benigne a pontifice accepti sunt, ac postero anno 1122 legatos a latere sedis apostolicæ cum liberis ad pacem constituendam mandatis reduxerunt; de pace igitur, et concordia ineunda, anno plurimum minimumve L, ex quo inter Gregorium VII et Henricum IV discordia ingens, ob episcopatuum collationem excitata fuerat, in qua episcoporum et abbatum electiones quas imperatores et reges hactenus usurparant, clero ac monachis restitutæ sunt. Cujus transigendi causa papæ Calixti legati, omni memoria fuerunt, Lambertus Bononiensis, Ostiensis episcopus, post papa Honorius II; Saxo de comitibus Anagninus presbyter, et Gregorius de Paparescis Romanus, post Innocentius II papa, tunc diaconus cardinalis. Cujus rei adhuc memoria cum pictura exstat in introitu pontificum cameræ Lateranensi, ubi est hoc elogium.

Ecce Calixtus honor patriæ, decus imperiale,
Nequam Burdinum damnat, pacemque reformat.

Ex eorum inde auctoritate conventus Virciburgum in festum S. Petri indictus est, qui cum perfici tunc non potuisset in ante diem XVI Kal. Octobris Wormatiam est delatus; ibi cum per septem dies assidue de concordia componenda, diversis inter principes certatum sententiis esset neque manentibus adhuc ipsarum partium studiis, res commodum habitura finem videretur : tunc Henricus : « Quid tantopere, inquit, de re non necessaria certatis, cum ego paratus sim, auctoritate sanctæ utique Ecclesiæ obedire, ac libere, id quod concordiam distinet, jus sacerdotiorum remittere. Quæque, aut a me, aut a patre meo Ecclesiæ ablata, oppida sunt, restituere. » Quam vocem ubi legati pontificis et episcopi audierunt, continuo alacres, summis cum laudibus exceperunt, atque ut in sententia permaneret hortati sunt. Itaque IX Kal. Octobris ipse cum toto exercitu qui exsecrationis contagione correptus erat, in communionem Ecclesiæ fidemque receptus, jus episcoporum abbatumque instituendorum, quod nunquam remissurum statuerat, in manus Ostiensis maxima humilitate dimisit, ac tabulis scriptis, tale sacramentum concepit.

« Ego Henricus Dei gratia Romanorum imperator Augustus, pro amore Dei, et sanctæ Romanæ Ecclesiæ, et Calixti pontificis, et pro salute animæ meæ, dimitto Deo, et sanctis ejus apostolis Petro et Paulo, et sanctæ Catholicæ Ecclesiæ omnem investituram per annulum et baculum, et concedo in omnibus Ecclesiis fieri electionem, et liberam consecrationem; possessiones et regalia B. Petri, quæ a principio hujus discordiæ, usque ad hodiernum diem, sive tempore patris, sive etiam meo ablata sunt, quæ habeo, sanctæ Romanæ Ecclesiæ restituo; quæ autem non habeo, ut reddantur singulariter juvabo, et do veram pacem Calixto, sanctæ Romanæ Ecclesiæ, et omnibus qui in parte ipsius sunt, vel fuerunt, et in quibus sancta Romana Ecclesia auxilium postulaverit, bona fide juvabo. »

Ex altera vero parte legati pontificii, pro pontifice, dederunt veram pacem, et omnibus qui in parte sua sunt, vel fuerunt, tempore hujus discordiæ, et privilegia electionis, inquam, episcoporum et abbatum Teutonici regni in præsentia ejus fieri absque Simonia, et aliqua insolentia. His tabulis inde extra urbem, in campo ad Rhenum propter ingentem, quæ convenerat, mortalium multitudinem, recitatis atque ingentibus omnium clamoribus, gratiis Deo omnipotenti actis, legatus rem divinam magna cæremonia fecit, et pacis osculo et sancta Eucharistia oblata, Henricum Romanæ Ecclesiæ recepit in gratiam. Henricus inde in festo S. Martini alterum conventum Bambergæ habuit, atque ex consensu eorum qui in Wormatiensi concilio non adfuerant, legatos Romam ad pontificem cum perampilis muneribus misit, ac solenne pontifici obsequium præstitit. Nuntio de concordia, reconciliatione accepto lætus pontifex, subito concilium frequens, et omnium maximum, episcoporum et abbatum fere mille in Lateranum indixit, ac postero anno 1123. reversis ad urbem cum tabulis pacis legatis 997. episcopis atque abbatibus advocatis, ex eorum auctoritate, omnia per legatos suos acta ad Wormatiam confirmavit, atque ita diuturnæ, eique rei, et exemplo perniciosæ inter pontificem et imperatorem discordiæ, finis tandem impositus est.

Calixtus II papa plures ordinationes cardinalium fecit, ex quibus tres duntaxat reperiuntur, prior anno II sui pontificatus mense Decembri, anno 1140 in qua novem cardinales creati sunt; posterior, anno secundo sui pontificatus in qua creavit unum, et 13 card. in anno quarto.

Anno Dominicæ nativitatis 1124 Romæ in patriarchio Lateranensi Idibus Decembris, pontificatus sui anno V, mensibus X, diebus XIII sui pontificatus obiit Calixtus papa II, de Deo deque hominibus bene meritus. Corpus ejus in basilica S. Salvatoris, quæ Constantiana dicitur, sepultum. Vacat tunc sedes diem tantum unum.

VITA CALIXTI II PAPÆ

AUCTORE PANDULPHO PISANO.

(MURATORI, *Rerum Italicarum Scriptores*, tom. III, parte 1, pag. 418.)

Calixtus, qui et Guido, natione Francus, consanguinitatis lineam a regibus Alamanniæ, Franciæ atque Angliæ ducens, præfuit Romanæ Ecclesiæ annis v, mensibus... Hic a cardinalibus, qui cum papa Gelasio, jam Cluniaco sepulto, ab Urbe in Franciam venerant, dum esset archiepiscopus Viennensis in papam Calixtum electus est. Qui se indignum iterato reclamans, idcirco modis omnibus resistebat, quia incertum habebatur a multis utrum Romæ ratum factum hujuscemodi teneretur. Propter quod vix cappa rubea amiciri sustinuit, donec nuntii redeuntes a Roma per domnum Petrum, tunc episcopum vicarium, per cardinales omnes, et per domnum Petrum Leonis (nam iste nimium laboravit in verbo, propter diaconum filium suum Petrum Petri Leonis, qui potissimum Franciæ peregerat causam) per præfectum et consules, per clerum atque populum viva voce ac litteris electionem ipsam canonice jureque confirmarent. Facto igitur hoc omnium subscriptionibus optime roborato, tunc papa solemniter a Lamberto Ostiensi episcopo et aliis quampluribus in Dei nomine consecratus, simul cum suis omnibus Romam iter incœpit. Ventum est ad provinciam, in qua Sancti Juliani ecclesiam, cellam Psalmodiensis cœnobii, idem papa nimium celebriter dedicavit. Inde per Sanctum Ægidium Romam non multo post sanus et incolumis rediit.

Ubi a jam dicto Petro Portuensi vicario, cardinalibus, clero toto ac populo tanta gloria est ac honore susceptus, quanta diebus nostris nullus unquam fuerit præsul de Roma tractatus. Ibi aliquandiu commorans Hugonem cardinalem a Benevento vocavit : idem enim dominus Hugo Beneventum tenebat. Cum quo simul et aliis pariter per Campaniam et Casinense cœnobium ipsum adiit Beneventum, ubi fere, ac si Romæ fuit, gloriose receptus. Venerunt ad eum illico Guillelmus Apuliæ dux, princeps Capuanæ urbis, Jordanus comes, Radulphus de Airola (1), Jordanus comes de Ariano, Robertus comes de Locotello, et innumeri alii, qui eidem ibi hominium fidelitatemque fecerunt. His itaque dispositis paulo post Romam per maritimam rediit. Tunc a Spiritu sancto commonitus Lambertum Ostiensem episcopum, domnum Saxonem cardinalem presbyterum Sancti Stephani in Cœlio monte, et Gregorium diaconum S. Angeli ut pacem pacis filiis in regno et Ecclesia reformarent, ad Henricum imperatorem in Alamanniam delegavit. Sed quid plus ? Imo totum volo dicere verbo, Legati missi inscriptis pacem offerunt, et quemadmodum in Lateranensi palatio privilegio repræsentat, pax ad velle papæ ab imperatore simul et recepta est, et perpetuo, annuente Domino, stabilita.

Inde in Apuliam, legatis jam ad Urbem reversis, iterato descendit, nam comes Rogerius de Sicilia tunc, nunc autem Italiæ rex (2), Calabriam et Apuliam ideo licenter intraverat; quoniam Guillelmus Apuliæ dux ut acciperet Alexii quondam imperatoris Constantinopolitani filiam, quæ vero postea ei data est in uxorem, Byzantium ierat, et terram quæ ei competit Domino papæ in eundo commiserat. Cumque jam dictus comes arcem de Calabria, quæ Miteforis (3) dicitur, obsideret, domnus papa ad eum ut ab obsidione cessaret, domnum Hugonem cardinalem direxit. Ivit cardinalis, et infecto negotio rediit. Papa autem in comitem tali omine surgit, quali et parentes (4) post eum, sicut ipsi vidimus, insurrecturi erant. Nam fere omnes cardinales meliores quos habuit in temporibus illis, sed et magnum Hugonem cardinalem nobilem et industrium mortuos cum non paucis ex domesticis perdidit, et demum quidquid voluit ipse comes Rogerius cum papa semivivo peregit. Rediit ad Urbem in lecto, evasit, et illo anno nongentorum nonaginta septem episcoporum, sive abbatum numero Laterani concilium celebravit, in quo vir regali stirpe progenitus fere jam deperditam mundo pacem restituit.

Fecit ordinationes in Urbe cardinali et episcoporum quamplures : primo in domnum cardinalem Petrum Leonis Sanctæ Mariæ in Trans-Tiberim, oleum fluxit ; domnum Crescentium Sanctorum Petri et Marcellini, M. Amicum Sanctæ Crucis, Guidonem Sanctæ Balbinæ, Theobaldum Sanctæ Anastasiæ, Robertum Sancti Clementis ; cum aliis presbyteris cardinalibus : Jonatham Sanctorum Cosmæ et Damiani, Matthæum Sancti Adriani, Americum Sanctæ Mariæ novæ, Angelum Sanctæ Mariæ in Dominica, Gregorium (5), qui et Tarquinius, Sancti Sergii, Joannem Danferii, virum nobilem, de Salerno Sancti Nicolai de carcere Tulliano; subdiaconos aliquot, meque Pandulfum usque ad subdiaconum ipse promovit ; innumeros minoris officii clericos ordinavit. Nemo hunc unquam vidit Beati Petri basilicam sine donis intrare, nec missam inibi nisi prius assignato dono cantare. Hic pro pace servanda turres Centii Dominæ bonæ (6) et iniquitatis dirui, et reparari non ibidem præcepit ; saxa optimæ fortitiæ supra Romam a Mortaldo comite emit, et honori S. Petri adjunxit. Cortinas multas et pallia, candelabra de argento, campanas, et pavimenta, fundos, atque casalia Beato Petro donavit, et multa per ecclesias alias beneficia contulit. Aquam ad Urbem reduxit, molendina cum vineis juxta lacum aptavit, ecclesiam Sancti Nicolai in palatio fecit, cameram ampliavit, et pingi, sicut apparet hodie, miro modo præcepit. Interea Burdinus in Sutrio prope Romam Ecclesiam persequi, peregrinos prædari, in papam et alios maledictos congerere, quæque alia hujusmodi poterat tam per se quam per alios facere non cessabat. Tunc papa fretus abunde, jamque ab omni parte Domino volente securus, parat magnum exercitum ; Joannem Cremensem, cardinalem sancti Grisogoni, Sutrium contra Burdinum præmisit ; ipse eum e vestigio sequitur, demum Sutrii convenerunt, pugnatur attentius, vincitur, capitur Burdinus, adducitur sic tamen camelo subvectus. Ivit cum victoria papa contra Godefri-

---

(1) Papebr. *Arcola*.
(2) Ab anno scilicet 1130, quo titulum hunc ei Anacletus antipapa concessit. PAPEBR.
(3) Papebr., forte *Nicefori*.

(4) Papebr., *Barenses*.
(5) Papebr., *Georgium*.
(6) Papebr., *Domus tyrannidis*, etc.

dum Laudensem (7) et Rainaldum comites de Ceccano rebelles, et nisi Ranulfi comitis de Airola intercessisset, proditio fecisset inde papa qualem justitiam debuisset, non tamen sine pace custos pacis abscessit, Burdinum in Cavensi cœnobio trudi præcepit, Romam rediit, et in alta pace resedit, pauperes profunde procurans.

Gaudebat mundus fieret dum papa secundus. Sed nulla potentia longa : nam fere jam antiqui

(7) Papebr., *Gofredum, Landum, et Rainaldum comites*, etc.

Octaviani tempora redundabant. Jam Christus continue in mentibus fidelium nascebatur (8), dum febris inopina proveniens papam repente consumit, et caput nobis omnibus in solo papa cecidit. Nec mora, confessus et ordinatus, omnibus ululantibus obdormivit in Domino, et sic pacis pater cum ipsa pace recedit. Sepultus est Laterani juxta domnum papam Paschalem in festivitate sanctæ Luciæ virginis.

(8) Id est Adventus erat inchoatus. PAPEBR.

HESSONIS SCHOLASTICI
COMMENTARIOLUS

De tractatione pacis inter Calixtum II pontificem Romanum et Henricum V imperatorem, anno Redemptoris 1119; deque concilio Remensi.

(GRETSERI Opera, t. VI, p. 549.)

LECTORI.

Abbas Urspergensis in Chronico Redemptoris anno 1119, ubi de Triburiensi conventu loquitur, ita scribit : *Aderant etiam legati tam Romanorum quam Viennensium, imo diversarum Ecclesiarum missi, confirmantes electionem domini Calixti. Cui profecto, dum universi nostrates episcopi obedientiam professi, synodum, quæ sibi juxta festum S. Lucæ indicebatur, collaudassent fieri, ipse rex semetipsum ibidem pollicebatur, ob reconciliationem universalis Ecclesiæ repræsentatum iri : id enim Catalaunensis episcopus et Cluniacensis abbas, apud Argentinam ipsum convenientes, multis ratiocinationum conatibus obtinuerunt. Ejusdem tamen actionem concilii, si quis plenarie cognoscere quærit, in litteris cujusdam scholastici nomine Hessonis eleganter enucleatam reperire poterit, id est, qualiter rex inter regnum et sacerdotium de concordia facienda consenserit; insuper eidem concilio, cui videlicet* III. *Kal. Novemb. prædictus papa Calixtus secundus, vallatus* CCCCXXVI. *Patribus, coram innumera multitudine cleri et populi præsedit, non adeo se præsentem, vicinum tamen exhibuerit, ubi in colloquio suo domini papæ legatis concesso, tandem inducias denuo quæsierit, propter generale colloquium cum principibus habendum, pro investituris scilicet ecclesiasticis, quas tantopere cogebatur amittere, ad ultimum vero idem Apostolicus, intacta inter se et regem concordia, synodalia prædecessorum suorum decreta confirmaverit, aliaque nonnulla, quæ res exigebat, naviter addiderit, sicque post dies fere* XII, *in virtute Spiritus sancti, rite finito concilio, cunctos apostolica benedictione confirmatos, et propria redire permisit, unumquemque cum gaudio. Ipse quoque non multo post ad Italiam conversus, incredibile memoratu est, quanto tripudio, quamque immensa pompa non solum totius Romæ, verum etiam universarum provinciarum quas pertransierat, Christi vice sit susceptus. Ab illo tempore tam ipse jam vere Apostolicus, quam universus illum sequens Christi grex, de die in diem proficere cœpit, donec cuncta pars Burdini, quem aliqui idolum cognominare solent, in dies infirmata, conari contra Ecclesiam desiit ; regni tamen cœpta commotio ac scelus, nullatenus quievit.* Hæc Urspergensis. Consule Baronium anno 1119.

Etsi autem pax et concordia inter sacerdotium et regnum hac vice constitui non potuit, postea tamen anno 1122, ingenti omnium bonorum gratulatione, constituta est. De qua vide Baronium eodem anno, tomo XII.

Cæterum Hessonis nomen codex manuscriptus non exprimebat, Urspergensis tamen vestigia secuti, non dubitavimus Hessonis nomen præscribere, cum quæ de Hessonis lucubratione Urspergensis prodidit, examussim in hunc commentariolum quadrent. Fuit autem auctor iste eorum quæ in hanc narrationem conjecit, oculatus testis, quemadmodum ipse extremis verbis testatur.

HESSONIS SCHOLASTICI
COMMENTARIOLUS

Qualiter nuper inter regem Heinricum et dominum papam Calixtum causa cœperit ac processerit.

Venerunt ad regem apud Argentinam episcopus Catalaunensis et abbas Cluniacensis, acturi cum eo de pace et concordia inter regnum et sacerdotium.

A quibus cum rex consilium quæreret quomodo sine diminutione regni sui hoc exsequi posset, assumpta parabola sua respondit episcopus : « Si veram pacem, Domine rex, habere desideras, investituram episcopatuum et abbatiarum omnimodis dimittere te oportet. Ut autem in hoc nullam regni tui diminutionem pro certo teneas, scito me in regno Francorum episcopum electum, nec ante consecrationem nec post consecrationem aliquid suscepisse de manu regis, cui tamen de tributo, de militia, de telonio, et de omnibus quæ ad rem publicam pertinebant, et antiquitus scilicet a regibus Christianis Ecclesiæ Dei donata sunt, ita fideliter deservio, sicut in regno tuo episcopi tibi deserviunt, quos huc usque investiendo hanc discordiam, imo anathematis sententiam, incurristi. »

Ad hæc rex manibus elevatis hoc responsum dedit : « Eia, inquit, sic fiat; non quæro amplius. » Tunc subjunxit episcopus : « Si ergo investituras dimittere volueris, et possessionem Ecclesiarum, et eorum qui pro Ecclesia laboraverunt, reddere, et veram pacem eis dare; laborabimus, opitulante Domino, huic contentioni finem imponere. » Quæ omnia rex, communicato cum suis consilio, se prosecuturum promisit, si fidem et justitiam apud dominum papam inveniret, et si veram pacem ipse et sui, et possessiones quas pro werra [guerra] ista amiserant, reciperent. Quibus auditis, episcopus certum se fieri super denominatis capitulis postulavit, tum ut labor eorum non esset inutilis, tum ut dominum papam ad exsequendam pacem facilius inclinarent. Tunc rex propria manu sub testimonio fidei Christianæ, in manu episcopi et abbatis firmavit, se præfata capitula sine fraude præsecuturum.

Post cum episcopus Lausanensis et comes Palatinus, et cæteri clerici et laici qui cum eo erant, hoc idem eodem modo firmaverunt, accepta securitate, episcopus et abbas domino papæ Parisios occurrerunt; quæ viderant et audierant fideliter intimarunt; quibus applaudens dominus papa, sic respondit : « Utinam jam factum esset, si sine fraude fieri posset. » Mox communicato cum episcopis et cardinalibus consilio, eosdem, et cum eis de latere suo episcopum Ostiensem et Gregorium cardinalem ad regem remisit, ut præfata capitula diligentius retractarent, atque scripta ex utraque parte firmarent, et si hæc, sicut promiserat, exsequi vellet, diem qua ista complerentur ante finem concilii denominarent. Venientes ad eum inter Virdunum et Metim ei occurrerunt, quod dominus papa eum libenter reciperet, et promissum exsequi vellet, retulerunt. Super quo quasi gavisus rex, quod prius apud Argentinam in manu prænominatorum firmaverat, iterum inibi in manu episcopi Ostiensis et Gregorii cardinalis, et episcopi Catalaunensis, et abbatis, propria manu firmavit : quod videlicet in proxima vi feria, id est ix Kalend. Novembris, capitula quæ sequenti scripto continentur, apud Musonium in præsentia domini papæ fideliter sine omni fraude exsequeretur. Post cum hoc idem juraverunt dux Welpho, comes Berengarius, comes palatinus, comes Wilhelmus, et alii episcopi, clerici et laici multi. Exegit etiam ipse a nostris eodem modo firmari sibi. Quod si in ipso non remaneret, eadem die dominus papa, quæ in scripto suo continentur, adimpleret. Scriptum autem concordiæ hoc fuit.

« Ego Henricus, Dei gratia Romanorum imperator Augustus, pro amore Dei, et beati Petri, et domini papæ Calixti, dimitto omnem investituram omnium Ecclesiarum, et do veram pacem omnibus qui, ex quo discordia ista cœpit, pro Ecclesia in werra [guerra] fuerunt vel sunt; possessiones autem Ecclesiarum et omnium qui pro Ecclesia laboraverunt, quas habeo, reddo; quas autem non habeo, ut rehabeant, fideliter adjuvabo. Quod si quæstio inde emerserit, quæ ecclesiastica sunt, canonico; quæ sæcularia sunt, sæculari terminentur judicio. »

Item, scriptum domini papæ : « Ego Calixtus secundus, Dei gratia Romanæ Ecclesiæ episcopus catholicus, do veram pacem Henrico, Romanorum imperatori Augusto, et omnibus, qui pro eo contra Ecclesiam fuerunt vel sunt; possessiones eorum quas pro werra ista perdiderunt, quas habeo, reddo; quas non habeo, ut rehabeant fideliter adjuvabo. Quod si quæstio inde emerserit, quæ ecclesiastica sunt, canonico; quæ sæcularia sunt, sæculari terminentur judicio. »

Hac itaque data securitate, festinanter ad dominum papam Remis redierunt : quæ fecerant, et quæ a rege et suis receperunt, ante concilium reportantes, simul et diem et locum colloquii designantes. Dominus papa in generali concilio xiii Kalend. Novembr. residens Remis inter cætera sic exorsus est: « Domini Patres et fratres, causa pro qua vos de tam remotis regionibus ad concilium vocavimus, hæc est. Scitis quam diu Ecclesia contra diversas hæreses laboravit, et sicut per beatum Petrum, cui specialiter dictum est a Domino: *Rogavi pro te, Petre, ne deficiat fides tua; et tu aliquando conversus confirma fratres tuos* (*Luc.* xxii), Simon Magus judicio Spiritus sancti ab Ecclesia Dei eliminatus periit, sic usque ad nostra tempora idem per vicarios suos sequaces Simonis expugnare et ab Ecclesia Dei exstirpare non desinit. Ego quoque qualiscunque, licet indignus, ejus vicarius, Simoniacam hæresim, quæ maxime per investituras contra Ecclesiam Dei innovata est, ab Ecclesia Dei, opitulante Deo, nostro consilio et auxilio omnibus modis eliminare desidero. Unde, si placeat, a fratribus nostris, qui inter nos et regem dictum Teutonicum, verba concordiæ portaverunt, causæ ordinem diligentius audiatis, et quid nobis super his agendum sit, unusquisque pro modo suo, quia causa communis est, prudentiori consilio attendatis. »

Tunc dominus papa Ostiensi episcopo injunxit ut universo concilio Latine ordinem causæ exponeret. Quod cum prudenter episcopus Ostiensis perorasset, iterum Catalaunensis episcopus, ex præcepto domini papæ, hoc idem clericis et laicis materna lingua exposuit. Quo completo capitula multa illa die et sequenti proposuit, et usque ad finem concilii universa complenda distulit. Sequenti vero die, cum in hoc consilium episcoporum sedisset ut dominus papa ad diem colloquii pro componenda pace accederet, et utrum in veritate homo ille ageret, per semetipsum tentaret, circa finem concilii illa die Dominus papa sic prosecutus est : « Domini Patres et fratres, scitis quam diu mater nostra sancta Ecclesia contra Simoniacam hæresim, maxime quæ per investituras fit, in patribus nostris laboraverit. Et quia placuit omnipotenti Deo nostris diebus Ecclesiæ suæ pacem offerre, et jam proxima dies colloquii, ad ipsum locum crastina die nos compellit accedere, summopere rogamus ut reditum nostrum patienter sustineatis, et si Deus pacem nobis dederit, commune gaudium universo mundo annuntietis. Si autem, quod Deus avertat! adversarius nobiscum in dolo agere tentaverit, festinanter ad vos revertemur : et sub conventionem pacis, si fiat, vobiscum et per vos confirmare optamus, sic in commentorem fraudis, si infidelis evaserit, judicio Spiritus sancti et vestro gladium beati Petri vibrare tentabimus. » Quod cum sub obtentu obedientiæ archiepiscopis, et episcopis, et abbatibus injunxisset, præcepit etiam ut interim, et maxime die colloquii, psalmos, orationes et sacrificia spiritualia Deo offerrent, et a majori Remensi ecclesia usque ad ecclesiam Beati Remigii cum processione nudis pedibus exirent.

Sic interim dimisso concilio, feria iv dominus papa ad locum colloquii exiit, et feria v cum multis vix cum maximo labore pervenit. Feria vi vocatis in cameram archiepiscopis, episcopis et abbatibus et cæteris sapientibus viris, quos multos secum duxerat, coram omnibus fecit legi utrumque scriptum concordiæ; cumque lectum fuisset scriptum regis, diligentius retractare cœperunt episcopi, maxime illud capitulum, ubi dicebatur . *Dimitto omnem investitu-*

ram omnium Ecclesiarum, dicentes : « Si quidem rex simpliciter agit, verba ista sufficiunt; si autem sub hoc capitulo aliquid cavillari conatur, determinatione nobis videntur indigere, ne forte aut possessiones antiquas Ecclesiarum sibi conetur vindicare, aut charam de eisdem episcopos investire. »

Rursum in scripto domini papæ illud diligentius retractabant, ubi dicebatur : *Do veram pacem regi et omnibus qui cum eo in terra ista fuerunt vel sunt; ne forte in danda pace amplius intelligeretur quam reddendam communionem Ecclesiæ*; et sub hoc verbo Ecclesia cogeretur suscipere quos aut superpositos legitimis pastoribus, aut canonice depositos sine gravi offensione non posset sustinere.

Diligenter ergo omnibus retractatis, missi sunt ad castra regis episcopus Ostiensis Joannes cardinalis, episcopus Vivariensis, episcopus Catalaunensis, et abbas Cluniacensis, et alii multi cum eis portantes scripta in manibus. Cumque pervenissent ad castra, ostenderunt conscripta, determinaverunt capitula, prout dominus communi consilio definitum erat.

Rex autem, his auditis, prima fronte se nihil horum promisisse omnimodis abnegabat. Tunc episcopus Catalaunensis, zelo Dei inflammatus et gladio verbi Dei accinctus, respondit pro omnibus : « Si, domine, negare vis scriptum quod tenemus in manibus et determinationem quam audisti, paratus sum sub testimonio religiosorum virorum qui inter me et te fuerunt, jurare super reliquias sanctorum, vel super Evangelium Christi, te ista omnia in manu mea firmasse, et me sub hac determinatione recepisse; » cumque omnium testimonio convinceretur, tandem compulsus est confiteri quod prius negaverat; verumtamen conquerebatur graviter de eis, quod quia licet eorum consilio promiserit quod absque diminutione regni exsequi non valeret. Cui sic respondit episcopus : « In promissis nostris, domine rex, per omnia fideles nos invenies. Non enim dominus papa statum imperii aut coronam regni, sicut quidam seminatores discordiæ obloquuntur, in quolibet imminuere attentat; imo palam omnibus denuntiat ut in exhibitione militiæ et cæteris omnibus, in quibus tibi et antecessoribus tuis servire consueverant, modis omnibus deserviant. Si autem in hoc imperii statum imminui existimas quod ulterius tibi episcopatus vendere non liceat, hoc potius regni tui augmentum ac profectum sperare debueras, si quæ Domino Deo contraria sunt, pro ejus amore abjicias. »

Ad hæc omnia cum respondere non posset, mitiora verba cœpit proferre et inducias quærere, vel usque mane, dicens velle se cum principibus nocte illa de causa conferre, et ad exsequendum promissum, si posset, eorum corda inflectere, et alterutrum summo mane renuntiare. Post hæc sui de modo absolutionis et susceptionis cum nostris cœperunt conferre, durum sibi, imo importabile videri, si more aliorum, dominus suus nudis pedibus ad absolutionem accederet. Quibus condescendentes nostri, responderunt quod modis omnibus laborarent ut dominus papa calceatum eum, quanto privatius posset, reciperet.

In his verbis illa die colloquio terminato, nostri ad dominum papam redierunt, quæ invenerant reportantes. Tunc dominus papa, quasi jam de pace desperans, ordinabat summopere mane ad fratres, quos Remis reliquerat, repedare: sed consilio comitis Trecensis, et multorum aliorum compulsus est Sabbato fere usque ad horam sextam in eodem loco manere, ut omne os adversariorum obstrueret, et vocem derogationis omnibus auferret.

Summo mane iterum missi sunt ad castra episcopus Catalaunensis et abbas Cluniacensis, super inducias acceptas responsum ejus audituri. Cumque illuc pervenissent, sicut pridie fecerat, repræsentavit episcopus scripti veritatem, cum attestatione sacramenti, dicens : « Heri quidem, domine rex, cum justitia possemus a te recedere, quia die denominata parati fuimus et promissum tuum recipere et nostrum implere. Verum quia tu inducias repetendo usque in hanc diem distulisti, nolumus ut propter intervallum unius noctis tantum bonum in nobis remaneat, et si hodie promissum tuum exsequi volueris, paratus est adhuc dominus papa, quod per nos tibi promisit, modis omnibus adimplere. Tunc rex iratus, iterim cœpit inducias quærere, donec generale colloquium cum principibus regni posset habere, sine quorum consilio investituras non audebat dimittere. Ad hæc episcopus : « Quia sæpe inducias quærendo, quod promisisti implere dissimulas, nihil nobis et tibi amplius; revertar ad dominum papam. » Sic insalutatus rediit, quæ invenerat, nuntiavit. Mox ergo dominus papa cum suis ad aliud castrum comitis Trecensis cum summa festinatione transivit. Rex autem nuntium ad comitem direxit, summopere rogans ut dominum papam inibi die Dominica detineret, promittens se facturum modis omnibus feria II quod toties abnegaverat. Quod cum ad dominum papam delatum fuisset, hoc breve dedit responsum : « Feci, fratres, pro desiderio pacis quod ab antecessoribus nostris factum numquam audivi. Generalem synodum congregavi et fratres multos, quasi desolatos, reliqui; ad hominem istum cum multo labore perveniens, quæ pacis sunt in eo non inveni. Unde nullatenus eum ulterius exspectabo, sed ad fratres nostros, et ad concilium, quanto citius potero, regrediar; si autem in concilio, vel post concilium veram pacem Deus nobis dederit, paratus ero suscipere et amplecti. »

Die ergo Dominico de eodem loco ante diem exivit, et cum tanta festinatione Remis usque cucurrit, ut, xx leucis consummatis, eadem die missam Remis celebraret, in qua Leodicensem electum in episcopum consecravit, Feria II, pro nimio labore infirmatus, vix ad consilium accessit: exitum et reditum suum et ordinem causæ concilio exponi fecit, et sic illa die siluit. Feria III, nihilominus infirmitate detentus, in concilio sedere non potuit. Feria vero IV, circa horam III ad concilium accessit: illa die usque ad horam IX multorum proclamationes recepit, et de multis capitulis tractavit. Ab hora vero nona volens illa die concilium terminare, synodalia decreta fecit in medium proferri et legi.

DECRETA SYNODI.

Quæ sanctorum Patrum sanctionibus de pravitate Simoniaca stabilita sunt, nos quoque Spiritus sancti judicio et auctoritate sedis apostolicæ confirmamus. Si quis ergo vendiderit aut emerit vel per se, vel per submissam quamlibet personam, episcopatum, abbatiam, decanatum, presbyteratum, archidiaconatum, præposituram, præbendam vel quælibet ecclesiastica beneficia, promotiones, ordinationes, consecrationes, ecclesiarum dedicationes, clericalem tonsuram, sedes in choro, aut quælibet ecclesiastica officia, et vendens et emens dignitatis et officii sui, aut beneficii, periculo subjaceat, quod nisi resipuerit, anathematis mucrone perfossus, ab Ecclesia Dei quam læsit modis omnibus abjiciatur.

Episcopatuum et abbatiarum investituras per manum laicam fieri penitus prohibemus; quicumque ergo laicorum deinceps investire præsumpserit, anathematis ultioni subjaceat. Porro, qui investitus fuerit, honore quo investitus est, absque ulla recuperationis spe omnimodis careat.

Universas Ecclesiarum possessiones, quæ liberalitate regum, largitione principum, vel oblatione quorumlibet fidelium eis concessæ sunt, inconcussas in perpetuum, et inviolatas permanere decernimus. Quod si quis eas abstulerit, invaserit, aut potestate tyrannica detinuerit, juxta illud beati Symmachi capitulum, anathemate perpetuo feriatur.

Nullus episcopus, nullus presbyter, nullus omnino de clero ecclesiasticas dignitates, vel beneficia, cuilibet quasi hæreditario jure derelinquat. Illud etiam adjicientes præcipimus ut pro baptismatis, chrismatis, olei sacri et sepulturæ acceptione et infirmorum visitatione vel unctione, nullum omnino pretium exigatur. Presbyteris, diaconibus, subdiaconibus, concubinarum et uxorum contubernia prorsus interdicimus. Si qui autem hujusmodi reperti fuerint, ecclesiasticis et officiis priventur et beneficiis, sane si neque sic immunditiam suam correxerint, communione careant Christiana.

Cumque multa contra Simoniacam hæresim essent recitata, et omnium consono favore laudata et confirmata, ventum est ad illud decretum quo investituræ Ecclesiarum laicis interdicebantur, in quo sic continebatur. *Investituram omnium Ecclesiarum et ecclesiasticarum possessionum per manum laicam fieri modis omnibus prohibemus.* Quod cum recitatum fuisset, tantum murmur quorumdam clericorum et multorum laicorum per concilium insonuit, ut diem usque ad vesperam sub gravi contentione pertraherent. Videbatur enim eis quod sub hoc capitulo dominus papa decimas et cætera ecclesiastica beneficia, quæ antiquitus laici tenuerant, conaretur minuere vel auferre. Unde dominus papa, omnibus satisfaciens, illa die concilium terminare distulit, ut sequenti die communi consilio decretum temperaret, et ipsum cum cæteris quæ sequebantur unanimi omnium favore et auctoritate confirmaret. Feria quinta ad concilium venit, quæ proposuerat exsecuturus; hymnum sancti Spiritus, devote incœpit. Qui cum ab omnibus affectuose fuisset decantatus, vere invisibilis ignis flamma succensus, in ignea lingua de Spiritu sancto exorsus, mirabiliter peroravit, docens eum summum bonum esse, fontem sapientiæ et intelligentiæ ac totius disciplinæ, vinculum charitatis, unitatis et concordiæ. Cumque per hæc singula diutius sub omnium admiratione discurreret, tandem ad causam accessit, dicens :

« Scimus, fratres charissimi, quod labor vester, quo de tam remotis regionibus, pro communi libertate matris nostræ sanctæ Ecclesiæ nobis occurrere studuistis, placuit Deo et Spiritui sancto, in cujus virtute et sanctificatione unum sumus in Christo; et quia placuit Spiritui sancto et nobis, displicuit spiritui adversario, qui modis omnibus ad perturbandam fraternitatis vestræ concordiam cooperatores malitiæ suæ quæsivit et invenit; quid enim dicimus fratres? Si cum tanto labore et expensis ad concilium vocati venistis, et revertentes ad regiones vestras nihil reportare poteritis, quia nos audire non vultis : Qui enim peccat in Spiritum sanctum, quod peccatum, si perseveraverit, non remittetur ei neque in hoc sæculo, neque in futuro (*Matth.* xii ; *Luc.* xii), teste Veritate, quæ dicit : Qui vos audit, me audit, et qui vos spernit, me spernit (*Luc.* x). Scimus etiam quia Dominus Jesus cum proposuisset discipulis : *Nisi manducaveritis carnem Filii hominis, et biberitis ejus sanguinem, non habebitis vitam in vobis (Joan.* vi), scandalizati sunt multi, *et abierunt retrorsum (ibid.),* nec postea sequebantur eum; sic et nos, cum heri proposuissemus quædam pro libertate Ecclesiæ, scandalizati sunt quidam infideles. Unde et nos cum auctoritate apostolica dicimus : *Si infidelis discedit, discedat (I Cor.* vii); et det locum fidelibus quæ ecclesiastica sunt et libertati Ecclesiæ necessaria pertractare. Vobis autem qui locum et officium apostolorum in Ecclesia Dei tenetis, dicimus, quod Dominus dixit ad duodecim : *Nunquid et vos vultis abire (Joan.* vi) ? »

Quod cum mirabiliter perorasset, ita omnium corda concussit, ac reclamantium voces compressit, ut nec unus quidem contra decreta synodica, quæ postea lecta sunt, os aperire præsumeret. Dominus tamen papa decretum illud, ubi murmur ortum fuerat, saniori consilio temperavit, et in hanc formam concilio legi fecit : *Investituram episcopatuum et abbatiarum per manum laicam fieri omnimodis prohibemus.* Quod cum placuisset omnibus, ipsum cum cæteris omnibus quæ lecta sunt judicio Spiritus sancti et auctoritate ecclesiastica firmaverunt.

Allatæ sunt denique candelæ ccccxxvii et accensæ datæ singulæ singulis, tenentibus baculis episcopis et abbatibus, injunctumque est eis ut omnes candelas tenentes assurgerent, cumque astarent, recitata sunt multorum nomina, quos præcipue excommunicare proposuerat dominus papa, inter quos primi nominati sunt : rex Henricus et Romanæ Ecclesiæ invasor Burdinus et præ cæteris et cum cæteris multis solemniter excommunicati. Absolvit etiam dominus papa auctoritate apostolica a fidelitate regis omnes, quotquot ei juraverant, nisi forte resipisceret et Ecclesiæ Dei satisfaceret. His denique rite completis, auctoritate Patris, et Filii, et Spiritus sancti, omnes absolvit atque signavit, et sic ad propria unumquemque redire permisit ; et sic concilii finem fecit. Quod vidi et audivi fideliter, et quanto brevius potui, pedestri sermone descripsi.

CONFIRMATIO ELECTIONIS CALIXTI II

Cardinalium Romæ existentium subscriptionibus roborata.

(MARTENE, *Ampl. Collect.* I, 647, ex ms. Laurentii Leodiensis.)

Venerabilibus episcopis et cardinalibus et clericis, ac laicis, qui cum domino Gelasio fuerunt, episcopi et cardinales et cæteri clerici sive laici fideles B. Petri, salutem in Domino.

De obitu domini nostri beatæ memoriæ papæ Gelasii tanto amplius contristamur, quanto majora per eum subsidia sperabamus. Verum quia sic placuit ei, qui nutu suo regit et disponit omnia, sit nomen ejus benedictum in sæcula. Post ipsius autem obitum non dubitamus eam vobis incubuisse necessitudinem, ut esset vobis opus et saluti vestræ providere, et de statu Ecclesiæ ac pontificis electione tractare, atque ideo quod vobis summa, sicut ipsi novimus, necessitate cogente fecistis, nos quoque ratum habemus et stabile, et fratribus nostris qui alibi sunt, idipsum nobiscum sentire mandamus. Acceptis siquidem litteris quas misistis, in altero die apud ecclesiam Sancti Joannis de Insula congregati sumus, episcopi, cardinales, presbyteri, diaconi et subdiaconi, ac reliqui clerici, judices quoque et scriniarii, ac cæteri palatii ordines, et plures Romani nobiles : præfectus etiam per nuntios suos et cum multa frequentia cleri et populi electionem a vobis factam secundum Romanam consuetudinem laudavimus et confirmavimus, et clerici quidem post confirmationem *Te Deum laudamus* cantabant. Laici vero, ut moris est, magnis vocibus acclamabant, *Calixtum papam sanctus Petrus elegit.* Multi etiam qui tunc nobiscum adesse potuerunt, audito quod a nobis confirmatum fuerat, laudaverunt. Ut autem de unanimitatis nostræ concordia vos certiores efficiamus, nomina eorum, non tamen omnium qui huic confirmationi interfuerunt ad vos scripta direximus.

Electionem per Dei gratiam a fratribus nostris episcopis et cardinalibus factam de domino Guidone Viennensi episcopo ego Crescentius Sabinensis episcopus laudo et confirmo.

Ego Petrus Portuensis episcopus laudo et confirmo.

Ego Vitalis Albanus episcopus laudo et confirmo.

Ego Bonefacius tituli S. Marci laudo et confirmo.

Ego Manfredus Tiburtinus episcopus laudo et confirmo.

Ego comes diaconus cardinalis S. Mariæ in Aquiro laudo et confirmo.

Ego Nicolaus primicerius scholæ cantorum laudo et confirmo.

Ego Rainerius prior subdiaconus scholæ basilicæ laudo et confirmo.

Ego Gregorius scholæ basilicæ subdiaconus laudo et confirmo.

Ego Vincentius exorcista laudo et confirmo.

Ego Joannes exorcista laudo et confirmo.

Ego Paulus lector laudo et confirmo.

Ego Nicolaus ostiarius laudo et confirmo.

Ego Benedictus presbyter prior S. Mariæ Majoris cum omnibus clericis catholicis ejusdem ecclesiæ laudo et confirmo.

Ego Joannes archipresbyter Sancti Petri apostoli cum omnibus catholicis ejusdem ecclesiæ laudo et confirmo.

Ego Alexis ostiarius laudo et confirmo.

Ego Nicolaus archipresbyter S. Anastasiæ cum tota parochia nostra laudo et confirmo.

Ego Dodo archipresbyter S. Mariæ in Aquiro cum omnibus clericis ejusdem ecclesiæ laudo et confirmo.

Ego Joannes archipresbyter Sancti Laurentii in Lucina cum omnibus clericis ejusdem ecclesiæ laudo et confirmo.

Ego Senebaldus archipresbyter S. Mariæ Secundi Cerei laudo et confirmo.

Clerici in Insula laudamus et confirmamus.

Clerici S. Adelberti omnes laudamus et confirmamus.

Ego Petrus presbyter S. Mariæ de Maxima laudo et confirmo.

Ego R. archipresbyter ecclesiæ B. Mariæ trans Tiberim de titulo Calixti, cum omnibus canonicis, et capellanis ejusdem ecclesiæ laudo et confirmo.

Ego Benedictus archipresbyter S. Mariæ in Monticello cum clericis nostris laudo et confirmo

Ego Anastasius Sancti Pauli abbas cum omni congregatione nostra laudo et confirmo.

Ego Petrus abbas Sancti Silvestri cum fratribus nostris omnibus laudo et confirmo.

Ego Robertus abbas S. Andreæ de Clivo Scauri cum omni congregatione nostra laudo et confirmo.

Ego Rainerus Sancti Basilii laudo et confirmo.

Ego Petrus prior et rector monasterii Sanctorum Cosmæ et Damiani cum tota congregatione nostra laudo et confirmo,

Ego Heinricus abbas Sancti Laurentii Pariparnæ cum omnibus fratribus nostris laudo et confirmo.

Ego Otto, archipresbyter Sancti Salvatoris quæ vocatur Aquila-felix, laudo et confirmo.

Ego Gregorius, archipresbyter S. Gregorii, cum clericis nostris laudo et confirmo

Ego Gratianus, archipresbyter Sancti Stephani in Cœlio monte, laudo et confirmo.

Ego Centius, presbyter ecclesiæ Sancti Simeonis, laudo et confirmo.

Ego Johannes, yconomus Sancti Johannis ante portam Latinam, laudo et confirmo.

Ego Azo, archipresbyter in Via-lata Sanctæ Mariæ, cum omnibus clericis ejusdem ecclesiæ laudo et confirmo.

Ego Johannes, archipresbyter Sanctæ Mariæ in Minerva, cum clericis nostris laudo et confirmo.

Ego Nicolaus, archipresbyter Sancti Sixti, cum clericis nostris laudo et confirmo

---

NOTITIA DIPLOMATICA

IN EPISTOLAS ET PRIVILEGIA CALIXTI II.

(Phil. Jaffé, *Regesta Rom. Pont.*, p. 526.)

---

† Calixti bullæ continent modo vulgares, modo Pisanos Incarnationis annos. Sententiam præbent hanc: Firmamentum est dominus timentibus eum (7, 28, 77, 78, 79, 89, 91, 92, 100, 108, 113, 126, 133, 134, 162, 177, 185, 198, 202, 203, 204, 218, 220, 221, 228, 264, 270, 277).
Testes subscripserunt:
ep. Albanensis Vitalis. . . . . a   3 Jan. 1121 ad   6 Apr. 1123
 » Ostiensis   Lambertus. . . a 18 Jun. 1119 ad 26 Mai. 1124
 » Portuensis Petrus. . . . . a 24 Sept. 1120 ad 26 Mai. 1124

CALIXTI II PAPÆ

ep.	Prænestinus Cono.			a	18 Jun.	1119 ad 16 Mai. 1122	
»	Sabinensis Crescentius.			a	3 Jan.	1121 ad 26 Mai. 1124	
»	Tusculanus Divizo.			d	4 Mart. 1121		
	Ægidius.			a	28 Dec. 1121 ad 6 Apr. 1123		
pr. card. tit.	S. Anastasiæ		Boso.	a	18 Jun.	1119 ad 20 Dec. 1119
				Theobaldus.	d	6 Apr.	1123
» » »	SS. apostolorum.		Hugo.	d	3 Jan.	1121
				Gregorius.	a	6 Apr.	1123 ad 26 Mai. 1124
» » »	S. Balbinæ		Odaldus.	d	6 Mai.	1122
» » »	S. Cæciliæ		Joannes.	a	3 Jan.	1121 ad 6 Apr. 1123
» » »	S. Callisti		Petrus.	a	16 Mai.	1122 ad 15 Apr. 1123
» » »	S. Chrysogoni		Joannes.	a	18 Jun.	1119 ad 15 Apr. 1123
» » »	S. Clementis		Anastasius.	a	24 Sept.	1120 ad 6 Apr. 1123
» » »	S. Crucis in Jerusalem.		Amicus.	a	3 Jan.	1121 ad 28 Dec. 1121
				Gerardus.	d	26 Mai.	1124
» » »	S. Eudoxiæ.		Benedictus.	a	3 Jan.	1121 ad 6 Apr. 1123
» » »	S. Eusebii.		Joannes.	a	24 Sept.	1120 ad 3 Jan. 1121
				Robertus.	a	28 Dec.	1121 ad 6 Apr. 1123
» » »	S. Laurentii in Damaso.		Deusdedit.	a	18 Jun.	1119 ad 6 Apr. 1123
» » »	S. Lucinæ		G. G.	a	3 Jan.	1121 ad 15 Apr. 1123
» » »	S. Marcelli		Petrus.	a	24 Sept.	1120 ad 6 Apr. 1123
» » »	SS. Marcellini et Petri.		Rainerius.	a	3 Jan.	1121 ad 4 Mart. 1121
				Crescentius.	a	28 Dec.	1121 ad 6 Apr. 1123
» » »	S. Marci.		Bonifacius.	a	3 Jan.	1121 ad 26 Mai. 1124
» » »	S. Pamachii		Theobaldus.	a	3 Jan.	1121 ad 6 Apr. 1123
» » »	S. Praxedis		Desiderius.	a	24 Sept.	1120 ad 6 Apr. 1123
» » »	S. Priscæ.		Gregorius.	a	3 Jan.	1121 ad 4 Mart. 1121
				Petrus.	d	28 Dec.	1121
» » »	SS. Priscæ et Aquilæ.		Gherardus.	d	6 Apr.	1123
» » »	S. Sabinæ.		Robertus.	a	24 Sept.	1120 ad 28 Dec. 1121
				Comes.	d	15 Apr.	1123
» » »	SS. Silvestri et Martini tit. Equitii.		Divizo.	a	3 Jan.	1121 ad 28 Dec. 1121
» » »	S. Sixti		Petrus.	d	3 Jan.	1121
				Sigizzo.	a	14 Jan.	1121 ad 6 Apr. 1123
» » »	S. Stephani		Saxo.	d	16 Mai.	1122
» » »	S. Susannæ.		Petrus.	a	21 Mai.	1120 ad 26 Mai. 1124
diac. card.	S. Adriani.		Petrus.	a	21 Mai.	1120 ad 28 Dec. 1121
				Matthæus.	a	6 Apr.	1123 ad 15 Apr. 1123
» » »	S. Angeli.		Gregorius.	a	18 Jun.	1119 ad 15 Apr. 1123
» » »	SS. Cosmæ et Damiani.		Petrus.	a	18 Jun.	1119 ad 21 Mai. 1120
				Jonathas.	a	3 Jan.	1121 ad 6 Apr. 1123
» » »	S. Eustachii.		Gregorius.	d	3 Jan.	1121
» » »	S. Georgii ad Velum Aurum		Rossemanus.	d	6 Apr.	1123
» » »	S. Luciæ.		Gerardus.	a	3 Jan.	1121 ad 4 Mart. 1121
» » »	S. Luciæ septem solii.		Gregorius.	d	6 Apr.	1123
» » »	S. Mariæ in Aquiro.		Comes.	d	6 Apr.	1123
» » »	S. Mariæ in Dominica.		Angelus.	d	6 Apr.	1123
» » »	S. Mariæ in Porticu.		Romanus.	a	5 Jan.	1120 ad 15 Apr. 1123
» » »	S. Mariæ in Via Lata.		Romoaldus.	a	24 Sept.	1120 ad 28 Dec. 1121
				Ubertus.	d	6 Apr.	1123
» » »	S. Mariæ scholæ Græcæ		Stephanus.	a	24 Sept.	1120 ad 6 Apr. 1123
» » »	S. Nicolai in carcere Tulliano		Petrus.	d	20 Dec.	1119
» » »	S. Nicolai ad carceres.		Joannes.	d	6 Apr.	1123
» » »	SS. Sergii et Bacchi.		Aldo.	a	3 Jan.	1121 ad 28 Dec. 1121
				Gregorius.	d	6 Apr.	1123
» » »	S. Theodori.		Gualterius.	a	3 Jan.	1121 ad 14 Jan. 1122
				Henricus.	d	28 Dec.	1121
» » »	S. Viti.		Gregorius.	d	6 Apr.	1123

S. R. E. subdiaconus et subdiaconorum prior Jacinthus. . . . a 4 Mart. 1121 ad 16 Mai 1122
   » subdiaconus Romanus a 4 Mart. 1121 ad 16 Mai. 1122.
   » » Hugo. a 4 Mart. 1121 ad 16 Mai. 1122.
abbas S. Laurentii foris muros Amicus d. 15 Jul. 1119.
Scriptæ bullæ sunt p. m.
  Gervasii scriniarii regionarii et notarii sacri palatii (118, 128, 147, 170, 177, 178, 192, 200, 203, 204, 220, 230).
  Ruuerei scriniarii regionarii et notarii sacri palatii (121).
Datæ p. m.
  Chrysogoni S. R. E. diac. card. ac bibliothecarii. . . . a 15 Apr. 1119 ad 16 Mai. 1122
  Hugonis. . S. R. E. subdiaconi . . . . a 16 Sept. 1122 ad 26 Apr. 1123
  Aimerici. . S. R. E. diac. card. et cancellarii. . . . . a 8 Mai. 1123 ad 24 Nov. 1124
  (Siconis. . S. R. E. diac. card. ac bibliothecarii. . . . d. 29 Nov. 1120.)
  (Guidonis. Romanæ curiæ camerarii . . . . . . d. 6 Apr. 1123.)

CALIXTI II

PONTIFICIS ROMANI

EPISTOLÆ ET PRIVILEGIA.

I.

Ad Adalbertum Moguntinum archiepiscopum. — De sui creatione.

(Anno 1119, Febr.)
[MANSI, *Concil.* XXI, 190.]

Dominus noster felicis memoriæ Gelasius a Vienna discedens, injunxit mihi ut ad ejus præsentiam festinarem, postquam ipse Cluniacum pervenisset. Quod cum post dies aliquot implere satagerem, in itinere de ejus obitu mihi nuntiatum est. Ego, ut fratribus, qui cum domino eodem venerant, prout ratio exigebat, solatium exhiberem, Cluniacum cum gravi dolore perrexi. Dum autem super eorum consolatione attentius cogitarem, ipsi gravissimum mihi onus, et vires meas omnino transcendens, imposuerunt. Congregati namque in unum die altero post adventum meum episcopi, cardinales, et clerici, et laici Romanorum, invitum me penitusque renitentem in Romanæ Ecclesiæ pontificem Calixtum unanimiter assumpserunt.

II.

Ad D[idacum] episcopum Compostellanum. — Robertum Franciscum, levirum suum, commendat.

(Anno 1119, Mart. 2.)
[FLOREZ, *España sagrada*, XX, 273.]

CALIXTUS episcopus, servus servorum Dei, ven. fratri D., Compostellano episcopo, salutem et apostolicam benedictionem

Hunc virum nobilem et familiarem nostrum pro quibusdam negotiis ad te direximus, quem rogamus ut honeste suscipias, et his quæ tibi ex parte nostra dixerit fiducialiter acquiescas. Per ipsum etiam si Romanæ Ecclesiæ consilio vel auxilio indiges, nobis significare procures, quia nos ut sicut filium in Christo charissimum et juvare et fovere, in quantum permiserit Dominus, parati sumus.

Dat. apud oppidum Cristam vi Non. Martii.

III.

Ecclesiæ S. Antonii consecratio.

(Anno 1119, Mart. 20.)
[*Acta sanctorum* Bolland, tom. II Januarii, pag. 155.]

CALIXTUS episcopus, servus servorum Dei.

Dominus noster Jesus Christus ante sæcula permanens, unus cum Patre et Spiritu sancto Deus, in fine sæculorum, ex vera matre verus homo factus, omnibus in revera fide et digna operatione credentibus cœlestis vitæ aditum, humana mediante natura, aperire est dignatus. Qui etiam ad magnæ indicium pietatis apostolis suis eadem qua et nos terrena materia creatis, nec ullius carnalis sapientiæ vel dignitatis excellentia fultis ligandorum et solvendorum peccatorum potestatem concessit, B. Petro apostolo, in personam universalis Ecclesiæ, ita inquiens : Tibi do claves regni cœlorum, et quæ ligaveris ligata sunt, et quæ solveris soluta erunt. Cujus vices nos, licet indigni agentes ecclesiam beati confessoris Antonii corpore venerabilem, ad laudem et nomen sanctæ et individuæ Trinitatis, et honorem B. Mariæ semper virginis, sub patrocinio tanti patroni, xiii Kal. Aprilis die consecravimus. Omnibus ergo ad eum spe impetrandæ misericordiæ confugientibus, salutem et apostolicam benedictionem remissionemque peccatorum, si ex corde pœniteant, auctoritate BB. Petri et Pauli apostolorum, exoptamus et concedimus. Invasorem autem et violatores cœmeterii, sive rerum monachorum et clericorum in ea Deo servientium cæterorumque hominum ad eam pertinentium, ab omni Christianitate segregatos, sub anathematis excommunicationem ponimus, donec ad satisfactionem veniant et male pervasa restituant. Adfuit huic decreto laudator et confirmator Guigo Desiderii cum filiis suis, qui manu sua manui nostræ supposita jure sacramenti firmavit, quod in rebus monachorum vel clericorum ecclesiæ nullam invasionem aut violentiam in reliquum exerceret: et si forte faceret, infra xiii dies admonitus emendaret, terminos cœmeterii præfixos a se suisque inviolatos teneret.

Ostiensis episcopus; Joannes Cremensis, nostrique cardinales interfuere. G. prior, B. capellanus, D. canonicus Romonensis, etc. Soferde B. presbyter; Nantelmus, Gago, P. Provincialis, G. Rascas, cum cæteris clericis, sive laicis. Anno Domini millesimo centesimo decimo nono ab Incarnatione.

IV.

Ad Bernardum Ausciensem archiepiscopum. — Concedit ut mortuorum corpora libere deinceps apud ecclesiam S. Mariæ Ausciensem sepeliantur.

(Anno 1119, April. 15.)
[D. BOUQUET, *Recueil*, XIV, 322.]

CALIXTUS, servus servorum Dei, venerabili fratri

Bernardo Ausciensi archiepiscopo, salutem et apostolicam benedictionem.

Apostolicæ sedis administratio, cui licet indigni largiente Domino deservimus, facit nos ecclesiis omnibus debitores. Idcirco petitioni tuæ, frater in Christo charissime, annuendum censuimus, ut Ausciensi B. Mariæ matrici Ecclesiæ, cui Deo auctore præsides, liberam concesserimus in posterum sepulturam. Præsentis igitur decreti auctoritate statuimus ut mortuorum corpora libere deinceps apud eamdem B. Mariæ matricem sepeliantur Ecclesiam. Siquidem beatissimus pater et magister noster papa Gregorius Joannem urbis veteris (*Orviette*) episcopum, quia in monasterio sepeliri mortuos prohibebat, horum exhibitione verborum corrigere procuravit. Ait enim : « Si ita est, a tali vos hortor immanitate recedere, et sepeliri mortuos ibidem vel celebrari missas, nulla ulterius habita contradictione, permittas : ne denuo querelam de his quæ dicta sunt, Agapitus vir venerabilis ad me deponere compellatur. » Nemini ergo facultas sit vestram super hoc amodo Ecclesiam infestare ; sed liberam habeat in posterum sepulturam, ut eorum qui illic sepeliri deliberaverint, devotioni et extremæ voluntati, nisi forte excommunicati sint, nullus obsistat. Si quis igitur, decreti hujus tenore cognito (quod absit), contraire tentaverit, honoris et officii periculum patiatur, aut excommunicationis ultione plectatur, nisi præsumptionem suam digna satisfactione correxerit.

Datum Anicii, per manum Chrysogoni sanctæ Romanæ Ecclesiæ diaconi cardinalis ac bibliothecarii, vii Kalend. Maii, indict. xii, Dominicæ Incarnat. anno 1120 (9), pontificatus domni Calixti II papæ anno I.

V.

Ad Fridericum archiepiscopum Coloniensem. — *Significat ei concilium in autumno Remis celebrandum pro felici Ecclesiæ statu.*

(Anno 1119, April. 16.)

[Marten., *ampl. Collect.* I, 651, ex ms. Colbertino.]

Calixtus episcopus, servus servorum Dei, venerabili fratri F[riderico] Coloniensi archiepiscopo, salutem et apostolicam benedictionem.

Quandiu mundi hujus pelagum navigamus, necesse est ut tempestates et collisiones fluctuum patiamur. Unde magnam nos oportet habere custodiam, ut commissi nobis navigii cursum sic, præstante Domino, dirigamus, quo ad quietis portum cum navis et..... integritate pertingere valeamus. Esto igitur providens, frater charissime, atque sollicite, sicut cœpisti, circumspice, quoniam præsto est Dominus Deus noster, qui ventis et mari potenter imperat, et subito tranquillum facit. Novimus quidem Domini et Ecclesiæ inimicos adversus Ecclesiam posse latratus emittere ; illud autem omnino nec divinis, nec humanis legibus reperitur, ut

(9) Secundum computum Pisanum.
(10) Illud concilium celebratum fuit xiii Kalendas

ab aliquo sedes apostolica judicetur, nedum ab illis qui Ecclesiæ judicio condemnati sunt. Verumtamen ne populus Domini alicujus blanditiis, persuasionibus, fallaciis seducatur, si quis adversus Ecclesiam Dei se habere confidit, ad concilium quod in proximo autumno circa Remos per Dei gratiam celebraturi sumus (10) accedat. Ibi enim magistri Ecclesiæ viri religiosi et sapientes intererunt, ibi de statu Ecclesiæ tractatus habebitur, ibi Ecclesiæ status, cooperante Domino, consurget, et hostilis incursio destruetur, et ibi, præstante Domino, sufficiens dabitur cum Patrum auctoritate responsio. Constanter igitur age, strenue miles Christi, atque in propositi stadii certamine donec ad bravium pervenias, currere non desistas. Penitus etiam caveas ne pessima investitorum a tyranno illo putredine tua sinceritas contingatur. Pugnator enim fortis Dominus tecum est, neque nostrum tibi consilium et auxilium deerit, quod nobis misericordia divina contulerit.

Datum Anicii xvi Kalendas Maii.

VI.

Clero et populo Lucensi præcipit ne vexari fratres S. Frigdiani patiantur.

(Anno 1119, Maii 1.)

[Baluz., *Miscell.* ed. Mansi, IV, 587.]

Calixtus episcopus, servus servorum Dei, clero et populo Lucano, salutem et apostolicam benedictionem.

Adversus fratres S. Frigdiani quosdam vestrum scandalum nimis temere concitasse audivimus ; unde dilectionem vestram litteris præsentibus visitantes rogamus et præcipimus, sicut et confratri nostro B. vestro episcopo mandasse meminimus, ut prædictos fratres vexari ab aliquibus nullo modo permittatis, donec nos ad partes vestras, præstante Domino accedamus. Tunc enim si qui contra eos causam habent, ad nostram poterunt venire præsentiam, et nos eis auctoritatem quod justum fuerit exsequemur.

Datum Brivati Kalend. Maii.

VII.

Ad Franconem Trenorciensem abbatem. — *Privilegium Trenorciense.*

(Anno 1119, Maii 10.)

[Mansi, *Concil.*, XX, 203.]

Calixtus episcopus, servus servorum Dei, dilecto in Christo filio Franconi Trenorciensi abbati, ejusque successoribus regulariter promovendis in perpetuum.

Justis votis assensum præbere, justisque petitionibus aures accommodare nos convenit, qui licet indigni justitiæ præcones, in excelsa apostolorum Petri et Pauli specula Domino disponente positi conspicimur. Idcirco petitionibus tuis clementius annuentes, Trenorciensi cœnobio, cui Deo auctore præsides, ad exemplar prædecessoris nostri sanctæ Novembris anni 1119, in quo Henricus Ecclesiarum investituris renuntiavit.

memoriæ Paschalis papæ, præsidium apostolicæ protectionis impendimus, et loca illa quæ vel antecessorum tuorum, vel tuæ strenuitatis industria aut rationabiliter acquisivit, aut legitime recuperavit, vel antiquorum principum seu episcoporum liberalitate eidem cœnobio concessa sunt, præsentis decreti pagina vobis vestrisque successoribus confirmamus. In episcopatu videlicet Claromontensi monasterium, etc.

Enumerat illius ecclesiæ possessiones. Deinde :

Quæcunque præterea in futurum largiente Deo, juste poteritis adipisci, firma vobis vestrisque successoribus, et illibata permaneant. Decernimus ergo, ut nulli omnino hominum liceat idem cœnobium temere perturbare, aut ejus possessiones auferre, vel ablatas retinere, minuere, vel temerariis vexationibus fatigare; sed omnia integra conserventur, eorum, pro quorum sustentatione et gubernatione concessa sunt, usibus omnimodis profutura. Ad hæc adjicimus, ut idem locus, in quo B. Valeriani martyris, et S. Philiberti confessoris corpora requiescunt, ab omni jugo sæcularis potestatis liber in perpetuum conservetur. Nec episcopo liceat cujuscunque diœcesis eumdem locum, excommunicationis, vel absolutionis, vel cujuslibet dispositionis occasionibus perturbare; aut cruces, seu quaslibet exactiones novas, burgo, et cæteris monasterii possessionibus irrogare. Missas quoque in eodem monasterio publicas celebrari, vel stationem ab episcopo præter abbatis et fratrum voluntatem fieri prohibemus. Cætera etiam quæ per reverendæ memoriæ Joannis, et prædicti domini Paschalis II pontificum privilegium, Trenorciensi monasterio confirmata sunt, confirmamus. Præterea pro reverentia beatæ Mariæ semper Virginis, cujus nomine locus vester insignis est, in Annuntiatione Domini Salvatoris nostri, hymnum angelicum inter missarum solemnia, abbati vel fratribus pronuntiari concedimus. Obeunte te, nunc ejusdem loci abbate, vel tuorum quolibet successorum, nullus ibi qualibet subreptionis astutia seu violentia præponatur, nisi quem fratres communi consensu, vel fratrum pars consilii sanioris, secundum Dei timorem et B. Benedicti Regulam elegerint, ab apostolicæ sedis episcopo, vel ejus legato propter difficultatem itineris, consecrandum. Si qua igitur in futurum ecclesiastica sæcularisve persona, hanc nostræ constitutionis paginam sciens, contra eam temere venire tentaverit, secundo tertiove commonita, si non satisfactione congrua emendaverit, potestatis honorisque sui dignitate careat, reamque se divino judicio existere, de perpetrata iniquitate cognoscat, et a sacratissimo corpore, ac sanguine Dei et Domini Redemptoris nostri Jesu Christi aliena fiat, atque in extremo examine districtæ ultioni subjaceat. Cunctis autem eidem loco justa servantibus sit pax Domini nostri Jesu Christi, quatenus et hic fructum bonæ actionis percipiant, et apud districtum judicem præmia æternæ pacis inveniant. Amen, amen, amen.

Ego Calixtus catholicæ Ecclesiæ episcopus, subscripsi.

Datum apud Celsinianiam, per manum Chrysogoni S. R. E. diaconi cardinalis ac bibliothecarii, vi Idus Maii, indictione xii, Dominicæ Incarnationis anno 1120, pontificatus autem domini Calixti papæ II anno primo.

VIII.

Privilegium pro monasterio de Valle (diœc. Vesontion.).

(Anno 1119, Maii 24.)

[CHEVALIER, *Mémoires hist. de Poligny*, Lons-le-Saunier, 1767, 4°, tom. I, p. 320.]

CALIXTUS episcopus, servus servorum Dei, dilectis filiis monachis monasterii Sanctæ Mariæ de Valle quæ in Bisuntino episcopatu juxta Poloniacum sita est, tam præsentibus quam futuris in perpetuum.

Officii nostri nos hortatur auctoritas pro ecclesiarum statu satagere et earum quieti, auxiliante Domino, providere : ea propter petitioni vestræ clementius annuentes, vobis, vestrisque successoribus in perpetuum confirmamus quæcunque monasterio vestro a nobilis memoriæ Othone comite cognomento Guillelmo abavo nostro, et filio ejus Raynaldo collata sunt; quatuor videlicet ferreas caldarias, situsque earum in salinis, et vineas quæ fuerunt Beatricis; villam Glenonem cum ecclesiæ decimis, et omnibus ad eam pertinentibus; villam Mediolanum, et ecclesiam cum decimis et omnibus suis pertinentiis, et consuetudinem in silva Maidunensi; villam Besanensem cum ecclesia et decimis, et cunctis ad eam pertinentibus; locum qui dicitur Mutua, et ad se omnia pertinentia; donum quod de Gunterio et terram quam tenuit, factum est; piscariam Givriacensem, cum omni terra ad eam pertinenti, et quidquid in burgo Grosonensi acquisitum est. Confirmamus etiam vobis ecclesiam de Merriaco cum decimis; ecclesiam de Fronteniaco cum decimis; ecclesiam de Mintrio (*Mentri*) cum decimis; ecclesiam de Sans cum decimis; ecclesiam de Mornay, de monte Sancti Benigni (*Saint-Barain*), de Tormonte, cum decimis earum: et quæcunque monasterio vestro aut per vos legitime acquisita, aut a quibuscunque fidelibus de suo jure oblata sunt, sive in futurum largiente Domino, juste atque canonice acquiri offerrive contigerit. Decernimus ergo ut nulli omnino hominum liceat idem cœnobium temere perturbare, aut ejus possessiones auferre, vel ablatas retinere, minuere, vel temerariis vexationibus fatigare; sed omnia integra conserventur eorum, pro quorum sustentatione et gubernatione concessa sunt, usibus omnimodis profutura. Si qua igitur in futurum ecclesiastica sæcularisve persona, hanc nostræ constitutionis paginam sciens, contra eam temere venire tentaverit, potestatis honorisque sui dignitate careat, reamque re divino judicio existere de perpetrata iniquitate cognoscat, et a sacratissimo corpore et sanguine Dei et Domini Redemptoris nostri Jesu Christi aliena fiat, atque in extremo examine districtæ ultioni subjaceat. Cunctis autem eidem loco justa servantibus sit pax Domini nostri Jesu Christi, quatenus et hic fructum bonæ actionis percipiant, et apud districtum judicem præmia æternæ pacis inveniant.

Ego Calixtus catholicæ Ecclesiæ episcopus.

Datum Manciaci per manum Grisogoni sanctæ Romanæ Ecclesiæ diaconi cardinalis ac bibliothecarii, IX Kal. Jun., indict. XII, Dominicæ Incarnationis anno millesimo centesimo vicesimo, pontificatus autem domni Calixti II sanctissimi Patris anno primo.

IX.

Bulla apostolica qua capitulum Brivatense declaratur Romanæ Ecclesiæ immediate subditum, eique conceditur ut chrisma, oleum sanctum, consecrationes ecclesiarum aut altarium et clericorum ordinationes a quo maluerint episcopo suscipere possint.

(Anno 1119, Jun. 1.)
[Gall. Christ. nov. t. II, instr. p. 132.]

CALIXTUS episcopus, servus servorum Dei, dilectis in Christo filiis Brivatensis ecclesiæ Sancti Juliani canonicis tam præsentibus quam futuris in perpetuum.

Cum universis Ecclesiæ filiis ex apostolicæ sedis auctoritate ac benevolentia debitores existamus, illis tamen locis atque personis quæ specialius ac familiarius Romanæ adhærent Ecclesiæ, propensiori nos convenit charitatis studio imminere. Eapropter petitionibus vestris annuendum censuimus ut beati Juliani Brivatensem ecclesiam protectione sedis apostolicæ muniremus, per præsentisque privilegii paginam apostolica auctoritate statuimus ut quæcunque bona, quascunque possessiones concessione pontificum, liberalitate principum, oblatione fidelium vel aliis justis modis ecclesia eadem in præsenti possidet, sive in futurum præstante Deo juste atque canonice poterit adipisci, firma vobis vestrisque successoribus illibata permaneant. In quibus hæc propriis duximus nominibus annotanda, videlicet: abbatiam S. Germani de Embron, abbatiam S. Marcellini de Cantogila, abbatiam S. Mariæ de Pebrac, abbatiam S. Juliani Turonensis, ecclesiam S. Ferreoli, ecclesiam de Brassac, ecclesiam de Valle cum decima, ecclesiam de Solignac cum decima, ecclesiam Despaleneo cum decima, villam Tarraza, ecclesiam de Faveirolas cum decima, ecclesiam de Surlange cum decima, ecclesiam de Bellomonte cum decima; ecclesiam de Fontibus. Decernimus ergo ut nulli omnino hominum liceat eamdem ecclesiam temere perturbare, aut ei possessiones auferre vel ablatas retinere, minuere, vel temerariis vexationibus fatigare; sed omnia integra observentur eorum pro quorum sustentatione et gubernatione concessa sunt usibus omnimodis profutura. Porro ecclesia ac prædia quæ per præposito-

(11) Anno 1119, secundum novum stylum.

rum vel per aliarum ecclesiasticarum personarum temeritatem vel per laicorum violentiam distracta sunt, in usus ecclesiæ reducantur, et sine contradictione alicujus personæ illibata in posterum observentur; sane ut vestra ecclesia sub tutela et jurisdictione sanctæ nostræ Romanæ cui, Deo auctore, deservimus, Ecclesiæ constituta, libera semper et quieta permaneat, omnem cujuslibet ecclesiæ sacerdotem jurisdictionem quamlibet habere præter rectorem sedis hujus apostolicæ prohibemus. Chrisma, oleum sanctum, consecrationes altarium, vel ecclesiarum, ordines clericorum qui ad sacros ordines fuerint promovendi, a quo malueritis catholico suscipietis episcopo. Obeunte loci ejusdem abbate, sive præposito, nullus ibi qualibet subreptionis astutia, seu violentia præponatur, nisi quem fratres communi consensu, vel fratrum pars consilii sanioris secundum Deum providerint eligendum. Ad indicium autem juris et proprietatis Romanæ Ecclesiæ, et libertatis vestræ, aureum unum quotannis Lateranensi palatio persolveritis. Si qua ergo in futurum ecclesiastica sæcularisve persona hanc nostræ constitutionis paginam sciens temere contra eam venire tentaverit, secundo tertiove commonita, si non satisfactione congrua emendaverit, potestatis honorisque sui dignitate careat, reamque se divino judicio existere de perpetrata iniquitate cognoscat, et a sacratissimo corpore ac sanguine Dei et Domini Redemptoris nostri Jesu Christi aliena fiat, atque in extremo examine districtæ ultioni subjaceat. Cunctis autem eidem ecclesiæ jura servantibus sit pax Domini nostri Jesu Christi, quatenus et hic fructum bonæ actionis percipiant et apud districtum judicem præmia æternæ pacis inveniant.

Ego Calixtus catholicæ Ecclesiæ episcopus.

Datum Brivatæ per manum Grisogoni S. Romanæ Ecclesiæ diaconi cardinalis ac bibliothecarii, Kal. Junii, indict. XII, Dominicæ Incarnationis anno 1120 (11), pontificatus autem domini Calixti II papæ anno primo.

X.

Bulla pro monasterio S. Blasii.

(Anno 1119, Jun. 18.)
[NEUGART, Cod. diplom. Alem., II, 47. Ex authentico ejusdem monasterii, sig. 232, 1, 3.]

CALIXTUS episcopus, servus servorum Dei, dilecto filio RUSTINO, abbati monasterii S. Blasii, quod in Constantiensi episcopatu, in loco videlicet qui Nigra Silva dicitur, situm est, ejusque successoribus regulariter substituendis in perpetuum.

Religiosis desideriis dignum est facilem præbere consensum, ut fidelis devotio celerem sortiatur effectum. Eapropter nos supplicationi tuæ clementer annuimus, et Beati Blasii monasterium, cui Deo auctore præsides, cum omnibus ad ipsum pertinentibus sub tutela apostolicæ sedis excipimus. Per præsentis igitur privilegii paginam apostolica auctoritate statuimus, ut quæcunque hodie idem cœnobium possidet, sive in futurum concessione pontificum, liberalitate principum, vel oblatione fidelium juste atque canonice poterit adipisci, firma tibi tuisque successoribus et illibata permaneant. Nulli ergo omnino hominum liceat idem monasterium temere perturbare, aut ejus possessiones auferre, vel ablatas retinere, minuere vel temerariis vexationibus fatigare; sed omnia integra conserventur, eorum pro quorum sustentatione ac gubernatione concessa sunt, usibus omnimodis profutura. Consecrationes altarium sive basilicarum, ordinationes monachorum, chrisma, oleum sanctum, et cætera ad episcopale officium pertinentia, a Constantiensi episcopo, in cujus estis diœcesi, accipietis, si tamen catholicus fuerit, et gratiam ac communicationem habuerit, et si ea gratis et sine pravitate voluerit exhibere. Alioquin liceat vobis catholicum, quem malueritis, adire antistitem, et ab eo consecrationum sacramenta suscipere, qui apostolicæ sedis fultus auctoritate, quæ postulantur, indulgeat. Sepulturam quoque ejusdem loci omnino liberam esse decernimus, et eorum qui illic sepeliri deliberaverint, devotioni et extremæ voluntati, nisi forte excommunicati sint, nullus obsistat. Porro clericos sive laicos, sæculariter viventes, ad conversionem suscipere, nullius episcopi et præpositi contradictio vos inhibeat. Obeunte te, nunc ejusdem loci abbate, vel tuorum quolibet successorum, nullus ibi qualibet supreptionis astutia, seu violentia præponatur, nisi quem fratres communi consensu, vel fratrum pars consilii sanioris, secundum Dei timorem, et beati Benedicti Regulam providerit eligendum. Si qua igitur in futurum ecclesiastica sæcularisve persona, hanc nostræ constitutionis paginam sciens, temere contra eam venire tentaverit, secundo tertiove commonita, si non satisfactione congrua emendaverit, potestatis honorisque sui dignitate careat, reamque se divino judicio existere de perpetrata iniquitate cognoscat, et a sacratissimo corpore ac sanguine Dei et Domini Redemptoris nostri Jesu Christi aliena fiat, atque in extremo judicio atque examine districtæ ultioni subjaceat. Cunctis autem eidem loco justa servantibus sit pax Domini nostri Jesu Christi, quatenus et hic fructum bonæ actionis percipiant, et apud districtum judicem præmia æternæ pacis inveniant. Amen, amen, amen.

Ego Calixtus catholicæ Ecclesiæ episcopus SS.
Ego Conus Præstinus episcopus SS.
Ego Lambertus Ostiensis episcopus SS.
Ego Petrus diac. card. Sanctorum Cosmæ et Damiani SS.
Ego Boso presb. card. titul. Sanctæ Anastasiæ SS.
Ego Gregorius diac. card. Sancti Angeli SS.

Ego Deusdedit presb. card. tituli S. Laurentii in Damaso SS.
Ego Joannes presb. card. tituli S. Chrysogoni SS.
Datum apud S. Ægidium per manum Chrysogoni sanctæ Romanæ Ecclesiæ diaconi card. et bibliothecarii, xiv Kal. Julii, indict. xii, Dominicæ Incarnationis anno 1120, pontificatus autem domini Calixti II papæ anno primo (12).

XI.
Xenodochii Hierosolymitani privilegia et possessiones confirmat.
(Anno 1119, Jun. 19.)
[*Codice diplomatico del sacro militare ordine Gerosolimitano*, I, 269.]

XII.
Bulla pro monasterio B. Mariæ Electensis.
(Anno 1119, Jun. 19.)
[*Hist. de Languedoc*, II, pr., p. 408.]

CALIXTUS episcopus, servus servorum Dei, dilecto filio RAYMUNDO, Electensi B. Mariæ monasterii abbati, ejusque successoribus regulariter substituendis in perpetuum.

Officii nostri nos hortatur auctoritas pro ecclesiarum statu sollicitos esse, et quæ recte statuta sunt stabilire. Propterea petitionibus tuis, fili in Christo clarissime Raymunde abbas, non immerito annuendum censemus, ut Electense B. Mariæ monasterium cui Deo auctore præsides, quod videlicet ab ipso fundatore nobilis memoriæ Bera comite beato Petro sub censu libræ unius argenti singulis bienniis persolvendæ oblatum est, ad exemplum prædecessoris nostri Leonis papæ, apostolicæ sedis privilegio muniremus. Per præsentis igitur privilegii paginam apostolica auctoritate statuimus, ut quæcunque bona, quascunque possessiones idem cœnobium in præsenti xii indictione legitime possidet, sive in futurum largiente Deo juste atque canonice poterit adipisci, firma.... successoribus et illibata permaneant, in quibus hæc propriis duximus nominibus adnotanda. Monasterium videlicet Sancti Pauli quod dicitur Valolas, super ripas Aquilini cum appendiciis suis; ecclesiam Sancti Polycarpi super ripam Rivigrandis cum pertinentiis suis, sicut monasterio vestro D. prædecessoris nostri sanctæ memoriæ Paschalis papæ judicio confirmata est, ecclesiam Sanctæ Mariæ de Urbione; et ecclesiam Sanctæ Columbæ de Chercobes super ripam Ers; ecclesiam de Pairano, et Sancti Papuli monasterium, et ecclesiam de terra Gopelata de Villa-Nova; villam Flaciani, villam Cornelianam, ecclesiam S. Martini de cella, cum appendiciis suis, ecclesiam de castro Rasindo, et ecclesiam S. Mariæ d'Esperazano, castrum Puncianum et ecclesiam, castrum de Verzola cum duabus ecclesiis, castrum Cornelianum et castrum Blancafort. Decernimus ergo ut nulli omnino

---

(12) Electus est Calixtus II, antea Guido dictus, 1 Febr. a. 1119, coronatus 9 Februarii e. a. Viennæ in Galliis, cujus urbis sedem archiepiscopalem tenuit.

Notarius itaque menses inde a Februario elapsos haud numeravit.

hominum liceat idem coenobium temere perturbare, aut ejus possessiones auferre, vel ablatas retinere, minuere, vel temerariis vexationibus fatigare, sed omnia integra conserventur, eorum pro quorum gubernatione et sustentatione concessa sunt usibus omnimodis profutura. Obeunte te nunc ejus loci abbate vel tuorum quolibet successore, nullus ibi qualibet subreptione, astutia, seu violentia præponatur, nisi quem fratres communi consensu, vel fratrum pars consilii sanioris secundum Dei timorem et beati Benedicti Regulam providerit eligendum. Electus a diœcesano consecretur episcopo, si quidem ille gratis ac sine pravitate consecrationem voluerit exhibere; alioquin a catholico quem maluerit episcopo consecrationem accipiat. Hoc etiam capitulo præsenti subjungimus ut, quia locus vester beati Petri oblatio et ejus Romanæ Ecclesiæ juris est, nulli omnimodo archiepiscopo vel episcopo facultatis sit super eum, vel super vos, vel super aliquem vestrorum excommunicationis aut interdictionis proferre sententiam, sed libere semper et quiete sub jure et protectione sedis apostolicæ persistatis, et argenti libram singulis trienniis, sicut a præfato comite institutum est, Lateranensi palatio persolvatis. Si qua ergo in futurum ecclesiastica sæcularisve persona, hanc nostræ constitutionis paginam sciens, contra eam temere venire tentaverit, secundo tertiove commonita, si nec satisfactione congrua emendaverit, potestatis honorisque sui dignitate careat, et a sacratissimo corpore ac sanguine Dei et Domini nostri Jesu Christi aliena fiat, atque in extremo examine districtæ ultioni subjaceat, etc.

Datum apud Sanctum Ægidium, per manum Grisogoni sanctæ Romanæ Ecclesiæ diaconi card. et bibliothecarii, III Kal. Julii (13), indict. XII, Dom. Incarnat. anno 1120.

XIII.

Monasterii S. Ægidii jura ac bona confirmat.

(Anno 1119, Jun. 28.)

[MÉNARD, *Histoire de Nîmes*. Paris, 1750, 4°, t. I, pr., p. 28.]

CALIXTUS episcopus, servus servorum Dei, dilecto in Christo filio UGONI, abbati venerabilis monasterii Beati Ægidii, ejusque successoribus regulariter substituendis in perpetuum.

Inter cæteras quæ per Gothicam provinciam continentur ecclesias, Beati Ægidii [monasterium specialius atque familiarius ad sedem cognoscitur apostolicam pertinere. Idem enim ipse venerabilis Pater Ægidius locum illum beato Petro, ejusque Romanæ Ecclesiæ, obtulit, ac jure proprietario sedi apostolicæ mancipavit, prout scripturarum veterum monumenta evidentius manifestant. Ea propter, nos idem monasterium pleniori affectione diligere, et propensiori decrevimus charitatis studio confovere. Omnem igitur libertatem seu immunitatem vobis ac vestro cœnobio per antecessorum nostrorum privilegia contributam, præsentis privilegii pagina roboramus; statuentes ut nulli omnino archiepiscopo vel episcopo liceat super idem cœnobium vel abbatem, sive monachos ibidem Domino servientes, manum excommunicationis aut interdictionis extendere, sed tam vos quam monasterium, cum villa, quieti semper ac liberi ab omni episcopi exactione vel gravamine per omnipotentis Dei gratiam maneatis. Monachos vero et presbyteros seu clericos, qui in vestris obedientiis commorantur, pro delictis suis a quibuslibet laicis capi, verberari, aut ad redemptiones cogi penitus prohibemus. Porro universa quæ in præsenti XII indictione monasterium vestrum, concessione pontificum, liberalitate principum, oblatione fidelium, vel aliis justis modis, possidet, sive in futurum, largiente Deo, poterit adipisci, quieta semper et illibata permaneant; in quibus hæc propriis visa sunt nominibus adnotanda; abbatiæ videlicet S. Ægidii de Ungaria, S. Eusebii de Provincia; et ecclesiæ S. Ægidii de Aceio, S. Ægidii de Duno, S. Ægidii de Limantio, S. Ægidii de Supervia, S. Eusebii de Longobardia, S. Baudilii de Hispania, S. Eulaliæ de Barbasta; ecclesia de Ruminas, cum ipsa villa; ecclesia de Boccona, cum villa; ecclesia S. Andreæ de Lucopello; ecclesia S. Ægidii de Tholmone; ecclesia S. Ægidii de Cressiaco, cum villa; S. Hippolyti de Melreo, cum villa; S. Lupi, S. Mariæ de Fraxineto, S. Joannis de Gardonenca, cum villa, S. Crucis de Molerano; S. Martini de Cervario, S. Stephani de Corconna, S. Amantii, cum villa; S. Martini de Orianiches; S. Martini de Sinthiano; S. Andreæ de Berniz, S. Saturnini de Seura, cum villa; villa de Bion, ecclesia S. Ceciliæ de Stagello, cum villa, S. Felicis de Aspirano, cum villa; S. Columbæ cum media villa, S. Andreæ de Campo mariniano; S. Mariæ de Saturanigues; S. Ægidii de Missiniaco; S. Stephani de Calesues; S. Petri de Provencheriis cum villa; S. Andeoli de Robiaco, cum villa, S. Victorini de Villa forte, S. Petri de Vannis, cum villa; S. Mariæ de monte Alto, cum villa; S. Baudilii de Somerio; S. Servi ultra Rhodanum, cum villa; S. Petri et S. Michaelis juxta castrum Rossilionis; S. Privati, cum villa; S. Stephani de Minerba, cum villa; S. Christophori de Vacheriis, cum villa; S. Joannis de Albennatis, cum villa; S. Mariæ de Rodosc, cum villa; S. Columbæ de Wapinco; S. Ægidii de Padernas, S. Maximi de Medenas; S. Petri de Intermontes, cum villa; S. Petri de Trancatellas; S. Joannis de Negano; S. Sebastiani de Alsatis; S. Petri de Launiaco; S. Salvatoris de Caisanigues; et S. Eugenii de Obresat, cum capellis et aliis possessionibus ad eas pertinentibus. Decernimus ergo ut nulli omnino hominum liceat super dictum cœnobium temere perturbare, aut ejus possessiones auferre, vel ablatas retinere, minuere, vel temerarie fatigare; sed omnia integra conserventur eorum

---

(13) Lege XIII *Kal. Jul.* JAFFÉ.

pro quorum sustentatione et gubernatione concessa sunt usibus omnimodis profutura. Sane illam Tolosani comitis, nobilis memoriæ Raimundi, abdicationem auctoritate sedis apostolicæ confirmamus. Siquidem comes ipse honores omnes ad Beatum Ægidium pertinentes, tam in valle Flaviana, quam in extrinsecis quidquid juste vel injuste videbatur tenere, omnes rectas sive pravas consuetudines quas ipsius antecessores aut ipse habuerant, ob honorem Dei et Beati Ægidii reverentiam, apud Nemausense concilium in manu domini prædecessoris nostri, sanctæ memoriæ, Urbani papæ, jurans, Odiloni abbati et ejus fratribus dereliquit; et se atque universos successores suos, si forte hoc donum irritum facere pertentarent, quod ad se erat, damnatione ac maledictione multavit, atque a prædicto domino nostro excommunicationis inde sententiam in concilio dari fecit. Ad hæc adjicientes, pro ampliori Beati Ægidii veneratione, statuimus ut infra terminos a nostris prædecessoribus constitutos, et a nobis etiam confirmatos, nemo prorsus aut super ipsam Beati Ægidii villam, deprædationem vel assultum facere, aut graviorem personæ cuilibet inferre audeat læsionem. Si qua igitur in futurum ecclesiastica sæcularisve persona, hanc nostræ constitutionis paginam sciens, contra eam temere venire tentaverit, secundo tertiove commonita, si non satisfactione congrua emendaverit, potestatis honorisque sui dignitate careat, reamque se divino judicio existere de perpetrata iniquitate cognoscat, et a sacratissimo corpore et sanguine Dei et Domini Redemptoris nostri Jesu Christi aliena fiat, atque in extremo examine districtæ ultioni subjaceat. Cunctis autem eidem loco justa servantibus sit pax Domini nostri Jesu Christi, quatenus hic fructum bonæ actionis percipiant, et apud districtum judicem præmia æternæ pacis inveniant. Amen, amen, amen.

Ego Calixtus, catholicæ Ecclesiæ episcopus, subscripsi.

Datum apud Magalonam per manum Grisogoni, sanctæ Romanæ Ecclesiæ diaconi cardinalis ac bibliothecarii, IV Kal. Julii, indict. XII, Dominicæ Incarnationis anno 1120, pontificatus autem domni Calixti II papæ anno primo.

XIV.

Pro eodem monasterio.

(Anno 1119, Jun. 28.)

[*Hist. de Languedoc*, tom. II, preuves, p. 408.]

CALIXTUS episcopus, servus servorum Dei, dilectis filiis abbati Ugoni et monachis monasterii S. Ægidii, salutem et apostolicam benedictionem.

Propter dissensiones et scandala quæ frequenter inter locum vestrum et comitem, inter abbatem et monachos emerserunt, monasterium vestrum grave admodum sustinuit in bonis temporalibus detrimentum. Ad hoc etiam ventum est ut inter cætera major thesauri pars distracta sit et dispersa, sicut ex relatione vestræ assertionis comperimus. Quod profecto tanto amplius nos gravare noveritis, quanto specialius atque familiarius locus vester ex ipsius Beati Ægidii oblatione ad Romanam cognoscitur Ecclesiam pertinere. Ne igitur malum hoc vires ulterius ullas obtineat, mansuro in perpetuum decreto statuimus, et omnimodis ex auctoritate sedis apostolicæ prohibemus, ut nullus abbas, vel monachus thesaurum vel honores Ecclesiæ qui aut modo habentur, aut in futurum largiente Domino acquirentur, alienare, distrahere, vel impignerare audeat; nisi forte pro his tribus causis: pro redemptione videlicet captivorum, pro communi et graviori familiæ inopia, et pro emptione seu redemptione. Idipsum autem si contigerit, totius fiat communi deliberatione capituli, ut nihil dolo, vel subreptione aliqua, sed prædictarum necessitatum instantia committatur. Si quis igitur abbas vel monachus decreti hujus tenore cognito contraire tentaverit, abbas quidem abbatiæ regimine careat, et sententiæ excommunicationis subjaceat; monachus vero a monasterio penitus et ab ejus honoribus excludatur, et eadem excommunicationis sententia teneatur, nisi præsumptionem suam, tam abbas quam monachus, secundum commune capituli judicium, digna satisfactione correxerit. Tandem etiam excommunicationis sententiam super eos qui thesaurum vel honores monasterii, præter quam superius definitum est acceperint, promulgamus.

Ego Calixtus catholicæ Ecclesiæ episcopus confirmo, etc.

Datum apud Magalonam per manum Grisogoni sanctæ Romanæ Ecclesiæ diaconi, cardinalis ac bibliothecarii, IV Kalend. Julii, indict. XII, Dominicæ Incarnat. anno 1120, pontificatus autem domni Calixti II papæ anno primo.

XV.

Ad canonicos Bisuntinæ ecclesiæ S. Joannis. — *Litigantes S. Joannis et S. Stephani canonicos juramentis suis solvit.*

(Anno 1119, Jun. 30.)

[MANSI, *Concil.*, XXI, 197.]

CALIXTUS episcopus, servus servorum Dei, dilectis filiis Bisuntinæ ecclesiæ S. Joannis evangelistæ canonicis, salutem et apostolicam benedictionem.

Inter vestram, et B. Stephani ecclesiam, quædam possessionum unitas per confratrem nostrum Humbaldum Lugdunensem archiepiscopum facta est, quæ grave admodum inferre videbatur utrique ecclesiæ detrimentum, nec omnino sine animarum periculo, quæ inde facta fuerant juramenta poterant conservari. Quæ supradictus frater noster, una cum archiepiscopo vestro Anserico, diligenter nostra etiam commonitione perspiciens, utriusque partis juramenta, ex reservata sibi et eidem archiepiscopo vestro licentia et potestate, prorsus absolvit. Et nos itaque absolutionem ipsam utrique ecclesiæ necessariam providentes, præsentis decreti pagina confirmamus, ex ratam in perpetuum manere decernimus, auctoritate sedis apostolicæ statuentes, et omnimodis præcipientes, ut neque vos S. Stephani canonicos, neque ipsi, aut quælibet persona, vos deinceps super juramento illo præsumat impetere. Nulli etiam omnino hominum liceat, sibi honores vestros, prædia, et possessiones, et quæcunque juris ecclesiæ vestræ sunt, pro illius unitatis vinculo vindicare, aut ea ulterius commiscere : sed omnia vobis vestrisque successoribus ita semper quieta et integra conserventur, sicut a tempore bonæ memoriæ Salinensis Hugonis, Bisuntini archiepiscopi, usque ad tempora fratris Hugonis archiepiscopi, qui in Jerosolymitana peregrinatione ad Dominum migravit, conservata noscuntur. Si qua igitur in futurum ecclesiastica sæcularisve persona, hanc nostræ constitutionis paginam sciens, contra eam temere venire tentaverit, secundo tertiove commonita, si non satisfactione congrua emendaverit, potestatis honorisque sui dignitate careat, reamque se divino judicio existere, de perpetrata iniquitate cognoscat, et a sacratissimo corpore ac sanguine Dei et Domini Redemptoris nostri Jesu Christi aliena fiat, atque in extremo examine districtæ ultioni subjaceat.

Ego Calixtus, catholicæ Ecclesiæ episcopus, confirmo, et subscribo.

Datum apud Magalonam, per manum Chrysogoni sanctæ Romanæ Ecclesiæ diaconi cardinalis ac bibliothecarii, 11 Kal. Julii, indict. xii, Dominicæ Incarnationis anno 1120, pontificatus autem domini Calixti II papæ anno primo.

XVI.

Ad R. Massiliensem abbatem.— *Permittit ei et fratribus suis divinum officium celebrare in Tarasconensi S. Nicolai ecclesia, eamque consecrari facere.*

(Anno 1119, Jul. 1.)

[Ex archivis S. Victoris Massiliensis eruit D. Furnerius. —Edidit D. Marten., ampl. Collect., I, 665.]

CALIXTUS episcopus, servus servorum Dei, dilectis filiis R. (14) Massiliensi abbati et ejus fratribus S. et A. B.

Dominus prædecessor noster sanctæ memoriæ Urbanus papa, uti ex ejus et domini papæ Gelasii litteris intelleximus, Richardo Narbonensi archiepiscopo, tunc Massiliensi abbati, auctoritatis suæ favorem dedit, ut apud Tarasconem, in loco videlicet donationis comitissæ Stephaniæ, ad honorem Dei ecclesiam ædificaret. Ipsemet etiam pontifex in eodem loco crucem fixit, et aquam benedictam sparsit. Et nos itaque monasterio vestro suam volentes justitiam conservari, licentiam vobis damus ut in loco ipso fratres vestri divina officia celebrent, et postquam ecclesia perfecta fuerit, si Avenionensis episcopus eam consecrare aut noluerit, aut propter clericorum contradictionem nequiverit, a quo malueritis catholico consecrari episcopo faciatis.

Datum (15) Biterris Kal. Julii.

(14) Rodulfo abbati S. Victoris electo anno 1117.
(15) Hinc colliges bullam istam datam esse cum Calixtus celebrato Remis concilio iter suum versus

XVII.

Excerptum bullæ datæ in gratiam monasterii S. Mariæ Soricinensis.

(Anno 1119, Jul. 6.)

[*Gall. Christ.* XIII, instr. 266.]

Calixtus papa II Amelii Tolosani episcopi, Petrique Soricinensis abbatis petitionibus innuens, Beatæ Mariæ Soricinense monasterium cum omnibus ad ipsum pertinentibus sub apostolicæ sedis tutelam suscipit, et contra pravorum hominum nequitiam protectionis suæ patrocinio communit, statuens ut quæcunque bona , quascunque possessiones idem cœnobium legitime possidet, aut in futurum , largiente Deo, juste atque canonice adipisci poterit, firma ipsi Petro ejusque successoribus et illibata permaneant. In quibus, inquit, hæc propriis nominibus exprimenda duximus ipsam villam Soricinensem cum ecclesiis S. Martini et S. Michaelis, necnon decimis, oblationibus et aliis ad eam pertinentibus ; ecclesiam Sancti Vincentii de Gandels, Sanctæ Mariæ de Blan, Sancti Martini de Podio Laurentii, Sancti Petri de Poditio, Sancti Anatolii, Sancti Salvii, Sancti Saturnini de Cadicio, Sancti Martini de Maderio, Sancti Pardulfi, Sancti Stephani de Cocoringo, cum earum pertinentiis; villam de Palajaco cum ecclesiis Sancti Martini et Sancti Joannis, ecclesiam Sancti Martini de Superio, Sanctæ Mariæ du Cauce, Sancti Genesii de Peirenhx ; villam Pictam cum ecclesia Sancti Joannis et omnibus ad ipsam pertinentibus ; villam Mauri in Ausciensi pago, monasterium Sancti Petri Cellamedulfi cum appendiciis suis. Obeunte te ejusdem loci abbate, inquit pontifex, vel tuorum quolibet successorum , nullus ibi quilibet subreptionis astutia seu violentia præponatur, nisi quem fratres communi consensu, vel fratrum pars consilii sanioris, secundum Dei timorem et beati Benedicti Regulam præviderit eligendum.

Datum apud castellum Avenionum per manum Grisogoni sanctæ Romanæ Ecclesiæ diaconi cardinalis ac bibliothecarii, secundo Nonas Julii, indict. xiii, Dominicæ Incarnationis anno 1120, pontificatus nostri secundo.

XVIII.

Ecclesia S. Polycarpi confirmatur monasterio Electi.

(Anno 1119, Jul. 14.)

[MANSI, *Concil.*, XXI, 234.]

CALIXTUS episcopus, servus servorum Dei, dilecto filio RAIMUNDO Electensi abbati, salutem et apostolicam benedictionem.

Super ecclesia S. Polycarpi jam diu a prædecessore nostro sanctæ memoriæ Paschale papa inter vestrum et Crassense monasterium definitio facta est; nuper autem in concilio quod per Dei gratiam Tolosæ celebravimus, Crassensis abbas Berengarius querelam deposuit, quod in definitione illa Cras-

Italiam dirigeret, proxime e Gallia egressurus, quod contigit anno 1120.

sense fuerit monasterium aggravatum, pro eo quod in unius tantum Crassensis fratris præsentia judicium fuerit promulgatum. Ne igitur aliqua ei conquerendi relinqueretur occasio, ex abundanti querimoniam ejus audivimus. Causa tamen diligentius indagata, nihil aliud in ea invenire potuimus quam quod prædicti domini nostri sententia definivit. Ea propter nos auctore Deo quod a sede apostolica de ipsa B. Polycarpi ecclesia constitutum est, ejusdem sedis apostolicæ auctoritate firmamus, et ratum in perpetuum manere decernimus, præcipientes ut nulli omnino hominum liceat locum illum ab Electensis monasterii subjectione subtrahere, aut temerariis vos inde vexationibus fatigare. Si quis ergo decreti hujus tenore cognito, temere, quod absit! contraire tentaverit, honoris et officii sui periculum patiatur, aut excommunicationis ultione plectatur, nisi præsumptionem suam digna satisfactione correxerit. Fratres qui nostræ huic retractationi et decisioni interfuerunt, hi sunt : Cono Prænestinus et Lambertus Hostiensis episcopi; Boso, Deusdedit presbyteri ; Petrus et Gregorius diaconi cardinales; Ricardus Narbonensis, Ato Arelatensis, Bernardus Auxiensis archiepiscopi ; Raimundus Barbastrensis, Gualterius Magalonensis, Arnaldus Carcasiensis, Amelius Tolosanus, Berengarius Gerundensis, Gregorius Bigorritanus episcopi; Bernardus Atonis vicecomes Biterrensis, Centullus comes Bigorritanus.

Ego Calixtus catholicæ Ecclesiæ episcopus.

Datum Tolosæ per manum Grisogoni S. R. E. diaconi cardinalis ac bibliothecarii, II Idus Julii, indictione XII, Dominicæ Incarnationis anno 1120 [1119], pontificatus autem domini Calixti II papæ anno priori [f. primo].

XIX.

Ad Didacum episcopum Compostellanum. — Concilio « in festivitate B. Lucæ » Remis celebrando eum interesse vult.

(Anno 1119, Jul. 14.)
[FLOREZ, *Esp. sagr.*, XX, 278.]

CALIXTUS episcopus, servus servorum Dei, venerabili fratri DIDACO Compostellano episcopo, salutem et apostolicam benedictionem.

Ante susceptum apostolicæ sedis ministerium fraterna te charitate dileximus; nunc divina dispositione in ejusdem regimine constituti, tanto amplius te diligere volumus, quanto plenius id facere commissa nobis administratio persuadet. Quamobrem fraternitatem tuam litteris præsentibus visitantes, rogamus atque monemus ut secundum concessam tibi a Domino facultatem matrem tuam Romanam Ecclesiam studeas adjuvare. Nos enim et te et Ecclesiam tuam, in quantum permiserit Dominus, honore debito volumus honorare. Rogamus etiam pro rege nepote nostro, ut eum pro dilectione nostra ita viriliter et constanter adjuves et sustentes, quatenus te nos libentius in tuis possimus petitionibus exaudire. Quæ minus litteris continentur, filiis suis et fidelibus utrinque Petro, Girardo et A. plenius referenda commisimus. Concilio quod præstante Deo Remis in festivitate B. Lucæ celebrare disposuimus, fraternitatem tuam interesse mandamus, si quo modo fieri possit. Quod si præpeditione canonica fueris præpeditus, priusquam montes transeamus, nostro te conspectui repræsentes.

Datum Tolosæ, II Idus Julii.

XX.

Bulla de dono ecclesiæ Sanctæ Liberatæ facto Stephano abbati Casæ-Dei ab Hildeberto episcopo Agennensi.

(Anno 1119, Jul. 15.)

[*Gall. Christ.*, II, instr., 428.]

CALIXTUS episcopus, servus servorum Dei, dilecto filio STEPHANO, abbati monasterii Casæ-Dei, salutem et apostolicam benedictionem.

In ecclesia B. Liberatæ, quæ in Agennensi parochia sita est, clerici quondam sæculari nimium conversatione vivebant. Nuper vero divina gratia aspirati, pro vitæ suæ correctione et se et locum suum vestro monasterio contulerunt; quatenus ibi deinceps omnipotenti Deo sub monastici ordinis regula serviantur. Verum ne frater noster Hildebertus Aginnensis episcopus gravari super hoc videretur, eum præsentem rogavimus, ut præfatam ecclesiam ad honorem Dei et monasticæ religionis disciplinam deinceps inibi conservandam cœnobio vestro concederet : aliter enim fratres tui eam suscipere recusabant. Ille vero nostris precibus inclinatus, pro desiderio, et pura, ut credimus, voluntate, eamdem B. Liberatæ ecclesiam cum pertinentiis suis B. Roberto vestrisque monachis præsentibus atque futuris per manus nostras plenaria donatione concessit, salvo episcopali jure, quod in eadem ecclesia hactenus visus est habuisse. Nos igitur hanc prædicti episcopi concessionem tanquam per nos factam apostolicæ sedis auctoritate firmamus, et sæpe dictam B. Liberatæ ecclesiam, in tua tuorumque successorum tuitione ac dispositione per omnia perpetua stabilitate manere decernimus. Sane si quis huic nostro decreto, quod absit! contraire tentaverit, honoris et officii sui periculum patiatur, aut excommunicationis pœna plectatur, nisi præsumptionem suam digna satisfactione correxerit.

Datum Tolosæ Idibus Julii, indictione XII, Dominicæ Incarnationis anno 1120, pontificatus autem domini Calixti papæ II primo.

XXI.

Epistola synodalis Calixti, Tolosano concilio præsidentis, qua cella S. M. de Gordiano adjudicatur Anianensi monasterio, adversus Arelatensem archiepiscopum et monachos Casæ Dei.

Anno 1119, Mai.)

[MANSI, *Concil.*, XXI, 227.

CALIXTUS episcopus, servus servorum Dei, dilecto filio PONCIO, Anianensis monasterii abbati, salutem et apostolicam benedictionem

Super cella S. M. de Gordiano jam diu apud sædem apostolicam facta quæstio invenitur. Siquidem domini nostri sanctæ memoriæ Paschalis papæ temporibus, et vos vestro, et monachi Casæ Dei suo eam vindicare monasterio sæpius tentaverunt. Post multas autem querimonias, cum prædictus dominus allegationes vestras diligentius constituto tempore audivisset; veritate tandem sagaciter indagata, cellam ipsam monasterio vestro adjudicavit, et in quæstione illa monachis Casæ Dei perpetui silentii taciturnitatem indixit, sicut in diffinitionis ejus scripto plenius continetur. Cæterum fratres illi, etsi ex tunc toto ejusdem domini tempore quievisse visi sunt; ante nos tamen apud Clarummontem eamdem querimoniam renovarunt, asserentes se in judicio prægravatos, eo quod ipsorum justitia non ad plenum fuit inquisita. Nos, ut nulla eis adversus apostolicam sedem clamoris relinqueretur occasio, eorum scripta, et rationes perscrutati sumus, et nihil roboris, nihil in eis momenti reperientes, fratribus ipsi desistere ab hac deinceps inquietatione præcepimus.

Hoc frater noster Ato Arelatensis archiepiscopus audiens, et ipse clamare cœpit, dicens : Arelatensem ecclesiam injuste suis possessionibus spoliatam, quoniam prædicta cella de Gordanicis cum rebus suis ad jus Arelatensis ecclesiæ pertinebat, et per eam monachi Casæ Dei locum illum sub censu annuo detinuerant. Cumque id frequentius inculcaret, ne aliquam ei videremur inferre injuriam, diem agendæ causæ apud Montempessulanum statuimus, ubi pars utraque conveniens suas protulit rationes. Quibus sufficienter inspectis, ex fratrum nostrorum sententia judicatum est, archiepiscopum debere super eadem ecclesia revestiri, si Arelatensem ecclesiam locum illum ante domini nostri judicium possedisse idoneis testibus comprobaret. Judicio itaque adimpleto, mox ei restituta est possessio, salvo nimirum Anianensis monasterii jure, si quod esset. Tunc etiam terminus constitutus est, in quo de proprietatis jure apud Tolosam in utriusque partis præsentia tractaretur. In ipso ergo concilio quæstio mota est. Et quidem Anianenses monachi cellam illam per Lodoici imperatoris, Caroli Magni imperatoris filii, et filii ejus Caroli regis scripta et largitiones, Anianensi monasterio vindicabant. Archiepiscopus vero se Lodoici, filii Bosonis regis Viennæ, chyrographo tuebatur. Causa itaque aliquandiu coram omnibus ventilata, nos fratribus nostris Cononi Prænestino, et Lamberto Ostiensi, episcopis et cardinalibus, Bosoni Sanctæ Anastasiæ, Deusdedit Sancti Laurentii in Damaso, et Joanni Sancti Chrysogoni, presbyteris et diaconibus, Petro Sanctorum Cosmæ et Damiani, Gregorio sancti Angeli, et Chrysogono Sancti Nicolai de Carcere, et archiepiscopis Oldegario Tarraconensi, et Bernardo Auxiensi, et item episcopis Raimundo Barbastrensi, Guidoni Lascurrensi, Galtero Magalonensi, et Goloni Leonensi, et abbatibus Arduino Sancti Savini, et Amico Sancti Laurentii foras muros, præcepimus,

ut in partes secederent, et controversiam ipsam judicio canonico definirent. Egressi de concilio fratres inter se diutius contulerunt. Novissime discussis utrinque rationibus, et chartarum monumentis sæpius revolutis, hujusmodi sententiam in concilii audientia ediderunt : donationis scripta, quæ Arelatensi ecclesiæ a prædicto rege Ludovico Bosonis filio, post Ludovici imperatoris, Magni Caroli filii, et filii ejus Caroli regis confirmationes, de cella de Gordanicis collata sunt, robur nullum obtinere. Quod enim Deo semel oblatum fuerat ab aliis, ulterius aliis non potuit erogari. Hoc etiam ex abundanti additum est, ut Ananienses monachi trium idoneorum testium assertione probarent, Anianense monasterium cellam de Gordanicis per triginta annorum spatium sine interruptione legitima possedisse, antequam eam monachi Casæ Dei, per quos Arelatensis Ecclesia in possessionem intraverat, obtinerent. Et sic locus idem in jure deinceps ac possessione Anianensis monasterii permaneret.

Hanc profecto sententiam toto concilio placere, a fratribus nostris archiepiscopis, episcopis, abbatibus, acclamatum est. Confestim Anianenses in medium tres senes monachos protulerunt, qui tactis sacrosanctis evangeliis firmaverunt Anianenses monachos cellam de Gordanicis per triginta annorum spatium sine interruptione legitima possedisse, antequam eam Casæ Dei monachi obtinerent.

Prolatam igitur a fratribus supra nominatis de jam sæpe dicta cella sententiam, et totius assensu concilii approbatam, nos auctore Deo assertionis nostræ munimine confirmamus, et Anianensi monasterio super ea in posterum inferri calumnias, auctoritate sedis apostolicæ penitus prohibemus.

Quæcunque præterea Anianense monasterium per authentica prædecessorum nostrorum Joannis, Nicolai, Alexandri, Urbani, Paschalis, pontificum Romanorum, privilegia possidet, tibi tuisque successoribus in perpetuum confirmamus. Idem enim locus specialiter sub B. Petri jure ac protectione consistit.

Prædictam cellam de Gordanicis Arelatensis archiepiscopus in manu nostra, per virgam quam gestabat, in conspectu totius concilii refutavit. Nos vero eam tibi, fili in Christo charissime Ponti, et per te Anianensi monasterio, per eamdem virgam protinus restituentes, tam Arelatensi ecclesiæ, quam et monasterio Casæ Dei, perpetuum super eadem cella silentium sub anathematis obligatione indiximus; et instrumenta chartarum ab archiepiscopo et monachis Casæ Dei vobis reddi præcipimus : ne illorum occasione aliquis denuo querimoniæ scrupulus oriatur. Si qua igitur in futurum ecclesiastica sæcularisve persona, hanc nostræ confirmationis paginam sciens, contra eam temere venire tentaverit : secundo tertiove commonita, si non satisfactione congrua emendaverit, potestatis honorisque sui dignitate careat, reamque se divino judicio existere de perpetrata iniquitate cognoscat, et a sacramento corporis ac sanguinis Dei et Domini Redemptoris nostri Jesu Christi aliena fiat, atque in extremo examine districtæ ultioni subjaceat. Cunctis autem eidem loco sua servantibus sit pax Domini nostri Jesu Christi, quatenus et hic fructum bonæ actionis percipiant, et apud districtum judicem præmia æternæ pacis inveniant. Amen, amen, amen.

Ego Calixtus, catholicæ Ecclesiæ episcopus.
Ego Cono Prænestinus episcopus.
Oldegarius Tarraconensis ecclesiæ dispensator.
S. Raimundi Barbastrensis episcopi.
Ego archiepiscopus Bernardus Ausciensis, subscripsi.
Ego Lambertus Ostiensis episcopus.
Richardus Narbonensis archiepiscopus.
Ego Petrus cardinalis Sanctorum Cosmæ et Damiani.
Ego Boso, tituli Sanctæ Anastasiæ presbyter cardinalis.
Ego Ato Arelatensis episcopus.
Ego Gregorius diaconus cardinalis Sancti Angeli.
Ego Deusdedit, tituli S. Laurentii in Damaso presbyter cardinalis.
Ego Fulco Aquensis archiepiscopus, subscripsi.
Ego Galterius Magalonensis episcopus.
Ego Joannes, presbyter cardinalis, tituli Sancti Chrysogoni, huic judicio interfui et subscripsi.
Ego Amicus abbas S. Laurentii foris Muros.
Ego Arduinus abbas S. Savini.

Datum Tolosæ per manum Chrysogoni sanctæ Romanæ Ecclesiæ cardinalis ac bibliothecarii, Idibus Julii, indictione XII, Dominicæ Incarnat. anno 1119, pontificatus autem domni Calixti II papæ anno primo.

XXII.

Ad B. præpositum clerum et populum Hildesheimensem.

(Anno 1119, Jul. 15.)

[Ex codice Hildesh. sæc. XV, qui servatur in tabulario reg. Hannoverano edidit JAFFÉ, *Regesta pontif. Rom.*, p. 529, cum hac mentione. « Misit H. Sudendorf V. D. »]

B. præposito, clero et populo Hildesheimensi, salutem et apostolicam benedictionem.

In octavis apostolorum (6 Julii) Tolosæ cum fratribus nostris archiepiscopis et episcopis et abbatibus provinciæ Goczie (Galliæ?) Guasconiæ concilium celebravimus. Ibi per Dei gratiam investitura penitus damnata est. Quamobrem universitatem vestram visitatione sedis apostolicæ visitantes, rogamus et præcipimus ut illum qui per sæcularem potentiam vestram invasit Ecclesiam, a vobis repellatis, et infra XX dies postquam litteras istas susceperitis, canonicam electionem facere maturetis.

Datum Tolosæ Non. Junii [*vid. leg.* Id. Julii.]

XXIII.

Berengario abbati monasterii Crassensis in Septimania ejusque successoribus ecclesiam S. Petri de Valeriis « sub censu annuo duorum aureorum » concedit.

(Anno 1119, Jul. 20.)

[BALUZ., *Miscell.* ed. Luc., III, 13.

CALIXTUS episcopus, servus servorum Dei, dilecto filio BERENGARIO Crassensis monasterii abbati, salutem et apostolicam benedictionem.

Et justitiæ ratio et rationis ordo nos admonet et compellit Ecclesiarum destitutioni paterna sollicitudine providere, illarum maxime quæ specialiter ad sedem videntur apostolicam pertinere. Siquidem Beati Petri de Valeriis ecclesia, quæ sanctæ Romanæ Ecclesiæ juris est, interius exteriusque attrita et tam in spiritualibus quam etiam in temporalibus plurimum diminuta est. Eapropter nos eidem loco affectione debita providentes, tibi, dilecte in Christo fili Berengari abbas, tuisque successoribus sub censu annuo duorum aureorum regendum disponendumque committimus cum omnibus ad ipsum pertinentibus et cum omni libertate atque immunitate quam ei Dominus prædecessor noster sanctæ memoriæ Paschalis papa per privilegii sui paginam concessisse dignoscitur, quandiu videlicet vos apostolicæ sedis communionem et gratiam habueritis, et in monasterio vestro monastici ordinis disciplina Domino præstante viguerit. Confidimus enim de omnipotentis Dei misericordia et religione vestra, quia per industriam vestram locus ille in religionis statum reduci et in temporalibus etiam debeat per Dei gratiam augmentari. Vestra igitur interest et in Romanæ deinceps Ecclesiæ obedientia et servitio devotius et enixius permanere, et de loci ipsius incremento ita sollicitudinem gerere ut largiente Deo hac semper habeamini gratia digniores. Si qua sane persona temere, quod absit! nostræ huic commissioni obviare tentaverit, honoris et officii sui periculum patiatur, aut excommunicationis ultione plectatur, nisi præsumptionem suam digna satisfactione correxerit.

Ego Calixtus catholicæ Ecclesiæ episcopus.
Ego Joannes presbyter cardinalis de titulo Sancti Grisogoni.
Ego Petrus diaconus cardinalis Sanctorum Cosmæ et Damiani.

Datum apud Sanctum Theodardum per manum Grisogoni sanctæ Romanæ Ecclesiæ diaconi cardinalis ac bibliothecarii, XIII Kalendas Augusti, indictione XII, Dominicæ Incarnationis anno 1119, pontificatus autem domini Calixti II papæ anno primo.

XXIV.

Ad illustrem feminam Jussolinam et filios ejus, ejusdem argumenti cum superiore.

(Anno 1119, Jul. 20.)

[BALUZ., *ibid.*]

CALIXTUS episcopus, servus servorum Dei, dilectæ filiæ JUSSOLINÆ illustri feminæ et filiis ejus PETRO

Sicardi et Rainardo de Perignano, salutem et apostolicam benedictionem.

Gratias omnipotenti Deo et nobilitati vestræ referimus quod Beati Petri de Valeriis ecclesiam, quæ Romanæ Ecclesiæ juris est, tanquam boni patroni et juvistis hactenus et fovistis. Rogamus autem ut idipsum deinceps melius per Dei gratiam faciatis. Nos enim destructioni ejusdem loci affectione debita condolentes, cum dilecto filio nostro Berengario Crassensi abbati et successoribus ejus regendum disponendumque commisimus cum omnibus honoribus et possessionibus suis et cum omni libertate et immunitate, sicut in domini prædecessoris nostri sanctæ memoriæ Paschalis papæ privilegio continetur. Confidimus enim de omnipotentis Dei misericordia quia per ejus industriam locus idem tam in spiritualibus quam in temporalibus etiam poterit restaurari. Iterum ergo dilectionem vestram rogamus, et vobis in peccatorum vestrorum remissionem injungimus, ut secundum datam divinitus facultatem prædictam ecclesiam juvare amplius et sustentare curetis. Si quis autem adversus hanc commissionem nostram agere tentaverit, vos eumdem locum protectionis vestræ auxilio defendatis. Omnipotens Dominus beatorum apostolorum Petri et Pauli precibus vos, quæ ei placita sunt operantes, ab omnibus peccatis absolvat, et ad vitam perducat æternam. Amen.

Datum apud Sanctum Theudardum XIII Kalendas Augusti, indictione XII.

XXV.
Bulla pro Geraldo priore Cadurcensis beati protomartyris Stephani ecclesiæ.

(Anno 1119, Jul. 30.)

[Guil. DE LA CROIX, *Series et Acta episc. Cadurcens.*, pag. 68.]

Calixtus episcopus, servus servorum Dei, dilectis filiis Geraldo priori, et ejus fratribus in Cadurcensi B. protomartyris Stephani ecclesia regularem vitam professis, tam præsentibus quam futuris, salutem et apostolicam benedictionem in perpetuum.

Præceptum Domini habemus: *Intrare per angustam portam, quia angusta via est quæ ad vitam ducit*: quia igitur vos, o filii in Christo charissimi, per divinam gratiam aspirati, mores vestros sub regularis vitæ disciplina coercere, et ut angustam portam ingredi valeatis communiter secundum SS. Patrum institutionem omnipotenti Deo deservire, proposuistis; nos votis vestris paterno congratulamur affectu; unde et jam petitioni vestræ benignitate debita impartientes assensum, religionis propositum præsentis privilegii auctoritate firmamus. Statuimus enim ut nulli omnino hominum liceat vitæ canonicæ ordinem quem professi estis in vestra Ecclesia commutare, nemini etiam professionis vestræ facultas sit alicujus levitatis instinctu vel arctioris religionis obtentu, sine prioris vel congregationis licentia de statu discedere; quod si discesserit, nullus eum episcoporum, nullus abbatum, nullus monachorum, sine communium litterarum cautione suscipiat, quandiu videlicet in ecclesia vestra canonici ordinis tenor Deo præstante viguerit; nullus præterea vobis in episcopum, in priorem, in archidiaconum, vel in ministrum cujuslibet ecclesiasticæ dignitatis qualibet subreptione, astutia, seu violentia præponatur, nisi cum fratrum consensu communi, vel fratrum partis consilii sanioris, secundum Dei timorem provideatur, regulariter eligendus. Sane archidiaconorum electio consilio prioris et sanioris partis capituli facta episcopo præsentetur, qui ei regulariter factæ ad honorem Dei et sustentationem Ecclesiæ accommodabit assensum. Porro si archidiaconorum aliquis temere, quod absit! vitæ canonicæ obviare, aut communi utilitati domus contumaciter obesse præsumpserit, et canonice monitus satisfacere contempserit, ejus loco, altero substituto, in claustro quietus cum fratribus aliis permanebit. Ad hæc tibi, dilecte in Christo fili Geralde prior, per præsentis decreti paginam confirmamus quidquid juris, vel honoris, vel reverentiæ, in disciplina ordinatione Cadurcensis Ecclesiæ prædecessor tuus bonæ memoriæ Gosbertus canonici ordinis in vestra Ecclesia institutor, rationabili providentia cognoscitur habuisse: universos insuper fratres communi vita viventes, cum omnibus rebus ipsorum qui nunc sunt, aut etiam fuerunt, protectionis apostolicæ privilegio communimus; vobis, vestrisque successoribus confirmamus Ecclesiam S. Agapiti de Pairinihaco, et cuncta communia Cadurcensis Ecclesiæ, quiete hactenus usque ad tempora hæc habita, et possessa, et cætera omnia quæ prædecessores nostri sanctæ memoriæ Urbanus et Paschalis papæ II vestræ noscuntur Ecclesiæ confirmasse de communi. Ergo nulli omnino hominum liceat eamdem Ecclesiam temere perturbare, aut ejus possessiones auferre, vel ablatas retinere, minuere, vel temerariis vexationibus fatigare, sed omnia integra conserventur eorum pro quorum sustentatione concessa sunt, usibus omnimodis profutura, salva in omnibus Cadurcensis episcopi reverentia. Illud quoque capitulo præsenti subjungimus, ut firmitas quæ a bonæ memoriæ Geraldo episcopo in Cadurcensi Ecclesia constituta et ab ejus successoribus confirmata est, firma in posterum et inviolata perduret, ut videlicet suis in quibuslibet locis fuerint, nisi forte culpa propria excommunicati sint, missas in feria II audiant, et sepultura eis cum defecerint, non negetur. Si qua igitur in futurum ecclesiastica sæcularisve persona, hanc nostræ constitutionis paginam sciens, contra eam venire tentaverit, secundo tertiove commonita; si non satisfactione congrua emendaverit, potestatis honorisque sui dignitate careat, reamque se divino judicio existere de perpetrata iniquitate cognoscat, atque a pretioso corpore et sanguine Dei ac Domini Redemptoris nostri Jesu Christi aliena fiat, atque in extremo examine districtæ ultioni subjaceat. Cunctis autem eidem loco justa servantibus sit pax Domini nostri Jesu Christi, quatenus et hic fructum bonæ actionis percipiant, et apud districtum judicem pignus æternæ pacis inveniant. Amen.

Ego Calixtus catholicæ Ecclesiæ episcopus.

Datum apud S. Leontium per manum Grisogoni sanctæ Romanæ Ecclesiæ diaconi cardinalis ac bibliothecarii, III Kal. Aug., indict. XII, Dominicæ Incarnationis anno 1120, pontificatus autem domni Calixti II papæ an. II.

XXVI.

Ad Henricum Anglorum regem pro controversia de primatu Eboracensis Ecclesiæ sedanda
(Anno 1119.)
[*Monasticon Anglicanum*, III, 143.]

CALIXTUS episcopus, servus servorum Dei, charissimo in Christo filio HENRICO illustri Anglorum regi, salutem et apostolicam benedictionem.

Quæstio quæ tam diu de professione illa inter Cantuariensem archiepiscopum et Eborum electum agitatur, et sedi apostolicæ gravis est, et Eboracensi Ecclesiæ non modicum ingerit detrimentum. Ea propter nobilitatem tuam rogamus, ut eosdem fratres nostros ad concilium pro quo eos vocavimus, sicut aliis jam his rogavimus, venire permittas ; quatenus auctore Deo, in nostra et fratrum nostrorum præsentia diutina illa quæstio finem debitam sortiatur. Si quis etiam eorum antea nos visitare noluerit, eamdem ei tribuas facultatem.

XXVII.

Ad Herveum abbatem Rotonensis monasterii.—Kemperlegiensibus ablatam de Bella Insula pecuniam reddat vel ad Remense concilium rationem redditurus, accedat.
(Anno 1119, Aug. 3.)
[Dom BOUQUET, *Recueil*, XV, 231.]

CALIXTUS episcopus, servus servorum Dei, dilecto filio HERVEO Rotonensi abbati salutem et apostolicam benedictionem.

Abbatis (*Gurhandi*) et fratrum monasterii Sanctæ Crucis de Kemperlegio adversus te querelam accepimus, quod pecuniam de Bella Insula, quam per violentiam abstulisti, eis minime restitueris : super qua videlicet a confratre nostro Gerardo Engolismensi, tunc apostolicæ sedis legato, judicium datum est. Præcipimus ergo dilectioni tuæ ut aut sine dilatione pecuniam reddas, aut si quam te justitiam habere confidis, ad Remense concilium venias, rationem ibi super hoc, præstante Domino, plenarie redditurus.

Data Petragoricis III Nonas Augusti.

XXVIII.

Bulla pro Guidone abbate Turturiaci.
(Anno 1119, Aug. 5.)
[*Gall. Christ.* nov., II, instr. 491.]

CALIXTUS episcopus, servus servorum Dei, dilecto filio GUIDONI Turturiacensi abbati, ejusque successoribus regulariter substituendis in perpetuum.

Turturiacense monasterium, quod a bonæ memoriæ Guidone vicecomite in alodio suo ad honorem Dei et beatorum apostolorum Petri et Pauli constructum est, specialiter ad Romanam Ecclesiam ex ipsius vicecomitis oblatione cognoscitur pertinere. Quamobrem nos illud beati Petri tuitione protegere, ejusque apostolicæ sedis munimine decrevimus confovere. Tibi ergo, tuisque successoribus, dilecte in Christo filii Guido abbas, et per vos eidem monasterio in perpetuum confirmamus quæ in præsenti aut ex prædicti vicecomitis largitione aut ex alia qualibet acquisitione legitime possidetis; ecclesiam videlicet Sancti Martini de Granges cum decimis et cæteris pertinentiis suis, ecclesiam Sancti Stephani de Naillac. . . . . de Castris in qua Sancti Joannis ecclesia continetur, ecclesiam sancti Trojani cum decimis et pertinentiis suis, capellam de Castro-Felicis, ecclesiam Sancti Raphaelis archangeli cum pertinentiis suis, et donum quod a Petro Bertramno archipresbytero de cœmeterio ejusdem ecclesiæ in manu Rainaldi episcopi factum est, ecclesiam Sancti Joannis de Valentino cum pertinentiis earum, ecclesiam Sancti Raphaelis quæ infra muros castri Gelosii sita est, sicut eam Bertramnus Vasatensis episcopus et ejus clerici nostro [*f.* vestro] monasterio tradiderunt, et ejus cœmeteria quæ intus vel extra muros posita sunt, capellam sanctorum Magni et Medardi, quæ infra muros castri Excidolii posita est, ecclesiam Sancti Saturnini de Majac, ecclesiam Sancti Christophori de Saviniaco, ecclesiam Sancti Michaelis de la Pendula, ecclesiam Sanctæ Eulaliæ, ecclesiam Sancti Martini de Boseira cum appendiciis suis, ecclesiam Sancti Pantaleonis, ecclesiam Sancti Bartholomæi de Bausens; ecclesiam Sancti Petri de Bars cum decimis et appendiciis suis, ecclesiam Sancti Petri de Sarlhac ; quæcunque præterea in futurum concessione pontificum, liberalitate principum, vel oblatione fidelium juste atque canonice præstante Domino adipisci poteritis, firma vobis vestrisque successoribus et illibata permaneant. Decrevimus ergo ut nulli hominum liceat idem monasterium temere perturbare, aut ejus possessiones auferre, aut oblatas retinere, minuere, vel temerariis vexationibus fatigare, sed omnia integra conserventur eorum pro quorum sustentatione et gubernatione concessa sunt, usibus omnimodis profutura. Obeunte nunc hujus loci abbate, vel tuorum quolibet successorum, nullus ibi qualibet subreptionis astutia seu violentia præponatur, nisi quem fratres communi consensu, vel fratrum pars consilii sanioris, secundum Dei timorem et B. Benedicti regulam providerint eligendum. Sepulturam quoque monasterii vestri, secundum antiquam consuetudinem, liberam permanere censemus. Ad indicium autem protectionis hujusmodi, quam a sede apostolica obtinetis, aureum unum quotannis Lateranensi palatio persolvetis. Si quis igitur in futurum archiepiscopus aut episcopus, comes, vicecomes, aut ecclesiastica quælibet sæcularisve persona, hanc nostræ constitutionis paginam sciens, contra eam temere venire tentaverit, secundo et tertio commonita, si non satisfactione congrua emendaverit, potestatis honorisque sui dignitate carcant, reamque se divino judicio existere de perpetrata iniquitate cognoscat, et a sacratissimo corpore ac sanguine Dei et Domini Redemptoris nostri Jesu Christi aliena fiat, atque examini districtæ ultionis subjaceat. Cunctis autem eidem loco justa servantibus sit pax Domini nostri Jesu Christi, quatenus et hic fructum bonæ actionis percipiant, et apud districtum judicem præmia æternæ pacis inveniant. Amen.

Infra visitur papæ sigillum in quo legitur :

SANCTUS | PETRUS

SANCTUS | PAULUS

et in aversa parte : Calixtus papa II. *Et circa sigilli orbem :* Firmamentum est Dominus timentibus eum. *Prope sigillum sic subscripsit summus pontifex :* Ego, Calixtus catholicæ Ecclesiæ episcopus. *Bullam pontificiam claudunt hæc verba :* Datum Petragoricis per manum Grisogoni sanctæ Romanæ Ecclesiæ diaconi cardinalis ac bibliothec. et archivis., Nonis Augusti, indictione duodecima, Dominicæ Incarnationis anno millesimo centesimo vicesimo, pontificatus autem domini Calixti II papæ anno primo.

XXIX.

Excerptum bullæ Calixti papæ II, pro SS. Trinit. Pictav.

(Anno 1119, Aug.-Sept.)

[*Gall. Christ.* nov, II, instr. 362.]

Elisabeth abbatissæ Pictaviensis monasterii SS. Trinitatis Calixtus papa confirmat bona monasterii, videlicet ecclesiam S. Petri de Cambrería cum decima sua, ecclesiam S. Martini de Pailet cum decima sua, ecclesiam S. Juliani cum curte sua, ecclesiam S. Nicolai de Prato maledicto cum curte sua, ecclesiam S. Petri de Secondignec cum curte sua, ecclesiam S. Maximi de Contre cum curte sua, ecclesiam Sancti Ylarii de Villafolet cum curte sua, ecclesiam SS. Gervasii et Protasii cum curte sua, ecclesiam S. Mariæ de la Forest cum integritate sua, ecclesiam S. Mariæ de Murnai cum integritate sua, ecclesiam S. Gregorii in suburbio Pictavis cum integritate sua, ecclesiam S. Pelagii in suburbio cum integritate sua; infra ipsam civitatem Pictaviensem S. Petri puellare monasterium cum integritate sua, ita etiam ut cellerarius officium, et canonici præbendas de manu abbatissæ in capitulo accipiant, et servitium debitum atque obedientiam, sicut hactenus fecisse noscuntur, monasterio et abbatissæ prorsus exhibeant.

Datum Pictavi per manum Chrisogoni S. R. E. diaconi cardinalis ac bibliothecarii, v Kal. Septem. indict. XII, Dominicæ Incar. anno 1119 Calixti II anno primo.

XXX.

Bulla pro cœnobio Sancti Vincentii Silvanectensis.

(Anno 1119, Sept. 3.)

[*Gall. Christ.*, X, instr. 210.]

CALIXTUS episcopus, servus servorum Dei, dilecto filio BALDUINO ecclesiæ Sancti Vincentii abbati, salutem et apostolicam benedictionem.

Ecclesiam Sancti Vincentii in suburbio Silvanectensi, in alodio regali, a rege Francorum Philippo et matre sua Anna fundatam, multis possessionibus dotatam et omni libertate adinstar regalium ecclesiarum Sanctæ Genovefæ Parisiensis, sanctique Frambaldi Silvanectensis donatam cognovimus. Hanc autem ecclesiam negligentia inhabitantium ad summam penitus miseriam deductam in tempore nostri apostolatus oculo pietatis et misericordiæ respicientes sub tutela B. Petri suscepimus, et has quas juste obtinet, ut semper obtineat libertates, auctoritate apostolicæ dignitatis confirmamus; quatenus eadem ecclesia in omni libertate cum atrio ac omnibus hospitatoribus ac suis servientibus permaneat, et ab eis oblationes, decimas et omnes sui juris redditus repetens, officia christianitatis ejusdem ecclesiæ clerici honeste ac solemniter implere studeant, in eadem autem ecclesia clerici regulares sub professione S. Augustini perpetualiter Deo serviant, præcipimus. Et ne quis ipsum ordinem immutare vel disturbare præsumat, sub anathemate interdicentes; omnibus fidelibus qui causa devotionis bona eis largiri voluerint, in remissionem peccatorum suorum injungimus; tibi autem, fili Balduine, cui commissa est cura et sollicitudo prædictæ ecclesiæ, auctoritate apostolicæ sedis et dignitatis concedimus, ut possessiones ecclesiæ quas in tempore antecessorum tuorum tibi malefactores vel sæculi potestates præoccupaverint, in quolibet episcopatu fuerint, libera voce valeas repetere et modis omnibus recuperare, nec eis valeat præsumptio suæ invasionis, cum tibi et ecclesiæ tuæ valeat auctoritas justæ et regia donationis. In ecclesiis vero Beatæ Mariæ, Sancti Reguli, Sanctique Frambaldi ac Sancti Evremundi de Credulio, ut clerici ejusdem ecclesiæ omnium indifferenter reddituum canonicam portionem obtineant præcipimus. Ne quis autem ecclesiæ jam dictæ injuriosus existere præsumat, sub anathemate interdicimus, et omnibus eidem loco justa servantibus apostolicæ benedictionis gratiam impendimus.

Datum apud Sanctum Florentinum (*in diœcesi Senonensi*), tertio Nonas Septembris.

XXXI.

Ad [Turgidum] *Abrincensem et* [Hildebertum] *Cenomanensem episcopos, etc.* — *Commendat eis monasterium Savigniense.*

(Anno 1119, Sept. 9.)

[MARTENE, *ampl. Collect.*, I, 659.]

CALIXTUS episcopus, servus servorum Dei, venerabilibus fratribus Abrincensi et Cenomanensi episcopis, et Moritoniensi comiti, et dominis castellorum Filgeriarum et Meduanæ et Sancti Hilarii, salutem et apostolicam benedictionem.

Notificamus dilectioni vestræ nos dilectum filium nostrum Vitalem, virum sapientem ac religiosum, abbatem Sanctæ Trinitatis de Savigneio, et monasterium ejus in beati Petri tutelam et patrocinium suscepisse. Et locus etiam idem, uti accepimus, venerabilis est, et monasticæ in eo religionis observantia per Dei gratiam custoditur. Rogamus itaque charitatem vestram, monemus atque præcipimus, ut pro beati Petri reverentia et dilectione nostra, idem cœnobium cum omnibus ad ipsum pertinentibus, et fratres in eo Domino servientes diligere amplius deinceps, et adjuvare curetis, atque secundum datam vobis a Domino facultatem viriliter defendatis. Sane si qua forte persona, quod absit! sæpefati monasterii bona minuere, auferre vel inquietare præsumpserit, donec satisfecerit, excommunicationis sententia feriatur. Porro quicunque locum eumdem juvare ac suis bonis honorare curaverit, omnipotentis Dei et apostolorum ejus benedictionem et gratiam, et peccatorum suorum indulgentiam consequatur.

Datum Andegavis v Idus Septembris.

XXXII.

Parthenonis S. Mariæ Fontis Ebraldi possessiones et privilegia confirmat.

(Anno 1119, Sept. 15.)

[*Gall. Christ.* nov. II, 1314, in textu.]

CALIXTUS episcopus, servus servorum Dei, dilectæ filiæ PETRONILLÆ abbatissæ monasterii S. Mariæ de Fontebraldi, et iis quæ post eam regulariter in eodem regimine successerint in perpetuum.

Cum per Pictaviensem parochiam pro Ecclesiæ servitio transitum haberemus, venerabilis fratris nostri Guillelmi Pictaviensis episcopi suggestione ad B. Mariæ de Fontebraldi monasterium declinavimus; ubi monastici ordinis disciplinam vigere per omnipotentis Dei misericordiam cognoscentes, locum ipsum cum omnibus ad eum pertinentibus, B. Petri decrevimus patrocinio confovere. Unde etiam nostris, tanquam B. Petri manibus, in honore beatissimæ et gloriosissimæ Dei genitricis, semperque virginis Mariæ oratorium dedicavimus, altare ipsius reliquiis beatorum martyrum Felicis et Adaucti, Saturnini, et Sisinnii, et B. Cæciliæ virginis, quæ in nostris habebantur scriniis, condientes. Omnibus autem, cooperante Deo, solemniter celebratis, ad populum, cujus undique illuc multitudo effluxerat, verbum ex more habuimus; et devotionem ejus diligentius attendentes, ex omnipotentis Dei, et B. Petri auctoritate, cujus, licet indigni, vices in Ecclesia gerimus, universis qui ad dedicationem convenerant, a quatuor annis et supra, unum; a tribus vero et infra, dies quadraginta de suis pœnitentiis relaxavimus. Idipsum et de illis statuimus, qui a jejuniorum capite, usque ad octavas Paschæ per sequentes annos, quandiu in eodem loco religionis monasticæ ordo viguerit, monasterium debita devotione visitare, ac de suis facultatibus curaverint adjuvare. Ea insuper immunitate præfatum cœnobium ex apostolicæ sedis benignitate donavimus; ut omne illud spatium quod cruces in circuitu, ex præcepto nostro dispositæ, comprehendunt, exterius quietum deinceps inviolatumque permaneat : quatenus quicunque hominem in eo aut occiderit, aut læserit, vel prædam fecerit, vel grave aliquod forisfactum commiserit, donec satisfaciat, reus sacrilegii habeatur. Sequenti sane die in capitulum venientes, in pleniorii tam fratrum, quam sororum conventu, præcepta venerabilis memoriæ Roberti presbyteri de Arbresello, et loci et religionis institutoris, rata censuimus, et illibata servari; illud omnimodis sancientes, ut fideles quique, qui pro animarum suarum remedio; in Dei et ecclesiæ vestræ servitio, vel apud monasterium vestrum, vel in locis ad ipsum pertinentibus persistere devoverint, vel in futurum devoverint, in eodem bono perseverent proposito; et juxta dispositionem et obedientiam ipsius loci abbatissæ, aut priorissarum, quæ per loca ad monasterium Fontisebraudi pertinentia disponuntur, ad honorem Dei sororibus fideliter et religiose serviant : sicut etiam a bonæ memoriæ prædicto Roberto presbytero de Arbresello noscitur institutum.

Ad hæc ut quietius ac devotius debita omnipotenti Deo servitia exsolvere valeatis, possessiones et loca monasterii vestri contra pravorum hominum nequitiam sedis apostolicæ privilegio duximus munienda. Universa igitur quæ vel in præsenti XIII indict. legitime possidetis, vel in futurum concessione pontificum, liberalitate principum, oblatione fidelium, vel aliis justis modis poteritis adipisci, vestro in perpetuum monasterio confirmamus. Locum videlicet Agreriæ ex dono Berlaii de Monsterello, Rainaldi filii Ugonis, et Fulcheii Fexardi : locum Raalai ex dono Raginaudi de Salmuntiachaico : locum Cavanaici ex dono Aimerici de Bernezaico, et Gironii filii Gaineri : locum de Gaina, ex dono Radulphi de S. Joanne, Stephani (16) de Maixime (*Messemé*), ac filii ejus Parciendi [*Aimerici*] : locum Mongoguerii ex dono Aimerici Flocelli : locum Varentis ex dono Pagani de Nozilliaco : locum Cantalupi ex dono Fulconis junioris Andegavensis comitis : locum Sovoliæ ex dono Petri de Brisiaco : locum Girundæ ex dono Raginaudi de Piollant, Salomonis hominis vicecomitissæ de Castello Ayraldi, et Hugonis de Vivona : locum Boisrotardi ex dono Fulconis comitis Andegavensis, et Lisiardi de Sabrolio : locum Mauthaici ex dono Aubereti de Munta Joannis : locum Lajariæ et Chevrerii ex dono Guillelmi de Mirembelle : locum Astrici ex dono Reemffreiæ, ac filiorum ejus Petri Achardi, et Airaudi : locum Podiæ ex dono Petri Senebaudi : locum Villesalem ex dono Gausfridi Gastinelli : locum Preth ex dono Cothardi et filii ejus : locum Flathaici ex dono Gauffredi de Emglis : locum Landæ de Belloveerio ex dono Petri de Gasnachia, Gothelini fratris ejus, et Petri de Thoueia nepotis eorum. Locum Lagrolæ, ex dono

---

(16) Ex hoc Stephano trahunt originem nobiles domini de Messemé.

Brientii de Comiquers, et fratrum ejus : locum Landæ d'Apremonte ex dono Guillelmi, et fratris ejus de Asperomonte : locum Landæ de Machecol, ex dono Garsii de Raes : locum Jafras, ex dono Radulphi Maliclavi, et Isderoii : locum Dentis, ex dono Giraudii de Sostei, Arberti filii ejus, et Guillelmi de Roccaforti : locum Tucio, ex dono Fulcaudi Frenicardi, et Aimerici fratris ejus, Bernardi Cantagrel, et Aimerici fratris ejus Aimarivillani, Dalmatii de Monte Borulpho, et Aimerici de Ranconi de cujus feodo erat, ita liberum et quietum sicut in venerabilis fratris nostri Geraldi Engolismensis episcopi, tunc apostolicæ sedis legati definitione, et domni prædecessoris nostri sanctæ memoriæ Paschalis papæ II, privilegio continetur. Locum la Gasconeria, ex dono Arberti de Burno, Guillelmi de Cella, et Guillelmi de Borno : locum Arblenth ex dono Guillelmi Aimerici : locum Montazesum, ex dono Aimerici Bernardi : locum Aufoillos : locum Conoul: locum Lobilleii, ex dono Petri de Vars, et fratris ejus : locum Calumme, vel Nemoris comitis, ex dono Simonis Avisant, concedente Fulcone Andegavensi comite : locum S. Bonifacii, ex dono Petri Pictavorum episcopi et capituli monachorum S. Cypriani ; locum Ajars, vel Adarci, ad montem S. Joannis, ex dono Stephani de Magnac : locum Bebun, ex dono Petri de Montifreebo, Iterii Bernardi, et Aimerici Bruni : locum Argenteriam, ex dono Milesendis de monasterio novo. Hæc tria loca prædicta sunt in Lemovicensi episcopatu. In episcopatu Bituricensi locum Ursani, et locum Parthaici, et Villulæ, ex dono Aalardi Guillebaudi : locum Jarzaici, ex dono Huberti de Barsella, et Saturninæ matris ejus : locum Villebratæ, ex dono Rainaudi de Scurels, et Rogerii Senesceau : locum Letardi, ex dono Erchembaudi de Borbum : locum Montaudun, ex dono Giraudi de Corb. et Giraudi Coraus : locum Villæ Osmeri, ex dono Arvei presbyteri, et Achaudi fratris ejus : locum villæ Corb. ex dono Gaudefridi de Blanqueffort, Guimonsbed, et Supplicii de Concartau : locum Prunerii Sicci, ex dono Supplicii de Concartau, Agnetis comitissæ de Assis, et Guimunsbeth : locum Marthauges, ex dono Radulphi Becuns, et Elisabeth uxoris ejus, et filiorum eorumdem : locum Funuernum, ex dono Agnetis comitissæ Dosassis : locum Funtarcherii, ex dono Patricii de Brulleio : locum Saugosæ, ex dono Joannis de Lineriis, et Hugonis de monasterio : locum Taes, ex dono Joannis de Lineriis : locum Molins, ex dono Odonis de Duis. In Turonensi locum Raleii, ex dono Pagani de Mirambello, et uxoris ejus Belutiæ, et filiorum eorum : locum Calfurneii ex dono Leonii, uxoris, et filii ; locum Laruncias, ex dono Ogerii Fabri, Guillelmi de Tisthai et omnium fratrum eorum : locum Columberols, ex dono Raginaudi Ruffi, et Gautherii-Jesu : locum Barbæ novæ, ex dono Fulconis junioris Andegavensis comitis : locum Beffos, ex dono Bartholomæi filii Rahardi, et Gili de Mota : locum Vallissicardi, ex dono Audeburgis de Monsterello : locum Pissabo, ex dono Guillelmi de Rullei : hæc duo prædicta loca sunt in Genomanica patria. Locum Choseaci, ex dono Auberti de Ligerio, et multorum aliorum, concedente Fulcone comite Andegavensi : molendina, exclusam de Chinone, prata de Verrom, terram de Doe, prata et census suos, ex dono Fulconis junioris Andegav. comitis : portum de Challeii, ex dono Alonis adolescentis, et fratris ejus in Andegavensi : portum de Rest, censum, decimam, et vinagium, ex dono Gauffredi Fulcrei : locum Logias, ex dono Sanitæ, et filii Roberti : locum Curleo, ex dono Hersendis, et Stephani de Monte Sorelli filii ejus : locum Chanzellas, ex dono Girorii de Chinziaco, Galeth, et Ugonis duorum fratrum, et matrum eorum, ac sororum : locum Borennas, ex dono Fulconis junioris Andegav. comitis : locum Pignoneria, et terram Arcalors, et terram Petri de Monte Seiberti : terram et census Fulqueii quos emit ecclesia Fontisebraudi, concedente Fulcone comite : terram quam Adam habebat ad Pignoneriam ab Achaia, usque ad Andegavum, ex dono ipsius Adæ, per manum episcopi Raginaudi, concessione comitis et comitissæ, cum charitate quam dedit Petronilla abbatissa consanguinea ejus : locum S. Carileffi ex dono Chalonis de Blazone : locum Perillera ex dono Philippi de Blazone et uxoris ejus : nemus etiam et prata quæ habebat a nemore Roho usque ad Alodia : locum Segnes, ex dono Grisciæ de Doe, et filii ejus : locum Escoblant, ex dono Oggerii, Martrerii, et filii ejus Deri : locum sanctæ Mariæ de Hospitio juxta Aurelianum, ex dono episcopi Aurelian. et capituli canonicorum S. Crucis, ac Lodoici regis Franciæ : Closum Auberi, ex dono Lodoici regis Franciæ : locum Alta-Brueria, ex dono prædicti regis, et Bertreæ novercæ ejus, de cujus dote erat, et ea quæ Philippus rex apud Turonem dederat ei in dote, concedente Lodoico rege et uxore ejus. Decernimus ergo ut nulli omnino hominum liceat idem cœnobium temere perturbare, aut ejus possessiones auferre, vel ablatas retinere, minuere, vel temerariis vexationibus fatigare. Sed omnia integra conserventur eorum pro quorum sustentatione et gubernatione concessa sunt, usibus omnimodis profutura. Si qua igitur in futurum ecclesiastica, sæcularisve, etc.

Datum Turoni apud Majus Monasterium per manum Grisogoni sanctæ Romanæ Ecclesiæ diaconi cardinalis ac bibliothecarii, XVII Kal. Octob., ind. XIII, Dom. Incarnat. anno 1119, pontificatus autem domini Calixti II papæ anno primo.

XXXIII.

Monasterii SS. Petri et Pauli et S. Gisleni Cellensis possessiones confirmat.

(Anno 1119, Oct. 3.)

[REIFFENBERG, *Monuments pour servir à l'histoire des provinces de Namur, de Hainaut et de Luxembourg.* Bruxelles, 1844, t. VIII, p. 345.]

XXXIV.
Monasterii Vindocinensis privilegia confirmat.
(Anno 1119, Oct. 8.)
[Mansi, *Concil.*, XXI, 195.]

Calixtus episcopus, servus servorum Dei, dilecto filio Goffrido Vindocinensis monasterii abbati, ejusque successoribus regulariter substituendis in perpetuum.

Cum universis Ecclesiæ sanctæ filiis ex apostolicæ sedis auctoritate ac benevolentia debitores [*add.* nos] existimamus [*forte*, existamus], illis tamen locis atque personis, quæ specialius atque familiarius Romanæ adhærent Ecclesiæ, propensiori nos convenit charitatis studio imminere. Quamobrem, charissime in Christo fili Goffride abbas, tuis petitionibus non immerito annuendum censuimus, ut Vindocinense monasterium, cui Deo auctore præsides; quod videlicet ab ipsis fundatoribus Goffrido Andegavensi comite et Agnete Pictaviensi comitissa sedi apostolicæ oblatum est, ad prædecessorum nostrorum sanctæ memoriæ Alexandri, Urbani, Paschalis, Romanorum pontificum, exemplar, apostolicæ sedis privilegio muniremus. Sicut ergo iidem fundatores devoverunt, et in eorum chirographo continetur, sub apostolicæ sedis defensione ac Romana libertate, ab omni conditione aliarum personarum absolutum semper et liberum idem monasterium permanere sancimus. Ita videlicet, ut inter Romanum pontificem, et te tuosque successores, nulla, cujuscunque dignitatis vel ordinis persona sit, media habeatur. Nec ipse Vindocinensis abbas ad concilium ire, ubi papæ persona non aderit, ullatenus cogatur. Porro ecclesiam B. Priscæ in monte Aventino sitam, quam cum universis pertinentiis suis, prædicti domini nostri Alexandri papæ concessione prædecessores tui longo tempore possedisse noscuntur, tibi tuisque successoribus cum omni dignitate, quæ ad eamdem ecclesiam pertinet, confirmamus : sancti Spiritus judicio decernentes, ut nulla deinceps ecclesiastica sæcularisve persona, prædictam B. Priscæ ecclesiam, seu ecclesiæ dignitatem, tibi tuisque successoribus qualibet astutia vel occasione auferre præsumat. Quod si forte contigerit, Romanæ legatum Ecclesiæ prædictum Vindocinense monasterium visitare, charitative ibi suscipiatur, et ei juxta loci possibilitatem diligenter quæ corpori fuerint necessaria ministrentur. Porro legatus ipse in eodem loco nihil per se disponere vel corrigere audeat, neque occasione legationis rectorem loci vel fratres molestare præsumat. Sed si quid forte corrigendum cognoverit, papæ notificare licebit. Si quis autem adversus locum illum pro aliquibus rebus causari voluerit, nullatenus abbas vel fratres ei respondeant, antequam Romanum pontificem consulant, quia quod sine nostro vel successorum nostrorum judicio distractum vel diffinitum fuerit, irritum erit. Sane ad indicium perceptæ hujus a Romana Ecclesia libertatis, duodecim solidos monetæ vestræ patriæ quotannis Lateranensi palatio persolvetis. Si qua igitur in futurum ecclesiastica sæcularisve persona, hanc nostræ constitutionis paginam sciens, contra eam temere venire tentaverit, secundo tertiove commonita, si non satisfactione congrua emendaverit, potestatis honorisque sui dignitate careat, reamque se divino judicio existere de perpetrata iniquitate cognoscat, et a sacratissimo corpore et sanguine Dei et Domini Redemptoris Jesu Christi aliena fiat, atque in extremo examine districtæ ultioni subjaceat. Cunctis autem eidem loco justa servantibus sit pax Domini nostri Jesu Christi, quatenus et hic fructum bonæ actionis percipiant, et apud districtum judicem præmia æternæ pacis inveniant. Amen.

Ego Calixtus, catholicæ Ecclesiæ episcopus, subscripsi.

Datum Parisiis per manum Chrysogoni sanctæ Romanæ Ecclesiæ diaconi cardinalis ac bibliothecarii VIII Idus Octobris, indict. XIII, Dominicæ Incarnationis anno 1119, pontificatus autem domini Calixti II papæ anno primo.

XXXV.
Privilegium pro abbatia Sancti Dionysii, prope Parisios.
(Anno 1119, Oct. 13.)
[Doublet, *Histoire de l'abbaye de Saint-Denis*, p. 477.]

Calixtus episcopus, servus servorum Dei, dilecto filio Adæ, abbati venerabilis monasterii quod in honore beati Dionysii martyris prope Parisios situm est, ejusque successoribus regulariter promovendis in perpetuum.

Piæ postulatio voluntatis affectu debet prosequentes complere, quatenus, et devotionis sinceritas laudabiliter enitescat, et utilitas postulata vires indubitanter assumat. Quia igitur dilectio tua ad sedis apostolicæ portum confugiens ejus tuitionem debita devotione requisivit, nos supplicationi tuæ clementer annuimus, et beati martyris Dionysii venerabile monasterium cui Deo auctore præsides, cum omnibus ad ipsum pertinentibus sub tutela apostolicæ sedis excipimus. Per præsentis igitur privilegii paginam apostolica auctoritate statuimus, ut quæcunque libertas, quæcunque dignitas authenticis nostrorum prædecessorum Zachariæ, Stephani, Leonis atque Alexandri II privilegiis concessa est, quæcunque bona catholicorum regum, vel aliorum fidelium legitimis oblationibus ad idem cœnobium pertinere noscuntur, quæcunque etiam in futurum concessione pontificum, liberalitate principum, vel oblatione fidelium, juste atque canonice poterit adipisci firma tibi tuisque successoribus et illibata permaneant. Decernimus ergo ut nulli omnino hominum liceat idem cœnobium temere perturbare, aut ejus possessiones auferre, vel ablatas retinere, minuere, vel temerariis vexationibus fatigare, sed omnia integra conserventur eorum pro quorum sustentatione et gubernatione concessa sunt, usibus omnimodis profutura. Obeunte te nunc ejusdem loci abbate, vel tuorum quolibet successorum, nullus ibi qualibet subreptione, astutia, seu violentia præponatur, nisi quem fratres communi consensu, vel fratrum pars consilii sanioris secundum timorem Dei, et beati Benedicti regulam, elegerint. Electus autem a Romano pontifice, vel a quo maluerit catholico episcopo consecretur. Chrisma, oleum sanctum, consecrationes altarium sive basilicarum, ordinationes monachorum, seu clericorum, eidem monasterio pertinentium, a catholicis episcopis accipietis, quemadmodum prædecessorum nostrorum canonicæ æquitatis privilegiis institutum est. Missas sane publicas celebrare, aut stationem in eodem monasterio, præter abbatis voluntatem, fieri prohibemus, sed nec interdicere, nec excommunicare, nec ad synodum vocare, vel abbatem, vel ipsius loci monachos, episcopis aut episcoporum ministris permittimus facultatem. Præterea tam tibi quam tuis successoribus licentiam indulgemus in gravioribus negotiis sedem apostolicam appellare, nec appellantes ante finem negotii læsio ulla contingat, quatenus auctore Deo, in sanctæ religionis studiis quieti et seduli permanere possitis. Si qua sane ecclesiastica sæcularisve persona, hanc nostræ constitutionis paginam sciens, contra eam venire tentaverit, secundo tertiove commonita, si non satisfactione congrua emendaverit, potestatis honorisque sui dignitate careat, reamque se divino judicio existere de perpetrata iniquitate cognoscat, et a sacratissimo corpore et sanguine Dei et Domini nostri Jesu Christi aliena fiat, atque in extremo examine districtæ ultioni subjaceat. Cunctis autem eidem loco justa servantibus sit pax Domini nostri Jesu Christi, quatenus et hic fructum bonæ actionis percipiant, et apud districtum judicem præmia æternæ pacis inveniant. Amen.

Scriptum per manum Petri notarii regionarii et scriniarii sacri palatii.

Ego Calixtus catholicæ Ecclesiæ episcopus subscripsi.

Datum Silvanecti per manum Grisogoni sanctæ Romanæ Ecclesiæ diaconi cardinalis ac bibliothecarii, III Idus Octobris, indictione decima tertia, Incarnationis Dominicæ anno 1119, et pontificatus domni Calixti II papæ anno primo.

XXXVI.

Recenset atque confirmat possessiones abbatiæ Burburgensis, monialium nobilium Ord. S. Benedicti a sorore sua Clementia Burgundiæ ducissa recens fundatæ.

(Anno 1119, Oct. 22.)

[MIRÆUS, *Opp. diplom.*, IV, 8.]

CALIXTUS episcopus, servus servorum Dei, dilectæ filiæ GODILDI Burburgensis monasterii Sanctæ Mariæ abbatissæ, et his quæ post eam in eodem regimine regulariter successerint, in perpetuum.

Sicut injusta poscentibus nullus est tribuendus effectus, sic legitima desiderantium non est differenda petitio. Quamobrem, dilecta in Christo filia Godildis abbatissa, nos tam tuis, quam charissimæ sororis nostræ Clementiæ Flandrensium comitissæ, ipsius loci fundatricis, petitionibus annuentes, B. Mariæ Burgense monasterium, cui Deo auctore præsides, sub apostolicæ sedis tutela excipimus, et beati Petri patrocinio communimus.

Statuimus enim ut idem cœnobium ab omni episcopali exactione, et ab omnium sæcularium gravamine liberum per Dei gratiam semper quietumque permaneat.

Porro universa quæ vel a prædicta comitissa, et viro ejus Roberto et filio Balduino comitibus, vel ab aliis quibusque fidelibus, de suo jure loco eidem collata vel per tuam industriam acquisita sunt, aut in futurum, largiente Deo, offerri, vel aliis modis acquiri contigerit, firma in perpetuum et illibata serventur. In quibus hæc propriis duximus nominibus adnotanda, videlicet:

Berquariam unam ovium, quæ vocatur Bonhem, in parochia Sancti Folquini, cum omni terra quæ ibi deinceps accrescere poterit.

Berquariam unam in villa Lon. Berquariam unam in villa Slipi, super aquam Satha. Novam terram super flumen Ysaram, inter terram Sanctæ Walburgis et Lamine Chinescuot, et quidquid terræ ibi deinceps accrescere poterit. Berquariam.

Altare de Fersnara [alias Varssenaere juxta Brugas], molendinum unum super Lodic. In Dicasimutha medietatem reddituum de omnibus molendinis, quæ ibi, vel modo sunt vel postmodum erunt. Crumadicuet, Paleendic, cum suis redditibus. In parochia quæ S. Petri Bruc dicitur, quinque Ren. ; in Clarambaldibruc terram, cum XII vaccis. Terram Folquini filii Walgeri. Terram Roberti filii Hugonis Parisiensis, cum vaccis viginti et una.

In parochia Erembaldi Capellæ terram cum XV vaccis. Terram novam, nunc de palude factam inter Watinensem ecclesiam et Broburg, cum decimatione, et totam decimam terræ quæ de eadem palude postea excreverit. Decimationes novæ terræ Castellani Tinardi. Terram Balduini Taxardi in parochia Bulingosela. Terram apud Stapla LXVI jugera.

Quinque mansos terræ Ruhault in parochia Ferlingehem. Terram de Petribout, cum decimatione. Terram Godini cum decimatione. Decimationes novæ terræ in Pevile, tam cultæ quam colendæ; ibidem XX jugera terræ in parochia Chilhem. Terram reddentem XL hod. avenæ. Terram Dodonis, et uxoris ejus Gislæ.

In parochia Loberga LV jugera terræ. In Winnigosele XXX jugera terræ. In Greveninga unum last allecum. In Broburg unam pensam anguillarum. In Lon unam pensam butyri. Veterem terram ipsi ecclesiæ Sanctæ Mariæ adjacentem, cum decimatione. Beneficia etiam quæ a vestræ professionis monialibus ecclesiæ vestræ donata sunt, scilicet in Rubrus quartam partem decimationis. In Bulingasela terram Berwaldi. In vicina villa Crumbecca XC jugera terræ. In Popringahem XX jugera. Item in Bulingasela terram Alumi, Blitingari, et Tidinari.

In Sigeri capella terram Alferi regis; in parochia

Sancti Folquini XL jugera terræ, ex dono Goffredi de Cassel. Item in parochia S. Folquini XVIII jugera ex dono Emmæ. In parochia Broburg tria jugera et mansuram Godinari præpositi.

In Schalcleta unum mansum terræ. In Aftinga jugera xx. In Broburg et Craiawic xx jugera. In terra Orphanorum xxviii jugera. In Piticham terram Roberti, et xx hod avenæ. Apud Æggefridi capellam xiv jugera et dimidium. Terram omnemque substantiam Hildegardis uxoris Balduini.

In Druicham xxvi jugera, et terram de Proiastra.

Decernimus ergo ut nulli omnino hominum liceat idem cœnobium temere perturbare, aut ejus possessiones auferre, vel ablatas retinere, minuere vel temerariis vexationibus fatigare: sed omnia integra conserventur eorum, pro quorum sustentatione et gubernatione concessa sunt, usibus omnimodis profutura, salva Tervanensis episcopi canonica reverentia.

Obeunte autem hujus loci abbatissa, nulla ibi qualibet subreptione, astutia, violentia præponatur, nisi quam sorores communi consensu vel sororum pars consilii sanioris secundum Dei timorem providerint regulariter eligendam.

Ad hæc adjicientes statuimus ut, si quando episcopalis parochia a divinis fuerit officiis interdicta, liceat vobis (interdictis vel excommunicatis nullatenus admissis) divina officia clausis januis celebrare.

Porro clerici seu laici, qui sedulis ecclesiæ vestræ servitiis intra claustri ambitum mancipantur, super excessibus suis abbatissæ tantum respondeant.

Illud quoque subjungimus ut quicunque religionis causa se vel sua ecclesiæ vestræ conferre voluerit, a nullo violenter aut injuste prohibeatur.

Si qua ergo in futurum ecclesiastica sæcularisve persona, hanc nostræ constitutionis paginam sciens, temere contra eam venire tentaverit, secundo tertiove commonita, si non satisfactione congrua emendaverit, potestatis honorisque sui dignitate careat, reamque se divino judicio existere de perpetrata iniquitate cognoscat, et a sacratissimo corpore ac sanguine Dei et Domini Redemptoris nostri Jesu Christi aliena fiat, atque in extremo examine districtæ ultioni subjaceat. Cunctis autem eidem loco justa servantibus sit pax Domini nostri Jesu Christi, quatenus et hic fructum bonæ actionis percipiant, et apud districtum judicem præmia æternæ pacis inveniant. Amen.

† Ego Calixtus catholicæ Ecclesiæ episcopus.

Datum Remis per manum Grisogoni sanctæ Romanæ Ecclesiæ diaconi cardinalis ac bibliothecarii; xi Kal. Novembris, indictione xiii, Incarnationis Dominicæ anno 1119; pontificatus autem domni Calixti papæ secundi anno primo.

XXXVII.
Ad Godebaldum episcopum Ultrajectensem.—Mitram episcopalem ei tribuit.
(Anno 1119, Oct. 30.)
[HEDA, *Hist. episcop. Ultraject.*, p. 148.]

CALIXTUS episcopus, servus servorum Dei, venerabili fratri GODEBALDO Trajectensi episcopo, salutem et apostolicam benedictionem.

Nos quidem personam tuam interesse concilio sperabamus: cæterum sicut ex fratrum tuorum quos ad nos misisti, assertione cognovimus, in itinere a Deo impeditus es, ut ad nos sine graviori periculo minime potueris pervenire, propter quod absentiæ tuæ paternæ dilectionis intuitu parcimus, confidentes quod in Dei et Ecclesiæ tuæ servitio deinceps secundum facultatem perseverare fideliter debeas: porro præpositos illos, qui a te tua vice invitati ad concilium se minime præsentarunt, discretioni tuæ committimus, quatenus canonicam de eis justitiam exsequaris: quod enim auctore Domino inde a te factum fuerit, hoc ratum habebimus. Præterea pro commissæ tibi Ecclesiæ reverentia, et nostræ diutinæ ad invicem dilectionis affectu episcopalem mitram tibi, tuisque successoribus conferendam concedimus.

Datum Remis iii Kal. Novemb., indict. xiii, anno 1120.

XXXVIII.
Monasterii Marbacensis protectionem suscipit et privilegia confirmat.
(Anno 1119, Oct. 30.)
[WURTWEIN, *Nova Subsidia diplom.*, Heidelb., 1781, 8°, tom. VII, p. 33.]

CALIXTUS episcopus, servus servorum Dei, dilectis in Christo filiis in Marbacensi Ecclesia canonicam vitam professis eorumque successoribus in eadem religione per omnipotentis Dei gratiam permansuris in perpetuum.

Officii nostri nos hortatur auctoritas pro ecclesiarum statu sollicitos esse, et quæ recte statuta sunt stabilire. Quamobrem venerabilis filii nostri Gerungi vestri præpositi precibus non difficulter accommodamus effectum. Prædecessorum siquidem nostrorum, videlicet sanctæ memoriæ Urbani II et Paschalis item II vestigiis insistentes, tam vos, quam vestra omnia sub tuitione apostolicæ sedis excipimus, et præsentis privilegii auctoritate munimus. Quæcunque enim illi vobis ad libertatem loci vestri et munimentum religionis concesserunt, nos quoque concedimus et confirmamus, videlicet ut quæcunque hodie vestra ecclesia juste possidet, sive in futurum juste atque canonice poterit adipisci, firma vobis vestrisque successoribus et illibata permaneant. Quidquid præterea libertatis vel in prælati vestri electione, vel in professorum illi stabilitate, vel in sacramentorum omnium susceptione, seu in cæteris hujusmodi professionis canonicæ religioni et stabilitati congruentibus ecclesiæ vestræ a prædictis prædecessoribus nostris canonica æquitate concessum est, nos etiam præsentis scripti pagina stabilimus. Ad hæc adjicientes, circa cœnobii vestri ambitum occasione qualibet assultum fieri prohibemus. Si vero, quod absit! in atrio vestro vel in effusione sanguinis, vel in verborum elatione, sive in aliquo hujusmodi violentiam irrogari forte contigerit, nequaquam propter hoc a divinis Ecclesia vestra prohibeatur officiis. Porro laborum vestrorum, vel animalium decimas quæ penes ipsum locum vestris sumptibus et laboribus excoluntur, vel nutriuntur quietas vobis et illibatas manere censemus, nec vos super hoc, aut ab episcopo ejusdem diœcesis, aut ab ejus ministris, seu parochialibus presbyteris inquietari permittimus. Communi enim vita viventibus, ut beatus scribit Gregorius ad Augustinum, Cantuariorum episcopum, jam de faciendis portionibus, vel exhibenda hospitalitate et adimplenda misericordia nobis erit quid loquendum, cum omne quod superest in causis piis ac religiosis erogandum est.

Sepulturam quoque ipsius cœnobii omnino liberam esse sancimus, ut eorum qui illic sepeliri deliberaverint, devotioni et extremæ voluntati, nisi excommunicati sint, nullus obsistat. Porro clericos, sive laicos sæculariter viventes ad conversionem suscipere nullius episcopi, vel præpositi contradictio vos inhibeat. Si quis ergo præsentis decreti tenorem sciens contra id temere venire tentaverit, apostolorum principis Petri et nostra animadversione multetur. Conservantibus autem hæc pax a Deo et misericordia perpetuis sæculis conservetur. Amen, amen, amen.

Ego Calixtus catholicæ Ecclesiæ episcopus.

Datum Remis per manum Grisogoni sanctæ Romanæ Ecclesiæ diaconi cardinalis ac bibliothecarii, III Kal. Novembris, indictione XIII, Incarnationis Dominicæ anno 1119; pontificatus autem domni Calixti secundi papæ anno primo.

XXXIX.
Ecclesiæ S. Martini Turonensis privilegia confirmat.
(Anno 1119, Oct. 30.)

[*Défense de l'insigne église de Saint-Martin de Tours,* fol., preuves, p. 14.]

CALIXTUS episcopus, servus servorum Dei, dilectis in Christo filiis Beati Martini Turonensis ecclesiæ canonicis, tam præsentibus quam futuris, apostolicam benedictionem.

Cum universis Ecclesiæ filiis debitores ex apostolicæ sedis auctoritate ac benevolentia existamus, illis tamen locis atque personis, quæ specialius Romanæ adhærent Ecclesiæ propensioris nos convenit affectionis studio imminere. Ea propter, filii in Christo charissimi, vestris petitionibus annuentes tanto libentius Beati Martini ecclesiam in qua omnipotenti Domino deservitis protectione sedis apostolicæ communimus, quanto amplius locus idem et beatissimi confessoris Christi corpore insignis habetur, et ad jus Romanæ cognoscitur Ecclesiæ pertinere, quidquid igitur libertatis, quidquid immunitatis, quidquid beneficii et honoris eidem ecclesiæ vel per antecessorum nostrorum Adeodati, Leonis, Adriani, Sergii, Gregorii, Paschalis Romanorum pontificum privilegia, vel per Turonensium archiepiscoporum Crotberti, Ibonis et Airardi scripta, vel per regum præcepta collatum est, per præsentis privilegii paginam vobis vestrisque successoribus, et per nos prædictæ Beati Martini ecclesiæ confirmamus, statuentes ut claustrum vestrum usque ad muri cuneos liberum quietumque permaneat, sicut hactenus cognoscitur permansisse. Presbyteri quoque infra ecclesiæ ambitum in cellulis, in oratoriis vestris, in ecclesia Sancti Venantii, et in capella Sancti Petri quæ de Cardoneto dicitur commorantes, in ea qua præteritis temporibus mansisse noscantur, libertate permaneant. Porro burgum, et alia omnia quæ in Ludovici regis scripto continentur, ecclesia Sancti Pauli Cormoriacensis, ecclesia Sanctæ Mariæ de Bellomonte, ecclesia Sancti Cosmæ cum appendiciis earum, et cætera omnia quæ vel in præsenti legitime possidetis, vel in futurum largiente Domino juste poteritis adipisci, firma vobis vestrisque successoribus et illibata serventur. Nulli ergo omnino hominum liceat eamdem ecclesiam temere perturbare, aut ejus possessiones auferre, aut ablatas retinere, minuere, vel temerariis vexationibus fatigare, sed omnia integra conserventur eorum pro quorum sustentatione et gubernatione concessa sunt, usibus omnimodis profutura. Chrisma, oleum sanctum, ordinationes canonicorum, qui ad sacros fuerint ordines promovendi, a Turonensi accipietis archiepiscopo, si quidem gratiam atque communionem apostolicæ sedis habuerit, et si ea gratis ac sine pravitate voluerit exhibere; alioquin liceat vobis catholicum quem malueritis adire antistitem, et eadem ab eo sacramenta suscipere. Sane canonicus vester si Ecclesiarum archiepiscopi canonicus fuerit, beneficio abdicato, excommunicandi eum archiepiscopus non habeat facultatem. Si qua igitur in futurum ecclesiastica sæcularisve persona, hanc nostræ constitutionis paginam sciens, contra eam temere venire tentaverit, secundo tertiove commonita, si non satisfactione congrua emendaverit, potestatis honorisque sui dignitate careat, reamque se divino judicio existere de perpetrata iniquitate cognoscat, et a sacratissimo corpore et sanguine Dei et Domini Redemptoris nostri Jesu Christi aliena fiat, atque in extremo examine districtæ ultioni subjaceat. Cunctis autem eidem ecclesiæ justa servantibus sit pax Domini nostri Jesu Christi, quatenus et hic fructus bonæ actionis percipiant, et apud districtum judicem præmia æternæ pacis inveniant. Amen

Ego Calixtus catholicæ Ecclesiæ episcopus.

(17) Datum Romæ per manum Grisogoni sanctæ Romanæ Ecclesiæ diaconi cardinalis ac bibliotheca-

---

(17) Clausula est mendosa; in qua pro *Romæ* legendum puto *Remis*, ac post III Kal. add. *Novembres*. JAFFÉ.

rii, III Kalend., Incarnationis Dominicæ 1119, pontificatus autem domni Calixti secundi papæ anno primo.

XL.
Monasterii S. Bertini Sithiensis libertatem et privilegia confirmat.
Anno 1119, Oct. 31.
[*Collection des Cartulaires*, t. III, 260, Paris, 1841, 4°.]

CALIXTUS episcopus, servus servorum Dei, dilecto filio LAMBERTO Sithiensis monasterii abbati, ejusque successoribus regulariter substituendis in perpetuum.

Justis votis assensum præbere justisque petitionibus aures accommodare nos convenit, qui, licet indigni, justitiæ custodes atque præcones in excelsa apostolorum Petri et Pauli specula positi, Deo auctore, conspicimur. Proinde, dilecte in Christo, fili Lamberte abbas, tuis petitionibus annuentes, beati Bertini Sithiense monasterium, quod in Tarvannensi parochia situm est, cui, Deo auctore, præsides, sub tutela et protectione sedis apostolicæ suscipimus, et contra pravorum hominum nequitiam auctoritatis hujus privilegio communimus. Statuimus enim universa ad idem monasterium legitime pertinentia vobis vestrisque successoribus quieta semper et illibata conservari, videlicet, comitatus de omnibus terris quas Sanctus Bertinus habet in castellaria de Broburg, sicut Balduinus comes, per manum Joannis, episcopi, vobis concessit, et de omnibus terris quæ per secessum maris, sive ex palustribus locis proveniunt, in omnibus videlicet parochiis quas Sanctus Bertinus habet in prædicta castellaria; duas garbas decimæ, et de omnibus berquariis atque vaccariis decimationes, sicut Balduinus, comes Insulanus, vobis concessit, et omnia quæ idem suo scripto confirmavit; molendina in atrio monasterii vestri constructa, terram de Culhem et Flechmel et Helescolke, quas per episcopum derationastis. Præterea concordiam illam, quæ facta est ante prædictum venerabilem Joannem, episcopum, inter vos et Everardum, clericum, videlicet de altari de Helcin et capellis ejus, omnino ratam censemus. In Tarvannensi quoque parochia, ecclesiam nuncupatam Oxelare et Warnestim et Haveskerke, altare de Merchem, ecclesiam de Eggafridi capella; in Tornacensi parochia, ecclesiam de Coclara, de Ruslethe et de Runbecca, cum capellis suis, ecclesiam de Lisgnege et de Snelgerkeke, et de Hermingehem et de Bovenkerke; in Attrebatensi parochia, altare de Anesin; in Coloniensi, ecclesiam de Fresquena et Wildestorp; in Belvacensi, terram Hubertuisin dictam, cum omnibus suis pertinentiis seu appendiciis, terram quoque Clarembaldi de Lustingehem, terram quam comes Robertus, pro animæ suæ remedio et filii sui Willelmi, vobis dedit; similiter berquariam quam comes Balduinus, qui in monasterio vestro sepultus est, adhuc vivens, vobis dedit, et quam Carolus ei, in comitatu succedens, legali donatione concessit; item berquariam pro commutatione villæ Ostresele datam,

(18) Rectius *duodecima*.

et duas portiones decimæ de Brucsele. Omnes etiam decimationes annuatim, fratrum industria colligantur, ne sub censualitate, occasione dationis, res vestræ inquietentur vel impediantur. Curtes quoque monasterii ita libere in dispositione fratrum manere sancimus, ut nullus pro eisdem servandis quidquam juris hæreditarii habeat. Ipsum præterea monasterium, juxta prædecessorum nostrorum Victoris, Urbani, Paschalis papæ sanctiones et privilegia, loco eidem collata, in sua plenius libertate ac immunitate perpetuo conservetur, adeo ut nulli, nisi Romano pontifici, salva tamen episcopi Tarvannensis canonica reverentia, in aliquo respondeat, quandiu illic regularis ordinis vigor ac disciplina permanserit. Porro abbatem in eodem monasterio, non alium, præesse censemus, nisi quem fratres communi consensu, vel fratrum pars sanioris consilii, secundum Dei timorem et beati Benedicti Regulam, elegerint. At hæc religioni vestræ concedimus, in communi parochiæ interdicto, divina officia, clausis januis, celebrare. Decernimus ergo ut nulli omnino hominum liceat idem monasterium temere perturbare, *et cætera omnia usque in finem, ut supra, in privilegio Paschalis papæ* (sub num. 344).

Ego Calixtus, catholicæ Ecclesiæ episcopus, subscripsi.

Datum Remis, per manum Grisogoni, sanctæ Romanæ Ecclesiæ diaconi cardinalis ac bibliothecarii, secundo Kal. Novembris, indictione tertia decima (18), Incarnationis Dominicæ anno millesimo centesimo nono decimo, pontificatus autem domni Calixti II papæ anno primo.

XLI.
Ecclesiæ Cameracensis privilegia confirmat.
(Anno 1119, Oct. 31.)

[*Mémoire de M. de Choiseul contre le magistrat de Cambrai*, pièce VIII, teste LEGLAN, *Glossaire de l'ancien Cambrésis*, p. 131.]

. . . .

. . . Datum Remis per manum Grisogoni S. Romanæ Ecclesiæ diac. cardinalis ac bibliothecarii, II Kal. Novembr., indict. XIII, Incarnationis Dominicæ anno 1119, pontificatus autem domni Calixti secundi papæ anno primo.

XLII.
Ad clerum et populum Hildesheimensem.
(Anno 1119, Oct. 31.)

[Edidit JAFFÉ, *Regesta pontif. Rom.*, cum hac mentione : « In tabular., reg. Hannover. — Misit H. Sudendorff. »]

Hildenensis [*leg*. Hildesheimensis] Ecclesiæ clero et populo, salutem et apostolicam benedictionem.

Audita et cognita obedientiæ vestræ constantia, quam in canonica electione vestri episcopi habuistis, apprime gavisi sumus. Idcirco dilectionem vestram litteris præsentibus duximus visitandam, monentes atque præcipientes, ut in Romanæ semper Ecclesiæ et vestri episcopi obedientia persistatis. Nos enim in concilio Remis habito canonicam electionem et liberam consecrationem fratris nostri B[ertholdi], episcopi vestri, cum archiepiscopis, episcopis, abbatibus et cuncto clero approbavimus et auctoritate apostolica roboravimus. Si qui ergo vel ex clero vel ex populo canonicæ vestræ electioni nondum consenserunt, commoniti a nobis id ipsum se... vobiscum non differant, ne in sua pertinacia ... entes ecclesiasticæ subjaceant ultioni.

Data Remis II Kal. Novembris.

XLIII.

G[isleberto] archiepiscopo Turonensi mandat ut litteras sequentes ad [Henricum] Anglorum regem deferat, adhibitoque G[aufredo] archiepiscopo Rothomagensi, Thomam [leg. Thurstanum] archiepiscopum Eboracensem regi diligenter commendet.

(Anno 1119, Oct.-Nov.)

[*Monastic. Anglic.* III, 144.]

CALIXTUS episcopus, servus servorum Dei, venerabili fratri GISLEBERTO Turonensi archiepiscopo, salutem et apostolicam benedictionem.

Quia devotionis tuæ dilectionem, et fidelitatis constantiam in beati Petri servitio sæpius probatam agnovimus, ejus tibi negotium potissimum duximus committenda; siquidem prudentiam tuam pro venerabilis fratris nostri Thomæ Eborum archiepiscopi causa, ex fratrum nostrorum consilio, nostra volumus legatione perfungi, in quo quanta nobis et Romanæ Ecclesiæ injuria irrogetur ipse, ut credimus, non ignoras. Tuam itaque, frater charissime, sollicitudinem exoramus, atque præcipimus, ut illas quas pro eodem fratre nostro Th. dirigimus litteras in Northmannia, ad regem Anglicum deferas, et primo earum traditioni regem ipsum vice nostra tu et confrater vester G. Rothomagensis archiepiscopus, quem in hujus allegationis exsecutione tibi socium exhibemus convenire, diligentissime studeatis. Eumque instantius deprecamini, ut in prædicti fratris nostri restitutione, ita matris suæ Romanæ Ecclesiæ preces exaudiat, quatenus verus ejus filius. . . . . .

XLIV.

Ad Henricum Anglorum regem.

(Anno 1119, Oct.-Nov.)

Monastic. Anglic. III, 144.

(19) . . . . servorum Dei charissimo in Christo filio, HENRICO illustri et glorioso Anglorum regi, salutem et apostolicam benedictionem.

Sæpe jam dilectionem tuam, pro venerabili fratre nostro Thoma (20) Eborum archiepiscopo, verbis et litteris monuisse meminimus, et nihil adhuc in ejus negotio de honore Dei et Ecclesiæ apud te valuimus impetrare. Unde graviori profecto correptione dignus fueras; sed quia duplici te dilectione complectimur, personæ tuæ, ad præsens, in executione justitiæ duximus indulgendum. Cæterum confratris nostri R. Cantuariensis archiepiscopi contemptum omnino diutius tolerare non possumus, et a dominis enim felicis memoriæ Paschalis et Gelasii prædecessoribus nostris, et nobis ipse commonitus, nec electo Eboracensis Ecclesiæ absque professionis exactione manus imponere, nec pro eodem negotio nostræ noluerit audientiæ præsentare. Et ipsi ergo episcopale atque sacerdotale officium interdicimus et in matrice Cantuariensi Ecclesia; necnon et Eborum propria parochia tota divina omnia celebrari officia, et sepulturam mortuis prohibemus præter infantium baptismi, et morientium pœnitentias, donec prædictus frater noster Thomas, Eborum Ecclesiæ restituitur, manere in ea quietius dimittatur. Si enim prædictus dominus noster Paschalis papa cum adhuc in electione positum ab Eborum Ecclesia nullatenus passus est, nos consecratum jam, per Dei gratiam, nostris, tanquam beati Petri manibus, exsulare prorsus pati, nec possumus, nec debemus.

XLV.

Bulla de privilegiis monasterii Sanctæ Mariæ Josaphat in diœcesi Carnotensi.

(Anno 1119, Nov. 1.)

[BALUZ., *Miscell.* ed. Luc., III, 13.]

CALIXTUS episcopus, servus servorum Dei, dilecto filio GIRARDO abbati monasterii Sanctæ Mariæ Josaphat juxta Leugas, in Carnotensi videlicet parochia siti, ejusque successoribus regulariter substituendis in perpetuum.

Religiosis desideriis dignum est facile præbere consensum, ut fidelis devotio celerem sortiatur effectum. Proinde nos, dilecte in Christo fili Giralde abbas, tam tuis quam venerabilis fratris nostri Gaufridi Carnotensis episcopi petitionibus annuentes, Beatæ Mariæ monasterium, cui Deo auctore præsides, in apostolicæ sedis tutelam excipimus, et contra pravorum hominum nequitiam auctoritatis nostræ privilegio communimus. Statuimus enim ut quæcunque bona, quascunque possessiones idem cœnobium in præsenti legitime possidet, sive in futurum largiente Deo juste ac canonice poterit adipisci, firma tibi tuisque successoribus et illibata permaneant. Ecclesiam scilicet Sancti Martini de Operatorio, et ecclesiam Sancti Arnulfi, cum decimis et terra quam dedit Goslenus de Leugis. Nulli ergo omnino hominum liceat idem monasterium temere perturbare, aut ejus possessiones auferre, vel ablatas retinere, vel temerariis vexationibus fatigare; sed omnia integra conserventur eorum pro quorum sustentatione et gubernatione concessa sunt, usibus omnimodis profutura. Salva nimirum Carnotensis episcopi canonica reverentia. Si qua igitur in futurum ecclesiastica sæcularisve persona, hanc nostræ constitutionis paginam sciens, contra eam temere venire tentaverit, secundo tertiove commonita, si non satisfactione congrua emendaverit, potestatis honorisque sui dignitate careat, reamque se divino

---

(19) Hæc epistola cum superiore librarii culpa cohæret ut una videantur; incipit lin. 15 his verbis, *servorum Dei*, ante quæ addendum est: *Calixtus episcopus, servus.*

(20) Leg. *Thurstano.*

judicio existere de perpetrata iniquitate cognoscat, et a sacratissimo corpore ac sanguine Dei et Domini Redemptoris nostri Jesu Christi aliena fiat, atque in extremo examine districtæ ultioni subjaceat. Cunctis autem eidem loco justa servantibus sit pax Domini nostri Jesu Christi, quatenus et hic fructum bonæ actionis percipiant, et apud districtum judicem præmia æternæ pacis inveniant. Amen.

Ego Calixtus catholicæ Ecclesiæ episcopus.

Datum Remis per manum Grisogoni S. R. E. diaconi cardinalis ac bibliothecarii, Kal. Novembris, indictione XII, Incarnationis Dominicæ anno 1119, pontificatus autem domini Calixti II papæ anno primo.

XLVI.

Decretum a Gaufrido episcopo Carnot. adversus Simoniam latum confirmat.

(Anno 1119, Nov. 2.)

[*Gall. Christ.* VIII, inst. 318.]

CALIXTUS episcopus, servus servorum Dei, venerabili fratri Gaufrido Carnotensi episcopo, salutem et apostolicam benedictionem.

Quæ religionis honestate perspecta in Dei Ecclesia statuuntur, inconcussa debent stabilitate servari. Si quidem, frater in Christo charissime, de commissa tibi Ecclesia omnem Simoniacam expellere desiderantes pravitatem, assensu decani, præcentoris, subdecani, succentoris, et cæterorum prælatorum Ecclesiæ statuisti, congregatione fratrum id ipsum approbante atque unanimiter postulante, ut nec decanus, nec præcentor, nec subdecanus, nec succentor, nec ulla alia ecclesiastica persona, vel canonicorum quisquam de honoribus ecclesiæ, vel præbendis quidquam exigat vel accipiat, vel per se, vel per suppositam manum : nullus eorum qui canonici fiunt pro præbenda quidquam det vel promittat, aut per se similiter, aut per suppositam manum, neque post decessum prælatorum, qui nunc in ecclesia vestra vivunt, ullus vel decanus, vel præcentor, vel subdecanus, vel succentor in locum ipsum statuatur, quousque in communi capitulo liquido juret pro officio suo nihil dedisse vel promisisse, quousque etiam juret se pro præbendis nihil exacturum vel accepturum; aut per se, aut per suppositam manum : similiter post decessum simplicium canonicorum, qui modo in Carnotensi ecclesia vivunt, nullus in locum eorum canonicus sufficiatur, nisi ante in communi capitulo juret, vel tutor suus pro eo, si ipse infra annos fuerit, se pro præbenda nihil dedisse aut promisisse, nec per se, nec per suppositam manum. Hanc igitur constitutionem ad honorem Dei et animarum salutem a fraternitate tua provisam, nos præstante Deo, auctoritate sedis apostolicæ confirmamus, et ratam in posterum permanere sancimus, etc.

Datum Remis per manum Grisogoni sanctæ Romanæ Ecclesiæ cardinalis ac bibliothecarii, IV Nonas Novembris, indictione XIII, Incarnationis Dominicæ anno 1119, pontificatus domini Calixti II anno primo, etc.

XLVII.

Monasterium Springirsbacense et ejus disciplinam confirmat.

(Anno 1119, Nov. 4.)

[Hujus privilegii mentio tantum exstat apud JAFFÉ, *Regesta Rom. pont.*, p. 531, cum hac clausula : « In tabulario Confluentino. Ex schedis Pertzii.. »]

XLVIII.

Ad Morvanum Venetensem et Brictium Nannetensem episcopos. — Ut abbatem Rotonensem per districtionem canonicam compellant ad reddendam pecuniam abbati Kemperlegiensi debitam.

(Anno 1119, Nov. 9.)

[Dom BOUQUET, *Recueil*, XV, 231.]

CALIXTUS episcopus, servus servorum Dei, venerabilibus MORVANO Venetensi, BRICTIO Nannetensi, episcopis, salutem et apostolicam benedictionem.

Nuper Herveo Rotonensi abbati mandavimus ut pecuniam quam monasterio Sanctæ Crucis de Kemperlegio injuste abstulit, juxta datum a confratre nostro Gerardo Engolismensi, tunc apostolicæ sedis legato, judicium, dilatione seposita, restitueret, aut super hoc responsurus, Remis se nostro conspectui præsentaret. Cæterum, cum ipse ad Remense concilium pervenisset infecto negotio remeavit, insuper (quod gravius est) culpam suam, uti accepimus, per comitis nititur defendere potestatem. Unde fraternitati vestræ præcipimus ut eum ex parte nostra commoneatis quatenus abbati Sanctæ Crucis usque ad proximas Epiphaniæ octavas eamdem pecuniam integre reddat, alioquin vos tandiu in abbatem ipsum et in abbatiam, et in obedientias ejus quæ in vestris diœcesibus sitæ sunt, districtionem canonicam imponatis, donec ipse in nostra præsentia et nobis de contemptu, et abbati de illatis injuriis satisfaciat.

Data Remis, v Idus Novembris.

XLIX.

Monasterii S. Remigii Remensis privilegia confirmat.

(Anno 1119, Nov. 10.)

[MARLOT, *Metropol. Rem.*, II, 271.]

CALIXTUS episcopus, servus servorum Dei, dilecto in Christo filio ODONI, abbati venerabilis monasterii S. Remigii, quod est secus urbem situm, ejusque successoribus regulariter substituendis in perpetuum.

Apostolicæ sedis auctoritate compellimur pro universarum Ecclesiarum statu satagere, etc. Statuimus ut quæcunque bona largiente Deo poteritis adipisci, firma hæc vobis et illibata permaneant, in quibus hæc duximus exprimenda : ecclesiam S. Mariæ quæ sita est extra muros castelli, cui Regitestis vocabulum est, cum omnibus ad eam pertinentibus, sicut eam venerabilis frater noster Rodulfus Remensis archiepiscopus a comite Hugone dimissam vestro monasterio contulit; ecclesiam S. Timothei cum parochia Burgi et appendiciis ad Burgum...... censum Codiciaci castri sexaginta solidorum, mansiones

Ponti Vidulari in alodio Sancti Remigii sitas, quas Fridericus, ejusdem loci institutor, vestro monasterio contulit. Decernimus ergo ut nulli omnino hominum liceat idem cœnobium temere perturbare, etc.

Datum Remis per manum Chrisogoni S. R. E. diaconi cardinalis ac bibliothecarii, IV Idus Novemb., indict. XIII, Incarnat. 1119, pontificatus domini Calixti II papæ anno II.

L.

Abbatiæ S. Amandi seu Elnonensis, ordinis Sancti Benedicti privilegia libertatis et immunitatis concedit.

(Anno 1119, Nov. 20.)

[MIRÆUS, *Opp. diplom.* II, 1155.]

CALIXTUS episcopus, servus servorum Dei, dilecto in Christo Bovoni, abbati venerabilis monasterii S. Amandi, quod Elnonense dicitur, ejusque successoribus regulariter substituendis in Christum.

Et divinis præceptis instruimur, et apostolicis monitis informamur, ut pro ecclesiarum statu impigro vigilemus affectu.

Quamobrem, dilecte in Christo fili Bovo abbas, tuis petitionibus accommodamus assensum, et Elnonense monasterium, cui Deo auctore præsides, ubi ejusdem beati Amandi corpus requiescere creditur, apostolicæ sedis privilegio communimus.

Statuimus enim ut quæcunque bona, quascunque possessiones, idem locus concessione pontificum, liberalitate principum, oblatione fidelium, vel aliis justis modis in præsenti possidet, sive in futurum largiente Deo juste atque canonice poterit adipisci, firma vobis vestrisque successoribus, et illibata sub B. Petri tuitione permaneant.

In quibus hæc propriis duximus nominibus adnotanda, villam videlicet Elnonem cum appendiciis suis ab omni sæcularium dominio liberam, sicut a religiosis regibus Dagoberto, Pippino, Carolo, Ludovico, et comite Balduino cognoscitur emancipata.

In pago Laudunensi, cellam Barisiacum cum famulis et appendiciis suis.

In pago Cameracensi Braccolum, Novam Villam, Haltiacum cum appendiciis suis.

In pago Hainonensi Guariniacum, Moncelz, Scalpouz cum appendiciis suis.

In pago Ostrebatensi, Diptiacum, Ferinium, Scaldinium, Lurcium, Ruoth cum familia et appendiciis suis.

In pago Tornacensi Guillelmel, Frigidum Montem, Hertinium, Bovinias, Rumam, Spiere Holtein, cum appendiciis suis.

In pago Bracbatensi Herinias, Sein, Allenium, Varcinium, Anuinium, Securiacum, Vilare, Novas Domus, terras de Germinio, Milam, Rodam. Baccroth cum appendiciis suis.

In Flandriis, terras de Bonarda, de Roslare, de Ledda, de Hardoia, de Guinguiniis, de Marchengen, de Lapiscura, de Holscherca, de Berneiam, de Lecca, cum familia et appendiciis suis.

In Testerepo alodium singulis annis solvens viginti tres libras.

In Brugis capellam S. Amandi.

Super flumen Mosam villam Haringas cum familia, ecclesia, et appendiciis suis.

Super flumen Renum terras de Sulla et de Bogarda.

Porro altaria quæ in diversis parochiis possessione legitima possidetis ab omni personatu libera vobis vestrisque successoribus in perpetuum servanda censemus; salvis nimirum consuetis episcoporum vel episcopalium ministrorum obsoniis.

In episcopatu Noviomensi altare de Sancto Martino, altare de cella, de Rongi, de Ruma, de Guillelmel, de Frigido Monte, de Hertinio, de Marchengen, de Guinguiniis, de Bernean, de Sedelegien, de Bichengen, de Ledda.

In episcopatu Laudunensi, cellam Barisiaci cum altari S. Remigii.

In episcopatu Cameracensi altare de Nova Villa cum appendiciis suis, altare de Gariniaco, de Scalpous, de Guariniaco cum appendiciis suis, de Villari, de Anuinio, de Lombisiaco.

In Atrebatensi, altare de Bulcinio, de Masten, de Helenuna, de Lurcio, de Scaldinio cum appendiciis suis, de Ruoth, de Ditiaco cum appendiciis suis, de Bulciniolo, decimam anguillarum apud Bulcem, et piscatorem unum in vivario.

Quidquid præterea libertatis, quidquid tuitionis et immunitatis per authentica prædecessorum nostrorum sanctæ memoriæ Martini et Paschalis II Romanorum pontificum privilegia monasterio vestro collatum; quidquid etiam venerabilis fratris nostri, Rodulphi Remensis archiepiscopi, scripto ad petitionem illustris memoriæ nepotis nostri comitis Balduini de injustis consuetudinibus quas præpositus villæ abdicavit, de duobus diebus trium generalium placitorum relaxatis, de obstaculo apud Tuns, de divisione silvæ Sancti Amandi, et silvæ præfati comitis Balduini, paternæ provisioni indultum est, vobis vestrisque successoribus confirmamus. Decernimus ergo ut nulli omnino hominum liceat idem cœnobium temere perturbare, aut ejus possessiones auferre, vel ablatas retinere, minuere, vel temerariis vexationibus fatigare, sed omnia integra conserventur eorum pro quorum sustentatione et gubernatione concessa sunt, usibus omnimodis profutura.

Obeunte te nunc hujus loci abbate, vel tuorum quolibet successorum, nullus ibi quolibet subreptionis astutia, seu violentia præponatur, nisi quem fratres communi consensu, vel fratrum pars consilii sanioris de suo vel de alieno, si oportuerit, collegio, secundum Dei timorem, et beati Benedicti Regulam elegerint, a diœcesano episcopo sine exactione et pravitate qualibet ipsius et clericorum ejus per Dei gratiam consecrandum.

Missas sane publicas in eodem monasterio per episcopum fieri, vel stationes aut ordinationes aliquas celebrari præter abbatis ac fratrum voluntatem, omnimodis prohibemus, ne in servorum Dei recessibus, popularibus occasio præbeatur ulla conventibus.

Ad hæc adjicimus ut nulli personæ facultas sit idem monasterium invadere, vel vim invasionis inferre, quandiu ejusdem monasterii fratres regulariter vivere et abbati regulariter electo secundum sanos usus Ecclesiæ obedire curaverint.

Si qua igitur in futurum ecclesiastica sæcularisve persona, hanc nostræ constitutionis paginam sciens, contra eam temere venire tentaverit, secundo tertiove commonita, si non satisfactione congrua emendaverit, potestatis honorisque sui dignitate careat, reamque se divino judicio existere de perpetrata iniquitate cognoscat, et a sacratissimo corpore ac sanguine Dei et Domini nostri Jesu Christi aliena fiat, atque in extremo examine districtæ ultioni subjaceat. Cunctis autem eidem loco justa servantibus sit pax Domini nostri Jesu Christi, quatenus et hic fructum bonæ actionis percipiant et apud districtum judicem præmia æternæ pacis inveniant. Amen

Locus † sigilli.

Ego Calixtus catholicæ Ecclesiæ episcopus.

Datum Belvaci, per manum Grisogoni sanctæ Romanæ Ecclesiæ diaconi cardinalis ac bibliothecarii, XII Kalend. Decemb., indict. XIII, Incarnat. Dominicæ anno 1119, pontificatus autem domni Calixti secundi papæ anno primo.

LI.

Radulfum Dunelmensem, R[adulfum] Orcadensem, Joannem Glascuensem et universos per Scotiam episcopos, Ecclesiæ Eboracensis suffraganeos, hortatur ut T[hurstano] archiepiscopo Eboracensi, per ipsum consecrato, obediant.

(Anno 1119, Nov. 20.)
[*Monasticon Anglic.*, III, 146.]

CALIXTUS episcopus, servus servorum Dei, venerabilibus fratribus RADULFO Dunelmensi, R. Orcadensi, JOANNI Glerguensi, et universis per Scotiam episcopis, Eboracensis Ecclesiæ suffragantibus, salutem et apostolicam benedictionem.

Ad hoc disponente Deo, sedis apostolicæ cura nobis commissa est, ut Ecclesiarum omnium sollicitudinem gerere debeamus; ea propter divinæ destinationi nostræ metropolis Eborum Ecclesiæ paterna benignitate compassi sumus; et venientem ad nos venerabilem fratrem Thomam ipsius electum benigne suscepimus; atque ad archiepiscopum, cooperante Domino, consecravimus; pallii quoque insigne, pontificalis videlicet officii plenitudinem, secundum consuetudinem apostolicæ sedis ei concessimus. Non enim fratribus vestris rationabile visum est, ut pro illa confratris vestri R. Cantuariensi archiepiscopo querimonia diutius vacare Eboracensis debeat Ecclesia; præcipue cum fratrem frequenter ab apostolica sede commonitus nulla ei causa hac voluerit reverentiam exhibere : vestræ itaque fraternitati, præsentium litterarum auctoritate, præcipimus, ut prædictum fratrem nostrum Thomam tanquam metropolitanum vestrum diligere et honorare attentius procuretis, eique in posterum omni occasione seposita debitam obedientiam et reverentiam deferatis.

Datæ Belvaci XII Kalend. Decembris.

LII.

Litteræ Norwegiæ regibus porrectæ pro admissione Radulphi Orcadensium episcopi.

(Anno 1119.)
[*Monast. Angl.* tom. III, pag. 145.]

CALIXTUS episcopus, servus servorum Dei, dilectis in Christo filiis AISTANO et SIWARDO Norwegiæ regibus, salutem et apostolicam benedictionem.

Ab ipso fidei Christianæ principio Ecclesiæ Dei per principum munificentiam in temporalibus excreverint, et Dominus quidem honorificantes se honorificabit, et eorum potentiam abundantius dilatabit. Ea propter, filii in Christo charissimi, dilectionem vestram litteris apostolicis visitantes, rogamus vos et admonemus in Domino, ut filium nostrum Orcadensium episcopum, canonice ut accepimus electum, et in metropoli sua Eboraca ecclesia consecratum, benigne suscipiatis, ab injuria defendatis, et in episcopatu suo manere quietius faciatis.

LIII.

Monasterii S. Martini de Campis Parisiensis possessiones et privilegia confirmat.

(Anno 1119, Nov. 27.)
[*Bullar. Cluniac.*, p. 59.]

CALIXTUS episcopus, servus servorum Dei, dilecto in Christo filio MATTHÆO, priori monasterii Sancti Martini, quod de Campis dicitur, salutem et apostolicam benedictionem.

Sicut injusta poscentibus nullus est tribuendus effectus, sic legitima desiderantium non est differenda petitio. Proinde nos, dilecte in Christo fili Matthæe prior, tuis petitionibus annuentes, Beati Martini monasterium, cui auctore Deo ex venerabilis fratris nostri Pontii Cluniacensis abbatis institutione præsides, præsentis decreti auctoritate munimus, statuentes ut quemadmodum cætera Cluniacensis membra semper sub apostolicæ sedis tutela permaneat. Cuncta etiam quæ in præsenti duodecima indictione eidem loco pertinere videntur, quieta vobis semper et integra permanere sancimus, videlicet in pago Parisiensi decimam ejusdem præfati monasterii Sancti Martini, et altare et decimam de Callevio. In suburbio Parisiacæ urbis, ecclesiam Sancti Jacobi cum parochia. Prope monasterium Sancti Martini capellam Sancti Nicolai. Infra urbem in vico qui dicitur Judæorum, furnum quemdam, et ad magnum pontem duo molendina. Ecclesiam Sancti Dionysii de monte Martyrum cum capella quæ ad Sanctum Martyrium appellatur. Nusiellum villam cum ecclesia et atico, et omnibus appendiciis suis, Rusiacum villam quam dedit Anselmus dapifer. Apud Taverniacum et Turnum et Moncellum, hospites et vineas, et census et silvam Castanearum, ex dono Odonis comitis de Corbolio, et aliam silvam de Castaneis juxta eamdem sitam, ecclesiam de Erigniaco. Apud Pontisaram castrum, de dono regio, et Radulfi Delicati, et Guarnerii Silvanectensis, hospites, censum et terras. Apud vallem Joiaci terram, censum et hospites, ex dono cujusdam monachi Berengarii, concedente Osmundo de Calvo monte et villam Castaneum cum ecclesia et decima, et terram de Puteolis et altare de Fontaneto. Altare, ecclesiam, aticum et decimam de Esven. Altare, aticum, et decimam de Campaniaco. Ecclesiam de Doctmonte cum appendiciis suis. Altare de Ermenonvilla. Ecclesiam de Duniaco et molendina, et cætera quæ ibi sunt, Sancti Martini. Apud pontem Ebali curtem et terras. Ceurentium villam cum appendiciis suis, et ecclesiam ejusdem villæ, cum capella et decima de Luriaco. Bonseias cum ecclesia et appendiciis suis. Apud Nuseium Siccum, terram et censum. Et apud Clerici terram et censum, et Penthinum cum ecclesia et appendiciis suis, et Roveredum cum circumjacentibus terris. Apud Luuram in Parisiaco, ecclesiam cum atico. Apud Gornacum castrum monasterium Sanctæ Mariæ cum omnibus appendiciis suis. Villam Nuseium cum omnibus appendiciis suis. Maiatlas cum ecclesia et appendiciis suis. Decimam de Atiliaco. Villam Confluentiam cum ecclesia et appendiciis. Apud Sanctum Marcellum terram quam dedit Cleophas monachus. Apud Vitriacum villam, domum, torcular, vineas et censum, et molendinum de Arcoilo. Apud Clamardum, ecclesiam, terram, vineas et censum. Apud Sanctum Clodoaldum, terram quæ Alnetus dicitur cum appendiciis suis. In monte Savias et monte Martyrum, torcularia et vineas. In Carnotensi pago ecclesiam de Bonnella, cum atrio, et hospitibus, et omnibus appendiciis suis. Visanis villam cum ecclesia et appendiciis suis. Bolovillam cum appendiciis suis. Et Escun et Olan montem, et villam Goucolum cum ecclesia et decima. Apud Meudonvillam, hospites et terras. Apud Capellam, hospites et terras, Rodenisvillam, cum ecclesia et appendiciis suis. Apud Carnotum, in burgo Sancti Caralni, hospites et censum. Apud villam quæ Tabula dicitur, censum denariorum et decimam de Beveriis. Apud Crisperias, ecclesiam et decimam et hospites. Villam Bault. Sanctum Hilarium cum ecclesia et appendiciis suis. Gordum de Pissiaco. Apud Medendam de transverso per aquam de singulis navibus tres obolos, ex dono Gervasii dapiferi et concessione Philippi regis. Apud Miliacum castrum, et Contiacum decimum diem in reditu Pedagii partem, videlicet præfati Gervasii. In Aurelianensi pago, Byenvillam cum ecclesia et tota parochia de Puteacio, et decimum mercatum cum omnibus appendiciis suis, et altare de Novavilla. In Senonensi pago, villam et atrium de Pringi et Novas. Apud Conam, ecclesiam et atrium cum appendiciis suis. In Suessionensi pago, villam quæ Sancta Gemma dicitur, cum ecclesia et appendiciis suis, et terram de monte Aldonis. In Meldensi pago, Anetum villam cum ecclesia et atrio et appendiciis suis. In Laudunensi pago, Disiacum villam, et alodium de Branna cum appendiciis suis. In Noviomensi pago, ecclesiam de Castro, quod Capii dicitur, cum appendiciis suis. Altare de Heldicurte, et altare de Bevelone. In Ambianensi pago, ecclesiam de Signiaco cum appendiciis suis. Apud Arenas castrum ecclesiam Beatæ Mariæ cum appendiciis suis. Apud Ruam, Vertunum et Waben redditus salis et aquarias piscium. In Tarvanensi pago, altare de Feurentiaco cum appendiciis suis. In Belvacensi pago apud Bellum montem ecclesiam sancti Leonori cum appendiciis suis, et decimam de mediana curte. Apud Nusiacum terram et censum. Apud Mervacum, villam, altare, atrium et decimam, cum appendiciis suis, et altare Sancti Audomari cum appendiciis suis. Apud Belvacum ecclesiam Sancti Pantaleonis. Apud Montiacum Sanctæ Opportunæ, ecclesiam ejusdem sanctæ cum appendiciis suis. In Silvanectensi pago monasterium Sancti Nicolai de Aciaco cum appendiciis suis. Apud Lorvillare, ecclesiam, atrium, decimam et hospites. In Anglia apud Londoniam, terram censualem et hospites, ex dono Radulfi de Juin, ex concessione Henrici regis. Apud castrum Barnastabale, ecclesiam cum appendiciis suis. Et cætera quæ prædecessorum nostrorum sanctæ memoriæ Urbani papæ et Paschalis II privilegiis continentur. Quæcunque præter ea a quibuslibet de suo jure eidem loco collocata sunt, vel in futurum conferri contigerit, firma semper et illibata permaneant, tam a te quam ab aliis qui per Cluniacenses abbates eidem loco præpositi fuerint, possidenda, regenda ac perpetuo possidenda. Decernimus ergo ut nulli omnino hominum liceat idem cœnobium temere perturbare, aut ejus possessiones auferre, vel ablatas retinere, minuere, vel temerariis vexationibus fatigare, sed omnia integra conserventur eorum, pro quorum sustentatione ac gubernatione concessa sunt, usibus omnimodis profutura. Si qua igitur in futurum ecclesiastica sæcularisve persona, hanc nostræ constitutionis paginam sciens, contra eam temere venire tentaverit, secundo tertiove commonita, si non satisfactione congrua emendaverit, potestatis honorisque sui dignitate careat, reamque se divino judicio existere de perpetrata iniquitate cognoscat, et a sacratissimo corpore ac sanguine Dei et Domini Redemptoris nostri Jesu Christi aliena fiat, atque in extremo examine districtæ ultioni subjaceat. Cunctis autem eidem loco justa servantibus sit pax Domini nostri Jesu Christi, quatenus et hic fructum bonæ actionis percipiant, et apud districtum judicem præmia æternæ pacis inveniant. Amen

Ego Calixtus catholicæ Ecclesiæ episcopus.

Datum apud Sanctum Dionysium, per manum Grisogoni sanctæ Romanæ Ecclesiæ diaconi cardinalis ac bibliothecarii, v Kalend. Decembris, indict. XIII, Incarnationis Dominicæ anno 1119, pontificatus autem domni Calixti II papæ anno primo.

LIV.

Bulla pro Pacano abbate et monachis B. Mariæ Stampensis.

(Anno 1119, Dec. 4.)

[FLEUREAU. *Les Antiquitez de la ville et du duchez d'Estampes.* Paris, 1683, 4°, p. 491.]

CALIXTUS episcopus, servus servorum Dei, dilectis filiis PACANO abbati et B. Mariæ Stampensis ecclesiæ canonicis tam præsentibus quam futuris in posterum.

Officii nostri nos hortatur auctoritas ut Ecclesiarum quieti attentius providere, et suum cuique jus integrum conservare, in quantum permiserit Dominus, debeamus. Siquidem clamores vestros accepimus adversus eos qui parochianos vestros sine assensu vestro sepelire contumaciter præsumebant. Vestris igitur et charissimi filii nostri Ludovici gloriosi Francorum regis precibus incitati, ad ecclesiæ vestræ quietem et libertatem per Dei gratiam conservandam, statuimus, et auctoritate apostolica prohibemus, ne cuiquam præter assensum vestrum, parochianos vestros, milites seu alios, liceat sepelire. Præterea vobis, vestrisque successoribus in perpetuum confirmamus ecclesiam Sancti Basilii et molendinum in burgo situm, et cætera omnia, quæ concessione pontificum, liberalitate regum, oblatione fidelium, vel aliis justis modis ecclesia vestra in præsenti possidet vel in futurum largiente Domino juste atque canonice poterit adipisci. Nulli ergo hominum facultas sit, ausu temerario, vestram ecclesiam perturbare, aut vestras bonas consuetudines immutare, possessiones auferre, vel ablatas retinere, minuere, vel temerariis vexationibus fatigare, sed omnia integra conserventur eorum pro quorum sustentatione ac gubernatione concessa sunt, usibus omnimodis profutura, salva Senonensis archiepiscopi reverentia. Si quis igitur in futurum, ecclesiastica sæcularisve persona, hanc nostræ constitutionis paginam sciens, contra eam temere venire tentaverit, secundo tertiove commonita, si non satisfactione congrua emendaverit, potestatis honorisque sui dignitate careat, reamque se divino judicio existere de perpetrata iniquitate cognoscat, et a sacratissimo corpore et sanguine Dei ac Domini Redemptoris nostri Jesu Christi aliena fiat, atque in extremo examine districtæ ultioni subjaceat. Cunctis ergo eidem loco justa servantibus sit pax Domini nostri Jesu Christi, quatenus et hic fructum bonæ actionis percipiant, et apud districtum judicem, præmia æternæ pacis inveniant.

Datum Senonis per manum Grisogoni, sanctæ Romanæ Ecclesiæ diaconi cardinalis ac bibliothecarii, II Nonas Decembris, indictione XII, Incarnationis Dominicæ anno 1119, pontificatus autem domni Calixti II papæ anno I.

LV.

Ad Josceranum Lingonensem episcopum. — Judicem eum constituit controversiæ, quæ est inter abbatem S. Petri Vivi Senonensis, et Molismensem.

(Anno 1119, Dec. 5.)

[MANSI, *Concil.*, XXI, 196.]

CALIXTUS episcopus, servus servorum Dei, JOSCERANNO Lingonensium episcopo, salutem et apostolicam benedictionem.

Abbatis Arnaldi, et fratrum monasterii Sancti Petri Vivi, querelam accepimus, quod eis Molismensis et Remensis abbates quasdam possessiones jamdiu a beati Petri monasterio possessas, injuste abstulerint. Unde fraternitati tuæ præcipimus ut longa dilatione seposita canonicam eis justitiam facias, nec monasterio eidem obesse permittas, quod secundum antiquam terræ consuetudinem instrumenta sine impressione sigilli composita declarantur.

Data Senonis Nonis Decembris

LVI.

Ad monachos S. Viventii de Verzeio. — Jubet sub pœnis interdicti, ut priorem de monasterio Cluniacensi recipiant.

(Anno 1119, Dec. 7.)

[Dom BOUQUET, *Recueil*, XV, 252.]

CALIXTUS episcopus, servus servorum Dei, Verziacensis monasterii monachis et familiæ, salutem, si obedierint, et apostolicam benedictionem.

Charissimi filii nostri Petri (21) Cluniacensis abbatis et fratrum ejus querelam accepimus, quod recipere priorem de Cluniacensi monasterio recusetis, cum locus vester jam per triginta fere annos priorem tantum de domo eadem habuerit : in quo profecto magnum vobis et vestræ generare Ecclesiæ detrimentum. Cum enim paci et religioni intendere debeatis, in dissensione et scandalo permanetis. Per præsentia igitur scripta vobis præcipiendo mandamus, ut usque festum proximum B. Thomæ priorem de Cluniacensi recipiatis cœnobio, ejusque debitam, sicut hactenus factum est, obedientiam præbeatis. Alioquin nos extunc ecclesiarum vobis introitum interdicimus, et in vestro monasterio divina prohibemus officia celebrari.

Datum Altissiodori, VII Idus Decembris

LVII.

B[enedictum] episcopum Lucensem rogat ut homines ad sese venientes vel ab ipso redeuntes præsidio firmo muniat. A. priorem et ecclesiam S. Frigdiani commendat.

(Anno 1119, Dec. 11.)

[BALUZ., *Miscell.* ed. Luc. IV, 588.]

CALIXTUS episcopus, servus servorum Dei, venerabili fratri B. Lucano, episcopo salutem et apostolicam benedictionem.

Sicut aliis jam litteris dilectioni tuæ mandavimus, nos te sicut fratrem in Christo charissimum diligere, et in quantum permiserit Dominus; honorare opta-

---

(21) Corrige *Pontii*, prout ex subjecta temporis nota certum fit

mus. Rogamus autem fraternitatem tuam ut secundum datam tibi a Deo prudentiam ejus ecclesiam præcipue hoc studeas tempore adjuvare, et ad nos venientes vel a nobis redeuntes personas patriam illam secure conduci facias : rogamus præterea dilectionem tuam, ut filium vestrum A. priorem S. Frigdiani, et ejus ecclesiam pro B. Petri reverentia, et dilectione vestra studeas amplius diligere et juvare. Idem enim locus specialiter B. Petri tutela et protectione consistit, et nos deesse ei nec possumus nec debemus.

Datum Altissiodori, III Idib. Decembris.

LVIII.

Ad Stephanum abbatem Cisterciensem. — Cisterciensis monasterii capitula confirmat.

(Anno 1119, Dec. 23.)

[MANSI, *Concil.*, XXI, 190.]

CALIXTUS episcopus, servus servorum Dei, charissimis in Christo filiis STEPHANO venerabili Cisterciensis monasterii abbati et ejus fratribus, salutem et apostolicam benedictionem.

Ad hoc in apostolicæ sedis regimen, Domino disponente, promoti conspicimur, ut ipso præstante religionem augere, et quæ recta atque ad salutem animarum statuta sunt nostri debeamus auctoritate officii stabilire. Idcirco, filii in Christo charissimi, petitioni vestræ charitate debita impertimur assensum, et religioni vestræ paterno congratulantes affectu, Dei operi quod cœpistis manum nostræ confirmationis apponimus. Siquidem consensu et deliberatione communi abbatum et fratrum monasteriorum vestrorum, et episcoporum, in quorum parochiis eadem monasteria continentur, quædam de observatione Regulæ B. Benedicti, et de aliis nonnullis quæ ordini vestro et loco necessaria videbantur, capitula statuistis : quæ nimirum ad majorem monasterii quietem, et religionis observantiam, auctoritate sedis apostolicæ petitis confirmari. Nos ergo vestro in Domino profectui congaudentes, capitula illa et constitutiones auctoritate apostolica confirmamus, et omnia in perpetuum rata permanere decernimus. Illud nominatim omnimodo prohibentes, ne abbatum aliquis monachos vestros sine regulari commendatione suscipiat. Si qua igitur ecclesiastica sæcularisve persona nostræ confirmationi et constitutioni vestræ temeritate aliqua obviare præsumpserit, tanquam religionis et quietis monasticæ perturbatrix, auctoritate beatorum Petri et Pauli et nostra, donec satisfaciat, excommunicationis gladio feriatur. Qui vero conservator exstiterit, omnipotentis Dei et apostolorum ejus benedictionem et gratiam consequatur. Interdicimus autem ne quis conversos laicos professos vestros ad habitandum suscipiat.

Ego Calixtus catholicæ Ecclesiæ episcopus confirmavi, et subscripsi.

Datum Sodoloci per manum Chrysogoni sanctæ Romanæ Ecclesiæ diaconi cardinalis ac bibliothecarii, decimo Kal. Januarii, indict. XII, Incarnationis Dominicæ millesimo centesimo decimo nono, pontificatus autem domini Calixti II papæ anno primo.

LIX.

Brunonem archiepiscopum Trevirensem liberum declarat ab omni potestate legati, nisi a latere dirigatur.

(Anno 1120, Jan. 3.)

[HONTHEIM, *Hist. Trevir.*, 1, 504.]

CALIXTUS episcopus, servus servorum Dei, venerabili fratri BRUNONI Trevirensi archiepiscopo, salutem et apostolicam benedictionem.

Consuetudo sedis apostolicæ, et ipse rationis ordo exposcit, ut sapientes religiosasque personas et Romanæ Ecclesiæ obedientiæ devotas existentes honorare amplius ac diligere debeamus. Proinde, frater dulcissime, postulationi tuæ clementer annuimus, et personam tuam dilectionis brachiis amplectimur, et eam a cujuslibet legati potestate absolvimus, nisi forte a nostro latere dirigatur; confidimus enim in Domino, quia de sapientia ac religione tua et Deo ac Ecclesiæ honor magnus utilitasque proveniat.

Data Cluniaci III Nonas Januarii (22).

LX.

Brunoni archiepiscopo metropolitanum jus aliaque prisca ornamenta constabilit.

(Anno 1120, Jan. 3.)

[HONTHEIM, *ibid.*]

CALIXTUS episcopus, servus servorum Dei, venerabili fratri BRUNONI Trevirensi archiepiscopo, salutem et apostolicam benedictionem.

Dignitatem vel Ecclesiæ vel personis per authentica prædecessorum nostrorum privilegia traditam, nos quoque inconvulsam, præstante Deo, volumus conservari. Illud igitur dignitatis, illud honoris, quod Trevirensi Ecclesiæ ac prædecessoribus vestris de sede apostolica est collocatum, nos ejusdem sedis auctoritate, cooperante Domino, stabilimus, et legi-

---

(22) Qua de causa quaque occasione pontificium hoc decretum obtentum fuerit, sic referunt Gesta Trev. apud Martene tom. IV, p. 192 : « Anno ordinationis suæ decimo placuit ei (Brunoni) Romam tendere, ut renovaret privilegia sedis suæ, indignatus super protervia Adelberti Moguntiensis episcopi, de legatione sedis Romanæ sibi concessa superbe se efferentis, maxime cum ex concessione priorum apostolicorum episcopus Trevirorum nulli nisi soli apostolico vel a latere ejus misso debeat obedire ; sicut Hincmarus Remorum archiepiscopus in epistola sua Nicolao papæ directa commemorat dicens :

Remensis Ecclesia nunquam, excepto Romano pontifice, primatem habuit, nisi quandiu ejecto ab ea sine ullo crimine suo pontifice violentia tyranni Milonis, tempore Caroli principis, pastore vacans, Bonifacio apostolicæ sedis legato aliquandiu, sicut et Treverensis Ecclesia commissa fuit..... Transactis diebus solemnibus, pariter iter Cluniacum dirigunt, ubi Bruno causas sui adventus aperuit, prolatisque coram sedis suæ privilegiis eadem sibi et ecclesiæ suæ apostolicæ subscriptionis firmamento stabiliri postulavit, quod et obtinuit. »

timum perpetuumque manere sancimus, ut videlicet Trevirensis Ecclesia super tres civitates Metim, Tullum et Virdunum metropolis habeatur, et ipsarum civitatum episcopi eam matrem ac magistram, salva in omnibus Romanae Ecclesiae auctoritate ac reverentia, recognoscant. Porro tibi tuisque legitimis successoribus, frater in Christo charissime, usum pallii confirmamus, et ex apostolicae sedis liberalitate jumento purpura instrato per constitutas ecclesiae stationes vehi, atque ante vos crucem deferri concedimus, sicut et praedecessores nostros tuis constat praedecessoribus concessisse.

Ego Calixtus Ecclesiae catholicae episcopus.
Ego Lambertus Ostiensis episcopus.

Datum Cluniaci per manum Crysogoni S. R. E. diaconi cardinalis ac bibliothecarii, III Nonas Januarii, ind. XIII, Incarn. Dom. 1120, pontificatus autem domini Calixti II papae anno I (23).

LXI.

Hospitalem domum a Brunone, archiepiscopo Trevirensi, conditam Confluentiae ante ecclesiam S. Florini, conservari jubet.

(Anno 1119, Jan. 5.)

[Gunther, *Cod. diplom. Rheno-Mosell.*, I, 169.]

LXII.

Ad Vol[ricum] Constantiensem episcopum.—Ut Schafhusensibus restituat praedium per vim ablatum.

(Anno 1120, Jan. 3.)

[Neugart, *Cod. diplom. Alem.*, II, 46.]

Calixtus episcopus, servus servorum Dei, venerabili fratri Vo. episcopo et canonicis Constantiensis Ecclesiae, salutem et apostolicam benedictionem.

Scafhusenses fratres agitatam diu querimoniam repetere non desistunt. Conqueruntur enim quod praedium a Tuotone illo eis oblatum per violentiam auferatis (24). Praecipimus ergo dilectioni ergo vestrae ut eis aut praedium ipsum in pace et quiete reddatis, aut si quid in eo juris habere confiditis, opportuno loco et tempore ad exsequendam justitiam veniatis. Verumtamen illud nobis honestius et utilius videretur, si quisque quod suum est, sine scandalo et sicut fratres condecet, obtineret. Etsi enim Tuoto ille in apostasiam lapsus sit, et contra honorem Dei et salutem animae suae retrorsum abierit, nulla tamen ratione permittitur ut ea quae libere ac sponte obtulerat, debuerit abstulisse.

Data Cluniaci III Non. Jan. (25).

LXIII.

Privilegium pro monasterio S. Salvatoris Schaffnaburgensis.

(Anno 1120, Jan. 3.)

[Udalric. Bamberg. Cod., n. 500, ap. Eccard Corp. hist., II, 299.]

Calixtus episcopus, servus servorum Dei, dilecto in Christo filio N. Schaffusensi abbati ejusque successoribus regulariter substituendis in perpetuum.

Commissi nobis officii nos hortatur auctoritas pro ecclesiarum statu satagere et quae recte statuta sunt stabilire : primum, fili charissime N. abbas, tuis per charissimum fratrem N. Trevirensem archiepiscopum petitionibus annuendum esse censuimus, ut venerabile S. Salvatoris monasterium cui Deo auctore praesides, quod videlicet ab N. quondam comite apud villam N. sub honore omnium sanctorum aedificatum et B. Petro in jus perpetuum oblatum est, ad exemplar praedecessorum nostrorum sanctae memoriae Gregorii VII et Urbani II pontificum Romanorum apostolicae sedis privilegio muniremus, per praesentis igitur privilegii paginam, apostolica auctoritate statuimus, ut quaecunque possessiones, quaecunque bona eidem monasterio, vel a praedicto N. sive N. comitibus vel aliis fidelibus de suo jure oblata sunt, aut in futurum, Domino largiente, offerri vel quibuslibet justis modis acquiri contigerit, firma tibi tuisque successoribus et illibata permaneant. Nulli ergo omnino hominum liceat praefatum coenobium temere perturbare, vel ejus possessiones seu res caeteras auferre, oblatas retinere, minuere, vel temerariis vexationibus fatigare; sed omnia integra conserventur eorum pro quorum sustentatione et gubernatione concessa sunt, usibus omnimodis profutura. Obeunte te nunc ejusdem loci abbate, vel tuorum quolibet successorum, nullus ibi qualibet subreptionis astutia vel violentia praeponatur, nisi quem fratres communi consensu vel fratrum pars consilii sanioris secundum beati Benedicti re-

---

(23) Quid Brunonem moverit, ut hoc decretum a Rom. pontifice posceret, Gestis Trev. cit. p. 192, recensetur, nempe : « Tempore illo praefuit Ecclesiae Metensi quidam nomine Stephanus, Calixti papae ex sorore nepos, cui jam dictus avunculus ejus concesserat in celebrationibus missarum pallio indutum procedere, integra Tревericae metropolis potestate. Qui de pallii honore exhilaratus, velut confidens gratia consanguinitatis supramemorata, ultro quam oportuit se extulit, omnimodis innitens, si quo modo potuisset, ut Trehericam Ecclesiam deprimeret, suam autem anteferret, et metropolim faceret, sperans, quod quaecunque inchoasset, Calixtus assentiret; quod exinde perpenditur, quia quotiescunque a metropolitano vocatus fuisset, ut, sicut consuetudo est suffraganeis episcopis, metropoli obedientiam et subjectionem subscriberet, venire contempsit, dicens suos antecessores quandoque fuisse archiepiscopos, quod nullarum scripturarum auctoritas affirmat et pronuntiat. Solummodo quippe Metensium episcoporum, quinque numero pallio usi referuntur, quibus ille sexius ascribitur, servata tamen in omnibus metropolitano subjectione : sed non omnes, qui pallio utuntur, archiepiscopi sunt, nisi quorum sedes metropolis subjectis sibi aliis civitatibus et episcopis principatur. »

(24) Cf. Chron. Petershus. ap. P. Usserm. *Prodrom. Germ. sac.* t. I, p. 370 (*Patrol.* t. CXLIII).

(25) Mense Februario h. a. Calixtus II Cluniaco digressus Valentiam in Delphinatu venit, ac mense Martio, superatis Alpibus, in villam S. Ambrosii prope Susam. D. de S. Marco, *Abrégé chronologique*, t. IV, p. 1074, ad ann. 1120.

gulam elegerint. Extremi olei confectio, consecrationes altarium seu basilicarum, ordinationes clericorum et cætera ad episcopale officium pertinentia ab episcopo Constantiensi, in cujus estis diœcesi, accipietis, si tamen catholicus est, et gratiam et communionem apostolicæ sedis habuerit, et si ea gratis ac sine pravitate voluerit exhibere; alioquin liceat vobis catholicum quem malueritis, adire antistitem et ab eo consecrationum sacramenta suscipere. Sepulturam quoque ipsius monasterii liberam omnino decernimus, ut eorum qui illic sepeliri deliberaverint, devotioni et extremæ voluntati, nisi forte excommunicati sint, nullus obsistat. Sane cellas Beatæ Agnetis et Beatæ Mariæ occasione qualibet ac monasterii vestri proprietate per te vel successores tuos vel quemlibet alium subtrahi vel alienari, et eorum bona temere aut violenter auferri, vel imminui penitus prohibemus, et si qua forte ablata sunt sub divini obtestatione judicii reddi præcipimus. Mansuro præterea in perpetuum decreto sancimus, ut nulli omnino viventium liceat in vestro monasterio aliquas proprietatis conditiones, non hæreditarii juris, non advocatiæ, non investituræ, neque cujuslibet potestatis, quæ libertati et quieti fratrum noceat, vindicare: sed abbas cum fratribus advocatum sibi, quem perspexerit utiliorem, instituat, et si oportuerit, amoto eo alium tertium providebit. Laicos seu clericos sæculariter viventes ad conversionem suscipere nullius episcopi vel præpositi condictio vos inhibeat. Porro decimas, quæ a laicis detinentur, pertinentes ecclesiis, quas habetis vel habebitis, si eas recuperare, annuente Domino, potueritis, vestris perpetuo usibus mancipandas absque omni contradictione episcoporum censemus, salva episcopali reverentia. Illud etiam capitulo præsenti subjungimus, ut nulli episcoporum facultas sit, sine Romani pontificis licentia, loca vestra vel monachos interdictioni vel excommunicationi subjacere. Ad indicium autem perceptæ a Romana Ecclesia libertatis auri unciam quotannis Lateranensi palatio persolvetis. Si qua igitur deinceps ecclesiastica sæcularisve persona, hujus privilegii paginam sciens, contra eam temere venire tentaverit, secundo tertiove commonita, si non satisfactione congrua emendaverit, potestatis honorisque sui dignitate careat, reamque se divino judicio existere de perpetrata iniquitate cognoscat, atque a sacratissimo corpore et sanguine Dei ac Domini Redemptoris nostri Jesu Christi aliena fiat, et in extremo examine districtæ ultioni subjaceat. Cunctis autem eidem loco justa servantibus sit pax Domini nostri Jesu Christi, quatenus et hic fructum bonæ actionis percipiant, et apud districtum judicem præmia æternæ pacis inveniant. Amen.

Datum Cluniaci per manum Grisogoni sanctæ Ecclesiæ Romanæ diaconi cardinalis ac bibliothecarii, III Nonarum Januarii, indictione XVI, Incarnationis Dominicæ anno 1120, pontificatus autem domni Calixti II papæ anno primo.

LXIV.

Ad Hugonem Antissiodorensem episcopum. — Facultatem ei tribuit conferendi ecclesiis canonicorum et monachorum ecclesias quas laici obtinuerant.

(Anno 1120, Jan. 3.)
[BOUQUET, *Recueil*, XV, 252.]

CALIXTUS episcopus, servus servorum Dei, venerabili fratri HUGONI Antissiodorensi episcopo, salutem et apostolicam benedictionem.

Religiosis fratrum nostrorum desideriis non solum favere, sed ad ea debemus ipsorum animos incitare. Desideras siquidem, frater charissime, ut quædam episcopatus tui ecclesiæ ad honorem Dei per ejus gratiam regulariter ordinentur. Nos itaque bonæ voluntati tuæ paterno gratulantes affectu, tibi licentiam indulgemus in commissis tibi ecclesiis, in quibus videlicet clerici sæculares sunt, canonicos regulares vel monachos religiosos de ecclesiis parochiæ tuæ ordinandi. Præterea magnam de tua religione fiduciam obtinentes, liberam tibi, dictante justitia, concedimus facultatem conferendi ecclesiis regularium fratrum canonicorum, sive monachorum in tua parochia existentium ecclesias quasdam, quas injuste laici consueverant obtinere. Ad hæc fraternitati tuæ canonicam majoris ecclesiæ ordinationem ac dispositionem nec non et cæterarum episcopatus tui ecclesiarum, auctoritate sedis apostolicæ confirmamus, ut videlicet tam ecclesiæ quam monasteria debitam tibi tanquam Patri et magistro reverentiam prorsus exhibeant, sicut etiam tuis catholicis prædecessoribus exhibuisse noscuntur. Si quis autem adversus hæc audaci temeritate proruperit, donec satisfecerit, ecclesiasticæ satisfaciat ultioni.

Data Cluniaci, III Nonas Januarii, indict. XIII.

LXV.

Privilegium Calixti papæ, quo confirmatur decretum concilii Bellovacensis de discordia inter Guillelmum episcopum Catalaunensem et canonicos Cheminonenses, quibus Richardus Albanensis episcopus immunitatem nimiam indulserat.

(Anno 1120, Jan. 5.)
[*Gall. Christ.* X, instr. 162.]

CALIXTUS episcopus, servus servorum Dei, ALARDO abbati et ejus fratribus in ecclesia Beati Nicolai regularem vitam professis, tam præsentibus quam futuris in perpetuum.

Locum vestrum et Beati Nicolai ecclesiam in silva Luviz confrater noster bonæ memoriæ Richardus Albanensis episcopus, tunc apostolicæ sedis in partibus illis vicarius, ab ædificationis exordio, sicut ex scripto ejus comperimus, in apostolicæ sedis possessionem jusque suscepit, ecclesiam et atrium benedixit, et ab omnium episcoporum jure emancipavit: quod domnus prædecessor noster sanctæ memoriæ Paschalis papa decreti sui auctoritate firmavit. Cum autem nos in Galliarum partibus pro Ecclesiæ servitio moraremur, coram nobis et fratribus nostris apud Belvacum a te querimonia facta est, pro eo quod frater noster Guillelmus Catalaunensis episcopus locum ipsum in ejus' parochia constitutum vehementius infestaret; unde fratres nostri qui nobiscum aderant eumdem episcopum charitate debita convenerunt, ut aut ab infestatione illa desisteret, aut, si se in causa hac prægravatum crederet, plenariam a nobis justitiam accepturus, quiete atque pacifice gravamen suum exponeret. Tunc ille tanquam vir religiosus et sapiens, accepto fratrum suorum qui secum erant consilio, ad honorem Dei et apostolicæ sedis reverentiam, si quid minus in prædicti loci et ecclesiæ oblatione fuerat se completurum episcopali benignitate respondit. In nostra ergo et fratrum nostrorum Cononis Prænestini, Lamberti Ostiensis, Leodegarii Vivariensis, Clarembaldi Silvanectensis, et Petri Belvacensis, episcoporum, et cardinalium Bosonis Sanctæ Anastasiæ, et Joannis Sancti Chrysogoni, presbyterorum; Petri, Sanctorum Cosmæ et Damiani; Gregorii, S. Angelii; Chrysogoni, Sancti Nicolai, et Romani, Sanctæ Mariæ in Porticu, diaconorum præsentia, idem venerabilis frater Guillelmus Catalaunensis episcopus sæpedictum locum et ecclesiam Sancti Nicolai in silva Luviz, in jus proprium et omnimodam libertatem beato Petro et ejus Ecclesiæ Romanæ concessit, et in manu nostra omnem deinceps calumniam inde refutavit; nos vero ejus dulcedinem ac benevolentiam attendentes, tam ipsi quam ipsius catholicis successoribus, clericorum ad sacros ordines promotiones, chrismatis et olei dationem, si gratis ac sine pravitate voluerint exhibere, concessimus: alioquin liceat vobis catholicum quem malueritis adire antistitem, et ab eo eadem sacramenta suscipere. Sane de presbytero qui populum regere debebit, statuimus ut a canonicis electus episcopo præsentetur, et ab eo curam animarum suscipiat, eique inde rationem reddat, et vocatus ad synodum ejus vadat.

Universa igitur, prout superius distincta sunt, nos auctoritate sedis apostolicæ confirmamus, et illibata futuris temporibus confirmari sancimus. Præterea prædicti domini nostri Paschalis papæ vestigia subsequentes, vitæ canonicæ ordinem quem secundum beati Augustini regulam professi estis, cooperante Domino roboramus, et ne cui post professionem exhibitam proprium quid habere, neve sine abbatis vel congregationis licentia claustri cohabitationem deserere liceat, interdicimus. Obeunte te nunc ipsius loci abbate, vel tuorum quolibet successorum, nullus ibi qualibet subreptionis astutia seu violentia præponatur, nisi quem fratres communi consensu, vel fratrum pars consilii sanioris secundum Dei timorem providerint regulariter eligendum, electus a Romano pontifice confirmetur. Sepulturam quoque ipsius loci liberam esse censemus, ut eorum qui illic sepeliri deliberaverint devotioni et extremæ voluntati, nisi forte excommunicati sint, nullus obsistat. Porro terra circa ecclesiæ vestræ ambitum sita, sicut in scripto Hugonis comitis continetur, tota usque ad Cotem, Calcis Furnum, vallem Rainaldi, campum Durfosson, viam Barrensem Sancti Verani super aqua Chimenon, stirpam Fulcradi, extremum rivulum Braydis, Francvadum quod est in aqua Brosson, et ultra sedem Hilduini quantum est jactus balistæ, et tota terra Culmontis cum aqua et lignis, seu cæteris usibus, sic in vestro semper jure ac successorum vestrorum quieta et libera conservetur, ut nulli liceat hominum præter vestram illic voluntatem operis aliquid exercere, nec episcopis vel quibuslibet ecclesiarum ministris facultas sit de ipsius terræ frugibus, quæ domus vestræ laboribus colitur, decimas aut terragium exigere, vel molestias irrogare: villam etiam adjacentem in ea quæ a prædicto comite concessa et scripto firmata est libertate permanere decernimus. Ad hæc universa prædia et bona quæ vel inpræsentiarum legitime possidetis, vel in futurum concessione pontificum, liberalitate principum, vel oblatione fidelium juste atque canonice poteritis adipisci, firma vobis vestrisque successoribus et illibata permaneant; in quibus ecclesiam Sanctæ Oeildis cum omnibus ad eam pertinentibus proprio duximus nomine adnotandam.

Nulli ergo hominum liceat sæpedictam ecclesiam temere perturbare, aut ejus possessiones auferre, vel ablatas retinere, minuere, vel temerariis ausibus fatigare; sed omnia integra conserventur, eorum pro quorum sustentatione et gubernatione concessa sunt, usibus omnimodis profutura. Ad indicium autem juris ac possessionis Romanæ Ecclesiæ, necnon et libertatis vestræ, decem Catalaunensis monetæ solidos quotannis Lateranensi palatio persolvetis. Si qua igitur in futurum ecclesiastica sæcularisve persona, hanc nostræ constitutionis paginam sciens, contra eam temere venire tentaverit, secundo tertiove commonita, si non satisfactione congrua emendaverit, potestatis honorisque sui dignitate careat, reamque se divino judicio existere de perpetrata iniquitate cognoscat et a sacratissimo corpore ac sanguine Dei et Domini Redemptoris nostri Jesu Christi aliena fiat, atque in extremo examine districtæ ultioni subjaceat. Cunctis autem eidem ecclesiæ justa servantibus sit pax Domini nostri Jesu Christi, quatenus et hic fructum bonæ actionis percipiant, et apud districtum judicem præmia æternæ pacis inveniant. Amen, amen, amen.

Ego Calixtus catholicæ Ecclesiæ episcopus signavi.

Ego Lambertus episcopus Ostiensis interfui et signavi.

Ego Petrus diaconus cardinalis Sanctorum Cosmæ et Damiani, interfui et signavi.

Ego Gregorius diaconus cardinalis S. Angeli, interfui et signavi.

Ego Romanus diaconus cardinalis Sanctæ Mariæ in Porticu, interfui et signavi.

Data Cluniaci per manum Chrysogoni sanctæ Romanæ Ecclesiæ cardinalis ac bibliothecarii, Nonis Januarii, indictione XIII, Incarnationis Dominicæ anno 1120, pontificatus autem domni Calixti II papæ anno primo.

LXVI.

Monasterii Vizeliacensis immunitatem et possessiones confirmat.
(Anno 1120, Jan. 12.)
[Hujus privilegii mentio tantum exstat apud Mabillonium, *Annal. ord. Ben.*, t. VI, p. 46.]

LXVII.

Ad B[erardum] Matisconensem et G[ualterium] Cabilonensem episcopos. — Significat se Trenorciensis monasterii altaria consecrasse, et cœmeterium benedixisse.
(Anno 1120, Jan. 14.)
[MANSI, *Concil.*, XXI, 205.]

CALIXTUS episcopus, servus servorum Dei, venerabilibus B. Matisconensi, et G. Cabilonensi, episcopis, salutem et apostolicam benedictionem.

Dilectioni vestræ notum fieri volumus, quia nos nuper Trenortium venientes, abbatis et fratrum ejusdem loci petitionibus altaria consecravimus, cœmeterium benediximus; ibique aquam benedictam fundentes, terminos circumquaque poni præcepimus. Infra quos videlicet terminos, sicut per cruces juxta terræ consuetudinem distinctæ sunt, captiones, deprædationes, assultus, vel aliquid hujusmodi fieri et prohibuimus, et penitus prohibemus. Si quis igitur huic nostræ constitutioni contraire audaci temeritate præsumpserit, a divinis officiis, donec satisfecerit, suspendatur : quicunque vero observator exstiterit, omnipotentis Dei, et apostolorum ejus, benedictionem et gratiam consequatur.

Datum Matiscone, XIX Kal. Febr., indict. XIII.

LXVIII

Ad canonicos Matisconenses. — Adversus vastatores villæ de Monte Godino.
(Anno 1120, Jan. 14.)
[MANSI, *Concil.*, XXI, 214.]

CALIXTUS episcopus, servus servorum Dei, dilectis filiis Matisconensis Ecclesiæ canonicis, salutem et apostolicam benedictionem.

Villam de Monte Godino ad vestram ecclesiam pertinere, et per vestrum ministerium dispensari audivimus. Cæterum milites quidam locum illum occasione deprædantur, quos auctoritate litterarum præsentium commonemus, ut a devastatione illa et inquietatione desistant. Quod si contemptores exstiterint, et ipsi ac fautores eorum tandiu ab ecclesiarum liminibus sequestrentur, et in terris eorum divina officia interdicantur, præter infantium baptismata et morientium pœnitentias : donec aut Lugdunensium archiepiscopi, de cujus parochia locus est, aut vestri episcopi judicio, satisfaciant.

Data XIX Kalend. Februarii.

LXIX.

A[delberto] abbati Schafhusensi significat se monasterii tutelam suscepisse.
(Anno 1120, Jan. 14.)
[NEUGART, *Cod. diplom. Aleman.* II, 46.]

CALIXTUS episcopus, servus servorum Dei, dilectis filiis A. Scaphusensi abbati et ejus fratribus, salutem et apostolicam benedictionem.

Suggerentibus nobis venerabili fratre notro B. (26) Treverensi archiepiscopo et Hu. (27) scholastico, ecclesiam vestram et bona ejus in beati Petri tutelam et protectionem suscipientes scriptorum nostrorum munimine roboravimus et venerabili fratri nostro Vo. Constantiensi episcopo super ea, quæ inter eum et vos agitur, querimonia litteras misimus (28). Idcirco nobis minus competens visum est, vestræ iterum ecclesiæ per fratrem vestrum M. privilegium destinare, aut alias de eadem querimonia litteras replicare. Illud autem omnino petimus et rogamus ut pro nobis et pro catholicæ Ecclesiæ unitate orationes ad Deum assiduas effundatis, et in illa, quæ Christus est, unitate attentius maneatis. Rogamus etiam, sicut aliis jam litteris rogavimus, ut nobis unum ex vestris fratribus dirigatis, qui et Teutonicam linguam noverit et Latinam.

Data Matiscone, (29) XVIII Kal. Febr.

LXX.

Parthenonis Pulchriloci privilegia confirmat.
(Anno 1120, Jan. 25.)
[DE LA MURE, *Hist. ecclés. de Lyon*, p. 300.]

CALIXTUS episcopus, servus servorum Dei, dilectæ filiæ PETRONILLÆ abbatissæ monasterii Sanctæ Mariæ de Fonte Ebraudi, et ejus sororibus, salutem et apostolicam benedictionem.

Quæ divini amoris intuitu a quibusque fidelibus, de suo jure Dei Ecclesiis offeruntur, inconvulsa debent illibataque servari.

Siquidem filius noster Lugdunensis Ecclesiæ archidiaconus Theotardus, et camerarius Chotardus, Pontius canonicus, nec non et viri nobiles Bonus Par cum uxore sua Tubelle ac filiis, et Dalmaticus cum filiis suis, Dalmatio et Pontio, divina gratia inspirante, prædium suum qui antiquitus Mons Chotardi, nunc vero Pulcher Locus appellatur, vestro monasterio contulerunt.

Volumus præterea et præcipimus quod dona quæ fecit Gandemarus Carpinellus annuente uxore, et Joanne fratre suo, pro remedio animarum suarum in provincia vocata *de Fores* integra in posterum remaneant et inconcussa.

Quod nimirum donum venerabilis frater noster

---

(26) Floruit hoc tempore Bruno archiepiscopus, fundator monasterii S. Florini O. S. Benedicti Confluentiæ.
(27) Leg. *Hugone*.

(28) Sc. relatas suo num. 62, Jan. 3.
(29) Calixtus II itaque mense Januario Cluniaco Matisconam in eadem Burgundiæ provincia, iterumque Cluniacum secessit. Cf. not. epist. 62.

Humbaldus Lugdunensis archiepiscopus, cum prædicto archidiacono nostra petiit auctoritate firmari.

Nos ergo eorum petitionibus annuentes, prædicti prædii donationem, cum ecclesia quæ in eo constructa est et cætera quæ a supradictis personis seu a quibuslibet viris de jure suo ei collocata sunt, aut in futurum largiente Deo conferri contigerit, præsentis scripti pagina vestro monasterio confirmamus.

Nulli ergo omnino hominum facultas sit supradictum locum, et quæ ad eum pertinent a vestri cœnobii unitate ac subjectione subtrahere, possessiones ejus auferre, vel ablatas retinere vel minuere, sed omnia integra conserventur, ancillarum Dei et pauperum usibus profutura.

Ego Calixtus catholicæ Ecclesiæ episcopus confirmavi.

Datum Lugduni per manum Chrisogoni, sanctæ Romanæ Ecclesiæ diaconi cardinalis ac bibliothecarii, x Kal. Februarii, Incarnationis Dominicæ anno 1120, pontificatus autem domni Calixti papæ II anno primo.

LXXI.

Ad Marbodum episcopum Redonensem. — De sententia excommunicationis prolata in abbatem et monachos S. Melanii.

(Anno 1120, Febr. 5.)

[BALUZ., *Misc.* III, 14.]

CALIXTUS episcopus, servus servorum Dei, venerabili fratri MARBODO Redonensi episcopo, salutem et apostolicam benedictionem.

Prudentiæ tuæ gratias agimus quod datam super abbatem Sancti Melanii et monachos pro contumacia sua excommunicationis sententiam firmiter hactenus observasti. Rogamus autem et præcipimus ut et deinceps id ipsum facias, donec canonicis secundum mandatum nostrum plenarie revestitis, abbas ipse cum monachis et cum canonicorum testificatione ad nos veniat, et de contemptu nostro Ecclesiæ judicio satisfaciat.

Data Viennæ Nonis Februarii.

LXXII.

Privilegium pro monasterio S. Mariæ Bonævallis.

(Anno 1120, Febr. 7.)

[MANRIQUE, *Annal. Cisterc.*, I, 94.]

CALIXTUS episcopus, servus servorum Dei, dilectis filiis JOANNI abbati monasterii Sanctæ Mariæ de Bonavalle, et ejus fratribus tam præsentibus quam futuris in perpetuum.

Etsi nos universis Ecclesiæ filiis debitores ex apostolicæ sedis benevolentia existimamus, vobis tamen propensiori convenit charitatis studio providere. In Viennensis siquidem Ecclesiæ adhuc regimine positi, sapientium ac religiosorum virorum consilio locum vestrum elegimus, et vos assensu charissimi filii nostri Stephani Cisterciensis abbatis, de ipso venerabili ac religioso Cisterciensi monasterio assumptos, in eo statuimus ut ibi deinceps religionis monasticæ disciplina, protegente Domino conservetur. Vestris ergo, filii in Christo charissimi, petitionibus annuentes, vos et prædictum locum vestrum sub apostolicæ sedis tutela suscipimus, et vestra omnia beati Petri patrocinio communimus; confirmamus insuper vobis omnem terram quæ Bonus Fons nominatur, mansum Asueni, cum terris et silvis Sinconis militis de Bellovisu, Garini de Pineto, Guillelmi de Castellione.., mansum de Ribato ex concessione Guillermi abbatis Sancti Theodorici, et fratrum ejus, etc., etc. Decernimus, itaque ut nemini liceat vos et vestrum monasteriumt emere perturbare, aut possessiones ejus auferre, vel ablatas retinere, minuere, vel temerariis vexationibus fatigare, sed omnia integra et illibata conserventur eorum pro quorum sustentatione ac gubernatione concessa sunt, usibus omnimodis profutura. Si qua igitur in futurum ecclesiastica sæcularisve persona, hanc nostræ constitutionis paginam sciens, contra eam temere venire tentaverit, secundo, tertiove commonita, si non congrua satisfactione emendaverit, potestatis honorisque sui dignitate careat, reamque se divino judicio existere de perpetrata iniquitate cognoscat, et a sacratissimo corpore ac sanguine Dei et Domini Redemptoris nostri Jesu Christi aliena fiat, atque in extremo examine districtæ ultioni subjaceat. Cunctis autem eidem loco justa servantibus sit pax Domini Jesu Christi, quatenus et hic fructum bonæ actionis percipiant, et apud districtum judicem præmia æternæ pacis inveniant. Amen.

Ego Calixtus Ecclesiæ catholicæ episcopus.

Datum Viennæ per manum Grisogoni, sanctæ Romanæ Ecclesiæ diaconi cardinalis ac bibliothecarii, VII Idus Februarii, indictione tertia, Incarnationis Dominicæ anno millesimo centesimo vicesimo.

LXXIII.

Ad Umbaldum archiepiscopum Lugdunensem.— Adversus vastatores villæ de Monte Godino.

(Anno 1120, Febr. 10.)

[MANSI, *Concil.*, XXI, 214.]

CALIXTUS episcopus, servus servorum Dei, charissimo et venerabili fratri UMBALDO Lugdunensi archiepiscopo, salutem et apostolicam benedictionem.

Venerabilis fratris nostri B. episcopi et ecclesiæ Matiscensis ad nos querela pervenit, quod parochiani tui, videlicet Wicardus de Anton. et Guido incatenatus Matiscensis Ecclesiæ in villa de Monte Godino gravamen et injurias inferre non desinunt, locum ipsum pravis exactibus affligentes. Unde fraternitati tuæ injungimus ut eos diligenter commoneas, quatenus aut res ecclesiasque liberas dimittant, aut in tua vel ipsius Matiscensis episcopi curia inde justitiam faciant. Quod si contempserint, tu de eis, tanquam de sacrilegis, plenam pro tui officii debito justitiam exsequaris.

Data Viennæ, IV Idus Februarii.

LXXIV.

Bulla pro monasterio Sancti Cucuphatis in regione Vallensi.

(Anno 1120, Febr. 13.)

[MARCA, *Marca Hispanica*, Appendix, p. 1253.]

CALIXTUS episcopus, servus servorum Dei, dilecto filio ROLANDO abbati venerabilis monasterii Sancti Cucuphatis martyris Octovianensis ejusque successoribus regulariter substituendis in perpetuum.

Religiosam vitam eligentibus apostolicum convenit adesse præsidium, ne forte cujuslibet temeritatis incursus aut eos a proposito revocet, aut robur, quod absit! sacræ religionis infringat. Ea propter, dilecte in Domino fili Rotlande, tuis piis postulationibus clementer annuimus, et præfatum monasterium Sancti Cucuphatis martyris, quod ad jus et proprietatem beati Petri nullo medio pertinere dignoscitur, in quo divino mancipati estis obsequio, ad exemplar prædecessorum nostrorum Sylvestri, Joannis, Benedicti, et Urbani papæ II, Romanorum pontificum, sub beati Petri et nostra protectione suscipimus et præsentis scripti privilegio communimus. Decernimus itaque ut monasterium præfatum tam in capite, quam in membris, et quascunque possessiones et quæcunque bona in præsenti possidet vel acquisiturum est, firma ei et integra sub jure et ditione beati Petri pleno jure perpetuo conserventur, in primis statuentes ut ordo monasticus secundum Deum et beati Benedicti Regulam in eodem monasterio jugiter observetur, in quibus possessionibus et bonis hæc propriis nominibus duximus exprimenda. Locum ipsum in quo præfatum monasterium situm est in villa ipsius cœnobii, et castrum Octovianum de Fruneto, vel de Aqualonga, item castro Ricarli, vel de Cirtulo et de Sancto Emeterio, vallem de Gausach et de Campiniano cum decimis et primitiis, aquis, terminis, et montibus universis, alodia, et possessiones de Budigiis et de Aculione, sicut Oto abbas emit, et domum de Rivosicco cum possessionibus suis, alodia et possessiones cum aquis et molendinis quæ sunt in castro de Rivorubeo; monasterium Sanctæ Cæciliæ de monte Ferrato cum ecclesiis Sancti Felicis et Sancti Joannis de Vocarisses, monasterium Sancti Pauli extra muros Barcilonæ, cum alodio quod ibi obtulit Giribertus et uxor ejus, monasterium Sancti Salvatoris de Breda cum podio de monte Sirtille; monasterium Sancti Laurentii cum ecclesia Sancti Stephani in monte ejusdem et cum ecclesia Sancti Stephani de Castella, cum possessionibus dictorum monasteriorum; ecclesiam Sancti Petri et Sancti Severi integriter de Octaviano; ecclesiam Sancti Vincentii de Aqua Alba, cum ipsa dominicatura, ecclesias Sancti Stephani et Sanctæ Mariæ Palatii de intra mœnia cum villare de Caberictibus integriter, et de villa Tort, et villam Sancti Stephani et Beatæ Mariæ cum fabricis ejusdem et cum decimis et primitiis eisdem pertinentibus; capellam Sancti Genesii et Sanctæ Eulaliæ de Tapiolas cum decimis et primitiis; et dominicaturam de valle Gregoria integriter, capellas Sancti Cucuphatis de Rifano et Sancti Atiscli de Vilanzir et Sancti Martini et Sancti Romani de monte Cathano, Sanctæ Margaritæ de Buada, cum dominicaturis ipsarum, ecclesias Sancti Stephani de palatio Auzito, Sancti Felicis de Castella, Sancti Sebastiani de monte Majori cum ipso monte Sanctæ Mariæ de Toldello, Sancti Felicis de villa Mylanis, cum dominicaturis ipsarum, et cum decimis et primitiis, capellas Sanctæ Mariæ Fontisrubei, cum alodio quod ibi obtulit Geraldus Mironis, Sancti Emeterii, Sanctæ Mariæ de Gausach, et Sancti Laurentii de Fonte Calciato, cum possessionibus ipsarum; ecclesias Sanctæ Mariæ cum castro de Feles, Sanctæ Mariæ de Monasteriolo, Sancti Petri de Masquefa, cum castro de Sancta Cruce de Palatio, Santæ Mariæ de Capellatiis, Sanctæ Mariæ de Aqualata, Sanctæ Mariæ de Clariana, cum castro et cum dominicaturis, et cum decimis et primitiis pertinentibus dictarum ecclesiarum, capellas Sancti Sylvestri de Valzano, Sancti Cucuphatis de Moja, Sancti Cucuphatis de Garrigiis, Sancti Benedicti de Spicellis, Sancti Stephani de Castelleto, et Sancti Petri de Vim, cum dominicaturis, possessionibus, et cum decimis et primitiis ipsarum, ecclesias Sancti Juliani et Sanctæ Mariæ de Sancta Oliva cum ipso castro, et Sancti Salvatoris; Sancta Maria de Calderio cum ipso castro, cum stagnis et aquis, et Sancti Vincentii et Bartholomæi de Albipryana, cum ipso castro, cum terminis et possessionibus, decimis et primitiis ejusdem pertinentibus; ecclesias Sancti Sepulcri, et Sanctæ Mariæ de Amposta, et castrum de Ripa de Cascayo cum ecclesia, cum stagnis et aquis, villis, possessionibus universis, cum decimis et primitiis, cum Algena Dertosæ, ab aqua de Uticona usque in extrema villa de Alcozer, sicut in instrumentis commissionum generalium continetur, capellas Sancti Martini, Sancti Felicis, Sancti Genesii, quæ sunt ad ipsam curtem de Fagio, et Sancti Felicis de castro fidelium, cum dominicaturis ipsarum, ecclesia Sancti Quirici, et Sancti Petri de Cortentibus cum decimis et primitiis integriter et possessionibus, alodia et possessiones. Denique hortos, vineas, aquam in civitate Barcilonensi, et in dominicaturis de provinciana, de Sancto Baudilio, de Lupricato in plurimis locis, de Sancto Joanne de Pinu de Sanctis, de Sarriano, de Galiffa, de duodecimo, de Cervilione, hortos comitales, sicut domnus comes dimisit jam dicto monasterio; de Orta, de Palomar, de Bitulona, cum manso abbatiali, cum pariliatis ejusdem, dominicaturas de Massanis, de Gerunda, de Corniliano, de Molleto, de Ficana, de Pedrenchs, cum capella de palatio Auzito, castrum de Malleato, de Pulchrovicino, dominicaturas de Plegamans, de Calidis, de Laura, de Castellar, de Minorisa, de Ausona, de Garnisas, cum capella quæ ibi est, alodia et possessiones quæ sunt in castro de Tarracia, in Lizano superiori et inferiori, in Corrono superiori et inferiori, in Samalus, in Laroxa in pluribus locis, in monte Cathano, et in radicibus montis Cathani versus orientem, juxta fluvium Bisancii, et de alia parte versus meridiem et circum inter montem et villam Rafiam vel Calciatam, alodia et possessiones de turribus bisibus de castro Fontisrubei, de Carol, de Priniana, de monte Acuto, de Castro Viti, de Messana de monte Superbo, de castro Olerdulæ, alodia et possessiones sive pertinentia quæ sunt in episcopatu Barchinonensi, Gerundensi, Vicensi, Minoricæ, Dertusensi, cum universis ad monasterium pertinentibus superius datis præfato monasterio. Confirmamus quoque decimas et primitias, oblationes, defunctiones, redditus ad monasterium vestrum pertinentes in supradictis ecclesiis vel extra, parochiis, castris, dominiis, sive in aliis locis quæ ante triginta annos monasterium vestrum prædecessorum nostrorum, regum, comitum, episcoporum, clericorum vel aliorum hominum concessione, largitione, donatione, emptione et venditione (possidet), nos in perpetuum cum omnibus supradictis vestris usibus omnino quietas, integras et immunes conservari censemus. Decernimus vero ut nulli omnino homini liceat præfatum monasterium vestrum temere perturbare aut invadere, aut ejus possessiones auferre, vel ablatas retinere, vel injuste datas vel alienatas suis usibus vindicare, minuere, vendere, male alienare, vel temerariis vexationibus fatigare; sed si quæ vero aliter quam dictum est factæ fuerint, eas penitus irritas esse censemus. Statuimus vero ut nullus unquam regum, nullus episcoporum, nullus hominum, in quolibet ordine et ministerio sit constitutus, audeat moleste causis ejusdem monasterii incumbere nec homines illorum per ullam causam distringere, sed, ut superius legitur, tibi tuisque successoribus detinendum et Dei cum timore regendum. Sepulturam ejusdem loci liberam omnino esse decernimus, ut illorum qui illic sepeliri deliberaverint devotioni et extremæ voluntati, nisi forte excommunicati fuerint, nullus obsistat. Obeunte te nunc loci hujus abbate vel tuorum quolibet successorum, nullus ibi qualibet subreptionis astutia præponatur, nisi quem fratres communi consensu vel fratrum pars consilii sanioris secundum Dei timorem et beati Benedicti regulam elegerint. Electus autem a diœcesano episcopo consecretur, si quidem gratiam atque communionem apostolicæ sedis habuerit, et si gratis ac sine omni pravitate vel aliquo dolo vel retentu id voluerit exhibere. Alioquin ad matrem suam Ecclesiam Romanam vel ad Romanum pontificem recurrat, aut ab alio quem maluerit episcopo catholico de speciali mandato nostro sine aliquo strepitu consecretur. Eadem auctoritate de ordinationibus fratrum clericorum suorum, de chrismate, de oleo, de altarium sive basilicarum decernimus consecratione. Statuimus quod abbas possit clericos suos interdicere, corrigere, et excommunicare, si causa evidens exstiterit, Deum tamen præ oculis

(29*) Leg. *Romanus.* Jaffé.

Patrol. CLXIII.

habendo. Baptisma vero assuetum monasterio et suis ecclesiis confirmamus. Et si abbas vel monachus vel qualiscunque clericus vel laicus, ipsius monasterii et suis ecclesiis ab archiepiscopo vel a diœcesano episcopo, vel a quibuscunque præsulibus vel personis ecclesiasticis juste vel injuste interdictus vel excommunicatus fuerit, a nostra apostolica auctoritate exinde permaneat absolutus. Decernimus itaque ut sicut idem monasterium cum mœnibus suis specialiter beati Petri juris et proprietatis existit et in eo hactenus est observatum, nulli nisi Romano pontifici fas sit ipsum interdicto supponere aut excommunicationis vinculo innodare. Ad indicium autem hujus a sede apostolica præstitæ protectionis et debitæ libertatis, pro ecclesia Sancti Pauli singulis annis bysantium unum Lateranensi palatio persolvetis. Si qua igitur in futurum ecclesiastica sæcularisve persona, hanc nostræ constitutionis paginam sciens, contra eam temere venire tentaverit, secundo tertiove commonita, si non satisfactione congrua emendaverit, potestatis honorisque sui dignitate careat, reamque se divino judicio existere de perpetrata iniquitate cognoscat, et a sacratissimo corpore et sanguine Dei et Domini nostri Jesu Christi aliena fiat, atque in extremo examine districtæ ultioni subjaceat. Cunctis autem eidem loco justa servantibus sit pax Domini nostri Jesu Christi, quatenus et hic fructum bonæ actionis percipiant, et apud districtum judicem præmia æternæ pacis inveniant. Amen, amen, amen.

Ego Calixtus catholicæ Ecclesiæ episcopus, subscripsi.

Datum Romæ (29*) per manum Grisogoni sanctæ Romanæ Ecclesiæ diaconi cardinalis ac bibliothecarii, xvii Kal. Martii, indictione xiii, anno Incarnationis Dominicæ millesimo centesimo vicesimo, pontificatus autem domni Calixti II papæ anno secundo.

LXXV.

Ecclesiæ S. Joannis Vesontionensis canonicorum bona et privilegia confirmat.

(Anno 1120, Febr. 15.)

[Mansi, *Concil.* XXI, 197.]

Calixtus episcopus, servus servorum Dei, dilectis filiis canonicis Bisuntinæ ecclesiæ S. Joannis evangelistæ, tam præsentibus quam futuris in perpetuum.

Sicut injusta poscentibus nullus est tribuendus effectus, sic legitima desiderantium non est differenda petitio. Quamobrem, charissimi in Christo filii, petitioni vestræ clementer annuimus, et tam vos, quam vestra omnia, protectione sedis apostolicæ munientes, quæ in præsentiarum legitime possidere videmini, vobis vestrisque successoribus in perpetuum confirmamus, videlicet domos vestras, etc. *Enumerat illius ecclesiæ possessiones. Deinde* : Decernimus ergo ut nulli hominum liceat eamdem ecclesiam temere perturbare, aut ejus possessiones auferre, vel ablatas retinere, minuere, vel temerariis vexationibus fatigare; sed omnia integra conserventur, eorum, pro quorum sustentatione et gubernatione concessa sunt, usibus omnimodis profutura. Porro thesaurum vestræ ecclesiæ, nisi forte pro redemptione captivorum, vel famis necessitate, aut emptione terrarum ab aliquo distrahi prohibemus. Sane vestris archipresbyteris, et archidiaconis interdicimus, ut ecclesias vestras, et earum presbyteros, seu clericos, præter archiepiscopi et totius capituli vestri commune consilium, interdictionis sententiæ subdere non præsumant. Præterea quieti vestræ ecclesiæ propensius intendentes, et ejus servare justitiam cupientes, consuetudines, quas B. Stephani ecclesia ei ex antiquo debere cognoscitur, et quæ continentur in libro qui nuncupatur Regula, confirmamus, ut videlicet in Purificatione beatæ Mariæ, canonici S. Stephani ad processionem conveniant, et cereos septuaginta duos exhibeant. In cœna Domini, cum candelabris, et majori cruce ad sancti chrismatis confectionem conveniant. In Sabbato sancto sex libras ceræ ad magnum cereum faciendum præbeant; canonicos quatuor ad legendas quatuor lectiones, et præter illos presbyterum canonicum ad collectam. Ipso die Paschæ, brachium S. Stephani cum processione solemniter afferant. In Sabbato Pentecostes duos canonicos ad legendas duas lectiones mittant, et præter illos presbyterum canonicum ad collectam. In messione, et vindemia Poliaci, ceram quæ sufficiat. In festo S. Stephani in Augusto, vaccam, vel quatuor solidos, et modium vini. In Ultrajurensi vindemia, ceram quæ sufficiat. Per totum annum, dum erit vinum in cellario S. Joannis, cubitum unum candelæ in unoquoque sero tribuant. Si canonici simul cœnaverint, candelam in cœna, quantum fuerit; sin autem, unicuique canonico, qui moratur a Nigra Porta usque ad antiquum murum, dimidium pedem candelæ, præposito unam unam, decano similiter. In Nativitate Domini, sicut in Pascha, brachium S. Stephani cum processione solemniter afferant. De toto monte, clerici, seu laici, decimam parochiæ vestræ attribuant, laici tamen omnia jura parochialia ecclesiæ S. Joannis Baptistæ persolvant. Si quando fit placitum Dei oblatio inter Sancti Joannis, et Sancti Stephani canonicos dividatur. Cœmeterium S. Stephani, cum elecmosyna casali, utriusque ecclesiæ commune permaneat. In receptione tam regum, quam episcoporum, clerici S. Stephani ad ecclesiam vestram cum sericis cappis veniant. In electione Bisuntini archiepiscopi, clerus et populus civitatis, secundum antiquam ecclesiæ vestræ consuetudinem, in capitulo vestro conveniant; universas etiam consuetudines, et tenores, quos a tempore Salinensis Hugonis archiepiscopi vestri, usque ad tempus jam dicti fratris nostri Hugonis, vestri similiter archiepiscopi qui in Jerosolymitana peregrinatione defunctus est, vestra ecclesia tenuit, et possedit, ut deinceps integre quieteque teneat, et possideat, firmitate perpetua stabilimus. Si qua igitur in futurum ecclesiastica sæcularisve persona, hanc nostræ confirmationis vel concessionis paginam sciens, contra eam temere venire tentaverit, secundo tertiove commonita, si non satisfactione congrua emendaverit, potestatis honorisque dignitate careat, reamque se divino judicio existere de perpetrata iniquitate cognoscat, et a sacratissimo corpore ac sanguine Dei et Domini nostri Redemptoris Jesu Christi aliena fiat, atque in extremo examine districtæ ultioni subjaceat, Cunctis autem eidem ecclesiæ justa servantibus sit pax Domini nostri Jesu Christi, quatenus et hic fructum bonæ actionis sentiant, et apud districtum judicem præmia æternæ pacis inveniant. Amen, amen.

Ego Calixtus catholicæ Ecclesiæ episcopus, subscripsi.

Datum Romæ xv Kal. Martii, indictione xiii, Incarnationis Dominicæ anno 1120, pontificatus autem domini Calixti II papæ anno secundo.

LXXVI.

Ad Arelatensem, Aquensem et Ebredunensem archiepiscopos et cæteros episcopos per provinciem.

(Anno 1120, Febr. 18.)

[De Belzunce *Antiquité de l'Église de Marseille*, tom. I, p. 442.]

Calixtus episcopus, servus servorum Dei, venerabilibus fratribus Attoni Arelatensi, Fulconi Aquensi, et [Guillelmo] Ebredunensi archiepiscopis, et cæteris episcopis per provinciam, salutem et apostolicam benedictionem.

Massiliense monasterium ad Romanam specialiter Ecclesiam pertinere, vestra, ut credimus, dilectio non ignorat. Quamobrem fraternitatem vestram rogamus et præcipimus, ut possessiones omnes, quas locus idem per triginta et amplius annos tenuisse cognoscitur, quietas et jam in posterum dimittatis. Si quis autem juris quidquam in eis se habere confidit, sedem apostolicam adeat, et nos ei plenaria potestate justitiam faciemus.

Datum Valentiæ xii Kal. Martii.

LXXVII

Privilegium pro monasterio Cluniacensi.

(Anno 1120, Febr. 22.)

[Mansi, *Concil.* XXI, 208.]

Calixtus episcopus, servus servorum Dei, charissimo in Christo filio Pontio Cluniacensi abbati, ejusque successoribus regulariter substituendis in perpetuum.

Religionis monasticæ modernis temporibus speculum, et in Galliarum partibus documentum, B. Petri Cluniacense monasterium, ab ipso suæ fundationis exordio sedi apostolicæ in jus proprium est oblatum. Proinde Patres nostri sanctæ recordationis Joannes XI, item Joannes XII, Agapitus II, Benedictus VI, item Benedictus VII, Leo VII, item Leo IX, Gregorius VI, item Gregorius VII, Alexander II, Stephanus, Victor III, Urbanus II, Paschalis II, et Gelasius II, Ecclesiæ Romanæ pontifices, locum ipsum singularis dilectionis ac libertatis prærogativa donarunt, et universa ei pertinentia privilegiorum suorum sanctionibus muniverunt. Statutum est enim ut omnes ecclesiæ, cœmeteria, monachi, et laici universi infra terminos habitantes qui sunt a rivo de Salnai, et ab ecclesia Rusiaci, et cruce de Lornant : a termino quoque molendini de Tornasach, per villam quæ dicitur Varentia, cum nemore Burseio ; a termino etiam qui dicitur Perois, ad rivam usque ad Salnai : sub apostolicæ tantum sedis jure ac tuitione permaneant. Neque ipsi Cluniacensis loci presbyteri, aut etiam parochiani, ad cujuslibet, nisi Romani pontificis, et Cluniacensis abbatis, cogantur ire synodum vel conventum. Sane pro abbatis, monachorum, seu clericorum, infra prædictos terminos habitantium ordinatione, pro chrismatis confectione, pro sacri olei, ecclesiarum, altarium, et cœmeteriorum consecratione, Cluniacense monasterium, quem maluerit, antistitem convocet. Cluniacenses monachos ubilibet habitantes, nulla omnimodo persona, præter Romanum pontificem, et legatum qui ad hoc missus fuerit, excommunicet aut interdicat. Porro si monachus, clericus, aut laicus, sive cujuslibet ordinis professionisve persona, nisi forte certa de causa excommunicata sit, Cluniacensium claustrorum mansiones elegerit, absque contradictione alicujus suscipiatur, et quæ de suo jure attulerit, libere a monasterio habeantur. Altaria, cœmeteria, et decimæ Cluniacensium monachorum, et quæcunque juris eorum sunt, a nemine auferantur, vel minuantur. De monachis aut monasteriis Cluniacensibus, nulli episcoporum, salvo jure canonico, si quod in eis habent, liceat judicare, sed ab abbate Cluniacensi justitia requiratur. Quam si apud eum invenire nequiverit, ad sedem apostolicam recurratur. In abbatiis, quæ cum suis abbatibus ordinationi Cluniacensis monasterii datæ sunt, videlicet S. Martialis Lemovicensis, S. Eparchi Engolismensis, monasterii novi Pictavis, S. Joannis Angeliacensis, monasterii Lesatensis, Moysiacensis, Figiacensis, et S. Ægidii Nemausensis ; in Arvernia, Mausiacensis, Tiarnensis, Menacensis ; in episcopatu Eduensi, Vizeliacensis ; in Autissiodorensi, S. Germani ; in Cameracensi, Hunoldi curtis ; in Rothomagensi, abbatia apud Pontisaram ; in Tarvanensi, S. Bertini, et S. Wlmari ; in Italia, S. Benedicti super Padum, sine Cluniacensis abbatis præcepto nullatenus eligant. Pro altaribus et ecclesiis sive decimis vestris, nulli episcoporum facultas sit, gravamen aliquod vobis aut molestias irrogare. Sed sicut eorum promissione quædam ex parte, quædam ex integro habuistis, ita et in futurum habeatis. Ecclesiarum vestrarum decimas, quæ a laicis obtinentur, si secundum Deum eorum potestati subtrahere vestræ religionis reverentia poterit, ad vestram, et pauperum gubernationem vobis liceat possidere. Decimas laborum vestrorum, pro quibus tam vos, quam alios monasticæ religionis viros inquietare episcopi consueverunt, illorum videlicet,

quos dominicaturas appellant, qui vestro sumptu a monasteriis, et cellæ vestræ clientibus excoluntur, sine omni episcoporum et episcopalium ministrorum contradictione deinceps quietius habeatis, qui vestra peregrinis fratribus et pauperibus erogatis. Ecclesiæ omnes, quæ ubilibet positæ sunt, seu capellæ vestræ, et cœmeteria, libera sint, et omnis exactionis immunia, præter consuetam episcopi paratam, et justitiam in presbyteros, si adversus sui ordinis dignitatem offenderint. Liceatque vobis, seu fratribus vestris, in ecclesiis vestris presbyteros eligere. Ita tamen ut ab episcopis, vel ab episcoporum vicariis, animarum curam absque venalitate suscipiant. Quam si committere illi, quod absit ! ex pravitate voluerint : tunc presbyteri, ex apostolicæ sedis benignitate, officia celebrandi licentiam consequantur. Ecclesiarum vestrarum consecrationes si diœcesani episcopi gratis noluerint exhibere, a quolibet catholico suscipietis episcopo. Nec cellarum vestrarum ubilibet positarum fratres, pro qualibet interdictione vel excommunicatione, divinorum officiorum suspensionem patiantur : sed tam monachi ipsi, quam famuli eorum, et qui se professionis monasticæ devoverunt, clausis ecclesiarum januis, non admissis diœcesanis, divinæ servitutis officia celebrent, et sepulturæ officia peragant. Percussuram quoque proprii numismatis vel monetæ, quandocunque vel quandiu vobis placuerit, habeatis. Hæc igitur omnia, sicut a nostris prædecessoribus constituta sunt, ita et nos auctoritate apostolica constituimus, et præsentis privilegii decreto confirmamus. Præterea, fili in Christo Ponti, quem nos in Viennensis ecclesiæ positi regimine, nostris per Dei gratiam manibus in abbatem consecravimus : et personam tuam, et locum cui Deo auctore præsides, totis dilectionis visceribus amplectentes, et quieti vestræ attentius providentes, hæc adjicienda censuimus : ut abbatiarum vestrarum electis, nullus episcoporum sine commendatitiis Cluniacensis abbatis litteris, consecrationis, vel ordinationis manus imponat. Alioquin et consecrator, tanquam constitutionis apostolicæ prævaricator, graviori subjaceat ultioni; et consecrati electio, sive ordinatio, donec apostolicæ sedi et ejus Cluniacensi monasterio satisfiat, irrita habeatur. Porro presbyteris parochialium ecclesiarum, S. Mariæ, et S. Odonis, Cluniacensium, ejiciendi et suscipiendi in ecclesiam ex antiqua consuetudine pœnitentes, et nuptiales chartas faciendi, licentiam indulgemus. Prohibentes, tam Matisconensem episcopum, quam et alios super hoc, vel super aliis, quæ statuta sunt vobis molestias irrogare. Si quis igitur ausu temerario, etc.

Ego Calixtus catholicæ Ecclesiæ episcopus, subscripsi.

Datum Valentiæ per manus Chrysogoni S. R. E. diaconi cardinalis ac bibliothecarii, VIII Kalend. Martii, indict. XIII, Incarnationis Dominicæ anno 1120, pontificatus autem domini Calixti II papæ, anno secundo.

LXXVIII

Ad canonicos Viennenses. — Antiqua Viennensis Ecclesiæ privilegia confirmat.

(Anno 1120, Febr. 23.)
[Mansi, *Concil.* XXI, 194.]

Calixtus episcopus, servus servorum Dei, dilectis filiis Petro decano, et canonicis sive clericis Viennensis Ecclesiæ, tam præsentibus quam futuris, in perpetuum.

Etsi Ecclesiarum omnium cura nobis ex apostolicæ sedis administratione immineat, Viennensi tamen specialius convenit studio providere. Ipsa enim primum, disponente Deo, sollicitudini nostræ commissa est, et ad ejus regimen nos episcopalis gratiam consecrationis accepimus. Ex communis igitur et singularis dilectionis debito incitati, matrem vestram, filii in Christo charissimi, sanctam Viennensem Ecclesiam diligere, honorare, et B. Petri patrocinio decrevimus confovere. Omnem itaque dignitatem, et munitionem, ac liberalitatem, quam vel per authentica prædecessorum nostrorum Silvestri, Nicolai, Leonis, Gregorii, et cæterorum Romanorum pontificum privilegia, vel per imperatorum, regum, principum, et cæterorum fidelium largitionem concessam obtinet, nos quoque, auctore Deo, concedimus et præsentis privilegii pagina confirmamus. Ut videlicet super septem provincias primatum obtineat : super ipsam Viennensem, super Bituricam, Burdigalam, Auxitanam quæ Novempopulitana dicitur, super Narbonam, Aquensem, et Ebredunensem, et in eis Viennensis archiepiscopus Romani pontificis vices agat, synodales conventus indicat, et negotia ecclesiastica juste canoniceque definiat. Porro illa sex oppida vel civitates, Gratianopolis videlicet, Valentia, Dia, Alba, Vivarium, Geneva, Maurienna, in ejus tanquam in proprii metropolitani obedientia et subjectione permaneant. Tarantasiensis autem archiepiscopus, licet aliquibus habeatur ex apostolicæ sedis liberalitate prælatus, Viennensi archiepiscopo tanquam primati suo subjectus obediat. Sane in Salmoracensi archidiaconia consecrationes, vel ordinationes, et quidquid ad pontificale officium pertinet, Viennensis Ecclesia præter alicujus inquietationem seu diminutionem habeat. Abbatia quoque S. Petri foris portam Viennæ sita, et intra eamdem urbem abbatia S. Andreæ, una monachorum, altera sanctimonialium, abbatia S. Teuderii, et abbatia Sanctæ Mariæ de Bonavalle, quæ, præstante Deo, nostris sumptibus et nostris est fundata laboribus, in sæpedictæ Viennensis Ecclesiæ jure ac subjectione persistant. In ipsa etiam Romancensi ecclesia, quamvis Romanæ se faciat libertatis, visis tamen prædecessorum nostrorum privilegiis, et imperatorum præceptis, tam in sæcularibus, quam in regularibus clericis et canonicis inibi ordinatis vel ordinandis, pontifices Viennenses omnem habere decernimus potestatem. Similiter in ecclesia B. Donati, et B. Valerii, et ecclesia B. Petri de Campania, et Beatæ Mariæ de Annoniaco. Castra præterea quæ a per nos recuperata sunt vel acquisita, scilicet Pompeiacum, Sasserlum, et castrum de Malavalle, Viennensi Ecclesiæ in perpetuum confirmamus. Cœmeterium vero quod dominus prædecessor noster sanctæ memoriæ Paschalis papa circa B. Mauritii ecclesiam consecravit, liberum esse sancimus, ut eorum qui illic sepeliri deliberaverint, et devotioni, et extremæ voluntati, nisi forte excommunicati sint, nullus obsistat, salvo nimirum propriæ jure parochiæ. Ad hæc, pro ampliori Viennensis ecclesiæ dilectione, ante Viennensem archiepiscopum per provinciam suam crucem deferri concedimus, et Viennensem Ecclesiam alicui subjacere legato, nisi cardinali, vel alii de Romana provincia, qui a Romani pontificis latere dirigitur, prohibemus. Porro in ecclesiis quas in Viennensi episcopatu post assumptum apostolicæ sedis ministerium consecravimus, Viennensis archiepiscopus eamdem, quam habuerat ante, interdicendi ac ordinandi habeat potestatem. Sane intra claustri ambitum, ubi clericorum mansiones continentur, nullus omnino laicorum deinceps habeat mansionem, aut assultum, vel rapinam facere, seu corporalem cuilibet audeat injuriam irrogare. Si qua igitur in futurum ecclesiastica sæcularisve persona, hanc nostræ confirmationis vel concessionis paginam sciens, contra eam temere venire tentaverit, secundo tertiove commonita, si non satisfactione congrua emendaverit, potestatis honorisque dignitate careat, reamque se divino judicio existere de perpetrata iniquitate cognoscat et a sacratissimo corpore ac sanguine Dei et Domini nostri Redemptoris Jesu Christi aliena fiat, atque in extremo examine districtæ ultioni subjaceat. Cunctis autem eidem Ecclesiæ justa servantibus sit pax Domini nostri Jesu Christi, quatenus et hic fructum bonæ actionis sentiant, et apud districtum Judicem præmia æternæ pacis inveniant. Amen, amen.

Ego Calixtus catholicæ Ecclesiæ episcopus.

Datum Valentiæ v Kal. Martii, indictione decima tertia, Incarnationis Dominicæ an. 1120, pontificatus autem domini Calixti II papæ anno secundo.

LXXIX

Ecclesiæ Compostellanæ metropolitanam Ecclesiæ Emeritanæ dignitatem delegat.

(Anno 1120, Febr. 26.)
[Florez, *España sagrada*, XX, 292.]

Calixtus episcopus, servus servorum Dei, venerabili fratri Didaco Compostellano archiepiscopo, salutem et apostolicam benedictionem.

Omnipotentis dispositione mutantur tempora, et transferuntur regna. Hinc est quod magni quondam nominis nationes detritas et depressas, exiguas vero quandoque legimus exaltatas. Hinc est quod in quibusdam regionibus paganorum tyrannide potentiæ Christianæ dignitas conculcatur : in quibusdam item Christiani nominis potestatem paganorum feritas occupavit, sicut et Emeritanæ civitati constat peccatis exigentibus accidisse. Cum enim inter nobiles Hispaniarum civitates et ipsa nobilis appareret, ita divina dispositione mutatis temporibus Moabitarum sive Maurorum est tradita potestati, ut in ea, et pontificalis gloria, et Christianæ fidei dignitas deperirit. Ipsæ quoque suffraganeæ civitates, exceptis duntaxat tribus, Colimbria videlicet et Salmantica, atque Avila, in quibus adhuc per Dei gratiam episcopalis cathedra perseverat, eadem tyrannide occupatæ, a sua similiter gloria exciderunt. Cæterum in mutatione hac nos ex consueta sedis apostolicæ dispensatione juxta fratrum nostrorum consilium et honori Dei et animarum saluti duximus providendum, ne aut illis Christianorum reliquiis proprii capitis deesset unitas, aut tam nobilis Ecclesiæ pontificalis omnino deperiret auctoritas. Ob majorem igitur B. Jacobi apostoli reverentiam, cujus glorioso corpore vestra Ecclesia decoratur, et ob præcipuam personæ suæ dilectionem, supplicante nepote nostro Illefonso Hispaniarum rege, et fratribus nostris H. Portugalensi episcopo, ac P. Cluniacensi abbate, necnon et Laurentio Ecclesiæ vestræ canonico, præfatæ metropolis dignitatem honorabili ac cleri et populi multitudine abundanti, Compostellanæ sedi auctore Deo concedimus : ejusque suffraganeos qui vel modo sedes proprias obtinent, vel in futurum, Domino miserante, obtinuerint, tibi, charissime frater et coepiscope Didace, tuisque successoribus, metropolitano jure ordinandos regendosque subjicimus, et in civitatibus illis quæ proprios olim antistites habuerunt, si cleri et populi multitudo et vota meruerint, episcopos ordinandos, liberam vobis concedimus facultatem. Vestra igitur interest ita deinceps Ecclesiam Romanam diligere, ita in ejus obedientia et fidelitate persistere, ut in ejus benevolentia et liberalitate archiepiscopi constituti, hujus gratia dignitatis inveniamini digniores. Si qua ergo in futurum ecclesiastica sæcularisve persona, hanc nostræ constitutionis paginam sciens, contra eam temere venire tentaverit, secundo tertiove commonita, si non satisfactione congrua emendaverit, potestatis honorisque sui dignitate careat, reamque se divino judicio existere de perpetrata iniquitate agnoscat, et a sacratissimo corpore ac sanguine Dei et Domini Redemptoris nostri Jesu Christi aliena fiat, atque in extremo examine districtæ ultioni subjaceat : obedientibus autem atque servantibus sit pax Domini nostri Jesu Christi, quatenus et hic fructum bonæ actionis percipiant, et apud districtum judicem præmia æternæ pacis inveniant. Amen.

TIBUS EUM.	FIRMAMENTUM		EST DOMI-	Ego Calixtus Catholicæ Ecclesiæ Episc.
	SS. PETR. CALIX- PP.	SS. PAUL. TUS II		

—NIMIT SON—

Bene valete.

Datis Valentiæ per manum Grisogoni, sanctæ Romanæ Ecclesiæ diaconi cardinalis ac bibliothecarii, IV Kal. Martii, indict. XIII, Incarnationis Dominicæ anno 1120, pontificatus autem domini Calixti II anno II.

LXXX.

Episcopis, abbatibus, clericis, etc., per Emeritanam et Bracarensem provincias constitutis significat se Didaco archiepiscopo Compostellano vices suas in eorum partibus commisisse.

(Anno 1120, Febr. 27.)

[Florez, *ubi supra*, p. 295.]

Calixtus episcopus, servus servorum Dei, dilectis fratribus et coepiscopis, abbatibus, clericis, principibus, et cæteris fidelibus per Emeritanam et Bracarensem provincias constitutis, salutem et apostolicam benedictionem.

Antiqua sedis apostolicæ institutio exigit, et charitatis debitum nos compellit, eos qui et prope et qui longe sunt positi visitare et saluti omnium sollicite providere. Quamobrem, filii in Christo charissimi, necessarium duximus venerabili fratri nostro D. Compostellano archiepiscopo in partibus vestris vices nostras committere, qui una vobiscum quæ apud vos fiunt ecclesiastica negotia diligenter audiat, et opportunitatibus vestris et ecclesiarum vestrarum sedula sustentatione provideat. Rogamus itaque universitatem vestram et præcipimus, ut eum tanquam vicarium nostrum reverenter suscipere atque debita ei humilitate obedire sicut B. Petri filii procuretis. Præterea cum opportunitas ecclesiasticæ utilitatis exegerit, ad ejus vocationem conveniatis, et synodales cum eo conventus ad honorem Domini celebretis, quatenus collaborantibus vobis corrigenda corrigere, et confirmanda possit per Dei gratiam confirmare.

Dat. Valentiæ III Kal. Martii.

LXXXI.

Speciales litteræ ad Compostellanum archiepiscopum.

(Anno 1120, Feb. 27.)

[Florez, *ibid.*]

Calixtus episcopus, servus servorum Dei, venerabili fratri Didaco Compostellano archiepiscopo salutem et apostolicam benedictionem.

Et personam tuam et commissam tibi Ecclesiam quanta dilectionis gratia complectamur, operum exhibitio manifestat. Tibi enim super Emeritanam et Bracarensem provincias vices nostras commisimus, et B. Jacobi ecclesiam metropolitanæ dignitatis gloria decoravimus. Hortamur itaque fraternitatem tuam et monemus in Domino, ut Romanæ Ecclesiæ beneficium recognoscas, et injunctam tibi obedientiam, ita cooperante Deo, adimplere studeas, quatenus et illis quorum tibi cura commissa est salubriter providere, et B. Petri semper possis gratiam promereri.

Datis Valentiæ III Kal. Martii.

LXXXII.

G[undisalvum], Colimbriensem et J[eronymum] Salmanticensem episcopos, jubet metropolitæ Didaco obedire.

(Anno 1120, Mart. 2.)

[Florez, *ibid.*, p. 294.

Calixtus episcopus, servus servorum Dei, venerabilibus fratribus et coepiscopis G. Colimbriensi, J. Salmanticensi salutem et apostolicam benedictionem.

Commissi nobis officii auctoritas nos compellit, ut pro Ecclesiarum omnium statu sollicite per Dei gratiam existamus. Idcirco, fratres charissimi, tam vobis quam vestris Ecclesiis duximus providendum, ut secundum suffraganeorum episcoporum consuetudinem caput ad quod debeatis recurrere habeatis. Porro sollicitudinem hanc venerabili fratri nostro et coepiscopo Didaco Compostellano providimus injungendam. Præcipimus itaque fraternitati vestræ ut ei super vos et reliquos vestræ provinciæ episcopos et parochias archiepiscopo ex liberalitate sedis apostolicæ constituto plenam deinceps obedientiam et reverentiam deferatis, et B. Jacobi Compostellanam Ecclesiam matrem vestram in posterum cognoscatis.

Dat. apud Castrum Cristam, vi Nonas Martii.

LXXXIII.

Ecclesiæ Portugalensis protectionem suscipit possessionesque confirmat.

(Anno 1120, Mart. 2.)

[Mentio hujus privilegii exstat apud RIBEIRO, *Dissertações chronologicas e criticas sobre a historia de Portugal*. Lisboa, 1810, 8°, t. V, 5.]

LXXXIV.

Ad episcopos, principes, comites, milites et cæteros fideles per Hispaniam.

(Anno 1120, Mart. 4.)

[FLOREZ, *Esp. sagr.* XX, 316.]

CALIXTUS episcopus, servus servorum Dei, dilectis fratribus et filiis episcopis, principibus, comitibus, militibus et cæteris fidelibus per Hispaniam, salutem et apostolicam benedictionem.

Egregiæ memoriæ Illefonsus rex defuncto genero nobilis recordationis Raymundo comite, fratre nostro, filium ejus regem instituit, et regnum ei per juramenta potentium stabilivit, prout vos ipsi certius cognovistis : postea vero ipsius pueri regis mater, prædicti regis filia, cum eum coronari fecissent, alia juramenta prioribus contraria violenter extorsit et ad filii sui destructionem maternæ pietatis oblita conatus sui molimine intendit. Quod profecto quam impium sit, et omni rationi contrarium, omnis ratione utens facile potest advertere. Nec puer enim avi sui beneficio tam irrationabiliter defraudari, nec mater adversus filium tanta debuit nequitia animari, ut per eam quod filio juraverant, ad aliud cogerentur. Apostolica igitur auctoritate præcipimus ut pro sequentis juramenti extorsione, quæ a prædicta regina facta est, nullus omnino dimittat, quin filio ejus primum observet inviolabiliter juramentum. Cum enim post jusjurandum legitime factum, aliud fieri non debuerit quod postea contra illud extortum est minime observandum est.

Dat. Veneriis, IV Non. Martii

LXXXV.

Ad Pelagium Bracarensem episcopum.

(Anno 1120, Mart. 5.)

[D. Rodrigue DA CUNHA *Catalogos dos bispos do Porto*. Porto, 1742, fol., part. II, p. 10.]

CALIXTUS episcopus, servus servorum Dei, venerabili fratri PELAGIO Bracarensi episcopo salutem et apostolicam benedictionem.

Portugalensis episcopatus ecclesias, quas Bracarensis Ecclesia usurpabat, domnus prædecessor noster sanctæ memoriæ Paschalis papa confratri nostro Hugoni Portugalensi episcopo, secundum antiquam terminorum definitionem, restituendas litterarum suarum auctoritate mandavit, quod cum minime impleretur, ipse canonicam, tam super easdem ecclesias, quam super contemptores, justitiam assecutus est. Qua postea similiter audaci temeritate comperta filius noster B. presbyter cardinalis, in partibus illis apostolicæ sedis legatus, graviorem, sicut accepimus, inde in Burgensi concilio sententiam promulgavit. Nos itaque, prædicti domini nostri vestigia subsequentes, iterata sedis apostolicæ præceptione, mandamus, ut infra quadraginta dies, postquam ad te litteræ istæ pervenerint, prædicto fratri nostro Hugoni Portugalensi episcopo, easdem Ecclesias, cum rerum suarum facias integritate restitui. Alioquin nos ex tunc sæpedicti domini nostri, et legati sui sententiam, æquitate canonica promulgatam, apostolicæ sedis auctoritate confirmantes, tibi pontificale officium, donec ei satisfacias, interdicimus.

Dat. Beveris III Non. Martii.

LXXXVI.

Privilegium pro ecclesia S. Mariæ Magdalenæ Vesontionensis.

(Anno 1120, Mart. 11.)

[*Mémoires et documents inédits de la Franche-Comté*, tom. II, p. 317.]

CALIXTUS episcopus, servus servorum Dei.

Confirmamus concessum a bonæ memoriæ Hugone Salinensi Bisuntino archiepiscopo, claustri vestri et domorum ei adhærentium libertatem et conductum in urbe, sicut in ejusdem archiepiscopi chirographo continetur. Confirmamus etiam possessiones quæ ab eodem fratre collatæ sunt, videlicet mansum armarii capellani cum furno et appendiciis suis : vicum ad caput vestræ ecclesiæ a parte orientis inter mansum Sibonis et Varnerii, et mansum Odonis a parte occidentis, viam a porta ejusdem civitatis usque ad refectorium vestrum a porta meridiana, terra quæ est a porta Arenarum usque ad dormitorium canonicorum, sive vestita sit domibus aut vineis, sive vacua sit, nemus quod fetet juxta urbem . . . . Bisuntii, ecclesiam Sancti Jacobi infra arenas cum appendiciis suis; mansum Remigii supra Dubim; mansum Constantini juxta molendinum in vico Baptenti, partem vicum Baptenti, redditus qui dicuntur Manaydæ in torculari Naal, foragium vestrum quod expugnavistis duello contra Hubaldum de Abbans, terram ecclesiæ vestræ sive sit vestita vineis aut domibus, sive vacua sit, tres solidos censuales in placito generali ex dono Stephani vice-comitis, decimas parochiæ vestræ, sicut eas hactenus canonice possedistis, antiquas quoque et rationabiles consuetudines ipsius Ecclesiæ ratas habere censemus.

Datum Vapnuci (30) v Idus Martii, indict. XIII, an. Incarnat. Dominicæ 1120, pontificatus autem domni Calixti papæ II an. II.

LXXXVII.
Canonicæ ad Plebem martyrum (Ulciensis) disciplinam, possessiones, privilegia confirmat. (Hanc bullam esse Astæ datam die 28 mensis Martii anni 1120 testatur Giofredo in *Hist. patr. Monum.*, Aug. Taurin., 1836, Script. p. 576.)
[Vide *Ulciensis Ecclesiæ Chartarium*, Augustæ Taurin., 1753, fol., p. 2.]

LXXXVIII.
* *Ad Amedeum episcopum Maurianensem. — Præcipit ut ecclesiam S. Mariæ Secusiensem Arberto præposito Ulciensi intra dies 40 restituat.*
(Anno 1120, Mart. 28.)
[Vide ubi supra.]

LXXXIX.
Ecclesiæ S. Joannis Modoetiensis possessiones confirmat.
(Anno 1120, April. 11.)
[GIULINI, *Memorie di Milano*. Milano, 1760, 4°, V, 555.]

CALIXTUS episcopus, servus servorum Dei, dilecto filio GUILLELMO Modoetiensi archipresbytero, ejusque successoribus canonice substituendis in perpetuum.

Sicut injusta poscentibus nullus est tribuendus effectus, sic legitime desiderantium non est differenda petitio. Idcirco, dilecte fili Guillelme archipresbyter, ecclesiam beati Joannis Baptistæ, cui Deo auctore præesse cognosceris, sub apostolicæ sedis tutelam suscipimus, et cum omnibus ad eam pertinentibus beati Petri patrocinio communimus. Idem enim locus a nobilis memoriæ Teodelinda regina constructus, amplis etiam honoribus, possessionibus et thesauro ditatus, veneratione dignus habetur et celebris. Per præsentis igitur privilegii paginam apostolica auctoritate statuimus, ut quæcunque bona, quascunque possessiones, concessione pontificum, liberalitate principum, oblatione fidelium, vel aliis justis modis in præsenti possidet, aut in futurum largiente Domino juste et canonice poterit adipisci, firma tibi, tuisque successoribus, et illibata permaneant. In quibus hæc propriis visa sunt nominibus exprimenda. Monasterium videlicet Sancti Petri de Cremella cum ecclesia Sancti Sisinni; ecclesia Sancti Joannis de Blutiaco, Sancti Georgii de Coltiaco, Sancti Joannis de Castromartis. In Vellate ecclesia Sanctæ Mariæ et Sancti Fidelis; ecclesia S. Juliani de plebe Colonia cum capellis; ecclesia Sancti Eusebii. In Sexto ecclesia Sancti Alexandri, Sancti Michaelis, et Sancti Salvatoris; ecclesia Sancti Martini, Sancti Petri, Sancti Michaelis, Sancti Salvatoris, Sanctæ Agathæ, Sancti Donati, Sancti Mauritii, Sancti Georgii, et ecclesia Sancti Alexandri, Sancti Eugenii de Concuretio. Nulli ergo hominum facultas sit vestram ecclesiam temere perturbare, aut ejus possessiones auferre, vel ablatas retinere, minuere, vel temerariis vexationibus fatigare, sed omnia integra et illibata conserventur, eorum pro quorum sustentatione et gubernatione concessa sunt, usibus omnimodis profutura. Sana illa feudorum beneficia, quæ venerabilis frater noster Jordanus Mediolanensis archiepiscopus vestræ ecclesiæ in prænominatis ecclesiis ad communem fratrum sustentationem concessit vobis, vestrisque successoribus auctoritate apostolica confirmamus. Statuentes ut nulli omnino liceat ea deinceps a communi fratrum utilitate auferre, subtrahere, vel modis quibuslibet immutare. Ad vestram præterea, et ecclesiæ vestræ quietem institutiones, et consuetudines confirmamus, quæ in ecclesia vestra, vel in capellis ad eam pertinentibus rationabili deliberatione quiete hactenus habitæ cognoscuntur. Si qua igitur ecclesiastica sæcularisve persona, hanc nostræ constitutionis paginam sciens, contra eam temere venire tentaverit, secundo tertiove commonita, si non satisfactione congrua emendaverit, potestatis honorisque sui careat, reamque se divino judicio existere de perpetrata iniquitate cognoscat, et a sacratissimo corpore ac sanguine Dei et Domini Redemptoris nostri Jesu Christi aliena fiat atque in extremo examine districtæ ultioni subjaceat. Cunctis autem eidem loco justa servantibus sit pax Domini nostri Jesu Christi, quatenus et hic fructum bonæ præmia actionis percipiant, et apud districtum judicem æternæ pacis inveniant. Amen.

Ego Calixtus catholicæ Ecclesiæ episcopus. Datum Terdonæ per manum Chrysogoni sacræ Romanæ Ecclesiæ diacon. cardin. ac bibliothecarii, III Idus Aprilis, indictione XIII, Incarnationis Dominicæ anno 1121, pontificatus autem domni Calixti papæ II anno II.

XC.
Monasterii Sancti Salvatoris Papiensis bona et jura quæcunque confirmat.
(Anno 1120, April. 17.)
[MARGARINI, *Bull. Casin.*, tom. II, p. 135.]

CALIXTUS episcopus, servus servorum Dei, dilecto in Christo filio JOANNI abbati venerabilis monasterii, quod dicitur Domini Salvatoris secus Papiam, ejusque successoribus regulariter substituendis in perpetuum.

Officii nostri nos hortatur auctoritas pro ecclesiarum statu satagere, et quæ recte statuta sunt stabilire. Quamobrem, dilecte in Christo fili Joannes abbas, postulationi tuæ clementer annuimus, et Domini Salvatoris monasterium cui, Deo auctore, præsides, cum omnibus ad ipsum pertinentibus, ad exemplar prædecessorum nostrorum sanctæ memoriæ Joannis, Benedicti, Paschalis Romanorum pontificum, sub tutela apostolicæ sedis excipimus, quod

(30) Leg. *Vapinci*.

videlicet monasterium Adeleis imperatrix augusta, suis impensis renovatum, sua nihilominus liberalitate ditasse cognoscitur. Præsentis scilicet privilegii auctoritate statuimus, ut quæcunque bona, quæcunque prædia urbana, sive rustica, culta seu inculta, quæcunque possessiones, utensilia, vel ornamenta, vel a præfata augusta, vel ab aliis fidelibus, de suo jure, eidem monasterio collata sunt, sive in futurum concessione pontificum, liberalitate principum, vel oblatione fidelium juste atque canonice poterit adipisci, firma tibi, tuisque successoribus, et illibata permaneant. Decernimus ergo ut nulli omnino hominum liceat idem cœnobium temere perturbare, aut ejus possessiones, sive res, utensilia, vel ornamenta auferre, vel ablata retinere, minuere, vel temerariis vexationibus fatigare, sed omnia integra conserventur, eorum, pro quorum sustentatione ac gubernatione concessa sunt, usibus omnimodis profutura. Nec decimæ reddituum prædicti monasterii Domini Salvatoris ab ullius Ecclesiæ præsule, vel ministris exigantur. Obeunte te, nunc ejus loci abbate, vel tuorum quolibet successorum, nullus ibi qualibet subreptionis astutia, seu violentia proponatur, nisi quem fratres communi consensu, vel fratrum pars consilii sanioris, secundum Dei timorem, et beati Benedicti Regulam elegerint. Electus autem ad Romanum pontificem consecrandus accedat. Chrisma, oleum sanctum, consecrationes altarium sive basilicarum, ordinationes monachorum seu clericorum vestrorum, qui ad sacros fuerint ordines promovendi a quibusvis malueritis catholicis accipietis episcopis. Porro in illius monasterii ecclesiis baptisma celebrari permittimus, ubi præteritis temporibus celebratum cognoscitur. Missas sane publicas in eodem monasterio celebrari, aut stationem, sive ordinationem aliquam præter abbatis voluntatem, ab episcopo quolibet fieri prohibemus. Ad hæc dalmaticæ, sandaliorum, necnon chirothecarum usum tibi, tuisque successoribus, juxta prædecessorum nostrorum statuta, concedimus. Et absque omni jugo, seu ditione cujuscunque personæ ipsum cœnobium libere permanere sancimus, ut soli cathedræ Romanæ, et apostolicæ Ecclesiæ subditum habeatur. Si qua igitur in futurum ecclesiastica sæcularisve persona, hanc nostræ constitutionis paginam sciens, contra eam temere venire tentaverit, secundo tertiove commonita, si non satisfactione congrua emendaverit, potestatis honorisque sui dignitate careat, reamque se divino judicio existere de perpetrata iniquitate cognoscat, et a sacratissimo corpore ac sanguine Dei ac Domini Redemptoris nostri Jesu Christi aliena fiat, atque in extremo examine districtæ ultioni subjaceat. Cunctis autem eidem loco justa servantibus sit pax Domini nostri Jesu Christi, quatenus et hic fructum bonæ actionis percipiant, et apud districtum judicem præmia æternæ pacis inveniant. Amen.

Ego Calixtus Catholicæ Ecclesiæ episcopus.

Datum Placentiæ, per manum Chrisogoni, sanctæ Romanæ Ecclesiæ diaconi cardinalis ac bibliothecarii, xv Kalend. Maji, indictione XIII, Incarnat. Dominicæ 1121, pontificatus autem domini Calixti papæ II anno II.

XCI.

Monasterii S. Pauli de Argon patrocinium suscipit, et bona ac privilegia confirmat.

(Anno 1120, April. 17.)

[Vide LUPI (M.) *Codicem diplomaticum Bergomatis.* Bergomi, 1784, fol., II, 907.]

XCII.

Ecclesiæ S. Evasii Casalensis privilegia et possessiones confirmat.

(Anno 1120, April. 23.)

[DE CONTI, *Notizie storiche di la cista di Casale*, tom. I, p. 334.]

CALIXTUS episcopus, servus servorum Dei, dilecto filio GERARDO præposito, et ejus fratribus in ecclesia Sancti Evasii regulariter viventibus, tam præsentibus quam futuris in perpetuum.

Desiderium quod ad religiosum præpositum, et animarum salutem pertinere monstratur, auctore Deo, sine aliqua est dilatione complendum. Proinde nec petitioni vestræ benignitate debita impartimur assensum, vitæ namque canonicæ ordinem quem professi estis præsentis privilegii auctoritatem firmamus, et ne cui post professionem exhibitam proprium quid habere, vel sine præpositi, vel sine congregationis licentia de claustro discedere liceat interdicimus, et tam vos, quam vestra omnia sedis apostolicæ protectione munimus. Vobis itaque vestrisque successoribus in eadem religione per Dei gratiam permansuris omnia perpetuo possidenda sancimus, quæ in præsentiarum pro communis vitæ sustentatione legitime possidere videmini. Quæcunque etiam in futurum concessione pontificum, liberalitate principum, oblatione fidelium, vel aliis justis modis poteritis adipisci, firma vobis vestrisque successoribus et illibata permaneant. Nec præpositorum alicui facultas sit, ecclesiæ prædia personis sæcularibus in feudum dare, vel quibuslibet ingeniis alienare. Decernimus ergo ut nulli omnino hominum liceat eamdem Beati Evasii ecclesiam temere perturbare, claustri vestri domus invadere, aut ejus possessiones, auferre, vel ablatas retinere, minuere vel temerariis vexationibus fatigare, sed omnia integra conserventur, eorum pro quorum sustentatione ac gubernatione concessa sunt, usibus omnimodis profutura. Sane clericos sæculariter viventes ad præpositi vestri conversionem suscipere nullius episcopi, vel præpositi contradictio vos inhibeat. Illud præterea omnimodis interdicimus, ne quis militum, seu quorumlibet sæcularium personarum de rebus ejusdem ecclesiæ, seu rusticorum ad ipsius ecclesiæ parochias pertinentium decimas auferre præsumat. Sed in vestros, seu ecclesiæ vestræ usus juxta sanctiones canonicas conferantur. Vobis quoque vestrisque successoribus in catholica unitate permanentibus id concedimus facultatis, ut si aliquando Vercellensi ecclesiæ catholicus defuerit episcopus, chrisma, oleum sanctum, ordinationes clericorum, a quo malueritis catholico suscipiatis episcopo, conservata in posterum catholici episcopi debita reverentia. Ad hanc adjicientes vobis licentiam indulgemus in duabus ecclesiæ vestræ festivitatibus fidelibus ad eam convenientibus competentem remissionem de peccatis per annos singulos faciendis. Si qua igitur in futurum ecclesiastica sæcularisve persona, hanc nostræ constitutionis paginam sciens, contra eam temere venire tentaverit, secundo tertiove commonita, si non satisfactione congrua emendaverit, potestatis honorisque sui dignitate careat, reamque se divino judicio existere de perpetrata iniquitate cognoscat, et a sacratissimo corpore ac sanguine Dei et Domini Redemptoris nostri Jesu Christi aliena fiat, atque in extremo examine districtæ ultioni subjaceat. Cunctis autem eidem ecclesiæ justa servantibus sit pax Domini nostri Jesu Christi, quatenus et hic fructum bonæ actionis percipiant, et apud districtum judicem præmia æternæ pacis inveniant. Amen.

Ego Calixtus catholicæ Ecclesiæ episcopus.

Datum Placentiæ per manum Grisogoni sanctæ Ecclesiæ Romanæ diaconi cardin. ac bibliothecarii, ix Kal. Maii, indict. xiii, Incarnationis Dominicæ anno 1121 (31) pontificatus autem D. Calixti II papæ anno ii.

XCIII.

Oberto episcopo Cremonensi et ejus successoribus concedit jus abbatum monasterii S. Petri consecrandorum.

(Anno 1120, April. 25.)

[UGHELLI, *Italia sacra*, IV, 600.]

CALIXTUS episcopus, servus servorum Dei, venerabili fratri OBERTO Cremonensi episcopo salutem et apostolicam benedictionem.

Et tuam, et Ecclesiæ tuæ atque civitatis fidelitatem ac devotionem, frater charissime, cognoscentes, consueta sedis apostolicæ benignitate specialiter vos decrevimus honorare. Quamobrem dilectionis tuæ petitionibus annuentes, abbatis monasterii Sancti Petri, quod in civitate tua situm est, consecrationem tibi et successoribus tuis ex apostolicæ sedis liberalitate concedimus, salvo nimirum in omnibus jure, censu et reverentia sanctæ Romanæ, cui Deo auctore deservimus, Ecclesiæ. Tua igitur interest, frater charissime, ita in concessione hac Romanæ Ecclesiæ benignitatem cognoscere, ut apud eam in posterum majora etiam possis per Dei gratiam obtinere. Si quis autem hujus concessionis nostræ paginam sciens contra eam temere venire tentaverit, nisi præsumptionem suam digna satisfactione correxerit, honoris et officii sui periculum patiatur, aut excommunicationis ultione plectatur.

Datum apud Roncum veterem ix Kalend Maii.

XCIV.

Monasterii S. Saturnini Caralitani possessiones confirmat.

(Anno 1120, Maii 12.)

[Hujus privilegii mentio exstat apud MARTENE ampl. *Collect.* I, 657. — *Datum Pisis per manum Grisogoni S. R. E. cardinalis ac bibliothecarii, iv Idus Maii, indict.* xiii, *Incarnat. Domini anno* 1121, *pontificatus autem domini Calixti papæ II anno* ii.]

XCV

Volaterris ecclesiam cathedralem dedicat.

(Anno 1120, Maii 20.)

[UGHELLI, *Italia sacra*, 1, 1439.]

ROGERIUS Volaterranus episcopus an. 1120, Callixtum e Galliis Romam petentem Volaterris excepit hospitio, ab eodemque impetravit ut cathedralem consecraret, ut ex hac inscriptione restaurata a Luca Alemanno Volaterrano episcopo liquido apparet.

D.

Callixtus II. P. M. cum Romam e Gallia ad Pontificatus Coronam suscipiendam proficisceretur, Volaterras perveniens, templum hoc Virgini in Cœlum Assumptæ dicatum xii Cardinalibus, Pisarum Archiepiscopo, v. Episcopis, cum Rogerio Volaterranorum Antistite intervenientibus solemni, celebrique pompa consecravit. Mauritani Victoris sacri, capitis auro obducti dono illustravit, ac omnibus idem singulis annis pie adeuntibus octonis diebus viginti de injunctis dies indulsit, xiii Kal. Junii MCXX. Cujus jamjam labentem memoriam ex vetustissimis monumentis depromptam Lucas Alemannius Episcopus Volaterranus e temporum faucibus abripuit, marmoreoque hoc lapide æternavit vi Idus Martii M. DC. X.

XCVI.

Ad Joannem priorem Camaldulensem.— Privilegium monasterii Sextensis.

(Anno 1120, Maii 21.)

[MITARELLI, *Annal. Camaldul.* tom. III, p. 285.]

CALIXTUS episcopus, servus servorum Dei, dilecto in Christo filio JOANNI Camaldulensium fratrum priori salutem et apostolicam benedictionem.

Quæ religionis prospectu statuta sunt, firma debent perpetuitate servari, siquidem dominus prædecessor noster sanctæ memoriæ Paschalis papa Sextense monasterium, quod videlicet beati Petri juris est, et in solius apostolicæ sedis tutela et dispositione existit, tibi, charissime in Christo Joannes prior, tuisque successoribus regendum disponendumque commisit, ut ibi per curam vestram et studium monastici ordinis disciplina cooperante Domino, servaretur, idem enim locus in spiritualibus et temporalibus admodum diminutus in religionis statum reformari posse per vos potissimum videbatur. Nos ergo et tuis, et fratrum tuorum petitionibus clementius annuentes, et prædicti loci meliorationi et apud Deum, et apud homines propensius intendentes, quod a prædicto domino nostro factum est,

---

(31) In hac bulla æra Incarnat. Pisana usurpata est, quare nobis est annus vulgaris 1120.

auctore Domino, confirmamus, et præfatum Sextense Sancti Salvatoris monasterium sub tuo tuorumque successorum regimine, dispositione et subjectione futuris temporibus permanere decernimus. Unde liberam vobis concedimus facultatem secundum congregationis vestræ consuetudinem abbatem in loco ipso per Dei gratiam statuendi, et monasterium in spiritualibus et temporalibus disponendi, omnem quæ cœnobio eidem a nostris prædecessoribus concessa est, libertatem præstante Domino confirmantes, salvo in omnibus apostolicæ sedis jure et reverentia. Confidimus enim in Domino, quia per instantiam vestram et sollicitudinem sæpe dictus locus et in religionis monasticæ disciplinam reformabitur, et rerum temporalium accipiet incrementum. Si quis igitur paginæ hujus tenore cognito, temere, quod absit ! contraire tentaverit, honoris et officii sui periculum patiatur, aut excommunicationis ultione plectatur, nisi præsumptionem suam digna satisfactione correxerit.

Ego Calixtus catholicæ Ecclesiæ episcopus SS.
Ego Lambertus Ostiensis episcopus SS.
Ego Deusdedit cardin. presbyter Sanctæ Susannæ SS.
Ego Joannes presbyter cardinalis tituli Sancti Grisogoni SS.
Ego Petrus diaconus cardinalis Sanctorum Cosmæ et Damiani SS.
Ego Gregorius diaconus cardinalis sancti Angeli SS.
Ego Petrus diaconus cardinalis Sancti Adriani SS.

Datum Vulterris per manum Grisogoni sanctæ Romanæ Ecclesiæ diaconi cardinalis ac bibliothecarii, xii Kal. Junii, indictione xiii, Incarnationis Dominicæ anno 1121, pontificatus autem domni Calixti II papæ anno ii.

XCVII.
Bulla pro monasterio S. Mariæ de Morrona, ejusque abbate Girardo.
(Anno 1120, Maii 24.)
[MURATORI, *Antiq. Ital.*, III, 1131.]

CALIXTUS episcopus, servus servorum Dei, dilecto filio abbati monasterii Sanctæ Mariæ de Morrona..... oribus regulariter substituendis in perpetuum.

Et divinis præceptis instruimur, et apostolicis monitis informamur, ut pro Ecclesiarum statu impigro vigilemus affectu. Proinde, dilecte in Christo fili, Gerarte abbas, petitionibus tuis clementer annuimus, et Beatæ Mariæ monasterium, cui Deo auctore præsides, cum omnibus ad ipsum pertinentibus sub tutela sedis apostolicæ suscipientes, beati Petri, cujus juris esse cognoscitur, patrocinio communimus. Per præsentis igitur privilegii paginam eidem monasterio in perpetuum confirmamus universa quæ ei aut a nobis.... Ugicione comite, et filiis ejus Ugolino, Rainerio, Lotherio, et Bolgarino, aut ab aliis quibusvis fidelibus legitime collata, vel concessa sunt....... Castellum de Vivario cum Pan-

(32) Romana familia.

tano, et aliis pertinentiis ejus : possessiones de Morrona, de Castello de Sojana, de Negotiana, de.... alto, de Massa, de monte Gemmule. Quæcunque præterea in futurum largiente Domino idem monasterium juste atque canonice poterit adipisci, firma tibi tuisque successoribus et illibata...... Nulli ergo omnino hominum liceat sæpedictum monasterium temere perturbare, aut ejus possessiones auferre, vel ablatas retinere, minuere, vel temerariis vexationibus fatigare, sed omnia integra conserventur, eorum pro...... atione et gubernatione concessa sunt, usibus omnimodis profutura. Si qua igitur in futurum ecclesiastica sæcularisve persona, hanc nostræ constitutionis paginam sciens, contra eam temere venire tentaverit, secundo tertiove commonita, si non satisfactione congrua emendaverit, potestatis honorisque....... dignitate careat, reamque se divino judicio existere de perpetrata iniquitate cognoscat, et a sacratissimo corpore ac sanguine Dei et Domini Redemptoris nostri Jesu Christi aliena fiat, atque in extremo examine districtæ ultioni subjaceat. Cunctis autem eidem loco justa servantibus sit pax Domini nostri Jesu Christi, quatenus hic fructum bonæ actionis percipiant, et apud districtum judicem præmia æternæ pacis inveniant.

Ego Calixtus catholicæ Ecclesiæ episcopus subscripsi.
Ego Lambertus Ostiensis episcopus subscripsi.
Ego Petrus cardinalis presbyter tituli Sanctæ Susannæ subscripsi.
Ego Joannes presbyter cardinalis tituli Sancti Grisogoni subscripsi.

Datum Vulterris per manum Grisogoni sanctæ Romanæ Ecclesiæ diaconi cardinalis et bibliothecarii, xii Kalendas Junii, indictione xiii, Incarnationis Dominicæ anno 1121, pontificatus autem domini Calixti II papæ anno secundo.

XCVIII.
Ad Stephanum camerarium, legatum suum (Treviris morantem). — De suo in Urbem adventu.
(Anno 1120, Jun. 3.)
[HONTHEIM, *Hist. Trevir. diplom.*, I, 506.]

Celare te, fili, non possumus, quod Longobardiæ Tusciæque regionem sine ullo tumultu, quin etiam magna usi felicitate peragravimus, et tertio Nonas Junii ad Urbem, Domino benefavente, propius accessimus. Cæterum fratres nostri episcopi et cardinales cum toto clero et nobilitate populoque extra Urbem obviam nobis progressi, summis honoribus exceperunt. Et Frigii (32) quidem corona capiti nostro imposita, gaudentes, exsultantesque per viam sacram, ad Lateranense palatium usque solemni nos ritu prosecuti sunt; ubi postquam auctore Deo bene ac secure fuimus, Petrus Leonis in magno hominum omnis ordinis cœtu, clientelaribus sese sacramentis Ecclesiæ nobisque devinxit. Similiter a præfecto et fratribus ejus, nec non a Leone Frangipane, totaque illa gente Stephano Northmannoque factum. Neque ab horum sese studiis, impigra parendi voluntate, Petrus Columna, cæterique nobiles Romanorum secrevere. Itaque ob hæc, tam prospere ac feliciter gesta, laudes gratiasque Deo Domino nostro quam amplissimas agas velim; et in istis ubi commoraris jam regionibus, ut rem Ecclesiæ sustentes atque amplifices, viribus quantum poteris, connitere.

XCIX—C.

Donationes omnes, a Gunnario ejusque uxore factas Casinensi monasterio confirmat, addito annuo censu Lateranensi palatio per monachos persolvendo.

(Anno 1120, Aug. 9.)

[COCQUELINES, *Bull. Collect.*, tom. II, p. 169.]

CALIXTUS episcopus, servus servorum Dei, charissimis in Christo filiis GIRARDO Casinensis monasterii abbati, et ejus fratribus tam præsentibus quam futuris, in perpetuum.

Et commissi nobis officii sollicitudo deposcit, et paternæ charitatis benignitas nos compellit ut ecclesiarum omnium providere necessitatibus debeamus. Verumtamen locis illis et personis, quæ specialius ac familiarius Romanæ adhærent Ecclesiæ, quæque amplioris religionis et dignitatis gratia præeminent, propensiori nos convenit affectionis studio imminere. Ea propter, filii in Christo charissimi, petitioni vestræ non immerito annuendum censimus; ut in stationi vestræ subsidium aliquod conferamus. Per præsentis igitur scripti auctoritatem vobis vestrisque successoribus perpetrata stabilitate concedimus ecclesias illas, quas vir nobilis domicellus Gunnari una cum uxore sua Helena beato Petro cognoscitur contulisse, ecclesias scilicet S. Petri de Nugulbi, S. Nicolai de Nugulbi, S. Heliæ de Sitin, et S. Petri de Nurci cum pertinentiis suis, ut de ipsarum redditibus, prout facultas ministraverit, indumenta semper Casinensi conventui præparentur, salvo nimirum censu quatuor solidorum denariorum Papiensium singulis annis Lateranensi palatio. Sane possessiones, et dona omnia, quæ prædictus Gunnari beato contulit Benedicto, vel collaturus est, apostolicæ sedis munimine confirmamus, statuentes ut illa omnia similiter in vestimentorum vestrorum præparatione in perpetuum conserventur. Si quis igitur in futurum judex, domicellus, aut ecclesiastica quælibet sæcularisve persona, decreti hujus tenore cognito, prædictas ecclesias, et cæteras præfati Gunnari oblationes auferre, vel minuere, aut a constituta vestimentorum Casinensis conventus præparatione subtrahere vel mutare præsumpserit, potestatis honorisque sui dignitate careat, reamque se divino judicio existere de perpetrata iniquitate cognoscat, et a sacratissimo corpore et sanguine Dei et Domini Redemptoris nostri Jesu Christi aliena fiat, atque in extremo examine districtæ ultioni subjaceat. Cunctis autem, qui observatores exstiterint, beatissimi Patris nostri Benedicti precibus, omnipotentis Dei, et apostolorum ejus Petri et Pauli gratia et

(33) Ut cæteræ notæ chronologicæ cum anno conveniant, legendum omnino est anno 1120, quo in

benedictio, et peccatorum remissio tribuatur. Amen. Ego Calixtus catholicæ Ecclesiæ episcopus SS.

Datum Beneventi per manum Chrysogoni sanctæ Romanæ Ecclesiæ diaconi cardinalis ac bibliothecarii, v Idus Augusti, indictione XII, Incarnationis Dominicæ anno 1121 (33), pontificatus autem domni Calixti II papæ anno II.

CI.

Ad Gunnarium nobilem virum

(Anno 1120, Aug. 10.)

[GATTULA, *Hist. Casin.*, tom. I, p. 426.]

CALIXTUS episcopus, servus servorum Dei, illustri viro GUNNARIO, et uxori ejus HELENÆ, filiabus suis VERÆ et SUSANNÆ, salutem et apostolicam benedictionem.

Audivimus de vobis quod, divina gratia inspirati, quædam beato Benedicto, ejusque Casinensi monasterio de vestris facultatibus contuleritis. Unde gratias vobis agimus, atque omnipotentis Dei misericordiam deprecamur, ut B. Benedicti precibus ex hoc et in futuro dignam vobis mercedem restituat.

Rogamus autem, et in peccatorum vobis remissionem injungimus, ut in eo quod cœpistis constantius maneatis; non enim cœpisse virtus est, sed perfecisse; et *qui perseveraverit usque in finem, hic salvus erit* (*Matth.* XXIV). Sic quidem nos, et ecclesias, et donum, quod eidem monasterio a vobis factum est apostolicæ sedis auctoritate confirmamus, prohibentes ne quis illum subtrahere, diminuere, aut in posterum sine Casinensium fratrum consensu audeat commutare, sed eorumdem fratrum indumenta quietum semper illibatumque permaneat.

Datum Beneventi quarto Idus Augusti.

CII.

Rogerio Volaterrano episcopo mandat ut tueatur possessiones monasterio Casinensi a Gunnario donatas.

(Anno 1120, Aug. 10.)

[GATTULA, *Hist. Casin.*, t. I, p. 426.]

CALIXTUS episcopus, servus servorum Dei, venerabili fratri ROGERIO Vulterrano episcopo, apostolicæ sedis legato, salutem et apostolicam benedictionem.

Quam specialiter, quam præcipue monasterium Casinense ad protectionem Romanæ spectet Ecclesiæ tuam non credimus latere notitiam. Idcirco fraternitatem tuam rogamus et præcipimus ut donum quod B. Benedicto, ejusque monasterio ab illustri viro domicello Gunnari, et uxoris ejus Helena factum est pro bati Benedicti reverentia, quietum atque ab omni infestatione liberum facias permanere. Nos enim donum ipsum scripti nostri assertione firmavimus, et ecclesias quasdam ex ipsis Gunnari et uxoris ejus Helenæ oblatione ad beatum Petrum pertinentes jam dicto Casinensi monasterio ex apostolicæ sedis liberalitate concessimus. Nolumus ergo ut per quorumlibet violentiam subtrahantur, seu infestentur, sed omnia quiete ac libere ad fratrum indumenta

cursu erat indictio XIII, et mense quidem Augusto annus II pontificatus Calixti.

Casinensium conserventur, cæterasque ecclesias seu possessiones, quas beatus Benedictus in Sardiniæ partibus obtinet sollicitudini tuæ attentius commendamus.

Datum Beneventi IV Idus Augusti.

CIII.

Ecclesiam Aversanam manere Romanæ Ecclesiæ suffraganeam jubet, petente Roberto episcopo.

(Anno 1120, Sept. 24.)

[UGHELLI, *Italia sacra*, I, 486.]

CALIXTUS episcopus, servus servorum Dei, ven. fratri ROBERTO episcopo Aversano, ejusque successoribus canonice instituendis in perpetuum.

Ex fratrum relatione comperimus, qui causam plenius cognoverunt, ab ipso fere sui principio Aversana Ecclesia Romanæ fideliter adhæsit Ecclesiæ, unde Romana sibi Ecclesia eam, tanquam specialem filiam, specialiter vindicavit, et in ea episcopos tanquam ut in aliis suis specialibus Ecclesiis ordinavit. Siquidem D. prædecessor noster S. memoriæ Leo papa IX primum ibi episcopum Azolinum consecravit, porro Urbanus Guimundum, Gelasius Robertum episcopos consecravit, quorum nos auctoritatem, et vestigia subsequentes, præfatam Aversanam Ecclesiam in solius Romanæ Ecclesiæ subjectione decrevimus conservandam. Apostolica igitur auctoritate statuimus, et perpetua stabilitate sancimus, ut eadem Ecclesia Aversana in Romanæ Ecclesiæ unitate, atque obedientia perseveret, eique soli tanquam suffraganea metropolitanæ suæ subjecta sit, ut in ea per Romani semper pontificis manum episcopus consecraretur. Nulli ergo omnino hominum liceat hanc paginam nostræ exemptionis, etc.

Ego Calixtus Catholicæ Ecclesiæ episcopus.
Ego Petrus Portuen. episcopus consensi et subscripsi.
Ergo Robertus presb. card. tit. S. Sabinæ consensi.
Ego Benedictus presb. card..... consensi et subscripsi.
Ego Anastasius card. presb. tit. S. Clementis subscripsi.
Ego Desiderius presb. card. S. Praxedis consensi et subscripsi.
Ego Joannes presb. card. tit. S. Grisogoni subscripsi.
Ego Joannes presb. card. tit. S. Eusebii subscripsi.
Ego Petrus presb. card. S. Marcelli subscripsi.
Ego Petrus presb. card. S. Mariæ Aracœli.
Ego Petrus presb. card.
Ego Romualdus diaconus card. S. Mariæ in via Lata.
Ego Stephanus diac. card. S. Mariæ de Scola Græca.

Datum Beneventi per manum Grisogoni S. R. E. diaconi card. bibliothecarii, VIII Kal. Octobris, indict. XIV, Incarn. Dom. 1121, pontificatus Calixti II an. secundo.

CIV.

* *Geraldum archiepiscopum Ragusinum consecrat pallioque donat, et Ecclesiæ ejus possessiones juraque confirmat.*

(Anno 1120, Sept. 28.)

[Vide *Illyricum sacrum* FARLATI, t. VI, p. 60.]

CV.

* *Episcopis Dalmatiæ superioris, seu Diocleæ, præcipit ut metropolitæ, Gerardo episcopo archiepiscopo Ragusino, obediant.*

(Anno 1120, Sept. 28.)

[Vide *ibid.* p. 62.]

CVI.

Bulla pro monasterio Vulturnensi.

(Anno 1120, Oct. 10.)

[MABILL., *Annal. Ben.*, VI, 641, ex autographo membraneo apud V. cl. Francisc. Valesium Romanum.]

CALIXTUS episcopus, servus servorum Dei, dilecto filio MANSONI abbati venerabilis monasterii Sancti Petri, quod in Monte Vulturno apud cryptam Beati Michaelis archangeli situm est, ejusque successoribus regulariter substituendis in perpetuum.

Cum universis per orbem Ecclesiis debitores, ex commissi nobis administratione officii, existamus, illorum tamen locorum protectioni propensiori nos convenit studio imminere, quæ ad jus proprium sanctæ Romanæ, cui, Deo auctore, descrivimus, Ecclesiæ noscuntur specialius pertinere. Quamobrem, dilecte in Christo fili Manso abbas, petitioni tuæ clementer annuimus, et Beati Petri Vulturnense monasterium, cui Deo auctore præsides ad prædecessorum nostrorum exemplar, sedis apostolicæ munimine confovemus. Statuimus enim ut cœnobium ipsum et abbates ejus, et monachi, nulli alii nisi Romanæ et apostolicæ sedi, cujus est jus et proprietas, sint subjecti. Nec alicui episcoporum liceat in eodem loco aut in cellis ejus aliquid constituere aut ordinare, quod sacris canonibus aut nostro huic statuto refragari videatur, nec eis fas sit, si prægravati Romanam sedem appellaveritis, aliqua sub occasione judicii, violentiam, nisi ante Romanum pontificem, vel ejus legatum, vobis aut successoribus vestris inferre. Per præsentis etiam privilegii paginam tibi tuisque legitimis successoribus, et per vos eidem monasterio confirmamus ecclesiam Sancti Andreæ de Octaviano, cum castello suo, castellum de Monticulo cum ecclesiis suis, villam, quæ dicitur Aquatecta, cellam Sanctæ Mariæ de Luco, ecclesiam Sancti Nicolai de Vitealba, Sanctæ Christinæ, Sancti Laurentii in Rapulla, Sancti Nicolai, Sanctæ Mariæ de Monte, Sancti Georgii, Sanctæ Barbaræ, Sancti Apollinaris in ipso Monte. In Melfia ecclesia Sancti Antonini, Sancti Nicolai, Sancti Eustachii, Sancti Martini, Sancti Petri de Berula, Sancti Felicis de Fuciano, Sancti Faviani trans Aufidum, Sancti Jacobi, Sancti Laurentii, Sancti Stephani sub Cisterna. Item Sancti Marciani trans Aufidum. In Labello ecclesiam Sanctæ Barbaræ, Sancti Marci, Sanctorum Joannis et Pauli, et omnium Sanctorum. In territorio Spinacioli ecclesiam Sanctæ Trinitatis in Catuna, Sanctæ Mariæ de Ulmeto, Sanctæ Mariæ in Edera, et Sancti Ægidii. In Andro ecclesiam Sancti Salvatoris, Sancti Nicolai. In Gurgo ecclesiam Sancti Salvatoris. In Paciano ecclesiam Sancti Angeli cum olivetis et trapetis. In Baro ecclesiam Sancti Matthæi et Leuci. In Arbore longa ecclesiam Sancti Angeli. In territorio Salpitano ecclesiam Sancti Nicolai de Varisento, Sancti Theodori, Sancti Martini, ecclesiam Sancti Stephani in Plancaro, Sanctæ Mariæ de Calavio cum omnibus earum pertinentiis. In monte Melone ecclesiam Sancti Andreæ. Quæcunque præterea vel in præsenti xiv indictione sæpedictum cœnobium concessione pontificum, liberalitate principum, oblatione fidelium, vel aliis justis modis possidet, aut in futurum poterit adipisci, firma tibi tuisque successoribus et illibata permaneant.

Decernimus ergo ut nulli omnino hominum liceat idem monasterium temere perturbare, aut ei subditas possessiones auferre, vel ablatas retinere, minuere vel temerariis vexationibus fatigare, sed omnia integra conserventur, eorum pro quorum sustentatione ac gubernatione concessa sunt, usibus omnimodis profutura. Obeunte te, nunc ejus loci abbate, vel tuorum quolibet successorum, nullus ibi qualibet subreptionis astutia seu violentia præponatur, nisi quem fratres communi consensu, vel fratrum pars consilii sanioris secundum Dei timorem et Beati Benedicti Regulam elegerint, a Romano pontifice consecrandum. Oleum sanctum et consecrationes altarium sive basilicarum, ordinationes cujuscunque professionis vel ordinis clericorum, ab episcopis, in quorum diœcesibus estis, accipietis, si ea impendere gratis et sine pravitate voluerint, et si gratiam atque communionem apostolicæ sedis habuerint, alioquin liceat vobis a quo malueritis catholico episcopo consecrationis sacramenta percipere. Ad hæc eleemosynas, quæ gratis monasterio pro vivis vel mortuis offeruntur, a vobis suscipiendas absque omni episcoporum molestia et contradictione censemus. Ad indicium autem supradictæ proprietatis et perceptæ a Romana Ecclesia libertatis, auri unciam quotannis Lateranensi palatio persolvetis.

Si qua igitur in futurum ecclesiastica sæcularisve persona, hanc nostræ constitutionis paginam sciens, contra eam temere venire tentaverit, secundo tertiove commonita, si non satisfactione congrua emendaverit, potestatis honorisque sui dignitate careat, reamque se divino judicio existere de perpetrata iniquitate cognoscat, et a sacratissimo corpore ac sanguine Dei et Domini Redemptoris nostri Jesu Christi aliena fiat, atque in extremo examine districtæ ultioni subjaceat. Cunctis autem eidem loco justa servantibus sit pax Domini nostri Jesu Christi, quatenus et hic fructus bonæ actionis percipiant, et apud districtum judicem præmia æternæ pacis inveniant. Amen.

Ego Calixtus catholicæ Ecclesiæ episcopus.

Ego Petrus Portuensis episcopus.
Ego Joannes presbyter cardinalis tit. Sancti Grisogoni.

Datum Beneventi per manum Grisogoni, sanctæ Romanæ Ecclesiæ diaconi cardinalis ac bibliothecarii, vi Idus Octobris, indictione xiv, Incarnationis Dominicæ anno 1120, pontificatus autem domni Calixti II papæ anno ii.

CVII.
Ad episcopos et alios fideles provinciarum Bituricensis, Burdegalensis, Auscitanæ, Turonensis, Britanniæ. — Gerardum, Engolismensem episcopum, legatum apostolicum instituit.
(Anno 1120, Oct. 16.)
[Mansi, *Concil.* XXI, 212.]

Calixtus episcopus, servus servorum Dei, dilectis fratribus et filiis archiepiscopis, episcopis, abbatibus, principibus, et cæteris tam clericis quam laicis, per Bituricensem, Burdegalensem, Auscitanam, Turonensem, et Britanniam, provincias constitutis, salutem et apostolicam benedictionem.

Et Patrum præcedentium institutio exigit, et fraternæ charitatis debitum nos compellit, ut providere salubriter universis Ecclesiæ filiis, auxiliante Domino, procuremus. Verum quia ubique præsentes esse, aut per nos ipsos cuncta exercere non possumus, fratres nostros, quos nimirum opportunos credimus, in partem nostræ sollicitudinis evocamus. Ea propter venerabili fratri nostro Gerardo Engolismensi episcopo nostras in partibus vestris vices duximus committendas: quemadmodum et dominus prædecessor noster sanctæ memoriæ Paschalis papa commisisse cognoscitur. Confidimus enim in Domino, quia ipse ministerium hoc ad honorem Dei, et salutem vestram, sancto cooperante Spiritu, fideliter ministrabit. Rogamus itaque universitatem vestram, monemus atque præcipimus ut ei, tanquam vicario nostro, humiliter pareatis; et cum opportunitas ecclesiasticæ utilitatis exegerit, ad vocationem ejus unanimiter convenire, et synodales cum eo conventus solemniter celebrare curetis, quatenus communi deliberatione corrigenda corrigere, et confirmanda possit, auctore Domino, confirmare.

Datum Beneventi xvii Kal. Novembris.

CVIII
Monasterium S. Sophiæ Beneventanum tuendum suscipit et bona juraque ejus confirmat
(Anno 1120, Nov. 29.)
[Ughelli, *Italia sacra*, VIII, 104.

In nomine Domini omnipotentis Salvatoris nostri Jesu Christi, et in nomine sanctissimæ et individuæ Trinitatis. Calixtus episcopus, servus servorum Dei, dilecto in Christo filio Joanni abbati monasterii venerabilis S. Sophiæ, intra Beneventum siti, ejusque successoribus regulariter promovendis in perpetuum.

In apostolicæ sedis administratione, divina disponente clementia, constituti, necesse quidem habemus omnes Ecclesias B. Petri patrocinio confovere, et ipsarum quieti paterna sollicitudine providere. Verumtamen locis illis ac personis quæ devotius Romanæ adhærent Ecclesiæ, quæque amplioris religionis gratia præeminent, propensiori nos convenit studio subvenire. Quamobrem, in Christo fili Joannes, postulationi tuæ clementer annuimus, et S. Sophiæ cœnobium, ad cujus regimen nos te, auctore Domino, nostris tanquam beati Petri manibus consecravimus, sub tutela et jurisdictione, sicut hactenus mansit perpetuo manere, præsentis paginæ auctoritate sancimus, ut nimirum soli Romanæ Ecclesiæ subditum, ab omni Ecclesiarum seu et personarum jugo liberum habeatur. Præterea prædecessorum nostrorum vestigiis inhærentes, universa quæ privilegiis illorum, ad ejusdem monasterii immunitatem, vel possessionem, tuis sunt prædecessoribus attributa, tibi tuisque successoribus regulariter promovendis præsentis privilegio contribuimus. Cellas quoque et ecclesias, aut villas, quæ a prædecessoribus tuis prænominato videntur cœnobio, juste ac rationabiliter acquisita, possidendas omni in tempore confirmamus; hoc est, ecclesiam S. Benedicti, quæ dicitur Xenodochium Sancti Joannis, S. Euphemiæ, Sancti Petri, quæ nominatur Trasanii, S. Raymundi, S. Mariæ Rotundæ intra eamdem civitatem Beneventanam, ecclesiam S. Mariæ, S. Petri, S. Nicolai, S. Erasmi, S. Marciani, S. Mariæ, S. Angeli, foras ante eamdem civitatem in Pantano, ecclesiam S. Benedicti, Sancti Vitalis, S. Mercurii, apud olivam S. Angeli, S. Mariæ de Scolcaturi una cum omnibus pertinentiis in Vado Azara S. Benedicti in Faffone Sancti Valentiniani, apud votum S. Felicis cum terris, in Cornito Sancti Sylvestri cum duobus rivis, S. Mariæ in Parituli, S. Marciani in Ventecano, S. Martini in Cuano, S. Petri in Pazano, S. Nicolai. Item Beneventi S. Stephani in Paloaria, Sanctæ Mariæ in Lucornara, et curtes duas S. Mariæ in Sabbeta, S. Mariæ in Templana, in civitate Triana S. Angeli cum Cellis, S. Stephani, in Fromarii S. Gregorii, in Escle Sancti Angeli in Peloso; in Aliperao ecclesias S. Mariæ, S. Angeli, S. Petri, S. Marci, S. Joannis, S. Laurentii. S. Luciæ in Casale S. Mariæ, S. Apolloniæ, S. Annæ in Calisti, S. Mariæ, in territorio S. Marcelli, in Carfiano S. Mauri, S. Joannis, S. Constantini, S. Anastasii, in Asculo S. Petri, S. Desiderii, in Illiceto S. Ephrem, in Morteto S. Petri, in Tuscano S. Adolphi, S. Hieronymi, S. Guerardi, S. Severini, Sancti Anastasii. Apud Arolam S. Mercurii, apud Bivinum S. Martini. In Biferno monasterium S. Angeli cum cellis, S. Petri, S. Vincentii, S. Trinitatis, in Valle Luparia S. Crucis. Apud Rederium S. Martini in Alirino S. Michaelis, Sanctæ Mariæ, in monte Malo S. Felicis, in Sertore S. Viti. Apud Montes S. Marci, juxta fossam S. Stephani, in territorio Campi læti Sanctæ Luciæ, juxta civitatem Florentinam monasterium S. Salvatoris in Clusano S. Christophori, castellum Forneti cum omnibus pertinentiis, castellum antiquum cum omnibus pertinentiis; ecclesiam S. Donati cum omnibus illorum pertinentiis, mobilibus ac immobilibus.

Per præsentis itaque hujus privilegii paginam apostolica auctoritate statuimus, ut quicunque hodie nominatum illud monasterium juste possidet, quæque in futurum concessione pontificum, liberalitate principum, seu oblatione fidelium juste canoniceque poterant adipisci, firma tibi tuisque successoribus et illibata permaneant. Quamobrem decrevimus ut nulli omnino hominum liceat idem cœnobium temere perturbare, aut illi possessiones auferre, seu oblationes requirere, minuere vel temerariis vexationibus fatigare; verumtamen omnia integre conserventur eorum pro quorum sustentationum ac gubernationum concessa sunt usibus omni modo profutura. Obeunte autem ejus loci abbate vel tuorum quolibet successorum, nullus ibi qualibet subreptione, astutia, vel violentia præponatur, nisi quem fratres communi consensu, vel fratrum pars consilii sanioris, secundum Domini timorem, atque beati Benedicti Regulam elegerunt, a Romano pontifice maximo inungendum et consecrandum. Chrisma, oleum sanctum, consecrationes altarium, sive basilicarum, ordinationes monachorum, qui ad sacros ordines promovendi ab episcopis, in quorum diœcesibus estis, accipietis siquidem gratiam, et communionem apostolicæ sedis habuerint, et si gratis ea ac sine pravitate impenderint. Si quis vero his obstiterit, liceat vobis a quocunque volueritis catholico episcopo prædicta sacramenta percipere.

Si qua igitur ecclesiastica sæcularisve persona, hanc nostram constitutionis paginam sciens, temere contra eam venire tentaverit, secundo tertiove commonita, si non satisfactione congrua emendaverit, potestatis honorisque sui dignitate privetur, reamque se divino judicio existere cognoscat de perpetrata iniquitate, et a sacratissimo sanguine et corpore Domini omnipotentis nostri Jesu aliena fiat, ac segregetur, atque in extremo examine districtæ ultioni subjaceat. Cunctis vero econtra juste observantibus sit pax et tranquillitas Domini omnipotentis nostri Jesu Christi, quatenus hic fructum bonæ actionis percipiant, et apud districtum judicem præmia æternæ pacis inveniant. Amen, amen.

Ego Calixtus catholicæ sedis et Ecclesiæ episcopus.
FIRMAMENTUM EST DOMINUS TIMENTIBUS EUM.

Datum Beneventi per manus Siconis S. R. E. diaconi cardinalis ac bibliothecarii, III Kal. Decemb., indict. XIV, pontificatus autem domini Calixti II papæ anno secundo; ab Incarnatione autem omnipotentis Salvatoris nostri Jesu Christi anno millesimo centesimo vicesimo.

CIX.

[*Alpheradæ*] *abbatissæ parthenonis S. Mariæ Capuani, præcipit ut « quinta feria post octavas Pentecosten (d. 9. Junii 1121) ad sese veniat rationis reddendæ causa quo jure ecclesiam S. Mariæ Cinglensem monasterio Casinensi abstulerit.* ›

(Anno 1120.)

[Vide PETRI, *Chronicon. Casin.*, l. IV, c. 70.]

CX.

Eremi Turritam privilegia confirmat.

(Anno 1120, Dec. 1.)

[*Vita S. Brunonis Carthusiensium institutoris primi.* Bruxellæ 1639, 8°, p. 414.]

CXI.

Ad Wulgrinum archiepiscopum Bituricensem. — De expulsione monialium a Carentonio parthenone.

(Anno 1120, Dec. 3.)

[MARTENE, *ampl. Coll.* I, 664, ex chartario archiepiscopi Bituricensis.]

CALIXTUS episcopus, servus servorum Dei, venerabili fratri W. Bituricensi archiepiscopo et canonicis S. Stephani S. et A. B.

Prædecessorem tuum Leodegarium archiepiscopum apud ecclesiam S. Mariæ de Carentonio regulares instituisse canonicos domini prædecessoris nostri sanctæ memoriæ Paschalis privilegium manifestat, sanctimonialibus quæ ibi fuerant, propter minus honestam earum conversationem, expulsis, atque in aliis religiosis monasteriis collocatis. Cæterum post ipsius obitum, quidam fratrum vestrorum canonicorum S. Stephani cum laicorum favore, regulares illos canonicos expulerunt, et sanctimoniales illas ad eamdem ecclesiam introduxerunt. In quo profecto et religiosa prædecessoris tui constitutio, et reverenda prædecessoris nostri confirmatio annullata est. Mandamus itaque dilectioni tuæ, atque præcipimus, ut, sanctimonialibus illis eductis, prædictos canonicos ad ecclesiam reducatis, et quiete ac pacifice in canonici disciplina ordinis permanere faciatis. Quod si forte aut sanctimoniales egredi aut vos canonicos reducere nolueritis, nos et illis et illarum fautoribus ecclesiarum introitum interdicimus, atque locum ipsum divinis carere officiis præcipimus, donec mandati nostri sententia impleatur.

Datum apud S. Germanum III Nonas Decembris.

CXII.

Clericis S. Mariæ Secusiensis, proposita excommunicatione, præcipit ut ipsam ecclesiam intra dies 40 Arberto præposito Ulciensi restituant.

(Anno 1120, Dec. 15.)

[Vide *Ulciensis Ecclesiæ Chartarium*, Aug. Taurin., 1753, fol., p. 111.]

CXIII.

Ad Pontium Cluniacensem abbatem. — Ecclesiam S. Theodori attribuit Cluniaco.

(Anno 1120, Dec. 28.)

[MANSI, *Concil.* XXI, 207.]

CALIXTUS episcopus, servus servorum Dei, charissimo in Christo filio PONTIO abbati Cluniacensi, ejusque successoribus regulariter substituendis in perpetuum.

Religionis monasticæ modernis temporibus speculum, et in Galliarum partibus documentum B. Petri Cluniacense monasterium, ab ipso suæ fundationis exordio sedi apostolicæ in jus proprium est oblatum. Proinde patres nostri sanctæ recordationis Joannes XI et alii usque ad nostra tempora Ecclesiæ Romanæ pontifices, locum ipsum singularis dilectionis ac libertatis prærogativa donarunt, et universa ei pertinentia privilegiorum suorum sanctionibus munierunt. Propterea, fili in Christo beatissime Ponti, quem nos in Viennensis ecclesiæ regimine positi, nostris per Dei gratiam manibus in abbatem consecravimus : et personam tuam, et locum, cui Deo auctore præsides, totis dilectionis visceribus amplectentes, quieti vestræ, et ecclesiarum vestrarum, attentius providentes, ecclesiam S. Theodori de Rocha Bovecorit, cum omnibus pertinentiis suis, laudantibus ipsius ecclesiæ clericis, a venerabili fratre nostro Willelmo Petragoricensi episcopo, tibi, et ecclesiæ Cluniacensi humiliter et devote donatam, auctoritate apostolica tam tibi quam successoribus tuis, perpetuis temporibus confirmamus, et præsentis privilegii pagina communimus. Si quis igitur ausu temerario, impiaque præsumptione contra Deum, et sanctos ejus apostolos, contraque animam suam, hoc nostræ apostolicæ auctoritatis privilegium in aliquo infringere tentaverit, incunctanter se noverit nostræ apostolicæ maledictionis aculeo transpunctum, nostræ apostolicæ excommunicationis telo perfossum, nostri etiam apostolici anathematis gladio transverberatum, nec nisi per dignam satisfactionem saluti pristinæ reparandum. Ei ergo qui conservator exstiterit, sit pax Domini Jesu Christi, quatenus et hic fructum bonæ actionis percipiat, et apud districtum judicem præmia æternæ pacis inveniat. Amen.

Ego Calixtus catholicæ Ecclesiæ episcopus, subscripsi.

Datum Laterani per manum Chrysogoni S. R. E. diaconi cardinalis ac bibliothecarii, V Kal. Januar., indict. XV, pontificatus autem domni Calixti II papæ, anno secundo.

CXIV.

Ad Didacum archiepiscopum Compostellanum, Ecclesiæ Romanæ legatum.

(Anno 1120, Dec. 31.)

[FLOREZ, *Esp. sagrada*, XX, 309.]

CALIXTUS episcopus, servus serv. Dei, ven. fratri D. Compostellano archiepiscopo et S. R. E. legato, salutem et apost. bened.

Speciali fraternitati tuæ statum nostrum, et quæ circa nos sunt, pro dilectionis affectu decrevimus specialiter indicare. Nos siquidem postquam in Urbe honorificentissime suscepti fuimus, in Beneventanas partes, et inde in Apuliam usque Barum descendimus. Apuliæ ducem, Capuæ principem, et alios comites et barones in homagium et fidelitatem suscepimus. Ad Urbem postea prospere redeuntes, B. Petri ecclesiam, quam fideles nostri de inimicorum manibus liberaverant, visitavimus. Super altare B. Petri missarum solemnia celebravimus, et in eadem ecclesia presbyterorum, diaconorum et subdiaconorum ordinationes largiente Domino fecimus. Nunc secure atque pacifice per Dei gratiam in Lateranensi palatio permanemus. Rogo itaque, frater charissime, ut matrem tuam Romanam Ecclesiam sicut bonus filius diligas, adjuves et substentes. Sane dilectissimum nepotem nostrum Illefonsum regem dilectioni tuæ attentius commendamus, rogantes ut eum secundum datam tibi a Domino sapientiam consiliari studeas et juvare; per hoc enim personam tuam nos præcipue diligemus, et in tuis te petitionibus libentius audiemus. Præterea præsentium latorem D. abbatem amore nostro amplius habeas commendatum.

Dat. Laterani II Kal. Januarii.

CXV.
Bulla pro monasterio SS. apostolorum Petri et Pauli Cantuariensi.

(Anno 1120.)

[*Chronica W. Thorn*, ap. TWISDEN, *Rer. Angl. Script.*, II, 1797.]

CALIXTUS episcopus, servus servorum Dei, etc.

Sicut monasterium Apostolorum Petri et Pauli Cantuariense in initio nascentis Christianæ religionis apud regnum Anglicum in monasticæ religionis observantia exstitit primum, ita in posterum cum omnibus ad se pertinentibus ab omni maneat servitio liberum; ab omni mundiali strepitu inconcussum, nec ecclesiasticis conditionibus seu angariis, vel quibuslibet obsequiis sæcularibus ullo modo subjaceat, aut ullis canonicis juribus serviat, etc. *Et parum post sequitur:* Illud adjicientes, ut liceat vobis pro divini servitii celebratione cum vobis placuerit, signa ecclesiæ vestræ pulsare. Illam præterea turpem arietum, panum et potus extorsionem ab eodem monasterio penitus removemus, quam ibi sanctæ Trinitatis monachi ex quadam quasi consuetudine sibi vindicare contendunt.

CXVI.
Ad [Radulfum] archiepiscopum Cantuariensem.

(Anno 1120.)

[*Ibid.*]

CALIXTUS episcopus, servus servorum Dei, dilecto in Christo fratri Cantuariensi archiepiscopo, salutem et apostolicam benedictionem.

Beatorum apostolorum Petri et Pauli, etc. *Et infra:* Cæterum, sicut accepimus vos eam tardis signorum suorum pulsationibus et indecenti arietum et panum et potus extorsione gravatis, quod omnino et sanctorum Patrum institutionibus et prædecessorum nostrorum privilegiis adversatur. Quamobrem præsentibus litteris, fratres in eadem ecclesia servientes, in sanctorum festivitatibus quorum reliquiæ apud eos sunt, signa pulsare cum voluntate permittatis; indignum est enim ut ecclesia tantæ Romanorum pontificum libertate donata, hujusmodi debeat exactionibus subjacere.

CXVII.
Petente Pontio abbate Cluniacensi, parthenonis Marciniacensis protectionem suscipit.

(Anno 1120.)

[*Bullar. Cluniac.*, 41.]

CXVIII.
Archiepiscopis Pisanis adimit jus consecrandi episcopos Corsicanos.

(Anno 1121, Jan. 3.)

[MANSI, *Concil.* XXI, 269.]

CALIXTUS episcopus, servus servorum Dei, dilectis fratribus et coepiscopis per insulam Corsicæ constitutis eorumque successoribus in perpetuum.

Nec facilitati, nec injustitiæ deputandum est, si quandoque pro rerum necessitate diverso licet modo aliqua disponantur. Romana enim Ecclesia, omnium mater et caput ab ipso capite nostro Domino Jesu Christo constituta Ecclesiarum omnium, et populorum paci et saluti debet dispensationis suæ moderamine providere. Quamobrem nos qui, licet indigni Domino disponente apostolicæ administrationis curam gerimus, quæ vel a nobis, vel a prædecessoribus nostris minori cautela et consilio facta sunt, ne forte aliis exemplum obstinate præbeamus, in statum decrevimus meliorem per Dei gratiam reformare. Felicis siquidem memoriæ dominus prædecessor noster Urbanus papa, multis et gravioribus necessitatibus coarctatus, pro dilectione atque servitio a Pisana Ecclesia et civitate Romanæ Ecclesiæ abundanter ac frequenter impenso, eamdem Ecclesiam ex liberalitate sedis apostolicæ disposuit honorare, unde consecrationem episcoporum Corsicanæ insulæ Pisano antistiti collata pallii dignitate concessit. Super qua nimirum concessione inter Pisanos et Januenses gravis oriebatur dissensio. Ipsi etiam Corsicani episcopi ad Pisani antistitis consecrationem accedere penitus recusabant. Hac profecto discordia prædictus dominus Urbanus papa vehementer timens, et gentis vestræ lamentationi, quæ diu episcopalis officii administratione caruerat, debita benignitate compatiens, eorumdem episcoporum consecrationem ad Romanum pontificem revocavit, et in sua potestate retinuit, et ex tunc toto tam ipsius quam successoris sui sanctæ memoriæ Paschalis papæ II [tempore] Corsicani episcopi a Romano tantum pontifice consecrati sunt, licet Pisanus sæpe numero ejusdem domini Paschalis papæ aures pro negotio isto pulsaverit.

Postea vero piæ recordationis papa Gelasius pari ac majore etiam necessitate compulsus, et ab eisdem Pisanis expetitus, prædicti pontificis Urbani statuta concessionis suæ privilegio renovavit.

Cujus nos vestigia subsecuti, cum ad Pisanam Ecclesiam convenissemus, devotionem populi et cleri attendentes, et eorum petitioni clementius annuentes, id ipsum favoris nostri assertione firmavimus. Unde tanta inter Pisanos et Januenses crevit discordia, ut deprædationes, et bella, et multa sanguinis effusio facta sint. Hujus quippe occasione discordiæ tanta Saracenis accessit audacia, ut Italiæ fines totius invadentes, nonnulla in maritimis loca, gladio et igne vastaverint, multosque viros, mulieres et parvulos captivos abduxerint. In ipsa etiam urbe Romana tam cleri et populi turbatio facta est; adeo ut ante ipsum beati Petri corpus, in pleno, quem celebravimus, conventu, hujus rei revocationem pene omnis clerus et populus postularent, eo quod Romana Ecclesia detrimentum in prædictorum episcopatuum amissione patiebatur, et totius scandali, et guerræ causa, et seminarium videbatur. In eodem etiam conventu clerici et laici ejusdem insulæ cum litteris adfuere id ipsum a nobis suppliciter postulantes. Causa igitur inter fratres diebus plurimis ventilata, diligenterque discussa, communi episcoporum, cardinalium, et clericorum, atque nobilium Romanorum deliberatione cum non parvo populi favore sancitum est concessionem illam non debere in posterum efficaciam obtinere, quia et ad Romanæ Ecclesiæ detrimentum extra Urbem cum paucis facta fuerat, et multa inde, ut dictum est, scandala et pericula procedebant. Ad honorem igitur omnipotentis Dei, et sanctorum apostolorum Petri et Pauli cum episcoporum, cardinalium, et clericorum conventu apostolica auctoritate statuimus, ut consecratio episcoporum Corsicanæ insulæ a Romano tantum pontifice futuris temporibus celebretur. Prohibentes vos, ac successores vestros vel Pisanos, vel cuilibet alii episcopo, vel archiepiscopo subjacere, sed solius Romani pontificis obedientia, et subjectione, atque consecratione in perpetuum maneatis.

Si qua igitur in futurum ecclesiastica sæcularisve persona, hanc nostræ constitutionis paginam sciens, contra eam temere venire tentaverit, secundo tertiove commonita, si non satisfactione emendaverit, potestatis honorisque sui dignitate careat, reamque se divino judicio existere de perpetrata iniquitate cognoscat, et a sacratissimo corpore ac sanguine Dei, et Domini Redemptoris nostri Jesu Christi aliena fiat, atque in extremo examine districtæ ultioni anathematis subjaceat. Cunctis autem eamdem constitutionem servantibus sit pax Domini nostri Jesu Christi, quatenus et hic fructum bonæ actionis percipiant, et apud districtum judicem præmia æternæ pacis inveniant. Amen, amen, amen.

Scriptum per manus Gervasii regionarii et notarii sacri palatii.

Ego Calixtus catholicæ Ecclesiæ episcopus.
Ego Crescentius Sabinensis episcopus subsc.
Ego Petrus Portuensis episcopus subs.
Ego Vitalis Albanus episcopus subs.
Ego Bonifacius cardinalis presbyter tit. S. Marci subsc.
Ego Robertus presb. card. S. Sabinæ subs.
Ego Gregorius presb. card. tit. S. Priscæ subsc.
Ego Desiderius presb. card. S. Praxedis subs.
Ego Joannes presb. card. S. Chrysogoni subsc.
Ego Petrus presb. card. S. Sixti subsc.
Ego Benedictus presb. card. S. Eudoxiæ subs.
Ego Joannes presb. card. S. Cæciliæ subsc.
Ego Divizo card. tit. S. Equitii subs.
Ego Theobaldus presb. cardin. tit Pamachii subscripsi.
Ego Rainerius presb. card. tit. SS. Marcellini, et Petri subsc.
Ego Deusdedit presb. card. tit. S. Laurentii in Damaso subsc.
Ego G. G. presb. card. tit. Lucinæ subs.
Ego Hugo presb. card. tit. SS. Apostolorum subs.
Ego Joannes presb. card. tit. S. Eusebii subs.
Ego Amicus presb. card. tit. S. Crucis in Jerusalem subsc.
Ego Romoaldus diac. card. Eccl. S. Mariæ in via Lata subs.
Ego Gregorius diac. card. S. Eustachii subs.
Ego Aldo diac. card. SS. Sergii et Bacchi subs.
Ego Romanus diac. card. S. Mariæ in Porticu subscripsi.
Ego Stephanus diac. card. S. Mariæ Scholæ Græcæ subsc.
Ego Jonathas diac. card. SS. Cosmæ et Damiani subscripsi.
Ego Gualterius diac. card. S. Theodori subs.
Ego Gerardus diac. card. Sanctæ Luciæ subs.

Datum Laterani per manum Chrysogoni sanctæ Romanæ Ecclesiæ diaconi cardinalis ac bibliothecarii, III Non. Januarii, ind. XIV, Incarnat. Dom. anno 1121, pont. autem D. Calixti II an. II.

CXIX.

Canonicorum S. Laurentii Januensis possessiones confirmat.

(Anno 1121, Jan. 5.)

[UGHELLI, *Italia sacra*, IV, 853.]

CALIXTUS episcopus, servus servorum Dei, dilectis filiis VILLANO præposito, et canonicis matricis ecclesiæ Beati Laurentii Januensis, tam præsentibus quam futuris in perpetuum.

Bonis sæcularium studiis non tantum favere, sed ad ea ipsorum debemus animos incitare, qui pro nostri officii debito saluti omnium providere compellimur. Marianus siquidem Calaritanus judex tam animæ suæ remedio quam pro sui restitutione honoris vestræ Beati Laurentii matricis ecclesiæ sex juris sui curtes, videlicet Quartum, Arsemina, Caput terræ, Sepullum, Aquamfrigidam, Fontana de Eugas cum omnibus ad ea pertinentibus obtulit. Ex quibus postea tres sibi, consensu vestro, accipiens, sex alias, videlicet Sebathus, Paudus, Baral, Tracasali, Fercella, Sanctam Victoriam de Villa Pupulci, ubi dicitur Tereste cum omnibus pertinentiis suis pro contracambio earum trium, scilicet Quarti, Caput terræ, et Aquæ frigidæ ecclesiæ vestræ restituit. Ita tamen, ut vestra ecclesia detrimentum in eodem contracambio pateretur, tres priores collatas sibi curtes cum pertinentiis suis sine calumnia, et contradictione acciperet. Hanc nimirum oblationem, atque concessionem, nos dilectionis vestræ precibus annuentes, auctoritate sedis apostolicæ confirmamus, et ratam in perpetuum manere sancimus. Confirmamus etiam vobis ecclesiam S. Joannis Arseminæ cum ecclesiis suis, et cæteris ad eam pertinentibus, quæ nobis a venerabili fratre nostro Guillelmo Calaritano archiepiscopo tradita, et scripti sui munimine confirmata est, ipso judice cum uxore sua Pretiosa, et consanguineis parentibus collaudante, et instantius exorante. Quæcunque præterea vestra ecclesia in præsenti legitime obtinet, vel in futurum largiente Deo juste atque canonice poterit adipisci, firma vobis vestrisque successoribus semper et illibata decernimus conservari. Nulli ergo omnino hominum liceat vestram ecclesiam temere perturbare aut ejus possessiones auferre vel ablatas retinere, minuere, vel temerariis vexationibus fatigare, sed omnia integra conserventur eorum pro quorum sustentatione concessa sunt, usibus omnimodis profutura. Si quis igitur nostræ confirmationis hujus tenore cognito, temere, quod absit! contraire tentaverit, honoris et officii sui periculum patiatur, et excommunicationis ultione plectatur, nisi præsumptionem suam digna satisfactione correxerit.

Ego Calixtus catholicæ Ecclesiæ episcopus.

Datum Laterani per manum Chrysogoni sanctæ Romanæ Ecclesiæ diaconi cardinalis ac bibliothecarii, Non. Januarii, ind. XIV, Incarnationis Dominicæ anno 1121, pontificatus autem domini Calixti II papæ anno II.

CXX.

Umebaldi archiepiscopi Lugdunensis primatum confirmat.

(Anno 1121, Jan. 5.)

[*Primatie de Lyon*, pr., p. 5, teste Bréquigny, *Table chron.* II, 500.]

CXXI.

Ecclesiæ Ravennatis jura confirmat.

(Anno 1121, Jan. 7.)

[RUBEI, *Hist. Raven.* 323.]

CXXII.

Bulla de erectione seu restitutione episcopatus apud Tres Tabernas (in Calabria).

(Anno 1121, Jan. 14.)

[MARTENE, *ampl. Coll.* I, 669.]

CALIXTUS episcopus, servus servorum Dei, venerabili viro fratri JOANNI Trium Tabernarum episcopo, nostris per Dei gratiam manibus consecrato, ejusque successoribus canonice substituendis in perpetuum.

Et synodalium decretorum auctoritas, et pontificalium gestorum series manifestat, sæpe sedi apostolicæ licuisse disjuncta conjungere, et sedes et ecclesias pro ratione temporum commutare. Olim Trium Tabernarum ecclesia et sedes propria proprium cognoscitur episcopum (34) habuisse, sed quia propter Saracenorum violentiam episcopalem sedem conservare non potuit, ad Romanam Ecclesiam pro habendo episcopo confugit. Unde universarum per orbem Ecclesiarum Romana mater Ecclesia Squillacensi eam ecclesiæ conjunxit. Sane temporibus nostris divinæ placuit majestati locum illum misericorditer visitare, et cleri et populi multitudine reparata, in statum pristinum restituere. Nos itaque divinæ cooperatores existere gratiæ cupientes, habito fratrum nostrorum consilio, per charissimum fratrem nostrum cardinalem Desiderium presbyterum, quem ad partes illas direximus, totius rei opportunitate diligenter inspecta, et populi petitione, et cleri electione, et comitis cæterorumque honoratorum consensu, cardinalem in ea episcopum nostris per Dei gratiam manibus consecravimus. Apostolica igitur auctoritate præcipimus, ut prædicta Trium Tabernarum ecclesia proprium deinceps episcopum habeat, cujus dispositione ac providentia, juxta sanctorum Patrum instituta, per omnipotentis Dei gratiam gubernetur. Porro tibi tuisque successoribus, charissime frater et coepiscope Joannes, eamdem parochiam confirmamus cum oppidis, villis et pertinentiis suis, videlicet Taberna, Catanzario, Rocca, Tiriolo, et Sellia, confirmamus et tibi domum gloriosi comitis Goffredi, scilicet villanos centum cum terris et vineis apud Cantarazium, et molendinum unum, et possessiones omnes et villanos et molendinum, quas, quos, et quod Guilielmus Carbonellus in prædicti cardinalis manu ecclesiæ reddidit. Item ex dono Joannis Caprioli villanos triginta cum ducentis modiis terræ et quinque millibus pedum vinearum, quæcunque præterea ecclesia vestra liberalitate principum, oblatione fidelium, vel aliis justis modis in præsenti possidet, aut in futurum, largiente Domino, poterit adipisci, firma tibi tuisque successoribus et illibata permaneant. Decernimus ergo ut nulli hominum facultas sit, hanc nostram episcopalis dignitatis restitutionem mutare, vel sæpedictam ecclesiam temere perturbare, possessiones ejus auferre, vel ablatas retinere, minuere, vel temerariis vexationibus fatigare, sed omnia integra serventur tam tuis quam clericorum et pauperum usibus profutura. Si quis igitur in futurum ecclesiastica vel sæculari præeminentia, hanc nostræ constitutionis paginam sciens, contra eam tentaverit, si non satisfactione congrua emendaverit, potestatis honorisque sui dignitate careat, reamque se divino judicio de perpetrata iniquitate cognoscat; qui vero præmissis paruerit, fructum hic bonæ actionis accipiat, et apud

---

(34) De hoc episcopatus titulo et antiquitate Trium Tabernarum vide auctorem Vitæ sancti Vitaliani et fratrem Hieronymum a Pulistina in Descriptione Calabriæ lib. II, cap. 21, fol. 347. Vide et librum Chronicorum antiquissima manu descriptum per Rogerium magistri Guillelmi canonicum Catanzarii qui totam historiam complectitur.

districtum judicem particeps æternæ pacis inveniatur. Amen.

Datum Laterani per manum Crisognoni sanctæ Romanæ Ecclesiæ diaconi cardinalis ac bibliothecarii, xix Kal. Februarii, indictione xiv, Incarnationis Dominicæ anno 1121, pontificatus autem domini Calixti papæ II anno secundo.

Ego Calixtus catholicæ Ecclesiæ pontifex.
Ego Crescentius Sabinensis episcopus
Ego Petrus Portuensis episcopus.
Ego Vitalis Albanensis episcopus.
Ego Bonifacius presbyter ecclesiæ tituli Sancti Marci.
Ego Benedictus presbyter cardinalis tituli Sanctæ Mariæ.
Ego Joannes presbyter cardinalis tituli S. Cæciliæ.
Ego Theobaldus presbyter cardinalis tituli S. Pammachii.
Ego Rainerius presbyter cardinalis tituli S. Praxedis.
Ego Petrus sanctæ Romanæ Ecclesiæ presbyter cardinalis tituli Sanctæ Susannæ.
Ego Deusdedit presbyter cardinalis tituli S. Laurentii in Damaso.
Ego Gregorius presbyter cardinalis tituli S. Luciæ.
Ego Joannes presbyter cardinalis tituli S. Grisogoni.
Ego Amelius presbyter cardinalis tituli Sanctæ Crucis in Hierusalem.
Ego Petrus presbyter cardinalis tituli S. Marcelli.
Ego Sigizo presbyter cardinalis tituli S. Eusebii.
Ego Robertus presbyter cardinalis tituli S. Sabinæ.
Ego Formoaldus diaconus cardinalis tituli SS. Sergii et Bacchi.
Ego Romanus diaconus cardinalis Sanctæ Mariæ in Portic
Ego Jonatas diaconus cardinalis SS. Cosmæ et Damiani.
Ego Gualterius diaconus cardinalis S. Theodori.

CXXIII.

Monasterii SS. Philippi et Jacobi et S. Walburgæ in Sacra Silva protectionem suscipit bonaque confirmat.

(Anno 1121, Jan. 22.)

[Wurtwein, *Nova Subsidia diplom.*, VII, 43.]

Calixtus episcopus, servus servorum Dei, dilecto filio Bertholfo abbati monasterii, quod in honore sanctorum apostolorum Philippi et Jacobi et sanctæ Walburgæ virginis constructum est, in Argentinensi episcopatu, in loco videlicet qui Sacra Silva dicitur, ejusque successoribus regulariter substituendis in posterum.

Religiosis desideriis dignum et facilem præbere consensum, ut fidelis devotio celerem sortiatur effectum; quamobrem nos, dilecte fili in Christo Bertholfe abbas, petitioni tuæ clementer annuimus et monasterium cui Deo auctore præsides quod beato Petro et ejus sanctæ Romanæ Ecclesiæ sub annuo unius aurei censu oblatum et ad honorem omnipotentis Dei, et sanctorum apostolorum Philippi et Jacobi et sanctæ Walburgis virginis dedicatum est, ad exemplar domni prædecessoris nostri sanctæ memoriæ Paschalis papæ, protectione sedis apostolicæ communimus. Statuimus enim ut universa, quæ a religiosis principibus Frederico duce, et Petro ejusdem loci fundatoribus, vel ab aliis fidelibus de suo jure monasterio eidem collata sunt, aut in futurum largiente Deo dari, offerri, vel aliis justis modis acquiri contigerit, quieta vobis vestrisque successoribus et illibata permaneant. Nullique omnino hominum liceat eumdem locum temere perturbare, aut ejus possessiones auferre, minuere, vel temerariis vexationibus fatigare, sed omnia integra conserventur eorum pro quorum sustentatione et gubernatione concessa sunt, usibus omnimodis profutura. Si qua sane ecclesiastica sæcularisve persona, hanc nostræ constitutionis paginam sciens, contra eam temere venire tentaverit, secundo tertiove commonita, si non satisfactione congrua emendaverit, potestatis honorisque sui dignitate careat, reamque se divino judicio existere de perpetrata iniquitate cognoscat, et a sacratissimo corpore ac sanguine Dei et Domini nostri Jesu Christi aliena fiat, atque in extremo examine districtæ ultioni subjaceat. Cunctis autem eidem loco justa servantibus sit pax Domini nostri Jesu Christi, quatenus et hic fructum bonæ actionis percipiant, et apud districtum judicem præmia æternæ pacis inveniant. Amen.

Ego Calixtus catholicæ Ecclesiæ episcopus.

Datum Laterani per manum Chrisogoni, sanctæ Romanæ Ecclesiæ diaconi cardinalis ac bibliothecarii, xi Kal. Februar., indict. xiii, Incarnationis Dominicæ anno 1121, pontificatus autem domini Calixti papæ anno secundo.

CXXIV.

Ad Widonem episcopum Curiensem.

(Anno 1121, Febr. 4.)

[Borgia, *Breve Istoria del dominio temporale della sede apostolica nelle due Sicilie*. Roma, 1789, 4°, append., p. 47.]

. . . . . . Postquam in Urbe honorificentissime suscepti sumus, et B. Petri ecclesiam et cæteras Urbis ecclesias de inimicorum manibus liberavimus, a nostris fidelibus invitati Beneventum perreximus, ubi ducem Apuliæ, principem Capuæ ac cæteros barones et capitaneos terræ in hominium et fidelitatem nostram recepimus; inde in Apuliam et usque Barum descendentes pacem et treuguam Dei per totam illam terram statuimus. Post hæc ad Urbem reversi, B. Petri ecclesiam visitavimus et in ea presbyterorum, diaconorum ordinationes fecimus, et ad Lateranense palatium honorifice redeuntes, Dominicæ Nativitatis festum (25 Dec. 1120) celebra-

CXXV.
Monasterio Affligemensi asserit ecclesiam Bornhemiensem.

(Anno 1121, Febr. 11.)

[COCQUELINES, *Bullar.*, II, 175.]

CALIXTUS II, episcopus, servus servorum Dei, dilecto filio FULGENTIO abbati Affligimiensi monasterii, quod ad honorem B. Petri apostolorum principis in Cameracensi dioecesi situm est, ejusque successoribus regulariter substituendis, in perpetuum.

Quae religionis intuitu statuuntur, inconvulsa debent stabilitate servari; siquidem venerabilis frater noster Burgundus, Cameracensis episcopus, consilio et assensu archidiaconorum ac reliquorum clericorum Ecclesiae suae, consilio etiam et hortatu venerabilis fratris nostri Rodulphi Remensis archiepiscopi (sicut in eorum missis ad nos litteris continetur), nec non et rogatu, et supplicatione Sifridi Bornhemiensis abbatis et fratrum suorum, Affligimiensi monasterio Bornhomiensem commisit ecclesiam, ut in ea deinceps monastici ordinis disciplina per Dei gratiam habeatur. Olim quidem in loco eodem ordo fuerat canonicus institutus; sed guerris supervenientibus, tanta paupertatis inopia coarctus est, ut neque ordinem canonicum conservare, neque per se in ecclesiastica posset honestate persistere.

Nos itaque tam praedictorum fratrum, quam et sororis nostrae Clementiae Flandrensium comitissae, quae ipsius loci dispensatrix est, petitionibus annuentes, et de religione vestra plurimum confidentes, praedictae Bernhomiensis ecclesiae commissionem praesentis privilegii pagina confirmamus.

Statuentes ut, auctore Deo, in Affligimiensis monasterii unitate ac subjectione, sub regulae monasticae disciplina, in perpetuum perseveret, ita nimirum libera et quieta sicut antea in ordine canonico fuerat, cum altaribus de Havesdunc, Hingem, Kereberga, Rimenham, Merchecloa, et cum omnibus quae in praesenti legitime possidet, vel in futurum, largiente Deo, juste atque canonice poterit adipisci.

Nulli ergo omnino hominum facultas sit, praefatam Bernhomiensem ecclesiam a dispositione vestri monasterii removere, seu qualibet occasione subtrahere, possessiones ejus auferre, vel temerariis vexationibus fatigare; sed ita sub vestro monasterio maneat, sicut a praedicto fratre nostro Burgardo, diœcesano episcopo constitutum, et ipsius chirographo confirmatum est.

Si qua igitur in futurum cujuslibet dignitatis honorisve persona, nostrae hujus confirmationis paginam sciens, contra eam temere venire tentaverit, honoris et officii sui periculum patiatur, et excommunicationis ultione plectatur, nisi praesumptionem suam digna satisfactione correxerit.

Qui vero conservator exstiterit, Dei omnipotentis, et apostolorum Petri et Pauli benedictionem et gratiam consequatur. Amen.

Ego Calixtus catholicae ecclesiae episcopus laudavi.

Datum apud S. Petrum per manum Chrysogoni, sanctae Romanae Ecclesiae diaconi cardinalis et bibliothecarii, III [adde Kalendas (35)] Februarii, indictione XIV, Incarnationis Dominicae anno millesimo centesimo vicesimo primo, pontificatus autem domni Calixti II papae secundo.

CXXVI.
Episcopatus Mutinensis fines, ecclesiaeque bona, petenti Dodone episcopo, confirmat.

(Anno 1121, Mart. 4.)

[UGHELLI, *Italia sacra*, II, 117.]

CALIXTUS episcopus, servus servorum Dei, venerabili fratri DODONI Mutinensi episcopo, ejusque successoribus canonice substituendis in perpetuum.

Sicut injusta poscentibus nullus est tribuendus effectus, sic legitime desiderantium non est differenda petitio. Tuis ergo, frater in Christo charissime Dodo episcope, precibus annuentes, ad perpetuam sanctae, cui Deo auctore praesides, Mutinensis Ecclesiae pacem ac stabilitatem, praesentis decreti auctoritate sancimus ut universi episcopatus fines quieti deinceps omnino et integri tam tibi quam tuis successoribus conserventur. Qui nimirum fines his distinctionibus distenduntur, videlicet a terminis illis qui Lucanum et Pistoriensem episcopatus a Mutinensi dividunt usque ad flumen illud quod appellatur Burana, et usque ad terminum illum qui vocatur Mutia, atque inde usque ad illum terminum qui Bononiensem episcopatum et Mutinensem a Regino discernunt. Ecclesiarum vero quae infra hos terminos continentur, consecrationes, clericorum promotiones, decimas et oblationes secundum sanctorum canonum constitutiones tibi tuisque successoribus concedimus et confirmamus, praecipue in plebe S. Mariae de Bodriuntio, quae est in curte Sici, et in capellis ejus; in omnibus ecclesiis quae sunt in castro et in curte Solariae, et plebe Roncaliae, et in capellis ejus; in omnibus ecclesiis de Ponte ducis, in ecclesia de Camurana; in ecclesiis de curte Curtiolae; in ecclesia de Scoplano; in ecclesia S. Petri in Siculo et in ecclesiis quae sunt in castro et curte Paciani, Leonensi abbatia, et in omnibus ecclesiis quae sunt in plebe Rubiani. Quaecunque praeterea bona, quaecunque possessiones, quas in praesenti legitime possidetis, vel in futurum largiente Deo, juste et canonice poteritis adipisci, firma tibi tuisque successoribus et illibata permaneant. Decernimus ergo ut nulli omnino episcoporum facultas sit infra praedictos confines sine tuo vel successorum tuorum consensu ecclesiam consecrare, chrisma conficere, aut clericos ordinare, praeter ecclesias et clericos de castro et burgo Nonantulae; nulli etiam hominum liceat praedictam ecclesiam perturbare, aut ejus possessiones auferre, vel ablatas retinere, minuere, vel temerariis vexationibus fati-

(35) Legendum *Idus*. JAFFÉ.

gare, sed omnia integra conserventur tam tuis, quam clericorum et pauperum usibus profutura. Sane de presbyteris qui per parochias ad monasteria pertinentes in ecclesiis constituuntur, prædecessoris nostri sanctæ memoriæ Urbani II papæ sententiam confirmamus, statuentes ne abbates In parochialibus ecclesiis, quas tenent, absque episcoporum consilio, presbyteros collocent, sed episcopi parochiæ curam cum abbatum consensu sacerdoti committant, ut ejusmodi sacerdotes de plebis quidem cura episcopo rationem reddant, abbati vero pro rebus temporalibus ad monasterium pertinentibus debitam subjectionem exhibeant, et sic sua cuique jura serventur. Si qua igitur in futurum ecclesiastica sæcularisve persona, hanc nostræ constitutionis paginam sciens, contra eam temere venire tentaverit, secundo tertiove commonita, si non satisfactione congrua emendaverit, potestatis honorisve sui dignitate careat, reamque se divino judicio existere de perpetrata iniquitate cognoscat, et a sacratissimo corpore et sanguine Dei et Domini Redemptoris nostri Jesu Christi aliena fiat, atque in extremo examine districtæ ultioni subjaceat; cunctis autem vestræ ecclesiæ justa servantibus sit pax Domini nostri Jesu Christi, quatenus et hic fructum bonæ actionis percipiant, et apud districtum judicem præmia æternæ pacis inveniant. Amen.

Ego Calixtus Ecclesiæ catholicæ episcopus.

CXXVII.
Ad A. priorem S. Frigdiani Lucensis.
(Anno 1121, Mart. 14.)
[BALUZ, *Miscell.* ed. Luc. IV, 387.]

CALIXTUS episcopus, servus servorum Dei, dilecto filio A. priori S. Frigdiani, salutem et apostolicam benedictionem.

Placuit fratribus nostris episcopis et cardinalibus, ut regulares canonici, qui a domino prædecessore nostro felicis memoriæ Paschali PP. in Lateranensi fuere ecclesia constituti, et postea persecutione cogente, cesserunt, nunc quiete reddita in locum ipsum per Dei gratiam reducantur. Unde nos eis nostras litteras dirigentes, ad eamdem jussimus ecclesiam, omni remota occasione, reverti. Tua itaque sollicitudo ita eos juvare, atque ita eis in hoc pro amore Dei et nostra dilectione studeat subvenire, quatenus a Deo in Dei gratia merearis, et nos petitiones tuas cum opportunum fuerit libentius admittamus.

Datum Laterani 11 Idus Martii.

CXXVIII.
Monasterii S. Clementis Piscariensis possessiones et privilegia confirmat.
(Anno 1121, Mart. 29.)
[*Chron. Casaur.* ap. MURATORI *Scrip. Ital.*, II, II, 881.]

CALIXTUS episcopus, servus servorum Dei, dilecto in Christo filio GISONI abbati venerabilis monasterii S. Clementis, quod in Insula Piscariensi situm est, ejusque successoribus regulariter substituendis in perpetuum.

Apostolicæ sedis auctoritate debitoque compellimur pro universarum Ecclesiarum statu satagere, et earum maxime quieti quæ specialius eidem sedi adhærent, ac tanquam jure proprio subjectæ sunt, auxiliante Domino, providere. Ea propter petitionibus tuis, fili in Christo charissime Giso, non immerito annuendum censuimus, ut monasterium B. Clementis, cui Deo auctore præesse cognosceris, ubi videlicet gloriosissimum corpus ejusdem martyris requiescere credimus, sicut in domini prædecessoris nostri papæ Leonis privilegio continetur, sedis apostolicæ auctoritate muniremus. Mansuro igitur in perpetuum decreto statuimus, ut quascunque possessiones, quæcunque bona idem monasterium in præsenti legitime possidet, firma tibi tuisque successoribus et illibata permaneant, in quibus hæc propriis duximus nominibus exprimenda. In comitatu scilicet Teatino castrum Insulæ; monasterium S. Nicolai in Caramanico, cum cellis et cæteris ad idem monasterium pertinentibus; ecclesiam S. Crucis, ecclesiam S. Martini ad Guttam, ecclesiam S. Joannis, ecclesiam S. Cesidii, monasterium S. Trinitatis de Lapidaria, ecclesiam S. Mariæ in Pesile, S. Angeli, S. Cesidii, S. Bartholomæi de Orta, et castrum Fare. In comitatu Balbensi monasterium S. Trinitatis cum pertinentiis suis; in comitatu Pinnensi castrum Alanne, Bectorrita, Castellione, Olibula, Corvaria, Pesclu, Roccam de Soti, Petrani iniquam cum ecclesiis et pertinentiis suis. In eodem comitatu monasterium S. Desiderii, et ecclesiam Sancti Quirici, cum pertinentiis suis. In comitatu Aprutino monasterium S. Clementis cum castellis, videlicet Castro vetere, Sancto-vetere, Guardia cum ecclesiis et villis ad prædictum monasterium pertinentibus. Quæcunque præterea in futurum concessione pontificum, liberalitate principum, oblatione fidelium, vel aliis justis modis poteritis adipisci, firma tibi tuisque successoribus, et integra conserventur. Decernimus ergo ut nulli omnino episcopo vel comiti, aut prorsus alicui hominum, facultas sit præfatum monasterium temere perturbare aut ejus possessiones auferre, vel ablatas retinere vel minuere, vel temerariis vexationibus fatigare, aut ei aliquas exactiones imponere, sed omnia integra conserventur, eorum pro quorum sustentatione et gubernatione concessa sunt, usibus profutura. Si qua igitur in futurum ecclesiastica sæcularisve persona hanc nostræ constitutionis paginam sciens contra eam temere venire tentaverit, secundo tertioque commonita, si non satisfactione congrua emendaverit, potestatis honorisque sui dignitate careat, reamque se divino judicio existere de perpetrata iniquitate cognoscat, et a sacratissimo corpore ac sanguine Dei et Domini Redemptoris nostri Jesu Christi aliena fiat, atque in extremo examine districtæ ultioni subjaceat. Cunctis autem eidem loco justa servantibus sit pax Domini nostri Jesu Christi, quatenus hic fructum bonæ actionis percipiant et apud districtum judicem præmia æternæ pacis inveniant. Amen.

Scriptum per manum Gervasii, scriniarii regionarii, et notarii sacri palatii.

Ego Calixtus catholicæ Ecclesiæ episcopus subscripsi.

Datum Laterani per manum Grisogoni S. Romanæ Ecclesiæ diaconi cardinalis ac bibliothecarii, quarto Kalendas Aprilis, indictione decima quarta, Incarnationis Dominicæ anno millesimo centesimo vicesimo primo, pontificatus autem domini Calixti II papæ anno quarto.

CXXIX.

Ad Ottonem de Castro Iringi. — Ædificandæ ecclesiæ ac monasterii potestatem facit sub certis conditionibus.

(Anno 1121, Mart. 30.)
[MANSI, Concil., XXI, 211.]

CALIXTUS episcopus, servus servorum Dei, nobili et illustri viro OTTONI de castro Iringi, salutem et apostolicam benedictionem.

Devotionem tuam spectavimus, quia prædium tuum Puribergk, ubi ecclesiam in honorem apostolorum Petri et Pauli ædificare desideras, in qua videlicet regulares fratres in omnipotentis Dei servitio communiter consecrentur, B. Petro, ejusque Romanæ ecclesiæ obtulisti. Eamdem itaque oblationem nos ad honorem Dei, et salutem animæ tuæ suscipientes, locum ipsum B. Petri patrocinio communimus. Statuimus enim ut nullus eum occupare, nullus ibi assultus facere, vel molestias ausu temerario audeat irrogare, sed omnia quæ vel a te jam collata sunt, vel in futurum de suo jure a quibusque fidelibus conferentur, quieta et integra sub apostolicæ sedis munimine conserventur. Ita tamen, ut exinde pro censu singulis quatriennariis alba cum amiciis suis Lateranensi basilicæ B. Laurentii persolvatur. Statuimus etiam ut deinceps, neque tibi, neque alicui hæredum tuorum, facultas sit se in prædicti loci advocatiam ingerere, sed juxta fratrum electionem et liberam voluntatem, advocatus ibi per Dei gratiam statuatur. Idipsum et de prælato loci decernimus observandum. Si quis autem huic nostræ constitutioni temere, quod absit! contraire tentaverit : honoris et officii sui periculum patiatur, aut excommunicationis ultione plectatur, nisi præsumptionem suam digna satisfactione correxerit. Qui vero locum ipsum, et fratres in eo Domino servientes juvare, suisque rebus honorare curaverint, omnipotentis Dei, et apostolorum ejus Petri et Pauli benedictionem et gratiam, et peccatorum suorum veniam consequantur. Amen.

Ego Calixtus catholicæ Ecclesiæ episcopus collaudans confirmavi hanc litteram per manum Chrysogoni sanctæ Romanæ Ecclesiæ diaconi cardinalis ac bibliothecarii, iii Kal. Aprilis, indict. XIV, Incarn. Dominicæ anno 1121, pontificatus autem Domini Calixti II papæ anno tertio.

CXXX.

Ecclesiæ S. Mariæ et S. Walburgis Furnensis tutelam suscipit, bonaque ac privilegia confirmat.

(Anno 1121, Mart. 30.)
[MIRÆUS, Opp. diplom., III, 33.]

CALIXTUS episcopus, servus servorum Dei, dilectis filiis FROMOLDO Furnensi præposito et ejus fratribus in ecclesia sanctæ Genitricis Dei Mariæ ac sanctæ Walburgis Deo servientibus, salutem et apostolicam benedictionem.

Justis votis assensum præbere, justisque petitionibus aures accommodare nos convenit. Quia igitur dilectio vestra ad apostolicæ securitatis portum confugiens, ejus tuitionem devotione debita expetivit; nos supplicationi vestræ clementer annuimus, et sanctæ Mariæ seu B. Walburgis Furnensis ecclesiam, cum omnibus ad eam pertinentibus, sub tutela sedis apostolicæ suscipimus, et per eam sæcularium omnium, propitiante Domino renovemus.

Per præsentis igitur privilegii paginam apostolica auctoritate statuimus, ut quæcunque prædia, quæcunque bona, vel a catholicis Flandriæ principibus eidem ecclesiæ donata, vel aliorum fidelium legitimis donationibus collecta sunt, et quæcunque in præsentiarum juste possidet, quieta ei et integra conserventur; quorum partem propriis nominibus subnotavimus.

Videlicet centum mensuras terræ apud Polinchova, septuaginta sex ex berquaria Mengeri, et XXIV ex berquaria Reingeri, xxx et sex mensuras terræ, ex berquaria Sigeri, mensuras terræ apud Sandeshove ex berquaria..... Quas omnes terras nobilis memoriæ comitissa Gertrudis, affirmante nepote suo Balduino comite filio Roberti junioris, in præbendas quatuor fratrum vestrorum obtulit : XII mensuras terræ ex berquaria Reingeri ad lumen ecclesiæ : XXXVI mensuras terræ ex berquaria Hagabeni apud Sandeshove ex dono præfatæ comitissæ et consensu nepotis ejus comitis Balduini ad usum fratrum et ad lumen Ecclesiæ. XL mensuras terræ ex visconissa ex berquaria Girardi ad præbendas unius fratris.

Decimam quoque septem parochiarum, id est Binanburgh, Butanburgh, Wulpen, Duncapella, Romescapella, Ingeri capella, Parevis, sicut modo est, vel si per terram novam creverit : unam libram de lardario comitis; item in visconissa ad restaurandam ecclesiam prædictam unam berquariam, scilicet Nabasce.... et apud Sandeshove unam berquariam in farina... Ex quibus singulis annis solvuntur quinquaginta libræ. Inde ad regendas scholas annuatim quinque libræ; ad prælationem apud Dunkerkam vaccariam cum XXV vaccis, et novem mensuras terræ.

Quæcunque præterea in futurum concessione pontificum, oblatione fidelium, vel aliis justis modis vestra ecclesia poterit adipisci, firma semper ad communem usum fratrum et illibata permaneant.

Decernimus ergo ut nulli omnino hominum liceat

eamdem ecclesiam temere perturbare, aut ejus possessiones auferre, vel ablatas retinere, minuere, aut temerariis vexationibus fatigare; sed omnia integra conserventur eorum, pro quorum sustentatione et gubernatione concessa sunt, usibus omnimodis profutura.

Sepulturam quoque ejusdem loci omnino liberam esse censemus, ut eorum qui illic sepeliri deliberaverint, devotioni extremæ voluntatis, nisi forte excommunicati sint, nullus obsistat.

Sane præpositus non alius vestro collegio præponetur nisi qui consensu communi vestræ Ecclesiæ fuerit cum Dei timore provisus.

Hanc igitur apostolicæ benignitatis prærogativam vobis impendimus, ut ecclesia vestra ab omni episcopalis exactionis debito libera permaneat; liceatque vobis, ut si quando episcopalis parochia a divinis fuerit officiis interdicta, clausis januis divina celebrare officia. Porro clericis qui sedulis ecclesiæ vestræ servitiis intra ambitum claustri existunt, cum justitiæ ratione auctoritas quoque vestra prospexit, ut pro excessibus suis intra idem claustrum correctionis jura percipiant.

Si qua ergo in futurum ecclesiastica sæcularisve persona hanc nostræ constitutionis paginam sciens, contra eam venire tentaverit, secundo tertiove commonita, si non satisfactione congrua emendaverit, potestatis honorisque sui dignitate careat, reamque se divino judicio existere de perpetrata iniquitate cognoscat, et a sacratissimo corpore ac sanguine Dei et Redemptoris nostri Jesu Christi aliena fiat, atque in extremo examine districtæ ultioni subjaceat.

Cunctis autem eidem Ecclesiæ justa servantibus sit pax Domini nostri Jesu Christi, quatenus et hic fructum bonæ actionis percipiant, et apud districtum judicem præmia æternæ pacis inveniant. Amen, amen, amen.

Ego Calixtus catholicæ sedis episcopus.

Datum Laterani per manum Chrysologi S. R. Ecclesiæ diaconi cardinalis ac bibliothecarii, III Kalendas Aprilis, indictione XIV, Incarnationis Dominicæ anno millesimo centesimo vicesimo, pontificatus autem domini Calixti II papæ anno secundo.

CXXXI.
Ad omnes fideles. — Nuntiat Sutrium urbem tandiu obsessam quoad Burdinus antipapa et ipsa urbs sibi tradita sit.

(Anno 1121, April. 27.)
[Mansi, *Concil.*, XXI, 280.]

Calixtus episcopus, servus servorum Dei, dilectis fratribus et filiis archiepiscopis, episcopis, abbatibus, prioribus, et cæteris tam clericis quam laicis beati Petri fidelibus per Gallias constitutis, salutem et apostolicam benedictionem.

Quia dereliquit populus legem Domini, et in judiciis ejus non ambulabat, visitavit Dominus in virga iniquitates eorum, et in verberibus peccata eorum. Paternæ tamen conservans viscera pietatis, de sua confidentes misericordia non relinquit. Diu siquidem peccatis exigentibus, per illud Teutonicorum regis idolum, Burdinum videlicet, fideles Ecclesiæ conturbati sunt; et alii quidem capti sunt, alii usque ad mortem carceris maceratione afflicti sunt. Nuper autem festis paschalibus celebratis, cum peregrinorum et pauperum clamores ferre penitus non possemus, cum Ecclesiæ fidelibus ab Urbe digressi sumus, et tandiu Sutrium obsedimus, donec divina potentia, et supradictum Ecclesiæ inimicum Burdinum, qui diabolo nidum ibidem fecerat, et locum ipsum omnino in nostram tradidit potestatem. Rogamus itaque charitatem vestram, ut pro tantis beneficiis una nobiscum Regi regum gratias referatis, et in catholicæ Ecclesiæ obedientia et servitio constantissime maneatis, retributionem debitam in præsenti et in futuro ab omnipotente Domino per gratiam ejus recepturi. Rogamus etiam ut has litteras alter alteri præsentati, omni remota negligentia, faciatis.

Datum Sutrii, quinto Kalendas Maii.

CXXXII.
Ad canonicos regulares Bergtestadenses. — Eorum institutum approbat.

(Anno 1121, Maii 9.)
[Mansi, *Concil.*, XXI, 212.]

Calixtus episcopus, servus servorum Dei, dilectis filiis Eberquino præposito, et ejus fratribus in ecclesia sanctorum Joannis et Martini quæ in Salizburgensi pago, in loco videlicet qui Berchgetesgaden dicitur, sita est regularem vitam professis, tam præsentibus quam futuris in perpetuum.

Præceptum Domini habemus: *Intrate per angustam portam, quia angusta via est quæ ducit ad vitam* (Luc. XIII; Matth. VII). Quia ergo vos, o filii in Christo dilectissimi, per divinam gratiam aspirati, mores vestros sub regularis vitæ disciplina coercere, et ut angustam ingredi valeatis portam, communiter secundum sanctorum Patrum constitutionem, omnipotenti Domino deservire proposuistis: votis vestris paterno congratulamur affectu. Unde etiam petitioni vestræ, benignitatis debitæ impertientes assensum, religionis propositum præsentis privilegii auctoritate firmamus. Statuimus enim ut nulli omnino hominum liceat vitæ canonicæ ordinem quem professi estis in vestra ecclesia commutare. Nemini etiam professionis vestræ facultas sit, alicujus levitatis instinctu, vel arctioris religionis obtentu, sine præpositi vel congregationis licentia de claustro discedere. Quod si discesserit, nullus eum episcoporum, nullus abbatum, nullus monachorum, sine communium litterarum cautione suscipiat : quandiu videlicet in ecclesia vestra canonici ordinis tenor Domino præstante viguerit. Sane juris ecclesiastici sacramenta, a diœcesano suscipietis episcopo : si quidem gratiam atque communionem apostolicæ sedis habuerit, et si ea gratis ac sine pravitate voluerit exhibere. Alioquin liceat vobis pro eorumdem sacramentorum susceptione catholicum quem malueritis adire antistitem. Porro loci vestri advocatiam sine præpositi et fratrum consensu, aut a fundatorum hæredibus, aut quibuslibet aliis occupari, omnibus prohibemus. Nulli ergo omnino hominum facultas sit, prædictam ecclesiam temere perturbare, aut ejus possessiones auferre, vel ablatas retinere, minuere, aut temerariis vexationibus fatigare : sed integra conserventur eorum, pro quorum sustentatione et gubernatione concessa sunt, usibus omnimodis profutura. Ad indicium autem perceptæ hujus a Romana Ecclesia libertatis, aureum unum quotannis Lateranensi palatio persolvetis. Si qua ergo in futurum ecclesiastica sæcularisve persona, hanc nostræ constitutionis paginam sciens, etc.

Ego Calixtus catholicæ Ecclesiæ episcopus.

Datum Laterani per manum Chrysogoni sanctæ Romanæ Ecclesiæ diaconi cardinalis ac bibliothecarii, vii Idus Maii, indictione xiv, Incarnationis Dominicæ anno 1122, pontificatus autem domini Calixti II papæ anno tertio.

CXXXIII.

Ad Franconem Trenorciensem abbatem. — Privilegium immunitatis.

(Anno 1121, Maii 18.)

[MANSI, *Concil.*, XXI, 205.]

CALIXTUS episcopus, servus servorum Dei, dilecto filio FRANCONI Trenorciensi abbati, ejusque successoribus regulariter substituendis in perpetuum.

Venerabilia et Deo dicata loca tanto enixius juvare nos convenit et fovere, quanto specialius eorum nobis cura et sollicitudo divina dispositione noscitur imminere. Propter quod, charissime in Christo fili Franco abbas, petitioni tuæ aures nostras affectu debitæ benignitatis inclinamus. Et quoniam Trenorciense monasterium singulariter ad B. Petri, cujus juris est, spectat custodiam ; et quæ nunc habetur ecclesia, nostris per Dei gratiam manibus consecrata est ; locum eumdem singulari apostolicæ sedis patrocinio communimus. Præsentis igitur decreti auctoritate statuimus, ut nulli deinceps episcoporum facultas sit pro altaribus et ecclesiis, sive decimis, vel etiam omnibus ad hæc rite pertinentibus, quæ ante interdicta antecessoris nostri sanctæ memoriæ Urbani papæ vobis cognita, possedistis, seu post, episcoporum concessione acquisistis, gravamen aliquod irrogare : sed sicut eorum permissione quædam ex parte, quædam ex integro habuistis, ita et in futurum perenniter habeatis. Ipsarum quoque quas nunc habetis ecclesiarum decimas, quæ a laicis obtinentur, si eorum potestati subtrahere vestræ religionis reverentia potuerit, ad vestram et pauperum sustentationem vobis liceat possidere. Quæcunque præterea in futurum largiente domino juste poteritis adipisci, firma vobis, vestrisque successoribus et illibata permaneant. Ad hæc adjicimus, ut idem locus, in quo B. Valeriani martyris, et sancti Philiberti confessoris corpora requiescunt, ab omni jugo sæculari potestatis liber in posterum conservetur. Nec episcopo liceat cujuscunque diœcesis eumdem locum excommunicationis vel absolutionis, vel cujuslibet dispositionis occasionibus perturbare : aut cruces, seu quaslibet exactiones novas burgo cæteris monasterii possessionibus irrogare. Si qua igitur in futurum ecclesiastica sæcularisve persona, hanc nostræ constitutionis paginam sciens, contra eam temere venire tentaverit: secundo, tertiove commonita, si non satisfactione congrua emendaverit, potestatis honorisque sui dignitate careat, reamque se divino judicio existere de perpetrata iniquitate cognoscat, et a sacratissimo corpore et sanguine Dei et Domini Redemptoris nostri Jesu Christi aliena fiat, atque in extremo examine districtæ ultioni subjaceat. Cunctis autem eidem loco justa servantibus sit pax Domini nostri Jesu Christi, quatenus et hic fructum bonæ actionis percipiant, et apud districtum judicem præmia æternæ pacis inveniant. Amen, amen, amen.

Ego Calixtus catholicæ Ecclesiæ episcopus, subscripsi.

Datum Albæ, per manum Chrysogoni S. R. E. diaconi cardinalis ac bibliothecarii, xv Kalendas Junii, indictione xiv, Incarnationis Dominicæ anno 1122, pontificatus domini Calixti papæ anno tertio.

CXXXIV.

Ad eumdem. — Aliud privilegium.

(Anno 1121, Maii 18.)

[*Ibid.*]

CALIXTUS episcopus, servus servorum Dei, dilecto filio FRANCONI Trenorciensi abbati, ejusque successoribus regulariter substituendis.

Venerabilia et Deo dicata loca tanto enixius juvare nos convenit, et fovere, quanto specialius eorum nobis cura et sollicitudo divina dispositione cognoscitur imminere. Propter quod, charissime in Christo fili Franco abbas, petitioni tuæ aures nostras affectu benignitatis debitæ inclinamus. Et quoniam Trenorciense monasterium singulariter B. Petri, cujus juris est, spectat custodiam ; et quæ nunc habetur ecclesia, nostris per Dei gratiam manibus consecrata est : locum eumdem singulari apostolicæ sedis patrocinio communimus. Præsentis igitur decreti auctoritate statuimus, ut cœmeterium quod juxta idem monasterium benediximus, quietum semper ac liberum habeatur. Porro salvitatis et securitatis termini, qui per positas in spatioso monasterii circuitu cruces distincti sunt, ita firmi omnino et inviolabiles conserventur, ut nulli prorsus facultas sit, infra eos depraedationes vel assultus facere, aut temeritate qualibet graviores cuiquam injurias irrogare. Sane definitionem quæ inter vestrum et beati Florentii monasterium, de ecclesiis Sanctæ crucis et Sancti Nicolai a domno prædecessore nostro sanctæ memoriæ Urbano papa Turoni facta est, auctoritate sedis apostolicæ confirmamus. Ad hæc universa quæ vestrum monasterium, aut in præsenti decima quarta indictione legitime possidet, aut in futurum largiente Deo juste atque canonice poterit adipisci, per præsentis scripti paginam tibi tuisque successoribus in perpetuum roboramus. In quibus hæc duximus nominibus exprimenda. Videlicet in episcopatu, etc. *Enumerat illius ecclesiæ possessiones. Deinde* : Decernimus ergo ut nulli omnino hominum liceat vestrum cœnobium temere perturbare, aut ejus possessiones auferre, vel ablatas retinere, minuere, aut temerariis vexationibus fatigare : sed omnia integra conserventur, eorum pro quorum sustentatione et gubernatione concessa sunt usibus omnimodis profutura. Si qua igitur in futurum, ecclesiastica sæcularisve persona, hanc nostræ confirmationis paginam sciens, contra eam temere venire tentaverit, secundo tertiove commonita, si non satisfactione congrua emendaverit, potestatis honorisque sui dignitate careat, reamque se divino judicio existere, de perpetrata iniquitate cognoscat, et a sacratissimo corpore et sanguine Dei et Domini Redemptoris nostri Jesu Christi aliena fiat, atque in extremo examine districtæ ultioni subjaceat. Cunctis autem eidem loco justa servantibus sit pax Domini nostri Jesu Christi quatenus et hic fructum bonæ actionis percipiant, et apud districtum judicem præmia æternæ pacis inveniant. Amen, amen, amen.

Ego Calixtus catholicæ Ecclesiæ episcopus, subscripsi.

Datum Albæ, per manum Chrysogoni S. R. E. diaconi cardinalis ac bibliothecarii, xv Kal. Junii, indictione xiv, Incarnationis Dominicæ anno 1122, pontificatus autem domini Calixti II papæ anno tertio.

CXXXV.

Galterum episcopum Magalonensem, jam « Augusto præterito » per litteras admonitum, iterum hortatur ut judicet inter fratres S. Sepulcri Hierosolymitani et monachos Anianenses, de ecclesia Salvatoris de Rubo litigantes.

(Anno 1121, Maii 29.)

[ROZIÈRE, Cartulaire du *Saint-Sépulcre*, 73.]

CALIXTUS episcopus, servus servorum Dei, venerabili fratri G[ALTERO], Magalonensi episcopo, salutem et apostolicam benedictionem.

Pro ecclesia Salvatoris de Rubo, ad sepulcrum Jerosolymitanum pertinente, Augusto præterito ad fraternitatem tuam litteras nostras direximus, ut Jerosolymitanos fratres eam quiete faceres, dictante justitia, possidere. Porro, sicut accepimus, quia ex ignorantia nomen Sanctæ Mariæ de Rubo in litteris continebatur eisdem, nullam inde fratres per te habere justitiam potuerunt. Unde præsentibus litteris fraternitati tuæ mandamus ut causam eorumdem fratrum et Anianensium monachorum diligenter audias, et eam, Domino cooperante, definias, quatenus suam quæque pars justitiam consequatur. Nolumus enim quod Jerosolymitana Ecclesia per alicujus occasionem nominis in jure suo detrimentum quodlibet patiatur.

Data apud Castrum Arenarium, iv Kalendas Junii.

CXXXVI.

Canonicorum Veronensium jura et bona confirmat.

(Anno 1121, Jun. 14.)

[UGHELLI, *Italia sacra*, V, 772.]

CALIXTUS episcopus, servus servorum Dei, dilectis filiis THEOBALDO archipresbytero, et cæteris Veronensis Ecclesiæ canonicis, tam præsentibus quam futuris, in perpetuum.

Sicut in justa poscentibus, etc., et illibata permaneant. In quibus hæc propriis duximus nominibus adnotanda, ecclesias videlicet S. Georgii, S. Joannis Baptistæ, S. Andreæ, S. Clementis, S, Ceciliæ, S. Faustini, S. Firmi cum capella, et S. Pauli : in burgo ecclesias S. Joannis Baptistæ, S. Petri in Carnario, et S. Joannis in Quintiano. Castrum de Bruno cum capellis et reliquis pertinentiis suis; castrum Gratiane, Martiane, et puliani, Biunde, Porcile, et Calmasinum cum capellis, et cæteris pertinentiis eorum. Villam Quinti, et locum qui dicitur Villa cum capellis earum. Decernimus ergo ut nulli omnino hominum liceat vestram Ecclesiam temere perturbare, aut ejus possessiones auferre, vel ablatas retinere, minuere, vel temerariis vexationibus fatigare. Sed omnia integre conserventur, etiam pro eorum sustentatione pro quibus concessa sunt usibus omnimodis et profutura ; ad hæc adjicientes censemus ut distributionem beneficiorum canonicæ vestræ nullus impedire, inquietare, vel sibi audeat vindicare, sed sicut præteritis temporibus constituta, et prædecessorum nostrorum privilegiis roborata est, ita et in posterum, auxiliante Deo, firma et inviolabilis perseveret. Nulli etiam vestrum facultas sit beneficia quæ capituli solent largitione distribui, de alterius manu suscipere, sed pristina in eis consuetudo futuris temporibus conservetur. Præsenti præterea decreto sancimus ut, si personæ idoneæ in Ecclesia vestra repertæ fuerint, nullus de alia ecclesia in archipresbyterum vel archidiaconum præferatur : quod si archipresbyterum, vel archidiaconum uno simul tempore obire contigerit, donec alii substituantur, eorum vices beneficiorum distributionibus per præpositum suppleantur, quemadmodum et in collatis Ecclesiæ vestræ prædecessorum nostrorum privilegiis continetur. Si qua igitur in futurum, etc.

Ego Calixtus catholicæ Ecclesiæ episcopus.

Datum in territorio Palinensi xviii Kal. Jul., ind. xv, Incarn. Domin. an. 1122, pontificatus autem D. Calixti II papæ anno iii, per manum Chrysogoni diaconi et cancellarii S. apostolicæ sedis.

CXXXVII.

Ad D[idacum] archiepiscopum Compostellanum. — De episcopis suspensis quia non interfuerant concilio, et de Bracarensi archiepiscopo a legatione subtracto.

(Anno 1121, Jun. 21.)

[FLOREZ, *Esp. sag.* XX, 536.]

CALIXTUS episcopus, servus servorum Dei, venerabili fratri D. Compostellano archiepiscopo salutem et apostolicam benedictionem.

Dignitatem et honorem tibi et Compostellanæ Ecclesiæ pro bono et utilitate concessimus; si fratres illi tuis nolunt obedire mandatis, nos gravamur. Et tu quidem jam de ipsis justitiam ex parte fecisti : hortamur tamen fraternitatem tuam ut Colimbriensem, Lucensem et Minduniensem, seu alios episcopos, iterum diligenter commoneas, quatenus tibi studeant, obedire humiliter : quod nisi infra quadraginta dies post commonitionem tuam fecerint, nos ex tunc datam in eos a te sententiam, donec satisfaciant, auctore Domino confirmamus. De Bracarensi autem charitati tuæ taliter respondemus : Sicut in partibus nostris fama est, et sicut in missis ad nos per P. canonicum et capellanum tuæ Ecclesiæ, litteris ostendisti, Ecclesiam Bracarensem opprimere, et tibi ejus dignitatem vindicare, nimium concupiscis. Idcirco ejusdem fratris in parte hanc inobedientiam toleramus, donec te ipse auxiliante Deo aut per vos ipsos ad nostram præsentiam veniatis, aut sufficientes pro vobis in causa hac nuntios transmittatis. Terminum autem præsentationis hujus sequentis anni nativitatem B. Joannis Baptistæ deliberavimus. Prædictum nuntium tuum, qui [quem vel quia] pro te fideliter laborasse cognovimus, dilectioni tuæ commendamus, rogantes ut cum pro amore nostro de charo deinceps habeas chariorem.

Datis in territorio Tiburtino xi Kal. Julii.

CXXXVIII.

D [idaco] archiepiscopo Compostellano scribit, Giraldi, qui consanguineam prioris conjugis duxerit matrimonium esse dirimendum.

(Anno 1121, Jun. 21.)

[FLOREZ, *ubi supra,* p. 381.]

CALIXTUS episcopus, servus serv. Dei, venerabili fratri D. Compostellano archiep., salutem et apost. benedict.

Frater iste, quem ad nos misisti, Giraldus, viva obis voce narravit quod cum muliere quadem rem diu habuerit. Post aliquantum vero temporis uxorem duxit, quæ prioris mulieris consanguinea, in gradu tertio reperta est. Quod si se causa sic habet, fratribus nostris visum est ut uxorem illam debeat prorsus dimittere. Cum enim illicitas omnino contraxerit nuptias, licitum postea potuisse consequi matrimonium non videtur.

Dat. in territorio Tiburtino xi Kal. Julii

CXXXIX.

Ad Attonem Arelatensem, Fulconem Aquensem, archiepiscopos, et cæteros per Provinciam episcopos. — Ut Ildefonsum comitem et ejus socios, nisi monasterio S. Ægidii intra dies 40 satisfecerint excommunicent.

(Anno 1121, Jun. 21.)

[MINARD, *Hist. de Nimes*, tom. I, pr., p. 30.]

CALIXTUS episcopus, servus servorum Dei, venerabilibus fratribus et coepiscopis, ATTONI Arelatensi, FULCONI Aquensi, BERENGARIO Narbonensi et GALTERIO Magalonensi, salutem et apostolicam benedictionem.

Abbatis (Hugonis) et fratrum S. Ægidii querelam accepimus, quod Ildefonsus comes, parochianorum vestrorum, Raimundi de Balcio, Elesiarii de Castrias, Guillelmi Rainoaldi de Merenas, consilio et auxilio, ecclesiam et burgum S. Ægidii armata manu invaserit, incendia ibi et homicidia fecerit, et burgenses ad perjurium contra monasterii fidelitatem coegerit. Rogamus itaque fraternitatem vestram atque monemus ut comitem et alios ex parte nostra diligentius moneatis, quatenus monasterium et burgum abbati et fratribus liberum quietumque dimittant, et comes castrum noviter ad destructionem constructum destruat, et eidem monasterio de ablatis rebus et de illatis injuriis vestro judicio satisfaciat. Quod si infra quadraginta dies post litterarum nostrarum acceptionem minime adimpleverit, nos in eos excommunicationis sententiam, donec satisfaciant, promulgamus ; et in eorum terris divina omnia officia et sepulturam, præter infantium baptisma et morientium poenitentias, interdicimus, loca etiam ad quæcunque ipsi perrexerint, quandiu in eis fuerint, a divinis omnino vacare officiis.

Data in territorio Tiburtino, xi Kal. Julii.

CXL.

Ad Uzeticensem, Tolosanum et Nemausensem episcopos. — Ut Ildefonsum comitem, nisi monasterio S. Ægidii ablata restituerit, excommunicatum denuntient.

(Anno 1121, Jun. 22.)

[D. BOUQUET, *Recueil*, XV, 239.]

CALIXTUS episcopus, servus servorum Dei, venerabilibus fratribus RAIMUNDO Uzeticensi, [AMELIO] Tolosano et JOANNI Nemausensi episcopis, salutem et apostolicam benedictionem.

Quot mala, quot perturbationes et injurias Ildefonsus comes monasterio S. Ægidii fratribusque intulerit, tanto ipsi melius nostis, quanto propius habitatis. Unde nostris eum studuimus litteris commonere quatenus ablata restituat et monasterium cum burgo et aliis pertinentiis abbati et fratribus liberum et quietum dimittat, et castrum quod ad ejusdem villæ destructionem construxit, destruat. Si hoc infra quadraginta dies post eorumdem litterarum acceptionem adimplere curaverit, Deo gratias referamus : alioquin ex tunc in personam et consiliarios ejus excommunicationis sententiam, Domino cooperante, proferimus : et in terris eorum divina omnia officia et sepulturam, præter infantium baptisma et morientium poenitentias, interdicimus ; loca etiam ad quæcunque ipsi pervenerint, quandiu in eis fuerint, a divinis omnino præcipimus vacare officiis. Mandamus igitur fraternitati vestræ, ut hanc datam a nobis sententiam et annuntietis, et donec comes satisfecerit, per totas vestras parochias observari faciatis.

Datum in territorio Tiburtino x Kal. Julii.

CXLI.

Ad Raimundum de Baucio, Guillelmum de Sabrano, Elesiarium de Castrias, Rainonem de Castlar, et Guillelmum Rainoardi. — Minatur se eos, tanquam Ildefonsi comitis consiliarios et auxiliatores, excommunicaturum, nisi infra dies quadraginta cessent ab infestatione monasterii S. Ægidii.

(Anno 1121, Jun. 22.)

[D. BOUQUET, ibid., p. 240.]

CALIXTUS episcopus, servus servorum Dei, nobilibus viris Raimundo de BAUCIO, Guillelmo de SABRANO, Elesiario de CASTRIAS, Rainoni de CASTLAR, et Guillemo RAINOARDI, salutem et apostolicam benedictionem.

Relatum nobis est quod Ildefonsus comes suggestione vestra et auxilio ecclesiam et burgum S. Ægidii armata manu invaserit, incendia ibi et homicidia fecerit, et burgenses ad perjurium contra monasterii fidelitatem coegerit : quæ nimirum omnia magnum vestrarum generant periculum animarum. Per præsentia igitur scripta vobis præcipiendo mandamus ut eumdem comitem sollicite moneatis, quatenus infra quadraginta dies post nostrarum acceptionem litterarum, ecclesiam et burgum S. Ægidii abbati fratribusque liberum omnino et quietum dimittat. Quod si comes et vos nostro huic contempseritis obedire mandato, nos in eum et in vos excommunicationis, et in terris vestris interdictionis sententiam, auctore Domino, promulgamus.

Data in territorio Tiburtino x Kal. Julii.

CXLII.

Ad burgenses monasterii S. Ægidii. — Absolvit eos a sacramento fidelitatis exhibito comiti Ildefonso, qui ad verjurium ipsos compulerat.

(Anno 1121, Jun. 22.)

[D. BOUQUET, Recueil, XV, 240.]

ALIXTUS episcopus, servus servorum Dei, dilectis in Christo filiis burgensibus monasterii S. Ægidii, majoribus et minoribus, salutem et apostolicam benedictionem.

Nulli vestrum ignotum credimus quod B. Ægidii monasterium cum omnibus ad ipsum pertinentibus Romanæ Ecclesiæ juris sit, et sub B. Petri et apostolicæ sedis tutela et protectione consistat. Quamobrem quicunque vos et locum ipsum offendit, nos prorsus offendit, et vestra injuria in sedem cognoscitur apostolicam redundare. Comperimus siquidem Ildefonsum comitem vos ad juramentum contra fidei firmitatem et contra fidelitatem monasterii per violentiam compulisse : unde nos et animarum vestrarum saluti et monasterii utilitati sollicitudine debita providentes, vos ab illius juramenti obligatione absolvimus. Porro juramentum illud vos inviolabiliter observare præcipimus quod prius abbati et monasterio feceratis.

Data in territorio Tiburtino, x Kal. Julii.

CXLIII.

Ad Ildefonsum comitem Tolosanum. — Jubet, sub pœna excommunicationis ut damna S. Ægidii monasterio illata resarciat.

(Anno 1121, Jun. 22.)

[D. BOUQUET, ibid., p. 239.]

CALIXTUS episcopus, servus servorum Dei, dilecto filio ILDEFONSO illustri comiti, salutem et apostolicam benedictionem.

Raimundus (36) filius noster, Hugo abbas et fratres monasterii S. Ægidii, quod B. Petri juris est, contra te vehementius conqueruntur, quod ecclesiam et burgum S. Ægidii armata manu invaseris, incendia ibi et homicidia feceris, et burgenses ad perjurium contra monasterii fidelitatem coegeris. Queruntur etiam quia juxta terminos a nostris prædecessoribus positos, et a nobis firmatos, castrum quoddam ad destructionem villæ construxeris. Super his omnibus miramur nos nimium et gravamur, quippe locus idem cum omnibus pertinentiis suis ad sedem tantum apostolicam spectare cognoscitur, et nos bonam de tua indole fiduciam habebamus. Monemus ergo nobilitatem tuam atque præcipimus ut infra quadraginta dies, postquam litteras præsentes acceperis, ecclesiam et burgum S. Ægidii abbati et fratribus illorum omnino quietum dimittas, castrum illud destruas, et de ablatis rebus ac sacrilegio perpetrato fratrum nostrorum et coepiscoporum Atonis Arelatensis, Berengarii Narbonensis et Galterii Magalonensis judicio satisfacias. Quod si contemptor exstiteris, nos Romanæ Ecclesiæ monasterium nullatenus patientes, ex tunc in personam tuam, et in eos quorum consilio mala hæc facta sunt, excommunicationis sententiam promulgamus, et in tota terra vestra divina officia et sepulturam, præter infantium baptisma et morientium pœnitentias, auctoritate sancti Spiritus interdicimus.

Datum in territorio Tiburtino, x Kal. Julii.

CXLIV.

Pelagio archiepiscopo Bracarensi præcipit ut honorem B. Jacobi in Portugalia, quem prædecessor ejus [Mauritius] Bracarensis archiepiscopus a Compostellano archiepiscopo habuerit in præstimonium, et quem ipse violenter retineat, redintegret.

Anno 1121

[Vide *Hist. Compostell.* ap. FLOREZ, *Esp. sagr.*, XX, 340.]

---

(36) Raimundus Berengarius, comes, ut nobis quidem videtur, Barcinonensis, idem et Provinciæ comes, seu Arelatensis, qui tunc temporis bellum gerebat cum Ildefonso, Provinciæ itidem dynasta pro determinandis cujusque ditionis finibus. In his porro conflictibus cum Sanctægidiani manus comiti Barcinonensi darent, Ildefonsum in se concitavere, qui haud oblitus fuerat vallem ipsis Flavianam, id est Sancti Ægidii territorium, a patre suo haud multo pridem fuisse traditum.

CXLV.

[Alpheradam] parthenonis S. Mariæ Capuani. abbatissam reprehendit quod, « secundis transactis terminis, » ad judicium non venerit. Minatur se, nisi veniat aut legatos mittat, ecclesiam Cinglensem monasterio Casinensi restituturum esse.

(Anno 1121.)

[Vide PETRI *Chronic. monast. Casin.*, t. IV, c. 70.]

CXLVI.

D[idaco] archiepiscopo Compostellano Guidonem militem ad S. Jacobum iter facientem, commendat.

(Anno 1121, Jul. 5.)

[FLOREZ, *Esp. sagr.* XX, 339.]

CALIXTUS episcopus, servus servorum Dei, venerabili fratri D. Compostellano archiepiscopo, salutem et apostolicam benedictionem.

Miles iste fidelis noster Guido votum habuit beatissimi Jacobi apostoli ecclesiam visitandi. Rogamus itaque dilectionem tuam ut quandiu ibi fuerit eum pro amore nostro commendatum habeas. Si qua vero nobis significare volueris, ei fideliter committere poteris.

Dat. Lat. III Non. Julii.

CXLVII.

De confirmatione canonicorum regularium ecclesiæ S. Sepulcri Hierosolumitanæ et eorumdem possessionum.

(Anno 1121, Jul. 6.)

[ROZIÈRE, *Cartulaire du Saint-Sépulcre*, p. 15.]

CALIXTUS episcopus, servus servorum Dei, dilectis in Christo filiis GERARDO priori et ejus fratribus in ecclesia Sancti Sepulcri regularem vitam professis, tam præsentibus quam futuris, in perpetuum.

Præceptum Domini habemus: *Intrate per angustam portam, quod est angusta via quæ ducit ad vitam.* Quia igitur vos, o filii in Christo charissimi, per divinam gratiam aspirati, mores vestros sub regularis vitæ disciplina coercere, et, ut angustam valeatis ingredi portam, communiter secundum sanctorum Patrum institutionem omnipotenti Domino deservire proposuistis, nos votis vestris paterno congratulemur affectu; unde etiam petitioni vestræ benignitate debita impertientes assensum, religionis propositum præsentis privilegii auctoritate firmamus. Statuimus enim ut nulli omnino hominum liceat vitæ canonicæ ordinem, quem professi estis, in vestra ecclesia commutare; sed firmus atque inviolabilis, auctore Deo, futuris temporibus conservetur. Præsentis præterea decreti stabilitate vobis vestrisque successoribus in eadem religione mansuris ea omnia perpetuo possidenda sancimus, quæ in præsentiarum pro communis victus sustentatione concessione pontificum, liberalitate principum, oblatione fidelium vel aliis justis modis videmini obtinere: videlicet medietatem cunctarum oblationum quæ ad sepulcrum Domini offeruntur; oblationes quoque crucis; decimas Jerosolymitanæ civitatis et locorum adjacentium, exceptis decimis fundæ, et dimidiam partem beneficii a rege pro cambio episcopatus Bethlehemitici traditi, quemadmodum omnia in bonæ memoriæ Arnulphi patriarchæ concessionis et confirmationis pagina distinguuntur; ex ipsius etiam patriarchæ concessione ecclesiam Sancti Petri in Joppen cum honoris et dignitatis suæ integritate, et ecclesiam Sancti Lazari cum appendiciis suis. Ad hæc universa, quæ in futurum, largiente Deo, juste atque canonice poteritis adipisci, quieta vobis vestrisque successoribus et integra conserventur. Decernimus ergo ut nulli omnino hominum liceat ecclesiam temere perturbare, aut ejus possessiones auferre, vel ablatas retinere, minuere vel temerariis vexationibus fatigare; sed omnia integra conserventur eorum, pro quorum sustentatione et gubernatione concessa sunt, usibus omnibus omnimodis profutura. Si qua igitur in futurum ecclesiastica sæcularisve persona, hanc nostræ constitutionis paginam sciens, contra eam temere venire tentaverit, secundo tertiove commonita, si non satisfactione congrua emendaverit, potestatis honorisque sui dignitate careat, reamque se divino judicio existere de perpetrata nequitate cognoscat, et a sacratissimo corpore et sanguine Dei et Domini Redemptoris nostri Jesu Christi aliena fiat, atque in extremo examine districtæ ultioni subjaceat; cunctis autem eidem loco justa servantibus sit pax Domini nostri Jesu Christi, quatenus et hic fructum bonæ actionis percipiant, et apud districtum judicem præmia æternæ pacis inveniant. Amen.

Scriptum per manum Gervasii, scriniarii regionarii et notarii sacri palatii.

Datum Laterani, per manum Grisogoni, sacræ Romanæ Ecclesiæ diaconi cardinalis ac bibliothecarii, II Nonas Julii, indictione IX, Incarnationis Dominicæ anno 1122, pontificatus autem domini Calixti II papæ anno III.

Datum Laterani, XVIII Kalendas Maii.

CXLVIII.

Archiepiscopo Cæsariensi et cæteris episcopis, abbatibus, etc., per Hierosolymitanam provinciam constitutis, B[alduino] regi, etc., nuntiat se Guarmundo patriarchæ pallium misisse.

(Anno 1121, Jul. 6.)

[ROZIÈRE, *ibid.*, p. 14.]

CALIXTUS episcopus, servus servorum Dei, dilectis in Christo fratribus et filiis Cæsariensi archiepiscopo et cæteris episcopis, abbatibus, prioribus per Jerosolymitanam provinciam constitutis, illustri quoque atque charissimo filio et consanguineo nostro B[ALDUINO] regi, principibus, baronibus, clero et populo Jerosolymitano, [salutem] et apostolicam benedictionem.

Defuncto venerabili fratre nostro Ar[nulfo] bonæ memoriæ patriarcha, in confratris nostri Guar[mundi] electione vos unanimiter convenisse tam ex missis a vobis litteris quam ex certa sapientium ac religiosorum legatorum nostrorum narratione comperimus et gavisi sumus; unde etiam petitioni vestræ assensum libenter præbuimus, et, licet præter consuetudinem Romanæ Ecclesiæ videretur, et nos causæ hujus exsecutionem legato nostro venerabili fratri P[etro], Portuensi episcopo, injunxissemus, ob Dominici tamen sepulcri reverentiam et dilectionem nostram per legatos ipsos pallium non distulimus destinare, in quo nimirum prædicto fratri nostro pontificalis seu patriarchalis officii plenitudinem tribuimus, integritatem ei et commissæ sibi Jerosolymitanæ Ecclesiæ dignitatis et potestatis auctoritate apostolica confirmantes, ut deinceps illi facultas sit concilia et episcopales consecrationes, sancto cooperante Spiritu, celebrandi. Ad vos igitur scripta præsentia dirigentes, universitatem vestram rogamus et rogantes monemus ut in matris vestræ Romanæ Ecclesiæ unitate atque obedientia firmi et stabiles maneatis; ipsa enim per Dei gratiam multo filiorum suorum sanguine vestram Ecclesiam liberavit, et ipsa pro vobis quotidie in ultramontanis et citramontanis partibus elaborat. Sane supradictum fratrem nostrum patriarcham vestrum diligere, honorare atque humilitate debita curetis et obedientia venerari, ut per curam ejus et sollicitudinem salutem in vobis omnipotentis Dei misericordia operetur, quatenus et vos de eo gaudium et ipse de vobis coronam in æterni judicis examine mereatur. Dominus noster Jesus Christus, qui diebus nostris locum pedum suorum glorificare dignatus est, beatorum apostolorum Petri et Pauli precibus sua vos protectione custodiat, de inimicis suis vobis victoriam tribuat, et peccatorum vinculis vos absolutos ad vitam perducat et gloriam sempiternam.

Datum Laterani, 11 Nonas Julii.

CXLIX.

Ad Guarmundum patriarcham Hierosolymitanum.

(Anno 1121, Jul. 6.)
[ROZIÈRE, *ibid.*, p. 72.]

CALIXTUS episcopus, servus servorum Dei, venerabili fratri GUAR[MUNDO], Jerosolymitano patriarchæ, salutem et apostolicam benedictionem.

In Dominici Sepulcri ecclesia quiddam dissensionis audivimus emersisse; pro ea cantor et succentor, in domibus suis quasi sæculariter manentes, regularium fratrum choro præsideant, et ad libitum suum per quamcunque personam de divinorum officiorum celebratione præcipiant. Quod quam indecens, quam absurdum et quam regularium honestati et quieti contrarium sit, facile prudentia tua potest advertere. Itaque sollicitudini tuæ injungimus eos diligentius commonere ut una cum fratribus in claustro maneant, et ministeria sua honeste, sicut decet, per se ipsos impleant, aut religiosos fratres a gravedine oneris hujus expediant; alioquin nos inhonestatem hanc diutius pati nequibimus, quin eam ab illa venerabili Dei domo penitus expellamus. Satis enim cantori et succentori potest sufficere si

(37) Ritum Romanorum pontificum primi mittendi lapidis ad novas construendas ecclesias alibi legimus,

eis in sæculari conversatione manentibus cantorie beneficium dimittatur, et religiosi fratres libere per seipsos de divinis officiis celebrandis debita charitatis unanimitate disponant.

Data Laterani, 11 Nonas Julii.

CL.

Marco clerico Veneto scribit ex P[etri] episcopi Portuensis, legati sui, litteris se cognovisse eum possessiones suas B. Petro « sub censu annuo unius byzantii » obtulisse. Laudat pietatem ejus mittitque fundamentorum condendæ ecclesiæ lapidem primum.

(Anno 1121, Jul. 24.)
[UGHELLI, *Italia sacra*, V, 1238.]

CALIXTUS episcopus, servus servorum Dei, dilecto filio MARCO clerico, salutem et apostolicam benedictionem.

Clarissimus et venerabilis frater, et legatus noster P. Portuensis episcopus missis litteris significavit nobis te possessiones tuas per manus suas beato Petro, ejusque Romanæ Ecclesiæ obtulisse, sub censu annuo unius byzantii. Ubi videlicet ecclesiam ædificare desideras, in qua sub jure ac dominio B. Petri regulares canonici conversentur. Et nos ergo devotionem tuam et desiderium approbantes, oblationem ipsam suscepimus, et pro te omnipotenti Domino supplicamus, ut bonum quod cœpisti opus, ad honorem suum et salutem tuam te faciat consummare. Propterea lapidem quem in fundamento illius ecclesiæ ponere debeas, mittimus, in eo tibi nostrum consensum et gratiam indulgentes (37).

Datum Aversæ VIII Kal. Augusti.

CLI.

Ad Berengarium Narbonensem archiepiscopum et suffraganeos ejus. — Moneant Ildefonsum comitem Tolosanum, ut abbatem S. Ægidii, quem expulerat, ad monasterium redire permittat; sin autem, ipsum excommunicatione et interdicto multent.

(Anno 1121, Oct. 4.)
[BOUQUET, *Recueil*, XV, 256.]

CALIXTUS episcopus, servus servorum Dei, venerabilibus fratribus BERENGARIO Narbonensi archiepiscopo et suffraganeis ejus JOANNI Nemausensi et GALTERIO Magalonensi episcopis, salutem et apostolicam benedictionem.

Relatum nobis est quod comes Ildefonsus filium nostrum Hugonem, abbatem S. Ægidii, de monasterio traxerit, et ad castrum de Belcayra violenter ductum se juramenti extorsione Cluniacum ire coegerit, ita videlicet ut nisi per ejusdem licentiam deinceps abbas ad B. Ægidii monasterium revertatur. Quod nimirum quam grave sit prudentia vestra facile potest advertere : et profecto si tantum facinus impune dimittitur, graviora ex eo in futurum in majoribus etiam personis pericula evenire. Præcipimus igitur fraternitati vestræ, ut eumdem comitem moneatis quatenus abbatem a juramento illo prorsus absolvat, atque ad monasterium redire absque inquietatione permittat, et prædictum B. Ægidii monasterium quod Romanæ Ecclesiæ juris est, cum

cum maxime sub protectione B. Petri et Romanæ sedis submitterentur.

omnibus rebus suis omnino liberum quietumque dimittat. Quod si adversus abbatem vel locum ipsum comes calumniam gerit, nos ei libenter suo tempore justitiam faciemus. Sed si contemptor exstiterit, vos vice nostra et ipsum ab ecclesiarum liminibus separate, et in tota ejus terra, in civitatibus et castellis divina omnia officia interdicite, præter infantium baptisma et morientium pœnitentias.

Data Melfiæ iv Nonas Octobris.

CLII.

B[osoni] apostolicæ sedis legato mandat hortetur Urracam reginam, Ildefonsi regis filiam, ut Didacum archiepiscopum Compostellanum e custodia emittat, et castella illi ablata restituat; eamque, nisi intra dies 40 obedierit, convocatis episcopis, excommunicari ac totam ejus terram affici interdicto jubet.

(Anno 1121, Oct. 7.)
Florez, *Esp. sagr.*, XX, 341.]

Calixtus episcopus, servus servorum Dei, venerabili dilecto in Christo filio B. presbytero cardinali, apostolicæ sedis legato, salutem et apostolicam benedictionem.

Sæpe tibi scripsisse meminimus voluntatem fratrum nostrorum esse, ut ad eos quantocius remeares. Veruntamen quia emergentia negotia nos compellunt, adhuc tibi quædam pro temporis opportunitate injungimus, per quæ diutius oportet te immorari. Significatum siquidem nobis est quia nobilis memoriæ Ildefonsi regis filia Urraca regina charissimum fratrem nostrum Didacum Compostellanæ Ecclesiæ archiepiscopum et nostrum etiam in provinciis quibusdam legatum dolo et proditione quadam ceperit, eumque castella Ecclesiæ cum honoribus in illius dare potestatem coegerit: neque tamen sic eum a captione dimiserit; quod profecto piaculum nullatenus a Dei est Ecclesia tolerandum. Nosti enim a Domino de sacerdotibus dictum: *Qui vos spernit, me spernit; et qui tangit vos, tangit pupillam oculi mei*. Præsentibus igitur litteris dilectioni tuæ præcipimus ut eamdem reginam remota dilatione commoneas, quatenus prædictum fratrem nostrum liberum omnino dimittat; castella et honores Ecclesiæ cum sua integritate restituat, et de tanta præsumptione Deo ejusque Ecclesiæ satisfaciat. Quod nisi infra quadraginta dies post commonitionem tuam adimpleverit, sollicitudo tua, convocatis aliis fratribus et episcopis, in eam et in fautores ejus excommunicationis sententiam proferat, et in tota ejus terra divina omnia officia, præter infantium baptisma et morientium pœnitentiam, interdicat, donec quod tam pessime factum est, Ecclesiæ judicio plenarie corrigatur.

Dat. Melfiæ Nonis Octobris.

CLIII.

Ad Toletanum archiepiscopum de eodem.

(Anno 1121, Oct. 7.)
[Florez, *ibid.*, p. 342.]

Calixtus episcopus, servus servorum Dei, venerabili fratri B[ernardo] Toletano archiepiscopo apostolicæ sedis legato, salutem et apostolicam benedictionem.

Egregiæ memoriæ Ildefonsi regis filiam Urracam reginam manus suas ad novum et pessimum facinus extendisse audivimus, et vehementius contristati sumus. Significatum nobis est siquidem quod charissimum fratrem nostrum Didacum Compostellanæ Ecclesiæ archiepiscopum, et nostrum etiam in quibusdam provinciis legatum, dolo et proditione quadam cœperit, eumque castella Ecclesiæ cum honoribus in illius dare potestatem coegerit, neque tamen sic eum a captione dimiserit. Quod profecto piaculum nullatenus a Dei est Ecclesia tolerandum. Nosti enim a Domino de sacerdotibus dictum: *Qui vos spernit, me spernit; et qui tangit vos, tangit pupillam oculi mei*. Præsentibus ergo litteris fraternitati tuæ præcipimus ut eamdem reginam, remota dilatione, commoneas, quatenus prædictum fratrem nostrum liberum omnino dimittat, castella et honores Ecclesiæ cum sua integritate restituat; et de tanta præsumptione Deo ejusque Ecclesiæ satisfaciat. Quod nisi infra quadraginta dies post commonitionem tuam adimpleverit, fraternitas tua convocatis aliis fratribus et coepiscopis, in eam et in fautores ejus excommunicationis sententiam proferat, et in tota ejus terra divina omnia officia, præter infantium baptisma et morientium pœnitentias, interdicat, donec quod tam pessime factum est Ecclesiæ judicio plenarie corrigatur.

Dat. Melfiæ Nonis Octobris.

CLIV.

Archiepiscopos et episcopos Hispaniæ certiores facit de superioribus ad Bosonem cardinalem et Bernardum archiepiscopum Toletanum litteris.

(Anno 1121, Oct. 7.)
[Florez, *ibid.*, p. 343.]

Calixtus episcopus, servus servorum Dei, venerabilibus fratribus archiepiscopis et episcopis per Hispaniam, salutem et apostolicam benedictionem.

Quoties nova et viris catholicis non ferenda per alicujus nequitiam oriuntur, manu sunt celeri exstirpanda, ne vires in posterum, quod absit! sumant: ad quæ sollicitiores existere nos oportet, quoniam, licet indigni, Dei et Christi ejus locum in Ecclesia obtinemus. Significatum siquidem nobis est quod Urraca regina charissimum fratrem nostrum Didacum Compostellanum archiepiscopum, et nostrum etiam in quibusdam provinciis legatum, dolo et proditione quadam ceperit, eumque castella Ecclesiæ cum honoribus dare in illius potestatem coegerit, neque tamen sic eum a captione dimiserit. Quod profecto piaculum nullatenus a Dei est Ecclesia tolerandum. Præsentibus itaque litteris vobis præcipiendo mandamus ut quando vel a fratre nostro Bernardo Toletano archiepiscopo vel a filio nostro Bosone presbytero cardinali, quibus hanc causam commisimus, vocati fueritis, remota dilatione in unum convenire curetis, et eorum consilio in eamdem reginam et in fautores ejus excommunicationis sententiam proferatis, et in tota ejus terra divina omnia, præter infantium baptisma et morientium pœnitentias, interdicatis officia, donec prædictum fratrem nostrum liberum prorsus dimittat, castella et honores Ecclesiæ restituat, et de tanta præsumptione Deo ejusque Ecclesiæ satisfaciat.

Dat. Melfiæ Nonis Octobris.

CLV.
Ad reginam de eodem.
(Anno 1121, Oct. 7.)
[FLOREZ, *ibid.*, p. 544.]

CALIXTUS episcopus, servus servorum Dei, illustri reginæ URRACÆ, salutem et apostolicam benedictionem.

Nisi gravissimam præsumptionem tuam corrigere summa cum festinatione curaveris, omnino tibi timendum est ne Dei judicio gravissime feriaris: etenim manus tuas in Dei et Christi ejus vicarium, venerabilem fratrem nostrum Didacum, Compostellanæ Ecclesiæ archiepiscopum, et nostrum in provinciis quibusdam legatum, diceris extendisse, cui etiam amicitjam securitatemque promiseras. Cum scriptum sit de sacerdotibus per prophetam: *Nolite tangere christos meos, et in prophetis meis nolite malignari.* Et iterum ipse Dominus dicit: *Qui vos tangit, tangit pupillam oculi mei.* Ex nobis ipsis perpendere possumus quantum nequitia hæc omnipotenti debeat Domino displicere, qui vel læsionem quamlibet in oculorum nostrorum pupillis absque gravi non possumus angustia tolerare. Ne igitur timenda illa divini judicii sententia feriaris, litterarum tibi præsentium auctoritate præcipimus, ut prædictum fratrem nostrum, remota dilatione, liberum prorsus dimittas, castella Ecclesiæ cum honoribus quos abstulisti, restituas; et de tanto facinore Deo, ejusque Ecclesiæ, humiliter satisfacias: alioquin pro certo cognoveris quoniam qui sacerdotem suum oculi sui pupillam constituit, super te graviter ulciscetur, et nos per nos ipsos, et per fratres nostros ipso auxiliante, tam de persona tua, quam de factoribus, et de tota terra tua, eam justitiam faciemus, quod alii exemplo tuo in posterum talia non præsument.

Dat. Melfiæ Nonis Octobris.

CLVI.
Ad regem Ildefonsum de eodem.
(Anno 1121, Oct. 7.)
[FLOREZ, *ibid.*, p. 545.]

CALIXTUS episcopus, servus servorum Dei, charissimo nepoti suo IL. strenuo et glorioso Hispaniarum regi, salutem et apostolicam benedictionem.

Omnipotenti Deo et Domino nostro Jesu Christo gratias agimus, qui nos ægritudine gravissima laborantes, secundum miserationum suarum multitudinem pristinæ restituit sanitati: gratias etiam ei referimus quia infra Urbem et extra Urbem necnon et per totam Italiam fideles Ecclesiæ ita nobis uniti sunt, quod omnes nostræ parent humiliter voluntati. Verumtamen unum est super quod vehementissime contristamur, quia sicut audivimus mater tua Urraca regina, nec Deum timens, nec beatissimo apostolo ejus Jacobo reverentiam exhibens, in Dei et Christi ejus vicarium venerabilem fratrem nostrum Didacum, Compostellanum archiepiscopum, et nostrum etiam in provinciis quibusdam legatum, te præsente manus suas sacrilega præsumptione extendit. Quanto autem dilectionis affectu idem frater noster te amplexus fuerit, et quo te olim amore educaverit, tua non debet nunc oblivisci nobilitas. Noveris etiam Dominum in Evangelio dicere: *Ego diligentes me diligo, et honorificantes me honorificabo.* Si ergo prædictus fraterna pueritia personam tuam dilexit, si eam in quantum potuit sublimavit, et si per te multa et gravia perpessus est, tu cum, fili charissime, diligas et honores, et per te ac per fideles tuos omnino studeas ut a captione liber penitus dimittatur, quatenus exemplo hoc personæ aliæ te amplius diligant, vehementius de tua bonitate confidant, et se libentius pro tuo servitio defatigent. De cætero dilectionem tuam rogamus, ut sæpe nobis statum et incolumitatem tuam litteris et nuntio intimare procures, quia si juvare te sufficienter non possumus, tuo tamen successui congaudemus: etenim te tanquam charissimum ac specialem Ecclesiæ filium et tanquam carnem nostram, vera dilectione diligimus, et nostrum tibi consilium et auxilium libentissime ministrabimus. Omnipotens Dominus beatorum apostolorum suorum Petri et Pauli, necnon et Jacobi precibus, ad honorem suum, et tuam salutem, personam tuam et regnum conservet, et te ad vitam pervenire faciat sempiternam.

Datis Melfiæ Nonis Octobris.

Litteras alias quas matri tuæ mittimus, ei per tuum facias nuntium præsentari.

CLVII.
Ad Bernardum Toletanum primatem. — Jura primatus Toletani.
(Anno 1121, Nov. 3.)
[MANSI, *Concil.*, XXI, 215.]

CALIXTUS episcopus, servus servorum Dei, venerabili fratri BERNARDO Toletano primati, ejusque successoribus canonice substituendis in perpetuum.

Postquam supernæ miserationis dignatio insignem quondam et inter Hispaniarum urbes magni nominis civitatem Toletanam, studio et labore gloriosæ memoriæ regis Ildefonsi de Sarracenorum tyrannide liberaverunt: domini prædecessores nostri sanctæ recordationis Urbanus et Paschalis, Ecclesiæ Romanæ pontifices, ejusdem civitatis ecclesiam pristinæ studuerunt restituere dignitati. Unde, reverendissime frater et coepiscope Bernarde, pallium tibi, pontificalis videlicet officii plenitudinem, conferentes, in totis Hispaniarum regnis primatem te privilegiorum suorum sanctionibus statuerunt: sicut prædecessores tuos, prædictæ urbis pontifices, constat antiquitus exstitisse. Quorum nimirum Patrum nostrorum vestigiis insistentes, tam tuis, quam et reverendissimi nepotis nostri Ildefonsi regis precibus duximus annuendum : ut auctore Domino, eumdem tibi tuisque successoribus honorem, et per vos Toletanæ Ecclesiæ confirmemus. Apostolica igitur auctoritate statuimus ut per universa Hispaniarum regna primatus obtineas dignitatem. Verum personam tuam in manu nostra propensiori gratia retinentes, censemus ut solius Romani pontificis judicio ejus causa, si qua fuerit, decidatur. Te itaque universi Hispaniarum præsules primatem respiciunt; et ad te, si quid inter eos quæstione dignum exortum fuerit, referent : salva tamen in omnibus Romanæ ecclesiæ auctoritate, et salvis metropolitanorum privilegiis singulorum. Sane Toletanam Ecclesiam præsentis privilegii stabilitate munimus, Complutensem ei parochiam cum terminis suis, necnon et ecclesias omnes, atque diœceses, quas jure proprio antiquitus possedisse cognoscitur, confirmantes: episcopales præterea sedes Ovetum, Legionem, Palentiam, eidem Toletanæ Ecclesiæ, tanquam metropoli, subditas esse decernimus. Reliquas vero, quæ antiquis ei temporibus subjacebant, cum Dominus omnipotens Christianorum restituerit potestati suæ dignatione misericordiæ, ad caput proprium referendas decreti hujus auctoritate sancimus. Porro illarum diœceses civitatum, quæ Sarracenis invadentibus metropolitanos proprios amiserunt, eo tenore vestræ subjicimus ditioni, ut, quoad sine propriis exstiterint metropolitanis, tibi, ut proprio, debeant subjacere, salvo tenore privilegii, quod a nobis Compostellanæ Ecclesiæ pontifici est collatum. Si quæ autem metropoles in statum fuerint proprium restitutæ, suo quæque diœcesis metropolitano restituatur, ut sub proprii pastoris regimine super divini collatione beneficii glorietur. Si qua igitur in futurum ecclesiastica sæcula risve persona, hanc nostræ constitutionis paginam sciens, etc.

Datum Mantiæ, per manus Chrysogoni sanctæ Romanæ Ecclesiæ diaconi cardinalis ac bibliothecarii, III Nonas Novembris, indictione XV, Incarnationis Dominicæ anno 1122, pontificatus autem domini Calixti II papæ anno tertio.

CLVIII.
Ad eumdem. — Ejusdem argumenti.
(Anno 1121, Nov. 3.)
[Mansi, *ibid.*, 216.]

Pro bonitate tua, et antiqua Toletanæ ecclesiæ nobilitate, domnus prædecessor noster sanctæ memoriæ Paschalis papa, et personam tuam, et eamdem commissam tibi ecclesiam spiritualiter honoravit : unde suum te vicarium in partibus Hispaniarum constituit, et sedis apostolicæ legationem tibi honorifice commendavit. Et nos circa te, benignitatem et gratiam attendentes, pari te dilectione amplectimur, et honorificentia honoramus, eamdem tibi legationem totam, cooperante Domino, tribuentes, exceptis nimirum Bracarensi et Emeritana metropoli. Ad ejusdem quoque patris nostri exemplar, omnes tibi ecclesias cum possessionibus et redditibus suis concedimus et confirmamus, quas ipse idem dominus et pater noster cognoscitur concessisse : salvo tamen in omnibus jure et dominio Romanæ Ecclesiæ, necnon censu annis ei singulis persolvendo. Tui enim de cætero est, frater Bernarde, ita supradictam matrem tuam Ecclesiam Romanam diligere, ita licet in remotioribus partibus venerari : ut ejus semper gratia et magnificentia dignior habearis.

Datum Mantiæ III Nonas Novembris.

CLIX.
Ad Ovetensem et Legionensem episcopos. — Ut Toletano primati subjaceant.
(Anno 1121, Nov. 3.)
[Mansi, *ibid.*, 216.]

Prædecessor noster sanctæ memoriæ Urbanus papa antiquam Toletanæ Ecclesiæ nobilitatem cognoscens, ejusque paupertati compatiens, Ovetensem et Legionensem ecclesias archiepiscopo Toletano concessit, et scripti sui auctoritate firmavit. Ad cujus exemplar nos prædictæ Ecclesiæ decernimus auxiliante Domino providere. Monemus itaque fraternitatem vestram, atque præcipimus ut Toletano archiepiscopo atque primati, tanquam metropolitano proprio reverentiam et obedientiam impendatis.

Datum Mantiæ, III Nonas Novembris.

CLX.
Ad episcopos, abbates, et cæteros in Hispania. — Ut Bernardo Toletano primati tanquam apostolico legato pareant.
(Anno 1121, Nov. 3.)
[Mansi, *ibid.*]

Calixtus episcopus, servus servorum Dei, archiepiscopis, episcopis, abbatibus, præpositis, necnon et cæteris, tam clericis, quam laicis, per Hispanias constitutis, salutem et apostolicam benedictionem.

Notitiam vestram latere non credimus, quod domini prædecessores nostri sanctæ recordationis Urbanus et Paschalis, Ecclesiæ Romanæ pontifices, venerabilem fratrem nostrum Bernardum Toletanum primatem affectione præcipua dilexerunt, et tanquam specialem filium honorarunt. Etenim ei suas vices in vestris partibus committentes, legatum eum sedis apostolicæ statuerunt. Et nos ergo eamdem ei dilectionem et eamdem gratiam exhibentes, nostras ei vices, nostramque similiter legationem duximus committendam. Rogamus igitur universitatem vestram, monemus atque præcipimus ut ei sicut legato nostro humiliter obedire, et synodales cum eo ad vocationem ejus celebrare conventus, cum ecclesiasticæ utilitatis causa exegerit, procuretis : quæ parante Domino corrigenda corrigere, et confirmanda communibus auxiliis confirmare.

Datum Mantiæ III Nonas Novembris.

CLXI.
Ludovici Francorum regis rogatu, Noviomensis et Tornacensis episcopatuum unitatem confirmat.

(Anno 1121, Dec. 9.)

[MARLOT, *Metropolis Remensis*, II, 277.]

CALIXTUS, servus servorum Dei, charissimo in Christo filio LUDOVICO illustrissimo et gloriosissimo Francorum regi, salutem et apostolicam benedictionem.

Patres tui gloriosæ memoriæ Francorum reges, postquam per omnipotentis Dei misericordiam Christianæ fidei rudimenta perceperunt, Romanam Ecclesiam devotione præcipua coluerunt, nec satis eis visum est matrem suam suis tantum temporibus venerari, sed ejus reverentiam, obedientiam et affectum suis etiam posteris, jure quodam hæreditario, reliquerunt. Unde divinæ inspirationis gratia factum est ut et tu qui ex eadem regali descendens progenie, in regni hujus regimine successisti, in morum quoque probitate succedens, et in devotione supradictæ matris tuæ hæres ingenuus permaneres. Hoc nos diebus nostris experti sumus, hoc et tota pene Romana Ecclesia recognoscit; ea propter petitiones tuas, fili charissime, clementer admittere, ac personam tuam et regnum specialius, auctore Deo, decrevimus honorare. Postulas siquidem ut antiquam Noviomensis ac Tornacensis parochiarum unitatem auctoritatis nostræ robore confirmemus, multa siquidem, et magna inter utramque Ecclesiam terrarum spatia continentur, et suum quæque, ut asserunt, posset antistitem obtinere : sed quoniam dilectionis tuæ abundantia nos compellit, petitioni huic facilem impertimur assensum. Noviomensis igitur Tornacensis Ecclesiarum et parochiarum unitatem, a nostris prædecessoribus inconvulsam usque ad hæc tempora conservatam, præsentis decreti pagina confirmamus, et ratam in perpetuum permanere decrevimus, auctoritate apostolica statuentes, ut utrique Ecclesiæ unus tantum præsit episcopus ; verumtamen caput et episcopalis dignitatis sedes Noviomi futuris temporibus habeatur. In his omnibus confratrem nostrum Lambertum episcopum sollicitudinem existere volumus, et sic per Dei gratiam utrique Ecclesiæ providere, ut neutra pastoralis officii et doctrinæ gratia defraudetur. Si qua igitur in futurum ecclesiastica sæcularisve persona, hanc nostræ institutionis paginam sciens, contra eam temere venire tentaverit, secundo tertiove commonita, si non satisfactione congrua emendaverit, potestatis honorisque sui dignitate careat, reamque se divino judicio existere de perpetrata iniquitate cognoscat, et a sanctissimo corpore ac sanguine Dei et Domini Redemptoris nostri Jesu Christi aliena fiat, atque in extremo examine districtæ ultioni subjaceat. Cunctis autem eam servantibus sit pax Domini nostri Jesu Christi, quatenus et hic fructus bonæ actionis percipiant, et apud districtum judicem præmia æternæ pacis inveniant. Amen, amen, amen.

Ego Calixtus catholicæ Ecclesiæ episcopus laudans signavi.

Datum Neocastri per manum Chrisogoni, S. R. E. diaconi cardinalis ac bibliothecarii, v Idus Decemb., indict. xv, Incarnat. Dom. an. 1122, pontificatus autem domini Calixti II papæ anno III.

CLXII.
Ecclesiæ Miletensis privilegia, petente Gaufrido episcopo, confirmat.

(Anno 1121, Dec. 23.)

[CAPIALBI, *Memorie per servire alla storia della Chiesa Miletese*. Napoli, 1835, 8°, p. 145.]

CALIXTUS episcopus, servus servorum Dei, venerabili Patri [*lege* Fratri] GAUFRIDO Militensi episcopo suisque successoribus canonice substituendis in perpetuum.

Officii nostri nos hortatur auctoritas pro ecclesiarum statu sollicitos esse, et quæ recte statuta sunt stabilire; proinde, charissime in Christo frater Gaufride episcope, tuis petitionibus annuentes, et prædecessorum nostrorum sanctæ memoriæ Gregorii VII, et Urbani II, Ecclesiæ Romanæ pontificum, statuta firmantes, præsentis privilegii stabilitate sancimus ut Militensis Ecclesia sub jure sedis apostolicæ specialiter perseveret, omnesque successores tui, quemadmodum tu et prædecessores tui per manus Romani pontificis consecrentur. Auctoritate apostolica etiam confirmamus ut Bibonensis in Militensem translata, sicut prædictorum prædecessorum nostrorum privilegiis decretum est, maneat in perpetuum : addentes etiam ut Taurianensis Ecclesia, quæ, peccatis accolarum exigentibus, desolata est, in diœcesim Militensem cedat, et Militensi deinceps episcopo subjecta permaneat, ut una utriusque, Bibonensis scilicet et Taurianensis, Ecclesia diœcesis habeatur, et deinceps Militensis vocabulo nuncupetur. Nulli ergo hominum liceat eamdem Militensem Ecclesiam temere perturbare, aut ejus possessiones auferre, vel oblatas retinere, minuere vel temerariis vexationibus fatigare, sed universa quæ concessione pontificum, liberalitate principum, oblatione fidelium, vel aliis justis modis, aut in præsenti possidet, aut in futurum largiente Domino poterit adipisci, firma tibi tuisque successoribus et illibata permaneant, præsertim quæ ad Bibonensem et Taurianensem Ecclesias, sive in possessione, sive in regimine juste visa sunt pertinere. Si qua igitur in futurum ecclesiastica sæcularisve persona, hanc nostræ constitutionis paginam sciens, contra eam temere venire tentaverit, secundo tertiove commonita, si non satisfactione congrua emendaverit, potestatis honorisque sui dignitate careat, reamque se divino judicio existere de perpetrata iniquitate cognoscat, et a sacratissimo corpore et sanguine Dei et Domini Redemptoris nostri Jesu Christi aliena fiat, atque in extremo examine districtæ ultioni subjaceat. Cunctis autem mandata Ecclesiæ justa servantibus, sit pax Domini nostri Jesu Christi, quatenus et hic fructum bonæ actionis percipiant, et apud districtum judicem præmia æternæ pacis inveniant. Amen, amen.

Ego Calixtus catholicæ Ecclesiæ episcopus. FIRMAMENTUM EST DOMINUS TIMENTIBUS EUM.

Datum Laterani (58) per manum Crysogoni catholicæ R. E. diaconi cardinalis ac bibliothecarii, decimo Kalendas Januarii, indictione decima quinta, Incarnationis Dominicæ anno 1122, pontificatus autem D. Calixti II, anno III (59).

CLXIII.

Ad universos fideles.

(Anno 1121, Dec. 28.)

[UGHELLI, *Italia sacra*, IX, 367.]

CALIXTUS episcopus, servus servorum Dei, universis Ecclesiæ fidelibus salutem et apostolicam benedictionem.

Notum sit omnibus sanctæ matris Ecclesiæ fidelibus, atque orthodoxis hoc præsens scriptum quandocunque cernentibus, vel legentibus, seu audientibus, quod nos præsentia nostra quarto episcopatus nostri, anno vero ab Incarnatione Domini millesimo centesimo vicesimo secundo, indictione quinta decima, reformandæ pacis causa inter Guglielmum ducem Italiæ, et Rogerium Siciliæ comitem partes Calabriæ advenisse, et Neocastrum præfata causa per quindecim dies moram fecisse, et inde per Catanzarium reditum habuisse, ibique ecclesiam in honorem sanctæ Mariæ matris Domini, et apostolorum principum Petri et Pauli cum pluribus episcopis et cardinalibus nostris, quorum nomina subscripta sunt, propriis manibus per Dei gratiam dedicasse, et caput et dignitatem episcopatus totius parochiæ et pertinentiæ Trium Tabernarum ipsi ecclesiæ concessisse, et confirmasse, cui quidem ecclesiæ, ex parte, et auctoritate Dei, et beatæ Mariæ Genitricis ejus, apostolorum principum Petri et Pauli, assensu et confirmatione episcoporum et cardinalium, qui inibi nobiscum interfuerunt, tale munus misericordiæ et remissionis contulimus, et concessimus, ut omnes, quorum corpora in cœmeterio ejusdem ecclesiæ suo voto sepeliuntur, nisi in excommunicatione et absque confessione morerentur, ab omnibus peccatis suis ipsa hora absolverentur, et extorres infernalium cruciatuum, et perpetuæ gehennæ redderentur, et primæ resurrectionis participes noscerentur. Addidimus quod nutu Dei et consensu episcoporum et cardinalium, et auctoritate apostolicæ dignitatis et ecclesiasticæ potestatis, ut omnes qui ad annualia festa dedicationis præfatæ ecclesiæ, quæ per octo dies celebranda decrevimus, scilicet a festivitate Innocentium usque ad eorumdem octavas, devote venirent, unum annum remissionis criminalium peccatorum, et tertiam venialium, cum confessi essent, vel infra octavam confiterentur, supradicta auctoritate consequerentur, et obtinerent. Universos autem qui eidem ecclesiæ suas eleemosynas largiti, et largituri sunt, ipsamque defensuri, sive augmentaturi, nec minuturi, ex parte Dei, et auctoritate sanctæ Dei genitricis Mariæ et apostolorum principum Petri et Pauli, et nos benedicimus, ac in nostris orationibus recipimus.

Ego Calixtus catholicæ Ecclesiæ episcopus.
Ego Lambertus Ostiensis episcopus.
Ego Ægidius Tusculanus episcopus.
Ego Crescentius Sabinensis episcopus.
Ego Petrus Portuensis episcopus.
Ego Vitalis Albanensis episcopus.
Ego Baricensis archiepiscopus.
Ego Rodulphus Rheginus archiepiscopus.
Ego Gregorius S. Severinæ archiepiscopus.
Ego Fulco Aquensis archiepiscopus.
Ego Goffredus episcopus Messanæ.
Ego Vellardus Agrigentinus episcopus.
Ego Rainaldus Militensis episcopus.
Ego Angerius Cathacensis episcopus.
Ego Henricus episcopus Neocastri.
Ego Petrus Squillacensis episcopus.
Ego Radulphus Marturani episcopus.
Ego Petrus Malven. episcopus.
Ego Joannes Anglonen. episcopus.
Ego Girardus Potentiæ episcopus.
Ego Joannes Catacensis episcopus.
Ego Villelmus Albertinen. episcopus.
Ego Policronius Genicocastren. episcopus.
Ego Gervasius Umbriacen. episcopus.
Ego Gerontius Geracen. episcopus.
Ego Nicolaus S. Angeli Militensis ecclesiæ abbas.
Ego Hubertus S. Eufemiæ abbas.
Ego Lambertus magister Hierimit.
Ego Rogerius S. Juliani abbas.
Ego Bonifacius presbyter cardinalis tit. S. Marci.
Ego Benedictus presbyter cardinalis Sancti Petri ad Vincula tit. Eudoxiæ.

---

(58) Forsan legendum *Beneventi*. CAPIALBI. — Sine dubio legendum *Catanzarii*. JAFFÉ, *Regesta R. P.* p. 539.

(59) Due gravi difficoltà si sono proposte contro l'autenticità di questa bolla, giacchè l'altra della discrepanza della data coll'indizione, e coll'anno del pontificato sparisce appena che si segnagno come l'Ughelli li trascrisse dall'originale. La prima dunque riguarda il *Patri*, che in essa il pontefice concede a Goffredo. Ciò per altro non deve recar maraviglia qualora si pon mente che spesso tali titoli si segnavano colle iniziali, le quali poterono facilmente dal copista scambiarsi. La seconda poi mi sembra di maggior peso. Sappiam da Falcone, da Romualdo, e d'altre bolle pubblicate nella gran collezione de' Concili che papa Calisto III dal settembre del 1121 quasi a tutto febbraro del 1122 se la passò nelle nostre province, anzi Falcone asserisce che a 23 febbraro 1122 furono presentate al pontefice nel palazzo di Benevento le lagnanze di Agnese badessa del monistero di S. Pietro contro Betlemme badessa del monistero di S. Maria, e segue : *Tunc Apostolicus quia valde infirmabatur, et curiam in conspectu suo servare non poterat, Dionysio Tusculano episcopo, Chrisogono cancellario, et Roberto Pariensi, et aliis cardinalibus præcipit ut super hoc negotio judices existerent*. La data dunque della nostra bolla dovrebbe stare più tosto *Beneventi*; senza di che apocrifa dee riputarsi, se pure non fosse stata mal letta.

Ego Joannes presbyter cardinalis tit. S. Cæciliæ.
Ego Divizzo presbyter cardinalis Sanctorum Silvestri et Martini, tit. Equitii.
Ego Theobaldus presbyter cardinalis tit. Pamachii.
Ego Crescentius presbyter cardinalis tit. Sanctorum Marcellini et Petri.
Ego Desiderius presbyter cardinalis tit. S. Praxedis.
Ego Petrus presbyter cardinalis tit. S. Priscæ.
Ego Deus dedit presbyter cardinalis tit. Sancti Laurentii in Damaso.
Ego Gregorius presbyter cardinalis tit. Sancti Laurentii in Lucina.
Ego Joannes presbyter cardinalis tit. S. Grisogoni.
Ego Amico presbyter cardinalis tit. Sanctæ Crucis in Hierusalem.
Ego Sigizzo presbyter cardinalis tit. S. Sixti.
Ego Petrus presbyter cardinalis tit. S. Marcelli.
Ego Robertus presbyter cardinalis tit. S. Sabinæ.
Ego Romoaldus diaconus cardinalis Sanctæ Mariæ in Via Lata.
Ego Aldo diaconus cardinalis Sanctorum Sergii et Bacchi.
Ego Petrus diaconus cardinalis Sancti Adriani.
Ego Romanus diaconus cardinalis Sanctæ Mariæ in Portic.
Ego Jonathas diaconus cardinalis SS. Cosmæ et Damiani.
Ego Henricus diaconus cardinalis S. Theodori.
Datum Catanzarii per manum Grisogoni S. R. E. diaconi cardinalis ac bibliothecarii, v. Kal. Januarii, ind. xv, anno Dominicæ Incarnationis 1122, pontificatus vero dom. Calixti II papæ anno quarto.

CLXIV.
Ad Alexandrum regem Scotiæ. — Quod ipse et episcopi pareant Eborum archiepiscopo, metropolitano suo.

(Anno 1122, Jan. 15.)
[WILKINS, *Concil. Brit.*, I, 481.]

CALIXTUS episcopus, servus servorum Dei, illustri et glorioso Scotorum regi ALEXANDRO salutem et apostolicam benedictionem.

Pro episcoporum qui in tuo sunt regno præsumptione, atque pro venerabilis fratris Thurstani, Eborum archiepiscopi, negotio alias ad te jam litteras misimus, nec exauditi sumus. Quamobrem nobilitatem tuam litterarum præsentium visitatione in Domino commonentes præcipimus, ut regni tui episcopos sese invicem consecrare, absque metropolitani licentia nullatenus permittas. Cum autem ecclesiarum opportunitas exegerit, ad metropolitanum suum, Eboracensem videlicet archiepiscopum, electi reverenter accedant, et aut per ejus manum, aut, si necessitas ingruerit, per ejus licentiam consecrationem accipiant. Cui nimirum archiepiscopo et illos et teipsum tanquam patri et magistro humiliter obedire, apostolica auctoritate præcipimus.

Dat. Tarenti xviii Kal. Februarii.

CLXV.
Ad J[oannem] episcopum Glascuensem.

(Anno 1122, Jan. 15.)
[*Monastic. Anglic.*, III, 147.]

CALIXTUS episcopus, servus servorum Dei, venerabili fratri JOANNI Glascuensi episcopo, salutem et apostolicam benedictionem.

Eborum Ecclesiæ postulatione a domino prædecessore nostro sanctæ memoriæ Paschali papa in episcopum consecratus es. Quam profecto benignitatem cum humiliter recognovisse debueris, in tantam, uti accepimus, superbiam elevatus es, ut metropolitano tuo, Eboracensi archiepiscopo, nec pro nostro etiam præcepto professionem volueris exhibere. Contemptus hujus pertinaciam nos diutius pati non posse pro certo cognoveris, propter quod repetita tibi præceptione præcipimus, ut Eboracensem Ecclesiam in cujus capitulo tanquam ejus suffraganeus electus es, non ut ingratus filius, recognoscas matrem tuam, et venerabili fratri nostro Thomæ metropolitano tuo professionem exhibeas; alioquin sententiam quam ipse in te canonica æquitate protulerit, nos auctore Deo ratam habebimus.

Data Tarenti xviii Kalend. Februarii.

CLXVI.
Ad episcopos Scotiæ. — Quod obediant metropolitano suo, Eborum archiepiscopo.

(Anno 1122, Jan. 15.)
[WILKINS, *Concil. Brit. Magnæ*, tom. I, p. 481.]

CALIXTUS episcopus, servus servorum Dei, dilectis in Christo fratribus, universis per Scotiam episcopis, Eborum Ecclesiæ suffraganeis, salutem et apostolicam benedictionem.

Nostris jamdudum litteris universitatem vestram nos monuisse meminimus, ut venerabili fratri nostro Thurstano, Eborum archiepiscopo, reverentiam et obedientiam deferatis. Cæterum, sicut nobis significatum est, vos usque adhuc id facere neglexistis : ea propter iterata vobis apostolicæ sedis præceptione mandamus ut, omni occasione seu dissimulatione seposita, prædictum fratrem nostrum Eboracensis Ecclesiæ archiepiscopum, metropolitanum vestrum inposterum cognoscatis, eique reverentiam et obedientiam impendatis. Porro Ecclesiarum electi ad eum pro consecrationis susceptione tanquam metropolitanum suum accedant, nec alter eorum sine ipsius licentia consecrare præsumat. Et hujusmodi enim consecratio irrita erit, et nos dimittere non poterimus quin canonicam inde justitiam, præstante Domino, faciamus.

Datum Tarenti xviii Kal. Februarii.

CLXVII.
Privilegium pro abbatia S. Germani a Pratis.

(Anno 1122, Jan. 28.)
[BOUILLARD, *Hist. de Saint-Germain des Prés*, preuv. pag. xxxv.]

CALIXTUS episcopus, servus servorum Dei, dilecto filio HUGONI abbati monasterii Sancti Germani de

Pratis, quod secus Parisiensem civitatem situm est, ejusque successoribus regulariter substituendis in perpetuum.

Piæ postulatio voluntatis effectu debet prosequente compleri ; quatenus et devotionis sinceritas laudabiliter enitescat, et utilitas postulata vires indubitanter assumat. Quia igitur dilectio tua ad sedis apostolicæ portum confugiens, tuitionem ejus devotione debita requisivit ; nos supplicationi tuæ clementer annuimus et Beati Germani monasterium, cui auctore Deo præsides, cum omnibus ad ipsum pertinentibus sub beati Petri tutelam protectionemque suscipimus. Per præsentis itaque privilegii paginam tibi tuisque successoribus in perpetuum confirmamus omnem honorem, omnem dignitatem, et omnem etiam libertatem, quæ per authentica sedis apostolicæ privilegia, vel regum scripta vestro monasterio collata est. Statuimus etiam ut quæcunque bona, quæcunque possessiones, concessione pontificum; liberalitate regum, oblatione fidelium, vel aliis justis modis ad vestram ecclesiam pertinent, et quæcunque in futurum largiente Deo juste atque canonice poteritis adipisci, firma vobis vestrisque successoribus et illibata permaneant. In quibus hæc propriis duximus nominibus adnotanda, videlicet in pago Pictaviensi ecclesiam Sancti Germani de Nentriaco ; in pago Bituricensi ecclesiam de Catherigiaco cum aliis ecclesiis quas vestrum monasterium possidet, etc. Decernimus ergo ut nulli omnino hominum liceat vestram ecclesiam temere perturbare, aut ejus possessiones auferre vel oblatas retinere, minuere vel temerariis vexationibus fatigare, sed omnia integra conserventur eorum, pro quorum sustentatione et gubernatione concessa sunt, usibus omnimodis profutura. Ad hæc mansuro in perpetuum decreto sancimus, ut in gravaminibus vestris liceat vobis libere sedem apostolicam appellare. Si qua igitur in futurum ecclesiastica sæcularisve persona, hanc nostræ constitutionis paginam sciens, contra eam venire tentaverit, secundo tertiove commonita, si non satisfactione congrua emendaverit, potestatis honorisque sui dignitate careat, reamque se divino judicio existere de perpetrata iniquitate cognoscat, et a sacratissimo corpore ac sanguine Dei et Domini Redemptoris nostri Jesu Christi aliena fiat, atque in extremo examine districtæ ultioni subjaceat. Cunctis autem eidem loco justa servantibus sit pax Domini nostri Jesu Christi, quatenus et hic fructum bonæ actionis percipiant, et apud districtum judicem præmia æternæ pacis inveniant. Amen, amen, amen.

Ego Calixtus catholicæ Ecclesiæ episcopus.

Datum Botenti per manum Grisogoni, sanctæ Romanæ Ecclesiæ diaconi cardinalis ac bibliothecarii, v Kalendas Februarii, indictione xv, Incarnationis Dominicæ anno millesimo centesimo vicesimo secundo, pontificatus autem domni Calixti II papæ anno tertio

CLXVIII.
Ad Heinricum V imperatorem.
(Anno 1122, Febr. 19.)

[Neugart, Cod. diplom. Alem. ex cod. ms. 55 biblioth. Scafhus. ad S. Joannem.]

Calixtus episcopus, servus servorum Dei, consanguineo suo H. (40) regi.

Dolemus valde quia visitare te apostolicæ salutationis alloquio secundum cordis nostri desiderium non audemus. Præsentes tamen litteras et nuntium venerabilem fratrem nostrum A. (41) Aquensem episcopum, qui et noster et tuus consanguineus est, et vera communiter affectione nos diligit, ad tuam duximus præsentiam dirigendum, et ut voluntatem nostram plenius recognoscas, et a nimietate duritiæ per Dei gratiam resipiscas. Siquidem et tu nobis, et nos tibi longe sumus amplius debitores, quam sibi ad invicem prædecessores nostri exstiterunt. Præter illud enim commune paternitatis debitum, quo ex apostolicæ sedis administratione tenemur, et præter illam imperii dignitatem, quam per solius Romani pontificis ministerium reges Alemannici consequuntur, proxima carnis consanguinitas (42) nos compellit, ut audire nos mutuo et diligere debeamus. Nemo quippe carnem suam odio habuit, sed fovet et nutrit. Te igitur sicut consanguineum nostrum, quem gemina in Christo dilectione diligere, honorare et super omnes exaltare cupimus, commonemus, ut Ecclesiæ pacem ulterius non recuses, pravorum suggestiones, qui in nostris placere sibi capitibus gloriantur, ad cor tuum ascendere non permittas, nec servus omnium velis esse, qui debes omnibus imperare. Nihil, Henrice, de tuo jure vindicare sibi quærit Ecclesia, quæ sicut mater sua omnibus gratuito administrat. Nec regni nec imperii gloriam affectamus, sed soli Deo in Ecclesiæ suæ justitia deser-

(40) Indicatur Heinricus V.

(41) Erat hoc tempore Azzo Aquensis in marchionatu Montis Ferrati episcopus, Heinrici V partibus addictissimus, ut patet ex ejus epistola ad eumdem imperatorem. (Eccard, *Corp. hist. med. ævi*, (t. II, p. 266.) Ejus itaque studiis non sine solida spe prosperi successus uti poterat Calixtus II, maxime ob consanguinitatis vinculum, quo Azzo utrique erat obstrictus, atque eo etiam forte ante pontificatum hujus papæ ad partes Cæsaris abstractus.

(42) Consanguinitatis origo in Agnete imperatrice, avia Heinrici V quærenda est, filia Guillelmi III, cognomento Magni, ducis Pictaviensis et Aquitaniæ ex conjuge Agnete nata Ottonis Guillielmi comitis

Burgundiæ, et sorore Renaldi I Burgundiæ comitis, Heinrici III in occupando Burgundiæ regno adversarii. Hujus adeo ex sorore neptis erat Agnes, Heinrici III conjux, ac Heinrici V avia. Ejusdem vero Renaldi comitis filius et successor Guillielmus I magnus, pater erat Guidonis archiepiscopi Viennensis postea papæ, hujus epistolæ auctoris. (Vid. *Dictionn. de l'Art de vérifier les dates*, col. 507, édit. Migne.) An ex hac quoque stirpe effloruerit Azzo episcopus, haud liquet. Certe nomen Longobardiæ ei patriam tribuit, ubi primam forte lucem aspexit memoratus Otto Guillielmus, filius Adalberti regis Italiæ, ab Ottone I imp. ann. 964 victi et capti.

vire optamus. Redi ergo ad teipsum, redi, et quis, quid effectus sis, diligenter excogita. Non confidas in superbiis iniquorum, quoniam Deus superbis resistit. Habes milites adjutores tuos; habet Ecclesia Regem regum, omnium defensorem suum, qui et sanguine suo eam mercatus est. Habet et sanctos apostolos Petrum et Paulum, dominos et patronos suos. Dimitte quod tuæ ministrationis non est, ut digne valeas ministrare quod tuum est. Obtineat Ecclesia quod Christi est, habeat imperator quod suum est. Sit pars utraque contenta suo officio, nec sibi ad invicem ambitione aliqua sua usurpent, qui debent omnibus justitiam observare. Si nos audire, et religiosorum et sapientum consilio nostris volueris monitis obedire, et Deo, et sæculo magnum gaudium dabis, et cum temporalis regni et imperii fastigio etiam æterni regni gloriam consequeris. Præterea nos et totam Ecclesiam ita tibi nexibus dilectionis devincies, ut vere princeps, vere rex, et vere imperator per omnipotentis Dei gratiam videaris. Quod si stultorum, et imperare tibi volentium adulationibus, et pravitatis suggestionibus, præcipitanter adhæseris, nec honorem Deo et Ecclesiæ debitum reddideris, per religiosos et sapientes viros Ecclesiæ Dei non sine læsione tua curabimus providere, quoniam sic esse diutius non valemus.

Dat. xi Kal. Mart. Leguntii episcopus.

CLXIX.

Privilegium pro monasterio S. Petri Mellicensis.

(Anno 1122, Mart. 10.)

[HUEBER, *Austria illustrata*, p. 7.]

CALIXTUS episcopus, servus servorum Dei, dilecto filio ERKENFRIDO, abbati monasterii S. Petri de Medelikch, ejusque successoribus regulariter substituendis in perpetuum.

Officii nostri nos hortatur auctoritas pro ecclesiarum statu satagere, et quæ recte statuta sunt stabilire. Quamobrem, dilecte in Christo fili Erkinfride abbas, petitioni tuæ clementer annuimus, et secundum postulationem confratris nostri Reginmari Pataviensis Ecclesiæ episcopi, beati Petri monasterium, cui Deo auctore præsides, ad exemplar domini prædecessoris nostri sanctæ memoriæ Paschalis papæ sedis apostolicæ patrocinio communimus, eumdem etiam locum Luipaldus marchio a parentibus suis ædificatum in loco Medlikch in parochia Pataviensi, et sub patronatus jure possessionem beato Petro et sanctæ Romanæ Ecclesiæ obtulit ejus tuitione perpetuo confovendum. Per præsentis ergo privilegii paginam apostolica auctoritate statuimus, ut quæcunque prædia, quascunque possessiones, sive ecclesias cum decimarum oblationibus præfati principes Luipaldus et pater ejus Luipaldus, et cæteri parentes, seu alii fideles de suo jure ipsi monasterio contulerunt, vel in futurum concessione pontificum, liberalitate principum, oblatione fidelium offerri, vel aliis modis acquiri contigerit, firma tibi tuisque successoribus et illibata permaneant. Obeunte te nunc ejus loci abbate, vel tuorum quolibet successorum, nullus ibi qualibet subreptionis astutia seu violentia præponatur, nisi quem fratres communi consensu, vel fratrum pars consilii sanioris secundum Dei timorem et beati Benedicti Regulam elegerint, a Romano pontifice consecrandum. Porro circummanentium abbatum subire judicium non cogamini, nisi forte illorum, qui ad sedis apostolicæ proprietatem pertinent cum ecclesiasticæ necessitatis causa exegerit. Chrisma, oleum sacrum, consecrationes altarium, sive basilicarum, ordinationes monachorum, qui ad sacros fuerint ordines promovendi, a Pataviensi accipietis episcopo, siquidem gratiam atque communionem sedis apostolicæ habuerit, et si ea gratis, et sine pravitate voluerit exhibere; alioquin liceat vobis catholicum, quem malueritis, adire antistitem, et ab eo consecrationum sacramenta suscipere, qui apostolicæ sedis fultus auctoritate, quæ postulantur indulgeat. Laicos sane seu clericos sæculariter viventes ad conversionem suscipere nullius episcopi vel præpositi contradictio vos inhibeat. Sepulturam quoque ejusdem loci omnino liberam esse decernimus, ut eorum qui illic sepeliri deliberaverint, devotioni et extremæ voluntati, nisi forte excommunicati sint, nullus obsistat. Advocatus autem loci ejusdem Luipaldus marchio maneat, vel ejus hæres, qui marchiam obtinuerit. Verumtamen neque illis, neque alicui, prorsus hominum liceat in eodem monasterio vel in bonis ejus quidquam sibi temere vindicare, aut ejus possessiones auferre, vel ablatas retinere, minuere, vel temerariis vexationibus fatigare, sed omnia integra conserventur eorum pro quorum sustentatione et gubernatione concessa sunt, usibus omnimodis profutura. Ad indicium autem susceptæ a Romana Ecclesia exemptionis aureum unum pro annis singulis Lateranensi palatio persolvetis. Si qua igitur in futurum ecclesiastica sæcularisve persona, hanc nostræ constitutionis paginam sciens, contra eam temere venire tentaverit, secundo tertiove commonita, si non satisfactione congrua emendaverit, potestatis honorisque sui dignitate careat, reamque se divino judicio existere de perpetrata iniquitate cognoscat, et a sanctissimo corpore ac sanguine Dei et Domini Redemptoris nostri Jesu Christi aliena fiat, atque in extremo examine districtæ ultioni subjaceat. Cunctis autem eidem loco justa servantibus sit pax Domini nostri Jesu Christi, quatenus et hic fructum bonæ actionis percipiant, et apud districtum Judicem præmia æternæ pacis inveniant. Amen, amen, amen.

Datum Laterani per manum Chrisogoni, sanctæ Romanæ Ecclesiæ diaconi cardinalis ac bibliothecarii, vi Idus Martii, indictione xv, Incarnationis Dominicæ anno 1122, pontificatus autem domni Calixti II papæ anno iv.

CLXX.

Ad Ansericum archiepiscopum et canonicos Bisuntinos. — Privilegium maternitatis ecclesiæ S. Joannis in ecclesiam S. Stephani.

(Anno 1122, Mart. 19.)
[Mansi, *Concil.* XXI, 199.]

Calixtus episcopus, servus servorum Dei, venerabili fratri Anserico, Manasse decano, Stephano archidiacono, Stephano thesaurario, Hugoni archidiacono, et cæteris Bisuntinæ ecclesiæ B. Joannis apostoli et evangelistæ canonicis, salutem et apostolicam benedictionem.

Decessorum statuta, sicut legitima et justa, successorem convenit custodire, ita debet etiam male facta salubri provisione corrigere. Ea propter nos subreptionem illam, quæ domino prædecessori nostro sanctæ memoriæ Paschali papæ e clericis S. Stephani de maternitatis judicio facta est, ad veritatis et justitiæ curavimus ordinem revocare. Inter vos enim, et canonicos S. Stephani, super episcopali cathedra, et ecclesiastica maternitate, longo jam fuerat tempore agitata discordia. Siquidem canonici S. Stephani, ecclesiam suam matricem antiquitus exstitisse, sed propter ejus destructionem episcopos ad B. Joannis ecclesiam secessisse, prout poterant, allegabant. Econtra vos ecclesiam vestram per longa temporum spatia episcopalem sedem sine interruptione legitima possedisse, scriptorum memoria, et veterum virorum attestationibus firmabatis. Hæc profecto discordia cum ad prædicti domini nostri audientiam pervenisset, nostro eam commisit examini finiendam, eo quod ipsius vices illis in partibus gereremus; ita videlicet ut si canonici S. Stephani quinque idoneis probare testibus possent, quod post redintegrationem ecclesiæ suæ, infra annos triginta post querela hac quæstionem fecissent, per quam illorum videretur interrupta retentio, scilicet vel ante antistitem suum, vel ante Romanæ legatum Ecclesiæ, in communi audientia hac probatione perfecta, privilegia eorum jus proprium obtinerent, episcopalis sedes apud B. Stephani ecclesiam haberetur ; alioquin vos a querela hac liberi maneretis, et episcopalem teneretis sedem sicut prius tenueratis. Eamdem quoque ipsius negotii decisionem, usque ad tunc proximam B. Mariæ Assumptionem, idem dominus a nobis perfici consummarique præcepit : Nos ejus obedientes mandatis, adhibitis fratribus nostris, et coepiscopis, Gauceranno Lugdunensi, Hugone Gratianopolitano, Leodegario Vivariensi, Berardo Matisconensi, Stephano Eduensi, Galtero Cabilonensi, Gauceranno Lingonensi, Pontione Bellicensi, Guidone Gebennensi, Gulineo Sedunensi, et Pontio abbate Cluniacensi, et decem et septem abbatibus, atque aliis religiosis viris, apud Trenorcium utramque partem convenimus. Ubi cum pars vestra justitiæ suæ allegationes ostenderet, nos probationis exsecutionem a prædicto domino constitutam, a S. Stephani canonicis requisivimus; qui vix tandem testes aliquot, non tamen idoneos, produxerunt. Alius enim pro commisso perjurio, sive turpi nativitate, alius pro sacrilegio, alius pro pretii conductione, alius pro excommunicatione qua diu alligatus fuerat, reprobatus est. Sic præfati B. Stephani canonici, jam suæ partis causam defendere non valentes, a probatione proposita in conspectu omnium defecerunt. Tunc ex communi fratrum judicio definitum est, vestram B. Joannis ecclesiam debere maternitatis prærogativam in perpetuum obtinere. Unde nos una cum eis, eamdem vestram ecclesiam ex tunc a querela illa liberam fore decrevimus, episcopalem in ea sedem permanere irrefragabiliter statuentes. Auctoritate insuper apostolica, in cujus vocati partes sollicitudinis fueramus, sub anathematis obligatione præcepimus, ut nullus eam ulterius clericus, sive laicus inde inquietare, aut inquietanti favorem præsumeret ministrare. Hac promulgata ex communi deliberatione sententia, canonici Sancti Stephani ad nos secretius accesserunt, ut constituendæ inter vos et illos pacis diem præfigeremus suppliciter postulantes. In quorum verbis nos nihil doli, nihil prorsus versutiæ opinantes, supplicationi eorumdem annuimus, et diem eis, uti postulaverant, constituimus. Mox ipsi a nobis fraudis inito consilio discedentes, unum ex fratribus suis, Petrum scilicet de Moneta, ad prædictum prædecessorem nostrum, furtim et nobis nihil omnino tale opinantibus, direxerunt. Is postquam curiæ se præsentavit, multa ferens et nonnulla confingens mendacia, inter cætera suggerere domino ausus est nos de prædicto negotio nihil fecisse, neque in ejus exsecutionem obedire mandato sedis apostolicæ voluisse. In hæc figmenta discedens, et rursus ad curiam rediens, reliquos secum deceptores adduxit, congregatisque eis, discussio quasi a principio facta est. Novissime quædam illarum personarum, quæ tam celebri, ut prædictum est, judicio reprobatæ fuerant, imo et aliæ nequaquam idoneæ, ad præfatam probationem admissæ sunt. Duo ex clericis nostris, quos pro jam dicti confirmatione judicii miseramus, advenerant, sed cum omnia quæ acta fuerant, diligenter exponerent, proficere nullatenus potuerunt. Canonici quippe S. Stephani ita jam curiam totam figmentorum suorum fallaciis, et assentationum blandimentis asperserant : ut aliis nullum in ea locum habentibus, ipsi scriptum maternitatis acceperint. Post aliquantum temporis, illorum fraudem idem dominus, et recognovisse asseritur, et super ea vehementius doluisse. Unde etiam tibi, charissime frater archiepiscope Anserice, per sui auctoritatem scripti liberam contulit facultatem, episcopalia in qua velles ecclesia peragendi. Postea vero quam nos in apostolicæ sedis administrationem divina fuimus gratia constituti, vos aures nostras super eadem querimonia iterum atque iterum propulsastis. Nos autem supradictam deceptionem, necnon et causam omnem plenius cognoscentes, utpote qui ab ipso pueritiæ nostræ tempore in illis educati partibus fuimus, et nostris totius rei veritatem oculis vidimus, utramque partem ad nostram secundo praesentiam convocavimus. Vos, ut mandatum fuerat, convenistis, sed illi se nullis praemissis excusationibus subtraxerunt. Tertia tandem, terminum tam eis quam vobis in B. Lucae festivitate praefiximus : sed in parte altera, etiam hac vice contempti sumus. Cum enim vos praesentes fueritis, et per quindecim dies in curia permanentes, terminum transieritis, illi nec venerunt, nec responsales aliquos transmiserunt : quamobrem fratribus nostris episcopis et cardinalibus, necnon et archiepiscopis, episcopis et abbatibus qui nobiscum aderant, visum est, B. Stephani canonicos diffugium petiisse, ne coram nobis negotium tractaretur, qui et ipsorum dolositatem, et justitiae vestrae puritatem certissime sciebamus. Ex communi ergo eorumdem fratrum nostrorum consilio, illud maternitatis scriptum, quod per tantae fraudis versutiam saepedicto domino nostro subreptum est, apostolica auctoritate cassamus, statuentes ut nullam in posterum vim prorsus obtineat ; sed in tota Bisuntinae civitatis parochia, sola B. Joannis ecclesia omnem episcopalis sedis et matricis ecclesiae possideat futuris temporibus dignitatem, quam priscis cognoscitur temporibus possedisse. Porro consuetudines omnes, quas ecclesia S. Stephani a tempore Hugonis Salinensis bonae memoriae Bisuntini archiepiscopi, usque ad tempora fratris nostri Hugonis, qui in Jerosolymitana peregrinatione defunctus est, tam in spiritualibus, quam in temporalibus ecclesiae vestrae persolvit, quiete vobis deinceps, et eidem vestrae ecclesiae persolvantur. Ad haec, absolutionem, quae tam a te, charissime in Christo frater et episcope Anserice, quam et ab Humbaldo Ludgunensi archiepiscopo, super juramento illo clericis utriusque ecclesiae facta, et a nobis dum adhuc in partibus ultramontanis essemus, confirmata est, praesentis quoque decreti pagina roboramus, et ratam perpetuo manere decernimus, auctoritate sedis apostolicae statuentes, et omnimodis praecipientes, ut neque vos S. Stephani canonicos, neque ipsi, aut quaelibet persona, vos ulterius super juramento illo praesumat impetere. Si nostrae igitur sanctioni huic B. Stephani canonici audaci praesumptione contraire tentaverint, tibi, dilecte in Christo frater Anserice Bisuntine archiepiscope, tuisque successoribus licentiam damus de personis eorum, et de ipsa etiam ecclesia, cooperante Deo, donec satisfecerint, justitiam exsequendi. Si qua etiam in futurum ecclesiastica saecularisve persona, hanc nostrae constitutionis paginam sciens, contra eam venire tentaverit, secundo tertiove commonita, si non satisfactione congrua emendaverit, potestatis honorisque sui dignitate careat, reamque se divino judicio existere de perpetrata iniquitate cognoscat, et a sacratissimo corpore ac sanguine Dei et Domini Redemptoris nostri Jesu Christi aliena fiat, atque in extremo examine districtae ultioni subjaceat. Cunctis autem eidem B. Joannis ecclesiae justa servantibus sit pax Domini nostri Jesu Christi, quatenus et hic fructum bonae actionis percipiant, et apud districtum judicem praemia aeternae pacis inveniant. Amen, amen.

Scriptum per manus Gervasii scriniarii regionarii, et notarii sacri palatii.

Datum Laterani, xiv Kal. Aprilis, indict. xv, Incarnat. Dominicae anno 1122, pontificatus autem domini Calixti II papae anno quarto.

Ego Calixtus, catholicae Ecclesiae episcopus, subscripsi.

CLXXI.
Mundiburdium papale concessum monasterio Reichenbacensi.
(Anno 1122, Mart. 24.)
[RIED, *Cod. diplom. Ratisb.*, ex codice Traditionum Reichenbacensi coaevo.]

CALIXTUS episcopus, servus servorum Dei, dilecto filio ERCHENGERO abbati monasterii Sanctae Mariae, quod in Ratisponensi episcopatu apud Richinbach situm est, ejusque successoribus regulariter substituendis in perpetuum.

Piae postulatio voluntatis effectu debet prosequente compleri : eapropter, dilecte in Christo fili Erchingere abbas, postulationi tuae annuendum censuimus, et beatae Mariae, cui auctore Deo praesides, monasterium, quod a probo viro Diupoldo marchione, et uxore ipsius Adelheide fundatum, et beato Petro ejusque sanctae Romanae Ecclesiae oblatum est, sedis apostolicae patrocinio communimus : Praesentis igitur decreti pagina apostolica auctoritate statuimus, ut possessiones et bona omnia quae idem monasterium in praesenti legitime possidet, sive in futurum concessione pontificum, liberalitate principum, oblatione fidelium aut aliis justis modis largiente Domino poterit adipisci, firma tibi tuisque successoribus, et integra conserventur. Decernimus ergo ut nulli omnino hominum liceat praedictum monasterium temere perturbare aut ejus possessiones auferre vel ablatas retinere, minuere vel temerariis vexationibus fatigare, sed omnia, ut dictum est, integra conserventur eorum, pro quorum sustentatione et gubernatione concessa sunt, usibus omnimodis profutura. Obeunte te nunc ejusdem loci abbate, vel tuorum quolibet successorum, nullus ibi qualibet subreptionis astutia seu violentia praeponatur, nisi quem fratres communi consensu vel fratrum pars consilii sanioris secundum Dei timorem et beati Benedicti Regulam elegerint. Hoc ipsum et de advocati constitutione praecipimus, qui tamen advocatus si fratribus gravis et monasterio inutilis fuerit, amoto eo alius substituatur. Sane abbatis benedictionem, altarium consecrationem, monachorum ordinationes ab episcopo in cujus estis diœcesi, accipietis, si quidem gratiam et communionem apostolicae sedis habuerit, et si ea gratis ac sine pravitate voluerit exhibere ; alioquin liceat vobis, catholicum, quem malueritis, adire antistitem, et eadem sacramenta ab eo suscipere. Sepulturam quoque ipsius loci omnino liberam esse censemus, ut eorum qui illic sepeliri deliberaverint, devotioni et extremæ voluntati, nisi forte excommunicati sint, nullus obsistat, salvo in omnibus diœcesani episcopi jure ac reverentia. Ad indicium autem perceptæ hujus a Romana Ecclesia libertatis, aureum unum quotannis Lateranensi palatio persolvetis, quemadmodum et a prædicto marchione Diutpaldo constitutum est. Si qua igitur in futurum ecclesiastica sæcularisve persona, hanc nostræ constitutum paginam sciens, contra eam temere venire tentaverit, secundo tertiove commonita, si non satisfactione congrua emendaverit, potestatis honorisque sui dignitate careat, reamque se divino judicio existere de perpetrata iniquitate cognoscat, et a sacratissimo corpore ac sanguine Dei et Domini Redemptoris nostri Jesu Christi aliena fiat, atque in extremo examine districtæ ultioni subjaceat; cunctis autem eidem loco justa servantibus sit pax Domini nostri Jesu Christi, quatenus et hic fructum bonæ actionis percipiant, et apud districtum judicem præmia æternæ pacis inveniant. Amen.

Datum Laterani IX Kalend. Aprilis, indictione XV, Incarnationis Dominicæ anno 1122, pontificatus autem domni Calixti II papæ anno quarto.

CLXXII.

Privilegium pro monasterio Zwifaltensi.

(Anno 1122, Mart. 24.)

[Petrus, *Suevia ecclesiastica*, 916.]

Calixtus episcopus, servus servorum Dei, Udalrico abbati monasterii quod in loco qui Zwiwulda dicitur, istum est, ejusque successoribus regulariter substituendis in perpetuum.

Religiosis desideriis dignum est facilem præbere consensum, ut fidelis devotio celerem sortiatur effectum, apostolicæ siquidem sedis devotissimi filii Liutoldus et Cuono comites de facultatibus propriis monasterium, in loco qui Zwifulda dicitur, aspirante Domino construxerunt : quod in beatæ Dei genitricis semper virginis Mariæ honore ac nomine consecratum, beato Petro apostolorum principi et sanctæ ejus Romanæ et apostolicæ Ecclesiæ obtulerunt. Quam nimirum oblationem, nos auctoritate sedis apostolicæ confirmantes, ad exemplar domini prædecessoris nostri sanctæ memoriæ Urbani papæ prædictum locum sub beati Petri tuitione confovendum suscipimus, et contra viventium omnium infestationes præsentis decreti stabilitate munimus. Statuimus enim ut quidquid prædicti comites divinæ aspirationis instinctu eidem cœnobio contulerunt, et quæcunque a quibuslibet fidelibus de suo jure, aut hactenus collata sunt, aut in futurum annuente Domino conferri contigerit, tibi, charissime in Christo frater Udalrice, qui nunc eidem loco in abbatem præesse divina dispositione cognosceris, tuisque successoribus, iis semper firma et illibata permaneant. Nulli ergo hominum liceat idem monasterium perturbare aut ejus possessiones auferre vel ablatas retinere, vel temerariis vexationibus fatigare : sed omnia integra conserventur, eorum pro quorum sustentatione ac gubernatione concessa sunt, usibus omnimodis profutura. Obeunte te nunc ejus loci abbate, vel tuorum quolibet successorum, nullus ibi qualibet subreptionis astutia seu violentia præponatur, nisi quem fratres communi consensu, vel fratrum pars consilii sanioris, secundum Dei timorem præviderint eligendum. Hoc ipsum etiam de advocati constitutione præcipimus. Qui tamen advocatus, si inutilis monasterio repertus fuerit, amoto eo alius substituatur. Chrisma, oleum sanctum, consecrationes altarium, sive basilicarum ab episcopo in cujus diœcesi estis, accipietis, nisi forte simoniacum esse constiterit, aut apostolicæ sedis communionem non habere. Quod si constiterit, liceat vobis, a quocunque malueritis episcopo catholico et clericorum ordinationes, et cætera sacramenta suscipere. Si quis sæcularium in eodem cœnobio locum sibi sepulturæ desideraverit præparari, liceat vobis pie desiderata concedere. Ad indicium autem perceptæ hujus a Romana Ecclesia libertatis aureum unum quotannis Lateranensi palatio persolvetis. Si quis ergo in futurum archiepiscopus aut episcopus, imperator aut rex, princeps aut dux, comes, vicecomes, judex, potens aut impotens, hanc nostræ constitutionis paginam sciens, contra eam temere venire tentaverit, secundo tertiove commonita, si non satisfactione congrua emendaverit, potestatis honorisque sui dignitate careat, reamque se existere de perpetrata iniquitate cognoscat, et a sacratissimo corpore ac sanguine Dei et Domini nostri Jesu Christi aliena fiat, atque in extremo examine districtæ ultioni subjaceat. Cunctis autem eidem loco justa servantibus sit pax Domini nostri Jesu Christi, quatenus et hic fructum bonæ actionis percipiant, et apud districtum judicem præmia æternæ pacis inveniant. Amen, amen, amen.

Ego Calixtus catholicæ Ecclesiæ episcopus laudans.

Datum Laterani per manum Chrisogoni sanctæ Romanæ Ecclesiæ diaconi cardinalis ac bibliothecarii, nono Kalendas Octobris, indictione decima quinta, Incarnationis Dominicæ anno 1122; pontificatus autem domni Calixti papæ II anno quarto.

CLXXIII.

Monasterium SS. Petri et Pauli Echenbrunnense confirmat.

(Anno 1122. Mart. 24.)

[Lang, *Regesta sive Rerum Boicarum autographa e regni scriniis.* Monaci, 1822, 4°, t. I, p. 119.]

CLXXIV.

Privilegium pro monasterio S. Mariæ Godesavensi.

(Anno 1122, Mart. 25.)

[Wenck, *Hessische Landesgeschichte*, I, 287.]

Calixtus episcopus, servus servorum Dei, dilecto filio Burcharro abbati monasterii Sanctæ Mariæ, quod in Spirensi parochia in loco qui Godesoya situm est, ejusque successoribus regulariter substituendis in præpositos.

Officii nostri nos hortatur auctoritas pro Ecclesiæ statu satagere, et quæ recte statuta sunt stabilire ; si quidem illustris vir Bertholdus comes de Hohenburc Beatæ Mariæ monasterium, cui, dilecte in Christo fili, Deo auctore, præsides, in prædio suo in loco Godesova dicitur, propriis constructum sumptibus beato Petro ejusque Romanæ Ecclesiæ sub censu annuo unius Spirensis monetæ denarii obtulit. Et nos ergo ejus devotionem laudabilem perpendentes, et tuis precibus annuentes, oblationem ipsam ad honorem Dei et beati Petri apostolorum principis, cum omnibus ad eam pertinentibus, protectione sedis apostolicæ communimus. Statuimus enim, ut nulli prorsus hominum liceat ipsum monasterium ausu temerario perturbare, aut ejus possessiones auferre vel ablatas retinere, minuere vel temerariis vexationibus fatigare ; sed omnia quæ aut hodie legitime possidet, aut in posterum largiente Domino juste poterit adipisci, quieta et libera sub Romano patrocinio conserventur. Obeunte te, vel tuorum quolibet successorum, nullus qualibet subreptionis astutia, seu violentia præponatur, nisi quem fratres communi consensu, vel fratrum pars consilii sanioris, secundum Dei timorem et beati Benedicti regulam elegerint. Hoc ipsum etiam de advocati constitutione præcipimus, qui tamen advocatus si inutilis monasterio fuerit repertus, amoto eo alio substituatur. Ecclesiarum consecrationes, abbatis et fratrum ordinationem ab episcopo, in cujus diœcesi estis, accipietis, nisi forte simoniacum eum esse aut apostolicæ sedis communionem et gratiam constiterit non habere. Quod si fuerit, liceat vobis catholicum adire, et ab ipso eadem sacramenta percipere. Sepulturam quoque loci ipsius omnino liberam esse censemus, ut eorum qui illic sepeliri deliberaverint devotioni et extremæ voluntati, nisi forte excommunicati sint, nullus obsistat, salva tamen in omnibus diœcesani episcopi reverentia. Si qua igitur in futurum ecclesiastica sæcularisve persona hanc nostræ constitutionis paginam sciens contra eam temere venire tentaverit, secundo tertiove commonita, si non satisfactione congrua emendaverit, potestatis honorisque sui dignitate careat, reamque se divino judicio existere de perpetrata iniquitate cognoscat, et a sacratissimo corpore ac sanguine Dei et Domini Redemptoris nostri Jesu Christi aliena fiat, atque in extremo examine districtæ ultioni subjaceat. Cunctis autem eidem loco justa servantibus sit pax Domini nostri Jesu Christi, quatenus et hic fructum bonæ actionis percipiant, et apud districtum judicem præmia æternæ pacis inveniant. Amen, amen.

Ego Calixtus catholicæ episcopus Ecclesiæ laudans.

Datum Laterani per manum Chrisogoni sacræ Romanæ Ecclesiæ diaconi cardinalis ac bibliothecarii, ix Kal. Aprilis, indict. xv, Incarnationis Dominicæ anno 1122, pontificatus autem domini Calixti II papæ anno iv.

CLXXV.

Monasterii S. Salvatoris Milstadensis protectionem suscipit juraque confirmat.

(Anno 1122, Mart. 27.)

[Vide Hormagr, *Archiv. für Geographie Historie, staats u. Kriegs Kunst.* Wien, 1810, 4°, p. 529.]

CLXXVI.

Ecclesiæ Lucensis privilegia quædam, rogante Benedicto episcopo, corroborat.

(Anno 1122, April. 4.)

[Baluz., *Miscell.*, edit. Luc., IV, 187.]

Calixtus episcopus, servus servorum Dei, venerabili fratri Benedicto Lucano episcopo salutem et apostolicam benedictionem.

Omnipotenti Deo, cujus misericordia super vitas melior est, gratias agimus, qui diebus iis Lucanum populum ad plenam pastoris sui obedientiam inclinavit. Etsi enim præteritis temporibus prudentes ac religiosi viri Ecclesiæ Lucanæ præsederint, populus tamen potius temporalia quærens, quam saluti suæ providens, minime libenter illis prout oportuit obedivit. Unde factum est ut nonnulla Lucanæ Ecclesiæ bona, tam ecclesiastica quam sæcularia, et a multis direpta et in usus proprios sint detenta. Quia igitur, frater charissime, hanc tibi gratiam et Lucano populo misericordia divina concessit, ut tibi tanquam Patri, et animarum episcopo desideret humiliter obligare, fraternitatem tuam ad recuperanda ea quæ nequiter distracta sunt tam in plebibus et capellis, quam etiam in aliis possessionibus, enixius laborare præcipimus. Ad hoc enim tibi Dominus quam habes tribuit facultatem, ut ipso auxiliante per tuam industriam restaurentur, quæ per antecessorum tuorum incuriam in alienum quasi dominum transierunt. Ut autem et iis, et aliis, quæ administrationi episcopali conveniunt, instanter vigiles, petitioni tuæ benignitate debita duximus annuendum. Auctoritate itaque apostolica prohibemus ne in Lucano episcopatu præter episcopi conscientiam juxta illud Chalcedonensis concilii capitulum, monasterium, vel ecclesia quælibet construatur. Interdicimus etiam ne monachi catechumenorum aut infirmorum in populo unctiones facere, vel publicas pœnitentias dare præsumant. Quod si ad monasterium parochialis ejus populus pro divini officii susceptione convenerit, per capellanum presbyterum, cui ab episcopo populi regimen et animarum cura commissa fuerit, sacramenta eadem ministrentur, salvis tamen consuetudinibus cæterarum Ecclesiarum. Sane de parochialibus ecclesiis, quas in Lucano episcopatu monachi tenent, synodalem domini prædecessoris nostri S. mem. Urbani II papæ sententiam confirmamus, ne videlicet in eis absque episcopi consilio presbyteros collocent, sed episcopus parochiæ curam cum abbatum, vel priorum consensu sacerdoti committat, ut ejusmodi sacerdotes de plebis quidem cura episcopo rationem reddant. Abbati vero pro rebus temporalibus ad monasterium pertinentibus debitam subjectionem exhibeant ; et sic sua cuique jura servent. Porro si

Lucanæ diœcesis monasteria vel ecclesiæ inter se causas habuerint, et ab altera parte ad episcopum querela pervenerit, ejus judicio controversia terminetur, salva Romanæ Ecclesiæ auctoritate, et exceptis monasteriis et ecclesiis quæ ad Romanam spectant Ecclesiam. Illud quoque omnimodo prohibemus ne excommunicatos vel interdictos Lucani episcopi, qui siquidem contra prohibitam communionem suscipiat. Ad hæc mansuro in perpetuum decreto sancimus ut Lucanus episcopus non quorumlibet violentia laicorum, sed juxta sanctorum Patrum constitutiones ab Ecclesiæ canonicis eligatur. Tibi præterea, tuisque successoribus prædecessorum nostrorum sacræ memoriæ Alexandri II et Paschalis II pontificum privilegia confirmamus, et stabilitate perpetua roboramus. Si quis igitur in futurum ecclesiastica sæcularisve persona hanc nostræ constitutionis paginam sciens, contra eam temere venire tentaverit, secundo tertiove commonita, si non satisfactione congrua emendaverit, potestatis honorisque sui dignitate careat, reamque se divino judicio existere de perpetrata iniquitate cognoscat, et a sacratissimo corpore ac sanguine Dei et Domini Redemptoris nostri Jesu Christi aliena fiat, atque in extremo examine districtæ ultioni subjaceat. Cunctis autem eidem Ecclesiæ jura servantibus sit pax Domini nostri Jesu Christi, quatenus et hic fructum bonæ actionis percipiant, et apud districtum judicem præmia æternæ pacis inveniant. Amen.

Datum Laterani per manum Cridovoni S. R. E. diaconi cardinalis ac bibliothecarii, II Nonas Aprilis, indict. xv, Incarnat. Dominicæ millesimo centesimo vicesimo tertio pontificatus autem divi Calixti II papæ anno quarto.

CLXXVII.

Privilegium pro monasterio S. Mariæ Pratialiensi.

(Anno 1122, Maii 1.)

[ORSATO, *Historia di Padova*, Pad., 1678, fol., p. 295.]

CALIXTUS episcopus, servus servorum Dei, dilecto filio ISELBERTO abbati Sanctæ Mariæ, quod in Paduano episcopatu, in loco quod Pratalia dicitur, situm est, salutem et apostolicam benedictionem.

Ex venerabilis fratris nostri Bernardi Parmensis episcopi relatione didicimus vestrum monasterium à Maltraverso de Montebello et fratribus, atque aliis consanguineis ejus comitibus in proprii patrimonii prædio sumptibus eorum fundatum, et beato Petro, ejusque Romanæ Ecclesiæ sub annuo duorum aureorum censu oblatum fuisse, quam nimirum oblationem tam tuis, dilecte in Christo fili Iselberte abbas, quam ipsius fratris nostri precibus suscipientes, idem monasterium cum omnibus pertinentiis suis protectione sedis apostolicæ communimus. Statuimus tamen ut quæcunque bona, quascunque possessiones in præsenti quinta decima indictione legitime possidet, sive in futurum largitore Deo juste atque canonice poterit adipisci, firma tibi, tuisque successoribus, et illibata permaneant. Decernimus ergo ut nulli omnino hominum liceat idem monasterium temere perturbare, aut ejus possessiones auferre, vel ablatas retinere, minuere, vel temerariis vexationibus fatigare, sed omnino integra conserventur eorum, pro quorum sustentatione et gubernatione concessa sunt, usibus omnimodis profutura, ut secundum Gregorii decreta quiete semper Deo servire valeant. Ad indicium autem nostræ hujus tuitionis et confirmationis, aureos duos quotannis Lateranensi palatio persolvetis. Si quis igitur, decreti hujus tenore cognito, temere, quod absit! contraire tentaverit, honoris et officii sui periculum patietur, atque excommunicationis ultione plectetur, nisi præsumptione digna satisfactione correxerit.

Scriptum per manum Gervasii scriniarii regionarii, et notarii sacri palatii.

Ego Calixtus catholicæ Ecclesiæ episcopus.

Datum Laterani Kalendis Maii, indict. xv, Incarnationis Dominicæ anno 1123, pontificatus autem domini Calixti II papæ anno iv.

CLXXVIII.

Monasterii Salvatoris et S. Bonifacii Fuldensis possessiones ac privilegia confirmat.

(Anno 1122, Maii 9.)

[DRONKE, *Cod. diplom. Fuld.*, 378.]

CALIXTUS episcopus, servus servorum Dei, dilecto filio ERLOLFO abbati venerabilis monasterii Salvatoris Domini nostri Jesu Christi et Sancti Bonifacii, quod situm est in loco qui vocatur Bochonia, juxta ripam fluminis quod vocatur Fulda, ejusque successoribus regulariter substituendis in perpetuum.

Cum universis per orbem Ecclesiis debitores ex apostolicæ sedis auctoritate ac benevolentia existamus, illis tamen locis quæ specialius ad Romanam noscuntur Ecclesiam pertinere, propensiori nos convenit studio providere. Quam ob rem, dilecte in Christo fili Erlolfe, abbas, petitiones tuas benignius admittentes, Salvatoris Domini nostri Jesu Christi et Sancti Bonifacii monasterium regimini tuo commissum ad exemplar prædecessoris nostri sanctæ memoriæ Alexandri papæ beati Petri patrocinio communimus. Statuimus enim ut quæcunque bona, quascunque possessiones concessione pontificum, liberalitate regum vel imperatorum, oblatione fidelium vel aliis justis modis idem cœnobium in præsenti quinta decima indictione possidet, vel in futurum, largiente Deo, poterit adipisci, firma tibi tuisque successoribus et illibata permaneant. Sane omnem cujuslibet ecclesiæ sacerdotem et ipsum specialiter episcopum in cujus diœcesi locus idem constructus est quamlibet ibi ditionem habere vel auctoritatem præter nostram sedem apostolicam prohibemus; adeo ut nisi ab abbate fuerit invitatus nec missarum ibidem solemnia celebrare præsumat. Interdicimus etiam ne magnæ cuilibet aut parvæ personæ facultas sit vim aliquam seu controversiam monasterio eidem inferre in rebus et familiis ejus. Nec placitum ibi vel in cæteris ejus locis unquam quis habeat; nec servos vel colonos ad servitium aliquod constringat nisi cui abbas pro necessitatis suæ utilitate assensum præbuerit. Nec femina illuc ingredi qualibet temeritate præsumat. Porro quidquid in donis, oblationibus et fidelium decimis sæpedicto monasterio vestro per antecessorum nostrorum privilegia concessum et confirmatum est, nos quoque concedimus et præsentis privilegii pagina confirmamus. Usum quoque dalmaticæ atque sandaliorum prout a nostris prædecessoribus constitutum est tibi, charissime fili, tuisque successoribus ex apostolicæ sedis liberalitate concedimus. Obeunte te nunc ejusdem loci abbate vel tuorum quolibet successorum, nullus ibi qualibet subreptionis astutia seu violentia præponatur, nisi quem fratres communi consensu vel pars consilii sanioris secundum Dei timorem et beati Benedicti Regulam elegerint a Romano pontifice consecrandum : qui primatum in omni loco et conventu ante alios abbates Galliæ et Germaniæ obtinebit ; et si forte aliquo fuerit crimine accusatus de sede tantum apostolica judicium exspectabit. Congruis vero temporibus monasterii vestri religio sedi apostolicæ intimetur, ne forte, quod absit ! animus gressusque rectitudinis vestræ a norma justitiæ ob nostri libertatem privilegii retrahatur. Ad hæc patrum nostrorum vestigiis insistentes, tibi tuisque successoribus concedimus et inviolabili stabilitate conferimus monasterium Sancti Andreæ apostoli, quod vocatur Exaiulum, situm Romæ juxta ecclesiam Sanctæ Dei Genitricis semperque virginis Mariæ quæ vocatur ad Præsepe, cum omnibus mansionibus caminatis et cellis, cum curte puteo et introitu per portam majorem a via publica, et cum omnibus intra vel extra Orbem juste ad ipsum pertinentibus. Si quis igitur archiepiscopus aut episcopus, imperator, rex, dux, marchio, comes aut ecclesiastica quælibet sæcularisve persona, hanc nostræ constitutionis paginam sciens, contra eam temere venire tentaverit; secundo tertiove commonita, si non satisfactione congrua emendaverit, potestatis honorisque sui dignitate careat, reamque se divino judicio existere de perpetrata iniquitate cognoscat, et a sacratissimo corpore ac sanguine Dei et Domini Redemptoris nostri Jesu Christi aliena fiat atque in extremo examine districtæ ultioni subjaceat. Cunctis autem eidem loco justa servantibus sit pax Domini nostri Jesu Christi, quatenus et hic fructum bonæ actionis percipiant, et apud districtum judicem præmia æternæ pacis inveniant. Amen.

Scriptum per manum Gervasii scriniarii regionarii et notarii sacri palatii.

(S. p.) Ego Calixtus, catholicæ Ecclesiæ episcopus. (B. V.)

Datum per manum Grisogoni sanctæ Ecclesiæ diaconi cardinalis ac bibliothecarii, vii Idus Maii, indictione xv, Incarnationis Dominicæ anno 1122, pontificatus autem domni Calixti II papæ anno iv.

CLXXIX.

Monasterio S. Remigii Remensi matricem S. Martini ecclesiam cum dimidia villæ S. Remigii parte et monasterio Montis Majoris alteram villæ partem cum capella S. Mariæ addicit.

(Anno 1122, Maii 16)
[MABILL., Annal. Bened., VI, 644.]

CALIXTUS episcopus, servus servorum Dei, dilectis in Christo filiis ODONI abbati monasterii Sancti Remigii et ejus fratribus salutem et apostolicam benedictionem.

Quæ judicii veritate discussa sunt, inconvulsa debent stabilitate servari. Super ecclesia siquidem Sancti Martini de villa Sancti Remigii inter vos et Montis Majoris monasterium querimonia longo jam tempore agitata est, de qua domni quidem prædecessores nostri sanctæ memoriæ, Paschalis et Gelasius, apostolicæ sedis pontifices, juxta bonæ memoriæ Arberti Avenionensis episcopi concessiones, definitionis sententiam ediderunt. Cæterum Montis Majoris monachis renitentibus, et obedire omnino nolentibus, post multas dilationum fugas, a nobis quoque de restitutione litteræ missæ sunt. Postremo utriusque monasterii labores et dispendia paternæ pietatis oculo intuentes, post aliquantum temporis alia rursum scripta direximus, ad agendam causam utrique parti terminum præfigentes. Et vos quidem parati atque muniti statuto termino accessistis; abbas vero Montis Majoris absens fuit, neque pro se vel pro toto negotio, nisi quemdam Rodulfum clericum, delegavit. Causa igitur in nostra et fratrum nostrorum præsentia diligenter discussa, et diligentius indagata, communi consilio definitum est, prædictorum Patrum decisionem et episcopi concessionem debere inconvulsam illibatamque servari : ut videlicet matrix Sancti Martini ecclesia de villa Sancti Remigii, cum medietate ipsius villæ, sub Beati Remigii monasterii jurisdictione ac proprietate perpetuo maneat ; reliquæ vero medietatis proprietatem cum capella Sanctæ Mariæ, Montis Majoris monasterium quietam illibatamque obtineat : ita tamen, ut parochialia omnia de tota omnino villa eidem matrici ecclesiæ conferantur. Si vero mulieres a partu surgentes ad eamdem capellam pro beatæ Dei Genitricis semper virginis Mariæ devotione convenerint, sua ibi persolvere vota concedimus. Hanc itaque definitionis sententiam nos auctoritate apostolica confirmamus, et inconcussam omnino atque inviolabilem decernimus conservari, Montis Majoris abbati et fratribus perpetuum in causa hac silentium imponentes. Si quis autem definitionis hujus tenore cognito, temere, quod absit ! contraire tentaverit, nisi secundo tertiove commonitus satisfecerit, officii sui periculo et ecclesiasticæ severitatis ultioni subjaceat.

Ego Calixtus catholicæ Ecclesiæ episcopus laudans subs.

Ego Cono Prænestinus episcopus interfui judicio et subs.

Ego Lambertus Ostiensis episcopus subs.
Ego Vitalis Albanus episcopus subs.
Ego Chunzo Tusculanus episcopus interfui judicio et subs.
Ego Gregorius Terracinensis episcopus interfui et subs.
Ego Rainerus Ariminensis episcopus interfui et subs.
Ego Gregorius Sancti Angeli diaconus cardinalis subs.
Ego Jacintus subdiaconus prior subs.
Ego Romanus S. R. E. subdiaconus subs.
Ego Hugo sacræ basilicæ subdiaconus subs.
Ego GG. presbyter cardinalis tit. Luciniæ judex datus interfui et subs.
Ego Petrus presbyter cardinalis tit. Calixti judex datus interfui et subs.
Ego Saxo tit. Sancti Stephani presbyter cardinalis subs.
Ego Joannes tit. Sancti Grisogoni presbyter cardinalis subs.
Ego Odaldus presbyter cardinalis tit. Sanctæ Balbinæ interfui et subs.

Datum Laterani per manum Grisogoni S. R. E. diaconi cardinalis ac bibliothecarii, xvii Kal. Junii, indictione xv, Incarnationis Dominicæ anno 1123, pontificatus autem domni Calixti II papæ anno iv.

CLXXX.

Ad R[odulfum] archiepiscopum Remensem. — De vitanda Simonia in præbendis Sancti Timothei, de Roberto priore Sancti Oricoli revocando, et de monachis servandis in ecclesia Reitestensi.

(Anno 1122, Maii 16.)

[MABILLON. *De re diplom.*, 618, ex autographo S. Remigii.]

CALIXTUS episcopus, servus servorum Dei, venerabili fratri R. Remensi archiepiscopo salutem et apostolicam benedictionem.

Gaudemus de te, frater charissime, atque omnipotenti Deo et dilectioni tuæ gratias agimus, quia constitutas per episcopatum tuum ecclesias sollicite gubernare, et in statum congruum reformare totis nisibus elaboras. Significatum autem nobis est quod in ecclesia sanctorum martyrum Timothei et Apollinaris, ad Sancti Remigii monasterium pertinente, sæculares canonici commorentur, quorum aliquo obeunte, Sancti Remigii abbas ejus præbendam ex antiquo donare aut vendere consuevit : quod contra Deum et contra sanctorum Patrum instituta existere tua prudentia non ignorat. Mandamus itaque fraternitati tuæ ut malam illam consuetudinem in melius per Dei gratiam studeas commutare : ita videlicet ut Sancti Remigii abbas præbendam deinceps donare aut vendere non præsumat · sed deficientibus canonicis, qui ad præsens in eadem ecclesia commorantur, loco eorum constituantur monachi, qui sub Sancti Remigii abbatis obedientia et dispositione beati Benedicti Regulam et monasticæ religionis observantiam debeant custodire. Mandamus etiam ut Rotbertum (43) priorem ecclesiæ Sancti Oricoli, qui olim Sancti Remigii abbas exstitit, et cujus nunc incuria bona ejusdem ecclesiæ devastantur, a loco illo prorsus amoveas : quatenus eo in claustro Beati Remigii collocato, per abbatem alius in eadem ecclesia tuo consilio statuatur, qui auctore Deo loco illi præesse, atque in spiritualibus et in temporalibus etiam valeat salubriter providere. Sane constitutionem illam quæ de ecclesia Sanctæ Mariæ Registetis ad Beati Remigii monasterium pertinente a te constituta, et a nobis scripti nostri pagina confirmata est, inviolabiliter facias in posterum conservari : neque monachos in loco eodem juxta constitutionem ipsam positos vel ponendos, per canonicorum seu laicorum quorumlibet violentiam de choro vel de processionibus expelli permittas. Quod si contra mandatum nostrum factum fuerit, plenariam de præsumptoribus justitiam præstante Domino exsequaris.

Datum Laterani xvii Kal. Junii.

CLXXXI.

Ottonem, comitem palatinum, collaudat quod in exercitu regis, cum caperetur Paschalis II, militasse eum pœniteat. Hortatur ut construat ecclesiam in B. Petri potestate [ponendam. A[zzonem] episcopum Aquensem, in Germaniam missum, commendat.

(Anno 1122, Jun. 25.)

[*Monumenta Boica*, X, 233.]

CALIXTUS episcopus, servus servorum Dei, illustri viro OTTONI comiti palatino salutem et apostolicam benedictionem.

Dolere te ac vehementer tristari audivimus, eo quod in illa regis expeditione fueris in qua dominus noster sanctæ memoriæ Paschalis papa nimis crudeliter captus fuit, non tamen captioni aut retentioni ejus consilium seu auxilium præbuisti ; unde gaudemus valde, et omnipotenti Deo gratias agimus, quod cor tuum sancti Spiritus visitatione ad pœnitentiam inclinavit. Ut autem de bono in melius proficias, atque in Ecclesiæ unitate semper et obedientia perseveres, in remissionem tibi peccatorum tuorum injungimus ecclesiam regularium fratrum construere quæ ad honorem Dei et salutem animæ tuæ sub beati Petri et ejus Romanæ Ecclesiæ jure ac ditione in perpetuum debeat permanere. Per hoc enim omnipotentis Dei gratiam et nostrum poteris consilium et auxilium obtinere. Charissimum fratrem et consanguineum nostrum A. Aquensem episcopum, quem in partes vestras direximus, nobilitati tuæ commendamus, rogantes, ut ei pro beati Petri reverentia ducatum, et si qua alia necessaria fuerint, præbeas.

Data Laterani vii Kalend. Julii.

---

(43) Rotbertus, prior Sancti Oricoli apud Senucum, prope Grande Pratum, ipse est auctor Historiæ de expeditione Jerosolymitana, ob malum regimen dejectus ex abbatia Sancti Remigii, et Senucum relegatus, ubi Historiam suam composuit : at loci mutatio mores non mutavit, ut hic vides.

CLXXXII.

Archiepiscopum Dolensem ejusque suffraganeos atque alios Ecclesiarum prælatos per eamdem provinciam constitutos, de concilio generali in Urbe celebrando certiores facit.

(Anno 1122, Jun. 25.)

[MANSI, *Concil.* XXI, 255.]

Venerabilibus fratribus, Dolensi archiepiscopo et suffraganeis ejus, et abbatibus atque aliis ecclesiarum prælatis per eamdem provinciam constitutis, salutem et apostolicam benedictionem.

Pro magnis et diversis Ecclesiæ negotiis in proxima Quadragesima generale in Urbe concilium celebrare disposuimus. Præcipimus ergo ut, omni occasione seposita, in eadem Quadragesima Dominica, qua *Oculi mei* canitur, in Urbe nobiscum sitis : quatenus et nos vobiscum et cum aliis fratribus archiepiscopis, episcopis, abbatibus, ac religiosis viris generale per Dei gratiam concilium celebremus, et ea communibus auxiliis pertractemus, quæ ad honorem Dei et Ecclesiæ suæ pacem atque utilitatem sancto Spiritu cooperante perveniant.

Datum Lateranis, VII Kal. Julii.

CLXXXIII.

Raynulfo comiti sub excommunicationis pœna præcipit ut intra dies 20 ecclesiam Cinglensem monasterio Casinensi restituat.

(Anno 1122.)

[Vide PETRI *Chronicon Cassin.*, IV, c. 70.]

CLXXXIV.

Ottoni archiepiscopo et clero populoque Capuano interdictum Cinglensi ecclesiæ et monasterio S. Mariæ impositum, abbatissamque Alpheradam dejectam atque excommunicatam nuntiat.

(Anno 1122.)

[GATTULA, *Hist. Casin.*, 49.]

CALIXTUS episcopus, servus servorum Dei, venerabili fratri OTTONI archiepiscopo, clero et populo Capuano, salutem et apostolicam benedictionem.

Noverit dilectio vestra nos Alpheradam abbatissam monasterii S. Mariæ de Capua quater, et eo amplius nostris litteris et nuntiis monuisse, ut Casinenses fratres de Cinglensi ecclesia B. Mariæ, de qua videlicet injuste spoliati fuerint revestiret ; porro ipsa nequaquam nostris monitis obedivit imo contemptui obstinaciam addens, se in causa hac nunquam nobis obsecuturam respondit. Ea propter nos contumaciam illius habenis severitatis ecclesiasticæ refrenandam, et suam B. Benedicti monasterio justitiam duximus conservandam ; unde in prædicta Cinglensi Ecclesia, et in ipso etiam Capuano B. Mariæ monasterio divina omnia officia interdicimus, eamdem abbatissam a monasterii regimine sequestravimus, et tam eam quam fautores ejus in causa hac excommunicationi addiximus. Tibi ergo, charissime frater archiepiscope, præcipiendo mandamus, ut in eodem B. Mariæ monasterio nullum divinum officium celebrari permittas. Datum hanc a nobis interdictionis et excommunicationis sententiam per tuam parochiam nuntiari facias et teneri. Vobis autem clericis et laicis omnimodo prohibemus ne contra interdictum nostrum ecclesiam ipsam ingredi, aut cum excommunicatis participare nullatenus præsumatis.

CLXXXV.

Privilegium pro monasterio Casinensi.

(Anno 1122, Sept. 16.)

[GATTULA, *Hist. Casin.*, II, 555.]

CALIXTUS episcopus, servus servorum Dei, reverendissimo et charissimo fratri GIRARDO Casinensis monasterii Beati Benedicti abbati, ejusque successoribus regulariter substituendis in perpetuum.

Omnipotenti Deo, cujus melior est misericordia super vitas, gratias agimus, qui gloriosus in sanctis suis, atque mirabilis, et virtutes suas ubicunque vult ineffabili bonitate ostendit. Ipse quippe dignationis suæ potentia beatissimum Benedictum Patrem omnium constituit monachorum, ipse eum monasticæ legis latorem et operatorem esse disposuit. Ipse illius meritis Casinense monasterium, in quo et sanctissime vixit, et gloriosissime obiit, omnibus per occidentem monasteriis clementi benignitate præfecit. Cujus profecto divinæ bonitatis cooperatores existere, apostolicæ sedis auctoritas, et vestra circa Romanam Ecclesiam semper, ac nostro potissimum tempore, ferventes devotio nos hortantur. Divinæ igitur constitutionis propositum prosequentes, locum ipsum præcipua dilectione complectimur, et omnia quæ ad eum pertinent quieta semper, et ab omnium mortalium jugo libera, sub solius sanctæ Romanæ Ecclesiæ jure, ac defensione perpetua permanere decernimus. In quibus hæc propriis duximus nominibus adnotanda.

In primis monasterium Domini Salvatoris positum ad pedem Casini montis, monasterium S. Dei Genitricis virginis Mariæ, quod vocatur Plumbarola, monasterium S. Mariæ in Cingla, cellam S. Benedicti in Capua cum cellis et pertinentiis suis, S. Angeli ad formam, S. Joannis Puellarum, S. Rufi, S. Benedicti Pizuli, S. Angeli ad Odaldiscos, S. Angathæ in Aversa, S. Ceciliæ, et S. Demitrii in Neapoli, S. Sophiæ in Benevento, S. Benedicti ad portam Rufini, S. Nicolai in Civitate nova, S. Benedicti in Pantano, S. Nicolai in Petra Pulcrina, S. Georgii in Fenacleo, S. Joannis in Turlecoso, S. Petri in Rossano, S. Angeli in Capraria, S. Januarii prope Beneventum, S. Martini ibidem, S. Dionysii in Ponte, et S. Anastasii, S. Mariæ in Canneto, juxta fluvium Trinium, S. Benedicti, S. Laurentii in Salerno, S. Mariæ in Tremiti cum ipsis insulis, S. Liberatoris in Marchia cum omnibus suis pertinentiis, S. Benedicti in Marsi, S. Mariæ in Luco, S. Connatis in civitella, S. Angeli in Rarrejo cum omnibus pertinentiis suis, S. Mariæ ancillarum Dei in civitate Cosentia, S. Mariæ in Banza, S. Petri de Lacu, S. Petri de Ovellano, S. Erasmi, et S. Benedicti et S. Scholasticæ in Cajeta, S. Magnis in fundis, S. Stephani, et S. Benedicti et S. Agathæ in Tarracina, S. Petri in Foresta, S. Pauli ibidem, S. Mariæ in Ponte curvo, S. Angeli, S. Nicandri et S. Thomæ

in Troja, S. Eustasii in Paulatia, S. Benedicti in colai de Nugulli et Sancti Joannis, S. Heliæ de Sitin. Altarino, S. Benedicti in Pectinari, S. Mariæ in Casale plano, S. Illuminatæ in castello Lemusano, S. Trinitatis, et S. Georgii in Termule, S. Focatis in Lesina cum fauce et piscaria, S. Benedicti in Asculo, S. Eustati in Petra abundanti, S. Eustati in Vipera, S. Mariæ in Baretano, S. Scholasticæ in Pinnis, S. Salvatoris in Tave, S. Nicolai juxta fluvium Trutinum in Aprutium cum pertinentiis suis, S. Joannis ad Scursonem, S. Benedicti in Frunto, S. Benedicti in Tesino fluvio, S. Apollinaris in Firmo, qui dicitur ad Opplaniis, S. Mariæ in Arboscla, S. Martini in Saline, S. Angeli in Marano, et SS. Septem Fratrum, et S. Laurentii, S. Benedicti in Ripaursa. In comitatu Aquinensi cellam S. Gregorii, S. Mauritii, S. Pauli, S. Constantii, S. Christophori, S. Nicolai, S. Mariæ in Albaneta, S. Nicolai in Ciconia, S. Benedicti in Clia, S. Nazarii in Comino, S. Valentini, S. Martini, S. Urbani, S. Angeli, S. Pauli, S. Felicis, S. Salvatoris, S. Angeli in Valleluci, S. Michaelis in Oliveto, S. Nicolai in Pica, S. Angeli in Cannucio, S. Mariæ in Berulis, S. Petri in Escleto, S. Luciæ et S. Petri in Coruli, S. Sylvestri, S. Martini, et S. Luciæ in Arpino, S. Mariæ de castello Zopponis, S. Martini in pede Arcis, S. Benedicti in colle de Insula, S. Mariæ in Baruco, S. Nicolai in Turrice, S. Germani in Sora, S. Benedicti in Paskesano, S. Petri in Morinis, S. Angeli in Pescolo canali, S. Patris in Formis, S. Angeli in Albe, S. Erasmi in Pomperano, S. Mariæ in Cellis, S. Pastoris in civitate Tiburtina. In Venefro, S. Benedicti, S. Nazarii, S. Martini in ipsa Furta, curtem S. Mariæ in Sala, S. Benedicti Pizuli ibidem, S. Benedicti in Cesima, S. Benedicti in Sessa, et S. Leonis, curtem quæ dicitur Lauriana, S. Benedicti in Tiana cum pertinentiis suis, S. Mariæ in Calvo, S. Nazarii in Anglena, S. Adjutoris et S. Benedicti in Alifa, S. Dominici in Telesia, S. Martini in Vulturno; in Amalfi S. Crucis et S. Nicolai, S. Crucis in Isernia, et Marci in Carpinone, S. Valentini in Ferentino, S. Angeli in Algido, S. Marci in Ceccano, S. Agathæ in Tusculano, et S. Jerusalem, S. Benedicti in Albano. In Roma monasterium S. Sebastiani in Palladio; in Luca cellam S. Georgii; in territorio Pisanæ civitatis S. Sylvestri, S. Salvatoris in civitella. In ducatu Spoletino, S. Mariæ in Calena, S. Benedicti in Trani, S. Benedicti in Baro, S. Petri imperialis in Tarento. In Calabria cellam S. Anastasiæ, S. Mariæ in Tropea, S. Nicolai in Salectano, S. Euphemiæ in Marchia. In comitatu Aretino monasterium S. Benedicti, et S. Benedicti in Crema. In Sardiniæ insula ecclesiæ S. Mariæ in Thirgo, S. Heliæ in monte sancto, et S. Helisei cum omnibus eorum pertinentiis, S. Mariæ de Sabucco, S. Mariæ de Soralbo, S. Mariæ de Tanecle, S. Petri de Trecingle, S. Nicolai et S. Mariæ in Solio cum pertinentiis earum, S. Nicolai de Talasa, S. Michaelis Ferrucisi, S. Georgii in Ticillo, S. Petri de Simbrano, S. Petri in Nurchi, S. Ni-
Item civitatem, quæ dicitur S. Germani positam ad pedem Casini montis, castellum S. Petri, quod ab antiquis dictum est castrum Casini, castellum Sancti Angeli, Plumbarolam, Pignatarium, Pedemmontis, Juncturam, Castrum S. Ambrosii, S. Apollinaris, S. Georgii, Vallem Frigidam, S. Andreæ, Vantram monasticam, Vantram comitatem, S. Stephani Teramum, Fractæ, Castrum novum, mortulam cum curte, quæ dicitur casa Fortini, Cucurutium, Caminum, Sujum cum omnibus pertinentiis suis ex utraque parte fluminis; turrem ad mare juxta fluvium Garelianum, castrum Pontis curvi, S. Petri in Flia, S. Victoris, Torrochim, Cervariam, Sancti Heliæ, Vallem Rotundam, Sarracinescum, Cardetum, Aquam fundatam. Vitecosum, castrum Cetrarii cum pertinentiis suis et ecclesiis; in Marchia Teatina, castellum Latinianum, montem Albrici, Mucelam, Sancti Quirici cum portu, Frisam, S. Justam, in comitatu Asculano castellum quod dicitur Octavum, et post montem Civianum, et Trivilianum, et Cavinum; in principatu, castellum Ripæ Ursæ, Montembellum, Petra Fracida; in Comino Vicum Alvum, in territorio Corseolano castrum Auriculum, Piretum Roccham in cameratam Fossam cæcam; in Annolfi Fundicum, in territorio Trojano Castillianem de Baroncello, S. Justam, villam S. Nicolai, quæ de Galliciano dicitur; in monte S. Angeli hospitale; in territorio Capuano quoldum de Liburia: in comitatu Teanensi curtem S. Felicis cum ecclesia S. Hippolyti.

Per præsentis quoque privilegii paginam apostolica auctoritate statuimus, ut quæcunque in præsenti vestrum cœnobium juste possidet, sive in futurum concessione pontificum, liberalitate principum, vel oblatione fidelium juste atque canonice poterit adipisci, firma tibi tuisque successoribus et illibata permaneant. Decernimus ergo ut nulli omnino hominum liceat idem cœnobium temere perturbare, aut ejus possessiones auferre, vel ablatas retinere, vel injuste datas suis usibus vindicare, minuere, vel temerariis vexationibus fatigare; sed omnia integra conserventur eorum, pro quorum sustentatione et gubernatione concessa sunt, usibus omnimodis profutura. Præterea patrum nostrorum vestigia subsequentes vestrum cœnobium cæteris per occidentem cœnobiis præferendum asserimus; et tam te quam successores tuos in omni conventu episcoporum, seu principum superiores omnibus abbatibus considere, atque ex judiciis priorem cæteris sui ordinis viris sententiam proferre sancimus. Usum etiam compagorum ac chirothecæ, dalmaticæ ac mitræ, tam tibi quam successoribus tuis in præcipuis festis, et diebus Dominicis ad missas, seu in consessu concilii habendum concedimus. Sane tam in ipso venerabili monasterio, quam et in cellis ejus, cujuslibet Ecclesiæ episcopum, vel sacerdotem, præter Romanum pontificem ditionem quamlibet excommunicandi, aut interdicendi, aut ad synodum provocandi præsumere prohibemus; ita ut nisi ab abbate priore-ve loci fuerit invitatus, nec missarum solemnia inibi audeat celebrare; liceatque ipsius monasterii et cellarum ejus fratribus, clericis cujuscunque ordinis, seu laicis de quocunque episcopatu ad conversionem venient et in sanitate, vel in ægritudine cum rebus suis, absque episcoporum vel cujuslibet personæ contradictione suscipere, nisi tunc idem clerici seu laici a diœcesanis episcopis pro certis fuerint excommunicati criminibus, liceat absque cujuslibet sæcularis vel ecclesiasticæ potestatis inhibitione subjectos monasterii tui tam monachos quam sanctimoniales feminas judicare, liceat fratribus per cellas, in civitatibus constitutas, ad divina officia celebranda, quandocunque voluerint, signa pulsare, populum Dei tam ipsum cœnobium quam et in cellas ejus ad Dei verbum audiendum ingredi, nullus episcopus excepto pro communi totius civitatis vel parochiæ interdicto prohibeat; chrisma, oleum sanctum, consecrationem altarium sive basilicarum, ordinationes clericorum, a quocunque malueritis, catholico accipiatis episcopo; baptismum vero et infirmorum visitationes per clericos vestros in oppidis vestris seu villis agetis. Ad perpetuum etiam hospitium tibi tuisque successoribus Palladii cellam concedimus, ut de vestra illic congregatione, quem volueritis ordinetis : quem si forte Romano pontifici in abbatem promovere placuerit, omnino tamen, tanquam vestræ congregationis monachum sub vestra decernimus dispositione persistere. Reditum quoque, qui ab officialibus nostris apud Ostiam vel Portum de navibus exigi solet, navi vestræ, siqua eo venerit, relaxamus. Obeunte te, nunc ejus loci abbate, vel tuorum quolibet successorum, nullus ibi qualibet subreptionis astutia, seu violentia præponatur, nisi quem fratres communi consensu, vel fratrum pars consilii sanioris, secundum Dei timorem ; et beati Benedicti Regulam elegerint, a Romano pontifice consecrandum, sicut in Domini prædecessoris nostri sanctæ memoriæ Leonis papæ privilegio continetur. Ad hæc tam præsentium, quam futurorum avaritiæ ac nequitiæ obviantes, omnes omnino seditiones, quas levas dicunt, seu direptiones, in cujuscunque abbatis morte, aut electione, fieri auctoritate apostolica interdicimus. Porro pro amplioris benevolentiæ gratia, quam nos præter nostrorum prædecessorum dilectionem circa vestrum monasterium gerimus, licentiam tibi, ac legitimis successoribus tuis concedimus, ut si quis ejusdem monasterii vestri et cellarum ejus possessiones aut res violenter abstulerit, post quam ipsorum episcopi, a vobis tertio invitati, justitiam de eis facere omnino noluerint, vos super eosdem raptores, secundo tertiove commonitos, canonicam excommunicationis sententiam proferatis. Sepulturam sane loci vestri, et monasteriorum vestrorum liberam omnino esse censemus, ut eorum, qui illic sepeliri deliberaverint devotioni et extremæ voluntati, nisi forte excommunicati sint, nullus obsistat.

Si qua igitur in futurum ecclesiastica sæcularisve persona, hanc nostræ constitutionis paginam sciens contra eam temere venire tentaverit, secundo tertiove commonita, si non satisfactione congrua emendaverit, potestatis honorisque sui dignitate careat, reamque se divino judicio existere de perpetrata iniquitate cognoscat, et a sacratissimo corpore ac sanguine Dei et Domini Redemptoris nostri Jesu Christi aliena fiat, atque in extremo examine districtæ ultioni subjaceat. Cunctis autem præfato cœnobio justa servantibus sit pax Domini nostri Jesu Christi, quatenus et hic fructum bonæ actionis percipiant, et apud districtum judicem præmia æternæ pacis inveniant. Amen, amen, amen.

Ego Calixtus catholicæ Ecclesiæ episcopus subscripsi.

Datum Berulis per manum Ugonis, sanctæ Romanæ Ecclesiæ subdiaconi, XVI Kalend. Octobris, indictione prima, Incarnationis Dominicæ anno 1123 pontificatus domni Calixti papæ II anno V.

CLXXXVI.

Bulla pro monasterio S. Salvatoris Leutevensis.
(Anno 1122, Sept. 18.)
[*Gall. Chr.* VI, instr. 277.]

CALIXTUS episcopus, servus servorum Dei, dilecto filio AUGERIO abbati monasterii S. Salvatoris, quod intra Leutevensem civitatem situm est, ejusque successoribus regulariter substituendis in perpetuum.

Religiosis desideriis dignum est facilem præbere consensum, ut fidelis devotio celerem sortiatur effectum. Tuis igitur, dilecte in Christo fili Augeri abbas, precibus annuentes, monasterium sancti Salvatoris, cui Deo auctore præsides, quod a bonæ memoriæ Fulcrando Lutevensi episcopo fundatum est, in beati Petri tutelam suscipimus, et cum omnibus ad ipsum pertinentibus protectione sedis apostolicæ communimus. Statuimus enim ut quæcunque aut ipsius Fulcrandi episcopi, vel successorum ejus concessione, aut aliorum virorum oblatione, sive alia acquisitione legitima idem monasterium inpræsentiarum juste possidet, sive in futurum largiente Deo juste atque canonice poterit adipisci, firma tibi tuisque successoribus et illibata permaneant, in quibus hæc propriis nominibus duximus adnotanda : videlicet quidquid locus vester intra ipsam civitatem Lutevam vel extra in hominibus et rebus aliis obtinet, ecclesiam S. Martini de Combis, cum tota parochia et pertinentiis suis; ecclesiam S. Genesii de Furnis, cum monte Vinacoso et pertinentiis suis ; capellam S. Michaelis, et villam de Conchis in eadem parochia; ecclesiam S. Vincentii de Gutta; ecclesiam S. Petri de Crozo; ecclesiam S. Pontii ad duas mansiones. In Biterrensi episcopatu ecclesiam S. Felicis de Solaco, cum capellis, decimis, et cæteris suis pertinentiis; ecclesiam S. Georgii de Busiaco, tertiam partem castri de Neffiano; ecclesiam S. Albani cum pertinentiis suis. Decernimus ergo ut nulli omnino hominum liceat eidem monasterio læsionem inferre, novas ab eo exactiones exigere, ipsum temere perturbare, aut ejus possessiones auferre, vel ablatas retinere, vel temerariis vexationibus fatigare, sed omnia integra conserventur eorum usibus pro quorum sustentatione et gubernatione concessa sunt omnino profutura. Obeunte autem te ipsius loci abbate, vel tuorum quolibet successorum, nullus ibi qualibet subreptionis astutia, seu violentia præponatur, nisi quem fratres communi consensu, vel fratrum pars consilii sanioris secundum Dei timorem et B. Benedicti Regulam elegerint. Abbatum vero benedictionem, altarium consecrationem et cætera episcopalia diœcesanus episcopus vestro monasterio gratis, et absque ulla exactione exhibeat. Sepulturam quoque loci vestri liberam esse decernimus, ut illorum qui illic sepeliri deliberaverint devotioni et extremæ voluntati, nisi forte excommunicati sint, nullus obsistat. Si quæ igitur in futurum ecclesiastica sæcularisve persona, hanc nostræ constitutionis paginam sciens, contra eam temere venire tentaverit, secundo tertiove commonita, si non canonica satisfactione congrue emendaverit, potestatis honorisque sui dignitate careat, reamque se divino judicio de perpetrata iniquitate cognoscat, et a SS. corpore ac sanguine Dei et Domini Redemptoris nostri Jesu Christi aliena fiat, atque in extremo examine districtæ ultioni subjaceat : cunctis autem eidem loco justa servantibus sit pax Domini nostri Jesu Christi, quatenus et hic fructum bonæ actionis percipiant, et apud districtum judicem præmia æternæ pacis inveniant. Amen.

Ego Calixtus catholicæ episcopus Ecclesiæ.

Datum Anagniæ per manum Hugonis S. R. E. subdiaconi, xiv Kal. Octobr., indict. i, Incarnationis Dominicæ anno 1123, pontificatus autem domini Callixti II papæ anno iv.

CLXXXVII.

T[arasiæ] reginæ Portugalensi præcipit ut, quem ceperit, Pelagium, archiepiscopum Bracarensem, dimittat, alioqui ex tunc in eam et fautores ejus sententiam excommunicationis dat.

(Vide epistolam sequentem.

CLXXXVIII.

D[idaco] archiepiscopo Compostellano mandat hortetur T[arasiam], reginam Portugalensem, ut P[elagium] archiepiscopum Bracarensem secundum litteras suas e custodia dimittat. Quod nisi statuto tempore fecerit, reginæ excommunicationem terræque ejus interdictum promulgari jubet.

(Anno 1122, Sept. 24.)

[FLOREZ, *Esp. sagr.* XX, 380.]

CALIXTUS episcopus, servus servorum Dei, D. Compostellano archiep. salutem et apost. benedic.

Pervenit ad nos quod Portugalensis regina T. fratrem nostrum P. Bracarensem archiepiscopum ceperit, eumque adhuc in captione detineat. Unde nostras ei litteras dirigentes, præcepimus, ut usque ad proximum B. Jacobi apostoli et Thomæ festum liberum illum cum hominibus et rebus suis, quietumque dimittat, alioquin ex tunc in eam et in fautores ejus excommunicationis sententiam dedimus, et in tota terra ejus divina officia, præter infantium baptisma et morientium pœnitentias, interdiximus, donec fratrem ipsum dimittat, et Romanæ Ecclesiæ de hac injuria satisfaciat. Præcipimus ergo, frater, fraternitati tuæ, ut eamdem T. per litteras et nuntios tuos commoneas, et nisi juxta litterarum nostrarum mandatum constituto termino eumdem fratrem nostrum dimiserit, congregatis fratribus et coepiscopis illarum partium, nostram hanc sententiam per tuam et ipsorum parochias nuntiari facias, et firmiter observari.

Datum Anagniæ viii Kalend. Octobris.

CLXXXIX.

Petro creato abbati Cluniacensi gratulatur.

(Anno 1122, Oct. 21.)

[MABILLON, *Annal. Bened.* VI, 79.]

CALIXTUS episcopus, servus servorum Dei, dilecto in Christo filio PETRO Cluniacensi abbati, salutem et apostolicam benedictionem.

Filiorum nostrorum Cluniacensium fratrum relatione didicimus, te communi voto, assensu et desiderio in abbatis regimine per Dei gratiam esse constitutum. Unde nos omnipotenti Deo gratias agimus, et quod de te ab eisdem fratribus factum est, auctoritate sedis apostolicæ confirmamus. Monemus igitur dilectionem tuam et hortamur in Domino, ut et domum et commissam tibi congregationem sic studiose regere, sicque satagas per divinum auxilium gubernare, quatenus per tuæ sollicitudinis industriam Cluniacense monasterium et in spiritualibus, et in temporalibus augeatur, atque ad animarum salutem in loco ipso religionis integritas nullis unquam occasionibus violetur. Nos enim et tuam personam, et locum ipsum ea in volumus affectione diligere, illo cupimus honore atque juvamine confovere, quo a nostris prædecessoribus tuos novimus prædecessores dilectos pariter et adjutos.

Data Laterani xii Kal. Novembris (44).

CXC.

Ad Cluniacenses.—Petrum electum abbatem probat.

(Anno 1122, Oct. 21.)

[*Ibid.*]

CALIXTUS episcopus, servus servorum Dei, dilectis in Christo filiis Cluniacensis monasterii monachis, salutem et apostolicam benedictionem.

Quia nos in pastorum nostrorum defectione omnipotens Dominus hoc tempore visitavit, monasterium vestrum in multis magnum incurrisse incommodum et fraternitatem vestram detrimenta nonnulla perpeti audivimus et labores. Unde tanto nos contristari et dolere gravius cognoscatis, quanto amplius locus idem ad Romanam videtur Ecclesiam pertinere. Verumtamen vos, filii in Domino dilectissimi, super hujusmodi perturbationibus non miremini, scientes quia omnes qui pie volunt vivere in Christo perse-

---

(44) Supplenda ex sequenti epistola *indictio prima*, quæ huic anno respondet, si a mense Septembri ut fit, ineatur.

cutionem patientur. Ad coronam quippe nisi per tribulationes et certamina non pervenitur, dicente Apostolo ac testante : *Nemo coronabitur, nisi qui legitime certaverit.* In his itaque certaminibus non formidetis, neque terreamini, quia confortator et auxiliator vobis Dominus aderit, qui sperantes in se minime derelinquit, sed de cœlo victoriam tribuit, et coronam immarcescibilem gloriæ suis fidelibus usque in finem viriliter persistentibus administrat. Nos quoque vos tanquam filios nostros charissimos semper diligere, semper, in quantum poterimus, adjuvare, ac semper, Domino auxiliante, protegere procurabimus. Abbatem sane vestrum Petrum, quem nuper ad honorem Dei et beati Petri, nec non et vestri utilitatem monasterii communi voto et conniventia elegistis, nos in ejusdem administratione regiminis sancto cooperante Spiritu stabilimus : quem sic specialem beati Petri filium specialiter diligere volumus, atque ipsi, et per eum vestro monasterio possessiones, bona omnia et dignitates, quas nostri vobis confirmavere prædecessores, et quas hactenus locus vester quiete habuisse dignoscitur, confirmamus. Præcipimus etiam, et statuentes penitus interdicimus, ne quis fratrum vestrorum, aut ulla omnino persona occasione Pontii olim abbatis in vestra audeat congregatione scandalum suscitare. Nam sicut ei nos monasterium ipsum ex parte beati Petri et Romanæ commiseramus Ecclesiæ, ita ipse illud in manu nostra per quamdam virgam beato Petro et Romanæ Ecclesiæ absque ulla recuperationis spe in perpetuum refutavit. Si quis ergo contra nostrum interdictum hoc in vestra, quod absit! congregatione scandalum commovere præsumpserit, Dei et beati Petri atque apostolicæ sedis indignationem incurret; qui autem conservator exstiterit, et prædicto abbati Petro reverentiam debitam et obedientiam exhibuerit, omnipotentis Dei et apostolorum Petri et Pauli et nostram gratiam, nec non et peccatorum suorum, largiente Domino, indulgentiam obtinebit.

Datum Laterani XII Kal. Novembris, indictione prima (45).

CXCI.

Ad canonicos regulares Bernriedenses. — Eorum institutum approbat.

(Anno 1122, Nov. 12.)

[MANSI, *Concil.*, XXI, 211.]

CALIXTUS episcopus, servus servorum Dei, dilectis in Christo filiis OTHONI præposito, et ejus fratribus in B. Martini ecclesia regularem vitam professis, tam præsentibus quam futuris in perpetuum.

Religiosis desideriis dignum est facilem præbere consensum, ut fidelis devotio facilem sortiatur effectum. Eapropter nos tam vestris, quam nobilis viri Ottonis precibus inclinati ecclesiam vestram in honorem Domini Salvatoris, et B. Martini intra episcopatum Augustensem, in loco qui dicitur Bernried, constructam, in qua sub regularis vitæ observantia, et canonici ordinis disciplina, omnipotenti Domino servire decrevistis, in B. Petri et Romanæ Ecclesiæ tutelam, protectionemque suscipimus, et sedis apostolicæ patrocinio communimus. Statuimus enim ut omnia quæ illi, vel ab eodem Ottone, et uxore ejus Adelheide, vel ab aliis fidelibus de suo jure aut jam collata sunt, aut in posterum largiente Domino conferentur, quieta vobis, vestrisque successoribus, in eadem religione mansuris, et illibata permaneant. Decernimus quoque ut nulli omnino hominum liceat eamdem ecclesiam temere perturbare, aut ejus possessiones auferre, vel ablatas retinere, minuere, vel temerariis fatigationibus vexare ; sed omnia integre conserventur, eorum, pro quorum sustentatione et gubernatione concessa sunt, usibus omnimodis profutura, salva Augustensis episcopi reverentia. Præpositorum vero libera et canonica, maxime de eadem, vel de qualicunque spirituali congregatione, fiat electio, et post professionem juste exhibitam, nemini vestrum liceat proprium quid habere, nec sine præpositi vel congregationis licentia de claustro discedere, ut in eo, quod assumpsistis, proposito, largiente Domino constanter in perpetuum maneatis. Advocati etiam et defensores eidem cellæ utiles ab ipsius loci fratribus provideantur, et libere eligantur. Ad indicium autem perceptæ hujus a Romana ecclesia libertatis, albam cum cingulo et amictu B. Petro in Lateranensis palatii capella singulis trienniis persolvetis. Si qua ergo in futurum ecclesiastica sæcularisve persona, hanc nostræ constitutionis paginam sciens, contra eam temere venire tentaverit, etc.

D. Calixtus, catholicæ Ecclesiæ episcopus.

Datum Laterani per manum Hugonis sanctæ Romanæ Ecclesiæ subdiaconi, II Idus Novembris, indictione prima, Incarnationis Dominicæ anno 1122, pontificatus autem domni Calixti papæ II anno quarto.

CXCII.

Monasterii S. Eustachii de Nervesia jura omnia et privilegia confirmat.

(Anno 1122, Nov. 22.)

[MURATORI, *Antiq. Ital.*, V, 815.

CALIXTUS episcopus, servus servorum Dei, dilecto filio GERBERTO abbati Sancti Eustachii, ejusque successoribus regulariter substituendis in perpetuum.

Officii nostri auctoritate debitoque compellimur pro Ecclesiarum statu satagere, et quæ recte statuta sunt, stabilire. Tuis igitur, Gerberte dilecte in Christo fili, precibus annuentes, Beati Eustachii monasterium, cui Deo auctore præsides, quod ex dono Rambaldi comitis, et matris ejus Gislæ beato Petro apostolo oblatum est, tanquam juris nostri Cluniacensi monasterio per Pontium abbatem inflicta fuerant, subsequenti etiam tempore denuo per eum renovatæ.

---

(45) Quod ait pontifex de incommodis et gravaminibus quæ Cluniacenses pertulerant, id intelligendum de rei familiaris dilapidatione et injuriis quæ

locum, Romanæ Ecclesiæ patrocinio confovere, atque apostolicæ sedis privilegio decernimus communire. Universa ergo quæ ex ipsius comitis et matris ejus donatione, vel aliorum virorum largitione locus idem juste possidet, auctore Domino, confirmamus, omniaque pertinentia in ecclesiis, in mansis, fundis, casalibus, domibus atque familiis, servis originalibus, simulque rebus et possessionibus, et frugibus et actionibus, nec non aquis, molendinis, olivetis, vel quidquid in quibuscunque locis habere vel tenere videtur. Quæcunque præterea in futurum concessione pontificum, liberalitate principum, oblatione fidelium, prædictum monasterium poterit adipisci, firma tibi tuisque successoribus et illibata permaneant. Decernimus igitur ut nulli omnino hominum liceat idem monasterium temere perturbare, aut aliquas ipsius res auferre, et ablatas retinere, minuere, vel temerariis ausibus impugnare; sed integra omnia conserventur eorum pro quorum regimine et gubernatione concessa sunt, usibus omnimodis profutura..... Episcopalia a Tervisiensi accipietis episcopo, si quidem gratiam et communionem apostolicæ sedis habuerit, et ea gratis et sine pravitate exhibere voluerit. Alioquin, a quocunque malueritis, catholico ea suscipiatis episcopo. Obeunte te vero ejus loci abbate, vel tuorum quolibet successorum, nullus ibi qualibet subreptionis astutia seu violentia præponatur, nisi quem fratres communi consensu, vel fratrum pars consilii sanioris, secundum Dei timorem, et beati Benedicti Regulam elegerint a Romano pontifice consecrandum. Laicos vero, sive clericos, secundum beati Benedicti constitutionem, ad conversionem suscipere licentiam habeatis. Decimas fructuum vestrorum, quos sumptibus propriis laboribusve colligitis, vobis absque alicujus episcopi contradictione habendas censemus. Ad indicandum autem Romanæ Ecclesiæ jus proprietatis sex solidos denariorum Venetorum annis singulis Lateranensi palatio persolvetis. Si quis igitur in posterum archiepiscopus, episcopus, imperator, aut rex, princeps, dux, comes, vicecomes, marchio, aut castaldio, seu quælibet ecclesiastica sæcularisve persona, hanc nostræ constitutionis paginam sciens, contra eam temere venire tentaverit, etc.

Scriptum per manum Gervasii, scriniarii regionarii et notarii sacri palatii.

Ego Calixtus catholicæ Ecclesiæ episcopus.

Datum Laterani per manum Ugonis Romanæ Ecclesiæ subdiaconi, x Kalendas Decembris, indictione prima, Incarnationis Dominicæ anno 1123, pontificatus autem domni Calixti II papæ anno quarto.

CXCIII.

Henrico imperatori gratulatur quod tandem ad Ecclesiæ gremium redierit. Legatos suos apud eum morantes commendat. Imperatorios legatos ad sese mitti vult.

(Anno 1122, Dec. 13.)

[Mansi, *Concil.*, XXI, 280.]

Calixtus episcopus, servus servorum Dei, charissimo in Christo filio Henrico glorioso Romanorum imperatori Augusto, salutem et apostolicam benedictionem.

Omnipotenti Domino Deo nostro, auctori omnium bonorum, laudes et gratias agimus, qui per immensam bonitatis suæ clementiam cor tuum aspiratione sui Spiritus illustravit, et te, jamdudum nimium reluctantem, nunc tandem ad Ecclesiæ gremium revocavit. Siquidem prout dilecti filii nostri et diaconi cardinalis, et fidelium nuntiorum tuorum relatione, ac litterarum lectione percepimus, sano usus concilio, nostris et Ecclesiæ catholicæ salutaribus monitis humiliter obedisti. Et nos ergo in beati Petri filium paternæ affectionis brachiis te suscipimus, et personam tuam et imperium tanto deinceps amplius et benignius diligere, ac divina præeunte gratia honorare optamus, quanto devotio præ tuis modernis prædecessoribus Romanæ Ecclesiæ obedisti, et quanto specialius carnis es nobis consanguinitate conjunctus. Age ergo, fili charissime, ut tu nobis et nos te fruamur in Domino, perpendat imperialis excellentia tua, quantum diuturna Ecclesiæ imperiique discordia Europæ fidelibus intulerit detrimentum, et quantum nostra pax afferre poterit boni fructus, Domino cooperante, incrementum. Sane de statu nostro noverit tua dilectio, quia, licet nos graviter quandoque infirmi fuerimus, nunc tamen per Dei gratiam incolumes sumus, et tuam tam animæ quam corporis sanitatem per omnia desideramus. De iis autem quæ viva voce referenda prædictis fidelibus tuis nuntiis commisisti, per eosdem quid nobis et nostris videatur fratribus, respondemus. Legatos itaque nostros qui apud vos sunt benevolentiæ vestræ attentius commendantes, rogamus ut, quia concilium indictum a nobis acceleret, cito eos ad nos Domino largiente remittas. Tuos vero legatos ita instructos dirigas ut juxta promissum tuum regalia in integrum Ecclesiæ Romanæ restituant. Ad hæc pro nepote nostro Metensi episcopo et fratribus ejus gratias tuæ benignitati referimus, quoniam in iis primitias bonitatis tuæ cognovimus. Illa enim bonæ voluntatis pax esse conspicitur, ex qua bonæ voluntatis opera demonstrantur. Fratres enim episcopi, cardinales, et totus Romanus clerus una nobiscum te, et principes, et barones tuos salutant, divinæ majestatis misericordiam deprecantes, ut vos ad honorem suum, et Ecclesiæ suæ, in longum custodiat.

Data Idibus Decembris.

CXCIV.
Monasterii S. Mariæ Pineroliensis possessiones quasdam confirmat.

(Anno 1122, Dec. 28.)

[*Historiæ patriæ Monumenta.* Aug. Taurin., 1836. Chartæ, I, 754.]

CXCV.
Privilegium pro eodem monasterio.

(Anno 1122, Dec. 28.)

[*Ibid.*, p. 756.]

CXCVI.
[Ottoni] archiepiscopo Capuano mandat ut a clericis qui monasterium Capuanum, Casinensibus monachis subjectum, injuriis affecerint, pœnas vetat.

(Circa annum 1122.)

[Vide PETRI *Chronic. Casin.*, lib. IV, c. 72.]

CXCVII.
Ad Berengarium Forojuliensem episcopum. — Adversus vastatores cujusdam villæ ad monasterium Lerinense pertinentis.

(Intra an. 1120-1123, Dec. 24.)

[Dom BOUQUET, *Recueil*, XV, 247.]

CALIXTUS episcopus, servus servorum Dei, venerabili BERENGARIO Forojuliensi episcopo, salutem et apostolicam benedictionem.

Filius noster Petrus Lerinensis abbas, cum suis fratribus ad nos veniens, querelam in conspectu nostro deposuit, quod Troandus miles, parochianus tuus, quamdam villam ipsorum devastavit, et ejusdem villæ habitatores, monachos et laicos, multis exactionum oppressionibus infestaverit. Questus est etiam quod Adalbertus et frater ejus Raimundus scilicet, parochiani tui, eamdem villam igni combusserunt : in cujus nimirum villæ destructione maximum detrimentum Lerinense monasterium pati cognoscitur. Unde fraternitati tuæ mandamus atque præcipimus, ut Troandum ipsum moneas quatenus prædictam villam, cum habitatoribus et pertinentiis suis, Lerinensibus fratribus omnino liberam quietamque dimittat, nec eam deinceps ullis vexationibus inquietet. Quod si contempserit, tu, charissime frater et coepiscope, talem inde Lerinensi monasterio, quod nostrum est, justitiam facias, qualem tibi a nobis in tuis desideras negotiis exhiberi. Porro super illos qui combustionem fecerunt, sententiam proferas quæ de ignem mittentibus a dominis prædecessoribus nostris Urbano et Paschale facta, et a nobis ipsis confirmata est ; excepto tamen quod discretionis tuæ providentia, et abbatis Lerinensis vel congregationis consilio, pro satisfactione quam fecerint, misericorditer fuerit condonatum.

Datum Laterani IX Kal. Januarii.

CXCVIII.
Xenodochii S. Joannis Hierosolymitani possessiones et privilegia confirmat.

(Anno 1123, Jan. 8.)

[BOSIO, *Dell'istoria della sacra religione di S. Giov. Gierosol.* Roma, 1621, fol., I, 48.]

CXCIX.
Monachos Casinenses hortatur ut Oderisio electo abbati pareant.

(Anno 1123.)

[Vide PETRI *Chron. mon. Casin.*, l. IV, c. 78.]

CC.
Monasterii Sanctæ Euphemiæ Brixiensis bona et jura enumerat, et sub sanctæ Romanæ Ecclesiæ protectione confirmat.

(Anno 1123, Febr. 10.)

[MARGARINI, *Bullar. Casin.*, II, p. 136.]

CALIXTUS episcopus, servus servorum Dei, dilecto filio PETRO abbati monasterii Sanctæ Euphemiæ quod in Brixiensi parochia in latere montis qui *Dignus* dicitur, situm est, ejusque successoribus regulariter substituendis in perpetuum.

Divinis præceptis instruimur, et apostolicis monitis conformamur, ut pro ecclesiarum statu, impigro vigilemus affectu. Quamobrem, dilecte in Christo fili Petre abbas, petitioni tuæ clementius duximus annuere, ut Beatæ Euphemiæ monasterium, cui auctore Domino præsides, quod a piæ memoriæ, Landulpho Brixiensi episcopo, ab ipsa sua fundatione constructum est, apostolicæ sedis tuitione ac patrocinio muniremus. Per præsentis igitur privilegii paginam, apostolica auctoritate statuimus, ut possessiones, prædia et bona omnia, quæ idem monasterium in præsenti juste possidet, vel in futurum, largiente Domino, justis modis poterit adipisci, firma ei et illibata jure perpetuo conserventur. In quibus hæc propriis nominibus annotamus : castrum Sanctæ Euphemiæ, cum capella Sanctæ Mariæ. Curtem Bazani, Zoco ; Rainæ, Siluole, curtem Rezati, cum castro et capella Sancti Petri ; duo massaritiæ in Virle positæ, Bistone, Alpes Letinæ. Medietatem curtis de Mazano, cum castro, turribus, et capella Sancti Bartholomæi, et Sanctæ Margaritæ. Medietatem castri Gurzagi. Quidquid habetis in plebe de Gavardo, et in plebibus Salande, Materno, Tusculano, Gargnana. In Brixia casam unam terraneam. In Francia goba sex jugera vinearum, in Cubiade sortes sex. In loco qui dicitur Villo, capellam Sanctæ Euphemiæ. In Fontasio massaritias quatuor. In Burne unam sortem, cum familiis. In plebe civitas petias vinearum quatuor. In Lauze sortes duas, cum familiis. In Pascardo unam. In Niardo unam, et in Aune unam. Juxta fluvium Mellæ curtem Leole cum castro et capella Sancti Martini. In Cassivico sortes tres. In Calino sortes duas. In Miliano et in Mistriano corticellam unam. Castrum Rodelianum, cum capellis Sanctæ Mariæ et Sancti Andreæ. In Corsano curticellam unam cum familia. In Dunello sortes octo cum capella Sancti Joannis. In Carso capellam Sancti Laurentii, cum tribus sortibus. Nulli ergo archiepiscopo, episcopo, vel abbati, aut alicui prorsus hominum facultas sit, idem monasterium temere perturbare, aut ejus possessiones auferre, vel ablatas retinere, minuere, vel temerariis vexationibus fatigare, sed omnia integra conserventur eorum, pro quorum sustentatione ac gubernatione concessa sunt, usibus omnimodis profutura, salva Brixiensis episcopi reverentia canonica. Obeunte te nunc ejus loci abbate, vel tuorum quolibet successorum, nullus ibi qualibet subreptionis astutia seu violentia præponatur, nisi quem fratres communi consensu, vel fratrum pars consilii sanioris, vel de suo, vel de alio, si oportuerit, collegio, secundum Dei timorem et beati Benedicti Regulam elegerint, a Brixiensi episcopo consecrandus; sicut a supradicto bonæ memoriæ Landulpho episcopo constitutum est. Porro idem cœnobium in ea libertate manere sancimus, in qua prædictus episcopus, et loci fundator, ipsum posuisse cognoscitur. Si qua igitur in futurum ecclesiastica sæcularisve persona, hanc nostræ constitutionis paginam sciens, contra eam temere venire tentaverit, secundo tertiove commonita, si non satisfactione congrua emendaverit, potestatis honorisque sui dignitate careat, reamque se divino judicio existere de perpetrata iniquitate cognoscat, et a sacratissimo corpore ac sanguine Dei et Domini Redemptoris nostri Jesu Christi aliena fiat, atque in extremo examine districtæ ultioni subjaceat. Cunctis autem eidem loco justa servantibus sit pax Domini nostri Jesu Christi, quatenus et hic fructum bonæ actionis percipiant, et apud districtum Judicem præmia æternæ pacis inveniant. Amen.

Scriptum per manum Gervasii scriniarii regionarii et notarii sacri palatii.

Ego Calixtus catholicæ Ecclesiæ episcopus.

Datum Laterani per manum Ugonis sanctæ Romanæ Ecclesiæ subdiaconi, iv Idus Februarii, indictione i, Incarnationis Dominicæ anno 1123, pontificatus autem domni Calixti papæ II anno quinto.

CCI.

Frederici archipresbyteri et canonicorum Carpensium jura omnia ac privilegia confirmat.

(Anno 1123, Febr. 10.)

[MURATORI, *Antiq. Ital.*, V, 821.]

CALIXTUS episcopus, servus servorum Dei, dilecto Filio FREDERICO archipresbytero, et cæteris canonicis plebis Sanctæ Dei Genitricis Virginis Mariæ, quæ in pago Carpensi sita est, eorumque successoribus in perpetuum.

Commissa nobis apostolicæ sedis auctoritate debitoque compellimur, pro universarum Ecclesiarum statu satagere, et earum maxime quieti quæ specialius eidem sedi adhærent, et tanquam jure proprio subjectæ sunt, auxiliante Domino providere. Astulphus siquidem Longobardorum rex in regni sui pago, quod Carpum dicitur, Beatæ Mariæ semper virginis ecclesiam construxisse dignoscitur, quam ut a vicinorum episcoporum, in quorum confiniis idem pagus erat, contentionibus et molestiis omnino liberam redderet, quasdam de prædicta curte possessiones in locis convenientibus utrique dedit, et Mutinæ quidem juxta ecclesiam Sancti Thomæ, Regino vero juxta ecclesiam Sancti Apollinaris. Super hæc ecclesiam illam in jure semper sedis apostolicæ permanere constituit, et libertatem ex Stephani papæ privilegio acquisivit. Quam videlicet libertatem prædecessores nostri supradictæ Carpensi ecclesiæ usque ad nostra tempora servaverunt. Et nos ergo eamdem libertatem prædictæ ecclesiæ per Dei gratiam conservandam statuimus, ut nulli episcopo, vel nulli omnino ecclesiasticæ sæcularive personæ eadem ecclesia subjecta sit, nisi tantum apostolicæ sedi, ad quam, ut prædictum est, jure proprietatis et tutela defensionis specialiter pertinere cognoscitur. Decimas quoque Carpensis territorii absque ulla divisione sive diminutione, vobis vestrisque successoribus firmas perpetuo manere sancimus, sicut eas prædecessorum nostrorum apostolicæ memoriæ Gregorii VII et Urbani, et Paschalis II atque aliorum concessione hactenus habuistis, ita ut de prædictis decimis nulli alicui possideri, vel ab aliquo accipere, nisi de consensu et permissione plebis, liceat. De chrismate et oleo sancto atque ordinatione vestra, sive consecrationibus ecclesiarum, a quocunque velitis episcopo catholico, accipiendis licentiam vobis liberam indulgemus, sicut a præfatis pontificibus constat fuisse concessam. Capellas autem quæ ad jus vestræ ecclesiæ pertinere noscuntur, id est S. Martini, S. Laurentii, S. Nicolai, absque ullius molestia perpetuo vobis vestrisque successoribus per omnia stabilitas esse censemus. Atque infra terminos vestræ parochiæ nullam ecclesiam, nisi per vestram licentiam, et vobis subjectam, ædificari præcipimus. Infra eosdem quoque terminos præposito plebis clericos ordinare permittimus, ad cujus providentiam et dispositionem tam ordinationes et promotiones clericorum, qui infra eamdem parochiam ordinandi vel promovendi sunt, quam etiam prælationes eorum qui in subditis ecclesiis proficiendi sunt, pertinebunt. De criminalibus etiam intra supradictos terminos pœnitentias dare, et reconciliationem facere vobis concedimus. Præterea per præsentis decreti paginam apostolica auctoritate statuimus, ut quæcunque prædia sive possessiones eadem ecclesia juste possidet, sive in futurum concessione pontificum, liberalitate principum, vel oblatione fidelium, juste atque canonice poterit adipisci, firma vobis vestrisque successoribus permaneant. Decernimus ergo ut nulli omnino hominum liceat eamdem ecclesiam temere perturbare, aut a vestra congregatione actiones vel exenium aliquod exigere, vel res vestras in beneficium cuiquam dare, aut possessiones ejusdem ecclesiæ auferre, minuere vel temerariis vexationibus fatigare, sed omnia integra conserventur, vestris vestrorumque successorum usibus omnimodis profutura. Sane si quis deinceps archiepiscopus aut episcopus, præpositus vel abbas, imperator aut rex, marchio, vel dux, vel comes, vicecomes, judex aut castaldio, seu quælibet ecclesiastica vel sæcularis persona, hanc nostræ constitutionis paginam sciens, contra eam temere venire tentaverit, secundo tertiove commonitus, si non satisfactione congrua emendaverit, potestatis honorisque sui dignitate careat, reumque se divino judicio existere de perpetrata iniquitate cognoscat, et a sacratissimo corpore et sanguine Dei et Domini Redemptoris nostri Jesu Christi alienus fiat, atque in extremo examine districtæ ultioni subjaceat. Cunctis autem ejusdem ecclesiæ justa servantibus sit pax Domini nostri Jesu Christi, quatenus et hic fructum bonæ actionis percipiant, et apud districtum judicem præmia æternæ pacis inveniant. Amen, amen, amen.

Ego Calixtus catholicæ Ecclesiæ episcopus subscripsi.

Datum Laterani per manum Hugonis sanctæ Romanæ Ecclesiæ subdiaconi, IV Idus Februarii, indictione prima, incarnationis Dominicæ anno 1123, pontificatus autem domini Calixti II papæ anno quinto.

CCII.
Confirmatio privilegiorum ecclesiæ S. Rudperti Salzburgensis.

(Anno 1123, Febr. 19.)

[HANSIZII, *Germania sacra*, tom. II, p. 941.]

CALIXTUS episcopus, servus servorum Dei, dilectis filiis HERMANNO præposito, et canonicis in episcopali ecclesia S. Rudperti Salzburgensi regularem vitam professis, tam præsentibus quam futuris in perpetuum.

Justis terram inhabitantibus per prophetam Dominus præcipit, cum panibus occurrere fugienti; idcirco vos, filii charissimi, de sæculo fugientes gratanter excipimus, et per sancti Spiritus gratiam sedis apostolicæ munimine confovemus. Vitæ namque canonicæ ordinem, qui per dilectissimum fratrem nostrum Chunradum Salzburgensem archiepiscopum in vestra est Ecclesia institutus, præsentis privilegii pagina confirmamus. Statuimus enim ut nulli omnino hominum liceat eumdem ordinem in vestra ecclesia mutare. Et ne cui vestrum post professionem exhibitam, proprium quid habere, neve sine præpositi, vel congregationis licentia claustri cohabitationem deserere liceat, interdicimus, et tam vos, quam vestra omnia sedis apostolicæ protectione munimus. Vobis itaque, vestrisque successoribus in eadem religione mansuris ea omnia perpetuo possidenda sancimus, quæ in præsentiarum pro communis victus sustentatione legitime possidere videmini, et quæcunque deinceps poteritis adipisci. Ad hæc decrevimus ut nulli hominum facultas sit, vestram Ecclesiam temere perturbare, aut ejus possessiones auferre, vel ablatas retinere, minuere, vel temeritatis vexationibus fatigare, sed omnia integra conserventur eorum, pro quorum sustentatione et gubernatione concessa sunt, usibus omnimodis profutura, salva metropolitani proprii reverentia. Ad hæc audientes statuimus ne, obeunte ipsius loci præposito, nullus in præpositum qualibet subreptionis astutia seu violentia præponatur, nisi quem fratres communi consensu, vel fratrum pars consilii sanioris secundum Dei timorem providerint

eligendum. Si qua igitur in futurum ecclesiastica sive sæcularis persona, hanc nostræ constitutionis paginam sciens, contra eam ire tentaverit, secundo tertiove commonita, si non satisfactione congrua emendaverit, potestatis honorisque sui dignitate careat, reamque se divino judicio existere de perpetrata iniquitate cognoscat, et a sacratissimo corpore ac sanguine Dei et Domini Redemptoris nostri Jesu Christi aliena fiat, atque in extremo examine districtæ ultioni subjaceat. Cunctis autem eidem loco justa servantibus sit pax Domini nostri Jesu Christi, quatenus et hic fructum bonæ actionis accipiant, et apud districtum judicem præmia æternæ pacis inveniant. Amen, amen, amen.

Ego Calixtus catholicæ Ecclesiæ episcopus.

Datum Laterani per manum Hugonis sanctæ Romanæ Ecclesiæ subdiaconi, XI Kalend. Martii, indictione I, Incarnationis Dominicæ anno 1123, pontificatus autem domni Calixti papæ II anno IV.

CCIII.
Prædium Wilzaccaræ, cum ecclesia Sancti Cæsarii in agro Mutinensi, ad canonicos regulares pertinere, contra petitionem monachorum Nonantulensium, decernit.

(Anno 1123, Febr. 26.)

[MURATORI, *Antiq. Ital.*, V, 257.]

CALIXTUS episcopus, servus servorum Dei, canonicis ecclesiæ Sancti Cæsarii, quæ sita est in curte quæ dicitur Wilzacara, tam præsentibus quam futuris, sub regulari observantia permansuris in perpetuum.

Officii nostri nos hortatur auctoritas, pro Ecclesiarum statu satagere, et quæ recte statuta sunt, auxiliante Domino, stabilire. Comitissa siquidem Mathildis, singularis beati Petri filia, in paterni juris prædio, quod Wilzacara dicitur, jam diu regulares fratres congregare proposuit. Porro cum a Nonantulensibus monachis de eodem prædio quæstio fieret, eadem illustris domina sollicitius procuravit ne quid calumniæ fratribus illic viventibus superesset. Parato enim juxta præceptum domni prædecessoris nostri sanctæ memoriæ Paschalis papæ judicio, legitimis testibus jurejurando sancitum est, supradictum prædium quadraginta annis a marchione Bonifacio et ejus filia Mathilda possessum esse. Beati vero Cæsarii ecclesiam, in eodem prædio sitam, cum suis possessionibus per quadraginta annos nulla monachorum dominatione, vel legitima litis illatione interposita, liberam ab eis perseverasse. Nos igitur ad prædicti domni prædecessoris nostri exemplar locum ipsum et congregationem vestram in jus et tutelam sanctæ sedis apostolicæ suscipientes, ab omnium deinceps personarum exactione liberam permanere censemus. Statuentes ut quæcunque bona per supradictam comitissam in usus fratrum illic Deo servientium concessa sunt, aut in futurum, largiente Deo, per alios fideles legitime dari, offerrive contigerit, quieta semper et integra conserventur. Nulli ergo omnino liceat ecclesiam ipsam temere perturbare, aut ejus possessiones auferre, vel ablatas retinere, minuere, vel temerariis exactionibus fatigare : sed omnia integre conserventur, eorum, pro quorum sustentatione et gubernatione concessa sunt, usibus omnimodis profutura. Chrisma, oleum sanctum, consecrationes altarium, sive basilicarum, ordinationes clericorum, qui ad sacros fuerint ordines promovendi, a quo malueritis, catholico accipietis episcopo. Ad indicium autem perceptæ a Romana Ecclesia libertatis, bysantium aureum quotannis Lateranensi palatio persolvetis. Si quis igitur ecclesiastica sæcularisve persona, hancnostræ constitutionis paginam sciens, contra eam temere venire tentaverit, secundo tertiove commonitus, si non satisfactione congrua emendaverit, potestatis honorisque sui dignitate careat reumque se divino judicio, etc.

Scriptum per manum Gervasii scriniarii regionarii et notarii sacri palatii.

Ego Calixtus catholicæ Ecclesiæ episcopus subscripsi.

Datum Laterani per manum Hugonis sanctæ Romanæ Ecclesiæ subdiaconi, quarto Kalendas Martii, indictione prima, Incarnationis Dominicæ anno 1123, pontificatus autem domini Calixti II papæ anno v.

CCIV.
Privilegium pro abbatia S. Mariæ Vangadiciensi.
(Anno 1123, Mart. 6.)

[MITTARELLI, *Annal. Camald.*, III, append., 292.]

CALIXTUS episcopus, servus servorum Dei, dilecto filio LITALDO abbati Vangadiciensi monasterii Sanctæ Mariæ, quod in comitatu montis Silicani super Athicem veterem situm est ejusque successoribus regulariter substituendis in perpetuum.

Officii nostri cura nos admonet Ecclesiarum quidem omnium præsertim ad jus beati Petri, ac sanctæ Romanæ Ecclesiæ pertinentium, et utilitati intendere et quieti salubriter auxiliante Deo providere. Tuis igitur, dilecte in Domino fili Litalde abbas, precibus annuentes Vangadiciense Beatæ Dei genitricis Virginis Mariæ monasterium, cui Domino auctore præsides, quod a nobilis memoriæ Ugone marchione constructum et ab ipsa fundatione sui per prædecessorem nostrum sanctæ recordationis papam Sylvestrum libertate donatum est, sedis apostolicæ patrocinio communimus. Possessiones namque ipsius et bona omnia quæ vel idem marchio, vel alii quilibet homines de suo jure loco illi attulerunt, vel in posterum ei juste offerri a quocunque contigerit, firma tibi tuisque successoribus et illibata permanere censemus; in quibus hæc propriis duximus nominibus adnotanda : villam scilicet abbatiæ, in qua monasterium consistit cum plebe Sancti Joannis, villam Vangaditiam cum ecclesia Sancti Michaelis, villam quæ dicitur Salvaterra cum ecclesia Sancti Antonini, villam Cavazzanam, cum ecclesia Sancti Laurentii. In episcopatu Ve- ronensi ecclesiam Sancti Salvatoris infra civitatem constructam cum pertinentiis suis. Possessiones illas, et in Bardulino, et in aliis locis ejusdem episcopatus. In episcopatu Vincentino terram de Albareto. In episcopatu Patavensi ecclesiam Sancti Petri sitam in monte Silicano cum pertinentiis suis, curtem Vallis Almerici cum ecclesia Sancti Andreæ. In Este ecclesiam Sancti Firmi et Sancti Petri cum pertinentiis suis. In Palso ecclesiam Sancti Michaelis, possessiones in curia Villæ, et in aliis locis ejusdem episcopatus. In episcopatu Adriensi ecclesiam Sancti Petri in villa Conceda, ecclesiam Sancti Bartholomæi de Gorgnano. Borsetum cum ecclesia Sancti Zenonis. In Contina, ecclesiam Sancti Sixti, Venece cum ecclesia Sancti Martini, et alias possessiones in eodem episcopatu, vel comitatu. Possessiones in episcopatu Ferrariensi, et in episcopatu Bononiensi ecclesiam Sanctorum Simonis et Judæ de Urbizano cum suis pertinentiis. Decernimus ergo ut nulli omnino hominum liceat idem monasterium temere vel temerariis vexationibus fatigare, sed omnia integra conserventur eorum pro quorum sustentatione concessa sunt, usibus omnimodis profutura. Præfati quoque prædecessoris nostri statuta servare cupientes, apostolica sancimus auctoritate, ut monasterium ipsum sub apostolicæ sedis tuitione salvum et in cunctis quietum consistens a potestate seu dominio episcoporum cum omnibus, quas in præsentiarum possidet, ecclesiis, vel quas in futurum juste adeptum fuerit, permaneat liberum, et a synodalibus prorsus exactionibus absolutum. Liceat itaque tibi tuisque omnibus successoribus singulas ecclesias vestras cum cœmeteriis, baptisteriis, capitulis, synodis libere possidere easque per proprios instituere sacerdotes absque alicujus episcopi contradictione vestrorum insuper promotiones clericorum, consecrationesque basilicarum, atque infantium in villis vestris constitutorum baptisma, consignationes episcoporum, quos invitare dignum duxeritis ministeriis, celebrari, similiter stabiliterque censemus. Præterea sacerdotibus in parochialibus ecclesiis monasterii quolibet tempore degentibus tam publicas, quam privatas parochianis utique suis imponendi pœnitentias præsentis favore privilegii licentiam indulgemus, quorum etiam studio quæstiones apud ipsos de conjugiis exortæ, ut juxta sanctorum Patrum terminentur institutiones, ad te tuosque successores referantur. Sacrosanctum vero chrisma singulis annis abbas monasterii per suos a quocunque voluerit episcopo legatos accipiat, acceptum autem baptismalibus consueto more studeat ecclesiis distribuere. Sane curtis abbatiæ, Vangaditiæ, Salvæ terræ, simulque Cavazane decimas miserationis intuitu ex integro vobis habendas concedimus, in aliis vero locis prædiorum, quæ sumptibus propriis excolitis, reddituumque vestrorum decimationes nostra vobis vindicare liceat auctoritate. Obeunte te nunc ejus loci abbate vel tuorum quolibet successorum, nullus ibi qualibet subreptionis astutia seu violentia præponatur, nisi quem fratres eorum consensu, vel fratrum pars sanioris consilii de suo, vel si necesse fuerit de alieno religiosorum fratrum collegio secundum Dei timorem et beati Benedicti Regulam providerint eligendum; electus autem ad Romanum pontificem consecrandus accedat. Si qua igitur in futurum ecclesiastica sæcularisve persona, hanc nostræ constitutionis paginam sciens, contra eam venire temere præsumpserit, secundo tertiove commonita, si non satisfactione congrua emendaverit, potestatis honorisque sui dignitate careat, reamque se divino judicio existere de perpetrata iniquitate cognoscat, et a sacratissimo corpore ac sanguine Dei et Domini Redemptoris nostri Jesu Christi aliena fiat, atque in extremo examine districtæ ultioni subjaceat. Cunctis autem eidem loco justa servantibus sit pax Domini nostri Jesu Christi, quatenus et hic fructum bonæ actionis percipiant, et apud districtum judicem præmia æternæ pacis inveniant. Amen.

Ego Calixtus catholicæ Ecclesiæ episcopus. FIRMAMENTUM EST DOMINUS TIMENTIBUS EUM.

Datum Laterani per manum Hugonis sanctæ Romanæ Ecclesiæ subdiaconi, 11 Nonas Martii, indictione prima, Incarnationis Dominicæ anno 1123, pontificatus autem domini Calixti II papæ anno v.

CCV.
Ad D[idacum] archiepiscopum Compostellanum.
(Anno 1123, Mart. 6.)
[FLOREZ, *Esp. sagr.*, XX, 385.]

CALIXTUS episcopus, servus servorum Dei, ven. fratri D. S. Jacobi archiep. et legato R. E., salutem et apost. benedic.

Perspectis Lucensis Ecclesiæ ejusque episcopi nuntiis agnovimus dilectionem vestram legatione vobis digne a nobis olim tradita, nescio quorum perversorum impedimento, minime fungi: unde valde doluimus et miramur nostra in vestris partibus in tantam devenire tribulationem. Quapropter eamdem legationem sicut prius vobis confirmamus, et quasi filium charissimum movemus, ut nostra in vestris partibus peragatis, et quæ corrigenda sunt, corrigatis, emendetisque hujus sacræ sedis licentia et auctoritate. Valete.

Ego cardinalis Deusdedit S. Laurentii conf. Joannes cardinalis. Petrus cardinalis..... conf.

Data apud Lateranum ii Nonas Martii. Scripta per manus Ugonis subdiaconi.

CCVI.
Canonicorum ecclesiæ Cremonensis privilegia et bona confirmat.
(Anno 1123, Mart. 6.)
[MURATORI, *Antiq. Ital.*, V, 247.]

CALIXTUS episcopus, servus servorum Dei, dilectis filiis Cremonensis ecclesiæ canonicis, eorumque successoribus in perpetuum.

Officii nostri nos hortatur auctoritas paternam pro Ecclesiarum statu sollicitudinem gerere, et quæ ad earum quietem et pacem constituta sunt, stabilire. Quapropter, charissimi in Christo filii, petitionibus vestris clementi benignitate impertientes assensum, ad domni prædecessoris nostri sanctæ memoriæ papæ Urbani exemplar, vestram Beatæ Mariæ Dei Genitricis ecclesiam, cum omnibus rebus suis, apostolicæ sedis tuitione ac patrocinio defensamus. Statuimus enim ut quæcunque bona, quascunque possessiones congregationis vestræ unitas hactenus possedisse per authentica et legitima scripta cognoscitur, vel episcoporum donatione, vel regum, aut cæterorum fidelium oblatione, vobis vestrisque successoribus firma semper et illibata permaneant. In quibus hæc propriis nominibus exprimenda signamus, videlicet: Butaningum, Castrum Vetus, Insulam, Radaldiscum, Casam Novam, Butalianum, Atunellum, Fontanellam: Capellam Sancti Salvatoris, ecclesias Sancti Petri de Curticella ultra Padum, Sanctæ Mariæ de Mareulingo, Sancti Michaelis de Marasse, et Sancti Michaelis de suburbio Civitatis, cum pertinentiis earum. Nec non oratorium Sancti Mauritii cum eorum pertinentiis. Oblationes etiam altaris Sancti Imerii, et cæterorum altarium vestræ ecclesiæ, communitatis vestræ usibus in perpetuum semper exhibendas fore censemus. Quidquid præterea in futurum ad congregationis vestræ regimen juste legaliterque conferri contigerit, firmum semper et integrum stabilitate perpetua conservetur, eorum pro quorum sustentatione et gubernatione concessum est, usibus omnimodis profuturum. Ad hæc adjicientes præcipimus ut nullus episcopus, comes, vicecomes, sive procurator de ipsa vos canonica infestare, aut de terris ejus fodrum, vel aliquam dationem, vobis invitis, tollere, seu vos vestrosque successores de ipsis terris aliquando sine legali judicio molestare vel disvestire præsumat. Præterea, ut omnipotentis Dei servitio per ipsius gratiam quietius insistatis, vos et præfatam ecclesiam ab episcoporum gravamine removentes, decernimus ut eis non liceat, invitis fratribus, in vestra canonica habitare. Vos autem, filii in Domino dilectissimi, oportet mores vestros ab omni malo corrigere, et conversationem vestram ad normam institutionis canonicæ custodire, ut, quod nomine censemini, re etiam in divinæ majestatis oculis esse possitis. Si quis igitur in crastinum archiepiscopus, episcopus, imperator, aut rex, princeps, dux, marchio, aut comes, vicecomes, judex, aut ecclesiastica quælibet sæcularisve persona, hanc nostræ constitutionis paginam sciens, contra eam venire temere tentaverit, secundo tertiove commonita, si non satisfactione congrua emendaverit, potestatis honorisque sui dignitate careat, reamque se divino judicio existere de perpetrata iniquitate cognoscat, et a sacratissimo corpore et sanguine Dei et Domini Redemptoris nostri Jesu Christi aliena fiat, atque in extremo examine districtæ ultioni subjaceat. Cunctis autem eidem loco justa servantibus sit pax Domini nostri Jesu Christi, quatenus et hic fructum bonæ actionis percipiant, et apud districtum

Judicem præmia æternæ pacis inveniant. Amen, amen, amen.

Ego Calixtus catholicæ Ecclesiæ episcopus.

Datum Laterani per manum Hugonis sanctæ Romanæ Ecclesiæ subdiaconi, secundo Nonas Martii, indictione prima, incarnationis Dominicæ anno 1123, pontificatus autem domini Calixti II papæ anno v.

CCVII.

Monasterii Lenensis tutelam suscipit, bonaque ac privilegia confirmat.

(Anno 1123, Mart. 16.)

[ZACCARIA *Dell'antichissima badia di Leno libri tre.* Venezia, 1767, 4°, p. 111.]

CCVIII.

Privilegium pro ecclesia B. Mariæ Blesensis.

(Anno 1123, Mart. 19.)

[*Gall. Chr.*, VIII, instrum, 421.

CALIXTUS episcopus, servus servorum Dei, Stephano abbati et canonicis in Blesensi ecclesia B. Mariæ regularem vitam professis, tam præsentibus quam futuris, in perpetuum.

Bonis religiosorum fratrum et sanctorum virorum desideriis non solum favere, sed ad ea ipsorum etiam debemus animos incitare. Nobilis siquidem vir Theobaldus, Blesensium comes, venerabili fratre nostro Gaufrido Carnotensi episcopo commonente atque hortante, pro amore Dei et religionis canonicæ reverentia vestram beatæ et gloriosæ Virginis Mariæ Dei Genitricis ecclesiam, quam in sæculari potestate sui dominii retinebat, cum omnibus suis rebus et possessionibus Deo et vobis per ejusdem episcopi manum, sicut ipsius attestatione didicimus, reddidit et penitus refutavit hoc nimirum tenore, ut deficientibus de eadem ecclesia clericis sæcularibus, eorum honores sive possessiones ecclesiasticæ in usum vestrum et fratrum, qui post vos in regulari vita, Domino auctore, successerint, redigantur; quandiu vero illi vixerint, præbendarum redditus, quos hactenus tenuerunt, dimittere non cogantur. Idem insuper comes communi vestræ utilitati devote intentus, capellam Sancti Carilephi, quam pater ejus et ipse primum possederant, per supradicti episcopi manum vestris usibus mancipavit, ita videlicet ut quocunque tempore decedentibus de ea personis, præbendarum redditus ad Beatæ Mariæ ecclesiam transferantur, et opportuno tempore secundum abbatis arbitrium in capella eadem aliqui regularium substituantur. Nos ergo et præfati strenui atque illustris comitis desiderium laudabile judicantes, et ipsius precibus annuentes, quod ab eo de præfatis ecclesiis per manum fratris nostri et coepiscopi Gaufridi factum est, confirmamus, et ratum atque inviolabile futuris temporibus permanere præcepimus. Si quis igitur decreti hujus tenore cognito, temere, quod absit! contraire tentaverit, honoris et officii sui periculum patiatur, aut excommunicationis ultione plectatur, nisi præsumptionem suam digna satisfactione correxerit.

Ego Calixtus catholicæ Ecclesiæ episcopus.

Datum Laterani per manum Hugonis sanctæ Romanæ Ecclesiæ subdiaconi, xiv Kalendas Aprilis, indictione prima, Incarnationis Domini anno 1123, pontificatus autem domini Calixti II papæ quinto.

CCIX.

Privilegium pro monasterio Usinnhovensi.

(Anno 1123, Mart. 26.)

[*Monumenta Boica*, tom. X, p. 449.]

CALIXTUS episcopus, servus servorum Dei, dilecto filio BRUNONI abbati monasterii Sanctæ Mariæ, quod in Frisengensi episcopatu in loco qui Schira dicitur, situm est, ejusque successoribus regulariter substituendis in perpetuum.

Omnibus nos debitores esse apostolica doctrina insinuat; verumtamen religiosis viris sollicitius subvenire commissæ nobis administrationis auctoritas exhortatur. Tu siquidem, fili charissime, sicut veridicorum virorum attestatione didicimus, una cum tuis fratribus in monasterio in loco qui Usinhoven dicitur, degens, præ nimia ipsius loci incommoditate aquarumve inopia, nec tuæ nec illorum poteras saluti proficere. Unde, habito venerabilium fratrum nostrorum archiepiscoporum, Adalberti Moguntini videlicet apostolicæ sedis legati, et Chonradi Salzburgensis consilio, habitationem vestram in Schirrum transferre communiter decrevistis. Qui nimirum locus ab Ottone Palatino comite, consentiente egregia femina Petrissa comitissa, et aliis quinque comitibus in cujusdam scirothecæ investitione per manus nostras Deo et beato Petro oblatus, conversationi monasticæ aptus, et fratrum videtur usibus opportunus. Nos itaque veræ dilectionis et charitatis intuitu, vestris humillimis supplicationibus accommodantes assensum, mutationem hanc seu translationem ad honorem Dei et religionis augmentum firmamus, ut curam prioris loci, qui beati Petri juris est, nullatenus amittatis. Eumdem insuper novæ habitationis locum beati Petri munimine confovemus, et vos tanquam dilectos a Domino filios defensionis nostræ brachiis sustentamus. Per præsentis igitur decreti paginam apostolica auctoritate statuimus, ut quæcunque prædia, quæcunque bona nobilis memoriæ Hazocha cum filiis suis Ekkahardo, Bernhardo Ottone comitibus, seu etiam illustris recordationis comes Bertholdus, comes etiam Chonradus et frater ejus Otto, et fratres Otto, Bernhardus et Ekkahardus, aliique fideles Christi pro suarum animarum salute, congregationi vestræ de suo jure obtulisse noscuntur, quæcunque etiam in futurum concessione pontificum, liberalitate principum, vel oblatione fidelium juste atque canonice poteritis adipisci, firma vobis vestrisque successoribus et illibata permaneant. Decernimus ergo ut nulli omnino hominum liceat vestrum cœnobium temere perturbare, aut ejus possessiones auferre, vel ablatas retinere, vel temerariis vexationibus fatigare, sed omnia integra conserventur eorum pro quorum sustentatione ac gubernatione concessa sunt usibus omnimodis profutura. Chrisma, oleum sanctum consecrationes altarium sive basilicarum, ordinationes monachorum, qui ad sacros fuerint ordines promovendi, ab episcopo in cujus dioecesi estis accipietis, si quidem gratiam atque communionem apostolicae sedis habuerit, et si ea gratis ac sine pravitate exhibere voluerit; alioquin liceat vobis catholicum quem malueritis adire antistitem, qui apostolicae sedis fultus auctoritate, quae postulantur indulgeat. Obeunte te nunc ejus loci abbate, vel tuorum quolibet successorum, nullus ibi qualibet subreptionis astutia seu violentia praeponatur, nisi quem fratres consensu communi, vel fratrum pars consilii sanioris vel de suo vel de alieno si oportuerit collegio secundum Dei timorem et beati Benedicti Regulam elegerint. Porro sepulturam loci vestri omnino liberam esse sancimus, ut eorum, qui illic sepeliri desideraverint devotioni et extremae voluntati, nisi forte excommunicati sint, nullus obsistat. Sane advocatum vobis secundum vestrum arbitrium, aliorum quoque religiosorum, et sani consilii virorum, quem potissimum elegeritis, concedimus, qui timoris amorisque Dei respectu, vestrae utilitati bene provideat. Ipse tamen si molestus vobis exstiterit, nostra auctoritate liceat alium vobis idoneum constituere. Porro nec ipsi, nec aliis facultas sit advocatiam loci vestri sibi quasi haereditariam vindicare, vel vobis renitentibus possidere. Si quis igitur in futurum archiepiscopus aut episcopus, imperator aut rex, princeps aut dux, comes, vicecomes, judex, aut ecclesiastica quaelibet saecularisve persona, hanc nostrae constitutionis paginam sciens, contra eam temere venire tentaverit, secundo tertiove commonita, si non satisfactione congrua emendaverit, potestatis honorisque sui dignitate careat, reamque se divino judicio existere de perpetrata iniquitate cognoscat, et a sacratissimo corpore ac sanguine Dei et Domini Redemptoris nostri Jesu Christi aliena fiat, atque in extremo examine districtae ultioni subjaceat. Cunctis autem eidem loco justa servantibus sit pax Domini nostri Jesu Christi, quatenus fructum bonae actionis percipiant, et apud districtum judicem praemia aeternae pacis inveniant. Amen.

Ego Calixtus catholicae Ecclesiae episcopus.

Datum Laterani per manum Hugonis, sanctae Romanae Ecclesiae subdiaconi, vii Kalend. Aprilis, indictione prima, Incarnationis Dominicae anno 1123; pontificatus autem domni Calixti papae II anno v.

CCX.

In generali concilio Conradum, olim episcopum Constantiensem, sanctorum ordinibus ascribit.

(Anno 1123, Mart. 28.)

[MANSI, Concil., XXI, 289.]

CALIXTUS episcopus, servus servorum Dei, venerabili fratri UDELRICO episcopo, clero et populo Constantiensi, salutem et apostolicam benedictionem.

Fratres vestri, quos ad apostolicam sedem direxistis, multa nobis ac fratribus nostris, de illius sancti viri defuncti, Conradi, vestri episcopi, actibus retulerunt miracula, et quae per eum Dominus omnipotens fecerat, certificare scriptis et verborum attestationibus studuerunt. Nostris itaque fratribus episcopis et cardinalibus, et aliis archiepiscopis, episcopis, et abbatibus, ac religiosis qui aderant, viris visum est, eumdem sanctum apud Deum honorabilem meritis, nos apud homines, quantum nobis fas est, honorabilem memoria facere debere. Unde in generali quod celebramus concilio, ejus venerationem fratribus omnibus nuntiamus. Ad honorem igitur Dei atque ipsius S. Conradi reverentiam largiente Domino constituimus, ut ipsius inter sanctos recordatio futuris temporibus habeatur, et miracula, quae per eum a Deo facta dicuntur, si vera sunt, scripturis et lectionibus memoriter deinceps teneantur. Vos vero, fratres et filii dilectissimi, apparentium in terra vestra florum odore refecti, ita in posterum conversari, atque ita pie vivere, cooperante Domino, satagatis, ut et ipsi aliis odorem virtutum reddere, per sancti Spiritus gratiam valeatis. Omnipotens Dominus beatorum apostolorum Petri et Pauli precibus, et praedicti sancti viri orationibus sua nos miseratione custodiat et ad vitam perducat aeternam.

Datum Laterani v Kal. Aprilis.

CCXI.

Ad Girbertum episcopum Parisiensem. — Ut omnes clerici et abbates dioeceseos ipsi pareant. Item ut canonicus Parisiensis, alterius ecclesiae episcopus effectus, praebendam amittat.

(Anno 1123, Mart. 28.)

[MANSI, Concil., XXI, 210, ex minore Pastorali Ecclesiae Paris.]

CALIXTUS episcopus, servus servorum Dei, venerabili fratri GIRBERTO episcopo, et canonicis Parisiensis Ecclesiae, salutem et apostolicam benedictionem.

Apostolicae administrationis debito provocamur, suam ecclesiis dignitatem et justitiam conservare. Quapropter vestram matricem Beatae Mariae ecclesiam in suae dignitatis statu volumus per Dei gratiam permanere. Pro praesentis scripti stabilitate statuimus, ut omnes et clerici, et abbates, ad sedem Parisiensem pertinentes, tibi, charissime frater Girberte episcope, tanquam pastori suo et tanquam membra capiti adhaerentia, et successoribus tuis, debitam obedientiam et reverentiam semper exhibeant. Illud etiam juxta sanctorum censuram decernimus, ut si aliquis Ecclesiae Parisiensis canonicus, ad episcopatus fuerit honorem promotus, et alterius ecclesiae gubernacula beneficiaque susceperit; illius, de qua assumptus est, Ecclesiae privetur canonica.

Datum Laterani, v Kal. April. indictione I.

CCXII.

Monasterii S. Bertini Sithiensis tutelam suscipit et privilegia confirmat.

(Anno 1123, Mart. 30.)

[*Collection des Cartulaires*, III, 262.]

Calixtus episcopus, servus servorum Dei, dilecto filio Lamberto, abbati Sithiensis monasterii Sancti Bertini, ejusque successoribus regulariter substituendis in perpetuum.

Sicut injusta poscentibus nullus est tribuendus effectus, sic legitima desiderantium non est differenda petitio. Tuis igitur, dilecte in Domino fili Lamberte abbas, justis petitionibus annuentes, Sithiense Beati Bertini monasterium, cui, Deo auctore, præsides, sub tutelam et protectionem sedis apostolicæ confovendum suscipimus. Statuimus enim ut nullus abbas in eodem monasterio præponatur, nisi quem fratres, communi consensu, vel fratrum pars consilii sanioris, secundum Dei timorem et beati Benedicti Regulam, de sua congregatione providerint eligendum. Porro, juxta domni prædecessoris nostri sanctæ memoriæ Paschalis papæ decretum, abbatis subrogationem penes Alciacum, non aliunde quam de vestro monasterio, fieri apostolica auctoritate decernimus. Sane, juxta Roberti comitis corroborationem, a villa Arkas, et a molendinis quæ infra ambitum monasterii vestri continentur, nulla prorsus, usque Broburg et Lodic, alia molendina intersint, sicut nec retroactis fuere temporibus. Molentes autem omnemque molturam, quam de ministerio advocati Sancti Bertini, sive aliunde, quiete hactenus possedistis, deinceps libere et absque omni contradictione vos possidere censemus. Deinde totum illud atrii spatium quod ab omni basilicæ vestræ parte, usque ad medium Agnionis fluvii cursum interjacet, sicut per fratrem nostrum Joannem, Morinorum episcopum, constat esse sacratum, ita nos ecclesiæ vestræ præsenti decreto firmamus, cum piscariis et terris adjacentibus, cultis sive incultis, videlicet a præfata villa Archas usque ad vetus monasterium, prout priscis temporibus possedistis. Illarum quoque decimarum medietatem, quæ vobis et canonicis Sancti Audomari communi jure proveniant, scilicet de Sancto Michaele, de Sancto Quintino in Lokenes, de Sancto Martino extra burgum, de Sancto Jacobo de Tatinghuem, et de Cormettes, necnon et illorum quatuor denariorum communis teloneii, quos fraternitas tua, una cum præfatis canonicis, adversus burgenses, sibi, coram episcopo Tarvanensi, rationabiliter vindicavit, scripti hujus auctoritate firmamus. Refectionem præterea, quam fratribus monachis et pauperibus in tuo anniversario tribuendam constituisti, nos inviolabilem permanere sancimus; Si qua igitur in futurum ecclesiastica sæcularisve persona, etc.

Datum Laterani, per manum Hugonis, sanctæ Romanæ Ecclesiæ subdiaconi, tertio Kal. Aprilis, indictione prima, Incarnationis Dominicæ anno millesimo centesimo vicesimo tertio, pontificatus autem domni Calixti II papæ anno quinto.

CCXIII.

Ad Joannem, Morinensium præsulem.

Anno 1123, Mart. 30.

[*Ibid.*, p. 294.]

Calixtus episcopus, servus servorum Dei, venerabili fratri Joanni, Morinorum episcopo, salutem et apostolicam benedictionem.

Beati Bertini monasterium, cum omnibus rebus et possessionibus suis, ad Romanæ jus Ecclesiæ pertinere, fraternitati tuæ credimus esse notissimum. Qua in re bona ejus, quæ antiquitus cognoscitur possedisse, decreti nostri pagina confirmavimus. Tuæ igitur dilectioni rogando, mandamus ut omnia bona ejus manutenere ac defendere studeas, et præsertim ea quæ prædecessorum nostrorum sunt privilegiis confirmata; satagas etiam, et firmiter in posterum teneas, ut abbatis erogatio penes Alchiacum de præfato monasterio fiat, et inde electo, sine occasione aliqua, manum benedictionis imponas, quatenus et nos beati Petri filios pro amore nostro a te amplius diligi cognoscamus, et tu a nobis gratiarum merearis accipere actiones.

Datum Laterani, III Kal. Aprilis.

CCXIV.

Monasterio S. Crucis Burdigalensi ecclesiam S. Macarii asserit.

(Anno 1123, Mart. 30.)

[Mabillon, *Annal. Bened.*, VI, 98.]

Calixtus episcopus, servus servorum Dei, dilectis filiis Androni abbati et monachis Sanctæ Crucis, salutem et apostolicam benedictionem.

Inter vos et monachos Sancti Macarii de subjectione et obedientia querimonia est agitata : et quidem vos fratres illos in religione vestrique subjectione cœnobii retinere juxta vestram consuetudinem volebatis, ipsi autem rebelles vobis inobedientes effecti a vestra subjectione se subtrahere nitebantur. Proinde a Burdegalensi archiepiscopo evocati ad præsentiam ejus venerunt, sed ipsius et religiosorum abbatum ac monachorum qui aderant, obedire judicio contempserunt; qua de re ab ipso excommunicati sunt. Tunc illi magis contra vos se erigentes, ad legatum nostrum Girardum Engolismensem episcopum perrexerunt et ab eo virgam quamdam pastoralem dictam quibusdam subreptionibus acceperunt, cujus virgæ occasione Sancti Macarii ecclesiam per se abbatiam esse liberam voluerunt, sicut monasterium Sanctæ Crucis exstitit. Deinde archiepiscopus ad nostrum concilium evocatus, eos mandatis suis et monitis evocavit, ut de transgressione hac in nostra præsentia responderent. Cum autem utrique ad nostram præsentiam venissetis, et illi a nobis inducias postulassent, diem utrique parti præfiximus, qua coram nobis et nostris fratribus querimonia sopiretur. Die igitur constituta vos adfuistis, sed altera pars a conspectu nostro se absentavit. Nobis ergo et fratribus nostris justum et rationabile visum est, ut neque vos vestra fraudari justitia, neque illi de sua debuissent lucrari absentia. Idcirco in generali fratrum nostrorum, episcoporum et cardinalium et aliorum, archiepiscoporum, episcoporum, abbatum ac religiosorum virorum concilio collaudavimus, ut prædicta Sancti Macarii ecclesia, sicut ab antiquo fuit, ita et in posterum in vestri monasterii sit obedientia et dispositione subjecta. Ille vero baculus sive subreptionis virga in vestrum dominium redigatur, et ne aliquod de cætero scandalum moveat omnino frangatur. Si quis autem hanc nostram et generalis concilii constitutionem et collaudationem aliqua temeritate infregerit, sancti Spiritus judicio et indignationi sedis apostolicæ subjacebit: Monachi autem Sancti Macarii excommunicatione, qua et a nobis et archiepiscopo percussi sunt, tandiu teneantur, donec ad abbatis Sanctæ Crucis obedientiam revertantur.

Ego Calixtus catholicæ Ecclesiæ episcopus.

Datum Laterani per manum Hugonis sanctæ Romanæ Ecclesiæ subdiaconi, III Kal. Aprilis, indictione II, anno Incarnationis Dominicæ 1123, pontificatus autem domni Calixti II papæ anno V.

CCXV.
Ad populum et clerum Augustensem.
(Anno 1123, Mart. 31.)

[KHAMM, *Hierarchia Augustana*, pars I, p. 198.]]

CALIXTUS episcopus, servus servorum Dei, clero et populo Augustensi, salutem et apostolicam benedictionem.

Dilectus frater noster Hermannus, episcopus vester, ad sedem apostolicam cum multo labore et fatigatione sui pervenit, et sanctæ Romanæ Ecclesiæ matrem suam humilitate debita et obedientia recognovit. Quem nos paterna dilectione suscepimus, et tanquam obedientem filium nobiscum diligenter habuimus. Ipsum itaque ad vos cum nostra gratia et integritate sui episcopalis officii remittentes, universitatem vestram rogamus, monemus atque præcipimus, ut eum benigne suscipiatis, affectione præcipua diligatis, et ei sicut patri et magistro vestro, nec non et animarum vestrarum episcopo reverentiam et obedientiam humiliter impendatis.

Data Laterani II Kal. April.

CCXVI.
Ecclesiæ Monopolitanæ libertatem et possessiones petente Nicolao episcopo, confirmat.
(Anno 1123, Mart. 31.)

[UGHELLI, *Italia sacra*, I, 963.]

CALIXTUS episcopus, servus servorum Dei, dil. fratri NICOLAO Monopolitano episcopo, ejusque successoribus canonice substituendis in perpetuum.

Sicut injusta poscentibus nullus est tribuendus effectus, sic legitima desiderantium non est differenda petitio. Quia igitur dilectio tua ad sedis apostolicæ portum confugiens iteratam ejus tuitionem devotione debita requisivit, nos supplicationi tuæ clementer annuentes et dictam Monopolitanam ecclesiam, cui Deo auctore præsides, decreti præsentis auctoritate munimus. Statuimus enim ut eadem ecclesia nulli alii præter apostolicam sedem subjectionis reverentiam debeat, sicut per apostolicæ memoriæ prædecessorem nostrum Urbanum II in Beneventana synodo definitum, et privilegii testimonio confirmatum, necnon et a S. recordationis Paschali papa privilegii munimine roboratum est. Te igitur tuosque successores hujus libertatis gratia perfruentes sub solius apostolicæ sedis obedientia in perpetuum manere decernimus, statuentes ut quæcunque Monopolitana ecclesia hactenus juste possedit, aut hodie possidet, sive in futurum juste et canonice poterit adipisci, in castellis, villis, silvis, in ecclesiis, in monasteriis cæterisque possessionibus, tibi tuisque successoribus episcopali jure regenda semper, ac disponenda serventur, salva in omnibus Romanæ et apostolicæ Ecclesiæ reverentia. Obeunte te, vel tuorum quolibet successorum, clero, populoque Monopolitano facultas sit, semota omni pravitate, episcopum canonice eligendi, electus autem a Romano pontifice consecrabitur. Sane si quis in crastinum archiepiscopus, episcopus, imperator aut rex, princeps aut dux, comes, vicecomes, judex, aut ecclesiastica sæcularisve persona, hanc nostræ constitutionis paginam sciens, contra eam temere venire tentaverit, secundo tertiove commonita, si non satisfactione congrua emendaverit, potestatis honorisque sui dignitate careat, reamque se divino judicio existere de perpetrata iniquitate cognoscat, et a sacratissimo corpore ac sanguine Dei et Domini Redemptoris nostri Jesu Christi aliena fiat, atque in extremo examine districtæ ultioni subjaceat. Cunctis autem eidem loco justa servantibus sit pax Domini Nostri Jesu Christi, quatenus et hic fructum bonæ actionis percipiant, et apud districtum judicem præmia æternæ pacis inveniant. Amen, amen, amen.

Ego Calixtus catholicæ Ecclesiæ episcopus.

Datum Laterani per manum Hugonis S. R. E. subd., II Kal. Aprilis, ind. I, Incarn. Dom. anno 1123, pontificatus autem D. Calixti II PP. V.

CCXVII.
Hamburgensibus commendat Adalberonem archiepiscopum a sese consecratum et pallio donatum.
(Anno 1123.)

[LAPPENBERG, *Hamburg. Urkund.*, I, 126.]

CALIXTUS episcopus, servus servorum Dei, clero et populo Hamaburgensi, salutem et apostolicam benedictionem.

Desideriis vestræ dilectionis nostro concordante judicio, venientem ad apostolorum limina et ad nos dilectum fratrem nostrum Athelberonem, in cujus electionem vota vestra convenerant, Patrum, ut confidimus, canonicis regulis congruentem et constitutioni ecclesiasticæ non ignarum, benigne suscepimus. Quem de charo chariorem ulnis dilectionis et charitatis visceribus amplectentes, vobis in archiepiscopum nostri tanquam beati Petri manibus consecravimus. Consecrato etiam cum nostrae gratiae abundantia pallium pontificale, videlicet officii plenitudinem, ex apostolicae sedis benignitate contulimus. Quo infra ecclesiam ad sacra missarum solemnia uti debebit, diebus illis qui in vestrae ecclesiae privilegiis distinguuntur. Hunc igitur sub litterarum nostrarum prosecutione ad Ecclesiae vestrae regimen dirigentes plena hortamur affectione diligi, plena humilitate venerari. Confidimus enim magnum, Deo auctore, utilitatis fructum per ejus doctrinam et providentiam vobis omnibus profuturum.

CCXVIII.
Confirmatio jurium omnium Ecclesiae Squillatinae.
(Anno 1123, April. 2.)
[Coquelines, *Bullar. amp. Collect.*, tom. X, p. 184.]

Calixtus episcopus, servus servorum Dei, venerabili fratri Petro archiepiscopo, a nobis de Squillatina Ecclesia in Panormitanam translato, ejusque successoribus canonice instituendis, in perpetuum.

Justis votis assensum praebere, justisque petitionibus aures accommodare nos convenit, qui, licet indigni, justitiae custodes atque praecones in excelsa apostolorum principum Petri et Pauli specula positi, Domino disponente, conspicimur. Tuis igitur, frater in Christo charissime Petre archiepiscope, justis petitionibus annuentes, sanctam Panormitanam Ecclesiam, cui auctore Domino per nos institutus praesides, auctoritate sedis apostolicae communimus; statuimus enim ut Panormum, Misiliminum, Cornelianum, Bicaris, Thermo cum pertinentiis suis, et possessiones, et coloni, decimae, et episcopalia jura ipsius parochiae, nec non et omnia quae terrae principes, et alii fideles viri de jure suo eidem Ecclesiae contulerunt, et quae ipsi Ecclesiae jure antiquo pertinere videntur, quieta et libera, in tua tuorumque successorum ditione auctoritatis nostrae assertione permaneant; omnem quoque libertatem, quae a praedecessoribus nostris sanctae memoriae Alexandro II, Gregorio VII et Paschale II Romanae Ecclesiae pontificibus praedecessoribus tuis Panormitanis archiepiscopis Nicodemo et Alcherio, et per eos Panormitanae Ecclesiae concessa dignoscitur, nos quoque auctoritate apostolica damus tibi et per industriam tuam Ecclesiae ipsi concedimus, et decreti hujus pagina confirmamus. Pallii quoque usum, qui antecessoribus tuis a nostris antecessoribus est concessus, dilectioni tuae concedimus; quo videlicet uti debetis diebus illis qui in Ecclesiae tuae privilegiis distinguuntur. Cujus indumenti honor quoniam modesta actuum vivacitate servandus est, hortamur, ut ei morum tuorum ornamenta conveniant, quatenus auctore Deo recte utrobique possis esse conspicuus. Quamobrem, charissime frater, quoniam pastoralis curae constringit officium, dilige fratres, ipsi quoque adversarii propter mandatum Dominicum tuo circa te copulentur affectu, pacem sequere cum omnibus: sanctimoniam, sine qua nemo videbit Deum: piis vaces operibus: virtutibus polleas; fulgeat in pectore tuo rationale judicii cum superhumeralis actione conjunctum: ita procedas in conspectu Dei, et totius Israel; hujusmodi gregi commisso praebeas exempla, ut videant opera tua bona, et glorificent Patrem tuum qui in coelis est; sit in lingua sermo, sit coeli fervor in animo: creditum tibi agrum Dominicum exerce dum licet, semina in timore: dum tempus est bonum faciendo non deficias; tempore enim suo metes, non deficiendo vigilanter. Itaque terrena negotia relinquendo coelestibus anhela, quae retro sunt obliviscens, in ea quae ante sunt, temetipsum extende; mens tua in saeculari veritate non diffluat, sed tota in unum currat atque confluat finem, quem mira suavitate David respexerat, cum dicebat: *Unam petii a Domino, hanc requiram ut inhabitem in domo Domini omnibus diebus vitae meae.* Sancta Trinitas fraternitatem tuam suae gloriae protectione circumdet, et ad finem, qui non finitur, pervenire concedat. Si qua vero in futurum ecclesiastica saecularisve persona, hanc nostrae constitutionis paginam sciens, contra eam venire tentaverit, secundo tertiove commonita, si non satisfactione congrua emendaverit, potestatis honorisque sui dignitate careat, reamque se divino judicio existere de perpetrata iniquitate cognoscat, et a sacratissimo corpore ac sanguine Dei et Redemptoris nostri Jesu Christi aliena fiat, atque in extremo examine districtae ultioni subjaceat. Cunctis autem eidem Ecclesiae justa servantibus, sit pax Domini nostri Jesu Christi, quatenus et hic fructum bonae actionis percipiant, et apud districtum judicem praemia aeternae pacis inveniant. Amen, amen, amen.

Ego Calixtus catholicae Ecclesiae episcopus.

Datum Laterani per manum Hugonis sanctae Romanae Ecclesiae subdiaconi cardinalis, iv Nonas Aprilis, indictione prima, Incarnationis Dominicae anno 1123, pontificatus autem domni Calixti II papae anno v.

CCXIX.
Ad Antonium abbatem Senonensem.
(Anno 1123, April. 2.)
[*Gall. Christ.* XIII, instr. 488.]

Calixtus episcopus, servus servorum Dei, dilecto in Christo filio Antonio abbati monasterii Senonensis quod in Tullensi parochia situm est.

Tuis igitur, fili in Christo charissime Antoni abbas, justis petitionibus annuentes statuimus, etc., ut illibata permaneant, in quibus haec propriis visa sunt vocabulis exprimenda: ecclesiam Vipodicellae, etc., ecclesiam de Plania, ecclesiam S. Joannis, ecclesiam S. Maurici Senonensis, etc., ecclesiam de Stopax, ecclesiam episcopi Villae, ecclesiam Danuebrii, etc. Sane advocatum loci vestri quicunque per Metensem episcopum constitutum fuerit, etc., delegato advocatis beneficio contentum esse praecipimus, etc.; cunctis autem eidem loco justa servantibus sit pax Domini nostri Jesu Christi, et apud districtum judicem praemia aeternae pacis inveniant. Amen, amen, amen.

Datum Laterani per manum Hugonis sanctae Romanae Ecclesiae subd. card., iv Non. Aprilis, indict.

i, Incarnationis Dominicæ an. 1123, pontificatus autem domini Calixti II papæ anno v.

CCXX.

Ad Ottonem Bambergensem episcopum, Pomeranorum apostolum. — De privilegiis Bambergensi Ecclesiæ concessis.

(Anno 1123, April. 3.)
[MANSI, *Concil.*, XXI, 195.]

CALIXTUS episcopus, servus servorum Dei, venerabili fratri OTTONI Bambergensi episcopo, salutem et apostolicam benedictionem.

Bonis fratrum nostrorum studiis non solum favere, sed ad ea ipsorum etiam debemus animos incitare. Tuis ergo, charissime et venerabilis frater Otto Bambergensis episcope, supplicationibus inclinati, monasteria quæ ipse propriis sumptibus exstruxisti, et Bambergensi ecclesiæ conferens, apostolicæ sedis roborari munimine quæsivisti, in B. Petri ejusque Romanæ Ecclesiæ protectione suscipimus contra pravorum hominum nequitiam defensanda. Statuimus ergo ut possessiones, prædia et bona omnia, quæ et fraternitas tua eisdem monasteriis divini amoris intuitu contulit, quæque aliorum fidelium justa oblatione concessa sunt, aut in futurum juste legaliterve acquiri vel offerri contigerit, firma eis et illibata Domino auctore permaneant. Ordinationes sane abbatum vel monachorum suorum a catholicis episcopis diœcesanis accipiant. Rerum vero ipsorum monasteriorum curam et administrationem in tuo tuorumque successorum arbitrio et potestate remanere censemus. Nulli itaque hominum facultas sit eadem monasteria perturbare, aut eorum possessiones auferre, vel ablatas retinere, minuere, vel temerariis fatigationibus vexare; sed omnia integra conserventur eorum, pro quorum sustentatione et gubernatione concessa sunt, usibus omnimodis profutura. Si qua igitur ecclesiastica sæcularisve persona, hanc nostræ constitutionis paginam sciens, contra eam temere venire tentaverit, secundo tertiove commonita, si non satisfactione congrua emendaverit, potestatis honorisque sui dignitate careat, reamque se divino judicio existere de perpetrata iniquitate cognoscat, et a sacratissimo corpore et sanguine Dei et Domini Redemptoris Jesu Christi aliena fiat, atque in extremo examine districtæ ultioni subjaceat. Cunctis autem eisdem monasteriis justa servantibus sit pax Domini nostri Jesu Christi, quatenus et hic fructum bonæ actionis percipiant, et apud districtum judicem præmia æternæ pacis inveniant.

Scripta per manum Gervasii scriniarii regionarii et notarii sacri palatii.

CCXXI.

Privilegium pro monasterio S. Benedicti Cremensis.

(Anno 1123, April. 3.)
[GATTULA, *Hist. Casin.*, I, 285.]

CALIXTUS episcopus, servus servorum Dei, dilecto filio VIVIANO præposito ecclesiæ Beati Benedicti apud Romam, salutem et apostolicam benedictionem.

Religiosis desideriis dignum est facilem præbere consensum, ut fidelis devotio celerem sortiatur effectum. Henricus siquidem comes Pergamensis cum totius populi Cremensis suffragio, et conniventia pro animarum suarum salute in prædio possessionis suæ cellam in honore beati Benedicti devotione et reverentia obtulerunt. Hanc videlicet cellam venerabilis frater noster Rogerius tunc Voliterrensis episcopus, ejusdem Henrici comitis filius, pro patris sui, et Cremensis populi desiderio et rogatu jamdudum sub tutelam sedis apostolicæ, sicut et cætera Casinensis monasterii membra suscipi postulavit.

Nos igitur tam illorum, quam tuis, dilecte fili Viviane ejusdem loci præposite, petitionibus annuentes pro sanctissimi Patris nostri Benedicti reverentia et filii nostri Oderisii abbatis dilectione, ad cujus curam ex Casinensis cœnobii jure locus idem pertinet, cellam ipsam per decreti præsentis paginam sub apostolicæ sedis tutelam, protectionemque suscipimus. Statuimus ergo ut cella eadem quieta semper et libera in Casinensis monasterii possessione et unitate permaneat, nec ulli omnino personæ liceat eam Casinensi monasterii jure dominioque subtrahere, aut separare. Quæcunque vero prædia, quæcunque possessiones, a supradicto comite Henrico, et a Cremensibus, vel aliis fidelibus viris eidem loco ad fratrum sustentationem collata sunt, vel in futurum largiente Domino conferentur, firma vobis in perpetuum, quieta, et integra conserventur. Quæ videlicet possessiones habentur in Cremonensi territorio in villa Heire, in Rivi Zinga, in Veilate, in Mozanica, in Vauri, et in Josano, et in Boteliano. Decernimus itaque ut nulli omnino hominum liceat idem monasterium temere perturbare, aut ejus possessiones auferre, vel ablatas retinere, minuere, vel temerariis vexationibus fatigare, sed omnia integra conserventur eorum pro quorum sustentatione ac gubernatione concessa sunt usibus omnimodis profutura. Ordinationes monachorum qui ad sacros ordines fuerint promovendi, seu clericorum monasterio pertinentium a quo malueritis catholico episcopo accipietis, qui apostolicæ sedis fultus auctoritate postulatur indulgeat. Si qua igitur in futurum ecclesiastica sæcularisve persona, hanc nostræ constitutionis paginam sciens, contra eam temere venire tentaverit, honoris et officii sui periculum patiatur, aut excommunicationis ultione plectatur, nisi præsumptionem suam digna satisfactione correxerit. Quicunque vero domum ipsam, et in ea Domino servientes fovere, suisque rebus honorare curaverit, omnipotentis Dei et apostolorum ejus gratiam consequatur. Amen, amen, amen.

Ego Calixtus catholicæ Ecclesiæ episcopus.

Datum Laterani per manus Hugonis sanctæ Romanæ Ecclesiæ subdiaconi, tertio Nonas Aprilis, indictione prima, Incarnationis Dominicæ anno 1123, pontificatus autem Calixti II papæ quinto.

CCXXII.

Parthenonem S. Salvatoris et S. Juliæ Brixiensem tuendum suscipit ejusque possessiones ac privilegia confirmat.

(Anno 1123, April. 3.)

[Margarini, *Bullar. Casin.*, II, 137.]

Calixtus episcopus, servus servorum Dei, dilectæ in Christo filiæ Ermingardæ abbatissæ monasterii Domini Salvatoris nostri, et S. Juliæ virginis et martyris, quod Novum dicitur, et in civitate Brixia situm est, ejusque sororibus tam præsentibus quam futuris in perpetuum.

Quæ a prædecessoribus nostris ecclesiasticæ utilitatis prospectu statuta sunt, firma debent perpetuitate servari; ea propter petitiones tuas, charissima in Christo filia, non immerito annuendum censuimus, ut Beatæ Juliæ monasterium, cui, Deo auctore, præsides, quod videlicet ab Ansa regina intra civitatem Brixianam constructum est, apostolicæ sedis privilegio muniremus. Per præsentis igitur scripti paginam constituimus, ut idem monasterium sub apostolicæ sedis protectione, et regia defensione submissum, nullius unquam alterius jurisdictionibus submittatur; adeo ut quisquam sacerdotum, nisi ab ipsius loci abbatissa fuerit invitatus, nec missarum ibi solemnia celebrare præsumat. Possessiones autem ipsius loci, quæ ab eadem Ansa regina, et successoribus suis imperatoribus, vel ab aliis fidelibus legaliter concessæ sunt, tibi, tuisque sororibus et his, quæ post vos in eadem religione successerint, confirmamus : curtes, scilicet, Sermionem Ceruanicam, Nuvelariam, Berciagum, Barbadam, Alfianum, Calvatonem, Ciconiariam, Miliarinam, Sermidam, necnon Cosenagum novum, Monticellum, cum omnibus basilicis eidem monasterio pertinentibus, scilicet in Sermione una, in Nuvelaria una, in Berciago duæ, in Barbada una, in Alfiano una, in Calvatone duæ, in Ciconaria una, in Meliarina una, seu etiam curtes, villas, castella, basilicas, et omnia eidem monasterio pertinentia; quæcunque præterea in futurum, largiente Deo, juste atque canonice poteritis adipisci, firma tibi et eidem monasterio, illibataque permaneant. Decernimus ergo ut nulli omnino hominum liceat idem monasterium temere perturbare, aut ejus possessiones auferre, aut ablatas retinere, minuere, vel temerariis vexationibus fatigare, sed omnia integra conserventur earum, pro quarum sustentatione ac gubernatione concessa sunt, usibus omnimodis profutura. Obeunte te, vel aliqua ipsius monasterii abbatissa, nulla ibi qualibet subreptionis astutia præponatur, nisi quam sorores communi consensu, vel sororum pars consilii sanioris, secundum Dei timorem, et beati Benedicti Regulam elegerint. Sane abbatissa ipsius loci licentiam habeat ad honorem Dei, ecclesias construendi, mercatum et castella in terris ad præfatum monasterium pertinentibus, ubicunque voluerit, pro utilitate monasterii construendi. Nullus etiam episcopus, dux, marchio, comes, vicecomes, vel aliqua magna parvaque persona ullum districtum in aliquibus locis ipsius monasterii judicare, seu aliquod placitum, absque licentia abbatissæ, habere præsumat; aut res monasterii quovismodo alienare, vel ibi molestiam inferre, aut fodrum, vel mansionaticum, seu ripaticum, aut paratas, sive aliquas functiones exigere. Decimas præterea et primitias laborum vestrorum, et districtum servorum, et liberorum, ad vestrum cœnobium pertinentium confirmamus. Chrisma, oleum sanctum, consecrationes altarium sive basilicarum, ordinationes abbatissæ, vel monacharum sive cæterorum clericorum, qui ad sacros fuerint ordines promovendi, seu quidquid ad sacrum mysterium pertinet, a quibuscunque catholicis præsulibus fuerint postulata, gratis concedimus, et absque reprehensione tribuenda, sicut Anselperga prima abbatissa ejusdem monasterii, a Paulo beatæ memoriæ, apostolicæ sedis pontifice, pro fragilitate feminei sexus obtinuit. Si qua igitur in futurum ecclesiastica sæcularisve persona, hanc nostræ constitutionis paginam sciens, contra eam temere venire tentaverit, secundo tertiove commonita, si non satisfactione congrua emendaverit, potestatis honorisque sui dignitate careat, reamque se divino judicio existere de perpetrata iniquitate cognoscat, et a sacratissimo corpore ac sanguine Dei et Domini Redemptoris nostri Jesu Christi aliena fiat, atque in extremo examine districtæ ultioni subjaceat. Cunctis autem eidem loco justa servantibus sit pax Domini nostri Jesu Christi, quatenus et hic fructum bonæ actionis percipiant, et apud districtum judicem præmia æternæ pacis inveniant. Amen, amen, amen.

Ego Calixtus catholicæ Ecclesiæ episcopus SS.

Datum Laterani, per manum Hugonis sanctæ Romanæ Ecclesiæ subdiaconi, iii Non. Aprilis, indictione i, Incarnationis Dominicæ anno 1123, pontificatus autem domni Calixti II papæ anno v.

CCXXIII.

Privilegium pro ecclesia S. Deodati.

(Anno 1123, April. 3.)

[*Hist de l'Eglise de Saint-Dié*, p. 377.]

Calixtus episcopus, servus servorum Dei, Alberto venerabili præposito Sancti Deodati, cæterisque fratribus, salutem et apostolicam benedictionem.

Venientes ad nos ecclesiæ vestræ canonici, dilectus filius noster Hunaldus, et Hugo vester scholasticus, petierunt ut ecclesiæ vestræ possessiones, jura sua, dignitates juxta quod in privilegiis vestris continentur, tam in his quæ a prædecessoribus nostris Romanæ sedis præsulibus obtinuistis, quam in his quæ ab aliis pontificibus, seu imperatoribus, vel ducibus suscepistis, nos quoque nostra auctoritate firmaremus. Eorum itaque petitioni, quæ justa videbatur, clementer annuentes, vobis vestræque in perpetuum confirmamus Ecclesiæ, quidquid in privilegio prædecessoris beatæ memoriæ Leonis papæ firmatum est. Præterea nominatim ecclesiam Sancti Remigii in monte juxta quod venerabilis frater Riquinus

Tullensis episcopus scripto et sigillo suo vobis confirmavit. Necnon etiam tenorem ecclesiarum vestrarum, quas in episcopatu Basiliensi habetis, sicut ad nostra usque tempora tenuistis, et a Rodulpho beatæ memoriæ Basiliensi episcopo scripto, et sigillo suo confirmatum suscepistis. Videlicet ut in quarto anno ecclesia de Ungrersheim pro decimis quadraginta solidos Basiliensis monetæ, et capella de Mittegvibre quinque solidos, et illa de Vuegvibre similiter quinque persolvat. Eisdemque ecclesiis supradictis viduatis, sacerdotes in eis pro voluntate præpositi, atque fratrum vestræ ecclesiæ ponantur. Quæcunque etiam in posterum concessione principum, seu liberalitate pontificum, aut oblatione fidelium, ecclesiæ vestræ canonice accesserint, auctoritate sedis apostolicæ rata et inconcussa vobis permanere decernimus. Si quis igitur, decreti hujus tenore cognito, temere, quod absit! contraire tentaverit, honoris et officii sui periculum patiatur, aut excommunicationis ultione plectatur, nisi præsumptionem suam digna satisfactione correxerit.

Ego Calixtus catholicæ Ecclesiæ episcopus.

Datum Laterani per manum Hugonis sanctæ Romanæ Ecclesiæ subdiaconi, III Non. Aprilis, indict. I, Incarnat. Dominicæ anno 1123, pontificatus autem domni Calixti II papæ anno v.

CCXXIV.

Monasterio S. Gisleni asserit altaria nonnulla a Burcardo, episcopo Cameracensi, concessa.

(Anno 1123, April. 4.)

[Vide REIFFENBERG, *Monum.* t. VIII, p. 348.]

CCXXV.

Bulla pro Alberone archidiacono et thesaurario Metensis ecclesiæ Sancti Stephani.

(Anno 1123, April. 5.)

[MEURISSE, *Hist. de Metz*, p. 414.]

CALIXTUS episcopus, servus servorum Dei, dilecto filio ALBERONI archidiacono et thesaurario Sancti Stephani Metensis ecclesiæ, salutem et apostolicam benedictionem.

Quæ a fratribus nostris beneficia ecclesiis collata sunt, nos auctore Deo debemus integra servare. Idcirco altari nostræ ecclesiæ Sancti Stephani beneficia, quæ a religiosis episcopis in ejus dote collata sunt, confirmamus. In quibus nominatim exprimimus ecclesiam de Guapeio cum tota ipsa curte, et cum omnibus appendiciis ipsius curtis, scilicet mansis, terris, cultis et incultis, pratis, pascuis, nemoribus, silvis, censibus, fontibus, rivis et eorum decursibus et mundilionibus, campis, vineis etiam illis quæ sitæ sunt in territorio villæ quæ dicitur Lauriacum, cum integro banno, sicut libere et absolute, ac nullo refragante, ad usum thesaurarii principalis et aliorum subcustodum concessa sunt et ab antecessoribus tuis possessa. Quæcunque præterea bona, et quæcunque possessiones tam in ecclesiis quam in terris cultis et incultis, vineis, pratis, silvis, mancipiis, censibus, redditibus infra civitatem Metensem vel extra eidem altari pertinent ad tuos et successorum tuorum thesaurariorum usus, ita quieta decernimus,

et libera conservari, ut nulli ecclesiasticæ sæcularive personæ facultas sit ea vobis auferre, vel ausu temerario molestiam irrogare. Si quis autem, decreti nostri hujus tenore cognito, temere, quod absit! contraire tentaverit, honoris et officii periculum patiatur, aut excommunicationis ultione plectatur, nisi præsumptionem suam digna satisfactione correxerit.

Ego Calixtus catholicæ Ecclesiæ episcopus.

Datum Laterani per manum Hugonis sanctæ Romanæ Ecclesiæ subdiaconi, Nonis Aprilis, indictione prima, Incarnationis Dominicæ anno millesimo centesimo vicesimo tertio, pontificatus autem domni Calixti II papæ quinto.

CCXXVI.

Ad canonicos Bisuntinos S. Joannis. — Componit controversias inter ecclesias S. Joannis et S. Stephani. Jubet ut privilegium ecclesiæ S. Stephani concessum a Paschali papa reddatur.

(Anno 1123, April. 6.)

[MANSI, *Concil.*, XXI, 202.]

CALIXTUS episcopus, servus servorum Dei, dilectis filiis B. Joannis evangelistæ canonicis, salutem et apostolicam benedictionem.

Discordiam quæ inter vos, et canonicos sancti Stephani, longo jam tempore perduravit, a nobis in præsentia fratrum nostrorum episcoporum et cardinalium, tali noveritis fine conclusam, ut videlicet in vigiliis festivitatis Inventionis corporis S. Stephani, ad vesperas, canonici S. Joannis ad ecclesiam B. Stephani cum processione pergant, et in crastino ejusdem inventionis, unum modium vini, et carnem unius vaccæ, vel quatuor Bisuntinæ monetæ solidos, a canonicis ecclesiæ loci accipiant. Clerici etiam S. Stephani, in vigiliis S. Joannis ante portam Latinam, ad vesperas, ad Sanctum Joannem veniant. Decanus vero Sancti Stephani hominium semper archiepiscopo faciat, et per manum ejus archidiaconatum de Dola et Amos perpetuo jure obtineat. Candelæ etiam, quæ in exteris claustri domibus, canonicis S. Joannis a canonicis S. Stephani antiquitus præbebantur, nisi per quadraginta continuos dies post Inventionem, et alios quadraginta dies post dedicationem altaris B. Stephani, alio tempore non solvantur. Et cera, quæ mittebatur vindemiis Lausannensis pagi, deinceps non solvatur. Sex autem bræ ceræ, in Sabbato sancto Paschæ, S. Joannis thesaurario persolvantur, et in Purificatione sanctæ Mariæ, singulis canonicis Sancti Joannis, qui ad processionem venerint, cerei singuli tribuantur. Et etiam candelæ solito more ad cellarium, dum vinum canonicorum commune fuerit, singulis noctibus persolvantur. Cæteræ etiam consuetudines, tam a clericis S. Joannis, quam a clericis S. Stephani, in spiritualibus, et in temporalibus, irrefragabiliter observentur. Privilegium sane, quod a domino nostro sanctæ memoriæ Paschali papa de maternitate factum est, canonici Sancti Stephani Anserico Bisuntino archiepiscopo, vel Lausannensi episcopo reddant, usque ad proximas apostolorum Petri et Pauli octavas. Si quis ergo contra hoc mandatum nostrum, vel privilegium retinere, vel pacem hanc infringere attentaverit, tanquam reus, et sacrilegus, et pacis ecclesiasticæ perturbator, excommunicationi subjaceat, et in locis quibus fuerit, quandiu ibi permanserit, divina non celebrentur officia, quousque ad ejusdem pacis redeat unitatem. Qui vero conservator exstiterit, omnipotentis Dei, et apostolorum ejus Petri et Pauli benedictionem et gratiam consequatur. Amen.

Ego Calixtus catholicæ Ecclesiæ episcopus, subscripsi.

Datum Laterani, per manum Hugonis sanctæ Romanæ Ecclesiæ subdiaconi, VIII Idus April's, indictione I, Incarnationis Dominicæ anno 1123, pontificatus autem domni Calixti II anno quinto.

CCXXVII.

Ecclesiæ Pisanæ de consecratione episcoporum Corsicanorum privilegium testatur ultimo concilii Lateranensis die damnatum esse.

(Anno 1123, April. 6.)
[Mansi, Concil., XXI, 290.]

Calixtus episcopus, servus servorum Dei, dilectis fratribus et coepiscopis per insulam Corsicæ constitutis eorumque successoribus in perpetuum.

Quot mutationes, quot scripta inter se diversa de vestris facta sint consecrationibus tota jam pene cognovit Europa. Unde peccatis existentibus, multa scandala, multæ cædes et rapinæ, multa etiam homicidia atque perjuria provenerunt. Quamobrem Romana Ecclesia levitatis et inconstantiæ a compluribus arguebatur, eo quod ipsa discordiæ hujus seminarium, et occasio videbatur. Nos itaque in præterito, quod nuper celebravimus Laterani, concilio, totius negotii hujus seriem coram universis fratribus qui nobiscum aderant, exposuimus, videlicet quoniam felicis memoriæ prædecessor noster papa Urbanus necessitate quadam compulsus Corsicanorum episcoporum consecrationem per privilegium suum antistiti Pisano concessit; qui tamen postmodum, et Romanæ Eclesiæ scandalum pertimescens, et gravem inter Pisanos et Januenses oriri discordiam videns, concessionem ipsam mutavit, et antecessores vestros, sicut moris fuerat, suis manibus consecravit.

Post hunc, piæ recordationis dominus papa Paschalis, quanquam in multas et gravissimas devenisset necessitates, nullis tamen precibus aut promissionibus ad hoc induci potuit, ut prædictas Pisanis firmaret concessiones, sed prædecessorum vestrorum consecrationes Romanæ Ecclesiæ conservavit.

Cujus successor papa Gelasius, majori et graviori necessitate Roma exire coactus, transmontanas partes navigio adeundo, privilegium idem, quod a domino papa Urbano de consecratione vestra Pisanis collatum fuerat, cum Pisas venisset, reno- vavit. Quod tamen postmodum eamdem Pisanorum et Januensium perturbationem prospiciens annullavit.

Nos etiam, qui eorum loco, imo B. Petri, licet indigni, successimus, de ultramontanis partibus ad Urbem accelerantes, Pisas devenimus, ubi eorumdem prædecessorum nostrorum Urbani, et Gelasii vestigia subsecuti, ejusdem populi precibus ac devotione devicti, eamdem innovavimus concessionem. Cum vero ad Urbem per Dei gratiam venissemus de facto non . . . . . cleri, et populi commotionem invenimus, eo quod in concessione illa, quæ extra Urbem, et cum paucis facta fuerat, Romana Ecclesia diminutionem patiebatur, et totius discordiæ, ut dictum est, ministrare fomitem videbatur. Nos itaque post multam et diutinam deliberationem, communicato consilio cum fratribus nostris episcopis, et cardinalibus, atque nobilibus Romanorum, nec non multa cleri et populi multitudine, easdem evacuavimus concessiones, et vobis, ac successoribus vestris apostolicæ sedis privilegio antequam restituimus libertatem, et fratrem nostrum Sagonem, episcopum nostris tanquam B. Petri manibus consecravimus, quæ tandem scripta ab apostolica sede utrique parti collata in præsentia Pisanorum et Januensium, quos pro ejusdem negotii definitione ad concilium vocaveramus, coram universis archiepiscopis, episcopis, abbatibus, ac reliqua cleri et populi multitudine fecimus recitare, et factum nostrum de quo nulli mortalium judicare concessum est, fratrum nostrorum consilio et judicio commisimus finiendum. Ex quibus electi sunt judices, qui omni videbantur suspicione carere : quorum nomina sunt hæc : Patriarcha Veneticus, Viennensis, Ravennat. Capuanus, Salernitanus, Narbonensis, Sypontinus, Panormitanus, Barensis, Neapolitanus, Tarraconensis, Senonensis, Burdegalensis archiepiscopi, episcopi Vivariensis, Trojanus, Magolanensis, Astensis, et alii complures, qui in partem Lateranensis palatii secedentes, et causam totam utrinque diligentius indagantes, post multam deliberationem, et consilium communi assensu, et privilegia super hoc Ecclesiæ Pisanæ collata cassari, et ultimum, quod Corsicanus episcopus a nobis ad aliorum correptionem, et ad B. Petri patrimonium recuperandum factum fuerat, proprium obtinere robur debere dixerunt.

Quod consilium venerabilis frater noster Walterius Ravennas archiepiscopus vice judicum electorum, nobis, et reliquis fratribus recitavit, idem concilium asseverans vim obtinere judicii. Porro nos, quod a prænominatis fratribus nostris deliberatum fuerat, in novissimo concilii die coram universa synodo recitari præcipimus. Cumque ab omnibus archiepiscopis, episcopis, et abbatibus et reliqua cleri et populi multitudine placere sibi frequenter acclamatum fuisset, nos cognita eorum sententia, et cleri et populi Romani voluntate perspecta, sancti Spiritus censura, et auctoritate apostolica, scripta de vestra consecratione Pisanæ Ecclesiæ collata, damnavimus, et quod a nobis de vestra libertate statutum fuerat, eadem auctoritate firmavimus, Pisanis perpetuum super hoc silentium sub anathematis vinculo imponentes.

Si qua igitur in futurum ecclesiastica sæcularisve persona, hanc nostræ constitutionis paginam sciens, contra eam temere venire tentaverit, secundo tertiove commonita, si non satisfactione congrua emendaverit, potestatis honorisque sui dignitate careat, reamque se divino judicio existere de perpetrata iniquitate cognoscat, et a sacratissimo corpore Dei et Domini Redemptoris nostri Jesu Christi aliena fiat, atque in extremo examine districtæ ultioni subjaceat. Cunctis autem eam servantibus sit pax Domini nostri Jesu Christi, quatenus et hic fructum bonæ actionis percipiant, et apud districtum judicem præmia æternæ pacis inveniant. Amen.

Ego Calixtus catholicæ Ecclesiæ episcopus.
Ego Robertus card. tit. S. Eusebii subsc.
Ego G. G. card. SS. Apostolorum subsc.
Ego Benedictus card. tit. S. Eudoxiæ ss.
Ego Anastasius presb. tit. B. Clement. ss.
Ego Joannes presb. card. tit. S. Cæciliæ ss.
Ego Theobaldus tit. Pamachii card. ss.
Ego Desiderius presb. card. tit. S. Praxedis ss.
Ego G. G. presb. card. tit. Lucinæ ss.
Ego Theobaldus presb. card. tit. S. Anastasiæ ss.
Ego Joannes card. S. Chrys. interfui, et ss.
Ego Petrus presb. card. tit. S. Marcelli ss.
Ego Crescentius Sabinensis episcopus.
Ego Petrus Portuensis episcopus subsc.
Ego Vital. Albanus episcopus subsc.
Ego Prænestinus episcopus subsc.
Ego Ægidius Tusculanus episcopus ss.
Ego Petrus card. presb. tit. S. Calixti ss.
Ego Crescentius card. presb. tit. SS. mart. Marcellini et Petri subsc.
Ego Gherardus presb. card. S. Priscæ et Aquilæ subsc.
Ego Sigizo presb. card. S. Sixti ss.
Ego Deusdedit presb. card. tit. S. Laurentii in Damaso subsc.
Ego Rossemannas card. diac. S. Georgii ad Velum Aureum subsc.
Ego Comes diac. card. S. Mariæ in Aquiro subsc.
Ego G. G. diac. card. S. Angeli subsc.
Ego Romanus diac. card. S. Mariæ in Porticu subsc.
Ego Stephanus diac. card. S. Mariæ Scholæ Græcæ subsc.
Ego Jonathas diac. card. SS. Cosmæ et Damiani subsc.
Ego G. G. diac. et card. SS. Sergii et Bacchi ss.
Ego Joannes diac. S. Nicolai ad Carceres subsc.
Ego Ubertus diac. card. S. Mariæ in Via Lata subsc.
Ego Gregorius diac. card. S. Luciæ septem Solii subsc.
Ego Angelus diac. card. S. Mariæ in Dominica subsc.
Ego Gregorius diac. card. S. Viti ss.
Ego Matthæus diac. card. S. Adriani subsc.

Datum Laterani per manum Guidonis Romanæ curiæ camerarii, VIII Id. Aprilis, indict. I, Incarnat. Dominicæ an. 1123, pontificatus autem D. Calixti II papæ an. V.

CCXXVIII.

Ad Petrum Segoviensem episcopum. — *Pristina Ecclesiæ ejus, Saracenis ereptæ, jura restituit, petente « nepote suo rege Illefonso. »*

(Anno 1123, April. 9.)

[COLMENARES, *Historia de Segovia*, p. 110.]

CALIXTUS episcopus, servus servorum Dei, dilecto filio PETRO Segoviensi episcopo, ejusque successoribus instituendis canonice in perpetuum.

Cunctis sanctorum decretales scientibus liquet quod Secoviensis Ecclesia magnæ olim nobilitatis et potentiæ in partibus Hispaniarum exstiterit. Sed peccatorum populi multitudine procreante, a Saracenis eadem civitas capta, et ad nihilum Christianæ religionis illic libertas reducta est, adeo ut per trecentos et eo amplius annos nulla illic viguerit Christiani pontificis dignitas. Nostris autem temporibus divina populum suum respiciente misericordia, studio gloriosæ memoriæ Ildefonsi Secoviensis civitas reædificata et restituta est Christianæ religioni. Igitur voluntate et consensu unanimi cleri et plebis ejusdem civitatis, nemo comprovincialium pontificum, ut sunt litteræ petitæ, primum illius urbis post tanta tempora præsulem eligi divinæ placuit examini majestatis. Et nos ergo miserationi supernæ gratiæ respondentes, tum benevolentia Romanæ Ecclesiæ solita, et digna Secoviensis Ecclesiæ reverentia, tum clarissimi nepotis nostri regis Ildefonsi precibus invitati, restituere pristina jura Ecclesiæ tuæ hac privilegii auctoritate volumus, et bona sua seu possessiones confirmamus. Statuimus ergo ut possessiones seu terminos, et bona omnia, quæ idem episcopatus in præsenti possidet, aut in futurum, largiente Domino, juste et canonice poterit adipisci, firma tibi successoribusque tuis et illibata permaneant. In quibus hæc propriis duximus nominibus adnotanda, videlicet hæreditatem de Petrono usque ad semitam de Collad Formoso, de Balbatome usque ad Manblela, de Monteillo usque ad vadum Soto. Et infra hos terminos, Coca, Iscar, Collar, Portellium, Pennam fidelem, Castrellium de Lacer, Covas, Sacramenia, Bebigure, Bernoie, Maderol, Fraxinum, Alchite, Setempublica, Pedraca. Decernimus ergo ut nulli omnino hominum liceat idem episcopium temere perturbare, aut ejus possessiones auferre, vel ablatas retinere, minuere, vel temerariis vexationibus fatigare. Præterea de his omnibus tam villis, quam et castellis, jam prænominatis, decimas et oblationes vivorum ac defunctorum de toto episcopatu ecclesia S. Mariæ habeat et possideat; nullique episcoporum ordinationes clericorum ejusdem episcopatus, vel consecrationes ecclesiarum sine proprii antistitis auctoritate liceat celebrare. Si quis igitur in futurum ecclesiastica sæcularisve persona, hanc nostræ constitutionis paginam sciens, contra eam temere venire tentaverit, secundo tertiove commonita, si non satisfactione congrua emendaverit, potestatis honorisque sui dignitate careat, reamque se divino judicio existere de perpetrata iniquitate cognoscat, et a sacratissimo corpore ac sanguine Dei et Domini Redemptoris nostri Jesu Christi aliena fiat, atque in extremo examine districtæ ultioni subjaceat. Cunctis autem eidem Ecclesiæ jura servantibus sit pax Domini nostri Jesu Christi, quatenus ejusdem fructus bonæ actionis percipiant, et apud districtum judicem præmia æternæ pacis inveniant. Amen.

FIRMAMENTUM EST DOMINUS TIMENTIBUS EUM.

S. PETRUS. S. PAULUS.

CALIXTUS PAPA SECUNDUS.

Ego Calixtus catholicæ Ecclesiæ episcopus. Datæ Laterani per manus Hugonis sanctæ Romanæ Ecclesiæ subdiaconi, v Idus Aprilis, indictione 1, Incarnationis Dominicæ anno 1123, pontificatus autem domini Calixti II papæ anno v.

CCXXIX.

Privilegium pro Sancti Victoris Massiliensis monasterio.

(Anno 1123, April 11.)

[*Hist. de Languedoc*, II, pr., p. 424.]

Calixtus episcopus, servus servorum Dei, dilecto filio Radulpho abbati venerabilis monasterii Sancti Victoris Massiliensis, ejusque successoribus regulariter constituendis, in perpetuum.

Officii nostri nos hortatur auctoritas, pro ecclesiarum statu sollicitos esse, et quæ recte statuta sunt stabilire. Quapropter, dilecte in Christo fili Radulphe abbas, petitioni tuæ clementer annuimus et S. Salvatoris monasterium, in loco qui Quiriacus dicitur situm, quod prædecessore tuo Ricardo, tunc Massiliensi abbate, rogante, et D. antecessore nostro sanctæ memoriæ Urbano papa qui præsens ibi aderat, jubente, a quampluribus archiepiscopis et episcopis vice ipsius domini dedicatum est, et cum omnibus ecclesiis, terris, et possessionibus ejus ita liberum et quietum, ac successoribus tuis, et per vos Massiliensi cœnobio permanere sancimus, sicut ipsum die consecrationis suæ, idem Richardus et fratres Massilienses tenuisse noscuntur : cui nimirum Quiriacensi monasterio dignitates omnes, et libertates omnes quas a principio fundationis suæ obtinuit, nos per præsentis privilegii paginam confirmamus,

etc. Nullus etiam episcopus homines in eodem monasterio vel tota adjacente villa degentes, a servitio monachorum dimoveat, et in expeditionem quamlibet vel communiam exire compellat, etc.

Datum Laterani per manum Hugonis sanctæ Ecclesiæ Romanæ subdiaconi, III Idus Aprilis, indictione I, Incarnationis Dominicæ anno millesimo centesimo vicesimo tertio.

CCXXX.

Privilegium pro Ecclesia Papiensi.

(Anno 1123, April. 15.)

[Spelta, *Historia di Pavia*, 1597, 4°, p. 287.]

Calixtus episcopus, servus servorum Dei, fratri Bernardo Papiensi episcopo, ejusque successoribus in perpetuum.

Justis votis assensum præbere, justisque postulationibus aures accommodare nos convenit, qui licet indigni justitiæ custodes atque præcones in excelsa apostolorum principum Petri et Pauli specula positi Domino disponente conspicimur. Ea propter, reverende in Christo frater et coepiscope Bernarde, precibus tuis clementius annuentes, omnem vestræ Ecclesiæ dignitatem per prædecessorum nostrorum privilegia, vel authentica scripta concessa nos quoque præsenti privilegii auctoritate firmamus, siquidem fraternitatis tuæ inter sacra missarum solemnia pallio uti, et tam tibi quam successoribus tuis in processione Palmarum, et feriæ secundæ post Pascha equum album udone coopertum equitare, necnon et crucem inter ambulandum præferre concedimus. Monasterium Sancti Donati a Ticinen. [*Leg.* a B. Liutphredo] quondam episcopo in Scovilla fundatum licet extra vestram diœcesis sita videantur, sicut hactenus habita sunt cum omnibus ad ipsa pertinentibus in vestra semper ditione ac dispositione habeantur. Cæterorum etiam monasteriorum, quæ infra vestræ diœcesis fines sunt canonica dispositio, et abbatum, qui in eis sunt, vel abbatissarum discussio, electio, et consecratio vestro semper arbitrio conservetur; salvo in omnibus apostolicæ sedis privilegio : quos profecto vel quorum presbyteros ad vestrum expediat venire concilium sane in monasteriis, aut capellis aliquibus præter matricem Ecclesiam baptismum generale fieri petatur prohibemus, in quibus si qua forte præcepta contra sacros canones elicita inveniri contigerit, nostris canonicis non præjudicet institutis, clericos, sanctimoniales, viduas urbis vestræ, sine vestra conscientia nemo præsumat in judicium trahere, aut vim eorum rebus inferre. Nec cœmeteriorum, quæ intra vel extra civitatem sunt, curam vobis, aut potestatem subtrahere quælibet persona præsumat, nec ullus unquam cujuscunque dignitatis aut potentiæ homo quasi sub obtentu hospitalitatis in tuo venerabili episcopio, aut in domibus sacerdotum tuorum, et omnium clericorum sine tua tuorumque successorum voluntate applicare præsumat, nec in rebus mobilibus aut immobilibus, sive personis cujuscunque conditionis ad vestram Ecclesiam pertinentibus, invasionem aut violentiam vobis invitis fieri, sine legali ratione permittimus. Decernimus ergo ut nulli omnino hominum liceat eamdem ecclesiam temere perturbare, aut ejus possessiones auferre, vel ablatas retinere, minuere, vel temerariis vexationibus fatigare, sed omnino integra conserventur eorum pro quorum sustentatione et gubernatione concessa sunt usibus omnimodis profutura. Ad majorem quoque ipsius Papiensis Ecclesiae dignitatem confirmantes, statuimus, ut in synodali celebratione conventuum, tam tu quam successores tui, ad sinistrum Romani pontificis latus primum sessionis locum perpetualiter habeatis. Si qua igitur in futurum ecclesiastica saecularisve persona, hanc nostrae constitutionis paginam sciens, contra eam venire tentaverit, secundo tertiove canonice commonita, si non satisfactione congrua emendaverit, potestatis honorisque sui dignitate careat, reamque se divino judicio existere de perpetrata iniquitate cognoscat, et a sacratissimo corpore ac sanguine Dei et Domini Redemptoris nostri Jesu Christi aliena fiat, atque in extremo examine districtae ultioni subjaceat. Cunctis autem eidem Ecclesiae justa servantibus sit pax Domini nostri Jesu Christi, quatenus et hic fructum bonae actionis percipiant, et apud districtum judicem praemia aeternae pacis inveniant. Amen, amen, amen.

Scriptum per manum Gervasii scriniarii regionarii et notarii sacri palatii.

Ego Calixtus catholicae Ecclesiae episcopus subscripsi.

Ego Petrus Portuensis episcopus consensi et subscripsi.

Ego Gregorius Sancti Angeli diaconus cardinalis, etc.

Ego Roazanus diaconus cardinalis Sanctae Mariae in Porticu, etc.

Ego Matthaeus diaconus cardinalis Sancti Andriani.

Ego G. G. presbyter cardinalis tituli Lucinae interfui et subscripsi.

Ego Jo. presbyter cardinalis tituli S. Grisogoni interfui et subscripsi.

Ego Petrus cardinalis presbyter tituli Calixti subscripsi.

Ego Comes presbyter cardinalis tituli S. Sabinae subscripsi.

Datum Laterani per manum Hugonis S. Romanae Ecclesiae subdiaconi, XVII Kal. Maii, indictione prima, Incarnat. Dominicae 1123, pontificatus autem domini Calixti II papae anno quinto.

CCXXXI.

Amedeo episcopo Maurianensi praeposituram ecclesiae S. Mariae Secusiensis ac de ipsa civitate Secusia jus parochiale concedit.

(Anno 1123, April. 26.)

[Vide *Historiae patriae Monum.*, Chart. I, p. 751, Aug. Taurin., 1836.]

CCXXXII.

Monasterii S. Georgii Veneti libertatem, privilegia, possessiones confirmat, imposito monachis aureorum duorum tributo annuo.

(Anno 1123, Maii 8.)

[Ughelli, *Italia sacra*, V, 1204.]

Calixtus episcopus, servus servorum Dei, dilecto filio Tribuno abbati monasterii S. Georgii, quod in Venetiae partibus situm est, ejusque successoribus regulariter substituendis in perpetuum.

Piae postulatio voluntatis effectu debet prosequente compleri, quatenus et devotionis sinceritas laudabiliter enitescat, et utilitas postulata vires indubitanter assumat. Quia igitur dilectio tua, reverendissime in Christo fili Tribune abbas, ad apostolicae sedis portum confugiens ejus tuitionem humilitate debita requisivit, nos supplicationibus tuis clementi benignitate impartimur assensum, et B. Georgii monasterium, cui auctore Deo praesides, Romanae Ecclesiae patrocinio communimus. Per praesentem enim privilegii paginam apostolica auctoritate statuimus, ut locus idem sub B. Petri tutela et protectione liber in perpetuum conservetur. Nec patriarcha, nec episcopus, nec persona quaelibet ecclesiastica saecularisve praesumat te vel successores tuos ad concilium cogere, aut in vos vel monachos vestros excommunicationis, seu etiam interdicti sententiam promulgare, in monasterio ipso quidquam praeter vestram voluntatem statuere, aut monachos vestros excommunicatos, sive ejectos, vel fugitivos absolvere, aut suscipere; vel sine tuo tuorumque successorum consensu ad ordines promovere. Porro universa quaelibet, quae aut in praesenti legitime possidetis, aut in futurum, largiente Deo, juste atque canonice poteritis adipisci, firma tibi tuisque successoribus et illibata permaneant. Nulli ergo omnium hominum liceat idem monasterium temere perturbare, aut ejus possessiones auferre, vel ablatas retinere, minuere, vel temerariis vexationibus fatigare, sed omnia integra conserventur eorum, pro quorum sustentatione et gubernatione concessa sunt, usibus omnimodis profutura. Chrisma, oleum sanctum, consecrationes altarium sive basilicarum, ordinationes monachorum, qui ad sacros fuerint ordines promovendi, a dioecesano accipietis episcopo, siquidem gratiam et communionem apostolicae sedis habuerit, etiamsi ea gratis ac sine pravitate voluerit exhibere; alioquin pro eorumdem sacramentorum susceptione catholicum quem malueritis antistitem adeatis, qui apostolicae sedis fultus auctoritate, quod postulatur, indulgeat. Obeunte vero te nunc ejus loci abbate, vel tuorum quolibet successorum, nullus tibi qualibet subreptionis astutia, vel violentia praeponatur, nisi quem fratres communi consensu, vel fratrum pars consilii sanioris, secundum Dei timorem, et B. Benedicti Regulam providerint eligendum. Ad indicium autem perceptae hujus a Romana Ecclesia libertatis, aureos duos quotannis Lateranensi palatio persolvetis. Si quis igitur in futurum patriarcha, archiepiscopus vel episcopus, aut ecclesiastica quælibet sæcularisve persona, hanc nostræ constitutionis paginam sciens, contra eam temere venire tentaverit, secundo tertiove commonita, si non satisfactione congrua emendaverit, potestatis honorisve sui dignitate careat, reamque se divino judicio existere de perpetrata cognoscat iniquitate, et a sacratissimo corpore et sanguine Dei et Domini Redemptoris nostri Jesu Christi aliena fiat, atque in extremo examine districtæ ultioni subjaceat. Cunctis autem eidem loco justa servantibus sit pax Domini nostri Jesu Christi, quatenus et hic fructum bonæ actionis percipiant, et apud districtum judicem præmia æternæ pacis inveniant. Amen, amen, amen.

Ego Calixtus catholicæ Ecclesiæ episcopus.

Datum Laterani per manum Aimerici sanctæ Romanæ Ecclesiæ diac. card. et cancell. VIII Idus Maii, indict I, Incarn. Dom. anno 1123, pontificatus autem D. Calixti II PP. anno v.

CCXXXIII.
Monasterium S. Mariæ Glastoniensis diœcesis sub protectione sedis apostolicæ recipitur, eique bona omnia et donationes confirmantur.

(Anno 1123, Maii 15.)

[Cocquelines, *bullarum Collect.*, II, 187.]

Calixtus episcopus, servus servorum Dei, dilectissimo filio Sigefrido Pelochino, salutem et apostolicam benedictionem.

Religiosis desideriis dignum est facilem præbere consensum, ut fidelis devotio celerem sortiatur effectum. Quamobrem nos, fili in Christo charissime, postulationis tuæ desideriis benignius annuentes, beatæ Dei Genitricis, et gloriosæ semper virginis Mariæ monasterium, cui annuente Deo præsides, in Ecclesiæ Romanæ protectionem tutelamque suscipimus; et contra hominum perversorum molestias ejus privilegio confovemus. Per præsentis enim decreti paginam auctoritatemque statuimus, ut quæcunque ab apostolicis archiepiscopis, regibus et principibus, aliisque fidelibus, vestro monasterio largitione legitima collata sunt, quieta ei et integra conserventur. Quæcunque præterea futuris temporibus juste canonicoque acquirere, Domino largiente, poteritis, firma tibi successoribusque tuis et illibata permaneant. Decernimus ergo ut nulli omnino hominum liceat idem monasterium penitus perturbare, aut ejus possessiones auferre, vel ablatas retinere, minuere, vel temerariis vexationibus fatigare, sed omnia integra conserventur eorum, pro quorum sustentatione ac gubernatione concessa sunt, modis omnibus usibus profutura. Si qua autem in futurum ecclesiastica sæcularisve persona, hanc nostræ constitutionis paginam sciens, contra eam venire tentaverit, secundo tertiove commonita, si non satisfactione congrua emendaverit, potestatis honorisque sui dignitate careat, reamque se divino judicio existere de perpetrata iniquitate cognoscat, et a sacratissimo corpore ac sanguine Dei et Domini Redemptoris nostri Jesu Christi aliena fiat, atque in extremo examine districtæ ultioni subjaceat. Cunctis autem eidem loco justa servantibus sit pax Domini nostri Jesu Christi, quatenus et hic fructum bonæ actionis percipiant, et apud districtum judicem præmia æternæ pacis inveniant. Amen.

Data Laterani per manum Aimerici sanctæ Romanæ Ecclesiæ cardinalis et cancellarii, Idibus Maii, indictione prima, Incarnationis Dominicæ 1123, pontificatus domni Calixti II papæ v.

CCXXXIV.
Monasterii Omnium Sanctorum Barensis possessiones, libertatem, privilegia confirmat.

(Anno 1123, Sept. 12.)

[Ughelli, *Italia sacra*, VII, 618.]

Calixtus episcopus, servus servorum Dei, dilecto filio Melo abbati venerabili monasterii, quod Omnium Sanctorum dicitur in loco Cuti in Barensi suburbio, ejusque successoribus regulariter substituendis in perpetuum.

Sicut injusta poscentibus nullus est tribuendus effectus, sic legitima desiderantium non est differenda petitio. Quamobrem, dilecte in Christo fili Mele abbas, Omnium Sanctorum monasterium, cui Deo auctore præsides, apostolicæ sedis auctoritate munimus, omnes siquidem quietis et libertatis provisiones, quas bonæ recordationis Ursus, et Elias Barensis Ecclesiæ præsules eidem monasterio contulerant, et dominus prædecessor noster sanctæ mem. Paschalis papa firmavit, nos quoque præsentis scripti pagina confirmamus, ut videlicet locus ipse cum rebus omnibus ad eum juste pertinentibus a dominio vel oppressione cujuslibet hominis liber debeat permanere. Nec ullus Ecclesiæ Barensis antistes, aut alius, quod absit! temerarius audeat eidem cœnobio excommunicationem inferre, neque personis, aut rebus ejus aliquo citra justitiam modo molestiam, aut controversiam irrogare. Ordinationes autem clericorum, et ecclesiarum gratis, seposita pravitate, et omni exactione concedat. Missas sane illic publicas per episcopum fieri præter abbatis et fratrum voluntatem omnimode prohibemus, ne in servorum Dei recessibus popularibus occasio præbeatur ulla conventibus. Obeunte te tunc ejus loci abbate, vel tuorum quolibet successorum, nullus ibi qualibet subreptionis astutia, seu violentia præponatur, nisi quem fratres communi consensu, vel fratrum pars consilii sanioris secundum Dei timorem, et beati Benedicti Regulam providerint eligendum, cui, si qua gravior causa evenerit, libere liceat apostolicæ sedis audientiam appellare. Ad hæc adjicientes decernimus, ut quæcunque bona, vel per tuam industriam, vel per virorum fidelium oblationem eidem loco parata sunt, aut in futurum præstante Deo juste canoniceque parari contigerit, firma vobis, vestrisque successoribus, et illibata permaneant. Nec ulli omnino hominum liceat idem cœnobium temere perturbare, aut ejus possessiones auferre, vel ablatas retinere, minuere, vel temerariis vexationibus fatigare, sed omnia integra conserventur eis pro quorum sustentatione et gubernatione concessa sunt, usibus omnimodis profutura. Si qua igitur in futurum ecclesiastica sæcularisve persona, hanc nostræ constitutionis paginam sciens, contra eam temere venire tentaverit, secundo tertiove commonita, si non satisfactione congrua emendaverit, potestatis honorisque sui dignitate careat, reamque se divino judicio sistere de perpetrata iniquitate cognoscat, et a sacratissimo corpore Dei et Domini Redemptoris nostri Jesu Christi aliena fiat, atque in extremo examine districtæ ultioni subjaceat. Cunctis autem eidem loco justa servantibus sit pax Domini nostri Jesu Christi, quatenus et hic fructum bonæ actionis percipiant, et apud districtum judicem præmia æternæ pacis inveniant. Amen, amen, amen.

Ego Calixtus catholicæ Ecclesiæ episc.

Datum Beneventi per manum Aimerici S. R. E. diac. cardinalis et cancel., II Idus Septemb., indict. II, Incarn. Dominicæ 1123, pont. autem dom. Calixti II papæ ann. v.

CCXXXV.

Ad Ludovicum Francorum regem. — Commendat P[etrum] cardinalem, legatum apostolicum.

(Anno 1123, Sept. 30.)

[MANSI, *Concil.*, XXI, 210.]

CALIXTUS episcopus, servus servorum Dei, charissimo in Christo filio LUDOVICO illustri et glorioso Francorum regi, salutem et apostolicam benedictionem.

Concessam tibi a Domino gratiam et regiam potestatem te recognoscere scimus et gaudemus. Siquidem Deum diligis, Ecclesias veneraris, et personis ecclesiasticis debitam exhibes reverentiam et honorem. Ea propter, fili charissime, benedictione apostolica te duximus visitandum, hortantes, et monentes ut in hoc Dei glorioso proposito tanquam religiosus et catholicus rex per ejus gratiam perseveres, quatenus regum rex qui terrenum tibi regnum contulit, æterni etiam coronam et gloriam largiatur. Sane charissimum filium nostrum P. sedis nostræ presbyterum cardinalem nobilitati tuæ attentius commendamus. Nos enim a latere nostro eum secundum antiquam apostolicæ sedis consuetudinem ad terram potestatis tuæ, pro corrigendo et confirmando quæ corrigenda et confirmanda fuerint, delegamus. Rogamus igitur excellentiam tuam, et in Domino commonemus, ut eum tanquam vicarium nostrum reverenter suscipias, honeste habeas, et ita ei facultatis tuæ consilium et auxilium præbeas, quatenus sibi injunctum possit ministerium adimplere. Uxorem tuam dominam reginam, et filium Philippum, quos tanquam viscera nostra diligimus, per te salutamus et benedicimus: omnipotentis Dei misericordiam obsecrantes, ut personam tuam, et ipsos, dexteræ suæ protectione per tempora longa servet incolumes. Stephanum quoque cancellarium, et omnes fideles tuos salutamus et benedicimus.

Datum Beneventi, pridie Kal. Octobris.

CCXXXVI.

Richardo, præposito Springirsbacensi, et ejus fratribus privilegia quædam tribuit.

(Anno 1123, Oct. 12.)

[Hujus privilegii titulum dedit JAFFÉ, *Regesta Rom. pont.*, p. 545, cum hac mentione : « In tabulario Confluentino, ex schedis Pertzii. »]

CCXXXVII.

Ad suffraganeos episcopos et abbates provinciæ Bisuntinæ. — Significat iis sententiam a se latam pro maternitate ecclesiæ S. Joannis.

(Anno 1123, Nov. 10.)

[MANSI, *Concil.*, XXI, 202.]

CALIXTUS episcopus, servus servorum Dei, dilectis fratribus et filiis, suffraganeis episcopis, et abbatibus, per Bisuntinam provinciam constitutis, salutem et apostolicam benedictionem.

Postquam nos in apostolicæ sedis ministerium disponente Domino promoti sumus, Bisuntinæ ecclesiæ B. Joannis evangelistæ canonici, sæpe suam coram nobis querimoniam protulerunt, super controversia illa, quæ inter ipsos, et beati Stephani canonicos diutius agitatur; de episcopali videlicet cathedra, et matricis ecclesiæ dignitate. Et nos itaque utramque partem secundo ad nostram præsentiam convocavimus. Sed cum beati Joannis canonici ad nos juxta mandatum nostrum venirent, B. Stephani canonici, se sine excusatione qualibet subtraxerunt. Tertia tandem vice terminum utrisque in beati Lucæ festivitate statuimus. Et quidem prædicti beati Joannis canonici nostro se conspectui, justitiam parati facere et recipere, obtulerunt : verum canonici Sancti Stephani neque ad nos venerunt, neque pro se excusationem quamlibet prætenderunt. Quamobrem nos ex communi fratrum nostrorum, episcoporum et abbatum, qui nobiscum erant, consilio, apostolica auctoritate statuimus, ut jam dicta B. Joannis ecclesia, omnem episcopalis sedis, et matricis ecclesiæ obtineret in posterum dignitatem, quam antiquis dignoscitur obtinuisse temporibus. Unde beati Stephani canonicis per scripta nostra præcepimus, ut illud nobis maternitatis privilegium redderent, quod a domino prædecessore nostro sanctæ memoriæ Paschali papa, per mendacia et fraudis versutiam subrepserunt. Rogamus igitur dilectionem vestram, monemus atque præcipimus, ut prædictam beati Joannis ecclesiam, matrem vestram omnimodis cognoscatis, et obedientiam ei, ac reverentiam humilitate debita impendatis. Nos enim idcirco hoc fecimus, quia et totius rei veritatem nostris visam oculis plenius novimus, et ratio id poscebat; et quia B. Stephani canonici, tertio vocati venire ad judicium contempserunt.

Datum Tarenti, IV Idus Novembris

CCXXXVIII.

Ad episcopos Hispanos, abbates ac præpositos per Emeritanam et Bracarensem provinciam constitutos. — Ut Didaco archiepiscopo Compostellano, vicario suo, obediant.

(Anno 1123, Nov. 29.)
[FLOREZ, *Esp. sagr.*, XX, 394.]

CALIXTUS episcopus, servus serv. Dei, ven. fratribus et coepiscopis, archiepiscopo Bracarensi, episcopo Colimbriensi, Portugalensi, Tudensi, Auriensi, Vallibriensi, Lucensi, Astoricensi, Avilensi, Salmanticensi, abbatibus, præpositis per Emeritanam et Bracarensem provincias constitutis, salutem et apostolicam benedictionem.

Antiqua sedis apostolicæ institutio exigit, etc., *ut supra epist.* 80.

Dat. in burgo S. Fabiani III Kal. Decembris.

CCXXXIX.

Ad omnes episcopos, etc., per Europam dispersos.

(Intra 1119-1124.)
[ECCARD, *Corpus hist. med. ævi*, p. 363.]

Dominus papa CALIXTUS, servus servorum Dei, dilectis fratribus episcopis, abbatibus, plebanis, canonicis ac capellanis et cæteris per Europam fidelibus, salutem et apostolicam benedictionem.

Justitiæ ratio exigit et rationis ordo exposcit, ut quæ a prædecessore nostro sanctæ memoriæ papa Paschali charitatis intuitu constituta sunt, nos auctore Domino conservemus. Latorem præsentium ab Hierosolymitani xenodochii præposito Raimundo missum ad vos charitati vestræ attentius commendamus. Idem enim Raimundus omnium a Hierosolyma redeuntium testimonio commendatur, quod sincere, devote, assidue peregrinorum et pauperum curam gerat. Et nunc pro eorum necessitatibus sublevandis vestræ charitatis implorat auxilium. Vos ergo beneficentiæ et communionis nolite oblivisci; talibus enim hostiis promeretur Deus. Pauperem igitur Christum in suis pauperibus sublevare curetis, ut et ipse vos divitiarum suarum faciat esse participes. Non enim Hierosolymitanæ peregrinationis mercedis vacuus est, qui in Hierosolymitanis peregrinis rerum suarum adminiculum subministrat. Qui pauperi tribuit, Domino feneratur. Ipse autem Dominus in vobis, quod loquitur, et abundare in vobis faciat omnem gratiam, ut eum in suis minimis reficientes, in æternæ Hierosolymæ gaudiis æternæ refectionis mercedem accipere mereamini.

CCXL.

Ad Pelagium Bracarensem episcopum. — De privilegiis ejusdem Ecclesiæ.

(Intra 1119-1124.)
[MANSI, *Concil.*, XXI, 193.]

Bracarensem metropolim insignem quondam fuisse, atque inter Hispaniarum regna multis et dignitatis et gloriæ titulis claruisse, tam antiquæ nobilitatis indicia, quam et veterum scripturarum testimonia manifestant. Verum quia consistentis in ea populi peccata corrigere divinæ dispositioni complacuit, irruentibus Mauris seu Moabitis, et metropolis dignitas imminuta, et parochiarum termini sunt confusi. Sane post longa temporum interstitia, divina rursus miseratio metropolim restituere, atque parochias ex parte maxima dignata est ab infidelium tyrannide liberare. Unde dominus prædecessor noster sanctæ memoriæ Paschalis papa pristinam ei dignitatem redintegrans, sua quæque membra ei per apostolicæ sedis privilegium counivit. Ejus itaque nos vestigia subsequentes, charissime frater et coepiscope Pelagi, Bracarensi Ecclesiæ, cui Deo auctore præsides, integram ipsam urbem Bracaram cum cauto illo integro, quod comes Henricus et uxor ejus Therasia eidem Ecclesiæ contulerunt, et cum terminis Bracarensis episcopatus, sicut in descriptione prædicti domini continetur, præsentis privilegii pagina confirmamus : et eidem Bracarensi metropoli, Gallicianæ provinciam, et in ea episcopalium cathedrarum urbes redintegramus; item Asturicam, Lucum, Tudam, Mindunium, Auriam, Portugale, Colambriam, et episcopalis nominis nunc oppida Niseum, Lamecum, Egitaniam, Britoniam, cum parochiis suis.

CCXLI.

Bulla pro Ecclesia Barbastrensi.

(Intra 1119-1124.)
[AYNSA, *Fundacion de Huesca*, p. 318.]

CALIXTUS episcopus, servus servorum Dei, etc., venerabili fratri, salutem et apostolicam benedictionem.

Tu ipse, frater, nosti quia exlongo tempore te diligimus, et diligere volumus; sed fama illa fratres tuos vehementer turbat, quod Barbatrensem episcopum sine judicio et ratione a sede sua horribiliter projecisti, et a prædecessore nostro papa bonæ memoriæ rogatus, etiam interdictus, ab eadem etiam violentia non desistis. Rogamus itaque fraternitatem tuam, et præcipimus, ut eumdem fratrem plenarie sedis suæ cathedram restituas, etc.

CCXLII.

Ad episcopum Pampilonensem.

(Intra 1119-1124.)
[AYNSA, *Fundacion, excelencias, grandezas y cosas memorables de Huesca*. Huesca, 1619, fol., p. 318.]

CALIXTUS episcopus, servus servorum Dei, etc.

In Oscitanum episcopum excommunicationis sententiam dederamus, pro eo quod venerabilem fratrem nostrum Raimundum Barbastrensem episcopum de sede propria sine audientia et judicio expulit, et ad nos venire commonitus contempsit : postea vero Aragoniæ regis precibus inclinati eum absolvimus, etc.

CCXLIII.

Benedicto, episcopo Lucensi, pallii usum concedit.

(Intra 1119-1124.)
[UGHELLI, *Italia sacra*, I, 819.]

CALIXTUS episcopus, servus servorum Dei, venerabili fratri BENEDICTO Lucensi episcopo, salutem et apostolicam benedictionem.

Et charitatis debito provocamur et apostolicæ sedis benevolentia incitamur honorem fratribus exhibere, et S. R. Ecclesiæ dignitatem aliis etiam Ecclesiis impertire, illis præcipue, quæ familiarius ac devotius in B. Petri obedientia et servitio perseverant. Propter quod, charissime in Christo frater et coepiscope Benedicte, fratrum tuorum et nobilium civitatis petitionibus duximus annuendum, ut Lucanam Ecclesiam, cui Deo auctore præsides, ex liberalitate sedis apostolicæ specialius honoremus. Ipsa enim cum clero suo, ac populo, ita se diebus nostris Romanæ devovit ecclesiæ, ita se B. Petri obedientiæ ac servitio mancipavit, ut de consueta sedis apostolicæ liberalitate merito et honorari debeat, et gaudere. Nos ergo in præteritorum memoria habentes, et in posterum de dilectionis et servitii nostri perseverantia confidentes, tibi tuisque successoribus pallii usum infra ecclesiæ tantum ad missarum solemnia, ex Romanæ Ecclesiæ benignitate concedimus diebus illis, qui inferius distinguuntur. Ipso videlicet die Nativitatis Domini, in festivitate B. Joannis Evangelistæ, in Epiphania, Cœna Domini intra Urbem, et extra si causa gravior intervenerit, Resurrectione, sequenti secunda feria, Ascensione, Pentecoste, Nativitate S. Jo. Baptistæ, Natale apostolorum Petri et Pauli, Assumptione B. Mariæ, commemoratione S. Michaelis, festivitatibus S. Martini, et S. Frigidiani, dedicatione majoris Ecclesiæ, in ordinationibus presbyterorum, et diaconorum, et in dedicationibus ecclesiarum Lucanæ urbis. Cujus nimirum pallii volumus te per omnia genuum vindicare, hujus siquidem indumenti honor, humilitas atque justitia est. Tota ergo mente fraternitas vestra se exhibere festinet, in prosperis humilem, et in adversis, si qua evenerint, cum justitia erectam, amicam bonis, perversis contrariam. Nullius unquam faciem contra veritatem suscipiens, infirmis compatiens, benevolentibus congaudens, aliena damna propria deputans, de alienis gaudiis tanquam de propriis exsultans, in corrigendis vitiis pie sæviens, in fovendis virtutibus auditorum animas demulcens, in ira judicium sine ira tenens, in tranquillitate autem severitatis justæ censuram non deserens. Hæc est, frater charissime, pallii accepti dignitas, quam si sollicite servaveris, quod foris accepisse ostenderis, intus habebis. Sancta Trinitas fraternitatem tuam per sæcula longa servet incolumen. Amen.

Dat., etc.

CCXLIV.
Privilegium pro monasterio Andrensi.
(Intra 1119–1124.)
[D'ACHERY, *Spicil.*, II, 797.]

CALIXTUS episcopus, servus servorum Dei, dilecto filio RAINALDO Andernensi abbati, ejusque successoribus regulariter substituendis in perpetuum.

Justis votis assensum præbere, justisque petitionibus aures accommodare nos convenit, qui licet indigni justitiæ custodes atque præcones in Ecclesia apostolorum principum Petri et Pauli specula positi, A Domino disponente conspicimur. Proinde, dilecte in Christo fili Rainalde abbas, petitioni tuæ clementer annuimus, et Andernense Sancti Salvatoris ac Beatæ Rotrudis monasterium, cui auctore Domino præsides, in apostolicæ sedis tutelam excipimus, et pertinentes ei possessiones præsentis decreti pagina confirmamus quæ vel pontificum concessione, vel comitum et baronum largitione, aut aliorum fidelium oblatione, sive aliis justis modis acquisitæ sunt, vel futuris temporibus acquirentur.

Omnem videlicet pasturam circa ecclesiam Andernensem, ubertatem cespitum paludis et aquæ; capellam S. Mariæ de castro Gisnes; altare de Bredenarda, de Andernes, de Lullingahem, de Fernes, de Eilingahem; et tertiam partem altaris de Terdecgehem cum decimis eorum; duas partes decimæ de Spetleca; terram de Antingehem cum hospitibus, comitatu et bosco; molendinum in villa Odingehem, terram cum hospitibus in villa Terdeggehem; terram cum hospitibus in villa Ravantum, et Elbedingehem; terram in villa Buxin; terram cum hospitibus in villa Wadingatun, et de Seiles, de Bessingahem, de Hetberga; decimam Destrones; terram cum tribus hospitibus et vavassoribus in villa Fraitun; terram cum hospitibus apud Nieles; terram cum hospitibus in villa Marcnes; Hammes et Curtalo; terram de Elingatun; terram duarum carrucarum in villa Bochardes cum hospitibus et decima; terras et hospites in villa Gisnes, et stagnum et sedem molendini; terram duorum hospitum juxta abbatiam; terram Odini cum hospitibus, decima et bosco, et comitatu in villa Campaniæ, et cum decima terræ Adunardi; terram Rotgeri cum hospitibus et decima apud Borcharebuse; terram Hermari cum hospitibus et decima; terram Balduini Portevin, cum hospite et decima; totam terram Stephani et filiarum ejus Adalaides et Hermingardis; terram Gothonis Hugonis; totam terram Eustachii et Adelæ sororis ejus; Rodulphi Penard cum hospitibus, bosco et decima; terram Guinemari Crassæ Vaccæ, Guisfridi, Galanti, et Heremari Buce, cum hospitibus, bosco et decima; totam decimam terræ Balduini Botzard; et Domelinæ sororis ejus, Heremari veteris, Hugonis et Balduini Dedisacra; terram Mascelinæ cum hospite, bosco et decima; terram Hadwidis de Pernis; terram et hospites in villa Bucolt; terram Eustachii, et partem molendini sui cum hospitibus et aquis et bosco in villa Bavelingahem, et hospitem in villa Ruham; terram Suanaildis in villa Herchem; terram de Dunrupit; terram Ermingardis cum hospitibus in villa Calvastert; terram Walteri cum hospitibus in villa Oya; terram et duos hospites in villa Morlingehem; in villa Landringatun terram carrucæ, et terram Alulphi et Reineri; terram in villa Allinges; terram unius carrucæ apud Wesvich; tertiam partem unius molendini et terram, pratum et boscum in villa Cossebronnæ; terram in parochia de Haldinchem, et de Boninges; terram trium carrucarum in villa Soanacas, cum villanis et comitatu;

terras alias in parochia S. Martini; terram Gusfridi de Bredenarda, cum curte, domo et hospitibus et comitatu, ex dono comitis Manassis et vavassoris sui Manassis, et filii ejus Florentii; terras, hospites et comitatus in parochia S. Martini de Northguerca, de Suthguerca, de Adroic, et de Polingona; terram centum quinquaginta mensurarum in solitudine juxta Pitheem, cum comitatu; terram Orberti de Fornes, et Lamberti fratris ejus apud Suanacas, cum comitatu; pratum de Stochbrigga; totum alodium Adalaidis de Fielnes, et Guarini filii ejus, et quidquid habuerunt in comitatu de Gisnes, terras, boscos, vavassores, servos, ancillas, hospites, aquam et molendinum unum; in villa Bocardes terras de Jorni cum hospitibus; terram de Surches cum comitatu; terrarum concambium quod Gillebertus vestri monasterii abbas cum Hugone Malo vicino composuit, et reliqua omnia quæ juris monasterii esse noscuntur.

Decernimus ergo ut nulli omnino hominum facultas sit idem monasterium temere perturbare, aut ejus possessiones auferre, vel ablatas retinere, minuere, vel temerariis vexationibus fatigare; sed omnia integra conserventur, eorum pro quorum sustentationibus et gubernatione concessa sunt usibus omnimodis profutura, salva in omnibus canonica Tervacensis episcopi reverentia. Sepulturam ipsius loci sane liberam esse censemus, ut eorum qui illic sepeliri deliberaverint, devotioni et extremæ voluntati, nisi forte excommunicati sunt, nullus obsistat. Si qua igitur in futurum ecclesiastica sæcularisve persona hanc nostræ constitutionis paginam sciens, contra eam temere venire tentaverit; secundo, tertiove commonita, si non satisfactione congrua emendaverit, potestatis honorisque sui dignitate careat, reamque se divino judicio existere de perpetrata iniquitate cognoscat, ac a sacratissimo corpore et sanguine Dei et Domini Redemptoris nostri Jesu Christi aliena fiat, atque in extremo examine districtæ ultioni subjaceat. Cunctis autem eidem loco justa servantibus sit pax Domini nostri Jesu Christi, quatenus et hic fructum bonæ actionis percipiant, et apud districtum judicem præmia æternæ pacis inveniant. Amen.

CCXLV.

Ad A. priorem et fratres S. Frigdiani Lucensis.

(Intra 1120-1124, Jul. 6.)

[BALUZ., *Miscell.* ed. Luc. IV, 587.]

CALIXTUS episcopus, servus servorem Dei, dilectis filiis A. priori S. Frigdiani et ejus fratribus, salutem et apostolicam benedictionem.

Fratrem vestrum Blasium cupientem in Lateranensi ecclesia secundum vestram institutionem vivere ad vos remisimus, quia illud ad præsens pro temporis importunitate minime esse poterat. Mandamus ergo vestræ dilectioni ut eum cum amore et dilectione ut fratrem vestrum suscipiatis, et vobiscum retineatis.

Data Romæ ii Non. Julii.

CCXLVI.

B[erardo], episcopo Matisconensi officium episcopale interdicit donec ab injuriis in monasterium Cluniacense destiterit.

(Intra 1121-1124, Jan. 9.)

[MABILLON, *Annal. Bened.*, VI, 58.]

Quæ B. Petri Cluniacensi monasterio a te illata sunt, et nos et fratres nostros vehementer gravant. Post nostras commonitiones, post scripta frequenter missa, manum tuam, quod hactenus inauditum est, super ipsam parochiam extendisti, clericos et laicos excommunicasti, et in B. Odonis ecclesia divina penitus celebrare officia prohibuisti, monachis etiam graves, prout asserunt, injurias intulisti, et nonnulla eis pertinentia abstulisti. In his tamen omnibus paterna tibi benignitate pepercimus, correctionem tuam, sicut venerabilis frater noster Hugo Lugdunensis archiepiscopus ad nos veniens promiserat, exspectantes. Tu autem ut prius sic et postea pertinaciter restitisti. Hanc ergo præsumptionem et tantum apostolicæ sedis contemptum ferre diutius non valentes, licet inviti propter præteritæ dilectionis et familiaritatis gratiam, ex rationabili fratrum nostrorum sententia, episcopale tibi officium auctoritate sedis apostolicæ interdicimus, donec a Cluniacensis monasterii, et clericorum, seu laicorum, et ipsius capellæ infestatione desistas, et nobis de contemptu tuo satisfacias.

Datum Laterani v Idus Januarii.

CCXLVII.

E. [leg. C., i. e. CONRADO] archiepiscopo Salsburgensi commendat A. presbyterum, ab episcopo Augustensi ordinatum.

(Intra 1121-1124, Jan. 25.)

[MANSI, *Concil.*, XX, 1228.]

CALIXTUS episcopus, servus servorum Dei, venerabili fratri E. Saltzburgensi archiepiscopo, salutem et apostolicam benedictionem.

Frater iste præsentium lator, A. presbyter, apostolicæ sedis clementiam adiens, se ab Augustensi episcopo retulit ordinatum, cum idem episcopus prædecessore nostro sanctæ memoriæ Paschale papa Romanæ fuisset Ecclesiæ gratiam in conventu celebrato Placentiæ consecutus. Quia ergo misericordiam juste petentibus indulgentiam negare non convenit, si postulatio ejus veritatis nititur ratione, ipsum in ordine suo et recipias et sacerdotalis officii ministerio sine inquietudine fungi concedas.

Datum Laterani viii Kalend. Februarii.

CCXLVIII.

Omnibus in ecclesia Compsana sepeliendis peccatorum absolutionem concedit.

(Intra 1119-1124, Mart. 30.)

[UGHELLI, *Italia sacra*, VI, 810.]

CALIXTUS, episcopus, servus servorum Dei, omnibus fidelibus Ecclesiæ, salutem et apostolicam benedictionem.

Quoniam Compsanæ ecclesiæ desolationem antiquo tempore factam audivimus et ex parte cognoscimus, et ad eam consecrandam rogati a dilecto filio nostro H. ejusdem ecclesiæ venerabili archiepiscopo, nec non a .... B. comitissa ejusdem terræ domina fuimus, et ...... esse nequivimus: idcirco ad ejusdem ecclesiæ dignitatem absolutionem omnium peccatorum, apostolorum Petri et Pauli, et nostra auctoritate sancimus omnibus Christianis, qui confessi fuerint, et ibi sepeliri se fecerint.

Datum Laterani III Kal. Aprilis.

CCXLIX.

Ad universos reges, comites et principes. — Hortatur ut afflictæ Hispaniarum Ecclesiæ succurrant, concessis adjuvantibus indulgentiis, commendatque eis Oldegarium, archiepiscopum Tarraconensem.

Intra 1121-1124, April. 2.

[Mansi, *Concil.*, XXI, 217.]

Calixtus episcopus, servus servorum Dei, omnibus episcopis, regibus, comitibus, principibus, cæterisque Dei fidelibus, salutem et apostolicam benedictionem.

Pastoralis officii nobis a Deo commissi sollicitudo deposcit, ut omni vigilantia et circumspectione gregem Dominicum et custodiamus et pascamus. Hispaniarum siquidem Ecclesia, quot calamitatibus, quot filiorum Dei mortibus per paganorum oppressionem assidue conteratur, neminem vestrum latere credimus. Eapropter dilectionem vestram tanquam Deo (cujus legatione fungimur) exhortante per nos admonemus, et tanquam charissimos filios precibus, quibus possumus, incitamus, quatenus ad fratrum defensionem et ecclesiarum liberationem insudare nullatenus desistatis. Omnibus enim in hac expeditione constanter militantibus, eamdem peccatorum remissionem, quam Orientalis Ecclesiæ defensoribus fecimus, apostolica auctoritate et concessa nobis divinitus potestate, benigne concedimus. Illis autem qui signum crucis suis vestibus hac de causa imposuerunt, si ab hoc Paschate usque ad aliud votum suum persolvere non sategerint, a gremio sanctæ Ecclesiæ, donec satisfaciant, submovemus. Verum quia exercitum vestrum per nos, ut desideraremus, visitare nequivimus, charissimum fratrem nostrum Oldegarium Tarraconensem archiepiscopum, ad ipsum ex latere nostro delegare curavimus, nostras ci vices, in hoc specialiter committentes, ut ipsius consilio et dispositione corrigenda corrigantur, et confirmanda cooperante Domino confirmentur. Si qua vero dubia in exercitu eodem emerserint, ipsius experientia terminentur. Ipsum itaque dilectioni vestræ attentius commendamus, rogantes ut illam in vobis inveniat charitatem, quæ nos ad eum vobis committendum compellit. Omnipotens Dominus beatorum suorum apostolorum Petri et Pauli meritis, sua nos miseratione custodiat, et ad gloriosam de inimicis Christianorum victoriam, et felicem consummationem pervenire concedat.

Dat. Laterani quarto Nonas Aprilis.

CCL.

Ad Goffridum abbatem Vindocinensem. — Rata habet privilegia omnia Vindocinensium.

(Intra 1121-1124, April. 6.)

[Mansi, *Concil.*, XXI, 195.]

Calixtus episcopus, servus servorum Dei, dilectissimo in Christo filio suo Goffrido Vindocinensi abbati, salutem et apostolicam benedictionem.

Et tuæ in Romanam Ecclesiam devotionis sinceritas, et nostra in invicem assidua familiaritas, nos hortantur ut visitare te frequentius apostolicæ benedictionis litteris debeamus. Visitamus ergo, et te sicut fratrem in Christo charissimum amplioris dilectionis brachiis amplectentes, et de familiari familiariorem, et ex charo chariorem habere deinceps præoptamus. Personam tuam honorare, et Ecclesiam tuam juvare cupimus et fovere. Sane fratres tuos per te in Domino salutamus, et eis omnipotentis Dei et beatorum apostolorum Petri et Pauli benedictionem impendimus. Quidquid vero dignitatis, seu immunitatis ab apostolica sede tibi, tuoque monasterio concessum est, nos quoque ratum et integrum perpetuo manere censemus.

Datum Romæ VIII Idus Aprilis.

CCLI.

Ad Attonem Arelatensem archiepiscopum, Raimundum comitem Barcinonensem et Gaufredum Porcelettum. — Ut monachis S. Ægidii auxilium impendant contra Ildefonsum comitem Tolosanum et fautores ejus, quos a se excommunicatos denuntiat.

(Intra 1122-1124, April. 22.)

[Vaissette, *Hist. de Languedoc*, tom. II. preuves col. 421.]

Calixtus episcopus, servus servorum Dei, venerabili fratri Attoni Arelatensi archiepiscopo et charissimo filio Raimundo Barchinonensium comiti, et Gaufredo Porceletto, salutem et apostolicam benedictionem.

Beati Ægidii monasterium cum omnibus rebus suis Romanæ Ecclesiæ juris est, et ad sedem apostolicam spectat; unde qui locum ipsum et fratres in eo Domino servientes offendit, procul dubio nos offendit. Quia igitur Ildefonsus comes filium nostrum Hugonem abbatem et fratres ejus de monasterio ipso expulit, et monasterium cum burgo et aliis suis pertinentiis per sæcularem potentiam occupavit, nos in eum, in Raimundo de Balcio, Guillelmo de Sabrano, Elesiario de Castriis, Guillemo Rainoaldi de Medenas, vicecomitibus de Mesoaga et Rainoni de Castlar, et eorum in nequitia ista fautores et ei adjutores excommunicationis, et in terras eorum interdictionis sententiam promulgavimus. Insuper comitis homines ab ejus dominio et fidelitate, missis litteris nostris, subtraximus, donec comes B. Ægidii monasterium cum burgo et pertinentiis ejus jam dicto abbati et fratribus ejus restitutum, liberum et omnino quietum dimittat, castrum noviter contra ipsum ædificatum destruat, et nobis de illatis injuriis satisfaciat. Rogamus itaque dilectionem vestram et monemus ut pro amore Dei et Romanæ Ecclesiæ reverentia eumdem abbatem et fratres ejus ita juvare, manu tenere et sustentare curetis, quatenus a Deo et beato Petro, necnon et S. Ægidio retributionem, et a nobis plenam gratiam habeatis.

Data Laterani x Kalendas Maii.

CCLII.

Ad Galterium Magalonensem episcopum et alios. — Monachis S. Ægidii auxilium impendant contra Ildefonsum comitem Tolosanum et fautores ejus, quos a se excommunicatos declarat.

(Anno 1122, 22 Aprilis.)
[D. BOUQUET, tom. XV, p. 244.]

CALIXTUS episcopus, servus servorum Dei, venerabili fratri GALTERIO (46) Magalonensi episcopo, et dilectis filiis BERNARDO Biterrensi vicecomiti, BERNARDO de Andusia, RAIMUNDO decano de Poscheriis, salutem et apostolicam benedictionem.

B. Ægidii monasterium cum omnibus rebus suis Romanæ Ecclesiæ juris est, et ad sedem apostolicam spectat : unde qui locum ipsum et fratres in eo Domino servientes offendit, procul dubio nos offendit. Quia igitur Ildefonsus comes filium nostrum Hugonem abbatem et fratres ejus de monasterio ipso expulit, et monasterium cum burgo et aliis suis pertinentiis per sæcularem potentiam occupavit, nos in eum, in Raimundo de Balcio, Guillelmo de Sabrano, Elesiario de Castriis, Guillelmo Rainoardi de Medenas, vicecomitibus de Mecsoaga et Rainoni de Castlar, et eorum in nequitia ista fautores et ei adjutores excommunicationis, et in terras eorum interdictionis sententiam promulgavimus. Insuper comitis homines ab ejus hominio et fidelitate, missis litteris nostris, subtraximus, donec comes B. Ægidii monasterium cum burgo et pertinentiis ejus jamdicto abbati et fratribus ejus restitutum liberum et omnino quietum dimittat, castrum noviter contra ipsum ædificatum destruat; et nobis de illatis injuriis satisfaciat. Rogamus itaque dilectionem vestram et monemus, ut pro amore Dei et Romanæ Ecclesiæ reverentia eumdem abbatem et fratres ejus ita juvare, manutenere ac sustentare curetis, quatenus a Deo et B. Petro, necnon et S. Ægidio retributionem, et a nobis plenam gratiam habeatis.

Data Laterani x Kal. Maii.

CCLIII.

Episcopo Rossellano præcipit ut vexare monasterium Alborense desistat.

(Intra 1122-1124, April. 22.)
[UGHELLI, *Italia sacra*, III, 663.]

CALIXTUS episcopus, servus servorum Dei, venerabili ROSSELLANO episcopo, salutem et apostolicam benedictionem.

In nostra nobis præsentia promisisti, quod filio nostro Alborensi abbati omnem indignationem dimitteres et pacem ei ac bonam redderes voluntatem. Cæterum postquam discessisti a nobis, et ad propria reversus es, injuriam ei et monasterio ejus cum nostris [*f.* multis] etiam conviciis intulisti; unde cavendum tibi est ne illud super te proverbium veniat, quod de non bono vino vulgariter dicitur : *Prius quam ingrediatur vas, marcescit.* Monemus itaque fraternitatem tuam, ut a prædicti abbatis, et fratrum ejus inquietatione omnino desistas, et clericos Ecclesiæ de Monte Calvo ad Alborense monasterium pertinentes, ab interdicto illo, quod in eos protulisti, prorsus absolvas. Si quid autem adversus abbatem vel monasterium habes, nos ad quos ejusdem loci proprietas pertinet, debitam inde justitiam congruo tempore faciemus. Quod si nos audire contempseris, timendum tibi est ne, dum Dei servos injuste persequeris, justam sedis apostolicæ indignationem ita persentias, ut alii exemplo tuo talia de cætero facere non præsumant.

Datum Laterani x Kal. Maii.

CCLIV.

Monasterii Hugeshoffen, a Wernhero comite de Ortenberg fundati, bona, jura et privilegia confirmat.

(Intra 1122-1124, Maii 14.)

[WURTEVEIN, *Nova Subsidia diplom.*, tom. VII, p. 36. Ex libro Salico membranaceo abbatiæ Andlaviensis, fol. 13.]

CALIXTUS episcopus, servus servorum Dei, dilectis filiis fratribus monasterii Sancti Michaelis archangeli, quod dicitur Hugonis Curia, tam futuris quam præsentibus in perpetuum.

Ad munimentum et protectionem sanctæ Dei Ecclesiæ pastoralis vigilantiæ consilium et auxilium adhibere, officium a nobis exigit commissæ dispensationis, et speratum a Deo præmium, quod est felicius æternæ recompensationis. Quatenus et ecclesiastica utilitas apostolicæ sedis favore vires accipiens accrescat et devotionis sinceritas enitescat. Apostolicæ siquidem sedis filius devotissimus comes Wernherus (47) de facultatibus propriis monasterium Hugeshoven appellatum, Domino aspirante, construxit, quod in beatissimi archangeli Michaelis honore ac nomine consecratum beato Petro apostolorum principi obtulit, ac sanctæ ipsius Romanæ et apostolicæ Ecclesiæ gratia defensionis studio pietatis subjecit. Nos igitur, dilecte, Adelheidis comitissæ (48) neptis ejusdem comitis, piis postulationibus an-

---

(46) Galterii potissimum opera, qui vices apostolicas in hac parte agebat, sancita est anno 1125 inter dissidentes Occitaniæ principes concordia, prout ipse testatur in epistola ad Robertum præpositum Insulanum, inter *Analecta Mabillonii*, p. 461, his verbis ad calcem appositis : « Gratia Dei præcedente, per importunum laborem et instantiam nostram, pax inter principes nostros reformata est, unde tota patria nostra lætatur. » Conditiones vero pacis vide in instrumento a Catello *De comitibus Tolosanis*, p. 188, et Buchæo, t. II *Hist. Provinc.* p. 105, edito.

(47) Wernherus, qui in diplomate Friderici imp. an. 1162 comes de Ortenberg dicitur fundasse anno 1000 abbatiam Hugueshoviensem.

(48) Adelheida comitissa fuit neptis (*petite-fille*) Wernheri comitis de Ortenberg, et ideo filia Volmari et Heilichæ, qui an. 1061 abbatiam Hegsho-

nuentes, vestrisque, filii in Domino charissimi, religiosis desideriis paternæ benignitatis assensum accommodantes, præfatum monasterium in quo divinis mancipati estis obsequiis cum omnibus ibidem in præsens collatis, vel in posterum conferendis sub apostolicæ sedis tuitione specialiter confovendum, beati Petri vice suscipimus et perpetuam ei libertatem apostolica auctoritate statuimus, atque contra iniquorum omnium infestationem præsentis privilegii decreto communimus. Statuimus enim ut universa quæ ad eumdem locum legitime pertinere videntur, quæ vel prædictus comes Wernherus, vel sui hæredes et successores divæ aspirationis instinctu ipso monasterio contulerunt, aut quidquid præterea aliorum devotione fidelium hactenus collatum est, aut deinceps annuente Deo conferetur, salva vobis et per vos eidem Ecclesiæ illibata conserventur. In quibus hæc propriis visa sunt exprimenda vocabulis : ipsum videlicet cœnobium cum sexus utriusque mancipiis cæterisque suis pertinentiis (49), parochialem quoque Ecclesiam ibidem sitam cum capella Rognesbach (50), alodium in Scherwilre (51), prædium apud Mackenheim (52), prædium apud Fruolsheim (53), aliud in Egenesheim (54), aliudque in Reinenkeim (55). Possessiones apud Marcolvisheim (56), apud Breitenheim (57), apud Heiolvesheim (58), et apud Northus (59). Prædium quoque in Lotharingia a bonæ memoriæ Ludolfo comite ejusque conjuge Adelheida comitissa ad præfatum monasterium sancto Michaeli archangelo traditum, apud Geberesdhorf (60) scilicet situm, cum omnibus sibi jure adhærentibus, necnon ecclesiam in Wibre (61) cum suis attinentiis ab eadem comitissa vobis traditam, hæc vobis habenda, et possidenda confirmamus. Piscationem vero in ipsa valle (62) usque in Lutenbach et ligna de dominicali silva ad quoslibet usus necessaria, fructuumque silvestrium medietatem, atque apium examina, quæ in eadem silva fuerint reperta, vobis ea stabilimus; quod autem supradictus piæ devotionis comes Wernherus in ejusdem loci munificentiam concessit, cuilibet ministerialium suorum, vel familiæ suæ licitum esse eo præsente, vel absente, ad eumdem locum propria quæque contradere, id et nos apostolica censura decernimus stabile et ratum fore. Verum quoniam Alsaciensi provinciæ moris esse fertur, ut nulli ex familia Argentinensis Ecclesiæ liceat quidquam de prædiis propriis alteri largiri Ecclesiæ, quæ sub illius non sit jurisdictione, nos præfatum Sancti Michaelis archangeli monasterium in eodem pago situm, hoc a Romanæ et apostolicæ sedis dignatione indultum speciale volumus semper obtinere privilegium, ut quilibet de familia sive Argentinensis Ecclesiæ vel alterius ubique terrarum cujusvis Ecclesiæ, libere possit absque omni cujusquam contradictionis obstaculo tam de prædiis quam de rebus propriis, eidem monasterio apostolicæ auctoritatis robore fulto, vel venundare, vel mutuare, vel gratis erogare. Congregatio monasterii liberam habeat potestatem ad electionem abbatis juxta decretum sancti Benedicti, sine omni contradictione constituendi, ut sit in ipsorum fratrum arbitrio, quem inter se eligere, sibique secundum Deum proponere velint, si inter eos idoneus inveniri possit; alioquin aliunde ex irregulari monasterio sibi expetant, quemcunque meliorem invenire valeant, et electum fulti auctoritate obtineant. Chrisma quoque, oleum sanctum, consecrationes altarium atque basilicarum, seu fratrum promovendorum ab episcopo in cujus diœcesi sunt, prædicti fratres gratis accipient, nisi forte simoniacum esse constiterit, aut apostolicæ sedis communionem non habere; quod si constiterit, liceat eis et abbatis et monachorum ordinationem ac cætera sacramenta, a quocunque catholico voluerint episcopo, postulare atque recipere. Nullam sane potestatem in eodem loco Argentinensi episcopo, cujuslibet vel minimæ rei gerendæ aut ordinandæ, nisi pro communi fratrum et abbatis voluntate concedimus, nec a quolibet episcopo, vel archiepiscopo, nisi a solo apostolicæ sedis præsule, in ipsum abbatem vel monasterium ejus excommunicationis sententiam pro quacunque causa dari permittimus, hoc quoque specialim subjicientes, ut idem cœnobium cum atrio suo, cumque omnibus sibi pertinentibus ab omni quorumlibet hominum incursione sit liberum, necnon et ab episcopi Argentinensis seu episcoporum omnium,

viensem Ecclesiæ Argentinensi tradiderunt. Nupsit Adheleida Ludolfo comiti, ante annum 1120 jam defuncto.

(49) Abbatia Hugonis Curiæ hodie in ruinis jacet; supersunt tantum quædam ædium vestigia et S. Michaelis ecclesia. Reditus ejus, ab anno 1616, spectant ad abbatiam Andlaviensem.

(50) Hodie *Roschbach*, sive *Renrupt*, pertinens ad ducem de Choiseul-Meuse, in quo abbatia Andlaviensis dimidia gaudet parte decimarum, altera dimidia pars spectat ad parochum in Colroy, cujus parochiæ patronatus eidem competit abbatiæ.

(51) *Scherweiler* pertinet ad D. de Choiseul-Meuse. Decimæ et jus patronatus dividuntur inter capitulum majus Argentinense et abbatiam Andlaviensem.

(52) *Mackenheim* pertinet ad D. de Flachslanden.

(53) *Fridolsheim* spectat ad Argentinenses episcopum et civitatem.

(54) Hodie *Egisheim* in Mundato superiori.

(55) *Reningen* vicus in dynastia Thannensi situs.

(56) *Marckolsheim* est episcopi Argentinensis.

(57) Vicus olim *Brestenheim* uno quadrante a vico *Musig* dicto distans, remanente S. Michaelis capella et nomine banni, qui spectat ad ducem Bipontinum.

(58) Hodie *Heidelsheim* ad eumdem Bipontinum pertinens.

(59) *Northausen* sive *Nartz*, vicus episcopi Argentinensis.

(60) *Geberesdhorff* ita etiam dictus in bulla Innocentii II an. 1135 et in charta an. 1144, nominatus *Gironville* est hodiernus vicus Lotharingiæ *Glonville* ad Meurtham in ballivatu Lunevillano situs, a Lunevilla distans quatuor leucis.

(61) *Weiler* sive *viler* pertinet ad DD. de Choiseul-Meuse; decimis et jure patronatus ibidem gaudet abbatia Andlaviensis.

(62) *Vallis Valeriana*, hodie dicta sive *Val de Viler*.

sive episcopalium ministrorum, regum quoque, imperatorum, ducum, comitum, omniumque hominum omnimodis servitiis et gravaminibus sit alienum. Si quis sæcularium ibidem sepulturam sibi præparare desideraverit, monachis illic conversantibus pie desiderata liceat indulgere, nec cuiquam sacerdotum ea fas sit prohibere. De advocatiæ vero constitutione, ita decernimus ut nullus hanc velut hæreditario jure sibi debitam sortiatur, nisi qui communi vel saniori fratrum electione constituatur; qui tamen advocatus locum illum vel possessiones ibidem Deo servientium nunquam injuste, vel violenter attingat, non liceat ei invito abbate monasterium ipsum, aut monasterii rusticos, vel familiam frequentibus hospitiis aggravare, nec quaslibet exactiones ab eis extorquere; sed nec aliqua jurisdictionum placita nisi ab abbate invitatus, exerceat, nec de placitorum multis, quos justitias vocant, supra tertiam partem, quæ illi ex consuetudine debetur, accipiat, illorum tantum videlicet placitorum, ad quæ ab abbate invitatus fuerit. Qui si hic transgressor monasterio repertus fuerit, et secundo tertiove commonitus culpam non correxerit, amoto eo, alius, qui placuerit, aut nullus si placuerit, substituatur. Illud quoque subjungimus, vel ex beati Gregorii papæ sententia definimus, ne loci ejusdem fratres de carrucis suis, vel quibuslibet laboribus, sive nutrimentis propriis in valle monasterii parochiali unquam Ecclesiæ reddere decimas, seu primitias exigantur. Locum itaque illum omnimoda libertate donatum, tam ab omni mortalium jure quam ab omni molestiarum temeraria inquietudine tutum semper et absolutum fore decernimus, et abbatiam illic perpetuo haberi, ac sub apostolicæ sedis tutela specialiter protegi, aureumque ex hoc byzantium apostolico palatio annualiter persolvendum, ac præter ejusdem census debitum nihil servitutis Romanæ Ecclesiæ amplius ab eo quolibet modo requirendum; hoc sit autem memoriale super hujus libertatis monasterii Beati archangeli Michaelis, quatenus ejus Romæ non sit oblivio, ubi caput sibi vindicat omnis religio. Quod si forte aliquoties prætermissum, nihil unquam pro satisfactione exigatur, nisi quod census idem sub integritate restituatur. Si qua vero in futurum ecclesiastica sæcularisve persona, hanc nostræ constitutionis paginam sciens, contra eam temere venire tentaverit, secundo tertiove commonita, si non satisfactione congrua emendaverit, potestatis honorisque sui dignitate careat, reamque se divino judicio existere de perpetrata iniquitate cognoscat, et a sacratissimo corpore ac sanguine Dei et Domini Redemptoris nostri Jesu Christi aliena fiat atque in extremo examine districtæ ultioni subjaceat; cunctis autem eidem loco justa servantibus sit pax Domini nostri Jesu Christi, quatenus et hic fructum bonæ actionis percipiant, et apud districtum judicem præmia æternæ pacis inveniant. Amen.

(63) Signa temporis sunt corrupta.

Data Laterani II Idus Maii, Incarnationis Dominicæ 1120, anno vero domni Calixti papæ secundo (63).

CCLV.
Ad Joannem episcopum Glascuensem.
(Intra 1122-1124, Aug. 26.)
[*Monastic. Anglic.* III, 145.]

CALIXTUS episcopus, servus servorum Dei, JOANNI Glasguensi episcopo, salutem et apostolicam benedictionem.

Multis dilecti filii nostri Alexandri regis Scotorum precibus inclinati, tibi aliquanti temporis inducias, quatenus infra præfixi diei terminum ad obedientiam venerabilis fratris nostri Thomæ Eborum archiepiscopi debita humilitate redires, sicut autem directa litterarum suarum notatione percipimus te ab ejus obedientia et subjectione subtrahere præsumpsisti; unde tibi mandamus quatenus infra triginta dies post harum acceptionem litterarum, ad præfati archiepiscopi subjectionem et obedientiam redeas; alioquin sententiam quæ ab eo in te promulgata est, confirmamus.

Datæ Laterani VII Kalend. Septembris.

CCLVI.
Ad. A. priorem S. Frigdiani et ejus fratres.
(Intra 1122-1124, Oct. 11.)
[BALUZ. *Miscell.* edit. Luc. IV, 588.]

CALIXTUS episcopus, servus servorum Dei, dilectis filiis A. priori S. Frigdiani et ejus fratribus, salutem et apostolicam benedictionem.

Frater Ursus, olim prior Lateranensis Ecclesiæ, gravatus ægritudine, et fratrum fatigatus regimine, solis de cætero cupiens vacare orationibus, cum gratia et licentia nostra ad vestram redit Ecclesiam. Quem pro charitate nostra honeste suscipiatis et honorifice pertractetis. Mandamus autem humili fraternitatis vestræ discretioni quatenus Lateranensi ecclesiæ, sicut de vobis in Domino bene speramus, diligenter provideatis, et quatuor ad minus de discretis et religiosis fratribus vestris ad nos festinetis transmittere, quorum unus, cooperante Spiritu sancto, aliis pernoscat præesse; alii vero reliquos fratres dulci moralitate et religione studeant informare.

Datum Laterani V Id. Octobris.

CCLVII.
Ludovico Francorum regi significat Robertum episcopum Atrebatensem, in generali concilio a Burchardo episcopo Cameracensi in ius vocatum cum ejus litteris ad sese venisse.
(Anno 1123-1124, Febr. 19.)
[MANSI, *Concil.*, XXI, 247.]

CALIXTUS episcopus, servus servorum Dei, charissimo in Christo filio LUDOVICO illustri et glorioso Francorum regi, salutem et apostolicam benedictionem.

Venientem ad nos cum litteris tuis venerabilem fratrem nostrum Robertum Atrebatensem episcopum pro dilectione tua et sui ordinis reverentia paternæ charitatis affectu suscepimus, quem de jure

Atrebatensis parochiæ confratri nostro Burchardo Cameracensi episcopo, qui adversus eum in generali concilio proclamationem fecerat, responsurum constituto die ad nostram vocaveramus præsentiam, eumque præfixo termino se nostro præsentaret conspectui, per quasdam nobis est litteras nuntiatum Cameracensem episcopum ad nos pro exsecutione sui negotii venientem ab imperatore usque ad mutuum quod cum eo sumus habituri colloquium fuisse detentum, ideoque in alterius partis absentia eamdem causam discutere certis rationibus non valuimus. Quocirca eum ad Ecclesiam suam cum gratia nostra remisimus. In colloquio autem illo bonum quod operante Domino operati fuerimus tibi tanquam dilectissimo nostro et Ecclesiæ filio significare curabimus. Uxorem tuam Adelaidem reginam dilectam neptem nostram et filios tuos charissimos nepotes nostros Philippum, Ludovicum, Henricum per te salutamus et benedictionis beati Petri et nostræ participes fieri desideramus.

Data Laterani xi Kal. Martii.

CCLVIII.

Episcopum Rossellanum vituperat quod contra præceptum suum injurias monasterio Alborensi inferre pergat.

(Anno 1123-1124, Febr. 25.)

[UGHELLI, *Italia sacra*, III, 662.]

CALIXTUS episcopus, servus servorum Dei, fratri ROSSELLANO episcopo, salutem et apost. benedict.

Miramur de te vehementer quia, cum adhuc novus in episcopali administratione sis, contra mandatum nostrum facere tam cito quidquam præsumpseris. Præcepimus siquidem tibi ut cum filio nostro domino Alborensi abbate pacem atque concordiam faceres, et neque ipsum, neque Alborense monasterium, quod beati Petri juris est, infestares. Et tu quidem pacem cum ipso et concordiam fecisti, sed non multo post tempore, prout nobis relatum est, eidem monasterio parochianorum tuorum sepulturas, oblationes, et alia, quæ hactenus habuit quiete, interdixisti, quæ profecto episcopali prorsus non conveniunt honestati. Mandamus ergo fraternitati tuæ, atque præcipimus, et quæ prædicto monasterio a te interdicta sunt, publica ei annuntiatione restituas, quemadmodum interdictum publice factum fuit. Et locum ipsum quietum ac liberum manere permittas, cum illis omnibus quæ suorum et tuorum prædecessorum temporibus quiete cognoscitur tenuisse. Si quid autem adversus abbatem vel monasterium te juste habere confidis ad nostram præsentiam venias, et nos de loco ipso, tanquam de nostro, justitiam tibi per Dei gratiam faciemus. Quod si nostro mandato, quod absit! obedire contempseris, nos temeritatem tuam hactenus præstante Domino corrigemus, quod facile tibi de cætero videbitur sedis apostolicæ mandata contemnere.

Dat. Laterani v Ka.. Martii.

CCLIX.

Monachis Cluniacensibus præcipit ne amplius de Pontio cogitent. — Pontio præcipit ne abbatiam Cluniacensem molestiis afficiat.

(Anno 1123-1124.)

[Vide Honorii II bullam ad Petrum Cluniacensem abbatem directam, *Patrologiæ* tom. CLXVI.]

CCLX.

Ecclesiæ S. Joannis [Vesontionensi] remissas a Raynaldo Burgundiæ comite consuetudines in villa Tussiaco, vulgo et marascalcium et canariam vocatas, referri vetat.

(Anno 1124, Jan. 8.)

[D'ACHERY, *Spicil.* III, 479.]

CALIXTUS episcopus, servus servorum Dei, dilectis filiis canonicis ecclesiæ S. Joannis Evangelistæ, salutem et apostolicam benedictionem.

In apostolicæ sedis gubernatione Dei providentia constituti, necesse habemus ecclesiis et ecclesiasticis utilitatibus providere. Siquidem illustris et egregiæ memoriæ Raynaldus Burgundiæ comes, in quadam vestri juris potestate, quæ Cussiacus dicitur, consuetudinem quamdam ad equos, sive ad canes suos, quæ vulgo marascalciam et canariam vocant, patris sui Guillelmi et suo tempore obtinuerat. Quam videlicet consuetudinem nimis Ecclesiæ vestræ damnosam et nocituram esse considerans, pro animæ suæ parentumque, et hæredum suorum remedio in perpetuum refutavit. Dimisit insuper, et abdicavit omnes alias torturas, quas ejus homines injuste in ipsa potestate, et in terris ad potestatem ipsam pertinentibus arripiebant. Tali tenore, ut eorum nomina specialiter sint scripta in Canone, et psalmus *Inclina, Domine*, decantetur post lectionem capituli, diebus omnibus quibus peragi licitum est pro animarum illorum salute. Prædictam itaque refutationem et dimissionem, nec non et constitutum pro ea tenorem, præsentis scripti nostri auctoritate firmamus, et futuris censemus temporibus inconcusse atque inviolabiliter conservari.

Datum Laterani, III Nonas Januarii, indictione secunda.

CCLXI.

Bulla pro confirmatione rerum ad ecclesiam Sanctæ Mariæ pertinentium.

(Anno 1124, Febr. 6.)

[DE LA CANAL, *Esp. sagrada*, XLV, 500.]

CALIXTUS episcopus, servus servorum Dei, dilectis in Christo filiis GERALDO priori, et canonicis in ecclesia Sanctæ Mariæ Leton. regularem vitam professis, tam præsentibus quam futuris in perpetuum.

Piis religiosorum fratrum supplicationibus nos annuere paterna charitas, et sedis apostolicæ benignitas persuadet: eapropter, dilecti in Domino filii, postulationes vestras clementer admittimus, et Beatæ Mariæ ecclesiam, in qua sub canonicæ ordinis regula omnipotenti Domino militatis, sedis apostolicæ juvamine confovemus. Vitæ namque canonicæ ordinem quem professi estis, præsentis decreti nostri pagina perpetuis ibi servandum temporibus, confirmamus; vobis etiam vestrisque successoribus in eadem religione mansuris ea omnia possidenda firmamus quæ in præsentiarum pro communis victus sustentatione legitime possidere videmini, et quæcumque in posterum acquisitione legitima poteritis adipisci, in quibus hæc propriis nominibus adnotamus: ecclesiam Sancti Felicis cum omni jure suo, et omnia alodia, quæ prædicta ecclesia Beatæ Mariæ infra ejusdem parochiæ terminos habere videtur. Ea vero prædia quæ habet, vel habere debet in parochia Sancti Andreæ Borraciani; ecclesias etiam Sanctæ Mariæ de Heremitanis cum universis alodiis quæ ibi possidetis. Cellam quoque Sancti Thomæ quæ sita est in episcopatu Ausonensi cum omnibus pertinentiis; ecclesiam Sanctæ Mariæ de Villar Elenen. et Sancti Michaelis Fontis frigidi, et Sancti Christophori de Stella; possessiones etiam quas habetis in parochia Sancti Petri de Navata, et omnia prædia, quæ præfatæ ecclesiæ Beatæ Mariæ contulerunt domini de Navata; sed et molendina quæ habetis in Fluviano; omnes vero donationes, et dimissiones quas fecerunt dictæ ecclesiæ domini de Creissello; nec non et prædia quæ fuerunt Berengarii Guillelmi de Clusa, et Petri Amblardi hæredumque suorum. Obeunte vero te ipsius loci priore vel tuorum quilibet successorum nullus ibi qualibet subreptionis astutia præponatur, nisi quem fratres communi consensu, vel fratrum pars consilii sanioris, vel de suo, vel de alieno si oportuerit collegio providerint regulariter eligendum: sepulturam quoque loci illius omnino liberam esse censemus, ut eorum qui illic sepeliri deliberaverint, devotioni et extremæ voluntati, nisi forte excommunicati sint nullus obsistat. Nulli ergo omnino hominum facultas sit eamdem ecclesiam temere perturbare, aut ejus possessiones auferre, vel ablatas retinere, minuere, vel temerariis vexationibus fatigare, sed omnia integre conserventur regularium fratrum, et pauperum usibus profutura. Ad hæc, immunitatem quam bonæ memoriæ Berengarius Gerundensis episcopus in loco ipso instituit, inviolabiliter permanere sancimus, videlicet infra ambitum crucibus determinatum, nullus aliquem capere, aut lædere, vel deprædari præsumat. Si quis igitur nostræ constitutionis hujus et confirmationis tenore cognito, temere, quod absit! contraire tentaverit, honoris et officii sui periculum patiatur, aut excommunicationis gladio feriatur, nisi reatum suum digna satisfactione correxerit. Qui vero locum ipsum et fratres juvare, atque de bonis suis honorare curaverit Dei omnipotentis gratiam, et peccatorum suorum remissionem, et indulgentiam consequantur. *Esta firmado con toda formalidad de rubrica.* Calixtus PP. II.

Ego Calixtus catholicæ Ecclesiæ episcopus.

Dat. Lateran. per manum Stimerici [Aimerici] sacræ Romanæ Ecclesiæ diac. cardinalis, et cancellarii, VIII Idus Februarii, indictione secunda, incar-

(64) Hæc de episcopo in præsenti bulla dicta ani-

nationis Dominicæ anno 1123, pontificatus autem domini Calixti II PP. anno VI.

CCLXII.
Inter Obertum episcopum Cremonensem et ejus canonicos discordiam componit.

(Anno 1124, Mart. 22.)

[MURATORI, *Antiq. Ital.*, V, 225.]

CALIXTUS episcopus, servus servorum Dei, venerabili fratri OBERTO Cremonensi episcopo, salutem et apostolicam benedictionem.

Nec caput cum membris opportunum est dissidere, nec a subjectione et famulatu capitis membra condecet dissentire. Humani namque compago corporis diutius non poterit permanere incolumis, si caput concordi et rationabili non utatur regimine, et membra propriis non fungantur officiis. Pari igitur proportione dignum est episcopum cum paternæ charitatis discretione clerum et populum sibi commissum regere, et ipsos ei tanquam capiti proprio cum devotionis humilitate concorditer obedire. Auctori enim Deo, et amatori pacis aliter gratum non potest impendi servitium, nisi mentes hominum in radice fundatæ fuerint charitatis. Unde nos inter te et majoris ecclesiæ Cremonensis canonicos audientes ortam esse discordiam, habito fratrum nostrorum episcoporum et cardinalium consilio hanc inter vos concordiam composuimus: ut videlicet nullus in majori ecclesia constituatur præter assensum et voluntatem episcopi, qui sicut Ecclesiæ caput est, ita voluntas ejus et ratio debet præcedere. Canonici episcopo obedientiam in manu ejus promittant et teneant. Ad mensam canonicorum, quando cum canonicis comederit, cum uno clerico et uno serviente, vel cum duobus clericis veniat, et tanquam episcopus honoretur. De altario Sancti Imerii omnem oblationem recipiat, præter edenda quæ ad pedem altaris offerentur, et ea ad usum canonicorum reserventur, et præter medietatem ceræ et incensi, quæ ibi offeruntur, quæ ad ecclesiæ servitium reserventur. Archidiaconum, cantorem, et alias personas episcopus consensu canonicorum constituat. Ecclesiam Sancti Michaelis, et prædia et possessiones quas episcopus per idoneos testes proprie ad episcopatum pertinere probaverit, quiete pacificeque obtineat. Et quia canonici domum in qua olim habitaverant, ad ampliandam ecclesiam concesserunt, domum in qua modo habitant, licet juris episcopi fuerit, pro concordia tamen et charitate deinceps ad communis vitæ cohabitationem retineant, et hospites, quando voluerint, in ea recipiant.

Ego Calixtus catholicæ Ecclesiæ episcopus laudans.

Datum Laterani per manus Aimerici sanctæ Romanæ Ecclesiæ diaconi cardinalis et cancellarii, XI Kalendas Aprilis, indictione XI, Incarnationis Dominicæ 1124, pontificatus autem domni Calixti II papæ anno VI (64).

madverteris: « Ad mensam canonicorum, quando

CCLXIII.
Privilegium pro coenobio Montis Angelorum.
(Anno 1124, April. 5.)
[*Gall. Christ.* V, instrum., 515.]

Calixtus episcopus, servus servorum Dei, dilectis filiis Adelhelmo et fratribus monasterii S. Mariæ, quod nos *Mons-Angelorum* (Engelberg) cognominari volumus, salutem et apostolicam benedictionem.

Veniens ad nos vir nobilis Chonradus de Sellenburon ecclesiam vestram in juris sui prædio ejus sumptibus fabricatam, et omnia ad eam pertinentia per manus Egelolfi nobilis viri de Gamelinchoben B. Petro et S. Romanæ Ecclesiæ extradidit, sub censu unius aurei ponderis Turicensis monetæ, singulis annis ad altare B. Petri a Patre monasterii prædicti persolvendi. Nos ejus devotionem supplicem attendentes, locum vestrum et omnia ad eum pertinentia in B. Petri jus ad protectionem suscepimus. Præsentis itaque scripti nostri auctoritate constituimus, ut, quandocunque patre spirituali orbati fuerint, ipsi habeant liberam potestatem secundum Regulam S. Benedicti inter se, vel undecunque, si opus fuerit, non solum eligendi, sed etiam constituendi. Statuimus etiam ut idem monasterium cum omnibus suis pertinentiis nunc collatis, et dehinc ab hac die conferendis et deinceps non subjaceat jugo alicujus terrenæ potestatis personæ, nisi Patris monasterii solius dominationi, potestati et ordinationi. Advocatum ipse cum consilio seniorum fratrum suorum eligat, undecunque ei placuerit, et ei commendet ad remedium animæ suæ, et ut nunquam hæreditario jure in aliquem perveniat, qui non pro terreno commodo, sed pro æterna mercede sollicitus et studiosus bona, et constitutam monasterii libertatem et justitiam defendere voluerit, a rege tamen, Patre monasterii petente, accipiat bannum legitimum. Si autem non ut advocatus, sed potius calumniator et pervasor monasterii fuerit, omnino potestatem habeat abbas cum consilio seniorum fratrum hunc penitus reprobare, et alium regia potestate adjutus, si aliter fieri non potest, sibi utiliorem undecunque eligere. Si vero, quod absit! aliquis aliqua temeritate vel pertinacia prave inductus supradictum monasterium inquietare, molestare aut disvestire audeat, sciat se nostro judicio pro contemptu S. Romanæ Ecclesiæ et testamentoriæ hujus nostræ scriptionis destructione, nisi resipuerit, æterna damnatione perire.

Data Laterani anno Dominicæ Incarnationis 1124, Nonas April., indictione II, Sabbato S. Paschæ, luna XVII.

CCLXIV.
Privilegium pro monasterio Bifurcensi.
(Anno 1124, April. 11.)
[Mittarelli, *Annal. Camaldul.*, tom. III, p. 501.]

Calixtus episcopus, servus servorum Dei, dilecto in Christo filio Theoderico abbati monasterii Sancti Benedicti in Bifurco, ejusque successoribus regulariter instituendis in perpetuum.

Divinis præceptis instruimur et apostolicis monitis informamur, ut pro ecclesiarum statu impigro invigilemus aspectu, unde oportet nos ecclesiarum curam gerere, et Dei servos religiosos speciale...... dilecte in Christo fili Theodorice abbas, preces tuas benignius admittentes, Ecclesiam, cui Deo auctore præsides, in beati Petri jus et protectionem suscipimus, et contra pravorum hominum nequitiam ejus auctoritate........ constituimus quod prædia, possessiones et bona omnia, quæ vel regum collatione, vel aliorum fidelium donatione aut acquisitione alia ecclesia vestra modo possidet firma tibi tuisque successoribus...... videlicet terminos Ecclesiæ vestræ cum vineis et dominicatis suis et Alpibus, ab oriente a rivo de Lacu, ab occidente a jugo Alpium, a septentrione a Ceresio, a meridie a colina de Gimellis cum decimis et........ cum omnibus sibi in integrum pertinentibus: plebem Sancti Martini in Alpe cum vineis et dominicatis suis, et duabus capellis una in castro plano Mercurii, alia in monte Alto: ecclesiam Sanctæ Mariæ in Granario cum omnibus...... suis; plebem Sancti Cassiani in Pennino cum terris et vineis, et dominicatis suis, cum omnibus pertinentiis suis, et ejusdem ecclesiæ capellam Sancti Savini cum omnibus ad eam pertinentibus: plebem Sancti Petri in Octontuta cum vinea et dominicato...... colonis et decimis et primitiis; ecclesiam Sanctæ Mariæ in Flumicello cum capella Sanctæ Helenæ et omnibus pertinentiis suis: capellam Sanctæ Mariæ de Sirena cum omnibus pertinentiis suis: capellam de Castro de Mesauri cum omnibus...... suis: ecclesiam Sancti Petri in Castagneto cum ipsius vineis et silvis, molendinis, et omnibus pertinentiis suis: ecclesiam Sancti Clementis cum uno manso et omnibus pertinentiis suis: in Galiano capellam unam cum omnibus........ Sancti Petri in rivo cum decimis, et primitiis, et oblationibus vivorum et mortuorum: ecclesiam Sancti Andreæ in Pisseto cum oblationibus vivorum et mortuorum, et omnibus pertinentiis suis: ecclesiam Sancti Valeriani cum omnibus....... ecclesiam Sancti Jacobi in Mincajello cum domo hospitali et omnibus pertinentiis suis. Extra muros Florentinæ civitatis juxta

---

cum canonicis comederit, cum uno clerico et uno serviente, vel cum duobus clericis veniat. » Communem adhuc canonicorum mensam hæc produnt. Sed apertiora sunt quæ in fine de canonicis leguntur: « Domum in qua modo habitant, licet juris episcopi

fuerit, pro concordia tamen et charitate deinceps ad communis vitæ cohabitationem retineant. » En disertis verbis indicata constans adhuc in monasterio sive claustro socialis canonicorum vita.

ecclesiam Sancti Laurentii hospitale unum cum terris et vineis et omnibus pertinentiis suis : ecclesiam Sanctæ M... de Astole cum omnibus pertinentiis suis. Quæcunque denique in futurum juste atque canonice largiente Domino acquisierit, inviolabiliter et sine inquietatione possideat. Nulli ergo mortalium facultas sit eamdem vestram Ecclesiam temere perturbare, aut ejus possessiones auferre, vel ablatas retinere, minuere vel temerariis vexationibus perturbare, sed omnia integra conserventur eorum, pro quorum sustentatione et gubernatione concessa sunt, usibus omnimodis profutura. Ad judicium autem juris et tuitionis sanctæ Romanæ Ecclesiæ, duos aureos annis singulis Lateranensi palatio persolvatis. Chrisma, oleum sanctum, consecrationes ecclesiarum, et ordinationes monachorum vestrorum a diœcesano accipietis episcopo, si gratis et sine pretio et exactionibus voluerit exhibere, alioquin sacramenta eadem, a quo malueritis catholico accipietis episcopo. Si qua igitur in futurum ecclesiastica sæcularisve persona hanc nostræ constitutionis paginam sciens, contra eam temere venire tentaverit, secundo tertiove commonita, si non satisfactione congrua emendaverit, potestatis honorisque sui dignitate careat, reamque se divino judicio existere de perpetrata iniquitate cognoscat, et a sacratissimo corpore ac sanguine Dei et Domini Redemptoris nostri Jesu Christi aliena fiat, atque in extremo examine districtæ ultioni subjaceat. Cunctis autem eidem loco justa servantibus sit pax Domini nostri Jesu Christi, quatenus et hic fructum bonæ actionis percipiant, et apud districtum judicem præmia æternæ pacis inveniant. Amen, amen, amen.

Ego Calixtus catholicæ Ecclesiæ episcopus. FIRMAMENTUM EST DOMINUS TIMENTIBUS EUM.

Datum Laterani per manum Aimerici sanctæ Romanæ Ecclesiæ cardinalis diaconi cancellarii, tertio Idus Aprilis, anno ab Incarnatione 1123, indictione secunda, pontificatus autem domni Calixti II papæ anno sexto.

CCLXV.

Ad Ottonem Bambergensem episcopum. — De privilegiis Bambergensi Ecclesiæ concessis.

(Anno 1124, April. 13.)

[MANSI, Concil., XXI, 194.]

CALIXTUS episcopus, servus servorum Dei, venerabili fratri Ottoni Bambergensi episcopo, salutem et apostolicam benedictionem.

Sanctorum Patrum præceptis et canonicis sanctionibus demonstratur quod prædia et possessiones ecclesiarum, quæ vota fidelium, pretia peccatorum, et pauperum patrimonia, nuncupantur, vendi vel alienari non debeant. Quæ enim divinæ majestatis obsequio, et cœlestium secretorum usui sunt dicata, non decet in alienum jus redigi, vel in alterius servitii formam transmutari. Nempe (ut beati Symma-

(65) Annum quo facta est hæc commendatio disci-

chi papæ verbis loquamur) possessiones, quas unusquisque ecclesiæ propriæ dedit aut reliquit arbitrio, alienari quibuslibet titulis aut distractionibus, vel sub quocunque argumento, non patimur. Eapropter nos tuis justis postulationibus annuentes, mansos, qui episcopalis mensæ tuæ servitio dediti sunt, in eodem statu, in quo bene a te dispositi cognoscuntur, futuris temporibus permanere præsentis scripti nostri confirmatione sancimus ; statuentes ut nulli successorum tuorum, vel alicui hominum, liceat eos vendere, sive in laicorum beneficium tradere, vel in usus alios commutare. Sed sicut a te dispositum est, de unoquoque prædictorum mansorum denarius unus annis singulis Bambergensi ecclesiæ, pro anima imperatoris Henrici fundatoris ejus, ad concinnanda luminaria conferatur. Abbatias vero et regulares canonicas [*al.* canonias] per industriam tuam in religionis ordine stabilitas, et alia a te recte constituta, nulli hominum facultas sit in posterum immutare. Si quis autem contra hanc confirmationem venire temerario ausu præsumpserit, excommunicationis vinculo subjacebit.

Data Laterani, Idibus Aprilis, indictione secunda.

CCLXVI.

Monasterii Dervensis privilegia confirmat.

(Anno 1124, April. 13.)

[BOUQUET, Recueil, XV, 250 in adnot. ad epistolam sequentem.]

CCLXVII.

Ad Jocerannum Lingonensem episcopum, etc.—Commendat Dervense monasterium, veluti Romanæ Ecclesiæ subditum.

(Anno 1124, April. 14.)

[D. BOUQUET, Recueil, tom. XVI, p. 230.

CALIXTUS episcopus, servus servorum Dei, venerabilibus fratribus JOCERANNO Lingonensi, HATONI Trecensi, EBALO Catalaunensi, RICUINO Tullensi episcopis, salutem et apostolicam benedictionem.

Venerabilia loca et religiosæ personæ quæ suam in Dei servitio intentionem fixerunt, nullis debent gravaminibus concuti, nullis molestiis agitari. Vestræ igitur fraternitati mandamus ut fratres monasterii Dervensis quod in honore SS. apostolorum Petri et Pauli constructum Romanæ Ecclesiæ juris est, et ejus manifestum est patrocinio niti et dominio subjacere, pro B. Petri et nostra reverentia honoretis. Monasterium ergo ipsum, ecclesias, capellas, obedientias, prædia, possessiones, et bona mobilia vel immobilia, seu sese moventia, inquietari, auferri, vel aliquibus molestiis aggravari, nullatenus permittatis. Si quis autem advocatiæ, sive alicujus occasionis specie ultra consuetudines quas comes Tebaldus, tempore Henrici regis Francorum, instituit, pravis exactionibus, usurpare præsumpserit, et bona eorum vel in vita vel in morte violenter abstulerit, tanquam apostolici decreti violatorem vestri officii debito arceatis.

Data Laterani, XVIII Kal. Maii (65).

mus ex bullato diplomate ipsius Calixti, nobiscum

CCLXVIII.
Ecclesiæ S. Frigdiani Lucensis privilegia confirmat.

(Anno 1124, Maii 26.)
[Vide *Bullarium Lateranense*, editum Romæ, 1727, fol., pag. 7.]

CCLXIX.
Ad B[enedictum] episcopum et canonicos Ecclesiæ Lucensis.

(Anno 1124, Maii 26.)
[BALUZ., *Miscell.* ed. Luc., IV, 589.]

CALIXTUS episcopus, servus servorum Dei, venerabili fratri B. Lucano episcopo, et canonicis Ecclesiæ ejusdem, salutem et apostolicam benedictionem.

Bonorum virorum officium est religionem diligere, et religiosis arctissimo familiaritatis vinculo adhærere. Unde universitati vestræ rogando mandamus, quatenus dilectum filium nostrum A. priorem S. Frigdiani, et canonicos ibidem famulatui mancipatos, pro charitate nostra honoretis, diligatis et nullis agitari molestiis permittatis. Gratias dilectioni vestræ persolvimus, quia, sicut idem prior asserit, S. Frigdiani ecclesiam benigne tractatis, et nos de petitione quam pro ea præterito anno fecimus, ex parte a vobis exauditi sumus. Verumtamen rogare adhuc non desistimus, ut petitionem nostram plenius admittentes, prædictis S. Frigdiani fratribus altera die Paschæ concedatis missam solemniter celebrare. Priorem vero ea die et aliis duabus præcipuis solemnitatibus cum uno aut duobus fratribus SS. ad divini vobiscum celebritatem officii benevolo et placido animo suscipiatis. Querelam inter canonicos S. Frigdiani, et canonicos S. Angeli priusquam ad nos pervenire cœpit, occasione cujusdam mortuæ ortam fuisse audivimus; unde tibi, frater episcope, mandamus, quatenus querimoniam istam tanta diligentia terminare studeas, quod canonici S. Frigdiani ad honorem Dei sine scandalo et inquietudine gratum ante conspectum Domini altissimi valeant exhibere servitium.

Datum Laterani VIII Kal. Junii.

CCLXX.
Didaco, archiepiscopo Compostellano, concedit ut Emerita civitas Compostellanæ civitati perpetuis maneat subjecta temporibus.

(Anno 1124, Jun. 23.)
[FLOREZ, *Esp. sagr.*, XX, 402.]

CALIXTUS episcopus, servus servorum Dei, venerabili fratri DIDACO Compostellano archiepiscopo ejusque successoribus canonice promovendis in perpetuum.

Potestatem ligandi atque solvendi in cœlis et in terra B. Petro ejusque successoribus auctore Deo principaliter traditam illis Ecclesia verbis agnoscit, quibus Petrum Dominus est allocutus: *Quæcunque ligaveris super terram, erunt ligata in cœlis, et quæcunque solveris super terram, erunt soluta et in cœlis.* Ipsi quoque et propriæ firmitas et alienæ fidei confirmatio eodem Deo auctore præstatur cum ad eum dicitur: *Rogavi pro te, ut non deficiat fides tua, Petre, et tu aliquando conversus confirma fratres tuos.* Oportet ergo nos, qui, licet indigni, B. Petri residere videmur in loco, prava corrigere, recta firmare, et in omni Ecclesia ad interni arbitrium judicii sic disponenda disponere, ut de vultu Dei judicium, nostrum prodeat, et oculi nostri videant æquitatem. Fraternitatis igitur tuæ petitionibus annuentes Compostellanæ B. Jacobi Ecclesiæ, cujus in ea venerandissimum corpus est positum, ob ipsius a Deo dilecti apostoli reverentiam archiepiscopalis cathedræ dignitatem, quam ei ad tempus concesseramus donec Emeritana civitas Christianorum dominio redderetur, præsentis paginæ auctoritate in perpetuum obtinendam confirmamus, ut eadem opulentissima quondam et famosi nominis Emeritana civitas, quæ nunc peccatis exigentibus ab impia Saracenorum tyrannide possidetur, Compostellanæ civitati, sicut suæ metropoli, perpetuis maneat subjecta temporibus. Omnem quoque pontificalis officii plenitudinem quam Emeritanæ Ecclesiæ antistites antiquitus habuerunt, Compostellanæ præsul Ecclesiæ integre deinceps quieteque obtineat. Suffraganei vero episcopi Emeritanæ metropolis, Salmanticensis, Abilensis, Colimbriensis, et cæteri qui olim ejusdem Emeritæ subjecti fuisse noscuntur, Compostellano archiep., cujus consecratio ad Romanam tantum spectat Ecclesiam, tanquam metropolitano proprio obedientiam et reverentiam prorsus exhibeant. Ipse autem illos consecrandi, eorum Ecclesias disponendi, eos ad sua concilia convocandi, et cum ipsis ecclesiastica diffiniendi negotia liberam omnino habeat auctoritate sedis apostolicæ facultatem. Si qua igitur in futurum ecclesiastica sæcularisve persona hujus nostræ constitutionis temerator exstiterit, nec post commonitionem secundam vel tertiam resipiscens humiliter satisfecerit, a communione sacratissimi corporis et sanguinis Domini et ab Ecclesiæ liminibus arceatur.

Datum Laterani per manum Aimerici S. R. E. diac. cardin. et cancel., IX Kal. Julii, indictione II, Incarnationis Domini anno millesimo centesimo vicesimo quarto, pontificatus autem domini Calixti papæ anno sexto.

Ego Calixtus catholicæ Ecclesiæ episcopus, conf.
FIRMAMENTUM EST DOMINUS TIMENTIBUS EUM.
Bene valete.

CCLXXI.
Ad episcopum Salmanticensem, de obedientia domino Compostellano exhibenda.

(Anno 1124, Jun. 24.)
[FLOREZ, *ibid.*, p. 409.]

CALIXTUS episcopus, servus servorum Dei, venerabili fratri...... communicato, pro Dervensi itidem monasterio: «Dat. Laterani per manus Aymerici S. R. E. diac. card. et cancel., Idibus Aprilis, indict. II, Dom. Incarnat. anno 1124, pontificatus autem domini Calixti II papæ anno sexto.»

rabili fratri M[unioni] Salmanticensi episcopo, salutem et apostolicam benedictionem.

Quoniam in Hispaniarum partibus Compostellana Ecclesia ob venerandum B. Jacobi apostoli corpus gloriosa et insignis habetur, nos eam ex apostolicæ sedis gratia confovere et in melioris status prærogativam decrevimus adaugere. Ideoque dignitatem Emeritanæ metropolis eidem Compostellanæ Ecclesiæ perpetuis temporibus possidendam contulimus. Tibi ergo, dilecte frater, qui Emeritanæ Ecclesiæ subjectus esse dignosceris, mandamus, quatenus venerabili fratri nostro D. Compostellano archiepiscopo tanquam proprio metropolitano tuo subjectionem et obedientiam satagas exhibere.

Dat. in territorio Ortensi, VIII Kal. Julii.

CCLXXII.

Ad episcopum Colimbriensem, de obedientia domino Compostellano ut legato et suo metropolitano exhibenda.

(Anno 1124, Jun. 24.)
[Florez, *Esp. sagr.*, p. 410.]

Calixtus episcopus, servus servorum Dei, venerabili fratri G[undisalvo] Colimbriensi episcopo, salutem, etc., *ut supra.*

CCLXXIII.

Ad archiepiscopos cæterosque ecclesiasticos ordines per Galliam, Germaniam et Franciam.

(Anno 1124.)

Gesta Godefridi archiepiscopi Trevir., apud Pertz. *Monum. Germ. hist.* Script. VIII, 201.]

Calixtus episcopus, servus servorum Dei, charissimis nobis in Christo fratribus archiepiscopis cæterisque ecclesiasticis ordinibus per Galliam, Germaniam et Franciam constitutis, salutem et apostolicam benedictionem.

Mittimus ad vos fratrem nostrum Willehelmum Præneslinum episcopum, dantes ei cum vestra charitate licentiam, ut si qui sint in vobis episcopi non consecrati consecret, et si qua sunt alia hujusmodi ecclesiasticorum negotiorum minus perfecta, in omnibus inoffensa fraternitate consummet. Pax vobis.

CCLXXIV.

Ad Gaufridum Carnotensem, Joannem Aurelianensem, et Stephanum Parisiensem episcopos. — Ut servetur interdictum ob illicitas nuptias imperatum.

(Anno 1124, Aug. 26.)
[Mansi, *Concil.*, XXI, 214.]

Sicut omne quod irreprehensibile est catholica defendit Ecclesia; ita ea quæ contra scita canonum inita sunt secundum æquitatis et justitiæ destruere nititur rationem. Causam siquidem matrimonii inter Guillelmum filium comitis Roberti et filiam comitis Andegavensis contracti, cui parentelæ titulus opponitur dilecto filio nostro I.... presbytero cardinali commisimus finiendam. Qui post susceptam idoneorum testium de parentela probationem, ubicunque Guillelmus filius comitis Roberti fuerit, prohibuit officia celebrari: nisi utique ad datum a se terminum conjugium idem dissolverit. Unde fraternitati vestræ præcipimus, ut eamdem sententiam a nobis firmatam per vestras faciatis parochias observari.

Datum Laterani VII Septembris.

CCLXXV.

Monasterii Rastedensis protectionem suscipit et ejus bona ac privilegia confirmat.

(Anno 1124, Sept. 27.)
[Lappenberg, *Hamburg. Urkund.*, I, 127.]

[1] Calixtus episcopus, servus servorum Dei, dilecto filio Svidero, abbati monasterii Sanctæ Mariæ, quod in partibus Ambriæ in villa quæ dicitur Radestad situm est, ejusque successoribus regulariter substituendis in perpetuum.

Cum piæ desiderium voluntatis et laudandæ devotionis intentio sacerdotibus sit semper studiis adjuvanda, cura est sollicitudinis adhibenda, ut ea quæ pro quiete religiosæ conversationis sunt ordinata, nec simulatio negligere nec quædam valeat præsumptio perturbare. Quocirca monasterium tibi commissum, quod ab Hunone comite et uxore ejus Willa comitissa et Frederico comite in honore sanctæ Dei genitricis et Virginis Mariæ, ut congregatio monachorum fieret, constructum et communi patri omnium Christianorum, sancto scilicet Petro, oblatum est, in Romanæ Ecclesiæ jus est nostram defensionem suscepimus, eique omnes possessiones, quas legitime obtinet, confirmamus.

Id est in Ambria: Duas partes villæ Radestad cum tota decima, partem villæ Henninchusin [a] cum decima, Borbeke [3] cum decima, decimam villæ de Lynsvidon [4], Barchornun [a] [2], Lage [2], Genlide [b] [5], Wadinbechi [6], Radehornen [2].

In Frisia: Curias Varlas, [7] Echwardi [8], Bonwardi [c], Tvislon, Nertin [9], cum [d] appendiciis earum, in villa Anaclingun triginta [e] marcas canonum, Ebeswerdi [f], Withlike, Fronohusin, Wellin, Haroldessem, Berle [5], Scohorst [h].

[a] Berchorn. 2. [b] Loge, Merhusen [6], Lynebrok, Ghelinde (Ghenlinde 3), cum decima a Goltwertae usque ad confinium Omestede in aquilonari parte. (Hunte *add.* 3.) 2. 3. [c] *Vielleicht* Boitwardi. *Boitwarden, Kirchdorf Golzwarden.* [d] cum pratis et paludibus et. 2. [e] in villa Enelinghe quinquaginta. [f] Eueswerden. 2. Eueswarden, Wideke, Wischusen. 3. [g] Barle, Godinge duas virgas Scrotinh. Geuere. 2. [h] Barle, Utmore, Scohurst, Scrotinghe, Geuere, 3.

VARIÆ LECTIONES.

[1] Aus dem Rasteder Codex Fol. 83. Daselbst finden sich auch eine zweite Bestätigungsbulle des Papstes Adrian IV vom Jahre 1158 und eine dritte des Papstes Clemens III vom Jahre 1190. Die in denselben enthaltenen Abweichungen der Ortsnamen habe ich mit 2 und 3 bezeichnet. [2] Haukhausen, Bergborn, Loy, Rehorn, Kirchdorf Rastede. [3] Borbek, K. Wifelstede. [4] Linswege, K. Westerstede. [5] Gellen, K. Alten Huntorf. [6] Wahnbeck, Moorhausen, K. Oldenburg. [7] Varel. [8] Eckwarden, im budjadinger Lande. [9] Vielleicht an der Ahne zu suchen.

In Steringeng [10]: Curias Reminchuson [k], Brunin [11], Engilin [11], Gatisdorf [12], Enschiuin [13], Magelissin [14], Habenhuson [15], cum silvis, pascuis et appendiciis earum [m].

In Westphalia: [16] Villas Beténchuson, Benchinhusen [n], Swirlichin, Asschinberghen, cum appendiciis earum, Leffrinchusin, Gedinchtorp, Smerlachen, Mardie [o], Yslo [p], Haperne, Wisteren [q], Widinchusen [r], Brochusen, Harinctorp, Berder, cum appendiciis [s] earum [17].

Juxta Wemno: [18] Willinstede et Bocholt [19] curias, Brochlo [20] cum [t] appendiciis suis, Quilechorne [19], Widagheshude.

In Bardinge: Totimesborch, Reynestorp [21], curias, cum ecclesiis et appendiciis earum; villan Melinchuden [u] cum appendiciis suis. In Bardewich xxx areas, censum de ponte et de pascuis; Ecclesiam Rode [22] cum appendiciis suis; Reindale, Dalsche, Hoygerstorp [22]. In Luneborch sex panstalia. Præterea quascunque possessiones, quæcunque bona idem monasterium impræsentiarum juste et canonice possidet aut in futurum concessione pontificum, largitione imperatorum vel principum, oblatione fidelium seu aliis justis modis, Deo propitio, poterit adipisci, firma tibi tuisque successoribus et illibata permaneant.

Obeunte te vero Swidero [v], nunc ejusdem loci abbate vel quolibet successorum tuorum, nullus ibi qualibet subreptionis astutia vel violentia præficiatur, nisi quem fratres communi consilio et consensu vel fratrum pars consilii sanioris juxta Dei timorem et beati Benedicti Regulam obtinuerit. Sed si in suo collegio satis idoneum ad hoc regimen invenire nequiverint, liceat eis a quocunque maluerint loco sui ordinis suæque professionis virum assumere. Ordinationes quoque monachorum vestrorum, qui ad sacros ordines promovendi sunt, a Bremensi accipietis archiepiscopo, si tamen gratis et sine exactione vobis voluerit exhibere. Alioquin liceat vobis catholicum quem malueritis adire antistitem, qui nimirum nostra functus auctoritate quod postulatur indulgeat.

Advocatum [x] etiam prædicto loco atque suis bonis constituimus Egilmarum comitem, cujus patrem comes Huno sibi providerat in advocatia succedere. Per succedentia igitur tempora major natu in eadem parentela eamdem advocatiam sempiterno jure possidebit, qui tamen advocatus nullum cum ejusdem Ecclesiæ familia placitum observabit, nisi forte ab abbate rogatus fuerit. Verumtamen de advocatia nullum advocato vel posteris ejus distinguimus servitium, quia patri suo non fuit unquam exhibitum et quia sibi de labore suo de bonis ejusdem Ecclesiæ dispositum, collatum est beneficium ita quidem, ut nullum sibi in advocatia illa statuat vicarium. Ad indicium autem juris et defensionis Romanæ Ecclesiæ duas uncias auri nobis nostrisque successoribus annis singulis persolvetis. Decernimus ergo quod nulli omnino hominum liceat præfatum monasterium temere perturbare aut ejus possessiones auferre vel ablata retinere, minime autem aliquibus vexationibus fatigare. Sed omnia integra conserventur eorum, pro quorum gubernatione et sustentatione concessa sunt, usibus omnimodis profutura, salva sedis apostolicæ auctoritate. Si qua igitur in futurum ecclesiastica sæcularisve persona, hanc nostræ constitutionis paginam sciens, contra eam temere venire tentaverit, potestatis honorisque sui dignitate careat reamque se divino judicio existere de perpetrata iniquitate cognoscat et a sanctissimo corpore et sanguine Dei et Domini Redemptoris nostri Jesu Christi aliena fiat, et si non satisfactione congrua emendaverit, in extremo examine districtæ ultioni subjaceat. Cunctis autem eidem loco justa servantibus sit pax Domini nostri Jesu Christi, quatenus et hic fructum bonæ actionis percipiant et apud districtum

---

[i] Steringe. 2 Steringen. 3. [k] Reninchusen 2. [l] Inscinnen. 2. 3. Gatisdorf *fehlt* 2. 3. *Letzteres schaltet ein:* Papehusen [16]. [m] cum... earum *fehlt* 2. [n] Benchinhusen... earum *fehlt* 2. [o] Mardinge. 2. Mardige. 3. [p] Yserlo. 3. [q] Winstrin. 2. Winsteren. 3. [r] Windenchusen. 3. [s] Berder, Asscheberghen, Benechinchusen, Holthof, cum ecclesiis et appendiciis. 2. [t] pascuis, siluis et. 2. [u] Melichuden. 2. Melechuden. 3. [v] vero te Donato. 2. [x] *Von* Advocatum... Ad indicium autem *ist in der Handschrift eine Rasur. Die hier folgenden Worte finden sich aber auf einem angehefteten Pergamentblatte. Sie scheinen uns mit dem, was sich in der radirten Stelle noch erkennen lasst, übereinzustimmen.*

VARIÆ LECTIONES.

[10] Der Stuhrgau, dessen Name in der oldenburgischen Diocese und Vogtei Stuhr erhalten ist, war in Nordosten von der Weser begränzt. Die Westgränze wird durch Ganderkese bezeichnet. S. Vitam S. Willehadi. Südlich berührt er die Mindener Diocese [11] Brüne und Engeln, K. Vilsen, im Amte Alt-Bruchhausen. [12] Gödestorf, K. Heiligenfeld, Amt Sycke. [13] Intschen, K. im Amte Thedinghausen. [14] Magelsen, K. an der Weser, im Amte Hoya. [15] Habenhausen, K. Twistringen, im Amte Ehrenburg. [16] Päpsen, K. Mellinghausen, Amt Nienburg, scheint zu südlich für diesen Gau [17] Diese Orte dürften sämmtlich in der Nähe der Stadt Soest zu suchen seyn, wo sich auch Bettinghausen, Benninghausen, Lyringsen, Schmerlicke, Mardey, Iserlohn, Brockhausen, Herringen auf der Le Coqschen Karte finden. Wie Wolters im Chronic. Rasted. p. 91 berichtet, hatte der Kaiser dem Grafen Huno viele neben der Stadt Soest belegene, zum Reiche gehörige Güter gegeben. [18] Die Wumme, Fluss. [19] Wilstedt. K. im Amte Ottersberg, welchem Buchholz und Quelckhorn eingepfarrt sind. Das Patronat der Kirche zu Wilstedt ist mit andern Besitzungen des Klosters Rastede auf die Grafen von Oldenburg übergegangen, und noch im Besitz der jetzigen Grossherzoge. [20] Brockel, Pfarrdorf im Amte Rothenburg. Das Patronatrecht der Kirche ist von Abt von Rastede auf den Grossherzog zu Oldenburg übergegangen. [21] Thomasburg und Reinstorf, Kirchdörfer im Amte Lüne. [22] Rode, Pfarrdorf im Amte Fallersleben. [22] Hogerstorf, im Kirchspiele und Amte Bodenteich.

judicem præmia æternæ pacis inveniant. Amen.

Datum Laterani, per manum Aimerici, sanctæ Romanæ Ecclesiæ diaconi cardinalis et cancellarii, v Kalendas Octobris, indictione tertia, Incarnationis Dominicæ anno 1124, pontificatus autem domini Calixti II papæ anno vi.

CCLXXVI.
Privilegium pro monasterio S. Bertini Sithiensis.
(Anno 1124, Oct. 11.)
[*Collection des Cartulaires,* III, 292.]

CALIXTUS episcopus, servus servorum Dei, dilecto filio JOANNI, abbati monasterii Sancti Bertini, ejusque successoribus regulariter substituendis in perpetuum.

Æquitatis et justitiæ ratio persuadet nos Ecclesiis perpetuam rerum suarum firmitatem et vigoris inconcussi munimenta conferre. Non enim convenit Christi servos, divino famulatui deditos, perversis pravorum hominum molestiis agitari, et temerariis quorumlibet vexationibus fatigari; similiter et prædia, usibus cœlestium secretorum dicata, ullas potentum angarias nihil debent extraordinarium sustinere. Cum igitur communis omnium Ecclesiarum cura nobis concessa sit, commissum tibi, dilecte in Domino fili Joannes abbas, Sancti Bertini monasterium, cum omnibus ad ipsum pertinentibus, ad exemplar prædecessorum nostrorum, in beati Petri et nostram tutelam protectionemque suscipimus, statuentes ut universa ad idem monasterium legitime pertinentia vobis vestrisque successoribus quieta semper et illibata permaneant; præterea ipsum monasterium, juxta prædecessorum nostrorum Victoris et Urbani et Paschalis sanctiones, et privilegia eorum eidem loco collata, in sua plenius libertate et immunitate perpetuo conserventur, adeo ut de statu suo nulli, nisi pontifici Romano, respondeat, salva tamen Tarvanensis episcopi canonica reverentia. Pariter etiam confirmamus cuncta eidem cœnobio pertinentia, tam ea quæ hactenus devotione fidelium Christi illic collata sunt, quam quæ deinceps legaliter conferenda sunt, in arvis, campis, pratis, pascuis, silvis, aquis aquarumque decursibus, molendinis, piscariis, villis, ecclesiis, comitatibus, familiis, vineis, pomeriis, cunctisque suis mobilibus vel immobilibus, cultis vel incultis. Altaria quoquo illa quæ in Atrebatensi parochia monasterium vestrum possidere cognoscitur, quiete deinceps et sine molestia qualibet vobis vestrisque successoribus possidenda firmamus: ecclesiam videlicet de Werkin, ecclesiam Salomes, ecclesiam Hautay; item altaria Lisvegne, Snelgnekerke, Erninghem, Bovenkerke, quæ per manum Lamberti, Tornacensis episcopi, Ecclesiæ vestræ collata sunt; berquariam quoque quadraginta librarum, quæ est in territorio Furnensi, quam Carolus dedit pro anima Balduini comitis; et terram de Buri, quam Ecclesia vestra in Belvacensi pago possidere cognoscitur, similiter firmamus. Decernimus autem ut a villa Arkas usque Lodic nullum molendinum, absque tuo tuorumque successorum assensu, construere, et in omnibus parochiis vestris, nullus ecclesiam vel monasterium, refragante voluntate vestra, ædificare præsumat; nullusque presbyter sive clericus in ecclesiis vel capellis vestris sine vestro assensu et libera voluntate, per se, vel per vim alterius, licentiam habeat permanendi, aut aliquod sibi officium assumendi. Si vero, ex præcepto episcopi, terra bannita fuerit, in ecclesiis et capellis vestris monachi et clerici vestri, clausis januis et laicis exclusis, divina celebrare mysteria non desistant. Quod si aliqui de parochianis vestris pro speciali delicto excommunicati fuerint, ipsis ab Ecclesia exterminatis, aliis divina non negentur officia. Statuimus etiam ut nullus abbas in eodem monasterio præponatur, nisi quem fratres communi consensu, vel fratrum pars consilii sanioris, secundum Dei timorem et beati Benedicti Regulam, de sua congregatione providerint eligendum. Decernimus ergo ut nulli omnino hominum liceat sæpefatum monasterium temere perturbare, aut ejus possessiones auferre, vel ablatas retinere, minuere, vel temerariis vexationibus fatigare; sed omnia integra conserventur eorum pro quorum sustentatione et gubernatione concessa sunt, usibus omnimodis profutura. Si qua igitur in futurum ecclesiastica sæcularisve persona, hanc nostræ constitutionis paginam sciens, contra eam temere venire tentaverit, secundo tertiove commonita, si non satisfactione congrua emendaverit, potestatis honorisque sui dignitate careat, reamque se divino judicio existere de perpetrata iniquitate cognoscat, et a sacratissimo corpore et sanguine Dei et Domini Redemptoris nostri Jesu Christi aliena fiat, atque in extremo examine districtæ ultioni subjaceat. Cunctis autem eidem loco justa servantibus sit pax Domini nostri Jesu Christi, quatenus et hic fructum bonæ actionis percipiant, et apud districtum judicem præmia æternæ pacis inveniant. Amen.

Datum Laterani, per manum Haimerici, sanctæ Romanæ Ecclesiæ diaconi cardinalis et cancellarii, v Idus Octobris, indictione III, Incarnationis anno 1124, pontificatus autem domni Calixti II papæ anno sexto.

CCLXXVII.
Monasterium S. Mariæ Pomposianum tuendum suscipit ejusque bona ac privilegia confirmat.
(Anno 1124, Oct. 16.)
[MURATORI, *Antiq. Ital.,* V, 823.]

CALIXTUS episcopus, servus servorum Dei, dilecto filio AURELIO abbati monasterii Sanctæ Mariæ, quod in insula Pomposia situm est, ejusque successoribus regulariter substituendis in perpetuum.

Æquitatis et justitiæ ratio persuadet, nos Ecclesiis perpetuam rerum suarum firmitatem et vigoris inconcussi munimenta conferre. Non enim convenit Christi servos, divino famulatui deditos, perversis pravorum hominum molestiis agitari, et temerariis quorumlibet vexationibus fatigari. Similiter et prædia usibus cœlestium secretorum dicata nullas potentium angarias, nihil debent extraordinarium sustinere. Cum ergo communis omnium Ecclesiarum cura nobis concessa sit, tuis, dilecte in Christo Aureli abbas, postulationibus annuentes, et beatæ et gloriosæ semper virginis Dei Genitricis Mariæ, Pomposianum monasterium, cui Deo auctore præsides, protectione sedis apostolicæ munientes, possessiones et bona quæ vel a sancta Romana Ecclesia, vel aliunde legitime possidet, confirmamus. Videlicet Massacellam integram, quæ vocatur Materaria: et massam quæ vocatur Maseuli, integram: fundum integrum qui vocatur Casale publicum; massam quæ vocatur Nepoti; et in massa quæ vocatur Caputbovis, terram et vineas, sicuti modo vos habetis et tenetis jure beati Petri apostoli. Necnon et ripam fluminis Alemonis ex utrisque partibus juxta massam quæ vocatur Prata, extendente ipsa ripa ab Agaziolo usque ad campum Bedulli. Terram et vineam juxta muros civitatis Ravennæ, cum Turre Umbratica in integrum, a Posterula Augusti usque ad Portam Taurensem. Ortum unum integrum in loco Pontis Calciati in regione Sancti Andreæ, a duobus lateribus jure ipsius Sancti, a reliquis duobus Via publica. Lacum, qui vocatur Sanctus, cum omnibus rebus et pertinentiis suis, cum plebe et capellis ac titulis ipsius, id est Sanctæ Mariæ, Sancti Martini, Sancti Petri, et Sancti Venantii, cum decimis et primitiis, cum piscaria quæ vocatur Tidini, et Fossa archipresbyteri, et Piscaria quæ vocatur Falci, cum loco qui dicitur Monticellus Lacisicus, cum ripis fluminis Padi et Gauri ex utrisque partibus usque ad mare; et a loco Concæ Agathæ ex una parte usque ad mare, cum loco integro, qui dicitur Masinzatica inter affines de toto loco ac territorio massæ quæ vocatur Lacus Sanctus; ab uno latere Fossa Molendini de Volta Laterclí descendente in Aquiliolo, et a Fluvio Triba usque in Eliam, et per paludem usque in mediam Curbam, et ultra Curbam usque Padum, et ultra Padum usque ad Gazium episcopi sanctæ Comacliensis Ecclesiæ, inde usque fluvium qui vocatur Cesi; ab alio latere Curlus descendens in Concam Agatulæ, et per ipsam in Gaurum; a tertio latere Palus, quæ pergit inter rivum Angeli et Masinzaticam usque Monticellum et Vedetosam currentem in Padum; a quarto latere Vaculinus et Ager Malus et Callis de Vincareto pergente in Laterclum. Insuper concedimus vobis Piscariam integram, quæ vocatur Volana, cum Rivo Badereno, et Gavelana Majore ad ipsam Piscariam pertinente, cum Porticellis ex utrisque partibus, sicut olim intraverunt in mare, eidem similiter pertinentes. Hæc nimirum omnia tibi tuisque legitimis successoribus et fratribus religiose viventibus, perpetuo habenda concedimus, ita sane, ut a vobis singulis quibusque annis pensionis nomine tres argentei solidi, difficultate postposita, sanctæ nostræ Romanæ Ecclesiæ, actionariis persolvantur. Quæcunque autem Romanorum pontificum, seu aliorum episcoporum concessione, principum liberalitate, vel fidelium oblatione, juste atque canonice poteris adipisci, firma tibi tuisque successoribus et illibata permaneant. Ad hæc adjicientes decernimus ut nulli archiepiscopo, nulli episcopo liceat monasterio vestro gravamen inferre, nec in ipso, aut ejus rebus potestatem exercere. Nulli autem hominum facultas sit præter abbatis et fratrum monasterii voluntatem, colonos seu villanos, famulos aut famulas ad ipsum monasterium pertinentes, aut de cellis, villis, castris, aut plebibus, fodrum extorquere, aut alias exactiones inferre: sed semper apostolicæ sedis tuitione foveamini, et si necesse fuerit, audientia conservemini, salva in omnibus ejusdem apostolicæ sedis auctoritate. Chrisma et oleum sanctum a Comacliensi accipietis episcopo, si catholicus fuerit, et sine pravitatis exactione gratis vobis dare voluerit. Sin autem pro eisdem sacramentis accipiendis, ad quemcunque malueritis, catholicum episcopum recurratis. Benedictionem quoque abbatis, monachorum vestrorum ordinationes, et consecrationes altarium monasterii vestri, et eorum qui in massa Lacus Sancti sunt, a quo volueritis, catholico episcopo suscipere licentiam habeatis, qui apostolicæ sedis fultus auctoritate, quod postulatur, indulgeat. Mansuro etiam decreto statuimus ut neque tu, neque aliquis successorum tuorum, ad cujuslibet episcopi synodum pergere compellatur, nisi a Romano pontifice, vel legato ejus fueris invitatus. Si qua ergo in futurum ecclesiastica vel sæcularis persona, hanc nostræ constitutionis paginam sciens, contra eam temere venire tentaverit, secundo tertiove commonita, si non satisfactione congrua emendaverit, potestatis honorisque sui dignitate careat, reamque se divino judicio existere de perpetrata iniquitate cognoscat, et a sacratissimo corpore et sanguine Dei et Domini Redemptoris nostri Jesu Christi aliena fiat, atque in extremo examine districtæ ultioni subjaceat. Cunctis autem eidem loco justa servantibus sit pax Domini nostri Jesu Christi, quatenus et hic fructum bonæ actionis percipiant, et apud districtum judicem præmia æternæ pacis inveniant. Amen, amen, amen.

Ego Calixtus catholicæ Ecclesiæ episcopus. Bene valete.

Datum Laterani per manum Aimerici sanctæ Romanæ Ecclesiæ diaconi cardinalis et cancellarii, xvii Kalendas Novembris, indictione iii, Incarnationis Dominicæ anno 1124, pontificatus vero domini Calixti II papæ anno vi.

CCLXXVIII.
Privilegium pro ecclesia Sancti Benigni Divionensis.
(Anno 1124, Oct. 29.)
[PÉRARD, *Recueil de pièces*, etc., p. 216.]

CALIXTUS episcopus, servus servorum Dei, dilecto filio HUGONI Divionensi abbati ejusque successoribus regulariter substituendis in perpetuum.

Sicut in humani compage corporis, naturalis ratio singulis quibuscunque membris ad salutem providens, speciales et proprios actus edocet, nobilioribus vero suam dignitatem conservat, ita in corpore Ecclesiæ, apostolica providentia, secundum sacrorum canonum institutiones universas regit Ecclesias. Digniores autem et famosiores, in sui status prærogativa custodit; æquum enim et rationabile est, ut suus unicuique Ecclesiæ honor apostolicæ sedis munimine confirmetur. Itaque, dilecte in Domino fili Hugo Divionensis abbas, tuis justis petitionibus accommodantes assensum, libertati ac quieti vestri cœnobii auctore Domino duximus providendum. Statuimus enim ut, obeunte te nunc ejus loci abbate, vel tuorum quorumlibet successorum, nullus ibi qualibet subreptionis astutia seu violentia præponatur, nisi quem fratres communi consensu, vel fratrum pars consilii sanioris, vel de suo, vel de alieno, si oportuerit, collegio, secundum Dei timorem et beati Benedicti Regulam elegerint. Porro electi consecratio sicut a prædecessore nostro felicis memoriæ Gregorio VII constitutum est peragatur. Interdicimus autem, ne cui post professionem exhibitam facultas sit, sine abbatis permissione monasterium derelinquere. Statuimus etiam, ne ab episcopo vel ministris Lingonensis Ecclesiæ divina monasterio vestro interdicantur officia, sed continue celebrentur, nisi eisdem causis fratres cessare oportet, quæ sedis apostolicæ præsulis Benedicti determinatione distinctæ sunt. Ecclesiarum quoque quæ in burgo monasterii vestri sitæ sunt, id est Sancti Joannis Baptistæ et Sancti Philiberti, seu presbyterorum in eis Domino servientium, eam in perpetuam libertatem vestro monasterio confirmamus, quam venerabilis Robertus Lingonensis episcopus contulisse dignoscitur. Illud etiam remissionis et immunitatis, quod idem episcopus vel sui prædecessores, de paratis et synodis vestro cœnobio indulsisse cognoscuntur, nos præsentis decreti assensione firmamus. Confirmamus etiam vobis, vestrisque successoribus, in episcopatu Lingonensi, cellam Sancti Amatoris, cum ecclesia Sancti Ferreoli, cum atriis, tam ecclesiis, quam aliis rebus ad ipsas pertinentibus; item cellam de Montiniaco, et cellam de Noiant, cum capella ejusdem castelli, cellam de Claromonte, cellam Sanctæ Mariæ apud Saxonis fontem, cellam Sancti Stephani apud Vuangionis rivum cum omnibus ad eas pertinentibus. In episcopatu Tullensi, cellam Bertiniacæ curtis, cellam de Solini monte, cum ecclesiis, villis, terris et omnibus ad eas pertinentibus. In episcopatu Aduensi cellam Belnensem, cum ecclesiis de Vuilliaco et de Cosletot, de prato Forgeolo, cum omnibus suis pertinentiis; cellam de Sarmatia, cellam de Curbeltat, cellam de Arneto, cum omnibus ad easdem cellas pertinentibus; in archiepiscopatu Bisuntino cellam Sancti Marcelli, cellam de Offonis villa, cellam de Sarcofagis, cellam de Logia novella, ecclesiam de Torpa; apud Salinas, cellam Sancti Petri, cellam Sancti Michaelis, cum omnibus ad eas pertinentibus. In episcopatu Cabilonensi, cellam Sanctæ Mariæ, cellam de Palluel, cum omnibus pertinentiis, in episcopatu Valentinensi cellam Sancti Genesii de monte Madriano, cum suis pertinentiis; ecclesiam de Vulpilleniis, et de Tornoz, et de Glun. In episcopatu Diensi ecclesiam de Boventia. In episcopatu Baiocensi cellam Sancti Vigoris, cum suis pertinentiis. In episcopatu Senonensi, cellam Sancti Benigni apud Vunonem, cum omnibus pertinentiis suis; cellam de Eschino, cum suis totis appendiciis; ecclesiam de Granciaco, et universa ad eam pertinentia; cellam de Rulth, cum eis quæ ad ipsam pertinent, capellam de Hex, cum decimis et terris ibidem datis; capellam Vuangionis Rivi cum omnibus ad eam pertinentibus. Præceptum Roberti regis Francorum de cella Belensi, capellam de Salinis Sanctæ Mariæ Magdalenæ, et omnia ad eam pertinentia. Item possessiones, Dinatum villam, cum appendiciis suis, Casnedum villam, iterum Casnedum Hispaniacum, Marcenniacum, Norgias, Vareias, Sariacum, Longovicum, et decimam Sariaci prædieti, Atiniacum villam, Plumberias, Prunedum, Erchiriacum, Flariacum, Magnum Montem, Viverias, Salciacum, in silva cum decimis eorum. Et si qua alia, in quibuslibet locis, in præsentiarum, ad jura vestri monasterii pertinent, vel in futurum, Domino largiente, pertinebunt. Decernimus ergo ut nulli omnino hominum liceat idem monasterium temere perturbare, aut ejus possessiones auferre, vel ablatas retinere, minuere, vel temerariis vexationibus fatigare, sed omnino integra conserventur eorum, pro quorum sustentatione et gubernatione concessa sunt, usibus omnimodis profutura, salva episcoporum canonica reverentia. Quibus tamen, nec ipsis, nec eorum ministris liceat cœnobii vestri ecclesias injustis interdictionibus fatigare, quandiu monastici ordinis vigor, Domino præstante, permanserit. Si qua sane ecclesiastica sæcularisve persona, hanc nostræ constitutionis paginam sciens, contra eam temere venire tentaverit, secundo tertiove commonita, si non satisfactione congrua emendaverit, potestatis honorisque sui dignitate careat, reamque se divino judicio existere de perpetrata iniquitate cognoscat et a sacratissimo corpore et sanguine Dei et Domini Redemptoris nostri Jesu Christi aliena fiat, atque in extremo examine districtæ ultioni subjaceat. Cunctis autem eidem loco justa servantibus sit pax Domini nostri Jesu Christi, quatenus et hic fructum bonæ actionis percipiant, et apud districtum judicem præmia æternæ pacis inveniant. Ad hæc adjicientes quæcunque Divionensi monasterio per authentica prædecessorum nostrorum Romanorum pontificum privilegia concessa sunt, firma constituimus permanere. Amen, amen, amen.

Datum Laterani per manum Imerici sanctæ Romanæ Ecclesiæ diaconi cardinalis et cancellarii, IV Kal. Novembris, indictione III, anno Dominicæ Incarnationis 1124, pontificatus autem domni Calixti papæ anno VI.

CCLXXIX.
Privilegium pro ecclesia S. Stephani Divionensis.
(Anno 1124, Nov. 10.)
[Pérard, *ibid.*, p. 100.]

Calixtus episcopus, servus servorum Dei, dilectis filiis, Galoni priori et fratribus in ecclesia Sancti Stephani Divionensis castri regularem vitam professis, tam præsentibus quam futuris, in perpetuum.

Ad hoc universalis Ecclesiæ cura nobis a provisore omnium bonorum Deo commissa est, ut religiosas diligamus personas, et bene placentem Deo religionem studeamus modis omnibus propagare : nec enim Deo gratus aliquando famulatus impenditur, nisi ex charitatis radice procedens, a puritate religionis fuerit conservatus. Oportet igitur Christianæ fidei amatores, religionem diligere, et loca venerabilia, cum ipsis personis divino servitio mancipatis, attentius confovere. Quapropter vestris, in Domino charissimi filii, petitionibus assensum præbentes, vitæ canonicæ ordinem, quem secundum beati Augustini Regulam in nostra Ecclesia professi estis, auctoritate sedis apostolicæ confirmamus. Statuentes ut defunctis nunc abbate Garnerio, et Garnerio præposito, nullus ibi abbas sæcularis, vel præpositus substituatur, sed ille omnibus proponatur, quem regularem regulares fratres, vel fratrum pars sanioris consilii, secundum Dei timorem et beati Augustini regulam, providerint eligendum. Præcipimus etiam ut decedentibus istis qui supersunt, clericis sæcularibus, nullus in ecclesia vestra eorum loco, nisi regularis substituatur canonicus. Ecclesias autem, capellas, et cætera quæ ecclesia vestra legitime possidet, vel in posterum justis modis, largiente Domino, acquisierit, præsentis privilegii pagina roboramus, videlicet : ecclesiam Sancti Stephani, cum ecclesiis suis, et villis, et servis, ancillis et terris suis; ecclesiam Sancti Medardi, ecclesiam Sancti Michaelis cum cœmeterio et decimis; ecclesiam Sancti Aniani Aquæductus cum cœmeterio, cum decimis et terris suis; ecclesiam Sancti Martini de Quintiniaco, cum cœmeterio, decimis et terris suis : ecclesiam Sancti Maricii de Siliciaco cum cœmeterio, decimis et terris : ecclesiam Sancti Germani de Copiaco, cum cœmeterio, decimis et terris; ecclesiam Sanctæ Mariæ de Marceniaco cum terris; ecclesiam Sancti Andreæ de Parriniaco, cum decimis et terris : ecclesiam Sancti Florentii cum capella Sanctæ Mariæ, et cœmeterio, decimis terris, et cum aliis pertinentiis earum : ecclesiam Sancti Petri de Mirebello, cum cœmeterio, decimis, terris et appendiciis suis : decimam de Geyaco : decimam de Cucciaco : ecclesiam Sancti Martini de Prato, cum cœmeterio et capella de Fontanis, et appendiciis eorum; ecclesiam Sanctæ Mariæ de Gemellis, cum capella de Pygangis, et decimis et terris; ecclesiam Sancti Andreæ de Ormentiaco, cum capellis, cœmeteriis et decimis; ecclesiam de Columnerio, cum capellis et appendiciis earum ; capellam quæ est inter Langlerium et Sanctum Fidolum cum appendiciis suis : locum de Putcolo : locum de Agnino fonte : locum de Goldo altrei, cum appendiciis suis, salvo nimirum per omnia jure Lingonensis episcopi. Præterea ecclesiam Sancti Martini de Arco, cum appendiciis suis : locum de monte Ciconiaco, cum appendiciis suis : locum de Franceis cum appendiciis suis. Si qua igitur in futurum ecclesiastica sæcularisve persona, hanc nostræ constitutionis paginam sciens, contra eam temere venire tentaverit, secundo tertiove commonita, si non satisfactione congrua emendaverit, potestatis honorisque sui dignitate careat, reamque se divino judicio existere de perpetrata iniquitate cognoscat, et a sacratissimo corpore ac sanguine Dei et Domini Redemptoris nostri Jesu Christi aliena fiat, atque in extremo examine districtæ ultioni subjaceat. Cunctis autem eidem loco justa servantibus sit pax Domini nostri Jesu Christi, quatenus et hic fructum bonæ actionis percipiant, et apud districtum judicem præmia æternæ pacis inveniant.

Ego Calixtus catholicæ Ecclesiæ episcopus subscripsi.

Data Laterani per manum Aimerici sanctæ Romanæ Ecclesiæ diaconi cardinalis et cancellarii, quarto Idus Novembris, indictione tertia, anno Dominicæ Incarnationis millesimo centesimo vicesimo quarto, pontificatus autem domni Calixti II papæ anno sexto.

CCLXXX.
Monasterii S. Nicolai Buttenburgensis protectionem suscipit bonaque ac privilegia confirmat, petente Joanne Morinensi episcopo.
(Anno 1124, Nov. 24.)
[Mir., *Opp. dipl.*, I, 524.]

Calixtus episcopus, servus servorum Dei, dilectis filiis Nicolao abbati et fratribus ecclesiæ S. Nicolai de Buttemburch, tam præsentibus quam futuris in perpetuum.

Ad hoc universalis Ecclesiæ cura nobis a provisore omnium bonorum Deo commissa est, ut religiosas diligamus personas, et bene placentem Deo religionem studeamus modis omnibus propagare.

Ea propter, dilecti in Christo filii, intervenientibus quoque venerabilis fratris nostri Joannis Morinensis episcopi precibus, petitiones vestras clementer admittimus, et vitæ canonicæ ordinem, quem secundum B. Augustini Regulam, in vestra ecclesia professi estis, auctoritate sedis apostolicæ confirmantes monasterium vestrum cum omnibus appendiciis suis, in patrocinium B. Petri nostramque protectionem suscipimus.

Statuentes ut quæcunque bona, quascunque possessiones in præsentiarum legitime possidet, sive in futurum largiente Deo, juste poterit adipisci, firma et illibata permaneant.

In quibus hæc propriis nominibus duximus exprimenda : duas capellas, primam in honore S. Dionysii, alteram in honore B. Nicolai consecratam, sexaginta mensuras terræ, quas Theodericus Rufus filius Folpoldi, jure feodi tenuerat, quasque coram optimatibus et principibus Flandriæ publice comiti Carolo ab ipso redditas, ipse quoque comes præfatæ Ecclesiæ, ab omni cujuslibet exactione solutas et liberas, perpetuoque jure possidendas manu propria donavit; xxv mensuras quas Hadologa et Eustachius filius ejus, decem etiam mensuras quas Rodulphus Hecra dederunt præfato monasterio.

Obeunte te nunc ejus loci abbate, nullus ibi qualibet subreptionis astutia præponatur, nisi quem fratres communi consensu, vel fratrum pars consilii sanioris, secundum Dei timorem, et B. Augustini Regulam, de suo vel alieno collegio providerint eligendum. Nullus canonicus ejusdem ecclesiæ proprium quid habere, vel alicujus levitatis instinctu aut arctioris vitæ obtentu, ex eodem claustro, sine communi abbatis et fratrum licentia, discedere præsumat. Præterea si quis fidelium sepulturam ibi habere voluerit, libera ei et sine contradictione aliqua concedatur. Si qua igitur in futurum ecclesiastica sæcularisve persona, hanc nostræ constitutionis paginam sciens, contra eam venire tentaverit, secundo tertiove commonita, si non satisfactione congrua emendaverit, potestatis honorisque sui dignitate careat, reamque se divino judicio existere de perpetrata iniquitate cognoscat, et a sacratissimo corpore ac sanguine Domini Dei Redemptoris nostri Jesu Christi aliena fiat, atque in extremo examine districtæ ultioni subjaceat.

Cunctis autem eidem loco justa servantibus sit pax Domini nostri Jesu Christi, quatenus et hic fructum bonæ actionis percipiant, et apud districtum judicem præmia æternæ pacis inveniant. Amen.

Datum Laterani, per manum Aimerici sanctæ Romanæ Ecclesiæ diaconi cardinalis et cancellarii, viii Kalendas Decembris, indictione iii, anno Dominicæ Incarnationis millesimo centesimo vicesimo quarto, pontificatus autem domini Calixti II papæ anno v.

CCLXXXI.

J[ordanum] principem Capuanum hortatur ne monasterii Casinensis terram devastet.

(Anno 1124.)

[Vide Petri Chron. monast. Casin., l. iv, c. 82.]

(66) Dubia.
(67) *Rustenus*, quintus monasterii S. Blasii abbas, Uttonis anno 1108 successor, in id maxime intentus erat, ut res ejusdem pontificum ac Cæsarum chartis salvas præstaret, seque ab advocatia Basileensium episcoporum seu eorum potius, qui ab ipsis subadvocati erant constituti, liberum redderet. Unde eo agente an. 1112 apud Basileam, mediante Gregorio cardinali, Calixti II legato, amicabilis compositio facta est. (*Vide tom. I Hist. Nigræ Silvæ, p.* 380.)
(68) Patet hic causa confirmationis, ob possessiones scilicet, ecclesias, prædia et terras cellæ S. Reginberti proprias ex donatione Ottonis II imp. an. 983, quæ deinde S. Blasii monasterio confirmata sunt.
(69) Ecclesia *Nallingen* in Wirtembergico ducatu præpositura nomine usque ad mutatæ religionis tem-

CCLXXXII.

(66) *Ad Rustinum abbatem monasterii S. Blasii in Nigra Silva.*

(Anno 1120, Mart. 19.)

[D. Gerbert, *Historia Nigræ Silvæ*, t. III, p. 48.]

Calixtus episcopus, servus servorum Dei, dilecto filio Rustino abbati monasterii S. Blasii, quod in Constantiensi episcopatu, in loco videlicet qui Nigra Silva dicitur, situm est, ejusdem successoribus regulariter substituendis in perpetuum.

Ad hoc nos disponente Domino in apostolicæ sedis servitium promotos agnoscimus, ut ejus filiis auxilium implorantibus, efficaciter subvenire, tueri ac protegere prout Dominus dederit, debeamus. Unde oportet nos venerabilibus locis protectionis manum extendere, et servorum Dei quieti attentius providere. Proinde tuis, dilecte in Christo fili Ruostine (67), postulationibus clementius annuentes, commisso tuo regimini Beati Blasii monasterio, salva Constantiensis episcopi reverentia, confirmamus cellam de silva Swarzwalt a S. Reginberto constructam cum omnibus possessionibus, ecclesiis, prædiis et terris ad eam pertinentibus (68). Ad hæc specialiter ecclesiam Nollingin (69) ab Anselmo nobili viro monasterio tuo cum suarum dimidietate decimarum nuper donatam tibi confirmamus. Ecclesiam etiam Sneisane (70) ab Ellewino comite delegatam; ecclesiam quoque Batemaringin (71) a quodam Arnolfo concessam; item ecclesias Berowa (72), Nunchilcha, Omirgin, a fundatoribus earum cum suarum portionibus decimarum legitime traditas tibi a successoribus tuis apostolica auctoritate firmamus. In his ergo et aliis, quas habetis ecclesiis, decernimus ut nulli omnino hominum liceat præfatum monasterium temere perturbare, vel quibuslibet vexationibus fatigare, salva etiam episcopali justitia et reverentia. Confirmamus etiam dispositionem illam, quam filius noster charissimus imperator Henricus de vestri cœnobii advocatia constituit (73), ut videlicet in advocati electione abbas liberam habeat potestatem, cum fratrum suorum consilio talem eligere, quem ad defendendam monasterii libertatem bonum et utilem cognoverit. Qui non pro terreno commodo, sed Dei amore, ac peccatorum venia, et æternæ beatitudinis mercede advocatiam ipsam bene habere

pora S. Blasio monasterio cum bonis suis parebat.
(70) *Schneisnigon* parochialis ecclesia in Argovia ac capitulo rurali Regensperg hodiedum a S. Blasio dependet.
(71) *Batemaringen*, seu *Bettmaringen* in capitulo Stublingano.
(72) Transtulerat brevi antea Rustenus abbas moniales ex valle S. Blasii in montem Berowe.
(73) Sunt hæc ipsa verba diplomatis, quo Henricus V imp. limites bonorum ad cellam S. Blasii pertinentium describit, atque abbati liberam eligendi advocati potestatem confirmat, apud P. Herrgott. Cod. prob. tom. II, pars. I, p. 136. Sed diploma illud primum Kal. Jan. 1125 datum a Calixto II, jam a 1120 confirmari haud potuit. Unde alterutrum sequitur, vel anteriorem adhuc aliquam Henrici imp. desuper constitutionem exstitisse, vel disposi-

cupiat, et tractare. Si autem calumniator potius quam advocatus existens monasterii bona pervaserit, et semel, secundo, tertiove commonitus non emendaverit, abbas habeat facultatem alium sibi utiliorem statuere advocatum. Ad indicium autem nostræ tuitionis et concessæ vestro monasterio libertatis, aureum unum quotannis Lateranensi palatio persolvetis. Si quis igitur decreti hujus tenore cognito, temere, quod absit! contraire tentaverit, honoris et officii sui periculum patiatur, aut excommunicationis ultione plectatur, nisi præsumptionem suam digna satisfactione correxerit. Amen, amen, amen.

Ego Calixtus catholicæ Ecclesiæ episcopus.
Ego Cono Prænestinus episcopus.
Ego Lambertus Ostiensis episcopus.
Ego Boso presbyter cardinalis tituli S. Anastasiæ.
Ego Joannes presbyter cardinalis tituli S. Chrisogoni.

Datum Laterani per manum Chrisogoni sanctæ Romanæ Ecclesiæ diaconi cardinalis ac bibliothecarii, xiv Kal. Aprilis, indictione xii (74), Dominicæ Incarnat. anno 1120, pontificatus autem domni Calixti II papæ anno 1. Amen, amen.

DIVERSORUM AD CALIXTUM EPISTOLÆ.

I.

Litteræ hæreticorum ad Calixtum II papam. — Ipsius electioni assensum præbent.

(Anno 1119.)

[Mansi, *Concil.*, XXI, 224.]

Calixto Dei gratia universali pontifici, R. S. Eusebii cardinalis, et G. SS. Apostolorum, et M. S. Pancratii abbas, obedientiam in Domino.

Etsi litteræ electionis vestræ ad nos non pervenerint, ea tamen nobis manifestata, gavisi sumus, orantes Deum, ut si quid minus in ea est, gratia ipsius benigna vobis et nobis impleat. Nos quod jam per septennium plurimum fatigati pro catholicæ veritatis confessione vix jam valentes sufficere, postulamus per Dei misericordiam respirare. Verum quia id in vobis obtinere posse Deum credimus, electionem vestram, quam neque lepra Simonis, neque tumor ambitionis infecit, tanquam a Deo datam amplexi sumus. Intelleximus enim a vobis completum fuisse capitulum electionis, quam Apostolus in Epistola ad Hebræos interierit: *Nec quisquam,* inquit, *sibi sumit honorem, sed qui vocatur a Deo tanquam Aaron.* Pontificatu igitur vestro a Deo vocato, nullam maculam secundum conscientiam nostram in probando electionem vestram, secundum votum quod semper habuimus collaudantes, amplectimur, sperantes omnem maculam hæresis per sanctum studium vestrum ab Ecclesia Romana propelli. Unde nostra suscitata diligentia, electioni vestræ, eam confirmantes, subscribimus, tanto quidem devotius, quanto puriorem esse per Dei gratiam confidimus.

Similiter presbyter Bonushomo, presbyter Berardus, presbyter Angelus S. Andreæ, presbyter Angelus, Joannes archipresbyter S. Mariæ Rotundæ, Dodo presbyter S. Mariæ in Aquiro, Desiderius archipresbyter Sanctorum Apostolorum, cum omnibus clericis ejusdem ecclesiæ, presbyter Benedictus S. Stephani, presbyter Joannes S. Nicolai, Angelus Sanctæ Mariæ in Via, Beraldus S. Basilii, Astaldus et Joannes abbas Sancti Apollinaris, presbyter Mannus S. Petri ad Vincula, presbyter Leo, et Nicolaus S. Laurentii in Lucino, cum pluribus aliis.

II.

Requisitio Urbani Landavensis episcopi versus Calixtum II papam apud Remis.

(Anno 1119.)

[Warthon, *Anglia sacra*, II, 673.]

Venerabili Calixto apostolico et totius Christianitatis summo patrono, Urbanus Landavensis Ecclesiæ episcopus, fidele servitium et orationes debitas.

Ecclesia Dei nostraque sub Deo et vobis vestræ misericordiæ et pietati hanc dirigit epistolam, et suppliciter rogat ut pro summo Rege Christo eam præcipiatis diligenter vobis recitari et a vobis misericorditer exaudiri. A tempore antiquorum Patrum, dilectissime Pater et domine, sicut chirographum sancti patroni nostri Teiliavi testatur, hæc Ecclesia prædicta prius fundata in honore S. Petri apostoli, aliarum omnium Ecclesiarum Gualliæ semper magistra exstitit in dignitate et in omni privilegio; donec tandem per seditiones et tot bellorum flagitia, et inveterato antecessore meo Herwaldo, et inde debilitata Ecclesia cœpit debilitari; et fere viduata pastore, et annihilata indigenarum crudelitate et invasione supervenientis gentis Northman-

---

tionem illam a Cæsare jam tunc fuisse factam, sed anno 1123 demum Spiræ expeditam, in quo data indictio iv cubat in mendo; anno enim 1123 currebat indictio 1.

(74) Conveniunt hæ notæ chronicæ an. 1120 et diei 19 Martii, quo adhuc fluebat indictio xii, usque ad d. 25 ejusdem mensis, juxta modum numerandi pontificum.

nicæ. Semper tamen religiosi viri ad serviendum in ea hæserunt, tum propter Anglorum viciniam, a quibus in ecclesiastico quidem ministerio nihil discrepabant, quia apud eosdem fuerant tam nutriti quam eruditi; tum etiam quod ab antiquis temporibus, id est a tempore Eleutherii papæ sedis Romanæ, episcopus illius loci, et post adventum Augustini in Britanniam insulam Dorobernensis Ecclesiæ metropolitani, ejusdem archiepiscopo simul et regi Anglorum semper fuerat deditus et per omnia obediens. Novissime autem Willelmo rege regnante, maxima cleri parte jam deleta, XXIV tamen canonicis Ecclesia fuerat munita : quorum in præsenti nulli præter duos in ea remanent; et in dominio Ecclesiæ IV carrucæ et quatuor libræ; nec tantum in territoriis oblatis nunc Ecclesia desolata et dispoliata, verum etiam in decimis ablatis sibi et clericis omnibus totius episcopatus tam laicali potestate quam monachorum invasione, quam etiam fratrum nostrorum episcoporum, Herefordiæ videlicet et Sancti Dewi, territorii simul et parochiæ grandi invasione. Nunc precor vos, ut Patrem, velut inermis armatum et debilis fortem, quatenus Ecclesiæ nostræ vobis commissæ succurratis, ut qui vos fecit, ipse vos manu teneat, et post laboris terminum perducat vos ad perenne solatium. Amen.

III.

Ludovici VI Francorum regis ad Calixtum. — Scribit se nunquam toleraturum subjectionem quam ab archiepiscopo Senonensi exigebat primas Lugdunensis.

(Anno 1121.)
[Mansi, *Concil.*, t. XXI.]

Scripsit nobis sublimitas vestra de captione illius apostatæ Burdini, et de incolumitate status vestri. Unde, Pater dulcissime, plurimum et præ cæteris vos amamus, honoremque vestrum studium nostrum in omnibus esse intelligimus. De sententia sane in metropolitanum Senonensem pro nostro honore relaxata animum nostrum ex parte mitigastis; sed quoniam ad tempus est relaxata, suspensum vehementer ac dubium reddidistis. Videtur enim aliquam adhuc spem habere Lugdunensis archiepiscopus super illa quam quærit subjectione; sed, ut verum fatear, sustinerem potius regni nostri totius incendium, capitis etiam nostri periculum, quam bonis subjectionis et abjectionis opprobrium. Videtur enim ad nostrum respicere contemptum, contra nos hoc modo fieri, quod nunquam exstiterit factum. Novit autem experientia vestra regnum Francorum, in obsequiis promptum, in necessitatibus amicum vobis exstitisse, nec a fidelitate Romanæ Ecclesiæ precibus aut promissionibus imperatoris nos avelli unquam potuisse. Et quanto animi fervore, quanta mentis humilitate vobis obedierimus, ut si taceat vox vestra, clament opera nostra, monstrent obsequia mea; ut enim cætera dimittam, illud inter alia meminerit paternitas vestra, quod quamvis gravi, ut scitis, laborarem infirmitate, molestia corporis vehementer urgente, Remensi tamen concilio, cum labore quidem nostro, sed cum honore vestro interesse studuimus, et plus vestræ voluntati quam nostræ facultati, plus honori vestro quam dominio nostro consuluimus. Hoc vobis, dulcissime Pater, memorando scripsimus, non quia non placeat nobis hoc fecisse, sed quia volumus hoc a memoria vestra non recessisse. Si quid igitur valet, si quid potest apud vos amor noster, et obsequium nostrum, rogamus et petimus ut Senonensis Ecclesia, quæ ab ista de qua nunc pulsatur subjectione huc usque aliena exstitit et libera, per vos non fiat ancilla, sed antiqua ejus libertas auctoritate apostolica roboretur, et privilegii firmitate muniatur; in quo tamen nihil a vobis contra justitiam exigitur. Si enim opponitur quod veterum institutio Lugdunensi Ecclesiæ primatum contulerit, respondetur ex opposito quod antiquæ libertatis possessio Senonensem Ecclesiam ab ejus subjectione defendit. Quod enim antiqua possessione acquiritur, nullo, ut fertur, jure adimitur, etiamsi de jure Romanæ Ecclesiæ fuisse cognoscitur. Hac igitur ratione Senonensis Ecclesiæ libertas remanere debet inconcussa et intacta, nec pulsari aut violari debet pro subjectione noviter et imprudenter facta. Facta est enim, ut dicitur, latenter et quasi furtive subjectio ista, nesciente scilicet clero Senonensi, inconsultis etiam episcopis illius diœcesis, ignorante etiam rege. In quibus omnibus dignitas pendet Ecclesiæ, et subjectio taliter facta respicere potius videtur ad ignominiam male accipientis quam ad commodum Ecclesiæ nescientis. Res enim communis communi tractanda est consilio, non latenti et privato terminanda colloquio. Cum igitur dignitas sit Ecclesiæ, non personæ, si Senonensis archiepiscopus iste et quidem solus de non sua fecit quod non oportuit, si promisit quod non debuit, Ecclesia tamen Senonensis quod suum est non amisit, nec privatam libertatem quam ex antiquitate habuit; nec cogenda est ad subjectionem quam nunquam exhibuit. His ita se habentibus, videat, dulcissime Pater, discretio vestra ne civitas Lugdunensis, quæ de alieno est regno, de nostro floreat detrimento, nec subjiciatur amicus amico, quia, si decipitur pro amico amicus, juste fiet de amico inimicus. Rex ergo Franciæ, qui proprius est Romanæ Ecclesiæ filius, si in facili causa, si in levi petitione contemnitur, nulla spes in majori relinquitur, nec ulterius in aliis patietur repulsam, si in istis sustinet repulsionis offensam. Melius est enim regiæ honestati a precibus desistere quam de repulsa nævum ruboris contrahere. Quod minus in litteris continetur præsentium lator Algrinus viva voce supplebit, cujus verba tanquam ex ore nostro suscipite et custodite.

IV.

Radulphi archiepiscopi Cantuariensis ad Calixtum. — Queritur de injuria sibi et Ecclesiæ Cantuariensi illata in consecratione archiepiscopi Eboracensis.

(Anno 1122.)

[WILKINS, *Concilia Magnæ Britanniæ et Hiberniæ*, t. II, p. 596, ex ms. Cott. Domitian. A. V., fol. 2 et seqq.]

Reverendissimo domino et unice colendo Patri summo pontifici CALIXTO, et universæ sanctæ et apostolicæ Ecclesiæ Romanæ, RADULPHUS, Cantuariensis archiepiscopus, et tota Ecclesia Cantuariensis, in Domino salutem et debitam subjectionem.

Quoniam exigentibus malis nostris nova quidem temporibus his Ecclesiæ Cantuariensi, et ab exordio Christianitatis Anglorum inaudita subintravit adversitas, alio modo jam quam prior usus erat vestræ majestati, alloqui præsumimus excellentiam, o beatissime domine et unice colende Pater. Cogimur namque ad querelas, viderit Deus causam Ecclesiæ suæ, qui mutat et ordinat omnia, prout ipse novit. Siquidem ex quo beatus pater Gregorius sanctum et venerabilem virum Augustinum ad prædicandum populis Anglorum destinavit, in consuetudinem religionis devenit, quatenus apostolica sedes quidquid dignitatis primatus, et privilegii catholico et canonico more decebat, Ecclesiæ Cantuariensi impenderet, et Ecclesia Cantuariensis quidquid humilitatis, subjectionis, et fidei Christiano et ecclesiastico jure decebat, apostolicæ sedi perpetua stabilitate referret. Id firmum et illibatum servatum est, excepto quod Stigandus quidam hujus sanctæ Cantuariensis Ecclesiæ contra canonicam et propriam consuetudinem præsulatum invasit, qui tempore Alexandri II papæ, assistentibus cardinalibus, ab apostolica sede directis, in Wintoniensi urbe accusatus, convictus et depositus, a superba temeritate desivit; præter hunc neminem Cantuariensium episcoporum contra sedem apostolicam quidquam invasisse vel præsumpsisse, historia vel memoria didicimus. Unde recte et pulchre actum est, ut quingentis jam et eo amplius annis, quidquid prima et summa apostolicæ sedis auctoritas ad catholicæ fidei veritatem confirmandam, ad sanctæ et universalis Ecclesiæ pacem observandam vel ad bonorum morum honestatem dilatandam in posteros derivaret, id totum sancta Cantuariensis Ecclesia inviolate custodiens, per omnes Britanniarum partes inter subditos prædicaret; et quis erit vel etiam nostræ partis summus adversarius, qui infra tot annorum spatia aliud quidquam de nostra Ecclesia se didicisse audeat confiteri? nempe quod pace vestra dictum iri potuerit, quis veterum historiarum nostræ Ecclesiæ seriem nosse contendat, tam diuturnam et æternam inter sedem apostolicam et Ecclesiam Cantuariensem reperit benevolentiam, ut non jam quasi duas, id est, illam majorem et istam minorem judicaverit, sed quantum ad imperii et obedientiæ eamdem attinet voluntatem, illam et istam unam et eamdem esse putaverit? Facile namque inter Christianorum animos justum imperium et voluntarium obediendi obsequium multorum comparat unitatem : porro quod Roma Cantuariæ, id Cantuaria toti Britanniæ voluntate et beneficio ministravit. Unde igitur obscuratum est aurum, et mutatus est color optimus? Astutia quippe et delatione hominum pauculorum excellentia vestra turbata est, et rumore novitatum tantæ diuturnitatis concordia cœpit paulisper infirmata deficere; et nisi, quia Deo permittente, adeo præsentium dierum malitia, indignum erat, ut delatorum novitas tanta facilitate in nostram grassaretur injuriam, et Christianæ pacis confunderet unitatem.

Porro cum scriptum sit : « Ne transgrediaris terminos, quos posuerunt patres tui, » irreligiosum est, ut episcopus Eboracensis ultra pedem tendat novæ præsumptionis quam Ecclesiæ suæ facultas erat et norma priscæ consuetudinis. Cæterum episcopo Cantuariensi in debitum et æternæ ignominiæ dedecus erit, si de privilegiis Ecclesiæ suæ quidquam diminuat, et unde juste ab antiquo illam investitam reperit, inertiæ suæ consensu diebus suis exspoliari permittit. « Malo, inquit beatus Gregorius, quælibet adversa pati, quam Ecclesiam Petri temporibus meis degenerari. » Cum igitur Paulus dicat : « Omnis anima potestatibus sublimioribus subdita sit, » nihil indebitum ab episcopo Eboracensi episcopus Cantuariensis expostulat, nisi ut sibi canonicam subjectionis humilitatem debeat, quam antecessores ejus antecessoribus suis debuisse fideliter constat. Unde beatus Gregorius : « Omnia, inquit, quæ antiquitas statuit intemerata serventur. » Nempe nulli sapienti incognitum, cujus capitis membrum est, qui propriæ vanitates subreptionis alterius Ecclesiæ justitiam deterit; et cui testamento Christianæ institutionis subjectus est, et contra ejus rectitudinis similis esse contendit; Apostoli nimirum sententia est : « Qui potestati resistit, Dei ordinationi resistit. »

Hoc est igitur, hoc est, serenissime Pater, quod tota conqueritur Ecclesia Cantuariensis, quia, sicut dictum est, in injuriam nostram pauculorum hominum nova grassatur importunitas. Et locus qui Ecclesiæ nostræ hactenus beneficio aliquantulum habuit statum religionis, in fine dierum justitiæ nostræ detrahet audacia propriæ adinventionis : et certe non immerito moti sumus, quia patriæ, ut ita dicam, extremus angulus in Ecclesia Dei dissensionis intulit molestiam, et tam perpetuam Ecclesiæ Cantuariensis aboleret eminentiam; quod si hucusque ignorat Eboraca, quid jam per quadringentos et eo amplius annos utilitatibus suis Cantuaria contulit, vel quid ipsa Cantuaria debuit, vixerit, ut assertionibus nostris credere velint; publicas et veteres gentis Anglorum historias relegant, tam Eboracensis quam Cantuariensis Ecclesiarum privilegia inquirant, nec veritati quos non habet angulos inducant. Quod si veterum Patrum institutis et litteris non credunt, nec verbis nostris credituri sunt. Miramur, inquiunt, quibus institutis veterum gloriantur; præsertim cum beatus Gregorius, qui primus populis Anglorum Christianitatis officium procuravit, et Ecclesiarum nostrarum leges et consuetudines instituit, in Anglia duo pallia, duas sedes metropolitanas, Lundoniensem videlicet et Eboracensem, duos archiepiscopos ordinasse videatur, quibus post obitum Augustini hanc distinctionem imponit, ut qui fuerit ordinatus prior habeatur. Id sane, ut videatur, intendens ut non Cantuaria, sed Lundonia metropolis diceretur, et esset. Unde verum sapientibus liquet, quia alterius metropolis transmutatio alteri non translatæ nec fuit, nec esse debuit priscæ dignitatis ablatio. Sed Cantuariensis, in quam metropolis nec ante illud decretum, nec post translata fuisse reperitur. Nil ergo nostra interest, quidquid inter Lundoniam et Eboracam distinguitur, tantum ab utraque Cantuariæ canonica reverentia teneatur. Siquidem in ecclesiastica Historia gentis Anglorum, quam venerabilis Beda presbyter luculento et verissimo stylo describit, luce clarius est, quia prædicante Augustino et sociis ejus verbum Dei Cantuariorum populo, tam eorum rex quam idem populus, relicto gentilitatis ritu, unitati se sanctæ Christi Ecclesiæ credendo sociavere. Nec distulit rex, quin etiam ipsis doctoribus suis locum sedis eorum gradui congruum in Dorobernensi metropoli sua donaret, simul et necessarias in diversis speciebus possessiones conferret. Interea vir Domini Augustinus venit Arelas, et ibi juxta quod jussa sancti Patris Gregorii acceperat, genti Anglorum ordinatur archiepiscopus; reversusque inde Britanniam, jam non Lundoniensis, sed Dorobernensis archiepiscopus, misit continuo Romam Laurentium presbyterum et Petrum monachum, qui beato pontifici Gregorio gentem Anglorum fidem Christi suscepisse, ac se episcopum non Lundoniæ sed Doroberniæ factum esse referrent, simul et de eis, quæ necessariæ videbantur quæstionibus ejus consulta flagitans : nec mora congrua questui responsa recepit, quæ etiam Historiæ suæ Beda inserere commodum duxit. Porro sciendum quia tunc in Lundonia et finitima gente ejus, sicut idem historiogaphus memorat, necdum ad fidem conversa, principatum habebat, non ipse rex, sed quidam nepos Æthelberti, regis Cantuariorum, quamvis sub potestate positus ejusdem Æthelberti. At vero Augustinus, testante Beda, ubi in regia civitate sedem episcopalem, ut prædiximus, accepit, recuperavit in ea regio fultus adminiculo ecclesiam, quam inibi antiquo Romanorum fidelium opere factam fuisse didicererat, et eam in nomine sancti Salvatoris sacravit; atque ibidem sibi habitationem statuit, et cunctis successoribus suis. Revertentes igitur post hæc, qui, sicut dictum est, Romam missi fuerant, retulerunt secum ad Augustinum illam famosissimam beati Patris Gregorii epistolam, in qua inter Lundoniensem sæpe dictam distinxisse videtur. De cujus distinctionis intelligentia, ne quid dubium remaneret, Joannes levita Romanus, in Vita beati Gregorii ad Joannem papam ita scribit, dicens : « Misit, inquit, beatus Gregorius Augustino pallium, jubens, ut sub metropoli sua Cantiæ duodecim episcopos ordinaret, ad Lundoniam et Eboracam singulos episcopos mitteret, qui duodecim sub se nihilominus episcopos consecrantes, pallium ab apostolica sede perciperent, et post Augustini obitum ipse inter eos primus haberi debuisset, qui primus consecrare meruisset. » Juxta quam prudentis viri sententiam nequaquam successoribus Augustini beatus Gregorius debere subtrahi præsignavit, quidquid primatus, seu dignitatis illi, sicut ejusdem gentis apostolo, apostolicæ sedis auctoritate concessit. Nam et ipsum ab illo usque in præsens investitura Cantuariensium episcoporum indesinenter obtinuit. Denique in eadem beatus Gregorius ita : « Ad Eboracam, inquit, civitatem te volumus mittere, quem ipse judicaveris ordinandum, ita ut si eadem civitas cum finitimis locis verbum Dei receperit, ipse quoque duodecim episcopos ordinet, et metropolitani honore perfruatur. » At vero neque Augustinus, neque Laurentius, neque tertius ab Augustino Mellitus Dorobernensis archiepiscopus, aliquem ad Eboracam destinavit ordinandum episcopum. Quartus autem ab eo Justus Paulinum antistitem consecravit, et eum provinciæ Eboracensi prædicatorem delegavit. De quo Justo scire velim, an eum Eboracensem erga se minoris fuisse dignitatis asseverent quam Augustinum fore decrevit, an ejusdem; qui fecit quod ille facere debuit; nec tamen fortasse potuit. Ni fallor ejusdem prorsus, inquient, quia nihil impedit personarum diversitas, ubi idem facit eadem et voluntas et potestas; ita tamen ut successores Paulini itidem censerentur cum successoribus Justi, quales futuri esse decernuntur cum successoribus Augustini. Habuit igitur vel unum Augustinus successorem quem Ecclesia Eboracensis et habuit et habere debuit primatem. Sed enim Paulinus, gentem ad quam missus est, a gentilitatis errore convertit, et ab apostolica sede pallium suscipiens, in Eboraca cathedram episcopalem instituit, episcopum tunc in provincia neminem creavit. Ac deinde post hæc defuncto Justo, Honorius pro eo Cantuariensis succedit episcopus. Turbatis itaque rebus Northanhimbrorum, cum nil alicubi præsidii nisi in fuga esse videret, Paulinus rediit ad matrem suam Cantuariensem Ecclesiam, atque ab Honorio archiepiscopo multum honorifice susceptus est.

Quo in tempore Roffensis Ecclesia, quæ non Cantuariæ tantum magisterio, verum etiam temporali dominio hucusque serviebat, pastorem minime habebat, ac per hoc curam ipsius præfatus Paulinus invitatione et præcepto Honorii archiepiscopi suscepit ac tenuit, usquedum et ipse suo tempore ad cœlestia regna cum gloriosi fructu laboris ascendit. In qua Ecclesia moriens, pallium quoque, quod a Romano papa acceperat, reliquit ; quo circa simplicium auribus planum est, quia in omni primatu sui similem alterum non habuit Augustinus successorem nisi forte Eboracenses dicant Paulinum suum interim non subjectum, quandiu suus, subjectum vero, quia Roffensis postmodum erat episcopus. Sane quidquid egit, subjectionis praetendit judicium, et quod recepit, ecclesiae Cantuariensis insigne erat beneficium. Denique in tota illa historia venerabilis Bedae presbyteri certum est Eboracam nec fidei, nec religionis ullam habuisse constantiam, nisi beneficio et gratia Cantuariensis Ecclesiae. Quippe quae, usque ad haec Northmannorum tempora, vix unquam clericos vel monachos instituit, nec in provincia sua aliquem episcopum procreavit, neque ipsa suis etiam pontificibus sepulturam procuravit. Interea post decessionem Paulini provincia Northanhimbrorum religione fluctuabat et fide; quocirca rogatu Deo dilecti regis Oswaldi, Scotorum episcopi, beatae memoriae Aidanum consecratum antistitem in Angliam transmiserunt, qui primus in Lindisfarnensi insula sedem episcopalem accepit, tempore vero sequenti, mutatis rebus, qui tunc episcopus Lindisfarnensis, nunc dicitur et est Dunelmensis. Post quem itidem Scoti usque ad quatuor viritim episcopos ad eamdem insulam direxerunt, de quibus Scotis praetereundum non est, quia, juxta decretum beati Patris Gregorii, suffraganei erant Cantuariensis archiepiscopi. In illa namque saepe dicta epistola postquam de distinctione Lundoniensis et Eboracensis episcopi, unde movetur tanta contentio, satis actum est, beatus Gregorius ad Augustinum ita subjungit, dicens : « Tua vero fraternitas non solum eos episcopos quos ordinaverit, neque hos tantummodo qui per Eboracae episcopum fuerint ordinati, sed etiam omnes Britanniae sacerdotes habeat Deo Domino nostro Jesu Christo auctore subjectos. » Et idem in responsionibus ad eumdem ita : « In Galliarum episcopis nullam tibi auctoritatem tribuimus, Britanniarum vero omnes episcopos tuae fraternitati committimus, ut indocti doceantur, infirmi persuasione roborentur, perversi auctoritate corrigantur, Britannias siquidem pluraliter appellat, propter diversas ejusdem insulae provincias et linguarum divisiones. Beda namque cum Britanniae qualitatem describeret : « Haec, inquit, insula in praesenti juxta numerum librorum, quibus lex divina scripta est, quinque gentium linguis unam eamdemque summae veritatis et verae sublimitatis scientiam scrutatur et confitetur, Anglorum videlicet Britonum, Scotorum, Pictorum et Latinorum quae meditatione Scripturarum caeteris omnibus est facta communis. » Idem in tertio ejusdem Historiae libro : « Denique, inquit, omnes nationes et provincias Britanniae quae in quatuor linguas, id est Britonum, Pictorum, Scotorum, et Anglorum divisae sunt, in ditionem Oswaldus accepit. » Et saepenumero idem in eodem volumine distinguit inter Scotos, qui Britanniam, et illos qui incolunt Hiberniam. Episcopos igitur Scotiae beatus Gregorius suffraganeos deputavit Cantuariensis Ecclesiae; illos sane duntaxat illa apostolicae sedis auctoritate decernens, qui ante beati Augustini adventum in Angliam ab olim conversis Britonibus et Scotis instituebantur antistites, de quibus, ut ibi legitur, « plurimos Augustinus in exordio episcopatus sui convocavit ad colloquium suum, fraterna admonitione suadens, ut pace catholica secum habita, communem evangelizandi gentibus pro Domino laborem susciperent : qui cum longa disputatione habita Augustino et sociis ejus assensum praebere noluissent, tandem utriusque partis concordia caecus adducitur in medium cujus illuminatione conjectum est vera esse quaecunque Augustinus astruebat. Attamen illi nil horum, quae astruebantur, se facturos, neque illum pro archiepiscopo habituros esse respondebant, unde factum est, ut minitante et praedicente Augustino, suae postmodum cum suis gravissimam paterentur censuram perversitatis, quia utiliter noluerunt obedire allegationibus veritatis. » Et de Laurentio successore Augustini Beda ita subsequitur dicens : « Denique, inquit, non solum novae, quae de Anglis erat collecta, Ecclesiae curam gerebat, sed et veterum Britanniae incolarum, necnon et Scotorum, qui Hiberniam insulam Britanniae proximam incolunt, populis pastoralem impendere sollicitudinem curabat. » Quam videlicet pastoralis curae sollicitudinem nunquam postea Cantuariensis Ecclesiae tam universae Britanniae quam hiberniae beneficio simul et primatu impendere cessavit, nisi modo quando a novis et omnium veterum acutissimis Eboracensis Ecclesiae doctoribus omnia in aliud et melius corriguntur. Porro defuncto Honorio Deusdedit sextus in episcopatu Ecclesiae Dorobernensis accipitur ; cujus in tempore vir quidam, Ceadda nomine, magnae et religiosae simplicitatis in episcopatum Ecclesiae Eboracensis eligitur. Cumque Doroberniam consecrandus advenerit, Deusdedit archiepiscopum jam migrasse de saeculo reperit ; quapropter ad quemdam illius suffraganeum, qui solus in tota Britannia orthodoxus remanserat, divertit, et ab eo consecratus Eboracum rediit. Interea quoque vacante Dorobernia quidam Wilfridus a rege Northanhimbrorum electus, Galliam mittitur, et consecratus Angliam revertitur. Igitur tam rex Cantuariorum, quam rex Northanhimbrorum, licet ipse duos jam episcopos in provincia sua consecrari obtinuisset, Britanniam tamen totam a nuper accepta Christiana religione vacillare timentes, quia Cantuaria archiepiscopum non haberet, pari consensu, electum quemdam presbyterum, nomine Wighardum, ad apostolicam sedem consecrandum direxerunt. Qui apud Vitalianum papam optime susceptus, superveniente pestilentia ibidem obiit peregrinus. Quo defuncto, quidam magnae virtutis monachus, Theodorus nomine, Tharso Ciliciae natus, tam lingua Graeca quam Latina praeditus, tam saecularis philosophiae quam ecclesiasticae sapientiae gratia refertus, ab ipso papa eligitur, consecratur, et comitante eum Adriano abbate, atque viro sapientissimo, non solum Doroberniæ, sed sicut Beda sæpenumero memorat, totius Britanniæ archiepiscopus destinatur. Cujus laudis vitæ, et primæ dignitatis præconium sæpedictus historiographus eleganter exprimit dicens : « Ut enim, inquit, breviter dicam tantum profectus spiritalis tempore præsulatus illius Anglorum Ecclesiæ, quantum nunquam ante potuere cœperunt. Neque unquam prorsus ex quo Britanniam petierunt Angli, feliciora fuerunt tempora, dum et fortissimos Christianosque habentes reges, cunctis barbaris nationibus essent terrori et omnium vota ad nuper audita cœlestis regni gaudia penderent, et quicunque lectionibus sacris cuperent erudiri, haberent in promptu magistros, qui docerent. » Pervenit igitur Theodorus ad Ecclesiam suam, non aliunde sed a sede apostolica directus, comitante Andriano, sicut Beda refert, qui cooperator existens, diligenter attenderet, ne quid ille contrarium veritati, fidei et Ecclesiæ, Græcorum more, in Ecclesiam cui præest, introduceret. Moxque peragrata insula tota quaquaversum Anglorum gentes morabantur, nam et libentissime ab omnibus suscipiebatur et audiebatur, rectum vivendi ordinem tam clero quam populo disseminabat, quæque erant mutanda mutabat, quæ corrigenda corrigebat, cujus primatu et doctrina tam Ecclesiæ status, quam episcoporum numerus proficiebat. Isque erat primus in archiepiscopis Doroberniæ, sicut Beda eisdem verbis testatur, cui omnis Anglorum Ecclesia manus dare consentiret.

Ubi tunc Eboracensium hæc nova et admirabilis industria, quæ jam in novissimis diebus male molitur eripere, quod jam Ecclesia Cantuariensis per quadringentos et eo amplius annos inviolate meruit possidere. Nec historia docet, nec memoria tenet, quando per tam diuturnum spatium primatu suo Ecclesia Cantuariensis exuta fuisse dicatur, nisi modo quando Eboracensium novitas in nostram injuriam vehementer et prospere elevatur, vel beati Gregorii, vel sacrorum canonum auctoritate didicimus quia quidquid altera Ecclesia saltem per triginta vel per quadraginta annos illibate meruit obtinere, alterius postmodum Ecclesiæ improbitate non debeat amittere. Nobis autem omnium miserrimis nec quadringentorum annorum poterit quiddam diuturnitas subvenire. Fatendum plane est quia, juxta prophetam, pertransierunt multi, et novorum Eboracensium multiplex est scientia. Si voluerint, fateantur et acclament quia illorum sumus, quia Ecclesia Cantuariensis illorum mancipatur servitio, sit eis pro ratione, et voluntas, et præsumptio; vel dicant, quo tempore, quo auctore Ecclesia Eboracensis hanc manus dationem excussit, quia post beatum Theodorum usque modo, Ecclesia Cantuariensis merito beneficium et primatum obtinere promeruit. Cæterum interim videamus quid, Beda referente, beatus Theodorus circa Eboracum et ejus provinciam egerit, quid Christianæ religionis, quid fidei, quid ecclesiasticæ et canonicæ institutionis ibidem operatus fuerit; nisi forte cassare velint quidquid ille ordinavit, quia, illis absentibus, imo necdum existentibus, quidquam ordinare præsumpsit. Igitur Theodorus audiens quod Ceadda Eboracensis episcopus assistentibus non catholicis episcopis fuerit ordinatus, deposuit eum. Sed quia vir vitæ venerabilis et miræ religionis erat, aliquanto tempore post canonice reconciliatum præfecit eum in provincia Dorobernensi Ecclesiæ, quæ modo Cicestrensis appellatur, administrante Eboracæ civitatis episcopium prædicto viro venerabili Wilfrido, qui non solum Eboracensis, sed etiam omnium Northanhimbrorum episcopus erat. Cum autem idem Wilfridus emergentibus causis ab episcopatu, Egfrido rege cogente, per auctoritatem Theodori pulsus fuisset, ipse Theodorus nolens provinciam Northanhimbrorum episcoporum solatio carere, duos episcopos ordinavit, et unum Eboracensi, alterum Lindifarnensi Ecclesiæ præfecit; quibus etiam opportuno tempore post in eadem provincia locis opportunis alios tres addidit, et eorum aliis decedentibus, alios, quos volebat, subrogavit. Quanta ibi bona Theodorus fecerit, quoties consilia congregaverit, quot monasteria per discipulos suos instituerit, in ecclesiastica Anglorum historia luce clarius est videre. Occiso autem rege Egfrido, ipse Theodorus præfatum Wilfridum a Cicestrensi pontificatu, quem ipse Wilfridus in Selesei conversa per se ad fidem Christi tota Australium Saxonum provincia primus instituit abstractum, Eboracæ et toti provinciæ Northanhimbrorum episcopum restituit, remotis his quos jam olim eo repulso ipsemet eidem provinciæ, ut diximus, instituerat. Translato autem ad cœlestia Theodoro, successor ejus Birthwoldus, Cantuariensis archiepiscopus, coacto generali concilio in parochia Eboracensi sæpe nominatum Wilfridum propter cujusdam contra Ecclesiam Cantuariensem factam inobedientiæ culpam, loco pontificatuque submovit, et postmodum monitus a Romano pontifice Joanne, suis omnibus eum revestivit; sicque in pace quatuor annis supervixit, quinto ad Dominum transiit : juxta quod ei a Roma remeanti, et apud Meldum Galliæ urbem infirmanti sanctus Michael archangelus repromisit. Nulli ergo sapienti dubium, tam Theodorum quam ejus successorem in Eboraco et ejus provincia primatum habuisse, qui toties in eisdem locis episcopos instituerunt et restituerunt, et quibus omnes, ut Beda testatur, manus dare consenserunt.

Hucusque gentis nostræ fidem et Ecclesiæ primitias et antiquam seriem, venerabilis Beda commemorat. Verum Eboracenses velut ex aliqua paritate sibi non mediocriter arrogare videntur, quia videlicet Honorius papa inter Cantuariensem et Eboracensem episcopum ita convenire judicat, ut cum eorum alter ex hac vita transierit, qui superest alterum in loco defuncti debeat ordinare. Et quidem id ita constat hucusque fuisse servatum, quatenus videlicet quandocunque episcopus Eboracensis a Cantuariensi consecrandus erat, ubicunque juberet Cantuariensis illuc Eboracensis consecrandus adiret; vel quandocunque Cantuariensis ab Eboracensi consecrandus erat, illuc consecraturus adveniret ubi Cantuariensis juberet. Non est igitur acclamanda parilitatis æqualitas, ubi tempore, primatu, cura et beneficio totum jure vindicat alterius et facultas et investituræ illibata diuturnitas. Et ni fallor, nec historia, nec memoria tenent Eboracenses quod omnibus his contradicere valeant. Unde Christianis auribus satis liquet, cujus temeritatis audacia est matri filiam velle rebellare, cujus semper ministerio religionis suæ lac sumpsit et gratiam. Superbe igitur Eboracensis Cantuariensi subtrahere nititur, quod tanto merito priscæ subjectionis debeatur. « Grave nimis est, inquit beatus Gregorius, contra veterem usum sacerdotes sibi quidquam arripere. Religio Christianæ veritatis est, malle ubi decet humiliter subjici, quam superbe majoribus ubi non decet æquari. » Fuit, inquiunt, ista subjectio quandiu Ecclesia Eboracensis fuit sine pallio. Revera, inquam, sicut in veteribus chronicis Anglorum invenitur, centum viginti quinque annis sine pallio perduravit. Non igitur temere debet prætermitti, quod tanto tempore potuit obtineri. Et si adeo meruit Ecclesia Eboracensis per Cantuariensem enutriri, non sit tunc ingrata beneficio, sed eo magis humilis et obnoxia matris solatio. Pullorum crudelitas notari solet, qui post incrementum ætatis, intendunt jugulo matris. Et Dominus per prophetam : « Filios, inquit, enutrivi et exaltavi, ipsi autem spreverunt me. » Porro si restituto pallio aliquatenus meruit crescere, non tamen adeo, ut per se valeat existere. Quomodo namque metropolitanus, vel archiepiscopus jure vocatur, cui nulla episcoporum provincia suffragatur. Habet, inquiunt, Lindisfarnensem, qui et Dunelmensem; habet Glasguensem. Excepto, inquam, interim hoc Northmannorum tempore, fatemur plane, quia tempore priori nunquam Eboracensis archiepiscopus aut Lindisfarnensem suffraganeum habuit, aut Glasguensem. Sane dicant Eboracenses, quem unquam archiepiscopus Eboracensis episcopum instituit? quem unquam in provincia sua consecravit? Imo, si pace illorum dici potest, Ripensem et Hagustaldensem, quos Ecclesia Cantuariensis instituit, Ecclesia Eboracensis per terrenæ potestatis subreptionem destituit. At vero Glasguensi breviter intimandum, quod est antiquorum Britonum episcopus, quos beatus pater Gregorius singulatim episcopo Cantuariensi subjectos fore decrevit. Cujus videlicet Ecclesiæ episcopus, sicut a majoribus natu illorum traditur, usque ad hæc Northmannorum tempora vel ab episcopo Scotorum, vel Gualensium Britonum consecrari solebat. Cæterum de Lindisfarnensi a quibus institui vel consecrari solebat, luce clarius supra ostensum est, sed de institutis antiquorum quid interim Eboracensibus sua interest providere. Inva-dant securi et dicant: Alii laboraverunt, nos autem in labores eorum introeamus. Lapidatus est Naboth, nullo impediente, possideamus vineam ejus. Esto tamen; habeat duos Eboracensis suffraganeos episcopos; quibus vel eorum altero defunctis qualiter alios canonice solus restituat, perspicuum non est : nisi forte cum voluerit uti libuerit, vel archiepiscopum Cantuariensem, vel ejus provinciales accersiri jubeat, quibus dicto citius adventantibus, suos Eboracensis instituat. Decernit, inquiunt, beatus Gregorius, ut episcopus Eboracensis duodecim episcopos ordinare debeat, qui suæ postmodum subjaceant ditioni. Habeat, inquam, dominus Eboracensis vel duodecim vel tredecim, vel quot ipse creavit episcopos, et consecravit. Illos saltem Cantuariensi benigne dimittat, quos Cantuariensis instituit, et diu sine calumniarum retractatione obtinuit. Quid enim, inquiunt, restituto pallio, neminem archiepiscopus Eboracensis suffraganeum habuit? Si habuit, inquam, ostendant, vel per veritatis historiam, vel per testimoniorum memoriam usque ad hæc Northmannorum tempora alicujus episcopi suam investituram. Denique Alcuinus, qui et Albinus, sanctissimus et antiquus Caroli imperatoris magister, ad Adelardum archiepiscopum Cantuariensem, scribens, inter cætera sic dicit: « Ecclesiastica dignitas ubique exaltetur, sanctaque sedes, quæ prima fuit in fide, prima sit in sanctitate et honore. Quæ quidem partim discissa est non rationabili, ut videtur, consideratione, sed quadam potestatis cupiditate. Quod si fieri posset ut pacifice adunetur, et scissio resarciatur, bonum videtur hoc fieri cum consilio omnium sacerdotum Christi; ita ut tunc ille pallio diebus suis non exuatur, licet ordinatio episcoporum ad sanctam et primam sedem recurrat. » Testatur etiam Alcuinus in eadem epistola, quia per invasores regni hæc Ecclesiæ discissio, et prædicta pallii restitutio provenit. Nam et Leo papa, quo invasore id usurpatum est, insinuat scribens ad Cœnwlfum regem Merciorum, qui sunt populi Anglorum : « De epistola, inquit, quam Æthelardus reverendissimus et sanctissimus nobis emisit, quemadmodum poposcit vestra excellentia, sicut decebat, sanctitati ejus enucleatius reddidimus responsum, quia nos de clerico illo apostata, qui ascenderat in regnum, similem deputantes Juliano, depravato, et anathematizantes abjecimus, quatenus eum a nequissimo expellamus regno, et de salute animæ illius procuremus. Nam pro hujusmodi valde laudavimus fratrem nostrum præfatum archiepiscopum, quia pro fide orthodoxa animam suam posuit. » Ecce antiquo et hactenus illibato more Roma Cantuariam pro defensione fidei orthodoxæ beatificat, invasorem regni et apostatam notat, quo auctore contra Ecclesiæ Cantuariensis debitam honestatem, alter, qui non debebat palliatur. Ecce alterius et longinqui imperii magister jam per sæculum usitato nomine primam sedem appellat, et manente pallio, ordinationem episcoporum ad primam sedem recurrere debere judicat, quam in fine sæculorum contra veterem et illibatum usum, nova temeritate Ecclesia Eboracensis exhæredare festinat.

O mira et inaudita perversitas! si plus valeat usurpatæ temeritatis audacia, quam diuturnæ et inconcussæ veritatis fida memoriæ. Nec mos, nec noviter introducta consuetudo fuit Ecclesiæ nostræ, contra antiqua statuta nova vel usitata præsumere; sicut ex veterum historiarum auctoritate didicimus, credimus propter quod et loquimur. Hæc fuit toto Anglorum tempore Ecclesiæ Cantuariensis prima excellentia, o beatissime et unice colende Pater! Cæterum toto hoc Northmannorum tempore qualibet inter Cantuarienses et Eboracenses convenerit, præsens et viva memoria declarabit. Si quidem a Northmannis Anglia debellata, et sicut ante dictum est, Stigando deposito, cum vacaret Ecclesia Cantuariensis, electus est in archiepiscopum Lanfrancus, abbas Cadomensis, vir reverendissimus, et omnis tam divinæ quam sæcularis philosophiæ peritissimus, et totius Latinitatis magister doctissimus. Qui consecratus in sede propria a suis, invitavit electum Eboracensem, virum honestæ castitatis et bene litteratum, Thomam nomine, quatenus ad primam sedem Cantuariensem consecrandus adveniret. Venit, et profiteri monitus distulit. Tandem post hæc professus consecratus est. Interea Romam ambo veniunt, et apud Alexandrum papam de palliis morem gerunt. Fortassis arrogantiæ videretur edicere, quanta tunc reverentia Lanfranco apud sedem apostolicam assurgitur, vel quanta subjectione Lanfrancus omnibus diebus suis apostolicæ majestatis imperium prosequitur. Acceptis itaque palliis, Thomas de appetita et accepta professione coram papa calumniam movet, et Lanfrancus pro loco et tempore Ecclesiæ suæ privilegia exhibet. At vero domnus papa bona deliberatione præcepit, quatenus uterque revertatur ad propria, et collectis in unum majoribus natu, tam episcopis quam nobilibus Britanniæ, illorum memoria et veterum historiarum testimonio tanta discissio terminetur. Igitur peractis his, nihil aliud definiri potuit, quam quod Ecclesiarum prisca consuetudo, sicut præfati sumus, et tenuit et instituit. Quo circa Thomas sibi hactenus incognitam rerum veritatem edoctus, et humiliter veniam petens, Lanfranco et primæ sedi reconciliatur.

Eo sane reconciliationis tempore quæcunque in posterum suboriri poterat altercationis occasio, removetur, et tunc primum Eboracensium metropolitanus Ecclesiæ Lindisfornensis episcopus, Lanfranco concedente, suffraganeus adhibetur. Ita duntaxat, quatenus in posterum de facienda professione scrupulositas nulla remaneret, et Cantuariæ prima fides in sui primatus honore pristino perduraret. Unde et Alexander papa inter alia quæ Lanfranco mittebat, ita scribit : « Accepimus, inquit, a quibusdam venientibus de vestris partibus ad limina sanctorum apostolorum Petri et Pauli, quod quidam clerici associato sibi terrenæ potestatis, laicorum videlicet, consilio, diabolico spiritu repleti, moliuntur de Ecclesia Sancti Salvatoris in Dorobernia, quæ est metropolis totius Britanniæ, monachos expellere, et clericos inibi statuere. Igitur Thomas Eboracensis tres viritim sibi succedentibus episcopos, quorum unus hodieque superest, in Lindisfornensi Ecclesia consecravit. Nec tamen in urbe sua, quippe solus non poterat, sed ubi Ecclesia Cantuariensis in provincia sua concedebat, et episcoporum suorum solatia exhibebat.

Post hæc Lanfrancus in senectute bona defungitur, et in locum ejus beatæ memoriæ Anselmus, Beccensis abbas eligitur, cujus vitam et miraculis gloriosam spiritalis et incomparabilis sapientiæ quidam divinus splendor illuminavit. Hunc Thomas Eboracensis in Dorobernia metropoli sua ordinaturus et venit, et totius Britanniæ primatem consecravit; qui cujus obedientiæ et humilitatis et fidei erga sedem apostolicam fuerit, testantur persecutiones, exsilia et pericula, quæ, sicut pene totus mundus agnovit, pro libertate Romanæ Ecclesiæ patiente sustinuit. Quem quidem cum Willielmus Junior, rex Anglorum crudelissimus, ad abnegandum Urbanum papam illum coegisset solus pene cum Ecclesia sua in tota Anglia Romani nominis splendorem non fœdavit. Quapropter inter alia quæ passus est, etiam ille dominus Thomas Eboracensis nec Deum timens, nec Romanæ majestatis fidem reverens, Christiano et sancto viro jussu quidem prædicti regis nefando ore fraternitatem abnegavit. Quo tandem defuncto, in locum ejus quidam Gerardus succedit, de cujus lectione, vita, moribus, et miserrimo obitu melius est silere, quam quidquam, quod Christianæ pietatis aures offendat, enarrare. Interea sedes apostolica de investituris ecclesiarum cum rege Anglorum constanter actitabat. Unde et bonæ memoriæ Paschalis papa scribens ad Anselmum archiepiscopum, cum provida deliberatione non debere per manus laicorum investituras Ecclesiarum dari decrevisset, postea sic infert : « Hæc ita doceas, inquit, sicut tuo scis primatui expedire, quem profecto fraternitati tuæ ita plenum et integrum confirmamus, sicut a tuis constat prædecessoribus fuisse possessum. » De cujus primatus confirmatione item Paschalis Anselmo sic : « Quondam, inquit, in litteris ab apostolica sede tibi directis, Cantuariensis Ecclesiæ primatum ita tibi plenum concessimus, sicut a tuis constat prædecessoribus fuisse possessum. Nunc autem petitionibus tuis annuentes, tam tibi quam tuis legitimis successoribus eumdem primatum, et quidquid dignitatis seu potestatis, eidem sanctæ Cantuariensi seu Dorobernensi Ecclesiæ pertinere cognoscitur, litteris præsentibus confirmamus. » Porro Gerardus accepto pallio de Roma Britanniam veniens, contra decretum domni papæ, pro voluntate regis graviter mentitus est. In ea namque fide, qua vivere episcopus debet, juravit, quia contra decretum suum dominus papa regi Anglorum investituras ecclesiarum concessisset. Qua de re epistolæ vel Anselmi ad Paschalem, vel Paschalis ad Anselmum habentur. Hæc et alia his similia Gerardus Eboracensis contra Romanam Ecclesiam attentare præsumebat, dum Anselmus Cantuariensis pro illa persecutiones et exsilia libenter pati non formidabat. Væ peccatis meis quibus ad malum imputatur, quidquid prædecessores mei optime meruerunt, et domnus Thurstanus Eboracensis sola nostræ partis injuria redimit, quidquid prædecessores ejus male gesserunt. Vel si illi imputari non debet prædecessorum suorum culpa, mihi prodesse non debebit prædecessorum meorum virtus et justitia. Quia etsi peccata Radulphi tanta sunt ut pati talia debeat, Augustini, Theodori, Lanfranci et Anselmi peccata nulla sunt, ut novissimis temporibus pati ista mereantur.

Porro Gerardus cum Anselmo de facienda professione data fide jurasset, fallaci tamen ut erat animo, profiteri distulit. Quippe se interim erga regem in via sua prosperari, et dominum Anselmum in via Dei et fide sedis apostolicæ cernebat injuriis et odiis hominum affligi. Tunc Gerardo bonæ memoriæ Paschalis ita scribit : « Quanquam, inquit, prave adversus nos, imo contra matrem tuam sanctam Romanam Ecclesiam te non ignoremus egisse, præsentibus tamen litteris tibi mandamus ut professionem tuam venerabili fratri nostro Anselmo, Cantuariensi episcopo, facere non negligas. Audivimus enim quondam prædecessorem tuum ex hac eadem re contentionem movisse, et cum in præsentia domni Alexandri secundi papæ ventilata esset, ex præcepto ejus definitione habita, post varias quæstiones Lanfranco prædecessori suo et successoribus suis eamdem professionem fecisse. Unde et nos quod tunc temporis definitum est, volumus auctore Deo, firmum illibatumque servari. » Interea Gerardus Eboracensis miserrima et subita morte defungitur, et in locum ejus vir valde castus et bene litteratus Thomas junior subrogatur. Qui non longe posthæc, defuncto in pace Christianissimo viro Anselmo archiepiscopo, professus, sanctæ et primæ Ecclesiæ Cantuariensi consecratus est in Lundonia ab ejus urbis episcopo. Is itaque quemdam Britonem Glasguensi Ecclesiæ ordinavit episcopum, quæ jam pene præter memoriam non habuerat episcopi solatium. De quo episcopum sciendum, quia, sicut prædictum est, si antiquorum Britonum episcopus est, secundum beati Patris Gregorii decreta Cantuariensis Ecclesiæ suffraganeus est. Quod si forte propter provinciarum viciniam, licet mutato et loco et populo, idem Pictorum episcopus debet putari, nihilominus Ecclesiæ Cantuariensi suffragatur, utpote institutus et creatus a Theodoro archiepiscopo, sicut Beda testatur. Verumtamen sicut in Gestis sanctorum virorum, Columbæ videlicet, presbyteri et abbatis, qui, Beda referente, ante adventum beati Augustini in Britannia primus Scotorum et Pictorum populis Christum prædicavit, et venerabilis Cantugerni episcopi, qui primus Glasguensi Ecclesiæ præfuit invenitur, non iste est Candidæ Casæ episcopus, quem Theodorus instituit, sed unus de illis antiquis Brittaniarum episcopis fuit, quos, sicut sæpe dictum est, singulatim beatus Gregorius Ecclesiæ Cantuariensi subjugavit. Hæc est igitur Cantuariensis et Eboracensis Ecclesiarum priscæ consuetudinis institutio quam non momentaneo et novo ritu, sed per quadringentos et eo amplius annos illibato more sanctorum Patrum acceptavit, et facultas et Christianæ simplicitatis cauta dispensatio, o beatissime papa, et unice colende pater. Hoc est, hoc est, quod requirit Ecclesia Cantuariensis, quod non extorquetur impetu superbiæ, sed debetur officio Christianitatis et obedientiæ. Equidem justitiæ fas est, non culpa vehementiæ, sacerdotes non segniter vindicare, quidquid Ecclesiæ suæ postulat et usus libertatis et privilegium gratiæ. Unde et Augustinus ad Simplicianum libro primo : « Quis non videat, inquit, iniquitatis neminem argui posse, qui quod sibi debetur exegerit, nec eum certe, qui quod ei debetur donare noluerit. » Et quis, inquam, ore sobrio dominum Eboracensem reprehendat, quasi acceptæ calamitatis et contumeliæ, si primæ sedi et sanctæ Cantuariensi Ecclesiæ solvere velit, quidquid olim dignum fuisse deprehenditur, et diuturnitate consuetudinis et merito justitiæ. Unde et concilio Toletano undecimo capitulo, « Unusquisque qui ad gradus ecclesiasticos est accessurus, non ante honoris consecrationem accipiat, quam placiti sui innodationem promittat. » Et certe Radulphus peccator non merito arguendus est alicujus infamiæ, quippe qui Christianæ fidei vinculo detinetur, quatenus Ecclesiæ suæ, cujus licet indigne suscepit regimina, non debeat excellentiam libertatis subvertere, quam tanto tempore tot prædecessores ejus sanctissimi et sapientissimi viri voluerunt et potuerunt obtinere. Solent enim Romani pontifices de observandis indeclinabiliter decretis antecessorum suorum ante consecrationem suam profiteri, et nihil quisquam audeat imponere, quatenus Ecclesiæ meæ privilegia debeam evacuare. Quod si forte alicujus occasionis articulo tantum nefas præsumam attingere, certum est, quod spiritalis reus ero adulterii, quia primam fidem irritam feci. Hinc profecto beatus Gregorius scribit ita : « Grave nimis, inquit, et contra sacerdotale constat esse propositum, velle cujusquam Ecclesiæ privilegia olim indulta confundere. » Quod autem nec ipsi summo pontifici liceat sanctorum Patrum traditionibus contraire, Zosimus papa sic testatur : « Contra statuta, inquit, Patrum aliquid concedere aut mutare, nec hujus quidem sedis potest auctoritas. »

Viderit apostolicæ sedis summa prudentia, quanta benevolentia veritatis digni sunt, quorum astutia et delatione vestra adversum nos ingratitudo convaluit, quatenus de consecratione domini mei Eboracensis episcopi dignaretur incipere, quod nemo per tot tempora praedecessorum vestrorum consuevit, vel saltem inchoavit. Et avertat Deus ne majestati vestrae subrepat illorum invidia, qui malevole dicunt Cantuariam contra nos transgredi, quia juxta paternarum institutionum terminos juste exigit legitimam subjectionem Eboracensis episcopi. Errant, inquam, quia hoc Cantuaria meruit, hoc, salva benevolentia Romanae sedis excellentiae, non contra Petrum, sed cum Petro et sub Petro multis millibus dierum tenuit, hoc priscae consuetudinis investitura, et antiquitatis veneranda majestas instituit. Et ut interim beati Gregorii utamur verbis : « Quia cunctis liquet unde Britanniarum regionibus fides sancta prodierit, cum priscam consuetudinem sedis apostolicae Ecclesiae Cantuariensis humilitas repetit, quid aliud quam bona soboles ad sinum matris recurrit ? » Ravennas olim episcopus, in tempore beati Gregorii de usu pallii in solemnibus litaniis Ecclesiae suae priscam consuetudinem solo testium juramento comprobavit ; nobis nec veritatis historia, nec apostolicae sedis data privilegia, nec tantae diuturnitatis investitura prodesse sufficiet. « Admonitus, inquiunt, ad dominum papam cum prope esset venire noluisti. » Venire, inquam, nolui, quia non potui. Novit Deus, qui me voluntate sua corripuit, quia passionis meae molestia tantae majestatis tumultum, et terrorem sustinere non potuit. Denique infirmitas non habet legem. Quantumcunque igitur velit, lapidabit me domini mei Eboracensis episcopi et suorum violentia, certe non dabo vineam meam, nec vendam haereditatem patrum meorum. Habeamus, inquiunt, veritatis et opportunitatis indicium, facile est ostendere, quod nihil debemus Cantuariae, nisi quod omnis Ecclesia omni Ecclesiae.

Totam illorum, inquam, de qua gloriantur facilitatem, superius exposuimus, o serenissime domine et reverendissime Pater! Quae tamen illorum facultas quantacunque sit, hic jure ventilanda esset, ubi antiquitatis historiae, ubi veterum chronica habentur, provinciae et provinciarum singula loca dignosci et praesens testium memoria potest adhiberi. Et quidem in saecularibus judiciis solent minores potestates cum suis inferioribus quaecunque inter se discrepare videntur, in curia tractare, nec antea majoris potestatis curiae praesentari quam justitiae veritatem in sua deprehendantur violasse. Nec judicatur ibi debere quemquam subire judicium, donec investiatur, unde sine judicio passus est spoliari. Qua in re nec sacri canones dissentire videntur, qui etiam ad veritatis definitionem triginta vel quadraginta annorum investituram in rebus ecclesiasticis satis esse testantur. Et quid de hominibus jactare conamur, cum inter Deum et Ecclesiarum potestates, ista sit habitudo, ut quidquid earum judicio in curia religionis ecclesiasticae fuerit solutum, in coelo solutum credatur, et quod hic fuerit ligatum, ibi etiam ligatum teneatur?

Nihil ergo indignum excellentiae vestrae, si Ecclesia Cantuariensis, quae, sicut notum est, de pietate apostolicae sedis fidei primordia lucra virtutis, et religionis accepit incrementa ; in Christiana fide mereatur intra curiam provinciae suae obtinere, quod tanto tempore praedecessorum vestrorum legitima voluntate potuit habuisse. Neque dominus Eboracensis pace vestra indignetur reddere sanctae Cantuariensi Ecclesiae, quod ab antecessoribus suis redditum est, humiliter intendens, et in mente cum propheta ita revolvens : Neque melior sum quam patres mei. Memineritque sapienter quia discernit Christus reges super columbam, et maledictus qui facit opus Dei fraudulenter. Sapiatque quorum caput est, qui dixit in corde suo, Ascendam super altitudinem nubium, et similis ero Altissimo. Nullius rem concupiscimus aut invadimus; terminos quos posuerunt patres nostri juste vindicamus. Manus dationem, subjectionem, et professionem Eboracensis Ecclesiae semper Ecclesia Cantuariensis obtinuit; idem requirimus, quia ita investitam reperimus. Quocirca viderit sanctae sedis apostolicae summa justitia si spoliari debet per subreptionem unius hominis, quod potuit haberi per spatium tanti temporis. Mementote, quod pace vestra dixerim, quid Apostolus dicat : Patres, inquit, nolite provocare ad iracundiam filios vestros. Et propter Deum providete, ne super vos obvenerit, quod ipsa veritas clamat : Tradentur filii a parentibus. Neque vero quisquam sapiens et benevolus justum esse fateatur, ut quoties ab aliquo juris nostri suffraganeo provocamur, toties Romanae majestatis curiam adeamus. Denique sanctitatis et justitiae vestrae celsitudinem appellamus, quatenus Ecclesiae nostrae terminos, quos posuerunt patres vestri, firmos et integros observetis, quatenus more suo Ecclesia Cantuariensis totius bonae voluntatis vestrae sequatur imperium et optimum principatum. Quod si vobis utile nec onerosum videtur, potestis et debetis de cardinalibus vestris, et de Galliarum episcopis, quos volueritis, huc transmittere, in quorum praesentia semper astruatur, si ita fuit primatus Ecclesiae nostrae, sicuti praelocuti sumus, necne, vel si quidquam habeant Eboracenses, quod contra haec omnia certum valeant approbare. Iterum atque iterum majestatem vestram appellamus, ne in diebus novissimis sanctae Cantuariensis Ecclesiae bonam fidem, et erga beati Petri summam et primam sedem optimam obedientiam despiciatis.

Valeat in Christo sanctitas vestra, o beatissime papa, et unice colende Pater.

V.

Epistola Adalberti archiepiscopi Moguntini ad Calixtum. — *Monet eum de his quae Cono episcopus Argentinensis Ecclesiae reconciliatus ab imperatore passus fuerit.*

(Anno 1122.)

[MARTENE, *Ampliss. Collect.* I, 676.]

CALIXTO, beatissimo domino suo et patri universalis Ecclesiae, [ADALBERTUS] Dei et sui gratia quidquid est, debitam cum omni devotione obedientiam.

Debitæ humilitatis et devotionis obedientia singula quæ circa nos aguntur ad majestatis vestræ audientiam perferenda putavimus, quatenus et a nobis negligentiæ culpam removeamus, et quantum nostræ parvitatis est, in his quæ nobis notiora sunt, serenitatem vestram præmuniamus. Frater noster Cono Argentinensis episcopus statim post (75) Remense concilium misericordiam postulavit, et a cardinali sanctæ Romanæ Ecclesiæ absolutionem recepit. Qui cum prius in obsequio regis assidue fuisset, sæpe eum monuimus ut Ecclesiæ Dei obediret, et ut hac via magis proficeremus; canonicis ut ab ejus errore recederent, et ad unitatem pacis Christi redirent, multoties scripsimus. Illi vero non tantum inobedientes permanserunt, sed vestræ auctoritatis litteras, quas novissime in idipsum eis transmisimus, aperire et legere contempserunt. Postquam autem absolutus fuit episcopus, corde et corpore ab imperatore se subtraxit, et in servitio ac fidelitate Ecclesiæ utcunque injustus et peccator, fidelis tamen et utilis veritatis assertor permansit. Omnimodis eum persecutus et cum judicio fratrum nostrorum canonicam, et vocem et audientiam amiserint, omnibus quibus possunt insidiis eum circumveniunt. Hac occasione accepta, imperator tam gravi eum odio prosecutus est, ut omnibus rebus suis eum abraserit, et de civitate expulerit. Quod totum assecutus est imperator. Compositione hujus pacis, quia ante adversus episcopum prævalere non potuit, ex quo ab eo recedens episcopus, ad Ecclesiam rediit. Nam priusquam ad Ecclesiam rediret, inter primos amicos imperatoris habebatur. Hæc non ideo dicimus, ut injustitiam episcopi studeamus defendere vel approbare. Sed ideo coram Deo loquimur, quia si tam absoluta potestas imperatori conceditur sæviendi in qualemcunque istum episcopum, reliquis fidelibus, qui cum Ecclesia Dei permanserunt, scandalum et intolerabilis persecutio generabitur. Propter quod si vestræ discretioni placeret, vestræ humilitatis consilium, seu potius devotissima supplicatio hæc esset, ut ad præsens severior disciplina ejus correptionem dissimularet, quia sic dispensatio vestra grassantis hominis impetum in cæteros fideles inhibere poterit, et suo loco et tempore de præfato episcopo plenam justitiam Ecclesia Dei obtinebit.

VI.
Epistola secunda Adalberti archiepiscopi Moguntini ad Calixtum.
(Anno 1122.)
[Mansi, *Concil.*, XXI, 275.]

Calixto beatissimo domino suo et Patri, universalis Ecclesiæ pontifici, A. Dei gratia et sui misericordia quidquid est, debitam cum omni devotione obedientiam.

(75) Istud concilium Remense anno 1119 celebratum fuit xiii Kal. Novembris, cui interfuere cum papa archiepiscopi quindecim, episcopi plus quam

In multis et magnis persecutionibus et angustiis hactenus positi, quoties de persona domini imperatoris scripserimus vestræ majestati quid vobis placeret, quid principes nostri sentirent, in qua demum sententia convenissent, non dubitamus recordari vestræ discretionis beatitudinem, et in his omnibus per litteras et nuntios vestros cognovimus circa hæc maxime semper versari vestræ pietatis desiderium, ut apostolica dispensatione vestris potissimum diebus pax et concordia descenderent in universum mundum, si tamen ita eam pacem imperator et daret et susciperet, quod honorem Dei et matris Ecclesiæ non obfuscaret, acceptaque esset dominis ac Patribus nostris cardinalibus, qui in idipsum de latere vestro ad nos missi sunt, totius consilii et ingenii nostri vires in hoc contraximus, ut tam generale bonum ad communem Ecclesiæ et regni utilitatem non differretur ulterius. Sed quia tam imperium quam imperator tanquam hæreditario quodam jure baculum et annulum possidere volebant, pro quibus universa laicorum multitudo imperii nos destructores inclamabat; nullo modo potuimus his imperatorem exuere, donec communi quique consilio, cum his qui aderant fratribus et dominis cardinalibus huic periculo nostro compatientibus, inde Ecclesiæ censuram verentibus, et ob hoc vix nobis assentientibus, omnes pariter sustinuimus, quod in ipsius præsentia Ecclesia debeat electionem facere, nihil in hoc statuentes, nec per hoc in aliquo, quod absit, apostolicis institutis et canonicis traditionibus præjudicantes, sed totum vestræ præsentiæ et vestræ deliberationi reservantes; immobilia enim per omnem modum et fixa esse præcepta non dubitamus, quæ ad tuendam et corroborandam libertatem..... et Ecclesiæ æterna lege sancita..... ipse tamen imperator parum attendens quanti periculi laqueum per vestram misericordiam evaserit, et quod utcunque concessa sibi potestas adhuc impediat. Igitur judicia vestræ discussionis in legatorum vestrorum præsentia, quantum ea abusus sit ex eis expeditus, cognoscere poteritis. Quocirca si per hujus..... eamdem..... sive graviorem Ecclesia Dei debet sustinere seu virtutem solum hoc restat, ut pro palma victoriæ de cætero subjecta sit ad......... despectiones ignominiæ. Hæc non ideo dixerimus quod per nos vestra excellentia circumspecta in omnibus præmuniri possit. Sed quia sine......... sub vestra auctoritate libertatem Ecclesiæ desideramus. Itaque majestatis vestræ genibus provoluti, tam suppliciter quam juste deposcimus, ut in fratre...... episcopo Rokkero opus Ecclesiæ agnoscere dignemini, et quam ipsa libere et canonice ad hunc apicem promovit, misericordia vestra confirmet et prohibeat.......... expulsione ita suffocatur libertas Ecclesiæ, quod laicus quidam adhuc occupat ipsius sedem, et dissipando episcopatum persequitur et destruit, qui fideles........... qui ducenti, abbatum vero et aliorum innumera multitudo.

ultimus omnium annulo et baculo investire non abhorruit, sub ipso articulo exterminandæ excommunicationis. Propterea memorem esse decet clementiam vestram...... in servitio et fidelitate sanctæ Romanæ Ecclesiæ patrimoniis et beneficiis suis adhuc proscribuntur omni cartulæ perferenda commisimus, et alia complurima desiderantur in hoc sancto concilio, quæ ad vos ipsi pertulissemus nisi in ægritudine, ut noverunt cardinales, præpediremus, et nisi alpium asperitas et tot locorum angustiæ ante periculum his præcipue diebus malis nobis incussissent. Desiderio enim faciem vestram videre desideramus antequam ad alterutram viam universæ carnis ingrediamur.

CONCORDATUM WORMATIENSE.

(Anno 1122, Sept. 23.)

[PERTZ, *Monum. Germ. hist.* Legum II, 75.]

Novam pacti hujus, quo lis inter Ecclesiam et imperium oborta demum composita est, editionem subsidio codicum septem optimæ notæ instituimus, scilicet
1) Vaticani n. 1984, membr., fol., sæc. XII ineuntis, quem pro fundamento posui; tum
2) Vindobonensis Cæsarei inter libros juris canonici n. 91, mbr., fol., sæc. XII ;
3) Londinensis in Musæo Britannico, Cotton. Domitian. A. VIII, mbr., sæc. XII ;
4) Londinensis in Musæo Britannico, Cotton. Claudius A. 1, mbr., sæc. XII ;
5) Sancti Trudonis, jam bibliothecæ Universitatis Leodiensis, sæc. XII ineuntis ;
6) Salisburgensis n. 404, mbr., 4° maj., sæc. XII ineuntis, jam in bibliotheca Cæsarea Vindobonensi asservati ,
7) Babenbergensis sæc. XII vel XIII ineuntis ; adhibitis etiam
Bbg.) Codicibus Parisiensi et Lipsiensi sæculi XII Annalium Babenbergensium, qui vulgo sub nomine Conradi Urspergensis veniunt, atque cum codicibus 5, 6, 7, plurimum consentiunt, et editionibus.
G) Goldasti in Constitutionibus imperialibus, quæ cæteris præstat, et L) Leibnitii in Corpore juris diplomatico , quarum tamen minoris momenti lectiones non adnotavi. Annalista Saxo et Baronius , annalibus Babenbergensibus nisi, rursus exscribendi non videbantur. Codicem Vaticanum II, a Baronio adhibitum, inspicere non licuit; lectiones tamen ejus adjeci. Cæterum Heinrici diploma, quod sigillo destitutum in tabulario Vaticano (Armar. I, caps. 6, n. 14) asservatur, diem. IX Kal. Octobris præ se ferre dicitur.

PRIVILEGIUM CALIXTI PAPE SECUNDI.

Ego Calixtus[1] episcopus servus servorum Dei, tibi[2] dilecto filio H. Dei gratia Romanorum imperatori augusto[3], concedo electiones[4] episcoporum et abbatum Teutonici[5] regni, qui ad regnum[6] pertinent, in presentia tua fieri, absque symonia, et aliqua violentia; ut[7] si qua inter partes discordia emerserit, metropolitani et comprovincialium consilio vel[8] judicio, saniori parti assensum et auxilium prebeas[9]. Electus autem regalia[10], absque omni exactione[11], per sceptrum[12] a te recipiat[13], et que ex his jure tibi debet faciat. Ex[14] aliis vero partibus imperii consecratus, infra sex menses, regalia absque[15] omni exactione per sceptrum a te recipiat, et[16] que ex his jure tibi debet faciat. Exceptis omnibus que ad Romanam ecclesiam pertinere noscuntur. De quibus[17], vero mihi querimoniam feceris, et[18] auxilium postulaveris, secundum officii mei debitum auxilium tibi[19] prestabo. Do tibi veram pacem, et omnibus qui in parte tua sunt, vel fuerunt, tempore hujus discordiæ[20].

PRECEPTUM HEINRICI QUARTI IMPERATORIS.

In[21] nomine sanctæ et individue Trinitatis. Ego Heinricus Romanorum imperator augustus, pro amore Dei, et sancte Romanæ ecclesiæ, et domni pape Calixti[22], et pro remedio animæ meæ, dimitto

VARIÆ LECTIONES

[1] Calistus 2. 6. *Bbg.* Calixtus *L.* [2] *deest* 6. 7. [3] imperator augustus 1. imperator auguste 2. [4] consecrationes 2. helectiones 4. [5] theutonici 5. 6. [6] r. tuum p. 3. [7] et 2. [8] et 2. 6. [9] habeas 6. p. et a 2. [10] r a te per sceptrum sine exactione r. 6. [11] a. o. e. *desunt* 2. 3. 4. 5. 7. *Bbg. L. G.* [12] p. s. *desunt* 3. 4. [13] codd. 5. 6. 7. *Bbg. et L. sententiam* exceptis o. q. ad R. e. p. noscuntur proxime post recipiat, non post debet faciat *habent*. [14] Ex — faciat *desunt* 2. [15] a. o. e. *desunt* 3. 4. 5. 6. 7. *Bbg. L. G.* [16] et q. ex h. i. t. d. f. *desunt* 3. 4. 5. 6. 7. *Bbg.* [17] q. m. q. si feceris 2. [18] et a. p. *desunt* 5. 7. *Bbg. L.* [19] meum 7. *Bbg. L* [20] *Bbg. G. et L. addunt :* Data anno 1122. 9. Kal. Octobris. [21] In n. s. et i. T. *desunt* 5. 6 7. *Bbg. Codex* 7 *præmittit :* Data anno millesimo C. XXII. VIIII Kal. Octobris. Wormat. concilio. [22] calisti 2. 6. callisti *L. N.* pape 2.

Deo, et sanctis Dei [23] apostolis Petro et Paulo, sanctæque catholicæ [24] ecclesiæ, omnem investituram per anulum, et baculum, et concedo, in [25] omnibus ecclesiis que [26] in regno vel imperio meo sunt, canonicam fieri [27] electionem [28], et liberam consecrationem. Possessiones, et regalia beati Petri que a principio hujus discordie, usque ad hodiernam diem, sive tempore patris mei, sive etiam meo, ablata sunt, que habeo [29], eidem [30] sanctæ Romanæ ecclesiæ restituo [31], que autem non habeo [32], ut restituantur [33] fideliter juvabo [34]. Possessiones [35] etiam omnium aliarum [36] ecclesiarum, et principum, et aliorum tam clericorum, quam laycorum, que [37] in guerra [38] ista ammisse [39] sunt, consilio principum, vel [40] justitia, que habeo reddam, [41], que autem [42] non habeo [43], ut restituantur fideliter juvabo [43]. Et do veram pacem domino [44] papæ [45] Calixto [46], sanctæque [47] Romanæ ecclesiæ, et omnibus qui in parte ipsius sunt, vel fuerunt. Et in quibus sancta Romana ecclesia mihi [48] auxilium postulaverit, fideliter juvabo [49]; et de quibus mihi fecerit [50] querimoniam, debitam sibi faciam justitiam [51]. Hæc omnia acta sunt, consensu, et consilio principum [31], quorum nomina subscripta sunt [53]; Adelbertus [54] archiepiscopus Moguntinus [55]. Fridericus [56], Coloniensis archiepiscopus. Bruno Treverensis archiepiscopus [57]. H. [58] Ratisbonensis [59] episcopus. O. Babenbergensis episcopus [60]. Bruno [61] Spirensis episcopus [62]. H. [63] Augustensis episcopus. G. [64] Trajectensis [65] episcopus [66]. Ou. [67] Constantiensis episcopus [68]. Herdolfus [69] abbas Vuldensis [70]. H. dux [71]. Fridericus [72] dux. S. dux [73]. Bertolfus [74] dux. Marchio Diepoldus [75]. Marchio Engelbertus [76]. Godefridus [77] palatinus comes. O. [78] palatinus comes [79]. Berlingarius comes [80].

CONCILIUM LATERANENSE.

(Anno 1123, Martii 27.)

[Pertz., *Monum. Germ. hist.*, Legum II, 182.]

Capitulum I. Sanctorum patrum exempla sequentes, et officii nostri debitum innovantes, ordinari quemquam per pecuniam in æcclesia Dei vel promoveri secundum apostolicam auctoritatem modis omnibus prohibemus. Si quis vero in æcclesia ordinationem vel promotionem acquisierit, acquisita [81] prorsus careat dignitate.

II. A suis æpiscopis excommunicatos ab aliis æpiscopis, abbatibus et clericis in communionem recipi, proculdubio prohibemus.

III. Nullus in æpiscopum nisi canonice electum consecret; quod si præsumptum fuerit, consecratus et consecrator absque recuperationis spe dampnatur.

IV. Nullus omnino archidiaconus, aut archipresbyter, sive præpositus, vel decanus, animarum curam vel præbendas æcclesiæ sine juditio vel consensu alicui tribuat, immo sicut sanctis canonibus constitutum est, animarum cura et rerum æcclesiasticarum dispensatio, in æpiscopi juditio et po-

VARIÆ LECTIONES.

[23] a. d. 1. [24] et sanctæ ecclesiæ catholicæ 2. [25] deest 2. [26] q. i. r. v. i. m. sunt *desunt Bbg*. [27] *deest* 6. [28] helectionem 1. [29] h. reddo. e. 6. [30] eydem 1. [31] *deest* 6. [32] abeo 1. [33] reddantur 5. 6. [34] adjuvabo 6. *L*. [35] Possessionem 1. [36] sanctarum 5. [37] q. i. g. i. a. s. *desunt* 5. 6. 7. *Bbg. L*. [38] querra 2. werra 5. 4. [39] amissa 2. amissæ 5. 4. [40] et 5. 6. 7. *Bbg. L*. [41] r. q. a. n. h. ut r. desunt *Bbg*. [42] deest 2. 3. 4. 5. 6. 7. *Bbg. L*. [43] adjuvabo 2. [44] deest 7. [45] *deest Bbg*. [46] calisto 2. callisto L. *deest* 6. *Bbg*. [47] et sanctæ 2. 3. 4. [48] *deest* 2. 3. 4. 5. 6. 7. *Bbg. L*. [49] adjuvabo 6. *Reliqua desunt in* 5. 6. 7. *Bbg*. [50] f. m. 3. 4. m. q. f. *L*. [51] justitiam faciam *L*. *ubi reliqua desunt*. — *Vat. 11*. [52] deest 4. [53] *reliqua desunt* 4. [54] A. 2. Alberius 3. [55] maguntinus aps. 2. magontiensis aps 3. maguntinus aps. V. *11*. [56] Fredericus 3. F. 2. [57] h. t. a. *deest* 1. 2. *G. VII*. [58] Ardwinus 3. [59] radisboniensis 1. H. r. e. *desunt VII*. [60] Otto G. V. *II*. Otto hauembergensis e. 3. O. b. e. *desunt* 2. [61] B. 2. V. *II*. [62] episcopus et alie multe ecclesiastice persone ac seculares 3. *reliqua desunt*. [63] A. V. *II*. [64] Godebaldus G. [65] tragectensis 2. [66] *deest* 1. [67] B. 2. Uldaricus G. U. VII. [68] *deest* 1. [69] E. 2. V *II*. H. G. [70] vulnensis 1. fuldensis G. V *II*. vultensis et alii archiépiscopi et episcopi et abbates, quorum nomina hic non sunt subscripta. Heinricus dux 2. [71] Henricus dux Bavariæ G. (*in marg*. alias Heremannus dux). — northmannus V *II*. [72] Fredericus 2. F. d. Suevi G. [73] *loco* S. et Bertolfi *ducum Gold*. Bruno dux Saxoniæ. *Vat. II*. *duces* S. Bertolfum, Diepoldum, Engelbertum et Godefridum *omittit, legens eorum loco*: Bonifacius marchio. Theobaldus marchio. Cynulphus comes palatinus. [74] Pertolfus 2. [75] Depoldus 2. Dietboldus marchio Cambiensis a Vochburg G. [76] Einlbertus 2. *loco* Engelberti G. *habet*: Bonifacius marchio Tusciæ. Theobaldus marchio. [77] Gotefridus 2. Gotfridus p. c. Rheni (*al*. Ernulfus comes palatinus) G. [78] Otto 2. Obertus c. p. V *11*. Otho palatinus comes a Wietelsbach. Engelbertus marchio Istriæ G. [79] *reliqua desunt* 2. [80] Berengarius comes. Godefredus comes. Ego Fridericus Coloniensis episcopus et cancellarius recognovi V. *II*. Berengarius comes Habspurgi. Theodoricus comes Montisbellicardi et alii quam plures G. [81] *deest in codice*.

testate permaneat. Si quis contra hoc facere aut potestatem quæ ad æpiscopum pertinet sibi vendicare præsumpserit, ab æcclesiæ liminibus arceatur.

V. Ordinationes quæ a Bordino [82] heresiarcha postquam a Romana æcclesia est dampnatus, quæque et a pseudoæpiscopis per eum postea ordinatis factæ sunt, nos esse irritas judicamus.

VI. Nullus etiam in præpositum, nullus in archidiaconum ordinetur, nullus in decanum, nisi presbyter vel diaconus ordinetur.

VII. Presbyteris, diaconibus et subdiaconibus concubinarum et uxorum contubernia penitus interdicimus, et aliarum mulierum cohabitationem, præter quas synodus Nycena propter solas necessitudinum causas habitare permisit, videlicet matrem, sororem, amittam, materteram, aut alia hujusmodi de quibus nulla juste valeat oriri suspitio.

VIII. Præterea juxta beatissimi pape Stephani sanctionem statuimus, ut laici quamvis religiosi sint, nullam tamen de æcclesiasticis rebus aliquid disponendi habeant facultatem. Sed secundum apostolorum canones omnium negotiorum æcclesiasticorum curam æpiscopus habeat, et ea velut Deo contemplante dispenset.

IX. Si quis ergo principum vel aliorum laicorum dispositionem seu dominationem vel possessionem æcclesiasticarum [83] rerum sibi vendicaverit, ut sacrilegus judicetur.

X. Conjunctiones consanguineorum fieri prohibemus, quoniam eas et divinæ et seculi prohibent leges. Leges enim divinæ hoc agentes, et eos qui ex eis prodeunt, non solum eiciunt sed maledictos appellant; leges vero seculi infames tales vocant ab hereditate repellunt. Nos itaque patres nostros sequentes, infamia eos notamus, et infames eos esse censemus.

XI. Ad hæc sanctæ Romanæ æcclesiæ possessiones quietas per Dei gratiam servare cupientes, præcipimus, et sub districtione anathematis interdicimus, ne aliqua militaris persona Beneventum [84], beati Petri civitatem, præsumat invadere aut violenter tenere. Si quis aliter præsumpserit, anathematis vinculo teneatur.

XII. Eis autem qui Hierosolimam proficiscuntur et ad christianam gentem defendendam et tyrannidem infidelium debellandam efficaciter auxilium suum præbuerint, suorum remissionem peccatorum concedimus, et domos, familias atque omnia bona eorum in beati Petri et Romanæ æcclesiæ protectione, sicut a domino nostro Urbano papa statutum fuit, suscepimus [85]. Quicumque ea distrahere vel auferre quamdiu in via illa morantur præsumpserit, excommunicationis ultione plectantur.

XIII. Eos autem qui vel pro Hierosolimitano vel pro Hispanico itinere cruces sibi in vestibus posuisse noscuntur, et postea dimisisse, cruces iterate assumere et viam ab instanti pascha usque ad proximum pascha sequens apostolica auctoritate præcipimus. Alioquin ex tunc eos ab æcclesiæ introitu sequestramus, et in omnibus terris eorum divina offitia præter infantium baptisma et morientium penitentias interdicimus.

XIV. Illam vero pravam porticanorum consuetudinem quæ hactenus ibi fuit, ex fratrum nostrorum et curiæ tocius consilio necnon voluntate atque consensu præfecti removendam censemus, ut porticanorum habitatorum sine [85] heredibus morientium bona contra morientis deliberatione minime pervadantur. Ita tamen, ut in posterum [87] porticani Romanæ æcclesiæ et nostræ nostrorumque successorum obedientiæ fideliter permaneant.

XV. Sanctorum patrum canonibus consona sentientes, oblationes de sacratissimo et reverentissimo altari beati Petri, et Salvatoris, et sanctæ Mariæ rotundæ, æcclesiæ, sancti Nicolai Barensis, sancti Egidii, sive de aliis omnium æcclesiarum altaribus sive crucibus, a laicis auferri penitus interdicimus et sub districtione anathematis prohibemus, et æcclesias incastellari, in servitutem redigi, apostolica auctoritate prohibemus.

XVI. Quicumque monetam falsam se sciente fecerit aut studiose expenderit, tamquam maledictus et pauperum virorum oppressor, nec non civitatis turbator, a fidelium consortio separetur.

XVII. Si quis Romipetas et peregrinos apostolorum limina et aliorum sanctorum oratoria visitantes capere seu rebus quas ferunt spoliare, et mercatores novis teloniorum et pedaticorum exactionibus molestare præsumpserit, donec satisfecerit communione careat christiana.

XVIII. Unctiones et visitationes infirmorum et publicas missas monachis omnino interdicimus.

Exempla Leonis ad Dioscorum ut in die resurrectionis levitica et sacerdotalis fiat ordinatio, cap. 19.

Quod mane dominico continuato jejunio sabbati possit fieri ordinatio c. 20.

VARIÆ LECTIONES.

[82] ab ordino *coaex*. [83] æcclesiasticorum *codex*. [84] Beneventa *codex*. [85] ita *codex*. [86] sive *codex* [87] dees' in *codice*.

OPUSCULA CALIXTO SUPPOSITA.

MONITUM.

(*Histoire littéraire de la France*, t. X, p. 552.)

Plusieurs écrivains, même anciens, c'est-à-dire dès le treizième siècle, ont attribué à Calixte un livre des *Miracles de saint Jacques*, à la tête duquel est une lettre qui porte le nom de ce pape. Vincent de Beauvais l'a inséré presque entier dans son *Miroir historial* (l. xxvi, c. 30); les manuscrits qu'on en trouve sont la plupart de la même antiquité. Albéric en parle assez au long dans sa *Chronique* (an. 1118). On continua dans les siècles suivants de faire Calixte auteur du livre des *Miracles de saint Jacques*. S. Antonin en a donné plusieurs extraits. (*Sum. hist.* II part., tit. 17). Trithème en parle avec éloge (*De scrip. eccl. ann.* 1120), et dit que Calixte avait fait cet ouvrage avec soin, et d'un style élégant : *Scripsit expolito sermone et maxima diligentia*; il ajoute que l'auteur, qui était alors étudiant, *scholaris*, avait vu ou lu, ou entendu raconter les miracles qu'il rapporte. Les Centuriateurs de Magdebourg (cent. xii, p. 1597, 1598) n'ont pas manqué d'en prendre occasion de calomnier ce pape, et de l'accuser d'avoir inventé de faux miracles pour autoriser l'idolâtrie (c'est ainsi qu'ils traitent le culte que l'Église rend aux reliques des saints) en faveur de l'église de Compostelle, qu'il venait d'ériger en métropole : *Compostellanam Ecclesiam in archiepiscopatum sublimavit, et pro confirmanda illa idololatria de confictis sancti Jacobi miraculis librum consarcinavit*. Ces écrivains, en parlant de la sorte, n'ont pas fait attention que le désir de calomnier les a fait tomber en contradiction. Ils avancent que Calixte composa cet écrit après avoir élevé Compostelle à la dignité de métropole; si cela est, comment donc l'a-t-il pu composer étant encore écolier, *cum esset adhuc scholaris*?

Il est inutile de nous arrêter à faire l'énumération de tous les écrivains anciens et modernes qui ont attribué à Calixte le livre des *Miracles de saint Jacques* : nous avouons que le nombre en est grand; mais quelque grand qu'il soit, il n'en est pas moins certain que cet écrit ne fut jamais une production de la plume de Calixte. Ce qui a fait illusion là-dessus est la lettre qui est à la tête du livre; mais tout le monde littéraire convient aujourd'hui que cette lettre a été fabriquée par un imposteur ignorant, qui a même interpolé en plusieurs endroits le livre sur les *Miracles de saint Jacques*. C'est le jugement que les continuateurs de Bollandus en portent eux-mêmes (25 Jul. p. 45 et seq.). Mais si la lettre est supposée et faussement attribuée à Calixte, comme on ne peut en douter, on ne peut se dispenser de porter le même jugement du livre, qui ne lui a été attribué qu'en conséquence de la lettre, dont on le croyait auteur.

Originairement il était sans nom d'auteur, comme il est aisé de le démontrer par l'exemplaire de ce livre que Guibert, abbé de Gemblou, trouva dans l'abbaye de Marmoutiers du temps de l'abbé Hervé, qui se démit en 1187. Nous avons dans la grande collection de D. Martène (t. I, p. 923) une lettre que ce Guibert écrivit à Hervé et à ses religieux, pour les remercier de ce qu'ils lui avaient permis de tirer une copie du livre des *Miracles de saint Jacques*; il n'y nomme point l'auteur, et ne l'attribue point à Calixte (MAB. *Analect.* t. II, p. 347). Est-il croyable qu'il eût manqué de le faire si la lettre en question avait été à la tête de l'écrit? Il ne leur aurait-il pas témoigné la satisfaction qu'il aurait eue en découvrant dans leur bibliothèque un ouvrage de ce grand pape, dont il n'avait auparavant aucune connaissance? Guibert ajoute, qu'il avait transcrit sur le même manuscrit l'Histoire de Charlemagne par Turpin, et du martyre du célèbre Roland. Voici sans doute ce qui aura donné occasion d'attribuer à Calixte le livre des *Miracles de saint Jacques*. On savait que ce pape avait érigé en métropole l'archevêché de Compostelle; les relations qu'il avait eues avec le nouvel archevêque étaient connues. On savait encore qu'il avait fait un voyage à Saint-Jacques. Tout cela a servi de fondement à la fiction, et de matière à l'imposteur qui a fabriqué la lettre; c'est même ce qui persuade encore aujourd'hui à plusieurs que Calixte avait une dévotion singulière pour l'apôtre saint Jacques. Ce préjugé, uniquement fondé sur la lettre supposée, a empêché les continuateurs de Bollandus de regarder le livre dont nous parlons comme une pièce faussement attribuée à Calixte, et les a portés à croire, qu'étant sur le siége de Vienne, ou même dans sa jeunesse, ayant une dévotion particulière pour saint Jacques, il avait pu faire un recueil de quelques-uns des miracles de ce saint apôtre. *Non inficior*, dit un de ces critiques, *a Calixto, cum forte Viennensem cathedram obtineret, aut etiam junior esset, pro singulari suo erga sanctum Jacobum affectu, aliqua ipsius miracula collecta fuisse*. Nous avons vu que l'établissement de son frère en Espagne fut le sujet du voyage qu'y fit Calixte avant son élévation au pontificat. S'il érigea dans la suite l'évêché de Compostelle en archevêché, ce ne fut point par une dévotion particulière pour saint Jacques; mais il le fit à la sollicitation du roi de Léon, de Pons abbé de Cluni, des cardinaux légats en Espagne, et des seigneurs de Galice. De plus, on ne voit aucun vestige de cette dévotion singulière de Calixte, ni dans sa Vie écrite par Pandulphe, ni dans aucun auteur contemporain. Il y aurait plus de fondement à lui attribuer une dévotion singulière envers les saints en l'honneur desquels il consacra des églises, qu'il combla ensuite de priviléges. Les auteurs de l'histoire de Compostelle, dont les Bollandistes relèvent le manuscrit, et qui ont écrit peu d'années après la mort de Calixte, gardant un profond silence sur le recueil des *Miracles de saint Jacques*, quoiqu'ils soient d'ailleurs fort exacts à rapporter tout ce que ce pape a fait en faveur de l'Église de Compostelle; ce silence, qu'Ambroise Moralès (*Chron. gen. Hisp.* t. I, l. IX, c. 1, p. 241) a remarqué, est une preuve décisive, selon cet historien espagnol, que Calixte n'a point fait de recueil des *Miracles de saint Jacques*.

Nous ne parlerons pas du manuscrit de Compostelle, qui est rempli de tant de fautes, d'anachronismes et d'absurdités, que ce serait, au jugement des Bollandistes, faire injure à Calixte de lui attribuer ce qu'il contient. A l'égard du recueil que Guibert, abbé de Gemblou, avait vu et transcrit dans l'abbaye de Marmoutiers, on pourrait douter avec beaucoup de fondement qu'il ait été composé avant la mort de Calixte, puisque Guibert, abbé de Nogent, qui vivait du temps de ce pape, et est mort la même année, paraît n'en avoir eu aucune connaissance dans le récit qu'il fait d'un miracle de saint Jacques (lib. III, *Mon.* c. 8).

Nous serions assez portés à croire que le bienheureux Jean, premier abbé de Bonneval, et ensuite évêque de Valence (*Ann. Cist.* ann. 1114, c. 1, p. 73 ; ann. 1118, p. 96), est auteur du recueil. Il avait fait un pèlerinage à Saint-Jacques, et eut toute sa vie une vénération particulière pour ce saint apôtre ; ce sont des faits constants. L'auteur de cet écrit veut qu'il soit lu non-seulement dans les églises, mais encore aux réfectoires des religieux, ce qui forme un préjugé qu'il était religieux lui-même (*Bolland. ibid.* p. 47). Du reste, nous ne donnons ceci que comme une conjecture. C'est assez d'avoir démontré que Calixte n'est point auteur du recueil des *Miracles de saint Jacques*, qui ne lui a été attribué que dans le treizième siècle.

A la suite de ce recueil (*Boll. ib.*), se trouvent plusieurs autres ouvrages dans les manuscrits, savoir : l'histoire du martyre du saint apôtre, *Passio sancti Jacobi*, celle de sa translation, la Vie de Charlemagne par le faux Turpin (BARON. *not. in martyr. Rom.* 25 Jul.). C'est ce qui a fait tomber le cardinal Baronius dans une assez grande bévue. Cet écrivain, faute d'examiner de près ces différents écrits, et ne faisant attention qu'au titre du recueil, *De miraculis sancti Jacobi*, a cru et a avancé qu'il y avait cinq livres des miracles. Les continuateurs de Bollandus n'ont pas daigné insérer ces écrits dans leur grande collection, ne les jugeant pas dignes de voir le jour ; ils se sont contentés de rapporter un fragment de l'histoire de la translation de saint Jacques, pour faire remarquer les absurdités qui y sont répandues. Ce n'est pas néanmoins que ces auteurs aient dessein d'infirmer la tradition d'Espagne sur ce sujet, ils en sont très-éloignés, et font même tous leurs efforts pour dissiper les doutes de M. de Tillemont (t. I, not. 7, p. 627, 628, etc.) sur la validité des preuves dont on appuie cette tradition. Ils indiquent la bulle de Léon III, que ce savant critique n'avait trouvée nulle part, et qui existe dans le Bréviaire d'Evora, imprimé à Lisbonne en 1548, divisée en quatre leçons pour l'office du jour. Nous n'entrerons point sur cet article dans des discussions, qui passeraient les bornes que nous nous sommes prescrites. Pour revenir aux écrits qui suivent le livre des *Miracles de saint Jacques*, nous souscrivons au jugement que portent là-dessus les Bollandistes, et nous convenons avec eux que Calixte ne les a ni composés ni approuvés. Il n'est même personne aujourd'hui, pour peu qu'il ait de critique, qui pense différemment.

Outre les écrits dont nous venons de parler, on a encore attribué à ce pape quatre sermons sur saint Jacques, qu'on a supposé avoir été prêchés à Compostelle ou à Rome, aux jours de la translation ou des autres fêtes de cet apôtre (LIP. *Bibl. theol.* t. II, p. 53) ; mais ils portent les mêmes caractères de supposition. Baronius en fait mention dans son Martyrologe (25 Jul., p. 309). Ils ont été imprimés à Cologne en 1618, et depuis on les a insérés dans la *Bibliothèque des Pères* imprimée à Lyon (t. XX, p. 1278-1293).

Parmi les ouvrages dont les bibliographes et autres écrivains font auteur le pape Calixte (POSSEV. in *App.* t. I, p. 288), il s'en trouve encore deux autres dont il faut dire un mot. Le premier, qui porte ce titre : *De obitu et vita sanctorum* est le même, comme Fabricius le remarque après Oudin (FAB. *med. et inf. lat.*, l. III, p. 891 ; OUD. t. II, p. 1006), qui a été si longtemps attribué à saint Isidore de Séville, *De vita et morte sanctorum*. Cet écrit est la production d'un imposteur, qui a voulu autoriser de deux noms respectables les fables ridicules qu'il y a entassées. Wion en a eu quelques fragments entre les mains. On peut consulter la quinzième dissertation du P. Alexandre (p. 158) sur l'histoire ecclésiastique du premier siècle.

Le second ouvrage est un traité des remèdes, connu sous ce titre : *Thesaurus pauperum*. Nous ne voyons pas sous quel prétexte on a pu le donner à Calixte, son vrai auteur étant Jean XIX, ou Jean XXI, qui s'appelait Pierre-Julien, ou autrement Pierre d'Espagne, *Petrus Hispanus* ; c'est sous ce nom qu'il est désigné dans un manuscrit de la bibliothèque publique de Cambridge : *Thesaurus pauperum, editus a Petro Hispano* (*Cat. mss Angl.* t. III, n. 1329). Son article se trouve dans la *Bibliothèque des papes*, par le P. Louis-Jacob de Saint-Charles (lib. I, p. 158), qui rapporte les différentes éditions de cet écrit (*id. ib.* p. 56, 57). Il y a lieu d'être surpris que ce même auteur l'ait inséré dans la liste des écrits de Calixte, comme étant l'ouvrage de ce pape. On trouve dans cette liste un livre de la découverte du corps de Turpin, archevêque et martyr, qu'on ne doit point craindre de mettre au rang des écrits supposés.

Le même bibliographe (*ibid.*) parle encore, sur l'autorité de Molanus, d'un autre écrit sous ce titre : *De contractibus illicitis*. Il ne nous est pas connu d'ailleurs.

Bollandus (16 Jan. p. 26-28) nous a donné une Vie imparfaite de saint Jacques, premier évêque de l'Eglise de Tarantaise, et il croit que cette Vie peut être de Calixte, mais sans en donner de preuve. M. de Tillemont (*Hist. eccl.* t. XII, not. 5, 9, p. 483), qui sait apprécier les choses à leur juste valeur, méprise cette production, qui fait peu d'honneur à son auteur, quel qu'il soit.

LIBELLUS MIRACULORUM S. JACOBI APOSTOLI.

(VINCENTIUS Bellovacensis, *Speculum historiale*, tom. IV, lib. XXVII, cap. 30.)

Anno Domini 1124, *inquit Vincentius Bellovacensis, obiit bonæ memoriæ papa Calixtus. Hic enim, ut legitur, Calixtus secundus qui libellum scripsit De miraculis sancti Jacobi, quæ sparsim legerat in unum volumen compilando, de quo nonnulla ad ædificationem legentium hic inserere curavi.*

INCIPIT LIBELLUS MIRACULORUM S. JACOBI APOSTOLI A CALIXTO PAPA COMPILATUS

(CALIXTUS PAPA). — Cum essem scholaris et ab infantia beatum Jacobum diligens, XIV annorum spatio perambulans terras et provincias barbaras quæ de eo scripta inveniebam paucis et vilibus cædulis diligenter scribebam, ut in uno volumen comprehendere possem. O mira fortuna! Inter prædones cecidi et raptis omnibus spoliis meis, codex mihi tamen remansit. [In] ergastulum trusus fui, et perdito toto censu meo, mihi tantummodo codex remansit. In profundum aquarum multarum crebro cecidi, proximus morti, et minime codex infectus evasit. Domus in qua eram cremabatur et consumptis rebus meis codex mecum evasit inustus.

Cumque studiose cogitarem ut codex ille pro quo innumeras passus sum anxietates, quem et manibus meis studebam perficere, Deo foret acceptabilis, nocte raptus in exstasi in quadam regia splendida vidi juvenem pulcherrimum et splendidum laureatum regaliterque in cathedra sedens mihi insidenti pedibus suis ait : « Præbe quas in manu habes cirothecas. » Cui cum libenter obtulissem, illo thalamum ingrediente, quidam e sociis ejus dixit mihi : « Iste est filius Regis summi qui, sicut cirothecas de manibus tuis accepit, sic codicem apostolicum placide suscipiet, postquam impleveris. » Rursus translationis apostoli sermonem veneranda die mihi ruminanti et scripturam ejus inter manus tenenti, una cum beato Jacobo in exstasi ipse apparuit dicens : « Scribe quæ cœpisti, corrige scelera pravorum hospitum manentium in itinere apostoli mei. » Nemo igitur hunc librum despiciat ; quidquid in eo scriptum est authenticum magnaque auctoritate expressum. Itaque miracula quæ in hoc codice continentur diebus festis ejus in refectoriis legantur.

Temporibus Aldefonsi regis in Hispaniæ partibus XX viri Christiani, quorum unus erat sacerdos a Saracenis capti sunt, et in urbem Cæsaraugustam carcere tenebroso diversorum generum nexibus obligati. Qui cum Deo inspirante, admonente presbytero, beatum Jacobum invocarent, in obscuro carceris sic eos alloquens refulsit : « Ecce adsum quem vocastis. » Tunc ora quæ pro dolore infixa in genibus tenebantur erigentes ad pedes ejus ceciderunt ; qui suffuso ejus virtutis unguento eorum vincula confregit suaque potentia captivorum manibus consumpta de carcere divinitus erepti, ad portas civitatis eo duce pervenerunt. Quæ facto crucis signo, apostolicæ reverentiæ egressum ultro ministraverunt. Illos igitur jam fere illucescente ad quoddam castellum quod Christianorum tutamine tenebatur perduxit, ubi se ab eis vocari præcipiens, cœlos visibiliter ascendit. Tunc cum magno clamore advocantes, apertis foribus intus suscepti sunt.

(BEDA PRESBYTER.) Temporibus beati Theodori Compostellanensis episcopi, quidam grave peccatum commisit, quod vix sacerdoti suo et episcopo ausus est confiteri. Quo audito episcopus stupefactus pœnitentiam ei dare non audens, hominem illum cum cedula in qua erat peccatum illud scriptum ad sanctum Jacobum misit. Qui cum venisset illuc die festi ejus, cedulam super altare posuit, flens et rogans sanctum Jacobum ut meritis suis deleret illud peccatum. Interea episcopus ad missam celebrandam accessit, et cedulam illam videns, cum quæreretur cur et a quo posita esset ibi, vir ille protinus occurrit, et rei seriem cunctis audientibus flens narravit. Litteras illas aperiens et nil ibi scriptum inveniens, peccatum illud dimissum cunctis narrantibus intellexit.

(HUBERTUS BISUNTINUS.) Anno Domini 1080, XXX viri de Lotharingia, Sanctum Jacobum adeuntes mutuæ servandam virtutis fidem sibi invicem promiserunt. Unus tamen inter eos fuit qui hoc eis non promisit. Cum itaque ad urbem quæ Porta Clusa dicitur incolumes pervenissent, unum e sociis ibi ægrotantem, propter pactum quod fecerunt per XV dies usque ad portus Cifereos cum grandi labore tulerunt, cum ille XV dietæ ab expediris V diebus agi possent ; tunc tandem gravati infirmum reliquerunt. Ille tamen solus qui fidem non promisit cum eo remansit ad pedem montis Sancti Michaelis. Tunc dixit infirmus ut eum, si posset, supra illum montem ferret. Quem ille libenter detulit, et die declinante ad vesperam infirmus migravit. Quod videns vivus valde timuit propter imminentem noctis caliginem, et defuncti pœnitentiam, et gentis barbaræ feritatem. Sic ergo omnino destitutus ad orationem se contulit, et statim sanctus Jacobus ei in specie equitis apparens, causam fletus inquisivit. « Domine, inquit, quia nox est, et mortuus iste sepeliri non potest. » Tunc ille : « Trade mihi hunc mortuum, et tu ascende post me super equum. » Quo facto nocte illa ante solis ortum, XII dietas peragentes ad montem Gaudii qui est dimidia leuca citra Sanctum Jacobum pervenerunt. Ibique sanctus vivum et mortuum de equo deposuit, jubens vivo ut canonicos Sancti Jacobi ad sepeliendum peregrinum mortuum invitaret, et peracta peregrinatione cum inveniret socios in urbe quæ dicitur Legio, eos de fracto pacto corriperet et diceret eis ex parte sancti Jacobi quod, propter hoc, eorum peregrinatio non valeret. Et his dictis disparuit. Ille autem rediens, cum hoc inventis sociis nuntiasset, valde mirati sunt, et ab episcopo Legionis civitatis, ut ille consecutus fuerat, super hoc pœnitentiam susceperunt.

(CALIXTUS PAPA.) Anno Domini 1090, quidam Teutonici Sanctum Jacobum adierunt, et in urbe Tolosa a quodam burgense hospitio suscepti sunt, quos nocte inebrians scyphum argenteum in mantica eorum posuit, et mane exeuntes, quasi latrones inclamitans revocavit. At illi dixerunt ut illum puniret super quem pecuniam suam inveniret. Illosque discutiens, in mantica patris et filii scyphum suum reperit, et sic eorum bona rapiens ad judicium traxit. Cum ergo judex unum tantum ex pietate juberet appendi; et pater pro filio, et filius pro patre vellet mori, tandem filius suspenditur, et pater tristis et anxius ad Sanctum Jacobum progreditur. Post XXXVI dies reveriens, ad corpus filii adhuc pendentis lamentando divertit. Cumque eum lacrymosis gemitibus inclamaret, ecce filius suspensus eum blande consolari cœpit dicens : « Noli, pater dilectissime, flere, sed gaude quia nunquam fuit mihi ita bonum. Nam hucusque sancti Jacobi manus me sustentat, et me cœlesti dulcedine refocillat. » Quod pater audiens cucurrit ad urbem, et convocati populi viventem et sanum deponunt, et hospitem illorum illico suspenderunt.

Anno Domini 1090, Francus quidam mortalitatem hominum quæ erat in Francia vitare desiderans, cum uxore et filiis Sanctum Jacobum adire disposuit. Qui cum venisset ad urbem Pampiloniam defuncta ibi uxore sua, hospes ejus totam illius pecuniam cum jumento quo pueri vectabantur, retinuit. Ille tamen sic penitus desolatus pueros suos humeris portans et manibus trahens, iter suum non dimisit. Cui de urbe exeunti et dolores tanti infortunii recitanti, vir quidam cum asino in via occurrit, et auditis casibus ejus ei asinum suum ad vehendos pueros commodavit. Itaque cum sic adjutus ad Sanctum Jacobum pervenisset, vigilanti in ecclesia et oranti, sanctus Jacobus apparuit, et si se cognosceret inquisivit. Cui neganti, « Ego sum, inquit, Jacobus apostolus qui tibi in Pampilonia meum asinum commodavi, et nunc iterum accommodo revertenti, et pernuntio tibi hospitem tuum quæ tua injuste retinuit ruentem de domus suæ solio moriturum, et hospites omnes ei similes bona hospitum detinentes, quæ debent dari pro remediis defunctorum; » et his dictis disparuit. Peregrinus rediens cum asino et pueris hospitem suum sic mortuum, sicut apostolus pernuntiavit, invenit. Et cum lætus ad patriam pervenisset, depositis de asino pueris, asinus ille statim disparuit.

Anno Domini 1091, cum nauta quidam, Frisonus nomine, navim peregrinorum per mare duceret, quidam Saracenus, Auctus nomine, contra eum ad pugnam venit, volens secum omnes peregrinos in terram Moabitarum captivos ducere. Cumque duæ rates Saracenorum simul et Christianorum convenirent, fortiterque debellarent, cecidit Frisonus inter duas naves, lorica ferrea et galea clypeoque indutus, in profundum maris. Sed cum Dei clementia roboratus sanctum Jacobum invocaret, illico sanctus Jacobus in profundum maris ei apparuit, eumque per manum arripiens incolumem restituit navi. Et protinus cunctis audientibus, ait Saraceno : « Nisi hanc Christianorum naviculam dimiseris, eorum potestate te et tuam galeam tradam. » Cui ille : « O heros inclyte, cur prædam meam auferre moliris? Nunquid tu es Deus maris, qui nostræ genti in mari resistis? » Cui apostolus ait : « Non ego sum Deus maris, sed famulus Dei maris subveniens periclitantibus ad me clamantibus tam in mari quam in terra. » Statimque Dei virtute Saracenorum navis valida tempestate periclitari cœpit, et Christianorum puppis beato Jacobo ducente ad locum optatum pervenit.

Anno Domini 1092, cum quidam antistes a Jerosolymis juxta oram navis sederet, et apto psalterio psalleret, veniens unda maris valida illum rapuit, cum quibusdam aliis in mari. Qui cum a navi fere LX cubitis super undam fluctuantes jam distarent et beatum Jacobum invocaret, protinus, et stans super undas siccis plantis periclitantibus ait : « Nolite timere, filii mei. » Statimque Thetis ejus imperio omnes quos male invaserat in navi aperto codice etiam adhuc quo legebat antistes, minime infecto, sane restituit, et apostolus illico disparuit. Ille autem antistes in honorem ejus responsorium quoddam cum versu suo edidit.

Anno Domini 1104, quidam peregrinus a Jerosolymis rediens supra oram navis sedens cecidit. Cui beatum Jacobum altis vocibus imploranti quidam socius ipsius clypeum suum ei in mare jecit dicens : « Gloriosissimus Jacobus cujus auxilium invocas auxilietur tibi. » At ille clypeo accepto beato Jacobo ducente tribus diebus et noctibus natans navis vestigia secutus ad optatum portum cum aliis incolumis venit, et quemadmodum beatus Jacobus ab hora qua eum invocavit ante illum per capitis verticem jugiter manu tenens præcesserat, cunctis enarravit.

Anno Domini 1105, Bernardus quidam in Italiam captus catenis obligatus est, et in profundo cujusdam turris ab inimicis ejectus. Cui die noctuque continuo imploranti apparuit beatus Jacobus dicens : « Veni, sequere me usque ad Galliciam. » Et disruptis catenis ejus disparuit. Illico peregrinus suspensus ad collum bovis usque ad turris summitatem sine humano juvamine beati Jacobi auxilio suffultus ascendit, et de sublimitate turris quæ XI cubitorum erat usque ad solum terræ forinsecus saltum unum faciens incolumis penitus evasit.

Anno Domini 1106, quidam negotiator volens cum mercibus ad nundinas proficisci ad dominum terræ illius ad quam profecturus erat, qui forte tunc in villa illa erat, accessit, rogans ut eum secum ad nundinas illas salvum duceret. Quod ille facturum se promisit, et fidem dedit. Sed cum illi profecti essent, ille diaboli instinctu commotus negociatorem et ejus res accipiens in carcerem trusit, fortiterque constrinxit. Qui cum beatum Jacobum invocaret, nocte quadam, vigilantibus adhuc custodibus ei in carcere apparuit, et imperans ut surgeret, usque ad summitatem turris eum perduxit. Quæ se in tantum inclinavit quod visa est cacumen suum in terram deponere : a qua sine saltu et læsione descendens, solutus a vinculis abiit. Custodes vero illum insequentes juxta eum venerunt. Et non invenientes excæcati retro abierunt.

Anno Domini 1110 instante, in Italia milites ex civitatibus duabus inter se dissidentibus ad certamen congressi sunt. Quorum una pars ab alia superata fugere cœpit. In quo miles quidam beati Jacobi limina petere solitus aufugiens, jamque vitæ suæ diffidens, beatum Jacobum invocavit dicens : « O beate Jacobe, si me ab imminenti periculo liberare dignaberis, me et equum meum, nihil enim habeo pretiosius, provinciæ tuæ repræsentabo. » Tunc apostolus inter eum et hostes, qui cum acrius insequendo capere sitiebant, apparuit, et hostibus VI leucis insequentibus clypei sui protectione liberavit; qui ne voti reus existeret, se et equum suum, qui xx solidos medietatis monetæ non valebat apostolo obtulit.

Anno Domini 1108, in oris Galliæ, vir quidam uxore sterili filium non habens, sanctum Jacobum propter hoc adiit, et rediens filium habuit cui Jacob nomen imponens, cum esset annorum XV, cum ipso et matre adire sanctum Jacobum, et ei offerre proposuit. Sed in medio itinere puer ægrotans exspiravit : de cujus morte parentes valde dolentes quasi amentes totum nemus clamoribus replevuerunt. Mater autem sic sanctum Jacobum interpellavit : quod si filium ei non redderet, se vivam cum eo faceret sepeliri. Interea dum puer ad tumulum deferretur, quasi de somno excitatus revixit. Et qualiter eum sanctus Jacobus in sinu suo tenuerit, et jusserit ei ut cum parentibus iter inceptum peragerent cunctis astantibus narravit.

(HUBERTUS BIZUNTINUS.) Tres milites diœcesis Lugdunensis ad Sanctum Jacobum pergebant. Quos inveniens quædam muliercula rogavit ut sui miserti duplarium suum amore sancti Jacobi deportarent. Quod cum unus eorum fecisset, et usque ad XII dietas a Galicia mulieris sacculum deportasset, quemdam infirmum in itinere reperit; a quo rogatus equum suum accommodavit. Et accipiens burdonem infirmi et sacculum mulieris, equum suum ferentem infirmum sequebatur. Sed fervore solis et labore itineris infirmatur. Reminiscens quod in multis offenderat, amore beati Jacobi apostoli infirmitatem suam usque ad Galiciam æquanimiter tolerabat. Ibique decumbens a suis sociis monitus est ut more boni Christiani confessus communicari se faceret. At ille bene audiens, sed respondere non valens, per triduum mutus fuit. Unde socios suos de salute corporis et animæ suæ vehementer turbavit. Quarta autem die vigilantibus circa eum et mortem ejus exspectantibus graviter suspirans dixit : « Gratias ago Deo et sancto Jacobo quia liberatus sum, » et quærentibus quid dixisset : « Ex quo, inquit decubui, volebam facere quod monebatis, sed cum hoc cogitarem venerunt ad me subito dæmones ita me constringentes, ut nihil loqui possem quod pertineat ad salutem. Et vos quidem audiebam, sed respondere non poteram ; sed mox huc intravit sanctus Jacobus ferens in sinistra manu sacculum mulieris, et in dextera bacculum pauperis quos in itinere sic adjuvi : burdonem habebat pro lancea, et sacculum pro parma, id est scuto, et statim quasi iratus veniens elevato bacculo fugientes dæmones coegit exire. Et ecce beati Jacobi gratia me liberavit, et loquelam mihi reddidit. Facite ergo venire presbyterum, quia diutius in hac vita permanere non possum. » Qui cum moram faceret, unum de sociis admonuit dicens : « Amice, noli domino tuo amodo militare, scias enim quod veraciter est damnatus et mala morte proxime moriturus. » Quod postea probavit rei eventus. Sepulto socio cum rediissent, et illi domino hoc dixissent, ipse se non emendans, pro somnio verba eorum duxit. Sed paulo post in bello lancea cujusdam militis transfossus interiit.

Prope civitatem Lugdunensem, juvenis quidam peliparius patre defuncto matrem suam proprio labore sustentans, singulis annis adire Sanctum Jacobum solebat. Cum ergo diu caste vixisset, tandem quadam nocte cum quadam muliere fornicatus est. Mane autem facto, quia prius ad Sanctum Jacobum proposuerat, cum duobus vicinis ducens secum asinum ad Sanctum ire cœpit Jacobum, qui sibi quemdam mendicum in via reperientes, gratia societatis et amore apostoli, secum tulerunt ei necessaria largientes. Tunc illi juveni diabolus in specie sancti Jacobi nocte apparuit dicens : « Nosti quis sum ? » Cui neganti : « Ego sum, inquit, Jacobus apostolus, quem singulis annis visitare consuevisti. Scias quia multum gaudebam de te, quia valde magnum bonum sperabam in te. Sed nuper antequam de domo tua exires, cum muliere fornicatus es, nec confessus, huc venire ausus es, et cum peccato tuo peregre profectus es, quasi peregrinatio tua placeret Deo et mihi. Non debet ita esse. Sed quicunque propter me vult peregrinari, prius debet sua per confessionem peccata dicere, et post peregrinando eadem commissa pœnitere. » His dictis dæmon evanuit. Tunc anxiatus juvenis domum redire et peccata sua confiteri, et sic iter reincipere disposuit. Sed statim dæmon ut prius ei apparens, cogitationem talem redarguit dicens, quia peccatum istud nullo modo delere posset nisi sibi genitalia membra secaret, et multo beatiorem et martyrem fore si se auderet occidere. Quibus dictis, juvenis simplex nocte sociis suis dormientibus cultellum extraxit, et sibi genitalia amputans eodem cultello per ventrem transfixit. Cum ergo sanguis efflueret, et ille moriens palpitaret, experrecti socii accenso igne morientem invenerunt. Et timentes crimen homicidii mane fugientes ipsum cum egeno relinquunt. Post paululum cum ejus foveam præpararent, ecce defunctus propter fluxum sanguinis, extra ecclesiam positus, revixit in feretro resedit, et statim circumstantes diffugiunt, et ad clamorem eorum omnes alii convenerunt, et sic ille loqui cœpit, et cuncta quæ illi contigerant, enarravit. Et cum prædicta dixisset adjunxit : « Cum me inquit, occidissem, dæmones me cœperunt. Et cum me versus Romam ducerent, sanctus Jacobus post nos velociter advolavit. Cumque pro me et contra me diutius ad invicem disceptassent, illo cogente venimus ad quoddam pratum ubi beata Maria cum universis sanctis ad colloquium residebat. Beatus ergo Jacobus ante eam pro me contra dæmones conqueritur. Et cum illa dæmones increpasset jussit ut reviverem. Sicque sanctus Jacobus me suscepit et me confestim restituit. » Quod cum audissent astantes, eum in domo cum gaudio detulerunt. Et statim sanato, solæ cicatrices loco vulnerum remanserunt. Post triduum peragens ipse cum asino et mendico redeuntibus sociis obviavit, et vix tandem cognitus stupentibus, quod gestum ei fuerat enarravit. Et post omnes ad patriam perfecta peregrinatione redientes, hoc quod socii ejus prius narraverant re ipsa confirmavit. Hunc hominem et omnia signa mortis sanctus Hugo Cluniacensis abbas cum multis aliis vidit, et pro admiratione hoc, ut revelatum est sæpius solitum se vidisse asseruit.

Anno Domini 1100, quidam civis Barcinonæ urbis cum ad Sanctum Jacobum pervenisset, hoc solum ab ipso petiit, ut deinceps a nullis hostibus detineri posset. Rediens ergo ad propria per Siciliam a Saracenis in mari capitur, et per fora et nundinas in XIII urbibus paganis venditur et emitur, et semper catenæ quibus ligatus fuerat solvebantur. Venditione XIII circa crura duplicibus catenis astrictus cum sanctum Jacobum inclamaret, apparuit ei idem apostolus dicens : « Quia cum esses in ecclesia mea tuam a me potiisti liberationem corporis tui et non animæ salutem, illico in his periculis lapsus es. Sed quia Dominus misertus est tui, misit me ad te ut etiam nunc eruam te. » Et statim apostolo disparente, ruptis catenis, vir ille solutus, per urbes et castella Saracenorum, quamdam partem catenæ ferens in manibus in testimonium tanti miraculi ad terram suam, Saracenis videntibus, palam rediit. Cumque aliquis paganus ei obvians eum capere tentabat, mox visa catena territus fugiebat. Multi etiam ursi et leones, leopardi et dracones per deserta gradientem devorare volebant ; sed statim visa catena quam apostolus tetigerat recedebant. Hunc ipsum hominem catenam in manibus ferentem, et hoc narrantem vidi ego ipse.

Anno Domini 1119, vir quidam nomine Brunus de Mimeliaco, a Sancto Jacobo rediens, nummis deficientibus egere cœpit, et non habens unde saltem nummatam panis emeret. Die quadam usque ad nonam jejunans, et mendicare erubescens, tristis et anxius valde fuit. Unde sanctum Jacobum implorans sub quadam arbore solus quievit. Ibi paululum dormiens somniabat quod sanctus Jacobus eum pascebat. Evigilans statim panem subcinericium ad caput reperit, de quo xv diebus, bis in die, sufficienter edebat, et altera die cumdem panem in sacculo integrum invenit.

(CALIXTUS PAPA.) Nuper comes Sancti Ægidii, Pontius nomine, cum fratre suo ivit ad Sanctum Jacobum ; quo pervenientes rogaverunt ædilem ut ante corpus apostoli permitteret eis vigilare; consuetudo autem erat ut post solis occasum januæ ejusdem oratorii clauderentur usque mane. Qui noluit. At illi tristes recesserunt ad hospitia sua, et congregantes omnes peregrinos societatis suæ paraverunt sibi luminaria quæ tenerent in manibus, et confortati in fide venerunt ad januas clausas fere cc peregrini, et orantes dixerunt alta voce : « Sancte Jacobe, si tibi placet peregrinatio nostra, aperi nobis oratorium tuum. »

Nondum verba finierant, et ecce januæ cum tanto strepitu apertæ sunt, ut putarent eas in minutias fractas. Rupta sunt autem repagula et seræ et catenæ quibus obserabantur.

Quidam episcopus de Græcia, Stephanus nomine, relicto episcopatu venit ad Sanctum Jacobum in paupere habitu, et ibi facta est ei cellula de juncis in qua die noctuque jejuniis, vigiliis et orationibus intendebat. Cumque oraret quadam die, turba rusticorum juxta cellulam ejus apostolum sic rogare cœpit : « Beate Jacobe, bone miles, ab instantibus malis nos liberes. » Quod ille audiens, increpans eos dixit : « O stulti rustici, beatum Jacobum non militem, sed piscatorem appellate. » Eadem nocte beatus Jacobus apparuit ei in veste candidissima duas claves in manu tenens, arma ferens fulgentissima ut radii solis, quem tertio vocans ait : « Stephane serve Dei, qui me non militem sed piscatorem vocari jussisti, ideo taliter tibi appareo, ut scias me Deo militare; et ut firmius hoc credas, cum his clavibus quas manu teneo portis Colimbriæ urbis apertis quæ vii annis a Fernando rege Christianorum obsidione opprimitur, crastino die hora tertia intromissis Christianis eorum reddam potestati; » et ita factum est.

Ortum est aliquando bellum fortissimum inter comitem Fontis Calcariæ et militem suum, nomine Guillelmum, qui captus est a comite, et ante eum adductus; quem cum comes decollari jussisset et miles clamaret : « Jacobe apostole Dei, quem Herodes gladio Hierosolymis occidit, adjuva me et libera me a spiculatoris gladio, » ter ictum immensum nudo collo erectis ad cœlum manibus sustinuit, et nil læsus est. Tunc spiculator mucronem fixit in ventrem ejus, quem beatus Jacobus sic hebetavit, quod nec ictum ejus sensit. Tunc comes jussit eum in castro suo recludi. Cui beatum Jacobum invocanti, mane apostolus stans apparuit dicens : Ecce adsum quem invocasti. Tunc impleta est domus tanta suavitate odoris, ut omnes qui ibi erant putaverunt se esse in paradiso propter odorem et lucem quæ immensa ibi apparuit. Tunc in ipso fulgore beatus Jacobus eduxit eum coram omnibus manu tenens, et perduxit eum usque ad extremam portam castri, custodibus quasi excæcatis, et apertis januis iter usque ad unum milliarium extra muros perrexerunt. Tunc miles amore apostoli accensus perrexit in Galiciam ad visitandum corpus apostoli.

De vindicta cœlesti in non observantes festum sancti Jacobi.

Hæc sunt miracula quæ olim beati Jacobi festa non colentibus ultione divina operante evenerunt. Inter Hispanos, apud Tudelionum, die festo sancti Jacobi, triticum rusticus tota die in area excussit; qui advesperascente die balneum quod juxta idem castrum Saraceno antiquo factum est intravit. Cumque in eo sederet, statim pellis dorsi ejus ab humeris usque ad crura balnei parietibus adhæsit, cunctisque videntibus, ob transgressionem tanti festi spiritum exhalavit.

Inter Vascones apud Albinetum sancti Jacobi diem plebs colere renuens, tota die operabatur : sed divina ultione totum castrum ejus nocte sequenti consumptum est igne, nec fuit qui sciret ex qua parte progrederetur ignis; sed e cœlo dicitur evenisse.

In episcopatu Bisuntiensi, Bernardus de Majora, hac die sancti Jacobi tritici manipulos cum carro tota die, vicinis contradicentibus, duxit, et ad vesperam, eo sic operante, tempestivus ignis ac validus e cœlo veniens carrum, manipulos et boves in cinerem redegit; sed et mulieres quædam quæ cum illo erant, ab aliis supervenientibus in fonte proximo deportatæ sunt, ut ignis calorem evaderent, et vix evaserunt.

Item Harduinus, ejusdem villæ miles, eodem die plaustrum suum cum manipulis tritici tota die duxit; sed ultio divina boum oculos excæcavit.

Inter Gothos provinciæ Montispessulani jussu cujusdam militis Mircoriensis rustica quædam apud villam Sancti Damiani, die sancti Jacobi, panem subcinericium fecit et coxit; quo allato ad mensam atque confracto coram cunctis discumbentibus sanguinolentus apparuit. Et dum magis frangeretur, magis ac magis sanguinem rejecit. A Domino factum est istud, etc.

Hæc ae libello Calixti papæ dicta sufficiant

SERMONES QUATUOR
DE SANCTO JACOBO APOSTOLO

IN GALLÆCIA HABITI.

(Editi primum a P. Joanne Mariana S. J., recusi postmodum in *Bibliotheca Patrum* Lugdunensi, tom. XX, pag. 1278.)

SERMO PRIMUS.
IN VIGILIA S. JACOBI ZEBEDÆI APOSTOLI.

Lectio secundum Marcum, cap. III, vers. 13 : *In illo tempore ascendens Dominus Jesus in montem, vocavit ad se quos voluit ipse, et venerunt ad eum, et fecit ut essent duodecim cum illo, et ut mitteret eos prædicare*, etc.

Vigiliæ noctis sacratissimæ solemnitatis beati Jacobi Zebedæi, apostoli Gallæciæ, nobis, dilectissimi fratres, advenerunt a malis cessandum est et in bonis actibus persistendum, et divinæ charitatis intima affectione lætandum. Quam nimirum solemnitatem congruum est ut jejunio et a vigilia prævenire satagamus, et in quantum possumus delictorum nostrorum maculas gemitibus, lacrymis et eleemosynis tergamus, concordiam et charitatem diligamus, transitoria mundi oblectamenta contemnamus, vera patriæ cœlestis gaudia tota mentis aviditate amemus, et ut nobis a justo judice debita relaxentur, pro ipsius amore debito inveniri valeamus. Hinc est quod ecclesiastica religio ante majorum sanctorum solemnia ab illicitis abstinere, jejunare ac vigilare constituit, ut in hac videlicet die caro, per continentiam aliquantulum afflicta, a peccatorum sordibus expietur. Et licet omnibus diebus orare et abstinere conveniat, hac tamen die amplius jejuniis, eleemosynis ac precibus inservire oportet. Et ne ad ea quæ hortamur, dilectissimi, torpeatis, a sæcularibus vobis exemplum accipiatis. Si quilibet famulum cujuslibet terreni potentis suscipere deberetis, hospitii vestri domum diligenti sollicitudine mundam facere studeretis. Si hominum introitu corporea domus emundatur, cur præcipue Deo venturo domus animæ summa munditiæ diligentia non præparatur? Sciendum vero quod qui digne et munde æterni Regis militem solemni officio suscipit, et ipsum Regem æternum in milite suscipit, ipso in Evangelio testante, qui dicit : *Quod uni ex minimis meis fecistis, mihi fecistis* (*Matth.* xxv, 40). Si ergo quod uni ex minimis Christi fit, ipsi fit, constat quia quæ uni ex sanctis ejus fiunt, ipsi fiunt. Ad hoc tamen apostolica voce moveamur, cum dicitur : *Hora est jam nos de somno surgere* (*Rom.* xiii, 11), in somno quippe sumus dum in carnis voluptate torpemus et in peccandi consuetudine manemus. Sicut enim per somnum corpus aggravatur, ita et per carnis voluptatem et peccandi consuetudinem animus deprimitur. Hinc itaque scriptum est : *Evigilate, justi, et nolite peccare* (*I Cor.* xv, 34). A somno ergo hujusmodi surgimus cum carnis voluptate postposita, peccandi consuetudine relicta, ad Dei dilectionem et servitium prompti efficimur. A somno attamen isto nunc præcipue tempus est ut surgamus, qui venerabilem magni Jacobi solemnitatem cras celebraturi sumus, cujus jam vigilias procul dubio recolimus. Hinc etiam Dominus per Isaiam hortatur dicens : *Lavamini, mundi estote* (*Isa.* i, 16). Lavare itaque nos oportet confessione, pœnitentia, fletu, afflictione, niala quæ gessimus, et in munditia illa perdurare, ne iterum per illicita sordeamus. Sicut enim qui lavatur a mortuo, et iterum tangit eum, sordidus efficitur ; sic qui delictum reiterat, coinquinatus habetur. Hinc Psalmista ait : *Declina a malo, et fac bonum* (*Psal.* xxxvi, 27), et hinc etiam patet quia non sufficit homini abstinere a malo nisi faciat quod bonum est. Quod ostenditur cum iterum per Isaiam dicitur : *Quiescite agere perverse, discite benefacere* (*Isa.* i, 16). Quia sicut perverse agendo a Deo disjungimur, sic benefaciendo conjungimur. Scitote, fratres charissimi, quia sicut est inhonestum homini pransuro ad regis terreni mensam coinquinatis vestimentis accessisse, sic turpe est animæ Christiani in celebratione tanti apostoli cum vitiis quibusdam advenisse. Et ultra ut fastidiosum est regi terreno si quid sordidum aut reprehensibile in residente ad mensam ejus viderit, ita inhonestum est divinis aspectibus Dei, si quid forte horrendum aut vitiosum in Christiano in celebritate B. Jacobi festi fuerit. Et idcirco oportet ut non solum caveamus in ejus diebus a vitioso lapsu, sed etiam longe ante abstineamus, ne gravi crimine deturpati, verum etiam bonorum floribus adornati ad festa tanti apostoli accedamus ; ne nobis dicatur quod reprobo ad nuptias introgresso a bonis operibus nudo a Domino dicitur : *Amice, quomodo huc intrasti non habens vestem nuptialem?* At ille obmutuit. Tunc rex ait, *Ligatis manibus et pedibus, mittite eum in tenebras exteriores, ibi erit fletus et stridor dentium* (*Matth.* xxii, 12). Animadvertitis, fratres charissimi, quoniam velut iste idcirco quod nudus a veste nuptiali erat, a consortio convivantium ejicitur, sic timeo ne a consortio sanctorum fiat alienus, qui ad eorum solemnia celebranda bonis operibus accessit nudus ; et si ille qui absque bono opere ad celebranda sanctorum festa accessit, ab eorum consortio sequestratur, quid tunc fiet de illo qui cum malis operibus absque pœnitentia accessit ? Timeo ne pari pœna puniatur. Sciendum vero est quod qui juste et digne B. Jacobi festa celebraverit, cum ipso cujus victricem diem colit, procul dubio perenni sæculo sanctorum solemnitate angelorum participabit. Si enim ipsius festa colimus in mundo, multo altius et angeli colunt in cœlo. O quam dignum est, fratres charissimi, atque gloriosum festa sanctorum colere cum angelis quorum regna accepturi sumus una cum eis in cœlis.

Quisquis igitur aut in fornicatione, aut in homicidio, aut in adulterio, aut in cæteris vitiis lapsus est, ad pœnitentiæ recurrat medicamenta, ut ad celebranda tanti apostoli Christi solemnia idoneus efficiatur ; quatenus celebrata digne ejus solemnitate partem æternæ celebritatis sanctorum habere mereatur. Si enim aliquis forte aliquo crimine lapsus, in his sacris solemniis B. Jacobi fuerit, vel cum delicto antea perpetrato ad festa ejusdem absque pœnitentia accesserit, vel a bono opere in his cessaverit, vel rebus sæcularibus præoccupatus fuerit, nisi pœnituerit, frustra festa celebravit, quia laudes suas coram Deo vacuas fecit. Quapropter Dominus per prophetam non solum a pravis actibus, sed et a malis cogitationibus præcipit abstinendum, nobis dicens : *Auferte malum cogitationum vestrarum ab oculis meis* (*Isa.* i, 16). Celebrare enim festa sanctorum, perpetuam populorum requiem demonstrare est. Cum enim a terrenis actibus his diebus quiescimus, tunc ostendimus quod sicut ille cujus festa celebramus in æterna requie est, ita et nos una cum eo in perenni paradisi requie erimus, Domino dante, si a malis cessamus actibus, et bonis implicamur. Cumque in eorum vigiliis jejunamus, tum ostendimus quod sicut a cibis corporalibus abstinemus, sic a nocivis actibus abstinere debeamus. Quandiu enim Adam a cibis interdictis et vitiosis abstinuit, tandiu in paradiso exstitit ; mox ut comedit, statim expulsus est. Unde datur intelligi quod qui sanctorum vigilias jejuniis, precibus et eleemosynis in præsenti sanctificaverit, illorum gloriæ particeps in futuro erit. Qui vero in illis non jejunaverit, aut a bonis, ut prædiximus, cessaverit, aut illicita fecerit, a sanctorum consortio profecto alienus erit. Et qui in aliis rebus jejunat et vacat a malo, et bene facit, habebit coronam. Qui vero hac die non jejunat, et bene non facit, et a malis non cessat, sentiet pœnam. Sed quod deterius est, diabolus invidus et ministrator vitiorum, qui Adam in paradiso tentavit, quique semper sanctos a bonis operibus non cessat avertere, ipse in sanctorum solemnitatibus intentus magis quam aliis diebus stimulis suis subdole solet tentare. Sunt et nonnulli, quod pejus est, qui diebus festivis magis quam aliis solent vitiis deteriorari plus quam meliorari. Certe non ille qui aut invidia, aut detractione, aut ebrietate, aut superflua comessatione, aut fornicatione, aut sæcularium rerum occupatione, aut homicidio, aut venatione avium sive pecudum, aut joco alearum sive *scaquorum* [schaccorum], aut obsidione, sive vindicta, sive acie inimicorum, aut in oppressione fratrum, aut in aliquo gravi crimine deprehensus fuerit diebus festivis, sanctorum festa non celebrat ; sed qui in egenorum distributione, aut in hospitalitate, aut castitate, aut infirmorum visitatione, aut sacra lectione atque prece, aut pacis discordantium locutione, aut aliqua bona operatione usus atque inventus fuerit. Quod in sancto Moysi et populo Israelitico ostendimus, cum Moyses in monte Sinai cum Domino morabatur, populus perfidus conflatilem vitulum operabatur (*Exod.* xxxii). Quid est hoc quod Moyses cum Domino cum divina contemplatione stat, et populus vitulum adorat, nisi quia religiosi quicunque qui sanctorum festa celebrare rite et in contemplatione persistere desiderant, longe ante a vitiis abstinent ; et perversi econtrario, qui antea per multos dies abstinuerunt, nunc a bonis cessando peccata committunt ? Ob hoc dicit Scriptura : Male celebrat Sabbatum qui a bonis operibus vacat (*Marc.* iii, 4 ; *Luc.* vi, 9), et Psalmista ait : *Mutaverunt gloriam suam in similitudinem vituli comedentis fenum* (*Psal.* cv, 20). Gloriam suam perversi in similitudinem mutant vituli, qui bestiali more apostolica solemnia colunt, qui vitiis in eis inserviunt, cum facinoribus suis absque pœnitentia ad celebranda eadem accedunt, et bene dicit : *Obliti sunt Dominum qui salvavit eos* (*Psal.* cv, 21), quia Dominum ignorant qui ejus sanctorum sacra solemnia non cum bonis actibus, sed ebrietatibus et luxuriis incestis et otiosis verbis celebrare appetunt. Populus vero Hebraicus non multa in Ægypto peccata perpetravit, qui postea in adorato vitulo in deserto corruit, per vitulum Deum offendisse dicitur. Quid hoc? nisi quia sunt nonnulli qui ante beati hujus apostoli Domini Jacobi festa se a vitiis abstinent, et nunc laqueis diaboli male operando capiuntur; quod avertat Deus, fratres, a vobis ne fiat istud. Ecce, charissimi, quomodo apostolicam solemnitatem digne celebrare valeamus. Ecce quemadmodum ejus ingentem atque honorabilem celebritatem excolere, et nosmetipsos cum summa munditia præparare debeamus. Pensandum quippe nobis est ut nos iterum mundos, quantum possumus, per abstinentiam faciamus, et in celeberrimo solemnitatis ejus die idonei ejus officiis assistamus, quatenus cum venerit in ultima die cum duodena turba apostolica judicaturus duodenam turbam Israeliticam, ultionis judicium ejus præsidiis evadere mereamur, et cum ipso regnare in cœlestibus regnis sine fine.

Mos ecclesiasticus, qui majorum sanctorum vigilias confessionibus lampadibusque et cereis nocte in ecclesiis celebrat, a priscis patribus veteris legis sumpsit exordium (76). Oportet igitur pridie ante vigilias basilicam scopis et pulveribus mundare, tapetis, palliis, et cortinis, et juncis exornare, ut convenientius in ea clerus et populus precibus possit vacare. Quod pœnitentiam sumere a sacerdotibus in Ecclesia prædicantibus ante vigiliam plebem fidelem oporteat, codex Exodi ostendit cum dicit : *Cumque lavasset populus vestimenta sua, ait ad eos Moyses : Abstinete ab uxoribus, estote parati usque in diem tertium ; nec appropinquetis uxoribus vestris* (*Exod.* XIX, 14). Sicut igitur plebs Hebræa legem acceptura vestimenta sua lavit, et a propriis uxoribus abstinuit, sic populus Christianus apostolica solemnia celebraturus ante vigilias pridie lavare non solum vestimenta, verum etiam per pœnitentiam a sacerdotibus acceptam corda et corpora sua lavare, et a propriis uxoribus usque ad diem octavum abstinere debet. Et quidem si a legitimis uxoribus est abstinendum, quanto magis ab illicitis pollutionibus? Quod tota nocte populum in ecclesia coram altari orare, manibus cereos ardentes tenere, stare et non sedere, vigilare et non dormire oporteat, testatur Dominus qui ait : *Sint lumbi vestri præcincti, et lucernæ ardentes in manibus vestris* (*Luc.* XII, 35). Lumbos præcipit præcingere, ut luxuriam, quæ in lumbis est, coercendam esse demonstret. Lucernam quippe tenere manibus præcipit ut bona opera facienda designet. Quod stare debeant in ecclesia super pedes qui vigilant, et non sedere nisi ad tempus testatur Paulus qui ait : *State ergo succincti lumbos vestros in veritate* (*Ephes.* VI, 14). Et Dominus ad prophetam : *Sta*, inquit, *super pedes tuos* (*Dan.* X, 11). Multi facies suas tempore somni candelis ardentibus ne dormirent exusti sunt; maluerunt enim barbam et capillos ardere, quam coram altari non turpibus cogitationibus mentem maculare. Quod cereus uniuscujusque a vespere usque ad primam missam finitam ardere debet, testatur populus Israeliticus, qui per deserta gradiens, a columna ignis, quæ nocte in nube super eum apparebat, meruit illuminari. Perdurabat enim a nocte incipiente usque ad luciferum, quod est stella matutina. Sed sciendum est inter cætera quod cereus quem maribus vigilans tenet, Trinitatis fidem demonstrat. In cera Deus Pater, in filo ejus Unigenitus, in lumine Spiritus paracletus ab utroque procedens significatur. Quam fidem debet corde firmiter tenere qui candelam manu tenet per noctem. Pallia, et serica, et tapetia, cæteraque ornamenta quæ suspenduntur his diebus in ecclesia, fidem, spem et charitatem, cæterasque virtutes insinuant, quibus cordis nostri thalamum adornare debemus, quo summum hospitem, scilicet Regem sempiternum Jesum

(76) Vide Baron. in Martyrol. Rom.

Christum recipere mereamur. Juncus qui cum cæteris herbis, sub pedibus sternitur, superbiam quam cum cæteris vitiis sequentibus sub pedibus nostris bene operando calcare debemus, designat. Hujusmodi vigilias populus Paschatis in Ægypto ostendit, qui mœrorem Ægypti fugere, terramque repromissionis ingredi cupiens, nocte evigilans renibus accingitur, calceamentis induitur, baculis sustentatur, ostium domus suæ agni sanguine consecrat (*Exod.* X,1, 11). Si ergo populus Pascha suum, scilicet transitum de Ægypto ad terram promissionis, de temporalibus videlicet temporalia, nocte celebrat, quanto magis et nos vigilando beati Jacobi diem festum, quo de temporalibus ad sedes paradisiacas transivit, celebrare debemus? ipso enim annuente de hujus carnis exsilio nos transituros ad paradisum credimus. Sique ipsi populi terrenum agnum, tamen figurativum, per familias ac domos suas nocte comedebant, quanto magis et nos in die festo nostri Jacobi per ecclesias summo diluculo, expulsis delictorum tenebris, verum Agnum immaculatum, peccata mundi auferentem, sacrificare et communicare debemus? Si nocte vigilabant, qui ab hostibus per Moysis manum liberari optabant, quanto magis et nos vigilare debemus in beati apostoli nocte, quia ejus præsidiis a vitiis et hostibus dæmoniacis liberari optamus? Si vero calceamentis induebantur, quanto magis et nos prædicationibus et exemplis mortuorum animalium, id est primorum Patrum, gressus nostros introire eorumque acta enarrare debemus? Si baculis sustentabantur, quia iter arripere festinabant, quanto magis et nos efflagitare sanctos debemus, ut in itinere regni cœlestis nos adjuvent? Si postes domus suæ agni sanguine intingebant, quanto magis et nos Dominicæ crucis vexillo cordis nostri domum vigilanti oculo munire contra tentamenta dæmoniaca debemus? Et si plebs Hebræa, quæ terram repromissionis ingredi cupiebat, renibus accingitur, bene ergo Christiana plebs, quæ patriam cœlestem a Deo sibi promissam ingredi cupit, renes dum vigilat et debet præcingere et luxuriam refrenare, ut nitidior possit ante beatum Jacobum vigilare. More enim illorum qui corpus mortuum vigilant, sanctos vigilamus, dum in ecclesiis eorum funera precibus exsequimur. Alii enim dilectissimi necem plorant, alii propter honores et spolia accepta gaudent. Alii Psalterii psallentes precibus instant. Igitur sicut corpus vigilandum inter vigilantes sistitur, sic veraciter beatus Jacobus inter vigilantes suos eorum preces coram Deo deferens commoratur. Mul i enim testantur in ejus festi vigilia dum vigilabant, se eum in apostolica effigie vidisse. In ejus ergo vigilia per cordis compunctionem et oris confessionem peccata plorare debemus; insuper et gaudere, quia si bene eam observaverimus, honores et spolia vitæ æternæ accipiemus; Galæcianis maxime qui spolia, id est venerandum corpus, acceperunt, quotidie illis gaudendum est et lugendum. Lugendum dum male ea disponunt, gaudendum dum bene, ut Laurentius, dispergunt. Psallitur enim de eo sic : *Dispersit, dedit pauperibus, non divitibus.* Item sicut mos est in exsequiis defuncti clericos psallere; sic omnibus vigilantibus in beati Jacobi vigilia corde et ore psallendum est. *Præoccupemus,* inquit Psalmista, *faciem Domini in confessione et in psalmis jubilemus ei* (*Psal.* XCIV, 2). Et Apostolus ait : *Psallam spiritu, et psallam mente* (*I Cor.* XIV, 15). Multi enim psalmos ignorantes olim fuere, qui magna præmia legentibus psalteria in hac nocte dederunt. Quod octo diebus sive beati Jacobi, sive majorum sanctorum solemnia observari debeant, testatur Paralipomenon qui de templo Salomonis loquitur dicens : *Fecit ergo Salomon solemnitatem in tempore illo septem diebus et omnis Israel cum eo in Ecclesia magna valde* (*II Paral.* VII, 8); et fecit in die octavo collectam, scilicet in templo. Vigilandum ergo et orandum hac in nocte nobis est, ne in tentationibus perversis occumbamus. Scriptum quippe est : *Vigilate et orate, ne intretis in tentationem* (*Matth.* xxvi, 41) ; et iterum : *Vigilate, quia nescitis qua hora Dominus vester venturus est* (*Matth.* xxv, 13) ; et alibi : *Vigila* [*et ora*], *in omnibus labora* (*II Tim.* iv, 5) ; et iterum : *Beatus qui vigilat ad fores meas quotidie* (*Prov.* viii, 34). Fores sapientiæ typice apostoli sunt per quos fideles regnum cœlorum ingrediuntur. Igitur qui in apostolorum vigiliis vigilat, ad fores regni cœlorum vigilat. Verumtamen si bene vigilaverit quis in hac nocte, ad illam remunerationem se accepturum se parare dicitur (77) quam prudentes virgines acceperunt, quæ lampades suas manibus tenuerunt, operibusque in bonis usque ad adventum veri Sponsi sui perseveraverunt. Dum enim media nocte clamor sponsi advenientis fit, prudentes intraverunt cum eo ad cœlestis regiæ nuptias perpetuas ; et fatuis dormientibus in peccatis clauditur cœlestis aulæ janua, et datur responsum. : *Amen, dico vobis, nescio vos* (*Matth.* xxv, 12). Qui enim Deum ignorat in peccatis, ignorabitur ad januam regni cœlestis. Gedeon suos bellatores ut lampades ardentes in ollis occultarent, manibusque gestarent, et appropinquatis hostibus ollas quassarent, præmonuit (*Judic.* vii, 19) ; sicque factum est ; quassatæ sunt ollæ, et præ admiratione claritatis lampadum hostes attoniti aufugere. Per ollas corpora nostra, per lampades occulta cordis nostri, bona desideria, per hostes dæmones et vitia typice exprimuntur. Lampades in ollis occultamus cum de bonis cœlestibus in cordibus nostris cogitamus. Ollas quassamus, cum corpora nostra præ abstinentia his diebus affligimus. Lampades ardentes ostendimus, cum bonorum operum exemplum cunctis damus. A facie lampadum fugiunt hostes, quia cum in bonis operibus semper intentos nos vident dæmones, procul a nobis recedunt, et vitia. Et quidem sicut in vigilia matutina respiciens Dominus super castra Ægyptiorum per columnam ignis et nubis interfecit exercitum eorum, liberans populum suum, sic si beati Jacobi vigilias et solemnia luminaribus cordis et corporis diligenter celebraverimus, in matutinis et missa celebrata a vitiis et hostibus dæmoniacis meritis apostolicis credimus liberari. Hæc igitur nox nocti Paschalis solemnitatis in multis consimilis est. Quoniam sicut illa multis ad salutem, scilicet credentibus ; multis ad damnationem, scilicet non credentibus est : ita hæc nox aliis est ad salutem, aliis ad damnum. Qui enim turpia vel inania, vel otiosa verba, vel rixas, vel stuprum, vel adulteria, vel furta, vel ebrietates, comessationes illicitas commiserunt, vel jocos joculatorum diversos fecerunt, vel viderunt, vel cantilenas mendosas (78) decantaverunt, nisi resipuerint, profecto damnabuntur. Qui vero pœnitentes a commissis fuerint, et candelas, ut præfati sumus manibus tenuerint, et in precibus ac divinis eloquiis usque ad diem perseveraverint, procul dubio in perenni meritis apostoli a Domino remunerabuntur. Hæc nox castos diligit, libidinosos odit, iniquos fugat, pios amat, somnolentos increpat, vigilantes remunerat, collaudantes glorificat, peccantes odit, sobrios diligit, ebrios repellit, largos multiplicat, avaros damnat, hospitales ædificat, crudeles non curat, lætificantes beatificat, iracundos prohibet, malevolos damnat, amantes servat, pacificos placat, litigantes prohibet, pauperes gratificat, infirmos corroborat, pœnitentes salvificat, lugentes veros fovet. Hujus ergo sanctificatio noctis fugat scelera, culpas lavat, et reddit innocentiam lapsis, mœstis lætitiam ; fugat odia, concordiam parat, et curvat imperia. Hæc nox est quæ per universum mundum in Christo credentes, scilicet in hac solemnitate a vitiis sæculi segregatos, a caligine peccatorum reddit gratiæ, sociat sanctitati. Hæc nox est de qua dici fas est : *Et nox illuminatio mea in deliciis meis* (*Psal.* cxxxviii, 11). Quæ tenebris non obscurabitur, sed sicut dies illuminabitur vero lumine, in cordibus scilicet verorum celebrantium se. O vere beata nox, quæ exspoliat a peccatis Ægyptios, scilicet pœnitentiam agentes ; ditat Hebræos, scilicet credentes, de terrenis ad cœlestia transeuntes ! O vere beata nox, cujus dies meruit scire tempus et horam, in qua primus apostolus hac fragili vita spoliatur,

Et sibi pro meritis prima corona datur !

Cessemus ergo ab operibus carnis, et operemur bona in his sacris solemniis. Qui enim, ut prædiximus, ab illicitis actibus cessaverit, et in bonis usque in finem perseveraverit, ad illum verum montem se ascensurum sperare debet, de quo in hodierna lectione Marcus ait : *Ascendens Dominus Jesus in montem, vocavit ad se quos voluit ; et venerunt ad eum, et fecit ut essent duodecim cum illo, et ut mitteret eos prædicare*. Mons in sacro eloquio aliquando Ecclesiam, aliquando cœleste regnum, aliquando humiles, aliquando altiora præcepta, aliquando virtutes, aliquando sanctos, aliquando Judæos designat. Ecclesiam, ut Veritas ait : *Non potest civitas abscondi super montem posita* (*Matth.* v, 14). Cœleste regnum, ut Psalmista ait : *Domine quis habitabit in tabernaculo tuo, aut quis requiescet in monte sancto tuo ?* (*Psal.* xiv, 1) et respondit ei Spiritus sanctus dicens : *Qui ingreditur sine macula et operatur justitiam ; qui loquitur veritatem in corde suo, qui non egit dolum in lingua sua, nec fecit proximo suo malum* (*ibid.* ii, 3). Humiles ostendit, ut idem Psalmista ait : *Suscipiant montes pacem populo, et colles justitiam* (*Psal.* lxxi, 3). Altiora præcepta, ut in Evangelio scribitur : *Videns Jesus turbas, ascendit in montem* (*Matth.* v, 1). Virtutes demonstrat, ut Psalmista ait : *Utquid suspicamini montes coagulatos?* (*Psal.* lxvii, 17.) Judæos exprimit, ut David ait : *Montes Gelboe, nec ros nec pluvia veniant super vos* (*II Reg.* i, 21). Sed super omnes montes unus mons Dei, scilicet Unigenitus, est, qui super cunctos angelos elevatus est. Mons iste cunctis cœlis est excelsior, omnibus abyssis profundior, terris cunctis latior, omnibus altitudinibus altior. De quo monte Job cuidam sibi loquenti ait : *Excelsior cœlo est, et quid facies ? profundior inferno, et unde cognosces eum ? longior terra mensura ejus et latior mari* (*Job* xi, 8). Sicut enim altitudinem cœli et latitudinem terræ, et profunditatem abyssi, et dies sæculi, et pluviæ guttas vox deficit ad enarrandum, sic sublimitatem majestatis deificæ, mens humana deficit ad excogitandum ; sed tamen augmentatur ad credendum. Quod homo enim ratione humana ex Deo comprehendere nequit, per fidem comprehendi potest. Deus qui per rationem humanam comprehendi nequit, fide integra comprehendi potest ; credenda est ergo ejus sublimitas et profunditas immensa, sicut erat in principio et nunc et semper. Ipse est ergo mons, de quo propheta ait : *Venite, ascendamus ad montem Domini* (*Isa.* ii, 3). Iste mons vocavit ad se quos voluit ipse, *qui vult omnes homines salvos fieri, et ad agnitionem veritatis venire* (*I Tim.* ii, 4).

Et fecit ut essent duodecim cum illo, et ut mitteret eos prædicare ; et dedit illis potestatem curandi infirmitates, ejiciendi dæmonia. Apostolis quos ad prædicandum Dominus misit, potestatem miracula faciendi præbuit, ut prædicationem suam sequentibus signis confirmarent. Dignum enim erat ut nova facerent, qui nova prædicarent. *Et imposuit Simoni nomen Petrus*. Simon enim Marcus nominat Petrum, ad differentiam alterius Simonis qui dicitur Chananæus. Sed sciendum quia longe ante, ut in alio Evangelio legitur, Simoni datum est a Domino Cephas nomen, scilicet cum a fratre suo Andrea adductus esset ad eum et intuitus illum dixit. *Tu es filius Joana ; tu vocaberis Cephas, quod interpretatur Petrus*

(77) Forte *ad illam remunerationem se accessurum sperare dicitur*, etc. Edit.

(78) Id est mendaces.

(Joan. I, 42). Ibi vocatur Cephas, hic Petrus, ut inter Chaldæos, Græcos et Latinos nomen ejus innotesceret. Cephas enim Syriace vel Chaldaice *Petrus* dicitur, sive Græce, sive Latine; quod nomen in utraque lingua a petra derivatur, ab illa scilicet de qua Paulus ait : *Petra autem erat Christus* (*I Cor.* x, 4). Notandum quod ad figuram hujus impositionis nominis sacerdos in baptismate pueris nomina imponit, et præsul præterea dum reconciliat peccatorem, aptissime confirmat.

Et vocavit Jacobum Zebedæi et Joannem fratrem Jacobi, et imposuit illis nomina Boanerges, quod est filii tonitrui. Jacobum Zebedæi Marcus dicit, ad differentiam alterius Jacobi, qui dicitur Alfœi. Hos duos fratres, Jacobum scilicet et Joannem *filios tonitrui* Dominus vocavit, quia sicut pater bonus filium suum de proprio negotio erudit, sic tonitruare illos edocuit dum Pater in monte Thabor in transfiguratione illis audientibus tonitruavit dicens : *Hic est Filius meus dilectus, in quo mihi bene complacuit* (*Matth.* xvii, 5). Nec mirum si qui de tonitruo ipsius didicerant, postea tonitruarunt. Joannes septem Ecclesiis quæ sunt in Asia mirabiliter tonitruavit dicens : *In principio erat Verbum, et Verbum erat apud Deum, et Deus erat Verbum* (*Joan.* i, 1). Jacobus vero tonitruavit, Domino ei præcipiente, in omni Judæa et Samaria, et usque ad ultimum terræ limitem, id est Gallæciæ, tonitru sonos terrificos facit, terram pluviis irrigat, et fulgorem emittit. Similiter terrificos sonos isti duo fratres emiserunt. Dum *in omnem terram exivit sonus eorum, et in fines orbis terræ verba eorum* processerunt (*Psal.* xviii, 5). Terram pluviis irrigarunt dum sua prædicatione divinæ gratiæ imbrem credentium mentibus intimarunt ; fulgura emiserunt dum signis et miraculis effulsere.

Et vocavit Andream et Philippum, et Bartholomæum, et Matthæum, et Thomam, et Jacobum Alphæi, et Thadæum, et Simonem Chananæum, et Judam Iscariotem, qui et tradidit illum. Duodecim apostoli propriis nominibus a Domino nominantur, et ab evangelistis scribuntur, ne pseudoapostoli se de numero electorum præsumant gloriari. Numerus apostolorum non vacat magno mysterio. Duodenarius est, qui ex ternario et quaternario conficitur, illos per quos elementa (79) mundi sanctæ Trinitatis fidem prædicaturos ostendit. Sciendum quod isti heroes, ut Paulus refert, ante mundi constitutionem humani generis saluti prædestinantur, eliguntur et sanctificantur. Isti barones (80) sunt piscatores Dei, animas peccatorum extrahentes de mundano mari periculoso. Sic enim mundo antea pollicitum fuit a Domino. Ait enim Dominus per prophetam : *Ecce ego mittam ad eos piscatores multos et piscabuntur eos, venatores meos et venabuntur eos* (*Jer.* xvi, 16). De his rursum per Isaiam Dominus ait : *Qui sunt isti qui ut nubes volant, et quasi columbæ ad fenestras suas, candidiores nive, nitidiores lacte, rubicundiores ebore antiquo* (*Isa.* lx, 8). Nubes apostoli vocantur quia sicut nubes pluviam ferentes de loco ad locum transmigrant et irrigant, sic etiam ipsi de civitate in civitatem euntes pluviis salutaribus verbo Dei terrena corda hominum excæcata irrigant; ut per nubes aqua in terras delabitur, sic per illos prædicatores Dei Filius mundo revelatur. *Rorate cœli desuper, et nubes pluant justum : aperiatur terra et germinet Salvatorem* (*Isa.* xlv, 8). Cœli desuper rorant, quando prophetæ de supernis sedibus Christum mundo prædixerunt, et angeli de supernis a Patre similiter venturum nuntiarunt. Nubes justum pluerunt, dum apostoli illum mundo prædicarunt. Terram aperuit, dum Virgo Maria illum recipit. Salvatorem terra germinavit, dum Christum ad mundum ab Adæ peccato salvandum Virgo Dei Genitrix mundo edidit, quod beata Maria *terra* typice sit, testatur Psalmista, *Veritas de terra orta est* (*Psal.* lxxxiv, 12); quod *aqua* typice Dominus sit, testatur idem Psalmista, qui in ejus persona ait : *Sicut aqua effusus sum, et dispersa sunt ossa mea* (*Psal.* xi, 5). Aqua effusa Dei Unigenitus fuit, quia sicut aqua sordes abluit et terram irrigat, sic ipse peccata, nostra suo sanguine lavit et corda hominum suo spiritu et fide irrigavit. *Ossa* typice apostoli sunt, quia sicut ossa firma sunt in corpore, sic apostoli confirmantur et coadunantur in Dei Filio, fide et opere. Isti quasi columbæ de excelsis fenestris ad infimas terras descendunt, quando sive de numine Christi ad humanitatem, sive de contemplatione ad actionem prædicando condescendunt. De infimis ad excelsas fenestras redeunt, quando sive de humanitate Christi ad numen ejus, sive de actione ad contemplationem loquendo ascendunt. Nix alba est et natura frigida, et olera excoquit, et terras irrigat, dum sol eam calefacit. *Candidiores nive* ergo apostoli fuere, quia quos per fidei confessionem prædicando albos fecere, frigidos, scilicet caloribus vitiorum expulsis, reddidere. Olera terrarum nix excoquit quia apostoli tyrannos sæculares prædicando verberavere, et mundi vitia penitus destruxerunt. Sol nivem calefacit, quia Christus Spiritu sancto apostolos replevit. Nix terras irrigat, quia apostoli Spiritum sanctum, quem a Domino acceperunt, credentibus prædicando dedere. *Lac nitidum* est per candorem, et dulce per arvinam. *Nitidiores* ergo *lacte* apostoli fuere, quia miraculis mundo effulsere. Dulciores vino et lacte fuere, quia dulcissimis exhortationibus suis mundum puerilem nutrierunt. Ebur elephanti; cum sit castum animal, coitum nisi semel non facit, genua ad terram curvare nequit, pellem et ossa candida gerit, et pilum habet rubicundum dum senescit. *Rubicundiores* ergo *ebore antiquo*, per effusionem scilicet sanguinis apostoli fuere dum corpora sua diversis martyriorum generibus in fide pro Christo dedere. *Lavere enim*, inquit Joannes, *stolas suas et corpora sua per sanguinis effusionem et candidas eas fecere in sanguine verissimi Agni innocentis per fidei candorem* (*Apoc.* vii, 14 et xxii, 14). Elephas castum animal esse, et genua ad terram curvare non posse dicitur, quia apostoli casti per continentiam fuisse dicuntur, et ad terrena negotia nullo modo post conversionem flecti perhibent. Pellem et ossa elephas gerit candida, quia apostoli in fine per operationem bonam candidi facti sunt. De his iterum Dominus per prophetam ait : *quam speciosi pedes evangelizantium pacem, evangelizantium bona* (*Isa.* lii, 7). Ante Dominicum adventum inter mundum et Deum erat discordia et bellum ; sed isti barones, pacem portantes, amicitiam inter illos corroboravere æternam. Isti sal terræ, isti lux mundi, turres fortitudinis Dei, testes veritatis, radii veri solis, milites cœli, nuntii Regis summi, fenestræ nitidæ veri luminis, valvæ poli, claves regni, montes excelsi, tubæ Olympi, præcones Christi, prudentes, serpentini ; simplices columbini, agni novelli, arietes Nabaoth veri, cœli gloriam enarrantes, veri patres, sæculorum judices, labrum ablutionis animarum, aurum et argentum divinum, Scripturæ divinæ thesauri ; corbona Veteris et Novi Testamenti, manus etiam Domini, pedes Christi : oculi Dei, mammæ Ecclesiæ habentur. De quibus vere per Psalmistam dicitur : *Cœli enarrant gloriam Dei* (*Psal.* xviii, 1); ii sunt cœli in quibus Christus habitat et residet, in quibus verbis nimis [minis] tonitruat, miraculis fulgurat, gratia rorat ; ii sunt duodecim horæ noctis mundanæ, et duodecim radii solis. Isti magnis mysteriis multisque figuris et argumentis antequam etiam nati essent in mundo præsignantur per duodecim filios Jacob, per duodecim

---

(79) Forte *per quatuor climata.*

(80) Hispanismus ; *varones, viri fortes.*

principes duodecim tribuum Israel, per duodecim fontes viventes in Helim, scilicet in deserto, per duodecim lapides in rationali Aaron insculptos, per duodecim panes propositionis, per duodecim lapides ex quibus factum est altare, per duodecim lapides sublatos de Jordane, per duodecim boves qui sustinebant mare æneum, et per duodecim stellas quæ ponebantur in corona alicujus sponsæ, per duodecim signa cœli, per duodecim menses anni, per duodecim Romæ senatores, et per duodecim sapientes ostenduntur. In Novo etiam Testamento per duodecim cophinos fragmentorum, et per duodecim nomina quæ Joannes in Apocalypsi super portam Hierusalem scripta vidit (*Apoc.* XXI, 12), et per duodecim fundamenta ejusdem urbis designantur. Notandum vero quod juxta numerum duodecim patriarcharum, filiorum scilicet Israel, et juxta numerum duodecim prophetarum Dominus apostolos elegit : et velut super duodecim filios Israel tres patriarchas, Abraham scilicet, Isaac et Jacob constituit; sic ex duodecim apostolis tres barones et magistros, Petrum videlicet, Jacobum et Joannem præ omnibus elegit. Hos tres heroes uno modo super mare Galilææ elegit; hos, dum suscitaret filiam archisynagogi in æde, cæteris absentibus discipulis, secum ad videndum miraculum introduxit; his sua arcana cæteris plenius patefecit ; his transfigurationem suam in monte Thabor ostendit, his in passione sua velut cum charis suis condoluit, mœstitiam carnis suæ ostendens eis et dicens : *Tristis est anima mea usque ad mortem* (*Matth.* XXVI, 38). Ad istorum namque heroum similitudinem antistes in Ecclesia Spiritum sanctum super presbyteros nunc disponit.

Considerandum vero quod duodecim apostoli, quos Dominus ad prædicandum misit, quibus et dedit potestatem curandi infirmos et ejiciendi dæmonia, sacerdotes significant, quibus ipse verbum prædicationis et potestatem curandi infirmitates animarum per absolutionis officium, et ejicienda dæmonia per baptismi mysterium commisit, et credendum ut quod per apostolorum manus tunc in corporibus corporaliter faciebat, nunc per sacerdotum manus spiritualiter in animabus etiam sive infirmis Spiritu sancto operante, fit. Sicut enim apostolis Dominus dedit potestatem curandi infirmitates corporum et animarum, sic sacerdotibus dedit potestatem curandi infirmitates animarum et corporum divinitus. Quod apostolorum nomina sonant interpretatione, sacerdotes debent exercere in operatione. Dignum namque est ut quorum officiis utuntur, eorum vocabula operatione imitentur. Simon interpretatur *obediens*, Petrus *agnoscens*, Bar-Jona *filius columbæ*, Cephas *caput*. Joanna *gratia Dei obediens* fuit, quia Domino usque ad mortem per susceptæ crucis mysterium obedivit; *agnoscens*, quia Christum Deum et hominem magis præ cæteris confessus est dicens : *Tu es Christus Filius Dei vivi* (*Matth.* XVI, 16; *Joan.* VI, 70); *filius columbæ* fuit, quia repletus Spiritu sancto exstitit. *Caput* pulchre dicitur, quia ejus Ecclesia omnium ecclesiarum caput habetur. *Dei gratia* ipse dicitur, quia ejus prædicationibus, meritis et precibus cœlestis gratia datur fidelibus. Sic sacerdotes debent obedire Deo in omnibus, et crucis mortem subire pro eo si illata fuerit, vel forte pro justitia persequentur. Agnoscere etiam debent et Scripturarum latentia, ut mentibus hominum Dei voluntatem melius possint prædicando intimare. Filii etiam Spiritus sancti fide et opere esse debent. Capita insuper omnium ipsi habentur, quorum mysteriis sacrosanctis omnes fideles salvantur, sanctificantur. Jacobus interpretatur *supplantator*, quia de Judæorum et gentilium cordibus idololatriam et perfidiam sua prædicatione supplantavit, et vitia resecavit : sic sacerdotes debent supplantare hominum vitia exemplis operum bonorum prædicationibusque Scripturarum. Joannes interpretatur *Dei gratia*, quia privilegium amoris

(81) In Vita B. Andreæ.

Christi virginitatem custodiendo habere meruit, quia sacerdotibus exemplum tribuit, ut mente et corpore caste vivant in Ecclesiis. Andreas interpretatur *virilis* sive *decorus*; virilis per patientiam crucis, decorus per confessionem cordis. De isto enim populus sic est confessus Ægeæ dicens : *Concede nobis hominem justum, redde nobis hominem sanctum, ne interficias hominem Deo charum, justum, mansuetum et pium* (81). Sic sacerdotes viriles debent esse adversa tolerando, et decori per mentis et oris confessionem ad confitenda peccata. *Corde enim creditur ad justitiam, ore autem confessio fit ad salutem* (*Rom.* X, 10). Philippus interpretatur *os lampadis*, quia [quæ] de Deo sensit fideli corde, omnibus confessus est prædicando aperto ore. Lampas in angusto corpore suo habet oleum, et in oleo filum, et in filo ignem, et os magnum semper habet apertum, per quod claritatem suam circumstantibus emittit, et tenebras projicit. Per oleum, filum et ignem fides sanctæ Trinitatis ; et per os prædicatores ejusdem exprimuntur. Hanc vero fidem sacerdotes debent habere in corde, et prædicando cunctis confiteri ore, auditorumque mentes tenebrosas illuminare. Bartholomæus interpretatur *filius suspendentis aquas*, quod evidenter filium Dei sonat, qui prædicatorum suorum mentes ad cœlestia contemplanda erigit et suspendit, ut quo celsa libentius pervolant, eo terrenorum corda veracius dictorum suorum guttis inebrient. Quod aqua populos significet testatur Scriptura quæ dicit : *Aquæ vero multi populi*. Ut igitur Bartholomæus filius Dei fuit per adoptionem, et aquas, id est populos, suspendit ad cœlum per prædicationem, sic sacerdotes debent esse filii Dei per obedientiam, et populos aquosos, videlicet in aqua baptizatos, ad polorum arcem suspendere per prædicationem. Matthæus interpretatur *donatus*, vel *assumptus* ; de massa perditorum exstitit, quando de telonio illum Dominus sibi assumpsit. Sic sacerdotes debent esse extranei perditis male operantibus per continentiam, et donati gratiæ Dei per operationem bonam. Thomas interpretatur Didymus et *geminus* vel *abyssus*. Geminus, quia duplex in fide fuit, dum Dominum in resurrectione priusquam ejus fixuras videret, credere noluit, sed et vidit et credidit ; abyssus, quia fideliter sacramentorum Christi profunditatem propterea cognovit et tenuit, dum in India martyrium gladii pro eo accepit. Thomas dicitur et Didymus, hoc est Christo similis, quia regali statura fuit Domino consimilis ; simili modo prædicatores abyssus debent esse, id est altitudinem mysteriorum Dei Scripturarumque divinarum profunditatem agnoscere, ut possint comprehendere cum omnibus sanctis quæ sit latitudo, longitudo, et sublimitas, et profundum. Jacobum Alphæi Marcus nominat (III, 18) ad differentiam Jacobi Zebedæi. Hic Jacobus sicut alter *supplantator* interpretatur, quia vita digna et admonitione hominum vitia supplantavit, quia prædicatores sua vitia diversis afflictionibus et subjectorum crebris admonitionibus supplantare debent, bene congruit. De hoc Jacobo minore scribitur quod vinum et siceram non bibit, non animal ascendit, non carnem manducavit, ferrum in caput ejus non ascendit, oleo non est unctus, balneis non est usus ; huic soli licebat introire in sancta sanctorum. Alii volunt de hoc Jacobo quod frater Domini et cognatus sit, idcirco quod Jacobus frater Domini etiam in Evangeliis et in Epistola ad Galatas legitur (*Gal.* I, 19). Alii de alio, alii vero simul de duobus ; alii quidem asserunt tres fuisse sorores, Mariam scilicet Matrem Domini, et Mariam matrem Jacobi Alphæi, et Mariam matrem filiorum Zebedæi. Nepos enim et cognatus apostolorum tempore frater ejus nuncupatur. Sed quia diversa opinio est in diversis, ita sane definiendum ut quicunque illorum per carnis cognationem Domini frater sit, tamen is per Dei voluntatem, quam vivendo tenuit, frater ejus fuit, ipso Domino affirmante, qui ait: *Quicunque fecerit voluntatem Patris mei qui in cœlis est, ipse meus frater est* (*Matth.* XII, 50). Majus est esse fratrem Domini spiritualiter quam carnaliter. Quisquis ergo aut Jacobum Zebedæi aut Jacobum Alphæi *fratrem Domini* appellat, verum dicit. Alphæus, Jacobi pater, *doctus* interpretatur, quod iisdem prædicatoribus congruit, qui docti non solum utriusque Testamenti, verum etiam divinitatis Dei firmiter esse debent. Thaddæus ipse est quem Lucas in Evangelio suo (VI, 16) et in Actibus apostolorum *Judam Jacobi* nominavit. Erat enim frater Jacobi, fratris Domini, ut ipse in Epistola sua scribit, unde et ipse *frater Domini* vocabatur, testantibus civibus illius, qui de virtutibus ejus stupentes aiebant: *Nonne iste est faber Mariæ filius, frater Jacobi, et Joseph, et Judæ, et Simonis* (*Marc.* VI, 3; *Matth.* XIII, 55). Iste, id est Thaddæus, a nonnullis vocatus est Letheus. Thaddæus *corculus* interpretatur, quasi cor colens, quia bona cordis sua desideria, a Deo scilicet inspirata, ore per prædicationem coluit, et manu per operationem complevit; quæ etiam desideria prædicatores simili modo ore admonendo colere, et opere implere debent. *Simonem Chananæum* Marcus ponit ad differentiam Simonis Petri, quem Lucas secundum interpretationem *Simon Zelotes* posuit. Simon *obediens*, Chananæus Zelotes, id est *æmulator*, interpretatur. Simon quia Deo per omnia usque ad mortem obedivit; *Chananæus*, quia a Chana, vico Galilææ, istud cognomen accepit et spirituali æmulatione Dei populos prædicando prælatus est. Æmulatio, cum in bona significatione ponitur, in Scriptura sanctum exprimit, Apostolo dicente, qui ait: *Æmulor enim vos Dei æmulatione* (*II Cor.* XII, 2). Simili modo prædicantes mandatis Dominicis debent obedire, et speciali æmulatione suos auditores inflammare cum Apostolo, qui dicit: *Æmulor enim vos Dei æmulatione*.

Judas, qui tradidit Dominum, ad differentiam *Judæ Jacobi* Marcus posuit. Qui autem a vico in quo natus est aut ex tribu Issachar præsagium suæ damnationis vocabulum *Iscarioth* sumpsit. Issachar quippe, qui dicitur *merces*, pretium damnationis insinuat. Scarioth autem, quod *memoria mortis* interpretatur, arguit eum non repente persuasum, sed meditatum diutius Dominicæ traditionis patrasse flagitium. Sed cur Dominus istum maleficum elegit, cum sciret illum se traditurum? ipse enim sic est de eo testatus apostolis, dicens: *Unus vestrum diabolus est*. Cur ergo diabolum in apostolatus ordine prælegit? idcirco ut domesticum haberet inimicum, et qui perfectus est, etiam nequam familiarem non timet: et ut doceret nos pati malos inter nos et nullum e convictu abjicere: et ut ostenderet apostolatum et ecclesiasticos gradus non esse meritum, sed ministerium, cum tam bene operentur per istum impium, sic per Petrum, miracula et sacramenta divina. In ejus loco beatus Mathias, qui ex septuaginta discipulis exstitit, sorte electus ponitur (*Act.* I, 16). *Mathias* Hebraice, Latine *donatus* interpretatur. Qui ordini apostolatus pro Juda a Deo donatus, sacerdotes ostendit, quos Dominus sorte Spiritus sancti in apostolica vice elegit, et ad regendos fideles populos Ecclesiæ suæ donavit. Judas, qui interpretatur *confessor*, cum in bona significatione ponitur, sacerdotes ostendit, qui fidei confessionem quam habent in corde, debent etiam ore cunctis confiteri, et memorare mortem Dominicæ passionis jugiter in prædicatione. Cum vero in mala significatione ponitur Judas, antistites malos, presbyteros, abbates, monachos et prælatos sanctæ Ecclesiæ iniquos significat, qui Dominum ut Judas vendunt, cum aut de sacris ordinibus, aut de episcopis ordinandis, aut de præbendis ecclesiasticis, aut de nuptiali benedictione, aut de sepulturis mortuorum, aut dedicationibus basilicarum, aut de sacerdotibus in Ecclesiis juste ponendis, vel injuste positis, aut de defunctorum exsequiis, aut de pueris baptizandis, aut de pœnitentiis peccatoribus datis ad excommunicandum in Ecclesia præmissis, aut de missis et matutinis pretium accipiunt. Sicut mercator et carnifex qui in macello tres aut sex aut duodecim aut triginta nummos de apposita carne facit, sic sacerdotes mali et monachi Simoniacam hæresim sectantes, ecclesiastica officia vendentes, de Domino aut tres aut septem aut tredecim aut triginta nummos faciunt, dum etiam de missis et vigiliis et obsequiis defunctorum, gratis cantandis, unum aut septem aut quindecim aut triginta nummos quærunt. Sciant igitur se damnandos illa ultione in perpetuum qua Judas perditus damnatur in ævum. Sicut Judas, qui tradidit corpus Christi et triginta nummorum pretium accepit, damnatur, sic qui triginta missas aut plus aut minus cantat, et pretium triginta nummorum aut plus aut minus exinde quærit, punitur. Alii enim ex his mercatoribus vocantur *Judæ*, alii *Simoniaci*, alii *Giezitæ*. Sicut enim Judas, qui primum accepit pecuniam, et pro ea dedit corpus, damnatur, sic episcopi et sacerdotes, archipresbyteri et decani, et archidiaconi qui prius accipiunt pecuniam, et pro ea dant ecclesiastica dona, damnantur. Et sicut Simon Magus, qui beato Petro apostolo, ut ab eo Spiritum sanctum acciperet per quem et miracula faceret, et exinde lucrum quæreret, pecuniam obtulit, a quo etiam audire meruit: *Pecunia tua tecum sit in perditione* (*Act.* VIII, 20), damnatur, sic episcopi, sacerdotes, clerici et monachi, qui pecuniam, ut aliquos gradus ecclesiasticos accipiant, majoribus offerunt, damnantur. Et sicut Giezi, cliens Elisei prophetæ, a Naaman Syro post lepræ purificationem pecuniam petiit, et lepram quam princeps amiserat, judicante magistro, accepit, damnatur (*IV Reg.* V); sic qui post data spiritualia dona et benedictiones ecclesiasticas lucrum petunt, lepra peccatorum omnium quorum pecuniam accipiunt, replebuntur, et divina ultione damnabuntur. Fugiamus ergo, fratres, istorum facta ne damnationem cum illis feramus in æterna pœna. Discamus gratis dare quod gratis a Deo accepimus: *Gratis accepistis, gratis date* (*Matth.* X, 8), impendite cunctis. Non quæsivit Dominus a nobis pretium cum dedit spirituale donum; non quæramus ab illis quibus damus lucrum terrenum. Sciendum quia in acceptione non est peccatum, sed in petitione. Si enim pecuniam pro dato ecclesiastico officio petimus, peccamus; si dator sponte sua, sed non aliqua districtione coactus, sine nostra petitione dat, et nos accipimus, non peccamus. Iterum clerici et monachi qui terram mortuo ad sepeliendum vendunt, damnantur. Extraneus mercator est, qui cum mortuo hujusmodi forum facit; barbarum forum facit qui terram mortuo vendit. Verum est quod quidam super canones de Simoniacis ait:

Recessit omnis æquitas,
Nusquam comparet bonitas,
Totum replet iniquitas,
Et vanitatum vanitas:
Nummorum desiderio
Missarum celebratio
Et omnis consecratio
Dirigitur sub pretio;
Sed omnis hæc destructio
Et hæc coinquinatio
Processit ab initio
De sacerdotum vitio.
Multi jam pene clerici
Sunt amatores sæculi;
Non Christi jam discipuli,
Mammonæ facti famuli.

Nec minus damnabuntur prælati mali qui ab illis qui trebam frangunt, vel majora peccata committunt, fraudulenter pecuniam, scilicet aut viginti aut viginti sex solidos, aut marcham argenti, aut plus aut minus accipiunt. Sic non accusator prælatus reo stanti coram se dicit: Vah! qui trebam fregisti, vel tanta mala fecisti, fac mihi rectum; emenda trebam, da mihi fidejussores pro certo; non dicit ut satisfaciat Deo qui peccavit, sed dicit, ut sibi rectum faciat quem non offendit; at ipse accusatus, datis fidejussoribus, prælato aut pecuniam mutuo, juxta illius ad dictum ei dabit, aut districti judicii sententia, aut excommunicationis illum prælatus damnabit. Heu! heu! res nimis dolosa! Pœnitentiam pro peccato non vult peccanti imponere, nec curat de ejus animæ salute, sed pecuniam dolosam et ultra quam credi fas est, anathematizatam in marsupio mittit, et animam in inferno recludit. Væ, væ talibus, fratres. Prælatus iste ex illis est de quibus ait Dominus querimoniam faciens per prophetam: *Peccata populi mei comedunt, et ad iniquitates eorum sublevant manus suas* [Vulgata, *sublevabunt animas eorum*] (*Ose.* IV, 8). *Peccata populi*, dicitur, *comedunt*, qui taliter, ut præfati sumus, pecuniam a subjectis accipiunt. Peccata populi Dei mali judices comedunt, qui recta judicia pecunia subvertunt, vel qui pecuniam ab illis quos justificare non debent, parcentes accipiunt. Ad iniquitates populi Dei sublevant manus suas mali prælati et mali judices, qui gaudent cum aliquem subjectum suum reum scilicet inveniunt, quem accusare possint et pecuniam ab eo extorquere. Similiter quilibet præsul qui curam a quolibet sacerdote vel a tenente quemlibet honorem parva occasione aufert, et alteri pecunia accepta tribuit, damnatur. Sicut præsul hoc faciens vult ut a gradu suo minime deponatur, sic alium deponere parva occasione non debet, Domino dicente in Evangelio: *Quod tibi non vis fieri, alteri ne facias* (*Tob.* IV, 16; *Matth.* VII, 12; *Luc.* VI, 3).

Pravus usus de Gallia surrexit, qui non a priscis sanctis Patribus, nec a præsentibus est constitutus, et ideo ab omnibus Catholicis est radendus et abolendus. Surrexerunt quidam falsi hypocritæ dæmoniaci, sive clerici sive laici, religioso habitu induti, qui in itinere Virixbacensi, vel Jacobensi, vel Egidiano, vel Romano peregrinantibus sive alios quos incautos inveniunt, in remotis falsas tribuunt pœnitentias. Pergentes enim aliquando cum illis proferunt in primis optima verba, enarrantes cunctis per ordinem omnia vitia; dehinc, unicuique illorum separatim loquentes, in secretis interrogant singulos de conscientiis et peccatis perpetratis quibus illi mox ut confessi fuerint triginta missas, alteri tredecim pro quolibet peccato imponunt. Fac, inquiunt, triginta nummis triginta missas celebrari a talibus presbyteris qui nunquam stuprum fecerint, non carnem comederint, non proprium habuerint. Sed ille qui nescit quomodo invenire tales possit, triginta nummos, vel pretium illorum, illi qui dicit se inventurum illos tribuit. Non curat acceptor de peccatoris salute, sed pecuniam in marsupium mittit, et luxuriose expendit, et animam suam anathematizatam in inferno concludit. Hujusmodi rem multi sacerdotes Ecclesiæ faciunt, qui in figura duodecim apostolorum vel triginta nummorum, quibus Christus venditus, triginta nummos aut decem solum pro triginta missis, et vigiliis ab aliquo sive defuncto, sive vivo, sua cupiditate petunt. Sicut Judas Dominum triginta nummis vendidit, sic et isti corpus Christi nummis triginta vendunt. O quam malum forum, quam pessimum lucrum! Isti sunt veritatis destructores, falsas pœnitentias imponentes, Christi corpus peccatoribus gratis dandum vendentes, falsi testes peccatorum animas in orcum mittentes, totam Simoniacam haeresim reparantes, cæci cæcos ducentes. Isti non solum sunt a prælatis ecclesiasticis destruendi, sed etiam a potestatibus sæcularibus deprædandi. Sic et presbyter libidinosus, qui mulierem pœnitentiæ causa ad se venientem, provocat ad peccandum secum, libidinosis suggestibus suis vel derisoriis dictis, damnatur. Mulier illa similis est illi qui cum aquam ad puteum requirit, labitur in eo et moritur. Similis est etiam illi qui in deserto tramitem rectum requirit, et ursum in absconditis se devorantem invenit. Sacerdos ille similis illi qui in messe retia ad capiendam avem extendit, dum canit dulce venit avis mitissima et cadens in rete decipitur (82). Vidi in itinere Sancti *Jacobi* quemdam suspensum qui, antequam suspenderetur, peregrinantes ad pergendum ante auroram in capite cujuslibet villæ provocare assuetus erat. Clamabat namque modo peregrinali, excelsa voce: *Deus, adjuva, sancte Jacobe.* Cum itaque aliquis peregrinans egrediebatur ad pergendum cum eo, ibat simul parumper donec veniret in remotis unde socii sui aderant, cum quibus statim interficiebat deprædans eum. Huic plane presbyter similis est qui mulierem causa pœnitentiæ ad se venientem dictis libidinosis decepit. Hic est puteus in quem labitur de se bibens, ursus devorans agnum; leo transgluttiens ovem, latro viatorem perimens, cæcus cæcum ducens. Idcirco episcopis caute considerandum est ut talibus presbyteris castissimis potestatem dandi pœnitentias tribuant, qui non cupiditate, vel odio, vel amore, vel ignorantia, vel immunditia, sed auctoritate canonum, vel possibilitate pœnitentis onera pœnitentiæ legitimæ peccatoribus imponant. Aliter est pœnitentia de uno eodemque peccato danda infirmo, aliter sano, aliter clerico, aliter laico, aliter militi, aliter religioso, aliter iter facienti, aliter in loco stanti, aliter adolescenti, aliter viro, aliter mulieri. Postponamus ergo, fratres, malorum acta ne pereamus cum eis in perpetua pœna. Videat unusquisque ne cupiditatis causa subdolas pœnitentias tribuat; nec etiam propter missas gratis cantandas pretium damnationis suæ quærat. Peccator quilibet non admonendus a sacerdote ut missam cantare faciat, sed presbyter ab ipso humiliter exorandus est, ut eam cantet. Sacerdos invitus et non invitus eucharistiam debet facere; sed peccator ad missam non invitus pro peccatis vivorum et mortuorum oblationes bonorum suorum debet offerre. Festinemus igitur ad sanctorum apostolorum consortium quorum memoriam fecimus, bene vivendo, prædicando, ascendere, ut quorum vice fungimur in terris, eorum meritis et intercessionibus adjuti mereamur cum illis gaudere in cœlis.

SERMO II.

IN PASSIONE S. JACOBI APOSTOLI.

Celebritatis sacratissimæ, fratres, B. Jacobi apostoli hodie nobis dies veneranda refulsit, quia votis et hymnis immolare Deo nos condecet sacrificium laudis, ut pius indultor nobis tribuat veniam qui apostolo suæ vitæ contulit palmam. Exstitit enim hic Jacobus, ut evangelica testatur historia, Zebedæi gnatus, Joannis evangelistæ germanus, Hispanorum decus, Gallæcianorum advocatus, vita beatus, virtute magnificus, charitate fervidus, opere venustus, eloquio luculentus. Quem divina providentia non solum in matris gremio consecrat, verum etiam ante mundi constitutionem præelegit, ut per eum huic mundo lumen ostenderet veritatis et Hispano populo daret pastorem pietatis. Hic Jacobus valde venerandus est, qui in præclara apostolorum curia primatum tenens, primus eorum martyrio coronari meruit, scandere cœlos, sceptrum victoriæ, coronam gloriæ et poli sedem primus possidere. Lucas in Actibus apostolorum (cap. XII) neminem illorum ante beatum Jacobum dicit obiisse, sed et postquam ejusdem narrat passionem, alii apostoli leguntur

---

(83) *Fistula dulce canit, volucrem dum decipit auceps.*

vixisse. Quapropter patet quia in apostolico choro residet primus martyrio laureatus. Christus est Dominus, qui munera sua dividit singulis prout vult, quique beato Stephano protomartyri martyrum in choro principatum dedit tenere in cœlis, et beatum Petrum apostolorum principem ob fidei meritum constituit in terris, ipse beato Jacobo dilecto suo per martyrii triumphum, inter apostolos primatum præbuit in cœlis. Ideoque tanto proximior est ei præ omnibus honorificatus in gloria, quanto ejus imitator fuit ante alios apostolos in passione. Cujus passionis solemnia sacro sancto die octavo Kal. Augusti, cum vigilia et jejunio et octavis celebrare omnibus Ecclesiis non solum Gallæciæ, verum etiam totius orbis longe lateque generaliter præcipimus: ejusdemque electionem ac translationem tertia die Kalend. Januarii, qualiter electus est a Domino super mare Galilææ, et a Hierosolymis translatus in Gallæciam, ac etiam quinta de Nonas Octobris festum miraculorum ejus, qualiter hominem qui seipsum interfecit, suscitavit, cæteraque miracula fecit, præsulibusque cunctis in synodis suis et presbyteris in Ecclesiis viva voce hoc annuntiare. Et ut plebs cuncta cum universo clero ad Ecclesiam conveniat, operibusque a terrenis cesset, diesque illos in Christi laudibus expendat pulsantibus tintinnabulis tapetisque continuis, et palliis in basilica extensis, cantibus multiplicatis more festivo, hæc sacra colere solemnia non minus præcipimus. Et si aliqua basilica alicubi forte interdicta fuerit, ex Domini et apostoli parte, his diebus a nobis absolvitur, et laudientium solemniter, gaudio ingenti in ea celebretur. Hoc modo hic solemnia colentibus succedunt præmia, qui illius expetunt beneficia, recusantibus tormenta. Merito igitur sic celebrent solemnia, quemadmodum apostolorum Petri et Pauli colunt celebria. Exsultet igitur Domino cœli curia immodicis laudibus, lætetur terra gaudiis cœlestibus his sacris solemniis præcelsi apostoli Christi Jacobi; gratuletur fidelium Ecclesia ejus virtutibus decorata, resonet Deo jucunda laus, mens humana, patrociniis ejus illustrata. Illi nimirum oportet nos tota devotione laudem referre in terris, cui angeli honorificentiam exhibent in cœlis. Si omnes corporis mei artus verterentur in linguas, et humana resonarent voce, non sufficerent magnum Jacobum in Christo laudare. Quas ergo laudes illi dicam? qui mox ut vocem Domini secus mare Galilææ audivit, cunctis relictis, secutus est Redemptorem. Quis beatior illo qui propter Christum Herode devicto in fide constans ad passionis supplicia corpus suum tradidit? Quis præconia laudum ei digne quærat [b. queat] patrare, qui Dei Natum in Patris claritate transfiguratum meruit videre: *Beati*, inquit Dominus, *oculi qui vident quæ vos videtis* (*Luc.* x, 23): aut quas etiam laudes fidelium turma ei impendat in terris, cui, Dominus inter apostolos dedit primatum tenere in cœlis. Sicut enim quis ingressus agrum variis floribus affluentem, conspiciens florum plurimam varietatem, huc illucque circumfertur intuitu, ignoransque quidem quos ex his assumere cum oportuit, quos omnino deserere; sic ego hoc in pratum virtutum et miraculorum magni Jacobi ingressus, quid primum dicam ambigo. Desiderium tamen habeo cunctos decerpere flores ejus actuum, sed quia velut immensum pelagus habentur, a nobis compendiose non comprehenduntur. Cum enim excelsa intueor quæ ante Dominicam Ascensionem cum aliis assecis præsente Domino egit, præcipuam dilectionem, quam cum eo Dominus habet, obstupesco. Cumque inspicio magnalia quæ post Spiritus sancti paracliti adventum per divinam gratiam operatus est, ante quam pateretur, pavesco. Cum vero interioribus cordis mei excelsiora rememorantur inenarrabilia et incomprehensibilia miracula, quæ a die qua passus est usque ad hodiernum diem non solum in Gallæcia, verum etiam in omnibus gentibus quæ nomen ejus invocant, Deo operante egit, imo quæ meis oculis aspexi, penitus attonitus sum. Sed quoniam Evangelistarum auctoritas quæ de eodem in Evangeliis habentur primum dicere me compellit, eadem narrando explanabo.

Veneremur omnes in Domino Jacobum Zebedæi Gallæciæ patronum, qui a Salvatore nostro Jesu Christo venerari meruit præ omnibus inter apostolos, vocatione et electione locum tenens tertius. Locum vero per electionem juxta Matthæum (x, 3) tenet tertium, quia, cum Salvator noster pertransisset secus mare Galilææ, primum vocavit Petrum et Andream, deinde progressus paululum vidit alios duos fratres, Jacobum Zebedæi, et Joannem cum Zebedæo patre eorum reficientes retia sua, et vocavit eos dicens: *Venite, sequimini me, et faciam vos piscatores hominum* (*Matth.* iv, 19). O mira Redemptoris clementia! Ex indoctis fecit doctos, ex perversis bonos, ex fatuis peritos, ex piscatoribus prædicatores claros. O magnum Salvatoris mysterium, o admirabile præmium, per quod piscatores piscium effici meruerunt piscatores animarum! quod cum B. Jacobus et Joannes piscati fuerunt a Jesu, nos rursus sua prædicatione piscantur in rete fidei. Ipsi apostoli qui piscati fuerunt a Salvatore, ipsi nos piscati sunt extrahentes de salsis aquis, ubi capita sunt draconis. Hos enim piscatores generis humani Reparator ante Nati sui Incarnationem, populis in hujus sæculi mari periclitantibus promisit per Jeremiam prophetam, dicens: *Ecce ego mittam ad vos piscatores multos* (*Jer.* xvi, 16). Merito Natus et vocavit ad se, et misit ad prædicandum animas quas Pater prælegerat. Felices ergo apostoli qui magistrum tantum præsentem sequebantur, felices qui poterant sole præsente lucere, felices quibus dictum est: *Sequimini me* (*Matth.* iv, 19); et statim dimisso patre et rete et navicula secuti sunt Salvatorem. Sequuntur Dominum non solum passibus pedum, sed imitatione bonorum operum. Jure ergo Dominum consequuntur, qui eum et passibus pedum et imitatione bonorum actuum sequuntur. Fides vera nescit affectum rerum temporalium, nescit consanguinitatem, ignorat patris et matris naturam, denegat recusationis causam. Denique scriptum est in veteri lege: *Qui dixerunt patri suo et matri suæ: Non novi te; et fratribus suis: Ignoro vos, ii custodiere eloquium et pactum meum servavere*, dicit Dominus (*Deut.* xxxiii). Isti fratres, quibus servivimus propitio Christo dicunt patri, aiunt matri, inquiunt fratribus, sororibus, filiis, amicis omnique affectui; Non novimus vos. Vultis ut sciamus vos, credite in Patrem nostrum et incipiemus vos de Patre habere fratres. Non novimus patrem, non novimus matrem, unus est enim Pater qui nos genuit, nos agnoscimus Patrem, vultis et vos cognoscamus, et vos cognoscite verum Patrem, ut simus omnes fratres.

Felices ergo apostoli, felices et secundum sæculum. Jacobus enim et Joannes si parentes suos non contempsissent, non de illis hodie in mundo tot Ecclesiæ personarent; nisi contempsissent patrem suum Jacobus et Joannes, ego ignorarem magistros: parva tamen dimisere et magna invenere; terrenum patrem reliquere, et cœlestem invenere, in quo omnium credentium patres exstitere. Terrenam patris potestatem contempsere, sed ligandi atque solvendi potestatem accepere. Terrenam hæreditatem contempsere, sed cœlorum hæredes efficiuntur. In uno viculo domum suam reliquere; in toto orbe Ecclesiarum principes fuere. Notos et affines contempsere, sed fratres et notos in omni mundo generarunt. Cuncta terrena reliquere, et cuncta cœlestia invenerunt. Si ergo cuncta dimiserunt, sibique nihil retinuere, quid de nobis erit qui parva dimisimus et omnia possidemus? imo possidemus animo ea quæ non habemus, tanquam ea quæ habemus. Jacobus et Joannes nisi contempsissent carnalia, non haberent spiritualia; sic et nos minime habebimus cœlestia nisi dimittamus carnalia. Cuncta dimisere et cuncta prospera invenere. Nihil illis etiam temporaliter defuit, quia cunctorum bonorum largitorem secum habuere. Sic quippe his qui cuncta dereliquerint nihil deerit, si Deum secum habuerint, ipso testante qui discipulos suos interrogavit dicens : *Quando misi vos sine pera et sacculo et calceamentis, nunquid defuit vobis? At illi dixere : Nihil* (*Luc.* XXII, 35). Et alibi ipse dixit : *Quærite primum regnum Dei et omnia adjicientur vobis* (*Matth.* VI, 33). Ipse enim Dominus fecit cuncta, ipsius est mundus, ille creavit omnia, qui eum habet et sua. Qui tantum habet thesaurum nihil deest ei. *Spera in Domino*, sicut dicit Psalmographus, *et fac bonitatem, et inhabita terram, et pasceris in divitiis ejus* (*Psal.* XXXVI, 3) ; in divitiis, id est epulis ejus. Et alibi : *Jacta cogitatum tuum* [Vulgata *curam tuam*] *in Domino, et ipse te enutriet* (*Psal.* LIV, 23). Nihil ergo sollicitet Christianum, non cogitet de die crastina. *Sufficit enim diei malitia sua*. Laudemus ergo Dominum Salvatorem nostrum, qui germanos Jacobum et Joannem de mundo elegit, et in regno suo lætari facit. Hæc est vera fraternitas quæ inter mundanas varietates violari nequivit, sed relictis omnibus sequitur velociter felicia Redemptoris vestigia. Contemnendo terrena pervenerunt ad regna cœlestia, fratres fuere in terris, et fratres inveniuntur in cœlis : fratres in terreno patre, et fratres inventi sunt in cœlesti Patre. Isti sunt vere fratres, quos elegit Dominus *in charitate non ficta*, et tribuit eis regna cœlestia, quorum doctrinis micat Ecclesia ut sol et luna. Ut sol quidem fulget, in contemplativis; ut luna, in activis. Bina sunt etiam aulæ cœlestis luminaria, duoque coram Deo candelabra radiantia, quorum lux nunquam desinit in sæcula. Nimirum unus martyrio purpuratus, alter vero confessione candidatus. Quia *quos Dominus vocavit, hos et justificavit ; et quos justificavit illos et magnificavit* [Vulg. *glorificavit*] (*Rom.* VIII, 30), vere magnificavit illos in cœlestibus, quia *nimis honorificati sunt amici tui, Deus* (*Psal.*CXXXVIII,7). Hunc itaque Jacobum et Joannem fratrem ejus Redemptor, dum esset in monte, nomina aptissima discipulis imponens, Marco narrante, *vocavit Boanerges quod est filii tonitrui* (*Marc.* III, 17); quia sicut tonitrui voces resonant in terra et faciunt eam tremere, sic omnis mundus resonuit et contremuit vocibus illorum, dum illi *prædicaverunt ubique Domino cooperante et sermonem confirmante sequentibus signis* (*Marc.* XVI, 20). Huic vero Jacobo tantam Dominus contulit gratiam, ut supra montem Thabor venerandum corpus suum in gloria Patris transfiguratum demonstraret (*Matth.* XVII, *Marc.* IX, *Luc.* IX). Conspexit enim Jacobus dilectus Domini, testibus astantibus Petro et Joanne cum eo, Dominicam faciem, sicut sol resplendentem, et vestem ejus velut nix micantem, et Patrem cum eo audivit loquentem ac dicentem : *Hic est Filius meus dilectus, in quo mihi bene complacui : ipsum audite* (*Matth.* XVII, v). Et vidit cum eo duos prophetas loquentes, Moysen videlicet et Eliam : quorum unus ante multa tempora obierat, alter in cœlum raptus fuit. O mira res ! vivi apparuere qui jam inter mortuos computabantur. Transfiguratio Salvatoris nostri typice formam resurrectionis futuræ et speciem perennis vitæ manifestat. Facies enim Domini, quæ velut Titan splenduit, sanctorum gloriam incomparabilem et lætitiam ineffabilem, quam in ultima die accepturi sunt, designat. Unde Scriptura ait : *Justi fulgebunt sicut sol in regno Patris eorum* (*Matth.* XIII, 43). Vestimentum ejus, quod tanquam nix emicuit, corporis immortalitatem, quam in resurrectione accepturi sumus, demonstrat. Unde Paulus : *Oportet*, inquit, *corruptibile hoc induere incorruptionem, et mortale hoc induere immortalitatem* (*I Cor.* XV, 43). Vetus lex per Moysen designatur, et prophetia per Eliam ostenditur ; et per tres discipulos novæ gratiæ, quæ per Trinitatis fidem tenetur. Igitur

inter duos vates, tresque discipulos, ut sol splendens clementissimus Redemptor noster transfiguratus apparere voluit, ut vere divinitatis et assumptæ humanitatis suæ lex vetus et prophetia et Evangelium in mundo perhiberent testimonium : ut *in ore duorum vel trium testium staret omne verbum* (*Matth.* XVIII, 16), illud videlicet *Verbum, quod caro factum est, et habitavit in nobis* (*Joan.* I, 14), huic etiam *omnes prophetæ testimonium perhibent* (*Act.* X, 43). Thabor, quod *lumen veniens* interpretatur, ad quam discipulos suos de valle collium Dominus eduxit, ipsum Dei unigenitum, lumen æternum in tempore judicii venturum insinuat, qui electos suos de corruptione ad incorruptionem, de mortalitate ad immortalitatem, de infimis ad polorum celsitudinem educet, et lumine vultus sui faciet lætari in futura resurrectione : quam B. Jacobus aspexit typice in eodem monte. O quam beati oculi, qui omnium sanctorum Redemptorem in splendore Patris transfiguratum viderunt ! O meritum sublime trium, quibus illa videre contigit in mundo quæ non sunt credita mundo. O Isaiæ vaticinium, *non caligabunt oculi videntium Dominum* (*Isa.* XXXII, 3). Sciendum præterea quod in monte illo, loco scilicet quo Dominus transfiguratus est, basilicam miro opere in nomine S. Salvatoris ob memoriam transfigurationis illius, Christiana religione crescente, fidelis plebs fabricavit, monasticæ regulæ in ea cultores instituit. Tradunt etiam incolæ illius montis quod tantus splendor transfigurationis die supra montem illum emicuit, ut lapis, qui ante niger erat, in eo usque ad hodiernum diem albus in modum alabastri apparuit. Ex quo lapide loci illius habitatores modicas limis ferreis cruces faciunt, quas peregrinantes illa loca sacrosancta visitantes ab eis accipiunt, et ob testimonium Dominicæ transfigurationis eas proprio collo suspensas ad propria remeantes secum deferunt diligenter. Et quanto magis adhuc opus scinditur, tanto magis usque ad anni caput augmentari perhibetur. Ex vino vero in quo crux ejusdem lapidis elixatur, multi collinuti sanantur. Felix nimium et Deo gratus, et omni etiam laude dignissimus Jacobus, cui Pater de cœlis mundi Salvatorem adhuc mortalem in patris munere transfiguratum ostendere voluit, quod aut propheta aut patriarcha olim cernere nequivit.

Felix qui meruit promissum cernere Christum.

Quapropter gratia præcipui amoris a Domino valde honorari promeruit. Dum enim amator æternus, Redemptor piissimus, ac Salvator noster suscitaret filiam archisynagogi, in ædes non admisit quemquam sequi se, secundum Marcum (V, 37), ad videndum miraculum, nisi hunc Jacobum una cum duobus assectis. Quia ipse qui novit bonos in æternam requiem secum introducere, et ingratos a se prohibere, ipse etiam dignatus est charo suo istud miraculum ostendere. O ineffabilem Salvatoris gratiam ! o ejus operationem venerandam ! per quam mundi figulus, per quam vas gemina nece ante confractum B. Jacobo ostendit restauratum. Deinde hic Jacobus miro modo illud excellentissimum donum a Domino una cum fratre suo Joanne quæsivit, quod nemo discipulorum aliorum aut prophetarum ante vel post petere ausus fuit, sicut Matthæus ait , quia accessit ad Jesum mater filiorum Zebedæi cum filiis suis Jacobo et Joanne, adorans et petens ab eo , ut unus ad dexteram et alius ad sinistram sedere possent in gloria ipsius (*Matth.* XX, 20). Sciendum vero quod filii Zebedæi sedium Christi dignitatem acceperunt, sed non illa discretione qua mater petebat, ut unus ad lævam illius in regno ejus, et alius ad dexteram sederet : quia nullus in cœlesti regno ad lævam sessurus dicitur, cum in extremo examine ad Christi dexteram cuncti electi futuri esse legantur (*Matth.* XXV, 33). Impossibile enim videtur ut aliquis inter Patrem et Filium sedeat, cum idem Filius ad Patris dexteram, et Pater ad Filii lævam resideat. Sic et B. Lucas in Actuum apostolorum codice testatur (*Act.* I, 4) : *Dominus quidem Jesus*, inquit Marcus (xvi, 19), *postquam locutus est discipulis suis, assumptus est in cœlum, et sedet a dextris Dei.* Sed si mystico sensu vult intelligi læva Christi et dextera, constat illos ad lævam ejus et dexteram sedisse, per sedem vero Christi læva hoc in loco præsens vita, et per sedem ejus dexteræ mystice intelligitur æterna vita. Sic enim scriptum est : *Longitudo dierum in dextera ejus, et in sinistra illius divitiæ et gloria* (*Prov.* III, 16). In sede Christi lævæ sedet quicunque fidelem populum in præsenti vita digne regere studet. In sede ejus dexteræ sedet quisquis in æterna vita locum quietudinis tenet. Filii ergo Zebedæi Jacobus et Joannes temporaliter ad lævam Christi ambo sederunt, cum in præsenti vita fidelibus populis regendis apostolico præsiderent regimine. In illo videlicet almæ Ecclesiæ regno, de quo ipsa Veritas dixit : *Regnum Dei intra vos est* (*Luc.* XVII, 21). Per regnum enim Dei Ecclesia intelligitur. *Mittet Filius hominis angelos suos, et colligent de regno ejus omnia scandala* (*Matth.* XIII, 41). Ad dexteram igitur Christi, id est in æterna beatitudine, cum cæteris apostolis noster Jacobus et Joannes cupitam Dominicam faciem cernentes sedere testantur. Unde venturi cum illo omnium sæculorum judices die ultimo dicuntur. Sed quia diximus qualiter ad Christi lævam et dexteram sedeant, quid eorum mater, quid ipsi filii, quidve Zebedæus significet videamus. Mystice hæc mater venerabilis præsentem designat Ecclesiam, quæ sanctæ regenerationis lavacro duorum filiorum, id est duorum populorum, Judæorum scilicet et gentilium, genitrix exstitit, pro quibus accedens ad Dominum oravit in Psalmo, dicens : *A finibus terræ ad te clamavi : dum anxiaretur cor meum in petra exaltasti me* (*Psal.* LX, 2). Populi Judaici Ecclesia genitrix exstitit, quoniam multi ex eo olim ad Christi fidem venere, quorum Paulus fuit, qui sedem Christi lævæ fidelem populum præteritum, præsentem et futurum epistolarum suarum doctrinis regendo tenet. Populi item gentium mater est Ecclesia, multi enim ex eo ad Dominicam fidem olim per baptismum conversi sunt, quorum hi duo cæterique multi fuere. His ergo filiis alma mater Ecclesia sedem lævæ Dominicæ a Christo impetravit, dum ex eis præsules et sacerdotes ad regendum populum fidelem in præsenti vita sibi constituit. Sedem vero Dominicæ dexteræ illis adeo impetravit, quia filios quos per baptismi gratiam regeneraverit, per fidei et operationis bonæ conscientiam in cœlesti beatitudine conscendere facit. Cujus sponsus est Zebedæus, qui interpretatur *hostia Domini*, sive *relinquens fugitivum diabolum.* Illum vero Ecclesiæ sponsum hoc in loco designans, qui semetipsum hostiam vivam obtulit Deo Patri in ara crucis pro nostris facinoribus; quæ etiam diabolum fugitivum ac superbum reliquit, quando a consortio bonorum angelorum eum sequestravit, et apparens in carne de mundo ejecit, dicens : *Nunc princeps hujus mundi ejicietur foras* (*Joan.* XII, 31). Hic vero Zebedæus cum in mala significatione ponitur *relinquens fugitivus diabolus* interpretatur; cum autem in bona, ut in hoc loco, ponitur tunc, mutata interpretatione Zebedæus *relinquens fugitivum diabolum* interpretatur. Filius hujus sponsi est Joannes, qui *gratia Dei* interpretatur, illos typice designans qui acceptam baptismatis gratiam usque ad extremum vitæ suæ bonis actibus conservant, in quibus etiam tanta Dei gratia abundat, ut non solum semetipsos ad cœlestia sublevent, verum etiam alios admonendo atque bene operando inflamment. Hujus etiam sponsi filius est Jacobus magnus, qui interpretatur *supplantator*, et *consolator.* Nam Jacob *supplantator* dicitur ; hus addita aspiratione, ut in Job scribitur, hus *consolator* interpretatur. Igitur supplantator et consolator pulchre Jacobus dicitur, quia quos olim sua prædicatione a vitiis supplantavit, A consolatione Spiritus sancti, per impositionem manuum suarum hos in fide Christi confirmavit. Nunc vero se toto corde invocantes, et sedulos suis precibus et præsidiis coram Deo visus est supplantare a malis. Et quos supplantat a vitiis, hos corroborat per eamdem Spiritus sancti consolationem in virtutibus sacris. Et sicut agricola aut hortulanus superfluas eradicat herbas de horto suo, plantando bonas, sic beatus Christicola Jacobus de agro sanctæ Ecclesiæ spinas et vepres vitiorum sua prædicatione olim amputavit, inserendo rosas et lilia virtutum : illos figurate designans qui carnis delicta pœnitendo atque bene operando supplantant. Sed notandum quod desiderantibus cunctis regnum Dei, necesse est habere hos duos filios Zebedæi, quia, nisi unusquisque nostrum hos duos fratres secum habuerimus, polorum regnum minime possidebit. Nisi enim *gratiam Dei* habuerimus, et vitia nostra *supplantaverimus*, perennem vitam minime habebimus. Gratiam Dei manentem in nobis habemus Joannem ; supplantando carnis vitia habemus et Jacobum. In his vero duobus fratribus designantur omnes sancti qui fuere ab exordio mundi usque in hodiernum diem. Cuncti gratiam Dei habuerunt, cuncti delicta carnis suæ supplantaverunt : sed videndum quis prius expediret nobis habere Jacobum, deinde Joannem, qui nisi prius vitia a nobis supplantaverimus, gratiam Dei minime habebimus, Salomone dicente : *Spiritus* enim *sanctus disciplinæ effugiet fictum* (*Sap.* I, 5). Prius ergo crimina carnis debemus supplantare, ut gratiam Dei mereamur possidere. Primum enim Jacobus sua supplantatione cordium nostrorum emundat sana ; deinde Joannes exornat divina gratia. Emundet itaque Jacobus templum cordis nostri, ut inhabitet in eo gratia Dei. Quod igitur Joannes inter cæteros magis a Domino dilectus fuisse describitur, et a carnis pollutione atque a persecutione gladii alienus dignoscitur, significat contemplativam vitam a Domino esse dilectam, et a carnis corruptione alienam, atque inter adversa tranquillam. Quod et beatus Jacobus supplantator vitiorum et martyrio laureatus fuisse legitur, designat activam vitam debere vitia a se prohibendo supplantare, et præsentis vitæ adversa tolerare, quatenus contemplationi conjuncta valeat coronari. Activa enim vita aliquando tranquillitate, aliquando adversitate utitur, sed contemplativa vita in tranquillitate magis quam ea habetur ; hoc est quod Dominus testatur, ubi ad Martham ministrantem loquitur activam vitam designando dicens : *Martha, Martha, sollicita es et turbaris erga plurima* (*Luc.* x, 41) ; et mox contemplativam vitam significat, dicens : *Maria optimam partem elegit sibi quæ non auferetur ab ea* (*ibid.*). Qua parte videlicet electa ac cupita et nos perfrui mereamur quatenus una cum beato Jacobo, cujus votiva celebramus solemnia, in cœlestibus regnis gaudere possimus, præstante Domino Jesu Christo, qui cum Patre et Spiritu sancto vivit et regnat Deus per infinita sæcula sæculorum. Amen.

SERMO III.

IN EADEM SOLEMNITATE.

Spiritali igitur jucunditate, dilectissimi fratres, salutem in Domino hac sacra die præcellentissimi apostoli Jacobi Zebedæi, Gallæciæ patroni, cui Christus condoluit in passione sua, velut charus charo suo mœstitiam carnis suæ ostendens ei, et dicens : *Tristis est anima mea usque ad mortem* (*Matth.* XXVI, 38). Non in morte tamen tristis fuit Dominus, sed usque ad mortem, quia non dixit, *Tristis est anima mea* in morte, sed *usque ad mortem.* Usque ad mortem fuit tristis, quia qui corpus humanum suscepit, omnia debuit subire quæ corporis sunt, ut esuriret, sitiret, angeretur, contristaretur, divinitas animæ ejus communicari per hos nescit affectus. In morte non fuit tristis : nam qui sponte de sinu Patris ut humanum genus redimeret carne indutus advenit, ipse mortem in ligno crucis libenter pro nobis subiit. Unde Isaias : *Oblatus est,* inquit, *quia ipse voluit (Isa.* LIII, 7); et : *Dolores nostros ipse portavit (ibid.,* 4). Sed notandum est quoque quod ultimum convivium Dominus cum B. Jacobo ad mare Tiberiadis post resurrectionem suam habuisse describitur, propter nimiam charitatem qua eum diligebat, astantibus cum eo Petro et Thoma, Nathanaele et Joanne, aliisque duobus. O vere felicem virum et Deo amabilem, cui Salvator venerabilis tantam conferre dignatus est gratiam, ut cum eo novissime comederet, et colloquium haberet! Quid est ergo quod cum septem clientibus Dominus ultimum convivium celebrat? quia eos tantummodo qui septiformis gratiæ Spiritu pleni sunt futuros secum in æterna refectione denuntiat. Cesset ergo unusquisque nostrum a malo et faciat bonum ut Spiritus sancti gratiam habere valeat, quatenus in æterna refectione cum Domino refici possit. *Quia si quis Spiritum Dei non habet, hic non est ejus (Rom.* VIII, 9). Denique cum post adventum Spiritus sancti apostolus Christi Jacobus in Judæa prædicaret verbum Dei et resurrectionis Domini nostri Jesu Christi testimonium redderet, signa multa et miracula faceret, innumerabiles populorum cohortes ad fidem convertit. Pergente itaque eo atque evangelizante verbum salutis omnibus gentibus, nullus est qui ediscere queat quot gentilium millia conversi sunt eo in tempore ad Christum; sed et cæcis reddebat visum, claudis gressum, surdis auditum, mutis colloquium, mortuis vitam, et ab omnibus generibus morborum ad Christi laudem et gloriam gentes curabat, omniumque corda gentilium arida, divini verbi fervore intus accendebat, sequens monita Magistri sui dicentis : *Infirmos curate, mortuos suscitate, leprosos mundate, dæmones ejicite (Matth.* III, 15). Et alibi : *Qui credit,* inquit, *in me, opera quæ ego facio et ipse faciet (Joan.* XIV, 12). Non enim aliquibus medicamentis vel electuariis, vel confectionibus, vel syrupis, vel diversis emplastris, vel potionibus, vel solutionibus, vel vomitibus, vel cæteris medicorum antidotis, sed sola Dei gratia sibi a Deo impetrata multos languidos, videlicet leprosos, phreneticos, maniosos, scabiosos, paralyticos, arreptitios, phlegmaticos, febricitantes; cephalalgicos, energumenos, podagricos, stranguriosos, calculosos, hepaticos, fistulosos, phthisicos, dysentericos, a serpentibus læsos, ictericos, lunaticos, stomaticos, reumosos, amentes, epistrosos, albuginosos, multisque morbis dolentes sanitati integræ clementissimus apostolus restituit. Non geram fortissimam, aut triferam Alexandrinam, aut Saracenicam, aut triferam magnam, aut geram pigram aut geram rufinam, aut geram paulinam, aut apostolicon, aut geralogodion, aut adrianum, aut aliquam potionem illis adhibuit, sed divinam gratiam desuper datam effudit. Melancholia enim aut cholera rubea, aut nigra, aut phlegma, aut sanguis nullatenus nocere prævaluit, ubi ejus virtus potentissima adfuit. Melius hic generi humano medicinæ divinæ studiis subvenit salutaribus quam Hippocrates, aut Dioscorides, aut Galenus, aut Macer, aut Vindicianus, aut Serenus, aut cæteri medici physicæ artis actibus. Hippocrates enim ejusque sequaces, humano tantum corpori profuit; hic vero corpori animæque divinitus prævaluit. Nulla valet penna describere quantas virtutes, quantaque signa et prodigia Christus per eum gentibus demonstravit. Exiguo tempore post Christi passionem vixit, sed multum populum acquisivit. Erat enim forma pulcherrimus, specie decorus, statura procerus, corpore castus, mente devotus, aspectu amabilis, prudentia præditus, temperantia clarus, interna fortitudine firmus, longanimitate assiduus, patientia robustus, humilitate mansuetus, charitate sollicitus, spe longanimus, vigiliis sobrius, oratione assiduus, doctrina benignus, sermone verissimus, locutione cautus, consilio prudentissimus, in nulla mundi compede catenatus, in egenorum largitate diffusus, in obsequiis servorum Dei paratus, in adversis more sinapis fortissimus, in temperatione tutissimus, in hospitalitate lætissimus, inter opprobria securus, inter odia beneficus. Non enim poterat in eo invenire humani generis inimicus vel quod fraude deciperet, vel quod simulatione offuscaret. Quid plura loquendo immoror? In omni conversatione sua quasi lucifer inter astra refulgens instar magnæ lampadis micabat. Quoniam Rex regum Christus hunc elegerat militem, quem quasi agnum mansuetissimum contra immanissimum bestiarum direxerat legiones. *Ecce,* inquit, *ego mitto vos sicut agnos inter lupos (Matth.* X, 16), sicque vir Dei in Spiritu sancto strenuus, bellator fortissimus, miles legitimus, signifer egregius, scuto fidei protectus, lorica justitiæ indutus, gladio verbi Dei fortiter accinctus, galea salutis coopertus, in præparatione Evangelii pacis calciatus *(Ephes.* VI, 16), in prælium publicum contra hostem antiquum processit, omnia tela ejus nequissima contrivit, aeriasque potestates debellavit, et homines adeo Christi virtute de manu mortis eripuit, et spolia multa victo hoste in Christi Ecclesia reportavit, tam metuendus humani generis inimico quam generi humano pernecessarius, utpote qui non suæ tantum animæ sed multarum per Christum fuit redemptor : cujus non tantum est quæ ab eo gesta sunt narrare miracula, quantum agnoscere miraculorum virtutem, quæ cœlesti regi in diebus suis multum populum acquisivit. O venerabilem Christi apostolum! o virum mirabilem, pietate redundantem, misericordia affluentem, charitate pollentem! Hic enim est verus Dei cultor, qui Christi Ecclesiam sanguine suo plantavit, magna humilitate ornavit, vera charitate excoluit, verbi prædicatione plantavit, superno perpetuæ salutis rore irrigavit. Inde divina clementia per ejus irrigationem in populis plurima fidei dedit incrementa. Hic vero non solum in Hierosolymitanis partibus per prædicationis lumina vel pietatis opera clarus effulsit, verum etiam ut lucifer æquoreos Oceani campos transiliens pro Eoo diurni luminis, nocturnas suo exortu discutit umbras, sic ejus fama exteras nationes et regiones illuminabat gratia miraculorum huc illucque percurrente, ut toto orbe ejus gloria usque in hodiernum diem militaret. De cujus virtutibus et exhortationibus beatus Fortunatus, versificator egregius, Christi confessor et præsul, cecinit dicens :

Cultoris Domini toto sonus exiit orbe:
    Nec locus est ubi se gloria celsa neget.
Nobilis antiquo veniens de germine patrum;
    Sed magis in Christo nobilior merito.
Culmen honoratum, decus almum, lumen opimum.
    Laudibus in cujus militat omne decus.
Fons generis, tutor patriæ, correptio plebis,
    Eloquii flumen, fons salis, unda loquax.
Immaculatus Deo conservans membra pudore
    Hunc quod pro meritis vexit ad astra fides.
Pectore sub cujus regnans patientia victrix
    Fluctibus in tantis anchora sensus erat.
Felle carens, animo placidus, dulcedine pastus,
    Offensus nescit ira referre vices.
Dulcis in eloquio, placidus moderamine sacra :
    In cujus sensu perdidit ira locum.
Alterius motus patienti pectore vicit;
    Quod levitas læsit, hoc gravitate tulit.
Templorum cultor recreans modulamine cives,
    Vulneribus patriæ fida medela fuit.
Vincula corporei dissolvere carceris optans,
    Plenius ut Domino se sociaret homo.
Qui dat mundanis miracula plurima terris :
    Unde magis populis unicus exstat amor.
Ostendens verbis, addens miracula factis :
    Ut quod sermo daret, consequeretur opus.
Gentiles docet hic, Judæos increpat idem,
    Fructificansque Deo seminat orbe fidem.

In ramis hæresis (83), *fidei pia germina fixit.*
Quodque oleaster erat, pinguis oliva viret.
Quæ stetit exilis viduatis frondibus arbos,
Jam paritura cibum floret honore novo.
Imponenda focis sine spe ficulnea tristis,
Præparat ad fructum stercore culta sinum.
Palmitis uva tremens avium laceranda rapinis,
Hoc custode bono non peritura latet (84).
Rebus apostolicis direxit vinitor antes (85)
Arva ligone movens, falce flagella premens.
Ex agro Domini labruscam excidit inertem,
Atque racemus adest, quod fuit ante frutex.
De satione Dei zizania vulsit amara,
Surgit et æqualis lætificata seges.
Pastoris studio circum sua septa recurrens,
Ne lupus intret oves, servat amore greges.
Supportante manu trahit ipse ad pabula Christi
Montibus instabilem ne voret error ovem.
Cujus vox refluens plebi de fonte salubri,
Ut bibat aure fidem, porrigit ore salem.
Nosti (86) *damna quidem, Domino pia vota paravit:*
Et commissa sibi dupla talenta refert.
Vocem divinam spectans (87) *operarius almus,*
Ut sibi dicatur : « Servule, perge, bone :
Quando fidelis enim mihi supra pauca fuisti,
Supra multa nimis constituendus eris.
Ecce tui Domini modo gaudia lætior intra,
Proque labore brevi magna parata tibi. »

Cujus ingentem probitatem Sapiens describens inter cætera dixit : *In medio magnatorum ministrabit, et in conspectu præsidis apparebit, et in terra alienarum gentium transibit* (88). *Bona enim et mala in omnibus tentabit* (Eccli., XXXIX, 4). In medio magnatorum beatus Jacobus ministrabit, quoniam regum et principum cordibus æternæ vitæ cibaria salubria sua prædicatione subministravit. In conspectu præsidis apparuit, quoniam coram Herode rege Dei verbum intrepidus prædicavit. In terra alienarum gentium transivit, quoniam ab Hierosolyma usque ad Gallæciam nomen Dominicum divulgavit. Bona et mala in omnibus tentavit, quia in Judaico et gentili populo doctrinam evangelicam inseruit, et hæreticam pravitatem resecavit, sic enim præcepit illi Dominus per Isaiam prophetam, dicens : *Posui te in lumen gentibus, ut sis in salutem usque ad extremum terræ* (Isa. XLIX, 6.). In lumen gentibus a Domino beatus Jacobus ponitur, quoniam, expulsis peccatorum tenebris, gentem sua prædicatione ad veræ fidei lumen adduxit. In salutem usque ad extremum terræ fuit, quoniam illum qui salus totius populi est usque ad marinas insulas extremas suo sermone notum fecit. Sic Dominus per prophetam Joëlem pollicitus est olim gentibus, dicens : *Exsultate, filiæ Sion, et lætamini in Domino Deo vestro, quia dedit vobis doctorem justitiæ, et descendere faciet ad vos imbrem matutinum et serotinum sicut in principio* (Joel., II, 23). Tunc exsultant filiæ Sion in Domino, id est, sanctæ Ecclesiæ per bonam operationem et divinam speculationem in Christo lætantur. Doctor justitiæ beatus Jacobus datus filiabus Sion fuit, quoniam justæ fidei viam per quam ad regnum cœlorum irent, filiis Ecclesiæ divino sermone patefecit. Descendere gratiosum imbrem matutinum ad eos fecit, quoniam gratia Dei Spiritus ad ipsius prædicationis vocem, ut auditores inflammaret, condescendit. *Matutinum imbrem* propheta Spiritum sanctum vocat, quia sicut imber matutinus terram ne solis calor nimius semina corrumpat, humidam reddit, sic mentes auditorum verbum Dei, et Spiritus almus, ne divini sermonis semina tentatio dæmoniaca atque vitiosa varietas et callida dissipet, munit. *Serotinum imbrem* Spiritum Dominicum propheta appellat, quoniam velut ros serotinus cultam tellurem et incultam infundit, sed cultam tantum germinare facit, sic Spiritus almus, quamvis omnes anhelet, tamen in bonis perseverat et fructificat. Ait enim ipse Dominus alibi per prophetam : *Super quem requiescit Spiritus meus nisi super humilem et quietum et trementem verba mea* (Isai. LXVI, sec. LXX). *Principium* propheta Deum Patrem vocat, quia cuncta in eo sumpsere initium et tandem accipient finem. *Ego principium,* inquit ipse, *qui et loquor vobis* (Joan. VIII, 25). Beatus igitur Jacobus ad filias Sion imbrem descendere in principio fecit, quoniam Spiritum sanctum esse in Patre et Filio prædicando Ecclesiæ filiis ostendit. Implens illud Isaiæ dicentis : *Posuit Dominus os meum quasi gladium acutum* (Isa. XLIX, 2). Acutus gladius ad dexteram et lævam velociter scindit, sic bonos salvandos ad venturi judicis dexteram, et malos damnandos ad lævam venturos judicavit. Iterum Isaias ibidem ait : *Et posuit me sicut sagittam electam,* vel, *occultam.* Illa profecto sagitta est occulta, quæ hostem citius interfecit emissa. Et quia tria sunt in sagitta penetrabilia, videlicet ferrum, lignum rectum, pluma dirigens, sagitta Trinitatem et unitatem Dominicam ostendit. *Sagitta* itaque *electa* beatus Jacobus fuit, quoniam sicut velox sagitta trahentis eam adversarium interficit, sic Trinitatem et unitatem Dominicam prædicando generis humani inimicum in hominibus peremit, et vitiorum aggeres destruxit. Rursumque propheta ait : *In pharetra sua abscondit me* (Isa. LXIX, 2). Pharetra typice est intemeratæ Virginis beatæ Mariæ uterus, in quo sagitta electa, id est Dei Filius, unus cum Patre et Spiritu sancto Deus latuit. Sagitta in pharetra est abscondita, quia divinitas in humanitate est hospitata. In ea namque *habitavit plenitudo totius divinitatis corporaliter* (Coloss. II, 9). In pharetra ergo sua Dominus B. Jacobum abscondit, quia in conversatione suæ humanitatis benignis doctrinis illum imbuit. Dixitque ei rursum per prophetam : *Longos fac funiculos tuos, et clavos tuos consolida : ad dexteram enim et lævam penetrabis, et semen tuum gentes hæreditabit* (Isa. LIV, 2). Per funiculos quippe, quibus artifices duas res quaslibet dissidentes alligare simul solent Dominica præcepta designantur quibus Deus et homo per bonorum operum exhibitionem simul alligantur.

Inter Deum et hominem per protoplasti delictum olim facta fuit discordia, sed per Dominicorum præceptorum exercitationem facta est concordia. Funiculos igitur suos apostolos longos fecit, quia à Judæa usque ad Mediterraneum mare sive occidentale doctrinas evangelicas extendit. Clavos suos consolidavit, quoniam catholicæ fidei monita hominum cordibus infixit. Ad dexteram et lævam penetravit, quia electis bonorum operum suorum remunerationem cœlestem, et reprobis extremi examinis terrorem prænuntiavit. Et semen ejus gentes hæreditavit, quoniam fideles populos per prædicationem suam secum regni cœlestis hæredes fecit. Sicut sol diei obscuritates, et luna noctis tenebras illuminat, sic sancta doctrinis effulsit Ecclesia. Quemadmodum arcus diversis coloribus refulgens inter nebulas cœli, sic inter adversa ferorum gentilium ac Judæorum diver-

---

(83) Forte, *Hæresis in ramis,* ex l. V Fortunati, Carm. I sequentis ; at superiores versus non sunt editi, ne in Moguntina quidem ultima Christ. Broweri Soc. Jesu editione ; sed hos B. Martino Dumiensi attribuit. Et distichon prius lib. I, Car. 9, legitur.

(84) Chr. Brow. emendat : *non perit uva lacu.*

(85) Virgilianum illud respexit 2 Georg. :
Jam canit extremos effectus vinitor antes.
Ubi Servius : « *Antes,* extremi vinearum ordines, aut maceriæ, quibus vincta clauduntur. »
(86) Al., *Hosti.*
(87) Al., leg. : *Vocem evangelicam exspectans.*
(88) In vulgata : *in terram alienigenarum gentium vertransiet.*

sis virtutibus fervens refulsit quasi rosa vernans inter spinas et lilium florens juxta aquas; sic divinis exemplis effloruit inter gentes, sicut thymiamata et thus redolens in igne, sic omnibus gentibus odor vitæ perennis exstitit ad salutem, ut omnes ad æternæ beatitudinis regnum revocaret. Radiabat enim in eo divina virtus in vita, in moribus, in prædicatione verbi, in lenitate et mansuetudine spiritus, in signis et prodigiis, in omni etiam mortificatione carnis, vigiliis, jejuniis precibusque divinis. Circuibat villas, castella et viculos ingrediens, per Judæorum synagogas verbum Dei prædicans, opportune, importune instans, ut omnibus gentibus Dominum ignorantibus una lex luxque perpetuæ vitæ claresceret, et simul omnes resurgerent ad vitam, qui simul descenderant ad mortem. Imo vel propter minas principum vel verba iniquorum prædicare Christi nomen in conspectu et auditu ferorum hominum Judæorum et gentilium, zelo fidei munitus, non cessavit usque ad horam necis suæ. Tanquam enim cliens a magno imperatore missus majoribus turbis populorum lumen veritatis immittere non formidabat, ut quo multi congregabantur, multi suo exemplo vel doctrina erudirentur. Sicut enim piscator ibi retia sua tendit unde scit piscium multitudinem, avium vel pecudum congregari, ut dum multi congregantur magna pars illorum capiatur, sic et beatus Jacobus hominum piscator ferarumque venator, multitudinibus gentium suæ prædicationis retia extendere non desistebat, ut quia sub hujus rei obtentu multi congregabantur, multi sagitta ejus prædicationis caperentur; ac velut fidelis dispensator a Domino constitutus super familiam suam, ut det illis cibum in tempore necessario, sic barbaros populos omnimodis festinabat spiritualibus reficere cibis, clementer docens, optime instruens, ab erroribus idolorum tota animi virtute retrahere nitens. O pingue vas Spiritus sancti! quod adipem frumenti Christi et lætitiam olei ac sobriam ebrietatem vini plebi affluenter administrabat. Oculus enim fuit cæco et pes claudo, pater pauperum et miserorum, consolator orphanorum et viduarum. Hic velut nauta navim Ecclesiæ plenam divitiis gentium, anchoram fidei mittens per mare fluctuantis sæculi hujus, salutis ad portum traduxit. Hic velut vinearum procurator Ecclesiæ, vineam magno labore plantavit, vitiorum tribulos exstirpans, spinas pravorum actuum resecans, bonos palmites plantans, ædificans evangelicorum dogmatum sepem circa eam, contra barbaras feras agens: vulpes hæreticas, quarum mos est demoliri vineas, procul ab ea expellens. Torcular altaris novi, et turrim fidei inædificavit. Hic prius incultam tellurem, ceu arator modernus, scienter cultro novæ prædicationis suæ et aratro fidei sulcavit, ut posteri citius arare prædicando possent, et tellus vitiorum vepribus mundata semen acciperet et afferret abundantius fructum alium centesimum, et alium sexagesimum. Et sicut qui in nemorosis locis callem ad quamlibet dirigit urbem, modos scientiæ faciens [f. nodos semita ejiciens]; sic beatus apostolus, novæ legis rectissimus viator, ut ad cœlum transmitteret fidei erexit, asperum iter planans, duros repellens lapides, tortuosum dirigens callem divinorumque præceptorum nodos agens in virgultis juxta eam; ut posteri aptius ire mererentur, exiguam semitam latam fecit viam itinere venientium post se. Ecce enim semita versa est in viam. Exigua et tortuosa erat Veteris Testamenti semita, per quam pauci ad cœlum gradiebantur, tempore illo scilicet; lata et recta nunc est Novi Testamenti via, per quam multi gradiuntur. Cum itaque magni Jacobi fama longe lateque per orbem crevisset, et veniebant ad eum Judæi, tum plures gentiles et idolorum cultores, et baptizabantur, et destruebantur idola a quibus fuerant fabricata; unde dolens hostis antiquus, videns sibi deficere gentes quas Christus acquirebat per famulum suum, tota artificii sui machinamenta ad impugnandam Dei Ecclesiam convertit, Herodemque regem Hierosolymitanorum ita inflammavit, et ad tantam rabiem indignationis commovit, ut caperet apostolum et interficeret eum. Sicque Herodes hostis Domini, jaculo invidiæ exagitatus, misit manus ut affligeret quosdam de Ecclesia, et occidit Jacobum fratrem Joannis gladio. Heu! heu! valde res dolosa! Illum occidit quem angelus Domini de carcere in Hierusalem olim extraxerat. Illum interfecit quem Dominus de mundo elegerat ac consecrarat, dignumque sibi et charum fecerat. Sed postquam magnus Jacobus apostolus Christi, et athleta martyr invictus, Herodis gladium libenter Christi amore tolerasset, alma ejus anima vinculis corporeis soluta atque terrenis passionibus liberata ad suum læta revertitur auctorem, angelis plaudentibus suadem obviam conscendit. Corpus telluri, spiritum paradisi sedibus reddidit, ubi regnat et exsultat dignitate meritorum, angelorum cœtibus aggregatus. Felix ergo pœna vulneris per quam perpetuæ vitæ palmam peperit ipse sibi, qui morte contrivit mortem, auream tenens coronam paradisiaca possidet regna; fuso sanguine suo factus est ipse victima Deo. Occidente itaque Herode Jacobum gaudebat phalanx angelorum, eo quod recepisset socium : contristabatur in tellure cohors fidelium, eo quod perdidisset pastorem suum. Lætabatur cœtus idololatrarum, eo quod calumniatorem suum videbat mortuum.

De beati Jacobi nece gloriosa idem beatus Fortunatus, Pictaviensis antistes, Christi confessor, luculentis versibus elegiacis sic cecinit, dicens:

Jacobus ex terris animam transmisit Olympo:
  O felix, cujus funere mors premitur.
Ante sepulcra Patris dantur modo dona salutis,
  Et corpus lacerum corpora multa fovet.
Dic ubi mors inimica jaces ? ubi vita recumbis ?
  Quando vides sancti funere vota dari.
Quem male credebas obitu finire salutem,
  Dat vitam multis, et tenet ipse suam.
Huc captiva cubas, quo te pugnare putabas:
  Invadendo peris, teque furendo necas.
Te tua pœna premit, tua te quoque vincula torquent;
  Quos dare vis gemitus, ipsa ferendo gemis.
Martyr ovans cælos retinet, tu lucida testis
  Mors inimica tibi, Tartara nigra colis.
Florigerum nunc sede, manet sine fine beate,
  Inter odoratos thure calente choros.
Non aliquas metuit placato judice causas,
  Præmia sed miles victor habenda petit.
Pro meritis Jacobum sic ad cœlestia vectum,
  Non premit urna rogi, sed tenet urna Dei.
Si quæras meritum, produnt miracula verum;
  Per quæ debilibus fertur amica salus.

Sed considerandum quod Herodes beati Jacobi decollator typice diabolum designat regnantem in mundo, quoniam Dominum in membris suis persequens dixit: *Pellem pro pelle, et universa quæ habet homo dabit pro anima sua* (Job II, 4); et alibi: *Dixit inimicus: Persequar et comprehendam, dividam spolia, implebitur anima mea* (Exod. xxv, 9), quoniam sicut adversarius noster diabolus Christi passionem, id est nostram salutem, per uxorem somniantem Pilati evertere cupivit, dicens: *Nihil tibi et justo illi* (Matth. xxvii, 29), sic Herodes diabolo suadente apostolicam prædicationem gentibus a Deo destinatam evertere voluit Jacobum interficiendo.

Herodes interpretatur *pelliceus* sive *pellis gloriæ*. Cui recte hæc interpretatio congruit, quia non de cœlesti gloria, sed de gloria pellis et carnis cogitabat. Tales sunt illi, *quorum Deus venter est, et finis interitus, et gloria in confusione ipsorum, qui terrena sapiunt* (Phil. III, 19). Itaque Herodes apostolum Domini interficiebat. Per eum enim regnum suum perdere putabat, et magis perdere timebat regnum terrenum quam æternum; sed quia apostoli sui necem Dominus vindicare voluit, Herodem hujuscemodi mortem subire permisit sicut Actuum apostolorum libro dicitur (*Act.* xii, 23). Videns autem Herodes quia beati Jacobi mors placeret Judæis, apprehendit Petrum apostolum et misit in carcerem : qui angelo Domini ducente illæsus nocte evasit; facta autem die non invento Petro dolens Herodes descendit a Judæa in Cæsaream, et ibi moratus est. Erat autem iratus Tyriis et Sidoniis, et illi unanimes venerunt ad eum, et persuaso Blasto, qui erat super cubiculum regis, postulabant pacem eo quod alerentur regiones eorum ab illo. Statuto autem die Herodes, vestitus veste regia, sedit pro tribunali et concionabatur ad eos. Populus autem acclamabat : *Dei voces et non hominis*. Confestim autem percussit eum angelus Domini et consumptus a vermibus exspiravit, eo quod non dedisset honorem Deo, et beati Jacobi sanguinem injuste effudisset. Itaque Herodes Jacobum occidit, et angelus Domini eum percussit; ab ipso innocens interficitur, et ab angelo Domini ipse occiditur. Non legi aliquem ex persecutoribus apostolorum a Domino per angelum interfectum esse nisi hunc Herodem, beati Jacobi decollatorem. Unde intelligitur quia multum hic Jacobus ob honorem prælationis inter alios a Domino amabatur : multum ergo diligitur a Domino et in terra et in cœlo. O Herodes, rex impie, crudelis hostis Domini, cur tantum ac talem virum occidisti ? Nesciebas quod interimendus esses a Domino. Armigerum interfecisti et occisus es a milite, famulum occidisti et interemptus es a Domino. O alme apostole Dei, cur tanta pertulisti ! Idcirco tanta profecto pertulisti, quoniam dignus eras pro nomine Jesu contumelias pati. Sciebas enim quod *non sunt condignæ passiones hujus temporis ad futuram gloriam* (*Rom.* viii, 18). O pie Deus, cur apostolum interfici permisisti, ut regem postea interficeres ? Ideo profecto ut coronam præparares apostolo, et supplicium regi iniquo. Ambo ergo acceperunt stipendia meritorum suorum, unicuique secundum meritum suum contulisti, quia apostolo coronam regni, et regi gehennam ignis tribuisti. Impletur itaque in hoc facto quod in libro Sapientiæ legitur : *Condemnat autem justus mortuus viventes impios, et juventus celerius consummata longam vitam injusti. Videbunt enim finem sapientis, et non intelligent quid cogitaverit de illo Deus, et quare munierit illum Dominus. Videbunt enim ut contemnat eum; illos autem Dominus irridebit. Et erunt posthæc decedentes sine honore : et in contumelia inter mortuos in perpetuum* (*Sap.* iv, 16-19). Lætatur ergo Christi apostolus in illa perpetua beatitudine, ubi lætitia est sine dolore, vita sine morte, gaudium inenarrabile. Legitime pro Dei fide certavit in terra, idcirco coronatur in gloria; veneratur ab angelis, honoratur ab omnibus sanctis, nive candidior, choro antiquo rubicundior, modo videt illum facie ad faciem, qui vidit in monte Thabor per speciem : nunc perenniter, tunc temporaliter; nunc cum amore, tunc cum tremore : modo reficitur divinis epulis cum Domino æternaliter, cum quo ad mare Tiberiadis post resurrectionem ultimum convivium celebrat temporaliter, nunc illud domum excellentissimum obtinet in cœlis quod quæsivit a Domino dum esset in terris. Sedem dominicæ dexteræ cum electis possidet scienter, quam quæsivit ab eo nescienter. Cujus solemnia non funebria, sed natalitia dicuntur. Quia tunc vivere cœpit quando de hoc sæculo migravit, et sic de perfecto quodam scriptum est : *Vivens* de *inter peccatores translatus est : quia placita erat Deo anima illius* (*Sap.* iv, 14), de talibus quippe per Salomonem dicitur : *Justus de angustia liberatus est* (*Prov.* xi, 8), de hujusmodi viris per Malachiam Dominus dicit : *In pace et æquitate ambulavit mecum, et multos avertit ab iniquitate* (*Malac.* ii, 6). Hinc per Isaiam Dominus loquitur dicens : *Ego vocavi eum, et benedixi eum, in directo est via ejus*. Hinc quoque in libro Ecclesiastico dicitur : *Timenti Deum bene erit in extremis, et in die defunctionis suæ benedicetur* (*Eccli.* i, 13, 19). In libro Sapientiæ dicitur : *Bonorum laborum ejus gloriosus est fructus, ac in perpetuum coronatus triumphat* (*Sap.* iii, 15). Deinde Psalmista ait : *In memoria æterna erit justus; ab auditione mala non timebit* (*Psal.* cxi, 6). Vere digne *in memoria* vertitur angelorum et hominum quem Dominus mirificavit gratia prædicationum et miraculorum, *ab auditu malo non timebit*, cum Dominus dicet : *Discedite a me, maledicti* (*Math.* xxv, 41). Hic Jacobus vero non solum in Novo Testamento legitur, verum etiam in Veteri Testamento designatur; in Jacob figuratur, in Israel demonstratur : quia Jacobus a Jacob propheta nomen trahit, et *supplantator*, ut ipse, interpretatur, recte ex ejus genere fuisse dicitur, et ei assimilatur in multis. Notandum vero quod Jacob filius Isaac gentilem designat populum, Esau Judaicum, Isaac Patrem Domini, Rebecca Spiritum sanctum. Judaicum populum gratia benedictionis olim decebat, sed quia ad fidem quasi de venatione venire tardavit, gentilis populus fidem Christi pro hæreditate accepit. Quemadmodum discipuli Judæis dixerunt : *Vobis quidem oportuit primum loqui verbum Dei, sed quia repulistis illud et indignos vos judicastis æternæ vitæ, ecce convertimur ad gentes* (*Act.* xiii, 47). Sic enim Jacob matris suæ Rebeccæ monitis obedivit, unde benedictionem patris promeruit. Jacob dando lenticulas primogenita fratris sui emit; et Jacobus noster relinquendo terrena mercatur cœlestia. Jacob cohortem angelicam in monte Bethel conspexit, sed et Jacobus noster non angelos, sed ipsum Dei Natum in gloria Patris transfiguratum in monte Thabor aspexit. Jacob patriarcha supplantando fratrem suum meruit a patre benedici; Jacobus vitia carnis supplantando meruit Domino sociari. Jacob enim duodecim filios genuit, Jacobus multos in fide filios procreavit. Hic est typice unus ex duodecim filiis Israel e quibus creavit populos fideles Ecclesiæ; hic est figurate unus ex duodecim fontibus Elim, quos populus Israeliticus per deserta gradiens invenit cum quadraginta palmis, e quibus usque hodie universa irrigatur Ecclesia. Hic est typice unus ex duodecim principibus a Moyse constitutis ad regendum populum Israeliticum, et quibus usque huc alma regitur Ecclesia. Hic est figurate unus ex duodecim pretiosis lapidibus in vestimento Aaron expressis, e quibus astitit Ecclesia *a dextris Dei in vestitu deaurato, circumdata varietate meritorum suorum* (*Psal.* xliv, 10). Hic est unus ex duodecim panibus propositionis, semper calidis, supra mensam Dominicam oblatis, e quibus pascitur omnis mundus. Hic est typice unus ex duodecim exploratoribus a Moyse missis in terram repromissionis, qui revertentes gestabant inter duos palmitem cum uva in vecte pendentem, necnon et malogranata et ficus ferebant. Uvam inter duos, Christum inter duo Testamenta intellige. Malogranata martyres, ficus doctrinam Ecclesiæ, exploratores duodecim apostolos, qui usque in hodiernum diem regni cœlestis delicias pronuntiare non cessant Ecclesiæ Dei. Hic est unus ex duodecim lapidibus Jordanis, qui ab electis viris duodecim tribuum portantur in loca castrorum ob testimonium miraculorum Dei, in quibus *omnis ædificatio Ecclesiæ construitur* (*Eph.* ii, 21). Hic est typice unus ex duodecim lapidibus quos misit Josue in medio Jordanis ((*Jos.* iv, 5), in loco ubi steterunt pedes sacerdotum arcam fœderis portantium, et permanent immobiles usque in hodiernum diem, iter fidelibus demonstrantes in Christi baptismate, cujus precibus nos adjuvari mereamur apud Deum nostrum Christum, qui cum Patre et Spiritu sancto vivit et regnat per infinita sæcula sæculorum. Amen.

SERMO IV.

IN TRANSLATIONE BEATI JACOBI APOSTOLI (89).

Lectio libri Sapientiæ (XLIV, 16 seq.); *Jacobus placuit Deo et translatus est in paradisum ut det gentibus pœnitentiam*, etc.

Solemnia sacra præsentia, electionis [f. elevationis] scilicet et translationis beati Jacobi Zebedæi apostoli Gallæciæ, fratris sancti Joannis evangelistæ, dilectissimi fratres, hodierna die recensentes, hujus pulcherrimæ lectionis verba venusto, digno ac odorifero flore expositionis ad Domini nostri Jesu Christi decus excipere debemus. Ait enim lectio divina : *Jacobus placuit Deo et translatus est in paradisum* (Eccli. XLIV, 16). Idcirco translatus est in terram viventium, quia Deo placuit in terra morientium. At ubi hujus versiculi prima pars, *Jacobi* scilicet, scribitur, *Henoch* in codicis Sapientiæ serie habetur, quia illud quod de eodem Henoch scribitur, quamvis de Christo sive de quolibet justo typice intelligatur, tamen de sancto Jacobo res expostulat ut significetur. Sed in primis quærendum est cur Henoch translatus est in paradisum. Idcirco Henoch vivens proprio corpore *translatus est in paradisum*, quia cum Elia propheta, quem Dominus olim similiter tulit per turbinem in cœlum, in fine venturus est ad debellandum Antichristum. Sed unde vivunt Elias et Henoch, et vestiuntur, qui extra sæculum ponuntur, et carnales habentur? Quia ille qui filios Israel in deserto manna pavit, ipse Dominus piissimus prout vult pascit. Et cur missurus est Dominus homines ad debellandum Antichristum et non angelos aut archangelos? Quia sicut non angelum, sed hominem sæculi Filium suum ad debellandum diabolum et liberandum hominem olim Deus misit, sic homines ad vincendum Antichristum et non angelos mittere instituit. Sed cur non apostolos, qui proximiores Christo et domestici Dei sunt, magis quam illi missurus est? quia si apostoli aut quidam sancti novæ legis mitterentur, igitur homines veteris legis testes non haberent. Tria enim tempora sunt, aliud ante legem, aliud sub lege, aliud sub baptismatis gratia, ex quibus veritatis testes voluit habere Dei Filius contra Antichristum : Henoch scilicet ex hominibus qui fuere ante legem, Eliam sub lege, apostolos gratiæ. Apostolos olim testes habuit in adventu primo, Eliam et Henoch habiturus est in secundo. Et cur homines adhuc morituros in humana carne ad hoc opus reservavit. Nonne in fine præsentis sæculi quosdam discipulos suos, aut apostolos, aut homines sanctiores illis suscitare potuisset? Sed si homines jam mortuos ad hanc vitam tunc revocaret non bene secure decertarent cum scirent se esse iterum morituros, quia mori formidarent. Lethi enim umbra tantæ amaritudinis est quod qui semel eam gustavit, iterum gustare valde pertimescat. Igitur Henoch, qui interpretatur *dedicatio*, Christum innuit, qui Ecclesiam suam dedicavit sanguine suo. Quod verbis, exemplis operibusque bonis Henoch Deo placuit, ipsum Unigenitum ostendit, qui in omnibus et per omnia Deo Patri placuit, ut ipse Pater super montem Thabor audiente B. Jacobo et super Jordanum testatur, de eo sic dicens : *Hic est filius meus dilectus in quo mihi bene complacui : ipsum audite* (Matth. III, 17 ; XVII, 5). Quod Henoch vivens corpore translatus est in paradisum, ipsum Dei Filium a mortuis corpore proprio resuscitatum ostendit, quem Deus Pater, triumphato inferni principe, non solum in paradisum, verum etiam super omnia agmina polorum sublimavit. Quod in fine venturus est Henoch et daturus pœnitentiam gentibus, et antichristum triumphaturus, Christum manifestat, qui hujus mundi principem sæculi diabolum triumphator demum ejecit, ut ipse ait : *Nunc princeps hujus mundi ejicietur foras* (Joan. XII, 31). Ipse pœnitentiam cunctis ad se venientibus dedit, ut

A Evangelium dicit : *Pœnitentiam agite, appropinquavit enim regnum cœlorum* (Matth. III, 2). Et sicut *Henoch placuit Deo, et translatus est in paradiso*, sic B. Jacobus fide et opere placuit Deo, cui beneplacitum est super timentes eum, et in eis qui sperant in misericordia ejus, et translatus est in paradisiacam sedem pollicitam ; hic insuper pœnitentiam cunctis prædicavit : *Pœnitemini*, inquiens, *et convertimini, ut deleantur facinora vestra* (Act. III, 19).

Inventus est perfectus, justus, et in tempore iræ factus est reconciliatio. Testamenta sæculi posita sunt apud illum, ne deleri possit omnis caro. Isti duo versiculi prætitulantur in *Noe*. Noe, qui interpretatur *requies*, qui invenitur perfectus et justus, Dei Filium ostendit, qui justior cunctis justis est perfectior omnibus perfectis est : in quo est requies æterna, pax continua, tranquillitas assidua ; in quo requiescunt sanctorum animæ, ut ipse discipulis ait : *Invenietis requiem animabus vestris* (Matth. XI, 9).
B Quemadmodum Noe in tempore iræ, scilicet diluvii, mundum servavit per arcam ligneam quam fecit, et lympham qua natavit, sic Christus per crucem suam et baptismi sui aquam mundum perditum Deo Patri reconciliavit, sicut B. Paulus ait : *Christus per sanguinem passionis suæ mundum reconciliavit Deo* (II Cor. V, 19) ; et canit Ecclesia : *Agnus redemit oves, Christus innocens Patri reconciliavit peccatores*. Et sicut Noe tempore diluvii testis fuit mundo, ne deleri posset omnis caro ; sic Dei Filius testis datur mundo coram Deo Patre, ne possit deleri tempore perditionis omnis caro. Ait enim Pater de Filio suo sic per prophetam : *Ecce testem populis dedi eum, ducem ac præceptorem gentibus* (Isa. LV, 4). Et B. Job ait : *In cœlo est testis meus et conscius meus in excelsis* (Job XVI, 20). Per Noe, ut diximus, Christum ; per arcam, Ecclesiam ; per lympham, Christi baptismum ; per exstinctos in aqua, crimina nostra in baptismate exstincta ; per salvatos in arca, fideles salvari in Ecclesia insinuantur.
C Qui enim extra Ecclesiam sunt, hæretici scilicet, Judæi, gentiles et anathematizati in diluvii perditionem incurrunt ; et sicut Noe in latere arcæ fenestram fecit, sic mitissimus ac piissimus Redemptor noster, nobis miserrimis condolens, latus suum pendens in cruce ad aperiendum militi præbuit, ut egrederentur ex eo flumina apertissima, sanguinis scilicet Redemptoris, et lympha baptismatis, quibus abluuntur crimina nostra. Quod Noe ut mundi reliquias salvaret arcam exstruxit, de sancto Jacobo fas est intelligi, quia sua prædicatione et proprio sanguine fuso, ut mundum ad fidem salvatricem revocaret Ecclesiam construxit. Sic enim ad Christi laudem de eo una cum cæteris apostolis Ecclesia ejus meritis et doctrinis gavisa canit dicens : *Isti sunt qui viventes in carne plantaverunt Ecclesiam sanguine suo*.

Magnus pater multitudinis gentium, et non est inventus similis illi in gloria, qui conservaret legem
D *Excelsi*. Versiculus iste cum quatuor versibus sequentibus prætitulatur in *Abraham*. Per Abraham, qui *pater excelsus* interpretatur, et *pater multitudinis gentium* dicitur, Dei Filius intelligitur, qui omnium in se credentium pius pater habetur, et non solum cæteris gentibus, verum etiam in cœlis et angelis omnibus excelsior approbatus. De quo Psalmista sic testatur dicens : *Excelsus super omnes gentes Dominus, et super cœlos gloria ejus* (Psal. CXII, 4). Est enim super omnia, infra omnia, et quidquid est, in ipso est. De quo B. Job cuidam sibi loquenti sic ait : *Excelsior cœlo est, et quid facies? Profundior inferno est unde agnoscis eum? Longior terra mensura ejus, et latior mari* (Job XI, 8). Hic insuper tantus ac talis omnium artifex, mundum pugillo continens, ventris B. Mariæ Virginis clausus, sub arca olim pro mundi salute exstitit, hic in omnibus, et per omnia legem mandatorum excelsi patris observavit.

---

(89) Tertio Kal. Januarii electionis et translationis S. Jacobi Zebedæi festum celebratur.

Quapropter non est inventus similis illi in gloria angelorum et hominum, ut Psalmista ait : *Non est similis tui in diis, Domine, et non est secundum opera tua* (*Psal.* LXXXV, 8) ; et alibi : *Deus, quis similis erit tui ?* (*Psal.* LXXXII, 2.) Et velut Abraham multarum gentium pater exstitit, s.c B. Jacobus multorum peregrinantium ad se in Gallæcia venientium pater et auxiliator piissimus exstat, qui etiam dum adhuc viveret legem excelsi Dei in omnibus conservavit diligenter. Sed non est inventus inter apostolos similis illi in gloria, qui Christum ante apostolos alios prius per Herodis gladium sequi meruit; in cœlo proximior Christo præ omnibus apostolis residere meruit in excellentissimo throno. Et fuit Dominus in testamento cum ipso, sicut Dominus in testamento circumcisionis et prolis promissione cum Abraham fuit ; sic imo Deus Pater et Spiritus sanctus cum Christo in gloria baptismatis et nova prole Catholicorum exstitit, et B. Jacobo per divinæ prædicationis gratiam adfuit. In carne ejus fecit stare testamentum et interpretatione inventus est fidelis. Sicut Dominus in carne Abrahæ circumcisionis fecit stare testamentum, sic in Jacobo cæterisque Christi apostolis baptismatis novæ gratiæ testamentum persistere fecit. Testis et inventor Abraham fuit circumcisionis, testes et apostoli sunt novæ gratiæ baptismatis. Et sicut Abraham in tentatione Dominica dum ei dicitur : *Tolle filium tuum quem diligis, Isaac, et offeres illum in holocaustum* (*Gen.* XXII, 2), fidelis invenitur; sic Dominus noster Jesus Christus, dum ei in tentatione a diabolo dicitur : *Hæc omnia tibi dabo si cadens adoraveris me* (*Matth.* IV, 9), fidelissimus habetur. Similiter beatus Jacobus in diabolicis tentationibus, in prosperis et in adversis, fidelis exstitit quandiu vixit : eodem modo et nos sive a Domino sive a diabolo tentati fuerimus, fideliter et patienter agere debemus. De Dominica tentatione per apostolum scriptum est : *Tentat vos Deus ut sciat si diligitis eum.* De tentatione diabolica in oratione Dominica a Domino dicitur : *Et ne nos inducas in tentationem, sed libera nos a malo* (*Matth.* VI, 13). Quapropter videat Hispanus, sive quilibet Christianus, ut sit forte inter Mauros fuerit captus, fidelis sit usque ad lethi debitum in omnibus, quatenus illam remunerationem accipiat quam repromisit Deus, dicens fidelibus : *Qui perseveraverit usque in finem, hic salvus erit* (*Matth.* X, 22).

Ideo jurejurando dedit illi semen in gente sua, crescere illum quasi terræ cumulum, et ut stellas cœli exaltare semen ejus. Semen quod Dominus in gente Abrahæ jurejurando dedit, Salvatoris nostri caro proprie est quæ ex Abrahæ prosapia descendit. Quæ semini optime assimilatur, quia sicut ex uno seminis grano multa grana oriuntur, sic ex ejusdem carnis sanguine millia millium gentium et nationum baptismatis gratia regenerantur. Hæc vero quasi terræ cumulus crevit, quia prophetas et patriarchas, apostolos, martyres, confessores, omnesque electos super Olympi cacumina accumulator omnium bonorum Dominus accumulavit. Semen Abrahæ ut stellæ exaltatur, quia super choros angelorum Redemptoris caro sublimatur et hæreditas illius *a mari usque ad mare* Abrahæ, et *a flumine usque ad terminos orbis terrarum* (*Psal.* LXXI, 8). *A mari usque ad mare* Abrahæ hæredes hæreditantur, quia ubique Christi fideles divina disponente gratia multiplicantur. Et sicut Abraham *pater multitudinis gentium* habetur, sic B. Jacobus diversorum populorum et nationum ad ejus venerandum sepulcrum in Gallæciam venientium, pater pius approbatur. Et sicut Abrahæ semen quasi terræ cumulus augmentatur, et ut stellæ exaltatur, sic B. Jacobi gens peregrina quotidie augmentatur in terra et super poli stellas exaltatur una cum eo in cœlesti patria.

Agnovit eum in benedictionibus suis et dedit illi hæreditatem, et divisit ei partem in tribubus duodecim. Versiculus iste una cum sequenti prætitulatur in *Jacob*. Idcirco quia Jacob valde benedictiones dilexit, Dominus illum agnovit et amavit, ut ipse per prophetam, ait : *Jacob dilexi, Esau autem odio habui* (*Rom.* IX, 13). Jacob manus suas et colli nuda hædorum pellibus protexit, se ipsum esse abnegavit, nomen et loquelam mutavit, in fratris effigie se finxit, mendacium pro vero asseruit, fratrem supplantavit, patrem fraudavit, ut mereretur ab eo benedici (*Gen.* XXVII) ; in monte Bethel cum angelo tota nocte luctatus claudus efficitur, ut benedictionem a Domino accipere mereretur (*Gen.* XXXII). Quapropter Dominum in summitate scalæ vidit, et Dominus illum agnovit (*Gen.* XXVIII, 12, 13). Idcirco et nos animas nostras, quas malignus hostis a virtutibus sanctis et felicitatibus paradisi vitiorum casibus denudavit, pœnitentiæ mentis et mortificationibus carnis cooperire debemus, ut mereamur a Patre nostro Deo benedici. Rursum cum Angelo, qui est *magni consilii Angelus* (*Isa.* IX, 6, juxta LXX), Domini scilicet, Jesus Christus, luctari debemus, non armis vanæ potentiæ, sed assiduis precibus et jejuniis crebris, et eleemosynis, et prædicationibus divinis, quatenus a Domino non in monte Bethel sed in cœlo mereamur benedici. Hæreditas quam Dominus tribuit, populus Christianus typice est, quam Deus Pater Unigenito præstitit. De qua ipsa Veritas sic testificatur dicens : *Laudabilis populus quem Dominus exercituum benedixit dicens : Opus manuum mearum tu es, hæreditas mea Israel.* De hac hæreditate Psalmista ait : *Hæreditas mea præclara est mihi* (*Psal.* XV, 6). Hujus hæreditatis hæres Dei Filius est, quem Dominus, dicente Apostolo, *constituit hæredem universorum, per quem fecit et sæcula* (*Hebr.* I, 2). Hæc hæreditas pars Christiana dicitur quam Dominus Filio suo divisit in tribubus duodecim, quia ab hæreticis et Judæis et gentibus infidelibus, missis duodecim apostolis suis, scilicet ad prædicandum, Dominus sibi eam separavit. Cum enim aliquis aliquid dividit, partem accipit et partem relinquit : sic Dominus in extremi examinis die partem nequam respuit pravorum, accipit et bonorum. Hinc in veteri volumine scribitur: *Separavi vos a cæteris populis ut essetis mei.* Et alibi : *Si separaveritis pretiosum a vili, quasi os meum eritis* (*Jer.* IX, 10).

Et conservavit illi homines misericordiæ, invenientes gratiam in oculis omnis carnis. Jacob, cui Dominus homines misericordiæ, id est duodecim ejusdem filios, duodecim scilicet mundi patriarchas, conservavit, Dei Unigenitum innuit, cui homines misericordiæ, id est duodecim apostolos, hic et in futuro Deus Pater fideliter conservavit, sicut idem Filius Patrem pro eis postulavit dicens : *Pater sancte, serva eos in nomine tuo quos dedisti mihi* (*Joan.* I, 4). Et alibi illis dicit : *Capillus de capite vestro non peribit* (*Luc.* II, 5). Et sicut duodecim patriarchæ invenere gratiam in oculis omnis carnis, sic et multo magis gratiam indeficientem invenere duodecim apostoli in oculis veri numinis Christi, Filii Dei. Jacob, qui Dominum in monte Bethel conspexit, beatum Jacobum innuit qui Dominum in Patris numine transfiguratum in monte Thabor vidit. Jacob *supplantator* interpretatur : etiam Jacobus noster *supplantator* similiter dicitur, quia ille qui benedictionem patris fraudulenter occupando fratrem supplantavit, Jacobum nostrum ostendit qui humana vitia et in se per mortificationem carnis et in aliis per prædicationem divini verbi jugiter supplantavit.

Dilectus a Deo et hominibus, cujus memoria in benedictione est. In Moysi persona versiculus iste describitur. Moyses, qui *aquosus* interpretatur, quia in aqua invenitur, quique a Deo et hominibus diligitur, Christum Dei Filium innuit, qui aquosus fuit, cum per aquam baptismatis et sanguinem suæ passionis regnum cœlorum fidelibus dedit; quique in aqua invenitur, cum poenitentibus per lacrymarum dulcia flumina gratiam suam largitur. Sic enim per prophetam ipse ait : *Quaerite Dominum dum inveniri potest* (*Isa.* LV, 6). In ipso amor Dei Patris et hominum habetur. Si Christus a Deo et hominibus diligitur, ergo in ipso per dilectionem homo Deo adunatur, et humana coelestibus conjunguntur. O quam pretiosum est, fratres, atque gloriosum diligere Redemptorem nostrum, quem Deus Pater diligit! Sicut sponsus sponsae in thalamo amore conjungitur, sic amor noster Patris amori in Christo copulatur. Cum enim Christum digno amore diligimus, Deo adunamur. Per peccatum primi hominis a Deo alienati fuimus, sed per dilectionem in Christo ei adunati sumus. Quandiu amor noster est in Christo, tandiu Deus Pater est nobiscum, et nos cum ipso. *Providere* ergo debemus, juxta Apostolum, *bona non solum coram Deo, sed etiam coram omnibus hominibus* (*Rom.* XII, 17), ut per dilectionem Dei et proximi apud Deum et homines amari mereamur. Jacobus almus a Deo diligitur, quia illum quem Dominus secus mare Galilaeae hodierna die elegit, in polorum sedibus digne pro meritis coronavit. Ab hominibus in hoc mundo etiam ipse diligitur, quia per quatuor mundi climata a cunctis fidelibus amatur, invocatur, colitur et honoratur, et insuper in Gallaecia petitur. Igitur ille piissimus Christi apostolus Jacobus, cujus electionis ac translationis solemnia colimus, in omnibus necessitatibus nostris adjuvare et ad coeleste regnum nos perducere dignetur, praestante Domino nostro Jesu Christo, qui cum Patre et Spiritu sancto vivit et regnat Deus per infinita saecula saeculorum. Amen.

DE ORTU ET OBITU PATRUM

LIBER.

(Vide Patrologiae tom. LXXXI col. 382, inter Prolegomena ad Isidorum Hispalensem et tom. LXXXV, col. 129, inter Opera ejusdem.)

VITA SANCTI JACOBI

EPISCOPI TARENTASIENSIS.

(*Acta sanctorum Bolland.*, Januarii tom. II, die 16, pag. 26. — Ex veteri ms. eruit Petrus Franciscus Chiffletius societatis Jesu.)

MONITUM.

Forum Claudii in Graiis Alpibus, Centronum urbs fuit, ad Isarae fluminis ripam sita, quae deinde *Arintasia* et *Tarantasia*, ac *Tarenasia* dicta, nunc archiepiscopalis. Primus ejus antistes S. Jacobus, S. Honorati Arelatensis discipulus fuit, cujus natalem ex tabulis Ecclesiae Tarentasiensis consignat XVI Januarii Ferrarius his verbis : « Tarentasiae S. Jacobi episcopi ejusdem urbis; » tradit coli quoque Augustae Praetoriae, quod ea urbs Tarentasiensi metropoli subsit. Saussaius in Supplemento Martyrologii Gallicani ita de eo scribit : « Tarentesiae in ipsa Gallia Narbonensi S. Jacobi episcopi illius metropolis et confessoris, qui apostolico spiritu plenus, hanc regionem facibus evangelicis illustrans, fide et religione replevit, erectaque illic perenni sede episcopali, composita hierarchia, designato Marcellino, viro probatae virtutis et gratiae, sacri muneris haerede, gregi a se adunato cum sanctissime praefuisset, fidelis villicationis praemium a Domino, cui gnaviter servierat, recepit. Fundavit etiam Augustae Praetoriae Sallassorum Ecclesiam episcopalem, cujus primum pastorem S. Eustachium constituit. »

Vitam S. Jacobi, sed mutilam, ex vetusto codice descripsit nobisque communicavit Petrus Franciscus Chiffletius noster, qui ejus auctorem esse conjicit Guidonem e comitibus Burgundiae, primo Viennensem archiepiscopum, deinde pontificem Romanum Calixtum II. « Nam hunc, inquit, nonnullas sanctorum Vitas scripsisse legimus; et est Tarantasia in veteri Burgundia, et in provincia Viennensi : et in nostro ms. codice habebatur haec Vita post Callixti ejusdem librum de translatione et miraculis S. Jacobi Hispaniarum apostoli. »

INCIPIT VITA.

PRÆFATIO.

1. Quoniam volutabilitate temporum, et decessione mortalium, res bene gestæ nonnunquam oblivioni traduntur, idcirco Vitam beatissimi Jacobi Tarentasiensis archiepiscopi, multis, ut credimus profuturi, posteris legendam transmittimus. De cujus virtutibus, et miraculis locuturi, auditores humiliter præmonemus, ut dum magnalia quæ per eum omnipotens Deus operari dignatus est, cognoverint, vitam quoque ejus ac mores imitari studeant: scientes quoniam qui eum pie sequi et vestigiis ejus diligenter inhærere voluerint, ad gaudium ad quod intravit, et ipsi pervenient, præstante Domino nostro Jesu Christo, qui est super omnia Deus benedictus in sæcula. Amen.

CAPUT PRIMUM.
S. Jacobi vita monastica.

2. Igitur cum tuba sancti Evangelii pene per totum mundum intonaret, dicens: « Pœnitentiam agite, appropinquabit enim regnum cœlorum, » Jacobus miles, qui secundum sæculi dignitatem apud Assyrios clarus habebatur (90), divino munere præventus, per angustam portam, quæ ducit ad vitam, sicut in fine claruit, intrare contendit. Proinde habitum militarem, quo nitebat, rejiciens, pauperis Christi solerter decrevit pauper sequi vestigia; conversusque ad Dominum, totis viribus adimplere studuit opere quod tenuit pectore. Ingens super omnia fuit ei desiderium, magistrum, qui eum ad fidem et Dei dilectionem propensius instrueret, alicubi posse reperire. Sicque infra non longum spatium baptismi sacramentum percipiens, atque cuidam servo Dei, Honorato monacho adhærens, qui tunc temporis florebat intra Galliam, servo Dei mancipandum totum se dedit. Hostis postmodum callidi funditus abhorrens militias, optimam partem elegit, dum magistro sancto se sociavit.

3. Qui cum in eodem loco aliquandiu commoraretur, ubi devotus discipulus reverendo sociatus est magistro, percrebuit fama quod Lirinensem insulam pestifer draco circumseptam haberet, atque ex more navigantes circa eamdem insulam, odore nefandissimo obrueret. Tunc vir Dei Honoratus proprias oves, quas in loco illo Domino acquisierat (91), a solo Jacobo discipulo ascito, partes provinciæ peragravit: deinde memoratam insulam cum navi aggrediens, assidue cum fidei discipulo, Domini implorans misericordiam, ipsum pestiferum draconem (92) funditus ab eodem insula repulit; ita ut ulterius ibidem nusquam deinceps appareret.

4. Servi vero Domini, memoratam insulam ab hoste antiquo emundatam, aptamque ad usus monachorum eam esse cernentes (93), oraculum construunt, cellamque ædificant; in qua per aliquot annos simul residentes, virtutibus pollent, coruscant miraculis; aggregatisque discipulis, usque in hodiernum diem locus ille ex eadem congregatione fundatus, religione regitur per monachos.

CAPUT II.
Episcopatus. Templum ædificatum. Miracula.

5. Interea fama viri Dei Honorati usque Arelatem percrescente, a clero, proceribus populoque vulgari illius urbis expetitur; ut quia jam eorum pontifex migraverat ad Dominum, eumdem Dei famulum Honoratum monachum, habere mererentur pontificem. Factum est, ut invitum eum, urbis præfatæ clerus tollens, et secum deducens, cum omni alacritate, communique consilio sibi eum eligerent omnes pontificem.

6. Qui dum in pontificali cathedra clarus existeret, assiduaque frequentatione Jacobus discipulus ei adesset, cernens præcipuæ sanctitatis esse virum, alloquitur illum, obsecrans toto mentis affectu, ut (94) Cendronum oppidum adiret, populumque inibi sub gentilitatis ritu degentem ad fidem Christi converteret. Hoc audito, discipulus obediens, cum omni jocunditate, pronaque humilitate assensum præbuit, seseque juxta vires suas, Domino opitulante, ita facturum spopondit. Quocirca Pater venerandus aliis convocatis sacerdotibus Jacobum ordinavit episcopum, et ad præfatum oppidum, vallemque Tarentasiensem direxit, prædicare verbum Domini. Quo cum adveniret quasi clanculo, Deo dispensante fama ejus percrebuit in populo: ita ut dicerent manifeste, dilectum Christi famulum ad eos jam venisse Jacobum episcopum. Qua re comperta, Dei sacerdos Jacobus de tantis Christi beneficiis lætatur; summoque diluculo cum prædicare cœpit, vulgus innumerabile ad fidem Christi convertitur: et absque dilatione, ad baptismi gratiam prono animo, unaque voluntate præfati oppidi populus pene omnis pariter accessit.

7. Factum est autem ut pauci remanerent in valle Darentasiensi infideles, qui non ad prædicationem Jacobi episcopi colla submitterent gaudentes. Hoc vero cernens venerabilis episcopus, de tanto grege Christo acquisito gaudens et exsultans, fundavit basilicam. Dehinc famulis jubet, ut trabes cæteraque ligna ac tectum domus illius peragendum, in salsibus cæderent: quæ cum Christicolæ ferventiori fide succensi, cum suis bubus deferrent, contigit ut immanissimus ursus de caverna prosiliens, cum summa ferocitate unum ex bubus, qui ad vehendam trabem junctus erat, torvo et impudenti vultu unguibus arripiens ore dilaceraret, ac corroderet. Hæc cum cernentes famuli, timore perculsi, rapidissimo cursu suo nuntiaverunt pontifici. Quod vir sanctus audiens, velociterque currens, invenit ursum bovis cadaver devorantem; cui et fertur dixisse: « Ego Jacobus Christi famulus præcipio tibi, immanissima et cruenta bestia, ut in nomine Domini ad opus quod impedisti duram cervicem inclines, et jugo bovis quem occidisti superbum collum submittas. » Qui protinus ad vocem servi Dei, licet rugiens, collum jugo subpo-

---

(90) Vere ergo S. Hilarius in S. Honorati Vita cap. 3, num. 17 : « Et enim quæ adhuc terra, quæ natio in monasterio illius cives suos non habet? quam ille barbariem non mitigavit? » etc.

(91) Videtur deesse dimittens aut simile quodpiam verbum.

(92) Multa de hoc dracone fabulatur apocryphæ vitæ S. Honorati textor. Miranda de serpentum, ac boarum præsertim, magnitudine scribit Plinius lib. VIII, cap. 14, et Solinus cap. 2.

(93) Id est ædem sacram. Sic Plinius lib. XII, cap. 23, « etiam ab Hammonis oraculo, juxta quod gignitur arbor. »

(94) Papirius Massonus lib. de fluminib. Galliæ, tradit Centronem vicum, unde populis iis nomen, « hodie pene ignobilem esse, et si nomen id suum hodie non retineret, plane obscurum. »

suit : eumque famulus Domini, loris quibus bos fuerat, astringens, trabem ad opus cœptum adduci fecit. Quod cernentes incolæ oppidi, majores natu in stuporem versi sunt pro tanto miraculo; minores vero, quos adhuc ignavia detinebat, gladiis arreptis ursum conabantur occidere. Quod vir Dei percipiens, juvenes blando alloquio compescens, ait : « O filioli, bestiam, quam nullo laqueo cepistis, vivam sinite a vestris finibus egredi. » Obtemperantibus illis, B. Jacobus urso præcepit ut nequaquam in eadem valle aliquam deinceps faceret læsionem. Ipse vero illæsus sese in profundam eremum dedit, et postea in territorio prædicto nusquam apparuit.

8. Dominus deinde fidelissimi famuli sui merita præclara demonstrare volens, magnum secundo ostendit miraculum. Quippe cum trabs illa, quam ursus cum bove junctus de saltu adduxerat, mensura quinque pedum cæteris trabibus brevior inveniretur, servus Dei sacrata lympha eamdem trabem aspergens, orando, videntibus cunctis aliis fecit esse similem. Hoc nimirum miraculo peracto, Deo largiente, cuncti incolæ vallis illius amore divino succensi, tenebras erroris pristini funditus repulerunt, veræ luci (quæ est Christus) adhærentes inconvulse, firmantesque fundamentum in ipso angulari lapide Christo Jesu Domino nostro.

CAPUT III.
Iter ad principem variis miraculis illustre.

9. Basilica decenter peracta, et in honore S. Stephani protomartyris dedicata, visum est servo (95) Dei Jacobo episcopo, quatenus principem Galliarum adiret, donaque deferret aliquantula, quatenus notitiam illius habere mererentur. Tulit itaque nivem æstivo in tempore collectam, onustoque exinde asino, cum Jacobo discipulo cæterisque famulis iter aggreditur. Mira res, et relatu dignissima! enim vero cum calor fervidi solis, qui illo tempore rura exsiccans, nives cæteras omnino liquefaceret nimio sui æstus ardore, eamdem nivem, quam de Cendrono oppido tulit, æstatis amœnitas neque calor ullus liquefecit, sed glaciali firmata rigore integra permansit.

10. Denique dum iter cœptum ageret, atque ex nimio caumate (96) lassus ad quamdam declinaret umbram, vectatorque nivis asellus paululum requiesceret, ales teterrimus advolans, hoste, ut visum est, antiquo subgerente, qui servis Domini, in quantum permissum est ei, semper obsistit, supra quiescentem asinum insedit, oculumque illius eruit. Mox, ut cernunt famuli cruorem de maxilla asini distillantem, magistro narrant; qui continuo surgens, invocato Christi nomine, cruentum corvum redire jussit, dicens : « Præcipio tibi, ales teterrime, in nomine Domini, ut confestim reportes quod turtim de nostro asino tulisti. » Mirum in modum videres corvum crocitando reportantem quod abstulerat; oculoque in eodem loco, quo eum violenter evulserat, vomito, sanum, et incolumem bajulum nivis domino suo restituisse : cui protinus sarcinam nivis imponentes, iter agressi sunt quod inceperant.

11 His ita gestis, necdum itineris longi terminato labore, unus ex discipulis, propinquus carne, spiritu propinquior, Jacobus nomine, febre corripitur : et hoc, ut postea claruit, nutu contigit divino; quatenus sanctissimi pontificis meritum tam apud exteras regiones quam finitimas panderetur. Infirmo tandem fidelitati Christianorum commendato viam ingressus, Galliarum principem adiit : cujus conspectui præsentatus, primo salutationem, deinde nivem obtulit. Princeps vero maligno spiritu repletus, servum Dei, illusorem, magnum et maleficum vociferando sæpius adclamans, dedignanter animo tumenti et iracundo nivem jubet recipi.

12. Gravissimis illico febrium doloribus torquetur : tanquam languens et moribundus, jamque positus in extremis, salutis quærit exemplo remedium. Tunc unus ex proceribus existentibus sapienter eum alloquens, dixit : « Cur salutis medelam modo desideranter expetis, cum Dei virum, sancto plenum Spiritu præsumpseris contristare, qui clarus, pollens mirabilia per virtutem Domini circumquaque operatur? » Princeps audita proceris sui correctione pavore nimio correptus, famulis sibi assistentibus imperavit, ut cursu celerrimo irent post episcopum : quibus et injunxit, ut pedibus ejus provoluti, osculando vestigia ipsius, impetrare studerent, quatenus eum per semetipsum visitare dignaretur, tranquillissimoque vultu subveniret ægrotanti.

13. Viro Dei postquam res innotuit, solita motus pietate properanter regreditur, aulam intrat principis, precesque coram Domino fundens, ægrum a validissimis febribus curat. Pro hoc siquidem subito, et tam evidenter per sanctum virum divinitus facto miraculo, omnis domus principis multipliciter exhilarata est ; et magnificata virtute sancti viri, unanimiter immensas Domino laudes retulerunt. Princeps miro modo exhilaratus pro optata sanitate, precibus sancti episcopi adepta, multas Deo, eidemque servo Dei gratias referens, rogavit eum, ut indubitanter ab eo peteret quidquid vellet impetrare; non enim ullatenus pateretur repulsam. Ad hæc vir sanctus : « O mi gloriose monarcha Galliæ totiusque Burgundiæ, desiderio vos videndi, tam longi difficultatibus itineris aggressus, non aurum, non argentum a vobis expeto; sed quia locus meæ diœcesis inter arduas et astrictas continetur montium Alpes, et non est congrue spatiosus ad habitandum, expedit nobis ut terminos aliquantulum curet ampliare vestra dignatio. Celsitudinis igitur vestræ misericorditer precor magnificentiam, ut respectu Dei et amore B. Petri, principis apostolicis, atque propter perpetuam nominis vestri memoriam, aliquod augmentum de rebus vestri regni, in circuitu nostræ rudis Ecclesiæ conjacentibus, nostris et successorum usibus profuturum, atque per seriem firmissimi præcepti vestri perpetualiter possidendum, ad honorem Dei, et B. Petri apostoli conferre nobis dignemini. » Ad quem princeps : « Quidquid petere volueris, fiet tibi. » Cui vir sanctus : « Hoc quod a vobis postulo, mihi quidem valde congruum atque necessarium est, sed vobis leve ad dandum, atque facillimum esse potest : hoc est, quamdam rupem prominentis saxi, quam antiquo vocabulo incolæ ipsius loci Pupim..... (97). »

---

(95) Gundicarius Burgundionum rex intelligi videtur, qui ab Aetio victus, pacem obtinuit, et Sabaudiam cum indigenis dividendam; sed dilatavit deinde ipse, ac filii ejus, imperium.

(96) καῦμα, calor, æstus solis.

(97) Hic me laceræ membranæ destituunt. Colitur S. Jacobus Tarentasiensium apostolus in sua diœcesi, et aliis finitimis xvii Kalendas Februarii, qua die et ejus magister S. Honoratus episcopus Arelatensis.

ANNO DOMINI MCXXIV

RADULFUS
REMENSIS ARCHIEPISCOPUS

NOTITIA

(*Gall. Christ.* nov., tom. IX, col. 80)

Exstincto Manasse, dum Richardus Virdunensis archidiaconus, et Lambertus abbas S. Bertini, archiepiscopatum recusant, canonici Remenses, et quotquot de jure electioni interesse solent suffragia (1) dicturi, in duas factiones scinduntur. Quidam Radulfum *Viridem*, majoris ecclesiæ præpositum ac thesaurarium, insignis doctrinæ et probitatis virum nominant, quem Paschalis evestigio, non exspectato regis consensu, confirmavit; alii vero regiæ parti impense faventes (2), *Gervasium*, Hugonis comitis Regitestensis et Milesendis filium, Remensis Ecclesiæ archidiaconum eligunt, qui regali nixus auctoritate Radulfi inthronizationi, papa nequidquam interdictum minitante, sese fortiter opponit. Pontifex nihilominus stat pro Radulfo, quem clerus ut legitimum suscipit, rex pro Gervasio, atque ita duo sunt archiepiscopi in urbe, duæ factiones, singulis pro libidine hujus vel illius partem foventibus. Interea Ludovicus VI Francorum rex regni habenas capessivit, et a neutro litigantium, sed a Daimberto Senonensi archiepiscopo consecratus est Aureliani IV Non. Aug. anno 1108, reclamantibus frustra canonicis Remensibus.

Ecclesiæ tandem Remensi pax reddita est; Radulfus anno 1108 in Natali Domini, procurantibus inprimis Ivone Carnotensi et Lamberto Atrebatensi episcopis, *per manum et sacramentum eam fidelitatem regi fecit*, inquit ipse Ivo, *quam prædecessoribus suis regibus Francorum antea fecerant omnes Remenses archiepiscopi, et cæteri regni Francorum quamlibet religiosi et sancti episcopi :* Gervasius vero sacris ordinibus nondum initiatus, et *ab episcopatu cassatus,* inquit Albericus, archidiaconatus dignitate resumpta qua fruebatur adhuc anno 1112, *clericatum postea dimisit, comitatumque de Reitest sibi hæreditarium arripuit, ducens in uxorem Elisabeth filiam* Godefridi comitis Namurcensis, *natam ex Sibylla filia comitis Rogeri Porcensis*. Anno 1109, archiepiscopatus sui tertio, Radulfus dedit monachis Nicasianis altaria tria. Anno 1110 adfuit concilio Floriacensi. Anno 1112 exsequiis Galdrici Laudunensis episcopi celebratis, Hugonem successorem ejus consecravit. Eodem anno prioratus Ruminiacensis abbatiæ Nicasianæ obnoxii fundationem approbavit (3). Eodem circiter tempore Herbertus Morinensis archidiaconus in episcopum Tornacensem electus est; sed Radulfum ipsi manus imponere noluisse, quod faveret Lamberto quem Noviomenses in episcopum assumpserant, et sic Tornacensium conatus elusos esse jam observavimus (4). Anno 1113 subscripsit chartæ fundationis S. Victoris Parisiensis, et Bartholomæum consecravit in episcopum Laudunensem. Anno 1114 mensibus Septembri ac Decembri adfuit synodis Remensi et Bellovacensi; tum anno sequenti, mense Martio, alteri synodo Remensi a Conone Præenestino apostolicæ sedis legato celebratæ. Eodem circiter tempore litteras accepit Paschalis II papæ, quibus monebatur ut post obitum Lamberti Atrebatensis episcopi alium huic ecclesiæ episcopum præfici curaret. Anno 1116 altaria duo dedit canonicis S. Dionysii Remensibus pro anniversario suo. Anno 1117 ad petitionem Bovonis abbatis confirmavit privilegia monasterii sancti Amandi. Anno 1118 restitutionem ecclesiæ B. M. Regitestensis factam ab Hugone comite in gratiam monachorum Remigianorum approbavit. Anno 1119 dedit Bosoni abbati Floriacensi altare Sorbonæ. Eodem anno, mense Octobri Calixtus II papa celeberrimum coegit concilium in ecclesia metropolitana Remensi. Eodem circiter anno una cum Conone legato Radulfus celebravit concilium apud Suessiones adversus

---

(1) *Act. SS. Bened.,* tom. IX, p. 507.
(2) *Annal. Bened.,* tom. V, p. 674.

(3) *Baluz. Miscell.* t. V, p. 357.
(4) *Gall. Christ.* t. III, p. 211.

Petrum Abailardum; et confirmavit privilegia ecclesiæ collegiatæ S. Symphoriani Remensis. Anno sequenti in synodo Bellovacensi approbavit cum eodem Conone decretum Patrum de corpore S. Arnulfi Suessionensis episcopi e terra levando. Eodem anno confirmavit fundationem S. Martini Iprensis. Eodem circiter tempore judex interpellatus est a Bellovacensibus canonicis pro domibus claustralibus canonicorum a laicis non possidendis. Anno 1122 confirmavit fundationem Francæ-vallis in favorem Præmonstratensium. Anno 1123 controversiam quamdam diremit inter Cluniacenses monachos et S. Præjecti. Anno 1124, paucis diebus antequam decederet, altare S. Juliani quod ecclesiæ B. Remigii adjacebat monachis Remigianis concessit *impersonaliter tenendum.*

Nuncupaverunt illi Anscherus abbas Centulensis et Lisiardus episcopus Suessionensis libros quos conscripserant vel recognoverant, hic de vita S. Arnulfi, ille de miraculis S. Angilberti. Nuncupavit etiam illi Joannes ex scholastico Remensi monachus Uticensis carmen quod cecinit in laudem S. Ebrulfi. De eo Necrologium ecclesiæ metropolitanæ in hæc verba : x *Kal. Aug. dominus Rodulfus magnæ sanctitatis archiepiscopus obiit, qui acquisivit huic ecclesiæ Attiniacum, sed et ecclesiam totamque provinciam ad honorem Dei in magna honestate gubernavit.* Ordericus autem Vitalis in hunc modum: *Radulfus cognomento Viridis, Remorum archiepiscopus, eruditione et facundia inter Patres præcipuus, studiisque bonis nostro tempore laudabiliter deditus, pater et institutor monachorum et clericorum, patronus et defensor pauperum et omnium sibi subjectorum, post multa laudabilia opera in senectute bona defunctus est. Post quem Rainaldus Andegavorum episcopus in pluribus priori dispar sedem adeptus est.*

Corpus ejus non ad ecclesiam S. Dionysii, ut aiunt Sammarthani, sed ad ecclesiam B. Remigii quam vivens impense dilexerat, delatum est ac sepulturæ traditum juxta ingressum chori ad aquilonem. Exstat S. Brunonis epistola ad Radulfum Viridem conquerentis quod ille votum de amplectenda vita monastica non adimpleviset. Reperisse se tamen aiebat Martenius noster in eorum monachorum matricula qui sub Azenario abbate S. Remigii vixerunt, nomen *Radulfi archiepiscopi :* unde colligendum est præsulem illum forte ægrotantem et morti proximum, votis nuncupatis factum esse monachum S. Remigii.

RADULFI
ARCHIEPISCOPI REMENSIS
EPISTOLÆ.

I.

Capituli Remensis ad Radulfum. — Ut amplius archiepiscopalem sedem affectare nolit (5).

(Anno 1107.)

[*Actes de la province ecclésiastique de Reims,* II, 166.]

Radulfo Remensis Ecclesiæ præposito, fratres qui Remis sunt sacerdotes omnes, Richerius cantor, et qui cum eis sunt, quæ discordiæ sunt fugere, et ad pacis visionem tendere.

Fratres Ecclesiæ Remensis producta tribulatione et continua detriti, genibus tuæ discretionis advolvimur, precantes et obsecrantes ut, dum adhuc tempus est, dum non adhuc importunitas omnis subterfugit, misereraris ecclesiæ Remensi condoleas quotidianis lacrymis, remedium præbeas ejus miserabili et violentæ distractioni, indulgeas intolerabili fratrum egestati. Ad ultimum, famam tuam ad hæc usque tempora integram (venia sit dicto) ne sis adeo negligens et crudelis. Quæ enim asperior et minus audita crudelitas, quam ejus matris lacrymas respuere, quæ te de pulvere suscitavit egenum; quæ, cum esses parvulus in oculis tuis, tanquam caput te constituit in tribubus suis? Recordare tanquam peritus in litteris, quia, cum omnia vitia sint de domo Satanæ et familia; hæc duo magis sunt domestica, et intra Satanæ penetralia jugiter versantur, ambitio et invidia. Quem autem nec populus expetit, nec clerus eligit, principes respuunt, regis abjuravit

---

(5) Après la mort de Manassès II, le clergé de Reims, divisé en deux factions, ne put s'accorder sur le choix d'un archevêque. Les uns élirent Raoul-le-Verd, prévôt du chapitre; les autres, Gervais, archidiacre, fils du comte de Rethel. Le pape approuva l'élection de Raoul, le roi se déclara pour Gervais. De là des collisions telles que le pape mit la ville en interdit. Ce schisme cessa enfin, en 1108, par les soins d'Ives de Chartres et de Lambert d'Arras. Gervais, forcé de se retirer, laissa Raoul en possession du siège épiscopal.

animadversio, cum sese quoquomodo in vocabulum episcopi præcipitare, quid aliud videtur nisi ambitiosus? *Nemo enim sibi sumere debet honorem, sed qui vocatur a Deo tanquam Aaron* (Heb. v). Eum autem intelligimus vocari a Deo, quem vocat electio: ille vero sibi sumit honorem, quem per gladios, per ignem et sanguinem, per pauperum oppressiones, per ecclesiarum scissuras, rapit ambitio. Sed necesse est ut præceps eat, cujus auriga fuerit ambitio et invidia. Invidia pro certo; quia, etsi ore dissimules et diffitearis, conscientia tua tamen intra se clamat, schisma ecclesiæ Remensis ex zelo religionis non processisse, sed (quod luce clarius est) ex invidia. Ne movearis, si exasperando aliquantulum excessit pagina nostra, quia difficile est in illis habere verba modum, in quibus quotidiana suspiria, bonorum suorum distractio, violenta et jugis pauperum oppressio, obsequii divini silentium, et omnium fere adversitatum turbines et impetus, nullum queunt invenire terminum. Sed melior est et utilior in ore proximi aspera et minime parcens cum dilectione correptio, quam blanda et quæ famæ non consulat in lingua adulatoris suasio. Videat igitur prudentia tua, quomodo te verbis lacerat omnis sexus, omnis ætas, universa conditio, quia, cum in præcedentibus esset eorum de te sententia, pro libertate Remensis ecclesiæ te laborare, ecce omnes improperant quia non est ecclesiæ liberatio, sed causa sit vehemens sola et impudens ambitio, frustra obtendens quod a domino papa, cui leviter ex ratione excusatum te poteris habere, ne te in ejus quem accusasti cathedram impellat, facile erit et accommodatum rationi compescere. Si vero (quod absit!) nec lacrymis matris tuæ Ecclesiæ motus, nec intolerabili fratrum egestate revocatus, nec pauperum oppressione miseratus, nec sanguinis effusionem reveritus, decertas in schismate promoveri, tanquam fratres fratri opponimus, quia nec electioni consentimus, nec promotioni congaudemus. Deus pacis et dilectionis procul faciat ab animo et opere tuo quidquid esse potest schismatis et odii.

II.

Radulfi ad Lambertum Atrebatensem episcopum.
(Anno 1112.)

[Vide Patrologiæ tom. CLXII, col. 692, inter epistolas Lamberti et variorum ad ipsum.]

III.

Brunonis archiepiscopi Trevirensis ad Radulphum super vexationibus monialibus B. M. V. Treviris a quibusdam nobilibus illatis.
(Anno 1115.)

[HONTHEIM, *Hist. Trevir. diplom.*, III, 499.]

RADULPHO venerando Remensis Ecclesiæ archipræsuli BRUNO Trevirensis Ecclesiæ servus, piæ devotionis famulatum.

Beatitudinis vestræ sæpenumero experta probitas me vos amare cogit, cujus amoris affectum demonstrare paratus sum omni tempore; vestræ igitur dilectioni in hac vicissitudine nequaquam diffisus, præsumo petere, quod dono benignitatis vestræ, et dignæ compensationis obtentu cupio obtinere, ut sororem nostram præsentium latricem in loco mei et omnium sororum suarum dominæ nostræ (6) sanctæ Dei Genitricis Mariæ Treviri famulantium suscipere et exaudire, et, communicato religiosorum fratrum coepiscoporum vestrorum (7), et principum terræ vestræ consilio, justitiam facere super Nicolao et Guidone (8) dominam nostram Mariam tot annis apud Condusam, et in ejus appendiciis spoliantibus, non differatis. Prosit nobis, quod fratres S. Remigii, et alii vestrates, ut ab ipsis inquirere potestis, parvitatem meam ex nomine vestro, super bonis suis in terra nostra sitis appellantes, nunquam raro sine consolatione, secundum posse nostrum, abierunt. Prosit etiam nobis, quod vestra Ecclesia, et nostra ex antiquo annexæ inveniuntur, nec ab aliquo, qui ecclesiarum nostrarum privilegia bene noverunt, sorores esse denegatum. Bene semper in Christo valeat sanctitas vestra.

IV.

Alia ejusdem ad eumdem similis argumenti.
(Anno eod. *Ibid.*)

RADULPHO venerabili sanctæ Remensis Ecclesiæ archiepiscopo, BRUNO misericordia Dei Trevirorum, id quod est, devotissima orationum et servitutis obsequia.

Fama æquitatis vestræ et pietatis in Deum nos jam dudum in archiepiscopatu vestro indignam admodum et intolerabilem injuriam passos, invitat vestrum implorare auxilium, quod nobis nec negare, nec differre debetis. Licet enim quadam socialis unitatis affinitate universæ fungantur Ecclesiæ, et juxta id quod eis accidit vicissim, auctoritate apostolica jocundari, et dolere habeant; nostra tamen et vestra ecclesia speciliori charitatis ex antiquo annexæ vinculo inveniuntur, nec ab aliquo qui Ecclesiarum nostrarum privilegia bene noverunt, sorores esse denegantur. Ex hac itaque sororia societate et securitate (9), charitati vestræ, sororis vestræ injuriam deploramus. Nicolaus de Ruminiaco et Guido de Guse et de Hirson, et alii eorum homines has villas Ludousa, Aneia, Balbeneis, Guartheneis cum suis appendiciis dominæ nostræ sanctæ Mariæ, et ei famulantium Treviri sanctimonialium proprias, contra divinas pariter et humanas leges, jam diu sibi usurpantes, rapinis horum bonorum abutuntur, et prædictarum Dei et ejus genitricis ancillarum stipendia audacter retentant. Qua de re dignitatis vestræ dilectioni supplicamus, ut eos desistere ab hujusmodi præsumptione commoneat, quod si pertinaciter in

---

(6) In monasterio regali ad Horreum.
(7) In synodo Remensi, hoc anno celebrata, congregatorum. De hac synodo Marlot Histor. Remens. tom. II, lib. II, cap. 26.

(8) Nicolao de Ruminiaco, et Guidone de Guisia Vid. chartam sequentem.
(9) De sororio hoc vinculo inter Trevirensem et Remensem Ecclesias alias sæpius.

hujus sacrilegii perpetratione perstiterint, vos eos debita episcopalis officii austeritate coerceatis. Eorum etiam antecessores, easdem præfatas villas eadem violentia, qua et isti sibi vendicantes, antecessor meus Satanæ tradidit, cum qua traditione sepulti, et in infernum missi sunt. Sed ego istos nolui hujus anathematis vinculo ligare, donec vestram super hoc responsionem audirem. Benedictio Domini super vos et super omnes vobis commissos (10).

V.

Goscelini decani Belvacensis ad Radulfum Remensem archiepiscopum. — De domibus canonicorum a sæcularibus non possidendis.

(Circa annum 1120.)

[MARTÈNE, *Ampl. Collect.*, I, 349, ex chartario ecclesiæ Belvacensis.]

Patri ac domino RADULPHO Dei gratia Remensi archiepiscopo, et sanctæ Remensis Ecclesiæ conventui, GOSCELINUS decanus, et Belvacensis ecclesiæ congregatio, salutem et debitam subjectionem.

Inprimis precamur mansuetudinem vestram, ne prolixa oratio tædium vobis inferat, quia negotium istud non valet breviter explicari. Claustrum habemus, ubi nullus laicus possessor habet habitationem, sed tantummodo clerici ibi habitant, nullum censum, nullam consuetudinem inde reddentes, sed Deo et Ecclesiæ beati Petri tantummodo servitium exhibentes. Domus autem quæ sunt in claustro descendere possunt de clerico ad clericum, vel per donum, vel per venditionem, sicut nostris temporibus actum est. Contigit enim nostris temporibus, quia quidam noster canonicus, nomine Rogerus, ab avunculo suo Galtero canonico et decano domum habebat in claustro, quam idem Galterus multis diebus et annis, vivente ipso Rogero, et post mortem ipsius Rogeri, plus quam XIV annis libere, et absque calumnia possedit, domno Adam milite fratre prædicti Rogeri, ex tunc usque modo vivente et habitante in nostra civitate. Petrus vero filius istius Adam hoc anno militiæ cingulo accinctus, clamorem fecit ad nos de Galtero canonico, qui domum habebat, quæ jure hæreditario per Rogerum suum patruum suam esse debebat, et Rogerus a Galtero avunculo suo canonico et decano habuerat. Galterus respondit, quia de hæreditate quam Petrus dicebat nihil sciebat, sed ipsam domum a Rogero canonico emerat, et multis diebus et annis, et vivente Rogero, et post mortem Rogeri, libere et absque calumnia habuerat, sicut canonicus; quæ domus nullum censum, nullam consuetudinem debet, nisi Deo et Ecclesiæ Beati Petri suum servitium, et inde mittebat se in judicium et justitiam, et per judices competentes. Precamur igitur ut, secundum claustri nostri quam prædiximus consuetudinem, nobis rescribatis quid nobis in judicio sit proferendum super clamore Petri militis, cujus pater Adam miles adhuc vivit, et inde nihil reclamat, nec abhinc retro reclamavit, et super responso Galterii canonici nostri, qui domum emit a Rogero canonico, et eam possedit libere, et absque calumnia, tam longo tempore, sicut canonicus, vivente Rogero, et post mortem ipsius. Valete.

VI.

Radulfi responsio ad præcedentem.

(Anno eod. — MART. *ibid.*)

RADULPHUS, Dei gratia Remorum archiepiscopus, charissimis filiis GOSCELINO decano, et toti Belvacensis Ecclesiæ congregationi, salutem.

Ad hæc de quibus nos consuluit dilectio vestra, ex consilio Ecclesiæ nostræ, hæc vobis rescribimus. Quòd si domus, de qua nobis scripsistis, in claustro est, ibique nullus laicus possessionem habere debet, competentes judices clerici videlicet, cum possessio sit ecclesiastica, judicare debent : quod Petrus filius Adam eam per clamorem suum nullatenus dissequi debet. Valete.

---

(10) Refert Marlot Histor. Remensis tom. II, p. 259, exstare etiam capituli et cleri Trevirensis ad Rudolphum archiep. Remensem de eadem re epistolam, quæ indicet, eamdem cum reliquis synodi tempore missam fuisse; ejus autem verba hæc esse : *Cum hæc epistola a sanctitate vestra lecta fuerit, in capitulum sanctæ Dei Genitricis Mariæ fratribus nostris, deinde sancti concilii synodo eam legi, aut insinuari præcipiatis, quatenus consilio eorum, et specialiter auxilio fratris vestri Bartholomæi Laudunensis episcopi, ad effectum petitionem nostram ducere possitis.* Addit Marlot l. cit. iteratas has Trevirensium querelas, et ea quæ passim refert Sugerius abbas, inculenter ostendere, quanto furore nobiles per id tempus in ecclesiasticorum bona grassarentur. Hinc Thomam de Marna per diœceses Laudunensem et Ambianensem; illinc dominos de Ruminiaco et de Guza in fines Trevirensium, quæ Remensi adjacent bacchatos, alibi comites Campaniæ, Rethellii et de Roceio, etc. Non videtur tamen omnibus his effectum, ut monialibus quies procuraretur et securitas ab horum nobilium invasionibus; eo quod Adalbero noster deinde rursum, et eodem fere tenore, scripserit ad Reinaldum archiep. Remensem; epistolam ediderunt Martène et Durand. Collect. ampl. tom. II, p. 626.

RADULFI
ARCHIEPISCOPI REMENSIS
DIPLOMATA.

I.

Pro fundatione prioratus S. Petri de Ruminiaco.
(Anno 1112.)

[*Actes de la province ecclésiastique de Reims*, II, 175.]

Ego RADULPHUS, sola pietate divina Remensis Ecclesiæ minister exiguus, omnibus orthodoxæ fidei cultoribus, ad cœlestis patriæ gaudia feliciter anhelare.

Ecclesia S. Petri de Ruminiaco ad moderna usque tempora laicorum violentæ subjecta ditioni, gestis præsentibus qualiter ab eorum sit manibus emancipata, posterorum memoriæ studuimus inserendum, et in jus ecclesiasticum monastico ordine regenda transierit a tempore Odonis, qui Fortis dicebatur, ad tempus usque Nicolai filii Nicolai. Ecclesia illa hæredum posteritati succedere solita erat, et hac detestanda abusione, non tantum externis, quæ illi terrena collata fuerant patrimonia, imminuta habebantur, quantum internis, quæ ad cultum Dei pertinebant, annullata deperierant : pauculus enim clericorum numerus ibidem in obsequium deputatus, injusto sæcularis manus oppressus dominio; ad agenda divina, ad modicas etiam quæ illis supererant ecclesiasticas res conservandas, minus idoneus efficiebatur. Prædictus igitur Nicolaus, Sancti Spiritus suggerente gratia, tandem aliquando hæreditaria lege sanctuarium Dei possidere arbitratus immane delictum, dictam ecclesiam S. Petri, de castello videlicet quod Ruminiacum dicitur, obtentu domni Joranni abbatis in manus nostras refutavit, et eam monasterio B. Nicasii martyris, cui idem Jorannus præerat, cum omnibus ad eam pertinentibus, a nobis devote donari petiit, et impetravit. Huic sane petitioni pactionem religiosam addi voluit, quatenus in ipsa ecclesia monachi subrogarentur, et cum ab hoc carnis ergastulo cum tandem a Domino contigerit evocatum, ipsius obitus dies anniversaria, patris etiam ac matris suæ, tam inibi, quam in monasterio S. Nicasii quotannis celebretur. Taliter fieri annuentes, prædictam ecclesiam de manu ejus recepimus, et monasterio S. Nicasii sub hac sponsione perpetualiter possidendam contulimus. Porro ne processu temporis contra hoc tam nostrum, quam ipsius Nicolai statutum alicujus præsumptoris jurgia suboriantur, testamentalem hujus largitionis paginam fieri decrevimus, et eam nostræ imaginis auctoritate, ut inconvulsa in perpetuum perduret, cum legalium personarum testimoniis roboravimus.

Signum Azenarii abbatis Sancti Remigii.
S. Hugonis abbatis Altivillariensis.
S. Harderici abbatis Mosomensis.
S. Hugonis abbatis Sancti Basoli.
S. Joranni abbatis Sancti Nicasii.
S. Bernardi abbatis Sancti Caloceri.
S. Gervasii archidiaconi.
S. Fulconis archidiaconi.
S. Ebaldi præpositi.
S. Joffridi decani. S. Lamberti cantoris.
S. Cirici vicedomini.
S. Bartholomæi thesaurarii.

II.

Cœnobio S. Remigii Remensi ecclesiam B. Mariæ extra muros castelli Regitestensis asserit.
(Anno 1118.)

[D. MARLOT, *Metropol. Rem.*, II, 261.]

Radulfus, Dei gratia Remorum licet indignus sacerdos, omnibus qui et dici et se Remensis Ecclesiæ gloriantur esse filios.

Ab antiquitate temporum notissimum esse constat ecclesiam B. Mariæ, quæ sita est extra muros castelli, cui Regitestis vocabulum est, laicorum cessisse dominio, et hæredum successione, eorum violentæ subjectam fuisse ditioni. Considerans autem prædicti castelli comes Hugo, qui eam diu sibi usurpaverat, non modici fore periculi alienigenam ad sanctuaria Dei accedere, et hæreditate illud possidere, animæ suæ consultum esse voluit, quod male gesserat corrigere curavit. Interventu igitur Azenarii abbatis præsentiam nostram adiit, et se errasse pœnitens jam dictam ecclesiam in manus nostras hac religiosa pactione interposita, ut eam videlicet beato Remigio concederemus, præfatus comes abdicavit. Voluit præterea ut tres præbendæ quas quibusdam clericis suis jam dederat, eis in eadem ecclesia haberi permitterentur; decedentibus vero illis, et aliis qui ibidem deputati sunt, in arbitrio abbatis esse, aut monachos substituere, aut canonicos, ut adhuc sunt, ibidem dimittere. His itaque a nobis et ab abbate concessis sæpefatam ecclesiam de manu comitis suscepimus, et hac testamentali charta cum omnibus ad eam pertinentibus beato Remigio perpetuo tenendam contulimus, quam, ne temporum prolixitate donatio ista aboleri posset, idoneis testibus et nostræ imaginis auctoritate roborari jussimus.

Signum Radulfi archiepiscopi.
Signum Azenarii abbatis S. Remigii.
Sig. Odonis (*postea abbatis S. Remigii*).
Sig. Hugonis abbatis Altivillariensis.
Sig. Joffridi S. Theoderici abbatis.
Sig. Haiderici Mosomensis abbatis.
Sig. Hugonis Sancti Basoli abbatis.
Sig. Joranni Sancti Nicasii abbatis.

De canonicis Sanctæ Mariæ.

Signum Nicolai archidiaconi.
Signum Cirici archidiaconi.
Signum Ebali præpositi.
Signum Joffridi decani.
Signum Lamberti cantoris.
Sig. Gerardi, Elberti, Adæ presbyteri.
Sig. Fulconis, Richardi, Alberti diaconi.
Sig. Simonis Albrici, Leonis subdiaconi.

De monachis Sancti Remigii.

Lambertus prior, Richerus, Petrus.

De laicis.

Hugo comes, et ex parte ejus Haimo castellanus, Rainaldus de Burgo, Joannes de Alto-Monte, Adam et Albricus Regitestensis.

De hominibus Sancti Remigii.

Thomas major, Ernaldus, Hugo cubicularius.

Ex clericis de Regiteste.

Otbertus præpositus, Dodo, Roiricus, Heribertus.

Actum Remis anno Incarnat. 1118, indict. XI, Ludovico rege regnante X, archiepiscopatus domini Radulfi XII.

III.

Confirmatio privilegiorum ecclesiæ collegiatæ Sancti Symphoriani Remensis.

(Anno 1119.)

[*Gall. Christ.*, t. X, col. 36 Instrum.]

Radulfus licet indignus superna disponente clementia Remorum archiepiscopus, congregationi ecclesiæ Sanctorum Apostolorum et S. Symphoriani, tam his quorum tempora nostra præsentialis existentia attingit, quam his quorum posteritas subsecutura exspectatur, in perpetuum.

Piæ postulatio voluntatis effectu prosequente debet compleri. Quamobrem nos postulationem dilectionis vestræ benigne suscipientes, postulatum vobis accommodamus effectum: vestri itaque desiderii petitionibus annuentes, ecclesiam prænominatam, quæ episcopalis cathedræ dignitatem temporibus primorum novem Remensium pontificum habuisse dignoscitur, in qua ad Deo serviendum attitulati estis, præsentis privilegii auctoritate munimus. Universam enim Ecclesiam vestram, et pertinentia vobis vestrisque successoribus perpetualiter tenenda confirmamus, videlicet mansum indominicatum de Wistereyo cum tota villa, cum vicecomitatu, banno, et omnibus alijs appendiciis ejusdem villæ; altare de Wistereyo cum tota ecclesia et cum capellis suis, quæ sunt apud Matreium, Buriniacum et Marconeicurtem; altare de Fraxina cum tota ecclesia et capellis suis, quæ fuerunt apud Bauseyum et Ausilerias; item altare de Beruco, altare sanctæ Genovefæ cum capellis suis, quæ sunt apud Bisannas et Lut; item altare de Mearco cum capellis suis, quæ sunt apud Burgum et Corveyum; altare de Columnis, altare de Marcheneyo, altare de Frasneyo, altare de Maura, altare sancti Hilarii, domus vestræ, ac suburbia quæ sita sunt ante portam carceris, ab omni exactione et jure ministerialium nostrorum successorumque nostrorum, libera prorsus habeantur, sicut et hactenus habita sunt. Centum etiam jornalia terræ arabilis de dote altaris sancti Symphoriani, quæ jacent in territorio de Curtemonasterioli, cum censu et decima, et decimam terræ quæ similiter est de dote altaris quæ jacet in territorio de Nantolio, thesaurarius ecclesiæ vestræ ad facienda quæ necessaria erunt in eadem ecclesia perpetuo possideat. Si quis vero de quolibet vestrum clamorem fecerit, nulli personæ licitum sit, vos extra capitulum vestrum in causam trahere, sed in capitulo vestro per decanum vel per abbatem vestrum justitiam exsequamini canonicorum vestrorum judicio. Præterea quæcumque eadem ecclesia inpræsentiarum juste possidet, quæcumque etiam in futurum concessione pontificum, liberalitate principum, vel oblatione fidelium legitime poterit adipisci, firma vobis vestrisque successoribus et illibata permaneant. Ad hoc decernimus ut nulli omnino hominum liceat eamdem ecclesiam temere perturbare, aut ejus possessiones auferre, vel oblata retinere, minuere vel temerariis exactionibus fatigare, sed omnia integra conserventur, eorum pro quorum sustentatione et gubernatione concessa sunt, usibus omnimodis profutura. Ut autem hujus nostri privilegii pagina rata permaneat et inconvulsa, sigilli nostri impressione ac probabilium personarum testimoniis eam muniri ac roborari præcipimus.

Signum Odonis abbatis Beati Remigii.
Hugonis abbatis Altivillarensis.
Haiderici abbatis Mosomensis.
Josfridi abbatis Sancti Theoderici.
Odonis abbatis S. Petri Orbacensis.
Joranni abbatis Sancti Nicasii.
Hugonis abbatis S. Basoli.
Duranni abbatis de Maurimonte.
Ursionis abbatis S. Dionysii.
Canonicorum Nicolai archidiaconi.
Ebali præpositi.
Josfridi decani.
Lamberti cantoris.
Gerardi, Elberti, Adæ, Odonis presbyterorum; Fulcrani, Ermonici, Fulchradi, Richardi diaconorum;
Simonis, Gerardi, Thomæ, Rodulfi subdiaconorum.

Actum Remis anno Incarnati Verbi 1119, indict. XI, regnante Ludovico gloriosissimo rege Francorum anno XII, archiepiscopatus autem Radulfi anno XIII.

Fulcradus cancellarius recognovit, scripsit et subscripsit.

IV.

Datur Floriacensibus monachis altare Sorbonæ.

(Anno 1119.)

[*Gall. Christ.*, t. X, col. 37 Instrum.]

RADULFUS, Dei gratia Remensis Ecclesiæ licet indignus minister et servus, dilecto sibi in Christo BOSONI Floriacensis monasterii abbati venerabili ejusque successoribus in perpetuum.

Nos quos propitia divinitas ecclesiæ suæ ministros ordinavit, ecclesiarum ac monasteriorum utilitatibus compellit suscepti regiminis cura debita sollicitudine providere, ac piis bonorum desideriis assensum præbere. Eapropter dilectionis vestræ justis petitionibus annuentes, altare *de Sorbonne* absque personarum successione monasterio vestro perpetuo tenendum concedimus. Ut autem hujus nostræ concessionis pagina rata permaneat ac inconvulsa, sigilli nostri impressione ac probabilium personarum testimoniis eam muniri ac roborari præcepimus.

Signum Odonis Beati Remigii Remensis abbatis.
S. Hugonis Altivillarensis abbatis.
S. Joffridi Sancti Theoderici abbatis.
Sig. Hugonis S. Basoli abbatis.
S. Haiderici Mosomensis abbatis.
Sig. Odonis Orbacensis abbatis.
Sig. Joranni Beati Nicasii abbatis.
S. Duranni abbatis de Maurimonte.
S. Nicolai archidiaconi.
S. Ebali præpositi et aliorum.

Actum Remis anno incarnati Verbi 1119, indictione XI, Ludovico rege Francorum anno XII, archiepiscopatus autem domni Rodulfi anno XIII.

Fulcardus cancellarius recognovit, scripsit et subscripsit.

V.

Monasterii S. Dionysii Remensis possessiones confirmat.

(Anno 1123.)

[VARIN, *Archives administratives de Reims*, I, p. 274. Paris 1839. 4°.]

In nomine sanctæ et individuæ Trinitatis.... Amen. RADULFUS omnipotentissima dispensatione Remensis Ecclesiæ sacerdos licet indignus, fratribus in ecclesia Sancti Dionysii martyris, in suburbio urbis nostræ degentibus, in perpetuum.

Cum superna adminiculante gratia, Remensem archiepiscopatum administraremus, adiit præsentiam nostram frater noster Ursio, Sancti Dionysii abbas, satis humiliter implorans quatenus altaria et alia beneficia quæ vota fidelium Sancto Dionysio contulerant, et quæ in diversis schedulis conscripta continebantur, in unum corpus redigi faceremus, et nostræ imaginis auctoritate Sancto Dionysio perpetuo tenendam (sic) firmaremus. Justæ petitioni aurem benevolam inclinantes, annuimus, et ut petierat, fieri concessimus. Tenebat prædicta Ecclesia altaria de.... (11) Sancti Petri Monte, de Sancto Jovino, de Bruciniaco, de Condato, de Noveileisio, de Essia, de Bocio (sic Boeio?), de Breceio. In Noviomensi episcopatu, altare de Montiscurte. In Atrebatensi episcopatu, altare de Assia. In Tarvenensi episcopatu, altare de Stambere. Tenebat præterea eadem Ecclesia Sancti Dionysii beneficium archiepiscopi, decimam panis et vini et omnium reddituum suorum. Tenebat etiam quædam quæ ei emerat bonæ recordationis Gervasius archiepiscopus, terram scilicet et molendina de Aguliaca curte. Dedit idem archiepiscopus eidem Ecclesiæ, terram in suburbio civitatis sitam (12), a porta Vidulæ usque ad posternam. Insuper largitus est ei decimam fossatorum in circuitu civitatis præter terram sanctorum. A prædicta autem posterna usque ad portam Basilicarum, dedit eidem terram Manasses successor ipsius qui postea depositus fuit. Apud villam quæ Ventiliacum dicitur habet ecclesia prædicta decimam in culturis et in pratis quæ archiepiscopi fuerunt, totam; in mansis vero medietatem. In villa Tassiaco et in villa quæ Seiles dicitur, similiter habet decimam sicut xi oblatrices tenuerunt. Dedit domnus Rainaldus archiepiscopus eidem Ecclesiæ culturam de Toireio inter Culmissiacum et liberam villam Sanctæ Mariæ. In villa quæ Attiniacum (13) dicitur, dedit ipse Rodulphus beato Dionysio decimam censuum, telonei, capitulaciorumque, consilio etiam et auxilio nostro cessit in dominium ejusdem Ecclesiæ capella de Carolifonte cum omnibus ad eam pertinentibus, salvo jure Altovillarensis monasterii in cujus parochia eadem capella sita est. Nihilominus consilio nostro Fulchro de Betiniaci villa et uxor ejus, beato Dionysio omnia sua post decessum suum dederunt. Adam canonicus cognomento Magnus dedit seipsum præfatæ ecclesiæ et donum domni Hugonis venerabilis Campaniæ comitis, assentiente et probante gloriosissimo Francorum rege Ludovico, Remensi Ecclesiæ ad nostram successorumque nostrorum mensam contulit, decimam annonæ, feni et omnium justorum reddituum eidem Ecclesiæ contradidimus, eo videlicet tenore, ut prima Dominica Septuagesimæ inde fratribus refectio pararetur, et obitus nostri anniversaria dies quotannis in eadem ecclesia celebretur, et de eisdem redditibus, si superabundaverint fratres eadem die refectionem habeant. » Voir sur Attigny Marlot, t. II, p. 327.

---

(11) Nous omettons les autels précédemment mentionnés dans la charte donnée par l'archevêque Rainold en 1100.

(12) Une bulle d'Innocent II donnée en 1139 (Cart. de St Denys p. 30), porte : « Burgum ipsum a porta Vidulæ usque ad portam Basilicarum, cum sua immunitate et solita libertate, et consueto jure parochiali. »

(13) La charte de Raynold qui contient cette donation se trouve pag. 14 du Cartulaire et porte : « .... In Attiniaco fisco quondam regio, et appendiciis ejusdem Attiniaci quod divina misericordia per

partem allodiorum suorum quæ habet apud Boeium et apud Seleriacum, et apud septem salises in terris, in molendinis, in servis et ancillis. Item Guido canonicus Sanctæ Mariæ dedit Sancto Dionysio terram, ad petram in medio foro Remensi sitam x solidos et ix denarios quotannis solventem. Dedit quoque ipsi Ecclesiæ Hescelinus comes de Grandi-Prato, allodium suum de Ambleio, tam in terris quam in pratis et silvis cum molendinis et tota piscaria. Apud Berniacam curtem habet ipsa ecclesia terram, molendina, aquam, servos et ancillas quæ dedit ipsi comes Hugo de Registestis. Apud pontem Fabricatum habet eadem ecclesia terram et allodium Odonis et Reneri de Quarnaco pro quo dedit ecclesia ipsa xxii libras Catalaunensis monetæ. Givellus (14) de Marmerei villa fecit seipsum canonicum Sancti Dionysii, cui dedit novem jornales allodii in campo Fiscali. Hermenricus de Claustro canonicus Sanctæ Mariæ dedit beato Dionysio pro anima sua furnum ad portam carceris in allodio suo situm. In piscaria de Ambleio habent medietatem Sparnacenses canonici; ipsam quoque tenet ab (ipsis) ecclesia Sancti Dionysii in censu solidorum quinque Pruvinensis monetæ. De omnibus terris ministeriorum ad domum archiepiscopi pertinentium debet ecclesia Sancti Dionysii, habere decimas in quacunque jaceant parochia, totas si parochiani sui eas coluerint; si vero ab aliis parochianis cultæ fuerint dimidietatem. Apud Mormoreium parvum tenet in allodio sæpedicta Ecclesia Sancti Dionysii, molendinum unum, pratum unum, terram arabilem et iv solidos Catalaunensis monetæ, uno denario minus, quæ Arnulphus cognomento dispersus de Novo-Castro pro anima sua dedit ipsi ecclesiæ; et apud Mormoreium majorem habet Sanctus Dionysius quartam partem unius molendini quam ei dedit Haimo sacerdos et incola ipsius villæ. Hæc omnia præscripta ecclesiæ Sancti Dionysii perpetua tenenda concedimus, et ut inconcussum permaneat, pontificatus nostri sigillo corroboramus, et idoneis testibus approbamus.

S. domni Radulphii archiepiscopi.
S. domni Odonis abbatis Sancti Remigii.
S. domni Joranni abbatis Sancti Nicasii.
S. Ursionis abbatis Sancti Dionysii.
S. domni Nicolai archidiaconi.
S. domni Hugonis archidiaconi.
S. Frearlici præpositi.
S. Joffrini decani.
S. Leonis cantoris.
S. Hugonis thesaurarii.

(14) La donation de Givellus est consignée en ces termes dans une charte de l'archevêque Radulphe : « Richerus Balderamus a Givello terram in campo Fiscali aliquandiu tenuit, de qua ei duos solidos pro censu pluribus annis persolvit. Postmodum vero quemdam equum sexaginta solidos aut eo amplius valentem Givello dedit; ita nimirum quod Givellus terram illam quam ad censum tenuerat, sibi in allodium daret. Givellus autem equum recepit, et terram Richero in allodium dedit; qui eam quiete

S. Adæ, S. Odonis, S. Alberti, sacerdotum.
S. Guidonis, S. Ermenrici, S. Raineri, diaconorum.
S. Gervasii, S. Petri, S. Gerardi, subdiaconorum.
S. Guillelmi, S. Herberti, S. Stephani, lectorum.

Actum Remis, anno Verbi incarnati 1124, indictione i, regnante Ludovico rege Francorum piissimo, regni sui anno xvi, archiepiscopatus autem domni Radulfi similiter anno xvi.

Ego Fulcradus cancellarius scripsi et subscripsi.

VI.
Litem de quadam decima inter ecclesiam S. Timothei et B. Sixti ortam componit.

(Anno 1123.)

[D. MARLOT, *Metropol. Rem.*, II, 281.]

Ego RADULFUS, Dei gratia Remensis Ecclesiæ licet indignus minister, cujusdam decimæ litem, inter ecclesiam videlicet S. Timothei et B. Sixti discernere volens, præsentis paginæ testimonio dubiam terminavi causam.

Eo tempore quo magister Albricus decimam S. Sixti tenebat in beneficium ab Hugone Remensis Ecclesiæ thesaurario, suborta est querela decimæ cujusdam culturæ Sancti Timothei, quæ cultura jacet inter Viriliacum et Tassieium. Canonici Sancti Timothei dicebant dimidiam partem decimæ culturæ illius ad se pertinere, eo quod terra Sancti Timothei esset; abbas autem Sancti Nicasii ad cujus monasterium altare Sancti Sixti pertinet, legalibus personis et idoneis testibus paratus fuit probare decimam illam ad Ecclesiam Sancti Sixti pertinere : verum pacis gratia inter utrosque dispensavimus, quatenus de his quæ in eadem terra extra domos S. Remigii, curtem et hortos, extra etiam alias ædificandas ad agriculturam pertinent, prædicti Canonici dimidiam tantum habeant decimæ partem, prædicti autem mansionarii cum decima sua ad ecclesiam Sancti Sixti pertineant. Hujus instituti testes habentur Odo abbas Sancti Remigii, sub cujus præsentia factum fuit; Guillelmus abbas Sancti Theoderici, Nicolaus archidiaconus, Fridericus præpositus, Joffridus decanus, Hugo thesaurarius, Adam, Odo, Albertus, presbyteri.

VII.
Cœnobio S. Remigii Remensis altare S. Juliani asserit.

(Anno 1124.)

[*Ibid.*, p. 282.]

In nomine Patris, et Filii, et Spiritus sancti, RA- et absque omni calumnia diu possedit. Tandem spiritu pœnitentiæ ductus, eamdem terram Ecclesiæ B. Dionysii in allodium perpetuo possidendam contulit, assentientibus et laudantibus hoc uxore sua Porcia, et filiabus suis, et earum filiis. Porro idem Richerus sæculo abrenuntians, in eadem ecclesia factus canonicus, ibidem vitam finivit.... Actum Remis anno.... MCXIX, indict. XI, regnante rege Francorum anno XII, archiepiscopatus nostri anno XIII.... (Cart. de S. Denys, p. 18).

dulfus ad Remensis Ecclesiæ culmen sola pietate divina provectus, Odoni venerabili Sancti Remigii abbati et ejusdem loci fratribus, de bono ad melius in perpetuum promoveri.

Temporalibus bonis affluentibus, et caducis rebus sublimatis hoc incumbit, ut pro transitoriis permanentia, pro perituris æterna commutent. Hoc attendentes et animæ periclitanti consultum esse cupientes, altare B. Juliani, quod ecclesiæ B. Remigii adjacet, eo quod eadem ecclesia sub obtentu personæ hucusque tenuerat, amore ejusdem patroni nostri, tibi et ecclesiæ tuæ impersonaliter conferimus et perpetuo tenendum concedimus, orantes ut anniversarius dies depositionis nostræ in prædicta Ecclesia quotannis in communi celebretur. Hanc paginam ratam esse volentes, nostræ imaginis testimonio et idonearum astipulatione personarum eam confirmamus.

Signum Nicolai archidiaconi,
Signum Hugonis archidiaconi,
Signum Frederici præpositi,
Signum Joffridi decani,
Signum Leonis cantoris,
Signum Odonis subthesaurarii,
Signum Adæ, Alberti presbyterorum,
Sig. Raineri, Joannis, diaconorum,
Signum Gervasii, Stephani, subdiaconorum.

Actum Remis anno incarnati Verbi millesimo centesimo vicesimo quarto, indictione decima, regnante Ludovico rege Francorum anno sexto decimo, archiepiscopatus autem domini Radulfi anno septimo decimo.

Fulchradus cancellarius scripsit et subscripsit.

ANNO DOMINI MCXXIV

CONON CARDINALIS

PRÆNESTINUS EPISCOPUS

NOTITIA HISTORICA IN CONONEM

(Ughelli, *Italia sacra*, tom. I, col. 197, in episcopis Prænest.)

Conus, sive Conon, Germanus, olim canonicus regularis Ecclesiæ S. Nicolai de Arvasia, vir sanctimonia vitæ longe clarissimus, a Paschali II, dum in Galliis moraretur, factus est episcopus card. Prænestinus, ab eodemque in Orientem legatus est anno 1111; ubi cum accepisset impium imperatorem Henricum fidem fregisse pontifici, Paschalemque violenter arreptum conjecisse in carcerem, justissima ira succensus in episcoporum concilio a se coacto, fœdifragum Henricum ad ignominiam sempiternam religionis telo transfixit, eamdemque censuram in Occidentem reversus, quinque celebratis conciliis in Græcia, Pannonia, Saxonia, Lotharingia, Galliaque contra sacrilegum imperatorem constanter perursit, ac deinde curavit, ut Romani concilii Patres, quam iterato tulisset sententiam, ratam haberent anno 1116. Quod non modo facile obtinuit, sed ob id vehemens pietatis studium in pontificem, caputque Ecclesiæ, adeo celebre nomen adeptus est, ut quasi de cœlo delapsum Cononem deinceps venerarentur mortales. Interea contigit in fide fluctuare Germanos. Itaque Gelasius II ne longius serperet malum, Cononem potestate legati succinctum legat in Germaniam, quippe qui natione Germanus, titubanti provinciæ suæ commodius medicinam posse facere videretur. Quamobrem caput tumultus, facemque seditionis, tam in Coloniensi, quam in Fritistariensi conciliis a se celebratis, Henricum iterum censura excommunicationis involvit.

Hic ille Prænestinus card. est quem Gelasius II, propemodum Cluniaci cum morte luctans, tanquam virum sanctissimum, ac pontificatui parem, purpuratorum senatui proposuit deligendum. Et quidem deprecanti pontifici respondisset eventus, ni Conon, ab omni ambitione procul alienus, in se purpuratorum prope ruentia studia divertisset, convertissetque in Widonem archiepiscopum Viennensem, quem anno 1119 deinceps sub Calixti II nomine ejusdem Cononis hortatu creavere pontificem.

Hunc Prænestinum episcopum, qui pontificatum sibi oblatum dicitur respuisse, Oddonem appellat Baronius, manifeste nomen invertens, cum Cononem dicere debuisset. Siquidem et Conon hoc eodem anno vivebat, præteritóqne anno in Germania fuerat functus legatione, Calixtoque II legitur subscripsisse anno 1122. Hujus meminit abbas Uspergensis, ac Sigibertus in Chronicis, Gothifredus Claravallensis in epist. ad Albanensem episcopum, ubi Cononem narrat, cum Suessione in Gallia celebraret concilium, Petri Abælardi cum auctore scripta damnasse, contaminataque hæreseos veneno exussisse flammis. Cryptam, et altare S. Agapiti in cathedrali ecclesia Prænestina Cononem dedicasse refert sequens inscriptio marmorea ibidem apposita quam ex Suaresio correctiorem damus :

Anno Dominicæ Incarnationis millesimo CXVI. XVIII. Kal. Febr. Indic. X. dedicatum est altare et crypta S. Agapiti Martyris per Domnum Cononem Prænestinum episcopum in quo videlicet Altari requiescunt corpora SS. Mart. Agapiti, Gordiani, et Abundii, et reconditæ sunt reliquiæ SS. Mart. Miliani et Nymphæ.

Anno 1117 partem superiorem ejusdem ecclesiæ una cum altari S. Agapiti dedicavit, ut alia inscriptio ibidem refert, quam item correctiorem ex eodem Suaresio damus.

RC. anno Dominicæ Incarnationis MCXVII. M. Decembrio Sac. die XVI. Indict. XI. dedicata est superior Ecclesia, et Altare Sancti AG. Mart. a Domino Paschali II. Papa anno Pontificatus ejusdem XIX, in quo videlicet Altari reconditæ sunt Reliquiæ Apostolorum et Sanctorum Mart. Callixti, Martini Papæ, Agapiti, Valentini, Tiburtii, et Sondi et beatæ Agathæ Virginis, et Sancti Silvestri Confessoris. Interfuerunt huic dedicationi Maifredus Tiburtinus Episcopus, Berardus Marsicanus Episcopus, et Ecclesiæ Romanæ Cardinales Presbyteri Diaconi GG. AURIFEX

CONONIS EPISTOLÆ.

I.

Cononis cardinalis synodica epistola pro monasterio S. Quintini de Monte prope Perronam.

(Anno 1115).

[MABILL., *Annal. Bened.*, V, 694.]

Cono, divina gratia Prænestinus episcopus, apostolicæ sedis legatus, omnibus fidelibus tam præsentibus quam futuris.

Cum legatione in Francia fungeremur, adversus Henricum abbatem Sancti Quintini de Monte, de quadam terra de Botencurt, scilicet quam chyrographo sibi defendebat, a quibusdam monachis Sancti Vedasti calumnia exorta est. Abbas tamen Sancti Vedasti et plures ex fratribus ejus illi chyrographo testimonium perhibebant et assensum non negabant. Cum igitur causa ista ad nos usque perlata fuisset, ad illos monachos litteras nostras direximus, ut vel ab injusta calumnia quiescerent, aut si quid contra chyrographum se habere confiderent, in concilio, quod Catalaunis futurum indixeramus, calumniam suam ad diffinitionem præsentarent. In indicto igitur termino cum concilium celebraremus, neminem illorum, qui adversus abbatem Sancti Quintini vel chyrographum ejus quidquam dicerent, adesse cognovimus. Sic itaque judicio concilii chyrographum illud ratum probavimus, et ut deinceps stabile et inconvulsum permaneat, auctoritate apostolicæ sedis in hujus paginæ patrocinio confirmavimus.

Actum Catalaunis anno Incarnationis Dominicæ 1115, indictione VIII.

Huic confirmationi testes interfuerunt : S. Radulphi archiepiscopi, S. Godefridi Ambianensis episcopi, S. Gualonis Parisiensis episcopi, S. Guillelmi Catalaunensis episcopi, S. Joannis Morinensis episcopi, S. Johannis Aurelianensis episcopi, S. Philippi Trecensis episcopi, S. Rotberti Atrebatensis.

II.

Cononis apostolicæ sedis legati judicium pro Ecclesia Hanachiensi ad terminandam litem inter abbatissam monasterii S. Mariæ et canonicos Miliacensis.

(Anno 1115.)

[P. LOUVET, *Antiquités de Beauvais*, tom. I, p. 620, Rouen, 1614, 8°.]

Judicium quod datum est per manum D. Cononis episcopi Prænestini sedis apostolicæ legati de Ecclesia Hanachiensi inter abbatissam monasterii S. Mariæ quod dicitur ad S. Paulum canonicos Miliacenses. Altare ejus Ecclesiæ erat pertinens ad monasterium S. Mariæ sicut absque ulla contradictione ab ipsius abbatissæ prolocutoribus dicebatur, et ideo presbyterum se dicebat prædicta abbatissa mittere debere in ipsam Ecclesiam et usque ad placiti diem per triginta annos se ecclesiam illam per introductionem presbyteri ordinasse. Quæ verba abbatissæ in nullo canonici Miliacensis refellebant. Sed hoc tantum dicebant quia, cum decimas majores et partem minutarum haberent decimarum, presbyter post dispositionem super ipso ab ejusdem monasterii abbatissa factam ad eos deberet venire, et per eorum licentiam in eadem ecclesia remanere. Et sic usque ad hujus placiti diem per triginta annos asserebant se tenuisse, hæ sunt rationes utriusque.

Judicatum ergo ut quando quidem altare absque contradictione esse juris monasterii beatæ Mariæ dicebatur; neque refragari poterat quin per triginta annos ejusdem monasterii abbatissæ presbyterum in ipsam Hanachiensem ecclesiam misissent. Deinceps per ipsius abbatissæ dispositionem absque aliquo ad ipsos Miliacenses canonicos recursu presbyter in ecclesiam Hanachiensem mittetur.

Hæc sunt nomina judicum ipsorum : Rainaldus abbas Vigeliacensis qui judicium recitavit, Goscelinus, Halegredus decanus Belvacensis, Rogerus archidiaconus, Giraldus abbas S. Luciani, Odo abbas S. Symphoriani, Seranus, canonicus, Drago S. Quintini canonicus, Eustachius clericus.

Actum est hoc Belvaci præsente domno Conone Præneslino episcopo qui judicium hoc laudavit, et sigilli sui impressione firmavit, præsidente Petro Belvacensis Ecclesiæ episcopo.

III.
Cononis sanctæ Romanæ Ecclesiæ legati epistola ad Theogerum abbatem S. Georgii.
(Anno 1118.)
[D. BOUQUET, tom. XIV, p. 210.]

CONO Dei gratia Prænestinus episcopus et sanctæ Romanæ Ecclesiæ legatus, dilecto fratri THEOGERO abbati, in cunctis hujus vitæ laboribus consolationem sancti Spiritus.

Religionis et honestatis vestræ fama, et quam habetis in veritatis defensione constantia, Romanæ Ecclesiæ vos notum et acceptum fecit. Unde cum in Gallias pro legationis nostræ officio venimus Moguntinum archiepiscopum (1) pro pallio quod ei apportamus conventuri, et quædam præcipua cum eo et aliis tractaturi, vos etiam vocare necessarium duximus, ut vestræ paternitatis consilium et testimonium habeamus. Abbatem S. Clementis, qui vos ad colloquii nostri locum conducat, misimus, et ut cum eo absque ulla dilatione veniatis, rogamus et præcipimus.

IV.
Cononis sanctæ Romanæ sedis legati epistola pro electione Metensis Ecclesiæ episcopi.
(Anno 1118.)
[D. BOUQUET, t. XIV, p. 209.]

CONO Dei gratia Prænestinus episcopus et sanctæ Romanæ Ecclesiæ legatus, dilectis in Christo filiis et fratribus, abbatibus et clericis ad electionem Metensis Ecclesiæ faciendam in Christi nomine congregatis, sancti Spiritus præsentiam et consolationem.

Quomodo [quando *vel* quoniam] vos non ignorare sacros canones novi, et qualiter episcopi electio facienda sit nosse, auctoritate et præcepto domini papæ, insuper et rogatu domini Viennensis archiepiscopi, paucis vobis tantum scribere duximus. Ne quis igitur vestrum de minori numero causetur, ipsius Domini voce moneo dicentis : *Nolite timere, pusillus grex,* etc. (*Luc.* XII, 32); sicut alibi : *Ubi duo vel tres congregati fuerint in nomine meo, in*

(1) Adelbertum, quem anno 1115, die natali sancti Stephani (26 Decembris), ordinatum fuisse

medio eorum sum (*Matth.* XVIII, 20). Non dixit, Ego sapientia habito in multis, sed *ego sapientia habito in consiliis* (*Prov.* VIII, 12). Neque conturbet vos discordia multorum; jam nec novum est nec inusitatum, ut in electione episcopi discors inveniatur sententia cleri et populi. Non majori itaque parti, sed saniori sacra Scriptura cedendum censet. Quapropter eadem autoritate præcipimus, ut semota partium animositate dignum Ecclesiæ Dei pastorem eligatis : electo vero, quicunque ille est, ex parte Dei et Ecclesiæ omnem honorem haberi præcipimus. Quod si contempserit, excommunicationi subjicimus; et domum ejus, domum discalceati in Israel nominari censemus, et tot animarum reum, quod prodesse poterat, decernimus; et in die judicii grandine grandinari addi adjicimus. Cæterum quæ vobis lator præsentium ex parte nostra dixerit vel injunxerit, tanquam ab ore nostro audiatis et audita implere non differatis.

V.
(Anno 1118.)
[D. BOUQUET, *ibid.*, p. 212.]

CONO Dei gratia Prænestinus episcopus et sedis apostolicæ legatus, dilecto fratri THEOGERO, salutem et dilectionem.

Litteras tuæ fraternæ dilectionis, frater Alardo referente, audivimus, quibus Metensem Ecclesiam, ut constanter et fiducialiter ageret, hortabaris. Nunc vero, Deo annuente, tam tuis quam aliorum monitis omnes ejusdem Ecclesiæ filii obtemperantes, omnesque in canonica electione convenientes, pari voto parique consensu te in pastorem sibi a Deo provisum elegerunt. Unde nos unanimiter supplicantes rogant quatenus electioni eorum assensum præbeamus, et qualiter te in pastorem habeant, quem intra terminos nostræ legationis morari cognoverunt, studeamus. Nos vero testimonium vitæ et conversationis tuæ investigantes, gratia Dei nihil invenimus quod sacris possit obesse canonibus. Quapropter, frater dilectissime, præsentibus litteris te commonemus, et monendo apostolica auctoritate præcipimus, quatenus injunctum tibi onus et curam sanctæ Metensis Ecclesiæ, proprii pastoris solatio destitutæ, subire non subterfugias; sed potius murum pro domo Israel te opponas, et Ecclesiam Christi inter instantes et immanissima rabie persecutorum fluctuantes procellas nutantem, illis resistendo sustentare et juvare nullatenus dissimules, exemplo illorum sanctorum qui in primitiva Ecclesia curam pastoralem suscipientes, pro defensione Ecclesiæ seipsos, cum opportunitas exigebat, periculis mortis tradere non dubitabant. Si autem (quod absit!) monitis Ecclesiæ ac nostris obedire contempseris, sciat te procul dubio ordinis tui periculo subjacere, et ecclesiarum introitum, nisi obediendo acquiescas, tibi nullo modo patere. Quamobrem dilectionem tuam iterum iterumque memoradit ad an. 1116 annalista Saxo apud Eccardum, t. I. *Corporis historici*, col. 634.

nentes præcipimus, ut injunctam tibi obedientiam omni occasione remota suscipias; deinde suscepta obedientia, domino Viennensi archiepiscopo et sanctæ Ecclesiæ Romanæ legato te præstare non negligas, ut, pontificalis ordinationis accepta benedictione, digne in Ecclesia Christi militare valeas.

VI.
Cononis sedis apostolicæ legati epistola ad Theogerum Metensem episcopum electum.
(Anno 1118.)
[D. Bouquet, *ibid.*, p. 212.]

Cono Dei gratia Præncstinus episcopus et apostolicæ sedis legatus, dilecto fratri Theogero Metensi electo, spiritum obedientiæ cum spiritu fortitudinis.

Cum Filius Dei obediens fuerit Deo Patri, tu e contra obedientiam subterfugiendo membrum illius te esse negasti. Vide igitur, reverendissime frater, ne inobediendo idolatra efficiaris, et ignibus deputeris æternis. Vides enim Ecclesiam Dei laborare, et concertare contemnis; sed magis requiescere elegisti ut in æternum laborares. Apostolica igitur te auctoritate commonemus, et commonendo præcipimus ut electionem Metensis Ecclesiæ humiliter suscipias, atque usque ad Dominicam Misericordiæ Domini legato Romano Viennensi archiepiscopo te præsentes. Quod nisi feceris, te ab omni divino officio sequestramus. Fratribus vero tuis per summam obedientiam præcipimus ut consentiant : quod nisi fecerint, eidem sententiæ eos subjicimus. Nos enim per misericordiam regimen cœnobii S. Georgii tibi concedimus, donec opportuno tempore eidem Ecclesiæ dignum pastorem possis eligere. Sancta Divinitas, reverendissime frater, te doceat obedire.

VII.
Cononis Prænestini episcopi epistola ad episcopum Lingonensem pro Arnaldo abbate S. Petri Vivi.
(Anno 1119.)
[*Spicileg.* D. Lucæ D'Acheri, t. II, p. 768.]

Cono Prænestinus episcopus et Romanæ Ecclesiæ legatus Josceranno Lingonensium episcopo salutem.

Querimoniam venerabilis Arnaldi abbatis monasterii S. Petri Vivi audivimus de abbate Molismensi, et abbate monasterii Sancti Joannis de Prato, quorum unus ecclesiam unam ei aufert, alter villam cum appendiciis suis. Vos autem jam bis diem placiti ei constituistis, sed neque vos neque abbates ad ullam illarum venire noluistis. Et quia injuriam hujus rei penes vos esse sentimus, mandamus, et mandando obsecramus, ut ei inde plenariam justitiam faciatis. Quod si facere nolueritis, querimoniam ejus ante dominum papam, quia de legatione nostra est, me sciatis perlaturum, et causam ejus quantumcunque potero prosecuturum.

VIII.
Cononis epistola ad Fridericum archiepiscopum Coloniensem. — Scribit ei posse regem ab eo excommunicari.
(Anno 1120.)
[Martène, *Ampl. collectio*, I, 664, ex ms. S. Germani a Pratis.]

Cono Prænestinus Dei gratia episcopus et apostolicæ sedis vicarius, venerabili fratri Friderico Coloniensi archiepiscopo animæ suæ dimidio gaudium et lætitiam in Spiritu sancto.

Denuntiamus vobis in nomine Domini ut non cito moveamini a vestro sensu tam dictis pseudofratrum nostrorum, quam aliorum dicentium non pertinere ad vos excommunicare regem, quia nec rex nobis commissus, nec de parochia nostra esse videtur; quibus ex ore domni papæ efficaciter respondemus, quia, etsi nobis parochiali jure commissus non fuerit, auctoritate tamen Spiritus sancti et sanctorum Patrum pro tanto scelere merito excommunicare debuimus, attendentes quod B. Ambrosius Theodosium imperatorem Romanum non sibi commissum, licet non papa, non patriarcha, non Ecclesiæ Romanæ legatus, excommunicavit pro scelere quod non in parochia sua, sed Thessalonice commiserat. Quidam falsi fratres mandaverunt nobis quod pax esset inter vos et regem, sed domnus papa nec nos credere voluimus quousque vos videremus.

IX.
Epistola Cononis A. S. L. Ad H. Nivernensem episcopum. — De inauguratione Calisti P. II agit. Deinde comitem atque ejus satellites ob sacrilegia in Vizeliacensem ecclesiam commissa excommunicatos declarat.

Cono Dei gratia Prænestinus episcopus, apostolicæ sedis legatus, H. Nivernensi episcopo venerabili et dilecto fratri, salutem et fraternam in Christo dilectionem.

Quæ postquam a nobis discessistis, apud nos gesta sunt, dilectioni vestræ innotescere volumus. Die ipsa qua ab invicem discessimus cum electo nostro duce misericordia Dei ad partes Lugdunensium properavimus. Antequam autem Lugdunum perveniremus, domnus Lugdunen. archiepiscopus electioni nostræ assensit, et Lugduni subscripsit. Ibi facta processione solemni, dominum papam Calixtum et nos honorifice suscepit. Nam et Engolismensis episcopus antequam a nobis discederet, subscripserat, et domino papæ humiliter se subdiderat. Inde venimus Viennam, ubi in Dominica Quinquagesimæ dominus papa coronatus est. Cum autem ab illo digressi Vizeliacum venissemus, comperimus rumorem eum verum, quem fama vulgante tristes acceperamus. Tristes, inquam, tum pro ecclesia Vizel. in cujus læsione læsa est Romana mater Ecclesia, (specialis enim ejus filia est) tum pro ipso Nivern. comite, quem satis dileximus, cujus clientela portas Vizelia. claustri fregit et dirupit, SS. Lazari et Marthæ sororis ejus, et SS. Andeoli atque Pontiani martyrum corpora, crucem quoque in qua de ligno Domini habetur, jactis lapidibus exornaverunt, monachos verberaverunt, et lapidibus percusserunt, et quemdam ex ipsis ceperunt, et injectis manibus sub habitu monachi dehonestaverunt. Pro quibus omnibus vos monemus, et apostolica auctoritate præcipimus, ut ipsum comitem ex parte nostra conveniatis, et ad emendationem tanti sacrilegii eum venire moneatis. Quod si dixerit non se interfuisse huic flagitio; de consensu cum arguite, quia scilicet cum eadem die Vizeliacum ipse venisset, et omnes sacrilegos qui flagitium commiserant ibi invenisset, neque spontaneus neque monitus ab abbate sub testimonio multorum, de suis hominibus justitiam vel honorem, vel satisfactionem Ecclesiæ Vizel. facere voluit. Quamobrem timeat sententiam Lucii papæ sanctissimi, quæ talis est ad episcopos Gallos et Hispanos inter alia in primo decretali suo : « Res ecclesiarum vestrarum, et oblationes fidelium quas significastis a quibusdam irruentibus vexari, vobisque et Ecclesiis vestris auferri, indubitanter maximum est peccatum, testante Scriptura quæ ait : *Qui abstulerit patri vel matri aliquid, et dicit hoc non esse peccatum, homicidæ particeps est.* Pater ergo noster sine dubio Deus est, qui nos creavit; et mater nostra Ecclesia, quæ nos in baptismo spiritualiter generavit. Hæc fieri prophetæ, hæc apostoli, hæc successores eorum, et omnium Catholicorum Patrum vetant decreta, et tales præsumptiones sacrilega esse dijudicantur: quorum nos sequentes exempla, omnes tales præsumptores, et Ecclesiæ raptores, atque suarum facultatum alienatores una vobiscum a liminibus sanctæ Matris Ecclesiæ anathematizatos apostolica auctoritate pellimus, et damnamus, atque sacrilegos esse judicamus, et non solum eos, sed omnes consentientes eis, quia non solum qui faciunt, rei judicantur, sed etiam qui facientibus consentiunt. Par enim pœna et agentes et consentientes comprehendit. » Item, Symmachus papa adversus pervasores Ecclesiarum : « Generaliter quicunque res ecclesiasticas confiscare, aut competere, aut pervadere periculosa aut sæva infestatione præsumpserit, nisi se citissime per Ecclesiæ de qua agitur satisfactionem correxerit, perpetuo anathemate feriatur. Similiter et hi qui Ecclesiæ jus vel largitione principum vel quorumdam potentum, aut quadam invasione, aut tyrannica potestate retinuerint, et filiis vel hæredibus suis, ut a quibusdam jam factum audivimus, quasi hæreditarias reliquerint, nisi cito res Dei, admoniti a pontifice agnita veritate reddiderint, perpetuo anathemate feriantur. Iniquum esse enim censemus, ut potius custodes chartarum, quam defensores rerum, creditarum, ut præceptum est, judicemur. »

Quod si comes ipse privilegia Ecclesiæ Vizel. contemnit, audiat Anacletum papam a B. Petro tertium : « Privilegia ecclesiarum et sacerdotum S. apostoli jussu Salvatoris ejus decreverunt manere temporibus. » Et in legibus sæculi cautum habetur : « Si Ecclesiæ venerabilis privilegia cujusquam fuerint temeritate violata, vel assimulatione neglecta, commissum hoc in triplo, juxta legum sanctionem, Ecclesiæ cui factum est componatur, nobisque bannus noster in triplo persolvatur. » Item in alio loco : « Nullius autem sacræ res et religiosæ et sanctæ : quod enim divini juris est, nullius in bonis est. » Item adversus eos qui portas fregerunt, ait Justinianus : « Sanctæ quoque res, veluti muri et portæ, quodammodo divini juris sunt, et ideo nullius in bonis sunt. Ideo autem muros sanctos dicimus, quia pœna capitis constituta sit in eos, qui aliquid in muros deliquerint. » Nolumus autem, frater charissime, exaggerare quod gestum est, ne cogamur judicare quod dignum est, sed volumus ut annunties eidem comiti, ut de perpetratis sacrilegiis nobis in manu nostra satisfactionem ab hominibus suis, quorum nomina subscribentur, fieri faciat usque ad mediantem Quadragesimam, et in futuro ab inquietatione Ecclesiæ desistat: quia nisi obedierit, nos sequentes sanctorum suprascriptorum sententias, anathematis gladio tam ipsum, quam terram ejus, licet inviti, post transactum quem præfiximus terminum, feriemus. Hæc sunt nomina illorum qui in sacrilegio illo manus commisisse visi sunt : Rainaldus Præpositus de Moncellis, et frater ejus Nicolaus, Guillelmus mariscalcus, Paganus buticularius, Petrus panetarius, Odo Camarlancus, Petiz de Moncellis; Theobaudus cocus, Guillel. præpositus de Cerciaco, Groslebos, Renaldus nepos Mainfredi de Porta, Beraldus de Moncellis, duo filii Aimberti de Moncellis, Joannes Deli, Tardet de Moncellis, Seguinus de Moncellis, Guichardus frater Galterii Buticularii, Burgensis de Moncellis, qui cognomine ita vocatur, Gaudricus de Climiciaco cum septem sociis, et multi alii quos donec nominatim nominemus suis conscientiis puniendos relinquimus, si non digne satisfactionem fecerint.

ANNO DOMINI MCXXIV

ERNULFUS

ROFFENSIS EPISCOPUS

NOTITIA HISTORICA LITTERARIA.

(WARTHON, *Anglia sacra*. t. II, Præf., p. xxx.)

Ernulfus, Roffensis episcopus, qui sedem ab anno 1114 ad 1124 tenuit, librum compilavit de Ecclesiæ Roffensis fundatione, dotatione, chartis, placitis aliisque rebus ad eam spectantibus. Codicem in Archivo Ecclesiæ Roffensis asservatum decanus et capitulum Roffense benignitate summa mihi transmiserunt. Plurimis nostræ gentis antiquariis *Textus Roffensis* titulo innotuit. In fronte libri hanc inscriptionem manus antiquissima apposuit *Textus de ecclesia Roffensi per Ernulfum episcopum*. Continet autem plura monumenta tam Latine quam Saxonice scripta, videlicet : Leges Ethelberti, Alfredi, Guthrunni, Edwardi, Edmundi et Ethelredi regum, Saxonice; Exorcismum Ordalii, Leges Canuti regis, Constitutiones Willelmi I regis, Excerpta ex decretis pontificum, Institutiones Henrici I regis, anno 1101 latas, successionem pontificum et imperatorum Romanorum, pontificum Jerosolymitanorum et quatuor sedium patriarchalium; Nomina archiepiscoporum et episcoporum Angliæ a S. Augustino per singulas sedes distributa, Latine; Judicia civitatis Lundoniæ, Genealogiam Edwardi regis ab Adamo, Genealogias omnium Angliæ heptarcharum ab Adamo, Saxonice; privilegia, chartas, ordinationes, etc. Ecclesiæ Roffensis Latine et Saxonice. Nulla habentur in codice, Ernulfi ætate inferiora; si demas 13 nomina in Catalogo archiepiscoporum Cant., et 15 nomina in Catalogo episcoporum Roff., quæ ab aliena manu diversis sæculis accesserunt, ut ex litteris et atramento constat. Quædam enim manus episcoporum sex Ernulfum sequentium nomina adjecit; cui alia manus recentior episcoporum novem succedentium nomina apposuit. His addenda sunt pauca quædam de rebus tempore Joannis et Ascelini episcoporum gestis, post folium 203 congesta. Cætera omnia manu Ernulfo coæva scripta sunt. Leviora forsitan hæc videri possent, ni quis ea quæ ad Historiam Roffensem ex hoc codice adnotantur inspexerit. Ista enim nos præfari debuisse tunc facile liquebit. Cæterum aliis ingenii monumentis Ernulfus inclaruit. In his exstat epistola ad Walkelinum Wintoniensem episcopum *De incestis conjugiis* præclara; quam R. P. Lucas Dacherius in Spicilegio suo evulgavit tom. III, p. 410 (ed. in fol. t. III, pag. 464). Habetur eadem Ernulfo inscripta in codice vetustissimo bibliothecæ Lambethanæ, vix unico apice a Dacheriana diversa. Turpissime vero hallucinatus est Baleus (cent. II, c. 70), qui opera quædam Arnulphi Lexoviensis episcopi et Arnoldi Bonævallis abbatis Arnulpho Roffensi episcopo inscripsit, eumdemque permiscuit cum Arnulpho presbytero, quem Romanorum clericorum insidiis Honorii II papæ tempore Platina refert (Vita Honor. II) fuisse sublatum, dum in Romanæ curiæ vitia acrius invehereter. Reipsa enim Arnulphus ille concionator toto cœlo diversus erat a Roffensi nostro, qui ante inceptum Honorii pontificatum obiit. Veritas autem Baleo parum curæ erat, dummodo Romanæ Ecclesiæ inimicorum numerum augere posset. Cæterum nos insigniora Ecclesiæ Roffensis monumenta ex Ernulfi farragine delectu habito exscripsimus, et nunc primum evulgavimus.

ERNULFI EPISCOPI ROFFENSIS
COLLECTANEA
DE REBUS ECCLESIÆ ROFFENSIS
A PRIMA SEDIS FUNDATIONE AD SUA TEMPORA

Ex Textu Roffensi, quem composuit Ernulfus.

(Henricus WARTHON, *Anglia sacra*, tom. II, pag. 329 Londini 1691, folio parvo.)

Nomina eviscoporum Roffensium.

I. Justus (1). Obiit iv Idus Novembris. II. Romanus (2). III. Paulinus (3). Obiit vi Idus Octobris. IV. Ithamar (4). V. Damianus (5). VI. Putta (6). VII. Guichelmus (7). VIII. Gybmundus (8). IX. To-

(1) Justus, natione Romanus, a S. Gregorio papa in Britanniam missus est anno 601, ut S. Augustino Cantuariensi in propaganda fide subsidium ferret; quod et sedulo nec infeliciter fecit. Diffusa latius per regiones circumvicinas fide, Augustinus episcopos in civitatibus vicinis constituere consultum duxit, et Mellitum Londoniæ, Justum Rovecestriæ episcopos ordinavit anno 604. Ecclesias cathedrales in utraque urbe Ethelbertus rex Cantuariorum Augustini precibus, in illa S. Paulo, in ista S. Andreæ sacras construxerat et possessionibus opimis dotaverat. Post Ethelberti obitum, qui anno 616, 24 Febr. contigit, solum vertere ab Eadbaldo, qui successit, rege Ethnico coactus, Galliam cum Mellito secessit. Eadbaldo brevi post ad fidem converso revocatus, sedi Roffensi ad annum usque 624 præfuit, quando Cantuariam post Melliti obitum translatus est. BEDA, *Hist. Eccl.* l. 1, c. 29; l. 11, c. 3, 5, 6, 7, 8.

(2) Justus ad archiepiscopatum Cant. translatus, Romanum pro se Rovecestriæ episcopum ordinavit; eumdemque ad Honorium papam, qui pontificatum iniit 626 28 Sept. legavit ante finem anni 627, quo ipse morti succubuit. Romanus, legatione suscepta mare trajiciens, naufragio interiit. BEDA, l. II, c. 8, 20.

(3) Paulinus, missus a Gregorio papa in Britanniam una cum Justo anno 601 archiepiscopus Eboracensis ordinatus est anno 625. Eboraco, fugatus a Cedwalla Britonum rege anno 633, Cantuariam rediit; et episcopatus Roffensis, qui sexennio vacaverat, curam sibi ab Eadbaldo rege et Honorio archiepiscopo commissam suscepit, et ad obitum tenuit. Obiit anno 644, 10 Octobr., sepultus in Ecclesia Roffensi, postquam sedi præfuisset annos 11 (sic enim Bedæ locum corrigendum puto), menses II, dies 21. BEDA l. I, c. 29; l. II, c. 20; l. III, c. 14.

(4) Primus Anglorum Ithamar dignitatem episcopalem obtinuit, Paulino in sede Roffensi subrogatus ab Honorio archiepiscopo anno 644. Ortu is Cantuariensis fuit, nulli tamen antecessorum moribus et doctrina, Beda judice, inferior. Introitum ejus in annum 647 referunt Annales MSS., sub Asserii Menevensis nomine circumlati. Male, puto. Beda enim illum Paulino e vestigio substitutum fuisse innuit. Anno 655, Deusdedit archiepiscopum Cant. consecravit; eodemque archiepiscopatum tenente, idque brevi post, ut videtur, fato cessit. BEDA l. III, c. 14, 20.

(5) Damianus de genere Australium Saxonum, successit, a Deusdedit archiepiscopo consecratus. Post ipsius obitum sedes Roffensis auctore Beda diu vacavit. Obiisse videtur paulo ante Deusdedit, qui mortuus est 664, 4 Julii. Cedda enim archiepiscopus Ebor. ordinandus Cantuariam veniens, comperta Deusdedit archiepiscopi morte, sine consecratione habita recessit; et Wighardus presbyter, successor Deusdedit archiepiscopo designatus, missus est Romam consecrandus. Sin vero Damianus Deusdedit archiepiscopo superfuisset, uterque ab illo consecrationis munus suscepisset. Nec tamen diu ante Deusdedit obiisse potuit. Aliter enim archiepiscopus ante obitum suum successorem illi subrogasset. BEDA l. III, c. 20; l. IV, c. 1, 2.

(6) Theodorus archiepiscopus, Cantuariam veniens medio anno 669, Puttam, virum ecclesiasticis disciplinis instructum et more Romano modulandi maxime peritum, Ecclesiæ Roffensi episcopum ordinavit. Interfuit is synodo Hereforensi a Theodoro coactæ anno 673. Anno 676 Cantia ab Ethelredo Merciorum rege misere vastata et civitate Roffa communem cladem passa, episcopus tunc absens, cui in rebus sæculi industria defuit, nunquam redire certus, ad Sexulfum Merciorum episcopum secessit; acceptaque ab isto ecclesiola quadam et agello modico, ibidem consenuit, regiones vicinas Romanis ecclesiastici cantus legibus instituens; neque ut derelictum episcopatum resumeret, ullis argumentis adduci potuit. Synodo tamen Hethfeldensi anno 680 interfuit. BEDA l. IV, c. 2, 5, 12; *Conc. Angl.* tom. I, p. 680.

(7) Rectius Quichelmus; sic enim Bedæ dicitur. Consecratus is loco Puttæ a Theodoro archiepiscopo anno circiter 676; post non multum temporis rerum inopia coactus episcopatum deseruit. BEDA, l. IV, c. 12.

(8) Quichelmo recedente, Theodorus Gebmundum substituit. Dicitur is interfuisse concilio Berghamstedensi anno 697, indictione I, et privilegio Witredi regis subscripsisse anno 700. BEDA l. IV, c. 12; *Concil. Angl.* tom. I, p. 194, 199. Obitum ipsius in anno 692 Godwinus retulit. Qua auctoritate id fecerit, mihi est incompertum. Illum tamen ante medium annum 693, quo Brectwaldus archiepiscopus a Godwino Galliarum metropolitano consecratus est, obiisse conjicio. Archiepiscopi enim consecratio ad episcopos Roffenses tunc temporis spectasse videtur. Quod concilio Berghamstedensi

bias (9). X. Alduulfus (10). XI. Dunno (11). XII. Eardulfus (12). XIII. Diora (13). XIV. Weormundus (14). XV. Beornmodus (15). XVI. Tadnothus (16). A XVII. Badenothus (17). XVIII. Cuthuulfus (18). XIX. Suithulfus (19). XX. Burhricus (20). XXI. Ceolmundus (21). XXII. Cynefertus (22). XXIII.

anno 697 adfuisse dicatur. Indictionis numerus errorem indicat; chartasque et privilegia, si [quae alia adsint argumenta, parum moramur, conjecturam confirmant Annales Roffenses. Illum anno 693 obiisse in Annalibus Saxon. Petriburg. demum comperi.

(9) Defuncto Gebmundo, Tobias, vir Graecae pariter ac Latinae linguarum cognitione et eruditione multiplici instructus, Theodori archiepiscopi et Adriani abbatis discipulus, loco illius a Breetwaldo archiepiscopo Cant. ordinatus est. Obiit anno 726, sepultus in porticu S. Pauli apostoli, quam intra ecclesiam Roffensem sibi ipsi in locum sepulcri fecerat. Ista de illo Beda, l. v, c. 9, 24. Consecratus videtur anno 693; quod et Florilegus innuit. Anno etenim sequenti concilio Becanceldensi interfuit. *Concil. Angl.* tom. 1, p. 146. Pessime calculos subduxit pseudo-Asserius in Annalibus Mss. qui introitum illius in annum 715 rejecit.

(10) Aldwlf a Berchtwaldo archiepiscopo loco Tobiae ordinatus, anno 731 superfuit. Atque ista tantummodo de illo refert Beda l. v, c. 24. Consecratum anno 727 tradunt Annales Saxonici Mss.; Domitian, A. 8, anno 731. Tatwinum archiepiscopum Cantuariensem consecravit. Anno 732 obtinuit ab Ethelbaldo rege Merciorum vectigal annuum unius navis sibi et successoribus suis concedi, charta data mense Septembri anno regni Ethelbaldi regis XVII. Idem dono accepit ab Eadberlito rege Cantuariorum terram decem aratrorum in loco qui dicitur Andscohesham; et donationem a Nothelmo archiepiscopo anno 738 confirmari obtinuit. *Textus Roff.* f. 121,119,120. Obiisse dicitur a Florentio anno 741; a Simeone Dunelm. autem, Chronico Mailros et pseudo-Asserio anno 739.

(11) Dunno, Anglice Dun, successit Aldulfo anno C 740, juxta Mailrosensem, consecratus anno 741, juxta Chronologiam Saxonicam. Interfuit synodo Cloveshoviensi 747. *Concil. Angl.* tom. 1, p. 242.

(12) Quonam anno Eardulfus Dunnoni successerit incertum est. Prima de illo in Textu Roffensi fit mentio anno 761, quo sesquijugerum terrae in civitate Roffa ad augmentum Ecclesiae à Sigiredo Cantiae rege obtinuit indictione xv. Anno sequenti Eardwlfus Cantuariorum rex illi pascua XII gregum porcorum donavit. Anno 764, Offa Merciorum rex terram xx aratrorum in Æslingaham; anno 765, Ecgberhtus rex Cantiae terram quamdam intra castelli moenia eidem dedit. *Textus Roffen.* f. 122, 123, 124, 126. Magis adhuc ad rem faciunt Annales Roffenses; qui Woldham illi ab Ethelbirto rege anno 750 donatam memorant.

(13) Diora, aliis Dyorannus, successit ante annum 778, quo Ecgberht rex Cantiae donavit illi atque Ecclesiae Roffensi terram in Bromley et mariscum D de Scaga; et donum eidem confirmavit anno 779. Idem dedit ipsi terram infra moenia urbis anno 781 et terram decem aratrorum in Hallinges. *Textus Roff.* f. 129, 130, 131, 128.

(14) Weremundus, Anglice Worre, successit. Illi terram sex aratrorum in Trottesclib Offa rex Merciorum anno 788 donavit; terram etiam unius, aratri in Broomgeheg in synodo Celcuthensi anno 789. Ethelbertus Cantuariorum rex xx jugera anno 790. *Textus Roff.* f. 132, 133, 135. Postrema tamen donatio addita Cealnothi archiepiscopi subscriptione merito suspecta redditur. In concilio equidem Calcuthensi anno 789 habito chartae Offae regis datae Ecclesiae Wigorniensi subscripsisse reperitur in vetustissimo exemplari inter Archiva Ecclesiae Wigorn., ipsi concilio aetate parum inferiori. Interfuit consilio Becanceldensi 798, seu potius Cloveshoviensi 803 (unicum enim fuit concilium, idque Cloveshoviae habitum), eodemque anno obiisse videtur.

Florentius quidem obitum ejus et Chronologia Saxonica successoris introitum in annum 802 referunt. Verum aut concilium anno 802 habitum esse, aut Weremundus anno 803 obiisse dicendus est. *Concil. Angl.* tom. 1, p. 318, 325.

(15) Beornmodus Weremundum excepit, anno 802 consecratus juxta Chronologiam Sax. et Florentium, seu potius 803; siquidem concilium Cloveshoviae isto anno coactum perhibeatur. Exstat in Registro Ecclesiae Cant. Professio ejus facta Ethelardo archiepiscopo Cant. a quo consecratus erat. Obiit autem Ethelardus 803 mense Maio. Illi et Ecclesiae suae Roffensi Kenulfus rex dedit tria aratra ad meridianam urbis partem anno 804, indict. xi; Egbertus rex terras plures anno 838, indict. i; Ethelwlfus B rex terram in Holanheorges 841, indict. iv. *Textus Roff.* f. 137, 138, 139. Interfuisse synodo Celcuthensi 816 legitur in *Concil. Angl.* tom. 1, p. 328. Mitto plures ejus subscriptiones: quae circa haec tempora factae in regum Chartis in monastico Angl., et alibi reperiuntur. Quod vero Florilegus et Annales Roffenses illum anno 804, defunctum Puthrico locum cessisse referunt, error est manifestus. Puthricus enim ille, rectius Burthricus dicendus, ante finem extremum saeculi episcopatum non obtinuit; et Tadnothum Beornmodo successisse Indiculus vetustus episcoporum Roff. ad calcem Chronologiae Saxonicae confirmat.

(16) De Tadnotho nil aliud dicendum habeo, quam ex Textu Roffensi f. 122, constare, illum temporibus Ceolnothi archiepiscopi et Berhtwlsi Merciorum regis, viz. inter annos 841, et 852, sedi Roffensi praefuisse.

(17) De Badenotho nil praeter nomen ab Ernulfo asservatum superest. A Beornmodo enim ad Burhricum Willelmus Malmsburiensis et Florentius in Indiculis suis episcoporum Roff. omnes praetermiserunt. Badenotho Godwinum quemdam Godwinus, lib. De praesulibus, p. 567, temere subjecit, non alia ratione ductus, nisi quod Godwinus episcopus Roffensis Chartae Witlafi regis Merciorum datae coenobio Croilandensi anno 833, et alteri Bertulfi regis 851, apud Ingulphum p. 488, 490 subscripsisse reperiatur, quasi vero aliquid monachorum chartis pro lubitu confictis contra aliorum monumentorum fidem tribuendum sit.

(18) Cuthwlfo episcopo Etheredus rex plures terras anno 868 donasse dicitur in Textu Roffensi f. 141.

(19) Swithulfo episcopo Ethelulfum regem anno 880, indict. xiii, terram in Cucolanstan contulisse narrat Textus Roffensis f. 142. Idem, anno 897 custos occidentalis Cantii adversus Danorum irruptiones ab Alfredo rege constitutus, brevi post tempore peste exstinctus obiit. *Floril. et Chronol. Sax.*

(20) Burhricus, aliis Burthricus, et Burgrice, et Puthricus dictus successit; cui Edmundus dedit tria aratra in Mallinges, donum confirmante Odone archiepiscopo, apud Textum Roff. f. 143. Edmundus regnare coepit 941, desiit 946. Eidem manerium de Frekingham ab Alfredo rege, qui anno 901 obiit, donatum esse Libellus monachorum Roff. prodit. Anno 938, subscripsit chartae Athelstani regis datae coenobio Malmsburiensi apud Willelmum in Vita Aldelmi, p. 52. Inania sunt quae de successione ejus anno 804 Florilegus et Annales Roff. et de subscriptione chartae Berthulfi regis datae coenobio Wigorn. anno 841. Monasticon tom. 1, p. 122, et de ordine inter Chineferthum et Alfstanum medio Godwinus habent.

(21) Nil alibi de eo traditur. Successit Burhrico post annum 944.

(22) Solum nomen superest. Obiit ante annum 955.

Ælfstanus (23.) XXIV. Goduuinus I. (24.) XXV. A Ernostus (27). XXVIII. Gundulfus (28). XXIX. Radulfus (29). XXX. Ernulfus (30).
Goduuinus II. (25). XXVI. Sywardus (26). XXVII.

(23) Alfstanus, aliis Athelstanus, confirmationem manerii de Bromleage ab Edgaro rege obtinuit anno 955. in Textu Roff. f. 151; subscripsit chartis Edgari datis cœnobio Ramesiensi et Malmsburiensi anno 974. *Monastic.* I. p. 256; et *Vita Aldelmi* p. 33. Oblise episcopum quemdam Roffensem anno circiter 984. Osbernus in Vita Dunstani p. 114 docet. Hunc Alstanum fuisse Annales breves et admodum vetusti Roffensis Mss. *Vespasian an.* 22, a Benedicto monacho conscripti hisce verbis confirmant : *Anno 984 obiit Elfstanus episcopus Roffensis; successit Godwinus.* De contentione inter ipsum et Ethelredum regem, et obsidione ejusce gratia urbi Roffensi anno 983 illata consule Florilegum in anno 985, et Osbernum in Vita Dunstani p. 114. Ista quidem Godwinus successori ejus constanter tribuit; verum invita veritate, uti ex prædictis facile patebit.

(24) Godwinus, nonnullis Godricus, successit anno 984. Illi Ethelredus sex mansas in Woldham donavit anno 995, indict. VIII; et Bromley primis regni annis oblatum restituit 998, indict. XI, eidem XV mansas in Stantun et Hiltune contulit anno 1012, indict. X. *Textus Roff.* f. 155, 154, 158, 160. Mitto subscriptiones illius, quibus plurimas Ethelredi chartas munivit. Magis notandum venit quod Florentius, Hovedenus, aliique tradunt, illum a Danis in expugnatione urbis Cantuariensis anno 1011, una cum Elphego archiepiscopo captum fuisse.

(25) Hunc prætermittit Malmsburiensis, agnoscit tamen cum Ernulfo Florentius. Quo anno episcopatum inierit, prorsus latet. Id solum constat illum anno 1038 superfuisse. Quæ de vacatione mortem ejus succedente Godwinus habet, incerta sunt nullo auctore comprobata. Quin potius sedes episcopas sub pacifico Edwardi regno aliquantisper vacasse nullibi reperitur; et binos episcopos sedem aliquam C 74 annis simul regere potuisse exemplo non caret. In obituario Cant. Godwinus alter VII Id. Martii, alter II Id. April. obiisse dicitur.

(26) Siwardus, abbas Certeseiæ, longe alius a Siwardo abbate Abendonensi et Edsii archiepiscopi Vicario, quamtumvis Godwinus Malmsburiensem secutus refragetur, prout supra p. 107 ostenditur, consecratus est Cantuariæ a Stigando archiepiscopo anno 1058, ex fide Annalium Sax. Mss. *Domitian A. 8.* et Petriburg et Florentii. Anno 1070 Lanfranci archiepiscopi consecrationi adfuit; et 1072, subscripsit concordiæ inter Lanfrancum Cant. et Thomam Ebor. Archiepiscopos iniæ, apud Indulphum p. 92, edit. Oxon. Obiit anno 1075 juxta Annales antiquos Roff. *Vespas. A.* 22. Male Florentius id in annum 1067, rejecit.

(27) Ernostus, monachus Beccensis, consecratus a Lanfranco in ecclesia S. Pauli London. sub initium anni 1076, vix dimidio anno superstes, obiit die 15 Julii. *Chronol. Sax. et Obituar. Cant.*

B (28) Consecratum fuisse a Lanfranco anno 1077, Dominica III Quadragesimæ, Vita ipsius refert pag. 291. Contigit ex dicto anno die 19 Martii ut falsi sint et auctor Vitæ et Annales vetusti breves; qui consecratum die 21 Martii fuisse narrant. Obiit anno 1108, die VIII Martii, Dominica III Quadragesimæ. Sic enim auctor Vitæ p. 291, et Obituarium Cant. perhibent. Male Dunelmensis diem VII Martii posuit.

(29) Radulphus, antea abbas Sagiensis in Northmannia, successor ab Anselmo designatus 1108 29 Junii, consecratus est die IX Augusti sequentis. Electus ad archiepiscopatum Cant. 1114, 26. April., inthronizatus est die 17 Maii, prout habet Eadmerus *Hist. Nov.* p. 96, 110. Male Godwinus ex Florentio Radulfum die II Augusti consecratum scribit.

(30) Ernulfus, natione Gallus Lafranci discipulus, primum monachus apud cœnobium S. Luciani in Belvaco, dein in Ecclesia Cant. mox prior Cant. et exinde abbas Petriburgensis, electus est in episcopum Roffensem 1114, 28 Sept., inthronizatus die X Octobr. sequentis, consecratus Cantuariæ a Radulpho archiepiscopo 1115, 26 Decembr. ex fide Eadmeri et Florentii. Sedit annos IX et dies aliquot, atque obiit annos LXXXIV natus, anno 1124, 15 Martii.

Donationes ecclesiæ Roffensi factæ.

Anno ab Incarnatione Domini 600, rex Ethelbertus fundavit ecclesiam S. Andreæ apostoli Rofi et dedit ei Prestefeld, et omnem terram quæ est ad Meduwaie usque ad orientalem portam civitatis in australi parte, et alias terras extra murum civitatis versus partem aquilonalem.

Anno ab Incarnatione Domini 758, Eadberhtus rex Cantuariorum dedit ecclesiæ S. Andreæ apostoli Hrosi Stokes, et terram X aratrorum in Hou quæ vocatur Andscohesham, et commendavit Ealdulfo episcopo.

Anno ab Incarnatione Domini 764, Offa rex Merciorum, et Sigeredus rex Cantiæ donaverunt ecclesiæ S. Andreæ Æslingeham cum omnibus appendiciis suis, scilicet Freondesberiam et Wicham, videlicet XX aratrorum; et commendaverunt Eardwlfo episcopo. Item rex Offa et Ecbertus rex Cantuariorum dederunt ecclesiæ S. Andreæ Bromgeheg, et commendaverunt episcopo Dioran, et postea episcopo Waermundo.

Ecgberhtus rex Cantiæ dedit ecclesiæ S. Andreæ Heallingas; id est terram X aratrorum et commendavit episcopo Dioran.

Anno ab Incarnatione Domini 788, Offa rex Merciorum dedit ecclesiæ S. Andreæ Trottesclib; et commendavit Waermundo episcopo. Obiit Offa rex Anglorum II Idus Augusti.

Coenuulf rex Merciorum dedit ecclesiæ S. Andreæ Borestealle; et commendavit Beornmodo episcopo.

Anno ab Incarnatione Domini 838, Ecbertus rex Westsaxonum et Cantuariorum dedit ecclesiæ S. Andreæ magnas libertates, et ista Maneria, Hallinges et Snodigland; et commendavit episcopo Beornmodo.

Anno ab Incarnatione Domini 841, Æthelwulf rex occidentalium Saxonum dedit ecclesiæ S. Andreæ Holanbeorgestun; et commendavit episcopo Beornmodo.

Anno Dominicæ Incarnationis 870, Æthelwulf rex Saxonum dedit ecclesiæ S. Andreæ Cucolanstan, et commendavit Suuithuulfo episcopo.

Eadmundus rex Anglorum dedit ecclesiæ S. Andreæ Meallingas; et commendavit episcopo Burhrico.

Quidam præpotens ac probus homo, nomine Brihtricus, cum uxore Ælfsuuitha dederunt ecclesiæ S. Andreæ Damtunam et Langafeldam et Dærente et Falcheham; et commendaverunt Ælfstano episcopo.

Anno Dominicæ Incarnationis 945, Edgarus rex Anglorum dedit ecclesiæ S. Andreæ Bromleage, et commendavit Ælfstano episcopo.

Anno Dominicæ Incarnationis 995, Ethelred rex Anglorum dedit ecclesiæ S. Andreæ Wideham et Litlanbroc, et commendavit episcopo Goduuino. Idem dedit ecclesiæ S. Andreæ Stantun et Hiltun, scilicet xv mansas terrarum et commendavit episcopo Goduuino.

Willelmus primus rex Anglorum reddidit Fracenham terram S. Andreæ Lanfranco archiepiscopo, quam iniqui injuste abstulerant, et ipse juste reddidit Gundulfo episcopo. Sic etiam Stoches terram S. Andreæ eripuit ipse Lanfrancus de invasione tyrannorum, et reddidit prædicto Gundulfo episcopo et monachis ejusdem. Idem Willelmus rex reddidit Roffensi ecclesiæ Denintunam et Falcheham olim injuste ablatas. Præterea inter cœtera bona magna, quæ eidem ecclesiæ in vita sua fecit, imminente articulo mortis suæ centum libras ei dedit, et tunicam propriam regalem, et cornu eburneum, et alia plura ornamenta. Obiit is v Idus Septembris.

Willelmus filius Willelmi regis dedit ecclesiæ S. Andreæ manerium suum Lamhytham; et commendavit Gundulfo episcopo. Idem concessit libertates, quas ecclesia Roffensis huc usque obtinuit; et sua charta confirmavit omnium prædictorum dona. Obiit iv Nonas Augusti.

Lanfrancus archiepiscopus dedit ecclesiæ S. Andreæ manerium Hedenham ad victum monachorum; quod concessit prædictus Willelmus filius Willelmi regis. Obiit Lanfrancus v Kal. Junii.

Estunam manerium idem rex Willelmus filius Willelmi dedit ecclesiæ S. Andreæ, et commendavit episcopo Gundulfo.

Nobilissimus rex Henricus multa bona contulit, scilicet ecclesias de Doxle, de Ellesford, Derenteford, Suttune, cum capellis de Wilmintune, et de Kingesdune, item ecclesias de Chiselherste et de Wlewich, item decimas de Strodes et de Chealkes, et alia multa.

De placito apud Pinendenam inter Lanfrancum archiepiscopum et Odonem Baiocensem episcopum.

Tempore magni regis Willelmi, qui Anglicum regnum armis conquisivit et suis ditionibus subjugavit, contigit Odonem Baiocensem episcopum et ejusdem regis fratrem multo citius quam Lanfrancum archiepiscopum in Angliam venire, atque in comitatu de Cant. cum magna potentia residere, ibique potestatem non modicam exercere. Et quia illis diebus in comitatu illo quisquam non erat, qui tantæ fortitudinis viro resistere posset, propter magnam quam habuit potestatem, terras complures de archiepiscopatu Cantuarberiæ et consuetudines nonnullas sibi arripuit, atque usurpans suæ dominationi ascripsit. Postea vero non multo tempore contigit præfatum Lanfrancum Cadomensis ecclesiæ abbatem jussu regis in Angliam quoque venire, atque in archiepiscopatu Cantuarberiæ Deo disponente totius Angliæ regni primatem sublimatum esse. Ubi dum aliquandiu resideret, et antiquas ecclesiæ suæ terras multas sibi deesse inveniret, et suorum negligentia antecessorum illas distributas atque distractas fuisse reperisset, diligenter inquisita et bene cognita veritate, regem quam citius potuit et impigre inde requisivit. Præcepit ergo rex comitatum totum absque mora considere, et homines comitatus omnes Francigenas, et præcipue Anglos, in antiquis legibus et consuetudinibus peritos, in unum convenire. Qui cum convenerunt, apud Pinendenam omnes pariter consederunt. Et quoniam multa placita de diratiocinationibus terrarum et verba de consuetudinibus legum inter archiepiscopum et prædictum Bajocensem episcopum ibi surrexerunt, et etiam inter consuetudines regales et archiepiscopales, quæ prima die expediri non potuerunt, ea causa totus comitatus per tres dies ibi fuit detentus. In illis tribus diebus diratiocinavit ibi Lanfrancus archiepiscopus plures terras, quas tunc tenuerunt homines ipsius episcopi, videlicet Herbertus filius Ivonis, Turoldus de Hrovecestria, Radulfus de Curvaspina, et alii plures de hominibus suis, cum omnibus consuetudinibus et rebus, quæ ad easdem terras pertinebant, super ipsum Bajocensem episcopum et super ipsos prædictos homines illius et alios, scilicet Detlinges, Estoces, Prestetuna, Damtuna, et multas alias minutas terras. Et super Hugonem de Monteforti diratiocinavit Hrocinges et Broc, et super Radulfum de Curvaspina LX solidatas de pastura in insula Grean. Et omnes illas terras et alias diratiocinavit ita liberas atque quietas, quod in illa die qua ipsum placitum finitum fuit, non remansit homo in toto regno Angliæ, qui aliquid inde calumniaretur, neque super ipsas terras etiam parvum quidquam clamaret. Et in eodem placito non solum istas prænominatas et alias terras, sed et omnes libertates Ecclesiæ suæ et omnes consuetudines suas renovavit, et renovatas ibi diratiocinavit soca, saca, toll, team, flymena-fyrmthe, grithbrece, foresteal, heimfare, infangennetheof, cum omnibus aliis consuetudinibus paribus istis vel minoribus istis, in terris et in aquis, in silvis, in viis, et in pratis, et in omnibus aliis rebus infra civitatem et extra, infra burgum et extra, et in omnibus aliis locis. Et ab omnibus illis probis et sapientibus hominibus qui adfuerunt fuit ibi diratiocinatum, et etiam a toto comitatu concordatum atque judicatum; quod sicut ipse rex tenet suas terras liberas et quietas in suo dominico, ita archiepiscopus Cantuarberiæ tenet suas terras omnino liberas et quietas in suo dominico. Huic placito interfuerunt Goisfridus episcopus Constantiensis, qui in loco regis fuit, et justitiam illam tenuit; Lanfrancus archiepiscopus, qui ut dictum est placitavit, et totum diratiocinavit; comes Cantiæ, videlicet prædictus Odo Bajocensis episcopus; Ernostus episcopus de Hrovecestra; Ægelricus episcopus de Cicestra, vir antiquissimus et legum terræ sapientissimus, qui ex præcepto regis advectus fuit ad ipsas antiquas legum consuetudines discutiendas et edocendas in una quadriga; Ricardus de Tunebrigge, Hugo de Monteforti, Willelmus Dearces, Hamo vicecomes, et alii multi barones regis et ipsius archiepiscopi, atque illorum episcoporum homines multi; et alii aliorum comitatuum homines etiam cum isto toto comitatu, multæ et magnæ auctoritatis viri Francigenæ scilicet et Angli. In horum omnium præsentia multis et apertissimis rationibus demonstratum fuit; quod rex Anglorum nullas consuetudines habet in omnibus terris Cantuariensis Ecclesiæ nisi solummodo tres. Et illæ tres quas habet consuetudines hæ sunt. Una, si quis homo archiepiscopi effodit illam regalem viam quæ vadit de civitate ad civitatem. Altera, si quis arborem inciderit juxta regalem viam, et eam super ipsam viam dejecerit. De istis duabus consuetudinibus, qui culpabiles inventi fuerint, atque detenti dum talia faciunt, sive vadimonium ab eis acceptum fuerit sive non, tamen ad insecutionem ministri regis et per vadimonium emendabunt quæ juste emendanda sunt. Tertia consuetudo talis est: Si quis in ipsa regali via sanguinem fuderit aut homicidium, vel aliud aliquid fecerit quod nullatenus fieri licet, si, dum hoc facit deprehensus atque detentus fuerit, regi emendabit. Si vero deprehensus ibi non fuerit, et inde absque vade data semel abierit, rex ab eo nihil juste exigere poterit. Similiter fuit ostensum in eodem placito quod archiepiscopus Cantuariensis Ecclesiæ in omnibus terris regis et comitis debet multas consuetudines juste habere. Etenim ab illo die quo clauditur Alleluia, usque ad Octavas Paschæ, si quis sanguinem fuderit, archiepiscopo emendabit. Et in omni tempore, tam extra Quadragesimam quam infra, quicunque illam culpam fecerit, quæ Cildunite vocatur, archiepiscopus aut totam aut dimidiam emendationis partem habebit; infra Quadragesimam quidem totam, et extra aut totam aut dimidiam emendationem. Habet etiam in eisdem terris omnibus quæcunque ad curam et salutem animarum videntur pertinere. Hujus placiti multis testibus multisque rationibus determinatum finem postquam rex audivit, laudavit, laudans cum consensu omnium principum suorum confirmavit; et ut deinceps incorruptus perseveraret, firmiter præcepit. Quod propterea scriptum est hic, ut futuræ in æternum memoriæ proficiat; et ipsi futuri ejusdem Ecclesiæ Christi Cantuarberiæ successores sciant quæ et quanta in dignitatibus ipsius Ecclesiæ a Deo tenere atque a regibus et principibus hujus regni æterno jure debeant exigere.

De Fracenham.

WILLELMUS gratia Dei rex Anglorum, episcopo ERFASTI, BALDUUINO abbati, PICOTO et ROTBERTO MALET vicecomitibus et cæteris fidelibus meis salutem.

Sciatis quod ego concessi archiepiscopo Lanfranco manerium qui vocatur Fracenham, sicuti Heroldus tenebat ea die quando mare transivi, et sicuti Turbertus et Gotinus ab ipso Heroldo tenebant in omnibus terris, pratis, pascuis, silvis, rusticis, et sochemanis, et cæteris omnibus.

Quomodo Lanfrancus terras extractas ecclesiæ S. Andreæ et alias acquisitas monachis contradidit, et de Gundulfo episcopo.

Præterea notandum, ac fidelibus omnibus futuris maxime temporibus, quantæ valentiæ quantæve Ecclesiæ Christi Cantuarberiæ necnon et ecclesiæ S. Andreæ Hrovecestriæ hic piæ memoriæ Lanfrancus archiepiscopus utilitati et honori, dum vixit exstiterit, sciendum est. Hic namque non solum illas, quæ superius nominatæ sunt, terras Ecclesiæ Christi, verum etiam ex diversorum dominatione tyrannorum ecclesiæ Hrofensi suæ ratione prudentiæ ac sapientiæ acquisivit; acquisitas vero ecclesiæ, unde antiquorum negligentia fuerant extractæ atque dispersæ, contradidit, videlicet Denitunam, Stoches, Falcenham et Fracenham, de manibus prædicti Bajocensis episcopi et hominum suorum et aliorum hominum quasi quadam placitorum violentia extorsit. Et hæc non solum sed et alia bona ad opus monachorum, quos eidem Ecclesiæ ipse primum instituit, quoad vixit, impendit. Institutis vero servitio Dei et sancti apostoli Andreæ omnia, quæ illorum victui vel vestitui necessaria fore videbantur, certo apparatu præparare procuravit. Annitente tamen ac per omnia suffragante beatæ memoriæ Gundulfo episcopo, quem ipse monachum et sacristam S. Mariæ Beccensis Ecclesiæ, dum ipse quoque prior ejusdem fuit Ecclesiæ merito sanctitatis ac beatæ religionis præ cæteris omnibus adamavit; adamatum vero post se in Angliam quam citius potuit venire fecit; et eum omni domui suæ imo rebus omnibus suis quas in archiepiscopio habuit solum post sese præ omnibus aliis præposuit. Præpositum autem atque in omni sapientiæ et prudentiæ sensu diu probatum, tandem divino admonitus instinctu, a sese devote consecratum prædictæ Ecclesiæ præfecit antistitem. Qui xxxi annis inibi superstes existens, ecclesiam S. Andreæ, pene vetustate dirutam, novam ex integro ut hodie apparet ædificavit. Officinas quoque monachis necessarias, prout loci necessitas pati potuit, omnes construxit. Ipsos etiam monachos xxii suscepit, susceptos vero sanctæ religionis habitu induit; indutos postmodum sacris ordinibus aptos vel sanctæ religionis benedictione dignos ipsemet benedixit, consecravit, et quantacunque valuit diligentia et per se et per alios in Dei timore et amore semper instruxit; instructos quidem post Deum super omnia amavit, honoravit, atque in eo quod potuit omnibus diebus vitæ suæ beneficiis multimodis augmentare non cessavit. Et cum non amplius in introitu episcopatus sui quam quinque invenisset in ecclesia S. Andreæ canonicos, die qua sæculo præsenti decessit, plusquam sexaginta monachos bene legentes et optime cantantes in servitio Dei et apostoli sui Deum timentes et super omnia amantes reliquit. Sed inter cætera quæ illis beneficia nonnulla contulit, unum illis dignum memoria fecit. Fracenham, quod, ut dictum est, ab alienorum injusta potestate archiepiscopus prudentiæ suæ ratione Lanfrancus extorsit, et ad victum monachorum æternaliter fore constituit, Gundulfus episcopus, quia ipsum manerium longinquis regionibus a Hrovecestra nimis erat remotum, ipsum manerium in sua ac suorum omnium retinuit manu successorum; atque pro illo licentia et consilio sæpedicti archiepiscopi Lanfranci Wldeham monachis æternaliter dedit; malens quidem sese ac suos successores annuis laboribus equitando victum ibi tam longe quæritare, quam monachos vel ejusdem villæ pauperes homines singulis annis in annonam deportando fatigare.

De Falchenham.

Inter cætera beneficia ipsius archiepiscopi, Falchenham quoque sicut supra diximus ab injusta extorsit Bajocensis episcopi potestate; partim auxilio magni regis Willelmi, pro qua re Radulfus Cadomensis monachus ejus tunc existens capellanus, ad regem ipsum pro ipso auxilio in Northmanniam fuit transmissus, partim pactione pecuniæ videlicet LX librarum, quas archiepiscopus regi illi promisit se daturum; unde XXX libras accepit, XXX ei condonavit. Tandem litteris regis, quas secum Radulfus episcopo detulit, ac pecunia promissa adeptus est archiepiscopus ipsum manerium, statim illud constituens ad victum monachorum, XV reddens firmam dierum.

Quomodo Willelmus rex filius Willelmi regis rogatu Lanfranci archiepiscopi concessit et confirmavit Rofensi ecclesiæ S. Andreæ apostoli ad victum monachorum manerium nomine Hedenham; quare Gundulfus episcopus castrum Rofense lapideum totum de suo proprio regi construxit.

Aliud quoque beatæ memoriæ Gundulfus episcopus non minus memorabile illis contulit beneficium, sed omni potius omnibus sæculis venturis dignum veneratione. Castrum etenim, quod situm est in pulchriori parte Hrovecestræ, pro regia concessione illius doni, quod sæpe dictus archiepiscopus prædictæ Ecclesiæ ad victum monachorum disposuerat, dare manerium videlicet quod situm est in comitatu de Bucingeham, nomine Hedenham, non enim aliter ut ratum permaneret ipsi Ecclesiæ illud absque regis concessione potuit dare, quia pater regis illud dederat archiepiscopo in vita sua tantum, ut sublimatus fuit in archiepiscopio. Unde Willelmo filio ejus ipsum patrem succedente in regno, ab archiepiscopo et episcopo de ejusdem manerii concessione requisitus, respondit centum libras denariorum habere se velle pro ipsa concessione. Quod postquam archiepiscopus et episcopus audierunt, consternati valde pariter responderunt illam tantam pecuniam neque tunc in promptu sese habere, nec etiam unde eam acquirere potuissent sese scire. Duobus autem amicis utrique parti faventibus, Rodberto videlicet filio Haimonis et Henrico comite de Warwic, hinc regium honorem et integram ejus observantibus voluntatem, hinc vero amicitiæ favorem et pro Dei amore Ecclesiæ prædictæ magnificum et profuturum honorem, regi consuluerunt, quatenus pro pecunia, quam pro concessione manerii exigebat, episcopus Gundulfus, quia in opere cæmentarii plurimum sciens et efficax erat, castrum sibi Hrofense lapideum de suo construeret. Quod ubi archiepiscopo et episcopo innotuit, tunc procul dubio magis consternati dixerunt et regiæ concessioni ex toto sese abnuere, etiam et ipsum manerium in profundo maris potius situm iri malle, quam prædictam ecclesiam S. Andreæ futuris temporibus regiis exactionibus mancipari debere. Nam quotiescunque quidlibet ex infortunio aliquo casu in castro illo contingeret aut infractione muri aut fissura maceriei, id protinus ab episcopo vel ecclesia exigeretur usu reficiendum assiduo. Sicque episcopus et ecclesia futuri sæculi temporibus omnibus summa districtione regiæ submitteretur exactioni. Isto itaque metu perterritus uterque : « Absit, hoc à me, inquit archiepiscopus. — Absit quoque a me, inquit et episcopus! » Responsum hoc audiens comes Henricus, quasi modestæ stimulis iræ commotus, honestatis dans concito fremitus, inquit : « Hactenus mea æstimatione ratus sum archiepiscopum Lanfrancum unum ex viris universi orbis exstitisse sapientissimis, nunc autem nec insipientiæ (quod absit!) esse dico, neque illa quidem qua dudum sapientia callebat impræsentiarum vigere ullatenus asserere audeo. » Quid enim gravedinis, inquit, in hoc est, castrum ad ultimum majus pro XL libris ad voluntatem regis facere, factum vero comiti vel vicecomiti comitatus seu aliis etiam quibus regi placuerit monstrare, monstratum etiam ex omni parte integrum liberare, semel vero liberato sese penitus expedire, nec unquam ulterius inde se intromittere, nec etiam eo respicere? Ad hoc regem adversus episcopum vel Ecclesiam futuræ servitutis occasionem nullatenus quærere, imo potius eos ab omni servituti liberare, atque sicut regem decebat pro Dei timore et sæculi honore in summa libertate eos conservare velle. His ergo et aliis nonnullis hujuscemodi rationibus tandem acquievit archiepiscopus. Igitur hoc pacto coram rege inito, fecit castrum Gundulphus episcopus de suo ex integro totum, costamine, ut reor, LX librarum. Quod quamdiu in sæculo subsistere poterit, pro Gundulfo episcopo manifesto indicio quasi loquens erit, æternum quidem illi ferens testimonium; quod manerium Hedenham ecclesiæ et monachis S. Andreæ ab omni exactione et calumnia regis et omnium hominum permanebit liberrimum et quietissimum in sæcula sæculorum.

Concessio Willelmi Magni regis.

WILLELMUS Dei gratia rex Anglorum, HAIMONI dapifero et omnibus suis teignis in episcopatu Roffensi, salutem.

Mando et præcipio ut eas consuetudines, quas ecclesia S. Andreæ Rofensis civitatis habuit in terris vestris seu in annona, seu in porcis, vel aliis rebus, tempore Edwardi regis, habeat, et vos exsolvatis.

De contentione inter Gundulfum et Pichot.

Tempore Willelmi regis Anglorum magni, patris Willelmi regis ejusdem gentis, fuit quædam contentio inter Gundulfum Hrofensem episcopum et Pichot vicecomitem de Grendebruge pro quadam terra quæ erat de Fracenham et jacebat in Giselham, quam quidam regis serviens, Olchete nomine, vicecomite dante, præsumpserat occupare. Hanc enim vicecomes regis esse terram dicebat; sed episcopus eamdem S. Andreæ potius esse affirmabat. Quare ante regem venerunt. Rex vero præcepit ut omnes illius comitatus homines congregarentur, et eorum judicio cujus terra deberet rectius esse probaretur. Illi autem congregati terram illam regis esse potius quam B. Andreæ timore vicecomitis affirmaverunt. Sed cum illis Bajocensis episcopus, qui placito illi præerat, non bene crederet, præcepit ut si verum esse quod dicebant scirent, ex seipsis duodecim eligerent, qui quod omnes dixerant jurejurando confirmarent. Illi autem cum ad consilium secessissent, et inibi a vicecomite per internuntium conterriti fuissent, revertentes verum esse quod dixerant juraverunt. Hi autem fuerunt Edwardus de Cipenham, Heruldus et Leofuuine saca de Exninge, Eadric de Giselham, Wulfuuine de Landnuade, Ordiner de Berlingeham, et alii sex de melioribus comitatus. Quo facto, terra in manu regis remansit. Eodem vero anno monachus quidam, Grim nomine, quasi a Domino missus, ad episcopum venit. Qui cum audiret hoc quod illi juraverant, nimium admirans, et eos detestans, omnes esse perjuros affirmavit. Ipse enim monachus diu præpositus de Frachenham exstiterat, et ex eadem terra servitia et costumas ut de aliis terris de Frachenham susceperat, et unum ex eisdem qui juraverant in eodem manerio sub se habuerat. Quod postquam episcopus Hrofensis audivit, ad episcopum Bajocensem venit, et monachi verba per ordinem narravit. Quæ ut episcopus audivit, monachum ad se venire fecit, et ab ipso illa eadem didicit. Post hæc vero unum ex illis qui juraverant ad se fecit venire; qui statim ad ejus pedes procidens, confessus est se perjurum esse. Hinc autem cum illum qui prius juraverat ad se venire fecisset, requisitus se perjurum esse similiter confessus est. Denique mandavit vicecomiti ut reliquos obviam sibi Londoniam mitteret, et alios duodecim de melioribus ejusdem comitatus, qui quod illi juraverant verum esse confirmaverant. Illuc quoque fecit venire multos ex melioribus totius Angliæ baronibus, quibus omnibus Londoniæ congregatis, judicatum est tam a Francis quam ab Anglis illos omnes perjuros esse; quandoquidem ille, post quem alii juraverant, se perjurum esse fatebatur. Quibus tali judicio condemnatis, episcopus Hrofensis terram suam ut justum erat habuit. Alii autem duodecim cum vellent affirmare iis qui juraverant se non consensisse, Bajocensis episcopus dixit, ut hoc ipsum judicio ferri probarent. Quod quia se facturos promiserunt, et facere non potuerunt, judicantibus aliis sui comitatus hominibus, trecentas libras regi dederunt.

Donationes.

Ægelricus presbyter de Cætham, qui quondam canonicus ecclesiæ S. Andreæ exstiterat, pro anima uxoris suæ Godgyfæ, et pro eo quod sepelierunt eam honorifice monachi, dedit eis unam mensam reddentem XII denarios per annum.

Elfuuine [presbyteri filius] cum uxore sua dederunt ecclesiæ S. Andreæ et monachis illic Deo servientibus unum mariscum infra insulam de Grean pro animabus suis in perpetuum. Pro quo beneficio ipsi monachi servitium in fine promiserunt facere, sicuti pro fratre et sorore.

Golduuinus presbyter de Rovecestra dedit ecclesiæ S. Andreæ dimidiam Hagam in Rovecestra pertinentem ad Freondesberiam. Pro quo beneficio monachi S. Andreæ juxta petitionem suam fecerunt ibidem filium suum monachum.

Hæc conventio habita est inter monachos Roffenses et uxorem Rodberti Latimarii. Hæc mulier tenebat quamdam terram de Freondesburia, quæ post mortem suam monachis Roffensibus cedere debebat. Diu ergo ante mortem suam placuit ei ut terram eamdem redderet S. Andreæ et monachis. Monachi vero pro hac re magis confirmanda dederunt illi LX solidos; quos postea Brodo presbyter, qui ejus filiam habebat, callide extorsit, etc. Hujus conventionis sunt testes Rodbertus presbyter filius Golduuini presbyteri, etc.

Gislebertus clericus de Hedenham concessit ecclesiæ Roffensi S. Andreæ tres hidas terræ, quas habuit in suo dominico in Hedenham, ea conventione quod quando ipse voluerit fiet ibi monachus. Et hoc idem concessit et confirmavit Radulfus filius suus ex toto. Postea fit mentio Osmundi generi Gisleberti.

INCIPIT TOMELLUS

SIVE EPISTOLA

ERNULFI EPISCOPI ROFFENSIS

DE INCESTIS CONJUGIIS.

(Anno 1115.)

(Dom Luc. D'ACHERY *Spicileg.* ed. de la Barre. tom. III. pag. 464.)

Domino celsi consilii, ac integerrimæ sinceritatis viro, Wentanæ Ecclesiæ digno pontifici Walchelino Ernulfus; sub veste religiosa viventium minimus, dum hic vivitur, feliciter vivere, et in vita quæ finem non habet, vera ac beata felicitate gaudere.

Benedictus Deus et Pater Domini nostri Jesu Christi, qui benedictam animam vestram copioso sui amoris suique desiderii fervore ditavit, consilio, et prudentia tam sæculari quam divina replevit, ac repletam moribus honestavit. Quod sane discretum quemque non latet, dum pro defensione pauperum constat beatitudinem vestram quotidianas sæcularium negotiorum curas patienter sustinere, pro tuenda libertate Ecclesiæ, necessitatibus regiæ majestatis, totiusque regni saluti certum est operam dare. Non latet profecto, dum quæ ad pontificale officium spectant, sine intermissione, manu, verbo, cæteraque sollicitudine operamini, tam vestram quam subditorum vitam colentes, quæque ad culturam utrorumque valeant caute ac diligenter indagare non cessantes. Cujus rei veritatem propria experientia cognovi, quando mihi Cantuarberiæ, posito colloquium vestrum participare voluistis. Eo enim tempore quo regii exsecutores Cantuarberiam convenerunt, contigit eminentiam vestram ad eamdem urbem devenisse. Ubi Cæsari quæ sunt Cæsaris, et Dei quæ sunt Deo reddentes (*Matth.* XXII, 21), paululum semotis occupationibus, quæstionem de cujusdam adulteræ conjugis faciendo divortio mihi proposuistis, mecumque de ea conferre maluistis, non tam meam, quam quæ mea esset, ut reor, appetendo nosse sententiam, ne forte quæ mea esset, ei quam vestram feceratis consonantes (31). Quæstio ergo erat *An uxor, a filio conjugis, non suo, adulterium passa, a thoro conjugis merito suo sit pontificali judicio removenda.* Accidit ergo, ut de proposita quæstione contraria sentiendo, uterque nostrum partem quam prætulerat tuendam susceperit. Conabar igitur modis omnibus astruere separationem conjugum prædicto modo, prædicta causa fieri debere, id tum ex Patrum consiliis, tum ex libris pœnitentialibus, tum ex more Ecclesiæ, cui contradici non modo fas non esse, imo nefas esse creditur, asserens fieri oportere. Quod nequaquam sentiendum, nequaquam esse faciendum, sanctitas vestra constanter acclamabat, id ipsum prolatis nitens approbare firmamentis, cum evangelicæ, tum apostolicæ auctoritatis, quæ omni Scripturæ, omni scientiæ, omni denique rationi opponenda ac præponenda ab omnibus scitur ac præscitur, nemo qui nesciat. Unde amica altercatione utrobique modice et modeste certatum est, sed vestris curis facientibus, ab utroque indiscussa veritate mansuete cessatum est. Perspiciens itaque reverentiæ vestræ diligentiam in quæstionem præfatam, prospiciens etiam celsitudini vestræ irruentibus curis tam regiorum quam pontificalium negotiorum facultatem vestigandi negatam, decens et commodum foretaus sum, quod de re majestati vestræ sentio tomelli clausula explicare, et explicando indicare. Opus quidem difficile, quia de conjugiis quæstionem implicitam esse, non ignorat quisquis ejus nexus ac nodos non incaute contrectat. Quod magnus ille doctor, beatum Augustinum dico, in libro De adulterinis conjugiis his contestatur verbis (32) : « Quæstionem de conjugiis obscurissimam et implicatissimam esse non nescio. Nec audeo profiteri omnes sinus ejus, vel in hoc opere, vel in alio, me adhuc explicasse, vel jam posse, si urgear, explicare. » Ad hoc ergo ut dicere cœperam quod de quæstione proposita teneo, brevi scriptura volo excellentiæ vestræ aperire, ut quod minus poteram verbo, enucleatius fiat scripto, et quo planius et plenius dicitur, eo attentius audiatur, auditum facilius intelligatur, intellectum tenacius memoretur, ac sub-

---

(31) *Consonantes.* Lege *consonaret.*

(32) Lib. I, cap. 25, prope fin.

tilius judicetur. Nec ab re depromendum videtur decreta Patrum, Ecclesiæ morem, evangelicæ sive apostolicæ auctoritati non modo nulla contrapositione occurrere, verum familiari veneratione, ac veneranti familiaritate concurrere.

Ut ergo cuncta quæ dicenda sunt perspicua luce clarescant, primum ea quæstio, quam discutiendam arripio, in duas partes, id est vestram et nostram, distributa disponatur, ut, omni ambiguitate remota, quid nostra pars affirmet, quid vestra neget lector agnoscat; et quæ affirmat unde affirmet, quæ negat unde neget coram positis rationibus indubitanter appareat. Et ea quidem pars cum suis firmamentis ordine prima digeratur, quæ a vobis idcirco præferenda judicatur, quod eam excellentia legis evangelicæ munit ac roborat, apostolicæ suadelæ protectio asseverat. Quod asseverat dico, pro parte vestra dico, non tamen ita fieri posse polliceor, hoc deinceps apparebit. Quod ergo statuitis, quodque lege divina statuere, fulcire, firmare satagitis, hoc est conjux a conjugis filio passa adulterium, a conjuge pro ipso facinore manu præsulis non est separanda. Cujus propositi testimonia ex Evangelio et Apostolo sumpta, quibus id contenditis approbare, consequens est consequenter supponere. Matthæus : *Omnis qui dimiserit uxorem suam excepta causa fornicationis facit eam mœchari. Et qui dimissam duxerit, adulterat* (*Matth.* v, 32). Item post multa : *Dimittet homo patrem et matrem, et adhærebit uxori suæ, et erunt duo in carne una. Itaque jam non sunt duo, sed una caro. Quod ergo Deus conjunxit, homo non separet* (*Matth.* xix, 5). Et post pauca : *Quicunque dimiserit uxorem suam, nisi ob fornicationem, et aliam duxerit, mœchatur.* (ibid., ii, 9). Marcus : *Relinquet homo patrem suum et matrem, et adhærebit uxori suæ, et erunt duo in carne una. Itaque jam non sunt duo, sed una caro. Quod ergo Deus conjunxit, homo non separet* (*Marc.* x, 7). Et iterum : *Quicunque dimiserit uxorem suam et aliam duxerit, adulterium committit super eam; et si uxor dimiserit virum suum, et alii nupserit, mœchatur* (ibid. 11). Lucas : *Omnis qui dimittit uxorem suam, et alteram ducit, mœchatur* (*Luc.* xvi, 18). Si revolvat ac percurrat quispiam lector universas Evangeliorum Scripturas, nihil me reliquisse, nihil quod ad vestram propositionem tuendam atque roborandam putetur, me subterfugisse reperiet. Hæc ad vestræ partis defensionem accire contenditis, et vobis summum in eis fortitudinis esse robur confiditis, hæc ipse quoque approbo, et digna veneratione approbanda censeo; sed tamen ex eis approbari posse quod quæritur non adeo confido, imo plurimum diffido. Id loco suo explanatione sequenti clarebit. Sed ad proposita redeamus.

Ex Apostolo quoque sicut ex Evangelio gessimus, probationis vestræ juvamina colligantes, hanc præordinatam summi Præceptoris doctrinam apostolica prudentia prudenter intelligens, providenter ad Romanos scribendo : *Quæ*, inquit, *sub viro est mulier, vivente viro alligata est legi. Si autem mortuus fuerit vir ejus, soluta est a lege viri. Igitur vivente viro vocabitur adultera, si fuerit cum alio viro. Si autem mortuus fuerit vir ejus, liberata est a lege viri, ut non sit adultera, si fuerit cum alio viro* (*Rom.* vii, 2). Item Corinthios de eadem lege instruens, sic ait : *Propter fornicationem unusquisque uxorem suam habeat, et unaquæque virum suum ; uxori vir debitum reddat ; similiter et uxor viro. Mulier sui corporis potestatem non habet, sed vir; similiter autem et vir non habet sui corporis, sed mulier. Nolite fraudare invicem, nisi forte ex consensu ad tempus, ut vacetis orationi ; et iterum revertimini in idipsum* (*I Cor.* vii, 2). Et paucis interpositis : *Præcipio*, inquit, *non ego, sed Dominus, uxorem a viro non discedere : quod si discesserit, manere innuptam, aut viro suo reconciliari* (ibid., 10). Prudenter dico intellexit, ac providenter Doctor gentium ea conscripsit, in quibus a suo, imo universali ac summo Doctore dissentire non præsumpsit, in utroque sexu neminem conjugum permittens relinquere suum, aut arripere non suum, indulgenter cuique consulens habere suum, in altero justus, in altero misericors, in utroque Domini sui faciens voluntatem. Hanc legem, tanto præceptore concessam, tanto testimonio roboratam, perhibemus nulla novitate violandam, nulla invectione contaminandam ; nulla ullius usquequaque oppositione esse temerandam.

Hanc in vestræ causæ tutelam asciscitis, sed quid ex ea conficiatur, pace vestra, acutiuscula animadversione attendere debetis. Aliud enim quæritur, et aliud probatur. Quæritur an conjux, a conjugis filio adultera facta, a suo conjuge pontificali sit auctoritate separanda. Probatur quod conjux a conjuge, innocens ab innocente, propria voluntate propriaque potestate se non debeat separare. Quid enim aliud loquuntur memorata Domini mandata de conjugibus lata, quæ constat Dominum sine interrogantibus respondentem, seu auditores docentem protulisse, reddidisse, insinuasse, nisi qua lege, quo fœdere ad invicem juncti, ab invicem teneri, nec posse alterum ab altero dimitti, nisi causa fornicationis? Quid ipsa etiam præscripta Apostoli verba, sive dicant a conjugio non esse discedendum, sive moneant vicariis motibus esse serviendum, seu ad concordiam a discordia esse redeundum? Quid, inquam, aliud loquuntur, quid aliud clamant, quam copula conjugali fœderatos fœdus mutuum non omittere debere? Fœdus dico, cœlitus mandatum, conjugibus datum, jure debito custodire debere. In cujus observantiæ mandato, ideo etiam excepta est causa fornicationis, ut intelligatur quia innocens nocentem dimittere potest causa fornicationis?

Quæstionis itaque propositæ parte vestra ita præmissa, sicut fuerat promissa ; deinde quid a parte nostra ponimus, quid vestræ opponimus, quid, quibus firmamentis astipulamur, proximo loco digerere non incompetens esse reor, neque aspernandum. Rectores Ecclesiarum, intuentes nonnullorum imbecillitatem conjugum circa præfatarum custodiam legum, quibusdam quidem facilius ea in parte ruentibus, qua eniti constantia majore debuerant (peccabant enim vicissim in conjugum parentela, eo fragilius ruentes, quo familiarius colloquentes), rectores, inquam, pro compescenda tali petulantia, habitis conciliis tantæ severitatis leges decreverunt, quæ et hujusmodi transgressores punirent, et sectatores a tali nequitia deterrerent. Decreverunt enim ut qui pudicitiam conjugalem incestuose fornicantes nollent exhibere, indicta pœnitentia episcopali judicio cogerentur in æternum a licito usu continere. Nec immerito tali damno, talique pœna, talis præsumptio est multanda, a justis viris nequaquam ferenda, imo graviter ferienda. Qui enim illicita perpetrasse noscuntur, rite a licitis et concessis abstinere jubentur. Quanto ergo magis districta severitate ac severa districtione sunt puniendi qui petulantia stimulante ea admittunt quæ scelerosi nefarium ducunt, adulteri immundum et infandum dicunt? Hujusmodi ergo impudici digne coguntur pœnitentiæ fructus agere, a carnalibus desideriis abstinere, amplexus devitare, tum ut iram Dei placare valeant, tum ne similes similia committant. Id si quis antistes præter regulam proprio fieri juberet arbitrio, rem procul dubio nefandam præciperet, ad veritatem Evangelii minime incederet, imo a semita prædicationis excederet. Idipsum si forte superior quælibet potestas præsumere attentaret, a Deo ipsa separata canonica ultione terribiliter esset percellenda. Unde illa evangelica sententia qua dicitur : *Quod Deus conjunxit, homo non separet* (Matth. XIX, 6), a quibusdam ita est exposita ut proprie contra humanæ præsumptionem potentiæ videatur esse posita. Provida namque veritatis dispensatione nomen, quod est, homo, appositum esse creditur, per quod humana potestas insinuata esse cognoscatur. Per hoc enim distinguitur, et divinæ virtuti esse potestatem separandi servatam, et humanæ potestati ejus rei possibilitatem sublatam. Ea plane separatio non est attribuenda virtuti humanæ, sed judicio Dei, ubi violenter nemo divortium molitur, sed consilium Dei. Illud quippe divina comparatum esse providentia comprobatur, quod decreto Patrum vigore ecclesiasticæ disciplinæ, annosa consuetudine sancitum esse dignoscitur; nec quemquam perturbet, si per Deum conjuncti a Deo dicantur separari, quasi Deo contra se sentiente, et consilii sui immutabilitatem mutabiliter agente. Non enim divini permutatio fit consilii, ubi pro ratione causarum, pro diversitate temporum, cœlestium conceditur distributio mandatorum. Quod ex Evangelio ostenditur, ubi priori tempore sacculus portari præcipitur, posteriori non portari. De quo beatus Augustinus in libro contra Faustum hæreticum edito, de quibusdam calumniatoribus sic ait : « Jam ne intelligunt quemadmodum nulla inconstantia præcipientis, sed ratione dispensantis, pro temporum diversitate præcepta, vel consilia, vel permissa mutentur. » Itaque sanctorum antistitum præceptis, doctrinis, regulis instructi dicimus quia conjux cum prole conjugis incestuose peccans, canonice ad pœnitentiam cogi, et, tam conciliis quam more et auctoritate Ecclesiæ testantibus, perpetuo ab usu conjugii pastorali judicio amoveri debet.

Ex concilio Moguntino (33) : « Si quis viduam uxorem duxerit, et postea cum filiastra fornicatus fuerit, seu cum duabus sororibus; aut si qua cum duobus fratribus, seu cum patre et filio. Si quis relictam fratris neptem, novercam, nurum, consobrinam, filiam avunculi, aut ejus relictam, aut privignam polluerit, eos disjungi, et ulterius nunquam conjugio copulari præcipimus. » Idem in concilio apud Vermeriam habito (cap. 10, 11, 12), et in Matiscensi (II, cap. 18), et Triburiensi (cap. 41, 44), præceptum invenitur. Quorum multiplicitatem, quia indifferenter loquuntur, epistolaribus compendiis minime æstimavi inserendam, ne insolentibus et tædiosis auribus molestus existam. Similis sententia de illis habetur qui proprios filios de sacro fonte levasse perhibentur. Id bene cautum est in sacrorum serie canonum, Patrum decretis ac conciliis plane perfecteque definitum. De quo Deus dedit, Romanæ et apostolicæ Ecclesiæ præsul, inter alia sic ait : « (34) Invenimus in archivo hujus apostolicæ sedis jam talia contigisse in Ecclesia Isauriæ, Ephesiorum, simulque Jerosolymæ, aliarumque civitatum episcopis ab hac apostolica sede scire volentibus, si viri et mulieres qui de sacro fonte levaverunt filios suos redirent ad proprium thorum. Beatæ memoriæ sanctissimi Patres Julius, Innocentius, et Cœlestinus cum episcoporum plurium et sacerdotum conventu in ecclesia beatorum apostolorum principis, prohibentes talia præscripserunt, et confirmaverunt; ut nullo modo se in conjugium reciperent mulieres et viri qui per quamcunque rationem de sacro fonte susciperent natos, sed separarentur, ne suadente diabolo tale vitium peccati inolescat per mundum, et universorum error eorum accrescat. » His et hujusmodi sententiis, ea pars declaratur, quæ ex præposita quæstione a nobis superius statuebatur.

Præterea Ecclesiæ esse atque fuisse hunc morem, hanc ejus consuetudinem norunt omnes qui hujus rei curam gesserunt; qui in locis propriis peregrinos, vel in peregrinis indigenas talium studiosos de talibus consuluerint. Hoc ipse aliquando Venetiæ positus vidi, audivi, et quibus, et de quibus factum fuerat agnovi. Morem profecto ecclesiasticum sicut a sanctis Patribus esse custoditum scio, ita consona Scripturarum veritate inviolabilem esse censeo. Unde Magister gentium dicit : *Si quis videtur contentiosus esse, nos talem consuetudinem non habemus*

---

(33) Concil. Mogunt. I, ann. 847, c. 19. *Variat hic in nonnullis.*

(34) Epistol. ad Gord. Hispal. episcop. *Variat lectio in editis.*

(*I Cor.* xi, 16). Insinuans videlicet non esse temerandam Ecclesiæ consuetudinem, cujus auctoritate præceptorum munire nititur rationem. Ecclesiæ morem quantum violare peccatum sit, bene beatus Augustinus in libro quem contra Faustum conscripsit, his verbis ostendit, dicens (lib. xxii, cap. 47) : « Quando mos erat habere plures uxores, crimen non erat. Nunc vero propterea crimen est, quia mos non est. » Item in responsionibus ad Januarium (Epist. 54, cap. 5, 6) : « Quod faciendum divinæ Scripturæ præscivit auctoritas, non dubitandum quin ita faciamus ut legimus. Similiter de eo quod tota per orbem frequentat Ecclesia. » Quibus sententiis morem ecclesiasticum firmum, ratum, nec ulla simultate immutandum fore libere comprobare potest, quisquis ejus fidem confitetur, ejus doctrinam suam sanctamque esse fateatur. Porro an non qui hæc statuere Catholici fuere, Catholice vixere, Evangelia et Apostolum legere, lecta prædicavere, prædicando docuere? Cur ergo talia mandaverunt, si non esse facienda intellexerunt? Aut quomodo Ecclesiam Dei rexerunt, verbo et exemplo illustrarunt, si contra Deum, contra Dei Apostolum, contra denique totius ferme religionis Christianæ salutem a veritate missi falsitatis præcones exstiterunt? Atqui eos digne sanctis et Deum coluisse, et quæ Dei sunt docuisse, et legimus, et memoramus, et allegamus. Proinde illorum prudentiam certissime cognitam, sancta Ecclesia prudenter ac venerabiliter accepit, fideliter tenuit, more et antiquitate firmavit, neminem reprobavit. Liquido igitur constat præcepta corrigendæ præsumptionis illicitæ, castigandæ turpitudinis nefariæ talibus scelestis imposita, salubriter esse inventa, divinitus data, pro veritate, non contra veritatem loquentia. Præterea si ab universa Ecclesia non fuerunt instituta, non idcirco sunt reprobanda? Nunquid decreta et canones universi Christianæ fidei confessores aut defensores uno spiritu eodemque sensu decrevere? Pleraque enim ab uno, nonnulla a pluribus definita; quæ tamen ab omnibus gratanter sunt accepta, a nemine contempta.

Huc accedit, si omne divortium conjugum a Domino prohibitum erat, excepta causa ejus adulterinæ fornicationis, quem ex Evangelio assignatis, alia causa separandi admittenda non erat. Quo ergo jure, qua audacia ab ipsis divini eloquii prædicatoribus nova exceptio est introducta? Aiunt enim, ut præfatum est, pro suorum susceptione filiorum de salutari fonte, divortia conjugum fieri debere. Qua ergo facilitate, qua fronte mandatum Dominicum, intellectu perspicuum, nemini ambiguum, ab hominibus est derogatum, aliud subrogatum? aut cur ab Ecclesia memorata exceptio est accepta, quæ a Domino non est excepta? Cur, inquam, nisi quia mandata Dei probe intellexerunt, pie susceperunt, sibi id licere licenter posse cognoverunt, salva reverentia canonicarum Scripturarum? Ad hæc quis

gradus ac genera pœnitentiarum pro qualitate et quantitate peccatorum distribuit, nisi Ecclesia Dei, instructa verbo Dei, docente et regente eam Spiritu Dei? Non enim in tota Veteris et Novi serie Testamenti leguntur modi pœnitentiarum, quanquam tam exemplis quam præceptis legatur esse pœnitendum. Quis ergo pœnitentiales libros decernente Ecclesia roboratos, more et antiquitate firmatos, quis, rogo, aut quo jure, quave novitate evertere queat, audeat, aut præsumat? Nemo equidem, nemo tantæ præsumptionis arcem sibi arripiat. Si ergo in cæteris pœnitentiarum distributionibus accipiuntur, accepta distribuuntur, a quo hac in parte utiliter data, nulli canonicæ sententiæ adversa, abjiciuntur, aut reprobantur? Postremo, luce clarius apparet Dominum Ecclesiam suam ubique et in omnibus regere, ac dirigere, judicia sua per eam decernere ac discernere. Qua de re ipsa in Psalmo lætabunda clamat : *Dominus regit me* (*Psal.* xxii, 1). Et Evangelista : *Ecce ego vobiscum sum* (*Matth.* xviii, 20) : Et alio loco : *Ubi duo vel tres congregati fuerint in nomine meo, ibi in medio eorum sum* (*Matth.* xviii, 20). Et illud : *Vos non estis qui loquimini, sed Spiritus Patris vestri qui loquitur in vobis* (*Matth.* x, 20). Si ergo Dominus habitat in suis, loquitur per eos et in eis, quis hominum, quis fidelium, quis, obsecro, sanum sapiens, et compos sui abnuat, abdicet, contradicat, tantorum decreta virorum decreta esse Dei, quæ ad salutem humanam misericorditer sunt procurata, dictante Spiritu Dei? Quia ergo evidenti ratione ea ipsius Domini esse edicta (quanquam enim a suis præconibus sint prolata, ipso tamen sint præsidente lata) magno gradu, magno locanda culmine, sublimique servanda censentur veneratione. Nimirum non injuria ea digna reverentia custodiuntur, quæ per servos suos Auctor omnium instituit, et Ecclesiæ sanctæ usus et auctoritas roboravit.

Nonnulli, humanam fragilitatem attendentes, aiunt lapsos in conjugio nullo pacto esse separandos, ne unde procuratur eis medicina, amplior casus deteriorque contingat ruina. Quia cum putantur rigore hujus disciplinæ posse sanari, sua æstuante incontinentia, paratur eis laqueus et vorago fornicationis. Continentiæ quorumdam impossibilitatem comprobant ex ipso Evangelii loco, ubi Dominus ait : *Non omnes capiunt verbum istud* (*Matth.* xix, 11). Et ex Apostolo, ubi conjugalia disponendo cubilia : *Unusquisque*, inquit, *proprium donum habet ex Deo* (*I Cor.* vii, 7). Unde et inter verba evangelica apposuit : *Aut viro suo reconciliari* (*ibid.*, 11), id videlicet insinuans potissimum esse reconciliari suæ, quam misceri alienæ. Quibus dictis inferunt : Quicunque ergo voluerit conjuges separare, noverit se contra Evangelium prædicare, contra Apostolum sapere, contra salutem multorum, imo in perniciem miserrimam laborare. Hujusmodi ergo objectionibus puto eo modo esse respondendum, quo de ejusmodi inobedientibus a beato Augustino legimus esse responsum : (35) Nunquid propter incontinentiam eorum censes legem Dei esse mutandam? Quid si captivitate, violentia, aut ægritudine concubitus impediatur, nunquid deserta castitate conjugali, spreta lege Dei, incontinentia cujusquam conjugati Christiano judicio remedium inveniet sibi? Cæterum si cæteris propter incontinentiam misericorditer cuique suum conceditur possidere, hujusmodi impudicos quemque separari a suo digna censetur ultione. Illos quidem incontinentia adjuvat, ne non habendo suum non valeant continere; istos incontinentia impugnat, quia habentes suum cum possent, noluerunt continere, eo miserius ruentes, quo negligentes suum, præsumpserunt irruere in alienum.

Dicit aliquis eum qui non peccavit injuste damnari, videlicet ut separetur ab uxore, qui non peccavit cum uxore. Non enim æquo judicio ei est inferenda pœna, in quo non fuit par culpa. Cui apostolica voce respondemus : *O homo, tu quis es, qui respondeas Deo?* (*Rom.* ix, 20). Cui, inquam, omnipotens Deus revelavit consilia sua? Quid ille peccavit, cujus uxor recens nupta infirmatur, aut eripitur, aut quolibet alio modo tantopere alienatur, ut ipse vivente ea continere cogatur sine ea? Occulta sunt Dei judicia, sed justa. Unde scis si ad hoc permisit Deus cadere periturum, ut propter humilem patientiam, et obedientiæ observantiam, coronaret quem prædestinavit sine fine victurum? Ideo fortassis voluit innocentem pati in hac vita, ut tali patientia comprobatum collocaret in æterna vita. Aut unde nosti si ipse, quem justum pronuntias, eo ipso pœnam promeruit, veniam obtinere non debuit, qui id genus dilectionis, correctionis, custodiæ, negligentia aut malevolentia faciente conjugi non adhibuit, quod aut quale si justus aut prudens esset adhibere debuit? Præterea etsi de conjugis reatu conjux innocens nulla sorde inquinatur, nonne id ei sufficere videtur ad communem pœnam, quod unum sunt corpus et una caro, ut propter unitatem conjunctionis in ea re merito communiter affligantur, pro qua facti sunt una caro?

Posita utraque portione propositæ quæstionis, apposita confirmatione ejusdem utriusque portionis; hic breviter memorandum videtur evangelicum mandatum, quod ad probandum affertis, et afferendo præfertis, quid quibus jubeat, quid ad quæstionem attineat, ut aliud a vobis statui, et aliud Evangelio allegari indubitanter appareat. Deinde non incommode, neque non suo loco dicendum erit, quo pacto posteriora prioribus statutis nec contraponantur, neque contradicant, quoque modo eis conveniant, eisque quodammodo subsidium ferant. Redemptor noster in eo sermone quem apud Matthæum celebravit in monte, quibusdam præmissis, ait : *Quicunque dimiserit uxorem suam, excepta causa fornicationis, adulterat* (*Matth.* v, 32). Et in alio ejusdem Evangelii loco legitur, eum de eadem re a suis tentatoribus interrogatum esse his verbis : *Si licet homini*

(35) August. lib. II De adult. conjug. cap. 10, med.

dimittere uxorem suam? (*Matth.* xix, 3.) Quod Marcus remota ambiguitate sic protulit : *Si licet viro dimittere uxorem suam?* (*Marc.* x, 2.) Ubi plane ostenditur quod ille dixit homini hoc esse quod iste dixit viro. Huic ergo interrogationi Salvator respondens, et in respondendo rationem reddens, juxta utrumque evangelistam eodem modo intulit : *Quod ergo Deus conjunxit, homo non separet* (*Matth.* xix, 6; *Marc.* x, 9). In hac igitur illatione quid aliud intelligere debemus, valemus, hominem, nisi virum, et separare, nisi dimittere? Idem enim et de eodem debuit respondere, unde et de quo interrogatus fuit. Veritas quippe non venerat ut falleret, potius ut fallaciam amoveret, veritatem doceret. *Eloquia* enim *Domini, eloquia casta* (*Psal.* xi, 7). Idem ergo valet, *Quod Deus conjunxit, homo non separet,* ac si dictum esset, quod Deus conjunxit, vir non dimittat. Hac igitur explanatione comperimus evangelicam doctrinam id simpliciter habere, nulli viro uxorem suam, id est casto castam, dimittere licere. Quia ergo addidit : *Excepta causa fornicationis,* tali cautela insinuavit castum incestam dimittere posse. Idipsum ex supradictis Apostoli verbis Apostolum sentire innuitur, et docere. Quia ergo excellentia utriusque Scripturæ id accipitur, firmiter tenetur, nullum virum uxorem suam, id est castum castam, sicut ibidem cautum est, dimittere debere, rationabiliter colligi posset quod vir, de quo sermo cœpit, videlicet cujus filius ejus thorum fœdavit, propriam uxorem non deberet abjicere, aut dimittere, excepta causa fornicationis, ita quidem si ambo essent justi. Quia vero ille est castus, illa incesta, ex Scripturis potest potius probari, quod ipse eam licite dimittere potest; ad hoc enim valet quod dicit : *Excepta causa fornicationis.* Illud quidem quod dixi, quia ad castos conjuges Evangelium loquitur, ratione docente et ad inducente, posset probari; sed quod a vobis propositum erat, sicut debuit ac decuit, ex ea sententia nequit approbari.

Propositum quippe, et qua poteratis elocutione a vobis assertum erat, conjugem a conjuge quacum filius ejus peccarat, pro nequitia tali manu pontificis minime separari debere. Quæstio ergo de casto et incesto conjuge erat. Id, ut dixeram, præfata Evangelii sententia, quæ de utroque casto loquitur, nec approbat, nec contestatur. Si quis enim ex ea generali propositione evangelica, quæ dicit : *Nullus vir dimittat uxorem suam,* id est castus, castam, *excepta causa fornicationis,* concludere conetur, quod conjux, de quo sermo cœptus est, a conjuge non debet separari manu pontificis pro incestæ causa fornicationis, nunquid argumentatio recte procedit, atque ad suum regulariter finem decurrit? Fidenter dico : Nequaquam. Adeo enim evangelica illa propositio, quæ separationem casti a casto conjuge perhibet non esse faciendam, disjuncta ac separata est ab ea vestra propositione, quæ separationem conjugum casti ab incesta prohibet esse faciendam, ut nulla se virtute rationis, nulla probationis affinitate aspiciant, Sicut enim plurimum refert inter pudicos et impudicos, ita cum an ad hos, an ad illos sermo dirigitur, vel an de istis, an de illis ratio conficiatur, parva distantia est.

Est tamen quiddam quod a sanctitate vestra ex Apostolo sumptum, non parum confidentiæ videtur vobis subministrare. Apostolus dicit : *Nolite fraudare invicem, nisi forte ex consensu* (I Cor. vii, 5). Ubi consensum auditis, pari judicio nullos conjuges a conjugali debito præter consensum removendos esse intelligitis. Sed animadvertat sanctitas vestra quia Apostolus eo loco non eis loquebatur conjugibus qui debita defraudassent, qui indebita subripuissent. Quo genere ii exstitisse feruntur, de quibus et a vobis quæstio fuit proposita, et a nobis diutina est disputatione ventilata. Verum eis scribebat qui vicariam sibi fidem servarant, qui quatenus, qualive concordia ea fides servanda esset, discretius intelligere indigebant. Qua causa ad tales loquens, de pudicitiæ conjugalis custodia pie commonens, jura conjugii prudenter ipsos edocebat, et cum infirmis infirmus, compatiens fragilibus, ne in adulteria prorumperent, reddere debitum consulebat. Unde constat apostolicam illam admonitionem nihil ad illam dubitationem attinere, quæ de casto et incesta conjugibus nos designabat ambigere. Porro quod dicitur, conjuges reconciliari licere, hoc solum est quod ad rem pertinere, et ad quæstionem magis videtur accedere. Hoc enim solum de casto et incesta conjuge dictum, casto incestam insinuat esse reconciliandum. Hoc est, illud præcipuum in cujus virtute pars vestra superior, nostra inferior, vestra superans, nostra superata putatur. Dicit enim Apostolus, *mulierem viro posse reconciliari*. Proponitis ergo, si secundum Apostolum licet reconciliari, quis est qui contra Apostolum prohibeat reconciliari? Acute quidem dictum, sed acutius intuendum, subtilius discutiendum. Neque enim et in hac parte deerit misericordia Dei, quæ et ignorantiam cæcitatem queat illustrare, et quæstiunculæ asperitates velit explanare. Apostolus memorans legem a Domino latam : *Præcipio*, inquit, *non ego, sed Dominus, mulierem a viro non discedere; quod si discesserit, manere innuptam, aut viro suo reconciliari* (I Cor. vii, 2). Hoc quidem aut illud necesse est fieri. Sed non hoc tantum, aut illud tantum fieri necesse est. Non enim necesse est manere innuptam, neque necesse est reconciliari. Quæ vero separata manet, innuptam esse necesse est. Ita enim faciendum esse Dominus jubet. Reconciliari vero non est Domini jussum, sed Apostoli permissum, sive consilium. Idcirco licet reconciliari, et licet non reconciliari. Nec tamen omnibus licet reconciliari. Quæ enim ex consensu continentiam vovent, post votum jam non debent omnino denegatum exspectare conjugium. Unde beatus Augustinus : « (36) Quæ rectissime voventur,

(36) August. De adulter. conjug. lib. i, c. 24.

cum homines voverint, nulla conditione rumpenda sunt quæ sine ulla conditione voverunt. » Sufficit ad enervandam vestræ argumentationis oppositionem ostendisse quosdam non posse reconciliari. Non ergo omnes mulieres, a viris separatæ, apostolica licentia eisdem sunt reconciliandæ. Cum ergo quibusdam permissum sit reconciliari, quibusdam illicitum esse pervideatur, enthymema propositum non immerito fragile judicatur et infirmum. Illæ quippe valent reconciliari quibus Dominica lex id non contradicit. Porro illæ non sunt reconciliandæ, quæ per reconciliationem et concordiam viri sui, offendunt in odium Dei sui. Unde apparet quia neque ex ista Apostoli sententia ulteriore vestram partem tueri valetis, neque nostram infirmare. Quod non ignorat quisquis veritatem rerum agnoscere, sensum Scripturæ discutere, verborum proprietatem discernere, ac quidque quo debeat referre non ignorat.

Ecce, ut proposueramus, manifesta ratio docet sacræ paginæ sacras auctoritates, quas asciscitis ad probationem, nil valere, nil facere in eam quam probandam statueratis propositionem. Sicut autem nullum parti vestræ, ut ostensum est, subsidium præstant, ita nec nostræ adversantur, nec a nostra aliquatenus impugnantur. Non enim ea causa inventa sunt statuta posteriorum ut pereant, aut infirmentur antecedentium præcepta doctorum. Verum eo sine libidinosis ac neglectoribus imposita noscuntur, quo verba Dei cautela majore illibata custodiantur. Dum enim Dominici mandati prævaricatores, conjugalis pudicitiæ contemptores, conjugum parentelæ violatores, prædicta severitate puniri jubentur, nonne peccatores ejusmodi circa mandatorum observantiam solliciti redduntur, tanto cautiores effecti, quanto præceptorum asperitate conterriti? Quibus rebus dubium non est morem ecclesiasticum, sive concilia Patrum, non modo evangelicæ sive apostolicæ institutioni non opponi, verum quasi quodam venerabili obsequio famulari. Qua in re etiam perspicua probabilitate conjectari potest quæ ad tantam data sunt hominum salutem, placita esse illi qui venit hominibus ministrare salutem.

His ita digestis, nunc ipsa opportuni commoditas loci videtur admonere diu dilatam, quam vestra celsitudo postulavit de quæstione sententiam, proximo loco prodere debere. Sicut sæpe dictum est, præcepit Dominus ne dimittat vir uxorem, causa fornicationis : quam fornicationem beatus Augustinus in eo libro quem de sermone Domini in monte declarato composuit, dicit generalem esse, asseverans videlicet fornicationem esse omnem illam prævaricationem, quæ animam male utentem corpore suo, alienam facit a Creatore suo. Non igitur solo concubitu intelligendum est fornicari, verum furto, sacrilegio, homicidio, idolatria, aliisque capitalibus peccatis privantibus hominem ab æterna vita. Et juxta ejusdem doctoris explanationem, non licet virum recedere tantummodo causa fornicationis uxoris suæ, sed et etiam causa fornicationis suæ, hoc est, vel quia ipsa fornicatur, vel ne ipse fornicetur. Cujuslibet enim utriusque modi causa recedens, fornicationis causa recedere docetur. Si ergo pudicus cum impudica uxore quovis genere fornicationis delusa, ea sanctitate cohabitare valeat, ut animæ suæ periculum pro ejus consortio non incurrat, nec se incursurum metuat, sperans etiam se illius offensionibus esse consulturum, hic salubre consilium sibi invenit, si ab ea facile discedere nolit, et offensam ejus dimittens, meliorem sibi viam ostendere ac docere velit. Ad quod pertinere intelligitur illud Apostoli consilium dicentis : *Si quis frater infidelem habet uxorem, et hæc consentit habitare cum illo, non dimittat illam* (*I Cor.* vii, 12). Quod non esse dictum gratia imponendæ necessitatis, sed misericordia consulente amborum saluti, paucis interpositis aperuit, dicens : *Unde scis, vir, si mulierem salvam facies?* (*Ibid.,* 16.) Qui vero ita se facilem cernit ad lapsum, proclivem ad periculum, ut a pravæ mulieris pessima voluntate in partem aliam nequeat declinare, hic urgente periculo eam prudenti consilio dimittit, sine qua Deo placitam potest facere vitam suam, cum qua inter ejus sordes nullo pretio potest redimere animam suam, sicut Apostolus dicit : *Voluntarie peccantibus jam non relinquitur hostia pro peccato* (*Hebr.* x, 26). Ut si qua mulier tanto furti desiderio teneatur, sive maleficiorum, seu immunditiæ corporalis, ut non modo a viro non corrigatur, sed potius vir ab ea quadam violentia, grata seu molesta, ad ea vel ad eorum consensum cogatur, satius est talem relinquere, quam cum tali æquo judicio perire. Cujus sententiæ bene consonat Eliberitanum concilium (cap. 70) dicens : « Si conscio marito uxor fuerit mœchata, placuit, nec in fine dandam esse ei communionem. Si vero eam reliquerit, post decem annos accipiat communionem ; si eam cum sciret adulteram aliquanto tempore in domo sua retinuit. » Hoc quippe canone datur intelligi quanto peccato sit involutus, quantoque judicio a Deo sit damnandus, qui peccato uxoris voluit consentire, quique etiam peccantem noluit excludere, maluit retinere. Quam sapienter sapiens Salomon suam uxorem omnino exterminasset, quam per eam se a Deo exterminari permisisset, idola coluisset. Præstantius fuerat Deo æternaliter adhærere, quam talibus amplexibus mulieris ad horam dissolute inhærere.

Quod si quispiam Ecclesiæ pastor certissime sciret aliquos in suo regimine conjuges aliqua in hunc modum spurcitia coutentes, nonne rectissime eorum miseriam corripere, arguere, increpare, ad ultimum etiam, si res id exigeret, separare deberet? Cum ergo non sit dubium mundum conjugem ne immundus fiat immundum dimittere debere, nemo dubitavit justum virum incestæ nequaquam reconciliandum esse, quando certum habetur capitale peccatum per ipsum sibi reconciliationem imminere.

A Sicut enim expedit illi relinquere illum ut salvet animam suam, ita expedit isti non reconciliari ne perdat animam suam. Porro Veteri Testamento continetur : *Qui concubuerit cum noverca sua, vel qui dormierit cum nuru sua, morte moriatur* (*Levit.* xx, 11, 12). Quæ præcepta non magis prædecessores Salvatoris venientes in mundum accipere, quam et successores accipere meruere. Refert enim magnus Augustinus præcepta agendæ vitæ quæ data sunt antiquis, non impariter collata esse et nobis, in quos finis sæculorum venit. Non quod in Novo Testamento hujusmodi peccatores corporali sint morte puniendi, postquam morte unius universus orbis a morte est redemptus, et singularis hostia pro peccatis omnium est oblata : sed ad mortem ostenditur
B eis esse hoc peccatum, quibus pœnitentiæ satisfactione non fuerit indultum. Ideo enim illo in tempore tali morte plectebantur, quia nullis adhuc hostiis a tali peccato redimebantur. Quia ergo hoc genere concubitus ejus operis auctores ad æternam mortem creduntur pervenire, dum quæ ore Dei ad Moysem facie ad faciem colloquentis minaciter prohibita sunt, non verentur temerare, dum immobilitatem mandatorum severitate tonitruorum, ignium, nubium, fulminum, terribiliter testatam, renuunt custodire, cubare filium cum ea cum qua pater cubuit, aut patrem offendere in eam quam filius habuit, horrendum nefas esse dicitur, et intra summa scelera esse deputatur.

C Amplius : *Qui adhæret*, inquit Apostolus, *meretrici, unum corpus efficitur* (*I Cor.* vi, 16). Quia ergo filius, de quo præloquti sumus, novercæ admistione effectus est unum corpus, cujus filius illi est, illa filia facta est. Si ergo pater apposuerit amplius cubare cum ea, cubabit simul cum uxore et filia. Quod quantum nefas sit, me tacente omnibus innotescit. Quod tamen et ex antiquis sancti David gestis dilucide valet assignari. Quem cum Absalon regno privasset, idem consulto ingressus est ad patris concubinas, testante Scriptura : *Tetenderunt Absalon tabernaculum in solario, ingressusque est ad concubinas patris sui coram universo Israel* (*II Reg.* xvi, 21). Quo mortuo, et rege in domum regiam consensu communi restituto, exhorruit rex
D ad eas denuo introire, non ignorans sibi illicitum esse post tantum facinus ulterius ad easdem accedere. Unde scriptum est : *Cumque venisset rex in domum suam Jerusalem, tulit decem mulieres concubinas suas, quas dereliquerat ad custodiendam domum : et tradidit eas in custodiam, alimenta eis præbens, et non est ingressus ad eas, sed erant inclusæ usque ad diem mortis suæ, in viduitate permanentes* (*III Reg.* xx, 3). Præterea tam decretis quam conciliis legitur esse definitum quatenus usque ad septimum gradum cognationis nemini cubare liceat cum ea, cum qua cubuit aliquis cognationis suæ, ut qui hoc violare præsumpserit, dignus æstimetur aut legibus corripi, aut perpetuo anathemate feriri. Quod et nos sentimus, universi acclamamus, nemi-

nem dissentire novimus. Id si quis aliter fieri persuaderet aut cogeret, profecto insolubilia statuta solveret, præfatas auctoritates damnaret. Post quorum edictum, est etiam in eamdem pestem coercendam etiam sequenti tempore conjugibus indictum ut nunquam ad operam conjugalem redeat quicunque simile fecerit incestum. Nec id tantummodo indictum est incestis conjugibus, sed, ut dictum est, carnalem filium spiritualiter regenerantibus. Hæc indictio, ut legitur in libro Pœnitentiali, solo disciplinæ vigore quibusdam est imposita, iis vero, de quibus prælocuti sumus, a fornicationis timore est apposita, ut tanto cautiores esse debeant, quanto eos et fornicationis timor repellit, et obedientiæ severitas compescit.

Si quis itaque contemptor, inobediens, præsumptor hæc transgressus fuerit mandata Dei, ille rectissime intelligitur a Deo fornicari, id est animam suam alienare, pro unius quidem solius una sola prævaricatione merito damnandus, pro omnium vero contemptu maxime a Deo repellendus, ac modis omnibus exterminandus. Si ergo tanta præcepta a Christianis veneranter observata, pro servanda Christiana societate studiose imperata, per reconciliationem casti et incestæ evacuantur, quis judicet talem tali sub tali peccato licere reconciliari, præsertim cum anima quæ pœnitere debuerat, ipsa concordia deterius incipiat periclitari, et post corporalem fornicationem, mente, quod pejus est, fornicari? Quæ ratio, quod consilium sive permissum adducit hominem ad eam reconciliationem, quæ eum introducit ad mortiferam fornicationem? Quis suadeat quemquam eo pacto oportere cuipiam reconciliari, quo videt eum non posse a Deo non separari? Quis pontificum, quis sanum sapiens moneat eum ad eam concordiam redire, quam recte exigentibus culpis ab alio factam anathemate crudeli debuerat ferire? Hieronymus (37) in epistola ad Amandum presbyterum sciscitantem utrum mulier, relicto viro adultero et Sodomita, et alio per vim accepto possit absque pœnitentia communicare Ecclesiæ, vivente adhuc eo quem prius reliquerat, data de quæstione sententia, ait: (38) Rem novam loquor, imo non novam, sed veterem, quæ Veteris Testamenti auctoritate firmatur. Si reliquerit secundum virum, et reconciliari priori voluerit, non potest. Scriptum est in Deuteronomio: *Si acceperit homo uxorem, et habuerit eam, et non invenerit gratiam in conspectu ejus propter aliquam fœditatem, scribet libellum repudii, et dabit ei, et dimittet eam de domo sua. Cumque egressa alterum maritum duxerit, et ille quoque oderit eam, dederitque ei libellum repudii, et dimiserit eam de domo sua, aut certe mortuus fuerit, non poterit prior maritus recipere eam uxorem, quoniam polluta et abominabilis facta est coram Domino (Deut.* XXIV. 1). Si ergo non licet hujusmodi adulteras patrato adulterio redire ad viri thorum, quo jure, qua lege licebit eam reconciliari, quæ tam grande fecit incestum. Reconciliata incestum duplicabit, præceptum violabit. Quod præceptum est, non fieri non licet, quod permissum est, non fieri licet. Licet enim quemquam sine peccato et reconciliari, et non reconciliari si non offenditur in præceptum Dei. Ubi vero occurrit præceptum, cessabit permissum. Majus est enim præceptum quam permissum. Præceptum usquequaque sanctum est. Permissum vero aliquando peccato non caret. Præceptum est *uxorem a viro non discedere; quod si discesserit, manere innuptam (I Cor.* VII, 10). Permissum est: *Unusquisque habeat suam uxorem propter fornicationem: hoc autem secundum indulgentiam dico, non secundum imperium* (ibid. II, 6). Ubi indulgentia fuit, locus erat peccati. Quia ergo majus est præceptum, minus permissum: ubi adest præceptum, quiescat permissum.

§ De præceptis Dei et apostolicis permissis magnus ac reverenter nominandus Augustinus in libro De adulterinis conjugiis ita disputat (39): « Teneatur primitus ac maxime, ne committantur illicita. Ubi autem aliquid ita licitum est, ut aliud facere omnino non sit illicitum, fiat quod expedit, vel quod magis expedit. Illa igitur quæ Dominus ita dicit, ut Dominus, id est non monentis consilio, sed dominantis imperio facere non licet, et ideo nec expedit. » Et post pauca: (40) « Hæc constituta Domini sine ulla retractatione servanda sunt. Habet enim hæc justitia, quæ coram illo est, sive approbent, sive improbent homines: et ideo dici non oportet propter offensiones hominum, aut ne impediantur homines ab ea salute quæ in Christo est, non esse servanda. » Et item aliquibus interpositis (41): « Nihil expedit quod illicitum est, et nihil quod prohibet Dominus licitum est. Quæ autem nullo Domini constringente præcepto, in potestate dimissa sunt, in his audiatur Apostolus in Spiritu sancto monens et consulens, ut vel meliora capiantur, vel ea quæ non expediunt, caveantur. Ibi audiatur dicens: « Præceptum Domini non habeo, consilium autem do (*I Cor*, VII, 25). » Hæc modulum meum cognoscens non ex meo sensu, non ex propriæ intelligentiæ virtute approbo, verum ex sacrarum doctrina ac magisterio Scripturarum conjicio, arbitrans nihil in Christiana religione temere fore definiendum; nihil, si fieri potest, sine divini examine eloquii terminandum, nonnihil tamen, quantum fieri potest, et ratio postulat, rationabilis disputationis a nobis adhibendum. Si vero quis aliter sapit, et quod sapit indeficienti animo efferre atque præferre maluerit, non præjudicio sententiæ electiori; tantummodo, si eam testimonium Scripturæ adjuvat et Dominici auctoritas mandati non obumbrat. Hanc sancti viri censuram observantes, et, ut sæpe dictum est, terrore disci-

---

(37) Hieronym., tom. III, epist. 148, sub med.
(38) Ibid, paulo ante fin.
(39) August., lib. I, cap. 21, sub med.

(40) Ibid., cap. 22, init.
(41) Ibid. in fine, cap. 24, et init., c. 25.

plinæ sceleris immanitatem, cohibere disponentes, conjuges quibus fallente diabolo offensio tanta contigerat, decrevere non esse reconciliandos, callentes tutius esse, rationabili causa mutare permissum consulentis servi, quam irreverenter offendere in venerandum ac reverendum præceptum omnipotentis Dei. Quorum tamen vinculum conjugale nullo pacto dirumpi licet, quod, dicente Apostolo, non nisi morte alterius solvi potest. Semper enim et ille dicetur vir uxoris, et illa uxor viri. Hoc tantummodo audiant, ut a debito absoluti debitum non exigant, non reddant, de cætero uterque contineat, castus in incesti vita, incestus in sua vita. Propter idem fornicationis genus jussi sunt conjuges simili modo una continere, ii videlicet qui una proprios de aqua baptismatis filios accepere. Dictum est enim illos a Deo et contra Deum fornicari, qui, contempta obedientia, transgrediuntur mandata Dei. Mandatum Dei est : Ne cubaveris compater cum spirituali commatre. Unde in decretis Gregorii minoris scriptum reperitur(42) : « Si quis spiritualem commatrem in conjugium duxerit, anathema sit. » Inde Ecclesiæ obtinuit consuetudo ut qui cum tali cubare non abhorruerit, ut nefandi sceleris auctor a liminibus Ecclesiæ arceri, et cunctorum assensu Christiana communione jubeatur privari. Si ergo pater et mater filii quem carnaliter genuerunt, spirituales profitendo pro eo exstiterunt genitores, mandato Dei, ex catholica consuetudine, ex decreto Patrum, non licet eos redire ad proprium torum. Si enim reconciliati fuerunt, inducentur in prædictæ perniciem fornicationis.

Ad exagerandam probationum contra positionem, adjicitis etiam dominum gloriosæ memoriæ Lanfrancum archipræsulem, de divortio casti et incestæ quod dicitis sensisse, quod sentitis celebrasse. Celebriter enim memoratur simile negotium inter matrem et filiam pro filiæ marito invicem contendentes, coram eodem præsule nonnullis confidentibus episcopis exstitisse, matri quem sibi usurparat maritum filiæ episcoporum judicio ablatum fuisse, filiæ redditum fuisse. Et quidem, venerande Pater, idem venerandus antistes fecit quod debuit, sed non perfecit quod decuit. Quia enim questa erat filia de rapina matris, de fraude viri, dictante justitia, merito et raptrix rapina privanda erat, et quod suum erat, videlicet fraudulentus ei, quæ fraudem passa fuerat, restituendum erat. Quæ dum jure debito reparavit, fecit quod debuit. Quia vero quantitatem patrati facinoris per pœnitentiam non indicavit, nec qualitatem futuræ cautelæ per doctrinam insinuavit, non perfecit quod decuit. Decuerat enim eum propter excellentem peritiam, ne posteritati dubietatem relinqueret, ea terminasse, sed, querela terminata, maluit ea interminata relinquere, ne jura episcopi, cujus id intererat, videretur usurpare. Noverit gloriosa beatitudo vestra nos de hac sententia cum domno archiepiscopo nonnunquam sermonem habuisse, et pro amanda ejus humilitate, pro veneranda patientia, de eadem quia familiares ei assistebamus familiariter cum eo contulisse, et quod nobis objicitis quia sic eo tempore intelligebamus ei objecisse, quod vobis respondemus eum nobis respondisse.

(42) Gregor., Concil. Roman. IV, c. 4.

ANNO DOMINI MCXXIV....

ARNALDUS

S. PETRI VIVI SENONENSIS ABBAS

NOTITIA

(*Gall. Christ. nov.*, tom. XII, pag. 138)

Arnaldus, al. *Ernaldus*, cujus electionem sic narrat Clarius testis oculatus : « Richerius archipræsul antequam moreretur VI Kal. Januarii 1096, mandavit fratribus monasterii S. Petri ut eo vivente eligerent et providerent sibi abbatem, quod et fecerunt, eligentes omnium minimum Arnaldum !monachum, eique præsentaverunt. Cui ipse multis præsentibus quis esset intimavit, scilicet ex humili parentela et sanguine ortus quemque sic volebat vivere ut dignus esset regere commissos de quibus ipse unus volebat esse. » Hugonem comitem Trecensem et Constantiam ejus uxorem sibi demeruit anno 1103. Eodem circiter anno cum Daimberto archiepiscopo dissidium habuit (1) qui præter decessorum suorum morem monasterii ecclesias subjecit interdicto, qua de re non solum ad summum pontificem, sed et ad Hugonem Lugdunensem archiepiscopum querelas detulit, qui rem ad concilium Trecis secunda post octavas Pente-

(1) Baluz. *Miscell.*, tom. VI, p. 429, et seq.

costes feria habendum rejecit. Anno enim 1105 Romam profectus est Arnaldus, ibique a Paschali II privilegium amplissimum est consecutus iv id. Nov., pontificatus v. Insequenti in concilio Trecensi privilegii Sancti Petri confirmationem a Patribus obtinuit, et Gausbertum decanum cellæ Mauriacensis Casæ Dei monachum præceptis suis inobedientem et rebellem deponi fecit, et Petrum de S. Balderio e suis in ejus locum substituit. Hæc autem malorum tessera fuit : nam inde redux abbas a Robertinis militibus instinctu Petri Armari qui iniquas cellæ Mauriacensi consuetudines imponebat, comprehensus retrususque in carcerem in castro pagi Lemovicini Ventaduro, demum a Petro Claramontensi episc. liberatus est. Adstitit an. 1108 electioni Willelmi abbatis S. Remigii. Eodem anno præceptum obtinuit a Ludovico VI rege, ut prius concesserant Ludovici avus Henricus et Philippus pater. Anno 1109 Arnaldus decani Mauriacensis crudeli accepto facinore in Arverniam iterum concessit. Ibi in reum quæstionem moturus, acerbam patitur repulsam, facinorosis clam favente Arvernensi episcopo. Legatus apostolicus et Bituricensis archiepiscopus frustra invocati virum flectere nequiverunt, ut potius armis abbatem ejusque soc os obstinati Arverni strictisque ensibus insequerentur. Denique nullum aliud frenandis illis præter regis auctoritatem succurrit remedium. Regia itaque potentia fretus rebelles in ordinem coegit anno 1110. Biennio post exorto bello Arnaldus munivit burgum S. Petri vallo et sæpe aliisque propugnaculis ad defensionem opportunis. Annis insequentibus longam et importunam cum abbatibus Molismensi et Reomensi litem quantumvis senio morbis et ærumnis confectus habuit de monasterii sui prædiis quibusdam quæ illi præter jus et æquum sibi vindicaverant. Villam tamen Pauliacum Widoni abbati Molismensi tradidit anno 1120. Eodem cum ad concilium Bellovacense pergeret, morbo oppressus Naudi resedit, Clarumque monachum nomine suo ad Cononem legatum transmisit. Dum ibi demoraretur, ab Alexandro Stephani comitis sacellano sacras excepit reliquias quas ab Arnulfo Balduini regis scriniario habuerat. Anno 1123 libros officiis divinis ac sacræ lectioni deputatos describi et in optimum statum ordinari præcepit. Tandem exactis in regimine annis xxviii et mensibus quatuor, abbatiam dimisit an. 1124.

ARNALDI ABBATIS
EPISTOLÆ.

I.

Ad Josceranum Lingonensem episcopum. — De lite inter abbates S. Petri Vivi, Molismensem et S. Joannis Reomensis.

(Chron. S. Petri Vivi ap. Acherium, Spicileg. t. II, p. 482.)

Domino suo JOSCERANNO venerabili Lingonensium episcopo, frater ARNALDUS abbas monasterii Sancti Petri Vivi, sic crucem Domini portare ut ejus remigio valeat transfretare.

Manifestum est dignitati vestræ domnum archiepiscopum suas litteras in præterita synodo vobis misisse, et de injuriis a domno abbate Molismensi, et Rainardo de Monte Barro monasterio nostro illatis, justitiam vestram acclamasse. Vos autem diem placiti dum Senonas veniretis distulistis, ubi cum vobis præsentarer, tantum de Rainardo apud Retiacum diem posuistis. Quamvis autem debilitati corporis succumberem, tamen quasi in lectica me eo devehi feci, sed judice et responsore ibi non inventis pro male tractato me habui. Proinde ad vos denuo recurrimus ut nos justitia cassari non permittatis. Præterea de Retiacensi ecclesia quam Rainardum adhuc de nobis tenere, nec amisisse sperabamus, vestram misericordiam et hujus sanctæ synodi acclamamus, ut quid rectitudinis in ea monstrare poterimus in jus nobis dirigatis. Valete.

II.

Ad Bernardum abbatem S. Joannis Reomensis. — Ejusdem argumenti (ibid.).

Domno BERNARDO amico suo, monasterii Sancti Joannis Reomensis venerabili abbati, frater ARNAL-DUS monasterii Sancti Petri Vivi Abbas salutem in Domino.

Si bene et vos et vestra valeatis, inde gaudemus. Cum enim præcipuum sit Domini mandatum, ut invicem diligamus, tamen vos et vestros inter amicos et confratres præcipuos accepimus. Verumtamen cum in synodo Lingonensi noviter habita, cui absens fuistis, clamores renovaremus, quos in anteriori synodo habuimus inter cætera de Retiacensi ecclesia quam Rainardus de nobis tenebat, justitiam domini episcopi invocavimus, a quo vos eam occupasse accepimus. Ex consulto itaque ejus, et Cassidentium vos super hac re convenimus, et ut benigne et charitative nostra dimittatis, vos admonemus. Si enim, quod absit! post firmatam inter nos et vos societatem ex industria occupastis nostra, hoc est, unde in nimiam admirationem vertimur. Et quia monachi vestri Trecis satis contumeliose nostris monachis dixerunt nos in synodo sine ratiocinatione mutua de persona vestra querimoniam fecisse, id penitus abnegamus, et ut veridicos nos comprobetis, exemplar litterarum quas Lingonas misimus et vobis mittimus. Valete et nobis super hoc convenienter litteris respondete.

III.

Ad Ludovicum regem. — Rogat ut liceat sibi alio transferre leprosos.

(D. BOUQUET, Recueil, tom. XV, p. 339.)

LUDOVICO, magnifico Francorum regi, charissimo domino suo, ARNALDUS humilis abbas S. Petri Vivi cum omni grege sibi commisso, salutem et fideles orationes.

Precibus patris nostri Senonensis archiepiscopi [Daimberti] et clericorum ex vestra parte pulsati sumus, ut fratribus nostris leprosis manendi locum daremus, ubi tantum in primis respectu pietatis unum habitare permisimus. Sed noverit sublimitas vestra quia tanta multitudo eorum excrevit, ut nobis et burgensibus nostris omnino intolerabilis sit. Locus enim ille inter sata et vineas nostras medius est: inde et ingressus et egressus eorum, frequentatio et deambulatio penitus importabilis est. Et idcirco archiepiscopus noster alium locum spatiosum eis dari fecit, et ex voluntate ipsorum, ut ibidem habitarent præcepit. Nunc igitur ne sit vobis molestum, domine, si victualia nostra ab eis aliquantulum elongare volumus, quia per sanctam veritatem morbo eorum cum eis periclitari timemus.

ANNO DOMINI MCXXIV.

PONTII ABBATIS S. RUFI
EPISTOLA
AD CALMOSIACENSEM ABBATEM

Respondet propositis quæstionibus, de quotidiano jejunio, de silentio continuo, de vini abstinentia, deque laneis vestibus canonicorum cœnobii Calmosiacensis.

(MARTENE *Anecdot.* t. I, col. 559, ex ms. Stamedii.)

Dilectissimis fratribus Dei gratia Calmosiacensis ecclesiæ abbati cunctoque conventui P. ecclesiæ Sancti Rufi humilis minister atque totius congregationis cœtus, via regia gradiendo ad dextram vel ad sinistram nullatenus declinare.

Perlectis dilectionis vestræ litteris, reverendi fratres, quasdam quæstiones de regula nostra a vobis proponi cognovimus, quibus quamvis prudentiæ vestræ auctoritas certius respondere potuisset, quantam parvitati nostræ reverentiam [*videtur addendum* exhibeatis] nos consulendo percepimus. Hinc igitur contentioni scrupulosæ vobis respondere cupientibus occurrit quod non est aliud, qui conantur jugum cervicibus vestris imponere, quod nos neque patres nostri portare potuimus, sed per gratiam Dei credimus salvari, quemadmodum et illi. Quatuor igitur inductionum ratione propensius inspecta, videlicet jejunii quotidiani, continui silentii, abstinentiæ a vino, vestimenti lanei, illorum objectioni aggrediemur obviare, si possimus, subnixi utriusque testamenti eloquio: qua tantum auctoritate scriptum illud dudum nobis notissimum regulam beati Augustini astruant vehementer miramur, cum in quibusdam vitæ ipsius ejusque institutioni aliorumque patrum, qui hujus professionis auctores exstiterunt, plurimum videatur esse contrarium, in plerisque, et ita sit impeditum atque obscurum, ut vix aut nunquam intelligi valeat: in pluribus vero ita diversum ut ubique terrarum omnimodo inusitatum fiat. Cum itaque quotidianum asserit observandum jejunium, sacris canonibus videtur obviare, qui in solemnitate Paschali et diebus Dominicis prohibent jejunare, quia et mensa B. Augustini, ut in vita ipsius legitur, propter hospites vel quosque infirmiores carnes aliquando habebat. Satis videtur absurdum atque judaicum carnes [non] comedere et quotidie jejunare: quod si quis contentiose asserere voluerit, quod propter hospites et infirmiores tantum, et non propter se carnem habuerit, vitam ipsius legat, et patenter inveniet quod sanctus vir nunquam aliter docere potuit quam vivere. Quia vero aiunt continuum esse tenendum silentium, cognoscite quia omnia tempus habent. Tempus est tacendi, et tempus loquendi. Si igitur tempus est loquendi, et tempus tacendi, consequens est ut ostium circumstantiæ juxta prophetiam congruo tempore agatur. Est itaque tenendum silentium non continuum: sed ut ait beatus Augustinus in Regula: « Si frater deliquerit, statim admonete. » Et alibi: « Magis quippe nocentes estis, si fratres vestros quos judicando corrigere potestis, tacendo perire permittitis. » Ab otiosis quippe fabulis continuum observandum esse silentium, et nos vehementer approbamus. Quod vero abstinentiam a vino exceptis Sabbatis et Dominicis inducunt, vitæ atque institutioni beati Augustini omni modo resistunt, cum in vita ipsius legatur quod mensa ejus semper vinum habebat, ore et Salomonis didicimus quod vinum moderate potatum sanitas sit animæ et corporis. In Regula quoque B. Augustini præcipitur: « Carnem vestram domate jejuniis, et abstinentia escæ et potus, quantum valetudo permittit. » Notate verba. Non aquæ potus, sed vini abstinentia congruens haberi præcipitur, licet panis desiderium et aquæ concupiscentia simili modo prohibeantur. In Vita etiam ipsius legitur quia cum ipso semper clerici una etiam domo ac mensa sumptibusque communibus alebantur et vestiebantur; quibus etiam instituerat ne quis juraret, ne ad mensam quidem : quod si prolapsus fuisset unam.... perdebat portionem. Numerus enim erat clericis secum commorantibus et convivantibus poculorum præfixus. Hi autem quod de laneis vestibus asserunt, dicentes proprium esse fullonum officium non lineas, sed laneas vestes abluere, videtur esse ridiculum, cum ubique et præcipue in partibus nostris tam lineas quam laneas fullones vestes abluant. Cum vero beatus Augustinus in Regula ablui jubebat indumenta secundum arbitrium præpositi, sive a fullonibus ne interioris animæ sordes contrahat mundæ vestis nimius appetitus, liquido claret non esse lineam sed laneam. Quis enim appetitus in ablutione vestis laneæ requiritur, qui quo amplius lavatur eo magis fœdari videtur, et nunquam a sua specie, nisi deteriorando mutatur? Nullus igitur appetitus in ablutione frequenti laneæ vestis, ut candidior appareat, monstratur. Nos autem qui licet indigni apostolica vita vivere optamus, lineis uti vestibus evidentioribus testimoniis probare possumus Jacobus enim frater Domini lineis semper usus est vestibus. In Veteri quoque Testamento pluribus modis habitus noster est figuratus. Duabus quippe tunicis lineis, exteriori videlicet et interiori, Aaron sacerdos, Domino præcipiente, induitur. A femoralibus quoque usque ad thiaram lineo candore refulget. Non hoc autem dicimus, quod jejunium, silentium, asperitatem vestium devitemus, quod pro modulo nostræ infirmitatis secundum instituta regulæ nostræ et sanctorum Patrum observamus, appetimus, approbamus, vosque observanda et appetenda monemus : sed unusquisque proprium habet donum ex Deo. Si enim fratres illi ad altiora montis cacumina conscendere disponunt, nequaquam dissuademus, tantum ut qui stat videat ne cadat : nobis autem parvula Segor sufficiat, tantum ut salvemur in ea. Jam vero quid absurdius, quidve enormius dici valeat, quam illa diurni nocturnique officii discretio, qua nec Romanum, nec monachicum, nec ecclesiasticum sequitur usum? Si quidem juxta Apostolum rationabile debet esse obsequium nostrum. Idcirco nisi prolixitas nimia epistolarem excederet modum, dicendum erat qua ratione in ecclesiastico officio die Dominico XIX psalmi, IX lectiones IXque responsoria, cur in hebdomada Paschæ et Pentecoste tres psalmi tresque lectiones dicantur. Vos igitur, fratres, in ea vocatione in qua vocati estis, Domino cooperante, unanimiter persistentes, et præcedentium patrum vestigiis irretractabiliter inhærentes, nequaquam moveamini a vestro sensu, neque per sermonem, neque per epistolam, neque fluctuemini omni vento doctrinæ : sed quæ audistis et vidistis et didicistis firmiter retinete, et Deus pacis et dilectionis maneat semper cum omnibus vobis. Amen.

ANNO DOMINI MCXXXVII.

JOANNIS CONSTANTIENSIS

EPISTOLA

Ad Gaufridum abbatem Richardum priorem et monachos Savigniensis monasterii

SIVE

IN LIBRUM DE COMPUTO ECCLESIASTICO

PRÆFATIO

(MARTÈNE, *Anecdot.* t. I, col. 562, ex ms. Savigniensi)

Reverendissimo domino et Dei servo abbati Savigniensi GAUFRIDO, nec non et ejusdem cœnobii venerando priori RICHARDO, universoque conventui, JOANNES Constantiensis sic de virtute in virtutem proficere, ut Deum deorum mereantur in Sion videre.

Gratias et laudes divinæ misericordiæ refero, quoniam olivæ fructiferæ domus Domini, nec non et altitudo cedrorum Libani, quinimo et montis Sion cupressi, me servum pigrum, arborem pene inutilem et ulmi similitudine infructuosam, saltem ad Domini vineam sustinendam invitare et supponere gratia sua dignantur. Petitis etenim, domini mei, ut de mari magno et spatioso compotorum ea quæ necessariora sunt sustentationi regiminique sanctæ Dei Ecclesiæ compendiose decerpta vobis in unum conscribam, et scribendo planiore vulgatiorique sermone, sicut introducendis pueris fieri solet, etiam nomina rerum et verba interpretando, vel etymologias enucleando, cunctis patefaciam. Quamvis itaque multorum dentes et cachinnos, qui in multis aliter quam ego sentiunt, in me scienter commoveam, libenter tamen de Domini pietate confisus vestrisque meritis et orationibus adjutus, onus et opus expetitum subeo, et prout Deus dederit complebo. Si igitur aliquantisper longius quam putatis illud complere distulero, quæso suppliciter ne tædeat dominos meos; graviter namque mediæ hiemis algore et intemperie impedior et ecclesiastico servitio. Vos autem, domini mei beati et vere philosophi, quorum vera philosophia in humanis atque divinis jam longe lateque diffunditur, si quid inutile in hoc opusculo videritis, illud corrigite, vel corrigendum mihi notificate; novi enim sanctum venerandumque collegium vestrum, multos honestos et eruditos viros habere : qui si placuisset vobis, hoc opusculum potuissent sufficientius explere, et ubi fuerit opus iidem poterunt emendare. Volo autem vos præmonere, ut prænoscatis de veterum regulis et tabulis et laterculis in hoc opere me multa postponere, quia quandoque fallunt, et veritatis tramitem nequeunt conservare; et quoniam de his quæ juvant ecclesiasticum compotum tractabitur, titulus hujus operis erit : *Compotus ecclesiasticus.* Intentio vero tractare de eodem compoto secundum solis et lunæ cursus, et ea quæ ex his colliguntur. Utilitas quippe est, ut hoc compoto lector edoctus, sanctam paschalem solemnitatum solemnitatem, reliquasque præcipuas anni festivitates, et natalitios dies sanctorum ecclesiastica sanctione constitutos, propriis temporibus et diebus denuntiare sciat et observare; cursum quoque temporum et statum computare, sed et hæreticos, et quoslibet deviantes, ad viam Catholicæ veritatis auctoritate et ratione constringere. Orantem pro nobis charitatem vestram misericors Dominus exaudire dignetur.

ANNO DOMINI MCXXIV.

MARBODUS

REDONENSIS EPISCOPUS

(*Vide Patrologiæ tom. CLXXI, post Hildeberti Cenomanensis Opera*)

ANNO DOMINI MCXXIV.

RADULFUS

CANTUARIENSIS ARCHIEPISCOPUS

EPISTOLA AD CALIXTUM II

(*Vide supra, hujus tomi col.* 1541)

ORDO RERUM

QUÆ IN HOC TOMO CONTINENTUR.

PASCHALIS II, PONTIFEX ROMANUS.
Notitia ex Bullario. 9
Notitia ex Conciliis. 9
Vita Paschalis II papæ auctore Petro Pisano. 13
Laus metrica Paschalis II papæ auctore Milone cardinali. 27
Notitia diplomatica. 27
EPISTOLÆ ET PRIVILEGIA.
I. — Ad Hugonem abbatem Cluniacensem. — Urbani obitum et suam ipsius electionem significat. 31
II. — Rescriptum ad Pibonem episcopum Tullensem. — Monachis Calmosiacensibus asserit altare parochialis ecclesiæ a Pibone donatum. 31
III. — Ad Bertrandum Narbonensem archiepiscopum. — Primatum ei super Aquensem metropolim, et quidquid dignitatis vel honoris Narbonensis Ecclesia habuerit ipsi inconcussum confirmat. 33
IV. — Ad Hildefonsum Hispaniarum regem. — Didacum (*Pelaiz*) ab ecclesia S. Jacobi Compostellana canonice remotum esse. 33
V. — Ad Clerum et populum Compostellanæ Ecclesiæ, de eodem. 34
VI. — Godino Oritano interdicit sub excommunicationis pœna ne Brandusini episcopatus bona sibi vindicet. 34
VII. — Ad Gebhardum episcopum Constantiensem. 34
VIII. — Bulla ad Ivonem episcopum Carnotensem. Ne quis obeunte eo vel ejus successore quolibet domum episcopalem exspoliare præsumat. 35
IX. — Ivoni Carnotensi et Rannulfo Santonensi episcopis præcipit, ne concilii Claromontensis de monasteriorum altariis decretum negligant. 36
X. — Paschalis privilegium monasterii Vindocinensis de professione ab abbate non facienda confirmat. 36
XI — Conventui ecclesiæ S. Jacobi Compostellanæ nuntiat Didacum, eorum ecclesiæ canonicum et vicedominum a sese ordinatum subdiaconum esse. 36
XII. — Monasterio Reinhardsbornensi ecclesiam Tittebornensem asserit. 37
XIII. — Ad Hermannum Augustensem episcopum. 37
XIV. — Monasterii Dervensis seu S. Bercharii protectionem suscipit, possessionesque ac privilegia confirmat. Statuit insuper ut nullus sæcularium aut ecclesiasticorum abbatem, ejusve successores ad sæcularem curiam trahat, neque episcopus ullus ad synodum, (nisi ob causam fidei, ire, nec denique monasterii sui solemnitates relinquere, et urbanis interesse cogat.) 37
XV. — Paschalis papæ epistola ad Philippum episcopum Catalaunensem. 37
XVI. — Bulla Paschalis II, de unione Ecclesiæ Arausicanæ ad Tricatisnam. 58
XVII. — Bulla ejusdem papæ pro unione prædicta. 58
XVIII. — Ad Norigaudum Augustodunensem episcopum. — Confirmat ejus electionem et omnes ejus ecclesiæ possessiones, et alia quædam decernit. 39
XIX. — Privilegium pro Ecclesia Matisconensi. 40
XX. — Epistola ad archiepiscopum Auscicnsem. 42
XXI. — Ad exercitum in Palæstina militantem. — Gratulatur ei de victoria obtenta, et simul ad progrediendum hortatur. 42
XXII. — Epistola ad archiepiscopos et episcopos Galliæ. Eos infames haberi decernit, qui voto astricti Hierosolymitanæ profectioni se subduxerant, vel qui ab obsidione Antiochena inglorii recesserant; eis vero qui, peracta victoria, revertuntur, sua restitui jubet. 43
XXIII. — Ad consules Pisanos. — Illis laudes impertit quod (anno præterito) Hierosolyma expugnandæ operam navarint. Promittit, Daibertum, eorum archiepiscopum, (nunc civitatis Jerusalem patriarcham,) contra Arnulfum, ejusdem sedis invasorem, a sese defensum et (nobili strenuoque viro Gotefrido, aliisque principibus Christianis adhuc in Syria et transmarinis partibus commorantibus) commendatum iri. Legatos suos (primo Januam, deinde in Sardiniam profecturos) commendat. 44

XXIV. — Godofredo, episcopo Magalonensi, mandat ut Didacum electum Ecclesiæ Compostellanæ episcopum consecret. 44
XXV. — De destructione ecclesiæ Compostellanæ. — Vetat ne clerici Compostellani occasione Hierosolymitani itineris provinciam suam deserant. 45
XXVI. — Ad Adefonsum Hispaniarum regem. — Ejus angustias dolet. 45
XXVII. — Fines episcopatus Mazariensis in Sicilia petente Stephano episcopo confirmat. 45
XXVIII. — Ad Albericum abbatem novi monasterii Cabilonensis. — De privilegio ibi concesso. 47
XXIX. — Ecclesiæ Trojanæ protectionem suscipit ac bona et privilegia confirmat, petente Huberto episcopo. 47
XXX. — Privilegium quo monasterium Silviniacense tanquam Cluniacensis cœnobii membrum sub apostolicæ sedis protectione suscipit, eo modo quo Urbanus papa secundus. 50
XXXI. — Privilegium quo monasterii Cluniacensis bona omnia et jura confirmantur. 51
XXXII. — Paschalis epistola ad Galliarum episcopos. — Cœnobium Cluniacense commendat. 53
XXXIII. — Majoris Monasterii protectionem suscipit, possessionesque ac privilegia confirmat, imposito monachis aurei denarii censu annuo. 54
XXXIV. — Paschalis papæ epistola ad Hugonem abbatem Cluniacensem. — Privilegium Cluniacense. 56
XXXV. — Bulla Paschalis II pro unione Ecclesiæ Arausicanæ ad Tricastinam. 58
XXXVI. — Privilegium pro monasterio S. Salvatoris Papiensis. 59
XXXVII. — Geraldo archiepiscopo Bracarensi (pallium et privilegium concedit.) 60
XXXVIII. — Rescriptum Paschalis papæ ad Argentinensem Ecclesiam. 60
XXXIX. — Paschalis epistola ad Bernardum, archiepiscopum Toletanum. — Primatum Toletanæ Ecclesiæ confirmat. 60
XL. — Privilegium papæ pro monasterio Sancti Savini Placentini. 62
XLI. — Epistola ad Gothofredum episcopum Magalonensem. — Non pervenisse suas de consecrando electo Compostellano litteras, (in autumno præterito) missas, miratur. Mandat ut consecrationem perficiat. 63
XLII. — Ad clericos S. Jacobi Compostellanos. — De consecrando Didaco quæ jam litteris mandaverat repetit. 63
XLIII. — Ad Al[defonsum] regem. — Nuntiat quid de consecrando Didaco jam mandaverit. 64
XLIV. — Ad clericos et laicos Al[defonsi] regnum habitantes. — Ne occasione Hierosolymitani itineris occidentalis depopuletur Ecclesia. 64
XLV. — Privilegium pro monasterio Casinensi. 65
XLVI. — Ad Velletranos. — Abrogat quæ a Guiberto contra fas instituta apud eos erant. Eorum limites definit. 66
XLVII. — Confirmatio dotationis monasterii S. Benedicti Alperspacensis. 67
XLVIII. — Paschalis epistola ad Lambertum episcopum Atrebatensem. — Confirmat Atrebatensem episcopatum: inter quem et Cameracensem limites constituit. 69
XLIX. — Ad Henricum regem Anglorum. — Contra investituras ecclesiasticas. 70
L. — Privilegium pro ecclesia Calmosiacensi. 72
LI. — Privilegium pro ecclesia S. Vincentii Bergomatis. 73
LII. — Ad Guillelmum Melphiensem episcopum. — Abrogat Lavellanum episcopatum; Melphiensis possessionis et jura confirmat. 73
LIII. — Ad Constantinum Ravellensis Ecclesiæ episcopum. — Privilegia et possessiones Ecclesiæ Ravellensis confirmat. 74
LIII bis. — Ad Madelmum abbatem Sanctæ Sophiæ. —

Privilegium cœnobii Sanctæ Sophiæ. 75
LIV. — Privilegium pro monasterio Casinensi. 77
LV. — Ad Lanuinum Turris priorem scribit ex Richardo episcopo Albanensi se cognovisse « pacem et concordiam eremi reformatam et eum in locum Brunonis successisse. » Hortatur ut Brunonis virtutes æmuletur. 78
LVI. — Ecclesiæ S. Jacobi Compostellanæ privilegia ac possessiones confirmat. 78
LVII. — Ad Didacum Compostellanum episcopum. — De reformandis moribus istius Ecclesiæ deformibus, qui per bella in eam irreperant. 79
LVIII. — Ad Bernardum Toletanum, Giraldum Bracarensem, etc. — Illos jubet ad synodum venire Romæ habendam. 80
LIX. — Ad Anselmum Cantuariensem archiepiscopum. — Det operam Anglicanæ Ecclesiæ restaurandæ et Anglorum regem cum Northmannis premere conciliet. 80
LX. — P[etro] episcopo Pictaviensi præcipit ut monasterio Cluniacensi satisfaciat de abbate S. Cypriani consecrato; eidemque monasterio satisfieri ab abbate Malleacensi jubet. 81
LXI. — Ad episcopos Scotiæ, suffraganeos Eborum Ecclesiæ pro archiepiscopo Eborum. 81
LXII. — Gerardo archiepiscopo Eboracensi pallium tribuit. 82
LXIII. — Privilegium pro monasterio Jesu Nazareni. 82
LXIV. — Privilegium pro monasterio S. Ambrosii Mediolanensis. 82
LXV. — Monasterii S. Petri Cœli Aurei Papiensis privilegia confirmat. 84
LXVI. — Monasterii Montis Majoris privilegia, apud Arelatem petente Guillelmo abbate confirmat. In illo diplomate recensentur ea quæ concessione pontificum, liberalitate principum vel oblatione fidelium collata fuerant, in his castrum Biduini cum suis appendicibus; monasterium S. Martini de Alamonte, et in comitatu Regensi castrum Crisellum et monasterium Stabloni. 84
LXVII. — Ecclesiæ Fœsulanæ bona, rogante Joanne episcopo, confirmat. 84
LXVIII. — Commutationem inter Geruntonem abbatem S. Benigni Divionensis et Gilbertum abbatem Cadomensem factam, possessionesque monasterii Divionensis confirmat. 86
LXIX. — Ad Giraldum archiepiscopum Bracarensem, Didacum Compostellanum et Adefonsum Tudensem, episcopos. — Pelagii matrimonium non esse dirimendum. 87
LXX. — Monasterii S. Dionysii privilegia confirmat. 87
LXXI. — Monasterium S. Mariæ Rosenfeldense tuendum suscipit privilegiisque ornat; imposito monachis byzantii unius censu annuo. 88
LXXII. — Ad abbatem et monachos monasterii Beccensis. — Monasterio Beccensi asserit ecclesias a Willelmo, Rothomagensi archiepiscopo, et Ivone Carnotensi et Gofrido Pariensi episcopis « in salarium collatas. » 90
LXXIII. — Ad Anselmum Cantuariensem archiepiscopum. — Ut se constanter gerat in tuenda Ecclesiæ Anglicanæ libertate. 90
LXXIV. — Ad eumdem. — Respondet ad multa de quibus eum Anselmus consuluerat. 91
LXXV. — Ad Henricum Anglorum regem. — Contra investituras ecclesiasticas. 91
LXXVI. — Ad Osbernum episcopum. — Ne monachi prohibeantur habere in monasterio suo cœmeterium ad sepoliendos suos. 95
LXXVII. — Ad Robertum episcopum Coventranum. — Statuit ut Robertus episcopus ejusque successores Coventriæ, non Licidfeldiæ nec Cestriæ, sedem habeant, et possessionis Ecclesiæ Coventriensis confirmat. 95
LXXVIII. — Ad Crescentium archiepiscopum Salonitanum. — Jura ejus metropolitana confirmat, ac pallium ei concedit. 96
LXXIX. — Jura et privilegia abbatiæ SS. Philippi et Jacobi et Walburgis in Silva Hagenonensi, a Friderico duce Alsatiæ et Sueviæ, atque a Petro comite Lucelburgensi fundatæ, confirmat. 97
LXXX. — Bulla de Fundatione monasterii Cheminonensis. 99
LXXXI. — Ad Ivonem episcopum et canonicos Carnotenses. — Vetat ne pro ecclesiasticis beneficiis munus accipiatur, nec ecclesiastica negotia ad sæculares deferantur, etc. Tum firmat excommunicationem ab Ivone dictatam, de domibus Ecclesiæ contiguis. 100
LXXXII. — Privilegium pro monasterio Vichpacensi. 101
LXXXIII. — Ad Altardum abbatem Vizeliacensem — Privilegium Vizeliacense. 102
LXXXIV. — Bulla pro abbatia Sancti Joannis in Valleia. 104
LXXXIV bis. — Monasterii Sancti Martini in Monte Pannoniæ privilegia confirmat. 105
LXXXV. — Ad Anselmum Cantuariensem. — Investituras regibus aliisque laicis magistratibus non esse concedendas. 105
LXXXVI. — Ad Anselmum Cantuariensem archiepiscopum. — De investituris ecclesiasticis; de clericorum filliis; de Gualensis episcopi causa. 106
LXXXVII. — Ad Gerardum archiepiscopum Eboracensem. — Monetur ut archiepiscopum Anselmo Cantuariensi juxta morem prædecessorum suorum faciat. 107
LXXXVIII. — Ad Robertum Flandrensium comitem. — Ut Leodienses schismaticos Henrico imperatori adhærentes ab Ecclesia expellat. 108
LXXXIX. — Petro archiepiscopo Aquensi pallii usum concedit. 108
XC. — Confirmat donationes factas abbatiæ S. Auberti canonicorum regularium ordinis S. Augustini Cameraci. 107
XCI. — Ecclesiæ S. Auberti Cameracensis possessiones et privilegia confirmat. 108
XCII. — Privilegia et exemptionem abbatiæ S. Petri in monte Blandinio, ordinis S. Benedicti, juxta Gaudavum, confirmat. 111
XCIII. — Ecclesiæ Compostellanæ possessiones confirmat. 111
XCIV. — G[undisalvo] Minduniensi episcopo præcipit ut aut archipresbyteratus (duos) injuste retentos D[idaco] episcopo Compostellano restituat aut apud Bernardum, archiepiscopum Toletanum, apostolicæ sedis legatum, causam dicat. 115
XCV. — Ad D[idacum] episcopum Compostellanum. 114
XCVI. — Ad abbatem Sanctæ Mariæ apud Bantium. — Privilegium hujus cœnobii. 114
XCVII. — Ad preces Manegaldi præpositi monasterium Marbacense in protectionem sedis apostolicæ recipit. 116
XCVIII. — Ad D[idacum] episcopum Compostellanum. 117
XCIX. — Bulla pro Ferrariis. 118
C. — Ad Anselmum Cantuariensem archiepiscopum. — Primatum ipsi confirmat. 119
CI. — Ad Henricum regem Angliæ. — Pro Anselmo Cantuariensi archiepiscopo investituras ecclesiasticas jure contra regem propugnante. 119
CI bis. — Monasterii Casalis Benedicti privilegia confirmat. 120
CII. — G[ebhardum] Hirsaugiensem et cæteros catholicos abbates et monachos per Sueviam hortatur ut mala æquo animo ferant et G[ebhardum] Constantiensem colant. Arnoldum, Ecclesiæ Constantinis invasorem, excommunicatum nuntiat. 121
CIII. — Ad Guelphonem ducem Bavariæ, Bertholdum ducem Sueviæ; etc. — Illos ad catholicam Ecclesiam revocat. 121
CIV. — Ad Gallos. — Solvit interdictum cui Eduensis episcopus Vizeliacensem Ecclesiam subjecerat. 122
CV. — Clero et populo Papiensi significat se monasterii S. Petri Cœli Aurei privilegia lædi a Willelmo episcopo non esse passurum. 123
CVI. — Ad Petrum regem Aragonum. 123
CVII. — Ad Bertrannum comitem Tolosanum. — Increpatoria quod burgum S. Ægidii invaserit, et oblationes altaris tanquam populares merces exposuerit. 125
CVIII. — Ad Rangerium episcopum et canonicos Ecclesiæ Lucensis. 124
CIX. — Ad Lanuinum eremi S. Mariæ de Turri magistrum. 124
CX. — Ecclesiæ S. Crucis et B. Eulaliæ Barcinonensis tutelam suscipit possessionesque et privilegia confirmat. 125
CXI. — Monasterii Pegaviensis tutelam suscipit privilegiaque confirmat, imposito monachis aurei unius censu annuo. 126
CXII. — Privilegium pro monasterio Jesu Nazareni. 126
CXIII. — Lamherto episcopo Atrebatensi mandat ut ante diem apostolorum Petri et Pauli (29 Jun.) una cum Joanne episcopo Tarvanensi judicet inter Landfridum S. Wilmari abbatem et Heribertum, a comite Boloniensi eadem abbatia privatum. 127
CXIV. — Ad oppidanos S. Geminiani. — Ne illorum oppidum, illiusque ager, a Volaterrensis Ecclesiæ possessione unquam alienetur. 127
CXV. — G[arsiam] episcopum Burgensem ire Astoricam jubet, ubi eo præsente « quinque personæ ex vetustioribus Minduniensis Ecclesiæ » jurent se archipresbyteratus duos, quos Ecclesia Compostellana sibi vindicet, « XL annorum spatio inconcusse possedisse. » 128

CXVI. — Ad archiepiscopos et episcopos provinciarum, Remensis, Senonensis ac Turonensis. — Ut Philippum regem et ejus pelliccm a vinculo excommunicationis absolvant. 128
CXVII. — Monasterii S. Mariæ Bornhemensis protectionem suscipit, bonaque ac privilegia confirmat, petente Manasse episcopo Cameracensi. 129
CXVIII. — Monasterii Gottwicensis privilegia confirmat. 129
CXVIII bis. — Monasterii S. Blasii Admontensis possessiones confirmat. 129
CXIX. — Ecclesiæ S. Frigdiani possessiones juraque confirmat. 131
CXX. — Privilegium pro monasterio S. Orientii Auscitani. 132
CXXI. — Didaco episcopo Compostellano pallii usum tribuit. 132
CXXII. — Ad principes, milites ac cæteros laicos per Hispaniam et Galliciam. — De illicita copulatione. 134
CXXIII. — Privilegium pro monasterio Usenhovensi. 154
CXXIV. — Privilegia atque possessiones ecclesiæ collegiatæ S. Amati Duaci confirmat. 136
CXXV. — Ad Lanuinum, eremi S. Mariæ de Turri magistrum. 157
CXXVI. — Ascero archiepiscopo Lundensi, Lucciæ primati pallium mittit. 138
CXXVII. — Manassi, archiepiscopo Remensi scribit de abbate S. Medardi per militem inimicum Simoniæ accusato. 138
CXXVIII. — Ad Stephanum abbatem et monachos S. Ægidii. — Denuntiat se excommunicaturum Bertrannum comitem Tolosanum et quosdam ejus milites, nisi ab injuriis monasterio illatis desistant. 139
CXXIX. — Ad monachos et cæteros fideles S. Ægidii. — Ne quis de altaris oblatione quidquam, invito abbate, distrahere vel fraudare præsumat. 139
CXXX. — Gislæ, abbatissæ Romaricensi, suadet a canonicis Calmosiacensibus pro parochialis ecclesiæ S. Mariæ parte concambium accipiat. 139
CXXXI. — Gislæ abbatissæ Romaricensi præcipit ut ab injuriis in monachos Calmosiacenses desistat. 140
CXXXII. — Eustachium comitem monet ut Lambertum episcopum Arelatensem manere in possessione altarium quorumdam sinat. 140
CXXXIII. — Ad Manassem archiepiscopum Remensem. — De ecclesiis decem Lamberto restituendis. 141
CXXXIV. — Ad Lambertum episcopum Atrebatensem. — De clericis quibusdam excommunicatione solutis. 141
CXXXV. — Ad B[ernardum archiepiscopum Toletanum], D[idacum] Compostellanum, D. (?) Minduniensem, P[etrum] Lucensem, episcopos. — De abbate Ciniensi. 142
CXXXVI. — Ecclesiæ Affligemensis immunitatem corroborat. 142
CXXXVII. — Ad Stephanum Besuensem abbatem. — Besnensis cœnobii possessiones et jura confirmat. 142
CXXXVIII. — Henricum regem de « Saxoniæ Romanæ Ecclesiæ communi reconcilianda » hortatur. 143
CXXXIX. — Monasterii Casinensis possessiones et privilegia confirmat. 144
CXL. — Monasterii S. Petri Cœli Aurei Papiensis privilegia confirmat. 148
CXLI. — Monasterii S. Benedicti Padlironensis possessiones et privilegia confirmat, imposito monachis duarum auri unciarum tributo annuo. 148
CXLII. — Ad Guidonem Papiensem episcopum. — Privilegia, possessiones et jura Papiensis episcopatus confirmat. 151
CXLIII. — Ad Martinum priorem Camaldulensem. — Monasteria subjecta eremo Camaldulensi in protectionem suscipit. 152
CXLIV. — Ad Anselmum Cantuariensem archiepiscopum. — Excommunicatio esse in Lateranensi concilio Investiturarum in Anglia fautores. 154
CXLV. — Roberto, comiti de Mellento, iram Dei minatur si pergat Anglorum regi persuadere ut « in causa investiturarum Romanæ Ecclesiæ repugnet. » 154
CXLVI. — Gerardum archiepiscopum Eboracensem reprehendit quod neque Anselmum « adjuvare juraverit neque iniquitati regiæ obviaverit. » 155
CXLVII. — Monasterii Altorfensis possessiones et privilegia confirmat, imposito monachis bizantii unius censu annuo. 155
CXLVIII. — Pontii episcopi Aniciensis privilegia confirmat. 155
CXLIX. — Ad Parisiensis Ecclesiæ clericos. — Galonem Parisiensem episcopum effectum, a se discedentem, ipsis commendat, mittitque, cum amplissima potestate. Velat ne majores præbendarii a minoribus hominia suscipiant. Sancti Eligii cœnobium, monialium dissolutione infame, Galonis arbitrio permittit. 157
CL. — Ad Daimbertum archiepiscopum Senonensem. — Consecratum a se Parisiensem episcopum commendat. 158
CLI. — Erectio collegiatæ ecclesiæ S. Mariæ Brugensis confirmatur. 158
CLII. — Confirmatio bonorum ad ecclesiam Ferrariensem spectantium, cui assignantur limites, et undecim minores massæ de patrimonio Romanæ Ecclesiæ donantur. 159
CLIII. — Ad Bernardum Toletanum archiepiscopum et Didacum Compostellanum episcopum. 161
CLIV. — Privilegium pro monasterio Trenorciensi. 161
CLV. — Privilegium pro Parthenone Fontis Ebraldi. 164
CLVI. — Monasterii S. Michaelis (diœc. Virdunensis) protectionem suscipit possessionesque confirmat. 165
CLVII. — Confirmat antiquam Sedis Ovetensis exemptionem. 168
CLVIII. — Ad Belvacensem episcopum de quadam terra Sancti Bertini, Hubertinsin dicta. 169
CLIX. — Ad Didacum episcopum Compostellanum. — De mitris habendis. 170
CLX. Ad G[undisalvum] episcopum Minduniensem. — Significat se cognovisse archipresbyteratus Bisancos, Trasancos, Salagia, juris esse Ecclesiæ Compostellanæ. Quos ne amplius vindicet præcipit. 170
CLXI. — Monasterii Tutelensis bona et privilegia confirmat. 171
CLXII. — Monasterium S. Georgii in Silva-Nigra in specialem sedis apostolicæ tutelam suscipit. 172
CLXIII. — Ad Hugonem abbatem Cluniacensem. 173
CLXIV. — Ad Rothardum Romanum Archiepiscopum. — De episcopis qui investiuntur a regibus; item de iis qui schismatis tempore consecrati sunt. 174
CLXV. — Ecclesiæ S. Walburgis Furnensis possessiones quasdam, rogatu Gertrudis, Flandriæ comitissæ confirmat. 175
CLXVI. — Privilegium pro episcopatu Pistoriensi. 175
CLXVII. — Ad Eustachium abbatem S. Nicolai. — Privilegium illius abbatiæ. 178
CLXVIII. — Ad Gallicanum clerum universum. — Wernerii invasionem in apostolicam sedem narrat. 179
CLXIX. — Rescriptum Paschalis ad epistolam Ottonis Bambergensis episcopi qua significabat se ab imperatore accepisse episcopatum, sed in eo permanere nolle nisi a pontifice investiretur et consecraretur. 179
CLXX. — Causam Odonis abbatis Sancti Quintini episcopis Carnotensi et Parisiensi committit. 180
CLXXI. — A[damo] abbati monachisque S. Dionysii interdicit « ne præter Galonis, episcopi Parisiensis, licentiam sacramentis suscipiendis alios adeant antistites. » 180
CLXXII. — Charta super confirmatione Ecclesiarum, quas tenent canonici Lingonenses. 181
CLXXIII. — Gislæ abbatissæ Romaricensi sub excommunicationis pœna præcipit ut de vexandis monachis Calmosiacensibus desistat. 182
CLXXIV. — Bulla pro cœnobio Sancti Petri Carnotensis. 183
CLXXV. — Bulla pro cœnobio S. Walarici. 184
CLXXVI. — Ad Bertramnum priorem S. Fidis in Selestadt. — Bona ac ejusdem monasterii privilegia confirmat. 185
CLXXVII. — Ad Anselmum Cantuariensem archiepiscopum. — De concordia cum rege inita ei gratulatur. 186
CLXXVIII. — Ad Willelmum Rothomagensem episcopum. — Suspensus erat Willelmus : ad eum scribit pontifex, se Anselmi deprecatoris gratia, quidquid Anselmus indulserit, indulgere. 188
CLXXIX. — Ad Willelmum archiepiscopum Rothomagensem. 188
CLXXX. — Ad B[uthardum] episcopum Moguntinum. 188
CLXXXI. — Ad Guidonem episcopum Ticinensem et clericos Papienses. 189
CLXXXII. — Privilegium pro monasterio S. Salvatoris et S. Juliæ Brixiensis. 189
CLXXXIII. — Ad R[uthardum] archiepiscopum Moguntinum. — Commendat Ottonem episcopum Bambergensem a sese consecratum. 191
CLXXXIV. — Ad clerum populumque Bambergensem. — Illis Ottonem episcopum commendat. 192
CLXXXV. — Ecclesiæ S. Frigdiani Lucensis parochianos laudat quod canonicis obtemperent. 192

CLXXXVI. — Ecclesiæ S. Frigdiani Lucensis privilegia confirmat. 193
CLXXXVII. — Ad B[ernardum] archiepiscopum Toletanum. 194
CLXXXVIII. — Ad Petrum Acheruntinum archiepiscopum. — Ejus electionem confirmat, et jura metropoleos Acheruntinæ; mittit pallium. 194
CLXXXIX. — Bulla pro Benedicto abbate monasterii S. Salvatoris in Moxi. 195
CXC. — Ad episcopos Galliarum. — Adversus interfectores abbatis Vizeliacensis. 196
CXCI. — Gislæ abbatissæ Romaricensi, si suum de monachis Calmosiacensibus præceptum « usque ad proximæ Quadragesimæ initium adimplere contempserit, ex tunc aditum ecclesiæ interdicit. » 197
CXCII. — Ad Gebehardum Constantiensem et Odericum Pataviensem episcopos. — Non quoslibet excommunicatos esse vitandos. 197
CXCIII. — Hugoni abbati S. Ægidii abbatiam Seumichensem a Ladislao Ungarorum rege fundatam confirmat. 198
CXCIV. — Ad Guidonem abbatem S. Stephani Laudensis. — Privilegium monasterii S. Stephani. 199
CXCV. — Ad monachos S. Petri et S. Salvatoris Papienses. 200
CXCVI. — Ad canonicos Augustenses. 200
CXCVII. — Didaco episcopo Compostellano mandat ut una « cum provincialium sedium episcopis, Petro Legionensi, Pelagio Asturicensi et aliis inter Oxomensis et Burgensis Ecclesiæ clericos ambiguitatem de finibus communis parœciæ certissima indagine determinet. » 201
CXCVIII. — Privilegium pro Ecclesia Colimbriensi. 201
CXCIX. — Ad Hugonem Cluniacensem abbatem. — Vetat ne pedaticum quis vel aliud quidquam exigere possit ab his qui Cluniacum eunt, vel inde exeunt, infra terminos designatos. 201
CC. — Monasterii Casæ Dei jura et bona confirmat. 202
CCI. — Ad Willelmum de Sabrano et alios Bertranni comitis Tolosani socios. — Ad satisfactionem eos invitat sub pœna excommunicationis, ob damna monasterio S. Ægidii illata. 202
CCII. — Ad Ricardum Narbonensem archiepiscopum et comprovinciales episcopos. — Narrat Bertranni Tolcsani comitis adulteria et illata monasterio S. Ægidii damna, et hortatur ut cæteros ab auxilio et communione ipsius et sociorum ejus compescant. 203
CCIII. — Ad clericos Augustenses. — Illos in gratiam rediisse cum Herimanno episcopo gaudet. 204
CCIV. — Ad Hugonem abbatem Cluniacensem. — Confirmat Cluniacensium jura et possessiones. 204
CCV. — Confirmatio ecclesiarum et possessionum monasterii Athanacensis facta abbati Gauceranno. 205
CCVI. — Parthenonis Romaricensis et canonicæ Calmosiacensis controversiam dijudicat. 206
CCVII. — Ad monachos et burgenses S. Ægidii. — Denuntiat eis excommunicatum a se Bertrannum comitem Tolosanum, et mandat ut ab eodem sub excommunicationis pœna abstineant. 207
CCVIII. — Privilegium pro monasterio S. Germani a Pratis. 207
CCIX. — Monasterii S. Launomari Blesensis privilegia confirmat. 208
CCX. — Monasterii S. Joannis Carnotensis privilegia confirmat. 209
CCXI. — Privilegium pro abbatia S. Martini de Campis. 209
CCXII. — Privilegium pro monasterio S. Arnulphi. 210
CCXIII. — Possessiones abbatiæ Elnonensis, seu S. Amandi, ordinis S. Benedicti, confirmat easque apostolicis munit privilegiis. 211
CCXIV. — Ad Gebhardum Constantiensem episcopum. — Reprehendit quod investiti (Heinrici archiepiscopi Magdeburgensis) consecrationi interfuerit nec venerit ad concilium vocatus. 213
CCXV. — Reinhardi episcopi Halberstadensis petitioni non satisfacit quod « Ecclesiæ regimen per investituram, manus laicæ susceperit. » In concilio Trecensi quid statutum sit nuntiat. 214
CCXVI. — Ad Rothardum archiepiscopum Moguntinum. — Arguit eum de quibusdam excessibus ab eo commissis, utque in posterum ex ignorantia non erret, mittit ei quædam ex sacris canonibus excerpta, atque ad preces quorumdam prælatorum ipsi benigne indulget. 214
CCXVII. — Ad Nicolaum abbatem et monachos Corbeienses. — In gratiam scholarum Corbeiensem confirmat donum a rege Philippo factum, ut negotiatoribus ad forum Corbeiæ liber pateat commeatus. 215
CCXVIII. — Monasterii S. Remigii Remensis privilegia quædam confirmat. 216
CCXIX. — Ecclesiæ Antissiodorensis bona, petente Humbaldo episcopo, confirmat. 217
CCXX. — Privilegium pro monasterio insulæ Agensis. 218
CCXXI. — Ad Anselmum Cantuariensem episcopum. — Presbyterorum filios ad sacros ordines promovere Anselmo permittit, Richardum abbatem in communionem suam admittere; cætera, ut pro tempore visum erit, dispensare. 219
CCXXII. — Bulla qua jam concessam bulla Nicolai papæ II exemptionem Corbiniacensis cœnobii a subjectione Flavinianensis confirmat. 220
CCXXIII. — Ad Hugonem abbatem Cluniacensem. — Cluniacensibus adjudicat cellam sancti Dionysii de Nongento, adversus Guillelmum abbatem Sancti Petri Carnotensis. 220
CCXXIV. — Hugoni abbati S. Germani Antissiodorensis bullam tribuit. 221
CCXXV. — Ad Ricardum Narbonensem archiepiscopum. — Narbonensis Ecclesiæ possessiones et jura confirmat. 222
CCXXVI. — Ad abbatem S. Pontii et Electensem. — Ne excommunicatos a Narbonensi episcopo suscipiant. 225
CCXXVII. — Ad monachos S. Ægidii. — Bertrannum comitem nuntiat se absolvisse, cum is illata monasterio S. Ægypti damna reparaverit. 223
CCXXVIII. — Decretum pro pago Salmoriacensi. 224
CCXXIX. — Ad Hugonem abbatem Cluniacensem. — Sancti Wimari abbatiam illi subjicit corrigendam. Ejus abbates in perpetuum ab abbatibus Cluniacensibus constituantur. Cuivis monacho liceat ad Cluniacense cœnobium transire. 225
CCXXX. — Monasterio S. Benedicti Padilironensis privilegia quædam concedit. 226
CCXXXI. — Ecclesiæ Lucensis privilegia, petente Rangerio episcopo, confirmat. 226
CCXXXII. — Gregorii archidiaconi, Huberti archipresbyteri, Rainerii primicerii, Guidonis cantoris, fratrum ecclesiæ Lucanæ privilegia quædam confirmat. 227
CCXXXIII. — Ad Joannem abbatem Florentinum. — Privilegium Florentini cœnobii. 227
CCXXXIV. — Bulla Paschalis II papæ. — Privilegium pro Parthenone S. Petri de Lucô. 228
CCXXXV. — Ad Daimbertum archiepiscopum Senonensem. — Dijudicandam committit causam abbatum duorum. 229
CCXXXVI. — Ad Hierosolymitanæ Ecclesiæ clericos, regem [Balduinum] et populum. 230
CCXXXVII. — Monasterio Casæ Dei monasteria quædam subjicit. 232
CCXXXVIII. — Anselmo archiepiscopo Cantuariensi mandat judicet de matrimonio Roberti comitis a rege Angliæ capti. 232
CCXXXIX. — Privilegium pro ecclesia Sancti Martini. 252
CCXL. — Ad Adelgotum Magedaburgensem archiepiscopum. — Citat eum ad sedem apostolicam de excessu commisso rationem redditurum. 253
CCXLI. — Ad Brunonem Trevirensem archiepiscopum. — Committit ei absolutionem ab excommunicatione episcopi Leodiensis. 254
CCXLII. — Ad Conradum Salzburgensem archiepiscopum. — Consolatur quod a suis multa passus esset. Item de quibusdam ab ipso interdictis, et de Guibertinis. 234
CCXLIII. — Hugoni abbati Cluniacensi monasterium. S. Germani Antissiodorense addicit. 235
CCXLIV. — R[angerio] episcopo Lucensi canonicos S. Frigdiani commendat. 235
CCXLV. — R[angerium] episcopum Lucensem reprehendit quod canonicos S. Frigdiani patiatur injuriis affici. 256
CCXLVI. — Ad R[othonem] præpositum S. Frigdiani. 236
CCXLVII. — Ad R[angerum] episcopum et canonicos Ecclesiæ Lucensis. — De canonicis S. Frigdiani. 256
CCXLVIII. — Monasterii S. Michaelis Siegburgensis possessiones et privilegia confirmat. 237
CCXLIX. — Lamberto Atrebatensi et Joanni Tarvanensi mandat, judicent inter canonicos Tornacenses et monachos S. Martini. 237
CCL. — Privilegium pro ecclesia S. Evasii. 237
CCLI. — Ottoni episcopo Bambergensi asserit oppidum Albegerinstein, ab Heinrico rege traditum. 238
CCLII. — P[etro] Legionensi, D[idaco] Compostellano, R. Palentino, P. Nazarensi, P[elagio] Asturicensi episcopis scribit de Ecclesiæ Burgensis finibus non imminuen-

dis. 238

CCLIII. — Diœcesis Burgensis fines, petente Garsia episcopo, confirmat. 239

CCLIV. — Ad aliquot episcopos et abbates Galliæ. — De legatione sedis apostolicæ commissa Girardo Engolismensi episcopo. 240

CCLV. — Privilegium pro ecclesia Sanctæ Mariæ Vasertensis. 241

CCLVI. — Laurentio abbati S. Vitoni significat Richardum episcopum Virdunensem in communionem a sese receptum non esse. 242

CCLVII. — Ad Eustachium episcopum Valentinum et Leodegarium Vivariensem. — Ut Bertrannum comitem Tolosanum, ob ipsorum preces a vinculo excommunicationis absolvant, S. Ægidii monasterium rursus spoliantem compescant. 242

CCLVIII. — Ad Berengarium Forojuliensem et Leodegarium Aptensem episcopos. — Ut ab expugnando S. Ægidii monasterio cum Tolosano comite cessent. 243

CCLIX. — Monasterii S. Bertini Sithiensis libertatem, privilegia, possessiones confirmat. 243

CCLX. — Ad Anselmum Cantuariensem archiepiscopum. — S. Ecclesiæ Cantuariensis privilegio consulturum spondet. 243

CCLXI. — Privilegium pro monasterio Selbaldensi. 246

CCLXII. — Ad D[idacum] Compostellanum episcopum. — Ut super altare B. Jacobi nemo celebret missam, nisi episcopi vel septem cardinales. 247

CCLXIII. — Exemptionem Ecclesiæ Burgensis ejusque statutos in concilio terminos confirmat. 248

CCLXIII bis. — Ecclesiæ Burgensis fines libertatemque confirmat. 248

CCLXIV. — Ad Henricum Anglorum regem. De eodem argumento. Perierunt litteræ regis ad quas respondet. 249

CCLXV. — Ad Anselmum Cantuariensem archiepiscopum. — Concedit quod Anselmus postularat. 250

CCLXVI. — Ildefonsum Hispanorum regem hortatur ne ecclesiarum parœcias, per pontifices Romanos confirmatas, confundi patiatur. 251

CCLXVII. — Episcopo Oscitano præcipit ut episcopo Barbastrensi de illatis injuriis satisfaciat. 251

CCLXVIII. — Ad Baldricum Dolensem archiepiscopum. — Privilegium Baldrici Dolensis archiepiscopi de pallio. 252

CCLXIX. — Ad suffraganeos, clerum et populum Dolensem. — Baldrico Dolensi archiepiscopo pallium concedit. 252

CCLXX. — Ecclesiæ S. Frigdiani Lucensis possessiones juraque confirmat. 253

CCLXXI. — Ecclesiæ Virdunensis fratribus catholicis præcipit ut Richardum episcopum excommunicatum vitent, etc. 253

CCLXXII. — Abbates et clericos archidiaconatus Guidonis hortatur ut Guidoni, dejecto per Richardum, Ecclesiæ Virdunensis invasorem, obediant. 254

CCLXXIII. — Bulla protectionis et confirmationis bonorum Calmosiacensis monasterii. 254

CCLXXIV. — Monasterii S. Lamberti protectionem suscipit ac possessiones confirmat. 256

CCLXXV. — Privilegium pro ecclesia S. Deodati. 256

CCLXXVI. — Monasterium Weissencense tuendum suscipit et ejus possessiones ac jura confirmat, imposito monachis bizantii unius censu annuo. 257

CCLXXVII. — Ad Hugonem Gratianopolitanum episcopum. — De non alienandis Ecclesiæ Gratianopolitanæ possessionibus. 257

CCLXXVIII. — Bulla pro Sancto Martino Ambianensi. 258

CCLXXIX. — Privilegium pro Majori Monasterio. 259

CCLXXX. — Ad Pontium abbatem Cluniacensem. — Confirmat ei et successoribus ejus omnia ab antecessoribus suis pontificibus monasterio Cluniacensi concessa, collata et confirmata. 260

CCLXXXI. — Ad episcopos Anagniæ et Campaniæ. — De canonizatione Sancti Petri Anagniæ episcopi. 261

CCLXXXII. — Ad Petrum presbyterum. 261

CCLXXXIII. — Ad Pontium Cluniacensem abbatem. — Privilegia Cluniacensis monasterii confirmat. 262

CCLXXXIV. — Privilegium ad Pontium abbatem Cluniacensem ad quem mittit pallium candidum, ut ex eo sibi paret dalmaticas in usu ecclesiæ Cluniacensis, concedens ei quod utatur insignibus pontificalibus in octo præcipuis festivitatibus monasterii sui. 262

CCLXXXV. — Privilegium pro monasterio Sigebergensi. 263

CCLXXXVI. — Theodorico duci et Riquino electo Tul-

lensi mandat ut monasterii Calmociasensis adversarios sæculari et ecclesiastica censura ab oppressione monachorum repellant. 264

CCLXXXVII. — Ad Henricum abbatem S. Vedasti. 265

CCLXXXVIII. — Ad Gebeardum Constantiensem episcopum. — De communicantibus cum excommunicatis, et quomodo recipiantur hæretici. 265

CCLXXXIX. — Privilegium de mercato et de cœna quæ dabatur in duabus festivitatibus S. Remigii, item de immunitate istius Ecclesiæ. 265

CCXC. — Privilegium pro monasterio S. Mariæ Florentinæ. 266

CCXCI — Diœcesis Soranæ fines, Ecclesiæque possessiones, rogante Goffrido episcopo, confirmat. 267

CCXCII. — Confirmatio dotationis et bonorum monasterii Sancti Benigni Fructuariensis. 268

CCXCIII. — Ecclesiæ Scyllacensis libertatem, privilegia, possessiones, petente Petro episcopo, confirmat. 268

CCXCIV. — Privilegium pro ecclesia Sancti Christophori de Phalempin. 270

CCXCV. — Privilegium pro monasterio S. Petri Melliccnsis. 270

CCXCVI. — Ecclesiæ S. Jacobi Compostellanæ possessiones, Didaco episcopo petente, confirmat. 272

CCXCVII. — D[idaco] episcopo Compostellano scribit dolere se de Ecclesiarum Hispanicarum angustiis. 273

CCXCVIII. — Ad D[idacum] episcopum Compostellanum. — De ecclesia S. Michaelis P[etro] capellano restituenda. 273

CCXCIX. — Ad Gofridum abbatem Sancti Maxentii. — Ejus cœnobium in Sanctæ sedis tutelam recipit. 274

CCC. — Ad Petrum Pictaviensem episcopum. — Hugonem de Liciniaco commoneat ut injurias monasterio S. Maxentii illatas emendare non differat. 275

CCCI. — Ad Petrum Pictaviensem episcopum. — Plures ei causas monasterii S. Maxentii judicio suo dirimendas committit, ac terras Romanæ Ecclesiæ censuales eidem commendat. 275

CCCII. — Bulla S. Raymundo Barbastrensi episcopo directa. 275

CCCIII. — Monasterium S. Vincentii Capersanum tuendum suscipit ejusque possessiones ac privilegia confirmat. 277

CCCIV. — Ecclesiæ Sonnebecaniæ possessiones et privilegia confirmat. 278

CCCV. — Ecclesiæ S. Donatiani Brugensis possessiones confirmat. 279

CCCVI. — Ad Leodegarium Vivariensem episcopum. — Arguit eum quod ecclesiam S. Andeoli, canonicis S. Rufi ab eo traditam, eisdem a clericis suis auferri permittat. 280

CCCVII. — Ad Didacum Compostellanum episcopum. — Monet ut Uraca regina, filia regis Castellæ, sub pœna privationis regni ab incestu, quem contraxit ineundo matrimonium cum Alphonso Aragonio rege, sibi in tertio gradu consanguinitatis conjuncto, desistat. 280

CCCVIII. — Ad Pontium abbatem et Cluniacenses monachos. — Reprehendit, quod chrisma in monasterio suo consecrari fecerint. 281

CCCIX. — Ad canonicos Ecclesiæ Lucensis. 281

CCCX. — Ad Parochianos ecclesiæ S. Frigdiani Lucensis. 282

CCCXI. — Ad clerum et plebem Arelatensem. — Ut in locum Gibelini episcopi sui, Hierosolymam translati, alium eligant. 282

CCCXII. — Henrico regi gratulatur quod « patris nequitiam abhorreat. » Affirmat, si « plena mentis devotione sibi suisque legitimis successoribus obedientiam exhibeat quam sive reges sive imperatores catholicis suis prædecessoribus exhibuerint, se profecto eum ut catholicum imperatorem habiturum esse. » Nuntios ad se mitti vult. 283

CCCXIII. — Northmannos et Langobardos ad Romanæ Ecclesiæ servitium invitat. 283

CCCXIV. — CCCXV. — Henrico regi ab episcopis et abbatibus reddi regalia jubet. 283

CCCXVI. — Privilegium de investituris vi extortum. 284

CCCXVII. — Ottoni Bambergensi episcopo ejusque successoribus pallio utendi crucisque præferendæ copiam facit. 285

CCCXVIII. — Privilegium pro monasterio Hersveldensi. 286

CCCXIX. — Ad Henricum imperatorem. 287

CCCXX. — Ad Aretinos. 287

CCCXXI. — Ad Henricum imperatorem a se ordinatum. 288

CCCXXII. — Henricum imperatorem rogat ut Ecclesiæ Ariminensi bona ablata restitui jubeat. 288

CCCXXIII. — Ad Balduinum Hierosolymitarum regem. — Decernit ut, ad ampliandos fines Hierosolymitanæ diœceseos, omnes urbes quas subegerit, Hierosolymitano tanquam metropolitano subjaceant. 289

CCCXXIV. — Ad Gibelinum Hierosolymitanum patriarcham. — Ejusdem argumenti. 289

CCCXXV. — Henrico imperatori gratias agit quod clericis Pataviensibus et H. judici amissa bona reddi jusserit. 290

CCCXXVI. — Ad Henricum imperatorem. 290

CCCXXVII. — Ad Joannem Tusculanum, et Leonem Vercellensem episcopos et cardinales — Concessionem investiturarum imperatori factam se cassaturum et irritaturum promittit. 290

CCCXXVIII. — Brunoni episcopo Signiensi, abbati Casinensi, scribit « non debere episcopum simul esse et abbatem. » Præcipit ut abbatiam dimittat. 291

CCCXXIX. — Monachos Casinenses Brunonis obedientia solvit, eique substitui successorem jubet; quod nisi faciant, fore ut omnibus monasterii cellis proprios abbates præponat. 291

CCCXXX. — Signienses hortatur ut loco Brunonis alium sibi episcopum sumant. 291

CCCXXXI. — Ad Henricum imperatorem. 291

CCCXXXII. — Ad Guidonem Viennensem episcopum.— Investiturarum clericorum regibus admirandam. 292

CCCXXXIII. — Ivoni Carnotensi episcopo, de investituris ecclesiarum, scribit « se coactum fecisse quod fecerit, et adhuc se prohibere quod prohibuerit, quamvis quædam nefanda quibusdam nefandis scripta permiserit. » 292

CCCXXXIV. — Monasterii Corbeiensis (diœc. Paderb.) privilegia confirmat. 293

CCCXXXV. — Ad Radulphum archiepiscopum Turonensem et coepiscopos pro abbate S. Albini. 293

CCCXXXVI. — Ad Lambertum Atrebatensem episcopum. 294

CCCXXXVII. — Ad eumdem. 294

CCCXXXVIII. — Casinense monasterium cæteris per Occidentem cœnobiis præferendum, a quacunque jurisdictione liberum, solique sanctæ Romanæ Ecclesiæ subjectum fore confirmat; ejusdem cœnobii abbas in omni episcoporum ac principum consessu, superiorem cæteris abbatibus locum habere, prioremque omnibus sui ordinis sententiam dicere, sub anathemate statuit. 295

CCCXXXIX. — Privilegium pro parthenone Fontebraldensi. 296

CCXL. — Ad Radulphum Remensem archiepiscopum. — Confirmat privilegia Atrebensi episcopo concessa. 297

CCCXLI. — Ad clerum et populum Atrebatensem.— Prohibet Atrebatensem ecclesiam Cameracensi subjici. 297

CCCXLII. — Balduinum Flandrensium comitem et Clementiam matrem ejus hortatur ut Ecclesiæ Atrebatensis libertati faveant possessionesque tueantur. 298

CCCXLIII. — Monasterii S. Martini de Valle, cui apostolicæ tuitionis præsidium elargitur, ecclesias designat, enumerat privilegia (80). 298

CCCXLIV. — Monasterii S. Bertini Sithiensis protectionem suscipit bonaque confirmat. 301

CCCXLV. — Monasterio Aquicinctino asserit ecclesiam S. Georgii prope Hesdinium, a Joanne episcopo Morinensi datam. 303

CCCXLVI. — Ad Bernardum Antiochenum patriarcham. — Nuntiat se non intendisse, concessione privilegii supradicti, Antiochenæ patriarchalis Ecclesiæ dignitatem imminuere. 303

CCCXLVII. — Arausicanæ Ecclesiæ a Tricastinensi disjunctæ libertatem confirmat. 304

CCCXLVIII. — Decreta concilii, a Guidone Viennensi aliisque archiepiscopis, episcopis, abbatibus, Viennæ celebrati, confirmat. 305

CCCXLIX. — Episcopos Hispaniæ ad synodum « proxima beatæ Mariæ Festivitate » (2 Feb. 1113, Beneventi) agendam vocat, « ut de Aragonensis regis et Urracæ reginæ negotio et de pacis atque concordiæ colloquio in præsentia sua tractent. » 305

CCCL. — Monasterii Nonantulani possessiones et privilegia confirmat. 506

CCCLI. — Privilegium pro monasterio Areavallensi. 508

CCCLII. — Episcopis per Daciam constitutis inter cætera : « De censu etiam quem B. Petro prædecessores vestri singulis annis instituerunt, fraternitatem vestram una cum eodem fratre nostro Lundense archiepiscopo voluraus esse sollicitam, ne in ipso negotio fraudem Romana Ecclesia ulterius patiatur, sed integre hujusmodi charitatis debitum prudentia vestra satis sapienter suscipiat. » 310

CCCLIII. — Ad Baldricum episcopum Noviomensem et Tornacensem. — Ne monasterii S Martini fratres vexari a clericis Tornacensibus sinat. 310

CCCLIV. — Ad Galonem Parisiensem episcopum et capitulum Ecclesiæ Parisiensi. — Ut Ecclesiæ Parisiensis famuli ad dicendum testimonium in causis forensibus admittantur. 311

CCCLV. — Ad Henricum imperatorem. 312

CCCLVI. — Sententia super controversia inter abbates Casinensem et monasterii Terræ Majoris, super ecclesia S. Mariæ de Casali Piano, quæ Casinensi adjudicatur. 312

CCCLVII. — Bulla qua apostolicæ sedis tuitionem concedit xenodochio S. Joannis Hierosolymitani. 314

CCCLVIII. — Lanuino, Turris priori, concedit ut anachoretas doceat et benedicat. 316

CCCLIX. — Ad Bernardum Antiochenum patriarcham. — Significat privilegium Hierosolymitanæ Ecclesiæ in præjudicium Antiochenæ non concessisse. 316

CCCLX. — Ad Balduinum regem Hierosolymitarum. — Ejusdem argumenti. 316

CCCLXI. — Privilegium pro monasterio S. Nicasii Remensi. 317

CCCLXII. — Privilegium generale monasterji S. Nicasii. 318

CCCLXIII. — Monasterio Anianensi cellam Gordanicensem addicit. 320

CCCLXIV. — Episcopos et principes Hispaniæ hortatur ut ecclesiarum subversionibus, cædibus, rapinis, incendiis finem imponant. 321

CCCLXV. — Privilegium de burgo (S. Remigii) et de concordia intra abbatiam S. Remigii jam dicti et abbatiam de S. Vichasio. 322

CCCLXVI.— Monasterii S. Victoris Massiliensis possessiones confirmat. 327

CCCLXVII. — Bulla qua recensentur et suscipiuntur sub apostolica protectione monasteria Camaldulensia. 330

CCCLXVIII. — Ad Tornacensis Ecclesiæ clericos.— Proprium eis concedit habere episcopum excusso Noviomensis Ecclesiæ jugo. 332

CCCLXIX — Ad Lambertum episcopum et canonicos Atrebatenses. 333

CCCLXX. — Ad Lambertum Atrebatensem episcopum. 333

CCCLXXI. — Monasterii S. Bertini Sithiensis libertatem contra Pontium abbatem Cluniacensem tuetur. 334

CCCLXXII. — Ad Guillelmum archiepiscopum Vesuntionensem. 334

CCCLXXIII. — Ad duodecim arbitros Atrebatenses.— Ut litem clericorum Atrebatensis ecclesiæ, et monachorum Sancti Vedasti, absque partium studio definiant. 335

CCCLXXIV. — Ad Lambertum Atrebatensem episcopum. — Ad litem inter canonicos et monachos Atrebatenses dirimendam a se delectos arbitros scribit. 336

CCCLXXV. — Privilegium pro monasterio S. Ruffi Avenionensis. 336

CCCLXXVI — Privilegium pro Ecclesia Aptensi sub Langerio episcopo. 337

CCCLXXVII. — Ecclesiæ Marsorum possessiones, petente Berardo episcopo, confirmat. 338

CCCLXXVIII. — Ad Joannem Morinorum episcopum.— De conservanda monasterii S. Bertini Sithiensis libertate. 340

CCCLXXIX. — Monasterii S. Bertini Sithiensis asserit terram Berquariam, a Balduino Flandriæ comite pro villa Ostresala datam. 341

CCCLXXX. — Privilegium pro monasterio Tutelensi. 341

CCCLXXXI. — Bulla pro Ebroliensi monasterio Esbreville vel Ebrevil. 343

CCCLXXXII. — Monasterii Sublacensis possessiones omnes et privilegia confirmat. 343

CCCLXXXIII. — Landulphum archiepiscopum Beneventanum, episcopali officio multatum, ad synodum Idibus Octobris celebrandam accersiri jubet. 348

CCCLXXXIV. — Landulphum de Græca, comestabulum Beneventanorum, invitat ad synodum Idibus Octobris agendam. 348

CCCLXXXV. — Ecclesiæ Farinatensis, a comitibus Bergomatibus conditæ ac B. Petro collatæ, possessiones confirmat, ea lege ut duodecim monetæ Mediolanensis nummi quotannis palatio Lateranensi persolvantur. 349

CCCLXXXVI. — Privilegium pro ecclesia B. Laurentii Florentiæ. 549

CCCLXXXVII. — Ad Mauritium archiepiscopum Bracarensem. 350

CCCLXXXVIII. — Privilegium pro ecclesia S Evasii Casalensis. 350

CCCLXXXIX. — Privilegium pro episcopatu ecclesiæ Bononiensis. 351

CCCXC. — Oggerii episcopi Reiensis bona confirmat et terminos episcopatus describit. 353

CCCXCI. — Privilegium pro ecclesia Lascurrensi. 554
CCCXCII. — Ad Laurentium abbatem Sancti Vitoni. — Ut nullam obedientiam nullamque communionem clericis Virdunensibus impendat. 555
CCCXCIII. — Didacum episcopum Compostellanum hortatur ut paci restituendæ operam det. 556
CCCXCIV. — Ecclesiæ B. Mariæ in portu Ravennæ possessiones et jura confirmat. 556
CCCXCV. — Monasterii S. Mariæ de Charitate, a se quondam consecrati, protectionem suscipit, possessionesque in præsenti septima indicatione confirmat, Odone priore per Pontium abbatem Cluniacensem petente. 557
CCCXCVI. — Ad canonicos Ecclesiæ Carnotensis. — Confirmat Ivonis episcopi decretum quo ille præposituras et cætera beneficia quæ precariæ dicebantur, in communes usus redigit. 557
CCCXCVII. — Ad Pontium Cluniacensem abbatem. — Confirmat possessiones ab ipso acquisitas. 558
CCCXCVIII. — Ad Pontium abbatem Cluniacensem. Concedit ornamenta pontificalia. 559
CCCXCIX. — Privilegium pro monasterio S. Victoris Parisiensis. — Regio diplomate concessa canonicis S. Victoris confirmat. 559
CD. — Ad Joannem priorem ecclesiæ B. Petri de Valeriis in Septimania. 560
CDI. — Diœcesis Bracarensis fines, petente Mauritio archiepiscopo confirmat. 561
CDII. — Confirmatio prima fundationis monasterii S. Margaretæ Baumburgensis, a fundatore B. Petro oblati. 563
CDIII. — Ad clericos Ecclesiæ Carnotensis. 564
CDIV. — Ad Begonem abbatem Conchensem. — Indulget Conchensibus ut jejunio solemni vigiliæ Sanctæ Fidis celebrent, ut in ordine missæ ipsius martyris nomen inter alias virgines habeatur, utque pro reverentia ejusdem sanctæ abbas Conchensis ad electionem episcopi Ruthenensis semper advocetur. 564
CDV. — Ad Lambertum Atrebatensem episcopum. 565
CDVI. — Husgerum canonicum Antissiodorensem vetat præpositura tributa ab Humbaldo episcopo privari. 566
CDVII — Ad milites de S. Geminiano. 566
CDVIII. — Ad Comitissam Mathildam. — Petens censum, debet rationem exprimere. 566
CDIX. — Ad Lambertum Atrebatensem episcopum. 567
CDX. — Ad canonicos Ecclesiæ Carnotensis. 567
CDXI. — Privilegium pro confirmatione donationum Ecclesiæ Berchtesgadensis. 568
CDXII. — Ad Joannem episcopum et canonicos Castellanos. 568
CDXIII. — G. episcopum Papiensem de controversiis cum monachis S. Petri Cœli Aurei componendis hortatur. 568
CDXIV. — Ad Bonum seniorem Rheginum episcopum. 569
CDXV. — Ad Tervanenses clericos. — Qui uxores relinquere noluerint, officiis et beneficiis privandos. 569
CDXVI. — Ad Raimundum episcopum Uceticensem. 569
CDXVII. — Bernardo archiepiscopo Toletano injungit ne quid adversus Burgensem moliatur antistitem. 570
CDXVIII. — Paschalis II papæ epistola ad canonicos Lugdunenses. 570
CDXIX. — Ad Berengarium episcopum Gerundensem. — De privilegiis Ecclesiæ Gerundensis. 571
CDXX. — Privilegium pro monasterio Vallumbrosano. 572
CDXXI. — Monasterii S. Petri Perusini, possessiones et privilegia confirmat. 574
CDXXII. — Ad Cantuarienses. — De translatione Radulphi a Ruffensi sede ad Cantuariensem. 576
CDXXIII. — Ad Henricum Anglorum regem. — Permittit transferri Radulfum a Raffensi sede ad Cantuariensem. Quod tamen injussu sedis apostolicæ id susceptum sit, reprehendit. 576
CDXXIV. — Ad Arnaldum episcopum Carcassonensem. 577
CDXXV. — Ad Henricum regem et episcopos Angliæ. — Reprehendit quod inconsulto pontifice multa perperam agant. 578
CDXXVI. — Ad Bernardum Toletanum primatem, apostolicæ sedis vicarium. — De electione Burgensis episcopi. 580
CDXXVII. — Ad Guidonem archiepiscopum Viennensem, sedis apostolicæ legatum. — Ut liti quæ est inter Bisuntinos canonicos et S. Stephani fierem imponat. 580
CDXXVIII. — Inter fratres Molismenses et monachos S. Apri de cella Castiniacensi litigantes pacem conficit. 580

CDXXIX. — Ad Archembaldum abbatem Sancti Albini Audegavensis. — Confirmat judicium Urbani II de concordia inita inter monachos S. Albini et Vendocinenses. 582
CDXXX. — Bulla pro Mauritio Bracarensi archiepiscopo. 583
CDXXXI. — Ecclesiæ Teatinæ possessiones quasdam, rogante Guillelmo episcopo, confirmat. 585
CDXXXII. — Ad archiepiscopos, episcopos, etc., per Hispaniam. — De concilio generali Romæ celebrando. 585
CDXXXIII. — Portugalensem Ecclesiam a metropolitani jurisdictione eximit, et ejus diœcesis limites asserit et confirmat. 585
CDXXXIV. — Gonsalvo episcopo Colimbriensi, præcipit ut occupatam diœcesis Portugalensis partem Hugoni episcopo restituat. 587
CDXXXV. — Ad Didacum episcopum Compostellanum. 587
CDXXXVI. — Ad Guidonem sedis apostolicæ legatum. — De controversia orta inter Bizantinos canonicos et S. Stephani. 587
CDXXXVII. — Ad Alexium imperatorem Constantinopolitanum. 588
CDXXXVIII. — Ad Theodericum presbyterum cardinalem, apostolicæ sedis legatum. 589
CDXXXIX. — Oratorium S. Mariæ penes Novum-burgum apud Aldenardam, membrum Einamensis Ecclesiæ, tuendum suscipit. 590
CDXL. — Monasterii S. Xisti Placentini possessiones confirmat, monachisque jus eligendi abbatis tribuit. 590
CDXLI. — Gonsalvo episcopo Colimbriensi præcipit ut ad Mauritii Bracarensis obsequium redeat. 590
CDXLII. — Ad Bernardum archiepiscopum Toletanum, apostolicæ sedis legatum. 591
CDXLIII. — Inter Anastasium, SS. Andreæ et Gregorii in Clivo Scauri Romæ siti abbatem, et Scolam piscatorum stagni de parte ejusdem stagni litem pro abbate discernit. 591
CDXLIV. — Monasterii Sinsheimensis privilegia confirmat. 591
CDXLV. — Ad canonicos et laicos parochianos ecclesiæ S. Frigdiani Lucensis. 591
CDXLVI. — Ad canonicos S. Frigdiani Lucensis. 592
CDXLVII. — Parochianos ecclesiæ S Frigdiani Lucensis hortatur ut decimas et oblationes subtractas Ecclesiæ restituant. 592
CDXLVIII. — Privilegium pro canonicis S. Fidelis. 593
CDXLIX. — Ad Bernardum Toletanum primatem, apostolicæ sedis vicarium. — Segovienses civitatem ipsius personæ permittit. Monasterium S. Servandi donat. 593
CDL. — Excommunicationem Uberti presbyteri prolatam a Rothone præposito et fratribus S. Frigdiani confirmat. 594
CDLI. — Ad Florentinos clericos. — Ut Dominicis diebus et præcipuis festis, majoris missæ officio, sicut prius solebant, intersint. 594
CDLII. — Ad Lanuinum Turris priorem. 595
CDLIII. — Ad Othertum Leodiensem episcopum. — Pro querela Radulfi Remensis archiepiscopi. 595
CDLIV. — Ad Reinhardum episcopum Halberstadensem. — Laudat eum quod quædam monialium monasteria reformaverit. 595
CDLV. — Ad Adelgotum Magdeburgensem archiepiscopum. 596
CDLVI. — Clerum populumque Merseburgensem de superiore ad Adelgotum epistola certiorem facit. 596
CDLVII. — Ad Vitalem abbatem Savigniensem. — Permittit Savigniensibus fratribus ut tempore interdicti divina celebrent officia. 597
CDLVIII. — Monasterium Fabariense ab episcopi Basileensis potestate liberat et bona ejus confirmat. 597
CDLIX. — Ad clerum et populum Florentinum. — Innocentem eorum episcopum declarat; ejus calumniatores officiis et beneficiis privat. 597
CDLX. — Breve ad Stephanum Augustodunensem. 598
CDLXI. — Ad Gozeranum archiepiscopum Lugdunensem. — Primatum illi confirmat in Lugdunensis provincias. 599
CDLXII. — Privilegium pro ecclesia S. Pancratii Hadmerslebensi. 599
CDLXIII. — Dominico, monasterii S. Facundi Sahagunensis abbati liganti ac solvendi potestatem super Burgenses S. Facundi concedit. 400
CDLXIV. — Bulla pro monasterio S. Tiberii. 401
CDLXV. — Monasterii S. Facundi Sahagunensis possesiones quasdam et privilegia confirmat, imposito monachis duorum solidorum censu annuo. 40
CDLXVI. — Sedem episcopalem [Vesontionensem ex

synodi sententia jubet in ecclesia B. Stephani permanere. 402

CDLXVII. — Monasterium S. Archangeli de Morfisa Neapolitanum tuendum suscipit, ejusque bona et privilegia confirmat. 404

CDLXVIII. — Ad R. Guillelmum præpositum Nantensem de subjectione Nantensis monasterii ad Vabrensem. 405

CDLXIX. — Oldegarium abbatem S. Rufi, electum Barcinonensem, a monasterii regimine solvit, eique præcipit ut episcopatum suscipiat. Bosonem, presbyterum cardinalem, in Hispaniam legatum mittit. 405

CDLXX. — Ad Raimundum Barcinonensem marchionem. — Gratulatur ei de victoria in hostes reportata, eumque ac suos sub sua suscipit protectione. 407

CDLXXI. — Ad archiepiscopos, episcopos et clerum Angliæ. — Significat se mittere Anselmum S. Sabæ abbatem, legatum in Angliam, ut synodales conventus celebret. 407

CDLXXII. — Henrico Anglorum regi significat se Anselmo, abbati Sabæ, vices apostolicas in Angliæ administrandas tribuisse. 408

CDLXXIII. — B[ernardo] Toletano et M[auritio] Bracarensi archiepiscopis, atque Al[fonso] Tudensi, Ie[ronymo] Salmanticensi, T. regimæ et baronibus ejus, P. Gunçalviz, E. Muniz, E. Gusendiz, significat se ecclesiam Lamegensem, Gonsalvo episcopo Colimbriensi adjudicatam Hugoni episcopo Portugalensi addixisse. 408

CDLXXIV. — Ad episcopos, abbates, priores, clerum, regem et populum Hierosolymitanæ Ecclesiæ. — Significat Arnulfum patriarcham, cui legatus suus officio pontificali interdixisset, a sese restitutum. 408

CDLXXV. — Ad Robertum Vizeliacensem abbatem. — Declarat eum esse in apostolicæ sedis tutela. 410

CDLXXVI. — Decretum quo adversus abbatem Crassensem abbati Electensi confirmatur monasterium S. Polycarpi. 410

CDLXXVII. — Ad Augustanæ Ecclesiæ clerum. — Episcopum suum de adulterio accusatum a se necdum esse absolutum. 412

CDLXXVIII. — Ad Arnoldum archiepiscopum Moguntinum. — Illi causam episcopi Augustani ad audiendam et decidendum committit. 412

CDLXXIX. — Privilegium ad confirmationem datum omnium bonorum monasterii S. Bartholomæi ad Joannem abbatem. 412

CDLXXX. — Ad canonicos S. Mariæ in portu Ravennatis. — Ut regulam a Petro canonico exaratam observent. 414

CDLXXXI. — Privilegium pro ecclesia B. Mariæ in Portu. 414

CDLXXXII. — Ecclesiam S. Pancratii Backnangensem rogatu Hermanni marchionis tuendam suscipit et ejus possessiones confirmat, ea lege ut aureus unus quotannis Lateranensi palatio persolvatur. 415

CDLXXXIII. — Privilegium pro monasterio S. Bertini Sithiensis. 415

CDLXXXIV. — Ad fratres S. Frigdiani Lucenses. 416

CDLXXXV. — Ad monachos Sancti Ægidii. 416

CDLXXXVI. — Ad Hermannum Augustensem episcopum. 417

CDLXXXVII. — Privilegium pro canonicis S. Fidelis. 417

CDLXXXVIII. — Monasterii Miciacensis possessiones confirmat. 417

CDLXXXIX. — Ad episcopos et regem Angliæ. — De dignitate Ecclesiæ Cantuariensis. 417

CDXC. — Ad canonicos Augustanæ Ecclesiæ. — De causa episcopi sui. 418

CDXCI. — Albino abbati et canonicis S. Mariæ de Bosco (de Rota) capellam B. Nicolai Credonensem asserit. 419

CDXCII. — Privilegium pro abbatia Fontebraldensi. 419

CDXCIII. — Ad Henricum regem Angliæ. — In causa Turstani Eboracensis archiepiscopi absque judicio e sua Ecclesia ejecti. 420

CDXCIV. — Ad Radulphum Cantuariensem episcopum, super primatu Ecclesiæ Eboracensis. 421

CDXCV. — Confirmatio privilegii regis Ludovici pro Ecclesia Carnotensi. 421

CDXCVI. — Antonio præposito S. Petri ad oratorium de Capistrano, presbytero cardinali, privilegia tribuit. 422

CDXCVII. — Ad regem Danorum. 422

CDXCVIII. — Ad Fridericum archiepiscopum Coloniensem. — Approbat excommunicationem regis ab eo factam, et ut Romæ Ecclesiæ subveniat, hortatur. 423

CDXCIX. — Privilegium S. Petri de Murki S. Nicolai de Mugubi. 423

D. — Monasterii Sublacensis possessiones quasdam confirmat. 424

DI. — Ad Rogerium comitem Siciliæ. 425

DII. — Ad Gerardum episcopum Engolismensem. — Afflictum consolatur. Interdictum abbati Rotonensi illatum confirmat. 426

DIII. — Conanum Britannorum comitem hortatur ut cogat monachos Rotonenses ut Bellam insulam monachis Kemperelegiensibus restituant. 427

DIV. — Ad Guillelmum comitem Nivernensem. — Ut Viseliacense monasterium quietum ac liberum esse sinat. 427

DV. — Ad Daimbertum Senonensem et alios episcopos. — Ut Vizeliacense monasterium protegant. 428

DVI. — Archiepiscopo Spalatino explicat cur legati sui pallium deferentes sacramentum ab eo exegerint. Saxonum et Danorum exemplum ad imitandum proponit. 428

DVII. — Ad Rothonem priorem S. Frigdiani Lucensis. 430

DVIII. — Ad canonicos S. Frigdiani Lucensis. 430

DIX. — Ad canonicos B. Martini Lucensis. 431

DX. — Ad Rothonem priorem S. Frigdiani Lucensis. 431

DXI. — Ad Rothonem priorem et canonicos S. Frigdiani Lucensis. 431

DXII. — Monasterii Gottwicensis privilegia confirmat, petente Hartmanno abbate. 432

DXIII — Hartmanno abbati Gottwicensi litteras mittit in quibus eum et sibi subditos a communione excommunicatorum prohibet. 432

DXIV. — Privilegium pro ecclesia S. Trinitatis Norwicensis. 433

DXV. — Monasterii Andrensis protectionem suscipit, bonaque ac privilegia confirmat, petente Joanne episcopo Tarvannensi. 433

DXVI. — Ad Guidonem archiepiscopum Viennensem. — Ipsi episcopatum et metropolitana jura confirmat, palliumque mittit. 434

DXVII. — Privilegium pro Ecclesia Belliloconsi. 435

DXVIII. — Ad canonicos S. Martini. — Quidquid fidelis offert Ecclesiæ, oblationis nomine continetur, et a sæcularibus possideri non debet. 456

DXIX. — Docet hæc : Ubi agitur ad correctionem de impediendo peccato, principalis persona admittitur in testem. 456

DXX. — An decimas clerici clericis debeant. 457

DXXI. — Sacrilegi sunt judicandi, qui Ecclesiam Dei non permittunt regulariter ordinari. 457

DXXII. — Spiritum sanctum vendit, qui decimas pro pecunia tribuit. 457

DXXIII. — Nullus ministret abbatibus episcopalia, qui alicui episcoporum nolunt subesse. 457

DXXIV. — De propriis laboribus monachi et canonici decimas solvere minime cogantur. 457

DXXV. — Excommunicetur qui per laicos ecclesias obtinet. 438

DXXVI. — De eodem. 438

DXXVII. — De eodem. 458

DXXVIII. — Ad Lanuinum Turris priorem. 458

DXXIX. — Ad eumdem. 439

DXXX. — Ad Victorem Bononiensem. — Absque episcoporum consensu episcopalia jura monachi non usurpent. 439

DXXXI. — Monasterium Othonjense ejusque possessiones confirmat, Nicolao rege et Hubaldo episcopo per litteras petentibus. 439

DXXXII. — Ad Conradum archiepiscopum Salzburgensem. — Ut de causa abbatis S. Emmerammi Simoniæ accusati cognoscat. 440

DXXXIII. — Ad eumdem. — De Ratisbonensi episcopo obedientiam Romanæ Ecclesiæ denegante. 441

DXXXIV. — Ad Henricum Ratisbonensem episcopum. — Ut abbatem S. Emmerammi restituat, alioquin se noverit interdictum. 441

DXXXV. — Ad Pontium Cluniacensem abbatem. — De non porrigenda communione intincta. 442

DXXXVI. — Bulla pro Gerardo de Ham, decano ecclesiæ S. Quintini. 443

DUBIA.

DXXXVII. — Ecclesiæ Christi Colcestriensi privilegia varia tribuit, et ejus possessiones confirmat. 445

DXXXVIII. — Ecclesiæ S. Salvatoris Lateranensis privilegia confirmat. 445

DIVERSORUM AD PASCHALEM PAPAM EPISTOLÆ.

I. — Pibonis Tuliensis episcopi epistola ad Paschalem pro Calmosiasencibus. 447

II. — Litteræ Gualteri episcopi Cabilonensis ad Paschalem papam, pro monasterio Cisterc ii. 448

III. — Daimberti Pisani archiepiscopi, Godefridi Bullo-

nii et Raimundi comitis S. Ægidii litteræ encyclicæ. — De victoriis ab exercitu Christiano in terra sancta reportatis. 448
IV. — Lamberti Atrebatensis episcopi epistola prima ad Paschalem. 451
V. — Ejusdem ad Paschalem epistola secunda. — De clericis Iprensibus. 452
VI. — Ejusdem epistola tertia ad Paschalem. — Pro archiepiscopo Remensi. 453
VII. — Ejusdem epistola ad Paschalem quarta. — De synodo Parisiensi. 454
VIII. — Ejusdem epistola ad Paschalem quinta. — De lite inter canonicos Atrebatenses et monachos S. Vedasti exorta. 455
IX. — Odonis abbatis Lesatensis epistola ad Paschalem. 456
X. — Seheri Calmosiacensis abbatis epistola ad Paschalem prima. 456
XI. — Ejusdem epistola ad Paschalem secunda. 458
XII. — Mathildis marcisæ ad Paschalem papam. 458
XIII. — Epistola Reinhardi episcopi Halberstadensis ad Paschalem. — Petit a papa confirmationem decimarum Ecclesiæ suæ legitime concessarum, rogatque edoceri quid faciendum sit de ordinatis a Friderico sedi suæ superposito et a sede apostolica exauctorato. 459
XIV. — Ejusdem ad eumdem. — Suspensus ab officio absolutionem a summo pontifice humiliter petit, eo quod ipsius ignoraus decretum, a laico investituram illicite acceperit, excusatque se quod propter temporum improbitatem ad eum nequeat accedere. 460
XV. — Gervasii, Hugonis comitis Regitestensis et Melesindæ filii, Remensis archidiaconi, epistola ad Paschalem papam, scripta occasione schismatis inter Rodulfum et Gervasium pro episcopatu Remensi. 461
XVI. — Epistola Suavii abbatis S. Severi, Willelmi ducis et Gastonis ad Paschalem papam. 461
XVII. — Petri Peccatoris, clerici Ravennatis, epistola ad Paschalem summæ sedis pontificem, in qua ei Regulam clericorum destinat emendandam. 462
XVIII. — Conventus Ecclesiæ Cantuariensis ad Paschalem papam. 462
XIX. — S. Brunonis Signiensis episcopi epistola ad Paschalem. 463
XX. — Epistola Argentinensis Ecclesiæ ad Paschalem. 464
XXI. — Ottonis episcopi Bambergensis ad Paschalem II papam epistola. — Se ab imperatore accepisse episcopatum, sed in eo permanere nolle, nisi a pontifice investiatur et consecretur. 464
XXII. — Epistola Balduini I, Hierosolymarum regis, ad Paschalem. 465
XXIII. — Epistola synodica Patrum concilii Viennensis in Germania, in quo Henricus imperator quintus ob extorlas investituras excommunicatus est. 465
XXIV. — Mathildis reginæ Anglorum ad Paschalem papam. — Gratias agit pro litteris hortatoriis ad conjugem datis. 466
XXV. — Henrici V imperatoris Augusti rescriptum ad Paschalem papam, ut ecclesiastici regalia et feuda sua imperio ac Cæsari resignent, et decimis contenti in Ecclesia vivant. 467
XXVI. — Theodorici ducis Lotharingiæ epistola ad Paschalem. — De cella Castiniacensi. 468
CONCILIA DE INVESTITURIS PRÆLATORUM.
Paschalis II concilium Warstallense. 470
Concilium Trecense. 470
Concilium Lateranense. 471

GELASIUS II PONTIFEX ROMANUS.
Vita Gelasii II auctore Pandulpho Aletrino familiari.
Monitum. 473
Incipit vita. 475
Notitia diplomatica in epistolas Gelasii II. 485
EPISTOLÆ ET PRIVILEGIA.
I. — Ad A. priorem ecclesiæ S Frigdiani Lucensis et ejus fratres, sub proprio Joannis, quo ante susceptum pontificatum appellabatur nomine. 487
II. — Ad clerum et plebem Romanam. — Commendat eorum constantiam adversus intrusum pseudopapam. 487
III. — Ad Jordanum archiepiscopum Mediolanensem. — De Landulpho restituendo. 488
IV. — Ad Gallos. — Mandat ut se contra Mauritium Bracarensem episcopum, ab Henrico imperatore in sedem intrusum pseudopapam, arment. 489
V. — Oldegarium, episcopum Barcinonensem, Ecclesiæ Tarraconensi præficit, eique pallium tribuit. 489
VI. — Ad Bernardum Toletanum episcopum, Hispaniæ primatem. — De Mauritio in sedem intruso 491
VII. — Ad Bernardum Toletanum et cæteros Hispaniæ rum episcopos. 491
VIII. — Ad Pontium abbatem Cluniacensem. — Privilegium Cluniacense. 492
IX. — Cononem episcopum Prænestinum sedis apostolicæ legatum, certiorem facit de archiepiscopo Bracarensi papa per imperatorem constituto. 492
X. — Bernardo, monasterii S. Sophiæ Beneventani abbati, privilegium concedit de aqua ex Calore flumine ducenda. 493
XI. — Ad Didacum episcopum Compostellanum. 494
XII. — Ad abbates monachosque Terræ Majoris. — Præcipit ut quæ Paschalis papa inter eos et episcopum civitatensem constituerit, negligere desinant. 494
XIII. — Ad Gualterum Ravennatem archiepiscopum. Illius electionem post schisma ejuratum confirmat, eique pallium cum aliis juribus concedit. 495
XIV. — Ad R., ecclesiæ Springersbacensis præpositum et ejus fratres. 496
XV. — Ad canonicos Lucenses. — Eorum consuetudines approbat et innovat. 497
XVI. — Ad canonicos regulares S. Frigdiani Lucensis. — Jura eorum et libertates confirmat. 499
XVII. — Monasterium S. Mamiliani, situm in insula Monte-Christi, tuendum suscipit, et ejus possessiones juraque confirmat. 500
XVIII. — Canonicis Lucensibus affirmat se S. Frigdiani canonicorum privilegia confirmando eorum jura non imminuisse. 501
XIX. — Bulla in qua Nobiliaci possessiones recensentur. 502
XX. — Bernardi, primatis Toletani, privilegia confirmat. 503
XXI. — Ad Didacum episcopum Compostellanum. — Commendat nuntios suos. 503
XXII. — Prohibitio ne professi in ecclesia S. Mariæ Fontis Ebraldi recipiantur ab abbatibus aut prioribus aliorum monasteriorum. 504
XXIII. — Bulla pro abbatia Crassensi. 504
XXIV. — Ad Bernardum Auscitanum archiepiscopum. 507
XXV. — Ad exercitum Christianorum civitatem Cæsaraugustanam obsidentem. — Omnibus ad eum aliquid conferentibus indulgentiam largitur. 508
XXVI. — Ad Pontium abbatem Cluniacensem. — Monasterii Cluniacensis privilegia confirmat. 509
XXVII. — Bulla pro monasterio Caunensi, in diœcesi Narbonensi. 511
XXVIII. — Privilegium pro monasterio S. Andreæ Avenionensis. 512

LAURENTIUS VERONENSIS, DIACONUS PISANUS.
Notitia historica. 513
DE BALEARICO BELLO LIBRI SEPTEE.
Liber I. 513
Liber II. 521
Liber III. 529
Liber IV. 535
Liber V. 543
Liber VI. 549
Liber VII. 565

ANONYMI GESTA EPISCOPORUM METENSIUM.
Observationes præviæ. 575
Incipiunt gesta pontificum Metensium. 579

PLACIDUS IGNOTÆ SEDIS EPISCOPUS.
Monitum. 615
LIBER DE HONORE ECCLESIÆ.
Cap. I. — Dominum nostrum Jesum Christum speciallus beato Petro sanctam Ecclesiam commendasse. 623
Cap. II. — Quid sit Ecclesia. 623
Cap. III. — Quod sancta Ecclesia sponsa Christi sit. 624
Cap. IV. — Quod Christus caput Ecclesiæ, et sancta Ecclesia corpus Christi sit. 625
Cap. V. — Quod honor sanctæ Ecclesiæ honor Christi sit. 625
Cap. VI. — Quod sancta Ecclesia non solum in spiritualibus, sed et in corporalibus rebus intelligatur. 625
Cap. VII. — De possessione Ecclesiæ. 626
Cap. VIII. — De eadem re. 626
Cap. IX. — Item de eadem re. 627
Cap. X. — Quod votum Deo sit per omnia persolvendum. 627
Cap. XI. — Ut laici ecclesiastica non disponant. 627
Cap. XII. — Quæ pœna maneat eis qui ecclesiastica res invadunt. 627
Cap. XIII. — Quod excommunicandus sit qui ecclesiasticas res invadit. 628

Cap. XIV. — Quid sit proprium sacerdotum et populorum. 628
Cap. XV. — De eo ut potestates terrenæ non impediant episcopos. 628
Cap. XVI. — De eo quia principes sub disciplina fidei retinentur. 628
Cap. XVII. — De imperatoria lege. 628
Cap. XVIII. — Quomodo intelligendum sit : *Reddite quæ sunt Cæsaris, Cæsari, et quæ sunt Dei, Deo.* 628
Cap. XIX. — Admonitio ex verbis Sancti Ambrosii. 628
Cap. XX. — Item confirmatio ejusdem rei. 629
Cap. XXI. — De episcopis, a quibus ordinari præcipiuntur. 629
Cap. XXII. — Qualis debeat eligi episcopus. 629
Cap. XXIII. — De eo quia illi qui contra canones ordinantur, episcopi non sunt habendi. 630
Cap. XXIV. — De eo quia electio pontificis imperatori non pertineat. 630
Cap. XXV. — De eo quia concordia omnium in electione requiritur. 630
Cap. XXVI. — De eadem re. 630
Cap. XXVII. — De eo quia sacri canones imperatoribus electiones episcoporum non tribuunt. 630
Cap. XXVIII. — Electus pastor quid regendum susceperit. 630
Cap. XXIX. — Quod prædicatores ex Evangelio vivere debeant. 631
Cap. XXX. — Quod ecclesiastici viri duplici honore honorandi sint. 631
Cap. XXXI. — Quod episcopi ecclesiasticas res in potestate sua habere debeant. 631
Cap. XXXII. — Quod Ecclesia etiam terrenas res habere debeat. 631
Cap. XXXIII. — Quod res Ecclesiæ ad laicos disponendæ non respiciant. 631
Cap. XXXIV. — De eadem re. 621
Cap. XXXV. — Admonitio, ut bene intelligantur hæ sententiæ. 631
Cap. XXXVI. — Synodale decretum S. Symmachi papæ de laicis qui per se Ecclesiam ordinare desiderant. 632
Cap. XXXVII. — De eo quia ab electione pontificum non segregantur principes, sed a dominatione. 632
Cap. XXXVIII. — Quæ sit canonica electio episcoporum. 633
Cap. XXXIX. — De eadem re. 633
Cap. XL. — De honore ecclesiastico, quo ordine suscipi et retineri debeat. 633
Cap. XLI. — Non licere imperatoribus episcopos in Ecclesiam introducere. 633
Cap. XLII. — De eo quia gratia Dei etiam terrena nobis donat. 634
Cap. XLIII. — De possessione Ecclesiæ. 634
Cap. XLIV. — Quot portiones de redditibus Ecclesiæ fieri debeant. 634
Cap. XLV. — Quod non debeat unquam Ecclesiæ tolli quod semel ei donatum est. 634
Cap. XLVI. — De rebus terrenis Christo donandis. 635
Cap. XLVII. — De his qui donata Ecclesiæ auferunt. 635
Cap. XLVIII. — Ut omnes Ecclesiæ, cum omnibus quæ possident, in episcopi potestate sint. 635
Cap. XLIX. — Ea quæ sunt clericorum, ad eas Ecclesias pertinere, in quibus titulantur. 635
Cap. L. — De eo quia omnia, quæ Deo afferuntur, oblationes appellantur. 635
Cap. LI. — Quantum mali sit res Ecclesiæ tollere. 635
Cap. LII. — Ecclesiasticas res dona Dei esse. 635
Cap. LIII. — Quare antiqui Patres nominatim non contradixerint investituras Ecclesiarum a laicis fieri. 636
Cap. LIV. — Ut laici Ecclesias investire nullo modo audeant. 636
Cap. LV. — Quia grave scelus est laicos baculo, vel annulo, Ecclesias investire. 637
Cap. LVI. — Contra eos qui dicunt ideo nos hoc dicere, ut honor regni minuatur. 637
Cap. LVII. — Ut nostri temporis imperatores sequi dignentur exemplum magni Constantini imperatoris. 638
Cap. LVIII. — Exemplum magnæ humilitatis Constantini imperatoris. 638
Cap. LIX. — Exemplum veræ humilitatis Valentiniani imperatoris, et de electione S. Ambrosii. 639
Cap. LX. — De eo quia S. Ambrosius Theodosium imper. excommunicavit. 640
Cap. LXI. — De Marciano imperatore. 641
Cap. LXII. — Exemplum obedientiæ Caroli imperatoris. 641
Cap. LXIII. — Ubi Carolus imperator, unde ab apostolico admonitus fuerat, emendare promittit. 641
Cap. LXIV. — De eadem re. 641
Cap. LXV. — Admonitio imperatorum, ut sequantur præcedentium imperatorum exempla. 641
Cap. LXVI. — De eadem re. 641
Cap. LXVII. — Quare S. Adrianus investiri Ecclesias permittere imperatoribus potuit. 642
Cap. LXVIII. — De investitura, quid significet, et quam grave sit scelus sanctuarium investire velle. 642
Cap. LXIX. — Quia investitura Ecclesiarum fieri non debet. 642
Cap. LXX. — Romano pontifici summo studio procurandum est, ut sanctorum instituta serventur. 643
Cap. LXXI. — De eo quod pro terrenis, quæ Ecclesia possidet, non debet juri imperatorum addici. 644
Cap. LXXII. — De eo quia pastores non tantum animarum, sed et corporum curam gerere debeant. 644
Cap. LXIII. — Nullum episcoporum debere aliquam Ecclesiam laicis subdere. 645
Cap. LXXIV. — Exempla quibus probatur sanctam Romanam majores Dei Ecclesias semper ordinasse. 646
Cap. LXXV. — De excommunione et zizaniis. 647
Cap. LXXVI. — Quia Dominus ipse excommunionem præcepit, et quid intersit excommunicare et eradicare. 647
Cap. LXXVII. — De excommunicatione, qua intentione fieri debeat. 648
Cap. LXXVIII. — Non posse episcopum vices suas in ecclesiasticis rebus laicis tribuere. 648
Cap. LXXIX. — Contra adulatores, qui contra canones auctoritatem dare contendunt. 649
Cap. LXXX. — Utrum alicui pro honore terreno ecclesiam ordinare concedendum sit. 649
Cap. LXXXI. — Contra eos qui ideo putant juste imperatorem Ecclesias investire, quia nonnulli antiquorum, qui investiti sunt, sancti fuerunt. 650
Cap. LXXXII. — Vera et certa comprobatio, quia sicut simoniacus est ille, qui per avaritiam pecuniarum ordinatur, ita et ille qui per avaritiam sublimitatis, simoniacus certissime comprobatur. 653
Cap. LXXXIII. — Quanta gloria et honore digni sint sancti sacerdotes. 657
Cap. LXXXIV. — Simoniacus est qui officia ecclesiastica a laicis accipit. 657
Cap. LXXXV. — Quia grave sacrilegium sit auferre Ecclesiæ quæ ei donata sunt. 658
Cap. LXXXVI. — Quod episcopi vices apostolorum in Ecclesia habeant. 660
Cap. LXXXVII. — De temporali virtute sanctæ matris Ecclesiæ. 660
Cap. LXXXVIII. — De officiis ecclesiasticis non vendendis. 660
Cap. LXXXIX. — De honore quem sacerdotibus imperatores exhibuerunt. 661
Cap. XC. — De eo quia regnum terrenum de honore S. Ecclesiæ crevit. 662
Cap. XCI. — Contra eos qui dicunt : Tanta donantur Ecclesiæ, ut regno vix pauca remaneant. 663
Cap. XCII. — Quo ordine sanctis canonibus non contrario sacerdotium et regnum concordari possit. 663
Cap. XCIII. — De districtione regum contra Simoniacam hæresim. 664
Cap. XCIV. — De eo, quia privata lex communem legem facere non potest. 664
Cap. XCV. — Quia « gratia, nisi gratis accipiatur, non est gratia. ». 664
Cap. XCVI. — De eo, quia simoniaci pejores sunt quam Ariani. 665
Cap. XCVII. — De eo, quia regnum terrenum sanctæ Ecclesiæ servire debet. 665
Cap. XCVIII. — Qua in re potestatem in Ecclesia terreni principes habere debeant. 666
Cap. CCIX. — De Gregorio VII papa. 666
Cap. C. — Quam pure sancta ecclesiastica officia tractari debeant. 667
Cap. CI. — Quomodo Adrianus papa anathematizavit principes electioni præsulum se inserentes. 667
Cap. CII. — Quare permissum sit imperatoribus Ecclesias investire. 667
Cap. CIII. — Qualiter electio pastoris canonica facienda sit. 668
Cap. CIV. — Non debere eligi archiepiscopum sine jussu vel scientia vicariorum Domini papæ. 668
Cap. CV. — Quod ex jactantia cordis desiderium primatus nascatur. 668
Cap. CVI. — Quod clerus et plebs sacerdotem sibi eligere debeant. 668
Cap. CVII. — Ut personarum acceptio in sacris ordini

bus dandis non fiat. 668
Cap. CVIII. — Ut nullum locum habeat in ecclesiasticis oficiis pecunia. 669
Cap. CIX. — Quod non sint veri episcopi, qui per ambitionem ordinantur. 669
Cap. CX. — Quam grave sit aliqua fraudulentia sacrum ordinem temerare. 669
Cap. CXI. — Quia difficile bono exitu consummantur, quæ male sunt inchoata. 669
Cap. CXII. — Quia multis testimoniis pateat, quod non oportet dignitates sacras per ambitionem quærere. 669
Cap. CXIII. — Quam grave sit prærogativam sacerdotii ambitione quærere, et qua pœnitentia illi subveniatur. 669
Cap. CXIV. — De principibus sanctæ catholicæ Ecclesiæ. 670
Cap. CXV. — Exemplum de vita S. Martini, ubi ostenditur quantam reverentiam terreni principes etiam in terrenis rebus exhibere debent. 670
Cap. CXVI. — Quanta mala de potestate laicorum in Ecclesia nata sint. 671
Cap. CXVII. — Exhortatio ut in bono, quod captum est perseveretur, malum vero omnimodis emendetur, et de statere in ore piscis invento. 673
Cap. CXVIII. — De eo, quod populus ad voluntatem Dei implendam cogendus est. 675
Cap. CXIX. — De eo, quia prava sententia emendanda est. 675
Cap. CXX. — Quia cum magno studio perversis resistere debemus, et Deum magis timere quam hominem. 675
Cap. CXXI. — De eadem re. 676
Cap. CXXII. — Item de eadem re. 676
Cap. CXXIII. — Item de eadem re. 676
Cap. CXXIV. — De eadem re. 676
Cap. CXXV. — Unde supra. 676
Cap. CXXVI. — Deum timentem nihil præsumere contra SS. Patrum instituta. 676
Cap. CXXVII. — Quia nihil pretiosius debet nobis esse quam veritas. 677
Cap. CXXVIII. — Alios ab errore revocandos. 677
Cap. CXXIX. — De eadem re. 677
Cap. CXXX. — De eadem re. 677
Cap. CXXXI. — Quid agendum sit, quando ita concludimur, ut sine peccato evadere non possumus. 677
Cap. CXXXII. — De eadem re. 677
Cap. CXXXIII. — Non esse faciendum malum quod juramento promisimus. 678
Cap. CXXXIV. — De eo, quia pro nostro honore maculam sacro ordini non debemus inferre. 678
Cap. CXXXV. — Quid agendum sit, quando turbatur Ecclesia. 678
Cap. CXXXVI. — De eo, quia in prava sententia perseverare non debemus. 678
Cap. CXXXVII. — Quia non solum nobis, sed etiam imperatori præstamus, si ei ad malum non consentiamus. 678
Cap. CXXXVIII. — De eo, quia Ecclesia Dei, id est hæreditas Christi, imperatori tradi non debet. 679
Cap. CXXXIX. — Contra eos qui dicunt contra imperatorem nos facere, quia prædicamus ecclesiasticas res sine ejus investitura pastores possidere debere. 680
Cap. CXL. — Item confirmatio de eadem sententia. 680
Cap. CXLI. — Contra eos qui dicunt in potestate Romani pontificis esse Ecclesias Dei imperatoribus tradere. 680
Cap. CXLII. — Hic ostenditur falsum esse, quod quidam dicunt: Omnia terrena imperatoris esse. 680
Cap. CXLIII. — De eo, quia sacerdotes seditionem populi excitare non debent; si vero pro justitia, quam prædicant, excitata fuerit, non eis ascribendum. 681
Cap. CXLIV. — Exaggeratio hujus sententiæ, et quam grave sit Ecclesiam tradere. 681
Cap. CXLV. — De eo, quia tam graves tentationes non uni homini, sed universæ Ecclesiæ fiant, et quia in divinis nullum jus imperator habeat. 681
Cap. CXLVI. — Quam firmus in his sacris sententiis beatus Ambrosius fuerit. 682
Cap. CXLVII. — Exhortatio, ut sic serviatur imperatori, ut Deus non offendatur. 682
Cap. CXLVIII. — De eo, quia non tantum vasa altaris sacra sunt, sed etiam omnia quæ offeruntur. 682
Cap. CXLIX. — De eadem re. 683
Cap. CL. — Vera comprobatio, quia sicut minima, ita et majora, quæ Deo offeruntur, Ecclesiæ jure competunt. 684
Cap. CLI. — Contra eos qui dicunt: Terrena Ecclesiæ imperatoris sunt, et nisi pastores de manu ejus accipiant ea habere non debent. 684
Cap. CLII. — Quia episcopi, vel abbates per suos fideles de magnis possessionibus, quas possident, servire imperatoribus debent. 685
Cap. CLIII. — Contra eos qui dicunt, ideo imperatores Ecclesiam investire, quia sacrati sunt. 685
Cap. CLIV. — Contra eos qui dicunt: Spiritalia episcopis pertinent, sæcularia nequaquam. 685
Cap. CLV. — Constitutio Theodosii imperatoris. 685
Cap. CLVI. — Diversa præcepta legum eadem firmantium, quæ et sacri canones. 685
Cap. CLVII. — Quid observandum sit in ordinatione episcopi. 686
Cap. CLVIII. — Quia, quod sanctis locis datum est, firmiter eis permanere debet. 686
Cap. CLIX. — Item de eadem re. 686
Cap. CLX. — De hæreditate in nomine Christi relicta. 686
Cap. CLXI. — De hæreditate relicta martyribus. 686
Cap. CLXII. — Res episcopi in jus Ecclesiæ legaliter devenire. 686
Cap. CLXIII. — Res Ecclesiæ firmiter permansuras. 686
Cap. CLXIV. — De episcopis pro rebus Ecclesiæ non constringendis. 687
Cap. CLXV. — Quid agere debeat imperator, si commutare voluerit cum Ecclesia. 687
Cap. CLXVI. — De reverentia imperatorum in clericos. 687
Cap. CLXVII. — Adhortatio, ut pro his sacris dogmatibus, Deo nos corroborante, usque ad mortem certemus. 687

PETRUS DE HONESTIS CLERICUS RAVENNAS.

Notitia historica. 689
REGULA CLERICORUM.
Præfatio Constantini abbatis Cajetani. 691
Monitum de Petro de Honestis. 701
Prologus. 703
LIBER PRIMUS.
Cap. I. — Quod clericorum ordo levitarum et apostolorum vices teneat; et eorum vitam imitari, propriis quoque facultatibus, nec non voluntatibus renuntiare debeant. 703
Cap. II. — Quid præ omnibus canonici imitari debeant. 707
Cap. III. — Quod his exemplis fratres commoniti, propriis facultatibus et voluntatibus renuntiaverint. 709
Cap. IV. — Quod unus præesse cæteris debeat. 710
Cap. V. — Qualis esse debeat, qui ad prioratum eligitur. 710
Cap. VI. — Ut post prioris obitum intra tres vel quatuor hebdomadas eligatur alius. 710
Cap. VII. — Qualiter ordinetur electus. 711
Cap. VIII. — Quid prior post ordinationem suam facere debeat. 711
Cap. IX. — Qualiter, et in qua ætate parentes filios suos Ecclesiæ tradere valeant. 711
Cap. X. — De susceptione omnium clericorum non ordinatorum, notorum quoque et incognitorum. 713
Cap. XI. — Ut in aggregandis fratribus modus teneatur pro quantitate ecclesiasticæ facultatis. 713
Cap. XII. — Ut noviter suscepti cæteris subesse non erubescant. 713
Cap. XIII. — Quod prior minimos etiam, et nuper ingressos, aliis præferre debeat, si hoc fratrum utilitas deposcat. 713
Cap. XIV. — Qualiter prælatis subjecti obedire debeant. 714
Cap. XV. — Quod canonici nihil habere vel possidere, dare vel accipere minime debeant. 714
Cap. XVI. — Quomodo fratres ad se venientes alloqui debeant. 714
Cap. XVII. — Si fratres litteras mittere vel suscipere debeant. 715
Cap. XVIII. — Si hi, qui litterati sunt, docere aliquid valeant. 715
Cap. XIX. — Quod prælati animas et corpora subdiorum regere debeant. 715
Cap. XX. — De claustro et ejus officinis. 715
Cap. XXI. — De ædificiis familiæ. 716
Cap. XXII. — De interiori claustro, et de districtione fratrum. 716
Cap. XXIII. — De foris mittendis fratribus. 717
Cap. XXIV. — Ut clerici foras non mittantur ad ea quæ per laicos possunt fieri. 717
Cap. XXV. — Quod jussu prioris fleant fratribus in hor-

tis laborare, vel aliquid tale operari. 717
Cap. XXVI. — Quid foras mittendi, cum egrediuntur vel regrediuntur, facere debeant. 717
Cap. XXVII — Qualiter fratres ad visitandos infirmos, ad concordiam faciendam, ad animas exhortandas, vel ad aliquod bonum disponendum, mitti debeant. 718
Cap. XXVIII. — Si ad parentes ire oporteat. 718
Cap. XXIX. — Quod fratres cum fratribus privata consilia facere non debeant. 718
Cap. XXX. — De carnali dilectione non habenda, et de disciplina taliter, vel aliter peccantium. 719
Cap. XXXI. — De his qui voluerint sub habitu canonico arctiorem, vel solitariam vitam ducere. 719
Cap. XXXII. — De virtute silentii. 720
Cap. XXXIII. — Ut in Ecclesia, refectorio et dormitorio silentium teneatur. 720
Cap. XXXIV. — Quod omni tempore, a vesperis usque in mane cum ad capitulum veniunt, teneatur silentium. 720
Cap. XXXV. — Quod in quibusdam diebus extra dictum modum teneatur silentium. 720
Prologus libri secundi. 721
LIBER SECUNDUS.
Cap. I. — Quomodo vivendum sit inter octavas Nativitatis, Apparitionis et Resurrectionis. 721
Cap. II. — Quomodo vivendum sit ab octavis Resurrectionis usque ad Pentecosten, et Nativitatis usque ad Epiphaniam. 721
Cap. III. — Qualiter vivendum sit a Nativitate S. Joannis Baptistæ usque ad æquinoctium autumnale. 721
Cap. IV. — Qualiter vivendum sit ab æquinoctio autumnali usque ad Kalendas novembris, et ab octavis Epiphaniæ usque ad Septuagesimam. 721
Cap. V. — Qualiter vivendum sit ab æquinoctio autumnali usque ad Kalendas novembris, et ab octavis Epiphaniæ usque ad Septuagesimam. 721
Cap. VI. — Quod jejunandum sit a Kalendis novembris usque ad Nativitatem Domini, et a Septuagesima usque ad sanctum Pascha. 722
Cap. VII. — De jejunio quatuor temporum et vigiliarum. 722
Cap. VIII. — De usu ovorum et casei. 722
Cap. IX. — Quale jejunium occasione festi solvi debeat. 722
Cap. X. — Si occasione festi alicujus, carnis et sanguinis usus reddi debeat. 723
Cap. XI. — Quæ sint legitima jejunia. 723
Cap. XII. — Quibus diebus a vino et pulmento simul, vel a pulmentis tantummodo, vini usura servata, abstineatur. 723
Cap. XIII. — De discretione habenda in reddendo vino vel pulmento, et ex quibus causis discretio hæc fieri debeat. 723
Cap. XIV. — Si legitimi jejunii diebus festum novem lectionum veniat. 724
Cap. XV. — Quod cæteris diebus, duobus fratribus pulmenta parentur. 724
Cap. XVI. — De usu piscium et olei. 724
Cap. XVII. — De mensura panis et vini, et de qualitate pulmentorum. 724
Cap. XVIII. — De lectore hebdomadario. 724
Cap. XIX. — De hebdomadariis coquinæ, et de mandato in sabbato faciendo, et de charitate exhibenda. 725
Cap. XX. — De mandato in cœna Domini exhibendo. 726
Cap. XXI. — De vestimentis, calceamentis ac lectualibus fratrum. 726
Cap. XXII. — De ægrotantibus et morientibus. 727
Cap. XXIII. — De custodia eorum infirmorum qui invalescunt, et de medicina eis non neganda. 727
Cap. XXIV. — De usu balneorum et sanguinis diminutione. 728
Cap. XXV. — De senibus et infirmis. 729
Cap. XXVI. — De pueris et adolescentibus qui nutriuntur. 729
Cap. XXVII. — Si qui artis grammaticæ disciplina erudiri debeant. 730
Cap. XXVIII. — De laicis litteratis in grandiori ætate susceptis. 730
Prologus libri tertii. 730
LIBER TERTIUS.
Cap. I. — De septem horis canonicis antiquitus statutis, et de prima novo tempore adinventa. 730
Cap. II. — De nocturnis vigiliis. 731
Cap. III. — De matutinis laudibus. 731
Cap. IV — De prima. 732
Cap. V. — De tertia, sexta et nona. 732
Cap. VI. — De hora vespertina. 733

Cap. VII. — De completorio. 754
Cap. VIII. — Unde horarum istarum officia conficiantur. 754
Cap. IX — Quæ dicuntur festa privata, quæ popularia, quæ præcipua, quæ summa. 735
Cap. X. — De ordine lectionum totius anni. 735
Cap. XI. — De ordine missarum. 735
Cap. XII. — De hora collationis. 736
Cap. XIII. — Qua hora noctis vigilias agere debeamus. 737
Cap. XIV. — Quo ordine vel tempore agantur matutinæ et cæteræ horæ. 737
Cap. XV. — De his quæ in capitulo agenda sunt vel dicenda. 737
Cap. XVI. — De summis festis in capitulo nuntiandis, et de confessione ac remissione vicissim danda. 738
Cap. XVII. — De plurimis fratrum orationibus et observationibus. 738
Cap XVIII. — Quod prior super his omnibus debet esse sollicitus. 739
Cap. XIX. — De præposito. 759
Cap. XX. — De minoribus præpositis statuendis, seu magistris et disciplina peccantium. 740
Cap. XXI.— De obedientias tenentibus sive suscipientibus. 741
Cap. XXII. — De sacrista. 741
Cap. XXIII. — De camerario. 745
Cap. XXIV. — De cellerario. 745
Cap. XXV. — De refectorio et refectorario. 744
Cap. XXVI. — De vesterario. 744
Cap. XXVII. — De procuratore rerum exteriorum. 745
Cap. XXVIII. — De custodia rerum mobilium. 745
Cap. XXIX. — De negotiatore Ecclesiæ. 746
Cap. XXX. — De obedientia familiarium. 746
Cap. XXXI. — De claustro et de porta canonicorum custodienda. 746
Cap. XXXII. — De colligendis hospitibus, et quibusque advenientibus. 747
Cap. XXXIII. — Quod absente priore et præposito, minores præpositi vices eorum supplere debeant. 748
Cap. XXXIV. — Quod ex his ad majorum præceptorum observationem ascendere, et vitæ perpetuæ gaudia percipere quis valeat. 748

GREGORIUS PRESBYTER ROMANUS.
Notitia historica et litteraria. 748
Notitia altera. 751
Epistola nuncupatoria in suam canonum collectionem. 751
Rubricæ. 754

THEOBALDUS STAMPENSIS.
EPISTOLÆ.
I. — Ad episcopum Lincolniensem. — De quibusdam in divina pagina titubantibus. 759
II. — Ad Pharitium Habendonensem abbatem. — Pueri sacramento baptismi non regenerati æternam beatitudinem assequi nequeunt. 765
III. — Ad Margaritam reginam. — Se suaque obsequia reginæ offert. 765
IV. — Ad Philippum amicum — Solatur amicum injuriis lacessitum. 765
V. — Ad Roscelinum Compendiensem clericum. — Graviter arguit Roscelinum qui filios sacerdotum ad sacros ordines non esse admittendos asserebat. 767

THEOGERUS METENSIS EPISCOPUS.
Notitia historica. 769
Monitum. 777
MUSICA THEOGERI.
De repertoribus musicæ artis. 777
De monochordo. 777
De mensura monochordi. 778
Quod spatium dicatur tonus, quod semitonium et cætera. 779
De novem modis vocum. 779
De consideratione numerorum. 780
De proportionibus dupla, sesquialtera et sesquitertia. 780
De eadem proportione in mensura considerata. 780
De divisione monochordi. 781
De tetrachordis. 781
Quomodo constent tetrachorda. 781
De quatuor tetrachordis aliis. 782
De speciebus diatessaron. 783
De speciebus diapente. 783
De speciebus diapason. 783
Quod graviores sint principaliores. 784
De constitutione quatuor troporum. 784
De proto. 784

De deutero. 785
De trito. 785
De tetrardo. 785
De divisione proti. 785
De divisione deuteri. 785
De divisione triti. 785
De divisione tetrardi. 785
Hanc divisionem non esse recentem. 786
De divisione troporum naturales regulas non servasse. 786
De primo tono. 787
De secundo tono. 787
De tertio tono. 787
De quarto tono. 788
De quinto tono. 788
De sexto tono. 788
De septimo tono. 789
De octavo tono. 789
Decachordum secundi et exempla ejus. 790
Decachordum tertii et exempla ejus. 790
Decachordum octavi et exempla ejus. 790
Generales regulæ autentici cantus. 791
Generalis regula plagalis cantus. 792
Generalis regula communis cantus. 792

HUGO DE SANCTA MARIA FLORIACENSIS MONACHUS.

Notitia historica et litteraria. 791
OPERA HISTORICA.
Prolegomena. 805
Excerpta ex historia ecclesiastica 805
Editio prima libris IV digesta. 821
Editio altera libris VI digesta 829
Historia Francorum Senonensis. 853
Fragmenta Historiæ Fossatensis. 865
LIBER QUI MODERNORUM REGUM FRANCORUM CONTINET ACTUS.
Prologus. 873
Incipit liber. 875
Appendix ad historiam regum Francorum. 911
DE REGIA POTESTATE ET SACERDOTALI DIGNITATE.
Prologus. 939
LIBER PRIMUS.
Cap. I. — Quod non sit potestas nisi a Deo. 941
Cap. II. — Quod sicut caput in corpore, ita rex in regno suo principatum debeat obtinere. 942
Cap. III. — Quod rex Dei Patris imaginem obtineat, et episcopus Christi. 942
Cap. IV. — De officio legitimi regis. 943
Cap. V. — De electione episcopi. 947
Cap. VI. — Item de officio legitimi regis. 948
Cap. VII. — Item de officio legitimi regis. 950
Cap. VIII. — De reprobis regibus atque principibus. 953
Cap. IX. — De dignitate sacerdotum. 953
Cap. X. — De his quos episcopus excommunicat. 955
Cap. XI. — De pravis præsulibus. 955
Cap. XII. — De illo qui contra Christianum frangit sacramentum. 956
LIBER SECUNDUS. 961
EPISTOLA HUGONIS ad Ivonem Carnotensem abbatem. 975
VITA SACERDOTIS EPISCOPI LEMOVICENSIS
Commentarius prævius. 975
Prologus. 979
Cap. I. — Ortus, educatio, monachatus, dignitas abbatialis. 984
Cap. II. — Viventis miracula : parentum conversio ad vitam sanctam. Episcopatus Lemovicensis obitus. 987
Cap. III. — Ratio temporis : sepultura, translatio corporis Sarlatum. 990
Cap. IV. — Miracula post translationem patrata, atque imprimis injurii contra sanctum puniti. 995
Cap. V. Beneficia sanitatum. S. Sacerdotem invocantibus impensa, malevoli puniti. 998

LAMBERTUS AUDOMARENSIS.

LIBER FLORIDUS. — NOTITIA ET EXCERPTA. 1005

HUGO DE CLEERIIS.

COMMENTARIUS DE MAJORATU ET SENESCALCIA FRANCIÆ. 1033

GUILLELMUS DE CAMPELLIS CATALAUNENSIS EPISCOPUS.

Notitia historica. 1037
DE SACRAMENTO ALTARIS. 1059
CHARTA. 1039

OPUSCULA DUBIA.
De origine animæ. 1045
Dialogus inter Christianum et Judæum de fide catholica. 1045

CALIXTUS II PONTIFEX ROMANUS.

Notitia historica. 1073
Notitia altera. 1075
Vita Calixti II papæ, auctore Pandulpho Pisano. 1079
Commentariolus Hessonis scholastici.
Confirmatio electionis Calixti II. 1087
Notitia diplomatica in epistolas et privilegia Calixti II. 1089

EPISTOLÆ ET PRIVILEGIA CALIXTI II.
I. — Ad Adalbertum Moguntinum archiepiscopum. — De sui creatione. 1093
II. — Ad Didacum episcopum Compostellanum. — Robertum Franciscum, levirum suum, commendat. 1093
III. — Ecclesiæ S. Antonii consecratio 1093
IV. — Ad Bernardum Ausciensem archiepiscopum. — Concedit ut mortuorum corpora libere deinceps apud ecclesiam S. Mariæ Ausciensem sepeliantur. 1094
V. — Ad Fridericum archiepiscopum Coloniensem. — Significat ei concilium in autumno Remis celebrandum pro felici Ecclesiæ statu. 1095
VI. — Clero et populo Lucensi præcipit ne vexari fra tres S. Frigdiani patiantur. 1096
VII. — Ad Francorum Trenorciensem abbatem. — Privilegium Trenorciense. 1096
VIII. — Privilegium pro monasterio de Valle. 1098
IX. — Bulla apostolici qua capitulum Brivatense declaratur Romanæ Ecclesiæ immediate subditum, eique conceditur ut chrisma, oleum sanctum, consecrationes ecclesiarum aut altarium et clericorum ordinationes a quo maluerint episcopo suscipere possint. 1099
X. — Bulla pro monasterio S. Blasii. 1100
XI. — Xenodochii Hierosolymitani privilegia et possessiones confirmat. 1102
XII. — Bulla pro monasterio B. Mariæ Electensis. 1102
XIII. — Monasterii S. Ægidii jura ac bona confirmat. 1103
XIV. — Pro eodem monasterio. 1105
XV. — Ad canonicos Bisuntinæ ecclesiæ S. Joannis. — Litigantes S. Joannis et S. Stephani canonicos juramentis suis solvit. 1106
XVI. — Ad R. Massiliensem abbatem. — Permittit et fratribus suis divinum officium celebrare in Tarasconensi S. Nicolai ecclesia, eamque consecrari facere. 1107
XVII. — Excerptum bullæ datæ in gratiam monasterii S. Mariæ Soricinensis. 1108
XVIII. — Ecclesia S. Polycarpi confirmatur monasterio Electi. 1108
XIX. — Ad Didacum episcopum Compostellanum. — Concilio in festivitate B. Lucæ Remis celebrando eum interesse vult. 1109
XX. — Bulla de dono ecclesiæ S. Liberatæ facto Stephano abbati Casæ Dei ab Hildeberto episcopo Agennensi. 1110
XXI. — Epistola synodalis Calixti. Tolosano concilio præsidentis, qua cel'a S. M. de Gordiano adjudicatur Anianensi monasterio, adversus Arelatensem archiepiscopum et monachos Casæ Dei 1110
XXII. — Ad B. præpositum, clerum et populum Hildesheimensem. 1113
XXIII. — Berengario abbati monasterii Crassensis in Septimania ejusque successoribus ecclesiam S. Petri de Valeriis sub censu annuo duorum aureorum concedit. 1114
XXIV. — Ad illustrem feminam Jussolinam, et filios ejus, ejusdem argumenti cum superiore. 1114
XXV. — Bulla pro Geraldo priore Cadurcensis beati protomartyris Stephani ecclesiæ. 1115
XXVI. — Ad Henricum Anglorum regem pro controversia de primatu Eboracensis Ecclesiæ sedanda. 1117
XXVII. — Ad Herveum abbatem Rotonensis monasterii. — Kemperlegiensibus ablatam de Bella Insula pecuniam reddat vel ad Remense concilium rationem redditurus accedat. 1117
XXVIII. — Bulla pro Guidone abbate Turturiaci. 1117
XXIX. — Excerptum bullæ Calixti papæ II, pro S. Trinit. Pictaviensi. 1119
XXX. — Bulla pro cœnobio S. Vincentii Silvanectensis. 1119
XXXI. — Ad Turgidum Abrincensem, et Hildebertum Cenomanensem episcopos, etc... — Commendat eis monasterium Savigniense. 1120
XXXII. — Parthenonis S. Mariæ Fontis Ebraldi possessiones et privilegia confirmat. 1121
XXXIII. — Monasterii SS. Petri et Pauli et S. Gesleni Cellensis possessione confirmat. 1124

XXXIV. — Monasterii Vindocinensis privilegia confirmat. 1125
XXXV. — Privilegium pro abbatia S. Dionysii, prope Parisios. 1126
XXXVI. — Recenset atque confirmat possessiones abbatiæ Burburgensis, monialium nobilium Ord. S. Benedicti a sorore sua Clementia Burgundiæ ducissa recens fundatæ. 1127
XXXVII. — Ad Godebaldum episcopum Ultrajectensem. — Mitram episcopalem ei tribuit. 1130
XXXVIII. — Monasterii Marbacensis protectionem suscipit, et privilegia confirmat. 1130
XXXIX. — Ecclesiæ S. Martini Turonensis privilegia confirmat. 1131
XL. — Monasterii S. Bertini Sithiensis libertatem et privilegium confirmat. 1133
XLI.—Ecclesiæ Cameracensis privilegia confirmat. 1134
XLII. — Ad clerum et populum Hildesheimensem. 1134
XLIII. — Gisleberto archiepiscopo Turonensi mandat ut litteras sequentes ad Henricum Anglorum regem deferat, adhibitoque Gaufredo archiepiscopo Rothomagensi, Thomam archiepiscopum Eboracensem regi diligenter commendet. 1135
XLIV. — Ad Henricum Anglorum regem. 1135
XLV. — Bulla de privilegiis monasterii Sanctæ Mariæ Josaphat, in diœcesi Carnotensi. 1136
XLVI. — Decretum a Gaufrido episcopo Carnotensi adversus Simoniam latum confirmat. 1137
XLVII. — Monasterium Springirsbacense et ejus disciplinam confirmat. 1158
XLVIII. — Ad Morvanum Venetensem et Brictium Nannetensem episcopos. — Ut abbatem Rotonensem per districtionem canonicam compellant ad reddendam pecuniam abbati Kemperlegiensi debitam. 1158
XLIX. — Monasterii S. Remigii Remensis privilegia confirmat. 1138
L. — Abbatiæ S. Amandi seu Elnonensis, ordinis S. Benedicti privilegia libertatis et immunitatis concedit. 1139
LI. — Radulfum Dunelmensem, Radulfum Orcadensem, Joannem Glascuensem et universos per Scotiam episcopos, Ecclesiæ Eboracensis suffraganeos, hortatur ut Thurstano archiepiscopo Eboracensi, per ipsum consecrato, obediant. 1141
LII. — Litteræ Norwegiæ regibus porrectæ pro admissione Radulphi Orcadensium episcopi. 1142
LIII. — Monasterii S. Martini de Campis Parisiensis possessiones et privilegia confirmat. 1142
LIV. — Bulla pro Pacano abbate et monachis B. Mariæ Stampensis. 1143
LV. — Ad Josceranum Lingonensem episcopum. — Judicem eum constituit controversiæ, quæ est inter abbatem S. Petri Vivi Senonensis, et Moiismensem. 1146
LVI. — Ad monachos S. Viventii de Verzeio. — Jubet sub pœnis interdicti, ut priorem de monasterio Cluniacensi recipiant. 1146
LVII. — Benedictum episcopum Lucensem rogat ut homines ad sese venientes vel ab ipso redeuntes præsidio firmo muniat. A priorem et ecclesiam S. Frigdiani commendat. 1146
LVIII. — Ad Stephanum abbatem Cisterciensem. — Cisterciensis monasterii capitula confirmat. 1147
LIX. — Brunonem archiepiscopum Trevirensem liberum declarat ab omni potestate legati, nisi a latere dirigatur. 1148
LX. — Brunoni archiepiscopo metropolitanum jus aliaque prisca ornamenta constabilit. 1148
LXI. — Hospitalem domum a Brunone, archiepiscopo Trevirensi, conditam Confluentiæ ante ecclesiam S. Florini, conservari jubet. 1149
LXII. — Ad Volricum Constantiensem episcopum. — Ut Schafbusensibus restituat prædium per vim ablatum. 1149
LXIII. — Privilegium pro monasterio S. Salvatoris Schaffnaburgensis. 1150
LXIV. — Ad Hugonem Antissiodorensem episcopum. — Facultatem ei tribuit conferendi ecclesiis canonicorum et monachorum ecclesias quas laici obtinuerant. 1152
LXV. — Privilegium Calixti papæ, quo confirmatur decretum concilii Bellavacensis de discordia inter Guillelmum episcopum Catalaunensem et canonicos Chemironenses, quibus Richardus Albanensis episcopus immunitatem nimiam indulserat. 1152
LXVI. — Monasterii Vizeliacensis immunitatem et possessiones confirmat. 1153
LXVII. — Ad Berardum Matisconensem et Gualterium Cabilonensem episcopos — Significat se Trenor iensis monasterii altaria consecrasse, et cœmeterium benedixisse. 1155

LXVIII. — Ad canonicos Matisconensis. — Adversus vastatores villæ de Monte Godino. 1155
LXIX. — Adelberto abbati Schafhusensi significat se monasterii tutelam suscepisse. 1156
LXX. — Parthenonis Pulchriloci privilegia confirmat. 1156
LXXI. — Ad Marbodum episcopum Redonensem. — De sententia excommunicationis prolata in abbatem et monachos S. Melanii. 1157
LXXII. — Privilegium pro monasterio S. Mariæ Bonævallis. 1157
LXXIII. — Ad Umbaldum archiepiscopum Lugdunensem. — Adversus vastatores villæ de monte Godino. 1158
LXXIV. — Bulla pro manasterio S. Cucuphatis in regione Vallensi. 1159
LXXV. — Ecclesiæ S. Joannis Vesontionensis canonicorum bona et privilegia confirmat. 1162
LXXVI. — Ad Arelatensem, Aquensem et Ebredunensem archiepiscopos et cæteros episcopos per provinciam. 1164
LXXVII. — Privilegium pro monasterio Cluniacensi. 1164
LXXVIII. — Ad canonicos Viennenses. — Antiqua Viennensis Ecclesiæ privilegia confirmat. 1167
LXXIX. — Ecclesiæ Compostellanæ metropolitanam Ecclesiæ Emeritanæ dignitatem delegat. 1168
LXXX. — Episcopis, abbatibus, clericis, etc., per Emeritanam et Bracarensem provincias constitutis significat se Didaco archiepiscopo Compostellano vices suas in eorum partibus commisisse. 1170
LXXXI. — Speciales litteræ ad Compostellanum archiepiscopum. 1170
LXXXII. — Gundisalvum Colimbriensem et Jeronymum Salmanticensem episcopos, jubet metropolitæ Didaco obedire. 1170
LXXXIII. — Ecclesiæ Portugalensis protectionem suscipit, possessionesque confirmat. 1171
LXXXIV. — Ad episcopos, principes, comites, milites et cæteros fideles per Hispaniam. 1171
LXXXV. — Ad Pelagium Bracarensem episcopum. 1172
LXXXVI. — Privilegium pro ecclesia S. Mariæ Magdalenæ Vesontionensis. 1172
LXXXVII. — Canonicæ ad plebem martyrum (Ulciensis) disciplinam, possessiones, privilegia confirmat. 1175
LXXXVIII. — Ad Amedeum episcopum Maurianensem. — Præcipit ut ecclesiam S. Mariæ Secusiensem Arberto præposito Ulciensi intra dies 40 restituat. 1175
LXXXIX. — Ecclesiæ S. Joannis Modoetiensis possessiones confirmat. 1175
XC. — Monasterii S. Salvatoris Papiensis bona et jura quæcunque confirmat. 1176
XCI. — Monasterii S. Pauli de Argon patrocinium suscipit, et bona ac privilegia confirmat. 1176
XCII. — Ecclesiæ S. Evasii Casalensis privilegia et possessiones confirmat. 1176
XCIII. — Oberto episcopo Cremonensi et ejus successoribus concedit jus abbatum monasterii S. Petri consecrandorum. 1177
XCIV. — Monasterii S. Saturnini Caralitani possessiones confirmat. 1178
XCV. — Volaterris ecclesiam cathedralem dedicat. 1178
XCVI. — Ad Joannem priorem Camaldulensem. — Privilegium monasterii Sextensis. 1178
XCVII. — Bulla pro monasterio S. Mariæ de Morrona, ejusque abbate Girardo. 1179
XCVIII. — Ad Stephanum camerarium, legatum suum Treviris morantem. — De suo in Urbem adventu. 1180
XCIX. — C. — Donationes omnes, a Gunnario ejusque uxore factas Casinensi monasterio confirmat, addit annuo censu Lateranensi palatio per monachos persolvendo. 1181
CI. — Ad Gunnarium nobilem virum. 1182
CII. — Rogerio Volaterrano episcopo mandat ut tueatur possessiones monasterio Casinensi a Gunnario donatas. 1182
CIII. — Ecclesiam Aversanam manere Romanæ Ecclesiæ suffraganeam jubet, petente Roberto episcopo. 1183
CIV. — Geraldum archiepiscopum Ragusinum consecrat pallioque donat, et Ecclesiæ ejus possessiones juraque confirmat. 1184
CV. — Episcopis Dalmatiæ superioris, seu Dioclæ, præcipit ut metropolitæ, Gerardo episcopo, archiepiscopo Ragusino, obediant. 1184
CVI. — Bulla pro monasterio Vulturnensi. 1184
CVII. — Ad episcopos et alios fideles provinciarum Biturigensis, Burdegalensis, Auscitanæ, Turonensis, Bri-

tanniæ. — Gerardum, Engolismensem episcopum, legatum apostolicum instituit. 1186

CVIII. — Monasterium S. Sophiæ Beneventanum tuendum suscipit, et bona juraque ejus confirmat. 1186

CIX. — Alpheradæ abbatissæ Parthenonis S. Mariæ Capuani præcipit ut quinta feria post octavas Pentecostes ad sese veniat rationis reddendæ causa quo jure ecclesiam S. Mariæ Cinglensem monasterio Casinensi abstulerit. 1189

CX. — Eremi Turritani privilegia confirmat. 1189

CXI. — Ad Wulgrinum archiepiscopum Bituricensem. — De expulsione monialium a Carentonio parthenone. 1189

CXII. — Clericis S. Mariæ Secusiensis, proposita excommunicatione, præcipit ut ipsam ecclesiam intra dies 40 Arberto præposito Ulciensi restituant. 1189

CXIII. — Ad Pontium Cluniacensem abbatem. — Ecclesiam S. Theodori attribuit Cluniaco. 1189

CXIV. — Ad Didacum archiepiscopum Compostellanum, Ecclesiæ Romanæ legatum. 1190

CXV. — Bulla pro monasterio SS. apostolorum Petri et Pauli Cantuariensi. 1191

CXVI. — Ad Radulfum archiepiscopum Cantuariensem. 1191

CXVII. — Petente Pontio Cluniacensi, parthenonis Marciniacensis protectionem suscipit. 1192

CXVIII. — Archiepiscopis Pisanis adimit jus consecrandi episcopos Corsicanos. 1192

CXIX. — Canonicorum S. Laurentii Januensis possessiones confirmat. 1194

CXX. — Umebaldi archiepiscopi Lugdunensis primatum confirmat. 1195

CXXI. — Ecclesiæ Ravennatis jura confirmat. 1195

CXXII. — Bulla de erectione seu restitutione episcopatus apud Tres Tabernas in Calabria. 1195

CXXIII. — Monasterii SS. Philippi et Jacobi et S. Walburgæ in Sacra Silva protectionem suscipit, bonaque confirmat. 1197

CXXIV. — Ad Widonem episcopum Curiensem. 1198

CXXV. — Monasterio Affligemensi asserit ecclesiam Bornhemiensem. 1199

CXXVI. — Episcopatus Mutinensis fines, ecclesiæque bona, petente Dodonæ episcopo, confirmat. 1200

CXXVII. — Ad A. priorem S. Frigdiani Lucensis. 1201

CXXVIII. — Monasterii S. Clementis Piscariensis possessiones et privilegia confirmat. 1201

CXXIX. — Ad Ottonem de Castro Iringi — Ædificandæ ecclesiæ ac monasterii potestatem facit sub certis conditionibus. 1203

CXXX. — Ecclesiæ S. Mariæ et S. Walburgis Furnensis tutelam suscipit, bonaque ac privilegia confirmat. 1204

CXXXI. — Ad omnes fideles. — Nuntiat Sutrium urbem tandiu obsessam quoad Burdinus antip: pa et ipsa urbs sibi tradita sit. 1205

CXXXII. — Ad canonicos regulares Berglestadenses. — Eorum institutum approbat. 1206

CXXXIII. — Ad Franconem Trenorciensem abbatem. — Privilegium immunitatis. 1207

CXXXIV. — Ad eumdem. — Aliud privilegium. 1208

CXXXV. — Galterum episcopum Magalonensem, jam Augusto præterito per litteras admonitum, iterum hortatur ut judicet inter fratres S. Sepulcri Hierosolymitani et monachos Anianenses, de ecclesia Salvatoris de Rubo litigantes. 1209

CXXXVI. — Canonicorum Veronensium jura et bona confirmat. 1210

CXXXVII. — Ad Didacum archiepiscopum Compostellanum. — De episcopis suspensis quia non interfuerant concilio, et de Bracarensi archiepiscopo a legatione subtracto. 1210

CXXXVIII. — Didaco archiepiscopo Compostellano scribit, Giraldi, qui consanguineam prioris conjugis duxerit, matrimonium esse dirimendum. 1211

CXXXIX. — Ad Attonem Arelatensem, Fulconem Aquensem archiepiscopos, et cæteros per Provinciam episcopos. — Ut Ildefonsum comitem et ejus socios, nisi monasterio S. Ægidii intra dies 40 satisfecerint, excommunicent. 1211

CXL. — Ad Uzeticensem, Tolosanum et Nemausensem episcopos. — Ut Ildefonsum comitem, nisi monasterio S. Ægidii ablata restituerit, excommunicatum denuntient. 1212

CXLI. — Ad Raimundum de Baucio, Guillelmum de Sabrano, Elesiarium de Castrias, Rainonem de Castlar, et Guillelmum Rainoardi. — Minatur se eos, tanquam Ildefonsi comitis consiliarios et auxiliatores, excommunicaturum, nisi infra dies quadraginta cessent ab infestatione monasterii S. Ægidii. 1213

CXLII. — Ad Burgenses monasterii S. Ægidii. — Absolvit eos a sacramento fidelitatis exhibito comiti Ildefonso, qui ad perjurium ipsos compulerat. 1213

CXLIII. — Ad Ildefonsum comitem Tolosanum. — Jubet sub pœna excommunicationis ut damna S. Ægidii monasterio illata resarciat. 1214

CXLIV. — Pelagio archiepiscopo Bracarensi præcipit ‹ ut honorem B. Jacobi in Portugalia, quem prædecessor ejus (Mauritius) Bracarensis archiepiscopus a Compostellano archiepiscopo habuerit in præstimonium, et quem ipse violenter retineat, redintegret. › 1214

CXLV. — (Alpheradam) parthenonis S. Mariæ Capuanis abbatissam reprehendit quod, « secundis transactis terminis, » ad judicium non venerit. Minatur se, nisi veniat aut legatos mittat, ecclesiam Cinglensem monasterio Casinensi r. stituturum esse. 1215

CXLVI. — Didaco archiepiscopo Compostellano Guidonem militem ad S. Jacobum iter facientem, commendat. 1215

CXLVII. — De confirmatione canonicorum regularium ecclesiæ S. Sepulcri Hierosolymitanæ et eorumdem possessionum. 1215

CXLVIII. — Archiepiscopo Cæsariensi et cæteris episcopis, abbatibus, etc., per Hierosolymitanam provinciam constitutis, Balduino regi, etc., nuntiat se Guarmundo patriarchæ pallium misisse. 1216

CXLIX. — Ad Guarmundum patriarcham Hierosolymitanum. 1217

CL. — Marco clerico Veneto scribit ex Petri episcopi Portuensis, legati sui, litteris se cognovisse eum possessiones suas B. Petro sub censu annuo unius Bysantii obtulisse. Laudat pietatem ejus mittitque fundamentorum condendæ ecclesiæ lapidem primum. 1218

CLI. — Ad Berengarium Narbonensem archiepiscopum et suffraganeos ejus. — Moneant Ildefonsum comitem Tolosanum, ut abbatem S. Ægidii, quem expulerat, ad monasterium redire permittat; sin autem, ipsum excommunicatione et interdicto multent. 1218

CLII. — B[osoni] apostolicæ sedis legato mandat ut hortetur Urracam reginam, Ildefonsi regis filiam, ut Didacum archiepiscopum Compostellanum e custodia emittat, et castella illi ablata restituat; eamque, nisi intra dies 40 obedierit, convocatis episcopis, excommunicari ac totam ejus terram affici interdicto jubet. 1219

CLIII. — Ad Toletanum archiepiscopum de eodem. 1219

CLIV. — Archiepiscopis et episcopos Hispaniæ certiores facit de superioribus ad Bosonem cardinalem et Bernardum archiepiscopum Toletanum litteris. 1220

CLV. — Ad reginam de eodem. 1221

CLVI. — Ad regem Ildefonsum de eodem. 1221

CLVII. — Ad Bernardum Toletanum primatem. — Jura primatus Toletani. 1222

CLVIII. — Ad eumdem. — Ejusdem argumenti. 1223

CLIX. — Ad Ovetensem et Legionensem episcopos. — Ut Toletano primati subjaceant. 1224

CLX. — Ad episcopos, abbates, et cæteros in Hispania. — Ut Bernardo Toletano primati tanquam apostolico legato pareant. 1224

CLXI. — Ludovici Francorum regis rogatu, Noviomensis et Tornacensis episcopatum unitatem confirmat. 1125

CLXII. — Ecclesiæ Miletensis privilegia, petente Gaufrido episcopo, confirmat. 1226

CLXIII. — Ad universos fideles. 1227

CLXIV. — Ad Alexandrum regem Scotiæ. — Quod ipse et episcopi pareant Eborum archiepiscopo, metropolitano suo. 1229

CLXV. — Ad Joannem, episcopum Glascuensem. 1230

CLXVI. — Ad episcopos Scotiæ. — Quod obediant metropolitano suo, Eborum archiepiscopo. 1250

CLXVII. — Privilegium pro abbatia S. Germani a Pratis. 1250

CLXVIII. — Ad Heinricum V imperatorem. 1252

CLXIX. — Privilegium pro monasterio S. Petri Melliensis. 1233

CLXX. — Ad Ansericum archiepiscopum et canonicos Bisuntinos. — Privilegium maternitatis ecclesiæ S. Joannis in ecclesiam S. Stephani. 1235

CLXXI. — Mundiburdium papale concessum monasterio Reichenbacensi. 1258

CLXXII. — Privilegium pro monasterio Zwifaltensi. 1259

CLXXIII. — Monasterium SS. Petri et Pauli Echenbrunnense confirmat. 1240

CLXXIV. — Privilegium pro monasterio S. Mariæ Godesavensi. 1240

CLXXV. — Monasterii S. Salvatoris Milstadensis protectionem suscipit juraque confirmat. 1242

CLXXVI. — Ecclesiæ Lucensis privilegia quædam, ro-

gante Benedicto episcopo, corroborat. 1243
CLXXVII. — Privilegium pro monasterio S. Mariæ Pratialiensi. 1243
CLXXVIII. — Monasterii Salvatoris et S. Bonifacii Fuldensis possessiones ac privilegia confirmat. 1244
CLXXIX. — Monasterio S. Remigii Remensis matricem S. Martini ecclesiam cum dimidia villæ S. Remigii parte et monasterio Montis Majoris alteram villæ partem cum capella S. Mariæ addicit. 1246
CLXXX. — Ad Rodulfum archiepiscopum Remensem. — De vitanda Simonia in præbendis S. Timothei; de Roberto priore S. Oricoli revocando, et de monachis servandis in ecclesia Reitestensi. 1247
CLXXXI. — Ottonem comitem palatinum collaudat quod in exercitu regis, cum caperetur Paschalis II, militasse cum pœniteat. 1248
CLXXXII. — Archiepiscopum Dolensem ejusque suffraganeos atque alios ecclesiarum prælatos per eamdem provinciam constitutos, de concilio generali in Urbe celebrando certiores facit. 1249
CLXXXIII. — Raynulfo comiti sub excommunicationis pœna præcipit ut intra dies 20 ecclesiam Cinglensem monasterio Casinensi restituat. 1249
CLXXXIV. — Ottoni archiepiscopo et clero populoque Capuano interdictum Cinglensi ecclesiæ et monasterio S. Mariæ impositum, abbatissamque Alpheradam dejectam atque excommunicatam nuntiat. 1249
CLXXXV. — Privilegium pro monasterio Casinensi. 1250
CLXXXVI. — Bulla pro monasterio S. Salvatoris Leutevensis. 1254
CLXXXVII. — T[arasiæ] reginæ Portugalensi præcipit ut, quem ceperit, Pelagium, archiepiscopum Bracarensem, dimittat, alioquin ex tunc in eam et fautores ejus sententiam excommunicationis dat. 1255
CLXXXVIII. — D[idaco] archiepiscopo Compostellano mandat hortetur T[arasiam], reginam Portugalensem, ut P[elagium] archiepiscopum Bracarensem secundum litteras suas et custodia dimittat. Quod nisi statuto tempore fecerit, reginæ excommunicationem terræque ejus interdictum promulgari jubet. 1255
CLXXXIX. — Petro creato abbati Cluniacensi gratulatur. 1256
CXC. — Ad Cluniacenses. — Petrum electum abbatem probat. 1256
CXCI. — Ad canonicos regulares Bernriedenses.— Eorum institutum approbat. 1257
CXCII. — Monasterii S. Eustachii de Nervesia jura omnia et privilegia confirmat. 1258
CXCIII. — Heinrico imperatori gratulatur quod tandem ad ecclesiæ gremium redierit. Legatos suos apud eum morantes commendat. Imperatorios legatos ad sese mitti vult. 1260
CXCIV. — Monasterii S. Mariæ Pineroliensis possessiones quasdam confirmat. 1261
CXCV. — Privilegium pro eodem monasterio. 1261
CXCVI. — Ottoni archiepiscopo Capuano mandat ut a clericis qui monasterium Capuanum, Casinensibus subjectum, injuriis affecerint, pœnas petat. 1261
CXCVII. — Ad Berengarium Forojuliensem episcopum. — Adversus vastatores cujusdam villæ ad monasterium Lerinense pertinentis. 1261
CXCVIII. — Xenodochii S. Joannis Hierosolymitani possessiones et privilegia confirmat. 1261
CXCIX. — Monachos Cashienses hortatur ut Oderisio electo abbati pareant. 1262
CC. — Monasterii S. Euphemiæ Brixiensis bona et jura enumerat, et sub sanctæ Romanæ Ecclesiæ protectione confirmat. 1262
CCI. — Frederici archipresbyteri et canonicorum Carpensium jura omnia ac privilegia confirmat. 1265
CCII. — Confirmatio privilegiorum ecclesiæ S. Rudperti Salzburgensis. 1265
CCIII. — Prædium Wilzaecaræ, cum ecclesia S. Cæsarii in agro Eutinensi, ad canonicos regulares pertinere, contra petitionem monachorum Nonantulensium, decernit. 1266
CCIV. — Privilegium pro abbatia S. Mariæ Vangadiensi. 1267
CCV. — Ad Didacum archiepiscopum Compostellanum. 1269
CCVI. — Canonicorum ecclesiæ Cremonensis privilegia et bona confirmat. 1269
CCVII — Monasterii Senensis tutelam suscipit, et privilegia confirmat. 1271
CCVIII. — Privilegium pro ecclesia B. Mariæ Blesensis. 1271
CCIX.—Privilegium pro monasterio Ustanhovensi. 1272

CCX. — In generali concilio Conradum, olim episcopum Constantiensem, sanctorum ordinibus ascribit. 1273
CCXI. — Ad Gibertum episcopum Parisiensem. — Ut omnes clerici et abbates diœceseos ipsi pareant. Item ut canonicus Parisiensis, alterius ecclesiæ episcopus effectus, præbendam amittat. 1274
CCXII. — Monasterii S. Bertini Sithiensis tutelam suscipit, et privilegia confirmat. 1275
CCXIII. — Ad Joannem, Morinensium præsulem. 1276
CCXIV. — Monasterio S. Crucis Burdigalensi ecclesiam sancti Macarii asserit. 1276
CCXV. — Ad populum et clerum Augustensem. 1277
CCXVI. — Ecclesiæ Monopolitanæ libertatem et possessiones, petente Nicolao episcopo, confirmat. 1277
CCXVII. — Hamburgensibus commendat Adalberonem archiepiscopum a sese consecratum et pallio donatum. 1278
CCXVIII. — Confirmatio jurium omnium Ecclesiæ Squillatinæ. 1279
CCXIX. — Ad Antonium abbatem Senonensem. 1280
CCXX. — Ad Attonem Bambergensem episcopum, Pomeranorum apostolum. — De privilegiis Bambergens. Ecclesiæ concessis. 1281
CCXXI. — Privilegium pro monasterio S. Benedicti Cremensis. 1281
CCXXII. — Parthenonem S. Salvatoris et S. Juliæ Brixiensem tuendum suscipit ejusque possessiones ac privilegia confirmat. 1283
CCXXIII. — Privilegium pro ecclesia S. Deodati. 1284
CCXXIV. — Monasterio S. Gisleni asserit altaria nonnulla a Burcardo, episcopo Cameracensi, concessa. 1285
CCXXV. — Bulla pro Alberone archidiacono et thesaurario Metensis ecclesiæ sancti Stephani. 1285
CCXXVI. — Ad canonicos Bisuntinos S. Joannis. — Componit controversias inter ecclesias S. Joannis et S. Stephani. Jubet ut privilegium ecclesiæ S. Stephani concessum a Paschali papa reddatur. 1286
CCXXVII. — Ecclesiæ Pisanæ de consecratione episcoporum Corsicanorum privilegium testatur ultimo concilii Lateranensis die damnatum esse. 1287
CCXXVIII. — Ad Petrum Segoviensem episcopum. — Pristinæ Ecclesiæ ejus, Seracenis ereptæ, jura restituit, petente nepote suo rege Ildefonso. 1290
CCXXIX. — Privilegium pro S. Victoris Massiliensis monasterio. 1291
CCXXX. — Privilegium pro Ecclesia Papiensi. 1292
CCXXXI. — Amedeo episcopo Maurianensi præposituram ecclesiæ S. Mariæ Secusiensis ac de ipsa civitate Secusia jus parochiale concedit. 1293
CCXXXII. — Monasterii S. Georgii Veneti libertatem privilegia, possessiones confirmat, imposito monachis aureorum duorum tributo annuo. 1294
CCXXXIII. — Monasterium S. Mariæ Glastoniensis diœcesis sub protectione sedis apostolicæ recipitur, eique bona omnia et donationes confirmantur. 1295
CCXXXIV. — Monasterii omnium sanctorum Barensis possessiones, libertatem, privilegia confirmat. 1296
CCXXXV. — Ad Ludovicum Francorum regem. — Commendat Petrum cardinalem, legatum apostolicum. 1297
CCXXXVI. — Richardo, præposito Springirsbacensi, et ejus fratribus privilegia quædam tribuit. 1298
CCXXXVII. — Ad suffraganeos episcopos et abbates provinciæ Bisuntinæ. — Significat iis sententiam a se latam pro maternitate ecclesiæ sancti Joannis. 1298
CCXXXVIII. — Ad episcopos Hispanos, abbates ac præpositos per Emeritanam et Bracarensem provinciam constitutos. — Ut Didaco archiepiscopo Compostellano, vicario suo obediant. 1299
CCXXXIX. — Ad omnes episcopos etc., per Europam dispersos. 1299
CCXL. — Ad Pelagium Bracarensem episcopum. — De privilegiis ejusdem ecclesiæ. 1299
CCXLI. — Bulla pro Ecclesia Barbastrensi. 1300
CCXLII. — Ad episcopum Pampilonensem. 1500
CCXLIII. — Benedicto, episcopo Lucensi, pallii usum concedit. 1500
CCXLIV. — Privilegium pro monasterio Andrensi. 1501
CCXLV. — Ad A. priorem et fratres S. Frigdiani Lucensis. 1303
CCXLVI. — Berardo, episcopo Matisconensi officium episcopale interdicit donec ab injuriis in monasterium Cluniacense destiterit. 1304
CCXLVII. — Conrado archiepiscopo Salsburgensi commendat A. presbyterum, ab episcopo Augustensi ordinatum. 504

CCXLVIII. — Omnibus in ecclesia Compsana sepeliendis peccatorum absolutionem concedit. 1504
CCXLIX. — Ad universos reges, comites et principes. — Hortatur ut afflictæ Hispaniarum Ecclesiæ succurrant, concessis adjuvantibus indulgentiis, commendatque eis Aldegarium, archiepiscopum Terraconensem. 1505
CCL. — Ad Goffridum abbatem Vindocinensem. — Rata habet privilegia omnia Vindocinensium. 1506
CCLI. — Ad Attonem Arelatensem archiepiscopum, Raimundum comitem Barcinonensem et Gaufredum Porcelettum. — Ut monachis S. Ægidii auxilium impendant contra Ildefonsum comitem Tolosanum et fautores ejus, quos a se excommunicatos denuntiat. 1506
CCLII. — Ad Galterium Magalonensem episcopum et alios. — Monachis S. Ægidii auxilium impendant contra Ildefonsum comitem Tolosanum et fautores ejus, quos a se excommunicatos declarat. 1507
CCLIII. — Episcopo Rossellano præcipit ut vexare monasterium Alborense desistat. 1307
CCLIV. — Monasterii Hugeshoffen, a Wernhero comite de Ortenberg fundati, bona, jura et privilegia confirmat. 1508
CCLV. — Ad Joannem episcopum Glascuensem. 1512
CCLVI. — Ad A. priorem S. Frigdiani et ejus fratres. 1512
CCLVII. — Ludovico Francorum regi significat Robertum episcopum Atrebatensem, in generali consilio a Burchardo episcopo Cameracensi in jus vocatum, cum ejus litteris ad sese venisse. 1512
CCLVIII. — Episcopum Rossellanum vituperat quod contra præceptum suum injurias monasterio Alborensi inferre pergat. 1513
CCLIX. — Monachis Cluniacensibus præcipit ne amplius de Pontio cogitent. — Pontio præcipit ne abbatiam Cluniacensem molestiis afficiat. 1514
CCLX. — Ecclesiæ S. Joannis Vesontionensi remissas a Raynaldo Burgundiæ comite consuetudines in villa Tussiaco, vulgo et marascalciam et canariam vocatas, referri vetat. 1514
CCLXI. — Bulla pro confirmatione rerum ad ecclesiam sanctæ Mariæ pertinentium. 1514
CCLXII. — Inter Obertum episcopum Cremonensem et ejus canonicos discordiam componit. 1516
CCLXIII. — Privilegium pro cœnobio Montis Angelorum. 1517
CCLXIV. — Privilegium pro monasterio Bifurcensi. 1518
CCLXV. — Ad Ottonem Bambergensem episcopum. — De privilegiis Bambergensi ecclesiæ concessis. 1519
CCLXVI. — Monasterii Dervensis privilegia confirmat. 1520
CCLXVII. — Ad Jocerannum Lingonensem episcopum. — Commendat Dervense monasterium, veluti Romanæ Ecclesiæ subditum. 1520
CCLXVIII. — Ecclesiæ S. Frigdiani Lucensis privilegia confirmat. 1521
CCLXIX. — Ad Benedictum episcopum et canonicos Ecclesiæ Lucensis. 1521
CCLXX. — Didaco, archiepiscopo Compostellano, concedit ut Emeritana civitas Compostellanæ civitati perpetuis maneat subjecta temporibus. 1521
CCLXXI. — Ad episcopum Salmanticensem, de obedientia domino Compostellano exhibenda. 1522
CCLXXII. — Ad episcopum Colimbriensem, de obedientia domino Compostellano ut legato et suo metropolitano exhibenda. 1523
CCLXXIII. — Ad archiepiscopos cæterosque ecclesiasticos ordines per Galliam, Germaniam et Franciam. 1523
CCLXXIV. — Ad Gaufridum Carnotensem, Joannem Aurelianensem, et Stephanum Parisiensem episcopos. — Ut servetur interdictum ob illicitas nuptias imperatum. 1523
CCLXXV. — Monasterii Rastedensis protectionem suscipit et ejus bona ac privilegia confirmat. 1524
CCLXXVI. — Privilegium pro monasterio S. Bertini Sithiensis. 1527

CCLXXVII. — Monasterium S. Mariæ Pomposianum tuendum suscipit ejusque bona ac privilegia confirmat. 1528
CCLXXVIII. — Privilegium pro ecclesia S. Benigni Divionensis. 1530
CCLXXIX. — Privilegium pro ecclesia S. Stephani Divionensis. 1533
CCLXXX. — Monasterii S. Nicolai Buttenburgensis protectionem suscipit bonaque ac privilegia confirmat, potente Joanne Morinensi episcopo. 1534
CCLXXXI. — Jordanum principem Capuanum hortatur ne monasterii Casinensis terram devastet. 1535
CCLXXXII. — Ad Rustinum abbatem monasterii S. Blasii in Nigra Silva. 1536
DIVERSORUM AD CALIXTUM EPISTOLÆ.
I. — Litteræ hæreticorum ad Calixtum papam II. — Ipsius electioni assensum præbent. 1537
II. — Requisitio Urbani Laudavensis episcopi versus Calixtum II papam apud Remis. 1538
III. — Ludovici VI Francorum regis ad Calixtum. — Scribit se nunquam toleraturum subjectionem quam ab archiepiscopo Senonensi exigebat primas Lugdunensis. 1539
IV. — Radulphi archiepiscopi Cantuariensis ad Calixtum. — Queritur de injuria sibi et Ecclesiæ Cantuariensi illata in consecratione archiepiscopi Eboracensis. 1541
V. — Epistola Adalberti archiepiscopi Moguntini ad Calixtum. — Monet eum de his quæ Cono episcopus Argentinensis Ecclesiæ reconciliatis ab imperatore passus fuerit. 1556
VI. — Epistola secunda Adalberti archiepiscopi Mogunti ad Calixtum. 1557
CONCORDATUM WORMATIENSE. 1559
CONCILIUM LATERANENSE. 1561
OPERA CALIXTO SUPPOSITA.
Monitum. 1565
Libellus de miraculis S. Jacobi. 1569
Sermones quatuor de S. Jacobo apostolo. 1375
Vita Sancti Jacobi episcopi Tarentasiensis. 1409

RADULFUS REMENSIS ARCHIEPISCOPUS.

Notitia. 1415
EPISTOLÆ.
DIPLOMATA.

CONON S. R. E. CARDINALIS, PRÆNESTINUS EPISCOPUS.

Notitia historica. 1431
EPISTOLÆ.

ERNULFUS ROFFENSIS EPISCOPUS.

Notitia historica et litteraria. 1441
COLLECTANEA DE REBUS ECCLESIÆ ROFFENSIS.
TOMELLUS VEL EPISTOLA DE INCESTIS CONJUGIIS. 1457

ARNALDUS S. PETRI VIVI SENONENSIS ABBAS.

Notitia. 1475
EPISTOLÆ.

PONTIUS ABBAS. R. RUFI.

EPISTOLA AD CALMOSIACENSEM ABBATEM. — Respondet propositis quæstionibus, de quotidiano Jejunio, de silentio continuo, de vini abstinentia, deque laneis vestibus canonicorum cœnobii Calmosiacensis. 1477

JOANNES CONSTANTIENSIS.

Epistola Joannis Constantiensis in librum de Computo ecclesiastico. 1479

MARBODUS REDONENSIS EPISCOPUS.

(Vide Patrologiæ tom. CLXXI.)

RADULPHUS CANTUARIENSIS ARCHIEPISCOPUS.

(Epistolam ejus ad Calixtum papam vide supra col. 1541.)

FINIS TOMI CENTESIMI SEXAGESIMI TERTII.

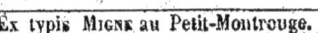

Ex typis MIGNE au Petit-Montrouge.

www.ingramcontent.com/pod-product-compliance
Lightning Source LLC
Chambersburg PA
CBHW070056020526
44112CB00034B/1311